文/白/对/照

史記

一

〔汉〕司马迁 撰

萧祥剑 主译

团结出版社

图书在版编目（CIP）数据

文白对照史记 / 萧祥剑译. -- 北京 ：团结出版社，
2019.3

ISBN 978-7-5126-6187-5

Ⅰ. ①文… Ⅱ. ①萧… Ⅲ. ①中国历史-古代史-纪
传体②《史记》-译文 Ⅳ. ①K204.2

中国版本图书馆CIP数据核字(2018)第041033号

出版：团结出版社

（北京市东城区东皇城根南街84号 邮编：100006）

电话：(010) 65228880 65244790（传真）

网址：http://www.tjpress.com

Email：65244790@163.com（投诉）

经销：全国新华书店

印刷：天宇万达印刷有限公司

装订：天宇万达印刷有限公司

开本：145×210 1/32

印张：136

字数：2180千字

版次：2018年6月 第1版

印次：2023年11月 第5次印刷

书号：978-7-5126-6187-5

定价：198.00元（全4册）

出版前言

《史记》原名《太史公书》，后世通称为《史记》，是西汉时期太史令司马迁编写的一部纪传体通史史书。全书一百三十卷，五十二万字，包含十表、八书、十二本纪、三十世家、七十列传，记载了上起上古传说中的黄帝时代（约公元前3000年）下至汉武帝元狩元年（公元前122年）大约三千多年的历史。它包罗万象而又融会贯通，脉络清晰，“王迹所兴，原始察终，见盛观衰，论考之行”，所谓“究天人之际，通古今之变，成一家之言”，翔实地记录了上古时期政治、经济、军事、文化等各个方面的发展状况，同时记录了各家对同一事件或人物的不同立场和看法，故《史记》各篇中对同一事件记录看法颇有矛盾之处，可谓“服其善序事理，辨而不华，质而不俚，其文直，其事核，不虚美，不隐恶，故谓之实录”。

《史记》开创了我国的纪传体史学，同时也开创了我国的传记文学。书中所写的一系列历史人物，不仅表现了作者对历史的高度概括力和卓越的见识，而且通过那些人物的活动，生动地展示了广阔的社会生活画面，表现了作者对历史和现实的批判精神。鲁迅先生曾在《汉文学史纲要》一书中称赞《史记》是“史家之绝唱，无韵之离骚”，因此，两千多年来，

《史记》不仅是历史家学习的典范，而且也成为文学家学习的典范。

作为传世经典，千百年来各家各派都对此有深入的阐释，然而对于大众来说，这类学术性研究的文章只能是远观而无法细读。经典的流通、文化的传播需要桥梁，才能够使大众近距离接触经典、理解经典，同时也促进中国传统文化的传播与发展。在此之前，关于《史记》的版本已有多种，只是多为繁体版或竖排版，受阅读能力的限制，《史记》的传播也受到一定的影响。

因此，简体字横排版文白对照本《史记》不可或缺。历来《史记》各个版本的原文中错字、异体字都不少。本书参考多种通行本《史记》，严格校勘原文，进行了细致的标点断句，力图呈现给大众一个原汁原味的《史记》。

“信、达、雅”是翻译的标杆，译文在忠实于原文的基础上，需要尽可能完整地呈现原文的风采。《史记》中有很多文章，在感情和气势方面都有深入的描写，作者在刻画人物形象、叙述故事情节、发表观点议论道理的时候，行文流畅传神而且极具口语化，本书译文在最大程度上再现了原文的魅力，保证了行文流畅。同时，因文言文和白话文表达方式的不同，译文特别注重减少语法错误，贴合现代人的阅读习惯，力图为传世经典的流通保驾护航。

由于水平有限，书中难免有错误之处，恳请读者批评指正。

目录

第一册

本纪	五帝本纪第一	2
	夏本纪第二	18
	殷本纪第三	34
	周本纪第四	48
	秦本纪第五	82
	秦始皇本纪第六	114
	项羽本纪第七	162
	高祖本纪第八	194
	吕太后本纪第九	232
	孝文本纪第十	248
	孝景本纪第十一	270
	孝武本纪第十二	276
表	三代世表第一	304
	十二诸侯年表第二	308

六国年表第三 312
秦楚之际月表第四 316
汉兴以来诸侯王年表第五 318
高祖功臣侯者年表第六 322
惠景间侯者年表第七 324
建元以来侯者年表第八 326
建元以来王子侯者年表第九 328
汉兴以来将相名臣年表第十 330

书 | 礼书第一 332
乐书第二 344
律书第三 374
历书第四 384
天官书第五 402
封禅书第六 444
河渠书第七 488
平准书第八 496

第二册

世 家 | 吴太伯世家第一 520
齐太公世家第二 536
鲁周公世家第三 564
燕召公世家第四 586
管蔡世家第五 596
陈杞世家第六 606
卫康叔世家第七 616

宋微子世家第八 630
晋世家第九 648
楚世家第十 694
越王勾践世家第十一 732
郑世家第十二 746
赵世家第十三 764
魏世家第十四 806
韩世家第十五 828
田敬仲完世家第十六 838
孔子世家第十七 860
陈涉世家第十八 892
外戚世家第十九 904
楚元王世家第二十 920
荆燕世家第二十一 924
齐悼惠王世家第二十二 928
萧相国世家第二十三 942
曹相国世家第二十四 950
留侯世家第二十五 958
陈丞相世家第二十六 974
绛侯周勃世家第二十七 988
梁孝王世家第二十八 1000
五宗世家第二十九 1012
三王世家第三十 1022

第三册

列传（一） | 伯夷列传第一 1040
管晏列传第二 1044

老子韩非列传第三 1050
司马穰苴列传第四 1060
孙子吴起列传第五 1064
伍子胥列传第六 1074
仲尼弟子列传第七 1086
商君列传第八 1108
苏秦列传第九 1118
张仪列传第十 1146
樗里子甘茂列传第十一 1172
穰侯列传第十二 1184
白起王翦列传第十三 1192
孟子荀卿列传第十四 1202
孟尝君列传第十五 1208
平原君虞卿列传第十六 1222
魏公子列传第十七 1236
春申君列传第十八 1246
范雎蔡泽列传第十九 1258
乐毅列传第二十 1286
廉颇蔺相如列传第二十一 1296
田单列传第二十二 1310
鲁仲连邹阳列传第二十三 1316
屈原贾生列传第二十四 1330
吕不韦列传第二十五 1344
刺客列传第二十六 1352
李斯列传第二十七 1372
蒙恬列传第二十八 1398
张耳陈余列传第二十九 1406
魏豹彭越列传第三十 1424

黥布列传第三十一 1430
淮阴侯列传第三十二 1442
韩信卢绾列传第三十三 1466
田儋列传第三十四 1478
樊郦滕灌列传第三十五 1486
张丞相列传第三十六 1504
郦生陆贾列传第三十七 1520
傅靳蒯成列传第三十八 1538
刘敬叔孙通列传第三十九 1544

第四册

列 传（二） | 季布栾布列传第四十 1558
袁盎晁错列传第四十一 1566
张释之冯唐列传第四十二 1578
万石张叔列传第四十三 1586
田叔列传第四十四 1596
扁鹊仓公列传第四十五 1604
吴王濞列传第四十六 1630
魏其武安侯列传第四十七 1646
韩长孺列传第四十八 1662
李将军列传第四十九 1672
匈奴列传第五十 1684
卫将军骠骑列传第五十一 1714
平津侯主父列传第五十二 1734
南越列传第五十三 1754
东越列传第五十四 1764
朝鲜列传第五十五 1770

西南夷列传第五十六 1776
司马相如列传第五十七 1782
淮南衡山列传第五十八 1818
循吏列传第五十九 1844
汲郑列传第六十 1850
儒林列传第六十一 1862
酷吏列传第六十二 1876
大宛列传第六十三 1900
游侠列传第六十四 1920
佞幸列传第六十五 1930
滑稽列传第六十六 1936
日者列传第六十七 1954
龟策列传第六十八 1962
货殖列传第六十九 1978
太史公自序第七十 1998

本纪

五帝本纪第一

黄帝者，少典之子，姓公孙，名曰轩辕。生而神灵，弱而能言，幼而徇齐，长而敦敏，成而聪明。

轩辕之时，神农氏世衰。诸侯相侵伐，暴虐百姓，而神农氏弗能征。于是轩辕乃习用干戈，以征不享，诸侯咸来宾从。而蚩尤最为暴，莫能伐。炎帝欲侵陵诸侯，诸侯咸归轩辕。轩辕乃修德振兵，治五气，艺五种，抚万民，度四方，教熊罴貔貅貙虎，以与炎帝战于阪泉之野。三战，然后得其志。蚩尤作乱，不用帝命。于是黄帝乃征师诸侯，与蚩尤战于涿鹿之野，遂禽杀蚩尤。而诸侯咸尊轩辕为天子，代神农氏，是为黄帝。天下有不顺者，黄帝从而征之，平者去之，披山通道，未尝宁居。

东至于海，登丸山，及岱宗。西至于空桐，登鸡头。南至于江，登熊、湘。北逐荤粥，合符釜山，而邑于涿鹿之阿。迁徙往来无常处，以师兵为营卫。官名皆以云命，为云师。置左右大监，监于万国。万国和，而鬼神山川封禅与为多焉。获宝鼎，迎日推策。举风后、力牧、常先、大鸿以治民。顺天地之纪，幽明之占，死生之说，存亡之难。时播百谷草木，淳化鸟兽虫蛾，旁罗日月星辰水波土石金玉，劳勤心力耳目，节用水火材物。有土德之瑞，故号黄帝。

黄帝二十五子，其得姓者十四人。

黄帝居轩辕之丘，而娶于西陵之女，是为嫘祖。嫘祖为黄帝正妃，生二子，其后皆有天下：其一曰玄嚣，是为青阳，青阳降居黄帝是少典氏的子孙，姓公孙，名叫轩辕。他从生下来时就显得很有灵性，出生没多久就会说话；幼年时就思维敏捷，智慧过人；少年时期诚实勤奋，成年以后是非善恶的分辨能力很强。

轩辕时代，神农氏的领导力量日渐衰弱，各诸侯间互相攻伐，给百姓带来了深重灾难，而神农氏却没有力量平定动乱。于是，轩辕便开始习兵练武，去征讨那些发动战乱、不尊神农氏的诸侯，最终各诸侯纷纷归从。而蚩尤在各诸侯中最为凶暴，没有人能征服他。炎帝也想侵略欺压诸侯，因此诸侯都归顺了轩辕。于是轩辕修德立业，加强国防；顺应四时节气变化，种植五谷；安抚民众，考察四方的国土；训练熊、罴、貔、貅、貙、虎等猛兽，在阪泉的郊野与炎帝交战，先后打了好几仗，才征服了炎帝，如愿得胜。蚩尤坚持叛乱，不听从黄帝的命令。于是黄帝征调诸侯军队，在涿鹿的郊野与蚩尤大战，终于擒获并杀死了蚩尤。这样，诸侯们都尊奉轩辕为天子，取代了神农氏，这就是黄帝。天下有不归顺的，黄帝就前去讨伐，平定一个地方之后就离开，一路上开山修路，从来没有过安闲的生活。

黄帝向东到过东海，登上过丸山和泰山；往西到过崆峒，登上过鸡头山；往南到过长江，登上过熊山、湘山；往北驱逐了荤粥部族，到釜山与诸侯合验了符契，曾在涿鹿山的山脚下建过都邑。黄帝四处迁徙，没有固定的住处，带兵走到哪里，就在哪里设置军营以自卫。黄帝手下所封官职都以“云”字命名，所以军队也号称“云”师。他设置了左右大监，由他们督察各诸侯国。当时，万国安定，天下和乐，因此黄帝也成为自古以来祭祀天地、鬼神、山川活动最多的人。黄帝曾获得上天赐予的宝鼎，他观测太阳的运行，用占卜的蓍草来推算历法，预知节气日辰；他任用风后、力牧、常先、大鸿四位大臣来治理民众。他顺应天地四时的规律，推测阴阳的变化；讲解生死的道理，论述存与亡的原因；按照季节播种百谷草木，驯养鸟兽蚕虫；测定日月星辰以定历法，收取土石金玉；教导民众做事要勤身劳力，有节度地使用水、木等各种资源。他做天子时，曾有土属性的祥瑞征兆出现。因土色黄，所以人们称他为黄帝。

黄帝有二十五个儿子，其中获得自己姓氏的有十四人。

黄帝曾居住在轩辕山，娶西陵国的女儿为妻，这就是嫘祖。嫘祖是黄帝的正妃，生有两个儿子，他们的后代都曾拥有天下。一个叫玄嚣，也就是青阳，他被江水；其二曰昌意，降居若水。昌意娶蜀山氏女，曰昌仆，生高阳，高阳有圣德焉。黄帝崩，葬桥山。其孙昌意之子高阳立，是为帝颛顼也。

帝颛顼高阳者，黄帝之孙而昌意之子也。静渊以有谋，疏通而知事；养材以任地，载时以象天，依鬼神以制义，治气以教化，絜诚以祭祀。北至于幽陵，南至于交阯，西至于流沙，东至于蟠木。动静之物，大小之神，日月所照，莫不砥属。

帝颛顼生子曰穷蝉。颛顼崩，而玄嚣之孙高辛立，是为帝喾。

帝喾高辛者，黄帝之曾孙也。高辛父曰蟜极，蟜极父曰玄嚣，玄嚣父曰黄帝。自玄嚣与蟜极皆不得在位，至高辛即帝位。高辛于颛顼为族子。

高辛生而神灵，自言其名。普施利物，不于其身。聪以知远，明以察微。顺天之义，知民之急。仁而威，惠而信，修身而天下服。取地之财而节用之，抚教万民而利诲之，历日月而迎送之，明鬼神而敬事之。其色郁郁，其德嶷嶷。其动也时，其服也士。帝喾溉执中而遍天下，日月所照，风雨所至，莫不从服。

帝喾娶陈锋氏女，生放勋。娶娵訾氏女，生挚。帝喾崩，而挚代立。帝挚立，不善，而弟放勋立，是为帝尧。

帝尧者，放勋。其仁如天，其知如神。就之如日，望之如云。富而不骄，贵而不舒。黄收纯衣，彤车乘白马。能明驯德，以亲九族。九族既睦，便章百姓。百姓昭明，合和万国。

乃命羲、和，敬顺昊天，数法日月星辰，敬授民时。分命羲仲，居郁夷，曰旸谷。敬道日出，便程东作。日中，星鸟，以殷中春。其民析，鸟兽字微。

封为诸侯，迁居在江水；另一个叫昌意，也被封为诸侯，迁居在若水。昌意娶了蜀山氏的女儿，名叫昌仆，生下高阳，高阳具有圣人的品德。黄帝死后，埋葬在桥山。他的孙子，也就是昌意的儿子高阳即帝位，这就是颛顼帝。

颛顼帝高阳，是昌意的儿子，黄帝的孙子。他沉静、稳练，且有智谋，通达而知事理。他因地制宜，种植各种庄稼，养殖各种牲畜，并根据天象推算四时节令以顺应自然，依顺鬼神以制定礼义，理顺四时五行之气以教化万民，洁净身心以祭祀鬼神。他北到过幽陵，南到过交阯，西到过流沙，东到过蟠木。所有动物植物，大神小神，凡是日月照临的地方，几乎全都平定了，没有不归服的。

颛顼帝的儿子叫穷蝉。颛顼帝死后，玄嚣的孙子高辛即位，就是帝喾。

帝喾高辛，是黄帝的曾孙。高辛的父亲是蟜极，蟜极的父亲是玄嚣，玄嚣的父亲是黄帝。玄嚣和蟜极都没有登上帝位，直到高辛时才登上帝位。高辛是颛顼的侄子。

高辛天生就很有灵气，一出生就能叫出自己的名字。他普遍施恩泽于众人却不及其自身。他耳聪目明，可以知晓未来久远的事情，可以洞察细微的事理。他顺应上天的旨意，了解民众之所急；仁德且威严，温和而守信，修养自身，天下归服。他收取土地上的物产，很节俭地使用；他仁爱教化万民，把各种有益的事教给他们；他推算日月的运行然后以定节气时月，恭敬地迎送日月的出入；他明识鬼神，并慎重地加以信奉。他仪表堂堂，道德高尚；他行动合乎时宜，服用如同士人。帝喾治民，像雨水浇灌农田一样不分轻重，遍及天下，一视同仁，凡是日月照耀的地方、风雨所到的地方，没有人不顺从归服。

帝喾娶陈锋氏的女儿，生下了放勋；娶娵訾氏的女儿，生下挚。帝喾死后，由挚接替帝位。帝挚登基后，没有干出什么辉煌的政绩，于是他的弟弟放勋登位，就是帝尧。

帝尧，就是放勋。他仁德如青天，智慧如神明。接近他，就像接受太阳照耀一样温暖人心；仰望他，就像云彩一般气势覆润大地。他富有却不骄傲，尊贵而不放纵。他戴的是黄色的帽子，穿的是黑色衣裳，坐着红色的车子，用白马驾车。他尊敬有善德的人，使百姓九族相亲相爱。九族的人都和睦后，又去考察百官。百官政绩昭著，各方诸侯邦国都能和睦相处。

帝尧命令羲氏与和氏，按照上天的意旨，根据星辰的位次和日月的出没，制定历法，谨慎地教给民众从事生产的相关节令。另外命令羲仲，住在郁夷那个叫旸谷的地方，毕恭毕敬地迎接日出，分别按照节令安排春季的耕作。春分日，白昼与黑夜一样长，朱雀七宿中的星宿初昏时出现在正南方，依据此来确定仲春之时。此时，民众劳作分散，鸟兽交尾生育。

申命羲叔，居南交。便程南为，敬致。日永，星火，以正中夏。其民因，鸟兽希革。申命和仲，居西土，曰昧谷。敬道日入，便程西成。夜中，星虚，以正中秋。其民夷易，鸟兽毛毨。申命和叔；居北方，曰幽都。便在伏物。日短，星昴，以正中冬。其民燠，鸟兽氄毛。岁三百六十六日，以闰月正四时。信饬百官，众功皆兴。

尧曰："谁可顺此事？"放齐曰："嗣子丹朱开明。"尧曰："吁！顽凶，不用。"尧又曰："谁可者？"欢兜曰："共工旁聚布功，可用。"尧曰："共工善言，其用僻，似恭漫天，不可。"尧又曰："嗟，四岳，汤汤洪水滔天，浩浩怀山襄陵，下民其忧，有能使治者？"皆曰鲧可。尧曰："鲧负命毁族，不可。"岳曰："异哉，试不可用而已。"尧于是听岳用鲧。九岁，功用不成。

尧曰："嗟！四岳：朕在位七十载，汝能庸命，践朕位？"岳应曰："鄙德忝帝位。"尧曰："悉举贵戚及疏远隐匿者。"

众皆言于尧曰："有矜在民间，曰虞舜。"尧曰："然，朕闻之。其何如？"岳曰："盲者子。父顽，母嚚，弟傲，能和以孝，烝烝治，不至奸。"尧曰："吾其试哉。"于是尧妻之二女，观其德于二女。舜饬下二女于妫汭，如妇礼。尧善之，乃使舜慎和五典，五典能从。乃遍入百官，百官时序。宾于四门，四门穆穆，诸侯远方宾客皆敬。尧使舜入山林川泽，暴风雷雨，舜行不迷。尧以为圣，召舜曰：

又命令羲叔住在南方的交阯，按照节令，谨慎地安排民众夏季的农活。夏至日，白昼最长，苍龙七宿中的心宿（又称大火）初昏时出现在正南方，依据此来确定仲夏之时。这时候，民众就居高处，鸟兽毛羽稀疏。又命令和仲，居住在西土，那地方叫作昧谷，毕恭毕敬地送太阳落下，有步骤地安排秋天的收获。秋分日，黑夜与白昼一样长，玄武七宿中的虚宿初昏时出现在正南方，据此来确定仲秋之时。这时候，民众移居平地，鸟兽再生新毛。又命令和叔，住在北方，那地方叫作幽都，认真安排好冬季的收藏。冬至日，白昼最短，白虎七宿中的昴宿初昏时出现在正南方，据此来确定仲冬之时。这时候，民众加穿衣服保暖，鸟兽长满细毛。一年有三百六十六天，通过设置闰月的办法来校正春夏秋冬四季变化。各守其职，是帝尧对百官真诚的告诫，于是各种事情都兴办起来了。

尧说："谁可以继承我的这个事业？"放齐说："你的儿子丹朱比较通达事理。"尧说："哼！丹朱啊，他这个人太凶恶、愚顽，不能用。"尧又问道："那么还有谁可以？"欢兜说："共工广泛地聚集民众，做出了业绩，可以用。"尧说："共工爱讲漂亮话，用心也不正，貌似恭敬，但却欺骗上天，不能用。"尧又问："唉，四位诸侯啊，如今洪水滔天，浩浩荡荡，高山被包围了，丘陵也被漫上了，民众愁苦万分，谁可以去治理呢？"大家都说鲧可以。尧说："鲧违背天命，毁败同族，不能用。"四位诸侯都说："就任用他吧，试试不行，再把他撤掉。"尧因此便听从了四位诸侯的建议，任用了鲧。结果鲧治水九年，也没有取得成效。

尧说："唉！四位诸侯啊，我在位都已经七十年了，你们之中有谁能顺应天命，接替我的帝位？"四位诸侯回答说："我们的德行都很鄙陋，不敢对帝位有所玷污。"尧说："那就从所有同姓异姓、远近大臣和隐居者当中推举吧。"

大家都对尧说："在民间隐居着一个单身汉，叫虞舜。"尧说："对，我听说过，他这个人怎么样？"四位诸侯回答说；"他是个盲人的儿子。他的父亲比较愚昧，母亲也很顽固，弟弟傲慢，而舜却仍恪尽孝悌之道，与他们和睦相处，以善感化他们，使他们不至于走向邪恶。"尧说："那我就试试他吧。"于是尧把两个女儿嫁给了舜，从两个女儿身上观察他的德行。舜让她们放下尊贵之心住到妫汭河边的家中去，遵守为妇之道。尧认为这样做很好，就让舜试着担任司徒这一职，舜谨慎小心地理顺父义、母慈、兄友、弟恭、子孝这五种伦理道德，人民都遵从不违。尧又让他参与管理百官的事宜，百官的事因此变得有条不紊。让他主管接待工作，接待四方来宾，他使得四方来宾们心悦诚服，从远方来的诸侯宾客都对他恭恭敬敬。尧又派舜进入山野丛林视察大川草泽，刚好遇上暴风雷雨，舜也没有因此迷路误事。尧更认为他十分聪明，很有道德，把他叫来说道：

“女谋事至而言可绩，三年矣。女登帝位。”舜让于德，不怿。正月上日，舜受终于文祖。文祖者，尧大祖也。

于是帝尧老，命舜摄行天子之政，以观天命。舜乃在璿玑玉衡，以齐七政。遂类于上帝，禋于六宗，望于山川，辩于群神。揖五瑞，择吉月日，见四岳诸牧，班瑞。

岁二月，东巡狩，至于岱宗，祡，望秩于山川。遂见东方君长，合时月正日，同律度量衡，修五礼，五玉三帛二生一死为挚，如五器，卒乃复。五月，南巡狩；八月，西巡狩；十一月，北巡狩：皆如初。归，至于祖祢庙，用特牛礼。五岁一巡狩，群后四朝。遍告以言，明试以功，车服以庸。肇十有二州，决川。象以典刑，流宥五刑，鞭作官刑，扑作教刑，金作赎刑。眚灾过，赦；怙终贼，刑。钦哉，钦哉，惟刑之静哉！

欢兜进言共工，尧曰不可而试之工师，共工果淫辟。四岳举鲧治鸿水，尧以为不可，岳强请试之，试之而无功，故百姓不便。三苗在江淮、荆州数为乱。于是舜归而言于帝，请流共工于幽陵，以变北狄；放欢兜于崇山，以变南蛮；迁三苗于三危，以变西戎；殛鲧于羽山，以变东夷：四罪而天下咸服。

尧立七十年得舜，二十年而老，令舜摄行天子之政，荐之于天。尧辟位凡二十八年而崩。百姓悲哀，如丧父母。三年，四方莫举乐，以思尧。尧知子丹朱之不肖，不足授天下，于是乃权授舜。授舜，则天下得其利而丹朱病；授丹朱，则天下病而丹朱

“三年来，你做事周密，说了的话也都能做到。现在你就登临天子位吧。”舜推让说自己的德行还不够，不愿接受帝位。正月初一，舜在文祖庙接受了尧的禅让。文祖也就是尧的太祖。

这个时候，尧年事已高，让舜代理天子之政事，借以观察他做天子是否顺应符合天意。舜于是通过对北斗星的观测，来考察日、月和金、木、水、火、土五星的运行是否正常，然后又举行临时仪式祭告天帝，用把祭品放在火上烧的仪式祭祀天地四时，用遥祭的仪式祭祀名山大川，又普遍地祭祀了各路神祇。他收集起公、侯、伯、子、男五等侯爵所持的桓圭、信圭、躬圭、谷璧、蒲璧五种玉制符信，选择吉日良月，召见四方诸侯和各州州牧，重又颁发给他们。

二月，舜巡视东方，到泰山时，祭祀东岳用烧柴的仪式，祭祀各地的名山大川用遥祭的仪式。接着，他就召见东方各诸侯，协调校正四时节气、颁布了新的历法，统一音律和度量衡，修订了吉、凶、宾、军、嘉五种礼仪，规定了诸侯用的五种圭璧、三种彩缯，以及卿大夫用羊羔、大雁二种动物，士用死雉作为见面时的礼物。如果是圭璧等玉器，行礼完毕以后仍还给对方。五月，到南方巡视；八月，到西方巡视；十一月，到北方巡视，所有内容都与起初到东方巡视时一样。回来后，告祭祖庙与父庙，用了一头牛作祭品。从此以后，每过五年便巡视一次。在其间的四年中，各诸侯国君按时来京师朝见。舜向诸侯们普遍地陈述治国之道，根据业绩进行考察，根据功劳赐给不同的车马衣服。舜把天下划分为十二个州，疏浚河川。规定根据正常的刑罚来执法，用流放的方法宽减刺字、割鼻、断足、阉割、杀头五种刑罚，用鞭挞施刑作为官府犯罪者的惩罚，用戒尺惩罚学府中的违纪者，有些可用黄金来赎罪。由灾害而非人为造成过失的，给予赦免；怙恶不悛、坚持为害的一定要施以刑罚。谨慎啊，谨慎啊，可要审慎使用刑罚啊！

欢兜曾经举荐过共工，但尧说“不行”，而是试用他做工师。共工果然邪僻放纵。四方诸侯曾推举鲧去治理洪水，尧说“不行”，而四方诸侯硬说要试试看，最后试的结果是没有成效，所以百官都以为不适宜。三苗在江、淮流域及荆州一带作乱多次。这时舜巡视回来向尧帝报告，请求把共工流放到幽陵，以改变北狄的风俗；把欢兜流放到崇山，以改变南蛮的风俗；把三苗迁徙到三危山，以改变西戎的风俗；把鲧流放到羽山，以改变东夷的风俗。惩办了这四个罪人，天下人都悦服了。

尧在位七十年才得到舜，又经过二十年，由于年老衰弱而告退，让舜代行天子政务，并向上天推荐。尧在让出帝位二十八年后逝世。百姓哀痛悲伤，如同死了亲生父母一般。三年之内，四方各地没有人奏乐，为的是悼念帝尧。尧了解自己的儿子丹朱不贤，不值得把天下给他，因此才姑且试着让给舜。让给舜，天得其利。尧曰“终不以天下之病而利一人”，而卒授舜以天下。尧崩，三年之丧毕，舜让辟丹朱于南河之南。诸侯朝觐者不之丹朱而之舜，狱讼者不之丹朱而之舜，讴歌者不讴歌丹朱而讴歌舜。舜曰“天也”，夫而后之中国践天子位焉，是为帝舜。

虞舜者，名曰重华。重华父曰瞽叟，瞽叟父曰桥牛，桥牛父曰句望，句望父曰敬康，敬康父曰穷蝉，穷蝉父曰帝颛顼，颛顼父曰昌意：以至舜七世矣。自从穷蝉以至帝舜，皆微为庶人。

舜父瞽叟盲，而舜母死，瞽叟更娶妻而生象，象傲。瞽叟爱后妻子，常欲杀舜，舜避逃；及有小过，则受罪。顺事父及后母与弟，日以笃谨，匪有解。

舜，冀州之人也。舜耕历山，渔雷泽，陶河滨，作什器于寿丘，就时于负夏。舜父瞽叟顽，母嚚，弟象傲，皆欲杀舜。舜顺适不失子道，兄弟孝慈。欲杀，不可得；即求，尝在侧。

舜年二十以孝闻。三十而帝尧问可用者，四岳咸荐虞舜，曰可。于是尧乃以二女妻舜以观其内，使九男与处以观其外。舜居妫汭，内行弥谨。尧二女不敢以贵骄事舜亲戚，甚有妇道。尧九男皆益笃。舜耕历山，历山之人皆让畔；渔雷泽，雷泽上人皆让居；陶河滨，河滨器皆不苦窳。一年而所居成聚，二年成邑，三年成都。尧乃赐舜絺衣，与琴，为筑仓廪，予牛羊。瞽叟尚复欲杀之，使舜上涂廪，瞽叟从下纵火焚廪。舜乃以两笠自扞而下，去，得不死。后瞽叟又使舜穿井，舜穿井为匿空旁出。舜既入深，瞽叟与象共下土实井，舜从匿空出，去。瞽叟、象喜，以舜为已死。象曰：“本谋者象。”象与其父母分，于是下人就都得到利益而只是对丹朱一人不利；如果传给丹朱，天下人就会遭殃而只有丹朱一人得到好处。尧说："我毕竟不能使天下人受害而只让一人得利。"所以最终他还是把天下传给了舜。尧逝世后，三年服丧完毕，舜把帝位让给丹朱，自己到黄河的南岸躲了起来。诸侯前来朝觐时都不到丹朱那里去，却都到舜这里来；打官司的也不去找丹朱，却来找舜；歌颂功德的不去歌颂丹朱，却来歌颂舜。舜说："这是天意呀。"然后才到了京都，登上天子之位。这就是舜帝。

虞舜，名叫重华。重华的父亲是瞽叟，瞽叟的父亲是桥牛，桥牛的父亲是句望，句望的父亲是敬康，敬康的父亲是穷蝉，穷蝉的父亲是颛顼帝，颛顼的父亲是昌意：从昌意至舜是七代了。自从穷蝉为帝之后直到舜帝，中间几代地位低微，都为平民。

舜的父亲瞽叟是个盲人。舜的生母死后，瞽叟又续娶了一个妻子，并生下了象。象桀骜不驯。瞽叟喜欢后妻生的儿子，常常想把舜杀掉，但舜都躲过了；如果赶上有点小错儿，舜就会遭到重罚。舜很恭顺地侍奉父亲、后母及异母弟，一天比一天地忠诚谨慎，没有一点懈怠。

舜，是冀州人。他在历山耕过田，在雷泽打过鱼，在黄河岸边做过陶器，在寿丘做过各种家用物器，在负夏跑过买卖。舜的父亲瞽叟很愚昧，母亲也十分顽固，弟弟象桀骜不驯，他们都想将舜杀掉。舜却恭顺地行事，从不违背为子之道，友爱兄弟，孝顺父母。他们想杀掉他的时候，就找不到他；而有事要找他的时候，他又总是在身旁侍候着。

舜二十岁时，就因孝顺出了名。三十岁时，尧帝问谁能治理天下，四方诸侯全都推荐虞舜，说这个人可以。于是尧为了观察他在家的德行便把两个女儿嫁给了舜，并让九个儿子和他共处来观察他在外的为人。舜居住在妫汭岸边，他在家里做事更加谨慎。尧的两个女儿不敢因为自己出身高贵就傲慢地对待舜的亲属，很讲究为妇之道。尧的九个儿子也更加忠厚笃诚。舜在历山耕作，历山人都能互相推让地界；在雷泽捕鱼，雷泽的人都能推让便于捕鱼的位置；在黄河岸边制做陶器，那里就完全没有次品了。一年的时间，他住的地方就成为一个村落，两年就成为一个小城镇，三年就变成大都市了。见了这些，尧就赐给舜一套细葛布衣服，给他一把琴，为他建造仓库，还赐给他牛和羊。瞽叟却仍然想杀他，让舜登高去用泥土修补谷仓，瞽叟却在下面放火焚烧。舜用两个斗笠保护着自己，像长了翅膀一样跳下来，逃开了，才没有死。后来瞽叟又让舜挖井，舜挖井的时候，在侧壁凿出一条暗道通向外边。舜挖到深处，瞽叟和象一起往水井里倒土填埋，舜从井壁的暗道出去，又逃开了。瞽叟和象很高兴，以为舜已经死了。象说："最初出这个主意的是我。"象跟他的父母一起瓜分舜的财产，说："舜娶曰："舜妻尧二女，与琴，象取之。牛羊仓廪予父母。"象乃止舜宫居，鼓其琴。舜往见之。象鄂不怿，曰："我思舜正郁陶！"舜曰："然，尔其庶矣！"舜复事瞽叟，爱弟弥谨。于是尧乃试舜五典百官，皆治。

昔高阳氏有才子八人，世得其利，谓之"八恺"。高辛氏有才子八人，世谓之"八元"。此十六族者，世济其美，不陨其名。至于尧，尧未能举。舜举八恺，使主后土，以揆百事，莫不时序。举八元，使布五教于四方，父义，母慈，兄友，弟恭，子孝，内平外成。

昔帝鸿氏有不才子，掩义隐贼，好行凶慝，天下谓之浑沌。少皞氏有不才子，毁信恶忠，崇饰恶言，天下谓之穷奇。颛顼氏有不才子，不可教训，不知话言，天下谓之梼杌。此三族世忧之。至于尧，尧未能去。缙云氏有不才子，贪于饮食，冒于货贿，天下谓之饕餮。天下恶之，比之三凶。舜宾于四门，乃流四凶族，迁于四裔，以御螭魅，于是四门辟，言毋凶人也。

舜入于大麓，烈风雷雨不迷，尧乃知舜之足授天下。尧老，使舜摄行天子政，巡狩。舜得举，用事二十年，而尧使摄政。摄政八年而尧崩。三年丧毕，让丹朱，天下归舜。而禹、皋陶、契、后稷、伯夷、夔、龙、倕、益、彭祖自尧时而皆举用，未有分职。于是舜乃至于文祖，谋于四岳，辟四门，明通四方耳目，命十二牧论帝德，行厚德，远佞人，则蛮夷率服。

舜谓四岳曰："有能奋庸美尧之事者，使居官相事？"皆曰：

过来尧的两个女儿，还有尧赐给他的琴，我都要了。牛羊和谷仓都归父母吧。”象于是就住进舜的房间，弹着舜的琴。舜回来后去看望他。象惊愕万分，然后又装出闷闷不乐的样子说：“我正在想念你呢，想得我好心闷啊！”舜说：“是啊，你可真称得上兄弟呀！”舜还像以前一样待奉父母，友爱兄弟，而且更加恭谨。这样，尧才试用舜去理顺五种伦理道德和参与百官的事，他做得都非常不错。

从前高阳氏有八个富于才德的人，世人得到了许多他们的好处，称之为“八恺”，意思就是八个和善的人。高辛氏有八个富有才德的人，世人称之为“八元”，意思就是八个善良的人。这十六个家族的人，世世代代保持着其先人的美德，没有败坏过他们先人的名声。到尧的时候，尧并没有举用他们。舜举用了“八恺”的后代，将掌管土地的官职封给他们，让他们处理各种事务，他们都办得有条有理。舜又举用了“八元”的后代，让他们传布五教于四方，使得做父亲的有道义，做母亲的慈爱，做兄长的友善，做弟弟的恭谨，做儿子的孝顺，家庭和睦，邻里真诚。

从前帝鸿氏有个不成材的后代，包庇残贼，掩蔽仁义，喜欢行凶作恶，天下人称他为浑沌，说他野蛮不开化。少皞氏也有个不成材的后代，背信弃义，厌恶忠直，喜欢邪恶的言语，天下人称他为穷奇，意思是说他无比怪异。颛顼氏有个不成材的后代，不可调教，好话坏话都不懂，天下人称他为梼杌，意思是说他凶顽无比。这三族，世人都害怕。到尧的时候，尧没有把他们除掉。缙云氏有个不成材的后代，贪于饮食，图于财物，天下人称其为饕餮，意思是说他贪得无厌。天下人憎恨他，四凶就是把他与上面说的三凶并列在一起的统称。舜为敞开国门接待四方宾客，流放了这四个凶恶的家族，把他们赶到了边远地区，去抵御害人的妖魔。从此开放了国都四门，于是大家都说国内没有恶人了。

舜进入山林之时，就是碰上暴风雷雨也不会误事迷路。尧于是明白了凭着舜的才能是可以把天下传授给他的。尧年纪大了，便让舜代行天子之政，去巡视四方。舜被举用掌管政事二十年，尧让他代行天子的政务。代行政务八年，尧逝世了。服丧三年完毕，舜让位给丹朱，可是天下人都来归服舜。禹、皋陶、契、后稷、伯夷、夔、龙、倕、益、彭祖，从尧的时候就都得到举用，但一直没有职务。于是舜就到文祖庙，同四方诸侯商议，开放国都四门，听取四方意见，了解四方的情况。他让十二州牧发扬光大尧帝的功德，办有大德的事，疏远巧言谄媚的小人。这样，远方的外族就都会归服。

舜对四方诸侯说：“谁能奋发努力，建立功业，光大帝尧的事业，辅佐我办事，应该授予他官职呢？”四方诸侯都说：“伯禹为司空，可以光大帝尧的事业。”舜说：“嗯，好！禹，你去负责平治水土，一定要努力办好啊！”禹

“伯禹为司空，可美帝功。”舜曰：“嗟，然！禹，汝平水土，维是勉哉。”禹拜稽首，让于稷、契与皋陶。舜曰：“然，往矣。”舜曰：“弃，黎民始饥，汝后稷播时百谷。”舜曰：“契，百姓不亲，五品不驯，汝为司徒，而敬敷五教，在宽。”舜曰：“皋陶，蛮夷猾夏，寇贼奸轨，汝作士，五刑有服，五服三就；五流有度，五度三居：维明能信。”舜曰：“谁能驯予工？”皆曰垂可。于是以垂为共工。舜曰：“谁能驯予上下草木鸟兽？”皆曰益可。于是以益为朕虞。益拜稽首，让于诸臣朱虎、熊罴。舜曰：“往矣，汝谐。”遂以朱虎、熊罴为佐。舜曰：“嗟！四岳，有能典朕三礼？”皆曰伯夷可。舜曰：“嗟！伯夷，以汝为秩宗，夙夜维敬，直哉维静絜。”伯夷让夔、龙。

舜曰：“然。以夔为典乐，教稚子，直而温，宽而栗，刚而毋虐，简而毋傲；诗言意，歌长言，声依永，律和声，八音能谐，毋相夺伦，神人以和。”夔曰：“于！予击石拊石，百兽率舞。”舜曰：“龙，朕畏忌谗说殄伪，振惊朕众，命汝为纳言，夙夜出入朕命，惟信。”舜曰：“嗟！女二十有二人，敬哉，惟时相天事。”三岁一考功，三考绌陟，远近众功咸兴。分北三苗。

此二十二人咸成厥功：皋陶为大理，平，民各伏得其实；伯夷主礼，上下咸让；垂主工师，百工致功；益主虞，山泽辟；弃主稷，百谷时茂；契主司徒，百姓亲和；龙主宾客，远人至；十二牧行而九州莫敢辟违；唯禹之功为大，披九山，通九泽，决九河，定跪地拜谢叩头，谦让给稷、契和皋陶。舜说："好了，去吧！"舜说："弃，黎民正在受饥挨饿，你负责农业，去教他们播种百谷吧。"舜说："契，百官不相亲爱，五伦不顺，你担任司徒，去谨慎地施行五伦教育，做好五伦教育，在于要宽厚。"舜又说："皋陶，蛮夷频繁侵扰中原，抢劫杀人，在我们的境内外作乱，你担任司法官，五刑要施用得当。根据罪行轻重，大罪在原野上执行，次罪在市、朝内执行，同族人犯罪送交甸师氏处理；五刑宽减为流放的，其流放的远近要有个规定，按罪行轻重分别流放到四境之外、九州之外和国都之外。只有公正严明，才能使人信服。"舜问："那么谁能管理我的各种工匠？"大家都说垂可以。于是任命垂为共工，作为各种工匠统领。舜又问："谁能管理我山林泽中的草木鸟兽？"大家都说益行。于是任命益为朕虞，作为山泽主管。益下拜叩头，推让给朱虎、熊罴。舜说："去吧，你行。"就让朱虎、熊罴做他的助手。舜说："喂，四方诸侯，有谁能替我主持天事、地事、人事三种祭祀？"大家都说伯夷可以。舜说："喂，伯夷，我任命你担任秩宗，主管祭祀，要肃穆清洁，要早晚虔敬，要正直。"伯夷推让给夔、龙。

舜说："那好，就任命夔为典乐，掌管音乐，教育贵族子弟，要正直而温和，宽厚而严厉，刚正却不暴虐，简捷却不傲慢。诗是表达内心情感的，歌是用延长音节来咏唱诗的，乐声的高低要与歌的内容相配合，还要用标准的音律来使乐声和谐。八种乐器的声音谐调一致，不要相互错乱侵扰，这样，就能通过音乐达到人与神相和的境界啦。"夔说："好，我敲打石磬轻重有节，各种禽兽都会跟着跳起舞来的。"舜说："龙，我非常憎恶那种灭绝道义的行为和诬陷他人的坏话，惊扰我的臣民。我任命你为纳言官，早晚传达我的旨命，报告下情，一定要诚实。"舜说："喂，你们二十二个人，要谨守职责，时时辅佐我做好上天交付的治国大事。"此后，功绩每三年考核一次，经过三次考核，升迁或贬黜均按照成绩。所以，不论远处近处，各种事情都振兴起来了。又根据归顺与否，分解了三苗部族。

这二十二人个个功成业就：担任大理的皋陶，掌管刑法，断案公正，人们都佩服他能按情据实断理；主持礼仪的伯夷，使得上上下下能都够礼让；担任工师的垂，主管百工，百工都能做好自己的工作；担任虞的益，主管山泽，山林湖泽都得到开发；担任稷的弃，主管农业，百谷按季节茂盛生长；担任司徒的契，主管教化，百姓都亲善和睦；主管接待宾客的龙，远方的诸侯都来朝贡。舜所置十二州牧做事，九州内的民众没有谁违抗。其中功劳最大的是禹，开通了九座大山，治理了九处湖泽，疏浚了九条河流，辟定了九州方界，各地都按照应缴纳的贡物前来进贡，没有不恰当的。五千里纵横的领域，都受到安抚，直到离京师最九州，各以其职来贡，不失厥宜。方五千里，至于荒服。南抚交阯、北发，西戎、析枝、渠廋、氐、羌，北山戎、发、息慎，东长、鸟夷，四海之内咸戴帝舜之功。于是禹乃兴九招之乐，致异物，凤皇来翔。天下明德皆自虞帝始。

舜年二十以孝闻，年三十尧举之，年五十摄行天子事，年五十八尧崩，年六十一代尧践帝位。践帝位三十九年，南巡狩，崩于苍梧之野。葬于江南九疑，是为零陵。舜之践帝位，载天子旗，往朝父瞽叟，夔夔唯谨，如子道。封弟象为诸侯。舜子商均亦不肖，舜乃豫荐禹于天。十七年而崩。三年丧毕，禹亦乃让舜子，如舜让尧子。诸侯归之，然后禹践天子位。尧子丹朱，舜子商均，皆有疆土，以奉先祀。服其服，礼乐如之。以客见天子，天子弗臣，示不敢专也。

自黄帝至舜、禹，皆同姓而异其国号，以章明德。故黄帝为有熊，帝颛顼为高阳，帝喾为高辛，帝尧为陶唐，帝舜为有虞。帝禹为夏后而别氏，姓姒氏。契为商，姓子氏。弃为周，姓姬氏。

太史公曰：学者多称五帝，尚矣。然尚书独载尧以来；而百家言黄帝，其文不雅驯，荐绅先生难言之。孔子所传宰予问五帝德及帝系姓，儒者或不传。余尝西至空桐，北过涿鹿，东渐于海，南浮江淮矣，至长老皆各往往称黄帝、尧、舜之处，风教固殊焉，总之不离古文者近是。予观春秋、国语，其发明五帝德、帝系姓章矣，顾弟弗深考，其所表见皆不虚。书缺有间矣，其轶乃时时见于他说。非好学深思，心知其意，固难为浅见寡闻道也。余并论次，择其言尤雅者，故著为本纪书首。

远的边荒地区。南远到交阯、北发，西远到戎、析枝、渠廋、氐、羌，北远到山戎、发、息慎，东远到长、鸟夷，四海之内，帝舜的功德被共同称颂。于是禹创制了歌颂舜的功德的《九招》乐曲，招来了祥瑞之物，凤凰也飞来，随乐声盘旋起舞。天下清明的德政都从虞舜帝开始。

舜因为孝顺在二十岁时就闻名天下，三十岁时被尧举用，五十岁时代理天子政务，五十八岁时尧逝世，六十一岁时接替尧登临天子之位。登基三十九年后，巡视南方时，在南方苍梧的郊野逝世，埋葬在长江南岸的九嶷山，这就是零陵。舜登临帝位之后，去给父亲瞽叟请安乘着有天子旗帜的车子，和悦恭敬，遵循为子之孝道。又在有鼻把弟弟象封为诸侯。舜的儿子商均不成材，舜就事先把禹推荐给上天。十七年后舜逝世。服丧三年完毕，禹也把帝位让给舜的儿子，就跟舜让给尧的儿子时的情形一样。但诸侯归服禹，这样，禹就登临了天子之位。尧的儿子丹朱、舜的儿子商均都享有封地，分别在唐和虞得，以此来奉祀祖先。禹还让他们穿自己家族的服饰，用自己家族的礼乐仪式。他们以客人的身份拜见天子，天子也不把他们当臣下对待，以表示不敢专擅帝位。

从黄帝到舜、禹，都是同姓，但却都立了不同的国号，为的是彰显各自光明的德业。所以，有熊是黄帝的号，高阳是帝颛顼的号，高辛是帝喾的号，陶唐是帝尧的号，有虞是帝舜的号，夏后是帝禹的号。后来帝禹改称姓氏，姓姒氏。契为商始祖，姓子氏。弃为周始祖，姓姬氏。

太史公说：五帝被很多学者们称述，五帝的年代已经很久远了。《尚书》只记载着尧以来的史实；而各家叙说黄帝，文字不典范且粗疏，士大夫们也很难说得清楚。孔子传下来的《宰予问五帝德》及《帝系姓》，读书人有的也没有传下来。我曾经往西到过崆峒，往北到过涿鹿，往东到过大海，往南渡过长江、淮水，到过的所有地方，那里的老前辈们往往都谈到他们各自所听说的黄帝、尧、舜的事迹，教化风俗也都不一样。总起来说，我认为那些与古文经籍记载相符的说法，接近事实。我研读了《春秋》、《国语》，它们对《五帝德》、《帝系姓》的阐发都很明确，只是人们不曾深入考求，其实它们的记述都不是虚妄之说。《尚书》已经残缺有好长时间了，但散轶的记载却常常可以从其他书中找到。如果不是深思好学，真正在心里领会了它们的意思，想要向那些见闻不广、学识浅薄、不学无术的人说明白，当然是困难的。我把这些材料加以评议编次，选择了那些言辞特别雅正的，著录下来，才写成这篇本纪，作为全书的开头。

夏本纪第二

夏禹，名曰文命。禹之父曰鲧，鲧之父曰帝颛顼，颛顼之父曰昌意，昌意之父曰黄帝。禹者，黄帝之玄孙而帝颛顼之孙也。禹之曾大父昌意及父鲧皆不得在帝位，为人臣。

当帝尧之时，鸿水滔天，浩浩怀山襄陵，下民其忧。尧求能治水者，群臣四岳皆曰鲧可。尧曰："鲧为人负命毁族，不可。"四岳曰："等之未有贤于鲧者，愿帝试之。"于是尧听四岳，用鲧治水。九年而水不息，功用不成。于是帝尧乃求人，更得舜。舜登用，摄行天子之政，巡狩。行视鲧之治水无状，乃殛鲧于羽山以死。天下皆以舜之诛为是。于是舜举鲧子禹，而使续鲧之业。

尧崩，帝舜问四岳曰："有能成美尧之事者使居官？"皆曰："伯禹为司空，可成美尧之功。"舜曰："嗟，然！"命禹："女平水土，维是勉之。"禹拜稽首，让于契、后稷、皋陶。舜曰："女其往视尔事矣。"

禹为人敏给克勤；其德不违，其仁可亲，其言可信；声为律，身为度，称以出；亹亹穆穆，为纲为纪。

禹乃遂与益、后稷奉帝命，命诸侯百姓兴人徒以傅土，行山表木，定高山大川。禹伤先人父鲧功之不成受诛，乃劳身焦思，居外十三年，过家门不敢入。薄衣食，致孝于鬼神。卑宫室，致费于沟淢。陆行乘车，水行乘船，泥行乘橇，山行乘檋。左准绳，右规矩，载四时，以开九州，通九道，陂九泽，度九山。令益予众庶稻，可种卑湿。命后稷予众庶难得之食。食少，夏后帝禹，名文命。他的父亲是鲧，祖父是颛顼，曾祖父是昌意，高祖父是黄帝。禹，是黄帝的玄孙，颛顼帝的孙子。禹的曾祖父昌意和父亲鲧都没有称帝位，而是做天子的大臣。

尧帝在位的时候，洪水泛滥，浩浩荡荡，包围了高山，漫上了丘陵，老百姓都为此非常忧愁。尧帝想寻找能够治理洪水的人，四方诸侯的群臣都说禹的父亲鲧可以。尧说："鲧这个人不遵守天命，毁败同族，不能任用。"四方诸侯都说："比较起来，其他大臣还没有哪位比他更强的，希望您让他试试。"于是尧就听从了四方诸侯的建议，起用鲧治理洪水。九年的时间过去了，洪水依旧泛滥不息，治水没有取得成效。这时尧帝想找继承帝位的人选，又得到了舜。舜被举用，代理天子的事务，他就开始到四方巡视。舜在巡视途中，看到鲧治理洪水没有取得功绩，就把他流放到羽山。结果鲧就死在了那里。天下人都认为舜对鲧的惩罚是合理的。于是舜又举用了鲧的儿子禹，让他来继续治水的事业。

尧帝过世以后，舜帝就询问四方诸侯说："有谁能继承尧帝的事业，让他担任官职呢？"大家都说："让禹当司空，可以继续尧帝的事业。"舜说："嗯，好！"因此，他命令禹："你去治理水土，要努力办好这件事啊！"禹叩头拜谢，谦让于契、后稷、皋陶。舜说："你还是快去办理你负责的工作吧！"

禹为人聪敏勤奋，能吃苦耐劳，而且遵守道德，和蔼可亲，言语诚信。他的声音合乎标准的音律，他的行为符合法度，凭着他的声音和躯体就可以校正音律的高低和尺度的长短。他勤勤恳恳，恭敬庄重，堪称官民的榜样。

禹接受了舜帝的任命，与益、后稷一起上任，命令诸侯百官发动那些被罚服劳役的罪人去开发九州土地。他一路上翻山越岭，竖立木桩作为标志，测定高山大川的状貌。禹为父亲鲧由于治水无功而受罚感到悲伤难过，所以他自己就不顾劳累，苦思冥想，在野外生活了十三年，几次从家门前路过都未曾跨进家门。他省吃俭用，恭敬鬼神。他居住的地方很简陋，因为把资财都用在了治理山河上。他在陆路上行走都是乘车，在水中都是乘船，在泥沼中行走就乘橇，在山路上行走就穿上带铁齿的鞋。他左手拿着准和绳，右手拿着规和矩，还携带着测四时定方向的仪器，开发九州土地，疏通了九条河道，修治九个大湖，测量九座大山。他让益给民众分发稻种，可以种植在低湿的土地上。又让后稷赈济难以温饱的民众。粮食匮乏时，就调有余相给，以均诸侯。禹乃行相地宜所有以贡，及山川之便利。

禹行自冀州始。冀州：既载壶口，治梁及岐。既修太原，至于岳阳。覃怀致功，至于衡漳。其土白壤。赋上上错，田中中，常、卫既从，大陆既为。鸟夷皮服。夹右碣石，入于海。

济、河维沇州：九河既道，雷夏既泽，雍、沮会同，桑土既蚕，于是民得下丘居土。其土黑坟，草繇木条。田中下，赋贞，作十有三年乃同。其贡漆丝，其篚织文。浮于济、漯，通于河。

海岱维青州：堣夷既略，潍、淄其道。其土白坟，海滨广潟，厥田斥卤。田上下，赋中上。厥贡盐絺，海物维错，岱畎丝、枲、铅、松、怪石，莱夷为牧，其篚酓丝。浮于汶，通于济。

海岱及淮维徐州：淮、沂其治，蒙、羽其蓺。大野既都，东原底平。其土赤埴坟，草木渐包。其田上中，赋中中。贡维土五色，羽畎夏狄，峄阳孤桐，泗滨浮磬，淮夷玭珠臮鱼，其篚玄纤缟。浮于淮、泗，通于河。

淮海维扬州：彭蠡既都，阳鸟所居。三江既入，震泽致定。竹箭既布。其草惟夭，其木惟乔，其土涂泥。田下下，赋下上上杂。贡金三品，瑶、琨、竹箭，齿、革、羽、旄，岛夷卉服，其篚织贝，其包橘、柚锡贡。均江海，通淮、泗。

让一些地区把余粮调济给缺粮地区，以便使各诸侯国物品均衡。禹一边行进，一边考察各地的物产，以便确定应该向天子交纳多少贡赋为宜，而且还考察了各地的山川地形，以便弄清诸侯朝贡时交通是否便利。

禹的治水行动从冀州开始。在冀州先完成了壶口的工程，又治理好梁山和岐山。治理好太原地区，一直延伸到太岳山的南面。修治好覃怀之后，又继续修治衡水、漳水。这些地区的土质色白而松软，这里的赋税属上上，即第一等，有时也居第二等，田地属于中中，即第五等。常水、卫水疏通了，大陆泽也修治完毕。东北鸟夷部族的贡品是皮衣。其进贡路线是绕道碣石山向西，进入大海。

济水和黄河之间的地区就是沇州。这个地区的九条河都已经疏通了，雷夏蓄积成了一个大湖；雍水和沮水汇合后流入泽中，土地上种植了桑，养了蚕，所以民众都从山上搬下来定居在了平地上。沇州的土质发黑而且肥美，草长得很茂盛，树木高大。这里田地属中下，即第六等；赋税属下下，即第九等，经过十三年的治理后，才能和其他各州相同。这一地区进贡的物品主要是漆和丝，还有用竹筐盛着的有纹采的丝织品。进贡时经由济水、漯水，然后进入黄河。

大海至泰山一带是青州。在这个地区堣夷平治之后，潍水、淄水也得到了疏通。这里的土质色白而且肥美，海滨一带宽广含碱，田地多是盐碱地。田地属上下，即第三等；赋税属中上，即第四等。进贡的物品是盐和细葛布，有时也进贡一些海产品，还有泰山谷地生产的丝、大麻、铅、松木、奇异的石头。莱夷地区可以放牧。所以，那里进贡畜牧产品，还有用筐盛着用来作琴弦的柞蚕丝。进贡时，走水路，由汶水转入济水。

东起大海、北到泰山、南至淮水之间的地带就是徐州。经过治理淮水、沂水后，蒙山、羽山一带也可以种植庄稼了。大野成了一个蓄水湖，东原的积水已经退去。这里的土质呈现红色，带有粘性而且很肥美，草木生长得很茂盛。田地属上中，即第二等；赋税属中中，即第五等。进贡的物品是供天子祭祀用的五色土，羽山谷中野鸡的羽毛，峄山南面生长的可用以制琴瑟的桐木，泗水之滨可以制做石磬的石头，淮夷的珍珠和鱼类，还有用竹筐盛装的纤细洁净的黑白丝织品。进贡时，走水路通过淮水、泗水，然后转入黄河。

淮河与大海之间是扬州。这里彭蠡已经汇成了湖泊，成了鸿雁南归时的栖息地。松江、钱塘江、浦阳江在那里汇合入海，震泽地区也得到了安定和谐。竹林密布，野草茂盛，树木参天。此地的土质湿润。田地属下下，即第九等；赋税居于下上，即第七等，有时可居第六等。贡品是三色铜，瑶、琨等美玉和宝石，还有竹箭，以及象牙、皮革、羽毛、旄牛尾和用花草编结的岛夷人的服饰，以及用竹筐盛着的有贝形花纹的丝缎，有按照朝廷的要求进贡已经包好的橘子和柚子。这些贡品都通过大海、长江进入淮河、泗水。

荆及衡阳维荆州：江、汉朝宗于海。九江甚中，沱、涔已道，云土、梦为治。其土涂泥。田下中，赋上下。贡羽、旄、齿、革，金三品，杶、干、栝、柏，砺、砥、砮、丹，维箘簬、楛，三国致贡其名，包匦菁茅，其篚玄纁玑组，九江入赐大龟。浮于江、沱、涔、汉，逾于洛，至于南河。

荆河维豫州：伊、洛、瀍、涧既入于河，荥播既都，道荷泽，被明都。其土壤，下土坟垆。田中上，赋杂上中。贡漆、丝、絺、纻，其篚纤絮，锡贡磬错。浮于洛，达于河。

华阳黑水维梁州：汶、嶓既艺，沱、涔既道，蔡、蒙旅平，和夷厎绩。其土青骊。田下上，赋下中三错。贡璆、铁、银、镂、砮、磬，熊、罴、狐、狸。织皮西倾因桓是来，浮于潜，逾于沔，入于渭，乱于河。

黑水西河维雍州：弱水既西，泾属渭汭。漆、沮既从，沣水所同。荆、岐已旅，终南、敦物至于鸟鼠。原隰厎绩，至于都野。三危既度，三苗大序。其土黄壤。田上上，赋中下。贡璆、琳、琅玕。浮于积石，至于龙门西河，会于渭汭。织皮昆仑、析支、渠搜，西戎即序。

道九山：汧及岐至于荆山，逾于河；壶口、雷首至于太岳；砥柱、析城至于王屋；太行、常山至于碣石，入于海；西倾、朱圉、鸟鼠至于太华；熊耳、外方、桐柏至于负尾；道嶓冢，至于荆山；内方至于大别；汶山之阳至衡山，过九江，至于敷浅原。

荆山至衡山以南的地区是荆州。长江、汉水在这个地区汇合注入大海。长江的众多支流大都有其固定的河道，沱水、涔水已被疏通，云泽、梦泽通过治理也可以耕种了。这里的土质湿润，田地属下中，即第八等；赋税居上下，即第三等。向天子进贡的物品是羽毛、旄牛尾、象牙、皮革、三色铜，以及椿木、柘木、栝木、柏木，还有粗细磨石，可做箭头的砮石、丹砂，尤其是可做箭杆的竹子箘簬和楛木是荆州附近三个诸侯国进贡的最有名的特产，还有包裹好以后装在匣子里的供祭祀时滤酒用的青茅，有用竹筐盛装的彩色布帛，还有用来穿珠子的丝带。有时候依照朝廷的命令进贡九江出产的大龟。进贡时，沿着长江、沱水、涔水、汉水，转行一段陆路再进入洛水，然后到达南河。

荆州和黄河之间的地区是豫州。这里伊水、洛水、瀍水、涧水都已汇入黄河，荥播也汇成了一个湖泊，还疏浚了荷泽，修筑了明都泽的堤防。这里的土质松软肥沃，低地则是肥沃坚实的黑土。田地属中上，即第四等；赋税居上中，即第二等，有时居第一等。进贡漆、丝、细葛布、麻，以及用竹筐盛着的细丝棉，还有根据朝廷的命令进贡的磨磬的错石。贡品从洛水船运，直到黄河。

华山南面到黑水之间的地带是梁州。汶山、嶓冢山都已遍布植被，沱水、涔水也已经疏通，蔡山、蒙山的道路已经修好，和夷地区治水也获得成功。此地的土质是青黑色的，田地属下上，即第七等；赋税居下中，即第八等，有时也居第七等或第九等。贡品有美玉、铁、银、可以刻镂的硬铁、可以做箭头的砮石、可以制磬的磬石，以及熊、罴、狐狸。织皮族的贡品由西戎西倾山经桓水运出，再从潜水船运，进入沔水，然后走一段山路进入渭水，最后横渡黄河到达京城。

黑水与黄河西岸之间是雍州。弱水经治理后向西流去，泾水流入了渭水。漆水、沮水跟着也流入了渭水，还有沣水同样流入渭水。荆山、岐山的道路已经畅通，终南山、敦物山一直到鸟鼠山的道路已经完工。高原和低谷的治理工程都取得了成绩，治理范围到了都野泽一带。三危山地区可以居住了，三苗族也大都顺服。这里的土质色黄而且松软肥沃，田地属上上，即第一等；赋税居中下，即第六等。贡品是美玉和美石。进贡时从积石山下走水路，顺流到达龙门山间的西河，会集到渭水湾里。织皮族居住在昆仑山、析支山、渠搜山等地，那时西戎各国也归服了。

禹开通了九条山脉的道路：一条从汧山和岐山开始一直开到荆山，越过黄河；一条从壶口山、雷首山一直开到太岳山；一条从砥柱山、析城山一直开到王屋山；一条从太行山、常山一直开到碣石山，进入海中与水路接通；一条从西倾山、朱圉山、鸟鼠山一直开到太华山；一条从熊耳山、外方山、桐柏山一直开到负尾山；一条从嶓冢山一直开到荆山；一条从内方山一直开到大别山；一条从汶山的南面开到衡山，越过九江，最后到达敷浅原山。

道九川：弱水至于合黎，余波入于流沙。道黑水，至于三危，入于南海。道河积石，至于龙门，南至华阴，东至砥柱，又东至于盟津，东过洛汭，至于大邳，北过降水，至于大陆，北播为九河，同为逆河，入于海。嶓冢道漾，东流为汉，又东为苍浪之水，过三澨，入于大别，南入于江，东汇泽为彭蠡，东为北江，入于海。汶山道江，东别为沱，又东至于醴，过九江，至于东陵，东迤北会于汇，东为中江，入于海。道沇水，东为济，入于河，泆为荥，东出陶丘北，又东至于荷，又东北会于汶，又东北入于海。道淮自桐柏，东会于泗、沂，东入于海。道渭自鸟鼠同穴，东会于沣，又东北至于泾，东过漆、沮，入于河。道洛自熊耳，东北会于涧、瀍，又东会于伊，东北入于河。

于是九州攸同，四奥既居，九山刊旅，九川涤原，九泽既陂，四海会同。六府甚修，众土交正，致慎财赋，咸则三壤成赋。中国赐土姓："祗台德先，不距朕行。"

令天子之国以外五百里甸服：百里赋纳总，二百里纳铚，三百里纳秸服，四百里粟，五百里米。甸服外五百里侯服：百里采，二百里任国，三百里诸侯。侯服外五百里绥服：三百里揆文教，二百里奋武卫。绥服外五百里要服：三百里夷，二百里蔡。要服外五百里荒服：三百里蛮，二百里流。

疏导了九条河流：把弱水疏导至合黎，使弱水的下游注入沙漠。疏导黑水，经过三危山，流入南海。疏导黄河，经过积石山，到龙门山，向南到达华阴，然后东折经过砥柱山，又向东到盟津，再向东经过洛水入河口，直到大邳；转而向北经过降水，到大陆泽，再向北分为九条河，这九条河到达下游入海口河段又汇合为一条，叫作逆河，最后流入大海。开通嶓冢山用以疏导漾水，向东流的就是汉水，再向东流就是苍浪水，经过三澨水，流入大别山区，向南注入长江，再向东与彭蠡泽之水汇合再向东就是北江，流入大海。开通汶山用以疏导长江，向东分出的一支就是沱水，再往东到达醴水，通过九江，到达东陵，向东斜行北流，与彭蠡泽之水交汇，再向东流就是中江，最后进入大海。疏导沇水，向东流为济水，注入黄河，两水相汇，溢为荥泽湖，从陶丘北面向东流，继续向东到达荷泽，向东北与汶水汇合，再向北流入大海。从桐柏山开始疏导淮水，向东与泗水、沂水汇合，再向东流入大海。疏导渭水，从鸟鼠同穴山开始，向东流，汇合了沣水，再向东北流到达泾水，再往东流经过漆、沮二水，然后流入黄河。疏导洛水从熊耳山开始，向东北流汇合了涧水、瀍水以后，再向东流汇合了伊水，然后再向东北流入黄河。

所有的山川河流都治理好了，从此九州统一，四境之内都可以居住了，九州的名山都已做上标志可以通行了，九州的大川、水泽都已疏导畅通了，九州的大泽也都已筑了堤防，四海之内的诸侯都可以来京城会盟和朝觐，没有阻碍。金、木、水、火、土、谷六库的物资治理得很好，各方的土地美恶高下都评定出等级，能按照规定认真进贡纳税；赋税的等级都是根据三种不同的土壤等级来确定的。还在华夏境内九州之中分封诸侯，赐给土地，赐给姓氏，并说："我先敬业修德，使其感怀，这样，天下的人民就不会违背我的行政措施了。"

禹下令天子国都以外五百里的地区为甸服，也就是为天子服田役纳谷税的地区：紧靠王城百里以内要交纳收割的整棵庄稼，一百里至二百里以内要交纳禾穗，二百里至三百里以内要交纳谷粒，三百里至四百里以内要交纳粗米，四百里至五百里以内要交纳精米。甸服以外五百里的地区为侯服，即为天子侦察顺逆和服侍王命的地区：靠近甸服一百里以内是卿大夫的采邑，往外二百里以内为小的封国，再往外三百里以内为诸侯的封地。侯服以外五百里的地区为绥服，即受天子安抚、推行教化的地区：靠近侯服三百里以内视情况来施行礼法、文章教化，往外二百里以内要加强武装警戒，保卫天子。绥服以外五百里的地区为要服，即受天子约束服从天子政令的地区：靠近绥服三百里以内要接受教化，和平相处；往外二百里以内要遵守王法。要服以外五百里的地区称为荒服，即为天子守卫边远的荒远地区：靠近要服三百里以内居住的是蛮族，那里的人来去不受限制；再往外二百里以内可以随意居处，不受约束。

东渐于海，西被于流沙，朔、南暨：声教讫于四海。于是帝锡禹玄圭，以告成功于天下。天下于是太平治。

皋陶作士以理民。帝舜朝，禹、伯夷、皋陶相与语帝前。皋陶述其谋曰："信其道德，谋明辅和。"禹曰："然，如何？"皋陶曰："于！慎其身修，思长，敦序九族，众明高翼，近可远在已。"禹拜美言，曰："然。"皋陶曰："于！在知人，在安民。"禹曰："吁！皆若是，惟帝其难之。知人则智，能官人；能安民则惠，黎民怀之。能知能惠，何忧乎欢兜，何迁乎有苗，何畏乎巧言善色佞人？"皋陶曰："然，于！亦行有九德，亦言其有德。"乃言曰："始事事，宽而栗，柔而立，愿而共，治而敬，扰而毅，直而温，简而廉，刚而实，强而义，章其有常，吉哉。日宣三德，蚤夜翊明有家。日严振敬六德，亮采有国。翕受普施，九德咸事，俊乂在官，百吏肃谨。毋教邪淫奇谋。非其人居其官，是谓乱天事。天讨有罪，五刑五用哉。吾言厎可行乎？"禹曰："女言致可绩行。"皋陶曰："余未有知，思赞道哉。"

帝舜谓禹曰："女亦昌言。"禹拜曰："吁，予何言！予思日孳孳。"皋陶难禹曰："何谓孳孳？"禹曰："鸿水滔天，浩浩怀山襄陵，下民皆服于水。予陆行乘车，水行乘舟，泥行乘橇，山行乘檋，行山刊木。与益予众庶稻鲜食。以决九川致四海，浚畎浍致之川。与稷予众庶难得之食。食少，调有余补不足，徙居。众民乃定，万国为治。"皋陶曰："然，此而美也。"

禹曰："吁，帝！慎乃在位，安尔止。辅德，天下大应。清天子的声威教化，向东延伸到了大海，西到达了流沙泽，北及南都达到了四方荒远的边陲。于是舜帝为表彰禹治水有功而赐给他一块代表水色的黑色圭玉，向天下宣告治水成功。于是天下安定太平。

皋陶为刑狱长官治理民众。舜帝上朝，禹、伯夷、皋陶一块儿在舜帝面前谈话。皋陶申述他的意见说："遵循道德确定不移，就能做到谋略高明，臣下团结。"禹说："对，可要怎样做呢？"皋陶说："哦，要谨慎对待自身修养，要有长远打算，使上至高祖下至玄孙的同族人亲厚稳定。这样，众多有见识的人就都会努力辅佐你。由近处可以推及到远处，一定要从自身做起。"禹拜谢皋陶的善言，说："说得好。"皋陶说："哦，还有成就德业就在于能够了解人，能够安抚民众。"禹说："呵！都像这样，即使是尧帝恐怕也会感到困难的。能了解人就是明智，就能恰当地给人安排官职；能安抚民众就是仁惠，黎民百姓都会爱戴你。如果既能了解人，又能仁惠，还忧虑什么欢兜，何必流放有苗，何必害怕花言巧语伪善谄媚的小人呢？"皋陶说："对，唉！行事有九种品德，我谈谈那些品德吧。"他接着说道："先从办事来检验，宽厚而又威严，温和而又坚定，诚实而又恭敬，有才能而又小心谨慎，善良而又刚毅，正直而又和气，平易而又有棱角，果断而又讲求实效，强有力而又讲道理，要重用那些具有九德的善士呀！能每日宣明三种品德，早晚谨行努力，卿大夫就能保有他的采邑。每日严肃地恭敬实行六种品德，认真辅佐王事，诸侯就可以保有他的封国。能全部具备这九种品德并普遍施行，就可以使有才德的人都居官任职，使所有的官吏都严肃认真地办理自己的政务。叫人们不要胡作非为，胡思乱想。如果让不适当的人居于官位，就叫作扰乱上天所命的大事。上天惩罚有罪的人，用五种刑罚处治犯有五种罪行的罪人。我讲的大抵可以行得通吧？"禹说："你的话如果能实行，就能产生效果。"皋陶说："我才智浅薄，只是希望有助于推行治天下之道。"

舜帝对禹说："你也说说你的好意见吧。"禹作揖说："唉，我说什么呢！我只想每天孜孜不息地做事。"皋陶追问道："怎样才叫勤恳努力？"禹说："洪水滔天，浩浩荡荡，包围了高山，漫上了丘陵，下民都遭受着洪水的威胁。我在陆地上行走乘车，在水中行走乘船，在泥沼中行走乘木橇，在山路上行走就穿上带铁齿的鞋，翻山越岭，竖立木桩，在山上做了标志。我和益一块儿，给黎民百姓稻粮和新鲜的肉食。疏导九条河道引入大海，又疏浚田间沟渠引入河道。我跟稷一道发给民众难得的口粮。粮食缺乏的时候，从粮食多的地方调配补充到粮食少的地方，或叫百姓迁居。民众安定下来了，各诸侯国也都治理好了。"皋陶说："是啊，这些是你的巨大业绩。"

禹说："啊，我的帝王！谨慎对待您的在位之臣，稳稳当当处理您的政务。

意以昭待上帝命，天其重命用休。”帝曰：“吁，臣哉，臣哉！臣作朕股肱耳目。予欲左右有民，女辅之。余欲观古人之象。日月星辰，作文绣服色，女明之。予欲闻六律五声八音，来始滑，以出入五言，女听。予即辟，女匡拂予。女无面谀。退而谤予。敬四辅臣。诸众谗嬖臣，君德诚施皆清矣。”禹曰：“然。帝即不时，布同善恶则毋功。”

帝曰：“毋若丹朱傲，维漫游是好，毋水行舟，朋淫于家，用绝其世。予不能顺是。”禹曰：“予娶涂山，癸甲，生启予不子，以故能成水土功。辅成五服，至于五千里，州十二师，外薄四海，咸建五长，各道有功。苗顽不即功，帝其念哉。”帝曰：“道吾德，乃女功序之也。”

皋陶于是敬禹之德，令民皆则禹。不如言，刑从之。舜德大明。

于是夔行乐，祖考至，群后相让，鸟兽翔舞，箫韶九成，凤皇来仪，百兽率舞，百官信谐。帝用此作歌曰：“陟天之命，维时维几。”乃歌曰：“股肱喜哉，元首起哉，百工熙哉！”皋陶拜手稽首扬言曰：“念哉，率为兴事，慎乃宪，敬哉！”乃更为歌曰：“元首明哉，股肱良哉，庶事康哉！”又歌曰：“元首丛脞哉，股肱惰哉，万事堕哉！”帝拜曰：“然，往钦哉！”于是天下皆宗禹之明度数声乐，为山川神主。

帝舜荐禹于天，为嗣。十七年而帝舜崩。三年丧毕，禹辞辟舜之子商均于阳城。天下诸侯皆去商均而朝禹。禹于是遂即天子位，南面朝天下，国号曰夏后，姓姒氏。

辅佐的大臣有德行，天下人都会响应拥护您。您用清静之心奉行上帝的命令，上天会经常把美好的符瑞降临给您。”舜帝说：“唉，臣子啊，臣子啊！臣子是我的臂膀和耳目。我想帮助天下民众，你们要辅助我。我想观察古人的形象，观察日月星辰，制作不同花纹色彩的衣服，你们要了解清楚各种服装的等级。我想通过各地音乐的雅正与淫邪等来考察那里政教的情况，以便取舍各方的意见，你们要仔细地辨听。我的言行如有不正当的地方，你们要纠正我。你们不要当面奉承，回去之后却又指责我。我敬重前后左右辅佐大臣。至于那些搬弄是非的佞臣，只要君主的德政真正施行，他们就会被清除了。”禹说：“对。您如果不这样，好人坏人同时任用，那就不会成就大事。”

舜帝说：“你们不要学丹朱那样桀傲骄横，只喜欢怠惰放荡，在无水的陆地上行船，在家里聚众干淫乱之事，以致不能继承帝位。对这种人我决不听之任之。”禹说：“我娶涂山氏女儿为妻，四天后便离家去治水，生下儿子启，我也没回家抚育，因此才能使平治水土的工作取得成功。我帮助帝王设置了五服，范围达到五千里，每州用了三万劳力，一直开辟到四方荒远的边境，在每五个诸侯国中设立一个首领，他们各尽职守，都有功绩，只有三苗凶顽不遵职守，请您考虑吧。”舜帝说：“用我的德教来开导，那么凭你的工作就会使他们归顺的！”

皋陶敬重禹的功德，命令天下人都向禹学习。如不遵守命令，就施以刑罚。因此，舜的德教得到了大发扬。

这时，夔担任乐师，谱定乐曲，祖先亡灵降临了来欣赏，各诸侯国君相互礼让，鸟兽在宫殿周围飞翔起舞，《箫韶》乐曲演奏完九遍时，凤凰飞来聆听，群兽都来起舞，百官都能忠诚合谐相处。舜帝于是歌唱道：“奉行天命，施行德政，顺应天时，谨微慎行。”于是又歌唱起来：“大臣们欢乐尽忠啊，元首才能大有作为啊，百官的事业才能发达啊！”皋陶跪拜，先低头至手，又叩头至地，然后高声说道：“您可记住啊，要带头努力尽职，谨慎对待您的法度，认真办好各种事务！”于是也接着唱道：“元首英明啊，大臣才会贤能啊，事业才会健康发展啊！”又唱道：“天子胸中无大略啊，股肱大臣就懈怠啊，天下万事都败坏啊！”舜帝拜答说：“对，就照此努力去做吧！”从此天下都遵行禹所明确设立的法度，采用禹创制的乐曲，尊奉他为山川的神主，意思就是能代山川之神施行号令的帝王。

舜帝把禹推荐给上天，让他作为帝位的继承人。十七年之后，舜帝逝世。三年服丧完毕，禹在阳城推辞帝位让给舜的儿子商均。但天下诸侯都不去朝拜商均而来朝拜禹。禹这才继承天子位，南面接受天下诸侯的朝拜，国号为夏后，改姓为姒氏。

帝禹立而举皋陶荐之，且授政焉，而皋陶卒。封皋陶之后于英、六，或在许。而后举益，任之政。

十年，帝禹东巡狩，至于会稽而崩，以天下授益。三年之丧毕，益让帝禹之子启，而辟居箕山之阳。禹子启贤，天下属意焉。及禹崩，虽授益，益之佐禹日浅，天下未洽。故诸侯皆去益而朝启，曰："吾君帝禹之子也。"于是启遂即天子之位，是为夏后帝启。

夏后帝启，禹之子，其母涂山氏之女也。

有扈氏不服，启伐之，大战于甘。将战，作甘誓，乃召六卿申之。启曰："嗟！六事之人，予誓告女：有扈氏威侮五行，怠弃三正，天用剿绝其命。今予维共行天之罚。左不攻于左，右不攻于右，女不共命。御非其马之政，女不共命。用命，赏于祖；不用命，僇于社，予则帑僇女。"遂灭有扈氏。天下咸朝。

夏后帝启崩，子帝太康立。帝太康失国，昆弟五人，须于洛汭，作《五子之歌》。

太康崩，弟中康立，是为帝中康。帝中康时，羲、和湎淫，废时乱日。胤往征之，作《胤征》。

中康崩，子帝相立。帝相崩，子帝少康立。帝少康崩，子帝予立。帝予崩，子帝槐立。帝槐崩，子帝芒立。帝芒崩，子帝泄立。帝泄崩，子帝不降立。帝不降崩，弟帝扃立。帝扃崩，子帝廑立。帝廑崩，立帝不降之子孔甲，是为帝孔甲。帝孔甲立，好方鬼神，事淫乱。夏后氏德衰，诸侯畔之。天降龙二，有雌雄，孔甲不能食，未得豢龙氏。陶唐既衰，其后有刘累，学扰龙于豢龙氏，以事孔甲。孔甲赐之姓曰御龙氏，受豕韦之后。龙一雌死，以食夏后。夏后使求，惧而迁去。

禹帝立为天子后，举用皋陶为帝位继承人，把他推荐给上天，并把国政授给他，但皋陶却去世了。禹分封皋陶的后代到英、六等地，有的分封在许。后来又举用了益，把国政授给他。

过了十年，禹帝到东方视察，到达会稽，在那里逝世，把天下传给益。服丧三年完毕，益又把帝位让给禹的儿子启，自己到箕山之南去隐居。禹的儿子启贤德，天下人心都归向于他。等到禹逝世后，虽传天下给益，但益辅佐禹的时间不长，天下臣民尚不拥戴他。所以，诸侯还是都离开益而去朝拜启，说："这是我们的君主禹帝的儿子啊。"于是启就继承了天子位，这就是夏后帝启。

夏后帝启，是禹的儿子，他的母亲是涂山氏的女儿。

启登临帝位后，有扈氏不来归从。启前往征伐，在甘地大战一场。战斗开始之前，启作了一篇誓辞叫作《甘誓》，召集来六军将领进行训诫。启说："唉！统率六军的人们，我向你们宣布誓言：有扈氏蔑视仁、义、礼、智、信五常的规范，背离天、地、人的正道，因此上天要断绝他的大命。如今我恭敬地执行上天对他的惩罚。车左的人不从左边进攻敌人，车右的人不从右边进攻敌人，便是你们不执行命令。驭手不能使车马阵列整齐，也是不服从命令。听从命令的，在祖宗面前赏赐你们；谁不听从命令，我便在神社面前杀掉谁，而且要把他们的家属收为奴婢。"于是消灭了有扈氏，天下诸侯都来朝拜。

夏后帝启逝世后，他的儿子帝太康继位。帝太康整天游玩打猎，不处理国事，结果被羿给放逐了，失去了国家。他的五个弟弟在洛水北岸等待他回国，作了《五子之歌》。

太康逝世后，他的弟弟中康继位，这就是中康帝。中康帝在位时，掌管天地四时的官吏羲氏、和氏沉湎于酒，把每年的四时节令都搞乱了。胤奉命前去征伐他，作了《胤征》。

中康逝世以后，他的儿子帝相继位。帝相逝世，儿子帝少康继位。帝少康逝世，儿子帝予继位。帝予逝世，儿子槐帝登位。槐帝逝世，儿子芒帝登位。芒帝逝世，儿子泄帝登位。泄帝逝世，儿子不降帝登位。帝不降逝世，弟弟帝扃继位。帝扃逝世，儿子帝廑继位。帝廑逝世，立帝不降的儿子孔甲为帝，这就是孔甲帝。孔甲帝登位后，喜欢方术，迷信鬼神，干淫乱的事情。夏后氏的威德日渐衰微，诸侯相继背叛了他。上天降下两条神龙，一雌一雄，孔甲不能饲养，也没有找到能够饲养的人。陶唐氏已经衰败，有个后代叫刘累，从会养龙的人那里学会了驯龙，就去侍奉孔甲。孔甲赐给他姓氏叫御龙氏，让他接受了豕韦后代的封地。后来那条雌龙死了，刘累偷偷做成肉酱拿来献给孔甲吃。夏后孔甲吃了以后，又派人去找刘累要肉酱，刘累害怕，只好逃走了。

孔甲崩，子帝皋立。帝皋崩，子帝发立。帝发崩，子帝履癸立，是为桀。帝桀之时，自孔甲以来而诸侯多畔夏，桀不务德而武伤百姓，百姓弗堪。乃召汤而囚之夏台，已而释之。汤修德，诸侯皆归汤，汤遂率兵以伐夏桀。桀走鸣条，遂放而死。桀谓人曰："吾悔不遂杀汤于夏台，使至此。"汤乃践天子位，代夏朝天下。汤封夏之后，至周封于杞也。

太史公曰：禹为姒姓，其后分封，用国为姓，故有夏后氏、有扈氏、有男氏、斟寻氏、彤城氏、褒氏、费氏、杞氏、缯氏、辛氏、冥氏、斟戈氏。孔子正夏时，学者多传夏小正云。自虞、夏时，贡赋备矣。或言禹会诸侯江南，计功而崩，因葬焉，命曰会稽。会稽者，会计也。

孔甲逝世后，儿子帝皋继位。帝皋逝世后，儿子帝发继位。帝发逝世，儿子履癸帝登位，这就是夏桀。帝桀在位时，因为自从孔甲在位以来，诸侯就有很多相继叛离了夏，夏桀又不修德行而用武力伤害百官之族，百官不堪忍受。桀召来汤，把他囚禁在夏台，后来又放了他。汤修行德业，诸侯都来归附，汤就率兵去征讨夏桀。夏桀逃到鸣条，最后被放逐而死。夏桀对人说："我后悔在夏台没有把汤杀死，使我落到这种地步。"这样，汤就登上了天子之位，取代了夏朝，领有天下。汤把夏朝的后代封为诸侯，到周朝时，把他们封在杞地。

太史公说：禹是姒姓，他的后代被分封在各地，用国号作姓，所以有夏后氏、有扈氏、有男氏、斟寻氏、彤城氏、褒氏、费氏、杞氏、缯氏、辛氏、冥氏、斟戈氏。孔子校正夏朝的历书，所以很多学者们都传授《夏小正》。从舜、禹时代开始，进贡纳赋的制度就已经很完备了。有人说禹在长江以南召集诸侯，因为是在考核诸侯功绩时去世的，因此就葬在那里了，于是就把埋葬禹的苗山改名为会稽山。会稽就是会计（会合考核）的意思。

殷本纪第三

殷契，母曰简狄，有娀氏之女，为帝喾次妃。三人行浴，见玄鸟堕其卵，简狄取吞之，因孕生契。契长而佐禹治水有功。帝舜乃命契曰："百姓不亲，五品不训，汝为司徒而敬敷五教，五教在宽。"封于商，赐姓子氏。契兴于唐、虞、大禹之际，功业著于百姓，百姓以平。

契卒，子昭明立。昭明卒，子相土立。相土卒，子昌若立。昌若卒，子曹圉立。曹圉卒，子冥立。冥卒，子振立。振卒，子微立。微卒，子报丁立。报丁卒，子报乙立。报乙卒，子报丙立。报丙卒，子主壬立。主壬卒，子主癸立。主癸卒，子天乙立，是为成汤。

成汤，自契至汤八迁。汤始居亳，从先王居，作帝诰。

汤征诸侯。葛伯不祀，汤始伐之。汤曰："予有言：人视水见形，视民知治不。"伊尹曰："明哉！言能听，道乃进。君国子民，为善者皆在王官。勉哉，勉哉！"汤曰："汝不能敬命，予大罚殛之，无有攸赦。"作汤征。

伊尹名阿衡。阿衡欲奸汤而无由，乃为有莘氏媵臣，负鼎俎，以滋味说汤，致于王道。或曰，伊尹处士，汤使人聘迎之，五反然后肯往从汤，言素王及九主之事。汤举任以国政。伊尹去汤适夏。既丑有夏，复归于亳。入自北门，遇女鸠、女房，作《女鸠》、《女房》。

殷的始祖是契，他的母亲叫简狄，是有娀氏的女儿，帝喾的次妃。有一天，简狄和两个伙伴到河里去洗澡，看见燕巢中掉下一只蛋，简狄就捡来吃了，于是就怀孕了，生下的孩子就是契。契长大成人后，帮助禹治水有功，舜帝于是命令契说："现在老百姓们不相亲爱，父子、君臣、夫妇、长幼、朋友之间五伦关系不和顺，你去担任司徒，认真地来推行五伦关系的伦理道德教育，要本着宽厚的原则。"契被封在商地，赐姓子氏。契在唐尧、虞舜、夏禹的时代就兴起了，并且为百姓做了许多事情，功业昭著，百姓们因此得以安定。

契去世之后，他的儿子昭明继位。昭明去世后，其儿子相土继位。相土去世后，其儿子昌若继位。昌若去世后，其儿子曹圉继位。曹圉去世后，其儿子冥继位。冥去世后，其儿子振继位。振去世后，其儿子微继位。微去世后，其儿子报丁继位。报丁去世后，其儿子报乙继位。报乙去世后，其儿子报丙继位。报丙去世后，其儿子主壬继位。主壬去世后，其儿子主癸继位。主癸去世后，其儿子天乙继位。天乙就是成汤。

从契到成汤，曾经迁都八次。到成汤时建都于亳，这是为了追随先王帝喾，重回故地。成汤为此作了《帝诰》，向帝喾报告迁都的情况。

成汤在夏朝为方伯（一方诸侯之长），有权征讨邻近的诸侯。葛伯不祭祀鬼神，成汤首先征讨他。成汤说："我说过这样的话：人照一照水就能看出自己的形貌，看一看民众就可以知道国家治理得好不好。"伊尹说："英明啊！这些话如能听从，道德就会进步。国君治理国家就要爱护人民，做好事的人都会被任用。努力吧，努力吧！"成汤对葛伯说："你们不能敬顺天命，我就要重重地惩罚你们，绝不宽赦。"于是作了《汤征》，以记载这次征葛的情况。

伊尹名叫阿衡。阿衡想求见成汤但苦于没有渠道，于是就去给有莘氏做了陪嫁的奴仆，背负着饭锅砧板来见成汤，利用谈论烹调滋味的机会向成汤进言，劝说他应该实行王道政治。不过也有人说，伊尹原本是一位有德行有才华但又不肯做官的隐士，成汤曾派人去聘迎他，一共去了五趟，他才答应辅佐成汤。他向成汤讲述了远古帝王及九位君主的功绩，成汤于是重用了他，委任他管理国政。伊尹曾经一度离开成汤到夏桀那里，因为看到夏桀暴虐无道，所以又回到了商都亳。他从北门进城的时候，遇见了商汤的二位贤臣女鸠、女房，于是伊尹作了《女鸠》、《女房》，以此来表达自己离开夏桀重回商都时的心境。

汤出，见野张网四面，祝曰："自天下四方皆入吾网。"汤曰："嘻，尽之矣！"乃去其三面，祝曰："欲左，左。欲右，右。不用命，乃入吾网。"诸侯闻之，曰："汤德至矣，及禽兽。"

当是时，夏桀为虐政淫荒，而诸侯昆吾氏为乱。汤乃兴师率诸侯，伊尹从汤，汤自把钺以伐昆吾，遂伐桀。汤曰："格女众庶，来，女悉听朕言。匪台小子敢行举乱，有夏多罪，予维闻女众言，夏氏有罪。予畏上帝，不敢不正。今夏多罪，天命殛之。今女有众，女曰'我君不恤我众，舍我啬事而割政'。女其曰'有罪，其奈何'？夏王率止众力，率夺夏国。有众率怠不和，曰'是日何时丧？予与女皆亡'！夏德若兹，今朕必往。尔尚及予一人致天之罚，予其大理女。女毋不信，朕不食言。女不从誓言，予则帑僇女，无有攸赦。"以告令师，作汤誓。于是汤曰"吾甚武"，号曰武王。

桀败于有娀之虚，桀奔于鸣条，夏师败绩。汤遂伐三𡨴，俘厥宝玉，义伯、仲伯作典宝。汤既胜夏，欲迁其社，不可，作夏社。伊尹报。于是诸侯毕服，汤乃践天子位，平定海内。

汤归至于泰卷陶，中𦡕作诰。既绌夏命，还亳，作汤诰："维三月，王自至于东郊。告诸侯群后：'毋不有功于民，勤力乃事。予乃大罚殛女，毋予怨。'曰：'古禹、皋陶久劳于外，其有功乎民，民乃有安。东为江，北为济，西为河，南为淮，四渎已修，万民乃有居。后稷降播，农殖百谷。三公咸有功于民，故后有一天，成汤外出游猎，看见田野里有人四面张起了罗网，张网的人祝祷说："从天上来的，从地下来的，从四方来的，都进入我的罗网吧！"成汤听了说："唉，这样就把禽兽全部一网打尽了啊！"于是他让人把罗网撤去三面，让张网的人祝祷说："想往左的，就往左。想往右的，就往右。不听从命令的，就进入我的罗网。"诸侯听到这件事，都说："汤的爱心到极点了，连禽兽都受到了他的恩泽。"

当时，夏桀却施行暴政、荒淫残暴，诸侯昆吾氏起来造反。于是成汤就举兵，率领诸侯，伊尹也随成汤前往。成汤亲自握着大斧指挥，先去讨伐昆吾氏，接着又去讨伐暴桀。成汤说："大家过来吧！到这儿来仔细听我的话：不是我本人擅自兴兵作乱，而是由于夏桀暴虐无道的恶行太多。我虽然也听到你们说了一些抱怨的话，可是夏桀有罪啊，我畏惧上天，不敢不讨伐他啊。如今夏桀犯下了那么多的罪行，是上天命令我来征伐他的。现在你们众人说：'我们的国君不体恤我们，抛开我们的农事不管，却要去征伐打仗。'你们或许还会问：'夏桀有罪，他究竟有怎么样的罪行？'夏王耗尽了夏国民众的力量，掠夺夏国民众的财富。又加重剥削，掠光了夏国的资财。夏国的民众都消极怠惰，怨恨不和，他们说：'这个太阳什么时候消失，我宁愿和你一起灭亡！'夏王的德行已经到了这般地步，现在我一定要去讨伐他！希望你们和我一起来奉行上天的旨意，我会重重地奖赏你们。你们要有信心，我绝不会说话不算数。如果你们违抗我的誓言，我就要惩罚你们，绝不饶恕！"成汤把这番话通告全军将士，这就是《汤誓》。当时成汤曾说"我很勇武"，于是自己号称武王。

夏桀在有娀氏的故地被打败，奔逃到鸣条，夏军就土崩瓦解了。成汤乘胜追击，进攻忠于夏桀的三嵏，缴获了他们的宝器珠玉，臣子义伯、仲伯写下了《典宝》。成汤战胜夏后，想迁移夏的神社，没有迁成，写下了《夏社》，说明夏社不可换的道理。伊尹向诸侯公布了这次大战的战绩，从此以后，诸侯全都听命归服。至此成汤登上天子之位，平定了天下。

成汤班师回朝，路过泰卷，中虺作了朝廷的诰命。汤废除了夏朝政令，回到亳，作了《汤诰》。《汤诰》记载："三月的时候，商王亲自到国都的东郊，向诸侯国的各位君主宣布：'你们对民众不能没有功劳，你们要努力办好你们的事情。不然，我就要重重地惩罚你们，到时候可不要怨恨我。'又说：'过去大禹、皋陶长期在外奔劳，为老百姓做了许多的好事，民众因此得以安居乐业。当时他们在东面治理了长江，在北方治理了济河，在西面治理了黄河，在南方治理了淮河，这四条重要的河道治理好了，老百姓这才得以安心定居。后稷教导民众耕种五谷，民众才懂得种植各种庄稼。这三位古人都有功于人民，所以，他们的有立。昔蚩尤与其大夫作乱百姓，帝乃弗予，有状。先王言不可不勉。’曰：‘不道，毋之在国，女毋我怨。’”以令诸侯。伊尹作咸有一德，咎单作明居。

汤乃改正朔，易服色，上白，朝会以昼。

汤崩，太子太丁未立而卒，于是乃立太丁之弟外丙，是为帝外丙。帝外丙即位三年，崩，立外丙之弟中壬，是为帝中壬。帝中壬即位四年，崩，伊尹乃立太丁之子太甲。太甲，成汤适长孙也，是为帝太甲。帝太甲元年，伊尹作伊训，作肆命，作徂后。

帝太甲既立三年，不明，暴虐，不遵汤法，乱德，于是伊尹放之于桐宫。三年，伊尹摄行政当国，以朝诸侯。

帝太甲居桐宫三年，悔过自责，反善。于是伊尹乃迎帝太甲而授之政。帝太甲修德，诸侯咸归殷，百姓以宁。伊尹嘉之，乃作太甲训三篇，褒帝太甲，称太宗。

太宗崩，子沃丁立。帝沃丁之时，伊尹卒。既葬伊尹于亳，咎单遂训伊尹事，作沃丁。

沃丁崩，弟太庚立，是为帝太庚。帝太庚崩，子帝小甲立。帝小甲崩，弟雍已立，是为帝雍已。殷道衰，诸侯或不至。

帝雍已崩，弟太戊立，是为帝太戊。帝太戊立伊陟为相。亳有祥，桑谷共生于朝，一暮大拱。帝太戊惧，问伊陟。伊陟曰：“臣闻妖不胜德，帝之政其有阙与？帝其修德。”太戊从之，而祥桑枯死而去。伊陟赞言于巫咸。巫咸治王家有成，作咸艾，作太戊。帝太戊赞伊陟于庙，言弗臣，伊陟让，作原命。殷复兴，诸侯归之，故称中宗。

后代才得以封国祭祀祖宗。但也有相反的情况：从前蚩尤和他的大臣们在百姓中发动叛乱，上天就会惩罚他们，这样的事在历史上是有过的。先王的教诲，可不能不依教奉行啊！’又说：‘你们当中如果有人做出违背道义的事，就不许他回国再做诸侯，到那个时候你们可不要怪罪我。’”汤用这些话警诫各诸侯国的国君。这个时候，伊尹又作了一篇《咸有一德》，阐明君臣都应该有至高无上的道德；咎单作了《明居》，阐明人民应该遵守的规矩。

成汤临政之后，实行了新的历法，把夏历以寅月为岁首改成以丑月为岁首，又改变了器物服饰的色彩，崇尚白色，规定君臣在白天商议国事。

成汤逝世之后，因为太子太丁没能即位就早逝了，就立太丁的弟弟外丙为帝，这就是外丙帝。外丙即位刚三年，也过世了，于是又立外丙的弟弟中壬为帝，这就是中壬帝。中壬即位四年，也还是逝世了，伊尹就拥立太丁的儿子太甲为帝。太甲，就是成汤的嫡长孙，就是太甲帝。太甲元年，伊尹为了谏训太甲，作了《伊训》、《肆命》、《徂后》。

太甲在位三年后，也昏庸暴虐，不遵守汤王的礼法，败坏了德业。因此，伊尹就把他流放到埋葬汤王的桐宫。此后的三年里，伊尹代理政务，主持国事，朝会诸侯。

太甲在桐宫住了三年，悔过自新，断恶修善，于是伊尹又迎接他回到朝廷，把政权交还给了他。从此以后，太甲帝修养道德，诸侯都来归顺他，百姓的生活也因此得以安宁。伊尹很赞赏太甲帝知过能改，于是就作了《太甲训》三篇，歌颂帝太甲，称他为“太宗”。

太宗去世后，儿子沃丁即位。沃丁执政期间，伊尹去世了。伊尹被安葬在了亳地，咎单为了用伊尹的事迹教诲后世人，作了《沃丁》。

沃丁逝世后，其弟弟太庚即位，这就是太庚帝。太庚逝世后，儿子小甲即位；小甲帝逝世后，其弟弟雍己即位，这就是雍己帝。此时，殷朝的国势已经逐渐衰弱了，于是有的诸侯就不来朝拜了。

雍己逝世后，其弟太戊即位。这就是太戊帝。太戊任用伊陟为相。当时国都亳出现了桑树和楮树合生在一起的怪现象，一夜之间就长得有碗口那么粗。太戊帝很恐慌，于是就去向伊陟请教。伊陟对太戊帝说：“我曾经听说，妖异不能战胜有德行的人，会不会是国家在政治上有什么失误啊？希望您进一步断恶修善。”太戊听从了伊陟的规谏，果然那棵怪树很快就枯死了。伊陟把这些话告诉了巫咸。巫咸治理朝政很有成绩，写下了《咸艾》和《太戊》，记载了巫咸治理朝政的功绩，颂扬了太戊帝纳谏改过的事迹。太戊帝在太庙中向祖先称赞伊陟，说不能把他像臣子一样对待。伊陟谦让推辞，因此写下了《原命》，目的是为了重新解释太戊之命。于是殷朝的国势再度兴盛，诸侯又来归顺。因此，称太戊帝为“中宗”。

中宗崩，子帝中丁立。帝中丁迁于隞。河亶甲居相。祖乙迁于邢。帝中丁崩，弟外壬立，是为帝外壬。仲丁书阙不具。帝外壬崩，弟河亶甲立，是为帝河亶甲。河亶甲时，殷复衰。

河亶甲崩，子帝祖乙立。帝祖乙立，殷复兴。巫贤任职。

祖乙崩，子帝祖辛立。帝祖辛崩，弟沃甲立，是为帝沃甲。帝沃甲崩，立沃甲兄祖辛之子祖丁，是为帝祖丁。帝祖丁崩，立弟沃甲之子南庚，是为帝南庚。帝南庚崩，立帝祖丁之子阳甲，是为帝阳甲。帝阳甲之时，殷衰。

自中丁以来，废适而更立诸弟子，弟子或争相代立，比九世乱，于是诸侯莫朝。

帝阳甲崩，弟盘庚立，是为帝盘庚。帝盘庚之时，殷已都河北，盘庚渡河南，复居成汤之故居，乃五迁，无定处。殷民咨胥皆怨，不欲徙。盘庚乃告谕诸侯大臣曰："昔高后成汤与尔之先祖俱定天下，法则可修。舍而弗勉，何以成德！"乃遂涉河南，治亳，行汤之政，然后百姓由宁，殷道复兴。诸侯来朝，以其遵成汤之德也。

帝盘庚崩，弟小辛立，是为帝小辛。帝小辛立，殷复衰。百姓思盘庚，乃作盘庚三篇。帝小辛崩，弟小乙立，是为帝小乙。

帝小乙崩，子帝武丁立。帝武丁即位，思复兴殷，而未得其佐。三年不言，政事决定于冢宰，以观国风。武丁夜梦得圣人，名曰说。以梦所见视群臣百吏，皆非也。于是乃使百工营求之野，得说于傅险中。是时说为胥靡，筑于傅险。见于武丁，武丁曰是也。得而与之语，果圣人，举以为相，殷国大治。故遂以傅险姓之，号曰傅说。

帝武丁祭成汤，明日，有飞雉登鼎耳而呴，武丁惧。祖已曰：

中宗去世后，其儿子中丁继位。中丁迁都于隞邑。后来河亶甲又把都城迁到相邑，再后来祖乙又将都城迁至邢邑。中丁帝逝世后，其弟弟外壬即位，这就是外壬帝。这些事情《仲丁》上都有记载，但现已残佚不存。外壬帝过世后，其弟弟河亶甲即位，这就是帝河亶甲。河亶甲在位时，殷朝国势又一次出现衰弱。

河亶甲逝世后，其子祖乙即位。祖乙帝即位后，殷又复兴了。在此期间，巫贤也被委以重任。

祖乙死后，其子祖辛即位。祖辛帝逝世，其弟沃甲即位，这就是沃甲帝。沃甲死后，立沃甲的哥哥祖辛的儿子祖丁，这就是祖丁帝。祖丁死后，立弟弟沃甲的儿子南庚，这就是南庚帝。南庚帝死后，立祖丁帝的儿子阳甲，这就是阳甲帝。阳甲帝在位期间，殷朝的国势就逐渐衰弱了。

自中丁帝以来，不立嫡长子而改立诸弟兄及他们的儿子，诸弟兄和他们的儿子有时互相争夺继承权，造成了连续九代的混乱，于是诸侯不再来朝见了。

阳甲帝逝世后，其弟盘庚继位。盘庚即位之前，殷朝已经在黄河以北的奄地定都了，盘庚执政后，又迁到黄河以南的亳邑定都，重新又回到了成汤的故都。由于从汤到盘庚，这已经是第五次迁都了，总是没有一个固定的国都，所以殷朝的老百姓都怨声载道，不愿意再受迁都之苦了。盘庚见此情况，就告谕诸侯大臣说："从前，先王成汤与你们的祖先一起平定天下，他们定下的法度原则可以遵循。舍弃这些而不去努力实现，用什么来成就新的德政呢？"于是渡过黄河，南迁到亳邑，重新遵行成汤的礼法。从此以后老百姓们逐渐安定下来了，商朝的国势再一次兴盛起来了。由于盘庚奉行了成汤的德政，诸侯也纷纷前来朝拜了。

盘庚帝驾崩后，其弟小辛即位，这就是小辛帝。小辛执政期间，商朝又衰弱了。百姓们思念盘庚的时代，于是作了《盘庚》三篇。小辛帝逝世以后，其弟小乙即位，这就是小乙帝。

小乙帝逝世，其儿子武丁即位。武丁帝即位后，想复兴殷朝，但一直没有找到称职的辅佐大臣。他三年不谈政事，国家政事全由冢宰决定，藉此来观察国家的风气。有一天夜里他梦见一位圣人，名叫说。白天他按照梦中见到的相貌观察大臣和官吏，没有一个像说这个人的。于是派百官到民间去四处找寻，终于在傅险这个地方找到了说。这个时候，说正在傅险修路，官吏把说带来面见武丁，武丁说此人正是。找到说之后，武丁与他谈话，结果发现他果真是一位贤圣，于是就举用他担任国相，商朝得到了很好的治理。于是就用傅险这个地名来作说的姓，称他为傅说。

武丁祭祀成汤的第二天，有一只野鸡飞来站在鼎耳上鸣叫，武丁为此惊恐不安。祖己说："大王不必惊慌，先办好政事。"祖己进一步劝导武丁说："上天监

“王勿忧，先修政事。”祖己乃训王曰：“唯天监下典厥义，降年有永有不永，非天夭民，中绝其命。民有不若德，不听罪，天既附命正厥德，乃曰其奈何。呜呼！王嗣敬民，罔非天继，常祀毋礼于弃道。”武丁修政行德，天下咸欢，殷道复兴。

帝武丁崩，子帝祖庚立。祖己嘉武丁之以祥雉为德，立其庙为高宗，遂作高宗肜日及训。

帝祖庚崩，弟祖甲立，是为帝甲。帝甲淫乱，殷复衰。

帝甲崩，子帝廪辛立。帝廪辛崩，弟庚丁立，是为帝庚丁。帝庚丁崩，子帝武乙立。殷复去亳，徙河北。

帝武乙无道，为偶人，谓之天神。与之博，令人为行。天神不胜，乃僇辱之。为革囊，盛血，卬而射之，命曰“射天”。武乙猎于河渭之间，暴雷，武乙震死。子帝太丁立。帝太丁崩，子帝乙立。帝乙立，殷益衰。

帝乙长子曰微子启，启母贱，不得嗣。少子辛，辛母正后，辛为嗣。帝乙崩，子辛立，是为帝辛，天下谓之纣。

帝纣资辨捷疾，闻见甚敏；材力过人，手格猛兽；知足以距谏，言足以饰非；矜人臣以能，高天下以声，以为皆出己之下。好酒淫乐，嬖于妇人。爱妲己，妲己之言是从。于是使师涓作新淫声，北里之舞，靡靡之乐。

厚赋税以实鹿台之钱，而盈钜桥之粟。益收狗马奇物，充仞宫室。益广沙丘苑台，多取野兽蜚鸟置其中。慢于鬼神。大最乐戏于沙丘，以酒为池，悬肉为林，使男女裸相逐其间，为长夜之饮。

百姓怨望而诸侯有畔者，于是纣乃重刑辟，有炮格之法。以西伯昌、九侯、鄂侯为三公。九侯有好女，入之纣。九侯女不喜淫，纣怒，杀之，而醢九侯。鄂侯争之强，辨之疾，并脯鄂侯。西伯昌闻督下民，以道义为标准，上天赐给人的寿命有长有短，不是上天使人的寿命夭折，而是人本身造恶断送了自己的生命。有的人不遵循道德，不改过自新，等到上天降下灾殃警戒他应该纠正自己的心行了，他才想起来说‘怎么办’。唉，大王您继承王位，努力为老百姓谋福利，没有不符合天意的，还要继续按常规祭祀，不要信奉应该抛弃的无益之道！”武丁听了祖己的劝谏，修行德政，全国人民皆大欢喜，商朝的国势又兴盛了。

武丁逝世后，其子祖庚即位。祖己赞许武丁以野鸡鸣叫之事为转机开始推行德政，给他立庙，称为高宗，写下了《高宗肜日》和《高宗之训》。

祖庚逝世后，其弟祖甲即位，这就是甲帝。甲帝荒淫无道，商朝又一次衰落。

甲帝逝世，他的儿子廪辛即位。廪辛逝世，他的弟弟庚丁即位，这就是帝庚丁。庚丁逝世，他的儿子武乙即位，殷都又离开亳，迁到了黄河以北。

武乙惨无人道，曾经制作了一个木偶人，称它为天神，他与天神赌博，命令别人作评判。天神不能取胜，武乙便侮辱它。并且还制作了一个皮革的囊袋，里面盛满血，仰天射囊袋，说这是“射天”。有一次，武乙到黄河和渭河之间去打猎，突然天空中打雷，武乙被雷击死。武乙死后，其子太丁帝即位。太丁帝逝世，他的儿子帝乙即位，帝乙即位时，殷朝就更加衰落了。

帝乙的长子叫微子启。他的母亲地位低贱，所以启不能继承帝位。帝乙的小儿子叫辛，辛的母亲是王后，于是辛被立为继承人。帝乙驾崩后，其子辛即位，这就是帝辛，天下都称他为“纣”。

纣天资聪明，有口才，行动敏捷，接受能力很强，而且力气过人，能空手与猛兽格斗。他的才智足可以回绝臣下的谏劝，他的能言善辩足可以文过饰非。他凭着才能在大臣面前炫耀，凭着声威到处抬高自己，认为天下所有的人都比不上他。他嗜酒悖乱，放荡作乐，宠爱女人。他特别宠爱妲己，一切都听从妲己的。于是他让乐师涓创作了新的淫荡乐曲，鄙俗的舞蹈，靡靡之音。

他加重赋税来增加鹿台储存的钱币，充实钜桥储存的粮食。他尽力搜集马狗和奇异的玩物，堆满了宫室，又扩建沙丘的楼台园林，捕捉大量的飞鸟野兽，放置在里面。他不敬鬼神傲慢无礼。而且招来大批戏乐，聚集在沙丘，用酒当作池水，悬肉成林，叫男女赤身裸体，追逐戏闹，通宵达旦地寻欢饮酒。

纣如此荒淫暴虐，百姓们咒恨他，一些诸侯也背叛了他。于是他就加重刑罚，设置了炮烙酷刑，让人在涂满油的铜柱上行走，下面点燃炭火，爬不动了就掉在炭火里。他命西伯昌、九侯、鄂侯担任三公。九侯有一个美丽的女儿，献给了纣。九侯的女儿不喜欢淫荡，纣恼怒，杀死了她，并把九侯剁成肉酱。鄂侯极力强谏，激烈争辩，结果鄂侯也遭到了脯刑，被制成肉干。西伯昌听到这件事，之，窃叹。崇侯虎知之，以告纣，纣囚西伯羑里。西伯之臣闳夭之徒，求美女奇物善马以献纣，纣乃赦西伯。西伯出而献洛西之地，以请除炮烙之刑。纣乃许之，赐弓矢斧钺，使得征伐，为西伯。而用费仲为政。费仲善谀，好利，殷人弗亲。纣又用恶来。恶来善毁谗，诸侯以此益疏。

西伯归，乃阴修德行善，诸侯多叛纣而往归西伯。西伯滋大，纣由是稍失权重。王子比干谏，弗听。商容贤者，百姓爱之，纣废之。及西伯伐饥国，灭之，纣之臣祖伊闻之而咎周，恐，奔告纣曰："天既讫我殷命，假人元龟，无敢知吉，非先王不相我后人，维王淫虐用自绝，故天弃我，不有安食，不虞知天性，不迪率典。今我民罔不欲丧，曰'天曷不降威，大命胡不至'？今王其奈何？"纣曰："我生不有命在天乎！"祖伊反，曰："纣不可谏矣。"西伯既卒，周武王之东伐，至盟津，诸侯叛殷会周者八百。诸侯皆曰："纣可伐矣。"武王曰："尔未知天命。"乃复归。

纣愈淫乱不止。微子数谏不听，乃与大师、少师谋，遂去。比干曰："为人臣者，不得不以死争。"乃强谏纣。纣怒曰："吾闻圣人心有七窍。"剖比干，观其心。箕子惧，乃详狂为奴，纣又囚之。殷之大师、少师乃持其祭乐器奔周。周武王于是遂率诸侯伐纣。纣亦发兵距之牧野。甲子日，纣兵败。纣走，入登鹿台，衣其宝玉衣，赴火而死。周武王遂斩纣头，悬之大白旗。杀妲己。释箕子之囚，封比干之墓，表商容之闾。封纣子武庚禄父，以续殷祀，令修行盘庚之政。殷民大说。于是周武王为天子。其后世贬帝号，号为王。而封殷后为诸侯，属周。

暗地里叹息。崇侯虎得知，就向纣去告发，纣就把西伯囚禁在羑里。西伯的臣子闳夭等人，找来了一些美女、奇物、好马等献给纣王，纣王这才释放了西伯。西伯从监狱出来之后，把洛水以西的一片土地献给了纣王，恳求纣王废除炮烙之刑。纣答应了他，并赐给他弓矢斧钺，使他能够征伐其他诸侯，这样他就成了西部地区的诸侯之长，就是西伯。纣任用费仲掌管国家政事。费仲善于奉承，贪图财利，殷人就不亲近他了。纣又任用恶来，恶来善于毁谤，喜欢进献谗言，诸侯与纣王愈加疏远。

西伯回国，暗地里修养德行，推行善政，诸侯大多背叛纣而去归附西伯。西伯的势力更加强大，纣因此渐渐丧失了权势。王子比干规劝纣，纣拒绝劝告。商容是个有才德的人，百姓们爱戴他，纣却免除了他的职务。等到西伯攻打饥国并把它灭掉后，纣的大臣祖伊听说后既怨恨周国，又非常害怕，于是跑到纣那里去报告说："上天已经断绝了我们商朝的国运了。不管是让懂得吉凶的人来预测，还是用大龟占卜，都没有一点好的征兆。我想不是先王不庇佑我们后人，而是大王您太暴虐无道了，得罪上天，所以上天才抛弃我们，使我们不能安宁，而您既不回心转意去了解天意，而且还不遵循常法。如今我国人民没有不希望商朝早亡的，他们说：'为什么上天还不显示你的慈悲？为什么灭纣的命令还不到来？'如今大王您想怎么办呢？"纣说："我生下来就是做国君的命，这不就是奉行天命吗？"祖伊回来后说："纣已经无药可救了！"西伯昌驾崩后，周武王率军东征，当到达盟津时，诸侯背叛殷纣王而前来与武王会师的就有八百个诸侯国。诸侯们都说："讨伐纣的时候终于到来了！"周武王说："你们不懂得天命。"于是又撤兵回国了。

纣王愈加荒淫暴虐，作恶不止。微子曾经劝谏多次，纣王充耳不闻，微子就和太师、少师商量，随后逃离了商朝。比干却说："做人家臣子的，不能不以死来谏诤。"于是他就极力劝谏。纣王大怒，说："我听说圣人的心有七个窍。"于是剖开比干的胸膛，挖出心来观看。箕子看到这种场景很恐惧，于是就假装疯癫给人家做奴隶。纣知道后又把箕子囚禁起来了。于是太师、少师拿着祭器、乐器，急急逃到周国。周武王见时机已到，就率领诸侯征讨殷纣王。纣王派出军队在牧野进行抵抗。周历二月初五甲子这一天，纣的军队溃败，慌乱中纣王逃进内城，登上鹿台，穿上他的宝玉衣，跳进火里自焚而死。周武王领兵进城，砍下纣王的头颅，挂在太白旗竿上示众。同时还处死了妲己，释放了被囚禁的箕子，修缮了比干的坟墓，表彰了商容的里巷。册封纣的儿子武庚禄父，让他承续殷的祭祀，并责令他施行盘庚的德政，殷的民众非常高兴。于是，周武王做了天子。因为后世人贬低帝这个称号，所以称为王。封殷的后代为诸侯，隶属于周。

周武王崩，武庚与管叔、蔡叔作乱，成王命周公诛之，而立微子于宋，以续殷后焉。

太史公曰：“余以颂次契之事，自成汤以来，采于书诗。契为子姓，其后分封，以国为姓，有殷氏、来氏、宋氏、空桐氏、稚氏、北殷氏、目夷氏。孔子曰：‘殷路车为善，而色尚白。’”

周武王逝世后，武庚和管叔、蔡叔联合叛乱。周成王命周公旦诛杀他们，而把微子封在宋国，来延续殷的后代。

太史公说："契的事迹，我是根据《诗经》中的《商颂》来编定的，自成汤以来的很多史料大多都是采自《尚书》和《诗经》。契为子姓，他的后代被分封到各国，于是就以国为姓了，有殷氏、来氏、宋氏、崆峒氏、稚氏、北殷氏、目夷氏等。孔子曾经说过，殷朝的车驾是很不错的，那个时代崇尚白色。"

周本纪第四

周后稷，名弃。其母有邰氏女，曰姜原。姜原为帝喾元妃。姜原出野，见巨人迹，心忻然说，欲践之，践之而身动如孕者。居期而生子，以为不祥，弃之隘巷，马牛过者皆辟不践；徙置之林中，适会山林多人，迁之；而弃渠中冰上，飞鸟以其翼覆荐之。姜原以为神，遂收养长之。初欲弃之，因名曰弃。

弃为儿时，屹如巨人之志。其游戏，好种树麻、菽，麻、菽美。及为成人，遂好耕农，相地之宜，宜谷者稼穑焉，民皆法则之。帝尧闻之，举弃为农师，天下得其利，有功。帝舜曰："弃，黎民始饥，尔后稷播时百谷。"封弃于邰，号曰后稷，别姓姬氏。后稷之兴，在陶唐、虞、夏之际，皆有令德。

后稷卒，子不窋立。不窋末年，夏后氏政衰，去稷不务，不窋以失其官而奔戎狄之间。不窋卒，子鞠立。鞠卒，子公刘立。公刘虽在戎狄之间，复修后稷之业，务耕种，行地宜，自漆、沮度渭，取材用，行者有资，居者有畜积，民赖其庆。百姓怀之，多徙而保归焉。周道之兴自此始，故诗人歌乐思其德。公刘卒，子庆节立，国于豳。

庆节卒，子皇仆立。皇仆卒，子差弗立。差弗卒，子毁隃立。毁隃卒，子公非立。公非卒，子高圉立。高圉卒，子亚圉立。亚圉卒，子公叔祖类立。公叔祖类卒，子古公亶父立。古公亶父复修后稷、公刘之业，积德行义，国人皆戴之。薰育戎狄攻之，欲得财物，予之。已复攻，欲得地与民。民皆怒，欲战。古公曰：

周的始祖后稷，名叫弃。他的母亲是有邰氏部族的女儿，名叫姜原。姜原是帝喾的正妃。姜原到野外去，看见巨人的脚印，心里一阵喜欢，想去踩它，一踩上去便觉得腹中在动，好像怀孕似的。孩子出生后，姜原认为这孩子不吉祥，就把他扔到了一个窄巷里。但不论是马还是牛从他身边经过时都绕道而走，没有踩他。于是又把他扔进了树林。正赶上树林里人多，所以又挪了个地方，把他扔进了渠沟的冰上。当时有飞来的鸟用翅膀盖在他身上，垫在他身下。姜原觉得这太神奇了，于是又把他抱回来养大成人。由于起初想把他扔掉，因此就给他取名叫弃。

弃小时候，就很出众，有高远的伟人志向。游戏的时候，他喜欢种麻、豆之类的庄稼，种出来的麻、豆长得都很茂盛。到他成年后，自然就喜欢耕种，观察土地的特性，适宜种植谷物的就种庄稼，人民都仿效他。尧帝听说后，就举任弃担任农师的官，教给民众种植庄稼，天下都得到他的好处，他做出了很大成绩。舜帝说："弃，黎民百姓开始挨饿时，你担任了农师，播种了各种谷物。"把弃封在邰，以官为号，称后稷，另外以姬为姓。后稷的兴起，正在唐尧、虞舜、夏商的时代，这一族都有美好的德望。

后稷去世后，他的儿子不窋继位。不窋晚年的时候，夏后氏政治衰败，废弃农师，不再重视农业，不窋因此失去农师的官职，于是就流浪到戎狄地区，不窋死后，其子鞠继位。鞠死后，其子公刘继位。公刘虽然生活在戎狄地区，但依然从事后稷的事业，致力于农业，巡行考察土地适宜种什么，从漆水、沮水，渡过渭水，伐木以供使用，使出门的人都有旅费、居家的人都有积蓄。民众的生活大为改善。百姓都感念他，很多人前来归附他。周朝事业的兴盛就是从此开始的，所以，诗人们创歌谱乐来纪念他的丰功伟业。公刘去世后，其儿子庆节继位，在豳邑建立了国都。

庆节去世后，其儿子皇仆继位。皇仆去世后，其儿子差弗继位。差弗去世后，其儿子毁隃继位。毁隃去世后，其儿子公非继位。公非去世后，其儿子高圉继位。高圉去世后，其儿子亚圉继位。亚圉去世后，其儿子公叔祖类继位。公叔祖类去世后，其儿子古公亶父继位。古公亶父重修后稷、公刘的大业，积功累德，普施仁义，国人都很拥戴他。戎狄的薰育族来侵扰，想要夺取财物，古公亶父就主动给他们。后来又来侵扰，想要夺取土地和人口。人民都很愤怒，想奋起反击。古公

“有民立君，将以利之。今戎狄所为攻战，以吾地与民。民之在我，与其在彼，何异。民欲以我故战，杀人父子而君之，予不忍为。”乃与私属遂去豳，度漆、沮，逾梁山，止于岐下。豳人举国扶老携弱，尽复归古公于岐下。及他旁国闻古公仁，亦多归之。于是古公乃贬戎狄之俗，而营筑城郭室屋，而邑别居之。作五官有司。民皆歌乐之，颂其德。

古公有长子曰太伯，次曰虞仲。太姜生少子季历，季历娶太任，皆贤妇人，生昌，有圣瑞。古公曰：“我世当有兴者，其在昌乎？”长子太伯、虞仲知古公欲立季历以传昌，二人乃亡如荆蛮，文身断发，以让季历。

古公卒，季历立，是为公季。公季修古公遗道，笃于行义，诸侯顺之。

公季卒，子昌立，是为西伯。西伯曰文王，遵后稷、公刘之业，则古公、公季之法，笃仁，敬老，慈少。礼下贤者，日中不暇食以待士，士以此多归之。伯夷、叔齐在孤竹，闻西伯善养老，盍往归之。太颠、闳夭、散宜生、鬻子、辛甲大夫之徒皆往归之。

崇侯虎谮西伯于殷纣曰：“西伯积善累德，诸侯皆向之，将不利于帝。”帝纣乃囚西伯于羑里。闳夭之徒患之。乃求有莘氏美女，骊戎之文马，有熊九驷，他奇怪物，因殷嬖臣费仲而献之纣。纣大说，曰：“此一物足以释西伯，况其多乎！”乃赦西伯，赐之弓矢斧钺，使西伯得征伐。曰：“谮西伯者，崇侯虎也。”西伯乃献洛西之地，以请纣去炮格之刑。纣许之。

西伯阴行善，诸侯皆来决平。于是虞、芮之人有狱不能决，乃如周。入界，耕者皆让畔，民俗皆让长。虞、芮之人未见西伯，皆惭，相谓曰：“吾所争，周人所耻，何往为，祇取辱耳。”遂还，俱让而去。诸侯闻之，曰“西伯盖受命之君”。

说："人民立君长，是让他们得到好处。现在戎狄来攻战的目的，是要我们的土地和人民。人民在我这里，和在他们那里，有什么不同？人民如果因为我的缘故去打仗，以杀害他们的父亲和孩子来做他们的君王，我不忍心。"于是带领家人离开了豳地，渡过漆水、沮水，翻过梁山，来到岐山脚下居住。豳邑的全体人民都扶老携幼，又都跟着古公来到岐下。邻国的人民听说古公这么仁德，于是很多人前来归从他。于是古公就废除戎狄的风俗，营造城郭，建筑房舍，把民众分成邑落定居下来。又设立各种官职，来办理各种事务。人民都用诗歌赞美他，歌颂他的功德。

古公的长子叫太伯，次子叫虞仲。古公的妃子太姜生下小儿子季历，季历娶太任为妻，她也像太姜一样的贤惠。太任生昌，昌有圣贤的气象。古公说："我的后代应当有成大事的人，大概就应在昌身上吧！"长子太伯、次子虞仲明白古公的想法，古公想让季历继位以便传给昌。于是两人就一块逃到了南方荆、蛮之地，并随当地的习俗，在身上刺上花纹，剪掉了头发，以这样的方式把王位让给了季历。

古公去世以后，季历继位，这就是公季。公季继续实行古公的治国之道，努力施行仁义，诸侯因此都归顺他。

公季去世，其儿子昌继位，这就是西伯。西伯也就是后人尊称的周文王，他继承后稷、公刘的事业，效法古公、公季的风范，一心一意施行仁义，尊老爱幼。他礼贤下士，有时为了接待贤士，到了中午都顾不上吃饭。因此，有很多士人都归附他。伯夷、叔齐在孤竹国，听说西伯非常尊敬老人，于是两人就商量说何不投奔西伯呢？太颠、闳夭、散宜生、鬻子、辛甲大夫这些人都一起归附了西伯。

崇侯虎向殷纣说西伯的坏话，他说："西伯积德累功，诸侯都想追随他，这将对您不利呀！"于是纣王就把西伯囚禁在羑里。闳夭等人都很担心西伯，于是想方设法找来有莘氏的美女，还有骊戎地区出产的红鬃白身、目如黄金般的骏马，有熊国的三十六匹良马，还有其他一些珍奇宝物，通过殷纣的宠臣费仲而得以献给纣王。纣王非常高兴地说："有一件这样的东西就可以释放西伯了，何况这么多呢！"于是就释放了西伯，还赐给他弓箭斧钺，让他讨伐邻近的诸侯。纣王说："说西伯坏话的是崇侯虎啊！"西伯于是献上洛水以西之地，并请纣王废去炮烙等酷刑。纣答应了他。

西伯默默地做善事积阴功，诸侯都来请他裁决纠纷。当时，虞国和芮国的人发生了争执不能决断，就一块儿到周国来。当进入周国国境后，发现种田的人都互让田界，人们都有谦让长者的习惯。虞、芮两国发生争执的人，还没有见到西伯，就已经很惭愧了，于是都说："人家周国人正是以我们所争的为耻，我们还去找西伯做什么，只会自取其辱罢了。"于是各自回国，都把田地让出后离开了。诸侯们听了这件事，都说："西伯恐怕就是那承受天命的君王。"

明年，伐犬戎。明年，伐密须。明年，败耆国。殷之祖伊闻之，惧，以告帝纣。纣曰：“不有天命乎？是何能为！”明年，伐邘。明年，伐崇侯虎。而作丰邑，自岐下而徙都丰。明年，西伯崩，太子发立，是为武王。

西伯盖即位五十年。其囚羑里，盖益易之八卦为六十四卦。诗人道西伯，盖受命之年称王而断虞芮之讼。后十年而崩，谥为文王。改法度，制正朔矣。追尊古公为太王，公季为王季：盖王瑞自太王兴。

武王即位，太公望为师，周公旦为辅，召公、毕公之徒左右王师，修文王绪业。

九年，武王上祭于毕。东观兵，至于盟津。为文王木主，载以车，中军。武王自称太子发，言奉文王以伐，不敢自专。乃告司马、司徒、司空、诸节：“齐栗，信哉！予无知，以先祖有德，臣小子受先功，毕立赏罚，以定其功。”遂兴师。师尚父号曰：“总尔众庶，与尔舟楫，后至者斩。”武王渡河，中流，白鱼跃入王舟中，武王俯取以祭。既渡，有火自上复于下，至于王屋，流为乌，其色赤，其声魄云。是时，诸侯不期而会盟津者八百诸侯。诸侯皆曰：“纣可伐矣。”武王曰：“女未知天命，未可也。”乃还师归。

居二年，闻纣昏乱暴虐滋甚，杀王子比干，囚箕子。太师疵、少师强抱其乐器而奔周。于是武王遍告诸侯曰：“殷有重罪，不可以不毕伐。”乃遵文王，遂率戎车三百乘，虎贲三千人，甲士四万五千人，以东伐纣。十一年十二月戊午，师毕渡盟津，诸侯咸会。曰：“孳孳无怠！”武王乃作太誓，告于众庶：“今殷王纣乃用其妇人之言，自绝于天，毁坏其三正，离逖其王父母弟，乃断弃其先祖之乐，乃为淫声，用变乱正声，怡说妇人。故今予发维共行天罚。勉哉夫子，不可再，不可三！”

二月甲子昧爽，武王朝至于商郊牧野，乃誓。武王左杖黄钺，右秉白旄，以麾。曰：“远矣西土之人！”武王曰：“嗟！我有国家第二年，西伯征伐犬戎。过了一年，征伐密须。再下一年，打败了耆国。商朝的祖伊听说了，非常害怕，于是把这些情况报告给了纣王。纣王说：“不是有天命授我吗？他能做什么！”次年，西伯征伐邘。第三年，征伐崇侯虎。并且营建了丰邑，从岐下迁都到丰。又过了一年，西伯逝世，太子发继位，这就是周武王。

西伯在位大约有五十年。大概在被囚禁在羑里的时候，他把《易》的八卦演化至六十四卦。诗人称颂西伯，说西伯就是在裁决虞、芮两国争讼之事那年承受天命而称王的。十年后西伯逝世，谥号文王。他曾经改变过商朝的律法制度，制定了新历法，曾追尊古公为太王、公季为王季，大概王业的征兆就从太王开始了。

武王即位后，以太公望为太师，周公旦为辅相，召公、毕公等人在武王左右辅佐帮助，继续秉承着文王的事业。

第九年，武王在毕地祭祀文王，然后往东方去检阅军队，显示武力，到达了盟津。他制作了文王的牌位，用车子运载着，带在军中。武王自称太子发，是奉文王之命前来讨伐，不敢自己擅自作主。于是向司马、司徒、司空等受王命执符节的官员宣告：“严肃谨慎，的确如此！我无知，靠着先祖留下的有德之臣，我继承祖先的功业，严格制定赏罚之法，以巩固先祖的功业。”于是发兵。师尚父向全军发布命令说：“集合你们的兵众，把好船桨，落后的一律斩杀。”武王乘船渡河，船走到河中央，有一条白鱼跳进武王的船中，武王俯身抓起来用它祭天了。渡过河之后，有一团火从天而降，落到武王住的房子上，转动不停，最后变成一只乌鸦，赤红的颜色，发出魄魄的鸣声。这时候，诸侯们虽然未曾约定，却都会集到盟津，共有八百多个。诸侯都说：“纣可以讨伐了！”武王说：“你们不了解天命，现在还不行。”于是率领军队回去了。

过了两年，武王听说纣昏庸暴虐更加严重。王子比干也被杀了，箕子也被囚禁起来了，太师疵、少师强抱着乐器逃奔到了周国。于是武王告令全体诸侯说：“殷王罪恶深重，不可以不讨伐了！”因此遵循文王的意愿，率领战车三百辆，勇士三千人，披甲战士四万五千人，向东前去讨伐纣王。十一年十二月戊午日，军队全部渡过盟津，诸侯都来会合。武王说：“勤勉振作，不得懈怠！”武王作了《太誓》，向所有将兵宣告：“如今殷王纣竟听信妇人之言，以致自取灭亡，破坏了天、地、人的正道，疏远他的亲族弟兄，又抛弃了他祖先传下的乐曲，竟然制作淫荡的音乐，毁坏了雅正之乐，以此来讨女人的欢心。因此，现在我姬发要恭敬地执行上天的惩罚。努力吧！战士们！一鼓作气，不可能有第二仗，更不可能有第三仗！”

二月甲子日的拂晓，武王很早就来到商郊牧野，举行誓师。武王左手拿着黄色大斧，右手拿着有旄牛尾做装饰的白色旗帜，用来指挥。“辛苦啦！西方来的将士们！”武王说，“啊！各国的君主，司徒、司马、司空，亚旅、师氏，千君，司徒、司马、司空，亚旅、师氏，千夫长、百夫长，及庸、蜀、羌、茅、微、纑、彭、濮人，称尔戈，比尔干，立尔矛，予其誓。”王曰：“古人有言‘牝鸡无晨。牝鸡之晨，惟家之索’。今殷王纣维妇人言是用，自弃其先祖肆祀不答，昏弃其家国，遗其王父母弟不用，乃维四方之多罪逋逃是崇是长，是信是使，俾暴虐于百姓，以奸轨于商国。今予发维共行天之罚。今日之事，不过六步七步，乃止齐焉，夫子勉哉！不过于四伐五伐六伐七伐，乃止齐焉，勉哉夫子！尚桓桓，如虎如罴，如豺如离，于商郊，不御克奔，以役西土，勉哉夫子！尔所不勉，其于尔身有戮。”誓已，诸侯兵会者车四千乘，陈师牧野。

帝纣闻武王来，亦发兵七十万人距武王。武王使师尚父与百夫致师，以大卒驰帝纣师。纣师虽众，皆无战之心，心欲武王亟入。纣师皆倒兵以战，以开武王。武王驰之，纣兵皆崩畔纣。纣走，反入登于鹿台之上，蒙衣其殊玉，自燔于火而死。武王持大白旗以麾诸侯，诸侯毕拜武王，武王乃揖诸侯，诸侯毕从。武王至商国，商国百姓咸待于郊。于是武王使群臣告语商百姓曰：“上天降休！”商人皆再拜稽首，武王亦答拜。

遂入，至纣死所。武王自射之，三发而后下车，以轻剑击之，以黄钺斩纣头，悬大白之旗。已而至纣之嬖妾二女，二女皆经自杀。武王又射三发，击以剑，斩以玄钺，悬其头小白之旗。武王已乃出复军。

其明日，除道，修社及商纣宫。及期，百夫荷罕旗以先驱。武王弟叔振铎奉陈常车，周公旦把大钺，毕公把小钺，以夹武王。散宜生、太颠、闳夭皆执剑以卫武王。既入，立于社南，大卒之左右毕从。毛叔郑奉明水，卫康叔封布兹，召公奭赞采，师尚父牵牲。尹佚筴祝曰：“殷之末孙季纣，殄废先王明德，侮蔑神祇不祀，昏暴商邑百姓，其章显闻于天皇上帝。”于是武王再拜稽首，曰：“膺更大夫长、百夫长，以及庸、蜀、羌、茅、微、纑、彭、濮各族的人民，举起你们的戈，排好你们的盾，竖起你们的矛，我要宣誓了！”武王说：“古人有句老话：‘母鸡不啼鸣。母鸡啼鸣，家必败。’如今殷纣王只听信妇人之言，自己丢掉了先祖的祭祀，不回报祖先；昏乱地抛开宗族和国家，丢开同祖兄弟不用，却纠合四方罪恶多端的逃犯，抬举他们，尊重他们，信任他们，重用他们，让他们欺压百姓，在商国为非作歹。现在我太子发恭谨地执行上天的惩罚。今天作战，前进不超出六、七步，就停顿下来整齐队伍。努力吧！战士们！刺击过四五次、六七次，就停下来齐整队伍，努力吧，各位将士！希望大家威风勇武，像猛虎，像熊罴，像豺狼，像蛟龙。在商都郊外，不要阻挡和杀害逃阵投降的人，让他们为我西方之人服役。奋力吧，战士们！你们谁要是不努力，你们自身就将遭杀戮！”誓师完毕，前来会合的诸侯军队，共有战车四千辆，在牧野列阵。

纣王听说武王攻来了，也发兵七十万来抵抗武王。武王派太公望和百夫长向纣的军队挑战，然后率领拥有战车三百五十辆、士卒两万六千二百五十人、勇士三千人的大部队急驱冲进殷纣的军队。纣的军队虽然人多，但都没有与周军作战的心思，心里盼着武王赶快攻进来。他们都掉转兵器攻击殷纣的军队，给武王做了先导。武王急驱战车冲进来，纣的士兵全部崩溃，背叛了殷纣。纣王败逃，返回城中登上鹿台，穿上他的宝玉衣，投火自焚了。武王手持大白旗指挥诸侯，诸侯都向他行拜礼，武王也作揖还礼，诸侯全都跟着武王。武王来到商都，城中的百姓都在城郊迎候。于是武王派群臣告诉商的百姓说：“上天赐福！”商都人全都拜谢，叩头至地，武王也向他们回拜行礼。

于是进入城中，来到纣自焚的地方。武王亲自发箭射纣的尸体，射了三箭然后走下战车，又用宝剑刺纣尸，用黄色大斧斩下了纣的头，悬挂在大白旗上。然后又到纣的两个宠妃的住所，这两位宠妃已经上吊自杀了。武王又向她们射了三箭，用剑刺击，用黑斧斩下她们的头，悬挂在小白旗上。武王做完这些才出城返回军中。

第二天，清除道路，整修祭祀土地和谷神的社坛及商纣的宫室。开始动工时，一百名壮汉扛着有几条飘带的云罕旗为武王在前面开道。武王的弟弟叔振铎恭敬地摆好常车，周公旦手持大斧，毕公手持小斧，站在武王两旁。散宜生、太颠、闳夭都手持宝剑护卫着武王。进了城，武王站在社坛南面大部队的左边，群臣跟在身后。毛叔郑捧着明月夜取的露水，卫康叔封铺好用公明草编的席子，召公奭献上了彩帛，师尚父牵来了供祭祀用的牲畜。尹佚朗读祝文祝祷说：“殷的末代子孙季纣，暴弃先王的美德，玷污蔑视神明不去祭祀，对商城中的百姓昏乱暴虐，这些昭著的事实让皇天上帝都已知晓。”于是武王拜了两拜，叩头至地，命，革殷，受天明命。”武王又再拜稽首，乃出。

封商纣子禄父殷之余民。武王为殷初定未集，乃使其弟管叔鲜、蔡叔度相禄父治殷。已而命召公释箕子之囚。命毕公释百姓之囚，表商容之闾。命南宫括散鹿台之财，发钜桥之粟，以振贫弱萌隶。命南宫括、史佚展九鼎保玉。命闳夭封比干之墓。命宗祝享祠于军。乃罢兵西归。行狩，记政事，作武成。封诸侯，班赐宗彝，作分殷之器物。武王追思先圣王，乃褒封神农之后于焦，黄帝之后于祝，帝尧之后于蓟，帝舜之后于陈，大禹之后于杞。

于是封功臣谋士，而师尚父为首封。封尚父于营丘，曰齐。封弟周公旦于曲阜，曰鲁。封召公奭于燕。封弟叔鲜于管，弟叔度于蔡。余各以次受封。

武王征九牧之君，登豳之阜，以望商邑。武王至于周，自夜不寐。周公旦即王所，曰：“曷为不寐？”王曰：“告女：维天不飨殷，自发未生于今六十年，麋鹿在牧，蜚鸿满野。天不享殷，乃今有成。维天建殷，其登名民三百六十夫，不显亦不宾灭，以至今。我未定天保，何暇寐！”王曰：“定天保，依天室，悉求夫恶，贬从殷王受。日夜劳来定我西土，我维显服，及德方明。自洛汭延于伊汭，居易毋固，其有夏之居。我南望三涂，北望岳鄙，顾詹有河，粤詹洛、伊，毋远天室。”营周居于洛邑而后去。纵马于华山之阳，放牛于桃林之虚；偃干戈，振兵释旅：示天下不复用也。

武王已克殷，后二年，问箕子殷所以亡。箕子不忍言殷恶，以存亡国宜告。武王亦丑，故问以天道。

武王病。天下未集，群公惧，穆卜，周公乃祓斋，自为质，欲代武王，武王有瘳。后而崩，太子诵代立，是为成王。

说："承受上天之命，革除殷朝政权，接受上天圣明的旨命。"武王又行再拜稽首之礼，然后退出。

武王把殷朝的遗民封给商纣的儿子禄父。武王因为殷地刚刚平定，还没有安定下来，就命令他的弟弟管叔鲜、蔡叔度辅佐禄父治理殷国。以后又命召公解除箕子的囚禁；又命令毕公释放了被囚禁的百姓，表彰商容的里巷，以褒扬他的德行；命南宫括把积聚在鹿台的钱财散发给人们，打开钜桥粮仓，分发粮食来赈济贫苦病弱的百姓；命令南宫括、史佚展示传国之宝九鼎和殷朝的宝玉；命令闳天给比干的墓培土筑坟；命令主管祭祀的祝官在军中祭奠阵亡将士的亡灵，然后才撤兵回西方去。路上武王巡视各诸侯国，记录政事，写下了《武成》，宣告灭殷武功已成。封诸侯，分赐殷的宗庙祭器，作《分殷之器物》。武王怀念古代的圣王，就表彰并赐封神农氏的后代于焦国，赐封黄帝的后代于祝国，赐封尧帝的后代于蓟，赐封舜帝的后代于陈，赐封大禹的后代于杞。

然后分封功臣谋士，其中师尚父是第一个受封的。封太公望于营丘，国号为齐；封其弟周公旦于曲阜，国号为鲁；封召公奭于燕；封弟弟叔鲜于管，弟弟叔度于蔡。其他人分别依次受封。

武王召见九州的长官，登上豳城附近的土山，向着远方商朝的国都眺望。武王回到周都镐京，直到深夜不能安睡。周公旦来到武王的住处，问道："为什么不睡？"王说："我告诉你：上天不受殷的享祭，从我没出生的时候起到现在已经六十年了，郊外怪兽成群、害虫遍野。上天不保佑殷朝，才使我们取得了今天的成功。上天建立殷朝，曾经任用有名之士三百六十人，虽然说不上政绩显著，但也不至于灭亡，才使殷朝维持至今。我还没有得到上天的保佑，哪有时间睡觉？"武王又说："我要确保周朝的国运不可改变，要靠近天帝的居室，要找出所有的恶人，惩罚他们，像对待殷王一样。我要日夜勤勉努力，确保我西方的安定，我要办好各种事情，直到功德之光照耀四方。从洛水的河湾到伊水的河湾，居住在平坦之处没有险隘，这是夏人居住的地方。我南望三涂，北望岳北，观察黄河，仔细察看了洛水、伊水地区，这里离天帝的居室不远，是建都的好地方。"于是对在洛邑修建周都进行了测量规划，然后才离去。他命令把马散放在华山之南，把牛散放到桃林的旷野；放下干戈，班师解散军队，向天下表示不再用兵。

武王战胜殷朝两年之后，向箕子询问殷朝灭亡的原因。箕子不忍心说殷朝的不好，就向武王讲述了国家存亡道理。武王也很尴尬，所以问他有关天道的事。

武王生了病。这时，天下还没有统一，王室大臣非常担心，虔诚地进行占卜；周公于是祓祀斋戒，自作替身，想代替武王去死，武王病有好转。后来武王逝世了，太子诵继承了王位，这就是成王。

成王少，周初定天下，周公恐诸侯畔周，公乃摄行政当国。管叔、蔡叔群弟疑周公，与武庚作乱，畔周。周公奉成王命，伐诛武庚、管叔，放蔡叔。以微子开代殷后，国于宋。颇收殷余民，以封武王少弟封为卫康叔。晋唐叔得嘉谷，献之成王，成王以归周公于兵所。周公受禾东土，鲁天子之命。初，管、蔡畔周，周公讨之，三年而毕定，故初作大诰，次作微子之命，次归禾，次嘉禾，次康诰、酒诰、梓材，其事在周公之篇。周公行政七年，成王长，周公反政成王，北面就群臣之位。

成王在丰，使召公复营洛邑，如武王之意。周公复卜申视，卒营筑，居九鼎焉。曰："此天下之中，四方入贡道里均。"作召诰、洛诰。成王既迁殷遗民，周公以王命告，作多士、无佚。召公为保，周公为师，东伐淮夷，残奄，迁其君薄姑。成王自奄归，在宗周，作多方。既绌殷命，袭淮夷，归在丰，作周官。兴正礼乐，度制于是改，而民和睦，颂声兴。成王既伐东夷，息慎来贺，王赐荣伯作贿息慎之命。

成王将崩，惧太子钊之不任，乃命召公、毕公率诸侯以相太子而立之。成王既崩，二公率诸侯，以太子钊见于先王庙，申告以文王、武王之所以为王业之不易，务在节俭，毋多欲，以笃信临之，作顾命。太子钊遂立，是为康王。康王即位，遍告诸侯，宣告以文武之业以申之，作康诰。故成康之际，天下安宁，刑错四十余年不用。康王命作策毕公分居里，成周郊，作毕命。

康王卒，子昭王瑕立。昭王之时，王道微缺。昭王南巡狩不返，卒于江上。其卒不赴告，讳之也。立昭王子满，是为穆王。穆王即成王年纪小，周又刚刚平定天下，周公担心诸侯背叛周朝，便代成王主持国家政事。管叔、蔡叔等弟兄怀疑周公欲篡位，联合武庚发动叛乱，背叛周朝。周公奉成王之命，讨伐处决了武庚、管叔，流放了蔡叔。他用微子开接续武庚作殷的后人，建都于宋。又将殷朝的全部遗民，封给武王的小弟弟封，让他做了卫康叔。晋唐叔得到一种二苗同穗的禾谷，献给成王。成王又把它赠给远在军营中的周公。周公在东方接受这些禾穗，宣布了天子的命令。起初，管叔、蔡叔背叛了周朝，周公前去讨伐，经过三年时间才彻底平定，所以先写下了《大诰》，向天下陈述东征讨伐叛逆的大道理；接着又写下了《微子之命》；再次写下了《归禾》、《嘉禾》，记述和颂扬天子赠送嘉禾；写下《康诰》、《酒诰》、《梓材》，下令封康叔于殷，训诫他戒除嗜酒，教给他为政之道。那些事件的经过记载在《鲁周公世家》中。周公执政七年，成王长大了，周公把权力还给成王，从此面向北站在群臣行列之中。

成王住在丰邑，派召公再次营建洛邑，目的是为了遵循武王的遗旨。周公又进行占卜，反复察看地形，最后营建成功，把九鼎安放在那里。他说："这里是天下的中央，四方进贡路程相等。"在测量和营建洛邑的过程中，写下了《诏诰》、《洛诰》。成王迁走殷的遗民后，周公以成王的名义宣告，作《多士》、《无佚》。召公担任太保，周公担任太师，往东征伐淮夷，灭了奄国，把奄国国君迁徙到薄姑。成王从奄国回来，在宗周写下了《多方》，告诫天下诸侯。成王消灭了殷朝的残余势力，袭击了淮夷，回到丰邑，写下了《周官》。说明了周朝设官分职用人之法，重新规定了礼仪，谱制了音乐，改变了制度。从这时候起人民和睦，歌颂周的乐声四起。成王讨伐了东夷之后，息慎前来恭贺，成王命令荣伯写下了《贿息慎之命》。

成王临终，担心太子钊胜任不了国事，就命令召公、毕公率领诸侯辅佐太子登位。成王去世后，召公、毕公率诸侯，陪奉太子钊谒见先王宗庙，用文王、武王开创周朝王业的艰难反复告诫太子，要他一定力行节俭，戒除贪欲，专心办理国政，写下了《顾命》，要求大臣们辅佐关照太子钊。太子钊于是登位，这就是康王。康王即位，通告天下诸侯，向他们宣告文王、武王的业绩，反复加以说明，写下了《康诏》。所以成、康两王时期，天下安宁，刑罚弃置不用达四十多年。康王命人写作策书告诉毕公，按善恶划分村落让民众居住；划定周都郊外的境界，作为周都的屏卫。为此写下《毕命》，记录了毕公受命这件事。

康王逝世之后，儿子昭王瑕继位。昭王在位的时候，王道衰落了。昭王到南方巡视，没有回来，因为当地人憎恶他，给他一只用胶粘合的船，结果淹死在江中。他死的时候没有向诸侯报丧，是因为忌讳这件事。后来立了昭王的儿子满，位，春秋已五十矣。王道衰微，穆王闵文武之道缺，乃命伯臩申诫太仆国之政，作臩命。复宁。

穆王将征犬戎，祭公谋父谏曰："不可。先王耀德不观兵。夫兵戢而时动，动则威，观则玩，玩则无震。是故周文公之颂曰：'载戢干戈，载橐弓矢，我求懿德，肆于时夏，允王保之。'先王之于民也，茂正其德而厚其性，阜其财求而利其器用，明利害之乡，以文修之，使之务利而辟害，怀德而畏威，故能保世以滋大。昔我先王世后稷以服事虞、夏。及夏之衰也，弃稷不务，我先王不窋用失其官，而自窜于戎狄之间。不敢怠业，时序其德，遵修其绪，修其训典，朝夕恪勤，守以敦笃，奉以忠信。奕世载德，不忝前人。至于文王、武王，昭前之光明而加之以慈和，事神保民，无不欣喜。商王帝辛大恶于民，庶民不忍，䜣载武王，以致戎于商牧。是故先王非务武也，勤恤民隐而除其害也。夫先王之制，邦内甸服，邦外侯服，侯卫宾服，夷蛮要服，戎翟荒服。甸服者祭，侯服者祀，宾服者享，要服者贡，荒服者王。日祭，月祀，时享，岁贡，终王。先王之顺祀也，有不祭则修意，有不祀则修言，有不享则修文，有不贡则修名，有不王则修德，序成而有不至则修刑。于是有刑不祭，伐不祀，征不享，让不贡，告不王。于是有刑罚之辟，有攻伐之兵，有征讨之备，有威让之命，有文告之辞。布令陈辞而有不至，则增修于德，无勤民于远。是以近无不听，远无不服。今自大毕、伯士之终也，犬戎氏以其职来王，天子曰'予必以不享征之，且观之兵'，无乃废先王之训，而王这就是穆王。穆王继位时，已经五十岁了。国家的政治衰败，穆王痛惜文王、武王的王道政治遭到影响，于是就命令伯臩反复告诫太仆，为了管好国事，写下了《臩命》。这样，天下才又得以安定。

穆王打算去攻打犬戎，祭公谋父进谏道："去不得。先王都是以修养自己的德行来服人，而不只是炫耀武力。平时军队蓄积力量，等到必要时才动用武力，一出动就有威力。如果只是炫耀武力，对方就会漫不经心，漫不经心就没有人畏惧了。所以周公所作的颂说：'收起武力，藏起弓箭。求贤重美德，华夏都传遍，王业永保生机。'先王对于人民，勉励端正其道德，增厚其性情，增加其财物，改良其器物，让他们懂得'利'和'害'的道理，用礼法来教化他们，使他们用心致力于善事而避免做恶事，心怀德政而畏惧刑罚，所以才能保住先王的事业世代相承发扬光大。从前我们的先祖世代都是农师，替大舜、禹王办事。到夏朝衰弱的时候，废弃农事，我们的先王不窋因此失去官职，自己逃窜到戎狄之地。但对农事却不敢松懈，时时宣扬弃的德行，继续他的事业，修习他的教化法度，早晚恭谨努力，用敦厚笃实的态度来保持，用忠实诚信的态度来奉行。世代秉持先祖恩德，不玷污祖先。到了文王和武王时，光大前人的光辉，加上慈爱和睦，敬事神明保护人民，神民无不欢喜。商纣王对民众犯下了大罪恶，民众无法忍受，于是都一致拥戴武王，因此才发动了商郊牧野之争。因此可以说，先王并不崇尚武力，而是殚精竭虑地为民众的疾苦思考啊。先王的礼法规定：国都近郊五百里以内地区是甸服，甸服以外五百里的地区是侯服，侯服至卫服共二千五百里的地区总称为宾服，蛮夷地区为要服，戎狄地区为荒服。甸服地区要供日祭，即供给天子祭祀祖父、父亲的祭品；侯服地区要供月祀，即供给天子祭祀高祖、曾祖的祀品；宾服地区要供时享，即供给天子祭祀远祖的祭品；要服地区要供岁贡，即供给天子祭神的祭品；荒服地区要来朝见天子。祭祀祖父、父亲，每日一次；祭祀高祖、曾祖，每月一次；祭祀远祖，每季一次；祭神，每年一次；朝见天子，终生一次。先王留下这样的遗训：有不供日祭的，就检查自己的思想；有不供月祀的，就检查自己的言论；有不供时享的，就检查自己的法律制度；有不供岁贡的，就检查上下尊卑的名分；有不来朝见的，就检查仁义礼乐等教化。以上几点都依次检查完了，仍然有不来进献朝见的，就检查刑罚。因此有时就惩罚不祭的，攻伐不祀的，征讨不享的，谴责不贡的，告谕不来朝见的，于是也就有了惩罚的法律，有了攻伐的军队，有了征讨的装备，有了严厉谴责的命令，有了告谕的文辞。如果宣布了命令，发出了文告，仍有不来进献朝见的，就进一步检查自己的德行，而不是轻易地劳民远征。这样一来，不论是近是远，就没有不服、没有不归顺的了。如今自从大毕、伯士死后，犬戎各族按照荒服的职分前来朝见，而您却说'我一定按不享的罪名征讨它，而且要向他们炫耀武力'，这恐几顿乎？吾闻犬戎树敦，率旧德而守终纯固，其有以御我矣。”王遂征之，得四白狼四白鹿以归。自是荒服者不至。

诸侯有不睦者，甫侯言于王，作修刑辟。王曰：“吁，来！有国有土，告汝祥刑。在今尔安百姓，何择非其人，何敬非其刑，何居非其宜与？两造具备，师听五辞。五辞简信，正于五刑。五刑不简，正于五罚。五罚不服，正于五过。五过之疵，官狱内狱，阅实其罪，惟钧其过。五刑之疑有赦，五罚之疑有赦，其审克之。简信有众，惟讯有稽。无简不疑，共严天威。黥辟疑赦，其罚百率，阅实其罪。劓辟疑赦，其罚倍洒，阅实其罪。膑辟疑赦，其罚倍差，阅实其罪。宫辟疑赦，其罚五百率，阅实其罪。大辟疑赦，其罚千率，阅实其罪。墨罚之属千，劓罚之属千，膑罚之属五百，宫罚之属三百，大辟之罚其属二百：五刑之属三千。”命曰甫刑。

穆王立五十五年，崩，子共王繄扈立。共王游于泾上，密康公从，有三女奔之。其母曰：“必致之王。夫兽三为群，人三为众，女三为粲。王田不取群，公行不下众，王御不参一族。夫粲，美之物也。众以美物归女，而何德以堪之？王犹不堪，况尔之小丑乎！小丑备物，终必亡。”康公不献，一年，共王灭密。共王崩，子懿王艰怕是废弃了先王的教导，而您将要陷入困境了吧？我听说犬戎已经建立了敦厚的风尚，遵守祖先传下来的美德，始终如一地坚守终生入朝的职分，看来他们是有力量来和我们对抗的。”穆王还是征讨了犬戎，得到四只白狼和四只白鹿带回来。从这以后荒服地方的人不再来朝见了。

诸侯之间有不和睦的，大臣甫侯向穆王禀报，于是制定了刑法。穆王说：“喂，过来！有国土的诸侯，告诉你们要善于使用刑法。现在你们安抚百姓，应该选择什么呢？难道不是贤德的人才吗？应该严肃对待什么呢？难道不是刑法吗？应该怎样处理各种事务？难道不是应该量刑适度吗？原告和被告都到场了，法官要从五个方面听取口供和证据；五个方面的口供和证据检查核实后，可用五刑来定罪；如果五刑不合适，就用五罚来定罪；如果不够使用五刑的，就按照用钱赎罪的五种惩罚来判决；如果用五刑不当，就按照五种过失来判决。按照五种过失来判决，会产生流弊，这就是凭借权势，乘机报恩报怨，通过宫中受宠女子进行干预，行贿受贿，受人请托。遇有这类情况，即使是大官贵族，也要查清罪状，与犯罪的人一样判他们的罪。判五刑之罪如果有疑点，就减等按五罚处理；判五罚之罪如果有可疑之处，就减等按五过处理；一定要审核清楚。要在众人中加以核实，审讯的结果要与事实相符。如果没有确凿的证据就不要怀疑，应当共同敬畏上天，不要轻易用刑。要判刺面的墨刑而有疑点的，可以减罪，罚以黄铜六百两；但要认真核实，如果确实有罪，还应施刑。要判割鼻的劓刑而有疑点的，可以减罪，罚以黄铜一千二百两，比墨刑加倍；但也要认真核实，如果确实有罪，还应施刑。判挖掉膝盖骨的膑刑而有疑点的，可以减罪，罚以黄铜三千两，比劓刑加一倍半；但也要认真核实，如果确实有罪，还应施刑。判断绝生殖机能的宫刑而有疑点的，可以减罪，罚以黄铜三千六百两；但也要认真核实，如果确实有罪，还应施行。判杀头之刑大辟而有疑点的，可以减罪，罚以黄铜六千两；但也要认真核实，如果确实有罪，还应施行。五刑的条文，墨刑类有一千条，劓刑类有一千条，膑刑类有五百条，宫刑类有三百条，大辟类有二百条，五种刑罚类的共三千条。”这套刑法因为是甫侯提出来的，所以将此命名为《甫刑》。

穆王在位五十五年逝世，其子共王繄扈即位。共王出游到泾水边上，密康公跟随着，有三个女子来投奔密康公。密康公的母亲说：“你一定要把她们献给国王。野兽够三只就叫‘群’，人够三个就叫‘众’，美女够三人就叫‘粲’。君王田猎都不敢猎取太多的野兽，诸侯出行对众人也要谦恭有礼，君王娶嫔妃不娶同胞三姐妹。那三个女子都很美丽。那么多美人都投奔你，你有什么德行承受得起呢？君王尚且承受不起，更何况你这样的小人物呢？小人物而拥有宝物，最终准会灭亡。”密康公没有献出。过了一年，共王灭密。共王去世，其子懿王艰即立。懿王之时，王室遂衰，诗人作刺。

懿王崩，共王弟辟方立，是为孝王。孝王崩，诸侯复立懿王太子燮，是为夷王。

夷王崩，子厉王胡立。厉王即位三十年，好利，近荣夷公。大夫芮良夫谏厉王曰："王室其将卑乎？夫荣公好专利而不知大难。夫利，百物之所生也，天地之所载也，而有专之，其害多矣。天地百物皆将取焉，何可专也？所怒甚多，不备大难。以是教王，王其能久乎？夫王人者，将导利而布之上下者也。使神人百物无不得极，犹日怵惕惧怨之来也。故颂曰'思文后稷，克配彼天，立我蒸民，莫匪尔极'。大雅曰'陈锡载周'。是不布利而惧难乎，故能载周以至于今。今王学专利，其可乎？匹夫专利，犹谓之盗，王而行之，其归鲜矣。荣公若用，周必败也。"厉王不听，卒以荣公为卿士，用事。

王行暴虐侈傲，国人谤王。召公谏曰："民不堪命矣。"王怒，得卫巫，使监谤者，以告则杀之。其谤鲜矣，诸侯不朝。三十四年，王益严，国人莫敢言，道路以目。厉王喜，告召公曰："吾能弭谤矣，乃不敢言。"召公曰："是鄣之也。防民之口，甚于防水。水壅而溃，伤人必多，民亦如之。是故为水者决之使导，为民者宣之使言。故天子听政，使公卿至于列士献诗，瞽献曲，史献书，师箴，瞍赋，蒙诵，百工谏，庶人传语，近臣尽规，亲戚补察，瞽史教诲，耆艾修之，而后王斟酌焉，是以事行而不悖。民之有口也，犹土之有山川也，财用于是乎出；犹其有原隰衍沃也，衣食于是乎生。口之宣言位。懿王在位时，王室衰败，诗人作诗进行讥讽。

懿王逝世后，共王的弟弟辟方继位，就是孝王。孝王逝世后，诸侯又立懿王的太子燮，这就是夷王。

夷王逝世后，其子厉王胡继位。厉王即位三十年，贪好财利，亲近荣夷公。大夫芮良夫劝谏厉王说："这样下去，恐怕王室会衰微的！荣公只喜欢独占财利，却不明白这样做的结果会有大灾祸。财利，是从各种事物中产生出来的，它是天地自然拥有的，只要有人想独占它，他就会受到深重的伤害。天地万物是人们都可以取用的，怎么可以独占呢？他触怒的人很多，却不防备大难。荣公用财利来引诱您，君王您难道能长久吗？做人君的人，应该是开发各种财物分发给上下群臣百姓。使神、人、万物都能得到所应得的一份，即使这样，还要每日小心警惕，恐怕招来怨恨呢。所以《颂》说：'追念有文德的祖先后稷，能够配享上天，安定我众多百姓，无不合乎其天的准则。'《大雅》说：'施恩布利以发展周国。'岂不正是通过广施财利来避免祸难来临吗？正因为如此，先王才能让周朝的事业一直延续到现在。而如今，现在王学的是独占财利，行吗？普通人独占财利，尚且称之为强盗。王这样行事，归附的人就很少了。荣公如果被重用，周朝肯定会被败亡的。"厉王不听规劝，依旧任用荣公做了卿士，负责执掌国政。

厉王残暴无德、骄傲放纵，老百姓都公开指责他的过失。召公进谏说："人民忍受不了您的政令了！"厉王恼怒，从卫国找来一个巫师，让他去监视那些议论他的人，发现后就报告朝廷，立即杀掉。这样做的结果，议论的人是减少了，可是各地的诸侯不来朝拜了。厉王在位的第三十四年，厉王更加严苛。国人没有谁再敢开口说话，路上相见也只能互递眼色示意而已。厉王见此非常高兴，告诉召公说："我能平息人们的非议，他们不敢讲话了。"召公说："这只是把他们的嘴堵住了。堵住人们的嘴巴，要比堵住洪水更厉害。水蓄多了，一旦决口，受害的人一定会很多；不让民众有合理的言论，这和堵住洪水的道理也是一样的。因此，治水的人应该疏通河道，使水流畅通；领导全国人民，也应该放开他们，让他们畅所欲言。因此天子治理国政，应该让公卿以下直到列士都要献上诗篇，以此来讽喻朝政的得失。盲人乐师要献上反映民情的乐曲，史官要献上可供借鉴的史书，乐师之长要献箴戒之言；由一些盲乐师诵读公卿列士所献的诗，由另一些盲乐师诵读箴戒之言；百官可以直接进谏，老百姓可以把意愿通过合理的渠道传达到天子那里；近臣要进行规谏，同宗亲属要互相查找改正过失；乐师、太史要负责教化；师傅等年长者要经常告诫，然后由天子斟酌而行。这样，事情做起来才会顺当、没有错误。民众有嘴巴，就如同大地有山川，财货器用都是从这里生产出来；民众有嘴巴，又好像大地有饶田沃野，衣服粮食也是从这里生产出来也，善败于是乎兴。行善而备败，所以产财用衣食者也。夫民虑之于心而宣之于口，成而行之。若壅其口，其与能几何？”王不听。于是国莫敢出言，三年，乃相与畔，袭厉王。厉王出奔于彘。

厉王太子静匿召公之家，国人闻之，乃围之。召公曰：“昔吾骤谏王，王不从，以及此难也。今杀王太子，王其以我为仇而怼怒乎？夫事君者，险而不仇怼，怨而不怒，况事王乎！”乃以其子代王太子，太子竟得脱。

召公、周公二相行政，号曰“共和”。共和十四年，厉王死于彘。太子静长于召公家，二相乃共立之为王，是为宣王。宣王即位，二相辅之，修政，法文、武、成、康之遗风，诸侯复宗周。十二年，鲁武公来朝。

宣王不修籍于千亩，虢文公谏曰不可，王弗听。三十九年，战于千亩，王师败绩于姜氏之戎。

宣王既亡南国之师，乃料民于太原。仲山甫谏曰：“民不可料也。”宣王不听，卒料民。

四十六年，宣王崩，子幽王宫湦立。幽王二年，西周三川皆震。伯阳甫曰：“周将亡矣。夫天地之气，不失其序；若过其序，民乱之也。阳伏而不能出，阴迫而不能蒸，于是有地震。今三川实震，是阳失其所而填阴也。阳失而在阴，原必塞；原塞，国必亡。夫水土演而民用也。土无所演，民乏财用，不亡何待！昔伊、洛竭而夏亡，河竭而商亡。今周德若二代之季矣，其川原又塞，塞必竭。夫国必依山川，山崩川竭，亡国之徵也。川竭必山崩。若国亡不过十年，数之纪也。天之所弃，不过其纪。”是岁也，三川竭，岐山崩。

三年，幽王嬖爱褒姒。褒姒生子伯服，幽王欲废太子。太子母申侯女，而为后。后幽王得褒姒，爱之，欲废申后，并去太子的。民众把话从嘴里说出来了，政事哪些好、哪些坏也就可以从这里看出来了。好的就实行，坏的就防备，这个道理就跟大地出财物器用衣服粮食是一样的。民众心里想什么嘴里就说什么，心里考虑好了就去做。如果堵住他们的嘴巴，那能维持多久呢！”厉王不听劝阻。在这种情况下国都内没有人敢讲话。过了三年，竟一起叛乱，袭击厉王。厉王逃亡到彘。

厉王的太子静躲藏在召公的家里，国人听说后，就把召公家包围起来了。召公说：“先前我劝谏君王多次，君王还是不听，以至于遭受这样大的灾祸。如果现在太子被人杀了，王大概会认为我和他对立而怨恨吧？侍奉国君的人，即使遇到危险也不应该怨恨；即使怨恨也不应该发怒，更何况侍奉天子呢？”于是就用自己的儿子代替了王太子，太子最后得免于难。

召公、周公二辅相共理朝政，号称“共和”。共和十四年，厉王在彘去世。太子静在召公家中长大，两位国相于是一起立他为王，这就是宣王。宣王登位之后，由二相辅佐，修明政事，师法文王、武王、成王、康王的遗风，诸侯又都尊奉周王室了。共和十二年，鲁武公来朝见。

宣王不遵籍礼，没有到千亩去耕种专供天子带头亲耕以示重农的籍田。虢文公劝谏说这样不行，宣王不听。共和三十九年，王的军队在千亩与姜氏之戎交战，大败。

宣王丧失了南方江、淮一带的军队后，就在太原清点人口以备征兵。仲山甫劝谏说：“民户是不可以统计的。”宣王不听劝告，最终还是清点了。

共和四十六年，宣王驾崩，其子幽王宫涅继位。幽王二年，西周都城及其附近的泾水、渭水、洛水三条河所在的地区都发生了地震。伯阳甫说：“周朝快要灭亡啦。天地间的阴阳之气，应该是有秩序的；如果破坏了秩序，那也是人为造成的。阳气沉伏在下，不能出来，阴气压迫着阳气使它不能上升，所以就会有地震出现。现在泾、渭、洛一带所发生的地震，这是阳气不得其所而被阴气镇伏。阳气失位而居于阴气的位置，水源必定会堵塞；水源堵塞，国家必然灭亡。土壤湿润人民才能利用。土地得不到滋润，人民就会财用缺乏，如果到了这种地步，国家不灭亡还等待什么！从前，伊水、洛水干涸夏朝就灭亡了；黄河枯竭商朝就灭亡了。如今周的气数也像夏、商两代末年一样了，河源的水流又被阻塞，水源被阻塞，河流必定要枯竭。一个国家的生存，一定要依赖于山川河流，如果高山崩塌、河川枯竭，这是亡国的征兆。河川枯竭了，高山就一定崩塌。这样看来，国家的灭亡用不了十年，因为十刚好是数字的一个循环。上天所要抛弃的，不会超过十年。”这一年，果然三川枯竭了、岐山崩塌了。

幽王三年，幽王宠爱褒姒。褒姒生的儿子叫伯服，幽王想废掉太子。太子的母亲是申侯的女儿，是幽王的王后。后来幽王得到褒姒，宠爱她，想废掉申后，宜臼，以褒姒为后，以伯服为太子。周太史伯阳读史记曰：“周亡矣。”昔自夏后氏之衰也，有二神龙止于夏帝庭而言曰：“余，褒之二君。”夏帝卜杀之与去之与止之，莫吉。卜请其漦而藏之，乃吉。于是布币而策告之，龙亡而漦在，椟而去之。夏亡，传此器殷。殷亡，又传此器周。比三代，莫敢发之，至厉王之末，发而观之。漦流于庭，不可除。厉王使妇人裸而譟之。漦化为玄鼋，以入王后宫。后宫之童妾既龀而遭之，既笄而孕，无夫而生子，惧而弃之。宣王之时童女谣曰：“檿弧箕服，实亡周国。”于是宣王闻之，有夫妇卖是器者，宣王使执而戮之。逃于道，而见乡者后宫童妾所弃妖子出于路者，闻其夜啼，哀而收之，夫妇遂亡，奔于褒。褒人有罪，请入童妾所弃女子者于王以赎罪。弃女子出于褒，是为褒姒。当幽王三年，王之后宫见而爱之，生子伯服，竟废申后及太子，以褒姒为后，伯服为太子。太史伯阳曰：“祸成矣，无可奈何！”

褒姒不好笑，幽王欲其笑万方，故不笑。幽王为烽燧大鼓，有寇至则举烽火。诸侯悉至，至而无寇，褒姒乃大笑。幽王说之，为数举烽火。其后不信，诸侯益亦不至。

幽王以虢石父为卿，用事，国人皆怨。石父为人佞巧善谀好利，王用之。又废申后，去太子也。申侯怒，与缯、西夷犬戎攻幽王。幽王举烽火征兵，兵莫至。遂杀幽王骊山下，虏褒姒，尽取周赂而去。于是诸侯乃即申侯而共立故幽王太子宜臼，是为平王，以奉周祀。

平王立，东迁于洛邑，辟戎寇。平王之时，周室衰微，诸侯强并并废掉太子宜臼，立褒姒为王后，立伯服为太子。周太史伯阳阅读历史典籍，感慨道："周朝就要灭亡啦。"从前夏后氏衰落时候，有两条神龙降临在夏帝的宫廷，说："我们是褒国的两个先君。"夏帝卜问究竟是杀掉它们还是赶走它们还是留下它们，都不吉利。于是就进行占卜，结果还是不吉利。又卜占，占卜的结果是将它们的唾液藏起来，结果才吉利。于是摆设出币帛祭物，书写简策，向二龙祈祷，二条龙就不见了，留下了唾液。夏王命令拿木匣子把龙的唾液收藏起来。夏朝亡国后，这个匣子传到了商朝，殷亡之后，又传到了周朝。连续三代，从来没有人敢把匣子打开。可是到了周厉王末年，打开匣子看了。龙的唾液流在殿堂上，无论如何也清扫不掉。于是周厉王命令一群女人，赤身裸体对着唾液大声呼叫。那唾液变成了一只黑色的大蜥蜴，爬进了厉王的后宫。后宫有一个小宫女，仅六七岁，刚刚换牙，碰了那只大蜥蜴，后来到了成年的时候竟然怀孕了，没有丈夫却生下了孩子，因此她非常恐惧，于是就把那孩子扔掉了。宣王时童女唱歌谣说："山桑做的弓，箕木做的箭囊，要灭掉周。"宣王听到了这首歌，有一对夫妻正好卖山桑弓和箕木制的箭袋，宣王命人去抓捕他们，想把他们杀掉。夫妇二人逃到大路上，发现了先前被小宫女扔掉的婴孩，听到她在深更半夜里啼哭，非常可怜，于是就收留了她。夫妇二人继续往前逃，逃到了褒国。后来褒国人得罪了周朝，就想把被小宫女扔掉的那个女孩献给厉王，以求赎罪。因为当初这个被扔掉的女孩是褒国献出，所以叫她褒姒。周幽王三年，幽王到后宫去，一见到这女子就非常喜爱，待她生下儿子伯服，最后把申后和太子都废掉了，让褒姒做了王后、伯服做了太子。太史伯阳感慨地说："灾祸已形成了，无可奈何！"

褒姒不爱笑，幽王为了博得她一笑，用了各种办法，褒姒仍然不笑。周幽王设置了烽火狼烟和大鼓，有敌人来侵犯就点燃烽火。周幽王为了让褒姒笑，点燃了烽火，诸侯见到烽火，全都赶来了。赶到之后，却不见有敌寇，褒姒看了果然哈哈大笑。幽王很高兴，为她多次点燃烽火。后来这烽火便失去了信用，诸侯们来的也越来越少了。

周幽王任用虢石父做卿，在国中执政，国人都对他不满意。虢石父为人能说会道，善于阿谀奉承又贪图财利，王却任用他。幽王又废掉了申后和太子。申侯很生气，联合缯国、犬戎一起攻打幽王。幽王点燃烽火召集诸侯的救兵。诸侯们再也没有人派救兵来了。幽王就被申侯杀死在骊山脚下，申侯俘虏了褒姒，把周的财宝都拿走了。于是诸侯们就和申侯一起拥立幽王从前的太子宜臼为王。也就是周平王，由周平王来继承周朝的祭祀。

周平王即位后，把国都迁到东都洛邑，以躲避犬戎。平王在位的时候，周王室衰落，各诸侯弱肉强食，齐国、楚国、秦国、晋国势力开始强大，一切政事都弱，齐、楚、秦、晋始大，政由方伯。

四十九年，鲁隐公即位。

五十一年，平王崩，太子泄父蚤死，立其子林，是为桓王。桓王，平王孙也。

桓王三年，郑庄公朝，桓王不礼。五年，郑怨，与鲁易许田。许田，天子之用事太山田也。八年，鲁杀隐公，立桓公。十三年，伐郑，郑射伤桓王，桓王去归。

二十三年，桓王崩，子庄王佗立。庄王四年，周公黑肩欲杀庄王而立王子克。辛伯告王，王杀周公。王子克奔燕。

十五年，庄王崩，子釐王胡齐立。釐王三年，齐桓公始霸。

五年，釐王崩，子惠王阆立。惠王二年。初，庄王嬖姬姚，生子颓，颓有宠。及惠王即位，夺其大臣园以为囿，故大夫边伯等五人作乱，谋召燕、卫师，伐惠王。惠王奔温，已居郑之栎。立釐王弟颓为王。乐及遍舞，郑、虢君怒。四年，郑与虢君伐杀王颓，复入惠王。惠王十年，赐齐桓公为伯。

二十五年，惠王崩，子襄王郑立。襄王母蚤死，后母曰惠后。惠后生叔带，有宠于惠王，襄王畏之。三年，叔带与戎、翟谋伐襄王，襄王欲诛叔带，叔带奔齐。齐桓公使管仲平戎于周，使隰朋平戎于晋。王以上卿礼管仲。管仲辞曰："臣贱有司也，有天子之二守国、高在。若节春秋来承王命，何以礼焉。陪臣敢辞。"王曰："舅氏，余嘉乃勋，毋逆朕命。"管仲卒受下卿之礼而还。九年，齐桓公卒。十二年，叔带复归于周。

十三年，郑伐滑，王使游孙、伯服请滑，郑人囚之。郑文公怨惠王之入不与厉公爵，又怨襄王之与卫滑，故囚伯服。王怒，将以翟伐郑。富辰谏曰："凡我周之东徙，晋、郑焉依。子颓之要由各方诸侯的首领来裁决。

平王四十九年，鲁隐公登位。

平王五十一年，周平王驾崩，而太子泄父也死得很早，立了他的儿子林，这就是桓王。桓王，就是周平王的孙子。

桓王三年，郑庄公前来朝见，桓王没有依礼接待郑庄公。五年，郑国由于怨恨桓王，于是就和鲁国调换了许地的田地。许地的田地，是天子祭祀泰山的专用田。八年，鲁人杀了隐公，拥立桓公。十三年，周桓王攻打郑国，郑国人祝聃射伤了桓王的肩膀，桓王就离开郑国回去了。

桓王二十三年，桓王去世，他的儿子庄王佗登位。庄王四年，周公黑肩想杀掉庄王拥立王子克。辛伯把这个消息报告给庄王，庄王杀掉周公，王子克逃往燕国。

十五年，周庄王去世。其儿子釐王胡齐登位。釐王三年，齐桓公开始称霸诸侯。

五年，釐王去世，其儿子惠王阆登位。惠王二年，起初，庄王宠爱姚姬，生下一子叫颓，很受宠爱。到惠王即位，夺其大臣的园林作自己的猎场，因此大夫边伯等五人作乱，商议着召集燕、卫的军队，讨伐惠王。惠王逃到温邑，后来就住在了郑国的栎邑。边伯等拥立釐王的弟弟颓为王。他们演奏各种舞乐，郑国和虢国的国君得知后很愤怒。四年，郑国和虢国一起发兵，杀死了周王颓，又把惠王护送回朝廷，惠王十年，赐封齐桓公为诸侯首领。

二十五年，惠王驾崩，其子襄王郑继位。襄王的母亲很早就去世了。继母就是惠后。惠后生了叔带，叔带很受惠王的宠爱，襄王不放心他。三年，叔带和戎国、翟国商议打算进攻襄王，襄王想要杀死叔带，于是叔带逃到了齐国。齐桓公派管仲去劝说戎国和周和解，派隰朋去劝说戎和晋和解。襄王用上卿的礼节来接待管仲。管仲辞谢道："微臣身为下卿，不过是个卑贱的官吏，齐国还有天子您亲自任命的两位大臣上卿国氏、高氏在，如果国、高二卿届时在春、秋两季前来朝见天子，您将打算如何接见他们呢？微臣以天子和齐桓公的双重臣子的身份冒昧地辞谢了。"襄王说："你是我舅父家的使臣，我欣赏你的政绩，请不要拒绝我的善意。"最终管仲还是接受了下卿的礼节，然后就回国了。九年，齐桓公去世。在十二年，叔带又回到了周朝。

十三年，郑国攻打滑国。周襄王派游孙、伯服为滑说情，郑国拘禁了这两个人。郑文公怨恨惠王，送给虢公酒器玉爵而不送给郑厉公，又怨恨襄王帮助卫国和滑国，所以拘禁了伯服。襄王很生气，想利用翟国军队去攻打郑国。富辰劝谏襄王说："周东迁的时候，靠的是晋国和郑国的力量。子颓叛乱，又是依靠郑国得以乱，又郑之由定，今以小怨弃之！”王不听。十五年，王降翟师以伐郑。王德翟人，将以其女为后。富辰谏曰：“平、桓、庄、惠皆受郑劳，王弃亲亲翟，不可从。”王不听。十六年，王绌翟后，翟人来诛，杀谭伯。富辰曰：“吾数谏不从。如是不出，王以我为怼乎？”乃以其属死之。

初，惠后欲立王子带，故以党开翟人，翟人遂入周。襄王出奔郑，郑居王于氾。子带立为王，取襄王所绌翟后与居温。十七年，襄王告急于晋，晋文公纳王而诛叔带。襄王乃赐晋文公圭鬯弓矢，为伯，以河内地与晋。二十年，晋文公召襄王，襄王会之河阳、践土，诸侯毕朝，书讳曰“天王狩于河阳”。

二十四年，晋文公卒。

三十一年，秦缪公卒。

三十二年，襄王驾崩，子顷王壬臣立。顷王六年，崩，子匡王班立。匡王六年，崩，弟瑜立，是为定王。

定王元年，楚庄王伐陆浑之戎，次洛，使人问九鼎。王使王孙满应设以辞，楚兵乃去。十年，楚庄王围郑，郑伯降，已而复之。十六年，楚庄王卒。

二十一年，定王崩，子简王夷立。简王十三年，晋杀其君厉公，迎子周于周，立为悼公。

十四年，简王崩，子灵王泄心立。灵王二十四年，齐崔杼弑其君庄公。

二十七年，灵王崩，子景王贵立。景王十八年，后太子圣而蚤卒。二十年，景王爱子朝，欲立之，会崩，子丐之党与争立，国人立长子猛为王，子朝攻杀猛。猛为悼王。晋人攻子朝而立丐，是为敬王。

敬王元年，晋人入敬王，子朝自立，敬王不得入，居泽。四年，平定，如今能因为一点小小的怨恨就抛弃它吗？”襄王不听劝阻。十五年，襄王派翟国的军队前去攻打郑国。襄王感激翟人，准备把翟王的女儿立为王后。富辰又劝谏说：“平王、桓王、庄王、惠王都曾受到郑国的好处，君王您抛开同姓之亲的郑国而去亲近翟国，这样做实在不可取。”襄王仍是不听。十六年，襄王废黜了翟后，翟人前来诛讨，杀死了周大夫谭伯。富辰说：“我屡次劝谏君王，君王都不听，如今到了这个局面，我若不出去迎战，君王可能会以为我在怨恨他吧！”于是就带领着他的属众出去与翟人作战，结果战死。

当初，惠后想立王子叔带为太子，所以派亲信给翟人做先导，翟人这才攻进了周都。襄王逃到郑国，郑国把他安置在氾邑。王子叔带立为王，娶了襄王废黜的翟后，和她一起住在温邑。十七年，襄王向晋国告急，晋文公把襄王护送回朝，杀死了叔带。襄王就赐给晋文公玉珪、香酒、弓箭，让他担任诸侯的首领，并把河内的地盘赐给晋国。二十年，晋文公召见襄王，襄王前往河阳、践土与他相会，诸侯都前去朝见，史书因避讳以臣召君这种事，就写成了“天王到河阳巡视”。

二十四年，晋文公逝世。

三十一年，秦缪公逝世。

三十二年，周襄王逝世。其儿子顷王壬臣继位。顷王六年，顷王逝世，其儿子匡王班登位。匡王六年，匡王逝世，他的弟弟瑜继位，这就是周定王。

定王元年，楚庄王征伐陆浑地方的戎族，军队驻扎在洛水边上，楚庄王派人询问九鼎的大小轻重，露出夺取天下之意。定王命王孙满用巧妙的辞令应付了楚庄王，楚兵这才离去。十年，楚庄王包围郑，郑伯出降，不久楚又恢复了郑国。十六年，楚庄王去世。

二十一年，定王逝世，其儿子简王夷登位。简王十三年，晋人杀了他们的国君厉公，从周迎回了子周，立为悼公。

十四年，简王驾崩，其子灵王泄心登位。灵王二十四年，齐国的崔杼杀了他们的国君庄公。

二十七年，灵王逝世，其儿子景王贵立。景王十八年，王后所生的太子虽精明通达却过早去世。二十年，景王宠爱子朝，打算立他为太子，恰好景王这时去世，子丐一伙人与子朝争立。国都的人立景王长子猛为王，子朝杀死猛。猛就是悼王。晋人攻打子朝扶立丐为王，这就是周敬王。

敬王元年，晋人护送敬王回朝。由于子朝已经自立为王，敬王不能进入国晋率诸侯入敬王于周，子朝为臣，诸侯城周。十六年，子朝之徒复作乱，敬王奔于晋。十七年，晋定公遂入敬王于周。

三十九年，齐田常杀其君简公。

四十一年，楚灭陈。孔子卒。

四十二年，敬王崩，子元王仁立。元王八年，崩，子定王介立。

定王十六年，三晋灭智伯，分有其地。

二十八年，定王崩，长子去疾立，是为哀王。哀王立三月，弟叔袭杀哀王而自立，是为思王。思王立五月，少弟嵬攻杀思王而自立，是为考王。此三王皆定王之子。

考王十五年，崩，子威烈王午立。

考王封其弟于河南，是为桓公，以续周公之官职。桓公卒，子威公代立。威公卒，子惠公代立，乃封其少子于巩以奉王，号东周惠公。

威烈王二十三年，九鼎震。命韩、魏、赵为诸侯。

二十四年，崩，子安王骄立。是岁盗杀楚声王。

安王立二十六年，崩，子烈王喜立。烈王二年，周太史儋见秦献公曰："始周与秦国合而别，别五百载复合，合十七岁而霸王者出焉。"

十年，烈王崩，弟扁立，是为显王。显王五年，贺秦献公，献公称伯。九年，致文武胙于秦孝公。二十五年，秦会诸侯于周。二十六年，周致伯于秦孝公。三十三年，贺秦惠王。三十五年，致文武胙于秦惠王。四十四年，秦惠王称王。其后诸侯皆为王。

四十八年，显王崩，子慎靓王定立。慎靓王立六年，崩，子赧王延立。王赧时东西周分治。王赧徙都西周。

西周武公之共太子死，有五庶子，毋适立。司马翦谓楚王曰："不如以地资公子咎，为请太子。"左成曰："不可。周不听，是公之知困而交疏于周也。不如请周君孰欲立，以微告翦，翦请令楚资之都，就居住在泽邑。四年，晋人率领诸侯护送敬王回周，子朝做了臣子，诸侯给周修筑都城。十六年，子朝一伙人再次作乱，敬王逃亡到晋。十七年，晋定公最终把敬王送回周。

三十九年，齐国田常杀了他们的国君简公。

四十一年，楚灭掉了陈国。孔子在这一年去世。

四十二年，周敬王驾崩，其子元王仁登位。元王八年，元王逝世，其儿子定王介登位。

定王十六年，韩、赵、魏三家消灭了智伯，瓜分其领地。

二十八年，定王逝世，其长子去疾登位，这就是哀王。哀王即位三个月，其弟弟叔袭击杀害哀王而自立为王，这就是思王。思王即位五个月，他的小弟弟嵬攻杀思王后自立为王，这就是考王。这三位都是定王的儿子。

考王十五年，考王逝世，其儿子威烈王午登位。

考王把他的弟弟封在河南，这就是桓公，让他承续周公这个官位职事。桓公死后，其儿子威公继任。威公去世，其子惠公继任，把他的幼子封在巩来侍奉周王，号为东周惠公。

威烈王二十三年，九鼎震动。这一年，周王命韩、魏、赵为诸侯。

二十四年，威烈王驾崩，其子安王骄继位。这一年，盗贼杀死了楚声王。

周安王在位二十六年后驾崩，其子烈王喜继位。烈王二年，周太史儋拜见秦献公说："当初周王朝是与秦国合在一起的，后来又分开了；分开五百年后又合在一起了，合在一起十七年后就会有霸王出现。"

十年，周烈王驾崩，他的弟弟扁继位，这就是周显王。显王五年，祝贺秦献公，献公称霸。九年，显王将祭祀文王、武王的胙肉献给秦孝公。二十五年，秦王在周国与诸侯会盟。二十六年，周显王把诸侯之长方伯的名号赠送给了秦孝公。三十三年，向秦惠王祝贺。三十五年，又向秦惠王献上了祭祀文王、武王的胙肉。四十四年，秦惠王称王。从此以后，诸侯都各自称王了。

四十八年，周显王驾崩，其子慎靓王定继位。慎靓王在位六年后驾崩，其儿子赧王延继位。赧王在位时，东西周各自为政。赧王迁都到了西周。

西周武公的共太子死了，还有五个儿子都是庶出的，没有嫡子可以立为太子。司马翦对楚王说："不如拿土地支持公子咎，为他谋求太子的地位。"左成说："不行。如果我们用土地资助了公子咎，而周却不听我们的，这样您的主意就行不通了，与周的交情也疏远了。不如问问西周国君想立谁为接班人，让他们悄悄告诉司马翦，司马翦请楚用土地支持将要被立的人。"结果，西周真的立公以地。”果立公子咎为太子。

八年，秦攻宜阳，楚救之。而楚以周为秦故，将伐之。苏代为周说楚王曰：“何以周为秦之祸也？言周之为秦甚于楚者，欲令周入秦也，故谓‘周秦’也。周知其不可解，必入于秦，此为秦取周之精者也。为王计者，周于秦因善之，不于秦亦言善之，以疏之于秦。周绝于秦，必入于郢矣。”

秦借道两周之间，将以伐韩，周恐借之畏于韩，不借畏于秦。史厌谓周君曰：“何不令人谓韩公叔曰‘秦之敢绝周而伐韩者，信东周也。公何不与周地，发质使之楚’？秦必疑楚不信周，是韩不伐也。又谓秦曰‘韩强与周地，将以疑周于秦也，周不敢不受’。秦必无辞而令周不受，是受地于韩而听于秦。”

秦召西周君，西周君恶往，故令人谓韩王曰：“秦召西周君，将以使攻王之南阳也，王何不出兵于南阳？周君将以为辞于秦。周君不入秦，秦必不敢逾河而攻南阳矣。”

东周与西周战，韩救西周。或为东周说韩王曰：“西周故天子之国，多名器重宝。王案兵毋出，可以德东周，而西周之宝必可以尽矣。”

王赧谓成君。楚围雍氏，韩征甲与粟于东周，东周君恐，召苏代而告之。代曰：“君何患于是。臣能使韩毋征甲与粟于周，又能为君得高都。”周君曰：“子苟能，请以国听子。”代见韩相国曰：“楚围雍氏，期三月也，今五月不能拔，是楚病也。今相国乃征甲与粟于周，是告楚病也。”韩相国曰：“善。使者已行矣。”代曰：“何不与周高都？”韩相国大怒曰：“吾毋征甲与粟于周亦已多矣，何故与周高都也？”代曰：“与周高都，是周折而入于韩也，秦闻之必大怒忿周，即不通周使，是以弊高都得完周也。曷为不与？”相国曰：“善。”果与周高都。

三十四年，苏厉谓周君曰：“秦破韩、魏，扑师武，北取赵蔺、离石者，皆白起也。是善用兵，又有天命。今又将兵出塞攻梁，梁破子咎为太子。

八年，秦攻打宜阳，楚派兵去援救。而楚国以为周是帮助秦国，所以想攻打周。苏代为周游说楚王说：“为什么认为周亲近秦就是楚的祸害呢？说周亲近秦超过亲近楚的人，是想让周归并到秦，所以称为‘周秦’。周明白自己解脱不了了，就必会投向秦国，这真是帮助秦国取周的反间计呀。如今为大王考虑，周亲近秦我们对它好，不亲近秦也对它好，以使它和秦疏远。这样，才能让它与秦疏远。周与秦绝了交，就一定投向楚国郢都的。”

秦向东周和西周借道，想通过两周之间的地区来进攻韩国。周害怕借了会得罪韩国，但不借又会得罪秦国。史厌对周君说：“为何不派人去见韩公叔呢？就对韩公叔说：‘秦国敢越过周地去攻打韩国，这是由于信任东周不会袭击他。您为什么不贿赂周国，并派出人质前往楚国呢？’如此，秦国一定会质疑楚国，也不相信周国国君，同时也就不会进攻韩国了。然后您再派人去对秦国说：‘韩国非要送给我们土地，想以此来让秦国怀疑周国国君，周不敢不接受韩国的赠地。’秦国也就没有理由不让周国接受韩国的土地了，如此我们一方面得到了韩国的土地，另一方面又不得罪秦国了。”

秦国召见西周君，西周君不愿意去，就派人对韩王说：“秦召西周君，想让西周君攻打你的南阳，你何不出兵南阳？西周君将以此为理由不去秦国。周君不到秦国去，秦国就一定不敢渡河来攻打南阳了。”

东周和西周作战，韩国派兵援救西周。于是有人替东周游说韩王说：“西周是已故天子的国都，有许多珍贵的钟鼎和贵重的宝物。您如果按兵不动，既可以让东周感激您，又可以使您得到西周的宝物。”

周赧王告诉成君。楚国包围了韩国的雍氏，韩国向东周索要兵器、粮草，东周君很担忧，于是找来苏代把这事情告诉了他。苏代说：“您何必在这个问题上担心。臣能让韩不向东周征用甲胄和粮食，又能为您得到高都。”周君说：“你如果能办到，我可以把国政交给你。”苏代会见了韩相国公仲侈说：“楚国包围了雍氏，原来计划三个月攻下。如今五个月了，还攻不下来，这说明楚兵已经疲惫了。现在您向周要兵器粮草，就是向楚宣告您自己已经疲备了。”韩相国说：“对。可是使者已经派出去了。”苏代于是说：“为什么不把高都送给周呢？”韩相国非常生气，说：“我不向周要兵器粮草也就够可以了，为什么还要把高都送给周呢？”苏代说：“把高都送给周，这样周反过来投靠韩国，秦听说一定非常怨恨周，就会和周不再往来。这是用残破的高都换得完整的周，为什么不给呢？”韩相国说：“好。”果然把高都送给周了。

三十四年，苏厉对周君说：“秦国攻下了韩、魏，打败了魏将师武，往北攻取了赵的蔺、离石二县，这些都是白起的功劳。白起擅长用兵，又得到天命佑则周危矣。君何不令人说白起乎？曰‘楚有养由基者，善射者也。去柳叶百步而射之，百发而百中之。左右观者数千人，皆曰善射。有一夫立其旁，曰“善，可教射矣”。养由基怒，释弓扼剑，曰“客安能教我射乎”？客曰“非吾能教子支左诎右也。夫去柳叶百步而射之，百发而百中之，不以善息，少焉气衰力倦，弓拨矢钩，一发不中者，百发尽息”。今破韩、魏，扑师武，北取赵蔺、离石者，公之功多矣。今又将兵出塞，过两周，倍韩，攻梁，一举不得，前功尽弃。公不如称病而无出’。”

四十二年，秦破华阳约。马犯谓周君曰：“请令梁城周。”乃谓梁王曰：“周王病若死，则犯必死矣。犯请以九鼎自入于王，王受九鼎而图犯。”梁王曰：“善。”遂与之卒，言戍周。因谓秦王曰：“梁非戍周也，将伐周也。王试出兵境以观之。”秦果出兵。又谓梁王曰：“周王病甚矣，犯请后可而复之。今王使卒之周，诸侯皆生心，后举事且不信。不若令卒为周城，以匿事端。”梁王曰：“善。”遂使城周。

四十五年，周君之秦客谓周最曰：“公不若誉秦王之孝，因以应为太后养地，秦王必喜，是公有秦交。交善，周君必以为公功。交恶，劝周君入秦者必有罪矣。”

秦攻周，而周最谓秦王曰：“为王计者不攻周。攻周，实不足以利，声畏天下。天下以声畏秦，必东合于齐。兵弊于周。合天下于齐，则秦不王矣。天下欲弊秦，劝王攻周。秦与天下弊，则令不行矣。”

五十八年，三晋距秦。周令其相国之秦，以秦之轻也，还其行。客谓相国曰：“秦之轻重未可知也。秦欲知三国之情。公不如急见秦助。而今他又领兵出塞去进攻梁国，梁国如果被攻破，那么周国可就危险了。您为何不派人去游说白起呢？您可以说：‘楚国有位叫养由基的人，此人擅长射箭，离柳叶百步之外，可以百发百中。左右围观的人有好几千，都说他箭射得好。可是有一个汉子站在他的旁边，说：“好，可以教给他射箭了。”养由基很生气，扔掉弓，握住剑，说：“你有什么本事教我射箭呢？”那个人说：“并不是说我能教你怎么伸直左臂撑住弓身，怎样弯曲右臂拉开弓弦。一个人在百步之外射柳叶，百发百中，不知道见好就收，不久气力衰竭，弓歪矢曲，只要一发射不中，就前功尽弃了。”如今，您拿下了韩国、魏国，挫败了师武，往北攻下了赵国的蔺和离石二县，您的战功已经很大了。现在您又带兵出伊阙塞，穿过东西两周，越过韩国去攻打梁国，如果这一次打不胜，就会前功尽弃。您不如称病，不要出伊阙塞去攻打梁国了’。”

四十二年，秦国破坏了与魏国订立的华阳条约。大臣马犯对西周君说：“请允许我去让梁国给周筑城。”他去对梁王说：“周王因秦破华阳后可能伐周而急得要死。如果周王死去，我也一定活不成。我请求主动把九鼎，应进献给大王，大王得此九鼎，应为我设想一下。”梁王说：“好啊。”于是给他一批士兵，声称是去保卫周。马犯又去对秦王说：“梁并非是想保卫周，而是要攻打周。您可以派兵到国境去看看。”秦果然出兵。马犯又去对梁王说：“周王病好了，九鼎的事没有办成，请您允许我以后找适当的机会再献九鼎吧。但是现在您已经派兵到周去了，诸侯都起了疑心，怀疑您要伐周，以后您办事将不会有人相信了。不如让那些士兵为周筑城，借此把诸侯怀疑您要伐周的事端盖住。”梁王说：“好。”于是下令士兵给周筑城。

四十五年，西周君的说客到秦国对周冣说：“您不如称赞秦王孝顺，顺便建议把应地献给秦国作为太后的供养之地。秦王一定很高兴，这样您和秦国就建立了良好的交情。交情好了，周君会肯定这是您的功劳；交情不好，劝谏周君归附秦国的人一定会被处罚。”

秦国去攻打周国，周冣对秦王说：“如果为大王着想，那就不要去攻打周。攻打周，实在没有什么好处，可是天下人听到您的名声都会恐慌。天下人都因为秦攻打周的名声而害怕，一定会往东边去与齐国联合。您的军队在周打得疲惫了，又使天下都去与齐联合，这样秦国就称不了王、统一不了天下了。天下正希望使秦国疲惫呢，所以鼓励您去攻打周。如果秦国和诸侯都疲惫了，那样您的政命就不会通行于诸侯了。”

五十八年，韩、赵、魏三国与秦国相对抗。周派相国前往秦国，因为怕遭到秦国的轻视，走到半路就返回来了。有人对相国说：“秦看轻你还是看重你尚未王曰‘请为王听东方之变’，秦王必重公。重公，是秦重周，周以取秦也；齐重，则固有周聚以收齐：是周常不失重国之交也。”秦信周，发兵攻三晋。

五十九年，秦取韩阳城负黍，西周恐，倍秦，与诸侯约从，将天下锐师出伊阙攻秦，令秦无得通阳城。秦昭王怒，使将军摎攻西周。西周君奔秦，顿首受罪，尽献其邑三十六，口三万。秦受其献，归其君于周。

周君、王赧卒，周民遂东亡。秦取九鼎宝器，而迁西周公于𢠸狐。后七岁，秦庄襄王灭东周。东西周皆入于秦，周既不祀。

太史公曰：学者皆称周伐纣，居洛邑，综其实不然。武王营之，成王使召公卜居，居九鼎焉，而周复都丰、镐。至犬戎败幽王，周乃东徙于洛邑。所谓“周公葬于毕”，毕在镐东南杜中。秦灭周。汉兴九十有余载，天子将封泰山，东巡狩至河南，求周苗裔，封其后嘉三十里地，号曰周子南君，比列侯，以奉其先祭祀。

可知。秦很想了解韩、赵、魏三国的情况。你不如赶紧去见秦王，说‘请允许我为王探听东方的变化’，秦王一定看重你。看重你，就是看重周，周可用这种办法取得秦的尊重；齐国看重周，这样周就取得了齐的尊重。这样周就能经常不中断和大国的交谊。”秦信任了周，就发兵去攻打韩、赵、魏三国。

五十九年，秦国攻取了韩国的阳城和负黍这两个地方。西周很恐惧，于是就疏远了秦国，并且和东方各诸侯联合起来，率领天下的精锐部队出伊阙塞去攻打秦国，使得秦国无法通往阳城。秦昭王很恼火，派将军摎攻打西周。西周君跑到秦国，叩头认罪，把全部三十六邑三万人口都献给了秦王。秦接受了西周君献的人口、土地，让他又回到西周去了。

周赧王驾崩后，西周的老百姓便逃向东周。秦夺取了周的九鼎和其他珍宝器物，又把西周公迁到𢠸狐。以后的七年里，秦庄襄王消灭了东周。从此东西周就全都归入秦国了，周朝的祭祀从此就断绝了。

太史公说：“学者都说武王伐纣之后，定都洛邑。经综合考察，实际情况其实并不是这样的。武王营建了洛邑，成王又派召公去进行了占卜，并且还把九鼎安放在那里，而周都仍然是在丰邑、镐京。一直到犬戎打败了幽王，周都才东迁到洛邑。人们所说的‘周公葬于毕’，毕在镐京东南的杜地中。秦国灭掉了周朝。汉朝建立九十多年以后，天子将要去泰山祭天。向东巡视到河南时，访求周的后代，把三十里的土地封给了周的后代嘉，号为周子南君，和其他列侯享有平等的待遇，让他供奉祭祀周朝的祖先。”

秦本纪第五

秦之先，帝颛顼之苗裔孙曰女修。女修织，玄鸟陨卵，女修吞之，生子大业。大业取少典之子，曰女华。女华生大费，与禹平水土。已成，帝锡玄圭。禹受曰："非予能成，亦大费为辅。"帝舜曰："咨尔费，赞禹功，其赐尔皂游。尔后嗣将大出。"乃妻之姚姓之玉女。大费拜受，佐舜调驯鸟兽，鸟兽多驯服，是为柏翳。舜赐姓嬴氏。

大费生子二人：一曰大廉，实鸟俗氏；二曰若木，实费氏。其玄孙曰费昌，子孙或在中国，或在夷狄。费昌当夏桀之时，去夏归商，为汤御，以败桀于鸣条。大廉玄孙曰孟戏、中衍，鸟身人言。帝太戊闻而卜之使御，吉，遂致使御而妻之。自太戊以下，中衍之后，遂世有功，以佐殷国，故嬴姓多显，遂为诸侯。

其玄孙曰中潏，在西戎，保西垂。生蜚廉。蜚廉生恶来。恶来有力，蜚廉善走，父子俱以材力事殷纣。周武王之伐纣，并杀恶来。是时蜚廉为纣石北方，还，无所报，为坛霍太山而报，得石棺，铭曰"帝令处父不与殷乱，赐尔石棺以华氏"。死，遂葬于霍太山。蜚廉复有子曰季胜。季胜生孟增。孟增幸于周成王，是为宅皋狼。皋狼生衡父，衡父生造父。造父以善御幸于周缪王，得骥、温骊、骅骝、騄耳之驷，西巡狩，乐而忘归。徐偃王作乱，造父为缪王御，长驱归周，一日千里以救乱。缪王以赵城封造父，造父族由此为赵氏。自蜚廉生季胜已下五世至造父，别居赵。赵衰其后也。恶来革者，蜚廉子秦国的祖先，是颛顼帝的后代孙女，名字叫女修。女修织布的时候，正巧有一只燕子产下一颗蛋，女修把它吞食了，于是就生下了一个儿子，取名大业。大业娶了少典部族的女儿，名叫女华。女华生下大费，大费辅助夏禹治理水土。治水成功后，舜帝为表彰禹的功劳，赐给他一块黑色的玉圭。禹接受了赏赐，说："治水不是我一个人的功劳，也有大费的帮助。"舜帝说："啊！大费，你帮助禹治水成功！我赏赐给你黑色的旌旗飘带。你的后代将会兴旺发达的。"于是把一个姓姚的贤德之女嫁给了他。大费拜谢舜帝并接受了赏赐，从此他就为舜帝驯养禽兽，禽兽大多都被驯服了。此人就是人们常说的柏翳，舜帝赐他嬴姓。

大费生了两个儿子，一个名叫大廉，就是鸟俗氏；另一个叫若木，就是费氏。若木的玄孙叫费昌，他的子孙有的居住在中原地区，有的居住在夷狄地区。费昌正处在夏桀王的时代，他离开夏国，归顺了商汤，给商汤驾车，在鸣条打败了夏桀。大廉的玄孙叫孟戏、中衍，身体长得很像鸟，但说人话。太戊帝听说后，想让他们给自己驾车。于是就去占卜吉凶，结果卦象显示的是吉利。于是把他们请来驾车，并且给他们娶了妻子。从太戊帝开始，中衍的后代子孙，每代辅佐殷国都有功劳，所以嬴姓的子孙大多都很显贵，后来终于成了诸侯。

中衍的玄孙叫作中潏，住在西戎族的地区，镇守西部边疆。中潏的儿子叫蜚廉。蜚廉的儿子叫恶来。恶来力气大，蜚廉善奔跑，父子俩都凭借才能和力气来侍奉商纣王。武王伐纣的时候，连同恶来也一并杀死了。当时，蜚廉为纣出使北方。等他回来时，纣王已经死了，没有地方禀报，于是便在霍太山筑起祭坛向纣王报告。在修祭坛的时候，挖掘到一具石棺，石棺上刻着："天帝命令你不要参与殷朝的动乱，现在赐给你一口石棺，用来光耀你的家族。"蜚廉死后，就埋葬在霍太山。蜚廉还有个儿子叫季胜。季胜的儿子叫孟增。孟增受到周成王的宠幸，他就是宅皋狼。皋狼的儿子叫衡父。衡父的儿子叫造父。造父因善于驾车得到周缪王的宠幸。周缪王获得了名叫骥、温骊、骅骝、騄耳的四匹骏马，于是便驾车到西方巡视，乐而忘返。缪王得到徐偃王乘机作乱的消息后，造父就给缪王驾车，夜以继日地赶回周都，日行千里，平定了叛乱。缪王把赵城封给造父，造父的族人从此就以赵为姓。自蜚廉生季胜以来经过五代延续到造父时，才另外分出来居住在赵城。春秋晋国大夫赵衰就是他的后代。恶来革也是蜚廉的儿子，但也，蚤死。有子曰女防。女防生旁皋，旁皋生太几，太几生大骆，大骆生非子。以造父之宠，皆蒙赵城，姓赵氏。

非子居犬丘，好马及畜，善养息之。犬丘人言之周孝王，孝王召使主马于汧渭之间，马大蕃息。孝王欲以为大骆适嗣。申侯之女为大骆妻，生子成为适。申侯乃言孝王曰："昔我先郦山之女，为戎胥轩妻，生中潏，以亲故归周，保西垂，西垂以其故和睦。今我复与大骆妻，生适子成。申骆重婚，西戎皆服，所以为王。王其图之。"于是孝王曰："昔伯翳为舜主畜，畜多息，故有土，赐姓嬴。今其后世亦为朕息马，朕其分土为附庸。"邑之秦，使复续嬴氏祀，号曰秦嬴。亦不废申侯之女子为骆适者，以和西戎。

秦嬴生秦侯。秦侯立十年，卒。生公伯。公伯立三年，卒。生秦仲。

秦仲立三年，周厉王无道，诸侯或叛之。西戎反王室，灭犬丘大骆之族。周宣王即位，乃以秦仲为大夫，诛西戎。西戎杀秦仲。秦仲立二十三年，死于戎。有子五人，其长者曰庄公。周宣王乃召庄公昆弟五人，与兵七千人，使伐西戎，破之。于是复予秦仲后，及其先大骆地犬丘并有之，为西垂大夫。

庄公居其故西犬丘，生子三人，其长男世父。世父曰："戎杀我大父仲，我非杀戎王则不敢入邑。"遂将击戎，让其弟襄公。襄公为太子。庄公立四十四年，卒，太子襄公代立。襄公元年，以女弟缪嬴为丰王妻。襄公二年，戎围犬丘，世父击之，为戎人所虏。岁余，复归世父。七年春，周幽王用褒姒废太子，立褒姒子为适，数欺诸侯，诸侯叛之。西戎犬戎与申侯伐周，杀幽王郦山下。而秦襄公将兵救周，战甚力，有功。周避犬戎难，东徙洛邑，襄公以兵送周平王。平王封襄公为诸侯，赐之岐以西之地。曰："戎无道，侵夺我岐、丰之他死得较早。他有个儿子叫女防。女防生了旁皋，旁皋生了太几，太几生了大骆，大骆生了非子。由于造父受到周王的宠爱，他们都承蒙恩荫住在赵城，也以赵为姓。

非子居住在犬丘，喜好马匹和牲畜，而且还善于饲养繁殖。犬丘的人把非子的这个长处告诉了周孝王，于是孝王召见非子，派他在汧河、渭河一带管理马匹。马匹大量繁殖。孝王想让非子做大骆的继承人。当时申侯的女儿已经是大骆的妻子了，并且生了儿子成，成已经做了继承人。申侯就对孝王说："从前我的祖先是骊山那儿的女儿，她做了西戎族仲衍的曾孙胥轩的妻子，生了中潏。因为与周相亲而归附周朝，守卫西部边境，西部边境因此和睦太平。现在我又把女儿嫁给大骆为妻，生下成做继承人。申侯与大骆再次联姻，西戎族都归顺，这样，您才得以称王。希望您考虑一下吧。"于是孝王说："从前伯翳替舜主管牲畜，牲畜繁殖得很多，所以封给土地，赐给嬴姓。现在他的后代也替我繁殖马匹，我就分给他土地做一个附属国吧。"于是把秦地赐给非子作为封邑，让他接续嬴氏的祭祀，号称秦嬴。但也不废除申侯女儿生的儿子做大骆的继承人，以此来搞好与西戎的关系。

秦嬴生了秦侯。秦侯在位十年去世。秦侯生公伯。公伯在位三年去世。公伯生秦仲。

秦仲即位后的第三年，因为周厉王荒淫无道，有的诸侯就反叛了他。西戎也反叛周王朝，并乘机消灭了居住在犬丘的大骆一族。周宣王即位后，便派秦仲为大夫讨伐西戎。兵败后秦仲被西戎杀死了。秦仲在位二十三年，死在西戎。他有五个儿子，他的长子就是庄公。周宣王召见庄公兄弟五人，给他们七千人马，让他们讨伐西戎。等他们攻破了西戎后，周宣王再次赏赐秦仲的后代，包括他们祖先大骆的地盘犬丘都归他们所有，同时周宣王还任命他担任西垂大夫。

庄公居住在先人的故地西犬丘，生有三个儿子，长子叫世父。世父说："西戎杀了我祖父秦仲，我不杀死戎王就决不进入封邑。"于是率兵攻打西戎，而把自己的继承权让给了他的弟弟襄公。襄公做了太子。庄公执政四十四年后去世，太子襄公继位。襄公元年，他把妹妹缪嬴嫁给了西戎丰王。襄公二年，西戎包围犬丘，世父率兵反击，结果被西戎俘虏。过了一年多，西戎又送回世父。七年春天，周幽王因宠爱褒姒废黜太子，立褒姒的儿子做太子，并多次戏弄诸侯，诸侯反叛了他。西戎中的犬戎与申侯攻打周朝，在骊山下杀死幽王。此时秦襄公率兵营救周朝，奋勇作战，立了战功。周平王为了躲避犬戎，把都城向东迁到洛邑。襄公派兵一路护送周平王。于是周平王便封襄公为诸侯，并把岐山以西的土地赐给了襄公。平王说："西戎无道，侵夺了我们岐山、丰水的土地。秦国如果能地，秦能攻逐戎，即有其地。”与誓，封爵之。襄公于是始国，与诸侯通使聘享之礼，乃用骝驹、黄牛、羝羊各三，祠上帝西畤。十二年，伐戎而至岐，卒。生文公。

文公元年，居西垂宫。三年，文公以兵七百人东猎。四年，至汧渭之会。曰：“昔周邑我先秦嬴于此，后卒获为诸侯。”乃卜居之，占曰吉，即营邑之。十年，初为鄜畤，用三牢。十三年，初有史以纪事，民多化者。十六年，文公以兵伐戎，戎败走。于是文公遂收周余民有之，地至岐，岐以东献之周。十九年，得陈宝。二十年，法初有三族之罪。二十七年，伐南山大梓，丰大特。四十八年，文公太子卒，赐谥为竫公。竫为太子，是文公孙也。五十年，文公卒，葬西山。竫公子立，是为宁公。

宁公二年，公徙居平阳。遣兵伐荡社。三年，与亳战，亳王奔戎，遂灭荡社。四年，鲁公子翚弑其君隐公。十二年，伐荡氏，取之。宁公生十岁立，立十二年卒，葬西山。生子三人，长男武公为太子。武公弟德公同母，鲁姬子生出子。宁公卒，大庶长弗忌、威垒、三父废太子而立出子为君。出子六年，三父等复共令人贼杀出子。出子生五岁立，立六年卒。三父等乃复立故太子武公。

武公元年，伐彭戏氏，至于华山下，居平阳封宫。三年，诛三父等而夷三族，以其杀出子也。郑高渠眯杀其君昭公。十年，伐邽、冀戎，初县之。十一年，初县杜、郑。灭小虢。

十三年，齐人管至父、连称等杀其君襄公而立公孙无知。晋灭霍、魏、耿。齐雍廪杀无知、管至父等而立齐桓公。齐、晋为强国。

十九年，晋曲沃始为晋侯。齐桓公伯于鄄。

二十年，武公卒，葬雍平阳。初以人从死，从死者六十六人。有打败西戎，那片土地就归秦国。”而且他们一起立下誓约，赐给襄公封地，授给襄公爵位。从这时候开始，秦国便成为了诸侯国，跟其他诸侯国互通使节，互致聘问献纳之礼。而且还用黑鬃赤马、黄牛、公羊各三头，在西畤祭祀上帝。十二年，秦国讨伐西戎。到达岐山后，秦襄公就去世了。襄公生文公。

文公元年，他住在西垂宫。三年，文公带着七百名士卒到东边去游猎。四年，他们到达汧、渭两河交汇的地方。文公说：“从前，周朝把这里赐给了我的祖先秦嬴做封邑，后来我们获得封赏成了诸侯。”于是占卜这里是否适宜建都，占卜的结果显示吉利，于是便在这里营造起都邑。十年，开始建造祭祀天地的鄜畤，用牛、羊、猪三牲祭祀。十三年，开始设立史官记载国事，受到教化的百姓很多。十六年，文公举兵讨伐西戎，西戎败逃。于是文公就将周朝的遗民收归为己有，将地盘扩展到岐山，文公把岐山以东的土地献给了周天子。十九年，得到一块名叫“陈宝”的奇石。二十年，开始颁布诛灭三族的刑法。二十七年，砍伐南山的大梓树，梓树神变为大公牛逃入丰水。四十八年，文公的太子去世，赐谥号叫竫公。竫公的长子立为太子，他是文公的孙子。五十年，文公驾崩，埋葬在西山。竫公的儿子继位，这就是宁公。

宁公二年，宁公迁居到平阳，派遣军队征伐荡社。三年，与亳国交战，亳王逃奔西戎，于是灭掉荡社。四年，鲁公子翚杀死了他的君王隐公。十二年，秦国讨伐荡氏，并夺取了它。宁公年仅十岁便登位，在位十二年去世，葬在西山。他生了三个儿子：长子武公为太子；武公的弟弟德公，与武公是同母兄弟；宁公之妾鲁姬子生了出子。宁公去世后，大庶长弗忌、威垒和三父废掉太子，拥立出子为君主。出子六年，三父等人又共同让人暗杀了出子。出子出生五岁登位，在位六年去世。三父等人于是又拥立原来的太子武公。

武公元年，征伐彭戏氏，到了华山下，住在平阳的封宫里。三年，杀了三父等人，灭了他们的三族，因为他们杀了出子。郑国的高渠眯杀了他的君主昭公。十年，秦国攻打邽、冀两地的戎族，并开始在这些地方设县。十一年，开始把杜、郑两地设为县。灭掉了小虢。

十三年，齐国的管至父、连称等弑杀了他们的君主襄公，拥立公孙无知为君。晋国灭掉了霍、魏、耿三国。齐国雍廪杀死了公孙无知、管至父等人，拥立齐桓公为君。齐国、晋国成了当时的强国。

十九年，晋国的曲沃武公灭掉晋侯缗，开始做了晋侯。齐桓公在鄄地称霸。

二十年，秦武公去世，葬在雍县的平阳。这时开始用活人殉葬，此次给武公殉葬的多达六十六人。武公有个儿子，名叫白。白没有被立为国君，被封在平子一人，名曰白，白不立，封平阳。立其弟德公。

德公元年，初居雍城大郑宫。以牺三百牢祠鄜畤。卜居雍。后子孙饮马于河。梁伯、芮伯来朝。二年，初伏，以狗御蛊。德公生三十三岁而立，立二年卒。生子三人：长子宣公，中子成公，少子穆公。长子宣公立。

宣公元年，卫、燕伐周，出惠王，立王子颓。三年，郑伯、虢叔杀子颓而入惠王。四年，作密畤。与晋战河阳，胜之。十二年，宣公卒。生子九人，莫立，立其弟成公。

成公元年，梁伯、芮伯来朝。齐桓公伐山戎，次于孤竹。

成公立四年卒。子七人，莫立，立其弟缪公。

缪公任好元年，自将伐茅津，胜之。四年，迎妇于晋，晋太子申生姊也。其岁，齐桓公伐楚，至邵陵。

五年，晋献公灭虞、虢，虏虞君与其大夫百里傒，以璧马赂于虞故也。既虏百里傒，以为秦缪公夫人媵于秦。百里傒亡秦走宛，楚鄙人执之。缪公闻百里傒贤，欲重赎之，恐楚人不与，乃使人谓楚曰："吾媵臣百里傒在焉，请以五羖羊皮赎之。"楚人遂许与之。当是时，百里傒年已七十余。缪公释其囚，与语国事。谢曰："臣亡国之臣，何足问！"缪公曰："虞君不用子，故亡，非子罪也。"固问，语三日，缪公大说，授之国政，号曰五羖大夫。百里傒让曰："臣不及臣友蹇叔，蹇叔贤而世莫知。臣常游困于齐而乞食铚人，蹇叔收臣。臣因而欲事齐君无知，蹇叔止臣，臣得脱齐难，遂之周。周王子颓好牛，臣以养牛干之。及颓欲用臣，蹇叔止蹇叔止臣，臣去，得不诛。事虞君，蹇叔止臣。臣知虞君不用臣，臣诚私利禄爵，且留。再用其言，得脱，一不用，及虞君难：是以知其贤。"于是缪公使人厚币迎蹇叔，以为上大夫。

阳。武公的弟弟德公被立为国君。

德公元年，开始居住到雍城的大郑宫。并用牛、羊、猪各三百头在鄜畤祭祀天地。当初占卜居住在雍地是否吉利，占卜的卦象显示：后代子孙将到黄河边上去饮马。梁伯、芮伯来朝见。二年，开始在历法上规定伏日，杀狗来禳除热毒恶气。德公三十三岁登位，在位二年去世。他生了三个儿子：长子宣公，次子成公，少子穆公。长子宣公继位。

宣公元年，卫国、燕国攻打周王室，把惠王赶出朝廷，拥立王子颓为帝。三年，郑伯、虢叔杀王子颓并送惠王回朝。四年，修建密畤，与晋国在河阳交战，战胜了它。十二年，宣公去世。他生了九个儿子，没有一个继位，立了他的弟弟成公。

成公元年，梁伯、芮伯来秦国朝见。就在这一年，齐桓公征伐山戎，军队驻扎在孤竹。

成公在位四年后驾崩。他有七个儿子也都没有继位，而是立了成公的弟弟缪公。

缪公任好元年，他亲自率兵征伐茅津一带的戎人，取得了胜利。四年，缪公亲自从晋国迎娶夫人，她就是晋太子申生的姐姐。这年，齐桓公讨伐楚国，打到邵陵。

五年，晋献公灭了虞国和虢国，俘虏了虞君和他的大夫百里奚，这是由于事先晋献公送给虞君白玉和良马以借道伐虢，虞君答应了。晋献公俘虏了百里奚以后，把他当作秦缪公夫人的陪嫁奴仆送到秦国。百里奚逃离秦国跑到宛地，楚国边境的人捉住了他。缪公听说百里奚有才能，想用重金赎回他，但又担心楚国不给，就派人对楚王说："我的陪嫁小臣百里奚在你那里，请允许用五张黑公羊皮赎回他。"楚国就答应了，交出百里奚。在这时，百里奚已经七十多岁。缪公解除了对他的禁锢，跟他谈论国家大事。百里奚推辞说："我是亡国之臣，怎么值得您来询问呢！"缪公说："虞国国君不任用您，所以亡国了。这不是您的罪过。"缪公坚持询问。谈了三天，缪公非常高兴，把国家政事交给了他，号称五羖大夫。百里奚谦让说："我不如我的朋友蹇叔。蹇叔有才能而世人不知道。我曾经出外求官，在齐国陷入困境而向铚地人讨饭，蹇叔收留了我。我因而想侍奉齐国国君无知，蹇叔阻止了我，我得以躲过了齐国政变的那场灾难，于是到了周朝。周王子颓喜爱牛，我凭着养牛的本领求取禄位，颓想任用我时，蹇叔劝阻我，我离开了颓，才没有跟颓一起被杀；我侍奉虞君，蹇叔劝阻我。我知道虞君不会重用我，我实在是私心贪恋俸禄和官职，便暂时留下了。我两次听信蹇叔的话，得以逃脱灾祸；一次没有听信他的话，就遇上了虞君亡国的灾难。因此我了解他的才能。"于是缪公派人带着厚重的礼物去迎请蹇叔，让他当了上大夫。

秋，缪公自将伐晋，战于河曲。晋骊姬作乱，太子申生死新城，重耳、夷吾出奔。

九年，齐桓公会诸侯于葵丘。

晋献公卒。立骊姬子奚齐，其臣里克杀奚齐。荀息立卓子，克又杀卓子及荀息。夷吾使人请秦，求入晋。于是缪公许之，使百里傒将兵送夷吾。夷吾谓曰："诚得立，请割晋之河西八城与秦。"及至，已立，而使丕郑谢秦，背约不与河西城，而杀里克。丕郑闻之，恐，因与缪公谋曰："晋人不欲夷吾，实欲重耳。今背秦约而杀里克，皆吕甥、郤芮之计也。愿君以利急召吕、郤，吕、郤至，则更入重耳便。"缪公许之，使人与丕郑归，召吕、郤。吕、郤等疑丕郑有间，乃言夷吾杀丕郑。丕郑子丕豹奔秦，说缪公曰："晋君无道，百姓不亲，可伐也。"缪公曰："百姓苟不便，何故能诛其大臣？能诛其大臣，此其调也。"不听，而阴用豹。

十二年，齐管仲、隰朋死。

晋旱，来请粟。丕豹说缪公勿与，因其饥而伐之。缪公问公孙支，支曰："饥穰更事耳，不可不与。"问百里傒，傒曰："夷吾得罪于君，其百姓何罪？"于是用百里傒、公孙支言，卒与之粟。以船漕车转，自雍相望至绛。

十四年，秦饥，请粟于晋。晋君谋之群臣。虢射曰："因其饥伐之，可有大功。"晋君从之。十五年，兴兵将攻秦。缪公发兵，使丕豹将，自往击之。九月壬戌，与晋惠公夷吾合战于韩地。晋君弃其军，与秦争利，还而马鷙。缪公与麾下驰追之，不能得晋君，反为晋军所围。晋击缪公，缪公伤。于是岐下食善马者三百人驰冒晋军，晋军解围，遂脱缪公而反生得晋君。初，缪公亡善马，岐下野人共得而食之者三百余人，吏逐得，欲法之。缪公曰："君子不以畜产害人。吾闻食善马肉不饮酒，伤人。"乃皆赐酒而赦之。三百人者闻秦击晋，皆求从，从而见缪公窘，亦皆推锋争死，以秋天，缪公亲自带兵攻打晋国，在河曲与晋交战。晋国骊姬作乱，太子申生在新城自杀，重耳、夷吾出逃。

九年，齐桓公在葵丘与各路诸侯会盟。

晋献公去世。立骊姬的儿子奚齐，他的臣子里克杀了奚齐。荀息立卓子，里克又杀死了卓子和荀息。夷吾派人请秦国帮他回晋国。缪公答应了，派百里奚率兵去护送夷吾。夷吾对秦国人说："果真能够登位，愿割让晋国的河西八城给秦国。"等到他回到晋国登上了君位，却派丕郑去向秦国道歉，违背了诺言，不肯给秦国河西八座城，并且杀了里克。丕郑听说此事，十分害怕，就跟秦缪公商议说："晋国人不想要夷吾，实在想要重耳。如今夷吾背弃信约而且杀死里克，都是吕甥、郤芮的主意。希望您用利诱的办法赶紧召来吕甥、郤芮，吕、郤二人一来，那时再护送重耳回国就容易了。"缪公答应了他，就派人跟丕郑一起回晋国去叫吕甥、郤芮。吕、郤等人怀疑丕郑有诈谋，就报告夷吾，杀死了丕郑。丕郑的儿子丕豹逃奔到秦国，劝缪公说："晋国君主无道，百姓不亲附他，可以讨伐他了。"缪公说："百官如果不拥护晋君，他们为什么能杀掉他们的大臣呢？能杀掉他们的大臣，这说明晋国是协调的。"缪公没有听从丕豹的计谋，但在暗中却重用他。

十二年，齐国的管仲、隰朋相继去世。

晋国大旱，于是派人向秦国请求援助粮食。丕豹劝说缪公不要给，要缪公利用晋国缺粮的时候去攻打它。缪公去问公孙支，公孙支说："荒歉与丰收是交替出现的事，不可不给。"又问百里奚，百里奚说："夷吾得罪了您，他的百姓有什么罪呢？"缪公采纳百里奚、公孙支的意见，最后还是给晋国粮食了。水路用船，陆路用车给晋国运去粮食，从雍都出发，源源不断地直到绛城。

十四年，秦国发生饥荒，请求晋国粮食援助。晋惠公就此事征求大臣们的意见。虢射说："趁着秦国出现粮食危机的机会去攻伐它，可以大获成功。"晋君听从了他的意见。十五年，晋君发兵攻打秦国，缪公发兵抵抗，任命丕豹为将，亲自前往迎战。九月十三日，秦军与晋军在韩地交战。晋君抛下自己的部队独自往前冲，跟秦军争夺财物，回来的时候，驾车的战马陷到深泥里。缪公与部下纵马驱车追赶，没能抓到晋君，反而被晋军包围了。晋军攻击缪公，缪公受了伤。这时，曾在岐山下偷吃良马的三百多个人驱马冲入晋军，晋军撤掉包围，于是使缪公脱险而晋君反被活捉。当初，缪公丢失了一匹良马，岐山下的三百多个乡下人一块儿把它抓来吃掉了，官吏捕捉到他们，要加以处置。缪公说："有道德的人不会因为牲畜而伤害人。我听说吃了良马肉不喝酒，会使人害病。"于是就赐酒给他们喝，并赦免了他们。这三百人听说秦君要去攻打晋国，都要求跟着去。在作战报食马之德。于是缪公虏晋君以归，令于国：“齐宿，吾将以晋君祠上帝。”周天子闻之，曰“晋我同姓”，为请晋君。夷吾姊亦为缪公夫人，夫人闻之，乃衰绖跣，曰：“妾兄弟不能相救，以辱君命。”缪公曰：“我得晋君以为功，今天子为请，夫人是忧。”乃与晋君盟，许归之，更舍上舍，而馈之七牢。十一月，归晋君夷吾，夷吾献其河西地，使太子圉为质于秦。秦妻子圉以宗女。是时秦地东至河。

十八年，齐桓公卒。二十年，秦灭梁、芮。

二十二年，晋公子圉闻晋君病，曰：“梁，我母家也，而秦灭之。我兄弟多，即君百岁后，秦必留我，而晋轻，亦更立他子。”子圉乃亡归晋。二十三年，晋惠公卒，子圉立为君。秦怨圉亡去，乃迎晋公子重耳于楚，而妻以故子圉妻。重耳初谢，后乃受。缪公益礼厚遇之。二十四年春，秦使人告晋大臣，欲入重耳。晋许之，于是使人送重耳。二月，重耳立为晋君，是为文公。文公使人杀子圉。子圉是为怀公。

其秋，周襄王弟带以翟伐王，王出居郑。二十五年，周王使人告难于晋、秦。秦缪公将兵助晋文公入襄王，杀王弟带。二十八年，晋文公败楚于城濮。三十年，缪公助晋文公围郑。郑使人言缪公曰：“亡郑厚晋，于晋而得矣，而秦未有利。晋之强，秦之忧也。”缪公乃罢兵归。晋亦罢。三十二年冬，晋文公卒。

郑人有卖郑于秦曰：“我主其城门，郑可袭也。”缪公问蹇叔、百里傒，对曰：“径数国千里而袭人，希有得利者。且人卖郑，庸知我国人不有以我情告郑者乎？不可。”缪公曰：“子不知也，吾已决矣。”遂发兵，使百里傒子孟明视，蹇叔子西乞术及白乙丙将兵。行日，百里傒、蹇叔二人哭之。缪公闻，怒曰：“孤发兵而子沮哭吾军，何也？”二老曰：“臣非敢沮君军。军行，臣子与往；臣老，迟时，他们发现缪公被敌军包围，都高举兵器，争先死战，以报答吃马肉被赦免的恩德。于是缪公俘虏了晋君回到秦国，向全国发布命令：“大家斋戒独宿，我将要用晋君祭祀上帝。”周天子听说此事，说“晋君是我的同姓”，替晋君求情。夷吾的姐姐是秦缪公的夫人，她听到这件事，就穿上丧服，光着脚，说：“我不能挽救自己的兄弟，以致还得让君上下命令杀他，实在有辱于君上。”缪公说：“我俘获了晋君，以为是成就了一件大功，可是现在天子来求情，夫人也为此事而忧愁。”于是跟晋君订立盟约，答应让他回国，并给他换了上等的房舍住宿，送给他牛羊猪各七头，以诸侯之礼相待。十一月，送回晋君夷吾，夷吾献出河西的土地，派太子圉到秦国做人质。秦君把同宗的女儿嫁给圉。这时，秦国的领地东面已到达黄河。

十八年，齐桓公去世。二十年，秦国灭了梁、芮二国。

二十二年，晋公子圉听说晋君生病的消息，说：“梁国是我母亲的娘家，已经被秦国灭掉了。我兄弟众多，如果父君百年后，秦国必定留住我，晋国也不会重视我，而改立其他公子。”于是公子圉逃离秦国，回到晋国。二十三年，晋惠公去世，公子圉登位做了国君。秦国怨恨公子圉逃走，便从楚国迎来晋公子重耳，并把圉原在秦国的妻子嫁给重耳。重耳开始谢绝，后来就接受了。缪公更加厚礼相待。二十四年春天，秦国派人告诉晋国大臣，要送重耳回国。晋国答应了，于是派人护送重耳回到晋国。二月，重耳登位成为晋君，这就是晋文公。晋文公派人杀死了圉。圉就是晋怀公。

这年秋天，周襄王的弟弟叔带，借助翟人的军队攻打襄王。襄王出逃，住在郑国。二十五年，周襄王派人向晋国、秦国通报祸乱。秦缪公带兵帮助晋文公护送襄王回朝，杀死襄王的弟弟叔带。二十八年，晋文公在城濮打败楚军。三十年，缪公帮助晋文公包围了郑国。郑国派人对缪公说：“灭掉郑国，其结果是使晋国实力增强，这对晋国是有利的，而对秦国却无利。晋国强大了，就会成为秦国的忧患。”缪公便撤军回国。晋国也撤了军。三十二年冬，晋文公去世。

郑国有个人向秦国出卖郑国说：“我掌管郑国的城门，可以来偷袭郑国。”缪公去问蹇叔、百里奚，两个人回答说：“路经数国地界，到千里之外去袭击别人，很少有占便宜的。再说，既然有人能出卖郑国，怎么知道我国的人就没有把我们的实情告诉郑国呢？不能袭击郑国。”缪公说：“你们不懂，我已经决定了。”于是发兵，派百里奚的儿子孟明视、蹇叔的儿子西乞术以及白乙丙带兵。出发的那天，百里奚、蹇叔二人对着军队痛哭。缪公听了，发怒说：“我派兵出发，你们却拦着军队大哭，诅咒我军，这是为什么？”二位老人说：“臣不敢阻还恐不相见，故哭耳。”二老退，谓其子曰：“汝军即败，必于崤厄矣。”三十三年春，秦兵遂东，更晋地，过周北门。周王孙满曰：“秦师无礼，不败何待！”兵至滑，郑贩卖贾人弦高，持十二牛将卖之周，见秦兵，恐死虏，因献其牛，曰：“闻大国将诛郑，郑君谨修守御备，使臣以牛十二劳军士。”秦三将军相谓曰：“将袭郑，郑今已觉之，往无及已。”灭滑。滑，晋之边邑也。

当是时，晋文公丧尚未葬。太子襄公怒曰：“秦侮我孤，因丧破我滑。”遂墨衰绖，发兵遮秦兵于崤，击之，大破秦军，无一人得脱者。虏秦三将以归。文公夫人，秦女也，为秦三囚将请曰：“缪公之怨此三人入于骨髓，愿令此三人归，令我君得自快烹之。”晋君许之，归秦三将。三将至，缪公素服郊迎，向三人哭曰：“孤以不用百里傒、蹇叔言以辱三子，三子何罪乎？子其悉心雪耻，毋怠。”遂复三人官秩如故，愈益厚之。

三十四年，楚太子商臣弑其父成王代立。

缪公于是复使孟明视等将兵伐晋，战于彭衙。秦不利，引兵归。

戎王使由余于秦。由余，其先晋人也，亡入戎，能晋言。闻缪公贤，故使由余观秦。秦缪公示以宫室、积聚。由余曰：“使鬼为之，则劳神矣。使人为之，亦苦民矣。”缪公怪之，问曰：“中国以诗书礼乐法度为政，然尚时乱，今戎夷无此，何以为治，不亦难乎？”由余笑曰：“此乃中国所以乱也。夫自上圣黄帝作为礼乐法度，身以先之，仅以小治。及其后世，日以骄淫。阻法度之威，以责督于下，下罢极则以仁义怨望于上，上下交争怨而相篡弑，至于灭宗，皆以此类也。夫戎夷不然。上含淳德以遇其下，下怀忠信以事其上，一国之政犹一身之治，不知所以治，此真圣人之治也。”于是缪公退而问内拦军队，诅咒我军。部队要出发了，我俩的儿子在军队中也将前往；如今我们年岁已大，他们如果回来晚了，恐怕就见不着了，所以才哭。”二位老人退回来对他们的儿子说：“你们的军队如果失败，一定会败在崤山的险要之处。”三十三年春天，秦国军队向东进发，穿过晋国，从周朝都城北门经过。周朝的王孙满看见了秦国的军队以后说：“秦国的军队不懂规矩，不失败还能有什么结果！”军队开进到滑邑，郑国商人弦高带着十二头牛准备去周朝都城出卖，碰见了秦军。他害怕被秦军杀掉或俘虏，就献上他的牛，说：“听说贵国将要惩罚郑国，郑君恭敬地做好了防备工作，派我用十二头牛慰劳贵国士兵。”秦国的三位将军一起商量说：“我们要去袭击郑国，郑国现在已经知道了，去也袭击不成了。”于是秦军灭了滑邑。滑邑，是晋国的边境城邑。

当时，晋文公去世后还没有安葬。太子襄公愤怒地说：“秦国欺侮我刚刚丧父，趁我办丧事的时候攻破我国的滑邑。”于是染黑了丧服，发兵在崤山堵截秦军，向秦军发起攻击，彻底打垮了秦军，使秦军没有一个人逃脱。晋军俘获了秦军三位将军返回都城。晋文公的夫人是秦缪公的女儿，她替秦国三位被俘的将军求情说：“缪公对这三个人恨之入骨，希望您放他们回国，好让我国国君能亲自痛痛快快地煮掉他们。”晋襄公答应了她的请求，放回了秦国的三个将军。三位将军回到秦国，缪公穿着白衣服到郊外迎接，向三人哭着说：“寡人因为没有听从百里奚、蹇叔的话，以致让你们三位受了屈辱，你们三位有什么罪呢？你们要拿出全部心力洗雪这个耻辱，不要松懈。”于是恢复三人的官职俸禄，更加重用他们。

三十四年，楚国太子商臣杀了他的父亲楚成王，接替了王位。

秦缪公这时候再次派孟明视等率兵攻打晋国，在彭衙交战。秦军作战不利，撤军返回。

戎王派由余出使秦国。由余，祖先是晋国人，逃亡到戎地，他还能说晋国方言。戎王听说缪公贤明，就派由余去观察秦国。秦缪公向他炫示了宫室和积蓄的财宝。由余说：“这些东西如果让鬼神造出来，就是劳累了鬼神。如果让人造出来，也就苦了民众啊。”缪公觉得他的话奇怪，问道：“中原各国借助诗书礼乐和法律处理政务，还不时地出现祸乱呢。现在戎族没有这些，用什么来治理国家，岂不很困难吗？”由余笑着说：“这些正是中原各国发生祸乱的根源所在。自上古圣人黄帝创制了礼乐法度，并亲自带头贯彻执行，也只是实现了小的太平。到了后代，君主一天比一天骄奢淫逸，倚仗着法律制度的威严来要求和监督民众，民众感到疲惫了就怨恨君上，要求实行仁义。上下互相怨恨，篡夺屠杀，甚至灭绝宗族，都是由于礼乐法度这些东西啊。而戎族却不是这样。在上位者怀着淳厚的仁德来对待下面的臣民，臣民满怀忠信来侍奉君上，整个国家的政事就史廖曰："孤闻邻国有圣人，敌国之忧也。今由余贤，寡人之害，将奈之何？"内史廖曰："戎王处辟匿，未闻中国之声。君试遗其女乐，以夺其志；为由余请，以疏其间；留而莫遣，以失其期。戎王怪之，必疑由余。君臣有间，乃可虏也。且戎王好乐，必怠于政。"缪公曰："善。"因与由余曲席而坐，传器而食，问其地形与其兵势尽察，而后令内史廖以女乐二八遗戎王。戎王受而说之，终年不还。于是秦乃归由余。由余数谏不听，缪公又数使人间要由余，由余遂去降秦。缪公以客礼礼之，问伐戎之形。

三十六年，缪公复益厚孟明视等，使将兵伐晋，渡河焚船，大败晋人，取王官及鄗，以报崤之役。晋人皆城守不敢出。于是缪公乃自茅津渡河，封崤中尸，为发丧，哭之三日。乃誓于军曰："嗟士卒！听无哗，余誓告汝。古之人谋黄发番番，则无所过。"以申思不用蹇叔、百里傒之谋，故作此誓，令后世以记余过。君子闻之，皆为垂涕，曰："嗟乎！秦缪公之与人周也，卒得孟明之庆。"

三十七年，秦用由余谋伐戎王，益国十二，开地千里，遂霸西戎。天子使召公过贺缪公以金鼓。三十九年，缪公卒，葬雍。从死者百七十七人，秦之良臣子舆氏三人名曰奄息、仲行、针虎，亦在从死之中。秦人哀之，为作歌黄鸟之诗。君子曰："秦缪公广地益国，东服强晋，西霸戎夷，然不为诸侯盟主，亦宜哉。死而弃民，收其良臣而从死。且先王崩，尚犹遗德垂法，况夺之善人良臣百姓所哀者乎？是以知秦不能复东征也。"缪公子四十人，其太子罃代立，是为康公。

康公元年。往岁缪公之卒，晋襄公亦卒；襄公之弟名雍，秦出也，在秦。晋赵盾欲立之，使随会来迎雍，秦以兵送至令狐。

像一个人支配自己的身体一样，无须了解什么治理的方法。这才真正是圣人治理国家啊。”缪公退朝之后，就问内史王廖说：“我听说邻国有圣人，这将是敌对国的忧患。现在由余有才能，这是我们国家的祸害，我应该怎么办才好呢？”内史王廖说：“戎王地处偏僻，不曾听过中原地区的乐曲。您不妨试试送他歌舞伎女，借以改变他的心志。并且为由余向戎王请求延期返戎，以此来疏远他们君臣之间的关系；留下由余不送回，以使他错过回去的日期。戎王感到奇怪，一定会怀疑由余。君臣之间有嫌隙，就可以俘虏了。再说戎王喜欢上音乐，就一定没有心思处理国事了。”缪公说：“好。”于是缪公与由余座席相连而坐，互递杯盏一块儿吃喝，向由余询问戎地的地形和兵力，把情况了解得一清二楚，然后命令内史王廖送给戎王十六名歌伎。戎王接受，并且非常喜爱迷恋，整整一年不曾迁徙，更换草地，牛马死了一半。这时候，秦国才让由余回国。由余屡次进谏，戎王都不听从。缪公又多次派人暗中邀请由余，由余于是离开戎王投降秦国。缪公用接待客人的礼节接待他，询问攻打戎族的方式。

三十六年，缪公更加厚待孟明视等人，派他们率兵进攻晋国，渡过黄河就焚毁了船只，以示决死战斗。结果把晋军打得大败，夺取了王官和鄗地，血洗了殽山战役的耻。晋国军队都据城防守，不敢出战。于是缪公便从茅津渡过黄河，筑坟以埋葬从前在崤山战死的秦军士兵，给他们追悼发丧，为他们痛哭了三天。缪公就面对全军发誓说：“喂，将士们！你们听着，不要吵嚷，我向你们发誓。我要告诉你们，古人办事虚心听取老年人的意见，所以不会有什么过错。”缪公反复思考自己不采纳蹇叔、百里奚的计谋而造成的过失，因此发出这样的誓言，让后代记住自己的过失。君子们听说这件事，都为之落泪，说：“啊！秦缪公待人很周到啊，终于得到孟明视等人胜利的报答。”

三十七年，秦国采用由余的计谋攻打戎王，增加了十二个属国，开辟了千里疆土，终于称霸于西戎地区。周天子派召公过带着金鼓等军中指挥用的器物去向缪公表示祝贺。三十九年，缪公去世，葬在雍邑。陪葬的有一百七十七人，秦国的良臣子舆奄息、子舆仲行、子舆针虎也在陪葬者之中。秦国人为他们悲痛，并为此而作了一首题为《黄鸟》的诗。君子说：“秦缪公扩展疆土，增加属国，在东方征服了强大的晋国，在西方称霸了西戎，但是他没有成为诸侯的盟主，这也是理所当然的！因为他死了就置百姓于不顾，还拿他的良臣为自己殉葬。古代有德行的帝王驾崩以后还会遗留下好的风范和礼法，而他没有做到这些，更何况还夺走百姓所同情的好人、良臣呢？由此可以断定秦国不可能再东进了。”缪公的儿子有四十人，他的太子罃接着登位，这就是康公。

康公元年。前一年，缪公去世的时候，晋襄公也去世了。晋襄公的弟弟叫雍，是秦国之女所生，住在秦国。晋卿赵盾想拥立他为君，派随会来接他，秦国晋立襄公子而反击秦师，秦师败，随会来奔。二年，秦伐晋，取武城，报令狐之役。四年，晋伐秦，取少梁。六年，秦伐晋，取羁马。战于河曲，大败晋军。晋人患随会在秦为乱，乃使魏仇余详反，合谋会，诈而得会，会遂归晋。康公立十二年卒，子共公立。

共公二年，晋赵穿弑其君灵公。三年，楚庄王强，北兵至洛，问周鼎。共公立五年卒，子桓公立。

桓公三年，晋败我一将。十年，楚庄王服郑，北败晋兵于河上。当是之时，楚霸，为会盟合诸侯。二十四年，晋厉公初立，与秦桓公夹河而盟。归而秦倍盟，与翟合谋击晋。二十六年，晋率诸侯伐秦，秦军败走，追至泾而还。桓公立二十七年卒，子景公立。

景公四年，晋栾书弑其君厉公。十五年，救郑，败晋兵于栎。是时晋悼公为盟主。十八年，晋悼公强，数会诸侯，率以伐秦，败秦军。秦军走，晋兵追之，遂渡泾，至棫林而还。二十七年，景公如晋，与平公盟，已而背之。三十六年，楚公子围弑其君而自立，是为灵王。景公母弟后子针有宠，景公母弟富，或谮之，恐诛，乃奔晋，车重千乘。晋平公曰："后子富如此，何以自亡？"对曰："秦公无道，畏诛，欲待其后世乃归。"

三十九年，楚灵王强，会诸侯于申，为盟主，杀齐庆封。景公立四十年卒，子哀公立。后子复来归秦。

哀公八年，楚公子弃疾弑灵王而自立，是为平王。十年，楚平王来求秦女为太子建妻。至国，女好而自娶之。十五年，楚平王欲诛建，建亡；伍子胥奔吴。晋公室卑而六卿强，欲内相攻，是以久秦晋不相攻。三十一年，吴王阖闾与伍子胥伐楚，楚王亡奔随，吴遂入派兵把雍护送到令狐。而晋国已立了襄公的儿子为君，反倒来攻打秦军。秦军战败，随会逃奔到秦国。二年，秦国攻打晋国，攻取了武城，报了令狐战役的仇恨。四年，晋国攻打秦国，攻取了少梁。六年，秦国攻打晋国，攻占了羁马。两军在河曲交战，把晋军打得大败。晋国人担心随会在秦国会给晋国造成灾难，就派魏仇余假装反晋而投降秦国，与随会相见，共谋归计。他设下圈套控制了随会，随会于是回到了晋国。康公在位二十年去世

共公二年，晋国的赵穿杀了他的君主灵公。三年，楚庄王强大起来，向北进兵，一直深入到洛邑，询问周朝传国之宝九鼎的大小轻重，图谋夺取周朝的政权。共公在位五年去世，儿子桓公即位。

桓公三年，晋军打败秦军，俘虏了秦国的将领赤。十年，楚庄王征服郑国，往北又在黄河岸上打败了晋军。就在这个时候，楚国称霸，召集各诸侯举行盟会。二十四年，晋厉公刚刚登位，与秦桓公隔着黄河相会订盟。订盟回来秦国就背弃盟约，与狄人一起谋划攻打晋国。二十六年，晋国率领诸侯攻打秦国，秦军败逃，晋军一直追赶到泾水边上才返回。桓公在位二十七年去世，儿子景公即位。

景公四年，晋国的栾书弑杀了自己的君主厉公。十五年，秦军救郑国，在栎邑打败晋军。这时候，晋悼公成为了各诸侯的盟主。十八年，晋悼公的势力强大起来了，屡次会合诸侯，率领他们攻打秦国，打败秦军。秦军逃跑，晋兵追赶他们，一直渡过泾水，到达棫林才返回。二十七年，秦景公到了晋国，与晋平公订立盟约，不久就背叛了盟约。三十六年，楚国公子围杀了他的君主自立为王，这就是楚灵王。秦景公的同母兄弟后子针得宠，而且富有。有人说坏话诬陷他，他害怕被杀，就逃奔到晋国，带着辎重车上千辆。晋平公说："后子这样富足，为什么自己还要逃跑呢？"后子针回答说："秦公无道，我恐惧被杀，想等到他的子孙继位后我再回去。"

三十九年，楚灵王的势力强盛，他与诸侯在申地会盟，自己做了盟主，而且还杀死了齐国的庆封。景公在位四十年后驾崩，其儿子哀公继位。后子针又回到秦国。

哀公八年，楚国的公子弃疾弑杀了楚灵王而后自立为王，这就是楚平王。哀公十年，楚平王派人迎娶秦国女子做太子建的妻子。回到楚国，平王见女子漂亮，就自己娶了她。十五年，楚平王想杀死太子建，太子建逃到了郑国，伍子胥也逃到了吴国。晋国国君家族的权力削弱，范氏、中行氏、智氏、赵氏、韩氏、魏氏六个家族世代为晋卿，势力强大，想策动内战，因此好长时间秦、晋两国没有打仗。三十一年，吴王阖闾与伍子胥攻打楚国，楚王逃奔到随地，吴军便进

郢。楚大夫申包胥来告急，七日不食，日夜哭泣。于是秦乃发五百乘救楚，败吴师。吴师归，楚昭王乃得复入郢。哀公立三十六年卒。太子夷公，夷公蚤死，不得立，立夷公子，是为惠公。

惠公元年，孔子行鲁相事。五年，晋卿中行、范氏反晋，晋使智氏、赵简子攻之，范、中行氏亡奔齐。惠公立十年卒，子悼公立。

悼公二年，齐臣田乞弑其君孺子，立其兄阳生，是为悼公。六年，吴败齐师。齐人弑悼公，立其子简公。九年，晋定公与吴王夫差盟，争长于黄池，卒先吴。吴强，陵中国。十二年，齐田常弑简公，立其弟平公，常相之。十三年，楚灭陈。秦悼公立十四年卒，子厉共公立。孔子以悼公十二年卒。

厉共公二年，蜀人来赂。十六年，堑河旁。以兵二万伐大荔，取其王城。二十一年，初县频阳。晋取武成。二十四年，晋乱，杀智伯，分其国与赵、韩、魏。二十五年，智开与邑人来奔。三十三年，伐义渠，虏其王。三十四年，日食。厉共公卒，子躁公立。

躁公二年，南郑反。十三年，义渠来伐，至渭南。十四年，躁公卒，立其弟怀公。

怀公四年，庶长晁与大臣围怀公，怀公自杀。怀公太子曰昭子，蚤死，大臣乃立太子昭子之子，是为灵公。灵公，怀公孙也。

灵公六年，晋城少梁，秦击之。十三年，城籍姑。灵公卒，子献公不得立，立灵公季父悼子，是为简公。简公，昭子之弟而怀公子也。

简公六年，令吏初带剑。堑洛。城重泉。十六年卒，子惠公立。

惠公十二年，子出子生。十三年，伐蜀，取南郑。惠公卒，出子立。

出子二年，庶长改迎灵公之子献公于河西而立之。杀出子及其母，沉之渊旁。秦以往者数易君，君臣乖乱，故晋复强，夺秦河西地。

献公元年，止从死。二年，城栎阳。四年正月庚寅，孝公生。十一入郢都。楚国大夫申包胥来秦国告急求救，七天不吃饭，日夜哭泣。于是秦国就派兵车五百辆去援救楚国，打败了吴国军队。吴军撤走了，楚昭王才得以重回郢都。哀公在位三十六年去世。太子叫夷公，早死，没能登位。于是大家拥立夷公的儿子继位，这就是惠公。

秦惠公元年，孔子代理鲁国宰相一职。五年，晋卿中行氏、范氏反叛晋国。晋君派智氏和赵简子讨伐他们，范氏、中行氏逃到齐国。惠公在位十年后驾崩，其子悼公继位。

悼公二年，齐国大臣田乞杀了他的国君孺子，立孺子的哥哥阳生为君，这就是齐悼公。六年，吴军打败齐军。齐国人杀死悼公，拥立他的儿子简公。九年，晋定公与吴王夫差在黄池会盟，争做盟主，最终是让吴王占了先。吴国强盛，欺凌中原各国。十二年，齐国的田常杀了简公立他的弟弟平公，田常做相国。十三年，楚国灭掉陈国。秦悼公在位十四年去世，儿子厉共公继位。孔子在悼公十二年去世。

厉共公二年，蜀人前来进献财物。十六年，在黄河旁挖掘壕沟。派兵两万去攻打大荔国，攻占了大荔王城邑。二十一年，开始把频阳设为县。晋国夺取武成。二十四年，晋国发生内乱，智伯被杀，把智伯的领地分给赵氏、韩氏、魏氏。二十五年，智开与同邑人来投奔秦国。三十三年，攻打义渠戎族，俘虏了戎王。三十四年，发生日食。厉共公去世，儿子躁公登位。

躁公二年，南郑邑反叛。十三年，义渠来攻打秦国，到了渭南。十四年，躁公去世，他的弟弟怀公继位。

怀公四年，庶长鼂和大臣围攻怀公，怀公自杀。怀公太子名叫昭子，死得早，大臣们就拥立太子昭子的儿子为君，这就是灵公。灵公，是怀公的孙子。

灵公六年，晋国在少梁筑城，秦军攻打晋国。十三年，修筑籍姑城。灵公去世，其儿子献公没能继位，拥立灵公的叔父悼子，这就是简公。简公是昭子的弟弟，怀公的儿子。

简公六年，开始让官吏佩剑。在洛水边挖了壕沟，在重泉筑城。十六年，简公去世，其儿子惠公继位。

惠公十二年，他的儿子出子出生。十三年，攻打蜀国，夺回了南郑。惠公去世，他的儿子出子即位。

出子二年，庶长废掉出子，从河西迎接灵公的儿子献公回国，立他为君。献公杀死了出子和他的母亲，并将他们的尸体沉入深渊。秦国在以往的这段时间里频繁更换国君，导致君臣关系混乱，所以晋国的力量又强大起来了，夺去了秦国河西的土地。

献公元年，废止了殉葬的制度。二年，在栎阳筑城。四年正月庚寅日，孝公年，周太史儋见献公曰："周故与秦国合而别，别五百岁复合，合十七岁而霸王出。"十六年，桃冬花。十八年，雨金栎阳。二十一年，与晋战于石门，斩首六万，天子贺以黼黻。二十三年，与晋战少梁，虏其将公孙痤。二十四年，献公卒，子孝公立，年已二十一岁矣。

孝公元年，河山以东强国六，与齐威、楚宣、魏惠、燕悼、韩哀、赵成侯并。淮泗之间小国十余。楚、魏与秦接界。魏筑长城，自郑滨洛以北，有上郡。楚自汉中，南有巴、黔中。周室微，诸侯力政，争相并。秦僻在雍州，不与中国诸侯之会盟，夷翟遇之。孝公于是布惠，振孤寡，招战士，明功赏。下令国中曰："昔我缪公自岐雍之间，修德行武，东平晋乱，以河为界，西霸戎翟，广地千里，天子致伯，诸侯毕贺，为后世开业，甚光美。会往者厉、躁、简公、出子之不宁，国家内忧，未遑外事，三晋攻夺我先君河西地，诸侯卑秦，丑莫大焉。献公即位，镇抚边境，徙治栎阳，且欲东伐，复缪公之故地，修缪公之政令。寡人思念先君之意，常痛于心。宾客群臣有能出奇计强秦者，吾且尊官，与之分土。"于是乃出兵东围陕城，西斩戎之獂王。

卫鞅闻是令下，西入秦，因景监求见孝公。

二年，天子致胙。

三年，卫鞅说孝公变法修刑，内务耕稼，外劝战死之赏罚，孝公善之。甘龙、杜挚等弗然，相与争之。卒用鞅法，百姓苦之；居三年，百姓便之。乃拜鞅为左庶长。其事在商君语中。

七年，与魏惠王会杜平。八年，与魏战元里，有功。十年，卫鞅为大良造，将兵围魏安邑，降之。十二年，作为咸阳，筑冀阙，秦徙都之。并诸小乡聚，集为大县，县一令，四十一县。为田开阡陌。东地渡洛。十四年，初为赋。十九年，天子致伯。二十年，诸侯毕贺。秦使公子少官率师会诸侯逢泽，朝天子。

出生。十一年，周朝太史儋，拜见献公说："周朝原本与秦国同源流，后来秦国分出去，分开五百年又合为一体，合十七年后秦国有霸王出现。"十六年，桃树冬天开了花。十八年，栎阳上空下了黄金雨。二十一年，与晋国在石门打仗，斩杀晋军六万人，周天子赐礼服来祝贺。二十三年，与晋国在少梁交战，俘虏了魏将公孙痤。二十四年，献公去世，其儿子孝公登位。当时秦孝公已经二十一岁了。

孝公元年，黄河和殽山以东有六个强国，秦孝公与齐威王、楚宣王、魏惠王、燕悼侯、韩哀侯、赵成侯并立。淮河、泗水之间有十多个小国。楚国、魏国与秦国接壤。魏国修筑长城，从郑县开始沿洛河向北，直到上郡。楚国在汉中与秦接界，南部有巴郡、黔中。周王朝衰微，诸侯武力征伐，互相争夺兼并。秦国地处偏僻的雍州，不参加中原各国诸侯的盟会，诸侯们像对待夷狄一样对待秦国。孝公于是广施恩德，救济孤寡，招募战士，明确了论功行赏的法令，并向全国发布命令说："从前我们缪公在岐山、雍邑之间，修治德政，讲习武功，向东平定了晋国的内乱；以黄河为界，向西称霸戎狄，扩展土地千里，天子赐以霸主称号，诸侯各国都来朝贺，为后世开创了基业，甚为光大美好。但是就在前一段厉公、躁公、简公、出子的时候，接连几世不安宁，国家内有忧患，没有空暇顾及国外的事，结果晋国攻夺了我们先王河西的土地，诸侯也都看不起秦国，耻辱没有比这更大的了。献公即位，安定边境，迁都栎阳，并且想要东征，收复缪公时的原有疆土，重修缪公时的政令。我缅怀先君的遗志，心中常常感到悲痛。宾客和群臣中有谁能献出高明的计策，使秦国强盛起来，我将让他做高官，分封给他土地。"于是便出兵向东围攻陕城，向西杀了戎族的獂王。

卫鞅听说颁布了这个命令，就来到西方的秦国，通过景监求见孝公。

二年，周天子送来祭肉。

三年，卫鞅劝说孝公实行变法，制定刑罚，在国内致力于农耕，对外鼓励效死作战，给以各种奖罚。孝公认为这个办法很好，但甘龙、杜挚等人不同意，双方为此而争辩起来。孝公最终采用了卫鞅的办法，百姓感到劳苦。过了三年，百姓就感到适应了。于是孝公任命卫鞅担任左庶长。此事记载在《商君列传》里。

七年，孝公与魏惠王在杜平会盟。八年，秦国与魏国在元里交战，取得胜利。十年，卫鞅担任大良造，带兵包围了魏国的安邑，迫使它投降了。十二年，修建咸阳城，筑起了公布法令的门阙，秦国就迁都到咸阳。并且把各个小乡小村合并为大县，每县设县令一人，全国共有四十一个县。废除阡陌，开发田地，这时秦地向东已越过洛河。十四年，开始实行赋税制度。十九年，周天子封秦孝公为方伯，也就是让他做诸侯的霸主。二十年，诸侯全都向秦国表示祝贺。秦孝公派公子少官率领军队在逢泽与诸侯会盟，朝见天子。

二十一年，齐败魏马陵。

二十二年，卫鞅击魏，虏魏公子卬。封鞅为列侯，号商君。

二十四年，与晋战雁门，虏其将魏错。

孝公卒，子惠文君立。是岁，诛卫鞅。鞅之初为秦施法，法不行，太子犯禁。鞅曰："法之不行，自于贵戚。君必欲行法，先于太子。太子不可黥，黥其傅师。"于是法大用，秦人治。及孝公卒，太子立，宗室多怨鞅，鞅亡，因以为反，而卒车裂以徇秦国。

惠文君元年，楚、韩、赵、蜀人来朝。二年，天子贺。三年，王冠。四年，天子致文武胙。齐、魏为王。

五年，阴晋人犀首为大良造。六年，魏纳阴晋，阴晋更名宁秦。七年，公子卬与魏战，虏其将龙贾，斩首八万。八年，魏纳河西地。九年，渡河，取汾阴、皮氏。与魏王会应。围焦，降之。十年，张仪相秦。魏纳上郡十五县。十一年，县义渠。归魏焦、曲沃。义渠君为臣。更名少梁曰夏阳。十二年，初腊。十三年四月戊午，魏君为王，韩亦为王。使张仪伐取陕，出其人与魏。

十四年，更为元年。二年，张仪与齐、楚大臣会啮桑。三年，韩、魏太子来朝。张仪相魏。五年，王游至北河。七年，乐池相秦。韩、赵、魏、燕、齐帅匈奴共攻秦。秦使庶长疾与战修鱼，虏其将申差，败赵公子渴、韩太子奂，斩首八万二千。八年，张仪复相秦。九年，司马错伐蜀，灭之。伐取赵中都、西阳。十年，韩太子苍来质。伐取韩石章。伐败赵将泥。伐取义渠二十五城。十一年，樗里疾攻魏焦，降之。败韩岸门，斩首万，其将犀首走。公子通封于蜀。燕君让其臣子之。十二年，王与梁王会临晋。庶长疾攻赵，虏赵将庄。张仪相楚。十三年，庶长章击楚于丹阳，虏其将屈匄，斩首八万；又攻楚汉中，取地六百里，置汉中郡。楚围雍氏，秦使庶长疾助韩而东攻二十一年，齐国在马陵打败魏国。

二十二年，卫鞅攻打魏国，俘虏了魏公子卬。秦孝公封卫鞅为列侯，号为商君。

二十四年，秦军与魏军在雁门作战，俘虏了魏国将军魏错。

秦孝公去世，其子惠文君继位。这一年，秦国发生政变，卫鞅被杀。卫鞅刚在秦国施行新法时，开始阻力极大，连太子都故意触犯禁令。卫鞅说："法令行不通，根源在于国亲贵戚。国君果真想使变法成功，就要从太子这里开起。对太子不能用墨刑，就让他的师傅代受墨刑。"从此，法令顺利施行，秦国被治理得很好。等到孝公驾崩后，太子登位。秦国的宗室大多怨恨卫鞅，卫鞅被迫出逃，于是朝廷就给卫鞅定了反叛的罪名，最终卫鞅被五马分尸，在都城示众。

惠文君元年，楚国、韩国、赵国、蜀国派人来朝见。二年，周天子前来朝贺。三年，惠文君举行加冠礼。四年，周天子送来祭祀文王、武王的祭肉。齐国、魏国称王。

五年，阴晋人犀首任大良造。六年，魏国把阴晋城送给秦国，阴晋城改名为宁秦城。七年，公子卬与魏国作战，俘虏了魏国的将军龙贾，斩杀八万人。八年，魏国把河西之地送给秦国。九年，秦军渡过黄河，攻占了汾阴、皮氏。秦王与魏王在应邑会盟。秦军包围了焦城，使焦城归降了。十年，张仪任秦相。魏国献出上郡十五个县。十一年，在义渠设县。把焦城、曲沃归还给魏国，义渠国君称臣。把少梁改名为夏阳。十二年，效仿中原各国，初次举行腊祭。十三年，四月初四日，魏君称王，韩君也称王。秦君派张仪攻取陕县，把那里的居民赶出去交给魏国。

十四年，改为元年。二年，张仪与齐国、楚国的大臣在啮桑会盟。三年，韩国、魏国的太子前来朝见。张仪担任魏国国相。五年，惠文王巡游到北河地区。七年，乐池做了秦相。韩国、赵国、魏国、燕国、齐国带领匈奴一起进攻秦国。秦国派庶长疾与他们在修鱼交战，俘虏了韩国将军申差，打败了赵国的公子渴和韩国的太子奂，杀了八万二千人。八年，张仪重新任秦相。九年，司马错攻打蜀国，灭亡了蜀国。又攻取了赵国的中都和西阳。十年，韩国太子苍来做人质。攻占了韩国的石章县，打败了赵国的将军泥。攻占了义渠的二十五座城邑。十一年，樗里疾攻打魏国的焦城，迫使焦城投降。在岸门打败了韩军，斩杀一万人，韩军将军犀首逃跑。公子通被封为蜀侯。燕君把君位让给他的大臣子之。十二年，秦王与梁王在临晋会盟。庶长疾进攻赵国，俘虏了赵国将军庄。张仪任楚相。十三年，庶长章在丹阳攻打楚军，俘虏了楚将屈匄，斩杀了八万人；又攻入楚国的汉中，夺取了六百里土地，设置了汉中郡。楚军包围了韩国的雍氏，秦国齐，到满助魏攻燕。十四年，伐楚，取召陵。丹、犁臣，蜀相壮杀蜀侯来降。

惠王卒，子武王立。韩、魏、齐、楚、越皆宾从。

武王元年，与魏惠王会临晋。诛蜀相壮。张仪、魏章皆东出之魏。伐义渠、丹、犁。二年，初置丞相，樗里疾、甘茂为左右丞相。张仪死于魏。三年，与韩襄王会临晋外。南公揭卒，樗里疾相韩。武王谓甘茂曰："寡人欲容车通三川，窥周室，死不恨矣。"其秋，使甘茂、庶长封伐宜阳。四年，拔宜阳，斩首六万。涉河，城武遂。魏太子来朝。武王有力好戏，力士任鄙、乌获、孟说皆至大官。王与孟说举鼎，绝膑。八月，武王死。族孟说。武王取魏女为后，无子。立异母弟，是为昭襄王。昭襄母楚人，姓芈氏，号宣太后。武王死时，昭襄王为质于燕，燕人送归，得立。

昭襄王元年，严君疾为相。甘茂出之魏。二年，彗星见。庶长壮与大臣、诸侯、公子为逆，皆诛，及惠文后皆不得良死。悼武王后出归魏。三年，王冠。与楚王会黄棘，与楚上庸。四年，取蒲阪。彗星见。五年，魏王来朝应亭，复与魏蒲阪。六年，蜀侯辉反，司马错定蜀。庶长奂伐楚，斩首二万。泾阳君质于齐。日食，昼晦。

七年，拔新城。樗里子卒。八年，使将军芈戎攻楚，取新市。齐使章子，魏使公孙喜，韩使暴鸢共攻楚方城，取唐眛。赵破中山，其君亡，竟死齐。魏公子劲、韩公子长为诸侯。九年，孟尝君薛文来相秦。奂攻楚，取八城，杀其将景快。十年，楚怀王入朝秦，秦留之。薛文以金受免。楼缓为丞相。十一年，齐、韩、魏、赵、宋、中山五国共攻秦，至盐氏而还。秦与韩、魏河北及封陵以和。彗星见。楚怀王走之赵，赵不受，还之秦，即死，归葬。十二年，楼缓免，穰侯魏冉为相。予楚粟五万石。

十三年，向寿伐韩，取武始。左更白起攻新城。五大夫礼出亡奔魏。任鄙为汉中守。十四年，左更白起攻韩、魏于伊阙，斩首派遣庶长疾帮助韩国向东攻打齐国，又派军队到满帮助魏国攻打燕国。十四年，攻打楚国，攻占了召陵。丹国、犁国向秦国称臣，蜀相陈壮杀死蜀侯投降秦国。

惠王去世，其儿子武王继位。韩国、魏国、齐国、楚国、赵国都归服秦国。

武王元年，武王与魏惠王在临晋会盟。杀了蜀相陈壮。张仪、魏章都离开秦国往东到魏国去了。秦军攻打义渠国、丹国、犁国。二年，开始设置丞相，樗里疾、甘茂任左右丞相。张仪死在魏国。三年，秦王与韩襄王在临晋城外会盟。南公揭去世，樗里疾担任韩相。武王对甘茂说："我想在三川地区打通一条哪怕只能容车子通过的路，到洛阳去看一看周朝王室，即使死了也不遗憾了。"那年秋天，派甘茂和庶长封讨伐韩国的宜阳。四年，攻占了宜阳，杀了六万人。渡过黄河，在武遂筑城。魏国太子来朝见。秦武王有力气，喜好角力，所以大力士任鄙、乌获、孟说都做了大官。武王与孟说举鼎比力气，折断了膝盖骨。八月，武王去世。孟说被灭族。武王娶魏国女子为王后，没有儿子。立他的异母弟弟为王，这就是昭襄王。昭襄王的母亲是楚国人，姓芈，称为宣太后。武王死时，昭襄王在燕国做人质。燕国人送他回国，被立为秦王。

昭襄王元年，严君疾担任秦国相。甘茂离开秦国去了魏国。二年，彗星出现。庶长公子壮和大臣、诸侯、公子造反，全部都被杀了，牵连到惠文王后也没能善终。悼武王后离开秦国回魏国了。三年，昭襄王举行加冠礼，并与楚王在黄棘会盟，而且把上庸归还给了楚国。四年，攻占了魏国的蒲阪。彗星出现。五年，魏王来应亭朝见，秦国又把蒲阪交还给魏国。六年，蜀侯辉反叛，司马错平定蜀国。庶长奂攻打楚国，斩首二万。泾阳君到齐国做人质。发生日食，白天昏黑。

七年，攻占了新城。樗里子去世。八年，派将军芈戎攻打楚国，攻占了新市。齐国派章子，魏国派公孙喜，韩国派暴鸢，一块儿进攻楚国的方城，俘获唐眜。赵国攻破了中山国，中山国君出逃，最后死在齐国。魏公子劲、韩公子长被封为诸侯。九年，孟尝君薛文来秦国做丞相。庶长奂攻打楚国，攻取八座城池，杀死楚国将领景快。十年，楚怀王来秦朝见，秦国扣留了他。薛文因为金受在昭襄王面前说了坏话，被免了相职。楼缓担任了丞相。十一年，齐国、韩国、魏国、赵国、宋国、中山五国共同攻打秦国，军队一直打到盐氏才退了回去。秦国送给韩国、魏国黄河北边以及封陵的土地，与韩、魏讲和。这一年出现了彗星。楚怀王逃到赵国，赵国不敢收留，又把他送回到秦国，不久他就死了，秦国把他送回楚国安葬。十二年，楼缓免职，穰侯魏冉任丞相。秦国给楚国五万石粮食。

十三年，向寿进攻韩国，攻占了武始。左更白起攻打新城。五大夫吕礼出逃到魏国。任鄙担任汉中郡守。十四年，左更白起在伊阙攻打韩、魏联二十四万，虏公孙喜，拔五城。十五年，大良造白起攻魏，取垣，复予之。攻楚，取宛。十六年，左更错取轵及邓。冉免，封公子市宛，公子悝邓，魏冉陶，为诸侯。十七年，城阳君入朝，及东周君来朝。秦以垣为蒲阪、皮氏。王之宜阳。十八年，错攻垣、河雍，决桥取之。十九年，王为西帝，齐为东帝，皆复去之。吕礼来自归。齐破宋，宋王在魏，死温。任鄙卒。二十年，王之汉中，又之上郡、北河。二十一年，错攻魏河内。魏献安邑，秦出其人，募徙河东赐爵，赦罪人迁之。泾阳君封宛。二十二年，蒙武伐齐。河东为九县。与楚王会宛。与赵王会中阳。二十三年，尉斯离与三晋、燕伐齐，破之济西。王与魏王会宜阳，与韩王会新城。二十四年，与楚王会鄢，又会穰。秦取魏安城，至大梁，燕、赵救之，秦军去。魏冉免相。二十五年，拔赵二城。与韩王会新城，与魏王会新明邑。二十六年，赦罪人迁之穰。侯冉复相。二十七年，错攻楚。赦罪人迁之南阳。白起攻赵，取代光狼城。又使司马错发陇西，因蜀攻楚黔中，拔之。二十八年，大良造白起攻楚，取鄢、邓，赦罪人迁之。二十九年，大良造白起攻楚，取郢为南郡，楚王走。周君来。王与楚王会襄陵。白起为武安君。三十年，蜀守若伐楚，取巫郡，及江南为黔中郡。三十一年，白起伐魏，取两城。楚人反我江南。三十二年，相穰侯攻魏，至大梁，破暴鸢，斩首四万，鸢走，魏入三县请和。三十三年，客卿胡伤攻魏卷、蔡、阳、长社，取之。击芒卯华阳，破之，斩首十五万。魏入南阳以和。三十四年，秦与魏、韩上庸地为一郡，南阳免臣迁居之。三十五年，佐韩、魏、楚伐燕。初置南阳郡。三十六年，客卿灶攻齐，取刚、寿，予穰侯。三十八年，中更胡伤攻赵阏与，不能取。四十年，悼太子死魏，归葬芷阳。四十一年夏，攻魏，取邢丘、怀。四十二年，安国君为太子。十月，宣太后薨，葬芷阳郦山。九月，穰军，斩首二十四万人，俘虏了公孙喜，攻占五座城池。十五年，大良造白起攻打魏国，攻占了垣城，又还给了魏国。进攻楚国，攻占了宛城。十六年，左更司马错夺取轵城和邓城。魏冉被免职。公子市被封在宛，公子悝被封在邓，魏冉被封在陶，都成为了诸侯。十七年，城阳君来朝见，东周君也来朝见。秦国把垣城改为蒲阪、皮氏。秦王到了宜阳。十八年，司马错攻打垣、河雍，毁掉桥梁攻克。十九年，秦昭襄王称西帝，齐湣王称东帝，不久又都取消了帝号。吕礼从齐国回来自首。这年齐国攻破了宋国，宋王逃到魏国，死在了温县。同年秦国任鄙去世。二十年，秦王前往汉中巡游，又巡游到上郡、北河。二十一年，左更司马错进攻魏国河内，魏国献出了安邑。秦军赶走城中的魏国居民，然后招募秦国人迁到河东地区定居，并赐给爵位；又把被赦免的罪人迁到河东。将宛县封给了泾阳君。二十二年，蒙武攻打齐国。黄河以东设置九个县。秦王与楚王在宛城相会，与赵王在中阳相会。二十三年，都尉斯离与韩国、赵国、魏国及燕国一起进攻齐国，在济水西岸打败齐军。秦王与魏王在宜阳会盟，与韩王在新城会盟。二十四年，秦王与楚王在鄢城会盟，又在穰城会盟。秦国攻取魏国的安城，一直打到国都大梁。燕国、赵国援救魏国，秦军撤离。魏冉被免去丞相职务。二十五年，攻下赵国的两座城池。秦王与韩王在新城相会，与魏王在新明邑相会。二十六年，赦免罪人，把他们迁往穰城。穰侯魏冉恢复丞相职位。二十七年，左更司马错攻打楚国。秦赦免了罪犯并把他们迁往南阳。秦白起攻打赵国，夺取了代地的光狼城。秦国又派司马错从陇西出发，通过蜀地攻打并占领了楚国的黔中郡。二十八年，大良造白起进攻楚国，攻取了鄢城、邓城，并将赦免的罪人迁居那里。二十九年，大良造白起进攻楚国，攻占了楚国郢都，改称南郡，楚王逃跑了。同年周君来秦朝拜。秦王与楚王在襄陵会盟。白起被封为武安君。三十年，蜀守张若进攻楚国，夺取了巫郡及江南，在该地设置黔中郡。三十一年，白起攻打魏国，攻占了两座城。楚国人在江南被占地反秦。三十二年，丞相穰侯进攻魏国，一直攻到大梁，打败暴鸢，杀了四万人，暴鸢逃跑了，魏国割给秦国三个县请求讲和。三十三年，秦客卿胡伤进攻魏国的卷城、蔡、阳、长社，占领了这几个地方。秦军在华阳打败魏将芒卯，杀了十五万人。魏国把南阳送给秦国请求讲和。三十四年，秦国与魏国、韩国相安，把上庸作为一郡，让南阳降服的臣民迁居在这里。三十五年，帮助韩国、魏国、楚国攻打燕国，并设置南阳郡。三十六年，客卿灶攻打齐国，夺取刚、寿两地，赐给了穰侯。三十八年，中更胡伤进攻赵国的阏与，没有攻下。四十年，悼太子死在魏国，运回国后葬在芷阳。四十一年夏天，攻打魏国，攻占了邢丘、怀两地。四十二年，安国君被立为太子。十月，宣太后逝世，埋葬在芷阳郦山。九月，穰侯出都到陶。四十三年，侯出之陶。四十三年，武安君白起攻韩，拔九城，斩首五万。四十四年，攻韩南阳，取之。四十五年，五大夫贲攻韩，取十城。叶阳君悝出之国，未至而死。四十七年，秦攻韩上党，上党降赵，秦因攻赵，赵发兵击秦，相距。秦使武安君白起击，大破赵于长平，四十余万尽杀之。四十八年十月，韩献垣雍。秦军分为三军。武安君归。王龁将伐赵武安、皮牢，拔之。司马梗北定太原，尽有韩上党。正月，兵罢，复守上党。其十月，五大夫陵攻赵邯郸。四十九年正月，益发卒佐陵。陵战不善，免，王龁代将。其十月，将军张唐攻魏，为蔡尉捐弗守，还斩之。五十年十月，武安君白起有罪，为士伍，迁阴密。张唐攻郑，拔之。十二月，益发卒军汾城旁。武安君白起有罪，死。龁攻邯郸，不拔，去，还奔汾军。二月余攻晋军，斩首六千，晋楚流死河二万人。攻汾城，即从唐拔宁新中，宁新中更名安阳。初作河桥。

五十一年，将军摎攻韩，取阳城、负黍，斩首四万。攻赵，取二十余县，首虏九万。西周君背秦，与诸侯约从，将天下锐兵出伊阙攻秦，令秦毋得通阳城。于是秦使将军摎攻西周。西周君走来自归，顿首受罪，尽献其邑三十六城，口三万。秦王受献，归其君于周。五十二年，周民东亡，其器九鼎入秦。周初亡。

五十三年，天下来宾。魏后，秦使摎伐魏，取吴城。韩王入朝，魏委国听令。五十四年，王郊见上帝于雍。五十六年秋，昭襄王卒，子孝文王立。尊唐八子为唐太后，而合其葬于先王。韩王衰绖入吊祠，诸侯皆使其将相来吊祠，视丧事。

孝文王元年，赦罪人，修先王功臣，褒厚亲戚，弛苑囿。孝文王除丧，十月己亥即位，三日辛丑卒，子庄襄王立。

武安君白起攻打韩国，攻下九座城，杀了五万人。四十四年，秦国进攻占了韩国的南阳。四十五年，五大夫贲攻打韩国，夺取十座城池。叶阳君悝出都前往封国，没有到达就死了。四十七年，秦国攻打韩国的上党，上党却投降了赵国，秦国因此出兵攻打赵国。赵国出兵反击秦军，两军相持不下。秦派武安君白起攻击赵国，在长平大败赵军，四十多万降卒全部被活埋。四十八年十月，韩国献出垣雍。秦军分为三军。武安君回国。王龁带兵攻打赵国的武安、皮牢，并攻占了它们。司马梗向北平定了太原，全部占有了韩国的上党。正月，军队停止战斗，驻守在上党。这年十月，五大夫陵进攻赵国的邯郸。四十九年正月，增加兵力帮助五大夫陵。陵作战不力，被免职，王龁替代他带兵。这年十月，将军张唐攻打魏国，蔡尉把防守的地盘丢了，张唐回来就斩了他。五十年十月，武安君白起犯了罪，被免职降为士兵，贬谪到阴密。张唐进攻郑，攻了下来。十二月，增派军队驻扎在汾城旁边。武安君白起有罪，自杀而死。王龁攻打邯郸，没打下来 ，撤军离去，返回投奔驻扎在汾城旁的军队。两个月以后，攻打晋军，杀了六千人，晋军和楚军因落水而死、漂流在黄河中的有两万多人。王龁再攻打汾城，随即跟从张唐攻占宁新中，并将宁新中改名安阳，首次在安阳的黄河上修建桥梁。

五十一年，将军摎进攻韩国，攻占了阳城、负黍，杀了四万人。秦国攻打赵国，攻占了二十多个县，斩获首级九万。西周君背叛秦国，与诸侯约定合纵，带领天下精锐部队出伊阙塞攻打秦国，使秦国不能通往阳城。秦国于是派将军摎进攻西周。西周君跑到秦国来自首，叩头认罪，愿意接受惩处，并全部献出他的三十六个城邑和三万人口。秦王接受了这些城邑和人口，让西周君回西周去了。五十二年，周朝国都的民众向东方逃亡，周朝的传国重器九鼎被运进秦国。周朝算是初步灭亡了。

五十三年，天下都归服秦国。魏国落在最后，秦国就派将军摎去讨伐魏国，攻占了吴城。韩王来朝见，魏王把国家托付给秦国，听从秦国命令。五十四年，秦王在雍城南郊祭祀上帝。五十六年秋天，昭襄王去世，其儿子孝文王登位。追尊生母唐八子为唐太后，与昭襄王合葬一处。韩王身穿孝服来吊唁祭奠，诸侯们都派他们的将相前来吊唁祭祀，参与丧事办理。

孝文王元年，秦国大赦罪人，重用先王的功臣，厚待宗族亲属，开放王家的园囿。孝文王服丧期满，十月初四即位，到十月初六日就过世了，其子庄襄王继位。

庄襄王元年，大量赦免罪犯，封赏先王的功臣，广施德惠，厚待宗亲族属，对民众施以恩泽。东周君与诸侯谋划进攻秦国，秦襄王派相国吕不韦前去庄襄王元年，大赦罪人，修先王功臣，施德厚骨肉而布惠于民。东周君与诸侯谋秦，秦使相国吕不韦诛之，尽入其国。秦不绝其祀，以阳人地赐周君，奉其祭祀。使蒙骜伐韩，韩献成皋、巩。秦界至大梁，初置三川郡。二年，使蒙骜攻赵，定太原。三年，蒙骜攻魏高都、汲，拔之。攻赵榆次、新城、狼孟，取三十七城。四月日食。四年，王龁攻上党。初置太原郡。魏将无忌率五国兵击秦，秦却于河外。蒙骜败，解而去。五月丙午，庄襄王卒，子政立，是为秦始皇帝。

秦王政立二十六年，初并天下为三十六郡，号为始皇帝。始皇帝五十一年而崩，子胡亥立，是为二世皇帝。

三年，诸侯并起叛秦，赵高杀二世，立子婴。子婴立月余，诸侯诛之，遂灭秦。其语在始皇本纪中。

太史公曰：秦之先为嬴姓。其后分封，以国为姓，有徐氏、郯氏、莒氏、终黎氏、运奄氏、菟裘氏、将梁氏、黄氏、江氏、修鱼氏、白冥氏、蜚廉氏、秦氏。然秦以其先造父封赵城，为赵氏。

讨伐东周君，全部兼并了东周的土地。但秦国并没有断绝周朝的祭祀，把阳人聚于一地赐给东周君，让其继续祭祀他的祖先。秦王派蒙骜进攻韩国，韩国献出成皋、巩县。秦国国界伸展到大梁，开始设置三川郡。二年，派蒙骜进攻赵国，平定了太原。蒙骜进攻魏国的高都、汲县，攻了下来。蒙骜又进攻赵国的榆次、新城、狼孟，攻占了三十七座城。四月间发生日食。三年，王龁攻打上党，开始设置太原郡。魏将无忌率五国的军队反击秦军，秦军退到黄河以南。蒙骜打了败仗，各诸侯军解散撤离了。五月二十六日，庄襄王去世，其儿子嬴政登位，这就是秦始皇。

秦王嬴政即位的第二十六年，才第一次统一了天下，将全国划分为三十六郡，秦王嬴政号称始皇帝。秦始皇五十一岁驾崩，他的儿子胡亥继位，这就是秦二世。

秦二世三年，各地的诸侯蜂拥起来反叛秦朝，于是臣子赵高杀死了秦二世，拥立子婴为秦王。子婴继位只有一个多月，就被项羽所杀，至此秦朝宣告灭亡。这些史实都记载在《始皇本纪》中。

太史公说：秦国的祖先姓嬴。他的后代子孙被分封到各地，各自以所在的封国名作为姓氏，有徐氏、郯氏、莒氏、终黎氏、运奄氏、菟裘氏、将梁氏、黄氏、江氏、修鱼氏、白冥氏、蜚廉氏、秦氏。而其中有一位祖先造父被封在赵城，所以秦朝以赵为姓。

秦始皇本纪第六

秦始皇帝者，秦庄襄王子也。庄襄王为秦质子于赵，见吕不韦姬，悦而取之，生始皇。以秦昭王四十八年正月生于邯郸。及生，名为政，姓赵氏。年十三岁，庄襄王死，政代立为秦王。当是之时，秦地已并巴、蜀、汉中，越宛有郢，置南郡矣；北收上郡以东，有河东、太原、上党郡；东至荥阳，灭二周，置三川郡。吕不韦为相，封十万户，号曰文信侯。招致宾客游士，欲以并天下。李斯为舍人。蒙骜、王齮、麃公等为将军。王年少，初即位，委国事大臣。

晋阳反，元年，将军蒙骜击定之。二年，麃公将卒攻卷，斩首三万。三年，蒙骜攻韩，取十三城。王齮死。十月，将军蒙骜攻魏氏畼、有诡。岁大饥。四年，拔畼、有诡。三月，军罢。秦质子归自赵，赵太子出归国。十月庚寅，蝗虫从东方来，蔽天。天下疫。百姓内粟千石，拜爵一级。五年，将军骜攻魏，定酸枣、燕、虚、长平、雍丘、山阳城，皆拔之，取二十城。初置东郡。冬雷。六年，韩、魏、赵、卫、楚共击秦，取寿陵。秦出兵，五国兵罢。拔卫，迫东郡，其君角率其支属徙居野王，阻其山以保魏之河内。七年，彗星先出东方，见北方，五月见西方。将军骜死。以攻龙、孤、庆都，还兵攻汲。彗星复见西方十六日。夏太后死。八年，王弟长安君成蟜将军击赵，反，死屯留，军吏皆斩死，迁其民于临洮。将军壁死，卒屯留、蒲鶮反，戮其尸。河鱼大上，轻车重马东就食。

嫪毐封为长信侯。予之山阳地，令毐居之。宫室车马衣服苑囿驰猎恣毐。事无小大皆决于毐。又以河西太原郡更为毐国。九年，彗星见，或竟天。攻魏垣、蒲阳。四月，上宿雍。己酉，王冠，带剑。长信侯毐作乱而觉，矫王御玺及太后玺以发县卒及卫卒、官骑、戎翟君秦始皇，是秦国庄襄王的儿子。庄襄王曾以秦昭王孙子的身份作为人质抵押在赵国，在那里看见吕不韦的妾，十分喜爱，就娶了她，生了始皇。秦始皇是秦昭王四十八年在邯郸出生的。出生后，起名叫政，姓赵。十三岁时，庄襄王死，赵政代立为秦王。当时，秦国已兼并了巴、蜀、汉中，越过宛占有了郢，设立了南郡；向北攻占了上郡以东，设有河东、太原、上党郡；东到荥阳，灭了东西周，设置三川郡。吕不韦为相国，分封十万户，号为文信侯。他招揽宾客游士，想借此吞并天下。李斯为吕不韦舍人；蒙骜、王龁、麃公等为将军。秦王年纪小，又刚刚即位，所以把国事都交给大臣们处理。

晋阳发生叛乱，始皇元年，将军蒙骜前去讨伐，平定了叛乱。二年，麃公率兵攻打卷邑，杀了三万人。三年蒙骜攻韩，夺取了十三座城。王龁死。十月，将军蒙骜攻打魏国畼、有诡。这年是大饥荒年。四年，攻取了畼邑、有诡。三月，停止进军。秦国人质从赵国返国，赵国太子也从秦国回赵。十月庚寅日，蝗虫从东方飞来，遮天蔽日。全国瘟疫流行。老百姓献上一千石粮食，授给爵位一级。五年，将军蒙骜攻打魏，酸枣、燕、虚、长平、雍丘、山阳城，全被攻克，夺取了二十座城，初步设置了东郡。冬天出现了打响雷的怪象。六年，韩国、魏国、赵国、卫国、楚国一起进攻秦国，攻占了寿陵邑。秦国派出军队，五国停止了进军。秦国攻下卫国，逼近东郡，卫君角率领他的宗族迁居到野王，凭借山势险阻，固守魏国的河内。七年，彗星先在东方出现，又出现在北方，五月时出现在西方。这年，将军蒙骜战死。蒙骜当时正攻打龙、孤、庆都等城，后回军攻打汲时战死。这时彗星又在西方出现了，长达十六天。不久夏太后死。八年，秦王弟长安君成蟜率领军队攻打赵国，在屯留造反了，结果他手下的军官都被杀死，那里的百姓被迁往临洮。前来讨伐成蟜的将军壁战死了，屯留人士蒲鶮又造反，结果战死，死后还遭到鞭戮尸体的酷刑。这年，黄河水灾，鱼大批漂上岸，人们乘车骑马到东方找食物吃。

嫪毐被封为长信侯，朝廷赐给他山阳的土地作为他的食邑。宫室、车马、衣服、园林、打猎都听凭嫪毐的意愿；事情无论大小全由嫪毐决定；又把河西太原郡改为嫪毐的封国。九年，彗星出现，横穿天空。秦国攻打魏国的垣、蒲阳。四月，秦王在雍留宿。己酉，秦王行冠礼，佩剑。长信侯嫪毐作乱被发觉，他冒用公、舍人，将欲攻蕲年宫为乱。王知之，令相国昌平君、昌文君发卒攻毐。战咸阳，斩首数百，皆拜爵，及宦者皆在战中，亦拜爵一级。毐等败走。即令国中：有生得毐，赐钱百万；杀之，五十万。尽得毐等。卫尉竭、内史肆、佐弋竭、中大夫令齐等二十人皆枭首。车裂以徇，灭其宗。及其舍人，轻者为鬼薪。及夺爵迁蜀四千余家，家房陵。四月寒冻，有死者。杨端和攻衍氏。彗星见西方，又见北方，从斗以南八十日。十年，相国吕不韦坐嫪毐免。桓齮为将军。齐、赵来置酒。齐人茅焦说秦王曰："秦方以天下为事，而大王有迁母太后之名，恐诸侯闻之，由此倍秦也。"秦王乃迎太后于雍而入咸阳，复居甘泉宫。

大索，逐客，李斯上书说，乃止逐客令。李斯因说秦王，请先取韩以恐他国，于是使斯下韩。韩王患之。与韩非谋弱秦。大梁人尉缭来，说秦王曰："以秦之强，诸侯譬如郡县之君，臣但恐诸侯合从，翕而出不意，此乃智伯、夫差、湣王之所以亡也。愿大王毋爱财物，赂其豪臣，以乱其谋，不过亡三十万金，则诸侯可尽。"秦王从其计，见尉缭亢礼，衣服食饮与缭同。缭曰："秦王为人，蜂准，长目，挚鸟膺，豺声，少恩而虎狼心，居约易出人下，得志亦轻食人。我布衣，然见我常身自下我。诚使秦王得志于天下，天下皆为虏矣。不可与久游。"乃亡去。秦王觉，固止，以为秦国尉，卒用其计策。而李斯用事。

十一年，王翦、桓齮、杨端和攻邺，取九城。王翦攻阏与、橑杨，皆并为一军。翦将十八日，军归斗食以下，什推二人从军。取邺安阳，桓齮将。十二年，文信侯不韦死，窃葬舍人临者，晋人也逐出之；秦人六百石以上夺爵，迁；五百石以下不临，迁，勿夺爵。自今秦王印及太后印来征发京城军队及秦王卫队、官骑、戎翟首领及自己的家臣，想攻打蕲年宫。秦王得知后，命令相国昌平君、昌文君发兵攻击嫪毐。双方战于咸阳，秦军杀死数百人。对于有战功的，秦王都授给他们爵位，连同参战的宦官，也授给爵位一级。嫪毐等人战败逃走，秦王当即通令全国：如谁活捉到嫪毐，赐给赏钱一百万；杀掉他，赐给赏钱五十万。嫪毐等人全被捉到。卫尉竭、内史肆、佐弋竭、中大夫令齐等二十人都被斩首。嫪毐被车裂示众，灭了全族。他们的家臣，罪轻的罚为鬼薪劳役；还有四千余家被剥夺了官爵，迁徙到蜀郡，安置在房陵县。这个月虽属孟夏，但十分寒冷，竟然有冻死的人。秦派杨端和进攻衍氏邑。同时，彗星出现在西方，不久又出现在北方，从北斗星往南接连出现了八十天。十年，相国吕不韦因受嫪毐牵连而被罢官。桓齮为将军。齐国和赵国派来使臣祝贺，秦王摆酒款待他们。齐国人茅焦劝秦王说："秦正以夺取天下为己任，而大王却有了贬谪母太后的名声，恐怕让各诸侯知道了，他们会因此背叛秦国。"秦王于是把太后从雍地接回咸阳，仍然让她住在甘泉宫中。

秦国大规模地进行搜捕，并驱逐从各诸侯国来到秦国的所有宾客。李斯上书劝说，秦王才废止了逐客令。李斯借机劝说秦王，建议首先攻取韩国，以此来恐吓其他国家。于是秦王派李斯去降服韩国。韩王为此而担忧，就跟韩非谋划削弱秦国。大梁人尉缭来到秦国，劝说秦王道："凭着秦国这样强大，诸侯就像郡县的首脑，我只担心山东各国合纵，联合起来进行出其不意的袭击，这就是从前智伯、夫差、湣王所以灭亡的原因所在。希望大王不要吝惜财物，贿赂他们的大臣，以打乱他们的计谋，不过损失三十万金，诸侯们就能收拾殆尽了。"秦王听从了他的计谋，会见尉缭时以平等的礼节相待，自己穿的衣服和饮食也与尉缭一样。尉缭说："秦王这人，高鼻梁，长眼睛，挚鸟一样的胸部，豺狼般的声音，缺少仁爱而有虎狼之心；穷困时容易谦卑对人，得志时也能轻易地吞掉别人。我是平头百姓，可他见我时却常待以上宾之礼。如果真使秦王一统天下，天下人都将成为他的奴仆。我不能跟他长久交往。"于是准备逃走。秦王发觉后极力挽留，让他当秦国的最高军事长官，且全部采用了他的计谋。此时正是李斯执掌国政。

十一年，主将王翦、次将桓齮、末将杨端和三军并为一军攻打赵国邺邑，没有攻下，只夺取了九座城邑。于是王翦就另外去攻打阏与、橑杨。此时秦全国军马并为一军，由王翦统领。王翦统率全军的第十八天，让军中俸禄斗食以下的人，十人中推举二人留在军中，其他的回家。在夺取了邺、安阳后，由桓齮统领全军。十二年，文信侯吕不韦自杀身亡，被其宾客偷偷安葬在洛阳北芒山。对于他的家臣参加哭吊的，如是晋国人，就赶出国境；如是秦国人，俸禄在六百石以上的官吏剥夺爵位，流放到房陵；俸禄在五百石以下而未以来，操国事不道如嫪毐、不韦者籍其门，视此。秋，复嫪毐舍人迁蜀者。当是之时，天下大旱，六月至八月乃雨。

十三年，桓齮攻赵平阳，杀赵将扈辄，斩首十万。王之河南。正月，彗星见东方。十月，桓齮攻赵。十四年，攻赵军于平阳，取宜安，破之，杀其将军。桓齮定平阳、武城。韩非使秦，秦用李斯谋，留非，非死云阳。韩王请为臣。

十五年，大兴兵，一军至邺，一军至太原，取狼孟。地动。十六年九月，发卒受地韩南阳假守腾。初令男子书年。魏献地于秦。秦置丽邑。十七年，内史腾攻韩，得韩王安，尽纳其地，以其地为郡，命曰颍川。地动。华阳太后卒。民大饥。

十八年，大兴兵攻赵，王翦将上地，下井陉，端和将河内，羌瘣伐赵，端和围邯郸城。十九年，王翦、羌瘣尽定取赵地东阳，得赵王。引兵欲攻燕，屯中山。秦王之邯郸，诸尝与王生赵时母家有仇怨，皆坑之。秦王还，从太原、上郡归。始皇帝母太后崩。赵公子嘉率其宗数百人之代，自立为代王，东与燕合兵，军上谷。大饥。

二十年，燕太子丹患秦兵至国，恐，使荆轲刺秦王。秦王觉之，体解轲以徇，而使王翦、辛胜攻燕。燕、代发兵击秦军，秦军破燕易水之西。二十一年，王贲攻荆。乃益发卒诣王翦军，遂破燕太子军，取燕蓟城，得太子丹之首。燕王东收辽东而王之。王翦谢病老归。新郑反。昌平君徙于郢。大雨雪，深二尺五寸。

二十二年，王贲攻魏，引河沟灌大梁，大梁城坏，其王请降，尽取其地。

二十三年，秦王复召王翦，强起之，使将击荆。取陈以南至平参与哭吊的，也流放到房陵，但不剥夺爵位。从此以后，主持国事却不行正道，像嫪毐、吕不韦一样的，全部依此处理，全家收为奴隶。这年秋季，赦免了流放到蜀地的嫪毐的家臣，他们可以返回原籍。当时，全国大旱，从六月起，一直到八月才开始下雨。

十三年，桓齮带兵攻打赵国平阳邑，杀了赵将扈辄，斩首十万人。秦王到河南一带巡视。正月，彗星在东方出现。十月，桓齮再次攻打赵国。十四年，秦军在平阳攻击赵军，攻占了宜安，打败了赵国军队，杀死了赵国的将军。桓齮平定了平阳、武城。韩非出使秦国，秦王采用李斯的计谋，扣留了韩非，韩非死在了云阳县。韩王只得向秦称臣。

十五年，秦国大举出兵，一支进攻邺县，一支进攻太原，并攻占了狼孟。这一年秦国又发生了地震。十六年九月，秦国派兵接收了韩国的南阳邑，任命内史腾为代理南阳太守。这一年，开始命令全国男子登记年龄。魏国献地给秦国。秦设置丽邑。十七年，内史腾去攻打韩国，擒获了韩王安，收取了他的全部土地，并在那里设置了郡，命名为颍川郡。这年又发生了地震。华阳太后去世。人民遭受了大饥荒。

十八年，秦大举兴兵攻赵，王翦统率上地的军队，攻占了井陉。杨端和率领河内的军队，与羌瘣攻打赵国，杨端和包围了邯郸城。十九年，王翦、羌瘣等完全占领了赵国东阳地区，擒获了赵王。秦国又出兵准备攻打燕国，驻军中山。秦王到了邯郸，凡是曾经与秦王在赵国出生时的母家有仇的，全部被活埋。秦王返回，经由太原、上郡回到都城。秦始皇的母太后去世。赵公子嘉率领他的宗族几百人到达代地，自立为代王，并向东与燕国的军队会合，驻扎在上谷郡。这一年秦国又发生了严重的大饥荒。

二十年，燕太子丹担心秦国军队打到燕国来，十分恐慌，派荆轲去刺杀秦王。秦王发现了，处荆轲以肢解之刑来示众，然后就派遣王翦、辛胜率军攻打燕国。燕、代发兵攻打秦军，秦军在易水西面打败了燕军。二十一年，秦王派王贲去攻打楚国。秦王增派援兵到王翦军队中去，终于打败了燕太子的军队，攻占了燕国的蓟城，得到了燕太子丹的首级。燕王向东逃到辽东并在那里称王。王翦因老病辞官回家。新郑反叛。昌平君被迁到郢城。这一年秦国下了大雪，雪厚二尺五寸。

二十二年，秦王派王贲去攻打魏国，引汴河的水灌大梁城。大梁城的城墙塌坏，魏王请求投降，秦军取得了魏国的全部土地。

二十三年，秦王再次诏令征召王翦，强行起用他，派他去攻打楚国。秦军攻占了陈县往南直到平舆县的土地，俘虏了楚王。秦王巡游来到郢都和陈县。楚舆，虏荆王。秦王游至郢陈。荆将项燕立昌平君为荆王，反秦于淮南。二十四年，王翦、蒙武攻荆，破荆军，昌平君死，项燕遂自杀。

二十五年，大兴兵，使王贲将，攻燕辽东，得燕王喜。还攻代，虏代王嘉。王翦遂定荆江南地；降越君，置会稽郡。五月，天下大酺。

二十六年，齐王建与其相后胜发兵守其西界，不通秦。秦使将军王贲从燕南攻齐，得齐王建。

秦初并天下，令丞相、御史曰："异日韩王纳地效玺，请为籓臣，已而倍约，与赵、魏合纵畔秦，故兴兵诛之，虏其王。寡人以为善，庶几息兵革。赵王使其相李牧来约盟，故归其质子。已而倍盟，反我太原，故兴兵诛之，得其王。赵公子嘉乃自立为代王，故举兵击灭之。魏王始约服入秦，已而与韩、赵谋袭秦，秦兵吏诛，遂破之。荆王献青阳以西，已而畔约，击我南郡，故发兵诛，得其王，遂定其荆地。燕王昏乱，其太子丹乃阴令荆轲为贼，兵吏诛，灭其国。齐王用后胜计，绝秦使，欲为乱，兵吏诛，虏其王，平齐地。寡人以眇眇之身，兴兵诛暴乱，赖宗庙之灵，六王咸伏其辜，天下大定。今名号不更，无以称成功，传后世。其议帝号。"丞相绾、御史大夫劫、廷尉斯等皆曰："昔者五帝地方千里，其外侯服夷服，诸侯或朝或否，天子不能制。今陛下兴义兵，诛残贼，平定天下，海内为郡县，法令由一统，自上古以来未尝有，五帝所不及。臣等谨与博士议曰：'古有天皇，有地皇，有泰皇，泰皇最贵。'臣等昧死上尊号，王为'泰皇'。命为'制'，令为'诏'，天子自称曰'朕'。"王曰："去'泰'，著'皇'，采上古'帝'位号，号曰'皇帝'。他如议。"制曰："可。"追尊庄襄王为太上皇。制曰："朕闻太古有号毋谥，中古有号，死而以行为谥。如此，则子议父，臣议君也，甚无谓，朕弗取焉。自今已来，除谥法。朕为始皇帝。后世以计数，二世三世至于万世，传之无穷。"

将项燕立昌平君为楚王，在淮河以南反抗秦国。二十四年，王翦、蒙武去攻打楚国，大败楚军，昌平君战死，于是项燕就自杀了。

二十五年，秦国再次大举进兵，派王贲为将领，攻打燕国的辽东郡，俘获了燕王喜。回来时又进攻代国，俘虏了代王赵嘉。这时楚国长江以南一带也被王翦平定了，而且还降服了越族的首领，设置了会稽郡。五月，秦王下令特许天下之民欢聚饮宴。

二十六年，齐王田建和他的丞相后胜派军队驻守齐国西部边境，并和秦国断交。秦王派将军王贲经由燕国往南进攻齐国，俘获了齐王田建。

秦王刚统一天下，便命令丞相、御史说："从前韩王交出土地献上印玺，请求做守卫边境的臣子，不久又背弃誓约，与赵国、魏国联合反叛秦国，所以派兵去讨伐他们，俘虏了韩国的国王。寡人认为很好，现在战争差不多要停止了。赵王派其相国李牧来与秦国商定盟约，所以我们放回了做人质的赵太子。但不久他们又违背盟约，在太原反叛我，所以我发兵诛灭了它，俘虏了赵王。赵公子嘉竟然自立为代王，所以我就派兵去灭了赵国。魏王起初已约定归服秦，不久却与韩国、赵国合谋袭击秦国，所以我派兵前去讨伐，终于打败了他们。楚王已经献出青阳以西的地盘，不久也背弃誓约，袭击我南郡，所以我派兵去讨伐，俘获了楚国的国王，终于平定了楚地。燕王昏乱，其太子丹就暗中派荆轲做刺客。所以我发兵征讨，灭了燕国。齐王采纳后胜的计谋，断绝与秦通使，想作乱。秦官兵征讨，俘虏了齐王，平定了齐国一带。我凭着这个渺小之身，兴兵诛讨暴乱，靠的是祖宗的神灵。六国国王都按他们的罪过受到了应有的惩罚，天下安定了。现在不改换名号，就无法显示成功，名传后世。请商议确定帝号。"丞相王绾、御史大夫冯劫、廷尉李斯等都说："从前五帝的土地纵横各千里，外面还划分有侯服、夷服等地区。诸侯有的朝见，有的不朝见，天子不能控制。现在您兴正义之师，讨伐四方残贼之人，平定了天下，在全国设置郡县，法令归于一统，自上古以来不曾有这样的局面，五帝都不如您。我们恭谨地跟博士们商议说：'古代有天皇、有地皇、有泰皇，泰皇最尊贵。'我们这些臣子冒死罪献上尊号，王称为'泰皇'；发政令称为'制书'，下命令称为'诏书'，天子自称为'朕'。"秦王说："去掉'泰'字，留下'皇'字，采用上古'帝'的位号，称为'皇帝'，其他的就按你们议论的办。"于是在奏书上写道："可以。"追尊庄襄王为太上皇。又下令说："朕听说上古有帝号无谥号；中古有帝号，死后根据生平事迹定谥号。这样的话，就等于是让儿子评议父亲，让臣子评议君主，很没有道理。朕不赞成这种做法。从今以后，废除谥号。我就称'始皇帝'，后代就从我这儿开始，称二世、三世直到万世，永远相传，没有穷尽。"

始皇推终始五德之传，以为周得火德，秦代周德，从所不胜。方今水德之始，改年始，朝贺皆自十月朔。衣服旄旌节旗皆上黑。数以六为纪，符、法冠皆六寸，而舆六尺，六尺为步，乘六马。更名河曰德水，以为水德之始。刚毅戾深，事皆决于法，刻削毋仁恩和义，然后合五德之数。于是急法，久者不赦。

丞相绾等言："诸侯初破，燕、齐、荆地远，不为置王，毋以填之。请立诸子，唯上幸许。"始皇下其议于群臣，群臣皆以为便。廷尉李斯议曰："周文武所封子弟同姓甚众，然后属疏远，相攻击如仇仇，诸侯更相诛伐，周天子弗能禁止。今海内赖陛下神灵一统，皆为郡县，诸子功臣以公赋税重赏赐之，甚足易制。天下无异意，则安宁之术也。置诸侯不便。"始皇曰："天下共苦战斗不休，以有侯王。赖宗庙，天下初定，又复立国，是树兵也，而求其宁息，岂不难哉！廷尉议是。"

分天下以为三十六郡，郡置守、尉、监。更名民曰"黔首"。大酺。收天下兵，聚之咸阳，销以为钟鐻，金人十二，重各千石，置廷宫中。一法度衡石丈尺。车同轨。书同文字。地东至海暨朝鲜，西至临洮、羌中，南至北乡户，北据河为塞，并阴山至辽东。徙天下豪富于咸阳十二万户。诸庙及章台、上林皆在渭南。秦每破诸侯，写放其宫室，作之咸阳北阪上，南临渭，自雍门以东至泾、渭，殿屋复道周阁相属。所得诸侯美人钟鼓，以充入之。

二十七年，始皇巡陇西、北地，出鸡头山，过回中。焉作信宫渭南，已更命信宫为极庙，象天极。自极庙道通郦山，作甘泉前殿。筑甬道，自咸阳属之。是岁，赐爵一级。治驰道。

二十八年，始皇东行郡县，上邹峄山。立石，与鲁诸儒生议，刻石颂秦德，议封禅望祭山川之事。乃遂上泰山，立石，封，祠祀。

秦始皇按照水、火、木、金、土五行相生相克、终始循环的原理进行推求，认为周朝占有火德的属性；秦德要取代周德，就必须取周朝的火德所抵不过的水德。当今是水德的开始，要更改岁首，朝贺都以十月初一为元旦。衣服、符节和旗帜的装饰都以黑色为贵。数目以六为单位，符、法冠都定为六寸，车厢宽六尺，六尺为一步，一车驾六马。把黄河改名为“德水”，以此来表示水德的开始。为政要刚毅严苛，一切事情都以法律为准绳，严厉而不讲仁爱、恩惠、和善、情义，这样才符合五德中水主阴的命数。于是施行严厉的刑罚，对犯罪者从不宽赦。

丞相王绾等进言说：“诸侯刚刚被打败，燕国、齐国、楚国地处偏远，不给它们设王，就无法镇抚那里。请封立各位皇子为王，希望皇上恩准。”始皇将这个建议下交群臣讨论，群臣都认为可行。廷尉李斯议论道：“周文王、周武王分封子弟和同姓亲属很多，可是他们的后代逐渐疏远了，互相攻击，就像仇人一样，诸侯之间彼此征战，周天子也无法阻止。现在天下依赖陛下神灵得到统一，都设置了郡县，皇子功臣都用国家赋税多多赏赐他们，很容易就控制了。天下没有异心，这就是安宁的办法啊。设置诸侯没有好处。”始皇说：“以前，天下人都苦于连年战争无止无休，就是因为有那些诸侯王。现在我倚仗祖宗的神灵，天下刚刚安定如果又设立诸侯国，这是在制造战争。想以此求得安宁，不是太难了吗？还是廷尉的意见对。”

于是把天下分为三十六郡，每郡都设置守、尉、监；对黎民百姓改称为“黔首”；下令全国特许聚饮以表示欢庆；收集天下的兵器，聚集到咸阳，熔化之后铸成大钟，又铸了十二个铜人，每个重达十二万斤，放置在宫廷里；统一法令和度量衡标准，统一车辆两轮间的宽度，书写使用统一的隶书；领土东到大海和朝鲜，西到临洮、羌中，南到北向户，北面占据黄河作为要塞，沿阴山直到辽东；迁徙天下富豪人家十二万户到咸阳居住。秦朝各代祖庙及章台宫、上林苑都在渭水南岸。秦国每灭掉一个诸侯，都按照该国宫室的样子，在咸阳北面的山坡上进行仿造，南边濒临渭水，从雍门以东直到泾水、渭水；殿屋间以天桥和回廊相连，把从诸侯那里得到的美人、钟鼓，都放在这些宫殿里面。

二十七年，秦始皇巡视陇西、北地，穿过鸡头山，路经回中。于是在渭水南面修建信宫，不久把信宫改名为极庙，象征北极星。从极庙开通道路直达骊山，又修建了甘泉前殿。修造两旁筑有夹墙的甬道，从咸阳一直连接到骊山。这一年，普遍赐给爵位一级，又修筑了供皇帝出行使用的大道。

二十八年，始皇到东方去巡视郡县，登上邹县峄山。在山上立了石碑，并跟鲁地儒生们商议，如何在石上刻写颂扬秦的德业；又商议在泰山祭天、在梁父山祭地和遥祭名山大川的事情。于是登上了泰山，立石刻碑，筑坛，祭天。下山下，风雨暴至，休于树下，因封其树为五大夫。禅梁父。刻所立石，其辞曰：

“皇帝临位，作制明法，臣下修饬。二十有六年，初并天下，罔不宾服。亲巡远方黎民，登兹泰山，周览东极。从臣思迹，本原事业，祇诵功德。治道运行，诸产得宜，皆有法式。大义休明，垂于后世，顺承勿革。皇帝躬圣，既平天下，不懈于治。夙兴夜寐，建设长利，专隆教诲。训经宣达，远近毕理，咸承圣志。贵贱分明，男女礼顺，慎遵职事。昭隔内外，靡不清净，施于后嗣。化及无穷，遵奉遗诏，永承重戒。”

于是乃并勃海以东，过黄、腄，穷成山，登之罘，立石颂秦德焉而去。

南登琅邪，大乐之，留三月。乃徙黔首三万户琅邪台下，复十二岁。作琅邪台，立石刻，颂秦德，明得意。曰：

“维二十六年，皇帝作始。端平法度，万物之纪。以明人事，合同父子。圣智仁义，显白道理。东抚东土，以省卒士。事已大毕，乃临于海。皇帝之功，勤劳本事。上农除末，黔首是富。普天之下，抟心揖志。器械一量，同书文字。日月所照，舟舆所载。皆终其命，莫不得意。应时动事，是维皇帝。匡饬异俗，陵水经地。忧恤黔首，朝夕不懈。除疑定法，咸知所辟。方伯分职，诸治经易。举错必当，莫不如画。皇帝之明，临察四方。尊卑贵贱，不逾次行。奸邪不容，皆务贞良。细大尽力，莫敢怠荒。远迩辟隐，专务肃庄。端直敦忠，事业有常。皇帝之德，存定四极。诛乱除害，兴利致福。节事以时，诸产繁殖。黔首安宁，不用兵革。六亲相保，终无寇贼。欢欣奉教，尽知法式。六合之内，皇帝之土。西涉流沙，南尽北户。东有东海，北过大夏。人迹所至，无不臣者。功盖五帝，泽及牛马。莫不受德，各安其宇。”

维秦王兼有天下，立名为皇帝，乃抚东土，至于琅邪。列侯武城侯王离、列侯通武侯王贲、伦侯建成侯赵亥、伦侯昌武侯成、伦侯武时，突然刮风下雨，始皇在一棵树下休息，因此赐封那棵树为“五大夫”，随后又在梁父山举行祭地典礼，在石碑上镌刻铭文。文辞写道：

“皇帝登基即位，创立昌明法度，臣下端正谨慎。就在二十六年，天下归于一统，四方无不归顺。亲自巡视远方，登临这座泰山，遍览东部边疆。随臣思念往事，推究伟大事业的功勋，敬颂圣德。治世之道实施，各种产业得宜，一切法则大振，大义清明美善，传于后代子孙，永世承继不变。皇帝英明圣德，平定天下后，又不懈地治理国家。每日早起晚睡，思量建设长久基业，专心教化百姓。训民皆以常道，远近通达平治，圣意人人尊奉。贵贱分明，男女遵守各自的礼仪，慎守职责。明辨内外，无不清净，传于后世。教化所及无穷，定要遵从遗诏，重大告诫永世遵奉。”

于是就沿着渤海岸往东走，途经黄县、腄县，攀上成山的顶峰，又登上之罘山，树立石碑歌颂秦之功德，然后离去。

秦始皇又往南走登上了琅邪山，十分高兴，在那里停留了三个月。于是又迁移三万户到琅邪山下，免除他们十二年的赋税徭役。他又修筑了琅邪台，立石刻字，歌颂秦朝的功德，显示他统一天下的心满意足。碑文写道：

“二十六年，皇帝刚刚登基。端正一切法度，整治万物纲纪。彰明人事之宜，提倡父慈子孝。皇帝圣智仁义，宣明各种道理。亲临东土安抚，慰劳视察兵士。大事已毕，到了海边。皇帝之功，为大事操劳。重农抑商，百姓富足。普天之下，专心致志。统一度量，统一文字。日月照耀之处，车船所到之地，无不遵奉王命，人人得志满意。顺应四时行事，自有大秦皇帝。整顿恶劣习俗，跋山涉水千里。怜惜黎民百姓，日夜不肯歇息。除疑惑定法律，无人不守法纪。地方长官分职，各级官署治理，举措必求得当，无不公平整齐。皇帝圣明，巡察四方。尊卑贵贱，不逾等级。不容奸邪，务求贞良。大事小事尽力而为，不敢荒废怠慢。远近各处的偏僻隐蔽之地，都做到严肃庄重。正直敦厚忠诚，事业才能久长。皇帝大恩大德，四方均得安抚。诛除祸乱灾害。为国谋利造福。劳役不误农时，百业繁荣富足。黎民安居乐业，不再动用武力。六亲相保，始终没有盗贼。欢欣接受教诲，百姓都懂法制。天地四方，是皇帝的疆土。西边越过沙漠，南边到达北户。东边到达东海，北边越过大夏。人迹所到之处，无不称臣归服。功高盖过五帝，恩泽遍及马牛。无人不受其德，个个安居乐业。”

秦王统一天下，确立了皇帝的称号，亲临东土安抚百姓，到达琅邪。列侯武成侯王离、列侯通武侯王贲、伦侯建成侯赵亥、伦侯昌武侯成、伦侯武信侯冯信侯冯毋择、丞相隗林、丞相王绾、卿李斯、卿王戊、五大夫赵婴、五大夫杨樛从，与议于海上。曰：“古之帝者，地不过千里，诸侯各守其封域，或朝或否，相侵暴乱，残伐不止，犹刻金石，以自为纪。古之五帝三王，知教不同，法度不明，假威鬼神，以欺远方，实不称名，故不久长。其身未殁，诸侯倍叛，法令不行。今皇帝并一海内，以为郡县，天下和平。昭明宗庙，体道行德，尊号大成。群臣相与诵皇帝功德，刻于金石，以为表经。”

既已，齐人徐市等上书，言海中有三神山，名曰蓬莱、方丈、瀛洲，仙人居之。请得斋戒，与童男女求之。于是遣徐市发童男女数千人，入海求仙人。

始皇还，过彭城，斋戒祷祠，欲出周鼎泗水。使千人没水求之，弗得。乃西南渡淮水，之衡山、南郡。浮江，至湘山祠。逢大风，几不得渡。上问博士曰：“湘君何神？”博士对曰：“闻之，尧女，舜之妻，而葬此。”于是始皇大怒，使刑徒三千人皆伐湘山树，赭其山。上自南郡由武关归。

二十九年，始皇东游。至阳武博狼沙中，为盗所惊。求弗得，乃令天下大索十日。

登之罘，刻石。其辞曰：

“维二十九年，时在中春，阳和方起。皇帝东游，巡登之罘，临照于海。从臣嘉观，原念休烈，追诵本始。大圣作治，建定法度，显箸纲纪。外教诸侯，光施文惠，明以义理。六国回辟，贪戾无厌，虐杀不已。皇帝哀众，遂发讨师，奋扬武德。义诛信行，威辉旁达，莫不宾服。烹灭强暴，振救黔首，周定四极。普施明法，经纬天下，永为仪则。大矣哉！宇县之中，承顺圣意。群臣诵功，请刻于石，表垂于常式。”

其东观曰：

“维二十九年，皇帝春游，览省远方。逮于海隅，遂登之罘，昭临朝阳。观望广丽，从臣咸念，原道至明。圣法初兴，清理疆内，外毋择、丞相隗林、丞相王绾、卿李斯、卿王戊、五大夫赵婴、五大夫杨樛跟随，在海上一起议论皇帝的功德。都说："古代帝王，土地不过千里，诸侯各自守住分封的地区，有的朝见、有的不朝见，互相攻伐，征战不休，还刻金石，铭记自家战功。古时的五帝三王，知识教育各不相同，法制不明，藉鬼神之威，欺骗远方，名不符实，所以不能长久。他们还未死，诸侯业已背叛，法令名存实亡。当今皇帝统一海内，全国设立郡县，天下安定太平。显明祖先宗庙，施行公道德政，皇帝尊号大成。群臣相与歌颂皇帝的功德，把颂辞刻在金石上，以此作为后世的榜样。"

事情完毕以后，齐地人徐市等上书，说大海之中有三座神山，名叫蓬莱、方丈、瀛洲，有仙人居住在那里。希望能斋戒沐浴，带领童男童女前往寻觅。于是就派徐市挑选童男童女几千人，入海求仙。

始皇从东方返回，路经彭城，斋戒祈祷，想要从泗水中打捞出那尊落水的周鼎。派一千多人潜水去找，没有找到。于是向西南渡过淮水，到了衡山、南郡。乘船顺江而下，来到湘山祠。遇上了大风，几乎不能渡河。皇上问博士说："湘君是什么神？"博士回答说："听说是尧的女儿，舜的妻子，埋葬在这里。"始皇非常生气，就派了三千服刑役的罪犯，把湘山上的树全部伐光，使整座山变得一片光秃秃的。皇上从南郡经由武关回到京城。

二十九年，始皇到东方去巡游。到达阳武县博浪沙的时候，被刺客所惊。始皇受了惊吓之后，下令捉拿刺客，但没有捉到，于是就命令全国大规模搜捕了十天。

始皇又登上之罘山，立碑刻石，其铭文如下：

"二十九年，正值仲春时节，阳气方兴。皇帝东巡，登上之罘，观赏大海汪洋。诸臣赞赏景物，追颂伟业初创。圣君治国，建定法制，明确纲纪。外教诸侯，用文德之光照耀他们，阐明义理。六国之君邪僻，贪利永无满足，虐杀不止疯狂。皇帝哀怜民众，发师前往征讨，武德奋扬大振。仗义讨伐，守信而行，威烈遍布四方，无不臣服。消灭强暴，拯救百姓，安定四方。明法普遍施行，天下治理安定，永为法则仪伦。伟大啊！普天之下，无不遵循圣上的意旨。群臣都在歌颂始皇的功德，并请求刻于石碑，表率千秋永不磨灭。"

在东观又刻了一段碑文，文辞写道：

"二十九年，皇帝春日出游，巡行来到远方。幸临东海之滨，登上之罘高山，观赏初升朝阳。遥望广阔绚丽，众臣推原思念，圣道灿烂辉煌。圣法诛暴强。武威旁畅，振动四极，禽灭六王。阐并天下，灾害绝息，永偃戎兵。皇帝明德，经理宇内，视听不怠。作立大义，昭设备器，咸有章旗。职臣遵分，各知所行，事无嫌疑。黔首改化，远迩同度，临古绝尤。常职既定，后嗣循业，长承圣治。群臣嘉德，祗诵圣烈，请刻之罘。”

旋，遂之琅邪，道上党入。

三十年，无事。

三十一年十二月，更名腊曰“嘉平”。赐黔首里六石米，二羊。始皇为微行咸阳，与武士四人俱，夜出逢盗兰池，见窘，武士击杀盗，关中大索二十日。米石千六百。

三十二年，始皇之碣石，使燕人卢生求羡门、高誓。刻碣石门。坏城郭，决通堤防。其辞曰：

“遂兴师旅，诛戮无道，为逆灭息。武殄暴逆，文复无罪，庶心咸服。惠论功劳，赏及牛马，恩肥土域。皇帝奋威，德并诸侯，初一泰平。堕坏城郭，决通川防，夷去险阻。地势既定，黎庶无繇，天下咸抚。男乐其畴，女修其业，事各有序。惠被诸产，久并来田，莫不安所。群臣诵烈，请刻此石，垂著仪矩。”

因使韩终、侯公、石生求仙人不死之药。始皇巡北边，从上郡入。燕人卢生使入海还，以鬼神事，因奏录图书，曰“亡秦者胡也”。始皇乃使将军蒙恬发兵三十万人北击胡，略取河南地。

三十三年，发诸尝逋亡人、赘婿、贾人略取陆梁地，为桂林、象郡、南海，以适遣戍。西北斥逐匈奴。自榆中并河以东，属之阴山，以为三十四县，城河上为塞。又使蒙恬渡河取高阙、陶山、北假中，筑亭障以逐戎人。徙谪，实之初县。禁不得祠。明星出西方。

三十四年，适治狱吏不直者，筑长城及南越地。

始皇置酒咸阳宫，博士七十人前为寿。仆射周青臣进颂曰：

刚刚实行，对内清理陋习，对外诛灭暴强。军威普扬，震动四方，擒灭六王。统一天下，灾害灭绝，永息兵革。皇帝明德，治理天下，博采众议，不知倦怠。创立大义，设置器物，完备周到，都有标识。大臣安守职分，都知各自事务，诸事皆无猜疑。百姓移风易俗，远近同一法度，终身守法不移。常规既定，后世遵循，永远奉行圣命。群臣赞美圣德，敬颂皇帝功业，请刻之罘之石。”

不久，始皇前往琅邪，经上党返西行入关。

三十年，没有发生什么重大事件。

三十一年十二月，因为一首民谣说“帝若学之（指的是仙）腊嘉平”，始皇有求仙之志，所以把腊月改名为“嘉平”。为此，赐给每个里巷（一百户）六石米、二只羊。秦始皇由四名武士陪着夜里出门，在兰池遇到了强盗。情势窘迫，武士们击杀了强盗，在关中大规模搜捕了二十天。当时米价涨至每石一千六百钱。

三十二年，始皇前往碣石山，派燕国人卢生访求仙人羡门、高誓。随即在碣石门刻写碑文。拆除城郭，决通堤防。刻文是：

“皇帝兴师用兵，诛灭无道之君，要把反叛平息。武力消灭暴徒，依法平反良民，民心全都归服。论功行赏众臣，惠泽施及牛马，皇恩遍布全国。皇帝振奋神威，以德兼并诸侯，天下统一太平。拆除城郭，决通河防，铲除险阻。地势已定，百姓没有徭役，天下安抚。男子高兴地务农，女子忙于家务，事各有序。皇恩覆盖百业，合力勤勉耕田，无不安居乐业。群臣敬颂伟业，敬请镌刻此石，留作后世楷模。”

于是派韩终、侯公、石生去寻求仙人不死之药。始皇巡视北部边界，经由上郡返回京城。燕国人卢生被派入海求仙回来了。为了鬼神的事，卢生献上了宣扬符命占验的图录之书，上面写道“灭亡秦朝的是胡”。始皇于是派将军蒙恬发兵三十万北上攻打胡人，夺取河套以南地区。

三十三年，征发那些曾经逃避徭役的犯人、倒插门的赘婿，以及商贩，去夺取南方的陆梁地区，在那设置桂林、象郡、南海三郡，派那些被贬谪的人去防守。在西北边又驱逐了匈奴，从榆中沿黄河往东，直到阴山，设置三十四个县，并沿黄河修筑长城作为要塞。又派蒙恬渡过黄河北取高阙、陶山、北假，并在这一带筑起堡垒以驱逐戎狄。迁移被贬谪的人，让他们充实新设置的郡县，并禁止这些地区的人祭祀天地鬼神。这一年彗星出现在西方。

三十四年，贬谪执法不正的官吏，他们中有的人被派去修筑长城，有的人去戍守南越地区。

秦始皇在咸阳宫摆设酒宴，七十位博士上前献酒颂祝寿辞。仆射周青臣走

“他时秦地不过千里，赖陛下神灵明圣，平定海内，放逐蛮夷，日月所照，莫不宾服。以诸侯为郡县，人人自安乐，无战争之患，传之万世。自上古不及陛下威德。”始皇悦。博士齐人淳于越进曰：“臣闻殷周之王千余岁，封子弟功臣，自为枝辅。今陛下有海内，而子弟为匹夫，卒有田常、六卿之臣，无辅拂，何以相救哉？事不师古而能长久者，非所闻也。今青臣又面谀以重陛下之过，非忠臣。”

始皇下其议。丞相李斯曰：“五帝不相复，三代不相袭，各以治，非其相反，时变异也。今陛下创大业，建万世之功，固非愚儒所知。且越言乃三代之事，何足法也？异时诸侯并争，厚招游学。今天下已定，法令出一，百姓当家则力农工，士则学习法令辟禁。今诸生不师今而学古，以非当世，惑乱黔首。丞相臣斯昧死言：古者天下散乱，莫之能一，是以诸侯并作，语皆道古以害今，饰虚言以乱实，人善其所私学，以非上之所建立。今皇帝并有天下，别黑白而定一尊。私学而相与非法教，人闻令下，则各以其学议之，入则心非，出则巷议，夸主以为名，异取以为高，率群下以造谤。如此弗禁，则主势降乎上，党与成乎下。禁之便。臣请史官非秦记皆烧之。非博士官所职，天下敢有藏诗、书、百家语者，悉诣守、尉杂烧之。有敢偶语诗书者弃市。以古非今者族。吏见知不举者与同罪。令下三十日不烧，黥为城旦。所不去者，医药卜筮种树之书。若欲有学法令，以吏为师。”制曰：“可。”

三十五年，除道，道九原抵云阳，堑山堙谷，直通之。于是始皇以为咸阳人多，先王之宫廷小，吾闻周文王都丰，武王都镐，丰镐之间，帝王之都也。乃营作朝宫渭南上林苑中。先作前殿阿房，东西五百步，南北五十丈，上可以坐万人，下可以建五丈旗。周驰为阁上前去颂扬说："以前秦国土地不过千里，全靠陛下神灵明圣，平定天下，赶走蛮夷，日月照及之处，无不臣服。改诸侯国为郡县，人人安居乐业，没有战争的祸患，天下万代相传。自上古以来，没人比得上陛下的威德。"始皇十分高兴。博士齐人淳于越进言说："我听说殷朝、周朝都统治天下一千多年，其所以如此是因为他们分封子弟功臣作为自己的屏障。如今陛下据有整个国家，而您的子弟却都是平民百姓，这样一旦以后出现像田常、六卿那样的叛臣，而陛下您孤立无援，靠谁来救援呢？凡事不师法古人而能长久的，还没有听说过。刚才周青臣又当面奉承，以致加重陛下的过失，这样的人绝不是忠臣。"

始皇把他们的意见下交群臣议论。丞相李斯说："五帝的制度不是一代重复一代，夏、商、周的制度也不是一代因袭一代，可是都凭着各自的制度治理好了。这并不是他们故意要彼此相反，而是由于时代变了、情势不同了。现在陛下开创大业，建立了万代不朽的功业，本不是愚蠢的儒生所能理解的。而且淳于越说的是三代旧事，哪里值得效法呢？从前诸侯纷争，重金招徕游说之士。现在天下平定，法令出自陛下一人。百姓在家就应该致力于农工生产，读书人就应该学习法令刑禁。现在儒生们不学习今天的却要效法古代的，以此来诽谤当世，惑乱民心。丞相李斯冒死罪进言。古代天下分散紊乱，没人能统一，因此诸侯群起，议论都是称道古代，非难当今，粉饰虚夸，以淆乱真实，人人欣赏自己私下学的知识，来非议圣上确立的制度。当今皇帝已统一天下，分辨是非黑白，一切决定于至尊皇帝一人。可是私学却一起非议法令，致使人们一听说有命令下达，就各自根据自己所学加以议论，入朝就在心里指责，出朝就去街巷谈议，在君主面前夸耀自己以求取名利，追求奇异说法以抬高自己，在民众当中带头制造谣言。像这样却不禁止，在上面君主威势就会下降，在下面朋党的势力就会形成。臣以为禁止这些是合适的。我请求让史官把不是秦国的典籍全部焚毁；不是博士官所职掌，天下有敢收藏《诗经》、《尚书》和诸子百家著作的，都要交给地方官员一起烧掉；有敢相互一起谈论《诗经》、《尚书》的处死；借古非今的满门抄斩；官吏如果知道而不举报，以同罪论处；命令下达三十天仍不烧书的，受黥刑，发配边疆，白天防寇，夜晚筑城；留下来不烧毁的只有医药、占卜、种植之类的书；如果有人想要学习法令，就以官吏为师。"秦始皇批示说："可以。"

三十五年，开始修筑道路，经由九原一直修到云阳，削掉山峰填平河谷，笔直贯通。这时始皇认为咸阳人口多，嫌先王宫廷窄小，听说周文王建都在丰，武王建都在镐，丰、镐两城之间，才是帝王的都城所在。于是在渭水南岸上林苑中建造朝宫。先建前殿于阿房，东西五百步，南北五十丈，上面可坐下一万人，下面可竖起五丈高的旗子。四周架有天桥可供驰走，从宫殿之下一直通到南山。

道，自殿下直抵南山。表南山之颠以为阙。为复道，自阿房渡渭，属之咸阳，以象天极阁道绝汉抵营室也。阿房宫未成；成，欲更择令名名之。作宫阿房，故天下谓之阿房宫。隐宫徒刑者七十余万人，乃分作阿房宫，或作骊山。发北山石椁，乃写蜀、荆地材皆至。关中计宫三百，关外四百余。于是立石东海上朐界中，以为秦东门。因徙三万家丽邑，五万家云阳，皆复不事十岁。

卢生说始皇曰："臣等求芝奇药仙者常弗遇，类物有害之者。方中，人主时为微行以辟恶鬼，恶鬼辟，真人至。人主所居而人臣知之，则害于神。真人者，入水不濡，入火不爇，陵云气，与天地久长。今上治天下，未能恬倓。愿上所居宫毋令人知，然后不死之药殆可得也。"于是始皇曰："吾慕真人，自谓'真人'，不称'朕'。"乃令咸阳之旁二百里内宫观二百七十复道甬道相连，帷帐钟鼓美人充之，各案署不移徙。行所幸，有言其处者，罪死。始皇帝幸梁山宫，从山上见丞相车骑众，弗善也。中人或告丞相，丞相后损车骑。始皇怒曰："此中人泄吾语。"案问莫服。当是时，诏捕诸时在旁者，皆杀之。自是后莫知行之所在。听事，群臣受决事，悉于咸阳宫。

侯生、卢生相与谋曰："始皇为人，天性刚戾自用，起诸侯，并天下，意得欲从，以为自古莫及己。专任狱吏，狱吏得亲幸。博士虽七十人，特备员弗用。丞相诸大臣皆受成事，倚辨于上。上乐以刑杀为威，天下畏罪持禄，莫敢尽忠。上不闻过而日骄，下慑伏谩欺以取容。秦法，不得兼方不验，辄死。然候星气者至三百人，皆良士，畏忌讳谀，不敢端言其过。天下之事无小大皆决于上，上至以衡石量书，日夜有呈，不中呈不得休息。贪于权势至如此，未可为求仙药。"于是乃亡去。始皇闻亡，乃大怒曰："吾前收天下书不中用者尽去之。悉召文学方术士甚众，欲以兴太平，方士欲练以求奇药。今闻韩众去不报，徐市等费以巨万计，终不得药，徒奸利相告日在南山的顶峰修建门阙作为标志。又修造天桥，从阿房跨过渭水，与咸阳连接起来，以象征天上的北极星、阁道跨过银河抵达营室星。阿房宫尚未建成，故暂时先以“阿房”称之，等完工后，再选择一个好名字给它命名。因为是在阿房修筑此宫，所以人们就称它为阿房宫。当时被征调前来修建的有受过宫刑、徒刑的七十多万人，他们中一半人修建阿房宫，一半人营建骊山。从北山开采来山石，从蜀地、荆地运来木料。关中共修建宫殿三百座，关外四百多座。于是在东海边朐山上立石，作为秦的东门。又把三万户迁到丽邑，五万户迁到云阳，凡是搬迁的免除他们十年的赋税和徭役。

卢生劝说始皇道：“我们寻找灵芝、奇药和仙人，一直找不到，好像是有什么东西妨害了它们。我们心想，皇帝要经常秘密出行以便驱逐恶鬼，恶鬼避开了，神仙真人才会来到。皇上住的地方如果让臣子们知道，就会妨害神仙。真人，是入水不湿，入火不烧，腾云驾雾，和天地共长久的。现在皇上治理天下，没能做到清静无忧。希望皇上所住的宫室不要让别人知道，这样，不死之药或许能够得到。”于是始皇说：“我羡慕真人，我就自号‘真人’，不称‘朕’了。”于是下令将咸阳四周二百里内的二百七十座宫观都用天桥、甬道相互连接起来；把帷帐、钟鼓和美人都安置在里边，全部按照所登记的位置不得移动。皇帝所到的地方，如有人说出去，就判死罪。有一次始皇帝到梁山宫，从山上望见丞相车马很多，觉得不好。宫中有人告知了丞相，丞相后来减少了车马。始皇知道后愤怒地说：“这一定是宫中有人将我的话泄漏了出去。”他拷问身边的人，没有人认罪，于是他便下令将当时在场的所有人全部杀掉了。从此以后，再没有人知道皇帝的行踪。皇帝处理事务，群臣接受命令，一律在咸阳宫进行。

侯生、卢生一起商量说：“始皇为人，天性粗暴凶狠、自以为是。他出身诸侯，兼并天下，诸事称心，为所欲为，认为从古到今没有人比得上他。他特别重用狱吏，狱吏得到宠幸。博士虽有七十人，只是凑数，并不任用。丞相和各位大臣都只是接受已经决定的命令，倚仗皇上办事。皇上喜欢用重刑、杀戮显示威严，官员们都怕获罪，都想保持住禄位，所以没有人敢真正竭诚尽忠。皇上听不到自己的过错，因而一天更比一天骄横。臣子们担心害怕，专事欺骗，屈从讨好。按照秦法，一人不能兼有两种方术，方术不灵验，立即处死。然而占卜星象云气以测吉凶的人多达三百，都是良士，却因为害怕获罪，只得避讳奉承，不敢正直地说出皇帝的过错。天下的事无论大小都由皇上决定，皇上甚至用秤来称量各种书写文件的竹简木简的重量，日夜都有定额，阅读达不到定额，就不能休息。他贪于权势到如此地步，咱们不能为他去找仙药。”于是就逃走了。始皇听说他们逃走了，就大怒道：“我先前收缴了天下所有不适用的书都烧掉了，我征召了大批文章博学之士和有闻。卢生等吾尊赐之甚厚，今乃诽谤我，以重吾不德也。诸生在咸阳者，吾使人廉问，或为訞言以乱黔首。”于是使御史悉案问诸生，诸生传相告引，乃自除。犯禁者四百六十余人，皆坑之咸阳，使天下知之，以惩后。益发谪徙边。始皇长子扶苏谏曰：“天下初定，远方黔首未集，诸生皆诵法孔子，今上皆重法绳之，臣恐天下不安。唯上察之。”始皇怒，使扶苏北监蒙恬于上郡。

三十六年，荧惑守心。有坠星下东郡，至地为石，黔首或刻其石曰“始皇帝死而地分”。始皇闻之，遣御史逐问，莫服，尽取石旁居人诛之，因燔销其石。始皇不乐，使博士为仙真人诗，及行所游天下，传令乐人歌弦之。秋，使者从关东夜过华阴平舒道，有人持璧遮使者曰：“为吾遗滈池君。”因言曰：“今年祖龙死。”使者问其故，因忽不见，置其璧去。使者奉璧具以闻。始皇默然良久，曰：“山鬼固不过知一岁事也。”退言曰：“祖龙者，人之先也。”使御府视璧，乃二十八年行渡江所沉璧也。于是始皇卜之，卦得游徙吉。迁北河榆中三万家。拜爵一级。

三十七年十月癸丑，始皇出游。左丞相斯从，右丞相去疾守。少子胡亥爱慕请从，上许之。十一月，行至云梦，望祀虞舜于九疑山。浮江下，观籍柯，渡海渚。过丹阳，至钱唐。临浙江，水波恶，乃西百二十里从狭中渡。上会稽，祭大禹，望于南海，而立石刻颂秦德。

其文曰：“皇帝休烈，平一宇内，德惠修长。三十有七年，亲巡天下，周览远方。遂登会稽，宣省习俗，黔首斋庄。群臣诵功，本原事迹，追首高明。秦圣临国，始定刑名，显陈旧章。初平法式，审各种技艺的方术之士，是想任用他们振兴太平。这些方士想要炼造仙丹，寻求奇药，现在却听说韩众不辞而别，徐市等花费以亿计算，始终没找到奇药，只是每天听到他们互相告发非法牟利。我对卢生等人很尊重，赏赐也十分优厚，如今竟然诽谤我，企图以此加重我的无德。这些人在咸阳，我派人去查问过，有的人竟妖言惑众，扰乱民心。”于是派御史去一一审查。这些人辗转告发，一个供出一个。始皇亲自把他们从名籍上除名，一共四百六十多人，全部活埋在咸阳，以儆效尤。就在这一年里，始皇征发更多的流放人员去戍守边疆。他的长子扶苏进谏说：“天下刚刚平定，远方百姓还没有归附。儒生们诵读的都是孔子的书，他们都是以孔子为榜样为人处世。现在皇上一律用重刑来整治他们，我担心天下将会不安定，希望皇上明察。”始皇听了很生气，于是就派扶苏到北方的上郡，去给蒙恬做监军。

三十六年，火星侵入心宿，这种天象象征着帝王有灾。又有颗陨星坠落在东郡，落地后变为了石块。老百姓中有人在那块石头上刻了“始皇帝死而土地分”几个字。始皇听说后，派御史去逐个审问，没人承认。于是把住在石头旁的人全部捉拿杀掉了，又烧毁了那块石头。始皇不高兴，让博士作《仙真人诗》，等到巡行天下时，每到一处就传令乐师弹奏唱歌。秋天，使者从关东走夜路经过华阴平舒道，有人手持玉璧拦住使者说：“替我送给滈池君。”趁便说：“今年祖龙死。”使者问他原因，那人忽然不见了，只留下了玉璧在地上。使者捧着玉璧把情况都报告了皇上。始皇默然良久，说：“山里鬼怪不过只能预知一年内的事。”当时已是秋季，始皇说今年的日子已不多，这话未必能应验。到退朝时他又说：“祖龙是人的祖先。”故意把“祖”解释成祖先。祖先是已死去的人，因此“祖龙死”自然与他无关。始皇让御府察看那块玉璧，竟然是始皇二十八年出外巡视渡江时沉入江中的那块。于是始皇占卜，占得迁移吉利的一卦。迁移三万户到北河榆中地区，每户授爵位一级。

三十七年十月癸丑日，始皇外出巡游。左丞相李斯跟随着，右丞相冯去疾留守京城。少子胡亥想去巡游，要求跟随，皇上答应了他。十一月，到了云梦，向九嶷山方向遥祭虞舜。沿长江而下，观览籍柯，渡过海渚，经过丹阳，来到钱塘。到浙江边，水波汹涌，于是就向西走了一百二十里，从江面狭窄的地方渡过。而后登上会稽山，祭祀大禹，又遥望祭祀南海神。最后在会稽山立石刻写铭文，以歌颂秦王朝的功德。其文辞写道：

“皇帝功业伟大，统一平定天下，德惠深厚久长。三十七年，亲自巡行天下，遍游观览远方。登上会稽，考察习俗，百姓庄重。群臣颂功，推原事迹，追溯高明。秦朝圣王登位，创制刑法名称，阐述旧有规章。建立公平法则，审慎区别职任，以立恒常。六王专倍，贪戾傲猛，率众自强。暴虐恣行，负力而骄，数动甲兵。阴通间使，以事合从，行为辟方。内饰诈谋，外来侵边，遂起祸殃。义威诛之，殄熄暴悖，乱贼灭亡。圣德广密，六合之中，被泽无疆。皇帝并宇，兼听万事，远近毕清。运理群物，考验事实，各载其名。贵贱并通，善否陈前，靡有隐情。饰省宣义，有子而嫁，倍死不贞。防隔内外，禁止淫泆，男女絜诚。夫为寄豭，杀之无罪，男秉义程。妻为逃嫁，子不得母，咸化廉清。大治濯俗，天下承风，蒙被休经。皆遵度轨，和安敦勉，莫不顺令。黔首修絜，人乐同则，嘉保太平。后敬奉法，常治无极，舆舟不倾。从臣诵烈，请刻此石，光垂休铭。”

还过吴，从江乘渡。并海上，北至琅邪。方士徐市等入海求神药，数岁不得，费多，恐谴，乃诈曰：“蓬莱药可得，然常为大鲛鱼所苦，故不得至，愿请善射与俱，见则以连弩射之。”始皇梦与海神战，如人状。问占梦，博士曰：“水神不可见，以大鱼蛟龙为候。今上祷祠备谨，而有此恶神，当除去，而善神可致。”乃令入海者赍捕巨鱼具，而自以连弩候大鱼出射之。自琅邪北至荣成山，弗见。至之罘，见巨鱼，射杀一鱼。遂并海西。

至平原津而病。始皇恶言死，群臣莫敢言死事。上病益甚，乃为玺书赐公子扶苏曰：“与丧会咸阳而葬。”书已封，在中车府令赵高行符玺事所，未授使者。七月丙寅，始皇崩于沙丘平台。丞相斯为上崩在外，恐诸公子及天下有变，乃秘之，不发丧。棺载辒凉车中，故幸宦者参乘，所至上食、百官奏事如故，宦者辄从辒凉车中可其奏事。独子胡亥、赵高及所幸宦者五六人知上死。赵高故尝教胡亥书及狱律令法事，胡亥私幸之。高乃与公子胡亥、丞相斯阴谋破去始皇所封书赐公子扶苏者，而更诈为丞相斯受始皇遗诏沙丘，立子胡亥为太子。更为书赐公子扶苏、蒙恬，数以罪，其赐死。语具在李斯传中。行，遂从井陉抵九原。会暑，上辒车臭，乃诏从官令车载一石鲍鱼，分职责，确立永久纲纪。六王专横背理，贪暴凶傲，率众逞强。暴虐恣行，恃强骄狂，屡动干戈。暗中安置坐探，联合六国合纵，行为卑鄙猖狂。对内说谎狡诈，向外侵我边境，由此引起祸殃。仗义扬威诛讨，消灭凶暴叛逆，乱贼终于灭亡。圣德广博深厚，天地四海之内，恩泽覆盖无疆。皇帝统一天下，兼听万事，远方近处都已清静。驾驭万物，考核事实，各有名分，贵贱都很通达，善恶公开，没有隐情。治有过扬道义，有夫弃子而嫁，背夫不贞无情。以礼分别内外，禁止纵欲放荡，男女都应贞洁。丈夫在外淫乱，杀了没有罪过，男子须守礼法。妻子弃夫逃嫁，子不认她为母，风俗廉洁清正。治理荡涤恶俗，全民承受教化，天下沐浴新风。人人遵守规矩，和好安定互勉，无不顺从命令。百姓美善清洁，全都顺从国家法令，乐保天下太平。后人敬奉圣法，国家长治久安，永无倾覆之患。众臣歌颂功业，请求刻石作铭，让皇帝的光辉永垂后世。”

始皇返回，途经吴地，从江乘县渡江。沿海岸北上，到达琅邪。方士徐市等人入海寻求仙药，好几年也没找到，花费钱财很多，害怕遭受责罚，就欺骗说：“蓬莱仙药可以找到，但常被大鲛鱼所困扰，所以不能到达。请派擅长射箭的人跟我们一起去，见到鲛鱼就用连弩射它。”始皇做梦与海神交战，海神的形状好像人。请占梦的博士给圆梦，博士说：“水神本来是看不到的，它用大鱼蛟龙做侦探。现在皇上祭祀周到恭敬，却出现这种恶神，应当除掉它，然后真正的善神就可以找到了。”于是命令入海的人携带大型渔具，又自己拿着连弩等候大鱼出来射它。从琅邪向北直到荣成山，都不曾遇见。到达之罘的时候，中间遇见过大鱼，射死了一条。接着又沿海岸西行。

待行至平原县的黄河渡口时，始皇病了。始皇讨厌说“死”这个字，群臣没有敢说死的事情。皇帝病得更厉害了，就写了一封盖上御印的信给公子扶苏说：“回来参加丧事，在咸阳下葬。”信已封好了，放在掌管符玺的中车府令赵高那里，没有交给使者。七月丙寅日，始皇在沙丘平台逝世。丞相李斯认为皇帝在外地逝世，恐怕皇子们和各地乘机制造变故，就对此事严守秘密，不发布丧事消息。棺材放在辒凉车中，由始皇生前宠爱的宦官陪乘。每到一处，皇上进餐，及百官奏事依然如故。宦官就在辒凉车中降诏批签。只有胡亥、赵高和五六个曾受宠幸的宦官知道皇上死了。赵高过去曾教过胡亥学习法律，两人关系密切。因此赵高便与公子胡亥、丞相李斯秘密商量毁掉始皇赐给公子扶苏的那封信。于是诈称丞相李斯在沙丘受始皇遗诏，立皇子胡亥为太子。又写了一封信给公子扶苏、蒙恬，列举他们的罪状，赐命他们自杀。这些事的详细情况都记载在《李斯列传》里。接着又继续往前走，从井陉到达九原。这时正赶上暑天，装载皇上尸体的辒凉车中发出了臭味，于是李斯等人就下令随从官员让他们往车里装一石腌以乱其臭。

行从直道至咸阳，发丧。太子胡亥袭位，为二世皇帝。九月，葬始皇郦山。始皇初即位，穿治郦山，及并天下，天下徒送诣七十余万人，穿三泉，下铜而致椁，宫观百官奇器珍怪徙臧满之。令匠作机弩矢，有所穿近者辄射之。以水银为百川江河大海，机相灌输，上具天文，下具地理。以人鱼膏为烛，度不灭者久之。二世曰："先帝后宫非有子者，出焉不宜。"皆令从死，死者甚众。葬既已下，或言工匠为机，臧皆知之，臧重即泄。大事毕，已臧，闭中羡，下外羡门，尽闭工匠臧者，无复出者。树草木以象山。

二世皇帝元年，年二十一。赵高为郎中令，任用事。二世下诏，增始皇寝庙牺牲及山川百祀之礼。令群臣议尊始皇庙。群臣皆顿首言曰："古者天子七庙，诸侯五，大夫三，虽万世世不轶毁。今始皇为极庙，四海之内皆献贡职，增牺牲，礼咸备，毋以加。先王庙或在西雍，或在咸阳。天子仪当独奉酌祠始皇庙。自襄公已下轶毁。所置凡七庙。群臣以礼进祠，以尊始皇庙为帝者祖庙。皇帝复自称'朕'。"

二世与赵高谋曰："朕年少，初即位，黔首未集附。先帝巡行郡县，以示强，威服海内。今晏然不巡行，即见弱，毋以臣畜天下。"春，二世东行郡县，李斯从。到碣石，并海，南至会稽，而尽刻始皇所立刻石，石旁著大臣从者名，以章先帝成功盛德焉。

皇帝曰："金石刻尽始皇帝所为也。今袭号而金石刻辞不称始皇帝，其于久远也如后嗣为之者，不称成功盛德。"丞相臣斯、臣去疾、御史大夫臣德昧死言："臣请具刻诏书刻石，因明白矣。臣昧死鱼，让人们分不清是尸臭还是鱼臭。

一路行进，从直道回到咸阳，方发布治丧的公告。皇太子继承皇位，就是二世皇帝。九月，把始皇葬在骊山。始皇刚即位时，就已开始建造骊山陵墓。到统一天下后，从全国各地征集来七十多万徒役，凿地三重泉水那么深，灌注铜水，填塞缝隙，再把外棺一一放进去。又在墓中修造宫观，设置百官位次，把珍奇器物、珍宝怪石等搬了进去，放得满满的。命令工匠制造了由机关操控的弓箭安装在地宫里，如有人一旦走近，就会自动发射，击杀来人。地宫里有用水银灌注成的百川、江河、大海，用机器递相灌注输送使之不停流动；顶壁装有天文图像，下面置有地理图形。用娃娃鱼的油脂做成火炬，估计很久不会熄灭。二世说："先帝后宫妃嫔，没有儿女的，不宜放她们出去。"于是就让这些人全部殉葬，死的人非常多。等到把始皇埋葬完毕，有人说，工匠为陵墓设置了这些机关，墓中都藏了哪些宝物，他们都是知道的。如果他们一旦泄漏机密，那就要坏大事。所以，当隆重的丧礼完毕后，宝物都已藏好，就把墓道中间的一道门先行关闭，接着又将外门关闭，工匠们全部被封闭在里边，再也没有一个人能活着出来。随后整个陵寝都栽种上花草树木，从外边看上去好像一座山。

秦二世元年，皇帝二十一岁，赵高为郎中令，执掌朝廷大权。秦二世下诏，增加始皇祠庙里祭祀的供品数量以及山川祭祀的礼仪规格。命令大臣们讨论如何对始皇庙表示更高的尊崇。大臣们都叩头进言道："古时候天子祭祀的祖先是七代，诸侯五代，大夫三代。如今始皇庙是至高无上的，即使是万世以后也不能废除。天下人都要给始皇庙进贡，增加祭祀用的祭品数量，礼仪完全具备，不能有比这个再高的。先王庙有的在西雍，有的在咸阳。天子按礼仪应单独捧酒祭祀始皇庙。自襄公以下的庙都废除。应该享受祭祀的七代祖先，由大臣们负责祭祀，推尊始皇庙为皇帝的始祖庙。皇帝仍自称为'朕'。"

秦二世跟赵高商议说："我年轻，刚即位，民心还未完全归顺。先帝巡视各郡县，以显示他的强大，以威势震服四海。我如果整天安然地住在皇宫而不出去巡游，会让人误会我软弱无能，无力统治天下。"于是在这年的春天，秦二世也东行巡视郡县，李斯随驾同行。到达碣石山，沿海南行到达会稽，在始皇所立的石碑上都刻上字，碑石旁都增刻上随从大臣的名字，以使先帝的功业盛德更加明显。

秦二世说："这些金石碑刻全是始皇帝树立起来的。现在我承袭了皇帝名号，可是金石碑刻上不称始皇帝，以后年代久远了，就好像是后代子孙建造的，这样便不能彰显始皇的丰功伟业。"丞相李斯、冯去疾、御史大夫德冒死罪上奏说："我们请求把诏书全文刻在山石上，这样就可以使后人分辨清楚了。为臣冒请。”制曰：“可。”

遂至辽东而还。

于是二世乃遵用赵高，申法令。乃阴与赵高谋曰：“大臣不服，官吏尚强，及诸公子必与我争，为之奈何？”高曰：“臣固愿言而未敢也。先帝之大臣，皆天下累世名贵人也，积功劳世以相传久矣。今高素小贱，陛下幸称举，令在上位，管中事。大臣鞅鞅，特以貌从臣，其心实不服。今上出，不因此时案郡县守尉有罪者诛之，上以振威天下，下以除去上生平所不可者。今时不师文而决于武力，愿陛下遂从时毋疑，即群臣不及谋。明主收举余民，贱者贵之，贫者富之，远者近之，则上下集而国安矣。”二世曰：“善。”乃行诛大臣及诸公子，以罪过连逮少近官三郎，无得立者，而六公子戮死于杜。公子将闾昆弟三人囚于内宫，议其罪独后。二世使使令将闾曰：“公子不臣，罪当死，吏致法焉。”将闾曰：“阙廷之礼，吾未尝敢不从宾赞也；廊庙之位，吾未尝敢失节也；受命应对，吾未尝敢失辞也。何谓不臣？愿闻罪而死。”使者曰：“臣不得与谋，奉书从事。”将闾乃仰天大呼天者三，曰：“天乎！吾无罪！”昆弟三人皆流涕拔剑自杀。宗室振恐。群臣谏者以为诽谤，大吏持禄取容，黔首振恐。

四月，二世还至咸阳，曰：“先帝为咸阳朝廷小，故营阿房宫。为室堂未就，会上崩，罢其作者，复土郦山。郦山事大毕，今释阿房宫弗就，则是章先帝举事过也。”复作阿房宫。外抚四夷，如始皇计。尽征其材士五万人为屯卫咸阳，令教射狗马禽兽。当食者多，度不足，下调郡县转输菽粟刍藁，皆令自赍粮食，咸阳三百里内不得食其谷。用法益刻深。

七月，戍卒陈胜等反故荆地，为“张楚”。胜自立为楚王，居陈，遣诸将徇地。山东郡县少年苦秦吏，皆杀其守尉令丞反，以应陈涉，相立为侯王，合从西乡，名为伐秦，不可胜数也。谒者死请求。”于是秦二世批复说：“可以。”

接着又巡行到了辽东，而后返回国都。

这时候，秦二世就按照赵高的建议，申明法令。他暗中与赵高谋划说：“大臣们都不服从，官吏还很有势力，还有各位皇子一定要跟我争权，对这些我该怎么办呢？”赵高说：“我本想说却没敢开口。先帝的大臣，都是天下世代有名望的贵人，积累功劳，世代相传。微臣赵高生来卑贱，如今幸蒙陛下抬举，让我身居高位，管理宫廷事务。大臣们并不满意，只是表面上服从，实际上心里不服。现在皇上出巡，何不借此机会查办郡县守尉中的有罪者，把他们杀掉。这样，在上可以使皇上的威严震慑天下，在下可以除掉皇上一向所不满意的人。现在的时势不尚文治而取决于武力，希望陛下赶紧顺从时势，不要犹豫，赶在群臣来不及谋划之前。英明的君主收集举用那些被遗弃不用的人，让卑贱的显贵起来，让贫穷的富裕起来，让疏远的变得亲近，这样就能上下团结国家安定了。”二世说：“好！”于是便诛杀大臣和公子们，用各种罪名连续逮捕近侍小官，中郎、外郎、散郎，无一幸存，六个皇子被杀死在杜县。二世将闾昆兄弟三人囚禁在内宫，议定他们的罪状。秦二世派使者命令将闾说：“你们不尽臣道，应处死罪，狱吏来执法了。”将闾说：“宫廷的礼节，我从来不敢不听从掌管司仪的宾赞；朝廷的位次，我从来不敢有失礼节；奉命对答，我从来不敢说错话。怎么能说不尽臣道呢？希望能知道罪名再死。”使者说：“我不能和你讨论这些，只知道奉命行事。”于是将闾仰天大喊道：“天啊！我没有罪啊！”兄弟三人都流着眼泪拔剑自杀了。皇族的人都为之震惊恐慌。大臣们进谏的被认为是诽谤，大官们为保住禄位而屈从讨好，老百姓个个恐惧不已。

四月，秦二世回到咸阳，说：“先帝认为咸阳的宫殿不够宽广，所以修建阿房宫，宫殿尚未建成，始皇就去世了，只得让修建的人停下来，人员都调到骊山去修陵墓。如今骊山修墓的工作已全部完毕，现在放下阿房宫而不把它建成，就是表明先帝办事有所失误。”于是又开始修建阿房宫。同时对外安抚四方的外族，遵循始皇的策略。于是又征召了身强力壮的兵丁五万人守卫咸阳，下令教习射箭。由于咸阳一带聚集的人数太多，粮食不够吃，于是就从下面各郡县征调粮食和饲料。而所有转运人员都必须自带干粮，不准吃咸阳三百里之内的粮食。整个国家的法令愈加严酷。

七月，戍卒陈胜等在原来的楚国之地造反，立国号为“张楚”，取张大楚国之意。陈胜自立为楚王，住在陈。他派将领四处去夺取地盘。崤山函谷关以东的各郡县，年轻人因为受尽秦朝官吏之苦，都杀掉了他们的郡守、郡尉、县令、县丞，起来造反，以响应陈胜，并在各地相继拥立侯王，联合起来向西进攻，都打使东方来，以反者闻二世。二世怒，下吏。后使者至，上问，对曰："群盗，郡守尉方逐捕，今尽得，不足忧。"上悦。武臣自立为赵王，魏咎为魏王，田儋为齐王。沛公起沛。项梁举兵会稽郡。

二年冬，陈涉所遣周章等将西至戏，兵数十万。二世大惊，与群臣谋曰："奈何？"少府章邯曰："盗已至，众强，今发近县不及矣。郦山徒多，请赦之，授兵以击之。"二世乃大赦天下，使章邯将，击破周章军而走，遂杀章曹阳。二世益遣长史司马欣、董翳佐章邯击盗，杀陈胜城父，破项梁定陶，灭魏咎临济。楚地盗名将已死，章邯乃北渡河，击赵王歇等于巨鹿。

赵高说二世曰："先帝临制天下久，故群臣不敢为非，进邪说。今陛下富于春秋，初即位，奈何与公卿廷决事？事即有误，示群臣短也。天子称朕，固不闻声。"于是二世常居禁中，与高决诸事。其后公卿希得朝见，盗贼益多，而关中卒发东击盗者毋已。右丞相去疾、左丞相斯、将军冯劫进谏曰："关东群盗并起，秦发兵诛击，所杀亡甚众，然犹不止。盗多，皆以戍漕转作事苦，赋税大也。请且止阿房宫作者，减省四边戍转。"二世曰："吾闻之韩子曰：'尧舜采椽不刮，茅茨不翦，饭土塯，啜土形，虽监门之养，不觳于此。禹凿龙门，通大夏，决河亭水，放之海，身自持筑臿，胫毋毛，臣虏之劳不烈于此矣。'凡所为贵有天下者，得肆意极欲，主重明法，下不敢为非，以制御海内矣。夫虞、夏之主，贵为天子，亲处穷苦之实，以徇百姓，尚何于法？朕尊万乘，毋其实，吾欲造千乘之驾，万乘之属，充吾号名。且先帝起诸侯，兼天下，天下已定，外攘四夷以安边境，着讨伐秦朝的旗号，人数多得数也数不清。秦二世的一个掌管传达通报的使者出使山东回来，把山东造反的情况报告了二世。二世发怒，把使者交狱吏治罪。以后的使者回来，皇上询问情况，就回答说："那不过是一群盗匪，郡守、郡尉正在追捕，现在全部抓获了，不值得担心。"秦二世听了很高兴。这时，武臣自立为赵王，魏咎自立为魏王，田儋自立为齐王，沛公在沛县起兵，项梁在会稽郡起兵。

秦二世二年的冬天，陈胜派遣的大将周章等将领西进到达戏水，兵力有几十万。二世大为吃惊，跟群臣商议说："怎么办？"少府章邯说："盗匪已经来了，人数多势力强，现在征发附近各县的军队是来不及了。骊山徒役很多，请赦免他们，给予他们兵器去迎击起义军。"二世于是大赦天下，派章邯带兵，把周章的军队打得落荒而逃，并在曹阳杀了周章。接着二世又增派长史司马欣、董翳去协助章邯攻打起义军，在城父杀死了陈胜。随后又在定陶打败了项梁，在临济消灭了魏咎。眼看着楚地的盗匪名将都已被灭，章邯就向北渡过黄河，到巨鹿攻打赵王歇等人。

赵高劝说二世道："先帝登位治理天下时间长，所以群臣不敢做非分之事，不敢进言异端邪说。现在陛下正年轻，刚登皇位，怎么能跟公卿在朝廷上议决大事呢？事情如果有错误，就让群臣看出了自己的弱点。天子称'朕'，朕既然有征兆的意思，本来就是不让别人听到他的声音。"于是二世经常住在宫中，与赵高决定各种事情。这以后公卿们很少能见到秦二世，东方盗贼日益增多，而关中士兵也不断被征发去东方攻打盗贼。右丞相冯去疾、左丞相李斯、将军冯劫进谏道："关东各路盗贼纷纷而起，朝廷派兵前去诛讨，被杀死的和逃跑的人很多，然而还不能平息。盗贼之所以多都是因为戍边、运输、劳作的事情太劳苦，赋税太重的缘故。请皇上暂停阿房宫的修建，减少戍边兵役和运输徭役。"二世说："我曾听韩子说：'尧、舜用柞木做椽子，都不进行砍削加工；用芦苇茅草盖屋顶，都不修剪；吃饭用瓦碗，喝水用瓦罐。即使是看门人的供养，也不会比这再俭薄了。禹开凿龙门，南通大夏，疏通黄河水，将其引入大海；他亲自手持杵和锹，小腿上的毛都磨光了，即使奴隶的劳苦，也不比这更厉害。'作为一个拥有天下的统治者，他应该为所欲为，享有一切。做君主重要的是申明法令，这样，下面的人不敢干坏事，就能统治天下了。虞、夏的君主，地位尊贵，做了天子，却身处穷苦境地，为百姓作出牺牲，那还要法令干什么？我被天下称为万乘之主，拥有万辆兵车，身居万乘之高位，却没有万乘的实际。我要建造千乘之车驾，设立万乘之徒属，让实际跟我的名号相一致。当初，我们的先帝起自诸侯，统一天下，对外排除四方外族以安定边境，对内修建宫室以显示自己的成功。你作宫室以章得意，而君观先帝功业有绪。今朕即位二年之间，群盗并起，君不能禁，又欲罢先帝之所为，是上毋以报先帝，次不为朕尽忠力，何以在位？”下去疾、斯、劫吏，案责他罪。去疾、劫曰：“将相不辱。”自杀。斯卒囚，就五刑。

三年，章邯等将其卒围巨鹿，楚上将军项羽将楚卒往救巨鹿。冬，赵高为丞相，竟案李斯杀之。夏，章邯等战数却，二世使人让邯，邯恐，使长史欣请事。赵高弗见，又弗信。欣恐，亡去，高使人捕追不及。欣见邯曰：“赵高用事于中，将军有功亦诛，无功亦诛。”项羽急击秦军，虏王离，邯等遂以兵降诸侯。八月己亥，赵高欲为乱，恐群臣不听，乃先设验，持鹿献于二世，曰：“马也。”二世笑曰：“丞相误邪？谓鹿为马。”问左右，左右或默，或言马以阿顺赵高。或言鹿，高因阴中诸言鹿者以法。后群臣皆畏高。

高前数言“关东盗毋能为也”，及项羽虏秦将王离等巨鹿下而前，章邯等军数却，上书请益助，燕、赵、齐、楚、韩、魏皆立为王，自关以东，大氐尽畔秦吏应诸侯，诸侯咸率其众西乡。沛公将数万人已屠武关，使人私于高，高恐二世怒，诛及其身，乃谢病不朝见。二世梦白虎啮其左骖马，杀之，心不乐，怪问占梦。卜曰：“泾水为祟。”二世乃斋于望夷宫，欲祠泾，沉四白马。使使责让高以盗贼事。高惧，乃阴与其婿咸阳令阎乐、其弟赵成谋曰：“上不听谏，今事急，欲归祸于吾宗。吾欲易置上，更立公子婴。子婴仁俭，百姓皆载其言。”使郎中令为内应，诈为有大贼，令乐召吏发卒，追劫乐母置高舍。遣乐将吏卒千余人至望夷宫殿门，缚卫令仆射，曰：“贼入此，何不止？”卫令曰：“周庐设卒甚谨，安得贼敢入宫？”乐遂斩卫令，直将吏入，行射，郎宦者大惊，或走或格，格者辄死，死者数十人。郎中令与乐俱入，射上幄坐帏。二世怒，召左右，左右皆惶扰不斗。旁有宦者一人，侍不敢去。二世入内，谓曰：“公何不蚤告我？乃们都看到了，先帝的功业井然有序，而我才即位两年的时间，盗贼就蜂拥而起，你们不能制止，反而想把先帝所要做的事情停下来。这样做，对上不能报答先帝，其次也表明你们对我不肯尽忠效力，你们还凭什么居此高位呢？”于是把冯去疾、李斯、冯劫交由法官处置，审讯追究三人的其他罪过。冯去疾、冯劫说：“将相不能受侮辱。”于是便自杀了。而李斯则接受囚禁，受尽了各种刑罚。

秦二世三年，章邯等率兵包围了巨鹿，楚国上将军项羽率领楚兵前去援救巨鹿。这年冬天，赵高担任丞相，最终判决杀了李斯。夏天，章邯等作战多次败退，二世派人责备章邯，章邯害怕，派长史司马欣回咸阳请求指示。赵高不见他，也不给消息。司马欣害怕了，赶紧逃离。赵高派人去追，没有追到。司马欣见到章邯说：“赵高在朝廷总揽大权，将军您有功要被杀，无功也要被杀。”这时项羽加强了对秦军的进攻，俘虏了王离，章邯等人就率兵投降了项羽。八月十二日，赵高想要造反，但怕群臣不从，于是就先设下计谋进行试验。他带来一只鹿献给二世，说：“这是一匹马。”二世笑着说：“丞相搞错了，你把鹿当成了马。”赵高便问二世左右的大臣，左右大臣有的沉默，有的故意迎合赵高说是马，有的说是鹿。凡是当时说是鹿的，都被赵高在暗中假借法律陷害了。从此，大臣们都害怕赵高。

赵高以前曾多次说“关东的盗贼成不了什么气候”，但后来项羽在巨鹿城下俘虏了王离等人并继续前进，章邯等人的军队多次败退，上书请求增援，燕国、赵国、齐国、楚国、韩国、魏国都自立为王，从函谷关往东，大抵全部背叛了秦朝官吏而响应起义的诸侯，诸侯都率兵西进。沛公率数万人已经杀进了武关，派人与赵高秘密联系。赵高害怕二世发怒，招来杀身之祸，于是称病不朝见。二世做了个梦，梦见一只白虎咬死了他车驾的骖马。他为此心中不乐，觉得奇怪，就去问解梦的人。解梦人卜得卦辞说：“泾水水神在作怪。”二世就在望夷宫斋戒，想要祭祀泾水水神，把四匹白马沉入泾水。二世派人以起义军日益逼近的事谴责赵高。赵高恐惧不安，就暗中跟他的女婿咸阳县令阎乐、他的弟弟赵成商量说：“皇上不听劝告，现在事情紧急了，想嫁祸于我家。我想另立皇上，改立公子婴。子婴仁爱节俭，百姓都听他的话。”就安排郎中令做内应，谎称有大盗，命令阎乐召集官吏发兵追捕，又劫持了阎乐的母亲，安置到赵高府中当人质。赵高派阎乐带领官兵一千多人在望夷宫殿门前，捆绑了卫令仆射，喝问道：“盗贼进了里面，为什么不阻止？”卫令说：“皇宫周围警卫哨所都有卫兵防守，十分严密，盗贼怎么敢进入宫中？”阎乐就斩了卫令，带领官兵径直冲进去。他一边走一边射箭，宫中的郎官宦官大为吃惊，有的逃跑、有的反抗，反抗的就被杀死，被杀死的有几十人。郎中令和阎乐一同冲进去，用箭射中了二世的帷帐。二世发怒，召唤左右卫士，卫士们都惊恐不敢搏斗。身旁只有一宦官，侍奉二世不至于此！”宦者曰：“臣不敢言，故得全。使臣蚤言，皆已诛，安得至今？”阎乐前即二世数曰：“足下骄恣，诛杀无道，天下共畔足下，足下其自为计。”二世曰：“丞相可得见否？”乐曰：“不可。”二世曰：“吾愿得一郡为王。”弗许。又曰：“愿为万户侯。”弗许。曰：“愿与妻子为黔首，比诸公子。”阎乐曰：“臣受命于丞相，为天下诛足下，足下虽多言，臣不敢报。”麾其兵进。二世自杀。

阎乐归报赵高，赵高乃悉召诸大臣公子，告以诛二世之状。曰：“秦故王国，始皇君天下，故称帝。今六国复自立，秦地益小，乃以空名为帝，不可。宜为王如故，便。”立二世之兄子公子婴为秦王。以黔首葬二世杜南宜春苑中。令子婴斋，当庙见，受王玺。斋五日，子婴与其子二人谋曰：“丞相高杀二世望夷宫，恐群臣诛之，乃佯以义立我。我闻赵高乃与楚约，灭秦宗室而王关中。今使我斋见庙，此欲因庙中杀我。我称病不行，丞相必自来，来则杀之。”高使人请子婴数辈，子婴不行，高果自往，曰：“宗庙重事，王奈何不行？”子婴遂刺杀高于斋宫，三族高家以徇咸阳。

子婴为秦王四十六日，楚将沛公破秦军入武关，遂至霸上，使人约降子婴。子婴即系颈以组，白马素车，奉天子玺符，降轵道旁。沛公遂入咸阳，封宫室府库，还军霸上。居月余，诸侯兵至，项籍为从长，杀子婴及秦诸公子宗族。遂屠咸阳，烧其宫室，虏其子女，收其珍宝货财，诸侯共分之。灭秦之后，各分其地为三，名曰雍王、塞王、翟王，号曰三秦。项羽为西楚霸王，主命分天下王诸侯，秦竟灭矣。后五年，天下定于汉。

太史公曰：秦之先伯翳，尝有勋于唐虞之际，受土赐姓。及殷夏之间微散。至周之衰，秦兴，邑于西垂。自缪公以来，稍蚕食诸敢离开。二世进内室，对他说："你为什么不早告诉我，盗贼作乱竟然到了现在这种地步！"宦官说："为臣不敢说，才得以保住性命。如果早说，我们这班人早就都被您杀了，怎能活到今天？"阎乐走上前去历数二世的罪状说："你骄横放纵、随意杀人而不守天道，天下的人都背叛了你。怎么办你自己考虑吧！"二世说："我可以见见丞相吗？"阎乐说："不可以。"二世说："我希望得到一个郡，在那里做个王。"阎乐仍不答应。又说："我希望做个万户侯。"还是不答应。二世又说："我愿意带着妻子儿女去做平民百姓，跟诸公子一样。"阎乐说："我是奉丞相之命，为天下人来诛杀你。现在你说这么多话，我不敢向丞相报告。"于是指挥士兵上前，二世只好自杀了。

阎乐回去禀报赵高，赵高就召来了所有的大臣和公子，把杀死二世的情况告诉了他们。赵高说："秦国本来是个诸侯国，始皇统治了天下，所以称帝。现在六国又各自立了王，秦国地盘越来越小，竟然还凭着个空名称皇帝。这不合适，应像过去一样称王，才合适。"于是立二世哥哥的儿子子婴为秦王，按安葬百姓的规格把二世葬在杜南宜春苑中。赵高命子婴斋戒，到庙中参见祖先，接受秦王印玺。斋戒五天后，子婴跟他的两个儿子商议说："丞相赵高在望夷宫杀了二世，害怕大臣们杀他，就假装依照道义立我为王。我听说赵高暗中与楚国约定，灭掉秦宗室后他在关中称王。现在让我斋戒，朝见宗庙，这是想趁着我在庙里把我杀掉。我称病不去，丞相一定会亲自来，他来后就杀了他。"赵高多次派人去请子婴，子婴推辞不去，赵高果然亲自来了，说："国家大事，王为什么不去呢？"于是子婴乘机动手，在斋宫里杀了赵高，而后又下令杀死了赵高的三族，并拉着赵高的尸体在咸阳城里游街示众。

子婴做秦王四十六天，楚怀王的大将沛公刘邦已经打败秦军进入了武关，接着就到了灞上，派人去招降子婴。子婴用丝带系上脖子，驾着白车白马，捧着天子的印玺符节，在轵道亭旁投降。沛公于是进入咸阳，封好宫室府库，回去驻军灞上。过了一个多月，各起义诸侯的军队来到关中，项羽担任各军的首领。他杀了子婴和秦王室子弟及宗室的所有人。随后又屠戮咸阳，焚烧宫室，俘掳宫女，没收秦宫的珍宝财物，跟各路诸侯一起分了。灭秦之后，项羽把原来秦国的地盘分成三块，就是雍王、塞王、翟王，对关中地区号称"三秦"。项羽自称西楚霸王，主持分割天下，赐封各路起义军的首领为王，秦朝就这样被灭了。五年之后，刘邦统一了天下。

太史公说：秦朝的祖先伯翳，曾在唐尧、虞舜的时代立过功勋，被封给土地，受赐姓嬴。到夏末殷初，他们就衰微分散了。西周末年，秦国兴起，在西部边境建起了都城。缪公之后，秦国逐渐蚕食其他诸侯国，最终成就了始皇。始皇侯，竟成始皇。始皇自以为功过五帝，地广三王，而羞与之侔。善哉乎贾生推言之也！曰：

秦并兼诸侯山东三十余郡，缮津关，据险塞，修甲兵而守之。然陈涉以戍卒散乱之众数百，奋臂大呼，不用弓戟之兵，锄櫌白梃，望屋而食，横行天下。秦人阻险不守，关梁不阖，长戟不刺，强弩不射。楚师深入，战于鸿门，曾无籓篱之艰。于是山东大扰，诸侯并起，豪俊相立。秦使章邯将而东征，章邯因以三军之众要市于外，以谋其上。群臣之不信，可见于此矣。子婴立，遂不寤。藉使子婴有庸主之材，仅得中佐，山东虽乱，秦之地可全而有，宗庙之祀未当绝也。

秦地被山带河以为固，四塞之国也。自缪公以来，至于秦王，二十余君，常为诸侯雄。岂世世贤哉？其势居然也。且天下尝同心并力而攻秦矣。当此之世，贤智并列，良将行其师，贤相通其谋，然困于阻险而不能进，秦乃延入战而为之开关，百万之徒逃北而遂坏。岂勇力智慧不足哉？形不利，势不便也。秦小邑并大城，守险塞而军，高垒毋战，闭关据厄，荷戟而守之。诸侯起于匹夫，以利合，非有素王之行也。其交未亲，其下未附，名为亡秦，其实利之也。彼见秦阻之难犯也，必退师。安土息民，以待其敝，收弱扶疲，以令大国之君，不患不得意于海内。贵为天子，富有天下，而身为禽者，其救败非也。

秦王足已不问，遂过而不变。二世受之，因而不改，暴虐以重祸。子婴孤立无亲，危弱无辅。三主惑而终身不悟，亡，不亦宜乎？当此时也，世非无深虑知化之士也，然所以不敢尽忠拂过者，秦俗多忌讳之禁，忠言未卒于口而身为戮没矣。故使天下之士，倾耳而听，重足而立，拑口而不言。是以三主失道，忠臣不敢谏，智士不敢谋，天下已乱，奸不上闻，岂不哀哉！先王知雍蔽之伤国也，故置公卿大自以为功业比五帝伟大、地盘比三王宽广，于是便不愿意和他们并列。关于秦王朝兴亡的事情，贾生评论的话说得多好啊！他说：

秦始皇兼并统一了六国，在崤山以东设置了三十多个郡。他修筑边防，占据着险要地势，派精兵强将严加把守。然而陈涉凭着几百名散乱的戍卒，振臂一呼，不用弓箭矛戟等武器，只有锄把和木棍；没有给养，只能是看到哪有人家就到哪吃点，却纵横驰骋天下，所向无敌。秦朝却是险阻来不及防守，关卡桥梁来不及关闭，长戟来不及挥舞，强弓来不及发射。楚军深入，与秦军在鸿门交战，连篱笆一样的阻碍都不曾遇到。于是崤山以东大乱，诸侯纷纷起兵，豪杰相继立王。秦王派章邯率兵东征，章邯得此机会，就凭着三军的众多兵力，在外面跟诸侯相约，做交易，图谋他的主上。秦朝群臣之不可信，由此可见一斑。子婴继位为王，最终也不曾觉悟，假使子婴稍有一点才能，再有一个中等才智的帮手，那么崤山以东地区虽然混乱，而维持秦国本土的安全是可以的，宗庙的祭祀也不会断绝了。

秦国地势有高山阻隔，有黄河环绕，这形成了坚固的防御，是个四面都有险要关塞的国家。从缪公以来，直到秦王，二十多个国君，总能在诸侯中称雄。难道代代贤明吗？这是地势造成的呀！再说天下各国曾经同心合力进攻秦国。当时，各国贤人智士会聚，有良将指挥各国的军队，有贤相沟通彼此的计谋，然而被险阻困住不能前进，秦国就引诱诸侯进入秦国境内作战，为他们打开关塞，结果山东百万军队败逃崩溃。难道是勇气、力量、智慧不够吗？是地形不利，地势不便啊。秦国把小邑并为大城，在险要关塞驻军防守，把营垒筑得高高的而不轻易跟敌方作战，紧闭关门据守险塞，肩扛矛戟守卫在那里。诸侯们从匹夫起家，以利益相结合，没有远古明君的德行。他们结交不亲密，上下不齐心；他们名义上是要灭亡秦朝，实际上是想谋取私利。他们看见秦地险阻难以进犯，就自动退兵。如果他们能安定本土，让人民休养生息，等待秦的衰败，收纳弱小，扶助疲困，那么凭着能对大国发号施令的君主，就不用担心在天下实现不了自己的愿望了。子婴贵为天子，富有天下，最后却成了人家的俘虏，这是因为他们挽救败亡的策略不正确所导致的。

秦始皇自以为是，不听群臣的意见，错了也不求改变。秦二世沿袭了这种作风，因循不改，残暴苛虐以致加重了政治危机。子婴危境孤立，得不到亲人的帮助，却又柔弱而没有大臣辅佐。三位君主一生昏惑而不觉悟，秦朝难道不应该灭亡吗？这个时期，世上并非没有深谋远虑懂得形势变化的人士，然而他们所以不敢竭诚尽忠、匡正主上的过错，就是由于秦朝有许多禁规，忠言还没说完而自己就被处决了。所以天下之士只能侧着耳朵听，叠着双脚站立，闭上嘴巴不敢谏言。因此，三代君主迷失了路途，而忠臣不敢进谏言，智士不敢出主意；天下已夫士，以饰法设刑，而天下治。其强也，禁暴诛乱而天下服。其弱也，五伯征而诸侯从。其削也，内守外附而社稷存。故秦之盛也，繁法严刑而天下振；及其衰也，百姓怨望而海内畔矣。故周五序得其道，而千余岁不绝。秦本末并失，故不长久。由此观之，安危之统相去远矣。野谚曰“前事之不忘，后事之师也”。是以君子为国，观之上古，验之当世，参以人事，察盛衰之理，审权势之宜，去就有序，变化有时，故旷日长久而社稷安矣。

秦孝公据崤函之固，拥雍州之地，君臣固守而窥周室，有席卷天下，包举宇内，囊括四海之意，并吞八荒之心。当是时，商君佐之，内立法度，务耕织，修守战之备，外连衡而斗诸侯，于是秦人拱手而取西河之外。

孝公既没，惠王、武王蒙故业，因遗册，南兼汉中，西举巴、蜀，东割膏腴之地，收要害之郡。诸侯恐惧，会盟而谋弱秦，不爱珍器重宝肥美之地，以致天下之士，合从缔交，相与为一。当是时，齐有孟尝，赵有平原，楚有春申，魏有信陵。此四君者，皆明知而忠信，宽厚而爱人，尊贤重士，约从离衡，并韩、魏、燕、楚、齐、赵、宋、卫、中山之众。于是六国之士有宁越、徐尚、苏秦、杜赫之属为之谋，齐明、周最、陈轸、昭滑、楼缓、翟景、苏厉、乐毅之徒通其意，吴起、孙膑、带佗、儿良、王廖、田忌、廉颇、赵奢之朋制其兵。常以十倍之地，百万之众，叩关而攻秦。秦人开关延敌，九国之师逡巡遁逃而不敢进。秦无亡矢遗镞之费，而天下诸侯已困矣。于是从散约解，争割地而奉秦。秦有余力而制其敝，追亡逐北，伏尸百万，流血漂卤。因利乘便，宰割天下，分裂河山，强国请服，弱国经大乱，皇上还不知道，这难道不可悲吗？先王知道政路壅塞不通就会伤害国家，所以设置了公卿、大夫和士，来修订法律，设立刑罚，天下因而得到治理。当一个帝王的统治力量强大时，他可以亲自平定叛乱，使天下人心归顺；当一个帝王的统治力量薄弱时，由霸主代表帝王进行征讨，诸侯们也能够归顺；当一个帝王的统治力量削弱时，由于旧有的法令制度尚存，所以还能维持内外不发生叛乱，国家不亡。而秦朝则不然，在它统治强盛的时候，法令严酷，人民恐惧；当它衰微的时候，人心就开始愤怒，于是四海就开始动乱了。周朝的公、侯、伯、子、男五等爵位合乎治国根本大道，因而传国一千多年不断绝。而秦朝则是本末皆失，所以不能长久。由此看来，安定和危亡的治国理念相距太远了！俗话说“前事不忘，后事之师”，因此君子治理国家，应该研究历史，考察国情，并参照人情事理，从而了解兴盛衰亡的历史规律，最终决策出当前到底应该怎么做，做到取舍有序、变化适时。这样，才能保持国家长治久安。

秦孝公凭借崤山、函谷关地势的险要，拥有雍州的土地，君臣齐心，坚固本土的防守而觊觎周朝的政权。他们心怀席卷天下、包举宇内的意图，有着囊括四海、并吞八方的雄心。当时，商君辅佐他，内立法度，努力耕种纺织，整治作战守备；对外实行连衡，挑起诸侯之间的争斗，于是秦国毫不费力地夺取了黄河西岸的大片土地。

孝公死后，惠王、武王继承原有的基业，遵循孝公留下来的策略，向南兼并了汉中，向西夺得了巴、蜀，向东割取了肥沃的土地，并占据了一些险要的郡县。诸侯恐惧，联合起来商议，谋划削弱秦国，不吝惜珍贵的器物珍宝和肥美的土地，来招揽天下的人才，合纵结交，相互结成一体。在这个时候，齐国有孟尝君，赵国有平原君，楚国有春申君，魏国有信陵君，这四位君子，都贤明智慧而忠实可靠，宽厚爱人，尊贤重士，重用能人，他们结约合纵，拆散连衡，聚合起韩、魏、燕、楚、齐、赵、宋、卫、中山等国的众多军队。当时六国的士人有宁越、徐尚、苏秦、杜赫这些人为联盟谋划，有齐明、周最、陈轸、昭滑、楼缓、翟景、苏厉、乐毅这些人为他们沟通各国的意见，有吴起、孙膑、带佗、倪良、王廖、田忌、廉颇、赵奢这些人为他们统率军队。他们曾经用十倍于秦国的土地，百万的军队，闯过关隘攻打秦国。秦人开关迎敌，九国的军队徘徊观望，四散奔逃，不敢前进。秦国没有损失一根箭杆、一个箭头，而各国诸侯却已经被折腾得疲惫不堪了。于是东方的合纵联盟土崩瓦解，各国又继续争着割让地盘以侍奉秦国。这就使得秦国有余力乘他们困敝时制服他们，追逐败逃之敌，以致伏尸百万，血流可以漂起盾牌。秦国趁着有利的形势，控制了天下，切割诸侯土地，使得强国请求归服，弱国入秦朝拜。王位传到孝文王、庄襄王，他们在位的时间入朝。延及孝文王、庄襄王，享国日浅，国家无事。

及至秦王，续六世之余烈，振长策而御宇内，吞二周而亡诸侯，履至尊而制六合，执棰拊以鞭笞天下，威振四海。南取百越之地，以为桂林、象郡，百越之君俯首系颈，委命下吏。乃使蒙恬北筑长城而守藩篱，却匈奴七百余里，胡人不敢南下而牧马，士不敢弯弓而报怨。于是废先王之道，焚百家之言，以愚黔首。堕名城，杀豪俊，收天下之兵聚之咸阳，销锋铸鐻，以为金人十二，以弱黔首之民。然后斩华为城，因河为津，据亿丈之城，临不测之溪以为固。良将劲弩守要害之处，信臣精卒陈利兵而谁何，天下以定。秦王之心，自以为关中之固，金城千里，子孙帝王万世之业也。

秦王既没，余威振于殊俗。陈涉，瓮牖绳枢之子，甿隶之人，而迁徙之徒，才能不及中人，非有仲尼、墨翟之贤，陶朱、猗顿之富，蹑足行伍之间，而倔起什伯之中，率罢散之卒，将数百之众，转而攻秦。斩木为兵，揭竿为旗，天下云集响应，赢粮而景从，山东豪俊遂并起而亡秦族矣。

且夫天下非小弱也，雍州之地，崤函之固自若也。陈涉之位，非尊于齐、楚、燕、赵、韩、魏、宋、卫、中山之君；锄櫌棘矜，非铦于句戟长铩也；适戍之众，非抗于九国之师；深谋远虑，行军用兵之道，非及向时之士也。然而成败异变，功业相反也。试使山东之国与陈涉度长絜大，比权量力，则不可同年而语矣。然秦以区区之地，千乘之权，招八州而朝同列，百有余年矣。然后以六合为家，崤函为宫，一夫作难而七庙堕，身死人手，为天下笑者，何也？仁义不施而攻守之势异也。

秦并海内，兼诸侯，南面称帝，以养四海，天下之士斐然乡风，若是者何也？曰：近古之无王者久矣。周室卑微，五霸既殁，令不行于天下，是以诸侯力政，强侵弱，众暴寡，兵革不很短，国家也没有什么大事。

到了秦始皇，他继承了六代先人留下来的功业，举起长鞭驾驭各国，吞并了东周、西周，消灭了各诸侯，登临皇帝之位，统一了整个天下，用残酷的刑罚统治全国，声威震动四海。他又向南夺取了百越的土地，设置了桂林郡、象郡，使百越的君主俯首系颈，把性命交给秦国的狱吏。他派蒙恬在北方修筑长城，戍守边防，驱赶匈奴后退了七百多里，使匈奴人不敢南下牧马，六国之士不敢张弓报仇。于是他废除先王的法度，烧毁百家的著作，想以此愚弄百姓。他拆毁名城，杀戮豪杰，收缴天下兵器聚集到咸阳，熔铸成大钟和十二尊大铜人，以削弱百姓的反抗力量。然后他开辟华山筑成城堡，凭借黄河作为渡口，据守亿丈高城及深不可测的深渊作为坚固的防御。有良将强弩把守险关要塞，有忠诚的大臣及训练有素的部队手执锐器，谁人能奈我何？天下已经安定。秦始皇以为关中的坚固犹如铜墙铁壁一般，自以为帝王的万世基业，可以子子孙孙永远传承下去了。

秦始皇已经死了，但他的余威还震慑着整个社会。陈涉，只不过是个穷人家的儿子，也是个农民，被征服役的戍卒。论才能，他赶不上一般人，没有仲尼、墨翟的贤能，没有陶朱、猗顿的富有。他只是被发配劳役中的一员，一个只顾低头赶路的士卒头目。他带领着几百名疲劳而又杂乱无章的士卒，转掉矛头攻打秦朝。他们砍下树枝做武器，举起竹竿当旗帜，结果天下人云集响应，纷纷背负干粮，像影不离身一样跟随着他，于是崤山以东等地的豪杰都同时起兵，最终将秦王朝灭亡了。

当时秦朝的天下并没有比以前变小变弱，雍州的土地、崤山和函谷关的坚固，仍然像以前一样。陈涉的地位，比不上齐、楚、燕、赵、韩、魏、宋、卫、中山各国的国君那么尊贵，锄头木棍，不如钩戟、长矛锋利；流放守边的人众，不如九国的军队强大；深谋远虑、行军用兵的策略，不如以前的谋士高明，然而成功失败各不相同，功业成就完全相反。假使让崤山以东各国跟陈涉比比长短大小、量量权势实力，就不能同日而语了。然而秦国当年凭藉雍州这块小小的地盘，以一个诸侯的实力，控制了八州，使地位相等的诸侯来朝贡，已有一百多年了。后来秦统一了天下，以天下为家，以崤山和函谷关为宫殿，然而谁会想到一个普通人的带头发难，就使得秦之宗庙被毁、国家灭亡，皇子皇孙死在他人手中，让天下人耻笑，这是因为什么呢？这是因为秦不施行仁义，不懂得夺取天下跟守住天下的形势与策略是不同的啊！

秦始皇统一全国，兼并诸侯，临朝称帝，以此来治理天下，天下的士人如草随风一样纷纷归顺，为什么会这样呢？答案是：近古以来，已经很久没有统一天下的帝王了。自从周王室衰微，五霸相继死去以后，天子的命令不能通行天下，休，士民疲敝。今秦南面而王天下，是上有天子也。既元元之民冀得安其性命，莫不虚心而仰上，当此之时，守威定功，安危之本在于此矣。

秦王怀贪鄙之心，行自奋之智，不信功臣，不亲士民，废王道，立私权，禁文书而酷刑法，先诈力而后仁义，以暴虐为天下始。夫并兼者高诈力，安定者贵顺权，此言取与守不同术也。秦离战国而王天下，其道不易，其政不改，是其所以取之守之者异也。孤独而有之，故其亡可立而待。借使秦王计上世之事，并殷周之迹，以制御其政，后虽有淫骄之主而未有倾危之患也。故三王之建天下，名号显美，功业长久。

今秦二世立，天下莫不引领而观其政。夫寒者利裋褐而饥者甘糟糠，天下之嗷嗷，新主之资也。此言劳民之易为仁也。向使二世有庸主之行，而任忠贤，臣主一心而忧海内之患，缟素而正先帝之过，裂地分民以封功臣之后，建国立君以礼天下，虚囹圄而免刑戮，除去收帑污秽之罪，使各反其乡里，发仓廪，散财币，以振孤独穷困之士，轻赋少事，以佐百姓之急，约法省刑以持其后，使天下之人皆得自新，更节修行，各慎其身，塞万民之望，而以威德与天下，天下集矣。即四海之内，皆欢然各自安乐其处，唯恐有变，虽有狡猾之民，无离上之心，则不轨之臣无以饰其智，而暴乱之奸止矣。二世不行此术，而重之以无道，坏宗庙与民，更始作阿房宫，繁刑严诛，吏治刻深，赏罚不当，赋敛无度，天下多事，吏弗能纪，百姓困穷而主弗收恤。然后奸伪并起，而上下相遁，蒙罪者众，刑戮相望于道，而天下苦之。自君卿以下至于众庶，人怀自危之心，亲处穷苦之实，咸不安其位，故易动也。是以陈涉不用汤武之贤，不藉公侯之尊，奋臂于大泽而于是诸侯间凭借武力互相征伐，以强凌弱，以多欺少，战争连年不止，人民困苦无期。现在秦始皇统一天下，使天下有了天子。这样一来，那些可怜的百姓希望从此能过上安定的生活，因此没有谁不诚心景仰皇上的。在这种情况下，秦王朝应该保住权威，稳定功业，这是决定成败的关键所在。

秦始皇怀着一种贪婪自私的心思，常自以为是，一意孤行，不信任功臣，不亲近士民；抛弃仁政王道，只注重个人私权；焚毁圣贤典籍，实行严刑酷法；只重视凭借诡诈权势，把仁义道德抛在脑后，把严刑峻法作为治理天下的前提。实现兼并天下，往往需要重视谋略和实力；安定国家，往往需要重视顺时权变。这就是说，夺取天下和保有天下不能用同样的方法。秦国结束了战国时代，统一了天下，但它的方针没改，它的政策没变，也就是说它夺取天下和守护天下所用的方法没有变化。秦王孤身无辅却拥有天下，所以他的灭亡很快就来到了。假使秦王能够汲取前代的治国经验教训，顺着商、周的道路，来制定实行自己的政策，那么后代即使出现骄奢淫逸的君主，也不会马上就有亡国的忧患啊。夏、商、周三代就是因为懂得取天下与守天下的不同，所以他们才能够名扬四海、功业长久。

当今秦二世登上王位，普天之下没有人不伸长脖子盼着，希望他能改一改政策。寒冷的人穿上短袄就觉得温暖，饥饿的人吃上糟糠就觉得香甜，天下饥寒哀叫的百姓，正是新皇帝实施德政的好机会。这就是说劳苦的人民容易接受仁政。如果二世有一般君主的德行，任用忠贞贤能的人，君臣一心，为天下民众的苦难而忧心；丧服期间就改正先帝的过失；分地于民，封赏功臣的后代，封国立君以礼待天下贤士；释放牢狱里的犯人，宽缓刑罚，免除去连坐等杂乱的刑罚，让罪犯各自回到家乡，打开仓库，散发钱财，以赈济孤独穷困的士人；减轻赋税，减少劳役，帮助百姓解除急困；简化法律，减少刑罚，给犯罪人以把握以后的机会，使天下的人都能自新，改变节操，修养品行，各自谨慎地对待自身；满足万民的愿望，以威信仁德对待天下人，天下人就归附了。如果四海之内，民众都能安居乐业，他们就会厌恶发生变乱，即使有狡猾的百姓，也不会有背叛主上的心思，那么图谋不轨的臣子就无法掩饰他们的巧诈，而暴乱的奸谋也就止息了。二世不实行这种办法，反而比始皇更加暴虐无道，重新修建阿房宫，使刑罚更加繁多，杀戮更加严酷，官吏办事苛刻狠毒，赏罚不得当，赋税搜刮没有限度；国家的事务太多，官吏们都治理不过来；百姓穷困已极，而君主却不加收容救济。于是奸险欺诈之事纷起，上下互相欺骗，蒙受罪罚的人很多，道路上遭到刑戮的人前后相望，连绵不断，天下的人都陷入了苦难。自君侯公卿以下直到百姓，人人怀着自危的心理，都觉得自己处于危险的境地，都不安于其位，动乱自然而然就容易发生了。因此陈涉虽没有商汤、周武王那样的贤能，也没有公侯那样的尊天下响应者，其民危也。故先王见始终之变，知存亡之机，是以牧民之道，务在安之而已。天下虽有逆行之臣，必无响应之助矣。故曰“安民可与行义，而危民易与为非”，此之谓也。贵为天子，富有天下，身不免于戮杀者，正倾非也。是二世之过也。

襄公立，享国十二年。初为西畤。葬西垂。生文公。

文公立，居西垂宫。五十年死，葬西垂。生静公。

静公不享国而死。生宪公。

宪公享国十二年，居西新邑。死，葬衙。生武公、德公、出子。

出子享国六年，居西陵。庶长弗忌、威累、参父三人，率贼贼出子鄙衍，葬衙。武公立。

武公享国二十年。居平阳封宫。葬宣阳聚东南。三庶长伏其罪。德公立。

德公享国二年。居雍大郑宫。生宣公、成公、缪公。葬阳。初伏，以御蛊。

宣公享国十二年。居阳宫。葬阳。初志闰月。

成公享国四年，居雍之宫。葬阳。齐伐山戎、孤竹。

缪公享国三十九年。天子致霸。葬雍。缪公学著人。生康公。

康公享国十二年。居雍高寝。葬竘社。生共公。

共公享国五年，居雍高寝。葬康公南。生桓公。

桓公享国二十七年。居雍太寝。葬义里丘北。生景公。

景公享国四十年。居雍高寝，葬丘里南。生毕公。

毕公享国三十六年。葬车里北。生夷公。

夷公不享国。死，葬左宫。生惠公。

惠公享国十年。葬车里康景。生悼公。

悼公享国十五年。葬僖公西。城雍。生剌龚公。

剌龚公享国三十四年。葬入里。生躁公、怀公。其十年，彗星见。

躁公享国十四年。居受寝。葬悼公南。其元年，彗星见。

贵，但是在大泽乡振臂一呼而天下响应，其原因就在于人民正处于危难之中。所以古代圣王能洞察开端与结局的变化，知道生存与灭亡的关键，因此统治人民的方法，就是专心致力于使他们安定罢了。这样，天下即使有叛逆的臣子，也一定得不到帮助的力量。所谓“处于安定状态的人民可以共同行仁义，处于危难之中的人民容易一起做坏事”，说的就是这个道理。秦二世贵为天子，拥有四海，而自身却不能免于被杀戮，就是由于没能及时拨乱反正。这就是秦二世最大的错误。

襄公即位，在位十二年。开始建造西畤。葬在西垂。生了文公。

文公即位，住在西垂宫。五十年后去世，葬在西垂。生了静公。

静公没有登位就死了。生了宪公。

宪公在位十二年，住在西新邑。死后葬在衙邑。生了儿子武公、德公和出子。

出子在位六年，住在西陵。庶长弗忌、威累、参父三人，率领贼人在鄙衍刺杀了出子，葬在衙邑。武公即位。

武公在位二十年。住在平阳封宫。死后葬在宣阳聚的东南。这期间三个庶长因罪伏法被诛杀。德公即位。

德公在位二年。住在雍县大郑宫。生了儿子宣公、成公、缪公，死后葬在阳邑。开始规定伏日，以抵御热毒邪气。

宣公在位十二年。住在阳宫。死后葬在阳邑。开始记载闰月。

成公在位四年，住在雍县的宫中。死后葬在阳邑。齐国讨伐山戎、孤竹。

缪公在位三十九年。天子承认他是诸侯的霸主。死后葬在雍县。缪公曾向宫中的侍卫人员学习。生了儿子康公。

康公在位十二年。住在雍邑高寝。葬在竘社。生了共公。

共公在位五年，住在雍邑高寝。葬在康公南面。生了桓公。

桓公在位二十七年。住在雍邑太寝。葬在义里丘的北边。生了景公。

景公在位四十年。住在雍邑高寝，葬在丘里南面。生了毕公。

毕公在位三十六年。葬在车里北面。生了夷公。

夷公没有登位。死后，葬在左宫。生了惠公。

惠公在位十年。葬在车里。生了悼公。

悼公在位十五年。死后葬在僖公墓地西面。这年在雍邑修筑了城墙。生了刺龚公。

刺龚公在位三十四年。葬在入里。生了躁公、怀公。在位的第十年，出现了彗星。

躁公在位十四年。住在受寝。死后葬在悼公墓地南面。躁公元年，彗星出现。

怀公从晋来。享国四年。葬栎圉氏。生灵公。诸臣围怀公，怀公自杀。

肃灵公，昭子子也。居泾阳。享国十年。葬悼公西。生简公。

简公从晋来。享国十五年。葬僖公西。生惠公。其七年。百姓初带剑。

惠公享国十三年。葬陵圉。生出公。

出公享国二年。出公自杀，葬雍。

献公享国二十三年。葬嚣圉。生孝公。

孝公享国二十四年。葬弟圉。生惠文王。其十三年，始都咸阳。

惠文王享国二十七年。葬公陵。生悼武王。

悼武王享国四年，葬永陵。

昭襄王享国五十六年。葬茝阳。生孝文王。

孝文王享国一年。葬寿陵。生庄襄王。

庄襄王享国三年。葬茝阳。生始皇帝。吕不韦相。

献公立七年，初行为市。十年，为户籍相伍。

孝公立十六年。时桃李冬华。

惠文王生十九年而立。立二年，初行钱。有新生婴儿曰“秦且王”。

悼武王生十九年而立。立三年，渭水赤三日。

昭襄王生十九年而立。立四年，初为田开阡陌。

孝文王生五十三年而立。

庄襄王生三十二年而立。立二年，取太原地。庄襄王元年，大赦，修先王功臣，施德厚骨肉，布惠于民。东周与诸侯谋秦，秦使相国不韦诛之，尽入其国。秦不绝其祀，以阳人地赐周君，奉其祭祀。

始皇享国三十七年。葬郦邑。生二世皇帝。始皇生十三年而立。

二世皇帝享国三年。葬宜春。赵高为丞相安武侯。二世生十二年而立。

右秦襄公至二世，六百一十岁。

孝明皇帝十七年十月十五日乙丑，曰：

怀公从晋国回来继位。在位四年，死后葬在栎圉氏。生了儿子灵公。大臣们围攻怀公，怀公自杀。

肃灵公是昭子的儿子。住在泾阳。在位十年。葬在悼公墓的西面。生了简公。

简公是从晋国回来继位的。在位十五年。死后葬在僖公墓的西面。生了儿子惠公。简公在位的第七年，开始允许百姓佩带刀剑。

惠公在位十三年。死后葬在陵圉。生了出公。

出公在位二年。出公自杀，葬在雍。

献公在位二十三年。葬在嚣圉。生了孝公。

孝公在位二十四年。葬在弟圉。生了惠文王。其在位的第十三年，开始建都咸阳。

惠文王在位二十七年。葬在公陵。生了悼武王。

悼武王在位四年，葬在永陵。

昭襄王在位五十六年。葬在茝阳。生了孝文王。

孝文王在位一年。死后葬在寿陵。生了儿子庄襄王。

庄襄王在位三年。葬在茝阳。生始皇帝。吕不韦做相国。

献公在位第七年，开始设立集市。第十年，建立户籍制度，居民五户为一伍。

孝公在位第十六年，当时桃树、李树在冬天开花。

惠文王十九岁即位。即位第二年，开始发行钱币。有个新生婴儿说："秦国即将称王。"

悼武王十九岁即位。即位第三年，渭水连续红了三天。

昭襄王十九岁即位。登位第四年，开始开辟井田边界。

孝文王五十三岁时即位。

庄襄王三十二岁即位。即位后的第二年，攻取了赵国的太原。庄襄王元年，大赦天下，表彰先王时期的功臣，给予至亲恩惠，也给百姓恩惠。东周与诸侯策划攻打秦国，秦派相国吕不韦伐周，收缴了他们国中的一切。但秦国并没有断绝东周的祭祀，把阳人地区赐给了东周君，让他继续祭祀周朝的祖先。

始皇在位三十七年。葬在骊邑。生了二世皇帝。始皇十三岁即位。

二世皇帝在位三年。葬在宜春。赵高任丞相，封为安武侯。二世十二岁时即位。

以上是从秦襄公至二世，共六百一十年。

汉孝明皇帝十七年十月十五日，这一天是乙丑日，班固说：

周历已移，仁不代母。秦直其位，吕政残虐。

然以诸侯十三，并兼天下，极情纵欲，养育宗亲。三十七年，兵无所不加，制作政令，施于后王。盖得圣人之威，河神授图，据狼、狐，蹈参、伐，佐政驱除，距之称始皇。

始皇既殁，胡亥极愚，郦山未毕，复作阿房，以遂前策。云“凡所为贵有天下者，肆意极欲，大臣至欲罢先君所为”。诛斯、去疾，任用赵高。痛哉言乎！人头畜鸣。不威不伐恶，不笃不虚亡，距之不得留，残虐以促期，虽居形便之国，犹不得存。

子婴度次得嗣，冠玉冠，佩华绂，车黄屋，从百司，谒七庙。小人乘非位，莫不怳忽失守，偷安日日，独能长念却虑，父子作权，近取于户牖之间，竟诛猾臣，为君讨贼。高死之后，宾婚未得尽相劳，餐未及下咽，酒未及濡唇，楚兵已屠关中，真人翔霸上，素车婴组，奉其符玺，以归帝者。郑伯茅旌鸾刀，严王退舍。河决不可复壅，鱼烂不可复全。贾谊、司马迁曰：“向使婴有庸主之才，仅得中佐，山东虽乱，秦之地可全而有，宗庙之祀未当绝也。”秦之积衰，天下土崩瓦解，虽有周旦之材，无所复陈其巧，而以责一日之孤，误哉！俗传秦始皇起罪恶，胡亥极，得其理矣。复责小子，云秦地可全，所谓不通时变者也。纪季以酅，春秋不名。吾读秦纪，至于子婴车裂赵高，未尝不健其决，怜其志。婴死生之义备矣。

周朝的命数已经过去，按照五德终始之道，仁义之情，儿子是不能代替母亲的。秦朝作为一个朝代排在五德终始里面，是不合适的，再加上秦始皇的政治十分暴虐无道。

然而他十三岁就当上了诸侯王，后来兼并六国统一天下，他既有放纵妄为的一面，却又养育了家族宗亲。三十七年间，他到处用兵，制定法律政令，传留给后代帝王。这大概是由于获得了圣人的神威，以及河神授予了象征帝王受命的河图，又占据着主弓矢的狼星、狐星之气和主征杀的参星、伐星之气，这一切帮助他兼并了诸侯国，一直到当上始皇帝。

秦始皇死后，胡亥极其愚蠢，骊山的陵寝还没有完成，就又重新修建阿房宫，以实现先王的计划，还说“对于拥有天下的人来说，最可贵的就是可以为所欲为，你们这些大臣们竟然要中断先帝想干的事情”。于是便杀了李斯、冯去疾，而任用赵高。二世的这话叫人多么痛心啊！有人就说：“他长着人的脑袋，却发出牲畜一样的叫声。如果他不逞淫威，人们就不会讨伐他的罪恶；如果他的罪恶不深重，就不至于国灭身亡。”直到帝位保不住了，残酷暴虐又加速了他的灭亡，即使秦朝占据着有利的地势，也无法改变亡国灭家的历史命运。

子婴越序继承了王位，他头戴王冠，身穿礼服，坐着帝王的车驾，带着满朝文武去朝拜祖庙。小人物登上本不属于他的高位，无不惶恐不安，心无主宰，每天苟且偷安。而子婴这个人却能谋虑长远，排除顾虑，跟他的儿子一起采取断然措施，在一屋之内就擒获了赵高，最终杀死奸臣，为先君诛讨了逆贼。赵高被诛杀以后，子婴还没来得及一一慰劳宾客亲属，饭还没来得及下咽，酒没来得及畅饮，反秦的军队就已经杀进了关中，真命天子已经来到了灞上。于是子婴只得驾着白马白车，脖颈上系着丝带，手捧符节玉玺，献给应该称帝的人，就如春秋时楚庄王侵郑，郑伯持祭祀用的礼器茅旌和鸾刀，使楚庄王退兵三十里一样。然而黄河开了口子就不能再堵住，鱼腐烂了就不能再复原。贾谊、司马迁说：“假使子婴有一般君主的才能，仅仅得到中等的辅佐之臣，崤山以东地区虽然混乱，秦国的地盘还是可以保全的，宗庙的祭祀也不会断绝。”他们不明白秦朝的灭亡是长期积累的结果，等到天下已经土崩瓦解时，即使有像周公那样的才能，也无回天之力。如果拿秦朝的灭亡来责备登位几天的子婴，实在是错误啊！民间相传，是秦始皇造成的罪恶，胡亥把它推到极点，这话说得是很客观的。贾谊、司马迁指责子婴，说什么“秦国土地可以保住”，这就是所谓的不识时务呀。纪季为保住宗庙，不得已把酅邑献给齐国，而《春秋》却肯定他的做法，对他不指名相称。我读《秦始皇本纪》，读到子婴车裂赵高这一段时，总是称赞他的果断、欣赏他的心志。子婴对待生死大义，已经是完美无缺了。

项羽本纪第七

项籍者，下相人也，字羽。初起时，年二十四。其季父项梁，梁父即楚将项燕，为秦将王翦所戮者也。项氏世世为楚将，封于项，故姓项氏。

项籍少时，学书不成，去学剑，又不成。项梁怒之。籍曰："书足以记名姓而已。剑一人敌，不足学，学万人敌。"于是项梁乃教籍兵法，籍大喜，略知其意，又不肯竟学。项梁尝有栎阳逮，乃请蕲狱掾曹咎书抵栎阳狱掾司马欣，以故事得已。项梁杀人，与籍避仇于吴中。吴中贤士大夫皆出项梁下。每吴中有大繇役及丧，项梁常为主办，阴以兵法部勒宾客及子弟，以是知其能。秦始皇帝游会稽，渡浙江，梁与籍俱观。籍曰："彼可取而代也。"梁掩其口，曰："毋妄言，族矣！"梁以此奇籍。籍长八尺余，力能扛鼎，才气过人，虽吴中子弟皆已惮籍矣。

秦二世元年七月，陈涉等起大泽中。其九月，会稽守通谓梁曰："江西皆反，此亦天亡秦之时也。吾闻先即制人，后则为人所制。吾欲发兵，使公及桓楚将。"是时桓楚亡在泽中。梁曰："桓楚亡，人莫知其处，独籍知之耳。"梁乃出，诫籍持剑居外待。梁复入，与守坐，曰："请召籍，使受命召桓楚。"守曰："诺。"梁召籍入。须臾，梁眴籍曰："可行矣！"于是籍遂拔剑斩守头。项梁持守头，佩其印绶。门下大惊，扰乱，籍所击杀数十百人。一府中皆慑伏，莫敢起。梁乃召故所知豪吏，谕以所为起大事，遂举吴中兵。使人收下项籍，是下相人，字羽。刚参加起义的时候，他二十四岁。项梁是项羽的叔父，项燕是项梁的父亲，就是被秦将王翦所杀害的那位楚国大将。项家世世代代为楚国的大将，被封在项地，所以以项为姓。

项羽年轻的时候，学习文化知识没有学成，于是中途改学习剑术，也没有取得成就。项梁对他很是生气。项羽却说："写字，能够用来记姓名就可以了；剑术，也只能敌一个人，不值得学。我要学习能敌万人的本领。"看项羽这样，于是项梁就教项羽兵法，项羽非常高兴，可是刚刚懂得了一点儿兵法的皮毛，又不肯学到底了。项梁曾经因罪案受牵连，被栎阳县逮捕入狱，他就请蕲县狱掾曹咎写了说情信给栎阳狱掾司马欣，事情才得以了结。后来项梁又杀了人，为了躲避仇人，他和项羽一起逃到吴中郡。吴中郡虽有才能非凡的士大夫，但本事都比不上项梁。每当吴中郡有大规模的徭役或大的丧葬事宜时，项梁经常做主办人，并暗中用兵法部署、组织宾客和青年，借此来了解他们的才能。秦始皇巡游会稽郡渡浙江时，项梁和项羽一块儿去观看。项羽说："那个人，我可以取代他！"项梁急忙捂住他的嘴，说："不要胡说，要满门抄斩的！"但项梁却因此而感到项羽很不一般。项羽身高八尺有余，才气超过常人，力大能举鼎，即使是吴中当地的年轻人也都很惧怕他。

秦二世元年七月，陈涉等在大泽乡起义。同年九月，会稽郡守殷通对项梁说："大江以西目前全都造反了，这正是上天要灭亡秦朝的时候啊！我听说，做事情领先一步就能控制别人，落后一步就要被人控制。我打算起兵反秦，让您和桓楚统领军队。"当时桓楚正在草泽之中逃亡。项梁说："桓楚正在外逃亡，别人都不知道他的去处，只有项羽知道。"于是项梁出去嘱咐项羽持剑在外面等候，然后又进来跟郡守殷通一起坐下，说："请让我把项羽叫进来，让他奉命去召桓楚。"郡守说："好吧！"项梁就把项羽叫进来了。没多久，项梁给项羽使了个眼色，说："可以行动了！"于是项羽拔出剑来斩下了郡守的头。项梁把郡守的头提在手里，郡守的官印挂在身上。郡守的部下大为惊慌，一片混乱，项羽一连杀了有一百来人。整个郡府上下都吓得趴在地，没有一个人敢起来。原先所熟悉的豪强官吏被项梁召集，向他们说明白起兵反秦的道理，于是就发动吴中之兵起义了。项县，得精兵八千人。梁部署吴中豪杰为校尉、候、司马。有一人不得用，自言于梁。梁曰："前时某丧，使公主某事，不能办，以此不任用公。"众乃皆伏。于是梁为会稽守，籍为裨将，徇下县。

广陵人召平于是为陈王徇广陵，未能下。闻陈王败走，秦兵又且至，乃渡江矫陈王命，拜梁为楚王上柱国。曰："江东已定，急引兵西击秦。"项梁乃以八千人渡江而西。闻陈婴已下东阳，使使欲与连和俱西。陈婴者，故东阳令史，居县中，素信谨，称为长者。东阳少年杀其令，相聚数千人，欲置长，无适用，乃请陈婴。婴谢不能，遂强立婴为长，县中从者得二万人。少年欲立婴便为王，异军苍头特起。陈婴母谓婴曰："自我为汝家妇，未尝闻汝先古之有贵者。今暴得大名，不祥。不如有所属，事成犹得封侯，事败易以亡，非世所指名也。"婴乃不敢为王。谓其军吏曰："项氏世世将家，有名于楚。今欲举大事，将非其人，不可。我倚名族，亡秦必矣。"于是众从其言，以兵属项梁。项梁渡淮，黥布、蒲将军亦以兵属焉。凡六七万人，军下邳。

当是时，秦嘉已立景驹为楚王，军彭城东，欲距项梁。项梁谓军吏曰："陈王先首事，战不利，未闻所在。今秦嘉倍陈王而立景驹，逆无道。"乃进兵击秦嘉。秦嘉军败走，追之至胡陵。嘉还战一日，嘉死，军降。景驹走死梁地。项梁已并秦嘉军，军胡陵，将引军而西。章邯军至栗，项梁使别将朱鸡石、余樊君与战。余樊君死。朱鸡石军败，亡走胡陵。项梁乃引兵入薛，诛鸡石。项梁前使项羽别攻襄城，襄城坚守不下。已拔，皆坑之。还报项梁。项梁闻陈王定死，召诸别将会薛计事。此时沛公亦起沛，往焉。

梁派人去接收吴中郡下属的各县，共得到精兵八千人。又安排郡中的各豪杰，让他们分别担任校尉、候、司马。其中有一个人没有被任用，自己来找项梁诉说，项梁说："前些日子某家办丧事，我让你去做一件事，你没有办成，因此不能任用你。"众人听了都很佩服。于是项梁做了会稽郡守，项羽为副将，并让人到所占领下属各县去巡行。

此时，广陵人召平为陈王去巡行占领的广陵，广陵人没有归服。陈王兵败退走被召平听说，秦兵又快要到了，召平就渡过长江假托陈王的命令，拜项梁为楚王的上柱国。召平说："江东之地已经平定下来，赶紧带兵往西进攻秦。"项梁就带领八千人渡过长江向西进军。听说陈婴已经占据了东阳，项梁就派使者去东阳，想要同陈婴合兵西进。陈婴，原先是东阳县的令史，在县中一向诚实谨慎，人们称赞他是忠厚老实的人。东阳县的年轻人杀了县令，聚集了数千人，想推举出一位首领，没有找到合适的人选，就来请陈婴。陈婴借口说自己没有能力，他们就强行让陈婴当了首领，县中追随的人有两万。那帮年轻人想借机立陈婴为王，为了和其他的起义军相区别，用青巾裹头，以表示是新突起的一支起义军。陈婴的母亲对陈婴说："自从我做了你们陈家的媳妇，还从没听说你们陈家祖上有显贵之人，如今你突然有了这么大的名声，恐怕不是很好的征兆。依我说，不如去投奔其他有名望者，若起事成功了还可以封侯，起事失败了也容易逃脱，因为那样你就不是为世所指名注目的人了。"陈婴听了母亲的话，没敢称王。他对军吏们说："项氏在楚国是名门，世世代代做大将。现在我们要起义成大事，那就非得项家的人不可。我们归属了名门大族，灭亡秦朝就确定无疑了。"于是军众听从了他的话，都把军队归从于项梁。项梁渡过淮河向北进军，黥布、蒲将军也率部队归属项梁。这样，项梁的兵马总共有六七万，驻扎在下邳。

此时，秦嘉已经立景驹做了楚王，在彭城以东驻扎，准备阻挡项梁西进。项梁对将士们说："陈王最先起义，仗打得却不太顺利，不知道现在在哪里。现在秦嘉背叛了陈王而立景驹为楚王，这是大逆不道。"于是进军攻打秦嘉。秦嘉的军队战败而逃，项梁率兵追击，直追到胡陵。秦嘉又回过头来与项梁交战，打了一天，秦嘉战死，部队投降。景驹逃跑到梁地并死在那里。秦嘉的部队被项梁接收了，驻扎在胡陵，准备率军向西攻打秦。秦将章邯率军到达栗县，别将朱鸡石、余樊君被项梁派去迎战章邯。不想余樊君战死，朱鸡石战败，逃回胡陵。项梁于是便率领部队进入薛县，杀了朱鸡石。之前，项羽被项梁派去攻打襄城，襄城秦军坚守，不肯投降。襄城在被项羽攻下之后，项羽把那里的军民全部活埋了，然后回来向项梁报告。项梁听说陈王确实已死，便召集各路别将来薛县聚会，共议大事。这时，沛公也在沛县起兵，应召前往薛县参加了这次聚会。

居鄛人范增，年七十，素居家，好奇计，往说项梁曰："陈胜败固当。夫秦灭六国，楚最无罪。自怀王入秦不反，楚人怜之至今，故楚南公曰'楚虽三户，亡秦必楚'也。今陈胜首事，不立楚后而自立，其势不长。今君起江东，楚蜂午之将皆争附君者，以君世世楚将，为能复立楚之后也。"于是项梁然其言，乃求楚怀王孙心民间，为人牧羊，立以为楚怀王，从民所望也。陈婴为楚上柱国，封五县，与怀王都盱台。项梁自号为武信君。

居数月，引兵攻亢父，与齐田荣、司马龙且军救东阿，大破秦军于东阿。田荣即引兵归，逐其王假。假亡走楚。假相田角亡走赵。角弟田间故齐将，居赵不敢归。田荣立田儋子市为齐王。项梁已破东阿下军，遂追秦军。数使使趣齐兵，欲与俱西。田荣曰："楚杀田假，赵杀田角、田间，乃发兵。"项梁曰："田假为与国之王，穷来从我，不忍杀之。"赵亦不杀田角、田间以市于齐。齐遂不肯发兵助楚。项梁使沛公及项羽别攻城阳，屠之。西破秦军濮阳东，秦兵收入濮阳。沛公、项羽乃攻定陶。定陶未下，去，西略地至雍丘，大破秦军，斩李由。还攻外黄，外黄未下。

项梁起东阿西，至定陶，再破秦军，项羽等又斩李由，益轻秦，有骄色。宋义乃谏项梁曰："战胜而将骄卒惰者败。今卒少惰矣，秦兵日益，臣为君畏之。"项梁弗听。乃使宋义使于齐。道遇齐使者高陵君显，曰："公将见武信君乎？"曰："然。"曰："臣论武信君军必败。公徐行即免死，疾行则及祸。"秦果悉起兵益章邯，击楚军，大破之定陶，项梁死。沛公、项羽去外黄攻陈留，陈留坚守不能下。沛公、项羽相与谋曰："今项梁军破，士卒恐。"乃与吕臣军俱引兵而东。吕臣军彭城东，项羽军彭城西，沛公军砀。

范增是居鄛人，七十岁了，平常都在家隐居不仕。他喜好奇思妙想，琢磨奇计，他前来游说项梁说：“陈胜失败，本来就是应该的。秦灭六国，楚国是最无罪的。自从被骗入秦的楚怀王没有返回，楚国人现在还在同情他；所以楚南公说‘楚国即使只剩下三户人家，灭亡秦国的也一定是楚国’。如今陈胜起义，不立楚王室的后代却自立为王，其势运一定不会长久。现在您在江东起事，楚国有那么多如群蜂飞舞的将士，争着归顺于您，就是因为项氏世世代代做楚国大将，一定能重新立楚王室后代为王。”项梁听了感觉范增的话有道理，就到民间寻找楚怀王的嫡孙熊心。此时的熊心正在给别人放羊。项梁找到他以后，就袭用他祖父的谥号立他为楚怀王，这是为了顺应楚国民众的愿望。陈婴做楚国的上柱国，封给他五个县，辅佐怀王建都盱台。项梁自己号称武信君。

几个月后，项梁率兵先去攻打亢父，然后又和齐将田荣、司马龙且的军队一起去援救东阿，在东阿大败秦军。田荣立即率兵返回齐国，赶走了齐王假。假逃亡到了楚国，其宰相田角逃亡到了赵国。田间是田角的弟弟，他本来是齐国大将，住在赵国不敢回齐国来。田荣立田儋的儿子田市为齐王。项梁击破东阿附近的秦军以后，就去追击秦的败军。他多次派使者催促齐国发兵，想与齐军合兵西进。田荣说：“楚国杀掉田假，赵国杀掉田角、田间，我才出兵。”项梁说：“田假是我们盟国的王，走投无路才来追随我，我不忍心杀他。”赵国也不肯通过杀田角、田间来跟齐国做交易。齐国始终不肯发兵帮助楚军。沛公和项羽被项梁派去攻打城阳，屠戮了这个县。他们又向西进军，在濮阳以东打败了秦军。秦收拾败兵退入濮阳城。沛公、项羽然后又去攻打定陶。定陶没有打下，他们便离开定陶西进，沿路攻取城邑，直到雍丘，大败秦军，杀了李由。然后回过头来攻打外黄，但没有攻下。

项梁自东阿出发向西挺进，等来到定陶时，已两次打败秦军；项羽等又杀了李由，项梁因此更轻视秦军，骄傲的神态渐渐显露出来。宋义于是规谏项梁说：“打了胜仗，将领就骄傲，士卒就怠惰，这样的军队必然要吃败仗。如今士卒有点怠惰了，而秦兵在一天天地增加，我有些替您担心啊！”项梁不听，却派宋义出使齐国。宋义在路上遇到了齐国的使者高陵君显，便问道：“你是要去见武信君吧？”回答说：“是的。”宋义说：“依我看，失败的必定是武信君的军队。您要是慢点儿走就可以免于一死，如果走快了就会赶上灾难。”秦朝果然派兵增援章邯，并且发动了全部兵力，攻击楚军，大败楚军于定陶，项梁战死。沛公、项羽离开外黄去攻打陈留，陈留坚守，攻不下来。沛公和项羽一块儿商量说：“现在项梁的军队被打败了，士卒都很恐惧。”就和吕臣的军队向东一起撤退。项羽的军队驻扎在彭城西边，沛公的军队驻扎在砀县，吕臣的军队驻扎在彭城东边。

章邯已破项梁军，则以为楚地兵不足忧，乃渡河击赵，大破之。当此时，赵歇为王，陈余为将，张耳为相，皆走入巨鹿城。章邯令王离、涉间围巨鹿，章邯军其南，筑甬道而输之粟。陈余为将，将卒数万人而军巨鹿之北，此所谓河北之军也。

楚兵已破于定陶，怀王恐，从盱台之彭城，并项羽、吕臣军自将之。以吕臣为司徒，以其父吕青为令尹。以沛公为砀郡长，封为武安侯，将砀郡兵。

初，宋义所遇齐使者高陵君显在楚军，见楚王曰："宋义论武信君之军必败，居数日，军果败。兵未战而先见败征，此可谓知兵矣。"王召宋义与计事而大说之，因置以为上将军，项羽为鲁公，为次将，范增为末将，救赵。诸别将皆属宋义，号为卿子冠军。行至安阳，留四十六日不进。项羽曰："吾闻秦军围赵王巨鹿，疾引兵渡河，楚击其外，赵应其内，破秦军必矣。"宋义曰："不然。夫搏牛之虻不可以破虮虱。今秦攻赵，战胜则兵罢，我承其敝；不胜，则我引兵鼓行而西，必举秦矣。故不如先斗秦赵。夫被坚执锐，义不如公；坐而运策，公不如义。"因下令军中曰："猛如虎，很如羊，贪如狼，强不可使者，皆斩之。"乃遣其子宋襄相齐，身送之至无盐，饮酒高会。天寒大雨，士卒冻饥。项羽曰："将戮力而攻秦，久留不行。今岁饥民贫，士卒食芋菽，军无见粮，乃饮酒高会，不引兵渡河因赵食，与赵并力攻秦，乃曰'承其敝'。夫以秦之强，攻新造之赵，其势必举赵。赵举而秦强，何敝之承！且国兵新破，王坐不安席，扫境内而专属于将军，国家安危，在此一举。今不恤士卒而徇其私，非社稷之臣。"项羽晨朝上将军宋义，即其帐中斩宋义头，出令军中曰："宋义与齐谋反楚，楚王阴令羽诛之。"当是时，诸将皆慑章邯打败项梁军队不久，认为楚地的起义军不值得担心了，于是渡过黄河北进攻赵，大败赵军。这时候，赵歇为王，大将是陈余，国相是张耳，他们都逃进了巨鹿城。章邯命令王离、涉间包围了巨鹿，自己的军队驻扎在巨鹿南边，中间筑了条甬道相互连接，输送粮草。陈余作为赵国的大将，率领几万名士卒驻扎在巨鹿北边，这就是所谓的河北军。

定陶战败以后，楚怀王心里害怕，从盱台前往彭城，亲自统率并整合了项羽、吕臣的军队。他任命吕臣为司徒、吕臣的父亲吕青为令尹，任命沛公为砀郡长，封为武安侯，统率砀郡的军队。

之前，宋义在路上遇见的那位齐国使者高陵君显正在楚军中，他求见楚王说："宋义曾断言武信君的军队必定失败。果然，没过几天，就战败了。在军队还没有开始打仗的时候，就能事先看出失败的征兆，这可以称得上是懂得用兵了。"于是楚怀王便召见宋义，同他共商军中大事，由于非常欣赏他，所以任命他为上将军；项羽为鲁公，任次将；范增任末将，让他们一起去援救赵国。其他各路将领，都隶属于宋义，号称卿子冠军。部队开始进发，不久抵达安阳，停留足足四十六天不向前进。项羽说："我听说秦军在巨鹿城把赵王包围了，我们应该赶快率兵渡过黄河，楚军从外面攻打，赵军在里面接应，打垮秦军是确定无疑的。"宋义说："我认为并非如此。能叮咬大牛的牛虻却损伤不了小小的虮虱。如今秦国攻打赵国，打胜了，士卒也会筋疲力尽，我们就可以利用他们的疲惫；打不胜，我们就率领部队擂鼓西进，一定能歼灭秦军。所以，现在不如就先让秦、赵两方相斗。若论披坚甲执锐兵、勇战前线，我宋义比不上您；若论坐于军帐、运筹决策，您比不上我宋义。"于是通令全军："凶猛如虎，违逆如羊，贪婪如狼，恃强不听指挥的，一律斩杀。"又派儿子宋襄去齐国为相，并亲自送到无盐，备置酒筵，大会宾客。当时天气寒冷，下着大雨，士卒们一个个又冷又饿。项羽对将士说："我们大家本是想齐心合力攻打秦军，但其却久久停留不向前进。如今正赶上荒年，百姓贫困，芋芳掺豆子就是将士们吃的食物，军中没有存粮，他竟然置备酒筵，大会宾客，不渡河率领部队去从赵国取得粮食，跟赵合力攻秦，却说'利用秦军的疲惫'。凭着秦国那样强大的军事去攻打刚刚建起的赵国，那形势必定是秦国攻占赵国。赵国被攻占，秦国就更加强大，到那时，还怎么谈得上什么利用秦军的疲惫？再说，我们的军队刚刚打了败仗，怀王坐立不安，集中了境内全部兵卒粮饷交给上将军一个人，国家的安危，就在此一举了。可是上将军不体恤士卒，却派自己的儿子去齐国为相，谋取私利，这可不是国家真正的贤良之臣。"于是项羽便乘早晨去军帐中参见上将军宋义时，斩下了他的头，出来向军中发令说："宋义和齐国同谋反楚，楚王密令我处死他。"这服，莫敢枝梧。皆曰："首立楚者，将军家也。今将军诛乱。"乃相与共立羽为假上将军。使人追宋义子，及之齐，杀之。使桓楚报命于怀王。怀王因使项羽为上将军，当阳君、蒲将军皆属项羽。

项羽已杀卿子冠军，威震楚国，名闻诸侯。乃遣当阳君、蒲将军将卒二万渡河，救巨鹿。战少利，陈余复请兵。项羽乃悉引兵渡河，皆沉船，破釜甑，烧庐舍，持三日粮，以示士卒必死，无一还心。于是至则围王离，与秦军遇，九战，绝其甬道，大破之，杀苏角，虏王离。涉间不降楚，自烧杀。当是时，楚兵冠诸侯。诸侯军救巨鹿下者十余壁，莫敢纵兵。及楚击秦，诸将皆从壁上观。楚战士无不一以当十，楚兵呼声动天，诸侯军无不人人惴恐。于是已破秦军，项羽召见诸侯将，入辕门，无不膝行而前，莫敢仰视。项羽由是始为诸侯上将军，诸侯皆属焉。

章邯军棘原，项羽军漳南，相持未战。秦军数却，二世使人让章邯。章邯恐，使长史欣请事。至咸阳，留司马门三日，赵高不见，有不信之心。长史欣恐，还走其军，不敢出故道，赵高果使人追之，不及。欣至军，报曰："赵高用事于中，下无可为者。今战能胜，高必疾妒吾功；战不能胜，不免于死。愿将军孰计之。"陈余亦遗章邯书曰："白起为秦将，南征鄢郢，北坑马服，攻城略地，不可胜计，而竟赐死。蒙恬为秦将，北逐戎人，开榆中地数千里，竟斩阳周。何者？功多，秦不能尽封，因以法诛之。今将军为秦将三岁矣，所亡失以十万数，而诸侯并起滋益多。彼赵高素谀日久，今事急，亦恐二世诛之，故欲以法诛将军以塞责，使人更代将军以脱其祸。夫将军居外久，多内却，有功亦诛，无功亦诛。且天之亡秦，无愚智皆知之。今将军内不能直谏，外为亡国将，孤特独立而欲常存，岂不哀哉！将军时候，将领们都害怕和屈服于项羽，没有谁敢抗拒，都说："首先把楚国扶立起来的，是项将军家。如今叛逆之臣又是将军诛灭的。"于是大家一起立项羽为代理上将军。项羽派人去追赶宋义的儿子，追到齐国境内，把他杀了。项羽又派桓楚去向怀王报告。楚怀王听罢也倍感无奈，于是让项羽做了上将军，当阳君、蒲将军等都归属项羽。

项羽诛杀了卿子冠军，名扬诸侯，威震楚国。他首先派遣当阳君、蒲将军率领二万人渡过漳河，援救巨鹿。战争却只取得一些小的胜利，陈余又请求支援。项羽就率领所有军队渡过漳河，并把全部船只凿沉，砸破全部锅碗，烧毁了全部军帐，只带上三天的干粮，以此向士卒表示一定要决死战斗，绝无退还之心。部队到达前线，就包围了王离，随即与秦军交战。经过多次交战，阻断了秦军所筑甬道，大败秦军，苏角被杀，俘虏了王离。涉间拒不降楚，自焚而死。这时，楚军的英勇居诸侯之首，前来援救巨鹿的诸侯各军筑有十几座营垒，发兵出战的却一个也没有。到楚军攻击秦军时，他们都只在营垒中观望。楚军战士一以当十，士兵们杀声震天，诸侯军人人胆战心惊。项羽在打败秦军以后，诸侯将领被召见，当他们进入军门时，一个个都用膝盖跪着向前走，没有谁敢抬头仰视。自此，项羽真正成了诸侯的上将军，各路诸侯都隶属于他。

驻扎在棘原的是章邯的军队，驻扎在漳河南的是项羽的军队，两军对峙，相持未战。由于秦军屡屡退却，秦二世派人来责问章邯。章邯有些胆怯了，长史司马欣被派回朝廷去报告战况并请示。司马欣到了咸阳，被滞留在宫外的司马门三天，赵高竟不接见，好像有不信任的意思。长史司马欣非常害怕，急急忙忙奔回棘原军中，都没敢顺原路返回，赵高果然派人追赶，没有追上。司马欣回到军中，向章邯报告说："在朝廷中赵高独揽大权，下面的人不可能有什么作为。如今仗能打胜，我们的战功必定为赵高嫉妒；打不胜，我们必定一死。希望您认真考虑这一情况！"这时，陈余也给章邯写了封信，说："白起身为秦国大将，南征攻陷了楚都鄢郢，北征屠灭了马服君赵括的军队，打下的城池、夺取的土地，数也数不清，最后还是惨遭赐死。秦国大将蒙恬也是，北面赶跑了匈奴，在榆中开辟了几千里的土地，最终不也被杀害于阳周了么。这是什么原因呢？就是因为他们战功太多，秦朝廷对每个人都予以封赏是不可能的，所以就从法律上找借口杀死了他们。如今您做秦将已三年了，士卒伤亡损失以十万计，而各地诸侯一时兴起，且越来越多。那赵高一向阿谀奉承，时日已久。如今情况危急，他也担心秦二世杀他，所以想从法律上找借口，通过杀了将军来推卸罪责，让别人来代替他免去自己的灾祸。将军您在外时间长久，朝廷里跟您有隔阂的人就多，无论有功还是无功，都会被杀。而且，上天要灭秦，不论是智者还是愚者，谁都看出来了。现在将军您在内不能直言进谏，在外已成亡国之将，独自一个人支撑着却还何不还兵与诸侯为从，约共攻秦，分王其地，南面称孤；此孰与身伏斧质，妻子为僇乎？”章邯狐疑，阴使候始成使项羽，欲约。约未成，项羽使蒲将军日夜引兵度三户，军漳南，与秦战，再破之。项羽悉引兵击秦军污水上，大破之。

章邯使人见项羽，欲约。项羽召军吏谋曰：“粮少，欲听其约。”军吏皆曰：“善。”项羽乃与期洹水南殷虚上。已盟，章邯见项羽而流涕，为言赵高。项羽乃立章邯为雍王，置楚军中。使长史欣为上将军，将秦军为前行。

到新安。诸侯吏卒异时故繇使屯戍过秦中，秦中吏卒遇之多无状，及秦军降诸侯，诸侯吏卒乘胜多奴虏使之，轻折辱秦吏卒。秦吏卒多窃言曰：“章将军等诈吾属降诸侯，今能入关破秦，大善；即不能，诸侯虏吾属而东，秦必尽诛吾父母妻子。”诸侯微闻其计，以告项羽。项羽乃召黥布、蒲将军计曰：“秦吏卒尚众，其心不服，至关中不听，事必危，不如击杀之，而独与章邯、长史欣、都尉翳入秦。”于是楚军夜击坑秦卒二十余万人新安城南。

行略定秦地。函谷关有兵守关，不得入。又闻沛公已破咸阳，项羽大怒，使当阳君等击关。项羽遂入，至于戏西。沛公军霸上，未得与项羽相见。沛公左司马曹无伤使人言于项羽曰：“沛公欲王关中，使子婴为相，珍宝尽有之。”项羽大怒，曰：“旦日飨士卒，为击破沛公军！”当是时，项羽兵四十万，在新丰鸿门，沛公兵十万，在霸上。范增说项羽曰：“沛公居山东时，贪于财货，好美姬。今入关，财物无所取，妇女无所幸，此其志不在小。吾令人望其气，皆为龙虎，成五采，此天子气也。急击勿失。”

楚左尹项伯者，项羽季父也，素善留侯张良。张良是时从沛公，项伯乃夜驰之沛公军，私见张良，具告以事，欲呼张良与俱去。曰：“毋从俱死也。”张良曰：“臣为韩王送沛公，沛公今事有急，亡想维持长久，难道不可悲吗？将军您不如率兵掉头回转，与诸侯联合起来，订立和约一起攻秦，共分秦地，各自为王，南面称孤。这跟身受刑诛、妻儿被杀相比，哪个合算呢？”章邯犹疑不决，便秘密派军候始成，到项羽那里去，想要订立和约。不料和约没有成功，项羽命令蒲将军日夜兼程，率兵渡过三户津，在漳河之南驻扎下来。蒲将军与秦军交战，再次将秦军击败。项羽率领全部官兵在污水攻击秦军，大败秦军。

章邯又派人去求见项羽，还是想订和约。项羽于是便召集军官们商议说：“部队粮草已不多，我想答应他们订立和约。”军官们都说：“好。”项羽就和章邯在洹水南岸的殷墟上约好日期会晤。订立了盟约，章邯见了项羽，情不自禁流下眼泪，向项羽痛述了赵高的种种劣行。项羽封章邯为雍王，在项羽的军中安置。司马欣被任命为上将军，统率秦军担当先头部队。

部队到了新安。诸侯军的官兵们之前曾经被征徭役，在边塞戍守。路过秦中时，秦中的很多官兵都不把他们当人看待。等到秦军投降后，诸侯军的官兵很多人就借着胜利的威势，也像对待奴隶一样地使唤他们，随意欺侮。秦军官兵私下很多人议论：“章将军骗我们投降了诸侯军，如果能入关灭秦，那还不错；如果不能，诸侯军俘虏我们退回关东，秦朝廷必定会把我们的一家老小父母妻儿全部杀掉。”诸侯军将领们通过暗访得知秦军官兵的这些议论后，就向项羽报告。项羽便召集黥布、蒲将军商议道：“秦军官兵数量很多，他们打心里不服，如果到了关中不听指挥，事情就麻烦了。不如把他们杀掉，只带章邯、长史司马欣、都尉董翳进入秦地。”于是楚军连夜把秦军二十余万人杀死埋在新安城南的坑中。

项羽带兵一路西行，准备夺取平定秦地。到达函谷关时，发现有士兵在关内把守，没能进去。又听说咸阳已经被沛公攻下了，项羽特别生气，就派当阳君等攻打函谷关。这样项羽才进了关，一直到戏水之西。当时，沛公的军队在灞上驻扎，没能跟项羽相见。沛公的左司马曹无伤派人告诉项羽说：“沛公准备在关中称王，让秦王子婴为相，珍奇宝物都占为己有了。”项羽大为愤怒，说：“明天准备酒食，好好犒劳士卒，我们要把沛公的部队打垮！”这时候，项羽有兵卒四十万，在新丰鸿门驻扎；沛公有兵卒十万，在灞上驻扎。范增劝项羽说：“沛公住在山东的时候，贪图财货，宠爱美女。现在进了关，财物什么都不取，美女也没亲近一个。看这架势，他的志气可不小啊。我让人觇望他那边的云气，都呈现为龙虎之状，五颜六色，这是天子的瑞气呀。还望您尽快进攻，不要错失良机！”

项伯是楚国的左尹，他是项羽的叔父，一向跟留侯张良很要好。张良此时正跟随沛公。项伯驱马连夜跑到沛公军中，与张良私下会见，告诉了他全部事情，想叫张良跟他一起离开。项伯说：“不要跟沛公一块儿送死啊。”张去不义，不可不语。”良乃入，具告沛公。沛公大惊，曰：“为之奈何？”张良曰：“谁为大王为此计者？”曰：“鲰生说我曰‘距关，毋内诸侯，秦地可尽王也。’故听之。”良曰：“料大王士卒足以当项王乎？”沛公默然，曰：“固不如也，且为之奈何？”张良曰：“请往谓项伯，言沛公不敢背项王也。”沛公曰：“君安与项伯有故？”张良曰：“秦时与臣游，项伯杀人，臣活之。今事有急，故幸来告良。”沛公曰：“孰与君少长？”良曰：“长于臣。”沛公曰：“君为我呼入，吾得兄事之。”张良出，要项伯。项伯即入见沛公。沛公奉卮酒为寿，约为婚姻，曰：“吾入关，秋豪不敢有所近，籍吏民，封府库，而待将军。所以遣将守关者，备他盗之出入与非常也。日夜望将军至，岂敢反乎！愿伯具言臣之不敢倍德也。”项伯许诺。谓沛公曰：“旦日不可不蚤自来谢项王。”沛公曰：“诺。”于是项伯复夜去，至军中，具以沛公言报项王。因言曰：“沛公不先破关中，公岂敢入乎？今人有大功而击之，不义也，不如因善遇之。”项王许诺。

沛公旦日从百余骑来见项王，至鸿门，谢曰：“臣与将军戮力而攻秦，将军战河北，臣战河南，然不自意能先入关破秦，得复见将军于此。今者有小人之言，令将军与臣有郤。”项王曰：“此沛公左司马曹无伤言之；不然，籍何以至此。”项王即日因留沛公与饮。项王、项伯东乡坐。亚父南乡坐。亚父者，范增也。沛公北乡坐，张良西乡侍。范增数目项王，举所佩玉玦以示之者三，项王默然不应。范增起，出召项庄，谓曰：“君王为人不忍，若入前为寿，寿毕，请以剑舞，因击沛公于坐，杀之。不者，若属皆且为所虏。”庄则入为寿，寿毕，曰：“君王与沛公饮，军中无以为乐，请以剑舞。”项王曰：“诺。”项庄拔剑起舞，项伯亦拔剑起舞，常以身翼蔽沛公，庄不得击。于是张良至军门，见樊哙。樊哙曰：“今日之事何良说："我是为韩王来护送沛公的。沛公现在情况危急，我若逃走就太不义气了，不告诉他显得太不仗义了。"张良便进入军帐，把项伯的话全部告诉了沛公。沛公听了很是吃惊，说："这该怎么办呢？"张良说："派兵守关这个主意是谁给您出的？"沛公说："是一个浅陋小人劝我说：'守住函谷关，让诸侯军不要进来，您就可以占据整个秦地称王了。'所以我听了他的话。"张良说："您估计您的兵力敌得过项王吗？"沛公沉默不语，过了一会儿说："肯定是敌不过的。现在该怎么办呢？"张良说："那就让我前去告诉项伯，就说沛公是不敢背叛项王的。"沛公说："您怎么跟项伯有交情呢？"张良说："还是在秦朝的时候，我们就有交往。项伯曾经杀了人，我帮他免了死罪。现在情况危急，幸好他来告诉我。"沛公说："你们两人谁的年龄要大一些？"张良说："他比我大。"沛公说："您替我请他进来，我侍奉他要像对待兄长一样。"张良出去请项伯。项伯进来与沛公相见。沛公捧着酒杯，向项伯献酒祝寿，又定下了儿女婚姻。沛公说："我进入函谷关以后，连秋毫那样细小的东西都没有敢动，只是对官民的户口进行了登记，对各类仓库进行了查封，只等着项将军到来。我之所以派将守关，是为了防备意外的变故和其他盗贼窜入。我们日夜盼着项将军到来，哪里敢谋反啊！希望您详细转告项将军，我是绝不敢忘恩负义的。"项伯听后答应了，对沛公说："明天一定要早点来向项王道歉。"沛公说："好吧。"于是项伯又连夜离开，回到军营中，把沛公的话一一禀告了项王。接着又说："如果不是沛公先攻破关中，您怎么敢进关呢？如今人家有大功，您反而要攻打人家，这是不符合道义的，不如就此好好对待他。"项王答应了。

第二天大清早，沛公便带着一百多名侍从来见项王。到达鸿门，向项王赔罪说："我跟将军合力攻秦，将军在河北作战，我在河南作战。却没想到我能先攻破秦朝入关，能够在这里又见到您。现在是有小人说了什么坏话，才使得将军和我之间产生了隔阂。"项王说："是曹无伤，您的左司马说的。不然，我怎么会这样！"项王当日就让沛公留下一起喝酒。项王、项伯面朝东坐，亚父面朝南坐。亚父也就是范增。沛公面朝北坐，张良面朝西陪侍着。范增好多次给项王递眼色，又频繁举起身上佩戴的玉玦，向他示意早点动手杀了沛公。项王只是沉默着，并没有反应。范增起身出去，叫来项庄，对他说："君王为人一向心肠太软，你进去上前祝寿献酒，然后请求舞剑，趁机刺向沛公，把他在坐席上杀死。否则的话，你们这班人都将成为人家的俘虏啦。"随后，项庄进来，上前献酒祝寿。祝酒完毕，对项王说："君王和沛公饮酒，军营中可以娱乐的项目也没什么，就让我来舞剑助兴吧。"项王说："那好。"项庄就拔剑起舞。项伯也拔剑起舞，用身体掩护沛公，项庄没有办法刺向沛公。见状，张良走到军门，找来樊如？”良曰：“甚急。今者项庄拔剑舞，其意常在沛公也。”哙曰：“此迫矣，臣请入，与之同命。”哙即带剑拥盾入军门。交戟之卫士欲止不内，樊哙侧其盾以撞，卫士仆地，哙遂入，披帷西乡立，瞋目视项王，头发上指，目眦尽裂。项王按剑而跽曰：“客何为者？”张良曰：“沛公之参乘樊哙者也。”项王曰：“壮士，赐之卮酒。”则与斗卮酒。哙拜谢，起，立而饮之。项王曰：“赐之彘肩。”则与一生彘肩。樊哙覆其盾于地，加彘肩上，拔剑切而啖之。项王曰：“壮士，能复饮乎？”樊哙曰：“臣死且不避，卮酒安足辞！夫秦王有虎狼之心，杀人如不能举，刑人如恐不胜，天下皆叛之。怀王与诸将约曰‘先破秦入咸阳者王之’。今沛公先破秦入咸阳，豪毛不敢有所近，封闭宫室，还军霸上，以待大王来。故遣将守关者，备他盗出入与非常也。劳苦而功高如此，未有封侯之赏，而听细说，欲诛有功之人。此亡秦之续耳，窃为大王不取也。”项王未有以应，曰：“坐。”樊哙从良坐。坐须臾，沛公起如厕，因招樊哙出。

沛公已出，项王使都尉陈平召沛公。沛公曰：“今者出，未辞也，为之奈何？”樊哙曰：“大行不顾细谨，大礼不辞小让。如今人方为刀俎，我为鱼肉，何辞为？”于是遂去。乃令张良留谢。良问曰：“大王来何操？”曰：“我持白璧一双，欲献项王，玉斗一双，欲与亚父，会其怒，不敢献。公为我献之。”张良曰：“谨诺。”当是时，项王军在鸿门下，沛公军在霸上，相去四十里。沛公则置车骑，脱身独骑，与樊哙、夏侯婴、靳强、纪信等四人持剑盾步走，从郦山下，道芷阳间行。沛公谓张良曰：“从此道至吾军，不过二十里耳。度我至军中，公乃入。”沛公已去，间至军中，张良入谢，曰：“沛公不胜杯杓，不能辞。谨使臣良奉白璧一双，再拜献大王足下；玉斗一双，再拜奉大将军足下。”项王曰：“沛公安在？”良曰：“闻大王有意督过之，脱身独去，已至军矣。”项王则受璧，置之哙。樊哙问道："今天的事情如何？"张良说："很危急！现在项庄在舞剑，他一直不停地在打沛公的主意呀！"樊哙说："这么说很危险啦！让我进去，我要跟沛公同生死！"樊哙边说边带着宝剑、拿着盾牌就往军门里闯。交叉持戟的卫士想挡住不让他进去，樊哙侧过盾牌往前一撞，卫士们便扑倒在地。樊哙于是闯进军门，挑开帷帐面西而站，怒目圆睁直视项王，头发根根竖起，两边眼角都要睁裂开了。项王伸手握住宝剑，挺直身子，问："这位客人是干什么的？"张良说："这是沛公的护卫樊哙。"项王说："真是位壮士！赐他一杯酒！"手下的人给他递上来一大杯酒。樊哙拜谢，起身站着喝了。项王说："赐他一只猪肘！"一只生猪肘由手下的人递过来。樊哙把盾牌在地上反扣，把猪肘放在上面，拔出剑来边切边吃。项王说："好一位壮士！还能再喝吗？"樊哙说："我都不在乎死了，一杯酒又有什么可推辞的！想那秦王有虎狼之心，杀人如麻，恐杀人不完；给人加刑，好像唯恐用不尽，天下人都叛离了他。怀王和诸将曾经约定说'先击败秦军进入咸阳，让他在关中为王'。如今沛公先击败秦军进入咸阳，连毫毛那么细小的财物都没敢动，封闭秦王宫室，把军队撤回到灞上，等待大王您的到来。特地派遣将士把守函谷关，目的是防备意外的变故和其他盗贼窜入。沛公这般劳苦功高，不但没有得到封侯的赏赐，您反而听信小人的谗言，要杀害有功之人。这只能是走秦朝灭亡的老路，我私下认为大王您不会采取这种做法！"一番话说得项王无话可答，只是嘴上说："坐！坐！"樊哙便挨着张良坐下来。没多久，沛公起身上厕所，顺便把樊哙叫了出来。

沛公出来后，都尉陈平被项王派去叫沛公。沛公对樊哙说："现在我出来，没有来得及告辞，你说如何是好？"樊哙说："干大事不必太在乎小的礼节，讲大节没有必要躲避小的责备，如今人家就好比是刀子砧板，而我们好比是鱼是肉，还告辞干什么！"于是一行人便离开那里，让张良留下来向项王致歉。张良问："大王带了什么礼物来的？"沛公说："我准备献给项王一双白璧；准备献给亚父一对玉斗。正赶上他们发怒，没敢献上。您替我献上吧。"张良说："遵命。"这个时候，项王部队驻扎在鸿门一带，沛公的部队驻扎在灞上，相距四十里。沛公扔下车马、侍从，脱身而走，他独自一人骑马，樊哙、靳强、夏侯婴、纪信等四人手持剑盾，徒步奔跑跟在后面，从骊山而下，顺着芷阳抄小路而行。沛公临行前对张良说："从这条路到我们军营，不过二十里。估计我们到了军营，您就进去。"沛公等一行人离开鸿门，抄小路回到军营，张良进去致歉，说道："沛公酒量有限，喝得多了点，不能跟大王告辞了。谨让臣下张良捧上白璧一双，献给大王足下；玉斗一对，献给大将军足下。"项王问道："沛公在什么地方？"张良答道："听说大王有责怪他的意思，他就脱身一个人走了，现在已坐上。亚父受玉斗，置之地，拔剑撞而破之，曰："唉！竖子不足与谋。夺项王天下者，必沛公也，吾属今为之虏矣。"沛公至军，立诛杀曹无伤。

居数日，项羽引兵西屠咸阳，杀秦降王子婴，烧秦宫室，火三月不灭；收其货宝妇女而东。人或说项王曰："关中阻山河四塞，地肥饶，可都以霸。"项王见秦宫皆以烧残破，又心怀思欲东归，曰："富贵不归故乡，如衣绣夜行，谁知之者！"说者曰："人言楚人沐猴而冠耳，果然。"项王闻之，烹说者。

项王使人致命怀王。怀王曰："如约。"乃尊怀王为义帝。项王欲自王，先王诸将相。谓曰："天下初发难时，假立诸侯后以伐秦。然身被坚执锐首事，暴露于野三年，灭秦定天下者，皆将相诸君与籍之力也。义帝虽无功，故当分其地而王之。"诸将皆曰："善。"乃分天下，立诸将为侯王。项王、范增疑沛公之有天下，业已讲解，又恶负约，恐诸侯叛之，乃阴谋曰："巴、蜀道险，秦之迁人皆居蜀。"乃曰："巴、蜀亦关中地也。"故立沛公为汉王，王巴、蜀、汉中，都南郑。而三分关中，王秦降将以距塞汉王。项王乃立章邯为雍王，王咸阳以西，都废丘。长史欣者，故为栎阳狱掾，尝有德于项梁；都尉董翳者，本劝章邯降楚。故立司马欣为塞王，王咸阳以东至河，都栎阳；立董翳为翟王，王上郡，都高奴。徙魏王豹为西魏王，王河东，都平阳。瑕丘申阳者，张耳嬖臣也，先下河南，迎楚河上，故立申阳为河南王，都洛阳。韩王成因故都，都阳翟。赵将司马卬定河内，数有功，故立卬为殷王，王河内，都朝歌。徙赵王歇为代王。赵相张耳素贤，又从入关，故立耳为常山王，王赵地，都襄国。当阳君黥布为楚将，常冠军，故立布为九江王，都六。鄱君吴芮率百越佐诸侯，又从入关，故立芮为衡山王，都邾。义帝柱国共敖将兵击南郡，功多，因立敖为临江王，都江陵。徙燕王韩广为辽东王。燕将经回到军营。”项王接过白璧，放在座位上；亚父接过玉斗，扔在地上，并拔出剑来砍碎，说：“唉！没法跟这班小子共谋大事。将来夺取项王天下的，一定是沛公了。我们这班人就要成为俘虏了！”沛公回到军中，立即杀了曹无伤。

过了几天，项羽带兵西进，屠戮咸阳城。秦降王子婴被杀，秦朝的宫室也被烧了，大火三个月都不熄灭；劫掠了秦朝的财宝、妇女，往东走了。有人劝项王说：“关中这块地方，有山河做屏障，四方都有要塞，土地肥沃，可以建都成就霸业。”但项王看到被火烧得残破不堪的秦朝宫室，又思念家乡想回去，就说：“富贵不回故乡，就像穿了锦绣衣裳而在黑夜中行走，别人谁知道呢？”那个劝项王的人说：“人说楚国人像是戴了帽子的猕猴，果真是这样。”项王听见这话，把那个人扔进锅里煮死了。

项王将破关入秦的情况派人向怀王禀报。怀王说：“就按以前约定的那样办。”于是一个徒具虚名的尊贵称号——义帝由项王给了怀王。项王打算自己称王，就先封手下诸将相为王，并对他们说：“当初天下发动起义时，诸侯的后代都暂立为王，为的是号召大家讨伐秦朝。然而真正身披坚甲，手持利兵，带头起义，风餐露宿，转战三年，推翻秦朝，平定天下的，都是靠各位将相和我项羽的力量啊。虽说义帝没有什么战功，但分给他土地让他做王，本来也是应该的。”诸将都说：“好。”于是就分封天下，立诸将为侯王。项羽、范增担心沛公据有天下，然而经鸿门之会已和解了，又不想违背当时的约定，以免引起其他诸侯的背叛，于是便暗中谋划道：“巴、蜀两郡道路险阻，过去秦朝流放的人都在蜀地居住。”于是就对大家说：“巴、蜀之地，现在也算关中的地盘。”因此就立沛公为汉王，统治巴、蜀、汉中之地，建都南郑。又把关中分为三块，封秦朝三名降将为王，以阻断汉王的东出之路。项王立章邯为雍王，统治咸阳以西的地区，建都废丘。长史司马欣，以前是栎阳狱掾，曾经对项梁有恩；都尉董翳，当初曾劝章邯投降楚军，因此，立司马欣为塞王，统治咸阳以东到黄河的地区，建都栎阳；立董翳为翟王，统治上郡，建都高奴。改立魏王豹为西魏王，统治河东，建都平阳。瑕丘申阳，本是张耳宠幸的大臣，曾先攻下了河南郡，在黄河岸边迎接楚军，所以立申阳为河南王，建都洛阳。韩王成仍居旧都，建都阳翟。赵将司马卬平定河内，屡有战功，因此立司马卬为殷王，统治河内，在朝歌建都。改立赵王歇为代王。赵相张耳一向贤能，又跟随项羽入关，因此张耳被立为常山王，统治赵地，建都襄国。当阳君黥布做楚将，在楚军中一直勇冠三军，因此立黥布为九江王，建都六县。鄱君吴芮率领百越将士协助诸侯们，又跟随项羽入关，因此吴芮被立为衡山王，建都邾县。义帝的柱国共敖率兵攻打南郡，战功多，因此共敖被立为临江王，建都江陵。燕王韩广改立为辽东王。燕将臧荼跟随楚军救赵，臧荼从楚救赵，因从入关，故立荼为燕王，都蓟。徙齐王田市为胶东王。齐将田都从共救赵，因从入关，故立都为齐王，都临淄。故秦所灭齐王建孙田安，项羽方渡河救赵，田安下济北数城，引其兵降项羽，故立安为济北王，都博阳。田荣者，数负项梁，又不肯将兵从楚击秦，以故不封。成安君陈余弃将印去，不从入关，然素闻其贤，有功于赵，闻其在南皮，故因环封三县。番君将梅鋗功多，故封十万户侯。项王自立为西楚霸王，王九郡，都彭城。

汉之元年四月，诸侯罢戏下，各就国。项王出之国，使人徙义帝，曰："古之帝者地方千里，必居上游。"乃使使徙义帝长沙郴县。趣义帝行，其群臣稍稍背叛之，乃阴令衡山、临江王击杀之江中。韩王成无军功，项王不使之国，与俱至彭城，废以为侯，已又杀之。臧荼之国，因逐韩广之辽东，广弗听，荼击杀广无终，并王其地。

田荣闻项羽徙齐王市胶东，而立齐将田都为齐王，乃大怒，不肯遣齐王之胶东，因以齐反，迎击田都。田都走楚。齐王市畏项王，乃亡之胶东就国。田荣怒，追击杀之即墨。荣因自立为齐王，而西杀击济北王田安，并王三齐。荣与彭越将军印，令反梁地。陈余阴使张同、夏说说齐王田荣曰："项羽为天下宰，不平。今尽王故王于丑地，而王其群臣诸将善地，逐其故主。赵王乃北居代，余以为不可。闻大王起兵，且不听不义，愿大王资余兵，请以击常山，以复赵王，请以国为捍蔽。"齐王许之，因遣兵之赵。陈余悉发三县兵，与齐并力击常山，大破之。张耳走归汉。陈余迎故赵王歇于代，反之赵。赵王因立陈余为代王。

是时，汉还定三秦。项羽闻汉王皆已并关中，且东，齐、赵叛之，大怒。乃以故吴令郑昌为韩王，以距汉。令萧公角等击彭越。彭越败萧公角等。汉使张良徇韩，乃遗项王书曰："汉王失职，欲得关中，如约即止，不敢东。"又以齐、梁反书遗项王曰："齐欲与赵并又随军入关，因此臧荼被立为燕王，建都蓟县。改立齐王田市为胶东王，齐将田都随楚军一起救赵，接着又随军入关，因此立田都为齐王，建都临淄。当初被秦朝灭亡的齐王田建的孙子田安，在项羽渡河救赵的时候，曾攻下济水之北的几座城池，率领他的军队投降了项羽，因此田安被立为济北王，建都博阳。田荣多次有背于项梁，又不肯率兵跟随楚军攻打秦军，因此不封。成安君陈余因与张耳抵牾抛弃将印而离去，也不跟随楚军入关，但他一向以贤能闻名，又对赵国有功，知道他在南皮，因此封南皮周围的三个县给他。鄱君吴芮的部将梅鋗战功颇多，因此封他为十万户侯。项王自立为西楚霸王，统治九个郡，在彭城建都。

汉元年四月，诸侯受封已毕，都从大将军的旗帜下解散，分别前往各自的封国。项王出了函谷关，来到自己的封国，派人去让义帝迁都，说："古时候帝王拥有的土地是纵横千里，而且一定要居住在河流的上游。"让使者把义帝迁徙到长沙郡的郴县去，且催促义帝马上起程。左右群臣见此，便渐渐叛离了项羽。于是项羽秘密派临江王、衡山王把义帝截杀在大江里。韩王成没有军功，项王没让他到封国去，带他一起到了彭城，废为侯，不久又杀了他。臧荼到了封国，就驱逐韩广去辽东，韩广不听从，被臧荼杀于无终，并把他的土地据为己有。

田荣听说项羽改封齐王市到胶东，而齐将田都被立为齐王，特别愤怒，不愿意把齐王迁往胶东，然后他就占据了齐地，起而反楚，迎头攻击田都。田都被迫逃往楚国。齐王市害怕项王，向胶东偷偷逃去，奔赴封国。田荣发怒，就一路追赶他，在即墨杀死了他。田荣于是自立为齐王，又向西进攻并把济北王田安杀死，三齐之地被他全部占据了。将军印被田荣授给彭越，让他在梁地反楚。陈余派张同、夏说私下劝齐王田荣说："天下事由项羽主持，不公道。现在以前的诸侯王都被封在坏地方，而他自己的群臣诸将都被封在好地方，原来的君主赵王也被驱逐了，让他往北到代地居住，我认为这样是不合适的。听说大王您已起兵反楚，而且不听从项羽的不义之命，希望大王您分一部分兵力接济我，让我去攻打常山，恢复赵王原有的地盘。我愿用我们的国土给你们齐国作屏障。"齐王答应了，就派兵赴赵。陈余发动三县全部兵力，跟齐军合力攻打常山，把常山王打得大败。张耳逃走后归附汉王。陈余把原赵王歇从代地接回赵国。赵王因此立陈余为代王。

这时，汉王刘邦率军返回关中，平定了三秦。项羽听说汉王已经兼并了关中，将要东进，赵国、齐国又都背叛了自己，特别生气。于是立以前的吴县令郑昌为韩王，派他抵挡汉军；命令萧公角等攻打彭越，但被彭越打败了。张良被汉王派去攻打韩地，并送给项王一封信说："汉王失去了做关中王的封职，所以想要得到关中，若能遵循以前的约定，就立即停下来，不敢再向东进。"又把齐、梁二地的反叛书送给项王，说："齐国想要跟赵国一起把楚国灭掉。"楚军因此灭楚。”楚以此故无西意，而北击齐。征兵九江王布。布称疾不往，使将将数千人行。项王由此怨布也。汉之二年冬，项羽遂北至城阳，田荣亦将兵会战。田荣不胜，走至平原，平原民杀之。遂北烧夷齐城郭室屋，皆坑田荣降卒，系虏其老弱妇女。徇齐至北海，多所残灭。齐人相聚而叛之。于是田荣弟田横收齐亡卒得数万人，反城阳。项王因留，连战未能下。

春，汉王部五诸侯兵，凡五十六万人，东伐楚。项王闻之，即令诸将击齐，而自以精兵三万人南从鲁出胡陵。四月，汉皆已入彭城，收其货宝美人，日置酒高会。项王乃西从萧，晨击汉军而东，至彭城，日中，大破汉军。汉军皆走，相随入谷、泗水，杀汉卒十余万人。汉卒皆南走山，楚又追击至灵壁东睢水上。汉军却，为楚所挤，多杀，汉卒十余万人皆入睢水，睢水为之不流。围汉王三匝。于是大风从西北而起，折木发屋，扬沙石，窈冥昼晦，逢迎楚军。楚军大乱，坏散，而汉王乃得与数十骑遁去，欲过沛，收家室而西；楚亦使人追之沛，取汉王家：家皆亡，不与汉王相见。汉王道逢得孝惠、鲁元，乃载行。楚骑追汉王，汉王急，推堕孝惠、鲁元车下，滕公常下收载之。如是者三。曰：“虽急不可以驱，奈何弃之？”于是遂得脱。求太公、吕后不相遇。审食其从太公、吕后间行，求汉王，反遇楚军。楚军遂与归，报项王，项王常置军中。

是时吕后兄周吕侯为汉将兵居下邑，汉王间往从之，稍稍收其士卒。至荥阳，诸败军皆会，萧何亦发关中老弱未傅悉诣荥阳，复大振。楚起于彭城，常乘胜逐北，与汉战荥阳南京、索间，汉败楚，楚就放弃了西进的打算，转向北去攻打齐国了。项王向九江王黥布征调部队。黥布推托有病，不肯亲自去，只派部将率领几千人前往。项王因此怨恨黥布。汉二年冬天，项羽到达城阳，田荣也带领部队来到了这里。双方决战，田荣被打败，逃到平原，被平原的百姓杀了。项羽于是北进，铲平了齐国的城墙，烧毁了齐国的房屋，田荣手下投降的士兵被全部活埋了，并掳掠了齐国的老弱妇女。项羽夺取齐地直到北海，许多地方被毁灭了，许多人被杀死了。于是齐国人便聚集起来，一起造反。这时候，齐军逃散的士卒共有几万人被田荣的弟弟田横聚集起来，在城阳举旗反击楚军。项王因此而被迫停下来，一连几次攻城阳都没有打下。

就在这一年春天，汉王统领五个诸侯国的五十六万兵马，向东进兵讨伐楚国。项王听到这个消息，就命令诸将攻打齐国，他自己率领精兵三万向南从鲁县穿过胡陵。四月，汉军都已进入彭城，抢掠了那里的宝物、美女，每天都大摆酒席宴会宾客。项王引兵西行奔向萧县。从早晨开始，一边向东推进，一边攻打汉军，打到彭城，已是中午时分，把汉军打得大败。汉军四处逃散，许多人被赶进了谷水、泗水。仅在这儿就有十多万汉兵被楚军杀死了。汉兵向南逃入山地，楚军乘胜追击到了灵壁东面的睢水边。汉军不得不后退，由于楚军的逼挤，被杀的人很多，十余万汉军士卒都掉进了睢水，睢水因此被堵塞得停止流动了。汉王被楚军里外围了三层。正在这个时候，西北方向刮起了狂风，摧折树木，掀毁房舍，飞沙走石，刮得昏天黑地，白天变成了黑夜，向着楚军迎面扑来。楚军大乱，队阵崩溃。而汉王才乘机得以带领几十名骑兵慌忙逃离战场。汉王原本来是想从沛县经过，接取家眷向西逃跑，正好楚军的追兵也到了沛县来抓汉王的家眷。只是汉王的家眷早已经逃散，没有跟汉王见面。在路上汉王遇见了孝惠帝和鲁元公主，就把他们带上车，一块儿西逃。一会儿，楚军的骑兵便追上来了，汉王心里大急，竟把孝惠帝、鲁元公主给推下车去了。滕公夏侯婴赶紧下车把他俩重新扶上车，这样推下扶上有好几次。滕公对汉王说："情况虽然危急，马也跑得不快，但是怎么能把他们扔掉呢？"就这样，姐弟俩才得以脱险。汉王等人到处寻找太公、吕后，没有找到。原来审食其跟随着太公、吕后抄小路逃走了，也在寻找汉王，没想到却偏偏碰上了楚军。楚军于是把他们带了回来，并向项羽报告。项羽一直把他们当作人质留置在军中。

此时，吕后的哥哥周吕侯率领着汉兵驻守在下邑，汉王顺小路去投奔他，并在那里渐渐地聚集了先前逃散的汉军士卒。等到了荥阳时，这里已会集了各路败军，关中没有载入兵役名册的老弱人丁也全部都被萧何带到了荥阳，汉军又重振威风。楚军从彭城出发，一路追击败逃的汉军，一直到荥阳南面的京邑、索邑一带，在这儿与汉军打了一仗。此战，汉军打败了楚军，楚军因此以故不能过荥阳而西。

项王之救彭城，追汉王至荥阳，田横亦得收齐，立田荣子广为齐王。汉王之败彭城，诸侯皆复与楚而背汉。汉军荥阳，筑甬道属之河，以取敖仓粟。汉之三年，项王数侵夺汉甬道，汉王食乏，恐，请和，割荥阳以西为汉。

项王欲听之。历阳侯范增曰："汉易与耳，今释弗取，后必悔之。"项王乃与范增急围荥阳。汉王患之，乃用陈平计间项王。项王使者来，为太牢具，举欲进之。见使者，佯惊愕曰："吾以为亚父使者，乃反项王使者。"更持去，以恶食食项王使者。使者归报项王，项王乃疑范增与汉有私，稍夺之权。范增大怒，曰："天下事大定矣，君王自为之。愿赐骸骨归卒伍。"项王许之。行未至彭城，疽发背而死。

汉将纪信说汉王曰："事已急矣，请为王诳楚为王，王可以间出。"于是汉王夜出女子荥阳东门被甲二千人，楚兵四面击之。纪信乘黄屋车，傅左纛，曰："城中食尽，汉王降。"楚军皆呼万岁。汉王亦与数十骑从城西门出，走成皋。项王见纪信，问："汉王安在？"曰："汉王已出矣。"项王烧杀纪信。

汉王使御史大夫周苛、枞公、魏豹守荥阳。周苛、枞公谋曰："反国之王，难与守城。"乃共杀魏豹。楚下荥阳城，生得周苛。项王谓周苛曰："为我将，我以公为上将军，封三万户。"周苛骂曰："若不趣降汉，汉今虏若，若非汉敌也。"项王怒，烹周苛，并杀枞公。

汉王之出荥阳，南走宛、叶，得九江王布，行收兵，复入保成皋。汉之四年，项王进兵围成皋。汉王逃，独与滕公出成皋北门，渡河走修武，从张耳、韩信军。诸将稍稍得出成皋，从汉王。楚遂拔成皋，欲西。汉使兵距之巩，令其不得西。

是时，彭越渡河击楚东阿，杀楚将军薛公。项王乃自东击彭越。汉王得淮阴侯兵，欲渡河南。郑忠说汉王，乃止壁河内。使刘贾将兵不能越过荥阳，再向西推进。

项羽去救援彭城，追赶刘邦到荥阳，这时齐地被田横收复，拥立田荣的儿子田广为齐王。汉王在彭城失败的时候，诸侯又都背叛了汉王而归附于楚。汉王在荥阳驻扎，筑起甬道连接黄河南岸，用以取得敖仓的粮食。汉三年，汉军的甬道多次受到项王的攻击，汉王的粮食匮乏，心里恐慌，请求讲和，条件是把荥阳以西的地盘划归汉王。

项王打算接受这个条件。历阳侯范增说："汉军现在容易对付了，如果不征服它而把它放走，以后一定会后悔的！"于是项王和范增立即包围了荥阳。汉王很担心，就用陈平的计策离间项王。项王的使者来了，汉王让人准备了特别丰盛的酒筵，端过来刚要进献，一见使者又装作惊愕的样子说道："我们以为是亚父的使者，没想到却是项王的使者。"又撤回酒筵，给项王的使者吃粗劣的饭食。使者回去向项王报告，项王竟真的怀疑范增和汉王有私情，渐渐地剥夺了他的权力。范增非常气愤，说："天下事大局已定，君王您自己看着办吧。希望您把这把老骨头赐还给我，让我回乡为民吧。"项王答应了他的请求。范增启程走了，还没走到彭城，由于背上毒疮发作而身亡。

汉将纪信给刘邦出主意说："形势危急，请让我假扮成大王去替您诓骗楚兵，您可以趁机逃走。"于是汉王从荥阳东门趁夜放出二千名身披铠甲的女子，楚兵立即从四面围拥上去。纪信乘坐着天子所乘的黄屋车，毛羽装饰的旗帜插在车辕横木左方，说："城中粮食已经吃光了，汉王出来投降了。"楚军一起欢呼万岁。汉王这时从城的西门带着几十名骑兵逃出，逃到成皋。项羽见到纪信，问道："汉王在哪儿？"纪信说："汉王已经出城了。"项羽把纪信烧死了。

汉王安排了御史大夫周苛、枞公、魏豹等把守荥阳。周苛、枞公商议道："魏豹是已经叛变过的君王，难以和他一块儿守城。"就一起杀了魏豹。楚军攻下荥阳城，活捉了周苛。项王对周苛说："给我做将军吧，封你为三万户侯，我任命你为上将军。"周苛骂道："你若不快快投降汉王，汉王就要俘虏你了。你不是汉王的对手。"项王发怒，下令烹煮了周苛，枞公也一块儿被杀了。

汉王逃出荥阳后，向南跑到宛县、叶县一带时，九江王黥布投降。于是他们边行进边收罗士兵，再次进入成皋驻守。汉四年，成皋被项王进兵包围。汉王逃走，一个人带着滕公从成皋北门而出，渡过黄河，逃向修武，投奔张耳、韩信的部队。诸将也陆续逃出成皋，追随汉王。成皋因此被楚军拿下，并打算向西挺进。汉王派兵在巩县一带设防抵抗，使楚军不能够继续向西开进。

这时，彭越渡过了黄河，攻打东阿的楚军，楚国将军薛公被杀。项王于是亲自率兵东进攻打彭越。汉王取得淮阴侯韩信的部队，准备渡过黄河南下。郑忠佐彭越，烧楚积聚。项王东击破之，走彭越。汉王则引兵渡河，复取成皋，军广武，就敖仓食。项王已定东海来西，与汉俱临广武而军，相守数月。

当此时，彭越数反梁地，绝楚粮食，项王患之。为高俎，置太公其上，告汉王曰："今不急下，吾烹太公。"汉王曰："吾与项羽俱北面受命怀王，曰'约为兄弟'，吾翁即若翁，必欲烹尔翁，则幸分我一杯羹。"项王怒，欲杀之。项伯曰："天下事未可知，且为天下者不顾家，虽杀之无益，祇益祸耳。"项王从之。

楚汉久相持未决，丁壮苦军旅，老弱罢转漕。项王谓汉王曰："天下匈匈数岁者，徒以吾两人耳，愿与汉王挑战决雌雄，毋徒苦天下之民父子为也。"汉王笑谢曰："吾宁斗智，不能斗力。"项王令壮士出挑战。汉有善骑射者楼烦，楚挑战三合，楼烦辄射杀之。项王大怒，乃自被甲持戟挑战。楼烦欲射之，项王瞋目叱之，楼烦目不敢视，手不敢发，遂走还入壁，不敢复出。汉王使人间问之，乃项王也。汉王大惊。于是项王乃即汉王相与临广武间而语。汉王数之，项王怒，欲一战。汉王不听，项王伏弩射中汉王。汉王伤，走入成皋。

项王闻淮阴侯已举河北，破齐、赵，且欲击楚，乃使龙且往击之。淮阴侯与战，骑将灌婴击之，大破楚军，杀龙且。韩信因自立为齐王。项王闻龙且军破，则恐，使盱台人武涉往说淮阴侯。淮阴侯弗听。是时，彭越复反，下梁地，绝楚粮。项王乃谓海春侯大司马曹咎等曰："谨守成皋，则汉欲挑战，慎勿与战，毋令得东而已。我十五日必诛彭越，定梁地，复从将军。"乃东，行击陈留、外黄。

外黄不下。数日，已降，项王怒，悉令男子年十五已上诣城东，劝阻汉王，于是汉王停止南下，在黄河北岸修筑营垒驻扎了下来。汉王派刘贾率兵去增援彭越，烧毁了楚军的粮草辎重。项王继续向东，打败了刘贾，赶跑了彭越。这时汉王就率领部队渡过黄河，重新收复了成皋，在广武山扎营，就近取食敖仓的粮食。项王东击彭越，打败了刘贾，平定了东方，便又回过头来西进，在广武山东边扎下营来，隔着广武涧与汉军对峙，持续了好几个月。

就在这个时候，彭越率军往返梁地几次，断绝了楚军的粮食，项王为此深感忧虑。他做了一张高腿案板，把汉王父亲太公搁置在上面，向汉王宣告说："现在你如果不赶快投降，我就把太公煮了。"汉王回答说："当初我和你项羽作为臣子一块儿接受了怀王的命令，曾相约结为兄弟。这样说来，我的父亲也就是你的父亲。如果你一定要煮了你的父亲，希望你能分给我一杯肉汤。"项王听了大怒，要杀太公。项伯说："还不知道天下事怎么样，再说要夺天下的人是不会顾及家的，即使杀了他也不会有什么好处，只会增加祸患罢了。"项王听从了项伯的话。

楚、汉长久相持，胜负未分。长期的军旅生活让年轻人厌倦，水陆运输也致使老弱十分疲惫。于是项王对汉王说："天下纷纷乱乱好几年，只是因为我们两人的缘故。我希望跟汉王挑战，一决雌雄。再不要让老老小小的百姓白白地受苦了。"汉王笑着回绝说："我宁愿斗智，不能斗力。"项王让勇士出营挑战，汉军有善于骑射的楼烦，楚兵挑战好几次，楼烦每次都把他们射死。项王大怒，就披甲持戟亲自出营挑战。楼烦搭箭正要射，项王向他瞪大眼睛大吼一声，楼烦吓得眼睛不敢正视，两只手不敢放箭，转身逃回营垒，不敢再出来。汉王派人私下打听，才知道原来是项王。汉王大为吃惊。这时项王就向汉王那边靠近，站在广武涧东西两边互相对话。项王的罪状被汉王一桩一桩地列举了，项王很生气，要和汉王决战。汉王不答应，于是项王让预先埋伏的弓箭手射汉王。汉王受了伤，逃进了成皋城。

项王听说河北已经被淮阴侯韩信攻占，又打败了齐、赵两国，而且正准备向楚军进攻，就派龙且前去迎击。淮阴侯与龙且交战，汉骑将灌婴也赶来了，把楚军打得大败，龙且也被杀。趁此机会，韩信自立为齐王。项王听到龙且军败的消息，心里害怕了，派盱台人武涉前去游说淮阴侯，劝他联楚背汉，与楚汉三分天下。淮阴侯不听。这时候，彭越又返回攻占了梁地，断绝了楚军的粮食。项王对海春侯大司马曹咎等说："成皋你们要小心守住，如果汉军挑战，千万不要和他们交战，只要别让他们东进就行。十五天之内，我一定杀死彭越，平定梁地，再回来跟将军们会合。"于是项羽带兵向东进发，一路上攻打了陈留、外黄。

在攻打外黄时久攻不下。坚守了几天，外黄终于投降。项王很生气，命令把欲坑之。外黄令舍人儿年十三，往说项王曰："彭越强劫外黄，外黄恐，故且降，待大王。大王至，又皆坑之，百姓岂有归心？从此以东，梁地十余城皆恐，莫肯下矣。"项王然其言，乃赦外黄当坑者。东至睢阳，闻之皆争下项王。

汉果数挑楚军战，楚军不出。使人辱之，五六日，大司马怒，渡兵汜水。士卒半渡，汉击之，大破楚军，尽得楚国货赂。大司马咎、长史翳、塞王欣皆自刭汜水上。大司马咎者，故蕲狱掾，长史欣亦故栎阳狱吏，两人尝有德于项梁，是以项王信任之。当是时，项王在睢阳，闻海春侯军败，则引兵还。汉军方围钟离眜于荥阳东，项王至，汉军畏楚，尽走险阻。

是时，汉兵盛食多，项王兵罢食绝。汉遣陆贾说项王，请太公，项王弗听。汉王复使侯公往说项王，项王乃与汉约，中分天下，割鸿沟以西者为汉，鸿沟而东者为楚。项王许之，即归汉王父母妻子。军皆呼万岁。汉王乃封侯公为平国君。匿弗肯复见。曰："此天下辩士，所居倾国，故号为平国君。"项王已约，乃引兵解而东归。

汉欲西归，张良、陈平说曰："汉有天下太半，而诸侯皆附之。楚兵罢食尽，此天亡楚之时也，不如因其机而遂取之。今释弗击，此所谓'养虎自遗患'也。"汉王听之。汉五年，汉王乃追项王至阳夏南，止军，与淮阴侯韩信、建成侯彭越期会而击楚军。至固陵，而信、越之兵不会。楚击汉军，大破之。汉王复入壁，深堑而自守。谓张子房曰："诸侯不从约，为之奈何？"对曰："楚兵且破，信、越未有分地，其不至固宜。君王能与共分天下，今可立致也。即不能，事未可知也。君王能自陈以东傅海，尽与韩信；睢阳以北至谷城，以与彭越：使各自为战，则楚易败也。"汉王曰："善。"于是乃发使者告韩信、彭越曰："并力击楚。楚破，自陈以东傅海与齐王，睢阳以北至谷城与彭相国。"使者至，韩信、彭越皆报曰：

外黄十五岁以上的男子全部聚集到城东，要活埋他们。这时，外黄县令一个门客的儿子刚十三岁，他前去劝说项王，说："外黄受彭越强力威胁，外黄人害怕，所以才姑且投降，为的是等待大王。如今大王来了，又要全部活埋他们，百姓哪儿还会有归附之心呢？从这儿往东，梁地十几个城邑的百姓都会很害怕，就没有人肯归附您了。"项王认为他说得对，就赦免了准备活埋的那些人。项王东进睢阳县，睢阳人听到这情况都争着归顺项王。

成皋的汉军果然几次向楚军挑战，楚军都没出来。汉军就派人去辱骂他们。接连五六天，大司马曹咎忍不住气恼，便派兵渡过汜水。士卒刚渡过一半，汉军便出击，大败楚军，楚军的全部物资被缴获。大司马曹咎、塞王司马欣、长史董翳等都在汜水边自刎而死。大司马曹咎，就是原来的蕲县狱掾，长史司马欣就是以前的栎阳狱吏，两个人对项梁都曾经有恩德，所以项王信任他们。这时候，项王在睢阳，听说海春侯的军队被打败了，就带兵往回赶。汉军当时正把楚将钟离眜包围在荥阳东边。项王赶到，汉军害怕楚军，全部逃入了附近的山地。

此时，汉军兵卒士气正盛、粮草充足，项王士卒疲惫、粮食告绝。汉王派陆贾去劝说项王，要求放回太公。项王不答应。汉王又派侯公去劝说项王，项王才跟汉王定约，平分天下，鸿沟以西的地方划归汉，鸿沟以东的地方划归楚。项王同意了，便马上放回了汉王的父亲与妻子，汉军官兵都呼喊万岁。汉王于是封侯公为平国君，但却避开他不肯再跟他见面，说："这个人是天下的善辩之士，他待在哪国，就会使哪国倾覆，所以给他个称号叫平国君。"项王订约后，就带上队伍罢兵东归了。

汉王也想撤兵西归，陈平和张良劝他说："我们已占据天下的大半，诸侯又都归附于汉。而楚军已兵疲粮尽，这正是上天亡楚之时，不如趁此机会索性把它消灭。如果现在放走项羽而不打他，这就是所谓的'养虎为患'。"汉王听从了他们的建议。汉五年，汉王追赶项王到阳夏南边，部队在此驻扎下来，并和建成侯彭越、淮阴侯韩信约好会合日期，共同攻打楚军。汉军到达固陵，而韩信、彭越的部队没有如约来会合。楚军攻打汉军，汉军被打得大败。汉王又逃回营垒，掘深壕沟坚守。汉王问张良道："诸侯不遵守约定，怎么办？"张良回答说："楚军快被打垮了，韩信和彭越还没有得到分封的地盘，所以，他们不来是很自然的。君王如果能和他们平分天下，就可以让他们立刻前来。如果不能，形势就很难预料了。君王如果把从陈县以东到海滨一带地方都给韩信，把睢阳以北到谷城的地方给彭越，使他们各自为自己而战，楚军就容易打败了。"汉王说："好。"于是派出使者告诉韩信、彭越，说："你们跟汉王合力击楚，打败楚军之后，从陈县往东至海滨一带地方给齐王，睢阳以北至谷城的地方给彭相国。"使者到达之后，韩信、彭越都说："我们今天就带兵出发。"于是韩信从齐地起

“请今进兵。”韩信乃从齐往，刘贾军从寿春并行，屠城父，至垓下。大司马周殷叛楚，以舒屠六，举九江兵，随刘贾、彭越皆会垓下，诣项王。

项王军壁垓下，兵少食尽，汉军及诸侯兵围之数重。夜闻汉军四面皆楚歌，项王乃大惊曰：“汉皆已得楚乎？是何楚人之多也！”项王则夜起，饮帐中。有美人名虞，常幸从；骏马名骓，常骑之。于是项王乃悲歌慷慨，自为诗曰：“力拔山兮气盖世，时不利兮骓不逝。骓不逝兮可奈何，虞兮虞兮奈若何！”歌数阕，美人和之。项王泣数行下，左右皆泣，莫能仰视。

于是项王乃上马骑，麾下壮士骑从者八百余人，直夜溃围南出，驰走。平明，汉军乃觉之，令骑将灌婴以五千骑追之。项王渡淮，骑能属者百余人耳。项王至阴陵，迷失道，问一田父，田父绐曰“左”。左，乃陷大泽中。以故汉追及之。项王乃复引兵而东，至东城，乃有二十八骑。汉骑追者数千人。项王自度不得脱。谓其骑曰：“吾起兵至今八岁矣，身七十余战，所当者破，所击者服，未尝败北，遂霸有天下。然今卒困于此，此天之亡我，非战之罪也。今日固决死，愿为诸君快战，必三胜之，为诸君溃围，斩将，刈旗，令诸君知天亡我，非战之罪也。”乃分其骑以为四队，四乡。汉军围之数重。项王谓其骑曰：“吾为公取彼一将。”令四面骑驰下，期山东为三处。于是项王大呼驰下，汉军皆披靡，遂斩汉一将。是时，赤泉侯为骑将，追项王，项王瞋目而叱之，赤泉侯人马俱惊，辟易数里。与其骑会为三处。汉军不知项王所在，乃分军为三，复围之。项王乃驰，复斩汉一都尉，杀数十百人，复聚其骑，亡其两骑耳。乃谓其骑曰：“何如？”骑皆伏曰：“如大王言。”

于是项王乃欲东渡乌江。乌江亭长舣船待，谓项王曰：“江东虽小，地方千里，众数十万人，亦足王也。愿大王急渡。今独臣有船，行，刘贾的部队从寿春和他同时进发，沿途屠戮了城父县，到达了垓下。楚国大司马周殷叛离楚王，他率舒县的兵力屠戮了六县。又与九江兵力一起发动，随同刘贾、彭越一起先后会师在垓下，逼向项王。

项王的军队在垓下修筑了营垒，兵少粮尽，汉军及诸侯兵把他们团团包围了好几层。深夜，汉军在四面唱着楚地的歌，项王听到大为吃惊，说："难道汉已经完全取得了楚地？怎么楚国人这么多呢？"于是披衣起来，饮酒浇愁。有个美人名叫虞，一直受项王宠爱，陪在身边；有匹骏马名叫骓，一直由项王骑着。这时候，项王不禁慷慨悲歌，吟唱道："力量能拔山啊，英雄气概举世无双；时运不济呀，骓马不再往前闯！骓马不往前闯啊，可怎么办？虞姬呀虞姬，怎么安排你才妥善？"美人虞姬在一旁应和，项王唱了几遍。项王流下了一道道的眼泪，左右侍者也都跟着落泪，没有一个人能抬起头来看他。

于是项王骑上马，部下八百多壮士骑马跟在后面，趁夜突破重围，向南飞驰而逃。天快亮的时候，汉军才发觉，命令骑将灌婴带领五千骑兵去追赶。项王渡过淮河，部下只剩下一百多人还能跟上。项王到达阴陵，迷了路，去问一个农夫，农夫骗他说："向左边走。"项王带人向左，陷进了大沼泽地中。因此，汉兵追上了他们。项王又带着骑兵向东，到达东城，这时部下就只剩下了二十八人。汉军有几千骑兵追赶上来。项王自己估计不能逃脱了，对他的骑兵说："我带兵起义至今已经八年，亲自打了七十多仗，我所抵挡的敌人都被打垮，我所攻击的敌人无不降服，从来没有失败过，因而能够称霸，据有天下。可是如今终于被困在这里，这是上天要灭我，决不是作战的过错。今天肯定得决心死战了，我愿意为诸位痛痛快快地打一仗，一定胜它三回，给诸位冲破重围，斩杀汉将，砍倒军旗，让诸位知道的确是上天要灭亡我，决不是作战的过错。"于是把骑兵分成四队，面朝四个方向。汉军把他们包围成好几层。项王对骑兵们说："我来给你们拿下一员汉将！"四面骑士奉命驰马飞奔而下，约定冲到山的东边，分作三处集合。于是项王高声呼喊着冲了下去，汉军像草木随风倒伏一样溃败了，一名汉将被项王杀掉了。这时，赤泉侯杨喜为汉军骑将，在后面追赶项王，项王瞪大眼睛呵叱他，赤泉侯连人带马都吓坏了，倒退了好几里。项王与他的骑兵在三处会合了 。汉军不知项王的去向，就把部队分为三路，再次包围上来。项王驰马冲了上去，一名汉军都尉又被斩了，有百八十人被杀死，聚拢骑兵，仅仅损失了两个人。项王问骑兵们道："怎么样？"骑兵们都敬服地说："正像大王说的那样。"

此时，项王想向东渡过乌江。乌江亭长正停船靠岸等在那里，对项王说："江东虽然小，但土地方圆有一千里，有几十万民众，也足够称王了。希望大王快快渡江。现在只有我这儿有船，汉军到了，没法渡过去。"项王笑了笑说：

汉军至，无以渡。”项王笑曰：“天之亡我，我何渡为！且籍与江东子弟八千人渡江而西，今无一人还，纵江东父兄怜而王我，我何面目见之？纵彼不言，籍独不愧于心乎？”乃谓亭长曰：“吾知公长者。吾骑此马五岁，所当无敌，尝一日行千里，不忍杀之，以赐公。”乃令骑皆下马步行，持短兵接战。独籍所杀汉军数百人。项王身亦被十余创。顾见汉骑司马吕马童，曰：“若非吾故人乎？”马童面之，指王翳曰：“此项王也。”项王乃曰：“吾闻汉购我头千金，邑万户，吾为若德。”乃自刎而死。王翳取其头，余骑相蹂践争项王，相杀者数十人。最其后，郎中骑杨喜，骑司马吕马童，郎中吕胜、杨武各得其一体。五人共会其体，皆是。故分其地为五：封吕马童为中水侯，封王翳为杜衍侯，封杨喜为赤泉侯，封杨武为吴防侯，封吕胜为涅阳侯。

项王已死，楚地皆降汉，独鲁不下。汉乃引天下兵欲屠之，为其守礼义，为主死节，乃持项王头示鲁，鲁父兄乃降。始，楚怀王初封项籍为鲁公，及其死，鲁最后下，故以鲁公礼葬项王谷城。汉王为发哀，泣之而去。

诸项氏枝属，汉王皆不诛。乃封项伯为射阳侯。桃侯、平皋侯、玄武侯皆项氏，赐姓刘。

太史公曰：吾闻之周生曰“舜目盖重瞳子”，又闻项羽亦重瞳子。羽岂其苗裔邪？何兴之暴也！夫秦失其政，陈涉首难，豪杰蜂起，相与并争，不可胜数。然羽非有尺寸，乘势起陇亩之中，三年，遂将五诸侯灭秦，分裂天下，而封王侯，政由羽出，号为“霸王”，位虽不终，近古以来未尝有也。及羽背关怀楚，放逐义帝而自立，怨王侯叛己，难矣。自矜功伐，奋其私智而不师古，谓霸王之业，欲以力征经营天下，五年卒亡其国，身死东城，尚不觉寤而不自责，过矣。乃引“天亡我，非用兵之罪也”，岂不谬哉！

“上天要灭我，我还过乌江干什么！再说江东子弟有八千人和我渡江西征，如今没有一个人回来，纵然江东父老兄弟怜爱我让我做王，我又有什么脸面去见他们？即使他们不说什么，我项籍难道心中不惭愧吗？”于是对亭长说：“我知道您是位忠厚长者，我骑着这匹马征战了五年，所向无敌，曾经日行千里，我不忍心杀掉它，把它送给您吧。”命令骑兵都下马步行，与追兵手持短兵器交战。光项羽一个人就杀掉汉军几百人。项王身上也有十几处受伤。项王回头看见汉军的骑司马吕马童，说：“你不是我的老朋友吗？”吕马童这时才过去和项王打了个照面，于是指给王翳说：“这就是项王。”项王说：“我听说汉王用黄金千斤、封邑万户悬赏征求我的脑袋，我就把这份好处送你吧！”说完，自刎而死。项王的头被王翳拿下，项王的躯体被其他骑兵互相践踏争抢，由于互相争斗而被杀死的有几十人。最后，郎中骑将杨喜，骑司马吕马童，郎中吕胜、杨武各争得一段肢体。五人一起把肢体拼合在一起，能认出正好都是项羽的。所以刘邦把万户的土地分成五份，封杨喜为赤泉侯，封杨武为吴防侯，封吕马童为中水侯，封王翳为杜衍侯，封吕胜为涅阳侯。

项王已死，楚地人相继投降了汉王，只有鲁县仍不降服。汉王率领天下之兵想要屠戮鲁城，但考虑到他们恪守礼义，为了君主守节而不惜一死，就给鲁人看项王的头，鲁地父老这才投降。当初，项籍被楚怀王封为鲁公，等他死后，鲁县又最后投降。所以，刘邦按照鲁公这一封号的礼仪，把项羽安葬在谷城。刘邦亲自给他发丧，痛哭了一场后才离开。

项氏的各分系旁枝宗族，汉王都没有杀戮。他封项伯为射阳侯。桃侯、平皋侯、玄武侯都属于项氏，汉王赐姓刘。

太史公说：我听周生说舜的眼睛可能是两个瞳仁，又听说项羽也是两个瞳仁。项羽莫非是舜的后代吗？不然他为什么突然发迹啊？秦朝搞糟了它的政令，陈涉首先发难，各路豪杰蜂拥而起，我夺你争，数也数不清。然而项羽并非有些许权柄可以凭借，趁秦末大乱之势兴起于民间，只三年的时间，就率领原战国时的齐、魏、赵、韩、燕五国诸侯灭掉了秦朝，划分天下土地，封王封侯，政令全部都由项羽发出，自号为“霸王”，他的势位虽然没能长久保持，但近古以来像这样的人还没有过。至于项羽弃关中之地，思念楚国而建都彭城，放逐义帝，自立为王，而又埋怨诸侯背叛自己，想成大事可就难了。他自夸战功，个人的聪明竭力施展，却不肯师法古人，认为霸王的功业，是靠武力征伐诸侯统治天下。结果在五年间，他终于丢了国家，死在东城。但他却仍不觉醒，也不自责，实在是一个大错误。他竟然拿“是上天要灭我，不是我用兵的过错”这句话来自我解脱，难道不荒谬吗？

高祖本纪第八

高祖，沛丰邑中阳里人，姓刘氏，字季。父曰太公，母曰刘媪。其先刘媪尝息大泽之陂，梦与神遇。是时雷电晦冥，太公往视，则见蛟龙于其上。已而有身，遂产高祖。

高祖为人，隆准而龙颜，美须髯，左股有七十二黑子。仁而爱人，喜施，意豁如也。常有大度，不事家人生产作业。及壮，试为吏，为泗水亭长，廷中吏无所不狎侮。好酒及色。常从王媪、武负贳酒，醉卧，武负、王媪见其上常有龙，怪之。高祖每酤留饮，酒仇数倍。及见怪，岁竟，此两家常折券弃责。

高祖常繇咸阳，纵观，观秦皇帝，喟然太息曰："嗟乎，大丈夫当如此也！"

单父人吕公善沛令，避仇从之客，因家沛焉。沛中豪桀吏闻令有重客，皆往贺。萧何为主吏，主进，令诸大夫曰："进不满千钱，坐之堂下。"高祖为亭长，素易诸吏，乃绐为谒曰"贺钱万"，实不持一钱。谒入，吕公大惊，起，迎之门。吕公者，好相人，见高祖状貌，因重敬之，引入坐。萧何曰："刘季固多大言，少成事。"高祖因狎侮诸客，遂坐上坐，无所诎。酒阑，吕公因目固留高祖。高祖竟酒，后。吕公曰："臣少好相人，相人多矣，无如季相，愿季自爱。臣有息女，愿为季箕帚妾。"酒罢，吕媪怒吕公曰："公始常欲奇此女，与贵人。沛令善公，求之不与，何自妄许与刘季？"吕公曰："此非儿女子所知也。"卒与刘季。吕公女乃吕后也，生孝惠帝、鲁元公主。

高祖，是沛郡丰邑县中阳里人，姓刘，字季。人称他的父亲为刘太公，母亲为刘媪。高祖出生之前，刘媪曾经在大泽的岸边休息，梦中与神交合。当时雷鸣电闪、天昏地暗，太公正好前去看她，见到有蛟龙在她身上。不久，刘媪有了身孕，生下了高祖。

刘邦这个人，高鼻子，长着一副龙的容貌，一把漂亮的胡须，左腿上有七十二颗黑痣。他仁厚爱人，喜欢施舍助人，心胸豁达。他平素具有干大事业的气度，不干平常人家生产劳作的事。成年以后，他试着去考官，当了泗水亭这个地方的亭长。当地官署中的官吏，没有不被他捉弄的。他喜欢喝酒，好女色，常常到王媪、武负那里去赊酒喝，喝醉了躺倒就睡。武负、王媪看到他身上常有龙出现，觉得这个人很怪异。刘邦每次去买酒，留在店中畅饮，买酒的人就会增加，售出去的酒达到平常的几倍。由于出现了这种怪现象，到了年终，武负、王媪这两家就把刘邦记的账勾销了，不再向他讨账。

刘邦曾经到咸阳去服徭役。有一次，秦始皇出巡，允许人们随意观看。他看到了秦始皇，长叹一声说："唉，大丈夫就应该像这样！"

单父人吕公与沛县县令要好，为躲避仇人投奔到县令这里来作客，于是就在沛县安了家。沛中的豪杰、官吏们听说县令有贵客，都前往祝贺。萧何当时是县令的属官，掌管收礼事宜。他对那些送礼的宾客们说："送礼不满千金的，让他坐到堂下。"刘邦当时做亭长，平素就看不起这帮官吏，于是在进见的名帖上谎称"贺钱一万"，其实他一个钱也没带。名帖递进去了，吕公见了高祖大为吃惊，赶快起身，到门口去迎接他。吕公这个人，喜欢给人相面，看见高祖的相貌，就非常敬重他，把他领到堂上坐下。萧何说："刘季一向满口说大话，很少做成什么事。"刘邦就趁机戏弄那些宾客，干脆就坐到上座去，一点儿也不谦让。酒喝得尽兴了，吕公于是向刘邦递眼色，让他一定留下来。刘邦喝完了酒，就留在后面。吕公说："我从年轻的时候就喜欢给人相面，经我相过面的人多了，没有谁能比得上你刘季的面相，希望你好自珍爱。我有一个亲生女儿，愿意许给你做你的洒扫妻妾。"酒宴散了，吕媪对吕公大为恼火，说："你起初总是想让这个女儿出人头地，把她许配给个贵人。沛县县令跟你要好，想娶这个女儿你不同意，今天你为什么随随便便地就把她许给刘季了呢？"吕公说："这不是女人家所懂得的。"终于把女儿嫁给刘邦了。吕公的女儿就是吕后，生了孝惠帝和鲁元公主。

高祖为亭长时，常告归之田。吕后与两子居田中耨，有一老父过请饮，吕后因哺之。老父相吕后曰："夫人天下贵人。"令相两子，见孝惠，曰："夫人所以贵者，乃此男也。"相鲁元，亦皆贵。老父已去，高祖适从旁舍来，吕后具言客有过，相我子母皆大贵。高祖问，曰："未远。"乃追及，问老父。老父曰："曩者夫人婴儿皆似君，君相贵不可言。"高祖乃谢曰："诚如父言，不敢忘德。"及高祖贵，遂不知老父处。

高祖为亭长，乃以竹皮为冠，令求盗之薛治之，时时冠之，及贵常冠，所谓"刘氏冠"乃是也。

高祖以亭长为县送徒郦山，徒多道亡。自度比至皆亡之，到丰西泽中，止饮，夜乃解纵所送徒。曰："公等皆去，吾亦从此逝矣！"徒中壮士愿从者十余人。高祖被酒，夜径泽中，令一人行前。行前者还报曰："前有大蛇当径，愿还。"高祖醉，曰："壮士行，何畏！"乃前，拔剑击斩蛇。蛇遂分为两，径开。行数里，醉，因卧。后人来至蛇所，有一老妪夜哭。人问何哭，妪曰："人杀吾子，故哭之。"人曰："妪子何为见杀？"妪曰："吾子，白帝子也，化为蛇，当道，今为赤帝子斩之，故哭。"人乃以妪为不诚，欲告之，妪因忽不见。后人至，高祖觉。后人告高祖，高祖乃心独喜，自负。诸从者日益畏之。

秦始皇帝常曰"东南有天子气"，于是因东游以厌之。高祖即自疑，亡匿，隐于芒、砀山泽岩石之间。吕后与人俱求，常得之。高祖怪问之。吕后曰："季所居上常有云气，故从往常得季。"高祖心喜。沛中子弟或闻之，多欲附者矣。

刘邦做亭长的时候，经常请假回家到田里去。有一次吕后和孩子正在田中除草，有一老汉从这里经过讨水喝，吕后让他喝了水，还拿饭给他吃。老汉给吕后相面说："夫人真是天下的贵人。"吕后又让他给两个孩子相面，他见了孝惠帝，说："夫人所以显贵，正是因为这个男孩子。"他又给鲁元相面，也同样是富贵面相。老汉走后，刘邦正巧从旁边的房舍走来，吕后就把刚才那老人经过此地，给他们看相，说他们母子都是富贵之相的情况，原原本本地告诉了刘邦。刘邦问这个人在哪，吕后说："还没走远。"于是刘邦就去追上了老汉，问他刚才的事，老汉说："刚才我看贵夫人及子女的面相都很像您，您的面相简直是贵不可言。"刘邦于是道谢说："如果真的像老人家所说，我决不会忘记你的恩德。"等到刘邦显贵的时候，最终却没有找到老汉。

刘邦做亭长时，常喜欢戴一顶用竹皮编成的帽子，这是他让掌管捕盗的差役到薛地去定制的。他经常戴着，到后来显贵后仍旧经常戴着。这就是人们所说的"刘氏冠"。

刘邦曾以亭长的身份，押送沛县的徒役去骊山，但有很多徒役在半路上就逃走了。刘邦估计，等到了骊山时徒役们也就逃光了。于是在走到丰西大泽中时，他让徒役们停下来饮酒休息；到了夜晚，他便把所有的役徒都放了。刘邦说："你们都逃命去吧，从此我也要远走高飞了！"徒役中有十多个壮士愿意跟随他一块儿走。刘邦乘着酒意，趁夜抄小路通过沼泽地，他让一个人在前边先走探路。探路的人回来报告说："前边有条大蛇挡在路上，还是回去罢。"刘邦醉意正浓，便说："好汉走路，有什么可怕的！"于是赶到前面，拔剑去斩大蛇，大蛇被斩成两截。道路畅通了，他继续往前走了几里。刘邦醉得厉害了，就躺倒在地上，后边的人来到斩蛇的地方，看见有一老妇在暗夜中哭泣。有人问她为什么哭，老妇人说："有人杀了我的孩子，我在为他哭泣。"那个人问："你的孩子为什么被杀呢？"老妇说："我的孩子是白帝之子，变化成蛇，挡在道路中间。如今被赤帝之子杀了，我就是为这个哭啊。"众人以为老妇人是在说谎，正要打她，老妇人却忽然不见了。后面的人赶上了刘邦。刘邦醒了，那些人把刚才的事告诉了他，他心中暗暗高兴，更加自负。那些追随他的人从此便渐渐地畏惧他了。

秦始皇曾常说"东南方向有象征天子的云气"，于是巡游东方，想借此把它压下去。刘邦怀疑自己带着这团云气，就逃走了，躲在芒山、砀山一带的深山湖泽之间。吕后和别人一起去找，常常能找到他。高祖觉得奇怪，便问她怎么能找到。吕后说："你所在的地方，上空常有一团云气，顺着找就常常能找到你。"高祖心里更加欢喜。沛县的年轻人中有人听说了这件事，因此许多人都愿意依附他。

秦二世元年秋，陈胜等起蕲，至陈而王，号为“张楚”。诸郡县皆多杀其长吏以应陈涉。沛令恐，欲以沛应涉。掾、主吏萧何、曹参乃曰：“君为秦吏，今欲背之，率沛子弟，恐不听。愿君召诸亡在外者，可得数百人，因劫众，众不敢不听。”乃令樊哙召刘季。刘季之众已数十百人矣。

于是樊哙从刘季来。沛令后悔，恐其有变，乃闭城城守，欲诛萧、曹。萧、曹恐，逾城保刘季。刘季乃书帛射城上，谓沛父老曰：“天下苦秦久矣。今父老虽为沛令守，诸侯并起，今屠沛。沛今共诛令，择子弟可立者立之，以应诸侯，则家室完。不然，父子俱屠，无为也。”父老乃率子弟共杀沛令，开城门迎刘季，欲以为沛令。刘季曰：“天下方扰，诸侯并起，今置将不善，壹败涂地。吾非敢自爱，恐能薄，不能完父兄子弟。此大事，愿更相推择可者。”萧、曹等皆文吏，自爱，恐事不就，后秦种族其家，尽让刘季。诸父老皆曰：“平生所闻刘季诸珍怪，当贵，且卜筮之，莫如刘季最吉。”于是刘季数让。众莫敢为，乃立季为沛公。祠黄帝，祭蚩尤于沛庭，而衅鼓旗，帜皆赤。由所杀蛇白帝子，杀者赤帝子，故上赤。于是少年豪吏如萧、曹、樊哙等皆为收沛子弟二三千人，攻胡陵、方与，还守丰。

秦二世二年，陈涉之将周章军西至戏而还。燕、赵、齐、魏皆自立为王。项氏起吴。秦泗川监平将兵围丰，二日，出与战，破之。命雍齿守丰，引兵之薛。泗川守壮败于薛，走至戚，沛公左司马得泗川守壮，杀之。沛公还军亢父，至方与，周市来功方与，未战。陈王使魏人周市略地。周市使人谓雍齿曰：“丰，故梁徙也。今魏地已定者数十城。齿今下魏，魏以齿为侯守丰。不下，且屠丰。”雍齿雅不欲属沛公，及魏招之，即反为魏守丰。沛公引兵攻丰，不能取。沛公秦二世元年的秋天，陈胜等在蕲县起义，打到陈地的时候自称为王，定国号为“张楚”。许多郡县的人都杀了他们的长官来响应陈涉。沛县的县令非常惊恐，也想率领沛县的人响应陈涉。于是狱掾曹参、主吏萧何说：“您作为秦朝的官吏，现在想背叛秦朝，率领沛县的子弟起义，恐怕没有人会听从命令。希望您召回那些在外逃亡的人，大约可召集到几百人，用他们来胁迫众人，众人就不敢不听从命令了。”于是便派樊哙去叫刘邦。这时，刘邦的追随者已经有数十上百人了。

樊哙跟着刘邦一块儿回来了。沛县县令在樊哙走后就后悔了，害怕刘邦回来后会别有用心，就关闭城门，据守城池，不让刘邦进城，而且想要杀掉萧何、曹参。萧何、曹参害怕了，翻越城墙出来依附刘邦，以求得保护。于是刘邦用帛写了封信射到城上去，向沛县的父老百姓宣告说：“天下百姓为秦政所苦已经很久了。现在父老们虽然为沛令守城，但是各地诸侯全都起来了，现在很快就要屠戮到沛县。如果现在沛县父老一起把沛令杀掉，从年轻人中选择可以拥立的人立他为首领，来响应各地诸侯，那么你们的家室就可得到保全。不然的话，全县老少都要遭屠杀，那时就什么也做不成了。”于是沛县的父老率领县中子弟一起杀掉了沛令，打开城门迎接刘邦，想要让他当沛县县令。刘邦说：“如今正当乱世，诸侯纷纷起事，如果安排的将领人选不妥当，就将一败涂地。我不是顾惜自己的性命，只是怕自己能力小，不能保全父老兄弟。这是一件大事，希望大家一起推选出能胜任的人。”萧何、曹参等都是文官，都顾惜性命，害怕起事不成遭到满门抄斩之祸，极力地推选刘邦。城中的父老也都说：“平素听说了刘邦那么多的奇异之事，必当显贵，而且占卜没有谁比得上刘邦最吉利。”刘邦还是再三推让。众人没有敢当沛县县令的，就立刘邦做了沛公。于是刘邦在沛县祭祀黄帝和蚩尤，把牲血涂在战旗战鼓上，旗帜都用红色的。由于先前杀的那条蛇是白帝之子，而杀蛇那个人是赤帝之子，所以刘邦崇尚红色。那些年轻有为的官吏如萧何、曹参、樊哙等，为沛公招收了二三千的年轻人，带领他们一起攻打了胡陵、方与，然后退回驻守在丰邑。

秦二世二年，陈涉手下大将周章率军攻打到戏水，被章邯打败又退回去了。燕、赵、齐、魏各国都已自立为王，项梁、项羽也在吴县起兵。秦朝泗川郡监名叫平的率兵包围了丰邑。两天之后，沛公率众出城与秦军交战，打败了秦军。沛公命雍齿守卫丰邑，自己率领部队到薛县去。泗川郡守壮在薛县被刘邦打败，逃到戚县，被沛公的左司马曹无伤抓获杀掉了。沛公把军队撤到亢父，一直到方与，没有发生战斗。陈王胜派魏国人周市来夺取土地。周市派人告诉雍齿说：“丰邑，是过去魏国一度迁都过的地方。现在魏国已经收复了几十座城邑。你如果归降魏国，魏国就封你为侯驻守丰邑。如果不归降，我就要屠戮丰邑。”雍齿病，还之沛。沛公怨雍齿与丰子弟叛之，闻东阳宁君、秦嘉立景驹为假王，在留，乃往从之，欲请兵以攻丰。是时秦将章邯从陈，别将司马仁将兵北定楚地，屠相，至砀。东阳宁君、沛公引兵西，与战萧西，不利。还收兵聚留，引兵攻砀，三日乃取砀。因收砀兵，得五六千人。攻下邑，拔之。还军丰。闻项梁在薛，从骑百余往见之。项梁益沛公卒五千人，五大夫将十人。沛公还，引兵攻丰。

从项梁月余，项羽已拔襄城还。项梁尽召别将居薛。闻陈王定死，因立楚后怀王孙心为楚王，治盱台。项梁号武信君。居数月，北攻亢父，救东阿，破秦军。齐军归，楚独追北，使沛公、项羽别攻城阳，屠之。军濮阳之东，与秦军战，破之。

秦军复振，守濮阳，环水。楚军去而攻定陶，定陶未下。沛公与项羽西略地至雍丘之下，与秦军战，大破之，斩李由。还攻外黄，外黄未下。

项梁再破秦军，有骄色。宋义谏，不听。秦益章邯兵，夜衔枚击项梁，大破之定陶，项梁死。沛公与项羽方攻陈留，闻项梁死，引兵与吕将军俱东。吕臣军彭城东，项羽军彭城西，沛公军砀。

章邯已破项梁军，则以为楚地兵不足忧，乃渡河，北击赵，大破之。当是之时，赵歇为王，秦将王离围之巨鹿城，此所谓河北之军也。

秦二世三年，楚怀王见项梁军破，恐，徙盱台都彭城，并吕臣、项羽军自将之。以沛公为砀郡长，封为武安侯，将砀郡兵。封项羽为长安侯，号为鲁公。吕臣为司徒，其父吕青为令尹。

赵数请救，怀王乃以宋义为上将军，项羽为次将，范增为末将，北救赵。令沛公西略地入关。与诸将约，先入定关中者王之。

本来就不愿意归属于沛公，等到魏国来招降时，立刻就反叛了沛公，反过来为魏国守卫丰邑。刘邦带兵攻打丰邑，没有攻下。正好这时刘邦生病了，于是退兵回到沛县。刘邦怨恨雍齿和丰邑的子弟背叛他，又听说东阳县的宁君、秦嘉立景驹做了代理王，驻守在留县，于是前去投奔他，想向他借兵去攻打丰邑。正好这时秦朝将领章邯正在追击陈胜的军队，章邯的别将司马仁带兵向北平定楚地，屠戮了相县，到了砀县。东阳宁君和刘邦领兵向西，和司马枿交战于萧县西，战事失利。他们退回到留县收集兵卒，然后带兵攻打砀县，三天后将砀县攻了下来。于是刘邦收集砀县的兵卒，共得到五六千人。他又率兵攻打下邑，很快就攻了下来。随后刘邦退兵驻扎在丰邑城外。此时刘邦听说项梁在薛县，就带着一百多骑从前去拜见项梁。项梁给了刘邦五千士兵，五大夫级的将领十人。沛公带着他们回来后，再次带兵攻打丰邑。

沛公跟从项梁一个多月后，项羽已经攻下襄城回来了。项梁把各路将领全部召到薛县。听说陈王确实是死了，因而立楚国后代怀王的孙子熊心为楚王，建都盱台。项梁自称武信君。待了几个月，他们向北攻打亢父，援救东阿，击败了秦军。齐国军队回去了，只剩下楚军单独追击败逃之敌。项梁让沛公、项羽去攻打城阳，城阳被屠戮。刘邦等驻军于濮阳县城东，和秦军交战，打败了秦军。

秦军重新振作，坚守濮阳，在城周围引水防御。楚军撤退，转而攻打定陶，没有攻下。沛公和项羽又向西挺进，到了雍丘城下，和秦军交战，大败秦军，斩杀了秦将李由。接着他们掉头攻打外黄，没有攻下。

项梁两次打败秦军，开始露出骄傲的神色。宋义见后进谏劝说，项梁不听。秦朝给章邯增派了军队，趁着黑夜袭击项梁军队。为了防止喧哗，章邯让士兵口里都衔着一根横木棍，结果秦军在定陶大败项梁的军队，项梁战死。这时，沛公和项羽正在攻打陈留，听说项梁已死，就和吕臣一起率军向东撤退。吕臣的军队驻扎在彭城的东面，项羽的军队驻扎在彭城的西面，沛公的军队驻扎在砀县。

章邯打败了项梁的军队之后，就以为楚地的军队不值得担忧，于是渡过黄河，向北进攻赵国，大败赵军。这个时候，正是赵歇为赵王，秦将王离在巨鹿城包围了赵歇的军队，这就是所谓的“河北军”。

秦二世三年，楚怀王看到项梁军已被打败，害怕了，就把都城从盱台迁到彭城。他把吕臣、项羽的军队合在一起由自己亲自率领；任命沛公为砀郡太守，封为武安侯，统率砀郡的部队；封项羽为长安侯，号称鲁公；吕臣担任司徒，他的父亲吕青担任令尹。

赵国几次请求援救，怀王于是任命宋义为上将军，项羽为次将，范曾为末将，率兵向北进兵救赵。他又命令刘邦向西进军关中，并与众将约定，谁先进入函谷关平定关中，就让谁在关中做王。

当是时，秦兵强，常乘胜逐北，诸将莫利先入关。独项羽怨秦破项梁军，奋，愿与沛公西入关。怀王诸老将皆曰："项羽为人僄悍猾贼。项羽尝攻襄城，襄城无遗类，皆坑之，诸所过无不残灭。且楚数进取，前陈王、项梁皆败。不如更遣长者扶义而西，告谕秦父兄。秦父兄苦其主久矣，今诚得长者往，毋侵暴，宜可下。项羽僄悍，今不可遣。独沛公素宽大长者，可遣。"卒不许项羽，而遣沛公西略地，收陈王、项梁散卒。乃道砀至成阳，与杠里秦军夹壁，破二军。楚军出兵击王离，大破之。

沛公引兵西，遇彭越昌邑，因与俱攻秦军，战不利。还至栗，遇刚武侯，夺其军，可四千余人，并之。与魏将皇欣、魏申徒武蒲之军并攻昌邑，昌邑未拔。西过高阳。郦食其监门，曰："诸将过此者多，吾视沛公大人长者。"乃求见说沛公。沛公方踞床，使两女子洗足。郦生不拜，长揖，曰："足下必欲诛无道秦，不宜踞见长者。"于是沛公起，摄衣谢之，延上坐。食其说沛公袭陈留，得秦积粟。乃以郦食其为广野君，郦商为将，将陈留兵，与偕攻开封，开封未拔。西与秦将杨熊战白马，又战曲遇东，大破之。杨熊走之荥阳，二世使使者斩以徇。南攻颍阳，屠之。因张良遂略韩地轘辕。

当是时，赵别将司马卬方欲渡河入关，沛公乃北攻平阴，绝河津。南，战洛阳东，军不利，还至阳城，收军中马骑，与南阳守齮战犨东，破之。略南阳郡，南阳守齮走，保城守宛。沛公引兵过而西。张良谏曰："沛公虽欲急入关，秦兵尚众，距险。今不下宛，宛从后击，强秦在前，此危道也。"于是沛公乃夜引兵从他道还，更旗帜，黎明，围宛城三匝。南阳守欲自刭。其舍人陈恢曰："死未晚也。"

当时，秦军强大，常常乘胜追击败逃之敌，众将中没有人认为先入关是有利的事。只有项羽恨秦军打败了项梁的军队，很激愤，愿意和刘邦一起西进入关。怀王手下的老将们都说："项羽这个人敏捷勇猛，却又奸猾狠毒。他曾经攻下襄城，那里的军民没有一个能活下来的，都被他活埋了。凡是他经过的地方，没有不被毁灭的。再说，楚军多次西进，如先前的陈王、项梁，都被打败了。这次不如改派个忠厚老实的人，实行仁义，率军西进，向秦地的父老兄弟讲明道理。秦地父老兄弟因为他们的君主暴虐而受苦已经很久了，现在如果真的能有位忠厚老实的长者前去，不实施暴政，应当是可以攻下的。项羽只是敏捷勇猛，不能派他去。现在只有沛公一向忠厚老实，可以派他去。"怀王听取了众人意见，最终没有答应项羽，而是派沛公率军西进。刘邦一路上收集了陈胜、项梁的众多散兵。沛公取道砀县到达成阳，与杠里的秦军对垒相持，结果击败了秦军的两支部队。此时楚军又出兵攻击王离，大败王离的军队。

刘邦率兵西进，在昌邑与彭越相遇，于是和他一起攻打秦军，战事不利。他们撤兵到栗县，正好又遇到了刚武侯。刘邦把他的军队夺了过来，大约有四千人，并入了自己的军队。他又与魏将皇欣、魏申徒武蒲的军队合力攻打昌邑，没有攻下。于是刘邦继续西进，经过高阳。当时郦食其负责看管高阳城门，他说："各路将领经过此地的多了，我看只有沛公才是个德行高尚且忠厚老实的人。"于是前去求见，游说刘邦。刘邦当时正叉开两腿坐在床上，让两个女子给他洗脚。郦食其见了并不叩拜，只是略微俯身作了个长揖，说："如果您一定要诛灭没有德政的暴秦，就不应该坐着接见长者。"于是刘邦站起身来，整理衣服，向他道歉，请他坐上座 。于是郦食其劝说刘邦袭击陈留，得到了秦军储存的大批粮食。刘邦于是封郦食其为广野君，任命他的弟弟郦商为将军，统率陈留的军队，和自己一起攻打开封，没有攻下。他继续西进，与秦将杨熊在白马打了一仗，又在曲遇东面打了一仗，大破秦军。杨熊逃到荥阳去了，秦二世派使者将他斩首示众。刘邦又转向南攻打颍阳，屠戮了颍阳。后因张良的关系，占领了韩国的轘辕险道。

这时候，赵国的别将司马卬正想渡过黄河，进入函谷关。刘邦就向北进攻平阴，截断了黄河渡口。接着刘邦又挥军南下，与秦军在洛阳东面交战，战事不利，只好退回到阳城。刘邦集中军中骑兵，在犨县东和南阳太守吕齮交战，大败秦军，攻取了南阳郡。南阳郡守吕齮逃跑，退守宛城。刘邦率兵绕过宛城西进，张良进谏说："您虽然想赶快入关，但目前秦兵数量仍旧很多，又凭借险要地势进行抵抗。如果现在不攻下宛城，那么日后宛城的敌军从背后攻击，前面又有强大的秦军，这是一条危险的道啊。"于是沛公连夜率兵从另一条道返回，他们更换了旗帜，乃逾城见沛公，曰："臣闻足下约，先入咸阳者王之。今足下留守宛。宛，大郡之都也，连城数十，人民众，积蓄多，吏人自以为降必死，故皆坚守乘城。今足下尽日止攻，士死伤者必多；引兵去宛，宛必随足下后：足下前则失咸阳之约，后又有强宛之患。为足下计，莫若约降，封其守，因使止守，引其甲卒与之西。诸城未下者，闻声争开门而待，足下通行无所累。"沛公曰："善。"乃以宛守为殷侯，封陈恢千户。引兵西，无不下者。至丹水，高武侯鳃、襄侯王陵降西陵。还攻胡阳，遇番君别将梅鋗，与皆，降析、郦。遣魏人宁昌使秦，使者未来。是时章邯已以军降项羽于赵矣。

初，项羽与宋义北救赵，及项羽杀宋义，代为上将军，诸将黥布皆属，破秦将王离军，降章邯，诸侯皆附。及赵高已杀二世，使人来，欲约分王关中。沛公以为诈，乃用张良计，使郦生、陆贾往说秦将，啖以利，因袭攻武关，破之。又与秦军战于蓝田南，益张疑兵旗帜，诸所过毋得掠卤，秦人憙，秦军解，因大破之。又战其北，大破之。乘胜，遂破之。

汉元年十月，沛公兵遂先诸侯至霸上。秦王子婴素车白马，系颈以组，封皇帝玺、符、节，降轵道旁。诸将或言诛秦王。沛公曰："始怀王遣我，固以能宽容；且人已服降，又杀之，不祥。"乃以秦王属吏，遂西入咸阳。欲止宫休舍，樊哙、张良谏，乃封秦重宝财物府库，还军霸上。召诸县父老豪桀曰："父老苦秦苛法久矣，诽谤者族，偶语者弃市。吾与诸侯约，先入关者王之，吾当王关中。与父老约，法三章耳：杀人者死，伤人及盗抵罪。余悉除去秦法。诸吏人皆黎明时分，把宛城紧紧围住，围了好几层。南阳郡守想要自刎，他的门客陈恢说："现在自刎还太早。"于是越过城墙求见沛公，说："我听说您和诸侯约定，先攻入咸阳的就让他在那里做王。现在您却停下来攻打宛城。宛城是个大郡的都城，相连的城池有几十座，人民众多，积蓄充足。官民都认为投降肯定会被杀死，所以都决心据城坚守。现在您整天停在这里攻城，士兵伤亡必定很多；如果率军离去，宛城军队一定在后面追出。这样，您向西前进会错过先进咸阳在那里称王的约定，后退又有遭受宛城强大军队袭击的后患。所以为了您着想，倒不如我们约定条件，招降南阳太守。您可封赏南阳太守为侯，仍让他留守南阳，您率领宛城的士兵一起西进。那些还没有降服的城邑，听到了这个消息，一定会争着打开城门等候您。您就可以通行无阻地西进，不必担心什么了。"沛公说："好！"于是封宛城郡守为殷侯，封给陈恢一千户。于是沛公率兵继续西进，所经过的城邑没有不降服的。到了丹水，高武侯戚鳃、襄阳侯王陵也在西陵归降了。沛公又回军攻打胡阳，遇到了鄱君的别将梅鋗，就跟他一起，攻下了析县和郦县。沛公派遣魏国人宁昌出使秦地，宁昌还没有回来，这时秦将章邯已经在赵地率军投降项羽了。

当初，项羽和宋义向北去救赵，项羽杀了宋义，代替他做了上将军，黥布等各路将领都归属了项羽；项羽打败了秦将王离的军队，降服了章邯，诸侯们都归附了项羽。赵高杀了秦二世之后，派人来求见刘邦，想和刘邦约定在关中划地称王。刘邦以为其中有诈，就用了张良的计策，派郦生、陆贾去游说秦将，并用财物进行引诱，乘他们松懈之机偷袭武关，大败秦军。接着又在蓝田南面与秦军交战。这时，刘邦增加了用以迷惑敌兵的旗帜，布下疑阵，又令全军所过之处，不得掳掠，使得秦地的人非常高兴，秦军也日益松懈，因此刘邦再次大败秦军。接着在蓝田的北面与秦军交战，又大败秦军。于是乘胜追击，终于彻底打败了秦军。

汉元年十月，刘邦的军队在各路诸侯中最先到达灞上。秦王子婴驾着白车白马，用丝绳系着脖子，封好皇帝的印信，在轵道旁向刘邦投降。将领们有的说应该杀掉秦王。刘邦说："当初怀王派我攻关中，就是认为我能宽厚容人；再说人家已经投降了，又杀掉人家，这么做不吉利。"于是把秦王交给主管官吏，自己向西进入了咸阳。刘邦进宫后就想留在秦宫中休息，樊哙、张良劝阻，刘邦这才下令把秦宫中的贵重宝器、财物和库府封好，然后退回来驻扎在灞上。刘邦召来关中各县的父老和有才德、名望的人，对他们说："父老乡亲们，你们苦于秦朝的苛虐法令已经很久了，过去批评朝政得失的要灭族 、相聚谈话的要处死。我和诸侯们约定，谁先进入关中的就在这里做王，所以我应当成为关中王。现在我和父老们约定，今后国家大法只有三条：杀人者处死，伤人者和抢劫者依法治罪。

案堵如故。凡吾所以来，为父老除害，非有所侵暴，无恐！且吾所以还军霸上，待诸侯至而定约束耳。”乃使人与秦吏行县乡邑，告谕之。秦人大喜，争持牛羊酒食献飨军士。沛公又让不受，曰：“仓粟多，非乏，不欲费人。”人又益喜，唯恐沛公不为秦王。

或说沛公曰：“秦富十倍天下，地形强。今闻章邯降项羽，项羽乃号为雍王，王关中。今则来，沛公恐不得有此。可急使兵守函谷关，无内诸侯军，稍征关中兵以自益，距之。”沛公然其计，从之。十一月中，项羽果率诸侯兵西，欲入关，关门闭。闻沛公已定关中，大怒，使黥布等攻破函谷关。十二月中，遂至戏。沛公左司马曹无伤闻项王怒，欲攻沛公，使人言项羽曰：“沛公欲王关中，令子婴为相，珍宝尽有之。”欲以求封。亚父劝项羽击沛公。方飨士，旦日合战。是时项羽兵四十万，号百万。沛公兵十万，号二十万，力不敌。会项伯欲活张良，夜往见良，因以文谕项羽，项羽乃止。沛公从百余骑，驱之鸿门，见谢项羽。项羽曰：“此沛公左司马曹无伤言之。不然，籍何以生此！”沛公以樊哙、张良故，得解归。归，立诛曹无伤。

项羽遂西，屠烧咸阳秦宫室，所过无不残破。秦人大失望，然恐，不敢不服耳。

项羽使人还报怀王。怀王曰：“如约。”项羽怨怀王不肯令与沛公俱西入关，而北救赵，后天下约。乃曰：“怀王者，吾家项梁所立耳，非有功伐，何以得主约！本定天下，诸将及籍也。”乃佯尊怀王为义帝，实不用其命。

正月，项羽自立为西楚霸王，王梁、楚地九郡，都彭城。负约，更立沛公为汉王，王巴、蜀、汉中，都南郑。三分关中，立秦三将：章邯为雍王，都废丘；司马欣为塞王，都栎阳；董翳为翟王，都高秦朝其余的法令全部废除。所有的官吏和百姓依旧像往常一样，各居其位。总之，我到这里来，就是要为父老们除害，不会对你们有任何侵害，请不要害怕！再说，我所以把军队撤回灞上，是想等各路诸侯到来，共同制定一个规约。”随即派人和秦朝的官吏一起到各县、镇、乡村去巡视，向民众讲明情况。秦地的百姓都非常喜悦，争着送来牛羊酒食，慰劳士兵。沛公推让不肯接受，说：“仓库里的粮食不少，并不缺乏，不想让大家破费。”人们更加高兴，唯恐沛公不做关中王。

有人游说沛公说：“秦地的富足是其他地区的十倍，地理形势又好。现在听说章邯投降项羽，项羽给他的封号是雍王，让他在关中称王。如今要是他来了，沛公您恐怕就不能拥有这个地方了。您赶快派军队守住函谷关，不要让诸侯军进来。再逐步从关中征集兵卒，加强自己的实力，以便抵抗他们。”沛公认为他的话有道理，就依从了他的计策。十一月中旬，项羽果然率领诸侯军西进，想要进入函谷关，但发现关门紧闭着。项羽听说沛公已经平定了关中，非常恼火，就派黥布等攻克了函谷关。十二月中旬，项羽到达咸阳城东的戏亭。沛公的左司马曹无伤听说项羽发怒，想要攻打沛公，就派人去对项羽说：“沛公要在关中称王，让秦王子婴做丞相，把秦宫所有的珍宝都据为己有。”曹无伤想借此求得项羽的封赏。亚父范增劝说项羽攻打沛公。项羽立即犒劳将士，准备次日和沛公会战。这时项羽的兵力有四十万，号称百万；沛公的兵力有十万，号称二十万，实力抵不过项羽。恰巧项伯想救张良，不想让他与沛公一起送死，于是连夜赶到沛公军营见张良，因而让刘邦有机会给项羽写了封信，使项羽改变了作战的想法。次日沛公带了百余名骑随来到鸿门，向项羽道歉。项羽说：“这是沛公的左司马曹无伤说的，不然我怎么会这样呢？”沛公因为樊哙、张良的帮助，得以安全脱身返回。回到军营后，刘邦立即杀了曹无伤。

项羽于是向西行进，一路屠杀，焚烧了咸阳城内的秦王朝宫室，所经过的地方，没有不遭毁灭的。秦地的人们对项羽非常失望，但又害怕，不敢不服从他。

项羽派人回去向怀王报告并请示。怀王说：“按原来约定的办。”项羽怨恨怀王当初不肯让他和沛公一起西进入关，却派他到北边去救赵，结果没能率先入关，落在了别人之后。他说：“怀王是我家叔父项梁拥立的，他没有什么功劳，凭什么能主持定约呢！平定天下的，本来就是各路将领和我项籍。”于是假意推尊怀王为义帝，实际上并不听从他的命令。

正月，项羽自立为西楚霸王，统治梁、楚两地的九个郡，建都彭城。又违背当初的约定，改立沛公为汉王，统治巴蜀、汉中之地，建都南郑。把关中分为三份，封给秦朝的三个降将：章邯为雍王，建都废丘；司马欣为塞王，建都栎阳；董翳奴。楚将瑕丘申阳为河南王，都洛阳。赵将司马卬为殷王，都朝歌。赵王歇徙王代。赵相张耳为常山王，都襄国。当阳君黥布为九江王，都六。怀王柱国共敖为临江王，都江陵。番君吴芮为衡山王，都邾。燕将臧荼为燕王，都蓟。故燕王韩广徙王辽东。广不听，臧荼攻杀之无终。封成安君陈余河间三县，居南皮。封梅鋗十万户。

四月，兵罢戏下，诸侯各就国。汉王之国，项王使卒三万人从，楚与诸侯之慕从者数万人，从杜南入蚀中。去辄烧绝栈道，以备诸侯盗兵袭之，亦示项羽无东意。至南郑，诸将及士卒多道亡归，士卒皆歌思东归。韩信说汉王曰："项羽王诸将之有功者，而王独居南郑，是迁也。军吏士卒皆山东之人也，日夜跂而望归，及其锋而用之，可以有大功。天下已定，人皆自宁，不可复用。不如决策东乡，争权天下。"

项羽出关，使人徙义帝。曰："古之帝者地方千里，必居上游。"乃使使徙义帝长沙郴县，趣义帝行，群臣稍倍叛之，乃阴令衡山王、临江王击之，杀义帝江南。项羽怨田荣，立齐将田都为齐王。田荣怒，因自立为齐王，杀田都而反楚；予彭越将军印，令反梁地。楚令萧公角击彭越，彭越大破之。陈余怨项羽之弗王己也，令夏说说田荣，请兵击张耳。齐予陈余兵，击破常山王张耳，张耳亡归汉。迎赵王歇于代，复立为赵王。赵王因立陈余为代王。项羽大怒，北击齐。

八月，汉王用韩信之计，从故道还，袭雍王章邯。邯迎击汉陈仓，雍兵败，还走；止战好畤，又复败，走废丘。汉王遂定雍地。东至咸阳，引兵围雍王废丘，而遣诸将略定陇西、北地、上郡。令将军薛欧、王吸出武关，因王陵兵南阳，以迎太公、吕后于沛。楚闻之，发兵距之阳夏，不得前。令故吴令郑昌为韩王，距汉兵。

二年，汉王东略地，塞王欣、翟王翳、河南王申阳皆降。韩王昌为翟王，建都高奴。又封楚将瑕丘申阳为河南王，建都洛阳。封赵将司马卬为殷王，建都朝歌。把赵王歇改封到代地为代王。封赵相张耳为常山王，建都襄国。封当阳君黥布为九江王，建都六县。封怀王的柱国共敖为临江王，建都江陵。封番君吴芮为衡山王，建都邾县。封燕将臧荼为燕王，建都蓟县。把原燕王韩广改封到辽东为辽东王。韩广不听，臧荼于是率军去攻打他，并在无终把他杀了。项羽又把河间周围的三个县封给成安君陈余，让他住在南皮县。封给梅鋗十万户。

四月，各路诸侯从项羽的大将军旗帜下解散，回到各自的封地去。刘邦也前往封国，项羽只派了三万士兵随从他前往，而楚国和诸侯国中因为敬慕而跟随刘邦的另有几万人。刘邦从杜县往南进入蚀地的山谷中，一路上军队过去以后，便命人把在陡壁上架起的栈道全部烧掉，以防备诸侯或其他强盗偷袭，也是向项羽表示自己没有东出之意。到达南郑时，部将和士兵中有许多人在中途开小差逃回去了，留下的士兵们也唱着歌，想东归回乡。韩信劝说汉王道："项羽封有功的部将，却偏偏让您到南郑来，分明是流放您。部队中的军官、士兵大都是崤山以东的人，他们日夜踮起脚跟东望，盼着回归故乡。如果您趁着这种心气极高的时候利用他们，可以建大功。如果等到天下平定以后，人们都安居乐业了，就再也用不上他们了。不如立即决策，率兵东进，与诸侯争夺天下。"

项羽出了函谷关后，派人让义帝迁都，并对义帝说："古代帝王拥有方圆千里的土地，而且一定要居住在江河的上游。"派使者把义帝迁徙到长沙郡的郴县，催促他赶快起程。群臣见此，于是渐渐背叛了他。项羽就秘密命令衡山王、临江王去杀义帝，把义帝杀死在江南。项羽怨恨田荣，就封齐将田都为齐王。田荣很生气，就自立为齐王，杀掉田都，反叛楚王；又把将军印授给了彭越，让他在梁地反楚。楚派萧公角去攻打彭越，被彭越打得大败。陈余怨恨项羽不封自己为王，就派夏说去游说田荣，向他借兵攻打张耳。齐国给了陈余一些兵力，打败了常山王张耳。张耳逃走归附了汉王刘邦。陈余从代地把赵王歇接回赵国，重新立为赵王，赵王因此立陈余为代王。项羽大为恼怒，发兵亲自向北攻打齐国。

八月，汉王刘邦采用韩信的计策，按原路返回关中，袭击雍王章邯。章邯在陈仓迎击汉军，雍王的军队被打败，退兵逃走；在好畤停下来再战，又被打败，逃到废丘。刘邦于是平定了雍地。他向东挺进咸阳，率军在废丘包围了雍王，并派遣将领平定了陇西、北地、上郡；派将军薛欧、王吸带兵出武关，与驻守南阳的王陵会合，到沛县去接自己的父亲太公和妻子吕后。项羽听说后，派兵在阳夏阻截，汉军不能前进。项羽又封原吴县县令郑昌为韩王，让他带兵去抵抗汉军。

二年，汉王刘邦向东进攻，夺取土地，塞王司马欣、翟王董翳、河南王申阳不听，使韩信击破之。于是置陇西、北地、上郡、渭南、河上、中地郡；关外置河南郡。更立韩太尉信为韩王。诸将以万人若以一郡降者，封万户。缮治河上塞。诸故秦苑囿园池，皆令人得田之，正月，虏雍王弟章平。大赦罪人。

汉王之出关至陕，抚关外父老，还，张耳来见，汉王厚遇之。

二月，令除秦社稷，更立汉社稷。

三月，汉王从临晋渡，魏王豹将兵从。下河内，虏殷王，置河内郡。南渡平阴津，至洛阳。新城三老董公遮说汉王以义帝死故。汉王闻之，袒而大哭。遂为义帝发丧，临三日。发使者告诸侯曰："天下共立义帝，北面事之。今项羽放杀义帝于江南，大逆无道。寡人亲为发丧，诸侯皆缟素。悉发关内兵，收三河士，南浮江汉以下，愿从诸侯王击楚之杀义帝者。"

是时项王北击齐，田荣与战城阳。田荣败，走平原，平原民杀之。齐皆降楚。楚因焚烧其城郭，系虏其子女。齐人叛之。田荣弟横立荣子广为齐王，齐王反楚城阳。项羽虽闻汉东，既已连齐兵，欲遂破之而击汉。汉王以故得劫五诸侯兵，遂入彭城。项羽闻之，乃引兵去齐，从鲁出胡陵，至萧，与汉大战彭城灵壁东睢水上，大破汉军，多杀士卒，睢水为之不流。乃取汉王父母妻子于沛，置之军中以为质。当是时，诸侯见楚强汉败，还皆去汉复为楚。塞王欣亡入楚。

吕后兄周吕侯为汉将兵，居下邑。汉王从之，稍收士卒，军砀。汉王乃西过梁地，至虞。使谒者随何之九江王布所，曰："公能令布举兵叛楚，项羽必留击之。得留数月，吾取天下必矣。"随何往说九江王布，布果背楚。楚使龙且往击之。

都归降了。韩王昌不肯归降，刘邦派韩信打败了他。于是刘邦把攻占的土地设置为陇西、北地、上郡、渭南、河上、中地等郡；在关外设置了河南郡，改封韩国的太尉韩信为韩王。刘邦下令各路将领，凡是率领一万人或者献出一郡之地降汉的，封他为万户侯。他派人修筑河上郡的要塞，把原先秦朝供帝王游玩打猎的园林开放，允许人们去耕种。正月，俘虏了雍王的弟弟章平。刘邦对自己属地内的罪犯，进行大赦。

汉王刘邦出了武关到达陕县，抚慰关外的父老。回来后，张耳前来求见。刘邦厚待他。

二月，刘邦下令拆除了秦的社稷坛，改建汉的社稷坛。

三月，刘邦从临晋渡过黄河，魏王豹带兵跟随。刘邦攻下了河内，俘虏了殷王，设置了河内郡。刘邦又率军向南渡过平阴津，到达洛阳。新城县一位掌管教化的三老董公拦住了刘邦，向他说了义帝被杀的情况。刘邦听后，袒露左臂失声大哭。随即下令为义帝发丧，哭吊三天。刘邦又派使者通告各诸侯说："天下诸侯共同拥立义帝，称王事奉。如今项羽在江南放逐并杀害了义帝，这是大逆不道。我亲自为义帝发丧，诸侯也都应该穿白戴素。我将发动关中全部军队，聚集河南、河东、河内三郡的士兵，向南沿长江、汉水而下，我希望与诸侯王一起去打楚国那个杀害义帝的罪人！"

这时，项羽正在北方攻打齐国，田荣和他交战于城阳。田荣被打败，逃往平原，平原的民众杀了他。齐国各地都归降了楚国。楚军放火焚毁了齐国的城邑，掠走了齐人的子女。齐国人十分愤怒，又反叛了楚国。田荣的弟弟田横立田荣的儿子田广为齐王。齐王已在城阳举兵反楚。项羽虽然听说了刘邦已经到东方来了，但因为已经与齐军连续作战多日，就想在打败齐军之后再去迎击汉军。刘邦因此得以挟持常山王张耳、河南王申阳、韩王郑昌、魏王魏豹、殷王司马卬等五诸侯的军队，攻入彭城。项羽闻讯，立即率兵离开齐国，从鲁县穿过胡陵到达萧县，与汉军在彭城灵壁以东的睢水上激战，大败汉军，杀得尸横遍野，以致睢水因此被阻塞不能畅流。项羽又派人从沛县掳来了刘邦的父母、妻子、儿女，把他们扣留在军中做人质。当时，诸侯们见楚军强大，刘邦被打败，又都背离了刘邦而投向楚王。塞王司马欣也逃归了楚国。

吕后的哥哥周吕侯当时正率领着刘邦的一路军队驻扎在下邑。刘邦便去投奔他，并逐渐收集逃散的士卒，驻扎在砀县。然后刘邦率军向西，经过梁地，到达虞县。刘邦派使者随何到九江王黥布那里去，说："您如果能说服黥布发兵反楚，项羽一定会暂停留在那里攻击黥布。只要项羽的军队停留几个月，我就一定能取得天下。"随何于是前往游说九江王黥布，黥布果然反叛了楚。项羽派龙且汉王之败彭城而西行，使人求家室，家室亦亡，不相得。败后乃独得孝惠，六月，立为太子，大赦罪人。令太子守栎阳，诸侯子在关中者皆集栎阳为卫。引水灌废丘，废丘降，章邯自杀。更名废丘为槐里。于是令祠官祀天地四方上帝山川，以时祀之。兴关内卒乘塞。

是时九江王布与龙且战，不胜，与随何间行归汉。汉王稍收士卒，与诸将及关中卒益出，是以兵大振荥阳，破楚京、索间。

三年，魏王豹谒归视亲疾，至即绝河津，反为楚。汉王使郦生说豹，豹不听。汉王遣将军韩信击，大破之，虏豹。遂定魏地，置三郡，曰河东、太原、上党。汉王乃令张耳与韩信遂东下井陉击赵，斩陈余、赵王歇。其明年，立张耳为赵王。

汉王军荥阳南，筑甬道属之河，以取敖仓。与项羽相距岁余。项羽数侵夺汉甬道，汉军乏食，遂围汉王。汉王请和，割荥阳以西者为汉。项王不听。汉王患之，乃用陈平之计，予陈平金四万斤，以间疏楚君臣。于是项羽乃疑亚父。亚父是时劝项羽遂下荥阳，及其见疑，乃怒，辞老，愿赐骸骨归卒伍，未至彭城而死。

汉军绝食，乃夜出女子东门二千余人，被甲，楚因四面击之。将军纪信乃乘王驾，诈为汉王，诳楚，楚皆呼万岁，之城东观，以故汉王得与数十骑出西门遁。令御史大夫周苛、魏豹、枞公守荥阳。诸将卒不能从者，尽在城中。周苛、枞公相谓曰："反国之王，难与守城。"因杀魏豹。

汉王之出荥阳入关，收兵欲复东。袁生说汉王曰："汉与楚相距荥阳数岁，汉常困。愿君王出武关，项羽必引兵南走，王深壁，令荥阳成皋间且得休。使韩信等辑河北赵地，连燕齐，君王乃复走荥阳，未晚也。如此，则楚所备者多，力分，汉得休，复与前去攻打黥布。

刘邦在彭城兵败向西撤退的时候，途中派人去寻找家人，家人都已逃走，没有找到他们。败退途中只找到了孝惠。六月，刘邦立孝惠为太子，大赦罪犯。他让太子守卫栎阳，并把在关中的各诸侯的儿子也都集中到栎阳来守卫。接着，他引水灌废丘，废丘降汉，章邯自杀。刘邦把废丘改名为槐里。于是刘邦命令掌管祭祀的官吏祭祀天地、四方、上帝、山川，并形成定制，以后按时祭祀。他又发动关内的士兵，前往边塞防守敌军。

当时九江王黥布正与龙且交战，失败了。黥布便跟随何一起抄小路潜行归附了刘邦。刘邦再次收拢了许多兵卒，其他各地将领及关中的军队也慢慢向荥阳聚拢，因而刘邦的军队声威大振，在京、索之间大败了楚军。

汉王三年，魏王豹请假回乡去探视生病的父母，一到魏国，就毁绝了黄河的渡口，反汉助楚。刘邦派郦食其去劝说魏豹，魏豹不听。于是刘邦派将军韩信前去攻打，把魏军打得大败，俘虏了魏豹，平定了魏地，并在那里设置了河东、太原、上党等三个郡。刘邦随即命令张耳与韩信率兵东下井陉，攻打赵国，杀了陈余和赵王歇。第二年，刘邦封张耳为赵王。

刘邦的军队驻扎在荥阳南面，修筑了一条甬道与黄河南岸相连接，以便取用敖仓的粮食。刘邦跟项羽互相对峙，持续了一年多。项羽多次夺取这条甬道，使刘邦军队粮食缺乏，最终项羽包围了刘邦。刘邦请求讲和，条件是把荥阳以西的地方划归为汉，项羽没有答应。刘邦为此而忧虑，于是采用陈平的计策，给了陈平黄金四万斤，用以离间项羽和范增君臣之间的关系。于是项羽便对亚父范增产生了怀疑。范增当时劝项羽前往攻取荥阳，当他遭到项羽猜疑后，非常愤怒，就托辞年老，希望项羽准许他告退回乡为民，结果还没有走到彭城就死了。

汉军粮草断绝，就趁夜把二千多名身披铠甲的女子放出东门，楚军从四面追赶围攻。这时将军纪信乘坐着刘邦的车驾，假扮成刘邦的样子诳骗楚军，假装向项羽投降。楚军见此一起高呼万岁，都到城东去观看，而刘邦因此得以带着几十名随从骑兵从西城门逃走了。出城之前刘邦命令御史大夫周苛、魏豹、枞公守卫荥阳。那些不能随从刘邦出城的将领和士兵，都留在城中，周苛、枞公商量说："魏豹是曾反叛过的侯国之王，难以和他一起守城。"于是把魏豹杀了。

刘邦逃出荥阳进入关中，聚集士兵准备再次东进。袁生游说刘邦说："我军与楚在荥阳相持不下好几年，我们常陷于不利的困境。希望大王您能够南出武关，项羽到时一定会率军南下。到时大王加高壁垒，不出战，让荥阳、成皋一带的军队得以休息。您可派韩信等去安抚河北赵地，把燕国、齐国连接起来，那时大王再兵进荥阳也不晚。这样，楚军就要多方防备，力量分散，而汉军得到了休之战，破楚必矣。”汉王从其计，出军宛叶间，与黥布行收兵。

项羽闻汉王在宛，果引兵南。汉王坚壁不与战。是时彭越渡睢水，与项声、薛公战下邳，彭越大破楚军。项羽乃引兵东击彭越。汉王亦引兵北军成皋。项羽已破走彭越，闻汉王复军成皋，乃复引兵西，拔荥阳，诛周苛、枞公，而虏韩王信，遂围成皋。

汉王逃，独与滕公共车出成皋玉门，北渡河，驰宿修武。自称使者，晨驰入张耳、韩信壁，而夺之军。乃使张耳北益收兵赵地，使韩信东击齐。汉王得韩信军，则复振。引兵临河，南飨军小修武南，欲复战。郎中郑忠乃说止汉王，使高垒深堑，勿与战。汉王听其计，使卢绾、刘贾将卒二万人，骑数百，渡白马津，入楚地，与彭越复击破楚军燕郭西，遂复下梁地十余城。

淮阴已受命东，未渡平原。汉王使郦生往说齐王田广，广叛楚，与汉和，共击项羽。韩信用蒯通计，遂袭破齐。齐王烹郦生，东走高密。项羽闻韩信已举河北兵破齐、赵，且欲击楚，则使龙且、周兰往击之。韩信与战，骑将灌婴击，大破楚军，杀龙且。齐王广奔彭越。当此时，彭越将兵居梁地，往来苦楚兵，绝其粮食。

四年，项羽乃谓海春侯大司马曹咎曰：“谨守成皋。若汉挑战，慎勿与战，无令得东而已。我十五日必定梁地，复从将军。”乃行击陈留、外黄、睢阳，下之。汉果数挑楚军，楚军不出，使人辱之五六日，大司马怒，度兵汜水。士卒半渡，汉击之，大破楚军，尽得楚国金玉货赂。大司马咎、长史欣皆自刭汜水上。项羽至睢阳，闻海春侯破，乃引兵还。汉军方围钟离眛于荥阳东，项羽至，尽走险阻。

韩信已破齐，使人言曰：“齐边楚，权轻，不为假王，恐不能安齐。”汉王欲攻之。留侯曰：“不如因而立之，使自为守。”乃遣张良操印绶立韩信为齐王。

整，再跟楚军作战，打败楚军就确定无疑了。”刘邦听从了他的计策，出兵宛县、叶县一带，与黥布一路行进、一路聚集人马。

项羽听说刘邦在宛县，果然率军南下。刘邦加固壁垒，不跟他交战。这时候，彭越渡过睢水，和项声、薛公在下邳交战，彭越大败楚军。于是项羽就率军东进去攻打彭越。刘邦同时也就率军北进，驻扎在成皋。项羽打跑了彭越，听说刘邦又驻进了成皋，就率军向西，攻下了荥阳，杀死了周苛、枞公，并且俘虏了韩王信，接着包围了成皋。

刘邦逃走了，只和滕公共乘一车从成皋北面的玉门逃出，往北渡过黄河，驰马跑到修武，并留宿在此。他自称是刘邦的使者，在第二天清晨闯入张耳、韩信的军营，夺了他们的军权。而后派张耳往北到赵地去大量招收兵卒，派韩信东进攻打齐国。刘邦取得了韩信的军队，重新振作起来。他率军南下临近了黄河，在小修武的南面犒劳部队，准备跟项羽再战。这时郎中郑忠劝阻刘邦，让他加深壕沟，增高壁垒坚守，不要跟楚军作战。刘邦听从了他的计谋，派卢绾、刘贾率步兵二万人、骑兵数百名，渡过白马津，进入楚地，跟彭越的军队一起在燕县城西再次打败了楚军，接着又攻下了梁地的十多座城池。

淮阴侯韩信已受命东进，还没有渡过平原津。这时，刘邦却暗中派郦食其前去游说齐王田广，田广叛楚，与汉和好，共同进攻项羽。但韩信还是采用了蒯通的计策，袭击并大败了齐军。齐王用大鼎把郦食其煮死，向东逃到高密。项羽听说韩信已率河北军攻占了齐国、赵国，且将要进攻楚国，就派龙且、周兰前去攻打韩信。韩信跟他们开战，骑将灌婴出击，大败楚军，杀了龙且。齐王田广投奔彭越。这时候，彭越带兵驻在梁地，往来袭击骚扰楚军，断绝了楚军的粮食供给。

汉王四年，项羽对海春侯大司马曹咎说：“请你们小心地守住成皋。如果汉军挑战，千万不要应战，只要别让他们东进就可以了。我在十五天之内一定能平定梁地，回头再跟将军们会合。”便率兵去攻打陈留、外黄、睢阳，所有城池都被攻下。这期间，汉军果然多次向楚军挑战，楚军都坚守不出。于是汉军便派人辱骂他们，接连骂了五六天。曹咎气愤之极，忍不住领兵横渡汜水应战。楚兵刚刚渡过一半，汉军便杀了出来，大败楚军，把楚国屯积的所有金玉财宝洗劫一空。大司马曹咎、长史司马欣都在汜水上自刎了。项羽到达睢阳，听说海春侯被打败，就率军赶回来。汉军这时正把钟离眛围困在荥阳东面，他们一见项羽到来，立刻全部跑到深山险要地带躲了起来。

韩信攻下齐国后，派人对刘邦说：“齐国和楚国邻界，我的权力太小，如果不立个代理齐王，恐怕不能安定齐地。”刘邦听后想派兵攻打韩信。留侯张良劝说道：“不如趁此机会立他为齐王，让他自己守住齐地。”于是刘邦派张良带着印信到齐国封韩信为齐王。

项羽闻龙且军破，则恐，使盱台人武涉往说韩信。韩信不听。

楚汉久相持未决，丁壮苦军旅，老弱罢转饷。汉王项羽相与临广武之间而语。项羽欲与汉王独身挑战。汉王数项羽曰："始与项羽俱受命怀王，曰先入定关中者王之，项羽负约，王我于蜀汉，罪一。项羽矫杀卿子冠军而自尊，罪二。项羽已救赵，当还报，而擅劫诸侯兵入关，罪三。怀王约入秦无暴掠，项羽烧秦宫室，掘始皇帝冢，私收其财物，罪四。又强杀秦降王子婴，罪五。诈坑秦子弟新安二十万，王其将，罪六。项羽皆王诸将善地，而徙逐故主，令臣下争叛逆，罪七。项羽出逐义帝彭城，自都之，夺韩王地，并王梁楚，多自予，罪八。项羽使人阴弑义帝江南，罪九。夫为人臣而弑其主，杀已降，为政不平，主约不信，天下所不容，大逆无道，罪十也。吾以义兵从诸侯诛残贼，使刑余罪人击杀项羽，何苦乃与公挑战！"项羽大怒，伏弩射中汉王。汉王伤匈，乃扪足曰："虏中吾指！"汉王病创卧，张良强请汉王起行劳军，以安士卒，毋令楚乘胜于汉。汉王出行军，病甚，因驰入成皋。

病愈，西入关，至栎阳，存问父老，置酒，枭故塞王欣头栎阳市。留四日，复如军，军广武。关中兵益出。

当此时，彭越将兵居梁地，往来苦楚兵，绝其粮食。田横往从之。项羽数击彭越等，齐王信又进击楚。项羽恐，乃与汉王约，中分天下，割鸿沟而西者为汉，鸿沟而东者为楚。项王归汉王父母妻子，军中皆呼万岁，乃归而别去。

项羽解而东归。汉王欲引而西归，用留侯、陈平计，乃进兵追项羽，至阳夏南止军，与齐王信、建成侯彭越期会而击楚军。至固陵，项羽听说龙且的军队被打败后，就害怕了，派盱台人武涉去游说韩信反汉。韩信没有同意。

楚汉两军久久相持不下，胜负未决，年轻人厌倦了长期的行军作战，老弱者由于运送粮饷也疲备不堪。于是刘邦和项羽隔着广武涧相互喊话。项羽要求与刘邦单独决一雌雄，刘邦则一项一项地列举项羽的罪状说："当初我和你项羽一同受怀王之命，说定了先入关中者在关中为王，你项羽违背了约定，让我在蜀汉为王，这是你的第一条罪状。你项羽假托怀王之命，杀了卿子冠军宋义，而自任上将军，这是你的第二条罪状。你项羽奉命援救了赵国，本应当回报怀王，而你项羽却擅自劫持诸侯的军队入关，这是你的第三条罪状。怀王当初约定入关后不准烧杀掳掠，你却焚毁秦朝宫室，挖了始皇帝坟墓，私自收取秦地的财物，这是你的第四条罪状。你强行杀掉已经投降的秦王子婴，这是你的第五条罪状。你采用欺诈手段在新安活埋了二十万秦兵，却封赏他们的降将，这是你的第六条罪状。你项羽把各诸侯的将领都封在好地方，却迁移赶走原来的诸侯王田市、赵歇、韩广等，使得他们的臣下为争王位而反叛，这是你的第七条罪状。你项羽把义帝赶出彭城，自己却在那里建都，又侵夺韩王的地盘，把梁、楚之地并在一起据为己有，这是你的第八条罪状。你项羽派人在江南秘密地杀了义帝，这是你的第九条罪状。你为人臣子却谋杀君主，杀害已经投降之人，你为政不公，不守信约，不容于天下，大逆不道，这是你的第十条罪状。如今我率领义兵和诸侯们来讨伐你这个残暴的罪人，只派那些受过刑的罪犯就可以收拾掉你项羽，又何必劳累我来跟你挑战呢？"项羽十分恼怒，令预先埋伏的弓箭手开弓射中了刘邦。刘邦被射伤了胸部，他却按着脚说："这个强盗射中了我的脚趾！"刘邦因受箭伤而病倒了，但张良却强请他起来出去巡行，慰劳部队，以便稳定军心，不让楚军乘胜利之机攻打汉军。刘邦出去巡视军营后，病情加重了，便立即赶回了成皋。

刘邦病愈后，西行入关，来到栎阳，慰问当地父老，摆设酒席，并杀了原塞王司马欣，把他的头悬挂在木杆上示众。刘邦在栎阳停留了四天，又回到军中，部队驻扎在广武。这时候，关中的军队出关参战的也增多了。

这时候，彭越带兵驻在梁地，往来袭击骚扰楚军，断绝了楚军的粮食供给。田横前往梁地依附他。项羽多次攻击彭越等人，齐王韩信又进兵攻打楚军。项羽害怕了，就跟刘邦约定，平分天下，鸿沟以西的地方划归汉，鸿沟以东的地方划归楚。项羽送回了刘邦的家属，汉军官兵一见都呼喊万岁，然后双方分别回营离去。

项羽罢兵回东方了，刘邦也想率军西归，后来采用张良、陈平的计策，乘楚军兵疲粮尽时，进兵追击项羽，一直追到阳夏南面才让部队停下来。刘不会。楚击汉军，大破之。汉王复入壁，深堑而守之。用张良计，于是韩信、彭越皆往。及刘贾入楚地，围寿春，汉王败固陵，乃使使者召大司马周殷举九江兵而迎武王，行屠城父，随刘贾、齐梁诸侯皆大会垓下。立武王布为淮南王。

五年，高祖与诸侯兵共击楚军，与项羽决胜垓下。淮阴侯将三十万自当之，孔将军居左，费将军居右，皇帝在后，绛侯、柴将军在皇帝后。项羽之卒可十万。淮阴先合，不利，却。孔将军、费将军纵，楚兵不利，淮阴侯复乘之，大败垓下。项羽卒闻汉军之楚歌，以为汉尽得楚地，项羽乃败而走，是以兵大败。使骑将灌婴追杀项羽东城，斩首八万，遂略定楚地。鲁为楚坚守不下。汉王引诸侯兵北，示鲁父老项羽头，鲁乃降。遂以鲁公号葬项羽谷城。还至定陶，驰入齐王壁，夺其军。

正月，诸侯及将相相与共请尊汉王为皇帝。汉王曰："吾闻帝贤者有也，空言虚语，非所守也，吾不敢当帝位。"群臣皆曰："大王起微细，诛暴逆，平定四海，有功者辄裂地而封为王侯。大王不尊号，皆疑不信。臣等以死守之。"汉王三让，不得已，曰："诸君必以为便，便国家。"甲午，乃即皇帝位汜水之阳。

皇帝曰义帝无后。齐王韩信习楚风俗，徙为楚王，都下邳。立建成侯彭越为梁王，都定陶。故韩王信为韩王，都阳翟。徙衡山王吴芮为长沙王，都临湘。番君之将梅鋗有功，从入武关，故德番君。淮南王布、燕王臧荼、赵王敖皆如故。

天下大定。高祖都洛阳，诸侯皆臣属。故临江王欢为项羽叛汉，令卢绾、刘贾围之，不下。数月而降，杀之洛阳。

五月，兵皆罢归家。诸侯子在关中者复之十二岁，其归者复之六岁，食之一岁。

邦曾和齐王韩信、建成侯彭越约定日期会合，共同攻击楚军，但当刘邦到达固陵时，韩信、彭越却没有来会合。楚军掉头迎击汉军，把汉军打得大败。刘邦逃回营垒，深挖壕堑，固守不出。后又采用张良的计策派使者封给韩信、彭越土地，于是韩信、彭越都来会合了。此前刘贾已率军进入楚地，围攻寿春，刘邦却在固陵打了败仗。于是他派人去召大司马周殷，让他出动九江军队去迎接武王黥布，行军途中屠戮了城父。然后随刘贾、齐梁各诸侯的军队一起会师垓下。刘邦封武王黥布为淮南王。

汉王五年，刘邦和诸侯军共同进攻楚军，与项羽在垓下决战。淮阴侯韩信率领三十万大军与楚军正面对阵，他的部将孔将军在左边，费将军在右边，刘邦领兵随后，绛侯周勃、柴将军跟在刘邦的后面。项羽的军队大约有十万。淮阴侯首先跟楚军交锋，没占到便宜，向后退却。孔将军、费将军从左右两边纵兵攻上去，楚军形势不妙，淮阴侯乘势再次从正面攻上去，大败楚军于垓下。项羽的士兵夜晚听到汉军唱起了楚地的歌谣，以为汉军已经占领了全部楚地，项羽才战败逃走，于是楚军因此全部崩溃。刘邦派骑将灌婴追杀项羽，一直追到东城，杀了八万楚兵，终于平定了楚地。这时只有鲁县人还在为项羽坚守，不肯降服，因为怀王当初封项羽为鲁公。刘邦于是率领诸侯军北上，把项羽的头给鲁县的父老们看，鲁人这才投降。于是，刘邦按照鲁公这一封号的礼仪，把项羽葬在谷城。然后回师定陶，他驱马驰入齐王韩信的军营，夺了韩信的兵权。

正月，诸侯及将相们共同尊请汉王刘邦为皇帝。刘邦说："我听说皇帝的尊号，贤能的人才能据有，空言虚语不是我所要的，我可承担不了皇帝的尊号。"大臣们都说："大王从平民起事，诛伐暴逆，平定四海，有功的分赏土地封为王侯，如果大王不称皇帝尊号，人们对大王的封赏就都不会相信。我们愿意以死相求。"汉王辞让再三，实在推辞不过了，才说："既然诸位认为这样合适，对国家有利，那我就听从吧。"甲午日，刘邦在汜水北面登临皇帝之位。

刘邦提到义帝没有后代，而齐王韩信熟悉楚地的风俗，就改封韩信为楚王，建都下邳；封建成侯彭越为梁王，建都定陶；原韩王信仍旧为韩王，建都阳翟；改封衡山王吴芮为长沙王，建都临湘。番君吴芮的部将梅鋗有功劳，曾经随汉军进入武关，所以刘邦感激吴芮。淮南王黥布、燕王臧荼、赵王张敖的封号都不改变。

天下已经全部平定了，刘邦把都城定在洛阳，各路诸侯都称臣归从于刘邦。原临江王共欢仍为项羽效忠，反对刘邦。刘邦派卢绾、刘贾包围了他，没有攻下。过了几个月共欢才投降，最后被处死在洛阳。

五月，士兵都被遣散回家了。各诸侯子弟留在关中护卫太子的，免除赋税徭役十二年；曾护卫过后又回封国去了的免除赋税徭役六年，另国家供养他们一年。

高祖置酒洛阳南宫。高祖曰："列侯诸将无敢隐朕，皆言其情。吾所以有天下者何？项氏之所以失天下者何？"高起、王陵对曰："陛下慢而侮人，项羽仁而爱人。然陛下使人攻城略地，所降下者因以予之，与天下同利也。项羽妒贤嫉能，有功者害之，贤者疑之，战胜而不予人功，得地而不予人利，此所以失天下也。"高祖曰："公知其一，未知其二。夫运筹策帷帐之中，决胜于千里之外，吾不如子房。镇国家，抚百姓，给馈饷，不绝粮道，吾不如萧何。连百万之军，战必胜，攻必取，吾不如韩信。此三者，皆人杰也，吾能用之，此吾所以取天下也。项羽有一范增而不能用，此其所以为我擒也。"

高祖欲长都洛阳，齐人刘敬说，乃留侯劝上入都关中，高祖是日驾，入都关中。六月，大赦天下。

十月，燕王臧荼反，攻下代地。高祖自将击之，得燕王臧荼。即立太尉卢绾为燕王。使丞相哙将兵攻代。

其秋，利几反，高祖自将兵击之，利几走。利几者，项氏之将。项氏败，利几为陈公，不随项羽，亡降高祖，高祖侯之颍川。高祖至洛阳，举通侯籍召之，而利几恐，故反。

六年，高祖五日一朝太公，如家人父子礼。太公家令说太公曰："天无二日，土无二王。今高祖虽子，人主也；太公虽父，人臣也。奈何令人主拜人臣！如此，则威重不行。"后高祖朝，太公拥彗，迎门却行。高祖大惊，下扶太公。太公曰："帝，人主也，奈何以我乱天下法！"于是高祖乃尊太公为太上皇。心善家令言，赐金五百斤。

十二月，人有上变事告楚王信谋反，上问左右，左右争欲击之。用陈平计，乃伪游云梦，会诸侯于陈，楚王信迎，即因执之。是日，大赦天下。田肯贺，因说高祖曰："陛下得韩信，又治秦中。秦，形胜之国，带河山之险，悬隔千里，持戟百万，秦得百二焉。地势便刘邦在洛阳南宫摆设酒宴。刘邦说：“列侯和各位将领，你们不能瞒我，都要说真心话。我之所以能取得天下，是因为什么呢？项羽之所以失去天下，又是因为什么呢？”高起、王陵回答说：“陛下傲慢而且好侮辱别人，项羽仁厚而且爱护别人。但是陛下派人攻打城池夺取土地，所攻下和降服的地方就分封给人们，跟天下人同享利益。而项羽却妒贤嫉能，有功的就忌妒人家，有才能的就怀疑人家，打了胜仗不给人家授功，夺得了土地不给人家利益，这就是他失去天下的原因。”高祖说：“你们只知其一，不知其二。如果说运筹帷幄之中，决胜于千里之外，我比不上张子房；镇守国家，安抚百姓，供给粮饷，保证运粮道路不被阻断，我比不上萧何；统率百万大军，战则必胜，攻则必取，我比不上韩信。这三个人都是人中的俊杰，我能够重用他们，这就是我能够取得天下的原因所在。项羽虽然有一位范增却不重用，这就是他被我擒获的原因。”

刘邦打算长期定都洛阳，齐人刘敬劝说，还有留侯张良也劝说，让刘邦进入并定都关中。于是刘邦当天就起驾入关，到关中去建都。当年六月，刘邦大赦天下。

当年十月，燕王臧荼造反，攻占了代地。刘邦亲自率军前去讨代，擒获了燕王臧荼。当即刘邦封太尉卢绾为燕王，派丞相樊哙领兵去攻打代地。

这一年的秋天，利几造反，刘邦又亲自带兵去讨伐，利几败逃。利几原先是项羽的部将。项羽失败时，利几是陈县县令，没有跟随项羽，逃出归降了刘邦。刘邦把他封在颍川为侯。刘邦打败燕王臧荼回到洛阳后，召见全部在册的列侯，利几心里害怕，所以就造反了。

汉六年，高祖每五天朝拜太公一次，遵循一般人家父子相见的礼节。太公的管家劝说太公道：“天上不会有两个太阳，地上不应有两个君主。当今皇上在家虽然是儿子，在天下却是万民之主；太公您在家虽然是父亲，对皇上却是臣子。怎么能够叫万民之主拜见他的臣子呢！这样做，皇帝的威严就不能遍行天下了。”后来刘邦再去朝见太公，太公就抱着扫帚，面对门口倒退着走。刘邦大为吃惊，急忙下车搀扶太公。太公说：“皇上是万民之主，怎么能因为我而乱了天下的规矩呢？”于是刘邦就尊奉太公为太上皇，心里赞赏那个管家的话，赐给他五百斤黄金。

十二月，有人上书报告楚王韩信谋反作乱的事，刘邦向左右大臣询问对策，大臣们都争着想去征讨。最后刘邦采用了陈平的计策，假装去游览云梦泽，在陈县召见诸侯。楚王韩信来迎接。刘邦趁机拘捕了他。当天，刘邦宣布大赦天下。这时田肯前来祝贺，趁便劝说刘邦道：“陛下抓住了韩信，又在关中建都。秦地是个形势险要之地，周围有山河环绕，与关东有千里长的疆界被山河阻隔。如果利，其以下兵于诸侯，譬犹居高屋之上建瓴水也。夫齐，东有琅邪、即墨之饶，南有泰山之固，西有浊河之限，北有勃海之利。地方二千里，持戟百万，悬隔千里之外，齐得十二焉。故此东西秦也。非亲子弟，莫可使王齐矣。”高祖曰：“善。”赐黄金五百斤。

后十余日，封韩信为淮阴侯，分其地为二国。高祖曰将军刘贾数有功，以为荆王，王淮东。弟交为楚王，王淮西。子肥为齐王，王七十余城，民能齐言者皆属齐。乃论功，与诸列侯剖符行封。徙韩王信太原。

七年，匈奴攻韩王信马邑，信因与谋反太原。白土曼丘臣、王黄立故赵将赵利为王以反，高祖自往击之。会天寒，士卒堕指者什二三，遂至平城。匈奴围平城，七日而后罢去。令樊哙止定代地。立兄刘仲为代王。

二月，高祖自平城过赵、洛阳，至长安。长乐宫成，丞相已下徙治长安。

八年，高祖东击韩王信余反寇于东垣。

萧丞相营作未央宫，立东阙、北阙、前殿、武库、太仓。高祖还，见宫阙壮甚，怒，谓萧何曰：“天下匈匈苦战数岁，成败未可知，是何治宫室过度也？”萧何曰：“天下方未定，故可因遂就宫室。且夫天子四海为家，非壮丽无以重威，且无令后世有以加也。”高祖乃说。

高祖之东垣，过柏人，赵相贯高等谋弑高祖，高祖心动，因不留。代王刘仲弃国亡，自归洛阳，废以为合阳侯。

九年，赵相贯高等事发觉，夷三族。废赵王敖为宣平侯。是岁，徙贵族楚昭、屈、景、怀、齐田氏关中。

关东拥有百万军队，那么秦地只需兵力二万就可以抵挡住。秦地地势这样有利，如果对诸侯用兵，就好像从高屋檐角的瓦瓴往下流水一样，居高临下，势不可当。还有齐地，东有琅邪、即墨的富饶，南有泰山的险固，西有黄河的天险，北有渤海的地利。土地纵横各二千里，与诸侯的疆界被山水阻隔，超过千里，如果诸侯拥有百万军队，那么齐地只需二十万就可以抵挡住。所以说，齐地可以和秦地并称东秦和西秦。如果不是陛下的嫡亲子弟，其他人不可以派去做齐王。”刘邦听后说：“很好。”赏给田肯黄金五百斤。

十多天以后，刘邦封韩信为淮阴侯，把他原来的封地分为两个侯国。刘邦认为将军刘贾屡次立功，就封他为荆王，统治淮水以东；又封他的弟弟刘交为楚王，统治淮水以西；封皇子刘肥为齐王，统辖七十多座城，凡是能说齐国话的老百姓都划属齐国。刘邦又评定功绩，进行封赏，与各列侯剖开封侯的符节，一半留在朝廷，一半交给受封者，以做凭证。让韩王信迁徙到太原郡。

汉七年，匈奴攻打韩王信治下的马邑，韩王信就与匈奴勾结在太原谋反。此时白土县人曼丘臣、王黄拥立前赵将赵利为王，也反叛朝廷。刘邦亲自率兵前往讨伐。当时正赶上天气寒冷，士兵们被冻掉手指的有十分之二三，最后赶到了平城。匈奴军队包围了平城，七天之后才撤围离去。刘邦让樊哙留下继续平定代地，封哥哥刘仲为代王。

汉七年二月，刘邦从平城出发，经过赵国、洛阳，抵达长安。长安的长乐宫已建成，于是刘邦让丞相萧何以下的官员们全都迁到长安来办公。

汉八年，汉高祖刘邦又率军东进，在东垣一带追击韩王信的残余部众。

当时丞相萧相何正主持未央宫的营建工作，已经建好了未央宫的东阙、北阙、前殿、武库、太仓。刘邦回来后，看到宫殿非常壮观，很生气，对萧何说：“天下动荡纷乱，苦苦征战好几年，成败还不可确知，为什么要把宫殿修造得如此豪华壮美呢？”萧何说：“正因为天下还没有安定，才可以利用这个时机建成宫殿。再说，天子以四海为家，宫殿不壮丽就无法树立天子的威严，而且也不能让后世超过呀。”高祖这才高兴起来。

刘邦到东垣去，经过柏人县，赵国丞相贯高等人图谋想要谋杀高祖。刘邦本想在柏人留宿，可是心里一动，想到“柏人”字音与“迫人”相同，就没有住在那里。代王刘仲在匈奴人的攻击下弃国逃亡，回到了洛阳，高祖刘邦废掉了他的王位，改封为合阳侯。

汉九年，赵国丞相贯高等人企图谋杀刘邦的事情被发觉。刘邦灭了他们的三族，废掉了赵王共敖的王位，改封为宣平侯。这一年，刘邦把原来楚国的贵族昭未央宫成。高祖大朝诸侯群臣，置酒未央前殿。高祖奉玉卮，起为太上皇寿，曰："始大人常以臣无赖，不能治产业，不如仲力。今某之业所就孰与仲多？"殿上群臣皆呼万岁，大笑为乐。

十年十月，淮南王黥布、梁王彭越、燕王卢绾、荆王刘贾、楚王刘交、齐王刘肥、长沙王吴芮皆来朝长乐宫。春夏无事。

七月，太上皇崩栎阳宫。楚王、梁王皆来送葬。赦栎阳囚。更命郦邑曰新丰。

八月，赵相国陈豨反代地。上曰："豨尝为吾使，甚有信。代地吾所急也，故封豨为列侯，以相国守代，今乃与王黄等劫掠代地！代地吏民非有罪也。其赦代吏民。"九月，上自东往击之。至邯郸，上喜曰："豨不南据邯郸而阻漳水，吾知其无能为也。"闻豨将皆故贾人也，上曰："吾知所以与之。"乃多以金啖豨将，豨将多降者。

十一年，高祖在邯郸诛豨等未毕，豨将侯敞将万余人游行，王黄军曲逆，张春渡河击聊城。汉使将军郭蒙与齐将击，大破之。太尉周勃道太原入，定代地。至马邑，马邑不下，即攻残之。

豨将赵利守东垣，高祖攻之，不下。月余，卒骂高祖，高祖怒。城降，令出骂者斩之，不骂者原之。于是乃分赵山北，立子恒以为代王，都晋阳。

春，淮阴侯韩信谋反关中，夷三族。

夏，梁王彭越谋反，废迁蜀；复欲反，遂夷三族。立子恢为梁王，子友为淮阳王。

秋七月，淮南王黥布反，东并荆王刘贾地，北渡淮，楚王交走入薛。高祖自往击之。立子长为淮南王。

十二年，十月，高祖已击布军会甀，布走，令别将追之。

氏、屈氏、景氏、怀氏和原来齐国的贵族田氏等，全部迁到关中。

未央宫建成了。刘邦在未央宫前殿摆设酒宴，大会诸侯、群臣。刘邦捧着玉制酒杯，起身向太上皇献酒祝寿，说："当初您常以为我没有出息，无可倚仗，不会经营产业，比不上哥哥刘仲勤苦努力。可是现在我的产业和刘仲相比，谁的多呢？"殿上的群臣听了都高呼万岁，大笑取乐。

汉十年十月，淮南王黥布、梁王彭越、燕王卢绾、荆王刘贾、楚王刘交、齐王刘肥、长沙王吴芮都到长乐宫朝见高祖刘邦。这年春天和夏天国家太平无事。

这年七月，太上皇在栎阳宫去世。楚王、梁王都来送葬。刘邦赦免了栎阳的囚徒，把郦邑改名为新丰。

这年八月，赵国丞相陈豨在代地造反。刘邦说："陈豨曾经给我做事，很有信用。代地我认为是很重要的地方，所以封陈豨为列侯，以相国的身份镇守代地。如今他竟然和王黄等人在代地造反！但是代地的官吏和百姓并没有罪，全都赦免他们。"九月，刘邦亲自率军往东，前去讨伐陈豨。到达邯郸，刘邦高兴地说："陈豨没有占据邯郸并且把漳水隔断，我就知道他是个无能的人了。"又听说陈豨的部将以前都是做生意的人，说："我知道应该怎么对付他了。"于是拿出了许多黄金去引诱陈豨的部将，很多人都投降了。

十一年，高祖在邯郸讨伐陈豨等人的战事还没有完毕，陈豨的部将侯敞带领一万多人在各地往来游击作战，王黄驻扎在曲逆，张春率军渡过黄河攻打聊城。刘邦派将军郭蒙和齐国的将领联合攻打他们，打得他们大败。太尉周勃从太原攻入，平定了代地。攻马邑时，马邑的叛军不肯降服，周勃就派军摧毁了马邑。

当时陈豨的部将赵利坚守东垣，刘邦率军攻打，久攻不下。攻了一个多月，东垣的士兵在城上辱骂刘邦，刘邦大怒。等到东垣被攻下后，刘邦下令把辱骂过自己的人找出来斩了，不曾辱骂自己的人就宽恕了他们。随后刘邦把赵国常山以北的地区划归代国，立皇子刘恒为代王，建都晋阳。

这年的春天，淮阴侯韩信在关中谋反，被刘邦夷灭三族。

夏天，梁王彭越谋反，刘邦废掉了他的王位，把他流放到蜀地；不久他又想谋反，被夷灭三族。接着刘邦立皇子刘恢为梁王，皇子刘友为淮阳王。

这年秋季七月，淮南王黥布造反，向东吞并了荆王刘贾的地盘，又北渡淮河，楚王刘交被迫逃到薛邑。汉高祖刘邦亲自率军前去讨伐，另立皇子刘长为淮南王。

十二年十月，高祖刘邦在会甄击败了黥布的军队。黥布逃走，高祖派别将继续追击。

高祖还归，过沛，留。置酒沛宫，悉召故人父老子弟纵酒，发沛中儿得百二十人，教之歌。酒酣，高祖击筑，自为歌诗曰："大风起兮云飞扬，威加海内兮归故乡，安得猛士兮守四方！"令儿皆和习之。高祖乃起舞，慷慨伤怀，泣数行下。谓沛父兄曰："游子悲故乡。吾虽都关中，万岁后吾魂魄犹乐思沛。且朕自沛公以诛暴逆，遂有天下，其以沛为朕汤沐邑，复其民，世世无有所与。"沛父兄诸母故人日乐饮极欢，道旧故为笑乐。十余日，高祖欲去，沛父兄固请留高祖。高祖曰："吾人众多，父兄不能给。"乃去。沛中空县皆之邑西献。高祖复留止，张饮三日。沛父兄皆顿首曰："沛幸得复，丰未复，唯陛下哀怜之。"高祖曰："丰吾所生长，极不忘耳，吾特为其以雍齿故反我为魏。"沛父兄固请，乃并复丰，比沛。于是拜沛侯刘濞为吴王。

汉将别击布军洮水南北，皆大破之，追得斩布鄱阳。

樊哙别将兵定代，斩陈豨当城。

十一月，高祖自布军至长安。十二月，高祖曰："秦始皇帝、楚隐王陈涉、魏安釐王、齐湣王、赵悼襄王皆绝无后，予守冢各十家，秦皇帝二十家，魏公子无忌五家。"赦代地吏民为陈豨、赵利所劫掠者，皆赦之。陈豨降将言豨反时，燕王卢绾使人之豨所，与阴谋。上使辟阳侯迎绾，绾称病。辟阳侯归，具言绾反有端矣。二月，使樊哙、周勃将兵击燕王绾，赦燕吏民与反者。立皇子建为燕王。

高祖击布时，为流矢所中，行道病。病甚，吕后迎良医，医入见，高祖问医，医曰："病可治。"于是高祖嫚骂之曰："吾以布衣提三尺剑取天下，此非天命乎？命乃在天，虽扁鹊何益！"遂不使治病，赐金五十斤罢之。已而吕后问："陛下百岁后，萧相国即死，令谁代之？"上曰："曹参可。"问其次，上曰："王陵可。然陵少高祖回京途中，路过沛县时停了下来。他在沛宫置备酒席，把过去的老朋友和他们的子弟都请来一起纵情畅饮。他从沛县儿童中挑选了一百二十人，教他们唱歌。酒喝得正痛快时，高祖自己弹击着筑琴，唱起了自己编的歌："大风刮起来啊云彩飞扬，声威遍海内啊回归故乡，怎能得到猛士啊守卫四方！"并让儿童们跟着学唱。于是高祖起舞，他情绪激动，心中感伤，洒下了行行热泪。他对沛县的父老兄弟说："远游的赤子总是思念着故乡。我虽然建都关中，但是将来死后我的魂魄还会思念故乡。而且我开始是以沛公的身份起兵讨伐暴逆，最终取得天下。我把沛县作为我的汤沐邑，免除沛县百姓的赋税徭役，世世代代不必纳税服役。"沛县的父老兄弟及同宗婶子、大娘、亲戚朋友天天快活饮酒，尽情欢宴，叙谈往事，取笑作乐。过了十多天，刘邦要走了，沛县父老坚决要高祖多留几日。高祖说："我的随从人众太多，父兄们供应不起。"于是离开了沛县。这天，沛县城里全空了，百姓都赶到城西来向刘邦敬献礼物。见此情景，刘邦又停下来，搭起帐篷，痛饮了三天。沛县的父老兄弟都叩头请求说："沛县有幸得以免除赋税徭役，丰邑却没有免除，希望陛下可怜他们。"高祖说："丰邑是我生长的地方，我最不能忘记。只是当初丰邑人跟着雍齿反叛我而帮助魏王，我才这样的。"沛县父老兄弟仍旧坚决请求，高祖才答应把丰邑的赋税徭役也免除掉，跟沛县一样。于是封沛侯刘濞为吴王。

汉将军分别在洮水南北进击黥布，都大败了叛军，在追到鄱阳时抓获了黥布，并把他斩了。

樊哙另外带兵平定了代地，在当城杀了陈豨。

十一月，汉高祖刘邦从讨伐黥布的前线返回长安。十二月，高祖说："秦始皇、楚隐王陈涉、魏安釐王、齐湣王、赵悼襄王等都没有后代，分别给予守墓人十户，给秦始皇二十户，给魏公子无忌五户。"代地的官吏、百姓，凡是被陈豨、赵利所劫持的，全部赦免。当时陈豨的降将说陈豨造反时，燕王卢绾曾经派人到陈豨那里跟他密谋。刘邦派辟阳侯审食其去宣召卢绾进京，卢绾推说有病不来。辟阳侯回来后，详细报告说，卢绾确实有谋反的迹象。这年二月，高祖派樊哙、周勃带兵讨伐燕王卢绾，赦免了燕地参与造反的官吏与百姓，立皇子刘建为燕王。

汉高祖刘邦在讨伐黥布的时候，被飞箭射中，在回京的路上生了病。病得很厉害，吕后为他请来了一位好医生。医生进宫拜见，刘邦问医生病情如何。医生说："可以治好。"于是刘邦骂他说："我一个平民，手提三尺之剑，最终取得天下，这不是由于天命吗？人的命运决定于上天，纵然你是扁鹊，对我的病又有什么用处呢！"说完并不让他治病，赏给他五十斤黄金打发走了。不久，吕后问高祖："陛下百年之后，如果萧相国也死了，让谁来接替他做相国呢？"高祖戆，陈平可以助之。陈平智有余，然难以独任。周勃重厚少文，然安刘氏者必勃也，可令为太尉。”吕后复问其次，上曰：“此后亦非尔所知也。”

卢绾与数千骑居塞下候伺，幸上病愈自入谢。

四月甲辰，高祖崩长乐宫。四日不发丧。吕后与审食其谋曰：“诸将与帝为编户民，今北面为臣，此常怏怏，今乃事少主，非尽族是，天下不安。”人或闻之，语郦将军。郦将军往见审食其，曰：“吾闻帝已崩，四日不发丧，欲诛诸将。诚如此，天下危矣。陈平、灌婴将十万守荥阳，樊哙、周勃将二十万定燕、代，此闻帝崩，诸将皆诛，必连兵还乡以攻关中。大臣内叛，诸侯外反，亡可翘足而待也。”审食其入言之，乃以丁未发丧，大赦天下。

卢绾闻高祖崩，遂亡入匈奴。

丙寅，葬。己巳，立太子，至太上皇庙。群臣皆曰：“高祖起微细，拨乱世反之正，平定天下，为汉太祖，功最高。”上尊号为高皇帝。太子袭号为皇帝，孝惠帝也。令郡国诸侯各立高祖庙，以岁时祠。

及孝惠五年，思高祖之悲乐沛，以沛宫为高祖原庙。高祖所教歌儿百二十人，皆令为吹乐，后有缺，辄补之。

高帝八男：长庶齐悼惠王肥；次孝惠，吕后子；次戚夫人子赵隐王如意；次代王恒，已立为孝文帝，薄太后子；次梁王恢，吕太后时徙为赵共王；次淮阳王友，吕太后时徙为赵幽王；次淮南厉王长；次燕王建。

太史公曰：夏之政忠。忠之敝，小人以野，故殷人承之以敬。敬之敝，小人以鬼，故周人承之以文。文之敝，小人以僿，故救僿莫若说："曹参可以。"又问曹参以后的事，高祖说："王陵可以。不过他略显迂愚刚直，陈平可以帮助他。陈平智慧有余，然而难以独自担当重任。周勃深沉厚道，缺少文才，但是日后安定刘氏天下的一定是周勃，可以让他担任太尉。"吕后再问以后的事，高祖说："再以后的事，也不是你所能知道的了。"

这时卢绾带着几千骑兵在边境上等待机会，希望在高祖病愈以后，亲自到长安去请罪。

四月甲辰日，刘邦在长乐宫逝世。过了四天仍没有发布丧事的消息。吕后和审食其商量说："那些将领和皇帝以前同样都是平民百姓，后来北面称臣，他们因此常常流露出不满意、不服气的样子。现在又要侍奉年轻的新皇帝了，如果不全部族灭他们，天下就难以安定了。"有人听到了这个话，告诉了将军郦商。郦商去见审食其，说："我听说皇帝已驾崩四天了，你们至今还不发布丧事消息，而且想要杀掉所有的将领。如果你们真的这样做，天下可就危险了。现在陈平、灌婴率领十万大军镇守荥阳，樊哙、周勃率领二十万大军在燕地和代地作战，如果他们听说皇帝驾崩了，在朝诸将都遭杀戮，必定会把军队联合在一起，回过头来进攻关中。那时候大臣们在朝廷叛乱，诸侯们在外面造反，汉朝覆亡的日子很快就要来到了。"审食其进宫把这番话告诉了吕后，于是吕后就在二十八日发布了刘邦逝世的消息，同时宣布大赦天下。

卢绾听说刘邦驾崩的消息，就逃到匈奴去了。

这年五月十七日，刘邦葬在了长陵。二十日，太子刘盈来到太上皇庙朝拜，大臣们都说："高祖起事于平民，平治乱世，使之归于正道，平定了天下，是汉朝的开国皇帝，功劳最高。"于是献上尊号称刘邦为高皇帝。太子继承皇帝之号，这就是孝惠帝。孝惠帝下令，让各郡国诸侯分别建立高祖庙，每年按时祭祀。

到孝惠帝五年，皇上想到高祖生前思念和喜欢沛县，就把沛宫定为高祖的原庙；高祖所教唱歌的儿童一百二十人，都让他们在原庙奏乐唱歌，以后有了缺员，就随时加以补充。

高祖有八个儿子：庶出的长子是齐悼惠王刘肥；次子孝惠皇帝，是吕后的儿子；三子是戚夫人的儿子赵隐王如意；四子代王刘恒，后来被立为孝文皇帝，是薄太后的儿子；五子梁王刘恢，吕太后当政时被改封为赵共王；六子淮阳王刘友，吕太后时被改封为赵幽王；七子是淮南厉王刘长；八子是燕王刘建。

太史公说："夏朝的政治忠厚。忠厚的弊病是使得百姓粗野少礼，所以殷朝代之以恭敬。恭敬的弊病是使得百姓相信鬼神，所以周朝代之以礼仪。礼仪的弊病是使百姓不诚恳，所以要救治不诚恳的弊病，就没有什么比得上忠厚。由此以忠。三王之道若循环，终而复始。周秦之间，可谓文敝矣。秦政不改，反酷刑法，岂不缪乎？故汉兴，承敝易变，使人不倦，得天统矣。朝以十月。车服黄屋左纛。葬长陵。

看来，夏、殷、周三代开国君主的治国之道好像是循环轮转的，终而复始。至于周朝到秦朝之间，其弊病可以说就在于过分讲究礼仪了。秦朝的政治不但没有改变这种弊病，反而使刑法更加残酷，这难道不是大错特错吗？所以汉朝的兴起，前朝政治的弊端有所改变，使老百姓不至于倦怠，这是符合循环终始的天道的。规定每年十月诸侯王到京城朝见皇帝。车服有定制，皇帝的车子用黄缯做盖的里子，车横左边竖立毛羽制成的幢。安葬高祖于长陵。”

吕太后本纪第九

吕太后者，高祖微时妃也，生孝惠帝、女鲁元太后。及高祖为汉王，得定陶戚姬，爱幸，生赵隐王如意。孝惠为人仁弱，高祖以为不类我，常欲废太子，立戚姬子如意，如意类我。戚姬幸，常从上之关东，日夜啼泣，欲立其子代太子。吕后年长，常留守，希见上，益疏。如意立为赵王后，几代太子者数矣，赖大臣争之，及留侯策，太子得毋废。

吕后为人刚毅，佐高祖定天下，所诛大臣多吕后力。吕后兄二人，皆为将。长兄周吕侯死事，封其子吕台为郦侯，子产为交侯；次兄吕释之为建成侯。

高祖十二年四月甲辰，崩长乐宫，太子袭号为帝。是时高祖八子：长男肥，孝惠兄也，异母，肥为齐王；余皆孝惠弟，戚姬子如意为赵王，薄夫人子恒为代王，诸姬子子恢为梁王，子友为淮阳王，子长为淮南王，子建为燕王。高祖弟交为楚王，兄子濞为吴王。非刘氏功臣番君吴芮子臣为长沙王。

吕后最怨戚夫人及其子赵王，乃令永巷囚戚夫人，而召赵王。使者三反，赵相建平侯周昌谓使者曰："高帝属臣赵王，赵王年少。窃闻太后怨戚夫人，欲召赵王并诛之，臣不敢遣王。王且亦病，不能奉诏。"吕后大怒，乃使人召赵相。赵相征至长安，乃使人复召赵王。王来，未到。孝惠帝慈仁，知太后怒，自迎赵王霸上，与入宫，自挟与赵王起居饮食。太后欲杀之，不得间。孝惠元年十二月，帝晨出射。赵王少，不能蚤起。太后闻其独居，使人持酖饮之。犁明，孝惠还，赵王已死。于是乃徙淮阳王友为赵王。夏，诏赐郦侯父追谥为令武侯。太后遂断戚夫人手足，去眼，辉耳，饮瘖药，使居厕中，吕太后，是高祖贫贱时娶的妻子，生了孝惠帝和鲁元太后。等到高祖做了汉王后，娶了定陶的戚姬，戚姬受到宠幸，生了赵隐王如意。孝惠帝为人仁惠柔弱，高祖认为不像自己，常想废掉他，改立戚姬的儿子如意为太子，因为如意像自己。戚姬得到宠爱，常跟随高祖到关东，她日夜啼哭，想要让自己的儿子取代孝惠帝做太子。吕后年纪大了，经常留守关中，很少见到高祖，越发被疏远了。如意被立为赵王之后，好几次险些取代了太子的地位，全靠大臣们的极力劝谏，特别是后来留侯张良给刘盈出了主意，太子才没被废黜。

吕后为人刚强坚毅，辅佐高祖平定天下，诛杀韩信、黥布、彭越等大臣也多有吕后之力。吕后的两个哥哥都做了刘邦的将领。大哥周吕侯吕泽死于战争，他的儿子吕台被封为郦侯，另一个儿子吕产被封为交侯；吕后的次兄吕释之被封为建成侯。

刘邦在他即位后的十二年四月二十五日，在长乐宫逝世，太子刘盈承袭帝号做了皇帝。当时高祖有八个儿子：长子刘肥是孝惠帝的哥哥，同父异母，被封为齐王；其余的都是孝惠帝的弟弟，戚夫人的儿子如意被封为赵王，薄夫人的儿子刘恒被封为代王，其他妃嫔生的儿子刘恢被封为梁王，刘友被封为淮阳王，刘长被封为淮南王，刘建被封为燕王。刘邦的弟弟刘交被封为楚王，刘邦哥哥的儿子刘濞被封为吴王。非刘氏的功臣原鄱县县令吴芮的儿子吴臣被封为长沙王。

吕后最怨恨戚夫人和她的儿子赵王。因此，刘邦一过世，她就命令永巷令把戚夫人囚禁起来，并下令召赵王进京。使者连去了三次，赵国丞相建平侯周昌对使者说："高祖把赵王托付给我，因为赵王年纪还小。听说太后怨恨戚夫人，想把赵王召去一起杀掉，我不敢让赵王去。况且赵王又有病，不能接受诏命。"吕后非常恼怒，就派人去召周昌。周昌被召到长安，吕后又派人去召赵王。赵王动身赴京，还在半路上。孝惠帝仁慈，知道太后发怒了，就亲自到灞上迎接赵王，跟他一起回到宫中，亲自保护，跟他同吃同睡。太后想要杀赵王，却得不到机会。孝惠元年十二月一天清晨，惠帝出去射箭。赵王年幼，不能早起。太后听说他独自在家，就派人强迫他喝下了有毒的鸩酒。等到惠帝回到宫中，赵王已经死了。于是吕后就调淮阳王刘友去做赵王。这年夏天，吕后下诏追谥郦侯吕台的父亲命曰“人彘”。居数日，乃召孝惠帝观人彘。孝惠见，问，乃知其戚夫人，乃大哭，因病，岁余不能起。使人请太后曰：“此非人所为。臣为太后子，终不能治天下。”孝惠以此日饮为淫乐，不听政，故有病也。

二年，楚元王、齐悼惠王皆来朝。十月，孝惠与齐王燕饮太后前，孝惠以为齐王兄，置上坐，如家人之礼。太后怒，乃令酌两卮酖，置前，令齐王起为寿。齐王起，孝惠亦起，取卮欲俱为寿。太后乃恐，自起泛孝惠卮。齐王怪之，因不敢饮，佯醉去。问，知其酖，齐王恐，自以为不得脱长安，忧。齐内史士说王曰：“太后独有孝惠与鲁元公主。今王有七十余城，而公主乃食数城。王诚以一郡上太后，为公主汤沐邑，太后必喜，王必无忧。”于是齐王乃上城阳之郡，尊公主为王太后。吕后喜，许之。乃置酒齐邸，乐饮，罢，归齐王。三年，方筑长安城，四年就半，五年六年城就。诸侯来会。十月朝贺。

七年秋八月戊寅，孝惠帝崩。发丧，太后哭，泣不下。留侯子张辟强为侍中，年十五，谓丞相曰：“太后独有孝惠，今崩，哭不悲，君知其解乎？”丞相曰：“何解？”辟强曰：“帝毋壮子，太后畏君等。君今请拜吕台、吕产、吕禄为将，将兵居南北军，及诸吕皆入宫，居中用事，如此则太后心安，君等幸得脱祸矣。”丞相乃如辟强计。太后说，其哭乃哀。吕氏权由此起。乃大赦天下。九月辛丑，葬。太子即位为帝，谒高庙。元年，号令一出太后。

太后称制，议欲立诸吕为王，问右丞相王陵。王陵曰：“高帝刑吕泽为令武侯。太后随即派人砍断戚夫人的手脚，挖去眼睛，熏聋耳朵，灌了哑药，扔到厕所里，称为“人彘”。过了几天，吕后特意叫孝惠帝来观看人彘。孝惠帝看了，问了以后才知道是戚夫人，于是大哭，从此病倒，一年多不能起身。惠帝派人请见太后说：“这不是人干的事情，我作为太后的儿子，再也不能作为皇帝来治理天下了。”孝惠帝从此终日饮酒作乐，放纵无度，不理朝政，所以身体健康每况愈下。

孝惠帝二年，楚元王刘交、齐悼惠王刘肥都进京来参加十月初一的朝贺。有一天，孝惠帝与刘肥在太后面前宴饮，孝惠帝因为刘肥是兄长，就按家人的礼节，请他坐上座。太后很气愤，就命人倒了两杯鸩酒，放在刘肥面前，让刘肥起身敬酒。刘肥站了起来，孝惠帝也站起来，端起酒杯要一起向太后祝酒。太后害怕了，自己站起来打翻了孝惠帝的酒杯。刘肥觉得奇怪，因而没敢喝这杯酒，就装醉离开了座席。事后打听，才知道那是毒酒，刘肥心里很害怕，认为不能从长安脱身了，非常焦虑。齐国的内史向刘肥献策说：“太后只有孝惠帝和鲁元公主。现在大王有七十多座城，而公主只有几座食邑。大王如果能把一个郡的封地献给太后，来做公主的汤沐邑，供公主收取赋税，太后一定高兴，您也就不必再担心了。”于是齐王刘肥就献上城阳郡，尊公主为自己的太后。吕后很高兴，接受下来。于是在刘肥在京城的官邸摆设酒宴，欢饮一番。酒宴结束，就让刘肥返回封地了。孝惠帝三年，开始修筑长安城，四年时完成了一半，经过孝惠帝五年、孝惠帝六年后全部竣工。孝惠帝七年，诸侯们都进京来参加十月初一的朝贺。

孝惠帝七年秋季八月十二日，孝惠帝驾崩。发丧那天，吕太后只是干哭，没有眼泪。留侯张良的儿子张辟强任侍中，只有十五岁，看到这种情况，就对丞相陈平说：“太后只有皇上这一个儿子，如今去世了，太后只是干哭而并不悲痛，您知道这是什么缘故吗？”陈平问：“什么缘故？”辟强说：“皇帝没有留下成年的儿子，太后担忧的是你们这班老臣。如果您请求太后拜吕台、吕产、吕禄为将军，统领两宫卫队南北二军，并请吕家的人都进入宫中，在朝廷里掌握重权，这样一来太后就会安心，你们这些老臣也就不会有什么危险了。”丞相采纳了张辟强的主意。果然太后很满意，这才哭得悲伤起来了。吕氏家族的势力就从这时开始逐渐强大起来了。接着吕后宣布大赦天下。九月初五日，安葬了孝惠帝。太子即位做了皇帝，到高祖庙举行祭祀典礼，向高祖禀告。少帝元年，国家一切的命令都由吕后下达。

太后行使皇帝的职权之后，召集大臣商议，打算立诸吕为王。先问右丞相王陵。

白马盟曰‘非刘氏而王，天下共击之’。今王吕氏，非约也。”太后不说。问左丞相陈平、绛侯周勃。勃等对曰：“高帝定天下，王子弟，今太后称制，王昆弟诸吕，无所不可。”太后喜，罢朝。王陵让陈平、绛侯曰：“始与高帝喋血盟，诸君不在邪？今高帝崩，太后女主，欲王吕氏，诸君从欲阿意背约，何面目见高帝地下？”陈平、绛侯曰：“于今面折廷争，臣不如君；夫全社稷，定刘氏之后，君亦不如臣。”王陵无以应之。十一月，太后欲废王陵，乃拜为帝太傅，夺之相权。王陵遂病免归。乃以左丞相平为右丞相，以辟阳侯审食其为左丞相。左丞相不治事，令监宫中，如郎中令。食其故得幸太后，常用事，公卿皆因而决事。乃追尊郦侯父为悼武王，欲以王诸吕为渐。

四月，太后欲侯诸吕，乃先封高祖之功臣郎中令无择为博城侯。鲁元公主薨，赐谥为鲁元太后。子偃为鲁王。鲁王父，宣平侯张敖也。封齐悼惠王子章为朱虚侯，以吕禄女妻之。齐丞相寿为平定侯。少府延为梧侯。乃封吕种为沛侯，吕平为扶柳侯，张买为南宫侯。

太后欲王吕氏，先立孝惠后宫子强为淮阳王，子不疑为常山王，子山为襄城侯，子朝为轵侯，子武为壶关侯。太后风大臣，大臣请立郦侯吕台为吕王，太后许之。建成康侯释之卒，嗣子有罪，废，立其弟吕禄为胡陵侯，续康侯后。二年，常山王薨，以其弟襄城侯山为常山王，更名义。十一月，吕王台薨，谥为肃王，太子嘉代立为王。三年，无事。四年，封吕媭为临光侯，吕他为俞侯，吕更始为赘其侯，吕忿为吕城侯，及诸侯丞相五人。

宣平侯女为孝惠皇后时，无子，佯为有身，取美人子名之，杀其母，立所名子为太子。孝惠崩，太子立为帝。帝壮，或闻其母死，非真皇后子，乃出言曰：“后安能杀吾母而名我？我未壮，王陵说："高帝曾杀白马盟誓说'不是刘氏而称王的，天下人一起攻打他'。现在如果封吕氏为王，是违背誓约的。"太后很不高兴。又问左丞相陈平和绛侯周勃。周勃等人回答："高祖皇帝平定天下，封刘氏子弟为王；如今太后代行天子之职，封吕氏诸兄弟为王，没有什么不可以的。"太后很高兴，宣布退朝。王陵责备陈平、绛侯说："当初跟高祖皇帝歃血盟誓时，你们难道不在场吗？现在高祖皇帝去世，太后是女主，想让吕氏称王，各位纵容她的私欲、迎合她的心愿，违背与高祖皇帝立下的誓约，将来还有什么脸面见高祖皇帝于黄泉之下呢？"陈平、周勃说："如今在朝廷上当面反驳，据理诤谏，我们比不上您；而要保全大汉天下，安定刘氏后代，您又比不上我们。"王陵无话可答。十一月，太后想罢免王陵，就任命他做皇帝的太傅，夺了他的相权。王陵于是就称病免职回乡了。于是吕后就让左丞相陈平做了右丞相，让辟阳侯审食其做了左丞相。但审食其不做左丞相应做的事情，只是监督宫中事务，就像郎中令一样。审食其由于得到吕后的宠幸，所以真正掌权的丞相是他，朝廷大臣处理政务都要通过他来拍板。此时吕后又追尊郦侯吕台的父亲吕泽为悼武王，想以此为封诸吕为王做前期的铺垫。

四月，吕后准备封吕氏诸人为侯，就先封高祖的功臣郎中令冯无择为博城侯。当时鲁元公主去世，吕后赐她谥号为鲁元太后，封她的儿子张偃为鲁王。鲁王的父亲就是宣平侯张敖。同时又封齐悼惠王刘肥的儿子刘章为朱虚侯，把吕禄的女儿嫁给他为妻。封齐国的丞相齐寿为平定侯。封少府阳成延为梧侯。于是又封吕种为沛侯，封吕平为扶柳侯，封张买为南宫侯。

太后为了封吕氏诸人为王，就先封孝惠帝后宫妃子所生的儿子刘强为淮阳王、刘不疑为常山王、刘山为襄城侯、刘朝为轵侯、刘武为壶关侯。吕后又放出口风暗示大臣们，于是大臣们就顺着吕后的心思请求封郦侯吕台为吕王，太后批准了。这时建成康侯吕释之去世，而应该继承侯位的儿子因为犯罪而被废除侯爵，于是吕后改封吕释之的少子吕禄为胡陵侯，作为建成侯的继承者。二年，常山王刘不疑去世，于是吕后封他的弟弟襄城侯刘山为常山王，改名刘义。十一月，吕王吕台逝世，赐谥为肃王，他的儿子吕嘉即位为吕王。吕后三年，没有发生大事。吕后四年，吕后封自己的妹妹，也就是樊哙的妻子吕媭为临光侯，封吕他为俞侯、吕更始为赘其侯、吕忿为吕城侯，此外还封了五位吕姓人士去做诸侯国的丞相。

宣平侯张敖的女儿做孝惠皇后时，没有儿子，假装怀孕，抱来后宫妃子生的孩子说成是自己所生，并杀掉他的母亲，立他为太子。孝惠帝去世，太子即位称帝。皇帝成年后，偶然听说自己的母亲已死，自己不是皇后亲生的儿子，于是就发怨言说："太后怎么能杀死我的母亲却把我说成是自己的儿子呢？我还没有壮即为变。”太后闻而患之，恐其为乱，乃幽之永巷中，言帝病甚，左右莫得见。太后曰：“凡有天下治为万民命者，盖之如天，容之如地，上有欢心以安百姓，百姓欣然以事其上，欢欣交通而天下治。今皇帝病久不已，乃失惑惛乱，不能继嗣奉宗庙祭祀，不可属天下，其代之。”群臣皆顿首言：“皇太后为天下齐民计所以安宗庙社稷甚深，群臣顿首奉诏。”帝废位，太后幽杀之。五月丙辰，立常山王义为帝，更名曰弘。不称元年者，以太后制天下事也。以轵侯朝为常山王。置太尉官，绛侯勃为太尉。五年八月，淮阳王薨，以弟壶关侯武为淮阳王。六年十月，太后曰吕王嘉居处骄恣，废之，以肃王台弟吕产为吕王。夏，赦天下。封齐悼惠王子兴居为东牟侯。

七年正月，太后召赵王友。友以诸吕女为受后，弗爱，爱他姬，诸吕女妒，怒去，谗之于太后，诬以罪过，曰：“吕氏安得王！太后百岁后，吾必击之。”太后怒，以故召赵王。赵王至，置邸不见，令卫围守之，弗与食。其群臣或窃馈，辄捕论之，赵王饿，乃歌曰：“诸吕用事兮刘氏危，迫胁王侯兮强授我妃。我妃既妒兮诬我以恶，谗女乱国兮上曾不寤。我无忠臣兮何故弃国？自决中野兮苍天举直！于嗟不可悔兮宁蚤自财。为王而饿死兮谁者怜之！吕氏绝理兮托天报仇。”丁丑，赵王幽死，以民礼葬之长安民冢次。

己丑，日食，昼晦。太后恶之，心不乐，乃谓左右曰：“此为我也。”

二月，徙梁王恢为赵王。吕王产徙为梁王，梁王不之国，为帝太傅。立皇子平昌侯太为吕王。更名梁曰吕，吕曰济川。太后女弟吕媭有女为营陵侯刘泽妻，泽为大将军。太后王诸吕，恐即崩后刘将军为害，乃以刘泽为琅邪王，以慰其心。

长大，长大后一定要报仇。”吕太后听说这件事以后很担心，害怕他将来作乱，就把他囚禁在永巷中，声称皇帝得了重病，左右大臣谁也见不到他。太后说：“凡是拥有天下统治万民的人，都要像天一样覆盖万物，像地一样包容万物。皇帝有欢悦爱护之心安抚百姓，百姓就会欢欣喜悦地侍奉皇帝。这样上下欢悦欣喜，感情相通，天下就能太平。现在皇帝久病不愈，而且神志昏乱不清，不能继承帝位供奉宗庙祭祀了，因此不能把天下托付给他，应该找人代替他。”群臣都叩头说：“皇太后为天下百姓考虑，对安定宗庙社稷考虑得很深远，我们恭敬从命。”于是废了皇帝的帝位，吕后又暗中杀了他。五月十一日，立常山王刘义为皇帝，改名叫刘弘。之所以没有改称元年，这是因为太后在掌握一切的职权。接着吕后改封轵侯刘朝为常山王。设置太尉的官职，绛侯周勃做了太尉。吕后五年八月，淮阳王刘强去世，他的弟弟壶关侯刘武继位淮阳王。吕后六年十月，吕后认为吕王吕嘉行为骄横恣纵，将其废掉，改封肃王吕台的弟弟吕产为吕王。同年夏，大赦天下。封齐悼惠王的儿子刘兴居为东牟侯。

吕后七年正月，吕后召赵王刘友进京。刘友的王后是吕氏人的女儿，刘友不喜欢她，而喜欢其他的姬妾。这个吕氏的女儿很嫉妒，恼怒之下离开了家，到太后那里说他的坏话，诬陷刘友有罪，说他曾说过：“吕氏怎么能封王！太后百年之后，我一定收拾他们。”太后发怒，所以召回赵王。赵王到京后，太后把他安置在官邸里却不接见，并派护卫队围守着，不给他饭吃。群臣中有的偷偷给他送吃的，就被抓来问罪。赵王饿极了，就作了一首歌，唱道：“诸吕朝中掌大权啊，刘氏江山实已危；以势胁迫诸王侯啊，强行嫁女为我妃。我妃嫉妒无比啊，竟然谗言诬我罪；谗女害人又乱国啊，不料皇上也被蒙昧。并非是我无忠臣啊，如今失国为哪般？途中自尽弃荒野啊，曲直是非天能辨。可惜悔之时已晚啊，宁愿及早入黄泉。为王却将饥饿死啊，无声无息有谁怜！吕氏天理已灭绝啊，祈望苍天报仇冤。”十八日，赵王刘友被囚禁而活活饿死了，死后按照平民的葬礼，被埋在长安的平民墓地中。

吕后七年正月三十日，发生日食，白昼变得跟黑夜一样。太后非常嫌恶，心中闷闷不乐，对左右的人说：“这是因为我啊。”

吕后七年二月，吕后又下令改封梁王刘恢为赵王；吕王吕产被改封为梁王，但梁王没有去封国，留在京城担任皇帝的太傅。吕后又封孝惠帝的儿子平昌侯刘太为吕王，把梁国改名为吕国，原来的吕国改名为济川国。吕后的妹妹吕媭有个女儿是营陵侯刘泽的妻子，刘泽当时是国家的大将军。吕后封吕氏诸众为王，害怕自己死后刘泽起兵作乱，于是就封刘泽为琅邪王，想借此来安抚他的心。

梁王恢之徙王赵，心怀不乐。太后以吕产女为赵王后。王后从官皆诸吕，擅权，微伺赵王，赵王不得自恣。王有所爱姬，王后使人酖杀之。王乃为歌诗四章，令乐人歌之。王悲，六月即自杀。太后闻之，以为王用妇人弃宗庙礼，废其嗣。

宣平侯张敖卒，以子偃为鲁王，敖赐谥为鲁元王。

秋，太后使使告代王，欲徙王赵。代王谢，愿守代边。

太傅产、丞相平等言，武信侯吕禄上侯，位次第一，请立为赵王。太后许之，追尊禄父康侯为赵昭王。九月，燕灵王建薨，有美人子，太后使人杀之，无后，国除。八年十月，立吕肃王子东平侯吕通为燕王，封通弟吕庄为东平侯。

三月中，吕后祓，还过轵道，见物如苍犬，据高后掖，忽弗复见。卜之，云赵王如意为祟。高后遂病掖伤。

高后为外孙鲁元王偃年少，蚤失父母，孤弱，乃封张敖前姬两子，侈为新都侯，寿为乐昌侯，以辅鲁元王偃。及封中大谒者张释为建陵侯，吕荣为祝兹侯。诸中宦者令丞皆为关内侯，食邑五百户。

七月中，高后病甚，乃令赵王吕禄为上将军，军北军；吕王产居南军。吕太后诫产、禄曰："高帝已定天下，与大臣约，曰'非刘氏王者，天下共击之'。今吕氏王，大臣弗平。我即崩，帝年少，大臣恐为变。必据兵卫宫，慎毋送丧，毋为人所制。"辛巳，高后崩，遗诏赐诸侯王各千金，将相列侯郎吏皆以秩赐金。大赦天下。以吕王产为相国，以吕禄女为帝后。

高后已葬，以左丞相审食其为帝太傅。

朱虚侯刘章有气力，东牟侯兴居其弟也。皆齐哀王弟，居长安。当是时，诸吕用事擅权，欲为乱，畏高帝故大臣绛、灌等，未敢发。朱虚侯妇，吕禄女，阴知其谋。恐见诛，乃阴令人告其兄齐王，欲令发兵西，诛诸吕而立。朱虚侯欲从中与大臣为应。齐王欲发兵，其相梁王刘恢改封为赵王后，心里不高兴。吕后就把吕产的女儿嫁给赵王做王后。王后的随从官员都是吕家的人，专揽大权，暗中监视赵王，让赵王不能为所欲为。赵王有个宠爱的姬妾，王后指使人用毒酒毒死了她。为此赵王作了四首诗，让乐工们歌唱。赵王内心悲痛，仅仅六个月就自杀了。吕后听说此事，认为赵王为了妇人而背弃宗庙之礼，于是废除了他后代的王位继承权。

宣平侯张敖去世，他的儿子张偃被封为鲁王，张敖被赐给“鲁元王”的谥号。

这年秋天，吕后派使者告诉代王刘恒，想要改封他为赵王。刘恒辞谢了，表示愿意守卫边远的代国。

太傅吕产、丞相陈平等人向吕后进言，说武信侯吕禄是上侯，在列侯中排在第一位，请求立他为赵王。太后答应下来，又追尊吕禄父康侯为赵昭王。九月，燕灵王刘建去世，他有一个姬妾生的儿子，太后派人杀了他，绝了他的后代，封国被废除。吕后八年十月，立吕肃王的儿子东平侯吕通为燕王，封吕通的弟弟吕庄为东平侯。

三月中旬，吕后出外祭祀祈求免灾，回来路过轵道亭时，看到一个像黑狗似的怪物，撞了她的腋下一下，而后忽然又不见了。吕后让人占卜，卜者说是赵王刘如意在作祟。吕后从此腋下疼痛。

吕后因为外孙鲁元王张偃年幼，又早年死了父母，孤单势弱，于是就封张敖生前姬妾的两个儿子为侯，封张侈为新都侯、张寿为乐昌侯，来辅佐鲁元王张偃。又封中大谒者张释为建陵侯，封吕荣为祝兹侯。此外宫中宦官的一些头领也都封为关内侯，分封给他们每人食邑五百户。

吕后八年七月中旬，吕后病重，就任命赵王吕禄为上将军，统领北军；吕王吕产统领南军。吕后告诫吕禄、吕产说：“高祖皇帝平定天下后，和大臣们盟约，说‘不是刘氏而称王的，天下人要一起攻打他’。现在吕家的人被封为王，大臣们心中不平。我如果死了，皇帝年轻，大臣们恐怕要作乱。你们一定要掌握军队，护卫皇宫，千万不要去给我送丧，不要被那些人控制了。”八月初一日，吕后去世，留下遗嘱，赐给诸侯王每人一千金。将、相、列侯以及各郎官、吏役都按等级有赏赐。大赦天下。任命吕王吕产为相国，将吕禄的女儿嫁给皇帝为后。

吕后安葬以后，左丞相审食其做了皇帝的太傅。

朱虚侯刘章有气概有勇力，东牟侯刘兴居是他的弟弟。二人都是齐哀王刘襄的弟弟，住在长安。当时，吕氏当权专断，想发动叛乱，但害怕高祖帝原来的大臣绛侯、灌婴等人，所以没敢发动。朱虚侯的妻子是吕禄的女儿，因此她私下里了解到诸吕的阴谋。她怕自己被杀，就暗中派人告诉她的哥哥齐王刘襄，想要让他发兵西进，诛杀诸吕自立为帝；朱虚侯想在朝廷中和大臣们一起做内应。齐王想要弗听。八月丙午，齐王欲使人诛相，相召平乃反，举兵欲围王，王因杀其相，遂发兵东，诈夺琅邪王兵，并将之而西。语在齐王语中。

齐王乃遗诸侯王书曰："高帝平定天下，王诸子弟，悼惠王王齐。悼惠王薨，孝惠帝使留侯良立臣为齐王。孝惠崩，高后用事，春秋高，听诸吕，擅废帝更立，又比杀三赵王，灭梁、赵、燕以王诸吕，分齐为四。忠臣进谏，上惑乱弗听。今高后崩，而帝春秋富，未能治天下，固恃大臣诸侯。而诸吕又擅自尊官，聚兵严威，劫列侯忠臣，矫制以令天下，宗庙所以危。寡人率兵入诛不当为王者。"汉闻之，相国吕产等乃遣颍阴侯灌婴将兵击之。灌婴至荥阳，乃谋曰："诸吕权兵关中，欲危刘氏而自立。今我破齐还报，此益吕氏之资也。"乃留屯荥阳，使使谕齐王及诸侯，与连和，以待吕氏变，共诛之。齐王闻之，乃还兵西界待约。

吕禄、吕产欲发乱关中，内惮绛侯、朱虚等，外畏齐、楚兵，又恐灌婴畔之，欲待灌婴兵与齐合而发，犹豫未决。当是时，济川王太、淮阳王武、常山王朝名为少帝弟，及鲁元王吕后外孙，皆年少未之国，居长安。赵王禄、梁王产各将兵居南北军，皆吕氏之人。列侯群臣莫自坚其命。

太尉绛侯勃不得入军中主兵。曲周侯郦商老病，其子寄与吕禄善。绛侯乃与丞相陈平谋，使人劫郦商。令其子寄往绐说吕禄曰："高帝与吕后共定天下，刘氏所立九王，吕氏所立三王，皆大臣之议，事已布告诸侯，诸侯皆以为宜。今太后崩，帝少，而足下佩赵王印，不急之国守藩，乃为上将，将兵留此，为大臣诸侯所疑。足下何不归印，以兵属太尉？请梁王归相国印，与大臣盟而之国，齐兵必罢，大臣得安，足下高枕而王千里，此万世之利也。"吕禄信然其计，欲归将印，以兵属太尉。使人报吕产及诸吕老人，或以为便，或曰不便，计犹豫未有所决。吕禄信郦寄，时与出游猎。过其姑吕媭，发兵，他的丞相不答应。八月二十六日，齐王想派人诛杀丞相，丞相召平于是反叛，发兵想围攻齐王。齐王于是杀了丞相，接着发兵东征，用计夺取了琅邪王刘泽的兵权，然后率领两国军队一并杀向长安。这件事记载在《齐悼惠王世家》中。

齐王于是写信给各诸侯王说："高祖皇帝平定天下后，分封众子弟为王，悼惠王被封在齐国。悼惠王去世，孝惠帝派留侯张良立我为齐王。孝惠帝去世，高后掌权。她年纪大了，听从诸吕的意见，擅自废掉皇帝另立新主，又接连杀了三个赵王，灭掉了梁、赵、燕三个刘姓国家，把吕姓人员分封到那里为王，并把齐国一分为四。虽然有忠臣进言劝谏，可是高后被迷惑听不进去。如今高后逝世，而皇帝还很年轻，不能治理天下，本应依靠大臣、诸侯。但吕氏众人却擅自给自己加官，凭借手中军队的威势，劫持列侯和忠臣，假传皇令来号令天下，刘氏的宗庙因此陷入险境。我现在率兵入京，就是去杀不该为王的人。"朝廷听到这些消息后，相国吕产等人就派颍阴侯灌婴率军迎击齐王。灌婴来到荥阳，就和将士们商量说："吕姓人在关中握有兵权，图谋颠覆刘氏，自立为帝。如果我打败齐国回去报告，就是给吕氏增了实力。"于是就把军队驻扎在荥阳，并派使者告知齐王及各国诸侯，打算与他们联合起来，等待吕氏发动叛乱，这样便好共同诛灭他们。齐王得知后，也率兵回到齐国的西部边界等候消息。

吕禄、吕产想在关中叛乱，但对内他们害怕绛侯、朱虚侯等人，对外他们又怕齐、楚的军队西进，现在又担心灌婴叛变，所以想等到灌婴的军队与齐王交战后再发动叛乱，因此一直犹豫不决。当时，济川王刘太、淮阳王刘武、常山王刘朝这些名义上的皇帝的弟弟，以及吕后的外孙鲁元王张偃，都因年纪太小而没有去自己的封国，都住在长安。赵王吕禄、梁王吕产分别统率南北二军，将领大多是吕姓之人。这使得列侯群臣们，一个个都觉得自身难保。

太尉绛侯周勃没有办法进入军营主持军务。曲周侯郦商年老有病，他儿子郦寄和吕禄要好。绛侯于是和丞相陈平商量，派人去胁迫郦商，让他的儿子郦寄前去欺骗吕禄说："高祖皇帝和吕后共同平定天下，刘氏被立为王的九人，吕氏被立为王的三人，都是大臣们商议过的，此事已通告诸侯，诸侯都认为这样合适。现在太后已死，皇帝年轻，而足下佩带着赵王之印，不赶紧到封国去守卫边境，却以上将的身份带兵驻守这里，这会被大臣和诸侯怀疑的。您为什么不把将印归还给朝廷，把兵权交还给太尉周勃呢？您派人请梁王也归还相国印，和大臣们订立盟约，返回封国，这样齐国必然罢兵，大臣们也能心里踏实，您也可以在千里封国高枕无忧地做您的王了。这是有利于子孙万代的好事呀。"吕禄相信并赞同他的计策，想交出将印，把军权交给太尉。于是派人把这事告知吕产和吕家的老人们，他们中有人认为可行，有人认为不可行，一直拿不定主意。吕禄信任郦媭大怒，曰："若为将而弃军，吕氏今无处矣。"乃悉出珠玉宝器散堂下，曰："毋为他人守也。"

左丞相食其免。

八月庚申旦，平阳侯窋行御史大夫事，见相国产计事。郎中令贾寿使从齐来，因数产曰："王不蚤之国，今虽欲行，尚可得邪？"具以灌婴与齐楚合从，欲诛诸吕告产，乃趣产急入宫。平阳侯颇闻其语，乃驰告丞相、太尉。太尉欲入北军，不得入。襄平侯通尚符节。乃令持节矫内太尉北军。太尉复令郦寄与典客刘揭先说吕禄曰："帝使太尉守北军，欲足下之国，急归将印辞去，不然，祸且起。"吕禄以为郦兄不欺己，遂解印属典客，而以兵授太尉。太尉将之入军门，行令军中曰："为吕氏右襢，为刘氏左襢。"军中皆左襢为刘氏。太尉行至，将军吕禄亦已解上将印去，太尉遂将北军。

然尚有南军。平阳侯闻之，以吕产谋告丞相平，丞相平乃召朱虚侯佐太尉。太尉令朱虚侯监军门。令平阳侯告卫尉："毋入相国产殿门。"吕产不知吕禄已去北军，乃入未央宫，欲为乱，殿门弗得入，裴回往来。平阳侯恐弗胜，驰语太尉。太尉尚恐不胜诸吕，未敢讼言诛之，乃遣朱虚侯谓曰："急入宫卫帝。"朱虚侯请卒，太尉予卒千余人。入未央宫门，遂见产廷中。日晡时，遂击产。产走，天风大起，以故其从官乱，莫敢斗。逐产，杀之郎中府吏厕中。

朱虚侯已杀产，帝命谒者持节劳朱虚侯。朱虚侯欲夺节信，谒者不肯，朱虚侯则从与载，因节信驰走，斩长乐卫尉吕更始。还，驰入北军，报太尉。太尉起，拜贺朱虚侯曰："所患独吕产，今已诛，天下定矣。"遂遣人分部悉捕诸吕男女，无少长皆斩之。辛酉，捕斩吕禄，而笞杀吕媭。使人诛燕王吕通，而废鲁王偃。壬戌，以帝太傅食其复为左丞相。戊辰，徙济川王王梁，立赵幽王子遂为赵王。遣朱虚寄，常和他一起出外游猎。有一次他顺路到自己姑妈吕媭的府第去，吕媭大发雷霆，骂道："你作为将军却放弃军权，我们吕家不久就要死无葬身之地了。"接着把所有的珠玉宝器都扔到院子里，说："再也不用替别人保存这些玩艺儿了。"

不久，左丞相审食其被免职。

八月十日早晨，平阳侯曹窋代理御史大夫的职责，会见相国吕产，与他商议事情。当时正好郎中令贾寿从齐国出差回来，贾寿责备吕产说："大王不早些去封国，现在即使想走，还走得了吗？"接着就把灌婴与齐楚联合，准备诛灭吕氏的事情全部告诉了吕产，催促吕产赶快进宫。平阳侯听到这些话，就骑马赶紧报告给丞相陈平和太尉周勃。周勃想进入北军，但没能进去。这时刚好是襄平侯纪通掌管皇帝印信，他让人手持皇上印信，假传皇帝圣旨，要让太尉进入北军。周勃又派郦寄和典客刘揭先去劝说吕禄，说："皇帝让太尉掌管北军，想让您回封国，赶紧交出将印离开吧，不然的话，就要有灾祸了。"吕禄认为郦寄不会欺骗他，就解下将军印交给刘揭，把兵权交给了太尉周勃。周勃拿着将印进入军门，向全军下令："拥护吕氏的袒露右臂，拥护刘氏的袒露左臂。"军中将士都袒露左臂，表示拥护刘氏。在周勃还没到达北军时，吕禄已经交出将军印离开了军营，于是周勃顺利接管了北军。

然而南军还在吕氏手里。平阳侯曹窋听到吕产的阴谋告诉了丞相陈平以后，陈平于是把朱虚侯刘章召来，让他协助太尉周勃。周勃派朱虚侯监守军门，同时命令曹窋通知未央宫卫尉："不准放相国吕产进入殿门。"吕产不知道吕禄已经离开北军，就想进入未央宫，挟持皇上作乱，却没能进入殿门，只能在殿门前徘徊。平阳侯飞马将此告诉太尉。太尉也担心不能战胜吕氏，没敢明言要杀掉吕产，就对朱虚侯说："你赶紧入宫保卫皇帝。"朱虚侯要求派兵，周勃给了他一千多人。朱虚侯进入未央宫，就看见吕产已在宫中。当时正是傍晚吃饭的时间，朱虚侯立刻攻打吕产，吕产逃跑。这时忽然一阵大风，把吕产的随从官员吹得人仰马翻，一片混乱，无人再敢抵抗。朱虚侯乘机率兵追赶吕产，最后把他杀死在郎中府的厕所里。

朱虚侯刘章杀掉吕产后，皇帝派使者手持符节前来慰劳朱虚侯。刘章想夺取符节，使者不给。于是刘章就跟使者同乘一辆车，凭藉使者手中符节快马奔驰，斩了长乐宫卫尉吕更始。然后跑回北军向周勃报告。周勃起身向朱虚侯拜贺说："我们所担心的只有这个吕产，因为他身为相国，又掌握着南军。现在您已经把他杀了，刘氏天下就安定了。"于是派人分别将吕氏男女全部逮捕，不论老少全部杀掉。十一日，将吕禄抓获斩首，用鞭刑打死了吕媭。又派人杀了燕王吕通，并废掉了鲁王张偃。十二日，让皇帝太傅审食其重新担任左丞相。十八日，改封济川王刘太为梁王，立赵幽王的儿子刘遂为赵王。并派朱虚侯刘章把朝中诛杀吕氏的事告侯章以诛诸吕氏事告齐王，令罢兵。灌婴兵亦罢荥阳而归。

诸大臣相与阴谋曰："少帝及梁、淮阳、常山王，皆非真孝惠子也。吕后以计诈名他人子，杀其母，养后宫，令孝惠子之，立以为后，及诸王，以强吕氏。今皆已夷灭诸吕，而置所立，即长用事，吾属无类矣。不如视诸王最贤者立之。"或言"齐悼惠王高帝长子，今其适子为齐王，推本言之，高帝适长孙，可立也"。大臣皆曰："吕氏以外家恶而几危宗庙，乱功臣。今齐王母家驷钧，恶人也。即立齐王，则复为吕氏。"欲立淮南王，以为少，母家又恶。乃曰："代王方今高帝见子，最长，仁孝宽厚。太后家薄氏谨良。且立长故顺，以仁孝闻于天下，便。"乃相与共阴使人召代王。代王使人辞谢。再反，然后乘六乘传。后九月晦日己酉，至长安，舍代邸。大臣皆往谒，奉天子玺上代王，共尊立为天子。代王数让，群臣固请，然后听。

东牟侯兴居曰："诛吕氏吾无功，请得除宫。"乃与太仆汝阴侯滕公入宫，前谓少帝曰："足下非刘氏，不当立。"乃顾麾左右执戟者掊兵罢去。有数人不肯去兵，宦者令张泽谕告，亦去兵。滕公乃召乘舆车载少帝出。少帝曰："欲将我安之乎？"滕公曰："出就舍。"舍少府。乃奉天子法驾，迎代王于邸。报曰："宫谨除。"代王即夕入未央宫。有谒者十人持戟卫端门，曰："天子在也，足下何为者而入？"代王乃谓太尉。太尉往谕，谒者十人皆掊兵而去。代王遂入而听政。夜，有司分部诛灭梁、淮阳、常山王及少帝于邸。

代王立为天子。二十三年崩，谥为孝文皇帝。

太史公曰：孝惠皇帝、高后之时，黎民得离战国之苦，君臣俱欲休息乎无为，故惠帝垂拱，高后女主称制，政不出房户，天下晏然。刑罚罕用，罪人是希。民务稼穑，衣食滋殖。

知了齐王，让他收兵。灌婴的军队也从荥阳撤了回来。

朝廷的大臣们聚在一起秘密商量，说：“少帝以及梁王刘太、淮阳王刘武、常山王刘朝，都不是孝惠皇帝真正的儿子。吕后用欺诈的手段，把别人的儿子抱来谎称是孝惠帝的儿子，杀掉他们的生母，养在后宫，让孝惠皇帝把他们认作自己的儿子，立为继承人或封为诸侯王，以加强吕氏的势力。现在已经把吕氏全部杀掉了，如果留着他们，等到他们长大后掌了权，我们这些人就要死无葬身之地了。不如现在挑选一位最贤明的诸侯王，立他为皇帝。”有人说：“齐悼惠王刘肥是高祖皇帝的长子，现在他的长子为齐王，从根儿上说，是高祖皇帝的嫡长孙，可以立为皇帝。”但大臣们都说：“吕氏以外戚的身份作恶，几乎使刘家天下毁灭，残害了功臣。现在齐王的外祖母家姓驷，驷钧是个恶人，如果立齐王为皇帝，那驷氏就会成为另一个吕氏。”有人提议立淮南王为帝，但觉得他年纪小，外祖母家又凶恶。于是最后大家说：“代王刘恒是高祖皇帝的儿子，也是年龄最大的，为人又仁孝宽厚。太后薄夫人的娘家也恭谨驯良。再说，拥立长子本来就名正言顺，而且代王又以仁爱孝顺闻名天下，立他为帝合适。”于是大家一致同意暗中派人去接代王。代王派人辞谢了。大家再次派人前去相请，代王才带着随从人员乘坐六匹马拉的驿车进了京。闰九月月末己酉日到达长安，住在代王京城中的府邸里。大臣们都前去拜见，把天子的玉玺呈献给代王，一起拥立他为帝。代王一再推辞，群臣坚决请求，最后代王才答应了。

东牟侯刘兴居说：“诛灭吕氏我没有功劳，请让我去清理皇宫。”就和太仆汝阴侯滕公夏侯婴一起入宫，来到少帝面前说：“您不是刘氏正统，不应立为皇帝。”于是回头挥手让少帝左右的卫士放下兵器出去。有几个人不肯听命，宦官首领张泽向他们说明情况，他们才放下兵器离开。滕公夏侯婴于是叫来车马，载着少帝向外走。少帝问：“你们要带我到哪儿去？”夏侯婴说：“出去找个地方住。”就让他住在少府。然后侍候着天子乘坐的法驾，到代王官邸迎接代王，向他报告：“皇宫已经清理干净了。”代王当天晚上进入未央宫。进宫门的时候，有十名内侍手持长戟守卫着正门，他们说：“天子还在里面，你是什么人想要进去？”刘恒就让太尉去向他们说明情况，这十个内侍听后也都放下兵器离去了。代王刘恒于是进入朝廷执掌朝政。当天夜里，主管部门的官员分别到各个官邸里杀掉了梁王、淮阳王、常山王和年幼的少帝。

代王被立为天子，在位二十三年去世，谥号为孝文皇帝。

太史公说：孝惠皇帝和吕后在位的时候，百姓刚刚脱离战争之苦，上下都想休养生息，清静无为。所以惠帝垂衣拱手、安闲无事，吕后以一个女人的身份行使皇帝职权，施政不出门户，天下却也安然无事。刑罚很少使用，犯罪的人也不多。老百姓致力于农业生产，家家丰衣足食。

孝文本纪第十

孝文皇帝，高祖中子也。高祖十一年春，已破陈豨军，定代地，立为代王，都中都。太后薄氏子。即位十七年，高后八年七月，高后崩。九月，诸吕吕产等欲为乱，以危刘氏，大臣共诛之，谋召立代王，事在吕后语中。

丞相陈平、太尉周勃等使人迎代王。代王问左右郎中令张武等。张武等议曰："汉大臣皆故高帝时大将，习兵，多谋诈，此其属意非止此也，特畏高帝、吕太后威耳。今已诛诸吕，新喋血京师，此以迎大王为名，实不可信。愿大王称疾毋往，以观其变。"中尉宋昌进曰："群臣之议皆非也。夫秦失其政，诸侯豪桀并起，人人自以为得之者以万数，然卒践天子之位者，刘氏也，天下绝望，一矣。高帝封王子弟，地犬牙相制，此所谓盘石之宗也，天下服其强，二矣。汉兴，除秦苛政，约法令，施德惠，人人自安，难动摇，三矣。夫以吕太后之严，立诸吕为三王，擅权专制，然而太尉以一节入北军，一呼士皆左袒，为刘氏，叛诸吕，卒以灭之。此乃天授，非人力也。今大臣虽欲为变，百姓弗为使，其党宁能专一邪？方今内有朱虚、东牟之亲，外畏吴、楚、淮南、琅邪、齐、代之强。方今高帝子独淮南王与大王，大王又长，贤圣仁孝，闻于天下，故大臣因天下之心而欲迎立大王，大王勿疑也。"代王报太后计之，犹与未定。卜之龟，卦兆得大横。占曰："大横庚庚，余为天王，夏启以光。"代王曰："寡人固已为王矣，又何王？"卜人曰："所谓天王者乃天子。"于是代王孝文皇帝刘恒，是高祖皇帝的第四个儿子。高祖十一年春天，挫败了陈豨的叛军，平定了代地，刘恒被立为代王，把国都建在了中都这个地方。他是太后薄氏的儿子。在他做代王的第十七年，也就是吕后八年七月的时候，吕后去世。九月，吕氏家族的吕产等人企图发动叛乱，夺取刘氏天下，大臣们共同诛灭了吕氏家族，而且经商议一致同意拥立代王为帝，这件事情的详细情况记载在《吕太后本纪》中。

丞相陈平、太尉周勃等派人去迎接代王。代王就此事征求左右大臣和郎中令张武等人的意见。张武等人议论说："朝廷大臣都是过去高祖皇帝时的大将，善于用兵，谋略多而且诡诈。他们的本意不止只做个臣子，只是害怕高祖皇帝、吕太后的威势罢了。如今他们刚刚诛灭了吕氏，血染京城，此时来人名义上说是迎接大王，其实不可轻信。希望大王假托有病，不要前往，以便观察他们会有什么变化。"中尉宋昌进言说："众位大臣的议论都是错误的。当初秦朝政治混乱，诸侯豪杰纷纷起事，自以为能得天下的人数以万计，然而最终登上天子之位的是刘氏，天下的豪杰已经不再存有做皇帝的希望，这是第一点。高祖皇帝封刘姓子弟为王，封地间像犬牙一样相互交错、互为制约，这就是所说的像磐石一般坚固的宗族，天下人都叹服刘氏的强大，这是第二点。汉朝建立以后，废除了秦朝的苛虐政令，与民商定新的法令，对百姓施以恩德，人心安定，难以动摇，这是第三点。以吕太后的威势，封三名吕氏为王，独揽政权，独断专行，可是太尉凭着一个符节进入北军，一声呼唤，将士们就都袒露左臂，表示要辅佐刘氏而抛弃吕氏，最终消灭了吕氏。这是天意所授，而不是人力所能为。现在大臣们即使想要叛乱，百姓们也不会听他们使唤，他们的同党难道就能一心一意跟随他们吗？如今京城内有朱虚侯、东牟侯这样的亲族，外又担心吴、楚、淮南、琅邪、齐、代这些强大的诸侯。现在高祖皇帝的儿子就只有淮南王和大王您了。而大王您又年长，且以贤圣仁孝闻名天下，所以大臣们是根据天下人的心愿，想要迎立大王做皇帝。大王您不必怀疑。"代王向薄太后报告了这件事并商量对策，但还是犹豫不能决定。又用龟甲来进行占卜，得到的卦象是一条很大的横向裂纹。卜辞说："大横预示着更替，我将做天王，像夏启那样，使父业光大发扬。"代王说："我本来就是王了，还做什么王？"占卜的人说："所谓天王就是天子。"于是代王就派乃遣太后弟薄昭往见绛侯，绛侯等具为昭言所以迎立王意。薄昭还报曰："信矣，毋可疑者。"代王乃笑谓宋昌曰："果如公言。"乃命宋昌参乘，张武等六人乘传诣长安。至高陵休止，而使宋昌先驰之长安观变。

昌至渭桥，丞相以下皆迎。宋昌还报。代王驰至渭桥，群臣拜谒称臣。代王下车拜。太尉勃进曰："愿请间言。"宋昌曰："所言公，公言之。所言私，王者不受私。"太尉乃跪上天子玺符。代王谢曰："至代邸而议之。"遂驰入代邸。群臣从至。丞相陈平、太尉周勃、大将军陈武、御史大夫张苍、宗正刘郢、朱虚侯刘章、东牟侯刘兴居、典客刘揭皆再拜言曰："子弘等皆非孝惠帝子，不当奉宗庙。臣谨请阴安侯列侯顷王后与琅邪王、宗室、大臣、列侯、吏二千石议曰：'大王高帝长子，宜为高帝嗣。'愿大王即天子位。"代王曰："奉高帝宗庙，重事也。寡人不佞，不足以称宗庙。愿请楚王计宜者，寡人不敢当。"群臣皆伏固请。代王西乡让者三，南乡让者再。丞相平等皆曰："臣伏计之，大王奉高帝宗庙最宜称，虽天下诸侯万民以为宜。臣等为宗庙社稷计，不敢忽。愿大王幸听臣等。臣谨奉天子玺符再拜上。"代王曰："宗室将相王列侯以为莫宜寡人，寡人不敢辞。"遂即天子位。

群臣以礼次侍。乃使太仆婴与东牟侯兴居清宫，奉天子法驾，迎于代邸。皇帝即日夕入未央宫。乃夜拜宋昌为卫将军，镇抚南北军。以张武为郎中令，行殿中。还坐前殿。于是夜下诏书曰："间者诸吕用事擅权，谋为大逆，欲以危刘氏宗庙，赖将相列侯宗室大臣诛之，皆伏其辜。朕初即位，其赦天下，赐民爵一级，女子百户牛酒，酺五日。"

孝文皇帝元年十月庚戌，徙立故琅邪王泽为燕王。

辛亥，皇帝即阼，谒高庙。右丞相平徙为左丞相，太尉勃为薄太后的弟弟薄昭前往京城去见绛侯周勃，周勃等对薄昭详细说明了要迎立代王为帝的意图。薄昭回来报告说："情况是真实的，可以相信，不用再怀疑了。"于是代王笑着对宋昌说："果然像你所说的那样。"于是就让宋昌陪自己同乘一辆车，张武等六人也乘驿车随代王一同前往长安。他们到了距离京城不远的高陵县时停下来休息，派宋昌先驱车进入长安观察事态有无变化。

宋昌刚到渭桥，丞相以下的官员都来迎接。宋昌返回报告。代王驱车到了渭桥，群臣都来拜见称臣。代王也下车答拜群臣。太尉周勃上前说："我有些事情想单独向大王禀报。"宋昌说："你要说的如果是公事，就请公开说；如果是私事，在王位的人不受理私事。"周勃于是跪着献上天子的玺印符信。代王辞谢说："等到了代王府邸再商议吧。"于是驱车进入代王官邸。群臣也跟着来了。丞相陈平、太尉周勃、大将军陈武、御史大夫张苍、宗正刘郢、朱虚侯刘章、东牟侯刘兴居、典客刘揭都上前行礼，拜了两拜，然后说："皇子刘弘等都不是孝惠帝的儿子，不应该继承帝位。我们谨请阴安侯、列侯顷王后和琅邪王、宗室、大臣、列侯、二千石以上官吏一起商议说：'大王如今是高祖皇帝最年长的儿子，最应该做高祖皇帝的继承人。'希望大王即天子之位。"代王说："侍奉高祖皇帝宗庙，这是大事。我没有才能，胜任不了这侍奉宗庙的大事。希望你们与楚王等考虑合适的人选，我不敢当。"群臣都拜伏在地上，坚决请求代王为帝。代王面向西坐，在主人的位置推让了好几次，群臣将他扶上面南的君主位置，他又谦让了两次。丞相陈平等人都说："我们再三考虑，认为大王侍奉高祖皇帝宗庙是最适宜的。即使让天下诸侯和百姓来考虑，也会认为大王是最适宜的。我们为国家宗庙社稷考虑，不敢草率。希望大王能听我们的意见。现在，请允许我们奉上天子的玉玺和符节。"代王说："既然宗室、将相、诸王、列侯都认为没有比我更合适的人选，那我就不敢再推辞了。"于是，代王即位做了皇帝。

群臣按照朝廷礼仪依次站好了位。刘恒便派太仆夏侯婴与东牟侯刘兴居去清理皇宫。而后他们驾着天子乘坐的法驾，来代王府邸迎接刘恒。刘恒当天晚上就进入了未央宫。当天晚上刘恒便任命宋昌为卫将军，掌管南北军；任命张武为郎中令，在殿中巡行。然后他回到前殿坐朝，在当晚颁布诏书说："近来吕氏众人擅权用事，独断专行，阴谋叛逆，企图夺取刘氏天下，全靠众位将军、相侯、宗室和大臣挫败了他们，使他们都受到了应有的惩罚。现在我刚刚即位，特大赦天下，赐给老百姓每家每人一级爵位，赐给无夫无子的女子每百户一头牛，十石酒，准许全国欢聚宴饮五天。"

孝文皇帝元年十月初六日，改封原琅邪王刘泽为燕王。

十月初七日，汉文帝正式即位，拜谒高祖庙。他改任右丞相陈平为左丞相，太右丞相，大将军灌婴为太尉。诸吕所夺齐楚故地，皆复与之。

壬子，遣车骑将军薄昭迎皇太后于代。皇帝曰：“吕产自置为相国，吕禄为上将军，擅矫遣灌将军婴将兵击齐，欲代刘氏，婴留荥阳弗击，与诸侯合谋以诛吕氏。吕产欲为不善，丞相陈平与太尉周勃谋夺吕产等军。朱虚侯刘章首先捕吕产等。太尉身率襄平侯通持节承诏入北军。典客刘揭身夺赵王吕禄印。益封太尉勃万户，赐金五千斤。丞相陈平、灌将军婴邑各三千户，金二千斤。朱虚侯刘章、襄平侯通、东牟侯刘兴居邑各二千户，金千斤。封典客揭为阳信侯，赐金千斤。”

十二月，上曰：“法者，治之正也，所以禁暴而率善人也。今犯法已论，而使毋罪之父母妻子同产坐之，及为收帑，朕甚不取。其议之。”有司皆曰：“民不能自治，故为法以禁之。相坐坐收，所以累其心，使重犯法，所从来远矣。如故便。”上曰：“朕闻法正则民悫，罪当则民从。且夫牧民而导之善者，吏也。其既不能导，又以不正之法罪之，是反害于民为暴者也。何以禁之？朕未见其便，其孰计之。”有司皆曰：“陛下加大惠，德甚盛，非臣等所及也。请奉诏书，除收帑诸相坐律令。”

正月，有司言曰：“蚤建太子，所以尊宗庙。请立太子。”上曰：“朕既不德，上帝神明未歆享，天下人民未有嗛志。今纵不能博求天下贤圣有德之人而禅天下焉，而曰豫建太子，是重吾不德也。谓天下何？其安之。”有司曰：“豫建太子，所以重宗庙社稷，不忘天下也。”上曰：“楚王，季父也，春秋高，阅天下之义理多矣，明于国家之大体。吴王于朕，兄也，惠仁以好德。淮南王，弟也，秉德以陪朕。岂为不豫哉！诸侯王宗室昆弟有功臣，多贤及有德义者，若举有德以陪朕之不能终，是社稷之灵，天下之福也。今不选举焉，而曰必子，人其以朕为忘贤有德者而专于子，非所以忧天下也。朕甚不取也。”有司皆固请曰：“古者殷周有国，治安皆千余岁，古之有天下尉周勃升任右丞相、大将军灌婴升任太尉。又将从前吕氏所剥夺的齐、楚等国的故地，全部归还给了各国。

十月初八日，文帝派车骑将军薄昭去代国迎接皇太后。文帝说：“吕产自任为相国，吕禄为上将军，擅自假托皇命派将军灌婴带兵攻打齐国，想要取代刘氏，而灌婴留驻在荥阳不发兵攻齐，并与诸侯共谋诛灭了吕氏；吕产图谋不轨，丞相陈平与太尉周勃谋划夺了吕产等人的兵权；朱虚侯刘章首先逮捕了吕产等人；太尉周勃亲自率领襄平侯纪通持节奉诏进入北军；典客刘揭亲自夺了赵王吕禄的将军印。为此，加封太尉周勃食邑万户，赏赐黄金五千斤；加封丞相陈平、将军灌婴食邑各增三千户，赐黄金二千斤；加封朱虚侯刘章、襄平侯纪通、东牟侯刘兴居食邑各增二千户，赐黄金一千斤；封典客刘揭为阳信侯，赐黄金一千斤。”

十二月，文帝下诏说：“法令，是治理国家的准绳，是用来制止暴行和引导人们向善的工具。现在犯法的人已经判罪，还要让他们无罪的父母、妻子、儿女及兄弟们连累治罪，还要被收为奴隶，我很不赞成这样做。希望你们再商议商议吧。”主管刑法的官员都说：“百姓们不能自治，所以需要制定法令来约束他们。无罪的亲属遭受连累，和犯人一起收捕判罪，是为了使他们心里有所顾忌，让他们不敢轻易犯法。这种做法由来已久，还是保持不变的好。”文帝说：“我听说法令公正百姓就忠厚，量刑正确百姓就心服。再说治理百姓引导他们向善，要靠官吏。如果官员既不能引导他们，又用不公正的法律来处罚他们，这是反过来加害于民，逼其造反的做法呀。这怎么能够管理百姓呢?我看不出这样做的好处。请你们再仔细地考虑。”主管官员听后都说：“陛下对百姓施加恩惠，功德无量，不是我们这些臣下所能做到的。我们谨遵皇命，废除一人犯法牵连全家的法令。”

正月，主管大臣进言说：“及早确立太子，是尊奉宗庙的一种保障。请皇上早日确立太子。”文帝说：“我已经够不贤德的了，上帝神明还没享受我的祭祀，天下的人民还没满意。现在即使我不能广求天下贤圣有德的人禅位于他，但说预先确立太子，这是加重我的无德呀。我将拿什么来向天下人交待呢？这事还是先放一放吧。”主管大臣又说：“预先确立太子，正是为了尊奉宗庙社稷，不忘天下的行为啊。”文帝说：“楚王是我的叔父，年纪大了，经历的事很多，懂得天下的事理，明白治国的大体；吴王是我的兄长，贤惠仁慈，甚爱美德；淮南王是我的弟弟，能守其才德以辅佐我，这难道不能加以考虑吗?诸侯王、宗室、兄弟和有功的大臣，很多都是有才能有德义的人，如果推举有德之人辅佐我所不能做好的事，这将是国家的幸运、天下人的福分。现在不去选拔举荐他们，却说一定要立太子，人们会认为我是个抛弃贤能有德的人而一心只想着儿子的人，不是个为天下人着想的人。我觉得这样做很不可取。”大臣们都坚决请求说：“古代殷、周立国，太平安定者莫长焉，用此道也。立嗣必子，所从来远矣。高帝亲率士大夫，始平天下，建诸侯，为帝者太祖。诸侯王及列侯始受国者皆亦为其国祖。子孙继嗣，世世弗绝，天下之大义也，故高帝设之以抚海内。今释宜建而更选于诸侯及宗室，非高帝之志也。更议不宜。子某最长，纯厚慈仁，请建以为太子。”上乃许之。因赐天下民当代父后者爵各一级，封将军薄昭为轵侯。

三月，有司请立皇后。薄太后曰：“诸侯皆同姓，立太子母为皇后。”皇后姓窦氏。上为立后故，赐天下鳏寡孤独穷困及年八十已上、孤儿九岁已下布帛米肉各有数。上从代来，初即位，施德惠天下，填抚诸侯四夷皆洽欢，乃循从代来功臣。上曰：“方大臣之诛诸吕迎朕，朕狐疑，皆止朕，唯中尉宋昌劝朕，朕以得保奉宗庙。已尊昌为卫将军，其封昌为壮武侯。诸从朕六人，官皆至九卿。”

上曰：“列侯从高帝入蜀、汉中者六十八人皆益封各三百户，故吏二千石以上从高帝颍川守尊等十人食邑六百户，淮阳守申徒嘉等十人五百户，卫尉定等十人四百户。封淮南王舅父赵兼为周阳侯，齐王舅父驷钧为清郭侯。”秋，封故常山丞相蔡兼为樊侯。

人或说右丞相曰：“君本诛诸吕，迎代王，今又矜其功，受上赏，处尊位，祸且及身。”右丞相勃乃谢病免罢，左丞相平专为丞相。

二年十月，丞相平卒，复以绛侯勃为丞相。上曰：“朕闻古者诸侯建国千余，各守其地，以时入贡，民不劳苦，上下欢欣，靡有遗德。今列侯多居长安，邑远，吏卒给输费苦，而列侯亦无由教驯其民。其令列侯之国，为吏及诏所止者，遣太子。”

都达一千多年，古来享有天下的王朝没有比他们更长久的了，就是因为他们采取了立太子这个办法。确立继承人，一定要立儿子，这是由来已久的做法。高祖皇帝亲自率领众将士平定天下，封建诸侯，成为本朝皇帝的太祖。诸侯王和列侯最早接受封国的也成为各自封国的始祖。子孙继位，代代不绝，这是天下的大义，所以高祖皇帝设立了这种制度来安抚海内。现在您想放弃应该立为继承人的人选，而另从诸侯或宗室中选取，这就违背了高祖皇帝的愿望。另议他人是不妥当的。启是陛下您最年长的儿子，而且纯厚仁爱，请立他为继承人吧。”文帝这才同意了。于是下令给全国民众中应当继承父业的长子每人都晋爵一级。封皇舅薄昭为轵侯。

三月，主管大臣请求封立皇后。薄太后说：“皇帝的儿子都是同母所生，就立太子的母亲为皇后吧。”皇后姓窦。文帝因为立了皇后的缘故，赐给天下鳏寡孤独和穷困的人，以及年纪八十以上的老人和九岁以下的孤儿每人一定数量的布帛、米、肉。文帝由代国来到京城，即位不久，就对天下广施德惠，使各诸侯和周边远方部族得以安抚，大家都融洽欢乐，于是开始安抚和封赏从代国随同来京的功臣。文帝说：“当初大臣们杀掉吕氏众人迎我为帝，我有疑虑，大臣们都阻止我，只有中尉宋昌劝我来京，我因此得以承继帝位。之前我已经封宋昌为卫将军，现在再封他为壮武侯。其他随我进京的六个人，官职都升为九卿一级。”

文帝又说：“当年跟随高祖皇帝进入蜀郡和汉中的列侯六十八人，都加封食邑三百户；过去的二千石以上、跟随过高祖皇帝的官吏，如颍川郡守刘尊等十人各赐给食邑六百户，淮阳郡守申徒嘉等十人各加封食邑五百户，卫尉刘定等十人各加封食邑四百户。封淮南王舅父赵兼为周阳侯，封齐王舅父驷钧为清郭侯。”这年秋天，封原常山国的丞相蔡兼为樊侯。

有人劝告右丞相周勃说：“您是诛杀吕氏、迎立代王的主要策动者，可如今却自夸功劳，接受最高的赏赐，居于尊贵的地位，灾祸就要降临到您的头上了。”于是右丞相周勃就以生病为由而辞去了右丞相的职务，由左丞相陈平一个独任丞相之职。

文帝二年十月，丞相陈平去世，文帝重新起用绛侯周勃为丞相。文帝说：“我听说古代诸侯建立国家的有一千多个，各自守住自己的封地，按时进贡，百姓们不用劳苦，全国上下都很高兴，没有人做违背道德的事。如今列侯大多住在长安，距离各自的封地路途遥远，官吏士卒供应运输所需物资既浪费又辛苦，而列侯们也没有机会教导和管理封地内的百姓。现在我命令所有列侯回到各自的封国去，凡在朝廷任职及有诏令特别留下来的诸侯，也要派太子前往封地。”

十一月晦，日有食之。十二月望，日又食。上曰："朕闻之，天生蒸民，为之置君以养治之。人主不德，布政不均，则天示之以灾，以诫不治。乃十一月晦，日有食之，适见于天，灾孰大焉！朕获保宗庙，以微眇之身托于兆民君王之上，天下治乱，在朕一人，唯二三执政犹吾股肱也。朕下不能理育群生，上以累三光之明，其不德大矣。令至，其悉思朕之过失，及知见思之所不及，匄以告朕。及举贤良方正能直言极谏者，以匡朕之不逮。因各饬其任职，务省繇费以便民。朕既不能远德，故憪然念外人之有非，是以设备未息。今纵不能罢边屯戍，而又饬兵厚卫，其罢卫将军军。太仆见马遗财足，余皆以给传置。"

正月，上曰："农，天下之本，其开籍田，朕亲率耕，以给宗庙粢盛。"

三月，有司请立皇子为诸侯王。上曰："赵幽王幽死，朕甚怜之，已立其长子遂为赵王。遂弟辟强及齐悼惠王子朱虚侯章、东牟侯兴居有功，可王。"乃立赵幽王少子辟强为河间王，以齐剧郡立朱虚侯为城阳王，立东牟侯为济北王，皇子武为代王，子参为太原王，子揖为梁王。

上曰："古之治天下，朝有进善之旌，诽谤之木，所以通治道而来谏者。今法有诽谤妖言之罪，是使众臣不敢尽情，而上无由闻过失也。将何以来远方之贤良？其除之。民或祝诅上以相约结而后相谩，吏以为大逆，其有他言，而吏又以为诽谤。此细民之愚无知抵死，朕甚不取。自今以来，有犯此者勿听治。"

九月，初与郡国守相为铜虎符、竹使符。

三年十月丁酉晦，日有食之。十一月，上曰："前日遣列侯之国，或辞未行。丞相朕之所重，其为朕率列侯之国。"绛侯勃免丞十一月的最后一天，出现了日食。十二月十五日，又发生了日食。因此文帝下诏说：“我听说天生万民，为他们设置君主来抚育和治理他们。如果君主不贤德，执政不公平，那么上天就会降下灾祸警示他，来惩戒他治理不当。十一月的最后一天发生日食，上天谴责的灾异现象出现在天上，没有比这更严重的灾难了！我得以承继帝业，以渺小之躯依托于万民和诸侯王之上，天下的治和乱，都在于我一个人。那几位执政的大臣，就好比是我的左膀右臂。我对下不能很好地治理抚育众生，对上又牵累了日、月、星辰的光辉，以致发生日蚀，我的失德实在太严重了。诏令下达后，大家都要考虑我的过失，以及我的知识、见识和考虑问题的不足之处，希望你们务必告诉我。你们还要推举贤良方正及能直言极谏的人，来补正我的疏漏。因此官员们要检查和整顿好各自的职事，务必减少徭役和费用，以便利民众。我既然不能以恩德感化远方，所以很担心外族有侵略的野心，因此边疆的防务不能停息。现在既然不能撤除边塞的军队，又怎么能增加兵力来保卫我个人呢？所以我宣布撤销卫将军统辖的军队。太仆掌管的现有马匹，只需留下够用的数量就可以了，多余的都交给驿站。”

正月，文帝下诏说：“农业，是国家的根本。应当开辟皇帝亲自耕种的籍田，我要亲自带头耕作，来供给宗庙祭祀用的谷物。”

三月，主管大臣建议封皇子们为诸侯王。文帝说：“赵幽王被幽禁而死，我很可怜他，已经立他的长子刘遂为赵王。刘遂的弟弟辟强和齐悼惠王的儿子朱虚侯刘章、东牟侯刘兴居对国家有功，可以封他们为王。”于是封赵幽王的小儿子刘辟强为河间王，割出齐国的几个大郡封朱虚侯为城阳王，封东牟侯刘兴居为济北王，封皇子刘武为代王，封皇子刘参为太原王，封皇子刘揖为梁王。

文帝又下诏说：“古人治理天下，在朝廷设置有进善言的旌旗和批评朝政的木牌，是为了开通治国之道，招徕进谏之人。现在法令中有诽谤朝廷妖言惑众的罪状，这使得大臣们不敢完全说真话，而皇帝也没有机会听到自己的过失。这样怎么能招来远方的贤良之人呢？应当废除这样的条文。百姓中有人一起诅咒皇帝而约定互相隐瞒，后来又负约而相互告发，官员们认为这是大逆不道；如果再说别的话，官吏们又认为是诽谤朝廷。这些实际上都是由于小民的愚昧无知而犯了死罪。我很不赞成这种做法。从今以后，再有类似情况，一律不予治罪。”

九月，首先把授兵权或调动军队的铜虎符和使臣出使所持的竹使符发给各封国丞相和各郡郡守。

汉文帝三年十月的月末，发生了日食。十一月，文帝下诏说：“前些时候我已经诏令列侯回到各自的封国，但有的人还是找借口没有离开。丞相是我所敬重的，希望丞相为其他列侯起个带头作用。”于是免去绛侯周勃的丞相职务，让他相就国，以太尉颍阴侯婴为丞相。罢太尉官，属丞相。

四月，城阳王章薨。淮南王长与从者魏敬杀辟阳侯审食其。

五月，匈奴入北地，居河南为寇。帝初幸甘泉。六月，帝曰："汉与匈奴约为昆弟，毋使害边境，所以输遗匈奴甚厚。今右贤王离其国，将众居河南降地，非常故，往来近塞，捕杀吏卒，驱保塞蛮夷，令不得居其故，陵轹边吏，入盗，甚敖无道，非约也。其发边吏骑八万五千诣高奴，遣丞相颍阴侯灌婴击匈奴。"匈奴去，发中尉材官属卫将军军长安。

辛卯，帝自甘泉之高奴，因幸太原，见故群臣，皆赐之。举功行赏，诸民里赐牛酒。复晋阳、中都民三岁。留游太原十余日。

济北王兴居闻帝之代，欲往击胡，乃反，发兵欲袭荥阳。于是诏罢丞相兵，遣棘蒲侯陈武为大将军，将十万往击之。祁侯贺为将军，军荥阳。七月辛亥，帝自太原至长安。乃诏有司曰："济北王背德反上，诖误吏民，为大逆。济北吏民兵未至先自定，及以军地邑降者，皆赦之，复官爵。与王兴居去来，亦赦之。"八月，破济北军，虏其王。赦济北诸吏民与王反者。

六年，有司言淮南王长废先帝法，不听天子诏，居处毋度，出入拟于天子，擅为法令，与棘蒲侯太子奇谋反，遣人使闽越及匈奴，发其兵，欲以危宗庙社稷。群臣议，皆曰"长当弃市"。帝不忍致法于王，赦其罪，废勿王。群臣请处王蜀严道、邛都，帝许之。长未到处所，行病死，上怜之。后十六年，追尊淮南王长谥为厉王，立其子三人为淮南王、衡山王、庐江王。

十三年夏，上曰："盖闻天道祸自怨起而福繇德兴。百官之非，宜由朕躬。今秘祝之官移过于下，以彰吾之不德，朕甚不取。其除之。"

去了绛县封地。文帝任命太尉颍阴侯灌婴为丞相，同时废除了太尉这个官职，把太尉所掌的兵权并归到了丞相的职权中。

四月，城阳王刘章去世。淮南王刘长和他的随从魏敬杀了辟阳侯审食其。

五月，匈奴侵入北地郡，盘踞在河南一带做强盗。文帝初次幸临甘泉宫。六月，文帝下诏说："汉朝和匈奴约为兄弟，为了不让它侵扰边境，所以送给匈奴的东西十分丰厚。现在匈奴的右贤王离开他们的本土，率众进驻早已归属汉朝的河南地区，没有任何正当理由，就出入往来于边塞地区，捕杀我官吏士卒，驱逐守卫边塞的少数民族，使他们不能在自己的居住地居住；欺凌我边防官吏，侵入内地抢劫我边民，十分傲慢，不讲道理，破坏了先前的协约。现在我派遣边防骑兵八万五千人进驻高奴，命丞相颍阴侯灌婴带兵攻打匈奴。"后来匈奴人不战而退。朝廷又征调中尉属下部分勇武的士卒归属于卫将军统领，驻扎在长安。

六月二十七日，文帝由甘泉北进至高奴，而后东转至太原，在那儿召见了原代国的大臣，对每个人都进行了赏赐。又按功劳大小给以封赏，赐给百姓牛肉和酒，同时免除了晋阳、中都两地百姓三年的赋税。文帝在太原停留、游历了十多天。

济北王刘兴居得知文帝到了代地，要前去攻打匈奴，于是趁势起兵造反，想率军袭击荥阳。文帝于是下诏招回丞相灌婴率领的军队，派棘蒲侯陈武做大将军，带领十万军队去攻打叛军。又任命祁侯缯贺为将军，驻扎在荥阳。七月十八日，文帝从太原回到长安。诏令有关大臣说："济北王违背常德，反叛皇上，连累他的属官和百姓，这是大逆不道。济北的官吏和民众，凡是在朝廷大军到来之前就自己停止反叛活动的，以及率部投降或献出城邑出降的，一律赦免，官爵复原。那些开始曾与济北王兴居来往的人，也予以赦免。"八月，打败了济北王的军队，俘虏了济北王。于是文帝又下令赦免了跟随济北王造反的官吏、百姓。

汉文帝六年，主管大臣报告说淮南王刘长废弃先帝的法律，不听从皇帝的诏令，所居宫室超过了规定的限度，出入的仪仗仿照天子，擅自制定法令；和棘蒲侯太子陈奇密谋反叛，并派人出使闽越和匈奴，调用它们的军队，企图危害宗庙社稷。群臣商议，都说"刘长应当斩首示众"。文帝不忍心法办淮南王，便免了他的死罪，废了他的王位，不准再做诸侯王。群臣请求把淮南王流放到蜀严道、邛都，文帝答应了。刘长还没到达流放地，就病死在路上，文帝很是怜悯。十六年后，文帝追谥淮南王刘长为厉王，并封他的三个儿子刘安为淮南王、刘勃为衡山王、刘赐为庐江王。

十三年夏天，文帝下诏说："我听说，祸患是由怨而起、福分是由德义而兴，这是自然的规律。百官的过错，应当由我一人承担。可是现在祭祀祈祷的时候都把过错推给下面的臣子，其结果是显扬了我的无德。对于这一点我很不赞成。应当取消这种做法。"

五月，齐太仓令淳于公有罪当刑，诏狱逮徙系长安。太仓公无男，有女五人。太仓公将行会逮，骂其女曰："生子不生男，有缓急非有益也！"其少女缇萦自伤泣，乃随其父至长安，上书曰："妾父为吏，齐中皆称其廉平，今坐法当刑。妾伤夫死者不可复生，刑者不可复属，虽复欲改过自新，其道无由也。妾愿没入为官婢，赎父刑罪，使得自新。"书奏天子，天子怜悲其意，乃下诏曰："盖闻有虞氏之时，画衣冠异章服以为僇，而民不犯。何则？至治也。今法有肉刑三，而奸不止，其咎安在？非乃朕德薄而教不明欤？吾甚自愧。故夫驯道不纯而愚民陷焉。诗曰'恺悌君子，民之父母'。今人有过，教未施而刑加焉？或欲改行为善而道毋由也。朕甚怜之。夫刑至断支体，刻肌肤，终身不息，何其楚痛而不德也，岂称为民父母之意哉！其除肉刑。"

上曰："农，天下之本，务莫大焉。今勤身从事而有租税之赋，是为本末者毋以异，其于劝农之道未备。其除田之租税。"

十四年冬，匈奴谋入边为寇，攻朝那塞，杀北地都尉卬。上乃遣三将军军陇西、北地、上郡，中尉周舍为卫将军，郎中令张武为车骑将军，军渭北，车千乘，骑卒十万。帝亲自劳军，勒兵申教令，赐军吏卒。帝欲自将击匈奴，群臣谏，皆不听。皇太后固要帝，帝乃止。于是以东阳侯张相如为大将军，成侯赤为内史，栾布为将军，击匈奴。匈奴遁走。

春，上曰："朕获执牺牲圭币以事上帝宗庙，十四年于今，历日县长，以不敏不明而久抚临天下，朕甚自愧。其广增诸祀墠场圭币。昔先王远施不求其报，望祀不祈其福，右贤左戚，先民后己，至明之极也。今吾闻祠官祝釐，皆归福朕躬，不为百姓，朕甚愧之。夫以朕五月，齐国的太仓令淳于公犯了罪，应该受刑，朝廷下令让狱官逮捕他，把他押解到长安拘禁起来。太仓公没有儿子，有五个女儿。他被捕临行时，骂女儿们说："生孩子不生儿子，有急事时一点用都没有！"他的小女儿缇萦伤心地哭了，就跟随父亲来到长安，向朝廷上书说："我父亲做官，齐国人都称赞他廉洁公正，现在犯了法应当受刑罚。我哀伤的是，受了死刑的人不能再活过来，受了肉刑的人肢体断了不能再接起来，即使想改过自新，也没有办法了。我愿意到官府做奴婢，来替我父亲赎罪，使他能改过自新。"上书送到文帝那里，文帝怜悯缇萦的孝心，就下诏说："我听说有虞氏的时候，只是在罪犯的衣帽上画上特别的图形或颜色，给罪犯穿上有特定标志的衣服，以此来羞辱他们，这样，民众就不犯法了。为什么这样呢？是因为当时政治极其清明。如今法令中有刺面、割鼻、断足三种肉刑，可是犯法的事仍然不能禁止，这种过失的原因何在？不就是因为我德义不厚而教化不明吗？我觉得很是惭愧。所以说教导的方法不对就会使愚昧的百姓犯罪。《诗经》上说'平易近人的君子，有如保护和养育人民的父母'。现在有人犯了过错，官府没有对其进行教化就施加刑罚，有的人想改过修善也没有机会了。我很可怜他们。这些刑罚使人肢体断裂、肌肤毁坏，终身不能恢复，这是多么残酷而不仁道呀，这哪里有一点点为民父母的意思呢？应该立即废除肉刑。"

文帝又说："农业是天下的根本，没有比这更重要的事情。如今农民辛勤地从事农业生产，却还要交纳租税，这样做会使务农的人和从事商业、手工业的人本末不分。这对鼓励老百姓从事农业生产不利，应当免除农田的租税。"

十四年冬天，匈奴谋划入侵汉地的边境进行劫掠，他们攻打了朝那塞，杀死了北地郡的都尉孙卬。文帝于是派遣了三个将军分别带兵驻扎在陇西、北地、上郡；又任命中尉周舍为卫将军，郎中令张武为车骑将军，率军驻扎在渭河以北地区，有兵车一千辆、骑兵十万人。文帝亲自慰劳军队，训练士兵，申明训令，奖赏全军将士。文帝想亲自带兵攻打匈奴，群臣进谏，都不听从。后来薄太后出面坚决要求文帝留下来，文帝这才作罢。于是任命东阳侯张相如为大将军，命成侯董赤为内史、栾布为将军，一同北击匈奴。匈奴被迫逃走了。

这年春天，文帝说："我有幸得以执掌祭祀，以牺牲、玉帛来祭祀上天和宗庙以来，至今已经十四年，经历很长时间了。以我这样一个既不聪敏又不明智的人长久地治理天下，我深感惭愧。我准备扩大祭祀的埠场，增加祭祀所需玉帛数量。从前先王远施恩惠而不求回报，遥祭山川却不为自己祈福，他们尊重贤才而抑制亲戚，先民后己，圣明到了极点。现在我听说祭祀的官员向神明祈福时，都是祈求将福泽降到我一个人身上，而不为众多的黎民百姓，对此我感到非常惭愧。像我这样一个无德之人，却独自享受神灵的福佑，而百姓却不能与我共享，不德，而躬享独美其福，百姓不与焉，是重吾不德。其令祠官致敬，毋有所祈。”

是时北平侯张苍为丞相，方明律历。鲁人公孙臣上书陈终始传五德事，言方今土德时，土德应黄龙见，当改正朔服色制度。天子下其事与丞相议。丞相推以为今水德，始明正十月上黑事，以为其言非是，请罢之。

十五年，黄龙见成纪，天子乃复召鲁公孙臣，以为博士，申明土德事。于是上乃下诏曰：“有异物之神见于成纪，无害于民，岁以有年。朕亲郊祀上帝诸神。礼官议，毋讳以劳朕。”有司礼官皆曰：“古者天子夏躬亲礼祀上帝于郊，故曰郊。”于是天子始幸雍，郊见五帝，以孟夏四月答礼焉。赵人新垣平以望气见，因说上设立渭阳五庙。欲出周鼎，当有玉英见。

十六年，上亲郊见渭阳五帝庙，亦以夏答礼而尚赤。

十七年，得玉杯，刻曰“人主延寿”。于是天子始更为元年，令天下大酺。其岁，新垣平事觉，夷三族。

后二年，上曰：“朕既不明，不能远德，是以使方外之国或不宁息。夫四荒之外不安其生，封畿之内勤劳不处，二者之咎，皆自于朕之德薄而不能远达也。间者累年，匈奴并暴边境，多杀吏民，边臣兵吏又不能谕吾内志，以重吾不德也。夫久结难连兵，中外之国将何以自宁？今朕夙兴夜寐，勤劳天下，忧苦万民，为之怛惕不安，未尝一日忘于心，故遣使者冠盖相望，结轶于道，以谕朕意于单于。今单于反古之道，计社稷之安，便万民之利，亲与朕俱弃细过，偕之大道，结兄弟之义，以全天下元元之民。和亲已定，始于今年。”

后六年冬，匈奴三万人入上郡，三万人入云中。以中大夫令勉为这就加重了我的无德。现在我命令主管祭祀的官员，从今以后只向神灵表达敬意，不要再为我一个人祈祷了。”

这时，北平侯张苍任丞相，刚刚制定了乐律和历法。鲁国人公孙臣上书讲述金木水火土五行相生相克的学说，并说现在正是土德时期，土德的验证是将有黄龙出现，国家应当更改历法、服色等各种制度。文帝把公孙臣的说法交给丞相张苍，让他去研究。张苍经过推算，认为现今是水德当行时期，应继续以十月作为岁首，应该崇尚黑色。他认为公孙臣的说法不对，希望文帝不要采纳他的建议。

十五年，有黄龙出现在成纪县，文帝又召来鲁国的公孙臣，任命他为博士，让他重新说明当今应为土德的道理。于是文帝下诏说：“有奇异的神物在成纪出现，对百姓没有伤害，今年会有好收成。我要亲自到郊外祭祀上帝和诸神。请礼官们商议这件事，不要因为怕我劳累而有什么隐讳。”主管大臣和礼官们都说：“古代天子夏天亲自到郊外去祭祀上帝，所以称为郊。”于是文帝第一次驾临雍，郊祭五帝，在孟夏四月举行了答礼。赵国人新垣平这时靠着望气之术得到文帝的召见，因此他劝说文帝在渭水北岸建五帝庙，并预言周朝的传国宝鼎将会出现，还会有奇异的美玉出现。

十六年，文帝亲自到渭水北岸五帝庙郊祭，也是在夏季举行了答谢上天恩德的祭典，因而崇尚红色。

十七年，文帝得到一个玉杯（这个玉杯实际是新垣平为欺骗文帝而派人献上的），上面刻有“人主延寿”四个字。于是文帝把这一年改为后元元年，下令准许天下百姓聚会畅饮。也就在这一年，新垣平弄虚作假的事情被发觉，随后被诛灭了三族。

后元二年（前162年），文帝下诏说：“我既不英明，也不能施恩德于远方，因此导致境外有些国家时常侵扰生事。四方荒远地区的百姓不能安定地生活，内地的百姓辛勤劳苦不能安居，这两件过失都是因为我的德行浅薄，不能施及远方。最近连续几年，匈奴都来为害边境，杀害了我许多官吏和百姓，边境的官员和将领又不能明白我的心意，以致加重了我的无德。长期这样兵灾相结、战火不断，中外各国又怎么能保持各自安宁？现在我起早睡晚，操劳国事，为万民忧虑，惶惶不安，未曾有一天心里不想着这些事情。因此我派出的使臣很多，前后车篷相望，路上车辙交错，为的就是让他们向单于说明我的意愿。现在单于已表示出友好相处的样子，考虑到国家的安定，顾及百姓的利益，愿意和我一起抛弃曾经的怨仇，一起走和平的大道，重新确立两国间兄弟般的友好关系，共同保护善良百姓的生命安全。和亲的盟约已经确定，从今年就开始。”

后元六年冬天，匈奴又有三万人侵入上郡，三万人侵入云中郡。文帝任命中大夫车骑将军，军飞狐；故楚相苏意为将军，军句注；将军张武屯北地；河内守周亚夫为将军，居细柳；宗正刘礼为将军，居霸上；祝兹侯军棘门，以备胡。数月，胡人去，亦罢。

天下旱，蝗。帝加惠，令诸侯毋入贡，弛山泽，减诸服御狗马，损郎吏员，发仓庾以振贫民，民得卖爵。

孝文帝从代来，即位二十三年，宫室苑囿狗马服御无所增益，有不便，辄弛以利民。尝欲作露台，召匠计之，直百金。上曰："百金中民十家之产，吾奉先帝宫室，常恐羞之，何以台为！"上常衣绨衣，所幸慎夫人，令衣不得曳地，帏帐不得文绣，以示敦朴，为天下先。治霸陵皆以瓦器，不得以金银铜锡为饰，不治坟，欲为省，毋烦民。南越王尉佗自立为武帝，然上召贵尉佗兄弟，以德报之，佗遂去帝称臣。与匈奴和亲，匈奴背约入盗，然令边备守，不发兵深入，恶烦苦百姓。吴王诈病不朝，就赐几杖。群臣如袁盎等称说虽切，常假借用之。群臣如张武等受赂遗金钱，觉，上乃发御府金钱赐之，以愧其心，弗下吏。专务以德化民，是以海内殷富，兴于礼义。

后七年六月己亥，帝崩于未央宫。遗诏曰："朕闻盖天下万物之萌生，靡不有死。死者天地之理，物之自然者，奚可甚哀。当今之时，世咸嘉生而恶死，厚葬以破业，重服以伤生，吾甚不取。且朕既不德，无以佐百姓；今崩，又使重服久临，以离寒暑之数，哀人之父子，伤长幼之志，损其饮食，绝鬼神之祭祀，以重吾不德也，谓天下何！朕获保宗庙，以眇眇之身托于天下君王之上，二十有余年矣。赖天地之灵，社稷之福，方内安宁，靡有兵革。朕既不敏，常畏过行，以羞先帝之遗德；维年之久长，惧于不终。今乃幸以天年，得复供养于高庙。朕之不明与嘉之，其奚哀悲之有！其令天下吏民，令到出临令勉为车骑将军，驻扎在飞狐口要塞；任命原楚国丞相苏意为将军，驻扎在句注山；命将军张武屯兵北地郡；任命河内太守周亚夫为将军，驻军细柳；任命宗正刘礼为将军，率军驻扎在灞上；命祝兹侯徐厉驻扎在棘门，以防备匈奴。几个月后，匈奴兵撤去，于是汉军也撤了回来。

这年天下干旱，发生蝗灾。文帝对全国施加恩惠，让诸侯不要向朝廷进贡，解除国家禁止民众开发山林湖泊的规定，减少宫中各种服饰、车驾和狗马等各项开销，裁减朝廷官吏人数，发放国家储备粮救济贫苦百姓，允许老百姓买卖爵位。

孝文帝从代国来到京城，即位二十三年，宫室、苑囿、狗马、服饰、车驾等等都没有增加。一有不便于民的事，就立即放弃，以利于民。文帝曾想建造一座露台，召来工匠一计算，造价要上百斤黄金。文帝说："百斤黄金相当于十户中等人家的产业，我享有先帝的宫室，还常担心会辱没先帝，还建造高台干什么呢？"文帝平时常穿质地粗厚的丝织衣服；对所宠爱的慎夫人，穿衣裙也不准拖到地面；所用的帏帐不准绣彩色花纹，以此来表示俭朴，为天下人做出榜样。文帝规定，修建霸陵墓时都用瓦器，不许用金银铜锡做装饰，不在平地修坟，就是想要节省，不烦扰百姓。南越王尉佗自号为武帝，然而文帝只是把尉佗的兄弟召来给以高官厚禄，报之以德。尉佗于是取消了帝号，向汉朝称臣。文帝又与匈奴和亲，匈奴多次背弃盟约入境骚扰，文帝只是命令边境加强防守，不发兵深入匈奴讨伐，是怕烦扰和劳苦百姓。吴王刘濞谎称有病不来朝见，文帝就赐给他木几和手杖以示关怀，让他可以免去进京朝觐之礼。群臣中如袁盎等人进言说事，虽然直率尖锐，而文帝总是宽容采纳。群臣中像张武等人接受金钱贿赂，事情被发觉后，文帝就从御府中拿出钱来赏给他们，使他们内心羞愧，而不是交给司法部门处理。文帝一心致力于用道德感化臣民，因此使得四海富足、礼义兴盛。

后元七年六月初一日，文帝在未央宫逝世。他留下遗诏说："我听说天下万物从开始的时候，没有哪一种是不死的。死亡是天地间的自然规律，是天下万物的自然现象，怎么能够过分悲哀呢！当今世人都贪生怕死，不惜花费大量财物来安葬死者，以致倾家荡产；长期服丧以致损害身体。我认为此举很不可取。况且我很不贤德，没有什么可以帮助百姓的。现在去世了，又要让他们长期服丧痛哭，遭受严寒酷暑的折磨，使天下的父子为我悲哀，使天下的老幼心灵受到损害，减少饮食，中断对鬼神的祭祀，其结果是加重了我的无德。我怎么向天下人交待呢！我有幸承继帝业，以渺小之躯，凌驾于天下各诸侯王之上，已经二十多年了。靠着天地的神灵、社稷的福气，才使得国内安宁，没有战乱。我不聪敏，时常担心行为有过错，使先帝遗留下来的美德蒙受羞辱；年长月久之后，害怕不能善终。如今没想到能侥幸享尽天年，将被供奉在高庙里享受祭祀。我如此不贤三日，皆释服。毋禁取妇嫁女祠祀饮酒食肉者。自当给丧事服临者，皆无践。绖带无过三寸，毋布车及兵器，毋发民男女哭临宫殿。宫殿中当临者，皆以旦夕各十五举声，礼毕罢。非旦夕临时，禁毋得擅哭。已下，服大红十五日，小红十四日，纤七日，释服。它不在令中者，皆以此令比率从事。布告天下，使明知朕意。霸陵山川因其故，毋有所改。归夫人以下至少使。”令中尉亚夫为车骑将军，属国悍为将屯将军，郎中令武为复土将军，发近县见卒万六千人，发内史卒万五千人，藏郭穿复土属将军武。

乙巳，群臣皆顿首上尊号曰孝文皇帝。

太子即位于高庙。丁未，袭号曰皇帝。

孝景皇帝元年十月，制诏御史：“盖闻古者祖有功而宗有德，制礼乐各有由。闻歌者，所以发德也；舞者，所以明功也。高庙酎，奏武德、文始、五行之舞。孝惠庙酎，奏文始、五行之舞。孝文皇帝临天下，通关梁，不异远方。除诽谤，去肉刑，赏赐长老，收恤孤独，以育群生。减嗜欲，不受献，不私其利也。罪人不帑，不诛无罪。除刑，出美人，重绝人之世。朕既不敏，不能识。此皆上古之所不及，而孝文皇帝亲行之。德厚侔天地，利泽施四海，靡不获福焉。明象乎日月，而庙乐不称。朕甚惧焉。其为孝文皇帝庙为昭德之舞，以明休德。然后祖宗之功德著于竹帛，施于万世，永永无穷，朕甚嘉之。其与丞相、列侯、中二千石、礼官具为礼仪奏。”丞相臣嘉等言：“陛下永思孝道，立昭德之舞以明孝文皇帝之盛德。皆臣嘉等愚所不及。臣谨议：世功莫大于高皇帝，德莫盛于孝文皇帝，高皇庙宜为帝者太祖之庙，孝文皇帝庙宜为帝者太宗之庙。天子宜世世献祖宗之庙。郡明，却能有这样的结果，我认为很好，还有什么可悲哀的呢！现在诏令全国官吏和百姓，在听到我逝世的消息后，哭吊三日就都除去丧服，不要禁止娶妻、嫁女、祭祠、饮酒、吃肉这些事。应当参加丧事、服丧哭祭的人，也都不要穿斩衰服。系腰与缠头的麻带不要超过三寸宽，不要用白布包裹车驾和兵器，不要发动民间男女到宫殿来哭祭。宫殿中应当哭祭的人，都只要在早晚各哭十五声，行礼完毕就停止。不是早上和晚上哭祭的时间，不准擅自哭泣。下葬以后，按丧服制度应服丧九个月的大功只服十五日，应服丧五个月的小功只服十四日，应服丧三个月的缌麻只服七日，期满就脱去丧服。其他不在此令中的事宜，都参照此令办理。通告天下，让大家明白我的心愿。我在灞陵的墓地，山川保持原样，不要有所改变。后宫从夫人以下直至少使，全都遣送回家。”任命中尉周亚夫为车骑将军，属国徐悍为将屯将军，郎中令张武为复土将军，征调京城附近各县现役士卒一万六千人，又调集京城现役士卒一万五千人，负责护送棺椁、挖掘墓穴、填土埋葬等事务，归将军张武统一指挥。

六月初七日，文帝在灞陵下葬，群臣都伏地叩首，尊奉谥号为“孝文皇帝”。

太子刘启在高祖庙即位。六月初九日，承袭帝号称为皇帝。

孝景皇帝元年十月，下诏给御史说：“我听说古代帝王，有取天下之功的称为‘祖’，有治天下之德的称为‘宗’，祭祀不同的帝王应使用不同的礼乐，应各据其身份。我还听说唱歌是用来颂扬德行的，舞蹈是用来彰明功业的。向高祖皇帝庙献酒祭祀，应当演奏《武德》、《文始》、《五行》等歌舞。向孝惠帝庙献酒祭祀，应演奏《文始》、《五行》等歌舞。孝文皇帝治理天下，开放了关卡桥梁，处处畅通无阻，边远地区也是一样；废除了诽谤的罪名，取消了肉刑；赏赐年老之人，收养孤独之人，以抚育万民；自己杜绝了各种嗜好，不受臣下进献的贡品，不求一己之私利；处治罪犯不株连家属，不诛罚无罪之人；废除宫刑，放出后宫女子，把使人绝后看成大事。我不聪敏，不能理解孝文皇帝的一切。这些都是古代帝王做不到的，而孝文皇帝亲自实行了。他的厚德可比天地，恩泽施于四海，没有谁没得到恩惠的；他的光辉如同日月，而祭祀时所用的歌舞却不相称，对此我心中非常不安。应当为孝文皇帝庙制作《昭德》舞，以显扬他的美德。然后将祖宗的功德载入史册，流传万代，永不没世，我很认同这种做法。你和丞相、列侯、中二千石的官吏、礼官们负责制定这项礼仪，上奏给我。”丞相申徒嘉等人听闻后说：“陛下始终想着孝亲之道，制作《昭德》之舞来显扬孝文皇帝的赫赫功德，这都是我们这些臣子愚钝而想不到的。我等谨认为，世上的功勋没有比高祖皇帝更大的，圣德没有比孝文皇帝更深厚的；高祖皇帝庙应当作为皇帝的太祖庙，孝文皇帝庙应该作为皇帝的太宗庙，后代天子应当世世代代供奉祭祀太祖和太宗之庙，各郡国国诸侯宜各为孝文皇帝立太宗之庙。诸侯王列侯使者侍祠，天子岁献祖宗之庙。请著之竹帛，宣布天下。”制曰：“可。”

太史公曰：孔子言“必世然后仁。善人之治国百年，亦可以胜残去杀”。诚哉是言！汉兴，至孝文四十有余载，德至盛也。廪廪乡改正服封禅矣，谦让未成于今。呜呼，岂不仁哉！

诸侯也应当分别在各地为孝文皇帝建立太宗庙。朝廷祭祀时，诸侯王、列侯都要派使者来京随同天子祭祀，每年都要祭祀祖宗之庙。请皇上下令把这些规定写入法律条文之中，向天下公布。”景帝批示说：“可以。”

太史公评说道：孔子曾说“治理国家一定要经过三十年后才能实现仁政。善人治理国家，要经过上百年才能教化好残暴之人，免除刑杀”。这话千真万确啊。汉朝从建国一直到孝文皇帝，经过了四十多年，德政达到了鼎盛的阶段。按理孝文帝完全可以更改历法、服色，举行封禅大典了，但由于他总是谦让自己德行不够，以致时至今日也未完成。啊！这难道不是仁德的体现吗?

孝景本纪第十一

孝景皇帝者，孝文之中子也。母窦太后。孝文在代时，前后有三男，及窦太后得幸，前后死，及三子更死，故孝景得立。

元年四月乙卯，赦天下。乙巳，赐民爵一级。五月，除田半租，为孝文立太宗庙。令群臣无朝贺。匈奴入代，与约和亲。

二年春，封故相国萧何孙系为武陵侯。男子二十而得傅。四月壬午，孝文太后崩。广川、长沙王皆之国。丞相申屠嘉卒。八月，以御史大夫开封陶青为丞相。彗星出东北。秋，衡山雨雹，大者五寸，深者二尺。荧惑逆行，守北辰。月出北辰间。岁星逆行天廷中。置南陵及内史、祋祤为县。

三年正月乙巳，赦天下。长星出西方。天火燔洛阳东宫大殿城室。吴王濞、楚王戊、赵王遂、胶西王卬、济南王辟光、菑川王贤、胶东王雄渠反，发兵西乡。天子为诛晁错，遣袁盎谕告，不止，遂西围梁。上乃遣大将军窦婴、太尉周亚夫将兵诛之。六月乙亥。赦亡军及楚元王子蓺等与谋反者。封大将军窦婴为魏其侯。立楚元王子平陆侯礼为楚王。立皇子端为胶西王，子胜为中山王。徙济北王志为菑川王，淮阳王余为鲁王，汝南王非为江都王。齐王将庐、燕王嘉皆薨。

四年夏，立太子。立皇子彻为胶东王。六月甲戌，赦天下。后九月，更以弋阳为阳陵。复置津关，用传出入。冬，以赵国为邯郸郡。

孝景皇帝刘启，是孝文皇帝众儿子中居中出生的儿子。他的生母是窦太后。孝文帝在代国做王的时候，前一个王后生了三个儿子，等到窦太后受到文帝宠幸的时候，前一个王后已经去世，三个儿子也相继死亡，所以景帝得以即位。

景帝元年四月二十二日，大赦天下。乙巳日，诏令赐给民众每户户主爵位一级。五月，下诏给全国农民减去一半田租。同时下诏为孝文皇帝修建太宗庙，诏令群臣不必因为自己即位而上朝拜贺。这年，匈奴入侵代郡，朝廷又与匈奴签订和亲条约。

景帝二年春天，封原相国萧何的孙子萧系为武陵侯。规定男子满二十岁后得登记入册。四月二十五日，文帝的母亲薄太后去世。景帝的儿子广川王刘彭祖、长沙王刘发都回到各自的封国去了。这年，丞相申屠嘉去世。八月，景帝任命御史大夫开封侯陶青为丞相。这时，彗星在东北方向出现。秋天，衡山一带下了冰雹，大的直径有五寸，地上积得最厚的地方达两尺。这年火星逆向运行到了北极星所处的星空，不久月亮又出现北极星所在区域，木星也在太微垣区域向相反方向运行。就在这一年，皇帝还下诏将南陵和内史、祋祤升级为县。

景帝三年正月二十二日，大赦天下。这时有流星出现在西方，而天火烧掉了洛阳的东宫大殿和城楼。吴王刘濞、楚王刘戊、赵王刘遂、胶西王刘卬、济南王辟光、菑川王刘贤、胶东王刘雄渠起兵造反，发兵杀向西来。景帝为平抚反叛的诸侯王，不得已而杀了御史大夫晁错，并派遣袁盎通告七国，但七国还是不听，继续西进，包围了梁国的都城睢阳。景帝于是派了大将军窦婴、太尉周亚夫率军讨伐，最后平定了叛乱。六月二十四日，景帝下诏赦免败逃的叛军和楚元王的儿子刘蓺等曾参与谋反的人，封大将军窦婴为魏其侯，改封楚元王的儿子平陆侯刘礼为楚王。另封皇子刘端为胶西王、皇子刘胜为中山王，改封济北王刘志为菑川王，改封淮阳王刘余为鲁王，改封汝南王刘非为江都王。同年，齐王刘将庐、燕王刘嘉相继去世。

景帝四年夏天，册立皇太子。立皇子刘彻为胶东王。六月二十九日，大赦天下。闰九月，把弋阳改名为阳陵。重新设置要塞、津渡关卡，出入要凭证件。同年冬天，撤销赵国改设邯郸郡。

五年三月，作阳陵、渭桥。五月，募徙阳陵，予钱二十万。江都大暴风从西方来，坏城十二丈。丁卯，封长公主子蟜为隆虑侯。徙广川王为赵王。

六年春，封中尉绾为建陵侯，江都丞相嘉为建平侯，陇西太守浑邪为平曲侯，赵丞相嘉为江陵侯，故将军布为鄃侯。梁楚二王皆薨。后九月，伐驰道树，殖兰池。

七年冬，废栗太子为临江王。十月晦，日有食之。春，免徒隶作阳陵者。丞相青免。二月乙巳，以太尉条侯周亚夫为丞相。四月乙巳，立胶东王太后为皇后。丁巳，立胶东王为太子。名彻。

中元年，封故御史大夫周苛孙平为绳侯，故御史大夫周昌左车为安阳侯，四月乙巳，赦天下，赐爵一级。除禁锢。地动。衡山、原都雨雹，大者尺八寸。

中二年二月，匈奴入燕，遂不和亲。三月，召临江王来，即死中尉府中。夏，立皇子越为广川王，子寄为胶东王。封四侯。九月甲戌，日食。

中三年冬，罢诸侯御史中丞。春，匈奴王二人率其徒来降，皆封为列侯。立皇子方乘为清河王。三月，彗星出西北。丞相周亚夫免，以御史大夫桃侯刘舍为丞相。四月，地动。九月戊戌晦，日食。军东都门外。

中四年三月，置德阳宫。大蝗。秋，赦徒作阳陵者。

中五年夏，立皇子舜为常山王。封十侯。六月丁巳，赦天下，赐爵一级。天下大潦。更命诸侯丞相曰相。秋，地动。

中六年二月己卯，行幸雍，郊见五帝。三月，雨雹。四月，梁孝王、城阳共王、汝南王皆薨。立梁孝王子明为济川王，子彭离为济东王，子定为山阳王，子不识为济阴王。梁分为五。封四侯。更命廷尉景帝五年三月，开始修建阳陵和长安城东北的渭桥。同年五月，招募民众迁居阳陵县，凡是迁往阳陵的百姓，每户给钱二十万。这年从西边刮来的大风侵袭了江都县一带，摧毁城墙十二丈。五月二十八日，景帝封其姊长公主的儿子陈蟜为隆虑侯。同年改封广川王刘彭祖为赵王。

景帝六年春天，景帝封中尉卫绾为建陵侯，封江都王的丞相程嘉为建平侯，封陇西郡太守公孙浑邪为平曲侯，封赵国丞相苏嘉为江陵侯，封前将军栾布为鄃侯。同年，梁王刘武、楚王刘礼相继去世。同年闰九月，景帝下令砍伐驰道两旁的树木，并填平兰池。

景帝七年冬天，景帝废掉栗太子刘荣，封他为临江王。十一月的最后一天，发生了日食。春天,赦免了修建阳陵的刑徒和奴隶，丞相陶青被免职。二月十六日,任命太尉条侯周亚夫为丞相。四月十七日，立胶东王刘彻的母亲为皇后;四月二十九日，立胶东王刘彻为皇太子。

景帝中元元年，封前御史大夫周苛的孙子周平为绳侯，封前御史大夫周昌的孙子周左车为安阳侯。四月二十三日，大赦天下，赐给全国臣民的爵位每人升一级。这年废除了不准一些人进入官场从政的法令。同年发生了地震。衡山、原都一带都下了冰雹，最大的直径达到一尺八寸。

景帝中元二年二月，匈奴侵入燕地，朝廷因而断绝与匈奴和亲。三月，召来临江王到京受审，不久刘荣死在了中尉府中。同年夏天，封立皇子刘越为广川王，封立皇子刘寄为胶东王。另分封了四个列侯。九月三十日，发生日食。

景帝中元三年冬天，撤销诸侯国中御史中丞一职。同年春天，有两个匈奴王率领部下前来归降，都被封为列侯。封立皇子刘方乘为清河王。同年三月，在西北方的天空出现了彗星。丞相周亚夫被免职，任命御史大夫桃侯刘舍为丞相。同年四月，发生地震。九月三十日，发生日食。由于自然现象异常，于是在京城的东都门外部署了军队进行驻扎。

景帝中元四年三月，开始修建德阳宫。这年发生大蝗灾。秋天，赦免了修建阳陵的囚犯。

景帝中元五年夏天，封立皇子刘舜为常山王。又分封赐十人为列侯。六月二十九日，大赦天下，赐给民众每户户主爵位一级。这年全国涝灾严重。同时下令将诸侯国的丞相改称为相。同年秋天又发生地震。

景帝中元六年二月二十五日，景帝亲自西行到雍县，在雍县郊祭祀五帝。三月，天降冰雹。四月，梁孝王刘武、城阳共王刘喜、汝南王刘非都相继去世。于是立梁孝王的儿子刘明为济川王、刘彭离为济东王、刘定为山阳王、刘不识为济阴王，把原来的梁国分成了五个小国。封立了四个列侯。同时为大理，将作少府为将作大匠，主爵中尉为都尉，长信詹事为长信少府，将行为大长秋，大行为行人，奉常为太常，典客为大行，治粟内史为大农。以大内为二千石，置左右内官，属大内。七月辛亥，日食。八月，匈奴入上郡。

后元年冬，更命中大夫令为卫尉。三月丁酉，赦天下，赐爵一级，中二千石、诸侯相爵右庶长。四月，大酺。五月丙戌，地动，其蚤食时复动。上庸地动二十二日，坏城垣。七月乙巳，日食。丞相刘舍免。八月壬辰，以御史大夫绾为丞相，封建陵侯。

后二年正月，地一日三动。郅将军击匈奴。酺五日。令内史郡不得食马粟，没入县官。令徒隶衣七緵布。止马舂。为岁不登，禁天下食不造岁。省列侯遣之国。三月，匈奴入雁门。十月，租长陵田。大旱。衡山国、河东、云中郡民疫。

后三年十月，日月皆食赤五日。十二月晦，雷。日如紫。五星逆行守太微。月贯天廷中。正月甲寅，皇太子冠。甲子，孝景皇帝崩。遗诏赐诸侯王以下至民为父后爵一级，天下户百钱。出宫人归其家，复无所与。太子即位，是为孝武皇帝。三月，封皇太后弟蚡为武安侯，弟胜为周阳侯。置阳陵。

太史公曰：汉兴，孝文施大德，天下怀安，至孝景，不复忧异姓，而晁错刻削诸侯，遂使七国俱起，合从而西乡，以诸侯太盛，而错为之不以渐也。及主父偃言之，而诸侯以弱，卒以安。安危之机，岂不以谋哉？

把廷尉这个官职改名为大理，把将作少府改名为将作大匠，把主爵中尉改称为都尉，把长信詹事改称为长信少府，把将行改称为大长秋，把大行改称为行人，把奉常改称为太常，把典客改称为大行，把治粟内史改称为大农。把主管京城仓库的大内定为二千石级的官员，设置左、右内官，归大内统领。七月二十九日，发生日食。八月，匈奴入侵上郡。

景帝后元元年冬天，把中大夫令改为卫尉。三月十九日，大赦天下，赐给民众每户户主爵位一级。中二千石级的官员和诸侯国的相赐给右庶长的爵位。四月，下令准许老百姓聚会饮酒。五月初九发生地震，吃早饭时又再次地震。上庸县的地震持续了二十二天，城墙被震毁。七月二十九日，发生日食。丞相刘舍被免职。八月壬辰日，任命御史大夫卫绾为丞相，封为建陵侯。

景帝后元二年正月，一天之内发生三次地震。景帝让郅都将军率军出击匈奴。朝廷又下令准许民众聚会饮酒五日。命令内史和各郡县不能用粮食喂马，否则由县官没收马匹。规定罪犯和奴隶只准许穿粗麻布衣服。禁止用马拉轮机舂米。由于这一年粮食收成不佳，不许天下出现粮食吃不到秋收时的情况。动员列侯不要住在京城，让他们回到自己的封国去。三月，匈奴入侵雁门郡。十月，把高祖长陵附近的官田租给农民耕种。这年大旱，衡山国、河东郡和云中郡都发生了瘟疫。

景帝后元三年十月，一连五天太阳和月亮都呈现红色。十二月的最后一天，忽然打雷，太阳变成了紫色。五大行星都开始逆转运行，逼近太微垣区域，月亮也从太微垣穿过。正月十七日，皇太子刘彻举行加冠礼。正月二十七日，孝景皇帝驾崩。临终前遗诏赐给诸侯王以下至百姓当中应该继承父业的人每人爵位一级，全国百姓每户赏赐一百钱。并把宫廷中的宫人遣散回家，而且免除其终身的赋税。太子即位，这就是孝武皇帝。三月，汉武帝封皇太后的弟弟田蚡为武安侯，田胜为周阳侯。把景帝安葬在阳陵。

太史公说：汉朝建立以来，到孝文皇帝时广施恩德，天下人民安居乐业。到了孝景帝即位时，不必再担心异姓诸侯王对朝廷的威胁，然而晁错还力主削夺同姓诸侯王的封地，终于导致吴、楚等七国起兵反叛，一同联合向西进攻朝廷。这是由于诸侯势力太强大，而晁错在处置时没有循序渐进太过急躁造成的。等到主父偃建议实施“推恩法”，才使诸侯王的势力渐渐变弱，国家最终也因此得以安定下来。由此可见，国家安危的关键，难道不是在于谋略运用得宜吗？

孝武本纪第十二

孝武皇帝者，孝景中子也。母曰王太后。孝景四年，以皇子为胶东王。孝景七年，栗太子废为临江王，以胶东王为太子。孝景十六年崩，太子即位，为孝武皇帝。孝武皇帝初即位，尤敬鬼神之祀。

元年，汉兴已六十余岁矣，天下乂安，荐绅之属皆望天子封禅改正度也。而上乡儒术，招贤良，赵绾、王臧等以文学为公卿，欲议古立明堂城南，以朝诸侯。草巡狩封禅改历服色事未就。会窦太后治黄老言，不好儒术，使人微得赵绾等奸利事，召案绾、臧，绾、臧自杀，诸所兴为者皆废。

后六年，窦太后崩。其明年，上征文学之士公孙弘等。

明年，上初至雍，郊见五畤。后常三岁一郊。是时上求神君，舍之上林中氾氏观。神君者，长陵女子，以子死悲哀，故见神于先后宛若。宛若祠之其室，民多往祠。平原君往祠，其后子孙以尊显。及武帝即位，则厚礼置祠之内中，闻其言，不见其人云。

是时而李少君亦以祠灶、谷道、却老方见上，上尊之。少君者，故深泽侯入以主方。匿其年及所生长，常自谓七十，能使物，却老。其游以方遍诸侯。无妻子。人闻其能使物及不死，更馈遗之，常余金钱帛衣食。人皆以为不治产业而饶给，又不知其何所人，愈信，争事之。少君资好方，善为巧发奇中。尝从武安侯饮，坐中有年九十余老人，少君乃言与其大父游射处，老人为儿时从其大父行，识其处，一孝武帝刘彻，是孝景帝排行居中的儿子。其母是王太后。孝景帝四年，刘彻被封为胶东王。孝景帝七年，栗太子刘荣被废，改封为临江王，改立胶东王刘彻为太子。孝景帝在位十六年驾崩，太子即位，这就是孝武皇帝。孝武皇帝刚即位时，特别重视对鬼神的祭祀。

孝武帝元年，汉朝建国已经六十多年了。此时天下太平安定，朝廷的大臣们都希望天子能够举行封禅大典，修改并确定历法、服饰等各种制度。而皇上崇尚儒家的学说，广招贤良，赵绾、王臧等人就是凭着出色的辞章修养而位列三公九卿的，他们商议想依照古代制度在长安城南为天子建立明堂，用来朝会诸侯。他们所草拟的天子巡狩、封禅和改换历法、服色制度的计划尚未完成，正遇上窦太后崇尚黄老学说，不喜欢儒家学术，于是派人私下里察访赵绾等人所干的非法谋利之类的事情，传讯审查赵绾、王臧，赵绾、王臧被迫自杀。于是武帝第一次兴起的“尊儒”便废止了。

六年后，窦太后去世。第二年，皇上征召贤良文学之士公孙弘等人。

一年后，汉武帝首次来到雍县，在雍县的五畤举行了祭祀五位天帝的仪式。以后通常每三年轮祭一次。这时候，雍县求得一位“神君”，供奉在上林苑中的氾氏观。这位“神君”，是长陵的一个女子，因为孩子死了，她也悲痛而死，显灵于她的妯娌宛若身上。宛若在家里供奉她，很多百姓也来祭祀她。战国时平原君曾去祭祀过她，后代子孙因此而地位尊贵、声名显赫。等到武帝即位，就用隆重的礼仪把“神君”请到宫里，用丰厚的礼品把她供奉起来，外人只能听见神君的说话声，但见不到她的真人。

当时李少君也因会祭灶致福、辟谷不食、长生不老的方术被汉武帝召见，汉武帝很敬重他。李少君是已故深泽侯推荐来主管方药之事的。他隐瞒了自己的年龄和出身经历等，经常自称七十岁了，能驱使鬼神，懂得长生不老之术。他靠方术遍游了诸侯各国。他没有妻子儿女。人们听说他能驱使鬼神并能使人长生不死，便纷纷赠送财礼给他，因此他常有多余的金钱、丝织品、衣服和食物。人们因他不经常劳作却很富有，又不知道他是什么地方的人，于是就越发相信他，争相侍奉他。李少君天生喜好方术，善于巧言揣测，常说中别人的隐私。他曾经到武安侯处宴饮，座中有位九十多岁的老人，李少君便谈起曾与他的祖父一起游玩坐尽惊。少君见上，上有故铜器，问少君。少君曰："此器齐桓公十年陈于柏寝。"已而案其刻，果齐桓公器。一宫尽骇，以少君为神，数百岁人也。

少君言于上曰："祠灶则致物，致物而丹沙可化为黄金，黄金成以为饮食器则益寿，益寿而海中蓬莱仙者可见，见之以封禅则不死，黄帝是也。臣尝游海上，见安期生，食臣枣，大如瓜。安期生仙者，通蓬莱中，合则见人，不合则隐。"于是天子始亲祠灶，而遣方士入海求蓬莱安期生之属，而事化丹沙诸药齐为黄金矣。

居久之，李少君病死。天子以为化去不死也，而使黄锤史宽舒受其方。求蓬莱安期生莫能得，而海上燕齐怪迂之方士多相效，更言神事矣。

亳人薄诱忌奏祠泰一方，曰："天神贵者泰一，泰一佐曰五帝。古者天子以春秋祭泰一东南郊，用太牢具，七日，为坛开八通之鬼道。"于是天子令太祝立其祠长安东南郊，常奉祠如忌方。其后人有上书，言"古者天子三年一用太牢具祠神三一：天一，地一，泰一"。天子许之，令太祝领祠之忌泰一坛上，如其方。后人复有上书，言"古者天子常以春秋解祠，祠黄帝用一枭破镜；冥羊用羊；祠马行用一青牡马；泰一、皋山山君、地长用牛；武夷君用干鱼；阴阳使者以一牛"。令祠官领之如其方，而祠于忌泰一坛旁。

其后，天子苑有白鹿，以其皮为币，以发瑞应，造白金焉。

其明年，郊雍，获一角兽，若麃然。有司曰："陛下肃祗郊祀，上帝报享，锡一角兽，盖麟云。"于是以荐五畤，畤加一牛以燎。赐打猎的地方。这位老人小时候跟从他的爷爷同行，认识这个地方。这让满座的宾客都惊讶不已。有一次，李少君拜见皇上，皇上有一件古铜器，便拿出来问李少君是否认识。李少君说：“这件铜器是齐桓公十年时陈放在柏寝台的。”过后皇帝仔细查验铜器上的铭文，果然是齐桓公时期的铜器。整个宫中的人都惊呆了，以为李少君是神仙，已经有几百岁了。

李少君对皇上说道：“祭祀灶神就能招来鬼神，招来鬼神后可以把丹沙炼成黄金；黄金炼成后，用它来打造饮食器具，使用后就能延年益寿；寿命长了，便可以见到东海蓬莱岛中的仙人；见到仙人后，再举行祭祀天地的典礼，便可长生不死。黄帝就是这样成仙的。我曾经在海上游历，见到过安期生，他给我枣吃，那枣儿像瓜一样大。安期生是仙人，他可往来于蓬莱仙境；与他性情投合他便见你，不投合他便躲起来不见。”于是汉武帝便开始亲自祭祀灶神，并派遣方术之士到东海访求蓬莱仙境和安期生之类的仙人，并开始研究用丹沙等各种药物炼制黄金的工作。

过了许久，李少君病死了。汉武帝以为他是成仙而并不是死了，便让黄锤县的文书官宽舒研究李少君的方术。那些派去寻求蓬莱岛、安期生的人，什么也没找到。但燕国、齐国沿海一带那些不地道的方士们却有许多人仿效李少君，纷纷前来谈论神仙之类的事情。

亳县人薄诱忌把祭祀泰一神的方法献给了汉武帝。他说：“天神当中最尊贵的是泰一神，泰一神的辅佐者是五帝。古代天子于春秋两季在东南郊祭祀泰一神，祭品用牛、羊、猪三牲各一头，共祭祀七天，祭坛上要开通八条供鬼神行走的通道。”于是汉武帝命令太祝在长安东南郊建立了泰一神祠，经常按照薄诱忌说的礼仪祭祀泰一神。那以后有人上书，说古时天子是每三年一次，用牛、羊、猪三牲祭祀“三一”神，即“天一”神、“地一”神和“泰一”神。汉武帝便应允了，命令由太祝负责，在薄诱忌建议建立的泰一坛上祭祀他们，依照薄诱忌所说的方式进行。后来又有人上书，说：“古时候天子经常在春秋两季举行除灾求福的解祠，祭祀黄帝时用一只枭鸟和一只獍兽；祭祀冥羊神时用羊；用一匹青色雄马祭祀马行神；用牛祭祀泰一神、皋山山君和地长神；用干鱼祭祀武夷山神；用一头牛祭祀阴阳使者。”汉武帝也都命令祠官按他说的方法进行祭祀，而祭祀的地方就在薄诱忌所奏请建立的泰一神坛旁边。

后来，因皇上的苑囿里有白鹿，有人就说用白鹿皮来制作货币，目的是为了促使上天发出祥瑞的征兆，这便是皇帝铸造“白金”的事。

第二年，汉武帝到雍县举行郊祀，猎获了一头独角兽，形状像狍子。主管官员说：“陛下恭敬虔诚地举行郊祀，上帝为了报答您的供享，赐给您这头独角兽，这大概就是麒麟吧。”于是把它进献给五畤，每畤的诸侯白金，以风符应合于天地。

于是济北王以为天子且封禅，乃上书献泰山及其旁邑。天子受之，更以他县偿之。常山王有罪，迁，天子封其弟于真定，以续先王祀，而以常山为郡。然后五岳皆在天子之郡。

其明年，齐人少翁以鬼神方见上。上有所幸王夫人，夫人卒，少翁以方术盖夜致王夫人及灶鬼之貌云，天子自帷中望见焉。于是乃拜少翁为文成将军，赏赐甚多，以客礼礼之。文成言曰："上即欲与神通，宫室被服不象神，神物不至。"乃作画云气车，及各以胜日驾车辟恶鬼。又作甘泉宫，中为台室，画天、地、泰一诸神，而置祭具以致天神。居岁余，其方益衰，神不至。乃为帛书以饭牛，佯弗知也，言此牛腹中有奇。杀而视之，得书，书言甚怪，天子疑之。有识其手书，问之人，果书。于是诛文成将军而隐之。

其后则又作柏梁、铜柱、承露仙人掌之属矣。

文成死明年，天子病鼎湖甚，巫医无所不致，不愈。游水发根乃言曰："上郡有巫，病而鬼下之。"上召置祠之甘泉。及病，使人问神君。神君言曰："天子毋忧病。病少愈，强与我会甘泉。"于是病愈，遂幸甘泉，病良已。大赦天下，置寿宫神君。神君最贵者太一，其佐曰大禁、司命之属，皆从之。非可得见，闻其音，与人言等。时去时来，来则风肃然也。居室帷中。时昼言，然常以夜。天子祓，然后入。因巫为主人，关饮食。所欲者言行下。又置寿宫、北宫，张羽旗，设供具，以礼神君。神君所言，上使人受书其言，命之曰"画法"。其所语，世俗之所知也，毋绝殊者，而天子独喜。其事秘，世祭品外加一头牛，举行焚柴祭天的燎祭。同时还把“白金”赐给诸侯，向他们暗示这种吉祥的征兆是符合天意的。

这时济北王以为天子将要举行封禅大典，就上书愿献出泰山及其周围的封地。汉武帝接受了，另将其他县邑划给他作为抵偿。常山王犯了罪，被流放，汉武帝封他的弟弟刘平做了真定王，以延续对其祖先的祭祀，而把常山国改设为郡。这样一来，五岳之地就都在天子直辖的郡县之内了。

第二年，齐国人少翁凭借鬼神方术受到皇上的召见。汉武帝宠爱王夫人，此前不久王夫人去世了。据说少翁可以用方术在夜里使王夫人和灶神的形貌出现，汉武帝远远隔着帷幕看见了。于是便拜少翁为文成将军，赏赐了很多财物，用接待宾客的礼节接待他。文成将军说道：“皇上如果想要跟神交往，而宫室、被服等用具却不像神用的，所以神不会降临。”于是汉武帝派人制作了画有各色云气的车子，并按五行相克的道理，在吉日分驾各色神车驱除恶鬼；又营建了甘泉宫，在宫中建起高台宫室，室内画着天、地和泰一等神，并放置了祭具以招徕天神。过了一年多，少翁的方术越发不灵验了，神仙总也不来。于是他就写了一份帛书让牛吞食入腹，却假装不知道这事，说这头牛的肚子里有怪异。汉武帝派人把牛杀了，发现了帛书，上面写着奇怪的话，汉武帝怀疑这件事。有人认得文成的笔迹，拿出一问，果然是少翁假造的。汉武帝于是杀了文成将军，并把此事隐瞒起来。

后来又建造了柏梁台、铜柱和承露仙人掌之类的（据说承露仙人掌中和着玉石粉末的露水，经常饮用可以长生不老）。

文成死后的第二年，汉武帝在鼎湖宫病得很重，巫医们什么法子都用了，却不见好转。有个叫发根的游士进言道：“上郡有个巫师，他生病时鬼神能附在他的身上。”于是汉武帝让人把他召来，安置在甘泉宫。等到巫师有病的时候，汉武帝派人问附在巫师身上的神君。神君说道：“天子不必为病担忧，等病情稍有好转，可勉强支撑着来甘泉宫与我相会。”于是汉武帝的病情减轻后，就亲自前往甘泉宫，果然完全好了。汉武帝大赦天下，修建寿宫供奉神君。寿宫神君这里最尊贵的神职人员称大夫，他的辅佐人员有大禁、司命之类的，他们都听命于神君。神灵附体大家是不可能看见的，只能通过神君听到他的声音，跟人的声音一样。神灵们时去时来，来的时候能听见沙沙的风声。神君住在室内的帷帐中，有时白天说话，但更多是在晚上。汉武帝见他前，先要在外举行净身的仪式后才进入寿宫。以巫师作为这里的主人，让他关照神君的饮食。神灵所说的话，由巫师传送下来。又把他们安置在寿宫、北宫，张挂羽旗，设置了祭祀的器具，以供奉神君。神君所说的话，皇上命人记录下来，称之为“画法”，意思是划一之法。其实，神君所说的都是一些世俗的东西，一般人都知道，没有什么特别的，可是莫知也。

其后三年，有司言元宜以天瑞命，不宜以一二数。一元曰建元，二元以长星曰元光，三元以郊得一角兽曰元狩云。

其明年冬，天子郊雍，议曰："今上帝朕亲郊，而后土毋祀，则礼不答也。"有司与太史公、祠官宽舒等议："天地牲角茧栗。今陛下亲祀后土，后土宜于泽中圜丘为五坛，坛一黄犊太牢具，已祠尽瘗，而从祠衣上黄。"于是天子遂东，始立后土祠汾阴脽上，如宽舒等议。上亲望拜，如上帝礼。礼毕，天子遂至荥阳而还。过雒阳，下诏曰："三代邈绝，远矣难存。其以三十里地封周后为周子南君，以奉先王祀焉。"是岁，天子始巡郡县，侵寻于泰山矣。

其春，乐成侯上书言栾大。栾大，胶东宫人，故尝与文成将军同师，已而为胶东王尚方。而乐成侯姊为康王后，毋子。康王死，他姬子立为王。而康后有淫行，与王不相中，相危以法。康后闻文成已死，而欲自媚于上，乃遣栾大因乐成侯求见言方。天子既诛文成，后悔恨其早死，惜其方不尽，及见栾大，大悦。大为人长美，言多方略，而敢为大言，处之不疑。大言曰："臣尝往来海中，见安期、羡门之属。顾以为臣贱，不信臣。又以为康王诸侯耳，不足予方。臣数言康王，康王又不用臣。臣之师曰：'黄金可成，而河决可塞，不死之药可得，仙人可致也。'臣恐效文成，则方士皆掩口，恶敢言方哉！"上曰："文成食马肝死耳。子诚能修其方，我何爱乎！"大曰："臣师非有求人，人者求之。陛下必欲致之，则贵其使者，令有亲属，以客礼待之，勿卑，使各佩其信印，乃可使通言于神人。神人尚肯邪不邪。致尊其使，然后可致也。"于是上使先验小方，斗汉武帝就是爱听。这些事情都是保密的，外面的人无法知晓。

又过了三年，主管官员启奏说，帝王的年号应该根据上天所降的祥兆来命名，不宜按一年、二年的顺序计算。第一个年号可以称为“建元”；第二个年号因为有长星出现，可称为“元光”；第三个年号，因为郊祀时得到了独角兽，应该称为“元狩”。

次年冬天，汉武帝到雍城举行郊祀，提出：“如今上帝由我亲自祭祀了，但地神后土却没有祭祀，这在礼节上是不周全的。”主管官员跟太史令司马谈、祠官宽舒等人商议道：“祭天地要有刚长出犄角的像刚破茧的蚕一样的小牛。如今陛下要亲自祭祀后土，就应该在湖中的土丘上建立五座圆形祭坛，每个祭坛用一头黄牛犊作太牢祭品，祭过以后全部埋掉，陪祭人员的衣服应该为黄色。”于是汉武帝就向东行，首次在汾阴丘上立了后土祠，是按宽舒等人的建议做的。他按照祭祀上帝的礼仪，亲自祭拜了地神。祭礼结束后，汉武帝经由荥阳回到了长安。途经洛阳时，他下诏说：“夏、商、周三代距今已很久远了，远到已难以找到他们的后代与封地。可以划出三十里的地方赐封周王的后代为‘周子南君’，以供奉他们的祖先。”同年，汉武帝开始外出巡视各郡县，以便逐渐靠近泰山。

这年春天，乐成侯丁义上书推荐栾大。栾大是胶东王刘寄宫中管日常生活事务的宫人。从前曾经跟文成将军同师学习，不久做了胶东王的药剂师。乐成侯的姐姐是胶东康王的王后，没有儿子。康王死了，其他姬妾的儿子被立为王。而康后有淫乱行为，与新王不合，彼此利用法律手段互相侵害。康后听说文成将军已死，想要自己去讨好皇上，就派栾大通过乐成侯求见皇上谈方术。汉武帝杀了文成将军，后又悔恨他死得太早，惋惜没有让他把方术全部拿出来，等到见了栾大，天子非常高兴。栾大这个人长得高大英俊，说话很有策略，而且敢说大话，说什么大话也不犹豫。他曾夸口说：“我曾经在海中往来，见到过安期生、羡门高那些仙人。但他们认为我地位低贱，不信任我。又认为康王只是个诸侯罢了，不配把神仙方术传给他。我屡次向康王进言，康王又不任用我。我的老师说：‘黄金可以炼成，而黄河决口可以堵塞，不死之药可以求得，神仙也是可以招来的。’我只怕像文成一样也遭杀身之祸，那么方士们就都要把嘴封上了，怎么还敢再谈方术的事呢！”皇上说：“文成只是误食马肝而死的。如果您对老师的方术真的有研究，我有什么舍不得的呢！”栾大说：“我的老师不是有求于人，而是只有别人来求他。陛下如果一定要想要招来神仙，那就要让神仙的使者地位更尊贵，让他有自己的家眷，用客礼来对待他，不要瞧不起他，要让他佩带各种信印，才可让他与神仙通话。神仙究竟肯来不肯来，尚在两可。总之，只有让神仙的使者极为尊贵，然后才有可能招来神仙。”于是汉武帝让他施个小方术验证一下，栾大就表演了斗棋，他（借用磁旗，旗自相触击。

是时上方忧河决，而黄金不就，乃拜大为五利将军。居月余，得四金印，佩天士将军、地土将军、大通将军、天道将军印。制诏御史："昔禹疏九江，决四渎。间者河溢皋陆，堤繇不息。朕临天下二十有八年，天若遗朕士而大通焉。乾称'蜚龙'，'鸿渐于般'，意庶几与焉。其以二千户封地士将军大为乐通侯。"赐列侯甲第，僮千人。乘舆斥车马帷帐器物以充其家。又以卫长公主妻之，赍金万斤，更名其邑曰当利公主。天子亲如五利之第。使者存问，所给连属于道。自大主将相以下，皆置酒其家，献遗之。于是天子又刻玉印曰"天道将军"，使使衣羽衣，夜立白茅上，五利将军亦衣羽衣，立白茅上受印，以示弗臣也。而佩"天道"者，且为天子道天神也。于是五利常夜祠其家，欲以下神。神未至而百鬼集矣，然颇能使之。其后治装行，东入海，求其师云。大见数月，佩六印，贵振天下，而海上燕齐之间，莫不搤捥而自言有禁方，能神仙矣。

其夏六月中，汾阴巫锦为民祠魏脽后土营旁，见地如钩状，掊视得鼎。鼎大异于众鼎，文镂毋款识，怪之，言吏。吏告河东太守胜，胜以闻。天子使使验问巫锦得鼎无奸诈，乃以礼祠，迎鼎至甘泉，从行，上荐之。至中山，晏温，有黄云盖焉。有麃过，上自射之，因以祭云。至长安，公卿大夫皆议请尊宝鼎。天子曰："间者河溢，岁数不登，故巡祭后土，祈为百姓育谷。今年丰庑未有报，鼎曷为出哉？"

有司皆曰："闻昔大帝兴神鼎一，一者一统，天地万物所系终也。黄帝作宝鼎三，象天地人也。禹收九牧之金，铸九鼎，皆尝鬺亨力）让棋子自行相互撞击。

当时汉武帝正在为黄河决口的事忧虑，而且炼黄金又没有成功，现在听栾大这么一说，就封栾大为“五利将军”。在这前后不到一个月的时间里，栾大就得到了四枚金印，身佩天士将军、地土将军、大通将军和天道将军四颗印信。皇上下诏书给御史：“从前夏禹疏浚九江，开决四渎。近来，泛滥的河水溢出淹没陆地，筑堤的劳役连续不断。我治理天下已经二十八年了，上天如果送给我一位方士，而栾大就可以上通天意了。《周易·乾卦》上说到‘飞龙’，《渐卦》提到‘鸿雁’，现在的栾大，也许就是这样的吧。应该以二千户的地方封地土将军栾大为乐通侯。”赐给他列侯等级的宅第和奴仆千人；还把皇上不用的车马和宫中的器物送给了他；又把卫长公主嫁给他，送给他黄金万斤，把他所住的城邑改名为当利公主邑；汉武帝还亲临五利将军的府第，派使者们前去慰问和所赐赠的物品更是络绎不绝。从皇上的姑姑大长公主到朝中将相以下，都置办酒食送到他家，献送殷勤。接着汉武帝又刻了一枚“天道将军”的玉印，派使者手持玉印，身着鸟羽制成的衣服，夜间站在白茅草上，五利将军也穿着鸟羽制成的衣服，站在白茅草上接受玉印，以表示受印者不是天子的臣下。佩带上“天道”之印，是要为天子引导天神降临的意思。于是五利将军常常夜间在家里祭祀众神，想求神仙下凡。结果神仙没来，却把各种鬼怪招来了，好在五利将军还能驱使这些鬼怪。后来他就整理行装外出，据说他是东行海上寻找他的老师去了。栾大被引见的几个月里，就佩上了六枚大印，尊贵之极震惊天下，使得沿海燕、齐地区的方士们无不握腕振奋，都说自己也有秘方，能通神仙。

这年夏季的六月中旬，一个叫锦的汾阴女巫师在魏脽后土祠旁为民众祭祀，看见地面裂开呈现出弯钩的形状，扒开土来看，得到一只鼎。这只鼎与其他的鼎大不相同，上面刻有花纹，但无铸刻的文字。巫师认为奇怪，就报告了当地官吏。当地官吏报告给了河东太守胜，胜又报告了朝廷。汉武帝派使者来检验并查问巫师锦得鼎的详情，得知此鼎并无虚假伪造，就用祭祀天地的礼仪，把鼎迎请到了甘泉宫。汉武帝随鼎而行，准备把它献给天帝。走到中山时，天气晴暖，一片黄云覆盖在头顶上空。此时正好有只麃子跑过，汉武帝亲自射死了它，因此把它用来做了祭品。回到长安以后，公卿大夫们都上书奏请皇上尊奉宝鼎的事。汉武帝说：“近来黄河泛滥，一连几年收成不好，所以我才出巡郡县祭祀后土，祈求她为百姓滋育庄稼。今年五谷丰茂，还没有举行祭礼酬谢地神，这鼎为什么会出现呢？”

主管官员们都说：“听说从前太帝太昊伏羲氏造了一只神鼎，表示一统，即天地万物最终要归结到神鼎上来。黄帝造了三只宝鼎，分别象征天、地、人。

上帝鬼神。遭圣则兴，迁于夏商。周德衰，宋之社亡，鼎乃沦伏而不见。颂云‘自堂徂基，自羊徂牛；鼐鼎及鼒，不虞不骜，胡考之休’。今鼎至甘泉，光润龙变，承休无疆。合兹中山，有黄白云降盖，若兽为符，路弓乘矢，集获坛下，报祠大飨。惟受命而帝者心知其意而合德焉。鼎宜见于祖祢，藏于帝廷，以合明应。”制曰：“可。”

入海求蓬莱者，言蓬莱不远，而不能至者，殆不见其气。上乃遣望气佐候其气云。

其秋，上幸雍，且郊。或曰“五帝，泰一之佐也。宜立泰一而上亲郊之”。上疑未定。齐人公孙卿曰：“今年得宝鼎，其冬辛巳朔旦冬至，与黄帝时等。”卿有札书曰：“黄帝得宝鼎宛侯，问于鬼臾区。区对曰：‘帝得宝鼎神筴，是岁己酉朔旦冬至，得天之纪，终而复始。’于是黄帝迎日推筴，后率二十岁得朔旦冬至，凡二十推，三百八十年。黄帝仙登于天。”卿因所忠欲奏之。所忠视其书不经，疑其妄书，谢曰：“宝鼎事已决矣，尚何以为！”卿因嬖人奏之。上大说，召问卿。对曰：“受此书申功，申功已死。”上曰：“申功何人也？”卿曰：“申功，齐人也。与安期生通，受黄帝言，无书，独有此鼎书。曰‘汉兴复当黄帝之时。汉之圣者在高祖之孙且曾孙也。宝鼎出而与神通，封禅。封禅七十二王，唯黄帝得上泰山封’。申功曰：‘汉主亦当上封，上封则能仙登天矣。黄帝时万诸侯，而神灵之封居七千。天下名山八，而三在蛮夷，五在中国。中国华山、首山、太室、泰山、东莱，此五山黄帝之所常游，与神会。黄帝且战且学仙。患百姓非其道，乃断斩非鬼神者。百余岁然后得与神通。黄帝郊雍上帝，宿三月。鬼臾区号大鸿，死葬雍，故鸿冢是也。其后黄帝接夏禹收集了九州的铜，铸成九只宝鼎，都曾经用来烹煮牲畜祭祀上帝和鬼神。遇到神明的君主，它们就出现。这样传到夏朝、商朝。到周末世德衰败，宋国祭祀土神的社坛也被毁灭，鼎就沦没隐伏而不再出现了。《诗经·周颂》中有诗说：'从堂上到庭阶下，有的献羊有的献牛；陈列着大鼎、小鼎，不哗不傲，极是恭敬，祈求健康长寿又多福。'如今鼎已迎到甘泉宫，它外表光彩夺目，变化神奇莫测，这意味着我们国家必将获得无穷无尽的吉祥。正好跟在中山有黄白色的云彩出现相合，黄云呈现兽形实为吉祥之兆，时逢麃子吉兽跑过，这些祥瑞征兆正好相符；还有在神坛下获得大弓和四箭，皇上以之射中麃子，用来祭祀，回报神灵的恩赐。只有承受天命称帝的人才能心知天意，并符合天帝的德行。这宝鼎应该先进献高祖庙，而后珍藏在甘泉宫上帝的殿廷，以便与上帝显示的祥瑞相适应。”皇上批示说：“可以。”

去海上寻找蓬莱仙山的人说，蓬莱并不算远，可是总也不能到达，大概是因为看不到仙山的瑞气。汉武帝就派出善于望气的官员帮助他们观测云气。

这年秋天，汉武帝到了雍县，将要举行郊祀祭五帝。有人说：“五帝是泰一神的辅佐，应该立泰一神坛，并由皇上亲自举行郊祀。”皇上犹豫未决。齐人公孙卿说：“今年得到宝鼎，这年仲冬辛巳是初一交冬至节，这与黄帝造宝鼎时的节令相同。”公孙卿藏有一份书札，上面写着：“黄帝在宛县得到宝鼎，向鬼臾区询问此事。鬼臾区回答说：'帝得宝鼎和神策时，这年己酉初一交冬至节，合天之道，就这样循环往复，周而复始。'于是黄帝观测太阳的运行来推算历法，以后大致每二十年就遇到朔日早晨交冬至，一共推算了二十次，共三百八十年，黄帝成仙，升天而去。”公孙卿想要通过所忠将这份书札上奏给汉武帝。所忠看木简上的话不合情理，怀疑他是胡言乱语，就推辞说：“宝鼎的事已经定下来了，还上奏干什么！”公孙卿又通过汉武帝所宠信的人上奏了。汉武帝非常高兴，就把公孙卿召来细问。公孙卿回答说：“我是从申功手中接受这块木简的，申功已经死了。”皇上问：“申功是什么人？”公孙卿说：“申功是齐人。他与安期生有交往，接受过黄帝的教诲，没留下其他书，只有这部关于鼎的书。书中说'汉朝的兴盛又当与黄帝得鼎的时节相同。汉朝的圣人出在高祖的孙子或者曾孙。宝鼎出现了，就能与神仙相通，应该举行封禅。自古以来，举行过封禅大典的有七十二个王，只有黄帝能登上泰山祭天。'申功说：'汉朝的君主也应当登上泰山祭天，能登上泰山祭天就能成仙升天了。黄帝时有上万个诸侯国，为祭祀神灵而建立的封国就占了七千。天下的名山有八座，其中三座在蛮夷境内，五座在中原地区。中原有华山、首山、太室山、泰山和东莱山，这五座山是黄帝经常游览，并与神仙相会的地方。黄帝一边作战一边学习仙道。他担忧百官非难他的仙道，就万灵明廷。明廷者，甘泉也。所谓寒门者，谷口也。黄帝采首山铜，铸鼎荆山下。鼎既成，有龙垂胡髯下迎黄帝。黄帝上骑，群臣后宫从上龙七十余人，龙乃上去。余小臣不得上，乃悉持龙髯，龙髯拔，堕黄帝之弓。百姓仰望黄帝既上天，乃抱其弓与龙胡髯号。故后世因名其处曰鼎湖，其弓曰乌号。'"于是天子曰："嗟乎！吾诚得如黄帝，吾视去妻子如脱屣耳。"乃拜卿为郎，东使候神于太室。

上遂郊雍，至陇西，西登空桐，幸甘泉。令祠官宽舒等具泰一祠坛，坛放薄忌泰一坛，坛三垓。五帝坛环居其下，各如其方，黄帝西南，除八通鬼道。泰一所用，如雍一畤物，而加醴枣脯之属，杀一牦牛以为俎豆牢具。而五帝独有俎豆醴进。其下四方地，为啜食群神从者及北斗云。已祠，胙余皆燎之。其牛色白，鹿居其中，彘在鹿中，水而洎之。祭日以牛，祭月以羊彘特。泰一祝宰则衣紫及绣。五帝各如其色，日赤，月白。

十一月辛巳朔旦冬至，昧爽，天子始郊拜泰一。朝朝日，夕夕月，则揖；而见泰一如雍礼。其赞飨曰："天始以宝鼎神筴授皇帝，朔而又朔，终而复始，皇帝敬拜见焉。"而衣上黄。其祠列火满坛，坛旁烹炊具。有司云"祠上有光焉"。公卿言"皇帝始郊见泰一云阳，有司奉瑄玉嘉牲荐飨。是夜有美光，及昼，黄气上属天。"太史公、祠官宽舒等曰："神灵之休，佑福兆祥，宜因此地光域立泰畤坛以明应。令太祝领，秋及腊间祠。三岁天子一郊见。"

其秋，为伐南越，告祷泰一，以牡荆画幡日月北斗登龙，以象天一三星，为泰一锋，名曰"灵旗"。为兵祷，则太史奉以指所伐国。

斩杀了那些诋毁鬼神的人。这样经过了一百多年，才与神仙相通了。黄帝当年在雍县郊祀上帝，住了三个月。鬼臾区别号叫大鸿，死后葬在雍县，鸿冢就是这么来的。这以后黄帝在明廷接见过上万的神仙。明廷，就是甘泉宫。所谓寒门，就是现在的谷口。黄帝开采首山的铜矿，在荆山脚下铸鼎。鼎铸成后，天上有条垂着长须的龙下来迎接黄帝。黄帝骑上龙背，群臣和后宫嫔妃跟着上去的有七十多人，龙便飞升离去。其余的小臣不能上去，就都抓住龙的须毛，龙须被拔断，黄帝的弓也落了下来。百姓们抬头望着黄帝升上天去，就抱着他的弓和龙须大声哭喊，所以后世把那个地方称作鼎湖，把那张弓称作乌号。'”汉武帝说："啊！如果我真能像黄帝那样，那么我将离开妻子儿女只不过就像脱掉鞋子一样罢了。”于是任命公孙卿为郎官，派他东去太室山等候神仙。

接着汉武帝去雍县郊祀，又到了陇西，西行登上了崆峒山，然后回到甘泉宫。命祠官宽舒等人设置泰一神的祭坛。祭坛模仿薄诱忌所说的泰一坛的样式，坛分三层。五帝的祭坛环绕在泰一坛下，各自依照他们所属的方位，黄帝坛在西南方，修了八条供鬼神往来的通道。祭祀泰一神所用的供品，依照在雍县一畤的祭品备办，而外加甜酒、枣果和干肉等，还杀一头牦牛作为祭器中的牲牢。而五帝坛只进献牛羊等牲牢和甜酒，没有牦牛。祭坛下的四周，作为祭祀随从众神和北斗星的地方。祭祀完毕，将祭祀后剩余的酒肉等都用柴烧化。祭祀所用的牛是白色的，把鹿塞进牛的腹腔中，再把猪塞进鹿的腹腔中，然后放在水里浸泡。祭祀日神用牛，祭祀月神用羊或猪。祭祀泰一神的祝官穿紫色绣衣，祭祀五帝的祝官，其礼服颜色各自按照五帝所属的颜色，祭祀日神穿红衣，祭祀月神穿白衣。

十一月辛巳朔日早晨交冬至，这天刚刚拂晓，汉武帝就开始在郊外祭祀泰一神。早晨朝拜日神，傍晚祭祀月神，都是拱手肃拜；而祭拜泰一神则完全遵从在雍县郊祀的礼仪。司祭官员宣诵祝辞说："上天开始把宝鼎神策赐给皇帝，让他的天下月复一月，年复一年，终而复始，永无止息。皇帝在此恭敬拜见天神。”祭服崇尚黄色。祭坛上布满火炬，坛旁摆着烹饪用的器具。主管官员说："祠坛上方有光出现。”公卿大臣们说："司祭的官员手捧大玉璧和养了五年的壮牛进献众神。当夜有美丽的光彩出现，到了白天，有黄色云气上升，与天相连。”太史公和祠官宽舒等说："神灵所显示的美好气象，是保佑福禄、预兆吉祥的象征，应该在这神光所照的地域建立泰畤坛来回报上天。这座祭坛由太祝官主管，每年秋天和腊月间进行祭祀。皇帝每三年亲自郊祀一次。”

这年秋天，为讨伐南越，祭告了泰一神。用牡荆做幡旗杆，旗上画有日、月、北斗和腾空升起的龙，以象征天一三星。因为太一星在后，天一三星在前，所以把天一三星作为祭祀泰一神的先导旗帜，名叫“灵旗”。在为兵事祭告时，由太而五利将军使不敢入海，之泰山祠。上使人微随验，实无所见。五利妄言见其师，其方尽，多不仇。上乃诛五利。

其冬，公孙卿候神河南，见仙人迹缑氏城上，有物若雉，往来城上。天子亲幸缑氏城视迹。问卿："得毋效文成、五利乎？"卿曰："仙者非有求人主，人主求之。其道非少宽假，神不来。言神事，事如迂诞，积以岁乃可致。"于是郡国各除道，缮治宫观名山神祠所，以望幸矣。

其年，既灭南越，上有嬖臣李延年以好音见。上善之，下公卿议，曰："民间祠尚有鼓舞之乐，今郊祠而无乐，岂称乎？"公卿曰："古者祀天地皆有乐，而神祇可得而礼。"或曰："泰帝使素女鼓五十弦瑟，悲，帝禁不止，故破其瑟为二十五弦。"于是塞南越，祷祠泰一、后土，始用乐舞，益召歌儿，作二十五弦及箜篌瑟自此起。

其来年冬，上议曰："古者先振兵泽旅，然后封禅。"乃遂北巡朔方，勒兵十余万，还祭黄帝冢桥山，泽兵须如。上曰："吾闻黄帝不死，今有冢，何也？"或对曰："黄帝已仙上天，群臣葬其衣冠。"即至甘泉，为且用事泰山，先类祠泰一。

自得宝鼎，上与公卿诸生议封禅。封禅用希旷绝，莫知其仪礼，而群儒采封禅《尚书》、《周官》、《王制》之望祀射牛事。齐人丁公年九十余，曰："封者，合不死之名也。秦皇帝不得上封。陛下必欲上，稍上即无风雨，遂上封矣。"上于是乃令诸儒习射牛，草封禅仪。数年，至且行。天子既闻公孙卿及方士之言，黄帝以上封禅，皆致怪物与神通，欲放黄帝以尝接神仙人蓬莱士，高世比德于九皇，而颇采儒术以文之。群儒既以不能辩明封禅事，又牵拘于诗书古文而不史官手持灵旗指向被伐国的方向。当时，被派去求仙的五利将军，不敢入海，到泰山去祭祀。汉武帝派人暗中跟随，查验他的行踪，得知他实际上什么也没有见到。五利将军胡说见到了他的老师，其实他的方术全部用尽了，也没见到有确实的应验。于是汉武帝就把他给杀了。

那年冬天，公孙卿在河南等候神仙，说是在缑氏城上看到了仙人的脚印，还有个像山鸡一样的神物，在城上来回走动。汉武帝亲自到缑氏城察看脚印。问公孙卿："你该不是效法文成将军、五利将军吧？"公孙卿说："仙人并非有求于皇帝，而是皇帝有求于仙人。求仙的方法，如果不是稍微宽限些时日，神仙是不会来的。谈起求神这种事，好像是迂腐荒诞的，其实只要积年累月就可以招来神仙。"于是普天之下的各郡各国都开始整修道路，修缮宫殿、观台以及名山大川的祠庙，以期待皇帝驾临。

这年，灭了南越之后，皇上有个宠臣李延年以优美的音乐来进见。汉武帝认为这件事很好，就把这事下交公卿们讨论，说："民间祭祀还有鼓、舞和音乐。如今我举行郊祀却没有音乐，怎么相称呢？"公卿们说："古时候祭祀天地都有音乐，而天地神灵才可能享受祭祀。"有人说："泰帝让女神素女奏五十弦的瑟，由于声音悲切，泰帝禁受不住，所以把她的瑟改成二十五弦。"于是，在为平定南越而酬祭泰一、后土神时，开始采用音乐歌舞，并增加了歌舞乐队的规模。制作二十五根弦的瑟和箜篌就是从这时候开始的。

第二年冬天，皇上提议说："古代帝王先要振兵止武，然后才进行封禅。"于是就北上巡视朔方郡，率兵十余万，回来时在桥山祭祀了黄帝的陵墓，在须如遣散了军队。皇上说："我听说黄帝并没死，而现在却有陵墓，是怎么回事呢？"有人回答说："黄帝成仙上天以后，群臣把他的衣帽埋葬在这里，所以有陵墓。"皇上到了甘泉宫后，为了要到泰山举行封禅，就先用祭天的仪式祭祀了泰一神。

自从得了宝鼎，汉武帝就跟公卿大臣及众儒生商议起封禅的事了。由于封禅大典很少举行，时间隔久了，已经失传，没有人了解它的礼仪，众儒生主张采用《尚书》、《周官》、《王制》中记载的天子射牛、望祀的仪式来进行。齐地人丁公已九十多岁了，他说："登泰山祭天的'封'应该是不死的意思。秦始皇中途遇雨被阻未能上山祭天。陛下一定要坚持上山，稍微上去一些就没有风雨了，就可上山祭天了。"汉武帝于是命令儒生们反复练习射牛，草拟封禅的礼仪。几年后，到了要实行的时候了。汉武帝听了公孙卿和方士的话，说是黄帝以前的帝王举行封禅，都招来了怪异之物而与神仙相通。于是想要仿效黄帝，也曾接待神仙的使者蓬莱方士，超脱于世俗之上，跟九皇比德，而且还在很大程度上采用儒术加以修饰。儒生们因为既不能明辨封禅的具体事宜，又受《诗经》、《尚书》

敢骋。上为封祠器示群儒，群儒或曰“不与古同”，徐偃又曰“太常诸生行礼不如鲁善”，周霸属图封事，于是上绌偃、霸，尽罢诸儒弗用。

三月，遂东幸缑氏，礼登中岳太室。从官在山下闻若有言“万岁”云。问上，上不言；问下，下不言。于是以三百户封太室奉祠，命曰崇高邑。东上泰山，山之草木叶未生，乃令人上石立之泰山颠。

上遂东巡海上，行礼祠八神。齐人之上疏言神怪奇方者以万数，然无验者。乃益发船，令言海中神山者数千人求蓬莱神人。公孙卿持节常先行候名山，至东莱，言夜见一人，长数丈，就之则不见，见其迹甚大，类禽兽云。群臣有言见一老父牵狗，言“吾欲见巨公”，已忽不见。上既见大迹，未信，及群臣有言老父，则大以为仙人也。宿留海上，与方士传车及间使求仙人以千数。

四月，还至奉高。上念诸儒及方士言封禅人人殊，不经，难施行。天子至梁父，礼祠地主。乙卯，令侍中儒者皮弁荐绅，射牛行事。封泰山下东方，如郊祠泰一之礼。封广丈二尺，高九尺，其下则有玉牒书，书秘。礼毕，天子独与侍中奉车子侯上泰山，亦有封。其事皆禁。明日，下阴道。丙辰，禅泰山下阯东北肃然山，如祭后土礼。天子皆亲拜见，衣上黄而尽用乐焉。江淮间一茅三脊为神藉。五色土益杂封。纵远方奇兽蜚禽及白雉诸物，颇以加祠。兕旄牛犀象之属弗用。皆至泰山然后去。封禅祠，其夜若有光，昼有白云起封中。

天子从封禅还，坐明堂，群臣更上寿。于是制诏御史：“朕以眇眇之身承至尊，兢兢焉惧弗任。维德菲薄，不明于礼乐。修祀泰一，若有象景光，屑如有望，依依震于怪物，欲止不敢，遂登封泰山，至等古文经籍的束缚，所以不敢尽情施展他们的学问。汉武帝把封禅用的礼器拿给儒生们看，儒生们有的说“与古代的不相同”，徐偃又说“太常祠官们行礼不如古代鲁国的好”。就在这时候，周霸会聚群儒策划封禅事宜，汉武帝不耐烦了，于是就免去了徐偃、周霸等人的职务，罢黜这些儒生，再没有起用他们。

三月，汉武帝向东到了缑氏县，登上中岳的太室山祭祀。随从官员在山下听到好像有人喊“万岁”。问山上的人，说没有喊；问山下的人，也说没有喊。于是汉武帝封给太室山三百户以供祭祀，命名叫崇高邑。随后往东登上泰山。山上的草木还没长出叶子，汉武帝让人把石碑运上山，立在泰山顶峰。

接着汉武帝又东巡海上，行礼祭祀天主、地主、兵主、阴主、阳主、月主、日主和四时主八神。齐地人上书谈神仙精灵和奇异方术的数以万计，但没有一个灵验。汉武帝于是增派船只，命令那些讲述海中有神山的几千人去寻求蓬莱仙人。公孙卿经常手持符节，先到各山等候神仙。到东莱时，说夜间看见一个人，身高数丈，等靠近，却不见了。据说看到了他的脚印很大，类似禽兽的脚印。群臣中有人说曾经见到一位老翁牵着狗，说“我想要见天子”，一会儿又忽然不见了。汉武帝看见了大脚印后，不相信，等群臣中有人谈到老翁的事时，则深信那老翁就是仙人。因此，留住在海上，又让方士乘坐驿车，秘密派出了数以千计的使者四处去寻找仙人。

四月，返回到奉高。汉武帝想着儒生和方士们对封禅礼仪的说法各不相同，又缺乏古书记载，实在难以施行，于是他又到了梁父山，行礼祭祀地神。四月十九日，命令在宫中服侍的儒生头戴鹿皮帽子，身穿插笏板的官服，自己亲手射牛，举行典礼。又依照郊祀泰一神的礼仪，在泰山脚下的东方筑坛祭天。祭天的坛宽一丈二，高九尺，坛下放有封禅的文书，文书的内容隐秘，无人知晓。祭礼结束后，天子单独与侍中奉车都尉霍子侯登上泰山，举行了封禅典礼。这些事情都禁止泄露。第二天，顺着山北的道路下山。也就在同一天，即四月二十日，在泰山脚下东北方的肃然山，按照祭祀后土的礼仪辟场祭地。封禅中，天子都亲自拜祭，身穿黄色祭服，并都有音乐伴奏。祭坛上都用采自江淮一带的三棱灵茅作神垫，用代表五方的五色泥土混杂起来加在祭坛上，还放出从远方进贡来的奇异的飞禽走兽和白毛野鸡等动物，大大增加礼仪的隆重气氛。但没有用兕牛、旄牛、犀牛、大象之类的动物。在皇帝举行封禅的这段时间，每天夜晚都好像有光辉闪现，白天有白云从坛台中升起。

汉武帝封禅归来，坐在明堂上，群臣相继上前祝寿。这时汉武帝下诏令给御史：“我以卑微之身继承了至高无上的尊位，小心谨慎，担心不能胜任。自己德行微薄，对于礼乐制度不甚明了。祭泰一神时，天上像是有祥瑞之光，我心中不安，好像望见于梁父，而后禅肃然。自新，嘉与士大夫更始，赐民百户牛一酒十石，加年八十孤寡布帛二匹。复博、奉高、蛇丘、历城，毋出今年租税。其赦天下，如乙卯赦令。行所过毋有复作。事在二年前，皆勿听治。”又下诏曰：“古者天子五载一巡狩，用事泰山，诸侯有朝宿地。其令诸侯各治邸泰山下。”

天子既已封禅泰山，无风雨灾，而方士更言蓬莱诸神山若将可得，于是上欣然庶几遇之，乃复东至海上望，冀遇蓬莱焉。奉车子侯暴病，一日死。上乃遂去，并海上，北至碣石，巡自辽西，历北边至九原。五月，返至甘泉。有司言宝鼎出为元鼎，以今年为元封元年。

其秋，有星茀于东井。后十余日，有星茀于三能。望气王朔言：“候独见其星出如瓠，食顷复入焉。”有司言曰：“陛下建汉家封禅，天其报德星云！”

其来年冬，郊雍五帝，还，拜祝祠泰一。赞飨曰：“德星昭衍，厥维休祥。寿星仍出，渊耀光明。信星昭见，皇帝敬拜泰祝之飨。”

其春，公孙卿言见神人东莱山，若云“见天子”。天子于是幸缑氏城，拜卿为中大夫。遂至东莱，宿留之数日，毋所见，见大人迹。复遣方士求神怪采芝药以千数。是岁旱。于是天子既出毋名，乃祷万里沙，过祠泰山。还至瓠子，自临塞决河，留二日，沉祠而去。使二卿将卒塞决河，河徙二渠，复禹之故迹焉。

是时既灭南越，越人勇之乃言“越人俗信鬼，而其祠皆见鬼，数有效。昔东瓯王敬鬼，寿至百六十岁。后世谩怠，故衰耗”。乃令越巫立越祝祠，安台无坛，亦祠天神上帝百鬼，而以鸡卜。上信之，越祠鸡卜始用焉。

了什么，被这奇异景象所深深震撼，想中途停止而不敢，终于登上泰山而祭了天神；到了梁父山，然后在肃然山辟场祭地。我要完善自己，勉力与士大夫们一起重新开始。赐给民众每百户一头牛、十石酒，年过八十的老人和孤儿寡妇加赐布帛二匹。免除博县、奉高、蛇丘和历城等地的徭役，不用交纳今年租税。大赦天下，和乙卯年的大赦令一样。我巡行经过的地方不再执行复作这种刑律。凡在两年前所犯的事，都不再追究处理。”又下诏说：“古代的帝王每五年出巡一次，到泰山举行封禅的时候，诸侯在泰山下面都有朝拜的住所。现在我下令，各个诸侯可以在泰山下自行修建官邸。”

汉武帝在泰山封禅完毕，并未遇上风雨灾害，方士们又说蓬莱等神山好像就要找到了。于是汉武帝高兴地认为也许可以遇到它们，就又向东到海上眺望，希望能见到蓬莱神山。奉车都尉霍子侯突然生病，一天的工夫就死了。皇上于是就离去，沿海岸北上，向北抵达碣石山，又从辽西一带开始巡行，经北方边境到达九原县。五月，回到甘泉宫。这时有主管官员建议，既然那年有宝鼎出现，就把那年改号“元鼎”，那么今年举行了封禅大典，年号也应改为“元封元年”。

这年秋天，有彗星出现在东井星座附近，光芒四射。十几天后，彗星又出现在三台星座。有个叫王朔的懂得望气的人说：“我在观测中单独看到有一颗星星出现时像个葫芦，吃顿饭的工夫便又隐没了。”主管官员对汉武帝说：“陛下创建了汉家的封禅制度，上天感到欣慰，所以用这种祥瑞来回报您。”

第二年冬天，汉武帝到雍州祭祀五帝，回来后又拜祭了泰一神。赞礼官员的祝辞说：“德星光芒四射，象征美好吉祥。寿星相继出现，光辉遍照远方。信星明亮降福，皇帝敬拜诸神福泽无量。”

这年春天，公孙卿说在东莱山见到了仙人，那仙人好像是说了“想见天子”。于是汉武帝到了缑氏城，任命公孙卿为中大夫。随后来到东莱，停留了几天，没有看见什么，只看到巨人的脚印。他又派出数以千计的方士去寻找神仙奇物，采集灵芝仙药。这年天旱。汉武帝自己也觉得在这时出巡名义上不好，便前往万里沙求雨，经过泰山，再次祭拜。返回时到了瓠子口，亲自来到堵塞黄河决口的现场，停留了两天，沉白马于河中以祭河神，然后离去。另派二位将军率领士兵堵塞了黄河决口，把黄河分成两条河渠，恢复了大禹治水时的旧河道。

这时已经灭了南越，越人勇之向皇上进言说：“越人有信鬼的习俗，而且他们祭祀时都能见到鬼，屡屡见效应。先前东瓯王敬鬼，寿数达到一百六十岁。后世的人怠慢了鬼，所以衰败下来。”汉武帝便命越地巫师建立越祠，只设台而没有祭坛，也祭祀天神、上帝、百鬼，并采用鸡卜的方法。汉武帝相信这些，越祠和鸡卜的方法从此就开始流行起来。

公孙卿曰："仙人可见，而上往常遽，以故不见。今陛下可为观，如缑氏城，置脯枣，神人宜可致。且仙人好楼居。"于是上令长安则作蜚廉桂观，甘泉则作益延寿观，使卿持节设具而候神人，乃作通天台，置祠具其下，将招来神仙之属。于是甘泉更置前殿，始广诸宫室。夏，有芝生殿防内中。天子为塞河，兴通天台，若有光云，乃下诏曰："甘泉防生芝九茎，赦天下，毋有复作。"

其明年，伐朝鲜。夏，旱。公孙卿曰："黄帝时封则天旱，干封三年。"上乃下诏曰："天旱，意干封乎？其令天下尊祠灵星焉。"

其明年，上郊雍，通回中道，巡之。春，至鸣泽，从西河归。

其明年冬，上巡南郡，至江陵而东。登礼潜之天柱山，号曰南岳。浮江，自寻阳出枞阳，过彭蠡，祀其名山川。北至琅邪，并海上。四月中，至奉高修封焉。

初，天子封泰山，泰山东北阯古时有明堂处，处险不敞。上欲治明堂奉高旁，未晓其制度。济南人公王带上黄帝时明堂图。明堂图中有一殿，四面无壁，以茅盖，通水，圜宫垣为复道，上有楼，从西南入，命曰昆仑，天子从之入，以拜祠上帝焉。于是上令奉高作明堂汶上，如带图。及五年修封，则祠泰一、五帝于明堂上坐，令高皇帝祠坐对之。祠后土于下房，以二十太牢。天子从昆仑道入，始拜明堂如郊礼。礼毕，燎堂下。而上又上泰山，有秘祠其颠。而泰山下祠五帝，各如其方，黄帝并赤帝，而有司侍祠焉。泰山上举火，下悉应之。

其后二岁，十一月甲子朔旦冬至，推历者以本统。天子亲至泰山，以十一月甲子朔旦冬至日祠上帝明堂，每修封禅。其赞飨曰：

公孙卿说："仙人是可以见到的，而皇上去求仙的时候总是太仓促，因此见不到。如今陛下可以修建庙宇，如同缑氏城所建的一样，摆上干肉枣果之类的祭品，仙人应该是能够招来的。而且仙人喜欢住楼阁。"于是汉武帝下令在长安修建了蜚廉观和桂观，在甘泉修建了益延寿观，派公孙卿手持符节摆好祭品，等候仙人。又建造了通天台，在台下摆设了祭品，希望招来神仙之类。于是在甘泉宫又建了前殿，开始扩建各处宫室。夏天，有灵芝草在宫殿内长了出来。天子因为堵塞了黄河决口，兴建了通天台，天上仿佛出现了神光的瑞象，便下诏书说："甘泉宫殿房内生出了九株灵芝草，特此大赦天下，免除苦刑犯的劳役。"

第二年，征伐朝鲜。夏天，干旱。公孙卿说："黄帝时举行完封礼，天就会干旱，这是为了使封坛的土晾干，要连旱三年。"汉武帝就下诏书说："天旱，大概是为了使封坛的土干燥吧！应该让天下百姓尊祭主宰农业的灵星。"

第三年，汉武帝到雍县郊祀，打通了去回中的道路，然后到那里巡察。春天，到达鸣泽，再从西河返回长安。

转年冬天，汉武帝巡视南郡，到江陵后往东走。登上潜县的天柱山举行祭祀，号称其为"南岳"。然后乘船顺江而行，从浔阳穿过枞阳，又经过彭蠡泽，一路祭祀名山大川。再向北到达琅邪郡，沿海而上。四月中旬，到达奉高县，举行了封禅典礼。

当初，汉武帝在泰山举行封禅典礼时，在泰山脚下的东北山麓有古时明堂的旧址，那里地势危险，路不宽敞。汉武帝想在奉高旁边另建明堂，但不知道它的形式与规模。济南人公王带献上了黄帝时的明堂图。明堂图中有一座殿堂，四面没有墙壁，顶是用茅草盖的，殿堂周围有水沟围绕，环绕宫墙修有复道，上有走廊，从西南方向进入殿堂，命名叫昆仑道，天子由此走进殿堂，在那里拜祭上帝。于是汉武帝命令在奉高县的汶上，按照公王带的图样修建明堂。等到第五年再来举行封禅时，就把泰一神和五帝的神位居于上座进行祭祀，让高祖皇帝的神主灵位与他们相对。在下房祭祀后土神，以二十头牛作为祭牲。汉武帝从昆仑道进去，按郊祀的礼仪一样开始在明堂祭拜。祭礼完毕，再在堂下烧柴焚烧祭品。而后汉武帝又登上泰山，在山顶秘密举行了祭祀。随后又在泰山下祭祀五帝，按照他们各自所属的方位，只有黄帝和赤帝在一起，祭祀时由主管官员陪祭。祭祀时在泰山上点燃了许多火把，山下也点燃了许多火把呼应。

两年以后，十一月的朔日是甲子日，早晨交冬至，推算历法的人认为以这一天为推历的起点才是正统。汉武帝亲临泰山，在十一月初一甲子日这天早晨交冬至节时于明堂祭祀上帝。因为距上一次封禅不到五年，所以没有举行封禅典礼。祝

"天增授皇帝泰元神策，周而复始。皇帝敬拜泰一。"东至海上，考入海及方士求神者，莫验，然益遣，冀遇之。

十一月乙酉，柏梁灾。十二月甲午朔，上亲禅高里，祠后土。临渤海，将以望祠蓬莱之属，冀至殊庭焉。

上还，以柏梁灾故，朝受计甘泉。公孙卿曰："黄帝就青灵台，十二日烧，黄帝乃治明庭。明庭，甘泉也。"方士多言古帝王有都甘泉者。其后天子又朝诸侯甘泉，甘泉作诸侯邸。勇之乃曰："越俗有火灾，复起屋必以大，用胜服之。"于是作建章宫，度为千门万户。前殿度高未央，其东则凤阙，高二十余丈。其西则唐中，数十里虎圈。其北治大池，渐台高二十余丈，名曰泰液池，中有蓬莱、方丈、瀛洲、壶梁，象海中神山龟鱼之属。其南有玉堂、璧门、大鸟之属。乃立神明台、井干楼，度五十余丈，辇道相属焉。

夏，汉改历，以正月为岁首，而色尚黄，官名更印章以五字。因为太初元年。是岁，西伐大宛。蝗大起。丁夫人、雒阳虞初等以方祠诅匈奴、大宛焉。

其明年，有司言雍五畤无牢熟具，芬芳不备。乃命祠官进畤犊牢具，五色食所胜，而以木禺马代驹焉。独五帝用驹，行亲郊用驹。及诸名山川用驹者，悉以木禺马代。行过，乃用驹。他礼如故。

其明年，东巡海上，考神仙之属，未有验者。方士有言"黄帝时为五城十二楼，以候神人于执期，命曰迎年"。上许作之如方，名曰明年。上亲礼祠上帝，衣上黄焉。

公王带曰："黄帝时虽封泰山，然风后、封钜、岐伯令黄帝封东泰山，禅凡山合符，然后不死焉。"天子既令设祠具，至东泰山，东泰山卑小，不称其声，乃令祠官礼之，而不封禅焉。其后令带奉祠候辞说："皇上感念上天授予太初历法，使人生生世世得以周而复始，运用无穷。皇上谨拜谢泰一神。"之后，汉武帝又东到海上，考察那些到海上求仙的人和方士们，没有什么效验，但汉武帝还是增派了使者继续前往，希望能遇上神灵。

十一月乙酉日，柏梁台失火遭灾。十二月初一甲午日这天，汉武帝亲自到高里山祭祀后土神。又到了渤海，遥相拜祭蓬莱之类的仙山，希望能到达仙人所居住的异境。

汉武帝回京后，由于柏梁台遭灾焚毁了，就改在甘泉宫临朝接受各郡国上报计薄使臣的朝拜。公孙卿说："黄帝建成青灵台，十二天就被火烧了，黄帝便又建了明庭。明庭就是甘泉宫。"方士们大多说古代帝王有在甘泉建都的。这以后汉武帝又在甘泉宫接受诸侯朝见，并让诸侯在甘泉建造了官邸。越人勇之说："越地的风俗，发生火灾之后，再建的新房一定要比原来的大，用以制服灾殃。"于是汉武帝修建了建章宫，规模极大，有千门万户。它的前殿比未央宫高；东面是凤阙，高二十多丈；西面是唐中池，周围有数十里的虎圈；北面修了大水池，池中的渐台高二十多丈，池名叫作泰液池，池中有蓬莱、方丈、瀛洲和壶梁四座山，仿照海中仙山，还有用石头雕成的龟鱼之类；南面建有玉堂、壁门和大鸟雕像之类。还建了神明台、井干楼，都高达五十多丈，楼台之间有辇车道相互连接。

夏天，汉朝更改历法，以夏历正月作为一年的开始，官服崇尚黄色，官名印章改为五个字，所以就把这年定为太初元年。这年，汉朝西出征伐大宛。当时蝗灾严重。丁夫人和洛阳虞初等人用方术祭祀，祈求鬼神降祸于匈奴、大宛。

第二年，主管官员说，雍县五畤祭祀时没有烹煮过的熟牲等祭品，没有芬芳的香味。汉武帝于是命令祠官用熟牛犊作祭牲进献五畤；按五色相克的道理，选用各方天帝所制胜的毛色，并用木偶马代替壮马作祭品。只有在五月"尝驹"与皇上亲自进行郊祭时才用壮马。至于祭祀各名山大川该用壮马的，全都用木偶马代替。皇上出巡经过举行祭祀时用壮马，其他的礼仪照旧。

次年，汉武帝东巡海上，考察寻找神仙之类的事情，没有灵验的。有的方士说"黄帝时在执期建有五城十二楼，以便在这迎候神仙，命名为'迎年祠'"。汉武帝批准按他所说的建造五城十二楼，命各为"明年祠"。汉武帝穿着黄色礼服，亲自到那里行礼祭祀上帝。

公王带说："黄帝时虽然已在泰山筑坛祭天，然而风后，封钜、岐伯等人又要黄帝去东泰山筑坛祭天，到凡山辟场祭地，如两地所得符瑞相合，然后便可长生不死了。"汉武帝就命人准备祭品，来到东泰山，见东泰山矮小，与名称不相称，便令祠官进行祭祀，而不举行封禅大典。此后命公王带在那里供奉祭祀和迎神物。夏，遂还泰山，修五年之礼如前，而加禅祠石闾。石闾者，在泰山下阯南方，方士多言此仙人之闾也，故上亲禅焉。

其后五年，复至泰山修封，还过祭常山。

今天子所兴祠，泰一、后土，三年亲郊祠，建汉家封禅，五年一修封。薄忌泰一及三一、冥羊、马行、赤星，五，宽舒之祠官以岁时致礼。凡六祠，皆太祝领之。至如八神诸神，明年、凡山他名祠，行过则祀，去则已。方士所兴祠，各自主，其人终则已，祠官弗主。他祠皆如其故。今上封禅，其后十二岁而还，遍于五岳、四渎矣。而方士之候祠神人，入海求蓬莱，终无有验。而公孙卿之候神者，犹以大人迹为解，无其效。天子益怠厌方士之怪迂语矣，然终羁縻弗绝，冀遇其真。自此之后，方士言祠神者弥众，然其效可睹矣。

太史公曰：余从巡祭天地诸神名山川而封禅焉。入寿宫侍祠神语，究观方士祠官之言，于是退而论次自古以来用事于鬼神者，具见其表里。后有君子，得以览焉。至若俎豆圭币之详，献酬之礼，则有司存焉。

候神灵。这年夏天，汉武帝返回泰山，同从前一样在泰山举行五年一度的封禅典礼，另外增加了在石闾山辟场祭地的仪式。石闾山在泰山的南面，很多方士说这里是仙人住的地方，所以皇上亲自在这里祭祀地神。

此后五年，汉武帝又到泰山行封禅大礼，返回途中祭祀了常山。

现在汉武帝所兴建的神祠，泰一祠和后土祠，每三年亲自郊祀一次；建立了汉朝的封禅制度，每五年举行一次封禅大典。薄诱忌建议设立的泰一祠及三一、冥羊、马行、赤星等五座神祠，由宽舒领导的祠官每年按时致祭。这五座神祠加上后土祠，总共六座神祠，都由太祝统管。至于像八神的各神祠，以及明年、凡山等其他有名的神祠，汉武帝路过时就祭祀，离开后就算了。方士们所兴建的神祠，由他们各自主持，本人死了就算完了，祠官不再主持。其他神祠全部依照原来的规定办。汉武帝举行封禅大典以来，十二年中所祭祀的神灵已遍及五岳、四渎。而方士们所说的迎候神仙，去海上寻求蓬莱仙岛，终究没有效验。公孙卿等候神仙之类的方士，还是用巨人大脚印做托辞来辨解，也没有效验。这样，汉武帝越来越厌恶方士们怪诞迂阔的言辞了，然而却始终笼络着他们，不肯与他们断绝往来，总希望有一天能遇到真有方术的人。从此以后，方士们谈论祭神的更多，然而究竟结果怎样，也就可以想见了。

太史公说：我曾跟随皇上到处祭祀天地以及各种神灵和名山大川，也参加了封禅大典。我也曾进入寿宫里陪祭鬼神，听到过祝官的祷词，观察研究了方士和祠官们的言论，于是回来依次论述自古以来祭祀鬼神的活动，把这些活动的里外情形原原本本地展现出来，以便让后来的君子们，能比较清楚地看到这些过程。至于用什么祭器、供品，以及怎么样来上供、行礼等各种细节，各部门都著有具体的条文规定。

表

三代世表第一

太史公曰：五帝、三代之记，尚矣。自殷以前诸侯不可得而谱，周以来乃颇可著。孔子因史文次春秋，纪元年，正时日月，盖其详哉。至于序尚书则略，无年月；或颇有，然多阙，不可录。故疑则传疑，盖其慎也。

余读谍记，黄帝以来皆有年数。稽其历谱谍终始五德之传，古文咸不同，乖异。夫子之弗论次其年月，岂虚哉！于是以五帝系谍、尚书集世纪黄帝以来讫共和为世表。

（表格略）

张夫子问褚先生曰："诗言契、后稷皆无父而生。今案诸传记咸言有父，父皆黄帝子也，得无与诗谬乎？"

褚先生曰："不然。诗言契生于卵，后稷人迹者，欲见其有天命精诚之意耳。鬼神不能自成，须人而生，奈何无父而生乎！一言有父，一言无父，信以传信，疑以传疑，故两言之。尧知契、稷皆贤人，天之所生，故封之契七十里，后十余世至汤，王天下。尧知后稷子孙之后王也，故益封之百里，其后世且千岁，至文王而有天下。诗传曰：'汤之先为契，无父而生。契母与姊妹浴于玄丘水，有燕衔卵堕之，契母得，故含之，误吞之，即生契。契生而贤，尧立为司徒，姓之曰子氏。子者兹；兹，益大也。诗人美而颂之曰'殷社芒芒，天命玄鸟，降而生商'。商者质，殷号也。文王之先为后稷，后稷亦无父而生。后稷母为姜嫄，出见大人迹而履践之，知于身，则生后稷。姜嫄以为无父，贱而弃之道中，牛羊避不践也。抱之山中，山者养太史公说：五帝、三代的记载，已经很久远了。商朝以前，诸侯国的史事无法编排列举出来，周代以来的历史才略微可以著录。孔子依据历史文献编排《春秋》，以鲁国纪元年数为纲纪，订正四时日月，何其详尽啊！至于编排《尚书》则很简略，一般不计年月；有的稍微有一些，但大多都没有，不能著录。因此，有疑问无法确定的就继续保留疑问，这大概是谨慎的原因吧。

我阅读了记载远古帝王世系的牒记，从黄帝以来都有年数。考察那些年历、谱牒和讲述五德终始相承的书，古代文献的记载都有不同，甚至相互矛盾。孔夫子没有排列其年月，怎么会是没有原因的呢？于是，我根据《五帝系牒》、《尚书》，汇集了黄帝以来到共和这一段历史，写成了《三代世表》。

（表格略）

张夫子问褚先生说："《诗经》中说契、后稷都是没有父亲而生的。现在考察各传记的记载，都说他们有父亲，而且他们的父亲都是黄帝的后代，这不是与《诗经》的记载相违背吗？"

褚先生说："不是这样的。《诗经》上讲契是由于他的母亲吞了鸟卵而出生，后稷是由于他的母亲踩上了大脚印而出生的，这是要证明他们体现了天命精诚的意思。鬼神是不能自己形成的，必须要依靠人来生成，没有父亲怎么会生子呢!一种说法认为他们有父亲，一种说法认为他们没有父亲，信者以传信，疑者以传疑，所以就有了这两种说法。尧知道契、后稷都是贤能的人，是上天生了他们，因而尧封给契七十里的封地，其后传了十余代到了汤，便称王于天下。尧知道后稷的子孙后世也要称王，于是加封后稷的封地达到一百里，他的后代经历了近千年，到了文王之时便据有了天下。《诗传》上说：'汤的祖先是契，没有父亲就出生了。契的母亲和她的姊妹们在玄丘水洗澡，有只燕子嘴里衔着的卵掉了下来，契的母亲得到了，就含在嘴里，误把它吞了下去，于是就生了契。契天生贤能，尧任命他为司徒，赐他姓子。子，就是"兹"；兹，是日益强大的意思。诗人赞美称颂他说："殷的国土广阔无边，上天命玄鸟生了商。"商是质朴的意思，是殷的称号。文王的祖先是后稷，后稷也是没有父亲就出生了。后稷的母亲是姜嫄，她外出时看见巨人的脚印并踏了上去，于是就感到自己怀孕了，以后就生下了后稷。姜嫄认为他没有父亲，就瞧不起他并把他遗弃在道之。又捐之大泽，鸟覆席食之。姜嫄怪之，于是知其天子，乃取长之。尧知其贤才，立以为大农，姓之曰姬氏。姬者，本也。诗人美而颂之曰“厥初生民”，深修益成，而道后稷之始也。’孔子曰：‘昔者尧命契为子氏，为有汤也。命后稷为姬氏，为有文王也。大王命季历，明天瑞也。太伯之吴，遂生源也。’天命难言，非圣人莫能见。舜、禹、契、后稷皆黄帝子孙也。黄帝策天命而治天下，德泽深后世，故其子孙皆复立为天子，是天之报有德也。人不知，以为氾从布衣匹夫起耳。夫布衣匹夫安能无故而起王天下乎？其有天命然。”

“黄帝后世何王天下之久远邪？”

曰：“传云天下之君王为万夫之黔首请赎民之命者帝，有福万世。黄帝是也。五政明则修礼义，因天时举兵征伐而利者王，有福千世。蜀王，黄帝后世也，至今在汉西南五千里，常来朝降，输献于汉，非以其先之有德，泽流后世邪？行道德岂可以忽乎哉！人君王者举而观之。汉大将军霍子孟名光者，亦黄帝后世也。此可为博闻远见者言，固难为浅闻者说也。何以言之？古诸侯以国为姓。霍者，国名也。武王封弟叔处于霍，后世晋献公灭霍，公后世为庶民，往来居平阳。平阳在河东，河东晋地，分为魏国。以诗言之，亦可为周世。周起后稷，后稷无父而生。以三代世传言之，后稷有父名高辛；高辛，黄帝曾孙。黄帝终始传曰：‘汉兴百有余年，有人不短不长，出燕之乡，持天下之政，时有婴儿主，却行车。’霍将军者，本居平阳燕。臣为郎时，与方士考功会旗亭下，为臣言。岂不伟哉！”

路上，可是牛羊都躲避开而不去踩他。又把他抱到山中，山里的人见了便喂养他。又把他扔到大泽，飞鸟为他覆盖、铺垫、喂养。姜嫄感到很奇怪，于是便知道他是上天之子，就把他带了回来抚养成人。尧知道他是贤才，任命他为大农，赐给他姬的姓氏。姬，是“本”的意思。诗人赞美称颂他说“从他以来，抚育了万民”，又加深修炼更加有所成就，称道后稷是周朝的开始。’孔子说：‘从前尧赐契为子氏，是因为他的后代有个汤王。赐后稷为姬氏，是因为他的后代有个文王。太王任命季历为接班人，是为了表明上天的祥瑞所在。太伯到了吴地，成就了周人传衍不息的本源。’上天的旨意难以言说，不是圣人就不能明了。舜、禹、契、后稷都是黄帝的后代。黄帝秉承上天的期许而治理天下，他的德泽远远流传于后世，所以他的子孙都相继继位，这是上天报答有德行的人。人们不深知这个道理，以为他们都是从普通人兴起的。普通人怎能无缘无故兴起而统治天下呢？他们是有天命的人哪！”

张夫子又问：“黄帝的后代为何能称王天下这么长时间呢？”

褚先生说：“有记载说，天下的君王是百姓的首领，他们是为万民延续生命的人，他们能够称帝，福泽及于万世。黄帝就是这样的人。五政修明则礼义兴修，按照天时举兵征伐，而取得胜利的便称王，其福泽将流传千世。蜀王，是黄帝的子孙，至今在汉西南五千里的地方，经常来朝觐，敬献贡物给汉，这难道不是他的祖先有德行、福泽流传于后代的缘故吗？怎么可以忽视修道行德呢？作为统治天下的君王，都要树立德行来勉励自己。汉大将军霍子孟名叫霍光的，也是黄帝的后代。这件事只能和学识渊博的人说，实在难以对那些浅陋的人讲清楚。凭什么这样说呢？古代的诸侯以国为姓。霍是国家的名称。武王分封他的弟弟叔处到霍，后世晋献公灭掉霍公，他的后代变成了平民的身份，往来居住在平阳。平阳在河东，河东从前是属于晋国的地盘，后来划分给魏国了。按《诗经》所说，魏国也是周的子孙。周起源于后稷，后稷没有父亲就出生了。按三代世系相传的说法，后稷有父亲名叫高辛；高辛是黄帝的曾孙。《黄帝终始传》说：‘汉兴一百多年后，有个不矮不高的人，出生于白燕之乡，负责天下的政事。当时有一个幼小的皇帝，这个人能够使幼主的辇车退行。’霍将军本来居住在平阳白燕乡。我做郎官的时候，曾经和方士们考功时在旗亭下相会，他们对我这样说，难道他不是很伟大吗？”

十二诸侯年表第二

太史公读春秋历谱谍，至周厉王，未尝不废书而叹也。曰：呜呼，师挚见之矣！纣为象箸而箕子唏。周道缺，诗人本之衽席，关雎作。仁义陵迟，鹿鸣刺焉。及至厉王，以恶闻其过，公卿惧诛而祸作，厉王遂奔于彘，乱自京师始，而共和行政焉。是后或力政，强乘弱，兴师不请天子。然挟王室之义，以讨伐为会盟主，政由五伯，诸侯恣行，淫侈不轨，贼臣篡子滋起矣。齐、晋、秦、楚其在成周微甚，封或百里或五十里。晋阻三河，齐负东海，楚介江淮，秦因雍州之固，四海迭兴，更为伯主，文武所褒大封，皆威而服焉。

是以孔子明王道，干七十余君，莫能用，故西观周室，论史记旧闻，兴于鲁而次春秋，上记隐，下至哀之获麟，约其辞文，去其烦重，以制义法，王道备，人事浃。七十子之徒口受其传指，为有所刺讥褒讳挹损之文辞不可以书见也。鲁君子左丘明惧弟子人人异端，各安其意，失其真，故因孔子史记具论其语，成左氏春秋。铎椒为楚威王传，为王不能尽观春秋，采取成败，卒四十章，为铎氏微。赵孝成王时，其相虞卿上采春秋，下观近势，亦著八篇，为虞氏春秋。吕不韦者，秦庄襄王相，亦上观尚古，删拾春秋，集六国时事，以为八览、六论、十二纪，为吕氏春秋。及如荀卿、孟子、公孙固、韩非之徒，各往往捃摭春秋之文以著书，不可胜纪。汉相张苍历谱五德，上大夫董仲舒推春秋义，颇著文焉。

太史公读《春秋历谱牒》，每当读到周厉王的事迹时，总是放下书为之感叹。他说：唉，师挚真是有见地啊！纣王用象牙筷子，箕子就因此而悲叹。周代的政道有所缺失，诗人以有感于帝后对朝政的作用，因而写成了《关雎》；仁义道德堕落衰败，就写了《鹿鸣》来讽喻。到了厉王，因为讨厌别人说自己的过失，公卿大臣们害怕遭到诛杀，因而先期作乱，于是厉王逃到了彘这个地方。祸乱从京师开始，于是造成了朝廷由周公、召公联合执政的局面。从此以后，有的诸侯国就使用武力互相征伐，强大的欺凌弱小的，出兵不再请示周天子。然后他们假借朝廷的名义来征讨别国，争当盟会的盟主，政令由五霸来操纵，诸侯们恣意行事，荒淫奢侈不遵法度，作乱篡权的臣子纷纷而起。齐、晋、秦、楚这些国家在成周之时非常弱小，封地有的百里、有的五十里。晋国依靠三河之阻，齐国背负东海，楚国以江、淮为界，秦国凭借雍州的险固，相继兴起，交替称霸，文王、武王所褒奖的大封国都震慑于他们的声威而臣服了。

因此孔子为了推展他的王道思想，求见了七十余国的君主，但都未被任用。所以孔子西行去查览周室的图籍，整理历史记载和旧日传闻，以鲁史为基础编成了《春秋》。该书上起鲁隐公元年，下至鲁哀公获麟之年为止，文字精炼、叙事简洁，从而树立了修史的榜样，使王道完备、人事关系和谐。他的七十多个学生接受了他亲口传授的大道思想，由于其中有讽喻、批评、褒扬、隐讳、贬抑、损伤的文辞，所以没能用书面形式表达出来。鲁国的君子左丘明担心孔子的弟子们各持己见，失去孔子原本的思想和境界，于是按照孔子编的史料详细地论述了他的言论，写成了《左氏春秋》。铎椒是楚威王的老师，因为楚王不能通读《春秋》，便采集了其中有关成败得失的历史教训作为内容，写成四十章，称为《铎氏微》。赵孝成王时，他的相国虞卿上采《春秋》的内容，下观近代的形势，也著成八篇，称为《虞氏春秋》。吕不韦是秦庄襄王的宰相，也上观远古历史，删改《春秋》，汇集六国的时事，而编辑成八览、六论、十二纪，定名为《吕氏春秋》。至于像荀卿、孟子、公孙固、韩非等人，也往往各自摘取《春秋》的文字来著书立说，这样的情况不可能全部一一记录下来。汉代丞相张苍以历谱的形式写成《终始五德传》，上大夫董仲舒推演《春秋》的微言大义，也著作了不少文章。

太史公曰：儒者断其义，驰说者骋其辞，不务综其终始；历人取其年月，数家隆于神运，谱谍独记世谥，其辞略，欲一观诸要难。于是谱十二诸侯，自共和讫孔子，表见春秋、国语学者所讥盛衰大指著于篇，为成学治古文者要删焉。

（表格略）

太史公评论说：儒家学者摘取《春秋》一书中的某些义理，游说者尽情发挥《春秋》书中的某些文辞，而不注重考察历史发展的始终；制定历法的人采取它的年月，术数家重视它的神运，研究谱牒的人只记录它的世系和谥号，他们的文字都很简略，想要从他们那里看到《春秋》的要旨是很困难的。我于是编次谱定了十二个诸侯国年表，上起共和，下讫孔子，用年表的方式，将研究《春秋》、《国语》的学者们所探讨的盛衰要旨都阐述于本篇之内，为成就学业、研治古文的人提取纲要，删去了繁琐的内容。

（表格略）

六国年表第三

太史公读秦记，至犬戎败幽王，周东徙洛邑，秦襄公始封为诸侯，作西畤用事上帝，僭端见矣。礼曰：“天子祭天地，诸侯祭其域内名山大川。”今秦杂戎翟之俗，先暴戾，后仁义，位在藩臣而胪于郊祀，君子惧焉。及文公逾陇，攘夷狄，尊陈宝，营岐雍之间，而穆公修政，东竟至河，则与齐桓、晋文中国侯伯侔矣。是后陪臣执政，大夫世禄，六卿擅晋权，征伐会盟，威重于诸侯。及田常杀简公而相齐国，诸侯晏然弗讨，海内争于战功矣。三国终之卒分晋，田和亦灭齐而有之，六国之盛自此始。务在强兵并敌，谋诈用而从衡短长之说起。矫称蜂出，誓盟不信，虽置质剖符犹不能约束也。秦始小国僻远，诸夏宾之，比于戎翟，至献公之后常雄诸侯。论秦之德义不如鲁卫之暴戾者，量秦之兵不如三晋之强也，然卒并天下，非必险固便、形势利也，盖若天所助焉。

或曰“东方物所始生，西方物之成孰”。夫作事者必于东南，收功实者常于西北。故禹兴于西羌，汤起于亳，周之王也以丰镐伐殷，秦之帝用雍州兴，汉之兴自蜀汉。

秦既得意，烧天下诗书，诸侯史记尤甚，为其有所刺讥也。诗书所以复见者，多藏人家，而史记独藏周室，以故灭。惜哉，惜哉！独太史公研读《秦记》，当读到犬戎部族杀死周幽王，周平王东迁洛邑，秦襄公因护驾有功被封为诸侯，就建造了西畤来侍奉天帝的时候，便感觉到秦国越位犯上的苗头已经显现出来了。因为《礼记》上说得很明白："唯有天子才有祭祀天地的权力，诸侯只能祭祀本国区域内的名山大川。"当时秦国的民风习俗夹杂着西戎北狄的成分，重视暴力，轻视道德仁义，身处捍卫王室的臣属行列，却用天子的规格进行祭祀，凡是君子都对此感到很忧惧。等到秦文公越过陇山，驱逐戎狄，祭祀陈宝，在岐山到雍地这一带建立了国家；而秦穆公修明政治，把东部国境扩展到黄河西岸的时候，就与齐桓公、晋文公这些中原霸主势均力敌了。从这以后，各国的家臣开始执掌国政，大夫们世代保有自己的政治地位，当时晋国的六卿独揽大权，无论征伐还是会盟，威势都在诸侯之上。到田常杀掉齐简公而自任齐相的时候，诸侯却无动于衷不予讨伐。这标志着各国诸侯已经围绕着怎样保持本国的军事实力展开斗争了。最终韩赵魏三家瓜分了晋国，田和也灭掉了姜氏，将齐国据为己有，六国并立的局面由此形成了。此时诸侯们的首要之务在于壮大军事力量，兼并对方。在这样的历史背景下，权谋诈术空前泛滥，合纵连横的学说也相继兴起；各种谎言骗局相继上演，誓词盟约根本毫无诚意，即使以互派人质，剖符为凭，也还是不能互相制约。秦国起初只是一个偏远的小国，中原各国都排挤它，把它看作戎狄。但从秦献公开始，秦国就一直在诸侯中称雄。论起秦国的德义，连鲁卫两国中那些凶暴乖戾的君主都超过了它；论起秦国的兵力，它不如韩、赵、魏三国强大，可是最后却吞并了六国，统一了天下，这看起来好像不是因为秦国凭据天险、攻守方便、地理形势有利的缘故，而好像是上天在冥冥之中佑助着它。

有人说："东方是万物开始萌生的地方，西方是万物最后成熟的地方。"由此看来，开创事业的人必定出现在东南，而最终获取胜利果实的人却在西北。所以大禹在西羌兴起，成汤从亳地发家，周人也是因为有丰镐作根据地讨伐殷商才得以建立王朝，秦国日益强大最终完成帝业是由于有雍州作为大本营，汉朝也是从巴蜀汉中开始兴盛的。

秦国统一天下后，就开始焚烧《诗经》、《尚书》等儒家经典，而各国的国史被焚烧的更加厉害，这是因为书中有讽刺讥笑秦国的记载。《诗经》、《尚有秦记，又不载日月，其文略不具。然战国之权变亦有可颇采者，何必上古。秦取天下多暴，然世异变，成功大。传曰“法后王”，何也？以其近已而俗变相类，议卑而易行也。学者牵于所闻，见秦在帝位日浅，不察其终始，因举而笑之，不敢道，此与以耳食无异。悲夫！

余于是因秦记，踵春秋之后，起周元王，表六国时事，讫二世，凡二百七十年，著诸所闻兴坏之端。后有君子，以览观焉。

（表格略）

书》之所以重新流传于世，是因为收藏的人家很多，而各国的国史专门收藏在周王室，所以就全被毁灭了。可惜啊！可惜啊！如今只有《秦纪》传下来，却又没注明日月，内容也简略不全。但是关于战国权谋和应急的对策也还是有很多可取之处的，为什么非要死守上古的那些教条呢？秦国夺取天下的手段尽管很残暴，但秦国能顺应时代的不同而采取相应的对策，因此获得了巨大的成功。有的典籍强调说要“效法后王”，这是为什么呢？因为后王距离自己近，当代民俗的变化也和后王那个时期差不多，道理讲起来浅显易懂，便于推行。一般的读书人局限于平常听到的那点东西。他们看见秦朝统治的时间很短暂，没有去考察秦国发展的全过程，就全都因此耻笑秦，而不评价它的可取之处。这和用耳朵来吃东西没有什么两样。真是可悲呀！

因此，我根据《秦纪》提供的资料，跟在孔子的《春秋》之后编成了这份年表。它上起周元王元年，列表编排了六国发生的大小事件；下至秦二世被杀，总计跨二百七十年，著述了我所闻知的各种兴起与衰亡的规律。后世若有君子，便可以阅读它。

（表格略）

秦楚之际月表第四

太史公读秦楚之际，曰：初作难，发于陈涉；虐戾灭秦，自项氏；拨乱诛暴，平定海内，卒践帝祚，成于汉家。五年之间，号令三嬗。自生民以来，未始有受命若斯之亟也。

昔虞、夏之兴，积善累功数十年，德洽百姓，摄行政事，考之于天，然后在位。汤、武之王，乃由契、后稷修仁行义十余世，不期而会孟津八百诸侯，犹以为未可，其后乃放弑。秦起襄公，章于文、缪，献、孝之后，稍以蚕食六国，百有余载，至始皇乃能并冠带之伦。以德若彼，用力如此，盖一统若斯之难也。

秦既称帝，患兵革不休，以有诸侯也，于是无尺土之封，堕坏名城，销锋镝，鉏豪桀，维万世之安。然王迹之兴，起于闾巷，合从讨伐，轶于三代，乡秦之禁，适足以资贤者为驱除难耳。故愤发其所为天下雄，安在无土不王。此乃传之所谓大圣乎？岂非天哉，岂非天哉！非大圣孰能当此受命而帝者乎？

（表格略）

太史公在研读关于秦楚之际的历史时，说：最先起义发难的是陈涉；用暴力灭掉秦朝的是项羽；铲除祸乱，诛灭凶暴，平定天下，最终登上帝位、取得成功的却是刘邦。仅仅五年的时间，发号施令之人就变换了三次。自从有人类以来，帝王受天命的变换还没有如此之快的。

当初虞舜和夏禹兴起的时候，他们积累了长达几十年的善行和功劳，百姓都受到他们恩德的润泽；他们代行天子的职务，并且还要接受上天的考验，然后才能即位。商汤、武王登上天子之位，是从他们的先祖契、后稷开始就讲求仁政，实行德义，历经了十几代。到周武王时，未曾约定就有八百诸侯到孟津相会，但武王还认为伐纣的时机不到，继续回去修德。就这样又过了很久，商汤才放逐了夏桀，武王才杀了殷纣王。秦国自襄公时兴起，在文公、缪公时显示出强大的力量，到献公、孝公之后，逐步侵占六国的土地。经历了一百多年以后，到了始皇才兼并了六国，统一了天下。要像虞、夏、汤、武那样实行德治，像秦国这样使用武力，才能成功统一天下。由此可见，统一天下有多么不容易了！

秦始皇称帝之后，认为过去之所以连年战乱不休，是因为诸侯割据的缘故，于是他废除了分封制，而且摧毁了东方各地的城池，销毁刀箭，铲除各地的豪强势力，打算以此维持以后的长治久安。然而帝王的功业，兴起于民间，天下英雄豪杰互相联合讨伐暴秦，威势超过了夏商周三代。从前秦国的那些禁令，恰好帮助贤能之人排除了创业的障碍。因此，发愤有为而成为天下的英雄，怎么能说没有封地便不能成为帝王呢？这就是上天授帝位给他的那种所谓的大圣人吧！这难道不是天意吗？这难道不是天意吗！如果不是大圣人，谁能在这乱世中承受天命而成就帝业呢？

（表格略）

汉兴以来诸侯王年表第五

太史公曰：殷以前尚矣。周封五等：公，侯，伯，子，男。然封伯禽、康叔于鲁、卫，地各四百里，亲亲之义，褒有德也；太公于齐，兼五侯地，尊勤劳也。武王、成、康所封数百，而同姓五十五，地上不过百里，下三十里，以辅卫王室。管、蔡、康叔、曹、郑，或过或损。厉、幽之后，王室缺，侯伯强国兴焉，天子微，弗能正。非德不纯，形势弱也。

汉兴，序二等。高祖末年，非刘氏而王者，若无功上所不置而侯者，天下共诛之。高祖子弟同姓为王者九国，虽独长沙异姓，而功臣侯者百有余人。自雁门、太原以东至辽阳，为燕代国；常山以南，大行左转，度河、济，阿、甄以东薄海，为齐、赵国；自陈以西，南至九疑，东带江、淮、谷、泗，薄会稽，为梁、楚、淮南、长沙国：皆外接于胡、越。而内地北距山以东尽诸侯地，大者或五六郡，连城数十，置百官宫观，僭于天子。汉独有三河、东郡、颍川、南阳，自江陵以西至蜀，北自云中至陇西，与内史凡十五郡，而公主列侯颇食邑其中。何者？天下初定，骨肉同姓少，故广强庶孽，以镇抚四海，用承卫天子也。

汉定百年之间，亲属益疏，诸侯或骄奢，忕邪臣计谋为淫乱，大者叛逆，小者不轨于法，以危其命，殒身亡国。天子观于上古，然后加惠，使诸侯得推恩分子弟国邑，故齐分为七，赵分为六，梁分为五，淮南分三，及天子支庶子为王，王子支庶为侯，太史公说：殷朝以前的历史年代太久远了。周朝把封爵分为公、侯、伯、子、男五等。当时分别封伯禽于鲁、封康叔于卫，地域各为四百里，这一是因为宗族血缘关系亲密，二也是对有德之人的褒奖。把太公封于齐，让他享有五个侯爵那么多的封地，这是对勤劳者的尊崇。武王、成王、康王所封的诸侯有数百个，其中与周室同姓者有五十五个，他们的封地最大不超过百里，最小者只有三十里，用来辅卫王室。管、蔡、康、曹、郑这几个国家的封地，有的超过了爵位应得之数，有的则不足。厉王、幽王以后，王室逐渐衰微，诸侯国的势力逐渐兴盛起来，天子的力量弱小，不能控制他们。这并不是（周王）道德不纯厚，而是形势衰弱的缘故。

汉朝建国以后，把功臣封为王、侯两个等级。到了高祖晚年更是明确规定，不是刘氏而称王者，或没有功劳不是天子所封而称侯者，天下共同讨伐他。高祖的同姓子弟被封为王的有九人，唯独长沙王是异姓，而有功之臣被封为列侯的有一百多人。当时自雁门、太原以东至辽阳的国土，为燕国和代国；常山以南，太行以东，沿黄河、济水，以及阿、甄以东一直到海边，为齐国和赵国；从陈以西，南至九嶷山，东含江、淮、谷、泗，直到会稽，为梁国、楚国、淮南国、长沙国，这些国的外围都和胡、越接壤。而内地，从北部的太行山以东，都是诸侯王的封地。大的诸侯王国有五六个郡，数十个城，它们那里的政府建制以及宫殿的规模，有的甚至比天子的还要豪华盛大。汉朝廷只有河东、河西、河南、东郡、颍川、南阳，以及从江陵以西至蜀地，北从云中至陇西，加上内史共十五个郡，而公主列侯的食邑有不少也在其中。为什么会这样呢？是因为天下刚刚平定，皇帝的同胞兄弟较少，所以只有广泛分封庶子们为王，依靠他们镇抚四海、保卫天子。

汉朝平定天下一百多年后，诸侯王与天子的关系愈加疏远，有的诸侯王变得骄奢起来，习惯于听从奸邪之臣的话去做淫乱之事，严重的谋反叛逆，轻微的不守法度，结果危害到了自己的性命，不是身亡就是封国被撤销。天子参照了上古的制度，对诸侯们加赐恩惠，使诸侯们得以施恩惠于子弟，并分封给他们国邑。所以齐地被分成了七国，赵地被分为了六国，梁地被一分为五，淮南百有余焉。吴楚时，前后诸侯或以适削地，是以燕、代无北边郡，吴、淮南、长沙无南边郡，齐、赵、梁、楚支郡名山陂海咸纳于汉。诸侯稍微，大国不过十余城，小侯不过数十里，上足以奉贡职，下足以供养祭祀，以蕃辅京师。而汉郡八九十，形错诸侯间，犬牙相临，秉其厄塞地利，强本干、弱枝叶之势，尊卑明而万事各得其所矣。

臣迁谨记高祖以来至太初诸侯，谱其下益损之时，令时世得览。形势虽强，要之以仁义为本。

（表格略）

被分为三国，连同天子的旁支庶子被分封为王的、诸侯王的旁支庶子被分封为侯的，共有一百多个。自吴楚反叛时，有的诸侯王就因为犯罪而被削减了封地，因此燕、代等国失去了北部的郡，吴、淮南、长沙等国失去了南部的郡，齐、赵、梁、楚的支郡、名山、陂海也都被朝廷收回。这样一来，诸侯的势力就逐渐衰弱下来，大国不过十余城，小侯不过数十里的地盘，对上足以完成贡奉，对下足以维持自己的生活和祭祀先祖，能够藩卫京师。而这时汉王朝直辖的郡就有八九十个，交错在诸侯王国之间，犬牙相邻，控制着各险要的关塞，从而形成了主干强、枝丫弱的局面，使国家尊卑分明，而万事各得其所。

我这里记载了高祖以来至太初年间各诸侯王国的情况，用表格的方式排列了它们各自兴衰变化的时间，以供后人借鉴参考。现今国家实力虽然强大，但关键还是要以仁义作为施政的根本。

（表格略）

高祖功臣侯者年表第六

太史公曰：古者人臣功有五品，以德立宗庙定社稷曰勋，以言曰劳，用力曰功，明其等曰伐，积日曰阅。封爵之誓曰："使河如带，泰山若厉。国以永宁，爰及苗裔。"始未尝不欲固其根本，而枝叶稍陵夷衰微也。

余读高祖侯功臣，察其首封，所以失之者，曰：异哉所闻！书曰"协和万国"，迁于夏商，或数千岁。盖周封八百，幽厉之后，见于春秋。尚书有唐虞之侯伯，历三代千有余载，自全以蕃卫天子，岂非笃于仁义，奉上法哉？汉兴，功臣受封者百有余人。天下初定，故大城名都散亡，户口可得而数者十二三，是以大侯不过万家，小者五六百户。后数世，民咸归乡里，户益息，萧、曹、绛、灌之属或至四万，小侯自倍，富厚如之。子孙骄溢，忘其先，淫嬖。至太初百年之间，见侯五，余皆坐法陨命亡国，耗矣。罔亦少密焉，然皆身无兢兢于当世之禁云。

居今之世，志古之道，所以自镜也，未必尽同。帝王者各殊礼而异务，要以成功为统纪，岂可绲乎？观所以得尊宠及所以废辱，亦当世得失之林也，何必旧闻？于是谨其终始，表见其文，颇有所不尽本末；著其明，疑者阙之。后有君子，欲推而列之，得以览焉。

（表格略）

太史公说：古时候把人臣的功劳分为五个等级，运用道德辅佐帝王建立宗庙，安定国家的，称为“勋”；运用巧妙的言论，解决上述问题的，称为“劳”；凭借武力取胜的，称为“功”；为国家建立秩序的，称为“伐”；只是靠熬日子坚持过来的，称为“阅”。高祖当时在封爵的誓词中说：“要让黄河变得狭如衣带，泰山变得小如磨刀石；要使你们的封国永远安宁，并让子孙世世代代传承下去。”可见，最初高祖不是不想巩固诸侯们的根基，只是后来他们的后裔渐渐衰败弱小了。

我曾经阅读过高祖分封功臣时的档案资料，考察他们最初受封时的情况，以及后来丧失封地的原因，我不禁感慨：这与我以前所听说的情况真是太不一样了！《尚书·尧典》上就曾记载着“让各个诸侯国和睦相处”的说法，到了夏、商时代，有的国家已经建国几千年。周朝封侯八百，在幽王、厉王之后，《春秋》一书上还有关于他们的记载。《尚书》中有唐、虞时期的侯伯，经历夏、商、周三代一千多年，还能保持着封国，继续做天子的屏藩，这难道不是由于他们坚守仁义、尊奉天子的法规吗？汉朝兴起，受封的功臣有一百多人。当时天下刚刚平定，原有的大城名都的百姓都逃亡了，可以统计上来的户口数只有原来的十分之二三，所以大侯封邑不超过一万家，小侯封邑仅五六百户。后来过了几代，百姓都回到了故乡，封邑户数增加，萧何、曹参、绛侯周勃、灌婴之类的封邑或达到了四万户，小侯的户数也增加了一倍，富有程度也同样提高了。但是他们的后代子孙却越来越骄奢淫逸，忘记了先祖创业的艰难，只顾自己吃喝玩乐，胡作妄为。所以到太初年间，这不过才一百多年，现存的侯爵便只剩下五个，其余的都因犯法而丧身亡国，退出历史舞台了。当然，现在的法律比过去要更严厉，但主要还是他们自身不能够老老实实地遵守国家的法律。

生活在今天的时代，依旧应当学习古圣先贤的教诲，以此作为自己人生的一面镜子，但具体的做法可以因为时代的变化而不同。历代帝王各自都有不同的礼仪制度，有不同的追求，但总的说来还是要以国泰民安为目的，怎么可能一成不变呢？观察人臣得到尊宠和遭受废辱的原因，我们应当正视这些得与失的现实问题，何必一味单纯地读死书呢？于是我很谨慎地研究了他们兴衰的始末，用表格的形式把他们展示出来，其中确实还有一些不完善的地方；但我的做法是只记录确定无疑的，凡是我自己还不甚清楚的就暂时空着。如果有后人想要继续加以记述，可以参阅此表。

（表格略）

惠景间侯者年表第七

太史公读列封至便侯曰：有以也夫！长沙王者，著令甲，称其忠焉。昔高祖定天下，功臣非同姓疆土而王者八国。至孝惠帝时，唯独长沙全，禅五世，以无嗣绝，竟无过，为籓守职，信矣。故其泽流枝庶，毋功而侯者数人。及孝惠讫孝景间五十载，追修高祖时遗功臣，及从代来，吴楚之劳，诸侯子若肺腑，外国归义，封者九十有余。咸表始终，当世仁义成功之著者也。

（表格略）

太史公阅读有关列侯分封的档案资料，当读到长沙王的时候，便感慨地说道：真是事出有因啊！当初，长沙王被封为诸侯王，著录在法令的第一篇，他的忠诚受到称赞。当初高祖平定天下时，不是皇室同姓宗亲而受封为诸侯王的功臣共有八个人。等到高祖驾崩，孝惠帝继位的时候，只剩下长沙王能够保全自己的封国了，而且接连传承五世，最后由于没有后嗣继承才结束。他自始至终没有犯什么过错，作为国家的藩守尽心尽职，吴氏家族可以说是无可挑剔啊！所以他的德业能使旁系子孙也沾受恩惠，未立功勋而受封为列侯的就有数人。从孝惠帝到孝景帝其间的五十多年里，追录了高祖时遗漏未封的功臣、追随孝文帝从代国入继大统的旧臣、孝景帝时在平定吴楚七国之乱中功劳卓著的将相官员、身为皇室骨肉至亲的诸侯王子弟、前来投降归顺的外族首领等等为侯，先后受封的有九十多人。现在我把这些人受封的始末列表记载下来，这些都是当代比较突出的奉行仁义道德获得成功的人。

（表格略）

建元以来侯者年表第八

太史公曰：匈奴绝和亲，攻当路塞；闽越擅伐，东瓯请降。二夷交侵，当盛汉之隆，以此知功臣受封侔于祖考矣。何者？自《诗》、《书》称三代“戎狄是膺，荆荼是征”，齐桓越燕伐山戎，武灵王以区区赵服单于，秦缪用百里霸西戎，吴楚之君以诸侯役百越。况乃以中国一统，明天子在上，兼文武，席卷四海，内辑亿万之众，岂以晏然不为连境征伐哉！自是后，遂出师北讨强胡，南诛劲越，将卒以次封矣。

（表格略）

后进好事儒者褚先生曰：太史公记事尽于孝武之事，故复修记孝昭以来功臣侯者，编于左方，令后好事者得览观成败长短绝世之适，得以自戒焉。当世之君子，行权合变，度时施宜，希世用事，以建功有土封侯，立名当世，岂不盛哉！观其持满守成之道，皆不谦让，骄蹇争权，喜扬声誉，知进不知退，终以杀身灭国。以三得之，及身失之，不能传功于后世，令恩德流子孙，岂不悲哉！ 夫龙洛侯曾为前将军，世俗顺善，厚重谨信，不与政事，退让爱人。其先起于晋六卿之世。有土君国以来，为王侯，子孙相承不绝，历年经世，以至于今，凡百余岁，岂可与功臣及身失之者同日而语之哉？悲夫，后世其诫之！

太史公说：匈奴人破坏和亲条约，攻击我朝首当其冲的边塞要道；闽越人凭借武力擅自进攻东瓯，致使东瓯人请求内迁以寻求保护。这两支外夷一起侵扰边境，正是在我大汉最昌盛的时候，由此可以推知因此立功而受封的臣子之多，应当可以与高祖开国时相等了。为什么会这样呢？早在《诗经》、《尚书》中就说过，夏、商、周三代"抵御抗击北方的戎狄，讨伐惩戒南方的荆舒"，东周时代的齐桓公曾越过燕国攻打山戎，赵武灵王凭着一个小小的赵国还曾打败过匈奴，秦缪公依靠百里奚的辅佐称霸西戎，吴、楚两国的国君以诸侯的身份而使百越乖乖称臣。何况是已经实现了大一统的中国，天子圣明，兼有文武之才，志在平定四方，使国内亿万民众都和睦相处、安居乐业，又怎么会面对外夷的侵扰而袖手旁观，不去进行讨伐以巩固边疆呢？从此以后，我大汉发兵北伐匈奴，南征百越，建立军功的将士们也都依次受封了。

（表格略）

晚辈儒生褚先生说：太史公在本篇的记事只到武帝年间，所以我又撰记了孝昭帝以后功臣封侯的情况，编于左方，目的在于让后世喜好研究的人能从中看到功臣们的功业成败、享国长短，以及侯位有的传世、有的绝封的前因后果，从中吸取经验教训，引以为戒。当世的君子，有的不守常规而随机应变；有的能审时度势而采取适宜的措施；有的能够迎合世俗得到重用。他们建功立业，受封侯爵，名扬当世，很是兴盛、轰烈！但观察他们成功以后的表现，却都不谦虚谨慎，全都骄傲自满、争权夺利，喜欢招摇过市，只知前进而不知留下退路，最终导致国灭人亡。依靠这三种途径得到的功业，在自己这一辈就失掉了，不能把它传给后代，使子孙们也能享受恩德，这难道不可悲吗？相反，看看人家龙洛侯韩曾，在他担任前将军的时候，能够随顺风俗、积德行善，为人忠厚诚信，从不揽权参政，谦让爱人。他的先祖是晋国的六卿之一，建立韩国以后，子孙相继为王为侯，代代相传，从未断绝，经历了漫长的岁月直至今日，算起来已有一百多年了，这又怎能是那些因功受封但当代就国灭身亡之人能够相比的呢？真是可悲啊，后世的人们应当以此为鉴呀！

建元以来王子侯者年表第九

制诏御史："诸侯王或欲推私恩分子弟邑者，令各条上，朕且临定其号名。"

太史公曰：盛哉，天子之德！一人有庆，天下赖之。

（表格略）

皇上下诏给御史大夫说：“请告诉诸侯们，凡有意愿想把自己封土分封给后代子孙的，让他们都把名单报上来，朕将亲自决定他们的名号。”

太史公说：天子之德多么隆盛啊！他一人做了好事，天下人都跟着享福。

（表格略）

汉兴以来将相名臣年表第十

（此表无序）

（表格略）

书

礼书第一

太史公曰：洋洋美德乎！宰制万物，役使群众，岂人力也哉？余至大行礼官，观三代损益，乃知缘人情而制礼，依人性而作仪，其所由来尚矣。

人道经纬万端，规矩无所不贯，诱进以仁义，束缚以刑罚，故德厚者位尊，禄重者宠荣，所以总一海内而整齐万民也。人体安驾乘，为之金舆错衡以繁其饰；目好五色，为之黼黻文章以表其能；耳乐钟磬，为之调谐八音以荡其心；口甘五味，为之庶羞酸咸以致其美；情好珍善，为之琢磨圭璧以通其意。故大路越席，皮弁布裳，朱弦洞越，大羹玄酒，所以防其淫侈，救其雕敝。是以君臣朝廷尊卑贵贱之序，下及黎庶车舆衣服宫室饮食嫁娶丧祭之分，事有宜适，物有节文。仲尼曰："禘自既灌而往者，吾不欲观之矣。"

周衰，礼废乐坏，大小相逾，管仲之家，兼备三归。循法守正者见侮于世，奢溢僭差者谓之显荣。自子夏，门人之高弟也，犹云"出见纷华盛丽而说，入闻夫子之道而乐，二者心战，未能自决"，而况中庸以下，渐渍于失教，被服于成俗乎？孔子曰"必也正名"，于卫所居不合。仲尼没后，受业之徒沈湮而不举，或适齐、楚，或入河海，岂不痛哉！

至秦有天下，悉内六国礼仪，采择其善，虽不合圣制，其尊君抑臣，朝廷济济，依古以来。至于高祖，光有四海，叔孙通颇有所增益太史公说：礼的德行实在是太博大而盛美了！它统辖万物、役使众人，这怎么是人力所能做到的呢？我曾到大行礼官那里，阅读夏、商、周三代礼制增减变革的文献资料，才知道古人是按照人情来制定礼仪规范，依照人性来建立人们的行事规则，这是由来已久的事了。

做人的道理，千头万绪，但有条基本准则却始终贯穿其中，就是以仁义来诱导人们行事，并用刑罚来约束人们的行为。所以，道德高尚的人地位就尊贵；俸禄多的人享受荣耀恩宠，以此来统一天下人的意识，整肃大众的思想。人们乘坐车马，身体会感觉到舒适，于是因此将车装上金饰，在车辕横木上增添众多绚丽的饰品；眼睛爱看五彩美色，就在礼服上绣上各种花纹和色彩，使外表形态更美好；人的耳朵喜欢听钟磬等悦耳的声音，就调谐各种乐器的声音，来激荡人心；口舌喜欢品尝美味的食物，于是就烹调出各种或酸或咸的美味佳肴，以尽口味之美；人们喜爱各种珍贵、善美的器物，于是就以美玉制成圭璧，并加以琢磨，以顺人意。所以，在帝王乘坐的大路席上铺上蒲草；让人头戴皮帽身穿布裳；在瑟上装上红色丝弦，瑟底上通两孔；在祭祀大礼时不用五味的肉羹，而是以清水代酒作为上尊，以此来防止过分奢侈而导致败亡。所以，上至朝廷中的君臣尊卑贵贱等级秩序，下到老百姓的衣食住行、婚丧嫁娶的礼仪，每件事都要有恰当的规矩，每件器物的文饰都要有节制。孔子说：“鲁国的禘祭，第一次斟酒献尸主便次序颠倒，自那以后我不愿再观看下去了。”

周朝衰落后，礼乐制度遭到破坏，人们便不再遵守身份职位等级，彼此互相逾越。管仲之家，便建立了三归台，尽显奢侈。那些遵守法度、坚持正道的人，被世人欺侮；那些过度奢侈、僭越等级的人，被认为是显赫荣耀。尽管子夏是孔子门下优秀的学生，但他仍然说：“出门见到纷纭华丽盛美的事物，就感到欣悦；回来听到夫子的学说，就觉得快乐。二种心理在内心反复斗争，久久不能做出决断。”更何况中等平庸以下的人，受不良教育的不断浸染，以致被不良社会习气俘获呢！孔子说：“一定要先正其名分。”但孔子的理念和卫国的现况不合。孔子死后，受业门人便逐渐被埋没而未被举用，有的到了齐、楚，有的到了黄河、海滨一带，这岂不令人痛惜吗！

到秦国统一了天下，将六国礼仪制度全部收罗，选择其中好的留用，虽与古圣先贤的制度不合，却也尊君抑臣，使朝廷威仪庄严肃穆，这与古代传统还是相同减损，大抵皆袭秦故。自天子称号下至佐僚及宫室官名，少所变改。孝文即位，有司议欲定仪礼，孝文好道家之学，以为繁礼饰貌，无益于治，躬化谓何耳，故罢去之。孝景时，御史大夫晁错明于世务刑名，数干谏孝景曰："诸侯籓辅，臣子一例，古今之制也。今大国专治异政，不禀京师，恐不可传后。"孝景用其计，而六国畔逆，以错首名，天子诛错以解难。事在袁盎语中。是后官者养交安禄而已，莫敢复议。

今上即位，招致儒术之士，令共定仪，十余年不就。或言古者太平，万民和喜，瑞应辨至，乃采风俗，定制作。上闻之，制诏御史曰："盖受命而王，各有所由兴，殊路而同归，谓因民而作，追俗为制也。议者咸称太古，百姓何望？汉亦一家之事，典法不传，谓子孙何？化隆者闳博，治浅者褊狭，可不勉与！"乃以太初之元改正朔，易服色，封太山，定宗庙百官之仪，以为典常，垂之于后云。

礼由人起。人生有欲，欲而不得则不能无忿，忿而无度量则争，争则乱。先王恶其乱，故制礼义以养人之欲，给人之求，使欲不穷于物，物不屈于欲，二者相待而长，是礼之所起也。故礼者养也。稻粱五味，所以养口也；椒兰芬茝，所以养鼻也；钟鼓管弦，所以养耳也；刻镂文章，所以养目也；疏房床笫几席，所以养体也：故礼者养也。

君子既得其养，又好其辨也。所谓辨者，贵贱有等，长少有差，贫富轻重皆有称也。故天子大路越席，所以养体也；侧载臭茝，所以养鼻也；前有错衡，所以养目也；和鸾之声，步中武象，骤中韶濩，所以养耳也；龙旗九旒，所以养信也；寝兕持虎，鲛韅弥龙，所以养的。到汉高祖拥有天下之后，叔孙通对前代礼仪作了一些增减删改，大体上是依据秦朝旧制；上自天子的称号，下到大小官吏、宫室、官名，很少有所变更。孝文帝即位后，政府有关部门建议，要重定礼仪制度。那时孝文帝喜爱道家学说，以为繁琐的礼节只能粉饰外表，无益于天下治乱；治国要亲自以身作则，教化于民，所以没有采纳。孝景帝时，御史大夫晁错通晓当世政务和刑名学说，多次劝谏景帝说："诸侯藩国，同样是天子的臣子，这是古今如一的制度。现在诸侯大国擅自专断，政令与中央相违，且不到京城来请示汇报，恐怕不能传法后世。"孝景帝采纳了他的计策，削弱诸侯，导致了六国叛乱。他们以诛晁错为名，景帝不得已杀了晁错，以解除时局的危难。此事详载于《袁盎晁错列传》中。自此以后，朝廷的官员只是用心结交朋友，安分守己地享用自己应得的俸禄而已，再也没有人敢谈论这件事了。

现在皇上（汉武帝）即位后，招纳罗致了熟悉儒学的人才，命他们共同制定礼仪制度，十几年也没能完成。有人说古代太平，百姓们和睦喜乐，吉祥的征兆纷纷降临，这才搜集风俗民情，制定礼仪。皇上听后，便向御史下诏书道："历朝受天命而为王的，虽然各有其兴盛的原因，但却都是殊途而同归，即因民心而起，按照民俗确定制度。如今议事的人都称道远古的礼制，那百姓还有什么指望？汉朝作为一个朝代、一段历史，如果没有自己的典法制度流传，如何向后世子孙解释和交代？治化隆盛的君主往往心胸博大闳深，目标远大；治绩平庸的君主往往心胸偏窄狭隘，成不了事业。我怎能不发奋上进呢！"于是，在太初元年改定历法，变换服色，封祭泰山，制定宗庙、百官的礼仪作为常用制度，以供后世垂法。

礼是由人的需要而产生的。人生来就有欲望，欲望得不到满足就会产生怨愤，怨愤不能节制就会与人发生争斗，发生争斗就会产生动乱。古代帝王厌恶国家动乱，于是才制定了礼仪来调节人们的欲望，供给人们的需求，使他们的欲望不执着于物质，物质也不会因欲望太盛而枯竭，二者相得益彰。这就是礼产生的端由。所以，礼就是养护的意思。稻粱等五味是养口的；椒兰香草是养鼻的；钟鼓及各种管弦乐器的音声是养耳的；雕刻纹饰是养目的；宽敞的房屋以及床第几席是养身的。所以说礼就是养的意思。

君子欲望既得到滋养而满足，又喜欢等级上的区别。所谓辨，就是指贵贱有等级、长少有差别，贫富轻重都有相称的待遇。因此，天子乘坐座席上铺着蒲草的大车，是为了保养身体；天子出行，身旁放着香草，是为了养鼻；前面的车衡经过嵌错装饰，是为了养目；车动时，和铃与鸾铃声响，节奏缓和时如《武》、《象》舞曲，急骤时如《韶》、《濩》舞曲，是为了养耳。龙旗下，九旒低垂，是为了培养威信；

威也。故大路之马，必信至教顺，然后乘之，所以养安也。孰知夫出死要节之所以养生也。孰知夫轻费用之所以养财也，孰知夫恭敬辞让之所以养安也，孰知夫礼义文理之所以养情也。

人苟生之为见，若者必死；苟利之为见，若者必害；怠惰之为安，若者必危；情胜之为安，若者必灭。故圣人一之于礼义，则两得之矣；一之于情性，则两失之矣。故儒者将使人两得之者也，墨者将使人两失之者也。是儒墨之分。

治辨之极也，强固之本也，威行之道也，功名之总也。王公由之，所以一天下，臣诸侯也；弗由之，所以捐社稷也。故坚革利兵不足以为胜，高城深池不足以为固，严令繁刑不足以为威。由其道则行，不由其道则废。楚人鲛革犀兕，所以为甲，坚如金石；宛之钜铁施，钻如蜂虿，轻利剽遬，卒如熛风。然而兵殆于垂涉，唐昧死焉；庄蹻起，楚分而为四参。是岂无坚革利兵哉？其所以统之者非其道故也。汝颍以为险，江汉以为池，阻之以邓林，缘之以方城。然而秦师至，鄢郢举，若振槁。是岂无固塞险阻哉？其所以统之者非其道故也。纣剖比干，囚箕子，为炮烙，刑杀无辜，时臣下懔然，莫必其命。然而周师至，而令不行乎下，不能用其民。是岂令不严，刑不�哉？其所以统之者非其道故也。

古者之兵，戈矛弓矢而已，然而敌国不待试而诎。城郭不集，沟池不掘，固塞不树，机变不张，然而国晏然不畏外而固者，无他故焉，明道而均分之，时使而诚爱之，则下应之如景响。有不由命者，然后俟之以刑，则民知罪矣。故刑一人而天下服。罪人不尤其上，知罪之在己也。是故刑罚省而威行如流，无他故焉，由其道故也。故由战阵上，以兕牛皮为席，车上手握处雕成虎纹，用鲛鱼皮蒙马腹，雕龙文饰车轭，是为了培养威严；驾驭大车的马，之所以必须调教顺驯才能乘坐，是为了确保安全。谁能知道，士人出生入死、邀立名节，正是为了养护他们的生命？谁能知道，乐善好施反而是增加财富的道理？谁能知道谦恭辞让、循循多礼，是为了养护平安？谁能知道知书达礼、温文儒雅，是为了涵养性情？

人如果一意苟且求生，这样必定不能长生；如果一意苟且图利，这样必定会遭受其害；如果把懈怠和懒惰当作安逸，这样一定会招致危难；如果把恣情好胜当作快乐，这样一定会遭到毁灭。因此，圣人把性情统一于礼义之下，这样便能两全其美；如果把礼义统一于性情之下，那么两者都将齐失。所以儒家的学说可以使人得以两全其美，而墨家学说使人两者皆失。这是儒家与墨家的区别。

礼义是治理国家、辨别名分的最高准则；是使国家富强巩固的根本办法；是天子威行天下的唯一道途，是事业功名的整体表现。王公遵行礼义，所以能统一天下，臣服诸侯；如果不遵行，必会丢失社稷、国破家亡。所以，有坚实的铠甲、锋利的兵器不足以取胜；高峻的城墙、幽深的护城河不足以成为攻不破的防守；严酷的法令、繁多的刑罚不足以保持威严。遵循礼义办事，则事事成功；不遵循礼义办事，则事事皆废。楚人以鲛鱼革、犀牛皮、兕牛皮为衣甲，坚韧如同金石；用宛城制造的大铁矛，钻刺时锐利如蜂虿之尾；军队矫捷迅疾，士卒有如疾风骤雨般迅捷。然而最终仍兵败于垂涉，将军唐昧战死；庄蹻乘机起兵，楚国分而为四。这难道是楚国没有坚韧的铠甲和锋利的武器吗？不是的，是它的统治者不懂得礼义之道的缘故啊！楚国以汝水、颍水为险阻，以长江、汉水为沟池，以邓林与中原相阻隔，以方城山为边境，然而当秦军打来时，鄢郢就好像摇落枯叶般被轻易攻占。这难道是鄢郢没有坚固的要塞和艰险可守吗？是统驭的方法不对啊。殷纣王剖比干之心，囚禁箕子，制造了炮烙刑具，杀害无罪之人，当时的臣民慄然畏惧，生死不保。然而周的军队一到，纣的命令虽然下达，但下面却不执行，再也不能驱使他的百姓了。难道是他的命令不够严厉，刑罚不够残酷吗？不是的，是因为他的所作所为没有遵循礼法之道的缘故啊！

古代作战的兵器，不过是戈、矛和弓矢罢了。然而，尚未使用敌人就已经屈服了。不用修筑城墙，不用挖掘护城河，不用修建要塞，不用布置作战机动巧妙的器械，然而国家安定，不用担心外敌，坚固异常。没有其他原因，只不过是懂得礼义之道，对百姓分财能均，使民以时，并且诚信爱民，所以百姓听命就如同影子随形，如同响声相应。偶尔有不服从命令的，便以刑罚处治他，老百姓自然就知道错了。所以，一人受刑而天下皆服；犯罪的人不怨恨上级，因为他知道是自己咎由自取。所以刑罚虽然少且简单，但君王的威令却推行无阻。没有其他的其道则行，不由其道则废。古者帝尧之治天下也，盖杀一人刑二人而天下治。传曰"威厉而不试，刑措而不用"。

天地者，生之本也；先祖者，类之本也；君师者，治之本也。无天地恶生？无先祖恶出？无君师恶治？三者偏亡，则无安人。故礼，上事天，下事地，尊先祖而隆君师，是礼之三本也。

故王者天太祖，诸侯不敢怀，大夫士有常宗，所以辨贵贱。贵贱治，得之本也。郊畴乎天子，社至乎诸侯，函及士大夫，所以辨尊者事尊，卑者事卑，宜钜者钜，宜小者小。故有天下者事七世，有一国者事五世，有五乘之地者事三世，有三乘之地者事二世，有特牲而食者不得立宗庙，所以辨积厚者流泽广，积薄者流泽狭也。

大飨上玄尊，俎上腥鱼，先大羹，贵食饮之本也。大飨上玄尊而用薄酒，食先黍稷而饭稻粱，祭哜先大羹而饱庶羞，贵本而亲用也。贵本之谓文，亲用之谓理，两者合而成文，以归太一，是谓大隆。故尊之上玄尊也，俎之上腥鱼也，豆之先大羹，一也。利爵弗啐也，成事俎弗尝也，三侑之弗食也，大昏之未废齐也，大庙之未内尸也，始绝之未小敛，一也。大路之素帱也，郊之麻絻，丧服之先散麻，一也。三年哭之不反也，清庙之歌一倡而三叹，县一钟尚拊膈，朱弦而通越，一也。

原因，是遵循礼义之道的缘故。所以，遵行礼义之道，那么万事能成；不遵循此道，那么什么事也办不成。古时帝尧治理天下时，仅仅杀了一个鲧，流放了共工和欢兜，天下就大治了，正如古书所说的“威令虽然猛厉却不必行使，刑罚虽然设立了却不必使用”。

天地，是生命的根本；先祖，是种族的根本；君主和师长，是国家长治久安的根本。没有天地，怎么会有生命？没有先祖，哪来的我们？没有君主和师长，国家怎么治理？三者缺一，人民就不能安居乐业。所以，礼义对上奉侍天，对下奉侍地，尊祖而敬师，这是它的三个根本。

所以，帝王得以太祖配天而祭之，诸侯受命于王，不敢怀有配天的想法；大夫、士尊奉诸侯为自己的常宗，不敢祭先祖，以此来区别亲疏贵贱。亲疏贵贱有别，就得到礼的根本了。郊祭属于天子，社祭可以到诸侯一级，可延及到士大夫阶层，这是为了分辨出地位高的人侍侍尊贵的天帝，地位低的人侍奉低微的鬼神，应该大的就大，应该小的就小。所以，天子可以奉侍七世之祖，诸侯可以奉侍五世之祖，大夫可以奉侍三世之祖，士人可以侍奉二世之祖，庶人不得立宗庙祭祀。这样做的用意，是为了表现积德厚的恩泽流布广、德薄的流布狭的原则。

在太庙中举行合祭祖先的大礼时，特别重视酒樽中要盛满清水代酒，祭器中要装着生鱼，先上不加调味的肉汁，这是表示尊重祖先的原始饮食。举行祭祀祖先的大礼时，重视盛着清水的祭器的陈设，同时再进献些淡酒供祖先饮用。进献食物时先上黄米和谷子，而供奉祖先的则是米饭和精细的粮食。每月祭祀祖先时，先上没有调味的肉汁，再享用各种佳肴。这样做表示既尊崇祖宗的原始饮食，又表示那些精美食品是给祖先先享用的。贵本所用粗粮是礼仪的形式体现，亲用所献精粮美食是要合乎实际的生活。二者统一，而后形成礼仪制度，是归本于远古时代的简约质朴，这叫尽善尽美，是礼的最高境界。所以酒樽中以水代酒为上，礼器中以进献生鱼为上，高脚盘中以进献不加调味的肉汁为上，三者都是为了慎终追远、不忘根本。在祭物全部献上，祝官宣布大礼告成之前，代死人受祭的活人不可以饮食祭品，祭祀告成之后，代死人受祭的活人就不再尝俎器里的祭品了，三次劝食而不食，表示祭事完毕。婚礼时，尚未举行斋戒；在太庙祭祀时，代死人受祭的活人还未入庙；人刚去世还未举行小殓，这三者都是礼仪的开始，表示近古贵本，质朴而没有修饰。天子出行，乘的辂车用素净的车帷；天子冬天祭天时，要戴麻质的帽子；父母之丧，丧服的腰带要散垂着，这三者启示人要重视朴实无华。守三年之丧，恸哭失声而没有回环曲折的声调；演唱乐歌《清庙》时，一人领唱，只有三个人咏叹；奏乐时只悬挂一钟，崇尚中间填糠的皮制小鼓，弹奏带有红色的丝弦和底下两孔相通的琴瑟，三者都是表示音声要以平实质朴，崇尚本质。

凡礼始乎脱，成乎文，终乎税。故至备，情文俱尽；其次，情文代胜；其下，复情以归太一。天地以合，日月以明，四时以序，星辰以行，江河以流，万物以昌，好恶以节，喜怒以当。以为下则顺，以为上则明。

太史公曰：至矣哉！立隆以为极，而天下莫之能益损也。本末相顺，终始相应，至文有以辨，至察有以说。天下从之者治，不从者乱；从之者安，不从者危。小人不能则也。

礼之貌诚深矣，坚白同异之察，入焉而弱。其貌诚大矣，擅作典制褊陋之说，入焉而望。其貌诚高矣，暴慢恣雎，轻俗以为高之属，入焉而队。故绳诚陈，则不可欺以曲直；衡诚悬，则不可欺以轻重；规矩诚错，则不可欺以方员；君子审礼，则不可欺以诈伪。故绳者，直之至也；衡者，平之至也；规矩者，方员之至也；礼者，人道之极也。然而不法礼者不足礼，谓之无方之民；法礼足礼，谓之有方之士。礼之中，能思索，谓之能虑；能虑勿易，谓之能固。能虑能固，加好之焉，圣矣。天者，高之极也；地者，下之极也；日月者，明之极也；无穷者，广大之极也；圣人者，道之极也。

以财物为用，以贵贱为文，以多少为异，以隆杀为要。文貌繁，情欲省，礼之隆也；文貌省，情欲繁，礼之杀也；文貌情欲相为内外表里，并行而杂，礼之中流也。君子上致其隆，下尽其杀，而中处其中。步骤驰骋广骛不外，是以君子之性守宫庭也。人域是域，士君子大凡礼在最初时都是粗疏简略，以后便形成制度定下来，最后达到和悦人情世故的效果。所以，最完备的礼制，是人情与仪文形式都尽善尽美；其次是文胜于情或者情胜于文，二者相互交替；最次的是忽略礼仪形式，追寻人情的端由，以回归到远古时代质朴简约的形态。达到这种境界，能使天地合谐，日月清明，四时更迭有序，星辰运行正常，江河流动，万物昌盛，好恶有所节制，喜怒调节适宜。处在下位则和顺，处在上位则智慧贤明。

太史公说：已经尽善尽美了！如果建立完备的礼制作为人道的最高准则，那么天下就无人能随便增减它。礼义情文相符，首尾呼应，完备的仪文形式与最初的简约质朴相辅相成，完美的仪文形式足以区分长幼尊卑贵贱，细致入微的是非标准足以悦服人心。君子遵从礼制天下就能得到大治，相反就会招致动乱；遵从者得安定，不遵从者就会危亡。对于小人，礼制是不能约束他们的。

礼制的仪文形式实在深奥啊，“坚白”与“同异”理论的辨析，放入礼义中来细微比较，它们就会站不住脚。礼本身实在太博大了，那些擅自制作的典章制度，乃狭隘、浅陋的理论，与礼相比，就会自愧渺小，望尘莫及。礼的状貌实在是崇高啊，那些粗暴傲慢、自以为高大的人，进入到礼中就会自惭坠亡。所以说如果把墨线摆放在这里，就不能以曲直来欺骗了；如果把秤挂在这里，就不能以轻重来欺骗了；如果把规矩置放在这里，就不能以方圆来欺骗了；君子详察礼制，就不能以诡诈虚伪的东西来欺骗他了。因为，绳墨是直的标准，秤锤是轻重的标准，圆规和角尺是方圆的标准，礼则是人道的标准。因此，不遵守礼制，不重视礼制的人，被称为无道之人；守礼者才配以礼相待，被称为守礼之士。能得礼之中道，不偏不倚，又能事事思索，不违情理，叫做善于思考；善于思考而又不改变礼法，叫做信念坚定。善于思考又信念坚定，加上对礼的无比爱好，那就是圣人了。天是最高的地方，地是最低的地方，日月是最明亮的物体，无穷无尽是广大到了极点的意思，圣人则是礼义之道做到极点的人。

礼是以财物作为它的日用表现形式，以文彩作为区别贵贱的文饰，以数量多少作为区别上下等级的依据，以礼仪的丰简作为判定长幼尊卑贵贱的标准。仪节繁复、情欲平淡，这是礼仪隆重的表现；仪节减约、情欲繁多，这是礼仪减省的表现；仪文形式和人情互为表里，二者适中揉合，才是礼的正道。君子上能充分利用礼文的丰盛之美，下能充分体会礼文的简易之用，而中处处能符合正道之礼，缓急左右不失中和。所以说，君子的本性就是守中道，不偏激；能严格以礼义的范畴作为行动的规范，不管轻重缓急都守礼不离，因此君子守礼，就好像总是守着宫廷一样，不离不弃。能这样守护着礼的人，就是士君子；不能遵礼而行的，就是一般的平民百姓。处在礼的领域之中，既不像士君子那样拘泥，也不像也。外是，民也。于是中焉，房皇周浃，曲得其次序，圣人也。故厚者，礼之积也；大者，礼之广也；高者，礼之隆也；明者，礼之尽也。

平民百姓那样不守规矩，而是能深入全面地理解礼的规矩，随事曲直而变化，总是不失礼的次序，这样的人便是圣人。因此，圣人之所以德厚，就是学习礼仪长期积累的结果；圣人之所以伟大，是学习礼义广博的结果；圣人之所以道德高尚，是学习礼义修养深厚的结果；圣人之所以英明，是全面掌握了礼的结果。

乐书第二

太史公曰：余每读虞书，至于君臣相敕，维是几安，而股肱不良，万事堕坏，未尝不流涕也。成王作颂，推己惩艾，悲彼家难，可不谓战战恐惧，善守善终哉？君子不为约则修德，满则弃礼，佚能思初，安能惟始，沐浴膏泽而歌咏勤苦，非大德谁能如斯！传曰“治定功成，礼乐乃兴”。海内人道益深，其德益至，所乐者益异。满而不损则溢，盈而不持则倾。凡作乐者，所以节乐。君子以谦退为礼，以损减为乐，乐其如此也。以为州异国殊，情习不同，故博采风俗，协比声律，以补短移化，助流政教。天子躬于明堂临观，而万民咸荡涤邪秽，斟酌饱满，以饰厥性。故云雅颂之音理而民正，嘄噭之声兴而士奋，郑卫之曲动而心淫。及其调和谐合，鸟兽尽感，而况怀五常，含好恶，自然之势也！

治道亏缺而郑音兴起，封君世辟，名显邻州，争以相高。自仲尼不能与齐优遂容于鲁，虽退正乐以诱世，作五章以刺时，犹莫之化。陵迟以至六国，流沔沉佚，遂往不返，卒于丧身灭宗，并国于秦。

秦二世尤以为娱。丞相李斯进谏曰：“放弃诗书，极意声色，祖伊所以惧也；轻积细过，恣心长夜，纣所以亡也。”赵高曰：“五太史公说：“我每读《尚书·虞书》，读到有关君臣相互劝勉告诫，因而天下得到一些安宁，而股肱大臣行为不端，致使国家政权毁坏时，常常为之感慨落泪。周成王作《周颂》，责备自己的过失且引以为戒，为管叔、蔡叔的叛乱给国家带来的危难而悲伤，他难道不是个诚惶诚恐，小心谨慎，善于治国守成的君王吗?君子不会因为生活贫穷而去修养道德，不会因为生活富足就废弃礼仪。他们在闲逸时能记得当初的劳苦，在安定时能记得创始时的艰辛，在享受安乐的同时能够歌颂勤苦，赞美勤劳，不是有大德行的人有谁能够做到这样！古书上说“政治安定，大功告成，礼乐之事才会兴起”。天下人们的道德规范越是深入，人们道德修养的境界才会越高，人们追求的喜乐也就会更加不同。水满了而桶没有损坏自然就会外溢，器具满了而不扶持必然就会倾倒。凡是作乐的目的，就是要节制人们的欢乐。君子以谦逊退让为礼，以节制欢娱为乐，乐大约就是这样产生的。由于地域国情不同，人们性情习俗也有所差异，所以要博采各地风俗，与声律相协调，以补救彼此的缺陷，移易风化，辅助政教的推行。天子亲自到明堂观赏，万民也因为音乐的洗涤，清除掉各自邪恶污秽的积习，从中尽量吸收教益，使得精神饱满，让自己的情操得以修养。所以说《雅》、《颂》这样的音乐得到传诵，那么民风就会纯正，激烈呼号的音声响起，士卒们就会振奋；同样，如果像郑、卫那样的靡靡之音响起，就会使人心生邪念。当乐声和谐协调时，连鸟兽都会受到感染，更何况是怀有好恶之心与五常之性的人呢？这是自然的趋势啊！

因为治国之道有缺陷，从而使得郑国的音乐兴起；那些世袭和分封的诸侯与君王，在相邻的国家声名显赫，他们争相抬高郑音的地位。孔子不能与齐国赠送的女优一起容于鲁国，虽然他退出了鲁国政界，整理了正乐以诱导世人，作了《五章》的歌曲来讥刺时弊，但仍不能教化和改变这种风气。这样逐渐衰落到了战国时代，东方六国的统治者都沉湎于安逸颓废的生活之中，不能回归正道，最终灭族亡身，被秦国吞并。

秦二世更加喜欢爱好声乐。丞相李斯因此进谏说：“放弃《诗经》《尚书》所载道理，醉心于女色和音乐，这是让殷代贤臣祖伊忧惧的事；不重视细小过失的积累，纵情于通宵宴饮，这是商纣灭亡的原因。”赵高却说：“五帝、三王的帝、三王乐各殊名，示不相袭。上自朝廷，下至人民，得以接欢喜，合殷勤，非此和说不通，解泽不流，亦各一世之化，度时之乐，何必华山之騄耳而后行远乎？”二世然之。

高祖过沛诗三侯之章，令小儿歌之。高祖崩，令沛得以四时歌舞宗庙。孝惠、孝文、孝景无所增更，于乐府习常肄旧而已。

至今上即位，作十九章，令侍中李延年次序其声，拜为协律都尉。通一经之士不能独知其辞，皆集会五经家，相与共讲习读之，乃能通知其意，多尔雅之文。

汉家常以正月上辛祠太一甘泉，以昏时夜祠，到明而终。常有流星经于祠坛上。使僮男僮女七十人俱歌。春歌青阳，夏歌朱明，秋歌西皞，冬歌玄冥。世多有，故不论。

又尝得神马渥洼水中，复次以为太一之歌。歌曲曰：“太一贡兮天马下，沾赤汗兮沫流赭。骋容与兮跇万里，今安匹兮龙为友。”后伐大宛得千里马，马名蒲梢，次作以为歌。歌诗曰：“天马来兮从西极，经万里兮归有德。承灵威兮降外国，涉流沙兮四夷服。”中尉汲黯进曰：“凡王者作乐，上以承祖宗，下以化兆民。今陛下得马，诗以为歌，协于宗庙，先帝百姓岂能知其音邪？”上默然不说。丞相公孙弘曰：“黯诽谤圣制，当族。”

凡音之起，由人心生也。人心之动，物使之然也。感于物而动，故形于声；声相应，故生变；变成方，谓之音；比音而乐之，及干戚羽旄，谓之乐也。乐者，音之所由生也，其本在人心感于物也。是故其哀心感者，其声噍以杀；其乐心感者，其声啴以缓；其喜心感者，其声发以散；其怒心感者，其声粗以厉；其敬心感者，其声直以廉；

乐曲各有不同，表明彼此互不沿袭。而上自朝廷，下至人民，欢乐之情都能以此来交流，融洽彼此情意。非音乐上下和顺，欢悦不能相通，布施的恩泽不能传播，这也是一个时代有一个时代的教化，各有其适合时代要求的音乐，难道一定要有华山的骏马騄耳，然后才能远行吗？”秦二世赞同赵高的说法。

汉高祖平定淮南王黥布的叛乱后，回兵路过沛县时作了《大风歌》这首诗歌，让儿童们歌唱。汉高祖去世后，命沛县乐工四季在他的宗庙里歌唱舞蹈。孝惠帝、孝文帝、孝景帝时都没有改变，只是让乐工们经常在乐府里学习这些旧的乐章而已。

到当今皇上即位后，作了《郊祀歌》十九章，命侍中李延年依次配曲，并任命他为协律都尉。当时通晓一经的儒士们不能单独解释歌词的含意，直到把通晓“五经”的专家都集合起来，共同研读、讲习，才完全明白了歌词的含义，因为歌词中使用了许多古雅纯正的文字。

汉代朝廷常常于正月的第一个辛日，在甘泉宫祭祀泰一神，从黄昏时开始夜祀，一直到天亮才结束。当时，常常有流星从祭坛上方划空而过。祭祀时派七十个童男童女一起歌唱。春季唱《青阳》，夏季唱《朱明》，秋天唱《西暤》，冬天唱《玄冥》。这些歌词在社会上很流行，所以这里就不多说了。

另外，曾经在渥洼水中得到一匹神马，于是又编了一曲《泰一之歌》。歌曲说：“天马下凡，是泰一恩赐啊；流着赤汗啊吐着赭色唾沫。从容驰骋哟，已过万里；谁能和它匹敌哟，唯有龙能与它齐头奔走。”在后来征伐大宛时又得到了千里马，马名“蒲梢”，又为此编了首歌。歌词是：“天马来了哟，来自遥远的西边；经过了万里之路哟，归属于有德之人。依赖着神灵的威严哟，收降了域外之国；跨过流沙大漠哟，四夷臣服。”中尉汲黯进谏说：“大凡帝王制作乐歌，上是为了承继祖宗之德，下是用来教化亿万百姓。如今陛下得到一匹马，便作了诗来歌唱，还把它作为祭祖的郊祀歌，先帝和百姓又怎么能知道这音乐的意义？”皇上听后沉默了，很不高兴。丞相公孙弘说：“汲黯诽谤圣朝制度，罪当灭族。”

大凡“音”的起始，是由人心产生的。而人心的变动，又是由物引起的。人心由于受到外界事物的影响，所以表现为声音；声与声相应和，所以会发生变化；变化按照一定的方法、规律进行，就叫做音；将不同的音加以编排组合进行演奏，舞蹈再配上羽、干、旄、戚等道具，就叫做音乐了。所以说，乐是由音组合产生的，而其根本是因人心有感于物而造成的变动。因此，被物所感而产生哀痛的心情时，其声由高而低、由强而弱而且急促；当快乐的情绪被外物激发时，发出的声音就宽舒而和缓；当心生喜悦时，其声发扬而且轻散；当心生愤怒时，其声粗猛严厉；当崇敬的情绪被激发时，就会发出刚直而有棱角的声音；当心生爱意时，其爱心感者，其声和以柔。六者非性也，感于物而后动，是故先王慎所以感之。故礼以导其志，乐以和其声，政以壹其行，刑以防其奸。礼乐刑政，其极一也，所以同民心而出治道也。

凡音者，生人心者也。情动于中，故形于声，声成文谓之音。是故治世之音安以乐，其正和；乱世之音怨以怒，其正乖；亡国之音哀以思，其民困。声音之道，与正通矣。宫为君，商为臣，角为民，徵为事，羽为物。五者不乱，则无惉懘之音矣。宫乱则荒，其君骄；商乱则搥，其臣坏；角乱则忧，其民怨；徵乱则哀，其事勤；羽乱则危，其财匮。五者皆乱，迭相陵，谓之慢。如此则国之灭亡无日矣。郑卫之音，乱世之音也，比于慢矣。桑间濮上之音，亡国之音也，其政散，其民流，诬上行私而不可止。

凡音者，生于人心者也；乐者，通于伦理者也。是故知声而不知音者，禽兽是也；知音而不知乐者，众庶是也。唯君子为能知乐。是故审声以知音，审音以知乐，审乐以知政，而治道备矣。是故不知声者不可与言音，不知音者不可与言乐。知乐则几于礼矣。礼乐皆得，谓之有德。德者得也。是故乐之隆，非极音也；食飨之礼，非极味也。清庙之瑟，朱弦而疏越，一倡而三叹，有遗音者矣。大飨之礼，尚玄酒而俎腥鱼，大羹不和，有遗味者矣。是故先王之制礼乐也，非以极口腹耳目之欲也，将以教民平好恶而反人道之正也。

人生而静，天之性也；感于物而动，性之颂也。物至知知，然后好恶形焉。好恶无节于内，知诱于外，不能反己，天理灭矣。夫物之感人无穷，而人之好恶无节，则是物至而人化物也。人化物也者，灭天理而穷人欲者也。于是有悖逆诈伪之心，有淫佚作乱就会发出动听而柔和的声音。这六种情感并不是人具有的天性，而是人心因感于外物而发生的变化。所以，先王对外物的影响格外慎重。因此用礼义来诱导人们的意志，用音乐来调和人们的声音，用政令来统一人们的行动，用刑罚来防止奸邪的产生。礼乐刑政，它们最终的目的是相同的，都是为了统一民心而使天下得以大治。

只要是音，都是在人心中生成的。感情在心里激荡，表现为声；把片片段段的声组合变化为有一定结构的整体，便成了音。所以世道太平时的音中充满欢乐与安适，其政治必平和；乱世时候的音里充满了怨恨与愤怒，其政治必是倒行逆施的；走向灭亡的国家，其音乐悲哀而忧伤，表明人民困苦无望。声音的道理，是与政治相通的。五声中的宫好比是君，商好比是臣，角好比是民，徵好比是事，羽好比为物。如果这五音不乱，就不会有这些不和谐的音调了。五声废弃则因宫声乱，其国君必骄纵废政；臣下腐败，商音混乱就会流于邪僻；百姓多怨愤，角声乱五音谱成的乐曲基调忧愁；国多事，徵音乱则曲多哀伤；财物匮乏，羽音混乱就会流于倾危。五声如果全部不准确，相互冲突侵凌，便称为轻慢。这样的国家离灭亡也就不远了。郑国和卫国的音乐，是乱世之音，已经接近于轻忽怠慢。桑间、濮上的音声，就是亡国之音，其国政松散，人民逃亡流徙，臣子欺君犯上，各种徇私舞弊的情况，已经到了无法遏止的地步。

凡是音，都是在人心中产生的；乐，是与伦理相通的。所以懂得声而不懂得音的，那是禽兽；只知音而不知乐的，那是普通百姓。只有君子才懂得乐。所以可通过详细审察声来了解音，审察音进而懂得乐，审察乐进而懂得政治。这样，就能完全掌握治国之道了。因此，对不懂得声的人不能与他谈论音，对不懂得音的人不足以与他谈论乐。懂得乐的人就近于明礼了。礼和乐都懂的人，可以算是有德之人了。德，顾名思义，就是对礼和乐都有所心得。所以说大乐的隆盛，并不在于极尽音声的悦耳；宴享礼的隆盛，不在于佳肴的丰盛。周庙太乐中所用的瑟，只用朱红色的丝弦，二个通气孔在下，毫不起眼；演奏时一人唱三人和，形式单调简单，然而在乐声之外却寓意无穷，保留着先祖的“遗音”。宗庙大祭之礼，献上的是代替酒的清水、装在盘中的生鱼，以及不加调料的肉汁，这样，便保留了先祖的“遗味”。所以说先王制定礼乐的目的，并不是为了满足口腹耳目的嗜欲，而是要以此训诫百姓，使其有正确的好恶之心，恢复到正确的做人之道上来。

人出生时是好静的，这是人的天性；因感知外物而情感发生变动，这是天性的外部表现。用心智去感知所遇到的外界事物，于是便形成了好恶之情。好恶之情在内心得不到节制，心智便被外物所诱惑，不能恢复最初平静的天性，天性随之就会灭绝了。外物给人的感受无穷无尽，而人的好恶之情没有节制，人就会被身边的事物同化。人被外物所同化，就是指人的天性灭绝而欲望却得到放纵和极之事。是故强者胁弱，众者暴寡，知者诈愚，勇者苦怯，疾病不养，老幼孤寡不得其所，此大乱之道也。是故先王制礼乐，人为之节：衰麻哭泣，所以节丧纪也；钟鼓干戚，所以和安乐也；婚姻冠笄，所以别男女也；射乡食飨，所以正交接也。礼节民心，乐和民声，政以行之，刑以防之。礼乐刑政四达而不悖，则王道备矣。

乐者为同，礼者为异。同则相亲，异则相敬。乐胜则流，礼胜则离。合情饰貌者，礼乐之事也。礼义立，则贵贱等矣；乐文同，则上下和矣；好恶着，则贤不肖别矣；刑禁暴，爵举贤，则政均矣。仁以爱之，义以正之，如此则民治行矣。

乐由中出，礼自外作。乐由中出，故静；礼自外作，故文。大乐必易，大礼必简。乐至则无怨，礼至则不争。揖让而治天下者，礼乐之谓也。暴民不作，诸侯宾服，兵革不试，五刑不用，百姓无患，天子不怒，如此则乐达矣。合父子之亲，明长幼之序，以敬四海之内。天子如此，则礼行矣。

大乐与天地同和，大礼与天地同节。和，故百物不失；节，故祀天祭地。明则有礼乐，幽则有鬼神，如此则四海之内合敬同爱矣。礼者，殊事合敬者也；乐者，异文合爱者也。礼乐之情同，故明王以相沿也。故事与时并，名与功偕。故钟鼓管磬羽钥干戚，乐之器也；诎信俯仰级兆舒疾，乐之文也。簠簋俎豆制度文章，礼之器也；升降上下周旋裼袭，礼之文也。故知礼乐之情者能作，识礼乐之文者能术。作者之谓圣，术者之谓明。明圣者，术作之谓也。

大的满足。于是人才有了狂悖、逆乱、欺诈、作假的念头，有了荒淫、佚乐、犯上作乱的事。因此强大的胁迫弱小的，人多的欺侮人少的，聪明的欺骗愚笨的，勇悍的折磨怯懦的，有疾病的人得不到奉养，老人、幼童、孤儿、寡母得不到安乐，这些是导致天下大乱的因素。所以先王要制定礼乐，使人对自己的欲望有所节制：披麻戴孝，为逝者哭泣等礼仪制度，是为了节制丧葬；钟鼓干戚等乐制，是为了调节人们欢乐的情绪；婚姻和冠笄制度，是为了使男女有别；射乡、食飨等宴饮礼节，是为了端正社会交往的风气。民心用礼节制，民气用乐调和，以政治来推行，用刑罚来防范。礼、乐、刑、政四者都能畅通而行却不相悖，那么先王的治国之道也就完备了。

沟通情感是乐的特性，区分等级差别是礼的特征。感情亲近会使人们互相亲爱，等级分明则会使人互相尊敬。过分偏重乐就会使人放纵，过分偏重礼就会使人疏远。和睦人之间的情感，整饬人们的行为，这便是礼和乐的功用。礼的精义得以实现，就会使贵贱有等级区分；乐调文采协同了，上下就会和睦；好恶有了分明的标准，好人与坏人就能区分清楚；用刑罚禁止强暴，以爵赏推举贤能，就会政事均平。以仁义爱人，通过义心纠正他们的过失，这样天下便可大治了。

乐是自人心中产生的，礼却是外加于人的。正因为乐自心出，所以它的特征之一是静；礼是外在行为的表现，所以其表现形式较为多彩。高尚的音乐必定平易近人，隆重的礼仪必定简约不繁。如果把乐做到了极致，人心必定无怨；把礼做到了极致，则人无所争。靠互相谦让的文德就能治理好天下，说的就是礼乐的功用。如果强暴之民不作乱，诸侯对天子恭敬臣服，甲兵不起，刑罚不用，百姓忧患亦无，天子没有怨怒，这就说明乐的功效得到发挥了。使父子亲睦，使长幼次序分明，使四海之内互相敬重，如果天子能做到这些，那么礼的功效就完全显露出来了。

伟大的音乐与天地同样能和谐万物，隆盛的礼义与天地同样能节制万物。和谐，才能使万物生长不失本性；节制，祭祀天地才有不同的仪式。人世间有进行教化的礼乐，而幽冥中则有护佑的鬼神，如果这样，天下的人们就能相互敬重、互相友爱了。礼，是要在各种场合下都做到相互尊敬；乐，则是不论采用何种形式，体现的是同样的爱心。礼和乐的作用是相同的，都是为了助成教化，所以圣明的君王都沿用礼乐。所以，礼乐之事要与时代相符，命名的礼乐要与社会功德相符。所以，钟、鼓、管、磬、羽、钥、干、戚，只是表演乐所用的器具；屈伸俯仰、或聚或散、或慢或快的各种舞姿，只是乐的形式。而簠、簋、俎、豆和各种礼仪制度，只是行礼的制度与规范；升降、上下、周旋、袒露或放下衣袖，是行礼的外在形式。所以懂得礼乐本质的人才能制作礼乐，懂得礼乐形式的人才能传授礼乐。能制定礼乐的人称为圣人，能记述和修习先王所作礼乐的人称为贤明乐者，天地之和也；礼者，天地之序也。和，故百物皆化；序，故群物皆别。乐由天作，礼以地制。过制则乱，过作则暴。明于天地，然后能兴礼乐也。论伦无患，乐之情也；欣喜欢爱，乐之官也。中正无邪，礼之质也；庄敬恭顺，礼之制也。若夫礼乐之施于金石，越于声音，用于宗庙社稷，事于山川鬼神，则此所以与民同也。

王者功成作乐，治定制礼。其功大者其乐备，其治辨者其礼具。干戚之舞，非备乐也；亨孰而祀，非达礼也。五帝殊时，不相沿乐；三王异世，不相袭礼。乐极则忧，礼粗则偏矣。及夫敦乐而无忧，礼备而不偏者，其唯大圣乎？天高地下，万物散殊，而礼制行也；流而不息，合同而化，而乐兴也。春作夏长，仁也；秋敛冬藏，义也。仁近于乐，义近于礼。乐者敦和，率神而从天；礼者辨宜，居鬼而从地。故圣人作乐以应天，作礼以配地。礼乐明备，天地官矣。

天尊地卑，君臣定矣。高卑已陈，贵贱位矣。动静有常，小大殊矣。方以类聚，物以群分，则性命不同矣。在天成象，在地成形，如此则礼者天地之别也。地气上隮，天气下降，阴阳相摩，天地相荡，鼓之以雷霆，奋之以风雨，动之以四时，暖之以日月，而百化兴焉，如此则乐者天地之和也。

化不时则不生，男女无别则乱登，此天地之情也。及夫礼乐之极乎天而蟠乎地，行乎阴阳而通乎鬼神，穷高极远而测深厚，乐着太始而礼居成物。着不息者天也，着不动者地也。一动一静者，天地之间之人。所谓贤明与圣哲，就是能述能作的意思。

乐，是因天地和谐而产生的；礼，是因天地的秩序而产生的。因为和谐，所以万物能化育生长；因为有序，所以万物都有了区别。乐是取法天万物平等的道理而制作的，礼是按照地有高下之分的道理而制定的。制礼失序，就会使尊卑上下混乱；过分作乐，就会导致放纵和暴乱。明白了天地的这些性质，才能制礼作乐。合乎伦理而有利于礼义，是乐的精神；使万物和乐欢欣，这是乐的功用。而使人中正无邪，是礼的实质；庄严，恭敬而又顺从，则是礼的形制。至于礼乐通过钟磬等来表现，借助声音来传播，在祭祀宗庙社稷和山川鬼神时使用，这从天子到众民都是一样的。

帝王在功业成就之后会制作乐，在国家安定后就会制定礼。功业成就大的，所制乐就更加完备；德政广的所作礼制也就会更具体。手持盾、斧的歌舞，不能算是完美的音乐；用煮熟的食物来祭祀，不能算是周全的礼仪。五帝在位时代不同，所作乐并未相互沿袭；三王不同世，所制礼也各自有别，互不相同。音乐太过泛滥，就容易产生忧患；礼仪太过粗疏，就会导致事情出现偏失。至于使乐敦厚且没有忧患，礼完备又没有纰漏的，难道不是只有大圣人才能如此吗？天高处在上，地低处在下，万物散布，互不相同，礼制因此得以制定并推行；万物流动，变化不息，相互融合而化为一体，乐于是因此而兴起。春生夏长，化育万物，这就是仁；秋收冬藏，敛藏决断，这就是义。仁德和乐的功效差不多，义道和礼的作用又类似。乐使人际关系敦厚和睦，尊神而服从于天；礼能分别贵贱，敬鬼而服从于地。所以圣人作乐来与天相应，制礼来与地相应。礼乐详细明了而完备了，天地也就各司其职了。

天尊贵，地卑贱，君臣就好像天地，这就确定了其地位高下。高和卑已显现了，贵与贱的名分也就能确定了。或动或静，各有常规；或大或小，各有区别。万物以同类的相聚，以不同类的分离，那么事物的天性、特点各不相同就可看出了。天下万物，在天上的显现光亮，在地上的形成形体，这样礼就成了天地间万物的界限和区别。地气上升，天气下降，阴阳互相摩擦，天地因此相互激荡，用雷霆鼓动生机，用风雨加快萌生，万物于是奋迅而出，并随四时而变动，日月的光泽再施以温暖，这样万物便化育生长起来。照这样说，乐就是天地万物间的和谐与协调。

化育时机不对，那么万物就不能产生；男女没有分别，祸乱就会产生，这是天地的自然情理和意志。至于礼乐，上达于天而下委于地，与阴阳并行，同鬼神相通，其影响像天空一样极高极远，如山川一样深厚，礼乐都能穷尽其情。万物始生的太始时期产生了乐，万物形成以后礼则产生。天是生而不停息者，地是生而不动者；动静相辅，是天地间的万物。礼乐便与这天地一样，所也。故圣人曰“礼云乐云”。

昔者舜作五弦之琴，以歌南风；夔始作乐，以赏诸侯。故天子之为乐也，以赏诸侯之有德者也。德盛而教尊，五谷时孰，然后赏之以乐。故其治民劳者，其舞行级远；其治民佚者，其舞行级短。故观其舞而知其德，闻其谥而知其行。大章，章之也；咸池，备也；韶，继也；夏，大也；殷周之乐尽也。

天地之道，寒暑不时则疾，风雨不节则饥。教者，民之寒暑也，教不时则伤世。事者，民之风雨也，事不节则无功。然则先王之为乐也，以法治也，善则行象德矣。夫豢豕为酒，非以为祸也；而狱讼益烦，则酒之流生祸也。是故先王因为酒礼，一献之礼，宾主百拜，终日饮酒而不得醉焉，此先王之所以备酒祸也。故酒食者，所以合欢也。

乐者，所以象德也；礼者，所以闭淫也。是故先王有大事，必有礼以哀之；有大福，必有礼以乐之：哀乐之分，皆以礼终。

乐也者，施也；礼也者，报也。乐，乐其所自生；而礼，反其所自始。乐章德，礼报情反始也。所谓大路者，天子之舆也；龙旗九旒，天子之旌也；青黑缘者，天子之葆龟也；从之以牛羊之群，则所以赠诸侯也。

乐也者，情之不可变者也；礼也者，理之不可易者也。乐统同，礼别异，礼乐之说贯乎人情矣。穷本知变，乐之情也；著诚去伪，礼之经也。礼乐顺天地之诚，达神明之德，降兴上下之神，而凝是精粗之体，领父子君臣之节。

是故大人举礼乐，则天地将为昭焉。天地欣合，阴阳相得，煦妪覆育万物，然后草木茂，区萌达，羽翮奋，角觡生，蛰虫昭稣，羽者以圣人道："礼是多么深奥啊！乐是多么深奥啊！"

过去舜制作了五弦琴，弹着琴唱着《南风》的诗歌。于是他的乐官夔开始以作乐来赏赐诸侯。所以，天子作乐，是为了给予那些有德行的诸侯以赏赐。德行高尚而且教令威严，五谷依时而熟，这样的诸侯便可用音乐赏赐他。因此，使民劳苦的诸侯，乐队赏给的人数就少，舞者间的距离就远；使民安逸的诸侯，赏给的乐队的人数就多，舞者间的距离就近。所以，通过观察国君的乐舞，就可以知道他的德行如何，如同听到他的谥号就能知道他生前行为的善恶一样。《大章》，意思是表彰尧德行圣明；《咸池》，是说黄帝德政咸备，无有不及；《韶》，表示尧的功德舜能绍继；夏就是大，所以《夏》乐表示尧舜的功德禹能光大；殷乐《大濩》、周乐《大武》，也都是分别各自尽述其人事的。

天地的自然规律，寒暑不按时而至，便会产生疾病；风雨失去调节，就会产生饥荒。乐之教化，就同如百姓的寒暑一般，如不合时宜就会对世道有伤害。礼义的实施，对于人民来说就像风雨一样，如果没有节制就会没有功效。这样看来，先王作乐，是把乐作为用来治化的法则。好的乐舞，其行长短犹如治化之德的大小。就好像养猪酿酒，本来不是用来招惹祸患的，但为此打官司的却日益增多，这就是因为饮酒没有节制造成的。所以，先王就制定了饮酒的礼节制度，有献有酬，宾主百次互拜才敬酒一次，所以饮酒终日也不会醉倒，这是先王为防备饮酒造成祸端的办法。所以宴饮酒食，只是为了表示结交同乐而已。

乐，是德行的象征；礼，是防止行为过分放纵。所以先王遇有死丧大事，必有相应的礼来表示哀痛之情；遇有祈福喜庆祭祀等大事，必有相应的礼以遂顺其欢乐的心情。哀痛、欢乐的程度，都以礼的规定为准。

施予，是乐的性质；报答，是礼的性质。乐，是对自己心中所生欢乐的情感的表示；礼，是对施恩者的回报的表达。乐，可以彰显功德；礼，是报答恩情，并追思其原。被称为大路的，是天子乘坐的车；骄龙图绘、饰有九旒的旗子，是天子的旗帜；须髯青黑，用于占卜的宝龟，是天子之龟；还附有成群的牛羊，这些都是天子回报给来朝见的诸侯的礼品。

乐，表达的是人永恒不变的情感；礼，表现的是世事中不可移易的道理。乐表现的是人情中的共性部分，礼则是要区别人们之间的差异，礼和乐的道理是贯通于人情之中的。深得根本之源，且又能随时而变，是乐的内容特征；除去虚伪，提倡真诚，是礼的原则。礼乐表达天地的诚实之情，通达神明的恩德，感召天上地下的神祇，进而形成礼乐内在的精髓和外在的形式，统领父子君臣之间的大节。

所以，在上位的贤君明臣若能按礼乐行事，天地将为此而变得光明。天地之气欣然和合，阴阳相从不悖，温暖慈爱地生养抚育万物，于是草木茂盛，种子萌发，飞鸟奋飞，走兽生长，蛰虫复苏，禽卵孵化，兽畜孕育；胎生的不会流产，妪伏，毛者孕鬻，胎生者不卖而卵生者不血，则乐之道归焉耳。

乐者，非谓黄锺大吕弦歌干扬也，乐之末节也，故童者舞之；布筵席，陈樽俎，列笾豆，以升降为礼者，礼之末节也，故有司掌之。乐师辩乎声诗，故北面而弦；宗祝辩乎宗庙之礼，故后尸；商祝辩乎丧礼，故后主人。是故德成而上，蓺成而下；行成而先，事成而后。是故先王有上有下，有先有后，然后可以有制于天下也。

乐者，圣人之所乐也，而可以善民心。其感人深，其风移俗易，故先王著其教焉。

夫人有血气心知之性，而无哀乐喜怒之常，应感起物而动，然后心术形焉。是故志微焦衰之音作，而民思忧；啴缓慢易繁文简节之音作，而民康乐；粗厉猛起奋末广贲之音作，而民刚毅；廉直经正庄诚之音作，而民肃敬；宽裕肉好顺成和动之音作，而民慈爱；流辟邪散狄成涤滥之音作，而民淫乱。

是故先王本之情性，稽之度数，制之礼义，合生气之和，道五常之行，使之阳而不散，阴而不密，刚气不怒，柔气不慑，四畅交于中而发作于外，皆安其位而不相夺也。然后立之学等，广其节奏，省其文采，以绳德厚也。类小大之称，比终始之序，以象事行，使亲疏贵贱长幼男女之理皆形见于乐：故曰“乐观其深矣”。

土敝则草木不长，水烦则鱼鳖不大，气衰则生物不育，世乱则礼废而乐淫。是故其声哀而不庄，乐而不安，慢易以犯节，流湎以忘本。广则容奸，狭则思欲，感涤荡之气而灭平和之德，是以君子贱之也。

凡奸声感人而逆气应之，逆气成象而淫乐兴焉。正声感人而顺气卵生的不会夭亡，这一切都要归功于乐啊！

乐，不是指黄钟大吕和弦歌舞蹈，这只是乐的末节，所以只命童子奏舞也就足够了；筵席摆设，酒樽俎几陈列，笾豆等礼器排好，进退拜揖，这些所谓的礼，也只是礼的末节，命典礼的职役掌管也就够了。乐师虽熟习声诗，但也仅知乐之技艺末节，所以只能处卑位演奏；宗祝只懂得宗庙祭祀的仪式，所以也只能处卑位，跟在神主“尸”的身后；商祝熟习丧礼，但非发丧之主，所以也只能跟在主人后面。所以掌握了礼乐本质的人处在上位，掌握礼乐技艺末节的人只能跟后面；品德高尚的人在前，通晓事务的人在后。因此，先王确立了上下先后的分别，然后才制礼作乐，颁行于天下。

乐，是圣人所喜欢的，它可以使民心向善。乐感人至深，可以移风易俗，所以先王明令以乐作为教育的内容之一。

人都有情感和理智的本性，却没有固定不变的喜怒哀乐等感情，人心受外物的感应而产生波动，然后便有了心术的邪正之分。所以意境微渺而节奏急促的音乐一起，人民就会感到忧虑；疏缓大度而富有文采、简易而有节制的音乐一奏，治下的百姓便觉得安乐；粗犷猛烈、奋发昂扬的音乐一奏，人民就会变得刚强坚毅；廉正不阿、庄重诚挚的音乐一奏，人民就会整肃端正，互相礼敬；宽裕圆润、谐和活泼的音乐一奏，人民就会慈爱亲睦；邪僻散漫、急促浮滥的音乐一奏，人民就会变得淫乱。

因此先王根据人的性情制作了乐，并以日月行度来考察乐律的长度，节制礼义制度，使与调和的阴阳二气相符合，引导五行的运行，使具阳刚之气的人不至于散漫，具阴柔性质的人不至于拘束；使刚强的人不暴怒，柔弱的人却不怯懦，使阴阳刚柔四种气质表现于行动之外而交融于心，各自相安不相凌夺。然后根据各人才质的差异分别学习音乐，逐步增加乐曲节奏方面的训练，研究乐舞的形式，从而衡量他们的仁德和忠厚。规范乐器的小大，使它们的声音高低与音律相称，次序与五音终始相合，并以此作为行事善恶的象征，使亲疏贵贱、长幼男女的关系都能体现在乐声之中。所以古语说：“观乐可以体察深刻的意义。”

土壤瘠薄，那么草木就不能生长；水流湍急，那么鱼鳖就难以长大；阴阳之气衰微，那么万物就不能生长发育；社会混乱，那么礼义就会废弃，而音乐就会放荡。所以，这时的乐声便会悲哀而不庄重，逸乐而不安宁，漫涣不敬而且失去了节奏，流连沉湎而忘了乐的本质。缓慢的声调包容着奸伪，急促的声调挑动人的欲念，让人感受邪逆之气而灭失了平和的德行，因此君子鄙视这样的乐声。

凡是淫邪的音乐打动人，那么逆乱之气就会相应而生；逆乱之气形成了气候，那么淫声邪乐就会兴起。纯正的音调感染人时，与之相应的和顺正气就会产生；顺应之，顺气成象而和乐兴焉。倡和有应，回邪曲直各归其分，而万物之理以类相动也。

是故君子反情以和其志，比类以成其行。奸声乱色不留聪明，淫乐废礼不接于心术，惰慢邪辟之气不设于身体，使耳目鼻口心知百体皆由顺正，以行其义。然后发以声音，文以琴瑟，动以干戚，饰以羽旄，从以箫管，奋至德之光，动四气之和，以著万物之理。是故清明象天，广大象地，终始象四时，周旋象风雨；五色成文而不乱，八风从律而不奸，百度得数而有常；小大相成，终始相生，倡和清浊，代相为经。故乐行而伦清，耳目聪明，血气和平，移风易俗，天下皆宁。故曰“乐者，乐也”。君子乐得其道，小人乐得其欲。以道制欲，则乐而不乱；以欲忘道，则惑而不乐。是故君子反情以和其志，广乐以成其教，乐行而民乡方，可以观德矣。

德者，性之端也；乐者，德之华也；金石丝竹，乐之器也。诗，言其志也；歌，咏其声也；舞，动其容也：三者本乎心，然后乐气从之。是故情深而文明，气盛而化神，和顺积中而英华发外，唯乐不可以为伪。

乐者，心之动也；声者，乐之象也；文采节奏，声之饰也。君子动其本，乐其象，然后治其饰。是故先鼓以警戒，三步以见方，再始以着往，复乱以饰归，奋疾而不拔，极幽而不隐。独乐其志，不厌其道；备举其道，不私其欲。是以情见而义立，乐终而德尊；君子以好气形成了风气，又会促使和顺的乐声产生。这两种声音相互唱和呼应，才能使正邪曲直各得其所，而世间万物的道理也与这一样，是同类互相感应的。

所以身居上位的君子约束情性来和顺心志，比较善恶来成就自己的美善德行。奸邪淫乱的声色不使它们留存于耳朵和眼睛，放纵的音乐和衰败的礼制不使它们与心灵接触，怠惰、轻慢、邪辟的习气不使它们沾于身体，从而使耳、目、口、鼻、心智等身体的所有部分都依从“顺”和“正”，实现礼乐的真正意义。然后用声音来表达，用琴瑟来演奏，用干、戚来舞蹈，用羽旄来装饰，用箫管来伴奏，发扬天地至极恩德的光耀，以推动四时阴阳和顺之气，显明万物生发的道理。所以用清澈明朗的乐曲来表现天的晴朗，用宏大的乐曲来表现地的宽广；五音终始相接，如四时一样循环不止；舞姿婆娑，进退往复如风雨一般地周旋；乐器的五色错综成文却不杂乱，八音随乐律而变却不相互干扰，各种节奏得百刻之数，或长或短没有差失；声律的大小相辅相成，终与始循环相生，此唱彼和，清浊交错，循环更替，形成一定的规律。所以乐得以施行，就能使人伦理分明，不互相混淆；目明耳聪，不为恶声恶色所乱；血气平和，强暴止息；风俗移易，归于淳朴，天下皆得以乐享安宁。所以说“音乐就是让人快乐”。身居上位的君子为从乐中得到天下正道而欢乐，士庶人等为在乐中自己的私欲得到了满足而欢乐。如能用道德来克制欲望，就不至于迷乱且快乐；若因私欲而遗忘了道德，就会因真性惑乱而得不到真正的快乐。因此君子约束情性来使心志和顺，推广乐治来促成其教化。音乐得以推广，民心就可归于正道，其德化的成效就可以通过音乐而得以彰显了。

德，是人性的根本；乐，是道德外在的表现；金石丝竹，是音乐演奏的器具。诗，表达的是人的思想情感；歌，是用咏唱的声音来表达这种情感；舞蹈，是用肢体和表情来表现这种情感。志、声、容三者都发自人的内心，然后用诗、歌、舞表现出来。所以如果情感深厚，那么其艺术表现形式诗、乐、舞就会精彩而清明；如果能气势威盛，那么其外在表现形式就会变得出神入化；善美化成的和顺之气积于心中，那么发于身外的神采之美自然就表现出来了，只有音乐是不可能做假骗人的。

乐，是内心活动的外在表现；声，是乐的外部表现形式；结构的编排、节奏的变化，是对声音的加工与修饰。君子内心的本性被感动，于是通过演奏曲来表现这种感动，然后再通过舞蹈编排等来对乐声加以修饰，这就是乐。所以《武乐》开始时先击鼓让士兵警戒，先向前走三步表示表演即将开始，要有两次重复的开始，以此表明武王是第二次才正式出兵伐纣的。乐曲结束时要重整行列，表示伐纣后整军而归，动作迅疾而不凌乱，曲调精细幽深而不隐晦。可见乐表达了作者内心的意志，却又没有违背天地之道；既能全面推行天地正道，又没有放纵自己的私欲。因而通过乐既表达了情感，又使道义得到了确立；乐舞演奏完毕，而德义得到了尊显；君子观后因此更加好善，士庶人观后因此改过迁善。所以善，小人以息过：故曰“生民之道，乐为大焉”。

君子曰：礼乐不可以斯须去身。致乐以治心，则易直子谅之心油然生矣。易直子谅之心生则乐，乐则安，安则久，久则天，天则神。天则不言而信，神则不怒而威。致乐，以治心者也；致礼，以治躬者也。治躬则庄敬，庄敬则严威。心中斯须不和不乐，而鄙诈之心入之矣；外貌斯须不庄不敬，而慢易之心入之矣。故乐也者，动于内者也；礼也者，动于外者也。乐极和，礼极顺。内和而外顺，则民瞻其颜色而弗与争也，望其容貌而民不生易慢焉。德辉动乎内而民莫不承听，理发乎外而民莫不承顺，故曰“知礼乐之道，举而错之天下无难矣”。

乐也者，动于内者也；礼也者，动于外者也。故礼主其谦，乐主其盈。礼谦而进，以进为文；乐盈而反，以反为文。礼谦而不进，则销；乐盈而不反，则放。故礼有报而乐有反。礼得其报则乐，乐得其反则安。礼之报，乐之反，其义一也。

夫乐者乐也，人情之所不能免也。乐必发诸声音，形于动静，人道也。声音动静，性术之变，尽于此矣。故人不能无乐，乐不能无形。形而不为道，不能无乱。先王恶其乱，故制雅颂之声以道之，使其声足以乐而不流，使其文足以纶而不息，使其曲直繁省廉肉节奏，足以感动人之善心而已矣，不使放心邪气得接焉，是先王立乐之方也。是故乐在宗庙之中，君臣上下同听之，则莫不和敬；在族长乡里之中，长幼同听之，则莫不和顺；在闺门之内，父子兄弟同听之，则莫不和亲。故乐者，审一以定和，比物以饰节，节奏合以成文，所以说："治理百姓的方法，最重要的莫过于音乐教化了。"

君子说："不可以让礼乐片刻离开自己。"追求用乐来治理人心，那么和易、正直、慈爱、诚信的心地就会油然而生。和易、正直、慈爱、诚信的心性产生了，内心就会感到快乐；心情快乐了，内心就会觉得安宁；内心安宁了，人就会长寿；人长寿了，就表明其言行符合天道；行为符合天道了，就会有如神灵通达一切。行为符合天道了，那么就能不用言语而诚信自生；能像神一样通达一切了，那么不用发怒而威严自生。学习乐，是用来治理人心的；学习礼，则是用来端正言行的。言行端正则容貌会庄重恭敬，容貌庄重恭敬就会产生威严；心中只要有片刻的不和乐，卑鄙欺诈之心就会乘虚而入；外貌只要有片刻的不庄重和不恭敬，轻慢随意之心就会乘虚而入。所以乐，是对人的内在感情起作用的；礼，则是对人的外在言行起作用的。乐是让人的内心达到最平和的状态，而礼则是为了让人的言行恭顺。内心平和而言行恭顺，那么百姓看到他的脸色就不会与他争，望见他的容貌就不会产生轻视怠慢之心。因乐而内心闪耀着道德的光辉，那么百姓便都会听从他；因礼言行举止都合理，那么百姓就都会顺服他。所以说："懂得礼乐的道理，采用且行之于天下，那么就不会遇到难事了。"

乐，是影响人内在情感的；礼，是作用于人外在言行举止的。所以说礼让人谦抑，乐让人内心充实。礼注重谦让，因而需自我进取，并以进取为美德；乐注重内心充实，因而需自我节制，并以节制为美德。若礼只是让人一味谦让，而自己不奋力进取，就会使人意志消沉而难以实行；如果乐只是一味重视让人内心充实，不知自我节制，就会使人肆意放纵。所以，礼讲求礼尚往来，而乐也能让人相互影响。行礼得到回报，大家相亲相爱，心里因此会快乐；奏乐能影响一切，进而影响自己，心中便自然安宁了。礼的报答与乐的反馈，意义是一样的。

乐，就是快乐，是人情中不可缺少的。心中快乐自然就会发出歌咏等声音来表达，通过或动或静的舞蹈等动作表现出来，这是人的天性。人的声音、舞蹈，以及性情心理的变化，全都在这里表现出来了。所以，人不能没有快乐，有快乐就会有表达快乐的形式，有了表现形式而没有为它确定规范，必然会出乱子。先王因为讨厌这种混乱，所以制定了《雅》、《颂》等音乐来引导，使其让人欢乐却不流于放纵，使它的乐章足以维系乐的美善不绝，使它的繁简曲直、表里节奏，足以让人的善心感发，而不让放纵之心和淫邪之气污染人的思想和心灵，这正是先王立乐的基本依据。所以乐在宗庙中演奏，君臣上下一同倾听，就没有不和顺恭敬的；在族长乡里演奏，长幼一起倾听，就没有不和睦顺从的；在家中演奏，父子兄弟听了，就没有不和睦相爱的。所以，作乐要注意音律与声调的统一，使之和谐，配合以金石匏木等乐器，再以各种节奏组合，形成优美的乐章，以此协调父子、君臣间的关合和父子君臣，附亲万民也，是先王立乐之方也。故听其雅颂之声，志意得广焉；执其干戚，习其俯仰诎信，容貌得庄焉；行其缀兆，要其节奏，行列得正焉，进退得齐焉。故乐者天地之齐，中和之纪，人情之所不能免也。

夫乐者，先王之所以饰喜也；军旅斧钺者，先王之所以饰怒也。故先王之喜怒皆得其齐矣。喜则天下和之，怒则暴乱者畏之。先王之道礼乐可谓盛矣。

魏文侯问于子夏曰："吾端冕而听古乐则唯恐卧，听郑卫之音则不知倦。敢问古乐之如彼，何也？新乐之如此，何也？"

子夏答曰："今夫古乐，进旅而退旅，和正以广，弦匏笙簧合守拊鼓，始奏以文，止乱以武，治乱以相，讯疾以雅。君子于是语，于是道古，修身及家，平均天下：此古乐之发也。今夫新乐，进俯退俯，奸声以淫，溺而不止，及优侏儒，猱杂子女，不知父子。乐终不可以语，不可以道古：此新乐之发也。今君之所问者乐也，所好者音也。夫乐之与音，相近而不同。"

文侯曰："敢问如何？"

子夏答曰："夫古者天地顺而四时当，民有德而五谷昌，疾疢不作而无祆祥，此之谓大当。然后圣人作为父子君臣以为之纪纲，纪纲既正，天下大定，天下大定，然后正六律，和五声，弦歌诗颂，此之谓德音，德音之谓乐。诗曰：'莫其德音，其德克明，克明克类，克长克君。王此大邦，克顺克俾。俾于文王，其德靡悔。既受帝祉，施于孙子。'此之谓也。今君之所好者，其溺音与？"

文侯曰："敢问溺音者何从出也？"

子夏答曰："郑音好滥淫志，宋音燕女溺志，卫音趣数烦志，齐系，使万民亲附，这就是先王制乐的基本道理。所以听了《雅》、《颂》这类声乐后，人的志向、意气就会变得宽广；手持盾牌与大斧，演习俯仰屈伸等舞姿，人的容貌就会变得庄严；舞步踩在正确的位置，合着正确的节奏，则舞者的行列就会整齐，进退就会一致。所以说，乐是天地和谐的产物，是求得心中和美的纪纲，是人情所绝不可缺少的。

乐，是先王用来表示喜悦的；军队与刑具，是先王用来表示愤怒的。所以先王的喜怒，都能得到相应的体现。他高兴时，天下人与他一起高兴；他愤怒时，暴乱者便心生畏惧。先王的治国之道中，可以说礼乐被运用到了极致。

魏文侯问子夏道："我身穿礼服礼帽，恭敬地倾听古乐，却担心睡着了；我倾听郑卫之音，却不知道疲倦。请问为什么古乐会让人昏昏欲睡？而新乐却令人乐不知疲，这是什么原因？"

子夏回答说："现在的古乐，表演时舞者同进同退，整齐划一；声音谐和、雅正且气势宏广；一应管弦乐器如弦匏笙簧等都听拊鼓节制，表演以擂鼓开始，以鸣金铙结束，用相来理顺节奏，舞姿迅捷又雅而不俗。君子往往从这些方面发表议论评说古乐，谈论制乐时其所包含深层含意，进而达到修身、理家、平治天下的目的：这是古乐起到的作用。如今的新乐，曲折进退，表演者都是弯曲着身子，只求变幻而缺乏整齐，乐声淫邪，让人沉溺不能自拔，且有俳优和侏儒，表演时像猴子一样不分男女杂聚其间，父子间也不分尊卑。乐终之后不知道表达了些什么，且又不是称颂古代的事迹：这就是新乐的作用。现在虽然您所问的是乐，但所喜好的却是音。乐与音尽管相近，但却是不同的。"

文侯问："请问音与乐有什么不同呢？"

子夏回答说："古时天地顺行而四时有序，民众讲究道德而五谷丰盛，不生疾病，也没有凶灾，一切都适当其时，恰到好处，这被称为太平盛世。然后圣人制定了明确父子、君臣关系的纲纪法度。纲纪法度确立后，天下便真正安定了；天下安定了，后又考正'六律'，调和'五声'，弹唱《雅》和《颂》之声，此乃有德之音，有德之音才叫作乐。《诗经·大雅·皇矣》说：'王季肃静宁定的德音啊，其德行能光照四方；既能光照四方，便能施惠同类，能为人之师长，能为人之君王。如今做了大邦之王，能慈和服众能择善而从。到了文王时，他的德行毫不逊色。既受了上帝的赐福，便把它施于其子子孙孙。'这话说的就是这个意思。如今您所喜欢爱好的，难道不是那种让人沉溺难返的溺音吗？"

文侯又问道："请问这些溺音又是哪里来的呢？"

子夏说："郑国之音由于悖礼放荡而使人心志迷乱，宋国之音由于柔媚安逸而使人心志沉迷，卫国之音由于促速劳顿而使人心志烦劳，齐国之音由于傲慢音骜辟骄志，四者皆淫于色而害于德，是以祭祀不用也。诗曰：‘肃雍和鸣，先祖是听。’夫肃肃，敬也；雍雍，和也。夫敬以和，何事不行？为人君者，谨其所好恶而已矣。君好之则臣为之，上行之则民从之。诗曰：‘诱民孔易’，此之谓也。然后圣人作为鼗鼓椌楬埙篪，此六者，德音之音也。然后钟磬竽瑟以和之，干戚旄狄以舞之。此所以祭先王之庙也，所以献酬酳酢也，所以官序贵贱各得其宜也，此所以示后世有尊卑长幼序也。钟声铿，铿以立号，号以立横，横以立武。君子听钟声则思武臣。石声硁，硁以立别，别以致死。君子听磬声则思死封疆之臣。丝声哀，哀以立廉，廉以立志。君子听琴瑟之声则思志义之臣。竹声滥，滥以立会，会以聚众。君子听竽笙箫管之声则思畜聚之臣。鼓鼙之声欢，欢以立动，动以进众。君子听鼓鼙之声则思将帅之臣。君子之听音，非听其铿鎗而已也，彼亦有所合之也。”

宾牟贾侍坐于孔子，孔子与之言，及乐，曰：“夫武之备戒之已久，何也？”

答曰：“病不得其众也。”

“永叹之，淫液之，何也？”

答曰：“恐不逮事也。”

“发扬蹈厉之已蚤，何也？”

答曰：“及时事也。”

“武坐致右宪左，何也？”

邪僻而使人心志骄纵，这四种声音都因放荡而损害德行，所以祭祀时不能使用它们。《诗经·周颂·有瞽》说：‘庄肃而和谐的声音，才是先祖喜欢听的声音。’肃肃，就是恭敬的意思；雍雍，就是和谐的意思。做事如果能恭敬且和谐，有什么事是不能成功的呢？作为百姓的君主，只要谨慎对待自己好恶态度就行了。君主喜好什么，臣子就会去做什么；上面如何做，百姓也就会如何去做。《诗经》上说‘教导百姓十分容易’，就是这个意思。然后圣人便制作了鼗、鼓、椌、楬、埙、篪，这六种乐器音色质朴无华，都是属德音一类的音声。又制成钟、磬、竽、瑟等发声华美的乐器与它们相赞和，再用以干、戚、旄、羽等为道具的舞蹈来配合。这种乐舞，可以用来祭祀先王宗庙，可以用于主客之间的献酳酬酢，可以用来区分官职的大小与身份的贵贱，使得各得其宜，互不悖乱，以此向后世表明尊卑长幼的次序。钟的声音洪亮，因此钟声可作为警众的号令；号令威严，可使军士们英勇无畏；军士们英勇无畏，那么武事便可行了。所以，君子听到钟声就会想到英勇的武将。磬的声音硁直有力。声音硁直有力，便可以分辨节义，心怀节义的人就能杀身成仁了。所以，君子听到磬声就会想到那些为守护疆土而勇于献身的大臣。丝弦的声音悲哀，声音悲哀便可树立廉直的作风，作风廉直便可使人树立志向和节义。所以，君子听到琴瑟的声音就会想到那些有志而重义的大臣。竹类乐器的声音滥杂。声音滥杂便容易使人趋向会聚，有会聚之心，众多的事物就能被聚集起来。所以，君子听到竽笙箫管的声音就会想到爱惜百姓且善于汇聚民心的大臣。鼓鼙的声音喧嚣，听了就会使人意气冲动，意气冲动就会激励兵众奋进。所以，君子听到了鼓鼙的声音就会想到那些领军的将帅。所以，君子听音声，并不是只听它那金石和鸣的声音，乐声必定会与自己的心志有所契合，并促成相应的心志产生。”

宾牟贾陪孔子坐着，孔子便和他闲聊，说到了乐。孔子问：“《大武》乐开始的时候击鼓警众，持续的时间相比于其他的乐要长很多，这是什么原因？”

宾牟贾答道：“这是表示武王伐纣之初，担心自己得不到众诸侯的拥护，所以准备的时间比较长。”

孔子又问：“《大武》乐的歌声反复咏叹，声音绵长，这又是为什么？”

宾牟贾回答说：“这是因为武王心中有疑虑，害怕事情不能成功的缘故。”

孔子问：“一开始，舞蹈表演者便举袖顿足、气势威猛，但很快又结束，这是什么意思？”

宾牟贾说：“这表示要当机立断，时间到了就行动，勿错失良机。”

孔子又问：“《大武》乐的舞者坐的动作与别的舞不同，是右腿单膝着地，而左膝离地弯曲支撑身体，这又是为什么？”

答曰："非武坐也。"

"声淫及商，何也？"

答曰："非武音也。"

子曰："若非武音，则何音也？"

答曰："有司失其传也。如非有司失其传，则武王之志荒矣。"

子曰："唯丘之闻诸苌弘，亦若吾子之言是也。"

宾牟贾起，免席而请曰："夫武之备戒之已久，则既闻命矣。敢问迟之迟而又久，何也？"

子曰："居，吾语汝。夫乐者，象成者也。总干而山立，武王之事也；发扬蹈厉，太公之志也；武乱皆坐，周召之治也。且夫武，始而北出，再成而灭商，三成而南，四成而南国是疆，五成而分陕，周公左，召公右，六成复缀，以崇天子，夹振之而四伐，盛威于中国也。分夹而进，事蚤济也。久立于缀，以待诸侯之至也。且夫女独未闻牧野之语乎？武王克殷反商，未及下车，而封黄帝之后于蓟，封帝尧之后于祝，封帝舜之后于陈；下车而封夏后氏之后于杞，封殷之后于宋，封王子比干之墓，释箕子之囚，使之行商容而复其位。庶民弛政，庶士倍禄。济河而西，马散华山之阳而弗复乘；牛散桃林之野而不复服；车甲弢而藏之府库而弗复用；倒载干戈，苞之以虎皮；将率之士，使为诸侯，名之曰'建櫜'：然后天下知武王之不复用兵也。散军而郊射，左射狸首，右射驺虞，而贯革之射息也；裨冕搢笏，而宾牟贾答道："这并不是《大武》乐原来所应有的动作。"

孔子又问："歌声淫靡，表现出了有贪图商王政权的不好的目的。这是为什么？"

宾牟贾答道："这并不是《大武》乐原来应有的曲调。"

孔子说："如果这不是《大武》乐原有的曲调，那这又是什么曲调？"

宾牟贾答道："掌管《大武》乐的机构已经失去了《大武》乐的传承。如果不是这样，那就只能说明武王的心志荒耄昏愦了。"

孔子道："我以前曾听苌弘说过，他的话与您所说的差不多。"

宾牟贾起身，立于坐席之下，请教说："《大武》乐击鼓警众，开始预备的时间很长，我所知也就这些。承蒙您所说，苌弘也这样解释，那就是真的了。但我不明白的是，舞者稍微迟些就是了，没想到竟拖得那样久。这是为什么？"

孔子道："你先请坐，让我慢慢说给你听。乐，是形象地表现已发生过的事。如《大武》乐开始时，舞者手持盾牌像大山一样站立不动，这是表示武王正等候诸侯响应，准备出发讨伐纣王；《大武》舞一开始舞者就举袖顿足，气势威猛，这象征着指挥战斗的太公想一举灭商的决心；结束时，武事已毕，单膝跪地的舞者，象征周公、召公战后以文治国，使国家归于安定。另外，《大武》乐开始之初，舞者自南而北，象征北进朝歌；第二段曲，舞者的动作象征在灭商时的殊死决斗；第三段，则象征凯旋南归；第四段，则象征南方诸国皆归服，疆土列入版图；第五段，则象征分陕而治，周公居左，治陕以东；召公居右，治陕以西；第六段，舞者重又相缀成行，复归原位，表示对天子的崇敬。表演中，两人持铎振铃，夹立于舞者两侧，其他人则表演出兵四面讨伐的动作，向全国以示军威。舞者分队前进，振铎者夹立，表示战事将早日成功。舞者久立不动，是表示为了等待诸侯兵的到来。莫非你没有听说过武王在牧野誓师时说过的话吗？武王打败商纣以后，恢复了商初的政治。还没等正式登位，他就封黄帝的后人于蓟，封尧帝的后人于祝，封舜帝的后人于陈。即位后，他封夏禹的后人于杞，封殷汤的后人于宋；为殷代贤臣比干的坟墓添土，释放了被纣王囚禁的贤臣箕子，允许他行商礼，恢复他原来的官位；废除了殷纣王时对百姓的苛政，士人们的俸禄成倍增加；他渡过黄河，西行回到镐京，将战马散养于华山南坡，不再乘骑；将牛也散放于华山以东桃林的荒野，不再用它们来驮载战具军需；将战车、铠甲收藏于府库，从此不再使用；倒载干戈等兵器，使兵刃向内，并用虎皮包裹，以示止武息兵；立有战功的将帅为诸侯，称之为'建櫜'。从此以后，天下人都知道武王不再用兵了。于是武王遣散军队，行郊射求贤之礼，诸侯在东学宫习射，歌唱《狸首》的曲子，天子在西学宫习射，歌唱《驺虞》的曲子，而军中那种比武角力的足以贯穿革甲的射击也废除了；让士卒们穿着低等礼服礼帽，衣带上插着笏虎贲之士税剑也；祀乎明堂，而民知孝；朝觐，然后诸侯知所以臣；耕籍，然后诸侯知所以敬：五者天下之大教也。食三老五更于太学，天子袒而割牲，执酱而馈，执爵而酳，冕而总干，所以教诸侯之悌也。若此，则周道四达，礼乐交通，则夫武之迟久，不亦宜乎？”

子贡见师乙而问焉，曰：“赐闻声歌各有宜也，如赐者宜何歌也？”

师乙曰：“乙，贱工也，何足以问所宜。请诵其所闻，而吾子自执焉。宽而静，柔而正者宜歌颂；广大而静，疏达而信者宜歌大雅；恭俭而好礼者宜歌小雅；正直清廉而谦者宜歌风；肆直而慈爱者宜歌商；温良而能断者宜歌齐。夫歌者，直己而陈德；动己而天地应焉，四时和焉，星辰理焉，万物育焉。故商者，五帝之遗声也，商人志之，故谓之商；齐者，三代之遗声也，齐人志之，故谓之齐。明乎商之诗者，临事而屡断；明乎齐之诗者，见利而让也。临事而屡断，勇也；见利而让，义也。有勇有义，非歌孰能保此？故歌者，上如抗，下如队，曲如折，止如槁木，居中矩，句中钩，累累乎殷如贯珠。故歌之为言也，长言之也。说之，故言之；言之不足，故长言之；长言之不足，故嗟叹之；嗟叹之不足，故不知手之舞之足之蹈之。”子贡问乐。

凡音由于人心，天之与人有以相通，如景之象形，响之应声。故为善者天报之以福，为恶者天与之以殃，其自然者也。

故舜弹五弦之琴，歌南风之诗而天下治；纣为朝歌北鄙之音，身死国亡。舜之道何弘也？纣之道何隘也？夫南风之诗者生长之音也，板，从此勇猛的武士解下了长剑，弃武从文；天子在明堂中祭祀先祖，百姓由此知道了孝道；规定在朝廷上须行朝觐之礼，诸侯们由此知道了如何为人臣子；天子亲自耕种籍田，然后诸侯由此知道了如何谨守自己的本分：这五项是教化天下最为重要的举措。另外在太学设立三老五更，奉养老人。天子亲自袒衣切割牲肉，端着肉酱，请三老五更进食；并亲自拿着酒杯，请三老五更饮酒洗漱；又头戴冠冕、执盾而舞，让老人们觉得快乐。做这些，都是为了教化诸侯，使他们懂得孝悌之道。这样，周朝的教化之道遍及四方，礼乐也随即传播天下。那么，《大武》乐的表演最初如此迟缓且久，不也是理所当然的吗？”

子贡见到乐官师乙，因而问道：“我听说不同禀赋的人，适合唱不同的歌。像我这样的人，不知适合唱什么样的歌呢？”

师乙说：“我只是个低贱的乐工，怎么有资格承您问适宜唱什么歌呢。但请允许我把自己所知道的说出来，然后由先生您自己选择唱什么歌吧。性情宽厚而平静、温和而正直的人，适合歌唱《颂》；心胸宽广而平和、豁达而守信的人适合唱《大雅》；为人恭谨、俭朴而又好礼的人适宜唱《小雅》；为人正直、清正廉洁而又谦虚的人适于唱《风》；性格恣肆爽直又心慈友爱的人适宜唱《商》；性格温顺、良善而又做事果断的人适合唱《齐》。唱歌，是为了抒发自己的心胸，表达自己品德的；它可以触动自己的真情，使天地受到感应，四时相和，星辰有序，万物得以生长。所以，《商》这首歌虽是五帝留传下来的，但由于是商朝人把它记述并传承了下来，所以叫做《商》；《齐》这首歌，是三代留传下来的，由齐国人记述下来，所以称为《齐》。真正懂得《商》这首诗歌含义的人，遇事往往能做出决断；懂得《齐》这首诗歌含义的人，往往能够见利让人。遇事能决断，是勇气的表现；见利能让人，是义气的表现。勇义俱备，除了用诗歌外还有什么能表现这样的品格呢？所以歌声高亢时如人扛举而上，声音低沉时似直坠而下，回旋时犹被弯折，静止时如同槁木，小曲如矩，大曲如钩，般般然就如落盘累珠。所以歌唱也是一种语言，是一种长声调的语言。有想说的东西，所以说话；如用言语还无法充分表达，便拖长声音来表达；如果仍不充分，便相续相和，反复吟唱；若这还不足以充分表达，于是人们就会不知不觉地手舞足蹈起来。”以上是子贡问乐的情况。

大凡“音”，都是由人的内心产生的，而天与人之间是可相互感应的，就像影子能反映出物体的形状、响声与应声相互应和一样。所以行善积德的人，天就以福回报他；行凶作恶的人，天就让他遭祸殃，这是很自然的事。

所以舜通过弹奏五弦琴，歌唱《南风》的诗篇，而使天下得到治理；纣王歌唱朝歌北部边鄙的乐曲，最后国灭身亡。舜的治国之道为什么宏大？纣王舜乐好之，乐与天地同意，得万国之欢心，故天下治也。夫朝歌者不时也，北者败也，鄙者陋也，纣乐好之，与万国殊心，诸侯不附，百姓不亲，天下畔之，故身死国亡。

而卫灵公之时，将之晋，至于濮水之上舍。夜半时闻鼓琴声，问左右，皆对曰“不闻”。乃召师涓曰：“吾闻鼓琴音，问左右，皆不闻。其状似鬼神，为我听而写之。”师涓曰：“诺。”因端坐援琴，听而写之。明日，曰：“臣得之矣，然未习也，请宿习之。”灵公曰：“可。”因复宿。明日，报曰：“习矣。”即去之晋，见晋平公。平公置酒于施惠之台。酒酣，灵公曰：“今者来，闻新声，请奏之。”平公曰：“可。”即令师涓坐师旷旁，援琴鼓之。未终，师旷抚而止之曰：“此亡国之声也，不可遂。”平公曰：“何道出？”师旷曰：“师延所作也。与纣为靡靡之乐，武王伐纣，师延东走，自投濮水之中，故闻此声必于濮水之上，先闻此声者国削。”平公曰：“寡人所好者音也，愿遂闻之。”师涓鼓而终之。

平公曰：“音无此最悲乎？”师旷曰：“有。”平公曰：“可得闻乎？”师旷曰：“君德义薄，不可以听之。”平公曰：“寡人所好者音也，愿闻之。”师旷不得已，援琴而鼓之。一奏之，有玄鹤二八集乎廊门；再奏之，延颈而鸣，舒翼而舞。

平公大喜，起而为师旷寿。反坐，问曰：“音无此最悲乎？”师旷曰：“有。昔者黄帝以大合鬼神，今君德义薄，不足以听之，听之将败。”平公曰：“寡人老矣，所好者音也，愿遂闻之。”师旷不得已，援琴而鼓之。一奏之，有白云从西北起；再奏之，大风至而雨随之，飞廊瓦，左右皆奔走。平公恐惧，伏于廊屋之间。晋国大旱，赤地三年。

的治国之道为什么狭隘？那是因为《南风》的诗篇属于生长性的音乐，而舜喜好它，这种喜好与天地的意志一样，得到天下人的欢心，所以天下得到了治理。而朝歌是早晨的歌，是时间不长的歌；北就是败北，鄙就是鄙陋，纣王喜爱这样的音乐，与天下百姓的心意截然不同，诸侯不肯顺随他，老百姓也不愿与他亲近，天下人都背叛了他，所以国灭身亡。

而卫灵公在位的时候，有一次他到晋国去，到了濮水边时住在一个驿舍。半夜里，他突然听到有抚琴的声音，便问左右跟随的人，都回答说“没有听到”。于是召来乐官师涓，对他说：“我听到了抚琴的声音，问身边的从人，却都说没有听到。看样子是遇到了鬼神，你给我仔细听听，把曲子记下来。”师涓说：“好吧。”于是端坐下来，轻抚着琴，仔细倾听，并随手记录下来。第二天，他对卫灵公说：“我已把琴曲都记下来了，但还没有熟悉，请允许我再住一宿，熟习几遍。”卫灵公说：“可以。”于是又住了一宿。第二天，师涓对灵公说：“练习好了。”卫灵公便动身去晋国，见晋平公。晋平公在施惠台上摆了酒筵招待他。饮酒饮到酣畅的时候，卫灵公道：“我们这次来时，得了一首新曲子，请为您演奏以助酒兴。”晋平公道：“好。”即命师涓坐在晋国乐官师旷的身边，取琴弹奏。一曲还没奏完，师旷便甩袖制止说：“这是亡国之音，不要再奏了。”晋平公说：“为什么这样说？”师旷道：“这是师延作的曲子，是他为纣王作的靡靡之音。武王伐纣后，师延向东逃走，投濮水自杀，所以这首曲子必是得自濮水之上。先听到此曲的君主他的国家就要衰弱了。”晋平公说：“寡人所喜好的就是音乐，希望能够听完它。”于是师涓得以把它演奏完毕。

晋平公道：“没有比这更动人的曲子了吧？”师旷说：“有。”晋平公说：“可让我们听一听吗？”师旷说：“您的德义修养还不够深厚，不能听这首曲子。”晋平公说：“寡人所喜好的就是听音乐，希望能听到这首曲。”师旷不得已，便取琴弹奏起来。奏第一遍时，有十六只玄鹤飞聚在堂下的廊门前；弹第二遍时，这些玄鹤伸长了脖子呦呦地鸣叫起来，并随着琴声舒翅跳起舞来。

晋平公大喜，起身向师旷敬酒。返回座位后，晋平公问道：“没有比这更动人的曲子了吧？”师旷道：“有。过去黄帝合祭鬼神时奏的曲子比这更动人，只是您德义太薄，不适宜听罢了，听了恐有败亡之祸。”晋平公说：“寡人已这一把年纪了，喜好的只有听曲，希望能够听到它。”师旷没有办法，只得取琴弹奏。弹奏第一遍时，有白云出现在了西北边的天际；弹奏第二遍时，暴雨随着大风铺天盖地而至，廊瓦被刮得横飞，左右侍臣都四处惊慌奔走。晋平公惊恐万分，伏身躲在廊屋之间。随后晋国大旱三年，寸草不生。

听者或吉或凶。夫乐不可妄兴也。

太史公曰：夫上古明王举乐者，非以娱心自乐，快意恣欲，将欲为治也。正教者皆始于音，音正而行正。故音乐者，所以动荡血脉，通流精神而和正心也。故宫动脾而和正圣，商动肺而和正义，角动肝而和正仁，徵动心而和正礼，羽动肾而和正智。故乐所以内辅正心而外异贵贱也；上以事宗庙，下以变化黎庶也。琴长八尺一寸，正度也。弦大者为宫，而居中央，君也。商张右傍，其余大小相次，不失其次序，则君臣之位正矣。故闻宫音，使人温舒而广大；闻商音，使人方正而好义；闻角音，使人恻隐而爱人；闻征音，使人乐善而好施；闻羽音，使人整齐而好礼。夫礼由外入，乐自内出。故君子不可须臾离礼，须臾离礼则暴慢之行穷外；不可须臾离乐，须臾离乐则奸邪之行穷内。故乐音者，君子之所养义也。夫古者，天子诸侯听钟磬未尝离于庭，卿大夫听琴瑟之音未尝离于前，所以养行义而防淫佚也。夫淫佚生于无礼，故圣王使人耳闻雅颂之音，目视威仪之礼，足行恭敬之容，口言仁义之道。故君子终日言而邪辟无由入也。

听乐曲可能会吉祥，也可能会遇凶灾。所以，乐曲是不能随意演奏的。

太史公说：上古时期的明君圣王所以奏乐，并不是为了让自己心中欢娱而肆欲恣情，而是为用音乐来教化治理天下。端正教化都是从音乐开始的。音乐正，人们的言行自然就正。所以，音乐是用来振动人的血脉，交流精神，端正与调和人心的。因此，宫声可以使脾脏振动并调和、端正信德，商声可振动肺脏并调和、端正义德，角声可使肝脏振动并调和、端正仁德，徵声可以使心脏振动并调和、端正礼德，羽声可使肾脏振动并调和、端正智德。所以说，对内可以用乐来辅助修养性情，而对外可以用来区分贵贱；对上可用来侍奉宗庙，对下可用来教化黎民百姓。琴身长八尺一寸，这是标准的尺寸。宫弦是琴弦中最粗大的一根，位居所有弦的中央，象征着君主。放置在宫弦右侧的是商弦，其他各弦也都按粗细长短依次排列，井然有序。这样，君臣的位置也就端正了。所以听宫声，就会使人性情温和舒畅而胸怀宽广；听商声，就会使人品性端方正直而且好义；听角声，就会使人能够生出恻隐之心并且会关爱他人；听徵音，就会使人乐于行善且爱好施舍；听羽声，就会使人仪表端庄且爱好礼节。礼是由外部来规范人的行为，而乐却是从内心深处来抒发人的情感。所以君子不能片刻离开礼，片刻离开礼，凶暴轻慢的行为就会充分表现出来；不可片刻离开乐，片刻离开乐，大量奸邪的念头就会在心中不停涌动。所以音乐，是君子用来修义养性的。在古代，天子、诸侯听奏钟磬的乐声，从来不会离开演奏的庭院；卿大夫听抚琴瑟的乐声，从不离开演奏者的席前，这是为了修养行为道义，防止淫佚放荡行为的产生。淫佚放荡的产生是因为无礼。所以，贤君圣王会使人的耳朵只听《雅》、《颂》之声，眼睛只看威仪的礼节，使仪容行止表现出恭敬的样子，口中只谈仁义的道理。所以，君子整天谈论仁义之道，而邪恶的念头也就没有机会入侵了。

律书第三

王者制事立法，物度轨则，壹禀于六律，六律为万事根本焉。

其于兵械尤所重，故云“望敌知吉凶，闻声效胜负”，百王不易之道也。

武王伐纣，吹律听声，推孟春以至于季冬，杀气相并，而音尚宫。同声相从，物之自然，何足怪哉？

兵者，圣人所以讨强暴，平乱世，夷险阻，救危殆。自含戴角之兽见犯则校，而况于人怀好恶喜怒之气？喜则爱心生，怒则毒螫加，情性之理也。

昔黄帝有涿鹿之战，以定火灾；颛顼有共工之陈，以平水害；成汤有南巢之伐，以殄夏乱。递兴递废，胜者用事，所受于天也。

自是之后，名士迭兴，晋用咎犯，而齐用王子，吴用孙武，申明军约，赏罚必信，卒伯诸侯，兼列邦土，虽不及三代之诰誓，然身宠君尊，当世显扬，可不谓荣焉？岂与世儒暗于大较，不权轻重，猥云德化，不当用兵，大至君辱失守，小乃侵犯削弱，遂执不移等哉！故教笞不可废于家，刑罚不可捐于国，诛伐不可偃于天下，用之有巧拙，行之有逆顺耳。

夏桀、殷纣手搏豺狼，足追四马，勇非微也；百战克胜，诸侯慑服，权非轻也。秦二世宿军无用之地，连兵于边陲，力非弱也；结怨匈奴，絓祸于越，势非寡也。及其威尽势极，闾巷之人为敌国，咎生穷武之不知足，甘得之心不息也。

帝王决策重大事情，建立法令制度，确定万物的度量规则，都是以六律为基础。这是因为六律是万事万物的根本规律。

音律在兵法上显得尤为重要，所以有“观望敌军阵地上的云气便可预知出师的吉凶，听闻两军的战鼓声便可知道谁胜谁负”这样的说法，这是历代圣贤君王采用的方法。

周武王伐纣的时候，太师通过吹律管听声音而占卜吉凶，乐师们从初春之律一直吹到冬末之律，声音中充满杀气，且有吉祥的宫音相和。正义且将获胜的军队有吉祥的音律相随，这是事物自然的道理，有什么可奇怪的呢？

军队，是圣贤君主讨伐强暴，平定乱世，夷除险阻，挽救危局的工具。那些含齿戴角的兽类遇到外界的侵犯，尚且会全力反抗，何况是怀有好恶、喜怒之情的人呢？喜爱时就会有爱心产生，愤怒时就会以毒螫相加，这是人之常情，合乎情理。

过去黄帝发动了在涿鹿的决战，战胜了属火德的炎帝；颛顼与共工氏作战，平定了属水德的少昊氏造成的灾害；成汤在南巢发动了对夏桀的讨伐，结束了夏桀的祸乱。一个衰败了，一个兴起来，兴衰更迭，只有胜利者能统治天下，这是符合天道的自然规律。

从此之后，著名将士先后层出不穷，晋国任用咎犯为将，而齐国授军权于王子成父，吴国任用孙武为帅。他们颁布了明确的军法，赏罚依法而行，从而使他们的君主最终成为了诸侯霸主，吞并了别的小国来扩大自己的疆土，虽然比不上三代时期受诰誓封赏那样的荣耀，但同样是自身荣宠，君主尊显，名扬当世，能说不荣耀吗？怎么能和世上那些顽固且愚蠢的儒生相比？那些儒生不明了天下大势，不知衡量轻重，终日奢谈以德化世，一味反对用兵。结果重者使君主受辱，国土失守；轻者国家遭敌侵犯，国力削弱，而他们却仍坚持着老教条不变！所以管理家族的家法、家训不能废除，治理国家的刑罚不能废除，要想天下太平就不能不进行讨伐叛乱的战争，只不过用兵有巧有拙，战争有正义和非正义的而已。

夏桀与殷纣王都能赤手空拳与豺狼搏斗，徒步能追得上四匹马拉的车子，其勇力并不弱；他们曾百战百胜，使各诸侯害怕而臣服，权势并不轻。秦二世屯军于国边境，连兵于国边陲，力量不是不强；他北伐匈奴，南征越国，其兵势并不单薄。等到他们的威风使尽、势力盛极之时，闾巷中的平民百姓也成了毁灭他们的强大敌人。究其原因，就在于黩武穷兵而不知满足，贪婪之心没有停止之时。

高祖有天下，三边外畔；大国之王虽称蕃辅，臣节未尽。会高祖厌苦军事，亦有萧、张之谋，故偃武一休息，羁縻不备。

历至孝文即位，将军陈武等议曰："南越、朝鲜自全秦时内属为臣子，后且拥兵阻厄，选蠕观望。高祖时天下新定，人民小安，未可复兴兵。今陛下仁惠抚百姓，恩泽加海内，宜及士民乐用，征讨逆党，以一封疆。"孝文曰："朕能任衣冠，念不到此。会吕氏之乱，功臣宗室共不羞耻，误居正位，常战战栗栗，恐事之不终。且兵凶器，虽克所愿，动亦秏病，谓百姓远方何？又先帝知劳民不可烦，故不以为意。朕岂自谓能？今匈奴内侵，军吏无功，边民父子荷兵日久，朕常为动心伤痛，无日忘之。今未能销距，愿且坚边设候，结和通使，休宁北陲，为功多矣。且无议军。"故百姓无内外之繇，得息肩于田亩，天下殷富，粟至十余钱，鸣鸡吠狗，烟火万里，可谓和乐者乎！

太史公曰：文帝时，会天下新去汤火，人民乐业，因其欲然，能不扰乱，故百姓遂安。自年六七十翁亦未尝至市井，游敖嬉戏如小儿状。孔子所称有德君子者邪！

书曰"七正，二十八舍"。律历，天所以通五行八正之气，天所以成孰万物也。舍者，日月所舍。舍者，舒气也。

不周风居西北，主杀生。东壁居不周风东，主辟生气而东之。至于营室。营室者，主营胎阳气而产之。东至于危。危，垝也。言阳气之垝，故曰危。十月也，律中应钟。应钟者，阳气之应，不用事也。其于十二子为亥。亥者，该也。言阳气藏于下，故该也。

广莫风居北方。广莫者，言阳气在下，阴莫阳广大也，故曰广汉高祖统一天下以后，外部有三面边境的外族威胁，国内的诸侯虽名义上是天子的辅佐，但实际上并没有尽到做臣子的义务。正是因为汉高祖厌烦了战事，同时又有萧何、张良的建议，所以汉高祖采取了对内休养生息政策，对外采用笼络的和平措施，而没有大规模的战争防备。

等到孝文帝即位后，将军陈武等建议说："南越、朝鲜自从秦朝统一时便内属为臣，后来才拥兵据险而守，蠢蠢伺机入侵。汉高祖时天下刚刚平定，人民稍稍安定，不能再次兴兵讨伐。如今陛下以仁惠抚治百姓，恩泽惠及四海，应该乘此时士民乐为陛下所用之机，率军征讨叛逆，以统一稳定边疆。"孝文帝说："朕自从孩提时起，就没有想过自己会登上帝位。正好碰上吕氏之乱，功臣和宗室都不以我出身微贱为耻，不恰当地让我登上了帝位。我经常战战兢兢，唯恐最终没有好结果。况且战争是凶险之事，纵然能达到目的，也必然会带来巨大的耗损和伤害，又怎么能让百姓抛家弃业远征他乡？再说先帝知道役使人民不可过繁，所以不把用兵的事放在心上，我又怎么能自以为有能呢？如今匈奴入侵，戍边将士御敌无功，边地百姓父子共同持枪上阵，这样的日子已经很久了。我时常为此感到不安和心痛，没有一天忘记。现在虽不能解除边患，我希望能够固守边关，多设斥候，派遣使者与对方缔盟结好，使北部边陲得到休息安宁，这样功劳就算很大了。暂时先不要议论战争的事情。"因此百姓没有了内外的徭役，得以休养生息而专心于农业生产，于是天下渐渐殷实富足起来，粮食每斗降至十余文钱，鸡鸣犬吠，家中升起的炊烟连绵万里，呈现了一片和乐的景象。

太史公说：文帝的时候，正值天下百姓刚从水火中摆脱出来，人民渴望安居乐业的生活，朝廷顺应老百姓的意愿，能够不扰乱民生，所以最终出现了天下太平的景象。就连六七十岁的老翁也未曾到过集市，他们天真淳朴得如同儿童们无忧无虑地嬉戏玩耍。这正是孔子所称道的有德君子的政治局面啊！

太史公还在本律书中阐述了日月五星、二十八舍和律历之间的对应关系。律历，是天用来通五行八正之气的，是天用来生长和养育万物的。舍，是日月在天宫运行所经历的星空区域。太阳运行到达不同的星宿，大地上就会出现相应的舒缓的气息。

不周风处西北方，主管杀生的事。东壁宿处在不周风的东面，主开辟生气而使之往东运行，到达营室。营室，是孕育阳气之地，再往东便到了危宿。危，就是毁灭的意思，是说阳气被毁，所以称为危。这三宿对应历法十月，在十二律中与应钟相应。应钟，是阳气的反应，但阳气这时还不能发挥作用。在十二地支中与亥相对应。亥，就是该的意思。这是说阳气还潜藏在地下，所以有阻隔。

广莫风来自北方。广莫，是说阳气在下，阴气没有阳气盛大，所以称为广莫。东至于虚。虚者，能实能虚，言阳气冬则宛藏于虚，日冬至则一阴下藏，一阳上舒，故曰虚。东至于须女。言万物变动其所，阴阳气未相离，尚相胥也，故曰须女。十一月也，律中黄钟。黄钟者，阳气踵黄泉而出也。其于十二子为子。子者，滋也；滋者，言万物滋于下也。其于十母为壬癸。壬之为言任也，言阳气任养万物于下也。癸之为言揆也，言万物可揆度，故曰癸。东至牵牛。牵牛者，言阳气牵引万物出之也。牛者，冒也，言地虽冻，能冒而生也。牛者，耕植种万物也。东至于建星。建星者，建诸生也。十二月也，律中大吕。大吕者。其于十二子为丑。

条风居东北，主出万物。条之言条治万物而出之，故曰条风。南至于箕。箕者，言万物根棋，故曰箕。正月也，律中泰蔟。泰蔟者，言万物蔟生也，故曰泰蔟。其于十二子为寅。寅言万物始生螾然也，故曰寅。南至于尾，言万物始生如尾也。南至于心，言万物始生有华心也。南至于房。房者，言万物门户也，至于门则出矣。

明庶风居东方。明庶者，明众物尽出也。二月也，律中夹钟。夹钟者，言阴阳相夹厕也。其于十二子为卯。卯之为言茂也，言万物茂也。其于十母为甲乙。甲者，言万物剖符甲而出也；乙者，言万物生轧轧也。南至于氐者。氐者，言万物皆至也。南至于亢。亢者，言万物亢见也。南至于角。角者，言万物皆有枝格如角也。三月也，律中姑洗。姑洗者，言万物洗生。其于十二子为辰。辰者，言万物之蜄也。

清明风居东南维，主风吹万物而西之。轸。轸者，言万物益大而轸轸然。西至于翼。翼者，言万物皆有羽翼也。四月也，律中中吕。中吕者，言万物尽旅而西行也。其于十二子为巳。巳者，言阳气之巳尽也。西至于七星。七星者，阳数成于七，故曰七星。西至于张。张者，言万物皆张也。西至于注。注者，言万物之始衰，阳气下注，故曰注。五月也，律中蕤宾。蕤宾者，言阴气幼少，故曰蕤；痿阳不用事，故曰宾。

莫。广莫风往东是虚宿。虚，是能实能虚的意思，是说阳气冬天蕴藏在虚宿，到冬至日就会有一部分阴气下藏，一部分阳气上升散发出来，所以称虚。再向东到达须女宿。这里是万物相互转化变幻之处，阴阳二气没有分离，它们还相互需要，所以称为须女。广莫风在历法中与十一月相对应，音律与黄钟相对应。黄钟，是阳气跟随地下水冒出地面的意思。在十二地支中与子相对应。子，就是滋的意思；滋，是说万物开始在地下生长。在十天干中与壬癸相对应。壬就是任，是说阳气在地下孕育万物；癸就是揆，说万物生长可以揆度日期，所以称为癸。须女向东便是牵牛宿。牵牛，是说阳气牵引万物由地而出。牛就是冒的意思，是说土地虽然封冻，但万物却能冒出地面而生长。牛，也指耕耘种植万物的意思。牵牛往东为建星宿。建星，是建立新生命的意思。与历法中的十二月相对应，音律与大吕相对应。大吕，与十二地支中的丑相对应。

条风处于东北方，主管万物的生发顺序。条的意思是说协调万物而使它们生长出来，所以称为条风。往南便是箕宿。箕宿，接近地面，象征万物的根基，所以称之为箕。条风与正月对应，音律与泰蔟相对应。泰蔟，是万物簇拥而生的意思，所以称为泰蔟。条风在十二地支中与寅对应。寅，是说万物刚生出时蓬勃的样子，所以称之为寅。箕宿向南到达尾宿，尾是说万物初生时像尾巴一样弯曲。尾宿向南到达心宿，心是说万物初生都有像花一般的顶心。心宿再向南便是房宿。房，像是万物的门户，到了门口便可出去了。

明庶风来自东方。明庶，是表示各种植物全都萌发出土了。明庶风与二月相应，音律与夹钟相对应。夹钟，是说阴气和阳气相互掺杂揉合。在十二地支中与卯相对应。卯就是茂，是说万物生长茂盛的样子。在十天干中与甲乙相对应。甲，是指万物破甲而出；乙，是说万物初生时经历的曲折。向南到达氐宿。氐的意思是说万物都已来到地面的意思。氐宿向南到达亢宿。亢，是说万物渐渐长高，长出地面之上。再往南是角宿。角，是说万物都长出枝叉，好像兽角一样。明庶风与三月相对应，在音律中与姑洗相对应。姑洗的意思是说万物新生，颜色光鲜如洗。在十二地支中与辰相对应。辰，意味着万物开始复苏。

清明风在东南方，主管风吹万物而向西发展。先到达轸宿。轸，是说万物生长得茂盛繁大。再向西为翼宿。翼，是说万物都有羽翼。它与历月的四月相应，在音律中对应中吕。中吕的意思是说万物长到了最鼎盛时期，开始走向衰老时期。在十二地支中与巳对应。巳的意思是说阳气将由盛而衰。再往西是七星宿。七星，因为阳气的数完成于七，所以称之为七星。再向西是张宿。张，是说万物都已张开。再向西便到了注宿。注，是说万物开始衰落，阳气下注，所以称为注。它与五月对应，在十二律中与蕤宾相应。蕤宾，是说阴气幼小，才开始生长，所以称为蕤；而阳气开始萎缩，不再发挥作用，所以称为宾。

景风居南方。景者，言阳气道竟，故曰景风。其于十二子为午。午者，阴阳交，故曰午。其于十母为丙丁。丙者，言阳道著明，故曰丙；丁者，言万物之丁壮也，故曰丁。西至于弧。弧者，言万物之吴落且就死也。西至于狼。狼者，言万物可度量，断万物，故曰狼。

凉风居西南维，主地。地者，沈夺万物气也。六月也，律中林钟。林钟者，言万物就死气林林然。其于十二子为未。未者，言万物皆成，有滋味也。北至于罚。罚者，言万物气夺可伐也。北至于参。参言万物可参也，故曰参。七月也，律中夷则。夷则，言阴气之贼万物也。其于十二子为申。申者，言阴用事，申贼万物，故曰申。北至于浊。浊者，触也，言万物皆触死也，故曰浊。北至于留。留者，言阳气之稽留也，故曰留。八月也，律中南吕。南吕者，言阳气之旅入藏也。其于十二子为酉。酉者，万物之老也，故曰酉。

阊阖风居西方。阊者，倡也；阖者，藏也。言阳气道万物，阖黄泉也。其于十母为庚辛。庚者，言阴气庚万物，故曰庚；辛者，言万物之辛生，故曰辛。北至于胃。胃者，言阳气就藏，皆胃胃也。北至于娄。娄者，呼万物且内之也。北至于奎。奎者，主毒螫杀万物也，奎而藏之。九月也，律中无射。无射者，阴气盛用事，阳气无余也，故曰无射。其于十二子为戌。戌者，言万物尽灭，故曰戌。

律数：九九八十一以为宫。三分去一，五十四以为徵。三分益一，七十二以为商。三分去一，四十八以为羽。三分益一，六十四以为角。

黄钟长八寸七分一，宫。大吕长七寸五分三分。太蔟长七寸分二，角。夹钟长六寸分三分一。姑洗长六寸分四，羽。仲吕长五寸九分三分二，徵。蕤宾长五寸六分三分。林钟长五寸分四，角。夷则长五寸三分二，商。南吕长四寸分八，徵。无射长四寸四分三分二。应钟长四寸二分三分二，羽。

景风处于南方。景，是说阳气运行到了尽头，所以称为景风。在十二地支中对应午。午是指阴阳二气相互交织的意思，所以称为午。在十天干中对应丙丁。丙，是说阳道显著明显，所以称丙；丁，是说万物已茁壮长成，所以称为丁。景风之西为弧宿。弧的意思是说万物凋落，且很快就会枯死了。狼宿也在景风的西边。狼，是说万物可以度量的意思，可判断万物之量，所以称狼。

凉风来自西南方，主管大地。地，就是侵夺断绝万物生气的意思。凉风与六月相应，音律属于林钟。林钟，说的是万物接近死亡，气象阴森的样子。在十二地支中对应未。未与味同音，是说万物都已长成，有滋有味了。狼星向北是罚宿。罚，是说万物之气断绝，可以采伐了。再向北是参宿。参，是说万物相互掺杂，所以称参。凉风对应七月，音律对应夷则。夷则，是说阴气残害万物。在十二地支中与申对应。申，是说阴气伸展，侵害万物，所以称之为申。再向北是浊宿。浊，是触的意思，是说万物与阴气接触而逐渐死亡，所以称之为浊。其向北是留宿。留，是说阳气仍留存着没有去尽，所以叫留。它与八月对应，音律与南吕相应。南吕，是说阳气运行进入藏所，将被收藏。对应十二地支中的酉。酉，是说万物已经成熟，开始衰老，所以名为酉。

阊阖风居于西方。阊，就是倡导之意；阖，就是收藏之意。是说阳气可倡导万物生发，现在却闭藏于黄泉之下无法发挥作用。它在十天干中对应庚辛。庚，是说阴气使万物变更，所以称之为庚；辛，是说万物生存艰辛，所以称为辛。由留宿向北是胃宿。胃，是说阳气被收藏，就像物品被收入仓库一样。胃宿向北是娄宿。娄，是招呼万物并加以收纳之意。娄宿向北是奎宿。奎，是用残酷手段毒杀万物，进而收藏其种子之意。阊阖风与九月相应，音律属无射。无射，是说阴气旺盛，占主导地位，而阳气收于地下，所以称之为无射。在十二地支中对应戌。戌，是说万物全都灭亡了，所以称为戌。

律数：九乘以九得八十一，这是宫声律数，以此长度管律可吹出宫声。将八十一分为三份，除去一份，余二份得五十四，这是徵声律数。将五十四分为三份，加上一份，得四份，为七十二，这是商声律数。把七十二分为三份，除去一份，余二份为四十八，这是羽声律数。将四十八分为三份，加上一份，得四份为六十四，这是角声律数。

黄钟的长度为八寸又七分之一寸，其声为宫。大吕的长度是七寸五又三分之二分。太蔟长为七寸二分，为角声。夹钟长六寸七又三分之一分。姑洗长六寸四分，为羽声。仲吕长五寸九又三分之二分，为徵声。蕤宾长五寸六又三分之二分。林钟长五寸四分，为角声。夷则长五寸零三分之二分，为商声。南吕长为四寸八分，为徵声。无射长四寸四又三分之二分，应钟长四寸二又三分之二分，为羽声。

生钟分：子一分。丑三分二。寅九分八。卯二十七分十六。辰八十一分六十四。巳二百四十三分一百二十八。午七百二十九分五百一十二。未二千一百八十七分一千二十四。申六千五百六十一分四千九十六。酉一万九千六百八十三分八千一百九十二。戌五万九千四十九分三万二千七百六十八。亥十七万七千一百四十七分六万五千五百三十六。

生黄钟术曰：以下生者，倍其实，三其法。以上生者，四其实，三其法。上九，商八，羽七，角六，宫五，徵九。置一而九三之以为法。实如法，得长一寸。凡得九寸，命曰“黄钟之宫”。故曰音始于宫，穷于角；数始于一，终于十，成于三；气始于冬至，周而复生。

神生于无，形成于有，形然后数，形而成声，故曰神使气，气就形。形理如类有可类。或未形而未类，或同形而同类，类而可班，类而可识。圣人知天地识之别，故从有以至未有，以得细若气，微若声。然圣人因神而存之，虽妙必效情，核其华道者明矣。非有圣心以乘聪明，孰能存天地之神而成形之情哉？神者，物受之而不能知其去来，故圣人畏而欲存之。唯欲存之，神之亦存。其欲存之者，故莫贵焉。

太史公曰：旋玑玉衡以齐七政，即天地二十八宿。十母，十二子，钟律调自上古。建律运历造日度，可据而度也。合符节，通道德，即从斯之谓也。

生钟律数方法的运用：子律即黄钟律定为一分，丑律为三分之二分，寅律为九分之八分，卯律为二十七分之十六分，辰律为八十一分之六十四分，巳律为二百四十三分之一百二十八分，午律为七百二十九分之五百一十二分，未律为二千一百八十七分之一千零二十四分，申律为六千五百六十一分之四千零九十六分，酉律为一万九千六百八十三分之八千一百九十二分，戌律为五万九千零四十九分之三万二千七百六十八分，亥律为十七万七千一百四十七分之六万五千五百三十六分。

由黄钟产生十二律的方法：一个是下生法，即由长律管生短律管，将分子加倍，分母乘三；一个是上生法，即由短律管生长律管，将分子乘四、分母乘三。数字中最大的是九，音数为五，所以以宫为五；宫生徵，以徵为九；徵生商，以商为八；商生羽，以羽为七；羽生角，以角为六。以“生钟律数”中的黄钟大数十七万余为分子，另把一枚算筹放置在算盘上，用三去乘，一乘得三，再乘得九，依次乘下去，直乘到“生钟律数”中的酉数一万九千余。以每次乘得的数为分母，用分母除分子，得到一些长度为寸的数，直到得到九寸的数为止，将此数称为“黄钟之宫”。由此用“生黄钟术”得到其余各音，所以说五音是由宫声开始，角声结束的。而数由一开始，到十终止，变化则由三来完成。节气则由冬至开始，周而复始。

神是从虚无中产生的，形体则是在有形的物质中产生的；有了形体然后才有律数的产生，有了形体才有五声的产生，所以说神能运用气，而气依附于形体。形体神理可以通过类比进行分类。有的未有形体因而不可分类，有的形体相同因而属于同一类。万物可以分类，有类就能把它的特征表示出来加以识别。圣人知道天地并能分别万物，所以能从有推知未有。其能了解的细小之物可以是像气之类的物体，其轻微者如声之类。然而圣人可通过神来认识事物，因此事物虽然微妙，但必然会在情状中表现出来，确认了事物的外部如同花叶一般的特征，内部的本质特征也就明了了。假如没有圣人的智慧和聪明，谁能了解天地间的神秘规律和形体形成的情况呢？神存在于事物之中，却又不自知何时具有或何时会失去。所以圣人敬畏神却又希望神存在并显示出来。有了想让神存在的欲望，神才会存在。想要神存在，最好的办法就是信仰并尊重神。

太史公说：以璇玑玉衡观测日月五星的运转，可以知道这七政在二十八宿间的运行与季节的变化、方位是相应的。十天干、十二地支、钟律之间的关系，自上古时就开始调配了。订立乐律，推算历法，制定国家法律以及各种规章制度，事物就有依据可以度量了。如此建立的信任如同符节一样相合，才能树立共同遵守的道德规范，这都是从建立律历开始的。

历书第四

昔自在古，历建正作于孟春。于时冰泮发蛰，百草奋兴，秭鳺先滜。物乃岁具，生于东，次顺四时，卒于冬分。时鸡三号，卒明。抚十二节，卒于丑。日月成，故明也。明者孟也，幽者幼也，幽明者雌雄也。雌雄代兴，而顺至正之统也。日归于西，起明于东；月归于东，起明于西。正不率天，又不由人，则凡事易坏而难成矣。

王者易姓受命，必慎始初，改正朔，易服色，推本天元，顺承厥意。

太史公曰：神农以前尚矣。盖黄帝考定星历，建立五行，起消息，正闰余，于是有天地神祇物类之官，是谓五官。各司其序，不相乱也。民是以能有信，神是以能有明德。民神异业，敬而不渎，故神降之嘉生，民以物享，灾祸不生，所求不匮。

少皞氏之衰也，九黎乱德，民神杂扰，不可放物，祸灾荐至，莫尽其气。颛顼受之，乃命南正重司天以属神，命火正黎司地以属民，使复旧常，无相侵渎。

其后三苗服九黎之德，故二官咸废所职，而闰余乖次，孟陬殄灭，摄提无纪，历数失序。尧复遂重、黎之后，不忘旧者，使复典之，而立羲和之官。明时正度，则阴阳调，风雨节，茂气至，民无夭疫。年耆禅舜，申戒文祖，云“天之历数在尔躬”。舜亦以命禹。

上古时候，历法将孟春月作为正月。这时候，冰雪开始消溶，冬眠的动物开始苏醒，大地百草萌芽，杜鹃鸟在原野中最先啼鸣。万物生长随着岁时变换而循环：从春季开始，依次度过四季，止于冬。这时鸡叫三遍，天就亮了。节气经过了十二个月的变换，到了丑月即腊月便结束了。日月的交替运行，于是有了历法，有了正月的第一个黎明。明就是孟的意思，为阳；幽就是幼的意思，为阴；幽明是指雌雄，即阴阳。阴阳交替，四季循环，万物生长，形成了最完善的体系。太阳从西边落下，自东方升起；而新月先在西方露明，从东方隐于地下。为政如不遵循自然规律，又不顺应民心，那么任何事情都容易失败而难以成功。

帝王改朝换代，接受天命，必须谨慎地制定最初的政令，修订历法，改变朝服的颜色，推算历法的起始点，以顺应天地自然规律。

太史公说：神农以前的历法，年代太久远，就不说了。大概从黄帝开始，根据星体的运行制定历法，建立了五行运行的序列，确立了阴阳死生消长的规律，设置闰月来处理每年十二个月以外的剩余时间，于是有了分管天、地、神祇和其他物类的官员，称为五官。各自按相应的法则分管属于自己的事务，互不扰乱。百姓因此能够依时而作，神明因此得以按时享受祭祀而灵验。民与神各有所职，民众敬神而不亵渎，所以神就赐给人民好收成，民众用祭品献享给神，以致灾祸不生，生活所需永不匮乏。

少暤氏衰落后，九黎部族作乱，破坏了历法，民神不分，群类混淆，灾祸接连发生，没有人能尽享天年。颛顼即位后，便命重担任南正官职，负责历法和祭天等事宜；命火正黎主管有关地的事务，让民众依时进行农业生产劳作，恢复以前的秩序，不得亵渎神灵，人神互不侵扰。

后来三苗部族又像九黎部族一样扰乱了历法，所以重、黎二官都无法再履行自己的职责，没人编算历法，导致闰余失了次序，正月不在相应的节气，摄提星所指的方位也失了规律，整个历法秩序错乱。尧时重新任命天文世家重、黎二氏后人中能推算历法的人，让他们担任主管历法的官员，他们就是羲氏、和氏之官。此后，时节明确而历度又正确了，因此阴阳调和，风雨有节，出现了丰收的景象，百姓也没有夭殇疾疫。当尧年老把帝位禅让给舜的时候，在文祖庙中告诫舜，说“制定历法是事关社稷的大事，这个重任由是观之，王者所重也。

夏正以正月，殷正以十二月，周正以十一月。盖三王之正若循环，穷则反本。天下有道，则不失纪序；无道，则正朔不行于诸侯。

幽、厉之后，周室微，陪臣执政，史不记时，君不告朔，故畴人子弟分散，或在诸夏，或在夷狄，是以其禨祥废而不统。周襄王二十六年闰三月，而春秋非之。先王之正时也，履端于始，举正于中，归邪于终。履端于始，序则不愆；举正于中，民则不惑；归邪于终，事则不悖。

其后战国并争，在于强国禽敌，救急解纷而已，岂遑念斯哉！是时独有邹衍，明于五德之传，而散消息之分，以显诸侯。而亦因秦灭六国，兵戎极烦，又升至尊之日浅，未暇遑也。而亦颇推五胜，而自以为获水德之瑞，更名河曰“德水”，而正以十月，色上黑。然历度闰余，未能睹其真也。

汉兴，高祖曰“北畤待我而起”，亦自以为获水德之瑞。虽明习历及张苍等，咸以为然。是时天下初定，方纲纪大基，高后女主，皆未遑，故袭秦正朔服色。

至孝文时，鲁人公孙臣以终始五德上书，言“汉得土德，宜更元，改正朔，易服色。当有瑞，瑞黄龙见”。事下丞相张苍，张苍亦学律历，以为非是，罢之。其后黄龙见成纪，张苍自黜，所欲论著不成。而新垣平以望气见，颇言正历服色事，贵幸，后作乱，故孝文帝你要亲自担起来”。后来舜也用同样的话告诫禹。由此看来，历法是帝王们都很重视的。

夏历以正月为正月，殷历以夏历的十二月为正月，周历以夏历的十一月为正月。三代的历法岁首好像循环往复，首尾互相衔接。天下治理得好，历法就不会失去时序；治理得不好，那么诸侯就会各自为政，使用自己的历法，那么国家就会出现混乱。

幽王、厉王以后，周朝王室衰弱，各诸侯国卿大夫各自为政，史官记事不记时日，君王因历法混乱不一而不举行告朔礼，所以服务于王室的历算家纷纷离开四处流散，有的在华夏各国，有的去了夷狄地区，所以祝祷祭祀占卜的制度荒废而不能统一。周襄王二十六年鲁历将闰月设在三月，《春秋》书中认为这是不当的。先王制定历法，是先确定历元和年、月、日等开始的时刻，再由中气纠正十二月的位置，把剩余的时间作为闰月。开始的时刻既定，那么一年四时等秩序也就不会错误了；以中气纠正月位，那么百姓也就不会因节气混乱而迷惑；该加闰月之年年终置闰，那么依历办事就不会出现与节气不符的情况。

这以后，战国诸雄并争，各国只注重如何成为强国、战胜敌国，或是为盟友挽救危机，解决纠纷而已，哪有心思考虑编制历法的事！当时只有邹衍懂得历法，创建了五德循环学说，而且推行五行相胜、阴阳消长的理论，并因此而显名于诸侯。但也因秦国在吞灭六国时，战事非常频繁，统一全国后又由于时间太短，所以邹衍的理论没来得及在全国实行。但是秦时十分相信邹衍的理论，注重推求五行胜克，且自以为得到了五行中水德的祥瑞，因此把黄河改名为“德水”，以夏历十月为正月，崇尚黑色。然而历法的推算和闰月的设置等，因没有资料而不能确定是否正确。

汉朝兴起后，高祖说“北畤祀黑帝的事等待我来操办”，这也是自认为获得了水德的祥瑞。即便是精通历法的像张苍等人，也都这样认为。当时天下刚刚平定，正在着手建立国家的基本制度和纲纪，随后吕后主政，也都没有顾得上这些事，所以依旧沿袭了秦朝的历法和朝服的颜色。

到了孝文帝时，鲁人公孙臣上书陈述五德循环理论，说“汉朝得到的是土德，应该改变历元，更改历法，更换朝服的颜色。应当有土德的祥瑞出现，瑞应是黄龙出现”。文帝将此事交给丞相张苍处理。张苍也是学过律历的人，认为他说得不对，把事情搁置了起来。此后在成纪果然出现了黄龙，张苍因此引咎辞职，他准备制定汉历的相关论述也就胎死腹中了。而新垣平以善于望云气而被天子召见，他对皇上提出了改变律历和服色的建议，很得皇上信任，后来因为作乱，所以汉文帝便再也没有谈改变律历废不复问。

至今上即位，招致方士唐都，分其天部；而巴落下闳运算转历，然后日辰之度与夏正同。乃改元，更官号，封泰山。因诏御史曰："乃者，有司言星度之未定也，广延宣问，以理星度，未能詹也。盖闻昔者黄帝合而不死，名察度验，定清浊，起五部，建气物分数。然盖尚矣。书缺乐弛，朕甚闵焉。朕唯未能循明也，紬绩日分，率应水德之胜。今日顺夏至，黄钟为宫，林钟为徵，太蔟为商，南吕为羽，姑洗为角。自是以后，气复正，羽声复清，名复正变，以至子日当冬至，则阴阳离合之道行焉。十一月甲子朔旦冬至已詹，其更以七年为太初元年。年名'焉逢摄提格'，月名'毕聚'，日得甲子，夜半朔旦冬至。"

◎历术甲子篇

太初元年，岁名"焉逢摄提格"，月名"毕聚"，日得甲子，夜半朔旦冬至。

正北

十二无大余，无小余；无大余，无小余；焉逢摄提格太初元年。

十二大余五十四，小余三百四十八；大余五，小余八；端蒙单阏二年。

闰十三大余四十八，小余六百九十六；大余十，小余十六；游兆执徐三年。

十二大余十二，小余六百三；大余十五，小余二十四；强梧大荒落四年。

十二大余七，小余十一；大余二十一，无小余；徒维敦牂天汉元年。

闰十三大余一，小余三百五十九；大余二十六，小余八；祝犁协和服色的事。

直到现今皇上即位，招纳了方士唐都，让他观测和划分周天各部的星宿运行变化情况，而由巴郡的落下闳负责推算历法，他推算出来的日辰星度与夏历正好相符。于是皇上下诏改变历法纪元，更改官号，在泰山举行封禅大典。并因此诏告御史说："过去，主管官员说二十八宿的度数没有测定，于是朕广泛征求和询问该怎样测定星度，但都未能得到满意的答复。听说以前黄帝所制定的历法，不但能使天象和季节完全吻合，从而可长久地使用，还弄清了天体的名称和运行轨迹，审定了音律的清浊，建立了表征时节五气运行的规律，明确了各节气与太阳位置度数变化的对应关系。然而这已经是很久远的事了。如今典籍缺少，礼乐废弛，朕深觉遗憾，只是朕无力将其补修完备。如今制定了新历法，各种编排都非常细致，运算日分，全都与能克制水德的土德相合。现在正当夏至，以黄钟为宫声，以林钟为徵声，以太蔟为商声，以南吕为羽声，以姑洗为角声。从此之后，节气重新得以校正，羽声重新清明了，节气名称等又都与实际吻合，以甲子日与冬至日相合作为历法的运算起点，那么阴阳交替便合乎规律。现在算得十一月甲子日夜半时是月朔冬至日，正好可以定元封七年为太初元年，年号为'焉逢摄提格'，即甲寅年，月名为'毕聚'，即正月，日期为甲子，夜半时既是朔日的开始，也是冬至之时。"

◎历术甲子篇

太初元年，年号为"焉逢摄提格"，月名是"毕聚"，这天是甲子日，夜半时为冬至节。

冬至在子时，方位为正北。

全年为十二个月，月朔没有大余，没有小余；冬至没有大余，没有小余；焉逢摄提格，即太初元年。

本年十二个月，月朔大余为五十四日，小余为三百四十八分；冬至大余为五日，小余为八分；端蒙单阏，即太初二年。

有闰月，全年为十三个月，月朔大余四十八日，小余六百九十六分；冬至大余十日，小余十六分；游兆执徐，即太初三年。

全年为十二个月，月朔大余十二日，小余六百零三分；冬至大余十五日，小余二十四分；强梧大荒落，即太初四年。

全年为十二个月，月朔大余七日，小余十一分；冬至大余二十一日，无小余；徒维敦牂，即天汉元年。

有闰月，全年为十三个月，月朔大余一日，小余三百五十九分；冬至大余洽二年。

十二大余二十五，小余二百六十六；大余三十一，小余十六；商横涒滩三年。

十二大余十九，小余六百一十四；大余三十六，小余二十四；昭阳作鄂四年。

闰十三大余十四，小余二十二；大余四十二，无小余；横艾淹茂太始元年。

十二大余三十七，小余八百六十九；大余四十七，小余八；尚章大渊献二年。

闰十三大余三十二，小余二百七十七；大余五十二，小余一十六；焉逢困敦三年。

十二大余五十六，小余一百八十四；大余五十七，小余二十四；端蒙赤奋若四年。

十二大余五十，小余五百三十二；大余三，无小余；游兆摄提格征和元年。

闰十三大余四十四，小余八百八十；大余八，小余八；强梧单阏二年。

十二大余八，小余七百八十七；大余十三，小余十六；徒维执徐三年。

十二大余三，小余一百九十五；大余十八，小余二十四；祝犁大芒落四年。

闰十三大余五十七，小余五百四十三；大余二十四，无小余；商横敦牂后元元年。

十二大余二十一，小余四百五十；大余二十九，小余八；昭阳叶洽二年。

闰十三大余十五，小余七百九十八；大余三十四，小余十六；横艾涒滩始元元年。

正西

二十六日，小余八分；祝犁协洽，即天汉二年。

全年为十二个月，月朔大余二十五日，小余二百六十六分；冬至大余三十一日，小余十六分；商横涒滩，即天汉三年。

全年为十二个月，月朔大余十九日，小余六百一十四分；冬至大余三十六日，小余二十四分；昭阳作鄂，即天汉四年。

有闰月，全年为十三个月，月朔大余十四日，小余二十二分；冬至大余四十二日，无小余；横艾淹茂，即太始元年。

全年为十二个月，月朔大余三十七日，小余八百六十九分；冬至大余四十七日，小余八分；尚章大渊献，即太始二年。

有闰月，全年为十三个月，月朔大余三十二日，小余二百七十七分；冬至大余五十二日，小余十六分；焉逢困敦，即太始三年。

全年为十二个月，月朔大余五十六日，小余一百八十四分；冬至大余五十七日，小余二十四分；端蒙赤奋若，即太始四年。

全年为十二个月，月朔大余五十日，小余五百三十二分；冬至大余三日，无小余；游兆摄提格，即征和元年。

有闰月，全年为十三个月，月朔大余四十四日，小余八百八十分；冬至大余八日，小余八分；强梧单阏，即征和二年。

全年为十二个月，月朔大余八日，小余七百八十七分；冬至大余十三日，小余十六分；徒维执徐，即征和三年。

全年为十二个月，月朔大余三日，小余一百九十五分；冬至大余十八日，小余二十四分；祝犁大芒落，即征和四年。

有闰月，全年为十三个月，月朔大余五十七日，小余五百四十三分；冬至大余二十四日，无小余；商横敦牂，即后元元年。

全年为十二个月，月朔大余二十一日，小余四百五十分；冬至大余二十九日，小余八分；昭阳协洽，即后元二年。

有闰月，全年为十三个月，月朔大余十五日，小余七百九十八分；冬至大余三十四日，小余十六分；横艾涒滩，即始元元年。

冬至在酉时，方位正西。

十二大余三十九，小余七百五；大余三十九，小余二十四；尚章作噩二年。

十二大余三十四，小余一百一十三；大余四十五，无小余；焉逢淹茂三年。

闰十三大余二十八，小余四百六十一；大余五十，小余八；端蒙大渊献四年。

十二大余五十二，小余三百六十八；大余五十五，小余十六；游兆困敦五年。

十二大余四十六，小余七百一十六；无大余，小余二十四；强梧赤奋若六年。

闰十三大余四十一，小余一百二十四；大余六，无小余；徒维摄提格元凤元年。

十二大余五，小余三十一；大余十一，小余八；祝犁单阏二年。

十二大余五十九，小余三百七十九；大余十六，小余十六；商横执徐三年。

闰十三大余五十三，小余七百二十七；大余二十一，小余二十四；昭阳大荒落四年。

十二大余十七，小余六百三十四；大余二十七，无小余；横艾敦牂五年。

闰十三大余十二，小余四十二；大余三十二，小余八；尚章协洽六年。

十二大余三十五，小余八百八十九；大余三十七，小余十六；焉逢涒滩元平元年。

十二大余三十，小余二百九十七；大余四十二，小余二十四；端蒙作噩本始元年。

闰十三大余二十四，小余六百四十五；大余四十八，无小余；游兆淹茂二年。

全年为十二个月，月朔大余三十九日，小余七百零五分；冬至大余三十九日，小余二十四分；尚章作噩，即始元二年。

全年为十二个月，月朔大余三十四日，小余一百一十三分；冬至大余四十五日，无小余；焉逢淹茂，即始元三年。

有闰月，全年为十三个月，月朔大余二十八日，小余四百六十一分；冬至大余五十日，小余八分；端蒙大渊献，即始元四年。

全年为十二个月，月朔大余五十二日，小余三百六十八分；冬至大余五十五日，小余十六分；游兆困敦，即始元五年。

全年为十二个月，月朔大余四十六日，小余七百一十六分；冬至无大余，小余二十四分；强梧赤奋若，即始元六年。

有闰月，全年为十三个月，月朔大余四十一日，小余一百二十四分；冬至大余六日，无小余；徒维摄提格，即元凤元年。

全年为十二个月，月朔大余五日，小余三十一分；冬至大余十一日，小余八分；祝犁单阏，即元凤二年。

全年为十二个月，月朔大余五十九日，小余三百七十九分；冬至大余十六日，小余十六分；商横执徐，即元凤三年。

有闰月，全年为十三个月，月朔大余五十三日，小余七百二十七分；冬至大余二十一日，小余二十四分；昭阳大荒落，即元凤四年。

全年为十二个月，月朔大余十七日，小余六百三十四分；冬至大余二十七日，无小余；横艾敦牂，即元凤五年。

有闰月，全年为十三个月，月朔大余十二日，小余四十二分；冬至大余三十二日，小余八分；尚章协洽，即元凤六年。

全年为十二个月，月朔大余三十五日，小余八百八十九分；冬至大余三十七日，小余十六分；焉逢涒滩，即元平元年。

全年为十二个月，月朔大余三十日，小余二百九十七分；冬至大余四十二日，小余二十四分；端蒙作噩，即本始元年。

有闰月，全年为十三个月，月朔大余二十四日，小余六百四十五分；冬至大余四十八日，无小余；游兆淹茂，即本始二年。

十二大余四十八，小余五百五十二；大余五十三，小余八；强梧大渊献三年。

十二大余四十二，小余九百；大余五十八，小余十六；徒维困敦四年。

闰十三大余三十七，小余三百八；大余三，小余二十四；祝犁赤奋若地节元年。

十二大余一，小余二百一十五；大余九，无小余；商横摄提格二年。

闰十三大余五十五，小余五百六十三；大余十四，小余八；昭阳单阏三年。

正南

十二大余十九，小余四百七十；大余十九，小余十六；横艾执徐四年。

十二大余十三，小余八百一十八；大余二十四，小余二十四；尚章大荒落元康元年。

闰十三大余八，小余二百二十六；大余三十，无小余；焉逢敦牂二年。

十二大余三十二，小余一百三十三；大余三十五，小余八；端蒙协洽三年。

十二大余二十六，小余四百八十一；大余四十，小余十六；游兆涒滩四年。

闰十三大余二十，小余八百二十九；大余四十五，小余二十四；强梧作噩神雀元年。

十二大余四十四，小余七百三十六；大余五十一，无小余；徒维淹茂二年。

十二大余三十九，小余一百四十四；大余五十六，小余八；祝犁大渊献三年。

闰十三大余三十三，小余四百九十二；大余一，小余十六；商横困敦四年。

全年为十二个月，月朔大余四十八日，小余五百五十二分；冬至大余五十三日，小余八分；强梧大渊献，即本始三年。

全年为十二个月，月朔大余四十二日，小余九百分；冬至大余五十八日，小余十六分；徒维困敦，即本始四年。

有闰月，全年为十三个月，月朔大余三十七日，小余三百零八分；冬至大余三日，小余二十四分；祝犁赤奋若，即地节元年。

全年为十二个月，月朔大余一日，小余二百一十五分；冬至大余九日，无小余；商横摄提格，即地节二年。

有闰月，全年为十三个月，月朔大余五十五日，小余五百六十三分；冬至大余十四日，小余八分；昭阳单阏，即地节三年。

冬至在午时，方位为正南。

全年为十二个月，月朔大余十九日，小余四百七十分；冬至大余十九日，小余十六分；横艾执徐，即地节四年。

全年为十二个月，月朔大余十三日，小余八百一十八分；冬至大余二十四日，小余二十四分；尚章大荒落，即元康元年。

有闰月，全年为十三个月，月朔大余八日，小余二百二十六分；冬至大余三十日，无小余；焉逢敦牂，即元康二年。

全年为十二个月，月朔大余三十二日，小余一百三十三分；冬至大余三十五日，小余八分；端蒙协洽，即元康三年。

全年为十二个月，月朔大余二十六日，小余四百八十一分；冬至大余四十日，小余十六分；游兆涒滩，即元康四年。

有闰月，全年为十三个月，月朔大余二十日，小余八百二十九分；冬至大余四十五日，小余二十四分；强梧作噩，即神爵元年。

全年为十二个月，月朔大余四十四日，小余七百三十六分；冬至大余五十一日，无小余；徒维淹茂，即神爵二年。

全年为十二个月，月朔大余三十九日，小余一百四十四分；冬至大余五十六日，小余八分；祝犁大渊献，即神爵三年。

有闰月，全年为十三个月，月朔大余三十三日，小余四百九十二分；冬至大余一日，小余十六分；商横困敦，即神爵四年。

十二大余五十七，小余三百九十九；大余六，小余二十四；昭阳赤奋若五凤元年。

闰十三大余五十一，小余七百四十七；大余十二，无小余；横艾摄提格二年。

十二大余十五，小余六百五十四；大余十七，小余八；尚章单阏三年。

闰十三大余五十三，小余七百二十七；大余二十一，小余二十四；昭阳大荒落四年。

十二大余十七，小余六百三十四；大余二十七，无小余；横艾敦牂五年。

闰十三大余十二，小余四十二；大余三十二，小余八；尚章汁洽六年。

闰十三大余四，小余四百一十；大余二十七，小余二十四；端蒙大荒落甘露元年。

十二大余二十八，小余三百一十七；大余三十三，无小余；游兆敦牂二年。

十二大余二十二，小余六百六十五；大余三十八，小余八；强梧协洽三年。

闰十三大余十七，小余七十三；大余四十三，小余十六；徒维涒滩四年。

十二大余四十，小余九百二十；大余四十八，小余二十四；祝犁作噩黄龙元年。

闰十三大余三十五，小余三百二十八；大余五十四，无小余；商横淹茂初元元年。

正东

十二大余五十九，小余二百三十五；大余五十九，小余八；昭阳大渊献二年。

十二大余五十三，小余五百八十三；大余四，小余十六；横艾困全年为十二个月，月朔大余五十七日，小余三百九十九分；冬至大余六日，小余二十四分；昭阳赤奋若，即元凤元年。

有闰月，全年为十三个月，月朔大余五十一日，小余七百四十七分；冬至大余十二日，无小余；横艾摄提格，即元凤二年。

全年为十二个月，月朔大余十五日，小余六百五十四分；冬至大余十七日，小余八分；尚章单阏，即元凤三年。

有闰月，全年为十三月，月朔大余五十三月，小余七百二十七分；冬至大余二十一日，小余二十四分；昭阳大荒落，即元凤四年。

全年为十二个月，月朔大余十七日，小余六百三十四分；冬至大余二十七日，无小余；横艾敦牂，即元凤五年。

有闰月，全年为十三个月，月朔大余十二日，小余四十二分；冬至大余三十二日，小余八分；尚章汁洽，即元凤六年。

有闰月，全年为十三个月，月朔大余四日，小余四百一十分；冬至大余二十七日，小余二十四分；端蒙大荒落，即甘露元年。

全年为十二个月，月朔大余二十八日，小余三百一十七分；冬至大余三十三日，无小余；游兆敦牂，即甘露二年。

全年为十二个月，月朔大余二十二日，小余六百六十五分；冬至大余三十八日，小余八分；强梧协洽，即甘露三年。

有闰月，全年为十三个月，月朔大余十七日，小余七十三分；冬至大余四十三日，小余十六分；徒维涒滩，即甘露四年。

全年为十二个月，月朔大余四十日，小余九百二十分；冬至大余四十八日，小余二十四分；祝犁作噩，即黄龙元年。

有闰月，全年为十三个月，月朔大余三十五日，小余三百二十八分；冬至大余五十四日，无小余；商横淹茂，即初元元年。

冬至在卯时，方位正东。

全年为十二个月，月朔大余五十九日，小余二百三十五分；冬至大余五十九日，小余八分；昭阳大渊献，即初元二年。

全年为十二个月，月朔大余五十三日，小余五百八十三分；冬至大余四日，敦三年。

闰十三大余四十七，小余九百三十一；大余九，小余二十四；尚章赤奋若四年。

十二大余十一，小余八百三十八；大余十五，无小余；焉逢摄提格五年。

十二大余六，小余二百四十六；大余二十，小余八；端蒙单阏永光元年。

闰十三无大余，小余五百九十四；大余二十五，小余十六；游兆执徐二年。

十二大余二十四，小余五百一；大余三十，小余二十四；强梧大荒落三年。

十二大余十八，小余八百四十九；大余三十六，无小余；徒维敦牂四年。

闰十三大余十三，小余二百五十七；大余四十一，小余八；祝犁协洽五年。

十二大余三十七，小余一百六十四；大余四十六，小余十六；商横涒滩建昭元年。

闰十三大余三十一，小余五百一十二；大余五十一，小余二十四；昭阳作噩二年。

十二大余五十五，小余四百一十九；大余五十七，无小余；横艾淹茂三年。

十二大余四十九，小余七百六十七；大余二，小余八；尚章大渊献四年。

闰十三大余四十四，小余一百七十五；大余七，小余十六；焉逢困敦五年。

十二大余八，小余八十二；大余十二，小余二十四；端蒙赤奋若竟宁元年。

十二大余二，小余四百三十；大余十八，无小余；游兆摄提格建小余十六分；横艾困敦，即初元三年。

有闰月，全年为十三个月，月朔大余四十七日，小余九百三十一分；冬至大余九日，小余二十四分；尚章赤奋若，即初元四年。

全年为十二个月，月朔大余十一日，小余八百三十六分；冬至大余十五日，无小余；焉逢摄提格，即初元五年。

全年为十二个月，月朔大余六日，小余二百四十六分；冬至大余二十日，小余八分；端蒙单阏，即永光元年。

有闰月，全年为十三个月，月朔无大余，小余五百九十四分；冬至大余二十五日，小余十六分；游兆执徐，即永光二年。

全年为十二个月，月朔大余二十四日，小余五百零一分；冬至大余三十日，小余二十四分；强梧大荒落，即永光三年。

全年为十二个月，月朔大余十八日，小余八百四十九分；冬至大余三十六日，无小余；徒维敦牂，即永光四年。

有闰月，全年为十三个月，月朔大余十三日，小余二百五十七分；冬至大余四十一日，小余八分；祝犁协洽，即永光五年。

全年为十二个月，月朔大余三十七日，小余一百六十四分；冬至大余四十六日，小余十六分；商横涒滩，即建昭元年。

有闰月，全年为十三个月，月朔大余三十一日，小余五百一十二分；冬至大余五十一日，小余二十四分；昭阳作噩，即建昭二年。

全年为十二个月，月朔大余五十五日，小余四百一十九分；冬至大余五十七日，无小余；横艾淹茂，即建昭三年。

全年为十二个月，月朔大余四十九日，小余七百六十七分；冬至大余二日，小余八分；尚章大渊献，即建昭四年。

有闰月，全年为十三个月，月朔大余四十四日，小余一百七十五分；冬至大余七日，小余十六分；焉逢困敦，即建昭五年。

全年为十二个月，月朔大余八日，小余八十二分；冬至大余十二日，小余二十四分；端蒙赤奋若，即竟宁元年。

全年为十二个月，月朔大余二日，小余四百三十分；冬至大余十八日，无小始元年。

闰十三大余五十六，小余七百七十八；大余二十三，小余八；强梧单阏二年。

十二大余二十，小余六百八十五；大余二十八，小余十六；徒维执徐三年。

闰十三大余十五，小余九十三；大余三十三，小余二十四；祝犁大荒落四年。

右历书：大余者，日也。小余者，月也。端蒙者，年名也。支：丑名赤奋若，寅名摄提格。干：丙名游兆。正北，冬至加子时；正西，加酉时；正南，加午时；正东，加卯时。

余；游兆摄提格，即建始元年。

有闰月，全年为十三个月，月朔大余五十六日，小余七百七十八分；冬至大余二十三日，小余八分；强梧单阏，即建始二年。

全年为十二个月，月朔大余二十日，小余六百八十五分；冬至大余二十八日，小余十六分；徒维执徐，即建始三年。

有闰月，全年为十三个月，月朔大余十五日，小余九十三分；冬至大余三十三日，小余二十四分；祝犁大荒落，即建始四年。

以上历书中的专用名词解释如下：大余，第一个大余，是正月合朔干支序数去掉六十整数倍后余下的天数；第二个大余是正月冬至日干支序数去掉历年中六十整数倍后余下的整日数。小余，是剩余的日的分数的分子，分母是三十二。端蒙等，是年名，包括干支两部分。支：如丑名赤奋若，寅名摄提格等；干：如丙名游兆等。正北，是指冬至时太阳方位在正北，时刻在子时；正西，冬至时太阳方位在正西，时刻在酉时；正南，冬至时太阳方位在正南，时刻在午时；正东，冬至时太阳方位在正东，时刻在卯时。

天官书第五

中宫天极星，其一明者，太一常居也；旁三星三公，或曰子属。后句四星，末大星正妃，余三星后宫之属也。环之匡卫十二星，籓臣。皆曰紫宫。

前列直斗口三星，随北端兑，若见若不，曰阴德，或曰天一。紫宫左三星曰天枪，右五星曰天棓，后六星绝汉抵营室，曰阁道。

北斗七星，所谓"旋、玑、玉衡以齐七政"。杓携龙角，衡殷南斗，魁枕参首。用昏建者杓；杓，自华以西南。夜半建者衡；衡，殷中州河、济之间。平旦建者魁；魁，海岱以东北也。斗为帝车，运于中央，临制四乡。分阴阳，建四时，均五行，移节度，定诸纪，皆系于斗。

斗魁戴匡六星曰文昌宫：一曰上将，二曰次将，三曰贵相，四曰司命，五曰司中，六曰司禄。在斗魁中，贵人之牢。魁下六星，两两相比者，名曰三能。三能色齐，君臣和；不齐，为乖戾。辅星明近，辅臣亲强；斥小，疏弱。

杓端有两星：一内为矛，招摇；一外为盾，天锋。有句圜十五星，属杓，曰贱人之牢。其牢中星实则囚多，虚则开出。

中宫的天极星，是其中最明亮的一颗，是太一天神的常位；天极星旁边的三颗小星象征着三公，有人说它们是太一神诸子的象征。天极星的后面是形如钩状的四颗勾星，其中最后一颗大星是正妃，其余三颗是后宫的侧妃嫔媵之类。环绕并护卫着中宫的有十二颗星，象征着文、武等诸臣。以上所有的星构成了中宫，统称为紫宫。

在紫宫前门口，有三颗星对着斗口，呈椭形。北端呈尖状的星，星光暗淡，若隐若现，叫作阴德星，又称为天一星。紫宫左方的三颗星，叫作天枪；右前方的五颗星叫天棓；后面横跨银河直达东壁宿和营室宿的六颗星，叫作阁道。

北斗七星，就是《尚书》中说的“璇、玑、玉衡以齐七政”的“七政”。北斗的斗杓与东宫七宿中的角宿相连，斗衡向南与南斗相对，斗魁星处于西方七宿中的参宿头顶上方。历法上，以黄昏时北斗斗杓所指十二辰方位的名称来命名该月月名的方法叫昏建，主华山及其西南方向的祸福吉凶；以夜半时斗衡所指方位命名该月月名的方法叫夜半建，其主黄河、济水之间的中原地区的祸福吉凶；以黎明时斗魁所指方位命名该月月名的方法叫平旦建，其主海、岱东北方向的祸福吉凶。北斗的形状如同天帝的车子，它在天极中央附近运行，因而钳制并主宰着四方地域的分野。区分阴阳，建明四时，平均五行，移易节度，确定十二辰纪的位置，这些全都要依靠北斗。

在斗魁星上方如筐般形状的六颗星，叫做文昌宫：六颗星的名称一是上将，二是次将，三是贵相，四是司命，五是司中，六是司禄。在四颗斗魁星中间，有星名贵人之牢。在斗魁星下方也有六颗星，每两两相邻，成三对，合称三能。三能星明暗颜色如果相同，则象征着君臣之间的关系和睦；如果不同，则表示君臣之间关系紧张。北斗旁的辅星明亮且靠近主星开阳，则表示辅佐的大臣权重且受信任；如果辅星距主星远而且暗小，则表示不受信任，辅佐的大臣权势弱小且与君王关系疏远。

北斗的杓尾末端有两颗星，靠近北斗的称为天矛，又名招摇；离北斗较远的称为盾星，又叫天锋。靠近斗杓有十五颗星，它们构成的形状上如勾，下如环，名叫贱人之牢。如果这些星看起来比较清晰，则象征着尘世中的囚犯多；如果看起来暗淡不清。则是囚犯得以开脱的征兆。

天一、枪、棓、矛、盾动摇，角大，兵起。

东宫苍龙，房、心。心为明堂，大星天王，前后星子属。不欲直，直则天王失计。房为府，曰天驷。其阴，右骖。旁有两星曰衿；北一星曰舝。东北曲十二星曰旗。旗中四星天市；中六星曰市楼。市中星众者实；其虚则秏。房南众星曰骑官。

左角，李；右角，将。大角者，天王帝廷。其两旁各有三星，鼎足句之，曰摄提。摄提者，直斗杓所指，以建时节，故曰“摄提格”。亢为疏庙，主疾。其南北两大星，曰南门。氐为天根，主疫。

尾为九子，曰君臣；斥绝，不和。箕为敖客，曰口舌。

火犯守角，则有战。房、心，王者恶之也。

南宫朱鸟，权、衡。衡，太微，三光之廷。匡卫十二星，藩臣：西，将；东，相；南四星，执法；中，端门；门左右，掖门。门内六星，诸侯。其内五星，五帝坐。后聚一十五星，蔚然，曰郎位；傍一大星，将位也。月、五星顺入，轨道，司其出，所守，天子所诛也。其逆入，若不轨道，以所犯命之；中坐，成形，皆群下从谋也。金、火尤甚。廷藩西有隋星五，曰少微，士大夫。权，轩辕。轩辕，黄龙体。前大星，女主象；旁小星，御者后宫属。月、五星守犯者，如衡占。

东井为水事。其西曲星曰钺。钺北，北河；南，南河；两河、天如果天一、天枪、天棓、天矛和盾星看上去在摇动,且星光的芒角大，这预示着世间战乱将起。

东宫形状看起来像苍龙，有房、心二星宿。心宿有如天王发布政令的明堂，其中最大的那颗为天王星，其前后各有一颗小的是子星。心宿的三颗星排列形状不宜在一条直线上，如在一条直线上则说明天王的政令失宜。房宿有如天王府，又名天驷。房宿以北是右骖星。旁边的两星叫衿星，衿星北边的一颗星叫辖星。房宿东北方向弯曲排列的十二颗星叫旗。旗中有四星名为天市，有六星名为市楼。天市中星数多，则说明世间富足殷实；星数少则说明国民虚贫。房宿以南有许多星，称为骑官星座。

角宿有二颗星，左边的叫李星，右边的叫将星。大角星很亮，有如天王的帝廷。在两旁各有三颗星，如勾状鼎足而立，叫做摄提。之所以称为摄提，是由于它们位于斗杓所指的方向之下，被斗杓所提携，以建明时节，所以又叫“摄提格”。亢宿的外观像庙宇的房顶，主管人间疾病。亢宿的南边，一南一北有二颗大星，名为南门。氐宿，是天的根柢，主管人间瘟疫等疾病。

尾宿星座的九颗星，是天帝九子，是君臣关系的象征；如各星之间相距很远，就说明君臣不和。箕宿为敖客，是天的口舌，也是口舌是非的表象。

如果火星运行并停在角宿附近，预示有战争将要发生；如果是停在房宿、心宿附近，则不利于帝王，这是当政者厌恶的星象。

南宫看起来像只朱雀，所以常以朱雀作为它的名称，包括权星和衡星。衡指的就是太微垣，是日、月、五星运行的宫廷。周围有十二颗星匡辅和守卫，都以藩臣命名：西边的称将；东边的叫相；南边的四颗星，名为执法，其中间的那两颗叫端门，端门左右两边的两颗叫掖门。门内有六颗星，象征诸侯，其中的五颗星名为五帝座。太微北聚集着十五颗星，星光明亮，名为郎位；郎位旁边有一颗大星，叫将位。月亮与五星自西而东顺入太微垣，如果循轨道运行，察看它们走过的路径，在某星旁停留，与该星对应的世间官员将会被天子杀掉。月亮与五星自东而西逆行进入太微垣，如果不循轨道运行，它们接近的星所对应的大臣就会有危险；若接近了中间的五帝座，表示祸福已定，已无法解除，是群下相从而谋，共同作乱的结果。尤其是金星、火星侵犯五帝座，后果更为严重。在太微垣西部藩卫星的西面，有五颗从上垂下的星，名为少微，象征士大夫。再往西是权，也就是轩辕座，其形体像一条黄龙。权前面那颗大星，是女主的象征，它旁边那些小星，代表后宫奉御妃嫔之属。月与五星运行或是停留在权附近，占卜的方法与衡一样。

东井宿，主与水有关的占卜事宜。在它的西面，有一颗呈弯曲形状的星名为钺。在钺的北面，有北河星座；钺的南面，有南河星座；在两河与天阙星之间，阙间为关梁。舆鬼，鬼祠事；中白者为质。火守南北河，兵起，谷不登。故德成衡，观成潢，伤成钺，祸成井，诛成质。

柳为鸟注，主木草。七星，颈，为员官。主急事。张，素，为厨，主觞客。翼为羽翮，主远客。

轸为车，主风。其旁有一小星，曰长沙星，星不欲明；明与四星等，若五星入轸中，兵大起。轸南众星曰天库楼；库有五车。车星角若益众，及不具，无处车马。

西宫咸池，曰天五潢。五潢，五帝车舍。火入，旱；金，兵；水，水。中有三柱；柱不具，兵起。

奎曰封豕，为沟渎。娄为聚众。胃为天仓。其南众星曰廥积。

昴曰髦头，胡星也，为白衣会。毕曰罕车，为边兵，主弋猎。其大星旁小星为附耳。附耳摇动，有谗乱臣在侧。昴、毕间为天街。其阴，阴国；阳，阳国。

参为白虎。三星直者，是为衡石。下有三星，兑，曰罚，为斩艾事。其外四星，左右肩股也。小三星隅置，曰觜觿，为虎首，主葆旅事。其南有四星，曰天厕。厕下一星，曰天矢。矢黄则吉；青、白、黑，凶。其西有句曲九星，三处罗：一曰天旗，二曰天苑，三曰九游。其东有大星曰狼。狼角变色，多盗贼。下有四星曰弧，直狼。狼比地有大星，曰南极老人。老人见，治安；不见，兵起。常以秋分时候之于南郊。

是三光所经的关梁。舆鬼宿，主管鬼神祭祀的事；舆鬼宿中有一颗白色雾状的星名为质星。如果是火星运行到并停留在南、北河附近，表示有兵祸将起，粮食歉收。所以说，从衡星座可看出帝王的德政，从潢星座可看出天子出巡的征兆，从钺星座可看出王者的伤败，祸乱的征兆表现在井星座，质星则表现诛杀。

柳宿是朱雀的嘴巴，主占草木事。星宿七星处于朱雀的颈部，像朱雀的咽喉一样，主要占卜紧急之事。张宿是朱雀的嗉囊，有如天廷的厨房，主要占卜宴客之事。朱雀的羽翮是翼宿，主占迎送远方来客之事。

轸宿的形状有如车辆，主管风。在它的旁边有一颗小星，名为长沙星；这颗星通常阴暗不明。如果它变得与轸宿的四颗星同样明亮，就会与五星进入轸宿之中一样，预示有大的战争将要发生。轸宿南面的众多星星都属于天库楼星座；天库楼星座中一些星组成了五车星。如果车星的芒角很多或是看不清车星，那就预示天下将出现兵车动乱，以致没有停放车马的地方。

西宫的中心在咸池，叫做天五潢。五潢星座，是五帝的车舍。如果火星进入五潢，将会有旱灾；如果是金星进入，那么会有兵灾；如果是水星进入，那么就会有水灾。五潢星座中还有分别由三颗星组成的三个柱星，当柱星看不清时，就表示有战争将会发生。

奎宿又叫封豕，主占有关沟渠的事。娄宿，主占聚众的事。胃宿主占卜仓廪的事，其南面的众多星构成了廥积星座。

昴宿也叫髦头，其周边有光雾相伴，主占丧事。毕宿又叫罕车，象征边防兵，主占狩猎等事。毕宿中最大的那颗星旁边，有一颗小星，名叫附耳；如果附耳星不停摇动，则表示有谗佞之臣在天子身边。在昴宿、毕宿之间两颗星叫天街，其中靠北的那颗叫阴国，是夷狄人国家的象征；靠南的那颗叫阳国，是华夏国家的象征。

参宿的形状如同一只白虎。其中三颗东西连成一条直线的星就像一杆秤，叫做衡石。在衡石的下面有三颗星，与它组成了一锐角，叫罚星，主要占卜有关斩杀的事。衡石外边有四颗星，分别是参宿的左右肩和左右股。在参宿上边略偏点的地方有排成三角形的三颗小星，名叫觜觿，如同参宿白虎的虎头，主要占卜军旅运输之事。参宿南边的四颗星，名为天厕。在天厕南边下方有一颗星，叫做天矢。矢星如果为黄色，则是吉兆；如果为青色、白色或黑色，则为凶兆。在参宿的西边有弯曲排列的九颗星，分别陈列在三处，第一处名为天旗，第二处名为天苑，第三处名为九游。在参宿的东边，有一颗大星叫狼星。如果狼星的芒角变色，则表示天下盗贼多。狼星的东南方有四颗星，叫弧，正对狼星。在狼星正南面与地平线相接处有一颗大星，名叫南极老人星。老人星出现，表明世道安宁；不出现，则表明将有战事发生；通常是秋分时的黎明，在城南郊等候老人星的出现。

附耳入毕中，兵起。

北宫玄武，虚、危。危为盖屋；虚为哭泣之事。

其南有众星，曰羽林天军。军西为垒，或曰钺。旁有一大星为北落。北落若微亡，军星动角益希，及五星犯北落，入军，军起。火、金、水尤甚：火，军忧；水，患；木、土，军吉。危东六星，两两相比，曰司空。

营室为清庙，曰离宫、阁道。汉中四星，曰天驷。旁一星，曰王良。王良策马，车骑满野。旁有八星，绝汉，曰天潢。天潢旁，江星。江星动，人涉水。

杵、臼四星，在危南。匏瓜，有青黑星守之，鱼盐贵。

南斗为庙，其北建星。建星者，旗也。牵牛为牺牲。其北河鼓。河鼓大星，上将；左右，左右将。婺女，其北织女。织女，天女孙也。

察日、月之行以揆岁星顺逆。曰东方木，主春，日甲乙。义失者，罚出岁星。岁星赢缩，以其舍命国。所在国不可伐，可以罚人。其趋舍而前曰赢，退舍曰缩。赢，其国有兵不复；缩，其国有忧，将亡，国倾败。其所在，五星皆从而聚于一舍，其下之国可以义致天下。

以摄提格岁：岁阴左行在寅，岁星右转居丑。正月，与斗、牵牛晨出东方，名曰监德。色苍苍有光。其失次，有应见柳。岁早，水；晚，旱。

如果附耳星进入毕宿中间，表示有战事兴起。

北宫的整体形状像龟，所以称为玄武，包括虚宿和危宿。危宿的形状像房屋的屋顶，主占盖房等事；虚宿主占丧事。

在虚、危二宿的南面，有一大群星，称为羽林天军星座。羽林天军的西部是垒星，也称为钺星。在钺星旁有一颗大星，名叫北落。如果北落星光暗淡甚至隐而不见，羽林天军众星摇动且芒角稀少，以及五星运行到北落附近，或进入于羽林天军，表示将有战事发生。如果火星、水星、金星运行进入羽林天军那就更为严重了。火星靠近，则不利于军队；如果水星进入，则表示将有水灾；但如果是木星或土星进入，则对军事有利。在危宿的东边有六颗星，每两颗并列成对，名叫司空。

营室宿就像天上的清庙，其中有离宫、阁道等星座。天汉之中有四颗星在营室以北，名为天驷，也就是天马的意思。在天驷旁边有一星座，名叫王良。如果王良策动天马，那么表示天下将有车马动乱的祸患。王良旁有八星，横跨在银河之上，叫做天潢星。在天潢星旁边有一颗星，名为江星。如果江星摇动，表示将有大水灾发生。

杵、臼等四颗星，位于危宿的南面。在天潢星座南边的匏瓜星旁，如果发现有青色或黑色的星停留在附近，则表示天下鱼盐的价格昂贵。

南斗宿是天帝的庙宇，它的北边是建星。建星，就像天庙前的旗帜。庙前祭祀的牺牲就是牵牛宿。牵牛宿的北面是河鼓宿。河鼓中的那颗大星，代表了天帝的大将；左右两边的小星，则代表了左右将。其东面是婺女宿，婺女宿的北边是织女星。织女，是天帝的孙女。

通过观察日、月的运行，以判断岁星的运行是否正常。岁星就是木星，主管东方，在五行为木，在四季主春，日期为甲乙。如国家有不义的行为，木星就会有天降惩罚的征兆。岁星有赢缩的变化，通常按它所在的星宿位置，对应地面上的国家，岁星所在星宿对应的国家，不能去进行征伐，但该国却可以去征伐别国。岁星实际位置超过了应处的运行位置到达下一星宿称为赢，没有到达应处的位置而落后一个星宿称为缩。如果发生了赢现象，所对应的国家将有兵事，但不会有灭亡的危险；如果发生了缩现象，所对应的国家将有忧患，国家会有倾败的危险。如果国家所对应的天区，出现了五星也都先后聚集到了这一宿的天象，那么这个国家就可以以义取天下。

在摄提格岁即寅年，这时岁阴从东向西在寅位运行，而岁星从西向东运行在丑位。正月时，岁星同斗宿、牵牛宿在天亮前一起出现在东方，叫做监德；其星色明亮且青苍。如果岁星运动失次，与它相应的征兆，应验在柳宿的对应国。岁星出现超前了，该国有水灾；岁星出现晚了，该国有旱灾。

岁星出，东行十二度，百日而止，反逆行；逆行八度，百日，复东行。岁行三十度十六分度之七，率日行十二分度之一，十二岁而周天。出常东方，以晨；入于西方，用昏。

单阏岁：岁阴在卯，星居子。以二月与婺女、虚、危晨出，曰降入。大有光。其失次，有应见张。其岁大水。

执徐岁：岁阴在辰，星居亥。以三月与营室、东壁晨出，曰青章。青青甚章。其失次；有应见轸。岁早，旱；晚，水。

大荒骆岁：岁阴在巳，星居戌。以四月与奎、娄晨出，曰跰踵。熊熊赤色，有光。其失次，有应见亢。

敦牂岁：岁阴在午，星居酉。以五月与胃、昴、毕晨出，曰开明。炎炎有光。偃兵；唯利公王，不利治兵。其失次，有应见房。岁早，旱；晚，水。

叶洽岁：岁阴在未，星居申。以六月与觜觿、参晨出，曰长列。昭昭有光。利行兵。其失次，有应见箕。

涒滩岁：岁阴在申，星居未。以七月与东井、舆鬼晨出，曰大音。昭昭白。其失次，有应见牵牛。

作鄂岁：岁阴在酉，星居午。以八月与柳、七星、张晨出，曰长王。作作有芒。国其昌，熟谷。其失次，有应见危。有旱而昌，有女丧，民疾。

阉茂岁：岁阴在戌，星居巳。以九月与翼、轸晨出，曰天睢。白色大明。其失次，有应见东壁。岁水，女丧。

岁星出现后，由西向东运行十二度，历时一百天后停止，然后向西开始逆行；逆行八度，也需要一百天，然后又再向东运行。一年共运行三十度又十六分之七度，平均每天运行十二分之一度，绕天空运行一周需要十二年。岁星出现时常在东方，时间为早晨；黄昏时候，消失在西方。

单阏岁的时候，岁阴出现在卯位，岁星处于子位。二月时，岁星与婺女、虚、危三宿一起在早晨时出现于东方，名为降入；星光明亮而且大。如果这时岁星失次运行，会有相应的征兆在张宿出现。这样的年份将有大水灾。

执徐岁的时候，岁阴出现于辰位，岁星位于亥位。在三月份时，岁星与营室、东壁二宿一起出现于早晨的东方，名为青章，其星光青苍而明亮。这时如果岁星运行失次，会有相应的征兆在轸宿出现。岁星若早出，轸宿对应的国家将会天旱；若晚出了，则轸宿对应的国家将会有水灾。

大荒骆岁的时候，岁阴在巳位，岁星在戌位。四月份时，岁星与奎、娄二宿一起出现在东方的早晨，名为跰踵，其星光呈赤色且有光芒。这时如果岁星运行失次，则会有相应的征兆在亢宿出现。

敦牂岁的时候，岁阴处午位，岁星在酉位。五月份时，岁星与胃、昴、毕三宿一起在早晨出现于东方，名为开明。其星炎炎有光。这一年应停止兵事，有利于帝王施政，不利于治军弄武。这时如果岁星失次，则会有相应的征兆在房宿出现。岁星出现早了，则房宿对应的国家将有旱灾；若出现晚了，该国则有水灾。

叶洽岁的时候，岁阴在未位，岁星在申位。六月份时，岁星在早晨与觜觿、参宿一起出现于东方，名为长列，其星体光亮灿烂。这一年有利于出兵战事。如果岁星这时运行失次，则会有相应的征兆在箕宿出现。

涒滩岁的时候，岁阴在申位，岁星在未位。七月份，在早晨时岁星与东井、舆鬼二宿一起出现于东方，名为大音。其星光呈白色且明亮。如果岁星这时运行失次，那么在牵牛宿对应的国度将会有征兆出现。

作鄂岁的时候，岁阴在酉位，岁星处午位。八月份时，岁星与柳宿、七星、张宿一起出现于东方的早晨，名为长王。其星光明亮且有芒角。这一年，其对应的国家将昌盛，且五谷丰收。八月时如果岁星运行失序，那么在危宿对应的国度将会有征兆出现。这时该国即使有旱灾，国运仍会昌隆；可能会有女主丧亡，而民众会有疾疫之苦。

阉茂岁的时候，岁阴在戌位，岁星在巳位。九月份时，岁星与翼、轸二宿一起出现在东方的早晨，名为天睢。其星光白色且大而亮。此时如果岁星运行失次，那么在东壁宿对应的国度将会有征兆出现。该国将会有水灾或女主丧亡之祸。

大渊献岁：岁阴在亥，星居辰。以十月与角、亢晨出，曰大章。苍苍然，星若跃而阴出旦，是谓“正平”。起师旅，其率必武；其国有德，将有四海。其失次，有应见娄。

困敦岁：岁阴在子，星居卯。以十一月与氐、房、心晨出，曰天泉。玄色甚明。江池其昌，不利起兵。其失次，有应昴。

赤奋若岁：岁阴在丑，星居寅，以十二月与尾、箕晨出，曰天皓。黫然黑色甚明。其失次，有应见参。

当居不居，居之又左右摇，未当去去之，与他星会，其国凶。所居久，国有德厚。其角动，乍小乍大，若色数变，人主有忧。

其失次舍以下，进而东北，三月生天棓，长四丈，末兑；进而东南，三月生彗星，长二丈，类彗；退而西北，三月生天欃，长四丈，末兑；退而西南，三月生天枪，长数丈，两头兑。谨视其所见之国，不可举事用兵。其出如浮如沈，其国有土功；如沈如浮，其野亡。色赤而有角，其所居国昌。迎角而战者，不胜。星色赤黄而沈，所居野大穰。色青白而赤灰，所居野有忧。岁星入月，其野有逐相；与太白斗，其野有破军。

岁星一曰摄提，曰重华，曰应星，曰纪星。营室为清庙，岁星庙也。

察刚气以处荧惑。曰南方火，主夏，日丙、丁。礼失，罚出荧大渊献岁的时候，岁阴出现在亥位，岁星出现在辰位。十月份的早晨时，岁星与角宿、亢宿一起出现在东方，名为大章。其星光茫青苍，好像是突然从黎明前的黑暗中跃出似的，这就叫“正平”。这样的年份，其对应的国家如果兴兵伐敌，其将帅必然勇猛；该国也因为有德而将拥有四海，成为天下共主。此时如果岁星运行失序，那么在娄宿对应的国度将会有征兆出现。

困敦岁的时候：岁阴在子位，岁星在卯位。十一月份的早晨，岁星与氐宿、房宿、心宿一起出现在东方，名为天泉。其星光色黑但是很明亮。这样的年份，江、池等水产将获得丰收，但不利于起兵。此时如果岁星运行失序，那么在昴宿对应的国度将会有征兆出现。

赤奋若岁的时候，岁阴在丑位，岁星在寅位。十二月份的早晨，岁星与尾宿、箕宿一起出现在东方，名为天皓。其星光色黑且明亮。此时如果岁星运行失序，那么在参宿对应的国度将会有征兆出现。

岁星在运行过程中会出现停留，如果它在某处应当停留却没有停留，即使停留却又左右摇动，或者不该离开却又离开了，与其他星宿交会，那么该宿相对应的国家就会出现灾难。如果在某处停留得过久，那么说明相对应的国家德泽深厚。如果岁星的芒角摇动，或是忽大忽小，好像颜色总是在变，那么预示着该国的国君有忧患。

岁星失次运行超过一宿，往东北方向顺行，三个月后会出现在天棓星附近，它看上去长四丈，尾端尖锐；向东南方向顺行，三个月后会出现在彗星附近，它看上去长两丈，形状像彗星；往西北方向逆行，三个月后会出现在天欃星附近，它看上去长四丈，尾端尖锐；向西南方向逆行，三个月后会出现在天枪星附近，它看上去有几丈长，两头尖锐。与这些星宿相对应的国家要认真观察岁星的运行情况，当年不宜举办大事或出兵动武。如果岁星出现时看似向北上浮而实则向南下沉，那么它所出现的区域对应的国家可能会扩张领土；如果是看似向南下沉而实则向北上浮，那么其对应之国将会丧失边境领土。如果岁星颜色赤红且有芒角，那么其出现天域所对应的分野国必会昌盛；与该国作战是不会获胜的。如果岁星的颜色赤黄而浓重，那么其出现天域所对应的分野国定是五谷大熟，得大丰收。如果岁星的颜色为青白或赤灰，那么其出现天域所对应的分野国定有忧患。如果岁星隐于月亮之后，那么其出现天域所对应的分野国的宰相会被罢免；如果岁星与太白星相遇，那么其出现天域所对应的分野国的军事行动会失败。

岁星又叫摄提，又名重华、应星、纪星。前面所说的营室宿就是天上的清庙，指的就是岁星庙。

通过观察阳刚的气象来对荧惑星做出决断。荧惑在五方中属南方，五行属惑，荧惑失行是也。出则有兵，入则兵散。以其舍命国。荧惑为勃乱，残贼、疾、丧、饥、兵。反道二舍以上，居之，三月有殃，五月受兵，七月半亡地，九月太半亡地。因与俱出入，国绝祀。居之，殃还至，虽大当小；久而至，当小反大。其南为丈夫，北为女子丧。若角动绕环之，及乍前乍后，左右，殃益大。与他星斗，光相逮，为害；不相逮，不害。五星皆从而聚于一舍，其下国可以礼致天下。

法，出东行十六舍而止；逆行二舍；六旬，复东行，自所止数十舍，十月而入西方；伏行五月，出东方。其出西方曰“反明”，主命者恶之。东行急，一日行一度半。

其行东、西、南、北疾也。兵各聚其下；用战，顺之胜，逆之败。荧惑从太白，军忧；离之，军却。出太白阴，有分军；行其阳，有偏将战。当其行，太白逮之，破军杀将。其入守犯太微、轩辕、营室，主命恶之。心为明堂，荧惑庙也。谨候此。

历斗之会以定填星之位。曰中央土，主季夏，日戊、己，黄帝，主德，女主象也。岁填一宿，其所居国吉。未当居而居，若已去而复还，还居之，其国得土，不乃得女。若当居而不居，既已居之，又西火，也就是火星，四时主夏，天干为丙丁。如果国家的行为失礼，荧惑星便会出现天降惩罚的征兆；荧惑就是行为不当的征兆。它若出现就会有战争，它若隐没战争就会停止。通常以荧惑所在的星宿占卜该星宿所对应分野国的吉凶。荧惑星的出现，往往预示着动乱的发生，如流寇、疾病、死丧、饥饿、战争等。荧惑星逆行超过两宿以上，停留在某宿，如果停留三个月，那么所停处相应的国度会有祸殃；如果停留五个月，该国将有外兵入侵；如果停留七个月，该国半数国土将丧失；如果停留九个月，该国国土将丧失大半；如果是从早到晚与停留处的星宿一起出没，那么该国便将灭亡了。荧惑星停留的地方，对应的分野国如果灾祸立刻降临，那么这种灾难看似大，其实小；如果灾祸迟迟才到，那么所受的祸殃将看似小，其实大。荧惑如果向南运行，是男子死亡的预示；如果是向北运行，则是女子死亡的预示。如果是荧惑的星光芒角动摇或是在原地旋转，以及忽前忽后、忽左忽右，那么祸殃就会更大。荧惑在运行中与其他星宿相遇，如果两者的星光亮度相差无几，那么就会有危害；如果两者的星光亮度相差悬殊，那么就不会有危害。如果五大行星相继聚集在同一星宿，那么该星宿对应的国度可以以礼号召天下。

荧惑运行的规律：早晨从东方出现后，自西向东顺行十六宿后停止，然后向西逆行二宿；约两个月后，再又向东顺行，经过数十宿后停止，大概十个月后日落前消逝于西方；在伏行五个月后，又在东方出现。如果它消失后又从西方出现，名为“反明”，这是分野国厌恶的天象。荧惑向东运行时速度很快，每天运行达到一度半。

荧惑向东、南、西、北四个方向的运行速度，都非常迅疾。当它运行到这四个方向的任何一个方位，该方位相应的地区都会有战事发生；如果发生战争，那么荧惑顺行时对应的分野国一方用兵必胜，逆行时对应的分野国一方用兵则必败。如果荧惑随着太白星而行，那么相应的分野国则有军事忧患；如果它离开太白星运行，那么军队会撤离。如果荧惑在太白星以北运行，那么表示会有偷袭的军队；如果是在太白星以南运行，则表示会有小的战事发生。当荧惑运行时，如果被太白星从后追上，那么预示着可能有军败将亡的事发生。荧惑星如果停留或者是侵犯太微垣、轩辕座、营室宿，那么对相应的分野国来说是最忌讳的事。心宿是指行政的明堂，而荧惑是执法的庙堂。仔细观察荧惑的情况，以断吉凶

通过历法中与南斗交会的年份，来判定填星的位置。按五行说法，填星属五方的中央，五行属土，即土星，主管夏末；天干属戊、己，是中央黄帝，主管道德，是女主的象征。土星每年行过一宿（绕恒星一周约二十八年），其停留处，对相应的分野国有利。如果在不该停留时而停留，或者已经离去却又返回来，且

东去，其国失土，不乃失女，不可举事用兵。其居久，其国福厚；易，福薄。

其一名曰地侯，主岁。岁行十三度百十二分度之五，日行二十八分度之一，二十八岁周天。其所居，五星皆从而聚于一舍，其下之国，可重致天下。礼、德、义、杀、刑尽失，而填星乃为之动摇。

赢，为王不宁；其缩，有军不复。填星，其色黄，九芒，音曰黄钟宫。其失次上二三宿曰赢，有主命不成，不乃大水。失次下二三宿曰缩，有后戚，其岁不复，不乃天裂若地动。

斗为文太室，填星庙，天子之星也。

木星与土合，为内乱，饥，主勿用战，败；水则变谋而更事；火为旱；金为白衣会若水。金在南曰牝牡，年谷熟，金在北，岁偏无。火与水合为焠，与金合为铄，为丧，皆不可举事，用兵大败。土为忧，主孽卿；大饥，战败，为北军，军困，举事大败。土与水合，穰而拥阏，有覆军，其国不可举事。出，亡地；入，得地。金为疾，为内兵，亡地。三星若合，其宿地国外内有兵与丧，改立公王。四星合，兵丧并起，君子忧，小人流。五星合，是为易行，有德，受庆，改立大人，掩有四方，子孙蕃昌；无德，受殃若亡。五星皆大，其事亦大；皆小，事亦小。

返回之后停留下来，那么预示着相应的分野国领土将会扩大，否则会得到女主。如果填星应该停留而不停留，及已停留却又很快向东或向西离去，那么相应的分野国会有丧失领土的灾祸，否则会丧失女主，不可以进行用兵大事。如果填星在某处停留得久，那么说明相应分野国的福气大；反之，说明该国的福气小。

填星，又名地侯，主要是掌管年岁的收成好坏。每年运行十三度又一百一十二分之五度，每日运行二十八分之一度，二十八年绕天空运行一周。如果填星停留在某一宿，而其他四星也都相从聚集于该宿，那么相对应的分野国可成为天下影响最大的国家。如果一个国家礼、德、义、杀、刑等全都失当，那么填星将会为此动摇不定。

如果填星运行出现赢的现象，则预示着相应分野国的君王将不得安宁；如果填星运行出现缩的现象，则预示着相应分野国出征的战士不会返回。填星，其光为黄色，有九道光芒，与黄钟宫调相对应。如果填星运行失次超过二三宿称为赢，象征着对应国不能实行君主之命，否则该国有大水灾。若运行失次落后二三宿称为缩，预示着对应国王后有悲戚之事，这一年年阴阳不和，冬至阴不复，夏至阳不复，不然就会有天崩地裂的事发生。

斗宿是天上的文太室，是填星之庙，是占卜天子吉凶的星宿。

木星与土星会合，象征着对应国将发生内乱。饥荒，人君不可发动战争，否则必败；木星与水星会合，象征着谋事不终，半途而废；木星与火星会合，表示该国将有旱灾发生；木星与金星会合，表示该国将有死丧之事或者有水灾。金星在木星（岁星）南会合，被称为牝牡，是五谷丰收的征兆；金星在木星北会合，则表示该国将五谷歉收。火星与水星会合被称为焠，火星与金星会合被称为铄，都预示着将有丧事，该国不宜有重大举措，此时如果对敌用兵则将大败。火星与土星会合有忧患，表示有公卿为祸；国家将有大饥，战事失利，有败北与军队被困的危险，凡是行事都将遭遇失败。土星与水星会合，五谷虽然丰收却流通不畅，有全军覆灭的危险，相对应的国度不可以进行大事。土星与水星会合时两星都出现，该国将丧失国土；如果两星会合而隐入不见，那么该国将会获得土地。土星与金星会合，预示着疾病流行，国内有兵造反，该国将丧失国土。如果五星中有三星在某处会合，那么相对应的国度，外有敌国入侵，内有战乱兴起，造成丧亡，将改立君主；如果是四星会合，预示该国将兵丧并起，人君有忧患，而百姓将流离失所；如果是五星会合，这是要易世而行，将要改朝换代的征兆，有德的国家，有喜庆，改立的君主，将拥有天下，子孙后代蕃衍昌盛；无德的国家，将遭受祸殃乃至灭亡。五星都大而明亮，其预兆的事体也大；五星都小而暗淡，其预兆的事体也小。

蚤出者为羸，羸者为客。晚出者为缩，缩者为主人。必有天应见于杓星。同舍为合，相陵为斗，七寸以内必之矣。

五星色白圜，为丧旱；赤圜，则中不平，为兵；青圜，为忧水；黑圜，为疾，多死；黄圜，则吉。赤角犯我城，黄角地之争，白角哭泣之声，青角有兵忧，黑角则水。意，行穷兵之所终。五星同色，天下偃兵，百姓宁昌。春风秋雨，冬寒夏暑，动摇常以此。

填星出百二十日而逆西行，西行百二十日反东行。见三百三十日而入，入三十日复出东方。太岁在甲寅，镇星在东壁，故在营室。

察日行以处位太白。曰西方，秋，日庚、辛，主杀。杀失者，罚出太白。太白失行，以其舍命国。其出行十八舍二百四十日而入。入东方，伏行十一舍百三十日；其入西方，伏行三舍十六日而出。当出不出，当入不入，是谓失舍，不有破军，必有国君之篡。

其纪上元，以摄提格之岁，与营室晨出东方，至角而入；与营室夕出西方，至角而入；与角晨出，入毕；与角夕出，入毕；与毕晨出，入箕；与毕夕出，入箕；与箕晨出，入柳；与箕夕出，入柳；与柳晨出，入营室；与柳夕出，入营室。凡出入东西各五，为八岁二百二十日，复与营室晨出东方。其大率，岁一周天。其始出东方，行迟，率日赢是五星早于推算时间出现的称谓，有如来了客人。行星晚于推算时间出现，称为缩，有如主人送客在后。如果五星运行失次出现赢、缩，必定会有反应从北斗的杓星失常显示出来。行星同在一宿叫做合，处于相邻的两宿叫做斗，如果两者相近在七寸以内，必定会有征兆显现。

五星如果色白而体圆，预示着将有丧事和旱灾；如果色红而体圆，边沿和中部有不平的样子，预示将有战争；如果色青而体圆，预示着将有水患；如果色黑而体圆，预示着将有疾病发生，死亡的人多；如果色黄而体圆，则是吉利的征兆。五星如果有赤色芒角，预示有敌兵犯我城池；如果有黄色芒角，预示着将有争夺土地的战争；如果有白色芒角，预示着将有丧事；如果有青色芒角，预示着军队将有忧患；如果有黑色芒角，预示着将有水灾。它们的形状和颜色变化，预示着军事行动的最终结果。如果五星一色，预示着天下将兵戈息止，百姓昌盛安宁。春风秋雨，夏热冬寒，季节变换的征兆，常从这些天象表现出来。

填星出现以后，顺行一百二十天后开始向西逆行，再经过一百二十天重又向东顺行。在天空中出现三百三十天后隐入伏行，伏行三十天后又重新出现在东方。太岁在寅位的甲寅年，填星在东壁宿和营室宿。

通过对太阳运行的观察来判断太白星的位置。按照五行的说法，太白星位于五方中的西方，属秋，天干为庚、辛，主刑杀。如果刑杀不当，太白星就会出现惩罚的征兆。太白星如果运行失常，按照所经行的星宿可推断对应国家的凶吉。太白星出现后行经十八宿，但要经过二百四十日才隐没伏行。如果它从东方隐没伏行，需行经十一宿和一百三十天后才会出现在东方；如果它从西方隐没伏行，则需行经三宿和十六日后，才会重新出现。如果太白星应该出现却没有出现，或者应该隐没却没有隐没，这称为失舍。如果太白星失舍，那么相应的国度不是打败仗，就必定会有篡位的事件发生。

按上元历法，甲寅年时，太白星与营室宿会同时出现于东方的早晨，运行到角宿时隐没不见；然后会与营室宿在黄昏时一起出现于西方，运行至角宿时隐没不见。再又与角宿在晨时一起出现于东方，运行到毕宿时隐没；然后又与角宿在黄昏时一起出现于西方，运行到毕宿时隐没。再与毕宿在晨时一起出现于东方，行到箕宿时隐没；黄昏时又与毕宿一起出现于西方，运行到箕宿时隐没。再与箕宿在晨时一起出现于东方，运行到柳宿时隐没；然后黄昏时与箕宿一起出现于西方，运行到柳宿时隐没。晨时再与柳宿一起出现在东方，运行到营室宿时隐没；然后与柳宿在黄昏时同时出现于西方，运行到营室宿时隐没。凡出入东西方各五次，用时八年，共二千九百二十天，太白星又会重新与营室宿在晨时同时出现于东方。平均来说，其运行一周大约需要一年的时间。它初出东方的时候，运行较半度，一百二十日，必逆行一二舍；上极而反，东行，行日一度半，一百二十日入。其庳，近日，曰明星，柔；高，远日，曰大嚣，刚。其始出西，行疾，率日一度半，百二十日；上极而行迟，日半度，百二十日，旦入，必逆行一二舍而入。其庳，近日，曰大白，柔；高，远日，曰大相，刚。出以辰、戌，入以丑、未。

当出不出，未当入而入，天下偃兵，兵在外，入。未当出而出，当入而不入，天下起兵，有破国。其当期出也，其国昌。其出东为东，入东为北方；出西为西，入西为南方。所居久，其乡利；易，其乡凶。

出西至东，正西国吉。出东至西，正东国吉。其出不经天；经天，天下革政。

小以角动，兵起。始出大，后小，兵弱；出小，后大，兵强。出高，用兵深吉，浅凶；庳，浅吉，深凶。日方南金居其南，日方北金居其北，曰赢，侯王不宁，用兵进吉退凶。日方南金居其北，日方北金居其南，曰缩，侯王有忧，用兵退吉进凶。用兵象太白：太白行疾，疾行；迟，迟行。角，敢战。动摇躁，躁。圜以静，静。顺角所指，吉；反之，皆凶。出则出兵，入则入兵。赤角，有战；白角，有丧；黑圜角，忧，有水事；青圜小角，忧，有木事；

慢，每天大约行进半度，一百二十天以后，必然会逆行一二宿；到达极点后又反向东行，每天行一度半，经过一百二十天后隐没。星位最低时，距离太阳最近，称为“明星”，星光柔和发亮；星位最高时，距离太阳最远，称为“大嚣”，星光强烈而明亮。太白星初出西方的时候，运行较快，每天大约行一度半，经一百二十天，到达极点后运行变慢，每天行半度，经一百二十天以后，将要隐没前，必定逆行一二宿才会隐没。星位最低时，距离太阳最近，名为“大白”，星光柔和发亮；星位最高时，距离太阳最远，名为“大相”，星光强烈而明亮。太白星升出地平线的方位在辰位、戌位，没入地平线的方位在丑位、未位。

如果太白星应当出现时没有出现，不应当隐没时却隐没，预示着天下将干戈停息，在外的士兵，将返回本国；如果不应当出现却出现了，应当隐没却没有隐没，预示着天下将有战争发生，有国家会灭亡。如果太白星按期出现，那么相应的分野国必定会昌盛。太白星如果出现于东方则与东方国相对应，若入于东方则与北方国相对应；若出于西方则与西方国相对应，若入于西方则与南方国相对应。若在某处停留的时间很久，则该国将获吉利；相反，则该国会有凶灾。

如果太白星从西方出现向东方运行，那么正西方向的国家将会吉利。如果太白星从东方出现向西方运行，那么正东方向的国家将会吉利。太白星出现后，不会历经周天运行至任意天区，如果其历行周天了，预示着天下将会改朝换代。

太白星光的芒角只要稍微有动摇，就表示将有战乱发生。如果太白星刚开始出现时比较大，然后变小，则表示对应国兵力弱小；如果刚开始出现时星体小，然后变大，则表示对应国兵力强盛。如果出现时星位高，则表示用兵一方深入敌国吉利，否则便会有凶险；如果出现时星位低，则预示着用兵一方进入敌境浅便会吉利，深入则会凶险。太阳位置偏南而金星位于太阳南，或者太阳位置偏北而金星位于太阳北方，这种现象称为赢，预示着侯王将不得安宁，在军事上进兵吉利，退兵则凶。太阳位置偏南而金星在太阳以北，或者太阳位置偏北而金星在太阳以南，这种现象称为缩，预示侯王将有忧患，如正在用兵，则退兵吉利而进兵凶险。用兵者应该善于观察太白星的星象：如果太白星运行得快，则用兵应速战速决；若太白星运行缓慢，则用兵也应持重缓行，静以待变。若太白星有芒角，则士兵也会锋芒外露，敢于战斗。如果太白星躁动，那么兵也宜动。如果太白星圆且静，兵也宜静。顺着太白星芒角所指方向用兵，则吉利；逆着芒角方向用兵，则凶险。太白星出现时则可出兵，太白星隐没时则应收兵。如果太白星的芒角为赤色，则预示着将有战事发生；如果芒角为白色，预示着将有丧事发生；如果芒角色黑且钝，那么预示着国有忧患，或有水灾；如果芒角色青且小而钝，预示着国有忧患，或者有与木星相关的祸事；如果芒角色黄且平和而圆钝，预示着黄圜和角，有土事，有年。其已出三日而复有微入，入三日乃复盛出，是谓耎，其下国有军败将北。其已入三日又复微出，出三日而复盛入，其下国有忧；师有粮食兵革，遗人用之；卒虽众，将为人虏。其出西失行，外国败；其出东失行，中国败。其色大圜黄滜，可为好事；其圜大赤，兵盛不战。

太白白，比狼；赤，比心；黄，比参左肩；苍，比参右肩；黑，比奎大星。五星皆从太白而聚乎一舍，其下之国可以兵从天下。居实，有得也；居虚，无得也。行胜色，色胜位，有位胜无位，有色胜无色，行得尽胜之。出而留桑榆间，疾其下国。上而疾，未尽其日，过参天，疾其对国。上复下，下复上，有反将。其入月，将僇。金、木星合，光，其下战不合，兵虽起而不斗；合相毁，野有破军。出西方，昏而出阴，阴兵强；暮食出，小弱；夜半出，中弱；鸡鸣出，大弱：是谓阴陷于阳。其在东方，乘明而出阳，阳兵之强，鸡鸣出，小弱；夜半出，中弱；昏出，大弱：是谓阳陷于阴。太白伏也，以出兵，兵有殃。其出卯南，南胜北方；出卯北，北胜南方；正在卯，东国利。出西北，北胜南方；出西南，南胜北方；正在酉，西国胜。

其与列星相犯，小战；五星，大战。其相犯，太白出其南，有与土星相关的事发生，年成好。若太白星已经出现三日而又稍微隐没，或者已经隐没三日又长时间出现，称作“耎”，那么对应国将会有军事失利、将军败北的事发生。如果太白星已隐没三日又稍有出现，或者已出现三日然后又长时间隐没，那么对应的国家将有忧患之事发生，要么是军队的粮食辎重，白白送给了敌军；要么是士卒众多，将军却被敌军俘虏。如果太白星从西方出现且运行失常，则预示着外国入侵者将失败；如果是从东方出现且运行失常，预示本国军队将失败。如果太白星圆且大，色黄而润泽，预示着将会有好事发生；如果其色赤而圆大，预示着该国军力虽强却无战争。

太白星色白时，说明它靠近天狼星；色赤时，说明它靠近心星；色黄时，说明它靠近参宿左肩上的参宿四星；色苍时，说明它与参宿右肩上的参宿五星相近；色黑时，说明它与奎宿中的亮星相近。当五星中的其他四星与大白星同聚于一宿时，其对应的分野国家可凭兵纵横天下。如果太白星停留的位置与推算位置一致，那么对应的国家将有所得；如果太白星所停留的位置与推算的不一致，那么其对应的国家将不会有收获。通过太白星来卜吉凶，通过太白星运行的状况来占卜胜过用其颜色来占卜，通过其颜色来占卜胜过用其所处方位来占卜，而有方位吉利的条件要胜于无方位吉利的条件，有颜色吉利的条件则胜于没有此条件者，但观察其运行来占卜胜过其他所有条件。如果太白星出现后迟迟停留于树梢之间，那么对应的国家将不利。如果其出现后快速向上运行，还没到一天就已超过了三分之一宿，则对于对应国的敌对国不利。如果太白星出现后忽下忽上，如此反复，预示着对应国将有将军会反叛。如果太白星出现后为月所掩，则预示对应国的将军会遭杀戮。如果金星与木星会合且明亮，对应的地区兵不相遇却有战争，即使出兵也不会发生战斗；如果会合后一星光芒掩盖了另一星，则预示双方将大战且一方大败。太白星从西方出现，时在昏时，属阴，西方也属阴，所以预示阴兵强盛；阴兵如果在晚饭时出动，兵力稍弱；如果在半夜时出动，兵力次弱；如果在鸡鸣时出动，兵力最弱，这叫做“阴陷于阳”。太白星出现在东方，时在黎明，属阳，东方也属阳，所以预示阳兵强盛；如果阳兵在鸡鸣时出动，兵力稍弱；如果在夜半时出动，兵力次弱；如果在黄昏时出动，兵力最弱，这叫做“阳陷于阴”。当太白星隐没地平线下伏行，这时候出兵则出兵方必有祸殃。太白星如果从东南方升起，预示着南方将战胜北方；如果从东北方升起，预示着北方将战胜南方；如果恰好从正东方升起，则对东方国家有利。太白星如果从西北方向升起，预示着北方将战胜南方；如果从西南方向升起，则预示着南方将胜过北方；如果恰好在正西方出现，则对西方国家有利。

如果太白星与众恒星相遇，则预示着有小规模战争将要发生；如果太白星南国败；出其北，北国败。行疾，武；不行，文。色白五芒，出蚤为月蚀，晚为天夭及彗星，将发其国。出东为德，举事左之迎之，吉。出西为刑，举事右之背之，吉。反之皆凶。太白光见景，战胜。昼见而经天，是谓争明，强国弱，小国强，女主昌。

亢为疏庙，太白庙也。太白，大臣也，其号上公。其他名殷星、太正、营星、观星、宫星、明星、大衰、大泽、终星、大相、天浩、序星、月纬。大司马位谨候此。

察日辰之会，以治辰星之位。曰北方水，太阴之精，主冬，日壬、癸。刑失者，罚出辰星，以其宿命国。

是正四时：仲春春分，夕出郊奎、娄、胃东五舍，为齐；仲夏夏至，夕出郊东井、舆鬼、柳东七舍，为楚；仲秋秋分，夕出郊角、亢、氐、房东四舍，为汉；仲冬冬至，晨出郊东方，与尾、箕、斗、牵牛俱西，为中国。其出入常以辰、戌、丑、未。

其蚤，为月蚀；晚，为彗星及天夭。其时宜效不效为失，追兵在外不战。一时不出，其时不和；四时不出，天下大饥。其当效而出也，色白为旱，黄为五谷熟，赤为兵，黑为水。出东方，大而白，有兵于外，解。常在东方，其赤，中国胜；其西而赤，外国利。无兵于外而赤，兵起。其与太白俱出东方，皆赤而角，外国大败，中国胜；其与太白俱出西方，皆赤而角，外国利。五星分天之中，积于东方，与其他四大行星相聚，则预示有大战将要发生。相遇时，如果太白星出现在它们南面，则预示着南面的国家将会失败；如果太白星在它们北方出现，则预示着北方的国家将失败。如果其运行速度很快，则预示着对应国只有靠武力才能解决问题；如果其停留不行，则预示着对应国可通过协商解决问题。如果太白星色白且有五芒星角，又早于推算时间出现，则可能出现月食；如果晚于推算时间出现，则可能变成天夭星或彗星，将有灾祸应验在对应国。太白星从东方出现为德星，如果在其左方或正面方向举行祭礼，将吉；太白星从西方出现为刑星，如果在其右方或背向它举行祭礼，将吉。反之则都有凶险。如果太白星的星光能够见影，那么该国出战能胜。如果白天看见太白星从空中经过，称为“争明”，预示着强国将会变弱，弱国将会变强，女主势力将会昌盛。

亢宿是天神的外朝，也就是太白星的外朝。太白，象征着大臣，号为上公。它还有其他的名称，如殷星、太正、营星、观星、宫星、明星、大衰、大泽、终星、大相、天浩、序星、月纬等。大司马应认真研究这些以太白星占卜的规则。

通过观察太阳与星辰交会时的距离，来确定辰星的位置。按五行说法，辰星属北方，五行中属水，即水星，是太阴之精，掌管冬季，天干为壬、癸。如果一个国家刑罚失当，从辰星可看出对其惩罚的征兆，由辰星所在星宿的状况可判断其对应国的吉凶。

辰星可以确定四时季节：二月春分，黄昏时它出现于西郊外的奎、娄、胃以东五宿的范围，对应的分野为齐；五月夏至的黄昏，它出现于西郊外东井、舆鬼、柳以东七宿的范围，对应的分野为楚；八月秋分的黄昏，它出现于西郊外角、亢、氐、房以东四宿范围内，对应的分野为汉；十一月冬至，它清晨出现在东方的郊外，与尾宿、箕宿、南斗宿、牵牛宿一起向西运行，对应的分野为中原之国。辰星常常在辰、戌、丑、未四个方位之间出没。

辰星早于推算时间出现，将会出现月食；晚于推算时间出现，是彗星或其他妖星出现的征兆。辰星在应当出现时却没有出现，是失行的表现，外面虽有追兵却不会有战斗。它一季不出现，那么该季将会阴阳不和；如果四季不出，那么天下将会出现大饥荒。辰星在该出现的时间按时出现，星色发白，预示着有旱灾；星色发黄，则预示着五谷丰收；星色发红，则预示着将有战事发生；星色为黑，则预示着有水灾。辰星在东方出现，星光明亮且色白，预示有敌兵在外，但可得和解。辰星常在东方，星色赤，预示着中原国家可胜利；常在西方，星色赤，预示着对中原之外的国家有利。辰星色赤，预示着虽外无敌兵，但国内也将有兵起。辰星与太白星从东方出现，星色都是赤红且有芒角，预示着中原之外的国家将会大败，中原之国将获得胜利；若都从西方出现，星色赤红且有芒角，预中国利；积于西方，外国用者利。五星皆从辰星而聚于一舍，其所舍之国可以法致天下。辰星不出，太白为客；其出，太白为主。出而与太白不相从，野虽有军，不战。出东方，太白出西方；若出西方，太白出东方，为格，野虽有兵不战。失其时而出，为当寒反温，当温反寒。当出不出，是谓击卒，兵大起。其入太白中而上出，破军杀将，客军胜；下出，客亡地。辰星来抵太白，太白不去，将死。正旗上出，破军杀将，客胜；下出，客亡地。视旗所指，以命破军。其绕环太白，若与斗，大战，客胜。免过太白，间可械剑，小战，客胜。免居太白前，军罢；出太白左，小战；摩太白，有数万人战，主人吏死；出太白右，去三尺，军急约战。青角，兵忧；黑角，水。赤行穷兵之所终。

免七命，曰小正、辰星、天欃、安周星、细爽、能星、钩星。其色黄而小，出而易处，天下之文变而不善矣。免五色，青圜忧，白圜丧，赤圜中不平，黑圜吉。赤角犯我城，黄角地之争，白角号泣之声。

其出东方，行四舍四十八日，其数二十日，而反入于东方；其出西方，行四舍四十八日，其数二十日，而反入于西方。其一候之营室、角、毕、箕、柳。出房、心间，地动。

辰星之色：春，青黄；夏，赤白；秋，青白，而岁熟；冬，黄而不明。即变其色，其时不昌。春不见，大风，秋则不实。夏不见，有六十日之旱，月蚀。秋不见，有兵，春则不生。冬不见，阴雨六十日，有流邑，夏则不长。

示着对中原之外的国家有利。若将天空以子午位为中，五星聚集于子午位以东，则对中原国家有利，于子午位以西聚集，则对中原外国家用兵的一方有利。五星都随辰星聚于某一星舍，对应国可以法取天下。辰星不出现时，太白为客星；与辰星一起出现时，太白为主星，辰星为客星。辰星与太白星不在同一方位出现，预示郊外虽有敌兵而没有战斗。辰星出于东方，太白星出于西方，或者辰星出于西方，太白星出于东方，都称为格，预示着郊外有兵而没有战斗。辰星不按时出现，预示气候本应寒冷却反而温暖，应当温暖却反而寒冷。应当出现而不出现，称为“击卒”，预示着有大规模的战乱兴起。辰星进入太白星座且从太白星上边离去，则预示着将有军队被击破或将军被杀的大事发生，胜利的一方为客军；如果是从太白星的下边离开，则表示客军将失败，会丧失领土。辰星追及太白，太白仍停留不动，预示有将军死亡。辰星从旗星上出现，预示着将有破军杀将的事发生，客军胜利；如果从旗星下出现，预示着客军将失败，会丧失领土。观察辰星芒角所指方向，可以来判定军队失败的国家。如果辰星环绕太白，如同与太白相斗，预示有大战发生，客军得胜。辰星从太白星旁经过，二者距离约一剑宽，预示要发生小规模的战争，得胜为客军。辰星在太白星前，罢军休战；从太白星左方经过，有小战发生；与太白星光相触而过，则表示有数万人规模的战争发生，主人一方的官吏被杀；辰星从太白星右方经过，相距三尺，预示军情紧急，双方相约而战。辰星芒角青色，军队有忧患；芒角黑色，有水灾；芒角赤色且运行，败军即将覆灭。

兔星有七个名称，分别叫做小正、辰星、天欃、安周星、细爽、能星、钩星。如果它的星光色黄且小，又不按正常的方位出现时，那么表示天下有大的变化，预示不吉利。兔星有五色：青且圆预示忧患，白且圆预示丧事，赤且圆预示中有不平事，黑且圆则吉利。兔星芒角赤色预示有敌军来犯我城，芒角黄色预示有争夺土地的事发生，芒角白色预示有丧事，有号哭之声。

辰星从东方出现后，运行四宿，要经四十八日，其中快行二十日，然后从东方反方向没入地平线；辰星从西方出现后，运行四宿，要经过四十八日，其中二十日快行，然后自西方反方向没入地平线。可在营室、角宿、毕宿、箕宿、柳宿之中的某一宿旁观测辰星。如果辰星出现于房、心二宿之间，预示有地震发生。

辰星的颜色，在春季是青黄色；夏季，是赤白色；秋季，是青白色，预示年岁丰熟；在冬季，是黄色，星不明亮。如果某个季节颜色改变，则该季不得顺昌。若辰星春季不出现，则有大风，秋天作物将不会结实。若夏季不出现，则有六十天的旱灾，有月蚀发生。若秋季不出现，则有战争，春天作物不会萌发。若冬季不出现，则有阴雨六十天，有城邑将被大水冲毁，夏天作物不生长。

角、亢、氐，兖州。房、心，豫州。尾、箕，幽州。斗，江、湖。牵牛、婺女，杨州。虚、危，青州。营室至东壁，并州。奎、娄、胃，徐州。昴、毕，冀州。觜觿、参，益州。东井、舆鬼，雍州。柳、七星、张，三河。翼、轸，荆州。

七星为员官，辰星庙，蛮夷星也。

两军相当，日晕；晕等，力钧；厚长大，有胜；薄短小，无胜。重抱大破无。抱为和，背不和，为分离相去。直为自立，立侯王；破军若曰杀将。负且戴，有喜。围在中，中胜；在外，外胜。青外赤中，以和相去；赤外青中，以恶相去。气晕先至而后去，居军胜。先至先去，前利后病；后至后去，前病后利；后至先去，前后皆病，居军不胜。见而去，其发疾，虽胜无功。见半日以上，功大。白虹屈短，上下兑，有者下大流血。日晕制胜，近期三十日，远期六十日。

其食，食所不利；复生，生所利；而食益尽，为主位。以其直及日所宿，加以日时，用命其国也。

月行中道，安宁和平。阴间，多水，阴事。外北三尺，阴星。北三尺，太阴，大水，兵。阳间，骄恣。阳星，多暴狱。太阳，大旱丧也。角、天门，十月为四月，十一月为五月，十二月为六月，水发，近三尺，远五尺。犯四辅，辅臣诛。行南北河，以阴阳言，旱水兵丧。

月蚀岁星，其宿地，饥若亡。荧惑也乱，填星也下犯上，太白也强国以战败，辰星也女乱。蚀大角，主命者恶之；心，则为内贼乱角、亢、氐三宿，以兖州为分野。房、心二宿，以豫州为分野。尾、箕二宿，以幽州为分野。南斗在江、湖地区。牵牛、婺女二宿，在扬州。虚、危二宿，以青州为分野。营室到东壁宿，在并州。奎、娄、胃三宿，以徐州为分野。昴、毕二宿，在冀州。觜觿、参二宿，以益州为分野。东井、舆鬼二宿，在雍州。柳、七星、张三宿，以三河地区为分野。翼、轸二宿，在荆州。

七星是员官的象征，是辰星的庙廷，是占卜蛮夷吉凶的星宿。

两军对阵时，有日晕发生，如果日晕各处大小厚薄相同，表示两军势均力敌；若某方肥厚长大，某方有获胜的希望；若某方薄而短小，该方必无胜利的希望。如果日有重抱，预示军队将大败。光晕向日为抱，抱晕出现，预示两军将主和；如果光晕背日，军不得和，但会相互退兵而去。如光晕直立日上，预示有自立事，指自立为侯王，也预示有破军杀将的事发生。日旁有负有戴，预示有喜庆事。若日晕外有芒，被围者胜；若晕内有芒，围敌者胜。日晕外圈青色而里圈为红色，表示双方将言和而去；外圈红色而里圈为青色，表示双方将怀愤而去。日旁气或日晕早出现晚消失，主军胜利；如早出现也早消失，则对主军开始有利，后来不利；如晚出现也晚消失，对主军开始不利，后来有利；如晚出现而早消失，前后对主军都不利，主军必不能胜；出现后很快消失了，虽胜不会有大功，半日以上出现的才有大功。白虹的形状短而弯曲，上下两端尖锐，预示在对应地区有大流血事件发生。通过日晕判定吉凶，应验的日期最近在三十日之内，最远在六十日之内。

有日食发生，预示着不吉利；日食后又发光，预示吉利；日全食，承担的吉凶者是君主，非全食的承担者为臣下。依据日食的方位，太阳所在位置，再加上日食的时间早晚，可以判定对应国的吉凶。

月亮运行在黄道附近，预示着世道的安宁与和平。运行在黄道以北，预示多雨水，有丑事。在黄道以北三尺有阴星，在阴星以南三尺之间为太阴道，月亮运行于太阴道预示有大水和兵事。同样，在中道以南三尺处有阳星，在阳星以北三尺之间为太阳道。月亮运行于黄道南，预示君主骄横恣肆；运行于阳星间，预示国中多以暴虐凶残治刑狱。运行于太阳道，预示将有大旱和丧事，如果是在十月，月亮在角宿和天门之间运行，来年四月将成灾；如果是在十一月，来年五月成灾；在十二月，来年六月成灾，灾是发大水，少则水三尺深，多则可达五尺深。月亮与任一颗房四星相犯，预示有辅佐大臣被诛杀。月亮在南河、北河附近运行，南河之北或北河之南对应的分野，将有旱水兵丧等祸事。

月掩蔽岁星，发生星蚀，预示着在对应的分野地区有饥荒或死亡发生。月蚀荧惑星，预示着世道混乱；月蚀填星，预示有臣下犯上作乱；月蚀太白星，则预也；列星，其宿地忧。

月食始日，五月者六，六月者五，五月复六，六月者一，而五月者五，凡百一十三月而复始。故月蚀，常也；日蚀，为不臧也。甲、乙，四海之外，日月不占。丙、丁，江、淮、海岱也。戊、己，中州、河、济也。庚、辛，华山以西。壬、癸，恒山以北。日蚀，国君；月蚀，将相当之。

国皇星，大而赤，状类南极。所出，其下起兵，兵强；其冲不利。

昭明星，大而白，无角，乍上乍下。所出国，起兵，多变。

五残星，出正东东方之野。其星状类辰星，去地可六丈。

大贼星，出正南南方之野。星去地可六丈，大而赤，数动，有光。

司危星，出正西西方之野。星去地可六丈，大而白，类太白。

狱汉星，出正北北方之野。星去地可六丈，大而赤，数动，察之中青。此四野星所出，出非其方，其下有兵，冲不利。

四填星，所出四隅，去地可四丈。

地维咸光，亦出四隅，去地可三丈，若月始出。所见，下有乱；乱者亡，有德者昌。

烛星，状如太白，其出也不行。见则灭。所烛者，城邑乱。

如星非星，如云非云，命曰归邪。归邪出，必有归国者。

星者，金之散气，其本曰火。星众，国吉；少则凶。

示强国由于战争而衰败；月蚀辰星，则预示有女子作乱；月蚀大角星，则对于执掌命令的君主不利；月蚀心宿，则预示有内贼作乱；其他被蚀诸星，则预示有忧患在相应地区。

从月食开始的日子算起，每隔五个月发生的月食有六次，每隔六个月发生的月食有五次，再隔五个月发生的月食六次，然后隔六个月后又发生一次月食，再隔五个月发生一次月食的共五次，总计重复发生，历经一百一十三个月。所以说月蚀的发生是很平常的事；日蚀，才是不常见的。甲、乙主东方，海外是对应的地区，所以不由日月占吉凶。丙、丁主南方，江、淮、海岱是对应地区。戊、己主中央，中州、河、济一带是对应地区。庚、辛主西方，华山以西是对应地区。壬、癸主北方，恒山以北是对应地区。日蚀，由国君承当吉凶；月蚀，由将相承当吉凶。

国皇星，星光明亮且色红，形状似南极老人星。国皇星出现，预示着其对应的地区将有战乱兴起，且该国兵势强盛，对与它相对的一方很不利。

昭明星，星光明亮且色白，无芒角，忽上忽下。昭明星出现，预示着相应地区有兵祸兴起，且形势多变。

五残星，在正东方向出现，位于东方分野的地平线上空。状似辰星，高距地面约六丈。

大贼星，出现于正南方向分野国的地平线上空，高距地面约六丈，星光明亮且色红，时常移动，移动时有光芒。

司危星，出现于正西方向分野国的地平线上空。高距地面约六丈，星光明亮且色白，状似太白星。

狱汉星，出现于正北方向分野地区的地平线上空，高距地面约六丈，星光明亮且色红，时常移动，细观可发现星中略带青色。这四个方向分野出现的星，如果不在其应当出现的方向上出现，预示对应地区都有兵祸兴起，对于相冲位置对应的分野国不利。

四填星，在东北、西北、东南、西南等四隅地区出现，距地平线约四丈。

地维咸光星，也出现于上述的四隅地区，距地平线约三丈，星光朦胧，有如月亮刚出现时一般。其出现对应的地区定会有变乱；作乱的必定会灭亡，有德行者必会昌盛。

烛星，形状看起来像太白星，它出现后也不移动。出现不久便消失了，其照耀对应的地区，城邑将会有乱。

样子像星但又不是星，像云又不是云，这叫做“归邪”。如果出现归邪现象，预示着将有人归降国家。

星，是五行中的金气所成，本身是一团火。如果星星众多，那么对应的国家吉利；如果少，则凶险。

汉者，亦金之散气，其本曰水。汉，星多，多水，少则旱，其大经也。

天鼓，有音如雷非雷，音在地而下及地。其所往者，兵发其下。

天狗，状如大奔星，有声，其下止地，类狗。所堕及，望之如火光炎炎冲天。其下圜如数顷田处，上兑者则有黄色，千里破军杀将。

格泽星者，如炎火之状。黄白，起地而上。下大，上兑。其见也，不种而获；不有土功，必有大害。

蚩尤之旗，类彗而后曲，象旗。见则王者征伐四方。

旬始，出于北斗旁，状如雄鸡。其怒，青黑，象伏鳖。

枉矢，类大流星，蛇行而仓黑，望之如有毛羽然。

长庚，如一匹布著天。此星见，兵起。

星坠至地，则石也。河、济之间，时有坠星。

天精而见景星。景星者，德星也。其状无常，常出于有道之国。

凡望云气，仰而望之，三四百里；平望，在桑榆上，千余二千里；登高而望之，下属地者三千里。云气有兽居上者，胜。

自华以南，气下黑上赤。嵩高、三河之郊，气正赤。恒山之北，气下黑下青。勃、碣、海、岱之间，气皆黑。江、淮之间，气皆白。

徒气白。土功气黄。车气乍高乍下，往往而聚。骑气卑而布。卒气抟。前卑而后高者，疾；前方而后高者，兑；后兑而卑者，却。其气平者其行徐。前高而后卑者，不止而反。气相遇者，卑胜高，兑胜方。气来卑而循车通者，不过三四日，去之五六里见。气来高七八尺者，不过五六日，去之十余里见。气来高丈余二丈者，不过三四十日，去之五六十里见。

银河，也是由离散的金气所成，本身为水。银河中星数多，预示着地上多水；星数少，预示着地上水少，有旱灾，这是通过星占卜吉凶的大概情形。

天鼓，出现时声音如雷般大，但又不是雷，声音由地面传到地下。声音所往的方向，有兵兴起。

天狗，形状就像一颗大流星，伴有隆隆声，落在地上，形状像狗。它坠落的地方，远远望去火光炎炎，直冲天际。坠落的范围有数顷地方大小，上端尖锐处发黄光，预示着军队将奔袭千里，破军杀敌。

格泽星，形状像炎火，色黄白，从地平线升起，下面大而上端尖锐。如格泽星出现，即使不耕种也会有收获；如果不加强土木工程建设，必有大害。

蚩尤旗，形状像彗星，不同的是其后端弯曲，有如一面旗帜。蚩尤旗出现，表示有王者将征伐四方。

旬始星，出现于北斗星旁，形状像一只雄鸡。星怒时有芒角，为青黑色，形状变得像只伏鳖。

枉矢星，就像大流星一样，如蛇般弯弯曲曲地移动，且颜色苍黑，看上去就好像有羽毛一样。

长庚星，如同挂在天上的一匹布。此星出现，预示着将有兵祸兴起。

星星坠落在地后，则成了石头。在黄河、济水流域之间，经常有星石坠落。

天空晴朗且明亮时，常能见到景星。景星，也就是德星。它的形状并不固定，常常在治理得好的国家出现。

凡是观察云气占卜，如果只有仰面才能望见，所占距离不过三四百里范围；若平望过去，见树梢之间有云气在，则所占范围达二千里；若登高而望，方得见到云气与地相连，则所占范围为三千里。如果云气形状像兽类的，则所占吉利。

自华山以南，云气上为赤色下为黑色。野外嵩高山、三河一带，云气是正红色。恒山以北，云气上边为青色下边为黑色。渤海、碣石和海岱之间，云气都是黑色。江、淮之间，云气都是白色。

在征调军队的地方，云气为白色；在有土方工程的地方，云气为黄色。车战部队行走时产生的云气忽高忽低，有时还往一起聚；骑兵奔走时产生的云气，分布的面积较大但低矮；步卒行走时产生的云气，则要高一些、窄一些。云气后边高前边低，预示着奔行急，速度快；云气后边高前边方，预示着士卒精锐；云气矮且后端尖锐，预示着退却；云气平，预示着军行慢；云气后端低前端高，预示着不停地退却。二方相遇，云气低矮的一方胜，高的一方败；尖锐的一方胜，圆钝的一方败。敌气行疾低矮，若向我方移动，且是循车辙而来，不超过三四日，距我军五六里便可见敌踪。敌气高七八尺，不超过五六日，距我军十余里便可见敌踪。敌气高一丈多到二丈的，不超过三四十日且距我军五六十里便可见敌踪。

梢云精白者，其将悍，其士怯。其大根而前绝远者，当战。青白，其前低者，战胜；其前赤而仰者，战不胜。阵云如立垣。杼云类杼。轴云抟两端兑。杓云如绳者，居前亘天，其半半天。其蛪者类阙旗故。钩云句曲。诸此云见，以五色合占。而泽抟密，其见动人，乃有占；兵必起，合斗其直。

王朔所候，决于日旁。日旁云气，人主象。皆如其形以占。

故北夷之气如群畜穹闾，南夷之气类舟船幡旗。大水处，败军场，破国之虚，下有积钱，金宝之上，皆有气，不可不察。海旁蜄气象楼台；广野气成宫阙然。云气各象其山川人民所聚积。

故候息秏者，入国邑，视封疆田畴之正治，城郭室屋门户之润泽，次至车服畜产精华。实息者，吉；虚秏者，凶。

若烟非烟，若云非云，郁郁纷纷，萧索轮囷，是谓卿云。卿云，喜气也。若雾非雾，衣冠而不濡，见则其域被甲而趋。

夫雷电、虾虹、辟历、夜明者，阳气之动者也，春夏则发，秋冬则藏，故候者无不司之。

天开县物，地动坼绝。山崩及徙，川塞溪垘；水澹地长，泽竭见象。城郭门闾，闺臬槁枯；宫庙邸第，人民所次。谣俗车服，观民饮食。五谷草木，观其所属。仓府厩库，四通之路。六畜禽兽，所产去就；鱼鳖鸟鼠，观其所处。鬼哭若呼，其人逢俉。化言，诚然。

凡候岁美恶，谨候岁始。岁始或冬至日，产气始萌。腊明日，人众卒岁，一会饮食，发阳气，故曰初岁。正月旦，王者岁首；立春云气末梢呈亮白色的，表示对应国将军勇悍但士气衰弱。云气根底大而前方延伸得很远的，应当有战事发生。云气为青白色，且前端低矮者，战则能胜；前端色红而上仰的，战不能胜。兵阵形成的云气，就像直立的垣墙一样；杼云的形状像织布木梭一样；轴云抟直而上，尖锐两端。杓云就像细长的绳一样，横亘于天，其一半就有半个天空长；另一种如虹霓的形状，好像有缺损的旗子，所以边角尖锐。钩云，就像钩子一样弯曲。诸如以上云气出现后，需综合考察所具五色后占卜。只有云气润泽、抟成团而且密，出现后足以动人的，才可资占卜；以上云气预示有战事兴起，相应的云气呈现交战状态。

善望气者王朔，他所候望的云气都取自于太阳旁。日旁的云气与其他云气相比，有人主的气象。卜时按云气所成的形象直接判定吉凶。

所以，北方夷人所成的云气好像畜群与居住的毡包群，南方夷人所成的云气好像舟船和旗幡。凡有水灾的地方，败军的战场，破国的废墟，以及地下埋藏有积钱、金宝之地等都有云气，一定要仔细观察。海边的蜃气，会出现楼台一样的形状；广阔的原野上所成云气，像宫殿城阙一样。可见，各自所在地的山川人民聚积的气象与云气相同。

所以，占卜某国虚实的人，要到该国的城邑中去，观察是否平正治理其封疆、田畴，城郭房屋门户是否润泽，然后观察车辆、衣着、畜产等项是朴陋还是精华。殷实而繁息的，吉利；虚竭耗损的，凶险。

像烟但不是烟，像云但不是云，纷纷郁郁，萧索迷蒙，这样的云气称为卿云。卿云，是喜气化成。像雾但又不是雾，人在其中，衣冠不潮不湿，如果这样的云气出现，则表示域内人都将披甲趋走，有征战城守之事发生。

雷电、霞虹、霹雳、夜明等现象，是由于阳气发动而形成的。它们发生于春、夏二季，隐藏于秋、冬二季。所以，占卜的人都据此进行观测。

物象见于天开裂，裂缝是由于地震动而形成。山崩摧及泥石流动，堵塞了河川，崩壅了溪谷；水动荡、平地长出丘陵，涸竭了沼泽，都是吉凶的征兆。此外看城郭闾巷，观门及轴的枯槁；观宫室庙宇、官邸宅第，看普通人民所处的地位。观谣谚、风俗、车辆、衣着等，看百姓饮食的好坏。对五谷草木，首先是它们所属类别的观察。对仓廪、马厩、库藏等，首先对四周的交通道路观察。对六畜禽兽，重在观察它们的产地和用场；对鱼鳖鸟鼠，重在其居处的环境的观察。有鬼哭泣，似呼叫，人逢必有惊貌。万物都与此一般无二，表现必有怪异，所以可通过望气知吉凶。此虽俚俗传言，理实不虚。

凡要占候年岁收成的丰歉，岁始最重要。岁始或指冬至节，这一天开始产生阳气；或是指腊祭的第二天，腊祭是由于岁事已毕，众人在一起会餐，以引发阳气，所以这天也称为初岁；或是指正月初一的黎明，这是帝王历法的起始日。或日，四时之始也。四始者，候之日。

而汉魏鲜集腊明正月旦决八风。风从南方来，大旱；西南，小旱；西方，有兵；西北，戎菽为，小雨，趣兵；北方，为中岁；东北，为上岁；东方，大水；东南，民有疾疫，岁恶。故八风各与其冲对，课多者为胜。多胜少，久胜亟，疾胜徐。旦至食，为麦；食至日昳，为稷；昳至餔，为黍；餔至下餔，为菽；下餔至日入，为麻。欲终日有云，有风，有日。日当其时者，深而多实；无云有风日，当其时，浅而多实；有云风，无日，当其时，深而少实；有日，无云，不风，当其时者稼有败。如食顷，小败；熟五斗米顷，大败。则风复起，有云，其稼复起。各以其时用云色占种所宜。其雨雪若寒，岁恶。

是日光明，听都邑人民之声。声宫，则岁善，吉；商，则有兵；徵，旱；羽，水；角，岁恶。

或从正月旦比数雨。率日食一升，至七升而极；过之，不占。数至十二日，日直其月，占水旱。为其环千里内占，则为天下候，竟正月。月所离列宿，日、风、云，占其国。然必察太岁所在。在金，穰；水，毁；木，饥；火，旱。此其大经也。

正月上甲，风从东方，宜蚕；风从西方，若旦黄云，恶。

冬至短极，悬土炭，炭动，鹿解角，兰根出，泉水跃，略以知日至，要决晷景。岁星所在，五谷逢昌。其对为冲，岁乃有殃。

指立春节，这是四季第一天的开始。以上四种岁始，都是候岁的重要日子。

而汉朝人魏鲜，判定当年的吉凶美恶，集中通过在腊祭的第二日与正月初一黎明时八方所起的风来判定。从南方来风，有大旱灾；从西南来风，有小旱；从西方来风，有战争；从西北方来风，黄豆的收成好，多小雨，促兵兴起；从北方来风，是中等年成；从东北来风，丰收年；从东方来风，有大水；从东南来风，百姓多疾病、时疫，年成不好。所以八风吉凶各与它们相对方向的风相比较，以多少、久亟、疾徐定胜负：多胜少，时间长久胜短暂，风速快疾胜舒缓。黎明到早饭之间的风与麦子收成相对应；早饭到日偏西之间与稷对应；日偏西到晚饭间与黍对应；晚饭后与豆对应，日入时与麻对应。最好的天气是终日有云、有风、有太阳，这样可保一年之间五谷丰收，没有灾害。占卜的方法是，在上述某时段中有风、有云、有太阳，对应的作物多实株深；无云、有风、有太阳，对应的作物多实而株浅（矮）；有云、有风，无太阳，对应的作物少结籽实只长秸杆；只有太阳、无云、无风，对应的作物有伤败且不得收获的。若一顿饭工夫无风、无云的时间，伤败小；若较长时间，相当于煮熟五斗米的工夫，伤败大。此后再有云、有风，那未被伤败的作物也重新恢复起来；另外还可以通过上所说各时段中的云气颜色，来占卜一年之中何种作物种植最为适宜。若有雨雪在岁首，天气寒冷，当年的年成不好。

若在岁首时天气晴朗，可由都城人民的声音来占卜一岁的吉凶。若是宫声，则年岁好，吉利；如是商声，则表示有兵事；是徵声，表示天旱少雨；为羽声，说明有水灾；为角声，表示年成很坏。

有时候可通过从正月初一开始数连续下雨日子的多少，来占卜年成好坏，按一日有雨百姓每人便可得当年一升口粮的比例预测收成，一直到收获七升为极限。超过七升后，不再占卜。若想自初一占卜到十二日，卜法又不相同，把每日与当年的月份相对应，用十二天的水旱灾情来占卜全年收成。若所占卜的地区方圆至千里，由于地域广大，应该按占卜天下的方法，整个正月卜尽。由正月之内，通过月所在位置，其经过某宿时，使用上述通过太阳、风、云占卜分野国的年成好坏和吉凶。但是，必须同时观察太岁的位置。太岁在金位，当年丰收；在水位，庄稼受毁损，收成不好；在木位，有饥荒；在火位，岁旱少雨。以上是占候风的大概情形。

正月的第一个甲日，如果多东风，适宜养蚕；多西风，且早上有黄云，那么当年收成不好。

冬至这一天白昼极短，可分别把土和炭悬挂在秤的两端使其平衡。随着冬至临近，气温不断变化，若悬挂炭的一端开始先仰起，鹿换新角，兰根生芽，泉水涌出，便能大概判定冬至这一天是否到来，但最终还要通过日晷测定日影长短，才能做出准确判断。与岁星所在辰次对应的地区，将五谷丰收，昌盛吉利；衡为相对的辰次的名称，与衡对应的地区则有灾殃。

太史公曰：自初生民以来，世主曷尝不历日月星辰？及至五家、三代，绍而明之，内冠带，外夷狄，分中国为十有二州，仰则观象于天，俯则法类于地。天则有日月，地则有阴阳。天有五星，地有五行。天则有列宿，地则有州域。三光者，阴阳之精，气本在地，而圣人统理之。

幽厉以往，尚矣。所见天变，皆国殊窟穴，家占物怪，以合时应，其文图籍禨祥不法。是以孔子论六经，纪异而说不书。至天道命，不传；传其人，不待告；告非其人，虽言不著。

昔之传天数者：高辛之前，重、黎；于唐、虞，羲、和；有夏，昆吾；殷商，巫咸；周室，史佚、苌弘；于宋，子韦；郑则裨灶；在齐，甘公；楚，唐眛；赵，尹皋；魏，石申。

夫天运，三十岁一小变，百年中变，五百载大变；三大变一纪，三纪而大备：此其大数也。为国者必贵三五。上下各千岁，然后天人之际续备。

太史公推古天变，未有可考于今者。盖略以春秋二百四十二年之间，日蚀三十六，彗星三见，宋襄公时星陨如雨。天子微，诸侯力政，五伯代兴，更为主命，自是之后，众暴寡，大并小。秦、楚、吴、越，夷狄也，为强伯。田氏篡齐，三家分晋，并为战国。争于攻取，兵革更起，城邑数屠，因以饥馑疾疫焦苦，臣主共忧患，其察禨祥候星气尤急。近世十二诸侯七国相王，言从衡者继踵，而皋、唐、甘、石因时务论其书传，故其占验凌杂米盐。

二十八舍主十二州，斗秉兼之，所从来久矣。秦之疆也，候在太白，占于狼、弧。吴、楚之疆，候在荧惑，占于鸟衡。燕、齐之疆，候在辰太史公说：自从人类社会形成以来，世间君主何尝不推测日月星辰的运行来制定历法？直到五帝和夏商周三代时期，天体的运行规律和观测天象的重要性才被明确和发扬光大：冠带为内，夷狄为外，内外使有别，把中原划分为十二州，仰则对天上的星象进行观察，俯则对地面上的事物进行模仿、效法，然后知天上有日月，地上则有阴阳；天上有五星，地上则有五行；天上有列宿，地上则有州郡，一一相对应。天上的日、月、星三光，是地上的阴阳二气精华凝聚而成，三光之气以地为本原，所以圣人得以统一天地而加以治理。

周幽王、厉王以前，时日很遥远了。通过对天象变化的观察，各国所卜吉凶均不相同；各家占卜所取的物怪，也都是与当时情事相符合的，所以遗留下来的文字图书记载的吉祥征兆之类，也都不可取为法则。因此，孔子论述六经，虽记灾异，但有关灾异的理论却没有记载；至于天道性命之类，更不会传授。这是由于若传得其人，不待告而知之；若不得其人，虽告犹不能明的缘故。

往昔知天数而得传授的人，在高辛氏前，有重和黎；在唐、虞时期，有羲氏、和氏；在夏朝时期，为昆吾；殷商时期，有巫咸；周朝时期，有史佚、苌弘；列国时期，宋有子韦，郑有裨灶，齐有甘公，楚有唐眛，赵有尹皋，魏有石申。

天道运行，三十年一小变，一百年一中变，五百年一大变；每三次大变为一纪，三纪之中所有变化都将经历一遍，这是天道运行的大致规律。一个国家的君主必然重视三、五这两个数字，就是基于以上原因。经过上下各千年的变化，然后天人间的关系接续才能完备。

太史公推求古代天象的变化，发现没有今天可用来考证的资料。于是便以春秋二百四十二年之间的历史为例，据记载其间有三十六次日蚀，出现彗星三次，在宋襄公时出现一次如同降雨般的星体陨落。当时，天子微弱，政事由有力者诸侯主持，相继兴起五霸，天下的政令迭次更换。此后，人众多的对寡少者横施强暴，大国对小国加以兼并。秦、楚、吴、越诸国都是夷狄之国，也成了强有力的霸主。自田氏篡夺了齐国政权、韩、赵、魏三家分割晋国以后，进入战国时期。各国间竞相攻取掠夺，相继而起战争，城镇遭屡次屠灭，加上灾荒、疾疫与火焚所致的焦土之痛，各国君臣皆以此为忧患，所以当务之急便是观察祥瑞征兆、测候星气以预见吉凶。近世以来，十二诸侯、七国争相为王，倡言纵横的人接踵而至，何去何从，骤难判定。在这种情况下，皋、唐、甘、石等人，各自根据当时的事物来解释他们的占卜书籍，以致记载他们占验事的资料零杂琐屑，甚至小到米盐等事。

占卜以二十八宿分主十二州，而十二州由北斗兼主，自很久以前就是这样了。秦国疆域内的吉凶，由太白星候望，狼、弧星占卜。吴国、楚国疆域内的吉凶，由荧惑星候望，鸟衡星占卜。燕国、齐国疆域内的吉凶，由辰星，占于虚、危。宋、郑之疆，候在岁星，占于房、心。晋之疆，亦候在辰星，占于参、罚。

及秦并吞三晋、燕、代，自河山以南者中国。中国于四海内则在东南，为阳；阳则日、岁星、荧惑、填星；占于街南，毕主之。其西北则胡、貉、月氏诸衣旃裘引弓之民，为阴；阴则月、太白、辰星；占于街北，昴主之。故中国山川东北流，其维，首在陇、蜀，尾没于勃、碣。是以秦、晋好用兵，复占太白，太白主中国；而胡、貉数侵掠，独占辰星，辰星出入躁疾，常主夷狄：其大经也。此更为客主人。荧惑为孛，外则理兵，内则理政。故曰“虽有明天子，必视荧惑所在”。诸侯更强，时灾异记，无可录者。

秦始皇之时，十五年彗星四见，久者八十日，长或竟天。其后秦遂以兵灭六王，并中国，外攘四夷，死人如乱麻，因以张楚并起，三十年之间兵相骀藉，不可胜数。自蚩尤以来，未尝若斯也。

项羽救钜鹿，枉矢西流，山东遂合从诸侯，西坑秦人，诛屠咸阳。

汉之兴，五星聚于东井。平城之围，月晕参、毕七重。诸吕作乱，日蚀，昼晦。吴楚七国叛逆，彗星数丈，天狗过梁野；及兵起，遂伏尸流血其下。元光、元狩，蚩尤之旗再见，长则半天。其后京师师四出，诛夷狄者数十年，而伐胡尤甚。越之亡，荧惑守斗；朝鲜之拔，星茀于河戍；兵征大宛，星茀招摇：此其荦荦大者。若至委曲小变，不可胜道。由是观之，未有不先形见而应随之者也。

夫自汉之为天数者，星则唐都，气则王朔，占岁则魏鲜。故甘、石历五星法，唯独荧惑有反逆行；逆行所守，及他星逆行，日月薄蚀，皆以为占。

星候望，虚、危星占卜。宋国、郑国疆域内的吉凶，由岁星候望，房、心星占卜。晋国疆域内的吉凶，由辰星候望，参、罚星占卜。

到了秦国吞并三晋和燕、代地区以后，自华山与黄河以南的地区成为中原的中心。此地在四海内处东南方向，东南方属阳；阳则与日、岁星、荧惑、填星相对应；以天街星以南诸星作占，以毕宿为主。胡、貉、月氏等穿毡裘、以射猎为生的百姓在中原西北；西北为阴，阴则与月、太白、辰星相对应，以天街星以北诸星作占，以昴星为主。所以中原的山脉、河流的走向多是自西南向东北，山川的源头在陇蜀地区，而末尾在渤海、碣石一带消失。秦、晋好用兵，有夷狄风，复占太白星，而秦、晋为中原地。所以，中原不但占日、岁等星，还占太白星，太白星也主中原域内的祸福吉凶；而中国经常受胡、貉侵掠，只占辰星，因为辰星出入轻躁、疾速，类夷狄，所以常主夷狄人的吉凶，也是作占的通用原则。太白星与辰星更相为主客。荧惑星为悖乱，外占兵事，内占政事，所以文献有“虽然有明天子在位，也必须时常观察荧惑星的位置”的说法。诸侯变得更为强大，当时灾异等事的记述，没有可以采录的。

秦始皇在位时，十五年之间彗星出现了四次，时间长的存在达到八十多天，彗星大的，几乎横贯天空。后来，秦朝果然灭掉六国，统一天下，对外与四夷交战，死人枕藉，如同乱麻。因而有陈胜等人共同起兵，前后三十多年，士兵相互践踏致死的不计其数。从蚩尤以来，从没有如此残酷的。

项羽援救巨鹿时，枉矢星西流。此后，山东诸侯联兵，西行破秦，秦朝降兵被坑杀，咸阳城被屠灭。

汉朝兴起时，五星会聚于东井宿之中。汉高祖被匈奴兵围于平城时，在参、毕二宿附近，月晕多至七重。诸吕作乱时，发生了日食，虽是白昼但也黑暗无光。吴、楚等七国叛乱，有长达数丈的彗星出现，梁国郊野有天狗星经过。七国兵起以后，以至于梁国城下尸横血流。元光、元狩年间，两次出现蚩尤旗星，其长横过半个天空。以后四处出兵京城，与夷狄前后作战数十年，其中同胡人的战争最为激烈。越国灭亡的征兆，是荧惑星守于南斗；攻拔朝鲜的征兆，是彗星出现于南河、北河；出兵征讨大宛前，有彗星于招摇附近出现。以上是最为明显的例证。至于一些小的、较为间接的例证，更是数不胜数。由此可见，没有一件事不是先由天象表现出来，然后才在世间得以应验。

自汉初以来占卜天数最著名的人，观星的是唐都，望气的有王朔，卜岁的有魏鲜。甘德、石申的历法中用五星作占，不过他们认为只有荧惑星才有反行或称为逆行。所以，凡有荧惑星逆行所停留的地方，以及逆行的其他星，日与月的薄蚀等，都可以用来占卜。

余观史记，考行事，百年之中，五星无出而不反逆行，反逆行，尝盛大而变色；日月薄蚀，行南北有时：此其大度也。故紫宫、房心、权衡、咸池、虚危列宿部星，此天之五官坐位也，为经，不移徙，大小有差，阔狭有常。水、火、金、木、填星，此五星者，天之五佐，为纬，见伏有时，所过行赢缩有度。

日变修德，月变省刑，星变结和。凡天变，过度乃占。国君强大，有德者昌；羽小，饰诈者亡。太上修德，其次修政，其次修救，其次修禳，正下无之。夫常星之变希见，而三光之占亟用。日月晕适，云风，此天之客气，其发见亦有大运。然其与政事俯仰，最近人之符。此五者，天之感动。为天数者，必通三五。终始古今，深观时变，察其精粗，则天官备矣。

苍帝行德，天门为之开。赤帝行德，天牢为之空。黄帝行德，天夭为之起。风从西北来，必以庚、辛。一秋中，五至，大赦；三至，小赦。白帝行德，以正月二十日、二十一日，月晕围，常大赦载，谓有太阳也。一曰：白帝行德，毕、昴为之围。围三暮，德乃成；不三暮，及围不合，德不成。二曰：以辰围，不出其旬。黑帝行德，天关为之动。天行德，天子更立年；不德，风雨破石。三能、三衡者，天廷也。客星出天廷，有奇令。

我曾观看史书的记载，对历朝发生的事件进行考察，发现近百年间，五星出现以后没有一颗不逆行的。逆行的，常常看到星变大，颜色也有变化；发生日月薄蚀，与它们所处的南北相对位置有关，这与以前所知的不同。紫宫、房心、权衡、咸池、虚危等列宿部内的星宿，是天上五官的坐位，为经星，不迁徙移动，各有大小差别，各有宽窄常度；而水、火、金、木、填星，这是天上五官辅佐五颗星，为纬星，它们或出现或隐伏，皆有一定规律，赢或缩以及运行也都有确定的度数。

日有变化，预示应该修德；月有变化，预示应该减少刑罚；其他星有变，则应该结和人心。凡天体有变化，度数只要超过正常的就要占卜吉凶。一般是国君强大而且有德，则国家吉利；国君弱小而又诈诡文饰，则国家凶险。修德是一个国君对付天变最好的办法，然后是改革政事，再次就是要就事论事，有危事才加以挽救，又其次是禳除灾害对神行礼，最下者是不采取任何措施。普通经星的变化很少见，常常使用的是对日、月、五星等三光变化进行占卜。日晕、月晕、日月交食、云和风，这五种变化是过客，但它们的出现也都与天道规律有关。而它们与世间政事的关联，最接近于天向人预示降下吉凶的征兆或凭证。上述五种，都是天有所感而产生的变化。占卜天数的人，必须通晓日、月、星三光及五气的占卜，要了解古今终始状况，要深刻观察时事的变化，对它们的精粗质地进行研究。那么，作为一个掌管天文的官员来说，这样才可称得上是尽善尽美了。

东方苍帝行德政，天门为之打开，三光能从中间通行。南方赤帝行德政，天牢为之空虚。中央黄帝行德政，连天夭星也会起变化。有风从西北方向来，必是在庚、辛日。整个秋季中，能有五次这种风，当有大赦；有三次这种风，有小赦。西方白帝行化施德，在来年春季正月二十日、二十一日若有月晕成围，当有大赦，是由于太阳寒水的影响太大，通过行赦以消阴气的缘故。另一种说法是，白帝行化施德，月晕包围毕宿、昴宿。如果包围三个晚上，功德才算完成；如果不足三个晚上，或者月晕有缺口，没有合围，便不能成功德。还有一种说法是，辰星被月晕围，时间不出旬日之间即会应验。北方黑帝施行德政，天关星为之动摇。上述五方天帝交替主政，天子为此将更改年号；若不能顺应变换行德政，必示警戒，有暴雨疾风，破石拔木。三能和三衡，是天帝的宫廷，天廷之中有客星出现，必产生奇异的政令。

封禅书第六

自古受命帝王，曷尝不封禅？盖有无其应而用事者矣，未有睹符瑞见而不臻乎泰山者也。虽受命而功不至，至梁父矣而德不洽，洽矣而日有不暇给，是以即事用希。传曰：“三年不为礼，礼必废；三年不为乐，乐必坏。”每世之隆，则封禅答焉，及衰而息。厥旷远者千有余载，近者数百载，故其仪阙然堙灭，其详不可得而记闻云。

《尚书》曰，舜在璇玑玉衡，以齐七政。遂类于上帝，禋于六宗，望山川，遍群神。辑五瑞，择吉月日，见四岳诸牧，还瑞。岁二月，东巡狩，至于岱宗。岱宗，泰山也。柴，望秩于山川。遂觐东后。东后者，诸侯也。合时月正日，同律度量衡，修五礼，五玉三帛二生一死贽。五月，巡狩至南岳。南岳，衡山也。八月，巡狩至西岳。西岳，华山也。十一月，巡狩至北岳。北岳，恒山也。皆如岱宗之礼。中岳，嵩高也。五载一巡狩。

禹遵之。后十四世，至帝孔甲，淫德好神，神渎，二龙去之。其后三世，汤伐桀，欲迁夏社，不可，作夏社。后八世，至帝太戊，有桑谷生于廷，一暮大拱，惧。伊陟曰：“妖不胜德。”太戊修德，桑谷死。伊陟赞巫咸，巫咸之兴自此始。后十四世，帝武丁得傅说为相，殷复兴焉，称高宗。有雉登鼎耳雊，武丁惧。祖己曰：“修自古以来受天命成为帝王的人，谁不想去举行封禅大典？原来大多只是在没见到有吉兆祥瑞出现才忙着去行封禅礼，却从来没有过已经出现了封禅必需的吉兆和瑞应而不去泰山行封禅礼的。有的人虽然顺应天命当上了帝王，却未能成就治世的大功；有的人虽到了梁父，但道德却与封禅的盛举不相称；有的人虽道德和功业齐备了，但又来不及去行封禅大礼，以至于真正能到泰山举行封禅大礼的极少。古书记载说："三年不行礼，礼制必废；三年不举乐，乐必坏。"每逢盛世，帝王便举行封禅大礼以表示对上天的敬畏，感谢上天的庇护；衰世则停礼而不搞这项活动。这种典礼没有举行，远的已千年有余，近的也有数百年了，所以封禅的仪式缺少记载或已湮灭，详细的礼仪情形已无法流传于后世了。

《尚书》中说，舜用美玉制作了天文观测仪，以了解日、月、五星的运行情况。于是他祭祀上帝，祭祀六宗，遥望祭祀山川，一一拜祭地上群神。他收取各地诸侯所持瑞玉，挑选黄道吉日，会见四方的诸侯牧守，再将所得瑞玉归还给他们。当年二月，舜巡视东方，到达岱宗。岱宗，就是泰山。他在泰山焚烧柴薪举行祭祀，按顺序望祭山川之神。而后又觐见东后。东后，就是东方的诸侯。他调整四时与月、日的相对误差，统一声律与度量衡，修饬五礼以及五玉、三帛、二生、一死等不同等级人的贽见礼仪。五月，他巡察至南岳。南岳，就是衡山。八月，他巡察至西岳。西岳，就是华山。十一月，他巡察到至北岳。北岳，就是恒山。他对这些山的祭祀，全都与泰山的拜祭礼仪相同。中岳，就是嵩山，他每五年便来此巡察一次。

禹沿用了这样的巡察制度。直至第十四代后，也就是帝孔甲。孔甲喜欢神祀，但作风淫乱，亵渎了神灵，于是夏宫殿内的两条龙离开了。此后三世，汤伐夏桀后，想废掉夏祭社神的神坛，但没有合适的对象，于是就停止了，便让人作了名为《夏社》的文诰。此后八世，至太戊帝时，庭院中长出了一棵桑、谷二木合生的树，只一个晚上便长到拱把粗，太戊很是害怕。伊陟说："妖不胜德，邪不压正。"于是太戊便勤修自己的德行，行善政，桑谷合生树便自己枯死了。伊陟将此事告知了神职人员巫咸，巫咸便记录了《咸乂》四篇，从此巫咸等神职人员便开始兴起。此后十四世，帝武丁得到了傅说，任为相国，殷朝又重新兴盛了起来，武丁因此被称为"高宗"。武丁在位时，有只野鸡登上了鼎耳鸣叫，武丁德。”武丁从之，位以永宁。后五世，帝武乙慢神而震死。后三世，帝纣淫乱，武王伐之。由此观之，始未尝不肃祗，后稍怠慢也。

周官曰，冬日至，祀天于南郊，迎长日之至；夏日至，祭地祇。皆用乐舞，而神乃可得而礼也。天子祭天下名山大川，五岳视三公，四渎视诸侯，诸侯祭其疆内名山大川。四渎者，江、河、淮、济也。天子曰明堂、辟雍，诸侯曰泮宫。

周公既相成王，郊祀后稷以配天，宗祀文王于明堂以配上帝。自禹兴而修社祀，后稷稼穑，故有稷祠，郊社所从来尚矣。

自周克殷后十四世，世益衰，礼乐废，诸侯恣行，而幽王为犬戎所败，周东徙洛邑。秦襄公攻戎救周，始列为诸侯。秦襄公既侯，居西垂，自以为主少皞之神，作西畤，祠白帝，其牲用骝驹、黄牛、羝羊各一云。其后十六年，秦文公东猎汧渭之间，卜居之而吉。文公梦黄蛇自天下属地，其口止于鄜衍。文公问史敦，敦曰：“此上帝之徵，君其祠之。”于是作鄜畤，用三牲郊祭白帝焉。

自未作鄜畤也，而雍旁故有吴阳武畤，雍东有好畤，皆废无祠。或曰：“自古以雍州积高，神明之隩，故立畤郊上帝，诸神祠皆聚云。盖黄帝时尝用事，虽晚周亦郊焉。”其语不经见，缙绅者不道。

作鄜畤后九年，文公获若石云，于陈仓北阪城祠之。其神或岁不至，或岁数来，来也常以夜，光辉若流星，从东南来集于祠城，则若雄鸡，其声殷云，野鸡夜雊。以一牢祠，命曰陈宝。

作鄜畤后七十八年，秦德公既立，卜居雍，“后子孙饮马于河”，遂都雍。雍之诸祠自此兴。用三百牢于鄜畤。作伏祠。磔狗邑四门，以御蛊灾。

因此非常害怕。贤臣祖己说："修德就不用怕了。"武丁听从了他的建议，帝位得以长久稳固安宁。过了五世，帝武乙由于怠慢神灵，遇雷震而死。过了三世，帝纣淫乱，武王兴兵伐纣。由此看来，开国创业的帝王都对神祇肃敬有加，只是后代君主渐渐怠慢松懈了。

《周官》说，冬至那一天，君王要在都城南郊祭天，这是为了迎接夏至日的到来；夏至那一天，也要拜祭地祇。祭祀时都采用音乐、舞蹈的形式，这样神灵才可能接受祭祀者的礼敬。天子祭祀天下的名山大川，要视五岳如同礼待三公，视四渎如同礼待诸侯，诸侯只拜祭境内的名山大川。四渎，就是指长江、黄河、淮水、济水。天子祭天之地称为明堂、辟雍，诸侯祭祀之地称为泮宫。

周公因做了成王的相国，所以定下制度，郊祀时用后稷配天，宗庙祭祀时在明堂里祭祀文王以配上帝。从夏禹时期起便开始从事社神的祭祀，因后稷稼穑有功，所以增加了后稷的神祠，因此郊祭与社祭都有很悠久的历史了。

自周朝灭殷商以后到十四世，世道更加衰落，礼乐废弃，各诸侯恣意行事，而周幽王被犬戎战败后，周朝被迫东迁都城至洛邑。秦襄公攻打犬戎解救周危，因功劳大而位列诸侯。秦襄公既为诸侯，居住在西部边陲，自认为是少皞神的代表，作西畤祭祀白帝，祭品用马驹、黄牛、羝羊各一头。其后十六年，秦文公到汧、渭二水之间打猎，想在此居住下来，卜得吉兆。文公做梦梦见有一条黄蛇，身子从天上一直垂到地面，嘴巴一直伸到鄜城一带的田野中。文公把梦到的现象讲给史敦听，史敦说："黄蛇是上帝的象征，请君祭祀它。"于是秦文公便建立了鄜畤，用三牲大礼郊祭白帝。

在建立鄜畤以前，雍城旁边本来有个吴阳武畤，雍城东边也有个好畤，都是废弃已久无人祭祀的地方。有人说："自古以来，因为雍州地势高，多为神明聚居之处，所以立畤郊祀上帝，其他诸神的祠庙也就逐渐聚集到这里。大约黄帝时就有人在这祭祀，直到晚周时都还有人在这举行郊祭。"这些话不见于经典，有身份的大人也不会说。

作鄜畤之后九年，秦文公得到一块质地好像石头的东西，于是便在陈仓山北坡的城邑中把它供奉起来。其神灵有时一年也不会来，而有时一年之中却数次降临，多在夜晚降临，发出像流星般的光芒，从东南方向落入祠城中，样子像雄鸡一般，发出殷殷的鸣叫声，引得野鸡也纷纷夜啼。祭祀这位神灵时，用牛、羊、猪各一头，称其为"陈宝"。

作鄜畤后七十八年，秦德公即位，经占卜定居雍城，后世子孙把疆域一直扩展到黄河沿岸，占卜后便定都于雍城，雍城的许多祠庙都是在这段时期修建的。秦德公每次祭祀所用牲畜多达三百头，又作祭伏的祠庙。还在城邑四方磔裂狗，用来防御蛊灾的侵害。

德公立二年卒。其后年，秦宣公作密畤于渭南，祭青帝。

其后十四年，秦缪公立，病卧五日不寤；寤，乃言梦见上帝，上帝命缪公平晋乱。史书而记藏之府。而后世皆曰秦缪公上天。

秦缪公即位九年，齐桓公既霸，会诸侯于葵丘，而欲封禅。管仲曰："古者封泰山禅梁父者七十二家，而夷吾所记者十有二焉。昔无怀氏封泰山，禅云云；虑羲封泰山，禅云云；神农封泰山，禅云云；炎帝封泰山，禅云云；黄帝封泰山，禅亭亭；颛顼封泰山，禅云云；帝佶封泰山，禅云云；尧封泰山，禅云云；舜封泰山，禅云云；禹封泰山，禅会稽；汤封泰山，禅云云；周成王封泰山，禅社首：皆受命然后得封禅。"桓公曰："寡人北伐山戎，过孤竹；西伐大夏，涉流沙，束马悬车，上卑耳之山；南伐至召陵，登熊耳山以望江汉。兵车之会三，而乘车之会六，九合诸侯，一匡天下，诸侯莫违我。昔三代受命，亦何以异乎？"于是管仲睹桓公不可穷以辞，因设之以事，曰："古之封禅，鄗上之黍，北里之禾，所以为盛；江淮之间，一茅三脊，所以为藉也。东海致比目之鱼，西海致比翼之鸟，然后物有不召而自至者十有五焉。今凤皇麒麟不来，嘉谷不生，而蓬蒿藜莠茂，鸱枭数至，而欲封禅，毋乃不可乎？"于是桓公乃止。是岁，秦缪公内晋君夷吾。其后三置晋国之君，平其乱。缪公立三十九年而卒。

其后百有余年，而孔子论述六艺，传略言易姓而王，封泰山禅乎梁父者七十余王矣，其俎豆之礼不章，盖难言之。或问禘之说，孔子曰："不知。知禘之说，其于天下也视其掌。"诗云纣在位，文王受命，政不及泰山。武王克殷二年，天下未宁而崩。爰周德之洽维成王，成王之封禅则近之矣。及后陪臣执政，季氏旅于泰山，仲尼讥之。

德公在位二年而死。又过了四年，秦宣王在渭水南岸建造了密畤，用来祭祀青帝。

这以后的第十四年，秦缪公即位称帝。一次，他病卧五天不省人事；醒来后，就说梦见了上帝，上帝命缪公去平定晋国内乱。史官将此事记载下来收藏在内府。而后世都说，秦缪公曾去过天上。

秦缪公即位的第九年，齐桓公称霸，在葵丘召集诸侯会盟，想举行封禅活动。管仲说："古时候在泰山、梁父举行封禅的共有七十二家，我知道的只有十二家。以前无怀氏封过泰山，禅过云云山；伏羲封过泰山，禅过云云山；神农封过泰山，禅过云云山；炎帝封过泰山，禅过云云山；彭帝封过泰山，禅过亭亭山；颛顼封过泰山，禅过云云山；帝俈封过泰山，禅过云云山；尧封过泰山，禅过云云山；舜封过泰山，禅过云云山；禹封过泰山，禅过会稽山；汤封过泰山，禅过云云山；周成王封过泰山，禅过社首山。他们都是受天命成为帝王以后才举行封禅的。"齐桓公说："寡人向北征伐山戎，到过孤竹国；向西征伐大夏，远涉流沙，勒马停车，登上过卑耳山；向南征伐到达召陵，登上熊耳山眺望长江、汉水。为平乱伐叛等武事，共召集诸侯会兵三次；为政治、外交等文事，共集会了六次；前后共九次集会诸侯，一统天下，诸侯无一人敢违背于我。这与之前三代受天命成为帝王的人，又有什么不同之处呢？"于是管仲明白，对桓公不能用言辞来说服，因此想设置些不可能的事情来阻止他，便说道："古时候封禅，需要用鄗上地区的黍米、北里地区的谷物来做祭天用的粢盛；要用生于江淮之间的三脊茅，来编织荐神用的席子；要有东海进贡的比目鱼，西海进贡的比翼鸟，然后还要有那些不召自至的十五种吉祥物才可以。如今却是什么祥瑞也没有，凤凰麒麟还未降临，嘉谷也没出现，而田野中的蓬蒿杂草却很茂盛，鸱枭等恶鸟也数次在朝堂出现。想要在这样的情况下举行封禅，是不是有点儿不太合适？"于是齐桓公便打消了封禅的念头。这一年，秦缪公送晋夷吾回国立为晋君。此后又三次为晋国立了君主，平定了晋国的内乱。缪公在位三十九年后去世。

此后又过了一百多年，有孔子论述了"六艺"。书传中曾简略地记述了七十多位因改姓而出现的新王封泰山禅梁父的活动，却未记载有关封禅俎豆之礼的情况，可能是难以说清的缘故吧。曾有人向孔子请教关于谛祭的礼仪，孔子说："不知道。倘若知道谛祭的事，那天下的任何事都将如同观察自己的掌纹一样清楚。"《诗经》中说纣王在位，文王受天命后，他的政绩功业还不足去封泰山。武王在灭殷以后二年、天下尚未安宁就去世了。所以，周朝一直到成王时才说得上德政融洽，成王要封泰山才算得上合乎道理。不过，此后周王室衰弱，各诸侯国大臣执政，鲁国的季氏也去祭泰山，孔子曾嘲笑过这种事。

是时苌弘以方事周灵王，诸侯莫朝周，周力少，苌弘乃明鬼神事，设射狸首。狸首者，诸侯之不来者。依物怪欲以致诸侯。诸侯不从，而晋人执杀苌弘。周人之言方怪者自苌弘。

其后百余年，秦灵公作吴阳上畤，祭黄帝；作下畤，祭炎帝。

后四十八年，周太史儋见秦献公曰："秦始与周合，合而离，五百岁当复合，合十七年而霸王出焉。"栎阳雨金，秦献公自以为得金瑞，故作畦畤栎阳而祀白帝。

其后百二十岁而秦灭周，周之九鼎入于秦。或曰宋太丘社亡，而鼎没于泗水彭城下。

其后百一十五年而秦并天下。

秦始皇既并天下而帝，或曰："黄帝得土德，黄龙地螾见。夏得木德，青龙止于郊，草木畅茂。殷得金德，银自山溢。周得火德，有赤乌之符。今秦变周，水德之时。昔秦文公出猎，获黑龙，此其水德之瑞。"于是秦更命河曰"德水"，以冬十月为年首，色上黑，度以六为名，音上大吕，事统上法。

即帝位三年，东巡郡县，祠驺峄山，颂秦功业。于是征从齐鲁之儒生博士七十人，至乎泰山下。诸儒生或议曰："古者封禅为蒲车，恶伤山之土石草木；埽地而祭，席用菹秸，言其易遵也。"始皇闻此议各乖异，难施用，由此绌儒生。而遂除车道，上自泰山阳至巅，立石颂秦始皇帝德，明其得封也。从阴道下，禅于梁父。其礼颇采太祝之祀雍上帝所用，而封藏皆秘之，世不得而记也。

始皇之上泰山，中阪遇暴风雨，休于大树下。诸儒生既绌，不得与用于封事之礼，闻始皇遇风雨，则讥之。

于是始皇遂东游海上，行礼祠名山大川及八神，求仙人羡门之这一时期苌弘以方术效力于周灵王，因周王室衰弱，诸侯们不肯来朝见周王，所以苌弘明目张胆地搞起了鬼神活动，并设置了射狸首的迷信活动。狸首，代表那些不肯来朝见周王的诸侯，想凭借神怪的力量让诸侯来朝。诸侯没有听信这一套，晋国人就把苌弘抓了起来杀掉了。周朝人谈方术神怪就是从苌弘这时开始的。

此后又过了一百多年，秦灵公在吴阳建造了上畤，来祭祀黄帝；建造了下畤，用来祭祀炎帝。

此后四十八年，周朝太史儋朝见秦献公时说："最早时秦与周是在一起的，后来分离了，五百年后应当重新联合，联合十七年后就会有霸王出现。"不久，秦朝都城栎阳下起了黄金雨，秦献公便因此认为是得到了五行中金的祥瑞，所以就在栎阳建造了畦畤来祭祀白帝。

此后又过了一百二十年，秦灭了周朝，周朝王权的象征九鼎，落入了秦国手中。而有人说宋国的太丘社坛被毁以后，九鼎便沉入了彭城下的泗水中。

又过了一百一十五年，秦国统一了天下。

秦始皇一统天下后称帝，有人说："黄帝获得了五行中的土德，故有黄龙和大蚯蚓出现；夏朝有木德，所以有青龙降临在都城郊外，草木也长得格外茁壮茂盛；商朝有金德，所以从山中流出了银子；周朝有火德，所以有红色乌鸦这种祥瑞出现。如今秦朝改变了周朝天下，是得水德的时代。过去秦文公外出打猎，曾遇到过一条黑龙，这就是水德的吉祥物。"于是秦朝把黄河改名为"德水"，把冬季的十月作为每年的开端，崇尚黑色，尺度以六为数，音声崇尚大吕，政事推崇法令。

秦始皇即帝位的第三年，东出巡察郡县，在驺县峄山建祠祭祀，歌颂秦朝的功德伟业。于是从齐鲁之地征召了儒生、博士等七十人作为随从，一同来到泰山脚下。众儒生中有的人建议说："古时候封禅，帝王乘坐的车子要以蒲草把车轮包裹起来，是怕踩踏伤害了山上的土石草木；祭祀时要把地面打扫一遍，铺上用草、禾秸编制的席子，这说明古代祭祀是很容易办到的。"秦始皇听他们说的各不相同，并且与情理不合，难以实行，因此不用儒生。于是命人开山修路，从泰山南面一直到山顶。他立碑来歌颂自己的功德，表明他应该封禅的理由。然后他从泰山北面下山，在梁父山禅祭地神。封禅的仪式大多都是沿用在雍城祭祀上帝的仪式，但具体的封禅活动都很秘密，世人无法知晓，也无从记录。

秦始皇上泰山时，行至半山腰时正好遇到暴风雨，便在大树下避雨。众儒生因之前已经被贬退了，没能够参与封禅的礼仪，听说秦始皇在上山途中遭遇暴风雨，便乘机讥笑他。

封禅完毕后，秦始皇便继续东巡到海上，沿途中分别祭祀名山大川之神及八神，属。八神将自古而有之，或曰太公以来作之。齐所以为齐，以天齐也。其祀绝莫知起时。八神：一曰天主，祠天齐。天齐渊水，居临淄南郊山下者。二曰地主，祠泰山梁父。盖天好阴，祠之必于高山之下，小山之上，命曰“畤”；地贵阳，祭之必于泽中圜丘云。三曰兵主，祠蚩尤。蚩尤在东平陆监乡，齐之西境也。四曰阴主，祠三山。五曰阳主，祠之罘。六曰月主，祠之莱山。皆在齐北，并勃海。七曰日主，祠成山。成山斗入海，最居齐东北隅，以迎日出云。八曰四时主，祠琅邪。琅邪在齐东方，盖岁之所始。皆各用一牢具祠，而巫祝所损益，圭币杂异焉。

自齐威、宣之时，驺子之徒论著终始五德之运，及秦帝而齐人奏之，故始皇采用之。而宋毋忌、正伯侨、充尚、羡门高最后皆燕人，为方仙道，形解销化，依于鬼神之事。驺衍以阴阳主运显于诸侯，而燕齐海上之方士传其术不能通，然则怪迂阿谀苟合之徒自此兴，不可胜数也。

自威、宣、燕昭使人入海求蓬莱、方丈、瀛洲。此三神山者，其傅在勃海中，去人不远；患且至，则船风引而去。盖尝有至者，诸仙人及不死之药皆在焉。其物禽兽尽白，而黄金银为宫阙。未至，望之如云；及到，三神山反居水下。临之，风辄引去，终莫能至云。世主莫不甘心焉。及至秦始皇并天下，至海上，则方士言之不可胜数。始皇自以为至海上而恐不及矣，使人乃赍童男女入海求之。船交海中，皆以风为解，曰未能至，望见之焉。其明年，始皇复游海上，至琅邪，过恒山，从上党归。后三年，游碣石，考入海方士，从上郡归。后五年，始皇南至湘山，遂登会稽，并海上，冀遇海中三神山之奇药。不得，还至沙丘崩。

二世元年，东巡碣石，并海南，历泰山，至会稽，皆礼祠之，而并寻求羡门高一类的仙人。八神名目自古以来就有，也有的人说是在姜太公之后创造出来的。齐国之所以名为齐，就是因为八神之一的天齐神的缘故。对天齐神的祭祀早已废绝，因而不知是从什么时候开始的。所谓“八神”，一是天主，在天齐祭祀，天齐是渊水之名，在临淄城南郊的山脚下。二是地主，在泰山下的梁父山祭祀。因为天神性喜阴，祭祀它就必须在高山的下面，小山的上面，祭祀之地称为畤；地神性喜阳，祭祀它就必须在低洼地区的圆丘上。三是兵主，在蚩尤山祭祀它。蚩尤祠在东平郡的陆监乡，属于齐国西境。四是阴主，在三山祭祀它。五是阳主，在之罘山祭祀它。六是月主，在莱山祭祀它。三山、之罘山、莱山均在齐国北部，临近渤海。七是日主，在成山祭祀它。成山绝壁回曲，入于海中，在齐东北部最边隅地区，据说是迎接日出的地方。八是四时主，在琅邪山祭祀它。琅邪在齐国东部，是一年四季开始的地方。祭祀八神时都要用牛、羊、猪各一头，只是巫祝的数目、圭币的名目与数目有所不同。

自齐威王、宣王的时候，驺衍等人便开始著书立说，论述五行五德的变化终始。到秦称帝后，有齐人拿这套理论上奏秦王，所以秦始皇采用了它。宋毋忌、正伯侨、充尚、羡门高等都是燕国人，他们采用道家神仙的法术，编说脱胎换骨、白日飞升的故事，大多依托鬼神等事。驺衍以阴阳交替、主宰命运的理论显名于诸侯，而燕齐地区海上的那些方士，因为对他们的法术理论不能通达，因此更多荒诞奇怪、阿谀奉迎、苟且求合的人便因此兴起，其人数之多不可胜计。

自齐威王、齐宣王、燕昭王开始，就不断派人出海寻找蓬莱、方丈、瀛州三座神山。这三座神山，据传都在渤海之中，路程虽不算远，但困难在于人将要接近山侧时，就会有海风吹引船只离山远去。据说曾有人到过那里，那里有许多仙人和长生不老的药。山上的东西和禽兽都是白色的，宫阙是用黄金和白银建造的。没到三山之前，其看起来有如一片白云；来到三山跟前后，三神山看起来反而在海水之下。想要登山时，却又被海风吹走，始终不能到达山上。世俗间的帝王们没有不钦羡的。秦始皇统一天下后，曾到海上游览，那些向他谈及此事的方士不计其数。秦始皇担心自己亲自到海上也找不到三神山，于是便派人带着童男童女先到海上寻找。船从海中回来，他们都以在海上遇到怪风不能到达为由，却又都说虽未到达，却确实看到了三神山。第二年，秦始皇重游海上，到了琅邪，回程时路过恒山，取道上党回到咸阳。三年后，他巡游碣石山，查问了被派遣出海寻找三神山的方士，然后从上郡返回京城。五年后，秦始皇南游到湘山，接着东行登上了会稽山，并来到海上，希望能寻得海上三神山中的长生不老药。结果未能如愿，返回的路上病死在沙丘宫。

二世元年，秦二世东出巡游到碣石山，并沿海南下，途经泰山，到达会稽，所到刻勒始皇所立石书旁，以章始皇之功德。其秋，诸侯畔秦。三年而二世弑死。

始皇封禅之后十二岁，秦亡。诸儒生疾秦焚诗书，诛僇文学，百姓怨其法，天下畔之，皆讹曰："始皇上泰山，为暴风雨所击，不得封禅。"此岂所谓无其德而用事者邪？

昔三代之居皆在河洛之间，故嵩高为中岳，而四岳各如其方，四渎咸在山东。至秦称帝，都咸阳，则五岳、四渎皆并在东方。自五帝以至秦，轶兴轶衰，名山大川或在诸侯，或在天子，其礼损益世殊，不可胜记。及秦并天下，令祠官所常奉天地名山大川鬼神可得而序也。

于是自崤以东，名山五，大川祠二。曰太室。太室，嵩高也。恒山，泰山，会稽，湘山。水曰济，曰淮。春以脯酒为岁祠，因泮冻，秋涸冻，冬塞祷祠。其牲用牛犊各一，牢具圭币各异。

自华以西，名山七，名川四。曰华山，薄山。薄山者，衰山也。岳山，岐山，吴岳，鸿冢，渎山。渎山，蜀之汶山。水曰河，祠临晋；沔，祠汉中；湫渊，祠朝那；江水，祠蜀。亦春秋泮涸祷塞，如东方名山川；而牲牛犊牢具圭币各异。而四大冢鸿、岐、吴、岳，皆有尝禾。

陈宝节来祠。其河加有尝醪。此皆在雍州之域，近天子之都，故加车一乘，骝驹四。

霸、产、长水、沣、涝、泾、渭皆非大川，以近咸阳，尽得比山川祠，而无诸加。

汧、洛二渊，鸣泽、蒲山、岳鞈山之属，为小山川，亦皆岁祷塞泮涸祠，礼不必同。

而雍有日、月、参、辰、南北斗、荧惑、太白、岁星、填星、辰星、二十八宿、风伯、雨师、四海、九臣、十四臣、诸布、诸严、诸之处都按礼仪进行了祭祀，并且在始皇所立石碑上撰文纪事，来颂扬秦始皇的功德。这年秋天，各地诸侯纷纷起兵反叛秦朝。三年后，秦二世被赵高所杀。

始皇封禅之后十二年，秦朝灭亡。儒生们怨恨秦朝焚毁诗书，屠杀、侮辱文人学士，百姓们怨恨秦朝酷法，天下人因此都反叛秦朝。于是有讹传说："秦始皇上泰山，被暴风雨所阻，未能举行封禅大礼。"这不正是古人所说的不具备德行，却非要去进行封禅之礼的人吗?

过去夏、商、周三代都在河、洛二水之间建国，所以把嵩高山定为中岳，其他四岳按各自所在方位命名，而四渎都在崤山以东。秦始皇称帝后，建都咸阳，五岳、四渎都在都城东方。自五帝至秦以来，代代兴衰更替，名山大川或为诸侯掌握，或为天子掌管，祭祀的礼仪也有增有减，随时代不同而变化，不可一一记录。秦朝一统天下后，命令祠官要经常供奉天地和名山大川以及诸鬼神，从此才得以按次序一一记述下来。

从此知道，在崤山以东，要祭祀的名山有五座，大河有二条。五座名山首为太室山。太室山，就是嵩山。其次是恒山、泰山、会稽山、湘山。两条河水名为济水、淮水。春季河水解冻时用干肉、酒醴祭祀，祈求丰收；秋季冰冻时也会举行祭祀，或是冬季酬谢神灵活动时也会举行祭祀。祭祀时各用牛犊一头，与牛犊相配的礼器以及圭币有所不同。

自华县以西，要祭祀的名山有七座，名川有四条。七座名山是华山、薄山。薄山，就是衰山。此外分别是岳山、岐山、吴岳、鸿冢山、渎山。渎山，就是蜀中的汶山。四条河水分别为黄河，在临晋祭祀它；沔水，在汉中祭祀它；湫渊，在朝那祭祀它；长江，在蜀中祭祀它。祭祀的时间也是在春天解冻、秋末结冰，或冬天举行酬谢神灵的时候，与祭祀东方名山大川相同。只是祭祀所用小牛的数量以及配用礼器和圭币等方面有所不同。此外祭祀鸿冢、岐冢、吴冢、岳冢这四大冢，除了用通常的祭品外，还要用新谷供神灵尝用。

陈宝神在其祭祀节时降临祠庙。祭祀河流时要增加新酿的酒供神灵尝用。以上这七山四川都在雍州地域以内，毗邻天子的都城，所以祭祀时除通常物品外，还可增加一辆车和四匹马驹。

灞水、浐水、长水、沣水、涝水、泾水、渭水都不算大川，但由于都邻近咸阳，因此都得以享有与名山大川相同的祭祀，只是没有加祭的其他祭品。

汧水、洛水二渊，与鸣泽、蒲山、岳山之类，都是小山川，也都在每年解冻或冰冻时举行祭祀，冬天也举行酬谢神灵的祭拜活动，但礼仪各不相同。

而雍州有日、月、参、辰、南北斗、荧惑星、太白星、岁星、填星、辰星、二十八宿、风神、雨神、四海神、九臣、十四臣、诸布、诸严、诸逑之类共计逑之属，百有余庙。西亦有数十祠。于湖有周天子祠。于下邽有天神。沣、滈有昭明、天子辟池。于杜、亳有三社主之祠、寿星祠；而雍菅庙亦有杜主。杜主，故周之右将军，其在秦中，最小鬼之神者。各以岁时奉祠。

唯雍四畤上帝为尊，其光景动人民唯陈宝。故雍四畤，春以为岁祷，因泮冻，秋涸冻，冬塞祠，五月尝驹，及四仲之月，祠若月祠，陈宝节来一祠。春夏用骍，秋冬用骝。畤驹四匹，木禺龙栾车一驷，木禺车马一驷，各如其帝色。黄犊羔各四，圭币各有数，皆生瘗埋，无俎豆之具。三年一郊。秦以冬十月为岁首，故常以十月上宿郊见，通权火，拜于咸阳之旁，而衣上白，其用如经祠云。西畤、畦畤，祠如其故，上不亲往。

诸此祠皆太祝常主，以岁时奉祠之。至如他名山川诸鬼及八神之属，上过则祠，去则已。郡县远方神祠者，民各自奉祠，不领于天子之祝官。祝官有秘祝，即有灾祥，辄祝祠移过于下。

汉兴，高祖之微时，尝杀大蛇。有物曰："蛇，白帝子也，而杀者赤帝子。"高祖初起，祷丰枌榆社。徇沛，为沛公，则祠蚩尤，衅鼓旗。遂以十月至灞上，与诸侯平咸阳，立为汉王。因以十月为年首，而色上赤。

二年，东击项籍而还入关，问："故秦时上帝祠何帝也？"对曰："四帝，有白、青、黄、赤帝之祠。"高祖曰："吾闻天有五帝，而有四，何也？"莫知其说。于是高祖曰："吾知之矣，乃待我而具五也。"乃立黑帝祠，命曰北畤。有司进祠，上不亲往。悉召故秦祝官，复置太祝、太宰，如其故仪礼。因令县为公社。下诏曰："吾甚重祠而敬祭。今上帝之祭及山川诸神当祠者，各以其时礼祠之如故。"

一百多个祠庙。秦旧都西县的祠庙也有数十座。在湖县有周天子祠，下邽有天神祠，沣县、滈县有昭明庙和天子辟池，在杜、亳二县有三座杜主祠和寿星庙；在雍城的菅庙中也有供奉杜主的。杜主，原是周朝的右将军，在秦中地区，是众小神庙中最灵验的庙宇。以上各种祠庙都按年岁、季节供奉和祭祀。

以上神灵中唯有雍州的四畤祭祀的神灵地位最尊，但最震撼人心的祭祀场面要数陈宝祠。所以雍州四畤的祭祀，在春季解冻时会举行岁祷，秋季河川封冻时会举行活动祭祀，冬季酬谢神灵时也会祭祀，五月时会增加向天神供奉马驹的祭祀活动，每季度的第二个月会举行月祀；而陈宝祠只有陈宝应节来临时才举行一次祭祀。对陈宝的祭祀，祭礼春夏季为红色的马，秋冬季为黑色鬃毛的红马。在四畤的祭祀，每次用四匹小马，外加由四匹木偶龙拉的木偶栾车一乘，四匹木偶马拉的木偶马车一乘，这些车辆的颜色与各帝祠对应的五方色相同；另外有黄牛犊和羔羊各四只，以及一定数量的圭币，牛、羊等都为活埋，没有俎豆等礼器。帝王每三年郊祭一次。秦把冬季的十月作为每年的开端，所以常在十月斋戒后郊祀上帝，祭祀的地方有烽火直达宫里，皇帝在咸阳宫旁拜祭，衣服都为白色，其他器具与平时祭祀相同。西畤、畦畤的祭祀与秦统一前相同，皇帝不必亲自前往。

这些祠庙都由太祝主持，每年按时举行祭祀。至于其他名山大川、诸鬼神灵以及八神之类，皇帝路过它们的祠庙时就举行祭祀，离开后便停祭。所属郡县以及边远地区的神祠，由百姓自发供奉祭祀，不归天子设置的祝官管辖。祝官中有一种秘祝，若遇有灾祸，每次祝祷祭祀时，会把灾难转移到臣民身上。

汉朝兴起了。汉高祖微贱时，曾经杀死过一条大蛇，有神物就化作人形说："这条蛇，是白帝的儿子，而杀死它的就是赤帝的儿子。"高祖起兵初时，曾于丰县的枌榆社坛为自己祈祷。攻下沛县后，做了沛公，于是祭祀蚩尤，用血把鼓、旗染成红色。最终在两年后的十月兵至灞上，与诸侯共同起兵平定咸阳，被立为汉王。因此就把十月作为一年的开端，并崇尚赤色。

高祖二年，刘邦向东攻打项籍，还兵关中后问："过去秦朝时祭祀的上帝是什么帝？"左右回答说："有四帝，设有白帝、青帝、黄帝、赤帝等祠庙。"高祖说："我听说天有五帝，却只有四庙，这是是什么原因呢？"没有谁能道出原因。于是高祖说："我知道了，这是为了让我来凑足五帝之数啊。"于是又修建了黑帝祠，命名为北畤；由负责的祝官主持祭祀，皇帝不必亲自前往祭拜。他把过去秦朝的祝官全部召来，重新设置了太祝、太宰，祭礼仪式还与以往相同。又命各县设置了公用社坛。高祖下诏书说："我很重视祠庙并敬重祭祀。如今上帝的祭祀以及山川诸神应该祭祀的，各自按往常礼仪按时进行祭祀。"

后四岁，天下已定，诏御史，令丰谨治枌榆社，常以四时，春以羊彘祠之。令祝官立蚩尤之祠于长安。长安置祠祝官、女巫。其梁巫，祠天、地、天社、天水、房中、堂上之属；晋巫，祠五帝、东君、云中、司命、巫社、巫祠、族人、先炊之属；秦巫，祠社主、巫保、族累之属；荆巫，祠堂下、巫先、司命、施糜之属；九天巫，祠九天。皆以岁时祠宫中。其河巫祠河于临晋，而南山巫祠南山秦中。秦中者，二世皇帝。各有时月。

其后二岁，或曰周兴而邑邰，立后稷之祠，至今血食天下。于是高祖制诏御史："其令郡国县立灵星祠，常以岁时祠以牛。"

高祖十年春，有司请令县常以春三月及腊祠社稷以羊豕，民里社各自财以祠。制曰："可。"

其后十八年，孝文帝即位。即位十三年，下诏曰："今秘祝移过于下，朕甚不取。自今除之。"

始名山大川在诸侯，诸侯祝各自奉祠，天子官不领。及齐、淮南国废，令太祝尽以岁时致礼如故。

是岁，制曰："朕即位十三年于今，赖宗庙之灵，社稷之福，方内艾安，民人靡疾。间者比年登，朕之不德，何以飨此？皆上帝诸神之赐也。盖闻古者飨其德必报其功，欲有增诸神祠。有司议增雍五畤路车各一乘，驾被具；西畤畦畤禺车各一乘，禺马四匹，驾被具；其河、湫、汉水加玉各二；及诸祠，各增广坛场，圭币俎豆以差加之。而祝釐者归福于朕，百姓不与焉。自今祝致敬，毋有所祈。"

鲁人公孙臣上书曰："始秦得水德，今汉受之，推终始传，则汉当土德，土德之应黄龙见。宜改正朔，易服色，色上黄。"是时丞相张苍好律历，以为汉乃水德之始，故河决金堤，其符也。年始冬十月，色外黑内赤，与德相应。如公孙臣言，非也。罢之。后三岁，黄龙见成纪。文帝乃召公孙臣，拜为博士，与诸生草改历服色事。其夏，下诏曰：

四年后，天下已经平定，高祖诏命御史，令丰县修葺枌榆社坛，按四时节令恭谨祭祀，春季用羊和猪祭祀。又令祝官在长安修建蚩尤祠。并在长安设置祠祝官、女巫。其中梁地的巫祝主要负责祭祀天、地、天社、天水、房中、堂上之类的神灵；晋地的巫祝负责祭祀五帝、东君、云中君、司命、巫社、巫祠、族人、先炊之类；秦地的巫祝主要负责祭祀社主、巫保、族累之类；荆地的巫祝负责祭祀堂下、巫先、司命、施糜之类；九天巫只负责祭祀九天。这些都是按年岁、季节在宫中祭祀。此外，他让河巫在临晋祭祀黄河，让南山巫负责祭祀南山和秦中。秦中，是祭祀二世皇帝的。祭祀各有定时。

此后二年，有人说周朝兴起后就修建了邰邑，设立了后稷庙，并且至今还受天下人祭祀。于是高祖诏令御史："下令各郡、各诸侯国和各县建立灵星庙，每年要按时用牛祭祀。"

汉高祖十年的春天，主管机构请求命各县常在春二月和腊月，用羊和猪祭祀土地神和谷神，民间里社百姓按情况自行集资祭祀。高祖批复说："可以。"

此后的第十八年，孝文帝即位。即位的第十三年，他下诏书说："如今的秘祝官把过失转移到臣民身上，我很不喜欢这样。从今日起，取消秘祝官。"

最初，凡在诸侯国境内的名山大川，由诸侯国的祝官自行供奉祭祀，天子的祝官不负责。后来废除了齐、淮南国后，孝文帝下令由太祝官负责这些名山大川的祭祀，并一律如往常一样按岁时进行。

这一年，孝文帝颁制诏书说："朕即位至今已十三年，仰仗宗庙的神灵、社稷的福报，境内得以安定，民众疾疫不生。其间连年丰收，朕的德行尚浅，为何能享受到这样的福泽？这都是上帝诸神的恩赐啊。听说古时候若享受了神的恩德，就必要报答它的功劳。所以，我想增加对诸神祭祀礼品的数量。主管机构建议，在雍州五畤各增加路车一乘，连同驾车以及车上各类装具；西畤、畦畤各增加木偶车一乘，木偶马各四匹，连同驾车和车上的各类装具；黄河、湫渊、汉水的祭祀各增加玉器二枚；其他祠庙全都扩大祭坛场地，圭币俎豆也按不同等级有所增加。而祝釐者把这些都归福于朕，百姓得不到好处。从今以后祝官只向神致礼，不得为了朕再对神有所祈求。"

鲁人公孙臣上书说："起初秦朝享受水的福德，现如今汉继承了秦的天下。如果按五德终始来推求，汉朝应当受土德，受土德的应验是出现黄龙。汉朝应该更改历法，改变服饰的颜色，以黄色为尊色。"当时丞相张苍喜好律历的学问，认为汉朝是水德的开始，黄河金堤决口便是水德的符兆，认为应当把上年十月作为一年的开端，颜色推崇外黑内赤，才能与水德相符合，文帝认为公孙臣的说法是错误的，于是公孙臣的上书就被否决了。没想到三年后，真有黄龙在成纪地区

“异物之神见于成纪，无害于民，岁以有年。朕祈郊上帝诸神，礼官议，无讳以劳朕。”有司皆曰“古者天子夏亲郊，祀上帝于郊，故曰郊”。于是夏四月，文帝始郊见雍五畤祠，衣皆上赤。

其明年，赵人新垣平以望气见上，言“长安东北有神气，成五采，若人冠绕焉。或曰东北神明之舍，西方神明之墓也。天瑞下，宜立祠上帝，以合符应”。于是作渭阳五帝庙，同宇，帝一殿，面各五门，各如其帝色。祠所用及仪亦如雍五畤。

夏四月，文帝亲拜霸渭之会，以郊见渭阳五帝。五帝庙南临渭，北穿蒲池沟水，权火举而祠，若光辉然属天焉。于是贵平上大夫，赐累千金。而使博士诸生刺六经中作王制，谋议巡狩封禅事。

文帝出长门，若见五人于道北，遂因其直北立五帝坛，祠以五牢具。

其明年，新垣平使人持玉杯，上书阙下献之。平言上曰：“阙下有宝玉气来者。”已视之，果有献玉杯者，刻曰“人主延寿”。平又言“臣候日再中”。居顷之，日却复中。于是始更以十七年为元年，令天下大酺。

平言曰：“周鼎亡在泗水中，今河溢通泗，臣望东北汾阴直有金宝气，意周鼎其出乎？兆见不迎则不至。”于是上使使治庙汾阴南，临河，欲祠出周鼎。

人有上书告新垣平所言气神事皆诈也。下平吏治，诛夷新垣平。自是之后，文帝怠于改正朔服色神明之事，而渭阳、长门五帝使祠官领，以时致礼，不往焉。

明年，匈奴数入边，兴兵守御。后岁少不登。

出现。于是文帝就召见公孙臣，封他为博士官，同诸儒生一起起草关于更改历法和服色的事宜。当年夏天，文帝颁下诏书说："今有异类神灵在成纪出现，对百姓不加伤害，相反每年得到了好收成。朕想要郊祀上帝和诸神，请相关官员商议一下具体事宜，不要因有所忌讳怕让朕劳累。"有关官员都说："古时候天子在夏季亲自郊祀，在郊外祭祀上帝，所以称为郊祀。"于是在夏季四月，文帝首次亲自到雍城的五畤祠进行郊祀，衣服都为赤色。

第二年，赵人新垣平因擅长观测云气得以朝见文帝，他说："长安城的东北方有神气出现，色呈五彩，形状像人的冠冕一样。有人说东北方是神明居住的地方，西方是神明的坟墓。如今东北方出现神气，是天降下的祥瑞，应该修建祠庙祭祀上帝，以便与这祥瑞相应合。"于是汉文帝就在渭水北岸修建了五帝庙，五帝同庙而居，每帝居一殿，庙的每一面有五个门，颜色也和殿内所祭五帝的五方色相同。祭祀所用的东西以及各种仪式也都与雍城的五畤相同。

夏季四月，文帝亲自在灞、渭二水交汇处以郊祀之礼祭祀渭阳五帝。五帝庙南临渭水，从庙北开渠引水进入蒲池。烽火点燃后，文帝开始祭祀，火光辉然就好像烧到了天上。于是封新垣平为上大夫，赏赐达千金之多。又命博士和诸官员搜集六经中相关资料编撰成《王制》，并商讨外出巡狩和封禅的事宜。

一次文帝出游到长门，在路上仿佛看到五人立在道路北面，于是在道路北面五人所立的地方建立了"五帝坛"，用五牢和相应的礼具祭祀他们。

第二年，新垣平让人捧着玉杯，到宫门前上书进献。新垣平在这之前预先对文帝说："有宝玉神气降临到了宫门前。"文帝便派人去点查各处进献给皇帝的礼物，果然发现有献玉杯的，上面刻着"人主延寿"四个字。新垣平又说："据为臣观测，太阳在一日之内将会出现两个中午。"过了不久，太阳过午以后，向东逆行，又再次出现一个中午。于是文帝把十七年改称为后元元年，让天下人都聚饮庆贺。

新垣平对文帝说："周鼎遗失在泗水之中，如今黄河水泛滥，流入泗水，臣遥望东北方汾阴地区有金宝之气，难道是周鼎要重新出现了吗？虽然已有征兆出现，若我们不去迎求，它还是不会来的。"于是文帝命人在汾阴南修了一座庙，临黄河而建，希望通过祭祀可以祈求周鼎出现。

有人上书揭发新垣平所说的种种望气，都是骗人的。于是文帝把新垣平交给司法官员审理，灭了新垣平全族。自此以后，文帝对于更改历法、服色，祭祀神明等事再也没有兴趣了，把渭阳、长门的五帝庙交给祭祀官员管辖，按时祭祀，自己不再亲自参与了。

第二年，匈奴多次侵入边境，汉朝发兵守卫。此后几年，收成略有减少。

数年而孝景即位。十六年，祠官各以岁时祠如故，无有所兴，至今天子。

今天子初即位，尤敬鬼神之祀。

元年，汉兴已六十余岁矣，天下艾安，搢绅之属皆望天子封禅改正度也，而上乡儒术，招贤良，赵绾、王臧等以文学为公卿，欲议古立明堂城南，以朝诸侯。草巡狩封禅改历服色事未就。会窦太后治黄老言，不好儒术，使人微伺得赵绾等奸利事，召案绾、臧，绾、臧自杀，诸所兴为皆废。

后六年，窦太后崩。其明年，征文学之士公孙弘等。

明年，今上初至雍，郊见五畤。后常三岁一郊。是时上求神君，舍之上林中氾氏观。神君者，长陵女子，以子死，见神于先后宛若。宛若祠之其室，民多往祠。平原君往祠，其后子孙以尊显。及今上即位，则厚礼置祠之内中。闻其言，不见其人云。

是时李少君亦以祠灶、谷道、却老方见上，上尊之。少君者，故深泽侯舍人，主方。匿其年及其生长，常自谓七十，能使物，却老。其游以方遍诸侯。无妻子。人闻其能使物及不死，更馈遗之，常余金钱衣食。人皆以为不治生业而饶给，又不知其何所人，愈信，争事之。少君资好方，善为巧发奇中。尝从武安侯饮，坐中有九十余老人，少君乃言与其大父游射处，老人为儿时从其大父，识其处，一坐尽惊。少君见上，上有故铜器，问少君。少君曰："此器齐桓公十年陈于柏寝。"已而案其刻，果齐桓公器。一宫尽骇，以为少君神，数百岁人也。

少君言上曰："祠灶则致物，致物而丹沙可化为黄金，黄金成以为饮食器则益寿，益寿而海中蓬莱仙者乃可见，见之以封禅则不死，黄帝是数年后孝景帝即位，在位十六年，祠官如往常一样各自按照岁时祭祀，没有什么改变，一直到当今天子。

当今天子即位之初，就特别重视对鬼神的祭祀。

到汉武帝元年时，汉朝建国已经六十多年了，天下已大定，官绅等人都希望天子行封禅礼并改制历法、度数。但武帝心向儒术，他招揽贤良之士，赵绾、王臧等都以文学被任命为公卿大臣，并打算按古制在城南建立明堂，用来朝见诸侯。他们草拟了皇帝巡狩、封禅的礼仪制度和修正历法、服色等事项，但尚未完成。当时窦太后喜好黄老学说，不推崇儒术，便派人私下里搜集、暗察赵绾等人干过的违法之事，并将赵绾、王臧拘捕查办，赵绾、王臧自杀，他们主持兴办的各项事务也都随之废止。

此后第六年，窦太后去世。第二年，当今皇上征召文学之士公孙弘等人为官。

第二年，当今皇上初次到雍城五畤进行郊祀。此后经常每隔三年便到此郊祀一次。当时，皇上求得了一幅神君画像，供奉在上林苑中的氾氏观。这位神君，原是长陵一女子，因生子难产而死，后她附体在她妯娌宛若的身上并显灵。宛若把它供奉在家中，村中人听后都来她家里烧香祭拜。平原君也曾去祭祀，他的后世子孙也因此而位尊名显。到本朝天子即位后，就以隆重的礼节把“神君”请到宫中供奉起来。外人能听到神君的说话声，却看不到她的形象。

当时李少君曾因擅长祭灶、辟谷、长生不老等方术被皇上召见，受到皇帝的尊重。李少君，原来是深泽侯家的舍人，给人看病。他隐瞒了自己的真实年龄和经历，时常自称已七十多岁，能驱使鬼物，长生不老。他靠着自己的这种把戏遍游诸侯。他无妻无子。人们听说他能驱使鬼物并能使人长生不死，便经常是暗地里赠送给他一些礼物，因此他金钱衣食等时常有余。大家都以为他不干任何事却很富裕，加上又不知道他的来历出身，便对他就更加相信、更加崇拜。李少君天生喜欢方术，又善于察言观色，常能猜中人们的一些隐私。他曾经到武安侯家赴宴，宴席中遇到一位九十多岁的老人，于是李少君就与他谈论起自己与这位老人的祖父曾经一起游玩射猎的地方。这位老人年幼时曾与祖父住在一起，还能记起这些地方，宴会上所有的人对此都惊讶不已。一次，李少君去拜见当今皇上。皇上收藏有一件古铜器，便问李少君是否认识。李少君说：“这件铜器是齐桓公十年时在柏寝台上的陈设品。”当今皇上仔细考察铜器上的铭文，果然是齐桓公时的器物，整个皇宫的人全都惊呆了，认为李少君是活神仙，是数百岁人了。

李少君对皇帝说：“祭灶神能招来鬼神，招来鬼神后就能把丹砂炼成黄金，用提炼出来的黄金打造成饮食器具，使用后便能延年益寿。只有延年益寿后才能见到蓬莱山的仙人，见到仙人后再行封禅大礼就能长生不老了。黄帝就是一也。臣尝游海上，见安期生，安期生食巨枣，大如瓜。安期生仙者，通蓬莱中，合则见人，不合则隐。”于是天子始亲祠灶，遣方士入海求蓬莱安期生之属，而事化丹沙诸药齐为黄金矣。

居久之，李少君病死。天子以为化去不死，而使黄锤史宽舒受其方。求蓬莱安期生莫能得，而海上燕齐怪迂之方士多更来言神事矣。

亳人谬忌奏祠太一方，曰：“天神贵者太一，太一佐曰五帝。古者天子以春秋祭太一东南郊，用太牢，七日，为坛开八通之鬼道。”于是天子令太祝立其祠长安东南郊，常奉祠如忌方。其后人有上书，言“古者天子三年壹用太牢祠神三一：天一、地一、太一”。天子许之，令太祝领祠之于忌太一坛上，如其方。后人复有上书，言“古者天子常以春解祠，祠黄帝用一枭破镜；冥羊用羊；祠马行用一青牡马；太一、泽山君地长用牛；武夷君用干鱼；阴阳使者以一牛”。令祠官领之如其方，而祠于忌太一坛旁。

其后，天子苑有白鹿，以其皮为币，以发瑞应，造白金焉。

其明年，郊雍，获一角兽，若麃然。有司曰：“陛下肃祗郊祀，上帝报享，锡一角兽，盖麟云。”于是以荐五畤，畤加一牛以燎。锡诸侯白金，风符应合于天也。

于是济北王以为天子且封禅，乃上书献太山及其旁邑，天子以他县偿之。常山王有罪，迁，天子封其弟于真定，以续先王祀，而以常山为郡，然后五岳皆在天子之郡。

其明年，齐人少翁以鬼神方见上。上有所幸王夫人，夫人卒，少翁以方盖夜致王夫人及灶鬼之貌云，天子自帷中望见焉。于是乃拜少翁为文成将军，赏赐甚多，以客礼礼之。文成言曰：“上即欲与神通，宫室个例证。臣曾经在海上游历，见到了安期生，当时他拿一个像瓜一样大的枣给我吃。安期生是仙人，他经常往来于蓬莱山中，缘分合就与人相见，不合就隐而不见。”于是当今天子便亲自祭拜灶神，派遣方士远赴海上寻找安期生等仙人，并试着把丹砂提炼成黄金。

过了很久后，李少君病死。当今天子却认为他并没有死，而是羽化成仙了，因此命黄锤县史宽舒学习他的方术。那些派出去寻找蓬莱仙人的人未能找到安期生等仙人，但沿海地区燕齐等地那些怪诞、迂腐的方士们，从此一拨又一拨地不断前来朝廷向皇上讲述修炼神仙的事情。

亳县人谬忌向皇上进献祭祀太一神的方法，他说：“天神之中唯有太一最为尊贵，太一神的辅佐者就是五帝。古时候天子会选择春秋两季在东南郊祭祀太一神，祭品用牛、羊、猪各一头，连续祭祀七天，神坛上设有八条供鬼神行走的通道。”于是当今天子命太祝在长安东南郊建造了祠庙，经常按谬忌说的方式供奉和祭祀。后来，有人上书说：“古时候的天子，每三年一次用太牢祭祀三一神，就是天一、地一、太一。”皇上准了他的奏章，命太祝负责，在谬忌奏请修建的太一神坛上同时供奉三一神，按上书人所说的方法进行祭祀。此后又有人上书，说：“古时候天子常在春季举行破除灾殃的祭祀。祭祀黄帝时用枭和破镜各一只；祭祀冥羊神用羊；祭祀马行神用一匹青色公马；祭祀太一、泽山君、地长用牛；祭祀武夷君则用干鱼；祭祀阴阳使者就用一头公牛。”于是皇上便命祠官负责，都按上书人说的办理，在太一神坛的旁边进行祭祀。

后来，当今天子苑中养有白鹿，有人便说用白鹿皮制作货币，可以引发祥瑞应验，于是便有了皇上制造“白金”的事。

第二年，皇上在雍城郊祭，猎获一只独角兽，样子很像麃。主管官员说：“陛下一直虔恭地郊祀上帝，作为报答，上帝赐给陛下独角兽，这大概是麒麟吧。”于是把它献给了上帝，并令每畤的祭物中都增加一头牛，在燎火中焚祭。同时，还赐给诸侯白金，向他们暗示制造白金是与天意相合的。

于是济北王以为天子将要举行封禅大典了，就上书把泰山以及附近的城邑都献给了天子，天子赏给他其他县城作为补偿。常山王因有罪，被削除王爵，天子另封他的弟弟为真定王，可以继续保持对先王的祭祀，又把常山国改为郡。这样一来，五岳都在天子直接管辖的郡县之内了。

第二年，齐人少翁以能与鬼神相通的方术为由来见皇上。皇上曾有一位宠爱的妃嫔王夫人，王夫人死后，少翁说能用方术使王夫人和灶鬼的形貌在黑夜中重现，而天子隔着帷幕好像真看到了她。于是皇上就封少翁为文成将军，又赏赐他很多东西，以宾客之礼对待他。文成向皇帝进言说：“皇上想要与神交往，但被服非象神，神物不至。”乃作画云气车，及各以胜日驾车辟恶鬼。又作甘泉宫，中为台室，画天、地、太一诸鬼神，而置祭具以致天神。居岁余，其方益衰，神不至。乃为帛书以饭牛，佯不知，言曰此牛腹中有奇。杀视得书，书言甚怪。天子识其手书，问其人，果是伪书，于是诛文成将军，隐之。

其后则又作柏梁、铜柱、承露仙人掌之属矣。

文成死明年，天子病鼎湖甚，巫医无所不致，不愈。游水发根言上郡有巫，病而鬼神下之。上召置祠之甘泉。及病，使人问神君。神君言曰：“天子无忧病。病少愈，强与我会甘泉。”于是病愈，遂起，幸甘泉，病良已。大赦，置寿宫神君。寿宫神君最贵者太一，其佐曰大禁、司命之属，皆从之。非可得见，闻其言，言与人音等。时去时来，来则风肃然。居室帷中。时昼言，然常以夜。天子祓，然后入。因巫为主人，关饮食。所以言，行下。又置寿宫、北宫，张羽旗，设供具，以礼神君。神君所言，上使人受书其言，命之曰“画法”。其所语，世俗之所知也，无绝殊者，而天子心独喜。其事秘，世莫知也。

其后三年，有司言元宜以天瑞命，不宜以一二数。一元曰“建”，二元以长星曰“光”，三元以郊得一角兽曰“狩”云。

其明年冬，天子郊雍，议曰：“今上帝朕亲郊，而后土无祀，则礼不答也。”有司与太史公、祠官宽舒议：“天地牲角茧栗。今陛下亲祠后土，后土宜于泽中圜丘为五坛，坛一黄犊太牢具，已祠尽瘗，而从祠衣上黄。”于是天子遂东，始立后土祠汾阴脽丘，如宽舒等议。上亲望拜，如上帝礼。礼毕，天子遂至荥阳而还。过洛阳，下诏宫殿居室和衣服用具等都不像神仙用的，所以神不会降临。”于是皇上派人做了上面画着云气的车子，并且自己也每天改乘不同颜色的车以避恶鬼。又下令建造了甘泉宫，在宫中筑起高台，台上修建宫室，室内画着天、地、太一等鬼神像，并且摆上祭祀用具，想以此招来天神。过了一年多，文成将军的办法却愈发不灵了，天神也没有降临。于是他就在布帛上写了些字让牛吃到肚子里，自己却假装不知道，只是对皇上说这头牛肚子里好像有些古怪。于是皇上派人把牛杀了发现了布帛，上面写着一些奇奇怪怪的话。皇上觉得这上面的笔迹很熟悉，经过追查，发现果然是假造的，于是下令杀了文成将军，并把此事隐瞒下来。

此后又建造了柏梁殿、铜柱、承露仙人掌之类的建筑。

文成将军被处死后的第二年，天子在鼎湖宫病得很厉害，巫医们想尽了各种办法，却始终治不好。之前有个叫游水发根的人推荐说，上郡有一个巫师，得病后被鬼神附在身上，很灵验。皇上便召来巫师，安置在甘泉宫，称为神君。这一次得病，命人问神君有何吉凶出现。神君说道：“天子不必为病忧心，等您病体稍愈，请振作精神与我在甘泉宫相会。”于是皇上病体稍愈，就起身驾幸甘泉宫，结果真的完全好了。为此皇上大赦天下，将神君迁到寿宫。寿宫中与神君最亲近的人叫大夫，辅佐他的叫大禁、司命之类，都听从他安排。人们虽看不到神君的样子，却能听到他的说话声，与人的声音相似。神君时来时去，来时风声肃然。神君住在室内帷帐中，偶尔白昼说话，不过更多是在夜间。天子要见他，必须先净身后才进入。通常是由巫祝来照顾和料理神君的生活、饮食。神君有什么想说的话，由巫祝传递到外面。皇上又派人在寿宫的北宫收拾了一套房子，在其中悬挂羽旗，布置供具，以礼敬神君。神君说的话，皇上让人记录下来，称为“画法”。他说的话，都是世俗人所知道的，没有什么特别不同之处，然而只有天子喜爱。因为事情很隐秘，世间无人知晓。

三年后，主管官员说，帝王的年号应该以天降的符瑞来命名，不应该按一元、二元等顺序数来命名。第一个年号称“建”；第二个年号因有长星出现，所以称为“光”，第三个年号因郊祀时得到一独角兽，所以应称为“狩”。

第二年冬天，天子到雍城进行郊祀，与人商议说：“如今上帝由朕亲自祭祀，而后土却没有人祭祀，这于礼不合。”于是主管官员与太史令司马谈、祠官宽舒商议后进言说：“祭祀天地时应该用刚长出牛角的小牛。如今陛下如果想要亲自祭祀后土，祭祀后土应选择到低洼地区修筑圆丘，在圆丘上设五个祭坛，每坛用一头小黄牛以及一猪一羊作为祭品，祭祀过后将它们全部埋掉，参加祭祀的人全部穿黄色的服帽。”于是皇上东行，首次在汾阴脽丘建起了后土祠，祭祀礼仪按宽舒等商议的结果执行。皇上亲自望空拜祭，与祭天帝的礼仪一样。祭祀结束后，皇上曰："三代邈绝，远矣难存。其以三十里地封周后为周子南君，以奉其先祀焉。"是岁，天子始巡郡县，侵寻于泰山矣。

其春，乐成侯上书言栾大。栾大，胶东宫人，故尝与文成将军同师，已而为胶东王尚方。而乐成侯姊为康王后，无子。康王死，他姬子立为王。而康后有淫行，与王不相中，相危以法。康后闻文成已死，而欲自媚于上，乃遣栾大因乐成侯求见言方。天子既诛文成，后悔其蚤死，惜其方不尽，及见栾大，大说。大为人长美，言多方略，而敢为大言，处之不疑。大言曰："臣常往来海中，见安期、羡门之属。顾以臣为贱，不信臣。又以为康王诸侯耳，不足与方。臣数言康王，康王又不用臣。臣之师曰：'黄金可成，而河决可塞，不死之药可得，仙人可致也。'然臣恐效文成，则方士皆奄口，恶敢言方哉！"上曰："文成食马肝死耳。子诚能修其方，我何爱乎！"大曰："臣师非有求人，人者求之。陛下必欲致之，则贵其使者，令有亲属，以客礼待之，勿卑，使各佩其信印，乃可使通言于神人。神人尚肯邪不邪。致尊其使，然后可致也。"于是上使验小方，斗棋，棋自相触击。

是时上方忧河决，而黄金不就，乃拜大为五利将军。居月余，得四印，佩天士将军、地士将军、大通将军印。制诏御史："昔禹疏九江，决四渎。间者河溢皋陆，堤繇不息。朕临天下二十有八年，天若遗朕士而大通焉。乾称'蜚龙'，'鸿渐于般'，朕意庶几与焉。其以二千户封地士将军大为乐通侯。"赐列侯甲第，僮千人。乘轝斥车马帷幄器物以充其家。又以卫长公主妻之，赍金万斤，更命其邑曰当利公主。天子亲如五利之第。使者存问，供给相属于道。自大主将相以下，皆置酒其家，献遗之。于是天子又刻玉印曰"天道将军"，使经荥阳回京。路过洛阳时，皇上下诏说："夏、商、周三代离现在太久远了，如今它们的封地也不存在了。可划出三十里的地区加封周王的后人为周子南君，用来供奉他们的祖先。"这一年，天子第一次东出巡察郡县，以便慢慢接近泰山。

这年春天，乐成侯上书推荐栾大。栾大，是胶东王刘贤的宫中侍应，早先曾与文成将军同门学习方术，后来做了胶东王宫中掌管药物配制的官员。乐成侯的姐姐是胶东康王的王后，没有儿子。康王死后，其他姬妾的儿子继承了王位。康后作风淫乱，又与新王合不来，双方互相明争暗斗。康后听说文成将军已死，想谄媚皇上，就派栾大通过乐成侯以擅长方术求见皇上。因为文成将军已被杀掉，皇上有点后悔他死得太早，可惜他的法术还没有全部传出来，于是见到栾大后很是高兴。栾大长得高大俊美，善于言谈，而且敢于说大话并且像是真有其事一样。他向皇上自吹说："臣经常往来于海中，会见安期生、羡门高等诸位仙人。他们因为臣的地位低贱，所以不相信臣的话。又认为康王只是一个诸侯，不足以把神仙方术授予他。臣曾数次向康王说起，康王又不重用臣。臣的师父曾说：'黄金可以炼成，黄河的决口可以堵塞，长生不死药可以得到，仙人也是可以请来的。'但是臣担心和文成将军的下场一样，那样就会使方士都掩口不言,谁还敢再谈方术呢！"皇帝说："文成将军是吃马肝毒死的。先生如果真有能修练成神仙的方术，我怎会吝惜爵禄等赏赐呢？"栾大说："臣的师父不是有求于人，而是人们有求于他。陛下若一定要请他来，就要让去请他的使者地位尊贵起来，让他有妻室家属，以宾客之礼待他，不要卑视他，让他佩带各种王侯将相印信，才能让他与神人通话。即便都这样做了，神人来与不来，尚不敢说。总之要尊崇求访神人的使者，才有可能招请神人降临。"于是皇上让他演示小方术，看有无应验。栾大便借助磁力演示了斗棋，棋子能自相撞击。

当时皇上正为黄河决口之事而忧虑，且炼砂成金之事也不成功，于是就封栾大为五利将军。过了一个多月，栾大得到了四颗官印，除了五利将军印之外，还得到天士将军、地士将军、大通将军印。皇上给御史颁诏说："以前大禹能够疏导九江，开通四渎。这些日子黄河泛滥，筑堤的徭役经久不息。朕在帝位二十八年，上天好像委派了贤士来辅佐我，而栾大就是其中之一。《乾》卦称'飞龙在天'，《鸿》卦又说'鸿渐于磐'，朕觉得栾大的境遇就是这个样子。请将二千户的封邑封地士将军栾大为乐通侯。"同时赐予栾大列侯宅第一所，僮仆千人；又将皇帝不用的乘骑用物给他布置新居；又把卫长公主嫁与他做妻子，赠送黄金万两为陪嫁，并把他住的城邑改名为当利公主邑。天子亲自驾临栾大家里作客，到他家里慰问、赐送物品的天子使者，络绎不绝。朝廷上自大长公主、下至将相，都到他家摆酒庆贺，馈赠贵重物品。当时天子又刻了一颗"天道将军"的玉印，使衣羽衣，夜立白茅上，五利将军亦衣羽衣，夜立白茅上受印，以示不臣也。而佩“天道”者，且为天子道天神也。于是五利常夜祠其家，欲以下神。神未至而百鬼集矣，然颇能使之。其后装治行，东入海，求其师云。大见数月，佩六印，贵震天下，而海上燕齐之间，莫不搤捥而自言有禁方，能神仙矣。

其夏六月中，汾阴巫锦为民祠魏脽后土营旁，见地如钩状，掊视得鼎。鼎大异于众鼎，文镂无款识，怪之，言吏。吏告河东太守胜，胜以闻。天子使使验问巫得鼎无奸诈，乃以礼祠，迎鼎至甘泉，从行，上荐之。至中山，曣嗢，有黄云盖焉。有麃过，上自射之，因以祭云。至长安，公卿大夫皆议请尊宝鼎。天子曰：“间者河溢，岁数不登，故巡祭后土，祈为百姓育谷。今岁丰庑未报，鼎曷为出哉？”有司皆曰：“闻昔泰帝兴神鼎一，一者壹统，天地万物所系终也。黄帝作宝鼎三，象天地人。禹收九牧之金，铸九鼎。皆尝亨鬺上帝鬼神。遭圣则兴，鼎迁于夏商。周德衰，宋之社亡，鼎乃沦没，伏而不见。颂云‘自堂徂基，自羊徂牛；鼐鼎及鼒，不吴不骜，胡考之休’。今鼎至甘泉，光润龙变，承休无疆。合兹中山，有黄白云降盖，若兽为符，路弓乘矢，集获坛下，报祠大享。唯受命而帝者心知其意而合德焉。鼎宜见于祖祢，藏于帝廷，以合明应。”制曰：“可。”

入海求蓬莱者，言蓬莱不远，而不能至者，殆不见其气。上乃遣望气佐候其气云。

命使者穿着羽衣，夜间站在白茅草的上面，把印赐给五利将军，五利将军也穿着羽衣，夜间站在白茅草上受印，以此表示不把栾大当臣子看待。而佩带“天道”将军印，这样做都是为了给天子引导天神。并且五利将军夜间时常在家中祭祀，欲请神仙降临。没想到天神没有请下来，倒把各种鬼怪请来了，然而好在五利善能驱使诸鬼。此后他收拾行装上路，东行入海，说是要去寻找他的师父。栾大在见到皇上以后的几个月里，就佩戴了六颗大印，其地位的尊贵震动天下，让海上的燕齐众方士，无不扼腕振奋，并都争着说自己有祝禁的方术，能够修炼成神仙。

这年夏天的六月中旬，汾阴一个名为锦的女巫在魏脽后土祠旁为民祭祀，见地面裂开，出现个像钩一样的东西，挖开来一看是一只鼎，尺寸很大，与那些普通鼎都不同，上面刻有花纹，却没有文字。她觉得奇怪，告诉了当地官吏。当地官吏上报给了河东太守胜，胜又上报了朝廷。天子立即派使者到现场查看并询问巫师得鼎的经过，确认中间没有奸诈之事，于是就按礼法祭祀，将鼎迎接到甘泉宫。皇上亲自参加了此事，并要将它献给上天。走到中山时，天空出现了一片黄云，氤氲缭绕如同车盖。此时恰好有一头麃子经过，皇上亲自射中了它，刚好用来做了祭鼎的牲礼。到长安以后，公卿大夫都商量请求尊奉宝鼎。天子说：“最近以来，黄河泛滥，一连数年收成不好，所以朕才巡察郡县，祭祀后土，为百姓祈求能有好年成。今年丰收与否尚不可知，鼎为什么会出现呢？”一些官员都说：“听说过去泰帝造了一只神鼎，一象征天下统一，是天地万物的最终归属。黄帝造了三个宝鼎，三象征天、地、人。禹收集九州的铜，铸成九鼎，象征九州，都曾经用来烹煮牺牲祭祀上帝和鬼神。逢遇圣主盛世，这些鼎就会出现，一直由夏代延续到了商代。周末世德衰败，宋国社坛被毁以后，鼎就沦没了，从此隐伏未再出现过。《诗经·周颂》中说‘自堂内至于门槛外，有的献羊有的献牛；大鼎小鼎陈列，牲肥鼎洁，祭事绸缪，不喧哗不倨傲，恭敬又肃穆，神必降福，得享寿考，休美征候’。如今鼎已到甘泉宫，看它色泽光润，变化如神，朝廷必承无疆之福。这与行至中山时，有黄白云出现在宝鼎上空；还有麃兽这种符瑞出现，以及大弓和四支一套的箭，全部是在神坛下得到的，这全是上天对天子行祭祀大礼的回报。只有受天命而为帝的人才能心知其意而与天德相合。宝鼎应该献给高祖庙，藏于甘泉宫的帝王宫廷，以便与上帝显示的瑞应相合。”于是皇上下诏说：“就这么办。”

那些到海中寻找蓬莱仙岛的人都说蓬莱仙岛路程不远，而总是不能到达的原因，大概是看不到仙山的云气。于是皇上便派遣了善于望气的人去帮助他们观测云气。

其秋，上幸雍，且郊。或曰“五帝，太一之佐也，宜立太一而上亲郊之”。上疑未定。齐人公孙卿曰：“今年得宝鼎，其冬辛巳朔旦冬至，与黄帝时等。”卿有札书曰：“黄帝得宝鼎宛朐，问于鬼臾区。鬼臾区对曰：‘帝得宝鼎神策，是岁己酉朔旦冬至，得天之纪，终而复始。’于是黄帝迎日推策，后率二十岁复朔旦冬至，凡二十推，三百八十年，黄帝仙登于天。”卿因所忠欲奏之。所忠视其书不经，疑其妄书，谢曰：“宝鼎事已决矣，尚何以为！”卿因嬖人奏之。上大说，乃召问卿。对曰：“受此书申公，申公已死。”上曰：“申公何人也？”卿曰：“申公，齐人。与安期生通，受黄帝言，无书，独有此鼎书。曰‘汉兴复当黄帝之时’。曰‘汉之圣者在高祖之孙且曾孙也。宝鼎出而与神通，封禅。封禅七十二王，唯黄帝得上泰山封’。申公曰：‘汉主亦当上封，上封能仙登天矣。黄帝时万诸侯，而神灵之封居七千。天下名山八，而三在蛮夷，五在中国。中国华山、首山、太室、泰山、东莱，此五山黄帝之所常游，与神会。黄帝且战且学仙。患百姓非其道者，乃断斩非鬼神者。百余岁然后得与神通。黄帝郊雍上帝，宿三月。鬼臾区号大鸿，死葬雍，故鸿冢是也。其后黄帝接万灵明廷。明廷者，甘泉也。所谓寒门者，谷口也。黄帝采首山铜，铸鼎于荆山下。鼎既成，有龙垂胡髯下迎黄帝。黄帝上骑，群臣后宫从上者七十余人，龙乃上去。余小臣不得上，乃悉持龙髯，龙髯拔，堕，堕黄帝之弓。百姓仰望黄帝既上天，乃抱其弓与胡髯号，故后世因名其处曰鼎湖，其弓曰乌号。’”于是天子曰：“嗟乎！吾诚得如黄帝，吾视去妻子如脱屣耳。”乃拜卿为郎，东使候神于太室。

上遂郊雍，至陇西，西登崆峒，幸甘泉。令祠官宽舒等具太一祠坛，祠坛放薄忌太一坛，坛三垓。五帝坛环居其下，各如其方，黄帝这年秋天，皇上驾临雍城准备郊祀。有人说：“五帝，是太一神的辅佐，应该修建太一庙，由皇上亲自主持郊祀。”皇上犹豫未决。齐人公孙卿说：“今年幸得宝鼎，冬季辛巳日十一月初一是冬至节，与黄帝时历象正好相合。”公孙卿收藏有一本札记，上面记载：“黄帝在宛朐城曾得到宝鼎，向鬼臾区询问，鬼臾区回答说：‘帝得到了宝鼎和神策，这一年己酉日的初一早晨是冬至，您得到天赐的历法，一年年周而复始，循环不止。’于是黄帝按日影用神策推算出，以后大约每二十年冬至会再次出现在初一的黎明时分，推算了二十次，第三百八十年，黄帝成仙归天而去。”公孙卿想通过皇上近臣所忠把此事上奏给皇上，所忠认为他的书荒诞不实，怀疑是他伪造的假书，便辞谢说：“宝鼎的事已经确定下来，还提这事干什么？”公孙卿又通过皇帝的私宠上奏，皇上听后很是高兴，就召问公孙卿，公孙卿回答说：“这本书原是申公传授与我的，如今申公已经去世。”皇上说：“申公是什么人？”公孙卿说：“申公，是齐人。与安期生有来往，他听说过许多黄帝的传说，没有别的记载，仅有这本关于鼎的书札。书札中说‘汉朝兴盛于黄帝时的年号重新出现的时候’；说‘汉朝的圣人会出现于高祖皇帝的孙和曾孙之中。宝鼎出现后就能与神相会，并行封禅礼。古来行封禅礼的共有七十二个帝王，唯有黄帝一人得以登上泰山顶行封祭礼’。申公说：‘汉朝皇帝也应当上泰山行封祭礼。若登上泰山封祭就能成仙登天了。黄帝时诸侯上万人，其中封地中神灵被封祭的有七千。天下的名山有八座，其中三座地处蛮夷境内，五座在中原地区。在中原地区的有华山、首山、太室、泰山、东莱山，这五座是黄帝经常游览并与神相会的地方。黄帝一边作战一边修炼仙道。他害怕百姓会对仙道有非议，就断然把非难鬼神的人杀掉。经过百余年的修炼后，便能与神仙往来了。黄帝在雍城郊祭上帝时，在那儿住了三个月。鬼臾区号称大鸿，死后葬在雍城，所以这就有了鸿冢。此后黄帝在明廷与万千神灵相见。明廷，就是甘泉山。黄帝成仙的地方在寒门，就是今天的谷口。黄帝采掘首山的铜矿，铸鼎于荆山脚下。鼎刚铸成，云端里便出现了一条龙，垂下长长的胡须来迎接黄帝。黄帝骑在龙背上，群臣以及后宫妃嫔随他登上龙背的有七十多人，龙便飞天而去。其余那些级别低的官员没有登上龙背，都抓住龙须不放手，龙须被拉断了，他们便从空中掉落下来，混乱中黄帝的弓也落了下来。百姓抬头望见黄帝慢慢飞天而去，于是抱着他失落的弓以及拉断的龙须哭号，所以后世把这个地方称为鼎湖，把弓称乌号。’”于是皇上说：“呀！我要是能像黄帝那样，就会把抛下妻子儿女看作像扔掉鞋子那般轻松。”于是封公孙卿为郎官，让他到东面太室山去迎候神仙。

皇上于是到雍城郊祀，之后来到陇西郡，又西行登上了崆峒山，而后回到甘泉宫。他命祠官宽舒等人筹建太一神的祭坛，祭坛仿照薄忌的太一坛建造，坛分三层。

西南，除八通鬼道。太一，其所用如雍一畤物，而加醴枣脯之属，杀一狸牛以为俎豆牢具。而五帝独有俎豆醴进。其下四方地，为醊食群神从者及北斗云。已祠，胙余皆燎之。其牛色白，鹿居其中，彘在鹿中，水而洎之。祭日以牛，祭月以羊彘特。太一祝宰则衣紫及绣。五帝各如其色，日赤，月白。

十一月辛巳朔旦冬至，昧爽，天子始郊拜太一。朝朝日，夕夕月，则揖；而见太一如雍郊礼。其赞飨曰："天始以宝鼎神策授皇帝，朔而又朔，终而复始，皇帝敬拜见焉。"而衣上黄。其祠列火满坛，坛旁亨炊具。有司云"祠上有光焉"。公卿言"皇帝始郊见太一云阳，有司奉瑄玉嘉牲荐飨。是夜有美光，及昼，黄气上属天"。太史公、祠官宽舒等曰："神灵之休，佑福兆祥，宜因此地光域立太畤坛以明应。令太祝领，秋及腊间祠。三岁天子一郊见。"

其秋，为伐南越，告祷太一。以牡荆画幡日月北斗登龙，以象太一三星，为太一锋，命曰"灵旗"。为兵祷，则太史奉以指所伐国。而五利将军使不敢入海，之泰山祠。上使人随验，实毋所见。五利妄言见其师，其方尽，多不仇。上乃诛五利。

其冬，公孙卿候神河南，言见仙人迹缑氏城上，有物如雉，往来城上。天子亲幸缑氏城视迹。问卿："得毋效文成、五利乎？"卿曰："仙者非有求人主，人主者求之。其道非少宽假，神不来。言神事，事如迂诞，积以岁乃可致也。"于是郡国各除道，缮治宫观名山神祠所，以望幸。

其春，既灭南越，上有嬖臣李延年以好音见。上善之，下公卿议，曰："民间祠尚有鼓舞乐，今郊祀而无乐，岂称乎？"公卿曰："古者祠第一层是太一坛，五帝坛围绕在太一坛下，五帝各自所在方位与所主方位相同，只有主中央方位的黄帝位于西南方。太一坛的四面及四角共建造了八条鬼神通道。太一坛祭祀所用之物与雍城五畤中的各畤相同，不过增加了酒醴、枣和肉脯等，并宰杀了一头狸牛盛在礼器中。而五帝坛只有酒醴和俎豆供奉。最后一层坛是一块四方形地面，是用来供奉群神和北斗的地方。祭祀完毕，把剩余的胙肉都付之燎火。祭祀的牛为白色，宰杀好的鹿被塞入牛腹，而宰杀好的猪被塞入鹿腹中，然后一并放在釜中加水烹煮。祭日神的祭品用牛，祭月神用一只雄性的羊或猪。太一坛的祝宰穿着紫色和五彩绣花礼服，五帝坛祝宰的礼服则与各帝所主方位的颜色相同，日坛祝宰穿赤色礼服，月坛祝宰穿白色礼服。

十一月初一黎明冬至这一天，天刚拂晓，天子便开始拜祭太一神。然后在日出时祭祀日神，傍晚月出时祭祀月神，对此只揖而不跪；而祭祀太一神时和雍城郊祭的礼节相同。赞礼者念祝词说："上天如果把宝鼎神策授给皇帝，此后朔日一次接着一次，周而复始，永无穷尽，皇帝恭敬拜见天神。"所穿礼服都为黄色。祭祀时祭坛上到处燃着火把，祭坛旁边放着烹煮的炊具。主管官员说："祀坛上有光彩出现了。"公卿们说："黄帝当初在云阳郊祭，拜见太一神，主管官员手捧瑄玉与嘉牲，献给太一神享食。当夜就有很美的光辉出现，到天亮时，黄气上腾，与天相连。"太史公与祠官宽舒等说："这是神灵的美意，是它保佑并降福于人的吉兆祥瑞，应该在这些神光出现的地区修建太畤坛与这些祥瑞吉兆相呼应。令太祝主管此事，每年秋天和腊月间祭祀，皇上每隔三年郊祭一次。"

这年秋天，为了讨伐南越，皇上向太一神祷告祈求福泽庇佑。以牡荆为旗杆，旗上画了日月、北斗、飞龙等图案，象征着太一三星，当作太一锋旗，命名为"灵旗"。在出兵祷告时，由太史官手捧灵旗指向被伐的国家。五利将军作为使者不敢入海求仙，便到泰山来祭拜祈祷。皇上派人暗中跟随着他，检验其行为，发现他实际上什么神仙也没见到，五利却妄言说见到了他师父。他的方术已经用尽，但都没有应验，于是皇上杀掉了五利。

这年冬天，公孙卿在河南太室山迎候神仙，说在缑氏城上看到了仙人足迹，还发现个模样似山鸡般的东西，在城上来来往往。皇上亲自到缑氏城察看仙人足迹。他问公孙卿："莫非你想仿效文成、五利吗？"公孙卿说："仙人不是有求于皇帝，是皇帝求仙人。所以这事非得宽限时日，否则神是不会降临的。谈论神仙之事，好像是有些迂腐怪诞，但只有积以年岁才能等来神仙啊。"于是郡国各自清扫道路，修治宫殿、列观、名山、神庙等，希望皇上能够到来。

这年春天，灭掉南越后，有位受皇上宠爱的官员李延年，因为擅长音乐而常被皇上召见。皇上对他赞赏不已，便命公卿们商议，皇上说："民天地皆有乐，而神祇可得而礼。”或曰：“太帝使素女鼓五十弦瑟，悲，帝禁不止，故破其瑟为二十五弦。”于是塞南越，祷祠太一、后土，始用乐舞，益召歌儿，作二十五弦及空侯琴瑟自此起。

其来年冬，上议曰：“古者先振兵泽旅，然后封禅。”乃遂北巡朔方，勒兵十余万，还祭黄帝冢桥山，释兵须如。上曰：“吾闻黄帝不死，今有冢，何也？”或对曰：“黄帝已仙上天，群臣葬其衣冠。”既至甘泉，为且用事泰山，先类祠太一。

自得宝鼎，上与公卿诸生议封禅。封禅用希旷绝，莫知其仪礼，而群儒采封禅尚书、周官、王制之望祀射牛事。齐人丁公年九十余，曰：“封禅者，合不死之名也。秦皇帝不得上封，陛下必欲上，稍上即无风雨，遂上封矣。”上于是乃令诸儒习射牛，草封禅仪。数年，至且行。天子既闻公孙卿及方士之言，黄帝以上封禅，皆致怪物与神通，欲放黄帝以上接神仙人蓬莱士，高世比德于九皇，而颇采儒术以文之。群儒既已不能辨明封禅事，又牵拘于诗书古文而不能骋。上为封禅祠器示群儒，群儒或曰“不与古同”，徐偃又曰“太常诸生行礼不如鲁善”，周霸属图封禅事，于是上绌偃、霸，而尽罢诸儒不用。

三月，遂东幸缑氏，礼登中岳太室。从官在山下闻若有言“万岁”云。问上，上不言；问下，下不言。于是以三百户封太室奉祠，命曰崇高邑。东上泰山，泰山之草木叶未生，乃令人上石立之泰山巅。

上遂东巡海上，行礼祠八神。齐人之上疏言神怪奇方者以万数，间祠庙尚有鼓舞乐曲，如今郊祭时反而无乐曲，难道这相称吗？”公卿们说：“古时候祭祀天地都有乐舞，这样神祇才来享受祭祀。”还有人说：“太帝命素女奏五十弦的瑟，音调悲切，太帝让她停下而她却不能停止，所以太帝便把她的瑟从中破开成为两半，做成了二十五弦的瑟。”于是在庆祝灭掉南越及祷祭太一、后土神时开始使用乐舞，并扩增了歌乐的规模，二十五弦瑟和箜篌的制作也是从这时候开始的。

第二年冬天，皇上说：“古时候的君王，总是先撤除武备，再专力于农桑，然后才举行封禅礼。”于是皇上向北出行巡察朔方，他率军十多万，回来时在桥山祭拜了黄帝陵，到须如时遣散了军队。皇上说：“我听说黄帝没有死，如今却有黄帝冢，这是为什么？”有人回答说：“黄帝成仙飞升上天后，群臣把他的衣冠埋葬在这里，因此便有了黄帝冢。”回到甘泉宫后，因为不久就要到泰山举行封禅大礼，所以皇上用祭天的仪式先祭祀了太一神。

自从得到宝鼎以后，皇上便与公卿及儒生们商议封禅之事。封禅因为以往很少举行，相关资料已经灭绝，无人知道封禅的具体礼仪，众儒生便从《尚书》、《周官》、《王制》等书中摘引以往帝王封禅时望祭与射牛的仪式作为封禅的参考。齐人丁公年已九十多岁，他说：“封禅，就是合当不死的意思。秦始皇没有这种造化，没能够登上泰山山顶举行封禅大礼。陛下若一定上山，先上到一定高度看看。如果没有风雨，那就说明得到上天的允许了。陛下就可上山举行封禅大典了。”皇上于是命诸儒生练习射牛的礼仪，起草封禅的礼仪。数年以后，到了将快要出发进行封禅的日子。天子因为听了公孙卿以及方士的话，说黄帝之前的封禅，都招徕了吉祥之物，说明已可以与神灵相通，所以想仿照黄帝之前的帝王，希望见到神仙的使者蓬莱士人，以对世人表明自己的德行可与九皇相比，所以又引用儒家经典上的一些词句来作为文饰。众儒生因不能搞明白封禅的仪式，又纠缠拘泥于《诗经》、《尚书》等古文的记载，不能发挥自己的想象。皇上亲自设计了一些封禅用的祭器给群儒看，有些儒者认为“与古时候不同”，博士徐偃也说“太常诸生演习的礼不如鲁礼好”，而周霸则打算另绘封禅礼图。于是皇上罢免了徐偃、周霸，且停止使用所有儒生。

三月，皇上一行东行到缑氏县，登上中岳太室山举行祭祀。随从官员在山下好像听到了呼喊“万岁”的声音。问山上的人，山上的人说没有喊过；问山下的人，山下的人也说没有喊过。于是皇上将三百户人家封为太室奉祠，把他们的居住区命名为崇高邑。然后他们继续东行去往泰山。那时候泰山上的草木还没有长出叶子，于是皇上命人将大石运上泰山顶峰，准备封禅时用。

皇上随即向东巡游到海上，行礼祭祀八神。上万齐人纷纷上书谈论神怪和奇异方然无验者。乃益发船，令言海中神山者数千人求蓬莱神人。公孙卿持节常先行候名山，至东莱，言夜见大人，长数丈，就之则不见，见其迹甚大，类禽兽云。群臣有言见一老父牵狗，言“吾欲见巨公”，已忽不见。上即见大迹，未信，及群臣有言老父，则大以为仙人也。宿留海上，予方士传车及间使求仙人以千数。

四月，还至奉高。上念诸儒及方士言封禅人人殊，不经，难施行。天子至梁父，礼祠地主。乙卯，令侍中儒者皮弁荐绅，射牛行事。封泰山下东方，如郊祠太一之礼。封广丈二尺，高九尺，其下则有玉牒书，书秘。礼毕，天子独与侍中奉车子侯上泰山，亦有封。其事皆禁。明日，下阴道。丙辰，禅泰山下阯东北肃然山，如祭后土礼。天子皆亲拜见，衣上黄而尽用乐焉。江淮间一茅三脊为神藉。五色土益杂封。纵远方奇兽蜚禽及白雉诸物，颇以加礼。兕牛犀象之属不用。皆至泰山祭后土。封禅祠；其夜若有光，昼有白云起封中。

天子从禅还，坐明堂，群臣更上寿。于是制诏御史：“朕以眇眇之身承至尊，兢兢焉惧不任。维德菲薄，不明于礼乐。修祠太一，若有象景光，箓如有望，震于怪物，欲止不敢，遂登封太山，至于梁父，而后禅肃然。自新，嘉与士大夫更始，赐民百户牛一、酒十石，加年八十孤寡布帛二匹。复博、奉高、蛇丘、历城，无出今年租税。其大赦天下，如乙卯赦令。行所过毋有复作。事在二年前，皆勿听治。”又下诏曰：“古者天子五载一巡狩，用事泰山，诸侯有朝宿地。其令诸侯各治邸泰山下。”

天子既已封泰山，无风雨灾，而方士更言蓬莱诸神若将可得，于是上欣然庶几遇之，乃复东至海上望，冀遇蓬莱焉。奉车子侯暴病，术，却没有一个能应验的。皇上于是增调船只，让那些谈论海中有神山的几千人出海寻找蓬莱山的神人。这时公孙卿持天子符节走到队伍前面先行探视，在名山胜境恭候天子车驾。他到东莱后，说夜间看到了一个巨人，身高数丈，走近后却又不见了，只留下一个很大的足印，形状似禽兽的足印。群臣又有人说看到了一个老人牵着一条狗，说“我想见一见巨公”，说完便忽然不见踪影。皇上亲自察看了大足印，但不相信，到听群臣说起牵狗老人的事后，才深信这就是仙人了。皇上便特意在海上留宿以待仙人，准予方士乘坐驿车以来往报信，陆续派出求仙的人已有千数以上。

四月，皇上从海上归来回到奉高县。皇上认为众儒生和方士所说的封禅之事各不相同，荒诞不实，难以施行。于是他先到了梁父山，祭祀了地神。四月十九日，他命在内廷的儒生身着隆重的礼服，头戴皮弁，插笏垂绅，举行射牛的仪式。后又在泰山东面山脚下举行封土大礼，礼仪形式与郊祭太一神一样。所封土宽一丈二尺，高九尺，下面埋有玉牒书，书中内容隐秘无人知晓。行礼完毕后，天子只带着侍中奉车霍子侯登上了泰山，在山顶同样行了封土典礼，这些祭祀之事都禁止外传。第二天，皇上从泰山北坡下山。同天，即四月二十日，皇上在泰山脚下东北的肃然山上举行禅祭礼，仪式与祭祀后土相同。这些都是皇上亲自行叩拜礼。礼服都为黄色，并且用乐伴奏。祭祀用的草席都是江淮的三脊茅编织的，祭坛用五色土筑成。将远方进贡来的飞禽奇兽以及白山鸡等物放还山林，比起雍畤的祭祀礼数多有增加，但不用兕牛犀象之类。大家都到泰山下祭祀了后土。行封禅大典的地方，当夜仿佛有光出现，白天时有白云从封土中升起。

皇上从封禅之地回来后，来到明堂就坐，群臣轮番朝见道贺，恭祝天子圣寿无疆。于是皇帝下诏给御史大夫说：“朕以微小之身继承了至尊大位，终日战战兢兢，唯恐不能胜任。由于德行微薄，不明礼乐。祭祀太一神时，仿佛有霞光出现，又隐约看到一些奇怪事物，恐怕是因为怪物出现了，想停止行礼却又怕得罪神灵，于是强自登上泰山举行了封禅大典，又到梁父，之后又在肃然山举行了禅祭礼。欲从此自新，与士大夫一起重新开创一个新的局面，特赐给百姓每百户牛一头，酒十石，年过八十岁以上的孤寡老人赐赠布帛二匹。免除博县、奉高、蛇丘、历城四县的徭役和今年租税。大赦天下，具体细则与元朔三年的赦令相同。此次我所到之处的苦役全部赦免。凡二年以前所犯过失的人，都不再治罪。”又下诏说：“古时候天子每隔五年外出巡狩一次，到泰山举行封禅大典，诸侯在泰山下都有朝见留宿的住所。今命诸侯各自在泰山下自行构筑邸舍房屋。”

皇上封禅泰山后，没有遇到风雨之灾，因此方士们纷纷说蓬莱山诸神不久即可见到，皇上也欣然以为不久便能见到神仙，于是便再次东行到海上观望，希望能一日死。上乃遂去，并海上，北至碣石，巡自辽西，历北边至九原。五月，反至甘泉。有司言宝鼎出为元鼎，以今年为元封元年。

其秋，有星茀于东井。后十余日，有星茀于三能。望气王朔言："候独见填星出如瓜，食顷复入焉。"有司皆曰："陛下建汉家封禅，天其报德星云。"

其来年冬，郊雍五帝。还，拜祝祠太一。赞飨曰："德星昭衍，厥维休祥。寿星仍出，渊耀光明。信星昭见，皇帝敬拜太祝之享。"

其春，公孙卿言见神人东莱山，若云"欲见天子"。天子于是幸缑氏城，拜卿为中大夫。遂至东莱，宿留之数日，无所见，见大人迹云。复遣方士求神怪采芝药以千数。是岁旱。于是天子既出无名，乃祷万里沙，过祠泰山。还至瓠子，自临塞决河，留二日，沈祠而去。使二卿将卒塞决河，徙二渠，复禹之故迹焉。

是时既灭两越，越人勇之乃言"越人俗鬼，而其祠皆见鬼，数有效。昔东瓯王敬鬼，寿百六十岁。后世怠慢，故衰秏"。乃令越巫立越祝祠，安台无坛，亦祠天神上帝百鬼，而以鸡卜。上信之，越祠鸡卜始用。

公孙卿曰："仙人可见，而上往常遽，以故不见。今陛下可为观，如缑城，置脯枣，神人宜可致也。且仙人好楼居。"于是上令长安则作蜚廉桂观，甘泉则作益延寿观，使卿持节设具而候神人。乃作通天茎台，置祠具其下，将招来仙神人之属。于是甘泉更置前殿，始广诸宫室。夏，有芝生殿房内中。天子为塞河，兴通天台，若见有光云，乃下诏："甘泉房中生芝九茎，赦天下，毋有复作。"

其明年，伐朝鲜。夏，旱。公孙卿曰："黄帝时封则天旱，干封遇到蓬莱山诸神。奉车都尉霍子侯这时突然得了急病，只一天就死了。皇上这才离开，沿海而上，北行到碣石，从辽西开始巡察，途经北部边塞到达九原县。五月，返回到甘泉宫。主管官员提议，既然宝鼎这年出现，那么就把这年的年号改为“元鼎”，把今年改为元封元年。

这年秋天，有彗星出现在东井宿中。十多天后，又有彗星出现在三台星座附近。有个善于望气名叫王朔的人说：“我曾观测到填星出现时就像瓜一般大，约一顿饭的工夫便隐去不见了。”有关官员都说：“陛下创建了汉朝的封禅制度，所以上天便用德星这种祥瑞来回报您。”

第二年冬天，皇上到雍城郊祭五帝。回来后，又拜祝并祭祀了太一神。赞礼官念道：“德星普照四方，这是吉祥的征兆。寿星也出现了，渊耀光明。这些星宿像信符一样应时出现，为此皇上敬拜太祝以供神灵享食。”

这年春天，公孙卿说在东莱山见到了神人，隐约听到神人说“想要见天子”。于是皇上便来到缑氏城，封公孙卿为中大夫。随后来到东莱，住了数日，却什么也没看到，据说只见到了神人的足印。皇上又重派遣方士，寻访神仙、采掘灵芝，人数达千余人。这一年天旱，皇上想出游却找不到出游的理由，就借口说到万里沙祷神求雨，顺道再去祭祀泰山。回来时经过瓠子县，皇上亲自到黄河决口处，在那住了两天，祭祀河神后离去。他命上卿汲仁、郭昌二人率领兵卒堵塞黄河的决口，将黄河两条渠水移位，恢复了大禹时的旧河道。

当时已经灭掉了南越和东越，一个名为勇之的越人说：“越人风俗迷信鬼神，他们祭祀时都能见到鬼，很是灵验。过去东瓯王因为敬鬼，活了一百六十岁。后世人逐渐怠慢鬼神，所以早早就衰老了。”于是皇上命越巫修建了越祝庙，只是有台而无坛，同样祭祀天神、上帝百鬼，却用鸡骨占卜吉凶。皇上极为相信这些，越祭和鸡骨占卜从此开始流传。

公孙卿说：“仙人本来是可以看到的，但由于皇上来去匆忙，因此才没能看到。现在陛下可以建造一座楼观，像缑氏城楼一样，上面摆上肉脯、枣，神人应该可以到来。况且仙人都喜欢住在楼上。”于是皇上就在长安城建造了蜚廉观和桂观，在甘泉建造了益延寿观，让公孙卿持天子符节设置供品迎候神人。又建造了通天径台，台下设置祭祀礼具，想以此来招纳仙人、神人之属。于是在甘泉宫又建了前殿，并且开始扩建各处的宫殿。这年夏天，在甘泉殿的斋房中长出了灵芝草。接着皇上为黄河决口得以堵塞建了通天台，在建造过程中出现了祥瑞感应，皇上因此下诏说：“甘泉宫房中长出一株九茎灵芝，这是祥瑞，所以天下大赦，免去苦役犯的刑罚。”

第二年，汉军出兵征伐朝鲜。这年夏季天旱。公孙卿说：“黄帝时期只要三年。”上乃下诏曰：“天旱，意干封乎？其令天下尊祠灵星焉。”

其明年，上郊雍，通回中道，巡之。春，至鸣泽，从西河归。

其明年冬，上巡南郡，至江陵而东。登礼灊之天柱山，号曰南岳。浮江，自寻阳出枞阳，过彭蠡，礼其名山川。北至琅邪，并海上。四月中，至奉高修封焉。

初，天子封泰山，泰山东北阯古时有明堂处，处险不敞。上欲治明堂奉高旁，未晓其制度。济南人公王带上黄帝时明堂图。明堂图中有一殿，四面无壁，以茅盖，通水，水圜宫垣，为复道，上有楼，从西南入，命曰昆仑，天子从之入，以拜祠上帝焉。于是上令奉高作明堂汶上，如带图。及五年修封，则祠太一、五帝于明堂上坐，令高皇帝祠坐对之。祠后土于下房，以二十太牢。天子从昆仑道入，始拜明堂如郊礼。礼毕，燎堂下。而上又上泰山，自有秘祠其巅。而泰山下祠五帝，各如其方，黄帝并赤帝，而有司侍祠焉。山上举火，下悉应之。

其后二岁，十一月甲子朔旦冬至，推历者以本统。天子亲至泰山，以十一月甲子朔旦冬至日祠上帝明堂，毋修封禅。其赞飨曰：“天增授皇帝太元神策，周而复始。皇帝敬拜太一。”东至海上，考入海及方士求神者，莫验，然益遣，冀遇之。

十一月乙酉，柏梁灾。十二月甲午朔，上亲禅高里，祠后土。临勃海，将以望祀蓬莱之属，冀至殊廷焉。

上还，以柏梁灾故，朝受计甘泉。公孙卿曰：“黄帝就青灵台，十二日烧，黄帝乃治明廷。明廷，甘泉也。”方士多言古帝王有都甘泉者。其后天子又朝诸侯甘泉，甘泉作诸侯邸。勇之乃曰：“越俗有举行封祭就会出现天旱，封土因此晒了三年。”皇上于是下诏说：“天旱，难道是上天要晒干祭坛吗？我命令天下人都尊奉、祭祀主管降雨的灵星。”

第二年，皇上到雍城郊祭，修通了去回中的道路，到那里去巡察。春季，到达鸣泽，从西河县返回。

第二年冬天，皇上巡察南郡，到江陵后继续东行。登上灊县境内的天柱山，并在此行了祭礼，称其为南岳。之后乘船沿江而下，从浔阳起程，出枞阳，经过彭蠡湖，沿途祭拜了名山大河。再向北行至琅邪，并沿海路北上。四月中旬，到达泰山东南麓的奉高县，举行了祭天之礼。

起初，皇上在封禅泰山时，在泰山的东北方向有一处古时候的明堂旧址，周围地势凶险并且不宽敞。皇上想在奉高邑旁重新再修建一座明堂，却不知道该如何建造。济南人公王带献上了一幅黄帝时建造明堂的图样。在明堂图中，正中是一座大殿，四面无墙，用茅草覆顶，四周有水沟环绕。大殿四周有宫墙，其上建有一条空中通道，远远看去像一环形的楼阁。在环形通道的西南方有条进入大殿的路，称为昆仑道。天子从这里入大殿，拜祀上帝。于是皇上命奉高邑在汶水旁建造明堂，格局与公王带提供的明堂图样相同。每五年到此祭祀一次，祭祀时把太一神和五帝神位摆在明堂的正位，把高祖皇帝的灵位放在正座的对面。在明堂下层祭祀后土，用牛、羊、猪各二十头做祭品。天子从昆仑道进入大殿，像在雍州郊祀一样祭祀明堂。行礼毕，便在堂下点燃燎火焚烧祭品。随后皇上又登上泰山，在山顶又举行了一番外人不知的秘祭。然后在泰山下又祭祀了五帝，祭祀时按五帝各自方位进行，只有黄帝与赤帝是合并祭祀的，祭拜时都有主管官员辅助侍候。祭祀时山上燃有燎火，而山下各处也都举火相应。

二年以后，适逢十一月初一是甲子日，这天早晨为冬至节，推算历法的人把这一天作为新历法的开始。皇上为了表示对这一天的重视，亲自到了泰山，在这一天的早晨到明堂祭祀上帝，但没有行封禅礼。其赞礼的太祝说：“上天增授给皇帝太初历法，周而复始，没有穷尽。皇帝敬拜太一神。”之后皇上东行到海上，询问那些入海访求神仙的方士和其他出海人，没有任何效果。但皇上没有停止，反而增派更多的人员出海寻访，希望能侥幸遇上神仙。

十一月二十八日，柏梁殿发生火灾。十二月甲午初一日，皇上亲自到高里封禅祭拜，祭祀后土。然后行至渤海岸边，想要望祭蓬莱山的仙人之属，希望自己也终有一日能到达仙人之境。

皇上回到京都，由于柏梁殿发生火灾的缘故，就改在甘泉宫接受其他郡国使者的朝见。公孙卿说：“黄帝建造的青灵台，十二天就被火烧了，黄帝便修建了明廷。明廷，就是甘泉宫。”方士大都说古时的帝王有把都城建在甘泉的。其火灾，复起屋必以大，用胜服之。”于是作建章宫，度为千门万户。前殿度高未央。其东则凤阙，高二十余丈。其西则唐中，数十里虎圈。其北治大池，渐台高二十余丈，命曰太液池，中有蓬莱、方丈、瀛洲、壶梁，象海中神山龟鱼之属。其南有玉堂、璧门、大鸟之属。乃立神明台、井干楼，度五十丈，辇道相属焉。

夏，汉改历，以正月为岁首，而色上黄，官名更印章以五字，为太初元年。是岁，西伐大宛。蝗大起。丁夫人、洛阳虞初等以方祠诅匈奴、大宛焉。

其明年，有司上言雍五畤无牢熟具，芬芳不备。乃令祠官进畤犊牢具，色食所胜，而以木禺马代驹焉。独五月尝驹，行亲郊用驹。及诸名山川用驹者，悉以木禺马代。行过，乃用驹。他礼如故。

其明年，东巡海上，考神仙之属，未有验者。方士有言“黄帝时为五城十二楼，以候神人于执期，命曰迎年”。上许作之如方，命曰明年。上亲礼祠上帝焉。

公王带曰：“黄帝时虽封泰山，然风后、封巨、岐伯令黄帝封东泰山，禅凡山，合符，然后不死焉。”天子既令设祠具，至东泰山，泰山卑小，不称其声，乃令祠官礼之，而不封禅焉。其后令带奉祠候神物。夏，遂还泰山，修五年之礼如前，而加以禅祠石闾。石闾者，在泰山下阯南方，方士多言此仙人之闾也，故上亲禅焉。

其后五年，复至泰山修封。还过祭恒山。

今天子所兴祠，太一、后土，三年亲郊祠，建汉家封禅，五年一修封。薄忌太一及三一、冥羊、马行、赤星，五，宽舒之祠官以岁时致礼。凡六祠，皆太祝领之。至如八神诸神，明年、凡山他名祠，行后皇上就在甘泉宫接见诸侯，并让诸侯在甘泉修建了邸舍。越人勇之建议说："越地的风俗是如果发生火灾之后，重建的屋子必须比原来的更大，用以镇住火灾。"于是皇上建造了建章宫，估计有千门万户，其前殿比未央宫还要高。建章宫东门为"凤阙"，高二十丈有余；西部则是"唐中宫"，有方圆数十里的虎圈；北面开凿了一个很大的池沼，池内建有二十多丈高的渐台，取名为"太液池"，池中还修建有近似于蓬莱、方丈、瀛洲、壶梁的岛屿，象征海中的神山龟鱼之类；南面建有玉堂、璧门等建筑以及大鸟的塑像。此外还有神明台、井干楼等建筑，高达五十多丈，相邻楼阁之间有辇道彼此相连。

夏季，汉朝改变历法，把每年正月作为一年的开端，在五色中崇尚黄色，官员的印章也都改为五字，这一年的年号改为太初元年。同年，汉军向西出兵讨伐大宛。这年发生了蝗灾。朝廷让方士丁夫人、洛阳的虞初等人用方术诅咒匈奴和大宛。

第二年，主管官员上书说，由于在雍城五畤没有把牲畜等祭品煮熟，所以祭祀时芬芳之味没能够齐备。于是皇上命祠官用煮熟的牺牲祭祀五畤，并依照五帝方位的颜色向它们进献其颜色相胜的供品，同时改用木偶代替生马驹。只有五月的尝驹祭以及在天子亲自行郊祀礼时才用生马驹。其他所有名山大川的祭祀，凡是用驹的也一律改用木偶马代替，只有天子出行路过该地祭祀时才用真驹。其他礼数不变。

第二年，皇上向东远行巡察到海上，考察方士们寻求神仙的事情，却没有一件事能应验的。有方士说："黄帝时曾建造了五座城邑十二座楼，在执期迎接、等候神人，称为迎年。"皇上马上按他所说的建造了一座楼台，称为"明年祠"，并且亲自前往行礼祭祀了上帝。

公王带说："黄帝时虽然封禅过泰山，但是他的大臣风后、封巨、岐伯等都还提议黄帝到东泰山祭天，到凡山祭地，以求与上帝显现的符瑞相合，这样才能长生不死。"皇上便命人准备了祭祀用具，到了东泰山。到了东泰山后发现东泰山很矮小，与名声不相符，就命祠官仅在此行礼，就没在这里封禅了。之后命公王带在这里主持祭祀，迎候神人。这年夏天，皇上回到泰山，像从前一样举行五年一次的封禅礼，另外还增加了在石闾山祭祀了地神。石闾山在泰山南麓，有许多方士说这里是仙人居住的门闾，所以皇上亲自前往禅祭。

至此过了五年，皇上又到泰山进行封禅，回来时路过并祭祀了恒山。

本朝天子新制定的祭礼，有太一、后土，每隔三年天子便亲自去郊祭一次；创建了汉家的封禅制度，每隔五年举行一次，皇上亲往；薄忌建议设立的太一祠以及三一、冥羊、马行、赤星等五处神祠，由宽舒负责的下属祀官过则祠，行去则已。方士所兴祠，各自主，其人终则已，祠官不主。他祠皆如其故。今上封禅，其后十二岁而还，遍于五岳、四渎矣。而方士之候祠神人，入海求蓬莱，终无有验。而公孙卿之候神者，犹以大人之迹为解，无有效。天子益怠厌方士之怪迂语矣，然羁縻不绝，冀遇其真。自此之后，方士言神祠者弥众，然其效可睹矣。

太史公曰：余从巡祭天地诸神名山川而封禅焉。入寿宫侍祠神语，究观方士祠官之意，于是退而论次自古以来用事于鬼神者，具见其表里。后有君子，得以览焉。若至俎豆圭币之详，献酬之礼，则有司存。

按岁时祭祀；其他的六庙，都由太祝官管领。除此之外的八神等神庙，明年、凡山等名祠，若天子出行时路过则祭祀，离开后则停祭；由方士建议所建立的祠庙，均由建议者自己主持，此人死后祠庙便废弃，祠官不再过问。其他的祭祀都仍按旧例。当今天子自封禅开始以来的十二年间，五岳、四渎普遍都祭祀过。而方士们所说迎候并祭祀神人，以及出海寻求蓬莱山的事，最终也没有效验。像公孙卿那样的候神者，除了以神人的脚印来做辩解，再无其他效验。皇上因此对于方士们怪诞、迂阔的话越来越厌倦懈怠了，不过仍对他们加以笼络，也没有断绝往来，希望有一天能真正遇到神仙。从此以后，方士们上书谈论神仙和祭祀之事的就更多了，不过其效验如何，大家可以想见。

太史公说：我跟随天子巡祭天地诸神和名山大川，还参与了封禅大典；也曾进入寿宫行过祭祀礼，并恭候神君说话，研究并观察了方士祠官们的用意，于是坐下来依次分析论述了自古以来那些祭祀鬼神的礼仪情况，包括全部祭拜情形的表里内外，以便让后世的君子，得以观看浏览整个过程。至于祭祀中关于俎豆圭币等祭品的情况，以及献酬的仪式，在主管机构保存有详细的档案记载，本文就不再赘述了。

河渠书第七

夏书曰：禹抑洪水十三年，过家不入门。陆行载车，水行载舟，泥行蹈毳，山行即桥。以别九州，随山浚川，任土作贡。通九道，陂九泽，度九山。然河灾衍溢，害中国也尤甚。唯是为务。故道河自积石历龙门，南到华阴，东下砥柱，及孟津、雒汭，至于大邳。于是禹以为河所从来者高，水湍悍，难以行平地，数为败，乃厮二渠以引其河。北载之高地，过降水，至于大陆，播为九河，同为逆河，入于勃海。九川既疏，九泽既洒，诸夏艾安，功施于三代。

自是之后，荥阳下引河东南为鸿沟，以通宋、郑、陈、蔡、曹、卫，与济、汝、淮、泗会。于楚，西方则通渠汉水、云梦之野，东方则通鸿沟江淮之间。于吴，则通渠三江、五湖。于齐，则通菑济之间。于蜀，蜀守冰凿离碓，辟沫水之害，穿二江成都之中。此渠皆可行舟，有余则用溉浸，百姓飨其利。至于所过，往往引其水益用溉田畴之渠，以万亿计，然莫足数也。

西门豹引漳水溉邺，以富魏之河内。

而韩闻秦之好兴事，欲罢之，毋令东伐，乃使水工郑国间说秦，令凿泾水自中山西邸瓠口为渠，并北山东注洛三百余里，欲以溉田。中作而觉，秦欲杀郑国。郑国曰："始臣为间，然渠成亦秦之利也。"秦以为然，卒使就渠。渠就，用注填阏之水，溉泽卤之地四万余顷，收皆亩一钟。于是关中为沃野，无凶年，秦以富强，卒并诸侯，因命曰郑国渠。

《夏书》记载：大禹治理洪水十三年，期间路过家门时也没有回家。在陆上行走靠坐车，从水路行走靠乘船，在泥路行走靠踏橇，山路行走则靠滑竿。他划分了九州，顺着山势疏通河道，并根据土地的肥瘠来决定贡赋多少。他开通了九州的道路，筑起了九州的泽岸，测度了九州山脉的走势。然而黄河泛滥成灾，给中原地区造成了很大危害。所以疏导黄河成了当务之急。所以他疏导黄河从积石经过龙门，向南到达华阴，东下到达砥柱，直至孟津、雒汭，到达大邳。大禹认为黄河之水来自高处，水流湍急，难以在大邳以东的平地经过，否则会常常出现溃堤，造成水灾，于是将黄河分流成二条以减小水势。一向北从地势较高的冀州地区流过，经降水，到达巨鹿泽，再向北分为九条大河入海，这些河因入海口有海水倒灌现象，因此被称为“逆河”，其最终流入渤海。所有河道经过疏通后，所有湖泊的堤岸也已经修筑完毕，中原地区出现了安定和平的局面，所以说大禹治水的功劳至高无上，并惠及夏、商、周三代。

从这以后，人们把荥阳附近的黄河引向东南，这便是鸿沟。鸿沟把宋、郑、陈、蔡、曹、卫各国连结起来，分别与济、汝、淮、泗诸水系交汇。在楚地，人们在西面开渠把汉水和云梦泽连接起来，而在东面的江淮之间则挖沟使之相通。吴地，人们在三江、五湖间开凿了河渠。齐地，人们在淄、济二水间开渠使之相连。在蜀地，蜀郡守李冰凿通了离碓，以避免沫水的危害，又在成都开通了郫、检两江。这些水道都可以通航，多余的水便用来灌溉农田，百姓得到了沟渠带来的好处。在这些主干渠道流经的地方，人们往往又开凿一些支渠来引水灌田，开凿的小渠道数以万计，这些就用不着讲了。

西门豹引漳水灌溉邺郡的农田，使魏国的河内地区变得富饶。

韩国听说秦国好兴建工程，便想以此消耗它的国力，使它无力对崤山以东诸国用兵。于是便命水利工匠郑国找机会游说秦王，提出把泾水从中山西到瓠口一段凿穿为渠，沿着北山向东三百多里注入洛水，想用来灌溉农田。渠道尚未完成时秦国发现了郑国的目的，便要杀郑国。郑国说：“当初我的确是间谍，可是渠修成后对秦也是有利的。”秦国以为他说得对，最后命他继续把渠修成。渠成后，用淤积混浊的泾河水，灌溉了两岸四万多顷的低洼盐碱地，使亩产达到了一钟多。于是关中从此变成了沃野，没有荒年，秦国因此富强起来，最后并吞了诸侯各国，因而把此渠命名为郑国渠。

汉兴三十九年，孝文时河决酸枣，东溃金堤，于是东郡大兴卒塞之。

其后四十有余年，今天子元光之中，而河决于瓠子，东南注巨野，通于淮、泗。于是天子使汲黯、郑当时兴人徒塞之，辄复坏。是时武安侯田蚡为丞相，其奉邑食鄃。鄃居河北，河决而南则鄃无水灾，邑收多。蚡言于上曰："江河之决皆天事，未易以人力为强塞，塞之未必应天。"而望气用数者亦以为然。于是天子久之不事复塞也。

是时郑当时为大农，言曰："异时关东漕粟从渭中上，度六月而罢，而漕水道九百余里，时有难处。引渭穿渠起长安，并南山下，至河三百余里，径，易漕，度可令三月罢；而渠下民田万余顷，又可得以溉田：此损漕省卒，而益肥关中之地，得谷。"天子以为然，令齐人水工徐伯表，悉发卒数万人穿漕渠，三岁而通。通，以漕，大便利。其后漕稍多，而渠下之民颇得以溉田矣。

其后河东守番系言："漕从山东西，岁百余万石，更砥柱之限，败亡甚多，而亦烦费。穿渠引汾溉皮氏、汾阴下，引河溉汾阴、蒲坂下，度可得五千顷。五千顷故尽河壖弃地，民茭牧其中耳，今溉田之，度可得谷二百万石以上。谷从渭上，与关中无异，而砥柱之东可无复漕。"天子以为然，发卒数万人作渠田。数岁，河移徙，渠不利，则田者不能偿种。久之，河东渠田废，予越人，令少府以为稍入。

其后人有上书欲通褒斜道及漕，事下御史大夫张汤。汤问其事，因言："抵蜀从故道，故道多阪，回远。今穿褒斜道，少阪，近四百里；而褒水通沔，斜水通渭，皆可以行船漕。漕从南阳上沔入褒，褒之绝水至斜，间百余里，以车转，从斜下下渭。如此，汉中之谷可致，汉朝建立三十九年后，孝文帝时黄河在酸枣县境内决堤，向东冲溃了金堤，于是东郡动员了许多兵卒来堵塞决口。

此后过了四十多年，到了本朝天子的元光年间，黄河又在瓠子口决口，向东南流入巨野泽，将淮河、泗水连成一片。于是天子派汲黯、郑当时征调农夫前往堵塞，但往往刚堵好又被冲坏。这时武安侯田蚡为丞相，他的封邑在鄃县，而鄃县在黄河以北，黄河决口后水向南流，鄃县没有水灾，收成很好。所以田蚡对皇上说："江河决口都是天意，不是人力能强行堵塞的，人为堵塞未必合乎天意。"那些风水先生也都这样认为，于是皇上很长时间都没有再提堵塞黄河决口的事。

当时郑当时为大司农，他说："过去从关东向长安运粮都是从黄河西上进入渭水逆流而上，估计要用六个多月，而且水路全程长达九百多里，途中还常遇到难行的地方。如果从长安开渠引渭河水，沿南山而下，到黄河只有三百多里，是一条直道，容易行船，估计漕运三个月便可到达；而沿渠的农田有一万多顷，都得到灌溉。这样既可减少漕运时间，节省了人力，又使关中的土地更加肥沃，多收粮食。"天子认为他说得对，便让齐地的水利专家徐伯勘察标记，发动数万士卒开凿漕运渠道，三年后便完工了。渠道开通后，运送粮食因此大为方便。此后，运粮次数有所增加，而沿途的百姓也都得以引水灌溉农田。

后来，河东太守番系说："从崤山以东用漕运输送粮米西行入关，每年有一百多万石，中途经过砥柱石这个狭窄之地时，常触石翻船，损失惨重，又很是麻烦。如果开渠引汾水灌溉皮氏、汾阴一带的土地，引黄河水灌溉汾阴、蒲坂一带的土地，估计有五千多顷的地可得到浇灌。这五千多顷地过去都是河边的荒地，百姓们在这里刈草放牧，如今加以灌溉耕种，估计可得粮食二百万石以上。这些粮食沿渭水运入长安，就与从关中运来的没什么不同，而从崤山以东经砥柱向长安的漕运便可停止了。"皇上认为他说得有道理，于是征发了几万民众开渠灌田。几年以后，黄河改道，所开之渠不起作用，收获的粮食还抵不上花费的种子。时间长了，黄河以东的渠田便荒废了，于是就把它分给了从越地迁来的百姓耕种，让少府可从中稍稍得到一点赋税收入。

后来有人上书，想打通褒、斜二水，并以其运送粮食，皇上将此事交给御史大夫张汤办理。张汤详细了解后向皇上说："进入蜀地只能从故道走，故道多坡，盘回绕远。现今如果打通褒、斜二水，可少走山路，比走故道近四百里；而且褒水与沔水相通，斜水与渭水相通，都能通行漕船。漕粮从南阳上溯到沔水，进入褒水，从褒水的源头到斜水，其间有一百多里的旱路，可以用车转运，再用船顺斜水下行驶入渭水。这样，不但汉中的粮食可以运达，崤山以东的粮食从沔山东从沔无限，便于砥柱之漕。且褒斜材木竹箭之饶，拟于巴蜀。”天子以为然，拜汤子卬为汉中守，发数万人作褒斜道五百余里。道果便近，而水湍石，不可漕。

其后庄熊罴言：“临晋民愿穿洛以溉重泉以东万余顷故卤地。诚得水，可令亩十石。”于是为发卒万余人穿渠，自徵引洛水至商颜山下。岸善崩，乃凿井，深者四十余丈。往往为井，井下相通行水。水颓以绝商颜，东至山岭十余里间。井渠之生自此始。穿渠得龙骨，故名曰龙首渠。作之十余岁，渠颇通，犹未得其饶。

自河决瓠子后二十余岁，岁因以数不登，而梁楚之地尤甚。天子既封禅巡祭山川，其明年，旱，乾封少雨。天子乃使汲仁、郭昌发卒数万人塞瓠子决。于是天子已用事万里沙，则还自临决河，沈白马玉璧于河，令群臣从官自将军已下皆负薪填决河。是时东郡烧草，以故薪柴少，而下淇园之竹以为楗。

天子既临河决，悼功之不成，乃作歌曰：“瓠子决兮将奈何？皓皓旰旰兮闾殚为河！殚为河兮地不得宁，功无已时兮吾山平。吾山平兮巨野溢，鱼沸郁兮柏冬日。延道弛兮离常流，蛟龙骋兮方远游。归旧川兮神哉沛，不封禅兮安知外！为我谓河伯兮何不仁，泛滥不止兮愁吾人？啮桑浮兮淮、泗满，久不反兮水维缓。”一曰：“河汤汤兮激潺湲，北渡污兮浚流难。搴长茭兮沉美玉，河伯许兮薪不属。薪不属兮卫人罪，烧萧条兮噫乎何以御水！颓林竹兮楗石灾，宣房塞兮万福来。”于是卒塞瓠子，筑宫其上，名曰宣房宫。而道河北行二渠，水运输也不会有障碍，比经砥柱漕运更方便。而且褒水斜水盛产木材竹箭，可与巴蜀相比。”皇上认为有理，便派张汤的儿子张卬为汉中郡守，征派几万人修褒斜道，长五百多里。修成后，路程果然比故道方便且近，但是水流湍急且多石，因此不能漕运。

后来庄熊罴又上书说：“临晋地区的老百姓想凿穿洛水，开凿水渠，用来灌溉重泉县以东原有的一万多顷盐碱地。如果这些地真的得到灌溉，可使亩产达到十石。”于是皇上下令调派一万多兵卒凿山开渠，自徵城引洛水到商颜山下。由于开凿的土岸容易塌方，于是改为沿流凿井，最深的深达四十多丈。沿途依次挖了很多井，井下水流相通。就这样，水从地下穿过了商颜山，一直流到东边十多里远的地方。所谓“井渠”就是从这产生的。由于开凿“井渠”时发现了龙骨，因此便将这条渠命名为“龙首渠”。开凿了十多年后，这条渠道总算是开通了，但是结果并未因此得到太大的实惠。

自从瓠子段的黄河决口后的二十多年以来，该地区的土地每年都因水涝没有好收成，梁楚一带更为严重。皇上在封禅泰山之后巡祭了天下名山大川，第二年，天旱少雨，传说是为使封土干燥。皇上便命汲仁、郭昌调发数万兵卒前往瓠子堵塞黄河决口。当时皇上在万里沙祭祀过神灵后，返回时便亲自到黄河决口处，把白马、玉璧沉入河中祭祀河神，命群臣及随从官员中将军以下都去背柴草填塞决口。当时东郡的百姓大多是以柴草为燃料，所以地面上的柴草不多，于是皇帝便下令砍伐淇园的竹子，编制成竹笼用来堵塞决口。

皇上既然亲自到了黄河决口处，看到黄河决口后的惨状，因此伤悼二十多年的堵塞决口未能成功，便作歌唱道：“黄河在瓠子决口了啊，有何办法？浩浩荡荡的大水啊，让民居已尽为河。全都成了河泽啊，大地不得安宁；堵塞工程无休无止啊，吾山的山冈快要凿平。山冈已凿平了啊，巨野泽仍是水满外溢；鱼虾到处游荡啊，时节已迫近冬日。河道废弛啊，河水远离正道；蛟龙驰骋啊，正远游不归。让河水回到正道啊，河神的恩德将无限；若不是出来封禅啊，我怎能知道这些事！你们为我问问河伯水神啊，问它为什么这么不仁？河水泛滥不止啊，愁煞我的百姓。河水浸没了啮桑啊，淮水、泗水漫成一片；河水长期不归故道啊，唯愿水流稍缓些。”还有一首是：“黄河之水浩浩荡荡啊，水流湍急；北面的河道迂远啊，疏通艰难。取长茭来堵决口啊，沉美玉来祭河神；河伯已经答应了啊，柴草却接济不上。柴草却接济不上啊，是卫人的罪；其烧完了柴薪啊，用什么来御水！砍掉淇园的竹林啊，编成竹笼去堵水；堵塞了决口啊，万福自然会来。”最后终于堵住了瓠子的决口，并在这段新堤上面建造了一座宫殿，称为“宣房宫”。又挖掘二条水渠把黄河水引向北行，恢复成了大禹时代的样子，使复禹旧迹，而梁、楚之地复宁，无水灾。

自是之后，用事者争言水利。朔方、西河、河西、酒泉皆引河及川谷以溉田；而关中辅渠、灵轵引诸水；汝南、九江引淮；东海引钜定；泰山下引汶水：皆穿渠为溉田，各万余顷。它小渠披山通道者，不可胜言。然其著者在宣房。

太史公曰：余南登庐山，观禹疏九江，遂至于会稽太湟，上姑苏，望五湖；东窥洛汭、大邳，迎河，行淮、泗、济、漯洛渠；西瞻蜀之岷山及离碓；北自龙门至于朔方。曰：甚哉，水之为利害也！余从负薪塞宣房，悲瓠子之诗而作河渠书。

梁、楚地区重新获得安宁，不再有水患。

从此以后，负责河渠管理的官员都争相建议修筑水利。朔方、西河、河西、酒泉等地都引黄河以及川谷中的水灌溉农田；而关中的辅渠、灵轵渠则把当地的几条河水都引来了；汝南、九江地区则引来了淮河水；东海郡引来了钜定泽水；泰山周围地区则引入了汶水。各地都开渠来灌溉农田，分别达到一万多顷。其他的小渠以及开山修凿的水道，就多得没法说了。但工程及影响最大的还属堵塞黄河瓠子决口的一幕。

太史公说："向南我曾游历登上过庐山，看过大禹疏导的九江，随后向东南游历了会稽郡，登过姑苏台，在姑苏台上眺望五湖；向东我曾考察了洛汭、大邳，沿黄河逆流而上，巡视了淮水、泗水、济水、漯水和洛水各个渠道；向西我看了西蜀地区的岷山和离碓的水利工程；向北我从龙门一直游历到了朔方。为此，我深切感受到：水带给人类的益处或造成的危害实在是太大了！我曾跟随皇上背着柴草去堵塞宣房宫所在的黄河决口，有感于皇上所作的《瓠子》诗歌而写了这篇《河渠书》。"

平准书第八

汉兴，接秦之弊，丈夫从军旅，老弱转粮饷，作业剧而财匮，自天子不能具钧驷，而将相或乘牛车，齐民无藏盖。于是为秦钱重难用，更令民铸钱，一黄金一斤，约法省禁。而不轨逐利之民，蓄积余业以稽市物，物踊腾粜，米至石万钱，马一匹则百金。

天下已平，高祖乃令贾人不得衣丝乘车，重租税以困辱之。孝惠、高后时，为天下初定，复弛商贾之律，然市井之子孙亦不得仕宦为吏。量吏禄，度官用，以赋于民。而山川园池市井租税之入，自天子以至于封君汤沐邑，皆各为私奉养焉，不领于天下之经费。漕转山东粟，以给中都官，岁不过数十万石。

至孝文时，荚钱益多，轻，乃更铸四铢钱，其文为“半两”，令民纵得自铸钱。故吴，诸侯也，以即山铸钱，富埒天子，其后卒以叛逆。邓通，大夫也，以铸钱财过王者。故吴、邓氏钱布天下，而铸钱之禁生焉。

匈奴数侵盗北边，屯戍者多，边粟不足给食当食者。于是募民能输及转粟于边者拜爵，爵得至大庶长。

孝景时，上郡以西旱，亦复修卖爵令，而贱其价以招民；及徒复作，得输粟县官以除罪。益造苑马以广用，而宫室列观舆马益增修矣。

至今上即位数岁，汉兴七十余年之间，国家无事，非遇水旱之灾，民则人给家足，都鄙廪庾皆满，而府库余货财。京师之钱累巨万，贯朽而不可校。太仓之粟陈陈相因，充溢露积于外，至腐败不可汉朝兴起后，接收的是秦朝衰败的局面，国家的壮年男子大多从军参战，老弱之人都去运送粮饷，事务繁剧而财政越匮乏，天子连四匹同样毛色的马拉的车也没有，而且将相有的也只能乘坐牛车，平民百姓家里没有积蓄。当时因秦朝的钱太重不便流通使用，便命令老百姓另铸轻钱，黄金一锭重一斤，简约法令，省减禁条。那些不守法令、惟利是图的人，积聚财物囤积居奇，以致物价飞涨，米涨到每石一万钱，一匹马则要一百金。

天下平定之后，汉高祖便下命令，商人不能穿丝绸衣服，不许乘车，用加重租税的方式来抑制和羞辱他们。孝惠帝、高后执政时期，因为天下刚刚安定，便又放松了对商人的法律禁令，但是商人的子孙还是不能当官作吏。国家计算官吏的俸禄，估算政府的用度，来向百姓征收赋税。而山林、园囿、河川、陂地、市场租税的收入，从天子以下至各诸侯王的封邑收入都各自用作经费使用，不再自国家经费中领取了。经水道运输崤山以东的粮食来供给京都各官府，每年不过数十万石。

到了孝文帝的时候，榆荚钱越来越多，而且也越来越轻，于是改铸四铢钱，钱币面上的铸文是“半两”，命百姓可以随意私自铸钱。因此，吴国只是个诸侯国，但却凭借自己封邑内的铜之山铸钱，而可与天子比富，后来终于叛乱。邓通只是个大夫，也凭借私自铸钱，财产超过了王侯。由于吴国、邓氏钱币遍布天下，因此朝廷颁布了禁止私自铸钱的命令。

匈奴多次侵略北部边疆地区，边疆上戍守的军队非常多，边疆的粮食连最基本的供应都难以自足。于是便招募百姓，能向国家捐粮或将粮食运送到边疆的，封爵，最高可至大庶长。

孝景帝时期，上郡以西发生了旱灾，便又重新修定卖爵令，以降低爵位价钱来招徕百姓；那些由刑徒减刑为官役的，可以向官府缴纳粮食以免罪。增加苑囿养马让军用宽裕，而且宫殿、列观、车马等也大量增修。

到现在皇上（按：指汉武帝）即位几年后，汉朝自建立以来七十多年间，国家太平无大事，假若没有水旱灾害，老百姓便能够家家丰衣足食，各个郡县的粮仓都装满，府库中能够储存许多布帛等财物。京师积聚的钱币数以亿万，以至于穿钱的绳子朽烂掉了，无法计数。京师粮仓中的粮食陈粮积陈粮，都溢出了仓外，以至于腐烂不能吃了。普通的老百姓在街巷中也都有马匹，在田野食。众庶街巷有马，阡陌之间成群，而乘字牝者傧而不得聚会。守闾阎者食粱肉，为吏者长子孙，居官者以为姓号。故人人自爱而重犯法，先行义而后绌耻辱焉。当此之时，网疏而民富，役财骄溢，或至兼并豪党之徒，以武断于乡曲。宗室有土公卿大夫以下，争于奢侈，室庐舆服僭于上，无限度。物盛而衰，固其变也。

自是之后，严助、朱买臣等招来东瓯，事两越，江淮之间萧然烦费矣。唐蒙、司马相如开路西南夷，凿山通道千余里，以广巴蜀，巴蜀之民罢焉。彭吴贾灭朝鲜，置沧海之郡，则燕齐之间靡然发动。及王恢设谋马邑，匈奴绝和亲，侵扰北边，兵连而不解，天下苦其劳，而干戈日滋。行者赍，居者送，中外骚扰而相奉，百姓抏弊以巧法，财赂衰耗而不赡。入物者补官，出货者除罪，选举陵迟，廉耻相冒，武力进用，法严令具。兴利之臣自此始也。

其后汉将岁以数万骑出击胡，及车骑将军卫青取匈奴河南地，筑朔方。当是时，汉通西南夷道，作者数万人，千里负担馈粮，率十余钟致一石，散币于邛僰以集之。数岁道不通，蛮夷因以数攻，吏发兵诛之。悉巴蜀租赋不足以更之，乃募豪民田南夷，入粟县官，而内受钱于都内。东至沧海之郡，人徒之费拟于南夷。又兴十万余人筑卫朔方，转漕甚辽远，自山东咸被其劳，费数十百巨万，府库益虚。乃募民能入奴婢得以终身复，为郎增秩，及入羊为郎，始于此。

其后四年，而汉遣大将将六将军，军十余万，击右贤王，获首虏万五千级。明年，大将军将六将军仍再出击胡，得首虏万九千级。捕斩首虏之士受赐黄金二十余万斤，虏数万人皆得厚赏，衣食仰给县官；而汉军之士马死者十余万，兵甲之财转漕之费不与焉。于是大农中更是成群结队，以致乘母马的人受排斥不能在骑马的行列中。看守里巷的可以吃到膏粱肥肉，做官的人都很少会有调动，在任所就把子孙养大了。做官的久任其职，时间久了就用官名来作为自己的姓或号。因此，人人知道自爱，不会轻易犯法，他们崇尚行义而鄙弃做耻辱的事。在这时，法律宽疏，百姓富实，便有凭借财势骄傲放纵之人，有些人甚至兼并土地，豪富之徒，依仗威势武力在乡里横行。宗室有封地的自公卿大夫以下的人，争相奢侈，房屋、车马、服饰僭越等级，没有限度。凡事盛极则衰，这本来就是事物应有的变化。

从此之后，严助、朱买臣等人招徕东瓯，对两越地区用兵事，江淮之间一时骚乱并且大受损耗。唐蒙、司马相如开通通往西南夷的道路，为此凿山修路一千多里，以开拓巴蜀区域，巴蜀百姓因此疲惫不堪。彭吴开通了进入秽貊、朝鲜的道路，而且设置了沧海郡，燕齐之间一时纷纷都忙乱起来。等到王恢在马邑设计谋袭击匈奴后，匈奴断绝和亲关系，北部边疆不断受到侵扰，战争不断，没有止息，天下百姓苦于繁苛的劳役，但是战争还是与日俱增。出征之人需要自备衣食，留下来的人要去输送物资，中央和地方都骚动扰嚷地来供应战争，百姓因贫穷，只能以狡诈之法来逃避法令，官府财物匮乏不堪。所以，向政府缴纳财物的能够做官，出钱财的可以除罪，选官制度遭受破坏，人人都不顾廉耻，勇武有力便能够被重用，命令也不断地繁琐严酷。谋利之臣从这时便开始出现。

后来，汉将每年率领数万骑兵出击胡人，到了车骑将军卫青的时候，夺取匈奴河套以南的土地，在那里修筑了朔方城。这时候，汉朝为打通西南夷的道路，动用数万人参加筑路，从千里之外肩扛担挑地来运送粮食，大约每十余钟运到的时候只剩下一石，又在邛、僰等邻近的地区散发钱财来征集粮食。一连数年道路都没修通，蛮夷多次乘机进犯，官府发兵诛杀他们。巴蜀地区全部的租税也不足以供应这些费用，于是招募豪民到南夷地区垦田，所收获的粮食都卖给当地县府，向京师国库领取钱款。向东到了沧海郡，人役等费用和南夷的基本相等。又征集数十万人修筑并守卫朔方郡，水陆运输的路程又相当遥远，自崤山以东都受到了这种劳役之苦，花费在数十万甚至到百万万，府库也更加地空虚。于是，招募能向政府输送奴婢的百姓，可以免除租赋徭役终身，原是“郎”的则增加他的品级，献羊的就能做郎官，这些也都是从这个时候开始的。

此后四年，汉朝派遣大将率领六位将军以及十多万军队，去攻打匈奴右贤王，杀死及俘获共计一万五千人。第二年，大将军率六将再次出击匈奴，斩杀一万九千人。赏赐捕获俘虏、斩敌首级的将士黄金二十余万斤，被虏的数万人也得到了厚赏，吃穿都由政府提供。而汉军将士、马匹死亡的有十余万，兵器甲帐等物的损失以及水陆运输的耗费并不算在内。于是，大司农分条陈述说，库存的陈藏钱经秏，赋税既竭，犹不足以奉战士。有司言：“天子曰‘朕闻五帝之教不相复而治，禹汤之法不同道而王，所由殊路，而建德一也。北边未安，朕甚悼之。日者，大将军攻匈奴，斩首虏万九千级，留蹛无所食。议令民得买爵及赎禁锢免减罪’。请置赏官，命曰武功爵。级十七万，凡直三十余万金。诸买武功爵官首者试补吏，先除；千夫如五大夫；其有罪又减二等；爵得至乐卿：以显军功。”军功多用越等，大者封侯卿大夫，小者郎吏。吏道杂而多端，则官职秏废。

自公孙弘以《春秋》之义绳臣下取汉相，张汤用峻文决理为廷尉，于是见知之法生，而废格沮诽穷治之狱用矣。其明年，淮南、衡山、江都王谋反迹见，而公卿寻端治之，竟其党与，而坐死者数万人，长吏益惨急而法令明察。

当是之时，招尊方正贤良文学之士，或至公卿大夫。公孙弘以汉相，布被，食不重味，为天下先。然无益于俗，稍骛于功利矣。

其明年，骠骑仍再出击胡，获首四万。其秋，浑邪王率数万之众来降，于是汉发车二万乘迎之。既至，受赏，赐及有功之士。是岁费凡百余巨万。

初，先是往十余岁河决观，梁楚之地固已数困，而缘河之郡堤塞河，辄决坏，费不可胜计。其后番系欲省底柱之漕，穿汾、河渠以为溉田，作者数万人；郑当时为渭漕渠回远，凿直渠自长安至华阴，作者数万人；朔方亦穿渠，作者数万人：各历二三期，功未就，费亦各巨万十数。

天子为伐胡，盛养马，马之来食长安者数万匹，卒牵掌者关中不足，乃调旁近郡。而胡降者皆衣食县官，县官不给，天子乃损膳，解乘舆驷，出御府禁藏以赡之。

旧钱已然用尽，新征收的赋税也已用完，依旧不能满足用来供应战士的需求。负责官员道：“天子说：‘我听说五帝的教化不相重复，但天下同样得到治理，禹、汤的治理方法不尽相同，但都能称王天下，他们走的道路不同，但是建立的德业是相同的。北部边境未得安宁，我非常难过。这些日子以来，大将军出击匈奴，斩首俘获一万九千人，拖延至今依然没有得到赏赐。你们商量一下，命百姓出钱买爵以及赎囚禁罪、减免罪名。’据此，请设置赏官，名为‘武功爵’。每级价十七万钱，共值三十多万金。凡买武功爵官首一级的试用为候补官，可以优先录用；千夫一级与五大夫相当；有罪的买爵位减二等；买爵最高可至乐卿。以此来显示对军功的优待。”建军功的大多用越级提拔的办法，军功大的封侯或封卿大夫，军功小的或封为郎、吏。做官升官的途径越来越多且杂，管理的职责也就越来越虚滥荒废了。

自从公孙弘通过阐述《春秋》的道理绳治臣下从而获得汉朝丞相的职位，张汤通过峻文苛法审判案件当上了廷尉，于是产生了“见知之法”，而被认定为破坏、延滞、沮败以及诽谤法令的案件就多了起来。第二年，淮南王、衡山王、江都王谋反的事败露，公卿寻根究底审理此案，把他们的党羽一网打尽，因受牵连而死的有数万人之多，从此，官吏越加严酷，法令也越加苛细。

这个时候，朝廷招揽尊崇方正、贤良、文学等方面的士人，有的被提升为卿大夫。公孙弘以汉朝丞相的身份，却盖着布被，每顿饭也只吃一样菜，欲以此为天下人做榜样。但是，这些对当时的风气影响并不大，相反人们渐渐地更加以功利为务了。

第二年，骠骑将军又两次出击胡人，斩获四万级敌首。那年秋天，匈奴浑邪王率领数万人投降，于是，汉朝廷调遣二万辆车前去迎接。到了京城后，投降的人受到了赏赐，有功的将士也一并受了赏。这一年，花费总共达一百多万万钱。

起初，十数年前黄河在观县决口，梁、楚地区本来已经数次遭受水灾，沿河诸郡筑堤堵塞黄河，但每每重又堤坏河决，花费之多无法计算。此后番系想要节省砥柱的漕运，引汾水、黄河水来灌溉农田，参加开渠的达数万人；郑当时因为渭水漕运曲折而且路远，于是开凿了一条自长安到华阴的直渠，参加修渠的又有数万人，朔方郡也在开渠，参加开渠的也有数万人。各自都历时两三年，工程都还没有竣工，花费也都在数十万万钱。

天子为了讨伐胡人，大量养马，在长安饲养的就多达几万匹，关中饲养、照管马匹的士卒不够，便从附近郡县调发。而投降的胡人也都靠官府供给衣食，官府财力不足，天子于是就节省相关的膳食之费，除去自己的车马，从内廷仓库中拿出储藏来养活他们。

其明年，山东被水灾，民多饥乏，于是天子遣使者虚郡国仓廥以振贫民。犹不足，又募豪富人相贷假。尚不能相救，乃徙贫民于关以西，及充朔方以南新秦中，七十余万口，衣食皆仰给县官。数岁，假予产业，使者分部护之，冠盖相望。其费以亿计，不可胜数。

于是县官大空。而富商大贾或蹛财役贫，转毂百数，废居居邑，封君皆低首仰给。冶铸煮盐，财或累万金，而不佐国家之急，黎民重困。于是天子与公卿议，更钱造币以赡用，而摧浮淫并兼之徒。是时禁苑有白鹿而少府多银锡。自孝文更造四铢钱，至是岁四十余年，从建元以来，用少，县官往往即多铜山而铸钱，民亦间盗铸钱，不可胜数。钱益多而轻，物益少而贵。有司言曰："古者皮币，诸侯以聘享。金有三等，黄金为上，白金为中，赤金为下。今半两钱法重四铢，而奸或盗摩钱里取鋊，钱益轻薄而物贵，则远方用币烦费不省。"乃以白鹿皮方尺，缘以藻缋，为皮币，直四十万。王侯宗室朝觐聘享，必以皮币荐璧，然后得行。

又造银锡为白金。以为天用莫如龙，地用莫如马，人用莫如龟，故白金三品：其一曰重八两，圜之，其文龙，名曰"白选"，直三千；二曰以重差小，方之，其文马，直五百；三曰复小，椭之，其文龟，直三百。令县官销半两钱，更铸三铢钱，文如其重。盗铸诸金钱罪皆死，而吏民之盗铸白金者不可胜数。

于是以东郭咸阳、孔仅为大农丞，领盐铁事；桑弘羊以计算用事，侍中。咸阳，齐之大煮盐，孔仅，南阳大冶，皆致生累千金，故郑当时进言之。弘羊，雒阳贾人子，以心计，年十三侍中。故三人言利事析秋豪矣。

法既益严，吏多废免。兵革数动，民多买复及五大夫，征发之士第二年，崤山以东遭受水灾，百姓们大多陷入饥饿乏困中，于是天子派使者取尽各郡国粮仓中的粮食赈济贫民。但仍然不够用，于是又征募豪富之家借粮食给贫民。依然还是不能解救他们，于是将贫民迁移到函谷关以西，或者迁移到朔方郡以南的新秦中部去居住，大约有七十余万人，都靠政府提供衣食。数年之内，政府提供给他们土地、农具等资产，派遣使者分别来管理他们，派遣出去的使者一批接着一批络绎不绝。所花费用数以亿计，不可计算。

当时国库空虚。然而那些富商大贾却趁机蓄积财物，役使贫民；赶着上百辆车到处贱买贵卖，就连诸侯王也都要伏首低眉向他们借钱物。他们中有的冶铸煮盐，有的积累到万金家财，但却不愿帮助国家，平民百姓日益贫困。于是，天子和公卿共同商议，计划铸造新的钱币以满足需求，并且趁此来打击那骄奢淫逸、兼并侵吞的工商业者。那时，皇帝苑囿中有的是白鹿，少府仓库当中有许多银锡。自从孝文帝铸造四铢钱以来已有四十多年，建元以来，国家由于缺乏用度，于是便前往产铜的山中去开矿造钱，民间也在乘机偷铸钱币，人数之多无从计算。这样，钱币越多就会越贬值，而东西越来越少越来越昂贵。有关官员于是上奏，说："古时候有一种皮币，是用于诸侯之间的赠送往来以及给天子上贡的。金有三等，最贵的是黄金，中等的是白金，最次的是红铜。现在，半两钱法定的重量是四铢，所以一些奸盗人就用磨钱的铜屑来另造钱币。于是，钱币就越来越轻而东西越来越贵，远方诸侯们用钱也很不方便。"于是，以一尺见方白鹿皮四周用彩线绣文，制成"皮币"，每一张值四十万钱，规定王侯宗室来朝觐天子时，都必须用"皮币"作衬垫进献玉璧，然后礼仪才能够进行。

又冶炼银锡造成"白金"。因为天上飞的没有什么能贵重过龙，地上跑的没有什么能够好过马，人所使用的东西没有什么能比龟更贵重，因此，把白金分作三个等级，第一等重八两，圆形，花纹为龙，命名"白选"，价值三千钱；第二等重量稍轻，方形，花纹为马，价值五百钱；第三等则又小些，椭圆形，花纹为龟，价值三百钱。命令各级县官销毁以前用的半两钱，改铸三铢钱，钱上所铸文字与其实际的重量等同。规定私自铸造钱币的人一律判处死罪，但是，依然有不可胜数的官吏和百姓私自铸造"白金"。

于是，汉武帝任命东郭咸阳、孔仅为大农丞，负责管理盐铁方面的事务；桑弘羊因为擅长理财而被任命为侍中。东郭咸阳，本是齐国煮盐的大商人，孔仅是南阳地区的冶铁大商人，他们都有上千金的产业，因此郑当时才向朝廷举荐了他们。桑弘羊是雒阳一个商人的儿子，因为善长心算，所以十三岁就做了侍中。因此，这三人商讨财利之事真算得上是精细入微、察见毫末了。

国家法律越来越严苛，很多官吏因为犯罪而被免官。再加上战争不断，老百益鲜。于是除千夫五大夫为吏，不欲者出马；故吏皆适令伐棘上林，作昆明池。

其明年，大将军、骠骑大出击胡，得首虏八九万级，赏赐五十万金，汉军马死者十余万匹，转漕车甲之费不与焉。是时财匮，战士颇不得禄矣。

有司言三铢钱轻，易奸诈，乃更请诸郡国铸五铢钱，周郭其下，令不可磨取鋊焉。

大农上盐铁丞孔仅、咸阳言："山海，天地之藏也，皆宜属少府，陛下不私，以属大农佐赋。原募民自给费，因官器作煮盐，官与牢盆。浮食奇民欲擅管山海之货，以致富羡，役利细民。其沮事之议，不可胜听。敢私铸铁器煮盐者，钛左趾，没入其器物。郡不出铁者，置小铁官，便属在所县。"使孔仅、东郭咸阳乘传举行天下盐铁，作官府，除故盐铁家富者为吏。吏道益杂，不选，而多贾人矣。

商贾以币之变，多积货逐利。于是公卿言："郡国颇被灾害，贫民无产业者，募徙广饶之地。陛下损膳省用，出禁钱以振元元，宽贷赋，而民不齐出于南亩，商贾滋众。贫者畜积无有，皆仰县官。异时算轺车贾人缗钱皆有差，请算如故。诸贾人末作贳贷卖买，居邑稽诸物，及商以取利者，虽无市籍，各以其物自占，率缗钱二千而一算。诸作有租及铸，率缗钱四千一算。非吏比者三老、北边骑士，轺车以一算；商贾人轺车二算；船五丈以上一算。匿不自占，占不悉，戍边一岁，没入缗钱。有能告者，以其半畀之。贾人有市籍者，及其家属，皆无得籍名田，以便农。敢犯令，没入田僮。"

天子乃思卜式之言，召拜式为中郎，爵左庶长，赐田十顷，布告姓花钱免除徭役或买官至“五大夫”的越来越多，这样政府可以征发的士卒也就越来越少了。于是，朝廷命令“千夫”、“五大夫”这一级的人充当吏役，不愿为吏的要向政府交纳马匹；凡是被罢免的官吏都责令其去上林苑砍柴，或者是去修昆明池。

第二年，大将军卫青、骠骑大将军霍去病又大规模出兵与胡人作战，捕获斩杀八九万人，赏赐有功将士花了五十万金，汉军光战马就死了有十几万匹，水路各种运输以及制造兵车衣甲的费用还没算在其中。国家财政当时非常匮乏，战士经常拿不到俸禄。

相关的官员说三铢钱的重量太轻，很容易伪造，于是便请允许各郡国铸造五铢钱，并且将钱的四周铸上厚边，这样就无法磨取铜屑了。

大农令将盐铁丞孔仅、东郭咸阳的话上奏给皇上说：“山、海是天地赐给我们的大宝库，这些应该都属于少府管，陛下不据为私有，把它们交给大农令作为国家赋税的补充。希望国家招募百姓自备经费，使用官府提供的器具来煮盐，官府借给他们牢盆。以前有些商贾豪强，想要垄断山海的资源来谋取利益，奴役、渔利贫民百姓。他们阻挠盐铁官营的议论将听不胜听。我们建议今后胆敢私铸铁器和煮盐的，没收他们的器具，并且处以给其左脚铸上脚镣的刑罚。在那些不产铁的郡先设置小铁官，隶属于各自所在县管理。”于是，武帝派遣孔仅、东郭咸阳乘着驿车去巡察天下的盐铁事务，建立官府，任命以前经营盐铁的富家做官。做官的途径因此更加杂乱，选举制不再推行，因此官吏中有很多是商人。

商人借助钱币改铸的机会，囤积货物来谋取利润。于是，公卿上奏建议道：“郡国受到严重的灾害，很多没有产业的贫民，可以征召到地多且富饶的地方去。陛下为此减少膳食、俭省费用，用内廷的钱来赈济百姓，宽减人们的赋税，但是百姓仍没有都到田亩中去耕作，而商人的数量却在日益增加。贫民没有什么积蓄，全都依赖官府赈济。从前轺车、商人的缗钱都要按不同的等级征收赋税，请允许依旧实行这样的政策。那些末作的商人赊借钱款，屯积居奇，赊贷买卖，以及依靠营商取利的人，即使是没有市籍，也要各自向官府汇报他们的货物、赀产总数，通常是依照本钱二千钱出一算。各种手工业以及冶铸业者也要缴纳租税，大约是四千钱一算。除了待遇与官吏相等同的人以及三老、北部边境的骑士之外，有轺车一辆就要出一算；商人轺车一辆出两算；船长五丈以上的也要出一算。有隐匿不报或者隐瞒不全报的，罚戍守边境一年，并且要没收全部资产。有能告发这些情况的，没收资产的一半将给予告发者。有市籍的商人以及其家属，都不准许占有田地，以保护农民的利益。谁敢违犯这些法令，就没收他的田地以及奴仆。”

这时，天子就又想起了卜式说过的话，于是就封他为中郎，封爵为左庶长，天下，使明知之。

初，卜式者，河南人也，以田畜为事。亲死，式有少弟，弟壮，式脱身出分，独取畜羊百余，田宅财物尽予弟。式入山牧十余岁，羊致千余头，买田宅。而其弟尽破其业，式辄复分予弟者数矣。是时汉方数使将击匈奴，卜式上书，愿输家之半县官助边。天子使使问式：“欲官乎？”式曰：“臣少牧，不习仕宦，不愿也。”使问曰：“家岂有冤，欲言事乎？”式曰：“臣生与人无分争。式邑人贫者贷之，不善者教顺之，所居人皆从式，式何故见冤于人！无所欲言也。”使者曰：“苟如此，子何欲而然？”式曰：“天子诛匈奴，愚以为贤者宜死节于边，有财者宜输委，如此而匈奴可灭也。”使者具其言入以闻。天子以语丞相弘。弘曰：“此非人情。不轨之臣，不可以为化而乱法，愿陛下勿许。”于是上久不报式，数岁，乃罢式。式归，复田牧。岁余，会军数出，浑邪王等降，县官费众，仓府空。其明年，贫民大徙，皆仰给县官，无以尽赡。卜式持钱二十万予河南守，以给徙民。河南上富人助贫人者籍，天子见卜式名，识之，曰“是固前而欲输其家半助边”，乃赐式外繇四百人。式又尽复予县官。是时富豪皆争匿财，唯式尤欲输之助费。天子于是以式终长者，故尊显以风百姓。

初，式不愿为郎。上曰：“吾有羊上林中，欲令子牧之。”式乃拜为郎，布衣屩而牧羊。岁余，羊肥息。上过，见其羊，善之。式曰：“非独羊也，治民亦犹是也。以时起居；恶者辄斥去，毋令败群。”上以式为奇，拜为缑氏令试之，缑氏便之。迁为成皋令，将漕最。上以为式朴忠，拜为齐王太傅。

赏赐他农田十顷，并且还布告天下，让每个人都知道这件事情。

最初，卜式是河南人，以种田、养畜为业。父母去世的时候，他还有一个年少的弟弟。等弟弟长大成人后，卜式就与他分家单过，卜式只要了家里的百余头羊，田地、房屋以及其余的全都财产都留给了弟弟。卜式入山牧羊十多年，羊的数量增加到了一千多头，并且还置办了田地宅舍。可是他的弟弟却荡尽了所有家产，卜式又再次分一些财产给他的弟弟。这时候，汉朝正多次派遣将兵出击匈奴，卜式于是上书给皇帝，愿意把自己一半的家产捐献给国家，以支援边疆的战事。皇上便派遣使者问他："你想做官吗？"卜式说："我自小放牧，不知道怎么做官，不愿做官。"使者问："那您的家中是不是有什么冤屈，有话想对天子说吗？"卜式说："我生来从没有和什么人有过纷争，我的同邑人有贫穷的我便去救济，有不善良的我会去教导他让他驯良，我所住的地方人们都很顺从拥护我，我又怎会受人冤屈呢？我没有什么话想对天子申诉。"使者说："那么，既然如此，你捐给朝廷这么多资产，究竟是为何呢？"卜式说："天子讨伐匈奴，我认为有才略勇力的应该效死疆场，有钱财的应该捐献财物，这样，匈奴就能被灭掉了。"使者把卜式的话都禀报给了皇上。天子又把这些话转告给了丞相公孙弘。公孙弘说："这不合乎人情。朝廷不能让这些不守法度的人扰乱了国家的法度，希望陛下您不要准许他 。"于是，皇上很久都没有给卜式答复。多年之后，才通知卜式让他离开京城。卜式回家后，仍旧放牧种田。过了一年多，正赶上朝廷屡次出征，又加上浑邪王等来投降，官府花费巨大，仓廪府库空虚。第二年，大批贫民迁徙，全都靠官府供养，县府并没有力量全部负担起来。卜式拿着二十万钱送给河南太守，用来支援供给移民费用。之后，河南太守呈报当地的富人资助贫民的名单，天子看到上面卜式的名字，便想了起来，说道："这是前次要捐献自己一半的家产来支援边境战事的人。"于是，下令赐给卜式相当于四百人的劳役费，卜式很快又把它全都交给了国家。那时，其他的富豪人家都争抢着隐匿自己家产，唯有卜式总是向国家捐钱。因此，天子认为卜式是位有德行的人，让他尊荣显赫，以教化百姓。

最初，卜式不愿意当郎官。天子说："我的上林苑中也有羊，我想请你到那里替我放羊。"卜式这才答应做郎官，穿着草鞋布衣放羊。一年多后，羊群肥壮，又繁殖了很多。天子路过这里看到后，非常满意。卜式说："不仅仅是羊，治理百姓也是一样的道理。让他们按时劳动、休息，及时除掉不好的，不要让它败坏了一群羊。"天子认为卜式非常不一般，便封他为缑氏令来考验他，果然缑氏百姓认为他治理得很好。后来，升他为成皋令，结果那里的漕运成为全国最好的。天子以为卜式朴实忠厚，便任命他为"齐王太傅"。

而孔仅之使天下铸作器，三年中拜为大农，列于九卿。而桑弘羊为大农丞，筦诸会计事，稍稍置均输以通货物矣。

始令吏得入谷补官，郎至六百石。

自造白金五铢钱后五岁，赦吏民之坐盗铸金钱死者数十万人。其不发觉相杀者，不可胜计。赦自出者百余万人。然不能半自出，天下大抵无虑皆铸金钱矣。犯者众，吏不能尽诛取，于是遣博士褚大、徐偃等分曹循行郡国，举兼并之徒守相为利者。而御史大夫张汤方隆贵用事，减宣、杜周等为中丞，义纵、尹齐、王温舒等用惨急刻深为九卿，而直指夏兰之属始出矣。

而大农颜异诛。初，异为济南亭长，以廉直稍迁至九卿。上与张汤既造白鹿皮币，问异。异曰："今王侯朝贺以苍璧，直数千，而其皮荐反四十万，本末不相称。"天子不说。张汤又与异有却，及有人告异以它议，事下张汤治异。异与客语，客语初令下有不便者，异不应，微反唇。汤奏当异九卿见令不便，不入言而腹诽，论死。自是之后，有腹诽之法比，而公卿大夫多谄谀取容矣。

天子既下缗钱令而尊卜式，百姓终莫分财佐县官，于是杨可告缗钱纵矣。

郡国多奸铸钱，钱多轻，而公卿请令京师铸钟官赤侧，一当五，赋官用非赤侧不得行。白金稍贱，民不宝用，县官以令禁之，无益。岁余，白金终废不行。

是岁也，张汤死而民不思。

其后二岁，赤侧钱贱，民巧法用之，不便，又废。于是悉禁郡国无铸钱，专令上林三官铸。钱既多，而令天下非三官钱不得行，诸郡国所前铸钱皆废销之，输其铜三官。而民之铸钱益少，计其费不能相而孔仅因为巡察、督导天下的铁器铸作，三年之内便调升为大农令，位列九卿。而桑弘羊担任大农丞，负责有关财政赋税计算方面的事务，这个时候国家已经开始设置均输官负责全国的货物流通了。

这时开始允许官吏向朝廷缴纳谷物来提高官秩，郎官最高的可以达到六百石。

自从开始铸造白金和五铢钱以来的五年里，赦免官吏和百姓当中因为私铸金钱被判处死罪的大概有十多万人。而那些应当被判处死罪却没有被发现的就数不胜数了。被赦免的自首者有一百多万人。然而，这还不到实际犯罪人数的一半，大概天下所有人都在私自盗铸钱币了。犯法的人太多，官吏不可能全部捕杀，于是派遣博士褚大、徐偃等人分路到各郡国进行巡察，揭发、举报那些兼并土地的人以及贪赃枉法谋取私利的郡守、国相。而御史大夫张汤这时正受宠当权，减宣、杜周等人担任御史中丞，义纵、尹齐、王温舒等人因为执法残酷严苛而被提升为九卿，于是直指夏兰这类人就开始出现了。

这时，大农令颜异被诛杀。起初，颜异在济南郡做亭长，因为廉洁正直慢慢升迁到九卿。天子与张汤造了白鹿皮币，询问颜异对此的看法，颜异说："现在王侯朝见天子是用苍璧做礼，其价值也不过数千钱，但是作为垫衬的皮币却值四十万，本末倒置，不相对称。"天子听了非常不高兴。又加上张汤和颜异平素还有一些过节，正好这时有人因为别的事告发颜异，此案交给张汤来审理。颜异和客人闲谈时，客人说到新的法令初颁时有一些弊端，颜异听了后没有回应，只是微微动了下嘴唇。于是，张汤上奏天子，说颜异身为九卿看到法令有不妥当的地方，不向朝廷直接进言，而只是在心里诽谤，罪该当死。从这以后，就出现了"腹诽"的法令，于是公卿大夫大多都是对天子谄媚、阿谀来力求自保了。

天子颁布"缗钱令"并尊崇、表彰了卜式之后，但是百姓们依然没有愿意拿出钱财来支援朝廷的，于是，杨可揭发他人隐瞒资产的"告缗"逐渐多了起来。

因为各个郡国铸钱大多都不守法，钱大多都比较轻，所以公卿们请求在京城依照钟官署造的钱来铸造一种"赤侧钱"，一个"赤侧钱"相当于五个旧钱，向官府缴纳赋税以及给官用的钱都必须使用"赤侧钱"。白金慢慢变得不值钱，百姓们也都不重视它了，官府下令禁止这一状况，但是没有太大的作用。一年多以后，"白金"最终还是被废止不用了。

这一年，张汤死了，但是没有一个百姓对他有怀念之情。

二年之后，"赤侧钱"又贬值了，老百姓用巧诈的方法来使用，对国家很不利，于是"赤侧钱"被废止不用。于是，朝廷便下令不准各郡国再铸钱，专门命令上林三官来铸造钱币。上林三官铸造的钱币流行起来之后，于是下令全国不是三官铸造的钱币禁止使用，各郡国以前铸造的钱币悉数作废销毁，熔炼出的铜都当，唯真工大奸乃盗为之。

卜式相齐，而杨可告缗遍天下，中家以上大抵皆遇告。杜周治之，狱少反者。乃分遣御史廷尉正监分曹往，即治郡国缗钱，得民财物以亿计，奴婢以千万数，田大县数百顷，小县百余顷，宅亦如之。于是商贾中家以上大率破，民偷甘食好衣，不事畜藏之产业，而县官有盐铁缗钱之故，用益饶矣。

益广关，置左右辅。

初，大农筦盐铁官布多，置水衡，欲以主盐铁；及杨可告缗钱，上林财物众，乃令水衡主上林。上林既充满，益广。是时越欲与汉用船战逐，乃大修昆明池，列观环之。治楼船，高十余丈，旗帜加其上，甚壮。于是天子感之，乃作柏梁台，高数十丈。宫室之修，由此日丽。

乃分缗钱诸官，而水衡、少府、大农、太仆各置农官，往往即郡县比没入田田之。其没入奴婢，分诸苑养狗马禽兽，及与诸官。诸官益杂置多，徒奴婢众，而下河漕度四百万石，及官自籴乃足。

所忠言："世家子弟富人或斗鸡走狗马，弋猎博戏，乱齐民。"乃徵诸犯令，相引数千人，命曰"株送徒"。入财者得补郎，郎选衰矣。

是时山东被河灾，及岁不登数年，人或相食，方一二千里。天子怜之，诏曰："江南火耕水耨，令饥民得流就食江淮间，欲留，留处。"遣使冠盖相属于道，护之，下巴蜀粟以振之。

其明年，天子始巡郡国。东度河，河东守不意行至，不辨，自杀。行西逾陇，陇西守以行往卒，天子从官不得食，陇西守自杀。

上交给上林三官。而且百姓当中私自铸钱的也慢慢减少，因为铸钱的花费远远大于钱币本身的价值，只有那些技艺精熟的大奸商才会私自盗铸。

卜式担任齐相，由杨可掀起的“告缗”就在全国推行起来，中产以上的人家几乎都被告发。相关案件都由杜周审理，很少能有被翻案的。于是，朝廷又派遣御史、廷尉、正监等官员分头出使各郡国受理“告缗”案件，没收所得的百姓钱物数以亿计，奴婢多达上千万，田产大县有数百顷，小县有上百余顷，没收的房产大约也有这么多。于是，中产以上的商人大都破产，老百姓也苟安于美衣美食，再没有人去省吃俭用蓄积财富了，而国家因为盐铁官营以及缗钱的缘故，财用也就日益宽裕起来。

这时，朝廷因为要扩大关中地域便把函谷关向东迁移，并且还设置了京都左右辅。

起初，大农令主管盐铁事务以来，相关官员众多，因此设置了水衡都尉，计划让他来主管全国的盐铁事务。等到杨可主持的“告缗”推行之后，上缴到上林苑的财物太多，于是就命水衡主管上林。上林苑被装满之后，就进行扩建。这时，越国正打算用船和汉朝交战，于是天子下令大修昆明池，池被排排的楼台亭宇环绕着。建造楼船，高达十丈多，上面插着飘扬的旗帜，非常壮观。天子因此动了心，又开始建造柏梁台，高达几十丈。宫殿的建造从此便越来越华丽了。

于是，国家又把“缗钱”的事务分给各个官府进行管理，而在水衡、少府、大农、太仆下都设置了农官，他们主要负责组织人员去刚被官府没收的土地上耕作，把没收来的奴婢分配到各苑去饲养狗马禽兽，或者分派给诸官府去服务。各个官府又设置了诸多官职，仆役、奴婢很多，而每年要从黄河漕运四百万石的粮食，外加各官府自己采购一些才够用。

所忠向皇上进言说：“一些世家子弟以及富人，不是斗鸡跑狗跑马，就是射猎赌博，严重扰乱了百姓的生活，败坏了民风。”于是，惩治所有犯法的人，命令他们揭发他人，受到牵连的人多达数千人，称为“株送徒”。向朝廷捐献财物可以授郎官，所以选拔郎官的制度就越来越衰败了。

这时，崤山以东遭受水灾，接连数年都没有什么收成，方圆一两千里内，有人吃人的情况。天子很是同情，下诏书说：“江南地区烧草为肥，引渠灌溉，利于生存，可以把灾民迁移到江淮地区生活，想长期留在那儿的，就让他们留在那儿。”朝廷派遣了很多的使者去管理此事，另外，还从巴、蜀地区运送粮食来赈济他们。

第二年，皇帝开始巡察各郡国。向东渡过黄河，河东太守因为没有想到天子会驾到，没有招待好，畏罪自杀。向西穿过陇山，陇西太守因为天子来得太过突于是上北出萧关，从数万骑，猎新秦中，以勒边兵而归。新秦中或千里无亭徼，于是诛北地太守以下，而令民得畜牧边县，官假马母，三岁而归，及息什一，以除告缗，用充仞新秦中。

既得宝鼎，立后土、太一祠，公卿议封禅事，而天下郡国皆豫治道桥，缮故宫，及当驰道县，县治官储，设供具，而望以待幸。

其明年，南越反，西羌侵边为桀。于是天子为山东不赡，赦天下，因南方楼船卒二十余万人击南越，数万人发三河以西骑击西羌，又数万人度河筑令居。初置张掖、酒泉郡，而上郡、朔方、西河、河西开田官，斥塞卒六十万人戍田之。中国缮道馈粮，远者三千，近者千余里，皆仰给大农。边兵不足，乃发武库工官兵器以赡之。车骑马乏绝，县官钱少，买马难得，乃著令，令封君以下至三百石以上吏，以差出牝马天下亭，亭有畜牸马，岁课息。

齐相卜式上书曰："臣闻主忧臣辱。南越反，臣愿父子与齐习船者往死之。"天子下诏曰："卜式虽躬耕牧，不以为利，有余辄助县官之用。今天下不幸有急，而式奋愿父子死之，虽未战，可谓义形于内。赐爵关内侯，金六十斤，田十顷。"布告天下，天下莫应。列侯以百数，皆莫求从军击羌、越。至酎，少府省金，而列侯坐酎金失侯者百余人。乃拜式为御史大夫。

式既在位，见郡国多不便县官作盐铁，铁器苦恶，贾贵，或强令民卖买之。而船有算，商者少，物贵，乃因孔仅言船算事。上由是不悦卜式。

汉连兵三岁，诛羌，灭南越，番禺以西至蜀南者置初郡十七，且以其故俗治，毋赋税。南阳、汉中以往郡，各以地比给初郡吏卒奉食币物，传车马被具。而初郡时时小反，杀吏，汉发南方吏卒往诛之，间岁万余人，费皆仰给大农。大农以均输调盐铁助赋，故能赡之。然然准备不足，甚至天子随从的官员都吃不上饭，陇西太守也自杀了。于是，天子向北出了萧关，随从有数万骑人马，在新秦中打猎，检阅那里的守边将士，然后回京。新秦中地区有的地方千里之内也没有设置亭障、关卡，于是下令杀了北地太守以下的官员，并命百姓在边境各县内畜牧，官府借给他们母马，三年之后归还，生下的小马每十匹上交政府一匹，而且废除了当地的“告缗令”，以此来充实新秦中地区。

皇帝获得宝鼎以后，修建了后土祠和太一祠，公卿们便开始讨论封禅事宜，而全国各地都在提前修桥铺路，原有的宫室也得到修缮，驰道经过的县，都准备好了各种接待天子的物品，准备好了各种器具，等待着天子驾临。

一年之后，南越反叛，西羌侵犯边境以逞凶暴。因为崤山以东收成不好，天子下令大赦天下，动用南方二十多万楼船军队攻打南越，征调三河以西的骑兵数万人进攻西羌，还征调数万人过黄河修筑令居。开始设置张掖、酒泉郡，而在上郡、朔方、西河、河西等地设置开田官，征调六十万人在这里戍守、垦田。朝廷缮治道路来运送粮食，路远的要三千里，近的也需一千多里，这些全都靠大农供给。边境的兵器不够，便用武库和工官的兵器来支援那里。车马不够，官府钱少，马很难买到，于是制定法令：命令封君以下到三百石以上的官吏，依据等级缴纳母马给天下驿亭，使每个驿亭都养有母马，政府据此每年征税。

齐相卜式上书：“我听说国君有所忧愁，这是做臣下的耻辱。如今南越叛乱，我父子愿意同齐国善于操船的兵卒一起战死疆场。”天子下诏说：“卜式以前虽然只是一个耕种放牧之人，但是并不以此求利，每当有了盈余就拿出来帮助、支援政府的用度。现在国家不幸有了急难，而卜式父子奋勇请愿死战，虽然还没参战，但可说是心中充满正义之念。赏赐他关内侯的爵位、六十斤黄金、十顷农田。”通告天下，但是天下并没有响应的。诸侯有数百名，但却都不要求从军去羌、越作战。于是，到酎祭宗庙的时候，少府检查酎金，列侯因为酎金不符规定而被削夺侯位的有一百多人。于是，任命卜式为御史大夫。

卜式上任后，见到很多郡国觉得盐铁官营多有不便，铁器质量差，价格还贵，有的还强迫百姓购买官府制造的铁器。而且船有算税，依靠船运输货物的商人较少，商品昂贵，于是通过孔仅上书反映船税的问题。从此天子不是很喜欢卜式了。

汉朝连续三年用兵打仗，征讨西羌，灭掉南越国，番禺以西到蜀南地区新设了十七个郡，并且按照原有的方式进行管理，免征赋税。南阳、汉中之间旧有的郡县各自就其地所供养新郡吏卒的粮食和钱物，以及驿车、驿马和相应的用具。而新郡经常还会发生小的反叛，杀死官吏，朝廷征调南方官兵前往讨伐，每隔一年就需动用万余人，都要依靠大农供给费用。大农用均输法配合各地盐铁所得辅助兵所过县，为以訾给毋乏而已，不敢言擅赋法矣。

其明年，元封元年，卜式贬秩为太子太傅。而桑弘羊为治粟都尉，领大农，尽代仅筦天下盐铁。弘羊以诸官各自市，相与争，物故腾跃，而天下赋输或不偿其僦费，乃请置大农部丞数十人，分部主郡国，各往往县置均输盐铁官，令远方各以其物贵时商贾所转贩者为赋，而相灌输。置平准于京师，都受天下委输。召工官治车诸器，皆仰给大农。大农之诸官尽笼天下之货物，贵即卖之，贱则买之。如此，富商大贾无所牟大利，则反本，而万物不得腾踊。故抑天下物，名曰“平准”。天子以为然，许之。于是天子北至朔方，东到太山，巡海上，并北边以归。所过赏赐，用帛百余万匹，钱金以巨万计，皆取足大农。

弘羊又请令吏得入粟补官，及罪人赎罪。令民能入粟甘泉各有差，以复终身，不告缗。他郡各输急处，而诸农各致粟，山东漕益岁六百万石。一岁之中，太仓、甘泉仓满。边余谷诸物，均输帛五百万匹。民不益赋而天下用饶。于是弘羊赐爵左庶长，黄金再百斤焉。

是岁小旱，上令官求雨，卜式言曰：“县官当食租衣税而已，今弘羊令吏坐市列肆，贩物求利。亨弘羊，天乃雨。”

太史公曰：农工商交易之路通，而龟贝金钱刀布之币兴焉。所从来久远，自高辛氏之前尚矣，靡得而记云。故书道唐虞之际，诗述殷周之世，安宁则长庠序，先本绌末，以礼义防于利；事变多故而亦反是。是以物盛则衰，时极而转，一质一文，终始之变也。禹贡九州，各因其土地所宜，人民所多少而纳职焉。汤武承弊易变，使民不倦，各兢兢所以为治，而稍陵迟衰微。齐桓公用管仲之谋，通轻重之权，税收，方能供应充足。然而，军队路过的县，只是做到供给无缺而已，不敢奢谈遵守赋税的常规了。

第二年，即元封元年，卜式被贬为太子太傅。而桑弘羊任治粟都尉，并且兼任大农，完全取代孔仅管理天下的盐铁事务。桑弘羊察觉各地官府都自做买卖，互相竞争，因此物价上涨，而各地所缴赋税之物甚至还不够运输费用，于是奏请设立大农部丞数十名，分部掌管各个郡国的大农事务，各个郡县通常还分设均输、盐铁官，命边远地区都将他们那里的在其他地方价格最高容易被商人贩卖的货物作为赋税由均输官统一运输流通。在京城设置平准官吏，总受各地运输来的货物。招雇工官来制造车子以及各种相关器具，相关费用都由大农来供给。大农所属的各个机构完全掌握天下的货物，物贵时卖出，物贱时买入。这样一来，富商大贾无法从中牟取大利，就会反本务农，而物价忽涨忽落的现象就不容易出现。由于天下的物价受到抑制，所以称之为“平准”。天子认为桑弘羊说得很有道理，答应实施。于是，天子向北到朔方，向东到泰山，又巡视沿海以及北部边疆地区，然后返回京城。给所经过地方的赏赐，用去一百多万匹帛，钱、金以亿计，也都由大农来供给。

桑弘羊还奏请允许官吏缴纳粮食以补授官职，罪人可以纳粮来赎罪。命百姓们能运送粮食到甘泉宫仓库，达到一定数量的可以免除终身赋役，而且不受“告缗”的影响。各个郡县运送粮食到其他急需的地方，而各地的官府也都要给朝廷纳粮，这便使得山东漕运到京城的粮食数量一年之间增加六百万石。一年之间，太仓、甘泉宫的仓库都装满了粮食。边境地区也都有余粮和其他的物资，各均输官存储的布帛达五百万匹。百姓们不用增加赋税而国家的用度慢慢宽裕。于是，天子赐桑弘羊左庶长爵位、黄金二百斤。

这一年有小旱灾，天子令百官求雨。卜式上书说：“政府应该依靠租税来维持吃穿等用度，如今桑弘羊让官吏都去市场买卖货物，赚钱求利，只有把桑弘羊烹了，天才会下雨。”

太史公说：农、工、商之间互相交流的路子畅通之后，龟、贝、金、钱、刀、布等货币就产生了。这是很久之前就已经出现的了，自高辛氏之前就已有，只是没有记载。所以《尚书》里讲到唐虞时代的事，《诗经》讲到殷周时代的事，天下太平就会重视学校教育，重本轻末，用礼义道德来限制物利；一旦天下多逢战乱情况就会颠倒过来。所以事物发展到鼎盛就会衰落，时代发展到极限也就会转变，时而重文采，时而重质朴，这是事物周而复始的循环。《禹贡》中记载的九州，各自根据当地所宜耕种之物、人民的多寡来缴纳贡赋。商汤和周武王继承前朝弊政加以改变，治理百姓不懈怠，各自都兢兢业业地治理国家，但是最徼山海之业，以朝诸侯，用区区之齐显成霸名。魏用李克，尽地力，为强君。自是之后，天下争于战国，贵诈力而贱仁义，先富有而后推让。故庶人之富者或累巨万，而贫者或不厌糟糠；有国强者或并群小以臣诸侯，而弱国或绝祀而灭世。以至于秦，卒并海内。虞夏之币，金为三品，或黄，或白，或赤；或钱，或布，或刀，或龟贝。及至秦，中一国之币为等，黄金以溢名，为上币；铜钱识曰半两，重如其文，为下币。而珠玉、龟贝、银锡之属为器饰宝藏，不为币。然各随时而轻重无常。于是外攘夷狄，内兴功业，海内之士力耕不足粮饷，女子纺绩不足衣服。古者尝竭天下之资财以奉其上，犹自以为不足也。无异故云，事势之流，相激使然，曷足怪焉。

终也都逐渐走向衰微。齐桓公采纳管仲的建议，统一货币平稳物价，开采山海一带的事业，使诸侯臣服于他，让不是很起眼的齐国成就霸业。魏国任用李克，充分地利用土地，魏文侯因此成为了强国之君。从此之后，各个国家经常发生战乱，看重阴谋诡计而轻视仁义道德，以富有为要务而不再讲求谦让。因此，百姓中富有的积蓄以亿计，而贫穷的连糟糠也吃不饱；诸侯国中强大的吞并小国而让诸侯称臣，弱小的有的甚至断绝祭祀而亡国。到秦朝，终于使用武力统一了天下。虞、夏时代的货币，金分三种：黄金、白银、赤铜；钱、布、刀、龟贝。直到秦朝，全国货币统一成两种：黄金是以溢为单位，为上币；还有一种为铜钱，上面刻着“半两”，重量与所刻文字相同，为下币。而珠玉、龟贝、银锡等只是作为器物、装饰、收藏，不作为货币流通使用。然而这些货币都随着时代的变化或轻或重。后来对外攘平夷狄，对内开展各种建设，以至于天下的百姓都去耕种仍然不能够满足粮饷供给，女子都去纺织也仍然不能足够供给衣物。古时候曾竭尽天下的财物来供奉朝廷，仍然感觉不够使用。这并没有其他缘故，都是因为事情的发展变化，相互间影响而造成的，这并没有什么可值得奇怪的。

文/白/对/照

史記

二

〔汉〕司马迁　撰
萧祥剑　主译

团结出版社

世家

吴太伯世家第一

吴太伯，太伯弟仲雍，皆周太王之子，而王季历之兄也。季历贤，而有圣子昌，太王欲立季历以及昌，于是太伯、仲雍二人乃奔荆蛮，文身断发，示不可用，以避季历。季历果立，是为王季，而昌为文王。太伯之奔荆蛮，自号句吴。荆蛮义之，从而归之千余家，立为吴太伯。

太伯卒，无子，弟仲雍立，是为吴仲雍。仲雍卒，子季简立。季简卒，子叔达立。叔达卒，子周章立。是时周武王克殷，求太伯、仲雍之后，得周章。周章已君吴，因而封之。乃封周章弟虞仲于周之北故夏虚，是为虞仲，列为诸侯。

周章卒，子熊遂立，熊遂卒，子柯相立。柯相卒，子强鸠夷立。强鸠夷卒，子余桥疑吾立。余桥疑吾卒，子柯卢立。柯卢卒，子周繇立。周繇卒，子屈羽立。屈羽卒，子夷吾立。夷吾卒，子禽处立。禽处卒，子转立。转卒，子颇高立。颇高卒，子句卑立。是时晋献公灭周北虞公，以开晋伐虢也。句卑卒，子去齐立。去齐卒，子寿梦立。寿梦立而吴始益大，称王。

自太伯作吴，五世而武王克殷，封其后为二：其一虞，在中国；其一吴，在夷蛮。十二世而晋灭中国之虞。中国之虞灭二世，而夷蛮之吴兴。大凡从太伯至寿梦十九世。

王寿梦二年，楚之亡大夫申公巫臣怨楚将子反而奔晋，自晋使吴，教吴用兵乘车，令其子为吴行人，吴于是始通于中国。吴伐楚。十六年，楚共王伐吴，至衡山。

二十五年，王寿梦卒。寿梦有子四人，长曰诸樊，次曰馀祭，次吴太伯和他的弟弟仲雍，都是周太王的儿子，周王季历的哥哥。季历德才兼备，还有一个德才出众的儿子昌，太王打算立季历为王，以便传位给昌，于是太伯、仲雍二人就逃往荆蛮，随当地习俗在身上刺满花纹、剪断头发，以示不能够再被任用，借以避让季历。后来季历果然被立为国君，就是王季，他的儿子昌就是周文王。太伯逃到荆蛮后，自称其部落为“句吴”。荆蛮百姓认为他很有节义，追随归顺他的有一千余家，拥立他为吴太伯。

太伯死后，没有儿子，他的弟弟仲雍即位，就是吴仲雍。仲雍死后，他的儿子季简继位。季简死后，他的儿子叔达继位。叔达死后，他的儿子周章继位。那时正值周武王战胜殷纣王，寻找太伯、仲雍的后代，找到了周章。周章已经是吴国国君了，因此周武王便正式封他为吴国国君。又把周章之弟虞仲封在周朝北边的夏都的故址，这便是虞仲，位列诸侯。

周章死后，他的儿子熊遂继位。熊遂死后，他的儿子柯相继位。柯相死后，他的儿子强鸠夷继位。强鸠夷死后，他的儿子余桥疑吾继位。余桥疑吾死后，他的儿子柯卢继位。柯卢死后，他的儿子周繇继位。周繇死后，他的儿子屈羽继位。屈羽死后，他的儿子夷吾继位。夷吾死后，他的儿子禽处继位。禽处死后，他的儿子转继位。转死后，他的儿子颇高继位。颇高死后，他的儿子句卑继位。这时晋献公灭掉了周北面的虞公，为晋国攻打虢国打通了道路。句卑死后，他的儿子去齐继位。去齐死后，他的儿子寿梦继位。寿梦继位后吴国日益强大，从此便自称为王。

从太伯建立吴国开始，到第五代时周武王灭掉殷朝，吴太伯的后代被分封在两个地方：其一是虞国，在中原地区；另一个是吴国，在夷蛮地带。到第十二代时晋国灭掉了中原地区的虞国。又过了两代，夷蛮地区的吴国兴盛起来。从太伯到寿梦总共传了十九代。

吴王寿梦继位后的第二年，楚国逃亡的大夫申公巫臣因与楚国大将子反结怨而逃到晋国，后又从晋出使吴国，教给吴国用兵之术和车战之法，让他的儿子做吴国的外交官。从此，吴国开始与中原各国交往。吴国在这一年派兵征伐楚国。寿梦十六年，楚共王出兵征伐吴国，一直打到吴国衡山。

吴王寿梦继位二十五年之后去世。寿梦有四个儿子，长子叫诸樊，次子叫馀曰馀眛，次曰季札。季札贤，而寿梦欲立之，季札让不可，于是乃立长子诸樊，摄行事当国。

王诸樊元年，诸樊已除丧，让位季札。季札谢曰："曹宣公之卒也，诸侯与曹人不义曹君，将立子臧，子臧去之，以成曹君，君子曰'能守节矣'。君义嗣，谁敢干君！有国，非吾节也。札虽不材，原附于子臧之义。"吴人固立季札，季札弃其室而耕，乃舍之。秋，吴伐楚，楚败我师。四年，晋平公初立。

十三年，王诸樊卒。有命授弟馀祭，欲传以次，必致国于季札而止，以称先王寿梦之意，且嘉季札之义，兄弟皆欲致国，令以渐至焉。季札封于延陵，故号曰延陵季子。

王馀祭三年，齐相庆封有罪，自齐来奔吴。吴予庆封朱方之县，以为奉邑，以女妻之，富于在齐。

四年，吴使季札聘于鲁，请观周乐。为歌周南、召南。曰："美哉，始基之矣，犹未也。然勤而不怨。"歌邶、鄘、卫。曰："美哉，渊乎，忧而不困者也。吾闻卫康叔、武公之德如是，是其卫风乎？"歌王。曰："美哉，思而不惧，其周之东乎？"歌郑。曰："其细已甚，民不堪也，是其先亡乎？"歌齐。曰："美哉，泱泱乎大风也哉。表东海者，其太公乎？国未可量也。"歌豳。曰："美哉，荡荡乎，乐而不淫，其周公之东乎？"歌秦。曰："此之谓夏声。夫能夏则大，大之至也，其周之旧乎？"歌魏。曰："美哉，沨沨乎，大而宽，俭而易，行以德辅，此则盟主也。"歌唐。曰："思深哉，其有陶唐氏之遗风乎？不然，何忧之远也？非令德之后，谁能若是！"歌陈。曰："国无主，其能久乎？"自郐以下，无讥焉。歌小雅。曰："美哉，思而不贰，怨而不言，其周德之衰乎？犹有先祭，三子叫馀眛，四子叫季札。季札最有才能，寿梦便想立他为王，但季札避让不接受，于是只好仍让长子诸樊继位，总理诸事务，代理执掌国政。

吴王诸樊元年，服丧期满之后，他就把王位让给季札。季札推辞说："曹宣公死后，各国诸侯和曹国的人们都认为新立的曹成公不义，想立子臧为曹君，子臧离开曹国，最终成全了曹成公做国君的愿望。人们都称赞子臧是个能遵守节义的人。作为长子您本就是理所当然的继承人，谁敢反对您呢！让我做国君，这不是我应有的节操。我虽无能，但是愿学习子臧那样的义举。"吴国人坚持要立季札，他就抛弃了家室财产去当了农民，吴人只好放弃。秋天，吴又征伐楚国，楚军打败了吴军。诸樊四年，晋平公继位。

诸樊在位十三年后去世，立遗嘱要将王位传给他的弟弟馀祭，目的是想按次序以兄传弟，最终还是要把王位传给季札，来满足先王寿梦的遗愿。而且因为他们几个兄弟也都赞赏季札让国的高风亮节，都想把国君之位传给他，想用这种渐进的方法达到目的。季札被封在延陵，因此人们称其为延陵季子。

吴王馀祭三年，齐国相庆封因获罪从齐国逃到吴国。吴王把朱方县赏赐给他作为奉邑，并把自己的女儿嫁给了他，结果庆封比原先在齐国还富有。

馀祭四年，吴国派季札到鲁国访问。到鲁国后，季札请求观赏周王室的音乐，乐工们为他演唱《周南》、《召南》。季札说："美啊，开始奠定基础了，还未达到完善的程度。但是可以看出百姓勤劳而无怨言。"乐工们又演唱《邶风》、《鄘风》、《卫风》。季札说："美啊，深沉呐，虽遭坎坷但却不会陷于困顿颓唐。我听说卫康叔、卫武公的德行就是如此。这应该是《卫风》吧？"乐工们又演唱《王风》。季札说："美啊，思虑但不恐惧，这应是周王室东迁以后的歌曲吧？"又演唱《郑风》。季札说："太过琐碎了，人民将会难以忍受的，这个国家恐怕要率先灭亡吧？"又演唱《齐风》。季札说："美啊，乐曲宏大深远，真有大国之风。堪为东海一方的表率，这不正是姜太公的国家吗？国家的前途无可限量啊！"又演唱《豳风》。季札说："美啊，宽阔无边，欢快而又不过分，这应是周公东征的歌曲吧？"又演唱《秦风》。季札说："这就是人们所说的夏声吧，能做夏声事业就能发展，且能发展到极点，这应是周室旧地的乐曲吧？"又演唱《魏风》。季札说："美啊，婉转悠扬，洪亮柔和，朴实平易，如能施行德政，就能成为天下盟主。"又演唱《唐风》。季札说："思虑深远啊，这是陶唐氏的遗韵吧？不然，怎能如此忧思深远呢？若不是具有美德之人的后代，谁能够做到这样！"又演唱《陈风》。季札说："国家若无良君，能够长久得了吗？"《郐风》以后的乐曲，季札就没有再加以评论了。当乐师们演唱到《小雅》时，季札说："美啊，满怀忧思但却无二心，虽有怨怒但不露于言表，王之遗民也。”歌大雅。曰：“广哉，熙熙乎，曲而有直体，其文王之德乎？”歌颂。曰：“至矣哉，直而不倨，曲而不诎，近而不逼，远而不携，而迁不淫，复而不厌，哀而不愁，乐而不荒，用而不匮，广而不宣，施而不费，取而不贪，处而不底，行而不流。五声和，八风平，节有度，守有序，盛德之所同也。”见舞象箾、南籥者，曰：“美哉，犹有感。”见舞大武，曰：“美哉，周之盛也其若此乎？”见舞韶濩者，曰：“圣人之弘也，犹有惭德，圣人之难也！”见舞大夏，曰：“美哉，勤而不德！非禹其谁能及之？”见舞招箾，曰：“德至矣哉，大矣，如天之无不焘也，如地之无不载也，虽甚盛德，无以加矣。观止矣，若有他乐，吾不敢观。”

去鲁，遂使齐。说晏平仲曰：“子速纳邑与政。无邑无政，乃免于难。齐国之政将有所归；未得所归，难未息也。”故晏子因陈桓子以纳政与邑，是以免于栾高之难。

去齐，使于郑。见子产，如旧交。谓子产曰：“郑之执政侈，难将至矣，政必及子。子为政，慎以礼。不然，郑国将败。”去郑，适卫。说蘧瑗、史狗、史鰌、公子荆、公叔发、公子朝曰：“卫多君子，未有患也。”

自卫如晋，将舍于宿，闻钟声，曰：“异哉！吾闻之，辩而不德，必加于戮。夫子获罪于君以在此，惧犹不足，而又可以畔乎？夫子之在此，犹燕之巢于幕也。君在殡而可以乐乎？”遂去之。文子闻之，终身不听琴瑟。

适晋，说赵文子、韩宣子、魏献子曰：“晋国其萃于三家乎！”将去，谓叔向曰：“吾子勉之！君侈而多良，大夫皆富，政将在三家。吾子直，必思自免于难。”

这应是周德衰微时的乐曲吧？但还有先王的遗民之情啊。”又演唱《大雅》。季札说：“宏伟啊，如此和谐安乐，旋律曲折委婉但基调仍刚直强劲，这就是周文王美德的象征吧？”又演唱《颂》。季札说：“达到极致了。曲调刚直有力却不傲慢，旋律婉曲优美却不卑微，亲近却不紧迫，疏远却不离叛，节奏富于变化却不乱，回还反复却不会让人厌倦，虽哀伤却不愁苦，虽有欢乐却不荒淫，不断运用而不会匮乏，广博宏阔而又不自显，施恩但不会浪费，求取而不陷贪婪，静止而不拘滞，行进而不漫流。五声和谐，八音适度，节奏有度数，旋律有规则，圣德之人都是这个样子的。”季札观看了乐工表演的《象箾》、《南籥》之舞，说：“很美啊，但仍有少许缺憾。”看到舞《大武》，说：“很美啊，周朝强盛的时候大概就像这样吧？”看到舞《韶濩》，说：“圣人之德大概就像这样恢弘吧，但还觉得有不足的地方，做圣人真是太难啊。”看到舞《大夏》，说：“很美啊，辛劳而不居功自傲，除了大禹还有谁能达到这种境界呢？”看到舞《招箾》，说：“品德之高已经达到顶点了，太伟大了，如上天覆盖万物，如大地无不承载，虽然再有好的圣德，也无以复加了。到这里可以停止了，即使还有其他的乐、舞，我也不敢再欣赏了。”

季札离开鲁国，出使到齐国。他劝晏婴说：“你快些交出你的封邑和政权。没有这些东西，你才能免于祸患。齐国的政权很快就要另有归属，在还没有改变之前，国家祸乱不会平息的。”因此，晏婴通过陈桓子交出了封邑与政权，所以在栾、高二氏相互攻杀的祸难中他才得以幸免。

季札离开齐国，又出使郑国。见到子产，就像见到了故人。他对子产说：“郑国执掌政权的人奢侈，灾难就要降临了，政权一定会落在您的身上。您当权之后，要谨慎小心，以礼治理国事。不然，郑国将要衰败！”离开郑国之后，季札又来到卫国。他非常欣赏蘧瑗、史狗、史鳅、公子荆、公叔发、公子朝这些人，他说：“卫国君子很多，因此国家不会有问题。”

从卫国到晋国，季札准备留宿在戚邑，听到鼓钟作乐之声，说：“奇怪！我听说有雄辩之才却无德行，那样只会招致灾祸。孙文子得罪卫君逃到这里，小心翼翼尚恐不够，还有心思玩乐吗？孙文子在这里，就如燕子将巢筑在帷幕之上那样危险。而且国君尚在棺中停殡未葬，难道可以作乐吗？”于是他赶紧离开戚邑。孙文子听说这事后，一辈子不再听音乐。

季札到晋国，很喜欢赵文子、韩宣子、魏献子，对他们说：“晋国政权将要集中到这三家吧。”他离开晋国时，对叔向说：“你要勉力而行啊！晋国国君奢纵，但良臣还有很多，大夫很富裕，政权将要落于韩、赵、魏三家手中。你为人正直，一定要思虑如何让自己免于祸患。”

季札之初使，北过徐君。徐君好季札剑，口弗敢言。季札心知之，为使上国，未献。还至徐，徐君已死，于是乃解其宝剑，系之徐君冢树而去。从者曰："徐君已死，尚谁予乎？"季子曰："不然。始吾心已许之，岂以死倍吾心哉！"

七年，楚公子围弑其王夹敖而代立，是为灵王。十年，楚灵王会诸侯而以伐吴之朱方，以诛齐庆封。吴亦攻楚，取三邑而去。十一年，楚伐吴，至雩娄。十二年，楚复来伐，次于乾溪，楚师败走。

十七年，王馀祭卒，弟馀眜立。王馀眜二年，楚公子弃疾弑其君灵王代立焉。

四年，王馀眜卒，欲授弟季札。季札让，逃去。于是吴人曰："先王有命，兄卒弟代立，必致季子。季子今逃位，则王馀眜后立。今卒，其子当代。"乃立王馀眜之子僚为王。

王僚二年，公子光伐楚，败而亡王舟。光惧，袭楚，复得王舟而还。

五年，楚之亡臣伍子胥来奔，公子光客之。公子光者，王诸樊之子也。常以为吾父兄弟四人，当传至季子。季子即不受国，光父先立。即不传季子，光当立。阴纳贤士，欲以袭王僚。

八年，吴使公子光伐楚，败楚师，迎楚故太子建母于居巢以归。因北伐，败陈、蔡之师。九年，公子光伐楚，拔居巢、钟离。初，楚边邑卑梁氏之处女与吴边邑之女争桑，二女家怒相灭，两国边邑长闻之，怒而相攻，灭吴之边邑。吴王怒，故遂伐楚，取两都而去。

伍子胥之初奔吴，说吴王僚以伐楚之利。公子光曰："胥之父兄为僇于楚，欲自报其仇耳。未见其利。"于是伍员知光有他志，乃求勇士专诸，见之光。光喜，乃客伍子胥。子胥退而耕于野，以待专诸季札开始出使时，北行路过徐国，拜访了徐国国君。徐君喜欢季札的宝剑，但嘴里没好意思说出来。季札心里明白徐君之意，但因还要去出使中原各国，因此没把宝剑送给徐君。出使归来时又经徐国，这时徐君已死，季札解下腰间的宝剑，挂在徐君坟前的树木之上方才离开。随从人员说："徐君已死，那宝剑还留下来给谁呀？"季札说："不能这样说，当初我在心里已答应了他，怎能因为徐君已死就违背我自己的意愿呢！"

吴王馀祭七年，楚国公子围杀死了楚王夹敖而自立为王，这便是灵王。馀祭十年，楚灵王与诸侯会盟，并率领诸侯征伐吴国朱方，出师理由是诛惩齐国乱臣庆封。同年，吴国也攻打楚国，占领楚国三个城邑后离开。馀祭十一年，楚国征伐吴国，一直打到雩娄。馀祭十二年，楚国再次征伐吴国，在乾溪驻军数日，结果被吴国打败。

馀祭十七年，吴王馀祭死去，其弟馀眜继位。馀眜二年，楚国的公子弃疾杀死楚灵王，自己代立为君。

馀眜四年，吴王馀眜死，想传位给弟弟季札。季札推让，便逃离了。于是吴人说："先王有遗嘱，哥哥死后由弟弟继位，一定要传国给季札。季札现在逃走了，那吴王馀眜成为兄弟中最后一个当国君的人。现在他死了，他的儿子应代其为王。"于是立馀眜的儿子僚为吴王。

吴王僚二年，公子光率兵征伐楚国，打了败仗，把吴先王的船也丢了。公子光害怕因此获罪，就偷袭楚军，又夺回了王舟，返回吴国。

吴王僚五年，楚国流亡之臣伍子胥来到吴国，公子光以客礼接待他。公子光是王诸樊的儿子。他一直认为："我父亲兄弟四人，（依次相传）现在应该传到季札。但季札现在不愿当国君，我父亲是最先被立为王的。既然季札不愿接受王位，那便应当传给我。"于是，他在暗中招纳贤士，准备刺杀吴王僚。

吴王僚八年，吴王派公子光再次征伐楚国，大败楚军，把原楚太子建之母从居巢接到吴国。他又乘势北伐，打败陈、蔡的军队。九年，公子光又征伐楚国，攻克居巢、钟离二城。当初，楚国边城卑梁氏有少女与吴国边城女子争抢桑叶，两个家族互相攻击。两国边邑的官长听说此事，也愤怒起来，互相攻杀，楚国边邑灭亡了吴国的边邑。吴王听到后非常生气，所以出兵伐楚，攻取居巢、钟离两个县城。

伍子胥刚到吴国时，就曾用伐楚的好处来劝说吴王僚攻打楚国。公子光说："子胥的父、兄是被楚王杀害的，他劝您伐楚是为了报自己的私仇，对吴国并无好处。"伍子胥这才明白公子光别有目的，于是便找来了一个勇士专诸，介绍给公子光。公子光十分高兴，就用客礼对待伍子胥。伍子胥退居郊野耕作度日，暗之事。

十二年冬，楚平王卒。十三年春，吴欲因楚丧而伐之，使公子盖馀、烛庸以兵围楚之六、灊。使季札于晋，以观诸侯之变。楚发兵绝吴兵后，吴兵不得还。于是吴公子光曰："此时不可失也。"告专诸曰："不索何获！我真王嗣，当立，吾欲求之。季子虽至，不吾废也。"专诸曰："王僚可杀也。母老子弱，而两公子将兵攻楚，楚绝其路。方今吴外困于楚，而内空无骨鲠之臣，是无奈我何。"光曰："我身，子之身也。"四月丙子，光伏甲士于窟室，而谒王僚饮。王僚使兵陈于道，自王宫至光之家，门阶户席，皆王僚之亲也，人夹持铍。公子光佯为足疾，入于窟室，使专诸置匕首于炙鱼之中以进食。手匕首刺王僚，铍交于匈，遂弑王僚。公子光竟代立为王，是为吴王阖庐。阖庐乃以专诸子为卿。

季子至，曰："苟先君无废祀，民人无废主，社稷有奉，乃吾君也。吾敢谁怨乎？哀死事生，以待天命。非我生乱，立者从之，先人之道也。"复命，哭僚墓，复位而待。吴公子烛庸、盖馀二人将兵遇围于楚者，闻公子光弑王僚自立，乃以其兵降楚，楚封之于舒。

王阖庐元年，举伍子胥为行人而与谋国事。楚诛伯州犁，其孙伯嚭亡奔吴，吴以为大夫。

三年，吴王阖庐与子胥、伯嚭将兵伐楚，拔舒，杀吴亡将二公子。光谋欲入郢，将军孙武曰："民劳，未可，待之。"四年，伐楚，取六与灊。五年，伐越，败之。六年，楚使子常囊瓦伐吴。迎而击之，大败楚军于豫章，取楚之居巢而还。

九年，吴王阖庐请伍子胥、孙武曰："始子之言郢未可入，今果如何？"二子对曰："楚将子常贪，而唐、蔡皆怨之。王必欲大伐，必得唐、蔡乃可。"阖庐从之，悉兴师，与唐、蔡西伐楚，至于汉水。楚亦发兵拒吴，夹水陈。吴王阖庐弟夫概欲战，阖庐弗许。夫概曰："王已属臣中观察等待着专诸大事成功。

吴王僚十二年冬，楚平王去世。十三年春，吴王想乘着楚国治丧期间起兵伐楚，派公子盖馀、烛庸带兵包围楚国的六、灊二邑，派季札出使晋国，以观察中原诸侯的动静。谁知楚国派奇兵切断吴军后路，吴兵被阻不能回国。这时吴公子光说，“机不可失。”告诉专诸说：“没有追求就没有收获。我是真正的王位继承人，应当即位，我打算谋取王位。季札即使回国，也不会废掉我的。”专诸说：“杀死王僚的条件已经具备，国内只有他的老母幼子，而他两个弟弟率兵攻楚，被阻绝了归路。现在吴王境外被楚国所困扰，国内没有刚直忠诚之臣，他拿我们没什么办法。”公子光说：“我的身体，就是你的身体，祸福与共。”四月丙子日，公子光把甲士埋伏于地下室之中，然后请王僚来宴饮。王僚派兵列于道旁，从王宫到公子光之家，直至光家的大门、台阶、屋门、坐席旁，布满王僚的亲兵，人人手执利剑。王僚来到后，公子光假装脚疼，藏进了地下室，派专诸将匕首藏于烤全鱼的腹中，伪装上菜。专诸将鱼送至王僚前时，从鱼腹中取出匕首刺向王僚，左右卫士急用剑刺入专诸胸膛，但王僚已被杀死。公子光果真代立为吴王，就是吴王阖闾。阖闾任命专诸之子为卿。

季札回到吴国，说：“只要对先君的祭祀不废止，人民不至于没有国君，社稷之神得到奉祀，那就是我的国君。我敢怨责谁呢？我只有哀悼死者，侍奉生者，来对待天命安排。祸乱不是自己制造，就应听从新立之君，这是先人的原则啊。”于是季札到王僚的墓上，汇报了自己完成外交任务的经过，痛哭王僚一番，之后回到朝廷中等待新君之命。吴国公子盖馀、烛庸带兵在楚军围困之中，听说公子光杀死王僚自立为王，就带领军队投降了楚国，楚王把他们封在舒地。

吴王阖闾元年，任命伍子胥担任行人之官并参政议国事。楚王杀死了伯州犁，其孙伯嚭逃亡到吴国，吴王任命他为大夫。

三年，吴王阖闾与伍子胥、伯嚭领兵征伐楚国，攻取舒邑，杀了吴国逃亡的公子盖馀、烛庸。阖闾计划顺势进攻楚国都城郢，将军孙武劝告说：“军民征战已很劳顿，现在不能攻打郢都，要等待时机成熟。”四年，吴又伐楚，攻下六邑与灊邑。五年，吴伐越，打败越军。六年，楚国派子常囊瓦征伐吴国，吴军迎头痛击，在豫章大败楚军，攻下楚国居巢才班师回吴。

阖闾九年，吴王阖闾询问伍子胥和孙武说：“当初你们说不能攻打郢都，现在情况如何？”二人回答说：“楚国大将子常贪婪，唐国、蔡国都恨他。大王您如一定大举伐楚，必须联合唐、蔡二国才能成功。”阖闾听从他们的意见，出动全部军队，与唐国蔡国一道西进伐楚，来到了汉水边上。楚国也发兵抵拒，双方隔水列阵。吴王阖闾之弟夫概欲战，阖闾不许。夫概说：“大王已把军队兵，兵以利为上，尚何待焉？”遂以其部五千人袭冒楚，楚兵大败，走。于是吴王遂纵兵追之。比至郢，五战，楚五败。楚昭王亡出郢，奔郧。郧公弟欲弑昭王，昭王与郧公奔随。而吴兵遂入郢。子胥、伯嚭鞭平王之尸以报父仇。

十年春，越闻吴王之在郢，国空，乃伐吴。吴使别兵击越。楚告急秦，秦遣兵救楚击吴，吴师败。阖庐弟夫概见秦越交败吴，吴王留楚不去，夫概亡归吴而自立为吴王。阖庐闻之，乃引兵归，攻夫概。夫概败奔楚。楚昭王乃得以九月复入郢，而封夫概于堂溪，为堂溪氏。十一年，吴王使太子夫差伐楚，取番。楚恐而去郢徙都。

十五年，孔子相鲁。

十九年夏，吴伐越，越王句践迎击之槜李。越使死士挑战，三行造吴师，呼，自刭。吴师观之，越因伐吴，败之姑苏，伤吴王阖庐指，军却七里。吴王病伤而死。阖庐使立太子夫差，谓曰："尔而忘句践杀汝父乎？”对曰："不敢！”三年，乃报越。

王夫差元年，以大夫伯嚭为太宰。习战射，常以报越为志。二年，吴王悉精兵以伐越，败之夫椒，报姑苏也。越王句践乃以甲兵五千人栖于会稽，使大夫种因吴太宰嚭而行成，请委国为臣妾。吴王将许之，伍子胥谏曰："昔有过氏杀斟灌以伐斟寻，灭夏后帝相。帝相之妃后缗方娠，逃于有仍而生少康。少康为有仍牧正。有过又欲杀少康，少康奔有虞。有虞思夏德，于是妻之以二女而邑之于纶，有田一成，有众一旅。后遂收夏众，抚其官职。使人诱之，遂灭有过氏，复禹之绩，祀夏配天，不失旧物。今吴不如有过之强，而句践大于少康。今不因此而灭之，又将宽之，不亦难乎！且句践为人能辛苦，今不灭，后必悔之。”吴王不听，听太宰嚭，卒许越平，与盟而罢兵去。

七年，吴王夫差闻齐景公死而大臣争宠，新君弱，乃兴师委托于我，作战要抓住有利时机才是上策，还等什么！”于是带领其部五千人突袭楚军，楚军大败奔逃。吴王纵兵追击。及至郢都，一共交战五次，楚兵五次被打败。楚昭王逃出郢都，跑到郧县。郧公之弟想杀死昭王，昭王又与郧公逃到随国。吴兵进入郢都。伍子胥、伯嚭从墓中挖出楚平王尸体加以鞭打，来报杀父之仇。

阖闾十年春，越王听说吴王兵驻郢都，国内空虚，举兵伐吴。吴国派另一支军队抗击越兵。楚国向秦国告急，秦国派兵救楚击吴，吴军败北。阖闾之弟夫概看到秦兵越兵同时打败吴兵，吴王又留在楚国不归，夫概就跑回吴国自立为吴王。阖闾闻知后，就领兵回吴，攻打夫概。夫概兵败逃往楚国。楚昭王才得以于九月返回郢都，而把夫概封在堂溪，就是堂溪氏。十一年，吴王命太子夫差伐楚，攻取番邑。楚王恐惧，把国都从郢迁到鄀。

十五年，孔子担任鲁国国相。

十九年夏，吴兵伐越，越王勾践带兵在槜李抗击。越兵派遣敢死队挑战，三次冲向吴阵，高呼口号，自杀于阵前。吴兵被这种奇怪的进攻方式惊呆了，放松了防备，越兵趁势攻击，在姑苏大败吴兵。吴王脚趾被越军击伤，军队退却七里。吴王因此伤重而死。临死前吴王阖闾命立太子夫差为王，对夫差说：“你能忘记勾践杀死了你的父亲吗？”夫差回答说：“不敢忘！”过了三年，吴终于报复了越国。

吴王夫差元年，任命大夫伯嚭为太宰。吴国坚持军事训练，一直心怀报复越国之志。二年，吴王出动全部精兵伐越，在夫椒大败越军，终于报了姑苏失败之仇。越王勾践只得带五千甲兵躲进会稽山，派出大夫文种通过吴国太宰伯嚭请求媾和，愿将越国作为吴国的奴仆之国。吴王想允许，伍子胥劝谏说：“从前有过氏杀了斟灌氏又征伐斟寻氏，灭掉夏王帝相。帝相的妻子后缗正在怀孕，逃到有仍国生下少康。少康当了有仍国的牧正之官。有过氏又想杀死少康，少康逃到有虞国，有虞氏怀念夏之恩德，于是把两个女儿嫁给少康并封给他纶邑，当时少康只有方圆十里的土地，只有五百部下。但以后少康聚集夏之遗民，整顿官职制度，派人打入有过氏内部，终于消灭了有过氏，恢复了夏禹的业绩，祭祀时以夏祖配享天帝，夏代丢失的全部故物都收复如初。现在吴国不如当年有过氏那么强大，而勾践的实力大于当年的少康。现在不借此时机彻底消灭越国力量，反而又要宽恕他们，不是为以后找麻烦吗！而且勾践为人能坚韧吃苦，现在不消灭他，将来后悔不及。”吴王不听子胥之计，而听从太宰嚭之言，终与越国停战，两国订立和平盟约后，吴国撤军回国。

七年，吴王夫差听说齐景公死后大臣争夺权力，新立之君幼小无势，于是兴北伐齐。子胥谏曰："越王句践食不重味，衣不重采，吊死问疾，且欲有所用其众。此人不死，必为吴患。今越在腹心疾而王不先，而务齐，不亦谬乎！"吴王不听，遂北伐齐，败齐师于艾陵。至缯，召鲁哀公而征百牢。季康子使子贡以周礼说太宰嚭，乃得止。因留略地于齐鲁之南。九年，为驺伐鲁，至，与鲁盟乃去。十年，因伐齐而归。十一年，复北伐齐。

越王句践率其众以朝吴，厚献遗之，吴王喜。唯子胥惧，曰："是弃吴也。"谏曰："越在腹心，今得志于齐，犹石田，无所用。且盘庚之诰有颠越勿遗，商之以兴。"吴王不听，使子胥于齐，子胥属其子于齐鲍氏，还报吴王。吴王闻之，大怒，赐子胥属镂之剑以死。将死，曰："树吾墓上以梓，令可为器。抉吾眼置之吴东门，以观越之灭吴也。"

齐鲍氏弑齐悼公。吴王闻之，哭于军门外三日，乃从海上攻齐。齐人败吴，吴王乃引兵归。

十三年，吴召鲁、卫之君会于橐皋。

十四年春，吴王北会诸侯于黄池，欲霸中国以全周室。六月子，越王句践伐吴。乙酉，越五千人与吴战。丙戌，虏吴太子友。丁亥，入吴。吴人告败于王夫差，夫差恶其闻也。或泄其语，吴王怒，斩七人于幕下。七月辛丑，吴王与晋定公争长。吴王曰："于周室我为长。"晋定公曰："于姬姓我为伯。"赵鞅怒，将伐吴，乃长晋定公。吴王已盟，与晋别，欲伐宋。太宰嚭曰："可胜而不能居也。"乃引兵归国。国亡太子，内空，王居外久，士皆罢敝，于是乃使厚币以与越平。

十五年，齐田常杀简公。

十八年，越益强。越王句践率兵伐败吴师于笠泽。楚灭陈。

二十年，越王句践复伐吴。二十一年，遂围吴。二十三年十一月丁卯，越败吴。越王句践欲迁吴王夫差于甬东，予百家居之。吴王兵北伐齐国。伍子胥劝谏说："越王勾践吃饭不设两样以上的菜肴，穿衣不用两种以上的颜色，吊唁死者，慰问病者，这是想利用民众伐吴报仇啊。勾践不死，必为吴国大患。现在越国是我国的心腹大患，您却不注重，反而把力量用于齐国，岂非大错特错！"吴王不听，北伐齐国，在艾陵大破齐兵。兵至缯邑，召见鲁哀公并索取百牢。季康子派子贡列举周礼来劝说太宰伯嚭，吴王才停止。于是吴王肆意略取齐、鲁两国南疆的土地。九年，吴国为驺国讨伐鲁国，到鲁国后，直到与鲁定盟后才离开。十年，吴王趁势伐齐而归。十一年，又一次北伐齐国。

越王勾践带领越国群臣朝拜吴王，献上丰厚贡礼，吴王大喜。只有伍子胥心中害怕，说："他这是要灭掉吴国啊。"于是劝谏吴王说："越国近在腹心之地，现在我国虽能战胜齐国，好比石头田地，没有用处。而且《盘庚之诰》说，乱妄之人只有消灭干净，商王朝才能兴旺。"吴王不听，派伍子胥出使齐国，伍子胥把自己的儿子托付给齐国鲍氏，然后只身回到吴国。吴王听说后大怒，赐给伍子胥属镂之剑，令其自杀。伍子胥临死时说："你们在我坟上种上梓树，当它们生长到可以制器的时候吴国就要灭亡了。把我的眼睛挖出来放在吴都东门上，让我看到越国怎样灭掉吴国。"

齐国大夫鲍氏杀死齐悼公。吴王闻说，在军门外痛哭三日，乃从海上运兵攻齐。齐人打败吴军，吴王只得领兵回国。

十三年，吴王召集鲁、卫二国国君在橐皋盟会。

十四年春，吴王北上与诸侯会盟于黄池，想称霸中原保全周室。六月十一日，越王勾践伐吴。二十日，越兵五千人与吴兵交战。丙戌，俘获吴国太子友。二十二日，越军进入吴国。吴人向夫差报告失败的消息，吴王担心会盟的诸侯听到这个消息，怕有人泄露消息，于是将帐前七人斩杀了。七月初七，吴王与晋定公争夺盟主之位。吴王说："在周室宗族中我的祖先排行最大。"晋定公说："在姬姓诸国中只有我晋国当过霸主。"晋国大夫赵鞅发怒，准备攻击吴王，吴王这才让晋定公当了盟主。吴王盟会已毕，与晋定公分手，想伐宋国。太宰伯嚭说："你能打败宋国，但你不能留下来占有它。"于是领兵归国。吴国没有了太子，国内空虚，吴王在外很久，士卒疲惫，于是就派使者带上厚礼与越国媾和。

十五年，齐大夫田常杀死了齐简公。

十八年，越国更加强大。越王勾践率兵伐吴，大败吴兵于笠泽。楚国灭了陈国。

二十年，越王勾践再次伐吴。二十一年，越兵围困吴国。二十三年十一月二十七日，越国打败吴国。越王勾践想把吴王夫差流放甬东，给他百户人家，让他住在那里。吴王说："我老了，不能再侍奉越王。我后悔不听子胥之言，让自曰："孤老矣，不能事君王也。吾悔不用子胥之言，自令陷此。"遂自刭死。越王灭吴，诛太宰嚭，以为不忠，而归。

太史公曰：孔子言"太伯可谓至德矣，三以天下让，民无得而称焉"。余读春秋古文，乃知中国之虞与荆蛮句吴兄弟也。延陵季子之仁心，慕义无穷，见微而知清浊。呜呼，又何其闳览博物君子也！

己沦落到这个地步。”于是自杀而死。越王灭掉吴国，杀死了太宰伯嚭，因为他不忠于主上，然后引兵归国。

太史公说：孔子说过“太伯的德行可以说是至高无上了，曾三度将天下让给季历，百姓都不知用什么言辞来称赞他才好”。我读《春秋》古文，才知道中原的虞国和荆蛮的句吴是兄弟啊。延陵季子的仁爱心怀，向慕道义终生不止，能够见微知著，辨别清浊。啊，又是多么见多识广、博学多知的君子啊！

齐太公世家第二

太公望吕尚者，东海上人。其先祖尝为四岳，佐禹平水土甚有功。虞夏之际封于吕，或封于申，姓姜氏。夏商之时，申、吕或封枝庶子孙，或为庶人，尚其后苗裔也。本姓姜氏，从其封姓，故曰吕尚。

吕尚盖尝穷困，年老矣，以渔钓奸周西伯。西伯将出猎，卜之，曰“所获非龙非螭，非虎非罴；所获霸王之辅”。于是周西伯猎，果遇太公于渭之阳，与语大说，曰：“自吾先君太公曰‘当有圣人适周，周以兴’。子真是邪？吾太公望子久矣。”故号之曰“太公望”，载与俱归，立为师。

或曰，太公博闻，尝事纣。纣无道，去之。游说诸侯，无所遇，而卒西归周西伯。或曰，吕尚处士，隐海滨。周西伯拘羑里，散宜生、闳夭素知而招吕尚。吕尚亦曰“吾闻西伯贤，又善养老，盍往焉”。三人者为西伯求美女奇物，献之于纣，以赎西伯。西伯得以出，反国。言吕尚所以事周虽异，然要之为文武师。

周西伯昌之脱羑里归，与吕尚阴谋修德以倾商政，其事多兵权与奇计，故后世之言兵及周之阴权皆宗太公为本谋。周西伯政平，及断虞芮之讼，而诗人称西伯受命曰文王。伐崇、密须、犬夷，大作丰邑。天下三分，其二归周者，太公之谋计居多。

文王崩，武王即位。九年，欲修文王业，东伐以观诸侯集否。师行，师尚父左杖黄钺，右把白旄以誓，曰：“苍兕苍兕，总尔众庶，与尔舟楫，后至者斩！”遂至盟津。诸侯不期而会者八百诸侯。诸侯皆曰：“纣可伐也。”武王曰：“未可。”还师，与太公作此太誓。

太公望吕尚，是东海边之人。他的先祖曾经担任过四岳之官，协助夏禹治理水土有大功。舜、禹时其后人有的被封在吕地，有的被封在申地，姓姜。夏、商两朝，申、吕有的封给旁支子孙，也有的后代成为平民，吕尚是他们的后代。吕尚本姓姜，用他的封地为姓，因此叫作吕尚。

吕尚曾经很贫困，年老时，借钓鱼的机会才见到了周西伯。西伯在一次外出狩猎之前，占卜了一卦，卦辞说："所得猎物不是龙也不是螭，不是虎也不是熊；所获得的乃是成就霸王之业的辅臣。" 于是西伯出猎，果然在渭河的南岸碰到了太公。与太公相谈后西伯大喜，说："自我国先君太公就说过：'必有圣人来周，周会由此兴旺。'说的就是您吧？我们太公盼望您已经很久了。"所以称吕尚为"太公望"。二人一块儿乘车而归，吕尚被尊为太师。

有人说，太公博识多学，曾经侍奉过商纣王。商纣王无道，于是太公就离去了。他四处游说列国诸侯，但没有碰到知遇之君，最后西行归依了周西伯。有人说，吕尚是一个隐居不仕的隐士，隐居在海滨。周西伯被囚禁在羑里时，西伯的大臣散宜生、闳夭素闻吕尚的美名，因此去邀请他。吕尚也因"听闻西伯贤德，又向来尊重关心老年人，因而前往"，于是三人为西伯寻找美女珍宝，献给纣王，以赎取西伯。西伯因此得以释放回国。虽然对于吕尚归周的说法各不相同，但普遍都认为他是文王、武王的太师。

周西伯姬昌从羑里脱身回国后，私下与吕尚商议如何推行德政，以推翻商纣的政权。其中很多是用兵的谋略和奇计，所以后世在谈论用兵之道和周朝的隐秘权术之时，都遵法太公的基本谋略。周西伯为政清明，特别在明断虞、芮二国的国土争讼后，有诗人称其为膺受天命的文王。西伯在征讨了崇国、密须和犬夷后，大规模地建造丰邑。天下三分之二的诸侯都归向了周，这多数是出于太公的谋略。

文王去世后，武王即位。九年，武王想完成文王的大业，于是进行了一次东征商纣的演习，察看诸侯是否会响应。军队出征之际，太师尚父左手握黄钺，右手持白旄进行了誓师。他说："苍兕，集合所有兵众，集结一切船只，迟到者斩首。"于是率兵到达盟津。各国诸侯不召自来有八百之众。诸侯都说："可以征讨商纣了。"武王说："还不行。"于是班师回朝，和太公写下了《太誓》。

居二年，纣杀王子比干，囚箕子。武王将伐纣，卜，龟兆不吉，风雨暴至。群公尽惧，唯太公强之劝武王，武王于是遂行。十一年正月甲子，誓于牧野，伐商纣。纣师败绩。纣反走，登鹿台，遂追斩纣。明日，武王立于社，群公奉明水，卫康叔封布采席，师尚父牵牲，史佚策祝，以告神讨纣之罪。散鹿台之钱，发钜桥之粟，以振贫民。封比干墓，释箕子囚。迁九鼎，修周政，与天下更始。师尚父谋居多。

于是武王已平商而王天下，封师尚父于齐营丘。东就国，道宿行迟。逆旅之人曰："吾闻时难得而易失。客寝甚安，殆非就国者也。"太公闻之，夜衣而行，犁明至国。莱侯来伐，与之争营丘。营丘边莱。莱人，夷也，会纣之乱而周初定，未能集远方，是以与太公争国。

太公至国，修政，因其俗，简其礼，通商工之业，便鱼盐之利，而人民多归齐，齐为大国。及周成王少时，管蔡作乱，淮夷畔周，乃使召康公命太公曰："东至海，西至河，南至穆陵，北至无棣，五侯九伯，实得征之。"齐由此得征伐，为大国。都营丘。

盖太公之卒百有余年，子丁公吕伋立。丁公卒，子乙公得立。乙公卒，子癸公慈母立。癸公卒，子哀公不辰立。

哀公时，纪侯谮之周，周烹哀公而立其弟静，是为胡公。胡公徙都薄姑，而当周夷王之时。

哀公之同母少弟山怨胡公，乃与其党率营丘人袭攻杀胡公而自立，是为献公。献公元年，尽逐胡公子，因徙薄姑都，治临淄。

九年，献公卒，子武公寿立。武公九年，周厉王出奔，居彘。十年，王室乱，大臣行政，号曰"共和"。二十四年，周宣王初立。

二十六年，武公卒，子厉公无忌立。厉公暴虐，故胡公子复入齐，齐人欲立之，乃与攻杀厉公。胡公子亦战死。齐人乃立厉公子赤为君，是为文公，而诛杀厉公者七十人。

两年后，商纣王杀害了王子比干，囚禁了箕子。武王准备征讨商纣，卜了一卦，龟兆显示不吉利，将会有风雨突降。群臣因此害怕，只有太公强劝武王出兵，武王于是率军出征。十一年正月甲子日，在牧野誓师，征讨商纣。商纣军队大败。商纣回身逃跑，登上鹿台，于是被追兵所杀。第二天，武王站在社坛之上，群臣手捧祭祀用的净水，卫康叔封铺上彩席，太师尚父牵着祭祀的牲畜，史官按照策书祷告，向神祇昭告纣王的罪行。武王散发商纣聚集在鹿台的钱币，发放商纣屯积在钜桥的粮食，用以赈济百姓；增高了比干的墓，释放了被囚禁的箕子；把象征天下最高权势的九鼎迁往周国，并修治周朝政务，与天下之人一起开创新时代。这些事大多是太师尚父的谋略。

这时武王已经平定了商纣，成为了天下之王，他把齐国营丘封给太师尚父。尚父便东去自己的封国，一路行止速度很慢。客舍中的人说："我听说机会难得却容易失去。这位客人睡得如此安稳，估计不是去封国就任的吧。"太公听了此言，连夜穿衣上路，黎明就到达了齐国。当时莱侯正好带兵来犯，想与太公争抢营丘。营丘位于莱国边境。莱人是夷族，当时正值商纣之乱，而周朝又刚安定，无力安定远方，所以想和太公争夺国土。

太公到齐国后，修明政事，按当地习俗简化了礼仪，开放了工商业，发展渔业盐业的优势，因此人民多归附齐国，使齐国成为了大国。周成王年幼登基之时，管蔡叛变，淮夷也背叛了周朝，成王便派召康公对太公说："东到大海，西到黄河，南到穆陵，北到无棣，天下诸侯，如果有罪，你都可以征讨。"齐因此征讨各国，成为大国，定都营丘。

太公去世之时已一百多岁，其子丁公吕伋继位。丁公去世后，其子乙公继位。乙公去世后，其子癸公慈母继位。癸公去世后，其子哀公不辰继位。

哀公时，纪侯向周王污蔑哀公，周王用大鼎烹煮了哀公，然后立他的弟弟静为齐君，这就是胡公。胡公把都城迁到了薄姑，当时正值周夷王在位。

哀公的同母少弟山怨恨胡公，便与自己的党徒带领营丘人突袭杀死胡公自立为齐君，这就是献公。献公元年，献公把胡公所有的儿子驱逐出境，并因此把国都从薄姑迁到临淄。

九年，献公去世，其子武公寿继位。武公九年，周厉王逃亡，住在彘邑。武公十年，周王室发生内乱，由大臣们主持国事，号称"共和"。武公二十四年，周宣王即位。

武公二十六年，武公去世，其子厉公无忌即位。厉公凶残暴虐，所以胡公的儿子又回到齐国，齐人意立胡公之子为君，于是便一起攻杀了厉公。胡公之子也战死。齐人于是立厉公的儿子赤为齐君，这就是文公。文公即位后杀掉了七十多文公十二年卒，子成公脱立。成公九年卒，子庄公购立。

庄公二十四年，犬戎杀幽王，周东徙雒。秦始列为诸侯。五十六年，晋弑其君昭侯。

六十四年，庄公卒，子釐公禄甫立。

釐公九年，鲁隐公初立。十九年，鲁桓公弑其兄隐公而自立为君。

二十五年，北戎伐齐。郑使太子忽来救齐，齐欲妻之。忽曰："郑小齐大，非我敌。"遂辞之。

三十二年，釐公同母弟夷仲年死。其子曰公孙无知，釐公爱之，令其秩服奉养比太子。

三十三年，釐公卒，太子诸儿立，是为襄公。

襄公元年，始为太子时，尝与无知斗，及立，绌无知秩服，无知怨。

四年，鲁桓公与夫人如齐。齐襄公故尝私通鲁夫人。鲁夫人者，襄公女弟也，自釐公时嫁为鲁桓公妇，及桓公来而襄公复通焉。鲁桓公知之，怒夫人，夫人以告齐襄公。齐襄公与鲁君饮，醉之，使力士彭生抱上鲁君车，因拉杀鲁桓公，桓公下车则死矣。鲁人以为让，而齐襄公杀彭生以谢鲁。

八年，伐纪，纪迁去其邑。

十二年，初，襄公使连称、管至父戍葵丘，瓜时而往，及瓜而代。往戍一岁，卒瓜时而公弗为发代。或为请代，公弗许。故此二人怒，因公孙无知谋作乱。连称有从妹在公宫，无宠，使之间襄公，曰"事成以女为无知夫人"。冬十二月，襄公游姑棼，遂猎沛丘。见彘，从者曰"彭生"。公怒，射之，彘人立而啼。公惧，坠车伤足，失屦。反而鞭主屦者茀三百。茀出宫。而无知、连称、管至父等闻公伤，乃遂率其众袭宫。逢主屦茀，茀曰："且无入惊宫，惊宫未易入也。"无知弗信，茀示之创，乃信之。待宫外，令茀先入。茀先入，即匿襄公户间。良久，无知等恐，遂入宫。茀反与宫中及公之幸臣攻个攻杀厉公的人。

文公十二年死，其子成公脱即位。成公九年去世，其子庄公购即位。

庄公二十四年，犬戎击杀了周幽王，周王室被迫向东迁都到洛邑。秦国从此位列诸侯。五十六年，晋人杀掉了他们的国君晋昭侯。

六十四年，庄公去世，其子釐公禄甫即位。

釐公九年，鲁隐公登基即位。十九年，鲁桓公杀死自己的兄长隐公，自立为鲁君。

二十五年，北戎国攻打齐国。郑国派太子忽来援助齐国，齐釐公想把女儿嫁给他。太子忽说："郑国小齐国大，我不配。"于是婉拒了。

三十二年，釐公同母弟弟夷仲年去世。其子名叫公孙无知，釐公很是喜爱他，使他的待遇与太子一样。

三十三年，釐公去世，太子诸儿即位，这就是襄公。

襄公元年，襄公还是太子时，曾与公孙无知争斗，所以即位后，便降低了公孙无知的俸禄车马服饰级别，公孙无知因此心中怨恨。

四年，鲁桓公与夫人来到齐国。齐襄公过去曾与鲁夫人有奸情。鲁夫人是襄公的妹妹，在齐釐公时嫁给了鲁桓公。这次与鲁桓公来齐国，又与襄公私通。鲁桓公发现此事后，怒斥夫人，夫人把这事告诉了齐襄公。齐襄公与鲁桓公饮酒，将鲁桓公灌醉了，便派大力士彭生把鲁桓公抱上了车，趁机打断了桓公的肋骨杀死了他，当桓公被抬下车时已死掉了。鲁国人因此而责备齐国，齐襄公于是杀掉了彭生，以向鲁国谢罪。

八年，齐国攻打纪国，纪国被迫迁都避难。

十二年，起初，襄公派连称、管至父戍守葵丘，七月瓜熟的时候前往，约定第二年瓜熟时派人去替换他们。他们前去戍守了一年，瓜熟时期已过，但襄公仍未派人前去替换他们。有人向襄公提议派人前去替换他们，但襄公不同意。二人因此生气，便联合公孙无知策划叛乱。连称有个堂妹在襄公宫内，不被宠爱，就让她刺探襄公的情况，对她说事成后让她做无知的夫人。这年冬十二月，襄公去姑棼游玩，于是到沛丘打猎。打猎时见一头大猪，侍从说是"彭生"。襄公大怒，用箭射猪，大猪像人一样站立并哭啼。襄公惊惧，从车上掉了下来摔伤了脚，连鞋子也掉了。返回宫中后将管鞋的茀鞭打了三百下。茀因此离开了宫中。而无知、连称、管至父等人听说襄公受伤了，便率领徒众准备前往宫中偷袭襄公。途中正好遇上管鞋的茀，茀说："先不要进去以免惊动宫中卫士，惊动了宫中卫士就不易攻进去了。"无知不信此话，茀让他验看自己的伤痕，这才相信。他们等在宫外，让茀先进去打探情况。茀先进去后，便马上将襄公藏在门后。过无知等，不胜，皆死。无知入宫，求公不得。或见人足于户间，发视，乃襄公，遂弑之，而无知自立为齐君。

桓公元年春，齐君无知游于雍林。雍林人尝有怨无知，及其往游，雍林人袭杀无知，告齐大夫曰："无知弑襄公自立，臣谨行诛。唯大夫更立公子之当立者，唯命是听。"

初，襄公之醉杀鲁桓公，通其夫人，杀诛数不当，淫于妇人，数欺大臣，群弟恐祸及，故次弟纠奔鲁。其母鲁女也。管仲、召忽傅之。次弟小白奔莒，鲍叔牙傅之。小白母，卫女也，有宠于釐公。小白自少好善大夫高傒。及雍林人杀无知，议立君，高、国先阴召小白于莒。鲁闻无知死，亦发兵送公子纠，而使管仲别将兵遮莒道，射中小白带钩。小白佯死，管仲使人驰报鲁。鲁送纠者行益迟，六日至齐，则小白已入，高傒立之，是为桓公。

桓公之中钩，佯死以误管仲，已而载温车中驰行，亦有高、国内应，故得先入立，发兵距鲁。秋，与鲁战于乾时，鲁兵败走，齐兵掩绝鲁归道。齐遗鲁书曰："子纠兄弟，弗忍诛，请鲁自杀之。召忽、管仲仇也，请得而甘心醢之。不然，将围鲁。"鲁人患之，遂杀子纠于笙渎。召忽自杀，管仲请囚。桓公之立，发兵攻鲁，心欲杀管仲。鲍叔牙曰："臣幸得从君，君竟以立。君之尊，臣无以增君。君将治齐，即高傒与叔牙足也。君且欲霸王，非管夷吾不可。夷吾所居国国重，不可失也。"于是桓公从之。乃佯为召管仲欲甘心，实欲用之。管仲知之，故请往。鲍叔牙迎受管仲，及堂阜而脱桎梏，斋祓而见桓公。桓公厚礼以为大夫，任政。

桓公既得管仲，与鲍叔、隰朋、高傒修齐国政，连五家之兵，伸了好久，无知等人担心发生意外，便闯进宫去。茀反而和宫中卫士连同襄公的亲信之臣反攻无知等人，未能取胜，全部都战死了。无知进宫后，找不到襄公。有人见屋门下露出了一只脚，开门一看，原来正是襄公，于是杀死了襄公，而无知自立为齐君。

桓公元年春，齐君无知到雍林游玩。雍林人曾有怨恨无知的，等到无知去游玩时，雍林人袭击杀死了无知，并向齐国大夫通告说："无知杀死了襄公自立为君，我已将他处死。请大夫们改立其他公子中可以即位的，我等一定服从命令。"

起初，襄公将鲁桓公灌醉杀掉，并与其夫人通奸，还屡次杀害不当杀的人，沉迷女色，多次欺骗大臣，他的众多兄弟担心被祸及，所以二弟公子纠逃往了鲁国，因他的母亲是鲁国诸侯之女，管仲、召忽随行协助他。三弟小白逃到了莒国，鲍叔牙随行协助他。小白的母亲是卫国诸侯之女，很得齐釐公宠幸。小白从小与齐国大夫高傒友好。雍林人杀死公子无知，商讨立新君之时，高氏、国氏便暗中抢先从莒国接回了小白。鲁国听闻无知已死后，也派兵护送公子纠回齐，并命管仲另带军队前往莒国通道阻拦公子小白回国。管仲一箭射中了小白衣带钩，小白躺地佯装死亡，管仲因此派人飞报鲁国，鲁国护送公子纠的部队因此也就放慢了行进速度，六天后才回到齐国，而这时小白已先到了齐国，高傒立其为君，这就是桓公。

桓公当时被射中衣带钩之后，装死骗过了管仲，然后躺在篷车里快速疾行，也因为高氏、国氏二大家族在国内策应，因此得以捷足先登，并发兵抵御鲁军。这年秋天，齐、鲁两国在乾时交战，鲁军败逃，齐军又断绝了鲁军的退路。齐桓公写信给鲁庄公说："公子纠是我兄弟，我不忍亲手害他，请鲁国将他处死。召忽、管仲是我的仇人，请将他们活着交给我，我要把他们剁成肉酱才甘心。否则，齐军将围攻鲁国。"鲁庄公害怕，就在笙渎杀死了公子纠。召忽自杀而死，管仲甘愿被囚禁。桓公登基时派兵攻鲁，本想杀死管仲。鲍叔牙说："我有幸得以跟从您，您终于当上了国君。您的地位尊贵，我已无法再协助您提高。您如果只想治理齐国，那么有高傒和我就够了。如果您想成就霸王之业，就非管夷吾不行。夷吾所治理的国家，其国必强，我们不能失去这个人才啊。"桓公听取了鲍叔牙的话。于是他假装要把管仲抓回来以报仇雪恨，实际是想任用他。管仲心里清楚，因此要求返齐。鲍叔牙迎接管仲，一到齐国境内的堂阜就将管仲的枷锁除去，让他斋戒沐浴后去见桓公。桓公厚礼以待，封管仲为大夫，主持齐国政务。

桓公得到管仲后，与鲍叔牙、隰朋、高傒一起治理齐国政事，实行以五家为基层单位的兵役制度，发展商业流通、渔业及盐业的优势，以所得钱财来赈济贫轻重鱼盐之利，以赡贫穷，禄贤能，齐人皆说。

二年，伐灭郯，郯子奔莒。初，桓公亡时，过郯，郯无礼，故伐之。

五年，伐鲁，鲁将师败。鲁庄公请献遂邑以平，桓公许，与鲁会柯而盟。鲁将盟，曹沫以匕首劫桓公于坛上，曰："反鲁之侵地！"桓公许之。已而曹沫去匕首，北面就臣位。桓公后悔，欲无与鲁地而杀曹沫。管仲曰："夫劫许之而倍信杀之，愈一小快耳，而弃信于诸侯，失天下之援，不可。"于是遂与曹沫三败所亡地于鲁。诸侯闻之，皆信齐而欲附焉。七年，诸侯会桓公于甄，而桓公于是始霸焉。

十四年，陈厉公子完，号敬仲，来奔齐。齐桓公欲以为卿，让；于是以为工正。田成子常之祖也。

二十三年，山戎伐燕，燕告急于齐。齐桓公救燕，遂伐山戎，至于孤竹而还。燕庄公遂送桓公入齐境。桓公曰："非天子，诸侯相送不出境，吾不可以无礼于燕。"于是分沟割燕君所至与燕，命燕君复修召公之政，纳贡于周，如成康之时。诸侯闻之，皆从齐。

二十七年，鲁湣公母曰哀姜，桓公女弟也。哀姜淫于鲁公子庆父，庆父弑湣公，哀姜欲立庆父，鲁人更立釐公。桓公召哀姜，杀之。

二十八年，卫文公有狄乱，告急于齐。齐率诸侯城楚丘而立卫君。

二十九年，桓公与夫人蔡姬戏船中。蔡姬习水，荡公，公惧，止之，不止，出船，怒，归蔡姬，弗绝。蔡亦怒，嫁其女。桓公闻而怒，兴师往伐。

三十年春，齐桓公率诸侯伐蔡，蔡溃。遂伐楚。楚成王兴师问曰："何故涉吾地？"管仲对曰："昔召康公命我先君太公曰：'五侯九伯，若实征之，以夹辅周室。'赐我先君履，东至海，西至河，南至穆陵，北至无棣。楚贡包茅不入，王祭不具，是以来责。昭王南民，奖励贤能之才，齐国人人都欢欣不已。

二年，齐国消灭了郯国，郯国国君逃到了莒国。当初，齐桓公逃亡国外时，曾路过郯国，郯国国君对桓公无礼，所以才征讨它。

五年，齐国攻打鲁国，鲁军眼看就要失败。于是鲁庄公请求献出遂邑来讲和，齐桓公同意了，于是与鲁庄公在柯地会盟。就在两国将要盟誓之际，鲁将曹沫跳上祭坛用匕首挟持了齐桓公，说："请您归还所占领的鲁国土地！"桓公同意了。然后曹沫扔掉匕首，回到面向北方的臣子之位。桓公过后想反悔，不想归还侵占的鲁国领土，并要杀死曹沫。管仲说："如果被挟持时答应了人家的要求，然后又背弃诺言并杀死人家，这可满足于一时的快意，但却会在诸侯中失去诚信，这样也就会失去了天下人的支持，不能这样做。"桓公因此便把曹沫三次战败所丢的领土全部归还给了鲁国。各诸侯听说后，都认为齐国守信而愿意亲近。七年，各诸侯与齐恒公在甄地会盟，齐桓公从此成为天下霸主。

十四年，陈厉公的儿子陈完，号敬仲，逃到齐国。齐桓公想任命他为卿，他推让不肯；于是让他做了主管百工的工正。他就是田成子田常的先祖。

二十三年，山戎国侵略燕国，燕向齐国求救。齐桓公派兵救燕，于是出兵讨伐山戎，到达孤竹后才回师。燕庄公将齐桓公送入齐国边境。桓公因此说："除了天子，诸侯之间相送不出自己边境，我不能对燕侯无礼。"于是把燕庄公所走过的齐国领土用沟分开送给燕国，让燕君重新实行召公的政策，按时向周王室进贡，就像周成王、康王时代一样。各国诸侯听说后，都服从齐国。

二十七年，鲁湣公的母亲叫哀姜，是齐桓公的妹妹。哀姜与鲁公子庆父通奸，庆父杀害了鲁湣公，哀姜想要立庆父为国君，但鲁人改立了釐公。桓公把哀姜召回齐国，并杀掉了她。

二十八年，卫文公遭狄人攻击，于是向齐国求救。齐国率领诸侯在楚丘筑起了城墙，扶立了卫君。

二十九年，恒公与夫人蔡姬乘船戏水。蔡姬熟悉水性，故意摇晃船只颠簸桓公。桓公害怕，命她停止，蔡姬仍不停止，下船之后，桓公大怒，把蔡姬送回了娘家，但没有断绝婚姻关系。蔡国对此也十分气愤，就把蔡姬又嫁给了别人。桓公听说后怒不可遏，于是兴兵伐蔡。

三十年春，齐桓公率各诸侯讨伐蔡国，蔡军溃败。于是齐国又南伐楚国。楚成王兴兵来问："为何进入我的国土？"管仲回答说："过去召康公诏告我国先君太公：'五等诸侯，各地守官，你有权讨伐，以辅佐周室。'允许我先君讨伐的疆界，东至大海，西至黄河，南至穆陵，北至无棣。楚国应该进贡的包茅没有进贡，天子祭祀用品不全，所以我们来督责。昭王南征时死于南方没有回来，征不复，是以来问。”楚王曰：“贡之不入，有之，寡人罪也，敢不贡乎！昭王之出不复，君其问之水滨。”齐师进次于陉。夏，楚王使屈完将兵捍齐，齐师退次召陵。桓公矜屈完以其众。屈完曰：“君以道则可；若不，则楚方城以为城，江、汉以为沟，君安能进乎？”乃与屈完盟而去。过陈，陈袁涛涂诈齐，令出东方，觉。秋，齐伐陈。是岁，晋杀太子申生。

三十五年夏，会诸侯于葵丘。周襄王使宰孔赐桓公文武胙、彤弓矢、大路，命无拜。桓公欲许之，管仲曰“不可”，乃下拜受赐。秋，复会诸侯于葵丘，益有骄色。周使宰孔会。诸侯颇有叛者。晋侯病，后，遇宰孔。宰孔曰：“齐侯骄矣，弟无行。”从之。是岁，晋献公卒，里克杀奚齐、卓子，秦穆公以夫人入公子夷吾为晋君。桓公于是讨晋乱，至高梁，使隰朋立晋君，还。

是时周室微，唯齐、楚、秦、晋为强。晋初与会，献公死，国内乱。秦穆公辟远，不与中国会盟。楚成王初收荆蛮有之，夷狄自置。唯独齐为中国会盟，而桓公能宣其德，故诸侯宾会。于是桓公称曰：“寡人南伐至召陵，望熊山；北伐山戎、离枝、孤竹；西伐大夏，涉流沙；束马悬车登太行，至卑耳山而还。诸侯莫违寡人。寡人兵车之会三，乘车之会六，九合诸侯，一匡天下。昔三代受命，有何以异于此乎？吾欲封泰山，禅梁父。”管仲固谏，不听；乃说桓公以远方珍怪物至乃得封，桓公乃止。

三十八年，周襄王弟带与戎、翟合谋伐周，齐使管仲平戎于周。周欲以上卿礼管仲，管仲顿首曰：“臣陪臣，安敢！”三让，乃受下卿礼以见。三十九年，周襄王弟带来奔齐。齐使仲孙请王，为带谢。襄王怒，弗听。

四十一年，秦穆公虏晋惠公，复归之。是岁，管仲、隰朋皆卒。

所以前来问罪。”楚王说：“没有进献贡品，这事确实有，这是我的罪过，今后不敢不进。至于说昭王南行没有返回，并没有在我楚国领土，请您到汉水边上去问罪。”齐军驻扎在陉地。这年夏天，楚王派屈完率兵抗齐，齐军退驻到召陵。桓公见屈完后向其炫耀自己兵多将广。屈完说：“您以道义来服人是可以的，否则，楚国将以方城山为城墙，以长江、汉水为护城河，您怎么能推进呢？”于是齐桓公便与屈完订立了盟约，而后率军返回了齐国。路过陈国时，陈国大夫袁涛涂欺骗桓公，让齐军走东面难行之路而不穿过陈国，被齐国发现了。这年秋天，齐国因此讨伐陈国。这一年，晋献公杀死了其太子申生。

三十五年夏，齐桓公与各诸侯在葵丘会盟。周襄王派宰孔赏赐给桓公祭祀文王武王的祭肉、丹彩装饰的弓箭、天子乘坐的车乘，并且特许桓公不必下拜谢恩。桓公本想同意，管仲却说“不可以”。于是桓公下拜接受了赏物。这年秋天，桓公又一次与各诸侯在葵丘会盟，慢慢地面上有了傲慢之色。周王派宰孔参加了会盟。各诸侯见桓公这样，有些人便有了叛心。晋献公因为病重，迟到了，正好遇上宰孔。宰孔说：“齐桓公傲慢了，您不必去了。”晋献公听了此言因此没有去参加盟会。这一年，晋献公去世，里克杀死了献公少子奚齐和卓子，秦穆公因为自己夫人是晋公子夷吾的姐姐，因此护送夷吾返回晋国即位。桓公因此讨伐晋国内乱，到达高梁，命隰朋立夷吾为晋国君，然后撤兵。

这时周朝王室衰微，天下只有齐、楚、秦、晋四国强大。晋国刚刚参加盟会，晋献公便死去了，国内混乱。秦穆公因地处偏远，不参加中原诸侯的会盟。楚成王刚刚将荆蛮之地占为己有，自认为是夷狄之邦。唯独齐国能够召集中原诸侯会盟，齐桓公又充分宣示了其盛德，因此各诸侯都宾服来会。齐桓公因此宣称：“寡人南征至召陵，望到了熊耳山；北征山戎、离枝、孤竹国；西伐大夏，远涉流沙；包缠马蹄，挂牢战车，登上了太行险道，直达卑耳山而归。诸侯没有违背寡人的。寡人三次召集军事会盟，六次和平会盟，九次与诸侯相会，一次匡正周天下。以前夏、商、周三代的开国天子，与这有什么不同呢！我想要封祭泰山，禅祭梁父山。”管仲力谏，桓公没有听；于是管仲便说封禅之礼要等远方的各种奇珍异物齐全了才能进行，桓公才作罢。

三十八年，周襄王的弟弟叔带与戎人、翟人共同谋划攻打周，齐国派管仲到周去平息戎、翟之乱。周天子想用上卿之礼来招待管仲，管仲叩头辞谢说：“我只是诸侯之臣，怎么敢受此礼遇！”再三推让后，管仲以下卿之礼拜见了天子。三十九年，周襄王的弟弟叔带逃到齐国。齐国派仲孙恳求周襄王，替叔带谢罪。周襄王很气愤，没有答应。

四十一年，秦穆公虏获了晋惠公，又放他回国了。这一年，管仲、隰朋都去管仲病，桓公问曰：“群臣谁可相者？”管仲曰：“知臣莫如君。”公曰：“易牙如何？”对曰：“杀子以适君，非人情，不可。”公曰：“开方如何？”对曰：“倍亲以适君，非人情，难近。”公曰：“竖刁如何？”对曰：“自宫以适君，非人情，难亲。”管仲死，而桓公不用管仲言，卒近用三子，三子专权。

四十二年，戎伐周，周告急于齐，齐令诸侯各发卒戍周。是岁，晋公子重耳来，桓公妻之。

四十三年。初，齐桓公之夫人三：曰王姬、徐姬、蔡姬，皆无子。桓公好内，多内宠，如夫人者六人，长卫姬，生无诡；少卫姬，生惠公元；郑姬，生孝公昭；葛嬴，生昭公潘；密姬，生懿公商人；宋华子，生公子雍。桓公与管仲属孝公于宋襄公，以为太子。雍巫有宠于卫共姬，因宦者竖刁以厚献于桓公，亦有宠，桓公许之立无诡。管仲卒，五公子皆求立。冬十月乙亥，齐桓公卒。易牙入，与竖刁因内宠杀群吏，而立公子无诡为君。太子昭奔宋。

桓公病，五公子各树党争立。及桓公卒，遂相攻，以故宫中空，莫敢棺。桓公尸在床上六十七日，尸虫出于户。十二月乙亥，无诡立，乃棺赴。辛巳夜，敛殡。

桓公十有余子，要其后立者五人：无诡立三月死，无谥；次孝公；次昭公；次懿公；次惠公。孝公元年三月，宋襄公率诸侯兵送齐太子昭而伐齐。齐人恐，杀其君无诡。齐人将立太子昭，四公子之徒攻太子，太子走宋，宋遂与齐人四公子战。五月，宋败齐四公子师而立太子昭，是为齐孝公。宋以桓公与管仲属之太子，故来征之。以乱故，八月乃葬齐桓公。

六年春，齐伐宋，以其不同盟于齐也。夏，宋襄公卒。七年，晋文公立。

十年，孝公卒，孝公弟潘因卫公子开方杀孝公子而立潘，是为昭公。昭公，桓公子也，其母曰葛嬴。

世了。管仲病重之后，齐桓公问他：“您之后，群臣中谁可做相国？”管仲说：“了解臣子的莫过于君王您啊。”桓公说：“易牙这人怎么样？”管仲回答说：“他为迎合国君而杀死了自己的儿子，这不合人性，不能重用。”桓公问：“开方这人如何？”管仲回答说：“他为迎合国君而抛弃了双亲，这不合人性，不能亲近。”桓公说：“竖刁这人如何？”管仲回答说：“他阉割了自己来迎合国君，不合人情，这样的人不可相信。”管仲去世后，桓公没有听管仲的话，最后还是重用了这三人，三人因此专权。

四十二年，戎人侵犯周境，周王向齐国求救，齐国命各诸侯分别发兵保卫周王室。这一年，晋公子重耳到了齐国，齐桓公将本族之女嫁给了重耳。

四十三年。当初，齐桓公有三位夫人，分别是王姬、徐姬、蔡姬，都没有生儿子。桓公好色，有很多宠爱的妾，其中地位如同夫人的就有六个：长卫姬，生了无诡；少卫姬，生了惠公元；郑姬，生了孝公昭；葛嬴，生了昭公潘；密姬，生了懿公商人；宋华子，生了公子雍。齐桓公和管仲曾把孝公昭托付给宋襄公，立他为太子。雍巫受到长卫姬的宠爱，通过宦者竖刁给桓公送了厚礼，所以也受到桓公宠爱，桓公答应立无诡为太子。管仲去世后，五位公子都请求立为太子。这年冬天十月乙亥日，齐桓公去世。易牙进宫，与竖刁凭借宫内宠臣身份杀害诸大夫，而扶立公子无诡为齐君。太子昭逃到宋国。

桓公生病时，五个公子各自结党争立太子。到桓公去世后，他们便相互攻击，以致宫中无人，没人敢把桓公装殓入棺。桓公的尸体在床上放了六十七天，蛆虫爬满了尸体，甚至爬到了门外。十二月乙亥日，无诡登基，这才将桓公的尸体装棺并向各国报丧。辛巳日夜里，才为桓公穿衣入殓，停柩于灵堂。

桓公有十几个儿子，前后有五人曾登君位：无诡登基三个月后死去，没有谥号；然后是孝公；接着是昭公；再接下去是懿公；最后是惠公。孝公元年三月，宋襄公率诸侯军队送齐太子昭归国并讨伐齐国。齐人恐慌，因而杀死了君主无诡。齐人将要立太子昭为齐君时，其余四个公子的徒众又进攻太子，太子逃到宋国，宋国因此与齐国四公子的部队交战。五月，宋军战胜了四公子并扶立太子昭为君，就是齐孝公。宋国由于曾受桓公与管仲之托照顾太子，所以前来征讨。由于战乱，直到八月才安葬了齐桓公。

六年春，齐国征讨宋国，因为宋国没有参加在齐国的盟会。这年夏天，宋襄公死。七年，晋文公登基。

十年，孝公去世，孝公之弟潘让卫国公子开方杀害了孝公之子，因而得以立为齐君，这就是昭公。昭公是桓公的儿子，他的母亲名叫葛嬴。

昭公元年，晋文公败楚于城濮，而会诸侯践土，朝周，天子使晋称伯。六年，翟侵齐。晋文公卒。秦兵败于肴。十二年，秦穆公卒。

十九年五月，昭公卒，子舍立为齐君。舍之母无宠于昭公，国人莫畏。昭公之弟商人以桓公死争立而不得，阴交贤士，附爱百姓，百姓说。及昭公卒，子舍立，孤弱，即与众十月即墓上弑齐君舍，而商人自立，是为懿公。懿公，桓公子也，其母曰密姬。

懿公四年春，初，懿公为公子时，与丙戎之父猎，争获不胜，及即位，断丙戎父足，而使丙戎仆。庸职之妻好，公内之宫，使庸职骖乘。五月，懿公游于申池，二人浴，戏。职曰："断足子！"戎曰："夺妻者！"二人俱病此言，乃怨。谋与公游竹中，二人弑懿公车上，弃竹中而亡去。

懿公之立，骄，民不附。齐人废其子而迎公子元于卫，立之，是为惠公。惠公，桓公子也。其母卫女，曰少卫姬，避齐乱，故在卫。

惠公二年，长翟来，王子城父攻杀之，埋之于北门。晋赵穿弑其君灵公。

十年，惠公卒，子顷公无野立。初，崔杼有宠于惠公，惠公卒，高、国畏其逼也，逐之，崔杼奔卫。

顷公元年，楚庄王强，伐陈；二年，围郑，郑伯降，已复国郑伯。

六年春，晋使郤克于齐，齐使夫人帷中而观之。郤克上，夫人笑之。郤克曰："不是报，不复涉河！"归，请伐齐，晋侯弗许。齐使至晋，郤克执齐使者四人河内，杀之。八年。晋伐齐，齐以公子强质晋，晋兵去。十年春，齐伐鲁、卫。鲁、卫大夫如晋请师，皆因郤克。晋使郤克以车八百乘为中军将，士燮将上军，栾书将下军，以救鲁、卫，伐齐。六月壬申，与齐侯兵合靡笄下。癸酉，陈于鞍。逢丑父为齐顷公右。顷公曰："驰之，破晋军会食。"射伤郤克，流血昭公元年，晋文公在城濮打败了楚军，并在践土召集了诸侯盟会，朝拜周天子，天子让晋国当了诸侯的霸主。六年，翟人侵犯齐国。这年晋文公去世。秦兵在崤地被打败。十二年，秦穆公去世。

十九年五月，齐昭公去世，其子舍被立为齐君。舍的母亲不被昭公宠幸，因此齐国人都不怕他。昭公之弟商人因为桓公死后争夺君位失败，便暗中结交贤士，抚恤爱护百姓，因此得到百姓拥护。等到昭公去世后，其子舍继位，势孤力弱，这年十月，商人便与众党徒在昭公坟前杀死了舍，商人自立为君，这就是懿公。懿公，也是桓公的儿子，他的母亲名叫密姬。

懿公四年春，当初懿公还是公子的时候，有一次与丙戎的父亲一起打猎，相互争夺猎物而没有争到，等到即位以后，懿公便砍断了丙戎父亲的脚，又让丙戎为自己驾车。庸职的妻子美丽，懿公便将她抢入宫中，而让庸职做陪乘。五月，懿公在申池游乐，丙戎和庸职在洗澡，他们互相开玩笑。庸职称丙戎是"断脚人的儿子"，丙戎称庸职是"被人夺妻的丈夫"。两人都为这些话感到羞耻，因此都痛恨懿公。于是策划与懿公共同到竹林中游玩，二人在车上把懿公杀了，并把尸体抛在竹林中而逃走了。

懿公登基后，骄横无礼，因此百姓不拥护他。齐国人废黜了懿公之子而从卫国接回了公子元，立他为国君，就是惠公。惠公，是桓公之子。他的母亲是卫国之女，名叫少卫姬，因逃避齐国内战，所以逃到了卫国。

惠公二年，长翟攻打齐国，王子城父攻打并杀了他们的首领，把他埋在北门。这年，晋国大夫赵穿杀死了国君晋灵公。

十年，惠公去世，其子顷公无野即位。当初，崔杼曾得到惠公宠幸，等到惠公去世后，高氏、国氏担心受他威胁，便把崔杼驱逐出国，崔杼逃到了卫国。

顷公元年，楚庄王强大起来，征讨陈国；二年（前597年），围攻郑国，郑伯投降，后又让郑伯回国。

六年春，晋国派郤克出使齐国，齐君让夫人坐在帷幕中偷看。郤克上殿，夫人笑话他。郤克说："此辱不报，誓不再渡黄河！"归国后，恳求晋君伐齐，晋君没有答应。齐国使者到了晋国，郤克在河内捉住了齐国的四个使者，并全部杀了他们。八年，晋国征伐齐国，齐国让公子强到晋国做人质，晋军才离开。十年春，齐国征讨鲁国、卫国。鲁、卫二国大夫到晋国求救，都是通过郤克。晋国派郤克为中军之将，统率战车八百乘，士燮率领上军，栾书指挥下军，来救鲁、卫，征讨齐国。六月壬申日，晋军与齐军在靡笄山下交战。癸酉日，两军列阵于鞍地。逢丑父是齐顷公的车右武士。顷公说："前进，打败晋军后聚餐。"齐军射伤了郤克，血流到脚。郤克想撤回营垒，为他驾战车的驭手说："我从进入战至履。克欲还入壁，其御曰："我始入，再伤，不敢言疾，恐惧士卒，原子忍之。"遂复战。战，齐急，丑父恐齐侯得，乃易处，顷公为右，车絓于木而止。晋小将韩厥伏齐侯车前，曰"寡君使臣救鲁、卫"，戏之。丑父使顷公下取饮，因得亡，脱去，入其军。晋郤克欲杀丑父。丑父曰："代君死而见僇，后人臣无忠其君者矣。"克舍之，丑父遂得亡归齐。于是晋军追齐至马陵。齐侯请以宝器谢，不听；必得笑克者萧桐叔子，令齐东亩。对曰："叔子，齐君母。齐君母亦犹晋君母，子安置之？且子以义伐而以暴为后，其可乎？"于是乃许，令反鲁、卫之侵地。

十一年，晋初置六卿，赏鞍之功。齐顷公朝晋，欲尊王晋景公，晋景公不敢受，乃归。归而顷公弛苑囿，薄赋敛，振孤问疾，虚积聚以救民，民亦大说。厚礼诸侯。竟顷公卒，百姓附，诸侯不犯。

十七年，顷公卒，子灵公环立。

灵公九年，晋栾书弑其君厉公。十年，晋悼公伐齐，齐令公子光质晋。十九年，立子光为太子，高厚傅之，令会诸侯盟于钟离。二十七年，晋使中行献子伐齐。齐师败，灵公走入临淄。晏婴止灵公，灵公弗从。曰："君亦无勇矣！"晋兵遂围临淄，临淄城守不敢出，晋焚郭中而去。

二十八年，初，灵公取鲁女，生子光，以为太子。仲姬，戎姬。戎姬嬖，仲姬生子牙，属之戎姬。戎姬请以为太子，公许之。仲姬曰："不可。光之立，列于诸侯矣，今无故废之，君必悔之。"公曰："在我耳。"遂东太子光，使高厚傅牙为太子。灵公疾，崔杼迎故太子光而立之，是为庄公。庄公杀戎姬。五月壬辰，灵公卒，庄公即位，执太子牙于句窦之丘，杀之。八月，崔杼杀高厚。晋闻齐乱，伐齐，至高唐。

斗后已两次受伤，不敢说疼痛，担心士卒因此恐惧，请您也忍痛继续战斗。”郤克又加入了战斗。战斗继续进行，齐军危急。逢丑父担心齐顷公被活捉，就与他交换了位置，顷公为车右武士，战车因绊在树上而抛锚了。晋国小将韩厥跪拜在齐顷公战车之前，说“我们晋君派我来援助鲁、卫”，这样来嘲笑顷公。丑父扮成顷公，让装成车右武士的顷公下车取水来喝，顷公借机得以逃脱，跑回了齐军阵中。晋国的郤克要杀丑父，丑父说：“我替国君死而被杀戮，以后做臣子的就不会有忠于君主的了。”郤克赦免了他，丑父因此得以逃回齐军阵中。晋军追击齐军直到马陵。齐顷公请求用宝器谢罪，晋国没有答应，一定要得到耻笑郤克的萧桐叔子，还命令齐国把田垄统一改成东西方向，以便日后晋国兵车方便进入齐国。齐人答复说：“萧桐叔子，是齐顷公的母亲。齐君的母亲就如同晋君的母亲一样，您如何处置她？而且您是以正义之师伐齐，最后却做出暴虐无礼之事，这难道可以吗？”于是郤克同意了齐顷公的请求，只让齐国归还了侵占鲁、卫二国的领土。

十一年，晋国开始设置六卿制，用以封赏在鞍地战争中立功的人员。齐顷公朝拜晋君，想用朝拜天子的礼节拜见晋景公，晋景公不敢接受，齐顷公于是回国了。回国后顷公开放自己游猎的园林，减轻了百姓赋税，并赈济孤寡，慰问残疾，把国家的积蓄拿出来解救百姓，百姓也十分高兴。齐顷公还送给诸侯大礼。直到齐顷公死后，百姓仍归附于齐，诸侯没有侵犯齐国的。

十七年，齐顷公去世，其子灵公环即位。

灵公九年，晋大夫栾书杀了国君晋厉公。十年，晋悼公攻打齐国，齐让公子光到晋国做人质。十九年，立公子光为太子，让高厚教导他，派他到钟离出席诸侯盟会。二十七年，晋国派中行献子攻打齐国。齐军惨败，灵公跑进临淄城。晏婴劝阻灵公，灵公没有听。晏子说：“我们的国君没有勇气啊。”晋兵于是包围了临淄，齐人守在城内不敢出击，晋军焚烧了外城后离去。

二十八年，当初灵公娶了鲁国之女，生了儿子光，立为太子。后又娶了仲姬、戎姬。戎姬受宠幸，仲姬生了儿子牙，把他委托给戎姬抚养。戎姬请求立牙为太子，灵公答应了。仲姬说：“不行。光立为太子，早就名列诸侯，现在无故废黜他，您肯定会后悔。”灵公说：“废立都在于我。”于是把太子光迁往东部，让高厚辅助牙为太子。后来灵公患病，崔杼迎接原来的太子光立为国君，就是庄公。庄公杀掉了戎姬。五月壬辰日，灵公去世，庄公即位，在句窦丘抓住了太子牙并杀死了他。八月，崔杼杀死高厚。晋国得知齐国内乱，于是出兵讨伐齐国，军队到达了高唐。

庄公三年，晋大夫栾盈奔齐，庄公厚客待之。晏婴、田文子谏，公弗听。四年，齐庄公使栾盈间入晋曲沃为内应，以兵随之，上太行，入孟门。栾盈败，齐兵还，取朝歌。

六年，初，棠公妻好，棠公死，崔杼取之。庄公通之，数如崔氏，以崔杼之冠赐人。待者曰："不可。"崔杼怒，因其伐晋，欲与晋合谋袭齐而不得间。庄公尝笞宦者贾举，贾举复侍，为崔杼间公以报怨。五月，莒子朝齐，齐以甲戌飨之。崔杼称病不视事。乙亥，公问崔杼病，遂从崔杼妻。崔杼妻入室，与崔杼自闭户不出，公拥柱而歌。宦者贾举遮公从官而入，闭门，崔杼之徒持兵从中起。公登台而请解，不许；请盟，不许；请自杀于庙，不许。皆曰："君之臣杼疾病，不能听命。近于公宫。陪臣争趣有淫者，不知二命。"公逾墙，射中公股，公反坠，遂弑之。晏婴立崔杼门外，曰："君为社稷死则死之，为社稷亡则亡之。若为己死己亡，非其私匿，谁敢任之！"门开而入，枕公尸而哭，三踊而出。人谓崔杼："必杀之。"崔杼曰："民之望也，舍之得民。"

丁丑，崔杼立庄公异母弟杵臼，是为景公。景公母，鲁叔孙宣伯女也。景公立，以崔杼为右相，庆封为左相。二相恐乱起，乃与国人盟曰："不与崔庆者死！"晏子仰天曰："婴所不获，唯忠于君利社稷者是从！"不肯盟。庆封欲杀晏子，崔杼曰："忠臣也，舍之。"齐太史书曰"崔杼弑庄公"，崔杼杀之。其弟复书，崔杼复杀之。少弟复书，崔杼乃舍之。

景公元年，初，崔杼生子成及强，其母死，取东郭女，生明。东郭女使其前夫子无咎与其弟偃相崔氏。成有罪，二相急治之，立明为太子。成请老于崔，崔杼许之，二相弗听，曰："崔，宗邑，不庄公三年，晋国大夫栾盈逃到齐国，齐庄公以盛大客礼接待了他。晏婴、田文子谏阻，庄公不听。四年，齐庄公派栾盈偷偷潜入晋国曲沃做内应，齐国大军跟随其后，登上太行山，进入孟门关口。栾盈行迹败露，齐军回师，顺道攻占了朝歌城。

六年，当时，棠公的妻子很漂亮，棠公死后，崔杼娶了她。庄公又与她通奸，多次到崔杼家，还把崔杼的帽子赐给别人。庄公的随从说："不能这样。"崔杼十分恼怒，借庄公讨伐晋国的机会，想与晋国同谋袭击庄公，但却没有机会。庄公以前鞭打过宦官贾举，后来又任用贾举为内侍，贾举因此得以为崔杼寻找报仇的机会。五月，莒国的国君来朝拜齐君，齐庄公在甲戌日宴请了莒君。崔杼佯称有病没去上朝。乙亥日，庄公来看望崔杼的病情，接着追嬉崔杼的妻子。崔妻进入内室，与崔杼一起将屋门关上不出来，庄公在前堂抱柱唱歌。此时宦官贾举把庄公的侍从拦在外面，而自己进入了院子，将院门从里边关上。崔杼埋伏的徒众手持兵器一拥而上。庄公登上庭台请求和解，众人不同意；庄公又请求签订誓约，众人也不同意；庄公最后请求回到自己的祖庙去自杀，众人仍没有准许。大家说："国君的臣子崔杼病重，不能听您的吩咐。这里离宫廷很近，我们只管捉拿淫乱之人，没接到其他的命令。"庄公想跳墙逃跑，被人射中了大腿，坠在墙里，于是被杀了。晏婴站在崔杼府邸大门之外，说："如果国君为社稷而死，那么臣子应为他殉死；如果国君为社稷而逃亡，那么臣子应随他流亡。国君为了自己的私利而死或逃跑，除了他的宠臣，别人是不会为此殉死或逃亡的。"大门打开后，晏子进入院中，将庄公的尸体枕放在自己的大腿上抚尸而哭，起来后三次顿足以表哀痛，然后离开了。有人对崔杼说："一定杀死晏婴！"崔杼说："他深得众望，放了他，我们会获取民心。"

丁丑日，崔杼扶立庄公的异母弟弟杵臼为君，就是景公。景公的母亲，是鲁国大夫叔孙宣伯的女儿。景公登基后，以崔杼为右相，庆封为左相。二位国相担心国内动乱不稳，就同国人盟誓说："不附从崔杼、庆封的就要死！"晏子仰天长叹说："我做不到，我只跟随忠君利国的人！"不肯盟誓。庆封想杀晏子，崔杼说："他是忠臣，放了他。"齐太史在简策上记录说"崔杼杀庄公"，崔杼因此杀了太史。他的弟弟又写，崔杼又把他杀了。太史的小弟又写，崔杼于是放过了他。

景公元年，那时崔杼生了儿子成与强，他们的生母死了，崔杼又娶了东郭氏之女，生下了明。东郭氏女让她前夫的儿子无咎与她自己的弟弟东郭偃担任家相协助崔杼。崔成犯了过错，无咎和东郭偃两位家相马上严治成，把崔明立为太子。崔成请求到崔邑去养老，崔杼同意了，但二人不同意，说："崔邑是崔氏宗可。”成、强怒，告庆封。庆封与崔杼有郤，欲其败也。成、强杀无咎、偃于崔杼家，家皆奔亡。崔杼怒，无人，使一宦者御，见庆封。庆封曰：“请为子诛之。”使崔杼仇卢蒲嫳攻崔氏，杀成、强，尽灭崔氏，崔杼妇自杀。崔杼毋归，亦自杀。庆封为相国，专权。

三年十月，庆封出猎。初，庆封已杀崔杼，益骄，嗜酒好猎，不听政令。庆舍用政，已有内郤。田文子谓桓子曰：“乱将作。”田、鲍、高、栾氏相与谋庆氏。庆舍发甲围庆封宫，四家徒共击破之。庆封还，不得入，奔鲁。齐人让鲁，封奔吴。吴与之朱方，聚其族而居之，富于在齐。其秋，齐人徙葬庄公，僇崔杼尸于市以说众。

九年，景公使晏婴之晋，与叔向私语曰：“齐政卒归田氏。田氏虽无大德，以公权私，有德于民，民爱之。”十二年，景公如晋，见平公，欲与伐燕。十八年，公复如晋，见昭公。二十六年，猎鲁郊，因入鲁，与晏婴俱问鲁礼。三十一年，鲁昭公辟季氏难，奔齐。齐欲以千社封之，子家止昭公，昭公乃请齐伐鲁，取郓以居昭公。

三十二年，彗星见。景公坐柏寝，叹曰：“堂堂！谁有此乎？”群臣皆泣，晏子笑，公怒。晏子曰：“臣笑群臣谀甚。”景公曰：“彗星出东北，当齐分野，寡人以为忧。”晏子曰：“君高台深池，赋敛如弗得，刑罚恐弗胜，茀星将出，彗星何惧乎？”公曰：“可禳否？”晏子曰：“使神可祝而来，亦可禳而去也。百姓苦怨以万数，而君令一人禳之，安能胜众口乎？”是时景公好治宫室，聚狗马，奢侈，厚赋重刑，故晏子以此谏之。

四十二年，吴王阖闾伐楚，入郢。

四十七年，鲁阳虎攻其君，不胜，奔齐，请齐伐鲁。鲍子谏景公，乃囚阳虎。阳虎得亡，奔晋。

四十八年，与鲁定公好会夹谷。犁鉏曰：“孔丘知礼而怯，请令庙所在之地，崔成不能去。” 崔成、崔强听后很愤怒，将此事告诉了庆封。庆封与崔杼有隔阂，希望崔氏败落。崔成、崔强在崔杼家中杀死了无咎、东郭偃，家人到处逃窜。崔杼大怒，但没有家人，只好让一个宦官为他驾车，去见庆封。庆封说：“让我为您杀死崔成、崔强吧。”因此派崔杼的仇人卢蒲嫳进攻崔氏，杀死了崔成、崔强，灭掉了崔氏一族，崔杼之妻自杀。崔杼无家可归，也自杀。庆封当上相国，独自专权。

三年十月，庆封外出打猎。当初，庆封杀死崔杼以后变得越发骄横，喜欢喝酒打猎，不理政事。其子庆舍管理政务，父子间已有矛盾。田文子对田桓子说：“内乱将起。”田、鲍、高、栾四家族共同谋划准备消灭庆氏。庆舍派出甲兵包围了庆封的宫室，四家族的徒众一起攻破了庆氏之家。庆封回来，不能进家，便逃跑到了鲁国。齐国责备鲁国，庆封又逃到吴国。吴国把朱方之地赏给庆封，庆封同族人居住在这儿，比在齐国时还富有。这年秋，齐国人移葬庄公，而把崔杼的尸体摆放在市场上示众，以泄民怨。

九年，景公派晏婴出使晋国，晏婴私下对叔向说：“齐国的政权最终将归田氏。田氏虽然没有大的功劳，但能借公事施私恩，对百姓有恩德，人民拥护他。”十二年，景公到晋国，拜见晋平公，想一起攻打燕国。十八年，景公又到晋国，会见晋昭公。二十六年，景公到鲁国郊外打猎，顺道进入鲁国，与晏婴一起咨询鲁国的礼制。三十一年，鲁昭公因逃避季氏叛乱，逃亡至齐国。景公想将千社人家连同土地封给昭公，子家阻止了昭公，昭公于是请求齐国征讨鲁国，攻下了郓城，让昭公居住在那里。

三十二年，有彗星出现。景公坐在柏寝台上叹气说：“富丽堂皇的亭台，最后落于谁手呢？”群臣黯然泪下。晏子反而笑起来，景公很生气。晏子说：“我笑群臣太谄媚了。”景公说：“彗星出现在东北天空，对应的正是齐国地域，寡人因此担忧。”晏子说：“您修高台凿深池，担心赋税收得少，唯恐刑罚不严苛，最凶的茀星将要出现，彗星又有什么好怕的呢？”景公说：“可以用祭祀和祷告消灾吗？”晏子说：“如果祝祷可以让神明降临，那么祈禳也可以让它离去。百姓愁苦怨恨的数以万计，您让一个人去祈禳，怎么能胜得过众人的怨声呢？”当时景公喜欢修建宫室，聚养狗马，很是奢侈，税重而刑酷，晏子因此借机劝谏他。

四十二年，吴王阖闾攻打楚国，攻占了楚国国都郢。

四十七年，鲁国大夫阳虎围攻鲁君，失败了，逃跑到齐国，请求齐国攻打鲁国。鲍子谏止景公，景公于是囚禁了阳虎。阳虎逃跑了，逃到了晋国。

四十八年，景公同鲁定公在夹谷友好相会。犁鉏对景公说：“孔丘深通礼莱人为乐，因执鲁君，可得志。”景公害孔丘相鲁，惧其霸，故从犁鉏之计。方会，进莱乐，孔子历阶上，使有司执莱人斩之，以礼让景公。景公惭，乃归鲁侵地以谢，而罢去。是岁，晏婴卒。

五十五年，范、中行反其君于晋，晋攻之急，来请粟。田乞欲为乱，树党于逆臣，说景公曰：“范、中行数有德于齐，不可不救。”及使乞救而输之粟。

五十八年夏，景公夫人燕姬適子死。景公宠妾芮姬生子荼，荼少，其母贱，无行，诸大夫恐其为嗣，乃言原择诸子长贤者为太子。景公老，恶言嗣事，又爱荼母，欲立之，惮发之口，乃谓诸大夫曰：“为乐耳，国何患无君乎？”秋，景公病，命国惠子、高昭子立少子荼为太子，逐群公子，迁之莱。景公卒，太子荼立，是为晏孺子。冬，未葬，而群公子畏诛，皆出亡。荼诸异母兄公子寿、驹、黔奔卫，公子驵、阳生奔鲁。莱人歌之曰：“景公死乎弗与埋，三军事乎弗与谋，师乎师乎，胡党之乎？”

晏孺子元年春，田乞伪事高、国者，每朝，乞骖乘，言曰：“子得君，大夫皆自危，欲谋作乱。”又谓诸大夫曰：“高昭子可畏，及未发，先之。”大夫从之。六月，田乞、鲍牧乃与大夫以兵入公宫，攻高昭子。昭子闻之，与国惠子救公。公师败，田乞之徒追之，国惠子奔莒，遂反杀高昭子。晏圉奔鲁。八月，齐秉意兹。田乞败二相，乃使人之鲁召公子阳生。阳生至齐，私匿田乞家。十月戊子，田乞请诸大夫曰：“常之母有鱼菽之祭，幸来会饮。”会饮，田乞盛阳生橐中，置坐中央，发橐出阳生，曰：“此乃齐君矣！”大夫皆伏谒。将与大夫盟而立之，鲍牧醉，乞诬大夫曰：“吾与鲍牧谋共立阳生。”鲍牧怒曰：“子忘景公之命乎？”诸大夫相视欲悔，阳生前，顿首曰：“可则立之，否则已。”鲍牧恐祸起，乃复曰：“皆景公子也，仪但懦弱不刚，请您让莱人表演歌舞，借机捉住鲁君，可以让鲁满足我们的要求。”景公担忧孔子做鲁相，担心鲁国成就霸业，所以听从了犁鉏的计策。盟会时，齐国献上莱人乐舞，孔子快步登上台阶，命相关人员将莱人抓住斩首，并以礼仪责备景公。景公惭愧，便归还了侵占的鲁国领土来谢罪，然后离开了。这一年，婴晏去世。

五十五年，晋国大夫范氏、中行氏背叛他们的国君，晋君反攻得很猛烈，二氏到齐国借粮。田乞当时想叛乱，与叛臣结成党羽，因此劝景公说：“范氏、中行氏屡次对齐国有恩，不可不救。”景公于是让田乞去援助并供给他们粮食。

五十八年夏，景公夫人燕姬的嫡子死了。景公的宠妾芮姬生了儿子荼，荼年幼，其母出身卑微，荼又行为不端，诸位大夫担心他成为太子，于是都说愿意在诸公子中选择年长贤德的人做太子。景公由于年老，厌恶提立太子的事，又宠爱荼的母亲，便想立荼为太子，但又怕群臣反对，不愿主动提及，就对大夫们说：“及时行乐吧，还担心国家没有君主吗？”秋天，景公病重，命令国惠子、高昭子立幼子荼为太子，放逐了其他公子，将他们迁居到莱地。景公去世后，太子荼为国君，就是晏孺子。这年冬，齐景公还未下葬，其他公子担心被杀，都逃亡到国外。荼的异母兄弟寿、驹、黔逃到了卫国，公子驵、阳生逃到了鲁国。莱人因此歌唱道：“景公死了不能举行葬礼，三军之事不能参与谋划。众公子的追随者呀，哪里是你们的归宿呢？”

晏孺子元年春，田乞假装侍奉高氏、国氏，每次田乞都作为陪乘陪二氏上朝，并说：“您得到君王信任，诸大夫都人人自危，想图谋叛变。”然后又对诸大夫说：“高昭子太可怕了，趁他还没开始加害我们前，我们先杀掉他。”大夫们听从了他的意见。六月，田乞、鲍牧与众大夫率兵攻入宫中，想攻打高昭子。高昭子听说后，与国惠子共同救援晏孺子。晏孺子兵败，田乞等人追赶，国惠子逃亡到莒国，于是田乞返回来杀了高昭子。晏圉逃到鲁国。八月，齐大夫秉意兹也逃到鲁国。田乞打败高、国二相后，就派人到鲁国迎回公子阳生。阳生到齐后，躲藏在田乞家中。十月戊子日，田乞邀请各位大夫说：“田常的母亲今天在家操持了简单的祭祀，希望大家能光临饮几杯。”会餐饮酒时，田乞事先把阳生装在大口袋里，放在座席中间，然后解开袋口放出阳生，说：“这是齐国的君主！”众大夫听了都跪拜在地。接着田乞想与众大夫宣誓，立阳生为君。这时鲍牧已喝醉了，田乞便蒙骗大家说：“我和鲍牧准备立阳生为君。”鲍牧生气地说：“您忘记景公立荼为君的遗嘱了吗？”众大夫面面相觑，想要反悔，这时阳生上前，叩头拜谢说：“大家如果认为我具备当君王的条件就立我吧，要不就作罢。”鲍牧因为怕惹起祸端，便又说道：“都是景公的儿子，有什么不可的。”

何为不可！”乃与盟，立阳生，是为悼公。悼公入宫，使人迁晏孺子于骀，杀之幕下，而逐孺子母芮子。芮子故贱而孺子少，故无权，国人轻之。

悼公元年，齐伐鲁，取欢、阐。初，阳生亡在鲁，季康子以其妹妻之。及归即位，使迎之。季姬与季鲂侯通，言其情，鲁弗敢与，故齐伐鲁，竟迎季姬。季姬嬖，齐复归鲁侵地。

鲍子与悼公有郤，不善。四年，吴、鲁伐齐南方。鲍子弑悼公，赴于吴。吴王夫差哭于军门外三日，将从海入讨齐。齐人败之，吴师乃去。晋赵鞅伐齐，至赖而去。齐人共立悼公子壬，是为简公。

简公四年春，初，简公与父阳生俱在鲁也，监止有宠焉。及即位，使为政。田成子惮之，骤顾于朝。御鞅言简公曰：“田、监不可并也，君其择焉。”弗听。子我夕，田逆杀人，逢之，遂捕以入。田氏方睦，使囚病而遗守囚者酒，醉而杀守者，得亡。子我盟诸田于陈宗。初，田豹欲为子我臣，使公孙言豹，豹有丧而止。后卒以为臣，幸于子我。子我谓曰：“吾尽逐田氏而立女，可乎？”对曰：“我远田氏矣。且其违者不过数人，何尽逐焉！”遂告田氏。子行曰：“彼得君，弗先，必祸子。”子行舍于公宫。

夏五月壬申，成子兄弟四乘如公。子我在幄，出迎之，遂入，闭门。宦者御之，子行杀宦者。公与妇人饮酒于檀台，成子迁诸寝。公执戈将击之，太史子余曰：“非不利也，将除害也。”成子出舍于库，闻公犹怒，将出，曰：“何所无君！”子行拔剑曰：“需，事之贼也。谁非田宗？所不杀子者有如田宗。”乃止。子我归，属徒攻闱与大门，皆弗胜，乃出。田氏追之。丰丘人执子我以告，杀之郭关。成子将杀大陆子方，田逆请而免之。以公命取车于道，出雍门。田豹与之车，弗受，曰：“逆为余请，豹与余车，余有就与众宣誓，立阳生为齐君，这就是齐悼公。悼公入宫后，派人将晏孺子流放到骀，并将他杀死在帐篷里；接着又驱逐了晏孺子的母亲芮子。芮子本来就出身卑微而孺子又幼小，所以无权势，国人都看不起他们。

悼公元年，齐国征伐鲁国，攻占了欢、阐二地。当初，阳生逃亡到鲁时，季康子将妹妹嫁给了他。阳生回国登基后，便派人来迎接妻子。他的妻子季姬与季鲂侯通奸，向家人说出了实情，鲁国不敢将季姬送到齐国，所以齐国讨伐鲁国，最终将季姬接回了齐国。季姬受到悼公宠幸，齐国便归还了占领的鲁国土地。

鲍子与悼公有矛盾，关系不和。四年，吴国、鲁国攻打齐国南部。鲍子杀掉了悼公，向吴国报丧。吴王夫差听闻后按礼节在军门外哭吊了三日，决定从海路进军讨伐齐国。齐军打败了吴军，吴军于是撤了回来。晋国的赵鞅率兵攻打齐国，打到赖地后才撤军。齐国人一致拥立悼公的儿子壬为齐君，这便是简公。

简公四年春，当初，齐简公和其父悼公都在鲁国，大夫监止受到宠幸。简公登基后，让监止掌管政务。田成子对此感到担忧，在上朝时总是警戒地回头看他。简公的仆御田鞅向简公进言说："田、监二人不能共存，您只能选择其中一个。"简公不听。监止一次晚朝时，正好碰见田逆杀了人，就把田逆抓了起来。田氏宗族这时特别团结，就让被囚禁的田逆假装病重，借机由家人探监时送酒给看守喝，看守醉后被杀死，田逆因此逃跑了。监止与田氏在田氏宗祠宣誓和解此事。当初，田豹想给监止当家臣，让大夫公孙转达田豹的意思，正逢田豹家里有丧事而中止。后来田豹还是做了监止的家臣，并且受到监止的宠幸。监止对田豹说："我把田氏全部驱赶走而让你当田氏之长，可以吗？"田豹回答说："我不过是田氏族中的疏远旁支而已，并且田氏族中不服从您的不过几个人，何必全都驱赶呢！"于是田豹将这一情况告知了田氏。子行说："他正得君主宠幸，如不先下手，你必遭其祸。"子行于是住在了简公宫中，以便接应。

夏五月十三日，田常兄弟乘四辆车去见简公。监止正在简公帏帐里，便出来迎接他们，他们一进去就把宫门关了。宦官们反抗他们，子行便将宦官们杀了。简公正在檀台上与妻妾喝酒，田成子把他们带到寝宫。简公拿起戈要刺田成子，太史子余说："他不是要谋杀您，而是要为您除害。"田成子出宫住进武库，听说简公还在生气，就准备逃走，并说："哪儿没有国君！"子行拔剑说："犹豫不决最是坏事。这儿的人谁不是田氏成员？你如果懦弱出逃不顾大家，我要不杀你，历代祖宗都不饶。"田成子这才留下。监止跑回家，聚集党众攻打宫门与王宫大门，都没有成功，就逃走了。田氏众人紧紧追赶。丰丘有人抓住了监止并报告了田氏，田氏便在郭门杀掉了监止。田成子要杀大陆子方，田逆为他求情才被豁免。大陆子方便以简公的名义在路上拦车，出了雍门。田豹曾给他车，他没有私焉。事子我而有私于其仇，何以见鲁、卫之士？”

庚辰，田常执简公于徐州。公曰：“余蚤从御鞅言，不及此。”甲午，田常弑简公于徐州。田常乃立简公弟骜，是为平公。平公即位，田常相之，专齐之政，割齐安平以东为田氏封邑。

平公八年，越灭吴。二十五年卒，子宣公积立。

宣公五十一年卒，子康公贷立。田会反廪丘。

康公二年，韩、魏、赵始列为诸侯。十九年，田常曾孙田和始为诸侯，迁康公海滨。

二十六年，康公卒，吕氏遂绝其祀。田氏卒有齐国，为齐威王，强于天下。

太史公曰：吾适齐，自泰山属之琅邪，北被于海，膏壤二千里，其民阔达多匿知，其天性也。以太公之圣，建国本，桓公之盛，修善政，以为诸侯会盟，称伯，不亦宜乎？洋洋哉，固大国之风也！

接受，说："田逆为我求情，田豹给我车辆，人家会认为我与田氏有私交。我是监止的家臣却与他的仇家有交往，有什么面目去见鲁、卫的士人呢？"

二十一日，田常在徐州抓住了简公。简公说："我要是早听从田鞅的话，也不会走到今天这个地步了。"二十四日，田常在徐州杀害了简公。田常于是拥立简公的弟弟骜为国君，这就是齐平公。平公登基后，田常辅佐他，掌控了齐国大权，将齐国安平以东的广大国土割给田氏作为封邑。

平公八年，越国消灭了吴国。二十五年，平公去世，其子宣公积继位。

宣公五十一年去世，其子康公贷继位。田会在廪丘谋反。

康公二年，韩、赵、魏成为诸侯。十九年，田常的曾孙田和被封为诸侯，把康公放逐到海滨。

二十六年，康公去世，吕氏的祭祀从此断绝。田氏最终占有了齐国，到齐威王时，称霸天下。

太史公说：我到齐国，从泰山山脉延伸出来的琅邪山，向北一直到大海，其沃土两千里，其人民心胸宽广而又深沉多智，他们的天性就是这样。依赖太公的圣明，奠定了立国根基；因为桓公的盛德，施行仁政，因此主持诸侯会盟，成为了天下霸主，这不是顺理成章吗？齐国盛大呀，这确实是大国风范啊！

鲁周公世家第三

周公旦者，周武王弟也。自文王在时，旦为子孝，笃仁，异于群子。及武王即位，旦常辅翼武王，用事居多。武王九年，东伐至盟津，周公辅行。十一年，伐纣，至牧野，周公佐武王，作《牧誓》。破殷，入商宫。已杀纣，周公把大钺，召公把小钺，以夹武王，衅社，告纣之罪于天，及殷民。释箕子之囚。封纣子武庚禄父，使管叔、蔡叔傅之，以续殷祀。遍封功臣同姓戚者。封周公旦于少昊之虚曲阜，是为鲁公。周公不就封，留佐武王。

武王克殷二年，天下未集，武王有疾，不豫，群臣惧，太公、召公乃缪卜。周公曰："未可以戚我先王。"周公于是乃自以为质，设三坛，周公北面立，戴璧秉圭，告于太王、王季、文王。史策祝曰："惟尔元孙王发，勤劳阻疾。若尔三王是有负子之责于天，以旦代王发之身。旦巧能，多材多艺，能事鬼神。乃王发不如旦多材多蓺，不能事鬼神。乃命于帝庭，敷佑四方，用能定汝子孙于下地，四方之民罔不敬畏。无坠天之降葆命，我先王亦永有所依归。今我其即命于元龟，尔之许我，我以其璧与圭归，以俟尔命。尔不许我，我乃屏璧与圭。"周公已令史策告太王、王季、文王，欲代武王发，于是乃即三王而卜。卜人皆曰吉，发书视之，信吉。周公喜，开籥，乃见书遇吉。周公入贺武王曰："王其无害。旦新受命三王，维长终是图。兹道能念予一人。"周公藏其策金縢匮中，诫守者勿敢言。明日，武王有瘳。

其后武王既崩，成王少，在强葆之中。周公恐天下闻武王崩而畔，周公乃践阼代成王摄行政当国。管叔及其群弟流言于国曰："周公将不利于成王。"周公乃告太公望、召公奭曰："我之所以弗周公旦，是周武王的弟弟。文王还在世时，旦作为儿子就特别孝顺，忠厚仁爱，超过了其他兄弟。到武王即位后，旦便经常辅佐武王，许多政务都是他在处理。武王九年时，亲自东征至盟津，周公随军陪同前往。十一年，武王率军征讨商纣王，进军到牧野，周公帮助武王发表了动员战斗的《牧誓》。周军攻破了殷都，闯进了殷王宫。在杀掉殷纣以后，周公手握大斧，召公手持小斧，两人一左一右陪伴武王，举行了祭社大礼，向上天与殷民昭告商纣王的罪状。武王把箕子从囚笼中释放了出来，又封纣的儿子武庚禄父为诸侯，命管叔、蔡叔在一旁监督他，以继承殷朝的祭祀。接着遍封功臣、同姓及亲戚。封周公于东方帝王少昊的故墟曲阜，这便是鲁公。周公没有去自己的封国，而是留在朝廷继续辅助武王。

武王灭殷纣后的第二年，天下尚未统一，武王得病了，身体不舒服，群臣恐惧，太公和召公于是虔诚地进行了占卜。周公说："这样还不可以让我先王动心。"于是周公以自身作为供品，设置了三个祭坛，自己面向神台站立，捧璧持圭，向太王、王季、文王的灵位祷告。命史官作册文祝告说："你们的子孙周王姬发，现劳累成疾。假如三位先王欠上天一个儿子，请让旦代替周王发吧。旦聪明能干，多才多艺，能侍奉鬼神。周王姬发不如旦心灵手巧，不会侍奉鬼神。但周王发秉受天命，要普济天下，并且他能让你们在人世的子孙过上稳定的生活，而且天下的人民也都敬畏他。不能使天赐宝运中途断绝，我们的先王也能因姬发在位而得以永享奉祀。现在我通过占卜的大龟听命于先王，你们如能同意我的要求，我将圭璧献上，听从你们的安排。你们若不同意，我就把圭璧收藏起来。"周公命史官作册文向太王、王季、文王祷告，要替代武王去死，然后到三王祭坛前占卜。卜人都说吉利，周公特别高兴，打开藏在柜中的占卜书察看，果然是吉象。周公便进宫向武王庆贺说："大王没有灾难，我刚收到三位先王命令，让您只需考虑如何保持周室天下的长久统治。这是上天让您考虑如何行使好天子之职。"周公把册文收进金丝缠束的柜中密藏，警告守柜者不许泄露。第二天，武王果然痊愈了。

后来武王逝世，成王年幼，还在襁褓之中。周公担心天下人因听说武王死了而背叛朝廷，便登位代替成王处理朝政，执掌国家大权。管叔和他的诸弟在国中散布流言说："周公将对成王不利。"周公就告诉太公望、召公奭说："我之所辟而摄行政者，恐天下畔周，无以告我先王太王、王季、文王。三王之忧劳天下久矣，于今而后成。武王蚤终，成王少，将以成周，我所以为之若此。”于是卒相成王，而使其子伯禽代就封于鲁。周公戒伯禽曰：“我文王之子，武王之弟，成王之叔父，我于天下亦不贱矣。然我一沐三捉发，一饭三吐哺，起以待士，犹恐失天下之贤人。子之鲁，慎无以国骄人。”

管、蔡、武庚等果率淮夷而反。周公乃奉成王命，兴师东伐，作《大诰》。遂诛管叔，杀武庚，放蔡叔。收殷馀民，以封康叔于卫，封微子于宋，以奉殷祀。宁淮夷东土，二年而毕定。诸侯咸服宗周。

天降祉福，唐叔得禾，异母同颖，献之成王，成王命唐叔以馈周公于东土，作《馈禾》。周公既受命禾，嘉天子命，作《嘉禾》。东土以集，周公归报成王，乃为诗贻王，命之曰《鸱鸮》。王亦未敢训周公。

成王七年二月乙未，王朝步自周，至丰，使太保召公先之洛相土。其三月，周公往营成周洛邑，卜居焉，曰吉，遂国之。

成王长，能听政。于是周公乃还政于成王，成王临朝。周公之代成王治，南面倍依以朝诸侯。及七年后，还政成王，北面就臣位，躬躬如畏然。

初，成王少时，病，周公乃自揃其蚤沈之河，以祝于神曰：“王少未有识，奸神命者乃旦也。”亦藏其策于府。成王病有瘳。及成王用事，人或谮周公，周公奔楚。成王发府，见周公祷书，乃泣，反周公。

周公归，恐成王壮，治有所淫佚，乃作《多士》，作《毋逸》。《毋逸》称：“为人父母，为业至长久，子孙骄奢忘之，以亡其家，为人子可不慎乎！故昔在殷王中宗，严恭敬畏天命，自度治民，震惧不敢荒宁，故中宗飨国七十五年。其在高宗，久劳于外，为与小人，作其即位，乃有亮闇，三年不言，言乃欢，不敢荒宁，密靖殷国，至于以不避嫌疑代理朝政，是担心天下人背叛周室，无法向我们的先王太王、王季、文王交代。三位先王为天下之业忧劳这么久，到现在才刚成功。武王早逝，成王年少，为了完成安定周朝的大业，我才这样做。”于是最终继续留下来辅佐成王，而命自己的长子伯禽代自己去了鲁国封邑。周公告诫伯禽说：“我是文王的儿子、武王的弟弟、成王的叔父，我在国家中的地位不算低了。但是我却经常在洗一次头时要三次握起头发，吃一顿饭时要三次吐出正在口中的食物，起身来接待贤士，这样还怕失去天下的贤人。你去鲁国后，一定不要因为自己是国君而怠慢他人。”

管叔、蔡叔、武庚等人果然率领淮夷造反了。周公于是奉成王之令，率军东讨，出发前发表了《大诰》。最终诛杀了管叔，处死了武庚，放逐了蔡叔。后来将殷朝的遗民集中到卫地，封康叔为卫侯，封微子为宋侯，让他承续殷朝的祭祀。平定淮夷及东部其他地区，前后用了二年时间。从此，天下诸侯都归顺周王朝。

天降福瑞，唐叔得到二茎共生一穗的禾苗，将它贡献给成王，成王命唐叔将它送给正在东部征讨的周公，写了《馈禾》。周公接受后，赞颂天子之命，写了《嘉禾》。东方稳定后，周公回报成王，并作了首诗赠予成王，诗名为《鸱鸮》。成王不以为然，但也不敢责怪周公。

成王七年二月乙未日，成王在镐京拜谒武王庙，随后步行至丰京朝拜文王庙，命太保召公先行到洛邑考察地形。三月，周公去洛邑指导成周京城的营建工作，对洛邑是否适合建都进行了占卜，得象大吉，因此就以洛邑为国都。

成王长大，能够自己处理朝政了。于是周公就把政权交还给成王，成王开始临朝听政。过去周公代替成王治理天下时，面向南方，背靠绘有斧形图案的屏风，接受诸侯朝拜。七年之后，还政于成王，周公便面向北而立，站在臣子的位上，仍是一副小心恭敬、战战兢兢的样子。

当初，成王年幼，得了病，周公就剪下自己的指甲扔入河中，向河神祷告说：“王年幼不懂事，触犯了神灵的是旦。”他把这祝告册文也藏于秘府。成王的病果然痊愈了。到成王当朝后，有人说周公坏话，周公逃到了楚国。后来成王打开秘密档案，发现了周公当年的祈祷册文，感动得泪流满面，便立即接回了周公。

周公回来后，担心成王年少气盛，治国中会有荒淫放荡的行为，就写了《多士》，又作了《毋逸》。《毋逸》中写道：“做父母的，要经过长时期的创业才能成功，其子孙骄奢淫佚，忘掉了祖先的艰辛，以至于毁败了家业，做儿子的能不小心吗？所以过去殷王中宗，庄重恭敬地畏惧天命，治民时严以律己，兢兢业业不敢荒废事业、自图享乐，因此中宗享有君位七十五年之久。在殷高宗时，他长期在民间劳碌，与平民百姓一起生活，在他登基后，便遇上了丧事，三年没有说话，一发表言论便得到了臣民的拥戴。他不敢荒淫享乐，使殷国家安定，平民小大无怨，故高宗飨国五十五年。其在祖甲，不义惟王，久为小人于外，知小人之依，能保施小民，不侮鳏寡，故祖甲飨国三十三年。”《多士》称曰：“自汤至于帝乙，无不率祀明德，帝无不配天者。在今后嗣王纣，诞淫厥佚，不顾天及民之从也。其民皆可诛。”“文王日中昃不暇食，飨国五十年。”作此以诫成王。

成王在丰，天下已安，周之官政未次序，于是周公作《周官》，官别其宜，作《立政》，以便百姓。百姓说。

周公在丰，病，将没，曰：“必葬我成周，以明吾不敢离成王。”周公既卒，成王亦让，葬周公于毕，从文王，以明予小子不敢臣周公也。

周公卒后，秋未获，暴风雷，禾尽偃，大木尽拔。周国大恐。成王与大夫朝服以开金縢书，王乃得周公所自以为功代武王之说。二公及王乃问史百执事，史百执事曰：“信有，昔周公命我勿敢言。”成王执书以泣，曰：“自今后其无缪卜乎！昔周公勤劳王家，惟予幼人弗及知。今天动威以彰周公之德，惟朕小子其迎，我国家礼亦宜之。”王出郊，天乃雨，反风，禾尽起。二公命国人，凡大木所偃，尽起而筑之。岁则大孰。于是成王乃命鲁得郊祭文王。鲁有天子礼乐者，以褒周公之德也。

周公卒，子伯禽固已前受封，是为鲁公。鲁公伯禽之初受封之鲁，三年而后报政周公。周公曰：“何迟也？”伯禽曰：“变其俗，革其礼，丧三年然后除之，故迟。”太公亦封于齐，五月而报政周公。周公曰：“何疾也？”曰：“吾简其君臣礼，从其俗为也。”及后闻伯禽报政迟，乃叹曰：“呜呼，鲁后世其北面事齐矣！夫政不简不易，民不有近；平易近民，民必归之。”

伯禽即位之后，有管、蔡等反也，淮夷、徐戎亦并兴反。于是伯禽率师伐之于肸，作《肸誓》，曰：“陈尔甲胄，无敢不善。无敢伤牿。马牛其风，臣妾逋逃，勿敢越逐，敬复之。无敢寇攘，逾墙垣。

大臣都没有怨言，因此高宗得以享有国家五十五年。到了殷王祖甲，他觉得自己并非长子，不适合当王，因此长时间躲避于民间，深知人民需要，他能够保护并施德于民，不侮慢鳏寡孤独，所以祖甲拥有国家三十三年。”《多士》中写道：“自汤到帝乙，无不遵循礼制祭祀，勉力修德，历代诸王都能上配天命。后来殷纣即位，其荒淫享乐，不顾天意民心，他的百姓都认为他该杀。”“周文王每天忙到太阳偏西了还顾不上吃饭，因此享有君位五十年。”周公写了这些用来告诫成王。

成王居于丰都，那时天下虽已经安定，但周朝的官职制度尚未完善，于是周公写了《周官》，规定了百官职责；写了《立政》，以便百姓，百姓都很高兴。

周公在丰都，生病了，在临终前，他对身边人说：“一定要把我埋葬在成周，以表明我不会离开成王。”周公去世后，成王谦让地将周公葬在了毕原，意思是让他陪伴着文王，来表示成王不敢视周公为臣。

周公去世那年，正是秋天，庄稼还未收割，突然刮起了暴风，雷霆大作，庄稼全都倒伏在地，大树也被连根拔起。王都的人十分害怕。成王同众大夫穿好朝服打开用金丝封缄的祭神册文，看到了周公愿以己身替武王去死的祷文。太公、召公和成王因此问史官和有关人员，他们说：“确有此事，不过以前周公命令我们不许说出去。”成王手执册文而哭，说：“恐怕以后再也没有这样的祷文了！过去周公为王室如此辛劳，只是我年幼无知不理解。现在上天发威来彰显周公之德，我应设祭迎其神，这也符合我们国家的礼仪。”成王因此来到郊外，举行了郊祀，天下起了雨，而风向也反转了，倒伏的庄稼全部立起。太公、召公命令国人，凡倒下的大树都扶起，培实土基。当年获得了大丰收。于是成王特准鲁国可以在南郊祭祀文王。所以鲁国有一套天子使用的礼乐，是因为褒奖周公的品行而特别赏赐的。

周公去世，其长子伯禽之前本来已经受封，便是鲁公。鲁公伯禽当初受封到鲁国，三年过后才向周公汇报施政情况。周公说：“为什么这么晚呢？”伯禽说：“转变当地风俗，改变当地礼制，要等服丧三年除服之后才能看到成果，所以迟了。”当时太公受封于齐国，五个月后就向周公汇报了施政情况。周公说：“为什么会这么快？”太公说：“我简化了当地的君臣礼仪，一切顺从当地的风俗去做，所以如此快。”当听闻伯禽汇报政情迟缓的原因后，周公叹气说：“唉！鲁国以后将要成为齐国之臣了！为政不简约易行，百姓就不会亲近；统治者平易近人，百姓必然会归顺他。”

伯禽做鲁公之后，发生了管、蔡等反叛的事，淮夷、徐戎也一起兴兵造反。于是伯禽率军到肸邑征讨他们，写了《肸誓》，说：“准备你们的战甲和头盔，看谁敢不准备好。不许毁坏牛栏马圈。如果马牛走失、奴隶逃脱，军士不得擅离职守去抓捕，抓获别人的马、牛、奴隶要归还。不许劫掠侵扰，不许翻墙入室盗鲁人三郊三隧，峙尔刍茭、糗粮、桢干，无敢不逮。我甲戌筑而征徐戎，无敢不及，有大刑。”作此誓，遂平徐戎，定鲁。

鲁公伯禽卒，子考公酋立。考公四年卒，立弟熙，是谓炀公。炀公筑茅阙门。六年卒，子幽公宰立。幽公十四年。幽公弟〓沸杀幽公而自立，是为魏公。魏公五十年卒，子厉公擢立。厉公三十七年卒，鲁人立其弟具，是为献公。献公三十二年卒，子真公濞立。

真公十四年，周厉王无道，出奔彘，共和行政。二十九年，周宣王即位。三十年，真公卒，弟敖立，是为武公。

武公九年春，武公与长子括、少子戏，西朝周宣王。宣王爱戏，欲立戏为鲁太子。周之樊仲山父谏宣王曰：“废长立少，不顺；不顺，必犯王命；犯王命，必诛之：故出令不可不顺也。令之不行，政之不立；行而不顺，民将弃上。夫下事上，少事长，所以为顺。今天子建诸侯，立其少，是教民逆也。若鲁从之，诸侯效之，王命将有所壅；若弗从而诛之，是自诛王命也。诛之亦失，不诛亦失，王其图之。”宣王弗听，卒立戏为鲁太子。夏，武公归而卒，戏立，是为懿公。

懿公九年，懿公兄括之子伯御与鲁人攻弑懿公，而立伯御为君。伯御即位十一年，周宣王伐鲁，杀其君伯御，而问鲁公子能道顺诸侯者，以为鲁后。樊穆仲曰：“鲁懿公弟称，肃恭明神，敬事耆老；赋事行刑，必问于遗训而咨于固实；不干所问，不犯所咨。”宣王曰：“然，能训治其民矣。”乃立称于夷宫，是为孝公。自是后，诸侯多畔王命。

孝公二十五年，诸侯畔周，犬戎杀幽王。秦始列为诸侯。二十七年，孝公卒，子弗湟立，是为惠公。惠公三十年，晋人弑其君昭侯。四十五年，晋人又弑其君孝侯。

四十六年，惠公卒，长庶子息摄当国，行君事，是为隐公。初，窃。鲁国西、南、北三方近郊和远郊的人，备办干草、干粮和木桩，不许缺少。我将在甲戌日修建工事征讨徐戎，不许届时不至，否则将处以极刑。”发布《肹誓》后，最终平息了徐戎之乱，安定了鲁国。

鲁公伯禽去世后，其子考公酋继位。考公四年后去世，立他的弟弟熙为君，这就是炀公。炀公修建了茅阙宫门。六年后炀公去世，其子幽公宰继位。幽公十四年，幽公的弟弟姬沸杀害了幽公，自立为君，就是魏公。魏公五十年后去世，其子厉公擢登基。厉公三十七年后去世，鲁人立他的弟弟具为君，这便是献公。献公三十二年后去世，其子真公濞继位。

真公十四年，周厉王当政无道，逃到了彘地，周公、召公共同执政。二十九年，周宣王即位。三十年，真公去世，他的弟弟敖继位，这就是武公。

武公九年春，武公和长子括、少子戏西行入都朝见周宣王。宣王喜爱戏，想立戏为鲁国太子。周大夫樊仲山父劝谏宣王说：“废弃长子而立少子，不符合礼制；不符合礼制，必然会触犯君王命令；触犯君王命令，必然会被诛杀。所以，发令不可以违背礼制。如果命令得不到执行，那么政令的威严就难以建立；如果命令被执行但不符合礼制，百姓将会背离主上。下级侍奉上级，年轻者服侍年长者，这才符合礼制。现在天子确立诸侯继承人，却立其少子为继承人，这是教百姓做不合礼制的事。如果鲁国遵从了您的命令，其他的诸侯也会效仿，那么先王的遗命必然会阻塞难行；如果鲁国因不遵从您的命令而遭受惩罚，您就等于是自己在违背先王的遗命。那时您惩罚鲁国有错，不惩罚鲁国也有错，请您认真考虑。”宣王没有听，最终立戏为鲁太子。这年夏天，武公回鲁国后去世，戏继位，这就是懿公。

懿公九年，懿公兄长括的儿子伯御和鲁国人刺杀了懿公，拥立伯御为鲁君。伯御在位十一年后，周宣王征伐鲁国，杀死了国君伯御，并询问鲁国公子中谁有能力管理国家，让他做鲁国国君。樊穆仲说：“鲁懿公的弟弟称，敬奉神灵庄重认真，且敬重长者；处理政务执行法规时，必定遵照先王的遗训和过去的经验，不违先王的遗训，不抵触正确经验。”宣王说：“好，这样就能教导和治理好民众了。”因此在夷宫立称为鲁君，就是孝公。从这以后，诸侯经常违抗王命。

孝公二十五年，诸侯背叛周室，犬戎人杀死了幽王。秦国自此被封为诸侯。二十七年，孝公去世，其子弗湟继位，这就是惠公。惠公三十年，晋人杀害了自己的国君昭侯。四十五年，晋人又杀害自己的国君孝侯。

四十六年，惠公去世，长庶子息代理朝政，执掌君权，这就是隐公。当初，惠公適夫人无子，公贱妾声子生子息。息长，为娶于宋。宋女至而好，惠公夺而自妻之。生子允。登宋女为夫人，以允为太子。及惠公卒，为允少故，鲁人共令息摄政，不言即位。

隐公五年，观渔于棠。八年，与郑易天子之太山之邑祊及许田，君子讥之。

十一年冬，公子挥谄谓隐公曰："百姓便君，君其遂立。吾请为君杀子允，君以我为相。"隐公曰："有先君命。吾为允少，故摄代。今允长矣，吾方营菟裘之地而老焉，以授子允政。"挥惧子允闻而反诛之，乃反谮隐公于子允曰："隐公欲遂立，去子，子其图之。请为子杀隐公。"子允许诺。十一月，隐公祭钟巫，齐于社圃，馆于蔿氏。挥使人杀隐公于蔿氏，而立子允为君，是为桓公。

桓公元年，郑以璧易天子之许田。二年，以宋之赂鼎入于太庙，君子讥之。

三年，使挥迎妇于齐为夫人。六年，夫人生子，与桓公同日，故名曰同。同长，为太子。十六年，会于曹，伐郑，入厉公。

十八年春，公将有行，遂与夫人如齐。申繻谏止，公不听，遂如齐。齐襄公通桓公夫人。公怒夫人，夫人以告齐侯。夏四月丙子，齐襄公飨公，公醉，使公子彭生抱鲁桓公，因命彭生折其胁，公死于车。鲁人告于齐曰："寡君畏君之威，不敢宁居，来修好礼。礼成而不反，无所归咎，请得彭生除丑于诸侯。"齐人杀彭生以说鲁。立太子同，是为庄公。庄公母夫人因留齐，不敢归鲁。

庄公五年冬，伐卫，内卫惠公。

八年，齐公子纠来奔。九年，鲁欲内子纠于齐，后桓公，桓公发兵击鲁，鲁急，杀子纠。召忽死。齐告鲁生致管仲。鲁人施伯曰："齐欲得管仲，非杀之也，将用之，用之则为鲁患。不如杀，以其尸与之。"庄公不听，遂囚管仲与齐。齐人相管仲。

惠公的正妻没有儿子，他的姬妾声子生了儿子息。息长大后，娶了个宋国女子。宋女来到鲁国后，惠公看她长得漂亮便夺过来做了自己的妻子，并生下了儿子允。惠公将宋女升为正妻，立允为太子。到惠公去世后，由于允太幼小，鲁人便推选息代理朝政，不说是即位。

隐公五年，到棠地观看捕鱼。八年，同郑国交换天子祭祀泰山的汤沐邑祊和许田，君子讥讽这件事。

十一年冬天，公子挥向隐公进谗言说："百姓认为您当国君对民有利，您就正式登基做国君吧。请允许我为您杀掉太子允，事成后请您让我当国相。"隐公说："先君有遗命。我因为允年幼，所以才代理国政。现在允已长大，我正想营造菟裘这个地方准备养老，再把国政交给子允。"公子挥担心子允听到自己的话而杀他，于是反过来向子允污蔑隐公，他对子允说："隐公想正式登基即位，将杀掉你，你要考虑此事。请让我为你杀死隐公。"子允答应了。十一月，隐公准备祭祀钟巫之神，在社圃斋戒，住在蔿氏家中。公子挥派人在蔿氏家杀害了隐公，而立子允为鲁君，这就是桓公。

桓公元年，郑国用玉璧换取了天子赏给鲁的封邑许田。二年，鲁君令把宋国赂送的鼎放入太庙，君子讥讽这件事。

三年，派公子挥到齐国迎娶齐国女子为夫人。六年，夫人生下了一子，因其生日与桓公相同，因此起名叫"同"。同长大后，被立为太子。十六年，桓公同诸侯在曹国盟会，攻打郑国，并将郑厉公送回国。

十八年春，桓公准备外出远行，便与夫人一起到齐国去。申繻上书劝阻，桓公没有听，最终还是去了齐国。齐襄公与桓公的夫人私通。桓公知道后很生夫人的气，夫人把此事告诉了齐侯。夏四月初十日，齐襄公宴请鲁桓公，桓公酒醉后，齐襄公命公子彭生抱住桓公，并趁机折断了桓公的肋骨，桓公死在了车中。鲁人告诉齐人说："我们国君敬畏您的威严，不敢安居，到齐国修订两国友好之盟。盟礼完成了而人却没有回来，我们不知该追究谁的罪责，只希望得到彭生，以消除在诸侯中产生的不好影响。"齐国人杀了彭生以安抚鲁国。鲁国人立太子同为君，这就是庄公。庄公的母亲因此留在了齐国，不敢回鲁国。

庄公五年冬，鲁国伐卫，送卫惠公回国执政。

八年冬，齐公子纠逃到了鲁国。九年，鲁国准备武力护送公子纠返齐国为君，但落后于齐桓公。齐桓公派兵攻打鲁国，鲁国危难，只能杀了公子纠。其臣召忽自杀而死。齐人告诉鲁国，说想要活捉管仲。鲁人施伯说："齐国想得到管仲，并不是想杀他，而是将要重用他，他被任用后必定会成为鲁国的大患。不如杀了管仲，把他的尸首给齐国。"庄公没有听，于是将管仲押送到齐。齐人任管仲为相。

十三年，鲁庄公与曹沫会齐桓公于柯，曹沫劫齐桓公，求鲁侵地，已盟而释桓公。桓公欲背约，管仲谏，卒归鲁侵地。十五年，齐桓公始霸。二十三年，庄公如齐观社。

三十二年，初，庄公筑台临党氏，见孟女，说而爱之，许立为夫人，割臂以盟。孟女生子斑。斑长，说梁氏女，往观。圉人荦自墙外与梁氏女戏。斑怒，鞭荦。庄公闻之，曰："荦有力焉，遂杀之，是未可鞭而置也。"斑未得杀。会庄公有疾。庄公有三弟，长曰庆父，次曰叔牙，次曰季友。庄公取齐女为夫人曰哀姜。哀姜无子。哀姜娣曰叔姜，生子开。庄公无適嗣，爱孟女，欲立其子斑。庄公病，而问嗣于弟叔牙。叔牙曰："一继一及，鲁之常也。庆父在，可为嗣，君何忧？"庄公患叔牙欲立庆父，退而问季友。季友曰："请以死立斑也。"庄公曰："曩者叔牙欲立庆父，奈何？"季友以庄公命命牙待于针巫氏，使针季劫饮叔牙以鸩，曰："饮此则有后奉祀；不然，死且无后。"牙遂饮鸩而死，鲁立其子为叔孙氏。八月癸亥，庄公卒，季友竟立子斑为君，如庄公命。侍丧，舍于党氏。

先时庆父与哀姜私通，欲立哀姜娣子开。及庄公卒而季友立斑，十月己未，庆父使圉人荦杀鲁公子斑于党氏。季友奔陈。庆父竟立庄公子开，是为湣公。

湣公二年，庆父与哀姜通益甚。哀姜与庆父谋杀湣公而立庆父。庆父使卜齮袭杀湣公于武闱。季友闻之，自陈与湣公弟申如邾，请鲁求内之。鲁人欲诛庆父。庆父恐，奔莒。于是季友奉子申入，立之，是为釐公。釐公亦庄公少子。哀姜恐，奔邾。季友以赂如莒求庆父，庆父归，使人杀庆父，庆父请奔，弗听，乃使大夫奚斯行哭而往。庆父闻奚斯音，乃自杀。齐桓公闻哀姜与庆父乱以危鲁，及召之邾而杀之，以其尸归，戮之鲁。鲁釐公请而葬之。

十三年，鲁庄公和大夫曹沫在柯地与齐桓公会盟，曹沫挟持了齐桓公，索要鲁国被齐占领的土地，盟誓后才放了齐桓公。事后桓公想毁约，管仲谏止了他，最终归还了鲁国的被侵之地。十五年，齐桓公开始称霸于诸侯。二十三年，庄公到齐国观看社祭活动。

三十二年，当初，庄公修建一台子时曾到过党氏之家，见到了党氏之女孟任，十分喜欢，应允立她为夫人，他们割破胳膊订了誓约。孟女生了儿子斑。斑长大后，喜欢梁氏之女，前去她家看望她。养马人荦正好从墙外与梁氏之女嬉戏。斑见后很是恼怒，便用鞭子抽打了荦。庄公听说此事后说："荦很有膂力，应该杀掉他，这人不能打完后就放了他。"斑没来得及杀荦。正好庄公生病了。庄公有三个弟弟，长名庆父，次名叔牙，幼名季友。庄公娶了齐国女子为夫人，名叫哀姜。哀姜没有儿子，哀姜的妹妹叫叔姜，生了个儿子叫开。庄公正夫人没有儿子，又喜爱孟女，因此想立其子斑为太子。庄公生病后，向其弟叔牙询问谁可继承君位。叔牙说："父死子继，兄死弟及，这是鲁国的规矩。庆父还在，可为嗣君，您担心什么呢？"庄公担心叔牙想立庆父，叔牙退下后他又问季友。季友说："我誓死也要立斑为君主。"庄公曰："刚才叔牙想立庆父，如何是好？"季友就以庄公名义让叔牙在针巫氏家中待命，派针季逼迫叔牙喝毒酒，并对叔牙说："你喝了这个，可以不杀你的后人；不然，你死了，而且你的后人也将被杀死。"叔牙于是喝下毒酒而死，鲁国立叔牙的儿子为叔孙氏。八月初五日，庄公去世，季友最终扶立子斑为君，符合庄公的遗命。子斑因为有丧在身，住在党氏家中。

早先庆父与哀姜私通，他想立哀姜妹妹的儿子开为君。结果庄公去世后季友立斑为君，十月初二日，庆父派养马官荦在党氏家谋杀了鲁公子斑。季友逃到了陈国。庆父最终扶立庄公的儿子开为君，这就是湣公。

湣公二年，庆父与哀姜私通更加频繁。哀姜与庆父谋划，想杀死湣公后立庆父为鲁君。庆父派卜齮在武闱袭击谋杀了湣公。季友听说后，与湣公的弟弟申从陈国赶到邾国，请求鲁人接他们回国。鲁人想要杀庆父，庆父害怕，逃到了莒国。于是季友送子申回到鲁国，立他为君，这就是釐公。釐公也是庄公的小儿子。哀姜害怕，逃到了邾国。季友送给莒人礼物要求引渡庆父，庆父被送回，季友想要派人杀庆父。庆父请求放过他，让他流亡国外，季友没有同意，于是派了大夫奚斯哭着前去。庆父听到奚斯的哭声，心中清楚，便自杀了。齐桓公听到哀姜与庆父淫乱祸害鲁国，便从邾国将哀姜召了回来并杀了她，然后把她的尸体送回了鲁国，陈尸示众。鲁釐公恳请埋葬了哀姜。

季友母陈女，故亡在陈，陈故佐送季友及子申。季友之将生也，父鲁桓公使人卜之，曰：“男也，其名曰‘友’，间于两社，为公室辅。季友亡，则鲁不昌。”及生，有文在掌曰“友”，遂以名之，号为成季。其后为季氏，庆父后为孟氏也。

釐公元年，以汶阳鄪封季友。季友为相。

九年，晋里克杀其君奚齐、卓子。齐桓公率釐公讨晋乱，至高梁而还，立晋惠公。十七年，齐桓公卒。二十四年，晋文公即位。三十三年，釐公卒，子兴立，是为文公。

文公元年，楚太子商臣弑其父成王，代立。三年，文公朝晋襄公。

十一年十月甲午，鲁败翟于咸，获长翟乔如，富父终甥舂其喉，以戈杀之，埋其首于子驹之门，以命宣伯。

初，宋武公之世，鄋瞒伐宋，司徒皇父帅师御之，以败翟于长丘，获长翟缘斯。晋之灭路，获乔如弟棼如。齐惠公二年，鄋瞒伐齐，齐王子城父获其弟荣如，埋其首于北门。卫人获其季弟简如。鄋瞒由是遂亡。

十五年，季文子使于晋。

十八年二月，文公卒。文公有二妃：长妃齐女为哀姜，生子恶及视；次妃敬嬴，嬖爱，生子俀。俀私事襄仲，襄仲欲立之，叔仲曰不可。襄仲请齐惠公，惠公新立，欲亲鲁，许之。冬十月，襄仲杀子恶及视而立俀，是为宣公。哀姜归齐，哭而过市，曰：“天乎！襄仲为不道，杀適立庶！”市人皆哭，鲁人谓之“哀姜”。鲁由此公室卑，三桓强。

宣公俀十二年，楚庄王强，围郑。郑伯降，复国之。

十八年，宣公卒，子成公黑肱立，是为成公。季文子曰：“使我杀適立庶失大援者，襄仲。”襄仲立宣公，公孙归父有宠。宣公欲去三桓，与晋谋伐三桓。会宣公卒，季文子怨之，归父奔齐。

季友的母亲是陈国女子，因此季友逃亡时去了陈国，陈国因此协助他，把他和子申送回了鲁国。季友即将出生时，桓公让人为他占卜，卜辞说："这是一个男孩，他的名叫作'友'，将来位于两社之间，将成为公室的重臣。季友去世后，鲁国将衰败。"到出生时，他手掌中的纹路形成"友"字，因此以友命名，取号叫成季。他的后人就是季氏，庆父的后人为孟氏。

釐公元年，把汶阳与鄪邑赏赐给季友。季友为鲁相。

九年，晋大夫里克杀害了国君奚齐、卓子。齐桓公率领鲁釐公一起讨伐晋国之乱，一直打到高梁才回师，拥立晋惠公为君。十七年，齐桓公去世。二十四年，晋文公即位。三十三年，釐公去世，其子兴继位，就是文公。

文公元年，楚国太子商臣杀害了自己的父亲成王，自立为君。三年，文公拜会晋襄公。

十一年十月甲午日，鲁人在咸打败了翟人，抓获了翟人首领乔如，鲁大夫富父终甥用戈刺乔如的咽喉，杀死了他，将乔如的头颅埋在子驹门，并以"乔如"二字为宣伯命名。

当初，宋武公在世时，鄋瞒攻打宋国，司徒皇父率军抵抗，在长丘击败了翟人，俘获了长翟首领缘斯。晋国消灭路国时，抓获了乔如的弟弟棼如。齐惠公二年，鄋瞒攻打齐，齐王子城父抓获了他的弟弟荣如，将他的首级埋在北门。卫人抓获了他的弟弟简如。鄋瞒自此最终灭亡了。

十五年，季文子出使晋国。

十八年二月，鲁文公去世。文公有两个妃子：长妃是齐女哀姜，生了儿子恶和视；次妃敬嬴，倍受文公宠爱，生有儿子俀。俀暗中拉拢襄仲，襄仲想立俀为君，叔仲说不可以。襄仲求助于齐惠公，因为齐惠公刚刚登基，想亲近鲁国，所以便答应了。这年冬季十月，襄仲杀害了恶与视，并立俀为鲁君，就是宣公。哀姜回到齐国，大哭着经过闹市，说："天哪！襄仲大逆不道，杀害了嫡子而立了庶子！"街市上的民众听了都跟着哭泣，鲁国人因此称她为"哀姜"。鲁国公室从此衰败，而"三桓"的势力日渐强大。

宣公俀十二年，楚庄王强盛，包围了郑国。郑伯投降，后来楚庄王又恢复了郑伯的国家。

十八年，宣公去世，他的儿子成公黑肱继位，就是成公。季文子说："让我国杀嫡立庶失去诸侯支持的，就是襄仲。"襄仲扶立宣公后，他的儿子公孙归父倍受宣公宠爱。宣公想除去三桓，便与晋国商量征讨三桓的事。不久宣公去世了，季文子痛恨公孙归父，公孙归父因此逃到齐国。

成公二年春，齐伐取我隆。夏，公与晋郤克败齐顷公于鞍，齐复归我侵地。四年，成公如晋，晋景公不敬鲁。鲁欲背晋合于楚，或谏，乃不。十年，成公如晋。晋景公卒，因留成公送葬，鲁讳之。十五年，始与吴王寿梦会钟离。

十六年，宣伯告晋，欲诛季文子。文子有义，晋人弗许。十八年，成公卒，子午立，是为襄公。是时襄公三岁也。

襄公元年，晋立悼公。往年冬，晋栾书弑其君厉公。四年，襄公朝晋。

五年，季文子卒。家无衣帛之妾，厩无食粟之马，府无金玉，以相三君。君子曰："季文子廉忠矣。"九年，与晋伐郑。晋悼公冠襄公于卫，季武子从，相行礼。

十一年，三桓氏分为三军。十二年，朝晋。十六年，晋平公即位。二十一年，朝晋平公。二十二年，孔丘生。二十五年，齐崔杼弑其君庄公，立其弟景公。

二十九年，吴延陵季子使鲁，问周乐，尽知其意，鲁人敬焉。

三十一年六月，襄公卒。其九月，太子卒。鲁人立齐归之子裯为君，是为昭公。

昭公年十九，犹有童心。穆叔不欲立，曰："太子死，有母弟可立，不即立长。年钧择贤，义钧则卜之。今裯非適嗣，且又居丧意不在戚而有喜色，若果立，必为季氏忧。"季武子弗听，卒立之。比及葬，三易衰。君子曰："是不终也。"

昭公三年，朝晋至河，晋平公谢还之，鲁耻焉。四年，楚灵王会诸侯于申，昭公称病不往。七年，季武子卒。八年，楚灵王就章华台，召昭公。昭公往贺，赐昭公宝器；已而悔，复诈取之。十二年，朝晋至河，晋平公谢还之。十三年，楚公子弃疾弑其君灵王，代立。十五年，朝晋，晋留之葬晋昭公，鲁耻之。二十年，齐景公与晏子狩成公二年春，齐国侵占了鲁国的隆邑。这年夏天，成公与晋国大夫郤克联军在鞍地战胜了齐顷公的军队，齐国归还了侵占的鲁国土地。四年，成公去晋国，晋景公不敬重成公。成公想背叛晋国与楚国联盟，有人因此谏阻成公，这才作罢。十年，成公前往晋国。正好晋景公去世，晋人因此留成公送葬，鲁人忌讳谈这件事。十五年，鲁首次与吴王寿梦在钟离会盟。

十六年，宣伯告诉晋国，想让晋国杀季文子。因为季文子是讲道义的人，晋人没有同意。十八年，成公去世，他的儿子午继位，这就是襄公。这时襄公才三岁。

襄公元年，晋人拥立悼公为君。去年的冬天，晋国大夫栾书杀害了晋厉公。四年，襄公到晋国拜见晋悼公。

五年，季文子去世。家中妻妾没有人穿丝绸做的衣服，马棚中没有吃谷子的马匹，府中没有金银玉器，就这样连续担任了三代国君的相。有君子说："季文子真是廉洁忠诚啊！"九年，鲁国与晋国共同攻打郑国。晋悼公在卫国为襄公举行了加冠礼，季武子随从，辅助举行加冠礼仪式。

十一年，三桓将鲁国军队分成三支，各率一军。十二年，朝见晋君。十六年，晋平公即位。二十一年，朝见晋平公。二十二年，孔子出生。二十五年，齐国大夫崔杼杀害了齐庄公，立庄公的弟弟景公为齐君。

二十九年，吴国的延陵季子出使鲁国，有人向他求问周乐，他能全部解说其意，鲁人特别敬重他。

三十一年六月，襄公去世。这年九月，太子去世。鲁人立襄公夫人妹齐归的儿子裯为鲁君，这就是昭公。

昭公时年十九岁，还有些幼稚。穆叔不想立他，说："太子去世，他的同母胞弟可立为君，如果没有同母胞弟，才立庶子中的长子。年龄相同的便选择有才能的，才能也相同则通过占卜来决定。现在裯不是嫡出，并且居丧期间不忧伤，反有喜色，如果真的立了他，必定成为季氏的忧患。"季武子不听，最终立裯为君。等到襄公安葬时，裯已更换了三件丧服。有君子说："这人不得善终。"

昭公三年，昭公到黄河边朝见晋君，晋平公婉言谢绝，让昭公返回，鲁人以此感到耻辱。四年，楚灵王召集各诸侯到申地会盟，昭公称生病没有去。七年，季武子去世。八年，楚灵王建成章华台，召见昭公。昭公前往庆贺，灵王赏给昭公宝器；没多久便反悔，又将宝器骗了回去。十二年，昭公到黄河边朝见晋君，晋平公又推谢，让昭公返回。十三年，楚公子弃疾杀害了楚灵王，自立为楚王。十五年，昭公去朝见晋君，晋人留下他为晋昭公送葬，鲁人以此为耻。二十年，齐景公与晏子在国境巡狩，顺便到鲁国咨询礼制。二十一年，昭公至黄河朝见晋竟，因入鲁问礼。二十一年，朝晋至河，晋谢还之。

二十五年春，鸲鹆来巢。师己曰："文成之世童谣曰'鸲鹆来巢，公在乾侯。鸲鹆入处，公在外野'。"

季氏与郈氏斗鸡，季氏芥鸡羽，郈氏金距。季平子怒而侵郈氏，郈昭伯亦怒平子。臧昭伯之弟会伪谗臧氏，匿季氏，臧昭伯囚季氏人。季平子怒，囚臧氏老。臧、郈氏以难告昭公。昭公九月戊戌伐季氏，遂入。平子登台请曰："君以谗不察臣罪，诛之，请迁沂上。"弗许。请囚于鄪，弗许。请以五乘亡，弗许。子家驹曰："君其许之。政自季氏久矣，为徒者众，众将合谋。"弗听。郈氏曰："必杀之。"叔孙氏之臣戾谓其众曰："无季氏与有，孰利？"皆曰："无季氏是无叔孙氏。"戾曰："然，救季氏！"遂败公师。孟懿子闻叔孙氏胜，亦杀郈昭伯。郈昭伯为公使，故孟氏得之。三家共伐公，公遂奔。己亥，公至于齐。齐景公曰："请致千社待君。"子家曰："弃周公之业而臣于齐，可乎？"乃止。子家曰："齐景公无信，不如早之晋。"弗从。叔孙见公还，见平子，平子顿首。初欲迎昭公，孟孙、季孙后悔，乃止。

二十六年春，齐伐鲁，取郓而居昭公焉。夏，齐景公将内公，令无受鲁赂。申丰、汝贾许齐臣高龁、子将粟五千庾。子将言于齐侯曰："群臣不能事鲁君，有异焉。宋元公为鲁如晋，求内之，道卒。叔孙昭子求内其君，无病而死。不知天弃鲁乎？抑鲁君有罪于鬼神也？愿君且待。"齐景公从之。

二十八年，昭公如晋，求入。季平子私于晋六卿，六卿受季氏赂，谏晋君，晋君乃止，居昭公乾侯。二十九年，昭公如郓。齐景公使人赐昭公书，自谓"主君"。昭公耻之，怒而去乾侯。三十一年，晋欲内昭公，召季平子。平子布衣跣行，因六卿谢罪。六卿为言曰："晋欲内昭公，众不从。"晋人止。三十二年，昭公卒于乾侯。鲁人君，晋君辞谢，昭公返回。

二十五年春，有鸲鹆鸟到鲁国巢居。师己说：“文公和成公时有童谣说：‘鸲鹆来巢时，国君出居乾侯。鸲鹆来定居时，国君住在野外。’”

季氏与郈氏斗鸡，季平子给鸡穿上了护甲，郈昭伯则给鸡爪套上了金属套。季平子愤怒之下侵犯郈氏，郈氏也痛恨季平子。臧昭伯的弟弟臧会曾造假陷害臧氏，藏在季氏家里，臧昭伯因此拘捕了季氏家人。季平子大怒，便囚禁了臧氏的家臣。臧氏与郈氏便向昭公申诉。昭公于九月十一日讨伐季氏，攻入了季氏家中。季平子登台请求说：“君王您因听信谗言而没有了解情况，就来讨伐我，请允许我迁居到沂上。”昭公没有答应。季平子又请求将自己囚禁到鄪邑，仍不同意。季平子又恳请带五辆车流亡国外，昭公仍不同意。子家驹说：“国君您答应他吧。国家的政权被季氏掌控很长时间了，他的徒党众多，这些人将会联合起来对抗您。”昭公没有听。郈氏说：“一定杀了季平子。”叔孙氏家臣戾对他的党众说：“有季氏或没有季氏，哪种情况对我们有利？”大家都回答：“没有了季氏，叔孙氏也不会存在。”戾说：“对，大家援助季氏！”于是他们击败了昭公的军队。孟懿子听闻叔孙氏战胜，也杀掉了郈昭伯。郈昭伯正作为昭公的使节前往孟氏，因此孟氏抓住了他。孟孙、叔孙、季孙三家共同讨伐昭公，昭公于是只得逃跑出国。十二日，昭公到了齐国。齐景公说：“请让我给你两万五千户人及土地。”子家说：“放弃周公的大业而做齐国臣子，可以吗？”于是昭公没有接受。子家说：“齐景公不讲诚信，不如早点去晋国。”昭公没有听从。叔孙会见昭公后回国，就去见季平子，平子叩头表示愧疚。开始时他们想迎回昭公，但孟孙、季孙后来又反悔了，于是只得作罢。

二十六年春天，齐国攻打鲁国，夺取了郓邑让鲁昭公居住。这年夏天，齐景公想武力护送昭公回国，命部下不得接受鲁国的礼物。鲁大夫申丰、汝贾承诺给齐大夫高龁、子将粟米八万斗。子将便向齐侯说：“鲁国众臣不服从鲁君，有怪异现象出现。宋元公为了鲁昭公到晋国去求援，想帮助昭公回国，死于途中。叔孙昭子请求让鲁君回国，也无病而死。不知是上天抛弃了鲁君，还是鲁君得罪了鬼神？请您再等等看吧。”齐景公听从了他的意见。

二十八年，昭公前往晋国，请求晋国协助他回国。季平子私下行贿晋国的六卿，六卿收取了季氏的礼物，因此谏阻晋君，晋君于是不再坚持，只让昭公居住在乾侯。二十九年，昭公到郓邑。齐景公派人送给昭公一封信，信中自称为“主君”。昭公认为受了屈辱，一怒之下离开了乾侯。三十一年，晋君想协助昭公回鲁，召见季平子。季平子身穿布衣赤脚而行，通过六卿向晋君谢罪。六卿帮季平子求情说：“晋国虽支持昭公，但鲁人不愿意。”晋君于是作罢。三十二年，昭共立昭公弟宋为君，是为定公。

定公立，赵简子问史墨曰："季氏亡乎？"史墨对曰："不亡。季友有大功于鲁，受鄪为上卿，至于文子、武子，世增其业。鲁文公卒，东门遂杀適立庶，鲁君于是失国政。政在季氏，于今四君矣。民不知君，何以得国！是以为君慎器与名，不可以假人。"

定公五年，季平子卒。阳虎私怒，囚季桓子，与盟，乃舍之。七年，齐伐我，取郓，以为鲁阳虎邑以从政。八年，阳虎欲尽杀三桓適，而更立其所善庶子以代之；载季桓子将杀之，桓子诈而得脱。三桓共攻阳虎，阳虎居阳关。九年，鲁伐阳虎，阳虎奔齐，已而奔晋赵氏。

十年，定公与齐景公会于夹谷，孔子行相事。齐欲袭鲁君，孔子以礼历阶，诛齐淫乐，齐侯惧，乃止，归鲁侵地而谢过。十二年，使仲由毁三桓城，收其甲兵。孟氏不肯堕城，伐之，不克而止。季桓子受齐女乐，孔子去。

十五年，定公卒，子将立，是为哀公。哀公五年，齐景公卒。六年，齐田乞弑其君孺子。

七年，吴王夫差强，伐齐，至缯，征百牢于鲁。季康子使子贡说吴王及太宰嚭，以礼诎之。吴王曰："我文身，不足责礼。"乃止。

八年，吴为邹伐鲁，至城下，盟而去。齐伐我，取三邑。十年，伐齐南边。十一年，齐伐鲁。季氏用冉有有功，思孔子，孔子自卫归鲁。

十四年，齐田常弑其君简公于徐州。孔子请伐之，哀公不听。十五年，使子服景伯、子贡为介，适齐，齐归我侵地。田常初相，欲亲诸侯。十六年，孔子卒。

二十二年，越王句践灭吴王夫差。

二十七年春，季康子卒。夏，哀公患三桓，将欲因诸侯以劫之，公死于乾侯。鲁人共同立昭公的弟弟宋为国君，这就是定公。

定公登基时，赵简子问史墨说："季氏会灭亡吗？"史墨回答说："不会。季友为鲁国立过大功，受封于鄪，是国之上卿，至季文子、季武子时，累世扩大家业。鲁文公去世，东门遂杀嫡立庶，鲁君丧失了国家权力。政权掌握在季氏手中，至今已经历四代国君了。百姓不知道自己的国君，这样的国君如何能掌握国家！所以做国君的一定要慎重掌握政权和爵号，不可以交于别人。"

定公五年，季平子去世。阳虎为泄私愤，拘禁了季桓子，季桓子与他订立盟约后，才被释放。七年，齐国讨伐鲁国，攻占了郓邑，后又还给鲁国，作为阳虎的封邑，让他管理那里的政务。八年，阳虎想把三桓嫡子全部除掉，改立与他关系密切的庶子代替三桓；阳虎派车接季桓子想要杀死他，季桓子使用诈术得以脱身。三桓共同攻打阳虎，阳虎驻扎到阳关。九年，鲁军征讨阳虎，阳虎逃亡到了齐，后又投奔晋国的赵氏。

十年，定公与齐景公在夹谷会盟，孔子为鲁国相。齐人想偷袭定公，孔子按照礼仪一步一阶，拾阶而上，诛杀了齐国弹奏淫乐的人，齐侯恐慌，不敢轻举妄动，并且归还了鲁国被侵占的土地来谢罪。十二年，派仲由拆除了三桓的城墙，没收了他们的铠甲武器。孟氏不肯拆毁其城，定公发兵攻打，因没能攻下而作罢。季桓子接受了齐国送给他的女乐，孔子因此离开了鲁国。

十五年，定公去世，他的儿子将继位，就是哀公。哀公五年，齐景公去世。六年，齐大夫田乞杀害了国君齐孺子。

哀公七年，吴王夫差开始强大，他率兵攻打齐国，一直打到缯地，又向鲁国索要牛、羊、猪各一百头。季康子派子贡游说吴王和吴太宰伯嚭，用礼仪斥责他们。吴王说："我们是纹身的蛮夷之人，不懂得中原的礼仪。"于是不再向鲁国索要礼物。

八年，吴国因为邹国而攻打鲁国，到达鲁国城下后，与鲁国订立了盟约而离去。同年齐国攻打鲁国，占领了鲁国三座城邑。十年，鲁国进攻齐国的南部国境。十一年，齐国又攻打鲁国。季氏任用冉有，冉有立有战功，季氏因此怀念孔子，孔子从卫国返回鲁国。

十四年，齐国大夫田常在徐州杀害了齐简公。孔子请求哀公出兵讨伐田常，哀公不同意。十五年，哀公派子服景伯、子贡为使，出使齐国，齐国归还了所占鲁国领地。因为田常刚刚当上齐相，想亲睦各诸侯。十六年，孔子去世。

二十二年，越王勾践打败了吴王夫差并消灭了吴国。

二十七年春，季康子去世。这年夏天，哀公担心三桓势力太强，想借诸侯之三桓亦患公作难，故君臣多间。公游于陵阪，遇孟武伯于街，曰："请问余及死乎？"对曰："不知也。"公欲以越伐三桓。八月，哀公如陉氏。三桓攻公，公奔于卫，去如邹，遂如越。国人迎哀公复归，卒于有山氏。子宁立，是为悼公。

悼公之时，三桓胜，鲁如小侯，卑于三桓之家。十三年，三晋灭智伯，分其地有之。

三十七年，悼公卒，子嘉立，是为元公。元公二十一年卒，子显立，是为穆公。穆公三十三年卒，子奋立，是为共公。共公二十二年卒，子屯立，是为康公。康公九年卒，子匽立，是为景公。景公二十九年卒，子叔立，是为平公。是时六国皆称王。

平公十二年，秦惠王卒。二十年，平公卒，子贾立，是为文公。文公元年，楚怀王死于秦。二十三年，文公卒，子雠立，是为顷公。

顷公二年，秦拔楚之郢，楚顷王东徙于陈。十九年，楚伐我，取徐州。二十四年，楚考烈王伐灭鲁。顷公亡，迁于下邑，为家人，鲁绝祀。顷公卒于柯。

鲁起周公至顷公，凡三十四世。

太史公曰：余闻孔子称曰"甚矣鲁道之衰也！洙泗之间龂龂如也"。观庆父及叔牙湣公之际，何其乱也？隐桓之事；襄仲杀適立庶；三家北面为臣，亲攻昭公，昭公以奔。至其揖让之礼则从矣，而行事何其戾也？

力解除三桓武装，三桓也担心哀公发难，因此君臣之间的隔阂更深。一次哀公去陵阪游玩，在街上遇到孟武伯，哀公说：“请问我能得到善终吗？”孟武伯回答说：“不知道。”哀公想借助越国的力量征讨三桓。八月，哀公到陉氏家去。三桓攻打哀公，哀公逃到了卫国，然后又去了邹，最终到了越国。鲁人又接哀公回国，最后死在有山氏家中。他的儿子宁继位，这就是悼公。

悼公时代，三桓势力强大，鲁国君反而像小诸侯，比三桓地位还要低下。十三年，韩、赵、魏三家灭掉了智伯，瓜分了他的土地。

三十七年，悼公去世，其儿子嘉登基，这就是元公。元公二十一年逝世，其儿子显继位，这就是穆公。穆公三十三年去世，其儿子奋继位，就是共公 。共公二十二年去世，其儿子屯继位，这就是康公。康公九年去世，其儿子匽继位，这就是景公。景公二十九年去世，其儿子叔继位，这就是平公。此时有六国都称王了。

平公十二年，秦惠王去世。二十年，平公去世，其儿子贾继位，这就是文公。文公元年，楚怀王在秦国去世。二十三年，文公去世，其儿子雠继位，这就是顷公。

顷公二年，秦国攻占了楚国都城郢，楚顷王向东逃到了陈国。十九年，楚国攻打鲁国，夺取了徐州。二十四年，楚国考烈王消灭了鲁国。顷公逃跑，迁居到了下邑，成为平民百姓，鲁国的祭祀至此灭绝。顷公最后死于柯邑。

鲁国自周公至顷公，共计经历了三十四代。

太史公说：我曾听孔子说“鲁国的道德实在是太败落了！洙水与泗水之间的人们为了小事也会争论计较不休”。看看庆父、叔牙和湣公等在登基之时，鲁国是多么混乱！隐公、桓公交替之事，襄仲杀嫡立庶，孟孙、叔孙、季孙三家本是臣子，却亲自率兵攻打昭公，以致昭公逃亡他国。至于揖让的礼节他们还是遵循的，但实际上他们做事却又那么暴戾！

燕召公世家第四

召公奭与周同姓，姓姬氏。周武王之灭纣，封召公于北燕。

其在成王时，召公为三公：自陕以西，召公主之；自陕以东，周公主之。成王既幼，周公摄政，当国践祚，召公疑之，作《君奭》。《君奭》不说周公。周公乃称“汤时有伊尹，假于皇天；在太戊时，则有若伊陟、臣扈，假于上帝，巫咸治王家；在祖乙时，则有若巫贤；在武丁时，则有若甘般：率维兹有陈，保乂有殷”。于是召公乃说。

召公之治西方，甚得兆民和。召公巡行乡邑，有棠树，决狱政事其下，自侯伯至庶人各得其所，无失职者。召公卒，而民人思召公之政，怀棠树不敢伐，哥咏之，作《甘棠》之诗。

自召公已下九世至惠侯。燕惠侯当周厉王奔彘，共和之时。

惠侯卒，子釐侯立。是岁，周宣王初即位。釐侯二十一年，郑桓公初封于郑。三十六年，釐侯卒，子顷侯立。

顷侯二十年，周幽王淫乱，为犬戎所弑。秦始列为诸侯。

二十四年，顷侯卒，子哀侯立。哀侯二年卒，子郑侯立。郑侯三十六年卒，子缪侯立。

缪侯七年，而鲁隐公元年也。十八年卒，子宣侯立。宣侯十三年卒，子桓侯立。桓侯七年卒，子庄公立。

庄公十二年，齐桓公始霸。十六年，与宋、卫共伐周惠王，惠王出奔温，立惠王弟颓为周王。十七年，郑执燕仲父而内惠王于周。二十七年，山戎来侵我，齐桓公救燕，遂北伐山戎而还。燕君送齐桓公出境，桓公因割燕所至地予燕，使燕共贡天子，如成周时职；使燕复修召公之法。三十三年卒，子襄公立。

召公奭和周王族同姓，姓姬。周武王在灭掉商纣王后，把召公封在北燕。

在周成王的时候，召公位列三公：从陕地往西，由召公主管；自陕地以东，由周公主管。当成王还小的时候，由周公代为主持朝政，掌管国家大权。召公怀疑周公的作为，召公因此写了《君奭》一文，文中对周公很不满，于是周公说："商汤时有伊尹，治理国家功德感通了上天；太戊时，则有伊陟、臣扈这样的人，治理国家功德感通了上帝，并有巫咸治理王室；到祖乙时，就有像巫贤那样的人；到武丁时，就有像甘般那样的人：这些大臣都在自己的职位上各尽其能，使殷王朝得到了治理和安定。"召公听了这才高兴起来。

召公治理西部一带，很受广大民众的拥戴。召公到乡村城镇去巡察，村镇中有一棵棠树，他就在树下判决官司，处理政事。从侯爵、伯爵到百姓都得到了适当的安置，没有失业的。召公去世后，百姓怀念他的德政，珍爱着那棵棠树，不舍得砍伐，于是作了《甘棠》这首诗来歌咏它。

自召公以下，经过九代传到惠侯。燕惠侯在位时，正是周厉王逃跑到彘，周定公和召穆公共同执政的时候。

惠侯去世后，他的儿子釐侯即位。这一年，周宣王刚刚即位。釐侯二十一年，郑桓公方刚被分封于郑。三十六年，釐侯去世，他的儿子顷侯即位。

顷侯二十年，周幽王因为淫乱，被犬戎攻破国都所杀。秦国从这时起被封为诸侯。

二十四年，顷侯去世，他的儿子哀侯继位。哀侯第二年（前765年）便去世了，他的儿子郑侯继位。郑侯三十六年去世，他的儿子缪侯即位。

缪侯七年，正是鲁隐公元年。缪侯十八年去世，他的儿子宣侯登基。宣侯十三年去世，他的儿子桓侯即位。桓侯七年去世，他的儿子庄公继位。

庄公十二年，齐桓公开始称霸。十六年，庄公和宋国、卫国一起攻打周惠王，惠王逃到了温，他们拥立惠王的弟弟颓为周王。十七年，郑国拘捕了燕仲父，并把惠王接回到京城。二十七年，山戎侵犯燕国，齐桓公派兵来救援，率兵北上攻打了山戎，然后才回国。燕庄公恭送齐桓公出了国境，齐桓公用剑划沟把燕庄公所到的地方割让给燕国，让燕庄公和诸侯一道向天子进贡，就像周成王时的燕召公一样尽职；又让燕庄公重新遵循燕召公时实行的法度。三十三年，庄公去世，他的儿子襄公继位。

襄公二十六年，晋文公为践土之会，称伯。三十一年，秦师败于肴。三十七年，秦穆公卒。四十年，襄公卒，桓公立。

桓公十六年卒，宣公立。宣公十五年卒，昭公立。昭公十三年卒，武公立。是岁晋灭三郤大夫。

武公十九年卒，文公立。文公六年卒，懿公立。懿公元年，齐崔杼弑其君庄公。四年卒，子惠公立。

惠公元年，齐高止来奔。六年，惠公多宠姬，公欲去诸大夫而立宠姬宋，大夫共诛姬宋，惠公惧，奔齐。四年，齐高偃如晋，请共伐燕，入其君。晋平公许，与齐伐燕，入惠公。惠公至燕而死。燕立悼公。

悼公七年卒，共公立。共公五年卒，平公立。晋公室卑，六卿始强大。平公十八年，吴王阖闾破楚入郢。十九年卒，简公立。简公十二年卒，献公立。晋赵鞅围范、中行于朝歌。献公十二年，齐田常弑其君简公。十四年，孔子卒。二十八年，献公卒，孝公立。

孝公十二年，韩、魏、赵灭知伯，分其地，三晋强。

十五年，孝公卒，成公立。成公十六年卒，湣公立。湣公三十一年卒，釐公立。是岁，三晋列为诸侯。

釐公三十年，伐败齐于林营。釐公卒，桓公立。桓公十一年卒，文公立。是岁，秦献公卒。秦益强。

文公十九年，齐威王卒。二十八年，苏秦始来见，说文公。文公予车马金帛以至赵，赵肃侯用之。因约六国，为从长。秦惠王以其女为燕太子妇。

二十九年，文公卒，太子立，是为易王。

易王初立，齐宣王因燕丧伐我，取十城；苏秦说齐，使复归燕十城。十年，燕君为王。苏秦与燕文公夫人私通，惧诛，乃说王使齐为反间，欲以乱齐。易王立十二年卒，子燕哙立。

燕哙既立，齐人杀苏秦。苏秦之在燕，与其相子之为婚，而苏代与子之交。及苏秦死，而齐宣王复用苏代。燕哙三年，与楚、三晋攻襄公二十六年，晋文公召集各诸侯在践土会盟，成为霸主。三十一年，秦国军队在崤山被晋军打败。三十七年，秦穆公去世。四十年，襄公去世，桓公登基。

桓公十六年去世，宣公即位。宣公十五年去世，昭公即位。昭公十三年去世，武公即位。这一年晋国诛灭了三位郤姓大夫。

武公在位十九年后去世，文公即位。文公在位六年后去世，懿公即位。懿公元年，齐国大夫崔杼杀死了齐庄公。四年懿公去世，他的儿子惠公继位。

惠公元年，齐国的高止前来投奔燕国。六年，惠公有许多宠姬，他打算废黜众大夫而立宠姬宋，大夫们一起诛杀了姬宋。惠公害怕，逃到了齐国。四年，齐国派高偃到晋国去，请求联合讨伐燕国，送燕惠公回国。晋平公答应了，和齐国一起讨伐燕国，把燕惠公送回了燕国。惠公刚到燕国时就去世了。燕国人立悼公为君。

悼公七年去世，共公继位。共公五年去世，平公继位。这时候晋国的君权变得衰弱，六卿开始变得强大起来。平公十八年，吴王阖闾攻入了楚国郢都。十九年平公去世，简公继位。简公十二年去世，献公继位。晋国的赵鞅把范氏、中行氏围困在朝歌。献公十二年，齐国的田常杀死了齐简公。十四年，孔子去世。二十八年，献公去世，孝公即位。

孝公十二年，韩、魏、赵三家灭掉了智伯，瓜分了他的封地，这三家开始变得强大起来。

十五年，孝公去世，成公继位。成公十六年去世，湣公继位。湣公三十一年去世，釐公即位。这一年，韩、赵、魏三国被列为诸侯。

釐公三十年，燕国在林营打败了齐国。这年釐公去世，桓公继位。桓公十一年去世，文公继位。这一年，秦献公去世，秦国变得更加强大。

文公十九年，齐威王去世。二十八年，苏秦初次来燕国拜见，并游说文公。文公赠给他车辆、马匹、黄金和绢帛，让他到赵国去，赵肃侯重用了他。苏秦因此邀请六国结成联盟共同抗秦，燕国因此成了联盟的领导者。此时秦惠王把女儿嫁给了燕太子做妻子。

二十九年，文公去世，太子即位，这就是易王。

易王刚刚即位，齐宣王因此趁着燕国给文公办丧事的机会来攻打燕国，攻占了十座城池；苏秦游说齐王，说服齐国把十座城池归还给了燕国。十年，燕国国君称王。苏秦和燕文公的夫人通奸，害怕被杀，于是游说易王派他出使齐国行反间计，想因此扰乱齐国。易王在位十二年后去世，他的儿子燕哙继位。

燕哙即位后，齐国人杀掉了苏秦。苏秦在燕国的时候，和国相子之结成了儿女亲家，而苏秦的弟弟苏代和子之也关系密切。等到苏秦死后，齐宣王又重用了秦，不胜而还。子之相燕，贵重，主断。苏代为齐使于燕，燕王问曰：“齐王奚如？”对曰：“必不霸。”燕王曰：“何也？”对曰：“不信其臣。”苏代欲以激燕王以尊子之也。于是燕王大信子之。子之因遗苏代百金，而听其所使。

鹿毛寿谓燕王：“不如以国让相子之。人之谓尧贤者，以其让天下于许由，许由不受，有让天下之名而实不失天下。今王以国让于子之，子之必不敢受，是王与尧同行也。”燕王因属国于子之，子之大重。或曰：“禹荐益，已而以启人为吏。及老，而以启人为不足任乎天下，传之于益。已而启与交党攻益，夺之。天下谓禹名传天下于益，已而实令启自取之。今王言属国于子之，而吏无非太子人者，是名属子之而实太子用事也。”王因收印自三百石卖已讼而效之子之。子之南面行王事，而哙老不听政，顾为臣，国事皆决于子之。

三年，国大乱，百姓恫恐。将军市被与太子平谋，将攻子之。诸将谓齐湣王曰：“因而赴之，破燕必矣。”齐王因令人谓燕太子平曰：“寡人闻太子之义，将废私而立公，饬君臣之义，明父子之位。寡人之国小，不足以为先后。虽然，则唯太子所以令之。”太子因要党聚众，将军市被围公宫，攻子之，不克。将军市被及百姓反攻太子平，将军市被死，以徇。因构难数月，死者数万，众人恫恐，百姓离志。孟轲谓齐王曰：“今伐燕，此文、武之时，不可失也。”王因令章子将五都之兵，以因北地之众以伐燕。士卒不战，城门不闭，燕君哙死，齐大胜。燕子之亡二年，而燕人共立太子平，是为燕昭王。

燕昭王于破燕之后即位，卑身厚币以招贤者。谓郭隗曰：“齐因孤之国乱而袭破燕，孤极知燕小力少，不足以报。然诚得贤士以共国，以雪先王之耻，孤之愿也。先生视可者，得身事之。”郭隗曰：

苏代。燕王哙三年，燕国与楚国、韩、赵、魏一起攻打秦国，没有取胜便撤军回国了。当时子之为燕国的国相，位高权重，掌管国家大权。苏代作为齐国使臣出使燕国，燕王问他："齐王这个人怎么样？"苏代回答说："肯定不能称霸。"燕王问："为什么呢？"苏代回答说："因为他不信任自己的大臣。"苏代其实是想用这些话来刺激燕王，使他尊重子之。于是燕王更加信任子之。子之因此送给苏代黄金百镒，任他使用。

鹿毛寿对燕王说："您不如把国家让给国相子之吧。人们之所以说尧圣贤，是因为他把天下让给了许由，而许由没有接受，因此有了让天下的美名但实际上又没有失去天下。大王如果现在把国家让给子之，子之必定不敢接受，这样大王您就和尧有了同样的德行了。"燕王于是把国家托付给子之，子之的地位变得更加尊贵。有人对燕王说："大禹举荐了伯益，却任用启的人为官。等到大禹年老后，又认为启不足以担当天下重任，便把君位传给了伯益。不久，启就和同党攻打伯益，夺走了君位。天下人都说大禹名义上是把天下传给了伯益，而实际上是让启自己去夺回天下。现在大王说是把国家托付给了子之，但当官的却没有一个不是太子的臣子，这正是名义上把国家托付给子之，而实际上是由太子在执政啊。"燕王于是把俸禄三百石以上官吏的印信都收起来交给了子之。子之于是面向南行使王权，燕王哙因年老不再处理政务，反而成了臣子，国事都由子之处理。

三年后，燕国大乱，百官人人恐惧。将军市被和太子平谋划，准备攻打子之。齐国众将对齐湣王说："趁这个机会出兵燕国，一定能攻破燕国。"齐湣王因此派人对燕太子平说："我听说太子深明大义，将要废私立公，整顿君臣关系，明确父子位序。我的国家很小，不足以帮助您。虽然这样，我还是愿意听从太子的差遣。"太子平因此邀集党羽徒众，将军市被包围了王宫，攻打子之，没有成功。将军市被和百官又反过头来攻打太子平，结果将军市被战死，被陈尸示众。这样动乱了几个月，死去的人有好几万，大家都非常恐惧，百官们离心离德。孟轲对齐王说："现在去攻打燕国，这是周文王、武王讨伐纣那样的好时机，千万不能错失啊。"齐王于是命令章子率领五都的军队，并且集结北方边境的军队一起攻打燕国。燕国的士兵不迎战，也不关闭城门，燕君哙被杀，齐军大胜。燕子之死后两年，燕国人共同拥立太子平为王，这就是燕昭王。

燕昭王是在燕国被攻破后登基的，他放下身份带着丰厚的礼物向社会招揽贤才。他对郭隗说："齐国趁我国内乱时攻破了燕国，我深知燕国国小力弱，不足以报复齐国。然而如果能得到贤士一起来治理国家，雪洗先王的耻辱，这是我的愿望啊。先生认为有这样合适的人才，我愿意亲自侍奉他。"郭隗说："大王

“王必欲致士，先从隗始。况贤于隗者，岂远千里哉！”于是昭王为隗改筑宫而师事之。乐毅自魏往，邹衍自齐往，剧辛自赵往，士争趋燕。燕王吊死问孤，与百姓同甘苦。

二十八年，燕国殷富，士卒乐轶轻战，于是遂以乐毅为上将军，与秦、楚、三晋合谋以伐齐。齐兵败，湣王出亡于外。燕兵独追北，入至临淄，尽取齐宝，烧其宫室宗庙。齐城之不下者，独唯聊、莒、即墨，其余皆属燕，六岁。

昭王三十三年卒，子惠王立。

惠王为太子时，与乐毅有隙；及即位，疑毅，使骑劫代将。乐毅亡走赵。齐田单以即墨击败燕军，骑劫死，燕兵引归，齐悉复得其故城。湣王死于莒，乃立其子为襄王。

惠王七年卒。韩、魏、楚共伐燕。燕武成王立。

武成王七年，齐田单伐我，拔中阳。十三年，秦败赵于长平四十余万。十四年，武成王卒，子孝王立。

孝王元年，秦围邯郸者解去。三年卒，子今王喜立。

今王喜四年，秦昭王卒。燕王命相栗腹约欢赵，以五百金为赵王酒。还报燕王曰：“赵王壮者皆死长平，其孤未壮，可伐也。”王召昌国君乐闲问之。对曰：“赵四战之国，其民习兵，不可伐。”王曰：“吾以五而伐一。”对曰：“不可。”燕王怒，群臣皆以为可。卒起二军，车二千乘，栗腹将而攻鄗，卿秦攻代。唯独大夫将渠谓燕王曰：“与人通关约交，以五百金饮人之王，使者报而反攻之，不祥，兵无成功。”燕王不听，自将偏军随之。将渠引燕王绶止之曰：“王必无自往，往无成功。”王楇之以足。将渠泣曰：“臣非以自为，为王也！”燕军至宋子，赵使廉颇将，击破栗腹于鄗。乐乘破卿秦于代。乐间奔赵。廉颇逐之五百余里，围其国。燕人请和，赵人不许，必令将渠处和。燕相将渠以处和。赵听将渠，解燕围。

如果想要得到贤士，那就先从我郭隗开始吧。如此那些比我贤能的人，难道还会因为距离千里之远而不来吗？”昭王于是给郭隗改建了住宅，并以老师礼节服侍他。不久乐毅从魏国来，邹衍从齐国来，剧辛从赵国来，贤士们争相投奔燕国。燕昭王祭吊死者，慰问孤寡，和百姓们同甘共苦。

二十八年，燕国变得殷实富足了，士兵都愿意出兵征战。燕王于是任命乐毅为上将军，与秦国、楚国以及赵、魏、韩等国合谋讨伐齐国。齐国战败，齐湣王逃往他国。燕军独自追击败军，攻入了齐都临淄，夺取了齐国所有的宝物，烧毁了齐国的宫室宗庙。齐国没有被攻下的城池，只剩下了聊城、莒城和即墨，其余的全部被燕国占领，达六年之久。

昭王三十三年去世，他的儿子惠王继位。

惠王在做太子时，与将军乐毅有隔阂；即位以后，他不信任乐毅，让骑劫取代乐毅为将军。乐毅因此投奔到赵国。齐国田单凭着即墨城的兵力，打败了燕军，骑劫战死，燕军撤退回国，齐国收复了原有的全部城池。齐湣王在莒去世，齐国人立他的儿子为襄王。

惠王七年去世，韩、魏、楚三国联合一起攻打燕国。燕武成王继位。

武成王七年，齐国田单征伐燕国，占领了中阳。十三年，秦国在长平打败了赵国的四十万大军。十四年，武成王去世，他的儿子孝王继位。

孝王元年，秦国围困邯郸的军队撤离。孝王三年去世，他的儿子燕王喜继位。

燕王喜四年，秦昭王去世。燕王派国相栗腹和赵国结盟，用五百金给赵王置酒祝寿。栗腹回国向燕王报告说：“赵国的壮年人都战死在了长平，他们的孩子还没有长大，可以攻打赵国。”燕王召来昌国君乐闲询问此事。乐闲回答说：“赵国是个四面受敌的国家，其百姓都熟悉战争，不可以攻打。”燕王说：“我们是以五倍于他们的人去攻打他们。”乐闲还是回答说：“不可以。”燕王听了很生气，这时众大臣都认为可以发兵攻打。最后燕国派出两路大军，兵车二千辆，栗腹率领一路攻打鄗，卿秦率领一路攻打代。唯独大夫将渠对燕王说：“和人家互通了关卡，签订了盟约，还拿出五百金给人家君王祝酒，使者一回来就反过来进攻人家，这不吉祥，这次出战不会胜利。”燕王没有听，亲自率领侧翼部队随军出发。将渠拉住燕王的腰带阻止他说：“大王一定不要亲自前往，去了不会成功！”燕王用脚踢他。将渠哭泣说：“我不是为了自己，而是为了大王啊！”燕军到达宋子，赵国派廉颇为将，率军在鄗击败了栗腹。乐乘也在代打败了卿秦。乐间投奔到了赵国。廉颇率兵追击燕军，追出了五百多里，包围了燕国都城。燕王派人请求议和，赵国没有答应，一定要将渠出面主持议和。燕王便命将渠为国相，前去议和。赵国听从了将渠的话，撤除了对燕国的包围。

六年，秦灭东周，置三川郡。七年，秦拔赵榆次三十七城，秦置大原郡。九年，秦王政初即位。十年，赵使廉颇将攻繁阳，拔之。赵孝成王卒，悼襄王立。使乐乘代廉颇，廉颇不听，攻乐乘，乐乘走，廉颇奔大梁。十二年，赵使李牧攻燕，拔武遂、方城。剧辛故居赵，与庞煖善，已而亡走燕。燕见赵数困于秦，而廉颇去，令庞煖将也，欲因赵弊攻之。问剧辛，辛曰："庞煖易与耳。"燕使剧辛将击赵，赵使庞煖击之，取燕军二万，杀剧辛。秦拔魏二十城，置东郡。十九年，秦拔赵之邺九城。赵悼襄王卒。二十三年，太子丹质于秦，亡归燕。二十五年，秦虏灭韩王安，置颍川郡。二十七年，秦虏赵王迁，灭赵。赵公子嘉自立为代王。

燕见秦且灭六国，秦兵临易水，祸且至燕。太子丹阴养壮士二十人，使荆轲献督亢地图于秦，因袭刺秦王。秦王觉，杀轲，使将军王翦击燕。二十九年，秦攻拔我蓟，燕王亡，徙居辽东，斩丹以献秦。三十年，秦灭魏。

三十三年，秦拔辽东，虏燕王喜，卒灭燕。是岁，秦将王贲亦虏代王嘉。

太史公曰：召公奭可谓仁矣！甘棠且思之，况其人乎？燕迫蛮貉，内措齐、晋，崎岖强国之间，最为弱小，几灭者数矣。然社稷血食者八九百岁，于姬姓独后亡，岂非召公之烈邪！

燕王喜六年，秦国灭掉了东周，设置了三川郡。七年，秦国攻占了赵国榆次等三十七座城，设置了太原郡。九年，秦王嬴政登基。十年，赵国派廉颇率军攻打魏国的繁阳，并攻占了它。这年赵孝成王去世，悼襄王继位。悼襄王派乐乘前去接替廉颇统兵，廉颇没听从命令，而是攻打乐乘，乐乘逃走了，廉颇也投奔了魏都大梁。十二年，赵国派李牧进攻燕国，攻占了武遂、方城。剧辛过去住在赵国时，和庞煖关系很密切，后来他逃到了燕国。燕王看到赵国屡次被秦兵围困，而且廉颇也离开了赵国，又让庞煖为将，因此想趁赵国疲惫时攻打它。燕王询问剧辛，剧辛说："庞煖很好对付。"燕王就派剧辛率军攻赵，赵国派庞煖迎战，俘获了燕军两万人，杀掉了剧辛。这时秦国又攻占了魏国二十座城池，设置了东郡。十九年，秦国攻取了赵国的邺等九座城池。赵悼襄王去世。二十三年，燕太子丹被送到秦国做人质，他又逃回了燕国。二十五年，秦国俘虏了韩王安，灭掉了韩国，设置了颍川郡。二十七年，秦国俘虏了赵王迁，灭掉了赵国。赵国公子嘉自立为代王。

燕国见秦国即将要灭掉六国，且秦军已经到达了易水，即将威胁到燕国。燕太子丹私自养了二十名勇士，他派荆轲把督亢地区的地图献给秦王，并乘机刺杀秦王。秦王发觉了，杀死了荆轲，派将军王翦率军攻打燕国。二十九年，秦军攻占了燕国都城蓟，燕王逃走了，移居到了辽东，杀了太子丹并把他献给了秦国。三十年，秦国灭掉了魏国。

三十三年，秦军攻占了辽东，俘虏了燕王喜，最终灭掉了燕国。这一年，秦国将军王贲也俘虏了代王嘉。

太史公说：召公奭可称得上是有仁德的人了！那棵甘棠树，人们尚且怀念，何况是召公本人呢？燕国外受蛮貉等域外部族逼迫，内又与齐、晋等国领土相互交错，艰难地生存在强国之间，实力最为弱小，好几次都差点被灭掉。然而国家一直延续了八九百年，在姬姓封国中是最后灭亡的，这难道不是召公的功德吗？

管蔡世家第五

管叔鲜、蔡叔度者，周文王子而武王弟也。武王同母兄弟十人。母曰太姒，文王正妃也。其长子曰伯邑考，次曰武王发，次曰管叔鲜，次曰周公旦，次曰蔡叔度，次曰曹叔振铎，次曰成叔武，次曰霍叔处，次曰康叔封，次曰冉季载。冉季载最少。同母昆弟十人，唯发、旦贤，左右辅文王，故文王舍伯邑考而以发为太子。及文王崩而发立，是为武王。伯邑考既已前卒矣。

武王已克殷纣，平天下，封功臣昆弟。于是封叔鲜于管，封叔度于蔡：二人相纣子武庚禄父，治殷遗民。封叔旦于鲁而相周，为周公。封叔振铎于曹，封叔武于成，封叔处于霍。康叔封、冉季载皆少，未得封。

武王既崩，成王少，周公旦专王室。管叔、蔡叔疑周公之为不利于成王，乃挟武庚以作乱。周公旦承成王命伐诛武庚，杀管叔，而放蔡叔，迁之，与车十乘，徒七十人从。而分殷余民为二：其一封微子启于宋，以续殷祀；其一封康叔为卫君，是为卫康叔。封季载于冉。冉季、康叔皆有驯行，于是周公举康叔为周司寇，冉季为周司空，以佐成王治，皆有令名于天下。

蔡叔度既迁而死。其子曰胡，胡乃改行，率德驯善。周公闻之，而举胡以为鲁卿士，鲁国治。于是周公言于成王，复封胡于蔡，以奉蔡叔之祀，是为蔡仲。余五叔皆就国，无为天子吏者。

蔡仲卒，子蔡伯荒立。蔡伯荒卒，子宫侯立。宫侯卒，子厉侯立。厉侯卒，子武侯立。武侯之时，周厉王失国，奔彘，共和行政，诸侯多叛周。

武侯卒，子夷侯立。夷侯十一年，周宣王即位。二十八年，夷侯卒，子釐侯所事立。

釐侯三十九年，周幽王为犬戎所杀，周室卑而东徙。秦始得列为诸侯。

管叔鲜和蔡叔度，都是周文王的儿子、周武王的弟弟。武王有一母同胞的兄弟十人。他们的母亲名叫太姒，是周文王的正妻。她的长子叫伯邑考，然后依次是武王姬发、管叔鲜、周公旦、蔡叔度、曹叔振铎、成叔武、霍叔处、康叔封、冉季载。冉季载最小。兄弟十人中，只有武王姬发和周公旦贤德，是文王的左膀右臂，所以文王舍弃了伯邑考而立姬发为太子。在文王去世后，太子姬发继位，就是武王。伯邑考在这以前已去世了。

武王打败了商纣王，平定了天下，便分封功臣和众多同姓兄弟。于是把叔鲜分封在管地，把叔度分封在蔡地，并且让二人辅助纣王之子武庚禄父，共同治理殷族遗民；把鲁地分封给叔旦，同时让叔旦担任周王朝的相国，称为周公；将叔振铎分封在曹地，叔武分封在成地，叔处分封在霍地。康叔封和冉季载因为年龄幼小，没有得到分封。

武王去世后，成王还很年幼，周公旦代为执掌国家大权。管叔和蔡叔怀疑周公这样做不利于成王，于是扶持武庚一起叛乱。周公旦奉成王命令征讨诛杀武庚，杀死了管叔，放逐了蔡叔，给了他十辆马车、随从七十人。又把商朝遗民分为两部分：一部分跟随微子启封在宋地，以延续殷人香火；另一部分随康叔分封在卫地，康叔为卫国君，这就是卫康叔。将季载分封在冉地。冉季、康叔都品德美善，所以周公举荐康叔为周王朝的司寇、冉季为司空，辅佐成王治理国家，他们的美誉都传颂于天下。

蔡叔度被放逐后不久便去世了。他的儿子叫胡，胡一改其父旧行，崇德向善。周公听说后，便举荐胡做了鲁国的卿士，鲁国因此得到了很好的治理。于是周公向成王提议，又把胡封在蔡地，来继承蔡叔的祭祀，这就是蔡仲。武王其他的五兄弟各自去了封地，没有在周朝廷做官的。

蔡仲去世，其儿子蔡伯荒继位。蔡伯荒去世，他的儿子宫侯继位。宫侯去世，他的儿子厉侯继位。厉侯去世，其子武侯继位。武侯时，周厉王失去了王位，逃到了彘地，由周公、召公共同执政，许多诸侯背叛了周朝。

武侯去世后，其子夷侯继位。夷侯十一年，周宣王即位。二十八年，夷侯去世，他的儿子釐侯所事继位。

釐侯三十九年，周幽王被犬戎人杀死，周王室衰败被迫东迁。秦国开始被封为诸侯。

四十八年，釐侯卒，子共侯兴立。共侯二年卒，子戴侯立。戴侯十年卒，子宣侯措父立。

宣侯二十八年，鲁隐公初立。三十五年，宣侯卒，子桓侯封人立。桓侯三年，鲁弑其君隐公。二十年，桓侯卒，弟哀侯献舞立。

哀侯十一年，初，哀侯娶陈，息侯亦娶陈。息夫人将归，过蔡，蔡侯不敬。息侯怒，请楚文王："来伐我，我求救于蔡，蔡必来，楚因击之，可以有功。"楚文王从之，虏蔡哀侯以归。哀侯留九岁，死于楚。凡立二十年卒。蔡人立其子肸，是为缪侯。

缪侯以其女弟为齐桓公夫人。十八年，齐桓公与蔡女戏船中，夫人荡舟，桓公止之，不止，公怒，归蔡女而不绝也。蔡侯怒，嫁其弟。齐桓公怒，伐蔡；蔡溃，遂虏缪侯，南至楚邵陵。已而诸侯为蔡谢齐，齐侯归蔡侯。二十九年，缪侯卒，子庄侯甲午立。

庄侯三年，齐桓公卒。十四年，晋文公败楚于城濮。二十年，楚太子商臣弑其父成王代立。二十五年，秦缪公卒。三十三年，楚庄王即位。三十四年，庄侯卒，子文侯申立。

文侯十四年，楚庄王伐陈，杀夏徵舒。十五年，楚围郑，郑降楚，楚复醳之。二十年，文侯卒，子景侯固立。

景侯元年，楚庄王卒。四十九年，景侯为太子般娶妇于楚，而景侯通焉。太子弑景侯而自立，是为灵侯。

灵侯二年，楚公子围弑其王郏敖而自立，为灵王。九年，陈司徒招弑其君哀公。楚使公子弃疾灭陈而有之。十二年，楚灵王以灵侯弑其父，诱蔡灵侯于申，伏甲饮之，醉而杀之，刑其士卒七十人。令公子弃疾围蔡。十一月，灭蔡，使弃疾为蔡公。

楚灭蔡三岁，楚公子弃疾弑其君灵王代立，为平王。平王乃求蔡景侯少子庐，立之，是为平侯。是年，楚亦复立陈。楚平王初立，欲亲诸侯，故复立陈、蔡后。

四十八年，釐侯去世，他的儿子共侯兴继位。共侯二年去世，他的儿子戴侯继位。戴侯十年去世，他的儿子宣侯措父继位。

宣侯二十八年，鲁隐公登基。三十五年，宣侯去世，他的儿子桓侯封人继位。桓侯三年，鲁国人杀死了鲁隐公。二十年，桓侯去世，他的弟弟哀侯献舞继位。

哀侯十一年，当初哀侯娶了陈国女子为夫人，而息侯也娶了陈国女子为夫人。息侯夫人准备回国省亲，经过蔡国，哀侯对她不尊重。息侯因此发怒，他向楚文王请求说："您带兵来攻打我国，我向蔡国求救，蔡兵必来救援，楚国趁机攻打蔡国，必获胜利。"楚文王听从了他的计划，俘获了哀侯回到楚国。哀侯被扣留在楚国九年，最后死在了楚国。他在位共计二十年。蔡人拥立哀侯的儿子肸为国君，这就是缪侯。

缪侯将妹妹嫁给齐桓公做夫人。十八年，齐桓公和夫人蔡女乘船游玩，夫人使劲摇船，桓公让她停下来，她还是摇不停。桓公愤怒，把她送回娘家却并不断绝关系。蔡缪侯因此也很生气，便将妹妹又嫁给了别人。齐桓公大怒，出兵讨伐蔡国；蔡国大败，缪侯被抓，齐国向南打到了楚国的邵陵。后来各诸侯替蔡侯向齐桓公道歉，齐桓公才放蔡侯回国。二十九年，缪侯去世，他的儿子庄侯甲午继位。

庄侯三年，齐桓公去世。十四年，晋文公在城濮打败楚军。二十年，楚国太子商臣杀害了自己的父亲楚成王，取代他自立为王。二十五年，秦缪公去世。三十三年，楚庄王即位。三十四年，庄侯去世，他的儿子文侯继位。

文侯十四年，楚庄王攻打陈国，杀了夏徵舒。十五年，楚国围攻郑国，郑国投降，楚国又放了郑君。二十年，文侯去世，他的儿子景侯固继位。

景侯元年，楚庄王去世。四十九年，景侯给太子般娶了个楚国媳妇，景侯又与儿媳私通，太子杀了景侯自立为君，这就是灵侯。

灵侯二年，楚公子围杀害了国君郏敖自立为王，这就是楚灵王。九年，陈国的司徒招杀了陈哀公。楚国派公子弃疾灭掉了陈国。十二年，楚灵王借口蔡灵侯杀了自己的父亲，诱骗蔡灵侯到申地，预先埋伏了甲兵，设宴款待灵侯，趁灵侯醉酒后杀了他，跟随灵侯的七十名士兵也遭杀害。楚灵王又命公子弃疾围攻蔡国。这年十一月，楚国消灭了蔡国，委任公子弃疾做了蔡公。

楚灭掉蔡国三年后，楚国公子弃疾杀死了楚灵王而自立为王，这就是楚平王。平王找到蔡景侯的小儿子庐，立他为蔡国国君，这就是平侯。这一年，楚国也恢复了陈国。因为楚平王刚登基，想要亲近诸侯，因此才恢复陈国、蔡国后人的君位。

平侯九年卒，灵侯般之孙东国攻平侯子而自立，是为悼侯。悼侯父曰隐太子友。隐太子友者，灵侯之太子，平侯立而杀隐太子，故平侯卒而隐太子之子东国攻平侯子而代立，是为悼侯。悼侯三年卒，弟昭侯申立。

昭侯十年，朝楚昭王，持美裘二，献其一于昭王而自衣其一。楚相子常欲之，不与。子常谗蔡侯，留之楚三年。蔡侯知之，乃献其裘于子常；子常受之，乃言归蔡侯。蔡侯归而之晋，请与晋伐楚。

十三年春，与卫灵公会邵陵。蔡侯私于周苌弘以求长于卫；卫使史鰌言康叔之功德，乃长卫。夏，为晋灭沈，楚怒，攻蔡。蔡昭侯使其子为质于吴，以共伐楚。冬，与吴王阖闾遂破楚入郢。蔡怨子常，子常恐，奔郑。十四年，吴去而楚昭王复国。十六年，楚令尹为其民泣以谋蔡，蔡昭侯惧。二十六年，孔子如蔡。楚昭王伐蔡，蔡恐，告急于吴。吴为蔡远，约迁以自近，易以相救；昭侯私许，不与大夫计。吴人来救蔡，因迁蔡于州来。二十八年，昭侯将朝于吴，大夫恐其复迁，乃令贼利杀昭侯；已而诛贼利以解过，而立昭侯子朔，是为成侯。

成侯四年，宋灭曹。十年，齐田常弑其君简公。十三年，楚灭陈。十九年，成侯卒，子声侯产立。声侯十五年卒，子元侯立。元侯六年卒，子侯齐立。

侯齐四年，楚惠王灭蔡，蔡侯齐亡，蔡遂绝祀。后陈灭三十三年。

伯邑考，其后不知所封。武王发，其后为周，有本纪言。管叔鲜作乱诛死，无后。周公旦，其后为鲁，有世家言。蔡叔度，其后为蔡，有世家言。曹叔振铎，有后为曹，有世家言。成叔武，其后世无所见。霍叔处，其后晋献公时灭霍。康叔封，其后为卫，有世家言。冉季载，其后世无所见。

平侯九年去世，蔡灵侯般的孙子东国打败了平侯的儿子，自立为国君，这就是悼侯。悼侯的父亲是隐太子友。隐太子友本是灵侯时的太子，平侯登基后杀了隐太子。所以平侯死后，隐太子的儿子东国就攻击了平侯的儿子，自立为君，这就是悼侯。悼侯三年去世，他的弟弟昭侯申继位。

昭侯十年时，前去朝拜楚昭王，随身带了两件漂亮的皮衣，将一件献给了昭王，而另一件自己穿。楚国令尹子常想要一件，昭侯没有给。子常因此向楚昭王说昭侯的坏话，把昭侯扣留在楚国三年。后来蔡昭侯得知了原因，于是把自己的那件皮衣献给了子常；子常收下皮衣后，才向楚昭王提议放昭侯回国。蔡侯回国后赶到晋国，请求晋国一起攻打楚国。

十三年春天，昭侯与卫灵公在邵陵会盟。蔡侯私下请求周大夫苌弘把蔡国的位次排在卫国前面，卫国则派史鳕陈说卫康叔的功德，认为卫国的位次应该排在前面。这年夏天，蔡国为晋国消灭了沈国，楚王大怒，发兵攻打蔡国。蔡昭侯让自己的儿子到吴国去当人质，请吴国发兵共同抗击楚国。这年冬天，蔡侯与吴王阖闾攻入了楚都城郢。蔡侯怨恨子常，子常害怕，逃到了郑国。十四年，吴国撤军，楚昭王光复楚国。十六年，楚国令尹在楚国民众面前泣不成声，谋划讨伐蔡国，蔡昭侯听后很担心。二十六年，孔子去蔡国。楚昭王征讨蔡国，蔡侯恐慌，向吴国求救。吴王觉得蔡国都城离吴国太远，便让蔡侯自己将国都迁得离吴国近一点，以方便出兵相救；蔡昭侯私下同意了，没有与大夫商议。吴国出兵前来相救，便把蔡国都城迁到了州来。二十八年，昭侯准备去拜见吴王，大夫们担心他再次迁都，便指使一个名叫“利”的盗贼杀了昭侯，然后又杀死了利来开脱罪名，于是拥立昭侯的儿子朔为国君，这就是成侯。

成侯四年，宋国灭了曹国。十年，齐国的田常杀了齐简公。十三年，楚国消灭了陈国。十九年，成侯去世，他的儿子声侯产继位。声侯十五年去世，他的儿子元侯继位。元侯在位六年后去世，他的儿子侯齐继位。

侯齐四年，楚惠王灭掉了蔡国，侯齐逃往国外，蔡国的祭祀自此断绝。蔡国比陈国灭亡晚三十三年。

伯邑考，他的后人不知分封在什么地方。武王姬发的后人是周王，《本纪》有记载。管叔鲜因叛乱被杀，没有留下后代。周公旦，他的后人是鲁国君主，《世家》有记载。蔡叔度，他的后人是蔡国君主，《世家》有记载。曹叔振铎，他的后人是曹国君主，《世家》有记载。成叔武，他的后人下落无人知晓。霍叔处，他的后人分封在霍地，后被晋献公消灭。康叔封，他的后人是卫国君主，《世家》有记载。冉季载，他的后代世人不清楚。

太史公曰：管蔡作乱，无足载者。然周武王崩，成王少，天下既疑，赖同母之弟成叔、冉季之属十人为辅拂，是以诸侯卒宗周，故附之世家言。

曹叔振铎者，周武王弟也。武王已克殷纣，封叔振铎于曹。

叔振铎卒，子太伯脾立。太伯卒，子仲君平立。仲君平卒，子宫伯侯立。宫伯侯卒，子孝伯云立。孝伯云卒，子夷伯喜立。

夷伯二十三年，周厉王奔于彘。

三十年卒，弟幽伯强立。幽伯九年，弟苏杀幽伯代立，是为戴伯。戴伯元年，周宣王已立三岁。三十年，戴伯卒，子惠伯兕立。

惠伯二十五年，周幽王为犬戎所杀，因东徙，益卑，诸侯畔之。秦始列为诸侯。

三十六年，惠伯卒，子石甫立，其弟武杀之代立，是为缪公。缪公三年卒，子桓公终生立。

桓公三十五年，鲁隐公立。四十五年，鲁弑其君隐公。四十六年，宋华父督弑其君殇公，及孔父。五十五年，桓公卒，子庄公夕姑立。

庄公二十三年，齐桓公始霸。

三十一年，庄公卒，子釐公夷立。釐公九年卒，子昭公班立。昭公六年，齐桓公败蔡，遂至楚召陵。九年，昭公卒，子共公襄立。

共公十六年，初，晋公子重耳其亡过曹，曹君无礼，欲观其骈胁。釐负羁谏，不听，私善于重耳。二十一年，晋文公重耳伐曹，虏共公以归，令军毋入釐负羁之宗族闾。或说晋文公曰："昔齐桓公会诸侯，复异姓；今君囚曹君，灭同姓，何以令于诸侯？"晋乃复归共公。

二十五年，晋文公卒。三十五年，共公卒，子文公寿立。文公二十三年卒，子宣公强立。宣公十七年卒，弟成公负刍立。

成公三年，晋厉公伐曹，虏成公以归，已复释之。五年，晋栾太史公说：管叔、蔡叔作乱，没有什么值得记载的。但周武王死后，成王年幼，天下人都不相信周公，全仗同母兄弟成叔、冉季等十人辅佐，所以天下诸侯才共尊周室，因此我把他们的事情附记在《世家》里。

曹叔振铎，是周武王的弟弟。武王打败商纣后，将叔振铎分封在曹地。

叔振铎去世后，他的儿子太伯脾继位。太伯去世后，他的儿子仲君平继位。仲君平去世后，其子宫伯侯继位。宫伯侯去世后，其子孝伯云继位。孝伯云去世后，其子夷伯喜继位。

夷伯二十三年，周厉王逃往彘地。

夷伯三十年去世，他的弟弟幽伯强继位。幽伯九年，他的弟弟苏杀死幽伯自立为君，这就是戴伯。戴伯元年，周宣王已登基三年。戴伯三十年去世，他的儿子惠伯兕继位。

惠伯二十五年，周幽王被犬戎人所杀，周王室东迁，更加衰落，诸侯因此纷纷背叛。秦国这一年因救周有功被封为诸侯。

三十六年，惠伯去世，他的儿子石甫继位，他的弟弟武杀了石甫自立为君，这就是缪公。缪公三年去世，他的儿子桓公终生登基。

桓公三十五年，鲁隐公登基。四十五年，鲁人杀了自己的国君隐公。四十六年，宋国的华父督杀了宋殇公和大夫孔父。五十五年，桓公去世，他的儿子庄公夕姑继位。

庄公二十三时，齐桓公成为诸侯盟主，开始称霸天下。

三十一年，庄公去世，他的儿子釐公夷继位。釐公在位九年后去世，他的儿子昭公班登基。昭公六年，齐桓公打败蔡国，顺势攻到了楚国的卲陵。九年，昭公去世，他的儿子共公襄继位。

共公十六年，当初晋公子重耳逃亡时曾路过曹国，共公对待他不礼，甚至想看他的骈肋。曹国大夫釐负羁劝阻，共公不听，釐负羁只得私底下对重耳表示善意。二十一年，晋文公重耳讨伐曹国，把曹共公抓回了晋国，却命令军队不得骚扰釐负羁的宗族所居之地。有人劝晋文公说："当年齐桓公与诸侯会盟，帮助异姓国家复国；现在您却拘禁了曹君，是灭同姓国家。这样以后怎能号令诸侯？"于是晋文公才放回了曹共公。

二十五年，晋文公去世。三十五年，曹共公去世，他的儿子文公寿继位。文公二十三年去世，他的儿子宣公强登基。宣公十七年去世，他的弟弟成公负刍继位。

成公三年，晋厉公攻打曹国，擒获了曹成公回国，不久又放回了他。五年，书、中行偃使程滑弑其君厉公。二十三年，成公卒，子武公胜立。武公二十六年，楚公子弃疾弑其君灵王代立。二十七年，武公卒，子平公须立。平公四年卒，子悼公午立。是岁，宋、卫、陈、郑皆火。

悼公八年，宋景公立。九年，悼公朝于宋，宋囚之；曹立其弟野，是为声公。悼公死于宋，归葬。

声公五年，平公弟通弑声公代立，是为隐公。隐公四年，声公弟露弑隐公代立，是为靖公。靖公四年卒，子伯阳立。

伯阳三年，国人有梦众君子立于社宫，谋欲亡曹；曹叔振铎止之，请待公孙强，许之。旦，求之曹，无此人。梦者戒其子曰："我亡，尔闻公孙强为政，必去曹，无离曹祸。"及伯阳即位，好田弋之事。六年，曹野人公孙强亦好田弋，获白雁而献之，且言田弋之说，因访政事。伯阳大说之，有宠，使为司城以听政。梦者之子乃亡去。

公孙强言霸说于曹伯。十四年，曹伯从之，乃背晋干宋。宋景公伐之，晋人不救。十五年，宋灭曹，执曹伯阳及公孙强以归而杀之。曹遂绝其祀。

太史公曰：余寻曹共公之不用僖负羁，乃乘轩者三百人，知唯德之不建。及振铎之梦，岂不欲引曹之祀者哉？如公孙强不修厥政，叔铎之祀忽诸。

晋国大夫栾书、中行偃指使程滑杀死了晋厉公。二十三年，成公去世，他的儿子武公胜继位。武公二十六年，楚公子弃疾杀死了楚灵王自立为王。二十七年，武公去世，他的儿子平公须继位。平公四年去世，他的儿子悼公午登基。这一年，宋、卫、陈、郑四国都发生了火灾。

悼公八年，宋景公继位。九年，曹悼公去宋国朝会，被宋拘禁；曹人立悼公的弟弟野为君，这就是声公。悼公最终死在宋国，归葬于曹国。

声公五年，曹平公的弟弟通杀了声公自立为君，这就是隐公。隐公四年，曹声公的弟弟露杀了隐公自立为君，这就是靖公。靖公四年去世，他的儿子伯阳继位。

伯阳三年，曹国有个人梦见许多贵族君子站在土地庙里，商量着要灭掉曹国；曹叔振铎阻止了他们，让他们等待公孙强，众君子答应了曹叔振铎。天亮后，做梦者找遍了曹国，也没有找到公孙强这个人。做梦者就告诫自己的儿子："我死以后，你如果听说是公孙强执掌朝政时，必须离开曹国，否则必遭祸端。"伯阳即位后，喜好射猎。六年，曹国的一个农夫公孙强也喜欢射猎，猎得白雁后献给了伯阳，且大谈射猎的道理，伯阳因此向他请教政事。伯阳听后非常高兴，特别宠爱公孙强，任命他做司城参与政务。做梦者的儿子得知后，于是逃离了曹国。

公孙强向曹伯述说称霸的主张。十四年，曹伯听从了公孙强的主张，于是叛离了晋国，并进犯宋国。宋景公派军攻打曹国，晋国没有来救援。十五年，宋国消灭曹国，将曹伯阳和公孙强抓回了宋国并处死，曹国因此灭亡。

太史公说：我通过探究曹共公不用贤人釐负羁，却让后宫三百美女乘坐轩车的事，知道共公不能树立德政。到曹叔振铎托梦于人时，这难道不是想延长曹国的祭祀吗？如果公孙强没有推行他的政策，曹叔振铎的祭祀香火也不会突然断绝。

陈杞世家第六

陈胡公满者，虞帝舜之后也。昔舜为庶人时，尧妻之二女，居于妫汭，其后因为氏姓，姓妫氏。舜已崩，传禹天下，而舜子商均为封国。夏后之时，或失或续。至于周武王克殷纣，乃复求舜后，得妫满，封之于陈，以奉帝舜祀，是为胡公。

胡公卒，子申公犀侯立。申公卒，弟相公皋羊立。相公卒，立申公子突，是为孝公。孝公卒，子慎公圉戎立。慎公当周厉王时。慎公卒，子幽公宁立。

幽公十二年，周厉王奔于彘。

二十三年，幽公卒，子釐公孝立。釐公六年，周宣王即位。三十六年，釐公卒，子武公灵立。武公十五年卒，子夷公说立。是岁，周幽王即位。夷公三年卒，弟平公燮立。平公七年，周幽王为犬戎所杀，周东徙。秦始列为诸侯。

二十三年，平公卒，子文公圉立。

文公元年，取蔡女，生子佗。十年，文公卒，长子桓公鲍立。

桓公二十三年，鲁隐公初立。二十六年，卫杀其君州吁。三十三年，鲁弑其君隐公。

三十八年正月甲戌己丑，桓公鲍卒。桓公弟佗，其母蔡女，故蔡人为佗杀五父及桓公太子免而立佗，是为厉公。桓公病而乱作，国人分散，故再赴。

厉公二年，生子敬仲完。周太史过陈，陈厉公使以周易筮之，卦得观之否："是为观国之光，利用宾于王。此其代陈有国乎？不在此，其在异国？非此其身，在其子孙。若在异国，必姜姓。姜姓，太岳之后。物莫能两大，陈衰，此其昌乎？"

陈胡公满，是虞帝舜的后代。过去舜还是平民时，尧帝把自己的两个女儿嫁给了他，住在妫汭，他的后代因此就以这个地方名作为姓氏，姓妫。舜去世后，将天下传给了禹，而舜的儿子商均被封为诸侯，建立了诸侯国。夏朝时，舜后人的侯位断断续续。到了周武王战胜殷纣后，才重新寻找舜的后人，找到了妫满，将他封在陈国，来供奉帝舜的祭祀，这就是陈胡公。

胡公死后，他的儿子申公犀侯继位。申公死后，他的弟弟相公皋羊继位。相公死后，国人立申公的儿子突为君，这就是孝公。孝公死后，他的儿子慎公圉戎继位。慎公在位时正是周厉王时期。慎公死后，他的儿子幽公宁继位。

幽公二十年时，周厉王逃到彘地。

二十三年时，幽公去世，他的儿子釐公孝继位。釐公六年，周宣王即位。三十六年，釐公去世，他的儿子武公灵继位。武公十五年去世，他的儿子夷公说继位。这一年，周幽王即位。夷公三年时去世，他的弟弟平公燮继位。平公七年，周幽王被犬戎人杀死，周王朝首都东迁至洛邑。秦国被封为诸侯国。

二十三年时，平公逝世，他的儿子文公圉继位。

文公元年时，娶了蔡国女子为妻，生下了儿子佗。十年，文公去世，他的长子桓公鲍继位。

桓公二十三年，鲁隐公即位。二十六年，卫人杀死了卫君州吁。三十三年，鲁人杀死了鲁隐公。

三十八年正月甲戌己丑日，桓公鲍去世。桓公的弟弟佗的母亲，因为是蔡国女子，蔡国人因此为佗杀了五父和桓公太子免，而立佗为国君，这就是厉公。桓公病重，国内大乱，国人四处逃散，所以两次发布讣告。

厉公二年时，生下了儿子敬仲完。正好周太史路过陈国，陈厉公让他用《周易》为儿子卜卦，获得的卦象由《观》卦变《否》卦，卦爻的意思是："这可以看到国家的荣光，对做天子的宾客有好处。这是他会取代陈国而自己据有国家吧？不是在陈国，是在别的国家吧？这事不在他本人的身上发生，而是在他的子孙后代身上发生。如果是发生在别国，一定是在姜姓国家。姜姓，因为是太岳的后代。事物不能同时在两个方面强大，可能要等到陈国衰亡后，他的后代才会昌盛吧？"

厉公取蔡女，蔡女与蔡人乱，厉公数如蔡淫。七年，厉公所杀桓公太子免之三弟，长曰跃，中曰林，少曰杵臼，共令蔡人诱厉公以好女，与蔡人共杀厉公而立跃，是为利公。利公者，桓公子也。利公立五月卒，立中弟林，是为庄公。庄公七年卒，少弟杵臼立，是为宣公。

宣公三年，楚武王卒，楚始强。十七年，周惠王娶陈女为后。

二十一年，宣公后有嬖姬生子款，欲立之，乃杀其太子御寇。御寇素爱厉公子完，完惧祸及己，乃奔齐。齐桓公欲使陈完为卿，完曰："羁旅之臣，幸得免负檐，君之惠也，不敢当高位。"桓公使为工正。齐懿仲欲妻陈敬仲，卜之，占曰："是谓凤皇于飞，和鸣锵锵。有妫之后，将育于姜。五世其昌，并于正卿。八世之后，莫之与京。"

三十七年，齐桓公伐蔡，蔡败；南侵楚，至召陵，还过陈。陈大夫辕涛涂恶其过陈，诈齐令出东道。东道恶，桓公怒，执陈辕涛涂。是岁，晋献公杀其太子申生。

四十五年，宣公卒，子款立，是为缪公。缪公五年，齐桓公卒。十六年，晋文公败楚师于城濮。是岁，缪公卒，子共公朔立。共公六年，楚太子商臣弑其父成王代立，是为缪王。十一年，秦缪公卒。十八年，共公卒，子灵公平国立。

灵公元年，楚庄王即位。六年，楚伐陈。十年，陈及楚平。

十四年，灵公与其大夫孔宁、仪行父皆通于夏姬，衷其衣以戏于朝。泄冶谏曰："君臣淫乱，民何效焉？"灵公以告二子，二子请杀泄冶，公弗禁，遂杀泄冶。十五年，灵公与二子饮于夏氏。公戏二子曰："徵舒似汝。"二子曰："亦似公。"徵舒怒。灵公罢酒出，徵舒伏弩厩门射杀灵公。孔宁、仪行父皆奔楚，灵公太子午奔晋。徵舒自立为陈侯。徵舒，故陈大夫也。夏姬，御叔之妻，舒之母也。

成公元年冬，楚庄王为夏徵舒杀灵公，率诸侯伐陈。谓陈曰："无惊，吾诛徵舒而已。"已诛徵舒，因县陈而有之，群臣毕贺。申厉公娶了蔡国之女，蔡女与一蔡国人通奸，厉公也多次到蔡国淫乐。七年，被厉公所杀的桓公太子免的三个兄弟，大的叫跃，中间的叫林，最小的叫杵臼，一起让蔡人用美女勾引厉公，然后与蔡人一起杀掉了厉公，拥立跃为国君，这就是利公。利公是桓公的儿子。利公即位五个月就去世了，弟弟林继位，这就是庄公。庄公七年时去世，小弟弟杵臼继位，这就是宣公。

宣公三年，楚武王去世，楚国开始强大起来。十七年，周惠王娶陈君之女为王后。

二十一年，宣公后来有一个宠妃生了个儿子款，宣公想立他为太子，就杀了原太子御寇。御寇一直喜欢厉公的儿子陈完，陈完害怕受牵连，便逃到了齐国。齐桓公想任用陈完做卿，陈完说："我是寄居在外的臣子，有幸能免受劳役之苦，就已是您给了我恩惠，我不敢担任高官。"桓公让他做了工正之官。齐懿仲想把自己的女儿嫁给陈敬仲，先算了一卦，卦上说："这好比是凤凰双飞，鸣声相和，清脆有力。妫姓的后人，会在姜姓之国繁育昌盛。五代以后就能发达，地位与正卿一样。八代以后，就无人能与之相比了。"

三十七年，齐桓公征讨蔡国，蔡国战败；齐军趁势入侵楚国，向南直至召陵，返回时经过了陈国。陈国大夫辕涛涂不想让齐军经过陈国境内，便欺骗齐军说由东路沿海岸返回齐国更好。东面的道路险恶难走，齐桓公明白真相后很是生气，把辕涛涂抓了起来。这一年，晋献公杀死了自己的太子申生。

四十五年，宣公去世，他的儿子款继位，这就是缪公。缪公五年，齐桓公去世。十六年，晋文公在城濮打败了楚军。这一年，陈缪公去世，他的儿子共公朔继位。共公六年，楚国太子商臣杀了自己的父亲楚成王自立称王，这就是楚缪王。十一年，秦缪公去世。十八年，共公去世，儿子灵公平国继位。

灵公元年，楚庄王即位。六年，楚国攻打陈国。十年，陈国与楚国讲和。

十四年，灵公与大夫孔宁、仪行父都与夏姬通奸，他们贴身穿着夏姬的衣服在朝中嬉戏。大夫泄冶劝谏说："君臣如此淫乱，让国民如何学习？"灵公将这话告诉了孔宁、仪行父两人，二人请求杀死泄冶，灵公没有制止他们，二人于是杀死了泄冶。十五年，灵公与孔宁、仪行父在夏姬家饮酒。灵公与两人开玩笑说："夏徵舒长得和你们很像。"二人也说："他长得也很像您。"夏徵舒听了很愤怒。灵公喝完酒出来，徵舒在马棚门口埋伏用弓箭射杀了灵公。孔宁、仪行父吓得逃到了楚国，灵公太子午也逃到了晋国。夏徵舒自立为陈侯。夏徵舒，以前陈国的大夫。夏姬，是御叔的妻子，夏徵舒的母亲。

陈成公元年冬天，楚庄王以夏徵舒杀死了陈灵公为借口，率领诸侯讨伐陈国。他对陈国人说："不要害怕，我只是来诛杀夏徵舒而已。"但是在杀了夏徵叔时使于齐来还，独不贺。庄王问其故，对曰："鄙语有之，牵牛径人田，田主夺之牛。径则有罪矣，夺之牛，不亦甚乎？今王以徵舒为贼弑君，故征兵诸侯，以义伐之，已而取之，以利其地，则后何以令于天下！是以不贺。"庄王曰："善。"乃迎陈灵公太子午于晋而立之，复君陈如故，是为成公。孔子读史记至楚复陈，曰："贤哉楚庄王！轻千乘之国而重一言。"

八年，楚庄王卒。二十九年，陈倍楚盟。三十年，楚共王伐陈。是岁，成公卒，子哀公弱立。楚以陈丧，罢兵去。

哀公三年，楚围陈，复释之。二十八年，楚公子围弑其君郏敖自立，为灵王。

三十四年，初，哀公娶郑，长姬生悼太子师，少姬生偃。二嬖妾，长妾生留，少妾生胜。留有宠哀公，哀公属之其弟司徒招。哀公病，三月，招杀悼太子，立留为太子。哀公怒，欲诛招，招发兵围守哀公，哀公自经杀。招卒立留为陈君。四月，陈使使赴楚。楚灵王闻陈乱，乃杀陈使者，使公子弃疾发兵伐陈，陈君留奔郑。九月，楚围陈。十一月，灭陈。使弃疾为陈公。

招之杀悼太子也，太子之子名吴，出奔晋。晋平公问太史赵曰："陈遂亡乎？"对曰："陈，颛顼之族。陈氏得政于齐，乃卒亡。自幕至于瞽瞍，无违命。舜重之以明德。至于遂，世世守之。及胡公，周赐之姓，使祀虞帝。且盛德之后，必百世祀。虞之世未也，其在齐乎？"

楚灵王灭陈五岁，楚公子弃疾弑灵王代立，是为平王。平王初立，欲得和诸侯，乃求故陈悼太子师之子吴，立为陈侯，是为惠公。惠公立，探续哀公卒时年而为元，空籍五岁矣。

十年，陈火。十五年，吴王僚使公子光伐陈，取胡、沈而去。

舒后，顺势将陈国作为楚国的一个县而强占了，楚国群臣因此都向楚庄王道贺。这时申叔时从齐国出使回来，只他一人没有表示祝贺。楚庄王问他缘故，他回答说："常言有说，牵牛践踏了他人的田地，而田地的主人则把牛抢过去占为己有。践踏了他人的田地虽然有罪，但因此就抢夺了别人的牛，不也很过分吗？现在大王认为夏徵舒杀害了自己的君王不义，因此征集诸侯军队，以申张正义之名讨伐夏徵舒，接着却贪图人家的土地，把陈国占为己有，那么今后还如何号令天下呢！所以我不恭贺。"楚庄王听后说："说得好！"于是把陈灵公的太子妫午从晋国接回来，立为陈君，像过去一样治理陈国，这就是陈成公。孔子在读史书时看到楚国恢复陈国主权一段，说："楚庄王真是贤德啊。他轻视千乘之国而重视一句合乎道义的话。"

八年，楚庄王去世。二十九年，陈国背弃与楚国的盟约。三十年，楚共王讨伐陈国。这一年，陈成公去世，他的儿子哀公弱继位。楚王因陈国有丧事，撤军回国。

哀公三年，楚军围攻陈国，然后又解除了包围。二十八年，楚国公子围杀死楚王郏敖自立为王，这就是楚灵王。

三十四年，当初哀公娶了郑国女子为妻，长姬生了悼太子师，少姬生了偃。哀公还有两名宠妾，长妾生了留，少妾生了胜。哀公最喜欢留，将他托付给自己的弟弟司徒招照顾。哀公生病了，这年三月，司徒招杀了悼太子，立留为太子。哀公非常生气，想要杀司徒招，司徒招发兵囚禁了哀公，哀公自缢而死。司徒招最终还是立了留为国君。四月，陈国派使臣去楚国报丧。楚灵王听说陈国内乱，便杀死了陈国使者，派公子弃疾率军讨伐陈国，陈君留逃往了郑国。九月，楚军包围了陈。十一月，灭掉了陈国。楚灵王命楚公子弃疾为陈公。

司徒招杀死悼太子后，悼太子的儿子吴逃到了晋国。晋平公问太史赵说："陈国终于要灭亡了吗？"太史赵答道："陈国是颛顼的后代。等陈氏取得齐国政权以后，陈国才算是最终灭亡。陈国祖先从幕到瞽瞍，从没有违背天命。舜又增加了美德。一直到遂，世世代代都恪守其道。到了胡公后，周天子赐给他姓，让他祭祀舜帝。况且具有大功德的人，必定能享受百代的祭祀。虞舜享有的祭祀还不到百代之数，大概会在齐国继续享祀吧？"

楚灵王灭陈后的第五年，楚国公子弃疾杀了楚灵王，自立为王，这就是楚平王。楚平王刚刚即位，想亲睦各诸侯，于是便找到原陈国悼太子师的儿子吴，立他为陈侯，这就是陈惠公。惠公即位后，追溯到哀公逝世那年为惠公元年，陈国君位间断了五年。

十年，陈国发生了火灾。十五年，吴王僚派公子光讨伐陈国，攻占了胡、沈两地后回国。二十八年，吴王阖闾和伍子胥打败了楚国进入郢都。这一年，陈惠二十八年，吴王阖闾与子胥败楚入郢。是年，惠公卒，子怀公柳立。

怀公元年，吴破楚，在郢，召陈侯。陈侯欲往，大夫曰："吴新得意；楚王虽亡，与陈有故，不可倍。"怀公乃以疾谢吴。四年，吴复召怀公。怀公恐，如吴。吴怒其前不往，留之，因卒吴。陈乃立怀公之子越，是为湣公。

湣公六年，孔子适陈。吴王夫差伐陈，取三邑而去。十三年，吴复来伐陈，陈告急楚，楚昭王来救，军于城父，吴师去。是年，楚昭王卒于城父。时孔子在陈。十五年，宋灭曹。十六年，吴王夫差伐齐，败之艾陵，使人召陈侯。陈侯恐，如吴。楚伐陈。二十一年，齐田常弑其君简公。二十三年，楚之白公胜杀令尹子西、子綦，袭惠王。叶公攻败白公，白公自杀。

二十四年，楚惠王复国，以兵北伐，杀陈湣公，遂灭陈而有之。是岁，孔子卒。

杞东楼公者，夏后禹之后苗裔也。殷时或封或绝。周武王克殷纣，求禹之后，得东楼公，封之于杞，以奉夏后氏祀。

东楼公生西楼公，西楼公生题公，题公生谋娶公。谋娶公当周厉王时。谋娶公生武公。武公立四十七年卒，子靖公立。靖公二十三年卒，子共公立。共公八年卒，子德公立。德公十八年卒，弟桓公姑容立。桓公十七年卒，子孝公匄立。孝公十七年卒，弟文公益姑立。文公十四年卒，弟平公郁立。平公十八年卒，子悼公成立。悼公十二年卒，子隐公乞立。七月，隐公弟遂弑隐公自立，是为釐公。釐公十九年卒，子湣公维立。湣公十五年，楚惠王灭陈。十六年，湣公弟阏路弑湣公代立，是为哀公。哀公立十年卒，湣公子敕立，是为出公。出公十二年卒，子简公春立。立一年，楚惠王之四十四年，灭杞。杞后陈亡三十四年。杞小微，其事不足称述。

舜之后，周武王封之陈，至楚惠王灭之，有世家言。禹之后，周武王封之杞，楚惠王灭之，有世家言。契之后为殷，殷有本纪言。殷公死，他的儿子怀公柳继位。

怀公元年，吴王攻占楚国后，驻扎在郢都，在此召见陈怀公。怀公准备前往，有大夫劝道：“吴王最近志得意满，不过楚王虽然逃亡，但与陈国有旧交，我们不能背叛楚国。”怀公就以身体有病为由推辞了。四年，吴王又召见怀公。怀公心里害怕，只好前往吴国。吴王气愤怀公上次不来，扣留了他，最终死在了吴国。陈国人于是拥立怀公的儿子越为国君，这就是湣公。

湣公六年，孔子来到了陈国。吴王夫差讨伐陈国，攻占了三座城邑后离去。十三年，吴国又来攻打陈国，陈国向楚国告急求援，楚昭王率军前来援救，驻扎在城父，吴军撤兵离去。这一年，楚昭王在城父去世。当时孔子还在陈国。十五年，宋国灭掉了曹国。十六年，吴王夫差北上讨伐齐国，在艾陵打败了齐军，他又派人召见陈侯。湣公害怕，前往吴国。楚国因此讨伐陈国。二十一年，齐国大夫田常杀死了齐简公。二十三年，楚国的白公胜杀死了令尹子西和子綦，并攻击楚惠王。楚国叶公击败了白公胜，白公胜自杀身亡。

二十四年，楚惠王恢复了国土，举兵北伐，杀死了陈湣公，最终灭掉了陈国并占为己有。这一年，孔子去世。

杞国的东楼公，是夏朝大禹的后代子孙。商朝时其封国断断续续。周武王打败殷纣王后，寻求禹的后代，找到了东楼公，将他分封在杞地，让他供奉夏禹的祭祀。

东楼公生了个儿子西楼公，西楼公生了个儿子题公，题公生了个儿子谋娶公。谋娶公时正是周厉王时代。谋娶公生了儿子武公。武公在位四十七年后去世，他的儿子靖公继位。靖公在位二十三年后去世，他的儿子共公继位。共公在位八年去世，他的儿子德公继位。德公在位十八年去世，他的弟弟桓公姑容继位。桓公在位十七年后去世，他的儿子孝公匄继位。孝公在位十七年后去世，他的弟弟文公益姑继位。文公在位十四年后去世，他的弟弟平公郁继位。平公在位十八年后去世，他的儿子悼公成继位。悼公十二年去世，他的儿子隐公乞继位。这年七月，隐公的弟弟遂杀了隐公自立为君，这就是釐公。釐公在位十九年后去世，他的儿子湣公维继位。湣公十五年，楚惠王灭掉了陈国。十六年，湣公的弟弟阏路杀了湣公自立为君，这就是哀公。哀公在位十年后去世，湣公的儿子敕继位，这就是出公。出公在位十二年后去世，他的儿子简公春继位。即位一年后，也就是楚惠王之四十四年，楚国灭掉了杞国。杞国比陈国晚灭亡三十四年。杞国弱小，其他的事不值得称述。

舜的后人，周武王将其分封在陈，到楚惠王时被灭掉，《世家》有记载。禹的后代，周武王将其分封在杞，被楚惠王灭掉了，在《世家》中有记载。契的后破，周封其后于宋，齐湣王灭之，有世家言。后稷之后为周，秦昭王灭之，有本纪言。皋陶之后，或封英、六，楚穆王灭之，无谱。伯夷之后，至周武王复封于齐，曰太公望，陈氏灭之，有世家言。伯翳之后，至周平王时封为秦，项羽灭之，有本纪言。垂、益、夔、龙，其后不知所封，不见也。右十一人者，皆唐虞之际名有功德臣也；其五人之后皆至帝王，余乃为显诸侯。滕、薛、驺，夏、殷、周之间封也，小，不足齿列，弗论也。

周武王时，侯伯尚千余人。及幽、厉之后，诸侯力攻相并。江、黄、胡、沈之属，不可胜数，故弗采著于传。

太史公曰：舜之德可谓至矣！禅位于夏，而后世血食者历三代。及楚灭陈，而田常得政于齐，卒为建国，百世不绝，苗裔兹兹，有土者不乏焉。至禹，于周则杞，微甚，不足数也。楚惠王灭杞，其后越王句践兴。

代是殷商王族，在《本纪》中有记载。殷朝灭亡后，周朝将其后代分封在宋，后来被齐湣王灭掉了，在《世家》中有记载。后稷的后代是周朝王族，后来被秦昭王灭掉了，在《本纪》中有记载。皋陶的后代，有的被封在英、六这些地方，被楚穆王灭掉了，没有书谱记载。伯夷的后人，在周武王时又被封在齐，叫做太公望，被陈氏灭了，在《世家》中有记载。垂、益、夔、龙，他们的后代不知道所封的地方，没有见过记载。以上十一个人，都是尧、舜时著名的有功德之臣；其中五人的后人都当过帝王，其他的则是著名诸侯。滕、薛、驺，是在夏、商、周三代时所封的侯国，很小，不足挂齿，就不加论述了。

周武王时，受封为侯为伯的还有一千多人。等到周幽王、周厉王之后，诸侯之间相互争斗相互吞并。像江、黄、胡、沈之类的小国，不计其数，所以就不采录了。

太史公曰：舜的德行可以说是达到极点了！他禅位给夏，而后代享受的祭祀经历了夏、商、周三个朝代。陈国被楚灭掉之后，田常又夺取了齐国的政权，最终建立了国家，祭祀仍世代不绝，子孙昌盛，被分封赐地的人不少。至于禹，他的后代在周时是杞国之君，很弱小，不值得一说。楚惠王灭掉杞后，禹的后人越王勾践又振兴了起来。

卫康叔世家第七

卫康叔名封，周武王同母少弟也。其次尚有冉季，冉季最少。

武王已克殷纣，复以殷余民封纣子武庚禄父，比诸侯，以奉其先祀勿绝。为武庚未集，恐其有贼心，武王乃令其弟管叔、蔡叔傅相武庚禄父，以和其民。武王既崩，成王少。周公旦代成王治，当国。管叔、蔡叔疑周公，乃与武庚禄父作乱，欲攻成周。周公旦以成王命兴师伐殷，杀武庚禄父、管叔，放蔡叔，以武庚殷余民封康叔为卫君，居河、淇间故商墟。

周公旦惧康叔齿少，乃申告康叔曰："必求殷之贤人君子长者，问其先殷所以兴，所以亡，而务爱民。"告以纣所以亡者以淫于酒，酒之失，妇人是用，故纣之乱自此始。为梓材，示君子可法则。故谓之康诰、酒诰、梓材以命之。康叔之国，既以此命，能和集其民，民大说。

成王长，用事，举康叔为周司寇，赐卫宝祭器，以章有德。

康叔卒，子康伯代立。康伯卒，子考伯立。考伯卒，子嗣伯立。嗣伯卒，子庲伯立。庲伯卒，子靖伯立。靖伯卒，子贞伯立。贞伯卒，子顷侯立。

顷侯厚赂周夷王，夷王命卫为侯。顷侯立十二年卒，子釐侯立。

釐侯十三年，周厉王出奔于彘，共和行政焉。二十八年，周宣王立。

四十二年，釐侯卒，太子共伯余立为君。共伯弟和有宠于釐侯，多予之赂；和以其赂赂士，以袭攻共伯于墓上，共伯入釐侯羡自杀。

卫康叔的名字叫封，是周武王的同母弟弟，他还有一个弟弟名叫冉季，年龄最小。

周武王灭了纣王后，又把商朝的遗民封给了纣王的儿子武庚禄父，地位等同于诸侯，以便让他们的先祖世代得享奉祀。因为武庚没有完全归顺，武王担心他有反叛之心，便安排自己的弟弟管叔、蔡叔做他的师傅和国相来辅佐他，使百姓安定。武王去世后，成王年幼。周公旦便暂代成王治理国事，执掌国政。管叔、蔡叔怀疑周公旦的用心，便与武庚禄父发动叛乱，想攻打成周。周公旦奉成王的命令率军讨伐叛乱的殷民，杀死了武庚禄父和管叔，放逐了蔡叔，把殷朝的遗民封给康叔，封康叔为卫国君主，居住在黄河与淇水之间原来商的旧都殷墟。

周公旦担心康叔年轻，便反复告诫康叔说："你一定要找殷朝那些有才德、有威望、有经验的人，向他们询问殷朝所以兴衰、成败的原因，并且一定要关心爱护自己的百姓。"又告诫康叔纣王灭亡是因为他一味饮酒作乐，沉湎于女色，所以纣王时的混乱就是从这时开始的。周公旦还撰写了《梓材》，当作治国者效法的法则。所以，这些又被称为《康诰》、《酒诰》、《梓材》。康叔的国家，因为使用了这些法典，因此得以和睦与安定，国民都非常高兴。

成王长大成人后，亲自掌管了国政，他任命康叔为周朝的司寇，赐给卫国许多宝器祭器，以此来表彰他的德行。

康叔去世后，他的儿子康伯继位。康伯去世后，儿子考伯继位。考伯去世后，其儿子嗣伯被立为国君。嗣伯去世后，其儿子庱伯继位。庱伯去世后，他的儿子靖伯继位。靖伯去世后，他的儿子贞伯继位。贞伯去世后，他的儿子顷侯继位。

因顷侯用厚礼贿赂周夷王，周夷王将卫封为侯爵。顷侯在位十二年后去世，他的儿子釐侯继位。

釐侯十三年时，周厉王逃跑到彘地，由召公和周公共同执掌国政，号为"周召共和"。釐侯二十八年时，周宣王登基。

釐侯在位四十二年后去世，太子共伯余继位。共伯的弟弟和曾很受釐侯宠爱，赐给了他很多财物；和便用这些财物收买武士，在釐侯的墓地偷袭共伯余，共伯被逼逃入釐侯的墓道而自杀。卫人便把共伯埋葬在釐侯的墓旁，谥为共伯，卫人因葬之釐侯旁，谥曰共伯，而立和为卫侯，是为武公。

武公即位，修康叔之政，百姓和集。四十二年，犬戎杀周幽王，武公将兵往佐周平戎，甚有功，周平王命武公为公。五十五年，卒，子庄公扬立。

庄公五年，取齐女为夫人，好而无子。又取陈女为夫人，生子，蚤死。陈女女弟亦幸于庄公，而生子完。完母死，庄公令夫人齐女子之，立为太子。庄公有宠妾，生子州吁。十八年，州吁长，好兵，庄公使将。石碏谏庄公曰："庶子好兵，使将，乱自此起。"不听。二十三年，庄公卒，太子完立，是为桓公。

桓公二年，弟州吁骄奢，桓公绌之，州吁出奔。十三年，郑伯弟段攻其兄，不胜，亡，而州吁求与之友。十六年，州吁收聚卫亡人以袭杀桓公，州吁自立为卫君。为郑伯弟段欲伐郑，请宋、陈、蔡与俱，三国皆许州吁。州吁新立，好兵，弑桓公，卫人皆不爱。石碏乃因桓公母家于陈，详为善州吁。至郑郊，石碏与陈侯共谋，使右宰丑进食，因杀州吁于濮，而迎桓公弟晋于邢而立之，是为宣公。

宣公七年，鲁弑其君隐公。九年，宋督弑其君殇公，及孔父。十年，晋曲沃庄伯弑其君哀侯。

十八年，初，宣公爱夫人夷姜，夷姜生子伋，以为太子，而令右公子傅之。右公子为太子取齐女，未入室，而宣公见所欲为太子妇者好，说而自取之，更为太子取他女。宣公得齐女，生子寿、子朔，令左公子傅之。太子伋母死，宣公正夫人与朔共谗恶太子伋。宣公自以其夺太子妻也，心恶太子，欲废之。及闻其恶，大怒，乃使太子伋于齐而令盗遮界上杀之，与太子白旄，而告界盗见持白旄者杀之。且行，子朔之兄寿，太子异母弟也，知朔之恶太子而君欲杀之，乃谓太子曰："界盗见太子白旄，即杀太子，太子可毋行。"太子曰："逆父命求生，不可。"遂行。寿见太子不止，乃盗其白旄而先驰至界。

而立和为卫侯，这就是武公。

武公即位后，重新执行康叔的政令，百姓和乐安定。四十二年，犬戎人杀死了周幽王，武公亲自率军辅佐周天子平定犬戎之乱，建了大功，周平王因此赐武公为公。在位五十五年后，武公去世，他的儿子庄公扬继位。

庄公五年时，娶了齐国的女子为夫人，齐女貌美但没能生子。庄公便又娶了陈国女子为妻子，陈女生了个儿子，但夭折了。陈女的妹妹也受庄公宠爱，生了儿子完。完的母亲死后，庄公让齐女抚养完，并立完为太子。庄公还有个宠妾，生了个儿子叫州吁。庄公十八年时，州吁长成大人，喜好军事，庄公便任他为将领。上卿石碏向庄公进谏说："妾生的儿子喜好军事，您又让他做将领，祸乱将从此开始。"庄公没有听取他的意见。二十三年，庄公去世，太子完继位，这就是桓公。

桓公二年，桓公的弟弟州吁骄奢淫逸，桓公罢免了他，州吁逃到了国外。十三年，郑伯的弟弟段攻击兄长，没能成功，逃走了，而州吁便请求与他结交为友。十六年，州吁纠集逃亡的卫国人偷袭杀害了桓公，州吁自立为君。因为郑伯的弟弟段想要攻打郑国，州吁请求宋、陈、蔡三国共同讨伐郑国，三国答应了州吁。州吁刚即位，又爱好战争、杀了桓公，卫国人都不喜欢他。石碏因为桓公母亲的娘家在陈国，便假装与州吁友善。当卫国军队到了郑国郊外时，石碏与陈侯共同商量计策，派右宰丑向州吁进献食品，并趁机在濮杀掉了州吁，而从邢地把桓公的弟弟晋接回来立为国君，这就是宣公。

宣公七年，鲁人杀死了鲁隐公。九年，宋督杀了自己的国君宋殇公和大夫孔父。十年，晋国曲沃庄伯杀了晋哀侯。

十八年，当初宣公宠幸夫人夷姜，她生了个儿子伋，被立为太子。宣公派右公子做他的师傅。右公子为太子娶了个齐国女子，齐女还没有和伋成亲，宣公看见了，他见齐国女子长得好看，很是喜欢，便自己娶了这个女子，而另为太子娶了个女子。宣公娶了齐女后，齐女生下了儿子子寿、子朔，宣公派左公子做他们的师傅。太子伋的母亲逝世后，宣公的正夫人与子朔在宣公面前说太子伋的坏话。宣公因自己抢夺了太子的妻子，心中不喜欢太子，想把他废掉。现在又听到有人说太子的坏话，大怒，便令太子伋出使齐国，而暗中派刺客在边境上截杀他。宣公给了太子白旄，而告诉在边境上的刺客说只要见到手持白旄符节的人就把他杀掉。太子伋将要动身时，子朔的哥哥子寿，也就是太子的异母弟，知道子朔憎恨太子而君王也想除掉太子，便对太子说："边境上的刺客只要见到太子手拿白旄，便会杀了你，太子不要去！"太子说："违抗父命而保全自己，这不可以。"于是毅然前往。子寿见太子不听劝，便偷了他的白旄符节先赶到了边境。

界盗见其验，即杀之。寿已死，而太子伋又至，谓盗曰："所当杀乃我也。"盗并杀太子伋，以报宣公。宣公乃以子朔为太子。十九年，宣公卒，太子朔立，是为惠公。

左右公子不平朔之立也，惠公四年，左右公子怨惠公之谗杀前太子伋而代立，乃作乱，攻惠公，立太子伋之弟黔牟为君，惠公奔齐。

卫君黔牟立八年，齐襄公率诸侯奉王命共伐卫，纳卫惠公，诛左右公子。卫君黔牟奔于周，惠公复立。惠公立三年出亡，亡八年复入，与前通年凡十三年矣。

二十五年，惠公怨周之容舍黔牟，与燕伐周。周惠王奔温，卫、燕立惠王弟颓为王。二十九年，郑复纳惠王。三十一年，惠公卒，子懿公赤立。

懿公即位，好鹤，淫乐奢侈。九年，翟伐卫，卫懿公欲发兵，兵或畔。大臣言曰："君好鹤，鹤可令击翟。"翟于是遂入，杀懿公。

懿公之立也，百姓大臣皆不服。自懿公父惠公朔之谗杀太子伋代立至于懿公，常欲败之，卒灭惠公之后而更立黔牟之弟昭伯顽之子申为君，是为戴公。

戴公申元年卒。齐桓公以卫数乱，乃率诸侯伐翟，为卫筑楚丘，立戴公弟毁为卫君，是为文公。文公以乱故奔齐，齐人入之。

初，翟杀懿公也，卫人怜之，思复立宣公前死太子伋之后，伋子又死，而代伋死者子寿又无子。太子伋同母弟二人：其一曰黔牟，黔牟尝代惠公为君，八年复去；其二曰昭伯。昭伯、黔牟皆已前死，故立昭伯子申为戴公。戴公卒，复立其弟毁为文公。

文公初立，轻赋平罪，身自劳，与百姓同苦，以收卫民。

十六年，晋公子重耳过，无礼。十七年，齐桓公卒。二十五年，文公卒，子成公郑立。

成公三年，晋欲假道于卫救宋，成公不许。晋更从南河度，救宋。征师于卫，卫大夫欲许，成公不肯。大夫元咺攻成公，成公出奔。晋文公重耳伐卫，分其地予宋，讨前过无礼及不救宋患也。卫成刺客见到事先说好的标志，就杀了他。子寿被杀后，太子伋也赶到了，对刺客说："你们要杀的应当是我！"刺客于是便又杀了太子伋，然后回去报告了宣公。宣公于是便立子朔做了太子。十九年，宣公去世，太子朔继位，这就是惠公。

左右两公子对朔成为国君感到气愤不平。惠公四年，左右两公子因怨恨惠公中伤并谋杀了太子伋而自立为君，因此发动叛乱，率人攻打惠公，立太子伋的弟弟黔牟为国君，惠公逃亡到了齐国。

卫君黔牟八年时，齐襄公奉周天子之命率领各诸侯讨伐卫国，送卫惠公回国，杀死了左右公子。卫君黔牟逃到了周，惠公再次登上君位。惠公成为国君后三年逃亡，逃亡八年后再次回国，前后共计十三年。

二十五年，惠公怨恨周接纳安顿黔牟，便与燕国一起讨伐周。周惠王逃到了温，卫、燕一起立惠王弟弟颓为王。二十九年，郑国又护送惠王回周。三十一年，卫惠公去世，他的儿子懿公赤继位。

懿公即位后，喜欢养鹤，奢侈淫逸。九年，翟人攻打卫国，卫懿公出兵抵御，但有些士兵背叛了他。大臣们说："君王喜欢鹤，可派鹤去抗击翟人！"翟人于是攻入了卫国，杀死了懿公。

懿公成为国君，百姓和大臣们都不信服。自懿公的父亲惠公朔谗言杀害了太子伋自立为君到懿公，百姓和大臣们常想着推翻他们，最终他们灭了惠公的后人，而改立黔牟的弟弟昭伯顽的儿子申为国君，这就是戴公。

戴公申在登基的第一年便去世了。齐桓公因卫国多次动乱，于是率领诸侯讨伐翟人，为卫国修建了楚丘城，立戴公的弟弟毁为卫国国君，这就是文公。文公因卫动乱而逃往齐国，齐人又把他送回了卫国。

当初，翟人杀死懿公后，卫人可怜他，想再立以前被宣公谋害的太子伋的后代为君，但伋的儿子已去世了，而代伋赴死的子寿又没有儿子。太子伋有两个同母弟弟：一个叫黔牟，黔牟曾代替惠公成为国君，八年后被惠公赶出了卫国；另一个叫昭伯。昭伯、黔牟都已经去世了，所以卫人立了昭伯的儿子申为戴公，戴公去世后，卫人又立他的弟弟毁为文公。

文公刚刚即位，就减轻了百姓的赋税，断案公平，并亲自劳作，与百姓同甘共苦，以此以来收服百姓。

十六年，晋公子重耳逃亡时经过卫国，文公没有礼待他。十七年，齐桓公去世。在位二十五年后文公去世，他的儿子成公郑继位。

成公三年，晋国想从卫国借道救援宋国，成公没有同意。晋国便改道向南渡过黄河，救了宋国。晋国想在卫国征兵，卫国大夫想答应，但成公不同意。大夫元咺率人攻打成公，成公逃到了国外。晋文公重耳讨伐卫国，并将卫国的土地分给了公遂出奔陈。二岁，如周求入，与晋文公会。晋使人鸩卫成公，成公私于周主鸩，令薄，得不死。已而周为请晋文公，卒入之卫，而诛元咺，卫君瑕出奔。七年，晋文公卒。十二年，成公朝晋襄公。十四年，秦穆公卒。二十六年，齐邴歜弑其君懿公。三十五年，成公卒，子穆公遬立。

穆公二年，楚庄王伐陈，杀夏徵舒。三年，楚庄王围郑，郑降，复释之。十一年，孙良夫救鲁伐齐，复得侵地。穆公卒，子定公臧立。定公十二年卒，子献公衎立。

献公十三年，公令师曹教宫妾鼓琴，妾不善，曹笞之。妾以幸恶曹于公，公亦笞曹三百。十八年，献公戒孙文子、宁惠子食，皆往。日旰不召，而去射鸿于囿。二子从之，公不释射服与之言。二子怒，如宿。孙文子子数侍公饮，使师曹歌巧言之卒章。师曹又怒公之尝笞三百，乃歌之，欲以怒孙文子，报卫献公。文子语蘧伯玉，伯玉曰："臣不知也。"遂攻出献公。献公奔齐，齐置卫献公于聚邑。孙文子、宁惠子共立定公弟秋为卫君，是为殇公。

殇公秋立，封孙文子林父于宿。十二年，宁喜与孙林父争宠相恶，殇公使宁喜攻孙林父。林父奔晋，复求入故卫献公。献公在齐，齐景公闻之，与卫献公如晋求入。晋为伐卫，诱与盟。卫殇公会晋平公，平公执殇公与宁喜而复入卫献公。献公亡在外十二年而入。

献公后元年，诛宁喜。

三年，吴延陵季子使过卫，见蘧伯玉、史鳅，曰："卫多君子，其国无故。"过宿，孙林父为击磬，曰："不乐，音大悲，使卫乱乃此矣。"是年，献公卒，子襄公恶立。

襄公六年，楚灵王会诸侯，襄公称病不往。

九年，襄公卒。初，襄公有贱妾，幸之，有身，梦有人谓曰："我康叔也，令若子必有卫，名而子曰'元'。"妾怪之，问孔成宋国，因以前他过卫国时卫君对他无礼，而成公又不许他借道卫国救宋。卫成公最后逃到了陈国。两年后，成公向周天子请求协助回国，与晋文公盟会。晋派人想用毒酒害死成公，成公买通了周王室下毒的人，让他少下些毒，得以活命。不久周王向晋文公替成公求情，成公最终得以回到卫国，杀死了元咺，卫君瑕逃往了国外。七年，晋文公去世。十二年，成公朝见了晋襄公。十四年，秦穆公去世。二十六年，齐邴歜杀死了齐懿公。三十五年，成公去世，他的儿子穆公遬继位。

穆公二年，楚庄王讨伐陈国，杀死了夏徵舒。三年，楚庄王围攻郑国，郑君投降了，后来楚庄王又放了他。十一年，孙良夫为救鲁国而攻打齐国，再次夺回了被侵占的领地。穆公去世后，他的儿子定公臧继位。定公在位十二年后逝世，他的儿子献公衎继位。

献公十三年时，他让乐师曹教宫女弹琴，宫女弹得不好，曹鞭打了宫女。宫女因受献公宠幸，便向献公说曹的坏话，献公也鞭打了曹三百下。十八年时，献公告诉孙文子、宁惠子一起前来进餐，两人都来了。但天很晚了献公还没有请他们，而是到园林中射大雁。两人只好跟着，献公没有脱射服就跟他们谈话，两人因此很生气，便去了宿邑。孙文子的儿子多次陪献公喝酒，献公让乐师曹唱《小雅·巧言》的最后一章。乐师曹还记恨献公以前曾鞭打了他三百下，于是唱了这章诗，想以此来激怒孙文子，报复卫献公。文子向卫大夫蘧伯玉请教这件事，蘧伯玉说："我不清楚。"于是孙文子赶跑了献公。献公逃到了齐国，齐国把他安置在聚邑。孙文子、宁惠子共同拥立定公的弟弟秋为君，这就是殇公。

殇公秋即位后，将孙文子林父封在宿地。十二年，宁喜同孙林父因争宠而相互争斗，殇公派宁喜攻打孙林父。孙林父逃到了晋国，又请求晋国护送卫献公回国。当时献公在齐国，齐景公听说此事后，与卫献公一起到晋国请求晋国协助卫献公回国。晋国为了攻打卫国，便诱使卫国与晋结盟。卫殇公前去会见晋平公，平公扣押了殇公与宁喜，而将卫献公送回了卫国。献公逃亡在外十二年后再次回国为君。

献公后元年，杀掉了宁喜。

三年，吴国延陵季子出使经过卫国，拜访了蘧伯玉和史鰌，他说："卫国的君子多，国家不会有什么事。"他经过宿地时，孙林父为他击磬，他听后说："不开心，乐声太过悲哀，使卫国混乱的就是这个！"这一年，献公去世，他的儿子襄公恶继位。

襄公六年，楚灵王召集各诸侯会盟，襄公推托有病没有去。

九年，襄公去世。当初，襄公有个地位低下的小妾，很受宠爱，有了身孕后，梦见有人对她说："我是康叔，一定会让你的儿子成为卫君，给你儿子取子。成子曰："康叔者，卫祖也。"及生子，男也，以告襄公。襄公曰："天所置也。"名之曰元。襄公夫人无子，于是乃立元为嗣，是为灵公。

灵公五年，朝晋昭公。六年，楚公子弃疾弑灵王自立，为平王。十一年，火。

三十八年，孔子来，禄之如鲁。后有隙，孔子去。后复来。

三十九年，太子蒯聩与灵公夫人南子有恶，欲杀南子。蒯聩与其徒戏阳遬谋，朝，使杀夫人。戏阳后悔，不果。蒯聩数目之，夫人觉之，惧，呼曰："太子欲杀我！"灵公怒，太子蒯聩奔宋，已而之晋赵氏。

四十二年春，灵公游于郊，令子郢仆。郢，灵公少子也，字子南。灵公怨太子出奔，谓郢曰："我将立若为后。"郢对曰："郢不足以辱社稷，君更图之。"夏，灵公卒，夫人命子郢为太子，曰："此灵公命也。"郢曰："亡人太子蒯聩之子辄在也，不敢当。"于是卫乃以辄为君，是为出公。

六月乙酉，赵简子欲入蒯聩，乃令阳虎诈命卫十余人衰绖归，简子送蒯聩。卫人闻之，发兵击蒯聩。蒯聩不得入，入宿而保，卫人亦罢兵。

出公辄四年，齐田乞弑其君孺子。八年，齐鲍子弑其君悼公。

孔子自陈入卫。九年，孔文子问兵于仲尼，仲尼不对。其后鲁迎仲尼，仲尼反鲁。

十二年，初，孔圉文子取太子蒯聩之姊，生悝。孔氏之竖浑良夫美好，孔文子卒，良夫通于悝母。太子在宿，悝母使良夫于太子。太子与良夫言曰："苟能入我国，报子以乘轩，免子三死，毋所与。"与之盟，许以悝母为妻。闰月，良夫与太子入，舍孔氏之外圃。昏，二人蒙衣而乘，宦者罗御，如孔氏。孔氏之老栾宁问之，称姻妾以告。遂入，适伯姬氏。既食，悝母杖戈而先，太子与五人介，舆猳从之。伯姬劫悝于厕，强盟之，遂劫以登台。栾宁将饮酒，炙未熟，闻名‘元’。”妾醒后很诧异，便询问孔成子。孔成子说：“康叔，是卫国的祖先。”等到孩子出生后，果然是个男孩，小妾便将这个梦告诉了襄公。襄公说：“这是上天的安排！”便给男孩取名元。襄公的夫人没有生儿子，于是便立元为太子，这就是灵公。

五年，灵公前往拜见了晋昭公。六年，楚公子弃疾杀了楚灵王自立为王，便是楚平王。十一年，卫国发生了火灾。

三十八年，孔子周游到了卫国，灵公给了他在鲁国时一样的俸禄。后来孔子与灵公之间产生了矛盾，便离开了。不久又返回了卫国。

三十九年，太子蒯聩同灵公夫人南子有仇，想杀了南子。蒯聩与他的家臣戏阳遬商量，朝会时，让他杀了南子。后来戏阳后悔，没有动手。蒯聩几次使眼色暗示他，被南子发现了，她十分害怕，大声呼叫说：“太子想要杀我！”灵公大怒，太子蒯聩逃往了宋国，不久又投奔了晋国赵氏。

四十二年春，灵公去郊外游玩，让子郢驾车。郢，是灵公的小儿子，字子南。灵公记恨太子逃跑，便对郢说：“我将要立你为太子。”郢回答道：“郢不能够承担这个重任而使国家辱没，您再考虑其他人吧！”这年夏天，灵公去世，夫人让子郢为太子，说：“这是灵公的命令！”郢答道：“逃亡的太子蒯聩的儿子辄还在，我不敢担此重任。”于是卫人便立辄为国君，这便是出公。

六月十七日，赵简子想送蒯聩回国，便让阳虎派十多个人扮成卫国人身着丧服来接卫太子蒯聩回国，简子陪同护送。卫国人听说后，派军队攻打蒯聩。蒯聩没能入城，便进入宿地自保，卫人也停止了攻击。

出公辄四年，齐国的田乞杀了国君孺子。八年，齐鲍子杀了国君齐悼公。

孔子从陈国来到卫国。九年，孔文子向孔子请教军事，孔子没有答复。之后，鲁国派人来接孔子，孔子返回了鲁国。

十二年，当时孔圉文子娶了太子蒯聩的姐姐，生了悝。孔文子的仆人浑良夫英俊潇洒，孔文子逝世后，浑良夫与悝的母亲私通。太子蒯聩在宿地时，悝的母亲便让浑良夫来到太子这里。太子对浑良夫说：“如果你能帮助我回国，我将让你做大夫，免除你的三次死罪，没别的可给了。”于是二人订立了盟约，太子还答应将悝的亲母给浑良夫做妻子。闰月，浑良夫与太子进了城，暂住孔府的外园。傍晚，两人身着妇人衣服，蒙着头巾坐上了车，由宦人罗驾车，到孔家去。孔氏的家臣栾宁上前询问，他们自称是姻戚家的侍妾。于是他们顺利进入孔家，到了伯姬的住所。饭后，孔悝的母亲手持长戈当先而行，太子与五人身披甲胄，抬着猪随后而行。伯姬把孔悝逼到了墙角，强迫他订立了盟约，并挟持他登上高台。栾宁正准备饮酒，肉还没烤熟，就听说了变乱，便派人告诉了子路。召护驾乱，使告仲由。召护驾乘车，行爵食炙，奉出公辄奔鲁。

仲由将入，遇子羔将出，曰：“门已闭矣。”子路曰：“吾姑至矣。”子羔曰：“不及，莫践其难。”子路曰：“食焉不辟其难。”子羔遂出。子路入，及门，公孙敢阖门，曰：“毋入为也！”子路曰：“是公孙也？求利而逃其难。由不然，利其禄，必救其患。”有使者出，子路乃得入。曰：“太子焉用孔悝？虽杀之，必或继之。”且曰：“太子无勇。若燔台，必舍孔叔。”太子闻之，惧，下石乞、盂黡敌子路，以戈击之，割缨。子路曰：“君子死，冠不免。”结缨而死。孔子闻卫乱，曰：“嗟乎！柴也其来乎？由也其死矣。”孔悝竟立太子蒯聩，是为庄公。

庄公蒯聩者，出公父也，居外，怨大夫莫迎立。元年即位，欲尽诛大臣，曰：“寡人居外久矣，子亦尝闻之乎？”群臣欲作乱，乃止。

二年，鲁孔丘卒。

三年，庄公上城，见戎州。曰：“戎虏何为是？”戎州病之。十月，戎州告赵简子，简子围卫。十一月，庄公出奔，卫人立公子斑师为卫君。齐伐卫，虏斑师，更立公子起为卫君。

卫君起元年，卫石曼尃逐其君起，起奔齐。卫出公辄自齐复归立。初，出公立十二年亡，亡在外四年复入。出公后元年，赏从亡者。立二十一年卒，出公季父黔攻出公子而自立，是为悼公。

悼公五年卒，子敬公弗立。敬公十九年卒，子昭公纠立。是时三晋强，卫如小侯，属之。

昭公六年，公子亹弑之代立，是为怀公。怀公十一年，公子颓弑怀公而代立，是为慎公。慎公父，公子适；适父，敬公也。慎公四十二年卒，子声公训立。声公十一年卒，子成侯遬立。

成侯十一年，公孙鞅入秦。十六年，卫更贬号曰侯。

二十九年，成侯卒，子平侯立。平侯八年卒，子嗣君立。

着车，一边喝着酒一边吃着烤肉，护送着出公辄逃往了鲁国。

子路听到报告后，刚要进入孔宅，便遇到子羔刚从孔家逃出。子羔说：“门已经关闭了。”子路说：“我且先去看看。”子羔说：“来不及了，不要去招惹灾祸了。”子路说：“享受了他的俸禄，怎么能看他受难不救。”子羔于是逃走了。子路进去来到门前，公孙敢关上大门，说：“不要进去了！”子路说：“你是公孙敢吧？拿别人的利禄却逃避危难。我不这样，享用了人家的俸禄，一定要挽救人家的危难。”这时正好有使者出来，子路才得以进入。子路说：“太子怎么用得上孔悝帮忙呢？即使你杀了他，也一定有人接替他。”又说：“太子缺乏勇气。如果火烧高台，一定会放了孔叔。”太子听了，很是担心，让石乞、盂黡下台阻挡子路，用戈击打他，砍掉了子路的帽缨。子路说：“君子就是死，也不能让帽子掉到地上。”将帽缨绑好后便死去。孔子听说卫国的变乱后说：“唉！子羔会回来吗？可是子路却死了。”孔悝最后同意立太子蒯聩为君，这就是庄公。

庄公蒯聩，是出公的父亲，逃亡在外时，记恨大夫没迎立他为国君。元年即位后，他想杀死所有的大臣，他说：“我在外很长时间了，你们也曾经听说了吧？”大臣们想发动叛乱，庄公这才停了下来。

二年，鲁国的孔子逝世。

三年，庄公登上城墙，望着戎州，说：“戎州人为什么要修建城邑？”戎州人听了他的话十分担心。这年十月，戎州人将这事告诉了赵简子，简子出兵包围了卫。十一月，庄公逃亡到国外，卫人立公子斑师为国君。齐国出兵攻打卫国，俘虏了斑师，又改立公子起为国君。

卫君起元年，卫石曼尃驱逐了起，起逃到了齐国。卫出公辄从齐国返回重登君位。那时，出公登基十二年后逃亡，在外四年后重新返回。出公后元年，赏赐了跟他一起逃亡的人。出公前后执政二十一年后去世，他的叔父黔赶走了出公的儿子而自立为君，这就是悼公。

悼公五年去世，他的儿子敬公弗继位。敬公在位十九年后去世，他的儿子昭公纠继位。这时韩、赵、魏三晋开始强大起来，卫国就像小诸侯，从属于赵国。

昭公六年，公子亹杀了昭公自立为君，这就是怀公。怀公十一年，公子颓杀了怀公自立为君，这就是慎公。慎公的父亲，就是公子适；公子适的父亲，便是敬公。慎公在位四十二年后去世，他的儿子声公训继位。十一年，声公去世，他的儿子成侯遬继位。

成侯十一年，公孙鞅来到秦国。十六年，卫被贬爵号为侯。

二十九年，成侯去世，他的儿子平侯继位。平侯在位八年后去世，他的儿子嗣君继位。

嗣君五年，更贬号曰君，独有濮阳。

四十二年卒，子怀君立。怀君三十一年，朝魏，魏囚杀怀君。魏更立嗣君弟，是为元君。元君为魏婿，故魏立之。元君十四年，秦拔魏东地，秦初置东郡，更徙卫野王县，而并濮阳为东郡。二十五年，元君卒，子君角立。

君角九年，秦并天下，立为始皇帝。二十一年，二世废君角为庶人，卫绝祀。

史公曰：余读世家言，至于宣公之太子以妇见诛，弟寿争死以相让，此与晋太子申生不敢明骊姬之过同，俱恶伤父之志。然卒死亡，何其悲也！或父子相杀，兄弟相灭，亦独何哉？

嗣君即位五年后，又被贬爵号为君，只剩下了濮阳一地。

四十二年，嗣君去世，他的儿子怀君继位。怀君三十一年时前往魏国朝拜，魏国囚禁并杀死了怀君。魏改立嗣君的弟弟为君，这便是元君。元君是魏国的女婿，因此魏国立他为君。元君十四年时，秦国攻占了魏国东部，秦国开始在这一带设置了东郡，又把卫君迁徙到野王县，而把濮阳并入东郡。二十五年，元君逝世，他的儿子君角继位。

君角九年时，秦国吞并了天下，嬴政自称为始皇帝。二十一年，秦二世将君角废黜为平民，卫国的祭祀完全断绝。

太史公说：我读《世家》，读到卫宣公的太子因为女人而被杀，弟弟子寿却与太子争着去死，这与晋太子申生不敢言明骊姬的过错一样，都是担心伤了父亲的心。但是最终都死了，这是多么可悲啊！有的父子相互残杀，兄弟相互毁灭，这又是为了什么呢？

宋微子世家第八

微子开者，殷帝乙之首子而帝纣之庶兄也。纣既立，不明，淫乱于政，微子数谏，纣不听。及祖伊以周西伯昌之修德，灭阢国，惧祸至，以告纣。纣曰：“我生不有命在天乎？是何能为！”于是微子度纣终不可谏，欲死之。及去，未能自决，乃问于太师、少师曰：“殷不有治政，不治四方。我祖遂陈于上，纣沉湎于酒，妇人是用，乱败汤德于下，殷既小大好草窃奸宄，卿士师师非度，皆有罪辜，乃无维获。小民乃并兴，相为敌仇。今殷其典丧！若涉水无津涯。殷遂丧，越至于今。”曰：“太师，少师，我其发出往？吾家保于丧？今女无故告予，颠跻，如之何其？”太师若曰：“王子，天笃下灾亡殷国，乃毋畏畏，不用老长。今殷民乃陋淫神祇之祀。今诚得治国，国治身死不恨。为死，终不得治，不如去。”遂亡。

箕子者，纣亲戚也。纣始为象箸，箕子叹曰：“彼为象箸，必为玉杯；为杯，则必思远方珍怪之物而御之矣。舆马宫室之渐自此始，不可振也。”纣为淫泆，箕子谏，不听。人或曰：“可以去矣。”箕子曰：“为人臣谏不听而去，是彰君之恶而自说于民，吾不忍为也。”乃被发佯狂而为奴。遂隐而鼓琴以自悲，故传之曰《箕子操》。

王子比干者，亦纣之亲戚也。见箕子谏不听而为奴，则曰：“君有过而不以死争，则百姓何辜！”乃直言谏纣。纣怒曰：“吾闻圣人之心有七窍，信有诸乎？”乃遂杀王子比干，刳视其心。

微子开，是商朝帝乙的长子，帝纣的同父异母兄弟。纣王登基后，政治昏庸，国政败坏，骄奢淫逸，微子多次进谏，纣王都听不进。等到祖伊因为周西伯姬昌修行德政，灭了阢国后，担心灾祸降临，便将这事报告给纣王。纣王却说："我生来有命，难道不是在天吗？他能把我怎么样？"微子因此猜想纣王是怎么都劝说不了，便打算以死报国。离开纣王后，他又犹豫不决，便去请教太师和少师说："殷朝已经没有清明的政治，不能治理天下。我们的先人在过去取得了很多成就，但纣王现在却沉溺于酒，唯妇人之言是从，扰乱败坏了成汤的德政。殷朝上下大大小小都成了草野盗贼，作奸犯法。王朝的卿士也相互效仿，不守法度，使得人人都有罪过，他们的爵禄都无法维持下去。百姓见此，便也纷纷效仿，四处作乱，相互为敌。现在殷朝已丧失了国典，如同乘船渡河却找不到靠岸的地方。殷朝的灭亡，就在现在了。"微子又说："太师，少师，我是逃亡外地呢，还是留下来保护家园使它免遭灭亡？你们现在不告诫我，如果我陷于不义，那么该怎么办呢？"太师说："王子啊，上天降下灾祸要灭亡殷朝，殷纣却不畏天威，又不听取长者的意见。如今，殷朝的臣民竟然敢亵渎天地神灵。现在如果留下来真能够治理好国家，那么即便自己死了也没有遗恨了。如果死了而国家又得不到治理，那还不如远走他乡。"微子听后，最终离开了殷朝。

箕子，是纣王的亲戚。纣王最初制作象牙筷时，箕子就哀叹说："他现在制作象牙筷，以后一定会制作玉杯；制作了玉杯，便一定会想着把别处的稀世珍宝拿来自己享用。追求车马、宫室的奢侈豪华也必定会从这里开始，国家肯定无法振兴了。"纣王的生活奢淫无度，箕子劝谏，纣王不听。有人对箕子说："可以离开了。"箕子说："做臣子的向君主进谏而君主没有采纳，臣子便因此而离开，这是宣扬君主的恶行而自己博悦于百姓，我不忍心这样做。"于是箕子披头散发、假装疯癫而做了奴隶。最终隐居不出，只能借弹琴来抒发自己内心的伤悲，后世将他弹奏的曲子称为《箕子操》。

王子比干，也是纣王的亲戚。他看到箕子进谏，因纣王不听而去做了奴隶，便说："臣子见君主有过失而不能用死直言相劝，那么百姓有什么罪过而要遭受灾祸呢！"于是就直言进谏纣王。纣王大怒说："我听说圣人的心有七个窍，真是这样吗？"于是就诛杀了比干，并挖出了他的心来验看。

微子曰："父子有骨肉，而臣主以义属。故父有过，子三谏不听，则随而号之；人臣三谏不听，则其义可以去矣。"于是太师、少师乃劝微子去，遂行。

周武王伐纣克殷，微子乃持其祭器造于军门，肉袒面缚，左牵羊，右把茅，膝行而前以告。于是武王乃释微子，复其位如故。

武王封纣子武庚禄父以续殷祀，使管叔、蔡叔傅相之。

武王既克殷，访问箕子。

武王曰："於乎！维天阴定下民，相和其居，我不知其常伦所序。"

箕子对曰："在昔鲧堙鸿水，汩陈其五行，帝乃震怒。不从鸿范九等，常伦所斁。鲧则殛死，禹乃嗣兴。天乃锡禹鸿范九等，常伦所序。

"初一曰五行；二曰五事；三曰八政；四曰五纪；五曰皇极；六曰三德；七曰稽疑；八曰庶征；九曰乡用五福，畏用六极。

"五行：一曰水，二曰火，三曰木，四曰金，五曰土。水曰润下，火曰炎上，木曰曲直，金曰从革，土曰稼穑。润下作咸，炎上作苦，曲直作酸，从革作辛，稼穑作甘。

"五事：一曰貌，二曰言，三曰视，四曰听，五曰思。貌曰恭，言曰从，视曰明，听曰聪，思曰睿。恭作肃，从作治，明作智，聪作谋，睿作圣。

"八政：一曰食，二曰货，三曰祀，四曰司空，五曰司徒，六曰司寇，七曰宾，八曰师。

"五纪：一曰岁，二曰月，三曰日，四曰星辰，五曰历数。

"皇极：皇建其有极，敛时五福，用傅锡其庶民，维时其庶民于女极，锡女保极。凡厥庶民，毋有淫朋，人毋有比德，维皇作极。凡厥庶民，有猷有为有守，女则念之。不协于极，不离于咎，皇则受微子说："父子是骨肉之情，而君臣是忠义之属。所以如果父亲有过，儿子多次劝谏不听，便应号哭继续进谏；人臣如果多次劝谏而君主不听，那么从义理上讲人臣可以离开。"于是太师、少师就奉劝微子离开，微子便离开了。

周武王讨伐纣王、战胜殷朝后，微子便手握祭器来到了武王的军门，袒露上身，两手绑在背后，左边派人牵着羊，右边派人拿着茅，跪在地上前行求告武王。于是武王就给他解开了绳子，恢复了他以前的爵位。

武王封了纣王的儿子武庚禄父，让他来承续殷朝的祭祀，并派管叔、蔡叔作为师傅和国相来辅助他。

武王灭亡了殷朝后，便去拜访箕子。

武王说："唉！上天默默地庇护着黎民百姓，让他们安居乐业，我却不懂得管理百姓的常理次序。"

箕子回答说："过去鲧治理洪水用堵塞的办法，扰乱了五行规律，上天因此大怒。他没有按九类大法来治国，天道伦常从此败坏。鲧被处死后，禹便代他继续治水。上天赐给禹九种天道大法，天道伦常因此有了顺序。

"这九种大法，第一叫五行，第二叫五事，第三叫八政，第四叫五纪，第五叫皇极，第六叫三德，第七叫稽疑，第八叫庶征，第九是赐福运用五福，让人畏惧用六极。

"五行，一是水，二是火，三是木，四是金，五是土。水向下滋润世间万物，火向上燃烧升腾，木可以弯曲可以变直，金可以销熔变形，土可耕种收获。向下滋润的水有咸味，向上燃烧的火有苦味，可曲可直的木有酸味，可以熔铸变形的金有辣味，种植收获的百谷有甜味。

"五事，一是仪容，二是言语，三是观察，四是倾听，五是思考。仪容应该严肃恭敬，言语应该符合道理，观察要清晰细致，倾听要聪敏以明辩是非，思考要周密而达事理。仪表恭敬，百姓就严肃；言语有理让人信服，国家就能治理；观察细致便能明察秋毫，不会轻易受骗；听闻聪敏，便能做出正确的谋断；思维通达，便能成就圣功。

"八政，一是粮食生产，二是手工业和商业贸易，三是祭祀，四是内务民政，五是教化，六是司法，七是外交事务，八是军事。

"五种纪时方法，一是年，二是月，三是日，四是星辰，五是历法。

"君王的法则：天子的政权应该建立法则，集聚了五福，将五福布施给自己的臣民，臣民们便会拥护天子建立的法则，天子也能要求臣民遵守这些法则。凡是臣民都不可以结党营私，人们不得相互勾结，这样就会维护天子制定的最高法则。臣民中，有些人有计谋有作为有操守，你可以考虑让他们为天子办事。有些臣民的作为有时与你的法则不符，但只要没有达到犯罪程度，你就要容忍他们。

之。而安而色，曰予所好德，女则锡之福。时人斯其维皇之极，毋侮鳏寡而畏高明。人之有能有为，使羞其行，而国其昌。凡厥正人，既富方谷。女不能使有好于而家，时人斯其辜。于其毋好，女虽锡之福，其作女用咎。毋偏毋颇，遵王之义。毋有作好，遵王之道。毋有作恶，遵王之路。毋偏毋党，王道荡荡。毋党毋偏，王道平平。毋反毋侧，王道正直。会其有极，归其有极。曰王极之傅言，是夷是训，于帝其顺。凡厥庶民，极之傅言，是顺是行，以近天子之光。曰天子作民父母，以为天下王。

“三德：一曰正直，二曰刚克，三曰柔克。平康正直，强不友刚克，内友柔克，沉渐刚克，高明柔克。维辟作福，维辟作威，维辟玉食。臣有作福作威玉食，其害于而家，凶于而国，人用侧颇辟，民用僭忒。

“稽疑：择建立卜筮人。乃命卜筮，曰雨，曰济，曰涕，曰雾，曰克，曰贞，曰悔，凡七。卜五，占之用二，衍貣。立时人为卜筮，三人占则从二人之言。女则有大疑，谋及女心，谋及卿士，谋及庶人，谋及卜筮。女则从，龟从，筮从，卿士从，庶民从，是之谓大同，而身其康强，而子孙其逢吉。女则从，龟从，筮从，卿士逆，庶民逆，吉。卿士从，龟从，筮从，女则逆，庶民逆，吉。庶民从，龟从，筮从，女则逆，卿士逆，吉。女则从，龟从，筮逆，卿士逆，庶民逆，作内吉，作外凶。龟筮共违于人，用静吉，用作凶。

如果有人谦恭地说‘我喜欢美德’，你就赐给他爵禄。这样，人们便会遵循你的准则。不虐待那些鳏寡孤独、无依无靠的人，敬畏那些高贵显明的人。对有能力有作为的人，你应当让他们施展才能，这样国家就会繁荣昌盛。凡是那些正直的人，都应让他们有爵禄，使他们富贵。如果你不能让官吏为国家作出贡献，这些人就会因此埋怨。对于那些不喜欢你制定的法则的人，你虽然给予他们幸福，他们也会让你的国家犯错。你不要有任何的偏颇，应遵循君王的法则办事。你不要有个人的好恶，应遵循君王的道路前进。你不要作恶，要遵循君王的正路。你不要有偏私，不要私结朋党，那么，圣王的道路就会宽广。不结党，不偏私，圣王的道路就会平坦。你不要违反王道，不要偏离准则，圣王的道路就正直。大家都按君王的法则办事，那么臣民们就都遵循君王的原则。这就是天子至高无上的统治法则，大家应当遵守，以天子的法则为常法、为教训，这也就符合上帝的意旨了。只要是臣民，都应当遵守天子宣布的法则，按照这个原则办事，以接近天子的光辉。所以说，天子应当像做百姓的父母一样，成为天下臣民的君王。

“三德，一是以正直的方式治国，二是以刚强来取胜，三是以柔和来取胜。要想让天下平安，必须采用正直的手段，对那些强硬不友善的人就应该用刚硬的态度来对待；对那些友好的人就应采用柔和态度来对待；对乱臣贼子，就一定要强硬；对高明君子，就一定要柔和。只有国君才能授人以爵禄，只有国君才能掌管刑罚，只有国君才能享受美食。臣子无权授人爵禄，无权主持刑罚，无权享受美食。假使臣子也能授人爵禄，也能主持刑罚，也能享有美食，就会给你的王室带来灾难，给你的国家带来祸害。人们就会因此背离王道，百姓就会因此犯上作乱。

“解决疑难的方法，是选择擅长卜筮的人。命令他们进行卜筮，卜筮的预兆有的像下雨，有的像雨后初晴，有的像云气连绵，有的像雾气蒙蒙，有的兆象阴阳交错，有的明正，有的隐晦，共有七种占卜方法。前五种用龟甲占卜，后两种用蓍草占卜，对复杂多变的卦象，都要进行推演研究。任用这些人卜筮，如果是三个人占卜，则相信两个人的结果。你如果遇到重大的疑难问题，需要先独自深思，然后再与大臣商量、与百姓商量，最后才用卜筮来决定。自己赞成，龟卜赞成，草占赞成，大臣赞成，百姓赞成，这就叫大同。你本人的身体会健康强壮，子孙也将大吉大利。你自己赞成，龟卜赞成，草占赞成，但大臣不赞成，百姓不赞成，这就是吉。大臣赞成，龟卜赞成，草占赞成，你不赞成，百姓不赞成，这也是吉。百姓赞成，龟卜赞成，草占赞成，你不赞成，大臣不赞成，这还是吉。你赞成，龟卜赞成，草占不赞成，大臣不赞成，百姓不赞成，在境内办事就会吉，在境外办事就会有凶险。龟卜、草占与人们的意见都相悖，静守就会吉利，行动就会有危险。

“庶征：曰雨，曰阳，曰奥，曰寒，曰风，曰时。五者来备，各以其序，庶草繁庑。一极备，凶。一极亡，凶。曰休征：曰肃，时雨若，曰治，时旸若；曰知，时奥若；曰谋，时寒若；曰圣，时风若。曰咎征：曰僭，常旸若；曰舒，常奥若；曰急，常寒若；曰雾，常风若。王眚维岁，师尹维日。岁月日时毋易，百谷用成，治用明，畯民用章，家用平康。日月岁时既易，百谷用不成，治用昏不明，畯民用微，家用不宁。庶民维星，星有好风，星有好雨。日月之行，有冬有夏。月之从星，则以风雨。

“五福：一曰寿，二曰富，三曰康宁，四曰攸好德，五曰考终命。六极：一曰凶短折，二曰疾，三曰忧，四曰贫，五曰恶，六曰弱。”

于是武王乃封箕子于朝鲜而不臣也。

其后箕子朝周，过故殷虚，感宫室毁坏，生禾黍，箕子伤之，欲哭则不可，欲泣为其近妇人，乃作《麦秀》之诗以歌咏之。其诗曰：“麦秀渐渐兮，禾黍油油。彼狡僮兮，不与我好兮！”所谓狡童者，纣也。殷民闻之，皆为流涕。

武王崩，成王少，周公旦代行政当国。管、蔡疑之，乃与武庚作乱，欲袭成王、周公。周公既承成王命诛武庚，杀管叔，放蔡叔，乃命微子开代殷后，奉其先祀，作《微子之命》以申之，国于宋。微子故能仁贤，乃代武庚，故殷之余民甚戴爱之。

微子开卒，立其弟衍，是为微仲。微仲卒，子宋公稽立。宋公稽卒，子丁公申立。丁公申卒，子湣公共立。湣公共卒，弟炀公熙立。炀公即位，湣公子鲋祀弑炀公而自立，曰“我当立”，是为厉公。厉公卒，子釐公举立。

“各种预兆，分别是雨、晴、暖、寒、风。如果这五种自然现象都齐全，并能按一定规律出现，各种草木庄稼就会旺盛。如果其中一种过多发生，就会收成不好；如果一种现象缺少了，同样也会歉收。美好的征兆表现是，天子谦恭，天就会及时下雨；天子政务清明，阳光就会充裕；天子英明，温暖就会准时到来；天子深谋远虑，寒冷就会应时而生；天子通达，风就会准时而至。各种凶恶的预兆是，天子狂妄，降水就会过多；天子犯了过错，天就会大旱；天子贪图享乐，天气就会久旱不雨；天子暴虐急躁，天就会久寒不暖；天子昏暗不明，大风就刮个不止。天子决策有了失误，将影响整年；大臣管理有了过失，就会影响一整月；官吏办事出了过错，就会影响一整天。年、月、日、时都没有异样，百谷就会生长旺盛，政治就会清明，贤能的人就会得到重用，国家就会安定平稳。相反，年、月、日、时如果出现了异样，庄稼就会长不好，政治就会昏暗，贤能的人就会受到排挤，国家就会动乱。百姓就像星辰，有的星辰爱好风，有的星辰爱好雨。日月按规律运行，便有了冬天、夏天。月亮如果跟从星辰运行，那么就会刮风下雨。

“五种幸福，一是长寿，二是富有，三是健康安宁，四是遵行美德，五是长寿善终。六种灾祸，一是早死，二是多病，三是多愁，四是贫穷，五是丑陋，六是懦弱。”

武王听后就将箕子封到了朝鲜，没有让他做周的臣民。

后来箕子去拜见周王时，经过原来的商都殷墟，感伤宫室毁坏坍塌，禾苗乱长。箕子为此十分伤心，想大哭一场却又觉得不合适，想小声哭泣却又觉得像女人，于是触景生情作了《麦秀》这首诗，诗中说：“麦芒吐穗啊，禾苗茂盛。那个俏美的少年啊，不跟我好啊！”所说的少年，就是纣王。殷的遗民听了这首诗，都为之伤心哭泣。

武王去世后，成王年幼，由周公旦代理执掌国政。管叔、蔡叔怀疑周公旦，就与武庚作乱，想要攻打成王、周公。周公奉成王的命令诛灭了武庚，杀了管叔，流放了蔡叔，便让微子开为殷人后裔，承续殷商的祭祀。并作了《微子之命》告诫他，让他在宋地建国。微子原本就仁义贤能，代替武庚后，殷的遗民十分拥护他。

微子开逝世后，宋人立他的弟弟衍为国君，这就是微仲。微仲逝世后，其儿子宋公稽继位。宋公稽逝世后，他的儿子丁公申继位。丁公申去世后，他的儿子湣公共继位。湣公共去世后，他的弟弟炀公熙继位。炀公即位后，湣公的儿子鲋祀杀死了炀公自立为君，并说“应当我继位”，这就是厉公。厉公逝世后，他的儿子釐公举继位。

釐公十七年，周厉王出奔彘。

二十八年，釐公卒，子惠公㵆立。惠公四年，周宣王即位。三十年，惠公卒，子哀公立。哀公元年卒，子戴公立。戴公二十九年，周幽王为犬戎所杀，秦始列为诸侯。

三十四年，戴公卒，子武公司空立。武公生女为鲁惠公夫人，生鲁桓公。十八年，武公卒，子宣公力立。

宣公有太子与夷。十九年，宣公病，让其弟和，曰："父死子继，兄死弟及，天下通义也。我其立和。"和亦三让而受之。宣公卒，弟和立，是为穆公。

穆公九年，病，召大司马孔父谓曰："先君宣公舍太子与夷而立我，我不敢忘。我死，必立与夷也。"孔父曰："群臣皆原立公子冯。"穆公曰："毋立冯，吾不可以负宣公。"于是穆公使冯出居于郑。八月庚辰，穆公卒，兄宣公子与夷立，是为殇公。君子闻之，曰："宋宣公可谓知人矣，立其弟以成义，然卒其子复享之。"

殇公元年，卫公子州吁弑其君完自立，欲得诸侯，使告于宋曰："冯在郑，必为乱，可与我伐之。"宋许之，与伐郑，至东门而还。二年，郑伐宋，以报东门之役。其后诸侯数来侵伐。

九年，大司马孔父嘉妻好，出，道遇太宰华督，督说，目而观之。督利孔父妻，乃使人宣言国中曰："殇公即位十年耳，而十一战，民苦不堪，皆孔父为之，我且杀孔父以宁民。"是岁，鲁弑其君隐公。十年，华督攻杀孔父，取其妻。殇公怒，遂弑殇公，而迎穆公子冯于郑而立之，是为庄公。

庄公元年，华督为相。九年，执郑之祭仲，要以立突为郑君。祭仲许，竟立突。十九年，庄公卒，子湣公捷立。

湣公七年，齐桓公即位。九年，宋水，鲁使臧文仲往吊水。湣公自罪曰："寡人以不能事鬼神，政不修，故水。"臧文仲善此言。此言乃公子子鱼教湣公也。

釐公十七年，周厉王逃亡到彘地。

二十八年，釐公逝世，他的儿子惠公𫝀继位。惠公四年，周宣王即位。三十年，惠公逝世，他的儿子哀公继位。哀公于元年逝世，他的儿子戴公继位。戴公二十九年，周幽王被犬戎人所杀，秦国因功从此被列为诸侯。

三十四年，戴公逝世，他的儿子武公司空继位。武公生了个女儿做了鲁惠公的夫人，生下了鲁桓公。十八年，武公逝世，他的儿子宣公力继位。

宣公的太子名叫与夷。十九年，宣公生病了，把君位让给了弟弟和，说："父亲死了儿子继位，哥哥死了弟弟继位，这是天下的通义。我要立和为国君。"和多次推让，最终接受了。宣公逝世后，弟弟和继位，这就是穆公。

穆公于九年时，得了重病，便召来大司马孔父，对他说："先君宣公舍弃了太子与夷而把君位让给我，我永生不能忘记。我死后，必须立与夷为国君。"孔父却说："大臣们都希望立公子冯为君！"穆公说："不要立冯，我绝不能辜负宣公。"于是穆公让冯离开到郑国居住。八月庚辰日，穆公去世，其兄长宣公的儿子与夷继位，这就是殇公。君子听说这事后说："宋宣公可以说是知人善任了，立自己的弟弟为君保全了道义，然而最终自己的儿子也还是享有了国家。"

殇公元年，卫公子州吁谋害了自己的国君完自立为君，他想得到诸侯的支持，便派人告诉宋殇公说："冯在郑国，肯定会成为祸患，你可以和我共同讨伐他。"宋殇公答应了，便和卫一起攻打郑国，到郑国东门后便退兵了。第二年，郑国讨伐宋国，以报东门战役的仇恨。此后，诸侯多次侵犯宋国。

九年时，有一天大司马孔父美貌的妻子外出，在路上遇到了太宰华督。华督很是喜欢她，目不转睛地盯住她看。华督想霸占孔父的妻子，便让人在国中宣扬说："殇公即位十年，竟然发动了十一次战争，黎民苦不堪言，这都是孔父的过错，我要杀了孔父以让百姓安定。"这一年，鲁人杀自己的国君隐公。十年，华督杀了孔父，夺取了他的妻子。殇公大怒，于是华督又杀害了殇公，而从郑国接回穆公儿子冯并立他为国君，这就是庄公。

庄公元年，华督为国相。九年，囚禁了郑国的祭仲，要挟他立突做郑国国君。祭仲同意了，最终立突为郑君。十九年，庄公去世，他的儿子湣公捷继位。

湣公七年，齐桓公即位。九年，宋国遭遇洪灾，鲁国让臧文仲到宋国慰问，湣公自责说："由于我不懂事奉鬼神，政治不清明，所以发生了水灾。"臧文仲认为这话说得很对。这话其实是公子子鱼教给湣公的。

十年夏，宋伐鲁，战于乘丘，鲁生虏宋南宫万。宋人请万，万归宋。十一年秋，湣公与南宫万猎，因博争行，湣公怒，辱之，曰："始吾敬若；今若，鲁虏也。"万有力，病此言，遂以局杀湣公于蒙泽。大夫仇牧闻之，以兵造公门。万搏牧，牧齿著门阖死。因杀太宰华督，乃更立公子游为君。诸公子奔萧，公子御说奔亳。万弟南宫牛将兵围亳。冬，萧及宋之诸公子共击杀南宫牛，弑宋新君游而立湣公弟御说，是为桓公。宋万奔陈。宋人请以赂陈。陈人使妇人饮之醇酒，以革裹之，归宋。宋人醢万也。

桓公二年，诸侯伐宋，至郊而去。三年，齐桓公始霸。二十三年，迎卫公子毁于齐，立之，是为卫文公。文公女弟为桓公夫人。秦穆公即位。三十年，桓公病，太子兹甫让其庶兄目夷为嗣。桓公义太子意，竟不听。三十一年春，桓公卒，太子兹甫立，是为襄公。以其庶兄目夷为相。未葬，而齐桓公会诸侯于葵丘，襄公往会。

襄公七年，宋地霣星如雨，与雨偕下；六鶂退蜚，风疾也。

八年，齐桓公卒，宋欲为盟会。十二年春，宋襄公为鹿上之盟，以求诸侯于楚，楚人许之。公子目夷谏曰："小国争盟，祸也。"不听。秋，诸侯会宋公盟于盂。目夷曰："祸其在此乎？君欲已甚，何以堪之！"于是楚执宋襄公以伐宋。冬，会于亳，以释宋公。子鱼曰："祸犹未也。"十三年夏，宋伐郑。子鱼曰："祸在此矣。"秋，楚伐宋以救郑。襄公将战，子鱼谏曰："天之弃商久矣，不可。"冬，十一月，襄公与楚成王战于泓。楚人未济，目夷曰："彼众我寡，及其未济击之。"公不听。已济未陈，又曰："可击。"公曰："待其已陈。"陈成，宋人击之。宋师大败，襄公伤股。国人皆怨公。公曰："君子不困人于戹，不鼓不成列。"子鱼曰："兵以胜十年夏季，宋国讨伐鲁国，双方在乘丘交战，鲁国活捉了宋国南宫万。宋人请求释放南宫万，南宫万得以回到宋国。十一年秋季，湣公与南宫万外出狩猎，因为下棋争道，湣公很气愤，侮辱了他，说："开始我敬重你，但是现在你只不过是鲁国的一个俘虏。"南宫万勇武有力，记恨湣公的话，于是抓起棋盘把湣公杀死在了蒙泽。大夫仇牧听说这件事后，携带武器来到湣公的宫门。南宫万迎击仇牧，使仇牧的门齿撞到了门板上死了。南宫万趁机又杀了太宰华督，就改立公子游为国君。各位公子逃亡到了萧邑，公子御说逃亡到亳邑。南宫万的弟弟南宫牛率军包围了亳邑。冬天，萧邑的大夫和宋国逃亡的各公子联合击杀了南宫牛，并杀死了新立的国君公子游，而立湣公弟弟御说为君，这就是桓公。南宫万逃到了陈国。宋国贿赂了陈国请求送回南宫万。陈国人便使美人计用酒灌醉了南宫万，用皮革把他包上，送回了宋国。宋国人把南宫万剁成了肉酱。

桓公二年，诸侯讨伐宋国，打到宋都郊外就撤离了。三年，齐桓公开始称霸。二十三年，卫国从齐国接回了公子毁，并立他为国君，这就是卫文公。卫文公的妹妹是宋桓公的妻子。这一年，秦穆公登基。三十年，宋桓公病重，太子兹甫将嗣君之位让给自己的庶兄目夷。桓公虽然认为太子的意愿合乎道义，但最后没有同意。三十一年春，桓公逝世，太子兹甫继位，这就是宋襄公。襄公让自己的哥哥目夷做国相。桓公还没有安葬时，齐桓公在葵丘会见各国诸侯，襄公前往赴会。

襄公七年，宋地上空陨星如雨，和雨一同降下；六只鹢鸟倒退着飞行，因为风太大了。

八年，齐桓公去世，宋国想召集各诸侯会盟。十二年春季，宋襄公想在鹿上召集各诸侯会盟，请求楚国向各诸侯提出要求，楚国答应了。公子目夷进谏说："小国争当盟首，是灾祸。"襄公没有听。这年秋，各诸侯在盂地与宋襄公聚会结盟。目夷说："灾祸就在此吗？国君的私欲太过分了，怎么能承受得了呢！"果然楚国抓住了宋襄公以讨伐宋国。这年冬，各诸侯再次在亳聚会，请楚释放宋公。子鱼说："灾祸还没有结束呢。"十三年夏天，宋国讨伐郑国。子鱼说："灾难就在这里了。"秋天时，楚国讨伐宋国以援助郑国。襄公即将出战，子鱼上书劝谏说："上天抛弃商很久了，不可以战。"冬季的十一月，襄公与楚成王在泓水作战。楚军还没有渡过河时，目夷就劝说："对方兵多我方兵少，要趁他们还没完全渡过河时攻打他们。"襄公没有听从目夷的意见。等到楚军渡完河还没有排列阵势时，目夷又建议："可以攻打了。"襄公却说："等他们摆好阵势再攻。"楚军摆好了阵势，宋军才出战。结果宋军大败，襄公大腿受伤。宋国人都怨恨襄公。襄公辩解说："君子不乘人之危，不能攻打未列阵的军队。"子鱼说："打仗以取胜为功为功，何常言与！必如公言，即奴事之耳，又何战为？”

楚成王已救郑，郑享之；去而取郑二姬以归。叔瞻曰：“成王无礼，其不没乎？为礼卒于无别，有以知其不遂霸也。”

是年，晋公子重耳过宋，襄公以伤于楚，欲得晋援，厚礼重耳以马二十乘。

十四年夏，襄公病伤于泓而竟卒，子成公王臣立。

成公元年，晋文公即位。三年，倍楚盟亲晋，以有德于文公也。四年，楚成王伐宋，宋告急于晋。五年，晋文公救宋，楚兵去。九年，晋文公卒。十一年，楚太子商臣弑其父成王代立。十六年，秦缪公卒。

十七年，成公卒。成公弟御杀太子及大司马公孙固而自立为君。宋人共杀君御而立成公少子杵臼，是为昭公。

昭公四年，宋败长翟缘斯于长丘。七年，楚庄王即位。

九年，昭公无道，国人不附。昭公弟鲍革贤而下士。先，襄公夫人欲通于公子鲍，不可，乃助之施于国，因大夫华元为右师。昭公出猎，夫人王姬使卫伯攻杀昭公杵臼。弟鲍革立，是为文公。

文公元年，晋率诸侯伐宋，责以弑君。闻文公定立，乃去。二年，昭公子因文公母弟须与武、缪、戴、庄、桓之族为乱，文公尽诛之，出武、缪之族。

四年春，楚命郑伐宋。宋使华元将，郑败宋，囚华元。华元之将战，杀羊以食士，其御羊羹不及，故怨，驰入郑军，故宋师败，得囚华元。宋以兵车百乘文马四百匹赎华元。未尽入，华元亡归宋。

十四年，楚庄王围郑。郑伯降楚，楚复释之。

十六年，楚使过宋，宋有前仇，执楚使。九月，楚庄王围宋。十七年，楚以围宋五月不解，宋城中急，无食，华元乃夜私见楚将子绩，怎么能以常理来论呢！如果真按襄公说的做，就直接做奴隶服侍别人算了，又何必还要打仗呢？”

楚成王救了郑国后，郑国人设宴热情招待了他。楚成王离开时娶了郑君的两个女儿回国。叔瞻说：“成王这样无礼，他能寿终正寝吗？受了别人的礼遇却不讲男女之别，从这里就能知道他绝对不能成就霸业了。”

这一年，晋公子重耳路过宋国，襄公因为被楚国打伤，想得到晋国援助，因此以厚礼以待重耳，赠送给他八十匹马。

十四年夏天，襄公最后因为泓水之战时的腿伤而死，他的儿子成公王臣继位。

成公元年，晋文公即位。三年，宋国背叛楚国盟约与晋国交好，因为宋国曾对文公有过恩惠。四年，楚成王讨伐宋国，宋国向晋国求援。五年，晋文公发兵援助宋国，楚军撤离。九年，晋文公去世。十一年，楚太子商臣杀死了父亲楚成王自立为君。十六年，秦缪公去世。

十七年，成公去世。他的弟弟御杀死了太子与大司马公孙固而自立为君。宋人一起杀死了国君御，拥立成公的小儿子杵臼为君，这就是昭公。

昭公四年，宋在长丘打败了长翟缘斯。七年，楚庄王即位。

九年，因昭公昏庸无道，国民不拥护他。昭公的弟弟鲍革贤良又能礼遇下士。以前，襄公夫人想与公子鲍私通，被拒绝，于是便帮助鲍在国内布施恩惠，利用大夫华元的关系让鲍担任了右师。一次昭公出去打猎，夫人王姬便派卫伯杀死了昭公杵臼。昭公的弟弟鲍革继位，这就是文公。

文公元年，晋国率领诸侯讨伐宋国，责问宋人杀死国君之事。但知道文公稳定了政局被立为国君后，就退兵了。二年，昭公的儿子凭借文公的同母弟弟须的关系，联合武公、缪公、戴公、庄公、桓公后代作乱，被文公全部诛杀，文公赶跑武公、缪公后人。

四年春季，楚让郑国讨伐宋国。宋国派华元为将抵抗，被郑国打败，华元被囚禁。华元战前曾经杀羊犒赏士兵，他的车夫因没有吃到羊肉汤，所以十分怨恨，便驾着车跑到了郑军中，导致宋军失败，而华元被囚禁。宋国用一百辆兵车、四百匹良马赎回了华元。这些东西还没有全部给郑国，华元就跑了回来。

十四年，楚庄王包围了郑国。郑伯投降了楚国，楚国又放他回去了。

十六年，楚国使者路过宋国，宋国因与楚有前仇，就拘捕了楚国使者。这年九月，楚庄王包围了宋都。十七年，楚军围困宋都长达五个月仍未撤军，宋都城内告急，无粮可吃，华元便在一天夜里暗中与楚国将领子反会见。子反向楚庄王反。子反告庄王。王问："城中何如？"曰："析骨而炊，易子而食。"庄王曰："诚哉言！我军亦有二日粮。"以信故，遂罢兵去。

二十二年，文公卒，子共公瑕立。始厚葬。君子讥华元不臣矣。

共公十年，华元善楚将子重，又善晋将栾书，两盟晋楚。十三年，共公卒。华元为右师，鱼石为左师。司马唐山攻杀太子肥，欲杀华元，华元奔晋，鱼石止之，至河乃还，诛唐山。乃立共公少子成，是为平公。

平公三年，楚共王拔宋之彭城，以封宋左师鱼石。四年，诸侯共诛鱼石，而归彭城于宋。三十五年，楚公子围弑其君自立，为灵王。四十四年，平公卒，子元公佐立。

元公三年，楚公子弃疾弑灵王，自立为平王。八年，宋火。十年，元公毋信，诈杀诸公子，大夫华、向氏作乱。楚平王太子建来奔，见诸华氏相攻乱，建去如郑。十五年，元公为鲁昭公避季氏居外，为之求入鲁，行道卒，子景公头曼立。

景公十六年，鲁阳虎来奔，已复去。二十五年，孔子过宋，宋司马桓魋恶之，欲杀孔子，孔子微服去。三十年，曹倍宋，又倍晋，宋伐曹，晋不救，遂灭曹有之。三十六年，齐田常弑简公。

三十七年，楚惠王灭陈。荧惑守心。心，宋之分野也。景公忧之。司星子韦曰："可移于相。"景公曰："相，吾之股肱。"曰："可移于民。"景公曰："君者待民。"曰："可移于岁。"景公曰："岁饥民困，吾谁为君！"子韦曰："天高听卑。君有君人之言三，荧惑宜有动。"于是候之，果徙三度。

六十四年，景公卒。宋公子特攻杀太子而自立，是为昭公。昭公者，元公之曾庶孙也。昭公父公孙纠，纠父公子褍秦，褍秦即元公少子也。景公杀昭公父纠，故昭公怨杀太子而自立。

昭公四十七年卒，子悼公购由立。悼公八年卒，子休公田立。

汇报。庄王问："宋城中如何？"子反回答："城内人劈开人骨当柴来烧饭，交换幼子来充饥。"庄王说："这话是真的呀！我军也只有两天的口粮了。"因为讲求信义，楚国便撤兵离开了。

二十二年，文公逝世，他的儿子共公瑕继位。宋国第一次实行厚葬。君子嘲笑华元做事不符合大臣的职责。

共公十年，华元与楚将子重交好，又与晋将栾书友好，与晋、楚都结了盟约。十三年，共公逝世。当时华元为右师，鱼石为左师。司马唐山杀死了太子肥，又准备杀死华元，华元想逃往晋国，鱼石阻止他，到了黄河边又返回了宋，杀死了唐山。于是立共公的小儿子成为君，这就是平公。

平公三年，楚共王攻占了宋国的彭城，把彭城封给了宋国的左师鱼石。四年，各诸侯一起杀死了鱼石，将彭城交还给了宋国。三十五年，楚公子围杀死自己的国君自立为王，这就是灵王。四十四年，平公逝世，他的儿子元公佐继位。

元公三年，楚公子弃疾杀死了君楚灵王，自立为平王。八年，宋国发生火灾。十年，元公不讲信誉，耍诈杀死了其他的公子。大夫华氏、向氏谋反作乱。楚平王的太子建逃到了宋国，看见华氏等人相互攻击，便离开宋国跑到了郑国。十五年，鲁昭公为躲避季氏在外居住，为让他回到鲁国，元公便替他四处奔走求情，最后在死半路上，他的儿子景公头曼继位。

景公十六年，鲁国的阳虎前来投奔，后又离开了。二十五年，孔子经过宋国，宋国司马桓魋厌恶他，想要杀死孔子，孔子换上了平民服装逃离了宋国。三十年，曹国背叛了宋国，又背叛了晋国。宋国讨伐曹国，晋国没有去救援，于是宋国灭亡并占据了曹国。三十六年，齐国的田常杀害了齐简公。

三十七年，楚惠王消灭了陈国，火星占据了心宿区。心宿区是宋国的分野，景公因此很担心。司星子韦说："可以把灾祸转移到相国身上。"景公说："不行，国相就像是我的手足。"子韦又说："可以转移到百姓身上。"景公说："也不行，国君倚仗的是百姓。"子韦又说："可以转到年岁收成上。"景公说："如果年成歉收，百姓因此贫困，谁还会支持我做国君！"子韦说："天虽高远，却能听到下界细小的声音。您说了这三句国君应当说的话，火星应该会移动了。"于是详细观测了火星一段时间，火星果然移动了三度。

六十四年，景公逝世。宋公子特杀死了太子自立为君，这就是昭公。昭公，是元公的曾庶孙。昭公的父亲是公孙纠，纠的父亲是公子褍秦，褍秦就是元公的小儿子。因为景公杀了昭公的父亲公孙纠，所以昭公怀恨杀死了太子自立为君。

昭公在位四十七年后去世，他的儿子悼公购由继位。悼公在位八年后逝世，他的儿子休公田继位。休公田在位二十三年后去世，他的儿子辟公辟兵继位。辟休公田二十三年卒，子辟公辟兵立。辟公三年卒，子剔成立。剔成四十一年，剔成弟偃攻袭剔成，剔成败奔齐，偃自立为宋君。

君偃十一年，自立为王。东败齐，取五城；南败楚，取地三百里；西败魏军，乃与齐、魏为敌国。盛血以韦囊，县而射之，命曰“射天”。淫于酒妇人。群臣谏者辄射之。于是诸侯皆曰“桀宋”。“宋其复为纣所为，不可不诛”。告齐伐宋。王偃立四十七年，齐湣王与魏、楚伐宋，杀王偃，遂灭宋而三分其地。

太史公曰：孔子称“微子去之，箕子为之奴，比干谏而死，殷有三仁焉”。春秋讥宋之乱自宣公废太子而立弟，国以不宁者十世。襄公之时，修行仁义，欲为盟主。其大夫正考父美之，故追道契、汤、高宗，殷所以兴，作商颂。襄公既败于泓，而君子或以为多，伤中国阙礼义，褒之也，宋襄之有礼让也。

公在位三年后逝世，他的儿子剔成继位。剔成在位的四十一年，他的弟弟偃率人攻打剔成，剔成败逃齐国，偃自立为宋国国君。

君偃十一年时，自立称王。在东面战胜了齐国，占领了五座城；在南面打败了楚国，夺取了三百里地；在西面战胜了魏国，因此与齐、魏成为了敌国。君偃用皮袋盛着血，悬挂起来，然后朝皮袋射箭，称之为“射天”。君偃还沉迷于酒色。大臣中只要是向他劝谏的，都被他射死了。于是诸侯们都称他为“桀宋”。“宋君偃又犯下了与他先祖纣王同样的过错，不可不杀。”各诸侯请求齐国讨伐宋国。王偃在位的四十七年，齐湣王与魏国、楚国一起征讨宋国，杀死了王偃，最后灭了宋国，瓜分了宋地。

太史公说：孔子说过“微子走了，箕子当了奴隶，比干因劝谏而被杀，殷朝有三位仁人了”。《春秋》嘲讽宋国的混乱是从宣公废掉太子而立自己的弟弟为君开始的，国家因此不安定长达十代之久。襄公时，修行仁义，想做盟主。他的大夫正考父赞扬他，所以追述契、汤、高宗时代的政绩和殷朝兴盛的原因，作了《商颂》。宋襄公在泓水打了败仗之后，有的君子认为他值得表扬，这是因为当时中原地区的国家缺少礼节，所以表彰他，因为宋襄公具有礼让的精神。

晋世家第九

晋唐叔虞者，周武王子而成王弟。初，武王与叔虞母会时，梦天谓武王曰："余命女生子，名虞，余与之唐。"及生子，文在其手曰"虞"，故遂因命之曰虞。

武王崩，成王立，唐有乱，周公诛灭唐。成王与叔虞戏，削桐叶为圭以与叔虞，曰："以此封若。"史佚因请择日立叔虞。成王曰："吾与之戏耳。"史佚曰："天子无戏言。言则史书之，礼成之，乐歌之。"于是遂封叔虞于唐。唐在河、汾之东，方百里，故曰唐叔虞。姓姬氏，字子于。

唐叔子燮，是为晋侯。晋侯子宁族，是为武侯。武侯之子服人，是为成侯。成侯子福，是为厉侯。厉侯之子宜臼，是为靖侯。靖侯已来，年纪可推。自唐叔至靖侯五世，无其年数。

靖侯十七年，周厉王迷惑暴虐，国人作乱，厉王出奔于彘，大臣行政，故曰"共和"。

十八年，靖侯卒，子釐侯司徒立。釐侯十四年，周宣王初立。十八年，釐侯卒，子献侯籍立。献侯十一年卒，子穆侯费王立。

穆侯四年，取齐女姜氏为夫人。七年，伐条。生太子仇。十年，伐千亩，有功。生少子，名曰成师。晋人师服曰："异哉，君之命子也！太子曰仇，仇者仇也。少子曰成师，成师大号，成之者也。名，自命也；物，自定也。今適庶名反逆，此后晋其能毋乱乎？"

二十七年，穆侯卒，弟殇叔自立，太子仇出奔。殇叔三年，周宣王崩。四年，穆侯太子仇率其徒袭殇叔而立，是为文侯。

文侯十年，周幽王无道，犬戎杀幽王，周东徙。而秦襄公始列为诸侯。

晋国的唐叔虞，是周武王的儿子，周成王的弟弟。当初，周武王与叔虞的母亲交会时，其母梦见上天对周武王说："我让你生个儿子，名叫虞，我把唐赏给他。"待到叔虞的母亲生下孩子后，孩子的手掌纹路果真有个"虞"字，因此就给孩子取名为虞。

武王去世后，成王即位，唐国发生了叛乱，周公率兵灭了唐。一天，周成王和叔虞玩游戏，成王把一片桐树叶削成圭形送给叔虞，说："用这个分封你。"史佚于是请求选择一个吉日封叔虞为诸侯。周成王说："我和他只是玩游戏呢！"史佚说："天子无戏言。说了史官便要如实记载下来，按礼完成它，并奏乐咏颂它。"于是周成王就把唐地封给叔虞。唐地在黄河、汾河的东边，只有方圆百里的范围，因此又叫他唐叔虞。他本来姓姬，字子于。

唐叔的儿子燮，便是晋侯。晋侯的儿子宁族，就是武侯。武侯的儿子服人，就是成侯。成侯的儿子福，就是厉侯。厉侯的儿子宜臼，就是靖侯。靖侯以后，有年代可以推断。从唐叔到靖侯五代时，没有年代记载。

靖侯十七年，因周厉王凶暴狂虐，国人叛乱，厉王逃到了彘，由大臣周公、召公共同主持政务，所以叫"周召共和"。

十八年，靖侯去世，他的儿子釐侯司徒继位。釐侯十四年时，周宣王即位。十八年时，釐侯去世，他的儿子献侯籍继位。献侯在位十一年后逝世，他的儿子穆侯费王继位。

穆侯继位的第四年，娶了齐国女子姜氏为夫人。七年，穆侯讨伐条地。这年夫人生了太子仇。十年，讨伐千亩，建立了功绩。这年穆侯又生了小儿子，取名叫成师。晋人师服说："君王给孩子取的名字，真奇怪呀！太子叫仇，仇是怨恨的意思。小儿子却叫成师，成师是大名号，是成功的意思。称呼，可由自己来决定，但事物往往由其本质来决定。现在，嫡子与庶子取的名字正相反，这以后晋能不乱吗？"

二十七年，穆侯逝世，他的弟弟殇叔自立为君，太子仇逃亡。殇叔三年，周宣王去世。四年，穆侯的太子仇率领党徒袭击了殇叔自立为君，这就是文侯。

文侯十年，周幽王荒淫无道，被犬戎人杀死了，周王室被迫东迁。秦襄公因功开始被列为诸侯。

三十五年，文侯仇卒，子昭侯伯立。

昭侯元年，封文侯弟成师于曲沃。曲沃邑大于翼。翼，晋君都邑也。成师封曲沃，号为桓叔。靖侯庶孙栾宾相桓叔。桓叔是时年五十八矣，好德，晋国之众皆附焉。君子曰："晋之乱其在曲沃矣。末大于本而得民心，不乱何待！"

七年，晋大臣潘父弑其君昭侯而迎曲沃桓叔。桓叔欲入晋，晋人发兵攻桓叔。桓叔败，还归曲沃。晋人共立昭侯子平为君，是为孝侯。诛潘父。

孝侯八年，曲沃桓叔卒，子鳝代桓叔，是为曲沃庄伯。孝侯十五年，曲沃庄伯弑其君晋孝侯于翼。晋人攻曲沃庄伯，庄伯复入曲沃。晋人复立孝侯子郄为君，是为鄂侯。

鄂侯二年，鲁隐公初立。

鄂侯六年卒。曲沃庄伯闻晋鄂侯卒，乃兴兵伐晋。周平王使虢公将兵伐曲沃庄伯，庄伯走保曲沃。晋人共立鄂侯子光，是为哀侯。

哀侯二年曲沃庄伯卒，子称代庄伯立，是为曲沃武公。哀侯六年，鲁弑其君隐公。哀侯八年，晋侵陉廷。陉廷与曲沃武公谋，九年，伐晋于汾旁，虏哀侯。晋人乃立哀侯子小子为君，是为小子侯。

小子元年，曲沃武公使韩万杀所虏晋哀侯。曲沃益强，晋无如之何。

晋小子之四年，曲沃武公诱召晋小子杀之。周桓王使虢仲伐曲沃武公，武公入于曲沃，乃立晋哀侯弟缗为晋侯。

晋侯缗四年，宋执郑祭仲而立突为郑君。晋侯十九年，齐人管至父弑其君襄公。

晋侯二十八年，齐桓公始霸。曲沃武公伐晋侯缗，灭之，尽以其宝器赂献于周釐王。釐王命曲沃武公为晋君，列为诸侯，于是尽并晋地而有之。

曲沃武公已即位三十七年矣，更号曰晋武公。晋武公始都晋国，前即位曲沃，通年三十八年。

三十五年，文侯仇去世，他的儿子昭侯伯继位。

昭侯元年时，把文侯的弟弟成师封在曲沃。曲沃城比翼城要大。翼城，是晋国的都城。成师封在曲沃，被称为桓叔。靖侯的庶孙栾宾辅助桓叔。桓叔当时已经58岁了，崇尚美德，晋国的百姓都顺服他。有君子说："晋国的动乱就在曲沃呀。末梢比根还要大，并且赢得了民心，不乱还等什么！"

七年，晋国大臣潘父杀了国君昭侯，而准备迎立曲沃的桓叔。桓叔也准备去晋都，但晋人发兵攻打桓叔。桓叔大败，又回到了曲沃。晋人共同立昭侯的儿子平为国君，这就是孝侯。孝侯杀死了潘父。

孝侯八年时，曲沃桓叔去世，他的儿子鳝接替桓叔，这就是曲沃庄伯。孝侯十五年时，曲沃庄伯在翼城杀了国君晋孝侯。晋人攻打曲沃庄伯，庄伯再次回到曲沃。晋人又立孝侯的儿子郄为国君，这就是鄂侯。

鄂侯二年时，鲁隐公刚即位。

鄂侯于六年去世。曲沃庄伯听说晋鄂侯去世后，便兴兵讨伐晋都。周平王派虢公率领军队讨伐曲沃庄伯，庄伯逃回了曲沃防守。晋人共同立鄂侯的儿子光为国君，这就是哀侯。

哀侯二年时曲沃庄伯去世，他的儿子称接替了庄伯，这就是曲沃武公。哀侯六年，鲁人杀了自己的国君隐公。哀侯八年，晋国侵犯陉廷。陉廷人和曲沃武公一起谋划，九年时，他们在汾河畔攻打晋军，俘虏了哀侯。晋人于是立哀侯的儿子小子为国君，这就是小子侯。

小子元年，曲沃武公派韩万杀死了被抓的晋哀侯。曲沃更加强大了，但晋国对它没有办法。

晋小子在位的第四年，曲沃武公诱骗晋小子并杀死了他。周桓王派虢仲讨伐曲沃武公，武公逃回曲沃，于是立晋哀侯的弟弟缗为晋侯。

晋侯缗四年，宋国抓了郑国的祭仲而逼他立突为郑国国君。晋侯十九年（前688年），齐人管至父杀了自己的国君齐襄公。

晋侯二十八年，齐桓公开始称霸。这年曲沃武公攻打晋侯缗，灭了晋，并把晋国所有的宝器献给了周釐王。釐王便委任曲沃武公为晋君，封为诸侯，于是武公吞并了整个晋国的土地。

曲沃武公在位三十七年后，才改号为晋武公。晋武公此时才迁到晋国都城，加上以前在曲沃即位的时间，总计在位三十八年。

武公称者，先晋穆侯曾孙也，曲沃桓叔孙也。桓叔者，始封曲沃。武公，庄伯子也。自桓叔初封曲沃以至武公灭晋也，凡六十七岁，而卒代晋为诸侯。武公代晋二岁，卒。与曲沃通年，即位凡三十九年而卒。子献公诡诸立。

献公元年，周惠王弟颓攻惠王，惠王出奔，居郑之栎邑。

五年，伐骊戎，得骊姬、骊姬弟，俱爱幸之。

八年，士蔿说公曰："故晋之群公子多，不诛，乱且起。"乃使尽杀诸公子，而城聚都之，命曰绛，始都绛。九年，晋群公子既亡奔虢，虢以其故再伐晋，弗克。十年，晋欲伐虢，士蔿曰："且待其乱。"

十二年，骊姬生奚齐。献公有意废太子，乃曰："曲沃吾先祖宗庙所在，而蒲边秦，屈边翟，不使诸子居之，我惧焉。"于是使太子申生居曲沃，公子重耳居蒲，公子夷吾居屈。献公与骊姬子奚齐居绛。晋国以此知太子不立也。太子申生，其母齐桓公女也，曰齐姜，早死。申生同母女弟为秦穆公夫人。重耳母，翟之狐氏女也。夷吾母，重耳母女弟也。献公子八人，而太子申生、重耳、夷吾皆有贤行。及得骊姬，乃远此三子。

十六年，晋献公作二军。公将上军，太子申生将下军，赵夙御戎，毕万为右，伐灭霍，灭魏，灭耿。还，为太子城曲沃，赐赵夙耿，赐毕万魏，以为大夫。士蔿曰："太子不得立矣。分之都城，而位以卿，先为之极，又安得立！不如逃之，无使罪至。为吴太伯，不亦可乎，犹有令名。"太子不从。卜偃曰："毕万之后必大。万，盈数也；魏，大名也。以是始赏，天开之矣。天子曰兆民，诸侯曰万民，今命之大，以从盈数，其必有众。"初，毕万卜仕于晋国，遇《屯》之《比》。辛廖占之曰："吉。《屯》固《比》入，吉孰大焉。其后必蕃昌。"

十七年，晋侯使太子申生伐东山。里克谏献公曰："太子奉冢祀社稷之粢盛，以朝夕视君膳者也，故曰冢子。君行则守，有守则从，武公称，是先君晋穆侯的曾孙、曲沃桓叔的孙子。桓叔，是最先被封于曲沃的。武公，是庄伯的儿子。从桓叔开始被封在曲沃到武公消灭晋国，共六十七年，而最终替代晋国成为了诸侯。武公取代晋君两年后逝世，加上在曲沃的时间，去世时总计在位三十九年。他的儿子献公诡诸继位。

献公元年，周惠王的弟弟颓攻打惠王，惠王出逃，住在郑国的栎邑。

五年，晋献公征讨骊戎，得到骊姬及骊姬的妹妹，对她们都很宠爱。

八年，晋大夫士蒍劝献公说："过去的晋国还有很多公子，不杀死他们将会产生祸乱。"于是献公派人去杀死所有原晋国的公子，并且在聚地修筑城邑，命名为绛，开始定都绛城。九年，原晋国的众多公子已逃到了虢，虢因此再次讨伐晋国，但未能取胜。十年年，晋想攻打虢，士蒍说："先等它内部自乱吧！"

十二年，骊姬生下了奚齐。献公想要废掉太子，就说："曲沃是我们先祖的宗庙所在，而蒲地靠近秦国，屈地邻近翟人，如果不让众位儿子去镇守这地方，我很担忧。"于是派太子申生去驻守曲沃，公子重耳驻守蒲，公子夷吾驻守屈。献公和骊姬的儿子奚齐就驻守在绛。晋国人因此知道太子将不能继位了。太子申生的母亲是齐桓公的女儿，叫齐姜，很早就逝世了。申生同母的妹妹是秦穆公的夫人。重耳的母亲是翟人狐氏的女儿。夷吾的母亲是重耳母亲的妹妹。献公总共有八个儿子，而太子申生、重耳、夷吾都贤能，品德高尚。在得到骊姬后，献公便疏远了这三个儿子。

十六年，晋献公建立了两路大军。献公统领上军，太子申生统率下军，赵夙为献公驾御战车，毕万出任车右，相继攻打并消灭了霍、魏、耿。班师回国后，献公给太子在曲沃筑城，把耿地赐给了赵夙，把魏地赐给了毕万，让他们担任卿大夫。士蒍说："太子已经不能立为国君了。分给他先君的都城，享有卿的爵位，事先把太子的禄位提高到极点，又如何能再为君呢！太子不如逃走，免得大祸临头。像吴太伯那样，不也可以吗？那样还能落得个好名声。"太子没有听从。掌卜的大夫郭偃说："毕万的后人一定会壮大。万，是个满数；魏，又是个大的名字。把魏犒赏给毕万，是上天佑护他吧。天子有兆民，诸侯有万民，今天封给的国名是大名，人名又是满数，说明他肯定会有众多的人。"当初，毕万在晋国占卜自己的官运，遇到由《屯卦》演成了《比卦》。辛廖解释道："这是吉兆，《屯卦》象征坚固，《比卦》象征进入，没有比这更吉利的了。他的后人一定繁荣强盛。"

十七年，晋侯派太子申生征讨东山。里克劝谏献公说："太子是供奉宗庙祭祀、社稷祭品和早晚照看国君膳食的人，所以叫冢子。国君要外出，太子就应从曰抚军，守曰监国，古之制也。夫率师，专行谋也；誓军旅，君与国政之所图也：非太子之事也。师在制命而已，禀命则不威，专命则不孝，故君之嗣適不可以帅师。君失其官，率师不威，将安用之？”公曰：“寡人有子，未知其太子谁立。”里克不对而退，见太子。太子曰：“吾其废乎？”里克曰：“太子勉之！教以军旅，不共是惧，何故废乎？且子惧不孝，毋惧不得立。修己而不责人，则免于难。”太子帅师，公衣之偏衣，佩之金玦。里克谢病，不从太子。太子遂伐东山。

十九年，献公曰：“始吾先君庄伯、武公之诛晋乱，而虢常助晋伐我，又匿晋亡公子，果为乱。弗诛，后遗子孙忧。”乃使荀息以屈产之乘假道于虞。虞假道，遂伐虢，取其下阳以归。

献公私谓骊姬曰：“吾欲废太子，以奚齐代之。”骊姬泣曰：“太子之立，诸侯皆已知之，而数将兵，百姓附之，奈何以贱妾之故废適立庶？君必行之，妾自杀也。”骊姬佯誉太子，而阴令人谮恶太子，而欲立其子。

二十一年，骊姬谓太子曰：“君梦见齐姜，太子速祭曲沃，归釐于君。”太子于是祭其母齐姜于曲沃，上其荐胙于献公。献公时出猎，置胙于宫中。骊姬使人置毒药胙中。居二日，献公从猎来还，宰人上胙献公，献公欲飨之。骊姬从旁止之，曰：“胙所从来远，宜试之。”祭地，地坟；与犬，犬死；与小臣，小臣死。骊姬泣曰：“太子何忍也！其父而欲弑代之，况他人乎？且君老矣，旦暮之人，曾不能待而欲弑之！”谓献公曰：“太子所以然者，不过以妾及奚齐之故。妾愿子母辟之他国，若早自杀，毋徒使母子为太子所鱼肉也。始君欲废之，妾犹恨之；至于今，妾殊自失于此。”太子闻之，奔新城。献公怒，乃诛其傅杜原款。或谓太子曰：“为此药者乃骊姬也，太子何不自辞明之？”太子曰：“吾君老矣，非骊姬，寝不安，食不甘。即辞之，君且怒之。不可。”或谓太子曰：“可奔他国。”太子留守，有人代为留守，太子就跟随国君，跟随国君叫抚军，留守叫监国，这是古代的制度。统率军队，必须要谋划决断；发号施令，是国君与正卿的专职，这不是太子的事情。统率军队在于控制命令，太子受命于国君则没有威严，如果独断专行又会不孝，所以国君的继位者不可以统率军队。这样国君没有了任命官职的准则，统帅也没有了威严，又要如何用他呢？”献公说：“我有几个儿子，还不知道立谁为太子。”里克没有回答便退了出来，去见太子。太子问：“我就要被废掉了吗？”里克说：“太子努力吧，让您统领下军，担心的应该是不能完成任务，为什么废掉您呢？况且您担心的是不孝，不应担心能不能继位。注意自身修养，不去责难别人，就可以免除灾难。”太子指挥军队，献公让他穿上左右两色的衣服，戴上金玦。里克推说有病，没有跟随太子。太子于是出发征讨东山。

十九年，献公说：“过去我们的先君庄伯、武公平息晋国战乱时，虢国常常帮助晋国攻打我们，又藏匿了晋国逃跑的公子，如今果真作乱。不去讨伐，将会给子孙留下后患。”于是派荀息驾着屈地产的驷马向虞借道。虞同意了借道，晋便讨伐虢国，攻下了下阳后才退兵回国。

献公私下对骊姬说：“我想废掉太子，让奚齐替代他。”骊姬听后哭着说：“申生被立为太子，诸侯们都已经知道了，而且他多次统率军队，百姓都归顺他，为什么要因为我而废掉嫡长子而立庶子？如果你这样做，我就自杀。”骊姬假装赞扬太子，但暗中却让人毁谤太子，想立自己的儿子为太子。

二十一年，骊姬对太子说：“君王梦见齐姜了，太子应马上去曲沃祭祀母亲，回来后把胙肉献给君王。”于是太子赶往曲沃去祭祀母亲，回晋都后，把胙肉奉献给献公。献公当时出去打猎了，太子便把胙肉留在宫中。骊姬让人将毒药放在胙肉里。过了两天，献公打猎回朝，厨师把胙肉献给献公，献公正要享用，骊姬从旁阻止说：“胙肉来自远方，应尝尝它。”厨师把肉汤倒在地上，地面凸了起来；厨师把胙肉丢给狗吃，狗吃后立即死了；厨师把胙肉给太监吃，太监也死了。骊姬哭着说：“太子怎能这么凶残呢？连自己的父亲都想杀死而好接替其位，况且其他人呢？何况您已经年老了，已经有早没晚的人了，太子竟然迫不及待地想要杀死您！”骊姬又对献公说：“太子之所以这样做，不过是因为我和奚齐的原因。我们母子愿意躲到他国，或是早早自杀，不要让我母子俩白白被太子当作鱼肉宰割。当初您说想废掉他，我还反对您；到了现在，我才明白我大错特错了。”太子听到这事后，逃到新城。献公非常生气，便杀死了太子的老师杜原款。有人对太子说：“把毒药放到胙肉里的就是骊姬，太子怎么不去国君面前说清楚呢？”太子说：“我父亲年纪大了，没有骊姬将会睡不安稳、饮食无味。如果我去说明白了，父亲将会对骊姬很气愤。不能这样。”又有人对太子说：“那曰："被此恶名以出，人谁内我？我自杀耳。"十二月戊申，申生自杀于新城。

此时重耳、夷吾来朝。人或告骊姬曰："二公子怨骊姬谮杀太子。"骊姬恐，因谮二公子："申生之药胙，二公子知之。"二子闻之，恐，重耳走蒲，夷吾走屈，保其城，自备守。初，献公使士蒍为二公子筑蒲、屈城，弗就。夷吾以告公，公怒士蒍。士蒍谢曰："边城少寇，安用之？"退而歌曰："狐裘蒙茸，一国三公，吾谁适从！"卒就城。及申生死，二子亦归保其城。

二十二年，献公怒二子不辞而去，果有谋矣，乃使兵伐蒲。蒲人之宦者履鞮命重耳促自杀。重耳逾垣，宦者追斩其衣袪。重耳遂奔翟。使人伐屈，屈城守，不可下。

是岁也，晋复假道于虞以伐虢。虞之大夫宫之奇谏虞君曰："晋不可假道也，是且灭虞。"虞君曰："晋我同姓，不宜伐我。"宫之奇曰："太伯、虞仲，太王之子也，太伯亡去，是以不嗣。虢仲、虢叔，王季之子也，为文王卿士，其记勋在王室，藏于盟府。将虢是灭，何爱于虞？且虞之亲能亲于桓、庄之族乎？桓、庄之族何罪，尽灭之。虞之与虢，唇之与齿，唇亡则齿寒。"虞公不听，遂许晋。宫之奇以其族去虞。其冬，晋灭虢，虢公丑奔周。还，袭灭虞，虏虞公及其大夫井伯、百里奚以媵秦穆姬，而修虞祀。荀息牵曩所遗虞屈产之乘马奉之献公，献公笑曰："马则吾马，齿亦老矣！"

二十三年，献公遂发贾华等伐屈，屈溃。夷吾将奔翟。冀芮曰："不可，重耳已在矣，今往，晋必移兵伐翟，翟畏晋，祸且及。不如走梁，梁近于秦，秦强，吾君百岁后可以求入焉。"遂奔梁。二十五年，晋伐翟，翟以重耳故，亦击晋于啮桑，晋兵解而去。

当此时，晋强，西有河西，与秦接境，北边翟，东至河内。

你逃到其他国家去吧。”太子说：“带着这个罪名逃亡，谁能接受我呢？我自杀算了。”十二月二十一日，申生在新城自杀身亡。

此时重耳、夷吾来朝见国君。有人告诉骊姬说：“这两位公子怨你诬陷杀死了太子。”骊姬十分恐慌，因此又诬陷二人说：“申生把毒药放到胙肉中，两位公子事先都知道。”重耳、夷吾听到这消息后，很担心，于是重耳逃到了蒲，夷吾逃到了屈，各保城池，自我防卫。当初，献公让士蔿给两位公子建设蒲、屈城墙，没有修完。夷吾把这事报告了献公，献公对士蔿很生气。士蔿谢罪说：“边城寇贼少，修城墙有什么用呢？”士蔿退下后唱歌道：“狐皮袄的毛蓬松，一个国家有三个主，我将听谁的呢？”最后建好了城。等到申生去世后，两位公子也就各自回去防守自己的城池了。

二十二年，献公对两位公子不辞而别十分生气，认为他们真的有阴谋，就派军队征讨蒲城。蒲城有个叫履鞮的宦官让重耳尽快自杀。重耳翻越城墙逃走了，履鞮追赶，割下了重耳的衣袖。重耳逃到了翟。献公又派人讨伐屈，屈城人全力防守，没有被攻下。

这一年，晋国又向虞国借道讨伐虢国。虞国大夫宫之奇劝谏虞君说：“不能借道给晋国，这样晋国会灭掉虞国。”虞君说：“晋国与我同姓，应当不会攻打我国。”宫之奇说：“太伯、虞仲都是太王的儿子，太伯逃跑，所以不能继承王位。虢仲、虢叔都是王季的儿子，是文王的大臣，他们的功勋都在王室中有记载，收藏在掌握盟约的官员手中。如今想要灭掉虢国，又怎么会爱惜虞国？何况晋国亲近虞国，能胜过亲近桓叔、庄伯的家族吗？桓叔、庄伯家族有什么罪过，晋君竟然全部杀害了他们？虞国与虢国的关系，就好像是唇与齿的关系，唇亡齿寒。”虞君没有听宫之奇的劝谏，于是同意了晋国的要求。宫之奇带着整个家族离开了虞国。这年冬天，晋国灭了虢国，虢公丑逃亡到了周京城。晋军返回时，偷袭灭了虞国，俘虏了虞公和他的大夫井伯、百里奚，把他作为献公女儿秦穆姬的陪嫁，并派人重修虞国的祭祀。荀息牵回了献公过去送给虞君的屈产的名马，将它们献给了献公，献公笑道：“马还是我的马，只是老了啊！”

二十三年，献公派贾华等人进攻屈城，屈城溃败。夷吾打算逃往翟。冀芮说：“不行，重耳已经在那里了。如果你今天也去，晋国肯定会攻打翟，翟害怕晋，大祸就会降临。不如逃往梁国，梁国接近秦国，且秦国强大，我们国君去世后，你就可以请求秦国帮助你回国。”于是，夷吾逃到了梁国。二十五年，晋国进攻翟国，翟国为重耳的原因，也从啮桑反攻晋国，结果晋军退兵离去。

这个时候，晋国强盛，向西占有河西，与秦国接壤；北边与翟国相邻，东边到达河内。

骊姬弟生悼子。

二十六年夏，齐桓公大会诸侯于葵丘。晋献公病，行后，未至，逢周之宰孔。宰孔曰："齐桓公益骄，不务德而务远略，诸侯弗平。君弟毋会，毋如晋何。"献公亦病，复还归。病甚，乃谓荀息曰："吾以奚齐为后，年少，诸大臣不服，恐乱起，子能立之乎？"荀息曰："能。"献公曰："何以为验？"对曰："使死者复生，生者不惭，为之验。"于是遂属奚齐于荀息。荀息为相，主国政。秋九月，献公卒。里克、邳郑欲内重耳，以三公子之徒作乱，谓荀息曰："三怨将起，秦、晋辅之，子将何如？"荀息曰："吾不可负先君言。"十月，里克杀奚齐于丧次，献公未葬也。荀息将死之，或曰不如立奚齐弟悼子而傅之，荀息立悼子而葬献公。十一月，里克弑悼子于朝，荀息死之。君子曰："诗所谓'白圭之玷，犹可磨也，斯言之玷，不可为也'，其荀息之谓乎！不负其言。"初，献公将伐骊戎，卜曰"齿牙为祸"。及破骊戎，获骊姬，爱之，竟以乱晋。

里克等已杀奚齐、悼子，使人迎公子重耳于翟，欲立之。重耳谢曰："负父之命出奔，父死不得修人子之礼侍丧，重耳何敢入！大夫其更立他子。"还报里克，里克使迎夷吾于梁。夷吾欲往，吕省、郤芮曰："内犹有公子可立者而外求，难信。计非之秦，辅强国之威以入，恐危。"乃使郤芮厚赂秦，约曰："即得入，请以晋河西之地与秦。"及遗里克书曰："诚得立，请遂封子于汾阳之邑。"秦缪公乃发兵送夷吾于晋。齐桓公闻晋内乱，亦率诸侯如晋。秦兵与夷吾亦至晋，齐乃使隰朋会秦俱入夷吾，立为晋君，是为惠公。齐桓公至晋之高梁而还归。

惠公夷吾元年，使邳郑谢秦曰："始夷吾以河西地许君，今幸得入立。大臣曰：'地者先君之地，君亡在外，何以得擅许秦者？'寡人争之弗能得，故谢秦。"亦不与里克汾阳邑，而夺之权。四月，周骊姬的妹妹生下了悼子。

二十六年夏季，齐桓公在葵丘与诸侯会盟。晋献公因病去得晚，还没到达葵丘时，碰到了周朝的宰孔。宰孔说："齐桓公越来越骄横了，不修行德政却想远征，诸侯们心中都不平。您还是不要去了，齐桓公不会对晋国怎么样。"加上有病，献公听了便返回了晋国。没多久，献公病重，就对荀息说："我让奚齐继承王位，但是他还年幼，大臣们都不服，恐怕会起乱子，你能扶立他吗？"荀息说："能。"献公说："用什么来保证？"荀息回答说："即使您死而复生也不会后悔，而活着的我也不会感到惭愧，用这作凭证。"于是，献公把奚齐交付给荀息。荀息做国相，掌管国家政务。这年秋季九月时，献公去世。里克、邳郑想接回重耳，利用三位公子的党徒作乱，并对荀息说："三个方面的怨恨就要起来，外有秦国、内有晋国百姓帮助他们，你打算怎么办？"荀息说："我不能辜负对先君的承诺。"十月，里克在守丧之处杀死了奚齐，此时献公还没安葬。荀息准备自杀，有人对他说不如立奚齐的弟弟悼子为君并辅佐他。荀息便立悼子为君，并埋葬了献公。十一月，里克在朝堂上杀死了悼子，荀息也自杀了。有君子说："《诗经》所说的'白圭有了斑点，还可以磨亮；话要是说错了，就不能挽救了'，这说的不就是荀息吗？荀息没有违背自己的诺言。"当初，献公准备征讨骊戎时，龟卜时说"谗言为害"。等到战胜了骊戎，得到了骊姬，献公十分宠幸她，最终因此扰乱了晋国。

里克等人杀了奚齐、悼子后，派人到翟国迎接公子重耳，准备立他为君。重耳辞谢说："违背父命逃离晋国，父亲去世后又不能尽儿子的丧事之礼，我怎么敢回国！请大夫还是改立其他人吧。"派去的人回来禀告里克，里克派人去梁国迎接夷吾。夷吾准备回晋，吕省、郤芮劝道："国内还有公子可以继位，却到国外来找，难以让人相信。估计不去求助秦国，借助强国的势力回晋国，恐怕会很危险。"夷吾于是便让郤芮用厚礼贿赂秦国，约定说："如果我能回到晋国为君，愿把晋国河西的地方送给秦国。"夷吾写信给里克说："假使我真能即位，请让我把汾阳之城封给您。"秦缪公于是派军护送夷吾回到了晋国。齐桓公听说晋国内战，也率领诸侯来到晋国。秦军和夷吾此时也到达了晋国，齐国就让隰朋会同秦军一起送夷吾回晋国，立他为晋君，这就是惠公。齐桓公到达晋国的高梁时便返回了齐国。

惠公夷吾在元年时，派邳郑向秦国道歉说："那时我许诺把河西的地给您，现在有幸回国成了国君。大臣们说：'土地是先王留下来的，你逃亡在外，凭什么擅自许给秦国呢？'我极力争取也无用，因此来向秦道歉。"同时也没有把汾阳城封给里克，反而夺了他的大权。这年四月，周襄王让周公忌父约会齐国、秦襄王使周公忌父会齐、秦大夫共礼晋惠公。惠公以重耳在外，畏里克为变，赐里克死。谓曰："微里子寡人不得立。虽然，子亦杀二君一大夫，为子君者不亦难乎？"里克对曰："不有所废，君何以兴？欲诛之，其无辞乎？乃言为此！臣闻命矣。"遂伏剑而死。于是邳郑使谢秦未还，故不及难。

晋君改葬恭太子申生。秋，狐突之下国，遇申生，申生与载而告之曰："夷吾无礼，余得请于帝，将以晋与秦，秦将祀余。"狐突对曰："臣闻神不食非其宗，君其祀毋乃绝乎？君其图之。"申生曰："诺，吾将复请帝。后十日，新城西偏将有巫者见我焉。"许之，遂不见。及期而往，复见，申生告之曰："帝许罚有罪矣，弊于韩。"儿乃谣曰："恭太子更葬矣，后十四年，晋亦不昌，昌乃在兄。"

邳郑使秦，闻里克诛，乃说秦缪公曰："吕省、郤称、冀芮实为不从。若重赂与谋，出晋君，入重耳，事必就。"秦缪公许之，使人与归报晋，厚赂三子。三子曰："币厚言甘，此必邳郑卖我于秦。"遂杀邳郑及里克、邳郑之党七舆大夫。邳郑子豹奔秦，言伐晋，缪公弗听。

惠公之立，倍秦地及里克，诛七舆大夫，国人不附。二年，周使召公过礼晋惠公，惠公礼倨，召公讥之。

四年，晋饥，乞籴于秦。缪公问百里奚，百里奚曰："天灾流行，国家代有，救灾恤邻，国之道也。与之。"邳郑子豹曰："伐之。"缪公曰："其君是恶，其民何罪！"卒与粟，自雍属绛。

五年，秦饥，请籴于晋。晋君谋之，庆郑曰："以秦得立，已而倍其地约。晋饥而秦贷我，今秦饥请籴，与之何疑？而谋之！"虢射曰："往年天以晋赐秦，秦弗知取而贷我。今天以秦赐晋，晋其可以逆天乎？遂伐之。"惠公用虢射谋，不与秦粟，而发兵且伐秦。秦大国大夫，一块儿为晋惠公登基举行典礼。惠公因重耳逃亡在外，担心里克发动叛乱，便赐里克死，并对他说：“没有你里克，我不可能被立为国君。即使这样，你也杀死了两位国君和一位大夫，做你的国君不也太难了吗？”里克回答说：“前面的没有被废掉，你又怎么能兴起？想杀死我，难道还找不到借口吗？你竟然说出这种话！下臣遵命就是了。”于是便拔剑自杀了。而这时邳郑却因为出使秦国道歉还没回来，所以没碰上这场灾难。

晋君按礼节改葬了太子申生。这年秋季，狐突到了陪都曲沃，碰到申生的鬼魂，申生让他一起乘车并对他说：“夷吾无礼，我要向天帝请求，将整个晋国送给秦国，秦国将会祭祀我。”狐突回答说：“我听说神是不享用不是自己宗族的祭祀的。您的祭祀不是断绝了吗？您要仔细考虑考虑！”申生说：“好吧，我将再次请示天帝。十天后，在新城西边会有巫人显现我。”狐突答应了申生，申生就不见了。等到狐突按期赶往新城西，果然又见到了申生，申生告诉他说：“天帝已同意我惩罚罪人了，他会在韩原大败。”于是儿童们唱起了歌谣说：“恭太子改葬了，以后十四年，晋国不会昌盛了，昌盛的人是他兄长。”

邳郑出使秦国，听说里克被杀了，就对秦缪公说：“吕省、郤称、冀芮的确不愿意以河西贿赂秦国。如果能够重礼贿赂他们，与他们商量，赶走晋君，送重耳回晋为君，事情肯定能成功。”秦缪公同意了他的意见，派人和他一同回晋国，用厚财贿赂了吕省、郤称、冀芮三人。三人说：“财多话甜，肯定是邳郑将我们出卖给了秦国。”于是三人杀了邳郑，以及里克、邳郑的党众七舆大夫。邳郑的儿子豹逃到了秦国，请求秦攻打晋国，缪公没有同意。

惠公继位后，背弃了给秦国土地及封里克的诺言，又杀死了七舆大夫，晋国人都不顺服。二年，周王派召公按礼制见晋惠公，惠公傲慢无礼，召公讥笑了他。

四年，晋国出现了饥荒，向秦购买粮食。缪公因此咨询百里奚，百里奚说：“天灾盛行，各国都可能出现，救助灾难，周济邻国，这是国家的道义。应当帮助晋国。”邳郑的儿子豹却说：“攻打晋国。”缪公说：“晋君确实有罪，但晋国百姓有什么罪？”最终卖给了晋国粮食，运粮的车队从秦都雍到晋绛一路源源不断。

五年，秦国出现了饥荒，向晋国请求购买粮食。晋君与大臣们商量此事，庆郑说：“君王依靠秦国得以即位，后来我们又违背了给秦地的诺言。晋国发生饥荒而秦国卖给了我们粮食。今天秦国出现了饥荒，请求我们卖给他们粮食，这有什么疑问吗？还需要商议？”虢射说：“去年上天把晋国赠给了秦国，秦国不知道夺取晋国，反而卖给了我们粮食。今天，上天又把秦国赠给了晋国，我们难道也要违背天意吗？应该攻打秦国。”惠公便采纳了虢射的建议，没有卖给秦国粮怒，亦发兵伐晋。

六年春，秦缪公将兵伐晋。晋惠公谓庆郑曰："秦师深矣，奈何？"郑曰："秦内君，君倍其赂；晋饥秦输粟，秦饥而晋倍之，乃欲因其饥伐之：其深不亦宜乎！"晋卜御右，庆郑皆吉。公曰："郑不孙。"乃更令步阳御戎，家仆徒为右，进兵。九月壬戌，秦缪公、晋惠公合战韩原。惠公马鷙不行，秦兵至，公窘，召庆郑为御。郑曰："不用卜，败不亦当乎！"遂去。更令梁繇靡御，虢射为右，辂秦缪公。缪公壮士冒败晋军，晋军败，遂失秦缪公，反获晋公以归。秦将以祀上帝。晋君姊为缪公夫人，衰绖涕泣。公曰："得晋侯将以为乐，今乃如此。且吾闻箕子见唐叔之初封，曰'其后必当大矣'，晋庸可灭乎！"乃与晋侯盟王城而许之归。晋侯亦使吕省等报国人曰："孤虽得归，毋面目见社稷，卜日立子圉。"晋人闻之，皆哭。秦缪公问吕省："晋国和乎？"对曰："不和。小人惧失君亡亲，不惮立子圉，曰'必报仇，宁事戎、狄'。其君子则爱君而知罪，以待秦命，曰'必报德'。有此二故，不和。"于是秦缪公更舍晋惠公，馈之七牢。十一月，归晋侯。晋侯至国，诛庆郑，修政教。谋曰："重耳在外，诸侯多利内之。"欲使人杀重耳于狄。重耳闻之，如齐。

八年，使太子圉质秦。初，惠公亡在梁，梁伯以其女妻之，生一男一女。梁伯卜之，男为人臣，女为人妾，故名男为圉，女为妾。

十年，秦灭梁。梁伯好土功，治城沟，民力罢怨，其众数相惊，曰"秦寇至"，民恐惑，秦竟灭之。

十三年，晋惠公病，内有数子。太子圉曰："吾母家在梁，梁今秦灭之，我外轻于秦而内无援于国。君即不起，病大夫轻，更立他公食，反而派兵攻打秦国。秦侯大怒，也发兵攻打晋国。

六年的春天，秦缪公率军讨伐晋国。晋惠公对庆郑说："秦军已深入到我国境内，该怎么办？"庆郑说："秦国护送您回国，您却背弃约定不给秦地；晋国发生饥荒时秦国立即运来粮食救助我们，而秦国出现饥荒时晋国不但不加援助，反而想借机攻打人家，今天秦军深入国境不也是应该的吗？"晋惠公占卜驾车与车右的人选，二者庆郑得的都是吉卦。惠公说："庆郑不归从。"就改让步阳驾车，家仆徒为车右，向秦军进攻。九月十三日，秦缪公、晋惠公在韩原交战。惠公的马陷在泥里跑不动了，秦兵赶来了，惠公十分困窘，叫庆郑来驾车。庆郑说："不照占卜去做，失败不也是应当的吗？"说完便离开了。惠公改派梁繇靡驾车，虢射为车右，迎击秦缪公。缪公的勇士冒死战胜了晋军，晋军大败，秦军抓获晋惠公带回秦国，准备杀死晋惠公来祭祀上天。晋惠公的姐姐是缪公夫人，她身穿丧服哭泣哀求。缪公说："抓获了晋侯应该是高兴的事，现在你竟悲痛起来。况且我听说箕子在唐叔刚受封时，说过'他的后人一定会繁荣强大'，晋国怎么会灭亡呢？"于是，与晋侯在王城签订盟约后，缪公同意让惠公返回晋国。惠公也派吕省等人回去向国人说："我虽然得以返回晋国，但也没有脸面重见百姓，选个吉日让子圉继位吧！"晋人听了这些话，都伤心地哭了。秦缪公问吕省："晋国人团结吗？"吕省回答说："不团结。老百姓害怕失去国君、牺牲父母，不怕立子圉为君，都说'一定要报仇，宁可侍奉戎、狄'。但是那些君子却很拥护国君，知道他有罪，正等待秦送国君回去，他们说'一定要报答秦国对晋国的恩德'。因为这两种情形，所以晋国不团结。"于是秦缪公给晋惠公更换了住处，按诸侯礼节馈赠给晋惠公七牢。这年十一月，秦送回了晋惠公。晋惠公返回晋国后，杀死了庆郑，重新修整政务。他与大臣们商量说："重耳在外，诸侯大多想送他回国而因此获利。"于是想派人到狄杀重耳。重耳听到消息，跑到了齐国。

八年，晋惠公让太子圉到秦做人质。当初，惠公逃亡到梁国时，梁伯把自己的女儿嫁给了他，生下了一男一女。梁伯替他们占卜，男孩是做臣的命，女孩是做妾的命，因此给男孩取名为圉，给女孩取名为妾。

十年，秦国灭掉了梁国。梁伯喜欢大兴土木，修筑城池沟堑，百姓因此疲惫不堪，怨声载道，数次相互惊吓说"秦国的强盗来了"，百姓太过害怕，梁最终被秦国灭亡了。

十三年，晋惠公病了，他生有几个儿子。太子圉说："我母亲家在梁国，现在梁国被秦灭掉了，我外被秦国蔑视，内又没有援助。君王现在病重卧床不起，我担心晋国大夫轻看我而改立其他公子为太子。"于是太子圉与妻子商议一起逃回子。”乃谋与其妻俱亡归。秦女曰：“子一国太子，辱在此。秦使婢子侍，以固子之心。子亡矣，我不从子，亦不敢言。”子圉遂亡归晋。十四年九月，惠公卒，太子圉立，是为怀公。

子圉之亡，秦怨之，乃求公子重耳，欲内之。子圉之立，畏秦之伐也。乃令国中诸从重耳亡者与期，期尽不到者尽灭其家。狐突之子毛及偃从重耳在秦，弗肯召。怀公怒，囚狐突。突曰：“臣子事重耳有年数矣，今召之，是教之反君也。何以教之？”怀公卒杀狐突。秦缪公乃发兵送内重耳，使人告栾、郤之党为内应，杀怀公于高梁，入重耳。重耳立，是为文公。

晋文公重耳，晋献公之子也。自少好士，年十七，有贤士五人：曰赵衰；狐偃咎犯，文公舅也；贾佗；先轸；魏武子。自献公为太子时，重耳固已成人矣。献公即位，重耳年二十一。献公十三年，以骊姬故，重耳备蒲城守秦。献公二十一年，献公杀太子申生，骊姬谗之，恐，不辞献公而守蒲城。献公二十二年，献公使宦者履鞮趣杀重耳。重耳逾垣，宦者逐斩其衣袪。重耳遂奔狄。狄，其母国也。是时重耳年四十三。从此五士，其余不名者数十人，至狄。

狄伐咎如，得二女：以长女妻重耳，生伯儵、叔刘；以少女妻赵衰，生盾。居狄五岁而晋献公卒，里克已杀奚齐、悼子，乃使人迎，欲立重耳。重耳畏杀，因固谢，不敢入。已而晋更迎其弟夷吾立之，是为惠公。惠公七年，畏重耳，乃使宦者履鞮与壮士欲杀重耳。重耳闻之，乃谋赵衰等曰：“始吾奔狄，非以为可用与，以近易通，故且休足。休足久矣，固原徙之大国。夫齐桓公好善，志在霸王，收恤诸侯。今闻管仲、隰朋死，此亦欲得贤佐，盍往乎？”于是遂行。重耳谓其妻曰：“待我二十五年不来，乃嫁。”其妻笑曰：“犁二十五年，吾冢上柏大矣。虽然，妾待子。”重耳居狄凡十二年而去。

过卫，卫文公不礼。去，过五鹿，饥而从野人乞食，野人盛土器中进之。重耳怒。赵衰曰：“土者，有土也，君其拜受之。”

去。妻子秦女说："您是一国的太子，在此受了污辱。秦君让我照顾您，为的是稳住您的心。您逃走吧，我不跟随您，但也不敢张扬出去。"太子圉于是跑回了晋国。十四年九月，晋惠公逝世，太子圉继位，这就是怀公。

太子圉逃跑后，秦缪公十分气愤，就寻找公子重耳，想送他回国为君。太子圉即位后，担忧秦国来攻打。于是他命令国内跟随重耳逃亡在外的人必须按期归晋，逾期未归的将被灭族。狐突的儿子狐毛和狐偃都跟随重耳在秦国，狐突不愿意让他们回来。怀公很生气，囚禁了狐突。狐突说："我的儿子侍奉重耳有许多年了，您现在命令他回来，这是让他们背叛自己的主子，我用什么来教导说服他们呢？"怀公最后杀死了狐突。秦缪公于是派军队护送重耳回晋国，派人先通知栾枝、郤縠的党徒作内应，在高梁杀死了怀公，迎回了重耳。重耳登基，这就是文公。

晋文公重耳，是晋献公的儿子。从小就喜好结交士人，十七岁时就有五个贤士跟随他，这五人分别是赵衰；狐偃咎犯，这是文公的舅舅；贾佗；先轸；魏武子。自献公做太子时，重耳就已是成人了。献公即位时，重耳二十一岁。献公十三年，由于骊姬的缘故，重耳驻守蒲城防备秦国。二十一年时，献公逼死了太子申生，骊姬又进谗言中伤重耳，重耳担心，因此不向献公辞别就逃回了蒲城据守。献公二十二年，献公让太监履鞮赶快杀了重耳。重耳翻墙逃走了，履鞮追上割掉了他的衣袖。重耳最后逃到了狄。狄国，是重耳母亲的祖国。当时重耳已四十三岁。自此后追随他的五位贤士，另外有不知名的几十人，都到了狄国。

狄国征讨咎如时，抓获了两位女子，把年长的女子嫁给了重耳，生下了伯儵、叔刘；把年少的嫁给了赵衰，生下了盾。重耳在狄生活了五年后晋献公就去世了，里克已杀死了奚齐、悼子，便让人来接重耳回国，想拥立他。重耳担心被杀，因此坚决谢绝了，不敢回晋。后来，晋国又迎重耳的弟弟夷吾回国并拥立他为君，这就是惠公。七年时，惠公因担心重耳，就让太监履鞮带着勇士想杀掉重耳。重耳听到消息后，就与赵衰等人谋划说："我当初逃到狄，不是因为狄国可以帮助我，而是因为路途近且容易往来，所以暂时在此歇脚。休息的时间久了，本来就想迁到大国去。齐桓公喜欢行善，有志称霸，体恤诸侯。现在听说管仲、隰朋已去世了，齐也想寻找贤能之人辅佐，为什么不前往呢？"于是重耳就出发了。离开时重耳对妻子说："你等我二十五年，如果我没有回来，你就改嫁吧。"妻子笑着回答："等你二十五年，那时我坟上的柏树都长大了。尽管如此，我还是等着你。"重耳离开时已在狄国生活了十二年。

重耳路过卫国，卫文公不以礼相待。离开后，经过五鹿时，他因饥饿而向郊野的村民讨饭，郊野的村民将土放在容器中送给他们。重耳很生气。赵衰说："送给您土，象征着您将拥有土地，您应该行礼拜谢而接受它。"

至齐，齐桓公厚礼，而以宗女妻之，有马二十乘，重耳安之。重耳至齐二岁而桓公卒，会竖刁等为内乱，齐孝公之立，诸侯兵数至。留齐凡五岁。重耳爱齐女，毋去心。赵衰、咎犯乃于桑下谋行。齐女侍者在桑上闻之，以告其主。其主乃杀侍者，劝重耳趣行。重耳曰："人生安乐，孰知其他！必死于此，不能去。"齐女曰："子一国公子，穷而来此，数士者以子为命。子不疾反国，报劳臣，而怀女德，窃为子羞之。且不求，何时得功？"乃与赵衰等谋，醉重耳，载以行。行远而觉，重耳大怒，引戈欲杀咎犯。咎犯曰："杀臣成子，偃之愿也。"重耳曰："事不成，我食舅氏之肉。"咎犯曰："事不成，犯肉腥臊，何足食！"乃止，遂行。

过曹，曹共公不礼，欲观重耳骈胁。曹大夫釐负羁曰："晋公子贤，又同姓，穷来过我，奈何不礼！"共公不从其谋。负羁乃私遗重耳食，置璧其下。重耳受其食，还其璧。

去，过宋。宋襄公新困兵于楚，伤于泓，闻重耳贤，乃以国礼礼于重耳。宋司马公孙固善于咎犯，曰："宋小国新困，不足以求入，更之大国。"乃去。

过郑，郑文公弗礼。郑叔瞻谏其君曰："晋公子贤，而其从者皆国相，且又同姓。郑之出自厉王，而晋之出自武王。"郑君曰："诸侯亡公子过此者众，安可尽礼！"叔瞻曰："君不礼，不如杀之，且后为国患。"郑君不听。

重耳去之楚，楚成王以适诸侯礼待之，重耳谢不敢当。赵衰曰："子亡在外十余年，小国轻子，况大国乎？今楚大国而固遇子，子其毋让，此天开子也。"遂以客礼见之。成王厚遇重耳，重耳甚卑。成王曰："子即反国，何以报寡人？"重耳曰："羽毛齿角玉帛，君王所余，未知所以报。"王曰："虽然，何以报不穀？"重耳曰："即到了齐国，齐桓公厚礼款待了重耳，还把同宗的一个少女嫁给了重耳，送给他八十匹马，重耳因此感到很知足。重耳到齐国两年后齐桓公去世，正赶上竖刁等人发动内乱，齐孝公继位，诸侯的军队多次来侵犯。重耳在齐国待了五年。重耳宠爱在齐国娶的妻子，没有离开齐国的想法。赵衰、咎犯有一天就在一棵桑树下商议离开齐国的事。重耳妻子的侍女在桑树上听到了他们的谈话，回屋后告诉了夫人。夫人便杀死了侍女，劝告重耳赶快离开。重耳说："人生来就是要安逸享乐的，没必要管其他的事！我要老死在这，不能离开。"妻子说："您是一国的公子，因为没办法了才到了这里，几位贤士都跟随听命于您。您不尽快回国，报答劳苦的臣子，却迷恋女色，我为你感到羞愧。您现在不去追求，什么时候才能成功呢？"她便和赵衰等人谋划，灌醉了重耳，用车拉着他离开了齐国。走了很长的路后重耳才醒来，他很生气，拿起戈来要杀咎犯。咎犯说："杀死我成就您，是我的愿望。"重耳说："事情要是失败了，我就吃了舅父的肉。"咎犯说："事情没有成功，我的肉又腥又臊，哪值得吃！"于是重耳平息了愤怒，继续赶路。

经过曹国时，曹共公对重耳无礼，想偷看重耳并生的肋骨。曹国大夫釐负羁说："晋公子贤能，和我们又是同姓，穷困中经过我国，为什么不以礼相待？"共公没有听从他的劝告。负羁就私下赠送给重耳食物，并将一块璧玉放在食物下面。重耳接受了食物，把璧玉还给负羁。

重耳离开曹国，路过宋国。宋襄公刚刚被楚军打败，在泓水受伤，听说重耳贤明，就按国礼招待了重耳。宋国司马公孙固与咎犯要好，说："宋国是小国，又刚陷入困境，没有能力帮助你们回国，请改往大国吧。"重耳一行便又离开了宋国。

经过郑国时，郑文公对重耳一行无礼。郑大夫叔瞻劝告国君说："晋公子贤明，他的随从都是国家的栋梁之才，而且他和我们又同姓。郑国的祖先是厉王，晋国的祖先是武王。"郑国国君说："从诸侯国中逃亡的公子路过我国的太多了，怎么可能都以礼相待呢！"叔瞻说："您如果不能以礼相待，还不如杀了他，免得以后成为咱们的祸患。"郑国君没有听从。

重耳离开郑国到了楚国，楚成王以对待诸侯的礼节款待了他，重耳辞谢不敢接受。赵衰说："您逃亡在外已经十几年了，小国都蔑视你，何况大国呢？如今楚是大国却坚持厚待你，你不要推辞，这是上天在保佑您。"重耳于是按诸侯的礼节会见了楚成王。成王以厚礼招待了重耳，重耳很是谦恭。成王说："您以后回国即位后，如何报答我？"重耳说："珍禽异兽、珠玉绸绢，都是君王多余的东西，我不知道还有什么可以回报君王。"成王说："虽然如此，到底用什么不得已，与君王以兵车会平原广泽，请辟王三舍。”楚将子玉怒曰：“王遇晋公子至厚，今重耳言不孙，请杀之。”成王曰：“晋公子贤而困于外久，从者皆国器，此天所置，庸可杀乎？且言何以易之！”居楚数月，而晋太子圉亡秦，秦怨之；闻重耳在楚，乃召之。成王曰：“楚远，更数国乃至晋。秦晋接境，秦君贤，子其勉行！”厚送重耳。

重耳至秦，缪公以宗女五人妻重耳，故子圉妻与往。重耳不欲受，司空季子曰：“其国且伐，况其故妻乎！且受以结秦亲而求入，子乃拘小礼，忘大丑乎！”遂受。缪公大欢，与重耳饮。赵衰歌《黍苗》诗。缪公曰：“知子欲急反国矣。”赵衰与重耳下，再拜曰：“孤臣之仰君，如百谷之望时雨。”是时晋惠公十四年秋。惠公以九月卒，子圉立。十一月，葬惠公。十二月，晋国大夫栾、郤等闻重耳在秦，皆阴来劝重耳、赵衰等反国，为内应甚众。于是秦缪公乃发兵与重耳归晋。晋闻秦兵来，亦发兵拒之。然皆阴知公子重耳入也。唯惠公之故贵臣吕、郤之属不欲立重耳。重耳出亡凡十九岁而得入，时年六十二矣，晋人多附焉。

文公元年春，秦送重耳至河。咎犯曰：“臣从君周旋天下，过亦多矣。臣犹知之，况于君乎？请从此去矣。”重耳曰：“若反国，所不与子犯共者，河伯视之！”乃投璧河中，以与子犯盟。是时介子推从，在船中，乃笑曰：“天实开公子，而子犯以为己功而要市于君，固足羞也。吾不忍与同位。”乃自隐渡河。秦兵围令狐，晋军于庐柳。二月辛丑，咎犯与秦晋大夫盟于郇。壬寅，重耳入于晋师。丙午，入于曲沃。丁未，朝于武宫，即位为晋君，是为文公。群臣皆往。怀公圉奔高梁。戊申，使人杀怀公。

怀公故大臣吕省、郤芮本不附文公，文公立，恐诛，乃欲与其徒谋烧公宫，杀文公。文公不知。始尝欲杀文公宦者履鞮知其谋，欲以告文公，解前罪，求见文公。文公不见，使人让曰：“蒲城之事，女来回报我呢？”重耳说：“如果万不得已，在平原湖沼与君王兵戎相遇，请允许我为王退避三舍。”楚国大将子玉气愤地说：“君王厚礼对待晋公子，现在重耳却出言不善，请让我杀了他。”成王说：“晋公子贤德且被困在外面太久了，跟随他的人都是国家的大器，这是上天安排的，怎么能杀了他呢？何况他不这样说的话又该怎样说呢？”在楚住了几个月，而晋国的太子圉从秦国逃回了晋，秦国痛恨他。听说重耳住在楚国，便邀请重耳去秦国。成王说：“楚国太远了，要路过好几个国家才能到达晋国。秦国与晋国接壤，秦君很贤明，您还是努力去秦国吧！”馈赠了很多礼物给重耳。

重耳到了秦国，秦缪公把同宗的五个女子嫁给重耳，原公子圉的妻子也在当中。重耳不想接纳公子圉的妻子，司空季子说：“他的国家尚且要去攻打，何况他原来的妻子呢！而且您接受她是与秦国结成联姻以便返回晋国。您这是拘泥于小礼节，而忘了大耻啊！”重耳于是接受了。秦缪公特别兴奋，与重耳饮酒。赵衰读了《黍苗》一诗。秦缪公说：“知道你们想马上返回晋国了。”赵衰与重耳离开座位，再次拜谢说：“我们这些孤臣仰望君王您，就好像百谷祈望知时节的好雨啊。”当时是晋惠公十四年的秋季。惠公于当年九月去世，子圉登基。十一月，安葬了惠公。十二月，晋国大夫栾枝、郤縠等人听说重耳在秦国，都暗中来劝重耳、赵衰等人回国，作内应的人很多。于是秦缪公就派军护送重耳回晋国。晋国听说秦军来了，也派出军队来抵抗。但私下都知道公子重耳要回来了。只有惠公的旧大臣吕甥、郤芮之流不愿让重耳为君。重耳流亡在外十九年后最终返回了晋国，这时已经六十二岁了，晋人大多都归顺了他。

文公元年春天，秦军护送重耳到达黄河岸边。咎犯说：“我跟随您周游天下，犯的过错很多。我自己都明白，何况您呢？请让我从此离开吧。”重耳说：“如果我回到晋国后，不与您同心共事，请河伯见证！”于是就把玉璧扔到黄河中，与子犯盟誓。那时介子推也跟随着重耳，正在船中，他听了就笑道：“的确上天在保佑公子，可子犯却认为是自己的功劳并以此向君王邀赏，太丢人了。我不愿和他共事。”说完自己隐蔽起来渡过了黄河。秦军包围了令狐，晋军在庐柳驻扎。二月辛丑日，咎犯与秦晋大夫在郇城会盟。壬寅日，重耳进入晋军中。丙午日，进入曲沃。丁未日，重耳到武宫朝拜，即位为晋君，这就是文公。大臣们都赶往曲沃。怀公圉逃往了高梁。戊申日，重耳派人杀死了怀公。

怀公的旧臣吕省、郤芮原本不想归附文公，文公即位后，害怕被杀，便和自己的党徒阴谋放火烧掉文公居住的宫殿，想杀死文公。文公对此毫无知觉。以前曾经想杀死文公的太监履鞮知道了这个阴谋，想把这个阴谋告诉文公，以便抵消以前的罪过，便去求见文公。文公拒绝见他，派人责骂他说：“蒲城的事，你砍掉了我斩予袪。其后我从狄君猎，女为惠公来求杀我。惠公与女期三日至，而女一日至，何速也？女其念之。”宦者曰：“臣刀锯之余，不敢以二心事君倍主，故得罪于君。君已反国，其毋蒲、翟乎？且管仲射钩，桓公以霸。今刑余之人以事告而君不见，祸又且及矣。”于是见之，遂以吕、郤等告文公。文公欲召吕、郤，吕、郤等党多，文公恐初入国，国人卖己，乃为微行，会秦缪公于王城，国人莫知。三月己丑，吕、郤等果反，焚公宫，不得文公。文公之卫徒与战，吕、郤等引兵欲奔，秦缪公诱吕、郤等，杀之河上，晋国复而文公得归。夏，迎夫人于秦，秦所与文公妻者卒为夫人。秦送三千人为卫，以备晋乱。

文公修政，施惠百姓。赏从亡者及功臣，大者封邑，小者尊爵。未尽行赏，周襄王以弟带难出居郑地，来告急晋。晋初定，欲发兵，恐他乱起，是以赏从亡未至隐者介子推。推亦不言禄，禄亦不及。推曰：“献公子九人，唯君在矣。惠、怀无亲，外内弃之；天未绝晋，必将有主，主晋祀者，非君而谁？天实开之，二三子以为己力，不亦诬乎？窃人之财，犹曰是盗，况贪天之功以为己力乎？下冒其罪，上赏其奸，上下相蒙，难与处矣！”其母曰：“盍亦求之，以死谁怼？”推曰：“尤而效之，罪有甚焉。且出怨言，不食其禄。”母曰：“亦使知之，若何？”对曰：“言，身之文也；身欲隐，安用文之？文之，是求显也。”其母曰：“能如此乎？与女偕隐。”至死不复见。

介子推从者怜之，乃悬书宫门曰：“龙欲上天，五蛇为辅。龙已升云，四蛇各入其宇，一蛇独怨，终不见处所。”文公出，见其书，曰：“此介子推也。吾方忧王室，未图其功。”使人召之，则亡。遂求所在，闻其入绵上山中，于是文公环绵上山中而封之，以为介推的衣袖。后来我跟着狄君去打猎，你为惠公前来追杀我。惠公与你约好三天到达，而你竟然一天就赶到，为什么这么快呢？你好好想想吧。”履鞮说：“我是受过宫刑的人，不敢用二心侍奉国君、背叛主人，所以得罪了您。您已经回国，莫非就没有蒲、翟这种反对您的事了吗？何况，管仲射中齐桓公的带钩，桓公却凭着管仲得以称霸。今天我这个罪人有事想告诉您，您却不见，灾难又将降临到您头上了啊。”于是文公接见了他，他便把吕省、郤芮等人的阴谋告诉了文公。文公想召见吕、郤，但吕、郤等党徒很多，文公担心刚刚回国，国人可能会出卖自己，就乔装打扮隐藏了身份，在王城会见了秦缪公，国人都不知道。三月己丑日，吕、郤等人果然谋反，烧毁了文公居住的宫殿，却没找到文公。文公的士兵与他们交战，吕、郤等想率军逃跑，秦缪公便引诱吕、郤等人，在黄河畔杀死了他们，晋国恢复平静，文公才返回。这年夏天，文公从秦国接回夫人，秦国嫁给文公的妻子最终成为了夫人。秦国还赠送了三千人做卫兵，以防备晋国再次内乱。

文公推行善政，对百姓布施恩德。他封赏跟随自己逃亡的人员和有功的大臣，功大的封给城邑，功小的封给爵位。还没有来得及赏赐完毕，周襄王因弟弟王子带发难而逃到了郑国，于是派人来向晋国求救。晋国刚刚稳定，想派兵去援救，又担心国内发生动乱，因此犒赏追随文公逃亡的人，遗忘了隐藏起来的介子推。介子推也没有要求俸禄，俸禄也没有给他。介子推说：“献公有九个儿子，只有国君还活着。惠公、怀公没有亲信，国内外都唾骂他们；上天还没有让晋国灭亡，肯定要有君主，主持晋国祭祀的人除了国君还有谁呢？上天的确在护佑您，但是那些追随您的人却以为是自己的功劳，不是骗人吗？偷了别人的财物，还可以说是盗贼，况且将天的功劳据为自己的功劳呢？臣下遮盖他们的罪责，君主奖赏他们的奸佞，上下互相欺骗，我难以与他们相处啊！”介子推的母亲说：“你为什么不去请求赏赐呢，死了怨谁？”介子推说：“我憎恨他们却又去效仿他们，罪过就更大了。况且我已经说出了怨言，不会去吃他的俸禄。”母亲说：“让文公明白真相，怎么样？”介子推说：“言语是人身外的装饰，身体都想藏匿起来了，还要装饰干什么？如果装饰自己，那是为了让人知道自己。”介子推的母亲说：“真是这样吗？让我和你一起隐居吧。”母子俩到死都没有再露面。

介子推的随从很怜悯他，就在宫门口挂上一幅字，上面写着：“龙想上天，需要五条蛇辅佐。龙已升入云霄，四条蛇各自进了自己的殿堂，只有一条蛇独自哀怨，最终没有找到它的去处。”文公出宫时，看到了这幅字，说：“这是介子推。我正为王室之事忧虑，还没能考虑他的功绩。”于是派人去叫介子推，但介子推已隐藏起来。文公就打听介子推的住所，打听到他进了绵上山中。于是文公把整座绵上山圈起来封给介子推，当作他的封地，又起名叫介山，并说：“以此田，号曰介山，“以记吾过，且旌善人”。

从亡贱臣壶叔曰；“君三行赏，赏不及臣，敢请罪。”文公报曰：“夫导我以仁义，防我以德惠，此受上赏。辅我以行，卒以成立，此受次赏。矢石之难，汗马之劳，此复受次赏。若以力事我而无补吾缺者，此复受次赏。三赏之后，故且及子。”晋人闻之，皆说。

二年春，秦军河上，将入王。赵衰曰；“求霸莫如入王尊周。周晋同姓，晋不先入王，后秦入之，毋以令于天下。方今尊王，晋之资也。”三月甲辰，晋乃发兵至阳樊，围温，入襄王于周。四月，杀王弟带。周襄王赐晋河内阳樊之地。

四年，楚成王及诸侯围宋，宋公孙固如晋告急。先轸曰：“报施定霸，于今在矣。”狐偃曰：“楚新得曹而初婚于卫，若伐曹、卫，楚必救之，则宋免矣。”于是晋作三军。赵衰举郤縠将中军，郤臻佐之；使狐偃将上军，狐毛佐之，命赵衰为卿；栾枝将下军，先轸佐之；荀林父御戎，魏犨为右：往伐。冬十二月，晋兵先下山东，而以原封赵衰。

五年春，晋文公欲伐曹，假道于卫，卫人弗许。还自河南度，侵曹，伐卫。正月，取五鹿。二月，晋侯、齐侯盟于敛盂。卫侯请盟晋，晋人不许。卫侯欲与楚，国人不欲，故出其君以说晋。卫侯居襄牛，公子买守卫。楚救卫，不卒。晋侯围曹。三月丙午，晋师入曹，数之以其不用釐负羁言，而用美女乘轩者三百人也。令军毋入僖负羁宗家以报德。楚围宋，宋复告急晋。文公欲救则攻楚，为楚尝有德，不欲伐也；欲释宋，宋又尝有德于晋：患之。先轸曰：“执曹伯，分曹、卫地以与宋，楚急曹、卫，其势宜释宋。”于是文公从之，而楚成王乃引兵归。

楚将子玉曰：“王遇晋至厚，今知楚急曹、卫而故伐之，是轻王。”王曰：“晋侯亡在外十九年，困日久矣，果得反国，险厄尽知来记住我的过失，而且表彰善人。”

跟随文公逃亡的仆人壶叔说：“您三次犒赏功臣都没有提到我，请问我有什么罪过？”文公说：“用仁义教导我，用德惠来防备我犯过，这应受到上等犒赏。用行动来辅佐我，终于使我成就功业，这应受到次等赐赏。在战场上冒着弓箭的危险奋勇杀敌，给我立下汗马功劳，这应受到再次等的赏赐。如果只是用劳力侍奉我，而没有弥补我的过错，这也应受到再次一等的赏赐。这三次犒赏完了，就会轮到你。”晋国人听了文公的话，都很高兴。

二年的春季，秦军驻扎在黄河边，将要护送周王回京。赵衰说：“要想成就霸业，不如护送周王回京，尊敬王室。周、晋同一个姓，晋国不抢先护送周王回京，反而落在秦国后边，就没法号令天下。如今敬重王室，是晋称霸的资本。”三月甲辰日，晋国派兵到了阳樊，包围了温，护送周襄王回到了周都。四月，杀了襄王的弟弟王子带。周襄王把河内阳樊的土地赏赐给了晋国。

四年，楚成王和诸侯包围了宋国，宋国公孙固赶到晋国求救。先轸说：“报答宋襄公赠马之恩，稳固晋国霸业，就在现在了。”狐偃说：“楚国刚刚占领了曹国，而且刚与卫国结姻，假如进攻曹、卫，楚国一定会派兵救援，那么宋国就可以得到解救了。”于是晋国建立了三支军队。赵衰推荐郤縠统领中军，郤臻协助他；派狐偃统率上军，狐毛协助他，赵衰被命为卿；栾枝统率下军，先轸辅佐他；荀林父驾御战车，魏犨为车右护卫，前往征讨曹、卫。这年冬季十二月，晋军首先攻占了太行山以东地区，将原邑封给赵衰。

五年的春天，晋文公准备攻打曹国，向卫国借路，卫国人没有答应。晋军只好迂回向南渡过黄河，进攻曹国，征讨卫国。正月，晋军攻占了五鹿。二月，晋侯、齐侯在敛盂结盟。卫侯请求与晋联盟，晋国没有同意。卫侯想与楚国结盟，国人反对，便赶走了卫侯来讨好晋国。卫侯住在襄牛，公子买守卫卫国。楚国前往救援卫国，没有成功。晋军包围了曹国。三月丙午日，晋军攻入曹都，列举了曹君的罪行，指责曹君不听釐负羁的话，却让三百个美女乘坐大夫用的车子。文公命令军队不准进入釐负羁宗族的境内，以报答他的恩德。楚国包围了宋国，宋再次向晋国求救。文公想救援宋国就得进攻楚国，但楚国曾对他有恩，文公不想攻打楚国；想放弃救援宋国，可宋国又曾经对晋国有恩，文公为此进退两难、举棋不定。先轸进谏说：“抓住曹伯，把曹、卫的土地分给宋国，楚国急于救曹国、卫国，那楚国势必会解除对宋国的包围。”于是文公采纳了他的意见，而楚成王果真率兵回国了。

楚国大将子玉说：“成王对晋侯很是优厚，现在文公知道楚国急于救援曹国、卫国而故意攻打它们，这是蔑视君王。”成王说：“晋侯逃亡在外十九年，之，能用其民，天之所开，不可当。”子玉请曰：“非敢必有功，原以间执谗慝之口也。”楚王怒，少与之兵。于是子玉使宛春告晋：“请复卫侯而封曹，臣亦释宋。”咎犯曰：“子玉无礼矣，君取一，臣取二，勿许。”先轸曰：“定人之谓礼。楚一言定三国，子一言而亡之，我则毋礼。不许楚，是弃宋也。不如私许曹、卫以诱之，执宛春以怒楚，既战而后图之。”晋侯乃囚宛春于卫，且私许复曹、卫。曹、卫告绝于楚。楚得臣怒，击晋师，晋师退。军吏曰：“为何退？”文公曰：“昔在楚，约退三舍，可倍乎！”楚师欲去，得臣不肯。四月戊辰，宋公、齐将、秦将与晋侯次城濮。己巳，与楚兵合战，楚兵败，得臣收余兵去。甲午，晋师还至衡雍，作王宫于践土。

初，郑助楚，楚败，惧，使人请盟晋侯。晋侯与郑伯盟。

五月丁未，献楚俘于周，驷介百乘，徒兵千。天子使王子虎命晋侯为伯，赐大辂，彤弓矢百，玈弓矢千，秬鬯一卣，圭瓒，虎贲三百人。晋侯三辞，然后稽首受之。周作《晋文侯命》：“王若曰：父义和，丕显文、武，能慎明德，昭登于上，布闻在下，维时上帝集厥命于文、武。恤朕身、继予一人永其在位。”于是晋文公称伯。癸亥，王子虎盟诸侯于王庭。

晋焚楚军，火数日不息，文公叹。左右曰：“胜楚而君犹忧，何？”文公曰：“吾闻能战胜安者唯圣人，是以惧。且子玉犹在，庸可喜乎！”子玉之败而归，楚成王怒其不用其言，贪与晋战，让责子玉，子玉自杀。晋文公曰：“我击其外，楚诛其内，内外相应。”于是乃喜。

六月，晋人复入卫侯。壬午，晋侯度河北归国。行赏，狐偃为首。或曰：“城濮之事，先轸之谋。”文公曰：“城濮之事，偃说我受困的时间太久了，终于返回晋国，他知道世间的艰难险阻，因此能正确对待百姓，这是上天在护佑他，不可阻挡。”子玉请战，说：“不敢说肯定能建功立业，只求借出战来堵塞进谗之人的嘴。”楚王很生气，只给了他很少的军队。于是子玉让宛春转告晋国：“请求恢复卫侯的地位，把土地还给曹国，我也解除对宋国的包围。”咎犯说：“子玉无礼啊，给君王的只是解除对宋国的包围一项，而他作为臣子却得到两项，不能同意。”先轸说：“安定人心叫做礼。楚国的一句话却稳定了三个国家，您一句话却消灭了它们，我们才是无礼啊。不答应楚国，这是抛弃宋国。不如私下同意恢复曹国、卫国以便引诱他，然后扣押宛春来激怒楚国，视战争的情况再作打算。”晋侯于是把宛春囚禁在卫国，并私下答应恢复曹国、卫国。曹、卫两国派使者宣布与楚国绝交。楚将得臣很气愤，率军攻打晋军，文公让晋军后退。有军官问：“为什么撤军？”文公说：“过去我在楚国时，立约说过交战时会退避三舍，怎么可以违背誓约呢？”楚军也想撤退，得臣不愿意。四月初二日，宋公、齐将、秦将与晋侯驻扎在城濮。初三日，他们与楚军交战，楚军大败，得臣带着残兵撤离。二十八日，晋军返回到衡雍，在践土为周襄王修筑了王宫。

当初，郑国曾帮助楚国，现在楚国失败了，郑国很担心，派人请求与晋侯结盟。晋侯与郑伯订立了盟约。

五月丁未日，晋文公将楚国俘虏贡献给周王，共有披甲的驷马战车一百辆、一千多名步兵。周王让王子虎任命晋侯为诸侯之长，赐赏给晋侯大辂车，红色大弓一副，红色箭矢百支，黑色弓十副，黑色箭千支，香酒一坛，另有玉制的印信和三百名勇士。晋侯多次推辞，最后才叩头接受了。周王作了《晋文侯命》：“王说：叔父以仁义团结了诸侯，彰显了伟大的文王、武王，能够谨慎地修养美好的德行，感动了上天，传颂于百姓，因此上天降下帝王的功业给文王、武王。您关心我，让我继承祖先的事业，永远保持王位。”于是晋文公称霸，癸亥日，王子虎在王宫与诸侯结盟。

晋国烧毁了楚军营地，大火几天都没有熄灭，文公为此感叹。大臣们说：“打赢了楚国，您还发愁，这是为什么？”文公说：“我听说打了胜仗而能心安的只有圣人，我因此害怕。况且子玉还活着，有什么可以高兴的呢？”子玉大败而回，楚成王恼怒他不听自己的话，只顾与晋交战，因此责备子玉，子玉自杀身亡。晋文公说：“我在外部攻击楚军，楚王在内部诛杀大将，内外呼应。”于是这才面露悦色。

六月，晋人又恢复卫侯的地位。壬午日，晋侯渡过黄河从北边回国。封赏有功人员，狐偃属头功。有人说：“城濮的战役，是先轸的谋略。”文公说：“城濮的战役，狐偃劝我不要失信。先轸说‘打仗以胜利为重’，我听了先轸的话取毋失信。先轸曰‘军事胜为右’，吾用之以胜。然此一时之说，偃言万世之功，奈何以一时之利而加万世功乎？是以先之。”

冬，晋侯会诸侯于温，欲率之朝周。力未能，恐其有畔者，乃使人言周襄王狩于河阳。壬申，遂率诸侯朝王于践土。孔子读史记至文公，曰“诸侯无召王”、“王狩河阳”者，春秋讳之也。

丁丑，诸侯围许。曹伯臣或说晋侯曰：“齐桓公合诸侯而国异姓，今君为会而灭同姓。曹，叔振铎之后；晋，唐叔之后。合诸侯而灭兄弟，非礼。”晋侯说，复曹伯。

于是晋始作三行。荀林父将中行，先縠将右行，先蔑将左行。

七年，晋文公、秦缪公共围郑，以其无礼于文公亡过时，及城濮时郑助楚也。围郑，欲得叔瞻。叔瞻闻之，自杀。郑持叔瞻告晋。晋曰：“必得郑君而甘心焉。”郑恐，乃间令使谓秦缪公曰：“亡郑厚晋，于晋得矣，而秦未为利。君何不解郑，得为东道交？”秦伯说，罢兵。晋亦罢兵。

九年冬，晋文公卒，子襄公欢立。是岁郑伯亦卒。

郑人或卖其国于秦，秦缪公发兵往袭郑。十二月，秦兵过我郊。襄公元年春，秦师过周，无礼，王孙满讥之。兵至滑，郑贾人弦高将市于周，遇之，以十二牛劳秦师。秦师惊而还，灭滑而去。

晋先轸曰：“秦伯不用蹇叔，反其众心，此可击。”栾枝曰：“未报先君施于秦，击之，不可。”先轸曰：“秦侮吾孤，伐吾同姓，何德之报？”遂击之。襄公墨衰绖。四月，败秦师于肴，虏秦三将孟明视、西乞秫、白乙丙以归。遂墨以葬文公。文公夫人秦女，谓襄公曰：“秦欲得其三将戮之。”公许，遣之。先轸闻之，谓襄公曰：“患生矣。”轸乃追秦将。秦将渡河，已在船中，顿首谢，卒不反。

胜了。但是这话只有利于一时，而狐偃的话却可建立千秋万代的功绩，怎么能把一时的利益看得比万代的功业还重呢？因此狐偃应得首功。”

这年冬天，晋侯在温与诸侯会盟，想带领他们朝拜周王。晋侯担心力量不够强大，恐怕有诸侯背叛，就派人转告周襄王到河阳打猎。壬申日，晋侯便率诸侯到践土朝拜襄王。孔子读到史书中记录文公的地方时，说有“诸侯无权召唤天子”、“天子到河阳打猎”的记录，《春秋》这样记载是想隐瞒这事。

丁丑日，诸侯包围了许国。曹伯的大臣中有人劝晋侯说：“齐桓公会合诸侯而扶持异姓国家，今天您联合诸侯却是消灭同姓国家。曹国，是叔振铎的后代；晋国，是唐叔的后代。会合诸侯国来消灭兄弟国家，这不合礼。”晋侯听了很高兴，恢复了曹伯的地位。

这时晋国开始设立了左行、中行、右行三支军队。荀林父统领中行军，先縠统领右行军，先蔑统领左行军。

七年，晋文公、秦缪公一起围攻郑国，理由是郑国当年对逃亡路过的文公无礼，而且在城濮之战中郑国又帮助楚国。包围郑国后，文公想抓住叔瞻。叔瞻知道后，自杀了。郑国人带着叔瞻尸体告诉晋君。晋君却说：“一定得到郑君才罢休。”郑国害怕，就暗中派使者对秦缪公说：“消灭了郑国等于增强了晋国，对晋来说是有利的，而秦国却没得到好处。您为何不放弃对郑国的进攻，使郑国成为您东边的朋友呢？”秦缪公听了很高兴，便撤军了。晋军随后也撤退了。

九年的冬季，晋文公去世，他的儿子襄公欢继位。这一年郑伯也去世了。

郑国有人欲将自己的国家出卖给秦国，秦缪公因此率军偷袭郑国。这年十二月，秦军经过晋国郊外。襄公元年的春天，秦军经过周朝境内，对天子无礼，王孙满讥讽秦国。秦军到滑国后，正好郑国富商弦高准备去周京城做生意，路上遇到了秦军，便用十二头牛犒劳秦军。秦军因此大惊而回，顺路灭掉了滑国后离去。

晋国的先轸说：“秦伯不用蹇叔的谋略，违反了民意，此时可以进攻它。”栾枝说：“还没有报答秦对先君的恩德就攻打它，不可以。”先轸说：“秦国欺侮我君刚刚丧父，攻打我们的同姓国，有什么恩德可报？”于是率军进攻秦国。襄公将丧服涂成了黑色。四月，晋军在崤打败了秦军，抓获了秦国的孟明视、西乞术、白乙丙三员大将后回国。于是晋襄公穿着黑色丧服安葬了文公。文公的夫人是秦国女子，对襄公说：“秦君想要得到他的三员大将而杀死他们。”襄公答应了，便送回了三员大将。先轸听说后，对襄公说：“祸患从此将要产生了。”先轸便去追赶三员秦将。三员大将准备渡过黄河，已经到了船上，看到先轸后磕头道谢，最终没有返回。

后三年，秦果使孟明伐晋，报肴之败，取晋汪以归。四年，秦缪公大兴兵伐我，度河，取王官，封肴尸而去。晋恐，不敢出，遂城守。五年，晋伐秦，取新城，报王官役也。

六年，赵衰成子、栾贞子、咎季子犯、霍伯皆卒。赵盾代赵衰执政。

七年八月，襄公卒。太子夷皋少。晋人以难故，欲立长君。赵盾曰："立襄公弟雍。好善而长，先君爱之；且近于秦，秦故好也。立善则固，事长则顺，奉爱则孝，结旧好则安。"贾季曰："不如其弟乐。辰嬴嬖于二君，立其子，民必安之。"赵盾曰："辰嬴贱，班在九人下，其子何震之有！且为二君嬖，淫也。为先君子，不能求大而出在小国，僻也。母淫子僻，无威；陈小而远，无援：将何可乎！"使士会如秦迎公子雍。贾季亦使人召公子乐于陈。赵盾废贾季，以其杀阳处父。十月，葬襄公。十一月，贾季奔翟。是岁，秦缪公亦卒。

灵公元年四月，秦康公曰："昔文公之入也无卫，故有吕、郤之患。"乃多与公子雍卫。太子母缪嬴日夜抱太子以号泣于朝，曰："先君何罪？其嗣亦何罪？舍適而外求君，将安置此？"出朝，则抱以适赵盾所，顿首曰："先君奉此子而属之子，曰'此子材，吾受其赐；不材，吾怨子'。今君卒，言犹在耳，而弃之，若何？"赵盾与诸大夫皆患缪嬴，且畏诛，乃背所迎而立太子夷皋，是为灵公。发兵以距秦送公子雍者。赵盾为将，往击秦，败之令狐。先蔑、随会亡奔秦。秋，齐、宋、卫、郑、曹、许君皆会赵盾，盟于扈，以灵公初立故也。

四年，伐秦，取少梁。秦亦取晋之鄗。六年，秦康公伐晋，取羁马。晋侯怒，使赵盾、赵穿、郤缺击秦，大战河曲，赵穿最有功。七年，晋六卿患随会之在秦，常为晋乱，乃佯令魏寿余反晋降秦。秦使随会之魏，因执会以归晋。

八年，周顷王崩，公卿争权，故不赴。晋使赵盾以车八百乘平周乱而立匡王。是年，楚庄王初即位。十二年，齐人弑其君懿公。

三年后，秦国果真派孟明视攻打晋国，以报崤之战失败之仇，占领了晋国汪地后撤兵。四年，秦缪公大肆兴兵进攻晋国，渡过黄河，占领了王官，在崤山为阵亡的将士修筑了坟墓才离去。晋人害怕，不敢再出战，便坚守城池。五年，晋国进攻秦国，夺取了新城，报了王官大败的仇。

六年，赵衰成子、栾贞子、咎季子犯、霍伯都去世了。赵盾代替赵衰掌管政务。

七年的八月，襄公去世。太子夷皋还年幼。晋人因为多次经历战难，想立年纪大的人为君。赵盾说："立襄公弟弟雍。雍喜欢善行且年龄大，先君又喜欢他；而且他与秦国亲近，秦本来是我们的友善邻国。立善人为君国家就稳定，侍奉年长的人国家就和顺，侍奉先君喜欢的人是孝顺，与老朋友结交就能安定。"贾季说："雍不如他弟弟乐。辰嬴被两位国君喜欢，立她的儿子，百姓一定放心。"赵盾说："辰嬴地位卑微，在九个妃妾中处下位，她的儿子能有什么威望？何况她被两位国君宠爱，这是淫乱。作为先君的儿子，不能投奔大国而出居小国，这是鄙陋。母亲淫乱而儿子鄙陋，没有威严；陈国是小国且远离晋国，得不到援助，这怎么可以呢？"于是让士会到秦国去迎接公子雍。贾季也让人到陈国去召公子乐。赵盾废除贾季的职位，因为贾季杀害了阳处父。十月，晋国安葬了襄公。十一月，贾季逃到了翟国。这一年，秦缪公也去世了。

灵公元年四月，秦康公说："过去文公回晋国时没有护卫，因此发生了吕、郤的祸患。"于是给了公子雍很多卫兵。太子的母亲缪嬴日夜抱着太子到朝廷上哭诉说："先君有什么罪过？他的继承人有什么罪过？你们舍弃嫡子而到国外去找君主，打算如何安置太子？"缪嬴出了朝廷，就抱着太子来到赵盾的居所，磕头说："先君把这个孩子托付给您，曾说'这孩子成了材，我就是受了您的恩赐；不成材，我就会痛恨你'。现在国君去世了，话还在耳边，您就废除了他，为什么？"赵盾和各位大臣都害怕缪嬴，又害怕被杀，于是背弃了迎接的人而立太子夷皋为君，这就是灵公。同时派军抵抗护送公子雍的秦军。赵盾为将军，率兵攻打秦，在令狐打败了秦军。先蔑、随会逃到秦国。这年秋，齐、宋、卫、郑、曹、许国的国君都拜见了赵盾，并在扈结盟，因为灵公刚刚即位的缘故。

四年，晋国攻打秦国，夺取了少梁，秦也攻占了晋国的郩。六年，秦康公率军攻打晋国，夺取了羁马。晋侯很生气，派赵盾、赵穿、郤缺进攻秦军，双方在河曲展开大战，赵穿立了大功。七年，晋国的六卿担心随会在秦国会经常造成晋国的内乱，于是假装让魏寿余反叛晋国投降秦国。秦国派随会去魏国，魏寿余趁机捉住了随会带回了晋国。

八年，周顷王去世，公卿们争夺权势，所以没有发布讣告。晋国派赵盾率八百辆战车平息了周朝内乱而扶立了匡王。这一年，楚庄王刚即位。十二年，齐国人杀了国君齐懿公。

十四年，灵公壮，侈，厚敛以雕墙。从台上弹人，观其避丸也。宰夫胹熊蹯不熟，灵公怒，杀宰夫，使妇人持其尸出弃之，过朝。赵盾、随会前数谏，不听；已又见死人手，二人前谏。随会先谏，不听。灵公患之，使鉏麑刺赵盾。盾闺门开，居处节，鉏麑退，叹曰："杀忠臣，弃君命，罪一也。"遂触树而死。

初，盾常田首山，见桑下有饿人。饿人，示眯明也。盾与之食，食其半。问其故，曰："宦三年，未知母之存不，原遗母。"盾义之，益与之饭肉。已而为晋宰夫，赵盾弗复知也。九月，晋灵公饮赵盾酒，伏甲将攻盾。公宰示眯明知之，恐盾醉不能起，而进曰："君赐臣，觞三行可以罢。"欲以去赵盾，令先，毋及难。盾既去，灵公伏士未会，先纵啮狗名敖。明为盾搏杀狗。盾曰："弃人用狗，虽猛何为。"然不知明之为阴德也。已而灵公纵伏士出逐赵盾，示眯明反击灵公之伏士，伏士不能进，而竟脱盾。盾问其故，曰："我桑下饿人。"问其名，弗告。明亦因亡去。

盾遂奔，未出晋境。乙丑，盾昆弟将军赵穿袭杀灵公于桃园而迎赵盾。赵盾素贵，得民和；灵公少，侈，民不附，故为弑易。盾复位。晋太史董狐书曰"赵盾弑其君"，以视于朝。盾曰："弑者赵穿，我无罪。"太史曰："子为正卿，而亡不出境，反不诛国乱，非子而谁？"孔子闻之，曰："董狐，古之良史也，书法不隐。宣子，良大夫也，为法受恶。惜也，出疆乃免。"

赵盾使赵穿迎襄公弟黑臀于周而立之，是为成公。

成公者，文公少子，其母周女也。壬申，朝于武宫。

成公元年，赐赵氏为公族。伐郑，郑倍晋故也。三年，郑伯初十四年，灵公长大成人了，他生活奢侈，征收重税来修饰宫墙。他从高台上用弹丸弹人，看人们躲避弹丸的样子来取乐。厨师没把熊掌煮烂，灵公因此很生气，杀死了厨师，并让妇人抬着厨师的尸首出去抛弃，从朝廷上经过。赵盾、随会以前多次劝谏，灵公不听；此处又看见死人的手，于是两人又前去劝谏。随会先去劝说，灵公不听。灵公害怕他们，便让鉏麑去行刺赵盾。赵盾家中居室的门开着，住处极其简陋，鉏麑因此退了出来并感叹说："杀死忠臣，违抗君王的命令，都是一样的罪。"于是撞树自杀身亡。

当初，赵盾经常去首山打猎，曾见到桑树下有个饿汉。这个饿汉叫示眯明。赵盾给了他一些食物，他只吃了一半。赵盾问他原因，示眯明说："我做大臣的奴隶已三年了，不知母亲是否还活着，想把剩下的一半留给母亲。"赵盾认为他是个义士，就多给了他一些饭、肉。过了不久，示眯明做了晋君的厨师，但赵盾却不知道这事。九月，晋灵公请赵盾喝酒，埋伏了士兵想杀死他。示眯明知道了这个消息，担心赵盾喝醉后不能起身，因此上前劝说赵盾："君王赏赐臣下喝酒，进酒三遍就可以结束了。"想让赵盾走，让他走在前面，使其免于遭难。赵盾已经离开了，灵公埋伏的士兵还没有集合好，就先放出了一条叫敖的恶狗。示眯明替赵盾徒手打死了狗。赵盾说："不用人而用狗，即使凶猛又有什么用呢！"然而不知道这是示眯明在暗中报答他呢。不久灵公命令伏兵追赶赵盾，示眯明反击灵公的伏兵，伏兵不能前进，而最后赵盾逃脱了。赵盾问示眯明为什么要救自己，示眯明说："我就是桑树下那个饿汉。"赵盾询问他的名字，他没有说。示眯明也因此逃走了。

赵盾最终逃掉了，但还没有出晋国国境。乙丑日，赵盾的弟弟将军赵穿在桃园杀死了灵公而接回了赵盾。赵盾一向受人尊重，甚得民心。灵公年纪不大，又奢侈，百姓不归附他，所以杀死他也比较容易。赵盾又恢复了原来的官位。晋国的太史董狐写道："赵盾杀死了自己的国君。"在朝廷上传给大家看。赵盾说："杀国君的是赵穿，我没罪。"太史说："你是正卿，你逃跑了但没有逃出晋国，回来后也没有诛杀叛乱的人，不是你是谁呢？"后来孔子听到了这件事，他说："董狐是古代杰出的史官，他能据法直书而毫不隐瞒。宣子是杰出的大夫，为遵守法制而宁愿承担坏名。可惜呀，如果赵盾逃出国境，就能免除罪名了。"

赵盾让赵穿将襄公的弟弟黑臀从周京城接回，立为国君，这就是成公。

成公，是文公的小儿子，他的母亲是周王室女子。壬申日，成公到武宫祭拜祖宗即位。

成公于元年，封赵氏为公族大夫。这年又讨伐郑国，因为郑国背叛了晋国。三年，郑伯刚刚即位，郑国归附晋国而背叛了楚国。楚王因此大怒，讨伐郑国，立，附晋而弃楚。楚怒，伐郑，晋往救之。

六年，伐秦，虏秦将赤。

七年，成公与楚庄王争强，会诸侯于扈。陈畏楚，不会。晋使中行桓子伐陈，因救郑，与楚战，败楚师。是年，成公卒，子景公据立。

景公元年春，陈大夫夏徵舒弑其君灵公。二年，楚庄王伐陈，诛徵舒。

三年，楚庄王围郑，郑告急晋。晋使荀林父将中军，随会将上军，赵朔将下军，郤克、栾书、先縠、韩厥、巩朔佐之。六月，至河。闻楚已服郑，郑伯肉袒与盟而去，荀林父欲还。先縠曰："凡来救郑，不至不可，将率离心。"卒度河。楚已服郑，欲饮马于河为名而去。楚与晋军大战。郑新附楚，畏之，反助楚攻晋。晋军败，走河，争度，船中人指甚众。楚虏我将智罃。归而林父曰："臣为督将，军败当诛，请死。"景公欲许之。随会曰："昔文公之与楚战城濮，成王归杀子玉，而文公乃喜。今楚已败我师，又诛其将，是助楚杀仇也。"乃止。

四年，先縠以首计而败晋军河上，恐诛，乃奔翟，与翟谋伐晋。晋觉，乃族縠。縠，先轸子也。

五年，伐郑，为助楚故也。是时楚庄王强，以挫晋兵河上也。

六年，楚伐宋，宋来告急晋，晋欲救之，伯宗谋曰："楚，天方开之，不可当。"乃使解扬绐为救宋。郑人执与楚，楚厚赐，使反其言，令宋急下。解扬绐许之，卒致晋君言。楚欲杀之，或谏，乃归解扬。

七年，晋使随会灭赤狄。

八年，使郤克于齐。齐顷公母从楼上观而笑之。所以然者，郤克偻，而鲁使蹇，卫使眇，故齐亦令人如之以导客。郤克怒，归至河上，曰："不报齐者，河伯视之！"至国，请君，欲伐齐。景公问知晋国发兵前往救援。

六年，晋国进攻秦国，掳获了秦国将军赤。

七年，晋成公和楚庄王争夺霸权，在扈邑与诸侯会盟。陈国害怕楚国，没有参加盟会。晋国派中行桓子攻打陈国，趁机救援郑国，与楚军交战，打败了楚军。这一年，成公去世，他的儿子景公据继位。

景公元年的春天，陈国大夫夏徵舒杀了自己的国君灵公。二年，楚庄王讨伐陈国，杀了夏徵舒。

三年，楚庄王包围了郑国，郑国向晋国求援。晋国派荀林父率领中军，随会率领上军，赵朔率领下军，郤克、栾书、先縠、韩厥、巩朔协助前往救援。六月，晋军到达黄河边。听说楚国已迫使郑国投降了，郑伯赤着上身与楚国结盟后楚军就撤退了，荀林父因此便想班师回晋。先縠说："我们是来救援郑国的，不到郑国不行，要不将帅会离心。"晋军最终渡过了黄河。楚国已经降服了郑国，想以黄河水饮马以显示威名后再离开。于是楚军与晋军大战。郑国刚归附楚国，害怕楚国，反而帮助楚军攻打晋军。晋军大败，退到黄河边，士兵争船渡河，船中有很多被砍下来的手指。楚军抓获了晋军大将智䓨。晋军返回晋国后，荀林父说："我是统帅，战争失败了我应当被诛杀，请求赐死。"晋景公想答应他。随会说："过去文公与楚国在城濮大战，楚成王回到楚国后杀了大将子玉，而文公才开心。现在楚军已经打败了我军，我们又杀死自己的将军，这是帮助楚国杀死它的敌人啊。"晋景公听了后阻止了荀林父。

四年，先縠由于首先提出与楚军交战而使晋军在黄河边打了败仗，担心被杀，于是逃亡到翟国，与翟国商议攻打晋国。晋国发现后，灭了先縠的整个家族。先縠，是先轸的儿子。

五年，晋国讨伐郑国，因为它援助楚军攻打晋军。当时楚庄王很强盛，因此在黄河边打败了晋军。

六年，楚国讨伐宋国，宋国向晋国求救，晋国想前去援救。伯宗建议说："楚国，上天正护佑着它，不能阻拦。"于是晋国派解扬假称救援宋国。郑国人抓住了解扬把他交给了楚国，楚国赐给了他很多财物，让他到宋国说反话，让宋国尽快投降。解扬假装答应了，终于将晋君的话转告给了宋国君臣。楚国想杀了他，有人劝阻，楚国才放了解扬。

七年，晋国派随会消灭了赤狄。

八年，晋国派郤克出使齐国。齐顷公的母亲从楼上观看并嘲笑他们。之所以这样，是因为郤克驼背，而鲁国的使者跛足，卫国的使者一只眼瞎了，因此，齐国也派同样的残疾人去接待宾客。郤克很气愤，回国走到黄河边时发誓说："不其故，曰："子之怨，安足以烦国！"弗听。魏文子请老休，辟郤克，克执政。

九年，楚庄王卒。晋伐齐，齐使太子强为质于晋，晋兵罢。

十一年春，齐伐鲁，取隆。鲁告急卫，卫与鲁皆因郤克告急于晋。晋乃使郤克、栾书、韩厥以兵车八百乘与鲁、卫共伐齐。夏，与顷公战于鞍，伤困顷公。顷公乃与其右易位，下取饮，以得脱去。齐师败走，晋追北至齐。顷公献宝器以求平，不听。郤克曰："必得萧桐侄子为质。"齐使曰："萧桐侄子，顷公母；顷公母犹晋君母，奈何必得之？不义，请复战。"晋乃许与平而去。

楚申公巫臣盗夏姬以奔晋，晋以巫臣为邢大夫。

十二年冬，齐顷公如晋，欲上尊晋景公为王，景公让不敢。晋始作六军，韩厥、巩朔、赵穿、荀骓、赵括、赵旃皆为卿，智罃自楚归。

十三年，鲁成公朝晋，晋弗敬，鲁怒去，倍晋。晋伐郑，取氾。

十四年，梁山崩。问伯宗，伯宗以为不足怪也。

十六年，楚将子反怨巫臣，灭其族。巫臣怒，遗子反书曰："必令子罢于奔命！"乃请使吴，令其子为吴行人，教吴乘车用兵。吴晋始通，约伐楚。

十七年，诛赵同、赵括，族灭之。韩厥曰："赵衰、赵盾之功岂可忘乎？奈何绝祀！"乃复令赵庶子武为赵后，复与之邑。

十九年夏，景公病，立其太子寿曼为君，是为厉公。后月余，景公卒。

厉公元年，初立，欲和诸侯，与秦桓公夹河而盟。归而秦倍盟，与翟谋伐晋。三年，使吕相让秦，因与诸侯伐秦。至泾，败秦于麻隧，虏其将成差。

五年，三郤谗伯宗，杀之。伯宗以好直谏得此祸，国人以是不附厉公。

报复齐国，河伯来作证！”郤克返回晋国后，向晋君请求攻打齐国。晋景公询问进攻的理由后，说：“你有怨气，怎么能够烦扰国家呢？”晋君没有听。魏文子由于年迈要求辞职，推荐了郤克，郤克执掌国家政权。

九年，楚庄王去世。晋国讨伐齐国，齐国派太子强到晋国做人质，晋军才退兵。

十一年的春天，齐国攻打鲁国，夺取了隆。鲁国向卫国求援。卫国和鲁国都通过郤克向晋国求援。晋国就派郤克、栾书、韩厥率八百辆战车和鲁国、卫国共同攻打齐国。这年夏季，晋国与齐顷公在鞍交战，齐顷公受伤被困。齐顷公便与他的护右交换了座位，下车去找水喝，从而得以逃脱。齐军惨败而逃，晋军追赶败兵一直达到齐都。齐顷公献上宝器求和，晋国不同意。郤克说：“一定要得到萧桐侄子作为人质。”齐国使者说：“萧桐侄子，是顷公的母亲。顷公的母亲就如同晋君的母亲，为何一定要得到她呢？你们太不讲信义了，请求再战。”晋国这才同意与齐讲和而离开。

楚国的申公巫臣偷娶了夏姬，逃到了晋国，晋君拜巫臣为邢邑大夫。

十二年的冬天，齐顷公到了晋国，想尊称晋景公为王，景公推辞不敢。晋国开始建立了六军，韩厥、巩朔、赵穿、荀骓、赵括、赵旃都担当大臣。智罃也从楚国回到了晋国。

十三年，鲁成公拜见晋君，晋君很不礼貌，鲁君气愤地离开了，背叛了晋国。这年晋国攻打了郑国，夺取了氾。

十四年，梁山出现了山崩。晋君咨询伯宗，伯宗认为不值得大惊小怪。

十六年，楚国大将子反痛恨巫臣，灭巫臣的整个家族。巫臣很是气愤，给子反写信说：“一定让你疲于奔命！”于是请求出使吴国，派自己的儿子主管吴国的外交，教吴国士兵乘车打仗的方法。吴、晋两国开始往来，约定攻打楚国。

十七年，晋国杀死了赵同、赵括，并灭了他们的家族。韩厥说：“怎么能忘了赵衰、赵盾的功劳呢？竟然断绝了他们的香火！”于是，晋君又让赵氏庶子赵武作为赵氏后代，又封给他城邑。

十九年的夏天，景公病重，立太子寿曼为国君，这就是厉公。一个多月后，景公去世。

厉公元年，因刚刚继位，想与诸侯交好，便与秦桓公隔着黄河订立了盟约。回国后秦国就背弃了盟约，和翟商量进攻晋国。三年，晋国派吕相责备秦国，借机与诸侯攻打秦国。晋军到了泾水，在麻隧打败了秦军，俘虏了秦国大将成差。

五年，郤锜、郤犨、郤至毁谤伯宗，晋君听后杀了伯宗。伯宗是因为喜好直言劝谏才招来灾祸，百姓因此不再信任厉公。

六年春，郑倍晋与楚盟，晋怒。栾书曰："不可以当吾世而失诸侯。"乃发兵。厉公自将，五月度河。闻楚兵来救，范文子请公欲还。郤至曰："发兵诛逆，见强辟之，无以令诸侯。"遂与战。癸巳，射中楚共王目，楚兵败于鄢陵。子反收余兵，拊循欲复战，晋患之。共王召子反，其侍者竖阳谷进酒，子反醉，不能见。王怒，让子反，子反死。王遂引兵归。晋由此威诸侯，欲以令天下求霸。

厉公多外嬖姬，归，欲尽去群大夫而立诸姬兄弟。宠姬兄曰胥童，尝与郤至有怨，及栾书又怨郤至不用其计而遂败楚，乃使人间谢楚。楚来诈厉公曰："鄢陵之战，实至召楚，欲作乱，内子周立之。会与国不具，是以事不成。"厉公告栾书。栾书曰："其殆有矣！愿公试使人之周微考之。"果使郤至于周。栾书又使公子周见郤至，郤至不知见卖也。厉公验之，信然，遂怨郤至，欲杀之。八年，厉公猎，与姬饮，郤至杀豕奉进，宦者夺之。郤至射杀宦者。公怒，曰："季子欺予！"将诛三郤，未发也。郤锜欲攻公，曰："我虽死，公亦病矣。"郤至曰："信不反君，智不害民，勇不作乱。失此三者，谁与我？我死耳！"十二月壬午，公令胥童以兵八百人袭攻杀三郤。胥童因以劫栾书、中行偃于朝，曰："不杀二子，患必及公。"公曰："一旦杀三卿，寡人不忍益也。"对曰："人将忍君。"公弗听，谢栾书等以诛郤氏罪："大夫复位。"二子顿首曰："幸甚幸甚！"公使胥童为卿。闰月乙卯，厉公游匠骊氏，栾书、中行偃以其党袭捕厉公，囚之，杀胥童，而使人迎公子周于周而立之，是为悼公。

悼公元年正月庚申，栾书、中行偃弑厉公，葬之以一乘车。厉公囚六日死，死十日庚午，智罃迎公子周来，至绛，刑鸡与大夫盟而立之，是为悼公。辛巳，朝武宫。二月乙酉，即位。

悼公周者，其大父捷，晋襄公少子也，不得立，号为桓叔，桓叔六年的春天，郑国背弃晋国与楚国结盟，晋君十分生气。栾书说："不可以在我们这一代失去诸侯。"于是发兵攻打郑国。厉公亲自率领军队，五月时渡过黄河。听说楚国派军来救援郑国，范文子请求厉公撤兵。郤至说："派军讨伐逆贼，遇到了强敌就躲避，将无法对诸侯发号施令。"于是，晋军与楚军交战。癸巳日，晋兵射中了楚共王的眼睛，楚军在鄢陵大败。子反聚集残兵，整顿好后想再与晋军交战，晋国很担忧。楚共王召见子反，子反的佣人竖阳谷向他敬酒，子反喝醉了，不能前去朝拜共王。共王很生气，责备子反，子反自杀。楚共王于是带兵回楚国了。晋国因此威震诸侯，想号令天下，求得霸主地位。

厉公有许多宠幸的姬妾，回国后，想免除全部大臣的职务而任用宠姬的兄弟。有个宠姬的哥哥叫胥童，曾与郤至有怨仇，再加上栾书又抱怨郤至不使用自己的计谋竟也打败了楚军，就暗中派人与楚国勾结。楚国派人蒙骗厉公说："鄢陵一战，实际上是郤至叫楚国来的，郤至想作乱，迎立子周为晋君。恰好盟国没有到齐，所以事情未成功。"厉公将此告诉栾书。栾书说："可能有这种情况，希望您试着派人到周京城暗地考察一下。"厉公果然派郤至到周京城。栾书又让公子周接见郤至，郤至不知道自己已经被出卖。厉公暗中验证这件事，认为确实是这样，于是憎恨郤至，想杀了他。八年，厉公外出打猎，与宠姬饮酒，郤至杀了猪奉献给厉公，被太监将猪夺去，郤至射死了太监。厉公很气愤，说："季子欺侮我！"打算杀掉三郤，还没有动手。郤锜想先杀了厉公，说："即使我死了，国君也会遭难。"郤至说："讲诚信就不能背叛君主；想有智慧就不能迫害百姓；勇猛就不能挑起乱子。失去了这三种美德，谁会归顺我们？我死了算了。"十二月壬午日，厉公让胥童率领八百名士兵偷袭攻杀三郤。胥童借机在朝廷上挟持了栾书、中行偃，说："不杀死这两个人，灾难一定落到国君您头上。"厉公说："一个早晨就杀死了三位卿士，我不忍心再多杀人了。"胥童答复说："但别人可将忍心杀死你。"厉公不听，向栾书赔礼说只是想惩罚郤氏的罪过，并说："请大夫们恢复原职。"两人磕头说："很幸运，很幸运！"厉公让胥童出任大臣。闰月乙卯日，厉公到匠骊氏家去游玩，栾书、中行偃让他们的党羽偷袭逮捕了厉公，并囚禁起来，杀死了胥童，并派人从周京城接回了公子周，立他为君，这就是晋悼公。

悼公元年正月庚申日，栾书、中行偃杀了厉公，只用一辆车陪葬了他。厉公被囚禁了六天后遭杀害，去世十天后的庚午日，智罃迎接公子周回晋，到了绛，刑鸡和大夫盟誓拥立公子周，这就是悼公。辛巳日，公子周到武宫祭拜。二月乙酉日，公子周即位。

悼公周，他的祖父捷是晋襄公的小儿子，没能继位，号称桓叔，桓叔最受宠最爱。桓叔生惠伯谈，谈生悼公周。周之立，年十四矣。悼公曰："大父、父皆不得立而辟难于周，客死焉。寡人自以疏远，毋几为君。今大夫不忘文、襄之意而惠立桓叔之后，赖宗庙大夫之灵，得奉晋祀，岂敢不战战乎？大夫其亦佐寡人！"于是逐不臣者七人，修旧功，施德惠，收文公入时功臣后。秋，伐郑。郑师败，遂至陈。

三年，晋会诸侯。悼公问群臣可用者，祁傒举解狐。解狐，傒之仇。复问，举其子祁午。君子曰："祁傒可谓不党矣！外举不隐仇，内举不隐子。"方会诸侯，悼公弟杨干乱行，魏绛戮其仆。悼公怒，或谏公，公卒贤绛，任之政，使和戎，戎大亲附。十一年，悼公曰："自吾用魏绛，九合诸侯，和戎、翟，魏子之力也。"赐之乐，三让乃受之。冬，秦取我栎。

十四年，晋使六卿率诸侯伐秦，度泾，大败秦军，至棫林而去。

十五年，悼公问治国于师旷。师旷曰："惟仁义为本。"冬，悼公卒，子平公彪立。

平公元年，伐齐，齐灵公与战靡下，齐师败走。晏婴曰："君亦毋勇，何不止战？"遂去。晋追，遂围临淄，尽烧屠其郭中。东至胶，南至沂，齐皆城守，晋乃引兵归。

六年，鲁襄公朝晋。晋栾逞有罪，奔齐。八年，齐庄公微遣栾逞于曲沃，以兵随之。齐兵上太行，栾逞从曲沃中反，袭入绛。绛不戒，平公欲自杀，范献子止公，以其徒击逞，逞败走曲沃。曲沃攻逞，逞死，遂灭栾氏宗。逞者，栾书孙也。其入绛，与魏氏谋。齐庄公闻逞败，乃还，取晋之朝歌去，以报临淄之役也。

十年，齐崔杼弑其君庄公。晋因齐乱，伐败齐于高唐去，报太行之役也。

十四年，吴延陵季子来使，与赵文子、韩宣子、魏献子语，曰："晋国之政，卒归此三家矣。"

十九年，齐使晏婴如晋，与叔向语。叔向曰："晋，季世也。公爱。桓叔生下惠伯谈，谈生下悼公周。周继位时已十四岁。悼公说："祖父、父亲都没能继位而避难于周，客死在那儿。我自认为已经远离了，从未想过能当晋君。现在大夫们不忘文公、襄公的意愿而施惠，拥立桓叔的后代，全凭借祖宗和大夫们的威灵，得以继承晋国的祭祀，难道敢不兢兢业业吗？大夫们也应该协助我！"于是驱赶了不尽职的七个大臣，修整祖宗旧业，向百姓布施恩惠，慰问文公回晋时各位功臣的后人。这年秋天，讨伐郑国。郑军大败，于是又进攻陈国。

三年，晋国会见诸侯。悼公向大臣们咨询可以任用的人，祁傒推荐解狐。解狐是祁傒的仇人。悼公又问还有谁，祁傒又推荐自己的儿子祁午。君子说："祁傒应当算作不偏私了。在外举荐不避仇人，在内荐不避儿子。"正在会见诸侯时，悼公的弟弟杨干乱了军阵，魏绛杀了他的驾车人。悼公很气愤，有人劝谏悼公，悼公终于认为绛很有贤德，任用他掌管政务，派他与戎讲和，戎终于亲近晋国。十一年，悼公说："从我任用魏绛以来，九次会合诸侯，与戎、翟和解了，这全是魏子的功劳。"悼公送给他乐队，他再三推辞后才接受下来。这年冬季，秦国攻取了晋国的栎。

十四年，晋国派六卿统领诸侯们讨伐秦国，渡过泾河，把秦军打得惨败，直到棫林才离开。

十五年，悼公向师旷咨询治国的道理。师旷说："只有仁义才是根本。"这年冬天，悼公去世，他的儿子平公彪登基。

平公元年，晋国攻打齐国，齐灵公与晋军在靡下交战。齐军败逃。晏婴说："国君没有勇气，为什么不停止打仗？"于是离去了。晋军穷追不舍，包围了临淄，焚烧了外城的房屋而杀光了外城的军民。晋军东到胶水，南到沂水，齐军都死守城池不出，晋国才退兵离去。

六年，鲁襄公拜见晋君。晋栾逞犯了罪，逃到齐国。八年，齐庄公暗中派栾逞潜入曲沃，又派军跟着他。齐军上了太行山，栾逞在曲沃内造反，偷袭了绛城。绛城毫无戒备，平公想自刎，范献子阻止了平公，派自己的家兵抵抗栾逞，栾逞被打败逃到了曲沃。曲沃人进攻栾逞，栾逞被杀死，曲沃人于是灭了栾逞的宗族。栾逞，是栾书的孙子。他进入绛时，与魏氏商议过。齐庄公听说栾逞惨败，就返回了，攻占了晋国的朝歌后离去，为的是报临淄一战之仇。

十年，齐国的崔杼杀害自己的国君庄公。晋国趁齐国内乱，在高唐打败齐军离去，目的是报太行一战之仇。

十四年，吴国延陵季子出使晋国，期间与赵文子、韩宣子、魏献子会谈，事后说："晋国的政权，最后要落在这三家手中。"

十九年，齐国派晏婴出使晋国，晏婴与叔向会谈。叔向说："晋国处于末世厚赋为台池而不恤政，政在私门，其可久乎！”晏子然之。

二十二年，伐燕。二十六年，平公卒，子昭公夷立。

昭公六年卒。六卿强，公室卑。子顷公去疾立。

顷公六年，周景王崩，王子争立。晋六卿平王室乱，立敬王。

九年，鲁季氏逐其君昭公，昭公居乾侯。十一年，卫、宋使使请晋纳鲁君。季平子私赂范献子，献子受之，乃谓晋君曰：“季氏无罪。”不果入鲁君。

十二年，晋之宗家祁傒孙，叔乡子，相恶于君。六卿欲弱公室，乃遂以法尽灭其族。而分其邑为十县，各令其子为大夫。晋益弱，六卿皆大。

十四年，顷公卒，子定公午立。

定公十一年，鲁阳虎奔晋，赵鞅简子舍之。十二年，孔子相鲁。

十五年，赵鞅使邯郸大夫午，不信，欲杀午，午与中行寅、范吉射亲攻赵鞅，鞅走保晋阳。定公围晋阳。荀栎、韩不信、魏侈与范、中行为仇，乃移兵伐范、中行。范、中行反，晋君击之，败范、中行。范、中行走朝歌，保之。韩、魏为赵鞅谢晋君，乃赦赵鞅，复位。

二十二年，晋败范、中行氏，二子奔齐。

三十年，定公与吴王夫差会黄池，争长，赵鞅时从，卒长吴。

三十一年，齐田常弑其君简公，而立简公弟骜为平公。三十三年，孔子卒。

三十七年，定公卒，子出公凿立。

出公十七年，知伯与赵、韩、魏共分范、中行地以为邑。出公怒，告齐、鲁，欲以伐四卿。四卿恐，遂反攻出公。出公奔齐，道死。故知伯乃立昭公曾孙骄为晋君，是为哀公。

哀公大父雍，晋昭公少子也，号为戴子。戴子生忌。忌善知伯，蚤死，故知伯欲尽并晋，未敢，乃立忌子骄为君。当是时，晋国政皆了。平公征收重税修建池台楼阁却不理朝政，政务落在私家门下，这难道可以持久吗？”晏子表示认同。

二十二年，晋国攻打燕国。二十六年，平公去世，他的儿子昭公夷即位。

昭公于六年去世。晋国六卿强盛，公室衰弱。昭公的儿子顷公去疾继位。

顷公六年，周景王去世，诸公子争夺王位。晋国六卿平定了周王室的内乱，拥立敬王。

九年，鲁季氏驱赶了自己的君王昭公，昭公住在乾侯。十一年，卫国、宋国派使者请求晋国送鲁君回国。季平子暗地里贿赂了范献子，献子接受了贿赂，他对晋君说：“季氏没有错。”最后没有送鲁君回国。

十二年，晋国公族祁傒的孙子，叔向的儿子，在晋君面前相互指责。六卿想削弱国君的势力，便按照刑法灭了他们的家族，并把他们的封邑划分为十个县，各自让自己的儿子去做大夫。晋君势力更加弱小，六卿都强盛起来。

十四年，顷公去世，他的儿子定公午继位。

定公十一年，鲁国的阳虎逃到晋国，赵鞅简子收留了他。十二年，孔子当了鲁国的国相。

十五年，赵鞅让邯郸大夫午将卫国进贡的五百户还后迁居晋阳，大夫午答应后又不讲信用，赵鞅因此想杀死午，午和中行寅、范吉射亲自率兵进攻赵鞅，赵鞅逃到晋阳防守。定公围困了晋阳。荀栎、韩不信、魏侈与范吉射、中行寅有仇，就调军队攻打范吉射、中行寅。范吉射、中行寅叛变，晋军攻打他们，打败了范吉射、中行寅。范吉射、中行寅逃到朝歌，据城自保。韩不信、魏侈替赵鞅向晋君赔礼，于是晋君赦免了赵鞅，恢复了他的官职。

二十二年，晋国战胜了范吉射、中行氏，两人逃往了齐国。

三十年，定公与吴王夫差在黄池会盟，争当盟主，赵鞅当时跟随晋君，终于让吴王做了盟主。

三十一年，齐国田常杀了自己的国君简公，立简公的弟弟骜为平公。三十三年，孔子逝世。

三十七年，定公去世，他的儿子出公凿继位。

出公十七年，智伯与赵鞅、韩不信、魏侈一块儿分割了范吉射、中行寅的领地。出公很气愤，求告齐国、鲁国，想趁机讨伐四卿。四卿很慌恐，于是反击出公。出公逃亡齐国，在半途上去世。所以智伯就立昭公的曾孙骄做了晋君，这就是哀公。

哀公的祖父雍，是晋昭公的小儿子，号叫戴子。戴子生了忌。忌与智伯关系紧密，但早死，因此智伯想吞并晋国，没敢动，就立了忌的儿子骄做晋君。那决知伯，晋哀公不得有所制。知伯遂有范、中行地，最强。

哀公四年，赵襄子、韩康子、魏桓子共杀知伯，尽并其地。

十八年，哀公卒，子幽公柳立。

幽公之时，晋畏，反朝韩、赵、魏之君。独有绛、曲沃，余皆入三晋。

十五年，魏文侯初立。十八年，幽公淫妇人，夜窃出邑中，盗杀幽公。魏文侯以兵诛晋乱，立幽公子止，是为烈公

烈公十九年，周威烈王赐赵、韩、魏皆命为诸侯。

二十七年，烈公卒，子孝公颀立。孝公九年，魏武侯初立，袭邯郸，不胜而去。十七年，孝公卒，子静公俱酒立。是岁，齐威王元年也。

静公二年，魏武侯、韩哀侯、赵敬侯灭晋后而三分其地。静公迁为家人，晋绝不祀。

太史公曰：晋文公，古所谓明君也，亡居外十九年，至困约，及即位而行赏，尚忘介子推，况骄主乎？灵公既弑，其后成、景致严，至厉大刻，大夫惧诛，祸作。悼公以后日衰，六卿专权。故君道之御其臣下，固不易哉！

时，晋国的政务全部由智伯决定，晋哀公不能执掌朝政。于是，智伯占据了范吉射、中行寅的领地，在六卿中最强大。

哀公四年，赵襄子、韩康子、魏桓子共同杀死了智伯，吞并了他的全部领地。

十八年，哀公去世，他的儿子幽公柳继位。

幽公执政时，晋君由于衰弱而害怕卿大夫，反而朝拜韩、赵、魏。晋君只占有绛、曲沃，剩下的土地都并入了三晋。

十五年，魏文侯刚继位。十八年，幽公强奸了妇女，夜间私自出城，被强盗杀死。魏文侯派兵平定了晋国的内战，立幽公儿子止为君，这就是烈公。

烈公十九年，周威烈王赏封赵、韩、魏，封他们为诸侯。

二十七年，烈公去世，他的儿子孝公颀继位。孝公九年，魏武侯刚即位，偷袭了邯郸，未能取胜便退兵了。十七年，孝公去世，他的儿子静公俱酒继位。这一年是齐威王元年。

静公二年，魏武侯、韩哀侯、赵敬侯消灭了晋国并瓜分晋地。静公成为平民百姓，晋国祭祀从此断绝。

太史公说：晋文公是古代所说的圣明君主，逃亡在外十九年，相当贫困，到即位时论功行赏，还忘掉了介子推，何况骄奢的君主呢？灵公被害后，成公、景公极为严酷，到了厉公更加苛刻，大夫害怕被杀，祸乱从此开始发生。悼公以后晋国日益衰弱，六卿专掌朝政。因此国君驾驭自己的臣民，向来就不容易啊！

楚世家第十

楚之先祖出自帝颛顼高阳。高阳者，黄帝之孙，昌意之子也。高阳生称，称生卷章，卷章生重黎。重黎为帝喾高辛居火正，甚有功，能光融天下，帝喾命曰祝融。共工氏作乱，帝喾使重黎诛之而不尽。帝乃以庚寅日诛重黎，而以其弟吴回为重黎后，复居火正，为祝融。

吴回生陆终。陆终生子六人，坼剖而产焉。其长一曰昆吾；二曰参胡；三曰彭祖；四曰会人；五曰曹姓；六曰季连，芈姓，楚其后也。昆吾氏，夏之时尝为侯伯，桀之时汤灭之。彭祖氏，殷之时尝为侯伯，殷之末世灭彭祖氏。季连生附沮，附沮生穴熊。其后中微，或在中国，或在蛮夷，弗能纪其世。

周文王之时，季连之苗裔曰鬻熊。鬻熊子事文王，蚤卒。其子曰熊丽。熊丽生熊狂，熊狂生熊绎。

熊绎当周成王之时，举文、武勤劳之后嗣，而封熊绎于楚蛮，封以子男之田，姓芈氏，居丹阳。楚子熊绎与鲁公伯禽、卫康叔子牟、晋侯燮、齐太公子吕伋俱事成王。

熊绎生熊艾，熊艾生熊黮，熊黮生熊胜。熊胜以弟熊杨为后。熊杨生熊渠。

熊渠生子三年。当周夷王之时，王室微，诸侯或不朝，相伐。熊渠甚得江汉间民和，乃兴兵伐庸、杨粤，至于鄂。熊渠曰："我蛮夷也，不与中国之号谥。"乃立其长子康为句亶王，中子红为鄂王，少子执疵为越章王，皆在江上楚蛮之地。及周厉王之时，暴虐，熊渠畏其伐楚，亦去其王。

后为熊毋康，毋康蚤死。熊渠卒，子熊挚红立。挚红卒，其弟弑而代立，曰熊延。熊延生熊勇。

熊勇六年，而周人作乱，攻厉王，厉王出奔彘。熊勇十年，卒，楚国的祖先源于颛顼帝高阳。高阳，是黄帝的孙子，昌意的儿子。高阳生下了称，称生下了卷章，卷章生下了重黎。重黎是帝喾高辛氏的火正，立了很多功劳，能让天下光明遍照，帝喾赏赐给他祝融的称号。共工氏发动了叛乱，帝喾让重黎去诛杀作乱之人，但没有杀尽。帝喾便在庚寅日诛杀了重黎，让他的弟弟吴回接替重黎，也担任火正，仍称之为祝融。

吴回生了陆终。陆终有六个儿子，都是剖腹而生。老大叫昆吾，老二叫参胡，老三叫彭祖，老四叫会人，老五叫曹姓，老六叫季连。季连姓芈，楚国王族是他的后人。昆吾在夏朝时曾是侯伯，桀时被汤灭了。彭祖在商朝时曾是侯伯，商朝末年时被灭。季连生下了附沮，附沮生下了穴熊。他的后人中途衰落。有的在中原，有的在蛮夷，史书没有记载他们的世系。

周文王时，季连有支苗裔后代叫鬻熊。鬻熊像儿子一样侍奉文王，早死。他的儿子叫熊丽，生了熊狂，熊狂生了熊绎。

熊绎生长在周成王时代，成王重用文王、武王时功臣的后代，因此把熊绎封在楚蛮，封给他子男爵位的田地，姓芈，住在丹阳。楚子熊绎与鲁公伯禽、卫康叔子牟、晋侯燮、齐太公子吕伋一起侍奉成王。

熊绎生了熊艾，熊艾生了熊䵣，熊䵣生下了熊胜。熊胜让弟弟熊杨做了继承者。熊杨生下了熊渠。

熊渠生有三个儿子。周夷王时，周王室开始衰落，有的诸侯不再朝觐天子，有的诸侯互相攻伐。熊渠很得长江、汉水一带民众的拥护，于是出兵攻打庸、杨粤，一直打到鄂地。熊渠说："我们是蛮夷人，没有必要采用中原各国的名称谥号。"于是他就封自己的长子康为句亶王，二儿子红为鄂王，小儿子执疵为越章王，都在长江沿岸的楚蛮地区。到周厉王时，其性格暴躁狂虐，熊渠担心他来攻打楚国，也就去掉了自己的王号。

熊渠的继承人为长子熊毋康，毋康早死。熊渠去世后，次子熊挚红继位。挚红死了，被他的弟弟杀害取而代之，这就是熊延。熊延生下了熊勇。

熊勇六年，周人发起叛乱，攻打厉王，厉王逃亡到彘。熊勇在位十年后去弟熊严为后。

熊严十年，卒。有子四人，长子伯霜，中子仲雪，次子叔堪，少子季徇。熊严卒，长子伯霜代立，是为熊霜。

熊霜元年，周宣王初立。熊霜六年，卒，三弟争立。仲雪死；叔堪亡，避难于濮；而少弟季徇立，是为熊徇。熊徇十六年，郑桓公初封于郑。二十二年，熊徇卒，子熊咢立。熊咢九年，卒，子熊仪立，是为若敖。

若敖二十年，周幽王为犬戎所弑，周东徙，而秦襄公始列为诸侯。

二十七年，若敖卒，子熊坎立，是为霄敖。霄敖六年，卒，子熊眴立，是为蚡冒。蚡冒十三年，晋始乱，以曲沃之故。蚡冒十七年，卒。蚡冒弟熊通弑蚡冒子而代立，是为楚武王。

武王十七年，晋之曲沃庄伯弑主国晋孝侯。十九年，郑伯弟段作乱。二十一年，郑侵天子之田。二十三年，卫弑其君桓公。二十九年，鲁弑其君隐公。三十一年，宋太宰华督弑其君殇公。

三十五年，楚伐随。随曰："我无罪。"楚曰："我蛮夷也。今诸侯皆为叛相侵，或相杀。我有敝甲，欲以观中国之政，请王室尊吾号。"随人为之周，请尊楚，王室不听，还报楚。三十七年，楚熊通怒曰："吾先鬻熊，文王之师也，蚤终。成王举我先公，乃以子男田令居楚，蛮夷皆率服，而王不加位，我自尊耳。"乃自立为武王，与随人盟而去。于是始开濮地而有之。

五十一年，周召随侯，数以立楚为王。楚怒，以随背己，伐随。武王卒师中而兵罢。子文王熊赀立，始都郢。

文王二年，伐申过邓，邓人曰"楚王易取"，邓侯不许也。六年，伐蔡，虏蔡哀侯以归，已而释之。楚强，陵江汉间小国，小国皆畏之。十一年，齐桓公始霸，楚亦始大。

十二年，伐邓，灭之。十三年，卒，子熊坚立，是为堵敖。堵敖世，他的弟弟熊严继位。

熊严在位十年后去世。他有四个儿子，长子伯霜，老二仲雪，老三叫叔堪，老四叫季徇。熊严去世后，长子伯霜继位，这就是熊霜。

熊霜元年，周宣王即位。熊霜在位六年后去世，三个弟弟争夺王位。仲雪因此死了；叔堪逃亡，逃到了濮避难，小弟弟季徇继位，这就是熊徇。熊徇十六年，郑桓公被封到郑。二十二年，熊徇去世，他的儿子熊咢继位。熊咢在位九年后去世，他的儿子熊仪继位，这就是若敖。

若敖二十年，周幽王被犬戎人所杀，周王室被迫东迁，秦襄公因功被封为诸侯。

二十七年，若敖去世，他的儿子熊坎继位，这就是霄敖。霄敖于六年后去世，他的儿子熊眴继位，这就是蚡冒。蚡冒十三年，晋国发生内乱，曲沃庄伯发动叛乱。蚡冒十七年时去世。蚡冒的弟弟熊通杀死了蚡冒的儿子自立为王，这就是楚武王。

武王十七年，晋国曲沃庄伯杀害了国君晋孝侯。十九年，郑伯的弟弟段发动内战。二十一年，郑国侵占了周天子的田地。二十三年，卫国人杀害了国君卫桓公。二十九年，鲁国人杀害了国君鲁隐公。三十一年，宋国太宰华督杀害了国君宋殇公。

三十五年，楚国进攻随国。随国君说："我没有罪啊。"楚王说："我是蛮夷之人。今天诸侯们都背叛了周王室，有的相互侵伐。我有军队，想以此参与中原的政事，请周王室封赐我名号。"随国人代他向周王室请求尊号，周王室不同意，随国人回来报告给了楚熊通。三十七年，楚熊通愤怒地说："我的祖先鬻熊，是文王的老师，很早就去世了。周成王提拔我的先公，竟只赏赐了子男爵位的田地，让他住在楚地，蛮夷部族都顺服了，但是周王却不加封爵位，我只好自称尊号了！"于是他自称武王，和随国人订立盟约后撤离。这样楚国开始开发濮地并一直占有它。

五十一年，周王召见随侯，责备他让楚国君称王。楚武王很气愤，认为随侯背叛了自己，于是进攻随国。武王在行军路上病死，于是楚军才撤离。武王的儿子文王熊赀继位，并将郢作为都城。

文王二年，楚国讨伐申国时经过邓，邓人说"很容易抓住楚王"。邓侯没有答应。六年，楚国攻打蔡国，俘虏了蔡哀侯回国，没多久又释放了他。楚国逐渐变得强盛，常欺凌长江、汉水一带的小国，小国都很害怕楚国。十一年（前679年），齐桓公开始称霸，楚国也逐渐强大。

十二年，楚国攻打邓国，并消灭了它。十三年，文王去世，他的儿子熊坚继五年，欲杀其弟熊恽，恽奔随，与随袭弑堵敖代立，是为成王。

成王恽元年，初即位，布德施惠，结旧好于诸侯。使人献天子，天子赐胙，曰："镇尔南方夷越之乱，无侵中国。"于是楚地千里。

十六年，齐桓公以兵侵楚，至陉山。楚成王使将军屈完以兵御之，与桓公盟。桓公数以周之赋不入王室，楚许之，乃去。

十八年，成王以兵北伐许，许君肉袒谢，乃释之。二十二年，伐黄。二十六年，灭英。

三十三年，宋襄公欲为盟会，召楚。楚王怒曰："召我，我将好往袭辱之。"遂行，至盂，遂执辱宋公，已而归之。三十四年，郑文公南朝楚。楚成王北伐宋，败之泓，射伤宋襄公，襄公遂病创死。

三十五年，晋公子重耳过楚，成王以诸侯客礼飨，而厚送之于秦。

三十九年，鲁僖公来请兵以伐齐，楚使申侯将兵伐齐，取谷，置齐桓公子雍焉。齐桓公七子皆奔楚，楚尽以为上大夫。灭夔，夔不祀祝融、鬻熊故也。

夏，伐宋，宋告急于晋，晋救宋，成王罢归。将军子玉请战，成王曰："重耳亡居外久，卒得反国，天之所开，不可当。"子玉固请，乃与之少师而去。晋果败子玉于城濮。成王怒，诛子玉。

四十六年，初，成王将以商臣为太子，语令尹子上。子上曰："君之齿未也，而又多内宠，绌乃乱也。楚国之举常在少者。且商臣蜂目而豺声，忍人也，不可立也。"王不听，立之。后又欲立子职而绌太子商臣。商臣闻而未审也，告其傅潘崇曰："何以得其实？"崇曰："飨王之宠姬江芈而勿敬也。"商臣从之。江芈怒曰："宜乎王之欲杀若而立职也。"商臣告潘崇曰："信矣。"崇曰："能事之乎？"曰："不能。""能亡去乎？"曰："不能。""能行大事乎？"曰："能。"冬十月，商臣以宫卫兵围成王。成王请食熊蹯而位，这就是堵敖。堵敖五年，想杀死自己的弟弟熊恽，熊恽逃往了随国，与随人偷袭并杀死了堵敖自立为王，这就是成王。

成王恽元年，刚刚即位便向百姓布施恩德，与诸侯恢复以前的友好关系。派人向天子朝贡，天子赏赐给他祭祀的胙肉，说："请镇抚你们南方夷越地区的战乱，不要侵犯中原。"于是楚国地域面积扩大到千里。

十六年，齐桓公派军入侵楚国，一直打到陉山。楚成王让将军屈完率军抵御，与桓公结盟。桓公谴责楚成王不向周王室供奉贡品，楚成王答应了他的要求后齐才撤军。

十八年，成王派兵北进攻打许国，许国国君袒露胳膊请罪，楚成王便释放了他。二十二年，楚国进攻黄国。二十六年，楚国灭了英国（偃姓古国）。

三十三年，宋襄公想要与诸侯会盟，召集楚国。楚王生气地说："叫我去，我将以友好的姿态前往然后趁机羞辱他。"于是楚王率兵到了盂，抓住并侮辱了宋襄公，不久后放他回去了。三十四年，郑文公南下拜见楚王。楚成王北进讨伐宋国，在泓水大胜宋军，射伤了宋襄公，襄公后来因伤而死。

三十五年，晋公子重耳路过楚国，成王以接待诸侯的礼节款待了重耳，并厚赠重耳礼物送他到了秦国。

三十九年，鲁僖公向楚国请求出兵一起讨伐齐国，楚国派申侯率军攻打齐国，夺取了谷邑，把齐桓公的儿子雍安顿在这里。齐桓公的七个儿子都逃到了楚国，楚国全部拜他们为上大夫。楚国消灭了夔，因为夔国不祭祀祝融、鬻熊。

这年夏天，楚国讨伐宋国，宋国向晋国求救，晋国出兵救援宋国，楚成王只好作罢撤军回国。将军子玉请求再战，成王说："重耳逃亡在外多年，最终才得以回到晋国，这是上天在护佑他，不能阻挡。"子玉坚持请战，于是楚成王只给了他小股军队就离开了。晋国果真在城濮大败子玉。楚成王很气愤，逼死了子玉。

四十六年，当初成王准备立商臣为太子，并告诉了令尹子上。子上说："国君你还年轻，又有很多宠爱的妻妾，假如立了太子又废弃便会出乱子。楚国立的太子常常是年少的。况且商臣眼睛像毒蜂声音像豺狼，是个残暴的人，不宜立为太子。"楚王没有听，立了商臣为太子。后来楚王又想立儿子职为太子而废黜商臣。商臣听后未经证实，便告诉自己的老师潘崇并问："要怎样才能获得真实的情况？"潘崇说："盛情招待成王的宠姬江芈，不过不要尊敬她。"商臣遵从了他的谋略。江芈生气地说："大王想废黜你而立职为太子是对的。"商臣告诉潘崇说："确定了。"潘崇问："您能侍奉职为君吗？"商臣回答："不能！"又问："你愿意逃离吗？"商臣又回答："不愿。""能干大事吗？"商臣回答道："能。"这年冬季十月，商臣率宫廷侍卫包围了成王，成王请求吃死，不听。丁未，成王自绞杀。商臣代立，是为穆王。

穆王立，以其太子宫予潘崇，使为太师，掌国事。穆王三年，灭江。四年，灭六、蓼。六、蓼，皋陶之后。八年，伐陈。十二年，卒。子庄王侣立。

庄王即位三年，不出号令，日夜为乐，令国中曰："有敢谏者死无赦！"伍举入谏。庄王左抱郑姬，右抱越女，坐钟鼓之间。伍举曰："原有进隐。"曰："有鸟在于阜，三年不蜚不鸣，是何鸟也？"庄王曰："三年不蜚，蜚将冲天；三年不鸣，鸣将惊人。举退矣，吾知之矣。"居数月，淫益甚。大夫苏从乃入谏。王曰："若不闻令乎？"对曰："杀身以明君，臣之愿也。"于是乃罢淫乐，听政，所诛者数百人，所进者数百人，任伍举、苏从以政，国人大说。是岁灭庸。六年，伐宋，获五百乘。

八年，伐陆浑戎，遂至洛，观兵于周郊。周定王使王孙满劳楚王。楚王问鼎小大轻重，对曰："在德不在鼎。"庄王曰："子无阻九鼎！楚国折钩之喙，足以为九鼎。"王孙满曰："呜呼！君王其忘之乎？昔虞夏之盛，远方皆至，贡金九牧，铸鼎象物，百物而为之备，使民知神奸。桀有乱德，鼎迁于殷，载祀六百。殷纣暴虐，鼎迁于周。德之休明，虽小必重；其奸回昏乱，虽大必轻。昔成王定鼎于郏鄏，卜世三十，卜年七百，天所命也。周德虽衰，天命未改。鼎之轻重，未可问也。"楚王乃归。

九年，相若敖氏。人或谗之王，恐诛，反攻王，王击灭若敖氏之族。十三年，灭舒。

十六年，伐陈，杀夏徵舒。徵舒弑其君，故诛之也。已破陈，即县之。群臣皆贺，申叔时使齐来，不贺。王问，对曰："鄙语曰，牵牛径人田，田主取其牛。径者则不直矣，取之牛不亦甚乎？且王以陈过熊掌后再死，商臣不同意。丁未这一天，成王上吊自杀。商臣自立为王，这就是穆王。

穆王继位后，将自己的太子宫赏赐给潘崇，让他做太师，掌管国家政务。穆王三年，楚国消灭了江国。四年，楚国消灭了六国、蓼国。六国、蓼国的国君都是皋陶的后裔。八年，楚攻打陈国。十二年，穆王去世。他的儿子庄王侣继位。

庄王继位三年，没有发布过任何政令，日夜寻欢作乐，还命令国人说："有敢进谏的一律问斩！"伍举入宫进谏。庄王左手抱着郑姬，右手搂着越女，坐在歌舞乐人中间。伍举说："希望能给您讲一个故事。"然后说："有只鸟落在土山上，三年不飞不鸣，这是什么鸟呢？"庄王说："三年不飞，一飞则冲天；三年不鸣，一鸣则惊人。你下去吧，我明白你的意思了。"过了几个月，庄王变得更加放纵骄淫。大夫苏从便入宫进谏。楚庄王说："你没有听到我的命令吗？"苏从回答说："舍身而能使您贤明，这是我的夙愿。"楚王于是就不再放纵作乐，开始处理政务，杀死了几百个罪人，擢升了几百个有功之臣，重用伍举、苏从掌管政务，全国上下十分高兴。这一年楚国灭亡了庸国。六年，楚国攻打宋国，缴获了五百辆战车。

八年，楚国攻打陆浑戎，后来到达洛阳，在周都郊外阅兵。周定王派王孙满犒劳楚王。楚王向王孙满询问鼎的轻重大小，王孙满回答说："治理国家在于德行而不在于宝鼎。"庄王说："你不要倚仗九鼎！楚国只要用折断的戟尖，就可以铸成九鼎。"王孙满说："啊呀！君王难道忘了吗？过去虞夏强盛时，边远的国家都来朝贡，让九州的长官进贡金属，铸成九鼎，将全国山川物产，各种怪异之物都绘在鼎上，好让百姓知道各种怪异为害的情形。桀道德败坏，将鼎迁到殷朝，殷持续了六百年。殷纣王残暴无道，鼎因此又被周朝取得。假如天子德行高尚，鼎虽很小却会重得移不动；如果天子昏庸无德，鼎即使再重也会容易移动。过去，周成王把九鼎安放在郏鄏，占卜显示可以传世三十代，建国七百年，这是上天的意旨。现在周王室虽然略有衰败，但上天的意旨很难改变。问鼎的轻重，确实不可以啊。"楚王这才撤军回国。

九年，楚庄王以若敖氏为国相。有人在庄王面前中伤若敖氏，他担心被杀，反而因此攻击庄王，庄王灭了若敖氏整个家族。十三年，楚国消灭了舒国。

十六年，楚国攻打陈国，杀死夏徵舒。因为夏徵舒杀死了自己的国君，所以楚国杀死了他。攻下陈国后，楚国将它划为自己的一个县。群臣都祝贺胜利，只有申叔时刚从齐国出使归来没有向庄王庆贺。庄王问他原因，他回答道："常言说，牵着牛笔直地走到人家田里践踏庄稼，田的主人便抢占了牛。牵牛走入人家之乱而率诸侯伐之，以义伐之而贪其县，亦何以复令于天下！”庄王乃复国陈后。

十七年春，楚庄王围郑，三月克之。入自皇门，郑伯肉袒牵羊以逆，曰：“孤不天，不能事君，君用怀怒，以及敝邑，孤之罪也。敢不惟命是听！宾之南海，若以臣妾赐诸侯，亦惟命是听。若君不忘厉、宣、桓、武，不绝其社稷，使改事君，孤之愿也，非所敢望也。敢布腹心。”楚群臣曰：“王勿许。”庄王曰：“其君能下人，必能信用其民，庸可绝乎！”庄王自手旗，左右麾军，引兵去三十里而舍，遂许之平。潘尪入盟，子良出质。夏六月，晋救郑，与楚战，大败晋师河上，遂至衡雍而归。

二十年，围宋，以杀楚使也。围宋五月，城中食尽，易子而食，析骨而炊。宋华元出告以情。庄王曰：“君子哉！”遂罢兵去。

二十三年，庄王卒，子共王审立。

共王十六年，晋伐郑。郑告急，共王救郑。与晋兵战鄢陵，晋败楚，射中共王目。共王召将军子反。子反嗜酒，从者竖阳谷进酒醉。王怒，射杀子反，遂罢兵归。

三十一年，共王卒，子康王招立。康王立十五年卒，子员立，是为郏敖。

康王宠弟公子围、子比、子皙、弃疾。郏敖三年，以其季父康王弟公子围为令尹，主兵事。四年，围使郑，道闻王疾而还。十二月己酉，围入问王疾，绞而弑之，遂杀其子莫及平夏。使使赴于郑。伍举问曰：“谁为后？”对曰：“寡大夫围。”伍举更曰：“共王之子围为长。”子比奔晋，而围立，是为灵王。

灵王三年六月，楚使使告晋，欲会诸侯。诸侯皆会楚于申。伍举曰：“昔夏启有钧台之飨，商汤有景亳之命，周武王有盟津之誓，成王有岐阳之蒐，康王有丰宫之朝，穆王有涂山之会，齐桓有召陵之田里践踏庄稼的确不对，但抢走牛不也太过分了吗？况且庄王您是因为陈国内乱才率领诸侯攻打它，以有理攻打它，却又贪婪强占为自己的一个县，这以后还怎么号令天下呢！”庄王于是又恢复了陈国后裔的地位。

十七年春天，楚庄王包围了郑国，三个月后攻占了它。从皇门进入郑都，郑伯脱了上衣，露出胳膊，牵着羊欢迎庄王，说：“我不为上天所保佑，不能侍奉您，您因此生气，来到我国，这是我的错误。我怎敢不听命！您把我丢到南海去吧，或者把我当奴隶赏赐给诸侯，我也听命。如果您还没忘记周厉王、宣王、郑桓公、郑武公，不想断绝他们的祭祀，就让我侍奉您吧，这是我的愿望，但我不敢有这样的奢望。只是大胆地向您表白内心的真实想法。”楚国的大臣们都说：“君王不要同意他。”庄王说：“郑君能这样谦逊，就一定能取信于自己的百姓，怎么可以断绝他的祭祀呢？”说完，庄王亲自掌军旗，左右的人指挥军队，率军退后三十里驻扎，最后同意与郑国讲和。郑国大夫潘尪前来签订盟约，子良到楚国做人质。这年夏季六月，晋国救援郑国，与楚军大战，楚军在黄河边上大败晋军，最后一直打到衡雍才回国。

二十年，楚军包围了宋都，因为宋国杀死了楚国使者。围困了宋都五个多月，宋都城内的粮食都吃光了，人们被迫互换孩子而食，劈开人骨当作柴来烧饭。宋国的华元出城向楚军讲明实情。庄王说：“这是君子啊！”于是撤军离去。

二十三年，庄王去世，他的儿子共王审继位。

共王十六年，晋国攻打郑国。郑国向楚国求援，共王出兵援助郑国。楚军与晋军在鄢陵恶战，晋军打败了楚军，并射中了共王的眼睛。共王传唤将军子反。子反喜欢喝酒，他的随从竖阳谷向子反劝酒，子反因此酩酊大醉。共王很生气，射死了子反，最后撤军回国。

三十一年，共王去世，他的儿子康王招继位。康王在位十五年后去世，他的儿子员继位，这就是郏敖。

康王喜欢弟弟公子围、子比、子皙和弃疾。郏敖三年时，派自己的叔父、康王弟弟公子围做令尹，掌管军事。四年，公子围出使郑国，中途听说楚王生病就返回了楚国。十二月己酉这一日，公子围进宫打听楚王病情，竟用帽带勒死了楚王，又杀了楚王的儿子莫和平夏。他派使者到郑国报丧。伍举询问使者道：“怎么回答谁将继位？”使者回答：“寡大夫公子围。”伍举纠正说：“共王的儿子公子围为长。”子比逃到了晋国，公子围继位，这便是灵王。

灵王三年六月，楚国让使者通知晋国，想与诸侯盟会。诸侯都到楚国的申邑聚会。伍举说：“以前夏启有钧台宴飨，商汤有景亳诰命，周武王有盟津誓师，成王有岐阳会猎，康王有丰宫朝觐，穆王有涂山聚会，齐桓公有召陵会师，晋文

师，晋文有践土之盟，君其何用？”灵王曰：“用桓公。”时郑子产在焉。于是晋、宋、鲁、卫不往。灵王已盟，有骄色。伍举曰：“桀为有仍之会，有缗叛之。纣为黎山之会，东夷叛之。幽王为太室之盟，戎、翟叛之。君其慎终！”

七月，楚以诸侯兵伐吴，围朱方。八月，克之，囚庆封，灭其族。以封徇，曰：“无效齐庆封弑其君而弱其孤，以盟诸大夫！”封反曰：“莫如楚共王庶子围弑其君兄之子员而代之立！”于是灵王使疾杀之。

七年，就章华台，下令内亡人实之。

八年，使公子弃疾将兵灭陈。十年，召蔡侯，醉而杀之。使弃疾定蔡，因为陈蔡公。

十一年，伐徐以恐吴。灵王次于乾溪以待之。王曰：“齐、晋、鲁、卫，其封皆受宝器，我独不。今吾使使周求鼎以为分，其予我乎？”析父对曰：“其予君王哉！昔我先王熊绎辟在荆山，荜露蓝蒌。以处草莽，跋涉山林以事天子，唯是桃弧棘矢以共王事。齐，王舅也；晋及鲁、卫，王母弟也：楚是以无分而彼皆有。周今与四国服事君王，将惟命是从，岂敢爱鼎？”灵王曰：“昔我皇祖伯父昆吾旧许是宅，今郑人贪其田，不我予，今我求之，其予我乎？”对曰：“周不爱鼎，郑安敢爱田？”灵王曰：“昔诸侯远我而畏晋，今吾大城陈、蔡、不羹，赋皆千乘，诸侯畏我乎？”对曰：“畏哉！”灵王喜曰：“析父善言古事焉。”

十二年春，楚灵王乐乾溪，不能去也。国人苦役。初，灵王会兵于申，僇越大夫常寿过，杀蔡大夫观起。起子从亡在吴，乃劝吴王伐楚，为间越大夫常寿过而作乱，为吴间。使矫公子弃疾命召公子比于晋，至蔡，与吴、越兵欲袭蔡。令公子比见弃疾，与盟于邓。遂入杀灵王太子禄，立子比为王，公子子皙为令尹，弃疾为司公有践土之盟，您打算使用哪种仪式？”灵王说：“使用齐桓公的方式。”当时郑国的子产在场，当时晋、宋、鲁、卫没有参与申之会。灵王与诸侯签订盟约后，面露骄色。伍举说：“桀举行了有仍之会，有缗反叛了他。纣王举行了黎山之会，东夷背叛了他。幽王举行了太室之盟，戎、翟都叛变了。您要慎重考虑结局呀！”

这年七月，楚国率诸侯军讨伐吴国，包围了朱方。八月，攻下了朱方，囚禁了庆封，灭了庆封的家族。楚国将庆封示众说：“大家不要效仿齐国的庆封杀死自己的国君，欺侮自己的幼君，以此来挟制各位大夫与自己盟誓。”庆封反唇相讥说：“不要效仿楚共王的庶出之子围谋杀了自己的国君哥哥的儿子员而替代他为君！”灵王因此派人马上杀掉了庆封。

七年，灵王建造了章华台，下令让逃亡的人在里面服役。

八年，楚王派公子弃疾率军消灭了陈国。十年，楚王召来蔡侯，灌醉后杀死了他。又派弃疾平定了蔡国，并命他为陈蔡公。

十一年，楚王进攻徐国以恐吓吴国。灵王驻扎在乾溪等待伐徐的消息。灵王说：“齐、晋、鲁、卫，他们受封时都接受了宝器，唯独我国没有。现在我派人到周要求把鼎给我们楚作为分封的宝器，周王室能给我吗？”析父回答说：“他会给君王的！过去我们的先王熊绎在偏远的荆山，乘坐简单的车子，身穿褴褛衣衫，居住在草莽地区，跋山涉水侍奉天子，曾把桃木弓、棘枝箭贡献给周王室。齐国君是周王的舅舅；晋和鲁、卫国君是周王同母弟弟。因此，他们都有宝器，只有楚国没有。周王室今天和那四个国家都侍奉您，对您都唯命是从，怎么敢吝惜鼎呢？”灵王说：“过去，我们远祖伯父昆吾住在以前的许国，现在郑国人贪婪地占有了那块地而不给我。现在我去讨回来，他们会给我吗？”析父回答说：“周王室都不吝惜鼎，郑国怎么敢舍不得田呢？”灵王又说：“过去诸侯们都认为我国地处偏远而害怕晋国，现在我增强和加固陈、蔡、不羹的城池，那里都备有一千辆战车，诸侯们会惧怕我吗？”析父回答说：“肯定会怕呀！”灵王兴奋地说：“析父很熟悉过去的历史啊！”

十二年的春天，楚灵王在乾溪游玩，不愿意离开。当时百姓们都苦于沉重的徭役。最初，灵王在申与诸侯会盟时，曾凌辱了越国大夫常寿过，杀死了蔡国大夫观起。观起的儿子观从逃到了吴国，他劝吴王攻打楚国，挑拨越国大夫常寿过，要他挑起内乱，做吴国的间谍；他又派人假借公子弃疾的命令从晋国召回公子比，到了蔡国，想与吴国、越国军队偷袭蔡国；安排公子比会见了弃疾，还在邓与弃疾结了盟。于是，潜入宫中杀死了灵王的太子禄，拥立子比为楚王，委任公子子皙为令尹、弃疾为司马。先除掉了王宫后，观从又率领军队到乾溪，向楚国官兵马。先除王宫，观从从师于乾溪，令楚众曰：“国有王矣。先归，复爵邑田室。后者迁之。”楚众皆溃，去灵王而归。

灵王闻太子禄之死也，自投车下，而曰：“人之爱子亦如是乎？”侍者曰：“甚是。”王曰：“余杀人之子多矣，能无及此乎？”右尹曰：“请待于郊以听国人。”王曰：“众怒不可犯。”曰：“且入大县而乞师于诸侯。”王曰：“皆叛矣。”又曰：“且奔诸侯以听大国之虑。”王曰：“大福不再，祇取辱耳。”于是王乘舟将欲入鄢。右尹度王不用其计，惧俱死，亦去王亡。

灵王于是独傍徨山中，野人莫敢入王。王行遇其故鋗人，谓曰：“为我求食，我已不食三日矣。”鋗人曰：“新王下法，有敢饷王从王者，罪及三族，且又无所得食。”王因枕其股而卧。鋗人又以土自代，逃去。王觉而弗见，遂饥弗能起。芋尹申无宇之子申亥曰：“吾父再犯王命，王弗诛，恩孰大焉！”乃求王，遇王饥于釐泽，奉之以归。夏五月癸丑，王死申亥家，申亥以二女从死，并葬之。

是时楚国虽已立比为王，畏灵王复来，又不闻灵王死，故观从谓初王比曰：“不杀弃疾，虽得国犹受祸。”王曰：“余不忍。”从曰：“人将忍王。”王不听，乃去。弃疾归。国人每夜惊，曰：“灵王入矣！”乙卯夜，弃疾使船人从江上走呼曰：“灵王至矣！”国人愈惊。又使曼成然告初王比及令尹子皙曰：“王至矣！国人将杀君，司马将至矣！君蚤自图，无取辱焉。众怒如水火，不可救也。”初王及子皙遂自杀。丙辰，弃疾即位为王，改名熊居，是为平王。

平王以诈弑两王而自立，恐国人及诸侯叛之，乃施惠百姓。复陈蔡之地而立其后如故，归郑之侵地。存恤国中，修政教。吴以楚乱故，获五率以归。平王谓观从：“恣尔所欲。”欲为卜尹，王许之。

说："楚国已经重新立新王了。先返回国都的，会恢复他们的爵位、封邑、田地和房屋。后返回的统统流放。"楚国官兵听后都逃散了，离开灵王返回了国都。

灵王听到太子禄被害的消息，竟然失神跌倒在车下，说："别人也如此爱自己的儿子吗？"侍者说："还要胜过您。"灵王说："我杀别人的儿子也太多了，能不落到这般田地吗？"右尹说："请您到国都郊外听从国人的处置吧。"灵王说："民众的怒气不可冒犯。"右尹说："暂时到大县避一避，再向诸侯们请兵吧。"灵王说："诸侯们都会叛变我的。"右尹又说："暂时逃到诸侯国听听大国国君的建议。"灵王说："大福不能再次降临，只不过是自取侮辱罢了。"于是灵王计划乘船进入鄢城。右尹估计灵王决不会听从自己的建议，害怕与灵王一块儿被杀，也离开灵王逃命去了。

灵王于是一个人独自徘徊山中，村民们没人敢收容灵王。灵王在途中曾遇见了过去在宫里的鋗人，便对他说："你帮我找口饭吃吧，我已经饿了三天了。"鋗人说："新王刚刚下达诏令，有敢给您送饭且与您一起逃亡的诛灭三族，再说我也无处寻食。"灵王便头枕鋗人大腿睡下。鋗人用土块代替将自己的腿抽出来逃走了。灵王醒后找不见鋗人，饿得连坐起来都不能。芋尹申无宇的儿子申亥说："我的父亲以前两次触犯王法，灵王都赦免了他，恩德没有比这更大的了！"于是他四处寻找灵王，终于在釐泽找到饿昏的灵王，陪着灵王一直到自己的家中。夏季五月癸丑这一日，灵王在申亥家去世，申亥让两个女子殉葬，并安葬了灵王。

当时楚国虽然已经立公子比为王，但担心灵王返回，又没有听到灵王死亡的消息，所以观从对新王子比说："您不杀死弃疾，就是拥有了整个国家也会多灾多难。"新王说："我不忍心害他。"观从说："可别人忍心杀你啊。"新王听不进去，观从就离去了。弃疾回到国都后，都城的人每到夜里都很害怕，说："灵王进城了。"乙卯日那天夜间，弃疾让撑船的人在长江岸边奔走呼号说："灵王来了！"都城的人们更加害怕。弃疾又让曼成然告知新王子比和令尹子皙说："灵王到了！都城的人就要杀死你们，司马将要来到了！您赶快想个办法吧，不要自取其辱。众人的怒火就像洪水与大火，那是无法解救的。"新王和子皙就自杀了。丙辰日，弃疾即位为王，更名为熊居，这就是平王。

平王用欺诈的手段杀死两个君王而自立，因此担心国内百姓和诸侯背叛自己，就对百姓布施恩惠。归还陈、蔡两国的领地，并让两国原来国君的后代像从前一样，归还了侵占的郑国领地。抚恤安慰国内的百姓，修明政务。吴国趁楚国内乱时，抓获了楚国的五位将帅回国。平王对观从说："满足你的愿望。"观从想做卜尹，平王答应了他。

初，共王有宠子五人，无适立，乃望祭群神，请神决之，使主社稷，而阴与巴姬埋璧于室内，召五公子斋而入。康王跨之，灵王肘加之，子比、子皙皆远之。平王幼，抱其上而拜，压纽。故康王以长立，至其子失之；围为灵王，及身而弑；子比为王十余日，子皙不得立，又俱诛。四子皆绝无后。唯独弃疾后立，为平王，竟续楚祀，如其神符。

初，子比自晋归，韩宣子问叔向曰："子比其济乎？"对曰："不就。"宣子曰："同恶相求，如市贾焉，何为不就？"对曰："无与同好，谁与同恶？取国有五难：有宠无人，一也；有人无主，二也；有主无谋，三也；有谋而无民，四也；有民而无德，五也。"子比在晋十三年矣，晋、楚之从不闻通者，可谓无人矣；族尽亲叛，可谓无主矣；无衅而动，可谓无谋矣；为羁终世，可谓无民矣；亡无爱征，可谓无德矣。王虐而不忌，子比涉五难以弑君，谁能济之！有楚国者，其弃疾乎？君陈、蔡，方城外属焉。苛慝不作，盗贼伏隐，私欲不违，民无怨心。先神命之，国民信之。芈姓有乱，必季实立，楚之常也。子比之官，则右尹也；数其贵宠，则庶子也；以神所命，则又远之；民无怀焉，将何以立？"宣子曰："齐桓、晋文不亦是乎？"对曰："齐桓，卫姬之子也，有宠于釐公。有鲍叔牙、宾须无、隰朋以为辅，有莒、卫以为外主，有高、国以为内主。从善如流，施惠不倦。有国，不亦宜乎？昔我文公，狐季姬之子也，有宠于献公。好学不倦。生十七年，有士五人，有先大夫子余、子犯以为腹心，有魏犨、贾佗以为股肱，有齐、宋、秦、楚以为外主，有栾、郤、狐、先以为内主。亡十九年，守志弥笃。惠、怀弃民，民从而与之。故文公有国，不亦宜乎？子比无施于民，无援于外，去晋，晋不送；归楚，楚不迎。何以有国！"子比果不终焉，卒立者弃疾，如叔当初，共王有五个喜爱的儿子，没有嫡子可立，就遥祭山川诸神，请求神灵决断继承人，让他负责国事。共王暗中与巴姬在祖庙里埋了块玉璧，叫五位公子斋戒后进入祖庙。康王跨璧而过，灵王的手肘放在玉璧上，子比、子皙都离玉璧很远。平王年幼，旁人抱着他跪在璧玉上行礼，正好压在了璧玉的襻上。因此，康王因为年长即位了，君位传到他的儿子便失去；公子围做了灵王，结果被害；子比只做了十几天君王，子皙未能即位，又都被害。这四个公子都继绝后代了，只有弃疾最后继位，就是平王，终于承续了楚国的祭祀，这和神灵所预兆的全部符合。

当初，子比从晋国回国，韩宣子问叔向："子比会成功吗？"叔向答道："不会成功。"宣子说："楚国人和子比都讨厌楚王而想立新君，就如商人想谋利一样，怎么能不成功呢？"叔向答道："谁跟子比交好，谁跟子比共仇恨呢？夺取王位有五难：有宠爱的可惜无贤才，是一难；有贤才却没有国内支持力量的响应，是二难；有支持力量却没有长远谋划是三难；有长远谋划却无人民拥戴，是四难；有人民拥戴却无德行，是五难。子比在晋国十三年了，没听说晋国楚国跟着他的人有学识渊博的，可以说他没有贤才了；家族尽丧，亲人背离，可以说他没有支持的力量了；没有可乘之机却贸然妄动，可以说他没有长远的计划；一辈子羁旅在外，可以说他没有人民的拥戴了；逃亡在外，国内人却没有爱戴他的迹象，应当说他没有德行了。灵王暴虐，无所顾忌，应当说是自取灭亡，子比五难具备，竟敢杀死国君，谁能帮助他呢？拥有楚国的，或许是弃疾吧？弃疾统治陈地、蔡地，方城山为外属。在他统治的地方没有任何邪恶民生，盗贼隐遁，不敢妄动，他决不因个人的想法去违背民心，因此百姓毫无怨言。祖先神灵护佑他，人民相信他。芈氏发生内乱，排行在末位的一定继位，这是楚国的常例。子比的官位，不过是右尹；论他的贵宠，不过是个庶子；与神灵的意旨，却又差得很远；百姓不想念他，他将凭什么继位呢？"宣子说："齐桓公、晋文公不也是这样的吗？"叔向答道："齐桓公是卫姬的儿子，被釐公所喜爱。有鲍叔牙、宾须无、隰朋的帮助，有莒国、卫国作外援，有高氏、国氏作内应。他听从正确意见像流水一样，对百姓不倦怠地布施恩惠。他拥有君位，不也应该吗？以前我们文公是狐季姬的儿子，被献公宠爱。他好学不厌。年仅十七岁，就结识五位贤才，有先大夫子余、子犯作心腹，有魏犫、贾佗作左右臂膀，有齐国、宋国、秦国、楚国作援助，有栾、郤、狐、先作内应。文公亡命十九年，返国的志向特别坚定。因惠公、怀公丧失民心，百姓都互相跟随心向文公，这样，文公享有国家，不也应该吗？子比没有什么可以给百姓的，又得不到外部援助，离开晋国时，晋国人不护送；返回楚国，楚国人不欢迎。靠什么享有国家呢！"子比当王果然没有长久，最终登基的是弃疾，就像叔向言也。

平王二年，使费无忌如秦为太子建取妇。妇好，来，未至，无忌先归，说平王曰："秦女好，可自娶，为太子更求。"平王听之，卒自娶秦女，生熊珍。更为太子娶。是时伍奢为太子太傅，无忌为少傅。无忌无宠于太子，常谗恶太子建。建时年十五矣，其母蔡女也，无宠于王，王稍益疏外建也。

六年，使太子建居城父，守边。无忌又日夜谗太子建于王曰："自无忌入秦女，太子怨，亦不能无望于王，王少自备焉。且太子居城父，擅兵，外交诸侯，且欲入矣。"平王召其傅伍奢责之。伍奢知无忌谗，乃曰："王奈何以小臣疏骨肉？"无忌曰："今不制，后悔也。"于是王遂囚伍奢。乃令司马奋扬召太子建，欲诛之。太子闻之，亡奔宋。

无忌曰："伍奢有二子，不杀者为楚国患。盍以免其父召之，必至。"于是王使使谓奢："能致二子则生，不能将死。"奢曰："尚至，胥不至。"王曰："何也？"奢曰："尚之为人，廉，死节，慈孝而仁，闻召而免父，必至，不顾其死。胥之为人，智而好谋，勇而矜功，知来必死，必不来。然为楚国忧者必此子。"于是王使人召之，曰："来，吾免尔父。"伍尚谓伍胥曰："闻父免而莫奔，不孝也；父戮莫报，无谋也；度能任事，知也。子其行矣，我其归死。"伍尚遂归。伍胥弯弓属矢，出见使者，曰："父有罪，何以召其子为？"将射，使者还走，遂出奔吴。伍奢闻之，曰："胥亡，楚国危哉。"楚人遂杀伍奢及尚。

十年，楚太子建母在居巢，开吴。吴使公子光伐楚，遂败陈、蔡，取太子建母而去。楚恐，城郢。初，吴之边邑卑梁与楚边邑钟离小童争桑，两家交怒相攻，灭卑梁人。卑梁大夫怒，发邑兵攻钟离。楚王闻之怒，发国兵灭卑梁。吴王闻之大怒，亦发兵，使公子光因建向所预言的一样。

平王二年，命令费无忌到秦国为太子建娶妻。这个女子美貌过人，还没到达楚都时，无忌先一步赶回，鼓动平王："秦国女子倾国倾城貌，您可自己留下，另为太子再寻一位。"平王听从了无忌的劝说，最后自己娶了秦女，生下熊珍。又为太子娶了其他女子。当时伍奢是太子的太傅，无忌是少傅。太子不喜爱无忌，无忌经常诽谤太子建。太子建当时十五岁，他的母亲是蔡国女子，也不被平王宠爱，平王慢慢地更加疏远太子建了。

六年，平王让太子建住在城父，保卫边界。无忌又日夜在平王跟前中伤太子建说："就因我把秦国女子安排到您的后宫，太子便特别怨恨我，亦不可能对您没有怨气，您也要略加戒备啊。何况太子住在城父，专揽兵权，对外结交诸侯，而且时时想打进国都。"平王便把太傅伍奢叫来责骂一番。伍奢心知这是无忌中伤的结果，就说："君王您为什么因为一个小人而疏离亲生骨肉呢？"无忌说："今天不制服伍奢，后悔就迟了。"于是平王就囚禁了伍奢。让司马奋扬召太子建回来，计划杀死太子。太子听到消息，逃到了宋国。

无忌说："伍奢有两个儿子，不杀死他们就会成为楚国的祸害。为什么不以豁免他们父亲的死罪为条件把他们召来，这样他们肯定回楚。"于是，平王让使者对伍奢说："能把你的两个儿子召回，你就可以保命，否则必处死。"伍奢说："伍尚为人正直老实，敢为节义而死，慈爱孝悌忠义，听说回楚可以豁免父亲的死罪，肯定回来，不顾惜自己的性命。伍胥为人聪慧而有谋略，勇猛而好功，知道回来肯定必死无疑，便肯定不会回来。可是，成为楚国未来忧患的必定是这个儿子。"于是，平王派人去叫他们，说："你们回楚国，我就免除你们父亲的死罪。"伍尚对伍胥说："听到父亲可以免死但不回去，那是不孝；父亲被害，做儿子的如不想方设法报仇，那是无谋略；估计能力去办成大事，那才是智慧。你快走吧，我将回楚国一死了之。"伍尚就回楚国了。伍胥拿起弓箭，走出屋子去见使者，说："父亲有罪，怎么要叫儿子回去呢？"说完，将拉弓射击使者，使者掉头就逃，伍胥便逃到了吴国。伍奢听到这个讯息后说："伍胥跑了，楚国危险了。"楚国就杀害了伍奢和伍尚。

十年，楚国太子建的母亲住在居巢，偷偷与吴国有来往。吴国派公子光攻打楚国，战胜了陈国、蔡国军队，带走太子建的母亲。楚国很担心，加强了郢都的防守。先前，吴国的边城卑梁和楚国的边城钟离有两个小孩争夺桑树，两家由此发生争吵互相攻打，钟离人杀死了卑梁人。卑梁大夫很气愤，指派城里的守军攻打钟离。楚王听到后也很气愤，派军占据了卑梁。吴王听后大怒，也派出军队，母家攻楚，遂灭钟离、居巢。楚乃恐而城郢。

十三年，平王卒。将军子常曰："太子珍少，且其母乃前太子建所当娶也。"欲立令尹子西。子西，平王之庶弟也，有义。子西曰："国有常法，更立则乱，言之则致诛。"乃立太子珍，是为昭王。

昭王元年，楚众不说费无忌，以其谗亡太子建，杀伍奢子父与郤宛。宛之宗姓伯氏子嚭及子胥皆奔吴，吴兵数侵楚，楚人怨无忌甚。楚令尹子常诛无忌以说众，众乃喜。

四年，吴三公子奔楚，楚封之以捍吴。五年，吴伐取楚之六、潜。七年，楚使子常伐吴，吴大败楚于豫章。

十年冬，吴王阖闾、伍子胥、伯嚭与唐、蔡俱伐楚，楚大败，吴兵遂入郢，辱平王之墓，以伍子胥故也。吴兵之来，楚使子常以兵迎之，夹汉水阵。吴伐败子常，子常亡奔郑。楚兵走，吴乘胜逐之，五战及郢。己卯，昭王出奔。庚辰，吴人入郢。

昭王亡也至云梦。云梦不知其王也，射伤王。王走郧。郧公之弟怀曰："平王杀吾父，今我杀其子，不亦可乎？"郧公止之，然恐其弑昭王，乃与王出奔随。吴王闻昭王往，即进击随，谓随人曰："周之子孙封于江汉之间者，楚尽灭之。"欲杀昭王。王从臣子綦乃深匿王，自以为王，谓随人曰："以我予吴。"随人卜予吴，不吉，乃谢吴王曰："昭王亡，不在随。"吴请入自索之，随不听，吴亦罢去。

昭王之出郢也，使申鲍胥请救于秦。秦以车五百乘救楚，楚亦收余散兵，与秦击吴。十一年六月，败吴于稷。会吴王弟夫概见吴王兵伤败，乃亡归，自立为王。阖闾闻之，引兵去楚，归击夫概。夫概败，奔楚，楚封之堂溪，号为堂溪氏。

楚昭王灭唐。九月，归入郢。十二年，吴复伐楚，取番。楚恐，去郢，北徙都鄀。

让公子光以太子建母亲家在楚国为由而攻打楚国，一举攻下了钟离、居巢。楚国十分害怕，便又加固了郢都的防御。

十三年，平王去世。将军子常说："太子珍还年幼，况且他的母亲就是以前太子建应当娶的。"打算立令尹子西为王。子西是平王庶出的弟弟，却很仁义。子西说："国家有固定的法则，改立其他王就会内乱，议论这件事就要招来杀身之祸。"于是楚国拥立太子珍，这就是昭王。

昭王元年，楚国众人讨厌费无忌，因为是他的中伤使太子建逃亡，并且他又杀害了伍奢父子和郤宛。郤宛的同宗伯氏的儿子嚭和子胥都逃亡到了吴国，吴军数次侵伐楚国，楚国人更加憎恨无忌了。楚国令尹子常为取得大家的欢心杀死了无忌，大家这才高兴。

四年，吴国的三位公子逃亡到楚国，楚国赐封给他们土地用以抵抗吴国。五年，吴国攻打并攻下了楚国的六、潜。七年，楚国派子常攻打吴国，吴军在豫章打败了楚军。

十年的冬天，吴王阖闾、伍子胥、伯嚭和唐国、蔡国共同攻打楚国，楚国大败，吴军于是进入郢都，挖平王墓污辱平王尸体，由于伍子胥的缘故。吴军侵来，楚国派子常率军迎战，两军隔着汉水摆开阵势。吴军打败子常军，子常逃亡到郑国。楚军溃散，吴军乘胜追逐楚军，五次交战后，吴军兵临郢都。己卯日，昭王逃跑。庚辰日，吴军挺进郢城。

昭王逃亡到了云梦。云梦人不知道他是昭王，射伤了他。昭王又逃亡到郧国。郧公的弟弟怀说："平王杀害了我们的父亲，今天我杀死他的儿子，不是也可以吗？"郧公阻拦怀，可是又担忧怀杀了昭王，就和昭王逃到随国。吴王听说昭王赴随，立即进攻随国，对随人说："被封到长江、汉水之间的周王室的后代们，都被楚国消灭了。"随君想杀害昭王。昭王的随从子綦就让昭王隐藏到非常秘密的地方，然后自称是昭王，对随人说："把我送给吴王吧。"随人便占卜将昭王交给吴国这件事，不吉利，于是，向吴王推托说："昭王逃跑了，早就不在随国了。"吴王要求派人进入随国寻找昭王，随人不同意，吴王只好率军离开了。

昭王逃出郢都时，曾经派申鲍胥向秦国去请求援助。秦国派了五百辆战车救助楚国，楚国也聚集残余士兵，和秦军一块儿反击吴军。十一年六月，在稷战胜吴军。正好吴王的弟弟夫概见吴王的士兵伤残败退，于是逃回到吴国自立为王。阖闾听到这个消息，立即率兵撤离楚国，回国攻打夫概。夫概失败，逃亡到楚国，楚国把他封在堂溪，号为堂溪氏。

楚昭王灭亡了唐国。九月，昭王回到了郢都。十二年，吴国又攻击楚国，攻下了番。楚王很担忧，便离开了郢城，并把都城迁移到北边的鄀。

十六年，孔子相鲁。二十年，楚灭顿，灭胡。二十一年，吴王阖闾伐越。越王句践射伤吴王，遂死。吴由此怨越而不西伐楚。

二十七年春，吴伐陈，楚昭王救之，军城父。十月，昭王病于军中，有赤云如鸟，夹日而蜚。昭王问周太史，太史曰："是害于楚王，然可移于将相。"将相闻是言，乃请自以身祷于神。昭王曰："将相，孤之股肱也，今移祸，庸去是身乎！"弗听。卜而河为祟，大夫请祷河。昭王曰："自吾先王受封，望不过江、汉，而河非所获罪也。"止不许。孔子在陈，闻是言，曰："楚昭王通大道矣。其不失国，宜哉！"

昭王病甚，乃召诸公子大夫曰："孤不佞，再辱楚国之师，今乃得以天寿终，孤之幸也。"让其弟公子申为王，不可。又让次弟公子结，亦不可。乃又让次弟公子闾，五让，乃后许为王。将战，庚寅，昭王卒于军中。子闾曰："王病甚，舍其子让群臣，臣所以许王，以广王意也。今君王卒，臣岂敢忘君王之意乎！"乃与子西、子綦谋，伏师闭涂，迎越女之子章立之，是为惠王。然后罢兵归，葬昭王。

惠王二年，子西召故平王太子建之子胜于吴，以为巢大夫，号曰白公。白公好兵而下士，欲报仇。六年，白公请兵令尹子西伐郑。初，白公父建亡在郑，郑杀之，白公亡走吴，子西复召之，故以此怨郑，欲伐之。子西许而未为发兵。八年，晋伐郑，郑告急楚，楚使子西救郑，受赂而去。白公胜怒，乃遂与勇力死士石乞等袭杀令尹子西、子綦于朝，因劫惠王，置之高府，欲弑之。惠王从者屈固负王亡走昭王夫人宫。白公自立为王。月余，会叶公来救楚，楚惠王之徒与共攻白公，杀之。惠王乃复位。是岁也，灭陈而县之。

十三年，吴王夫差强，陵齐、晋，来伐楚。十六年，越灭吴。四十二年，楚灭蔡。四十四年，楚灭杞。与秦平。是时越已灭吴而不能正江、淮北；楚东侵，广地至泗上。

十六年，孔子做了鲁国宰相。二十年，楚国消灭了顿国、胡国。二十一年，吴王阖闾攻打越国。越王勾践射伤了吴王，吴王因此死亡。吴国由此怨恨越国而不再攻打楚国。

二十七年的春季，吴国攻打陈国，楚昭王援救陈国，驻军在城父。十月，昭王病倒在军中。天空有红色云霞像鸟一样，围绕太阳飞翔。昭王向周太史咨询吉凶，太史说："这对楚王不利，可是能够把灾祸移到将相身上。"将相听到这句话，就央求向神祷告，自己替代昭王，昭王说："将相就像我的手足，今天把灾祸移到手足上，难道能够免除我的病吗？"昭王不答应。占卜病因，认为是黄河在作怪。大夫们请求祭祷河神。昭王说："自从我们先王受封后，遥祭的大川不过是长江、汉水，黄河神我们没有得罪过。"昭王没有同意大夫们的请求。孔子在陈国，听到这些话，说："楚昭王深明大义啊。他没有失去国家，太应该了！"

昭王病重，便召来各位公子大夫说："我不才，多次让楚军受辱，今天竟然得以寿终正寝，是我的幸运。"昭王推荐自己的大弟公子申做楚王，公子申不同意。又让二弟公子结为君，结也不同意。于是又推让三弟公子闾，子闾多次推辞不掉，最后只得答应做楚王。楚军将要与吴军交战，庚寅这一日，昭王在军中去世。子闾说："昭王病重时，放弃让自己的儿子继位，却推让大臣们做王，我所以同意昭王，是用来安慰昭王的心意的，当今昭王去世，我怎么敢忘掉君王的一片好心呢？"于是与子西、子綦商议，秘密派出军队堵塞道路，迎接越女的儿子章回来为王，这就是惠王。然后撤军回国，安葬了昭王。

惠王二年，子西将平王太子建的儿子胜从吴国叫来，封他为巢县大夫，号曰白公。白公爱好军事而且能礼遇士人，想为父亲报仇。六年，白公向令尹子西要求出兵讨伐郑国。当初，白公的父亲太子建逃到郑国，被郑国人杀害，白公只好逃到吴国，子西又叫他来，所以白公仇视郑国，想攻打郑国。子西同意了，但没给他军队。八年，晋国攻打郑国，郑国向楚国求救，楚国派子西救助郑国，子西接受了郑的贿赂后离开了郑国。白公很气愤，于是率赴死勇士石乞等人在朝堂上偷袭杀死了令尹子西、子綦，并趁机劫持了惠王，把他关押在高府，想杀死他。惠王的随从屈固背着惠王逃跑到昭王夫人的宫殿。白公自己继位做了楚王。一个月后，恰巧叶公来援助楚国，楚惠王手下的人和叶公一起攻击白公，杀死了他。惠王又恢复王位。这一年，楚国消灭了陈国并将其地划为楚国的一个县。

十三年，吴王夫差强盛起来，打败了齐国、晋国，又来攻打楚国。十六年，越国消灭吴国。四十二年，楚国消灭蔡国。四十四年，楚国消灭杞国。这年楚国与秦国讲和。这时越国已消灭了吴国，但是没能统一长江、淮北地区。楚国向东进攻，把地盘扩大到了泗水一带。

五十七年，惠王卒，子简王中立。

简王元年，北伐灭莒。八年，魏文侯、韩武子、赵桓子始列为诸侯。

二十四年，简王卒，子声王当立。声王六年，盗杀声王，子悼王熊疑立。悼王二年，三晋来伐楚，至乘丘而还。四年，楚伐周。郑杀子阳。九年，伐韩，取负黍。十一年，三晋伐楚，败我大梁、榆关。楚厚赂秦，与之平。二十一年，悼王卒，子肃王臧立

肃王四年，蜀伐楚，取兹方。于是楚为捍关以距之。十年，魏取我鲁阳。十一年，肃王卒，无子，立其弟熊良夫，是为宣王。

宣王六年，周天子贺秦献公。秦始复强，而三晋益大，魏惠王、齐威王尤强。三十年，秦封卫鞅于商，南侵楚。是年，宣王卒，子威王熊商立。

威王六年，周显王致文武胙于秦惠王。

七年，齐孟尝君父田婴欺楚，楚威王伐齐，败之于徐州，而令齐必逐田婴。田婴恐，张丑伪谓楚王曰："王所以战胜于徐州者，田盼子不用也。盼子者，有功于国，而百姓为之用。婴子弗善而用申纪。申纪者，大臣不附，百姓不为用，故王胜之也。今王逐婴子，婴子逐，盼子必用矣。复搏其士卒以与王遇，必不便于王矣。"楚王因弗逐也。

十一年，威王卒，子怀王熊槐立。魏闻楚丧，伐楚，取我陉山。

怀王元年，张仪始相秦惠王。四年，秦惠王初称王。

六年，楚使柱国昭阳将兵而攻魏，破之于襄陵，得八邑。又移兵而攻齐，齐王患之。陈轸适为秦使齐，齐王曰："为之奈何？"陈轸曰："王勿忧，请令罢之。"即往见昭阳军中，曰："愿闻楚国之法，破军杀将者何以贵之？"昭阳曰："其官为上柱国，封上爵执圭。"陈轸曰："其有贵于此者乎？"昭阳曰："令尹。"陈轸曰："今君已为令尹矣，此国冠之上。臣请得譬之。人有遗其舍人一卮酒

五十七年，惠王去世，他的儿子简王中继位。

简王元年，向北攻打并消灭了莒国。八年，魏文侯、韩武子、赵桓子成为诸侯。

二十四年，简王去世。他的儿子声王当继位。声王六年，声王被强盗杀害，他的儿子悼王熊疑继位。悼王二年，三晋攻打楚国，一直打到乘丘才返回。四年，楚国攻打周朝。郑国杀死了子阳。九年，楚国攻打韩国，夺取了负黍。十一年，三晋攻打楚国，在大梁、榆关打败了楚军。楚国给秦国送了大礼，与秦议和。二十一年，悼王去世，他的儿子肃王臧继位。

肃王四年，蜀国攻打楚国，攻占了兹方。楚国因此建造了捍关来抵抗蜀军。十年，魏国攻占鲁阳。十一年，肃王去世，他没有儿子，楚人便立他的弟弟熊良夫为王，这就是宣王。

宣王六年，周天子庆贺秦献公。秦开始又强盛起来，可是三晋更加强大，魏惠王、齐威王尤其强大。三十年，秦国把卫鞅封在商，他率军向南侵犯楚国。当年，宣王去世，他的儿子威王熊商继位。

威王六年，周显王将祭祀文王、武王的胙肉送给秦惠王。

七年，齐国孟尝君的父亲田婴欺诈楚国，楚成王因此攻打齐国，在徐州大败齐军，并要挟齐国必须驱逐田婴。田婴恐慌了，张丑假装对楚王说："大王之所以在徐州战胜了，是因为齐王没重用田盼子。盼子为齐国立了功，百姓们也听从他。田婴无能而任用申纪。申纪这个人，大臣们都不拥戴他，百姓也不服从他，所以楚王您才战胜了齐军。今天楚王要驱赶婴子。婴子被赶走了，齐王肯定会重用盼子。这样齐王就会整顿军队再来与您打仗了，这对您肯定没有好处。"楚王便不再提出驱赶田婴的要求。

十一年，威王去世，他的儿子怀王熊槐继位。魏国听说楚国有国丧，就来攻打楚国，夺取了陉山。

怀王元年，张仪开始出任秦惠王的国相。四年，秦惠王称王。

六年，楚国派柱国将军昭阳率军攻打魏国，在襄陵战胜了魏军，夺取了魏国的八个城邑。楚国又派兵攻打齐国，齐王十分害怕，陈轸正好作为秦使出使齐国，齐王说："怎么对付楚国？"陈轸说："君王不要害怕，请您同意我让他撤军。"于是陈轸立即到楚军中去会见昭阳，说："我想听听楚国的军功法，战胜敌军杀死敌将的有功之臣，将赏赐什么？"昭阳说："给予上柱国将军的官职，封给上等爵位，让他手拿圭玉。"陈轸说："楚国还有比这个更尊贵的赏赐吗？"昭阳说："令尹。"陈轸说："今天您已经当上了令尹，这是楚国最高者，舍人相谓曰：‘数人饮此，不足以遍，请遂画地为蛇，蛇先成者独饮之。’一人曰：‘吾蛇先成。’举酒而起，曰：‘吾能为之足。’及其为之足，而后成人夺之酒而饮之，曰：‘蛇固无足，今为之足，是非蛇也。’今君相楚而攻魏，破军杀将，功莫大焉，冠之上不可以加矣。今又移兵而攻齐，攻齐胜之，官爵不加于此；攻之不胜，身死爵夺，有毁于楚：此为蛇为足之说也。不若引兵而去以德齐，此持满之术也。”昭阳曰：“善。”引兵而去。

燕、韩君初称王。秦使张仪与楚、齐、魏相会，盟啮桑。

十一年，苏秦约从山东六国共攻秦，楚怀王为从长。至函谷关，秦出兵击六国，六国兵皆引而归，齐独后。十二年，齐湣王伐败赵、魏军，秦亦伐败韩，与齐争长。

十六年，秦欲伐齐，而楚与齐从亲，秦惠王患之，乃宣言张仪免相，使张仪南见楚王，谓楚王曰：“敝邑之王所甚说者无先大王，虽仪之所甚愿为门阑之厮者亦无先大王。敝邑之王所甚憎者无先齐王，虽仪之所甚憎者亦无先齐王。而大王和之，是以敝邑之王不得事王，而令仪亦不得为门阑之厮也。王为仪闭关而绝齐，今使使者从仪西取故秦所分楚商於之地方六百里，如是则齐弱矣。是北弱齐，西德于秦，私商於以为富，此一计而三利俱至也。”怀王大悦，乃置相玺于张仪，日与置酒，宣言“吾复得吾商於之地”。群臣皆贺，而陈轸独吊。怀王曰：“何故？”陈轸对曰：“秦之所为重王者，以王之有齐也。今地未可得而齐交先绝，是楚孤也。夫秦又何重孤国哉，必轻楚矣。且先出地而后绝齐，则秦计不为。先绝齐而后责地，则必见欺于张仪。见欺于张仪，则王必怨之。怨之，是西起秦患，北绝齐交。西起秦患，北绝齐交，则两国之兵必至。臣故吊。”楚王弗听，因使一将军西受封地。

张仪至秦，详醉坠车，称病不出三月，地不可得。楚王曰：“仪以吾绝齐为尚薄邪？”乃使勇士宋遗北辱齐王。齐王大怒，折楚符而的官职。我请您同意我打个比方。有人送给自己的舍人们一杯酒，舍人们说：‘几个人喝这杯酒，不够喝的。请大家在地上画一条蛇，谁先画成就让谁喝这杯酒。’一个人说：‘我先画好了。’举起酒杯站起身又道：‘我能给蛇添上足。’待到他为蛇画好足时，在他后面画好蛇的人夺过他的酒一饮而尽，说：‘蛇本无足，今天你替它画上足，这就不是蛇了。’今天您身为楚相，去攻打魏国，战胜了魏军并杀死了魏将，没有比这再大的功劳了，但是官职爵禄不可能再增加；假使打不胜，您将要殉命丢爵，给楚国造成不好的影响，这就是画蛇添足。您不如率军返楚对齐施恩施德，这就是永在高位的策略啊！”昭阳说：“好吧！”于是领军离开了齐国。

燕、韩国国君正式称王。秦国派张仪与楚、齐、魏会晤，在啮桑订立盟约。

十一年，苏秦与山东六国商定合纵一块儿攻打秦国，楚怀王为纵长。大军打到函谷关，秦国出兵迎战，六国军都先后撤军，其中齐军在最后。十二年，齐湣王打败赵、魏联军，秦国也打败韩军，与齐国争当首领。

十六年，秦国想攻打齐国，可是楚国正和齐国合纵亲善，秦惠王担忧这种情况，就扬言免除张仪的国相职务，让张仪去会见楚王，对楚王说：“我国君王最喜欢的无非是楚王您，就是我特别希望做看门小厮的主人，也无过于大王；我国君王最讨厌的无过于齐王，即使我最讨厌的也无过于齐王。但是大王您却与他关系密切，所以我国君王不能侍奉您，这让我也不能为您当看门小厮了。如果楚王能为我关闭关口与齐国绝交，那么今天您就派使者跟我去秦国要回秦夺取的楚国的商於方圆六百里的土地。这样，齐国势力就会削弱了。您便可以北方削弱齐国，西方对秦有恩惠，并增加了商於六百里土地的财富，这真可称得上是一箭三雕了。”怀王特别高兴，于是把国相的玉玺送给张仪，每天为他大摆酒宴，宣称“我又拿回我的商於了”。大臣们都庆祝，只有陈轸表示伤痛。怀王说：“为什么？”陈轸回答说：“秦国所以看重君王您，那是由于您与齐王友好亲善。今天还未得到商於之地就先与齐国断交，这是孤立楚国的方法。秦国又为什么要看重孤立无援的我国呢？一定会轻视楚国的。如果秦国先交出商於，而后我们再与齐绝交，这样，秦国的计谋就无效了。如果我们先与齐断交，而后再去索取商於，那我们一定会被张仪所蒙骗。您如果被张仪所蒙骗，一定怨恨他。怨恨他，就等于在西边会引起秦国的担忧，北边又断绝了齐国的友好。西边有秦的担心，北边又与齐断交，那么韩、魏两国的军队肯定会来攻打我国。所以我伤痛。”楚王没有听陈轸的建议，于是派一位将军到秦国去接收商於了。

张仪回到秦国，装做醉酒摔倒在车下，声称生病，三个月没有露面，楚国也不能得到商於之地。楚王说：“难道张仪认为我与齐的断交还不够彻底吗？”

合于秦。秦齐交合，张仪乃起朝，谓楚将军曰："子何不受地？从某至某，广袤六里。"楚将军曰："臣之所以见命者六百里，不闻六里。"即以归报怀王。怀王大怒，兴师将伐秦。陈轸又曰："伐秦非计也。不如因赂之一名都，与之伐齐，是我亡于秦，取偿于齐也，吾国尚可全。今王已绝于齐而责欺于秦，是吾合秦齐之交而来天下之兵也，国必大伤矣。"楚王不听，遂绝和于秦，发兵西攻秦。秦亦发兵击之。

十七年春，与秦战丹阳，秦大败我军，斩甲士八万，虏我大将军屈匄、裨将军逢侯丑等七十余人，遂取汉中之郡。楚怀王大怒，乃悉国兵复袭秦，战于蓝田，大败楚军。韩、魏闻楚之困，乃南袭楚，至于邓。楚闻，乃引兵归。

十八年，秦使使约复与楚亲，分汉中之半以和楚。楚王曰："原得张仪，不原得地。"张仪闻之，请之楚。秦王曰："楚且甘心于子，奈何？"张仪曰："臣善其左右靳尚，靳尚又能得事于楚王幸姬郑袖，袖所言无不从者。且仪以前使负楚以商於之约，今秦楚大战，有恶，臣非面自谢楚不解。且大王在，楚不宜敢取仪。诚杀仪以便国，臣之愿也。"仪遂使楚。

至，怀王不见，因而囚张仪，欲杀之。仪私于靳尚，靳尚为请怀王曰："拘张仪，秦王必怒。天下见楚无秦，必轻王矣。"又谓夫人郑袖曰："秦王甚爱张仪，而王欲杀之，今将以上庸之地六县赂楚，以美人聘楚王，以宫中善歌者为之媵。楚王重地，秦女必贵，而夫人必斥矣。夫人不若言而出之。"郑袖卒言张仪于王而出之。仪出，怀王因善遇仪，仪因说楚王以叛从约而与秦合亲，约婚姻。张仪已去，屈原使从齐来，谏王曰："何不诛张仪？"怀王悔，使人追仪，弗及。是岁，秦惠王卒。

二十年，齐湣王欲为从长，恶楚之与秦合，乃使使遗楚王书曰："寡人患楚之不察于尊名也。今秦惠王死，武王立，张仪走魏，樗里于是又派勇士宋遗到北边去大骂齐王。齐王很愤怒，折断楚国的符节与秦国交好了。秦齐联盟完毕，张仪才上朝，对楚国将军说："你怎么还没有接收土地呢？从某处到某处，方圆有六里呢。"楚国将军说："我奉命来接收的是六百里，没听说六里。"马上返楚向怀王汇报。怀王十分愤怒，将要派军攻打秦国。陈轸又说："讨伐秦不是上策。不如趁机用一座名城贿赂秦国，联合秦国攻打齐国，这就能把从秦国丢弃掉的，又从齐国补偿过来了。这样，我国还可保全。当今，您已与齐国断交，又兴师追究秦国欺诈之罪，这就等于我们因秦齐友好而引来天下的大军，我国肯定会受到很大的伤害啊。"楚王仍没有听从陈轸的意见，于是又与秦国绝交，派军向西边攻打秦国。秦国也派军迎击楚军。

十七年的春季，楚军在丹阳与秦军大战，秦军大败楚军，斩杀了楚军八万名士兵，抓获楚国大将军屈匄、偏将军逢侯丑等七十多人，又侵占了汉中的各郡县。楚怀王十分生气，就调集国内全部兵力又一次偷袭秦国。两军在蓝田交战，楚军又大败。韩国、魏国听说楚国受困，就都南下偷袭楚国，一直打到邓。楚国听到消息后，就领兵撤离了秦国。

十八年，秦国派出使者又与楚商定亲善，还把汉中的一半地盘还给楚以求和解。楚王说："想得到张仪，不想得到土地。"张仪听到楚王的话，要求赴楚。秦王说："楚王正想抓住你才满足呢，怎么办？"张仪说："我与楚王的大臣靳尚友好，靳尚又很受楚王宠爱的夫人郑袖的信任，楚王对郑袖言听计从，况且我以前出使楚国时背弃了割商于给楚的约定，今天秦楚交战有了怨恨，我不亲自去向楚国道歉就不能消除怨恨。再说大王您健在，楚国也不敢把我如何。果真楚国杀死我，只要对秦国有利，也正是臣子的意愿。"张仪于是出使楚国了。

张仪到达楚国后，怀王不见他，并逮捕了张仪，想要杀了他。张仪暗中买通靳尚，靳尚替他向怀王请求说："您抓捕张仪，秦王肯定生气。天下诸侯看到楚国失去了秦国的友好，必定轻视您。"靳尚又对怀王夫人郑袖说："秦王特别喜欢张仪，不过楚王想杀死他，现在秦王将要用上庸的六个县贿赂楚国，将美人送给楚王，把宫中善于歌舞的美女送给大王做侍女。楚王看重地盘，秦女也一定得到楚王的宠爱，那么夫人肯定受排斥了。夫人不如在楚王面前说句好话释放张仪算了。"郑袖最后在楚王面前替张仪说情，释放了张仪。张仪被释放后，怀王很客气地招待了张仪，张仪又借机劝说楚王背弃合纵盟约，与秦国联合亲善，相约两国结为婚姻。张仪离开楚国后，屈原刚从齐国出使回来，进谏怀王说："怎么不杀死张仪？"怀王这才后悔，派人去追赶张仪，已经来不及了。这一年，秦惠王去世。

二十年，齐湣王想做合纵领导，厌恶楚国与秦国的联合，就派使者给楚王一封信道："我担忧楚王不曾考虑尊贵的称号。今天秦惠王去世了，武王继位，张疾、公孙衍用，而楚事秦。夫樗里疾善乎韩，而公孙衍善乎魏；楚必事秦，韩、魏恐，必因二人求合于秦，则燕、赵亦宜事秦。四国争事秦，则楚为郡县矣。王何不与寡人并力收韩、魏、燕、赵，与为从而尊周室，以案兵息民，令于天下？莫敢不乐听，则王名成矣。王率诸侯并伐，破秦必矣。王取武关、蜀、汉之地，私吴、越之富而擅江海之利，韩、魏割上党，西薄函谷，则楚之强百万也。且王欺于张仪，亡地汉中，兵锉蓝田，天下莫不代王怀怒。今乃欲先事秦！愿大王孰计之。”

楚王业已欲和于秦，见齐王书，犹豫不决，下其议群臣。群臣或言和秦，或曰听齐。昭雎曰：“王虽东取地于越，不足以刷耻；必且取地于秦，而后足以刷耻于诸侯。王不如深善齐、韩以重樗里疾，如是则王得韩、齐之重以求地矣。秦破韩宜阳，而韩犹复事秦者，以先王墓在平阳，而秦之武遂去之七十里，以故尤畏秦。不然，秦攻三川，赵攻上党，楚攻河外，韩必亡。楚之救韩，不能使韩不亡，然存韩者楚也。韩已得武遂于秦，以河山为塞，所报德莫如楚厚，臣以为其事王必疾。齐之所信于韩者，以韩公子眛为齐相也。韩已得武遂于秦，王甚善之，使之以齐、韩重樗里疾，疾得齐、韩之重，其主弗敢弃疾也。今又益之以楚之重，樗里子必言秦，复与楚之侵地矣。”于是怀王许之，竟不合秦，而合齐以善韩。

二十四年，倍齐而合秦。秦昭王初立，乃厚赂于楚。楚往迎妇。二十五年，怀王入与秦昭王盟，约于黄棘。秦复与楚上庸。二十六年，齐、韩、魏为楚负其从亲而合于秦，三国共伐楚。楚使太子入质于秦而请救。秦乃遣客卿通将兵救楚，三国引兵去。

二十七年，秦大夫有私与楚太子斗，楚太子杀之而亡归。二十八年，秦乃与齐、韩、魏共攻楚，杀楚将唐眛，取我重丘而去。二十九年，秦复攻楚，大破楚，楚军死者二万，杀我将军景缺。怀王恐，乃使太子为质于齐以求平。三十年，秦复伐楚，取八城。秦昭王遗楚王书曰：“始寡人与王约为弟兄，盟于黄棘，太子为质，至欢也。太子仪逃到魏国，武王委任樗里疾、公孙衍，但是楚国还是服从秦国。樗里疾与韩国友好，公孙衍与魏国亲善，楚国肯定服从秦国，韩国、魏国就恐惧，一定会借这两个人的力量与秦国联合，那么燕国、赵国也服从秦国。四国争着服从秦国，那么楚国就成了秦国的一个郡县了。楚王为什么不与我协力收服韩、魏、燕、赵，和他们联合一起尊崇周王室，以便按兵养民，号令天下？天下没有人敢不愿意听从您的，您也将功成名就了。那时，楚王统领诸侯共同讨伐秦国，一定能打败秦国。楚王您就可以夺下武关、蜀、汉地区，占有吴国、越国的财富，独享长江、东海的利益，韩国、魏国割给您上党，西部靠近函谷关，那么楚国将比现在强盛百万倍。况且大王您被张仪欺骗，丢失汉中地，大军在蓝田受挫，天下人没有不替您怀愤怒的。今天您竟想先服从秦国！望您认真想想吧。”

楚王正想与秦国合纵，见到齐王的书信，犹豫不决，交给群臣们讨论。大臣们有的说与秦联合，有的说听从齐国的建议。昭雎说：“君王尽管从东边的越国得到地盘，但不足以雪耻。您不如与齐国、韩国深交以抬高樗里疾的权力，这样，您才能得到韩国、齐国的帮助夺回地盘。秦国在宜阳战胜韩国，可是韩国还服从秦国，是因为先祖墓在平阳，秦国的武遂距平阳只有七十里，所以韩国尤其害怕秦国。否则，秦国攻打三川，赵国攻打上党，楚国攻打黄河外，韩肯定灭亡。楚国救助韩国，也不能让韩免遭灾祸，可是名义上保存韩国的确是楚国。韩国已从秦国夺得武遂，依靠黄河、西山屏障，它所要报答恩惠的都不如楚国厚，我认为韩国一定要急切服从楚王。齐国之所以信任韩国，是因为韩公子眛是齐国国相。韩国已从秦国夺得武遂，大王再好好和善它，使它依靠齐国、韩国的力量抬高樗里疾的地位，樗里疾得到齐国、韩国的支持，他的主人就不敢丢弃他了。今天楚国又可以协助他，樗里疾一定向秦王说情，把侵占楚国的领土归还楚国。”于是怀王同意了，最终没有与秦联合，而联合齐国并与韩国友好。

二十四年，楚国背弃齐国联合秦国。秦昭王刚继位，就用厚礼贿赂楚国。楚国去秦国迎娶女子。二十五年，怀王赴秦与秦昭王签订盟约，在黄棘定约。秦王把楚国上庸归还楚国。二十六年，齐国、韩国、魏国由于楚国背弃了合纵亲善而与秦国联合，三国联合攻打楚国。楚国让太子到秦国当人质请求援助。秦国就派客卿通率军救助楚国，三国这才领兵离开了。

二十七年，秦国一位大夫暗地里与楚太子斗殴，楚太子杀死了他逃往楚国。二十八年，秦国就和齐国、韩国、魏国一块儿攻打楚国，杀死楚国大将唐眛，攻打了楚国重丘离去。二十九年，秦又攻打楚国，把楚军打得大败，杀死楚兵两万，杀死楚国将军景缺。怀王害怕，就派太子到齐国当人质求得和解。三十年，秦国又攻打楚国，占领了八座城市。秦昭王给楚王一封国书说：“当初我和您结陵杀寡人之重臣，不谢而亡去，寡人诚不胜怒，使兵侵君王之边。今闻君王乃令太子质于齐以求平。寡人与楚接境壤界，故为婚姻，所从相亲久矣。而今秦楚不欢，则无以令诸侯。寡人原与君王会武关，面相约，结盟而去，寡人之愿也。敢以闻下执事。”楚怀王见秦王书，患之。欲往，恐见欺；无往，恐秦怒。昭睢曰：“王毋行，而发兵自守耳。秦虎狼，不可信，有并诸侯之心。”怀王子子兰劝王行，曰：“奈何绝秦之欢心！”于是往会秦昭王。昭王诈令一将军伏兵武关，号为秦王。楚王至，则闭武关，遂与西至咸阳，朝章台，如蕃臣，不与亢礼。楚怀王大怒，悔不用昭子言。秦因留楚王，要以割巫、黔中之郡。楚王欲盟，秦欲先得地。楚王怒曰：“秦诈我而又强要我以地！”不复许秦。秦因留之。

楚大臣患之，乃相与谋曰：“吾王在秦不得还，要以割地，而太子为质于齐，齐、秦合谋，则楚无国矣。”乃欲立怀王子在国者。昭睢曰：“王与太子俱困于诸侯，而今又倍王命而立其庶子，不宜。”乃诈赴于齐，齐湣王谓其相曰：“不若留太子以求楚之淮北。”相曰：“不可，郢中立王，是吾抱空质而行不义于天下也。”或曰：“不然。郢中立王，因与其新王市曰‘予我下东国，吾为王杀太子，不然，将与三国共立之’，然则东国必可得矣。”齐王卒用其相计而归楚太子。太子横至，立为王，是为顷襄王。乃告于秦曰：“赖社稷神灵，国有王矣。”

顷襄王横元年，秦要怀王不可得地，楚立王以应秦，秦昭王怒，发兵出武关攻楚，大败楚军，斩首五万，取析十五城而去。二年，楚怀王亡逃归，秦觉之，遮楚道，怀王恐，乃从间道走赵以求归。赵主父在代，其子惠王初立，行王事，恐，不敢入楚王。楚王欲走魏，秦追至，遂与秦使复之秦。怀王遂发病。顷襄王三年，怀王卒于秦，秦归其丧于楚。楚人皆怜之，如悲亲戚。诸侯由是不直秦。秦楚绝。

六年，秦使白起伐韩于伊阙，大胜，斩首二十四万。秦乃遗楚王拜为兄弟，在黄棘盟约，太子当人质，关系十分和谐。太子杀死我的要臣，竟不道歉就逃走了，我确实愤怒之至，便派军入侵您的边境。今天听说您让太子到齐国做人质以求和解。我国和楚国邻近接壤，本来就结成了亲家，互相亲善友好很长时间了。如今秦楚关系恶化，就无法号令诸侯。我希望和您在武关相会并订立盟约，这是我的愿望。我冒昧地告诉您这个野心。”楚怀王看到秦王的信，很担忧。想赴会，又担心上当；想不去，又担心秦王发怒。昭雎说：“君王不要前去，应该派军队加固边境的防守啊。秦国乃是虎狼之国，不能轻信，他有吞并诸侯的野心。”怀王的儿子子兰劝怀王前往，说：“为什么绝断与秦王的友好？”于是怀王去会见秦昭王。楚王刚到，秦兵就关闭了武关，于是胁迫怀王到咸阳，秦王在章台会见怀王，对待怀王就像对待附属国的臣子一般，不用平等的礼仪。楚怀王大怒，后悔没听昭雎的劝告。秦王扣留了楚王，挟持楚国割让巫、黔中的郡县给秦国。楚王想只订盟约，秦王想先得到地盘。楚王气愤地说：“秦国欺骗我，又强迫要挟我割让地盘！”没有再答应秦王。秦王因此扣留了楚王。

楚国大臣特别担忧，互相商议说：“我们的君王留在秦不能回来，秦王胁迫我们割地，太子又在齐国做人质。假使齐国、秦国共同谋划，那么楚国就要灭亡了。”于是想拥立在国内的怀王的儿子。昭雎说：“君王与太子都在诸侯国被困，今天又违背君王的命令另立庶子，那是不合适的。”于是欺骗齐国，派使者到齐国报丧。齐湣王对国相说：“不如扣押太子以便求取楚国的淮北。”国相说：“不行，郢中假使立了君王，我们就空留人质并在天下人跟前做出不义的事了。”有人说：“不对。郢中假使立了君王，正好借机和新王做笔交易说：‘您给我们下东国，我们就替您杀掉太子，要不，将和秦、韩、魏三国联合拥立太子。’这样，下东国一定就到手了。”齐王最后采用国相的计策送回了楚国太子。太子横回楚后，被立为君王，这就是顷襄王。于是楚人通知秦国说：“凭借社稷的神灵，我国有君王了。”

顷襄王横元年，秦国胁迫怀王却没得到地盘，楚国立了君王对付秦国，秦昭王很生气，派军从武关进攻楚国，楚军大败，杀死了五万楚国士兵，占领了析邑等十五座城才离开。二年，楚怀王逃走了，秦国发现后，封锁了通往楚国的道路，怀王害怕，就从小路到赵国借道回楚。赵主父在代，他的儿子惠王刚刚继位，代行赵王的职事，胆子小，不敢收留楚王。楚王想跑到魏国，秦兵追上了他，楚王只好同秦国使者又回到秦国。这时，怀王生病了。顷襄王三年，怀王在秦国逝世。秦国把他的灵柩送回楚国。楚国人都哀怜怀王，像悲悼自己的父母兄弟一样。诸侯们因此看到秦国的不是。秦楚断交。

六年，秦国派白起进攻韩国，在伊阙获大胜，杀死韩国二十四万官兵。秦王书曰："楚倍秦，秦且率诸侯伐楚，争一旦之命。愿王之饬士卒，得一乐战。"楚顷襄王患之，乃谋复与秦平。七年，楚迎妇于秦，秦楚复平。

十一年，齐秦各自称为帝；月余，复归帝为王。

十四年，楚顷襄王与秦昭王好会于宛，结和亲。十五年，楚王与秦、三晋、燕共伐齐，取淮北。十六年，与秦昭王好会于鄢。其秋，复与秦王会穰。

十八年，楚人有好以弱弓微缴加归雁之上者，顷襄王闻，召而问之。对曰："小臣之好射鶀雁，罗鸗，小矢之发也，何足为大王道也。且称楚之大，因大王之贤，所弋非直此也。昔者三王以弋道德，五霸以弋战国。故秦、魏、燕、赵者，鶀雁也；齐、鲁、韩、卫者，青首也；驺、费、郯、邳者，罗鸗也。外其余则不足射者。见鸟六双，以王何取？王何不以圣人为弓，以勇士为缴，时张而射之？此六双者，可得而囊载也。其乐非特朝昔之乐也，其获非特凫雁之实也。王朝张弓而射魏之大梁之南，加其右臂而径属之于韩，则中国之路绝而上蔡之郡坏矣。还射圉之东，解魏左肘而外击定陶，则魏之东外弃而大宋、方与二郡者举矣。且魏断二臂，颠越矣；膺击郯国，大梁可得而有也。王綪缴兰台，饮马西河，定魏大梁，此一发之乐也。若王之于弋诚好而不厌，则出宝弓，碆新缴，射噣鸟于东海，还盖长城以为防，朝射东莒，夕发浿丘，夜加即墨，顾据午道，则长城之东收而太山之北举矣。西结境于赵而北达于燕，三国布嬛，则从不待约而可成也。北游目于燕之辽东而南登望于越之会稽，此再发之乐也。若夫泗上十二诸侯，左萦而右拂之，可一旦而尽也。今秦破韩以为长忧，得列城而不敢守也；伐魏而无功，击赵而顾病，则秦魏之勇力屈矣，楚之故地汉中、析、郦可得而复有也。王出宝弓，碆新缴，涉鄳塞，而待秦之倦也，山东、河内可得而一也。劳民休众，南面称王矣。故曰秦为大鸟，负海内而处，东面而立，左臂据赵之西南，右臂傅楚鄢写一封国书给楚王说："楚国背叛了秦国，秦国将率领诸侯军攻打楚国，决一雌雄。希望您重整军队，痛痛快快打一场。"楚国顷襄王很害怕，便打算再跟秦国讲和。七年，楚国派迎者从秦迎来王后，秦、楚两国又和好了。

十一年，齐王秦王各自称帝，一月后，又把帝改为王。

十四年，楚顷襄王与秦昭王在宛友好相聚，议和联姻。十五年，楚国和秦国、韩国、赵国、魏国一块儿攻打齐国，占领了淮北。十六年，楚王与秦昭王在鄢友好相聚。那年秋季，又和秦王在穰相聚。

十八年，楚国有一位爱好用微弓细绳射中北归大雁的人，顷襄王知道后，把他叫来咨询射中的经验。他回答说："我爱好射小雁、小鸟，这是小箭的作用，怎么值得向大王说呢？何况凭着楚国广袤的土地，依靠大王的贤明，所射中的绝非仅仅是这些小雁、小鸟。过去三王射取道德的荣誉，五霸射杀好战之国。所以，秦、魏、燕、赵是小雁；齐、鲁、韩、卫是小野鸭；邹、费、郯、邳是小鸟。其他的就不值得去射了。看见这六双小鸟，您如何射中呢？您为什么不用圣人作弓，以勇士作箭，把握时机张弓去射取呢？那么，这六双小鸟，您就可以用口袋装回宫了。这种快乐绝非一朝一夕的欢乐，这种收获也并非野鸭小雁一类猎物。您早上张开弓箭去射击魏国大梁南部，射伤它的右臂直接牵动韩国，因此中原地区的通路就断绝了，上蔡各郡县就不战自败了。转身再射击围的东面，砍断了魏国的左臂，再向外射击定陶，那么魏国东部就丢弃了，大宋、方与两个郡县就占领了。况且魏国被砍断左膀右臂，就会斜倒坠落；正面进攻郯国，就能夺取并占有大梁。您在兰台收拢弓箭，在西河饮马，稳定了魏国的大梁，这是第一次射箭的快乐。如果您对于射箭确实喜好不厌倦，那就拿出宝弓，换上石制箭头和新绳，去东海射杀有钩喙的大鸟，返回来重新修筑长城作为防线，早上射取东莒，晚上射取淇丘，夜里占领即墨，转身占据午道，那么就能得到长城的东边，泰山的北边也就占领了。西边与赵国邻近，北边达到燕，这样，楚、赵、燕三国就像鸟张开翅膀，不需要盟约就形成了合纵。您到北边可以游览燕国的辽东，到南边可以登山遥望越国的会稽，这就是二次射箭的快乐。至于泗上的十二国诸侯，左手牵引，右手拍打，就可以在一个早上占领它们。现在秦国占领韩国，实际成了长久的忧患，因为秦国夺取韩国许多城却不能据守；秦国攻打魏国没有功效，打击赵国反而又担心，那么秦魏的勇气力量用尽了，原本楚国失去的汉中、析、郦便能复得归为己有了。楚王您拿出宝弓，换上石制箭头和新绳，到达鄳塞，等到秦国疲倦，就可以得到山东、河内，让楚国完整。这样，就能犒劳百姓、休养士兵，您就能面向南称王了。所以说，秦国是只大鸟，背靠大陆居住，郢，膺击韩魏，垂头中国，处既形便，势有地利，奋翼鼓嬛，方三千里，则秦未可得独招而夜射也。”欲以激怒襄王，故对以此言。襄王因召与语，遂言曰：“夫先王为秦所欺而客死于外，怨莫大焉。今以匹夫有怨，尚有报万乘，白公、子胥是也。今楚之地方五千里，带甲百万，犹足以踊跃中野也，而坐受困，臣窃为大王弗取也。”于是顷襄王遣使于诸侯，复为从，欲以伐秦。秦闻之，发兵来伐楚。

楚欲与齐韩连和伐秦，因欲图周。周王赧使武公谓楚相昭子曰：“三国以兵割周郊地以便输，而南器以尊楚，臣以为不然。夫弑共主，臣世君，大国不亲；以众胁寡，小国不附。大国不亲，小国不附，不可以致名实。名实不得，不足以伤民。夫有图周之声，非所以为号也。”昭子曰：“乃图周则无之。虽然，周何故不可图也？”对曰：“军不五不攻，城不十不围。夫一周为二十晋，公之所知也。韩尝以二十万之众辱于晋之城下，锐士死，中士伤，而晋不拔。公之无百韩以图周，此天下之所知也。夫怨结两周以塞驺鲁之心，交绝于齐，声失天下，其为事危矣。夫危两周以厚三川，方城之外必为韩弱矣。何以知其然也？西周之地，绝长补短，不过百里。名为天下共主，裂其地不足以肥国，得其众不足以劲兵。虽无攻之，名为弑君。然而好事之君，喜攻之臣，发号用兵，未尝不以周为终始。是何也？见祭器在焉，欲器之至而忘弑君之乱。今韩以器之在楚，臣恐天下以器仇楚也。臣请譬之。夫虎肉臊，其兵利身，人犹攻之也。若使泽中之麋蒙虎之皮，人之攻之必万于虎矣。裂楚之地，足以肥国；诎楚之名，足以尊主。今子将以欲诛残天下之共主，居三代之传器，吞三翮六翼，以高世主，非贪而何？周书曰‘欲起无先’，故器南则兵至矣。”于是楚计面向东方屹立，左面接近赵国的西南，右面紧邻楚国的鄢、郢，正面对着韩国、魏国，妄想独吞中原，它的地位处于优势，地势又有利，展翅翱翔，周围三千里，可见秦国不可能单独缚住而一夜射得了。”此人想以这激怒顷襄王，所以用这些话回答楚王。顷襄王果然又叫他来详谈，于是他就说：“先王被秦国蒙骗，客死在外国，仇恨没有比这再大的了。现在，一个平民有仇恨，还要向国君复仇，这就是白公、伍子胥。当今，楚国方圆五千里，拥有百万大军，原本足以驰骋于千里原野，但却坐以待毙，我以为大王不会这样做。”于是，顷襄王派使者出使诸侯国，重新约定联纵，以便攻打秦国。秦听到这个消息，派军来攻打楚国。

楚国想和齐国、韩国联合攻打秦国，借机算计周朝。周王赧派武公对楚国宰相昭子说：“三国使用武力来瓜分周都郊野以便于运输，并向南输送宝器尊崇楚王，我认为不对。杀诸侯共同敬奉的君王，让世代相传的君王做臣民，大国肯定不亲近它。凭借人多威胁力单势薄的周室，小国一定不服从它。大国不亲近，小国不服从，既不可以获得威名，又不可以获得实利。威名实利都不能得到，就不应该动用武力去伤害黎民。如果有图谋周朝的名声，就无法向诸侯发布命令。”昭子说：“算计周朝是无中生有。即使如此，周朝为什么不能图谋呢？”武公回答道：“不拥有五倍于敌的军力不发起进攻，不拥有十倍于守敌的兵力不能围城。一个周朝相当于二十个晋国，您是明白的。韩国曾经出动二十万兵力包围晋国城邑，但最后遭受耻辱，精兵强将战死，普通士兵受伤，晋城也没被攻占。您未拥有百倍于韩的兵力却图谋周朝，这是天下人都知道的。您与两周结下了仇恨，伤害了礼仪之邦邹鲁人的心，与齐国绝交，在天下失掉名声，您这样做很危险了。您伤害两周是增强韩国的实力，方城以外肯定会被韩所侵夺。如何知道这种结局呢？西周的地盘，截长补短，方圆不过一百里。西周名誉上是天下诸侯共同尊奉的君主，实际上全部占有它的土地也不足以让国家强大，全部占有它的百姓也不足以提升军力。即使不进攻它，名誉上还是杀害君主。可是好事的君主、喜功的臣子，发布命令使用兵力，未尝不始终把矛头指向周朝。这是什么原因呢？因为他们看见祭器在周，想拥有祭器却利令智昏忘记杀害君主的罪名。现在，韩国要把祭器搬到楚国，我担忧天下人因为祭器仇恨楚国。我给您举个例子。虎肉腥臊，它的爪牙有利于防身，人们还抓捕它呢。如果让大泽中的麋鹿披上老虎皮，人们抓捕它一定比抓捕虎容易万倍。占有楚国领地，足以使国家强盛；谴责楚国的名声，足以使君主尊贵。今天，您将要诛杀天下诸侯共同尊奉的君王，占据三代传下来的宝器，独吞九鼎，傲视所有的君王，这不是贪婪是什么？《周书》上说的‘要想在政治上起家，不要首先倡乱’，所以祭器若辍不行。

十九年，秦伐楚，楚军败，割上庸、汉北地予秦。二十一年，秦将白起遂拔我郢，烧先王墓夷陵。楚襄王兵散，遂不复战，东北保于陈城。二十二年，秦复拔我巫、黔中郡。

二十三年，襄王乃收东地兵，得十余万，复西取秦所拔我江旁十五邑以为郡，距秦。二十七年，使三万人助三晋伐燕。复与秦平，而入太子为质于秦。楚使左徒侍太子于秦。

三十六年，顷襄王病，太子亡归。秋，顷襄王卒，太子熊元代立，是为考烈王。考烈王以左徒为令尹，封以吴，号春申君。

考烈王元年，纳州于秦以平。是时楚益弱。

六年，秦围邯郸，赵告急楚，楚遣将军景阳救赵。七年，至新中。秦兵去。十二年，秦昭王卒，楚王使春申君吊祠于秦。十六年，秦庄襄王卒，秦王赵政立。二十二年，与诸侯共伐秦，不利而去。楚东徙都寿春，命曰郢。

二十五年，考烈王卒，子幽王悍立。李园杀春申君。幽王三年，秦、魏伐楚。秦相吕不韦卒。九年，秦灭韩。十年，幽王卒，同母弟犹代立，是为哀王。哀王立二月余，哀王庶兄负刍之徒袭杀哀王而立负刍为王。是岁，秦虏赵王迁。

王负刍元年，燕太子丹使荆轲刺秦王。二年，秦使将军伐楚，大破楚军，亡十余城。三年，秦灭魏。四年，秦将王翦破我军于蕲，而杀将军项燕。

五年，秦将王翦、蒙武遂破楚国，虏楚王负刍，灭楚名为郡云。

太史公曰：楚灵王方会诸侯于申，诛齐庆封，作章华台，求周九鼎之时，志小天下；及饿死于申亥之家，为天下笑。操行之不得，悲夫！势之于人也，可不慎与？弃疾以乱立，嬖淫秦女，甚乎哉，几再亡国！

南移到楚国，大军就会接踵而来。”于是楚国放弃了原先的计划。

十九年，秦国攻打楚国，楚军惨败，割让上庸、汉北给秦国。二十年，秦国大将白起占领了楚国的西陵。二十一年，秦国大将白起又占领了楚国的郢，焚毁了先王墓夷陵。楚顷襄王的军队溃散了，不能再战，退到东北部死守在陈城。二十二年，秦国又攻占了楚国的巫郡、黔中郡。

二十三年，顷襄王集合东部的士兵，共有十多万，又向西攻占秦国攻下的长江畔的十五座城池，将其划为郡县，抵抗秦国。二十七年，楚派三万人协助三晋攻打燕国。楚又向秦国求和，让太子到秦国当人质。楚国让左徒到秦国侍奉太子。

三十六年，顷襄王生病了，太子跑回楚国。这年秋天，顷襄王去世，太子熊元继位，这是考烈王。考烈王委任左徒为令尹，把吴封给他，号称春申君。

考烈王元年，把一个州给了秦希望与秦讲和。这时楚国更加衰败。

六年，秦国围困了邯郸，赵国向楚国求救，楚国派遣将军景阳救助赵国。七年，楚国打到新中。秦军离去。十二年，秦昭王去世，楚王让春申君到秦国吊唁。十六年，秦庄襄王去世，秦王赵政继位。二十二年，楚国与诸侯国共同攻打秦国，形势不利而撤退了。楚国向东迁都到寿春，命名为郢。

二十五年，考烈王去世，其儿子幽王悍继位。李园杀死了春申君。幽王三年，秦国、魏国攻打楚国。秦国宰相吕不韦去世。九年，秦国灭了韩国。十年，幽王去世，同母弟犹继位，这是哀王。哀王继位两个多月，哀王的哥哥负刍的党徒袭击杀害了哀王，拥立负刍做楚王。这一年，秦国抓获了赵王迁。

王负刍元年，燕太子丹派荆轲行刺秦王。二年，秦国派将军攻打楚国，大败楚军，占领了十多座城池。三年，秦国消灭了魏国。四年，秦国大将军王翦在蕲战胜楚军，斩杀将军项燕。

五年，秦国大将王翦、蒙武攻占楚都，俘虏了楚王负刍，消灭了楚国，在楚地设立三个郡县。

太史公说：当楚灵王在申联合诸侯，杀死齐庆封，修建章华台，索取周王室九鼎的时候，他志向高远，把天下都看得很小；待到在申亥家饿死时，却被天下人所耻笑。没有操守、品德，实在可悲！人们对权势，能不小心吗？弃疾以制造内乱而继位，宠幸秦国女子，也太出格了，差点再度让国家灭亡！

越王勾践世家第十一

越王句践，其先禹之苗裔，而夏后帝少康之庶子也。封于会稽，以奉守禹之祀。文身断发，披草莱而邑焉。后二十余世，至于允常。允常之时，与吴王阖庐战而相怨伐。允常卒，子句践立，是为越王。

元年，吴王阖庐闻允常死，乃兴师伐越。越王句践使死士挑战，三行，至吴陈，呼而自刭。吴师观之，越因袭击吴师，吴师败于槜李，射伤吴王阖庐。阖庐且死，告其子夫差曰："必毋忘越。"

三年，句践闻吴王夫差日夜勒兵，且以报越，越欲先吴未发往伐之。范蠡谏曰："不可。臣闻兵者凶器也，战者逆德也，争者事之末也。阴谋逆德，好用凶器，试身于所末，上帝禁之，行者不利。"越王曰："吾已决之矣。"遂兴师。吴王闻之，悉发精兵击越，败之夫椒。越王乃以余兵五千人保栖于会稽。吴王追而围之。

越王谓范蠡曰："以不听子故至于此，为之奈何？"蠡对曰："持满者与天，定倾者与人，节事者以地。卑辞厚礼以遗之，不许，而身与之市。"句践曰："诺。"乃令大夫种行成于吴，膝行顿首曰："君王亡臣句践使陪臣种敢告下执事：句践请为臣，妻为妾。"吴王将许之，子胥言于吴王曰："天以越赐吴，勿许也。"种还，以报句践。句践欲杀妻子，燔宝器，触战以死。种止句践曰："夫吴太宰嚭贪，可诱以利，请间行言之。"于是句践以美女宝器令种间献吴太宰嚭。嚭受，乃见大夫种于吴王。种顿首言曰："愿大王赦句践之罪，尽入其宝器。不幸不赦，句践将尽杀其妻子，燔其宝器，悉五千越王勾践，他的祖先是夏禹的后裔，夏后帝少康的庶出之子。被封在会稽，恭敬地供奉着夏禹的祭祀。他们在身上刺上花纹，剪短自己的头发，在封地铲除杂草，并修筑城邑。经历了二十多代以后，传到了允常。允常在位的时候，与吴王阖闾产生怨恨，经常互相攻伐。允常死后，他的儿子勾践即位，也就是越王。

越王勾践元年，吴王阖闾听说允常去世了，就兴兵讨伐越国。越王勾践派遣不惧死的勇士向吴军挑战，勇士们排成三行，到吴军阵地前，高呼着自刎身亡。吴兵看得目瞪口呆，越军趁其不备袭击了吴军，吴军在槜李大败，越军还射伤了吴王阖闾。阖闾在弥留之际告诫他的儿子夫差说："一定不能忘记越国。"

三年，勾践听说吴王夫差日夜操练士兵，想要报越国一箭之仇，于是想在吴国发兵前先行发兵去攻打它。范蠡进谏说："不行，我听说兵器是凶器，兴起战争是背德的事情，争先攻击是事情中最下等的。阴谋去做背德的事，又喜爱使用凶器，亲身参与下等事，定会遭到天帝的反对，这样做一定会不利于行。"越王说："我已经决定了。"于是举兵进军吴国。吴王听说这个消息，动用所有精锐部队迎击越军，在夫椒大败越军。越王只好携五千名残兵败将退守会稽。吴王乘胜追击，包围了会稽。

越王对范蠡说："只因没听从您的劝告才落到如此地步，接下来我该怎么办呢？"范蠡回答说："能够完全保住功业的人，必定效法天道的盈而不溢；能够平定倾覆的人，一定懂得人道的崇尚谦卑；能够节制事理的人，就会遵循地道而因地制宜。现在，您要谦卑有礼地派人将厚礼赠送给吴王，他若不应允，您就要亲自前往，并表示愿意侍奉他左右，还把自身也抵押给吴国。"勾践说："好吧！"于是派大夫文种前去吴国求和，文种跪拜在地上，用膝盖前行，叩头说："您的亡国臣民勾践让我大胆地告诉大王您：勾践请您允许他做您的奴仆，允许他的妻子做您的侍妾。"吴王刚要答应文种，伍子胥对吴王说："上天把越国赏赐给吴国，不要答应他。"文种回越后，将实情汇报给勾践。勾践想杀死妻子儿女，烧掉宝器，带领余兵跟越国决一死战。文种劝阻勾践说："吴国的太宰伯嚭十分贪婪，可以用重利诱惑他，请您允许我暗中去吴国跟他通融。"于是勾践赐给文种美女珠宝玉器，让他带去献给吴太宰伯嚭。伯嚭欣然接受，于是就引见大夫文种给吴王。文种叩头说："希望大王赦免勾践的罪过，越国将倾尽所有宝器送给您。如果不幸得不到赦免，勾践将杀死他全部的妻子儿女，焚烧宝器，率领人触战，必有当也。”嚭因说吴王曰：“越以服为臣，若将赦之，此国之利也。”吴王将许之，子胥进谏曰：“今不灭越，后必悔之。句践贤君，种、蠡良臣，若反国，将为乱。”吴王弗听，卒赦越，罢兵而归。

句践之困会稽也，喟然叹曰：“吾终于此乎？”种曰：“汤系夏台，文王囚羑里，晋重耳奔翟，齐小白奔莒，其卒王霸。由是观之，何遽不为福乎？”

吴既赦越，越王句践反国，乃苦身焦思，置胆于坐，坐卧即仰胆，饮食亦尝胆也。曰：“女忘会稽之耻邪？”身自耕作，夫人自织，食不加肉，衣不重采，折节下贤人，厚遇宾客，振贫吊死，与百姓同其劳。欲使范蠡治国政，蠡对曰：“兵甲之事，种不如蠡；填抚国家，亲附百姓，蠡不如种。”于是举国政属大夫种，而使范蠡与大夫柘稽行成，为质于吴。二岁而吴归蠡。

句践自会稽归七年，拊循其士民，欲用以报吴。大夫逢同谏曰：“国新流亡，今乃复殷给，缮饰备利，吴必惧，惧则难必至。且鸷鸟之击也，必匿其形。今夫吴兵加齐、晋，怨深于楚、越，名高天下，实害周室，德少而功多，必淫自矜。为越计，莫若结齐，亲楚，附晋，以厚吴。吴之志广，必轻战。是我连其权，三国伐之，越承其弊，可克也。”句践曰：“善。”

居二年，吴王将伐齐。子胥谏曰：“未可。臣闻句践食不重味，与百姓同苦乐。此人不死，必为国患。吴有越，腹心之疾，齐与吴，疥疭也。原王释齐先越。”吴王弗听，遂伐齐，败之艾陵，虏齐高、国以归。让子胥。子胥曰：“王毋喜！”王怒，子胥欲自杀，王闻而止之。越大夫种曰：“臣观吴王政骄矣，请试尝之贷粟，以卜其事。”请贷，吴王欲与，子胥谏勿与，王遂与之，越乃私喜。子胥言曰：“王不听谏，后三年吴其墟乎！”太宰嚭闻之，乃数与子胥争越他的五千名士兵与您决一死战，您也将付出相当大的代价。”太宰嚭借机劝说吴王：“越王已经臣服，愿意做您的臣子，如果赦免了他，这是对我国有利啊。”吴王又要答应文种，子胥又进谏说：“今天不灭越国，日后您定会后悔。勾践是贤明的君主，大夫文种、范蠡都是贤能的臣子，倘若他们能够返回越国，必将作乱，后患无穷。”吴王不听子胥的劝告，终于执意赦免了越王，就此罢兵，撤军回国。

当勾践被困于会稽之时，黯然叹息道：“我的一生就将这样了结了吗？”文种说：“商汤被困在夏台，周文王被囚在羑里，晋国重耳逃到翟，齐国小白逃到莒，他们最终都称王称霸。由此看来，我们现在的处境何尝不是一种福分呢？”

吴王赦免了越王，越王勾践回到自己的国家，就深思熟虑，苦心经营，把苦胆挂在座位上，坐卧就能仰头尝尝苦胆，连吃饭时也可以尝尝苦胆。还说：“你忘记会稽的耻辱了吗？”平时他亲身耕作，夫人亲手织布，吃饭从未有荤菜，从不穿华丽的衣服，能委曲求全，对贤人彬彬有礼，对宾客热情诚恳，救济穷人，悼慰死者，与百姓共同劳作。越王想让范蠡管理国家政务，范蠡回答说：“用兵打仗这种事，文种比不上我；镇定安抚国家，让百姓亲近归附，我比不上文种。”于是越王就把国家政务交给大夫文种管理，让范蠡和大夫柘稽求和，到吴国去当人质。两年后吴国才让范蠡回国。

勾践自会稽回国后七年时间内，一直在安抚自己的士兵百姓，想用他们去吴国报仇。大夫逢同进谏说：“国家刚刚流亡，今天才又殷实富裕，假如我们整顿军备，吴国一定惧怕，它惧怕，灾难必然降临。况且，凶猛的大鸟袭击目标时，一定会先把自己隐藏起来。现在，吴军将士集结在齐、晋两国国境上，跟楚、越两国又有深仇大恨，在天下虽名声显赫，实际危害周王室。吴缺乏道德而功劳不少，必定骄横狂妄。为越国着想，不如结交齐国，亲近楚国，归附于晋国，厚待吴国。吴国志向高远，一定会轻视战争，这样我们就可以联络其他三国的势力，让三国攻打吴国，越国便可趁它疲惫之时攻克它了。”勾践说：“很好。”

过了两年，吴王准备讨伐齐国。伍子胥进谏说：“不行。我听说勾践平时吃饭从来不吃两样菜，与百姓同甘共苦。这个人不死，一定是我们国家的忧患。越国对于吴国，是心腹之患，而齐对吴来说，就像一块疥癣。希望君王放弃攻齐，先伐越国。”吴王不听，后来还是出兵攻打齐国，并在艾陵大败齐军，俘虏了齐国的高、国氏回国。吴王责备子胥，子胥说：“您不要太高兴！”吴王很生气，子胥想自杀，吴王听到后制止了他。越国大夫文种说：“我发现吴王当政太过骄横，请允许我向他借粮，以试探一下吴王对越国的态度。”文种向吴王请求借粮。吴王准备借给他，子胥劝谏不要借，吴王后来还是借了，越王暗中欣喜。

议，因谗子胥曰："伍员貌忠而实忍人，其父兄不顾，安能顾王？王前欲伐齐，员强谏，已而有功，用是反怨王。王不备伍员，员必为乱。"与逢同共谋，谗之王。王始不从，乃使子胥于齐，闻其托子于鲍氏，王乃大怒，曰："伍员果欺寡人，役反！"使人赐子胥属镂剑以自杀。子胥大笑曰："我令而父霸，我又立若，若初欲分吴国半予我，我不受，已，今若反以谗诛我。嗟乎，嗟乎，一人固不能独立！"报使者曰："必取吾眼置吴东门，以观越兵入也！"于是吴任嚭政。

居三年，句践召范蠡曰："吴已杀子胥，导谀者众，可乎？"对曰："未可。"

至明年春，吴王北会诸侯于黄池，吴国精兵从王，惟独老弱与太子留守。句践复问范蠡，蠡曰"可矣"。乃发习流二千人，教士四万人，君子六千人，诸御千人，伐吴。吴师败，遂杀吴太子。吴告急于王，王方会诸侯于黄池，惧天下闻之，乃秘之。吴王已盟黄池，乃使人厚礼以请成越。越自度亦未能灭吴，乃与吴平。

其后四年，越复伐吴。吴士民罢弊，轻锐尽死于齐、晋。而越大破吴，因而留围之三年，吴师败，越遂复栖吴王于姑苏之山。吴王使公孙雄肉袒膝行而前，请成越王曰："孤臣夫差敢布腹心，异日尝得罪于会稽，夫差不敢逆命，得与君王成以归。今君王举玉趾而诛孤臣，孤臣惟命是听，意者亦欲如会稽之赦孤臣之罪乎？"句践不忍，欲许之。范蠡曰："会稽之事，天以越赐吴，吴不取。今天以吴赐越，越其可逆天乎？且夫君王蚤朝晏罢，非为吴邪？谋之二十二年，一旦而弃之，可乎？且夫天与弗取，反受其咎。'伐柯者其则不远'，君忘会稽之戹乎？"句践曰："吾欲听子言，吾不忍其使者。"范蠡乃鼓进兵，曰："王已属政于执事，使者去，不者且得罪。"吴使者泣而去。句践怜之，乃使人谓吴王曰："吾置王甬东，子胥说："君王您不听我的劝谏，再过三年，吴国将成为一片废墟！"太宰嚭听到这话后，就多次与子胥争论对付越国的计策，借机诽谤子胥说："伍员虽然表面上忠厚，实际却很残忍，他连自己的父兄都不顾惜，怎么能顾惜君王呢？君王您上次准备攻打齐国，伍员强烈劝谏，后来您作战有功，他反而因此怨恨您。您若不防备他，他一定会作乱的。"伯嚭还和逢共同谋划，经常在吴王面前诽谤子胥。吴王开始并不听信谗言，于是就派子胥出使齐国，听说子胥把儿子委托给鲍氏，吴王才大怒，说："伍员果真在欺骗我，想要造反！"子胥出使齐国回来以后，吴王就派人赐了一把属镂剑让他自杀。子胥大笑道："我辅佐你的父亲称霸，又拥立你为王，你当初想与我平分吴国，我都没有接受，事隔不久，今天你反而因谗言杀害我。唉，唉，你一个人绝对不能独自立国！"子胥告诉使者说："我死后一定取出我的眼睛挂在吴国都城东门上，以便我能亲眼看到越军进入。"于是吴王重用嚭执掌国政。

过了三年，勾践召见范蠡说："吴王已经杀死了伍子胥，逢迎献媚阿谀奉承的人很多，现在可以攻打吴国了吗？"范蠡回答说："不行。"

第二年春天，吴王去北方的黄池会见诸侯，吴国的精锐部队全都随他赴会了，只剩老弱残兵和太子留守在吴都。勾践又问范蠡是否可以进攻吴国。范蠡说："可以了。"于是派出两千名熟悉水战的士兵，四万名训练有素的士兵，受过良好教育、地位较高的近卫军六千人，各类军官一千人，讨伐吴国。越军大败吴军，还杀死了吴国的太子。吴国使者向吴王告急，吴王正在黄池会见诸侯，怕天下所有人都听到吴国惨败的消息，就严守秘密。吴王在黄池与诸侯订立盟约以后，就派人带上厚礼请求与越国讲和。越王估计自己也不能灭亡吴国，就与吴国讲和了。

在后来的四年里，越国又攻打吴国。吴国军民疲惫不堪，精锐士兵都死于和齐、晋的战斗中。后来越军大败吴军，因而包围吴都三年，吴军失败，越军就又把吴王围困在姑苏山上。吴王派公孙雄脱去上衣露出胳膊跪着前去，向越王请求讲和说："您孤立无助的臣子夫差冒昧地表露自己的心愿，以前曾在会稽得罪于您，我不敢违背您的命令，若能与您讲和，我们就撤军回去。今天您抬玉足前来惩罚孤臣，我对您的命令一定听从，但我私下希望能像会稽山对您那样赦免我的罪过吧！"勾践不忍心，准备答应他的要求。范蠡说："会稽的事，是上天把越国赐给吴国的，吴国不要。现在是上天把吴国赐给越国，越国难道可以违背天命吗？再说君王早上朝晚罢朝，不就是因为吴国吗？筹谋伐吴已二十二年，一旦放弃，行吗？且上天赐予的您却不要，那反而是会受到处罚的。'用斧头砍伐木材做斧柄，斧柄的样子就在身边。'君王您难道忘记会稽的苦难了吗？"勾践说："我想听从您的建议，但我对他的使者感到不忍心。"范蠡就鸣鼓进军，说："君王已把政务委托给我，吴国使者赶快离去，否则就要对不起你了。"吴国使君百家。”吴王谢曰：“吾老矣，不能事君王！”遂自杀。乃蔽其面，曰：“吾无面以见子胥也！”越王乃葬吴王而诛太宰嚭。

句践已平吴，乃以兵北渡淮，与齐、晋诸侯会于徐州，致贡于周。周元王使人赐句践胙，命为伯。句践已去，渡淮南，以淮上地与楚，归吴所侵宋地于宋，与鲁泗东方百里。当是时，越兵横行于江、淮东，诸侯毕贺，号称霸王。

范蠡遂去，自齐遗大夫种书曰：“蜚鸟尽，良弓藏；狡兔死，走狗烹。越王为人长颈鸟喙，可与共患难，不可与共乐。子何不去？”种见书，称病不朝。人或谗种且作乱，越王乃赐种剑曰：“子教寡人伐吴七术，寡人用其三而败吴，其四在子，子为我从先王试之。”种遂自杀。

句践卒，子王鼫与立。王鼫与卒，子王不寿立。王不寿卒，子王翁立。王翁卒，子王翳立。王翳卒，子王之侯立。王之侯卒，子王无强立。

王无强时，越兴师北伐齐，西伐楚，与中国争强。当楚威王之时，越北伐齐，齐威王使人说越王曰：“越不伐楚，大不王，小不伯。图越之所为不伐楚者，为不得晋也。韩、魏固不攻楚。韩之攻楚，覆其军，杀其将，则叶、阳翟危；魏亦覆其军，杀其将，则陈、上蔡不安。故二晋之事越也，不至于覆军杀将，马汗之力不效。所重于得晋者何也？”越王曰：“所求于晋者，不至顿刃接兵，而况于攻城围邑乎？愿魏以聚大梁之下，愿齐之试兵南阳、莒地，以聚常、郯之境，则方城之外不南，淮、泗之间不东，商、于、析、郦、宗胡之地，夏路以左，不足以备秦，江南、泗上不足以待越矣。则齐、秦、韩、魏得志于楚也，是二晋不战分地，不耕而获之。不此之为，而顿刃于河山之间以为齐秦用，所待者如此其失计，奈何其以此王也！”齐使者曰：“幸也越之不亡也！吾不贵其用智之如目，见豪毛者伤心地哭着走了。勾践怜悯他，就派人告诉吴王说："我把您安置到甬东！统治一百家。"吴王推辞说："我已经老了，不能侍奉您了！"说完便自杀了，同时还遮住自己的面孔说："我没脸面见到子胥啊！"越王安葬了吴王，杀死了太宰嚭。

勾践平定吴国以后，就出兵向北渡过黄河，与齐、晋诸侯在徐州会合，向周王室进献贡品。周元王派人赏赐胙肉给勾践，称他为"伯"。勾践离开徐州后，渡过淮河南下，把淮河流域给了楚国，把吴国曾经侵占宋国的土地还给宋国，把泗水以东方圆百里的土地给了鲁国。当时，越军在长江、淮河以东畅行无阻，诸侯们都来庆贺，越王号称霸王。

范蠡后来离开了越国，从齐国给大夫文种发来一封信，信中说："飞鸟被射尽后，良弓就会被藏起来了；狡兔一死，狗就被主人煮着吃了。越王这个人长脖子，尖嘴巴，只可以与之共患难，不可以跟他共享乐，你为什么还不离去呢？"文种看过信后，声称有病不再上朝。有人中伤文种说他要作乱，越王赐给文种一把剑说："你教给我攻伐吴国的七条计策，我只采用三条就打败了吴国，另外四条还在你那里，你替我到先王面前试试那四条吧！"文种于是自杀身亡。

勾践逝世后，其儿子王鼫与即位。王鼫与逝世后，其儿子王不寿即位。王不寿逝世后，其儿子王翁即位。王翁逝世后，其儿子王翳即位。王翳逝世后，其儿子王之侯即位，王之侯逝世后，其儿子王无强即位。

王无强在位之时，越国出兵向北攻打齐国，向西攻打楚国，与中原各国争霸。楚威王的时候，越国攻打齐国，齐威王派人劝越王说："越国不攻打楚国，从大处说不能称王，从小处说不能称霸。估计越国之所以不攻楚国，是因为没有韩、魏两国的支持。韩、魏本来就不会攻打楚国。韩国如果攻打楚国，它的军队就会覆灭，将领就会被杀，那么叶、阳翟就会处于危境；魏国攻打楚国也是一样的结果，军队覆灭、将领被杀，那么陈、上蔡就不得安宁。所以韩、魏侍奉越国，就不至于军队覆灭、将领被杀，也不会立下汗马之劳，您为什么重视得到韩、魏的支持呢？"越王说："我所要求韩魏的，并非是与楚军短兵相接，何况攻城围邑呢？我只是希望魏军聚集在大梁城下，齐军在南阳、莒地练兵，这样把常、郯边界聚结在一起，那么方城以外的楚军不再南下，淮、泗之间的楚军不再向东，商、于、析、郦、宗胡等地即中原，夏路西部地区的楚军不足以防备秦国，江南、泗上的楚军不足以抵御越国。那么，齐、秦、韩、魏四国就可以在楚国实现自己的愿望，这样，韩、魏不用作战就能扩大疆土，不用耕种就能收获。而现在韩魏并没有这样做，却在黄河、华山之间互相攻伐，从而被齐国和秦国所利用。所期待的韩魏如此失于谋划，怎么能依靠他们称王呢！"齐国使者说：

而不见其睫也。今王知晋之失计，而不自知越之过，是目论也。王所待于晋者，非有马汗之力也，又非可与合军连和也，将待之以分楚众也。今楚众已分，何待于晋？”越王曰：“奈何？”曰：“楚三大夫张九军，北围曲沃、于中，以至无假之关者三千七百里，景翠之军北聚鲁、齐、南阳，分有大此者乎？且王之所求者，斗晋楚也；晋楚不斗，越兵不起，是知二五而不知十也。此时不攻楚，臣以是知越大不王，小不伯。复仇、庞、长沙，楚之粟也；竟泽陵，楚之材也。越窥兵通无假之关，此四邑者不上贡事于郢矣。臣闻之，图王不王，其敝可以伯。然而不伯者，王道失也。故愿大王之转攻楚也。”

于是越遂释齐而伐楚。楚威王兴兵而伐之，大败越，杀王无强，尽取故吴地至浙江，北破齐于徐州。而越以此散，诸族子争立，或为王，或为君，滨于江南海上，服朝于楚。

后七世，至闽君摇，佐诸侯平秦。汉高帝复以摇为越王，以奉越后。东越，闽君，皆其后也。

范蠡事越王句践，既苦身戮力，与句践深谋二十余年，竟灭吴，报会稽之耻，北渡兵于淮以临齐、晋，号令中国，以尊周室，句践以霸，而范蠡称上将军。还反国，范蠡以为大名之下，难以久居，且句践为人可与同患，难与处安，为书辞句践曰：“臣闻主忧臣劳，主辱臣死。昔者君王辱于会稽，所以不死，为此事也。今既以雪耻，臣请从会稽之诛。”句践曰：“孤将与子分国而有之。不然，将加诛于子。”范蠡曰：“君行令，臣行意。”乃装其轻宝珠玉，自与其私徒属乘舟浮海以行，终不反。于是句践表会稽山以为范蠡奉邑。

范蠡浮海出齐，变姓名，自谓鸱夷子皮，耕于海畔，苦身戮力，父子治产。居无几何，致产数十万。齐人闻其贤，以为相。范蠡喟然叹曰：“居家则致千金，居官则至卿相，此布衣之极也。久受尊名，

"越国没有灭亡真是太庆幸了！我不看重他们使用智谋，因为那智谋就好像眼睛一样，虽然能看见毫毛却看不见自己的睫毛。如今君王您都知道韩魏失策了，却不知道越国自己的过错，这就像刚才我说的能看见毫毛却看不见自己睫毛的眼睛了。君王所期望于韩魏的，并非是他们的汗马功劳，也不是与他们联合，而是分散楚军的兵力。如今，楚军兵力已经分散了，何必有求于韩魏呢？"越王说："那该怎么办呢？"使者说："楚国三个大夫已分率所有军队，向北包围了曲沃、于中，直到无假关，战线总长为三千七百里，景翠的军队聚结到北部的鲁国、齐国、南阳，兵力还能有比这更分散的吗？况且君王所希望的是使晋、楚争斗；晋、楚不斗，越国不出兵，这就只知其一不知其二了。这时不攻打楚国，我由此判断越王从大处说不想称王，从小处说不想称霸。再说，仇、庞、长沙是楚国的粮食盛产地，竟泽陵是楚国的木材盛产地。越国如果能出兵打通无假关，这四个地方将不能再向郢都进献粮食、木材了。我听说过，图谋称王却不能称王，还可以称霸。然而不能称霸的，王道也就彻底丧失了。所以希望大王您可以转去攻打楚国。"

于是越国就放弃齐国，转而攻打楚国。楚威王出兵迎击，大败越军，杀死无强，把原来吴国一直到浙江的土地全部攻下，北边在徐州大败齐军。越国从此分崩离析，各族子弟们竞争权位，有的称王，有的称君，居住在长江南部的沿海，服服帖帖地向楚国朝贡。

七代后，君位传到闽君摇，他辅佐诸侯推翻了秦朝。汉高帝又封摇做了越王，继续承继越国的奉祀。东越、闽君都是越国的后代。

范蠡侍奉越王勾践的时候，辛苦惨淡、勤奋不懈，与勾践运筹帷幄二十多年，最终消灭吴国，一洗会稽之败的耻辱。越军向北进军淮河，兵临齐、晋边境，号令中原各国，尊崇周室，勾践借此称霸，范蠡做了上将军。回国后，范蠡认为盛名之下，难以长久，况且勾践的为人，可与之同患难，难与他共享安乐，于是写信辞别勾践说："我听说，君王忧愁臣子就应该劳苦，君主受辱臣子就该死。以前您在会稽受辱，我之所以未死，就是为了报仇雪恨。如今既然已经雪耻，臣请求您对于会稽之事赐我以死罪。"勾践说："我将和你平分越国。否则，就要加罪于你。"范蠡说："君主可以发布这样的命令，臣子仍依从自己的意趣。"于是他收拾了细软珠宝，与随从从海上乘船离去，再未返回越国，勾践为表彰范蠡把会稽山作为他的封邑。

范蠡渡海来到了齐国，更名改姓，自称"鸱夷子皮"，在海边耕作，艰苦奋斗，父子合力治理产业。没过多久，积累财产就达到几十万。齐人听说他贤能，让他做了国相。范蠡叹息道："居家置业就积累千金财产，做官就达到卿相高不祥。”乃归相印，尽散其财，以分与知友乡党，而怀其重宝，间行以去，止于陶，以为此天下之中，交易有无之路通，为生可以致富矣。于是自谓陶朱公。复约要父子耕畜，废居，候时转物，逐什一之利。居无何，则致赀累巨万。天下称陶朱公。

朱公居陶，生少子。少子及壮，而朱公中男杀人，囚于楚。朱公曰：“杀人而死，职也。然吾闻千金之子不死于市。”告其少子往视之。乃装黄金千溢，置褐器中，载以一牛车。且遣其少子，朱公长男固请欲行，朱公不听。长男曰：“家有长子曰家督，今弟有罪，大人不遣，乃遗少弟，是吾不肖。”欲自杀。其母为言曰：“今遣少子，未必能生中子也，而先空亡长男，奈何？”朱公不得已而遣长子，为一封书遗故所善庄生。曰：“至则进千金于庄生所，听其所为，慎无与争事。”长男既行，亦自私赍数百金。

至楚，庄生家负郭，披藜藋到门，居甚贫。然长男发书进千金，如其父言。庄生曰：“可疾去矣，慎毋留！即弟出，勿问所以然。”长男既去，不过庄生而私留，以其私赍献遗楚国贵人用事者。

庄生虽居穷阎，然以廉直闻于国，自楚王以下皆师尊之。及朱公进金，非有意受也，欲以成事后复归之以为信耳。故金至，谓其妇曰：“此朱公之金。有如病不宿诫，后复归，勿动。”而朱公长男不知其意，以为殊无短长也。

庄生间时入见楚王，言“某星宿某，此则害于楚”。楚王素信庄生，曰：“今为奈何？”庄生曰：“独以德为可以除之。”楚王曰：“生休矣，寡人将行之。”王乃使使者封三钱之府。楚贵人惊告朱公长男曰：“王且赦。”曰：“何以也？”曰：“每王且赦，常封三钱之府。昨暮王使使封之。”朱公长男以为赦，弟固当出也，重千金虚弃庄生，无所为也，乃复见庄生。庄生惊曰：“若不去邪？”长男位，这是平民百姓能达到的极致了。长久享受尊贵的名号，这是不吉祥的。”于是归还了相印，全部散尽了自己的家产，送给知音好友同乡邻里，携带着贵重财宝，秘密离开了，到陶地住下来。他认为这里是天下的中心，交易买卖的道路非常通畅，在这里经营生意可以发财致富。于是自称陶朱公。又约定好父子都要耕种畜牧，买进卖出都等待时机，以获得十分之一的利润。没过多久，家资又积累到万万。天下人都称赞陶朱公。

朱公住在陶地时，生了小儿子。小儿子刚成人，朱公的二儿子杀了人，被楚国关押起来。朱公说：“杀人者抵命，这是常理。可是我听说家有千金的儿子不会在闹市中被杀。”于是派小儿子去探望二儿子。他打点好一千镒黄金，装在麻袋中，用一辆牛车载运。将要派小儿子出发时，朱公的长子坚决请求去，朱公不同意。长子说：“家里的长子叫家督，现在弟弟犯了罪，父亲您不派长子去，却派小弟弟去，这说明我不肖啊。”说完准备自杀。他的母亲又替他说：“现在派小儿子去，未必能救出二儿子的命，却先白白失去了大儿子，这怎么能行？”朱公不得已，就派了长子，写了一封信要大儿子送给故友庄生，说：“到楚国后，要把千金送到庄生家，一切听从他去办理，千万不要与他发生争执。”长子走时，又私自携带几百镒黄金。

长子到达楚国，看见庄生家靠近楚都外城，拨开野草才能到达庄生家门，居住条件十分贫穷。可是长子还是送上父亲的信，向庄生进献了千金，如他父亲所说。庄生说：“你赶快离去，千万不要留在此地！等弟弟释放后，不要问原因。”长子离去，不再探望庄生，但私自留在了楚国，把自己携带的黄金送给了楚国主事的达官贵人。

庄生虽然住在穷乡陋巷，但由于廉洁正直闻名于楚国，从楚王以下都尊奉他为老师。朱公献上黄金，他并非有心收下，只是想事成之后再归还给人家来表示自己的信用。所以黄金送来后，他对妻子说：“这是朱公的钱财，以后再还给朱公，但什么时候还却还不知道，就如同自己哪一天生病也不能事先知道一样，千万不要动用。”但朱公长子不知庄生的意思，以为财产送给庄生不会起什么作用。

庄生趁自己方便时入宫拜见楚王，说：“某星宿移到某处，这将对楚国有危害。”楚王平时就非常相信庄生，就问：“现在该怎么办？”庄生说：“只有实行仁义道德才可以免除灾害。”楚王说：“您不用多说了，我会实施。”于是楚王派使者查封贮藏三钱的仓库。楚国的达官贵人吃惊地告诉朱公长子说：“楚王将要实行大赦了。”长子问：“如何见得？”贵人说：“每当楚王大赦时，常常先查封贮藏三钱的仓库。昨晚楚王已派使者查封了。”朱公长子认为既然大赦，弟弟自然可以释放了，一千镒黄金等于白白扔在庄生处，没起到作用，于是又去曰："固未也。初为事弟，弟今议自赦，故辞生去。"庄生知其意欲复得其金，曰："若自入室取金。"长男即自入室取金持去，独自欢幸。

庄生羞为儿子所卖，乃入见楚王曰："臣前言某星事，王言欲以修德报之。今臣出，道路皆言陶之富人朱公之子杀人囚楚，其家多持金钱赂王左右，故王非能恤楚国而赦，乃以朱公子故也。"楚王大怒曰："寡人虽不德耳，奈何以朱公之子故而施惠乎！"令论杀朱公子，明日遂下赦令。朱公长男竟持其弟丧归。

至，其母及邑人尽哀之，唯朱公独笑，曰："吾固知必杀其弟也！彼非不爱其弟，顾有所不能忍者也。是少与我俱，见苦，为生难，故重弃财。至如少弟者，生而见我富，乘坚驱良逐狡兔，岂知财所从来，故轻弃之，非所惜吝。前日吾所为欲遣少子，固为其能弃财故也。而长者不能，故卒以杀其弟，事之理也，无足悲者。吾日夜固以望其丧之来也。"故范蠡三徙，成名于天下，非苟去而已，所止必成名。卒老死于陶，故世传曰陶朱公。

太史公曰：禹之功大矣，渐九川，定九州，至于今诸夏艾安。及苗裔句践，苦身焦思，终灭强吴，北观兵中国，以尊周室，号称霸王。句践可不谓贤哉！盖有禹之遗烈焉。范蠡三迁皆有荣名，名垂后世。臣主若此，欲毋显，得乎！

见庄生。庄生惊奇地问："你没离开吗？"长子说："一直没离开。当初我为弟弟一事来，今天楚国正商议大赦，弟弟自然就会得到释放，所以我特意来向您告辞。"庄生知道他的意思是想拿回黄金，说："你自己到房间里去取黄金吧。"大儿子便入室取走黄金离开，私下非常庆幸。

庄生被小儿辈出卖深感羞耻，就又入宫拜见楚王说："我上次所说的某星宿的事，您说要实行仁义来免除。现在，我在外面听路人都说陶地富翁朱公的儿子杀人后被楚囚禁，他家大儿子拿出很多金钱贿赂您左右的人，所以君王并非体恤楚国人而实行大赦，却是因为朱公儿子的缘故。"楚王大怒道："我虽然无德，怎么会因为朱公的儿子布施恩惠呢！"就下令先杀掉朱公儿子，第二天才下达赦免的诏令。朱公长子最后携带弟弟尸体回家了。

回到家后，他的母亲和乡邻们都非常悲痛，只有朱公笑着说："我本来就知道长子一定救不了弟弟！他不是不爱自己的弟弟，只是有所不能忍心放弃的。他小时候就与我生活在一起，受过各种苦，知道生活的艰难，所以把钱财看得很重，不愿意轻易放弃。至于小弟弟呢，一生下来就看到我很富有，乘坐上等车，驾着千里马去打猎，哪里知道钱财是怎么得来的，所以把钱财看得极轻，弃之也毫不吝惜。原来我打算让小儿子去，本就是因为他舍得弃财，但长子做不到，所以终于害了弟弟，合乎事理，不值得悲痛。我本来日日夜夜盼的就是二儿子的尸首送回来。"范蠡曾经三次搬家，驰名天下，他并非随意离开，但只要到哪就一定会成名。最后老死在陶地，所以世人相传叫他陶朱公。

太史公说：夏禹的功劳很大了，疏导了九条大河，安定了九州大地，一直到今天，整个九州都相安无事。到了他的后裔勾践，辛苦劳作，深谋远虑，最终灭掉了强大的吴国，向北进军中原，尊奉周室，号称霸王。勾践算不上贤能吗？这大概也有夏禹的遗风吧。范蠡三次搬家都留下荣耀的名声，永垂后世。臣子君主能做到这样，想不显赫可能吗？

郑世家第十二

郑桓公友者，周厉王少子而宣王庶弟也。宣王立二十二年，友初封于郑。封三十三岁，百姓皆便爱之。幽王以为司徒。和集周民，周民皆说，河雒之间，人便思之。为司徒一岁，幽王以褒后故，王室治多邪，诸侯或畔之。于是桓公问太史伯曰："王室多故，予安逃死乎？"太史伯对曰："独雒之东土，河济之南可居。"公曰："何以？"对曰："地近虢、郐，虢、郐之君贪而好利，百姓不附。今公为司徒，民皆爱公，公诚请居之，虢、郐之君见公方用事，轻分公地。公诚居之，虢、郐之民皆公之民也。"公曰："吾欲南之江上，何如？"对曰："昔祝融为高辛氏火正，其功大矣，而其于周未有兴者，楚其后也。周衰，楚必兴。兴，非郑之利也。"公曰："吾欲居西方，何如？"对曰："其民贪而好利，难久居。"公曰："周衰，何国兴者？"对曰："齐、秦、晋、楚乎？夫齐，姜姓，伯夷之后也，伯夷佐尧典礼。秦，嬴姓，伯翳之后也，伯翳佐舜怀柔百物。及楚之先，皆尝有功于天下。而周武王克纣后，成王封叔虞于唐，其地阻险，以此有德。与周衰，并亦必兴矣。"桓公曰："善。"于是卒言王，东徙其民雒东，而虢、郐果献十邑，竟国之。

二岁，犬戎杀幽王于骊山下，并杀桓公。郑人共立其子掘突，是为武公。

武公十年，娶申侯女为夫人，曰武姜。生太子寤生，生之难，及生，夫人弗爱。后生少子叔段，段生易，夫人爱之。二十七年，武公疾。夫人请公，欲立段为太子，公弗听。是岁，武公卒，寤生立，是为庄公。

庄公元年，封弟段于京，号太叔。祭仲曰："京大于国，非所以郑桓公友，是周厉王的小儿子，也就是周宣王的弟弟。宣王即位二十二年，友才被封到郑地，一直过了三十三年，百姓都爱戴他。幽王任命他为司徒。他促进周朝百姓和睦相处，百姓都十分高兴，黄河、洛水流域的人们都思念他。在他做司徒一年的时候，幽王因宠爱褒姒，废弃政事于不顾，周王室的统治问题很多，有些诸侯背叛了他。于是桓公询问太史伯说："如今王室灾难深重，我怎么才能死里逃生呢？"太史伯回答说："只有洛水以东、黄河以南可以安居。"桓公问："为什么？"太史伯回答说："那一带邻近虢国、郐国，虢、郐的国君既贪婪又喜欢占小便宜，百姓不顺从他们。如今，您是司徒，百姓都爱戴您，您如果真的请求到那里去，虢国、郐国国君看到您正当权，轻易就会把土地分给您。您如果真的住在那里，虢国、郐国的百姓就都是您的百姓了。"桓公说："我想住在南边的长江流域，怎么样？"太史伯回答说："过去祝融替高辛氏掌管火，功劳甚大，然而他在周朝没有兴盛繁荣，楚国就是他的后代。周王室衰弱，楚国一定兴盛。楚国如果兴盛，对郑国绝对没有好处。"桓公说；"我想住在西方，怎么样？"太史伯回答说："那里的百姓既贪婪又好利，很难让人在那里长久居住。"桓公说："周王室衰弱，哪国将兴盛呢？"太史伯回答说："齐、秦、晋、楚吧？齐国，姓姜，是伯夷的后代，伯夷曾辅佐尧掌管礼仪制度。秦国，姓嬴，是伯翳的后代，伯翳曾辅佐舜使很多部落顺服。至于楚国的祖先，也曾为天下人建立了功业。周武王战胜纣王后，成王把唐封给叔虞，那里地势险阻，他们凭借德行立国。等到周室衰弱，晋国也一定能兴盛了。"桓公说："好吧。"于是立马请示幽王，把他的百姓迁移到洛水东部，虢、郐国的国君果然献出十座城邑，他最终建立了郑国。

二年，犬戎在骊山下杀死了幽王，同时也杀死了桓公。郑人拥立了桓公的儿子掘突，称为武公。

武公在十年的时候，娶了申侯的女儿做夫人，叫武姜。生下太子寤生，生的时候难产，出生后，夫人不喜欢寤生。后来武姜又生下小儿子叔段，生段时是顺产，夫人十分喜爱他。二十七年，武公生病了，夫人请求武公立叔段为太子，武公没有答应。当年，武公逝世，寤生即位，这就是庄公。

庄公元年，把他的弟弟叔段封到京城，号称太叔。祭仲说："京城比国都大，不可以封给弟弟。"庄公说："武姜想这样，我不敢反对。"叔段到了京城，整顿封庶也。”庄公曰：“武姜欲之，我弗敢夺也。”段至京，缮治甲兵，与其母武姜谋袭郑。二十二年，段果袭郑，武姜为内应。庄公发兵伐段，段走。伐京，京人畔段，段出走鄢。鄢溃，段出奔共。于是庄公迁其母武姜于城颍，誓言曰：“不至黄泉，毋相见也。”居岁余，已悔思母。颍谷之考叔有献于公，公赐食。考叔曰：“臣有母，请君食赐臣母。”庄公曰：“我甚思母，恶负盟，奈何？”考叔曰：“穿地至黄泉，则相见矣。”于是遂从之，见母。

二十四年，宋缪公卒，公子冯奔郑。郑侵周地，取禾。二十五年，卫州吁弑其君桓公自立，与宋伐郑，以冯故也。二十七年，始朝周桓王。桓王怒其取禾，弗礼也。二十九年，庄公怒周弗礼，与鲁易祊、许田。三十三年，宋杀孔父。三十七年，庄公不朝周，周桓王率陈、蔡、虢、卫伐郑。庄公与祭仲、高渠弥发兵自救，王师大败。祝瞻射中王臂。祝瞻请从之，郑伯止之，曰：“犯长且难之，况敢陵天子乎？”乃止。夜令祭仲问王疾。

三十八年，北戎伐齐，齐使求救，郑遣太子忽将兵救齐。齐釐公欲妻之，忽谢曰：“我小国，非齐敌也。”时祭仲与俱，劝使取之，曰：“君多内宠，太子无大援将不立，三公子皆君也。”所谓三公子者，太子忽，其弟突，次弟子亹也。

四十三年，郑庄公卒。初，祭仲甚有宠于庄公，庄公使为卿；公使娶邓女，生太子忽，故祭仲立之，是为昭公。

庄公又娶宋雍氏女，生厉公突。雍氏有宠于宋。宋庄公闻祭仲之立忽，乃使人诱召祭仲而执之，曰：“不立突，将死。”亦执突以求赂焉。祭仲许宋，与宋盟。以突归，立之。昭公忽闻祭仲以宋要立其弟突，九月丁亥，忽出奔卫。己亥，突至郑，立，是为厉公。

厉公四年，祭仲专国政。厉公患之，阴使其婿雍纠欲杀祭仲。纠妻，祭仲女也，知之，谓其母曰：“父与夫孰亲？”母曰：“父一而已，人尽夫也。”女乃告祭仲，祭仲反杀雍纠，戮之于市。厉公无奈军备，与他的母亲武姜图谋袭击郑都。二十二年，叔段果然袭击郑都，武姜做内应。庄公派军攻打叔段，叔段逃跑了。庄公攻打京城，京城百姓都背叛了叔段，叔段无奈逃跑到鄢。鄢邑的百姓溃逃了，叔段不得已逃亡到共国。于是庄公把他的母亲武姜迁到城颍去，并发誓说："不到黄泉，不再相见。"过了一年多，庄公后悔曾经说过的话，很想念母亲。颍谷的考叔向庄公献礼，庄公赐给他食物。考叔说："我还有母亲，请您把食物赐给我的母亲吧。"庄公说："我很想念我的母亲，但又不想违背誓言，怎么办呢？"考叔说："挖条地道到有泉水处，你们母子就可见面了。"于是庄公依照他的办法，终于见到了母亲。

二十四年，宋缪公逝世，公子冯逃到郑国。郑国侵占周室田地，攫取了粮食。二十五年，卫国州吁杀死了自己的国君桓公立自己为国君，与宋国一起讨伐郑国，就是因为郑国接纳了公子冯的缘故。二十七年，郑君才朝拜周桓王，桓王对郑攫取粮食一事很生气，没有按礼仪接待他。二十九年，庄公怒于周桓王没有按礼仪接待自己，故意用祊与鲁国交换了靠近许国的田地。三十三年宋国杀死了孔父。三十七年，庄公不朝拜周桓王，周桓王率领陈、蔡、虢、卫国一起攻打郑国。庄公和祭仲、高渠弥出兵反击，桓王的军队大败，祝聸射中了桓王的手臂。祝聸请求追击桓王，郑庄公阻止他说："侵犯长者尚且要遭到责难，何况欺辱天子呢？"于是停止追击。庄公深夜里派祭仲去询问桓王的箭伤。

三十八年，北方戎族军队讨伐齐国，齐国派遣使者向郑国求援，郑国派太子忽带兵救援齐国。齐釐公想把女儿嫁给太子忽。忽辞谢说："我国是个小国，和齐这样的大国不相匹配。"当时，祭仲与太子在一起，规劝太子答应娶亲，说："我们国君有很多宠爱的姬妾，太子得不到大国的援助将不能即位，三位公子都可以成为国君。"祭仲所说的三位公子，就是太子忽、他的弟弟突，以及小弟弟子亹。

四十三年，郑庄公逝世。当初，祭仲很受庄公宠信，庄公让他做上卿，并派他为自己迎娶了邓国美女，生下太子忽，所以祭仲立忽为君，这就是昭公。

庄公还娶了宋国的雍氏女子，生下厉公突。雍氏很受宋庄公宠爱。宋庄公听说祭仲拥立忽为国君，就派人把祭仲骗来逮捕了他，威胁他说："如果不立突为国君，就处死你。"同时还逮捕了突以求取贿赂。祭仲就答应了宋国，并与宋国国君立下盟誓。他准备带着突回国，拥立突为国君。昭公忽听说祭仲因宋国的要挟准备拥立自己的弟弟突为国君，九月丁亥日，他逃到了卫国。己亥日，突回到郑都即位，这就是厉公。

厉公四年，祭仲专权。厉公担心此事，暗中指使祭仲的女婿雍纠准备杀死祭仲。雍纠的妻子，也就是祭仲的女儿，知道了此事，她问母亲："父亲与丈夫谁更亲？"母亲说："父亲只有一个，丈夫却可以有很多选择！"祭仲的女儿就把此事告祭仲何，怒纠曰："谋及妇人，死固宜哉！"夏，厉公出居边邑栎。祭仲迎昭公忽，六月乙亥，复入郑，即位。

秋，郑厉公突因栎人杀其大夫单伯，遂居之。诸侯闻厉公出奔，伐郑，弗克而去。宋颇予厉公兵自守于栎，郑以故亦不伐栎。

昭公二年，自昭公为太子时，父庄公欲以高渠弥为卿，太子忽恶之，庄公弗听，卒用渠弥为卿。及昭公即位，惧其杀己，冬十月辛卯，渠弥与昭公出猎，射杀昭公于野。祭仲与渠弥不敢入厉公，乃更立昭公弟子亹为君，是为子亹也，无谥号。

子亹元年七月，齐襄公会诸侯于首止，郑子亹往会，高渠弥相，从，祭仲称疾不行。所以然者，子亹自齐襄公为公子之时，尝会斗，相仇，及会诸侯，祭仲请子亹无行。子亹曰："齐强，而厉公居栎，即不往，是率诸侯伐我，内厉公。我不如往，往何遽必辱，且又何至是！"卒行。于是祭仲恐齐并杀之，故称疾。子亹至，不谢齐侯，齐侯怒，遂伏甲而杀子亹。高渠弥亡归，归与祭仲谋，召子亹弟公子婴于陈而立之，是为郑子。是岁，齐襄公使彭生醉拉杀鲁桓公。

郑子八年，齐人管至父等作乱，弑其君襄公。十二年，宋人长万弑其君湣公。郑祭仲死。

十四年，故郑亡厉公突在栎者使人诱劫郑大夫甫假，要以求入。假曰："舍我，我为君杀郑子而入君。"厉公与盟，乃舍之。六月甲子，假杀郑子及其二子而迎厉公突，突自栎复入即位。初，内蛇与外蛇斗于郑南门中，内蛇死。居六年，厉公果复入。入而让其伯父原曰："我亡国外居，伯父无意入我，亦甚矣。"原曰："事君无二心，人臣之职也。原知罪矣。"遂自杀。厉公于是谓甫假曰："子之事君有二心矣。"遂诛之。假曰："重德不报，诚然哉！"

厉公突后元年，齐桓公始霸。

五年，燕、卫与周惠王弟颓伐王，王出奔温，立弟颓为王。六诉了祭仲，祭仲反而杀死了雍纠，暴其尸于闹市。厉公对祭仲无可奈何，对雍纠却很生气，说：“与妇人商量，死了也活该！”夏天的时候，厉公被赶到边界的栎邑居住。祭仲迎回了昭公忽，六月乙亥日，忽又回到郑都即国君位了。

秋天的时候，郑厉公依靠栎人杀死了栎邑大夫单伯，于是在那里定居。诸侯们听说厉公逃跑了，就来讨伐郑国，没有战胜就离去了。宋国赠给厉公很多军队，让他自己在栎邑坚守防备，郑国因此也不再讨伐栎邑。

昭公二年，在昭公做太子之时，父亲庄公就想让高渠弥做上卿，太子忽不喜欢他，庄公不听，最后还是让渠弥做了上卿。等到昭公即位，渠弥害怕昭公会杀他，冬天十月辛卯日，渠弥与昭公出外打猎，在郊外射杀了昭公。祭仲与渠弥不敢迎立厉公，便改立昭公的弟弟子亹做国君，就称作子亹，没有谥号。

子亹元年七月，齐襄公在首止会合诸侯，郑子亹前去赴会，高渠弥辅佐，跟随子亹一起去，祭仲说自己有病没去。祭仲这样做的原因是，在齐襄公还是公子的时候，子亹曾与他争斗过，结下仇怨，等到诸侯相会时，祭仲请求子亹不要去。子亹回答说：“齐国强大，况且厉公又住在栎，如果我不去，齐就会率领诸侯讨伐我们，并将厉公迎回来。我不如前往，去了怎么会一定受辱呢，而且，也不一定会落到你想的那步田地吧！”于是子亹还是去了。祭仲担心齐国会将子亹和他的随从一起杀死，所以借口有病没去。子亹到了以后，对以前的事没有向齐侯道歉，齐侯很生气，于是设下伏兵杀死了子亹。高渠弥逃回了郑国，回来以后与祭仲商议，把子亹的弟弟公子婴从陈国请了回来并立为国君，这就是郑子。这一年，齐襄公让彭生趁鲁桓公酒醉时打折其肋骨将其杀死。

郑子八年，齐国管至父等人作乱，将自己的国君齐襄公杀死。十二年，宋国人长万杀死国君湣公。郑国祭仲去世。

十四年，以前和郑厉公突一起逃亡在栎的人派人使诈劫持了郑国大夫甫假，并要挟他帮助厉公回国都。甫假说：“你放了我，我替你杀死郑子让你回去。”厉公与他订立盟约，就放了他。六月甲子日，甫假杀死了郑子和他的两个儿子，并迎接厉公突回来，突从栎又重新回来即位。从前，城内有一条蛇与城外一条蛇在郑都南门争斗，城内的蛇死去。过了六年，厉公果然又回来了。厉公回来后责备自己的伯父原说：“我失去了国家居住在都外，伯父您却不想着接我回来，也太过分了。”原说：“侍奉国君不能有二心，这是做臣子的本分。我愿意领罪。”说完就自杀了。于是厉公又对甫假说：“你侍奉国君有二心。”于是也杀了他。甫假说：“对郑子的大德不去回报，应该是我这样的下场啊！”

厉公突回国复位后元年，齐桓公开始称霸。

五年，燕国、卫国与周惠王的弟弟颓联合起来一起讨伐周惠王，周惠王逃到年，惠王告急郑，厉公发兵击周王子颓，弗胜，于是与周惠王归，王居于栎。七年春，郑厉公与虢叔袭杀王子颓而入惠王于周。

秋，厉公卒，子文公踕立。厉公初立四岁，亡居栎，居栎十七岁，复入，立七岁，与亡凡二十八年。文公十七年，齐桓公以兵破蔡，遂伐楚，至召陵。

二十四年，文公之贱妾曰燕吉，梦天与之兰，曰："余为伯鯈。余尔祖也。以是为而子，兰有国香。"以梦告文公，文公幸之，而予之草兰为符。遂生子，名曰兰。

三十六年，晋公子重耳过，文公弗礼。文公弟叔詹曰："重耳贤，且又同姓，穷而过君，不可无礼。"文公曰："诸侯亡公子过者多矣，安能尽礼之！"詹曰："君如弗礼，遂杀之；弗杀，使即反国，为郑忧矣。"文公弗听。

三十七年春，晋公子重耳反国，立，是为文公。秋，郑入滑，滑听命，已而反与卫，于是郑伐滑。周襄王使伯犕请滑。郑文公怨惠王之亡在栎，而文公父厉公入之，而惠王不赐厉公爵禄，又怨襄王之与卫滑，故不听襄王请而囚伯犕。王怒，与翟人伐郑，弗克。冬，翟攻伐襄王，襄王出奔郑，郑文公居王于氾。三十八年，晋文公入襄王成周。

四十一年，助楚击晋。自晋文公之过无礼，故背晋助楚。四十三年，晋文公与秦穆公共围郑，讨其助楚攻晋者，及文公过时之无礼也。初，郑文公有三夫人，宠子五人，皆以罪蚤死。公怒，溉逐群公子。子兰奔晋，从晋文公围郑。时兰事晋文公甚谨，爱幸之，乃私于晋，以求入郑为太子。晋于是欲得叔詹为僇。郑文公恐，不敢谓叔詹言。詹闻，言于郑君曰："臣谓君，君不听臣，晋卒为患。然晋所以围郑，以詹，詹死而赦郑国，詹之愿也。"乃自杀。郑人以詹尸与晋。晋文公曰："必欲一见郑君，辱之而去。"郑人患之，乃使人私温，他的弟弟颓即位称王。六年，惠王向郑国告急，厉公出兵攻打周王子颓，没有打胜，于是和周惠王一起撤回郑国，让惠王住在栎。七年春天，郑厉公和虢叔一起袭击王子颓，将其杀死，将惠王送回周都。

秋天，厉公去世，他的儿子文公踕即位。厉公才即位四年，就逃亡到栎居住了，住了十七年后，又重新回到郑都，在位七年，与逃亡的时间加起来一共二十八年。文公十七年，齐桓公率领军队打败蔡国，后来又攻打楚国，一直打到召陵。

二十四年，文公的一个侍妾名叫燕吉，有一天梦到上天赐予她一株兰草说："我是伯儵，是你的祖先。用它做你的儿子，兰草有浓烈醇正的香气。"燕吉把这个梦告诉了文公，文公便临幸了她，还赠她兰草作为凭证。后来燕吉生一儿子，取名为兰。

三十六年，晋公子重耳路过郑国，郑文公没有按礼节接待他。文公的弟弟叔詹说："重耳是贤德之人，又和我们是同姓，他穷困的时候路过您这里，您不能对他无礼。"文公说："诸侯中逃亡的公子路过这里有很多，我怎么可能都按礼节接待呢！"叔詹说："您如果不能按礼节接待他，就杀了他；不杀，如果让他以后回到国内，就是郑国的忧患了。"文公没有听从叔詹的意见。

三十七年春天，晋公子重耳返回晋国，即位为君，就是晋文公。这年秋天，郑国攻入滑国，滑国本来听从郑国命令，后来，滑国反而和卫国亲近起来，于是郑国攻打滑国。周襄王派伯犕去替滑国说情，郑文公怨恨惠王逃到栎时，是文公的父亲厉公保护他回朝复位的，但惠王却没有赏赐厉公爵位俸禄，又怨恨襄王亲近卫国、滑国，所以文公不听从襄王的说情反而将伯犕囚禁了起来。襄王十分生气，与翟人一起讨伐郑国，失败。冬天的时候，翟人攻打周襄王，襄王逃到郑国，郑文公让周襄王居住在汜地。三十八年，晋文公护送周襄王回到周都。

四十一年，郑国帮助楚国攻打晋国。郑国自从当年晋文公路过时，没有按照礼节待他，就开始背叛晋国帮助楚国。四十三年，晋文公与秦缪公联合包围了郑国，讨伐他帮助楚国攻打晋国，以及文公路过郑国时的无礼之罪。当初，郑文公有三位夫人、五个宠爱的儿子，都因罪早死。郑文公很生气，把各位公子都赶走了。子兰逃到晋国，随晋文公一起包围郑都。当时子兰侍奉晋文公十分恭敬，晋文公很宠信他。他在晋暗中活动，想回郑国做太子。晋国这时想得到叔詹并将其杀死。郑文公很害怕，不敢告诉叔詹，叔詹听说后，对郑君说："我告诉过您，您却不听，晋国果然成为我国的忧患了。然而晋国包围郑的原因在我，如果我死了能够使郑国赦免，我心甘情愿。"于是叔詹就自杀了。郑人把叔詹的尸首送到晋国。晋文公说："我一定要见一下郑君，侮辱他以后再离去。"郑人非常担心，于秦曰："破郑益晋，非秦之利也。"秦兵罢。晋文公欲入兰为太子，以告郑。郑大夫石癸曰："吾闻吉姓乃后稷之元妃，其后当有兴者。子兰母，其后也。且夫人子尽已死，余庶子无如兰贤。今围急，晋以为请，利孰大焉！"遂许晋，与盟，而卒立子兰为太子，晋兵乃罢去。

四十五年，文公卒，子兰立，是为缪公。

缪公元年春，秦缪公使三将将兵欲袭郑，至滑，逢郑贾人弦高诈以十二牛劳军，故秦兵不至而还，晋败之于崤。初，往年郑文公之卒也，郑司城缯贺以郑情卖之，秦兵故来。三年，郑发兵从晋伐秦，败秦兵于汪。

往年，楚太子商臣弑其父成王代立。二十一年，与宋华元伐郑。华元杀羊食士，不与其御羊斟，怒以驰郑，郑囚华元。宋赎华元，元亦亡去。晋使赵穿以兵伐郑。

二十二年，郑缪公卒，子夷立，是为灵公。

灵公元年春，楚献鼋于灵公。子家、子公将朝灵公，子公之食指动，谓子家曰："佗日指动，必食异物。"及入，见灵公进鼋羹，子公笑曰："果然！"灵公问其笑故，具告灵公。灵公召之，独弗予羹。子公怒，染其指，尝之而出。公怒，欲杀子公。子公与子家谋先。夏，弑灵公。郑人欲立灵公弟去疾，去疾让曰："必以贤，则去疾不肖；必以顺，则公子坚长。"坚者，灵公庶弟，去疾之兄也。于是乃立子坚，是为襄公。

襄公立，将尽去缪氏。缪氏者，杀灵公，子公之族家也。去疾曰："必去缪氏，我将去之。"乃止。皆以为大夫。

襄公元年，楚怒郑受宋赂纵华元，伐郑。郑背楚，与晋亲。五年，楚复伐郑，晋来救之。六年，子家卒，国人复逐其族，以其弑灵公也。

七年，郑与晋盟鄢陵。八年，楚庄王以郑与晋盟，来伐，围郑三就派人私下对秦国说："打败郑国对晋国有好处，但对秦国却没有好处。"秦军撤去。晋文公准备送子兰到郑国做太子，借机通报了郑国。郑国大夫石癸说："我听说吉姓是后稷的元配，她的后裔应当很兴旺，子兰的母亲就是她的后裔。况且夫人的儿子都已不在世了，剩下的儿子都不如兰贤能。如今晋国包围郑，形势急迫，晋国请求子兰回郑，这个条件当然好了！"于是郑国答应了晋国，与晋国订立盟约，当子兰被立为太子后，晋军才撤走。

四十五年，郑文公去世，子兰即位，称为缪公。

缪公元年春天，秦缪公派三位将军领兵攻打郑国，到了滑国，遇到郑国的商人弦高，弦高骗他们说是奉郑君之命用十二头牛来犒劳秦军的，所以秦军还没到郑国边境就直接回国了，晋军在崤打败了秦军。当年，郑文公去世时，郑国都城的卫戍官缯贺把郑国的内情出卖给秦国，所以秦军才来攻打郑国。三年，郑国派兵和晋国一起攻打秦国，在汪打败秦军。

缪公二年的时候，楚国的太子商臣杀死他的父亲成王即位。二十一年，楚国与宋国华元一起攻打郑国。华元宰羊犒劳士兵们，却不给为他驾车的人羊斟吃，羊斟很生气，把车赶到郑军阵中，郑国囚禁了华元，宋国欲赎回华元，但他已经逃走。晋国派赵穿领兵攻打郑国。

二十二年，郑缪公去世，他的儿子夷即位，就是灵公。

灵公元年春天，楚国拿鼋去进献给灵公。子家、子公即将朝拜灵公，子公的食指颤动了一下，对子家说："我的手指颤动，肯定要到吃珍异的食物。"入宫后，看见灵公正在进食鼋汤，子公笑着说："果然如此。"灵公问他为什么笑，子公就把具体情况告诉了灵公。灵公叫他过去，却唯独不给他喝汤，子公很生气，把手指放在汤里蘸了一下，尝完就出了宫。灵公很生气，要杀子公，子公与子家谋划应该先下手。夏天，他们杀了灵公。郑人想立灵公的弟弟去疾，去疾谦让说："一定要有贤能的人即位，而我并没有才能；一定要按长幼顺序即位，那么公子坚比我年长。"坚是灵公的弟弟，去疾的哥哥。于是子坚即位，就是襄公。

襄公一即位，就准备把缪氏家族斩尽杀绝。缪氏，是杀死了灵公，子公的家族。去疾说："如果一定要杀尽缪氏家族，我就离开郑国。"襄公这才停止，并将缪氏都任命为大夫。

襄公元年，楚国对于郑国接受了宋国贿赂释放华元这件事很生气，于是攻打郑国。郑国背叛了楚国，亲近晋国。五年，楚国又攻打郑国，晋国前来救援。六年，子家去世，郑都的人们因为他杀死了灵公，又将他的家族赶走了。

七年，郑国与晋国在鄢陵结盟。八年，楚庄王以郑国与晋国结盟为缘由，来月，郑以城降楚。楚王入自皇门，郑襄公肉袒牵羊以迎，曰："孤不能事边邑，使君王怀怒以及弊邑，孤之罪也。敢不惟命是听。君王迁之江南，及以赐诸侯，亦惟命是听。若君王不忘厉、宣王，桓、武公，哀不忍绝其社稷，锡不毛之地，使复得改事君王，孤之愿也，然非所敢望也。敢布腹心，惟命是听。"庄王为却三十里而后舍。楚群臣曰："自郢至此，士大夫亦久劳矣。今得国舍之，何如？"庄王曰："所为伐，伐不服也。今已服，尚何求乎？"卒去。晋闻楚之伐郑，发兵救郑。其来持两端，故迟，比至河，楚兵已去。晋将率或欲渡，或欲还，卒渡河。庄王闻，还击晋。郑反助楚，大破晋军于河上。十年，晋来伐郑，以其反晋而亲楚也。

十一年，楚庄王伐宋，宋告急于晋。晋景公欲发兵救宋，伯宗谏晋君曰："天方开楚，未可伐也。"乃求壮士得霍人解扬，字子虎，诓楚，令宋毋降。过郑，郑与楚亲，乃执解扬而献楚。楚王厚赐与约，使反其言，令宋趣降，三要乃许。于是楚登解扬楼车，令呼宋。遂负楚约而致其晋君命曰："晋方悉国兵以救宋，宋虽急，慎毋降楚，晋兵今至矣！"楚庄王大怒，将杀之。解扬曰："君能制命为义，臣能承命为信。受吾君命以出，有死无陨。"庄王曰："若之许我，已而背之，其信安在？"解扬曰："所以许王，欲以成吾君命也。"将死，顾谓楚军曰："为人臣无忘尽忠得死者！"楚王诸弟皆谏王赦之，于是赦解扬使归。晋爵之为上卿。

十八年，襄公卒，子悼公濆立。

悼公元年，许公恶郑于楚，悼公使弟睔于楚自讼。讼不直，楚囚睔。于是郑悼公来与晋平，遂亲。睔私于楚子反，子反言归睔于郑。

二年，楚伐郑，晋兵来救。是岁，悼公卒，立其弟睔，是为成攻打郑国，包围郑都三个月，郑国献出国都向楚国投降。楚王从皇门进入郑都，郑襄公脱去上衣露出胳膊牵着羊来迎接楚王，说："我不能在边城侍奉您，让您心怀怒气来到我国国都，这是我的罪过。我不敢不唯命是听。您就是把我流放到江南，把郑赐给诸侯，我也听从您的命令。如果君王您还记得周厉王、周宣王、郑桓公、郑武公，可怜他们，不忍心断绝他们的祭祀，您就赐予我不毛之地，使我能够重新侍奉您，这也是我的愿望，然而我也不敢有所希望。只是冒昧表露我的真心，对您将唯命是听。"庄王让军队退后三十里驻扎下来。楚国的大臣们说："我们从郢攻打到这里，将士们辛苦了这么久。现在都已经得到的国家又放弃，为什么？"庄王说："我们之所以讨伐，是为了讨伐那些不驯服的国君。如今他已服从于我们，还求什么呢？"后来楚军就撤走了。晋国听说楚国攻打郑国，派军救援郑国。出发时，因为意见不统一，来迟了，军队才刚到黄河边，楚军已经撤离。晋国将士有的想过河追击，有的想班师回国，最后渡过黄河边。庄王听说后，回来攻打晋军。郑国反而帮助楚国，在黄河上大败晋军。十年，晋国来攻打郑国，因为它背叛晋而亲近楚国。

十一年，楚庄王攻打宋国，宋国向晋国求救。晋景公想派军救援宋国，伯宗劝谏晋君说："上天正帮助楚国，不能攻打。"晋国于是找了一位壮士，霍国人解扬，字子虎。晋国让他欺骗楚国，叫宋国不要投降。解扬路过郑国时，郑国亲近楚国，就逮捕解扬献给了楚国。楚王赐给解扬一份厚礼并与他约定，让他说反话，告诉宋国赶快投降，解扬经过多次要挟后才勉强答应。于是楚王让解扬登上观望敌军的巢车，让他向宋军喊话。解扬违背了与楚王的约定，传达了晋君给他的命令，大声喊："晋国正在聚集全国的军队赶来援救宋国，宋国虽然形势紧迫，但千万不要投降楚国，晋国的军队马上就要到了！"楚王听后非常生气，准备杀了解扬。解扬说："国君以发布命令为本分，臣民以执行命令为信用。我接受我国君王的命令出来执行，宁死也不能让君命受损。"庄王说："你已经答应了我，然后又背叛，你的信用在哪儿呢？"解扬说："我之所以答应您，是想用来完成我们君王的命令。"解扬将要受刑时，回头对楚军说："做人臣的不要忘记因为竭尽忠诚而死去的人！"楚王的弟弟们都向楚王进谏赦免解扬，于是楚王赦免了他，让他回到晋国。晋国封他为上卿。

十八年，襄公去世，他的儿子悼公濆即位。

悼公元年，许灵公到楚国中伤郑国，悼公派他的弟弟睔去楚国为自己申辩。睔申辩没有成功，反而被楚国囚禁了起来。于是郑悼公到晋讲和，两国言归于好。睔私下与楚国子反有交情，子反说情把睔放回郑国。

二年，楚国讨伐郑国，晋军前来救助。这一年，悼公去世，他的弟弟睔被立公。

成公三年，楚共王曰“郑成公孤有德焉”，使人来与盟，成公私与盟。秋，成公朝晋，晋曰“郑私平于楚”，执之。使栾书伐郑。四年春，郑患晋围，公子如乃立成公庶兄繻为君。其四月，晋闻郑立君，乃归成公。郑人闻成公归，亦杀君繻，迎成公。晋兵去。

十年，背晋盟，盟于楚。晋厉公怒，发兵伐郑。楚共王救郑。晋楚战鄢陵，楚兵败，晋射伤楚共王目，俱罢而去。十三年，晋悼公伐郑兵于洧上。郑城守，晋亦去。

十四年，成公卒，子恽立。是为釐公。

釐公五年，郑相子驷朝釐公，釐公不礼。子驷怒，使厨人药杀釐公，赴诸侯曰“釐公暴病卒”。立釐公子嘉，嘉时年五岁，是为简公。

简公元年，诸公子谋欲诛相子驷，子驷觉之，反尽诛诸公子。二年，晋伐郑，郑与盟，晋去。冬，又与楚盟。子驷畏诛，故两亲晋、楚。三年，相子驷欲自立为君，公子子孔使尉止杀相子驷而代之。子孔又欲自立。子产曰：“子驷为不可，诛之，今又效之，是乱无时息也。”于是子孔从之而相郑简公。

四年，晋怒郑与楚盟，伐郑，郑与盟。楚共王救郑，败晋兵。简公欲与晋平，楚又囚郑使者。

十二年，简公怒相子孔专国权，诛之，而以子产为卿。十九年，简公如晋请卫君还，而封子产以六邑。子产让，受其三邑。二十二年，吴使延陵季子于郑，见子产如旧交，谓子产曰：“郑之执政者侈，难将至，政将及子。子为政，必以礼；不然，郑将败。”子产厚遇季子。二十三年，诸公子争宠相杀，又欲杀子产。公子或谏曰：“子产仁人，郑所以存者子产也，勿杀！”乃止。

二十五年，郑使子产于晋，问平公疾。平公曰：“卜而曰实沈、台骀为祟，史官莫知，敢问？”对曰：“高辛氏有二子，长曰阏伯，为国君，就是成公。

成公三年，楚共王说“我对郑成公是有恩德的”，便派人来郑与其结盟，成公暗中与楚国结盟。这年秋天，成公去朝拜晋厉公，晋说“郑国暗中与楚讲和了”，拘捕了成公，派栾书攻打郑国。四年春天，郑国担心晋国来包围，公子如便立了成公的哥哥繻做国君。当年四月，晋国听说郑国已经立了新君，就放成公回国了。郑人听说成公回来，又杀死了国君繻，迎接成公回来。晋军就撤走了。

十年，郑国背叛与晋国的盟约，与楚国结盟。晋厉公十分生气，派兵讨伐郑国。楚共王援救郑国。晋楚在鄢陵交战，楚军失败，晋军射伤了楚共王的眼睛，双方都停战离去。十三年，晋悼公攻打郑国，驻军在洧上。郑军据城防守，晋军也离去了。

十四年，成公去世，其儿子恽即位，这就是釐公。

釐公五年，郑国国相子驷来朝拜釐公，釐公没有按礼节对待他。子驷十分生气，让厨师下毒药杀了釐公，向诸侯们报丧说“釐公得了急病去世”，并立釐公的儿子嘉为国君，嘉那时候五岁，这就是简公。

简公元年，公子们密谋想杀死国相子驷，子驷察觉了，反而把这些公子们都杀死了。二年，晋国讨伐郑国，郑国与晋国结盟，晋军撤离。冬天，郑国又与楚国结盟。子驷害怕被杀，所以和晋、楚都亲近。三年，宰相子驷想自立为国君，公子子孔指使尉止杀死宰相子驷并让尉止代替了他做宰相。子孔也想自立为国君。子产说：“子驷想自立为国君是不行的，所以你杀了他，如今你又仿效他，这样内乱就没有平息之时了。”于是子孔听从他的意见，做郑简公的国相。

四年，晋国因为郑国与楚国结盟之事非常生气，就攻打郑国，郑国又与晋国结盟。楚共王救援郑国，打败了晋军。郑简公想和晋国讲和，楚国又囚禁了郑国派来的使者。

十二年，简公对国相子孔专揽大权十分愤慨，杀了子孔，让子产做了上卿。十九年，简公去晋国替卫君说情让他回国，并给子产六个邑的封地。子产辞让，只接受了三个邑。二十二年，吴国派延陵季子到郑国，季子与子产一见如故，对子产说：“郑国执政的人大多奢侈，灾难就要到来，大权将落到你手中。你如果当政，一定要以礼治国；否则，郑国就会败落。”子产对季子厚礼相待。二十三年，各位公子为了争得宠信互相残杀，又想杀死子产。有公子进谏说：“子产是仁爱之人，郑国之所以能生存下来就是因为子产，不要杀他！”公子们才罢手。

二十五年，郑国派子产到晋国，询问平公的病情。平公说：“占卜后说是实沈、台骀作祟，史官也不了解他们，冒昧地问一下他们是什么神？”子产季曰实沈，居旷林，不相能也，日操干戈以相征伐。后帝弗臧，迁阏伯于商丘，主辰，商人是因，故辰为商星。迁实沈于大夏，主参，唐人是因，服事夏、商，其季世曰唐叔虞。当武王邑姜方娠大叔，梦帝谓己：'余命而子曰虞，乃与之唐，属之参而蕃育其子孙。'及生有文在其掌曰'虞'，遂以命之。及成王灭唐而国大叔焉。故参为晋星。由是观之，则实沈，参神也。昔金天氏有裔子曰昧，为玄冥师，生允格、台骀。台骀能业其官，宣汾、洮，障大泽，以处太原。帝用嘉之，国之汾川。沈、姒、蓐、黄实守其祀。今晋主汾川而灭之。由是观之，则台骀，汾、洮神也。然是二者不害君身。山川之神，则水旱之灾禜之；日月星辰之神，则雪霜风雨不时禜之；若君疾，饮食哀乐女色所生也。"平公及叔向曰："善，博物君子也！"厚为之礼于子产。

二十七年夏，郑简公朝晋。冬，畏楚灵王之强，又朝楚，子产从。二十八年，郑君病，使子产会诸侯，与楚灵王盟于申，诛齐庆封。

三十六年，简公卒，子定公宁立。秋，定公朝晋昭公。

定公元年，楚公子弃疾弑其君灵王而自立，为平王。欲行德诸侯。归灵王所侵郑地于郑。

四年，晋昭公卒，其六卿强，公室卑。子产谓韩宣子曰："为政必以德，毋忘所以立。"

六年，郑火，公欲禳之。子产曰："不如修德。"

八年，楚太子建来奔。十年，太子建与晋谋袭郑。郑杀建，建子胜奔吴。

十一年，定公如晋。晋与郑谋，诛周乱臣，入敬王于周。

十三年，定公卒，子献公虿立。献公十三年卒，子声公胜立。当是时，晋六卿强，侵夺郑，郑遂弱。

声公五年，郑相子产卒，郑人皆哭泣，悲之如亡亲戚。子产者，回答说："高辛氏有两个儿子，大儿子叫阏伯，二儿子叫实沈，居住在大森林里，却不能相容，每天拿着兵器互相征伐，尧帝不喜欢他们，把阏伯迁到商丘，主持祭祀辰星，商人因此沿袭下来，所以辰星就被称为商星。把实沈迁到大夏，主持祭祀参星，唐人因此沿袭下来，服侍夏朝、商朝，唐的末世君主叫唐叔虞。当武王夫人邑姜正怀着大叔的时候，曾梦见天帝对她说：'我给你的儿子取名叫虞，就把唐封给他，委托他祭祀参星，在那里繁育后代。'等到大叔出生以后，他手掌心的纹理就像'虞'字，于是就用虞命名了。等到周成王灭了唐以后，就把唐封给了大叔。所以参星就是晋国的星宿。从这可以看出，实沈是参星神。过去金天氏有个后代叫昧，做水官长，生了允格、台骀两个儿子。台骀能继承前辈的官职，疏通了汾水、洮水，并在大泽修筑了堤防，住在太原。颛顼帝因此嘉奖了他，并把汾水封给他。沈、姒、蓐、黄国实际掌管着他的祭祀。如今晋国统治汾水流域，灭了周围的国家。由此看来，台骀就是汾水、洮水神。然而这两位神灵都不会危害您的身体，山河神，应该在发生水旱灾时祭祀，而日月星辰神，应该在雪霜风雨不按时令来到时祭祀；您如今身体有病，应该是饮食哀乐女色所造成的。"平公及叔向称赞说："对，您真不愧为是知识渊博的君子！"并送给子产丰厚的礼物。

二十七年夏天，郑简公朝拜晋国。冬天，郑国畏惧楚灵王强大，又朝拜楚国，子产跟着一起去。二十八年，郑君生了病，派子产会见诸侯，在申地与楚灵王订立盟约，楚王杀死了齐国庆封。

三十六年，简公去世，他的儿子定公宁即位。当年秋天，定公朝拜了晋昭公。

定公元年，楚国公子弃疾杀死楚国国君灵王自立为君，就是平王。平王想施恩德于诸侯，就把灵王曾经侵占郑国的土地还给了郑国。

四年，晋昭公去世，晋国的六卿强盛起来，国家力量相对就减弱了。子产对韩宣子说："当政一定要凭仁义道德，不要忘记政权是为什么确立的。"

六年，郑国发生火灾，定公想祭祀消灾。子产说："不如施行德政。"

八年，楚太子建逃亡到郑国。十年，太子建与晋国密谋偷袭郑国。郑国杀死了太子建，太子建的儿子胜逃到吴国。

十一年，定公到了晋国。晋与郑商议，杀死周王室作乱的臣子，送敬王回周。

十三年，定公去世，他的儿子献公虿即位。献公十三年去世，儿子声公胜即位。就在这时候，晋国六卿非常强盛，侵夺郑国领土，于是郑国就衰落了。

声公五年，郑国的国相子产去世了，郑国人都为他哭泣，就如同自己的亲人郑成公少子也。为人仁爱人，事君忠厚。孔子尝过郑，与子产如兄弟云。及闻子产死，孔子为泣曰：“古之遗爱也！”

八年，晋范、中行氏反晋，告急于郑，郑救之。晋伐郑，败郑军于铁。

十四年，宋景公灭曹。二十年，齐田常弑其君简公，而常相于齐。二十二年，楚惠王灭陈。孔子卒。三十六年，晋知伯伐郑，取九邑。

三十七年，声公卒，子哀公易立。哀公八年，郑人弑哀公而立声公弟丑，是为共公。共公二年，三晋灭知伯。三十一年，共公卒，子幽公已立。幽公元年，韩武子伐郑，杀幽公。郑人立幽公弟骀，是为繻公。

繻公十五年，韩景侯伐郑，取雍丘。郑城京。

十六年，郑伐韩，败韩兵于负黍。二十年，韩、赵、魏列为诸侯。二十三年，郑围韩之阳翟。

二十五年，郑君杀其相子阳。二十七年，子阳之党共弑繻公骀而立幽公弟乙为君，是为郑君。郑君乙立二年，郑负黍反，复归韩。十一年，韩伐郑，取阳城。

二十一年，韩哀侯灭郑，并其国。

太史公曰：语有之，“以权利合者，权利尽而交疏”，甫瑕是也。甫瑕虽以劫杀郑子内厉公，厉公终背而杀之，此与晋之里克何异？守节如荀息，身死而不能存奚齐。变所从来，亦多故矣！

去世一样悲伤。子产是郑成公的小儿子。他为人仁慈、关爱他人，侍奉君王忠诚老实。孔子以前曾经经过郑国，与子产就像兄弟一样。等到听说子产去世了，孔子悲哭道："子产的仁爱，真是古代的遗风啊！"

八年，晋国的范氏、中行氏背叛晋国，向郑国求救，郑国救助了他们。晋国攻打郑国，在铁打败郑军。

十四年，宋景公灭亡了曹国。二十年，齐国田常杀了国君简公，做了齐国国相。二十二年，楚惠王灭亡了陈国。这一年孔子去世。三十六年，晋国智伯攻打郑国，攻取九个城邑。

三十七年，声公去世，其儿子哀公易即位。哀公八年，郑人杀死哀公立了声公的弟弟丑为国君，就是共公。共公三年，三晋消灭了智伯。三十一年，共公去世，其儿子幽公即位。幽公元年，韩武子攻打郑国，杀死幽公。郑人立幽公的弟弟骀做国君，就是繻公。

繻公十五年，韩景侯攻打郑国，夺下雍丘。郑国修筑了京城。

十六年，郑国攻打韩国，在负黍大败韩军。二十年，韩、赵、魏一起被列为诸侯国。二十三年，郑国包围了韩国的阳翟。

二十五年，郑国国君杀死了国相子阳。二十七年，子阳的党羽一起杀死了繻公骀，立了幽公的弟弟乙为国君，这就是郑君。郑君乙即位后第二年，被郑国占领的负黍地区的人造反，使负黍重新回归韩国。十一年，韩国讨伐郑国，攻取了阳城。

二十一年，韩哀侯灭了郑国，吞并了郑国领土。

太史公说：有句俗话说，"因权势和利害使关系密切的，当权势和利害终止的时候，关系也就疏远了"，甫瑕就是这样。甫瑕虽然靠劫持杀死郑子，迎接厉公回国，但厉公最终还是背弃了他，并把他杀了，这与晋国的里克有什么区别呢？而像荀息那样坚守节操，死了也不能保住奚齐。所以说，变故的产生，也是有很多原因的呀！

赵世家第十三

赵氏之先，与秦共祖。至中衍，为帝大戊御。其后世蜚廉有子二人，而命其一子曰恶来，事纣，为周所杀，其后为秦。恶来弟曰季胜，其后为赵。

季胜生孟增。孟增幸于周成王，是为宅皋狼。皋狼生衡父，衡父生造父。造父幸于周缪王。造父取骥之乘匹，与桃林盗骊、骅骝、绿耳，献之缪王。缪王使造父御，西巡狩，见西王母，乐之忘归。而徐偃王反，缪王日驰千里马，攻徐偃王，大破之。乃赐造父以赵城，由此为赵氏。

自造父已下六世至奄父，曰公仲，周宣王时伐戎，为御。及千亩战，奄父脱宣王。奄父生叔带。叔带之时，周幽王无道，去周如晋，事晋文侯，始建赵氏于晋国。

自叔带以下，赵宗益兴，五世而至赵夙。

赵夙，晋献公之十六年伐霍、魏、耿，而赵夙为将伐霍。霍公求奔齐。晋大旱，卜之，曰“霍太山为祟”。使赵夙召霍君于齐，复之，以奉霍太山之祀，晋复穰。晋献公赐赵夙耿。

夙生共孟，当鲁湣公之元年也。共孟生赵衰，字子余。

赵衰卜事晋献公及诸公子，莫吉；卜事公子重耳，吉，即事重耳。重耳以骊姬之乱亡奔翟，赵衰从。翟伐廧咎如，得二女，翟以其少女妻重耳，长女妻赵衰而生盾。初，重耳在晋时，赵衰妻亦生赵同、赵括、赵婴齐。赵衰从重耳出亡，凡十九年，得反国。重耳，为晋文公，赵衰为原大夫，居原，任国政。文公所以反国及霸，多赵衰计策，语在晋事中。

赵衰既反晋，晋之妻固要迎翟妻，而以其子盾为適嗣，晋妻三子皆赵氏很早的时候和秦人是同一个祖先。到了中衍这一代，他为殷帝大戊驾车。他的后代蜚廉有两个儿子，其中一个儿子叫恶来，侍奉纣王，被周人杀死，他的后代成为秦人。恶来的弟弟名叫季胜，他的后代成为赵人。

季胜生了孟增。孟增得宠于周成王，就是宅皋狼。皋狼生了衡父，衡父生了造父。造父很受周缪王宠信。造父选取了骏马乘匹，并与在桃林得到的马盗骊、骅骝、绿耳等一起献给缪王。缪王派造父驾车，到西方巡视，见到了西王母，快乐得忘记了回去。后来徐偃王发动叛乱，缪王乘坐马车，日行千里，攻打徐偃王，彻底打败了他。于是把赵城赐给造父，从此造父后代就成为赵氏。

从造父开始往下相传六代到了奄父，字公仲，周宣王曾经攻打戎人，他给宣王驾车。在千亩作战的时候，奄父护送宣王脱险。奄父生了叔带。叔带正处于周幽王荒淫无道的时候，他就离开周王朝来到晋国，侍奉晋文侯，在晋国开始建立了赵氏家族。

从叔带开始往下，赵氏宗族日益兴旺，又过五代传到了赵夙。

晋献公十六年，晋国攻打霍、魏、耿三国，赵夙就是讨伐霍国的将军。霍公求逃到了齐国。晋国大旱，占卜说："是霍太山的山神作怪。"派赵夙去齐国召回霍国国君，恢复他的国君地位，让他主持霍太山的祭祀，晋国又得到丰收。晋献公把耿地赐给赵夙。

赵夙生了共孟，当年正好是鲁湣公元年。共孟生了赵衰，字子余。

赵衰对侍奉晋献公和侍奉几位公子都进行了占卜，结果都不吉利。对侍奉公子重耳占卜时，结果很好，于是他就去侍奉重耳。重耳因为骊姬之乱逃亡到翟，赵衰一直跟随在他身边。翟人讨伐廧咎如，得到两名女子。翟君就把年少的女子送给重耳做妻子，而年长的就送给赵衰为妻，后来生下赵盾。当初，重耳在晋国之时，赵衰的元配妻子已经生了赵同、赵括、赵婴齐。赵衰跟随重耳逃亡出国，一共十九年，才得以返回晋国。重耳做了晋文公，任命赵衰为原大夫，住在原城，主持国家政事。晋文公之所以能够重新返回晋国并成为霸主，大多都是赵衰的计策，这些事都记在《晋世家》里。

赵衰回到晋国以后，原来在晋国的妻子坚决要求把他在翟娶的妻子迎接回下事之。晋襄公之六年，而赵衰卒，谥为成季。赵盾代成季任国政。二年而晋襄公卒，太子夷皋年少。盾为国多难，欲立襄公弟雍。雍时在秦，使使迎之。太子母日夜啼泣，顿首谓赵盾曰："先君何罪，释其适子而更求君？"赵盾患之，恐其宗与大夫袭诛之，乃遂立太子，是为灵公，发兵距所迎襄公弟于秦者。灵公既立，赵盾益专国政。

灵公立十四年，益骄。赵盾骤谏，灵公弗听。及食熊蹯，胹不熟，杀宰人，持其尸出，赵盾见之。灵公由此惧，欲杀盾。盾素仁爱人，尝所食桑下饿人反捍救盾，盾以得亡。未出境，而赵穿弑灵公而立襄公弟黑臀，是为成公。赵盾复反，任国政。君子讥盾"为正卿，亡不出境，反不讨贼"，故太史书曰"赵盾弑其君"。晋景公时而赵盾卒，谥为宣孟，子朔嗣。

赵朔，晋景公之三年，朔为晋将下军救郑，与楚庄王战河上。朔娶晋成公姊为夫人。

晋景公之三年，大夫屠岸贾欲诛赵氏。初，赵盾在时，梦见叔带持要而哭，甚悲；已而笑，拊手且歌。盾卜之，兆绝而后好。赵史援占之，曰："此梦甚恶，非君之身，乃君之子，然亦君之咎。至孙，赵将世益衰。"屠岸贾者，始有宠于灵公，及至于景公而贾为司寇，将作难，乃治灵公之贼以致赵盾，遍告诸将曰："盾虽不知，犹为贼首。以臣弑君，子孙在朝，何以惩罪？请诛之。"韩厥曰："灵公遇贼，赵盾在外，吾先君以为无罪，故不诛。今诸君将诛其后，是非先君之意而今妄诛。妄诛谓之乱。臣有大事而君不闻，是无君也。"屠岸贾不听。韩厥告赵朔趣亡。朔不肯，曰："子必不绝赵祀，朔死不恨。"韩厥许诺，称疾不出。贾不请而擅与诸将攻赵氏于下宫，杀赵朔、赵同、赵括、赵婴齐，皆灭其族。

赵朔妻成公姊，有遗腹，走公宫匿。赵朔客曰公孙杵臼，杵臼谓来，并让她生的儿子赵盾做正宗继承人，而让自己的三个儿子居下位侍奉他。晋襄公六年，赵衰去世，谥号是成季。赵盾继承成季主持国政两年，晋襄公就去世了，太子夷皋年纪还比较小。赵盾由于国家多难，想立襄公的弟弟雍为国君。雍当时在秦国，赵盾就派使者去接他回来。太子的母亲日夜啼哭，叩头对赵盾说："先君有什么罪过，为何要抛弃他的嫡子而另找国君呢？"赵盾担心此事，恐怕她的宗亲和大夫们一起袭击并杀死自己，于是就立了太子为国君，这就是晋灵公，并派兵拦截去秦国迎接襄公弟弟的人。灵公即位之后，赵盾更加独揽国家政事。

灵公即位十四年，日益骄纵。赵盾多次进谏，灵公不听。一次吃熊掌，因为没有煮熟，就把膳食官给杀了，尸体被抬出去的时候，恰好被赵盾看到。灵公因此害怕，想要杀掉赵盾。赵盾平日里待人宽厚慈爱，他以前曾给一个饿倒在桑树之下的人送过食物，这个人回身掩护救了赵盾，赵盾才得以逃走。还没出国，赵穿就杀死了灵公，立襄公的弟弟黑臀为君，这就是晋成公。赵盾就又回来了，继续主持国政。君子讥讽赵盾"身为正卿，逃亡还没有出国境就回来，返回来也不诛讨逆贼"，所以史官记载说"赵盾杀了他的国君"。晋景公的时候赵盾去世，谥号是宣孟，他的儿子赵朔承袭爵位。

晋景公三年，晋国任命赵朔率领军队去援救郑国，与楚庄王在黄河边交战。赵朔娶了晋成公的姐姐为夫人。

景公三年，大夫屠岸贾想要诛杀赵氏家族。当初，赵盾还在世的时候，做梦梦到叔带抱着他的腰痛哭，特别伤心；后来又大笑，还拍着手唱歌。赵盾为此进行占卜，龟甲上烧出的裂纹中断，后来却又好了。赵国的史官援判断说："这个梦特别不好，并非应验在您的身上，而是在您儿子身上，然而却还是由于您的过错。到您孙子那一代，赵氏家族将日益衰落。"屠岸贾一直很受灵公的宠信，到景公的时候做了司寇。他将要发难，就先惩治杀灵公的逆贼以便能够牵连出赵盾，同时遍告诸位将领说："赵盾虽然并不知情，但仍然是逆贼的首领。臣子杀害了国君，可他的子孙却还在朝为官，还用什么来惩治罪人？请各位诛杀他们。"韩厥说："灵公遭到逆贼杀害的时候，赵盾还在外地，我们的先君认为他无罪，所以没有杀他。如今各位将领想要诛杀他的后人，这并非先君的意愿而是如今你们随意滥杀，随意滥杀就是作乱。做臣子的有大事却不告诉国君，这就是目无君主。"屠岸贾不听。韩厥告诉了赵朔并让他赶快逃跑。赵朔不肯，他说："您一定不要让赵氏的香火断绝，我死而无憾。"韩厥答应了他的要求，谎称有病不出门。屠岸贾没有请示国君就擅自和将领们一起在下宫攻袭赵氏，杀死了赵朔、赵同、赵括、赵婴齐，并且灭绝了他们整个家族。

朔友人程婴曰："胡不死？"程婴曰："朔之妇有遗腹，若幸而男，吾奉之；即女也，吾徐死耳。"居无何，而朔妇免身，生男。屠岸贾闻之，索于宫中。夫人置儿绔中，祝曰："赵宗灭乎，若号；即不灭，若无声。"及索，儿竟无声。已脱，程婴谓公孙杵臼曰："今一索不得，后必且复索之，奈何？"公孙杵臼曰："立孤与死孰难？"程婴曰："死易，立孤难耳。"公孙杵臼曰："赵氏先君遇子厚，子强为其难者，吾为其易者，请先死。"乃二人谋取他人婴儿负之，衣以文葆，匿山中。程婴出，谬谓诸将军曰："婴不肖，不能立赵孤。谁能与我千金，吾告赵氏孤处。"诸将皆喜，许之，发师随程婴攻公孙杵臼。杵臼谬曰："小人哉程婴！昔下宫之难不能死，与我谋匿赵氏孤儿，今又卖我。纵不能立，而忍卖之乎！"抱儿呼曰："天乎天乎！赵氏孤儿何罪？请活之，独杀杵臼可也。"诸将不许，遂杀杵臼与孤儿。诸将以为赵氏孤儿良已死，皆喜。然赵氏真孤乃反在，程婴卒与俱匿山中。

居十五年，晋景公疾，卜之，大业之后不遂者为祟。景公问韩厥，厥知赵孤在，乃曰："大业之后在晋绝祀者，其赵氏乎？夫自中衍者皆嬴姓也。中衍人面鸟噣，降佐殷帝大戊，及周天子，皆有明德。下及幽厉无道，而叔带去周适晋，事先君文侯，至于成公，世有立功，未尝绝祀。今吾君独灭赵宗，国人哀之，故见龟策。唯君图之。"景公问："赵尚有后子孙乎？"韩厥具以实告。于是景公乃与韩厥谋立赵孤儿，召而匿之宫中。诸将入问疾，景公因韩厥之众以胁诸将而见赵孤。赵孤名曰武。诸将不得已，乃曰："昔下宫之难，屠岸贾为之，矫以君命，并命群臣。非然，孰敢作难！微君之疾，群臣固且请立赵后。今君有命，群臣之愿也。"于是召赵武、程婴遍拜诸赵朔的妻子是成公的姐姐，当时还有身孕，逃到景公宫里躲了起来。赵朔的一位门客名叫公孙杵臼，杵臼问赵朔的朋友程婴说："你为什么不死？"程婴回答说："赵朔的妻子有身孕，如果有幸生下男孩，我就奉养他；如果是女孩，我再慢慢死去。"没过多久，赵朔的妻子分娩，生下了一个男孩。屠岸贾听说以后，到宫中搜查。赵朔的妻子把婴儿放在裤子里，祈祷说："赵氏宗族若真要灭绝，你就大哭；如果不会灭绝，你就不要出声。"等到屠岸贾来搜查的时候，婴儿竟然没有出声。脱险以后，程婴对公孙杵臼说："今天一次搜查没有找到，以后一定还会再来搜查的，到时候怎么办呢？"公孙杵臼说："扶立遗孤和死哪件事更难？"程婴说："死这件事容易，扶立遗孤却很难啊。"公孙杵臼说："赵氏的先君待您不薄，您就去做那件难的事情吧；而我去做那件容易的，让我先死吧！"于是两人设法得到别人家的婴儿背在身上，并给他包上漂亮的小花被，藏到深山里。程婴从山里出来，欺骗各位将军说："我程婴没出息，不能扶养赵氏孤儿，谁能给我千两黄金，我就告诉他赵氏孤儿的藏身之地。"将军们都很高兴，答应了他，然后派兵跟随程婴去攻打公孙杵臼。杵臼假意说："程婴，你真是个小人哪！当初下宫之难你不能随赵氏去死，跟我商量要一起隐藏赵氏孤儿，如今你却出卖我。就算你不能抚养赵氏孤儿，又怎么忍心出卖他呢！"他抱着婴儿大叫道："天哪！天哪！赵氏孤儿有什么罪？请你们让他活下来，只杀我杵臼吧。"将军们不答应，于是杀了杵臼和赵氏孤儿。将军们都以为赵氏孤儿确实已经被杀死，都很高兴。然而真的赵氏孤儿反而还活着，程婴后来和他一起隐藏在深山中。

过了十五年，有一次晋景公生病，占卜的结果说是因为有大功业人的子孙后代不顺利导致。景公问韩厥，韩厥知道赵氏孤儿还在世，便说："有大功业人的后代如今在晋国断绝香火的，不就是赵氏吗？从中衍往后都姓嬴。中衍人面鸟嘴，来到人世辅佐殷帝太戊，其子孙后代一直辅佐周天子，都有美好的德行。后来到厉王、幽王时昏庸无道，叔带就离开周王朝到了晋国，侍奉先君文侯，一直到成公，世代都建立了功业，从未断绝过香火。如今您却单单灭了赵氏宗族，晋国人都为他们感到悲哀，所以在占卜时卦象就显示出来了。希望您仔细考虑考虑吧！"景公问道："赵氏还有后代子孙吗？"韩厥把实际情况都告诉了景公。于是景公就与韩厥商量立赵氏孤儿，后来把他召到宫中并藏起来。各位将军进宫探望景公病情的时候，景公靠着韩厥的众多随从迫使将军们同赵氏孤儿见面。赵氏孤儿名叫赵武。将军们不得已，只好说："当初下宫事变，都是屠岸贾谋划的，他假传君王命令，并且向群臣发令，要不是这样的话，谁敢发动变乱呢！如果不是因为您有病，我们这些大臣本来就要向您请示立赵氏的后代了。现在您有这样的命令，正好实现群将，遂反与程婴、赵武攻屠岸贾，灭其族。复与赵武田邑如故。

及赵武冠，为成人，程婴乃辞诸大夫，谓赵武曰："昔下宫之难，皆能死。我非不能死，我思立赵氏之后。今赵武既立，为成人，复故位，我将下报赵宣孟与公孙杵臼。"赵武啼泣顿首固请，曰："武愿苦筋骨以报子至死，而子忍去我死乎！"程婴曰："不可。彼以我为能成事，故先我死；今我不报，是以我事为不成。"遂自杀。赵武服齐衰三年，为之祭邑，春秋祠之，世世勿绝。

赵氏复位十一年，而晋厉公杀其大夫三郤。栾书畏及，乃遂弑其君厉公，更立襄公曾孙周，是为悼公。晋由此大夫稍强。

赵武续赵宗二十七年，晋平公立。平公十二年，而赵武为正卿。十三年，吴延陵季子使于晋，曰："晋国之政卒归于赵武子、韩宣子、魏献子之后矣。"赵武死，谥为文子。

文子生景叔。景叔之时，齐景公使晏婴于晋，晏婴与晋叔向语。婴曰："齐之政后卒归田氏。"叔向亦曰："晋国之政将归六卿。六卿侈矣，而吾君不能恤也。"

赵景叔卒，生赵鞅，是为简子。

赵简子在位，晋顷公之九年，简子将合诸侯戍于周。其明年，入周敬王于周，辟弟子朝之故也。

晋顷公之十二年，六卿以法诛公族祁氏、羊舌氏，分其邑为十县，六卿各令其族为之大夫。晋公室由此益弱。

后十三年，鲁贼臣阳虎来奔，赵简子受赂，厚遇之。

赵简子疾，五日不知人，大夫皆惧。医扁鹊视之，出，董安于问。扁鹊曰："血脉治也，而何怪！在昔秦缪公尝如此，七日而寤。寤之日，告公孙支与子舆曰：'我之帝所甚乐。吾所以久者，适有学也。帝告我："晋国将大乱，五世不安；其后将霸，未老而死；霸者之子且令而国男女无别。"'公孙支书而藏之，秦谶于是出矣。献公臣的心愿啊！”当时就让赵武、程婴一一拜谢各位将军，将军们又反过来与程婴、赵武一起攻打屠岸贾，诛灭了他的家族。景公又把赵氏以前的封地赐给赵武。

到赵武行了加冠礼，已经长大成人的时候，程婴就拜别了各位大夫，对赵武说：“当初下宫事变，人人都能随赵氏赴难。我并非不能去死，只是想扶立赵氏的后代。现在赵武你已经承袭祖业，长大成人，恢复了原来的爵位，我就要到地下去告诉赵宣孟和公孙杵臼了。”赵武啼哭叩头，坚持请求说：“我宁愿受筋骨之苦，也要报答您一直到死，难道您忍心离开我去死吗？”程婴说：“不行。他们都认为我能完成这件大事，所以死在我的前面；如今事情完成，而我不去告诉他们，他们就会以为我没有完成任务。”于是就自杀了。赵武为他守孝三年，给他安排了祭祀的地方，春秋祭祀，世代不绝。

赵氏恢复爵位十一年后，晋厉公杀了三位郤氏大夫。栾书害怕牵连到自己，于是就杀了他的国君厉公，改立襄公的曾孙周为国君，这就是晋悼公。晋国从此以后大夫的势力逐渐强盛起来。

赵武承续赵氏宗族的爵位二十七年后，晋平公即位。平公十二年，赵武做了正卿。十三年，吴国的延陵季子出使晋国，他说：“晋国的政权最后要落到赵武子、韩宣子、魏献子这些人的后代手里啊。”赵武死后，谥号是文子。

文子生了景叔。景叔的时候，齐景公派晏婴出使晋国，晏婴与晋国的叔向交谈。晏婴说：“齐国的政权以后最终要落到田氏手里。”叔向也说：“晋国的政权将会落到六卿的手里。六卿现在骄奢放纵，可是我们的国君却考虑不到这方面。”

赵景叔去世，生下儿子赵鞅，就是赵简子。

晋顷公九年，赵简子在位，简子会合诸侯驻守在周境之内。第二年，送周敬王回周朝，之前周敬王是因为他的弟弟子朝躲避在外。

晋顷公十二年，六卿依照法令诛杀了国君的宗族祁氏和羊舌氏，并把他们的封地分为十个县，六卿让他们的族人分别去那里做大夫。晋国公室从此更加衰弱。

又过了十三年，鲁国的乱臣阳虎逃亡到晋国来，赵简子收了他的贿赂，厚待了他。

赵简子生病，五天不省人事，大夫们都很害怕。医生扁鹊来看他，看完以后出来，董安于询问病情，扁鹊说：“他的血脉平和，你们何必大惊小怪！以前秦缪公也有过这种情况，七天才醒过来。醒来那天，对公孙支和子舆说：‘我去了天帝那里，很快乐。之所以停留这么久，是因为我正好在受教。天帝告诉我：晋国将要发生大乱，五世之内都不得安宁；他们的后代将称霸，没有年老就死去，霸王的儿子将要让晋国男女混杂。’公孙支把这番话写下来并保存好，秦缪公的之乱，文公之霸，而襄公败秦师于肴而归纵淫，此子之所闻。今主君之疾与之同，不出三日疾必间，间必有言也。”

居二日半，简子寤。语大夫曰：“我之帝所甚乐，与百神游于钧天，广乐九奏万舞，不类三代之乐，其声动人心。有一熊欲来援我，帝命我射之，中熊，熊死。又有一罴来，我又射之，中罴，罴死。帝甚喜，赐我二笥，皆有副。吾见儿在帝侧，帝属我一翟犬，曰：‘及而子之壮也，以赐之。’帝告我：‘晋国且世衰，七世而亡，嬴姓将大败周人于范魁之西，而亦不能有也。今余思虞舜之勋，适余将以其胄女孟姚配而七世之孙。’”董安于受言而书藏之。以扁鹊言告简子，简子赐扁鹊田四万亩。

他日，简子出，有人当道，辟之不去，从者怒，将刃之。当道者曰：“吾欲有谒于主君。”从者以闻。简子召之，曰：“嘻，吾有所见子晰也。”当道者曰：“屏左右，原有谒。”简子屏人。当道者曰：“主君之疾，臣在帝侧。”简子曰：“然，有之。子之见我，我何为？”当道者曰：“帝令主君射熊与罴，皆死。”简子曰：“是，且何也？”当道者曰：“晋国且有大难，主君首之。帝令主君灭二卿，夫熊与罴皆其祖也。”简子曰：“帝赐我二笥皆有副，何也？”当道者曰：“主君之子将克二国于翟，皆子姓也。”简子曰：“吾见儿在帝侧，帝属我一翟犬，曰‘及而子之长以赐之’。夫儿何谓以赐翟犬？”当道者曰：“儿，主君之子也。翟犬者，代之先也。主君之子且必有代。及主君之后嗣，且有革政而胡服，并二国于翟。”简子问其姓而延之以官。当道者曰：“臣野人，致帝命耳。”遂不见。简子书藏之府。

异日，姑布子卿见简子，简子遍召诸子相之。子卿曰：“无为将军者。”简子曰：“赵氏其灭乎？”子卿曰：“吾尝见一子于路，殆君之子也。”简子召子毋恤。毋恤至，则子卿起曰：“此真将军预言这时就传出来了。献公时的混乱，文公时的称霸，襄公时在崤山大败秦军，回去后就纵容淫乱，这些您应该都听说过。如今你们君主的病与秦缪公一样，不超过三天病就会好转，好转之后一定有话要讲。”

过了两天半，简子醒过来了。他对大夫们说：“我到了天帝那里，十分快乐，与百神一起在钧天游览。多次听到宏伟的乐曲演奏，还看到了成千上万种舞蹈，那乐声与夏、商、周三代的音乐都不一样，非常动人心魄。有一头熊要来抓我，天帝让我射它，一箭射出去正中熊身，熊死了。又有一只罴过来，我又射它，射中了它，罴也死了。天帝非常高兴，赐给我两个竹箱，并且都有相配的小箱。我看到一个小孩在天帝旁边，天帝又给我一只翟犬，说：‘等你的儿子长大，把这只犬送给他。’天帝告诉我：‘晋国就要逐渐衰落了，再过七代就会灭亡，嬴姓的人将在范魁的西边大败周人，但你们却不能占有那里。现在我追念虞舜的功勋，到时我会把他的后代之女孟姚嫁给你的第七代孙子。’”董安于听了这番话就把它写下来并保存好。他把扁鹊之前说的话告诉简子，简子赐给扁鹊四万亩田地。

有一天，简子外出，有人拦在路中间，赶也赶不走，简子的随从很生气，想要杀了他。拦路的人说：“我有事要拜见主君。”随从把此事禀告简子，简子叫他过来，说：“嘻！我曾经清楚地看见过你呀。”拦路人说：“让您左右的侍从都退下，我有事禀告您。”简子让随从们都退下。拦路人说：“您生病的时候，我正在天帝身边。”简子说：“对，有这件事。你见到我的时候，我在做什么？”拦路人说：“天帝让您射熊和罴，都被您射死了。”简子说：“对，然而这是什么意思呢？”拦路人说：“晋国将有大难，您是为首的。天帝让您灭掉两位上卿，熊和罴就是他们的祖先。”简子说：“天帝赐给我两个竹箱，且都配有小箱，这是为何？”拦路人说：“您的儿子将在翟攻打两个小国，他们都是子姓。”简子说：“我看到一个小孩在天帝身边，天帝还赐予我一只翟犬，并说：‘等你的儿子长大了把这只犬送给他。’那个小孩和送翟犬有什么关系呢？"拦路人说：”那个小孩就是您的儿子，翟犬是代国的祖先。您的儿子以后一定会占有代国。到您的后代，会有政令的变革，并且要穿胡人的服装，在翟吞并两国。"简子问他的姓想要聘他做官。拦路人说：“我是乡野之人，只是来传达天帝的旨意罢了。”说完就不见了。简子写下了这番话并把它保存在秘府里。

又有一天，姑布子卿来拜见简子，简子把儿子们都叫来让他帮儿子们看相。子卿说：“没有可以当将军的。”简子说：“赵氏难道要灭亡了吗？”子卿说：“我曾在路上看到一个孩子，大概也是您的儿子吧！”简子叫儿子毋恤过来。毋恤一到，子卿就站起来说：“这才是真正的将军呀！”简子说：“这孩子的母亲矣！”简子曰：“此其母贱，翟婢也，奚道贵哉？”子卿曰：“天所授，虽贱必贵。”自是之后，简子尽召诸子与语，毋恤最贤。简子乃告诸子曰：“吾藏宝符于常山上，先得者赏。”诸子驰之常山上，求，无所得。毋恤还，曰：“已得符矣。”简子曰：“奏之。”毋恤曰：“从常山上临代，代可取也。”简子于是知毋恤果贤，乃废太子伯鲁，而以毋恤为太子。

后二年，晋定公之十四年，范、中行作乱。明年春，简子谓邯郸大夫午曰：“归我卫士五百家，吾将置之晋阳。”午许诺，归而其父兄不听，倍言。赵鞅捕午，囚之晋阳。乃告邯郸人曰：“我私有诛午也，诸君欲谁立？”遂杀午。赵稷、涉宾以邯郸反。晋君使籍秦围邯郸。荀寅、范吉射与午善，不肯助秦而谋作乱，董安于知之。十月，范、中行氏伐赵鞅，鞅奔晋阳，晋人围之。范吉射、荀寅仇人魏襄等谋逐荀寅，以梁婴父代之；逐吉射，以范皋绎代之。荀栎言于晋侯曰：“君命大臣，始乱者死。今三臣始乱而独逐鞅，用刑不均，请皆逐之。”十一月，荀栎、韩不佞、魏哆奉公命以伐范、中行氏，不克。范、中行氏反伐公，公击之，范、中行败走。丁未，二子奔朝歌。韩、魏以赵氏为请。十二月辛未，赵鞅入绛，盟于公宫。其明年，知伯文子谓赵鞅曰：“范、中行虽信为乱，安于发之，是安于与谋也。晋国有法，始乱者死。夫二子已伏罪而安于独在。”赵鞅患之。安于曰：“臣死，赵氏定，晋国宁，吾死晚矣。”遂自杀。赵氏以告知伯，然后赵氏宁。

孔子闻赵简子不请晋君而执邯郸午，保晋阳，故书春秋曰“赵鞅以晋阳畔”。

赵简子有臣曰周舍，好直谏。周舍死，简子每听朝，常不悦，大夫请罪。简子曰：“大夫无罪。吾闻千羊之皮不如一狐之腋。诸大夫朝，徒闻唯唯，不闻周舍之鄂鄂，是以忧也。”简子由此能附赵邑而怀晋人。

卑贱，是从翟来的婢女，怎么说他尊贵呢？”子卿说：“这是上天所赐予的，即使他现在卑贱以后也定能显贵。”从此以后简子经常把儿子们都叫来一起交谈，毋恤表现最好。简子有一次告诉他的儿子们说：“我把宝符藏在常山之上，谁先找到了有赏。”儿子们赶快跑到常山上去找，什么也没找到。毋恤回来后说：“已经找到宝符了。”简子说：“你说吧。”毋恤说：“从常山上往下可以看到代国，代国可以夺取过来。”简子由此知道毋恤果然是贤才。于是废了太子伯鲁，立毋恤为太子。

在这之后两年，晋定公十四年，范氏、中行氏作乱造反。第二年春天，简子对邯郸大夫赵午说：“把卫国的五百户士民还给我，我想把他们安置到晋阳。”赵午答应了，回去后他的父兄不同意，于是就违背了诺言。赵鞅逮捕了赵午，把他囚禁在晋阳，并告诉邯郸人说：“我想私下杀了赵午，各位想立谁为君王？”后来杀了赵午。赵午之子赵稷和家臣涉宾凭借邯郸的力量反叛。晋国国君派籍秦包围邯郸。荀寅、范吉射都和赵午友好，不肯帮助籍秦反而和赵午一起谋划叛乱，董安于知道了此事。十月，范氏和中行氏一起讨伐赵鞅，赵鞅逃到晋阳，晋人包围了晋阳。范吉射、荀寅的仇人魏襄等筹谋驱逐荀寅，想以梁婴父取代他；驱逐范吉射，让范皋绎代替他。荀栎对晋君说：“先君曾命令大臣，领头叛乱的要处死。如今三位大臣领头作乱，却只驱逐赵鞅，这样处罚并不公平，请把他们全都驱逐出去。”十一月，荀栎、韩不佞、魏哆奉国君的命令讨伐范氏、中行氏，却没有取胜。范氏、中行氏反过来攻打定公，定公还击，范氏、中行氏失败逃跑。丁未这天，他们二人逃到朝歌。韩不佞、魏哆为赵鞅求情。十二月辛未这天，赵鞅来到绛城，在定公宫中盟誓。第二年，智伯文子对赵鞅说：“范氏、中行氏虽然确实作乱，但是是从董安于开始作乱的，这件事是董安于参与策划的。晋国有这样的法令，开始作乱的要处死。如今这两个人都已经受到处罚，而唯独董安于还在。”赵鞅担心此事。董安于说：“我死了，赵氏可以安定，晋国也能安宁，我死得太晚了。”于是就自杀了。赵鞅告诉了智伯这件事，此后赵氏安宁了。

孔子听说赵简子不请示晋君就逮捕了邯郸大夫赵午，保守晋阳，所以在《春秋》中记载说：“赵鞅凭借晋阳叛乱。”

赵简子有个家臣名叫周舍，喜欢直言进谏。周舍死后，简子每当上朝的时候，经常不高兴，大夫们向他请罪。简子说：“你们没有罪。我听说一千张羊皮也不如一只狐的腋下皮毛。各位大夫们上朝，我只听到恭敬顺从的应答声，听不到周舍那样的争辩之声了，这才是我忧虑的呀。”简子因此能使赵地的人顺从，并使晋人也归向他。

晋定公十八年，赵简子围范、中行于朝歌，中行文子奔邯郸。明年，卫灵公卒。简子与阳虎送卫太子蒯聩于卫，卫不内，居戚。

晋定公二十一年，简子拔邯郸，中行文子奔柏人。简子又围柏人，中行文子、范昭子遂奔齐。赵竟有邯郸、柏人。范、中行余邑入于晋。赵名晋卿，实专晋权，奉邑侔于诸侯。

晋定公三十年，定公与吴王夫差争长于黄池，赵简子从晋定公，卒长吴。定公三十七年卒，而简子除三年之丧，期而已。是岁，越王句践灭吴。

晋出公十一年，知伯伐郑。赵简子疾，使太子毋恤将而围郑。知伯醉，以酒灌击毋恤。毋恤群臣请死之。毋恤曰："君所以置毋恤，为能忍诟。"然亦愠知伯。知伯归，因谓简子，使废毋恤，简子不听。毋恤由此怨知伯。

晋出公十七年，简子卒，太子毋恤代立，是为襄子。

赵襄子元年，越围吴。襄子降丧食，使楚隆问吴王。

襄子姊前为代王夫人。简子既葬，未除服，北登夏屋，请代王。使厨人操铜枓以食代王及从者，行斟，阴令宰人各以枓击杀代王及从官，遂兴兵平代地。其姊闻之，泣而呼天，摩笄自杀。代人怜之，所死地名之为摩笄之山。遂以代封伯鲁子周为代成君。伯鲁者，襄子兄，故太子。太子蚤死，故封其子。

襄子立四年，知伯与赵、韩、魏尽分其范、中行故地。晋出公怒，告齐、鲁，欲以伐四卿。四卿恐，遂共攻出公。出公奔齐，道死。知伯乃立昭公曾孙骄，是为晋懿公。知伯益骄。请地韩、魏，韩、魏与之。请地赵，赵不与，以其围郑之辱。知伯怒，遂率韩、魏攻赵。赵襄子惧，乃奔保晋阳。

原过从，后，至于王泽，见三人，自带以上可见，自带以下不可见。与原过竹二节，莫通。曰："为我以是遗赵毋恤。"原过既至，以告襄子。襄子斋三日，亲自剖竹，有朱书曰："赵毋恤，余霍泰山晋定公十八年，赵简子将范吉射和中行寅包围在朝歌，中行寅逃奔到邯郸。第二年，卫灵公去世了。简子和阳虎把卫太子蒯聩送回卫国，卫国不接纳，卫太子只好住到戚城。

晋定公二十一年，赵简子攻入邯郸，中行文子逃到柏人。简子又包围了柏人，中行文子和范昭子又逃到齐国。赵氏最终攻占了邯郸、柏人。范氏、中行氏剩余的领地都给了晋国。赵简子名义上是晋国的上卿，实际上独揽晋国政权，他的封地和诸侯等同。

晋定公三十年，定公与吴王夫差在黄池争做盟主，赵简子当时跟随在晋定公身边，最终吴王当了盟主。定公三十七年去世，简子免除了守丧三年的礼节，只守了一年就结束了。这一年，越王勾践灭了吴国。

晋出公十一年，智伯攻打郑国。赵简子生病了，派太子毋恤为将军率兵包围郑国。智伯喝醉了，用酒强灌毋恤并打他。随从毋恤的大臣们都要求处死智伯。毋恤说："君王之所以让我做太子，是因为我能够忍受屈辱。"但他也还是怨恨智伯的。智伯回去后，把这件事告诉简子，让他废了毋恤，简子不听。毋恤从此更加怨恨智伯。

晋出公十七年，赵简子去世，太子毋恤继位，这就是赵襄子。

赵襄子元年，越国包围吴国。襄子降低了守丧的饮食标准，派楚隆去慰问吴王。

襄子的姐姐以前是代王的夫人。简子安葬以后，丧期还没过，襄子就到北边登上夏屋山，请来代王，让厨师拿着铜勺请代王和他的随从进餐，斟酒时，暗中让膳食官各自用铜勺打死代王和他的随从官员，然后发兵平定了代地。他的姐姐听说后，哭天喊地，磨尖簪子自杀了。代国人同情她，把她自杀的地方称为摩笄山。襄子把代地封给伯鲁的儿子赵周，让他做代君。伯鲁是襄子的哥哥，以前的太子。这时候太子早已去世，所以就封给了他的儿子。

襄子即位四年后，智伯和赵、韩、魏一起瓜分了范氏、中行氏原来所有的领地。晋出公大怒，告诉齐国、鲁国，想让他们一起讨伐四卿。四卿害怕了，于是一起攻打晋出公。出公逃往齐国，死在路上。智伯立了昭公的曾孙骄为君王，这就是晋懿公。后来智伯日益骄横，让韩、魏两家割让领地给他，韩、魏给了他。他又要求赵氏割地，赵氏不给，因为以前在包围郑国时智伯曾侮辱过他。智伯很生气，于是率领韩、魏两家攻打赵氏。赵襄子害怕，就逃奔退守在晋阳。

襄子逃跑时，原过跟随襄子，落在后边，到了王泽，他看见三个人，但腰带以上的部分还可以看见，从腰带以下就看不见了。他们给了原过一根两节的竹棍，中间不通，说："你替我们把这竹棍送给赵毋恤。"原过到了晋阳以后，把此事告诉襄子。襄子斋戒三天，亲自剖开竹棍，里边有朱红的字写道："赵毋山阳侯天使也。三月丙戌，余将使女反灭知氏。女亦立我百邑，余将赐女林胡之地。至于后世，且有伉王，赤黑，龙面而鸟嘴，鬓麋髭髯，大膺大胸，修下而冯，左衽界乘，奄有河宗，至于休溷诸貉，南伐晋别，北灭黑姑。”襄子再拜，受三神之令。

三国攻晋阳，岁余，引汾水灌其城，城不浸者三版。城中悬釜而炊，易子而食。群臣皆有外心，礼益慢，唯高共不敢失礼。襄子惧，乃夜使相张孟同私于韩、魏。韩、魏与合谋，以三月丙戌，三国反灭知氏，共分其地。于是襄子行赏，高共为上。张孟同曰：“晋阳之难，唯共无功。”襄子曰：“方晋阳急，群臣皆懈，惟共不敢失人臣礼，是以先之。”于是赵北有代，南并知氏，强于韩、魏。遂祠三神于百邑，使原过主霍泰山祠祀。

其后娶空同氏，生五子。襄子为伯鲁之不立也，不肯立子，且必欲传位与伯鲁子代成君。成君先死，乃取代成君子浣立为太子。襄子立三十三年卒，浣立，是为献侯。献侯少即位，治中牟。

襄子弟桓子逐献侯，自立于代，一年卒。国人曰桓子立非襄子意，乃共杀其子而复迎立献侯。

十年，中山武公初立。十三年，城平邑。十五年，献侯卒，子烈侯籍立。

烈侯元年，魏文侯伐中山，使太子击守之。六年，魏、韩、赵皆相立为诸侯，追尊献子为献侯。

烈侯好音，谓相国公仲连曰：“寡人有爱，可以贵之乎？”公仲曰：“富之可，贵之则否。”烈侯曰：“然。夫郑歌者枪、石二人，吾赐之田，人万亩。”公仲曰：“诺。”不与。居一月，烈侯从代来，问歌者田。公仲曰：“求，未有可者。”有顷，烈侯复问。公仲终不与，乃称疾不朝。番吾君自代来，谓公仲曰：“君实好善，而未知所持。今公仲相赵，于今四年，亦有进士乎？”公仲曰：“未恤，我们是霍泰山山阳侯天使。三月丙戌日，我们想派你回去灭掉智氏。你也要为我们在百邑立庙，我们将赐给你林胡的土地。到你的后代，将有一位勇健的国王，皮肤红黑，龙脸鸟嘴，鬓眉相连，髭髯络腮，宽胸大腹，下体修长，上体壮大，左衣襟，披甲乘马。将整个占有黄河中游一带，直到休溷地区的各部貉人，往南进攻晋国的其他城邑，往北灭掉黑姑。”襄子拜了两拜，接受了三位神人的旨令。

三个国家攻打晋阳，打了一年多以后，引来汾水淹灌都城，城墙只剩下三版高没有被淹到。晋阳城里的人都把锅吊起来做饭，互相交换子女吃掉。大臣们都有了外心，礼节越来越怠慢，唯有高共不敢失去礼节。襄子害怕，于是夜里派丞相张孟同与韩、魏暗中结交。韩、魏与赵一起谋划，三月丙戌这一天，三国反过来灭了智氏，共同瓜分了智氏的土地。因此襄子进行封赏，高共受上等封赏。张孟同说：“晋阳有难的时候，只有高共没有功劳。”襄子说：“在晋阳危急的时候，所有大臣都很怠慢，只有高共不敢有失臣子的礼节，因此他要先受封赏。”当时赵在北方占有代地，南边并吞了智氏，比韩、魏强大。于是给三神在百邑立了庙进行祭祀，派原过主持霍泰山神庙的祭祀。

后来襄子娶空同氏为妻，生了五个儿子。襄子因为伯鲁还没有继位，不肯将自己的儿子立为太子，并且一定要传位给伯鲁的儿子代成君。成君先死了，襄子就将代成君的儿子赵浣立为太子。襄子在位三十三年去世，赵浣即位，这就是献侯。献侯很年轻的时候就即位了，首府设在中牟。

襄子的弟弟桓子将献侯驱逐出去，在代地立自己为侯，一年后去世。赵国人都说桓子即位并非襄子的意愿，就一起杀了他的儿子，又迎回献侯即位。

献侯十年，中山国武公刚刚即位。十三年，在平邑筑城。十五年，献侯逝世，儿子赵籍即位，为烈侯。

烈侯元年，魏文侯讨伐中山国，派太子魏击驻守。六年，魏、韩、赵都立为诸侯，赵籍追尊献子为献侯。

烈侯喜欢音乐，对相国公仲连说：“我有喜爱的人，可以让他尊贵起来吗？”公仲说：“使他富有可以，使他尊贵就不可以。”烈侯说：“好吧。郑国的歌手枪和石两个人，我要赐给他们田地，每人一万亩。”公仲说：“遵命。”但是公仲没有给。过了一个月，烈侯从代地回来，问起给歌手赐田的事，公仲说：“正在找，还没有合适的。”不久，烈侯又问，公仲还是没有给，于是就谎称有病不去上朝。番吾君从代地来，对公仲说：“国君其实喜欢善政，却不知怎样实行。如今公仲您做赵国的宰相，已经有四年了，期间曾推荐过什么人才吗？”公仲说：“没有。”番吾君说：“牛畜、荀欣、徐越这三也。”番吾君曰：“牛畜、荀欣、徐越皆可。”公仲乃进三人。及朝，烈侯复问：“歌者田何如？”公仲曰：“方使择其善者。”牛畜侍烈侯以仁义，约以王道，烈侯逌然。明日，荀欣侍，以选练举贤，任官使能。明日，徐越侍，以节财俭用，察度功德。所与无不充，君说。烈侯使使谓相国曰：“歌者之田且止。”官牛畜为师，荀欣为中尉，徐越为内史，赐相国衣二袭。

九年，烈侯卒，弟武公立。武公十三年卒，赵复立烈侯太子章，是为敬侯。是岁，魏文侯卒。

敬侯元年，武公子朝作乱，不克，出奔魏。赵始都邯郸。

二年，败齐于灵丘。三年，救魏于廪丘，大败齐人。四年，魏败我兔台。筑刚平以侵卫。五年，齐、魏为卫攻赵，取我刚平。六年，借兵于楚伐魏，取棘蒲。八年，拔魏黄城。九年，伐齐。齐伐燕，赵救燕。十年，与中山战于房子。

十一年，魏、韩、赵共灭晋，分其地。伐中山，又战于中人。十二年，敬侯卒，子成侯种立。

成侯元年，公子胜与成侯争立，为乱。二年六月，雨雪。三年，太戊午为相。伐卫，取乡邑七十三。魏败我蔺。四年，与秦战高安，败之。五年，伐齐于鄄。魏败我怀。攻郑，败之，以与韩，韩与我长子。六年，中山筑长城。伐魏，败涿泽，围魏惠王。七年，侵齐，至长城。与韩攻周。八年，与韩分周以为两。九年，与齐战阿下。十年，攻卫，取甄。十一年，秦攻魏，赵救之石阿。十二年，秦攻魏少梁，赵救之。十三年，秦献公使庶长国伐魏少梁，虏其太子、痤。魏败我浍，取皮牢。成侯与韩昭侯遇上党。十四年，与韩攻秦。十五年，助魏攻齐。

十六年，与韩、魏分晋，封晋君以端氏。

十七年，成侯与魏惠王遇葛孽。十九年，与齐、宋会平陆，与燕会阿。二十年，魏献荣椽，因以为檀台。二十一年，魏围我邯郸。

个人都可以。”公仲就推荐了这三个人。到上朝的时候，烈侯又问：“赐予歌手田地的事怎么样了？”公仲说：“正派人挑选最好的田地。”牛畜侍奉烈侯时建议实行仁义，用王道约束自己，烈侯态度宽和。第二天，荀欣侍奉，建议精选起用贤才，任命官吏要使用能干的人。第三天，徐越侍奉，建议节约财物，俭省用度，考察评估官吏们的功绩德行。他们所讲的道理没有不充分的，国君很高兴。烈侯就派人告诉相国说：“给歌手赐田的事暂时停止吧。”任命牛畜为师、荀欣为中尉、徐越为内史，赐给相国两套衣服。

九年，烈侯逝世，他的弟弟武公即位。武公在位十三年逝世，赵国又让烈侯太子赵章即位，这就是赵敬侯。这一年，魏文侯去世。

敬侯元年，武公的儿子赵朝作乱，没有成功，后逃奔魏国。赵国开始把邯郸作为都城。

敬侯二年，赵军在灵丘打败齐军。三年，在廪丘救援魏国，大败齐军。四年，魏军在兔台打败赵军。赵修筑刚平城以便攻打卫国。五年，齐、魏两国帮助卫国攻打赵国，又夺回刚平。六年，向楚国借兵攻打魏国，夺取了棘蒲。八年，攻下魏国的黄城。九年，讨伐齐国。齐国攻打燕国，赵军援救燕国。十年，赵国与中山国在房子县交战。

敬侯十一年，魏、韩、赵一起灭了晋国，瓜分了晋国土地。赵国讨伐中山国，又在中人地区交战。十二年，敬侯去世，他的儿子成侯赵种即位。

成侯元年，公子赵胜与成侯争夺君王之位，发动了叛乱。二年六月，天下雪。三年，太戊午任相国。赵国讨伐卫国，夺取七十三处乡邑。魏国在蔺打败赵军。四年，赵军在高安与秦军交战，打败了秦军。五年，在鄄城讨伐齐军。魏军在怀地打败赵军。赵军攻打郑国，并打败了郑国，把占领的郑地给了韩国，韩国把长子县给了赵国。六年，中山国修筑长城。赵军讨伐魏国，在涿泽将其打败，包围了魏惠王。七年，进军齐国，打到了齐长城。赵国联合韩国攻打周。八年，和韩国一起把周一分为二。九年，在阿城之下与齐国交战。十年，进攻卫国，夺取甄城。十一年，秦国进攻魏国，赵军在石阿救援。十二年，秦军进攻魏国的少梁，赵军援救了魏国。十三年，秦献公派庶长国领兵攻打魏国的少梁，俘虏了魏国太子和公孙痤。魏军在浍水地区打败赵军，夺取了皮牢。成侯与韩昭侯在上党相遇。十四年，赵与韩联合攻打秦国。十五年，赵国帮助魏国攻齐。

十六年，赵国与韩、魏两国一起瓜分晋国。把端氏县封给晋君。

十七年，成侯与魏惠王在葛孽相遇。十九年，赵国与齐国、宋国在平陆会见结盟，与燕国在西阿会盟。二十年，魏国进献了上等的木椽，于是赵国用这些木椽修建了檀台。二十一年，魏军包围了赵国的邯郸。二十二年，魏惠王攻下赵国二十二年，魏惠王拔我邯郸，齐亦败魏于桂陵。二十四年，魏归我邯郸，与魏盟漳水上。秦攻我蔺。二十五年，成侯卒。公子绁与太子肃侯争立，绁败，亡奔韩。

肃侯元年，夺晋君端氏，徙处屯留。二年，与魏惠王遇于阴晋。三年，公子范袭邯郸，不胜而死。四年，朝天子。六年，攻齐，拔高唐。七年，公子刻攻魏首垣。十一年，秦孝公使商君伐魏，虏其将公子卬。赵伐魏。十二年，秦孝公卒，商君死。十五年，起寿陵。魏惠王卒。

十六年，肃侯游大陵，出于鹿门，大戊午扣马曰："耕事方急，一日不作，百日不食。"肃侯下车谢。

十七年，围魏黄，不克。筑长城。

十八年，齐、魏伐我，我决河水灌之，兵去。二十二年，张仪相秦。赵疵与秦战，败，秦杀疵河西，取我蔺、离石。二十三年，韩举与齐、魏战，死于桑丘。

二十四年，肃侯卒。秦、楚、燕、齐、魏出锐师各万人来会葬。子武灵王立。

武灵王元年，阳文君赵豹相。梁襄王与太子嗣，韩宣王与太子仓来朝信宫。武灵王少，未能听政，博闻师三人，左右司过三人。及听政，先问先王贵臣肥义，加其秩；国三老年八十，月致其礼。

三年，城鄗。四年，与韩会于区鼠。五年，娶韩女为夫人。

八年，韩击秦，不胜而去。五国相王，赵独否，曰："无其实，敢处其名乎！"令国人谓己曰"君"。

九年，与韩、魏共击秦，秦败我，斩首八万级。齐败我观泽。十年，秦取我中都及西阳。齐破燕。燕相子之为君，君反为臣。十一年，王召公子职于韩，立以为燕王，使乐池送之。十三年，秦拔我蔺，虏将军赵庄。楚、魏王来，过邯郸。十四年，赵何攻魏。

十六年，秦惠王卒。王游大陵。他日，王梦见处女鼓琴而歌诗的邯郸，齐军也在桂陵打败了魏军。二十四年，魏国把邯郸归还给赵国，赵国与魏国在漳水之滨结盟。秦军进攻赵国的蔺城。二十五年，成侯去世。公子绁与太子肃侯争夺君位，赵绁失败，逃奔到韩国。

肃侯元年，赵国夺取晋君的端氏县，把晋君迁到屯留。二年，肃侯与魏惠王在阴晋相遇。三年，公子赵范袭击邯郸，还没胜利就死了。四年，肃侯朝拜周天子。六年，赵国进攻齐国，夺下高唐。七年，公子赵刻攻打魏国的首垣。十一年，秦孝公派商鞅讨伐魏国，俘虏了魏国将军公子卬。赵国讨伐魏国。十二年，秦孝公去世，商鞅去世。十五年，开始兴建寿陵。魏惠王去世。

十六年，肃侯游览大陵，从鹿门出去，宰相太戊午牵住马说："如今正当农事繁忙，一天不耕作，一百天没有饭吃。"肃侯听了立即下车认错。

十七年，赵军包围魏国的黄城，没有攻下。修筑长城。

十八年，齐、魏联合攻打赵国，赵国用黄河之水淹灌敌军，敌军退去。二十二年，张仪任秦国宰相。赵疵与秦军交战，失败了，秦军在河西杀死赵疵，夺取了赵国的蔺和离石。二十三年，韩举与齐军、魏军作战，在桑丘战死。

二十四年，肃侯去世。秦、楚、燕、齐、魏各派出精兵一万人来参加葬礼。其儿子武灵王即位。

武灵王元年，阳文君赵豹任赵国宰相。梁襄王和太子嗣、韩宣王和太子仓到信宫来朝贺。武灵王年纪小，还不能处理政事，设有博闻师三人，左右司过官三人。等到武灵王处理朝政的时候，首先问先王的贵臣肥义，并给他增加品级和俸禄；国中八十岁以上的德高老人，每月都给他们送礼。

武灵王三年，修筑鄗城。四年，与韩王在区鼠会见。五年，娶韩国宗亲之女为夫人。

八年，韩国攻打秦国，没有胜利就退去了。五国互相称王，只有赵国不称王，赵君说："没有这个实力，怎敢处在这个名分上呢！"让赵国人都称他为"君"。

九年，与韩、魏一起攻打秦国，秦军打败赵军，斩杀了八万人。齐国在观泽打败了赵军。十年，秦军夺取赵国的中都和西阳。齐国打败了燕国，燕国的宰相子之做了国君，原来的国君反而做了臣子。十一年，武灵王把燕国公子职从韩国召来，立他为燕王，并派乐池护送他回到燕国。十三年，秦军攻下赵国的蔺城，俘虏了将军赵庄。楚王、魏王来赵国，经过邯郸。十四年，赵何攻打魏国。

十六年，秦惠王去世。武灵王游览大陵。有一天，武灵王梦见一位少女弹琴唱诗，说："美人光彩艳丽啊，容貌好像苕花。命运啊，命运啊，竟然无人知我曰："美人荧荧兮，颜若苕之荣。命乎命乎，曾无我嬴！"异日，王饮酒乐，数言所梦，想见其状。吴广闻之，因夫人而内其女娃嬴。孟姚也。孟姚甚有宠于王，是为惠后。

十七年，王出九门，为野台，以望齐、中山之境。

十八年，秦武王与孟说举龙文赤鼎，绝膑而死。赵王使代相赵固迎公子稷于燕，送归，立为秦王，是为昭王。

十九年春正月，大朝信宫。召肥义与议天下，五日而毕。王北略中山之地，至于房子，遂之代，北至无穷，西至河，登黄华之上。召楼缓谋曰："我先王因世之变，以长南籓之地，属阻漳、滏之险，立长城，又取蔺、郭狼，败林人于荏，而功未遂。今中山在我腹心，北有燕，东有胡，西有林胡、楼烦、秦、韩之边，而无强兵之救，是亡社稷，奈何？夫有高世之名，必有遗俗之累。吾欲胡服。"楼缓曰："善。"群臣皆不欲。

于是肥义侍，王曰："简、襄主之烈，计胡、翟之利。为人臣者，宠有孝弟长幼顺明之节，通有补民益主之业，此两者臣之分也。今吾欲继襄主之迹，开于胡、翟之乡，而卒世不见也。为敌弱，用力少而功多，可以毋尽百姓之劳，而序往古之勋。夫有高世之功者，负遗俗之累；有独智之虑者，任骜民之怨。今吾将胡服骑射以教百姓，而世必议寡人，奈何？"肥义曰："臣闻疑事无功，疑行无名。王既定负遗俗之虑，殆无顾天下之议矣。夫论至德者不和于俗，成大功者不谋于众。昔者舜舞有苗，禹袒裸国，非以养欲而乐志也，务以论德而约功也。愚者暗成事，智者睹未形，则王何疑焉。"王曰："吾不疑胡服也，吾恐天下笑我也。狂夫之乐，智者哀焉；愚者所笑，贤者察焉。世有顺我者，胡服之功未可知也。虽驱世以笑我，胡地中山吾必有之。"于是遂胡服矣。

使王绁告公子成曰："寡人胡服，将以朝也，亦欲叔服之。家听娃嬴！”又一天，武灵王饮酒很高兴，屡次说到他所做的梦，想象着梦中见到的少女的美貌。吴广听说后，通过夫人把他的女儿娃嬴送入宫中。这就是孟姚。孟姚特别受武灵王的宠爱，她就是惠后。

十七年，武灵王去九门，修筑野台，以便瞭望齐国和中山国的边境。

十八年，秦武王和孟说举龙纹赤鼎，折断膝盖骨死了。赵王派代相赵固去燕国迎接秦公子稷，送他回国，并立为秦国国君，这就是秦昭王。

十九年春天正月，赵王在信宫举行盛大朝会，召见肥义一同探讨天下大事，五天才结束。武灵王到北边巡视中山国的领地，到了房子县，又去了代地，北到无穷，西到黄河，登上黄华山顶。召见楼缓商议说：“我们先王顺应时世的变化，做了南边领地的君长，连接了漳水、滏水的险阻，修筑长城，攻取蔺城、郭狼，在荏地打败了林胡人，然而功业并没有完成。如今中山国在我们腹心，北面是燕国，东面是东胡，西面是林胡、楼烦、秦国、韩国的边界，然而没有强大兵力的救援，这样下去国家就要灭亡了，怎么办呢？想要取得高出世人的功名，必定要受到背离习俗的牵累。我要穿胡人的服装。”楼缓说：“很好。”群臣们都不愿意。

当时肥义在旁侍奉，武灵王说：“简子、襄子的功业，就在于考虑到了胡、翟的利益。做臣子的，受宠时应明孝悌、知长幼、顺从明理的礼节，通达时世建立既善待百姓又有利于君王的功业，这两方面是做臣子的分内之事呀。如今我想继承襄主的事业，开拓胡人、翟人所住之地，可是找遍世间也没有见到这样的贤臣。为了削弱敌人，用较少的兵力而收到更多的功效，可以不耗尽百姓的力气，而继续两位先主的勋业。一个人要建立过高的功业，就要承受背弃习俗的牵累；一个有独特智谋的人，就要听任傲慢民众的埋怨。如今我要穿胡人衣服骑马射箭，并来教化百姓，可是世人一定要议论我，怎么办呢？”肥义说：“我听说做事犹疑就不会成功，行动犹豫就不会成名。您既然决定承受背弃风俗的责难，那就无需顾虑天下的议论了。追求最高德行的人不附和世俗，成就最大功业的人不会找凡夫俗子商议。以前舜用舞蹈感化三苗，禹脱去上衣去裸国，他们并非为了满足欲望和愉悦心志，而是必须用这种方法宣扬德政并取得成功。愚蠢的人事情成功了还不能明白，聪明人在事情尚无迹象的时候就能看清未来发展，君主您还有什么可疑虑的呢！”武灵王说：“穿胡服我没有疑虑，我恐怕天下之人嘲笑我。无知之人的快乐，也就是聪明人的悲哀；愚蠢的人所讥笑的事，贤人却能看得清。世上有顺从我的人，穿胡服的功效是不可估量的。即便所有世人都来嘲笑我，胡地和中山国我也一定要占有。”于是就穿起了胡服。

武灵王派王緤告诉公子成说：“我穿胡服，将要这样上朝，我也希望叔父于亲而国听于君，古今之公行也。子不反亲，臣不逆君，兄弟之通义也。今寡人作教易服而叔不服，吾恐天下议之也。制国有常，利民为本；从政有经，令行为上。明德先论于贱，而行政先信于贵。今胡服之意，非以养欲而乐志也；事有所止而功有所出，事成功立，然后善也。今寡人恐叔之逆从政之经，以辅叔之议。且寡人闻之，事利国者行无邪，因贵戚者名不累，故原慕公叔之义，以成胡服之功。使绁谒之叔，请服焉。”公子成再拜稽首曰：“臣固闻王之胡服也。臣不佞，寝疾，未能趋走以滋进也。王命之，臣敢对，因竭其愚忠。曰：臣闻中国者，盖聪明徇智之所居也，万物财用之所聚也，贤圣之所教也，仁义之所施也，诗书礼乐之所用也，异敏技能之所试也，远方之所观赴也，蛮夷之所义行也。今王舍此而袭远方之服，变古之教，易古人道，逆人之心，而佛学者，离中国，故臣愿王图之也。”使者以报。王曰：“吾固闻叔之疾也，我将自往请之。”

王遂往之公子成家，因自请之，曰：“夫服者，所以便用也；礼者，所以便事也。圣人观乡而顺宜，因事而制礼，所以利其民而厚其国也。夫翦发文身，错臂左衽，瓯越之民也。黑齿雕题，却冠秫绌，大吴之国也。故礼服莫同，其便一也。乡异而用变，事异而礼易。是以圣人果可以利其国，不一其用；果可以便其事，不同其礼。儒者一师而俗异，中国同礼而教离，况于山谷之便乎？故去就之变，智者不能一；远近之服，贤圣不能同。穷乡多异，曲学多辩。不知而不疑，异于己而不非者，公焉而众求尽善也。今叔之所言者俗也，吾所言者所以制俗也。吾国东有河、薄洛之水，与齐、中山同之，东有燕、东胡之境，而西有楼烦、秦、韩之边，今无骑射之备。故寡人无舟楫之用，夹水居之民，将何以守河、薄洛之水；变服骑射，以备燕、三胡、秦、韩之边。且昔者简主不塞晋阳以及上党，而襄主并戎取代以攘诸胡，此愚智所明也。先时中山负齐之强兵，侵暴吾地，系累吾您能穿上胡服。家里的事情要听从双亲，国家的事情就要听从国君，这是古今公认的行为准则。子女不能反对双亲，臣子不能违背君主，这是兄弟们通用的礼仪道德。如今我制定政令，改变服装，可是叔父您要不穿，我恐怕天下人会议论纷纷。治国有常规，要以利民为根本；处理政事有原则，听从命令最重要。宣传德政要先从平民开始，而推行政令就要先让贵族信从。如今穿胡服的目的，并非是为了满足我自己的欲望和愉悦心志；事情要做到了，功业才能完成。事情完成了，功业建立了，然后才算是妥善。如今我怕叔父违背了处理政事的原则，因此来帮助叔父考虑。况且我听说过，做有利于国家的事，行为不会偏邪；依靠贵戚的人，名义不会受损害。所以我愿仰慕叔父的忠义，来成就改变胡服的功绩。我派王緤来拜见叔父，请您穿上胡服。”公子成再拜叩头说：“我本来就已听说了君王穿胡服的事，老臣不才，卧病在床，不能为君王奔走效力多多进言。大王命令我，我斗胆回答，以此尽我的愚忠。我听说中原的国家是聪明智慧的人居住的地方，是万物财用聚集的地方，是圣贤进行教化的地方，是仁义可以施行的地方，是诗书礼乐可以发挥作用的地方，是各种技艺才能可以施展的地方，是远方之人愿来观览投奔的地方，是蛮夷乐于效法的地方。如今大王抛弃了这些而穿起远方的服装，变更了古来的教化，改易了古人的道义，违反众人的心意，背弃学者之教诲，背离中原风俗，所以我希望大王仔细考虑这件事。”使者回去禀报之后。武灵王说：“我本来听说叔父有病，我要亲自去请求他。”

武灵王于是前往公子成家中，亲自请求他，说：“衣服是为了便于穿用的，礼仪是为了便于行事的。圣人观察乡俗而顺应风俗，根据实际情况制定礼仪，所以可以利民富国。剪掉头发，身上刺上花纹，臂膀上绘画，衣襟开在左边，这是瓯越百姓的习俗。染黑牙齿，额上刺花，戴鱼皮帽子，穿粗针大线的衣服，这是吴国之地的习俗。所以礼制服装各地不同，而它的作用却是一致的，都是为了便利。地方不同使用起来就会有变化，情况不同礼制也会更改。因此圣人认为如果可以利国，方法不必一致；如果可以便于行事，礼制不必相同。儒者从相同的师者继承而习俗有别，中原礼仪相同但教化却互相有别，何况是为了偏远地区的方便呢？所以进退取舍的变化，聪明人也不能一致；远近地区的服饰，圣贤也不能使其相同。穷乡僻壤风俗多异，学识浅陋却多诡辩。不了解的事不去怀疑，与自己的意见不同而不去非议的人，才会公正地听取众人意见以求都能妥善地解决问题。如今叔父所说的是习俗，我所说的是为了驾驭习俗。我国东有黄河、薄洛津，与齐国、中山国一样。东边是燕国、东胡的国境，西边有楼烦、秦国、韩国的边界，如今没有骑射的装备。所以如果没有舟船可以使用，住在河两岸的百姓，将用什么守住黄河、薄洛之水呢？改变服装、练习骑射，就是为了防守同民，引水围鄗，微社稷之神灵，则鄗几于不守也。先王丑之，而怨未能报也。今骑射之备，近可以便上党之形，而远可以报中山之怨。而叔顺中国之俗以逆简、襄之意，恶变服之名以忘鄗事之丑，非寡人之所望也。”公子成再拜稽首曰：“臣愚，不达于王之义，敢道世俗之闻，臣之罪也。今王将继简、襄之意以顺先王之志，臣敢不听命乎！”再拜稽首。乃赐胡服。明日，服而朝。于是始出胡服令也。

赵文、赵造、周袑、赵俊皆谏止王毋胡服，如故法便。王曰：“先王不同俗，何古之法？帝王不相袭，何礼之循？虙戏、神农教而不诛，黄帝、尧、舜诛而不怒。及至三王，随时制法，因事制礼。法度制令各顺其宜，衣服器械各便其用。故礼也不必一道，而便国不必古。圣人之兴也不相袭而王，夏、殷之衰也不易礼而灭。然则反古未可非，而循礼未足多也。且服奇者志淫，则是邹、鲁无奇行也；俗辟者民易，则是吴、越无秀士也。且圣人利身谓之服，便事谓之礼。夫进退之节，衣服之制者，所以齐常民也，非所以论贤者也。故齐民与俗流，贤者与变俱。故谚曰‘以书御者不尽马之情，以古制今者不达事之变’。循法之功，不足以高世；法古之学，不足以制今。子不及也。”遂胡服招骑射。

二十年，王略中山地，至宁葭；西略胡地，至榆中。林胡王献马。归，使楼缓之秦，仇液之韩，王贲之楚，富丁之魏，赵爵之齐。代相赵固主胡，致其兵。

二十一年，攻中山。赵袑为右军，许钧为左军，公子章为中军，王并将之。牛翦将车骑，赵希并将胡、代。赵与之陉，合军曲阳，攻燕、三胡、秦、韩的边界。况且从前简子不在晋阳以及上党设置要塞，就是为了让襄子吞并戎地、攻取代国以便赶跑胡人，这是愚人和智者都能明白的。从前中山国依靠齐国的强大兵力，侵犯践踏我们的领地，虏掠我国百姓，引黄河之水围困鄗城，如果不是社稷神灵保佑，鄗城几乎就要失守了。先王以此为耻，然而此仇却还没报。如今穿上骑射的装备，从近的说可以使上党的地势更为有利，从远的说可以报中山国之仇。然而叔父却顺从中原的习俗，违背简主、襄主的遗志，厌恶改变服装的虚名而忘记鄗城的耻辱，这不是我所希望看到的。”公子成叩头拜了两拜说：“老臣愚钝，没能理解大王的深意，竟斗胆说出世俗的见解，这是我的罪过。如今大王要继承简主、襄主的遗志，顺从先王的意愿，我怎敢不听从大王您的命令呢！”公子成叩头拜了两拜。于是武灵王赐给他胡服。第二天，公子成穿着胡服上朝。这时武灵王才开始发布改穿胡服的命令。

赵文、赵造、周袑、赵俊都来劝谏武灵王不要穿胡服，依照以前的习俗更适宜。武灵王说：“先王的习俗也有不同，哪种习俗可以仿效？帝王们不互相因袭，哪种礼制可以遵循？伏羲神农重视教化，不使用诛罚；黄帝、尧、舜实行刑罚，但不残暴。到了夏、商、周三王，随着时代的变化来制定法令，根据实际情况来制定礼仪制度。法规政令都顺应实际需要，衣服器械都便于使用。所以礼仪不必只用一种方式，而便利国家也不必效仿古代。圣人的兴起并不互相因袭却能统一天下，夏、殷的衰败并没有因为不改变礼制就没有走向灭亡。那么，违背古制没有什么可非议的，遵循旧礼并不值得称道。如果说穿着奇特的人心志浮荡，那么邹、鲁一带就不会有奇特技能的人了；习俗怪异的地方百姓都轻率，那么吴、越一带也就不会有出众的人才了。况且圣人认为，只要有利于身体的都可以叫做衣服，只要方便行事的都可以称为礼制。况且进退的礼节、衣服的制度，都是为了统一平民百姓，并不是为了评论贤人。所以平民总是和旧俗相伴，贤人与变革同在。所以有古话这样说：‘按照书本赶车的人可能不知晓马的性情，用古人的制度来约束今世的人不通晓事物的变化。’遵循古法的功效，不可能高出世俗；效仿古代的学说，不足以治理今世。你们不懂这个道理啊！”最终还是推行胡服并招募士兵练习骑射。

二十年，武灵王巡察中山国地势，到达宁葭；向西巡察胡人地势，到达榆中。林胡王进献马匹。回来后，武灵王派楼缓出使秦国，派仇液出使韩国、王贲去楚国、富丁去魏国、赵爵去齐国，并让代地的宰相赵固掌管胡地，招募胡地士兵。

二十一年，赵国攻打中山国。赵袑率领右军，许钧率领左军，公子章率领中军，武灵王统率三军，牛翦率领战车和骑兵，赵希一并率领胡地与代地的军队。

取丹丘、华阳、鸱之塞。王军取鄗、石邑、封龙、东垣。中山献四邑和，王许之，罢兵。二十三年，攻中山。二十五年，惠后卒。使周袑胡服傅王子何。二十六年，复攻中山，攘地北至燕、代，西至云中、九原。

二十七年五月戊申，大朝于东宫，传国，立王子何以为王。王庙见礼毕，出临朝。大夫悉为臣，肥义为相国，并傅王。是为惠文王。惠文王，惠后吴娃子也。武灵王自号为主父。

主父欲令子主治国，而身胡服将士大夫西北略胡地，而欲从云中、九原直南袭秦，于是诈自为使者入秦。秦昭王不知，已而怪其状甚伟，非人臣之度，使人逐之，而主父驰已脱关矣。审问之，乃主父也。秦人大惊。主父所以入秦者，欲自略地形，因观秦王之为人也。

惠文王二年，主父行新地，遂出代，西遇楼烦王于西河而致其兵。

三年，灭中山，迁其王于肤施。起灵寿，北地方从，代道大通。还归，行赏，大赦，置酒酺五日，封长子章为代安阳君。章素侈，心不服其弟所立。主父又使田不礼相章也。

李兑谓肥义曰："公子章强壮而志骄，党众而欲大，殆有私乎？田不礼之为人也，忍杀而骄。二人相得，必有谋阴贼起，一出身徼幸。夫小人有欲，轻虑浅谋，徒见其利而不顾其害，同类相推，俱入祸门。以吾观之，必不久矣。子任重而势大，乱之所始，祸之所集也，子必先患。仁者爱万物而智者备祸于未形，不仁不智，何以为国？子奚不称疾毋出，传政于公子成？毋为怨府，毋为祸梯。"肥义曰："不可，昔者主父以王属义也，曰：'毋变而度，毋异而虑，坚守一心，以殁而世。'义再拜受命而籍之。今畏不礼之难而忘吾籍，变孰大焉。进受严命，退而不全，负孰甚焉。

赵希与诸军通过隘口，到曲阳会师，攻取了丹丘、华阳、鸱上关塞。武灵王率军夺取了鄗城、石邑、封龙、东垣。中山国献出四座城池要求停战，武灵王答应了他，收兵。二十三年，又进攻中山国。二十五年，惠后去世。武灵王派周袑穿胡服辅佐教导王子赵何。二十六年，赵国再次进攻中山国，夺取的土地北至燕、代一带，西至云中、九原。

二十七年五月戊申日，灵王在东宫举行盛大朝会，武灵王传位，将王子赵何立为新君。新王到祖庙行礼以后，出来上朝。大夫全都封为大臣，肥义封为相国，并且辅佐新王。这就是惠文王。也就是惠后吴娃的儿子。武灵王自称为主父。

主父想让儿子自主治国，而自己穿上胡服率领士大夫到西北巡视胡地，并想从云中、九原一直向南袭击秦国，于是他亲自乔装成使者进入秦国。秦昭王不知道，等他走后惊怪他的状貌特别魁伟，不像人臣的气度，派人追赶，可是主父已经飞马奔出秦国的关口。昭王仔细询问，才知道是主父。秦人非常惊恐。主父之所以要去秦国，是想亲自察看秦国的地形，并趁机观察秦王的为人。

惠文王二年，主父巡视新占领的土地，经过代地，在西河与楼烦王相会，并征收了他的士兵。

三年，灭中山国，把它的国王迁到肤施县。开始建灵寿城，北方地区自此从属于赵国，通往代地的道路变得十分通畅。主父回来以后，论功行赏，实行大赦，设酒宴欢聚五天，将长子赵章封为代地的安阳君。赵章向来放纵，一直对弟弟被立为君王这件事感到心中不服。主父又派田不礼辅佐赵章。

李兑告诉肥义说："公子章身强力壮并且心志放纵，党羽很多，野心较大，恐怕会有私心吧！田不礼的为人，也是残忍并且傲慢的。他们两个人互相投合，一定会有密谋叛乱的事情发生，一旦叛乱就希望侥幸成功。如果小人有了野心，考虑事情就会比较轻率，对事情的规划也会比较浅薄，只看到利益却不会顾及以后的危害，同谋的人互相怂恿，到时就会一起闯入祸乱之门。依我看，这种事一定过不了多久就会发生了。您肩负重任并且手握大权，将会是动乱的开始，灾祸的集中之地，您必定最先受到伤害。仁慈之人博爱万物，智者防患于未然，不仁不智，还拿什么来治理国家？您何不说自己有病不能上朝，把政事交给公子成处理呢？这样就不会成为怨恨汇集的地方，祸乱发生的阶梯。"肥义说："不行。当初主父把新王托付给我，说：'不要变更你的法度，不要改变你的心志，坚持岗位，一心一意，至死不变。'我接受主父的命令并记载下来。现在因为害怕田不礼作乱而忘记我曾记载的主父的命令，什么罪过比变节更大呢！在朝时接受了庄严的命令，退朝后却不能全心全意去实施，什么错误比背叛更严重呢！变节负变负之臣，不容于刑。谚曰‘死者复生，生者不愧’。吾言已在前矣，吾欲全吾言，安得全吾身！且夫贞臣也难至而节见，忠臣也累至而行明。子则有赐而忠我矣，虽然，吾有语在前者也，终不敢失。”李兑曰：“诺，子勉之矣！吾见子已今年耳。”涕泣而出。李兑数见公子成，以备田不礼之事。

异日肥义谓信期曰：“公子与田不礼甚可忧也。其于义也声善而实恶，此为人也不子不臣。吾闻之也，奸臣在朝，国之残也；谗臣在中，主之蠹也。此人贪而欲大，内得主而外为暴。矫令为慢，以擅一旦之命，不难为也，祸且逮国。今吾忧之，夜而忘寐，饥而忘食。盗贼出入不可不备。自今以来，若有召王者必见吾面，我将先以身当之，无故而王乃入。”信期曰：“善哉，吾得闻此也！”

四年，朝群臣，安阳君亦来朝。主父令王听朝，而自从旁观窥群臣宗室之礼。见其长子章傫然也，反北面为臣，诎于其弟，心怜之，于是乃欲分赵而王章于代，计未决而辍。

主父及王游沙丘，异宫，公子章即以其徒与田不礼作乱，诈以主父令召王。肥义先入，杀之。高信即与王战。公子成与李兑自国至，乃起四邑之兵入距难，杀公子章及田不礼，灭其党贼而定王室。公子成为相，号安平君，李兑为司寇。公子章之败，往走主父，主父开之，成、兑因围主父宫。公子章死，公子成、李兑谋曰：“以章故围主父，即解兵，吾属夷矣。”乃遂围主父。令宫中人“后出者夷”，宫中人悉出。主父欲出不得，又不得食，探爵鷇而食之，三月余而饿死沙丘宫。主父定死，乃发丧赴诸侯。

是时王少，成、兑专政，畏诛，故围主父。主父初以长子章为太子，后得吴娃，爱之，为不出者数岁，生子何，乃废太子章而立何为心的臣子，刑罚是不会宽容的。古话说‘死去的人如果能够重新活过来，而现在还活着的人应在他面前不致感到惭愧’。我已经有言在先，就一定会全心全意去实现我的诺言，怎能只为了保全我的身体呢！况且如果是坚贞之臣，当灾难临头时节操就会显现，忠良之臣当遇到牵累时行事必须鲜明。您已对我赐教并给我忠告。尽管如此，我因为有言在先，始终不敢违背自己的承诺。”李兑说：“好吧，您勉力而行吧！我估计只有今年能看到您了。”说完就痛哭流涕而去。李兑因为防范田不礼作乱之事，去拜见公子成好几次。

有一天，肥义对信期说：“公子章和田不礼令人十分担忧。他们嘴上说得好听而实际上却很坏，他们为人不孝不忠。我听说，如果有奸佞之臣在朝执政，将是国家的祸害；如果有谗言之臣在宫中服侍，将会是君主的蛀虫。这种人不仅贪婪，野心也很大，在宫内得到君主的宠爱，在外边就会胡作非为。假传王命傲慢无礼，如果有一天擅自发出命令，也是不难做到的，那么祸害将会危及整个国家。如今我担心此事，夜里经常睡不着觉，饥饿时经常忘记吃饭。对盗贼的出没不可不防备。从今以后，如果有人请求拜见君王一定要先来见我，我要先用自身来抵挡，确保没有变故才让君王进来。”信期说：“我能听到这样的话真是太好了！”

四年，群臣前来朝拜，安阳君也来了。主父让新王主持朝拜，他自己从一旁暗中观察群臣和王室宗亲的礼仪。他看到长子赵章颓丧的样子，反倒向北称臣，屈身在弟弟面前，顿生怜悯之心，当时就想把赵国一分为二，让赵章在代国称王，后来这个打算还没有决定就中止了。

主父和惠文王到沙丘游览，住在不同的宫室。公子章就依靠他的党徒和田不礼一起叛乱，假传主父命令说要召见惠文王。肥义先去，被杀死了。高信马上与惠文王一起作战。公子成和李兑从国都赶过来，调集四地的军队前来平定这场变乱，杀死了公子章和田不礼，消灭了他们的党徒，安定了王室。后来公子成被任命为宰相，封号为安平君，李兑被任命为司寇。公子章被打败的时候，逃到了主父那里，主父收留了他，因此公子成和李兑包围了主父的宫室。公子章死后，公子成和李兑商量说：“由于赵章的缘故我们包围了主父的宫室，就算现在撤兵，我们也是要被灭族的啊！”于是就继续包围主父宫室，命令宫中的人“最后出来的人将被灭族”，宫里的人全都出来了。主父想出却出不来，又没有食物，只好去掏雏鸟充饥，三个多月以后被饿死在沙丘宫里。公子成和李兑确定主父死了以后，才告诉诸侯。

当时惠文王年龄小，公子成和李兑两人专政，他们害怕被杀，所以包围主父。主父最初立了长子赵章为太子，后来得到吴娃，非常宠爱她，因此好几年都王。吴娃死，爱弛，怜故太子，欲两王之，犹豫未决，故乱起，以至父子俱死，为天下笑，岂不痛乎！

五年，与燕鄚、易。八年，城南行唐。九年，赵梁将，与齐合军攻韩，至鲁关下。及十年，秦自置为西帝。十一年，董叔与魏氏伐宋，得河阳于魏。秦取梗阳。十二年，赵梁将攻齐。十三年，韩徐为将，攻齐。公主死。十四年，相国乐毅将赵、秦、韩、魏、燕攻齐，取灵丘。与秦会中阳。十五年，燕昭王来见。赵与韩、魏、秦共击齐，齐王败走，燕独深入，取临淄。

十六年，秦复与赵数击齐，齐人患之。苏厉为齐遗赵王书曰：

臣闻古之贤君，其德行非布于海内也，教顺非洽于民人也，祭祀时享非数常于鬼神也。甘露降，时雨至，年谷丰孰，民不疾疫，众人善之，然而贤主图之。

今足下之贤行功力，非数加于秦也；怨毒积怒，非素深于齐也。秦赵与国，以强征兵于韩，秦诚爱赵乎？其实憎齐乎？物之甚者，贤主察之。秦非爱赵而憎齐也，欲亡韩而吞二周，故以齐餤天下。恐事之不合，故出兵以劫魏、赵。恐天下畏己也，故出质以为信。恐天下亟反也，故征兵于韩以威之。声以德与国，实而伐空韩，臣以秦计为必出于此。夫物固有势异而患同者，楚久伐而中山亡，今齐久伐而韩必亡。破齐，王与六国分其利也。亡韩，秦独擅之。收二周，西取祭器，秦独私之。赋田计功，王之获利孰与秦多？

说士之计曰："韩亡三川，魏亡晋国，市朝未变而祸已及矣。燕尽齐之北地，去沙丘、巨鹿敛三百里，韩之上党去邯郸百里，燕、秦谋王之河山，间三百里而通矣。秦之上郡近挺关，至于榆中者千五百里，秦以三郡攻王之上党，羊肠之西，句注之南，非王有已。踰句注，斩常山而守之，三百里而通于燕，代马胡犬不东下，昆山之玉不住在吴娃宫中，吴娃生下儿子赵何后，主父就废了太子章改立赵何为太子。吴娃死后，对赵何的爱也随之消减，又怜悯原来的太子，想让两个儿子并立为王，犹豫不决，所以当变乱发生之后，导致父子一同死去，被天下人嘲笑，怎不令人痛惜呢！

五年，赵国把鄚、易两地送给燕国。八年，修筑南行唐城。九年，赵梁率兵，联合齐军一起攻打韩国，直到鲁关之下。到了十年的时候，秦国自称为西帝。十一年，董叔和魏氏一起讨伐宋国，在魏国得到河阳。秦国夺取梗阳。十二年，赵梁率兵攻打齐国。十三年，韩徐率兵，进攻齐国。公主去世。十四年，燕国宰相乐毅统率赵、秦、韩、魏、燕五国联军攻打齐国，夺下灵丘。在中阳会见秦王。十五年，燕昭王来拜见赵王。赵国与韩、魏、秦联合一起攻打齐国，齐王败逃，燕军孤军深入，攻下临淄城。

十六年，秦国又多次与赵国一起进攻齐国，齐国人非常忧虑。苏厉为齐王写信给赵王，说：

我听说古代的贤君，他们的德行并非遍布于海内各地，教化也并非普及到所有的百姓，四时祭祀的供品也不是经常让祖先享用。甘露普降，下雨及时，五谷得到丰收，百姓不生疫病，众人都对此赞颂，然而贤主却要深思。

如今您的贤德和功劳，并非经常都施行在秦国；积蓄的怨恨和怒气，也并非向来就对齐国特别深。秦赵两国联合，强使韩国出兵，秦国真是爱惜赵国吗？还是真的恨齐国？事情如果太过分，贤主就应该察觉到。秦国并非爱赵国也并非恨齐国，而是想要灭亡韩国从而吞并东、西二周，故意以齐国为诱饵吸引天下。又担心事情不能成功，所以才出兵胁迫魏国和赵国。又担心天下都惧怕它，所以派出人质以便得到信任。恐怕天下各国很快就要一起反对它了，所以在韩国征兵以示威信。表面上说是对韩国有好处，实际上是要攻伐空虚的韩国，我认为秦国的计谋一定是从这方面考虑的。本来事情的形势就有所不同，然而祸患都是一样的，楚国长期受到讨伐而中山国灭亡了，如今齐国长期被攻伐而韩国也一定会灭亡的。攻破齐国，大王您和六国一同瓜分利益。灭亡了韩国，秦国就会单独占有它。占领二周，往西可以得到天子祭祀用的礼器，秦国独吞私占。授给田地要计算一下功利，大王您得到的利益与秦国相比谁的更多呢？

游说之士议论说："韩国失去三川，魏国失去晋地，朝廷还没变化灾难就已经到来了。燕国占领齐国北部所有的土地之后，离沙丘、巨鹿就少了三百里，韩国的上党离邯郸只有一百里，燕国、秦国共同筹划准备夺取赵国的河山，经小路三百里就可通达。秦国的上郡靠近挺关，到达榆中有一千五百里，秦国凭借三郡进攻赵国的上党，羊肠坂以西、句注山以南就不再是大王您的领地了。越过句注山，截断常山并驻守在那里，仅三百里路就可通往燕国，代地的兵马、胡地的良出，此三宝者亦非王有已。王久伐齐，从强秦攻韩，其祸必至于此。原王孰虑之。

“且齐之所以伐者，以事王也；天下属行，以谋王也。燕秦之约成而兵出有日矣。五国三分王之地，齐倍五国之约而殉王之患，西兵以禁强秦，秦废帝请服，反巠分、先俞于赵。齐之事王，宜为上佼，而今乃抵罪，臣恐天下后事王者之不敢自必也。愿王孰计之也。

“今王毋与天下攻齐，天下必以王为义。齐抱社稷而厚事王，天下必尽重王义。王以天下善秦，秦暴，王以天下禁之，是一世之名宠制于王也。”于是赵乃辍，谢秦不击齐。

王与燕王遇。廉颇将，攻齐昔阳，取之。

十七年，乐毅将赵师攻魏伯阳。而秦怨赵不与己击齐，伐赵，拔我两城。十八年，秦拔我石城。王再之卫东阳，决河水，伐魏氏。大潦，漳水出。魏冉来相赵。十九年，秦取我二城。赵与魏伯阳。赵奢将，攻齐麦丘，取之。

二十年，廉颇将，攻齐。王与秦昭王遇西河外。

二十一年，赵徙漳水武平西。二十二年，大疫。置公子丹为太子。

二十三年，楼昌将，攻魏几，不能取。十二月，廉颇将，攻几，取之。二十四年，廉颇将，攻魏房子，拔之，因城而还。又攻安阳，取之。二十五年，燕周将，攻昌城、高唐，取之。与魏共击秦。秦将白起破我华阳，得一将军。二十六年，取东胡欧代地。

二十七年，徙漳水武平南。封赵豹为平阳君。河水出，大潦。

二十八年，蔺相如伐齐，至平邑。罢城北九门大城。燕将成安君公孙操弑其王。二十九年，秦、韩相攻，而围阏与。赵使赵奢将，击秦，大破秦军阏与下，赐号为马服君。

犬从此就不再东入赵国，昆山之玉也不再运至赵国，这三种宝物也就不再为大王所有了。大王长期攻打齐国，跟随在强秦的后面进攻韩国，最终祸患定会达到这种地步。希望大王您能仔细考虑。

“况且齐国之所以被讨伐，就是因为它侍奉了大王；各国军队联合起来，就是为了图谋祸害大王。如果燕、秦两国的盟约达成的话，那出兵的日子也就不远了。五国想把赵国的土地一分为三，齐国背弃了五国盟约牺牲自己只为解除赵国之祸，向西进兵抑制强秦，使秦国废除帝号请求屈服，把巠分、先俞还给赵国。齐国侍奉大王，应该说是最好的交情了，如今却让齐国服罪，我担心以后侍奉大王的国家不敢那么坚决了。希望大王好好考虑一下。

“假如现在大王不与各国一起进攻齐国，天下各国一定认为大王主持正义，齐国将捧着江山社稷尽心侍奉大王，天下各国一定都会敬重大王的正义。到那时大王就可以带领各国同秦国友好相交，如果秦国强暴，大王就可以带领各国抑制它，这样，一世的荣耀名誉都在大王您的掌握之中。”于是赵国退兵，谢绝了秦国，不再进攻齐国。

惠文王与燕王相会。廉颇领兵，进攻齐国的昔阳，一举拿下。

惠文王十七年，乐毅率领赵军攻打魏国的伯阳。秦王怨恨赵国不和他一起攻打齐国，就征伐赵国，夺取了赵国的两座城。十八年，秦军攻下赵国的石城。赵王再次到卫地的东阳，引决黄河水，讨伐魏国。大水成灾，漳水泛滥。魏冉来赵国任宰相。十九年，秦军又夺取了赵国两座城。赵国把伯阳还给魏国。赵奢领兵，攻打齐国的麦丘，夺取了麦丘。

二十年，廉颇率兵，攻打齐国。赵王在西河之外与秦昭王相会。

二十一年，赵国把漳水的水道改在武平的西边。二十二年，瘟疫泛滥。立公子丹为太子。

二十三年，楼昌率领军队，攻打魏国的几邑，没有攻下。十二月，廉颇又一次领兵，进攻几邑，占领了它。二十四年，廉颇带兵，进攻魏国的房子，夺下它，并筑起城墙才回去。又进攻安阳，又夺下了。二十五年，燕周领兵，进攻昌城、高唐，都胜利了。赵国与魏国联合攻打秦国，秦国大将白起在华阳打败赵军，俘虏赵国一名将领。二十六年，赵国夺回被东胡胁迫叛离的代地。

二十七年，赵国又把漳水的水道改往武平以南。封赵豹为平阳君。黄河泛滥，大水成灾。

二十八年，蔺相如攻打齐国，打到平邑。停止修建北边九门县的大城。燕国将领成安君和公孙操杀死燕国君王。二十九年，秦、韩联合攻赵，包围了阏与。赵国派赵奢率领军队，反击秦军，在阏与城下大败秦军，赵王赐给赵奢马服君的封号。

三十三年，惠文王卒，太子丹立，是为孝成王。

孝成王元年，秦伐我，拔三城。赵王新立，太后用事，秦急攻之。赵氏求救于齐，齐曰："必以长安君为质，兵乃出。"太后不肯，大臣强谏。太后明谓左右曰："复言长安君为质者，老妇必唾其面。"左师触龙言愿见太后，太后盛气而胥之。入，徐趋而坐，自谢曰："老臣病足，曾不能疾走，不得见久矣。窃自恕，而恐太后体之有所苦也，故愿望见太后。"太后曰："老妇恃辇而行耳。"曰："食得毋衰乎？"曰："恃粥耳。"曰："老臣间者殊不欲食，乃强步，日三四里，少益嗜食，和于身也。"太后曰："老妇不能。"太后不和之色少解。左师公曰："老臣贱息舒祺最少，不肖，而臣衰，窃怜爱之，原得补黑衣之缺以卫王宫，昧死以闻。"太后曰："敬诺。年几何矣？"对曰："十五岁矣。虽少，愿及未填沟壑而托之。"太后曰："丈夫亦爱怜少子乎？"对曰："甚于妇人。"太后笑曰："妇人异甚。"对曰："老臣窃以为媪之爱燕后贤于长安君。"太后曰："君过矣，不若长安君之甚。"左师公曰："父母爱子则为之计深远。媪之送燕后也，持其踵，为之泣，念其远也，亦哀之矣。已行，非不思也，祭祀则祝之曰'必勿使反'，岂非计长久，为子孙相继为王也哉？"太后曰："然。"左师公曰："今三世以前，至于赵主之子孙为侯者，其继有在者乎？"曰："无有。"曰："微独赵，诸侯有在者乎？"曰："老妇不闻也。"曰："此其近者祸及其身，远者及其子孙。岂人主之子侯则不善哉？位尊而无功，奉厚而无劳，而挟重器多也。今媪尊长安君之位，而封之以膏腴之地，多与之重器，而不及今令有功于国，一旦山陵崩，长安君何以自托于赵？老臣以媪为长安君之计短也，故以为爱之不若燕后。"太后曰："诺，恣君之所使之。"于是为长安君约车百乘，质于齐，齐兵乃出。

三十三年，惠文王去世，太子丹即位，这就是孝成王。

孝成王元年，秦国攻打赵国，夺取了三座城。新王刚刚即位，太后掌权，秦国加紧进攻。赵国向齐国请求救援，齐王说：“一定要让长安君来做人质，齐国才会出兵。”太后不答应，大臣极力进谏。太后很明确地告诉左右大臣说：“如果有人再来说让长安君去当人质的，老妇我一定要唾他的脸。”左师触龙说请求拜见太后，太后怒气冲冲地等着他。触龙进宫，慢慢地迈着小碎步过去坐下，自己告罪说：“我的脚有毛病，不能走快了，所以很久都没来拜见您了。我私下里常常宽恕自己，但又担心太后的身体有什么不舒服，所以一直希望能来看望太后。”太后说：“我现在依靠车辇行动。”触龙说：“饮食没有减少吧？”太后说：“就靠喝粥罢了。”触龙说：“老臣我近来也没有食欲，就勉强散散步，每天走上三四里，多少能增加点食欲，身体也舒适一些。”太后说：“老妇我办不到。”太后的怒气也稍稍缓和了些。左师公触龙说：“我的儿子舒祺年龄最小，没什么出息，然而我已经老了，心里很疼爱他，希望他能补上黑衣卫士的空缺来保卫王宫，我冒着死罪向您禀告。”太后说：“好吧！多大年纪了？”触龙回答说：“十五岁了。虽然还年轻，但希望在我还没入土的时候可以把他托付给您。”太后说：“你们男人也疼爱小儿子吗？”触龙回答说：“比你们女人更疼爱。”太后笑着说：“妇人爱得更厉害。”触龙说：“老臣私下里认为您疼爱燕后胜过长安君。”太后说：“您错了，比长安君差太多了。”左师公说：“父母如果疼爱子女，就会为他们做长远打算。您送燕后远嫁的时候，握着她的脚后跟，为她哭泣，想到她要去那么远的地方，也是很可怜她呀。等她走了以后，并不是不想念她，可在祭祀的时候却祷告说‘千万不要让她回来’，这难道不是为她的长远打算，希望她的子子孙孙都能继承王位吗？”太后说：“是啊。”左师公说：“从现在算起到三代以前，直到赵国每位君主的子孙被封侯的时候，他们的封地、封号还有保留到今天的吗？”太后说：“没有了。”左师公说：“不单赵国，各国诸侯子孙后代的封地、封号还有存在的吗？”太后说：“老妇没听说过。”左师公说：“这就是时间短的当代即遭祸被废，时间长的也只能传到二代、三代。难道君主的子孙被封侯就变坏了吗？只是因为这样一来，他们的地位尊贵但没有功劳，俸禄优厚却没有功绩，而拥有贵重的宝物又太多。如今您让长安君的地位尊贵了，又封给他肥沃的土地，给他许多贵重的宝物，却不趁现在让他为国立功，一旦有一天您辞别人世，那长安君还能凭借什么在赵国立身？老臣觉得您为长安君打算得不够长远，所以认为您疼爱他不如疼爱燕后。”太后说：“好吧，任凭您派他到哪里去吧！”于是为长安君准备了一百辆车，去齐国做人质，齐国这才出兵。

子义闻之，曰："人主之子，骨肉之亲也，犹不能持无功之尊，无劳之奉，而守金玉之重也，而况于予乎？"

齐安平君田单将赵师而攻燕中阳，拔之。又攻韩注人，拔之。二年，惠文后卒。田单为相。

四年，王梦衣偏裻之衣，乘飞龙上天，不至而坠，见金玉之积如山。明日，王召筮史敢占之，曰："梦衣偏裻之衣者，残也。乘飞龙上天不至而坠者，有气而无实也。见金玉之积如山者，忧也。"

后三日，韩氏上党守冯亭使者至，曰："韩不能守上党，入之于秦。其吏民皆安为赵，不欲为秦。有城市邑十七，原再拜入之赵，财王所以赐吏民。"王大喜，召平阳君豹告之曰："冯亭入城市邑十七，受之何如？"对曰："圣人甚祸无故之利。"王曰："人怀吾德，何谓无故乎？"对曰："夫秦蚕食韩氏地，中绝不令相通，固自以为坐而受上党之地也。韩氏所以不入于秦者，欲嫁其祸于赵也。秦服其劳而赵受其利，虽强大不能得之于小弱，小弱顾能得之于强大乎？岂可谓非无故之利哉！且夫秦以牛田之水通粮蚕食，上乘倍战者，裂上国之地，其政行，不可与为难，必勿受也。"王曰："今发百万之军而攻，踰年历岁未得一城也。今以城市邑十七币吾国，此大利也。"

赵豹出，王召平原君与赵禹而告之。对曰："发百万之军而攻，踰岁未得一城，今坐受城市邑十七，此大利，不可失也。"王曰："善。"乃令赵胜受地，告冯亭曰："敝国使者臣胜，敝国君使胜致命，以万户都三封太守，千户都三封县令，皆世世为侯，吏民皆益爵三级，吏民能相安，皆赐之六金。"冯亭垂涕不见使者，曰："吾不处三不义也：为主守地，不能死固，不义一矣；入之秦，不听主令，不义二矣；卖主地而食之，不义三矣。"赵遂发兵取上党。廉颇将军军长平。

赵国贤人子义听说后，说："君主的儿子，也是骨肉之亲，尚且不能依靠没有功勋的尊位，以及没有功劳的俸禄，来保住金玉之类的贵重宝物，更何况是我们这些普通人呢？"

齐国的安平君田单率领赵国军队进攻燕国的中阳，夺取了中阳。又进攻韩国的注人，也胜利了。二年，惠文后去世。田单被封为宰相。

四年，孝成王做梦梦到自己穿着两种颜色的衣服，乘飞龙到天上去，还没到天上就坠落下来，看见金玉堆积如山。第二天，孝成王召见筮史官敢来占卜，说："梦见穿两色衣服，表示残缺。乘飞龙上天还没到就坠落下来，表示有气势但没有实力。看见金玉堆积如山，表示忧患。"

在这之后三天，韩国驻守上党的将领冯亭派使者到赵国，说："韩国已不能守住上党，就要被并入秦国。那里的官吏百姓都愿意归顺赵国，而不愿归顺秦国。上党有城邑十七个，希望重新归顺赵国，大王怎样向官吏百姓施恩，请您裁决。"孝成王很高兴，召见平阳君赵豹并告诉他说："冯亭向赵国进献十七城，接受它怎样？"赵豹回答说："圣人认为无缘无故的利益就是大祸。"孝成王说："人们都被我的恩德感召，怎么说是没有缘故呢？"赵豹回答说："秦国侵吞韩国的土地，我们从当中断绝，不让两边相通，自以为可以白白得到上党的土地。韩国之所以不归顺秦国，是想要嫁祸于赵国。秦国付出了辛劳而赵国却白白得利，即使是强大的国家也不能随意从弱小的国家那里得利，难道弱小的国家反倒能从强大的国家那里得利吗？这怎能说不是无缘无故得来的利益呢！况且秦国利用牛田的水道运粮蚕食韩国，用最好的战车准备作战，分割韩国的土地，它的政令已经施行，不能和它为敌，一定不要接受。"孝成王说："如今就算出动百万大军进攻，一年半载也得不到一座城。现在有人送给我们十七座城邑，这可是大利呀！"

赵豹走后，孝成王召见平原君和赵禹，并把这件事告诉他们。他们回答说："出动百万大军进攻，过一年也得不到一座城，如今白白地得到十七座城邑，这么大的利益，不能丢掉。"孝成王说："好。"于是派赵胜去接收土地。赵胜告诉冯亭说："我是赵国的使者赵胜，我们君主派我前来传达命令，封赐万户的城邑三座给太守，封赐千户的城邑三座给各县县令，以后世代都为侯，官吏百姓全部晋爵三级，官吏百姓能平安相处，都赏赐黄金六斤。"冯亭流下眼泪不见使者，他说："我不能处于三不义的境地：替君主守护国土，却不能拼死固守，这是一不义；把上党归属秦国，我却不听君主的命令，这是二不义；出卖君主的土地而得到封赏，这是三不义。"赵国于是发兵占领上党。廉颇领兵进驻长平。

七月，廉颇免而赵括代将。秦人围赵括，赵括以军降，卒四十余万皆坑之。王悔不听赵豹之计，故有长平之祸焉。

王还，不听秦，秦围邯郸。武垣令傅豹、王容、苏射率燕众反燕地。赵以灵丘封楚相春申君。

八年，平原君如楚请救。还，楚来救，及魏公子无忌亦来救，秦围邯郸乃解。

十年，燕攻昌壮，五月拔之。赵将乐乘、庆舍攻秦信梁军，破之。太子死。而秦攻西周，拔之。徒父祺出。十一年，城元氏，县上原。武阳君郑安平死，收其地。十二年，邯郸廥烧。十四年，平原君赵胜死。

十五年，以尉文封相国廉颇为信平君。燕王令丞相栗腹约欢，以五百金为赵王酒，还归，报燕王曰："赵氏壮者皆死长平，其孤未壮，可伐也。"王召昌国君乐间而问之。对曰："赵，四战之国也，其民习兵，伐之不可。"王曰："吾以众伐寡，二而伐一，可乎？"对曰："不可。"王曰："吾即以五而伐一，可乎？"对曰："不可。"燕王大怒。群臣皆以为可。燕卒起二军，车二千乘，栗腹将而攻鄗，卿秦将而攻代。廉颇为赵将，破杀栗腹，虏卿秦、乐间。

十六年，廉颇围燕。以乐乘为武襄君。十七年，假相大将武襄君攻燕，围其国。十八年，延陵钧率师从相国信平君助魏攻燕。秦拔我榆次三十七城。十九年，赵与燕易土：以龙兑、汾门、临乐与燕；燕以葛、武阳、平舒与赵。

二十年，秦王政初立。秦拔我晋阳。

二十一年，孝成王卒。廉颇将，攻繁阳，取之。使乐乘代之，廉颇攻乐乘，乐乘走，廉颇亡入魏。子偃立，是为悼襄王。

悼襄王元年，大备魏。欲通平邑、中牟之道，不成。

二年，李牧将，攻燕，拔武遂、方城。秦召春平君，因而留之。泄钧为之谓文信侯曰："春平君者，赵王甚爱之而郎中妒之，故相与谋曰'春平君入秦，秦必留之'，故相与谋而内之秦也。今七月，廉颇被罢免，赵括代替他领兵。秦军包围赵括的军队，赵括率军投降，四十多万士兵都被坑杀。孝成王后悔没听取赵豹的意见，因此导致长平的灾难。

孝成王返回都城，不答应秦国的要求，秦军包围邯郸。这时燕国的武垣县令傅豹和王容、苏射率领吏民投降赵国。赵国把灵丘封给楚国宰相春申君。

八年，平原君到楚国请求救援。回国后，楚军前来救助，魏国公子无忌也赶来救援，秦国才解除了对邯郸的包围。

十年，燕军攻打昌壮，五月攻取。赵国派乐乘、庆舍率军进攻秦国信梁的军队，并将其打败。赵国太子去世。秦国进攻西周，并占领了那里。徒父祺领兵出境。十一年，筑建元氏城，设为上原县。武阳君郑安平去世，赵国收回他的封地。十二年，邯郸的草料库被烧毁。十四年，平原君赵胜去世。

十五年，赵王把尉文封给宰相廉颇，封号为信平君。燕王派丞相栗腹来与赵国交好，送五百金为赵王祝酒。栗腹回国后报告燕王说："赵国的壮丁都死在长平了，他们的孩子还都没长大，可以去进攻它。"燕王召见昌国君乐间并询问他的意见。乐间回答说："赵国是四面受敌的国家，他们的百姓都受过军事训练，不能进攻它。"燕王说："我们以多攻少，两个打一个，可以吗？"回答道："不可以。"燕王说："那我就用五个去打一个，可以吗？"回答说："不可以。"燕王很生气。所有的大臣都认为可以出兵。燕国最终派出两支军队、两千辆战车，由栗腹率领进攻鄗城，卿秦领兵攻打代地。廉颇率领赵国军队，打败并杀死栗腹，俘虏了卿秦、乐间。

十六年，廉颇包围燕国都城。封乐乘为武襄君。十七年，武襄君领兵进攻燕国，包围了它的国都。十八年，延陵钧率领军队跟随相国信平君一起帮助魏国攻打燕国。秦军攻下赵国榆次地区的三十七座城。十九年，赵国和燕国交换国土：赵国把龙兑、汾门、临乐给燕国；燕国把葛城、武阳、平舒给赵国。

二十年，秦王政即位。秦军攻占赵国的晋阳。

二十一年，孝成王去世。廉颇领兵，攻占繁阳。赵王派乐乘接替廉颇，廉颇攻打乐乘，乐乘逃跑，廉颇逃亡到魏国。孝成王的儿子赵偃即位，这就是悼襄王。

悼襄王元年，赵国送大礼与魏国交好，想把通往魏国平邑和中牟的道路修好，没有成功。

二年，李牧率军，攻打燕国，夺取了武遂、方城。秦王召见赵太子春平君，借故把他扣留了。秦国说客泄钧因为这件事对文信侯吕不韦说："春平君，很受赵王的喜爱，然而郎中们却忌妒他，所以那些郎中们互相商议说：'春平君去秦君留之，是绝赵而郎中之计中也。君不如遣春平君而留平都。春平君者言行信于王，王必厚割赵而赎平都。”文信侯曰：“善。”因遣之。城韩皋。

三年，庞暖将，攻燕，禽其将剧辛。四年，庞暖将赵、楚、魏、燕之锐师，攻秦蕞，不拔；移攻齐，取饶安。五年，傅抵将，居平邑；庆舍将东阳河外师，守河梁。六年，封长安君以饶。魏与赵邺。

九年，赵攻燕，取狸阳城。兵未罢，秦攻邺，拔之。悼襄王卒，子幽缪王迁立。

幽缪王迁元年，城柏人。二年，秦攻武城，扈辄率师救之，军败，死焉。

三年，秦攻赤丽、宜安，李牧率师与战肥下，却之。封牧为武安君。四年，秦攻番吾，李牧与之战，却之。

五年，代地大动，自乐徐以西，北至平阴，台屋墙垣太半坏，地坼东西百三十步。六年，大饥，民讹言曰：“赵为号，秦为笑。以为不信，视地之生毛。”

七年，秦人攻赵，赵大将李牧、将军司马尚将，击之。李牧诛，司马尚免，赵匆及齐将颜聚代之。赵匆军破，颜聚亡去。以王迁降。

八年十月，邯郸为秦。

太史公曰：吾闻冯王孙曰：“赵王迁，其母倡也，嬖于悼襄王。悼襄王废適子嘉而立迁。迁素无行，信谗，故诛其良将李牧，用郭开。”岂不缪哉！秦既虏迁，赵之亡大夫共立嘉为王，王代六岁，秦进兵破嘉，遂灭赵以为郡。

国，秦国一定会扣留他。’于是他们一起商量着把春平君送到秦国。如今君王您扣留他，是和赵国断绝关系，而中了那些郎中的奸计。您不如送春平君回去，而扣下副使平都侯。春平君的言行受赵王的信任，赵王一定会割让许多土地来赎回平都。”文信侯说：“好。”于是送回春平君。赵国在韩皋筑城。

三年，庞暖率军，攻打燕国，俘虏了燕国的将领剧辛。四年，庞暖统率赵、楚、魏、燕四国的精兵，进攻秦国的蕞，没有攻克。后又移兵攻打齐国，夺取了饶安。五年，傅抵领兵，驻扎在平邑；庆舍率领东阳及河外的军队，守卫黄河的桥梁。六年，把饶安封给长安君。魏国把邺送给赵国。

九年，赵国攻打燕国，夺取了狸阳城。士兵还没有回到赵国，秦军就来攻打邺，并攻下了此地。悼襄王去世，他的儿子幽缪王赵迁即位。

幽缪王赵迁元年，赵国在柏人筑城。二年，秦军进攻武城，扈辄率兵救援，扈辄的军队被打败，扈辄战死。

三年，秦军进攻赤丽、宜安，李牧率领军队在肥城下与秦军交战，击退秦军。赵王封李牧为武安君。四年，秦军又进攻番吾，李牧与之作战，击退秦军。

五年，代地发生大地震，从乐徐往西，北到平阴，大半楼台、房屋、墙垣都被毁坏了，地面裂开东西宽一百三十步的深沟。六年，发生大饥荒，百姓中传出民谣说：“赵人大哭，秦人大笑。如果不相信，请看田里长不长苗。”

七年，秦军攻打赵国，赵国大将李牧和将军司马尚率领军队反击秦军。李牧被杀，司马尚被免职，赵匆和齐国将军颜聚替代他们。赵匆兵败，颜聚逃跑。因此赵王迁投降。

八年十月，邯郸归属秦国。

太史公说：我听冯王孙说：“赵王迁的母亲是歌女，深受悼襄王宠爱。悼襄王废了嫡子赵嘉而立赵迁为太子。赵迁向来行为不端，又听信谗言，所以诛杀了良将李牧，重用郭开。”这难道不荒唐吗！秦国俘虏赵迁之后，赵国逃亡的大夫们一同扶立赵嘉为王，在代地称王六年。秦国出兵攻破赵嘉，最终灭了赵国，把它改为郡。

魏世家第十四

魏之先，毕公高之后也。毕公高与周同姓。武王之伐纣，而高封于毕，于是为毕姓。其后绝封，为庶人，或在中国，或在夷狄。其苗裔曰毕万，事晋献公。

献公之十六年，赵夙为御，毕万为右，以伐霍、耿、魏，灭之。以耿封赵夙，以魏封毕万，为大夫。卜偃曰："毕万之后必大矣，万，满数也；魏，大名也。以是始赏，天开之矣，天子曰兆民，诸侯曰万民。今命之大，以从满数，其必有众。"初，毕万卜事晋，遇屯之比。辛廖占之，曰："吉。屯固比入，吉孰大焉，其必蕃昌。"

毕万封十一年，晋献公卒，四子争更立，晋乱。而毕万之世弥大，从其国名为魏氏。生武子。魏武子以魏诸子事晋公子重耳。晋献公之二十一年，武子从重耳出亡。十九年反，重耳立为晋文公，而令魏武子袭魏氏之后封，列为大夫，治于魏。生悼子。

魏悼子徙治霍。生魏绛。

魏绛事晋悼公。悼公三年，会诸侯。悼公弟杨干乱行，魏绛僇辱杨干。悼公怒曰："合诸侯以为荣，今辱吾弟！"将诛魏绛。或说悼公，悼公止。卒任魏绛政，使和戎、翟，戎、翟亲附。悼公之十一年，曰："自吾用魏绛，八年之中，九合诸侯，戎、翟和，子之力也。"赐之乐，三让，然后受之。徙治安邑。魏绛卒，谥为昭子。生魏嬴。嬴生魏献子。

献子事晋昭公。昭公卒而六卿强，公室卑。

晋顷公之十二年，韩宣子老，魏献子为国政。晋宗室祁氏、羊舌氏相恶，六卿诛之，尽取其邑为十县，六卿各令其子为之大夫。献子魏氏家族的祖先是毕公高的后代。毕公高原本和周天子是同姓。武王伐纣之后，高被封在毕地，所以就以毕为姓。他的后代中断了爵位，变成了平民，有的留在中原，有的流落到夷狄。他的后代中有个叫毕万的，侍奉晋献公。

晋献公十六年，赵夙为晋君驾车，毕万为车右护卫，去攻打霍、耿、魏，并将这几个地方都占据了。献公把耿地封给赵夙，把魏地封给毕万，他们两人都做了大夫。主管占卜的卜偃说："毕万的后代子孙一定很兴旺。'万'是满数；'魏'是高大的意思。用这样的名称封赏，这是上天对他的赞许和帮助。天子所统治的叫做兆民，诸侯所统治的叫做万民。如今封他的名称是大，后边又跟着满数，他以后一定会拥有很多民众。"当初，毕万为侍奉晋君这件事占卜吉凶，得到屯卦后又变为比卦。辛廖推断说："好。屯卦象征坚固，比卦象征进入，还有什么比这个更吉利的呢？将来必定会繁盛兴旺。"

毕万得到封赏后第十一年，晋献公去世，他的四个儿子争夺君位，晋国发生内乱。而毕万的子孙更加兴旺了，并随他们的国名称为魏氏。毕万生了武子。魏武子以魏氏诸子的身份侍奉晋公子重耳。晋献公二十一年，魏武子跟随重耳一起流亡在外，十九年后返回晋国，重耳即位为晋文公，就让魏武子承袭魏氏的封爵，并把他加封到了大夫的地位，他的官府设在魏邑。魏武子生了悼子。

魏悼子把官府迁到了霍邑。他生了魏绛。

魏绛侍奉晋悼公。悼公三年，晋悼公会见各位诸侯。悼公的弟弟杨干搞乱队列，魏绛杀了杨干的仆人羞辱他。悼公生气地说："会合诸侯这件事是大家的荣耀，如今你却羞辱我的弟弟！"将要诛杀魏绛。有人劝说悼公，悼公才停止。后来又任用魏绛掌管政事，派他去同戎、狄交好，戎、狄从此亲附晋国。悼公十一年，悼公说："自从我任用了魏绛之后，八年期间，九次会合诸侯，戎、狄都与我们和睦相处，这全靠您的努力呀！"就赐给魏绛乐器和乐队，魏绛再三辞让，然后才接受。魏绛把官府迁到安邑。魏绛去世后，谥号是昭子。他生了魏嬴，魏嬴生了魏献子。

魏献子侍奉晋昭公。昭公去世后，晋国的六卿强盛起来，公室逐渐衰败下去。

晋顷公十二年，韩宣子告老，魏献子掌管国政。晋室宗族祁氏和羊舌氏互相诽谤，六卿把他们诛杀了，收回他们的全部封地重新划分为十个县，并派他们的与赵简子、中行文子、范献子并为晋卿。

其后十四岁而孔子相鲁。后四岁，赵简子以晋阳之乱也，而与韩、魏共攻范、中行氏。魏献子生魏侈。魏侈与赵鞅共攻范、中行氏。

魏侈之孙曰魏桓子，与韩康子、赵襄子共伐灭知伯，分其地。

桓子之孙曰文侯都。魏文侯元年，秦灵公之元年也。与韩武子、赵桓子、周威王同时。

六年，城少梁。十三年，使子击围繁、庞，出其民。十六年，伐秦，筑临晋元里。

十七年，伐中山，使子击守之，赵仓唐傅之。子击逢文侯之师田子方于朝歌，引车避，下谒。田子方不为礼。子击因问曰："富贵者骄人乎？且贫贱者骄人乎？"子方曰："亦贫贱者骄人耳。夫诸侯而骄人则失其国，大夫而骄人则失其家。贫贱者，行不合，言不用，则去之楚、越，若脱屣然，奈何其同之哉！"子击不怿而去。西攻秦，至郑而还，筑雒阴、合阳。

二十二年，魏、赵、韩列为诸侯。

二十四年，秦伐我，至阳狐。

二十五年，子击生子罃。

文侯受子夏经艺，客段干木，过其闾，未尝不轼也。秦尝欲伐魏，或曰："魏君贤人是礼，国人称仁，上下和合，未可图也。"文侯由此得誉于诸侯。

任西门豹守邺，而河内称治。

魏文侯谓李克曰："先生尝教寡人曰'家贫则思良妻，国乱则思良相'。今所置非成则璜，二子何如？"李克对曰："臣闻之，卑不谋尊，疏不谋戚。臣在阙门之外，不敢当命。"文侯曰："先生临事勿让。"李克曰："君不察故也。居视其所亲，富视其所与，达视其所举，穷视其所不为，贫视其所不取，五者足以定之矣，何待克儿子分别去这十县担任大夫。魏献子与赵简子、中行文子、范献子一同担任晋国的上卿。

在这之后十四年，孔子在鲁国任代理宰相。又过了四年，赵简子由于晋阳之乱，联合了韩氏、魏氏一起攻打范氏和中行氏。魏献子生了魏侈，魏侈跟随赵鞅一起讨伐范氏和中行氏。

魏侈的孙子是魏桓子，他和韩康子、赵襄子一起攻打消灭了智伯，并瓜分了他的领地。

桓子的孙子是文侯魏都。魏文侯元年，也正好是秦灵公元年，魏文侯跟韩武子、赵桓子、周威王生活在一个时代。

文侯六年，魏文侯在少梁筑城。十三年，魏文侯派子击率兵围攻繁和庞两地，并将那里的百姓迁出。十六年，进攻秦国，在临晋、元里筑城。

文侯十七年，打败了中山国，派子击驻守在那里，并派赵仓唐去辅佐他。子击在朝歌遇到了文侯的老师田子方，于是停车让路，下车拜见。然而田子方却没有还礼。子击就问他说："是富贵的人对人比较傲慢还是贫贱的人对人比较傲慢呢？"田子方说："也就是贫贱的人对人傲慢罢了。诸侯如果对人傲慢就会失去他的封地，大夫如果对人傲慢就会失去他的家。贫贱的人，如果行为不相投合，意见不被采纳，可以离开这里到楚国、越国去，只不过跟脱掉草鞋一样，怎么能和富贵的人相同呢！"子击很不高兴地离开了。向西进攻秦国，到郑国就回来了，在雒阴、合阳筑城。

文侯二十二年，魏国、赵国、韩国都被封为诸侯。

文侯二十四年，秦军进攻魏国，打到了阳狐。

文侯二十五年，子击生子罃。

文侯拜子夏为老师学习经书，用对待宾客的礼仪对待段干木，经过他的乡里，没有一次不凭轼敬礼的。秦国曾经想要攻打魏国。有人说："魏君特别敬重贤人，魏国人都称赞他的仁德，上下和谐同心，不能对他有什么企图。"文侯因此得到诸侯的赞誉。

文侯任命西门豹为邺郡郡守，因而河内清平安定。

魏文侯对李克说："先生曾经教导我说：'家里贫困就想娶得贤妻，国家混乱就想任用贤相。'如今要任命宰相，不是成子就是翟璜，他们两个人您看怎么样？"李克回答说："我听说，卑贱的人不替尊贵的人出谋划策，关系疏远的人不替亲近的人出谋划策。我的职责在宫门以外，不敢承担这个使命。"文侯说："先生对此事就不要推辞了。"李克说："这是您没有考察的缘故。平时看他亲近哪些人，富有时看他结交哪些人，显贵时看他推荐哪些人，不得志时看他不做哉！”文侯曰：“先生就舍，寡人之相定矣。”李克趋而出，过翟璜之家。翟璜曰：“今者闻君召先生而卜相，果谁为之？”李克曰：“魏成子为相矣。”翟璜忿然作色曰：“以耳目之所睹记，臣何负于魏成子？西河之守，臣之所进也。君内以邺为忧，臣进西门豹。君谋欲伐中山，臣进乐羊。中山以拔，无使守之，臣进先生。君之子无傅，臣进屈侯鲋。臣何以负于魏成子！”李克曰：“且子之言克于子之君者，岂将比周以求大官哉？君问而置相‘非成则璜，二子何如’？克对曰：‘君不察故也。居视其所亲，富视其所与，达视其所举，穷视其所不为，贫视其所不取，五者足以定之矣，何待克哉！’是以知魏成子之为相也。且子安得与魏成子比乎？魏成子以食禄千钟，什九在外，什一在内，是以东得卜子夏、田子方、段干木。此三人者，君皆师之。子之所进五人者，君皆臣之。子恶得与魏成子比也？”翟璜逡巡再拜曰：“璜，鄙人也，失对，原卒为弟子。”

二十六年，虢山崩，壅河。

三十二年，伐郑。城酸枣。败秦于注。三十五年，齐伐取我襄陵。三十六年，秦侵我阴晋。

三十八年，伐秦，败我武下，得其将识。是岁，文侯卒，子击立，是为武侯。

魏武侯元年，赵敬侯初立，公子朔为乱，不胜，奔魏，与魏袭邯郸，魏败而去。

二年，城安邑、王垣。

七年，伐齐，至桑丘。九年，翟败我于浍。使吴起伐齐，至灵丘。齐威王初立。

十一年，与韩、赵三分晋地，灭其后。

十三年，秦献公县栎阳。十五年，败赵北蔺。

十六年，伐楚，取鲁阳。武侯卒，子罃立，是为惠王。

哪些事，贫苦时看他不要哪些东西，根据这五条就足以决定谁当宰相了，又哪里需要等我李克来发表意见呢！”文侯说：“先生回家吧，宰相的人选我已经定了。”李克快步走出去，到翟璜家中拜访。翟璜说：“听说君主今天为选择宰相召见先生，结果是任命谁为宰相呢？”李克说：“魏成子当宰相了。”翟璜很生气，脸色都变了，说：“就凭您的所见所闻，我哪一点比魏成子差？西河的守将是我推荐的。君主对国内最忧虑的是邺郡，我推荐了西门豹。君主谋划要进攻中山国，我推荐了乐羊。中山攻灭以后，没有人可以派去镇守，我推荐了先生您。君主的儿子没有师傅，我推荐了屈侯鲋。我哪一点比魏成子差！”李克说：“您向君主推荐我的目的，难道就是为了结党营私来谋求做大官吗？君主询问安排宰相一事，说‘不是成子就是翟璜，这两个人怎么样？’我回答说：‘这是您不没有考察的原因。平时看他亲近哪些人，富有时看他结交哪些人，显贵时看他推荐哪些人，不得志时看他不做哪些事，贫苦时看他不要哪些东西。根据这五条就足以决定了，又有哪里需要问我李克呢？’因此就知道魏成子要做宰相了。您怎么能跟魏成子相比呢？魏成子有千钟俸禄，其中十分之九都用在外边，十分之一用在家里，还从东方聘请来了卜子夏、田子方、段干木。这三个人，君主都奉他们为老师。您所推荐的那五个人，君主都任他们为臣子。您怎么能跟魏成子相比呢？”翟璜迟疑徘徊后拜了两拜说：“我翟璜是个浅薄的人，说话不太得当，我愿终身做您的弟子。”

文侯二十六年，虢山塌陷，堵塞了黄河。

文侯三十二年，魏军进攻郑国，在酸枣筑城。魏军在注城打败了秦军。三十五年，齐军夺取了魏国的襄陵。三十六年，秦军进攻侵占了魏国的阴晋。

文侯三十八年，魏军攻打秦国，在武下被秦军打败，魏军俘虏了秦军将领识。当年，文侯去世，子击即位，这就是武侯。

魏武侯元年，赵敬侯刚刚即位，公子朔发起叛乱，失败，逃亡到魏国，联合魏军一起进攻邯郸，魏军失败后撤离。

武侯二年，在安邑、王垣筑城。

武侯七年，魏军讨伐齐国，一直打到桑丘。九年，翟人在浍水打败魏军。魏侯派吴起率领军队进攻齐国，打到了灵丘。齐威王刚刚即位。

武侯十一年，魏与韩、赵三国一起瓜分了晋国领土，并消灭了晋室后代。

武侯十三年，秦献公将都城迁往栎阳。十五年，魏军在北蔺打败赵军。

武侯十六年，魏军攻打楚国，攻下了鲁阳，武侯去世，子罃即位，这就是惠王。

惠王元年，初，武侯卒也，子罃与公中缓争为太子。公孙颀自宋入赵，自赵入韩，谓韩懿侯曰："魏罃与公中缓争为太子，君亦闻之乎？今魏罃得王错，挟上党，固半国也。因而除之，破魏必矣，不可失也。"懿侯说，乃与赵成侯合军并兵以伐魏，战于浊泽，魏氏大败，魏君围。赵谓韩曰："除魏君，立公中缓，割地而退，我且利。"韩曰："不可。杀魏君，人必曰暴；割地而退，人必曰贪。不如两分之。魏分为两，不强于宋、卫，则我终无魏之患矣。"赵不听。韩不说，以其少卒夜去。惠王之所以身不死，国不分者，二家谋不和也。若从一家之谋，则魏必分矣。故曰"君终无適子，其国可破也"。

二年，魏败韩于马陵，败赵于怀。三年，齐败我观。五年，与韩会宅阳。城武堵。为秦所败。六年，伐取宋仪台。九年，伐败韩于浍。与秦战少梁，虏我将公孙痤，取庞。秦献公卒，子孝公立。

十年，伐取赵皮牢。彗星见。十二年，星昼坠，有声。

十四年，与赵会鄗。十五年，鲁、卫、宋、郑君来朝。十六年，与秦孝公会杜平。侵宋黄池，宋复取之。

十七年，与秦战元里，秦取我少梁。围赵邯郸。十八年，拔邯郸。赵请救于齐，齐使田忌、孙膑救赵，败魏桂陵。

十九年，诸侯围我襄陵。筑长城，塞固阳。

二十年，归赵邯郸，与盟漳水上。二十一年，与秦会彤。赵成侯卒。二十八年，齐威王卒。中山君相魏。

魏惠王元年。当初，在武侯去世的时候，子罃和公中缓互相争夺太子之位。公孙颀从宋国到赵国，又从赵国到韩国，告诉韩懿侯说：“魏罃与公中缓争夺太子的位置，您应该也听说这件事了吧？如今魏罃有大臣王错的辅佐，挟持上党，本来就相当于拥有半个魏国了。如果能趁这个机会除掉他，就一定可以打败魏国，这么好的机会不可失去。”懿侯听后十分高兴，就联合赵成侯一起出兵攻打魏国，与魏军在浊泽交战，魏国大败，魏君被围困。赵成侯对韩懿侯说：“杀死魏君，辅助公中缓即位，让魏国割地给我们，我们再退兵，这样对我们有利。”韩侯说：“不能这样。如果除掉魏君，人们一定会指责我们太过残暴，让魏国割地再退兵，人们一定会指责我们太过贪婪。不如把魏国一分为二，这样魏国就变成两个国家，就不会比宋国、卫国的势力还强，我们以后就再也不用担心魏国了。”赵成侯不听取韩懿侯的意见。韩懿侯很不高兴，就带领自己精锐部队连夜回去了。魏惠王之所以没有死，魏国也没有被分裂成两个国家，正是由于韩、赵两家的意见没有达成一致，如果当初能够听从其中一家的意见，那么魏国就一定被分裂了。所以说“君主去世后如果没有嫡子可以继承王位，那么这个国家就可能会被攻破”。

魏惠王二年，魏军在马陵打败了韩军，在怀邑打败了赵军。三年，齐军在观城打败了魏军。五年，魏王与韩侯在宅阳相会。在武堵筑城。魏军被秦军打败。六年，魏军攻打宋国，占领了宋国的仪台。九年，魏军在浍水进攻韩军，并打败了韩军。魏军与秦军在少梁交战，秦军俘虏了魏国的将领公孙痤，并占领了庞城。秦献公去世，他的儿子孝公即位。

惠王十年，魏军进攻赵国的皮牢，占领了它。彗星出现。十二年，白天坠落一个陨星，发出很大声响。

惠王十四年，与赵侯在鄗邑相会。十五年，鲁、卫、宋、郑的君主都来朝见魏惠王。十六年，魏惠王与秦孝公在杜平相会。魏国攻占了宋国的黄池，后来又被宋国夺了回去。

惠王十七年，魏军与秦军在元里交战，秦军夺取了魏国的少梁。魏军包围赵国的邯郸。十八年，魏军攻占了邯郸。赵国向齐国请求救援，齐国派田忌、孙膑前去救援赵国，在桂陵大败魏军。

惠王十九年，诸侯联军包围了魏国的襄陵。魏国修筑长城，在固阳筑建关塞。

惠王二十年，魏国把邯郸还给了赵国，魏王与赵侯在漳水之滨见面签订盟约。二十一年，与秦君在彤地相会。赵成侯去世。二十八年，齐威王去世。中山君当上了魏国的丞相。

三十年，魏伐赵，赵告急齐。齐宣王用孙子计，救赵击魏。魏遂大兴师，使庞涓将，而令太子申为上将军。过外黄，外黄徐子谓太子曰："臣有百战百胜之术。"太子曰："可得闻乎？"客曰："固原效之。"曰："太子自将攻齐，大胜并莒，则富不过有魏，贵不益为王。若战不胜齐，则万世无魏矣。此臣之百战百胜之术也。"太子曰："诺，请必从公之言而还矣。"客曰："太子虽欲还，不得矣。彼劝太子战攻，欲啜汁者众。太子虽欲还，恐不得矣。"太子因欲还，其御曰："将出而还，与北同。"太子果与齐人战，败于马陵。齐虏魏太子申，杀将军涓，军遂大破。

三十一年，秦、赵、齐共伐我，秦将商君诈我将军公子卬而袭夺其军，破之。秦用商君，东地至河，而齐、赵数破我，安邑近秦，于是徙治大梁。以公子赫为太子。

三十三年，秦孝公卒，商君亡秦归魏，魏怒，不入。三十五年，与齐宣王会平阿南。

惠王数被于军旅，卑礼厚币以招贤者。邹衍、淳于髡、孟轲皆至梁。梁惠王曰："寡人不佞，兵三折于外，太子虏，上将死，国以空虚，以羞先君宗庙社稷，寡人甚丑之，叟不远千里，辱幸至弊邑之廷，将何利吾国？"孟轲曰："君不可以言利若是。夫君欲利则大夫欲利，大夫欲利则庶人欲利，上下争利，国则危矣。为人君，仁义而已矣，何以利为！"

三十六年，复与齐王会甄。是岁，惠王卒，子襄王立。

襄王元年，与诸侯会徐州，相王也。追尊父惠王为王。

五年，秦败我龙贾军四万五千于雕阴，围我焦、曲沃。予秦河西之地。

六年，与秦会应。秦取我汾阴、皮氏、焦。魏伐楚，败之陉山。

惠王三十年，魏国出兵讨伐赵国，赵国向齐国求救。齐宣王采用孙膑的计策，进攻魏国援救赵国。于是魏国派出重兵，并让庞涓率领，让太子申做上将军，进攻齐国。魏国大军路过外黄的时候，外黄的徐子告诉太子申说："我有一种可以让您百战百胜的方法。"太子说："我可以听听吗？"徐子说："本来就是打算告诉您的。"他接着说："太子亲自率兵攻打齐国，就算大获胜利并占领莒地，那么再富有也不过就是拥有魏国，再尊贵也不过就是做魏王。然而如果不能打败齐国，那就会子孙后代都得不到魏国了。这就是我的百战百胜的方法。"太子申说："这样呀，那我一定听从您的意见返回国去。"徐子说："太子就算想回去，也回不去了。那些劝太子您攻打齐国的人，大多数都是想趁机从中得到利益。太子虽然想回去，恐怕也已经不可能了。"太子还是想回去，帮他驾车的人说："将军率领军队刚刚出来就又返回，这和打败仗的结果是一样的。"太子申只好与齐军作战，在马陵被齐军打败。齐军俘虏了魏国的太子申，杀死了魏国将领庞涓，魏军最终大败。

惠王三十一年，秦、赵、齐三国联合一起进攻魏国，秦国将领商鞅欺骗魏国将军公子卬，从而袭击夺取了他的军队，打败了魏军。秦国任用商鞅，秦国的领土东部边界都到了黄河，同时齐国、赵国也多次打败魏国，魏国的安邑距离秦国太近，于是魏国迁都到大梁。公子赫被立为太子。

惠王三十三年，秦孝公去世，商鞅逃出秦国来投靠魏国，魏人恼怒，没有接纳他。三十五年，魏惠王与齐宣王相会在平阳的南边。

惠王在军事上屡次失败，于是用谦恭的礼节和优厚的待遇来招纳贤人，邹衍、淳于髡、孟轲都来到魏国的都城大梁。惠王说："我没有才能，军队曾几次在国外被打败，太子被俘虏，上将战死，国内因而变得空虚，因此也使祖先的宗庙社稷蒙受羞辱，我对此感到十分愧疚。老先生们不远千里，屈尊亲临我们魏国的朝廷，准备用什么方法使我国得利呢？"孟轲说："君王您不可以这样谈论利益。如果君主想得到利益，那么大夫也想获得利益；大夫想获得利益，那么百姓更想获得利益，从上至下都来争相追逐利益，那个整个国家就危险了。作为一国君主，实行仁义就够了，为什么还要追逐利益呢？"

惠王三十六年，与齐王在甄邑再次相会。当年，惠王去世，他的儿子襄王即位。

襄王元年，魏王在徐州与诸侯相会，互相尊称为王。襄王把他的父亲惠王也追尊为王。

襄王五年，秦军在雕阴打败了魏国由龙贾率领的军队四万五千人，包围了魏国的焦城和曲沃。魏国把河西之地割让给秦国。

襄王六年，魏王与秦王在应城相会。秦军占领了魏国的汾阴、皮氏和焦城。

七年，魏尽入上郡于秦。秦降我蒲阳。八年，秦归我焦、曲沃。

十二年，楚败我襄陵。诸侯执政与秦相张仪会啮桑。十三年，张仪相魏。魏有女子化为丈夫。秦取我曲沃、平周。

十六年，襄王卒，子哀王立。张仪复归秦。

哀王元年，五国共攻秦，不胜而去。

二年，齐败我观津。五年，秦使樗里子伐取我曲沃，走犀首岸门。六年，秦来立公子政为太子。与秦会临晋。七年，攻齐。与秦伐燕。

八年，伐卫，拔列城二。卫君患之。如耳见卫君曰："请罢魏兵，免成陵君可乎？"卫君曰："先生果能，孤请世世以卫事先生。"如耳见成陵君曰："昔者魏伐赵，断羊肠，拔阏与，约斩赵，赵分而为二，所以不亡者，魏为从主也。今卫已迫亡，将西请事于秦。与其以秦醳卫，不如以魏醳卫，卫之德魏必终无穷。"成陵君曰："诺。"如耳见魏王曰："臣有谒于卫。卫故周室之别也，其称小国，多宝器。今国迫于难而宝器不出者，其心以为攻卫醳卫不以王为主，故宝器虽出必不入于王也。臣窃料之，先言醳卫者必受卫者也。"如耳出，成陵君入，以其言见魏王。魏王听其说，罢其兵，免成陵君，终身不见。

九年，与秦王会临晋。张仪、魏章皆归于魏。魏相田需死，楚害张仪、犀首、薛公。楚相昭鱼谓苏代曰："田需死，吾恐张仪、犀首、薛公有一人相魏者也。"代曰："然相者欲谁而君便之？"昭鱼曰："吾欲太子之自相也。"代曰："请为君北，必相之。"昭鱼曰："奈何？"对曰："君其为梁王，代请说君。"昭鱼曰："奈魏军攻打楚国，在陉山将楚军打败。

七年，魏国把整个上郡都割让给了秦国。秦军攻取了魏国的蒲阳。八年，秦国又把焦城、曲沃还给魏国。

襄王十二年，楚军在襄陵打败魏军。各诸侯国派执政大臣与秦国的丞相张仪在啮桑相会。十三年，张仪到魏国担任宰相。魏国有个女子变成了男子。秦军攻取了魏国的曲沃、平周。

襄王十六年，襄王去世，他的儿子哀王即位。张仪又从魏国回到秦国。

哀王元年，五国联合起来派兵攻打秦国，没有取胜，撤兵而去。

哀王二年，齐军在观津打败魏军。五年，秦国派樗里子率军攻打并占领了魏国的曲沃，在岸门赶跑了犀首公孙衍。六年，秦国派使者前来魏国，辅助立魏公子政为太子。魏王与秦王在临晋相会。七年，魏国攻打齐国，并联合秦军一起攻打燕国。

哀王八年，魏国派兵攻打卫国，占领了两座城邑。卫国国君很担心，如耳去拜见卫君，说："我请求去劝说魏国收兵，并免除成陵君的职务，可以吗？"卫君说："先生如果真的可以做到这一点，我愿意世世代代以卫国侍奉先生。"如耳去拜见成陵君，说道："以前魏国攻打赵国，断绝羊肠坂，占领阏与，准备割裂赵国，把它一分为二，然而赵国没有灭亡，那是因为魏国是合纵的盟主。如今卫国已经快要灭亡了，它准备向西方请求去侍奉秦国。与其等秦国前来救助卫国，还不如现在由魏国来放弃攻打卫国，这样，卫国将一定会永远感激魏国的恩德。"成陵君说："的确是这样。"如耳又去拜见魏王说："我曾去拜见了卫国君主。卫国本来就是周王室的一个分支，它虽然称自己是小国，但却拥有很多宝器。如今卫国处于危难的境地，可是宝器却还没有献给大王您，是因为他们心里认为对卫国是进攻还是宽释都不是由大王您决定的，所以就算有一天他们献出宝器来也一定不会落到大王您的手里。臣私下里猜测，最先建议宽释卫国的人，一定是接受了卫国贿赂的人。"如耳出去后，成陵君进来，听从如耳的意见去拜见魏王。魏王采纳了他的意见，撤回了魏军，免去了成陵君的职位，终身不再见他。

哀王九年，魏王与秦王在临晋相会。张仪、魏章都归顺了魏国。魏国的丞相田需去世了，楚国害怕张仪、犀首、薛公。楚国宰相昭鱼对苏代说："田需死了，我担心张仪、犀首、薛公他们三人中就要有一人担任魏国的宰相了。"苏代说："那么谁做宰相对您有利呢？"昭鱼说："我想让魏国太子亲自做宰相。"苏代说："我愿意为您北上去魏国，一定可以让他做宰相。"昭鱼说："你怎么做？"苏代回答说："您假装为梁王，请允许我劝说梁王。"昭鱼说："你要何？”对曰：“代也从楚来，昭鱼甚忧，曰：‘田需死，吾恐张仪、犀首、薛公有一人相魏者也。’代曰：‘梁王，长主也，必不相张仪。张仪相，必右秦而左魏。犀首相，必右韩而左魏。薛公相，必右齐而左魏。梁王，长主也，必不便也。’王曰：‘然则寡人孰相？’代曰：‘莫若太子之自相。太子之自相，是三人者皆以太子为非常相也，皆将务以其国事魏，欲得丞相玺也。以魏之强，而三万乘之国辅之，魏必安矣。故曰莫若太子之自相也。’”遂北见梁王，以此告之。太子果相魏。

十年，张仪死。十一年，与秦武王会应。十二年，太子朝于秦。秦来伐我皮氏，未拔而解。十四年，秦来归武王后。十六年，秦拔我蒲反、阳晋、封陵。十七年，与秦会临晋。秦予我蒲反。十八年，与秦伐楚。二十一年，与齐、韩共败秦军函谷。

二十三年，秦复予我河外及封陵为和。哀王卒，子昭王立。

昭王元年，秦拔我襄城。二年，与秦战，我不利。三年，佐韩攻秦，秦将白起败我军伊阙二十四万。六年，予秦河东地方四百里。芒卯以诈重。七年，秦拔我城大小六十一。八年，秦昭王为西帝，齐湣王为东帝，月余，皆复称王归帝。九年，秦拔我新垣、曲阳之城。

十年，齐灭宋，宋王死我温。十二年，与秦、赵、韩、燕共伐齐，败之济西，湣王出亡。燕独入临淄。与秦王会西周。

十三年，秦拔我安城。兵到大梁，去。十八年，秦拔郢，楚王徙陈。

十九年，昭王卒，子安釐王立。

安釐王元年，秦拔我两城。二年，又拔我二城，军大梁下，韩来怎么说呢？”苏代回答说：“我苏代从楚国前来，楚国宰相昭鱼非常担忧，他说：‘田需去世以后，恐怕张仪、犀首、薛公这三人中就要有一人成为魏国宰相了。’我说：‘梁王是一位贤君，一定不会让张仪他们担任魏国的宰相。假如张仪担任宰相，一定会偏向秦国，不辅佐魏国。如果犀首做了宰相，就一定会偏向韩国，从而不帮助魏国。如果薛公做了宰相，也同样一定会偏向齐国，不帮助魏国。梁王是一位贤君，也当然一定知道这样会对魏国不利。’梁王会说：‘这样的话，我应该让谁做宰相呢？’我说：‘不如让太子亲自做宰相。如果太子亲自做宰相，那么张仪他们三人肯定都会认为太子不可能长期担任宰相，于是就都努力让他们原来的国家全心全意地侍奉魏国，想借此得到丞相的地位。这样凭借魏国的强大，再加上三个大国的辅助，魏国一定会长久安定的。所以说不如让太子亲自做宰相。’”于是北上去魏国拜见梁王，并把这些话告诉他。魏国果然让太子做了宰相。

十年，张仪去世。十一年，魏哀王与秦武王在应城相会。十二年，魏太子到秦国朝拜。秦国派兵前来攻打魏国的皮氏，没有攻下，后来撤兵回去了。十四年，秦国送武王后回魏国。十六年，秦军占领了魏国的蒲反、阳晋和封陵。十七年，魏王与秦王在临晋相会。秦国把蒲反还给魏国。十八年，魏国联合秦国一起进攻楚国。二十一年，魏军联合齐军、韩军一起攻打秦军，在函谷关大败秦军。

哀王二十三年，秦国与魏国讲和，把河外之地以及封陵还给魏国。哀王去世，他的儿子昭王继承王位。

昭王元年，秦军占领了魏国的襄城。二年，魏军与秦军交战，魏军失败。三年，魏国帮助韩国攻打秦国，秦国将领白起在伊阙打败了魏国和韩国的军队二十四万人。六年，魏国把河东四百里土地让给秦国。芒卯因为擅长使用诡诈之计被魏国重用。七年，秦军攻占魏国城池大小共六十一座。八年，秦昭王称为西帝，齐湣王称为东帝，过了一个多月，又都重新称王取消了帝号。九年，秦军攻占了魏国的两座城新垣和曲阳。

十年，齐国灭了宋国，宋王在魏国的温邑去世。十二年，魏国与秦、赵、韩、燕联合共同攻打齐国，并在济西大败齐军，齐湣王逃出齐国。燕国孤军深入，攻入临淄。魏王与秦王在西周相会。

十三年，秦军夺取魏国的安城。军队已经到了大梁，又退去了。十八年，秦军攻占了楚国的都城郢都，楚王将都城迁往陈地。

十九年，昭王去世，他的儿子安釐王即位。

安釐王元年，秦军攻取魏国的两座城。二年，又占领两座城，军队抵达大梁城下，韩国派兵前来救助，把温邑让给秦国，来请求与秦国讲和。三年，秦军救，予秦温以和。三年，秦拔我四城，斩首四万。四年，秦破我及韩、赵，杀十五万人，走我将芒卯。魏将段干子请予秦南阳以和。苏代谓魏王曰："欲玺者段干子也，欲地者秦也。今王使欲地者制玺，使欲玺者制地，魏氏地不尽则不知已。且夫以地事秦，譬犹抱薪救火，薪不尽，火不灭。"王曰："是则然也。虽然，事始已行，不可更矣。"对曰："王独不见夫博之所以贵枭者，便则食，不便则止矣。今王曰'事始已行，不可更'，是何王之用智不如用枭也？"

九年，秦拔我怀。十年，秦太子外质于魏死。十一年，秦拔我郪丘。

秦昭王谓左右曰："今时韩、魏与始孰强？"对曰："不如始强。"王曰："今时如耳、魏齐与孟尝、芒卯孰贤？"对曰："不如。"王曰："以孟尝、芒卯之贤，率强韩、魏以攻秦，犹无奈寡人何也。今以无能之如耳、魏齐而率弱韩、魏以伐秦，其无奈寡人何亦明矣。"左右皆曰："甚然。"中旗冯琴而对曰："王之料天下过矣。当晋六卿之时，知氏最强，灭范、中行，又率韩、魏之兵以围赵襄子于晋阳，决晋水以灌晋阳之城，不湛者三版。知伯行水，魏桓子御，韩康子为参乘。知伯曰：'吾始不知水之可以亡人之国也，乃今知之。'汾水可以灌安邑，绛水可以灌平阳。魏桓子肘韩康子，韩康子履魏桓子，肘足接于车上，而知氏地分，身死国亡，为天下笑。今秦兵虽强，不能过知氏；韩、魏虽弱，尚贤其在晋阳之下也。此方其用肘足之时也，原王之勿易也！"于是秦王恐。

齐、楚相约而攻魏，魏使人求救于秦，冠盖相望也，而秦救不至。魏人有唐雎者，年九十余矣，谓魏王曰："老臣请西说秦王，令兵先臣出。"魏王再拜，遂约车而遣之。唐雎到，入见秦王。秦王曰："丈人芒然乃远至此，甚苦矣！夫魏之来求救数矣，寡人知魏之急已。"唐雎对曰："大王已知魏之急而救不发者，臣窃以为用策之占领魏国四座城，斩杀四万人。四年，秦军打败魏军和韩军、赵军，一共杀死了十五万人，赶跑了魏国将领芒卯。魏国将领段干子请求把南阳让给秦国与秦国求和。苏代告诉魏王："想升官的人是段干子，想得到土地的人是秦王。如今大王让想得土地的人控制官印，让想升官的人控制土地，魏国的土地不被送光就不会了结。况且拿土地去侍奉秦国，就如同抱着干柴去救火，柴不烧完，火也不会灭。"魏王说："事情的确是这样，尽管如此，可是事情已经开始实行，不能更改了。"苏代回答说："大王只是没有理解博弈的人为什么特别看重枭子，那是因为对自己有利就可以吃掉对方的子，对自己无利就可以停下来。如今大王却说'事情已经开始实行，不能更改了'，大王使用智谋怎么还不如博弈的人用枭呢？"

安釐王九年，秦军夺取魏国的怀邑，十年，在魏国做人质的秦国太子去世。十一年，秦军攻占魏国的郪丘。

秦昭王告诉左右服侍的大臣们说："现在的韩、魏与早期的韩、魏相比，哪个更强呢？"回答说："现在不如以前强。"秦王说："如今的如耳、魏齐和当初的孟尝君、芒卯相比，谁更有才华？"回答说："如耳、魏齐比不上孟尝君和芒卯。"秦王说："当初有孟尝君和芒卯这样的贤人，率领韩、魏的强兵来进攻秦国，还没能把秦国怎么样。如今靠如耳和魏齐率领疲弱的韩、魏军队来攻打秦国，他们当然也更不可能把秦国怎么样。"大臣们都说："当然是这样的。"中旗却靠在琴的旁边回答说："大王您对天下形势的估计不对。以前晋国六卿掌权的时候，智氏实力最强，消灭了范氏和中行氏，还率领韩、魏两国的军队在晋阳包围了赵襄子，并引晋水淹灌晋阳城，晋阳城都被淹得只剩下三版高。智伯巡察水势，魏桓子驾车，韩康子随从在车旁。智伯说：'我原本都不知道水还可以灭亡别人的国家，今天才知道。'汾水可以淹没魏都安邑，绛水可以淹没韩都平阳。魏桓子用臂肘碰了一下韩康子，韩康子也用脚碰了一下魏桓子，在车上就这样用肘和脚暗中一示意，结果就瓜分了智氏的土地，智伯死了，国家也灭亡了，还被天下人所嘲笑。现在秦兵虽然比较强大，但并不能超过智氏；韩、魏虽然较弱，但总比当初在晋阳城下的时候要好很多。现在正是他们暗中联合的时候，希望大王不要把形势看得太简单了！"于是秦王有些惊恐。

齐国和楚国联合起来攻打魏国，魏国派人到秦国请求救援，不断派去使者，然而秦国的救兵却始终没来。魏国有个叫唐雎的人，都已经九十多岁了，告诉魏王说："老臣愿意去西方游说秦王，一定让秦国的军队在我离开秦国返回之前就出发。"魏王拜了两拜，立马就准备好车辆派他前去。唐雎到了秦国以后，入宫拜见秦王。秦王说："老人家舟车劳顿不远千里来到秦国，真是太辛苦了！魏国已经多次派人来求救，我知道魏国的困难了。"唐雎回答说："大王您既然已经臣无任矣。夫魏，一万乘之国也，然所以西面而事秦，称东籓，受冠带，祠春秋者，以秦之强足以为与也。今齐、楚之兵已合于魏郊矣，而秦救不发，亦将赖其未急也。使之大急，彼且割地而约从，王尚何救焉？必待其急而救之，是失一东籓之魏而强二敌之齐、楚，则王何利焉？”于是秦昭王遽为发兵救魏。魏氏复定。

赵使人谓魏王曰：“为我杀范痤，吾请献七十里之地。”魏王曰：“诺。”使吏捕之，围而未杀。痤因上屋骑危，谓使者曰：“与其以死痤市，不如以生痤市。有如痤死，赵不予王地，则王将奈何？故不若与先定割地，然后杀痤。”魏王曰：“善。”痤因上书信陵君曰：“痤，故魏之免相也，赵以地杀痤而魏王听之，有如强秦亦将袭赵之欲，则君且奈何？”信陵君言于王而出之。

魏王以秦救之故，欲亲秦而伐韩，以求故地。无忌谓魏王曰：“秦与戎翟同俗，有虎狼之心，贪戾好利无信，不识礼义德行。苟有利焉，不顾亲戚兄弟，若禽兽耳，此天下之所识也，非有所施厚积德也。故太后母也，而以忧死；穰侯舅也，功莫大焉，而竟逐之；两弟无罪，而再夺之国。此于亲戚若此，而况于仇雠之国乎？今王与秦共伐韩而益近秦患，臣甚惑之。而王不识则不明，群臣莫以闻则不忠。

“今韩氏以一女子奉一弱主，内有大乱，外交强秦魏之兵，王以为不亡乎？韩亡，秦有郑地，与大梁邺，王以为安乎？王欲得故地，今负强秦之亲，王以为利乎？

“秦非无事之国也，韩亡之后必将更事，更事必就易与利，就易知道魏国如今形势危急却还不派兵前去救援，我私下以为是出谋划策之臣没有尽力的缘故。魏国，那可是拥有万辆战车的大国，之所以向西侍奉秦国，称为秦国的东方藩属，接受秦国赐给的衣冠，每逢春秋都向秦国恭送祭品，主要是因为秦国的强大足以值得结交。如今齐、楚的军队已经在魏都的郊外会合了，可是秦国还不派兵救援，主要是认为魏国形势还不太危急吧。假如真的到了特别危急的时候，那魏国就会割地并加入合纵盟约，大王您还去救什么呢？如果秦国一定要等到魏国十分危急的时候才去救它，这样就会失去东方一个作为藩属的魏国，同时还增强了齐和楚两个敌国的势力，那么大王您又能得到什么好处呢？”于是秦昭王马上派兵前去援救魏国，魏国恢复了安定。

赵国派使者告诉魏王说：“如果您能够帮我杀了范痤，我们愿意献出七十里土地给魏国。”魏王说：“好。”于是魏王派官吏去逮捕范痤，包围了他还没有将他杀掉的时候，范痤爬上了屋顶骑在屋脊上，告诉使者说：“与其杀了我用死的范痤去作交易，还不如用活的范痤去做交易。假如今天您杀了我范痤，而赵国却不给大王您土地了，大王您该怎么办呢？所以不如先让赵国划定割让的土地，然后再杀我。”魏王说：“对。”范痤后来写信给信陵君说：“范痤是过去被魏国罢免的宰相，赵国用割地为条件让魏王杀我，而魏王听从了，如果强大的秦国也效仿赵国的办法对待您，那么您将怎么办？”信陵君向魏王进谏之后，放了范痤。

魏王因为秦国曾经援救魏国的缘故，想要亲近秦国、进攻韩国，来收回以前的失地。信陵君无忌对魏王说：“秦人和狄戎有着一样的习俗，都有如虎狼一般的心肠，贪婪凶狠，追求利益又不讲信用，不懂得礼义德行。如果对自己有利，就算亲戚兄弟也不会顾及，好像禽兽一样，天下人都知道这一点，他们从未有过施恩积德的行为。太后本是秦王的母亲，都因此忧虑而死，穰侯是秦王的舅父，功劳再也没有比他更大的，却被驱逐出去了；秦王的两个弟弟都未曾犯过过错，却一再被削夺封地。秦国对待亲戚兄弟都是这样，何况对仇敌之国呢？现在大王您想联合秦国一起攻打韩国，这样只会更加接近秦国这样祸患之国，我对此感到十分不解。大王如果不能看出这个事实就是不明，但如果群臣没有来向您奏闻此理就是不忠。

“如今韩国倚仗一个女人辅佐一个幼弱的君主，国内已经有了大乱，对外还要与强秦以及魏国的军队交战，大王以为它能不灭亡吗？韩国灭亡以后，秦国占领原来郑国的土地，紧邻着大梁，大王以为魏国就可以安宁吗？大王想夺回失地，就要依靠和强秦亲近，大王以为这对您会有利吗？

“秦国并不是一个不生事端的国家，韩国灭亡后，一定会再找麻烦，这样与利必不伐楚与赵矣。是何也？夫越山逾河，绝韩上党而攻强赵，是复阏与之事，秦必不为也。若道河内，倍邺、朝歌，绝漳滏水，与赵兵决于邯郸之郊，是知伯之祸也，秦又不敢。伐楚，道涉谷，行三千里。而攻冥阨之塞，所行甚远，所攻甚难，秦又不为也。若道河外，倍大梁，右上蔡、召陵，与楚兵决于陈郊，秦又不敢。故曰秦必不伐楚与赵矣，又不攻卫与齐矣。

“夫韩亡之后，兵出之日，非魏无攻已。秦固有怀、茅、邢丘，城垝津以临河内，河内共、汲必危；有郑地，得垣雍，决荧泽水灌大梁，大梁必亡。王之使者出过而恶安陵氏于秦，秦之欲诛之久矣。秦叶阳、昆阳与舞阳邻，听使者之恶之，随安陵氏而亡之，绕舞阳之北，以东临许，南国必危，国无害乎？

“夫憎韩不爱安陵氏可也，夫不患秦之不爱南国非也。异日者，秦在河西晋，国去梁千里，有河山以阑之，有周韩以间之。从林乡军以至于今，秦七攻魏，五入囿中，边城尽拔，文台堕，垂都焚，林木伐，麋鹿尽，而国继以围。又长驱梁北，东至陶卫之郊，北至平监。所亡于秦者，山南山北，河外河内，大县数十，名都数百。秦乃在河西晋，去梁千里，而祸若是矣，又况于使秦无韩，有郑地，无河山而阑之，无周韩而间之，去大梁百里，祸必由此矣。

“异日者，从之不成也，楚、魏疑而韩不可得也。今韩受兵三年，秦桡之以讲，识亡不听，投质于赵，请为天下雁行顿刃，楚、赵必集兵，皆识秦之欲无穷也，非尽亡天下之国而臣海内，必不休矣。是故臣愿以从事王，王速受楚赵之约，而挟韩之质以存韩，而求故就一定要找容易的和对秦国有利的目标，相对容易和有利的目标就一定不去攻打楚国和赵国。这是为什么呢？如果翻山过河，穿过韩国的上党去攻打强大的赵国，这就会重复阏与曾经的失败，秦国不可能这样做。如果穿过河内，背向邺城和朝歌，横渡漳水、滏水，在邯郸郊外与赵军交战，这就会遇到像当初智伯那样的灾祸，秦国又不敢这样做。进攻楚国，要从涉谷通过，行军三千里，去攻打冥阸关塞，军队需要走的路太远，所要攻打的地方也太艰难，秦国也不可能这样做。如果取道河外，背向大梁，右边是上蔡、召陵，在陈城郊外与楚军交战，秦国又不敢这样做。所以说秦国一定不会进攻楚国和赵国，当然也就更不会进攻卫国和齐国了。

“那么韩国灭亡之后，秦国想要出兵的时候，除去魏国就没有可以进攻的了。秦国本来就占有了怀邑、茅邑、邢丘，如果通过在垝津筑城向河内靠近，那河内的共城、汲邑就面临危险；秦国又占据着郑国原来的土地，依靠垣雍城，决开荧泽之水，水淹大梁，大梁必定失陷。大王派使者去秦国已成过失，而又在秦国诽谤安陵氏，秦国想灭掉它已经很久了。秦国的叶阳、昆阳靠近魏国的舞阳，听任使臣诽谤安陵氏，放任安陵氏被灭亡，秦军就会绕过舞阳北边，从东边逼近许地，这样南方一定陷入危难，魏国会不遭受危害吗？

“如果只是憎恶韩国、不喜爱安陵氏，这是可以的，然而不担心秦国不图谋南方那就错了。当初，秦国在河西晋国故地，离大梁有千里之远，中间还有黄河以及高山阻挡，并且还有周与韩把它间隔开。自从林乡一战到现在，秦国在这期间已经七次攻打魏国，五次攻入囿中，边境城邑都被秦军攻占，文台被毁，垂都被烧，林木都被砍伐，麋鹿都被猎尽，接着国都被围。秦军又长期驻扎在大梁以北，向东打到陶、卫两城的郊外，向北打到平监。丧失给秦国的土地，从山南到山北，从河外到河内，一共有几十个大县、几百个名都。当初秦国还在河西晋国故地，距离大梁还有一千里的时候，祸患就已经如此厉害了。更何况是让秦国灭了韩国，占据郑国故地之后，这样就没有黄河大山阻拦它，也没有周和韩间隔它，距离大梁只有一百里那么远，大祸也一定会由此开始。

“当初，合纵没有成功，主要在于楚、魏两国互相猜疑，而韩国又不可能参加盟约。如今韩国已经连续三年遭受战乱，秦国曾使它屈从，与其讲和，韩国知道即将灭亡没有听从，反而送人质到赵国，表示愿做天下诸侯的先锋与秦国决一死战。楚国、赵国必定联合它们的军队，它们都知道秦国的欲望是无穷的，如果不完全消灭天下的诸侯国，使海内之民都臣服于秦国，秦国是不可能罢休的。所以臣希望能用合纵的主张报效大王，大王您应该尽快接受楚国和赵国的盟约，挟持韩国的人质，并保全韩国，然后向韩国索要故地，韩国一定会还给我们。这样地，韩必效之。此士民不劳而故地得，其功多于与秦共伐韩，而又与强秦邻之祸也。

“夫存韩安魏而利天下，此亦王之天时已。通韩上党于共、宁，使道安成，出入赋之，是魏重质韩以其上党也。今有其赋，足以富国。韩必德魏爱魏重魏畏魏，韩必不敢反魏，是韩则魏之县也。魏得韩以为县，卫、大梁、河外必安矣。今不存韩，二周、安陵必危，楚、赵大破，卫、齐甚畏，天下西乡而驰秦入朝而为臣不久矣。”

二十年，秦围邯郸，信陵君无忌矫夺将军晋鄙兵以救赵，赵得全。无忌因留赵。二十六年，秦昭王卒。

三十年，无忌归魏，率五国兵攻秦，败之河外，走蒙骜。魏太子增质于秦，秦怒，欲囚魏太子增。或为增谓秦王曰：“公孙喜固谓魏相曰‘请以魏疾击秦，秦王怒，必囚增。魏王又怒，击秦，秦必伤’。今王囚增，是喜之计中也。故不若贵增而合魏，以疑之于齐、韩。”秦乃止增。

三十一年，秦王政初立。

三十四年，安釐王卒，太子增立，是为景湣王。信陵君无忌卒。

景湣王元年，秦拔我二十城，以为秦东郡。二年，秦拔我朝歌。卫徙野王。三年，秦拔我汲。五年，秦拔我垣、蒲阳、衍。十五年，景湣王卒，子王假立。

王假元年，燕太子丹使荆轲刺秦王，秦王觉之。

三年，秦灌大梁，虏王假，遂灭魏以为郡县。

太史公曰：吾适故大梁之墟，墟中人曰：“秦之破梁，引河沟而灌大梁，三月城坏，王请降，遂灭魏。”说者皆曰魏以不用信陵君故，国削弱至于亡，余以为不然。天方令秦平海内，其业未成，魏虽得阿衡之佐，曷益乎？

做不需要军民承受战争之苦就可收回旧地，比起和秦国一起去进攻韩国收到的成效更多，还不用担心与强秦为邻的祸害。

“保存韩国、安定魏国，对天下形势有利，这也是上天赐给大王您的良好机遇。如果开通共城、宁邑到韩国上党的道路，并使它通过安成，从这里进出的商人都要向您纳税，那就相当于魏国又把韩国的上党作为抵押。有了这些税收足以使我们的国家富足。韩国也肯定会感激魏国、爱戴魏国、尊崇魏国、惧怕魏国，从而也不敢反叛魏国，这样，韩国就成为魏国的郡县了。魏国有了韩国这样一个郡县，卫、大梁、河外相对也就能安定了。如果现在不保存韩国，东西二周以及安陵之地就会处于困境，接着楚国、赵国就会大败，卫国、齐国害怕，天下诸侯都向西奔赴去朝拜秦国向秦国称臣的日子也就不远了。”

安釐王二十年，秦军包围邯郸，信陵君无忌假传魏国君王的命令带领将军晋鄙的军队去救援赵国，赵国得以保全，因此无忌也留在了赵国。二十六年，秦昭王去世。

安釐王三十年，无忌又回到了魏国，率领五国联军攻打秦国，在河外将秦军打败，赶跑了秦军将领蒙骜。当时魏国太子增在秦国做人质，秦王很生气，准备将魏太子增囚禁起来。有人替太子增求情，对秦王说：“公孙喜曾经对魏国丞相说过：‘如果魏军加快攻打秦国，秦王一生气，肯定要囚禁太子增。这样魏王同样就会生气，再继续攻打秦国，秦国就一定会再去伤害太子增。’如今大王要是囚禁了太子增，正好让公孙喜的计谋得逞。所以不如厚待太子增，同时与魏国交好，从而让齐国和韩国去猜疑魏国。”秦王因此就打消了囚禁太子增的念头。

安釐王三十一年，秦王政即位。

安釐王三十四年，安釐王去世，太子增即位，这就是景湣王。信陵君无忌去世。

景湣王元年，秦军攻占魏国二十座城，并将这些城设为秦国的东郡。二年，秦军占领魏国的朝歌。卫国迁到野王。三年，秦军攻下魏国的汲邑。五年，秦军夺取了魏国的垣地、蒲阳、衍邑。十五年，景湣王去世，他的儿子魏王假即位。

魏王假元年，燕国太子丹派荆轲前去秦国刺杀秦王，被秦王发觉。

魏王假三年，秦军水淹大梁，俘虏了魏王假，灭了魏国，将其设为秦国的一个郡县。

太史公说：我曾经去过大梁以前的城址，那里的人说：“秦军之所以能够攻破大梁，主要在于引来鸿沟之水淹灌大梁，被淹三个月后整座城都被毁坏了，魏王只好请求投降，于是就灭亡了魏国。”议论的人都说，由于魏王不重用信陵君的缘故，国家才被削弱以至于最终被灭亡。我不这样认为。天意要让秦国平定海内，它的功业还没有完成，就算魏国有伊尹一样的贤臣辅佐，又有什么用呢?

韩世家第十五

韩之先与周同姓，姓姬氏。其后苗裔事晋，得封于韩原，曰韩武子。武子后三世有韩厥，从封姓为韩氏。

韩厥，晋景公之三年，晋司寇屠岸贾将作乱，诛灵公之贼赵盾。赵盾已死矣，欲诛其子赵朔。韩厥止贾，贾不听。厥告赵朔令亡。朔曰："子必能不绝赵祀，死不恨矣。"韩厥许之。及贾诛赵氏，厥称疾不出。程婴、公孙杵臼之藏赵孤赵武也，厥知之。

景公十一年，厥与郤克将兵八百乘伐齐，败齐顷公于鞍，获逢丑父。于是晋作六卿，而韩厥在一卿之位，号为献子。

晋景公十七年，病，卜大业之不遂者为祟。韩厥称赵成季之功，今后无祀，以感景公。景公问曰："尚有世乎？"厥于是言赵武，而复与故赵氏田邑，续赵氏祀。

晋悼公之七年，韩献子老。献子卒，子宣子代。宣子徙居州。

晋平公十四年，吴季札使晋，曰："晋国之政卒归于韩、魏、赵矣。"晋顷公十二年，韩宣子与赵、魏共分祁氏、羊舌氏十县。晋定公十五年，宣子与赵简子侵伐范、中行氏。宣子卒，子贞子代立。贞子徙居平阳。

贞子卒，子简子代。简子卒，子庄子代。庄子卒，子康子代。康子与赵襄子、魏桓子共败知伯，分其地，地益大，大于诸侯。

康子卒，子武子代。武子二年，伐郑，杀其君幽公。十六年，武子卒，子景侯立。

景侯虔元年，伐郑，取雍丘。二年，郑败我负黍。

六年，与赵、魏俱得列为诸侯。

九年，郑围我阳翟。景侯卒，子列侯取立。

韩国的祖先与周天子的姓相同，都姓姬氏。后来因为它的后代侍奉晋国，被封在韩原，所以称为韩武子。韩武子之后三代有了韩厥，他即以封地为姓，称为韩氏。

晋景公三年，晋国司寇屠岸贾准备叛乱，诛杀了灵公时候的贼臣赵盾。赵盾死后，还要杀掉他的儿子赵朔。韩厥想阻止屠岸贾，屠岸贾不听。韩厥就去告诉赵朔，让他逃走。赵朔说："您一定可以保证赵氏的后代不会断绝，我死后也就没有遗恨了。"韩厥答应了他。等到屠岸贾诛灭赵氏的时候，韩厥谎称自己生病不出家门。程婴、公孙杵臼把赵氏孤儿赵武藏了起来，韩厥也知道这件事情。

晋景公十一年，韩厥和郤克率领八百辆战车的兵力前去攻打齐国，在鞍地打败了齐顷公，并俘虏了逢丑父。当时，晋国设置了六卿，韩厥为其中一卿，称为献子。

晋景公十七年，景公生病，占卜说是有大功业的人因后代子孙不顺心在作怪。韩厥就赞扬赵成季曾经的功劳，但如今却没有人接续香火，想以此感动景公。景公问他："他的后代还有在世的吗？"韩厥于是就说起赵武，景公就又赐予赵武以前赵氏的封地，让他继承赵氏的香火。

晋悼公七年，韩献子告老。献子去世后，他的儿子宣子继承爵位。宣子后来迁徙到居州。

晋平公十四年，吴国的季札出使到晋国，他说："晋国的政权最终要被韩、魏、赵三家夺去。"晋顷公十二年，韩宣子和赵、魏两家一起瓜分了祁氏、羊舌氏的十个县。晋定公十五年，韩宣子和赵简子一起讨伐范氏、中行氏。宣子去世，他的儿子贞子继承爵位。贞子迁居到平阳。

韩贞子去世，他的儿子简子继承爵位。韩简子去世，他的儿子庄子继承爵位。韩庄子去世，他的儿子康子继承爵位。韩康子和赵襄子、魏桓子一起打败了智伯，将他的领地瓜分，这时他们三家的领地就更大了，已经超过了诸侯。

韩康子去世后，他的儿子武子继承爵位。武子二年，进攻郑国，杀死了郑国国君郑幽公。十六年，韩武子去世，他的儿子景侯即位。

韩景侯虔元年，攻打郑国，夺取雍丘。二年，郑国在负黍打败韩国。

景侯六年，韩与赵、魏一起被列为诸侯国。

景侯九年，郑国包围韩国的阳翟。景侯去世，他的儿子列侯韩取即位。

列侯三年，聂政杀韩相侠累。九年，秦伐我宜阳，取六邑。十三年，列侯卒，子文侯立。是岁魏文侯卒。

文侯二年，伐郑，取阳城。伐宋，到彭城，执宋君。七年，伐齐，至桑丘。郑反晋。九年，伐齐，至灵丘。十年，文侯卒，子哀侯立。

哀侯元年，与赵、魏分晋国。二年，灭郑，因徙都郑。

六年，韩严弑其君哀侯。而子懿侯立。

懿侯二年，魏败我马陵。五年，与魏惠王会宅阳。九年，魏败我浍。十二年，懿侯卒，子昭侯立。

昭侯元年，秦败我西山。二年，宋取我黄池。魏取朱。六年，伐东周，取陵观、邢丘。

八年，申不害相韩，修术行道，国内以治，诸侯不来侵伐。

十年，韩姬弑其君悼公。十一年，昭侯如秦。二十二年，申不害死。二十四年，秦来拔我宜阳。

二十五年，旱，作高门。屈宜臼曰："昭侯不出此门。何也？不时。吾所谓时者，非时日也，人固有利不利时。昭侯尝利矣，不作高门。往年秦拔宜阳，今年旱，昭侯不以此时恤民之急，而顾益奢，此谓'时绌举赢'。"二十六年，高门成，昭侯卒，果不出此门。子宣惠王立。

宣惠王五年，张仪相秦。八年，魏败我将韩举。十一年，君号为王。与赵会区鼠。十四，秦伐败我鄢。

十六年，秦败我修鱼，虏得韩将䱷、申差于浊泽。韩氏急，公仲谓韩王曰："与国非可恃也。今秦之欲伐楚久矣，王不如因张仪为和于秦，赂以一名都，具甲，与之南伐楚，此以一易二之计也。"韩王曰："善。"乃警公仲之行，将西购于秦。楚王闻之大恐召陈轸告之。陈轸曰："秦之欲伐楚久矣，今又得韩之名都一而具甲，秦韩并兵而伐楚，此秦所祷祀而求也。今已得之矣，楚国必伐矣。王听臣为之警四境之内，起师言救韩，命战车满道路，发信臣，多其列侯三年，聂政杀死了韩国的国相侠累。九年，秦国攻打韩国的宜阳，攻占了六座城池。十三年，列侯去世，他的儿子文侯即位。当年魏文侯也去世了。

韩文侯二年，韩国讨伐郑国，攻取了阳城。进攻宋国，一直打到彭城，俘虏了宋国的君主。七年，讨伐齐国，一直打到桑丘。郑国被叛了晋国。九年，韩国讨伐齐国，打到灵丘。十年，韩文侯去世，他的儿子哀侯即位。

韩哀侯元年，韩与赵、魏三家一起瓜分了晋国。二年，韩国灭了郑国，因此把都城迁到了新郑。

哀侯六年，韩严杀死了韩国国君哀侯，哀侯的儿子懿侯即位。

懿侯二年，魏军在马陵攻破韩军。五年，韩侯在宅阳与魏惠王相会。九年，魏军在浍水打败韩军。十二年，懿侯去世，他的儿子昭侯即位。

韩昭侯元年，秦军在西山攻破韩军。二年，宋国攻占了韩国的黄池。魏国占领了韩国的朱邑。六年，韩军攻打东周，占领了陵观、邢丘地区。

昭侯八年，申不害被任命为韩国宰相，运用权术，施行法道，国内得以安定，各诸侯国不敢前来侵犯。

昭侯十年，韩姬杀死了晋悼公。十一年，昭侯去了秦国。二十二年，申不害去世。二十四年，秦军攻占韩国的宜阳。

昭侯二十五年，韩国发生旱灾，昭侯修建高大的城门。屈宜臼说："昭侯出不了这座门。为什么呢？因为不合时宜。我所说的时，并不是时间，人本来就有顺利或不顺利的时候。昭侯以前顺利的时候，没见他修建过高门。去年秦国攻占了宜阳，今年国内又发生旱灾，昭侯这时不去体恤民众的急难，进行救助，反倒是更加奢侈了，这就叫做'衰败的时候却做奢侈的事情'。"二十六年，高门修成，昭侯去世，果然没能出这座门。他的儿子宣惠王即位。

宣惠王五年，张仪被任命为秦国宰相。八年，魏军打败了韩国将军韩举。十一年，君主改称为王。与赵王在区鼠相会。十四年，秦军攻打韩国，在鄢陵打败韩军。

宣惠王十六年，秦军在修鱼将韩军打败，在浊泽地区俘虏了韩国将领鲺、申差。韩国形势危急，宰相公仲对韩王说："盟国是靠不住的。如今秦国早就想攻打楚国了，大王不如通过张仪向秦王求和，送给它一座名城，并准备好盔甲武器，联合秦军一起向南攻打楚国，这是可以用失去一个来换取二得的计策。"韩王说："好。"于是为公仲的行动做好准备，要西行与秦国讲和。楚王听说后十分惊恐，召见陈轸告诉他这件事情。陈轸说："秦国早就想攻伐楚国，如今又得到韩国的一座名城，和韩国准备好盔甲武器，秦韩联合出兵攻打楚国，这是秦国求之不得的事情，现在既然得到了，楚国一定会受到侵略。大王听我的意见，全国加车，重其币，使信王之救已也。纵韩不能听我，韩必德王也，必不为雁行以来，是秦韩不和也，兵虽至，楚不大病也。为能听我绝和于秦，秦必大怒，以厚怨韩。韩之南交楚，必轻秦；轻秦，其应秦必不敬：是因秦、韩之兵而免楚国之患也。”楚王曰：“善。”乃警四境之内，兴师言救韩。命战车满道路，发信臣，多其车，重其币。谓韩王曰：“不谷国虽小，已悉发之矣。原大国遂肆志于秦，不谷将以楚殉韩。”韩王闻之大说，乃止公仲之行。公仲曰：“不可。夫以实伐我者秦也，以虚名救我者楚也。王恃楚之虚名，而轻绝强秦之敌，王必为天下大笑。且楚韩非兄弟之国也，又非素约而谋伐秦也。已有伐形，因发兵言救韩，此必陈轸之谋也。且王已使人报于秦矣，今不行，是欺秦也。夫轻欺强秦而信楚之谋臣，恐王必悔之。”韩王不听，遂绝于秦。秦因大怒，益甲伐韩，大战，楚救不至韩。十九年，大破我岸门。太子仓质于秦以和。

二十一年，与秦共攻楚，败楚将屈丐，斩首八万于丹阳。是岁，宣惠王卒，太子仓立，是为襄王。

襄王四年，与秦武王会临晋。其秋，秦使甘茂攻我宜阳。五年，秦拔我宜阳，斩首六万。秦武王卒。六年，秦复与我武遂。九年，秦复取我武遂。十年，太子婴朝秦而归。十一年，秦伐我，取穰。与秦伐楚，败楚将唐眛。

十二年，太子婴死。公子咎、公子虮虱争为太子。时虮虱质于楚。苏代谓韩咎曰：“虮虱亡在楚，楚王欲内之甚。今楚兵十余万在方城之外，公何不令楚王筑万室之都雍氏之旁，韩必起兵以救之，公必将矣。公因以韩楚之兵奉虮虱而内之，其听公必矣，必以楚韩封公也。”韩咎从其计。

强戒备，并派军队说是援救韩国，让战车布满道路，然后派出使臣，配备多辆战车，带上厚礼，让韩国相信大王是真的为了援救他们。就算韩王不听我们的意见还要与秦言和，韩国也一定会感激大王的恩德，更不会出兵前来攻打楚国，这样秦韩就会出现意见不和，等到军队攻打过来，也不会给楚国造成多大危害。假如韩国能够听从我们的意见，停止向秦求和，秦国一定会因此大怒，加深对韩国的怨恨；韩国来南方与楚国结交，就一定会轻视秦国，这样，他在应酬秦国时就一定不会很尊重地对待秦国：这就是利用秦韩之间的矛盾从而免除楚国的祸患。”楚王说：“很好！”于是在国内加强警戒，并派兵说是要救援韩国，让战车布满道路，派出使臣，配备很多车辆，带着厚礼去韩国拜见韩王。楚国使者对韩王说：“楚国虽然比较小，但我们把军队都派来。希望韩国可以没有顾虑地同秦国作战，我们国君命令楚军为韩国死战到底。”韩王听了非常高兴，于是就停止了公仲到秦国议和的行动。公仲说：“大王不可以这样做，秦国是以它的实力在侵犯我们，而楚国只是用虚名来救援我们。大王依靠楚国的虚名，就这样轻易地和强敌秦国绝交，您一定会被天下人耻笑。况且楚韩并非邦交之国，又不是一直有盟约共同讨伐秦国。只是我们有了联秦攻楚的迹象，楚国才说发兵救韩，这一定是陈轸的计谋。况且大王已经派使者去秦国通报我们的打算了，现在又不这样做，这是在欺骗秦国。如果轻易欺骗强秦，听信楚国的谋臣，恐怕大王今后是要后悔的。”韩王不听，还是和秦国断了交。秦国因而大发雷霆，增加兵力攻打韩国，两国大战，可楚国的救兵却一直没到。十九年，秦军在岸门大败韩军。韩国无奈只好派太子仓去做人质，向秦国求和。

宣惠五二十一年，韩国联合秦国一起攻打楚国，将楚国将领屈丐打败，在丹阳斩杀了八万楚军。当年，宣惠王去世，太子仓即位，这就是襄王。

襄王四年，在临晋和秦武王会见。这一年秋天，秦国派甘茂率兵攻打韩国的宜阳。五年，秦军攻下宜阳，斩杀韩军六万人。秦武王去世。六年，秦国把武遂又还给了韩国。九年，秦军再一次攻占了韩国的武遂。十年，韩国太子婴去秦国拜见秦王后回国。十一年，秦军进攻韩国，夺取了穰邑。韩国和秦国联合出兵进攻楚国，打败了楚将唐眛。

襄王十二年，太子婴去世。公子咎和公子虮虱争夺太子之位。当时虮虱在楚国做人质。苏代对韩咎说：“虮虱如今流亡在楚国，楚王很想送他回国。现在十几万楚军驻扎在方城山的北边，您为什么不让楚国在雍氏城的旁边建起一座万户的城邑，这样，韩王一定会派兵去救雍氏，您就是统帅。这样您就可以凭借韩楚两国的军队拥戴虮虱，接他回韩国，将来他肯定会完全听从于您，也会把楚韩边境封给您。”韩咎听从了他的意见。

楚围雍氏，韩求救于秦。秦未为发，使公孙昧入韩。公仲曰："子以秦为且救韩乎？"对曰："秦王之言曰'请道南郑、蓝田，出兵于楚以待公'，殆不合矣。"公仲曰："子以为果乎？"对曰："秦王必祖张仪之故智。楚威王攻梁也，张仪谓秦王曰：'与楚攻魏，魏折而入于楚，韩固其与国也，是秦孤也。不如出兵以到之，魏楚大战，秦取西河之外以归。'今其状阳言与韩，其实阴善楚。公待秦而到，必轻与楚战。楚阴得秦之不用也，必易与公相支也。公战而胜楚，遂与公乘楚，施三川而归。公战不胜楚，楚塞三川守之，公不能救也。窃为公患之。司马庚三反于郢，甘茂与昭鱼遇于商于，其言收玺，实类有约也。"公仲恐，曰："然则奈何？"曰："公必先韩而后秦，先身而后张仪。公不如亟以国合于齐楚，齐楚必委国于公。公之所恶者张仪也，其实犹不无秦也。"于是楚解雍氏围。

苏代又谓秦太后弟芈戎曰："公叔伯婴恐秦楚之内虮虱也，公何不为韩求质子于楚？楚王听入质子于韩，则公叔伯婴知秦楚之不以虮虱为事，必以韩合于秦楚。秦楚挟韩以窘魏，魏氏不敢合于齐，是齐孤也。公又为秦求质子于楚，楚不听，怨结于韩。韩挟齐魏以围楚，楚必重公。公挟秦楚之重以积德于韩，公叔伯婴必以国待公。"于是虮虱竟不得归韩。韩立咎为太子。齐、魏王来。

十四年，与齐、魏王共击秦，至函谷而军焉。十六年，秦与我河外及武遂。襄王卒，太子咎立，是为釐王。

釐王三年，使公孙喜率周、魏攻秦。秦败我二十四万，虏喜伊阙。五年，秦拔我宛。六年，与秦武遂地二百里。十年，秦败我师于夏山。十二年，与秦昭王会西周而佐秦攻齐。齐败，湣王出亡。十四楚军包围雍氏，韩国请求秦国前来援救。秦国没有发兵，派公孙昧来到韩国。公仲问公孙昧说："您认为秦国会来援救韩国吗？"公孙昧回答说："秦王是这样说的：'我们秦国准备从南郑、蓝田出兵，到楚国等待您的军队。'我觉得大概不能会合。"公仲说："您以为真的会是这样的吗？"公孙昧回答说："秦王一定是想采用以前张仪的计谋。当初楚威王攻打魏国的时候，张仪对秦王说：'秦国和楚国一起攻打魏国，魏国一旦失败就会倒向楚国，韩国原本和魏国就是盟国，这样，秦国就孤立了。我们不如出兵迷惑他们，让魏国和楚国交战，秦军就可以占领西河以外的土地后再回来。'现在秦王的样子从表面上看是同韩国结盟，实际却是暗中同楚国交好。您若认为秦国援军会到来，必定会轻率地同楚军交战。楚国暗中已经知道秦军不会援救韩国，也一定会与您对抗。如果您可以战胜楚国，秦国就会和您共同凌驾于楚国之上，在三川地区炫耀后威风归去。但如果这一仗您没能战胜楚国，楚国阻塞三川据守，您也就不能得救了。我私下里很是为您担忧呀。秦人司马庚曾经三次往返于郢都，秦国宰相甘茂和楚国宰相昭鱼在商于相会，表面上说是要收回攻韩楚军的印信，其实双方像是有什么密谋。"公仲惊恐地说："那该怎么办呢？"公孙昧说："您一定要先从韩国自身考虑，然后考虑秦国是否会派兵前来救援，先想好自救的方法，然后再考虑如何去应付张仪这种计谋。您不如尽快让韩国同齐楚两国联合，齐楚必定会把国事托付给您管理。您所厌恶的只是张仪所提出的欺诈的计谋，其实还是不可以无视秦国的呀！"于是楚国解除了对雍氏的围困。

苏代又对秦太后的弟弟芈戎说："公叔伯婴唯恐秦国和楚国把虮虱送回韩国，您为什么不到楚国替韩国请求放回人质虮虱呢？楚国如果答应，公叔伯婴就会知道秦楚两国并不重视虮虱的事，一定会让韩国与秦楚联合。秦楚就能凭借韩国使魏国受困，魏国不敢同齐国联合，这样，齐国就孤立了。然后您再替秦国请求楚国把虮虱送到秦国，楚国如果不答应，就会与韩国结怨。韩国肯定会依靠齐国和魏国的力量去围困楚国，楚国一定会尊重您。您依靠秦国和楚国的尊重向韩国施以恩德，公叔伯婴一定会拿整个国家来侍奉您。"因此虮虱最终也未能回到韩国。韩国把公子咎立为太子。齐王、魏王到韩国来。

襄王十四年，韩国与齐、魏两国联合一起派兵进攻秦国，到了函谷关就在那里驻军。十六年，秦国还给韩国河外之地和武遂。襄王去世，太子咎即位，这就是釐王。

釐王三年，派公孙喜率领韩国与周、魏的联军攻打秦国。秦国大败韩军二十四万人，在伊阙俘虏了公孙喜。五年，秦军占领韩国的宛城。六年，韩国把武遂一带的二百里土地让给秦国。十年，秦军在夏山攻破韩军。十二年，韩釐年，与秦会两周间。二十一年，使暴鸢救魏，为秦所败，鸢走开封。

二十三年，赵、魏攻我华阳。韩告急于秦，秦不救。韩相国谓陈筮曰："事急，原公虽病，为一宿之行。"陈筮见穰侯。穰侯曰："事急乎？故使公来。"陈筮曰："未急也。"穰侯怒曰："是可以为公之主使乎？夫冠盖相望，告敝邑甚急，公来言未急，何也？"陈筮曰："彼韩急则将变而佗从，以未急，故复来耳。"穰侯曰："公无见王，请今发兵救韩。"八日而至，败赵、魏于华阳之下。是岁，釐王卒，子桓惠王立。

桓惠王元年，伐燕。九年，秦拔我陉，城汾旁。十年，秦击我于太行，我上党郡守以上党郡降赵。十四年，秦拔赵上党，杀马服子卒四十余万于长平。十七年，秦拔我阳城、负黍。二十二年，秦昭王卒。二十四年，秦拔我城皋、荥阳。

二十六年，秦悉拔我上党。二十九年，秦拔我十三城。

三十四年，桓惠王卒，子王安立。

王安五年，秦攻韩，韩急，使韩非使秦，秦留非，因杀之。

九年，秦虏王安，尽入其地，为颍州郡。韩遂亡。

太史公曰：韩厥之感晋景公，绍赵孤之子武，以成程婴、公孙杵臼之义，此天下之阴德也。韩氏之功，于晋未睹其大者也。然与赵、魏终为诸侯十余世，宜乎哉！

王与秦昭王在西周相会，并帮助秦国进攻齐国。齐国被打败，齐滑王逃亡在外。十四年，韩王与秦王在两周之间相会。二十一年，派暴鸢救援魏国，被秦军打败，暴鸢逃到开封。

釐王二十三年，赵、魏两国联合攻打韩国的华阳。韩国向秦国求救，秦国没有来援救。韩国相国对陈筮说：“形势急迫，您虽然有病在身，还是希望您能够连夜到秦国去。”陈筮到秦先去拜见了穰侯魏冉。穰侯说：“事情特别紧迫吧？所以才派你来。”陈筮说：“还不是很急呀。”穰侯不高兴，说道：“如果真是这样，您的君主能派您来出使秦国吗？你们的使臣来来往往好几个了，都是来向我们求救的，您来了却说还不是很急，为什么？”陈筮说：“韩国如果真的十分危急，就会改变策略去投靠其他国家了，因为还没到十分危急的时候，所以我又来了。”穰侯说：“您不用去见秦王了，现在我就派兵前去救援韩国。”过了八天，秦军赶到，在华阳山下打败了赵军和魏军。同一年，釐王去世，他的儿子桓惠王即位。

桓惠王元年，韩军攻打燕国。九年，秦军占领了韩国的陉城，并在汾水旁筑城。十年，秦军在太行山攻打韩军，韩国的上党郡守献出上党郡向赵国投降。十四年，秦军攻占了赵国的上党，在长平杀死了马服君之子赵括率领的军队四十万人。十七年，秦军占领了韩国的阳城、负黍。二十二年，秦昭王去世。二十四年，秦军夺取韩国的城皋、荥阳。

二十六年，秦军占领了韩国整个上党地区。二十九年，秦军攻下韩国的十三座城。

三十四年，桓惠王去世，他的儿子韩王安即位。

韩王安五年，秦国攻打韩国，韩国形势十分危急，韩王派韩非出使秦国，秦国把韩非留下，后来将他杀了。

九年，秦军俘虏了韩王安，占领了韩国所有的领地，将其设为颍州郡。韩国就灭亡了。

太史公说：韩厥感动了晋景公，帮助赵氏孤儿赵武重新继承赵氏的爵位，从而成全了程婴和公孙杵臼的大义，这是天下少有的功德啊。韩氏的功德，在晋国没能看出来有多大，然而，最终却和赵氏、魏氏一样，做了十几代诸侯，这是很应该的呀！

田敬仲完世家第十六

陈完者，陈厉公他之子也。完生，周太史过陈，陈厉公使卜完，卦得观之否："是为观国之光，利用宾于王。此其代陈有国乎？不在此而在异国乎？非此其身也，在其子孙。若在异国，必姜姓。姜姓，四岳之后。物莫能两大，陈衰，此其昌乎？"

厉公者，陈文公少子也，其母蔡女。文公卒，厉公兄鲍立，是为桓公。桓公与他异母。及桓公病，蔡人为他杀桓公鲍及太子免而立他，为厉公。厉公既立，娶蔡女。蔡女淫于蔡人，数归，厉公亦数如蔡。桓公之少子林怨厉公杀其父与兄，乃令蔡人诱厉公而杀之。林自立，是为庄公。故陈完不得立，为陈大夫。厉公之杀，以淫出国，故春秋曰"蔡人杀陈他"，罪之也。

庄公卒，立弟杵臼，是为宣公。宣公二十一年，杀其太子御寇。御寇与完相爱，恐祸及己，完故奔齐。齐桓公欲使为卿，辞曰："羁旅之臣幸得免负担，君之惠也，不敢当高位。"桓公使为工正。齐懿仲欲妻完，卜之，占曰："是谓凤皇于蜚，和鸣锵锵。有妫之后，将育于姜。五世其昌，并于正卿。八世之后，莫之与京。"卒妻完。完之奔齐，齐桓公立十四年矣。

完卒，谥为敬仲。仲生稺孟夷。敬仲之如齐，以陈字为田氏。田稺孟夷生湣孟庄，田湣孟庄生文子须无。田文子事齐庄公。

晋之大夫栾逞作乱于晋，来奔齐，齐庄公厚客之。晏婴与田文子谏，庄公弗听。文子卒，生桓子无宇。田桓子无宇有力，事齐庄公，甚有宠。

陈完是陈厉公陈他的儿子。陈完刚出生的时候，周太史正好路过陈国，陈厉公请他给陈完占卜，结果由观卦变为否卦，太史说："这是观看国家风俗民情的意思，利于做君王的上宾。这是说他可能取得陈国君位拥有国家吧？也许不在陈国而是在其他国家吧？或者是不在他自己身上应验，而是应验在他的子孙身上。如果是在别的国，一定是姜姓国。姜姓是四岳的后代。事物不可能是两个同时强大，陈国衰落，他就将要昌盛起来吧？"

厉公是陈文公的小儿子，他的母亲是蔡国女子。文公去世后，厉公的哥哥陈鲍即位，这就是桓公。桓公和陈他为异母兄弟。趁桓公生病的时候，蔡国人替陈他杀死了桓公陈鲍和太子陈免，立他为君，这就是厉公。厉公即位后，迎娶蔡国之女为妻。这个蔡女和蔡国人通奸，经常回蔡国去，厉公也经常去蔡国。桓公的小儿子陈林怨恨厉公杀死了他的父亲和兄长，就让蔡国人诱惑厉公并杀了厉公。陈林立自己为国君，这就是庄公。所以陈完不能立为国君，做了陈国的大夫。厉公被杀的原因，在于因淫乱而离开国家，所以《春秋》里记载"蔡人杀陈他"，这是在指责他的罪行。

庄公去世，他的弟弟杵臼即位，这就是陈宣公。宣公二十一年，太子御寇被杀。御寇和陈完平日里比较亲近，陈完害怕灾祸牵连到自己，所以逃奔到齐国。齐桓公想让他担任宰相，他推辞说："我只是个寄居在外的小臣，能有幸免除种种负担，已经是您给我的莫大恩惠了，不敢再担当这么高的职位。"齐桓公让他任管理百工的工正。齐懿仲想把自己的女儿嫁给陈完为妻，为此事进行占卜，结果说："这是凤凰飞翔，和谐的鸣声锵锵。有妫氏的后代，会在姜氏那里成长。五代之后就会比较昌盛，地位将和正卿一样。八代之后，地位之高将没人可以比得上。"于是他就把女儿嫁给了陈完为妻。陈完逃到齐国的时候，齐桓公已在位十四年了。

陈完去世后，谥号为敬仲。敬仲生了稺孟夷。敬仲来齐国的时候，把姓陈氏改为田氏。田稺孟夷生了湣孟庄，田湣孟庄生了文子须无。田文子侍奉齐庄公。

晋国大夫栾逞在晋国发动叛乱，逃奔到齐国，齐庄公对他很优待。晏婴和田文子劝谏，庄公不听。田文子去世，生了桓子无宇。田桓子无宇很有力气，侍奉齐庄公，非常得宠。

无宇卒，生武子开与釐子乞。田釐子乞事齐景公为大夫，其收赋税于民以小斗受之，其禀予民以大斗，行阴德于民，而景公弗禁。由此田氏得齐众心，宗族益强，民思田氏。晏子数谏景公，景公弗听。已而使于晋，与叔向私语曰："齐国之政卒归于田氏矣。"

晏婴卒后，范、中行氏反晋。晋攻之急，范、中行请粟于齐。田乞欲为乱，树党于诸侯，乃说景公曰："范、中行数有德于齐，齐不可不救。"齐使田乞救之而输之粟。

景公太子死，后有宠姬曰芮子，生子荼。景公病，命其相国惠子与高昭子以子荼为太子。景公卒，两相高、国立荼，是为晏孺子。而田乞不说，欲立景公他子阳生。阳生素与乞欢。晏孺子之立也，阳生奔鲁。田乞伪事高昭子、国惠子者，每朝代参乘，言曰："始诸大夫不欲立孺子。孺子既立，君相之，大夫皆自危，谋作乱。"又绐大夫曰："高昭子可畏也，及未发先之。"诸大夫从之。田乞、鲍牧与大夫以兵入公室，攻高昭子。昭子闻之，与国惠子救公。公师败。田乞之众追国惠子，惠子奔莒，遂返杀高昭子。晏圉奔鲁。

田乞使人之鲁，迎阳生。阳生至齐，匿田乞家。请诸大夫曰："常之母有鱼菽之祭，幸而来会饮。"会饮田氏。田乞盛阳生橐中，置坐中央。发橐，出阳生，曰："此乃齐君矣。"大夫皆伏谒。将盟立之，田乞诬曰："吾与鲍牧谋共立阳生也。"鲍牧怒曰："大夫忘景公之命乎？"诸大夫欲悔，阳生乃顿首曰："可则立之，不可则已。"鲍牧恐祸及己，乃复曰："皆景公之子，何为不可！"遂立阳生于田乞之家，是为悼公。乃使人迁晏孺子于骀，而杀孺子荼。悼公既立，田乞为相，专齐政。

四年，田乞卒，子常代立，是为田成子。

鲍牧与齐悼公有郤，弑悼公。齐人共立其子壬，是为简公。田常成子与监止俱为左右相，相简公。田常心害监止，监止幸于简公，权无宇去世，生了武子开和釐子乞。田釐子乞担任齐国大夫，侍奉齐景公，他向百姓征税时用小斗收，赐给百姓粮食时用大斗，暗中向百姓施以恩德，齐景公也不加禁止。因此田氏很受齐国人民的爱戴，他的家族也越来越强大，百姓的心都偏向田氏。晏子多次向景公进谏，景公都不听。不久晏子出使晋国，私下里跟叔向说："齐国的政权最终要落到田氏的手里呀。"

晏婴去世后，范氏和中行氏在晋国反叛。晋国加紧讨伐他们，范氏和中行氏请求齐国借粮给他们。田乞想作乱，想在诸侯中结党，于是就对齐景公说："范氏和中行氏曾多次对齐国有恩德，齐国不能不救他们。"齐国派田乞去救援，给他们送去了粮食。

齐景公的太子去世了，景公后来有个宠姬叫芮子，芮子生下儿子荼。景公生病的时候，命令他的宰相国惠子和高昭子让他们立自己的儿子荼为太子。景公去世后，高、国两位宰相立荼为国君，这就是晏孺子。但是田乞不高兴，他想立景公的另一个儿子阳生为君主。阳生平时和田乞交好。晏孺子即位后，阳生逃奔鲁国。田乞假装侍奉高昭子和国惠子，每次上朝都替参乘在车上陪侍，并且说："起初各位大夫都不想立孺子。如今孺子即位，您两位担任宰相，大夫们都人人自危，图谋作乱。"田乞又挑动大夫们说："高昭子这个人很可怕呀，趁他还没动手我们先把他干掉吧！"大夫们都听从了他。田乞、鲍牧和大夫们一起领兵攻入宫廷，讨伐高昭子。昭子听说后，与国惠子去援救国君。国君的军队失败了。田乞派部下去追击国惠子，惠子逃到莒，于是部下又返回去杀高昭子。晏婴的儿子晏圉逃奔到鲁国。

田乞派人去鲁国，迎接阳生回国。阳生回到齐国后，藏在田乞家中。田乞邀请大夫们说："田常的母亲有祭祀后留下的酒食，请各位一定赏光前来聚会饮酒。"大夫们都来到田氏家饮酒。田乞把阳生装在口袋里，放在中央的座位上。宴席中，田乞打开口袋，放出阳生，他说："这才是齐国真正的国君呀。"大夫们都俯身拜见。正准备合谋拥立阳生为国君，田乞借口说："我是与鲍牧合谋一起拥立阳生的。"鲍牧怒气冲冲地说："大夫们难道忘记景公的遗命了吗？"大夫们想反悔，阳生叩头说："如果大家觉得我可以就立我，不可以就算了。"鲍牧担心自己遭受灾祸，就又说："都是景公的儿子，怎么不可以呢！"最终在田乞家中立阳生为国君，这就是悼公。后来派人把晏孺子迁到骀，并且杀了孺子荼。悼公即位后，田乞被任命为齐国宰相，独揽齐国政权。

四年后，田乞去世，他的儿子田常接替了职位，这就是田成子。

鲍牧和齐悼公不和，杀了悼公。齐国人共同拥立悼公的儿子壬为国君，这就是简公。成子田常与监止一起担任左右宰相，辅佐简公。田常心里忌妒监止，弗能去。于是田常复修釐子之政，以大斗出贷，以小斗收。齐人歌之曰："妪乎采芑，归乎田成子！"齐大夫朝，御鞅谏简公曰："田、监不可并也，君其择焉。"君弗听。

子我者，监止之宗人也，常与田氏有卻。田氏疏族田豹事子我有宠。子我曰："吾欲尽灭田氏适，以豹代田氏宗。"豹曰："臣于田氏疏矣。"不听。已而豹谓田氏曰："子我将诛田氏，田氏弗先，祸及矣。"子我舍公宫，田常兄弟四人乘如公宫，欲杀子我。子我闭门。简公与妇人饮檀台，将欲击田常。太史子馀曰："田常非敢为乱，将除害。"简公乃止。田常出，闻简公怒，恐诛，将出亡。田子行曰："需，事之贼也。"田常于是击子我。子我率其徒攻田氏，不胜，出亡。田氏之徒追杀子我及监止。

简公出奔，田氏之徒追执简公于徐州。简公曰："蚤从御鞅之言，不及此难。"田氏之徒恐简公复立而诛己，遂杀简公。简公立四年而杀。于是田常立简公弟骜，是为平公。平公即位，田常为相。

田常既杀简公，惧诸侯共诛己，乃尽归鲁、卫侵地，西约晋、韩、魏、赵氏，南通吴、越之使，修功行赏，亲于百姓，以故齐复定。

田常言于齐平公曰："德施人之所欲，君其行之；刑罚人之所恶，臣请行之。"行之五年，齐国之政皆归田常。田常于是尽诛鲍、晏、监止及公族之强者，而割齐自安平以东至琅邪，自为封邑。封邑大于平公之所食。

田常乃选齐国中女子长七尺以上为后宫，后宫以百数，而使宾客舍人出入后宫者不禁。及田常卒，有七十余男。田常卒，子襄子盘代立，相齐。常谥为成子。

田襄子既相齐宣公，三晋杀知伯，分其地。襄子使其兄弟宗人尽为齐都邑大夫，与三晋通使，且以有齐国。

因为监止很得简公宠信，他的权力不能除去。于是田常重新效仿他父亲釐子的方法，用大斗把粮食借出，用小斗收回。齐国人歌颂他说："老太太采芑菜呀，送给田成子！"齐国大夫上朝，御鞅向简公进谏说："田常、监止不能一起被重用，请您做个选择吧！"简公不听。

子我与监止是同族，向来与田氏不和。田氏有个远房的同族田豹侍奉在子我身边，并且十分得宠。子我说："我想杀了田氏的直系子孙，让你来接续田氏宗族。"田豹说："我只是田氏的远房啊。"子我不听。不久田豹告诉田氏说："子我想要诛灭田氏，如果田氏不抢先动手，那田氏就要面临大祸了。"子我住在简公的宫里，田常兄弟四人也乘车到了宫中，想杀了子我。子我关闭大门不出来。简公正与宠妃在檀台饮酒作乐，听说后想去攻打田常。太史子馀说："田常不敢犯上作乱，他只是在为国除害。"简公就停止了。田常出宫后，听说简公发怒想要攻打他，怕自己被杀，想要出逃。田子行说："迟疑不决，是成就大事的大敌。"田常于是又去攻击子我。子我率领他的部下反击田氏，失败了，无奈逃亡在外。田氏的部下追赶并杀死了子我和监止。

简公出逃，田氏的部下追到徐州捉获了简公。简公说："我要是能早点听取御鞅的意见，也不会遭到如今这样的灾难。"田氏的部下恐怕简公复位后杀他们，于是就把简公杀了。简公即位四年被杀。后来田常让简公的弟弟骜即位，这就是平公。平公即位后，任田常为宰相。

田常杀了简公以后，担心各国诸侯联合起来讨伐自己，就把齐国曾经侵占鲁国、卫国的土地全部还给了他们，西边同晋国、韩氏、魏氏、赵氏签订盟约，南方与吴国、越国互通使臣，建立功德，施行赏赐，亲近百姓，因此齐国重新恢复了安定。

田常对齐平公说："施行恩德是人们都希望的事情，就由您来施行；施行惩罚是人们所厌恶的事情，就让我去执行吧。"这样做了五年，齐国的政权都被田常包揽。于是田常把鲍氏、晏氏、监止和公族中较强盛的全部诛杀了，并划分齐国从安平以东到琅邪的土地，为自己的封地。他的封地比齐平公的封地还要大。

田常在齐国挑选身高七尺以上的女子做后宫姬妾，后宫达一百多人，并且让宾客侍从可以随便出入后宫，不加禁止。等到田常去世的时候，姬妾一共生下七十多个儿子。田常去世，他的儿子襄子田盘继承他的职位，担任齐国宰相。田常谥号为成子。

田襄子辅佐齐宣公做宰相的时候，晋国韩、赵、魏三家杀死智伯，瓜分了他的领地。襄子也派自己的兄弟和族人都去做齐国大小城邑的大夫，与三晋互通使臣，几乎已经拥有整个齐国。

襄子卒，子庄子白立。田庄子相齐宣公。宣公四十三年，伐晋，毁黄城，围阳狐。明年，伐鲁、葛及安陵。明年，取鲁之一城。

庄子卒，子太公和立。田太公相齐宣公。宣公四十八年，取鲁之郕。明年，宣公与郑人会西城。伐卫，取毋丘。宣公五十一年卒，田会自廪丘反。

宣公卒，子康公贷立。贷立十四年，淫于酒、妇人，不听政。太公乃迁康公于海上，食一城，以奉其先祀。明年，鲁败齐平陆。

三年，太公与魏文侯会浊泽，求为诸侯。魏文侯乃使使言周天子及诸侯，请立齐相田和为诸侯。周天子许之。康公之十九年，田和立为齐侯，列于周室，纪元年。

齐侯太公和立二年，和卒，子桓公午立。桓公午五年，秦、魏攻韩，韩求救于齐。齐桓公召大臣而谋曰："蚤救之孰与晚救之？"驺忌曰："不若勿救。"段干朋曰："不救，则韩且折而入于魏，不若救之。"田臣思曰："过矣君之谋也！秦、魏攻韩、楚，赵必救之，是天以燕予齐也。"桓公曰："善。"乃阴告韩使者而遣之。韩自以为得齐之救，因与秦、魏战。楚、赵闻之，果起兵而救之。齐因起兵袭燕国，取桑丘。

六年，救卫。桓公卒，子威王因齐立。是岁，故齐康公卒，绝无后，奉邑皆入田氏。

齐威王元年，三晋因齐丧来伐我灵丘。三年，三晋灭晋后而分其地。六年，鲁伐我，入阳关。晋伐我，至博陵。七年，卫伐我，取薛陵。九年，赵伐我，取甄。

威王初即位以来，不治，委政卿大夫，九年之间，诸侯并伐，国人不治。于是威王召即墨大夫而语之曰："自子之居即墨也，毁言日至。然吾使人视即墨，田野辟，民人给，官无留事，东方以宁。是子不事吾左右以求誉也。"封之万家。召阿大夫语曰："自子之守阿，誉言日闻。然使使视阿，田野不辟，民贫苦。昔日赵攻甄，子弗能襄子去世，他的儿子庄子田白继承父位，辅佐齐宣公。齐宣公四十三年，齐国攻打晋国，毁掉黄城，包围阳狐。第二年，攻打鲁城、葛邑和安陵。第三年，占领鲁国一城。

田庄子去世后，他的儿子太公田和继承父位。辅佐齐宣公。齐宣公四十八年，齐国攻占了鲁国的郕城。第二年，齐宣公与郑国人在西城相会。齐国进攻卫国，夺取了毋丘。宣公五十一年，齐宣公去世，田会在廪丘发动叛乱。

齐宣公去世后，他的儿子康公贷即位。康公即位十四年，一直沉溺于酒色，不理朝政。太公田和就把他迁到海滨，给他了一座城作为食邑，以便对他的祖先进行祭祀。第二年，鲁军在平陆打败齐军。

又过了三年，太公田和在浊泽与魏文侯相会，请求成为诸侯。魏文侯就派使臣去禀报周天子和各国诸侯，请求立齐国宰相田和为诸侯，周天子同意了。齐康公十九年，田和正式成为齐侯，列名于周朝正室，纪为元年。

齐侯太公田和被立为诸侯两年以后去世，他的儿子桓公田午即位。桓公午五年，秦国、魏国联合攻打韩国，韩国向齐国请求援救。齐桓公田午召集大臣商议说："早点去救它好呢，还是晚点去好？"驺忌说："都不如不去救它。"段干朋说："假如不去援救，韩国失败以后就会被并入魏国，不如去救它。"田臣思说："您的想法错了！秦、魏进攻韩国，楚国和赵国就一定会去救它，这是上天把燕国送给齐国。"桓公说："好！"于是暗中告诉韩国使者一定会派兵前去援救，并送走了韩国使者。韩国以为得到了齐国的救援，因而与秦、魏军队奋力交战。楚赵两国知道以后，果然派兵救援。齐国趁机出兵进攻燕国，夺取了桑丘。

桓公六年，齐国派兵援救卫国。桓公去世，他的儿子威王因齐即位。当年，以前的齐康公去世了，没有留下后代，他的封地都归田氏所有。

齐威王元年，三晋趁着齐国有丧事前来袭击灵丘。三年，韩、赵、魏三家消灭晋国，并瓜分了它的土地。六年，鲁国讨伐齐国，攻入阳关。晋国攻打齐国，打到博陵。七年，卫国攻打齐国，攻占薛陵。九年，赵国攻打齐国，夺取甄城。

威王自开始即位之后，就一直不理国事，国家政事都交给卿大夫处理，在他即位九年期间，各国诸侯都来攻打齐国，齐国人民不得太平。后来威王召见即墨大夫并对他说："自从您居住在即墨以后，毁谤您的言论每天都有。可是我派人去视察即墨，田野得到开发，百姓生活富足，官府没有积压的公事，齐国的东方因而也得以安宁。这主要在于您从不逢迎我的左右以求得赞扬的缘故啊！"于是，封给他一万户食邑。威王又召见阿城大夫并对他说："自从你开始治理阿城之后，赞扬你的话每天都能听到。可是我派人去视察阿城，田野荒废、百姓贫救。卫取薛陵，子弗知。是子以币厚吾左右以求誉也。”是日，烹阿大夫，及左右尝誉者皆并烹之。遂起兵西击赵、卫，败魏于浊泽而围惠王。惠王请献观以和解，赵人归我长城。于是齐国震惧，人人不敢饰非，务尽其诚。齐国大治。诸侯闻之，莫敢致兵于齐二十余年。

驺忌子以鼓琴见威王，威王说而舍之右室。须臾，王鼓琴，驺忌子推户入曰：“善哉鼓琴！”王勃然不说，去琴按剑曰：“夫子见容未察，何以知其善也？”驺忌子曰：“夫大弦浊以春温者，君也；小弦廉折以清者，相也；攫之深，醳之愉者，政令也；钧谐以鸣，大小相益，回邪而不相害者，四时也：吾是以知其善也。”王曰：“善语音。”驺忌子曰：“何独语音，夫治国家而弭人民皆在其中。”王又勃然不说曰：“若夫语五音之纪，信未有如夫子者也。若夫治国家而弭人民，又何为乎丝桐之间？”驺忌子曰：“夫大弦浊以春温者，君也；小弦廉折以清者，相也；攫之深而舍之愉者，政令也；钧谐以鸣，大小相益，回邪而不相害者，四时也。夫复而不乱者，所以治昌也；连而径者，所以存亡也：故曰琴音调而天下治。夫治国家而弭人民者，无若乎五音者。”王曰：“善。”

驺忌子见三月而受相印。淳于髡见之曰：“善说哉！髡有愚志，愿陈诸前。”驺忌子曰：“谨受教。”淳于髡曰：“得全全昌，失全全亡。”驺忌子曰：“谨受令，请谨毋离前。”淳于髡曰：“狶膏棘轴，所以为滑也，然而不能运方穿。”驺忌子曰：“谨受令，请谨事左右。”淳于髡曰：“弓胶昔干，所以为合也，然而不能傅合疏罅。”驺忌子曰：“谨受令，请谨自附于万民。”淳于髡曰：“狐裘虽敝，不可补以黄狗之皮。”驺忌子曰：“谨受令，请谨择君子，毋杂小人其间。”淳于髡曰：“大车不较，不能载其常任；琴瑟不较，不能成其五音。”驺忌子苦。赵军曾经攻打甄城，你没能前去援救。卫国攻占薛陵，你也不知道。这是你用财物贿赂我的左右来求得赞扬的吧？”当天就烹杀了阿城大夫，并把身边曾经吹捧过他的人都一起烹杀了。然后发兵往西边讨伐赵、卫，在浊泽打败魏军并包围魏惠王。魏惠王请求献出观城求得和解。赵国把齐国的长城归还齐国。于是齐国全国震惊，人人都不敢文过饰非，努力表现出他们的忠诚。齐国被治理得非常好。诸侯听到以后，有二十多年都不敢对齐国用兵侵犯齐国。

驺忌子由于擅长弹琴而进见齐威王，威王很喜欢他，并让他住在宫中的右室。之后没多久，有一天威王正在弹琴，驺忌子推门就进来说："弹得好啊！"威王勃然大怒，离开琴拿起宝剑说：“先生只看到我的样子，还没来得及仔细观察，怎么就知道弹得好呢？”驺忌子说：“大弦缓慢并且温和，象征国君；小弦高亢明快并且清亮，象征宰相；手指勾弦时用力，放开时舒缓，象征政令；琴声和谐，大小相互配合，婉转曲折却不相干扰，象征四时：因此我就可以知道您弹得好。”威王说：“你很擅长谈论音乐。”驺忌子说：“何止在谈论音乐，治理国家和安抚人民的道理都在其中啊！”威王又突然不高兴说：“如果只是谈论五音的调理，我相信没人可以比得上您。如果是治理国家和安抚人民，又怎么能显现在琴弦之中呢？”驺忌子说：“大弦缓慢并且温和，象征国君；小弦高亢明快并且清亮，象征宰相；勾弦用力但放开舒缓，象征政令；弹出的琴声和谐，大小配合美妙，婉转曲折却不相干扰，象征四时。回环往复而不乱，是因为政治昌明；连贯而轻快，是因为保全了将亡之国：所以说琴音调谐就可以保全天下太平。这么说治理国家和安抚人民，没有比五音的道理更相像的了吧。”威王说：“好极了。”

驺忌子进见威王才三个月就被封为丞相，接受了相印。淳于髡见了他说：“您真会说话呀！我有一些愚钝的想法，希望能在您面前陈述。”驺忌子说：“我将恭敬地接受教诲。”淳于髡说：“侍奉国君如果可以做到周到无误，您的身名就都能兴盛；但假如稍有不周或失误，那您的身名就会毁灭。”驺忌子说：“我一定恭敬地接受您的指教，并把您的话铭记于心。”淳于髡说：“用猪油涂抹棘木车轴，是为了让它更加润滑，可是轴孔如果是方形的就无法转动。”驺忌子说：“我会谨慎接地受您的指教，我一定会小心地在国君左右侍奉。”淳于髡说：“拿胶去粘用久了的弓干，是为了它们可以更好地粘合在一起，然而胶却不可能把缝隙完全粘合起来。”驺忌子说：“一定听从您的指教，我要使自己依附于万民。”淳于髡说：“狐皮袄即使破了，也不能用黄狗皮去补。”驺忌子说：“我会谨慎接受您的指教，细心挑选君子结交，不让小人混杂其中。”淳于髡说：“大车如果不较正，就不能正常载重；琴瑟如果不把弦调好，就不能使五音曰："谨受令，请谨修法律而督奸吏。"淳于髡说毕，趋出，至门，而面其仆曰："是人者，吾语之微言五，其应我若响之应声，是人必封不久矣。"居期年，封以下邳，号曰成侯。

威王二十三年，与赵王会平陆。二十四年，与魏王会田于郊。魏王问曰："王亦有宝乎？"威王曰："无有。"梁王曰："若寡人国小也，尚有径寸之珠照车前后各十二乘者十枚，奈何以万乘之国而无宝乎？"威王曰："寡人之所以为宝与王异。吾臣有檀子者，使守南城，则楚人不敢为寇东取，泗上十二诸侯皆来朝。吾臣有肦子者，使守高唐，则赵人不敢东渔于河。吾吏有黔夫者，使守徐州，则燕人祭北门，赵人祭西门，徙而从者七千余家。吾臣有种首者，使备盗贼，则道不拾遗。将以照千里，岂特十二乘哉！"梁惠王惭，不怿而去。

二十六年，魏惠王围邯郸，赵求救于齐。齐威王召大臣而谋曰："救赵孰与勿救？"驺忌子曰："不如勿救。"段干朋曰："不救则不义，且不利。"威王曰："何也？"对曰："夫魏氏并邯郸，其于齐何利哉？且夫救赵而军其郊，是赵不伐而魏全也。故不如南攻襄陵以弊魏，邯郸拔而乘魏之弊。"威王从其计。

其后成侯驺忌与田忌不善，公孙阅谓成侯忌曰："公何不谋伐魏，田忌必将。战胜有功，则公之谋中也；战不胜，非前死则后北，而命在公矣。"于是成侯言威王，使田忌南攻襄陵。十月，邯郸拔，齐因起兵击魏，大败之桂陵。于是齐最强于诸侯，自称为王，以令天下。

三十三年，杀其大夫牟辛。

三十五年，公孙阅又谓成侯忌曰："公何不令人操十金卜于市，曰'我田忌之人也。吾三战而三胜，声威天下。欲为大事，亦吉乎不吉乎'？"卜者出，因令人捕为之卜者，验其辞于王之所。田忌闻和谐。”驺忌子说：“一定听从您的指教，我会认真制定法律并亲自监督奸猾的官吏。”淳于髡说完后，快步走出，走出门外后告诉他的仆人说：“这个人，我对他说了五条隐语，他回答我就像回声的响应一样，这个人过不了多久就一定会受到封赏啊！”后来过了一年，威王把下邳封给驺忌子，封号为成侯。

威王二十三年，齐王在平陆与赵王相会。二十四年，齐王与魏王一起在郊外打猎。魏王问齐王说：“大王也有宝物吗？”威王说：“没有。”魏王说：“像我的国家这样小，也还有十颗能照亮前后各十二辆车的直径一寸的夜明珠，齐国这样的大国怎么能没有宝物呢？”威王说：“寡人理解的宝物与大王不同。我有个大臣叫檀子，如果派他去镇守南城，楚国人就不敢向东方侵犯掠夺，泗水沿岸的十二诸侯都来朝拜齐国。我还有个大臣叫肦子，要是派他镇守高唐，赵国人就不敢到东边的黄河去捕鱼。我有个官吏叫黔夫，派他镇守徐州，燕国人就到北门祭祀，赵国人就去西门祭祀，请求神灵可以保佑他们不受侵犯，有七千多家都搬家去追随他。我有个大臣叫种首，派他戒备盗贼，那就会道不拾遗。这些人的才华都将光照千里，又岂止是十二辆车能比的呢！”魏惠王心中惭愧，败兴离去。

威王二十六年，魏惠王包围邯郸，赵国向齐国请求援救。齐威王召集大臣商议说：“是前去援救赵好呢还是不救好？”驺忌子说：“不如不救。”段干朋说：“不救就是不讲仁义，而且对我们也没有好处。”威王说：“为什么呢？”段干朋回答说：“魏国一旦吞并邯郸，这对齐国有什么好处呢？如果救赵，我们将军队驻扎在赵国郊外，这样就可以使赵国不被侵犯同时也保全魏军完好无损。所以不如向南攻打魏国的襄陵，使魏军疲惫，邯郸就算被魏军攻下，我们也可以趁着魏军的疲惫使它受挫。”威王听取了他的意见。

后来成侯驺忌与田忌不和，公孙阅对成侯驺忌说：“您为什么不考虑提出建议去攻打魏国呢？这样，田忌一定领兵。如果战胜有功，那是您的计谋正确；如果打不胜，田忌不是死在战场就是兵败回朝，他的命就都被掌握在您的手里了。”于是成侯向威王建议，派田忌向南进攻襄陵。十月，邯郸被攻克，齐国趁机出兵攻打魏军，在桂陵大败魏军。于是齐国成为诸侯中最强的国家，自称为王，号令天下。

威王三十三年，威王杀了他的大夫牟辛。

威王三十五年，公孙阅又对成侯驺忌说：“您为什么不派人拿十斤黄金去街上占卜，就说‘我是田忌的人。我们三战三胜，名声威震天下。如今想要做大事，请问是吉还是不吉呢？’”等去占卜的人走了以后，就派人逮捕为他占卜的先生，带他去威王那里验证询问卜人的话，田忌听说之后，就率领他的部下攻打之，因率其徒袭攻临淄，求成侯，不胜而奔。

三十六年，威王卒，子宣王辟强立。宣王元年，秦用商鞅。周致伯于秦孝公。

二年，魏伐赵。赵与韩亲，共击魏。赵不利，战于南梁。宣王召田忌复故位。韩氏请救于齐。宣王召大臣而谋曰："蚤救孰与晚救？"驺忌子曰："不如勿救。"田忌曰："弗救，则韩且折而入于魏，不如蚤救之。"孙子曰："夫韩、魏之兵未弊而救之，是吾代韩受魏之兵，顾反听命于韩也。且魏有破国之志，韩见亡，必东面而于齐矣。吾因深结韩之亲而晚承魏之弊，则可重利而得尊名也。"宣王曰："善。"乃阴告韩之使者而遣之。韩因恃齐，五战不胜，而东委国于齐。齐因起兵，使田忌、田婴将，孙子为师，救韩、赵以击魏，大败之马陵，杀其将庞涓，虏魏太子申。其后三晋之王皆因田婴朝齐王于博望，盟而去。

七年，与魏王会平阿南。明年，复会甄。魏惠王卒。明年，与魏襄王会徐州，诸侯相王也。十年，楚围我徐州。十一年，与魏伐赵，赵决河水灌齐、魏，兵罢。十八年，秦惠王称王。

宣王喜文学游说之士，自如驺衍、淳于髡、田骈、接予、慎到、环渊之徒七十六人，皆赐列第，为上大夫，不治而议论。是以齐稷下学士复盛，且数百千人。

十九年，宣王卒，子湣王地立。

湣王元年，秦使张仪与诸侯执政会于齧桑。三年，封田婴于薛。四年，迎妇于秦。七年，与宋攻魏，败之观泽。

十二年，攻魏。楚围雍氏，秦败屈丐。苏代谓田轸曰："臣愿有谒于公，其为事甚完，使楚利公，成为福，不成亦为福。今者臣立于门，客有言曰魏王谓韩冯、张仪曰：'煮枣将拔，齐兵又进，子来救寡人则可矣；不救寡人，寡人弗能拔。'此特转辞也。秦、韩之兵毋东，旬余，则魏氏转韩从秦，秦逐张仪，交臂而事齐楚，此公之事成临淄，准备捕捉成侯，没能取胜，后来逃跑了。

威王三十六年，齐威王去世，他的儿子宣王辟强即位。宣王元年，秦国重用商鞅。周天子赐给秦孝公霸主的称号。

宣王二年，魏国攻打赵国。赵国与韩国交好，联合起来一起攻打魏国，赵国形势不利，在南梁被打败。宣王召回田忌恢复了他以前的职位。韩国请求齐国援救。宣王召集大臣商议说："是早点去救援好还是晚点去好？"驺忌子说："不如不救。"田忌说："如果不救，韩国肯定失败从而被并入魏国，不如早点去援救。"孙膑说："如果在韩、魏的军队还没有疲惫的时候就去援救，那就是我们代替韩国受魏军的攻击，回过头来反倒听从韩国的指挥。况且魏国已有攻破韩国的打算，韩国到即将灭亡的时候，肯定会到东边来向齐国求救。我们趁机与韩国结盟，又可晚一些去救援，趁着魏军的疲惫，这样就能得到更大的好处，同时还可以得到受人尊敬的名声。"宣王说："很好。"于是暗中告诉韩国使者并把他送回去。韩国由于倚仗齐国的救援，结果五战都失败了，只好向东把国家托付给齐国。齐国趁机出兵，派田忌、田婴为统帅，孙膑为军师，出兵攻打魏国，救援韩国和赵国，在马陵将魏军打败，杀死魏国将领庞涓，俘虏了魏太子申。此后，三晋的君主都由田婴引见，在博望朝拜齐王，盟誓之后离去。

宣王七年，齐王在平阿以南与魏王相会。第二年，又在甄城相会。魏惠王去世。第三年，齐宣王与魏襄王在徐州相会，诸侯之间互相称王。宣王十年，楚军围困齐国的徐州。十一年，齐国与魏国联合起来攻打赵国，赵国引黄河水淹齐国、魏国的军队，齐、魏撤退。十八年，秦惠王称王。

宣王喜爱博学之人以及能言善辩的士人，像驺衍、淳于髡、田骈、接予、慎到、环渊之类一共七十六人，都赐给他们府第，封为上大夫，让他们不用处理政事，专门讨论学术。因此齐国的稷下学士越来越多，将近数百以至上千人。

宣王十九年，齐宣王去世，他的儿子湣王田地即位。

湣王元年，秦国派张仪与各国执政大臣在啮桑相会。三年，湣王把田婴封在薛。四年，湣王从秦国迎娶他的夫人。七年，齐国与宋国一起讨伐魏国，在观泽大败魏军。

湣王十二年，齐国讨伐魏国。楚国攻打韩国的雍氏，秦国打败楚国将领屈丐。苏代对楚国大臣田轸说："我有事请求拜见您，这件事非常完满，会使楚国对您有利，如果成功了就是福，就算不成功也是福。如今我站在门口，有人听到魏王曾对韩冯、张仪说：'煮枣就要被攻占，齐军又来侵犯，您二位如果能来救我就可以不败；如果不来救，那我也无能为力了。'这只是婉转之辞。秦、韩的军队如果不向东援救魏国，十几天以后，魏国就会转变策略，韩国追随秦国，秦也。”田轸曰：“奈何使无东？”对曰：“韩冯之救魏之辞，必不谓韩王曰‘冯以为魏’，必曰‘冯将以秦韩之兵东卻齐宋，冯因抟三国之兵，乘屈丐之弊，南割于楚，故地必尽得之矣’。张仪救魏之辞，必不谓秦王曰‘仪以为魏’，必曰‘仪且以秦韩之兵东距齐宋，仪将抟三国之兵，乘屈丐之弊，南割于楚，名存亡国，实伐三川而归，此王业也’。公令楚王与韩氏地，使秦制和，谓秦王曰‘请与韩地，而王以施三川，韩氏之兵不用而得地于楚’。韩冯之东兵之辞且谓秦何？曰‘秦兵不用而得三川，伐楚韩以窘魏，魏氏不敢东，是孤齐也’。张仪之东兵之辞且谓何？曰‘秦韩欲地而兵有案，声威发于魏，魏氏之欲不失齐楚者有资矣’。魏氏转秦韩争事齐楚，楚王欲而无与地，公令秦韩之兵不用而得地，有一大德也。秦韩之王劫于韩冯、张仪而东兵以徇服魏，公常执左券以责于秦韩，此其善于公而恶张子多资矣。”

十三年，秦惠王卒。二十三年，与秦击败楚于重丘。二十四年，秦使泾阳君质于齐。二十五年，归泾阳君于秦。孟尝君薛文入秦，即相秦。文亡去。二十六年，齐与韩魏共攻秦，至函谷军焉。二十八年，秦与韩河外以和，兵罢。二十九年，赵杀其主父。齐佐赵灭中山。

三十六年，王为东帝，秦昭王为西帝。苏代自燕来，入齐，见于章华东门。齐王曰：“嘻，善，子来！秦使魏冉致帝，子以为何如？”对曰：“王之问臣也卒，而患之所从来微，愿王受之而勿备称也。秦称之，天下安之，王乃称之，无后也。且让争帝名，无伤也。秦称之，天下恶之，王因勿称，以收天下，此大资也。且天下立两帝，王以天下为尊齐乎？尊秦乎？”王曰：“尊秦。”曰：“释帝，天下爱齐乎？爱秦国驱逐张仪，拱手侍奉齐、楚，这样，您的事就成功了。”田轸说：“怎么才能使秦、韩的军队不向东救援魏国呢？”苏代回答说：“韩冯请求救魏的言辞，一定不会对韩王说‘我是为了魏国’，必定会说‘我将依靠秦、韩的兵力向东击退齐、宋的军队，我们可以趁势联合三国的军队，趁着屈丐战败后的疲惫，向南要求楚国割地，韩国原来的失地一定能全部收回’。张仪请求救魏的言辞，同样也一定不会对秦王说‘我是为了魏国’，必定会说‘我将依靠秦、韩的兵力向东抵挡齐、宋，然后联合三国的军队，趁着屈丐战败后的疲惫，向南要楚国割地，名义上是为了保全即将灭亡的魏国，实际上是攻伐三川之后返回来，这是王者的事业’。您让楚王把韩国的土地还给他们，让秦国控制两国议和，您对秦王说‘我愿意让楚国还给韩国土地，而大王可以在三川一带施逞威风，韩国不必动用军队就可以从楚国那里得到土地。’韩冯向东发兵的言辞会怎样对秦国说呢？他一定会说‘秦国不用兵就可以得到三川，进攻楚国、韩国、使魏国处于困境，魏国便不敢向东联合齐国，这样就孤立了齐国’。张仪向东发兵的言辞会怎样说呢？他会说‘秦国、韩国想得到土地却不主动出兵，声威震慑了魏国，魏国不想破坏和齐、楚的关系也就有所凭借了。’魏国就会改变对秦国、韩国的态度，争着去侍奉齐国和楚国，楚国正想得到魏国侍奉而又不想把土地给韩国，您让秦国、韩国不用兵就能得到土地，这是对两国都有大恩德啊。如果秦韩两国国王受韩冯、张仪的胁迫，向东发兵使魏国顺服，您可以胜券在握，去责问秦、韩，这样的话让秦、韩两国喜欢您而厌恶张仪的收益就太大了。”

湣王十三年，秦惠王去世。二十三年，齐军联合秦军在重丘打败了楚军。二十四年，秦国派泾阳君到齐国做人质。二十五年，齐国把泾阳君送回秦国。孟尝君薛文到秦国，很快被任命为秦国宰相，没过多久他又逃离秦国。二十六年，齐国与韩国、魏国一起出兵攻打秦国，军队驻扎在函谷关。二十八年，秦把河外之地让给韩国请求讲和，三国军队撤去。二十九年，赵国人杀了他们的主父。齐国帮助赵国灭了中山国。

湣王三十六年，齐湣王自称为东帝，秦昭王自称为西帝。苏代从燕国去齐国，在章华东门拜见齐王。齐王说：“好啊，您来了！秦国派魏冉送来了帝号，您认为如何？”苏代回答说：“大王您的问题太仓卒了，而祸患的开始往往是不明显的。希望您能够先接受帝号，但不要马上就开始称帝。秦国称帝后，如果天下太平，到那时，您再称帝，也不算晚。况且在争称帝号时表示出自己的谦让，也没什么影响。如果秦国称帝后，天下人都憎恶他，大王您就也不要称帝了，这样可以收拢天下的人心，这将是莫大的资本呀。何况如果天下同时有两个帝号，大王认为天下人是更尊崇齐国呢，还是更尊崇秦国？”湣王说：“当然是尊崇秦乎？”王曰：“爱齐而憎秦。”曰：“两帝立约伐赵，孰与伐桀宋之利？”王曰：“伐桀宋利。”对曰：“夫约钧，然与秦为帝而天下独尊秦而轻齐，释帝则天下爱齐而憎秦，伐赵不如伐桀宋之利，故愿王明释帝以收天下，倍约宾秦，无争重，而王以其间举宋。夫有宋，卫之阳地危；有济西，赵之阿东国危；有淮北，楚之东国危；有陶、平陆，梁门不开。释帝而贷之以伐桀宋之事，国重而名尊，燕楚所以形服，天下莫敢不听，此汤武之举也。敬秦以为名，而后使天下憎之，此所谓以卑为尊者也。愿王孰虑之。”于是齐去帝复为王，秦亦去帝位。

三十八年，伐宋。秦昭王怒曰：“吾爱宋与爱新城、阳晋同。韩聂与吾友也，而攻吾所爱，何也？”苏代为齐谓秦王曰：“韩聂之攻宋，所以为王也。齐强，辅之以宋，楚魏必恐，恐必西事秦，是王不烦一兵，不伤一士，无事而割安邑也，此韩聂之所祷于王也。”秦王曰：“吾患齐之难知。一从一衡，其说何也？”对曰：“天下国令齐可知乎？齐以攻宋，其知事秦以万乘之国自辅，不西事秦则宋治不安。中国白头游敖之士皆积智欲离齐秦之交，伏式结轶西驰者，未有一人言善齐者也，伏式结轶东驰者，未有一人言善秦者也。何则？皆不欲齐秦之合也。何晋楚之智而齐秦之愚也！晋楚合必议齐秦，齐秦合必图晋楚，请以此决事。”秦王曰：“诺。”于是齐遂伐宋，宋王出亡，死于温。齐南割楚之淮北，西侵三晋，欲以并周室，为天子。泗上诸侯邹鲁之君皆称臣，诸侯恐惧。

三十九年，秦来伐，拔我列城九。

国。”苏代说：“如果放弃帝号，天下人是会比较敬爱齐国呢，还是比较敬爱秦国呢？”湣王说：“当然是敬爱齐国而憎恶秦国。”苏代说：“东西两帝订立盟约以后是攻打赵国对齐国有好处，还是讨伐宋国的暴君对齐国有好处？”湣王说：“当然是讨伐宋国的暴君对我们有利。”苏代说：“盟约双方的地位是平等的，可是如果是与秦国一起称帝，天下人就会只尊崇秦国而轻视齐国，但如果放弃帝号，天下人就会反过来敬爱齐国而憎恶秦国，攻打赵国没有讨伐宋国的暴君得来的利益多，所以希望大王能够明确地放弃帝号，从而可以收拢天下人心，背弃盟约，抛开秦国，不要和秦国一争高低，大王还可以利用这个机会讨伐宋国。攻占宋国，卫国的阳地处境也就比较危险了；占有济水以西，赵国的阿地以东一带就同样处于困境了；占有淮水以北，楚国的东部就危急了；占有陶、平陆，魏都大梁的城门就被堵塞了。如果可以放弃帝号，反而去讨伐宋国暴君，这样，齐国的地位就可以提高，名声也更加受人尊崇，燕国、楚国会因形势所迫而归服齐国，天下各国都不敢不听命于齐国，这是像商汤和周武王那样的义举一样呀。名义上敬重秦国称帝，实际上让天下人都憎恶它，这就是由卑下变为尊贵的方法。希望大王能够认真考虑。”于是齐国放弃帝号，重新称王，秦国也放弃了帝位。

湣王三十八年，齐国进攻宋国。秦昭王不高兴，说道：“我对宋国和新城、阳晋一样爱惜。齐国的韩聂是我的朋友，如今却攻打我所爱惜的地方，为什么呢？”苏代替齐国对秦王说：“韩聂攻打宋国，就是为了大王您呀。如今齐国强大，假如得到宋国的辅佐，楚、魏必然感到恐慌，他们一恐慌就会向西前来侍奉秦国，这样，大王就可以不用一兵，不伤一卒，轻轻松松地使魏国割让安邑，这就是韩聂告求于大王的。”秦王说：“我担心齐国难以让人看明白呀，如今一会儿合纵，一会儿连横，这又是为什么呢？”苏代回答说：“天下各国的情况能让齐国都明白吗？如今齐国攻打宋国，它知道想要侍奉秦国就应该有大国的力量辅助自己，不向西侍奉秦国，宋国也不可能得到太平。中原那些白发的游说之士都想尽办法来离间齐、秦的关系，那些纷纷驾车向西奔驰的人们，没有一个是去谈论齐国好的；那些纷纷驾车向东奔驰的人们，也没有一个是去谈论秦国好的。这又是为什么呢？因为他们都不想让齐、秦联合。为什么三晋与楚国都那么聪明反而齐与秦却这么愚笨呢？三晋如果与楚联合起来就一定会商议攻打齐、秦之事，齐、秦如果联合就一定会谋划攻打三晋和楚国。请大王凭借这样的情况决定行事吧！”秦王说：“好吧！”于是齐国就去攻打宋国，宋王出逃，死在温城。齐国在南方占领了楚国淮水以北的土地，在西边攻入了三晋，还准备吞并周室，立为天子。泗水一带的诸侯如邹、鲁等国的国君都向齐国称臣，各国诸侯都很害怕。

湣王三十九年，秦国派兵前来讨伐齐国，占领了九座城邑。

四十年，燕、秦、楚、三晋合谋，各出锐师以伐，败我济西。王解而卻。燕将乐毅遂入临淄，尽取齐之宝藏器。湣王出亡，之卫。卫君辟宫舍之，称臣而共具。湣王不逊，卫人侵之。湣王去，走邹、鲁，有骄色，邹、鲁君弗内，遂走莒。楚使淖齿将兵救齐，因相齐湣王。淖齿遂杀湣王而与燕共分齐之侵地卤器。

湣王之遇杀，其子法章变名姓为莒太史敫家庸。太史敫女奇法章状貌，以为非恒人，怜而常窃衣食之，而与私通焉。淖齿既以去莒，莒中人及齐亡臣相聚求湣王子，欲立之。法章惧其诛己也，久之，乃敢自言"我湣王子也"。于是莒人共立法章，是为襄王。以保莒城而布告齐国中："王已立在莒矣。"

襄王既立，立太史氏女为王后，是为君王后，生子建。太史敫曰："女不取媒因自嫁，非吾种也，汙吾世。"终身不睹君王后。君王后贤，不以不睹故失人子之礼。

襄王在莒五年，田单以即墨攻破燕军，迎襄王于莒，入临淄。齐故地尽复属齐。齐封田单为安平君。

十四年，秦击我刚寿。十九年，襄王卒，子建立。

王建立六年，秦攻赵，齐楚救之。秦计曰："齐楚救赵，亲则退兵，不亲遂攻之。"赵无食，请粟于齐，齐不听。周子曰："不如听之以退秦兵，不听则秦兵不卻，是秦之计中而齐楚之计过也。且赵之于齐楚，扞蔽也，犹齿之有唇也，唇亡则齿寒。今日亡赵，明日患及齐楚。且救赵之务，宜若奉漏瓮沃焦釜也。夫救赵，高义也；卻秦兵，显名也。义救亡国，威卻强秦之兵，不务为此而务爱粟，为国计者过矣。"齐王弗听。秦破赵于长平四十余万，遂围邯郸。

十六年，秦灭周。君王后卒。二十三年，秦置东郡。二十八年，王入朝秦，秦王政置酒咸阳。三十五年，秦灭韩。三十七年，秦灭湣王四十年，燕、秦、楚及三晋联合，各国都派出精锐部队一起来讨伐齐国，在济水以西将齐军打败。齐王的军队被打散后离开了。燕国将领乐毅于是带兵攻入齐都临淄，掠取了齐国的全部珍宝利器。湣王逃奔到卫国，卫国国君打开王宫让他居住，向他称臣并好心服侍他。湣王却很傲慢，卫国人就去侵扰他。湣王无奈只好又离开卫国，逃到邹国、鲁国，因为他表现出来的傲慢，邹、鲁的国君都不愿意收留他，于是又逃到莒。这时楚国派淖齿领兵前去援救齐国，辅佐齐湣王，结果淖齿反而把湣王杀了，并与燕国一起瓜分了齐国的土地和宝器。

湣王被杀后，他的儿子法章更名改姓在莒太史敫的家中当佣人。太史敫的女儿觉得法章相貌不凡，认为他不是平常百姓，于是就比较怜爱他，还经常偷偷送他一些衣食，后来就和他私通了。淖齿离开莒城以后，莒城里的人和齐国逃亡的大臣一起寻找湣王的儿子，想要立他为齐王。法章害怕他们是要杀害自己不敢露面，过了很久，他才敢称自己是湣王的儿子。于是莒人共同立法章为齐王，这就是襄王。因为保全了莒城所以齐国向各地布告说：“新王已经在莒即位了。”

襄王即位后，立太史氏的女儿为王后，称为君王后，她生了儿子建。太史敫说：“我的女儿没有经过媒人说媒就私自嫁人，不能算我的后代，她玷污了我们的家风。”于是就终身没有与君王后见面。君王后十分贤惠，并没有因为父亲不见她就失掉了做子女的礼节。

襄王在莒待了五年，田单凭借即墨军民的力量打败了燕军，到莒将襄王接回临淄。齐国以前的土地又都重新归属齐国。齐王封田单为安平君。

襄王十四年，秦军攻打齐国的刚寿。十九年，襄王去世，其儿子建即位。

齐王建即位六年，秦国攻打赵国，齐国和楚国前去援救。秦国盘算说：“齐、楚派兵援救赵国，如果它们关系亲近，我们就退兵；如果它们不亲近，我们就进攻它。”赵国没有粮食，请求齐国支援，齐国不答应。周子劝谏说：“不如答应它借给它粮食，这样可以使秦兵撤退，如果不答应，秦兵就不会撤退，这样刚好促使秦国的计谋得逞，而让齐、楚的计谋失败。况且对于齐、楚来说，赵国就是屏障啊，就像牙齿外面的嘴唇一样，假如没有了嘴唇，牙齿就会受寒。如果今天赵国灭亡，那么明天祸患就会降临齐国、楚国了。而且援救赵国一事，应该像捧着漏水的瓮去浇烧焦的锅一样。援救赵国是高尚的义举；如果使秦兵撤退，可以显扬威名。仗义解救将亡的国家，扬威退却强秦的军队，不尽力去做好这件事却吝惜自己的粮食，为国家出谋划策的人真是大错特错了。”齐王不听周子的意见。秦军于是在长平打败了赵国的四十多万军队，接着就包围了邯郸

齐王建十六年，秦国灭掉了周室。齐国君王后去世。二十三年，秦国设立东郡。二十八年，齐王到秦国朝拜，秦王政在咸阳设酒宴招待。三十五年，秦国消

赵。三十八年，燕使荆轲刺秦王，秦王觉，杀轲。明年，秦破燕，燕王亡走辽东。明年，秦灭魏，秦兵次于历下。四十二年，秦灭楚。明年，虏代王嘉，灭燕王喜。

四十四年，秦兵击齐。齐王听相后胜计，不战，以兵降秦。秦虏王建，迁之共。遂灭齐为郡。天下壹并于秦，秦王政立号为皇帝。

灭韩国。三十七年，秦国消灭赵国。三十八年，燕国派荆轲前去秦国刺杀秦王，被秦王察觉，秦王杀了荆轲。第二年，秦军攻破燕都，燕王逃奔到辽东。又过了一年，秦国消灭魏国，将军队驻扎在历下。四十二年，秦国消灭楚国。第二年，秦军俘虏了代王嘉，杀死燕王喜，燕国灭亡。

齐王建四十四年，秦国攻打齐国。齐王采纳宰相后胜的计谋，还没有交战就率军投降了。秦军俘虏了齐王建，把他迁到共城。最终灭亡齐国，将其改为一郡。天下被秦国统一，秦王政开始建立封号称为皇帝。

孔子世家第十七

孔子生鲁昌平乡陬邑。其先宋人也，曰孔防叔。防叔生伯夏，伯夏生叔梁纥。纥与颜氏女野合而生孔子，祷于尼丘得孔子。鲁襄公二十二年而孔子生。生而首上圩顶，故因名曰丘云。字仲尼，姓孔氏。

丘生而叔梁纥死，葬于防山。防山在鲁东，由是孔子疑其父墓处，母讳之也。孔子为儿嬉戏，常陈俎豆，设礼容。孔子母死，乃殡五父之衢，盖其慎也。陬人挽父之母诲孔子父墓，然后往合葬于防焉。

孔子要绖，季氏飨士，孔子与往。阳虎绌曰："季氏飨士，非敢飨子也。"孔子由是退。

孔子年十七，鲁大夫孟釐子病且死，诫其嗣懿子曰："孔丘，圣人之后，灭于宋。其祖弗父何始有宋而嗣让厉公。及正考父佐戴、武、宣公，三命兹益恭，故鼎铭云：'一命而偻，再命而伛，三命而俯，循墙而走，亦莫敢余侮。饘于是，粥于是，以糊余口。'其恭如是。吾闻圣人之后，虽不当世，必有达者。今孔丘年少好礼，其达者欤？吾即没，若必师之。"及釐子卒，懿子与鲁人南宫敬叔往学礼焉。是岁，季武子卒，平子代立。

孔子贫且贱。及长，尝为季氏史，料量平；尝为司职吏而畜蕃息。由是为司空。已而去鲁，斥乎齐，逐乎宋、卫，困于陈蔡之间，于是反鲁。孔子长九尺有六寸，人皆谓之"长人"而异之。鲁复善待，由是反鲁。

孔子出生在鲁国昌平乡的陬邑。祖先为宋国人，叫孔防叔。防叔生了伯夏，伯夏生了叔梁纥。叔梁纥年老时才娶了颜姓少女生了孔子，是到尼丘山向神明祷告后才生的孔子。鲁襄公二十二年，孔子出生。因为他刚出生时头顶是凹下去的，所以取名为丘。字仲尼，姓孔氏。

孔子出生后没多久叔梁纥就死了，埋葬在防山下。防山在鲁国东部，因此孔子无法知道父亲坟墓的确切位置，他的母亲并没有告诉他。孔子小时候做游戏，经常摆放各种祭器，学做祭祀的礼仪动作。孔子的母亲死后，孔子暂且把灵柩停放在五父之衢，这是出于慎重的考虑。陬邑人挽父的母亲告诉了孔子他父亲墓地的具体位置，后来孔子把母亲的灵柩迁到防山同父亲葬在一起。

孔子还在守丧的时候，季孙氏举行宴会款待名士，孔子前去参加。季孙氏的家臣阳虎将其阻挡在外说："季氏招待名士，没有请你啊。"孔子因此退了回来。

孔子十七岁那年，鲁国大夫釐子病危，临终前告诫他的儿子懿子说："孔丘是圣人的后代，他的祖先在宋国被灭。他的先祖弗父何本来拥有宋国，却将君王之位让给了他的弟弟厉公。到了正考父时，辅佐宋戴公、宋武公、宋宣公三朝，三次被任命一次比一次恭敬，所以正考父鼎的铭文说：'第一次任命时鞠躬而受，第二次任命时弯腰而受，第三次任命时俯首而受。走路时顺着墙根走，也没人敢欺侮我；我就在这个鼎中做些面糊稀饭以糊口度日。'他就是这般恭谨节俭。我听说圣人的后代，就算不做国君执掌国政，也必定会才德显达。如今孔子年少而好礼，他不就是才德显达的人吗？如果我死了，你一定要拜他为师。"孟釐子死后，孟懿子和鲁国人南宫敬叔便前往孔子处学礼。当年，季武子去世，平子继承卿位。

孔子小的时候家境贫穷，社会地位低下。长大之后，他曾给季氏做过管理仓库的小吏，出纳钱粮算得公平准确；还曾担任过管理牧场的小吏，牲畜增加了很多。后来又升任主管营建工程的司空。没过多久，他离开鲁国，去了齐国，在齐国受到排斥，又去宋国、卫国，也遭到驱逐，又在陈国和蔡国之间被围困，最后只好又返回鲁国。孔子身高九尺六寸，人们都称他为"长人"，觉得他与一般人不一样。鲁国后来给他待遇很好，所以他最终返回了鲁国。

鲁南宫敬叔言鲁君曰："请与孔子适周。"鲁君与之一乘车，两马，一竖子俱，适周问礼，盖见老子云。辞去，而老子送之曰："吾闻富贵者送人以财，仁人者送人以言。吾不能富贵，窃仁人之号，送子以言，曰：'聪明深察而近于死者，好议人者也。博辩广大危其身者，发人之恶者也。为人子者毋以有己，为人臣者毋以有己。'"孔子自周反于鲁，弟子稍益进焉。

是时也，晋平公淫，六卿擅权，东伐诸侯；楚灵王兵强，陵轹中国；齐大而近于鲁。鲁小弱，附于楚则晋怒；附于晋则楚来伐；不备于齐，齐师侵鲁。

鲁昭公之二十年，而孔子盖年三十矣。齐景公与晏婴来适鲁，景公问孔子曰："昔秦穆公国小处辟，其霸何也？"对曰："秦，国虽小，其志大；处虽辟，行中正。身举五羖，爵之大夫，起累绁之中，与语三日，授之以政。以此取之，虽王可也，其霸小矣。"景公说。

孔子年三十五，而季平子与郈昭伯以斗鸡故得罪鲁昭公，昭公率师击平子，平子与孟氏、叔孙氏三家共攻昭公，昭公师败，奔于齐，齐处昭公乾侯。其后顷之，鲁乱。孔子适齐，为高昭子家臣，欲以通乎景公。与齐太师语乐，闻韶音，学之，三月不知肉味，齐人称之。

景公问政孔子，孔子曰："君君，臣臣，父父，子子。"景公曰："善哉！信如君不君，臣不臣，父不父，子不子，虽有粟，吾岂得而食诸！"他日又复问政于孔子，孔子曰："政在节财。"景公说，将欲以尼溪田封孔子。晏婴进曰："夫儒者滑稽而不可轨法；倨傲自顺，不可以为下；崇丧遂哀，破产厚葬，不可以为俗；游说乞贷，不可以为国。自大贤之息，周室既衰，礼乐缺有间。今孔子盛容饰，繁登降之礼，趋详之节，累世不能殚其学，当年不能究其礼。君鲁国人南宫敬叔对鲁昭公说："我请求和孔子一起到周去学习。"鲁昭公就给他配备了一辆车、两匹马、一名童仆，和他们一起出发，到周去学礼，据说是见到了老子。与老子辞别之时，老子说："我听说富贵的人都送人财物，品德高尚的人都送人言语。我不是富贵的人，只好窃用品德高尚的人的名号，用言语为您送行。'聪明深察却经常受到死亡威胁的人，是因为他喜欢议论别人；博学善辩、见多识广，却常遭困危境的人，是因为他喜欢揭发别人的罪恶。做子女的应该忘掉自己而常常心想父母，做臣下的就应该忘掉自己而心存君主。'"孔子从周回到鲁国之后，跟从他学习的弟子也慢慢多起来了。

当时，晋平公荒淫无道，六卿掌握大权，不断向东讨伐其他诸侯，楚灵王军队强大，也时常侵犯中原各国；齐国强大，邻近鲁国。鲁国比较弱小，要是归附楚国就会惹怒晋国；归附晋国又会招致楚国来讨伐；对于齐国如果侍奉不周，齐国的军队就会前来侵犯。

鲁昭公二十年，孔子正好三十岁。齐景公带着晏婴来到鲁国，景公问孔子说："从前秦国又小又偏，如今它却能够称霸，这是什么原因呢？"孔子回答说："秦国虽小，志向却很大；处地虽然偏，施政却很得当。秦穆公亲自启用五羖，授给他大夫的官爵，从拘禁中将他解救出来，与他促膝长谈三天，然后把政权交给了他。用这种精神来治理国家，就算要统治整个天下也是可以的，他当个霸主还算是小的呢。"景公听了很高兴。

孔子三十五岁那年，季平子与郈昭伯因为斗鸡的缘故得罪了鲁昭公，昭公率军队攻打平子，平子联合孟孙氏、叔孙氏一起反击昭公，昭公被打败，逃奔到齐国，齐国把昭公安置在乾侯。在这之后不久，鲁国发生了变乱。孔子来到齐国，做了高昭子的家臣，想通过高昭子接近景公。他与齐国的乐官谈论音乐，听到了舜时的《韶》乐，就学习了起来，三个月专心研究，全神贯注，齐国人都称赞他。

齐景公向孔子请教管理国家的道理，孔子回答说："国君要像国君的样子，臣子要像臣子的样子，父亲要有父亲的样子，儿子要有儿子的样子。"景公说："太对了！假如国君不像国君，臣子不像臣子，父亲不像父亲，儿子不像儿子，即使有再多的粮食，我怎么能得到并且吃得着呢！"另一天，景公又向孔子请教管理国家的道理，孔子说："管理政务最重要的是节约开支，杜绝浪费。"景公很高兴，想把尼溪的田地封赏给孔子。晏婴进谏说："儒者能言善辩，是不能用法来约束他们的；他们杰骜不驯，不能作为臣子使用；他们重视丧事，竭尽哀伤，不惜倾家荡产也要将丧事办得隆重，不能形成这样的风气；他们四处游说乞求官禄，不能用来治理国家。自从那些圣贤去世、周王室衰败以后，缺失礼乐已经有很长时间了。如今孔子讲究仪容服饰，详定繁琐的上朝下朝礼节，刻意于快欲用之以移齐俗，非所以先细民也。”后景公敬见孔子，不问其礼。异日，景公止孔子曰：“奉子以季氏，吾不能。”以季孟之间待之。齐大夫欲害孔子，孔子闻之。景公曰：“吾老矣，弗能用也。”孔子遂行，反乎鲁。

孔子年四十二，鲁昭公卒于乾侯，定公立。定公立五年，夏，季平子卒，桓子嗣立。季桓子穿井得土缶，中若羊，问仲尼云“得狗”。仲尼曰：“以丘所闻，羊也。丘闻之，木石之怪夔、罔阆，水之怪龙、罔象，土之怪坟羊。”

吴伐越，堕会稽，得骨节专车。吴使使问仲尼：“骨何者最大？”仲尼曰：“禹致群神于会稽山，防风氏后至，禹杀而戮之，其节专车，此为大矣。”吴客曰：“谁为神？”仲尼曰：“山川之神足以纲纪天下，其守为神，社稷为公侯，皆属于王者。”客曰：“防风何守？”仲尼曰：“汪罔氏之君守封、禺之山，为釐姓。在虞、夏、商为汪罔，于周为长翟，今谓之大人。”客曰：“人长几何？”仲尼曰：“僬侥氏三尺，短之至也。长者不过十之，数之极也。”于是吴客曰：“善哉圣人！”

桓子嬖臣曰仲梁怀，与阳虎有隙。阳虎欲逐怀，公山不狃止之。其秋，怀益骄，阳虎执怀。桓子怒，阳虎因囚桓子，与盟而醳之。阳虎由此益轻季氏。季氏亦僭于公室，陪臣执国政，是以鲁自大夫以下皆僭离于正道。故孔子不仕，退而修诗书礼乐，弟子弥众，至自远方，莫不受业焉。

定公八年，公山不狃不得意于季氏，因阳虎为乱，欲废三桓之适，更立其庶孽阳虎素所善者，遂执季桓子。桓子诈之，得脱。定公九年，阳虎不胜，奔于齐。是时孔子年五十。

公山不狃以费畔季氏，使人召孔子。孔子循道弥久，温温无所步行走的规矩，这些繁文缛节，几世也学不完，毕生也搞不清楚。您要用它来改变齐国的风俗，恐怕不是引导老百姓的好办法。”后来，齐景公还是很有礼貌地接见孔子，但不再问起礼仪的事情。有一天，景公挽留孔子说：“用给季氏那样高的待遇给您，我做不到。”所以就给了孔子上卿季孙氏、下卿孟孙氏之间的待遇。齐国的大夫想害孔子，孔子听说了。景公对孔子说：“我年已老，不能重用您了。”孔子于是离开了齐国，重新回到鲁国。

孔子四十二岁的时候，鲁昭公在齐国的乾侯去世，鲁定公即位。定公五年的夏天，季平子去世，季恒子继位封为上卿。季桓子在掘井的时候掘得一个腹大口小的陶器，里面有个像羊的东西，告诉孔子说“得到一只狗”。孔子说：“据我所知，是羊。我听说，山林中的怪物是单足兽‘夔’和会学人声的山精‘罔阆’，水中的怪物是神龙和罔象，泥土中的怪物是坟羊。”

吴国进攻越国，摧毁了越国都城会稽，得到一节骨头，有一辆车那么长。吴国派使者来问孔子：“什么骨头最大？”孔子说：“大禹曾经在会稽山召集群神，防风氏迟到了，大禹便下令杀了他并陈尸示众，他的骨头一节就有一车那么长，这就是最大的骨头。”吴国的使者又问：“那神又是谁呢？”孔子说：“山川的神灵能兴云致雨可以造福天下，负责监守山川按时祭祀的就是神。负责守土地和谷物的就是公侯，他们都隶属于王者。”吴国使者又问：“防风氏是监守什么的神呢？”孔子说：“汪罔氏的君长监守封山和禺山一带的祭祀，是釐姓。在虞、夏、商三代被称为汪罔，在周被称为长翟，如今被称为大人。”吴使问：“大人的身高有多少？”孔子回答说：“僬侥氏身高三尺，是最矮的；大人高的不过三丈，算得上是最高的了。”吴国使者听了之后说：“了不起呀圣人！”

季桓子有个宠臣叫仲梁怀，与阳虎不和。阳虎想赶走仲梁怀，季氏家臣公山不狃阻止了他。这年秋天，仲梁怀更加骄横了，阳虎逮捕了仲梁怀。季桓子大怒，阳虎于是也囚禁了季桓子，后来季桓子与他订立盟约才被释放。阳虎自此之后更加轻视季氏。季氏也经常凌驾于鲁君之上，鲁国出现了大臣专权的局面。后来鲁国自大夫以下都不守礼节，违背正道。所以孔子不愿意再做官，在家专心研究《诗经》、《尚书》、《礼经》、《乐经》，学生也越来越多，有的甚至来自远方，无不虚心接受孔子教诲。

鲁定公八年，公山不狃在季桓子手下不得宠，勾结阳虎作乱，废掉季孙氏、孟孙氏、叔孙氏三家的嫡生嗣子，改立阳虎一直很喜欢的庶子，于是就抓住了季桓子。桓子施计骗他，逃了出来。鲁定公九年，阳虎作乱失败，逃奔到齐国。当时，孔子五十岁。

公山不狃依靠费城反叛季氏，派人来请孔子去帮忙。孔子探索治国之道已经试，莫能己用，曰：“盖周文武起丰镐而王，今费虽小，傥庶几乎！”欲往。子路不说，止孔子。孔子曰：“夫召我者岂徒哉？如用我，其为东周乎！”然亦卒不行。

其后定公以孔子为中都宰，一年，四方皆则之。由中都宰为司空，由司空为大司寇。

定公十年春，及齐平。夏，齐大夫黎鉏言于景公曰：“鲁用孔丘，其势危齐。”乃使使告鲁为好会，会于夹谷。鲁定公且以乘车好往。孔子摄相事，曰：“臣闻有文事者必有武备，有武事者必有文备。古者诸侯出疆，必具官以从。请具左右司马。”定公曰：“诺。”具左右司马。会齐侯夹谷，为坛位，土阶三等，以会遇之礼相见，揖让而登。献酬之礼毕，齐有司趋而进曰：“请奏四方之乐。”景公曰：“诺。”于是旍旄羽袯矛戟剑拨鼓噪而至。孔子趋而进，历阶而登，不尽一等，举袂而言曰：“吾两君为好会，夷狄之乐何为于此！请命有司！”有司却之，不去，则左右视晏子与景公。景公心怍，麾而去之。有顷，齐有司趋而进曰：“请奏宫中之乐。”景公曰：“诺。”优倡侏儒为戏而前。孔子趋而进，历阶而登，不尽一等，曰：“匹夫而营惑诸侯者罪当诛！请命有司！”有司加法焉，手足异处。景公惧而动，知义不若，归而大恐，告其群臣曰：“鲁以君子之道辅其君，而子独以夷狄之道教寡人，使得罪于鲁君，为之奈何？”有司进对曰：“君子有过则谢以质，小人有过则谢以文。君若悼之，则谢以质。”于是齐侯乃归所侵鲁之郓、汶阳、龟阴之田以谢过。

很久了，但始终抑郁不能得志，无处施展才华，没有人能任用他，说：“当初周文王、周武王在丰、镐开始兴盛后来建立了王业，现在费城虽然很小，应该也差不多吧！”打算前去，子路不高兴，阻止孔子。孔子说：“他们请我去，难道会让我白白跑一趟吗？如果重用了我，我将在东方建立一个像周那样的王朝！”但最终也没能成功。

后来鲁定公任命孔子为中都长官，一年后，各地都效仿他的治理方法。孔子由中都长官被提拔为司空，又由司空升任为大司寇。

鲁定公十年春天，鲁国与齐国言和。夏天，齐国大夫黎鉏对景公说：“鲁国如今重用孔丘，形势一定会危及齐国。”于是齐景公就派使者前去告诉鲁国，说要与鲁定公相会交好，会见的地点在夹谷。鲁定公准备车辆随从，将要毫无防备地去赴约。孔子兼办会晤事宜，他对定公说：“我听说办理文事必须要有武装准备，办理武事也必须有外交配合。以前诸侯出自己的国境，一定要带齐必要的官员随从。希望您能够安排左、右司马一起去。”定公说：“好。”于是就带了左、右司马一道去。在夹谷与齐侯相会，那里修筑了盟坛，坛上备好席位，又有三级登坛的台阶，按礼节相见，拱手作揖相让才登坛。馈赠应酬之后，齐国管事的官员快步上前请示说：“请开始演奏四方舞乐。”齐景公说：“好的。”于是齐国的乐队以旌旗为先导，有的头戴羽冠、身穿皮衣，有的手执武器，喧闹着一拥而上。孔子见状赶忙跑过来，一步一阶快步登台，还差一级台阶时，一挥衣袖，说道：“我们两国国君是来友好相会的，为什么在这里演奏夷狄的舞乐，请命令管事官员叫他们下去！”主管官员叫乐队退下，他们都不退，左右去看晏婴与齐景公的眼色。齐景公心中惭愧，挥手叫乐队退下。过了一会儿，齐国的管事官员又上前请示说道：“请开始演奏宫中的乐曲。”景公说：“好的。”于是一些歌舞杂技艺人和身材矮小的侏儒上前开始表演了。孔子看了又急跑过来。一步一阶往台上走，最后一阶还没有迈上就说：“普通人敢来胡闹迷惑诸侯，依法论罪这可是要杀头的！请命令主事官员去执行！”主事官员依法将他们处以腰斩，这些人都手足异处。齐景公大为恐惧，深受触动，知道自己讲道理上比不上他，回国之后很是惶恐，告诉他的大臣们说：“鲁国的大臣们都是用君子的道理来辅佐他们的国君，而你们却拿夷狄的办法教给我，使我得罪了鲁国国君，这可怎么是好呢？”主管官员上前回答说：“君子如果犯下过错，就会用实际行动来表示道歉认错；如果是小人有了过错，就会用花言巧语来谢罪。您如果痛心，就用实际行动来表示道歉吧。”于是齐景公就将从前夺取鲁国郓、汶阳、龟阴的土地都还给鲁国，以此来向鲁国道歉认错。

定公十三年夏，孔子言于定公曰："臣无藏甲，大夫毋百雉之城。"使仲由为季氏宰，将堕三都。于是叔孙氏先堕郈。季氏将堕费，公山不狃、叔孙辄率费人袭鲁。公与三子入于季氏之宫，登武子之台。费人攻之，弗克，入及公侧。孔子命申句须、乐颀下伐之，费人北。国人追之，败诸姑蔑。二子奔齐，遂堕费。将堕成，公敛处父谓孟孙曰："堕成，齐人必至于北门。且成，孟氏之保鄣，无成是无孟氏也。我将弗堕。"十二月，公围成，弗克。

定公十四年，孔子年五十六，由大司寇行摄相事，有喜色。门人曰："闻君子祸至不惧，福至不喜。"孔子曰："有是言也。不曰'乐其以贵下人'乎？"于是诛鲁大夫乱政者少正卯。与闻国政三月，粥羔豚者弗饰贾；男女行者别于涂；涂不拾遗；四方之客至乎邑者不求有司，皆予之以归。

齐人闻而惧，曰："孔子为政必霸，霸则吾地近焉，我之为先并矣。盍致地焉？"黎鉏曰："请先尝沮之；沮之而不可则致地，庸迟乎！"于是选齐国中女子好者八十人，皆衣文衣而舞康乐，文马三十驷，遗鲁君。陈女乐文马于鲁城南高门外，季桓子微服往观再三，将受，乃语鲁君为周道游，往观终日，怠于政事。子路曰："夫子可以行矣。"孔子曰："鲁今且郊，如致膰乎大夫，则吾犹可以止。"桓子卒受齐女乐，三日不听政；郊，又不致膰俎于大夫。孔子遂行，宿乎屯。而师己送，曰："夫子则非罪。"孔子曰："吾歌可夫？"歌曰："彼妇之口，可以出走；彼妇之谒，可以死败。盖优哉游哉，维鲁定公十三年夏天，孔子对定公说：“臣子的家中不能收藏武器，大夫封地的城墙不能长于三百丈。”于是定公就派仲由去季氏家中当管家，准备拆毁季孙、孟孙、叔孙三家封邑的城墙。因此，叔孙氏先把郈邑的城墙拆了。季孙氏也打算拆掉费邑的城墙，公山不狃和叔孙辄带领费邑的人攻打鲁国。鲁定公和季孙、孟孙、叔孙三人躲进了季孙的住宅，登上了季孙武子的高坛。公山不狃率领费邑人攻了一阵，没能打进去，但有人攻入鲁定公所登高坛的近侧。孔子命令申句须、乐颀下台来反击他们，费邑人失败逃走，鲁国人乘胜追击，在姑蔑把他们彻底打败。公山不狃、叔孙辄两人逃到了齐国，费邑的城墙后来被拆毁。接着准备拆除成邑的城墙，孟孙氏的家臣公敛处父告诉孟孙说：“如果拆除了成邑的城墙，齐国人一定会攻入我们的北大门。且成城又是孟氏的屏障，没有成城也就等于没有孟氏。我不打算拆毁。”十二月，鲁定公率兵包围成城，没有攻下。

鲁定公十四年，孔子五十六岁，他以大司寇的身份代理国相事务，脸上有喜悦的神色。他的弟子说：“听说君子都是大祸临头也不恐惧，大福到来也不喜形于色。”孔子说：“是有这么一句话，但不是还有一句‘因为身居高位而可以礼贤下士而高兴’的话吗？”后来杀了扰乱国政的大夫少正卯。孔子参与处理国政三个月，贩卖猪、羊的商人就不敢漫天要价了；男女行人都分开走路；掉在路上的东西也没人捡走；各地的旅客来到鲁国的城邑，用不着向官员们送礼求情，都能得到很好的招待，像回到了自己家中一样。

齐国听说这个消息以后开始害怕起来，说：“孔子如果一直在鲁国执政下去，鲁国一定会称霸，它一旦称霸，我们距它最近，必然首先会来吞并我们。何不先送些土地给他们呢？”黎鉏说：“我们先试着阻止他们，如果不成，再送给他们土地，难道这还算迟吗！”于是就从齐国挑选了八十个漂亮女子，都穿上华丽的衣服，教她们学会跳《康乐》，身上有花纹的马一百二十余匹，一起送给鲁君。先把女乐和纹马彩车安放在鲁城南面的高门外。季桓子身着便服前往观看，打算接受下来，就告诉鲁君，以外出到各地周游视察为名，乘机整天到南门观看齐国的美女和骏马，连国家的政事也懒得去管了，子路看到此种情形便对孔子说：“老师，我们可以离开这里了吧。”孔子说：“鲁国现在就要在郊外祭祀，如果能按照礼法把典礼后的烤肉分给大夫们，那么我留下不走。”季桓子终于接受了齐国送来的女子，一连三天不过问政事；在郊外祭祀结束后，又违背常礼，没把烤肉分给大夫们。孔子于是离开了鲁国，当天就在屯地住宿过夜。鲁国有一个名叫师已的乐师来为他送行，说道：“先生您是没有过错的。”孔子说：“我唱一首歌，行不行？”于是唱道：“那些妇人的口，可以把大臣和亲信撵走；接近那些妇女，可以使人败事亡身。悠闲啊悠闲，我只有这样来安度岁月！”师已以卒岁！”师已反，桓子曰：“孔子亦何言？”师已以实告。桓子喟然叹曰：“夫子罪我以群婢故也夫！”

孔子遂适卫，主于子路妻兄颜浊邹家。卫灵公问孔子：“居鲁得禄几何？”对曰：“奉粟六万。”卫人亦致粟六万。居顷之，或谮孔子于卫灵公。灵公使公孙余假一出一入。孔子恐获罪焉，居十月，去卫。

将适陈，过匡，颜刻为仆，以其策指之曰：“昔吾入此，由彼缺也。”匡人闻之，以为鲁之阳虎。阳虎尝暴匡人，匡人于是遂止孔子。孔子状类阳虎，拘焉五日，颜渊后，子曰：“吾以汝为死矣。”颜渊曰：“子在，回何敢死！”匡人拘孔子益急，弟子惧。孔子曰：“文王既没，文不在兹乎？天之将丧斯文也，后死者不得与于斯文也。天之未丧斯文也，匡人其如予何！”孔子使从者为宁武子臣于卫，然后得去。

去即过蒲。月余，反乎卫，主蘧伯玉家。灵公夫人有南子者，使人谓孔子曰：“四方之君子不辱欲与寡君为兄弟者，必见寡小君。寡小君原见。”孔子辞谢，不得已而见之。夫人在絺帷中。孔子入门，北面稽首。夫人自帷中再拜，环佩玉声璆然。孔子曰：“吾乡为弗见，见之礼答焉。”子路不说。孔子矢之曰：“予所不者，天厌之！天厌之！”居卫月余，灵公与夫人同车，宦者雍渠参乘，出，使孔子为次乘，招摇市过之。孔子曰：“吾未见好德如好色者也。”于是丑之，去卫，过曹。是岁，鲁定公卒。

孔子去曹适宋，与弟子习礼大树下。宋司马桓魋欲杀孔子，拔其树。孔子去。弟子曰：“可以速矣。”孔子曰：“天生德于予，桓魋其如予何！”

孔子适郑，与弟子相失，孔子独立郭东门。郑人或谓子贡曰：“东门有人，其颡似尧，其项类皋陶，其肩类子产，然自要以下不及返回后，桓子问他说：“孔子说了些什么？”师已如实相告。桓子长叹一声，说：“先生是怪罪我们接受了齐国那一群女乐啊！”

孔子于是到了卫国，寄住在子路妻子的兄长颜浊邹家中。卫灵公问孔子：“鲁国给你的俸禄是多少？”孔子回答说：“俸米六万斗。”卫国也照样给了他俸米六万斗。过了不久，有人向卫灵公说了孔子的坏话，卫灵公就派公孙余假用兵仗监视孔子的出入行动。孔子害怕在这里获罪，待了十个月左右，就离开了卫国。

孔子将要到陈国去，经过一个名叫匡的地方，弟子颜刻替他赶车，颜刻用马鞭子指着说：“从前我进入过这个城，就是在那缺口进去的。”匡人听说，误认为是鲁国的阳虎来了，阳虎曾经残害过匡人，于是匡人就围困住了孔子。孔子的模样长得很像阳虎，所以被困在那里整整五天。颜渊后来赶到那里，孔子说：“我还以为你死了。”颜渊说：“老师您活着，我怎么敢死！”匡人围攻孔子越来越急，弟子们都很担心。孔子说：“周文王已经死去，周代的礼乐制度不就在我们这里吗？如果上天要毁灭这些礼乐制度的话，就不会让我们这些后死的人承担起维护它的责任。上天并没有要消灭周代的这些礼乐制度，匡人又能把我怎么样呢！”孔子派一个跟从他的人到宁武子那里称臣，然后才得以离开匡地。

孔子离开匡地以后，到了蒲地，又过了一个多月，重新回到卫国，寄住在蘧伯玉家。卫灵公有个叫南子的夫人，派人对孔子说：“各国的君子，凡是看得起我们的，都愿意与我们国君建立兄弟一样的交情，也一定会来拜见我们南子夫人，我们南子夫人也愿意见见您。”孔子开始还推辞谢绝，最后不得已才去见她。南子夫人坐在葛布做的帷帐中等待。孔子进门后，面朝北叩头行礼。南子夫人在帷帐中拜了两拜，她佩戴的环佩玉器首饰发出了叮当撞击的响声。后来孔子说：“我原本就不愿见她，现在既然不得已见了，就得还她以礼。”子路很不高兴。孔子发誓说：“我如果做了不对的事，上天一定会厌弃我！一定会厌弃我！”在卫国住了一个多月，灵公和夫人南子同坐了一辆车子，宦官雍渠陪侍车右，出宫后，让孔子坐在第二辆车子上跟从，大摇大摆地从街道上走过。孔子说：“我没有见过喜好道德像喜欢美色一样的人啊。”于是对卫灵公的所作所为感到痛心，就离开了卫国，去了曹国。当年，鲁定公去世。

孔子离开曹国去了宋国，与弟子们在大树下演习礼仪。宋国的司马桓魋想杀死孔子，就把树砍了。孔子只好离开这个地方。弟子们催促说：“我们可以快点走了。”孔子说：“上天既然赋予我传授道德的使命，桓魋他又能把我如何！”

孔子到了郑国，与弟子们走散了，一个人站在外城的东门。郑国有人看见了他，就告诉子贡说：“东门那儿有个人，他的额头像唐尧，脖子像皋陶，肩膀像禹三寸。累累若丧家之狗。”子贡以实告孔子。孔子欣然笑曰：“形状，末也。而谓似丧家之狗，然哉！然哉！”

孔子遂至陈，主于司城贞子家。岁余，吴王夫差伐陈，取三邑而去。赵鞅伐朝歌。楚围蔡，蔡迁于吴。吴败越王句践会稽。

有隼集于陈廷而死，楛矢贯之，石砮，矢长尺有咫。陈湣公使使问仲尼。仲尼曰：“隼来远矣，此肃慎之矢也。昔武王克商，通道九夷百蛮，使各以其方贿来贡，使无忘职业。于是肃慎贡楛矢石砮，长尺有咫。先王欲昭其令德，以肃慎矢分大姬，配虞胡公而封诸陈。分同姓以珍玉，展亲；分异姓以远职，使无忘服。故分陈以肃慎矢。”试求之故府，果得之。

孔子居陈三岁，会晋楚争强，更伐陈，及吴侵陈，陈常被寇。孔子曰：“归与归与！吾党之小子狂简，进取不忘其初。”于是孔子去陈。

过蒲，会公叔氏以蒲畔，蒲人止孔子。弟子有公良孺者，以私车五乘从孔子。其为人长贤，有勇力，谓曰：“吾昔从夫子遇难于匡，今又遇难于此，命也已。吾与夫子再罹难，宁斗而死。”斗甚疾。蒲人惧，谓孔子曰：“苟毋适卫，吾出子。”与之盟，出孔子东门。孔子遂适卫。子贡曰：“盟可负邪？”孔子曰：“要盟也，神不听。”

卫灵公闻孔子来，喜，郊迎。问曰：“蒲可伐乎？”对曰：“可。”灵公曰：“吾大夫以为不可。今蒲，卫之所以待晋楚也，以卫伐之，无乃不可乎？”孔子曰：“其男子有死之志，妇人有保西河郑子产，可是从腰部以下比禹短了三寸，一副狼狈破落的样子，像一条丧了家的狗一样。”子贡见面把这些话如实地告诉了孔子。孔子高兴地说道：“他形容我的相貌，不一定对，但说我像条丧家狗，真是太对了！对极了。”

孔子后来去了陈国，寄住在司城贞子家里。过了一年多，吴王夫差率兵来讨伐陈国，攻占了三个城邑以后才退兵而去。赵鞅进攻朝歌。楚国包围了蔡国，蔡国迁移到吴地。吴国在会稽打败了越王勾践。

有一天，有只隼落在陈国的宫廷中死了，被楛木做的箭贯穿，箭头是用石头做的，箭长一尺八寸。陈湣公派使者去请教孔子，孔子回答说：“隼应该是从很远的地方飞来的，这是肃慎部族的箭。当初周武王伐纣灭商，沟通了与少数民族的联系，让百蛮各族都贡献自己的地方特产，使他们不要忘记自己的职责和义务。于是肃慎部族献来楛木做的箭和石头制的箭头，长一尺八寸。周武王为了彰显他的美德，就把肃慎部族的箭赐给长女太姬，后来太姬嫁给了虞胡公，虞胡公又被封在陈国。当初王室将珍宝玉器分给同姓诸侯，是为了表示自己重视亲族；把远方的贡品赠给他姓诸侯，是为了让他们不要忘记服从周王朝。所以把肃慎部族的箭赐给了陈国。”陈湣公听了以后，就派人到收藏各方贡物的仓库中去找，果然找到了这种箭。

孔子在陈国待了三年，正好遇上晋国、楚国争霸，两国轮番前来讨伐陈国，直到吴国进攻陈国为止，陈国经常遭受战乱。孔子说：“回去吧，回去吧！我家乡的那些弟子，志向远大，他们都很有进取心，也没有忘记自己的初衷。”于是就离开了陈国。

孔子经过一个叫蒲的地方，正好遇上公叔氏凭据蒲地反叛卫国，蒲人扣留了孔子。孔子的弟子中有个叫公良孺的，带了五辆车子跟随孔子一起周游各地。这个人身材高大，有才德，也有勇力，对孔子说：“我曾经跟随老师在匡地遇到危难，如今又在这里遇到危难，这是命里注定的吧。我和老师一再遭难，宁可搏斗而死。”公良孺跟蒲人激烈奋战，蒲人害怕了，对孔子说：“如果你答应不去卫国，我就放你们走。”于是孔子就与他们订立了盟约，后来才放孔子从东门出去。孔子后来还是到了卫国。子贡说：“盟约可以违背吗？”孔子说：“当初是在被要挟下订立的盟约，神是不会认可的。”

卫灵公听说孔子来了，很高兴，亲自到郊外迎接孔子。灵公问孔子说：“蒲这个地方可以攻取吗？”孔子回答说：“可以。”灵公说：“我的大夫却认为不可，因为现在的蒲是防御晋、楚的屏障，用我们卫国的军队去攻打，恐怕不可以吧？”孔子说：“蒲地的男子有誓死效忠卫国的决心，妇女有保卫西河一带的愿望。我所说的讨伐，只是四、五个领头叛乱的人罢了。”卫灵公说：“很好。”

之志。吾所伐者不过四五人。”灵公曰：“善。”然不伐蒲。

灵公老，怠于政，不用孔子。孔子喟然叹曰：“苟有用我者，期月而已，三年有成。”孔子行。

佛肸为中牟宰。赵简子攻范、中行，伐中牟。佛肸畔，使人召孔子。孔子欲往。子路曰：“由闻诸夫子，‘其身亲为不善者，君子不入也’。今佛肸亲以中牟畔，子欲往，如之何？”孔子曰：“有是言也。不曰坚乎，磨而不磷；不曰白乎，涅而不淄。我岂匏瓜也哉，焉能系而不食？”

孔子击磬。有荷蒉而过门者，曰：“有心哉，击磬乎！硁硁乎，莫已知也夫而已矣！”

孔子学鼓琴师襄子，十日不进。师襄子曰：“可以益矣。”孔子曰：“丘已习其曲矣，未得其数也。”有间，曰：“已习其数，可以益矣。”孔子曰：“丘未得其志也。”有间，曰：“已习其志，可以益矣。”孔子曰：“丘未得其为人也。”有间，有所穆然深思焉，有所怡然高望而远志焉。曰：“丘得其为人，黯然而黑，几然而长，眼如望羊，如王四国，非文王其谁能为此也！”师襄子辟席再拜，曰：“师盖云文王操也。”

孔子既不得用于卫，将西见赵简子。至于河而闻窦鸣犊、舜华之死也，临河而叹曰：“美哉水，洋洋乎！丘之不济此，命也夫！”子贡趋而进曰：“敢问何谓也？”孔子曰：“窦鸣犊、舜华，晋国之贤大夫也。赵简子未得志之时，须此两人而后从政；及其已得志，杀之乃从政。丘闻之也，刳胎杀夭则麒麟不至郊，竭泽涸渔则蛟龙不合阴阳，覆巢毁卵则凤皇不翔。何则？君子讳伤其类也。夫鸟兽之于不义也尚知辟之，而况乎丘哉！”乃还息乎陬乡，作为陬操以哀之。而反乎卫，入主蘧伯玉家。

他日，灵公问兵陈。孔子曰：“俎豆之事则尝闻之，军旅之事未但是却没有出兵去攻打蒲地。

卫灵公年纪已老，懒得处理政务，也没有起用孔子。孔子长叹一声说："如果有人起用我，一年时间就差不多了，三年就会大见成效。"于是孔子离开了。

佛肸是中牟的宰相。赵简子攻打范氏、中行氏，讨伐中牟。佛肸就占据了中牟，进行反叛，派人去请孔子。孔子打算去，子路说："我听老师说过，'亲自带头做坏事的人那里，君子是不去的'。现在佛肸自己占据中牟想要反叛，您却准备前往，这是为什么呢？"孔子回答说："我是说过这句话。不过也说过，坚硬的东西是磨不薄的；还说过洁白的东西是染不黑的。我难道是只能看却不能吃的匏瓜吗，怎么可以老是挂着却不给人吃呢？"

有一次孔子正敲击磬，有个背着草筐的人路过门口，说道："这个击磬人有心思啊，磬声又响又急，既然人家不赏识你，那就算了吧！"

孔子跟随师襄子学习弹琴，一连学了十天，也没继续学习新曲子。师襄子说："可以学新曲了。"孔子说："我已经掌握这首乐曲了，但还没有熟练地掌握弹琴的技法。"又过了些时日，师襄子又说："你已经掌握弹琴的技法了，可以学习新曲子了。"孔子说："我还没有领会乐曲的意蕴。"又过了几日，师襄子说："你已经领会乐曲的意蕴，可以学些新曲了。"孔子说："我还没有体会出作曲者是怎样的一个人。"又过了几天，孔子穆然沉思，接着又心旷神怡，显出志向远大的样子。说："我体会出作曲者是个什么样的人了，他的皮肤黝黑，身材高大，目光深邃并且明亮，就像一个统治四方诸侯的王者，除了周文王，又有谁是这样的呢！"师襄子于是恭敬地离开座位，起身向孔子拜了两拜，说："我老师原来说过，这是《文王操》呀。"

孔子因为得不到卫国的重用，打算向西去拜见赵简子。到了黄河边，听到窦鸣犊、舜华被杀的消息，就面对着黄河万分感慨地说："黄河水啊如此壮美，浩浩荡荡如此盛大，我之所以不能渡过黄河，也许就是命运啊！"子贡赶上前去问孔子说："冒昧地请问老师，这话是什么意思呢？"孔子说："窦鸣犊和舜华，都是晋国有才德的大夫。当初赵简子还没有得志的时候，就是依靠这两个人才得以从政的；如今他得志了，却杀了这两个人来执掌政权。我听说过，一个地方如果剖腹取胎杀害幼兽，那么麒麟就不会来到它的郊野；如果排干了池塘之水去抓鱼，那么龙也就不会来调合阴阳兴风致雨了；如果倾覆鸟巢毁坏鸟卵，凤凰也就不愿来这里飞翔。这是为什么呢？君子忌讳伤害他的同类。那些鸟兽对于不义的行为都尚且知道避开，何况是我孔丘呢！"于是便回到老家陬乡休息，创作了《陬操》的琴曲来哀悼窦鸣犊、舜华两位贤人。后来又回到卫国，寄住在蘧伯玉家。

有一天，卫灵公问孔子关于军队列阵作战的事。孔子回答说："祭祀的事我之学也。”明日，与孔子语，见蜚雁，仰视之，色不在孔子。孔子遂行，复如陈。

夏，卫灵公卒，立孙辄，是为卫出公。六月，赵鞅内太子蒯聩于戚。阳虎使太子絻，八人衰绖，伪自卫迎者，哭而入，遂居焉。冬，蔡迁于州来。是岁鲁哀公三年，而孔子年六十矣。齐助卫围戚，以卫太子蒯聩在故也。

夏，鲁桓釐庙燔，南宫敬叔救火。孔子在陈，闻之，曰：“灾必于桓釐庙乎？”已而果然。

秋，季桓子病，辇而见鲁城，喟然叹曰：“昔此国几兴矣，以吾获罪于孔子，故不兴也。”顾谓其嗣康子曰：“我即死，若必相鲁；相鲁，必召仲尼。”后数日，桓子卒，康子代立。已葬，欲召仲尼。公之鱼曰：“昔吾先君用之不终，终为诸侯笑。今又用之，不能终，是再为诸侯笑。”康子曰：“则谁召而可？”曰：“必召冉求。”于是使使召冉求。冉求将行，孔子曰：“鲁人召求，非小用之，将大用之也。”是日，孔子曰：“归乎归乎！吾党之小子狂简，斐然成章，吾不知所以裁之。”子赣知孔子思归，送冉求，因诫曰“即用，以孔子为招”云。

冉求既去，明年，孔子自陈迁于蔡。蔡昭公将如吴，吴召之也。前昭公欺其臣迁州来，后将往，大夫惧复迁，公孙翩射杀昭公。楚侵蔡。秋，齐景公卒。

明年，孔子自蔡如叶。叶公问政，孔子曰：“政在来远附迩。”他日，叶公问孔子于子路，子路不对。孔子闻之，曰：“由，尔何不对曰‘其为人也，学道不倦，诲人不厌，发愤忘食，乐以忘忧，不知老之将至’云尔。”

去叶，反于蔡。长沮、桀溺耦而耕，孔子以为隐者，使子路问津倒是曾经听说过，关于排兵布阵的事，我没有学过。"第二天，卫灵公与孔子谈话的时候，看见空中飞来一只大雁，就只顾抬头仰望，神色不在孔子身上。孔子于是就离开卫国，又去了陈国。

当年夏天，卫灵公去世，他的孙子辄即位，这就是卫出公。六月，赵鞅把流亡在外的太子蒯聩接到戚地。阳虎让太子蒯聩穿上孝服，又让八个人披麻戴孝，装扮成是从卫国来接太子回去奔丧的样子，哭着就进了戚城，后来在戚城住了下来。冬天，蔡国迁往州来。当年是鲁哀公三年，孔子六十岁。齐国助卫国包围了戚城，就是因为卫太子蒯聩在那儿的缘故。

夏天，鲁桓公、釐公的庙堂起火。南宫敬叔去救火。孔子在陈国听到了这个消息，就说："火灾一定发生在桓公、釐公的庙堂吧？"后来发现果然如他所言。

秋天，季桓子病危，乘着辇车巡视鲁城，感慨地叹道："当初这个国家几乎就要兴旺了，因为我得罪了孔子，所以没有兴旺起来。"回头又对他的嗣子季康子说："等我去世后，你一定会接掌鲁国的政权辅佐国君；如果你辅佐国君，一定要召回孔子。"过了几天，季桓子去世了，季康子继位。丧事办完之后，他想召回孔子。大夫公之鱼说："当初我们的国君鲁定公曾经任用过他，却没能有始有终，最后被诸侯耻笑。如今您再任用他，如果还不能善终，这肯定会再次招来诸侯的耻笑。"季康子说："那应该召谁比较好呢？"公之鱼说："一定要召冉求。"于是季康子就派人召回冉求。冉求准备走的时候，孔子说："这次鲁国召冉求回去，不会小用，应该会重用他。"就在这一天，孔子说："回去吧，回去吧！我家乡的那些弟子志向高远而行事疏阔，富有文采，我真不知从何下手来教育他们才好。"子贡知道孔子思念家乡想回去，送别冉求之时，就叮嘱冉求"你要是能够得到重用，要想着把老师请回去"之类的话。

冉求离开后两年，孔子从陈国移居蔡国。蔡昭公准备到吴国去，是吴国召他去的。从前昭公欺骗他的大臣，迁到了州来，这次前往，大夫们担心他又要迁都，公孙翩就在路上射杀了蔡昭公。后来，楚军攻打蔡国。秋天，齐景公去世。

第二年，孔子从蔡国前往叶地。叶公向孔子请教为政的道理，孔子回答说："为政的道理在于招纳远方的贤能，使近处的人亲附。"有一天。叶公向子路问孔子的情况，子路没有回答。孔子听说后告诉子路说："仲由，你为什么不这样对他说：'他这个人呀，学习起来不知疲倦，教导起人来不会厌烦，发愤学习时忘记了吃饭，快乐时忘记了忧愁，以至于连衰老即将到来也全不知道'等等。"

孔子离开楚国的叶地回到蔡国。在路上遇见长沮、桀溺两人一起耕田，孔子以为他们是隐士，就叫子路上前打听渡口在什么地方。长沮问："那个拉着马缰焉。长沮曰："彼执舆者为谁？"子路曰："为孔丘。"曰："是鲁孔丘与？"曰："然。"曰："是知津矣。"桀溺谓子路曰："子为谁？"曰："为仲由。"曰："子，孔丘之徒与？"曰："然。"桀溺曰："悠悠者天下皆是也，而谁以易之？且与其从辟人之士，岂若从辟世之士哉！"櫌而不辍。子路以告孔子，孔子怃然曰："鸟兽不可与同群。天下有道，丘不与易也。"

他日，子路行，遇荷蓧丈人，曰："子见夫子乎？"丈人曰："四体不勤，五谷不分，孰为夫子！"植其杖而芸。子路以告，孔子曰："隐者也。"复往，则亡。

孔子迁于蔡三岁，吴伐陈。楚救陈，军于城父。闻孔子在陈蔡之间，楚使人聘孔子。孔子将往拜礼，陈蔡大夫谋曰："孔子贤者，所刺讥皆中诸侯之疾。今者久留陈蔡之间，诸大夫所设行皆非仲尼之意。今楚，大国也，来聘孔子。孔子用于楚，则陈蔡用事大夫危矣。"于是乃相与发徒役围孔子于野。不得行，绝粮。从者病，莫能兴。孔子讲诵弦歌不衰。子路愠见曰："君子亦有穷乎？"孔子曰："君子固穷，小人穷斯滥矣。"

子贡色作。孔子曰："赐，尔以予为多学而识之者与？"曰："然。非与？"孔子曰："非也。予一以贯之。"

孔子知弟子有愠心，乃召子路而问曰："诗云'匪兕匪虎，率彼旷野'。吾道非邪？吾何为于此？"子路曰："意者吾未仁邪？人之不我信也。意者吾未知邪？人之不我行也。"孔子曰："有是乎！由，譬使仁者而必信，安有伯夷、叔齐？使知者而必行，安有王子比干？"

子路出，子贡入见。孔子曰："赐，诗云'匪兕匪虎，率彼旷的人是谁？”子路回答说：“是孔丘。”长沮又问：“是鲁国的孔丘吗？”子路回答说：“是的。”长沮说：“那他应该知道渡口在哪儿。”桀溺又问子路说：“你是谁？”子路回答说：“我是仲由。”桀溺说：“你是孔丘的弟子吗？”子路说：“是的。”桀溺说：“天下到处都不得安宁，又有谁能改变这种现状呢？况且你跟着那些逃避暴乱的人四处奔走，还不如跟着我们这些躲避乱世的人呢？”说完，就继续不停地耕田。子路把这些告诉孔子，孔子失望地说：“我们不能和鸟兽一样居住在山林里，要是天下太平，我也用不着到处奔走图谋改变如今的现状了。”

有一天，子路走在路上，遇见一位肩扛除草工具的老人。子路问他：“您看见过我的老师吗？”老人说：“你们这些人四肢不勤劳、五谷分不清，谁是你的老师呢？”说完就拄着拐杖拔草去了。后来子路把这件事告诉了孔子，孔子说：“这是位隐士。”让子路再到那里去看看，老人已经离开了。

孔子在蔡国待了三年，吴国讨伐陈国。楚国前去救援，将军队驻扎在城父。听说孔子住在陈国和蔡国的边境上，楚国便派人去聘请孔子。孔子准备前往拜见接受楚国的聘礼，陈国、蔡国的大夫商议说：“孔子是位贤德之人，他所指责讽刺的都正好是诸侯的弊病。如今长时间地停留在我们陈国和蔡国之间，大夫们的所做所为都不合仲尼的意思。如今的楚国，是个大国，来聘请孔子。如果孔子在楚国得到重用，那么我们陈蔡两国掌权的大夫们就危险了。”于是他们双方就商量派了一些服劳役的人把孔子围困在郊外。孔子和他的弟子们走不了，粮食也断绝了。随从的弟子病了，站都不能站起来了。孔子还在不停地给大家讲学、诵诗、唱歌、弹琴。子路很生气地来见孔子说：“君子也有如此困窘的时候吗？”孔子说：“君子在困窘面前能坚守节操决不动摇，小人如果遇到困窘就会不加节制，什么事情都做得出来。”

子贡的脸色也变了。孔子说：“赐啊，你认为我是博学多识的人吗？”子贡回答说：“是的。难道不对吗？”孔子说：“不是的。我只是用一种基本原则贯穿始终。”

孔子知道弟子们心中不高兴，便叫来子路问道：“《诗经》上说‘不是犀牛也不是老虎，然而却徘徊在旷野上’，难道是我们的学说不对吗？我们为什么会落到如此境地呢？”子路说：“可能是我们的德行还不够吧？所以人家还不信任我们。大概是我们的智谋还不够吧？所以人家不放我们离开。”孔子说：“有这样的话吗？仲由啊，如果有仁德的人一定能得到别人的信任，哪里还会有伯夷、叔齐饿死在首阳山呢？如果人有智谋就能畅行无阻，哪里会有王子比干被剖心呢？”

子路退出，子贡来见孔子。孔子对子贡说：“赐啊，《诗经》上说‘不是犀野’。吾道非邪？吾何为于此？”子贡曰：“夫子之道至大也，故天下莫能容夫子。夫子盖少贬焉？”孔子曰：“赐，良农能稼而不能为穑，良工能巧而不能为顺。君子能修其道，纲而纪之，统而理之，而不能为容。今尔不修尔道而求为容。赐，而志不远矣！”

子贡出，颜回入见。孔子曰：“回，诗云‘匪兕匪虎，率彼旷野’。吾道非邪？吾何为于此？”颜回曰：“夫子之道至大，故天下莫能容。虽然，夫子推而行之，不容何病？不容然后见君子！夫道之不修也，是吾丑也。夫道既已大修而不用，是有国者之丑也。不容何病，不容然后见君子！”孔子欣然而笑曰：“有是哉颜氏之子！使尔多财，吾为尔宰。”

于是使子贡至楚。楚昭王兴师迎孔子，然后得免。

昭王将以书社地七百里封孔子。楚令尹子西曰：“王之使使诸侯有如子贡者乎？”曰：“无有。”“王之辅相有如颜回者乎？”曰：“无有。”“王之将率有如子路者乎？”曰：“无有。”“王之官尹有如宰予者乎？”曰：“无有。”“且楚之祖封于周，号为子男五十里。今孔丘述三五之法，明周召之业，王若用之，则楚安得世世堂堂方数千里乎？夫文王在丰，武王在镐，百里之君卒王天下。今孔丘得据土壤，贤弟子为佐，非楚之福也。”昭王乃止。其秋，楚昭王卒于城父。

楚狂接舆歌而过孔子，曰：“凤兮凤兮，何德之衰！往者不可谏兮，来者犹可追也！已而已而，今之从政者殆而！”孔子下，欲与之言。趋而去，弗得与之言。

于是孔子自楚反乎卫。是岁也，孔子年六十三，而鲁哀公六年也。

牛也不是老虎，然而却徘徊在旷野上’。难道是我们的学说有什么不对吗？我们为什么落到如此境地呢？”子贡说：“老师的学说太博大了，所以天下没有一个国家可以容纳老师。老师何不稍微降低一下要求呢？”孔子说：“赐啊，好的农夫擅长耕种，却不一定能够得到好的收获；好的工匠精通手艺，却不一定能使人们都称心如意。君子能够研修自己的学说，就像网一样，先构出基本的框架，然后再进行疏理，然而也不一定被世人所接受。如今你不去研修自己的学说，反而想降低要求来委曲求全。赐啊，你的志向也太不远大了。”

子贡出去后，颜回进来拜见孔子。孔子说：“回啊，《诗经》说‘不是犀牛也不是老虎，然而却徘徊在旷野上’。难道是我们的学说有什么不对吗？我们为什么落到如此境地呢？”颜回说：“老师的学说博大到极点了，所以天下没有一个国家可以容纳老师。即使是这样，老师还是要推行自己的学说，不被天下接受又有什么关系呢？不被接受才能彰显君子的本色！一个人如果不悉心研修自己的学说，那是自己的耻辱。而对于已经花工夫研修的学说却不被人所用，那就是当权者的耻辱了。不被天下接受又有什么关系呢？不被接受这样才能显出君子的本色！”孔子听后欣慰地笑道：“是这样的啊，真是颜氏的后代呀！假使你有很多钱财，我愿意给你做管家。”

于是孔子派子贡到楚国去。楚昭王派兵前来迎接孔子，才免除了这场灾祸。

楚昭王想把有户籍登记的七百里土地封给孔子。楚国的令尹子西劝谏说：“大王派往各诸侯国的使者，有像子贡这样的吗？”昭王回答说：“没有。”子西又问：“大王的辅佐大臣，有像颜回这样的吗？”昭王回答说：“没有。”子西又问：“大王的将领，有像子路这样的吗？”昭王回答说：“没有。”子西还问：“大王的主事官员，有像宰予这样的吗？”昭王回答说：“没有。”子西接着说：“当初我们楚国的祖先在周受封时，封号为子爵，封地方圆五十里。现在孔丘论述三皇五帝的治国方法，效仿周公旦、召公奭辅佐周天子的事业，大王如果重用他，楚国还能世世代代保全方圆几千里的土地吗？当年文王在丰邑、武王在镐京，都只有百里之地，最终却可以称王统治天下。现在如果封给孔丘七百里土地，再加上那些有才能的弟子辅佐他，这对楚国来说不是好事啊。”昭王于是打消了原来的想法。这年秋天，楚昭王在城父去世。

楚国的狂人接舆有一天唱着歌从孔子的车子旁边经过，唱道：“凤凰呀凤凰，你的美德为什么这么不景气？过去的不能再挽回，未来的还可以再赶上，算了吧，算了吧！如今执政的人都很危险啊！”孔子下车，想和他谈谈，但他却快步走开了，没能和他说上话。

后来孔子从楚国又回到了卫国。当年，孔子六十三岁，是鲁哀公六年。

其明年，吴与鲁会缯，征百牢。太宰嚭召季康子。康子使子贡往，然后得已。

孔子曰："鲁卫之政，兄弟也。"是时，卫君辄父不得立，在外，诸侯数以为让。而孔子弟子多仕于卫，卫君欲得孔子为政。子路曰："卫君待子而为政，子将奚先？"孔子曰："必也正名乎！"子路曰："有是哉，子之迂也！何其正也？"孔子曰："野哉由也！夫名不正则言不顺，言不顺则事不成，事不成则礼乐不兴，礼乐不兴则刑罚不中，刑罚不中则民无所错手足矣。夫君子为之必可名，言之必可行。君子于其言，无所苟而已矣。"

其明年，冉有为季氏将师，与齐战于郎，克之。季康子曰："子之于军旅，学之乎？性之乎？"冉有曰："学之于孔子。"季康子曰："孔子何如人哉？"对曰："用之有名；播之百姓，质诸鬼神而无憾。求之至于此道，虽累千社，夫子不利也。"康子曰："我欲召之，可乎？"对曰："欲召之，则毋以小人固之，则可矣。"而卫孔文子将攻太叔，问策于仲尼。仲尼辞不知，退而命载而行，曰："鸟能择木，木岂能择鸟乎！"文子固止。会季康子逐公华、公宾、公林，以币迎孔子，孔子归鲁。

孔子之去鲁凡十四岁而反乎鲁。

鲁哀公问政，对曰："政在选臣。"季康子问政，曰："举直错诸枉，则枉者直。"康子患盗，孔子曰："苟子之不欲，虽赏之不窃。"然鲁终不能用孔子，孔子亦不求仕。

孔子之时，周室微而礼乐废，诗书缺。追迹三代之礼，序书传，上纪唐虞之际，下至秦缪，编次其事。曰："夏礼吾能言之，杞不足徵也。殷礼吾能言之，宋不足徵也。足，则吾能徵之矣。"观殷夏所第二年，吴王在缯地与鲁公相会，要求鲁国提供百牢的祭品。吴国的太宰伯嚭召见季康子。季康子派子贡前往，然后鲁国才得以免除。

孔子说："鲁国、卫国的政事，如同兄弟一般相似。"当时，卫出公辄的父亲蒯聩没能即位，流亡在外，诸侯对此事屡加指责。而孔子的弟子很多在卫国做官，卫出公辄想请孔子来卫国执政。子路问孔子说："卫国国君想请您出来执政，您打算首先做什么呢？"孔子回答说："那我一定要先正名分！"子路说："有这样的事吗，老师您太迂腐了！为什么要首先正名分呢？"孔子说："鲁莽啊，仲由！如果名分不正，说出的话就不顺当；说话不顺当，那么事情就办不成；事情办不成，那么礼乐教化就不能兴盛；礼乐如果不能兴盛，那么刑罚就不能准确适度；刑罚不能准确适度，那么老百姓就手足无措，不知怎么办才好。所以君子办事一定要符合名分，说出来的话，一定要切实可行。君子所说出来的话，应该毫不苟且随便才行啊。"

第二年，冉有作为季氏统领，与齐军在郎地交战，大败齐军。季康子说："您的军事才能，是学来的呢，还是天生的呢？"冉有回答说："我是从孔子那里学来的。"季康子又问："孔子是什么样的人呢？"冉有回答说："如果想要任用他就要给他符合的名分，他的学说不论是传播到平常百姓那里，还是传播到鬼神面前，都是没有遗憾的。我在军事方面，虽然有功累计，就是封到二千五百户人家，而孔子也会毫不动心。"康子说："我想召见他，可以吗？"冉有说："你想召请他，只要保证不让小人从中阻碍，就可以了。"当时，卫国大夫孔文子想要讨伐太叔，向孔子询问计策。孔子推辞说不知道，他回到住处便吩咐仆人备车准备离开卫国，说道："鸟能选择树木栖息，树木怎能选择鸟呢？"孔文子执意挽留他。恰好季康子派公华、公宾、公林，带着礼物前来迎接孔子，孔子就回鲁国去了。

孔子离开鲁国到后来又重新回到鲁国中间一共经历了十四年。

鲁哀公向孔子请教治理国家的道理，孔子回答说："治理国家最重要的是要选择好大臣。"季康子也向孔子请教治理国家的道理，孔子说："要推举正直的人，抛弃邪曲的人，这样邪曲的人也会变为正直的人了。"季康子担心盗窃的发生，孔子说："如果你自己没有欲望的话，就是给你奖赏，也不会去偷窃。"然而鲁国始终不能重用孔子，孔子也不要求出来做官。

孔子生活的那个时代，周王室衰落，礼乐都被废弃，《诗经》、《尚书》也都残缺不全了。孔子探究夏、商、周三代的礼仪制度，编定了《书传》，上至唐尧、虞舜，下到秦缪公，依照事情的先后顺序，加以整理编排。孔子说："夏代的礼仪制度我还能讲出来，只是杞国没有留下足够的文献可以证明。殷商的礼仪制度我也能讲出来，然而宋国也没有留下足够的文献可以证明。如果有足够的损益，曰："后虽百世可知也，以一文一质。周监二代，郁郁乎文哉。吾从周。"故书传、礼记自孔氏。

孔子语鲁大师："乐其可知也。始作翕如，纵之纯如，皦如，绎如也，以成。""吾自卫反鲁，然后乐正，雅颂各得其所。"

古者诗三千余篇，及至孔子，去其重，取可施于礼义，上采契、后稷，中述殷周之盛，至幽厉之缺，始于衽席，故曰"关雎之乱以为风始，鹿鸣为小雅始，文王为大雅始，清庙为颂始"。三百五篇孔子皆弦歌之，以求合韶武雅颂之音。礼乐自此可得而述，以备王道，成六艺。

孔子晚而喜易，序彖、系、象、说卦、文言。读易，韦编三绝。曰："假我数年，若是，我于易则彬彬矣。"

孔子以诗书礼乐教，弟子盖三千焉，身通六艺者七十有二人。如颜浊邹之徒，颇受业者甚众。

孔子以四教：文，行，忠，信。绝四：毋意，毋必，毋固，毋我。所慎：斋，战，疾。子罕言利与命与仁。不愤不启，举一隅不以三隅反，则弗复也。

其于乡党，恂恂似不能言者。其于宗庙朝廷，辩辩言，唯谨尔。

文献，我就能证明这些制度了。”孔子考察了殷代对夏代礼仪制度所作的增减之后说：“将来就算再过一百代，增减也是可以预知的，因为一种是重视文采，另一种是重视朴实。周代的礼仪制度继承了夏代和殷代两方面，是多么的丰富多彩呀，我主张用周代的礼仪。”所以《书传》、《礼记》都是孔子编定的。

孔子曾对鲁国的乐官太师说：“音乐是可以通晓的。刚开始互相配合要一致，接着要节奏和谐，声音清晰，连续不断，一直坚持这样到整首乐曲演奏完成。”孔子又说：“我从卫国回到鲁国之后，就开始对诗乐进行订正，使《雅》、《颂》都恢复了原来的曲调。”

古代留传下来的《诗经》有三千多篇，到孔子时，他把重复的进行了删减，选取符合礼仪的用于进行教化，最早的是追述殷始祖契、周始祖后稷，其次是叙述殷、周两代的兴盛，直到周幽王、周厉王的政治缺失，而开头就是描述男女关系和情感的诗篇，所以说：“《关雎》是《国风》的第一篇，《鹿鸣》是《小雅》的第一篇；《文王》是《大雅》的第一篇；《清庙》是《颂》的第一篇。”一共三百零五篇诗，孔子都能一一进行演奏歌唱，追求与《韶》、《武》、《雅》、《颂》这些乐曲的音调相符合。先王的礼乐制度从这以后才得以恢复，王道也由此更加完备，礼、乐、射、御、术、数这六种技艺也最终形成。

孔子晚年喜欢研习《周易》，他详细解释了《彖辞》、《锡辞》、《卦》、《文言》等。孔子学习《周易》十分刻苦，曾经多次把编穿书简的牛皮绳子都磨断了。他还说：“如果可以让我再多活几年，我就能对《周易》的文辞和义理作更充分的掌握理解。”

孔子用《诗经》、《尚书》、《礼记》、《乐经》作为教材教育弟子，当时跟从他学习的弟子大约有三千人，其中精通礼、乐、射、御、数、术这六种技艺的共有七十二人。至于像颜浊邹那样，多方面受到孔子的教诲却没有正式入籍的弟子就更多了。

孔子教育弟子的内容一般包含四个方面：学问、言行、忠诚、信义。并为弟子规定了四条禁律：不揣测、不武断、不固执、不自以为是。他教育弟子应当特别谨慎处理的是：斋戒、战争、疾病。孔子很少谈到利益，就算谈到，也是和天命、仁德联系在一起。他教育弟子的时候，不到弟子真正遇到困难，烦闷发急的时候，不会主动去启发开导他。他告诉弟子一个道理，弟子不能触类旁通理解相似的道理，他就不会再对弟子重复讲述了。

孔子在自己的乡里，谦恭得就像个一点儿也不善言谈的人。但他在宗庙祭祀和朝廷议政等场合，却能言善辩、言辞明晰、道理通达，然而又很恭谨小心。上朝时，他与上大夫交谈，态度和悦，中正自然；与下大夫交谈，和乐安详。

朝，与上大夫言，訚訚如也；与下大夫言，侃侃如也。

入公门，鞠躬如也；趋进，翼如也。君召使傧，色勃如也。君命召，不俟驾行矣。

鱼馁，肉败，割不正，不食。席不正，不坐。食于有丧者之侧，未尝饱也。

是日哭，则不歌。见齐衰、瞽者，虽童子必变。

“三人行，必得我师。”“德之不修，学之不讲，闻义不能徙，不善不能改，是吾忧也。”使人歌，善，则使复之，然后和之。

子不语：怪，力，乱，神。

子贡曰：“夫子之文章，可得闻也。夫子言天道与性命，弗可得闻也已。”颜渊喟然叹曰：“仰之弥高，钻之弥坚。瞻之在前，忽焉在后。夫子循循然善诱人，博我以文，约我以礼，欲罢不能。既竭我才，如有所立，卓尔。虽欲从之，蔑由也已。”达巷党人曰：“大哉孔子，博学而无所成名。”子闻之曰：“我何执？执御乎？执射乎？我执御矣。”牢曰：“子云‘不试，故艺’。”

鲁哀公十四年春，狩大野。叔孙氏车子鉏商获兽，以为不祥。仲尼视之，曰：“麟也。”取之。曰：“河不出图，雒不出书，吾已矣夫！”颜渊死，孔子曰：“天丧予！”及西狩见麟，曰：“吾道穷矣！”喟然叹曰：“莫知我夫！”子贡曰：“何为莫知子？”子曰：“不怨天，不尤人，下学而上达，知我者其天乎！”

“不降其志，不辱其身，伯夷、叔齐乎！”谓“柳下惠、少连降志辱身矣”。谓“虞仲、夷逸隐居放言，行中清，废中权”。“我则孔子进入国君的宫门，低头弯腰，恭敬谨慎，进门后急行向前，恭敬有礼。国君派他迎接宾客，他的神色庄严认真。如果国君召见他，他不等车驾备好，就动身起行。

鱼不新鲜，肉变味，或没有按规矩宰杀，孔子就不吃。席位不符合礼仪，孔子就不就座。在有丧事的人旁边吃饭，从来不会吃饱。

如果有一天他哭泣过，那么在这一天就不会再歌唱。看见穿孝服的人或者看见盲人，就算是个小孩，孔子也定会改变面容以示同情。

孔子说："三个人同行，中间一定有可以做我老师的。"又说："不去提高道德修养，不去探求学业，听到正直的道理又不能做到前往学习，对缺点错误不能及时改正，这些都是我所忧心的问题。"孔子请人唱歌，如果唱得好，就会请人再唱一遍，然后自己也会一起唱。

孔子不谈论有关怪异、暴力、鬼神的事情。

子贡说："老师在文献方面的成就十分显著，我们都是知道的。老师关于天道与命运的深刻见解我们就不知道了。"颜渊感慨地叹气道："我越是崇拜老师的学问，就越觉得它高深莫测；越是苦心研究，就越觉得它博大精深。有时看见它就在眼前，忽然又发现在身后了。老师善于循序渐进地教导我们，用典籍来丰富我们的知识，用礼仪来规范我们的言行，让我们想停止学习都不可能。虽然我已经竭尽全力，现在也好像有所建树，但老师的学问却依然高高在上。就算我想追赶上去，但依然还是不可能追得上。"达巷这个地方的乡人说："孔子是多么的伟大啊，他博学多才却不局限于某一方面。"孔子听到后说："我要专于什么呢？是专于驾车？还是专于射箭？我还是专于驾车吧。"子牢说："老师曾说：'不被世人所重用，所以才学了这么多的技艺'。"

鲁哀公十四年春天，哀公在大野打猎。给叔孙氏驾车的人鉏商捕获一头怪兽，他们觉得这是不祥的预兆。孔子看了说："这是麒麟。"并将它取走了。孔子说："黄河上没有龙马负图出现，洛水上没有神龟负书出现，我见不到了吧！"颜渊去世，孔子说："这是老天要亡我呀！"等到他西去狩猎见到麒麟以后，说道："我的主张无法实行了啊！"长叹一声说："没有人能了解我呀！"子贡说："为什么说没有人了解您？"孔子回答说："我不抱怨天，也不怪罪人，下学人事，上通天理，能了解我的，只有上天了吧！"

孔子说："不降低自己的志向，不让自己受到侮辱，只有伯夷、叔齐这两个人吧！"又说："柳下惠、少连降低了志向，又使人格受到侮辱。"又说"虞仲、夷逸隐世避俗，行为清高纯洁，废弃自我符合权变。"又说："我不同于这些人，以义为尺度没有绝对的可以，也没有绝对的不可以。"

异于是，无可无不可。”

子曰：“弗乎弗乎，君子病没世而名不称焉。吾道不行矣，吾何以自见于后世哉？”乃因史记作春秋，上至隐公，下讫哀公十四年，十二公。据鲁，亲周，故殷，运之三代。约其文辞而指博。故吴楚之君自称王，而春秋贬之曰“子”；践土之会实召周天子，而春秋讳之曰“天王狩于河阳”：推此类以绳当世。贬损之义，后有王者举而开之。春秋之义行，则天下乱臣贼子惧焉。

孔子在位听讼，文辞有可与人共者，弗独有也。至于为春秋，笔则笔，削则削，子夏之徒不能赞一辞。弟子受春秋，孔子曰：“后世知丘者以春秋，而罪丘者亦以春秋。”

明岁，子路死于卫。孔子病，子贡请见。孔子方负杖逍遥于门，曰：“赐，汝来何其晚也？”孔子因叹，歌曰：“太山坏乎！梁柱摧乎！哲人萎乎！”因以涕下。谓子贡曰：“天下无道久矣，莫能宗予。夏人殡于东阶，周人于西阶，殷人两柱间。昨暮予梦坐奠两柱之间，予始殷人也。”后七日卒。

孔子年七十三，以鲁哀公十六年四月己丑卒。

哀公诔之曰：“旻天不吊，不慭遗一老，俾屏余一人以在位，茕茕余在疚。呜呼哀哉！尼父，毋自律！”子贡曰：“君其不没于鲁乎！夫子之言曰：‘礼失则昏，名失则愆。失志为昏，失所为愆。’生不能用，死而诔之，非礼也。称‘余一人’，非名也。”

孔子葬鲁城北泗上，弟子皆服三年。三年心丧毕，相诀而去，则哭，各复尽哀；或复留。唯子赣庐于冢上，凡六年，然后去。弟子及鲁人往从冢而家者百有余室，因命曰孔里。鲁世世相传以岁时奉祠孔子冢，而诸儒亦讲礼乡饮大射于孔子冢。孔子冢大一顷。故所居堂弟孔子说："不可以啊不可以！君子最害怕的就是死后不能留下好名声。如今我的主张不能得到实行，我用什么贡献给社会并能够留下好名声呢？"于是就根据鲁国的史书编写了《春秋》，上起鲁隐公元年，往下一直到鲁哀公十四年，一共记载了鲁国十二个国君。《春秋》根据鲁国展开叙述，尊奉周王室为正统，以殷商为借鉴，联系夏、商、周三代，文辞简洁，内容广博。所以吴国和楚国的国君虽然都妄自称王，在《春秋》中仍旧被贬称为子爵；晋文公在践土与诸侯会盟，召见周襄王，而《春秋》中却避之不提，只说"周天子到河阳打猎"。依此类推，《春秋》就是用这种方法，来褒贬当时的各种事件，后来有些国君就对它进行提倡推广，《春秋》被推广以后，天下那些乱臣奸贼就都害怕起来了。

孔子做官的时候，审理诉讼案件，文辞上如果还有与别人商量的余地，就决不独断专行。可是到了写《春秋》的时候，他认为该记载的就一定要记载，该删减的就一定要删减，就连子夏这些擅长文字的弟子，都不能增删一字。弟子们学习《春秋》， 孔子说："后人了解我孔丘这个人，是因为《春秋》，而后人怪罪我孔丘的，也将是因为《春秋》。"

第二年，子路在卫国去世。孔子生病，子贡前来拜见。孔子正拄着拐杖在门口休闲散步，看见子贡就说："赐呀，你怎么来得这么迟啊？"孔子接着叹了一口气，随即唱道："泰山就要这样倒了吗？梁柱就要这样断了吗？哲人就要这样死去了吗？"他一边唱一边禁不住流下眼泪，告诉子贡说："天下失去常道已经很久了，没有人能遵循我的主张。夏人死后停棺在东厢的台阶，周人在西厢的台阶，殷人在堂屋的两柱之间。昨夜我梦见自己坐在两柱之间受人祭奠，我的祖先是殷商人啊。"七天后孔子就去世了。

孔子享年七十三岁，死于鲁哀公十六年四月己丑日。

鲁哀公吊唁说："上天太不仁慈，不肯留下这位老人，留下我一人在位，孤零零地深感内疚，我孤独而又哀伤。啊！多么悲痛！尼父啊，我失去了正得失的镜鉴了！"子贡说："鲁君他难道不能终老在鲁国吗？用老师的话说：'礼法一旦丧失就会造成混乱，名分一旦丧失就会产生过失。一个人丧失了意志就是昏乱，失去所宜就会出现过错。'老师活着的时候不能重用他，死了才来哀悼他，这是不符合礼法的。以诸侯身份自称'余一人'，也是不合名分的。"

孔子死后被葬在鲁城北面的泗水边上，弟子们都在心里为老师服丧三年。服完三年心丧，大家相互道别后离去，都痛哭起来，又各自尽哀；有的就又留了下来。只有子贡在墓旁搭了间房子住下，守墓六年后才离去。孔子的弟子以及鲁国其他人，相继在墓旁居住的有一百多家。因而这个地方就被称为"孔里"。鲁国世世代代相传，每年都按时到孔子墓前祭拜，而儒者讲习礼仪、行乡学结业考校子内，后世因庙藏孔子衣冠琴车书，至于汉二百余年不绝。高皇帝过鲁，以太牢祠焉。诸侯卿相至，常先谒然后从政。

孔子生鲤，字伯鱼。伯鱼年五十，先孔子死。

伯鱼生伋，字子思，年六十二。尝困于宋。子思作《中庸》。

子思生白，字子上，年四十七。子上生求，字子家，年四十五。子家生箕，字子京，年四十六。子京生穿，字子高，年五十一。子高生子慎，年五十七，尝为魏相。

子慎生鲋，年五十七，为陈王涉博士，死于陈下。

鲋弟子襄，年五十七。尝为孝惠皇帝博士，迁为长沙太守。长九尺六寸。

子襄生忠，年五十七。忠生武，武生延年及安国。安国为今皇帝博士，至临淮太守，蚤卒。安国生卬，卬生欢。

太史公曰：诗有之："高山仰止，景行行止。"虽不能至，然心乡往之。余读孔氏书，想见其为人。适鲁，观仲尼庙堂车服礼器，诸生以时习礼其家，余祗回留之不能去云。天下君王至于贤人众矣，当时则荣，没则已焉。孔子布衣，传十余世，学者宗之。自天子王侯，中国言六艺者折中于夫子，可谓至圣矣！

的饮酒礼，以及比射仪式等，也都在这里举行。孔子的墓地有一顷那么大。孔子故居的堂屋以及弟子们所居住的内室，后来被改为圣庙，在此收藏孔子生前的衣服、帽子、琴、车子、书籍等，直到汉代，二百多年来一直都没有废弃。高皇帝刘邦经过鲁地，用太牢之礼祭拜孔子。诸侯、卿大夫、宰相一到任，常常先到孔子墓拜谒，然后才去处理政务。

孔子生了孔鲤，字伯鱼。伯鱼享年五十岁，比孔子去世早。

伯鱼生了孔伋，字子思，享年六十二岁。他曾经被困在宋国。子思编写了《中庸》。

子思生了孔白，字子上，享年四十七岁。子上生了孔求，字子家，享年四十五岁。子家生了孔箕，字子京，享年四十六岁。子京生了孔穿，字子高，享年五十一岁。子高生了孔慎，享年五十七岁，曾担任魏国的宰相。

子慎生了孔鲋，享年五十七岁，在陈王涉身边做过博士，在陈县去世。

孔鲋的弟弟孔子襄，享年五十七岁。曾担任汉孝惠皇帝的博士，后任长沙郡太守。身高九尺六寸。

子襄生了孔忠，享年五十七岁。孔忠生了孔武，孔武生了孔延年和孔安国。安国曾经担任孝武皇帝的博士，后来做到临淮郡太守，去世比较早。安国生了孔卬，孔卬生了孔欢。

太史公说：《诗经》中写有这样的话："高山可以使人瞻仰，大道可以让人遵循。"虽然我不能达到这种程度，但是心里却很是向往。我读孔子的书，就想见他的为人。我到鲁地去，参观了孔子的庙堂、车辆、衣服以及祭祀的器具，看到学生们按时到孔子旧宅中演习礼仪的情景，我怀着崇敬的心情留连忘返。自古以来，天下的君王还有那些贤人有很多，当活着的时候都相当的荣耀显贵，可是等到去世后就什么也没有了。孔子是一个平民，他的名声和学说已经传了十余代，读书的人仍然尊崇他为宗师。从天子王侯一直到中原谈论六艺的人，都是根据孔子的学说来判断是非的，孔子可以称得上是至高无上的圣人了。

陈涉世家第十八

陈胜者，阳城人也，字涉。吴广者，阳夏人也，字叔。陈涉少时，尝与人佣耕，辍耕之垄上，怅恨久之，曰："苟富贵，无相忘。"庸者笑而应曰："若为庸耕，何富贵也？"陈涉太息曰："嗟乎，燕雀安知鸿鹄之志哉！"

二世元年七月，发闾左谪戍渔阳九百人，屯大泽乡。陈胜、吴广皆次当行，为屯长。会天大雨，道不通，度已失期。失期，法皆斩。陈胜、吴广乃谋曰："今亡亦死，举大计亦死，等死，死国可乎？"陈胜曰："天下苦秦久矣。吾闻二世少子也，不当立，当立者乃公子扶苏。扶苏以数谏故，上使外将兵。今或闻无罪，二世杀之。百姓多闻其贤，未知其死也。项燕为楚将，数有功，爱士卒，楚人怜之。或以为死，或以为亡。今诚以吾众诈自称公子扶苏、项燕，为天下唱，宜多应者。"吴广以为然。乃行卜。卜者知其指意，曰："足下事皆成，有功。然足下卜之鬼乎！"陈胜、吴广喜，念鬼，曰："此教我先威众耳。"乃丹书帛曰"陈胜王"，置人所罾鱼腹中。卒买鱼烹食，得鱼腹中书，固以怪之矣。又间令吴广之次所旁丛祠中，夜篝火，狐鸣呼曰"大楚兴，陈胜王"。卒皆夜惊恐。旦日，卒中往往语，皆指目陈胜。

吴广素爱人，士卒多为用者。将尉醉，广故数言欲亡，忿恚尉，令辱之，以激怒其众。尉果笞广。尉剑挺，广起，夺而杀尉。陈胜佐之，并杀两尉。召令徒属曰："公等遇雨，皆已失期，失期当斩。藉弟令毋斩，而戍死者固十六七。且壮士不死即已，死即举大名耳，王陈胜，是阳城人，字涉。吴广，是阳夏人，字叔。陈涉年轻的时候，曾经给别人帮工耕田，一次当他停下耕作在田埂上休息的时候，感慨怅惘了好久，说："假如今后有人富贵了，相互不要忘记了彼此。"和他一起受雇佣的人笑着回答说："你是被雇佣耕田的，哪里来的富贵呢？"陈涉叹息着说："唉！燕子、麻雀又怎么能理解鸿鹄的志向呢？"

秦二世元年七月，朝廷征调住在里巷左边的九百贫民去防守渔阳，驻扎在大泽乡。陈胜、吴广都编入这支队列中，被任命为屯长。恰巧碰上天下大雨，道路不能通行，估计已经误了期限。超过规定的期限，依照法律是要被杀头的。于是陈胜、吴广就商量说："如今逃走也是死，起义也是死，同样都是死，我们为国事而死好不好？"陈胜说："如今天下受秦王朝统治之苦已经很久了。我听说二世是始皇帝的小儿子，本来不该他继位的，应该继位的是公子扶苏。扶苏因为曾经多次规劝皇上，皇上派他在外地领兵驻守。如今有人说他并没犯下什么过错，却被二世皇帝杀害了。老百姓都听说他很贤德，不知道他已经死了。项燕原本是楚国的将军，曾经多次立功，对士兵爱护有加，楚国人都很尊敬他。有的人以为他死了，有的人以为他逃亡在外。如今要是我们能够假借公子扶苏和项燕的名义，号召天下人民起义，应该会有很多人响应。"吴广认为这样可以。于是他们就去占卜吉凶，占卜的人知道他们的意图，说道："你们的事都能达成，能够建功立业。然而你们向鬼神问过吉凶了吗？"陈胜、吴广很高兴，揣摩占卜人所说问鬼神之事，说道："这是教我们先在众人中树立威望呀。"于是就用朱砂在一块白绸子上写上"陈胜王"，放在别人用网捕来的鱼肚子里。戍卒买了鱼回来煮着吃，发现了鱼肚中写着字的白绸子，本来就对此感觉很奇怪了。陈胜又暗中派吴广到驻地附近一草木丛生的古庙里，夜里点起篝火，模仿狐狸的声音大声喊道："大楚兴盛，陈胜为王"。戍卒们在夜里听到这种声音，都感到惊恐。第二天，戍卒们议论纷纷，都指指点点地看着陈胜。

吴广向来爱护别人，戍卒中很多人愿为他效力。押送队伍的县尉喝醉了酒，吴广故意多次称自己要逃跑，为的是激怒县尉，惹他当众侮辱自己，从而可以激怒众人。县尉果然鞭打吴广，县尉又拔出佩剑，吴广奋起，将剑夺过来杀死了县尉。陈胜帮助他，一起杀死了两个县尉，随即召集戍卒们说："如今大家在这里遇上大雨，已经耽误了期限，误期按规定是要杀头的。就算不被杀头，将来在戍边死去的侯将相宁有种乎！”徒属皆曰：“敬受命。”乃诈称公子扶苏、项燕，从民欲也。袒右，称大楚。为坛而盟，祭以尉首。陈胜自立为将军，吴广为都尉。攻大泽乡，收而攻蕲。蕲下，乃令符离人葛婴将兵徇蕲以东。攻铚、酂、苦、柘、谯，皆下之。行收兵。比至陈，车六七百乘，骑千余，卒数万人。攻陈，陈守令皆不在，独守丞与战谯门中。弗胜，守丞死，乃入据陈。数日，号令召三老、豪杰与皆来会计事。三老、豪杰皆曰：“将军身被坚执锐，伐无道，诛暴秦，复立楚国之社稷，功宜为王。”陈涉乃立为王，号为张楚。

当此时，诸郡县苦秦吏者，皆刑其长吏，杀之以应陈涉。乃以吴叔为假王，监诸将以西击荥阳。令陈人武臣、张耳、陈余徇赵地，令汝阴人邓宗徇九江郡。当此时，楚兵数千人为聚者，不可胜数。

葛婴至东城，立襄强为楚王。婴后闻陈王已立，因杀襄强，还报。至陈，陈王诛杀葛婴。陈王令魏人周市北徇魏地。吴广围荥阳。李由为三川守，守荥阳，吴叔弗能下。陈王征国之豪杰与计，以上蔡人房君蔡赐为上柱国。

周文，陈之贤人也，尝为项燕军视日，事春申君，自言习兵，陈王与之将军印，西击秦。行收兵至关，车千乘，卒数十万，至戏，军焉。秦令少府章邯免郦山徒、人奴产子生，悉发以击楚大军，尽败之。周文败，走出关，止次曹阳二三月。章邯追败之，复走次渑池十余日。章邯击，大破之。周文自刭，军遂不战。

武臣到邯郸，自立为赵王，陈余为大将军，张耳、召骚为左右丞相。陈王怒，捕系武臣等家室，欲诛之。柱国曰：“秦未亡而诛赵王将相家属，此生一秦也。不如因而立之。”陈王乃遣使者贺赵，而徙也一定有十之六七。况且大丈夫不死便罢，要死就要名扬后世，王侯将相难道都是天生的吗？”戍卒们听了都异口同声地说：“我们心甘情愿听从您的命令。”于是就假借公子扶苏和楚将项燕的名义举行起义，以顺应民众的愿望。大家都袒露右臂作为标志，号称大楚，筑起高台进行宣誓，用将尉的头作祭品。陈胜任命自己为将军，任命吴广为都尉。进攻大泽乡，占领后又攻打蕲县。蕲县攻下后，就派符离人葛婴率兵进攻蕲县以东的地方。进攻铚、酂、苦、柘、谯等地方，都一举攻下了。他们边进军，边征收兵员扩大队伍。等军队行进到了陈县的时候，队伍中已经有兵车六七百辆，骑兵一千多人，步兵好几万人。攻打陈县时，陈县的郡守和县令都不在，只有留守的郡丞领兵与起义军在城门下交战。后来郡丞兵败身死，于是起义军就攻入城中占领了陈县。过了几天，陈胜下令召集掌管教化的三老和地方豪杰都来开会议事。到会的三老和豪杰都说：“将军您身披铠甲，手执锐器，讨伐无道的昏君，诛灭暴虐的秦王朝，重新建立楚国政权，论功劳应该称王。”陈涉于是就自立为王，国号为张楚。

正当这个时候，各个郡县受不了秦朝官吏欺压之苦的人，都纷纷抓捕他们的官吏，宣判罪状，杀死他们来响应陈涉。于是陈涉任命吴广为代理王，督率各将领向西攻打荥阳。命令陈县人武臣、张耳、陈余去攻打赵国故地，命令汝阴人邓宗进攻九江郡。就在那个时候，楚地几千人聚集在一起起义的，多得不计其数。

葛婴攻入东城后，任命襄强为楚王，后来听说陈胜已自立为王，于是就杀了襄强，回来向陈胜报告。等到了陈县，陈胜就杀了葛婴。陈胜又派魏人周市北上进攻原来属于魏国的地方。吴广围攻荥阳。李由担任三川郡守，防守荥阳，吴广攻了很久也没有攻下。陈胜召集国内的豪杰商量对策，后来封上蔡人房君蔡赐为上柱国。

周文，是陈县的贤能之人，曾经在项燕军中担任过占卜时日的官，还在楚相春申君黄歇手下侍奉过，他自称懂得兵法，陈王就授与他将军印，派他带兵西去攻打秦国。他在行军途中不断召集兵马，等军队到达函谷关的时候，就有战车千辆，士兵几十万人，等到了戏亭，军队就驻扎了下来。秦王朝派少府章邯赦免了在骊山服役的人，以及家奴所生的儿子，把他们全部派去攻打张楚的大军，把楚军全给打败了，周文战败，逃出了函谷关，在曹阳驻留了两三个月。章邯又率领军队追来并把他打败了，后来他又逃到渑池驻留了十几天。章邯再次追击，大败周文。周文自杀，他的军队也就溃散从此不能作战了。

武臣到了邯郸，就立自己为赵王，任命陈余为大将军，任命张耳、召骚为左、右丞相。陈王知道后大怒，立马逮捕了武臣等人的家属，打算杀掉他们。上柱国蔡赐劝他说：“现在秦王朝还没有消灭就杀了赵王将相的家属，这相当于又系武臣等家属宫中，而封耳子张敖为成都君，趣赵兵亟入关。赵王将相相与谋曰："王王赵，非楚意也。楚已诛秦，必加兵于赵。计莫如毋西兵，使使北徇燕地以自广也。赵南据大河，北有燕、代，楚虽胜秦，不敢制赵。若楚不胜秦，必重赵。赵乘秦之弊，可以得志于天下。"赵王以为然，因不西兵，而遣故上谷卒史韩广将兵北徇燕地。

燕故贵人豪杰谓韩广曰："楚已立王，赵又已立王。燕虽小，亦万乘之国也，原将军立为燕王。"韩广曰："广母在赵，不可。"燕人曰："赵方西忧秦，南忧楚，其力不能禁我。且以楚之强，不敢害赵王将相之家，赵独安敢害将军之家！"韩广以为然，乃自立为燕王。居数月，赵奉燕王母及家属归之燕。

当此之时，诸将之徇地者，不可胜数。周市北徇地至狄，狄人田儋杀狄令，自立为齐王，以齐反击周市。市军散，还至魏地，欲立魏后故宁陵君咎为魏王。时咎在陈王所，不得之魏。魏地已定，欲相与立周市为魏王，周市不肯。使者五反，陈王乃立宁陵君咎为魏王，遣之国。周市卒为相。

将军田臧等相与谋曰："周章军已破矣，秦兵旦暮至，我围荥阳城弗能下，秦军至，必大败。不如少遗兵，足以守荥阳，悉精兵迎秦军。今假王骄，不知兵权，不可与计，非诛之，事恐败。"因相与矫王令以诛吴叔，献其首于陈王。陈王使使赐田臧楚令尹印，使为上将。田臧乃使诸将李归等守荥阳城，自以精兵西迎秦军于敖仓。与战，田臧死，军破。章邯进兵击李归等荥阳下，破之，李归等死。

阳城人邓说将兵居郯，章邯别将击破之，邓说军散走陈。铚人伍徐将兵居许，章邯击破之，伍徐军皆散走陈。陈王诛邓说。

产生了一个与我们为敌的秦国啊。不如就趁此机会立他为王更好些。”陈王于是就派遣使者前去祝贺赵王，同时把武臣等人的家属带到宫中软禁起来，又封张耳的儿子张敖为成都君，催促赵王派兵速去函谷关攻打秦国。赵王武臣的将相们相互商议说：“大王您在赵国称王，并不符合楚国的本意。等到楚灭秦以后，必然会来攻打赵国。如今之计不如不派兵向西进军，而派人向北攻取原来燕国的辖地来扩大我们自己的地盘。这样，赵国南面据黄河天险，北面又有燕、代的广大土地，楚国就算战胜了秦国，也不敢侵犯赵国。如果楚国不能战胜秦国，就必然会借助于赵国。到时候赵国就可以趁着秦国的疲惫衰弱取得天下了。”赵王觉得有道理，因而没有向西出兵，而是派了原上谷郡卒史韩广领兵北上去攻取燕地。

燕国原来权贵豪门的人怂恿韩广说：“楚国已经立了王，赵国也已立了王。燕国地方虽然小，也是个拥有万辆战车的国家，希望将军您能够自立做燕王。”韩广回答说：“我的母亲还留在赵国，不能这样做。”燕人说：“赵国现在正西面担忧秦国，南面担忧楚国，它的力量还不足以限制我们。况且以楚国的强大，都不敢贸然杀害赵王将相的家属，赵国又怎敢杀害将军您的家属呢？”韩广认为有道理，于是就自立为燕王。过了几个月，赵国派人将燕王的母亲及其家属送到了燕国。

这个时候，到各地去攻城占地的将领，多得不计其数。周市率军北上攻城掠地到了狄县，狄县人田儋杀了狄县县令，自立为齐王，凭借齐地的力量来反击周市。周市的军队溃散，退回到魏地，准备立魏王的后代宁陵君咎为魏王。而当时咎正在陈王那里，不能回到魏地去。魏地平定以后，大家打算共同拥立周市做魏王，周市不肯接受。使者先后五次往返于陈王与周市之间，陈王才同意立宁陵君咎做魏王，将他遣送回魏国。周市后来做了魏国的宰相。

将军田臧等人联合起来谋划说：“周文的军队已经溃败，秦国的军队早晚就要到来，我们包围荥阳，久攻不下，秦国的军队一旦到来，我们必然大败。不如留下少量的部队，保证足以守住荥阳就可以了，把其余所有的精锐军队都派去迎击秦军。现在代理王吴广骄横，又不懂怎样指挥打仗，这样的人不可以与他共事，不杀了他，我们的计划恐怕不能成功。”于是他们就假冒陈王的命令杀了吴广，把他的头献给了陈王。陈王就派使者赐给田臧一枚楚令尹的大印，任命他为上将军。田臧于是命令部将李归等人继续驻守荥阳城，自己率领精锐部队西进敖仓迎战秦军。与秦军交战时，田臧战死，军队溃散。章邯领兵趁机在荥阳城下进攻李归等人，打败了他们，李归等人战死。

阳城人邓说率军驻扎在郯城，被章邯部将所带领的部队击败，邓说的军队溃散，逃到陈县。铚县人伍徐率兵驻扎在许县，也被章邯的军队打败。伍徐的军队都溃散逃到陈县。陈王杀了邓说。

陈王初立时，陵人秦嘉、铚人董绁、符离人朱鸡石、取虑人郑布、徐人丁疾等皆特起，将兵围东海守庆于郯。陈王闻，乃使武平君畔为将军，监郯下军。秦嘉不受命，嘉自立为大司马，恶属武平君。告军吏曰："武平君年少，不知兵事，勿听！"因矫以王命杀武平君畔。

章邯已破伍徐，击陈，柱国房君死。章邯又进兵击陈西张贺军。陈王出监战，军破，张贺死。

腊月，陈王之汝阴，还至下城父，其御庄贾杀以降秦。陈胜葬砀，谥曰隐王。

陈王故涓人将军吕臣为仓头军，起新阳，攻陈下之，杀庄贾，复以陈为楚。

初，陈王至陈，令铚人宋留将兵定南阳，入武关。留已徇南阳，闻陈王死，南阳复为秦。宋留不能入武关，乃东至新蔡，遇秦军，宋留以军降秦。秦传留至咸阳，车裂留以徇。

秦嘉等闻陈王军破出走，乃立景驹为楚王，引兵之方与，欲击秦军定陶下。使公孙庆使齐王，欲与并力俱进。齐王曰："闻陈王战败，不知其死生，楚安得不请而立王！"公孙庆曰："齐不请楚而立王，楚何故请齐而立王！且楚首事，当令于天下。"田儋诛杀公孙庆。

秦左右校复攻陈，下之。吕将军走，收兵复聚。鄱盗当阳君黥布之兵相收，复击秦左右校，破之青波，复以陈为楚。会项梁立怀王孙心为楚王。

陈胜王凡六月。已为王，王陈。其故人尝与庸耕者闻之，之陈，扣宫门曰："吾欲见涉。"宫门令欲缚之。自辩数，乃置，不肯为通。陈王出，遮道而呼涉。陈王闻之，乃召见，载与俱归。入宫，见殿屋帷帐，客曰："夥颐！涉之为王沈沈者！"楚人谓多为夥，故天下传之，夥涉为王，由陈涉始。客出入愈益发舒，言陈王故情。或说陈王曰："客愚无知，颛妄言，轻威。"陈王斩之。诸陈王故人皆自引去，由是无亲陈王者。陈王以朱房为中正，胡武为司过，主司群臣。

陈胜刚立为王的时候，陵县人秦嘉、铚县人董緤、符离人朱鸡石、取虑人郑布、徐县人丁疾等都起兵反抗秦国，他们率领兵马将东海郡的郡守庆围困在郯城。陈王听说后，便派武平君畔为将军，督率郯城下的各路军队。秦嘉不愿意接受陈王的命令，自立为大司马，不愿隶属于武平君畔，就对他的军吏说："武平君太年轻，不懂得军事，不要听他指挥！"接着就假托陈王的命令杀了武平君畔。

章邯攻破伍徐以后，又接着攻打陈县，上柱国房君蔡赐战死。章邯又领兵进攻驻守在陈县西面的张贺部队。陈王亲自上前线督战，结果楚军还是战败，张贺阵亡。

十二月，陈王退到汝阴，后来回到下城父的时候，他的车夫庄贾将他杀了，向秦军投降。陈胜后来被安葬在砀县，谥号称为隐王。

陈王以前的侍臣吕臣将军组织了一支头裹青巾的队伍，从新阳出兵攻占了陈县，杀死了庄贾，又将陈县恢复为楚都。

起初，陈王到了陈县，曾命令铚县人宋留带领军队去平定南阳，进攻武关。宋留攻占了南阳之后，听说陈王已死，不久南阳又被秦军夺了回去。宋留无法进入武关，就率军向东到了新蔡，遭遇秦军，宋留带着部队投降了秦军。秦军押解宋留到了咸阳，将他五马分尸示众。

秦嘉等听说陈王已经兵败逃跑，就立景驹做了楚王，率领军队到了方与，打算在定陶附近袭击秦军。他们派公孙庆出使齐国，想与齐王联合起来一同进兵。齐王说："听说陈王战败了，不知生死，楚国怎么能不请示齐国就立王呢？"公孙庆说："齐国不请示楚国而立王，楚国为什么要请示齐国才能立王呢？何况楚是首先起义的，理当号令天下。"田儋杀死了公孙庆。

秦国的左右校尉再次领兵攻打陈县，并占领了陈县。将军吕臣战败逃跑，后来重新收集兵员，结聚队伍，并与鄱阳的强盗后来被封为当阳君的黥布的军队联合起来，又返回来攻击秦国左右校尉的军队，在青波打败他们，再次恢复陈县为楚都。这时正好是项梁刚立楚怀王的孙子心为楚王的时候。

陈胜为王一共六个月。称王以后，以陈县为国都。早先与他一起受雇给别人耕田的伙计听说后，来到了陈县，敲着宫门说："我要见陈涉。"守宫门的长官准备把他捆绑起来。他一再辩说，才放开他，但还是不肯替他通报。后来陈王出门，他拦路呼喊陈涉的名字。陈王听到，就召见了他，请他坐着自己的车子一同回宫。走进宫殿，看见高大深邃的殿堂房屋、富丽堂皇的帷幕帐帘，客人说："真多呀！陈涉做了王好大气派啊！"楚地人把"多"叫做"夥"，所以天下流传"夥涉为王"这句话，就起源于陈涉这里。这客人在宫中进进出出越来越随便，常常跟人讲陈涉以往的一些旧事。有人就告诉陈王说："客人愚昧无知，专门胡说八道，有损您的威信。"陈王就杀了这位客人。所以陈王的老朋友都纷纷诸将徇地，至，令之不是者，系而罪之，以苛察为忠。其所不善者，弗下吏，辄自治之。陈王信用之。诸将以其故不亲附，此其所以败也。

陈胜虽已死，其所置遣侯王将相竟亡秦，由涉首事也。高祖时为陈涉置守冢三十家砀，至今血食。

褚先生曰：地形险阻，所以为固也；兵革刑法，所以为治也。犹未足恃也。夫先王以仁义为本，而以固塞文法为枝叶，岂不然哉！吾闻贾生之称曰：

“秦孝公据崤函之固，拥雍州之地，君臣固守，以窥周室。有席卷天下，包举宇内，囊括四海之意，并吞八荒之心。当是时也，商君佐之，内立法度，务耕织，修守战之备；外连衡而斗诸侯。于是秦人拱手而取西河之外。

“孝公既没，惠文王、武王、昭王蒙故业，因遗策，南取汉中，西举巴蜀，东割膏腴之地，收要害之郡。诸侯恐惧，会盟而谋弱秦。不爱珍器重宝肥饶之地，以致天下之士。合从缔交，相与为一。当此之时，齐有孟尝，赵有平原，楚有春申，魏有信陵：此四君者，皆明知而忠信，宽厚而爱人，尊贤而重士。约从连衡，兼韩、魏、燕、赵、宋、卫、中山之众。于是六国之士有宁越、徐尚、苏秦、杜赫之属为之谋，齐明、周最、陈轸、邵滑、楼缓、翟景、苏厉、乐毅之徒通其意，吴起、孙膑、带他、兒良、王廖、田忌、廉颇、赵奢之伦制其兵。尝以什倍之地，百万之师，仰关而攻秦。秦人开关而延敌，九国之师遁逃而不敢进。秦无亡矢遗镞之费，而天下固已困矣。于是从散约败，争割地而赂秦。秦有余力而制其弊，追亡逐北，伏尸百万，流血漂橹，因利乘便，宰割天下，分裂山河，强国请服，弱国入朝。

自动离去，从此再也没有亲近陈王的人了。陈王任命朱房为中正、胡武为司过，专门监督考察群臣。各位将领们攻占了地方回到陈县来，只要对他们的命令稍不服从，就抓起来治罪，以苛刻地寻求群臣的过失作为对陈王的忠心。凡是他们所不喜欢的人，一旦有错，不交给司法官员进行审理，就擅自予以惩治。陈王很信任他们。各位将领们因为这些缘故也就不再亲近依附他了。这就是陈王失败的原因。

陈胜虽然死了，但他所封立派遣的王侯将相最终还是灭掉了秦王朝，这是由于陈涉首先起义的结果。汉高祖的时候，安置了三十户人家在砀县为陈涉看守坟墓，直到现在都依然按时杀牲祭祀。

褚先生说：地形险要阻塞，是为了便于防守；武器装备和法制规章，是为了便于治理国家。但这些还不足以成为依靠。所以古代的先王都将仁义道德作为根本，而把巩固边塞、制定法律看成枝叶，难道不是这样吗？我听贾谊说过：

“秦孝公凭借崤山和函谷关的险要地形，拥有了整个雍州地区，君臣坚固防守，并随时窥视周王朝，大有席卷天下，占领中原，囊括四海的意志，并吞八方极远之地的决心。就在这时，商鞅辅佐秦孝公，对内制定法令制度，致力于耕种纺织，整修战备，对外实施连横，使诸侯们互相争斗。于是秦国毫不费力就取得了黄河以西的大片土地。

“秦孝公去世以后，秦惠文王、武王、昭襄王继承旧业，遵循着先人的策略，向南夺取了汉中，向西攻占了巴蜀，向东割得了肥沃的土地，向北侵占了冲要险阻的郡邑。诸侯们因此而惊恐万分，相约结盟一同谋划想要削弱秦国，不惜用珍奇的器具、贵重的宝物和富饶的土地，来招纳天下的人才。采取合纵策略缔结盟约，互相支援，成为一体。当时，齐国有孟尝君，赵国有平原君，楚国有春申君，魏国有信陵君：这四个人，都贤明忠信，宽宏厚道，爱惜人才，尊敬贤能，器重士人。他们约定合纵条约联合抗秦，破坏秦国的连横策略，联合韩、魏、燕、楚、齐、赵、宋、卫、中山等国的有关人士。于是聚集于六国的人才，有宁越、徐尚、苏秦、杜赫这些人一起为他们出谋划策；有齐明、周最、陈轸、邵滑、楼缓、翟景、苏厉、乐毅这些人奔走传达他们的意见；有吴起、孙膑、带他、兒良、王廖、田忌、廉颇、赵奢这些人为他们指挥军队。诸侯们曾经以相当于秦国十倍的土地、百万的大军，前往函谷关攻打秦国。秦国打开关门迎敌，九国的军队反而逃跑竟然不敢前进。秦国没有耗费一个箭头，而天下的诸侯却已经疲惫不堪了。后来合纵瓦解，盟约破坏，各诸侯争相割地贿赂秦国。秦国有充裕的力量来控制弊病百出的诸侯，趁机追赶逃亡败走的敌人，杀得他们横尸百万、血流成河；秦国凭借有利的形势、方便的时机，宰割了整个天下，分裂了各国领土，因而强国请求臣服，弱国前来朝拜。

“施及孝文王、庄襄王，享国之日浅，国家无事。

“及至始皇，奋六世之余烈，振长策而御宇内，吞二周而亡诸侯，履至尊而制六合，执敲朴以鞭笞天下，威振四海。南取百越之地，以为桂林、象郡，百越之君俯首系颈，委命下吏。乃使蒙恬北筑长城而守籓篱，却匈奴七百余里，胡人不敢南下而牧马，士亦不敢贯弓而报怨。于是废先王之道，燔百家之言，以愚黔首。堕名城，杀豪俊，收天下之兵聚之咸阳，销锋鍉，铸以为金人十二，以弱天下之民。然后践华为城，因河为池，据亿丈之城，临不测之溪以为固。良将劲弩，守要害之处，信臣精卒，陈利兵而谁何。天下已定，始皇之心，自以为关中之固，金城千里，子孙帝王万世之业也。

“始皇既没，余威振于殊俗。然而陈涉瓮牖绳枢之子，甿隶之人，而迁徙之徒也。材能不及中人，非有仲尼、墨翟之贤，陶朱、猗顿之富也。蹑足行伍之间，俯仰仟佰之中，率罢散之卒，将数百之众，转而攻秦。斩木为兵，揭竿为旗，天下云会响应，赢粮而景从，山东豪俊遂并起而亡秦族矣。

“且天下非小弱也；雍州之地，肴函之固自若也。陈涉之位，非尊于齐、楚、燕、赵、韩、魏、宋、卫、中山之君也；鉏櫌棘矜，非铦于句戟长铩也；谪戍之众，非俦于九国之师也；深谋远虑，行军用兵之道，非及乡时之士也。然而成败异变，功业相反也。尝试使山东之国与陈涉度长絜大，比权量力，则不可同年而语矣。然而秦以区区之地，致万乘之权，抑八州而朝同列，百有余年矣。然后以六合为家，肴函为宫。一夫作难而七庙堕，身死人手，为天下笑者，何也？仁义不施，而攻守之势异也。”

“到了秦孝文王、庄襄王，在位的时间很短，国家也没有什么大事。

“到了秦始皇，继承之前六代的余威，像驾车似的挥动长鞭来驾御天下，吞并了东周西周，灭亡了六国诸侯，登上了皇帝的宝座统治天下，手持刑杖来鞭笞天下的人民，声威震慑四海。向南占领了百越的土地，设为桂林郡和象郡；百越的郡长，低着头，用绳子拴住脖子来投降，听从秦王朝下级官吏的命令。后来派蒙恬到北方去修筑长城，防守边疆，把匈奴向北驱赶了七百多里，胡人再也不敢到南边牧马，士兵也不敢搭起弓箭来报仇。于是废除了先王治理国家的方法，烧毁了诸子百家的著作，以此来愚昧百姓；同时还毁坏各地名城，杀戮豪杰，收集天下的兵器集中到咸阳，熔化刀剑和箭头，铸成十二尊金人，以此来削弱天下人民的反抗力量。然后依靠华山为城墙，依靠黄河为护城河，凭借亿丈高的华山，紧临深险莫测的黄河，作为坚固的防守。良将手执强弓，防守要害地带，可靠的大臣带领精锐部队，摆列着锋利的武器，严厉盘查过往的行人。天下平定以后，秦始皇的心中，自认为关中的坚固，是千里金城，可以作为子子孙孙万世当皇帝的基业了。

“秦始皇死后，余威依然震慑远方。然而陈涉仅仅是一个用破瓮作窗户、用草绳拴门轴的穷苦子弟，是替人耕田供人役使的人，是被征集发派边境的人。他的才能超不过平常的人，既没有孔子、墨子那样的贤明，也没有陶朱、猗顿那样的富有，置身戍卒的行列之中，兴起于乡野之间，率领疲乏散乱的戍卒，统率几百个人，转身攻打秦国，砍下木棍为武器，高举竹竿为旗帜，天下人民风起云涌般的响应，挑着粮食，如影随形地跟着他。崤山函谷关以东的各路英雄豪杰一并起义，就推翻了秦王朝。

“况且，秦王朝的天下并没有减小削弱；雍州的土地，崤山函谷关还一直和从前一样险固。陈涉的地位，并不比齐、楚、燕、赵、韩、宋、卫、中山的国君尊贵；锄耙戟柄，并不比钩戟长矛锋利；被发配戍边的民众，并不比九国的军队强大；深谋远虑，行军与指挥作战的方法，也比不上先前六国的贤良人才。然而他们的成功失败却完全不同，取得的功业也完全相反。如果拿崤山、函谷关以东各国诸侯与陈涉来比较长短、大小、权威、实力，那简直不能相提并论。然而秦国凭借很小的地方，发展为拥有万辆战车的强国，控制了其他八州，使曾经与它地位相同的诸侯国都前来朝拜称臣，中间历经一百多年。后来把天地四方当作家，把崤山、函谷关当作宫墙。可是由于陈涉一个人发动起义，秦王朝的七代宗庙就被毁坏，连秦王子婴也死在别人手里，被天下的人耻笑，为什么呢？不施行仁政，而且攻取天下和守护天下的方针、战略是应该不同的啊！”

外戚世家第十九

自古受命帝王及继体守文之君，非独内德茂也，盖亦有外戚之助焉。夏之兴也以涂山，而桀之放也以末喜。殷之兴也以有娀，纣之杀也嬖妲己。周之兴也以姜原及大任，而幽王之禽也淫于褒姒。故《易》基《乾》《坤》，《诗》始《关雎》，《书》美釐降，《春秋》讥不亲迎。夫妇之际，人道之大伦也。礼之用，唯婚姻为兢兢。夫乐调而四时和，阴阳之变，万物之统也。可不慎与？人能弘道，无如命何。甚哉，妃匹之爱，君不能得之于臣，父不能得之于子，况卑下乎！既欢合矣，或不能成子姓；能成子姓矣，或不能要其终：岂非命也哉？孔子罕称命，盖难言之也。非通幽明之变，恶能识乎性命哉？

太史公曰：秦以前尚略矣，其详靡得而记焉。汉兴，吕娥姁为高祖正后，男为太子。及晚节色衰爱弛，而戚夫人有宠，其子如意几代太子者数矣。及高祖崩，吕后夷戚氏，诛赵王，而高祖后宫唯独无宠疏远者得无恙。

吕后长女为宣平侯张敖妻，敖女为孝惠皇后。吕太后以重亲故，欲其生子万方，终无子，诈取后宫人子为子。及孝惠帝崩，天下初定未久，继嗣不明。于是贵外家，王诸吕以为辅，而以吕禄女为少帝后，欲连固根本牢甚，然无益也。

高后崩，合葬长陵。禄、产等惧诛，谋作乱。大臣征之，天诱其统，卒灭吕氏。唯独置孝惠皇后居北宫。迎立代王，是为孝文帝，奉汉宗庙。此岂非天邪？非天命孰能当之？

薄太后，父吴人，姓薄氏，秦时与故魏王宗家女魏媪通，生薄姬，而薄父死山阴，因葬焉。

从古至今，顺应天命的开国帝王和继承正统遵守法度的君王，并非只是因为内在的品德美好，大多也都得到了外戚的帮助。夏代的兴起是因为涂山氏之女，而夏桀被放逐是因为妹喜。殷代的兴起是因为有娀氏的女子，商纣王被杀在于宠爱妲己。周代的兴起是因为姜原和太任，而幽王被擒在于他和褒姒的淫乱。所以《易经》以《乾》《坤》两卦为基本，《诗经》以《关雎》开篇，《尚书》赞美尧把女儿下嫁给舜，《春秋》讥讽鲁隐公不亲自去迎接妻子。夫妇之间的关系，是人道中最重要的伦常关系。礼仪的应用，只有在婚姻上最为谨慎。如果乐声协调，四时才能和顺，阴阳变化，才能统领万物，可以不慎重吗？人们能够弘扬人伦之道，对天命却无可奈何。的确是这样啊，夫妻之间的亲爱之情，君王不能从大臣那里获得，父亲也不能从儿子那里获得，况且是卑下的人呢！夫妇欢合之后，有的不能繁育后代；能够繁育后代的，有的又不能得到好的归宿。这难道不是天命吗？孔子很少谈天命，大概也是因为难以说清吧。不能通晓阴阳的变化，又怎么能懂得人性和天命的道理呢？

太史公说：秦朝之前的情况比较简略，那些详细情况没能记载下来。汉兴起后，吕娥姁做了汉高祖的正室皇后，儿子当了太子。到了晚年，容颜衰老就不受宠爱了。然而戚夫人得宠，她的儿子如意几乎有好几次要取代太子的地位。等到高祖去世以后，吕后灭了戚氏，杀了赵王如意，而高祖后宫的妃子只有那些不受宠爱被疏远的人才能平安无事。

吕后的长女嫁给宣平侯张敖为妻子，张敖的女儿做了孝惠皇后。吕太后因为亲上加亲的缘故，用尽各种方法想让她生个儿子，然而她却始终没能生子，从后宫抱来别人的儿子谎称是她的儿子。到孝惠帝去世，天下刚刚安定没多久，继承皇位的人还没有明确。于是吕太后就提升外家的地位，封吕氏兄弟为王进行辅佐，让吕禄的女儿做少帝的皇后，想借此把根基连结得更牢固，然而毫无益处。

吕后去世，与高祖合葬在长陵。吕禄、吕产等人担心被杀，就密谋造反。大臣征讨他们，上天引导着汉家的皇统，最终消灭了吕氏。后来仅把孝惠皇后安置在北宫。大臣把代王迎来即位，这就是孝文帝，奉祀汉室宗庙。这难道不是天命吗？如果不是天命又有谁能担当呢？

薄太后的父亲是吴地人，姓薄氏，秦朝时与以前魏王宗族的女子魏媪私通，生下了薄姬，薄姬的父亲后来死在山阴，于是就葬在那里。

及诸侯畔秦，魏豹立为魏王，而魏媪内其女于魏宫。媪之许负所相，相薄姬，云当生天子。是时项羽方与汉王相距荥阳，天下未有所定。豹初与汉击楚，及闻许负言，心独喜，因背汉而畔，中立，更与楚连和。汉使曹参等击虏魏王豹，以其国为郡，而薄姬输织室。豹已死，汉王入织室，见薄姬有色，诏内后宫，岁余不得幸。始姬少时，与管夫人、赵子儿相爱，约曰："先贵无相忘。"已而管夫人、赵子儿先幸汉王。汉王坐河南宫成皋台，此两美人相与笑薄姬初时约。汉王闻之，问其故，两人具以实告汉王。汉王心惨然，怜薄姬，是日召而幸之。薄姬曰："昨暮夜妾梦苍龙据吾腹。"高帝曰："此贵徵也，吾为女遂成之。"一幸生男，是为代王。其后薄姬希见高祖。

高祖崩，诸御幸姬戚夫人之属，吕太后怒，皆幽之，不得出宫。而薄姬以希见故，得出，从子之代，为代王太后。太后弟薄昭从如代。

代王立十七年，高后崩。大臣议立后，疾外家吕氏强，皆称薄氏仁善，故迎代王，立为孝文皇帝，而太后改号曰皇太后，弟薄昭封为轵侯。

薄太后母亦前死，葬栎阳北。于是乃追尊薄父为灵文侯，会稽郡置园邑三百家，长丞已下吏奉守冢，寝庙上食祠如法。而栎阳北亦置灵文侯夫人园，如灵文侯园仪。薄太后以为母家魏王后，早失父母，其奉薄太后诸魏有力者，于是召复魏氏，赏赐各以亲疏受之。薄氏侯者凡一人。

薄太后后文帝二年，以孝景帝前二年崩，葬南陵。以吕后会葬长陵，故特自起陵，近孝文皇帝霸陵。

窦太后，赵之清河观津人也。吕太后时，窦姬以良家子入宫侍太后。太后出宫人以赐诸王，各五人，窦姬与在行中。窦姬家在清河，欲如赵近家，请其主遣宦者吏："必置我籍赵之伍中。"宦者忘之，误置其籍代伍中。籍奏，诏可，当行。窦姬涕到诸侯反抗秦朝统治的时候，魏豹自立为魏王，于是魏媪就把她的女儿送到魏王宫中。魏媪去许负那里看相，让他给薄姬相面，许负说她应当生下天子。当时项羽正好与汉王刘邦在荥阳相持不下，天下归谁还没有定论。魏豹最早与汉王一同攻打楚王，等到听了许负的话，心里独自高兴，于是又背叛汉王，先是中立，接着又与楚王联合。汉王派曹参等率兵进攻打败并俘虏了魏王豹，把魏地改为郡，把薄姬送入织造府。魏豹死以后，有一次汉王进入织造府，看见薄姬姿色秀美，就下诏把她收进后宫，一年多也没有得到宠幸。早先薄姬年轻的时候，与管夫人、赵子儿关系很亲密，三人曾经立下誓约说："谁要是先富贵了的话不要忘了别人。"后来管夫人、赵子儿都先后得到汉王宠幸。有一次汉王坐在河南宫的成皋台上，这两位美人说到当初与薄姬的誓约而相互说笑。汉王听到后，问她们原因，两人就把实情告诉了汉王。汉王心里不禁伤感起来，怜悯薄姬，当天就召见了她并与她同宿。薄姬说："昨晚臣妾梦见苍龙盘踞在我的肚子上。"高祖说："这是显贵的象征，我来为你达成了吧。"一次同宿就生了男孩，这就是代王。此后薄姬就很少见到高祖了。

高祖去世，高祖曾经宠幸过的妃子如戚夫人这些人，吕太后都不喜欢，就把她们都囚禁起来，不准出宫。然而薄姬因为很少见高祖的缘故，可以出宫，跟随儿子一起去了代国，成为代王太后。太后的弟弟薄昭也一起跟着到代国。

代王即位十七年后，吕后驾崩。大臣们商量要立新君，都痛恨外戚吕氏势力强大，都称赞薄氏仁义善良，于是迎回代王，立为孝文皇帝，薄太后也因此改封号为皇太后，她的弟弟薄昭被封为轵侯。

薄太后的母亲在这之前就已经去世了，葬在栎阳北边。于是就追尊薄太后的父亲为灵文侯，在会稽郡备置了三百户的园邑，派遣长丞以下的人去侍奉看守陵墓，宗庙上的祭品和礼仪都依照规定进行。在栎阳北边也设置了灵文侯夫人的陵园，所有礼仪都和灵文侯陵园一样。薄太后认为母家是魏王的后代，父母早逝，魏氏家族中有人侍奉薄太后很尽力，于是就命令重新恢复魏氏家族的地位，分别按亲疏程度进行赏赐。薄氏家族中有一人被封侯。

薄太后晚文帝两年去世，在景帝前二年去世，死后葬在南陵。因为吕后与高祖合葬在长陵，所以她特意为自己单独修建了陵墓，靠近孝文帝的霸陵。

窦太后是赵国的清河观津人。在吕太后的时候，窦姬以良家女子的身份被选入宫中服侍太后。后来太后选出宫女送往宫外赐给各诸侯王，每王五人，窦姬就在这批宫女之中。窦姬的老家在清河，想到赵国去，离家近一些，就请求主管遣送的宦官说："请一定把我的名册放在送往赵国的队伍里。"宦官忘了这件事，将她的名册误放在送往代国的队伍中了。名册奏上以后，诏令说可以，应当启程。窦姬痛泣，怨其宦者，不欲往，相强，乃肯行。至代，代王独幸窦姬，生女嫖，后生两男。而代王王后生四男。先代王未入立为帝而王后卒。及代王立为帝，而王后所生四男更病死。孝文帝立数月，公卿请立太子，而窦姬长男最长，立为太子。立窦姬为皇后，女嫖为长公主。其明年，立少子武为代王，已而又徙梁，是为梁孝王。

窦皇后亲蚤卒，葬观津。于是薄太后乃诏有司，追尊窦后父为安成侯，母曰安成夫人。令清河置园邑二百家，长丞奉守，比灵文园法。

窦皇后兄窦长君，弟曰窦广国，字少君。少君年四五岁时，家贫，为人所略卖，其家不知其处。传十余家，至宜阳，为其主入山作炭，暮卧岸下百余人，岸崩，尽压杀卧者，少君独得脱，不死。自卜数日当为侯，从其家之长安。闻窦皇后新立，家在观津，姓窦氏。广国去时虽小，识其县名及姓，又常与其姊采桑堕，用为符信，上书自陈。窦皇后言之于文帝，召见，问之，具言其故，果是。又复问他何以为验？对曰："姊去我西时，与我决于传舍中，丐沐沐我，请食饭我，乃去。"于是窦后持之而泣，泣涕交横下。侍御左右皆伏地泣，助皇后悲哀。乃厚赐田宅金钱，封公昆弟，家于长安。

绛侯、灌将军等曰："吾属不死，命乃且县此两人。两人所出微，不可不为择师傅宾客，又复效吕氏大事也。"于是乃选长者士之有节行者与居。窦长君、少君由此为退让君子，不敢以尊贵骄人。

窦皇后病，失明。文帝幸邯郸慎夫人、尹姬，皆毋子。孝文帝崩，孝景帝立，乃封广国为章武侯。长君前死，封其子彭祖为南皮侯。吴楚反时，窦太后从昆弟子窦婴，任侠自喜，将兵，以军功为魏其侯。窦氏凡三人为侯。

窦太后好黄帝、老子言，帝及太子诸窦不得不读黄帝、老子，尊其术。

哭流涕，埋怨那个宦官，不想去，但被强制相迫，后来才肯动身。到了代国，代王唯独宠爱窦姬，生了女儿嫖，后来又生了两个儿子。代王王后生了四个儿子。在代王还没有入朝即位的时候，王后就去世了，后来代王被立为皇帝，然而王后所生的四个儿子也接连病死。孝文帝即位几个月之后，公卿大臣都请求立太子，窦姬的长子年龄最大，就被立为太子。窦姬被立为皇后，她的女儿刘嫖被立为长公主。第二年，小儿子刘武被立为代王，不久又迁到梁国，这就是梁孝王。

窦皇后的父母早就去世了，葬在观津。于是薄太后就命令有关官员，追尊窦皇后的父亲为安成侯，母亲为安成夫人，让清河设置二百户的园邑，由长丞侍奉看守，一切都和灵文园的礼仪一样。

窦皇后有个兄长叫窦长君，弟弟叫窦广国，字少君。在少君只有四五岁的时候，家境贫穷，被人掠走出卖，家人也不知道他被卖到什么地方。中间辗转十几家，最后到了宜阳。他为主人进山烧炭，晚上一百多人躺在山崖下睡觉，山崖崩塌，把睡在山崖下面的人全都压死了，唯独少君脱险，没有被压死。他自己算了一卦，说不久就会被封侯，于是就从主人家离开去了长安。他听说窦皇后是刚被册立的，家乡在观津，姓窦氏。广国离开家乡时年龄虽小，但还记得县名和自家的姓，以前经常和姐姐一起采桑，曾经从树上掉下来，用这些作为证据，上书陈述自己的经历。窦皇后把这件事告诉了文帝，于是就召见广国，问他，他详细说明了情况，果然不错。又问他还有什么可以证明的，他回答说："姐姐离开我西去的时候，和我在驿站宿舍里诀别，向别人讨来热水给我洗头，又要来食物给我吃，然后才离去。"这时窦后拉住弟弟痛哭起来，涕泪纵横流下。左右侍从也都趴在地上哭泣，一起为皇后助哀。后来就赏赐给他很多田地、房屋和金钱，分封其他窦氏兄弟，迁居到长安

绛侯、灌将军等人商议说："我们这些人不死，命运都掌握在窦氏兄弟二人的手里。他们二人出身低微，不能不给他们仔细挑选师傅和宾客，否则，又会再次效法吕氏闹出大事来。"于是就选取年长有德、品行端正的士人和他俩相处。窦长君、少君从这以后也成为了谦逊礼让的君子，不敢倚仗他们尊贵的身份对人骄横傲慢。

窦皇后得了重病，双目失明。文帝宠幸邯郸慎夫人、尹姬，都没有生子。孝文帝去世以后，孝景帝即位，封广国为章武侯。长君在这之前就已经去世了，朝廷就封他的儿子彭祖为南皮侯。吴、楚七国叛乱的时候，窦太后的侄子窦婴，喜欢仗义行侠，率领军队平叛，因有战功被封为魏其侯。窦氏共有三人被封侯。

窦太后喜欢黄帝、老子的学说，皇帝、太子以及所有窦氏子弟都不得不读《黄帝》、《老子》，尊奉他们的学说。

窦太后后孝景帝六岁崩，合葬霸陵。遗诏尽以东宫金钱财物赐长公主嫖。

王太后，槐里人，母曰臧儿。臧儿者，故燕王臧荼孙也。臧儿嫁为槐里王仲妻，生男曰信，与两女。而仲死，臧儿更嫁长陵田氏，生男蚡、胜。臧儿长女嫁为金王孙妇，生一女矣，而臧儿卜筮之，曰两女皆当贵。因欲奇两女，乃夺金氏。金氏怒，不肯予决，乃内之太子宫。太子幸爱之，生三女一男。男方在身时，王美人梦日入其怀。以告太子，太子曰："此贵徵也。"未生而孝文帝崩，孝景帝即位，王夫人生男。

先是臧儿又入其少女兒姁，兒姁生四男。

景帝为太子时，薄太后以薄氏女为妃。及景帝立，立妃曰薄皇后。皇后毋子，毋宠。薄太后崩，废薄皇后。

景帝长男荣，其母栗姬。栗姬，齐人也。立荣为太子。长公主嫖有女，欲予为妃。栗姬妒，而景帝诸美人皆因长公主见景帝，得贵幸，皆过栗姬，栗姬日怨怒，谢长公主，不许。长公主欲予王夫人，王夫人许之。长公主怒，而日谗栗姬短于景帝曰："栗姬与诸贵夫人幸姬会，常使侍者祝唾其背，挟邪媚道。"景帝以故望之。

景帝尝体不安，心不乐，属诸子为王者于栗姬，曰："百岁后，善视之。"栗姬怒，不肯应，言不逊。景帝恚，心嗛之而未发也。

长公主日誉王夫人男之美，景帝亦贤之，又有曩者所梦日符，计未有所定。王夫人知帝望栗姬，因怒未解，阴使人趣大臣立栗姬为皇后。大行奏事毕，曰："'子以母贵，母以子贵'，今太子母无号，宜立为皇后。"景帝怒曰："是而所宜言邪！"遂案诛大行，而废太子为临江王。栗姬愈恚恨，不得见，以忧死。卒立王夫人为皇后，其男为太子，封皇后兄信为盖侯。

窦太后比景帝晚六年去世，死后与文帝合葬在霸陵。她留下诏书把东宫所有的金银财宝都赐给长公主刘嫖。

王太后是槐里人，她的母亲叫臧儿。臧儿是原来燕王臧荼的孙女。臧儿嫁给槐里人王仲为妻，生下儿子取名为信，还有两个女儿。王仲死后，臧儿又改嫁给长陵田氏，生了儿子田蚡、田胜。臧儿的长女嫁给金王孙为妻，生下一个女儿，臧儿为她的孩子算卦，说她的两个女儿都该是贵人。因为她想要倚仗两个女儿，就把大女儿从金氏家中强行接回。金氏很愤怒，不肯和妻子决断，然而臧儿最后终于把这个女儿送到太子宫中。太子很宠爱她，生下三个女儿一个儿子。当儿子还在胎孕中的时候，王美人梦见太阳投入她的怀中。她把这个梦告诉太子，太子说："这是大贵的象征。"儿子还没出生孝文帝就去世了，孝景帝即位后，王夫人生下了这个男孩。

先前臧儿又将她的小女儿兒姁也送到宫中，兒姁生了四个儿子。

景帝还是太子的时候，薄太后选了一个薄氏的女子做他的妃子。景帝即位之后，这个妃子就被立为薄皇后。皇后没有儿子，也不得宠爱。薄太后去世以后，薄皇后就被废了。

景帝的长子是刘荣，他的母亲是栗姬。栗姬是齐人。景帝立刘荣为太子。长公主刘嫖有个女儿，想许配给太子做妃子。栗姬嫉妒心很强，景帝的几位美人都是靠着长公主而见到景帝的，都得到了尊崇和宠爱，并且超过了栗姬，栗姬本来就天天怨怒，于是谢绝了长公主，没有应允这门亲事。长公主又想把女儿许给王夫人的儿子，王夫人答应了。长公主为这件事很生气，就常常在景帝那里说栗姬的坏话："栗姬和各位贵夫人及宠姬聚会，常常让侍从在她们背后吐口水诅咒，施用妖邪惑人的道法。"景帝因此恼恨栗姬。

景帝曾经有段时间身体不好，心中不畅快，就把被封王的儿子们都托付给栗姬，说："我去世以后，希望你要好好照顾他们。"栗姬很生气，不肯答应，并且出言不逊。景帝很气愤，心里不高兴但没有发作。

长公主天天夸赞王夫人儿子的优点，景帝也觉得他德才兼备，又有以前王夫人梦到太阳投入怀抱的祥兆，只是主意还没能最后定下来。王夫人知道景帝怨恨栗姬，趁他怒气未消，暗中派人催促大臣奏请景帝立栗姬为皇后。有一次上朝大行官奏事完毕以后，说："'儿子因母亲而尊贵，母亲因儿子而尊贵'，如今太子的母亲还没有封号，应当被封立为皇后。"景帝发怒说："这是你所应该说的话吗？"于是依法处死了大行官，同时废黜了太子，改封为临江王。栗姬更加怨恨，却不能再见到景帝，不久，就忧伤而死。后来王夫人被立为皇后，她的儿子被立为太子，皇后的哥哥王信被封为盖侯。

景帝崩，太子袭号为皇帝。尊皇太后母臧儿为平原君。封田蚡为武安侯，胜为周阳侯。

景帝十三男，一男为帝，十二男皆为王。而儿姁早卒，其四子皆为王。王太后长女号曰平阳公主，次为南宫公主，次为林虑公主。

盖侯信好酒。田蚡、胜贪，巧于文辞。王仲蚤死，葬槐里，追尊为共侯，置园邑二百家。及平原君卒，从田氏葬长陵，置园比共侯园。而王太后后孝景帝十六岁，以元朔四年崩，合葬阳陵。王太后家凡三人为侯。

卫皇后字子夫，生微矣。盖其家号曰卫氏，出平阳侯邑。子夫为平阳主讴者。武帝初即位，数岁无子。平阳主求诸良家子女十余人，饰置家。武帝祓霸上还，因过平阳主。主见所侍美人。上弗说。既饮，讴者进，上望见，独说卫子夫。是日，武帝起更衣，子夫侍尚衣轩中，得幸。上还坐，欢甚。赐平阳主金千斤。主因奏子夫奉送入宫。子夫上车，平阳主拊其背曰："行矣，强饭，勉之！即贵，无相忘。"入宫岁余，竟不复幸。武帝择宫人不中用者，斥出归之。卫子夫得见，涕泣请出。上怜之，复幸，遂有身，尊宠日隆。召其兄卫长君弟青为侍中。而子夫后大幸，有宠，凡生三女一男。男名据。

初，上为太子时，娶长公主女为妃。立为帝，妃立为皇后，姓陈氏，无子。上之得为嗣，大长公主有力焉，以故陈皇后骄贵。闻卫子夫大幸，恚，几死者数矣。上愈怒。陈皇后挟妇人媚道，其事颇觉，于是废陈皇后，而立卫子夫为皇后。

陈皇后母大长公主，景帝姊也，数让武帝姊平阳公主曰："帝非我不得立，已而弃捐吾女，壹何不自喜而倍本乎！"平阳公主曰："用无子故废耳。"陈皇后求子，与医钱凡九千万，然竟无子。

卫子夫已立为皇后，先是卫长君死，乃以卫青为将军，击胡有功，封为长平侯。青三子在襁褓中，皆封为列侯。及卫皇后所谓姊卫少儿，少儿生子霍去病，以军功封冠军侯，号骠骑将军。青号大将景帝去世以后，太子继位为皇帝。尊封皇太后的母亲臧儿为平原君。封田蚡为武安侯、田胜为周阳侯。

景帝一共有十三个儿子，一个儿子做了皇帝，其他十二个儿子都被封为王。然而王兒姁去世得早，她的四个儿子也都封为王。王太后的长女封号为平阳公主，次女为南宫公主，三女为林虑公主。

盖侯王信喜欢喝酒。田蚡、田胜贪图富贵，善用文辞巧辩。王仲去世得早，死后葬在槐里，追尊为共侯，设置了二百户的园邑。等到平原君去世以后，就和田氏一起葬在长陵，设置的陵园跟共侯的陵园一样。王太后比孝景帝晚去世十六年，于元朔四年去世，死后和景帝合葬在阳陵。王太后家共有三个人被封为侯。

卫皇后，字子夫，出身非常卑微。大概她家号称卫氏，在平阳侯封地以内。子夫是平阳公主家里的歌姬。武帝刚刚即位的时候，几年都没有生下儿子。平阳公主挑选了十几个良家女子，装饰起来留在家里。武帝到灞上祈福回来，顺道路过平阳公主家。公主让侍奉的美人都出来见武帝，武帝都不喜欢。饮酒过后，歌姬进来，武帝看见了，唯独喜欢卫子夫。当天，武帝起身换衣服，子夫到皇帝的衣车中侍奉，得到亲幸。武帝回到座位后，十分高兴，赐给平阳公主黄金千斤。公主趁机奏请皇帝，把卫子夫奉送入宫。子夫上车后，平阳公主抚着她的背说："去吧，好好吃饭，努力吧！假如尊贵了，不要忘了我。"子夫入宫后有一年多，都没有再次得到宠幸。武帝把一些不中用的宫人挑出来，把她们遣出宫送回家中。卫子夫见到武帝，她哭泣着请求出宫。皇上怜惜她，就再次亲幸，于是有了身孕，从此一天比一天受尊宠。武帝让她的哥哥卫长君和弟弟卫青担任侍中。后来子夫大得亲幸，倍受宠爱，一共生下三个女儿一个儿子，儿子取名为据。

当初，皇上还是太子之时，娶了长公主的女儿做妃子，即位以后，将这位妃子立为皇后，姓陈氏，陈皇后没有生子。皇上之所以得以继承帝位，大长公主曾经出力不小，所以陈皇后骄横高傲。听说卫子夫很受宠爱，陈皇后非常气愤，好几次几乎要气死。皇上对她更加恼怒。陈皇后施用妇人惑人的邪术，武帝对此事有些觉察，于是就废了陈皇后，后来立卫子夫为皇后。

陈皇后的母亲大长公主，也就是景帝的姐姐，多次责备武帝的姐姐平阳公主说："皇帝不是因为我就不能即位，即位以后竟然抛弃我的女儿，怎么能这样不自爱而忘本呢！"平阳公主说道："主要是因为没有儿子才被废的。"陈皇后渴求得子，求医曾花钱九千万之多，然而最终也没能生子。

卫子夫被立为皇后以后，在这之前卫长君已经去世，就任命卫青为将军，因卫青抗击胡人有功，被封为长平侯。卫青的三个儿子还在襁褓之中，也都被封为列侯。至于卫皇后所说的姐姐卫少儿，她生下儿子霍去病，因有战功被封为冠军军。立卫皇后子据为太子。卫氏枝属以军功起家，五人为侯。

及卫后色衰，赵之王夫人幸，有子，为齐王。

王夫人蚤卒。而中山李夫人有宠，有男一人，为昌邑王。

李夫人蚤卒，其兄李延年以音幸，号协律。协律者，故倡也。兄弟皆坐奸，族。是时其长兄广利为贰师将军，伐大宛，不及诛，还，而上既夷李氏，后怜其家，乃封为海西侯。

他姬子二人为燕王、广陵王。其母无宠，以忧死。

及李夫人卒，则有尹婕好之属，更有宠。然皆以倡见，非王侯有土之士女，不可以配人主也。

褚先生曰：臣为郎时，问习汉家故事者钟离生。曰：王太后在民间时所生一女者，父为金王孙。王孙已死，景帝崩后，武帝已立，王太后独在。而韩王孙名嫣素得幸武帝，承间白言太后有女在长陵也。武帝曰："何不蚤言！"乃使使往先视之，在其家。武帝乃自往迎取之。跸道，先驱旄骑出横城门，乘舆驰至长陵。当小市西入里，里门闭，暴开门，乘舆直入此里，通至金氏门外止，使武骑围其宅，为其亡走，身自往取不得也。即使左右群臣入呼求之。家人惊恐，女亡匿内中床下。扶持出门，令拜谒。武帝下车泣曰："嚄！大姊，何藏之深也！"诏副车载之，回车驰还，而直入长乐宫。行诏门著引籍，通到谒太后。太后曰："帝倦矣，何从来？"帝曰："今者至长陵得臣姊，与俱来。"顾曰："谒太后！"太后曰："女某邪？"曰："是也。"太后为下泣，女亦伏地泣。武帝奉酒前为寿，奉钱千万，奴婢三百人，公田百顷，甲第，以赐姊。太后谢曰："为帝费焉。"于是召平阳主、南宫主、林虑主三人俱来谒见姊，因号曰修成君。有子男一人，女一人。男号为修成子仲，女为诸侯王王后。此二子非刘氏，以故太后怜之。修成子仲骄恣，陵折吏民，皆患苦之。

卫子夫立为皇后，后弟卫青字仲卿，以大将军封为长平侯。四侯，号称骠骑将军。卫青号称大将军。卫皇后的儿子刘据被立为太子。卫氏亲族都是以军功起家，有五人被封侯。

后来卫皇后姿色衰老，赵国的王夫人得到宠幸，生下儿子，被封为齐王。

王夫人去世得早。中山李夫人得到宠幸，生下一个儿子，被封为昌邑王。

李夫人早逝，她的兄长李延年依靠精于音律得宠，被封为协律官。所谓协律，就是古代的歌舞艺人。他们兄弟后来都因犯淫乱后宫之罪被灭族。当时她的长兄李广利为贰师将军，正在征讨大宛，没有被杀，后来回到长安，皇上诛灭李氏后，又怜悯他们家，就又封他为海西侯。

其他的妃子还生有两个儿子，即燕王、广陵王。他们的母亲不受宠爱，因此忧伤而死。

到李夫人去世以后，有尹婕妤之流交替受宠，然而她们都是以歌女的身份得见武帝，并非有封地的王侯之家的女子，不应该和皇帝相配。

褚先生说：我担任郎官之时，曾经请教过熟习汉家旧事的钟离生。听他说：王太后在民间时还生过一个女儿，父亲是金王孙。金王孙去世以后，景帝驾崩，武帝即位，只有王太后还在。韩王孙名叫嫣的人一向很得武帝的宠爱，就趁机说起太后有个女儿在长陵。武帝说："为何不早点说出来呢！"于是派人先去看了看，正好在家。武帝就亲自前去迎接她。路上清道禁行，先驱警卫的骑兵出了横城门，武帝乘车飞奔到长陵。从小市的西边进入里巷，里门关闭着，侍卫用力推开门，武帝的车一直进入里中，到达金氏门外才停了下来，派武装骑兵包围了金家宅院，为的是怕她逃跑，自己亲自来接也接不着了。武帝随即派左右群臣进去呼喊寻找。金氏家人个个都十分惊恐，金氏之女躲藏在内室的床下。找到以后人们将她扶着走出大门，让她拜见皇上。武帝下车哭着说："哎呀！大姐，怎么藏得这么深哪！"让她坐上副车，掉转车子飞驰回城，直接回到长乐宫。武帝在途中就命令看守宫门的人拿着自己的名帖向太后通报，车一到就去拜见太后。太后说："皇上累了吧，这是从哪里来呀？"武帝说："今天去长陵找到了我的姐姐，和她一起来的。"回头说："赶紧拜见太后！"太后说："你就是我的那个女儿吗？"回答说："是呀。"太后落泪哭泣，女儿也伏在地上哭泣。武帝捧着酒前去祝贺，拿出一千万钱、三百名奴婢、一百顷公田，和上等宅第一起赐给姐姐。太后道谢说："让皇上破费了。"后来又召来平阳公主、南宫公主和林虑公主三人一起前来拜见姐姐，封号为修成君。她有一个儿子，一个女儿。儿子的封号为修成子仲，女儿做了诸侯王的王后。这两个孩子并非出于刘氏家族，因此太后非常怜爱他们。修成子仲骄横放纵，常常欺压官吏和百姓，人们都受到他的迫害。

卫子夫被立为皇后，后来她的弟弟卫青，字仲卿，以大将军的职位被封为长子，长子伉为侯世子，侯世子常侍中，贵幸。其三弟皆封为侯，各千三百户，一曰阴安侯，二曰发干侯，三曰宜春侯，贵震天下。天下歌之曰："生男无喜，生女无怒，独不见卫子夫霸天下！"

是时平阳主寡居，当用列侯尚主。主与左右议长安中列侯可为夫者，皆言大将军可。主笑曰："此出吾家，常使令骑从我出入耳，奈何用为夫乎？"左右侍御者曰："今大将军姊为皇后，三子为侯，富贵振动天下，主何以易之乎？"于是主乃许之。言之皇后，令白之武帝，乃诏卫将军尚平阳公主焉。

褚先生曰：丈夫龙变。传曰："蛇化为龙，不变其文；家化为国，不变其姓。"丈夫当时富贵，百恶灭除，光耀荣华，贫贱之时何足累之哉！

武帝时，幸夫人尹婕好。邢夫人号娙娥，众人谓之"娙何"。娙何秩比中二千石，容华秩比二千石，婕好秩比列侯。常从婕好迁为皇后。

尹夫人与邢夫人同时并幸，有诏不得相见。尹夫人自请武帝，原望见邢夫人，帝许之。即令他夫人饰，从御者数十人，为邢夫人来前。尹夫人前见之，曰："此非邢夫人身也。"帝曰："何以言之？"对曰："视其身貌形状，不足以当人主矣。"于是帝乃诏使邢夫人衣故衣，独身来前。尹夫人望见之，曰："此真是也。"于是乃低头俯而泣，自痛其不如也。谚曰："美女入室，恶女之仇。"

褚先生曰：浴不必江海，要之去垢；马不必骐骥，要之善走；士不必贤世，要之知道；女不必贵种，要之贞好。传曰："女无美恶，入室见妒；士无贤不肖，入朝见嫉。"美女者，恶女之仇。岂不然哉！

钩弋夫人姓赵氏，河间人也。得幸武帝，生子一人，昭帝是也。武帝年七十，乃生昭帝。昭帝立时，年五岁耳。

卫太子废后，未复立太子。而燕王旦上书，原归国入宿卫。武帝怒，立斩其使者于北阙。

平侯。他有四个儿子，他的长子卫伉是准备继承爵位的世子，曾担任侍中，非常尊贵受宠。卫伉的三个弟弟都被封侯，每人都得到封地一千三百户，一个叫阴安侯，一个叫发干侯，一个叫宜春侯，都十分富贵，震动天下。天下流传这样一首歌谣："生儿不必太高兴，生女莫要太生气，难道没有看到卫子夫吗？荣华富贵天下第一。"

这时平阳公主守寡独自居住，应当选一位列侯做她的丈夫。公主和左右侍从商议长安城里的列侯谁可以做她的丈夫，侍从都说大将军卫青可以。公主笑了笑，说："他是从我们家出去的人，我以前经常让他骑马跟随着我出入，怎能让他做我的丈夫呢？"左右侍从们说："如今大将军的姐姐是皇后，他的三个儿子都被封了侯，富贵震动天下，公主为何把他看轻了呢？"于是公主才同意了，就把此事告诉皇后，皇后让她禀告武帝，武帝就下令让卫将军做了平阳公主的丈夫。

褚先生说：丈夫是可以像龙那样变化的。《传书》上说："蛇变成了龙，但花纹不会改变；家变成了国，但姓氏不会改变。"丈夫在富贵的时候，有多少污点都可以被掩盖消除，变得光彩荣耀，贫贱时候的事情哪里会牵累他呢！

武帝在位的时候，宠爱过夫人尹婕妤。邢夫人封号为娙娥，人们都叫她"娙何"。娙何的品级相当于享有俸禄二千石的官，容华的品级相当于二千石的官，婕妤的品级相当于列侯，皇后经常是由婕妤升迁的。

尹夫人与邢夫人同时被亲幸，武帝曾下令说她们两人不能相见。尹夫人亲自请求武帝，希望能见见邢夫人，武帝答应了。就派另一位夫人修饰起来，几十个侍从跟随在后面，假冒邢夫人来到尹夫人面前。尹夫人走上前去见她，说："这并非邢夫人本人。"武帝说："为什么这么说？"尹夫人回答说："看她的身段相貌以及姿态，都不足以匹配皇上。"于是武帝就下令让邢夫人穿上旧衣服，单独前来。尹夫人看见她就说："这次是真的。"于是就低头哭泣，自己伤心不如邢夫人。谚语说："美女进屋，就是丑女的仇人。"

褚先生说：洗澡不一定非要跑到江海去，主要是能除去污垢；骑马也不一定要骑有名的骏马，主要是善于奔跑；士人不一定非要超出世上的一般人，主要是懂得道理；女子也不一定出身高贵，主要是应该贞洁美好。《传书》上面说："女子无分貌美还是丑陋，一进家门就会被人嫉妒；士人不论是贤或者不贤，一入朝廷就会被人嫉妒。"美女是丑女的仇人，难道不对吗！

钩弋夫人，姓赵，是河间人。她得到武帝的宠幸，生下一个儿子，就是昭帝。武帝七十岁的时候，才生下昭帝。昭帝即位时只有五岁。

卫太子被废以后，武帝还没有立新的太子。而燕王刘旦上书，请求回到京城入宫担任警卫之职。武帝很生气，立刻在北阙杀了燕王派来的使者。

上居甘泉宫，召画工图画周公负成王也。于是左右群臣知武帝意欲立少子也。后数日，帝谴责钩弋夫人。夫人脱簪珥叩头。帝曰：“引持去，送掖庭狱！”夫人还顾，帝曰：“趣行，女不得活！”夫人死云阳宫。时暴风扬尘，百姓感伤。使者夜持棺往葬之，封识其处。

其后帝闲居，问左右曰：“人言云何？”左右对曰：“人言且立其子，何去其母乎？”帝曰：“然。是非儿曹愚人所知也。往古国家所以乱也，由主少母壮也。女主独居骄蹇，淫乱自恣，莫能禁也。女不闻吕后邪？”故诸为武帝生子者，无男女，其母无不谴死，岂可谓非贤圣哉！昭然远见，为后世计虑，固非浅闻愚儒之所及也。谥为“武”，岂虚哉！

皇上住在甘泉宫，命令画工画一幅周公背负成王的画。于是左右群臣就知道武帝是想要立自己的小儿子为太子。过了几天，武帝严厉责备钩弋夫人。夫人摘下发簪耳饰等首饰叩头请罪。武帝说："把她拉出去，送到掖庭狱！"夫人回过头看武帝，武帝说："快走吧，你活不成了！"夫人最后死在云阳宫。死的时候暴风刮得尘土飞扬，百姓也都为她感到悲伤。使者夜里拉着棺材去埋葬，在埋葬的地方做了标志。

在这之后，武帝闲暇时候问左右侍从说："人们都说些什么？"左右回答说："人们都说马上就要立她的儿子了，为什么要除掉他的母亲呢？"武帝说："是的。这并非是小孩子们和愚昧之人所能够理解的。自古以来国家之所以出乱子的原因，就在于君主年少，而他的母亲正当壮年。女子独居，骄横傲慢，淫乱放纵，没有人能禁止。你们没有听说过吕后的事吗？"因此，所有为武帝生过孩子的，无论男女，他们的母亲没有不被谴责处死的，难道能说这就不是圣贤了吗？这样明确的远见，为后世长远谋划，本来就不是那些才疏学浅的愚昧之徒所能达到的。武帝谥号为"武"，难道是虚名吗！

楚元王世家第二十

楚元王刘交者，高祖之同母少弟也，字游。

高祖兄弟四人，长兄伯，伯蚤卒。始高祖微时，尝辟事，时时与宾客过巨嫂食。嫂厌叔，叔与客来，嫂佯为羹尽，栎釜，宾客以故去。已而视釜中尚有羹，高祖由此怨其嫂。及高祖为帝，封昆弟，而伯子独不得封。太上皇以为言，高祖曰："某非忘封之也，为其母不长者耳。"于是乃封其子信为羹颉侯。而王次兄仲于代。

高祖六年，已禽楚王韩信于陈，乃以弟交为楚王，都彭城。即位二十三年卒，子夷王郢立。

王戊立二十年，冬，坐为薄太后服私奸，削东海郡。春，戊与吴王合谋反，其相张尚、太傅赵夷吾谏，不听。戊则杀尚、夷吾，起兵与吴西攻梁，破棘壁。至昌邑南，与汉将周亚夫战。汉绝吴楚粮道，士卒饥，吴王走，楚王戊自杀，军遂降汉。

汉已平吴楚，孝景帝欲以德侯子续吴，以元王子礼续楚。窦太后曰："吴王，老人也，宜为宗室顺善。今乃首率七国，纷乱天下，奈何续其后！"不许吴，许立楚后。是时礼为汉宗正。乃拜礼为楚王，奉元王宗庙，是为楚文王。

文王立三年卒，子安王道立。安王二十二年卒，子襄王注立。襄王立十四年卒，子王纯代立。王纯立，地节二年，中人上书告楚王谋反，王自杀，国除，入汉为彭城郡。

赵王刘遂者，其父高祖中子，名友，谥曰"幽"。幽王以忧死，故为"幽"。高后王吕禄于赵，一岁而高后崩。大臣诛诸吕吕禄等，乃立幽王子遂为赵王。

孝文帝即位二年，立遂弟辟强，取赵之河间郡为河间王，为文王。

楚元王刘交，他是高祖同母的小弟弟，字游。

高祖兄弟有四个人，长兄叫刘伯，伯早就死了。当年高祖卑微的时候，曾经为了躲避难事，常常跟宾客到大嫂家吃饭。大嫂讨厌小叔，小叔和宾客来家了，大嫂假装做的肉菜汤已吃完，用饭勺刮锅底，宾客因此起身离去。过后看到锅里还有肉汤，高祖因此怨恨大嫂。等到高祖当了皇帝，封赏兄弟，唯独不封大哥的儿子。太上皇为此来说情，高祖说："我不是忘记封他，因为他的母亲太不厚道。"于是才封她的儿子信为羹颉侯。封二哥刘仲为代王。

高祖六年，在陈县逮捕楚王韩信，就封小弟刘交为楚王，在彭城建都。刘交在位二十三年后去世，他的儿子夷王刘郢继位。夷王在位四年后去世，他的儿子刘戊继位。

楚王刘戊即位二十年，冬天，因在为薄太后服丧期间犯了私奸宫女罪，削去东海郡封地。第二年春天，刘戊和吴王刘濞合谋造反，他的国相张尚、太傅赵夷吾劝谏，不听从。刘戊即刻杀了张尚、赵夷吾，起兵和吴王向西进攻梁国，攻破了棘壁。行至昌邑的南边，和汉将周亚夫交战。汉军截断了吴、楚军的粮道，士兵们饥饿，吴王逃走，楚王刘戊自杀，吴、楚军就投降了汉军。

汉朝廷平定吴、楚叛乱后，孝景帝想让德侯刘广的儿子继承吴国的王位，让元王的儿子刘礼继承楚国的王位。窦太后说："吴王是老一辈人，应当为宗室效忠从善。如今却带头率领七国扰乱天下，为什么还要接续他的后代！"不允许立吴王的后代，只准许立楚王的后代。当时刘礼任汉朝的宗正，于是封刘礼为楚王，供奉元王的宗庙，这就是楚文王。

楚文王在位三年去世，其儿子安王刘道继位。安王在位二十二年去世，其儿子襄王刘注继位。襄王在位十四年去世，其儿子刘纯继位。刘纯继位后，汉宣帝地节二年，有宦官上书告发楚王谋反，楚王自杀，国号被废除，封地收归朝廷，改为彭城郡。

赵王刘遂，他父亲在高祖的儿子中排行居中，名友，谥号为"幽"。幽王因为忧伤而死，所以谥号为"幽"。高后把吕禄封在赵地为王，一年而高后去世。汉室大臣诛杀吕禄等吕氏家族，于是就立幽王的儿子刘遂为赵王。

孝文帝即位二年后，封刘遂的弟弟辟强为王，割去赵国的河间郡为河间王，立十三年卒，子哀王福立。一年卒，无子，绝后，国除，入于汉。

遂既王赵二十六年，孝景帝时坐晁错以适削赵王常山之郡。吴楚反，赵王遂与合谋起兵。其相建德、内史王悍谏，不听。遂烧杀建德、王悍，发兵屯其西界，欲待吴与俱西。北使匈奴，与连和攻汉。汉使曲周侯郦寄击之。赵王遂还，城守邯郸，相距七月。吴楚败于梁，不能西。匈奴闻之，亦止，不肯入汉边。栾布自破齐还，乃并兵引水灌赵城。赵城坏，赵王自杀，邯郸遂降。赵幽王绝后。

太史公曰：国之将兴，必有祯祥，君子用而小人退。国之将亡，贤人隐，乱臣贵。使楚王戊毋刑申公，遵其言，赵任防与先生，岂有篡杀之谋，为天下僇哉？贤人乎，贤人乎！非质有其内，恶能用之哉？甚矣，“安危在出令，存亡在所任”，诚哉是言也！

这就是文王。文王在位十三年去世，他的儿子哀王刘福继位。刘福继位一年去世，无子，绝了后代，国号被废除，封地收归汉朝廷。

刘遂当上赵王后二十六年，孝景帝在位的时候，因犯有过失被晁错削去他的常山郡封地。吴、楚叛乱，赵王就联合他们起兵。他的相国建德、内史王悍劝谏，不听从，就烧死建德、王悍，发兵驻屯在赵国的西部边界上，想等待吴国兵一起向西进兵。并派人到北面的匈奴，想联合匈奴攻打汉朝。汉朝廷派曲周侯郦寄攻打赵国。赵王刘遂被迫退兵，据守在邯郸，对峙将近七个月，吴、楚军在梁国被打败，不能向西进。匈奴知道这个消息，也停止了发兵，不肯进入汉朝边界。栾布从打败齐国的前线归来，就和郦寄联兵引水灌赵国的都城。赵国的都城被水毁坏，赵王自杀，邯郸于是投降。赵幽王断绝了后代。

太史公说：国家将要兴起的时候，一定有吉祥的预兆，君子被重用，小人被斥退。国家将要灭亡的时候，贤德的人隐退，乱世之臣就显贵。如果楚王刘戊不刑罚申公，听从他的建议，赵王任用防与先生，哪会有篡杀的阴谋，遭天下人杀戮呢？贤人啊！贤人啊！不是本质贤能的君王，怎能任用你们呢？太重要啦！“国家的安危在于发出的政令，国家的存亡在于任用的大臣”，的确是这样的啊！

荆燕世家第二十一

荆王刘贾者，诸刘，不知其何属。初起时，汉王元年，还定三秦，刘贾为将军，定塞地，从东击项籍。

汉四年，汉王之败成皋，北渡河，得张耳、韩信军，军修武，深沟高垒，使刘贾将二万人，骑数百，渡白马津入楚地，烧其积聚，以破其业，无以给项王军食。已而楚兵击刘贾，贾辄壁不肯与战，而与彭越相保。

汉五年，汉王追项籍至固陵，使刘贾南渡淮围寿春。还至，使人间招楚大司马周殷。周殷反楚，佐刘贾举九江，迎武王黥布兵，皆会垓下，共击项籍。汉王因使刘贾将九江兵，与太尉卢绾西南击临江王共尉。共尉已死，以临江为南郡。

汉六年春，会诸侯于陈，废楚王信，囚之，分其地为二国。当是时也，高祖子幼，昆弟少，又不贤，欲王同姓以镇天下，乃诏曰："将军刘贾有功，及择子弟可以为王者。"群臣皆曰："立刘贾为荆王，王淮东五十二城；高祖弟交为楚王，王淮西三十六城。"因立子肥为齐王。始王昆弟刘氏也。

高祖十一年秋，淮南王黥布反，东击荆。荆王贾与战，不胜，走富陵，为布军所杀。高祖自击破布。十二年，立沛侯刘濞为吴王，王故荆地。

燕王刘泽者，诸刘远属也。高帝三年，泽为郎中。高帝十一年，泽以将军击陈豨，得王黄，为营陵侯。

高后时，齐人田生游乏资，以画干营陵侯泽。泽大说之，用金二百斤为田生寿。田生已得金，即归齐。二年，泽使人谓田生曰："弗与矣。"田生如长安，不见泽，而假大宅，令其子求事吕后所幸大谒者张子卿。居数月，田生子请张卿临，亲修具。张卿许往。田生盛帷帐共具，譬如列侯。张卿惊。酒酣，乃屏人说张卿曰："臣观诸荆王刘贾，是刘氏宗族的人，但不知他属于刘家的哪一支。初起事的时候，是汉王元年。汉王从汉中返回关中平定三秦之时，任刘贾为将军，让他平定塞地，然后从东边攻打项羽。

汉王四年，汉王在成皋被打败，北渡黄河，得到张耳、韩信的军队加入，驻扎在修武，深挖壕沟，高筑营垒，派刘贾率领两万人的军队，几百名骑兵，渡过白马津进入楚地，烧掉那里囤积的粮草军需等物，让他们无法给项王供应军粮。不久楚军攻打刘贾，刘贾总是坚守营垒，并与彭越保持互相倚仗的态势。

汉王五年，汉王追击项羽到了固陵，派刘贾南渡淮水包围寿春。刘贾很快抵达，派人寻机招降楚大司马周殷。周殷叛反楚王，帮刘贾攻下九江，与武王黥布的军队，在垓下会合，共同围攻项羽。汉王于是让刘贾率领九江的军队，和太尉卢绾一起向西南进攻临江王共尉。共尉死后，把临江改置南郡。

汉王六年春天，汉王在陈县会见诸侯，废黜楚王韩信，并把其囚禁起来，他的领地被分为两国。这个时候，高祖的儿子年幼，兄弟少，又没有什么贤才，想封同姓宗族的人为王来镇抚天下百姓，于是就下诏令说："刘贾将军有战功，应挑刘氏后代中可以封王的人。"群臣都说："应该立刘贾为荆王，管辖淮东五十二座城；高祖的弟弟刘交立为楚王，统辖淮西三十六座城。"于是刘邦就立自己的儿子刘肥为齐王。至此才开始封刘氏兄弟为王。

高祖十一年的秋天，淮南王黥布反叛，从东边攻打荆地。荆王刘贾与其交战，没有取胜，逃跑到富陵，被黥布的军队杀死了。高祖亲自领军打败了黥布。十二年，沛侯刘濞被封为吴王，统辖原荆王的故地。

燕王刘泽，是刘氏的远房宗亲。高帝三年，刘泽任郎中。高帝十一年，刘泽以将军之职攻打陈豨，判将王黄被俘虏了，被封为营陵侯。

高后当政的时候，齐人田生在外地出游，缺少旅费，就想通过献计来向营陵侯刘泽求助。刘泽听后非常高兴，用二百斤黄金为田生祝寿。田生得到钱以后，立即回归齐国。第二年，刘泽派人去对田生说："不要再和我往来了"。田生来到长安，不愿意去见刘泽，而是借了一座大宅院，让他的儿子求见并侍奉被吕后宠幸的大谒者张子卿。过了几个月，田生的儿子请张卿到家里做客，他亲自准备酒宴。张卿答应前往。田生张挂起豪华的帷帐，摆出精美的用具，好像诸侯一般。张卿一见就很惊讶。趁酒兴正浓之际，田生就让左右退下，向张卿劝说道：

侯王邸弟百余，皆高祖一切功臣。今吕氏雅故本推毂高帝就天下，功至大，又亲戚太后之重。太后春秋长，诸吕弱，太后欲立吕产为王，王代。太后又重发之，恐大臣不听。今卿最幸，大臣所敬，何不风大臣以闻太后，太后必喜。诸吕已王，万户侯亦卿之有。太后心欲之，而卿为内臣，不急发，恐祸及身矣。”张卿大然之，乃风大臣语太后。太后朝，因问大臣。大臣请立吕产为吕王。太后赐张卿千斤金，张卿以其半与田生。田生弗受，因说之曰：“吕产王也，诸大臣未大服。今营陵侯泽，诸刘，为大将军，独此尚觖望。今卿言太后，列十余县王之，彼得王，喜去，诸吕王益固矣。”张卿入言，太后然之。乃以营陵侯刘泽为琅邪王。琅邪王乃与田生之国。田生劝泽急行，毋留。出关，太后果使人追止之，已出，即还。

及太后崩，琅邪王泽乃曰：“帝少，诸吕用事，刘氏孤弱。”乃引兵与齐王合谋西，欲诛诸吕。至梁，闻汉遣灌将军屯荥阳，泽还兵备西界，遂跳驱至长安。代王亦从代至。诸将相与琅邪王共立代王为天子。天子乃徙泽为燕王，乃复以琅邪予齐，复故地。

泽王燕二年，薨，谥为敬王。传子嘉，为康王。

至孙定国，与父康王姬奸，生子男一人。夺弟妻为姬。与子女三人奸。定国有所欲诛杀臣肥如令郢人，郢人等告定国，定国使谒者以他法劾捕格杀郢人以灭口。至元朔元年，郢人昆弟复上书具言定国阴事，以此发觉。诏下公卿，皆议曰：“定国禽兽行，乱人伦，逆天，当诛。”上许之。定国自杀，国除为郡。

太史公曰：荆王王也，由汉初定，天下未集，故刘贾虽属疏，然以策为王，填江淮之间。刘泽之王，权激吕氏，然刘泽卒南面称孤者三世。事发相重，岂不为伟乎！

“臣观看了诸侯王的一百多座住宅，都是高祖那时候的功臣。如今吕氏平素来就扶助高祖完成了统一天下的大业，功劳非常之大，又有亲戚太后的尊贵。太后上了年纪，吕氏族人力量很弱，太后想立吕产为王，做代地的诸侯王。太后要郑重对待此事，又恐怕太臣们不乐意。如今您最受太后宠幸，并受大臣们尊敬，何不婉言劝说大臣向太后禀告此事，太后一定会高兴。诸吕被封王之后，万户侯也为您所有了。太后心里是想这样做的，而您是内臣，不尽快提出，恐怕灾祸就要落到您身上了。”张卿对此非常赞同，于是就婉言劝说大臣把该事禀告太后。太后上朝时，就此事询问了大臣。大臣奏请立吕产为吕王。太后赐给张卿千斤黄金，张卿把其中的一半送给了田生。田生没有接受馈赠，并趁机又向张卿劝说道：“吕产被封王，大臣们并没有完全心服口服。如今营陵侯刘泽是刘氏宗族，任大将军，只有他现在还很不满意。现在您禀告太后，划出十几个县封他为王，他得到王位后高高兴兴地离去，吕氏宗族的王位就更加巩固了。”张卿进宫禀告，太后认为很对。于是把营陵侯刘泽封为琅邪王。琅邪王与田生前往封地。田生劝刘泽快走，不要停留。刚出函谷关，太后果然派人追赶阻拦他们，可是刘泽已经出关，追赶的人只好又回去了。

到太后去世后，琅邪王刘泽说：“皇帝年少，诸吕掌朝，刘氏孤单势弱。”于是带领军队与齐王刘襄合谋西进，打算杀死诸吕。刚到达梁地，听说朝廷派将军灌婴屯兵荥阳，刘泽就回师加强自己西部边界的防守，然后迅速赶到长安。代王也正好从代地赶到。将相大臣与琅邪王共同拥立代王为天子。天子于是徙封刘泽为燕王，重新把琅邪交还给齐王，恢复齐王原有的地盘。

刘泽做了燕王后第二年离开人世，谥号是敬王。王位传给其儿子刘嘉，他就是康王。

王位传到刘泽的孙子刘定国时，他与父亲康王的姬妾通奸，并且生下了一个男孩。又把弟弟的妻子霸占为姬妾。还与自己的三个女儿通奸。定国预谋杀死肥如县令郢人，郢人等就告发定国的罪行，定国派谒者假借其他法令告发、逮捕并杀死郢人以达到灭口的目的。到元朔二年，郢人的兄弟再次上书告发定国的丑事，定国的罪恶因此得到暴露。皇帝诏令公卿论处，公卿们都议论说：“定国是禽兽，败坏人伦，违背天理，应当处死。”皇帝准许。定国自杀，封国废除，改设为郡。

太史公说：荆王能被封为王，是由于汉朝刚刚建立，天下没有完全统一，所以刘贾虽是刘氏的远房亲族，但因为战功被封为王，威镇江淮之间。刘泽被封王是用权谋激起了吕氏的结果，刘泽也终于有三代南面称王。事情起初就互相牵制，难道不出奇吗？

齐悼惠王世家第二十二

齐悼惠王刘肥者，高祖长庶男也。其母外妇也，曰曹氏。高祖六年，立肥为齐王，食七十城，诸民能齐言者皆予齐王。

齐王，孝惠帝兄也。孝惠帝二年，齐王入朝。惠帝与齐王燕饮，亢礼如家人。吕太后怒，且诛齐王。齐王惧不得脱，乃用其内史勋计，献城阳郡，以为鲁元公主汤沐邑。吕太后喜，乃得辞就国。

悼惠王即位十三年，以惠帝六年卒。子襄立，是为哀王。

哀王元年，孝惠帝崩，吕太后称制，天下事皆决于高后。二年，高后立其兄子郦侯吕台为吕王，割齐之济南郡为吕王奉邑。

哀王三年，其弟章入宿卫于汉，吕太后封为朱虚侯，以吕禄女妻之。后四年，封章弟兴居为东牟侯，皆宿卫长安中。哀王八年，高后割齐琅邪郡立营陵侯刘泽为琅邪王。

其明年，赵王友入朝，幽死于邸。三赵王皆废。高后立诸吕为三王，擅权用事。

朱虚侯年二十，有气力，忿刘氏不得职。尝入侍高后燕饮，高后令朱虚侯刘章为酒吏。章自请曰："臣，将种也，请得以军法行酒。"高后曰："可。"酒酣，章进饮歌舞。已而曰："请为太后言耕田歌。"高后儿子畜之，笑曰："顾而父知田耳。若生而为王子，安知田乎？"章曰："臣知之。"太后曰："试为我言田。"章曰："深耕概种，立苗欲疏，非其种者，鉏而去之。"吕后默然。顷之，诸吕有一人醉，亡酒，章追，拔剑斩之，而还报曰："有亡酒一人，臣谨行法斩之。"太后左右皆大惊。业已许其军法，无以罪也。因罢。自是之后，诸吕惮朱虚侯，虽大臣皆依朱虚侯，刘氏为益强。

齐悼惠王刘肥是高祖最年长的庶子。他的母亲是高祖从前的情妇曹氏。高祖六年，立刘肥为齐王，封地七十余座城，当地百姓凡是说齐语的都归属齐王。

齐王是孝惠帝的哥哥。孝惠帝二年，齐王入京朝见皇上。惠帝与齐王饮宴，二人行平等礼节，如同家人的礼节一样。吕太后因此而发怒，要诛杀齐王。齐王害怕不能免祸，就采用内史勋的计策，把城阳郡献出，作为鲁元公主的封地。吕太后特别高兴，齐王才得以辞朝归国。

悼惠王在位十三年，在惠帝六年去世。他的儿子哀王刘襄即位。

哀王元年，孝惠帝去世，吕太后行使皇权，天下所有事都由高后来决断。哀王二年，高后把她哥哥的儿子郦侯吕台封为吕王，分出齐国的济南郡作为吕王的封地。

哀王三年，他的弟弟刘章进入汉宫值宿护卫，吕太后封他为朱虚侯，把吕禄的女儿嫁给他为妻子。四年之后，封刘章的弟弟兴居为东牟侯，也在长安宫中值宿护卫。哀王八年，高后分割齐国的琅邪郡，把营陵侯刘泽封为琅邪王。

第二年，赵王刘友入朝，在其府邸被幽禁而死。三个赵王都被废黜。高后封吕氏子为燕王、赵王、梁王，独揽大权，处理朝政非常专断。

朱虚侯二十岁的时候，非常有气力，因刘氏得不到官位而忿忿不平。他曾侍奉高后宴，高后令朱虚侯刘章当酒吏。刘章亲自请求道："臣是武将的后代，请允许我按军法来行酒令。"高后说："可以。"到酒兴正浓的时候，刘章献上助兴的歌舞。然后又说："请允许我为太后唱耕田歌。"高后把他当作小孩子看待，笑着说："想来你父亲知道种田的事，如果你生下来就是王子，怎么知道种田这事呢？"刘章说："臣知道。"太后说："试着给我说说种田的事。"刘章说："深耕密种，留苗稀疏，不是同类，坚决铲锄。"吕后听了后默默不语。过了一会儿，吕氏族人中有一人喝醉了，离开了酒席，刘章追了过去，拔剑把他杀了，然后回来禀报说："有一个人逃离酒席，臣谨按军法把他斩了。"太后和左右的人都大为吃惊，既然已经准许他按军法行事，也就无法治他的罪。饮宴也因而结束。从那以后，吕氏家族的人都很惧怕朱虚侯，即使是大臣也都依从朱虚侯。刘氏的声势又逐渐强盛起来。

其明年，高后崩。赵王吕禄为上将军，吕王产为相国，皆居长安中，聚兵以威大臣，欲为乱。朱虚侯章以吕禄女为妇，知其谋，乃使人阴出告其兄齐王，欲令发兵西，朱虚侯、东牟侯为内应，以诛诸吕，因立齐王为帝。

齐王既闻此计，乃与其舅父驷钧、郎中令祝午、中尉魏勃阴谋发兵。齐相召平闻之，乃发卒卫王宫。魏勃绐召平曰："王欲发兵，非有汉虎符验也。而相君围王，固善。勃请为君将兵卫卫王。"召平信之，乃使魏勃将兵围王宫。勃既将兵，使围相府。召平曰："嗟乎！道家之言'当断不断，反受其乱'，乃是也。"遂自杀。于是齐王以驷钧为相，魏勃为将军，祝午为内史，悉发国中兵。使祝午东诈琅邪王曰："吕氏作乱，齐王发兵欲西诛之。齐王自以儿子，年少，不习兵革之事，愿举国委大王。大王自高帝将也，习战事。齐王不敢离兵，使臣请大王幸之临淄见齐王计事，并将齐兵以西平关中之乱。"琅邪王信之，以为然，乃驰见齐王。齐王与魏勃等因留琅邪王，而使祝午尽发琅邪国而并将其兵。

琅邪王刘泽既见欺，不得反国，乃说齐王曰："齐悼惠王高皇帝长子，推本言之，而大王高皇帝適长孙也，当立。今诸大臣狐疑未有所定，而泽于刘氏最为长年，大臣固待泽决计。今大王留臣无为也，不如使我入关计事。"齐王以为然，乃益具车送琅邪王。

琅邪王既行，齐遂举兵西攻吕国之济南。于是齐哀王遗诸侯王书曰："高帝平定天下，王诸子弟，悼惠王于齐。悼惠王薨，惠帝使留侯张良立臣为齐王。惠帝崩，高后用事，春秋高，听诸吕擅废高帝所立，又杀三赵王，灭梁、燕、赵以王诸吕，分齐国为四。忠臣进谏，上惑乱不听。今高后崩，皇帝春秋富，未能治天下，固恃大臣诸侯。今诸吕又擅自尊官，聚兵严威，劫列侯忠臣，矫制以令天下，宗庙所以危。今寡人率兵入诛不当为王者。"

汉闻齐发兵而西，相国吕产乃遣大将军灌婴东击之。灌婴至荥阳，乃谋曰："诸吕将兵居关中，欲危刘氏而自立。我今破齐还报，第二年，高后去世。赵王吕禄任上将军，吕王吕产任相国，都住在长安城，他们聚集军队威胁大臣，想发起叛乱。朱虚侯刘章由于妻子是吕禄的女儿，知道了他们的阴谋，于是派人偷偷出长安告诉他的哥哥齐王，想让他发兵西向，朱虚侯、东牟侯做内应，以便诛杀吕氏族人，趁机立齐王为皇帝。

齐王一听到这个计策之后，就和他的舅父驷钧、郎中令祝午、中尉魏勃暗中谋划发兵。齐国相召平听到了此事，就发兵包围王宫。魏勃哄骗召平说："大王想出兵，可是并没有朝廷的虎符来验证。相君您包围了王宫，这本来就是件好事。我请求替您领兵护卫齐王。"召平相信了他的话，就让魏勃领兵包围住王宫。魏勃领兵以后，竟派兵包围了相府。召平说："唉！道家的话'当断不断，反受其乱'，正是如此呀。"终于自杀而死。于是齐王让驷钧做国相、魏勃任将军、祝午担当内史，把国中的兵力全部发出。派祝午到东边去诈骗琅邪王说："吕氏族人叛乱，齐王想西进发兵诛杀他们。齐王认为自己作为晚辈，年纪也小，不熟悉作战之事，愿把整个齐国托付给大王。大王从高帝那时起就当了将军，熟悉战事。齐王不敢离开军队，就派臣请大王到临淄去会见齐王商议大事，一起领兵西进平定关中之乱。"琅邪王相信了，认为说得对，就立马去见齐王。齐王与魏勃等趁机扣留了琅邪王，派祝午把琅邪国的军队全部发出并且统领这些军队。

琅邪王刘泽被骗之后，不能返回琅邪国，于是就哄劝齐王说："齐悼惠王是高皇帝的长子，推求本源而言之，大王正是高皇帝的嫡长孙，应当继承皇位。如今大臣们还在犹豫不定，而我在刘氏中是最为年长，大臣们正等待我去决定大计的。如今大王把我扣留在这里，我也就不能有什么作为了，不如让我入关计议大事。"齐王认为很对，就准备了许多车马送琅邪王入朝。

琅邪王走了以后，齐王就起兵向西进攻吕国的济南郡。这时刘哀王给诸侯王发出书信说："高祖平定天下之后，封同宗室的子弟们为王，悼惠王封在齐国。悼惠王去世后，惠帝派留侯张良来立臣为齐王。惠帝去世，高后专政，她年纪已老，听任诸吕擅自废黜高帝所封诸王，又杀害了三位赵王，灭了梁、燕、赵三国，让吕氏族人去为王，还把齐国分为四国。忠臣们进谏，主上糊涂不听。如今高后去世，皇帝年纪轻轻，还不能治天下，当然倚依仗大臣和诸侯。现在诸吕又擅自尊为高官，聚集军队耀武扬威，胁迫诸侯和忠臣，假传圣旨来号令天下，汉家朝廷因而十分危急。如今寡人率领军队入关就是要诛杀那些不应当为王的人。"

汉朝廷听说齐王发兵西进，相国吕产就派大将军灌婴带兵东进拦击齐兵。灌婴到了荥阳，心中分析道："诸吕领兵聚集关中，想要危害刘氏而自立为是益吕氏资也。”乃留兵屯荥阳，使使喻齐王及诸侯，与连和，以待吕氏之变而共诛之。齐王闻之，乃西取其故济南郡，亦屯兵于齐西界以待约。

吕禄、吕产欲作乱关中，朱虚侯与太尉勃、丞相平等诛之。朱虚侯首先斩吕产，于是太尉勃等乃得尽诛诸吕。而琅邪王亦从齐至长安。

大臣议欲立齐王，而琅邪王及大臣曰：“齐王母家驷钧，恶戾，虎而冠者也。方以吕氏故几乱天下，今又立齐王，是欲复为吕氏也。代王母家薄氏，君子长者；且代王又亲高帝子，于今见在，且最为长。以子则顺，以善人则大臣安。”于是大臣乃谋迎立代王，而遣朱虚侯以诛吕氏事告齐王，令罢兵。

灌婴在荥阳，闻魏勃本教齐王反，既诛吕氏，罢齐兵，使使召责问魏勃。勃曰：“失火之家，岂暇先言大人而后救火乎！”因退立，股战而栗，恐不能言者，终无他语。灌将军熟视笑曰：“人谓魏勃勇，妄庸人耳，何能为乎！”乃罢魏勃。魏勃父以善鼓琴见秦皇帝。及魏勃少时，欲求见齐相曹参，家贫无以自通，乃常独早夜埽齐相舍人门外。相舍人怪之，以为物，而伺之，得勃。勃曰：“愿见相君，无因，故为子埽，欲以求见。”于是舍人见勃曹参，因以为舍人。一为参御，言事，参以为贤，言之齐悼惠王。悼惠王召见，则拜为内史。始，悼惠王得自置二千石。及悼惠王卒而哀王立，勃用事，重于齐相。

王既罢兵归，而代王来立，是为孝文帝。

孝文帝元年，尽以高后时所割齐之城阳、琅邪、济南郡复与齐，而徙琅邪王王燕，益封朱虚侯、东牟侯各二千户。是岁，齐哀王卒，太子则立，是为文王。

齐文王元年，汉以齐之城阳郡立朱虚侯为城阳王，以齐济北郡立东牟侯为济北王。二年，济北王反，汉诛杀之，地入于汉。后二年，皇帝。我现在如果打败了齐国回朝报捷，这就等于为吕氏增加政治本钱了。”于是就让军队停下来驻扎荥阳，派出使者通告齐王和诸侯，愿互相联合，等待吕氏一叛乱就共同诛杀他们。齐王听说此事，就向西进军夺回他的故地济南郡，并在齐国西界驻军来等待时机。

吕禄、吕产要在关中叛乱，朱虚侯刘章与太尉周勃、丞相陈平等诛杀了他们。朱虚侯首先斩杀了吕产，于是太尉周勃等才能全部诛杀吕氏族人。琅邪王也恰好从齐国赶到了长安。

大臣商议要让齐王继承皇位，可是琅邪王和一些大臣说：“齐王的母舅驷钧，凶恶残暴，像一只老虎。刚刚由于吕氏的缘故几乎使天下大乱，现在又要立齐王，是想要再出现一个吕氏呀。代王的母家薄氏是忠厚君子，况且代王又是高帝的亲生儿子，如今还在，并且最年长。以亲子来说，名正言顺；以善良人家来说，大臣们都会放心。”于是大臣们就商议迎立代王为帝，并派朱虚侯把已经诛杀诸吕的事告诉齐王，让他收兵。

灌婴在荥阳，听说魏勃原来教唆齐王反叛，诛灭吕氏之后，齐国也收了兵，灌婴派人召来魏勃责问他。魏勃说：“失火的人家，哪里有空先告诉家长然后才去救火呢？”说完就退立一旁，两腿发抖，像是吓得说不出话的样子，始终没再说别的话。灌婴将军看了又笑着说：“人们都说魏勃非常勇敢，不过是个平庸无能的人罢了，哪会有什么作为呢！”于是免了他的职而不治罪。魏勃的父亲因善于弹琴而见过秦皇帝。魏勃在年少时，想见齐相曹参，由于家贫没有财力去疏通关系，就常常一个人半夜里到齐相的随身侍从家门外去打扫。这位侍从觉得很奇怪，以为是什么怪物，就暗中等待，结果就捉到了魏勃。魏勃说：“我想拜见相君，没有门路，所以来给您打扫，想借此来求见。”于是这位侍从就带领魏勃去拜见曹参，曹参因而让他也做侍从。一次他给曹参驾车，对一些事情说出自己的意见，曹参认为他有才干，就向齐悼惠王举荐他。悼惠王召见魏勃，任命他为内史。起初，悼惠王有权自己任命二千石俸禄的官吏。到悼惠王去世，哀王即位之后，魏勃专断政事，权力比齐相还要大。

齐王收兵回国之后，代王来到长安即位，这就是孝文帝。

孝文帝元年，把高后时从齐国分割出去的城阳、琅邪和济南郡全部归还齐国，琅邪王改封为燕王，朱虚侯、东牟侯加封领地各二千户。这一年，齐哀王去世，太子刘则即位，这就是齐文王。

齐文王元年，汉朝廷把齐国的城阳郡封给朱虚侯刘章，立他为城阳王；把齐国的济北郡封给东牟侯刘兴居，立为济北王。齐文王二年，济北王反叛，朝廷派兵把他诛杀了，他的封地归入汉朝廷。过了两年，孝文帝把齐悼惠王的儿子罢军孝文帝尽封齐悼惠王子罢军等七人皆为列侯。

齐文王立十四年卒，无子，国除，地入于汉。

后一岁，孝文帝以所封悼惠王子分齐为王，齐孝王将闾以悼惠王子杨虚侯为齐王。故齐别郡尽以王悼惠王子：子志为济北王，子辟光为济南王，子贤为淄川王，子卬为胶西王，子雄渠为胶东王，与城阳、齐凡七王。

齐孝王十一年，吴王濞、楚王戊反，兴兵西，告诸侯曰“将诛汉贼臣晁错以安宗庙”。胶西、胶东、淄川、济南皆擅发兵应吴楚。欲与齐，齐孝王狐疑，城守不听，三国兵共围齐。齐王使路中大夫告于天子。天子复令路中大夫还告齐王：“善坚守，吾兵今破吴楚矣。”路中大夫至，三国兵围临淄数重，无从入。三国将劫与路中大夫盟，曰：“若反言汉已破矣，齐趣下三国，不且见屠。”路中大夫既许之，至城下，望见齐王，曰：“汉已发兵百万，使太尉周亚夫击破吴楚，方引兵救齐，齐必坚守无下！”三国将诛路中大夫。

齐初围急，阴与三国通谋，约未定，会闻路中大夫从汉来，喜，及其大臣乃复劝王毋下三国。居无何，汉将栾布、平阳侯等兵至齐，击破三国兵，解齐围。已而复闻齐初与三国有谋，将欲移兵伐齐。齐孝王惧，乃饮药自杀。景帝闻之，以为齐首善，以迫劫有谋，非其罪也，乃立孝王太子寿为齐王，是为懿王，续齐后。而胶西、胶东、济南、淄川王咸诛灭，地入于汉。徙济北王王淄川。齐懿王立二十二年卒，子次景立，是为厉王。

齐厉王，其母曰纪太后。太后取其弟纪氏女为厉王后。王不爱纪氏女。太后欲其家重宠，令其长女纪翁主入王宫，正其后宫，毋令得近王，欲令爱纪氏女。王因与其姊翁主奸。

齐有宦者徐甲，入事汉皇太后。皇太后有爱女曰修成君，修成君非刘氏，太后怜之。修成君有女名娥，太后欲嫁之于诸侯，宦者甲乃请使齐，必令王上书请娥。皇太后喜，使甲之齐。是时齐人主父偃等七人全部封为列侯。

齐文王即位十四年后去世，他没有儿子，国号废除，封地归入朝廷。

一年以后，孝文帝分割齐国土地使原来所封的悼惠王的几个儿子为王。悼惠王的儿子齐孝王将闾是由杨虚侯改封为齐王的。原来齐国的其他郡县全部分封给悼惠王的儿子为王，分封如下：刘志为济北王，刘辟光为济南王，刘贤为淄川王，刘印为胶西王，刘雄渠为胶东王，与城阳王、齐王共为七王。

齐孝王十一年，吴王刘濞、楚王刘戊谋反，向西起兵，通告诸侯说"将去诛杀汉朝贼臣晁错以安定刘氏宗庙"。胶西王、胶东王、淄川王、济南王都擅自发兵响应吴王和楚王的叛乱。还企图联合齐国，齐孝王犹豫不决，就坚守城池没有听从。三国军队已共同包围了齐国。齐王派姓路的中大夫去长安告急于天子，天子又让姓路的中大夫返回告知齐王："妥善坚守，我的军队现在已经打败吴、楚了。"姓路的中大夫赶回到齐国。三国军队把临淄重重包围，无从入城。三国的将领劫持姓路的中大夫并与他订立盟誓，说："你反过来说汉朝廷已被攻破，齐国应赶快向三国投降，否则将要屠城。"姓路的中大夫只好应许下来，来到城下，远远看见齐王，说："朝廷已经发兵百万，派太尉周亚夫打败吴楚叛军，正领兵来救齐国，齐国一定要坚守不投降！"三国将领杀死了姓路的中大夫。

齐王起初被围困到危急的时候，曾暗中与三国谈判，盟约还没有议定，正好听说路中大夫从朝廷回来，感到非常高兴，他的大臣们就再次劝谏齐王不要投降三国。过了不久，汉将栾市、平阳侯曹奇等率领的军队赶到齐国，打败了三国军队，解除了齐国之围。不久又听说齐国起初曾与三国勾结，又要调兵攻打齐国。齐孝王惧怕，便饮毒药自杀了。景帝听说后，认为齐国开始是最好的，由于受到逼迫威胁才与三国有共谋，这不是他们的罪过。于是立孝王的太子刘寿为齐王，这就是懿王，延续了齐王的后代。而胶西王、胶东王、济南王和淄川王都被诛灭了，他们的封地都归入汉朝廷。把济北王迁到淄川为王。齐懿王在位二十二年去世，他的儿子次景即位，他就是厉王。

齐厉王，他的母亲叫纪太后。太后把她弟弟纪氏的女儿嫁给成厉王为王后，厉王不喜欢纪氏的女儿。太后想让纪氏家族代代受宠，就让她的长女纪翁主进入王宫，整顿后宫秩序，不准宫女接近齐王，想让厉王专爱纪氏的女儿。厉王却趁机和他姐姐翁主通奸。

齐国有个宦官叫徐甲，入朝侍奉汉皇太后。皇太后有爱女叫修成君，修成君不是刘氏后代，太后怜爱她。修成君有个女儿名叫娥，太后想把她嫁给诸侯，宦官徐甲就请求出使齐国，定让齐王上书求娶娥。皇太后特别高兴，就派徐甲前往齐国。当时齐国人主父偃知道徐甲出使齐国是为了娶王后之事，也趁知甲之使齐以取后事，亦因谓甲："即事成，幸言偃女愿得充王后宫。"甲既至齐，风以此事。纪太后大怒，曰："王有后，后宫具备。且甲，齐贫人，急乃为宦者，入事汉，无补益，乃欲乱吾王家！且主父偃何为者？乃欲以女充后宫！"徐甲大穷，还报皇太后曰："王已愿尚娥，然有一害，恐如燕王。"燕王者，与其子昆弟奸，新坐以死，亡国，故以燕感太后。太后曰："无复言嫁女齐事。"事浸浔闻于天子。主父偃由此亦与齐有卻。

主父偃方幸于天子，用事，因言："齐临淄十万户，市租千金，人众殷富，巨于长安，此非天子亲弟爱子不得王此。今齐王于亲属益疏。"乃从容言："吕太后时齐欲反，吴楚时孝王几为乱。今闻齐王与其姊乱。"于是天子乃拜主父偃为齐相，且正其事。主父偃既至齐，乃急治王后宫宦者为王通于姊翁主所者，令其辞证皆引王。王年少，惧大罪为吏所执诛，乃饮药自杀。绝无后。

是时赵王惧主父偃一出废齐，恐其渐疏骨肉，乃上书言偃受金及轻重之短。天子亦既囚偃。公孙弘言："齐王以忧死毋后，国入汉，非诛偃无以塞天下之望。"遂诛偃。

齐厉王立五年死，毋后，国入于汉。

齐悼惠王后尚有二国，城阳及淄川。淄川地比齐。天子怜齐，为悼惠王冢园在郡，割临淄东环悼惠王冢园邑尽以予淄川，以奉悼惠王祭祀。

城阳景王章，齐悼惠王子，以朱虚侯与大臣共诛诸吕，而章身首先斩相国吕王产于未央宫。孝文帝既立，益封章二千户，赐金千斤。孝文二年，以齐之城阳郡立章为城阳王。立二年卒，子喜立，是为共王。

共王八年，徙王淮南。四年，复还王城阳。凡三十三年卒，子延立，是为顷王。

顷王二十六年卒，子义立，是为敬王。敬王九年卒，子武立，是机对徐甲说："如果事情成功了，希望说一说我的女儿愿在齐王后宫服侍。"徐甲到齐国后，先把此事暗中传出。纪太后听到之后大怒，说："齐王已有王后，后宫嫔妃俱全。况且徐甲原是齐国的贫民，穷困已极才去做宦官，入朝侍奉汉宫，没得到什么便宜，又想来扰乱齐王之家！至于主父偃算什么人？竟然也想让女儿进入后宫！"徐甲非常尴尬，回朝禀报皇太后说："齐王已经愿意娶娥为后，但是有后患，恐怕像燕王一样。"燕王就是由于和他的女儿姐妹们通奸，刚刚论罪处死，封国灭亡，所以徐甲故意用燕王的事触动太后。太后说："不准再说嫁孙女到齐国的事。"事情渐渐传到天子的耳中。主父偃从此也与齐国有了仇怨。

主父偃正受到天子的宠爱，专断政事，趁机对天子说："齐国的临淄有十万户，贸易租税每天达千金，人口多并且富足，超过了长安，这种地方如果不是天子的亲兄弟或爱子不应在此为王。如今齐王和皇室亲属的关系日益疏远。"接着又不慌不忙地说："吕太后的时候齐国就想反叛，吴楚七国之乱的时候孝王几乎参与叛乱。现在又听说齐王和他的姐姐有乱伦之事。"于是天子就任命主父偃为齐丞相，并且让其查办此事。主父偃来到齐国之后，就加紧审问齐王后宫的宦官中帮助齐王沟通他姐姐翁主住所的人，命令他们在供词和旁证中都牵涉到齐王。齐王年少，害怕因大罪被官吏拘捕诛杀，就饮药自杀了。他的子嗣断绝了。

当时赵王担心主父偃刚刚出任齐国的宰相就废除了齐国，恐怕他离间汉家骨肉，于是就向天子上书告发主父偃受贿以及因挟怨而对齐国说长道短。天子就借此囚禁了主父偃。公孙弘说："齐王因忧郁而死，没有后代，领地已归入朝廷，不诛杀主父偃无法平息天下人的怨恨。"终于诛杀了主父偃。

齐厉王在位五年后去世，没有后代，封地归入汉朝廷。

齐悼惠王的后代还领有城阳和淄川两国。淄川土地紧靠齐国。天子怜悯齐国，因为悼惠王的墓园在郡城，就把临淄以东环绕悼惠王墓园的城邑全部划给淄川国，用来供奉悼惠王的祭祀。

城阳景王刘章，悼惠王的儿子，他以朱虚侯的身份与大臣一起诛灭诸吕，而刘章亲自在未央宫斩了相国吕王产。孝文帝即位后，加封刘章领地二千户，赏赐千斤黄金。文帝二年，以齐国的城阳郡封立刘章为城阳王。刘章在位二年后去世，他的儿子刘喜即位，这就是共王。

共王八年，改封为淮南王。四年以后，又回来做城阳王。在位共三十三年后去世，他的儿子刘延即位，这就是顷王。

顷王在位二十六年后去世，他的儿子刘义即位，这就是敬王。敬王在位九年后去世，他的儿子刘武即位，这就是惠王。惠王在位十一年后去世，其儿子刘顺为惠王。惠王十一年卒，子顺立，是为荒王。荒王四十六年卒，子恢立，是为戴王。戴王八年卒，子景立，至建始三年，十五岁，卒。

济北王兴居，齐悼惠王子，以东牟侯助大臣诛诸吕，功少。及文帝从代来，兴居曰："请与太仆婴入清宫。"废少帝，共与大臣尊立孝文帝。

孝文帝二年，以齐之济北郡立兴居为济北王，与城阳王俱立。立二年，反。始大臣诛吕氏时，朱虚侯功尤大，许尽以赵地王朱虚侯，尽以梁地王东牟侯。及孝文帝立，闻朱虚、东牟之初欲立齐王，故绌其功。及二年，王诸子，乃割齐二郡以王章、兴居。章、兴居自以失职夺功。章死，而兴居闻匈奴大入汉，汉多发兵，使丞相灌婴击之，文帝亲幸太原，以为天子自击胡，遂发兵反于济北。天子闻之，罢丞相及行兵，皆归长安。使棘蒲侯柴将军击破虏济北王，王自杀，地入于汉，为郡。

后十三年，文帝十六年，复以齐悼惠王子安都侯志为济北王。十一年，吴楚反时，志坚守，不与诸侯合谋。吴楚已平，徙志王淄川。

济南王辟光，齐悼惠王子，以勒侯孝文十六年为济南王。十一年，与吴楚反。汉击破，杀辟光，以济南为郡，地入于汉。

淄川王贤，齐悼惠王子，以武城侯文帝十六年为淄川王。十一年，与吴楚反，汉击破，杀贤。

天子因徙济北王志王淄川。志亦齐悼惠王子，以安都侯王济北。淄川王反，毋后，乃徙济北王王淄川。凡立三十五年卒，谥为懿王。子建代立，是为靖王。二十年卒，子遗代立，是为顷王。三十六年卒，子终古立，是为思王。二十八年卒，子尚立，是为孝王。五年卒，子横立，至建始三年，十一岁，卒。

胶西王卬，齐悼惠王子，以昌平侯文帝十六年为胶西王。十一年，与吴楚反。汉击破，杀卬，地入于汉，为胶西郡。

即位，这就是荒王。荒王在位四十六年后去世，其儿子刘恢即位，这就是戴王。戴王在位八年后去世，其儿子刘景即位，到建始三年，十五岁去世。

济北王刘兴居是齐悼惠王的儿子，他以东牟侯的身份协助大臣诛灭诸吕，功劳不算大。等文帝从代国来到长安，兴居说："请让我和太仆夏侯婴入宫清除祸患。"接着废黜少帝刘弘，与大臣共同尊立孝文帝。

孝文帝二年，以齐国的济北郡封立刘兴居为济北王，与城阳王一起即王位。即位两年，兴居叛逆。起初大臣诛灭吕氏的时候，朱虚侯的功劳很大，曾答应把赵地全部封给朱虚侯为王，把梁地全部封给东牟侯。到孝文帝即位后，听说朱虚侯、东牟侯起初想立齐王为帝，才削减了他们的功劳。到文帝二年，封诸子为王，才划出齐国的两个郡封刘章、刘兴居为王。刘章、刘兴居自此失去了应得的赵王、梁王之位，他们的功劳被剥夺了。刘章死后，刘兴居听说匈奴要侵汉，汉朝大量发兵，派丞相灌婴领兵反击，文帝亲自到太原，兴居以为天子亲自领兵反击匈奴，于是就起兵在济北反叛。天子听说后，止住了丞相和派出的军队，让他们都回长安。派棘蒲侯柴将军打败并俘虏了济北王，济北王自杀，封地归入汉朝廷，最后改为郡。

十三年以后，文帝十六年，封齐悼惠王的儿子安都侯刘志为济北王。过了十一年，吴、楚谋反的时候，刘志坚守，不与七国诸侯合谋。吴、楚叛乱平定以后，改封刘志为淄川王。

济南王刘辟光是齐悼惠王的儿子，孝文帝十六年，由勒侯晋封为济南王。十一年后，与吴王、楚王一同反叛。汉军打败叛军，杀死了辟光，把济南设为郡，封地归入了汉朝廷。

淄川王刘贤是齐悼惠王的儿子，文帝十六年，由武城侯晋封为淄川王。十一年后，与吴王、楚王一同反叛。汉军打败叛军，并且杀死了刘贤。

天子因而迁封济北王刘志为淄川王。刘志也是齐悼惠王的儿子，由安都侯晋封为济北王。淄川王刘贤反叛，没有后代，朝廷就把济北王改封为淄川王。共在位三十五年去世，谥号是懿王。他儿子刘建继承王位，这就是靖王。他在位二十年去世，他的儿子刘遗继位，这就是顷王，在位三十六年去世，他的儿子刘终古即位，这就是思王。在位二十八年去世，他的儿子刘尚即位，这就是孝王，在位五年去世，他的儿子刘横即位，到建始三年，十一岁去世。

胶西王刘卬是齐悼惠王的儿子，文帝十六年，由昌平侯晋封为胶西王。十一年后，与吴王、楚王一同反叛。汉军打败叛军，并且杀死了刘卬，封地归入汉朝廷，改为胶西郡。

胶东王雄渠，齐悼惠王子，以白石侯文帝十六年为胶东王。十一年，与吴楚反，汉击破，杀雄渠，地入于汉，为胶东郡。

太史公曰：诸侯大国无过齐悼惠王。以海内初定，子弟少，激秦之无尺土封，故大封同姓，以填万民之心。及后分裂，固其理也。

胶东王刘雄渠是齐悼惠王的儿子，文帝十六年，由白石侯晋封为胶东王。十一年后，与吴王、楚王一同反叛，汉军打败叛军，并且杀死了雄渠，封地归入汉朝廷，改为胶东郡。

太史公曰：诸侯中的大国没有超过齐悼惠王的。由于天下刚刚平定，刘氏子弟较少，汉天子有感于秦朝对宗亲没有封给尺寸土地，所以就大封同姓，以此来安抚万民之心。以后被分裂为几国，本来也是理所当然的。

萧相国世家第二十三

萧相国何者，沛丰人也。以文无害为沛主吏掾。

高祖为布衣时，何数以吏事护高祖。高祖为亭长，常左右之。高祖以吏繇咸阳，吏皆送奉钱三，何独以五。

秦御史监郡者与从事，常辨之。何乃给泗水卒史事，第一。秦御史欲入言征何，何固请，得毋行。

及高祖起为沛公，何常为丞督事。沛公至咸阳，诸将皆争走金帛财物之府分之，何独先入收秦丞相御史律令图书藏之。沛公为汉王，以何为丞相。项王与诸侯屠烧咸阳而去。汉王所以具知天下阸塞，户口多少，强弱之处，民所疾苦者，以何具得秦图书也。何进言韩信，汉王以信为大将军。语在淮阴侯事中。

汉王引兵东定三秦，何以丞相留收巴蜀，填抚谕告，使给军食。汉二年，汉王与诸侯击楚，何守关中，侍太子，治栎阳。为法令约束，立宗庙社稷宫室县邑，辄奏上，可，许以从事；即不及奏上，辄以便宜施行，上来以闻。关中事计户口转漕给军，汉王数失军遁去，何常兴关中卒，辄补缺。上以此专属任何关中事。

汉三年，汉王与项羽相距京索之间，上数使使劳苦丞相。鲍生谓丞相曰："王暴衣露盖，数使使劳苦君者，有疑君心也。为君计，莫若遣君子孙昆弟能胜兵者悉诣军所，上必益信君。"于是何从其计，汉王大说。

汉五年，既杀项羽，定天下，论功行封。群臣争功，岁余功不决。高祖以萧何功最盛，封为酂侯，所食邑多。功臣皆曰："臣等身被坚执锐，多者百余战，少者数十合，攻城略地，大小各有差。今萧萧相国萧何，沛县丰邑人。他通晓法律，无人可比，是沛县县令手下的官吏。

汉高祖刘邦还是平民的时候，萧何多次凭着官吏的职权保护他。刘邦当了亭长，萧何常常帮助他。刘邦以官吏的身份到咸阳服役，官员们都奉送他三百钱，唯独萧何送他五百钱。

秦朝的御史到泗水郡督察郡的工作时，萧何跟着他的属官办事，经常把事情办得有条有理、没有差错。萧何于是担任了泗水郡卒史的工作，公务考核中名列第一。秦朝的御史打算入朝进言征调萧何，萧何多次辞谢，才没有被调走。

等到刘邦做了沛公，萧何常作为他的助手督办公务。沛公进了咸阳，将领们都争相奔向府库，分取金帛等财物，唯独萧何首先进入宫室收取秦朝丞相及御史掌管的法律条文、地理图册、户籍档案等文献资料，并将它们珍藏起来。沛公做了汉王，任命萧何为丞相。项羽和诸侯军队进入咸阳屠杀焚烧了一番就离开了。汉王之所以能够详尽地了解天下的险关要塞，包括家庭、人口的多少，各地诸方面的强弱，民众的疾苦等，就是因为萧何完好地得到了秦朝文献档案的缘故。萧何向汉王举荐韩信，汉王任命韩信为大将军。此事记载在《淮阴侯列传》中。

汉王领兵东进，平定三秦，萧何以丞相的身份留守治理巴蜀，安抚民心，发布政令，供给军队粮草。汉二年，汉王与各诸侯攻打楚军，萧何守卫关中，侍奉太子，治理栎阳。对于制定法令、规章，建立宗庙、社稷、宫室、县邑，萧何总是禀告汉王，要得到汉王同意，才准许施行这些政事；如果来不及禀待汉王，有些事就酌情处理，等待汉王回来再向他汇报。萧何在关中管理户籍人口，征集粮草运送给前方军队。汉王多次弃军败逃而去，萧何常常征发关中士卒，补充军队的缺额。汉王因此专门委托萧何处理关中政事。

汉三年，汉王与项羽对峙于京县、索城之间，汉王数次派遣使者慰劳丞相萧何。有个叫鲍生的人对丞相说："汉王在前线风餐露宿，却多次派人来慰劳您，这是有怀疑您的心意。为您着想，不如派遣您的子孙兄弟中能打仗的人到军营中效力，汉王必定更加信任您。"于是萧何听从了他的谋划，汉王感到非常高兴。

汉五年，项羽被消灭了，天下也平定了，于是大家论功行赏。由于群臣争功，一年多了，功劳的大小也没能定下来。高祖认为萧何的功劳最为显赫，封他为酂侯，给予的食邑最多。功臣们都说："我们身披战甲，手执兵器，亲身参加何未尝有汗马之劳，徒持文墨议论，不战，顾反居臣等上，何也？”高帝曰：“诸君知猎乎？”曰：“知之。”“知猎狗乎？”曰：“知之。”高帝曰：“夫猎，追杀兽兔者狗也，而发踪指示兽处者人也。今诸君徒能得走兽耳，功狗也。至如萧何，发踪指示，功人也。且诸君独以身随我，多者两三人。今萧何举宗数十人皆随我，功不可忘也。”群臣皆莫敢言。

列侯毕已受封，及奏位次，皆曰：“平阳侯曹参身被七十创，攻城略地，功最多，宜第一。”上已桡功臣，多封萧何，至位次未有以复难之，然心欲何第一。关内侯鄂君进曰：“群臣议皆误。夫曹参虽有野战略地之功，此特一时之事。夫上与楚相距五岁，常失军亡众，逃身遁者数矣。然萧何常从关中遣军补其处，非上所诏令召，而数万众会上之乏绝者数矣。夫汉与楚相守荥阳数年，军无见粮，萧何转漕关中，给食不乏。陛下虽数亡山东，萧何常全关中以待陛下，此万世之功也。今虽亡曹参等百数，何缺于汉？汉得之不必待以全。奈何欲以一旦之功而加万世之功哉！萧何第一，曹参次之。”高祖曰：“善。”于是乃令萧何，赐带剑履上殿，入朝不趋。

上曰：“吾闻进贤受上赏。萧何功虽高，得鄂君乃益明。”于是因鄂君故所食关内侯邑封为安平侯。是日，悉封何父子兄弟十余人，皆有食邑。乃益封何二千户，以帝尝繇咸阳时何送我独赢钱二也。

汉十一年，陈豨反，高祖自将，至邯郸。未罢，淮阴侯谋反关中，吕后用萧何计，诛淮阴侯，语在淮阴事中。上已闻淮阴侯诛，使使拜丞相何为相国，益封五千户，令卒五百人一都尉为相国卫。诸君皆贺，召平独吊。召平者，故秦东陵侯。秦破，为布衣，贫，种瓜于长安城东，瓜美，故世俗谓之“东陵瓜”，从召平以为名也。召平谓战斗，多的身经百战，少的交锋数十回合，攻占城池，夺取地盘，都立了不等的战功。如今萧何没有这样的功劳，只是舞文弄墨，发发议论，不参加作战，封赏反倒在我们之上，这是为什么呢？”高帝说：“诸位懂得打猎吗？”群臣回答说：“懂得打猎。”高帝接着问：“知道猎狗吗？”群臣说：“知道。”高帝说：“打猎时，追咬野兽的是猎狗，但发现野兽踪迹，指出野兽出入地方的是猎人。而今大家仅能捉到野兽而已，功劳不过像是猎狗。至于萧何，发现野兽踪迹，指明猎取目标，功劳就如同猎人。再说诸位只是个人追随我，多的不过一家两三个人。而萧何让自己本族里的几十人都来随我打天下，功劳是不能低估的。”群臣都不敢再说什么了。

该封侯的都已经受封完毕，等到要评定列侯们的位次了，大家都说：“平阳侯曹参出生入死，负伤七十多处，攻城占地的勋劳最多，应该排在第一位。”刘邦之前减少了对其他功臣的封赏，较多地封赏了萧何，到评定位次时就没有再反驳大家，但心里还是想把萧何排第一位。关内侯鄂千秋进言说：“各位大臣的主张是不对的。曹参虽然有转战各处、夺取地盘的大功劳，但这不过是一时的事情。大王与楚军相持五年，常常遇到失掉军队和士卒逃散情况，只身逃走有好几次。然而萧何常从关中派遣军队补充前线，这些都不是大王下令让他做的，数万士卒开赴前线时，正值大王最危急的时刻，这种情况已有数次了。汉军与楚军在荥阳对垒数年，军中没有现存的口粮，萧何从关中用车船运来粮食，军粮供应从不匮乏。陛下虽然多次失掉崤山以东的地方，但萧何一直保全关中等待陛下，这是万世不朽的功勋啊！如今即使没有上百个像曹参这样的人，对汉室又有什么损失呢？汉室得到了这些人也不一定得以保全。怎么能让一时的功劳凌驾在万世功勋之上呢！应该萧何排第一位，曹参居次。”高祖说：“好。”于是便确定萧何为第一位，特许他带剑穿鞋上殿，上朝时可以不按礼仪小步快走。

高祖说：“我听说举荐贤才要受上等的奖赏。萧何的功劳虽然很高，经过鄂君的表彰就更加显赫。”于是根据鄂君原来受封的关内侯食邑，加封为安平侯。当天，萧何父子兄弟十多人都封有食邑。后来又加封萧何两千户，这是因为高祖过去到咸阳服役时，萧何多送给自己二百钱的原因。

汉十一年，陈豨反叛，高祖亲自率军到邯郸。平叛尚未结束，淮阴侯韩信又在关中谋反，吕后采用萧何的计谋，杀了淮阴侯，此事记载在《淮阴侯列传》中。高祖已经听说淮阴侯被杀，派遣使者拜丞相萧何为相国，加封五千户，并派五百名士卒、一名都尉做相国的卫队。为此许多人都来祝贺萧何，唯独召平不贺。召平原是秦朝的东陵侯。秦朝灭亡后，沦为平民，家中贫穷，在长安城东种瓜。他种的瓜味道很甜美，所以社会上的人称它为“东陵瓜”，这是根据召平的相国曰："祸自此始矣。上暴露于外而君守于中，非被矢石之事而益君封置卫者，以今者淮阴侯新反于中，疑君心矣。夫置卫卫君，非以宠君也。原君让封勿受，悉以家私财佐军，则上心说。"相国从其计，高帝乃大喜。

汉十二年秋，黥布反，上自将击之，数使使问相国何为。相国为上在军，乃拊循勉力百姓，悉以所有佐军，如陈豨时。客有说相国曰："君灭族不久矣。夫君位为相国，功第一，可复加哉？然君初入关中，得百姓心，十余年矣，皆附君，常复孳孳得民和。上所为数问君者，畏君倾动关中。今君胡不多买田地，贱贳贷以自污？上心乃安。"于是相国从其计，上乃大说。

上罢布军归，民道遮行上书，言相国贱强买民田宅数千万。上至，相国谒。上笑曰："夫相国乃利民！"民所上书皆以与相国，曰："君自谢民。"相国因为民请曰："长安地狭，上林中多空地，弃，原令民得入田，毋收稾为禽兽食。"上大怒曰："相国多受贾人财物，乃为请吾苑！"乃下相国廷尉，械系之。数日，王卫尉侍，前问曰："相国何大罪，陛下系之暴也？"上曰："吾闻李斯相秦皇帝，有善归主，有恶自与。今相国多受贾竖金而为民请吾苑，以自媚于民，故系治之。"王卫尉曰："夫职事苟有便于民而请之，真宰相事，陛下奈何乃疑相国受贾人钱乎！且陛下距楚数岁，陈豨、黥布反，陛下自将而往，当是时，相国守关中，摇足则关以西非陛下有也。相国不以此时为利，今乃利贾人之金乎？且秦以不闻其过亡天下，李斯之分过，又何足法哉。陛下何疑宰相之浅也。"高帝不怿。是日，使使持节赦出相国。相国年老，素恭谨，入，徒跣谢。高帝曰："相国休矣！相国为民请苑，吾不许，我不过为桀纣主，而相国封号来命名的。召平对萧何说："祸患从此开始了。皇上风吹日晒地统军在外，而您留守朝中，没有遭到战事之险，反而增加您的封邑并设置卫队，是因为此前淮阴侯刚刚在京城谋反，对您有所怀疑。设置卫队保护您，并非宠信您，希望您辞让封赏，把家产、资财全都捐助军队，那么皇上心里就会高兴。"萧相国听从了他的计谋。高帝果然欢喜万分。

汉十二年的秋天，黥布反叛，高祖亲自率军征讨他，多次派人来询问萧相国在做什么。萧相国因为皇上在军中，就在后方安抚勉励老百姓，把自己的家财全都捐助军队，和讨伐陈豨时一样。有一门客劝告萧相国说："您灭族的日子不远了。您位居相国，功劳第一，还能够再增加功劳吗？您当初进入关中就深得民心，至今十多年了，民众都亲近您，您还是那么勤勉地做事，与百姓关系和谐，受到尊重。皇上之所以屡次询问您近况，是害怕您震撼关中。如今您何不多买田地，采取低价、赊借等手段来败坏自己的名声？这样，皇上的心才会安定。"于是萧相国听从了他的计谋，高祖非常高兴。

高祖征罢黥布军队回来，民众拦路上书，说相国低价强买当地百姓田地房屋数量极多。高祖回到京城，相国进见。高祖笑着说："你这个相国竟是这样'利民'！"高祖把民众的上书都交给相国，说："你自己向老百姓们谢罪吧。"相国趁机为民众请求说："长安一带土地狭窄，上林苑有很多空闲土地，均已废弃荒芜，希望可以让百姓们进去耕种打粮，留下禾秆作为禽兽的饲料。"高祖大怒说："相国你一定是接受了商人们大量的财物贿赂，然后就为他们请求占用我的上林苑！"于是就把相国交给廷尉，拘禁了他。过了几天，一个姓王的卫尉侍奉高祖时，上前问道："相国犯了什么罪，陛下竟把他拘禁得如此严酷？"高祖说："我听说李斯在辅佐秦始皇的时候，如果有了功绩就归功于君主，一旦出了差错就自己承担。如今相国大量地收受奸商钱财而为他们请求占用我的上林苑，以此来讨好百姓，所以我才把他铐起来治罪。"王卫尉说："在自己的职责范围之内，如果对百姓有好处而为他们请求，这也应该是宰相分内的事情，陛下怎么会怀疑相国收了商人钱财呢！何况陛下您攻打楚军数年，陈豨、黥布发起叛乱的时候，陛下又亲自率军平定，当时相国留守关中，他只动一动脚，那么函谷关以西的地盘就可能不归陛下您所有了。相国当时都没有趁机为自己谋取利益，现在会去贪图商人的钱财吗？再说秦始皇正是因为不知道自己的过错而失去天下，李斯分担过错，又哪里值得效法呢？陛下为什么如此怀疑宰相呢！"高祖听后不太高兴。当天，高祖派人持节赦免释放了相国。相国已经上了年纪，侍奉高祖一向谦恭谨慎，入见高祖，赤脚步行谢罪。高祖说："还是算了吧！相国为民众请求苑林，我不答应，我不过是桀、纣那样的君主，而你却是个好宰相。我之所以把为贤相。吾故系相国，欲令百姓闻吾过也。”

何素不与曹参相能，及何病，孝惠自临视相国病，因问曰：“君即百岁后，谁可代君者？”对曰：“知臣莫如主。”孝惠曰：“曹参何如？”何顿首曰：“帝得之矣！臣死不恨矣！”

何置田宅必居穷处，为家不治垣屋。曰：“后世贤，师吾俭；不贤，毋为势家所夺。”

孝惠二年，相国何卒，谥为文终侯。

后嗣以罪失侯者四世，绝，天子辄复求何后，封续酂侯，功臣莫得比焉。

太史公曰：萧相国何于秦时为刀笔吏，录录未有奇节。及汉兴，依日月之末光，何谨守管籥，因民之疾法，顺流与之更始。淮阴、黥布等皆以诛灭，而何之勋烂焉。位冠群臣，声施后世，与闳夭、散宜生等争烈矣。

你用镣铐拘禁起来，主要是想让百姓们知道我的过错。”

萧何一向跟曹参不和，萧何病重的时候，孝惠皇帝亲自去询问病情，趁便问道：“您如果故去了，谁可以接替您呢？”萧何回答说：“了解臣下的莫过于君主了。”孝惠帝说：“曹参怎么样？”萧何叩头说：“陛下得到合适的人选了！我死也没有什么遗憾了！”

萧何购置田地住宅，必定处在贫瘠偏僻的地方，建造家园不修筑有矮墙的房舍。他说：“我的后代如果贤能，就学习我的俭朴；如果不贤能，可以不被有权势的人家所夺取。”

孝惠二年，相国萧何去世，谥号为文终侯。

萧何的后代有四代都因为犯罪失去了侯爵的封号，每次断绝了继承人后，天子总是再寻求萧何的后代，续封为酂侯，功臣中没有谁能够跟萧何这种情况相比。

太史公说：相国萧何在秦朝时仅是个文职小官吏，普普通通，没有什么惊人的作为。等到汉室兴盛起来，仰仗帝王的权势，萧何谨守自己相国的职责，根据民众痛恨秦朝苛法这一情况，顺应历史潮流，除旧更新。韩信、黥布等都已被诛灭，而萧何的功勋更显得灿烂夺目。他的地位为群臣之冠，声望延及后世，能够跟闳夭、散宜生等人相提并论了。

曹相国世家第二十四

平阳侯曹参者，沛人也。秦时为沛狱掾，而萧何为主吏，居县为豪吏矣。

高祖为沛公而初起也，参以中涓从。将击胡陵、方与，攻秦监公军，大破之。东下薛，击泗水守军薛郭西。复攻胡陵，取之。徙守方与。方与反为魏，击之。丰反为魏，攻之。赐爵七大夫。击秦司马枿军砀东，破之，取砀、狐父、祁善置。又攻下邑以西，至虞，击章邯车骑。攻爰戚及亢父，先登。迁为五大夫。北救阿，击章邯军，陷陈，追至濮阳。攻定陶，取临济。南救雍丘。击李由军，破之，杀李由，虏秦候一人。秦将章邯破杀项梁也，沛公与项羽引而东。楚怀王以沛公为砀郡长，将砀郡兵。于是乃封参为执帛，号曰建成君。迁为戚公，属砀郡。

其后从攻东郡尉军，破之成武南。击王离军成阳南，复攻之杠里，大破之。追北，西至开封，击赵贲军，破之，围赵贲开封城中。西击将杨熊军于曲遇，破之，虏秦司马及御史各一人。迁为执珪。从攻阳武，下轘辕、缑氏，绝河津，还击赵贲军尸北，破之。从南攻犨，与南阳守齮战阳城郭东，陷阵，取宛，虏齮，尽定南阳郡。从西攻武关、峣关，取之。前攻秦军蓝田南，又夜击其北，秦军大破，遂至咸阳，灭秦。

项羽至，以沛公为汉王。汉王封参为建成侯。从至汉中，迁为将军。从还定三秦，初攻下辩、故道、雍、斄。击章平军于好畤南，破之，围好畤，取壤乡。击三秦军壤东及高栎，破之。复围章平，章平平阳侯曹参是沛县人。秦朝时曹参做沛县的狱吏，而萧何做主吏，他们在县里已是很有权势的官吏了。

汉高祖做沛公开始起兵的时候，曹参以侍从人员的身份跟随高祖。曹参率军进击胡陵、方与，攻打秦朝郡监的军队，大破敌军。他向东拿下薛县，在薛县外城的西面进击泗水郡守的军队。再次攻打胡陵，夺取了它。曹参率军转移去守卫方与。而方与已经反叛，投降了魏王，曹参就进攻方与。丰邑也反叛投降了魏王，曹参又去攻打丰邑。沛公赐给曹参七大夫的爵位。曹参在砀县东面进攻秦朝司马枿的军队，打败了它，夺取了砀县、狐父和祁县的善置。曹参又攻打下邑以西的地方，一直到虞县，进攻章邯的车骑部队。攻打爰戚和亢父时，曹参最先登上城楼。曹参官职升为五大夫。他向北救援东阿，攻击章邯的军队，夺取陈县，一直追到濮阳。他攻打定陶，占领临济。他往南救援雍丘，进攻李由的军队，将李由的军队打败，杀了李由，俘虏秦朝军候一人。这时秦将章邯打败项梁的军队，杀死项梁，沛公与项羽率军东归。楚怀王任命沛公为砀郡长，统率砀郡的军队。沛公封曹参为执帛，号称建成君。后曹参升为爰戚县县令，隶属砀郡。

从此以后，曹参跟随沛公，进攻东郡郡尉的军队，在成武之南打败敌军。在成阳南面攻打王离的军队，在杠里又与王离交战，大败王离。追击敌军，一直向西追到了开封，进击赵贲的军队，将其打败，把赵贲围困在开封城中。向西在曲遇进击秦朝将领杨熊的军队，打败了它，俘虏了秦朝的司马及御史各一人。曹参升为执圭跟随沛公攻打阳武，拿下轘辕、缑氏，封锁黄河渡口，返回去攻打赵贲的军队，在尸乡的北面将其打败。跟随沛公向南攻打犨邑，在阳城外城以东与南阳郡郡守吕齮交战，攻破了吕齮军队的阵列，夺取了宛县，俘虏了吕齮，完全平定了南阳郡。跟随沛公向西攻打武关、峣关，占领了这两个关口。先在蓝田的南面与秦朝的军队交战，又在夜间进攻蓝田的北面，大败秦军，然后到达咸阳，灭亡了秦朝。

项羽到了关中，封刘邦为汉王。汉王封曹参为建成侯。曹参跟随汉王到了关中，被提升为将军。又跟随汉王率军平定三秦，攻打下辩、故道、雍县、斄县。在好畤的南面攻打章平的军队，打败了它，包围好畤，占领了壤乡。在壤乡东面和高栎一带攻打三秦的军队，打败了它。又包围了章平，章平从好畤突围逃出好畤走。因击赵贲、内史保军，破之。东取咸阳，更名曰新城。参将兵守景陵二十日，三秦使章平等攻参，参出击，大破之。赐食邑于宁秦。参以将军引兵围章邯于废丘。以中尉从汉王出临晋关。至河内，下脩武，渡围津，东击龙且、项他定陶，破之。东取砀、萧、彭城。击项籍军，汉军大败走。参以中尉围取雍丘。王武反于黄，程处反于燕，往击，尽破之。柱天侯反于衍氏，又进破取衍氏。击羽婴于昆阳，追至叶。还攻武彊，因至荥阳。参自汉中为将军中尉，从击诸侯，及项羽败，还至荥阳，凡二岁。

高祖年，拜为假左丞相，入屯兵关中。月余，魏王豹反，以假左丞相别与韩信东攻魏将军孙遬军东张，大破之。因攻安邑，得魏将王襄。击魏王于曲阳，追至武垣，生得魏王豹。取平阳，得魏王母妻子，尽定魏地，凡五十二城。赐食邑平阳。因从韩信击赵相国夏说军于邬东，大破之，斩夏说。韩信与故常山王张耳引兵下井陉，击成安君，而令参还围赵别将戚将军于邬城中。戚将军出走，追斩之。乃引兵诣敖仓汉王之所。韩信已破赵，为相国，东击齐。参以右丞相属韩信，攻破齐历下军，遂取临淄。还定济北郡，攻著、漯阴、平原、鬲、卢。已而从韩信击龙且军于上假密，大破之，斩龙且，虏其将军周兰。定齐，凡得七十余县。得故齐王田广相田光，其守相许章，及故齐胶东将军田既。韩信为齐王，引兵诣陈，与汉王共破项羽，而参留平齐未服者。

项籍已死，天下定，汉王为皇帝，韩信徙为楚王，齐为郡。参归汉相印。高帝以长子肥为齐王，而以参为齐相国。以高祖六年赐爵列侯，与诸侯剖符，世世勿绝。食邑平阳万六百三十户，号曰平阳侯，除前所食邑。

以齐相国击陈豨将张春军，破之。黥布反，参以齐相国从悼惠王将兵车骑十二万人，与高祖会击黥布军，大破之。南至蕲，还定竹了出去。后来攻打赵贲和内史保的军队，打败了它。向东夺取了咸阳，并改名为新城。曹参率兵镇守卫景陵二十天，三秦派章平等人前去攻打曹参，曹参出兵迎战，大败敌军。汉王把宁秦赐给曹参作为封地。曹参为将军率军在废丘包围了章邯，以中尉的身份跟随汉王出临晋关。到了河内，拿下修武，从围津渡过黄河，向东在定陶攻打龙且、项他的军队，将其打败。向东攻下砀县、萧县、彭城。攻打项籍的军队，汉军大败逃跑。曹参以中尉的身份包围并占领了雍丘。汉将王武在外黄发起叛乱，程处在燕县发起叛乱，曹参率军前往平定，将他们都打败了。柱天侯在衍氏反叛，曹参又击败叛军，夺回了衍氏。在昆阳攻打羽婴，追击到叶邑。回军攻打武强，随即又打到荥阳。曹参从汉中做将军、中尉，和汉王一起扫荡诸侯，到项羽战败，回到荥阳，前后一共两年时间。

高祖二年，任命曹参代理左丞相，带兵进驻关中。过了一个多月，魏王豹反叛，曹参以代理左丞相的身份与韩信率军向东行进，在东张攻打魏将军孙遬的军队，大败孙遬的军队。乘势进攻安邑，捕获魏将王襄。在曲阳攻击魏王，追到武垣，活捉了魏王豹。夺取了平阳，捕得魏王的母亲、妻子、儿女，全部平定魏地，一共得五十二座城邑。汉王把平阳赐给曹参作食邑。曹参后来又跟随韩信在邬县东面进击赵国相国夏说的军队，大败夏说，斩杀了夏说。韩信与原常山王张耳率兵到了井陉，攻打成安君陈余，同时命令曹参回军把赵国的别将戚将军围困在邬县城中。戚将军突围逃跑，然后曹参追击并斩杀了他。于是曹参率兵到敖仓汉王的营地。这时韩信已经打败了赵国，做了相国，向东攻打齐国。曹参以右丞相的身份隶属韩信，打败了齐国历下的军队，于是夺取了临淄。回军平定济北郡，攻打著县、漯阴、平原、鬲县、卢县。不久跟随韩信在上假密进击龙且的军队，大败敌军，斩了龙且，俘虏了他的部将周兰。平定了齐国，总共得到七十余县城。捕获了原齐王田广的丞相田光、代替丞相留守的许章和原齐国的胶东将军田既。韩信做了齐王，领兵到了陈县，与汉王会合，共同打败了项羽，而曹参留下来平定齐国尚未降服的地方。

项羽已经死了，天下平定，汉王做了皇帝，韩信被调封为楚王，齐国划为郡。曹参归还了汉丞相印。高帝把长子刘肥封为齐王，任命曹参为齐国相国。高祖六年时，分封列侯的爵位，朝廷与诸侯剖符为凭，使被分封者的爵位代代相传而不断绝。把平阳的一万零六百三十户封给曹参作为食邑，封号叫平阳侯，收回以前所封的食邑。

曹参以齐国相国的身份领兵攻打陈豨的部将张春的军队，打败了叛军。黥布反叛，曹参以齐国相国的身份跟从齐悼惠王刘肥率领十二万人马，与高祖合攻黥布的军队，大败叛军。向南打到蕲县，又回军平定了竹邑、相县、萧县、邑、相、萧、留。

参功：凡下二国，县一百二十二；得王二人，相三人，将军六人，大莫敖、郡守、司马、候、御史各一人。

孝惠帝元年，除诸侯相国法，更以参为齐丞相。参之相齐，齐七十城。天下初定，悼惠王富于春秋，参尽召长老诸生，问所以安集百姓，如齐故诸儒以百数，言人人殊，参未知所定。闻胶西有盖公，善治黄老言，使人厚币请之。既见盖公，盖公为言治道贵清静而民自定，推此类具言之。参于是避正堂，舍盖公焉。其治要用黄老术，故相齐九年，齐国安集，大称贤相。

惠帝二年，萧何卒。参闻之，告舍人趣治行，“吾将入相”。居无何，使者果召参。参去，属其后相曰：“以齐狱市为寄，慎勿扰也。”后相曰：“治无大于此者乎？”参曰：“不然。夫狱市者，所以并容也，今君扰之，奸人安所容也？吾是以先之。”

参始微时，与萧何善；及为将相，有卻。至何且死，所推贤唯参。参代何为汉相国，举事无所变更，一遵萧何约束。

择郡国吏木诎于文辞，重厚长者，即召除为丞相史。吏之言文刻深，欲务声名者，辄斥去之。日夜饮醇酒。卿大夫已下吏及宾客见参不事事，来者皆欲有言。至者，参辄饮以醇酒，间之，欲有所言，复饮之，醉而后去，终莫得开说，以为常。

相舍后园近吏舍，吏舍日饮歌呼。从吏恶之，无如之何，乃请参游园中，闻吏醉歌呼，从吏幸相国召按之。乃反取酒张坐饮，亦歌呼与相应和。

参见人之有细过，专掩匿覆盖之，府中无事。

留县这四个县。

曹参的功绩如下：总共打下了两个诸侯国，一百二十二个县；俘获诸侯王二人，诸侯国丞相三人，将军六人，郡守、司马、军候、御史各一人。

孝惠帝元年，废除了诸侯国设相国的法令，改命曹参为齐国丞相。曹参做齐国丞相时，齐国当时有七十座城邑。当时天下刚刚平定，悼惠王年纪轻轻，曹参把老年人、读书人都召来，商讨安抚百姓的办法。但齐国原有的那些读书人数以百计，众说纷纭，曹参不知道如何下决定。他听说胶西有位盖公，精研黄老学说，就派人带着厚礼把他请来。见到盖公后，盖公对曹参说，治理国家的办法贵在清静无为，让百姓们自行决定。以此类推，把这方面的道理都讲了。曹参于是让出自己办公的地方，让盖公住在里面。此后，曹参治理国家的要领就是采用黄老的学说，所以他当齐国丞相九年的时间齐国安定，人们大大地赞扬他是贤明的丞相。

惠帝二年，萧何去世。曹参一听到这个消息，就告诉他的门客赶快整理行装，说："我将要入朝当相国去了。"过了不久，朝廷派来的人果然是来召曹参的。曹参离开时，嘱咐后任齐国丞相说："我把齐国的狱市托付给你，要慎重对待，不要轻易加以干涉。"后任丞相说："治理国家没有比这件事更重要的吗？"曹参说："不是这样。留着这个狱市，就是为了让它藏污纳垢，兼收并蓄，如果您严加干涉，坏人到哪里去容身呢？我因此把这件事摆在前面。"

曹参早年卑微的时候，跟萧何关系很好；等到各自做了将军、相国，便有了隔阂。到萧何临终时，萧何向孝惠皇帝刘盈举荐的贤臣只有曹参。曹参接替萧何做了汉朝的相国，做事情没有任何变更，一概遵循萧何制定的法规制度。

曹参从各郡和诸侯国中挑选一些为人质朴而不善文辞的厚道人，立即召来任命为丞相的属官。对官吏中那些言语文字苛求细微末节、想一味追求声誉的人，就斥退他们。曹参自己整天痛饮美酒。卿大夫以下的官吏和宾客们见曹参不理政事，上门来的人都想相劝。可是这些人一到，曹参就立即拿美酒给他们喝，过了一会儿，有的人想说些什么，曹参又让他们喝酒，直到喝醉后离去，始终没能够开口劝谏，这样的事习以为常。

相国住宿的后园靠近官吏的房舍，官吏的房舍里整天饮酒歌唱，大呼小叫的。曹参的随从官员们很讨厌这样，但对此也无奈，于是就请曹参到后园中游玩，一旦听到了那些官吏们醉酒高歌、狂呼乱叫的声音，随从官员们希望相国把他们召来加以制止。曹参反而叫人取酒陈设座席痛饮起来，并且自己也高歌呼叫，与那些官吏们相应和。

曹参见别人有细小的过失，总是隐瞒遮盖，因此相府中平安无事。

参子窋为中大夫。惠帝怪相国不治事，以为“岂少朕与”？乃谓窋曰：“若归，试私从容问而父曰：‘高帝新弃群臣，帝富于春秋，君为相，日饮，无所请事，何以忧天下乎？’然无言吾告若也。”窋既洗沐归，间侍，自从其所谏参。参怒，而笞窋二百，曰：“趣入侍，天下事非若所当言也。”至朝时，惠帝让参曰：“与窋胡治乎？乃者我使谏君也。”参免冠谢曰：“陛下自察圣武孰与高帝？”上曰：“朕乃安敢望先帝乎！”曰：“陛下观臣能孰与萧何贤？”上曰：“君似不及也。”参曰：“陛下言之是也。且高帝与萧何定天下，法令既明，今陛下垂拱，参等守职，遵而勿失，不亦可乎？”惠帝曰：“善。君休矣！”

参为汉相国，出入三年。卒，谥懿侯。子窋代侯。百姓歌之曰：“萧何为法，若画一；曹参代之，守而勿失。载其清净，民以宁一。”

平阳侯窋，高后时为御史大夫。孝文帝立，免为侯。立二十九年卒，谥为静侯。子奇代侯，立七年卒，谥为简侯。子时代侯。时尚平阳公主，生子襄。时病疠，归国。立二十三年卒，谥夷侯。子襄代侯。襄尚卫长公主，生子宗。立十六年卒，谥为共侯。子宗代侯。征和二年中，宗坐太子死，国除。

太史公曰：曹相国参攻城野战之功所以能多若此者，以与淮阴侯俱。及信已灭，而列侯成功，唯独参擅其名。参为汉相国，清静极言合道。然百姓离秦之酷后，参与休息无为，故天下俱称其美矣。

曹参的儿子曹窋是中大夫。汉惠帝埋怨曹相国不理政事，觉得相国看不起自己，于是对曹窋说："你回家后，试着私底下随便问问你父亲说：'高帝刚刚永别了群臣，皇上又很年轻，您身为相国，整天喝酒，遇事也不向皇上请示打报告，根据什么考虑国家大事呢？'但这些话不要说是我告诉你的。"曹窋假日回家，闲暇时陪着父亲，把惠帝的意思变成自己的话规劝曹参。曹参听后大怒，打了曹窋二百板子，并说："快点儿进宫侍奉皇上去，国家大事不是你该说的。"到上朝的时候，惠帝责备曹参说："为什么要惩治曹窋？上次是我让他规劝您的。"曹参脱帽谢罪说："请陛下自己仔细考虑一下，在圣明英武上您和高帝谁强？"惠帝说："我怎么敢跟和先帝相比呢！"曹参说："陛下认为我和萧何谁更贤能？"惠帝说："您好像不如萧何。"曹参说："陛下说的这些话很对。高帝与萧何平定了天下，法令已经明确，如今陛下垂衣拱手，我们这些臣子谨守各自的职责，遵循原有的法度而不随意更改，不就行了吗？"惠帝说："好。您好好休息吧！"

曹参做汉朝相国，前后大概有三年时间。他死了以后，被谥为懿侯。曹参之子曹窋承袭了他父亲的侯位。百姓们歌颂曹参的优秀事迹说："萧何制定法令，明确划一；曹参接替萧何为相，遵守萧何制定的法度不变。曹参施行他那清静无为的做法，百姓因而安宁不乱。"

平阳侯曹窋在高后时任御史大夫。孝文帝即位，免职为侯。曹窋为侯二十九年后去世，谥号为静侯。曹窋的儿子曹奇接替侯位，为侯七年去世，谥号为简侯。曹奇的儿子曹时接替侯位。曹时娶了平阳公主，生儿子曹襄。曹时得了疫病，回到封国。曹时为侯二十三年去世，谥号为夷侯。曹时的儿子曹襄接替继位。曹襄娶了卫长公主，生儿子曹宗。曹襄为侯十六年去世，谥号为共侯。曹襄的儿子曹宗接替继位。征和二年时，曹宗因受武帝太子发动兵变一事的牵连，被获罪处死，封国被废除。

太史公说：曹相国曹参的战功之所以如此多，是因为他跟淮阴侯韩信一起共事的缘故。等到韩信被诛杀，列侯成就的功绩，唯独曹参据有其名。曹参作为汉朝相国，极力主张清静无为，这完全符合道家的学说。百姓遭受秦朝的酷政统治以后，曹参给予他们休养生息的时机，所以天下的人都称颂其美德。

留侯世家第二十五

留侯张良者，其先韩人也。大父开地，相韩昭侯、宣惠王、襄哀王。父平，相釐王、悼惠王。悼惠王二十三年，平卒。卒二十岁，秦灭韩。良年少，未宦事韩。韩破，良家僮三百人，弟死不葬，悉以家财求客刺秦王，为韩报仇，以大父、父五世相韩故。

良尝学礼淮阳。东见仓海君。得力士，为铁椎重百二十斤。秦皇帝东游，良与客狙击秦皇帝博浪沙中，误中副车。秦皇帝大怒，大索天下，求贼甚急，为张良故也。良乃更名姓，亡匿下邳。

良尝间从容步游下邳圯上，有一老父，衣褐，至良所，直堕其履圯下，顾谓良曰："孺子，下取履！"良鄂然，欲殴之。为其老，强忍，下取履。父曰："履我！"良业为取履，因长跪履之。父以足受，笑而去。良殊大惊，随目之。父去里所，复还，曰："孺子可教矣。后五日平明，与我会此。"良因怪之，跪曰："诺。"五日平明，良往。父已先在，怒曰："与老人期，后，何也？"去，曰："后五日早会。"五日鸡鸣，良往。父又先在，复怒曰："后，何也？"去，曰："后五日复早来。"五日，良夜未半往。有顷，父亦来，喜曰："当如是。"出一编书，曰："读此则为王者师矣。后十年兴。十三年孺子见我济北，谷城山下黄石即我矣。"遂去，无他言，不复见。旦日视其书，乃《太公兵法》也。良因异之，常习诵读之。

居下邳，为任侠。项伯常杀人，从良匿。

后十年，陈涉等起兵，良亦聚少年百余人。景驹自立为楚假王，在留。良欲往从之，道还沛公。沛公将数千人，略地下邳西，遂属留侯张良，他的祖先是韩国人。祖父开地，做过韩昭侯、宣惠王、襄哀王的宰相。父亲平，做过釐王、悼惠王的宰相。悼惠王二十三年，父亲张平去世。张良的父亲死后二十年，秦国灭亡了韩国。张良当时年纪轻轻，没有在韩国做官。韩国灭亡后，张良家有奴仆三百人，弟弟死了不厚葬，用全部财产寻求勇士谋杀秦王，为韩国报仇，这是因为他的祖父、父亲任过五代韩王之相的缘故。

张良曾经在淮阳学习礼法，到东方见到了沧海君。他找到一个大力士，造了一个一百二十斤重的铁锤。秦始皇到东方巡游，张良与大力士在博浪沙这个地方袭击秦始皇，误中了副车。秦始皇大怒，在全国大肆搜捕，捉拿刺客非常急迫，这是因为张良的缘故。张良于是改名换姓，逃到下邳躲藏了起来。

张良闲暇时在邳桥上散步，有一个穿着粗布衣裳的老人，走到张良跟前，故意把他的鞋甩到桥底下，看着张良对他说："小子，下去把鞋捡上来吧！"张良有些生气，想打他，因为见他年长，勉强地忍了下来，下去捡来了鞋子。老人说："给我把鞋穿上！"张良既然已经替他把鞋捡了上来，就跪着替他穿上。老人把脚伸出来穿上鞋，笑着离去了。张良十分惊讶，随着老人走去的方向注视着他。老人离开了大约有一里路，又返回来，说："你这个孩子可以教导教导。五天以后天刚亮时，我们在这里相会。"张良觉得这件事很奇怪，跪下来说："是。"五天后的拂晓，张良去到那里。老人已先在那里，生气地说："跟老年人约会，反而后到，为什么呢？"老人离去，并说："五天以后早早来会面。"五天后鸡一叫，张良就去了。老人又先到那里，又生气地说："又来晚了，这是为什么？"老人离开时说："五天后再早点儿来。"五天后，张良不到半夜就去了。过了一会儿，老人也来了，高兴地说："应当像这样才好。"老人拿出一部书，并说："读了这部书就可以做帝王的老师了。十年以后就会发迹。十三年后小伙子你到济北来见我，谷城山下的黄石就是我。"说完便走了，没有留下别的话，从此以后也没有见到这位老人。天明时一看老人送的书，原来是《太公兵法》这本书。张良因而觉得这部书非同一般，经常诵读学习它。

张良住在下邳时，行侠仗义。项伯曾经杀了人，跟随张良躲藏起来了。

过了十年，陈涉等人起兵反秦，张良也聚集了一百多个青年。景驹自立为代理楚王，驻扎在留县。张良想前去跟随他，半路上遇见了沛公。沛公率领几千人，夺取了邳以西的地方，张良便归附了他。沛公任命张良做厩焉。沛公拜良为厩将。良数以《太公兵法》说沛公，沛公善之，常用其策。良为他人者，皆不省。良曰："沛公殆天授。"故遂从之，不去见景驹。

及沛公之薛，见项梁。项梁立楚怀王。良乃说项梁曰："君已立楚后，而韩诸公子横阳君成贤，可立为王，益树党。"项梁使良求韩成，立以为韩王。以良为韩申徒，与韩王将千余人西略韩地，得数城，秦辄复取之，往来为游兵颍川。

沛公之从雒阳南出轘辕，良引兵从沛公，下韩十余城，击破杨熊军。沛公乃令韩王成留守阳翟，与良俱南，攻下宛，西入武关。沛公欲以兵二万人击秦峣下军，良说曰："秦兵尚强，未可轻。臣闻其将屠者子，贾竖易动以利。愿沛公且留壁，使人先行，为五万人具食，益为张旗帜诸山上，为疑兵，令郦食其持重宝啖秦将。"秦将果畔，欲连和俱西袭咸阳，沛公欲听之。良曰："此独其将欲叛耳，恐士卒不从。不从必危，不如因其解击之。"沛公乃引兵击秦军，大破之。北至蓝田，再战，秦兵竟败。遂至咸阳，秦王子婴降沛公。

沛公入秦宫，宫室帷帐狗马重宝妇女以千数，意欲留居之。樊哙谏沛公出舍，沛公不听。良曰："夫秦为无道，故沛公得至此。夫为天下除残贼，宜缟素为资。今始入秦，即安其乐，此所谓'助桀为虐'。且'忠言逆耳利于行，毒药苦口利于病'，原沛公听樊哙言。"沛公乃还军霸上。

项羽至鸿门下，欲击沛公，项伯乃夜驰入沛公军，私见张良，欲与俱去。良曰："臣为韩王送沛公，今事有急，亡去不义。"乃具以语沛公。沛公大惊，曰："为将奈何？"良曰："沛公诚欲倍项羽邪？"沛公曰："鲰生教我距关无内诸侯，秦地可尽王，故听之。"良曰："沛公自度能却项羽乎？"沛公默然良久，曰："固不能也。今为奈何？"良乃固要项伯。项伯见沛公。沛公与饮为寿，结宾婚。

将。张良多次根据《太公兵法》向沛公献策，沛公很赏识他，经常采纳他的计谋。张良对别人讲这些，别人都不能领会。张良说："沛公大概是上天授予人间的。"所以张良就跟随了沛公，没有离开他去见景驹。

等沛公到了薛地，会见项梁。项梁拥立了楚怀王。张良于是劝说项梁道："您已经拥立了楚王的后人，而韩国各位公子中横阳君韩成有才，可以立为王，增加同盟的力量。"项梁派张良寻找到了韩成，把他立为韩王。封张良为韩国司徒，随韩王率领一千多人向西攻取韩国原来的领地，夺得几座城邑，秦军随即又夺了回去，韩军只在颍川一带往来游击作战。

沛公从洛阳向南穿过轘辕山时，张良率兵跟从沛公，攻下韩地十余座城邑，击败了杨熊的军队。于是沛公让韩王成在阳翟留守，和张良一起南下，攻打宛县，向西进入武关。沛公想用两万兵力攻打秦朝峣关的军队，张良劝告说："秦军还很强大，不可轻视。我听说峣关的守将是屠户的儿子，市侩之徒容易以利相诱。希望沛公暂且留在军营，派人先去，给五万人预备吃的东西，在各个山头上多增树旗帜，作为疑兵，叫郦食其带着贵重的宝物利诱秦军将领。"秦军将领果然背叛秦朝，打算跟沛公联合一起向西袭击咸阳，沛公想听从秦将的计划。张良说："这只是峣关的守将想反叛罢了，恐怕部下士兵不听从。士兵不听从必定会带来危害，不如趁着他们懈怠时攻打他们。"沛公于是率兵攻打秦军，大败秦兵。然后追击败军到了蓝田，再次交战，秦兵终于崩溃。沛公于是到了咸阳，秦王子婴最后投降了沛公。

沛公进入秦朝宫殿，那里的宫室、帐幕、狗马、贵重的宝物、美女不计其数，沛公的意图是想留下住在宫里。樊哙劝谏沛公到外面去住，沛公不听。张良说："正因秦朝暴虐无道，所以沛公才能够来到这里。替天下铲除凶残的暴政，应该以清廉朴素为本。现在刚刚攻入秦都，就要安享其乐，这正是人们说的'助桀为虐'。况且'忠言逆耳利于行，良药苦口利于病'，希望沛公听取樊哙的意见。"沛公这才回军驻扎在灞上。

项羽来到鸿门下，想要攻打沛公，项伯于是连夜急驰到沛公的军营，私下里会见张良，想让张良跟他一起离开。张良说："我是替韩王伴送沛公的，如今紧急情况，逃离而去是不合道义的。"于是就把这个情况全都告诉了沛公。沛公很吃惊，说："如今该怎么办呢？"张良说："沛公是真的想背叛项羽吗？"沛公说："浅薄无知的小人怂恿我封锁函谷关不要让诸侯们进来，说这样就可以占据秦朝的土地了，于是我就听从了这种意见。"张良说："沛公自己揣度一下能够打退项羽吗？"沛公沉默了好一会儿，说："应该是不可以的。现在该怎么办呢？"张良于是坚决邀请项伯见沛公。项伯会见了沛公。沛公与项伯一同饮酒，令项伯具言沛公不敢倍项羽，所以距关者，备他盗也。及见项羽后解，语在项羽事中。

汉元年正月，沛公为汉王，王巴蜀。汉王赐良金百溢，珠二斗，良具以献项伯。汉王亦因令良厚遗项伯，使请汉中地。项王乃许之，遂得汉中地。汉王之国，良送至褒中，遣良归韩。良因说汉王曰："王何不烧绝所过栈道，示天下无还心，以固项王意。"乃使良还。行，烧绝栈道。

良至韩，韩王成以良从汉王故，项王不遣成之国，从与俱东。良说项王曰："汉王烧绝栈道，无还心矣。"乃以齐王田荣反，书告项王。项王以此无西忧汉心，而发兵北击齐。

项王竟不肯遣韩王，乃以为侯，又杀之彭城。良亡，间行归汉王，汉王亦已还定三秦矣。复以良为成信侯，从东击楚。至彭城，汉败而还。至下邑，汉王下马踞鞍而问曰："吾欲捐关以东等弃之，谁可与共功者？"良进曰："九江王黥布，楚枭将，与项王有郄；彭越与齐王田荣反梁地：此两人可急使。而汉王之将独韩信可属大事，当一面。即欲捐之，捐之此三人，则楚可破也。"汉王乃遣随何说九江王布，而使人连彭越。及魏王豹反，使韩信将兵击之，因举燕、代、齐、赵。然卒破楚者，此三人力也。

张良多病，未尝特将也，常为画策，时时从汉王。

汉三年，项羽急围汉王荥阳，汉王恐忧，与郦食其谋桡楚权。食其曰："昔汤伐桀，封其后于杞。武王伐纣，封其后于宋。今秦失德弃义，侵伐诸侯社稷，灭六国之后，使无立锥之地。陛下诚能复立六国后世，毕已受印，此其君臣百姓必皆戴陛下之德，莫不乡风慕义，原为臣妾。德义已行，陛下南乡称霸，楚必敛衽而朝。"汉王曰："善。趣刻印，先生因行佩之矣。"

食其未行，张良从外来谒。汉王方食，曰："子房前！客有为我并为他敬酒祝寿，结为亲家。请项伯向项羽说明沛公并不敢背叛项羽，沛公之所以封锁函谷关，只是为了防备其他的强盗。等到沛公会见项羽以后，取得了和解，这些情况记载在《项羽本纪》中。

汉元年正月，沛公封为汉王，统治巴蜀地区。汉王赏赐张良黄金百镒、珍珠二斗，张良把它们都送给了项伯。汉王又让张良厚赠项伯，使项伯替他去向项王请求汉中地区。项王答应了汉王的请求，汉王于是得到了汉中地区。汉王到封国去，张良将他送到褒中，汉王让张良返回韩国。张良便劝告汉王说："大王何不烧断所经过的栈道，向天下表示不再回来的决心？这样也可以稳住项王的心。"汉王便让张良返回。汉王行进中，烧断了所经过的所有栈道。

张良去了韩国，韩王成因为张良跟随汉王的原因，项王没有派韩成到封国去，让他跟随自己一起东去。张良向项王解释道："汉王烧断了栈道，已经没有返回的意思。"张良又把齐王田荣反叛的事情上书报告项王。项王由此不再担忧西边的汉王，所以起兵北上攻打齐国。

项王最终还是不肯派韩王回韩国，于是把他贬为侯，在彭城杀了他。张良逃跑，抄小路隐秘地回到汉王那里，汉王此时也已回军平定三秦了。汉王又封张良为成信侯，跟着东征楚国。到了彭城，汉军战败而归。行军至下邑，汉王下马倚着马鞍问道："我打算舍弃函谷关以东一些地方作为封赏，谁能够帮我一起破楚立功呢？"张良进言说："九江王黥布是楚国的猛将，同项王有隔阂；彭越与齐王田荣在梁地反叛楚国。这两个人可立即利用。汉王的将领中唯有韩信可以托付大事，独当一面。如果要舍弃这些地方，就把它们送给这三个人，那么楚国就可以打败了。"汉王于是派随何去游说九江王黥布，又派人去联络彭越。等到魏王豹反汉，汉王派韩信率兵攻打他，乘势攻占了燕、代、齐、赵等国的领地。而最终击溃楚国的，正是这三个人的力量。

张良多病，不曾独立带兵打仗，一直作为出谋划策的臣子，时时跟从汉王。

汉三年，项羽把汉王紧紧地围困在荥阳，汉王惊恐万分，与郦食其商议削弱楚国的势力。郦食其说："昔日商汤讨伐夏桀，封夏朝后人于杞国。周武王讨伐商纣，封商朝后人于宋国。如今秦朝丧失德政、抛弃道义，侵伐诸侯各国，消灭了六国的后代，使他们没有一点立足之地。陛下果真能够重新封立六国的后裔，使他们都能接受陛下的印信，这样六国的君臣百姓一定都感戴陛下的恩德，无不归顺，仰慕陛下道义，甘愿做陛下的臣民。随着恩德道义的施行，陛下就可以面南称霸，楚王一定整好衣冠恭恭敬敬地来朝拜了。"汉王说："好。赶快刻制印信，先生就可以带着这些印出发了。"

郦食其还没有动身，张良就从外面回来拜见汉王。汉王当时正在吃饭，说：

计桡楚权者。”其以郦生语告，曰：“于子房何如？”良曰：“谁为陛下画此计者？陛下事去矣。”汉王曰：“何哉？”张良对曰：“臣请藉前箸为大王筹之。”曰：“昔者汤伐桀而封其后于杞者，度能制桀之死命也。今陛下能制项籍之死命乎？”曰：“未能也。”“其不可一也。武王伐纣封其后于宋者，度能得纣之头也。今陛下能得项籍之头乎？”曰：“未能也。”“其不可二也。武王入殷，表商容之闾，释箕子之拘，封比干之墓。今陛下能封圣人之墓，表贤者之闾，式智者之门乎？”曰：“未能也。”“其不可三也。发钜桥之粟，散鹿台之钱，以赐贫穷。今陛下能散府库以赐贫穷乎？”曰：“未能也。”“其不可四矣。殷事已毕，偃革为轩，倒置干戈，覆以虎皮，以示天下不复用兵。今陛下能偃武行文，不复用兵乎？”曰：“未能也。”“其不可五矣。休马华山之阳，示以无所为。今陛下能休马无所用乎？”曰：“未能也。”“其不可六矣。放牛桃林之阴，以示不复输积。今陛下能放牛不复输积乎？”曰：“未能也。”“其不可七矣。且天下游士离其亲戚，弃坟墓，去故旧，从陛下游者，徒欲日夜望咫尺之地。今复六国，立韩、魏、燕、赵、齐、楚之后，天下游士各归事其主，从其亲戚，反其故旧坟墓，陛下与谁取天下乎？其不可八矣。且夫楚唯无强，六国立者复桡而从之，陛下焉得而臣之？诚用客之谋，陛下事去矣。”汉王辍食吐哺，骂曰：“竖儒，几败而公事！”令趣销印。

汉四年，韩信破齐而欲自立为齐王，汉王怒。张良说汉王，汉王使良授齐王信印，语在淮阴事中。

其秋，汉王追楚至阳夏南，战不利而壁固陵，诸侯期不至。良说

“子房过来！有一个客人为我筹划了削弱楚国势力的计谋。”随即把郦食其的话告诉了张良，然后问：“你看这件事怎么样？”张良说：“谁替陛下出的这个计谋？陛下的大事要完了。”汉王说：“为什么呢？”张良回答说：“我请求您允许我借用一下您面前的筷子为您分析一下形势。”接着说：“当初商汤讨伐夏桀并将夏朝的后代封在杞国，那是因为预先估计到能置桀于死命。如今陛下也可以置项籍于死命吗？”汉王说：“不能。”张良说：“这是不能那样做的第一个原因。周武王讨伐商纣而封商朝的后代于宋国，那是因为预先估计到能够杀掉纣王。现在陛下能够轻易杀掉项籍吗？”汉王说：“不能。”张良说：“这是不能那样做的第二个原因。武王攻占殷商的都城后，在商容所居里巷的大门上表彰他，并且释放了被囚禁的箕子，重新修筑了比干的坟墓。如今陛下能够做到重新修筑圣人的坟墓，在贤人所居里巷的大门上表彰他，在有才智的人们面前向他致敬吗？”汉王说：“不能。”张良说：“这是不能那样做的第三个原因。周武王曾打开巨桥粮仓，发放存粮，散发鹿台府库的钱财，用来救济贫苦的民众。如今陛下可以做到散发仓库的财物来救济穷人吗？”汉王说：“不能。”张良说：“这是不能那样做的第四个原因。周武王灭亡商朝以后，废止兵车，改为乘车，把兵器倒置存放，盖上虎皮，以此来向天下表明以后都不再动用武力。如今陛下能停止战事，推行文治，不再打仗了吗？”汉王说：“不能。”张良说：“这是不能那样做的第五个原因。周武王将以往的战马都放牧在华山的南面，用来表明从此没有用它们的地方了。如今陛下能让战马休息再也不用它们吗？”汉王说：“不能。”张良说：“这是不能那样做的第六个原因。周武王把牛都放牧在桃林的北面，表明不再需要运输和积聚作战用的粮草。现在陛下能放牧牛群不再进行粮草的运输和积聚了吗？”汉王说：“不能。”张良说：“这是不能那样做的第七个原因。况且天下游说的人都离开了他们的亲人，舍弃了祖坟，告别了老友，跟随陛下四处奔走，也就是日夜盼望能得到一块小小的封地。如果恢复六国，拥立韩、魏、燕、赵、齐、楚的后代，天下游说之人都将各自回去侍奉他们的主上，伴随他们的亲人，返回他们的旧友和祖坟所在之地，到那时陛下又将同谁一起夺取天下呢？这是不能那样做的第八个原因。如今只有使楚国不再强大，要不然六国被封立的后代重新屈服并跟随楚国，陛下又凭什么让他们臣服？如果真的要采用这位客人的计谋，陛下的大事就完了。”汉王饭也不吃了，吐出口中的食物，骂道：“这个笨书呆子，几乎败坏了我的大事！”于是下令赶快销毁那些印信。

汉四年，韩信攻下齐国，并想立自己为齐王，汉王大怒。张良劝谏汉王，汉王才派张良授予韩信“齐王”的印信，这件事被记载在《淮阴侯列传》中。

当年秋天，汉王追击楚军到阳夏南面，交战中处于下风，于是坚守固陵营汉王，汉王用其计，诸侯皆至。语在项籍事中。

汉六年正月，封功臣。良未尝有战斗功，高帝曰："运筹策帷帐中，决胜千里外，子房功也。自择齐三万户。"良曰："始臣起下邳，与上会留，此天以臣授陛下。陛下用臣计，幸而时中，臣愿封留足矣，不敢当三万户。"乃封张良为留侯，与萧何等俱封。

上已封大功臣二十余人，其余日夜争功不决，未得行封。上在雒阳南宫，从复道望见诸将往往相与坐沙中语。上曰："此何语？"留侯曰："陛下不知乎？此谋反耳。"上曰："天下属安定，何故反乎？"留侯曰："陛下起布衣，以此属取天下，今陛下为天子，而所封皆萧、曹故人所亲爱，而所诛者皆生平所仇怨。今军吏计功，以天下不足遍封，此属畏陛下不能尽封，恐又见疑平生过失及诛，故即相聚谋反耳。"上乃忧曰："为之奈何？"留侯曰："上平生所憎，群臣所共知，谁最甚者？"上曰："雍齿与我故，数尝窘辱我。我欲杀之，为其功多，故不忍。"留侯曰："今急先封雍齿以示群臣，群臣见雍齿封，则人人自坚矣。"于是上乃置酒，封雍齿为什方侯，而急趣丞相、御史定功行封。群臣罢酒，皆喜曰："雍齿尚为侯，我属无患矣。"

刘敬说高帝曰："都关中。"上疑之。左右大臣皆山东人，多劝上都雒阳："雒阳东有成皋，西有殽黾，倍河，向伊雒，其固亦足恃。"留侯曰："雒阳虽有此固，其中小，不过数百里，田地薄，四面受敌，此非用武之国也。夫关中左殽函，右陇蜀，沃野千里，南有巴蜀之饶，北有胡苑之利，阻三面而守，独以一面东制诸侯。诸侯安定，河渭漕挽天下，西给京师；诸侯有变，顺流而下，足以委输。此所谓金城千里，天府之国也，刘敬说是也。"于是高帝即日驾，西都关中。

垒，诸侯本来约好前来的，但都没有来。张良后来向汉王进计，汉王采用了他的计策，诸侯才都前来。此事记载在《项羽本纪》中。

汉六年正月，汉王对功臣进行封赏。张良不曾有战功，高帝说："在营帐中出谋划策，就能决定千里之外的胜负，这就是子房的功劳。让张良自己从齐国选择三万户作为封邑。"张良说："当初我在下邳起事，与主上在留县会合，这是上天把我交给了陛下您。陛下采用我的计谋，有幸经常奏效，我只愿受封留县就足够了，不敢承受三万户。"于是封张良为留侯，同萧何等人一起受封。

皇上封赏大功臣二十多人以后，剩下的人日夜争功，不能决定高下，所以一直没有进行封赏。皇上在洛阳南宫，从桥上看见一些将领经常一起坐在沙地上议论。皇上问："这些人聚在一起在说些什么呀？"留侯说："陛下不知道吗？这是在商议反叛呀。"皇上说："如今天下都已经差不多安定了，为什么还要谋反呢？"留侯说："陛下当初是以平民的身份起事，依靠这些人的力量才取得天下，如今陛下做了天子，而所受到封赏的只是萧何、曹参这些陛下身边宠幸的老友，所诛杀的都是一生中仇恨的人。如今军官们计算功劳，认为天下的土地不够对他们一一封赏，这些人怕陛下不能全部封到，又恐怕被怀疑到平生的过失而遭受诛杀，所以就聚在一起准备谋反呀。"皇上于是忧心忡忡地说："那这件事该怎么办呢？"留侯说："皇上平生所憎恨的人，又是群臣都知道的，谁最突出？"皇上说："雍齿与我向来就有积怨，还曾多次使我受窘受辱。我本来想杀掉他，但出于他的功劳比较多，所以一直没忍心。"留侯说："如今陛下赶紧先封赏雍齿来给群臣看，他们见雍齿都被封赏，那么也就坚信自己能受封了。"于是皇上便摆设酒宴，封雍齿为什方侯，并紧迫地催促丞相、御史评定功劳，施行封赏。群臣享用过酒宴以后，都高兴地说："雍齿都被封侯了，我们这些人就更不用担忧了。"

刘敬劝告高帝说："要将关中设置为都城。"皇上对此还有些顾虑。左右的大臣都是关东地区的人，他们大多都劝皇上定都洛阳，他们说："洛阳东面有成皋，西面有崤山、渑池，背靠黄河，面向伊水、洛水，它地形险要，城郭坚固，完全可以依靠。"留侯说："虽然洛阳有这样险固，但它中间的境域狭小，不过几百里方圆，土地贫瘠，四面敌人容易入侵，这里不是用武之地。关中东面有崤山、函谷关，西面有陇山、岷山，肥沃的土地方圆千里，南面有富饶的巴、蜀两郡，北面有可以放牧的胡苑，依靠三面的险阻来固守，只用东方一面控制诸侯。如果诸侯安定，可由黄河、渭河运输粮食，往西供给京都；如果诸侯发生变故，可顺流而下，足以运送物资。这正是所谓'金城千里，天府之国'，刘敬的建议是对的。"高帝于是当即决定起驾，往西定都关中。

留侯从入关。留侯性多病，即道引不食谷，杜门不出岁余。

上欲废太子，立戚夫人子赵王如意。大臣多谏争，未能得坚决者也。吕后恐，不知所为。人或谓吕后曰："留侯善画计筴，上信用之。"吕后乃使建成侯吕泽劫留侯，曰："君常为上谋臣，今上欲易太子，君安得高枕而卧乎？"留侯曰："始上数在困急之中，幸用臣筴。今天下安定，以爱欲易太子，骨肉之间，虽臣等百余人何益。"吕泽强要曰："为我画计。"留侯曰："此难以口舌争也。顾上有不能致者，天下有四人。四人者年老矣，皆以为上慢侮人，故逃匿山中，义不为汉臣。然上高此四人。今公诚能无爱金玉璧帛，令太子为书，卑辞安车，因使辩士固请，宜来。来，以为客，时时从入朝，令上见之，则必异而问之。问之，上知此四人贤，则一助也。"于是吕后令吕泽使人奉太子书，卑辞厚礼，迎此四人。四人至，客建成侯所。

汉十一年，黥布反，上病，欲使太子将，往击之。四人相谓曰："凡来者，将以存太子。太子将兵，事危矣。"乃说建成侯曰："太子将兵，有功则位不益太子；无功还，则从此受祸矣。且太子所与俱诸将，皆尝与上定天下枭将也，今使太子将之，此无异使羊将狼也，皆不肯为尽力，其无功必矣。臣闻'母爱者子抱'，今戚夫人日夜待御，赵王如意常抱居前，上曰'终不使不肖子居爱子之上'，明乎其代太子位必矣。君何不急请吕后承间为上泣言：'黥布，天下猛将也，善用兵，今诸将皆陛下故等夷，乃令太子将此属，无异使羊将狼，莫肯为用，且使布闻之，则鼓行而西耳。上虽病，强载辎车，卧而护之，诸将不敢不尽力。上虽苦，为妻子自强。'"于是吕泽立夜见吕后，吕后承间为上泣涕而言，如四人意。上曰："吾惟竖子固不足遣，而公自行耳。"于是上自将兵而东，群臣居守，皆送至灞上。

留侯跟随高帝入关。他体弱多病，便施行导引之术，不食五谷，闭门不出有一年多时间。

皇上本打算废掉太子，立戚夫人生的儿子赵王如意。有很多大臣进谏劝阻，都没能改变高帝确定不移的想法。吕后很惊恐，不知该怎么办。有人对吕后说：“留侯善于出谋划策，皇上信任他。”吕后就派建成侯吕泽胁迫留侯说：“您一直是皇上的谋臣，现在皇上打算更换太子，您怎么能高枕无忧呢？”留侯说：“当初皇上多次处在危急之中，采用了我的计谋。如今天下安定，由于偏爱的原因想更换太子，这至亲骨肉之间的事，即使同我一样的有一百多人进谏，又有什么好处呢？”吕泽竭力要挟说：“一定要给我出个主意。”留侯说：“这件事是很难用口舌来争辩的。皇上不能招致而来，天下有四个人。这四个人已经年老了，都认为皇上对人傲慢，所以逃避躲藏在大山中，他们按照道义不愿意做汉朝的臣子。但是皇上特别敬重这四个人。现在您果真能不惜金玉璧帛，让太子写一封信，言辞要谦恭，并预备安车，再派有口才的人去恳切地聘请，他们应当会来。来了以后，把他们当作贵宾对待，让他们时常跟着太子入朝，叫皇上见到他们，皇上一定会感到惊异并询问他们。一问他们，皇上知道这四个人非常贤能，那么这对太子是一种莫大的帮助。”于是吕后让吕泽派人携带太子的书信，用谦恭的言辞和丰厚的礼品，迎请这四个人。四个人来的时候，就在建成侯的府第中为客。

汉十一年，黥布反叛，皇上患了重病，打算派太子率兵前往讨伐叛军。这四个人商议说：“我们之所以来，是为了保全太子，如若太子率兵平叛，事情就危险了。”于是劝告建成侯说：“太子率兵出战，如果立了功，那么权位也不会高过太子；如无功而返，那么从此以后就要遭受祸患了。再说跟太子一起出征的各位将领，都是曾经同皇上平定天下的猛将，如今让太子统率这些人，这和让羊指挥狼有什么不同，他们决不肯为太子卖力，太子不能建功是必定的。我们听说‘爱其母必抱其子’，现在戚夫人日夜侍奉皇上，赵王如意常被抱在皇上面前，皇上说‘终归不能让不成器的儿子居于我的爱子之上’，显然，赵王如意取代太子的宝位是必定的。您何不赶紧请吕后找机会向皇上哭诉：‘黥布是天下的猛将，很会用兵打仗，现今的各位将领都是陛下先前的同辈，您却让太子统率这些人，这和让羊指挥狼没有两样，没有人愿意为太子效力，而且如让黥布听说这个情况，就会大张旗鼓地向西进犯。皇上虽然患病，还可以勉强地乘坐辎车，躺着指挥军队，众将不敢不尽力。皇上虽然受些苦，为了妻子儿女还是要自己奋发图强啊。’”于是吕泽立即在当天晚上晋见吕后，吕后找机会向皇上哭诉，说了四个人授意的那番话。皇上说：“我就知道这小子本来不能派遣他，老子自己去吧。”于是皇上亲留侯病，自强起，至曲邮，见上曰：“臣宜从，病甚。楚人剽疾，原上无与楚人争锋。”因说上曰：“令太子为将军，监关中兵。”上曰：“子房虽病，强卧而傅太子。”是时叔孙通为太傅，留侯行少傅事。

汉十二年，上从击破布军归，疾益甚，愈欲易太子。留侯谏，不听，因疾不视事。叔孙太傅称说引古今，以死争太子。上佯许之，犹欲易之。及燕，置酒，太子侍。四人从太子，年皆八十有余，须眉皓白，衣冠甚伟。上怪之，问曰：“彼何为者？”四人前对，各言名姓，曰东园公，角里先生，绮里季，夏黄公。上乃大惊，曰：“吾求公数岁，公辟逃我，今公何自从吾儿游乎？”四人皆曰：“陛下轻士善骂，臣等义不受辱，故恐而亡匿。窃闻太子为人仁孝，恭敬爱士，天下莫不延颈欲为太子死者，故臣等来耳。”上曰：“烦公幸卒调护太子。”

四人为寿已毕，趋去。上目送之，召戚夫人指示四人者曰：“我欲易之，彼四人辅之，羽翼已成，难动矣。吕后真而主矣。”戚夫人泣，上曰：“为我楚舞，吾为若楚歌。”歌曰：“鸿鹄高飞，一举千里。羽翮已就，横绝四海。横绝四海，当可奈何！虽有矰缴，尚安所施！”歌数阕，戚夫人嘘唏流涕，上起去，罢酒。竟不易太子者，留侯本招此四人之力也。

留侯从上击代，出奇计马邑下，及立萧何相国，所与上从容言天下事甚众，非天下所以存亡，故不著。留侯乃称曰：“家世相韩，及韩灭，不爱万金之资，为韩报仇强秦，天下振动。今以三寸舌为帝者师，封万户，位列侯，此布衣之极，于良足矣。原弃人间事，欲从赤松子游耳。”乃学辟谷，道引轻身。会高帝崩，吕后德留侯，乃强食之，曰：“人生一世间，如白驹过隙，何至自苦如此乎！”留侯不得已，强听而食。

后八年卒，谥为文成侯。子不疑代侯。

自带兵东征，群臣留守，都送至灞上。留侯患病，自己勉强能支撑起来，送到曲邮，谒见皇上说："我本应跟从前往，但病势很重。楚国人马迅猛敏捷，希望皇上不要跟楚国人斗个高低。"留侯又趁机规劝皇上说："让太子做将军，监守关中的军队吧。"皇上说："子房虽然患病，也要勉强在卧床养病时辅佐太子。"这时叔孙通做太傅，留侯任少傅。

汉十二年，皇上随着击败黥布的军队回来，病势更加重，越来越想更换太子。留侯劝谏，皇上没听，留侯就托病不再理事。叔孙太傅引证古今事例进行劝说，死命地争保太子。皇上假装答应了他，但还是想更换太子。等到没事的时候，设置酒席，太子在旁侍候。那四人跟着太子，他们的年龄都已八十多岁，须眉洁白，衣冠非常壮美奇特。皇上感到奇怪，问道："他们是干什么的？"四个人向前对答，各自说出姓名，叫东园公、角里先生、绮里季、夏黄公。皇上于是大惊说："我访求各位有好几年了，各位都逃避着我，现在你们为何自愿跟随我儿交往呢？"四人都说："陛下轻慢士人，喜欢骂人，我们讲求义理，不愿受辱，所以惶恐地逃躲。我们私下闻知太子为人仁义孝顺，谦恭有礼，喜爱士人，天下人没有谁不伸长脖子想为太子拼命效力的。因此我们就来了。"皇上说："烦劳诸位始终如一地保护好太子吧。"

四个人相互敬酒祝福已毕，小步快走离去。皇上目送他们，召唤戚夫人过来，指着那四个人给她看，并说道："我想更换太子，可是靠他们四个人辅佐，太子的羽翼已经形成，难以改动了。吕后真是你的主人了。"戚夫人哭了起来，皇上说："你为我跳楚舞，我为你唱楚歌。"皇上唱道："鸿鹄高飞，振翅千里。羽翼已成，翱翔四海。翱翔四海，当可奈何！虽有弓箭，何处施用！"皇上唱了好几遍，戚夫人流泪抽泣着，皇上起身离去，酒宴就此结束。皇上最终没更换太子，原本是留侯招致这四个人发生了效力。

留侯跟随皇上进攻代国，在马邑城下出妙计，劝皇上立萧何为相国，他平常随便跟皇上谈论天下的事情很多，但不是关于国家存亡的大事，所以未予记载。留侯宣称道："我家世代为韩相，到韩国灭亡，不惜万金家财，替韩国向强秦报仇，天下为之震动，如今凭借三寸之舌为帝王之师，封邑万户，位居列侯，这对一个平民来说是至高无上的，我已经非常满足了。我愿丢却人世间的事情，打算跟随赤松子去。"张良于是学辟谷之术，行导引轻身之道。正值高帝驾崩，吕后感激留侯，便竭力让他进食，说："人生一世，时光有如白驹过隙一样快，何必自己苦行到这种地步啊！"留侯不得已，勉强听命进食。

八年之后，留侯去世，定谥号文成侯。他的儿子张不疑袭封为侯。

子房始所见下邳圯上老父与《太公书》者，后十三年从高帝过济北，果见谷城山下黄石，取而葆祠之。留侯死，并葬黄石。每上冢伏腊，祠黄石。

留侯不疑，孝文帝五年坐不敬，国除。

太史公曰：学者多言无鬼神，然言有物。至如留侯所见老父予书，亦可怪矣。高祖离困者数矣，而留侯常有功力焉，岂可谓非天乎？上曰："夫运筹筴帷帐之中，决胜千里外，吾不如子房。"余以为其人计魁梧奇伟，至见其图，状貌如妇人好女。盖孔子曰："以貌取人，失之子羽。"留侯亦云。

张子房当初在下邳桥上遇见那个给他《太公兵法》的老丈，在别后十三年张良随高帝经过济北，果然见到谷城山下的那块黄石，便把它取回，奉若至宝地祭祀它。留侯去世，跟黄石一起安葬。以后每逢扫墓以及冬夏节日祭祀张良的时候，也同时祭祀那块黄石。

留侯张不疑，在孝文帝五年因犯了不敬之罪，封国被废除了。

太史公说：学者大多说没有鬼神，然而又说有精怪。至于像留侯遇见老丈赠书的事，也足够神奇的了。高祖遭遇困厄的情况有好几次，而留侯常在这种危急时刻建功，难道可以说不是天意吗？皇上说：“出谋划策于营帐之中，决定胜负在千里之外，我比不了子房。”我原以为此人大概是高大威武的样子，等到看见他的画像，相貌却像个柔弱的女子。孔子说过：“按相貌来评判人，在对待澹台灭明上就一定有所失。”对于留侯也可以这样说。

陈丞相世家第二十六

陈丞相平者，阳武户牖乡人也。少时家贫，好读书，有田三十亩，独与兄伯居。伯常耕田，纵平使游学。平为人长美色。人或谓陈平曰："贫何食而肥若是？"其嫂嫉平之不视家生产，曰："亦食糠覈耳。有叔如此，不如无有。"伯闻之，逐其妇而弃之。

及平长，可娶妻，富人莫肯与者，贫者平亦耻之。久之，户牖富人有张负，张负女孙五嫁而夫辄死，人莫敢娶。平欲得之。邑中有丧，平贫，侍丧，以先往后罢为助。张负既见之丧所，独视伟平，平亦以故后去。负随平至其家，家乃负郭穷巷，以弊席为门，然门外多有长者车辙。张负归，谓其子仲曰："吾欲以女孙予陈平。"张仲曰："平贫不事事，一县中尽笑其所为，独奈何予女乎？"负曰："人固有好美如陈平而长贫贱者乎？"卒与女。为平贫，乃假贷币以聘，予酒肉之资以内妇。负诫其孙曰："毋以贫故，事人不谨。事兄伯如事父，事嫂如母。"平既娶张氏女，赍用益饶，游道日广。

里中社，平为宰，分肉食甚均。父老曰："善，陈孺子之为宰！"平曰："嗟乎，使平得宰天下，亦如是肉矣！"

陈涉起而王陈，使周市略定魏地，立魏咎为魏王，与秦军相攻于临济。陈平固已前谢其兄伯，从少年往事魏王咎于临济。魏王以为太仆。说魏王不听，人或谗之，陈平亡去。

久之，项羽略地至河上，陈平往归之，从入破秦，赐平爵卿。项羽之东王彭城也，汉王还定三秦而东，殷王反楚。项羽乃以平为信武陈丞相陈平，是阳武县户牖乡人。他年轻的时候家中很贫穷，但喜欢读书，有田地三十亩，单同哥哥陈伯住在一起。陈伯平常在家种地，听任陈平出外求学。陈平长得身材高大，相貌堂堂。有人对陈平说："你家里那么穷，吃了什么长得这么魁梧？"陈平的嫂子恼恨陈平不看顾家庭，不从事生产劳动，说："也不过吃糠咽菜罢了，有这样的小叔子，还不如没有。"陈伯听到这些话后，赶走了他的妻子并休了她。

等到陈平长大成人该娶媳妇的时候，富有的人家没有谁肯把女儿嫁给他，对于娶穷人家的媳妇陈平又感到羞耻。过了很长一段时间，户牖有个叫张负的富人，他的孙女嫁了五次人，丈夫都死了，没有人再敢娶她。陈平却想娶她。乡镇中有家办丧事，陈平因为家贫，就去帮忙料理丧事，靠着早去晚归多得些报酬以贴补家用。张负在丧家见到他，相中了这个高大魁梧的陈平；陈平也因为这个，很晚才离开丧家。有一次，张负跟着陈平到了陈家，陈家住在靠近外城城墙的偏僻小巷子里，拿一张破席就当门了，但门外却有很多贵人留下的车轮的印迹。张负回家后，对他的儿子张仲说："我打算把孙女嫁给陈平。"张仲说："陈平又穷又不从事生产劳动，全县的人都耻笑他的行为，为什么偏把女儿嫁给他？"张负说："哪有仪表堂堂像陈平这样的人会长久贫寒卑贱下去呢？"终于将孙女嫁给了陈平。因为陈平穷，张家就借钱给他行聘，还给他置办酒宴的钱来娶亲。张负告诫他的孙女说："不要因为陈家穷，侍奉人家就不用心。侍奉兄长陈伯要像侍奉父亲一样，侍奉嫂嫂要像侍奉母亲一样。"陈平娶了张家女子以后，资财日益宽裕，交友也越来越广泛。

陈平所住的社里祭祀土地神，陈平主持割肉，他把祭肉分配得特别均匀。父老乡亲们说："好，陈家孩子真会做分割祭肉的人！"陈平说："唉，假使让我陈平主宰天下，也会像这次分割祭肉一样呢！"

陈胜起兵后在陈县称王，派周市平定了魏国地区，立魏咎为魏王，与秦军在临济交战。在这以前陈平本已辞别他的哥哥陈伯，随一些年轻人去临济到魏王咎手下做事。魏王任命他为太仆。陈平向魏王进言，魏王反而不听，有的人又说他的坏话，陈平只好远离而去。

过了很长一段时间，项羽占领土地到了黄河边上，陈平前往投奔项羽，跟随项羽入关攻破秦国，项羽封他卿一级的爵位。项羽东归，在彭城称王，汉王回军平定君，将魏王咎客在楚者以往，击降殷王而还。项王使项悍拜平为都尉，赐金二十溢。居无何，汉王攻下殷。项王怒，将诛定殷者将吏。陈平惧诛，乃封其金与印，使使归项王，而平身间行杖剑亡。渡河，船人见其美丈夫独行，疑其亡将，要中当有金玉宝器，目之，欲杀平。平恐，乃解衣裸而佐刺船。船人知其无有，乃止。

平遂至修武降汉，因魏无知求见汉王，汉王召入。是时万石君奋为汉王中涓，受平谒，入见平。平等七人俱进，赐食。王曰："罢，就舍矣。"平曰："臣为事来，所言不可以过今日。"于是汉王与语而说之，问曰："子之居楚何官？"曰："为都尉。"是日乃拜平为都尉，使为参乘，典护军。诸将尽讙，曰："大王一日得楚之亡卒，未知其高下，而即与同载，反使监护军长者！"汉王闻之，愈益幸平。遂与东伐项王。至彭城，为楚所败。引而还，收散兵至荥阳，以平为亚将，属于韩王信，军广武。

绛侯、灌婴等咸谗陈平曰："平虽美丈夫，如冠玉耳，其中未必有也。臣闻平居家时，盗其嫂；事魏不容，亡归楚；归楚不中，又亡归汉。今日大王尊官之，令护军。臣闻平受诸将金，金多者得善处，金少者得恶处。平，反覆乱臣也，愿王察之。"汉王疑之，召让魏无知。无知曰："臣所言者，能也；陛下所问者，行也。今有尾生、孝己之行而无益处于胜负之数，陛下何暇用之乎？楚汉相距，臣进奇谋之士，顾其计诚足以利国家不耳。且盗嫂受金又何足疑乎？"汉王召让平曰："先生事魏不中，遂事楚而去，今又从吾游，信者固多心乎？"平曰："臣事魏王，魏王不能用臣说，故去事项王。项王不能信人，其所任爱，非诸项即妻之昆弟，虽有奇士不能用，平乃去楚。闻汉王之能用人，故归大王。臣裸身来，不受金无以为资。诚臣三秦然后向东进军，殷王反叛楚国。项羽于是把陈平封为信武君，让他率领魏王咎留在楚国的部下前往，击败并降服了殷王凯旋而归。项王派项悍任命陈平为都尉，奖赏他黄金二十镒。过了不久，汉王又攻下殷地。项王大怒，准备杀掉前次平定殷地的将领官吏。陈平害怕被杀头，便封好项王赏他的黄金和官印，派人送还项王，自己单身提着宝剑抄小路逃跑。陈平横渡黄河，船夫见他一个人单身独行，怀疑他是逃亡的将领，腰中定当藏有金玉宝器，就盯着陈平，打算杀掉他。陈平很害怕，就解开衣服，光着膀子帮助船夫撑船。船夫知道他身上一无所有，才没有下手杀陈平。

陈平于是到修武投奔汉军，通过魏无知求见汉王，汉王召他进去。此时万石君石奋做汉王的侍从，接过陈平的名帖，引陈平进见汉王。陈平等七个人都进去见汉王了，汉王又赐给他们食物。汉王说："吃完后，到客舍去休息吧。"陈平说："我有要事前来，所说的话不能拖过今日。"于是汉王就跟他交谈并很喜欢他。汉王问："你在楚军时担任什么官职？"陈平说："做都尉。"汉王当天就任命陈平为都尉，让他做参乘，主管护军的工作。众将都喧哗起来，说："大王刚得到楚国的一个逃兵，还不知道他本领如何，就跟他同乘一辆车子，反而让他监督我们这些老将！"汉王听到这些议论，更加宠幸陈平。汉王于是带着陈平往东讨伐项王。到了彭城，被楚军打败。汉王领兵返回，一路上收集散兵到了荥阳，任命陈平为副将，隶属于韩王信，驻扎在广武一带。

周勃、灌婴等这些人都诋毁陈平说："陈平虽然是个美男子，只不过像帽子上的美玉罢了，他内里未必有真东西。我们听说陈平在家时，曾经与嫂嫂私通；在魏王那里做事不能容身，逃亡出来归附楚王；归附楚王不相合，又逃来归降汉王。现在大王如此器重他，使他做高官，任命他为护军。我们听说陈平接受了将领们送的钱财，钱给得多的就得到好处，钱给得少的就遭遇坏的处境。陈平是一个反复无常的作乱奸臣，希望大王能够明察。"汉王怀疑起陈平来，召来魏无知责问他。魏无知说："我所说的是才能，陛下所问的是品行。现在如果有人有尾生、孝己那样的品行，但对胜负的命运没有好处，陛下哪有闲暇精力使用这样的人呢？楚汉对峙，我亲自推荐善于出奇谋的人，只关心他的计谋是否确实能够有利于国家罢了。至于私通嫂嫂、接受钱财，又有什么值得怀疑的呢？"汉王召来陈平责问道："先生在魏王那里做事不相合，便去楚王那里做事而又半道离开。如今又来跟从我，讲信用的人原来是这样三心二意吗？"陈平说："我在魏王那里效劳，魏王不能采用我的建议，所以我离开他到项王那里做事。项王不能够信任人，他所信任、宠爱的，不是那些项氏宗族就是妻家的兄弟，即使有奇才也不能重用，我这才离开楚王。听说汉王能够用人，所以来归附大王。我只身而来，不接受钱财便没计画有可采者，大王用之；使无可用者，金具在，请封输官，得请骸骨。”汉王乃谢，厚赐，拜为护军中尉，尽护诸将。诸将乃不敢复言。

其后，楚急攻，绝汉甬道，围汉王于荥阳城。久之，汉王患之，请割荥阳以西以和。项王不听。汉王谓陈平曰：“天下纷纷，何时定乎？”陈平曰：“项王为人，恭敬爱人，士之廉节好礼者多归之。至于行功爵邑，重之，士亦以此不附。今大王慢而少礼，士廉节者不来；然大王能饶人以爵邑，士之顽钝嗜利无耻者亦多归汉。诚各去其两短，袭其两长，天下指麾则定矣。然大王恣侮人，不能得廉节之士。顾楚有可乱者，彼项王骨鲠之臣亚父、钟离昧、龙且、周殷之属，不过数人耳。大王诚能出捐数万斤金，行反间，间其君臣，以疑其心，项王为人意忌信谗，必内相诛。汉因举兵而攻之，破楚必矣。”汉王以为然，乃出黄金四万斤，与陈平，恣所为，不问其出入。

陈平既多以金纵反间于楚军，宣言诸将钟离昧等为项王将，功多矣，然而终不得裂地而王，欲与汉为一，以灭项氏而分王其地。项羽果意不信钟离昧等。项王既疑之，使使至汉。汉王为太牢具，举进。见楚使，即佯惊曰：“吾以为亚父使，乃项王使！”复持去，更以恶草具进楚使。楚使归，具以报项王。项王果大疑亚父。亚父欲急攻下荥阳城，项王不信，不肯听。亚父闻项王疑之，乃怒曰：“天下事大定矣，君王自为之！原请骸骨归！”归未至彭城，疽发背而死。陈平乃夜出女子二千人荥阳城东门，楚因击之，陈平乃与汉王从城西门夜出去。遂入关，收散兵复东。

其明年，淮阴侯破齐，自立为齐王，使使言之汉王。汉王大怒而骂，陈平蹑汉王。汉王亦悟，乃厚遇齐使，使张子房卒立信为齐王。封平以户牖乡。用其奇计策，卒灭楚。常以护军中尉从定燕王臧荼。

有办事的费用。如果我的计谋确定有值得采纳的，希望大王采用；假若没有值得采用的，钱财都还留着，请允许我封好送回官府，并请求回家。”汉王于是向陈平道歉，丰厚地赏赐了他，任命他为护军中尉，监督全体将领。将领们就再也不说什么了。

后来楚军加紧进攻，切断了汉军运输粮草的通道，把汉王围困在荥阳城。过了好长一段时间，汉王为这种困境而忧虑，请求割让荥阳以西的地区来谈和。项王不同意。汉王对陈平说：“天下如此动乱，什么时候才能安定呢？”陈平说：“项王的为人谦恭有礼，恭敬爱人，具有清廉节操，喜欢礼仪的士人都愿意归附他。至于论功行赏、授爵封邑时，他却又吝啬这些爵邑，有才能的人因此又不愿归附他。如今大王傲慢又不注重礼仪，具有清廉节操的士人都不愿意来；但是大王能够舍得给人爵位、食邑，那些圆滑没有骨气、好利无耻之徒又多归附汉王。如果你们两位谁能去掉自己的短处，采取对方的长处，那么只要招一招手，天下就能安定了。但是大王经常随意侮辱人，所以得不到具有清廉节操的士人。不过楚军方面有着可以扰乱的地方，项王那里刚直的臣子像亚父范增、钟离眛、龙且、周殷之辈，不过几个人而已。大王如果舍得拿出几万斤黄金，施行反间的计谋，离间楚国的君臣，让他们互生怀疑之心，项王为人猜忌多疑，听信谗言，他们内部一定会互相残杀。汉军可趁机发兵攻打他们，击败楚军是一定的事。”汉王认为陈平说得对，于是拿出黄金四万斤给陈平，听凭他使用，不再过问他的黄金支出情况。

陈平用了很多黄金在楚军中进行离间活动，在众将中扬言钟离眛等人作为项王的将领，功劳很多，但始终不能划地封王，他们打算跟汉王联合起来，消灭项王，瓜分楚国的土地，各自称王。项羽果然猜疑起来，不再信任钟离眛等人。项王已经怀疑钟离眛等人以后，派遣使者到汉军那里打探虚实。汉王特地准备丰盛的酒宴，命人端进。见到楚王的使者，汉王就佯装吃惊地说：“我还以为是亚父的使者，原来竟是楚王的使者！”又让人把酒肴端走，换上粗劣的饭菜端给楚王的使者吃。楚王使者回去以后，把这些情况禀告给项王。项王果然大大地怀疑起亚父。亚父范增想急速攻下荥阳城，项王不信任他，不肯听从他的意见。范增闻知项王在怀疑自己，就生气地说：“天下的大事已经基本定局了，君王自己干吧！我请求辞职告老还乡！”他回乡还没有到达彭城，就因背上毒疮发作而病死。陈平于是夜里让两千名妇女从荥阳城东门出去，楚军便发动攻击，陈平就与汉王从荥阳西门出城逃离。汉王随即进入关中，收集败散的士兵再次东进。

第二年，淮阴侯韩信打败了齐国，自立为齐王，派使者把这件事禀报给汉王。汉王非常恼怒，斥骂韩信。陈平暗暗地踩汉王的脚，汉王顿有所悟，于是就优厚地款待了齐王使者，并派张良立即封韩信为齐王。汉王把户牖乡封给陈平。汉王采用陈平的奇计妙策，最终灭掉楚国。陈平曾经以护军中尉的身份跟随汉王平定了燕王臧荼的叛乱。

汉六年，人有上书告楚王韩信反。高帝问诸将，诸将曰："亟发兵阬竖子耳。"高帝默然。问陈平，平固辞谢，曰："诸将云何？"上具告之。陈平曰："人之上书言信反，有知之者乎？"曰："未有。"曰："信知之乎？"曰："不知。"陈平曰："陛下精兵孰与楚？"上曰："不能过。"平曰："陛下将用兵有能过韩信者乎？"上曰："莫及也。"平曰："今兵不如楚精，而将不能及，而举兵攻之，是趣之战也，窃为陛下危之。"上曰："为之奈何？"平曰："古者天子巡狩，会诸侯。南方有云梦，陛下弟出伪游云梦，会诸侯于陈。陈，楚之西界，信闻天子以好出游，其势必无事而郊迎谒。谒，而陛下因禽之，此特一力士之事耳。"高帝以为然，乃发使告诸侯会陈，"吾将南游云梦"。上因随以行。行未至陈，楚王信果郊迎道中。高帝豫具武士，见信至，即执缚之，载后车。信呼曰："天下已定，我固当烹！"高帝顾谓信曰："若毋声！而反，明矣！"武士反接之。遂会诸侯于陈，尽定楚地。还至雒阳，赦信以为淮阴侯，而与功臣剖符定封。

于是与平剖符，世世勿绝，为户牖侯。平辞曰："此非臣之功也。"上曰："吾用先生谋计，战胜剋敌，非功而何？"平曰："非魏无知臣安得进？"上曰："若子可谓不背本矣。"乃复赏魏无知。其明年，以护军中尉从攻反者韩王信于代。卒至平城，为匈奴所围，七日不得食。高帝用陈平奇计，使单于阏氏，围以得开。高帝既出，其计秘，世莫得闻。

高帝南过曲逆，上其城，望见其屋室甚大，曰："壮哉县！吾行天下，独见洛阳与是耳。"顾问御史曰："曲逆户口几何？"对曰："始秦时三万余户，间者兵数起，多亡匿，今见五千户。"于是乃诏御史，更以陈平为曲逆侯，尽食之，除前所食户牖。

其后常以护军中尉从攻陈豨及黥布。凡六出奇计，辄益邑，凡六益封。奇计或颇秘，世莫能闻也。

汉六年，有人上书告发楚王韩信造反。高帝问询将领们怎么办，将领们说："赶紧发兵活埋这小子。"高帝默默不语。高帝问陈平，陈平再三推辞，反问道："各位将领说些什么？"皇上把各位将领的意见都告诉了陈平。陈平问："有人上书说韩信要谋反，有知道这件事的外人吗？"皇上说："没有。"陈平问："韩信本人知道这情况吗？"皇上说："不知道。"陈平说："陛下的精锐部队跟楚国比哪个强？"皇上说："不能超过它。"陈平问："陛下的将领中用兵有能超过韩信的吗？"皇上说："没有谁赶得上。"陈平说："如今陛下的军队不如楚国精锐，将领的才干又赶不上韩信，却要发兵攻打他，这是促使他同我们作战，我私下里为陛下的安危而担忧。"皇上说："那该怎么办呢？"陈平说："古时天子巡察各地，会见各大诸侯。南方有个云梦泽，陛下只是假装出游云梦，在陈县会见诸侯。陈县在楚国的西部边界，韩信听到天子怀着善意出游，看那情势定然无事，因而必到郊外迎接拜见陛下。拜见时，陛下趁机将他捉拿下，这只不过是一个力士就能办到的事。"高帝觉得他的主意很好，于是派出使者告知各诸侯到陈县会面，说"我即将南游云梦"。皇上便随即出发。尚未到达陈县的时候，楚王韩信果然在郊外的路上迎接。高帝预先准备好武士，见韩信来了，立即将他拿下捆绑起来，装在副车中。韩信喊道："天下已经平定了，我本来该当烹杀了！"高帝回过头对韩信说："你别出声叫喊了！你谋反已经很明显了！"武士把韩信两手反绑在后。高帝于是在陈县会见了诸侯，全部平定了楚地。高帝回到洛阳，赦免了韩信，降封他为淮阴侯，又与有功之臣剖符确定封赏

当时与陈平剖符，封为户牖侯，世代相传而不断绝。陈平辞谢说："这不是我的功劳。"皇上说："我采用了先生的计谋，克敌制胜，这不是功劳是什么呢？"陈平说："不是魏无知的推荐，我怎么能入朝为官进言献计呢？"皇上赞赏道："像先生您这样可以说是不忘本了。"于是又赏赐了魏无知。第二年，陈平以护军中尉的身份跟从高帝，在代地攻打谋反的韩王信。匆忙行军到了平城，被匈奴围困，七天吃不上饭。高帝采用了陈平的妙计，派人到单于的阏氏那里去疏通，才得以解围出来。高帝脱身以后，陈平的计策始终秘而不宣，世间没有人得知内情。

高帝南归时经过曲逆，登上城楼，望见县城的房屋特别大，说道："这个县好壮观！我走遍了天下，只见到洛阳和这个县是这样。"回头问御史说："曲逆的户口有多少？"御史回答说："当初秦朝时有三万多，中间连年战乱，很多人逃亡藏匿，如今现存大约五千人。"当时高帝便命令御史，重新改封陈平为曲逆侯，尽享全县各户的赋税收入，取消了以前所封的户牖乡。

此后陈平曾以护军中尉的身份跟从高帝，征讨陈豨和黥布。他一共出过六次奇计，每次为此都增加了封邑，一共增封了六次之多。奇计有的颇为隐秘，世间都不知道。

高帝从破布军还，病创，徐行至长安。燕王卢绾反，上使樊哙以相国将兵攻之。既行，人有短恶哙者。高帝怒曰："哙见吾病，乃冀我死也。"用陈平谋而召绛侯周勃受诏床下，曰："陈平亟驰传载勃代哙将，平至军中即斩哙头！"二人既受诏，驰传未至军，行计之曰："樊哙，帝之故人也，功多，且又乃吕后弟吕媭之夫，有亲且贵，帝以忿怒故，欲斩之，则恐后悔。宁囚而致上，上自诛之。"未至军，为坛，以节召樊哙。哙受诏，即反接载槛车，传诣长安，而令绛侯勃代将，将兵定燕反县。

平行闻高帝崩，平恐吕太后及吕媭谗怒，乃驰传先去。逢使者诏平与灌婴屯于荥阳。平受诏，立复驰至宫，哭甚哀，因奏事丧前。吕太后哀之，曰："君劳，出休矣。"平畏谗之就，因固请得宿卫中。太后乃以为郎中令，曰："傅教孝惠。"是后吕媭谗乃不得行。樊哙至，则赦复爵邑。

孝惠帝六年，相国曹参卒，以安国侯王陵为右丞相，陈平为左丞相。

王陵者，故沛人，始为县豪，高祖微时，兄事陵。陵少文，任气，好直言。及高祖起沛，入至咸阳，陵亦自聚党数千人，居南阳，不肯从沛公。及汉王之还攻项籍，陵乃以兵属汉。项羽取陵母置军中，陵使至，则东乡坐陵母，欲以招陵。陵母既私送使者，泣曰："为老妾语陵，谨事汉王。汉王，长者也，无以老妾故，持二心。妾以死送使者。"遂伏剑而死。项王怒，烹陵母。陵卒从汉王定天下。以善雍齿，雍齿，高帝之仇，而陵本无意从高帝，以故晚封，为安国侯。

安国侯既为右丞相，二岁，孝惠帝崩。高后欲立诸吕为王，问王陵，王陵曰："不可。"问陈平，陈平曰："可。"吕太后怒，乃佯迁陵为帝太傅，实不用陵。陵怒，谢疾免，杜门竟不朝请，七年而卒。

高帝随击败黥布的军队回来，因伤势严重而患病，一路慢行回到长安。听说燕王卢绾反叛，皇上派樊哙以相国的身份率兵征讨他。出发以后，有人说樊哙的坏话。高帝大怒说：“樊哙见我病了，便盼望我死。”便采用陈平的计谋，召绛侯周勃在病榻前受命，说道：“陈平速驾车马载着周勃代替樊哙领兵，陈平到了军中立即斩下樊哙的头！”二人接受了诏命，驾驶着驿站的车马急行，还没有到达军中，边走边商议说：“樊哙是高帝的老朋友了，功劳很多，而且又是吕后妹妹吕媭的丈夫，与高帝有亲戚关系并且显贵，高帝因为一时愤怒想杀他，只怕将来要后悔。我们宁可把他囚禁起来交与皇上，由皇上自己处决他。”他们没有到军营中，便堆土筑坛，用符节召来樊哙。樊哙接受诏令，立即被反绑起来装上囚车，由驿站送往长安，使绛侯周勃替樊哙为将，率兵平定了燕地反叛的各县。

陈平在返回途中听说高帝去世，他恐怕吕媭进谗言、吕后听信谗言发怒，便急驾驿站车马提前回来。路上遇到使者诏令陈平和灌婴驻守荥阳。陈平接受诏命，马上又驱车赶到宫廷，哭得非常哀痛，趁机在高帝灵堂内向吕后禀奏处理樊哙一事的经过。吕太后怜悯陈平，说道：“您辛苦了，出去好好休息吧。”陈平害怕谗言加于自身，于是坚决请求留宿宫中，担任警卫。吕太后于是任命他担任郎中令，说道：“请好好辅佐指导孝惠皇帝。”此后吕媭的谗言才不起作用。樊哙被押到长安，便被赦免并恢复了原来的爵位和封邑。

孝惠帝六年，相国曹参去世，任命安国侯王陵为右丞相、陈平为左丞相。

王陵本来是沛县人，起初是县里的豪绅，高祖在卑微时，像对待兄长那样侍奉王陵。王陵为人不大讲礼节，喜欢意气用事，喜欢直言。到了高祖在沛县起兵，进入关中抵达咸阳时，王陵也聚集党羽几千人，驻在南阳，不肯跟从沛公。等到汉王回军进攻项籍时，王陵才率兵归属汉王。项羽劫持王陵的母亲安置在军营中，当王陵的使者到来时，项羽就让王陵的母亲朝东坐在贵宾的位子上，想以此招纳王陵归降楚国。王陵的母亲私下送走使者时说哭着说：“请替我告诉王陵，要小心地侍奉汉王。汉王是个仁慈宽厚的长者，不要因为我的缘故而三心二意。我以死来给你送行吧。”说罢即拔剑自刎而死。项王十分恼怒，煮了王陵的母亲。王陵终于跟从汉王平定天下。他跟雍齿交情不错，雍齿是高帝的仇人，原本又无意跟从高帝，由于这些缘故受封较晚，封号为安国侯。

安国侯做了右丞相，两年后，孝惠帝去世。吕太后想立吕氏宗族的人为王，询问王陵，王陵说：“不行。”又问陈平，陈平说：“可以立。”吕太后发怒，于是假意提升王陵为皇帝的太傅，实际上不重用王陵。王陵发怒，称病辞职。闭门不出，始终不朝见皇帝，七年之后去世。

陵之免丞相，吕太后乃徙平为右丞相，以辟阳侯审食其为左丞相。左丞相不治，常给事于中。

食其亦沛人。汉王之败彭城西，楚取太上皇、吕后为质，食其以舍人侍吕后。其后从破项籍为侯，幸于吕太后。及为相，居中，百官皆因决事。

吕媭常以前陈平为高帝谋执樊哙，数谗曰："陈平为相非治事，日饮醇酒，戏妇女。"陈平闻，日益甚。吕太后闻之，私独喜。面质吕媭于陈平曰："鄙语曰'儿妇人口不可用'，顾君与我何如耳。无畏吕媭之谗也。"

吕太后立诸吕为王，陈平伪听之。及吕太后崩，平与太尉勃合谋，卒诛诸吕，立孝文皇帝，陈平本谋也。审食其免相。

孝文帝立，以为太尉勃亲以兵诛吕氏，功多；陈平欲让勃尊位，乃谢病。孝文帝初立，怪平病，问之。平曰："高祖时，勃功不如臣平。及诛诸吕，臣功亦不如勃。原以右丞相让勃。"于是孝文帝乃以绛侯勃为右丞相，位次第一；平徙为左丞相，位次第二。赐平金千斤，益封三千户。

居顷之，孝文皇帝既益明习国家事，朝而问右丞相勃曰："天下一岁决狱几何？"勃谢曰："不知。"问："天下一岁钱谷出入几何？"勃又谢不知，汗出沾背，愧不能对。于是上亦问左丞相平。平曰："有主者。"上曰："主者谓谁？"平曰："陛下即问决狱，责廷尉；问钱谷，责治粟内史。"上曰："苟各有主者，而君所主者何事也？"平谢曰："主臣！陛下不知其驽下，使待罪宰相。宰相者，上佐天子理阴阳，顺四时，下育万物之宜，外镇抚四夷诸侯，内亲附百姓，使卿大夫各得任其职焉。"孝文帝乃称善。右丞相大惭，出而让陈平曰："君独不素教我对！"陈平笑曰："君居其位，不知其任邪？且陛下即问长安中盗贼数，君欲强对邪？"于是绛侯自知其能不王陵被免除丞相职务后，吕太后就封陈平为右丞相，任命辟阳侯审食其为左丞相。没有设左丞相办公的处所，左丞相常在宫中处理政务。

审食其也是沛县人。汉王在彭城以西被击败时，楚军抓走汉王的父亲和吕后作为人质，审食其以家臣的身份侍奉吕后。他后来跟随汉军打败项羽被封为侯，受到吕太后的宠幸。他做了左丞相后，住在宫中，百官都得通过他才能决断事情。

吕媭常因从前陈平为高帝出谋划策捉拿樊哙，多次进谗言说："陈平当丞相不理政务，每天饮美酒，玩弄妇女。"陈平听到后，饮酒作乐日益加剧。吕太后闻知此事后，暗自高兴。她当着吕媭的面对陈平说："俗语说'小孩和妇女的话不可信'，就看你对我怎么样了。不要怕吕媭说你的坏话。"

吕太后立吕氏宗族的人为王，陈平假装顺从此事。等到吕太后去世，陈平跟太尉周勃合谋，诛灭了吕氏宗族，拥立孝文皇帝即位，此事陈平是主要出谋划策者。审食其被免去左丞相一职。

孝文帝即位后，认为太尉周勃亲自率兵诛灭吕氏宗族，功劳多；陈平想把右丞相的尊位让给周勃，于是托病告退。孝文帝刚即位时，觉得陈平病得很奇怪，就去探问他。陈平说："高祖时期，周勃的功劳不如我陈平。到诛灭吕氏宗族时，我的功劳也就不如周勃了。我愿把右丞相的职位让给周勃。"于是孝文帝就任命绛侯周勃为右丞相，位次名列第一；陈平调职为左丞相，位次名列第二。又赏赐陈平黄金千金，加封食邑三千户。

过了一段时间后，孝文皇帝已经渐渐熟悉了国家大事，在一次接受群臣朝见时问右丞相周勃说："全国一年中判决的案件有多少？"周勃谢罪说："不知道。"孝文皇帝又问："全国一年中钱粮的开支收入有多少？"周勃又说不知道，急得汗流浃背，惭愧自己不能回答。于是皇上又问左丞相陈平。陈平说："有主管的人。"皇上说："主管的人又是谁？"陈平说："陛下若问判决案件的情况，可询问廷尉；问钱粮收支的情况，可询问治粟内史。"皇上说："如果各自有主管的人，那么您所主管的是些什么事呢？"陈平谢罪说："主管群臣，陛下不知我才智低劣，使我勉强担任宰相的职位。宰相一职，对上辅佐天子，调理阴阳、顺应四时，对下养育万物适时生长，对外镇抚四夷和诸侯，对内爱护团结老百姓，使公卿大夫各自能够胜任他们的职责。"孝文帝于是称赞陈平回答得好。右丞相周勃大为惭愧，退朝后埋怨陈平说："您怎么不在平时教我对答这些话！"陈平笑着说："您身居相位，不知道丞相的职责吗？陛下如若问起长安城中盗贼的数目，您也要勉强凑数来对答吗？"这时绛侯周勃自知自己的才能比陈平差远了。过了一段时间，绛侯周勃托病请求免去右丞相的职务，于是陈平独自如平远矣。居顷之，绛侯谢病请免相，陈平专为一丞相。

孝文帝二年，丞相陈平卒，谥为献侯。子共侯买代侯。二年卒，子简侯恢代侯。二十三年卒，子何代侯。二十三年，何坐略人妻，弃市，国除。

始陈平曰：“我多阴谋，是道家之所禁。吾世即废，亦已矣，终不能复起，以吾多阴祸也。”然其后曾孙陈掌以卫氏亲贵戚，原得续封陈氏，然终不得。

太史公曰：陈丞相平少时，本好黄帝、老子之术。方其割肉俎上之时，其意固已远矣。倾侧扰攘楚魏之间，卒归高帝。常出奇计，救纷纠之难，振国家之患。及吕后时，事多故矣，然平竟自脱，定宗庙，以荣名终，称贤相，岂不善始善终哉！非知谋孰能当此者乎？

担任整个丞相的职务。

孝文帝二年，丞相陈平去世，谥号为献侯。他的儿子恭侯陈买接替侯位。陈买为侯二年去世，他的儿子简侯陈恢接替侯位。陈恢为侯二十三年去世，他的儿子陈何接替侯位。陈何为侯二十三年时，犯了抢占他人妻子的罪，被处以死刑，封国被废除。

当初陈平曾经说过："我常使用诡秘的计谋，这是道家所禁忌的。我的后代如果被废黜，也就止住了，终归不能再兴起，因为我暗中积下了很多祸因。"此后陈平的曾孙陈掌靠着是卫家亲戚的关系，希望能够接续陈家原来的封号，但终究没有成功。

太史公说：陈丞相陈平在年轻的时候，本来喜欢黄帝以及老子的学说。当他在砧板上分割祭肉的时候，他的志向本来已经很远大了。他彷徨于楚魏之间，最终归附高帝。他常常想出妙计，解救纷繁的危难，消除国家的祸患。到了吕后执政时期，诸事多有变故，但陈平竟能自免于祸，安定汉室，保持荣耀的名望终身，被称为贤相，难道不是善始善终吗！假若没有才智和谋略，谁能做到这一步呢？

绛侯周勃世家第二十七

绛侯周勃者，沛人也。其先卷人，徙沛。勃以织薄曲为生，常为人吹箫给丧事，材官引强。

高祖之为沛公初起，勃以中涓从攻胡陵，下方与。方与反，与战，却适。攻丰。击秦军砀东。还军留及萧。复攻砀，破之。下下邑，先登。赐爵五大夫。攻蒙、虞，取之。击章邯车骑，殿。定魏地。攻爰戚、东缗，以往至栗，取之。攻啮桑，先登。击秦军阿下，破之。追至濮阳，下甄城。攻都关、定陶，袭取宛朐，得单父令。夜袭取临济，攻张，以前至卷，破之。击李由军雍丘下。攻开封，先至城下为多。后章邯破杀项梁，沛公与项羽引兵东如砀。自初起沛还至砀，一岁二月。楚怀王封沛公号安武侯，为砀郡长。沛公拜勃为虎贲令，以令从沛公定魏地。攻东郡尉于城武，破之。击王离军，破之。攻长社，先登。攻颍阳、缑氏，绝河津。击赵贲军尸北。南攻南阳守齮，破武关、峣关。破秦军于蓝田，至咸阳，灭秦。

项羽至，以沛公为汉王。汉王赐勃爵为威武侯。从入汉中，拜为将军。还定三秦，至秦，赐食邑怀德。攻槐里、好畤，最。击赵贲、内史保于咸阳，最。北攻漆。击章平、姚卬军。西定汧。还下郿、频阳。围章邯废丘。破西丞。击盗巴军，破之。攻上邽。东守峣关。转击项籍。攻曲逆，最。还守敖仓，追项籍。籍已死，因东定楚地泗、东海郡，凡得二十二县。还守雒阳、栎阳，赐与颍侯共食钟离。以将军从高帝反者燕王臧荼，破之易下。所将卒当驰道为多。赐爵列侯，绛侯周勃是沛县人。他的先祖是卷县人，后来迁居到了沛县。周勃靠编织养蚕的器具维持生活，还常常在人家办丧事时吹箫奏挽歌，后来又成为能拉强弓的勇士。

高祖刘邦当初称为沛公刚刚起兵的时候，周勃以侍从官的身份随从高祖进攻胡陵，打下方与。方与反叛，周勃跟他们交战，打退了敌军。之后进攻丰邑，在砀郡东边攻打秦军，军队回到留县和萧县。再次进攻砀郡，把它攻破了，打下了下邑，周勃最先登上城墙。高祖赐给他五大夫的爵位。进攻蒙、虞二城，都攻下了。袭击章邯车骑部队的时候，周勃立下大功。平定魏地后，进攻爰戚、东缗，一直打到栗县，都攻占了。攻啮桑时，周勃又最先登城。在东阿城下攻击秦军，把他们打败了。追击到濮阳，攻下甄城。进攻都关、定陶，袭击并攻占了宛朐，俘获了单父的县令。当天夜晚袭击攻占了临济，进攻寿张，又往前打到卷县，把它攻破了。在雍丘城下攻击秦军将领李由的军队。进攻开封时，周勃先到城下，立了战功。后来章邯打败了项梁的军队并杀死了项梁。沛公刘邦和项羽领兵向东回到砀郡。从在沛县开始起兵到回军砀郡，共一年零两个月。楚怀王给沛公的封号为安武侯，并任他做砀郡郡长。沛公任命周勃为虎贲令和沛公一起去平定魏地。在城武进攻东郡郡尉的军队，打败了他们。攻打秦将王离的军队，把他们打败了。进攻长社，周勃又是最先登城。进攻颍阳、缑氏，切断了黄河的渡口。在尸乡的北面攻打赵贲的军队。又南下攻打南阳郡守吕齮。攻破武关、峣关。在蓝田大败秦军，打到咸阳，灭亡了秦朝。

项羽到达咸阳，把沛公封为汉王。汉王赐给周勃威武侯的爵位。周勃跟随汉王进入汉中，被任命为将军。回师平定了三秦，到达秦地后，汉王把怀德赐给周勃作食邑。进攻槐里、好畤，立了上等功。在咸阳攻击赵贲、内史保，又立上等功。向北进攻漆县。攻打章平、姚卬的军队。向西平定汧县。又回军打下了郿县和频阳两地。在废丘包围了章邯的军队。打败了西县县丞的军队。攻打盗巴的军队，打败了他。进攻上邽，在东边镇守峣关。转而攻打项羽。进攻曲逆，立上等功。回师镇守敖仓，追击项羽。项羽死后，趁机向东平定楚泗水和东海两郡，一共占领二十二县。又回师守卫洛阳和栎阳，汉王把钟离赐给周勃与灌婴作为二人共有的食邑。周勃又以将军的身份随从高祖，征讨反叛汉朝的燕王臧荼，在易县城下打败他们。周勃率领的士兵在车马大道上抵御敌军，战功多。周勃被封赐列侯的爵位，高祖分剖符剖符世世勿绝。食绛八千一百八十户，号绛侯。

以将军从高帝击反韩王信于代，降下霍人。以前至武泉，击胡骑，破之武泉北。转攻韩信军铜鞮，破之。还，降太原六城。击韩信胡骑晋阳下，破之，下晋阳。后击韩信军于硰石，破之，追北八十里。还攻楼烦三城，因击胡骑平城下，所将卒当驰道为多。勃迁为太尉。

击陈豨，屠马邑。所将卒斩豨将军乘马絺。击韩信、陈豨、赵利军于楼烦，破之。得豨将宋最、雁门守圂。因转攻得云中守遬、丞相箕肆、将勋。定雁门郡十七县，云中郡十二县。因复击豨灵丘，破之，斩豨，得豨丞相程纵、将军陈武、都尉高肆。定代郡九县。燕王卢绾反，勃以相国代樊哙将，击下蓟，得绾大将抵、丞相偃、守陉、太尉弱、御史大夫施，屠浑都。破绾军上兰，复击破绾军沮阳。追至长城，定上谷十二县，右北平十六县，辽西、辽东二十九县，渔阳二十二县。最从高帝得相国一人，丞相二人，将军、二千石各三人；别破军二，下城三，定郡五，县七十九，得丞相、大将各一人。

勃为人木强敦厚，高帝以为可属大事。勃不好文学，每召诸生说士，东乡坐而责之："趣为我语。"其椎少文如此。

勃既定燕而归，高祖已崩矣，以列侯事孝惠帝。孝惠帝六年，置太尉官，以勃为太尉。十岁，高后崩。吕禄以赵王为汉上将军，吕产以吕王为汉相国，秉汉权，欲危刘氏。勃为太尉，不得入军门。陈平为丞相，不得任事。于是勃与平谋，卒诛诸吕而立孝文皇帝。其语在吕后、孝文事中。

文帝既立，以勃为右丞相，赐金五千斤，食邑万户。居月余，人或说勃曰："君既诛诸吕，立代王，威震天下，而君受厚赏，处尊位，以宠，久之即祸及身矣。"勃惧，亦自危，乃谢请归相印。上许之。岁余，丞相平卒，上复以勃为丞相。十余月，上曰："前日吾诏信以示周勃的爵位代代相传，赐其绛县八千一百八十户作为食邑，号称绛侯。

周勃以将军身份随从高祖，在代地征讨反叛汉朝的韩王信，降服了霍人县。再向前到达武泉，攻击胡人的骑兵，在武泉北边把他们打败。又移兵到铜鞮，进攻韩王信的军队，打败了他们。回师降服了太原郡的六座城。在晋阳城下，周勃率领士兵攻击韩王信的胡人骑兵，击败了他们，攻下了晋阳。随后又在硰石攻击韩王信的军队，把他们击败，追击败兵八十里。回师进攻楼烦的三座城，趁势在平城之下攻击胡人骑兵，在车马大道上周勃所率领士兵抵御敌兵，战功最多。周勃晋升为太尉。

周勃攻打叛将陈豨，在马邑县屠城。他率领的士卒斩杀了陈豨的将军乘马絺。在楼烦攻打韩王信、陈豨、赵利的军队，把他们打败了，俘获了陈豨的部将宋最和雁门郡守圂。趁势转攻云中郡，俘获了郡守遬、丞相箕肆和将军勋。平定了雁门郡十七个县，云中郡十二个县。趁势又在灵丘攻打陈豨，把他的军队打垮，杀死了陈豨，俘获了陈豨的丞相程纵、将军陈武、都尉高肆。平定了代郡九个县。燕王卢绾起兵造反的时候，周勃以相国的身份代替樊哙领兵，攻下蓟县，俘虏卢绾的大将抵、丞相偃、守陉、太尉弱、御史大夫施，将浑都屠城。后来在上兰大败卢绾的军队，接着又在沮阳大败卢军。乘胜追击到长城，平定了上谷十二县，右北平十六县，辽西、辽东二十九县，渔阳二十二县。总而言之，周勃跟随汉高祖征讨天下，俘获一位相国，两位丞相，将军和二千石的官员各三位；另外击败过两支军队，攻下三座城，平定五个郡七十九个县，俘虏丞相和大将军各一人。

周勃为人质朴刚强，老实并且忠厚，高祖认为可以嘱托大事。周勃不喜爱文辞礼节，每次召见儒生和游说之士，他面向东坐着，要求他们："赶快对我说吧！"他的质朴不讲理就像这个样子。

周勃平定燕地之后回朝，高祖已经去世，他以列侯的身份侍奉辅佐惠帝。惠帝六年设太尉官职，任命周勃为太尉。十年以后，吕后去世。吕禄以赵王身份任汉朝上将军，吕产以吕王身份任汉朝相国，他们把持汉朝政权，想要推翻刘氏。周勃身为太尉，却不能进入军营之门；陈平身为丞相，却不能处理朝廷政务。于是周勃与陈平一起谋划，终于诛灭了吕氏家族，拥立孝文皇帝。此事的详情都记载在《吕太后本纪》和《孝文本纪》中。

文帝即位之后，任周勃为右丞相，赏赐黄金五千斤、食邑一万户，过了一个多月，有人劝说周勃："您已诛灭了吕氏家族，拥立代王为天子，威震天下。您受到丰厚的赏赐，处在尊贵的地位，这样受宠时间长了，将会有灾祸的。"周勃害怕了，自己也感到危险，于是就辞职，请求归还相印。皇帝答应他的请求。过了一年多，丞相陈平去世。皇帝又让周勃任丞相。过了十几个月，皇帝说："前列侯就国，或未能行，丞相吾所重，其率先之。”乃免相就国。

岁余，每河东守尉行县至绛，绛侯勃自畏恐诛，常被甲，令家人持兵以见之。其后人有上书告勃欲反，下廷尉。廷尉下其事长安，逮捕勃治之。勃恐，不知置辞。吏稍侵辱之。勃以千金与狱吏，狱吏乃书牍背示之，曰“以公主为证”。公主者，孝文帝女也，勃太子胜之尚之，故狱吏教引为证。勃之益封受赐，尽以予薄昭。及系急，薄昭为言薄太后，太后亦以为无反事。文帝朝，太后以冒絮提文帝，曰：“绛侯绾皇帝玺，将兵于北军，不以此时反，今居一小县，顾欲反邪！”文帝既见绛侯狱辞，乃谢曰：“吏方验而出之。”于是使使持节赦绛侯，复爵邑。绛侯既出，曰：“吾尝将百万军，然安知狱吏之贵乎！”

绛侯复就国。孝文帝十一年卒，谥为武侯。子胜之代侯。六岁，尚公主，不相中，坐杀人，国除。绝一岁，文帝乃择绛侯勃子贤者河内守亚夫，封为条侯，续绛侯后。

条侯亚夫自未侯为河内守时，许负相之，曰：“君后三岁而侯。侯八岁为将相，持国秉，贵重矣，于人臣无两。其后九岁而君饿死。”亚夫笑曰：“臣之兄已代父侯矣，有如卒，子当代，亚夫何说侯乎？然既已贵如负言，又何说饿死？指示我。”许负指其口曰：“有从理入口，此饿死法也。”居三岁，其兄绛侯胜之有罪，孝文帝择绛侯子贤者，皆推亚夫，乃封亚夫为条侯，续绛侯后。

文帝之后六年，匈奴大入边。乃以宗正刘礼为将军，军霸上；祝兹侯徐厉为将军，军棘门；以河内守亚夫为将军，军细柳：以备胡。上自劳军。至霸上及棘门军，直驰入，将以下骑送迎。已而之细柳军，军士吏被甲，锐兵刃，彀弓弩，持满。天子先驱至，不得入。先驱曰：“天子且至！”军门都尉曰：“将军令曰‘军中闻将军令，不些天我下令让列侯都到自己的封地去，有些人还没有走，丞相您是我很器重的人，希望您带头吧！”于是免去丞相职位后回到其封地。

回到封地一年多，每当河东郡守和郡尉巡视各县到达绛县的时候，绛侯周勃害怕被杀，时常披挂铠甲，命令家人手持武器来会见郡守和郡尉。后来有人上书告发周勃要反叛，皇帝把此事交给负责刑狱事务的长官廷尉处理，廷尉又把此事交付长安负责，长安的刑狱官逮捕周勃进行审问。周勃非常恐惧，不知道如何回答。狱吏渐渐欺凌侮辱他。周勃拿千金送给狱吏，狱吏才写在木简背后提示：“让公主为你作证。”公主就是文帝的女儿，周勃的长子胜之娶她为妻，所以狱吏教周勃让她出来作证。周勃把加封所受的赏赐都送给了薄太后的弟弟薄昭。等案子到了紧要关头，薄昭为周勃向薄太后说情，太后也认为周勃不会有谋反的事。文帝朝见太后，太后顺手抓起头巾向文帝扔去，说：“当初绛侯身上带着皇帝的印玺，在北军领兵，他不在这时反叛，如今他住在一个小小的县里，反倒要谋反吗？”文帝已经看到绛侯的供词，便向太后谢罪说：“狱吏刚好查证清楚，要释放他。”于是派使者带着符节赦免绛侯，恢复他的爵位和食邑。绛侯出狱以后说：“我曾经率领百万大军，但怎么知道狱吏的尊贵呀！”

绛侯又回到封地。在文帝十一年去世，谥号为武侯。他的儿子胜之继承爵位。过了六年，他所娶的公主与他感情不合，又因他犯了杀人罪，爵位和封地被废除。爵位中断了一年，文帝才从绛侯周勃的儿子中挑选出贤能的河内郡守周亚夫，封他为条侯，接续绛侯的爵位。

条侯周亚夫还没有被封侯，只是河内郡守的时候，许负给他看相说：“您三年以后会被封侯，封侯八年以后将担任将军和丞相，掌握国家大权，位尊而权重，在大臣中没有第二个能和你相比。在这之后九年，您将会被饿死。”周亚夫笑着说：“我的哥哥已经继承父亲的侯爵了，就算他死了，也应当是他的儿子接替，我周亚夫怎么谈得上封侯呢？既然我已像你说的那样富贵，又为何说会饿死呢？请你给指点。”许负指着周亚夫的嘴说：“您脸上有纵纹入口，这是饿死的面相。”过了三年，他的哥哥绛侯周胜之犯罪，文帝从周勃的儿子中挑选贤能的人继承爵位，大家都推举亚夫，于是亚夫被封为条侯，接续绛侯的爵位。

文帝后元六年，匈奴大举入侵骚扰边境。于是文帝便任命宗正刘礼为将军，驻军灞上；任命祝兹侯徐厉为将军，驻军在棘门；任命河内郡守周亚夫为将军，驻军在细柳，防备匈奴。皇帝亲自前去慰劳军队。到了灞上和棘门的军营，一直奔驰进入，从将军到士兵都骑马迎送。后来到达细柳军营，军中官兵都披持铠甲，手执兵刃，张开弓弩，拉满弓弦。天子的前导来到军营中，不能进入。前导说：“天子就要到了！”军门都尉说：“我们将军有令‘在军中只能听从将军的命令，闻天子之诏’。”居无何，上至，又不得入。于是上乃使使持节诏将军：“吾欲入劳军。”亚夫乃传言开壁门。壁门士吏谓从属车骑曰：“将军约，军中不得驱驰。”于是天子乃按辔徐行。至营，将军亚夫持兵揖曰：“介胄之士不拜，请以军礼见。”天子为动，改容式车。使人称谢：“皇帝敬劳将军。”成礼而去。既出军门，群臣皆惊。文帝曰：“嗟乎，此真将军矣！曩者霸上、棘门军，若儿戏耳，其将固可袭而虏也。至于亚夫，可得而犯邪！”称善者久之。月余，三军皆罢。乃拜亚夫为中尉。

孝文且崩时，诫太子曰：“即有缓急，周亚夫真可任将兵。”文帝崩，拜亚夫为车骑将军。

孝景三年，吴楚反。亚夫以中尉为太尉，东击吴楚。因自请上曰：“楚兵剽轻，难与争锋。原以梁委之，绝其粮道，乃可制。”上许之。

太尉既会兵荥阳，吴方攻梁，梁急，请救。太尉引兵东北走昌邑，深壁而守。梁日使使请太尉，太尉守便宜，不肯往。梁上书言景帝，景帝使使诏救梁。太尉不奉诏，坚壁不出，而使轻骑兵弓高侯等绝吴楚兵后食道。吴兵乏粮，饥，数欲挑战，终不出。夜，军中惊，内相攻击扰乱，至于太尉帐下。太尉终卧不起。顷之，复定。后吴奔壁东南陬，太尉使备西北。已而其精兵果奔西北，不得入。吴兵既饿，乃引而去。太尉出精兵追击，大破之。吴王濞弃其军，而与壮士数千人亡走，保于江南丹徒。汉兵因乘胜，遂尽虏之，降其兵，购吴王千金。月余，越人斩吴王头以告。凡相攻守三月，而吴楚破平。于是诸将乃以太尉计谋为是。由此梁孝王与太尉有郤。

归，复置太尉官。五岁，迁为丞相，景帝甚重之。景帝废栗太不听天子的诏令’。”没过多久，皇帝到了，也不能进入。于是皇帝便派使者手持符节通报将军：“我要进去慰劳军队。”亚夫这才命令打开军营大门。营门的守卫官对皇帝的车马随从说：“将军有规定，军营里不准驱马奔驰。”于是皇帝就拉紧缰绳慢慢行进。到了营中，将军周亚夫手拿武器拱手行礼说：“身穿盔甲的将士不能跪拜，请允许我以军礼参见皇上。”皇上被他感动了，马上变得面容庄重，靠在车的横木上向官兵致意。派人向周亚夫致谢说：“皇帝特来慰劳将军。”劳军的礼仪结束后离去。一出营门，群臣都露出惊怪的表情。文帝说：“啊，这才是真正的将军呀！之前在灞上和棘门军营看到的，简直像是儿戏，他们的将军这样就有可能受袭击被俘虏。至于亚夫，怎么可能有人去侵犯他呢！”称赞他很久。过了一个多月，三支军队都被撤除了。文帝便授予周亚夫中尉的官职。

文帝快去世的时候，告诫太子说：“如果发生危急情况，周亚夫是真正担当领兵重任的人物。”文帝去世后，景帝授予周亚夫车骑将军的称号。

景帝三年，吴、楚等七国联合叛乱。周亚夫由中尉升为太尉，带兵向东攻打吴、楚叛军。于是周亚夫亲自向皇帝请示说：“楚兵勇猛轻捷，很难与他们交战取胜。我希望先放弃梁国，让他们进攻，我们去断绝他们的粮道，这样才能制服他们。”景帝同意这个意见。

太尉周亚夫把所有军队都会合到荥阳之时，吴国叛军正在攻打梁国，梁国形势十分危急，请求援救。而太尉却率兵跑向东北直到昌邑，守在深沟高垒里不出来。梁国每天都派使者向太尉求救，太尉认为这样坚守才对自己有利，不肯派兵前去救援。梁国上书报告景帝，景帝随即派使者命令太尉救梁。太尉没有听从皇帝的诏令，仍然坚守营垒不出兵，而是派轻骑兵由弓高侯等人率领去断绝吴、楚叛军后方的粮道。吴国军队因此缺乏粮食，士兵饥饿，屡次挑战，可是汉军始终还是不出来应战。有一天夜里，汉军营中受惊，军内互相攻击扰乱，甚至闹到太尉的营帐之下。太尉却还是静卧不起。没过多久，就重新恢复了安定。后来吴军朝汉军军营东南角奔来，太尉让士兵们注意防备西北角。接着吴国精兵果然奔到了西北，但没能攻入。吴兵没有粮食，已经饿得不行了，于是就撤退离去。太尉派精兵前去追击，大败吴军。吴王濞抛弃了他的大军，与几千名精壮士卒一同逃跑，到江南丹徒自保。汉兵于是乘胜追击，俘虏了全部叛军，并使他们投降，又悬赏千金买吴王人头。过了一个多月，就有越人斩了吴王的头来报告。双方攻守历时只有三个月，吴、楚叛乱就被平定了。后来将领们终于意识到太尉的计谋是正确的。但正是因为这次平叛，梁孝王却和太尉结下怨仇。

周亚夫回到朝廷后，朝廷重新设置了太尉官，五年后周亚夫被提升为丞子，丞相固争之，不得。景帝由此疏之。而梁孝王每朝，常与太后言条侯之短。

窦太后曰："皇后兄王信可侯也。"景帝让曰："始南皮、章武侯先帝不侯，及臣即位乃侯之。信未得封也。"窦太后曰："人主各以时行耳。自窦长君在时，竟不得侯，死后乃其子彭祖顾得侯。吾甚恨之。帝趣侯信也！"景帝曰："请得与丞相议之。"丞相议之，亚夫曰："高皇帝约'非刘氏不得王，非有功不得侯。不如约，天下共击之'。今信虽皇后兄，无功，侯之，非约也。"景帝默然而止。

其后匈奴王徐卢等五人降，景帝欲侯之以劝后。丞相亚夫曰："彼背其主降陛下，陛下侯之，则何以责人臣不守节者乎？"景帝曰："丞相议不可用。"乃悉封徐卢等为列侯。亚夫因谢病。景帝中三年，以病免相。

顷之，景帝居禁中，召条侯，赐食。独置大胾，无切肉，又不置櫡。条侯心不平，顾谓尚席取櫡。景帝视而笑曰："此不足君所乎？"条侯免冠谢。上起，条侯因趋出。景帝以目送之，曰："此怏怏者非少主臣也！"

居无何，条侯子为父买工官尚方甲楯五百被可以葬者。取庸苦之，不予钱。庸知其盗买县官器，怒而上变告子，事连污条侯。书既闻上，上下吏。吏簿责条侯，条侯不对。景帝骂之曰："吾不用也。"召诣廷尉。廷尉责曰："君侯欲反邪？"亚夫曰："臣所买器，乃葬器也，何谓反邪？"吏曰："君侯纵不反地上，即欲反地下耳。"吏侵之益急。初，吏捕条侯，条侯欲自杀，夫人止之，以故不得死，遂入廷尉。因不食五日，呕血而死。国除。

绝一岁，景帝乃更封绛侯勃他子坚为平曲侯，续绛侯后。十九年相，景帝非常器重他。后来，景帝废黜栗太子，丞相周亚夫极力劝谏，也未能劝阻。景帝从此就疏远了周亚夫。而梁孝王每次进京朝见，常常跟太后讲周亚夫的不足之处。

有一天，窦太后对景帝说："皇后的哥哥王信可以封侯了。"景帝推辞说："当初对于南皮侯（窦彭祖）、章武侯（窦广国），先帝都没有封他们为侯，到我即位之后才封他们。王信现在还不能封啊。"窦太后说："君主们都是各自依照当时的情况行事。我哥哥窦长君在世时，竟没有被封侯，死后他的儿子彭祖却反倒被封了侯，对于这件事我一直非常悔恨，皇上赶快封王信为侯吧！"景帝说："这件事还需要和丞相商议一下再决定。"于是景帝就和丞相商议，周亚夫说："当初高皇帝立下规矩'不是刘氏家族的人不能封王，不是立下大功的人不能封侯，谁要是不遵守这个规定，天下人共同攻击他'。如今王信虽然是皇后的哥哥，但并不曾立功，封他为侯是不合规矩的。"景帝听后默默无言，只好作罢。

后来匈奴王徐卢等五人一起投降汉朝。景帝想要封他们为侯以此鼓励后来的人。丞相周亚夫说："那几个人背叛他们的君主投降陛下，陛下如果封他们为侯，那还凭什么去责备不守节操的臣子呢？"景帝说："丞相的意见不能采用。"后来还是把徐卢等人全都封为列侯。周亚夫因而称病退居在家中。景帝中元三年，周亚夫因病被免去丞相职务。

没多久，景帝在宫中召见条侯，赏赐酒食。宴席上只放了一大块肉，没有切碎，也没有放筷子。条侯心中很是不满，扭头就叫宴席的主管官员拿筷子来。景帝看到后笑着说："这些不能满足您的需要吗？"条侯脱下帽子谢罪。皇帝起身，条侯趁机快步走了出去。景帝看着他出去后，说："这个遇事就不满意的人不能担任少主的大臣啊！"

不久，条侯的儿子从专门给皇家做用品的工官那里为父亲买了五百件殉葬用的盔甲和盾牌。搬运的雇工很辛苦，可是他却没给这些人工钱。雇工们知道他偷买天子用的器物，一怒就上告周亚夫的儿子要反叛，事情自然牵连到条侯。雇工的上书呈报给景帝以后，景帝将此事交给官吏查办。官吏按文书上内容一一责问条侯，条侯拒不回答。景帝责骂道："我不任用你了。"就又下令把周亚夫交到廷尉那里去。廷尉责问说："您是想造反吗？"周亚夫说："我所买的器物都是准备殉葬用的，怎么能说是要造反呢？"狱吏说："您就算不在地上造反，也是想要到地下去造反吧！"狱吏逼迫越来越紧。一开始，狱吏逮捕条侯的时候，条侯想自杀，夫人制止了他。因此没能死，后来就进了廷尉的监狱。周亚夫后来五天没有吃饭，吐血而死。他的封地被撤除。

周亚夫的爵位在这之后中断了一年，景帝后来改封绛侯周勃的另外一个儿子卒，谥为共侯。子建德代侯，十三年，为太子太傅。坐酎金不善，元鼎五年，有罪，国除。

条侯果饿死。死后，景帝乃封王信为盖侯。

太史公曰：绛侯周勃始为布衣时，鄙朴人也，才能不过凡庸。及从高祖定天下，在将相位，诸吕欲作乱，勃匡国家难，复之乎正。虽伊尹、周公，何以加哉！亚夫之用兵，持威重，执坚刃，穰苴曷有加焉！足己而不学，守节不逊，终以穷困。悲夫！

周坚为平曲侯，承续绛侯的爵位。周坚封侯十九年后去世，谥号为共侯。他的儿子建德继承侯爵。十三年后，周建德被任命为太子太傅。后来因为所献的助祭黄金品质不佳，于元鼎五年，被判有罪，废除封地。

条侯周亚夫果然是饿死的。在他去世以后，景帝就将王信封为盖侯。

太史公说：绛侯周勃还是平民的时候，只是个粗陋朴实的人，才能也超不过平庸之辈。后来随从高祖平定天下以后，就身居将相之位，吕氏家族想造反，周勃挽救国家危难，使朝廷恢复安定。就算是伊尹、周公这样的贤人，又怎么能超过他呢！周亚夫用兵，一直保持威严庄重，坚韧不拔，就算是司马穰苴这样的名将又怎么能超过他呢？可惜他容易知足却不虚心学习，能谨守节操却不知恭顺，最后以穷途困窘而告终，真是令人感到悲哀啊！

梁孝王世家第二十八

梁孝王武者，孝文皇帝子也，而与孝景帝同母。母，窦太后也。

孝文帝凡四男：长子曰太子，是为孝景帝；次子武；次子参；次子胜。孝文帝即位二年，以武为代王，以参为太原王，以胜为梁王。二岁，徙代王为淮阳王。以代尽与太原王，号曰代王。参立十七年，孝文后二年卒，谥为孝王。子登嗣立，是为代共王。立二十九年，元光二年卒。子义立，是为代王。十九年，汉广关，以常山为限，而徙代王王清河。清河王徙以元鼎三年也。

初，武为淮阳王十年，而梁王胜卒，谥为梁怀王。怀王最少子，爱幸异于他子。其明年，徙淮阳王武为梁王。梁王之初王梁，孝文帝之十二年也。梁王自初王通历已十一年矣。

梁王十四年，入朝。十七年，十八年，比年入朝，留，其明年，乃之国。二十一年，入朝。二十二年，孝文帝崩。二十四年，入朝。二十五年，复入朝。是时上未置太子也。上与梁王燕饮，尝从容言曰："千秋万岁后传于王。"王辞谢。虽知非至言，然心内喜。太后亦然。

其春，吴楚齐赵七国反。吴楚先击梁棘壁，杀数万人。梁孝王城守睢阳，而使韩安国、张羽等为大将军，以距吴楚。吴楚以梁为限，不敢过而西，与太尉亚夫等相距三月。吴楚破，而梁所破杀虏略与汉中分。明年，汉立太子。其后梁最亲，有功，又为大国，居天下膏腴地。地北界泰山，西至高阳，四十余城，皆多大县。

孝王，窦太后少子也，爱之，赏赐不可胜道。于是孝王筑东苑，方三百余里。广睢阳城七十里。大治宫室，为复道，自宫连属于平台三十余里。得赐天子旌旗，出从千乘万骑。东西驰猎，拟于天子。出言跸，入言警。招延四方豪杰，自山以东游说之士，莫不毕至，齐人梁孝王刘武是孝文帝的儿子，与孝景帝为同母所生。他的母亲是窦太后。

孝文帝共有四个儿子：长子为太子，即孝景帝；次子名武；三子名参；四子名胜。孝文帝登位第二年，把刘武封为代王，把刘参封为太原王，把刘胜封为梁王。过了两年，迁代王为淮阳王。把代国的封地全部划归太原王，号为代王。刘参在位十七年，于孝文帝后元二年去世，谥为孝王。孝王的儿子刘登继位，这就是代共王。代共王在位二十九年，于武帝元光二年去世。共王的儿子刘义继位，这就是代王。过了十九年，汉朝扩充关塞，以常山为界限，而迁代王为清河王。清河王改迁时在武帝元鼎三年。

刘武被封为淮阳王的第十年，梁王刘胜去世，谥为梁怀王。怀王是孝文帝最小的儿子，比其他的儿子更受宠爱。第二年，把淮阳王刘武迁为梁王。刘武初受封为梁王，是孝文帝十二年。梁王自起初受封为代王到改封为梁王，前后为王已有十一年了。

梁王十四年入朝。十七年，十八年，连年入朝，并留在京师，到第二年才回到自己的封国。二十一年又入朝。二十二年，孝文帝去世。二十四年入朝，二十五年又入朝。那时皇上尚未立太子。孝景帝与梁王宴饮，曾经在闲谈时说："千秋万岁之后，我要把大位传给梁王。"梁王谦虚地推辞，他明知这不是真心话，但心中暗喜。太后也同样高兴。

那年春天，吴、楚、齐、赵等七国联合反叛。吴、楚先攻击梁国的棘壁，杀死数万人。梁孝王据守睢阳城，任命韩安国、张羽等人为大将军，抵抗吴、楚的军队。吴、楚受阻于梁，不敢越过梁国向西进兵，和太尉周亚夫等人对峙了三个月。吴、楚破灭，计算功劳，梁国所斩杀俘获的吴、楚军队的数目和朝廷大概一样多。第二年，朝廷立太子。后来梁王因是皇上的亲兄弟，立有大功，又受封于大国，据有天下最肥沃的土地。其封地北以泰山为界，西达高阳，共有四十余城，其中多数是大县。

梁孝王是窦太后的小儿子，非常受宠爱，所得到的赏赐数不尽。当时梁孝王建造东苑，方圆三百多里，扩展睢阳城七十多里。大兴土木，建造宫殿，修筑空中通道，从宫殿连接到平台长达三十多里。有天子赏赐的旌旗，出入随从千乘万骑。到处驰马狩猎，排场之壮盛像天子一样。出入宫殿，清道禁绝行人，言"警"称"跸"。招揽四方豪杰，自崤山以东的游说之士没有不来到羊胜、公孙诡、邹阳之属。公孙诡多奇邪计，初见王，赐千金，官至中尉，梁号之曰公孙将军，梁多作兵器弩弓矛数十万，而府库金钱且百巨万，珠玉宝器多于京师。

二十九年十月，梁孝王入朝。景帝使使持节乘舆驷马，迎梁王于关下。既朝，上疏因留，以太后亲故。王入则侍景帝同辇，出则同车游猎，射禽兽上林中。梁之侍中、郎、谒者著籍引出入天子殿门，与汉宦官无异。

十一月，上废栗太子，窦太后心欲以孝王为后嗣。大臣及袁盎等有所关说于景帝，窦太后义格，亦遂不复言以梁王为嗣事由此。以事秘，世莫知。乃辞归国。

其夏四月，上立胶东王为太子。梁王怨袁盎及议臣，乃与羊胜、公孙诡之属阴使人刺杀袁盎及他议臣十余人。逐其贼，未得也。于是天子意梁王，逐贼，果梁使之。乃遣使冠盖相望于道，覆按梁，捕公孙诡、羊胜。公孙诡、羊胜匿王后宫。使者责二千石急，梁相轩丘豹及内史韩安国进谏王，王乃令胜、诡皆自杀，出之。上由此怨望于梁王。梁王恐，乃使韩安国因长公主谢罪太后，然后得释。

上怒稍解，因上书请朝。既至关，茅兰说王，使乘布车，从两骑入，匿于长公主园。汉使使迎王，王已入关，车骑尽居外，不知王处。太后泣曰："帝杀吾子！"景帝忧恐。于是梁王伏斧质于阙下，谢罪，然后太后、景帝大喜，相泣，复如故。悉召王从官入关。然景帝益疏王，不同车辇矣。

三十五年冬，复朝。上疏欲留，上弗许。归国，意忽忽不乐。北猎良山，有献牛，足出背上，孝王恶之。六月中，病热，六日卒，谥曰孝王。

孝王慈孝，每闻太后病，口不能食，居不安寝，常欲留长安侍太后。太后亦爱之。及闻梁王薨，窦太后哭极哀，不食，曰："帝果杀吾子！"景帝哀惧，不知所为。与长公主计之，乃分梁为五国，尽立的，像齐人羊胜、公孙诡、邹阳等人。公孙诡多有奇特怪诞的歪计，初次拜见梁王，梁王赐他千金，官职做到中尉，梁国称他为“公孙将军”。梁国铸造了许多兵器，弓箭、戈矛之类就有数十万件，府库的金钱近万亿，珠玉、宝器等超过了京师。

二十九年十月，梁孝王入京晋见景帝。景帝派使者拿着符节，驾着皇帝乘坐的驷马车，到关前迎候梁王。朝见景帝后，递交奏折请求留在京师，因为太后很宠爱孝王的缘故。孝王入宫则陪侍景帝同乘步辇，外出则同车游猎，到上林苑去射鸟兽。梁国的侍中、郎官、谒者只须在名簿上登记姓名，便可以出入天子的殿门，和朝廷的宦官没有区别。

十一月皇上废黜栗太子，窦太后想让孝王作为继承人。大臣窦婴和袁盎等人劝阻景帝，窦太后的动议受阻，从此也就不再提让梁王作为继承人这件事。因为这件事很秘密，世人没有谁知道。梁王于是辞别朝廷回归封国。

次年四月，皇上立胶东王为太子。梁王就怨恨袁盎和参与议嗣的大臣，和羊胜、公孙诡等人谋划，暗中派人刺杀袁盎和其他参与议嗣的十多位大臣。朝廷想缉捕凶手，没有结果。于是天子怀疑梁王，等捕获到凶手，果然是梁王所主使杀人的。于是景帝派遣使者不断往来于梁国的路上，到梁国去反复按验，逮捕了公孙诡、羊胜。公孙诡、羊胜藏匿在梁王的后宫中。使者责问二千石官员很急，梁相轩丘豹和内史韩安国进谏梁王，梁王才命令羊胜、公孙诡都自杀，之后把他们交出来。皇上因此怨恨梁王。梁王恐惧，于是派韩安国通过长公主向太后认罪，然后才得到宽恕。

皇上的怒气逐渐消解之后，梁王便上书请求朝见。到达函谷关后，茅兰劝梁王乘坐布衣车子，只带两个骑兵入京，躲藏在长公主的园囿之中。朝廷派使者迎接梁王，而梁王已经入关，随从车马都在关外，不知梁王在哪里。太后哭泣道：“皇上杀了我的儿子！”景帝为此忧恐。于是梁王背着刑具俯伏在宫廷门口，认罪自请处罚，太后、景帝非常高兴，相对哭泣，兄弟又如以前那样。然后把梁王随从官员悉数召入关。然而景帝渐渐疏远了梁王，不再和他同乘车了。

三十五年的冬天，梁王又入京朝见，递交奏折请求留住京师，皇上没有答应。梁王回到封国后，心神恍惚不乐。到北方的良山打猎，有人献上一头牛，牛足长在背上，孝王对它非常厌恶。六月中旬，得了暑症，过了六天就病死了，谥为孝王。

孝王很孝敬母亲，每次听说太后生病，都吃不下东西、睡不好觉，常想留在长安侍候太后。太后也疼爱他。得知梁王病故，窦太后悲痛欲绝，不进饮食，说：“皇上果然杀了我的儿子！”景帝听到后忧惧，不知所措。和长公主商量，孝王男五人为王，女五人皆食汤沐邑。于是奏之太后，太后乃说，为帝加壹餐。

梁孝王长子买为梁王，是为共王；子明为济川王；子彭离为济东王；子定为山阳王；子不识为济阴王。

孝王未死时，财以巨万计，不可胜数。及死，藏府余黄金尚四十余万斤，他财物称是。

梁共王三年，景帝崩。共王立七年卒，子襄立，是为平王。

梁平王襄十四年，母曰陈太后。共王母曰李太后。李太后，亲平王之大母也。而平王之后姓任，曰任王后。任王后甚有宠于平王襄。初，孝王在时，有罍樽，直千金。孝王诫后世，善保罍樽，无得以与人。任王后闻而欲得罍樽。平王大母李太后曰："先王有命，无得以罍樽与人。他物虽百巨万，犹自恣也。"任王后绝欲得之。平王襄直使人开府取罍樽，赐任王后。李太后大怒，汉使者来，欲自言，平王襄及任王后遮止，闭门，李太后与争门，措指，遂不得见汉使者。李太后亦私与食官长及郎中尹霸等士通乱，而王与任王后以此使人风止李太后，李太后内有淫行，亦已。后病薨。病时，任后未尝请病；薨，又不持丧。

元朔中，睢阳人类犴反者，人有辱其父，而与淮阳太守客出同车。太守客出下车，类犴反杀其仇于车上而去。淮阳太守怒，以让梁二千石。二千石以下求反甚急，执反亲戚。反知国阴事，乃上变事，具告知王与大母争樽状。时丞相以下见知之，欲以伤梁长吏，其书闻天子。天子下吏验问，有之。公卿请废襄为庶人。天子曰："李太后有淫行，而梁王襄无良师傅，故陷不义。"乃削梁八城，枭任王后首于市。梁余尚有十城。襄立三十九年卒，谥为平王。子无伤立为梁王也。

济川王明者，梁孝王子，以桓邑侯孝景中六年为济川王。七岁，坐射杀其中尉，汉有司请诛，天子弗忍诛，废明为庶人。迁房陵，地于是分梁国为五国，把孝王的五个儿子全封为王，五个女儿也都封给她们汤沐邑。把这些措施上奏给太后，太后才变得高兴起来，对景帝的这种处置表示赞赏吃了一顿饭。

梁孝王的大儿子刘买继承王位，被封为共王；次子刘明被封为济川王；三子刘彭离被封为济东王；四子刘定被封为山阳王；少子刘不识被封为济阴王。

梁孝王未死的时候，财产多得以亿万计算，无法计数。等到梁孝王死后，他的府库里剩余的黄金尚有四十多万斤，其他财物也相当于此。

梁共王三年，景帝去世了。共王在位七年而死，他的儿子刘襄继位，这就是平王。

梁平王刘襄十四年，梁平王的母亲是陈太后。共王的母亲是李太后。李太后，是平王的亲祖母。平王的王后姓任，叫任王后。任王后很受平王刘襄的宠爱。当初，孝王在世时，有一个罍樽，价值千金。孝王告诫后人，要好好地保管罍樽，不能送给别人。任王后听说了却想得到这个罍樽。平王祖母李太后说："先王有遗命，不得把罍樽送给别人。其他的东西即使价值亿万，任你自取。"任王后执意要得到这个罍樽。平王刘襄于是径直使人开启府库取来罍樽，赐给任王后。李太后大怒，这时朝廷的使者来到梁国，李太后要亲自向使者诉说这件事，平王刘襄和任王后拦阻，关上门，李太后和他们争门夺路，手指被门缝夹住，终于未能见到朝廷的使者。李太后私下和食官长以及郎中尹霸等人通奸，于是平王和任王后派人以此暗示劝阻李太后，李太后因为内有淫乱的行为，也就作罢了。后来李太后病故。她生病的时候，任王后未曾请医问病；去世以后，又不居丧守孝。

到了武帝元朔年间，睢阳有个人叫类犴反，有人侮辱了他的父亲，这个人和淮阳太守的门客一同乘车外出，太守门客下车离去，类犴反在车上杀死他的仇人便逃走了。淮阳太守特别生气，因此责备梁国二千石官员。二千石以下的官员立马开始紧急缉捕类犴反，后来逮捕了类犴反的亲属。类犴反知道梁国宫中的隐秘事，于是向朝廷上书报告，详细说出平王和祖母为罍樽而争执的往事。当时丞相以下的官员都已经知道了这件事，想借此打击梁国的高级官吏，就上奏书告诉了天子。天子派官吏调查审问，果然有这件事。公卿奏请皇上废平王刘襄为平民。皇上说："李太后有淫乱的行为，梁王刘襄又没有良好的师傅，所以才会陷于不义。"于是削减梁国八城封地，把任王后斩首于市。梁国的封地还剩下十城。刘襄在位三十九年后去世，谥号为平王。他的儿子刘无伤立为梁王。

济川王刘明是梁孝王的儿子，孝景帝中元六年由原来的桓邑侯晋封为济川王。七年后，由于射杀了中尉而犯罪，朝廷中的有关官员奏请皇上要求诛杀济川王，皇上不忍心杀他，就废刘明为平民，贬迁到房陵，收回他的封地，归属朝入于汉为郡。

济东王彭离者，梁孝王子，以孝景中六年为济东王。二十九年，彭离骄悍，无人君礼，昏暮私与其奴、亡命少年数十人行剽杀人，取财物以为好。所杀发觉者百余人，国皆知之，莫敢夜行。所杀者子上书言。汉有司请诛，上不忍，废以为庶人，迁上庸，地入于汉，为大河郡。

山阳哀王定者，梁孝王子，以孝景中六年为山阳王。九年卒，无子，国除，地入于汉，为山阳郡。

济阴哀王不识者，梁孝王子，以孝景中六年为济阴王。一岁卒，无子，国除，地入于汉，为济阴郡。

太史公曰：梁孝王虽以亲爱之故，王膏腴之地，然会汉家隆盛，百姓殷富，故能植其财货，广宫室，车服拟于天子。然亦僭矣。

褚先生曰：臣为郎时，闻之于宫殿中老郎吏好事者称道之也。窃以为令梁孝王怨望，欲为不善者，事从中生。今太后，女主也，以爱少子故，欲令梁王为太子。大臣不时正言其不可状，阿意治小，私说意以受赏赐，非忠臣也。齐如魏其侯窦婴之正言也，何以有后祸？景帝与王燕见，侍太后饮，景帝曰："千秋万岁之后传王。"太后喜说。窦婴在前，据地言曰："汉法之约，传子適孙，今帝何以得传弟，擅乱高帝约乎！"于是景帝默然无声。太后意不说。

故成王与小弱弟立树下，取一桐叶以与之，曰："吾用封汝。"周公闻之，进见曰："天王封弟，甚善。"成王曰："吾直与戏耳。"周公曰："人主无过举，不当有戏言，言之必行之。"于是乃封小弟以应县。是后成王没齿不敢有戏言，言必行之。孝经曰："非法不言，非道不行。"此圣人之法言也。今主上不宜出好言于梁王。梁王上有太后之重，骄蹇日久，数闻景帝好言，千秋万世之后传王，而实不行。

又诸侯王朝见天子，汉法凡当四见耳。始到，入小见；到正月朔廷，设为郡县。

济东王刘彭离也是梁孝王的儿子，在孝景帝中元六年的时候被封为济东王。过了二十九年以后，刘彭离骄纵凶悍，没有人君的风范，夜里私下与他的奴仆、以及一些亡命少年一共几十人一起去打劫杀人，以抢劫别人的财物为乐。他所杀的人被发现的就有一百多，全国都知道，再也没有人敢夜间外出。被他杀的人的儿子上书告发。朝廷中有关官员奏请皇上要求诛杀他。皇上也不忍心，把他废为平民，贬迁到上庸，收回封地，归属朝廷，设为大河郡。

山阳哀王刘定是梁孝王的儿子，在孝景帝中元六年的时候被封为山阳王。在位九年以后去世，没有儿子，封国被废除，封地归属朝廷，设为山阳郡。

济阴哀王刘不识是梁孝王的儿子，在孝景帝中元六年的时候被封为济阴王。在位一年后去世，没有儿子，封国被废除，封地归属朝廷，设为济阴郡。

太史公说：梁孝王由于是天子的亲兄弟、太后爱子的缘故，受封于肥沃之地为王，又正赶上国运昌盛、百姓富足，所以能够大量敛财，扩建宫室，车马服饰和天子相似。然而，这样做也属于僭越行为了。

褚少孙先生曾经说：我做郎官的时候，从宫中喜好议论的老郎官那里听说过梁孝王的事迹。我私下里觉得促使梁孝王怨恨不满，准备图谋不轨，想做皇帝的原因，都是从宫廷内部惹出来的。当时的太后是国家的女主，因为疼爱小儿子，想让梁王做太子。朝中大臣不及时劝谏，而是一味地阿谀奉承，净管些无足轻重的小事情，私下讨好太后以求赏赐，这并不是忠臣啊！如果大臣们都能说出像魏其侯、窦婴说出的那些堂堂正正的话，怎么会有后来的祸患呢？景帝与梁孝王举行家宴，侍候太后饮酒，景帝对梁王说："在我去世之后，就把帝位传给你梁王。"太后因此很高兴。窦婴在宴席前，伏地劝谏说："汉朝的法律制度规定，帝位应该传给长子、长孙，现在皇上怎么能够传给弟弟，擅自违背高皇帝的规定呢！"当时景帝沉默不语。太后心里也很不高兴。

当初周成王和他年幼的弟弟站在树下，他拿起一片桐叶告诉弟弟说："我以此封你。"周公听见了，向前拜见道："天王分封弟弟，很好。"成王说："我只不过是开玩笑罢了。"周公说："作为君主没有无故的举动，不应该有开玩笑的话，一旦说了就一定要做到。"于是就把应县封给小弟。在这以后，成王终生不敢再有戏言，说的话就一定会做到。《孝经》上说："不合法度的话不说，不合道理的事不做。"这是圣人的明训啊。当初皇上就不应该用那种好听的话对梁王许愿。梁王因为有太后作为靠山，骄傲纵恣已经很久，多次听景帝许愿之言，要把帝位传给梁王，可是实际上却没有这样做。

另外，诸侯王拜见天子，根据汉朝的规矩，应当一共只见四次。刚到京城旦，奉皮荐璧玉贺正月，法见；后三日，为王置酒，赐金钱财物；后二日，复入小见，辞去。凡留长安不过二十日。小见者，燕见于禁门内，饮于省中，非士人所得入也。今梁王西朝，因留，且半岁。入与人主同辇，出与同车。示风以大言而实不与，令出怨言，谋畔逆，乃随而忧之，不亦远乎！非大贤人，不知退让。今汉之仪法，朝见贺正月者，常一王与四侯俱朝见，十余岁一至。今梁王常比年入朝见，久留。鄙语曰“骄子不孝”，非恶言也。故诸侯王当为置良师傅，相忠言之士，如汲黯、韩长孺等，敢直言极谏，安得有患害！

盖闻梁王西入朝，谒窦太后，燕见，与景帝俱侍坐于太后前，语言私说。太后谓帝曰：“吾闻殷道亲亲，周道尊尊，其义一也。安车大驾，用梁孝王为寄。”景帝跪席举身曰：“诺。”罢酒出，帝召袁盎诸大臣通经术者曰：“太后言如是，何谓也？”皆对曰：“太后意欲立梁王为帝太子。”帝问其状，袁盎等曰：“殷道亲亲者，立弟。周道尊尊者，立子。殷道质，质者法天，亲其所亲，故立弟。周道文，文者法地，尊者敬也，敬其本始，故立长子。周道，太子死，立適孙。殷道。太子死，立其弟。”帝曰：“于公何如？”皆对曰：“方今汉家法周，周道不得立弟，当立子。故《春秋》所以非宋宣公。宋宣公死，不立子而与弟。弟受国死，复反之与兄之子。弟之子争之，以为我当代父后，即刺杀兄子。以故国乱，祸不绝。故《春秋》曰‘君子大居正，宋之祸宣公为之’。臣请见太后白之。”袁盎等入见太后：“太后言欲立梁王，梁王即终，欲谁立？”太后曰：“吾复立帝子。”袁盎等以宋宣公不立正，生祸，祸乱后五世不绝，小不忍害大义状报太后。太后乃解说，即使梁王归就国。而梁王闻其义出于袁盎诸大臣所，怨望，使人来杀袁盎。袁盎顾之曰：“我所谓时，入宫晋见，称为“小见”；正月初一早晨，捧着皮垫摆上璧玉向皇帝道贺正月之喜，称为“法见”；再过三天，皇帝为侯王设下酒宴，赐给他们金银珠宝；再过两天，诸侯王再次入宫“小见”，然后辞别回国。一共留居长安不超过二十天。所谓“小见”，即在宫内不拘大礼相见，饮宴于王宫禁地，这不是一般士人所能进入的。现在梁王西入长安拜见皇上，趁此留居宫中将近半年。他入宫和皇上同辇而坐，出宫与皇上同车而乘。皇上说一些大话，而实际上又不能兑现，以致使梁王口出怨言，图谋叛逆，于是又跟着为他担忧，这不是背离事理太远了吗？不是大贤大德之人，不懂得谦恭礼让。按照汉朝的礼仪制度，朝见皇上庆贺正月，通常是一王和四个列侯一起朝见，十多年才进京一次。而今梁王却常连年入京朝见，并久留于京。俗语说：“骄纵的孩子不懂得孝顺。”这话说得非常对啊。所以对诸侯王应当替他们设置好的太师太傅，让忠正敢言之士为相辅佐他，就如汲黯、韩长孺等人那样，敢于直言苦谏，这怎么会有祸患发生呢！

听说梁王西入京师朝见，进见窦太后，一家人相见，和景帝一起陪坐在太后面前，他们母子、兄弟之间高兴地说贴心话。太后对景帝说：“听说殷商的制度亲其兄弟，周朝的制度尊其祖先，其道理是相同的。百年之后，我把梁孝王托付给你。”景帝跪在坐席上抬起身子说：“是。”宴罢出宫，景帝召集袁盎等精通经术的大臣说：“太后说了这样的话，是什么意思？”袁盎等人一齐回答说：“太后的意思要立梁王为皇帝的太子。”景帝问其中的道理，袁盎等人回答说：“殷商的传统亲近其兄弟，所以传位于其弟。周朝的传统尊崇其祖先，所以传位于其子。殷商的传统崇尚质朴，质朴就能效法上天，亲其亲人，所以传帝位于弟。周朝的传统崇尚华美，华美就效法大地，尊是敬的意思，敬其本原，所以传位于长子。周朝的制度是，太子死了，立嫡孙。殷朝的制度是，太子死了，立其弟。”景帝说：“你们的看法怎样？”大家一致回答说：“现在汉朝的制度是效法周朝，周朝的制度不能立兄弟，应当立儿子。正因为这样，所以《春秋》以此指责宋宣公。宋宣公死后，不立儿子而传位给弟弟。其弟继位为国君死后，又把君位归给他哥哥的儿子。其弟的儿子争夺君位，认为自己应当接替父亲身后之位，于是杀了宣公的儿子。因此国家大乱，祸患不断。所以《春秋》说：‘君子尊崇遵循正道，宋国的祸乱是宣公造成的。’臣等请求谒见太后说明这个道理。”袁盎等人入宫谒见太后说：“太后说要立梁王，那么，梁王死后要立谁为太子？”太后说：“我再立皇帝的儿子。”袁盎等人向太后陈述了这样一些史实情况：宋宣公不立应当继位的嫡子而发生祸乱，祸乱延续了五代而不断绝，以及不克制小的私心便会遗害大义。太后听了才理解其中的道理，欣然接受，随即让梁王归回自己的封国。梁王听说这种意见出自袁盎等大臣，就怨恨起他们来，于袁将军者也，公得毋误乎？”刺者曰：“是矣！”刺之，置其剑，剑著身。视其剑，新治。问长安中削厉工，工曰：“梁郎某子来治此剑。”以此知而发觉之，发使者捕逐之。独梁王所欲杀大臣十余人，文吏穷本之，谋反端颇见。太后不食，日夜泣不止。景帝甚忧之，问公卿大臣，大臣以为遣经术吏往治之，乃可解。于是遣田叔、吕季主往治之。此二人皆通经术，知大礼。来还，至霸昌厩，取火悉烧梁之反辞，但空手来对景帝。景帝曰：“何如？”对曰：“言梁王不知也。造为之者，独其幸臣羊胜、公孙诡之属为之耳。谨以伏诛死，梁王无恙也。”景帝喜说，曰：“急趋谒太后。”太后闻之，立起坐餐，气平复。故曰，不通经术知古今之大礼，不可以为三公及左右近臣。少见之人，如从管中窥天也。

是派人去杀袁盎。袁盎回头看到刺客，说："我就是所说的袁将军，你不会弄错人吧？"刺客说："正是你！"刺客杀了袁盎，丢弃了他的剑，剑插在袁盎的身上。仔细看那把剑，是刚刚磨过的。查问长安城中制作或磨砺刀剑的工匠，工匠说："梁国郎官某人曾来磨过这把剑。"以此得知线索，察觉阴谋，便派遣使者追捕凶手。光是梁王所要杀的大臣就有十多人，执法的官吏穷究其根源，梁王谋反的端倪已经十分明显地显露出来。太后为之食不下咽，日夜哭泣。景帝为此很担忧，想咨询公卿大臣们，大臣认为应派遣精通经术的官吏去处理，才可解除太后之忧虑。于是派遣田叔、吕季主去处理此案。这两人都精通经术，顾全大局。结案归来，走到霸昌厩，取火把梁王谋反的证辞全部烧掉，只空手来回奏景帝。景帝问："案子办得怎么样？"回奏说："梁王不知情。参与其事的人，只有他的宠臣羊胜、公孙诡等人罢了。臣等谨按律令诛杀了他们，梁王平安无恙。"景帝很高兴，说："赶快去谒见太后。"太后得知，立刻起来坐着吃饭，心情也变好了。所以说，不精通经术、不懂古今大礼的人，不可以委任为三公和左右近臣。孤陋寡闻之人，如同从竹管中窥天一样。

五宗世家第二十九

孝景皇帝子凡十三人为王，而母五人，同母者为宗亲。栗姬子曰荣、德、阏于。程姬子曰余、非、端。贾夫人子曰彭祖、胜。唐姬子曰发。王夫人儿姁子曰越、寄、乘、舜。

河间献王德，以孝景帝前二年用皇子为河间王。好儒学，被服造次必于儒者。山东诸儒多从之游。

二十六年卒，子共王不害立。四年卒，子刚王基代立。十二年卒，子顷王授代立。

临江哀王阏于，以孝景帝前二年用皇子为临江王。三年卒，无后，国除为郡。

临江闵王荣，以孝景前四年为皇太子，四岁废，用故太子为临江王。

四年，坐侵庙壖垣为宫，上征荣。荣行，祖于江陵北门。既已上车，轴折车废。江陵父老流涕窃言曰："吾王不反矣！"荣至，诣中尉府簿。中尉郅都责讯王，王恐，自杀。葬蓝田。燕数万衔土置冢上，百姓怜之。

荣最长，死无后，国除，地入于汉，为南郡。

右三国本王皆栗姬之子也。

鲁共王余，以孝景前二年用皇子为淮阳王。二年，吴楚反破后，以孝景前三年徙为鲁王。好治宫室苑囿狗马。季年好音，不喜辞辩。为人吃。

二十六年卒，子光代为王。初好音舆马；晚节啬，惟恐不足于财。

江都易王非，以孝景前二年用皇子为汝南王。吴楚反时，非年十五，有材力，上书愿击吴。景帝赐非将军印，击吴。吴已破，二岁，徙为江都王，治吴故国，以军功赐天子旌旗。元光五年，匈奴大孝景皇帝的儿子共有十三人受封为王，这十三人分别由五位母亲所生，同一母亲所生的为宗亲。栗姬所生的儿子是刘荣、刘德、刘阏于三人。程姬所生的儿子是刘余、刘非、刘端三人。贾夫人所生的儿子是刘彭祖、刘胜两人。唐姬所生的儿子是刘发一人。王夫人儿姁所生的儿子是刘越、刘寄、刘乘、刘舜四人。

河间献王刘德在孝景帝前元二年以皇子的身份被封为河间王。他喜好儒学，衣着服饰言行举止都依仿儒生。山东的众儒生多附于他。

他在位二十六年去世，其儿子恭王刘不害继位。刘不害在位四年去世，其儿子刚王刘基继位。刘基在位十二年去世，其儿子顷王刘授继位。

临江哀王刘阏于在孝景帝前元二年以皇子的身份被封为临江王。他在位三年去世，因为没有后代继承王位，封国废除，改为郡县。

临江闵王刘荣在孝景帝前元四年被立为皇太子，四年后被废黜，以原太子的身份被封为临江王。

他在位四年，因为侵占宗庙墙外的空地，把其扩建为宫殿而获罪，天子征召他。刘荣应召出发，在江陵北门祭祀行路之神。上车之后，轴断车废。江陵父老认为这是不祥之兆，哭泣着私语道："我们的君王恐怕回不来了！"刘荣到了京城，前往中尉府接受审讯。中尉郅都责问他，他很害怕，然后自杀而死。埋葬在蓝田。几万只燕子衔土放在他的坟墓上，百姓都特别哀怜他。

刘荣在景帝诸子中年龄最大，死后没有儿子继承王位，封国废除，封地并入朝廷，设为南郡。

以上所述三国的第一代国王都是栗姬的儿子。

鲁恭王刘余在孝景帝前元二年以皇子的身份受封为淮阳王。第二年，吴、楚七国反叛被击败后，在孝景帝前元三年改封为鲁王。他喜欢建造宫殿、圈地畜养禽兽和狗马。晚年喜好音乐，不善辩说，说话口吃。

他在位二十六年去世，其儿子刘光继位为王。刘光最初也喜欢音乐和车马，晚年变得吝啬，唯恐钱财不够用。

江都易王刘非在孝景帝前元二年以皇子的身份受封为汝南王。吴、楚七国反叛时，刘非当时十五岁有勇有谋，上书天子，自愿领兵攻打吴国。景帝赐给他将军印，令其攻打吴国，吴国被击败后，第二年，改封为江都王，治理吴国原有的封地，因为有军功受赐天子的旌旗。孝武帝元光五年，匈奴大举入侵汉入汉为贼，非上书愿击匈奴，上不许。非好气力，治宫观，招四方豪杰，骄奢甚。

立二十六年卒，子建立为王。七年自杀。淮南、衡山谋反时，建颇闻其谋。自以为国近淮南，恐一日发，为所并，即阴作兵器，而时佩其父所赐将军印，载天子旗以出。易王死未葬，建有所说易王宠美人淖姬，夜使人迎与奸服舍中。及淮南事发，治党与颇及江都王建。建恐，因使人多持金钱，事绝其狱。而又信巫祝，使人祷祠妄言。建又尽与其姊弟奸。事既闻，汉公卿请捕治建。天子不忍，使大臣即讯王。王服所犯，遂自杀。国除，地入于汉，为广陵郡。

胶西王端，以孝景前三年吴楚七国反破后，端用皇子为胶西王。端为人贼戾，又阴痿，一近妇人，病之数月。而有爱幸少年为郎。为郎者顷之与后宫乱，端禽灭之，及杀其子母。数犯上法，汉公卿数请诛端，天子为兄弟之故不忍，而端所为滋甚。有司再请削其国，去太半。端心愠，遂为无訾省。府库坏漏尽，腐财物以巨万计，终不得收徙。令吏毋得收租赋。端皆去卫，封其宫门，从一门出游。数变名姓，为布衣，之他郡国。

相、二千石往者，奉汉法以治，端辄求其罪告之，无罪者诈药杀之。所以设诈究变，强足以距谏，智足以饰非。相、二千石从王治，则汉绳以法。故胶西小国，而所杀伤二千石甚众。

立四十七年，卒，竟无男代后，国除，地入于汉，为胶西郡。

右三国本王皆程姬之子也。

赵王彭祖，以孝景前二年用皇子为广川王。赵王遂反破后，彭祖王广川。四年，徙为赵王。十五年，孝景帝崩。彭祖为人巧佞卑谄，足恭而心刻深。好法律，持诡辩以中人。彭祖多内宠姬及子孙。相、境，刘非又上书愿攻打匈奴，天子没有答应他。刘非喜好使弄气力，建造宫殿，招纳各地豪杰侠士，十分高傲。

他在位二十六年后去世，其儿子刘建继位为王。刘建在位七年自杀而死。在淮南、衡山两国谋反时，刘建略知他们的计谋。他认为自己的封国靠近淮南，恐怕一旦事发，被淮南王并吞，于是暗中偷偷制造兵器，并且经常佩带着天子赐给他父亲的将军印，载着天子的旌旗出外巡游。易王去世，尚未埋葬，刘建看上易王宠爱的美人淖姬，夜里派人把淖姬接来，跟她在守丧的房舍中发生奸情。等到淮南王反叛事败露，朝廷惩治同党、涉嫌者，颇牵连到江都王刘建。于是刘建恐慌，派人多持金钱，想办法平息这件讼案。他又相信巫祝，派人祭祀祷告，编造虚妄不经的话。刘建还跟他的姊妹都有奸情。这些事被朝廷得知后，汉朝的公卿大臣请求逮捕刘建治罪。天子不忍心，派大臣去审讯他。他招认了所有犯罪，畏罪自杀。于是封国废除，封地并入朝廷，设为广陵郡。

胶西王刘端在孝景帝前元三年吴、楚六国反叛被击败后，以皇子的身份受封为胶西王。刘端为人残暴凶狠，又患阳痿病，一接触女人，就要病几个月。他宠爱一个年轻人，任其为郎官。不久这个年轻郎官与后宫有淫乱行为，刘端捕杀了他，并且杀死他儿子和母亲。刘端屡次触犯天子法令，汉朝的公卿大臣多次请求诛杀他，天子因为他是兄弟的缘故不忍心这样做，因而刘端的行为更加过分。有关官员再次请求削夺他的国土，于是皇上削夺了他的大半封地。于是刘端心里怀恨，对封国内的钱财不再计算管理。府库全都倒塌破漏，腐坏的财物以亿万计算，最终也不加以收拾整理。他又命令官吏不准收取租赋。刘端又全部撤除警卫人员，封闭宫门，只留下一门，从那里出宫游荡。屡次改换姓名，假扮为平民，到其他的郡国去。

凡前往胶西任相国、二千石级的官员，如果奉行汉朝法律治理政事，刘端总是找出他们的罪过报告朝廷；如果找不到罪过，就设诡计用药毒死他们。他设的诡计变化多样，他的强横足以拒绝他人的劝谏，他的智巧足以掩饰自己的过错。相国、二千石级官员如果遵从王法治理政事，就中其陷害，被朝廷以法治罪。因此，胶西虽是小国，而被杀受伤害的二千石级官员却特别多。

刘端在位四十七年去世，终于因没有儿子继承王位，封国废除，封地并入朝廷，设为胶西郡。

以上所讲三国的第一代国王都是程姬的儿子。

赵王刘彭祖在孝景帝前元二年的时候，以皇子的身份被封为广川王。赵王反叛被击败后，彭祖依然为广川王。在位第四年，改封为赵王。在位第十五年时，孝景帝去世。彭祖为人巧诈奸佞，卑下奉承，表面上谦卑恭敬讨好别人，二千石欲奉汉法以治，则害于王家。是以每相、二千石至，彭祖衣皂布衣，自行迎，除二千石舍，多设疑事以作动之，得二千石失言，中忌讳，辄书之。二千石欲治者，则以此迫劫；不听，乃上书告，及污以奸利事。彭祖立五十余年，相、二千石无能满二岁，辄以罪去，大者死，小者刑，以故二千石莫敢治。而赵王擅权，使使即县为贾人榷会，入多于国经租税。以是赵王家多金钱，然所赐姬诸子，亦尽之矣。彭祖取故江都易王宠姬王建所盗与奸淖姬者为姬，甚爱之。

彭祖不好治宫室、禨祥，好为吏事。上书原督国中盗贼。常夜从走卒行徼邯郸中。诸使过客以彭祖险陂，莫敢留邯郸。

其太子丹与其女及同产姊奸，与其客江充有郤。充告丹，丹以故废。赵更立太子。

中山靖王胜，以孝景前三年用皇子为中山王。十四年，孝景帝崩。胜为人乐酒好内，有子枝属百二十余人。常与兄赵王相非，曰："兄为王，专代吏治事。王者当日听音乐声色。"赵王亦非之，曰："中山王徒日淫，不佐天子拊循百姓，何以称为籓臣！"

立四十二年卒，子哀王昌立。一年卒，子昆侈代为中山王。

右二国本王皆贾夫人之子也。

长沙定王发，发之母唐姬，故程姬侍者。景帝召程姬，程姬有所辟，不愿进，而饰侍者唐儿使夜进。上醉不知，以为程姬而幸之，遂有身。已乃觉非程姬也。及生子，因命曰发。以孝景前二年用皇子为长沙王。以其母微，无宠，故王卑湿贫国。

立二十七年卒，子康王庸立。二十八年，卒，子鲋鮈立为长沙王。

内心却特别刻薄阴毒。喜欢研究法律，用诡辩来中伤人。彭祖有很多宠幸的姬妾和子孙。相国、二千石级的官员如果要想奉行汉朝法律处理政事，就会妨害到王家利益。因此每当相国、二千石级官员到任，刘彭祖便穿着黑布衣扮成奴仆，亲自出去迎接，清扫二千石级官员下榻的住所，多设惑乱之事来迷惑对方，一旦这些官员言语失当，触犯朝廷禁忌，他就记下来。如果这些官员想奉法治事，他就以此相威胁；如果对方不顺从，就上书告发，并以作奸犯法图谋私利之事诬陷他们。刘彭祖在位五十多年期间，相国、二千石级官员没有能任满两年的，经常因为获罪而被罢黜，罪过大的被处死，罪过小的受刑罚，所以二千石级官员没有谁敢再奉法治事。赵王也就因此独揽大权，派使者到属县做买卖，收入比王国正常的租税还多。因此赵王家多有金钱，然而这些金钱也都因为赏赐给姬妾诸子而耗光了。刘彭祖娶以前江都易王的宠姬，也就是后来为刘建所夺取而相奸淫的那位淖姬为姬妾，并且非常宠爱她。

刘彭祖不喜欢营建宫室、不迷信鬼神，而是喜欢做吏人做的事。他上书天子，愿督察王国内的盗贼。经常夜里带兵在邯郸城内巡察。所有的往来使者以及过路旅客都因为刘彭祖险诈邪恶，不敢留宿在邯郸城内。

赵王彭祖的太子刘丹和他的女儿及同胞姐姐通奸。刘丹跟他的门客江充结下怨仇，江充告发刘丹，刘丹因此被废黜。赵国改立太子。

中山靖王刘胜在孝景帝前元三年的时候，以皇子的身份受封为中山王。在位第十四年的时候，孝景帝去世。刘胜这个人喜欢饮酒，爱好女色，他的子孙有一百二十多人。经常和他的哥哥赵王相互指责说："哥哥为王，专门替下级官吏治理政事。为王的人就应当每日听音乐享受歌舞女色。"赵王也指责他，说："中山王只是每天淫乐，不帮助天子抚慰百姓，怎么能称为藩臣！"

刘胜一共在位四十二年，去世以后，由其儿子哀王刘昌继位。刘昌在位一年后去世，由其儿子刘昆侈继位为中山王。

上面所讲到的两国的第一代国王都是贾夫人的儿子。

长沙定王刘发，母亲是唐姬，以前原本是程姬的侍女。景帝召幸程姬的时候，恰好程姬有月事，不便进侍，就把她的侍女唐儿加以装扮，派她夜晚进侍皇上。皇上醉酒不知内情，以为是程姬，就和她同床了，后来就有了身孕。事后皇上才知道并不是程姬。等生下儿子，就取名为刘发。刘发在孝景帝前元二年的时候，以皇子的身份受封为长沙王。由于他的母亲身份卑贱，不得天子宠爱，所以被封在低湿贫困之国为王。

刘发在位二十七之后去世，他的儿子康王刘庸继位。刘庸在位二十八年去世，他的儿子刘鲋鮈继位为长沙王。

右一国本王唐姬之子也。

广川惠王越，以孝景中二年用皇子为广川王。

十二年卒，子齐立为王。齐有幸臣桑距。已而有罪，欲诛距，距亡，王因禽其宗族。距怨王，乃上书告王齐与同产奸。自是之后，王齐数上书告言汉公卿及幸臣所忠等。

胶东康王寄，以孝景中二年用皇子为胶东王。二十八年卒。淮南王谋反时，寄微闻其事，私作楼车镞矢战守备，候淮南之起。及吏治淮南之事，辞出之。寄于上最亲，意伤之，发病而死，不敢置后，于是上。寄有长子者名贤，母无宠；少子名庆，母爱幸，寄常欲立之，为不次，因有过，遂无言。上怜之，乃以贤为胶东王奉康王嗣，而封庆于故衡山地，为六安王。

胶东王贤立十四年卒，谥为哀王。子庆为王。

六安王庆，以元狩二年用胶东康王子为六安王。

清河哀王乘，以孝景中三年用皇子为清河王。十二年卒，无后，国除，地入于汉，为清河郡。

常山宪王舜，以孝景中五年用皇子为常山王。舜最亲，景帝少子，骄怠多淫，数犯禁，上常宽释之。立三十二年卒，太子勃代立为王。

初，宪王舜有所不爱姬生长男棁。棁以母无宠故，亦不得幸于王。王后修生太子勃。王内多，所幸姬生子平、子商，王后希得幸。及宪王病甚，诸幸姬常侍病，故王后亦以妒媢不常侍病，辄归舍。医进药，太子勃不自尝药，又不宿留侍病。及王薨，王后、太子乃至。宪王雅不以长子棁为人数，及薨，又不分与财物。郎或说太子、王后，令诸子与长子棁共分财物，太子、王后不听。太子代立，又不收恤棁。棁怨王后、太子。汉使者视宪王丧，棁自言宪王病时，王后、太子不侍，及薨，六日出舍，太子勃私奸，饮酒，博戏，击筑，与女子载驰，环城过市，入牢视囚。天子遣大行骞验王后及问王勃，请逮上面所提到的这个国的第一代国王是唐姬的儿子。

广川惠王刘越，在孝景帝中元二年的时候，以皇子的身份受封为广川王。

刘越在位十二年之后去世，他的儿子刘齐继位为王。刘齐有一个宠幸的臣子名叫桑距。后来桑距犯了罪，刘齐想诛杀桑距，桑距逃跑了，刘齐于是抓捕了他的宗族。桑距因此怨恨刘齐，就上书告发刘齐与他的同胞姊妹有奸情的罪行。此后，刘齐为求自保，屡次上书告发汉朝公卿以及宠幸之臣所忠等人。

胶东康王刘寄在孝景帝中元二年的时候，以皇子的身份受封为胶东王。在位二十八年之后去世。在淮南王谋反之时，刘寄暗中听说这件事，就私下制造楼车弓箭，做好了战、守的准备，等候淮南王起事。等到后来官吏在审问淮南王谋反之事的时候，在供辞中暴露了这件事情。刘寄与皇上关系十分亲密，心中为参与谋反而感到内疚伤心，病情发作而死，也没敢立传后之人，皇上听说了这件事。刘寄的长子名为贤，他的母亲不受宠爱；小儿子名为庆，很受母亲宠爱，刘寄曾经想立刘庆为传后之人，因为这样不合传承的次第，又因为自己有罪过，始终不敢上言告诉皇上。天子哀怜他，就封刘贤为胶东王，做康王的继承人，把刘庆封在过去衡山王的封地，称为六安王。

胶东王刘贤在位十四年后去世，谥号为哀王。其儿子刘庆继位为王。

六安王刘庆在元狩二年的时候，以胶东康王儿子的身份被封为六安王。

清河哀王刘乘在孝景帝中元三年的时候，以皇子的身份被封为清河王。在位十二年之后去世，没有儿子，封国被废除，封地归属朝廷，设为清河郡。

常山宪王刘舜在孝景帝中元五年的时候，以皇子的身份被封为常山王。刘舜是景帝最宠爱的小儿子，骄纵怠惰，多有淫乱之事，多次触犯法禁，天子常常宽恕赦免他。他在位三十二年后去世，太子刘勃继位为王。

原先宪王刘舜有一个不被宠爱的姬妾生下长子刘棁。刘棁因为生母不被宠爱，也不得宪王的喜欢。王后修生下太子刘勃。宪王姬妾很多，他所宠幸的姬妾为他生下的儿子有刘平、刘商，王后很少得幸。等到宪王病重的时候，那些被宠幸的姬妾常去侍候，王后因为嫉妒，不常去问病侍疾，总待在自己的屋子里。医生呈进医药，太子刘勃也不亲自尝药，同时也不留宿王室侍疾。等到宪王去世之时，王后、太子才过来。宪王一直都不把刘棁当儿子看待，宪王去世以后，也没有分给他财物。郎官中有人劝谏太子、王后，让诸子和长子刘棁共同分财物，太子、王后不肯答应。太子继位之后，又不肯收纳抚恤刘棁。刘棁因此怨恨王后、太子。汉朝使者来料理宪王丧事之时，刘棁亲自告发宪王生病时，王后、太子不在床前侍候，等到宪王去世以后，才刚刚过了六天就离开服丧的屋子，以及太子刘勃私下奸淫、饮酒取乐、赌博为戏、击筑作乐，与女子乘车奔驰、穿城勃所与奸诸证左，王又匿之。吏求捕勃大急，使人致击笞掠，擅出汉所疑囚者。有司请诛宪王后修及王勃。上以修素无行，使棁陷之罪，勃无良师傅，不忍诛。有司请废王后修，徙王勃以家属处房陵，上许之。

勃王数月，迁于房陵，国绝。月余，天子为最亲，乃诏有司曰：“常山宪王蚤夭，后妾不和，嫡孽诬争，陷于不义以灭国，朕甚闵焉。其封宪王子平三万户，为真定王；封子商三万户，为泗水王。”

真定王平，元鼎四年用常山宪王子为真定王。

泗水思王商，以元鼎四年用常山宪王子为泗水王。十一年卒，子哀王安世立。十一年卒，无子。于是上怜泗水王绝，乃立安世弟贺为泗水王。

右四国本王皆王夫人儿姁子也。其后汉益封其支子为六安王、泗水王二国。凡儿姁子孙，于今为六王。

太史公曰：高祖时诸侯皆赋，得自除内史以下，汉独为置丞相，黄金印。诸侯自除御史、廷尉正、博士，拟于天子。自吴楚反后，五宗王世，汉为置二千石，去“丞相”曰“相”，银印。诸侯独得食租税，夺之权。其后诸侯贫者或乘牛车也。

过市、进入监狱探看囚犯的种种罪恶行径。天子派大行张骞验证王后的行为并审讯刘勃，张骞请求逮捕所有与刘勃相奸淫的人作为佐证，刘勃又想方设法把他们藏起来。官吏大举搜捕，刘勃十分着急，派人拷打吏人，擅自释放了朝廷认为可疑曾经囚禁起来的人。官员请求诛杀宪王王后修和刘勃。天子认为修一向品行就不好，才导致刘棁告发她有罪，刘勃是因为没有好的师傅辅佐，不忍心诛杀。官员又请求废黜王后修，放逐刘勃，让他的家属和他一起迁居房陵，皇上答应了。

刘勃称王仅仅几个月，之后就被贬迁到房陵，封国绝灭。一个多月后，皇上顾念到他曾经是宪王最宠爱的小儿子，就下诏给官员说："常山宪王去世早，王后与姬妾不和，嫡子和庶子之间互相捏造罪名，互相争斗，因此而陷于不义，封国绝灭，我很哀怜他。封宪王儿子刘平三万户，为真定王；封宪王儿子刘商三万户，为泗水王。"

真定王刘平在元鼎四年的时候，以常山宪王儿子的身份被封为真定王。

泗水思王刘商，在元鼎四年的时候，以常山宪王儿子的身份被封为泗水王。在位十一年后去世，他的儿子哀王刘安世继位。哀王在位十一年去世，他没有儿子。天子怜悯泗水王绝后，就立刘安世的弟弟刘贺为泗水王。

上面所说四国的第一代国王都是王夫人儿姁的儿子。后来汉朝又增封其同族子孙为六安王、泗水王两国。总计儿姁的子孙，到现在一共有六个被封王的。

太史公说：汉高祖在位之时，诸侯的一切赋税都归诸侯王所有，可以自行任命内史以下的官员，朝廷只为他们派遣丞相，授予金印。诸侯王自行任命御史、廷尉正、博士等官员，跟天子相类似。自从吴、楚等国反叛以后，在五宗为王的时代，朝廷为他们派遣二千石级的官员，撤除"丞相"，改为"相"，授予银印。后来有的诸侯王就贫穷了，只能乘坐牛车了。

三王世家第三十

“大司马臣去病昧死再拜上疏皇帝陛下：陛下过听，使臣去病待罪行间。宜专边塞之思虑，暴骸中野无以报，乃敢惟他议以干用事者，诚见陛下忧劳天下，哀怜百姓以自忘，亏膳贬乐，损郎员。皇子赖天，能胜衣趋拜，至今无号位师傅官。陛下恭让不恤，群臣私望，不敢越职而言。臣窃不胜犬马心，昧死愿陛下诏有司，因盛夏吉时定皇子位。唯陛下幸察。臣去病昧死再拜以闻皇帝陛下。”三月乙亥，御史臣光守尚书令奏未央宫。制曰：“下御史。”

六年三月戊申朔，乙亥，御史臣光守尚书令、丞非，下御史书到言：“丞相臣青翟、御史大夫臣汤、太常臣充、大行令臣息、太子少傅臣安行宗正事昧死上言：大司马去病上疏曰：‘陛下过听，使臣去病待罪行间。宜专边塞之思虑，暴骸中野无以报，乃敢惟他议以干用事者，诚见陛下忧劳天下，哀怜百姓以自忘，亏膳贬乐，损郎员。皇子赖天，能胜衣趋拜，至今无号位师傅官。陛下恭让不恤，群臣私望，不敢越职而言。臣窃不胜犬马心，昧死愿陛下诏有司，因盛夏吉时定皇子位。唯原陛下幸察。’制曰‘下御史’。臣谨与中二千石、二千石臣贺等议：古者裂地立国，并建诸侯以承天于，所以尊宗庙重社稷也。今臣去病上疏，不忘其职，因以宣恩，乃道天子卑让自贬以劳天下，虑皇子未有号位。臣青翟、臣汤等宜奉义遵职，愚憧而不逮事。方今盛夏吉时，臣青翟、臣汤等昧死请立皇子臣闳、臣旦、臣胥为诸侯王。昧死请所立国名。”

制曰：“盖闻周封八百，姬姓并列，或子、男、附庸。礼‘支子不祭’。云并建诸侯所以重社稷，朕无闻焉。且天非为君生民也。朕

“大司马臣霍去病冒死再拜上奏皇帝陛下说：承蒙陛下您的错爱，让我霍去病能够在军中供职。本来应该专心处理边防事务，即使战死荒野也不足以报答陛下大恩，居然还敢考虑别的事来打扰陛下。我这样做，主要是因为看到陛下为天下事情操心，因哀怜百姓而忘了自己，减少了食膳音乐，裁减了郎员。皇子们依靠上天保佑，都已长大成人，已经可以行趋拜之礼，但至今都还没有封号，也没有为其设立师傅官，陛下谦恭礼让，不怜悯骨肉之情，群臣私下都希望陛下能够早日给他们封号，但又不敢越职进奏。我不胜犬马之心，冒死建言，希望陛下命令主管官员，趁盛夏吉日早定皇子之位。希望陛下鉴察。霍去病冒死再拜进奏皇帝陛下。”三月乙亥日，御史臣霍光兼尚书令上奏未央宫。皇帝下达命令说：“交给御史办理。”

元狩六年三月的戊申朔日，乙亥，御史臣霍光兼尚书令、左右丞非，下批给御史的文书到达，说：“丞相臣庄青翟、御史大夫臣张汤、太常臣赵充、太行令臣李息、太子少傅并兼宗正职务臣任安冒死上奏：大司马霍去病上疏说：‘承蒙陛下错爱，让我霍去病能够在军中供职。本来应该专心处理边防事务，即使战死在荒野也不足以报答陛下大恩，居然还敢考虑别的事来打扰陛下。我这样做，主要是因为看到陛下为天下事情操心，因哀怜百姓而忘了自己，减少了食膳音乐，裁减了郎员。皇子们依靠上天保佑，都已长大成人，已经可以行趋拜之礼，但至今都还没有封号，也没有为其设立师傅官。陛下谦恭礼让，不怜悯骨肉之情，群臣私下都希望陛下能够早日给他们封号，但又不敢越职进奏。我不胜犬马之心，冒死建言，希望陛下命令主管官员，趁盛夏吉日早定皇子之位。希望陛下鉴察。’皇帝下诏说：‘交给御史办理。’臣谨与中二千石、二千石臣公孙贺等商议：自古以来分地立国，同时建立诸侯国以尊奉天子，都是为了尊崇宗庙、重视社稷。现在大司马臣霍去病上奏，不忘其职责，用以宣扬皇恩，称道天子谦让自贬，为天下事烦劳，考虑皇子未封号位。臣庄青翟、臣张汤等本应奉义遵职，却愚昧而不能处理这些事。如今正是盛夏吉时，臣庄青翟、张汤等冒死请立皇子刘闳、刘旦、刘胥为诸侯王。冒死请求能定下所封给他们的国名。”

皇帝下命令说：“曾经听说周朝分封八百诸侯，所有姬姓并列，有子爵、男爵、附庸。《礼记》说：‘旁支子弟不得奉祭宗庙。’你们所说的同时建立诸侯之不德，海内未洽，乃以未教成者强君连城，即股肱何劝？其更议以列侯家之。”

三月丙子，奏未央宫。“丞相臣青翟、御史大夫臣汤昧死言：臣谨与列侯臣婴齐、中二千石二千石臣贺、谏大夫博士臣安等议曰：伏闻周封八百，姬姓并列，奉承天子。康叔以祖考显，而伯禽以周公立，咸为建国诸侯，以相傅为辅。百官奉宪，各遵其职，而国统备矣。窃以为并建诸侯所以重社稷者，四海诸侯各以其职奉贡祭。支子不得奉祭宗祖，礼也。封建使守籓国，帝王所以扶德施化。陛下奉承天统，明开圣绪，尊贤显功，兴灭继绝。续萧文终之后于酂，褒厉群臣平津侯等。昭六亲之序，明天施之属，使诸侯王封君得推私恩分子弟户邑，锡号尊建百有余国。而家皇子为列侯，则尊卑相逾，列位失序，不可以垂统于万世。臣请立臣闳、臣旦、臣胥为诸侯王。”三月丙子，奏未央宫。

制曰：“康叔亲属有十而独尊者，褒有德也。周公祭天命郊，故鲁有白牡、骍刚之牲。群公不毛，贤不肖差也。‘高山仰之，景行乡之’，朕甚慕焉。所以抑未成，家以列侯可。”

四月戊寅，奏未央宫。“丞相臣青翟、御史大夫臣汤昧死言：臣青翟等与列侯、吏二千石、谏大夫、博士臣庆等议：昧死奏请立皇子为诸侯王。制曰：‘康叔亲属有十而独尊者，褒有德也。周公祭天命郊，故鲁有白牡、骍刚之牲。群公不毛，贤不肖差也。“高山仰之，景行乡之”，朕甚慕焉。所以抑未成，家以列侯可。’臣青翟、臣汤、博士臣将行等伏闻康叔亲属有十，武王继体，周公辅成王，其八人皆以祖考之尊建为大国。康叔之年幼，周公在三公之位，而伯禽据国于鲁，盖爵命之时，未至成人。康叔后捍禄父之难，伯禽殄淮夷之乱。昔五帝异制，周爵五等，春秋三等，皆因时而序尊卑。高皇帝拨国用来尊崇社稷，我不曾听说过。再说上天并不是为了君王才降生百姓。我德行浅薄，海内上下未能使之融洽，却勉强使没有学习过教义的皇子做诸侯王，那么大臣对他又能起到什么劝勉作用呢？应重新讨论，以列侯的封号赐予他们。”

三月丙子日又上奏未央宫说道：“丞相臣庄青翟、御史大夫臣张汤冒死进谏：臣谨与列侯臣婴齐、中二千石二千石臣公孙贺、谏议大夫博士臣任安等一起商议说：我们听说周朝分封了八百诸侯，所以姬姓并列，来拱卫天子。康叔依靠他的祖父和父亲得以显贵。伯禽依靠周公受封，他们都是建国的诸侯，以傅相为辅佐。所有官员都遵奉法令，各守其职。国家的统系便完备无缺了。我们私下认为同时建立诸侯之国之所以能使社稷稳重，是因为天下诸侯都能分别按自己的职责向天子朝贡奉祭。旁系子弟不得奉祭宗祖，这是礼仪制度所规定的。对诸侯进行封号建国，使他们守住藩国，帝王就能趁此进行扶德施化。陛下秉承天意统辖天下，把先圣的遗业发扬光大，尊贤礼士，圣功显赫，扶持兴起即将灭绝的国家，使萧何的后代继续受封在酂邑，褒扬公孙弘等群臣。昭示六亲的尊卑序列，表明上天施予之属，使诸侯王封君能够将私恩分给子弟户邑，赐号尊建一百多个诸侯王。如今却只将皇子封为列侯，这就会使尊卑相逾越，列位失序，不能将基业传给子孙万代。臣等请求立臣刘闳、臣刘旦、臣刘胥为诸侯王。”三月丙子日，进奏未央宫。

皇帝下诏批示说：“康叔有十个兄弟而只有他比较尊贵的原因，是因为他是一个褒扬有德的人。周公被特许在郊外祭祀天神，所以鲁国有白色公畜、赤色牛的祭牲。其他公侯用毛色不纯的祭牲，这是贤者和不肖者的差别。‘崇高的道德令人仰慕，正直的行为令人向往’，我对他们很敬仰。因此来压制尚未成德的皇子，封他们为列侯就可以了。”

四月戊寅日，进奏未央宫：“丞相臣青翟、御史大夫臣张汤冒死进谏说：臣青翟等和诸位列侯、二千石级官吏、谏大夫、博士臣庆等一同商议：冒死奏请皇上立皇子为诸侯王。皇帝下达命令说：‘康叔有十个兄弟而只有他比较尊贵的原因，是因为他是一个褒扬有德之人。周公被特许在郊外祭祀天神，所以鲁国有白色公畜、赤色牛的祭牲。其他公侯用毛色不纯的祭牲，这是贤者和不肖者的差别。崇高的道德令人仰慕，正直的行为令人向往，我对他们很敬仰。因此来压制尚未成德的皇子，封他们为列侯就可以了。’臣青翟、臣张汤、博士臣将行等听说康叔兄弟有十人，武王继位，周公辅佐成王，其他兄弟八人都凭借祖父和父亲的尊贵建立大国。康叔年幼，周公在三公之位，而伯禽在鲁封国，那是因为他在被赐封爵位的时候，还没成年。后来康叔平定禄父之难。伯禽平定淮夷之乱。以前五帝各有不同的体制，周朝设有五等爵位，春秋时期只有三等爵位，这些都是乱世反诸正，昭至德，定海内，封建诸侯，爵位二等。皇子或在襁褓而立为诸侯王，奉承天子，为万世法则，不可易。陛下躬亲仁义，体行圣德，表里文武。显慈孝之行，广贤能之路。内褒有德，外讨强暴。极临北海，西溱月氏，匈奴、西域，举国奉师。舆械之费，不赋于民。虚御府之藏以赏元戎，开禁仓以振贫穷，减戍卒之半。百蛮之君，靡不乡风，承流称意。远方殊俗，重译而朝，泽及方外。故珍兽至，嘉谷兴，天应甚彰。今诸侯支子封至诸侯王，而家皇子为列侯，臣青翟、臣汤等窃伏孰计之，皆以为尊卑失序，使天下失望，不可。臣请立臣闳、臣旦、臣胥为诸侯王。”四月癸未，奏未央宫，留中不下。

“丞相臣青翟、太仆臣贺、行御史大夫事太常臣充、太子少傅臣安行宗正事昧死言：臣青翟等前奏大司马臣去病上疏言，皇子未有号位，臣谨与御史大夫臣汤、中二千石、二千石、谏大夫、博士臣庆等昧死请立皇子臣闳等为诸侯王。陛下让文武，躬自切，及皇子未教。群臣之议，儒者称其术，或誖其心。陛下固辞弗许，家皇子为列侯。臣青翟等窃与列侯臣寿成等二十七人议，皆曰以为尊卑失序。高皇帝建天下，为汉太祖，王子孙，广支辅。先帝法则弗改，所以宣至尊也。臣请令史官择吉日，具礼仪上，御史奏舆地图，他皆如前故事。”制曰：“可。”

四月丙申，奏未央宫。“太仆臣贺行御史大夫事昧死言：太常臣充言卜入四月二十八日乙巳，可立诸侯王。臣昧死奏舆地图，请所立国名。礼仪别奏。臣昧死请。”

制曰：“立皇子闳为齐王，旦为燕王，胥为广陵王。”

四月丁酉，奏未央宫。六年四月戊寅朔，癸卯，御史大夫汤下丞相，丞相下中二千石，二千石下郡太守、诸侯相，丞书从事下当用者。如律令。

“维六年四月乙巳，皇帝使御史大夫汤庙立子闳为齐王。曰：于戏，小子闳，受兹青社！朕承祖考，维稽古建尔国家，封于东土，世根据时代不同来安排尊卑次序的。高皇帝拨乱反正，昭示至德，安定海内，分封诸侯，爵位分为两等。皇子有的尚在襁褓之中也被封立为诸侯王，以承继天子，作为万世的法则，不可改变。现在皇帝躬行仁义，亲播圣德，文治武功相得益彰。推行慈爱孝亲的德行，广拓进贤任能的道路。对内褒扬有德之人，对外讨伐强暴之贼。往北到达翰海，往西到达月氏，匈奴、西域，举国尊奉效法。车舆兵械的费用，从不附加给百姓。拿出朝中府库所藏来奖赏将士，开启宫禁的仓库来救济贫民，戍卒减少了一半。百蛮夷狄的君长，无不敬仰，承受汉朝的教化屈首称赞。远方异域，不辞辛苦前来朝拜，圣上恩泽遍及边远地方。所以四方珍禽异兽不断送来，嘉禾米谷丰收，天道感应十分显著。如今诸侯支子被都封为诸侯王，而皇子却只是被赐封列侯，臣青翟、臣张汤等私下反复商议，都认为这样做有失尊卑次序，使天下百姓失望，这是不可以的。臣请求立臣刘闳、臣刘旦、臣刘胥为诸侯王。”四月癸未日，进奏未央宫，奏章留在宫中没有批示下达。

“丞相臣庄青翟、太仆臣公孙贺、行御史大夫事太常臣赵充、太子少傅臣任安行宗正事冒死进谏：臣青翟等以前进奏大司马臣霍去病上疏说，皇子还没有封号王位，臣谨与御史大夫臣张汤、中二千石、二千石、谏议大夫、博士臣庆等冒死请奏陛下立皇子臣刘闳为诸侯王。陛下谦让自己的文治武功、十分恳切地责备自己，谈到皇子未习教义。群臣的建议，儒者都称扬其说，有时却拂逆其心。陛下坚决推辞，不予同意，只许封皇子为列侯。臣青翟等私下与列侯臣萧寿成等二十七人商议，都认为这样有失尊卑次序。高皇帝创建天下，为汉太祖，封子孙为王，扩大支辅势力。先帝的法则不可轻易更改，这样才能宣示先帝的至尊地位。臣请求陛下让史官选择吉日，开列礼仪奏上，让御史呈上地图，其他都照以前旧例。”皇上下诏批示道：“可以。”

四月丙申日，进奏未央宫："太仆臣公孙贺代理御史大夫官职冒死谏言：太常臣赵充说通过占卜得知四月二十八日乙时为吉时，可以立诸侯王。臣冒死进献地图，请给所立封国命名。关于仪式另行上奏。臣冒死请求。"

皇上下诏批示道：“封皇子刘闳为齐王，刘旦为燕王，刘胥为广陵王。”

四月丁酉日，进奏未央宫。元狩六年四月初一，癸卯日，御史大夫张汤将皇帝的批示下达丞相，丞相下达中二千石级官员，二千石级官员下达郡太守、诸侯相，丞书从事下达有关办事人员。大家都按章程办。

“元狩六年四月乙巳日，皇帝派遣御史大夫张汤告庙立皇子刘闳为齐王。圣旨道：呜呼，儿子刘闳，接受这包青色的社土！我继承祖先的帝业，依据先王的制度，封你国家，封在东方，世世代代为汉朝藩篱辅臣。呜呼，你切切不要忘为汉籓辅。于戏念哉！恭朕之诏，惟命不于常。人之好德，克明显光。义之不图，俾君子怠。悉尔心，允执其中，天禄永终。厥有愆不臧，乃凶于而国，害于尔躬。于戏，保国艾民，可不敬与！王其戒之。”

右齐王策。

“维六年四月乙巳，皇帝使御史大夫汤庙立子旦为燕王。曰：于戏，小子旦，受兹玄社！朕承祖考，维稽古，建尔国家，封于北土，世为汉籓辅。于戏！荤粥氏虐老兽心，侵犯寇盗，加以奸巧边萌。于戏！朕命将率徂征厥罪，万夫长，千夫长，三十有二君皆来，降期奔师。荤粥徙域，北州以绥。悉尔心，毋作怨，毋俷德，毋乃废备。非教士不得从征。于戏，保国艾民，可不敬与！王其戒之。”

右燕王策。

“维六年四月乙巳，皇帝使御史大夫汤庙立子胥为广陵王。曰：于戏，小子胥，受兹赤社！朕承祖考，维稽古建尔国家，封于南土，世为汉籓辅。古人有言曰：‘大江之南，五湖之间，其人轻心。杨州保疆，三代要服，不及以政。’于戏！悉尔心，战战兢兢，乃惠乃顺，毋侗好轶，毋迩宵人，维法维则。书云：‘臣不作威，不作福，靡有后羞。’于戏，保国艾民，可不敬与！王其戒之。”

右广陵王策。

太史公曰：古人有言曰“爱之欲其富，亲之欲其贵”。故王者壃土建国，封立子弟，所以褒亲亲，序骨肉，尊先祖，贵支体，广同姓于天下也。是以形势强而王室安。自古至今，所由来久矣。非有异也，故弗论箸也。燕齐之事，无足采者。然封立三王，天子恭让，群臣守义，文辞烂然，甚可观也，是以附之世家。

褚先生曰：臣幸得以文学为侍郎，好览观太史公之列传。传中称三王世家文辞可观，求其世家终不能得。窃从长老好故事者取其封策书，编列其事而传之，令后世得观贤主之指意。

记！要敬受我的命令，要知道天命并非固定不变的。人要爱好善德，才能昭显光明。如果不图德义，就会使辅臣懈怠。用尽你的心力，全心全意地维护中正之道，就能永保天禄。一旦有邪曲不善的事，就会伤害你的国家，危及你自身。呜呼，保护国家，爱护人民，能够不敬慎吗！齐王你一定要戒慎呀。”

以上是齐王的策文。

“元狩六年四月乙巳日，皇帝派遣御史大夫张汤告庙立皇子刘旦为燕王。圣旨道：呜呼，儿子刘旦，接受这包黑色的社土！我继承祖先的帝业，依照先王的制度，封你国家，封在北方，世世代代为汉朝藩篱辅臣。呜呼！荤粥氏有虐待老人的禽兽之心，到处侵伐掠夺，奸杀边民。呜呼！我命大将率军前去征讨他们的罪行，他们的万夫长、千夫长，共有三十二帅来归降，偃旗息鼓，闻风逃跑。荤粥氏迁到了漠北，从此北方得以安定。竭尽你的全力，不要与人结怨，不要做败坏道德的事情，不要废弃武备。士民未经教习，不得从军出征。呜呼！保护国家，爱护人民，能不敬慎吗！燕王你一定要戒慎呀。”

以上是燕王的策文。

“元狩六年四月乙巳日，皇帝派遣御史大夫张汤告庙立皇子刘胥为广陵王。圣旨道：呜呼，儿子刘胥，接受这包红色的社土！我继承祖先的帝业，依照先王的制度，封你国家，封在南方，世世代代为汉藩篱辅臣。古人曾说过这样的话：‘大江以南，五湖之间，这一带的人为人都比较轻浮。扬州地区自三代以来一直是口头上服从，但政教却不能到达这里。’呜呼！竭尽你的全力，小心戒慎，百姓才会顺从。不要蒙蔽无知，不要好玩乐驰骋游猎，不要接近小人，一切都要依照法则行事。《尚书》上说：‘臣子不对百姓作威作福，就不会有以后的羞辱。’呜呼，保护国家，爱护人民，能不谨慎吗！广陵王你一定要戒慎呀。”

以上是广陵王的策文。

太史公说：古人曾经有这样一句话说：“爱惜他就希望他富有，亲近他就希望他尊贵。”所以君王裂土建国，分封子弟，主要是为了褒扬亲属，分序骨肉，尊崇祖先，使同族显贵，使同姓之人广布于天下。这样一来国势必然强大，王室就安定了。从古到今，这种事情由来已久了。历代没有什么不同，所以不必论述。燕王齐王受封之事，不值得采写。然而封立三王，天子谦恭礼让，群臣坚守道义，文辞灿然照人，很值得观赏，因此将这些都附录在世家里。

褚少孙先生说：我有幸凭借文学成为侍郎，喜欢阅览太史公的列传。传中称赞《三王世家》文辞可观，但寻找三王世家却始终没能找到。我私下在喜欢旧事的长者那里寻得他们所保存的封策书，编写其中的相关事迹以便能够传承下去，使后代世人能知道贤主的旨意。

盖闻孝武帝之时，同日而俱拜三子为王：封一子于齐，一子于广陵，一子于燕。各因子才力智能，及土地之刚柔，人民之轻重，为作策以申戒之。谓王："世为汉籓辅，保国治民，可不敬与！王其戒之。"夫贤主所作，固非浅闻者所能知，非博闻强记君子者所不能究竟其意。至其次序分绝，文字之上下，简之参差长短，皆有意，人莫之能知。谨论次其真草诏书，编于左方。令览者自通其意而解说之。

王夫人者，赵人也，与卫夫人并幸武帝，而生子闳。闳且立为王时，其母病，武帝自临问之。曰："子当为王，欲安所置之？"王夫人曰："陛下在，妾又何等可言者。"帝曰："虽然，意所欲，欲于何所王之？"王夫人曰："原置之雒阳。"武帝曰："雒阳有武库敖仓，天下冲阸，汉国之大都也。先帝以来，无子王于雒阳者。去雒阳，余尽可。"王夫人不应。武帝曰："关东之国无大于齐者。齐东负海而城郭大，古时独临淄中十万户，天下膏腴地莫盛于齐者矣。"王夫人以手击头，谢曰："幸甚。"王夫人死而帝痛之，使使者拜之曰："皇帝谨使使太中大夫明奉璧一，赐夫人为齐王太后。"子闳王齐，年少，无有子，立，不幸早死，国绝，为郡。天下称齐不宜王云。

所谓"受此土"者，诸侯王始封者必受土于天子之社，归立之以为国社，以岁时祠之。春秋大传曰："天子之国有泰社。东方青，南方赤，西方白，北方黑，上方黄。"故将封于东方者取青土，封于南方者取赤土，封于西方者取白土，封于北方者取黑土，封于上方者取黄土。各取其色物，裹以白茅，封以为社。此始受封于天子者也。此之为主土。主土者，立社而奉之也。"朕承祖考"，祖者先也，考者父也。"维稽古"，维者度也，念也，稽者当也，当顺古之道也。

齐地多变诈，不习于礼义，故戒之曰"恭朕之诏，唯命不可为常。人之好德，能明显光。不图于义，使君子怠慢。悉若心，信执其曾经听说在孝武帝的时候，皇上同一天拜封三个皇子为王：封一个皇子在齐，一个皇子在广陵，一个皇子在燕。分别按照皇子的才力智能，以及土地的贫瘠和肥沃、人民的轻浮和庄重，为他们写下策文来告诫他们，对他们说："世世代代为汉朝的藩篱辅臣，保护国家，爱护人民，能不谨慎吗！诸王一定要戒慎。"一个贤明国君的行为，本来就不是孤陋寡闻之人所能理解的，如果不是博闻强记的君子，是不能透彻理解它的深意的。甚至是诏书的次序分段，语言的上下行文，策文的参差长短，都有深意，别人是不能理解的。谨论定编次这些本稿诏书，编列于下，使读者能自己理解它的深意，进行解读。

王夫人是赵国人，曾与卫夫人一同得到武帝的宠幸，后来生下儿子刘闳。刘闳将要被立为王时，他的母亲生病了，武帝亲自前去探望，问道："儿子应当封王，你想把他封在哪里？"王夫人说："有陛下您在，我又有什么可说的呢？"武帝说："即便如此，就按照你的愿望来说，想封他到什么地方为王？"王夫人说："希望能够封在雒阳。"武帝说："雒阳有武库敖仓，是天下的要害部位，汉朝的大都城。从先帝以来，就没有一个皇子被封在雒阳为王的。除了雒阳这个地方，其他地方都可以。"王夫人默不作声。武帝说："函谷关以东的国家，没有比齐国更大的。齐国东边靠海，而且城郭比较大，古时仅仅临淄城就有十万户，天下肥沃的土地没有比齐国更多的了。"王夫人以手击头，感谢道："太好了。"后来王夫人病故，武帝很伤心，派使者前去祭拜道："皇帝谨派使者太中大夫明捧着璧玉一块，赐封夫人为齐国王太后。"皇子刘闳被封为齐王，他年纪小，没有儿子，立王以后，不幸早死，封国废绝，改为郡。世人都说齐地不宜封王之类的话。

所说的"受此土"的意思，就是诸侯王开始受封时，一定在天子祭祀土神的地方受社土，回到封国再建立自己的国社，并且每年祭祀。《春秋大传》曾有这样的记载："天子之国有泰社，东方为青色，南方为赤色，西方为白色，北方为黑色，中央为黄色。"所以将要被封于东方的就取作青土，被封于南方的就取作赤土，被封于西方的就取为白土。被封于北方的就取为黑土，被封于中央京畿的就取为黄土。各取自己颜色的土，用白茅草包起来，封好以后以之为社。这就是最初受封于天子的情形。叫做主土。对于主土，要建立社坛进行祭祀。"朕承祖考"中，"祖"的意思是祖先，"考"的意思是先父。"维稽古"中，"维"的意思是忖度，考虑，"稽"的意思是应当，就是应当顺从古人之道的意思。

齐地的人都善变奸诈，不崇尚礼义，所以天子告诫齐王说："敬受朕的诏令，要知道天命并非固定不变的。一个人爱好善德，才能昭显光明。如果不图道义，就会使辅臣懈怠。竭尽你的全力，真心实意地维护中正之道，就能永保天中，天禄长终。有过不善，乃凶于而国，而害于若身”。齐王之国，左右维持以礼义，不幸中年早夭。然全身无过，如其策意。

传曰“青采出于蓝，而质青于蓝”者，教使然也。远哉贤主，昭然独见：诫齐王以慎内；诫燕王以无作怨，无俷德；诫广陵王以慎外，无作威与福。

夫广陵在吴越之地，其民精而轻，故诫之曰“江湖之间，其人轻心。杨州葆疆，三代之时，迫要使从中国俗服，不大及以政教，以意御之而已。无侗好佚，无迩宵人，维法是则。无长好佚乐驰骋弋猎淫康，而近小人。常念法度，则无羞辱矣”。三江、五湖有鱼盐之利，铜山之富，天下所仰。故诫之曰“臣不作福”者，勿使行财币，厚赏赐，以立声誉，为四方所归也。又曰“臣不作威”者，勿使因轻以倍义也。

会孝武帝崩，孝昭帝初立，先朝广陵王胥，厚赏赐金钱财币，直三千余万，益地百里，邑万户。

会昭帝崩，宣帝初立，缘恩行义，以本始元年中，裂汉地，尽以封广陵王胥四子：一子为朝阳侯；一子为平曲侯；一子为南利侯；最爱少子弘，立以为高密王。

其后胥果作威福，通楚王使者。楚王宣言曰：“我先元王，高帝少弟也，封三十二城。今地邑益少，我欲与广陵王共发兵云。广陵王为上，我复王楚三十二城，如元王时。”事发觉，公卿有司请行罚诛。天子以骨肉之故，不忍致法于胥，下诏书无治广陵王，独诛首恶楚王。传曰“蓬生麻中，不扶自直；白沙在泥中，与之皆黑”者，土地教化使之然也。其后胥复祝诅谋反，自杀，国除。

燕土墝埆，北迫匈奴，其人民勇而少虑，故诫之曰“荤粥氏无有孝行而禽兽心，以窃盗侵犯边民。朕诏将军往征其罪，万夫长，千夫禄。一旦有邪曲不善的事，就会伤害你的国家，危及你自身。”齐王到了封国以后，左右大臣能以礼义维系扶持，但不幸齐王中年早逝。然而他一生并无过失，一直遵照天子给他的策文之意治理国家。

古书记载道“靛青从蓝草中提取，而颜色却比蓝草更青”，指的是教化之功使之如此。富有远见的贤主，有自己独到的真知灼见：警诫齐王对内要谨慎；警诫燕王不要与人结怨，不要做败坏道德的事情；警诫广陵王对外要谨慎，不要作威作福。

广陵在吴越之地，这个地方的人精悍而且为人比较轻浮，所以天子告诫广陵王说：“江湖之间，人心比较轻浮。扬州自古靠近南部的边荒，自三代之起就要求他们接受中原习俗，但并不严格要求服从内地法令，只在道德上加以感化罢了。不要蒙蔽无知，不要贪图安逸，不要接近小人，一切都要依照法则行事。不要好逸乐驰骋游猎过度安乐，不要接近小人。经常想到法度，就不会被后来之人的羞辱了。”三江、五湖一带有鱼盐的收益，铜山的财富，是天下人所羡慕的。所以天子告诫说“臣不作福”，意思是说不要滥用财货钱币，赏赐过分，以此来树立声誉，使四方之人前来归附。又说“臣不作威”，意思是不让他利用当地人的轻浮而背弃礼义。

正当孝武帝去世之时，孝昭帝继位，对前朝广陵王刘胥，赏赐了很多金钱财物，价值三千多万，增加了封地百里，食邑万户。

后来又适逢昭帝去世之时，宣帝刚刚即位，因骨肉恩情，施行道义，在本始元年期间，割裂汉地，全都被用来分封广陵王刘胥的四个儿子：一个封为朝阳侯；一个封为平曲侯；一个封为南利侯；最受宠爱的小儿子刘弘，被封为高密王。

在这之后刘胥果然作威作福，派使者前去勾结楚王。楚王扬言说：“我们的祖先元王，是高祖的小弟弟，封有三十二座城。如今封地城邑越来越少，我要与广陵王共同起兵。拥立广陵王为皇上，我要恢复当年封给我楚王的三十二座城，像元王时一样。”后来这件事被发觉，公卿官吏请求对他执行诛罚。天子因骨肉至亲的缘故，不忍心对刘胥执法，下诏不处治广陵王，只诛杀了作恶的首领楚王。古书上曾有记载：“蓬草生长在麻中，不必扶持自然就挺直；白沙如果处在污泥中，就会与污泥同黑”，指的是水土教化使它如此。此后刘胥又祈神降殃祸谋划反叛，结果东窗事发自杀了，封国被废除。

燕国的土地相对贫瘠，北边邻近匈奴，这一带的人非常勇敢但缺少谋略，所以天子告诫燕王说“荤粥氏没有孝行而且还有禽兽之心，经常盗窃侵犯边民。朕曾派将军前去征讨他们的罪行，统率万人的将官，统率千人的将官，三十二长，三十有二君皆来，降旗奔师。荤粥徙域远处，北州以安矣”。“悉若心，无作怨”者，勿使从俗以怨望也。“无俷德”者，勿使背德也。“无废备”者，无乏武备，常备匈奴也。“非教士不得从征”者，言非习礼义不得在于侧也。

会武帝年老长，而太子不幸薨，未有所立，而旦使来上书，请身入宿卫于长安。孝武见其书，击地，怒曰：“生子当置之齐鲁礼义之乡，乃置之燕赵，果有争心，不让之端见矣。”于是使使即斩其使者于阙下。

会武帝崩，昭帝初立，旦果作怨而望大臣。自以长子当立，与齐王子刘泽等谋为叛逆，出言曰：“我安得弟在者！今立者乃大将军子也。”欲发兵。事发觉，当诛。昭帝缘恩宽忍，抑案不扬。公卿使大臣请，遣宗正与太中大夫公户满意、御史二人，偕往使燕，风喻之。到燕，各异日，更见责王。宗正者，主宗室诸刘属籍，先见王，为列陈道昭帝实武帝子状。侍御史乃复见王，责之以正法，问：“王欲发兵罪名明白，当坐之。汉家有正法，王犯纤介小罪过，即行法直断耳，安能宽王。”惊动以文法。王意益下，心恐。公户满意习于经术，最后见王，称引古今通义，国家大礼，文章尔雅。谓王曰：“古者天子必内有异姓大夫，所以正骨肉也；外有同姓大夫，所以正异族也。周公辅成王，诛其两弟，故治。武帝在时，尚能宽王。今昭帝始立，年幼，富于春秋，未临政，委任大臣。古者诛罚不阿亲戚，故天下治。方今大臣辅政，奉法直行，无敢所阿，恐不能宽王。王可自谨，无自令身死国灭，为天下笑。”于是燕王旦乃恐惧服罪，叩头谢过。大臣欲和合骨肉，难伤之以法。

其后旦复与左将军上官桀等谋反，宣言曰“我次太子，太子不在，我当立，大臣共抑我”云云。大将军光辅政，与公卿大臣议曰：“燕王旦不改过悔正，行恶不变。”于是修法直断，行罚诛。旦自个君长都来归降，偃旗息鼓而逃。荤粥氏远迁到很远的地方，北方因此安定了。”“悉若心，无作怨”的意思，就是不让他随从当地习俗而产生怨恨。“无俷德”的意思，就是不让燕王背弃恩德。“无废备”的意思，就是不要削减军备，并且要经常防备匈奴。“非教士不得从征”的意思，是说凡不习礼义之士，不得召之在身边使用。

当武帝年老的时候，太子不幸早亡，那时还没有再立太子，刘旦派使者前来上奏皇上，请求到长安来担任皇上的宿卫。武帝看了他的信，扔到地上，发怒说：“生下儿子就应当把他放在齐鲁这样的礼义之地，竟将他放在燕赵之地，果然有争夺皇位之心，不谦让的端倪已经显露出来了。”于是派人在宫阙之下杀了刘旦的使者。

正当武帝驾崩，昭帝刚刚即位之时，刘旦果然心生怨恨而责怪议事大臣。刘旦认为自己是长子应该被立为皇帝，与齐王之子刘泽等人图谋叛乱，扬言说：“我哪里能让弟弟在！如今登位的是大将军的儿子。”准备发兵之时，事情被发觉，本应该被处死。昭帝出于骨肉恩情的缘故予以宽容，就把这件案子压了下来不使其张扬。公卿派大臣请求处理，朝廷派遣宗正与太中大夫公户满意、两个御史，一同出使燕国，打算劝说燕王。到了燕国，他们分别在不同的时间，轮流前去拜见并责问燕王。宗正是执掌刘氏皇族户籍的，先去拜见燕王，给他列举昭帝确实是武帝儿子的事实。之后，侍御史再去拜见燕王，用国家法制责备他，问道：“燕王你准备起兵造反，罪状明确，应当治罪。汉朝有法制，诸王只要犯下一点儿小罪过，就得依法判处，怎么能宽恕大王呢？”用法律条文使他恐惧震动。燕王情绪逐渐低落，心里十分恐惧。公户满意熟悉儒经义理，最后再去拜见燕王，引述古今道义，国家大礼，言辞华美，喻理庄正。他对燕王说：“自古以来的天子，在朝内一定要有异姓的大夫，这主要是为了可以匡正王族子弟；在朝外也一定有同姓大夫，可以用来匡正异姓诸侯。周公辅佐成王，诛杀了他的两个弟弟，所以天下才得以太平。武帝在位时，还能宽容大王。如今昭帝刚刚即位，还比较年轻，春秋正富，尚未亲自执政，一切大事都委任给大臣们来处理。自古以来诛杀惩罚都不能徧袒内亲外戚，所以天下才可以太平。现在大臣们辅佐政事，奉行法律率直办事，不敢对您有所徧袒，所以恐怕不能宽恕您。大王可要自己谨慎，不要使自己身死国灭，被天下人耻笑。”这时燕王刘旦才恐惧认罪，叩头认错。大臣们想使他们骨肉和好，不忍用法律制裁他。

在这以后，刘旦又与左将军上官桀等谋反，扬言说“我的年纪仅次于太子，太子不在了，我应当继位，大臣们却都压抑我”等等。大将军霍光辅政，与公卿大臣们商议道：“燕王刘旦不但不改过自新，依然为恶不断。”于是按法直断，杀，国除，如其策指。有司请诛旦妻子。孝昭以骨肉之亲，不忍致法，宽赦旦妻子，免为庶人。传曰“兰根与白芷，渐之滫中，君子不近，庶人不服”者，所以渐然也。

宣帝初立，推恩宣德，以本始元年中尽复封燕王旦两子：一子为安定侯；立燕故太子建为广阳王，以奉燕王祭祀。

将要执行被诛杀的惩罚。刘旦自杀，封国被废除，正如给他的策文所指出的一样。主管官员请求处死刘旦的妻子和儿女。汉昭帝顾念他们是骨肉之亲，不忍心对他们执法，就宽恕赦免了刘旦的妻子儿女，将他们削为平民。古籍说的“兰根和白芷，如果是把它们浸泡在臭水里，君子们就不会再接近它们，平民也不再会佩带它们”，就是浸泡使它们如此的。

宣帝刚开始即位，广推恩泽，弘扬德行，在本始元年期间又重新赐封了燕王刘旦的两个儿子：一个儿子封为安定侯；燕王原来的太子刘建封为广阳王，让他承继燕王的祭祀。

文/白/对/照

史記

三

〔汉〕司马迁　撰
萧祥剑　主译

团结出版社

列传（二）

伯夷列传第一

夫学者载籍极博，犹考信于六艺。《诗》《书》虽缺，然虞夏之文可知也。尧将逊位，让于虞舜，舜禹之间，岳牧咸荐，乃试之于位，典职数十年，功用既兴，然后授政。示天下重器，王者大统，传天下若斯之难也。而说者曰尧让天下于许由，许由不受，耻之，逃隐。及夏之时，有卞随、务光者。此何以称焉？

太史公曰：余登箕山，其上盖有许由冢云。孔子序列古之仁圣贤人，如吴太伯、伯夷之伦详矣。余以所闻由、光义至高，其文辞不少概见，何哉？

孔子曰："伯夷、叔齐，不念旧恶，怨是用希。""求仁得仁，又何怨乎？"余悲伯夷之意，睹轶诗可异焉。其传曰：伯夷、叔齐，孤竹君之二子也。父欲立叔齐，及父卒，叔齐让伯夷。伯夷曰："父命也。"遂逃去。叔齐亦不肯立而逃之。国人立其中子。于是伯夷、叔齐闻西伯昌善养老，盍往归焉。及至，西伯卒，武王载木主，号为文王，东伐纣。伯夷、叔齐叩马而谏曰："父死不葬，爰及干戈，可谓孝乎？以臣弑君，可谓仁乎？"

左右欲兵之。太公曰："此义人也。"扶而去之。武王已平殷乱，天下宗周，而伯夷、叔齐耻之，义不食周粟，隐于首阳山，采薇而食之。及饿且死，作歌。其辞曰："登彼西山兮，采其薇矣。以暴易暴兮，不知其非矣。神农、虞、夏忽焉没兮，我安适归矣？于嗟徂兮，命之衰矣！"遂饿死于首阳山。由此观之，怨邪非邪？

学者们涉猎的书籍虽然极为广博，但还是得从“六经”中查考可信的依据。《诗经》、《尚书》虽然残缺不全，然而有关虞、夏史事的记载还是可以看到的。唐尧将要退位时，把帝位让给虞舜；而虞舜以及后来的夏禹，都是四方诸侯和州牧一致推荐，才试任官职管理政事几十年，待到他们建立功绩后，才把帝位传给他们。这表明，政权是最重要的宝器，帝王是政权的继统，所以传交帝位才如此地郑重审慎啊！但是，诸子杂记里却记载说，唐尧想把天下传给许由，许由不仅不接受，并以此为耻而逃走隐居起来。到了夏朝，又有卞随、务光两个人不肯接受帝位，双双投水而死。这些，又要如何说呢？

太史公说：我曾经登上箕山，那上面居然有许由的墓呢。孔子依次论列古代的仁人、圣人、贤人，如吴太伯、伯夷这些人，记载十分详尽。我所听说的许由、务光，他们的德义是极高的，但是经书里连一点大略的文字记载也见不到，这是为什么呢？

孔子说：“伯夷、叔齐不记旧仇，因而很少怨言。”又说：“他们追求仁德，就得到了仁德，又为什么要怨恨呢？” 我悲怜伯夷的心意，看到他们未被经书载录的遗诗，又感到很诧异。他们的传记里写道：伯夷、叔齐，是孤竹君的两个儿子。父亲想要立叔齐为君，等到父亲死后，叔齐要把君位让给伯夷。伯夷说：“这是父亲的意愿！”于是逃走了。而叔齐也不肯继承君位逃走了。国人只好拥立孤竹君的另一个儿子。这时，正好伯夷、叔齐听说西伯姬昌敬养老人，就商量说何不去投奔他呢？可是到那里时，西伯姬昌已经死了。他的儿子武王追尊西伯姬昌为文王，并把他的木制灵牌载在兵车上，正向东进兵讨伐纣王。伯夷、叔齐拉住武王的马缰劝阻说：“父亲死了尚未安葬，就发动战争，能说得上是孝吗？作为臣子去杀害君王，能说得上是仁吗？”

武王身边的随从要杀死他们，太公姜尚说：“这是两位义士啊。”于是扶起他们，送走了。等到武王平定了殷乱以后，天下都归顺了周朝。而伯夷、叔齐却以此为耻，他们坚守大义不吃周朝的粮食，并隐居于首阳山，靠采摘野菜来充饥。待到饿得快要死的时候，作了一首歌，歌辞说：“登上首阳山，采薇来就餐，残暴代残暴，不知错无边。神农虞夏死，我欲归附难！可叹死期近，生命已衰残！”于是就这样饿死在了首阳山。从这首诗看来，伯夷、叔齐他们是怨恨呢，还是不怨呢？

或曰："天道无亲，常与善人。"若伯夷、叔齐，可谓善人者非邪？积仁絜行如此而饿死！且七十子之徒，仲尼独荐颜渊为好学。然回也屡空，糟糠不厌，而卒蚤夭。天之报施善人，其何如哉？盗蹠日杀不辜，肝人之肉，暴戾恣睢，聚党数千人横行天下，竟以寿终。是遵何德哉？此其尤大彰明较著者也。若至近世，操行不轨，专犯忌讳，而终身逸乐，富厚累世不绝。或择地而蹈之，时然后出言，行不由径，非公正不发愤，而遇祸灾者，不可胜数也。余甚惑焉，傥所谓天道，是邪非邪？

子曰，"道不同不相为谋。"亦各从其志也。故曰："富贵如可求，虽执鞭之士，吾亦为之。如不可求，从吾所好。""岁寒，然后知松柏之后凋。"举世混浊，清士乃见。岂以其重若彼，其轻若此哉？

"君子疾没世而名不称焉。"贾子曰："贪夫徇财，烈士徇名，夸者死权，众庶冯生。""同明相照，同类相求。""云从龙，风从虎，圣人作而万物睹。"伯夷、叔齐虽贤，得夫子而名益彰。颜渊虽笃学，附骥尾而行益显。岩穴之士，趣舍有时若此，类名堙灭而不称，悲夫！闾巷之人，欲砥行立名者，非附青云之士，恶能施于后世哉？

有人说：“上天待人是没有偏私的，它总是向着好人。”那么，像伯夷、叔齐他们难道不是好人吗？他们聚积仁德，保持高洁的品行，却终致饿死！再说，在孔子的七十名得意学生里，只有颜渊被他称为好学之人，而颜渊却穷困潦倒，连粗劣之食都难得饱足，最后过早地死亡了。那些认为上天会善待好人的说法又如何呢？盗跖成天杀害无辜的人，吃人的心肝，凶横残暴，聚集了党徒几千人，横行天下，竟然长寿而终。这遵循的是什么道德呢？这都是些重大而又显著的例子啊。如果说到近世，那些不走正路、专门违法犯禁的人，却能终生安逸享乐，过着富足的生活，世世代代都保有丰厚的产业。而有些人选好了道路才举步，看准了时机才说话，从不走邪道，不是公正的事决不发愤去做。像这样小心审慎而遭祸灾的人，多得没法数。对此我深感困惑不解，如果说这便是天道，那这天道究竟合理呢，还是不合理呢？

孔子说“思想见解不一致的人，不能共同谋划事情。”也只能各自按照自己的意志行事。所以他说：“假如富贵是可以寻求得到的话，那么即使做个卑贱的马夫，我也愿意去干；如果寻求不到，那还是按照我所喜好的去做吧。”“岁月到了寒冷的季节，才知道松柏是最后凋谢的。”整个世道混乱污浊的时候，品行高洁的人才会显露出来。这难道是因为他们把道德看得太重，或将富贵看得太轻吗？

孔子说：“君子最担心的是死后名声不被传扬。”贾谊说：“贪财的人为财而丧命，重义轻生的人为名而献身；自命不凡而贪图权势的人为争权而死，平民百姓则爱惜性命而厌恶死亡。”《易经·乾卦》上说：“同样明亮的东西就会相互映照，同样种类的事物则会互相应求。”“云跟从龙而生，风伴随虎而起，圣人出现，才使万事万物的本来面目得以显露。”伯夷、叔齐虽然有贤德，不过因为孔子的赞扬而声名更为昭著。颜渊虽然专心好学，也不过只是因为追随孔子，他的德行才更加显著。那些隐居山林岩穴的隐士，或名声晓达，或湮没无闻，这些人名声淹没而不被称道，这实在是可悲的事情！那些穷乡僻壤的士人，想要磨砺德行、树立名声，如果不能依附那名望、地位极高的人，哪能扬名于后世呢？

管晏列传第二

管仲夷吾者，颍上人也。少时常与鲍叔牙游，鲍叔知其贤。管仲贫困，常欺鲍叔，鲍叔终善遇之，不以为言。已而鲍叔事齐公子小白，管仲事公子纠。及小白立为桓公，公子纠死，管仲囚焉。鲍叔遂进管仲。管仲既用，任政于齐，齐桓公以霸，九合诸侯，一匡天下，管仲之谋也。

管仲曰："吾始困时，尝与鲍叔贾，分财利多自与，鲍叔不以我为贪，知我贫也。吾尝为鲍叔谋事而更穷困，鲍叔不以我为愚，知时有利不利也。吾尝三仕三见逐于君，鲍叔不以我为不肖，知我不遭时也。吾尝三战三走，鲍叔不以我怯，知我有老母也。公子纠败，召忽死之，吾幽囚受辱，鲍叔不以我为无耻，知我不羞小节而耻功名不显于天下也。生我者父母，知我者鲍子也。"

鲍叔既进管仲，以身下之。子孙世禄于齐，有封邑者十余世，常为名大夫。天下不多管仲之贤而多鲍叔能知人也。

管仲既任政相齐，以区区之齐在海滨，通货积财，富国强兵，与俗同好恶。故其称曰："仓廪实而知礼节，衣食足而知荣辱，上服度则六亲固。四维不张，国乃灭亡。下令如流水之原，令顺民心。"故论卑而易行。俗之所欲，因而予之；俗之所否，因而去之。

其为政也，善因祸而为福，转败而为功。贵轻重，慎权衡。桓公实怒少姬，南袭蔡，管仲因而伐楚，责包茅不入贡于周室。桓公实北管仲，名夷吾，是颍上人。年轻时经常和鲍叔牙交往，鲍叔牙知道他贤明、有才干。管仲家境贫困，经常占鲍叔牙的便宜，但鲍叔牙却始终待他很好，不因为这些事而介意。后来，鲍叔牙侍奉齐国公子小白，管仲侍奉公子纠。等到小白立为齐桓公的时候，公子纠被杀死，管仲被囚禁。于是鲍叔牙就向齐桓公推荐管仲。管仲被任用以后，在齐国掌管政事，齐桓公因此而称霸，并以霸主的身份，多次会盟诸侯，稳定天下，这都是采用了管仲的智谋。

管仲说："当初我贫困时，曾经和鲍叔牙一起做买卖，分财利时自己总是多要一些，鲍叔牙并没有将我当作贪财奴，他知道我家里贫穷。我曾经替鲍叔牙谋划事情，结果反而使他更加困窘。鲍叔牙没有认为我愚笨，他知道时运有时顺利，有时不顺利。我曾经多次做官又多次被国君驱逐，鲍叔牙没有认为我无能，他知道我没遇上好时机。我曾经多次打仗却多次逃跑，鲍叔牙没有认为我胆小，他知道我家中还有老母需要赡养。公子纠争王位失败后，我的同僚召忽为之自杀殉难，我被关在深牢中忍辱苟活，鲍叔牙没有认为我不知廉耻，他知道我不会为小的过失而羞愧，却会为功名不显扬于天下而感到羞耻。生养我的是父母，真正了解我的是鲍叔牙啊。"

鲍叔牙荐举了管仲之后，甘心位居管仲之下。他的子孙世世代代享受齐国的俸禄，有封地的就有十几代人，多数是著名的大夫。因此，天下人更多的不是称赞管仲的贤能，而是赞美鲍叔牙善于识别人才。

管仲出任齐相执政以后，凭着小小的齐国滨临大海的地理条件，流通货物，积累财富，使得齐国国富兵强，并与百姓同好恶。所以他在《管子》一书中称述说："粮仓充实了，百姓才懂得礼节；衣食丰足了，百姓才懂得荣辱；国君的作为合乎法度，六亲才会紧紧依附。不提倡礼义廉耻，国家就会灭亡。国家颁布政令就像流水的源头，要能顺乎民心。"所以他的政令浅显而易于推行。百姓想要得到的，就因势给予他们；百姓所反对的，就顺应他们而废除。

管仲执政的时候，善于因势利导，转祸为福，转败为功。他十分重视事情的轻重缓急，谨慎地权衡事情的利弊得失。齐桓公本来是恼恨蔡姬，因而向南袭击蔡国的，管仲就劝齐桓公趁机讨伐楚国，责备它没有向周王室进贡包茅。桓公实际上是向北征伐山戎进行扩张，而管仲却趁机让桓公督促燕国实行召公的善政。

征山戎，而管仲因而令燕修召公之政。于柯之会，桓公欲背曹沫之约，管仲因而信之，诸侯由是归齐。故曰：“知与之为取，政之宝也。”

管仲富拟于公室，有三归、反坫，齐人不以为侈。管仲卒，齐国遵其政，常强于诸侯。后百余年而有晏子焉。

晏平仲婴者，莱之夷维人也。事齐灵公、庄公、景公，以节俭力行重于齐。既相齐，食不重肉，妾不衣帛。其在朝，君语及之，即危言；语不及之，即危行。国有道，即顺命；无道，即衡命。以此三世显名于诸侯。

越石父贤，在缧绁中。晏子出，遭之涂，解左骖赎之，载归。弗谢，入闺。久之，越石父请绝。晏子惧然，摄衣冠谢曰：“婴虽不仁，免子于厄，何子求绝之速也？”石父曰：“不然。吾闻君子诎于不知己而信于知己者。方吾在缧绁中，彼不知我也。夫子既已感寤而赎我，是知己；知己而无礼，固不如在缧绁之中。”晏子于是延入为上客。

晏子为齐相，出，其御之妻从门间而窥其夫。其夫为相御，拥大盖，策驷马，意气扬扬甚自得也。既而归，其妻请去。夫问其故。妻曰：“晏子长不满六尺，身相齐国，名显诸侯。今者妾观其出，志念深矣，常有以自下者。今子长八尺，乃为人仆御，然子之意自以为足，妾是以求去也。”其后夫自抑损。晏子怪而问之，御以实对。晏子荐以为大夫。

太史公曰：吾读管氏《牧民》《山高》《乘马》《轻重》《九府》，及《晏子春秋》，详哉其言之也。既见其著书，欲观其行事，故次其传。至其书，世多有之，是以不论，论其轶事。

齐、鲁两国在柯地会盟时，桓公想背弃曹沫逼迫他订立的归还鲁地的盟约，管仲就顺应形势劝他信守盟约，诸侯们因此而归顺了齐国。所以他说："懂得给予正是为了有所获取，这是治理国事的法宝。"

管仲的富足可以跟国君相比，拥有华丽的三归台和国君的宴饮设备，齐国人并不因此而认为他奢侈。管仲逝世后，齐国仍遵循他的政教，在相当长的一段时间里仍旧称霸于诸侯。此后过了一百多年，齐国又出了一个晏婴。

晏子，字平仲，名婴，是齐国莱地夷维人。他侍奉过齐灵公、齐庄公、齐景公三代国君，由于节约俭朴、亲躬理事，而受到齐国人的敬重。他做了齐国宰相后，饭桌上没有第二种肉菜，妻妾不穿丝绸衣服。在朝廷上，国君赞许他，他就谨慎自己的言语；国君没有赞许他，他就注意端正自己的行为。国君能行正道，他就顺着国君的命令去做；不能行正道时，他就权衡利害后斟酌着去办。因此，他在齐灵公、庄公、景公三代时，名声在各诸侯国中显赫一时。

越石父是个十分贤能的人，却陷于监牢之中。晏子外出，在路上遇到他，便让人解下车驾左边的马，将他赎了出来，载着他回到府里。晏子没有向越石父告别一声，便走进了内室，过了好久没出来。越石父对晏子说要绝交。晏子大吃一惊，匆忙整理好衣帽连连道歉说："我晏婴虽然说不上有仁德，但也总算帮助您从困境中解脱出来，为什么您这么快就要求与我绝交呢？"越石父说："话不能这么说。我听说君子只在不了解自己的人那里受委屈，而在知己面前意志却是自由伸展的。当我被囚禁在牢中的时候，那些人是不了解我。你既然已经知道我的为人而受到感动，把我赎了出来，这就是了解我；既然了解我却不按礼节待我，那还不如让我囚禁在监牢之中。"于是晏子就请他进屋，待他为贵宾。

晏子做齐国宰相时，有一次坐车出门，车夫的妻子从门缝里窥视丈夫。她丈夫替宰相驾车，头上遮着大伞，扬鞭驱马，神气十足，很是自我得意。不久回到家里，他的妻子就要求离婚。车夫问她离婚的原因，妻子说："晏子身高不过六尺，却做了齐国的宰相，名声显扬于各国。今天我看他外出，见他思虑非常深远，总是态度谦和。现在你身高八尺，才不过做了人家的车夫，但看你的神态却自我满足。因此我要求和你离婚。"从此以后，车夫便自觉地控制自己，谦虚恭谨起来。晏子发现了他的变化，觉得很奇怪，就问他，车夫如实相告。晏子就推荐他做了大夫。

太史公说：我读了管仲的《牧民》、《山高》、《乘马》、《轻重》、《九府》和《晏子春秋》，这些书上说得都很详细！读了他们的著作，就想考察他们的事迹，所以就依次编写了他们的传记。至于他们的书，世上大都能见到，因此不再论述，只记载他们的一些轶事。

管仲，世所谓贤臣，然孔子小之。岂以为周道衰微，桓公既贤，而不勉之至王，乃称霸哉？语曰“将顺其美，匡救其恶，故上下能相亲也”。岂管仲之谓乎？

方晏子伏庄公尸哭之，成礼然后去，岂所谓“见义不为无勇”者邪？至其谏说，犯君之颜，此所谓“进思尽忠，退思补过”者哉！假令晏子而在，余虽为之执鞭，所忻慕焉。

管仲是世人所说的贤臣，但孔子却小看他。难道是认为周朝的统治已经衰微，桓公既然贤明，而管仲便不勉励他实行王道却辅佐他称霸吗？有句话说："顺应并推广美德，匡正并补救恶行，所以君臣百姓之间能够亲密无间。"这难道不是说的管仲吗？

当初晏子伏在庄公尸体上痛哭吊他，行完臣子的礼节后才离开，这难道就是人们所说的"见义不为就没有勇气"的表现吗？至于晏子直言进谏，触犯君主的面子，这就是所谓的"在政就想到竭尽忠心，在野就想到弥补过失"的人啊！假使晏子现在还活着，即使让我替他执鞭赶车，那也是我非常高兴和向往的事啊！

老子韩非列传第三

老子者，楚苦县厉乡曲仁里人也，姓李氏，名耳，字聃，周守藏室之史也。

孔子适周，将问礼于老子。老子曰：“子所言者，其人与骨皆已朽矣，独其言在耳。且君子得其时则驾，不得其时则蓬累而行。吾闻之，良贾深藏若虚，君子盛德，容貌若愚。去子之骄气与多欲，态色与淫志，是皆无益于子之身。吾所以告子，若是而已。”孔子去，谓弟子曰：“鸟，吾知其能飞；鱼，吾知其能游；兽，吾知其能走。走者可以为罔，游者可以为纶，飞者可以为矰。至于龙，吾不能知其乘风云而上天。吾今日见老子，其犹龙邪！”

老子修道德，其学以自隐无名为务。居周久之，见周之衰，乃遂去。至关，关令尹喜曰：“子将隐矣，强为我著书。”于是老子乃著书上下篇，言道德之意五千余言而去，莫知其所终。

或曰：老莱子亦楚人也，著书十五篇，言道家之用，与孔子同时云。

盖老子百有六十余岁，或言二百余岁，以其修道而养寿也。

自孔子死之后百二十九年，而史记周太史儋见秦献公曰：“始秦与周合，合五百岁而离，离七十岁而霸王者出焉。”或曰儋即老子，或曰非也，世莫知其然否。老子，隐君子也。

老子之子名宗，宗为魏将，封于段干。宗子注，注子宫，宫玄孙假，假仕于汉孝文帝。而假之子解为胶西王卬太傅，因家于齐焉。

世之学老子者则绌儒学，儒学亦绌老子。“道不同不相为谋”，老子是楚国苦县厉乡曲仁里人。姓李，名耳，字聃，在周朝做掌管藏书室的史官。

孔子到周朝国都去，打算向老子请教礼的学问。老子说："你所说的礼，倡导它的人和骨头都已经腐朽了，只有他的言论还在。况且君子遭遇好运时，就驾着车出去做官；不逢其时，就像蓬草一样随风飘转。我听说，善于经商的人把货物囤集起来，外表上好像什么东西也没有。君子具有高尚的品德，但他的容貌却谦恭得像愚钝的人。去掉您的骄气和过多的欲望，抛弃您故意做作的姿态和过大不切实际的志向，这些对于您自身都是没有好处的。我能告诉您的，就这些而已。"孔子回去以后，对弟子们说："鸟儿，我知道它能飞；鱼儿，我知道它能游；走兽，我知道它能跑。会跑的可以织网来捕获它，会游的可以使用丝线去钓住它，会飞的可以用弓箭去射击它。至于龙，我就不知道该怎么办了，它能驾着风云而飞腾升天。我今天见到了老子，他大概就像一条龙吧！"

老子研究道德学问，他的学说以深自韬隐、不求闻达为宗旨。他在周都住了很久，见周朝衰微了，于是就离开了。经过函谷关，关令尹喜对他说："您就要隐居了，请勉力为我写本书吧。"于是老子就著述了《道德经》，分上下两篇，论述了道德的本意，共五千多字，然后离去，再没有人知道他的下落。

有的人说：老莱子也是楚国人，著书十五篇，讲述的是道家的作用，和孔子生活在同一时代。

老子大概活了一百六十多岁，也有人说他活了二百多岁，是因为他能修养道德因而长寿啊。

孔子去世后一百二十九年，史书记载周太史儋会见秦献公时曾预言："当初秦国与周朝是合在一起的，大概五百年后又分开了，而分开七十年之后，称王称霸的人就出现了。"有的人说太史儋就是老子，也有的人说不是，世上没有人知道哪种说法是对的。老子，就是一位隐居的君子。

老子的儿子叫李宗，是魏国的将军，他被分封于段干。李宗的儿子叫李注，李注的儿子叫李宫，李宫的玄孙叫李假。李假曾在汉孝文帝时做过官。而李假的儿子李解做过胶西王刘卬的太傅，因此就定居在齐地。

世上学习老子学说的人，往往贬斥儒学；信奉儒家学说的人，往往也贬斥老子的学说。"道不同不相为谋"，难道说的就是这种情况吗？老子认为，无为而岂谓是邪？李耳无为自化，清静自正。

庄子者，蒙人也，名周。周尝为蒙漆园吏，与梁惠王、齐宣王同时。其学无所不窥，然其要本归于老子之言。故其著书十余万言，大抵率寓言也。作《渔父》《盗跖》《胠箧》，以诋訿孔子之徒，以明老子之术。畏累虚、亢桑子之属，皆空语无事实。然善属书离辞，指事类情，用剽剥儒、墨，虽当世宿学不能自解免也。其言洸洋自恣以适己，故自王公大人不能器之。

楚威王闻庄周贤，使使厚币迎之，许以为相。庄周笑谓楚使者曰："千金，重利；卿相，尊位也。子独不见郊祭之牺牛乎？养食之数岁，衣以文绣，以入大庙。当是之时，虽欲为孤豚，岂可得乎？子亟去，无污我。我宁游戏污渎之中自快，无为有国者所羁，终身不仕，以快吾志焉。"

申不害者，京人也，故郑之贱臣。学术以干韩昭侯，昭侯用为相。内修政教，外应诸侯，十五年。终申子之身，国治兵强，无侵韩者。

申子之学本于黄老而主刑名。著书二篇，号曰申子。

韩非者，韩之诸公子也。喜刑名法术之学，而其归本于黄老。非为人口吃，不能道说，而善著书。与李斯俱事荀卿，斯自以为不如非。

非见韩之削弱，数以书谏韩王，韩王不能用。于是韩非疾治国不务修明其法制，执势以御其臣下，富国强兵而以求人任贤，反举浮淫之蠹而加之于功实之上。以为儒者用文乱法，而侠者以武犯禁。宽则宠名誉之人，急则用介胄之士。今者所养非所用，所用非所养。悲廉直不容于邪枉之臣，观往者得失之变，故作《孤愤》《五蠹》《内外储》《说林》《说难》十余万言。

然韩非知说之难，为《说难》书甚具，终死于秦，不能自脱。

治，听任自然的变化；清静不挠，自然能得事理之正。

庄子，是蒙地人，名字叫周。他曾做过蒙地漆园的官吏，与梁惠王、齐宣王是同一时代的人。他学识渊博，学说无所不及，但他的中心思想却源于老子的学说。他所写的十余万字的著作，大多是托词寄意的寓言。他的《渔父》《盗跖》《胠箧》，是用来诋毁孔子学派的人，而表明老子学说的。畏累虚、亢桑子之类的，都是没有实事的杜撰。但是庄子善于行文措辞，描摹事物的情状，用来攻击儒家和墨家的学说，即便是当世的博学之士，也都难免遭受到攻击。他的文章汪洋恣肆，任意发挥，所以王公大人对他也毫无办法。

楚威王听说庄周贤能，派人带着丰厚的礼物去聘请他，答应让他做卿相。庄子笑着对楚使说："千金，的确是厚礼；卿相，的确是尊位。您难道没见过天子祭祀天地时用的牛吗？喂养它们好几年，然后给它披上带有花纹的彩色绸缎，送进太庙去作祭品。这时，它即便是想做一头自由的小猪，难道还能办得到吗？您赶快走吧，不要玷污了我的人格。我宁愿在污浊的小水沟里自由自在地游戏，也不愿被国君所约束。我终身不会做官，使自己的心志愉快。"

申不害，是京邑人，原先是郑国的一个小官。后来他学了刑名之术来求见韩昭侯，韩昭侯任命他为宰相。他对内整饬政教，对外应对诸侯，前后达十五年之久。一直到申不害去世之时，国治兵强，没有哪个国家敢侵犯韩国。

申不害的学说本源于黄帝和老子，而主张循名责实。他的著作有两篇，叫做《申子》。

韩非，是韩国的贵族子弟。他爱好刑名法术的学说。这种学说的理论基础来源于黄帝和老子。韩非生来口吃，不善于讲话，却擅长于著书立说。他和李斯都是荀卿的学生，李斯自认为才能不如韩非。

韩非看到韩国国势渐渐衰弱，屡次上书规谏韩王，但韩王都没有采纳他的意见。韩非痛心当时国君治国不致力于修明法制，不能用权势来驾驭臣子，不能使国家富强、兵力强大，不求任用贤能之士，反而任用一些文学游说之士，使他们的地位高于专务功利实效的人。他认为儒生搬弄文辞扰乱了国家法度，而游侠凭借着武力干犯禁忌。国家太平时，君主就恩宠那些有浮名虚誉的文人；形势危急时，又去使用那些披甲带胄的武士。现在国家培养的人并不是国家所需要的，而所需要的人又不是平时培养的。他悲叹廉洁正直的人不被邪曲奸枉之臣所容，考察了历史上治国得失的变化，所以写了《孤愤》《五蠹》《内外储》《说林》《说难》等十余万字的著作。

然而韩非尽管深知游说之道的艰难，撰写的《说难》一文特别详备，但最终还是被害死在秦国，不能逃脱祸难。

《说难》曰：凡说之难，非吾知之有以说之难也；又非吾辩之难能明吾意之难也；又非吾敢横失能尽之难也。凡说之难，在知所说之心，可以吾说当之。

所说出于为名高者也，而说之以厚利，则见下节而遇卑贱，必弃远矣。所说出于厚利者也。而说之以名高，则见无心而远事情，必不收矣。所说实为厚利而显为名高者也，而说之以名高，则阳收其身而实疏之；若说之以厚利，则阴用其言而显弃其身。此之不可不知也。

夫事以密成，语以泄败。未必其身泄之也，而语及其所匿之事，如是者身危。贵人有过端，而说者明言善议以推其恶者，则身危。周泽未渥也而语极知，说行而有功则德亡，说不行而有败则见疑，如是者身危。夫贵人得计而欲自以为功，说者与知焉，则身危。彼显有所出事，乃自以为也故，说者与知焉，则身危。强之以其所必不为，止之以其所不能已者，身危。故曰：与之论大人，则以为间己；与之论细人，则以为鬻权。论其所爱，则以为借资；论其所憎，则以为尝己。径省其辞，则不知而屈之；泛滥博文，则多而久之。顺事陈意，则曰怯懦而不尽；虑事广肆，则曰草野而倨侮。此说之难，不可不知也。

凡说之务，在知饰所说之所敬，而灭其所丑。彼自知其计，则毋以其失穷之；自勇其断，则毋以其敌怒之；自多其力，则毋以其难概

《说难》里写道：大凡游说君主的难处，不是难在我的才智不足以说服君主，也不是难在我的口才不足以明确地表达我的思想，也不是难在我不敢毫无顾虑地表达全部的意见和观点。大凡游说的困难，难在如何了解游说对象的心理，然后用我的言论去适应他。

游说的对象如果想博取高名，而你却用如何获得重利去劝说他，那么他就会认为你品德低下而以卑贱的待遇对待你，你一定会被遗弃和疏远。游说的对象如果志在贪图重利，而你却用如何博取高名去劝说他，那么他就会认为你是一个没有头脑而脱离实际的人，一定不会录用你。游说的对象实际上意在重利而表面上却装作喜好高名，而你用如何博取高名去劝说他，那么他表面上会录用你而实际上却疏远你；假如你用获得重利的言论去劝说他，那么他会暗中采纳你的意见，却在表面上抛弃你。这些都是游说的人不能不知道的。

行事因为保密而成功，言谈因为泄密而失败。不一定是游说者本人泄的密，而只是游说者在言谈之中无意说到了君主内心隐藏的秘密，这样游说者就会有生命危险。君主有过失，而游说的人却公开用一些大道理去推测他的不良行为，那么游说的人就会有生命危险。君主对游说者的恩宠还没有达到亲密的程度，而游说者就把知心的话全都说出来，如果意见被采纳了而且有了功效，那么，你的功劳就会被君主遗忘；如果主张行不通而且遭到失败，那么游说者就会被君主怀疑，这样游说者就会有生命危险。君主计划了一件事情，感到很得意，想自己表功，但游说者也曾参与，知道这件事，那么他也会有生命危险。君主表面上做着一件事，而实际上是为了成就另一件事情，如果游说者参与并知其计，那么他也会有生命危险。如果游说者勉强让君主去做他坚决不愿做的事，或勉强去阻止君主所不愿意罢手的事情，那么游说的人就会有生命危险。所以说，游说者如果与君主议论在任的大臣，就会被认为是离间君臣彼此的关系；如果和君主议论地位低下的人，就会被认为是卖弄权势。议论君主所喜爱的人，那么君主就会认为游说者是在利用他；谈论君主所憎恶的，那么游说者就会被认为是在试探君主的看法。如果游说者文辞简略，那么就会被认为是缺少才智而得不到重用；如果游说者铺陈辞藻，夸夸其谈，那么就会被认为是语言放纵而浪费时间。如果游说者顺应君主的主张陈述大意，那么就会被说是胆小而不敢大胆尽言。如果游说者毫无顾忌地把考虑的事情尽情说出来，那么就会被说成是鄙陋粗俗、倨傲侮慢。这些都是游说的难处，不可以不知道。

大凡游说者应注意的重要问题，就在于懂得美化君主所推崇的事情，而掩盖他认为自惭形秽之处。他自认为高明的计策，就不要拿他过去的失败来衡量而让他受窘；他自认为是勇敢的决断，就不要用他由于考虑不周造成的过错去激怒之。规异事与同计，誉异人与同行者，则以饰之无伤也。有与同失者，则明饰其无失也。大忠无所拂悟，辞言无所击排，乃后申其辩知焉。此所以亲近不疑，知尽之难也。得旷日弥久，而周泽既渥，深计而不疑，交争而不罪，乃明计利害以致其功，直指是非以饰其身，以此相持，此说之成也。

伊尹为庖，百里奚为虏，皆所由干其上也。故此二子者，皆圣人也，犹不能无役身而涉世如此其污也，则非能仕之所设也。

宋有富人，天雨墙坏。其子曰："不筑且有盗。"其邻人之父亦云，暮而果大亡其财，其家甚知其子而疑邻人之父。昔者郑武公欲伐胡，乃以其子妻之。因问群臣曰："吾欲用兵，谁可伐者？"关其思曰："胡可伐。"乃戮关其思，曰："胡，兄弟之国也。子言伐之，何也？"胡君闻之，以郑为亲己而不备郑。郑人袭胡，取之。此二说者，其知皆当矣，然而甚者为戮，薄者见疑。非知之难也，处知则难矣。

昔者弥子瑕见爱于卫君。卫国之法，窃驾君车者罪至刖。既而弥子之母病，人闻，往夜告之，弥子矫驾君车而出。君闻之而贤之曰："孝哉，为母之故而犯刖罪！"与君游果园，弥子食桃而甘，不尽而奉君。君曰："爱我哉，忘其口而念我！"及弥子色衰而爱弛，得罪于君，君曰："是尝矫驾吾车，又尝食我以其余桃。"故弥子之行未变于初也，前见贤而后获罪者，爱憎之至变也。故有爱于主，则知当而加亲；见憎于主，则罪当而加疏。故谏说之士不可不察爱憎之主而他；他夸耀自己的力量强大，就不要拿他感到棘手的问题非难他。谋划另一件与君主相同的事，赞誉另一个与君主同样品行的人，游说者就要注意文饰自己的观点，不要刺伤他们。有人与君主做了同样失败的事，游说者就应表面上粉饰说他没有过失。忠心耿耿，不拂逆君主之意，言辞谨慎，不相抵触，然后游说者就可以择机施展自己的口才和智慧了。这就是与君主亲近不被怀疑，可以说尽心里话的办法啊！等到长期与君主共事之后，君主对游说者的恩泽已经很深厚了，游说者为君主的深谋远虑不被怀疑了，互相争议也不被加罪了，遇事便可以公开地论断利害，使他获得成功，可以直接指出君主的是非以正其身。用这样的办法扶持君主，便可以说是游说成功了。

伊尹做过厨师，百里奚做过俘虏，他们都从自己从事工作的角度请求君主采用他们的主张。所以，这两个人都是圣人。他们尚不得不做低贱的事而经历如此的卑污世事，那么智能之士就不会把卑躬屈节看作是耻辱了。

宋国有个富人，因为下大雨冲毁了他家的墙壁。他儿子说："如果不快修好被冲毁的墙壁，就会有盗贼来。"他邻居的父亲也这么说。晚上果然丢了不少钱财，他的家人都认为他儿子特别聪明却怀疑邻居的父亲。从前郑武公想去讨伐胡国，却把自己的女儿嫁给胡国君主做妻子。因此他就问大臣们说："我想用兵，可以攻打谁呢？"大夫关其思回答说："可以攻打胡国。"郑武公就把关其思杀了，并且说："胡国，是我们的兄弟之国。你说攻打它，你是什么居心？"胡国君主听到这件事，认为郑君与自己关系密切便不防备郑国了。郑国乘机偷袭胡国，并吞并了它。邻居的父亲与大夫关其思的看法都是对的，然而言重的被杀死，言轻的被怀疑。这并不是对某些事情有自己的认识难，而是如何妥善地处理已知的事情难啊。

从前弥子瑕很受卫国君主宠爱。按照卫国的法律，凡是私自驾用君车的人要受断足的刑罚。不久弥子瑕的母亲病了，有人闻讯，便连夜通知了他，弥子瑕就假称君主的命令驾着君主的车子出去了。卫君听到这件事后反而赞美他说："真是一个孝子啊，为了母亲的病竟甘愿受断足的惩罚！"弥子瑕和卫君到果园游玩，弥子瑕吃到一个甜桃子，没吃完就献给卫君吃了。卫君说："真爱我啊，自己不吃却想着我！"等到弥子瑕老态龙钟，卫君对他的宠爱也消减了。后来弥子瑕得罪了卫君，卫君说："这个人曾经假称我的命令私自驾用我的车，还曾经给我吃他吃剩的桃子。"弥子瑕的德行和当初一样没有改变，可当初为卫君所赞许的，后来却变成了罪过，是由于卫君对他的爱憎起了变化。所以说，被君主宠爱时，他的智谋合乎君主的口味，君主就对他更加亲近；当他被君主厌恶的时候，他的过失与君主的厌恶心理相应，君主就对他更加疏远。因此，劝谏游说的人，后说之矣。

夫龙之为虫也，可扰狎而骑也。然其喉下有逆鳞径尺，人有婴之，则必杀人。人主亦有逆鳞，说之者能无婴人主之逆鳞，则几矣。

人或传其书至秦。秦王见《孤愤》《五蠹》之书，曰：“嗟乎，寡人得见此人与之游，死不恨矣！”李斯曰：“此韩非之所著书也。”秦因急攻韩。韩王始不用非，及急，乃遣非使秦。秦王悦之，未信用。李斯、姚贾害之，毁之曰：“韩非，韩之诸公子也。今王欲并诸侯，非终为韩不为秦，此人之情也。今王不用，久留而归之，此自遗患也，不如以过法诛之。”秦王以为然，下吏治非。李斯使人遗非药，使自杀。韩非欲自陈，不得见。秦王后悔之，使人赦之，非已死矣。

申子、韩子皆著书，传于后世，学者多有。余独悲韩子为说难而不能自脱耳。

太史公曰：老子所贵道，虚无，因应变化于无为，故著书辞称微妙难识。庄子散道德，放论，要亦归之自然。申子卑卑，施之于名实。韩子引绳墨，切事情，明是非，其极惨礉少恩。皆原于道德之意，而老子深远矣。

不能不调查清楚君主的爱憎态度之后再进言。

龙属于虫类，可以亲近它，骑它。然而它喉咙下长有一尺长的逆鳞，人要触动它的逆鳞，一定会丧命。君主也有逆鳞，游说的人能不触犯君主的逆鳞，就差不多成功了。

有人把韩非的书传到秦国。秦王看了《孤愤》《五蠹》等书，慨叹说："唉呀，我要是能见到这个人并和他交往，就是死也不遗憾了。"李斯说："这些书是韩非撰写的。"秦王因此立即攻打韩国。韩王最初没有重用韩非，等到情势危急，便派遣韩非出使秦国。秦王很喜欢他，尚未任用他时，李斯、姚贾因嫉妒他，就在秦王面前诋毁他说："韩非是韩国贵族子弟。现在大王要吞并各国，韩非最终还是会帮助韩国而不会帮助秦国，这是人之常情啊。如今大王不任用他，久留于秦国，将来再放他回去，这是给自己埋下祸患啊。不如给他加个罪名，并依法处死他。" 秦王认为有道理，就下令将韩非关押起来。李斯派人给韩非送去毒药，让他自杀。韩非想要向秦王申诉，却未能见到。后来秦王后悔了，派人去赦免韩非，可惜韩非已经死了。

申子、韩子都有著作流传到后世，学者大多有他们的书。我唯独悲叹韩非写了《说难》一文，而自己却未能逃脱死路。

太史公说：老子看重道，虚无，顺应自然，以无为来适应各种变化，因此他写的书人们认为语义微妙难于理解。庄子推演老子关于道德的学说，放言高论，其学说的要点也归本于自然无为的道理。申子常常勤奋自勉，推行循名责实的理论。韩非子依据法律作为规范行为的准绳，决断事情，明辨是非，用法严酷苛刻，残酷无情。以上这几人虽发展方向不同，但都源于老子的道德学说，可见老子的学说理论影响多么深远。

司马穰苴列传第四

司马穰苴者，田完之苗裔也。齐景公时，晋伐阿、甄，而燕侵河上，齐师败绩。景公患之。晏婴乃荐田穰苴曰："穰苴虽田氏庶孽，然其人文能附众，武能威敌，愿君试之。"景公召穰苴，与语兵事，大说之，以为将军，将兵扞燕晋之师。穰苴曰："臣素卑贱，君擢之闾伍之中，加之大夫之上，士卒未附，百姓不信，人微权轻，愿得君之宠臣，国之所尊，以监军，乃可。"于是景公许之，使庄贾往。

穰苴既辞，与庄贾约曰："旦日日中会于军门。"穰苴先驰至军，立表下漏待贾。贾素骄贵，以为将已之军而已为监，不甚急；亲戚左右送之，留饮。日中而贾不至。穰苴则仆表决漏，入，行军勒兵，申明约束。约束既定，夕时，庄贾乃至。穰苴曰："何后期为？"贾谢曰："不佞大夫亲戚送之，故留。"穰苴曰："将受命之日则忘其家，临军约束则忘其亲，援枹鼓之急则忘其身。今敌国深侵，邦内骚动，士卒暴露于境，君寝不安席，食不甘味，百姓之命皆悬于君，何谓相送乎！"召军正问曰："军法期而后至者云何？"对曰："当斩。"庄贾惧，使人驰报景公，请救。既往，未及反，于是遂斩庄贾以徇三军。三军之士皆振慄。久之，景公遣使者持节赦贾，驰入军中。穰苴曰："将在军，君令有所不受。"问军正曰："驰三军法何？"正曰："当斩。"使者大惧。穰苴曰："君之使不可杀之。"乃斩其仆，车之左驸，马之左骖，以徇三军。遣使者还报，然后行。

司马穰苴，是田完的后世子孙。齐景公时，晋国进犯齐国的东阿和甄城，燕国也入侵齐国黄河南岸的领土。齐军被打得大败，齐景公为此非常忧虑。晏婴因而向齐景公推荐田穰苴，说："穰苴虽说是田家的庶出子孙，可是他这个人，文德可使部下亲附，武略可使敌人畏惧。希望君王您能试试他。"于是齐景公召见了穰苴，跟他议论军国大事，齐景公对他大加赞赏，立即任命他为将军，率兵去抵御燕、晋两国的军队。穰苴说："臣下出身卑贱，君王把我从平民中提拔起来，置于大夫之上，士兵们不会服从，百姓也不会信任，资望既浅，缺乏权威，希望能派一位君王宠信、国家尊重的大臣，来监察军队才行。"于是齐景公就答应了他的要求，派庄贾前去做了监军。

穰苴向景公辞行后，便与庄贾约定说："明天正午在军门外相会。"第二天，穰苴率先驰车赶到军门，立起了计时的木表和漏壶，等待庄贾。庄贾一向傲慢自大，喜欢摆架子，认为率领的是自己的军队，自己又做监军，就不大着急。亲戚朋友为他饯行，挽留他喝酒。直到正午，庄贾还没有来。穰苴就放倒木表，摔破漏壶，进入军营，整顿军队，反复说明各项规定。等他布署完毕，到了傍晚，庄贾才到。穰苴说："为什么迟到？"庄贾道歉说："朋友亲戚们给我送行，所以耽搁了。"穰苴说："身为将领，从接受命令的那一刻起，就应当忘掉自己的家庭，从亲临军营申明号令后，就应忘掉私人的交情，从拿起鼓槌指挥作战那一刻起，就应不顾个人安危。如今敌人入侵已深入国境，国内骚乱不安，士兵暴露于境内，国君睡不安稳，吃不香甜，全国百姓的生命都维系于你一身，还谈得上什么送行呢！"于是把军法官叫来，问道："按照军法，对约定时刻迟到的人应如何处置？"回答说："应当斩首。"庄贾害怕了，派人飞马报告齐景公，请求救命。报信的人走了，还没来得及返回，庄贾就已被斩首示众于三军。全军将士都震惊战栗。过了好一会儿，齐景公派的使者才拿着符节来赦免庄贾。车马飞奔直入军营，穰苴说："将在军中，国君的命令可以不必完全照办。"又问军法官说："驾着车马在军营里奔驰，按军法当如何处置？"军法官说："应当斩首。"使者大惊失色。穰苴说："国君的使者不可以杀。"便斩了使者的仆从，砍断了车子左边的夹车木，杀死了左边驾车的马，示众于三军。让使者回去向齐景公报告，然后就出发了。

士卒次舍井竈饮食，问疾医药，身自拊循之。悉取将军之资粮享士卒，身与士卒平分粮食。最比其羸弱者，三日而后勒兵。病者皆求行，争奋出为之赴战。晋师闻之，为罢去。燕师闻之，度水而解。于是追击之，遂取所亡封内故境而引兵归。未至国，释兵旅，解约束，誓盟而后入邑。景公与诸大夫郊迎，劳师成礼，然后反归寝。既见穰苴，尊为大司马。田氏日以益尊于齐。

已而大夫鲍氏、高、国之属害之，谮于景公。景公退穰苴，苴发疾而死。田乞、田豹之徒由此怨高、国等。其后及田常杀简公，尽灭高子、国子之族。至常曾孙和，因自立为齐威王，用兵行威，大放穰苴之法，而诸侯朝齐。

齐威王使大夫追论古者《司马兵法》而附穰苴于其中，因号曰《司马穰苴兵法》。

太史公曰：余读《司马兵法》，闳廓深远，虽三代征伐，未能竟其义，如其文也，亦少褒矣。若夫穰苴，区区为小国行师，何暇及司马兵法之揖让乎？世既多司马兵法，以故不论，著穰苴之列传焉。

士兵们安营扎寨，打井砌灶，饮水吃饭，看病抓药，田穰苴都亲自过问以示关怀。还把自己作为将军专用的物资粮食全部拿出来与士兵共享，自己和士兵一样平分粮食。把体弱有病的统计出来，三天后重新整训军队，准备出战。病弱的士兵也要求前往，争先奋勇地为他战斗。晋国军队听说了这种情况，就撤军回去了。燕国军队知道了这种情况，也渡黄河向北撤退而溃散。于是齐国的军队趁势追击，收复了境内所有沦陷的领土，率师凯旋而归。还没到国都，就解除了战备，取消了战时规定号令，盟誓之后才进入国都。齐景公率领文武百官到城外迎接，依礼慰劳军队完毕后，才回到寝宫。齐景公接见了田穰苴，敬重地晋升他为大司马。从此，田氏在齐国的地位日益显贵。

后来，大夫鲍氏、高氏、国氏一班人忌妒他，便向齐景公进谗言中伤、诬陷他。齐景公就解除了他的官职，穰苴发病而死。田乞、田豹一伙从此怨恨高氏、国氏家族的人。后来田常杀死齐简公，把高氏、国氏家族全部诛灭了。到田常的曾孙田和时，他自立为君，号为齐威王。他用兵作战施使权威，都极力模仿穰苴的做法，当时各国诸侯都来朝拜齐国。

齐威王命大夫们追论古代的《司马兵法》，而把大司马田穰苴的兵法也附在里边，因此定名为《司马穰苴兵法》。

太史公说：我读《司马兵法》，感到宏大深远，不可测度，即使是夏、商、周三代的战争也未能穷尽其义，像现在把《司马穰苴兵法》的文字附在里边，也未免推许过分了。至于说到田穰苴，仅仅是为小国行师用兵，怎么能和《司马兵法》相提并论呢？世上流传的《司马兵法》既然很多，因此就不再评论了，只为穰苴写了传记。

孙子吴起列传第五

孙子武者，齐人也。以兵法见于吴王阖闾。阖闾曰：“子之十三篇，吾尽观之矣，可以小试勒兵乎？”对曰：“可。”阖闾曰：“可试以妇人乎？”曰：“可。”于是许之，出宫中美女，得百八十人。孙子分为二队，以王之宠姬二人各为队长，皆令持戟。令之曰：“汝知而心与左右手背乎？”妇人曰：“知之。”孙子曰：“前，则视心；左，视左手；右，视右手；后，即视背。”妇人曰：“诺。”约束既布，乃设鈇钺，即三令五申之。于是鼓之右，妇人大笑。孙子曰：“约束不明，申令不熟，将之罪也。”复三令五申而鼓之左，妇人复大笑。孙子曰：“约束不明，申令不熟，将之罪也；既已明而不如法者，吏士之罪也。”乃欲斩左右队长。吴王从台上观，见且斩爱姬，大骇。趣使使下令曰：“寡人已知将军能用兵矣。寡人非此二姬，食不甘味，愿勿斩也。”孙子曰：“臣既已受命为将，将在军，君命有所不受。”遂斩队长二人以徇。用其次为队长，于是复鼓之。妇人左右前后跪起皆中规矩绳墨，无敢出声。于是孙子使使报王曰：“兵既整齐，王可试下观之，唯王所欲用之，虽赴水火犹可也。”吴王曰：“将军罢休就舍，寡人不愿下观。”孙子曰：“王徒好其言，不能用其实。”于是阖闾知孙子能用兵，卒以为将。西破强楚，入郢，北威齐晋，显名诸侯，孙子与有力焉。

孙武既死，后百余岁有孙膑。膑生阿鄄之间，膑亦孙武之后世子孙也。孙膑尝与庞涓俱学兵法。庞涓既事魏，得为惠王将军，而自以为能不及孙膑，乃阴使召孙膑。膑至，庞涓恐其贤于己，疾之，则以孙子名武，齐国人。因为精通兵法而受到吴王阖闾的接见。阖闾说：“您写的十三篇兵书我都看过了，可以小规模地试着为我操演一番吗？”孙子回答说：“可以。”阖闾说：“可以用妇女来操演吗？”回答说：“可以。”于是答应孙子，选出宫中美女，共计一百八十人。孙子将她们分成两队，让阖闾最宠爱的两位侍妾担任两队队长。让所有的美女全部持戟，然后命令她们说：“你们知道自己的心、左右手和背的方向吗？”妇人们回答说：“知道。”孙子说：“我说向前，你们就向心口所对的方向前进；我说向左，你们就向左手所对的方向前进；我说向右，你们就向右手所对的方向行进；我说向后，你们就向背所对的方向前进。”妇人们答道：“是。”规定宣布清楚后，便陈设斧钺等刑具，当场重复了多遍。然后用鼓声指挥她们向右，妇女们大笑。孙子说：“纪律还不清楚，号令不熟悉，这是将领的过错。”然后又重复多次交待清楚了，用鼓声指挥她们向左，妇人们又都哈哈大笑。孙子说：“纪律弄不清楚，号令不熟悉，这是将领的过错；现在既然已经讲得清清楚楚，却不遵照号令行事，那就是军官和士兵的过错了。”说着就要将左、右两队的队长斩首。吴王正在台上观看，见孙子要杀自己的爱妾，大惊失色，急忙派使臣传达命令说：“我已经知道将军善于用兵了。我要是失去了这两个侍妾，吃饭也不香甜，请你不要杀她们。”孙子回答说：“我已经接受命令为将，将在军中，国君的命令可以不必完全照办。”于是杀了两个队长示众，然后依序任命两队的第二个人为队长，再次用鼓声指挥她们操练。妇人们向左向右、向前向后、跪倒、站起都符合要求，没有人敢再出声。于是孙子让人向吴王报告说：“队伍已经操练整齐，大王可以下台来验察她们的演习，任凭大王想让她们干什么，哪怕是赴汤蹈火也可以。”吴王回答说：“请将军停止演练，回宾馆休息。我不愿下去察看了。”孙子感叹地说：“大王只是欣赏我书上的军事理论，却不能将其付诸实践。”从此，吴王阖闾知道孙子果真善于用兵，终于任他为将。后来吴国向西击破强楚，攻克郢都，向北威震齐国和晋国，扬名于诸侯。这其间，孙子不仅参与，而且出力不小。

孙子死后，过了一百多年又出了一个孙膑。孙膑出生在阿城和鄄城之间，也是孙武的后代子孙。他曾经和庞涓一起学习兵法。庞涓为魏国做事，当上了魏惠王的将军。但他知道自己的才能比不上孙膑，就秘密让人把孙膑找来。孙膑到了法刑断其两足而黥之，欲隐勿见。

齐使者如梁，孙膑以刑徒阴见，说齐使。齐使以为奇，窃载与之齐。齐将田忌善而客待之。忌数与齐诸公子驰逐重射。孙子见其马足不甚相远，马有上、中、下辈。于是孙子谓田忌曰："君弟重射，臣能令君胜。"田忌信然之，与王及诸公子逐射千金。及临质，孙子曰："今以君之下驷与彼上驷，取君上驷与彼中驷，取君中驷与彼下驷。"既驰三辈毕，而田忌一不胜而再胜，卒得王千金。于是忌进孙子于威王。威王问兵法，遂以为师。

其后魏伐赵，赵急，请救于齐。齐威王欲将孙膑，膑辞谢曰："刑余之人不可。"于是乃以田忌为将，而孙子为师，居辎车中，坐为计谋。田忌欲引兵之赵，孙子曰："夫解杂乱纷纠者不控捲，救斗者不搏撠，批亢捣虚，形格势禁，则自为解耳。今梁赵相攻，轻兵锐卒必竭于外，老弱罢于内。君不若引兵疾走大梁，据其街路，冲其方虚，彼必释赵而自救。是我一举解赵之围而收弊于魏也。"田忌从之，魏果去邯郸，与齐战于桂陵，大破梁军。

后十三岁，魏与赵攻韩，韩告急于齐。齐使田忌将而往，直走大梁。魏将庞涓闻之，去韩而归，齐军既已过而西矣。孙子谓田忌曰："彼三晋之兵素悍勇而轻齐，齐号为怯，善战者因其势而利导之。兵法，百里而趣利者蹶上将，五十里而趣利者军半至。使齐军入魏地为十万灶，明日为五万灶，又明日为三万灶。"庞涓行三日，大喜，曰："我固知齐军怯，入吾地三日，士卒亡者过半矣。"乃弃其步军，与其轻锐倍日并行逐之。孙子度其行，暮当至马陵。马陵道陕，而旁多阻隘，可伏兵，乃斫大树白而书之曰："庞涓死于此树之下"。于是令齐军善射者万弩，夹道而伏，期曰："暮见火举而俱发"。庞涓果夜至斫木下，见白书，乃钻火烛之。读其书未毕，齐军魏国后，庞涓害怕他超过自己，因此忌恨他，就假借罪名砍掉了他的双脚，并且在他脸上刺了字，想使他埋没于世不为人知。

齐国的使者到大梁来，孙膑以犯人的身份秘密地求见了齐使，用言辞打动齐国使者。齐国的使者认为他很有才能，就偷偷地用车把他载到齐国。齐国将军田忌赏识他并且像对待客人一样礼待他。田忌多次与齐国的贵族子弟赛马，下重金赌胜。孙膑发现他们的马奔跑能力都差不多，并且都分上、中、下三等。于是孙膑对田忌说："你尽管下大注，我能让你取胜。"田忌相信并答应了他，与齐王和贵族子弟们比赛时下了千金的赌注。到临比赛时，孙膑对田忌说："请用您的下等马迎战他们的上等马，用您的上等马对付他们的中等马，用您的中等马对付他们的下等马。"三场比赛结束，田忌败了一场，胜了两场，终于赢得了齐王的千金赌注。因此田忌把孙膑推荐给了齐威王。齐威王向他请教兵法后，就拜他做老师。

后来魏国攻打赵国，赵国危急，向齐国求援。齐威王准备任用孙膑为主将，孙膑辞谢说："受过酷刑的人不可以担任主将。"于是任命田忌为主将，孙膑为军师，让他坐在篷帐车里，暗中谋划。田忌想要率军直奔赵国，孙膑说："想要解开乱丝，不能紧握双拳生拉硬扯；平息争斗不能亲自上手。要避实击虚，利用形势来牵制敌人，那么危难自可解除。如今魏赵两国正在交战，魏国的精锐部队必定都在国外战斗得精疲力竭，留在国内疲于应付的都是老弱病残。你不如率军火速前往大梁，占据要道，冲击它空虚的地方，魏军必定会放弃赵国而回兵自救。这样，我们一举就能既解救赵国之围，又使魏国遭受打击。"田忌听从了孙膑的意见。魏军果然放弃邯郸回师，与齐军战于桂陵，结果魏军被打得大败。

十三年后，魏国和赵国联合攻打韩国，韩国向齐国告急求救。齐王派田忌率军前去救援，直奔大梁。魏将庞涓听到这个消息，率师撤离韩国回了魏国，但齐军已经越过边界向西挺进。孙膑对田忌说："那魏军素来凶悍勇猛而又看不起齐军，齐军有怯懦的名声，善于指挥作战的人要因势利导。兵法上说，急速行军百里与敌人争利会折损上将军，急速行军五十里与敌争利只有一半的士兵能赶到。我们应命令军队进入魏境后先砌能做十万人饭的灶，第二天砌能做五万人饭的灶，第三天砌做三万人饭的灶。"庞涓行军三天，察看齐军所留灶迹，特别高兴地说："我本来就知道齐军胆小怯懦，入我境内三天，士兵已经逃跑了一大半啊。"于是他丢下步兵，只率轻装精锐部队，日夜兼程加速追击齐军。孙膑估计他的行程，当晚应当可以赶到马陵。马陵的道路狭窄，旁多险阻，适合埋伏军队。孙膑让人把一棵大树割去树皮，露出白木，在上面写上："庞涓死于此树之下。"于是命令上万名善于射箭的齐兵，埋伏在马陵道两边，约定说："天黑见到树下火光亮起，就万箭齐发。"庞涓当晚果然赶到了割去树皮的树下，见到白万弩俱发，魏军大乱相失。庞涓自知智穷兵败，乃自刭，曰："遂成竖子之名！"齐因乘胜尽破其军，虏魏太子申以归。孙膑以此名显天下，世传其兵法。

吴起者，卫人也，好用兵。尝学于曾子，事鲁君。齐人攻鲁，鲁欲将吴起，吴起取齐女为妻，而鲁疑之。吴起于是欲就名，遂杀其妻，以明不与齐也。鲁卒以为将。将而攻齐，大破之。

鲁人或恶吴起曰："起之为人，猜忍人也。其少时，家累千金，游仕不遂，遂破其家，乡党笑之，吴起杀其谤己者三十余人，而东出卫郭门。与其母诀，啮臂而盟曰：'起不为卿相，不复入卫。'遂事曾子。居顷之，其母死，起终不归。曾子薄之，而与起绝。起乃之鲁，学兵法以事鲁君。鲁君疑之，起杀妻以求将。夫鲁小国，而有战胜之名，则诸侯图鲁矣。且鲁卫兄弟之国也，而君用起，则是弃卫。"鲁君疑之，谢吴起。

吴起于是闻魏文侯贤，欲事之。文侯问李克曰："吴起何如人哉？"李克曰："起贪而好色，然用兵司马穰苴不能过也。"于是魏文侯以为将，击秦，拔五城。

起之为将，与士卒最下者同衣食。卧不设席，行不骑乘，亲裹赢粮，与士卒分劳苦。卒有病疽者，起为吮之。卒母闻而哭之。人曰："子卒也，而将军自吮其疽，何哭为？"母曰："非然也。往年吴公吮其父，其父战不旋踵，遂死于敌。吴公今又吮其子，妾不知其死所矣。是以哭之。"

文侯以吴起善用兵，廉平，尽能得士心，乃以为西河守，以拒秦、韩。

魏文侯既卒，起事其子武侯。武侯浮西河而下，中流，顾而谓吴起曰："美哉乎山河之固，此魏国之宝也！"起对曰："在德不在险。昔三苗氏左洞庭，右彭蠡，德义不修，禹灭之。夏桀之居，木上写有字，便钻木点火来照明，白木上边的字还没读完，齐军伏兵就万箭齐发。魏军大乱，失去了队形。庞涓自知无计可施，败局已定，只好自刎。临死时说："终究还是成就了这小子的名声啊！"齐军就乘胜追击，彻底击溃了魏军，并俘虏了魏国太子申回国。孙膑因此而名扬天下，后世流传着他的兵法。

吴起是卫国人，善于用兵打仗。曾经师从曾子，侍奉鲁国国君。当齐军攻打鲁国时，鲁君打算任用吴起为将军，而吴起娶的妻子却是齐国人，因而鲁君不敢完全信任他。当时，吴起一心只想成名，就杀了自己的妻子，来表明他不亲附齐国的心意。鲁君最后终于任命他做了将军。吴起率军攻打齐军，齐军大败。

鲁国有的人诋毁吴起说："吴起为人，喜猜忌、残忍。他年轻时，家中积财足有千金，游历求官不成，反而把家产都耗尽了。同乡中有人嘲笑他，他便把讥笑自己的三十多人都杀掉了，然后离开卫国，从东门逃跑了。他和母亲诀别时，咬着自己的胳膊发誓说：'我吴起不做卿相，就绝不再回卫国。'于是就拜曾子为师。过了不久，他的母亲逝世了，吴起最终没有回去奔丧。曾子瞧不起他并与他断绝了师徒关系。吴起于是到了鲁国，学习兵法为鲁君做事。鲁君怀疑他，吴起杀掉妻子表明心迹，以谋求将军之职。鲁国虽然是个小国，却有着战胜国的名声，那么诸侯各国就要打鲁国的主意了。况且鲁国、卫国是兄弟国家，鲁君如果重用吴起，就等于抛弃了卫国。"鲁君怀疑吴起，不久就把他辞退了。

吴起适时听说魏国文侯贤明，想去侍奉他。魏文侯问李克说："吴起这个人如何？"李克回答说："吴起贪婪而好色，但是要论带兵打仗，就是司马穰苴也不会超过他。"于是魏文侯任用他为主将，攻打秦国，连续夺取了五座城池。

吴起为将领，跟最下等的士兵穿一样的衣服、吃一样的伙食，睡觉不铺垫褥，行军不骑马不乘车，亲自背着军粮，替士兵分担劳苦。有个士兵生了恶性毒疮，吴起替他吸吮脓液。这个士兵的母亲听说后放声大哭。有人说："你儿子是士兵，而将军亲自为他吸毒疮，您还哭什么？"那位母亲回答说："不是这样啊。往年吴将军替他父亲吸吮毒疮，他父亲作战时勇往直前，于是死在了敌人手里。如今吴将军又给我儿子吸吮毒疮，我不知道他又会在什么时候死在什么地方。所以才为他哭啊。"

魏文侯因为吴起善于用兵打仗、廉洁公正，能得所有将士的欢心，就任命他为西河太守，来抗拒秦国、韩国。

魏文侯死后，吴起侍奉他的儿子魏武侯。魏武侯泛舟沿黄河顺流而下，船到中途，回头对吴起说："太美了，山河环绕，险要牢固，这是魏国的国宝啊！"吴起回答说："国家的强盛在于仁德而不在于形势险要。从前三苗氏左临洞庭湖，右濒彭蠡泽，但它不修德行，不讲信义，所以被夏禹灭掉了；夏桀的领土，左河济，右泰华，伊阙在其南，羊肠在其北，修政不仁，汤放之。殷纣之国，左孟门，右太行，常山在其北，大河经其南，修政不德，武王杀之。由此观之，在德不在险。若君不修德，舟中之人尽为敌国也。”武侯曰：“善。”

吴起为西河守，甚有声名。魏置相，相田文。吴起不悦，谓田文曰：“请与子论功，可乎？”田文曰：“可。”起曰：“将三军，使士卒乐死，敌国不敢谋，子孰与起？”文曰：“不如子。”起曰：“治百官，亲万民，实府库，子孰与起？”文曰：“不如子。”起曰：“守西河而秦兵不敢东乡，韩赵宾从，子孰与起？”文曰：“不如子。”起曰：“此三者，子皆出吾下，而位加吾上，何也？”文曰：“主少国疑，大臣未附，百姓不信，方是之时，属之于子乎？属之于我乎？”起默然良久，曰：“属之子矣。”文曰：“此乃吾所以居子之上也。”吴起乃自知弗如田文。

田文既死，公叔为相，尚魏公主，而害吴起。公叔之仆曰：“起易去也。”公叔曰：“奈何？”其仆曰：“吴起为人节廉而自喜名也。君因先与武侯言曰：‘夫吴起，贤人也，而侯之国小，又与强秦壤界，臣窃恐起之无留心也。’武侯即曰：‘奈何？’君因谓武侯曰：‘试延以公主，起有留心则必受之。无留心则必辞矣。以此卜之。’君因召吴起而与归，即令公主怒而轻君。吴起见公主之贱君也，则必辞。”于是吴起见公主之贱魏相，果辞魏武侯。武侯疑之而弗信也。吴起惧得罪，遂去，即之楚。

楚悼王素闻起贤，至则相楚。明法审令，捐不急之官，废公族疏远者，以抚养战斗之士。要在强兵，破驰说之言从横者。于是南平百越；北并陈蔡，却三晋；西伐秦。诸侯患楚之强。故楚之贵戚尽欲害吴起。及悼王死，宗室大臣作乱而攻吴起，吴起走之王尸而伏之。击起之徒因射刺吴起，并中悼王。悼王既葬，太子立，乃使令尹尽诛射左临黄河、济水，右靠泰山、华山，伊阙山在它的南面，羊肠坂在它的北面，但因不施仁政，所以商汤放逐了他；殷纣的国都，左有孟门山，右有太行山，常山在它北面，黄河流经它的南面，因为他施政不仁，所以武王把他杀了。由此看来，政权稳固在于仁德，不在于地理形势的险要。如果您不修德政，即便是同船之人也会变成您的仇敌啊！”武侯回答说：“说得好。”

吴起做西河太守，很有声誉。魏国设置了相国，任命田文为相。吴起很不高兴，对田文说：“请让我与您比比功劳，怎么样？”田文说：“可以。”吴起说：“统率三军，使士兵愿意为国死战，敌国不敢打魏国主意，你和我比，谁强？”田文说：“我不如您。”吴起说：“管理文武百官，让百姓亲附，使府库的储备充实，你和我比，谁强？”田文说：“我不如您。”吴起说：“据守西河而使秦军不敢向东进犯，使韩国、赵国归顺，你和我比，谁强？”田文说：“我不如您。”吴起说：“这几方面你都在我之下，可是你的职位却在我之上，为什么？”田文说：“国君还年轻，国家不安定，大臣不顺服，百姓不信任，正处这种时候，是把政事交给您，还是交给我呢？”吴起沉默了很久，然后说：“应该交给您啊。”田文说：“这就是我的职位比您高的原因啊。”吴起这才知道自己不如田文。

田文死后，公叔出任相国，娶了魏国公主，却忌恨吴起。公叔的仆人说：“吴起容易除掉。”公叔问：“怎么办呢？”那个仆人说：“吴起为人严正不贪却喜好虚名。您可以找机会先对武侯说：‘吴起是个贤能的人，而您的国土太小了，又和强大的秦国接壤，我私下担心吴起没有久留之心啊。’武侯就会问：‘那要怎么办呢？’您就趁机对武侯说：‘请用把公主嫁给他的办法试探他。如果吴起有长留魏国之心，就一定会答应娶公主；如果没有长留魏国之心，就一定会推辞。以此可以探测其心意。’您找个机会请吴起一道回家，故意让公主发怒而当面鄙视您，吴起看到公主这样轻视您，那么他一定不会答应娶公主的。”果然，吴起见到公主如此地轻视相国，便婉言谢绝了魏武侯。武侯怀疑吴起，不再信任他。吴起害怕招来灾祸，于是离开魏国，去了楚国。

楚悼王素来就听说吴起贤能，一到楚国就任命他为相。他申明法令，裁减不必要的官员，停止疏远王族的供给来供养战士；重点在于加强军事力量，斥退那些纵横游说之人。于是向南平定了百越；向北吞并了陈国和蔡国，击退了韩、赵、魏三国军队；向西讨伐秦国。诸侯各国都对楚国的强盛感到忧虑。先前被吴起停止供给的疏远王族都想谋害吴起。等到悼王去世，王室大臣暴乱，攻击吴起，吴起逃到楚王停尸的地方，伏在悼王的尸体上。攻打吴起的那帮人趁机用箭射吴起，同时也射中了悼王的尸体。悼王下葬后，太子即位，于是命令尹把射吴吴起而并中王尸者。坐射起而夷宗死者七十余家。

太史公曰：世俗所称师旅，皆道孙子十三篇、吴起兵法，世多有，故弗论，论其行事所施设者。语曰："能行之者未必能言，能言之者未必能行。"孙子筹策庞涓明矣，然不能蚤救患于被刑。吴起说武侯以形势不如德，然行之于楚，以刻暴少恩亡其躯。悲夫！

起时射中悼王尸体的人全部杀掉。因射杀吴起而被灭族的有七十多家。

太史公说：社会上称道军旅战法的人，都会讲到《孙子》十三篇和吴起《兵法》，这两部书世上多有流传，所以我不加论述，只评论他们生平行事所涉及到的情况。俗话说："能做事的人不一定能讲清楚道理，能讲清道理的人未必能做事。"孙膑算计庞涓的军事行动是英明的，但是他自己却不能预先避免刖足的酷刑。吴起对武侯讲形势险要不如实行德政的道理，可在楚国执政时却因苛刻少恩而丢了性命。可叹啊！

伍子胥列传第六

伍子胥者，楚人也，名员。员父曰伍奢。员兄曰伍尚。其先曰伍举，以直谏事楚庄王，有显，故其后世有名于楚。

楚平王有太子名曰建，使伍奢为太傅，费无忌为少傅。无忌不忠于太子建。平王使无忌为太子取妇于秦，秦女好，无忌驰归报平王曰："秦女绝美，王可自取，而更为太子取妇。"平王遂自取秦女而绝爱幸之，生子轸。更为太子取妇。

无忌既以秦女自媚于平王，因去太子而事平王。恐一旦平王卒而太子立，杀己，乃因谗太子建。建母，蔡女也，无宠于平王。平王稍益疏建，使建守城父，备边兵。

顷之，无忌又日夜言太子短于王曰："太子以秦女之故，不能无怨望，愿王少自备也。自太子居城父，将兵，外交诸侯，且欲入为乱矣。"平王乃召其太傅伍奢考问之。伍奢知无忌谗太子于平王，因曰："王独奈何以谗贼小臣疏骨肉之亲乎？"无忌曰："王今不制，其事成矣。王且见禽。"于是平王怒，囚伍奢，而使城父司马奋扬往杀太子。行未至，奋扬使人先告太子："太子急去，不然将诛。"太子建亡奔宋。

无忌言于平王曰："伍奢有二子，皆贤，不诛，且为楚忧。可以其父质而召之，不然，且为楚患。"王使使谓伍奢曰："能致汝二子则生，不能则死。"伍奢曰："尚为人仁，呼必来。员为人刚戾忍訽，能成大事，彼见来之并禽，其势必不来。"王不听，使人召二子曰："来，吾生汝父；不来，今杀奢也。"伍尚欲往，员曰："楚之召我兄弟，非欲以生我父也，恐有脱者后生患，故以父为质，诈召二子。二子到，则父子俱死。何益父之死？往而令仇不得报耳。不如奔他国，借力以雪父之耻，俱灭，无为也。"伍尚曰："我知往终不能伍子胥，是楚国人，名员。他的父亲叫伍奢，伍员的哥哥叫伍尚。他的祖先叫伍举，凭借直言进谏侍奉楚庄王，颇有声望，所以他的后人在楚国很有名气。

楚平王有个太子叫建，楚平王派伍奢做他的太傅、费无忌做他的少傅。费无忌对太子建不忠。平王派费无忌给太子到秦国娶亲，秦国女子长得很漂亮，费无忌就跑回去报告平王道："这是个绝代美女，大王可以自己娶了她，再给太子另娶个媳妇。"平王于是自娶了这个秦国女子，并且十分宠爱她，后生子名轸。另给太子建娶了媳妇。

费无忌凭借秦女得宠于楚平王后，便离开太子而侍奉楚平王。又担心有一天楚平王死了，太子建继位会杀自己，竟因此诋毁太子建。太子建的母亲是蔡人，不得平王宠爱。于是楚平王渐渐地疏远了太子，他派太子建驻守城父，防守边疆。

不久，费无忌又不停地在楚平王面前讲太子建的坏话，他说："太子因那个秦国女子的缘故，不会不生怨望之心，希望大王自己提防一下。自从太子驻守城父以后，统率着军队，对外和诸侯交往，恐怕想要回来作乱了。"楚平王就把他的太傅伍奢召回来审问。伍奢知道费无忌在平王面前说了太子的坏话，因此说："大王怎么能因谗贼小臣疏远父子的骨肉关系呢？"费无忌说："大王现在不制止，他们的阴谋就要得逞，大王将要被逮捕了！"于是楚平王发怒，把伍奢囚禁了起来，同时命令城父司马奋扬去杀太子建。半路上，奋扬派人先去通知太子："太子赶快离开，要不然，将被杀死。"于是太子建逃到了宋国。

费无忌对平王说："伍奢有两个儿子，都很贤能，不杀掉他们，恐怕将成为楚国的祸害。可用他们的父亲做人质将其召来，不这样将成为楚国的后患。"楚平王就派使臣对伍奢说："能把你两个儿子叫来，就能活命，否则就只有死。"伍奢说："伍尚为人宽厚仁慈，叫他，一定能来；伍员为人桀傲不驯，坚忍卓绝，能成大事业，他知道来了一块儿被擒，势必不来。"楚平王不听，派人召伍奢两个儿子，说："来，我可让你们父亲活命；否则我现在就杀死伍奢。"伍尚打算前往，伍员说："楚王叫我们兄弟去，并不是想保全我们父亲的性命，是担心我们逃跑，产生后患，所以用父亲做人质，欺骗我们。我们一到，就要和父亲一起被处死。对于父亲的命运，有什么好处？去了，仇就报不成了！不如逃到别国，借他人之力来洗雪这个耻辱。一块儿去死，没有意义呀。"伍尚说："我知全父命。然恨父召我以求生而不往，后不能雪耻，终为天下笑耳。”谓员：“可去矣！汝能报杀父之仇，我将归死。”尚既就执，使者捕伍胥。伍胥贯弓执矢乡使者，使者不敢进，伍胥遂亡。闻太子建之在宋，往从之。奢闻子胥之亡也，曰：“楚国君臣且苦兵矣。”伍尚至楚，楚并杀奢与尚也。

伍胥既至宋，宋有华氏之乱，乃与太子建俱奔于郑。郑人甚善之。太子建又适晋，晋顷公曰：“太子既善郑，郑信太子。太子能为我内应，而我攻其外，灭郑必矣。灭郑而封太子。”太子乃还郑。事未会，会自私欲杀其从者，从者知其谋，乃告之于郑。郑定公与子产诛杀太子建。建有子名胜。伍胥惧，乃与胜俱奔吴。到昭关，昭关欲执之。伍胥遂与胜独身步走，几不得脱。追者在后。至江，江上有一渔父乘船，知伍胥之急，乃渡伍胥。伍胥既渡，解其剑曰：“此剑直百金，以与父。”父曰：“楚国之法，得伍胥者赐粟五万石，爵执圭，岂徒百金剑邪！”不受。伍胥未至吴而疾，止中道，乞食。至于吴，吴王僚方用事，公子光为将。伍胥乃因公子光以求见吴王。

久之，楚平王以其边邑钟离与吴边邑卑梁氏俱蚕，两女子争桑相攻，乃大怒，至于两国举兵相伐。吴使公子光伐楚，拔其钟离、居巢而归。伍子胥说吴王僚曰：“楚可破也。愿复遣公子光。”公子光谓吴王曰：“彼伍胥父兄为戮于楚，而劝王伐楚者，欲以自报其仇耳。伐楚未可破也。”伍胥知公子光有内志，欲杀王而自立，未可说以外事，乃进专诸于公子光，退而与太子建之子胜耕于野。

五年而楚平王卒。初，平王所夺太子建秦女生子轸，及平王卒，轸竟立为后，是为昭王。吴王僚因楚丧，使二公子将兵往袭楚。楚发兵绝吴兵之后，不得归。吴国内空，而公子光乃令专诸袭刺吴王僚而自立，是为吴王阖闾。阖闾既立，得志，乃召伍员以为行人，而与谋国事。

楚诛其大臣郤宛、伯州犁，伯州犁之孙伯嚭亡奔吴，吴亦以嚭为道去了最后也不能保全父亲的性命。但是心中懊恼父亲召我们是为了求得生存，如果不去，将来又不能洗雪耻辱，最后只会被天下人耻笑。”因此对伍员说：“你走吧，你可以报杀父之仇，我要投身赴死。”伍尚就擒后，使臣又要逮捕伍子胥，伍子胥拉弓搭箭对准使者，使者不敢上前，伍子胥就逃掉了。他听说太子建在宋国，便前去投奔。伍奢听说伍子胥逃跑了，便说：“楚国君臣恐怕要为战事所苦了。”伍尚到了楚都，楚平王就把伍尚和伍奢一块儿杀害了。

伍子胥到了宋国，正好遇上宋国发生华氏之乱，就和太子建一同逃到了郑国。郑国君臣对他们很友好。太子建又前往晋国，晋顷公说：“太子既然跟郑国的关系友好，他们信任太子，太子要能给我们做内应，我们从外面进攻，一定能灭掉郑国。灭掉郑国，就把它分封给太子。”太子于是回到郑国。事情还没准备妥当，恰巧太子因私事要杀掉一个跟随他的人。这个人知道太子的计划，就把事情告诉了郑国。郑定公和子产杀死了太子建。太子建有个儿子名字叫胜。伍子胥怕丧命，便和胜一起逃奔去吴国。到昭关时，昭关的守卫要捉拿他们，于是，伍子胥就和胜二人徒步逃亡，差一点不能脱身。追赶的人穷追不舍。伍子胥逃到了江边，江上有一个渔翁驾着船，知道了伍子胥情况危急，就渡他过江。过江后，伍子胥解下随身带的宝剑说：“这把剑价值百金，就送给老人家您吧。”渔翁说：“按照楚国的法令，抓到伍子胥的人，赏给粮食五万石，封给执圭之爵，难道仅仅是值百金的宝剑吗？”不肯接受。伍子胥还没逃到吴国京城，就病倒了，滞于中途，讨饭苟活。到达吴都时，吴王僚正当权执政，公子光是将军。伍子胥就通过公子光求见吴王。

过了一段时间，楚平王因为楚国边邑钟离和吴国边邑卑梁氏都养蚕，两地的女子为争采桑叶相互撕打，于是大怒，以致两国兴兵相互讨伐。吴国派公子光攻打楚国，占领了钟离、居巢后就回国了。伍子胥劝说吴王僚说：“楚国是可以打败的，希望再派公子光去。”公子光对吴王说：“那伍子胥的父兄被楚国杀死，劝大王攻打楚国，不过是想报私仇罢了。攻打楚国未必可以打败它呀。”伍子胥知道公子光对内有野心，想杀死吴王僚而自立为君，所以不能用外事来游说他，就向公子光推荐了专诸，自己归隐，和太子建的儿子胜到乡下种田去了。

五年后，楚平王死了。当初，平王从太子建那儿夺来的秦国美女生了个儿子叫轸。等楚平王一死，轸被继立为昭王。吴王僚趁着楚国办丧事，派烛庸、盖余二公子领兵袭击楚国。楚人发兵断了吴军的后路，使吴军不能回国。吴国国内空虚，于是公子光就让专诸暗杀了吴王僚，自立为王，这就是吴王阖闾。阖闾当了王，志得意满，于是召回伍员，任为行人，让他参与策划国家大事。

楚国杀了大臣郤宛、伯州犁，伯州犁的孙子伯嚭逃到了吴国，吴国也用伯嚭大夫。前王僚所遣二公子将兵伐楚者，道绝不得归。后闻阖闾弑王僚自立，遂以其兵降楚，楚封之于舒。阖闾立三年，乃兴师与伍胥、伯嚭伐楚，拔舒，遂禽故吴反二将军。因欲至郢，将军孙武曰："民劳，未可，且待之。"乃归。

四年，吴伐楚，取六与灊。五年，伐越，败之。六年，楚昭王使公子囊瓦将兵伐吴。吴使伍员迎击，大破楚军于豫章，取楚之居巢。

九年，吴王阖闾谓子胥、孙武曰："始子言郢未可入，今果何如？"二子对曰："楚将囊瓦贪，而唐、蔡皆怨之。王必欲大伐之，必先得唐、蔡乃可。"阖闾听之，悉兴师与唐、蔡伐楚，与楚夹汉水而陈。吴王之弟夫概将兵请从，王不听，遂以其属五千人击楚将子常。子常败走，奔郑。于是吴乘胜而前，五战，遂至郢。己卯，楚昭王出奔。庚辰，吴王入郢。

昭王出亡，入云梦；盗击王，王走郧。郧公弟怀曰："平王杀我父，我杀其子，不亦可乎！"郧公恐其弟杀王，与王奔随。吴兵围随，谓随人曰："周之子孙在汉川者，楚尽灭之。"随人欲杀王，王子綦匿王，已自为王以当之。随人卜与王于吴，不吉，乃谢吴不与王。

始伍员与申包胥为交，员之亡也，谓包胥曰："我必覆楚。"包胥曰："我必存之。"及吴兵入郢，伍子胥求昭王。既不得，乃掘楚平王墓，出其尸，鞭之三百，然后已。申包胥亡于山中，使人谓子胥曰："子之报仇，其以甚乎！吾闻之，人众者胜天，天定亦能破人。今子故平王之臣，亲北面而事之，今至于僇死人，此岂其无天道之极乎！"伍子胥曰："为我谢申包胥曰，吾日莫途远，吾故倒行而逆施之。"于是申包胥走秦告急，求救于秦。秦不许。包胥立于秦廷，昼夜哭，七日七夜不绝其声。秦哀公怜之，曰："楚虽无道，有臣若是，可无存乎！"乃遣车五百乘救楚击吴。六月，败吴兵于稷。会吴王久留楚求昭王，而阖闾弟夫概乃亡归，自立为王。阖闾闻之，乃释做了大夫。先前吴王僚派遣攻打楚国的两位公子，被切断了后路不能回国，后来听说阖闾杀死吴王僚自立，于是便带领着军队投降了楚国，楚国把舒地封给了他们。阖闾自立为王的第三年，就兴兵与伍子胥、伯嚭攻打楚国，占领了舒地，擒获了原来吴国的两个叛将。于是阖闾想乘胜攻打郢都，将军孙武说："百姓太疲惫了，还不能进攻，暂且等待吧。"于是就收兵回国了。

阖闾四年，吴国兴兵攻打楚国，夺取了六地和灊地。阖闾五年，攻越，并大败越国。阖闾六年，楚昭王派公子囊瓦率军攻吴。吴国派伍子胥迎战，在豫章战败了楚军，夺取楚国居巢。

阖闾九年，吴王阖闾对伍子胥、孙武说："当初你们说郢都不可攻，那现在如何呢？"伍子胥、孙武回答说："楚国将军囊瓦贪财，唐国和蔡国都怨恨他。大王一定要大规模地进攻楚国，必须先要得到唐国和蔡国的支持才行。"阖闾听从了他们的意见，出动全部军队和唐国、蔡国一起进攻楚国，列兵与楚军对阵于汉水两岸。吴王的弟弟夫概率军请求相随出征，吴王不答应，夫概便带其所属五千人攻打楚将子常。子常战败逃奔宋国。于是，吴军乘胜前进，经过五次战役打到了郢都。己卯日，楚昭王出逃。庚辰日，吴王进入郢都。

楚昭王出逃后，进入云楚大泽，遭到了强盗的袭击，又逃到了郧地。郧公的弟弟怀说："楚平王杀了我们的父亲，我们杀死他的儿子，不也很公道吗？"郧公担心他的弟弟杀死楚昭王，就和昭王一块儿逃往随地。吴军包围了随地，并对随地的人说："在汉水流域的周室子孙，都被楚国灭掉了。"随人要杀昭王，王子綦把他藏了起来，自己冒充昭王来搪塞他们。随人算了一卦，显示把楚王送给吴国不吉，于是婉言谢绝把楚昭王交给吴国。

当初，伍子胥和申包胥是很好的朋友，伍子胥逃亡时，对申包胥说："我一定要颠覆楚国。" 申包胥说："我一定能保全楚国。"等到吴兵攻下郢都后，伍子胥搜寻昭王，没有找到，于是就把楚平王的坟挖开，拖出他的尸体，鞭打了三百下。申包胥逃到山里，派人对伍子胥说："您这样报仇，太过分了！我听说，'人多可以胜天，天定也能毁灭人'。您原来是楚平王的臣子，亲自称臣侍奉过他，如今到了侮辱死人的地步，这难道不是伤天害理到极点了吗？"伍子胥对来人说："请你替我向申包胥道歉吧。我的处境好比日暮途远，所以只能倒行逆施了。"于是申包胥跑到秦国去告急，向秦国求救，秦国不答应。申包胥站在秦国的朝堂上，七天七夜，日夜不停地痛哭。秦哀公同情他，说："楚王虽然是无道昏君，但能有这样的臣子，能不保存楚国吗？"于是派遣了五百辆战车击吴救楚。六月间，在稷地打败了吴军。当时正赶上吴王长时间留在楚地追寻楚昭王，阖闾的弟弟夫概逃回国内，自立为王。阖闾听到这个消息，就放弃楚国，回楚而归，击其弟夫概。夫概败走，遂奔楚。楚昭王见吴有内乱，乃复入郢。封夫概于堂溪，为堂溪氏。楚复与吴战，败吴，吴王乃归。

后二岁，阖闾使太子夫差将兵伐楚，取番。楚惧吴复大来，乃去郢，徙于鄀。当是时，吴以伍子胥、孙武之谋，西破强楚，北威齐晋，南服越人。

其后四年，孔子相鲁。

后五年，伐越。越王句践迎击，败吴于姑苏，伤阖闾指，军却。阖闾病创将死，谓太子夫差曰："尔忘句践杀尔父乎？"夫差对曰："不敢忘。"是夕，阖闾死。夫差既立为王，以伯嚭为太宰，习战射。二年后伐越，败越于夫湫。越王句践乃以余兵五千人栖于会稽之上，使大夫种厚币遗吴太宰嚭以请和，求委国为臣妾。吴王将许之。伍子胥谏曰："越王为人能辛苦。今王不灭，后必悔之。"吴王不听，用太宰嚭计，与越平。

其后五年，而吴王闻齐景公死而大臣争宠，新君弱，乃兴师北伐齐。伍子胥谏曰："句践食不重味，吊死问疾，且欲有所用之也。此人不死，必为吴患。今吴之有越，犹人之有腹心疾也。而王不先越而乃务齐，不亦谬乎！"吴王不听，伐齐，大败齐师于艾陵，遂威邹鲁之君以归。益疏子胥之谋。

其后四年，吴王将北伐齐，越王句践用子贡之谋，乃率其众以助吴，而重宝以献遗太宰嚭。太宰嚭既数受越赂，其爱信越殊甚，日夜为言于吴王。吴王信用嚭之计。伍子胥谏曰："夫越，腹心之病，今信其浮辞诈伪而贪齐。破齐，譬犹石田，无所用之。且盘庚之诰曰：'有颠越不恭，劓殄灭之，俾无遗育，无使易种于兹邑。'此商之所以兴。愿王释齐而先越；若不然，后将悔之无及。"而吴王不听，使子胥于齐。子胥临行，谓其子曰："吾数谏王，王不用，吾今见吴之亡矣。汝与吴俱亡，无益也。"乃属其子于齐鲍牧，而还报吴。

去攻打他的弟弟夫概。夫概兵败，逃到楚国。楚昭王见吴国发生内乱，又打回了郢都，把堂溪封给了夫概，叫做堂溪氏。楚国再与吴军作战，打败了吴军，吴王就回国了。

又过了两年，阖闾派太子夫差率军攻楚，夺取番地。楚国害怕吴军再次大规模进攻，就撤离郢城，迁都鄀邑。此时，吴国采用伍子胥、孙武的战略，西败强楚，北镇齐晋，南降越国。

夫差攻楚取番后四年，孔子在鲁国担任相。

又过了五年，吴军攻打越国。越王勾践率军迎战，于姑苏打败了吴军，击伤了阖闾的脚趾，吴军退却。阖闾创伤发作，很严重，临死之时对太子夫差说："你会忘记勾践杀了你父亲吗？"夫差回答说："不敢忘记。"当天晚上，阖闾就死了。夫差继位后，任用伯嚭为太宰，加紧练兵。两年后攻打越国，在夫湫大败越军。越王勾践就率残军驻扎在会稽山上，派大夫文种用重礼赠送给太宰伯嚭以求和，请求让越国以臣妾身份隶属并侍奉吴国，甘心做吴国的奴仆。吴王想要答应越国请求，伍子胥规劝说："越王勾践很能吃苦，如今大王如果不一举歼灭他，今后一定会后悔。"吴王不听，采纳了太宰伯嚭的计策，和越国讲和。

与越国议和后五年，吴王听说齐景公死后，大臣们争权夺利，新立国君软弱，就兴兵向北攻打齐国。伍子胥劝谏说："勾践每餐不吃两个荤菜，哀悼死去的、慰问有病的，打算将来有所作为。这人不死，一定会成为吴国的祸患。现在吴国有越国在身边，就像一个人得了心腹疾病。大王不先铲除越国却一心攻打齐国，不是很荒谬吗？"吴王不听伍子胥的规劝，出兵齐国。在艾陵大败齐军，于是威逼邹国、鲁国的国君臣服而后回国，从此更加不相信伍子胥的计谋了。

此后过了四年，吴王要北进攻打齐国，越王勾践采用了子贡的计谋，于是率领他的人马帮助吴国作战，又把贵重的珍宝献给太宰伯嚭。太宰伯嚭多次接受了越国的贿赂，就更加喜欢并信任越国，整天在吴王面前替越国说好话。吴王总是相信并采纳太宰伯嚭的计策。伍子胥劝谏道："越国，是我们的心腹大患，现在却听信那些花言巧语去攻打齐国。即使攻克了齐国，也就好比占领了一块石田，没有丝毫用处。况且《盘庚之诰》上说：'有破坏礼法不恭王命的，就要彻底清除灭绝他们，使他们不能传宗接代，不要让他们影响这个城邑里的好人。'这就是商朝兴盛的原因。希望大王放弃齐国先攻越国。如果不这样，今后将会后悔不及的。"吴王没有听从伍子胥的劝告，却派他出使齐国。伍子胥临行时，对他儿子说："我屡次规劝大王，大王不听，我现在眼看着吴国灭亡的日子就要到了。你与吴国一起毁灭，没有好处。"就把儿子托付给了齐国的鲍牧，而自己返回吴国向吴王报告。

吴太宰嚭既与子胥有隙，因谗曰："子胥为人刚暴，少恩，猜贼，其怨望恐为深祸也。前日王欲伐齐，子胥以为不可，王卒伐之而有大功。子胥耻其计谋不用，乃反怨望。而今王又复伐齐，子胥专愎强谏，沮毁用事，徒幸吴之败以自胜其计谋耳。今王自行，悉国中武力以伐齐，而子胥谏不用，因辍谢，详病不行。王不可不备，此起祸不难。且嚭使人微伺之，其使于齐也，乃属其子于齐之鲍氏。夫为人臣，内不得意，外倚诸侯，自以为先王之谋臣，今不见用，常鞅鞅怨望。愿王早图之。"吴王曰："微子之言，吾亦疑之。"乃使使赐伍子胥属镂之剑，曰："子以此死。"伍子胥仰天叹曰："嗟乎！谗臣嚭为乱矣，王乃反诛我。我令若父霸。自若未立时，诸公子争立，我以死争之于先王，几不得立。若既得立，欲分吴国予我，我顾不敢望也。然今若听谀臣言以杀长者。"乃告其舍人曰："必树吾墓上以梓，令可以为器；而抉吾眼县吴东门之上，以观越寇之入灭吴也。"乃自刭死。吴王闻之大怒，乃取子胥尸盛以鸱夷革，浮之江中。吴人怜之，为立祠于江上，因命曰胥山。

吴王既诛伍子胥，遂伐齐。齐鲍氏杀其君悼公而立阳生。吴王欲讨其贼，不胜而去。其后二年，吴王召鲁卫之君会之橐皋。其明年，因北大会诸侯于黄池，以令周室。越王句践袭杀吴太子，破吴兵。吴王闻之，乃归，使使厚币与越平。后九年，越王句践遂灭吴，杀王夫差；而诛太宰嚭，以不忠于其君，而外受重赂，与己比周也。

伍子胥初所与俱亡故楚太子建之子胜者，在于吴。吴王夫差之时，楚惠王欲召胜归楚。叶公谏曰："胜好勇而阴求死士，殆有私乎！"惠王不听。遂召胜，使居楚之边邑鄢，号为白公。白公归楚三年而吴诛子胥。

白公胜既归楚，怨郑之杀其父，乃阴养死士求报郑。归楚五年，请伐郑，楚令尹子西许之。兵未发而晋伐郑，郑请救于楚。楚使吴国的太宰伯嚭与伍子胥之间的矛盾越来越深，于是在吴王面前诋毁伍子胥说：“伍子胥为人强硬凶暴，猜忌少恩，他的怨恨之心恐怕会酿成大祸。前次大王攻打齐国，伍子胥认为不可以，大王最后发兵并取得了大胜，伍子胥因自己的计谋未被采纳而感到羞耻，心怀不满。如今大王又要攻打齐国，伍子胥执拗强谏，毁谤败坏大王的伟业，只希望吴国战败，从而证明自己的计谋高明。现在大王亲自出征，发动全国的军力攻打齐国，而伍子胥因谏言不被采纳，所以没有上朝，假装有病不随大王出征。大王不可不防备，这引起祸端是很容易的。况且我暗中派人探查，他出使齐国时就把儿子托付给了齐国的鲍氏。身为人臣，在国内不如意，就在外靠诸侯，自认为是先王的谋臣，现在不被信用，时常郁郁不乐，产生怨恨情绪。希望大王早作打算。”吴王说：“没有你这话，我也怀疑他了。”就派人把属镂宝剑赐给伍子胥，说：“你用这剑自杀吧。”伍子胥仰天叹息说：“唉！谗臣伯嚭要作乱，大王反来杀我。我曾令你父亲称霸。你还没被确定为王位继承人时，众公子相争，要不是我在先王面前冒死力争，你几乎不能得到太子之位。你被立为太子后，想分一部分吴国土地给我，我却不敢奢望。现在你竟然听信谄媚小人之言来杀害长辈。”于是对亲近的门客说：“你们一定要在我的坟墓上种植梓树，让它长大能够做棺材。挖出我的眼珠悬挂在吴国都城的东门楼上，我要看着越寇怎样进入都城，灭掉吴国。”于是自刎而死。吴王听到这番话，大发雷霆，就把伍子胥的尸体装在皮革袋子里，沉入江中。吴国人同情他，在江边给他修建了祠堂，并因此把这个地方命名为胥山。

吴王杀了伍子胥后，便攻打齐国。齐国的鲍氏杀了他的国君齐悼公，拥立阳生做了国君。吴王想讨伐鲍氏，可是未能取胜，只好撤兵回去了。此后二年，吴王召集鲁、卫两国国君会盟于橐皋。第二年，北上大会诸侯于黄池，号令周王室。这时越王勾践袭击吴国，杀死了吴太子，打败了吴军。吴王听到这个消息，就回国了，派出使者用丰厚的礼物与越国讲和。此后九年，越王勾践终于灭掉了吴国，杀了吴王夫差，又杀了太宰伯嚭，因为他不忠于他的国君，外受巨贿，私下勾结越国。

当初与伍子胥一块儿逃亡的楚国原太子建的儿子胜，在吴国。吴王夫差在位时，楚惠王想召胜回楚国。叶公劝谏说：“胜喜欢勇士并暗中寻访死士，大概私下有野心吧！”惠王没有听从他的谏言，终于召回了胜，让他住在楚国的边邑鄢这个地方，称为白公。白公回楚国三年后，吴王杀了伍子胥。

白公胜回楚国后，怨恨郑国杀了他父亲，于是暗地里收养死士准备报复郑国。回到楚国五年后，白公胜请求楚王攻打郑国，楚国令尹子西答应了他的要求。可是，还未出兵而晋国已经出兵攻打郑国了，郑国向楚国请求救援。楚王派子西往救，与盟而还。白公胜怒曰：“非郑之仇，乃子西也。”胜自砺剑，人问曰：“何以为？”胜曰：“欲以杀子西。”子西闻之，笑曰：“胜如卵耳，何能为也。”

其后四岁，白公胜与石乞袭杀楚令尹子西、司马子綦于朝。石乞曰：“不杀王，不可。”乃劫王如高府。石乞从者屈固负楚惠王亡走昭夫人之宫。叶公闻白公为乱，率其国人攻白公。白公之徒败，亡走山中，自杀。而虏石乞，而问白公尸处，不言将亨。石乞曰：“事成为卿，不成而亨，固其职也。”终不肯告其尸处。遂亨石乞，而求惠王复立之。

太史公曰：怨毒之于人甚矣哉！王者尚不能行之于臣下，况同列乎！向令伍子胥从奢俱死，何异蝼蚁。弃小义，雪大耻，名垂于后世，悲夫！方子胥窘于江上，道乞食，志岂尝须臾忘郢邪？故隐忍就功名，非烈丈夫孰能致此哉？白公如不自立为君者，其功谋亦不可胜道者哉！

子西前往救郑，和郑国订立了盟约才回国。白公胜发怒说：“我的仇敌不是郑国，而是子西！”白公胜亲自磨砺宝剑，有人问他：“准备用它干什么？”白公胜回答说：“用它来杀子西。”子西听到了这件事，笑着说：“白公胜就如同鸡蛋，能有什么作为呢？”

此后的第四年，白公胜与石乞在朝廷上刺杀了令尹子西及司马子綦。石乞说：“不杀掉楚惠王，恐怕不行。”于是把楚惠王劫持到了高府。石乞的随从屈固背着楚惠王逃到了昭夫人的宫室。叶公听说白公胜作乱，率领着他封地的人攻打白公胜。白公胜等人战败逃到了山里自杀了，而石乞被俘了，问他白公胜的尸首在哪里，不说出来就要把他烹杀了。石乞说：“事情成功了便是卿相，不成功就被烹杀，本来就是应当的。”最终没有告诉白公胜尸首所在地。于是烹杀了石乞，并找回楚惠王后又立他为国君。

太史公说：怨毒对于人类来说太可怕了！王者尚且不能与臣下结下怨毒，何况是同辈呢！假设伍子胥跟伍奢一块儿死了，那和蝼蚁又有什么分别？放弃小义，洗雪大耻，而让名声流传后世，悲壮啊！当初伍子胥困窘于江边，一路乞讨，他的心里何尝有片刻忘记郢都之仇呢？所以隐忍以成就功名，如果不是刚正有血性的男子，谁又能做得到呢？白公如果不自立为王，他的功业和谋略可能不可尽言啊！

仲尼弟子列传第七

孔子曰“受业身通者七十有七人”，皆异能之士也。德行：颜渊，闵子骞，冉伯牛，仲弓。政事：冉有，季路。言语：宰我，子贡。文学：子游，子夏。师也辟，参也鲁，柴也愚，由也喭，回也屡空。赐不受命而货殖焉，亿则屡中。

孔子之所严事：于周则老子；于卫，蘧伯玉；于齐，晏平仲；于楚，老莱子；于郑，子产；于鲁，孟公绰。数称臧文仲、柳下惠、铜鞮伯华、介山子然，孔子皆后之，不并世。

颜回者，鲁人也，字子渊。少孔子三十岁。

颜渊问仁，孔子曰：“克己复礼，天下归仁焉。”

孔子曰：“贤哉回也！一箪食，一瓢饮，在陋巷，人不堪其忧，回也不改其乐。”“回也如愚；退而省其私，亦足以发，回也不愚。”“用之则行，舍之则藏，唯我与尔有是夫！”

回年二十九，发尽白，蚤死。孔子哭之恸，曰：“自吾有回，门人益亲。”鲁哀公问：“弟子孰为好学？”孔子对曰：“有颜回者好学，不迁怒，不贰过。不幸短命死矣，今也则亡。”

闵损，字子骞。少孔子十五岁。

孔子曰：“孝哉闵子骞！人不间于其父母昆弟之言。”不仕大夫，不食污君之禄。“如有复我者，必在汶上矣。”

冉耕，字伯牛。孔子以为有德行。

伯牛有恶疾，孔子往问之，自牖执其手，曰：“命也夫！斯人也而有斯疾，命也夫！”

冉雍，字仲弓。

仲弓问政，孔子曰：“出门如见大宾，使民如承大祭。在邦无孔子说“跟着我学习而精通六艺的弟子有七十七人”，他们都具有奇才异能。德行突出的有颜渊、闵子骞、冉伯牛、仲弓；擅长政事的有冉有、季路；有语言天赋的有宰我、子贡；擅文献学的有子游、子夏。颛孙师偏激，曾参迟钝，高柴愚笨，仲由粗鲁，颜回经常穷困潦倒。端木赐不接收天命而经商，推测行情，常常准确无误。

孔子所尊敬的人，在周朝有老子；在卫国有蘧伯玉；在齐国有晏平仲；在楚国有老莱子；在郑国有子产；在鲁国有孟公绰。他也经常称赞臧文仲、柳下惠、铜鞮伯华、介山子然，孔子出生的时间比他们都晚，不是同一个时代的人。

颜回，是鲁国人，字子渊。比孔子小三十岁。

颜渊问什么是仁，孔子说：“克制自己，使你的言行符合于礼，天下的人就会称赞你是有仁德的人了。”

孔子说：“颜回，是多么贤德的人啊！用竹子做的器皿吃饭，用瓢喝水，住在简陋的小巷里，别人受不了这种苦，他却自得其乐。”“颜回听讲时像个蠢笨的人，回去后考察他私下的言行，却也能够发挥，颜回实在不笨。”“用你时，就去做；不用你时，就藏起来。只有我和你才有这样的处世态度吧！”

颜回才二十九岁，头发就全白了，过早去世了。孔子哭得很伤心，说：“自从我有了颜回后，学生们更加亲近我了。”鲁哀公问：“你的弟子中谁最好学啊？”孔子回答说：“有个叫颜回的最好学。他从不迁怒于人，不犯同样的过错。不幸的是短命死了，现在没有这样的人了。”

闵损，字子骞，比孔子小十五岁。

孔子说：“闵子骞真孝顺啊！他孝敬父母、友悌兄弟，别人对他的父母兄弟夸赞他都没有非议的闲话。” 他不做大夫的官，不吃昏君的俸禄。所以他说：“如果再有人来召我做官，我一定逃到汶水北面去。”

冉耕，字伯牛。孔子认为他有德行。

伯牛得了难治的病，孔子前去看望他，从窗户里握住他的手，说：“这是命啊！这样的人竟然得了这样的病，这真是命啊！”

冉雍，字仲弓。

仲弓问如何处理政事，孔子说：“出门做事如同接待贵宾一样谦恭有礼，役使百姓如同承担大祭一样虔诚谨慎。无论是在朝廷里做事、与诸侯交往，还是在怨，在家无怨。”

孔子以仲弓为有德行，曰：“雍也可使南面。”

仲弓父，贱人。孔子曰：“犁牛之子骍且角，虽欲勿用，山川其舍诸？”

冉求，字子有，少孔子二十九岁。为季氏宰。

季康子问孔子曰：“冉求仁乎？”曰：“千室之邑，百乘之家，求也可使治其赋。仁则吾不知也。”复问：“子路仁乎？”孔子对曰：“如求。”

求问曰：“闻斯行诸？”子曰：“行之。”子路问：“闻斯行诸？”子曰：“有父兄在，如之何其闻斯行之！”子华怪之：“敢问问同而答异？”孔子曰：“求也退，故进之。由也兼人，故退之。”

仲由，字子路，卞人也。少孔子九岁。

子路性鄙，好勇力，志伉直，冠雄鸡，佩豭豚，陵暴孔子。孔子设礼稍诱子路，子路后儒服委质，因门人请为弟子。

子路问政，孔子曰：“先之，劳之。”请益。曰：“无倦。”

子路问：“君子尚勇乎？”孔子曰：“义之为上。君子好勇而无义则乱，小人好勇而无义则盗。”

子路有闻，未之能行，唯恐有闻。

孔子曰：“片言可以折狱者，其由也与！”“由也好勇过我，无所取材。”“若由也，不得其死然。”“衣敝缊袍与衣狐貉者立而不耻者，其由也与！”“由也升堂矣，未入于室也。”

季康子问：“仲由仁乎？”孔子曰：“千乘之国可使治其赋，不知其仁。”

子路喜从游，遇长沮、桀溺、荷蓧丈人。

子路为季氏宰，季孙问曰：“子路可谓大臣与？”孔子曰：“可谓具臣矣。”

子路为蒲大夫，辞孔子。孔子曰：“蒲多壮士，又难治。然吾语卿大夫家邑里任职，都不要与人结怨。”

孔子认为仲弓有德行，说：“冉雍啊，可以做卿大夫一样的大官了。”

仲弓的父亲，是个地位卑微的人。孔子便说：“杂色牛生出的纯红色小牛，两角周正，虽然不想用它作祭品，但山川的神灵难道会舍弃它吗？”

冉求，字子有，小孔子二十九岁。是季氏家的管家。

季康子问孔子说：“冉求有仁德吗？”孔子说：“有千户人口的城邑，有百辆兵车的国邑，冉求可以将那里的军政管理好。至于他是否仁德，我就不知道了。”季康子又问：“子路有仁德吗？”孔子回答说：“像冉求一样。”

冉求问孔子说：“听到应做的事情就立刻行动吗？”孔子回答说：“马上做。”子路问孔子说：“应做的事要听了就去做吗？”孔子回答说：“父亲、兄长在，怎么能听到就行动呢？”子华觉得奇怪，就问：“请问为什么问同样的问题而回答却不一样呢？”孔子回答说：“冉求做事畏缩多虑，所以要激励他。仲由做事胆量过人，所以要抑制他。”

仲由，字子路，是卞地人。比孔子小九岁。

子路性情粗野，喜欢逞强斗狠，志刚性直，戴着雄鸡式样的帽子，佩着公猪皮饰的宝剑，曾经欺辱孔子。孔子用礼乐慢慢地诱导他。后来，子路便穿着儒服，带着礼物，通过门人请求成为孔子的弟子。

子路问如何处理政事，孔子说：“先做出表率，让百姓辛勤地工作。”子路请求进一步细讲。孔子说：“持久不懈。”

子路问：“君子崇尚勇敢吗？”孔子说：“义是最可贵的。君子有勇而不崇尚义，就会叛乱。小人有勇而不崇尚义，就会为盗。”

子路听到了教诲，还没有去做，只担心又听到别的道理。

孔子说：“只听片言只语就可以断案的，恐怕只有仲由了！”“子路好勇超过了我，其他就无所用了。”“像子路这种性情，会不得善终啊。”“穿着破丝棉袍与穿裘皮大衣的人站在一起，而不觉得羞愧的，恐怕只有仲由了！”“仲由的学问已登堂了，却还未能入室啊。”

季康子问道：“仲由有仁德吗？”孔子答说：“他的天赋可以管理拥有千辆兵车的国家的军务，但不知他有没有仁德。”

子路喜欢跟随孔子出游，曾遇到过长沮、桀溺和荷蓧丈人。

子路出任季氏的管家，季孙问孔子说：“子路可以说是大臣吗？”孔子回答说：“可以说具备为臣的资格了。”

子路出任蒲邑大夫，辞别孔子。孔子说：“蒲邑勇士很多，又难治理。然而汝：恭以敬，可以执勇；宽以正，可以比众；恭正以静，可以报上。”

初，卫灵公有宠姬曰南子。灵公太子蒉聩得过南子，惧诛出奔。及灵公卒而夫人欲立公子郢。郢不肯，曰：“亡人太子之子辄在。”于是卫立辄为君，是为出公。出公立十二年，其父蒉聩居外，不得入。子路为卫大夫孔悝之邑宰。蒉聩乃与孔悝作乱，谋入孔悝家，遂与其徒袭攻出公。出公奔鲁，而蒉聩入立，是为庄公。方孔悝作乱，子路在外，闻之而驰往。遇子羔出卫城门，谓子路曰：“出公去矣，而门已闭，子可还矣，毋空受其祸。”子路曰：“食其食者不避其难。”子羔卒去。有使者入城，城门开，子路随而入。造蒉聩，蒉聩与孔悝登台。子路曰：“君焉用孔悝？请得而杀之。”蒉聩弗听。于是子路欲燔台，蒉聩惧，乃下石乞、壶黡攻子路，击断子路之缨。子路曰：“君子死而冠不免。”遂结缨而死。

孔子闻卫乱，曰：“嗟乎，由死矣！”已而果死。故孔子曰：“自吾得由，恶言不闻于耳。”是时子贡为鲁使于齐。

宰予，字子我。利口辩辞。既受业，问：“三年之丧不已久乎？君子三年不为礼，礼必坏；三年不为乐，乐必崩。旧谷既没，新谷既升，钻燧改火，期可已矣。”子曰：“于汝安乎？”曰：“安。”“汝安则为之。君子居丧，食旨不甘，闻乐不乐，故弗为也。”宰我出，子曰：“予之不仁也！子生三年然后免于父母之怀。夫三年之丧，天下之通义也。”

宰予昼寝。子曰：“朽木不可雕也，粪土之墙不可圬也。”

宰我问五帝之德，子曰：“予非其人也。”

宰我为临菑大夫，与田常作乱，以夷其族，孔子耻之。

端木赐，卫人，字子贡。少孔子三十一岁。

子贡利口巧辞，孔子常黜其辩。问曰：“汝与回也孰愈？”对我告诉你，恭谨谦敬就可以驾驭勇武之人；宽宏公正就可以使大家亲近；为官恭正，地方安静，就可以因此报答上司了。”

当初，卫灵公有位宠姬叫作南子。灵公的太子蒉聩得罪了她，担心被杀而逃到了国外。等到灵公去世后，夫人南子想立公子郢为王。公子郢不肯，说：“太子虽然逃亡了，但太子的儿子辄还在。”于是卫国立辄为君，这就是卫出公。卫出公继位十二年，他的父亲蒉聩一直住在国外，不能够回来。这时子路担任卫国大夫孔悝的邑宰。蒉聩就和孔悝一同作乱，用计潜入孔悝家，就和他的党羽袭击卫出公。出公逃往鲁国，蒉聩进宫继位，这就是卫庄公。当孔悝作乱时，子路有事在外，听说了这个消息马上就赶了回来，正好遇上子羔从卫国城门出来。他对子路说：“卫出公逃走了，城门已经关闭，您可以回去了，不要白白为他遭受灾祸。”子路说：“吃了人家的饭，不能有难就避开。”子羔最终还是离开了。这时正好有使者要进城，城门开了，子路就跟着进去了。他来到蒉聩的宫室，蒉聩正好与孔悝在台上。子路说：“大王怎么能任用孔悝呢？请让我捉住他把他杀了。”蒉聩没有听从他的话。于是子路要放火烧台，蒉聩害怕了，于是叫石乞、壶黡到台下去攻击子路，砍断了子路的帽带。子路说：“君子可以死，帽子不能摘。”于是系好帽子就被杀死了。

孔子听到卫国发生暴乱的消息，说：“唉呀，仲由死了！”不久，果真传来了子路的死讯。所以孔子说：“自从我有了子路，就再也没听到过恶言恶语了。”这时，子贡正为鲁国出使齐国。

宰予，字子我。他口齿伶俐，擅长辩论。拜孔子为师后，问道：“一个人为父母守孝三年，不是太长了吗？君子三年不习礼义，礼义必定会败坏；三年不演奏礼乐，礼乐一定会荒疏。旧谷吃完了，新谷又成熟了；取火的木材换了一遍，守丧一年也就可以了。”孔子说：“这样你心里安宁吗？”宰我回答说：“安宁。”孔子说：“你既然觉得心里安宁，那么你就这样做吧。君子守丧时，即使吃美味的食品，也不会觉得甜美，听到动听的音乐也不会感得高兴，所以君子不会这样做。”宰我退了出去，孔子说：“宰予不仁义啊！儿女生下三年然后才离开父母的怀抱。为父母守孝三年，这是天下通行的礼仪啊。”

宰予白天睡觉。孔子说：“腐朽的木头不能雕刻，腐秽的墙壁无法粉刷。”

宰我询问五帝的德行，孔子说：“你不是问这种问题的人。”

宰我做了齐国临淄的大夫，和田常一起作乱，因而被灭族，孔子以此为耻。

端木赐，是卫国人，字子贡，比孔子小三十一岁。

子贡能言善辩，巧于辞令，孔子常常驳斥他的言辞。孔子问子贡：“你和颜回比谁更出色？”子贡回答说：“我怎么敢跟颜回相比呢？颜回听了一个道理就曰："赐也何敢望回！回也闻一以知十，赐也闻一以知二。"

子贡既已受业，问曰："赐何人也？"孔子曰："汝器也。"曰："何器也？"曰："瑚琏也。"

陈子禽问子贡曰："仲尼焉学？"子贡曰："文武之道未坠于地，在人，贤者识其大者，不贤者识其小者，莫不有文武之道。夫子焉不学，而亦何常师之有！"又问曰："孔子适是国必闻其政。求之与？抑与之与？"子贡曰："夫子温良恭俭让以得之。夫子之求之也，其诸异乎人之求之也。"

子贡问曰："富而无骄，贫而无谄，何如？"孔子曰："可也；不如贫而乐道，富而好礼。"

田常欲作乱于齐，惮高、国、鲍、晏，故移其兵欲以伐鲁。孔子闻之，谓门弟子曰："夫鲁，坟墓所处，父母之国，国危如此，二三子何为莫出？"子路请出，孔子止之。子张、子石请行，孔子弗许。子贡请行，孔子许之。

遂行，至齐，说田常曰："君之伐鲁过矣。夫鲁，难伐之国，其城薄以卑，其地狭以泄，其君愚而不仁，大臣伪而无用，其士民又恶甲兵之事，此不可与战。君不如伐吴。夫吴，城高以厚，地广以深，甲坚以新，士选以饱，重器精兵尽在其中，又使明大夫守之，此易伐也。"田常忿然作色曰："子之所难，人之所易；子之所易，人之所难：而以教常，何也？"子贡曰："臣闻之，忧在内者攻强，忧在外者攻弱。今君忧在内。吾闻君三封而三不成者，大臣有不听者也。今君破鲁以广齐，战胜以骄主，破国以尊臣，而君之功不与焉，则交日疏于主。是君上骄主心，下恣群臣，求以成大事，难矣。夫上骄则恣，臣骄则争，是君上与主有郤，下与大臣交争也。如此，则君之立于齐危矣。故曰不如伐吴。伐吴不胜，民人外死，大臣内空，是君上无强臣之敌，下无民人之过，孤主制齐者唯君也。"田常曰："善。

能够推知十个道理，我听说一个道理，只能推出两个道理。”

子贡已经跟随孔子学习，他问孔子：“你觉得我是什么样的人呢？”孔子说：“你好比一个器皿。”子贡说：“什么样的器皿呀？”孔子说：“宗庙里的瑚琏啊。”

陈子禽问子贡说：“仲尼的学问是从哪里得来的？”子贡说：“文王、武王的治国思想没有灭绝，还在人间流传，贤人抓住根本，不贤的人得到末节，无处不有文王、武王的思想存在着。先生在哪里不能学习，又何必要有固定的老师呢？”陈子禽又问道：“孔子每到一个国家，都能了解到这个国家的政事。这是请求人家告诉他的呢，还是人家主动告诉他的呢？”子贡说：“先生凭借着温和、善良、恭谨、俭朴、谦让的美德而得到。这或许是先生不同于别人的求取方法吧。”

子贡问孔子说：“富有而不骄纵，贫穷而不谄媚，这样的人怎么样？”孔子说：“可以了。但是不如贫穷而乐道、富有而谦恭守礼之人。”

田常想在齐国叛乱，却害怕高昭子、国惠子、鲍牧、晏圉四家的势力，所以想调他们的兵力去攻打鲁国。孔子听说了此事，对门下弟子说：“鲁国是祖宗坟墓所在，是我们出生的国家，我们祖国危险如此，你们为何不挺身而出呢？”子路请求前去，孔子制止了他。子张、子石请求前去，孔子也没答应。子贡请求前去，孔子答应了他。

子贡于是出发了，到了齐国，游说田常说：“您攻打鲁国是不对的。鲁国是难以攻取的国家。它的城墙又薄又矮，它的护城河又窄又浅，它的国君愚昧不仁，大臣们虚伪没用，它的士兵百姓又厌恶战争，这样的国家不可以和它交战。您不如去攻打吴国。吴国，它的城墙又高又厚，护城河又宽又深，铠甲坚固而新，士卒精悍数量也多，难得的人才、精锐的部队都在那里，又派贤明的大臣守卫，这样的国家是容易攻打的。”田常顿时大怒，愤然变色说：“你所认为难的，别人认为容易；你认为容易的，别人认为难。你拿这些来教我，是什么意思？”子贡说：“我听说，国内有忧患的应当攻打强国；国外有忧患的应当攻打弱国。如今您有内忧。我听说您多次被封而又多次失败，是因为朝中的大臣有反对您的呀。现在，您想攻占鲁国来扩充齐国的疆域，若是胜了，你的国君会更骄纵，占领了鲁国则大臣们就会更尊贵，而您的功劳却不在其中。这样，您和国君的关系就会一天天疏远。您这是上使国君骄纵，下使大臣们恣肆，要想因此成就大业，难啊。国君骄纵就会无所顾忌，大臣骄纵就会争权夺利，这样，您上与国君产生矛盾，下与大臣们互相争夺。这样，您在齐国的处境就危险了。所以说不如攻打吴国。如果攻打吴国不能获胜，那样百姓死在国外，大臣在国内势力减虽然，吾兵业已加鲁矣，去而之吴，大臣疑我，奈何？”子贡曰：“君按兵无伐，臣请往使吴王，令之救鲁而伐齐，君因以兵迎之。”田常许之，使子贡南见吴王。

说曰：“臣闻之，王者不绝世，霸者无强敌，千钧之重加铢两而移。今以万乘之齐而私千乘之鲁，与吴争强，窃为王危之。且夫救鲁，显名也；伐齐，大利也。以抚泗上诸侯，诛暴齐以服强晋，利莫大焉。名存亡鲁，实困强齐。智者不疑也。”吴王曰：“善。虽然，吾尝与越战，栖之会稽。越王苦身养士，有报我心。子待我伐越而听子。”子贡曰：“越之劲不过鲁，吴之强不过齐，王置齐而伐越，则齐已平鲁矣。且王方以存亡继绝为名，夫伐小越而畏强齐，非勇也。夫勇者不避难，仁者不穷约，智者不失时，王者不绝世，以立其义。今存越示诸侯以仁，救鲁伐齐，威加晋国，诸侯必相率而朝吴，霸业成矣。且王必恶越，臣请东见越王，令出兵以从，此实空越，名从诸侯以伐也。”吴王大说，乃使子贡之越。

越王除道郊迎，身御至舍而问曰：“此蛮夷之国，大夫何以俨然辱而临之？”子贡曰：“今者吾说吴王以救鲁伐齐，其志欲之而畏越，曰‘待我伐越乃可’。如此，破越必矣。且夫无报人之志而令人疑之，拙也；有报人之志，使人知之，殆也；事未发而先闻，危也。三者举事之大患。”句践顿首再拜曰：“孤尝不料力，乃与吴战，困于会稽，痛入于骨髓，日夜焦唇干舌，徒欲与吴王接踵而死，孤之愿也。”遂问子贡。子贡曰：“吴王为人猛暴，群臣不堪；国家敝以数战，士卒弗忍；百姓怨上，大臣内变；子胥以谏死，太宰嚭用事，顺君之过以安其私，是残国之治也。今王诚发士卒佐之徼其志，重宝以弱。这样，您在上没有强臣对抗，在下没有百姓的非难，孤立国君、控制齐国的就只有您了。”田常说：“好。即使这样，但是我军已开赴鲁国了，现在从鲁国撤军转攻吴国，大臣们怀疑我，怎么办？”子贡说：“您先按兵不动，让我为您去见吴王，让他出兵援助鲁国而攻打齐国，您就趁机出兵攻打它。”田常答应了子贡，就派他南下去见吴王。

子贡游说吴王说：“我听说，施行王道的不会让诸侯属国灭绝，施行霸道的不会让强敌出现，在千钧的重物上，再加上一铢一两的分量也会使之移动。如今拥有万辆战车的齐国如果再占有千辆战车的鲁国，与吴国争强，我私下为大王感到危险。况且援救鲁国，可以显扬名声；攻打齐国，能获大利。安抚泗水以北的各国诸侯，讨伐强暴的齐国，来征服强大的晋国，没有比这更大的利了。名义上是保全危亡的鲁国，实际上阻止了强齐的扩张，凡是聪明的人都不会怀疑。”吴王说：“好。虽然这样，但是我曾经和越国作战，越王退守在会稽山上。越王刻苦自励，优待士兵，有报复我的决心。您等我攻下越国后再按您的话做吧。”子贡说：“越国的力量超不过鲁，吴国的强大超不过齐，大王现在弃齐而攻越，那么齐国早就平定鲁国了，况且大王您正打着‘存亡继绝’的旗号，却去攻打弱小的越国而害怕强大的齐国，这是不勇啊。勇敢的人不畏艰难，仁慈的人不陷人于困境。聪明的人不会错失时机，行王道的人不会灭绝一个国家，借此来树立他们的道义。现在，保存越国可向各诸侯显示您的仁德，援助鲁国而攻齐，向晋国施加威力，各诸侯国定会竞相来朝见吴国，这样您称霸天下的大业就成功了。如果大王真畏忌越国，我请求东去会见越王，让他派军跟从您，这实际上是使越国空虚，名义上则是跟从诸侯讨伐齐国。”吴王听了非常高兴，于是派子贡前往越国。

越王清扫道路，到郊外迎接子贡，亲自驾车到子贡住的馆舍致问说：“这是个蛮夷之邦，大夫怎么会屈身光临这里呢？”子贡回答说：“我现在已劝说吴王去救援鲁国攻打齐国，他想这么做但害怕越国，他说：‘等我攻下越国后才可以。’如果这样，攻破越国是肯定的了。况且要没有报复之心而令人怀疑，太拙劣了；要有报复之心却让人知道了，就危险了；事情尚未发动却先传开了，就太危险了。这三种情况都是办事的大患。”勾践叩首再拜说：“我曾不自量力，才与吴国交战，被围困在会稽，痛入骨髓，日夜唇焦舌燥，只想和吴王一起拼死，这就是我的愿望。”于是请教子贡。子贡说：“吴王为人凶猛残暴，大臣们不能忍受；国家因战事频繁而疲敝，士兵不能忍耐；百姓怨恨国君，大臣内部发生变乱；伍子胥因谏诤被杀，太宰伯嚭当政，顺随国君的过失来保全自己的私利，这是残害国家的行为啊。现在大王真能发兵随征以投合他的意愿，用重金宝物来获取他的欢心，用谦卑的言辞来表示对他的尊敬，他必定会攻打齐国。如果他不能说其心，卑辞以尊其礼，其伐齐必也。彼战不胜，王之福矣。战胜，必以兵临晋，臣请北见晋君，令共攻之，弱吴必矣。其锐兵尽于齐，重甲困于晋，而王制其敝，此灭吴必矣。”越王大说，许诺。送子贡金百镒，剑一，良矛二。子贡不受，遂行。

报吴王曰：“臣敬以大王之言告越王，越王大恐，曰：‘孤不幸，少失先人，内不自量，抵罪于吴，军败身辱，栖于会稽，国为虚莽，赖大王之赐，使得奉俎豆而修祭祀，死不敢忘，何谋之敢虑！’”后五日，越使大夫种顿首言于吴王曰：“东海役臣孤句践使者臣种，敢修下吏问于左右。今窃闻大王将兴大义，诛强救弱，困暴齐而抚周室，请悉起境内士卒三千人，孤请自被坚执锐，以先受矢石。因越贱臣种奉先人藏器，甲二十领，鈇屈卢之矛，步光之剑，以贺军吏。”吴王大说，以告子贡曰：“越王欲身从寡人伐齐，可乎？”子贡曰：“不可。夫空人之国，悉人之众，又从其君，不义。君受其币，许其师，而辞其君。”吴王许诺，乃谢越王。于是吴王乃遂发九郡兵伐齐。

子贡因去之晋，谓晋君曰：“臣闻之，虑不先定不可以应卒，兵不先辨不可以胜敌。今夫齐与吴将战，彼战而不胜，越乱之必矣；与齐战而胜，必以其兵临晋。”晋君大恐，曰：“为之奈何？”子贡曰：“修兵休卒以待之。”晋君许诺。

子贡去而之鲁。吴王果与齐人战于艾陵，大破齐师，获七将军之兵而不归，果以兵临晋，与晋人相遇黄池之上。吴晋争强。晋人击之，大败吴师。越王闻之，涉江袭吴，去城七里而军。吴王闻之，去晋而归，与越战于五湖。三战不胜，城门不守，越遂围王宫，杀夫差而戮其相。破吴三年，东向而霸。

故子贡一出，存鲁，乱齐，破吴，强晋而霸越。子贡一使，使势相破，十年之中，五国各有变。

取胜，就是大王您的福气了。如果他打胜了，他一定会带兵逼近晋国，到时请让我北上去见晋国国君，让他一同进攻，一定可以削弱吴国势力。等他们的精锐全部耗在齐国，重兵被困在晋国时，大王趁它疲惫之机进攻，这样一定能消灭吴国。”越王非常高兴，答应依计而行。送给子贡黄金百镒，宝剑一把，良矛二支。子贡没有接受就走了。

子贡报告吴王说：“我郑重地把大王的话告诉了越王，越王非常恐慌，说：‘我很不幸，小时候就失去了父亲，又不自量力，得罪了吴王，兵败而自身受辱，栖居在会稽山上，国家成了废墟荒地，仰赖大王的恩赐，使我还能够捧着祭品来祭祀祖宗，我至死也不敢忘恩，怎么还敢想别的呢？’”过了五天，越国派大夫文种跪着对吴王说：“东海奴仆勾践谨派使者文种，冒昧进言。如今我私下听说大王将要发动正义之师，讨伐强暴，扶持弱小，围困暴齐以安抚周王室。因此我们请求出动越国所有军队三千人，越王请求亲自披甲执器上阵，来先冒险抵挡箭石。因此派越国贱臣文种进献先祖珍藏的宝甲二十领、斧头、屈卢矛、步光剑作为给军吏的贺礼。”吴王非常高兴，把文种的话告诉子贡说：“越王想亲自跟随我攻打齐国，可以吗？”子贡回答说：“不可以。使越国国内空虚，调动它所有的士兵，又使其国君随军出征，这是不道义的。大王可接受他的礼物，允许他派出军队，辞谢他的国君随行。”吴王同意了，就辞谢了越王。于是吴王就调动了九个郡的兵力攻打齐国。

子贡因而离开吴国前往晋国，对晋国国君说：“我听说，事情不预先准备就不能应付最终的变化，军队不预先准备就不能战胜敌人。现在齐国和吴国即将开战，如果吴国不能取得胜利，越国肯定会趁机作乱；如果和齐国之战获得了胜利，吴王必定会率军逼临晋国。”晋国君很恐慌，说：“那要怎么办？”子贡说：“修理好武器，休养士卒，等待吴军的到来。”晋君依言而行。

子贡离开晋国前往鲁国。吴王果然在艾陵与齐国发生了战争，大败齐军，俘虏了齐军七个将军的士兵并没有撤军回国，果然带兵逼近晋国，与晋军在黄池相遇。吴晋两国争雄，晋军攻击吴军，大败吴军。越王听到这个消息，就渡过江去袭击吴国，直打到离吴都城七里的地方才安营扎寨。吴王听到这个消息，就离开晋国返回国内，与越军大战于五湖一带。多次战斗都失败了，连城门都失守了，于是越军包围了王宫，杀死了吴王夫差和他的国相。灭吴国后三年，越国称霸东方。

所以子贡这一出行，保全了鲁国，使齐国混乱，吴国灭亡，晋国强盛而越国称霸。子贡一次出使，使各国势力均衡相继被打破，十年当中，齐、鲁、吴、晋、越五国局势各自变化。

子贡好废举，与时转货赀。喜扬人之美，不能匿人之过。常相鲁卫，家累千金，卒终于齐。

言偃，吴人，字子游。少孔子四十五岁。

子游既已受业，为武城宰。孔子过，闻弦歌之声。孔子莞尔而笑曰："割鸡焉用牛刀？"子游曰："昔者偃闻诸夫子曰，君子学道则爱人，小人学道则易使。"孔子曰："二三子，偃之言是也。前言戏之耳。"孔子以为子游习于文学。

卜商字子夏。少孔子四十四岁。

子夏问："'巧笑倩兮，美目盼兮，素以为绚兮'，何谓也？"子曰："绘事后素。"曰："礼后乎？"孔子曰："商始可与言《诗》已矣。"

子贡问："师与商孰贤？"子曰："师也过，商也不及。""然则师愈与？"曰："过犹不及。"

子谓子夏曰："汝为君子儒，无为小人儒。"

孔子既没，子夏居西河教授，为魏文侯师。其子死，哭之失明。

颛孙师，陈人，字子张。少孔子四十八岁。

子张问干禄，孔子曰："多闻阙疑，慎言其余，则寡尤；多见阙殆，慎行其余，则寡悔。言寡尤，行寡悔，禄在其中矣。"

他日，从在陈蔡间，困，问行。孔子曰："言忠信，行笃敬，虽蛮貊之国行也；言不忠信，行不笃敬，虽州里行乎哉！立则见其参于前也，在舆则见其倚于衡，夫然后行。"子张书诸绅。

子张问："士何如斯可谓之达矣？"孔子曰："何哉，尔所谓达者？"子张对曰："在国必闻，在家必闻。"孔子曰："是闻也，非达也。夫达者，质直而好义，察言而观色，虑以下人，在国及家必达。夫闻也者，色取仁而行违，居之不疑，在国及家必闻。"

子贡喜欢经商，随着供需情况转手牟取利润。他喜欢宣扬别人的好处，也不隐瞒别人的过失。他曾任鲁国、卫国的国相，家产积累千金，最终死在齐国。

言偃，是吴国人，字子游。比孔子小四十五岁。

子游学成以后，曾任武城的长官。孔子经过武城，听到弹琴唱歌的声音。孔子微笑道："杀鸡何必用宰牛刀呢？"子游说："从前我曾听先生说过，君子学道就能爱护别人，小人学道就容易受人驱使。"孔子说："弟子们，言偃的话是对的。我前面所说的那句话不过是玩笑而已。"孔子认为子游熟悉古代文献。

卜商，字子夏。比孔子小四十四岁。

子夏问道："'巧笑倩兮，美目盼兮，素以为绚兮'，这三句诗是什么意思呀？"孔子回答说："绘画要先打上洁白的底子。"子夏又问："礼在仁义之后吗？"孔子说："子夏啊，现在可以和你讨论《诗经》了。"

子贡问道："颛孙师和卜商谁更贤些？"孔子说："颛孙师有些过了，而卜商则有些不够。"子贡说："那么是颛孙师强一些吗？"孔子说："过分和不够没什么两样啊。"

孔子对子夏说："你要做个有才德的读书人，而不要做个小人一样的读书人。"

孔子逝世后，子夏定居在河西教授学生，是魏文侯的老师。他的儿子死后，他把眼睛哭瞎了。

颛孙师，是陈国人，字子张。比孔子小四十八岁。

子张向孔子询问为官求禄之道。孔子说："多听慎言，就能少犯错误；多看慎行，就能减少后悔。说话的错误少、行动的懊悔少，你要求取的官职俸禄就在这里面了。"

有一次，子张跟随孔子被围困在陈国和蔡国之间，子张问如何才能让自己行得通。孔子说："说话忠诚信实，行为真诚恭敬，即使在南蛮北狄也行得通；如果说话没有诚信，行为不恭敬，即使是在乡邻，能行得通吗？站立时如同'忠信笃敬'就在面前；坐在车上，如同看到这几个字就挂在车轼上，这样才能到处行得通。"子张就把这些话写在束腰的大带子上。

子张问："读书人要怎样才能算得上通达呢？"孔子说："指什么呢，你所说的通达？"子张回答说："指在诸侯国中有声望，在卿大夫的采邑有声誉。"孔子说："这是名声，不是通达。所谓通达，应当是品质正直，爱好礼义，察言观色，谦让待人，这样，在诸侯国和卿大夫封地就一定能够通达了。所说的名声，表面上像是追求仁德，实际行动上却有违仁德，但自己却以仁自居而丝毫不疑，这样的人在诸侯国及卿大夫的封地都能骗到名望。"

曾参，南武城人，字子舆。少孔子四十六岁。

孔子以为能通孝道，故授之业。作孝经。死于鲁。

澹台灭明，武城人，字子羽。少孔子三十九岁。

状貌甚恶。欲事孔子，孔子以为材薄。既已受业，退而修行，行不由径，非公事不见卿大夫。

南游至江，从弟子三百人，设取予去就，名施乎诸侯。孔子闻之，曰："吾以言取人，失之宰予；以貌取人，失之子羽。"

宓不齐，字子贱。少孔子三十岁。

孔子谓："子贱君子哉！鲁无君子，斯焉取斯？"

子贱为单父宰，反命于孔子，曰："此国有贤不齐者五人，教不齐所以治者。"孔子曰："惜哉不齐，所治者小，所治者大，则庶几矣。"

原宪，字子思。

子思问耻。孔子曰："国有道，谷。国无道，谷，耻也。"

子思曰："克伐怨欲不行焉，可以为仁乎？"孔子曰："可以为难矣，仁则吾弗知也。"

孔子卒，原宪遂亡在草泽中。子贡相卫，而结驷连骑，排藜藿入穷阎，过谢原宪。宪摄敝衣冠见子贡。子贡耻之，曰："夫子岂病乎？"原宪曰："吾闻之，无财者谓之贫，学道而不能行者谓之病。若宪，贫也，非病也。"子贡惭，不怿而去，终身耻其言之过也。

公冶长，齐人，字子长。

孔子曰："长，可妻也，虽在累绁之中，非其罪也。"以其子妻之。

南宫括，字子容。

问孔子曰："羿善射，奡荡舟，俱不得其死然；禹稷躬稼而有天下？"孔子弗答。容出，孔子曰："君子哉若人！上德哉若人！""国有道，不废；国无道，免于刑戮。"三复"白圭之玷"，以其兄之子妻之。

曾参，是南武城人，字子舆，比孔子小四十六岁。

孔子认为他能通达孝道，所以授他学业。他写了《孝经》一书，死在鲁国。

澹台灭明，是武城人，字子羽，比孔子小三十九岁。

他的体态相貌很丑陋，想要侍奉孔子，孔子认为他资质低下。受业后，他回去努力提高，不走旁门左道，不是为了公事，从来不去会见公卿大夫。

他南游到长江，追随他的学生有三百人，他行为无缺，声誉传遍了四方诸侯。孔子听说后，说："我凭言辞判断人，错看了宰予；以貌取人，对子羽的判断就错了。"

宓不齐，字子贱。比孔子小三十岁。

孔子谈论宓子贱，说："子贱真是个君子啊！如果鲁国没有君子，那么他又从哪儿学到这种好品德呢？"

子贱担任单父地方长官，回来报告孔子，说："这个地方比我贤能的有五个人，他们教给我施政治民的方法。"孔子说："可惜呀！你治理的地方太小了，要是治理的地方大点就接近于道了。"

原宪，字子思。

子思问什么是耻辱。孔子说："国家有道，可做官取俸。国家无道，做官取俸，是耻辱。"

子思说："不好胜，不自夸，不怨恨，不贪心，可以算是仁吗？"孔子说："可以算是难能可贵了，但是否算是仁，我就不知道了。"

孔子逝世以后，子思就隐居荒野。子贡做了卫国的国相，车马成群，他排开丛生的野草，来到简陋破败的小屋看望子思。子思整了整破旧的衣帽会见子贡。子贡见状替他感到羞耻，说："你难道很困窘吗？"子思回答说："我听说，没有财产叫做贫穷，学了道而不能施行的叫做困窘。像我，是贫穷，而不是困窘啊。"子贡感到很惭愧，不高兴地离去了，一生都为这次失言感到羞耻。

公冶长，是齐国人，字子长。

孔子说："公冶长，可以把女儿嫁给他为妻，虽然他被关在囚牢中，但不是他的罪过。"于是把自己的女儿嫁给了他。

南宫括，字子容。

南宫括问孔子："后羿擅长射箭，奡擅长行舟，他们都没能善终；禹、稷亲自耕种为什么却能得到天下呢？"孔子没有回答。子容退出后，孔子说："这个人真是个君子啊！这个人崇尚道德啊！"孔子评论他说："国家政治清明，他不会被废；国家政治黑暗，他也不会遭受刑罚。"他反复吟诵"白圭之玷"一诗，孔子就把哥哥的女儿嫁给了他。

公皙哀，字季次。

孔子曰："天下无行，多为家臣，仕于都，唯季次未尝仕。"

曾蒧，字皙。

侍孔子，孔子曰："言尔志。" 蒧曰："春服既成，冠者五六人，童子六七人，浴乎沂，风乎舞雩，咏而归。"孔子喟尔叹曰："吾与蒧也！"

颜无繇，字路。路者，颜回父，父子尝各异时事孔子。

颜回死，颜路贫，请孔子车以葬。孔子曰："材不材，亦各言其子也。鲤也死，有棺而无椁，吾不徒行以为之椁，以吾从大夫之后，不可以徒行。"

商瞿，鲁人，字子木。少孔子二十九岁。

孔子传《易》于瞿，瞿传楚人馯臂子弘，弘传江东人矫子庸疵，疵传燕人周子家竖，竖传淳于人光子乘羽，羽传齐人田子庄何，何传东武人王子中同，同传菑川人杨何。何元朔中以治《易》为汉中大夫。

高柴，字子羔。少孔子三十岁。

子羔长不盈五尺，受业孔子，孔子以为愚。

子路使子羔为费郈宰，孔子曰："贼夫人之子！"子路曰："有民人焉，有社稷焉，何必读书然后为学！"孔子曰："是故恶夫佞者。"

漆雕开，字子开。

孔子使开仕，对曰："吾斯之未能信。"孔子说。

公伯缭，字子周。

周愬子路于季孙，子服景伯以告孔子，曰："夫子固有惑志，缭也，吾力犹能肆诸市朝。"孔子曰："道之将行，命也；道之将废，命也。公伯缭其如命何！"

司马耕，字子牛。

牛多言而躁。问仁于孔子，孔子曰："仁者其言也讱。"曰："其言也讱，斯可谓之仁乎？"子曰："为之难，言之得无讱乎！"

公皙哀，字季次。

孔子说："天下士人大多没有德行，做了卿大夫们的家臣，在都邑为官，只有季次不曾做官。"

曾蒧，字皙。

他侍奉孔子，孔子说："谈谈你的志向吧。"曾蒧说："穿上春天的衣服，和五六个成年人、六七个小孩子，在沂水里洗个澡，在祈雨台上吹吹风，然后唱着歌回家。"孔子听后长叹说："我和你一样啊！"

颜无繇，字路。颜路，是颜回的父亲，父子俩曾先后师从孔子。

颜回死了，颜路贫穷，请求孔子卖掉车来安葬颜回。孔子说："不论是有才能或没有才能，但各自来说都是自己的儿子。孔鲤死了，只有内棺没有外椁，我不能卖掉车步行给他买椁，因为我曾经位居大夫行列，不可以步行的呀。"

商瞿，是鲁国人。字子木，比孔子小二十九岁。

孔子把《易经》传给商瞿，商瞿又传给楚国人馯臂子弘，弘再传给江东人矫子庸疵，疵又传给燕国人周子家竖，竖传给淳于人光子乘羽，羽传给齐国人田子庄何，何传给东武人王子中同，同传给淄川人杨何。杨何在汉武帝元朔年间，因为研究《易经》担任汉中大夫。

高柴，字子羔，比孔子小三十岁。

子羔的身高不到五尺，师从孔子，孔子认为他愚笨。

子路派子羔担任费邑长官。孔子说："这是害人子弟啊！"子路说："那里有百姓，有祭祀的土神和谷神，何必一定要读书才叫做学问呢？"孔子说："因此我厌恶花言巧语的人。"

漆雕开，字子开。

孔子叫子开去做官，子开回答说："我对做官还没有信心。"孔子听了很高兴。

公伯缭，字子周。

子周向季孙氏毁谤子路，子服景伯把这事告诉了孔子，并说："夫子本来就有了疑心，公伯缭，我还是能够杀了他让他陈尸街头。"孔子说："道的兴，全是由命，道即将废弃，也是天意。公伯缭又能拿命怎么样呢？"

司马耕，字子牛。

子牛话多而性情急躁。他向孔子问仁，孔子说："仁义的人，说话很谨慎。"子牛又问："言语谨慎，这就可以称为仁吗？"孔子说："做起来难，说起来能不谨慎吗？"

问君子，子曰："君子不忧不惧。"曰："不忧不惧，斯可谓之君子乎？"子曰："内省不疚，夫何忧何惧！"

樊须，字子迟。少孔子三十六岁。

樊迟请学稼，孔子曰："吾不如老农。"请学圃，曰："吾不如老圃。"樊迟出，孔子曰："小人哉樊须也！上好礼，则民莫敢不敬；上好义，则民莫敢不服；上好信，则民莫敢不用情。夫如是，则四方之民襁负其子而至矣，焉用稼！"

樊迟问仁，子曰："爱人。"问智，曰："知人。"

有若少孔子四十三岁。

有若曰："礼之用，和为贵，先王之道斯为美。小大由之，有所不行；知和而和，不以礼节之，亦不可行也。""信近于义，言可复也；恭近于礼，远耻辱也；因不失其亲，亦可宗也。"

孔子既没，弟子思慕，有若状似孔子，弟子相与共立为师，师之如夫子时也。他日，弟子进问曰："昔夫子当行，使弟子持雨具，已而果雨。弟子问曰：'夫子何以知之？'夫子曰：'《诗》不云乎？"月离于毕，俾滂沱矣。"昨暮月不宿毕乎？'他日，月宿毕，竟不雨。商瞿年长无子，其母为取室。孔子使之齐，瞿母请之。孔子曰：'无忧，瞿年四十后当有五丈夫子。'已而果然。敢问夫子何以知此？"有若默然无以应。弟子起曰："有子避之，此非子之座也！"

公西赤，字子华。少孔子四十二岁。

子华使于齐，冉有为其母请粟。孔子曰："与之釜。"请益，曰："与之庾。"冉子与之粟五秉。孔子曰："赤之适齐也，乘肥马，衣轻裘。吾闻君子周急不继富。"

巫马施，字子旗。少孔子三十岁。

陈司败问孔子曰："鲁昭公知礼乎？"孔子曰："知礼。"退而揖子牛问什么是君子，孔子说："君子不会忧愁，也不会畏惧。"子牛又问："不忧愁，不畏惧，这就可以算是君子吗？"孔子说："能自我反省而内心无愧，那有什么可忧愁和可畏惧的呢？"

樊须，字子迟。比孔子小三十六岁。

樊迟向孔子请教种庄稼，孔子说："我不如老农民。"又请教种蔬菜，孔子说："我不如老菜农。"樊迟退出后，孔子说："樊迟，是个浅薄小人啊！统治者提倡礼义，那么百姓就没有敢不服从的；统治者讲求诚信，那么百姓就没有敢不说实话的。这样，那么四方的百姓就会背着孩子前来投奔，哪里用得着自己种庄稼呢。"

樊迟问什么是仁，孔子说："爱护别人。"又问什么是智慧，孔子说："了解别人。"

有若，比孔子小四十三岁。

有若说："礼的应用，以恰到好处为贵。古代圣贤君王的治国办法，好就好在这里；小事大事都按照这条原则去做，有时会行不通；但是只为了恰到好处而一味地追求恰到好处，不用礼来节制它，也是不可行的。"有若又说："诚信符合于义，就能经得起实际检验；恭敬符合于礼，就能远离耻辱；依傍那些不失为亲近的人，也就可靠了。"

孔子逝世后，弟子们都很怀念他。有若长得像孔子，弟子们共同拥戴他为师，对待他就像当初侍奉孔子一样。一天，学生进来问他说："从前先生要出行，让弟子带上雨具，不久果真下雨了。弟子就请教说：'先生怎么知道要下雨呢？'有若说：'《诗经》里不是说了吗？月亮靠近毕宿星，就会有滂沱大雨了。'有一天，月亮又停在了毕星的位上，却没有下雨。商瞿年纪大了还没有儿子，他的母亲要为他另娶妻室。孔子派他到齐国去，商母请求不要派他。孔子说：'不要担心，商瞿四十岁以后应该会有五个男孩子。'后来果真如此。请问夫子凭什么能预先知道结果呢？"有若沉默无以回答。弟子们站起来说："有先生您离开吧，这个座位不是您能坐的啊！"

公西赤，字子华，比孔子小四十二岁。

子华出使去齐国，冉有为子华的母亲向孔子请求粮食。孔子说："给她一釜。"冉有请求增加一些，孔子说："给她一庾。"冉有给了她五秉粮食。孔子说："公西赤去齐国，坐的是肥马拉的车子，穿的是又轻又暖的裘衣。我听说，君子救济急需的穷人而不是增加他的财富。"

巫马施，字子旗，比孔子小三十岁。

陈司败问孔子说："鲁昭公懂得礼吗？"孔子说："懂礼。"孔子出去后，巫马旗曰："吾闻君子不党，君子亦党乎？鲁君娶吴女为夫人，命之为孟子。孟子姓姬，讳称同姓，故谓之孟子。鲁君而知礼，孰不知礼？"施以告孔子，孔子曰："丘也幸，苟有过，人必知之。臣不可言君亲之恶，为讳者，礼也。"

梁鳣，字叔鱼，少孔子二十九岁；颜幸，字子柳，少孔子四十六岁；冉孺，字子鲁，少孔子五十岁；曹恤，字子循，少孔子五十岁；伯虔，字子析，少孔子五十岁；公孙龙，字子石，少孔子五十三岁。

自子石已右三十五人，显有年名及受业见于书传。其四十有二人，无年及不见书传者纪于左：

冉季，字子产；公祖句兹，字子之；秦祖，字子南；漆雕哆，字子敛；颜高，字子骄；漆雕徒父，字子文；壤驷赤，字子徒；商泽，字子秀；石作蜀，字子明；任不齐，字选；公良孺，字子正；后处，字子里；秦冉，字开；公夏首，字乘；奚容箴，字子晳；公肩定，字子中；颜祖，字子襄；鄡单，字子家；句井疆；罕父黑，字子索；秦商，字子丕；申党，字周；颜之仆，字叔；荣旂，字子祈；县成，字子祺；左人郢，字行；燕伋，字思；郑国，字子徒；秦非，字子之；施之常，字子恒；颜哙，字子声；步叔乘，字子车；原亢籍，字子籍；乐欬，字子声；廉絜，字庸；叔仲会，字子期；颜何，字冉；狄黑，字晳；邦巽，字子敛；孔忠；公西舆如，字子上；公西葴，字子上。

太史公曰：学者多称七十子之徒，誉者或过其实，毁者或损其真，钧之未睹厥容貌，则论言《弟子籍》，出孔氏古文，近是。余以弟子名姓文字悉取《论语》弟子问，并次为篇，疑者阙焉。

陈司败向巫马旗作了个揖说："我听说君子不会偏私包庇，难道君子也会偏私包庇吗？鲁昭公娶了吴女为夫人，给她起名叫她孟子。孟子本姓姬，避忌称呼同姓，所以称她吴孟子。鲁君如果懂得礼，那还有谁不懂得礼呢？"巫马施把这些话告诉了孔子，孔子说："我真幸运，如果有了过失，人家一定会知道。做臣子的不可说国君的过错，替他隐讳，就是懂礼啊。"

梁鳣，字叔鱼，比孔子小二十九岁；颜幸，字子柳，比孔子小四十六岁；冉儒，字子鲁，比孔子小五十岁；曹恤，字子循，比孔子小五十岁；伯虔，字子析，比孔子小五十岁；公孙龙，字子石，比孔子小五十三岁。

从子石以上三十五人，他们的年龄、姓名和受业情况都可见到明显的文字记载。其余的四十二人，没有年龄可考，也没有文字记载，记在下面：

冉季，字子产；公祖句兹，字子之；秦祖，字子南；漆雕哆，字子敛；颜高，字子骄；漆雕徒父，字子文；壤驷赤，字子徒；商泽，字子秀；石作蜀，字子明；任不齐，字选；公良孺，字子正；后处，字子里；秦冉，字开；公夏首，字乘；奚容箴，字子皙；公肩定，字子中；颜祖，字子襄；鄡单，字子家；句井疆；罕父黑，字子索；秦商，字子丕；申党，字周；颜之仆，字叔；荣旂，字子祈；县成，字子祺；左人郢，字行；燕伋，字思；郑国，字子徒；秦非，字子之；施之常，字子恒；颜哙，字子声；步叔乘，字子车；原亢籍，字子籍；乐欬，字子声；廉絜，字庸；叔仲会，字子期；颜何，字冉；狄黑，字皙；邦巽，字子敛；孔忠；公西舆如，字子上；公西蒧，字子上。

太史公说：后世学者们多数讲述孔子门下七十位门徒时，赞誉者或许言过其实；诋毁他们的人，也许损害了他们的真实形象。总之，谁都没有看到他们的真实相貌而加以评论，比较起来，《论语》所记弟子们的事迹，更接近真实。关于孔子弟子们的名字、姓氏、言行等情况，我全部取自《论语》中的弟子问答，把它们合编成一篇，有疑问的地方就空着。

商君列传第八

商君者，卫之诸庶孽公子也，名鞅，姓公孙氏，其祖本姬姓也。鞅少好刑名之学，事魏相公叔痤为中庶子。公叔痤知其贤，未及进。会痤病，魏惠王亲往问病，曰："公叔病有如不可讳，将奈社稷何？"公叔曰："痤之中庶子公孙鞅，年虽少，有奇才，愿王举国而听之。"王嘿然。王且去，痤屏人言曰："王即不听用鞅，必杀之，无令出境。"王许诺而去。公叔痤召鞅谢曰："今者王问可以为相者，我言若，王色不许我。我方先君后臣，因谓王即弗用鞅，当杀之。王许我。汝可疾去矣，且见禽。"鞅曰："彼王不能用君之言任臣，又安能用君之言杀臣乎？"卒不去。惠王既去，而谓左右曰："公叔病甚，悲乎，欲令寡人以国听公孙鞅也，岂不悖哉！"

公叔既死，公孙鞅闻秦孝公下令国中求贤者，将修缪公之业，东复侵地，乃遂西入秦，因孝公宠臣景监以求见孝公。孝公既见卫鞅，语事良久，孝公时时睡，弗听。罢而孝公怒景监曰："子之客妄人耳，安足用邪！"景监以让卫鞅。卫鞅曰："吾说公以帝道，其志不开悟矣。"后五日，复求见鞅。鞅复见孝公，益愈，然而未中旨。罢而孝公复让景监，景监亦让鞅。鞅曰："吾说公以王道而未入也。请复见鞅。"鞅复见孝公，孝公善之而未用也。罢而去。孝公谓景监曰："汝客善，可与语矣。"鞅曰："吾说公以霸道，其意欲用之矣。诚复见我，我知之矣。"卫鞅复见孝公。公与语，不自知厀之前于席也。语数日不厌。景监曰："子何以中吾君？吾君之欢甚也。"鞅曰："吾说君以帝王之道比三代，而君曰：'久远，吾不能待。且贤君者，各及其身显名天下，安能邑邑待数十百年以成帝王乎？'故商君是卫君姬妾生的儿子，名鞅，姓公孙，他的祖先本来姓姬。公孙鞅年轻时喜好刑名之学，侍奉魏国国相公叔痤，做了侍从。公叔痤知道他贤能，还没来得及向魏王推荐。正赶上公叔痤得了病，魏惠王亲自去看望他，说："万一你的病有个好歹，国家将怎么办呢？"公叔痤回答说："我的侍从公孙鞅，年纪虽轻，却有奇才，大王可以把国家大事全都托付给他，让他去治理。"魏惠王听后没有说话。当魏惠王即将离开时，公叔痤屏退左右，说："大王假如不能用公孙鞅，就一定要杀掉他，不能让他走出国境。"魏王答应了他就离开了。公叔痤叫来公孙鞅，道歉说："刚才大王询问能够担任国相的人，我推荐了你。看大王的神情应该不会同意。我当先忠于君而后考虑臣的立场，因而劝大王，如果不用你，就该杀掉你。大王答应了我的请求。你赶快离开吧，否则就要被抓了。"公孙鞅说："大王既然不能听您的话任用我，又怎么能听您的话来杀我呢？"终于没有离开魏国。惠王离开后，对随侍人员说："公叔痤病得很重，真让人伤心啊。他想要我把国政交给公孙鞅，这不是糊涂了吗？"

公叔痤死后，公孙鞅听说秦孝公下令全国求贤，想要重整秦缪公时的霸业，向东收复失地，于是他就西行到了秦国，通过秦孝公的宠臣景监求见秦孝公。秦孝公就召见了卫鞅，谈了很久，孝公一边听一边打瞌睡，没有听进去。事后孝公迁怒于景监说："你的客人是个无知妄言之徒，这种人怎么能任用呢？"景监责备卫鞅。卫鞅说："我用尧、舜治国的方法劝说大王，他的心智不能领会啊。"过了五天，景监再请秦孝公见卫鞅。卫鞅再见孝公时，谈得更多，可是还是不合秦孝公的心意。事后秦孝公又责备景监，景监也责备卫鞅。卫鞅说："我用王道的治国方法劝说大王而他听不进去。请求他再召见我一次。"卫鞅再次见到孝公，孝公对他很友好可是没任用他。会见退出后，孝公对景监说："你的客人不错，我可以和他谈谈了。"景监告诉卫鞅，卫鞅说："我用春秋五霸的治国方法去说服大王，看他的心思是准备采纳了。真能再召见我一次，我就知道该怎么说啦。"于是卫鞅又见到了孝公，孝公跟他谈得非常投机，不知不觉移动膝盖到垫席前头靠近了卫鞅，谈了几天仍不知疲倦。景监说："您用什么法子打动了大王的心呢？我们国君高兴极了。"卫鞅回答说："我劝大王采用帝王治国的办法，建立夏、商、周那样的盛世，可是大王说：'时间太长了，我不能等，何况贤能之君，都希望当世名扬天下，怎能无声无息地等几十上百年才成就帝王大业吾以强国之术说君，君大说之耳。然亦难以比德于殷周矣。”

孝公既用卫鞅，鞅欲变法，恐天下议己。卫鞅曰：“疑行无名，疑事无功。且夫有高人之行者，固见非于世；有独知之虑者，必见敖于民。愚者暗于成事，知者见于未萌。民不可与虑始而可与乐成。论至德者不和于俗，成大功者不谋于众。是以圣人苟可以强国，不法其故；苟可以利民，不循其礼。”孝公曰：“善。”甘龙曰：“不然。圣人不易民而教，知者不变法而治。因民而教，不劳而成功；缘法而治者，吏习而民安之。”卫鞅曰：“龙之所言，世俗之言也。常人安于故俗，学者溺于所闻。以此两者居官守法可也，非所与论于法之外也。三代不同礼而王，五伯不同法而霸。智者作法，愚者制焉；贤者更礼，不肖者拘焉。”杜挚曰：“利不百，不变法；功不十，不易器。法古无过，循礼无邪。”卫鞅曰：“治世不一道，便国不法古。故汤武不循古而王，夏殷不易礼而亡。反古者不可非，而循礼者不足多。”孝公曰：“善。”以卫鞅为左庶长，卒定变法之令。

令民为什伍，而相牧司连坐。不告奸者腰斩，告奸者与斩敌首同赏，匿奸者与降敌同罚。民有二男以上不分异者，倍其赋。有军功者，各以率受上爵；为私斗者，各以轻重被刑大小。僇力本业，耕织致粟帛多者复其身。事末利及怠而贫者，举以为收孥。宗室非有军功论，不得为属籍。明尊卑爵秩等级，各以差次名田宅，臣妾衣服以家次。有功者显荣，无功者虽富无所芬华。

令既具，未布，恐民之不信，已乃立三丈之木于国都市南门，募民有能徙置北门者予十金。民怪之，莫敢徙。复曰“能徙者予五十金”。有一人徙之，辄予五十金，以明不欺。卒下令。

呢？’所以，我用富国强兵的办法劝说他，他才特别高兴。可是这样就不能与殷、周的德行相媲美了。”

孝公任用卫鞅后不久，卫鞅打算变法，可又担心天下人议论自己。卫鞅说：“行动犹豫就搞不出名堂，办事犹豫就不会成功。况且超出常人行为的人，本来就常被世人非议；有独到见解的人，必定会受到一般人的诋毁。愚人对既成事实还弄不明白，聪明的人事先就能预见即将发生的事情。不能和百姓谋划大事而可以和他们共享成功的欢乐。谈论高深道理的人不会与世俗合流，成就大业的人不与一般人共谋。因此，圣人只要能够使国家强盛，就不必效法陈规；只要能够利于百姓，就不必遵循旧制。”孝公说：“说得好。”甘龙说：“不是这样。圣人不改变民俗而施教化，聪明的人不改成法而治理国家。顺应民风民俗而施教化，不费力就能成功；沿袭成法而治理国家，官吏习惯而百姓安定。”卫鞅说：“甘龙所说的，是世俗的说法啊。一般人安于旧有的习俗，而读书人拘泥于自己所闻。这两种人奉公守法还可以，但不能和他们谈论常法以外的变革。三代礼制不同却各成王业，五伯法制不一却各成霸业。聪明的人制定法度，愚蠢的人被法度制约；贤能的人变更礼制，寻常的人为礼制所束。”杜挚说：“没有百倍的利益，就不能改变常法；没有十倍的效用，就不能更换旧器。仿效常法不会有过失，遵循旧礼不会出偏差。”卫鞅说：“治理国家没有固定的办法，有利于国家就不必仿效旧法。所以汤武不依旧法而能王天下，夏殷不更变旧礼而灭亡。反对旧法的人不能非难，而遵循旧礼的人不值得赞扬。”孝公说：“说得好。”于是任命卫鞅为左庶长，最终制定了变法的命令。

法令规定，百姓十家为“什”，五家为“伍”，互相监视检举，一家犯法，十家连带治罪。不告发坏人的腰斩，告发坏人的跟斩杀敌人一样受赏，隐藏奸恶的人与投降敌人同罪。一家有两个以上壮丁不分居的，赋税加倍。立了军功的，按功劳大小升爵受赏；为私事斗殴的，按情节轻重处以刑罚。致力于农业生产，让粮食丰收、布帛增产的免除自身的劳役或赋税。因从事工商业及因懒惰而贫穷的，其妻子全都没入官府为奴。国君亲属宗族没有军功的，不能列入家族的名册。明确尊卑爵位等级，各按等级差别占有土地、房产，家臣奴婢数量、衣裳、服饰按各家爵位等级决定。有军功的享受荣耀，没有军功的即使很富有也不能显荣。

新法准备就绪，还没公布，卫鞅担心百姓不相信，就在国都市场南门竖起一根三丈长的木杆，招募百姓中能把木杆搬到北门的人赏给十金。百姓们觉得这件事很奇怪，没人敢动。卫鞅又宣布“能把木杆搬到北门的人赏五十金”。于是有一个人搬走了木杆，卫鞅当下就赏了他五十金，以此表明令出必行，绝不欺骗。接着就颁布了新法。

令行于民期年，秦民之国都言初令之不便者以千数。于是太子犯法。卫鞅曰："法之不行，自上犯之。"将法太子。太子，君嗣也，不可施刑，刑其傅公子虔，黥其师公孙贾。明日，秦人皆趋令。行之十年，秦民大说，道不拾遗，山无盗贼，家给人足。民勇于公战，怯于私斗，乡邑大治。秦民初言令不便者有来言令便者，卫鞅曰"此皆乱化之民也"，尽迁之于边城。其后民莫敢议令。

于是以鞅为大良造。将兵围魏安邑，降之。居三年，作为筑冀阙宫庭于咸阳，秦自雍徙都之。而令民父子兄弟同室内息者为禁。而集小乡邑聚为县，置令、丞，凡三十一县。为田开阡陌封疆，而赋税平。平斗桶权衡丈尺。行之四年，公子虔复犯约，劓之。居五年，秦人富强，天子致胙于孝公，诸侯毕贺。

其明年，齐败魏兵于马陵，虏其太子申，杀将军庞涓。其明年，卫鞅说孝公曰："秦之与魏，譬若人之有腹心疾，非魏并秦，秦即并魏。何者？魏居领阨之西，都安邑，与秦界河而独擅山东之利。利则西侵秦，病则东收地。今以君之贤圣，国赖以盛。而魏往年大破于齐，诸侯畔之，可因此时伐魏。魏不支秦，必东徙。东徙，秦据河山之固，东乡以制诸侯，此帝王之业也。"孝公以为然，使卫鞅将而伐魏。魏使公子卬将而击之。军既相距，卫鞅遗魏将公子卬书曰："吾始与公子欢，今俱为两国将，不忍相攻，可与公子面相见，盟，乐饮而罢兵，以安秦魏。"魏公子卬以为然。会盟已，饮，而卫鞅伏甲士而袭虏魏公子卬，因攻其军，尽破之以归秦。魏惠王兵数破于齐秦，国内空，日以削，恐，乃使使割河西之地献于秦以和。而魏遂去安邑，徙都大梁。梁惠王曰："寡人恨不用公叔痤之言也。"卫鞅既破魏还，秦封之于、商十五邑，号为商君。

商君相秦十年，宗室贵戚多怨望者。赵良见商君。商君曰："鞅之得见也，从孟兰皋，今鞅请得交，可乎？"赵良曰："仆弗敢愿新法在全国施行了一年，秦国老百姓到国都投诉新法不便的人数以千计。正当这时，太子触犯了新法。卫鞅说：“新法行不通，是因为上层的人先犯法。”将依新法处罚太子。太子，是国君的继承人，不能施以刑罚，于是就处罚了监督他行为的太傅公子虔，太师公孙贾被处以墨刑。第二天，秦国人便都依照新法执行了。新法推行了十年，秦国的老百姓都非常高兴，路不拾遗，山林里也没了盗贼，家家富裕，人人饱暖。人民勇于为国作战，不敢为私争斗，乡村、城镇社会秩序安定。当初说新法不便的百姓又有来说新法好处的，卫鞅说“这都是扰乱教化的人”，于是把他们全部迁到边疆去了。从此，老百姓再也没人敢议论新法了。

于是卫鞅被任命为大良造，率兵围攻魏国安邑，使他们屈服投降。过了三年，秦国在咸阳建筑宫廷城阙，把国都从雍地迁到此地，下令禁止百姓父子兄弟同居一室，把小城镇村落合并为县，设置了县令、县丞，共计三十一个县。废除原有田塍的界线，鼓励百姓开垦荒地，而使赋税平衡。统一全国度量衡。施行了四年，公子虔又犯法了，被判处劓刑。过了五年，秦国富强，周天子把祭肉赐给秦孝公，各国诸侯都来祝贺。

第二年，齐国在马陵打败魏军，俘虏了魏国的太子申，射杀魏将军庞涓。一年后，卫鞅劝孝公说：“秦和魏，好像一个人患有心腹疾病，不是魏国兼并秦国，就是秦国吞并魏国。为什么呢？因为魏国地处山岭险要的西部，建都安邑，与秦国以黄河为界而独占崤山以东的地利。形势有利就可以向西进犯秦国，不利就可以向东扩展领地。如今凭借大王圣明，秦国才繁荣昌盛。而魏国去年被齐国打得大败，诸侯们都背叛了他，可以趁此时攻打魏国。魏国抵挡不住，必然要向东撤退。一向东撤退，秦国就占有了黄河和崤山险要地势，向东就可以控制各国诸侯，这是统一天下的帝王大业啊！”孝公认为说得对。就派卫鞅率领军队攻打魏国。魏国派公子卬领兵迎击。两军相拒对峙，卫鞅派人给公子卬送去一封信，说：“我当初与公子相处得很快乐，如今你我成了敌对两军的将领，不忍心相互攻击，可以与公子会面结盟，畅饮几杯然后各自撤兵，让秦魏两国相安无事。”魏公子卬认为卫鞅说得对。会盟结束后，双方一起喝酒，而卫鞅埋伏下的士兵突然袭击并俘虏了魏公子卬，并乘势攻打魏军，大胜回国。魏惠王的军队多次被齐、秦击溃，国内空虚，势力渐衰，恐慌起来，就派使者说割河西地区给秦以求和。魏王于是离开安邑，迁都大梁。魏惠王后悔地说：“我真后悔当初没采纳公叔痤的意见啊。”卫鞅打败魏军回来后，秦孝公把于、商十五个邑封给了他，称商君。

商君出任秦相十年，很多宗室贵戚怨恨他。赵良去见商君。商君说：“我能见到你，是因孟兰皋的介绍，现在我们交个朋友，可以吗？”赵良回答说：“我也。孔丘有言曰：‘推贤而戴者进，聚不肖而王者退。’仆不肖，故不敢受命。仆闻之曰：‘非其位而居之曰贪位，非其名而有之曰贪名。’仆听君之义，则恐仆贪位贪名也。故不敢闻命。”商君曰：“子不说吾治秦与？”赵良曰：“反听之谓聪，内视之谓明，自胜之谓强。虞舜有言曰：‘自卑也尚矣。’君不若道虞舜之道，无为问仆矣。”商君曰：“始秦戎翟之教，父子无别，同室而居。今我更制其教，而为其男女之别，大筑冀阙，营如鲁卫矣。子观我治秦也，孰与五羖大夫贤？”赵良曰：“千羊之皮，不如一狐之掖；千人之诺诺，不如一士之谔谔。武王谔谔以昌，殷纣墨墨以亡。君若不非武王乎，则仆请终日正言而无诛，可乎？”商君曰：“语有之矣，貌言华也，至言实也，苦言药也，甘言疾也。夫子果肯终日正言，鞅之药也。鞅将事子，子又何辞焉！”赵良曰：“夫五羖大夫，荆之鄙人也。闻秦缪公之贤而愿望见，行而无资，自粥于秦客，被褐食牛。期年，缪公知之，举之牛口之下，而加之百姓之上，秦国莫敢望焉。相秦六七年，而东伐郑，三置晋国之君，一救荆国之祸。发教封内，而巴人致贡；施德诸侯，而八戎来服。由余闻之，款关请见。五羖大夫之相秦也，劳不坐乘，暑不张盖，行于国中，不从车乘，不操干戈，功名藏于府库，德行施于后世。五羖大夫死，秦国男女流涕，童子不歌谣，舂者不相杵。此五羖大夫之德也。今君之见秦王也，因嬖人景监以为主，非所以为名也。相秦不以百姓为事，而大筑冀阙，非所以为功也。刑黥太子之师傅，残伤民以骏刑，是积怨畜祸也。教之化民也深于命，民之效上也捷于令。今君又左建外易，非所以为教也。君又南面而称寡人，日绳秦之贵公子。《诗》曰：‘相鼠有体，人而无礼，人而无礼，何不遄死。’以诗观之，非所以为寿也。公子虔杜门不出已八年矣，君又杀祝欢而黥公孙贾。《诗》曰：‘得人者兴，失人者崩。’此数事者，非所以得人也。君之出也，后车十数，从车载甲，多力而骈胁者为骖乘，持矛而操闟戟者旁车而趋。此一物不具，君固不出。《书》曰：‘恃德者昌，恃力者亡。’君之危若朝露，尚将欲不敢奢望。孔子说过：‘推荐贤能，受到人民拥戴的人才会前来；招揽不贤，讲王道的人就会引退。’我不才，所以不敢从命。我听到过这样的说法：‘不该占有的职位而占有它叫做贪位，不该享有的名声而享有它叫做贪名。’我要是接受了您的情谊，恐怕那就是既贪位又贪名了。所以不敢从命。”商鞅说：“您不满我对秦国的治理吗？”赵良说：“能够听从别人的意见叫做聪，能够自我省察叫做明，能够自制叫做强。虞舜曾说过：‘自我谦虚的人被人尊重。’您不如遵循虞舜的主张去做，不必问我了。”商鞅说：“当初，秦国的习俗和戎狄一样，父子无分别，男女老少同居一室。如今我改变了这种风俗，使他们男女有别，分居而住，大造宫廷城阙，把秦国营建得像鲁国、卫国一样。您看我治理秦国，与五羖大夫比，谁更好呢？”赵良说：“一千张羊皮比不上一领狐腋贵重，一千人附和抵不上一人直言。武王因左右多直言而国家就昌盛，纣王因群臣不敢吭声而灭亡。您如果不反对武王的做法，那么请允许我整天直言而不受责备，可以吗？”商君说：“俗话说，表面动听的话好比是花朵，真实至诚的话如同果实，苦口危言是药石，甜言蜜语是病因。您果真能终日正义直言，那就是我治病的良药了。我将拜先生为师，先生又何必推辞呢？”赵良说：“那五羖大夫，是楚国偏僻的乡下人。听说秦缪公贤明，想去拜见，可是却没有路费，于是把自己卖给秦国人，穿着粗布短衣给人家喂牛。过了一年，秦缪公知道了这件事，把他从牛口之下提拔起来，凌驾于百官之上，秦国没有人不满意。他出任秦相六七年，东伐郑国，三立晋君，一次出兵救楚。在境内施行教化，巴人前来纳贡；教化影响到诸侯，四境的夷族前来归附。由余听到这种情形，前来敲门投奔。五羖大夫出任秦相，累不坐车，热不打伞，走遍国中，不用随从的车辆，不带武装防卫，他的功名载于史册、藏于府库，他的德行流传于后代。五羖大夫死时，秦国不论男女都痛哭流涕，小孩不唱歌谣，连舂米的人也不喊号子了。这就是五羖大夫的德行啊。现在您得见秦王，靠的是秦王宠臣景监推荐介绍，这就说不上什么名声了。身为秦相不以百姓利益为重，却大筑宫阙，这就说不上为国家建立功业了。惩治太子的师傅，用严刑酷法残害百姓，这是积怨聚祸啊。您的政令影响百姓比国君命令百姓更深入人心，百姓响应您的号召比国君的命令更为迅速。如今您却违情背理建立权威，自作主张改变君令，这不是对百姓施行教化啊。您又面向南称君，天天用新法约束秦国贵族子弟。《诗经》上说：‘看老鼠都还有肢体，人却没有礼仪；人没有礼仪，为什么不早点死呢？’从诗句来看，实在是不能恭维您呀。公子虔闭门不出已经八年了，您又杀了祝欢，用墨刑惩处公孙贾。《诗经》上说：‘得到人心的昌盛，失去人心的灭亡。’这几件事，都是不得人心的呀。您出门，随从的车辆数以十计，车上载着武士，用身强力壮的人作随从，拿长矛延年益寿乎？则何不归十五都，灌园于鄙，劝秦王显岩穴之士，养老存孤，敬父兄，序有功，尊有德，可以少安。君尚将贪商于之富，宠秦国之教，畜百姓之怨，秦王一旦捐宾客而不立朝，秦国之所以收君者，岂其微哉？亡可翘足而待。”商君弗从。

后五月而秦孝公卒，太子立。公子虔之徒告商君欲反，发吏捕商君。商君亡至关下，欲舍客舍。客人不知其是商君也，曰：“商君之法，舍人无验者坐之。”商君喟然叹曰：“嗟乎，为法之敝一至此哉！”去之魏。魏人怨其欺公子卬而破魏师，弗受。商君欲之他国。魏人曰：“商君，秦之贼。秦强而贼入魏，弗归，不可。”遂内秦。商君既复入秦，走商邑，与其徒属发邑兵北出击郑。秦发兵攻商君，杀之于郑黾池。秦惠王车裂商君以徇，曰：“莫如商鞅反者！”遂灭商君之家。

太史公曰：商君，其天资刻薄人也。迹其欲干孝公以帝王术，挟持浮说，非其质矣。且所因由嬖臣，及得用，刑公子虔，欺魏将卬，不师赵良之言，亦足发明商君之少恩矣。余尝读商君《开塞》《耕战》书，与其人行事相类。卒受恶名于秦，有以也夫！

战戟的卫队夹护着您的车子奔驰前进。这些防卫缺少一样，您必定不敢出门。《尚书》上说：'依靠施德的昌盛，依靠武力的灭亡。'您的生命就好像早晨的露水，很快就会消亡一样危险，您还想要延年益寿吗？那为什么不把商于十五邑封地交还秦国，到偏僻荒远的地方浇园自耕，劝秦王重用那些隐居山林的贤才，赡养老人，抚育小孩，使父兄相互敬重，用有功的人，尊敬有德的人，这样您才稍得安全。如果您还想贪图商于的富有，以独揽秦国的政教而自得，结怨百姓，一旦哪天秦王逝世，秦国想要拘捕您的人难道能少吗？您丧身的日子很快就会到来了。"商鞅没有听从赵良的劝告。

五个月后，秦孝公去世，太子登位。公子虔一伙人告商鞅谋反，派人逮捕他。商鞅逃到边关，想住旅店，旅店的主人不知他是商鞅，说："商鞅有令，住店的人没有证件店主要连带判罪。"商鞅长长地叹息说："唉呀！新法的遗害竟然到了这样的地步！"离开秦国潜逃到魏国。魏国人怨恨他欺骗公子卬而打败魏军，不肯收留他。商鞅打算去别的国家。魏国人说："商鞅是秦国的逃犯，秦国强大，逃犯跑到魏国来，不送回去不行。"于是把商鞅送回了秦国。商鞅再回到秦国后，就潜逃到商邑，和他的部属发动邑中的士兵，向北攻击郑国。秦国发兵攻打商鞅，在郑国黾池杀死了他。秦惠王将商鞅五马分尸示众，说："不要像商鞅这样造反！"于是诛灭了商鞅全家。

太史公说：商鞅，他的天性就是个刻薄的人。看他当初用帝王之道游说孝公，只是虚饰浮夸，并非他的内心想法。况且是凭借着国君宠幸的太监推荐，等到被重用后，就施刑于公子虔，欺骗魏将公子卬，不听从赵良的话，也足以说明商鞅残忍刻薄了。我曾经读过商鞅开塞耕战的书籍，内容与他的行事类似。最终在秦国落得个谋反的恶名，这是有缘故的呀！

苏秦列传第九

苏秦者，东周洛阳人也。东事师于齐，而习之于鬼谷先生。

出游数岁，大困而归。兄弟嫂妹妻妾窃皆笑之，曰："周人之俗，治产业，力工商，逐什二以为务。今子释本而事口舌，困，不亦宜乎！"苏秦闻之而惭，自伤，乃闭室不出，出其书遍观之。曰："夫士业已屈首受书，而不能以取尊荣，虽多亦奚以为！"于是得周书《阴符》，伏而读之。期年，以出揣摩，曰："此可以说当世之君矣。"求说周显王。显王左右素习知苏秦，皆少之。弗信。

乃西至秦。秦孝公卒。说惠王曰："秦四塞之国，被山带渭，东有关河，西有汉中，南有巴蜀，北有代马，此天府也。以秦士民之众，兵法之教，可以吞天下，称帝而治。"秦王曰："毛羽未成，不可以高蜚；文理未明，不可以并兼。"方诛商鞅，疾辩士，弗用。

乃东之赵。赵肃侯令其弟成为相，号奉阳君。奉阳君弗说之。去游燕，岁余而后得见。说燕文侯曰："燕东有朝鲜、辽东，北有林胡、楼烦，西有云中、九原，南有嘑沱、易水，地方二千余里，带甲数十万，车六百乘，骑六千匹，粟支数年。南有碣石、雁门之饶，北有枣栗之利，民虽不佃作而足于枣栗矣。此所谓天府者也。

"夫安乐无事，不见覆军杀将，无过燕者。大王知其所以然乎？夫燕之所以不犯寇被甲兵者，以赵之为蔽其南也。秦赵五战，秦再胜而赵三胜。秦赵相毙，而王以全燕制其后，此燕之所以不犯寇也。且夫秦之攻燕也，逾云中、九原，过代、上谷，弥地数千里，虽得燕城，秦计固不能守也。秦之不能害燕亦明矣。今赵之攻燕也，发号出苏秦是东周洛阳人，他曾向东到齐国拜师求学，师从鬼谷子先生。

他在外游历多年，弄得穷困潦倒，狼狈地回到家里。兄嫂、弟妹、妻妾都私下讥笑他，说："按照周人的习惯，大家都经营自己的产业，努力从事工商，追求那十分之二的盈利为事业。如今你丢掉本行却以搬弄口舌为职业，穷困潦倒，不也应该吗？"苏秦听了这些话，感到很惭愧，暗自伤心，就闭门不出，把自己的藏书又都读了一遍，说："一个读书人本来已经接受了书本知识，可又不能凭借它获得荣华富贵，即使读书再多，又有什么用呢？"这时他得到一本周书《阴符》，伏案攻读，用了一整年的工夫，从中悟出了许多揣摩人心理的诀窍。他激动地说："凭这些就足以游说当代的国君了。"他求见并游说周显王。可是显王周围的臣子一向熟悉苏秦，都瞧不起他，而周显王也不相信他。

于是他向西到了秦国。正值秦孝公去世，他游说惠王说："秦是个四面山关险固的国家，有华山倚靠，有渭水流贯，东有关河，西有汉中，南有巴蜀，北有代马，这真是个天府之国啊。凭着秦国众多的百姓和士兵，严格的军事训练，足以用来吞并天下，建立帝王的事业来统治全国。"秦惠王说："就像鸟儿的羽毛还没长丰满，不可能凌空飞翔一样，我的国家还没走上正轨，谈不上兼并天下。"秦国刚处死商鞅，痛恨游说的人，因而没有任用苏秦。

于是，他向东去了赵国。赵肃侯让自己的弟弟出任国相，称奉阳君。奉阳君不喜欢苏秦。苏秦又离开到了燕国游说，等了一年多才被燕王召见。他对燕文侯说："燕国东有朝鲜、辽东，北有林胡、楼烦，西有云中、九原，南有嘑沱、易水，国土纵横两千多里，军队几十万人，战车六百辆，战马六千匹，储存的粮食足够用好几年。南有碣石、雁门的肥沃土地，北有红枣和板栗的收益，百姓即使不耕作，光靠枣和栗子也能过活了。这就是所说的天然府库啊！

"能够安居乐业没有战事，看不到军队覆灭、将领被杀的情景，没有哪个国家比得上燕国。大王知道出现这种局面的原因吗？燕国不被敌人侵犯，没有卷入战争的漩涡，是因为赵国在燕国的南面遮蔽着。秦国和赵国发动五次战争，秦国胜了两次而赵国胜了三次。两国相互攻杀而彼此困顿，而大王可以凭借完整无损的燕国，在后边牵制着他们。这就是燕国不受敌人侵犯的原因。况且秦国攻打燕国，要越过云中、九原，穿过代郡和上谷，跋涉几千里，即使攻克了燕国的城池，估计秦国也根本无法长期守护。秦国不能侵害燕的道理很明显了。如今赵国令，不至十日而数十万之军军于东垣矣。渡嘑沱，涉易水，不至四五日而距国都矣。故曰秦之攻燕也，战于千里之外；赵之攻燕也，战于百里之内。夫不忧百里之患而重千里之外，计无过于此者。是故愿大王与赵从亲，天下为一，则燕国必无患矣。”

文侯曰：“子言则可，然吾国小，西迫强赵，南近齐，齐、赵强国也。子必欲合从以安燕，寡人请以国从。”

于是资苏秦车马金帛以至赵。而奉阳君已死，即因说赵肃侯曰：“天下卿相人臣及布衣之士，皆高贤君之行义，皆原奉教陈忠于前之日久矣。虽然，奉阳君妒而君不任事，是以宾客游士莫敢自尽于前者。今奉阳君捐馆舍，君乃今复与士民相亲也，臣故敢进其愚虑。

“窃为君计者，莫若安民无事，且无庸有事于民也。安民之本，在于择交，择交而得则民安，择交而不得则民终身不安。请言外患：齐秦为两敌而民不得安，倚秦攻齐而民不得安，倚齐攻秦而民不得安。故夫谋人之主，伐人之国，常苦出辞断绝人之交也。愿君慎勿出于口。请别白黑，所以异阴阳而已矣。君诚能听臣，燕必致旃裘狗马之地，齐必致鱼盐之海，楚必致橘柚之园，韩、魏、中山皆可使致汤沐之奉，而贵戚父兄皆可以受封侯。夫割地包利，五伯之所以覆军禽将而求也；封侯贵戚，汤武之所以放弑而争也。今君高拱而两有之，此臣之所以为君愿也。

“今大王与秦，则秦必弱韩、魏；与齐，则齐必弱楚、魏。魏弱则割河外，韩弱则效宜阳，宜阳效则上郡绝，河外割则道不通，楚弱则无援。此三策者，不可不孰计也。

要攻打燕国，发出号令，不到十天，几十万大军就可以挺进东垣，再渡过嘑沱河，涉过易水，用不了四五天的时间，就可以到达燕国的都城。所以说秦国攻打燕国，是在千里以外作战；赵国攻打燕国，是在百里以内作战。不担心百里以内的祸患，而注重千里之外的战事，再没有比这更错误的策略了。因此希望大王与赵国合纵亲善，把各国联成一体，那么燕国一定不会有什么可忧虑的了。”

文侯说：“您说得虽然不错，可是我的国家弱小，西边紧邻强大的赵国，南边接近齐国，齐、赵都是强国啊。您一定要合纵亲善来保证燕国的安全，我愿意率领全国百姓听从您的安排。”

于是提供给苏秦车马钱财，让他到赵国去。当时奉阳君已经死了，就趁机劝赵肃侯说：“天下的卿相臣子一直到老百姓，都仰慕您这样贤明的国君能施行仁义，希望能听到您的教诲、当面向您陈述忠言已很久了。虽然如此，然而奉阳君嫉贤妒能，而您又不大理事，因此宾客和游说之士没有谁敢在您面前畅所欲言。如今奉阳君去世了，您又可以和士民百姓亲近了，所以我才敢向您陈述我的某些不成熟的意见。

“我私下为您考虑，没有比让百姓安宁、国家太平，并且无须让人民卷入战争更重要的了。使人民安定的根本之策在于选择邦交，邦交选择得当那么人民就安定；邦交选择不得当那么人民就终身不安定。请允许我谈谈赵国的外患，如果与齐、秦两国为敌，那么人民生活就无法安宁；如果依靠秦国攻打齐国，人民生活也不会安宁；假如依靠齐国攻打秦国，人民生活还是无法安宁。所以谋害别国的君主，进攻别的国家，常常苦于公开声言断绝同别国的外交关系，请您小心谨慎，不要轻易把这话说出来。请允许我以辨别白色和黑色作比方，这是为了区别阴阳罢了。如果您真能听我的忠告，燕国一定会献出盛产毡裘狗马的土地，齐国一定会献出盛产鱼盐的海湾，楚国一定会献出盛产橘柚的园林，韩、卫、中山等国，可以让他们献上供您收取赋税的私邑，而您的亲戚和父兄都可以裂土封侯了。获得割地、享受权利，这是春秋五霸通过消灭别国军队，俘虏对方将领才能得到的；使贵戚封侯，正是商汤、武王所以要起兵并采用流放甚至冒着弑君的罪名才能争取到的。如今您高高拱起手就可以轻易地获得这两种好处，这就是我为您考虑的。

“大王如果支持秦国，那么秦国一定会削弱韩国和魏国；如果和齐国结盟，那么齐国一定会利用这种优势去削弱楚国、魏国。魏国被削弱就会割让河外，韩国衰弱了就会献出宜阳。宜阳一旦献给秦国，那么上郡就会陷入绝境，割让了河外，往来的道路就会被阻塞。楚国衰弱了，您就会孤立无援。这三个方面您不能不深思熟虑啊。

“夫秦下轵道，则南阳危；劫韩包周，则赵氏自操兵；据卫取卷，则齐必入朝秦。秦欲已得乎山东，则必举兵而乡赵矣。秦甲渡河逾漳，据番吾，则兵必战于邯郸之下矣。此臣之所为君患也。

“当今之时，山东之建国莫强于赵。赵地方二千余里，带甲数十万，车千乘，骑万匹，粟支数年。西有常山，南有河漳，东有清河，北有燕国。燕固弱国，不足畏也。秦之所害于天下者莫如赵，然而秦不敢举兵伐赵者，何也？畏韩、魏之议其后也。然则韩、魏，赵之南蔽也。秦之攻韩、魏也，无有名山大川之限，稍蚕食之，傅国都而止。韩、魏不能支秦，必入臣于秦。秦无韩、魏之规，则祸必中于赵矣。此臣之所为君患也。

“臣闻尧无三夫之分，舜无咫尺之地，以有天下；禹无百人之聚，以王诸侯；汤武之士不过三千，车不过三百乘，卒不过三万，立为天子。诚得其道也。是故明主外料其敌之强弱，内度其士卒贤不肖，不待两军相当而胜败存亡之机固已形于胸中矣，岂掩于众人之言而以冥冥决事哉！

“臣窃以天下之地图案之，诸侯之地五倍于秦，料度诸侯之卒十倍于秦，六国为一，并力西乡而攻秦，秦必破矣。今西面而事之，见臣于秦。夫破人之与破于人也，臣人之与臣于人也，岂可同日而论哉！

“夫衡人者，皆欲割诸侯之地以予秦。秦成，则高台榭，美宫室，听竽瑟之音，前有楼阙轩辕，后有长姣美人，国被秦患而不与其忧。是故夫衡人日夜务以秦权恐愒诸侯以求割地，故愿大王孰计之也。

“臣闻明主绝疑去谗，屏流言之迹，塞朋党之门，故尊主广地强兵之计臣得陈忠于前矣。故窃为大王计，莫如一韩、魏、齐、楚、燕、赵以从亲，以畔秦。令天下之将相会于洹水之上，通质，刳白马而盟。要约曰：‘秦攻楚，齐、魏各出锐师以佐之，韩绝其粮道，赵

“秦国攻下轵道，那么韩国的南阳就危险了。秦国要强夺南阳，包围周都，那么赵国就要拿起武器自卫；假如秦国占据卫国，取得卷城，那么齐国一定会向秦国俯首称臣。秦国的贪欲既然在崤山以东已经得到满足，那么一定会发兵进犯赵国。如果秦军渡过黄河，越过漳水，占据番吾，那么秦、赵两国的军队一定会在邯郸城下展开激战。这就是我为您忧虑的原因。

“现在，崤山以东所建立的国家没有比赵国更强大的了。赵国领土纵横两千多里，军队几十万人，战车千辆，战马万匹，粮食可支用好几年。西有常山、南有漳水、东有清河、北有燕国。燕国，本来就是个弱国，不可怕。天下间，秦国最忌恨的莫过于赵国，但是秦国为什么不敢发兵攻打赵国呢？是害怕韩、魏在后边暗算它。既然如此，那么韩、魏可算是赵国南边的屏障了。秦国要是攻打韩、魏，就没有什么名山大川的阻碍，可以像蚕吃桑叶一样逐步蚕食，直到逼近两国国都。韩、魏不能抵挡秦国，必然会臣服于秦国。秦国没有了韩、魏的顾虑，那么战祸必将到达赵国。这也是我为您感到忧虑的原因啊。

“愚臣听说尧帝没有得到过三百亩的赏赐，虞舜也没有得到过一尺的封地，却能拥有整个天下；夏禹聚集的民众不到百人，却能在诸侯中称王；商汤、武王的卿士不足三千，战车不到三百辆，士兵不到三万，却能成为天子。这是因为他们确实掌握了谋取天下的策略。所以，贤明的君主对外要能预料对手的强弱，对内要能估计士兵素质的优劣，这样用不着等到两军开战，胜败存亡的关键就已成竹于胸了。怎么会被众人的议论所蒙蔽，而糊涂地决断国家大事呢？

“我私下考察过天下的地图，各诸侯国的土地面积是秦国的五倍，估计各诸侯国的士兵十倍于秦国，假如六国结成一个整体，合力向西攻打秦国，一定可以打败秦国。如今您却向西侍奉秦国，向它称臣。打败别人和被别人打败，使人臣服和向别人臣服，难道可以同日而语吗？

“主张连衡的人，都想把各诸侯国的土地割让给秦国。秦国成就了霸业，就会把楼台亭榭建得更高大，把宫室建得更华美，欣赏着竽瑟演奏的音乐，前有楼台宫阙，后有苗条艳丽的美女；至于各国遭受秦国的祸害，他们却不去分担忧愁了。所以这些主张连衡的人，凭借秦国的权势时刻威胁诸侯各国，要求割让土地。因此，请大王仔细考虑啊。

“我听说贤君决断疑虑，排斥谗言，摒除流言的来源，堵塞结党营私的途径，所以我才有机会在您面前陈述使国君尊崇、土地扩展、军队强大的计策。我私下为大王考虑，不如合纵，联合韩、魏、齐、楚、燕、赵，共同对抗秦国。让诸国的将军和卿相在洹水边上会盟，相互沟通消除故有的嫌隙，宰杀白马举行盟誓，共同订立盟约：‘假如秦国攻打楚国，那么齐、魏就分别派出精锐部队帮助涉河漳，燕守常山之北。秦攻韩魏，则楚绝其后，齐出锐师而佐之，赵涉河漳，燕守云中。秦攻齐，则楚绝其后，韩守城皋，魏塞其道，赵涉河漳、博关，燕出锐师以佐之。秦攻燕，则赵守常山，楚军武关，齐涉勃海，韩、魏皆出锐师以佐之。秦攻赵，则韩军宜阳，楚军武关，魏军河外，齐涉清河，燕出锐师以佐之。诸侯有不如约者，以五国之兵共伐之。’六国从亲以宾秦，则秦甲必不敢出于函谷以害山东矣。如此，则霸王之业成矣。”

赵王曰：“寡人年少，立国日浅，未尝得闻社稷之长计也。今上客有意存天下，安诸侯，寡人敬以国从。”乃饰车百乘，黄金千溢，白璧百双，锦绣千纯，以约诸侯。

是时周天子致文武之胙于秦惠王。惠王使犀首攻魏，禽将龙贾，取魏之雕阴，且欲东兵。苏秦恐秦兵之至赵也，乃激怒张仪，入之于秦。

于是说韩宣王曰：“韩北有巩、成皋之固，西有宜阳、商阪之塞，东有宛、穰、洧水，南有陉山，地方九百余里，带甲数十万，天下之强弓劲弩皆从韩出。溪子、少府时力、距来者，皆射六百步之外。韩卒超足而射，百发不暇止，远者括蔽洞胸，近者镝弇心。韩卒之剑戟皆出于冥山、棠溪、墨阳、合赙、邓师、宛冯、龙渊、太阿，皆陆断牛马，水截鹄雁，当敌则斩坚甲铁幕，革抉㕚芮，无不毕具。以韩卒之勇，被坚甲，蹠劲弩，带利剑，一人当百，不足言也。夫以韩之劲与大王之贤，乃西面事秦，交臂而服，羞社稷而为天下笑，无大于此者矣。是故愿大王孰计之。

“大王事秦，秦必求宜阳、成皋。今兹效之，明年又复求割地。与则无地以给之，不与则弃前功而受后祸。且大王之地有尽而秦之求无已，以有尽之地而逆无已之求，此所谓市怨结祸者也，不战而地已楚国，韩军断绝秦军的运粮要道，赵军南渡河漳支援，燕军则守卫常山北面地带。假如秦国攻打韩国、魏国，那么楚军就截断秦军的后路，齐国就派出精锐部队帮助韩、魏，赵军渡过河漳支援，燕国就固守云中地带。如果秦国攻打齐国，那么楚军就切断秦军的后援，韩国固守城皋，魏国堵塞秦国的要道，赵军渡过黄河、漳河、博关支援，燕国派精锐部队协同作战。如果秦国攻打燕国，那么赵国固守常山，楚军驻守武关，齐军渡过渤海，韩、魏同时派出精锐部队协同作战。如果秦国攻打赵国，那么韩军驻扎宜阳，楚军驻扎武关，魏军驻扎河外，齐军渡过清河，燕国派出精锐部队协同作战。假如各国中有不按盟约行事的，使用其他五国的军队共同讨伐他。'如果六国合纵共同对抗秦国，那么秦国一定不敢从函谷关出兵侵犯山东诸国了。这样，您霸主的事业就成功了。"

赵王说："我年纪轻，治理国家的时间不长，不曾听到过使国家长治久安的策略。如今您有意保全天下，安定各国，我愿诚恳地倾国相从。"于是将一百辆车子装饰一新，载上黄金一千镒、白璧一百双、绸缎一千匹，让苏秦去游说各国加盟。

这时，周天子把祭祀文王、武王的祭肉赐给秦惠王。惠王派犀首攻打魏国，生擒了魏将龙贾，攻占了魏国的雕阴，并准备挥师东进。苏秦恐怕秦军打到赵国来，就用计激怒了张仪，迫使他投奔到了秦国。

于是苏秦游说韩宣王说："韩国北有巩、成皋这样的坚固城池，西部有宜阳、商阪的要塞，东有宛、穰、洧水，南有陉山，区域纵横九百多里，部队有几十万，天下的强弓硬弩都是韩国制造出来的。像溪子弩，以及少府制造的时力、距来，射程都在六百步以外。韩国士兵脚踏连弩而射，能连续发射百来次，中间不需要歇息，远的可以射穿敌军胸甲，穿透胸膛，近的可以射穿他们的心脏。韩国士兵使用的剑、戟都是产于冥山、棠溪、墨阳、合赙、邓师、宛冯、龙渊、太阿等地，这些锋利的武器在陆地上都能斩杀牛马，在水里能劈天鹅、大雁，临阵对敌能斩杀对方将士，从坚韧的臂套铁衣，到皮革制成的射具盾牌，没有一样不齐备的。凭着韩国士兵的勇敢，披着坚固的铠甲，拿着强劲的硬弩，佩戴着锋利的宝剑，即使以一当百，也不在话下。凭着韩国的强大及您的贤明，却面向西方侍奉秦国，拱手臣服，使国家蒙羞，被天下人耻笑，没有比这更严重的了。因此请大王仔细地考虑啊。

"大王如果向秦国屈服，它一定会向您索取宜阳、成皋。今年把土地献给他，明年又会要求割地。给吧，却没那么多土地可给；不给吧，那么就会断送以前的外交努力而遭受后患。况且大王的土地是有限的，而秦国的贪求是没有止境的，拿有限的土地，去换取无止境的索取，这正是平常所说的买下怨恨、结下祸削矣。臣闻鄙谚曰：‘宁为鸡口，无为牛后。’今西面交臂而臣事秦，何异于牛后乎？夫以大王之贤，挟强韩之兵，而有牛后之名，臣窃为大王羞之。”

于是韩王勃然作色，攘臂瞋目，按剑仰天太息曰：“寡人虽不肖，必不能事秦。今主君诏以赵王之教，敬奉社稷以从。”

又说魏襄王曰：“大王之地，南有鸿沟、陈、汝南、许、郾、昆阳、召陵、舞阳、新都、新郪，东有淮、颍、煮枣、无胥，西有长城之界，北有河外、卷、衍、酸枣，地方千里。地名虽小，然而田舍庐庑之数，曾无所刍牧。人民之众，车马之多，日夜行不绝，輷輷殷殷，若有三军之众。臣窃量大王之国不下楚。然衡人怵王交强虎狼之秦以侵天下，卒有秦患，不顾其祸。夫挟强秦之势以内劫其主，罪无过此者。魏，天下之强国也；王，天下之贤王也。今乃有意西面而事秦，称东藩，筑帝宫，受冠带，祠春秋，臣窃为大王耻之。

“臣闻越王句践战敝卒三千人，禽夫差于干遂；武王卒三千人，革车三百乘，制纣于牧野：岂其士卒众哉，诚能奋其威也。今窃闻大王之卒，武士二十万，苍头二十万，奋击二十万，厮徒十万，车六百乘，骑五千匹。此其过越王句践、武王远矣，今乃听于群臣之说而欲臣事秦。夫事秦必割地以效实，故兵未用而国已亏矣。凡群臣之言事秦者，皆奸人，非忠臣也。夫为人臣，割其主之地以求外交，偷取一时之功而不顾其后，破公家而成私门，外挟强秦之势以内劫其主，以求割地，愿大王孰察之。

“周书曰：‘緜緜不绝，蔓蔓奈何？豪氂不伐，将用斧柯。’前虑不定，后有大患，将奈之何？大王诚能听臣，六国从亲，专心并力壹意，则必无强秦之患。故敝邑赵王使臣效愚计，奉明约，在大王之根。没有经过战争，而土地就被割去了。我听说过一句俗话：'宁可做鸡的嘴，也不做牛的肛。'现在，如果向西拱手称臣侍奉秦国，与做牛的肛有什么区别呢？凭着大王的贤明，又拥有强大的军队，却有着牛肛的丑名，我私下为大王感到羞耻啊。"

这时韩宣王一下子变了脸色，挥起手臂，愤怒地瞪大眼睛，手按宝剑，仰望天空长长地叹息说："虽然我没出息，但一定不能向秦国屈服。现在您既然转告了赵王的教导，我诚心把韩国托付给您，听从您的安排。"

苏秦又游说魏襄王说："大王的国土，南边有鸿沟、陈地、汝南、许地、郾地、昆阳、召陵、舞阳、新都、新郪，东边有淮河、颍河、煮枣、无胥，西边有长城为界，北边有河外、卷地、衍地、酸枣，国土纵横千里。地方名义上虽然狭小，但是耕地、房屋很密集，连放牧牲畜的地方都没有了。人口稠密，车马成群，日夜奔驰，络绎不绝，轰轰隆隆，那声势好像是三军士兵发出来的。我私下估量大王的国势和楚国不相上下。可是那些主张连横的人，却想引诱您伙同虎狼一样凶恶的秦国来侵占整个天下，一旦魏国遭受秦国的危害，谁都不会顾及您的忧患。倚仗着秦国强大的势力，来暗算别国的君主，一切罪恶没有比这更严重的了。魏国是天下的强国；大王是天下贤明的国君。现在您却有意向西侍奉秦国，自称为秦国东方的属国，为它修筑帝王的行宫，接受它的分封，采用它的冠服式样，春秋季节给秦国献礼助祭，我私下为大王感到羞耻。

"我听说越王勾践只用三千疲惫的士兵作战，就在干遂活捉了吴王夫差；周武王仅率领三千士兵，用蒙着皮革的三百乘战车，就在牧野制服了商纣。难道他们是靠着兵多将广吗？只是因为充分发挥了他们自己的威力而已。现在，我私下听说大王的军事实力，有常备精兵二十万，苍头部队二十万，冲锋部队二十万，勤杂兵十万，战车六百辆，战马五千匹。这些实力超过越王勾践和周武王太多了，可是，现在您却听信臣子的建议，想以臣子的身份服侍秦国。如果侍奉秦国，必然要割让土地来表忠诚，因此，还没开战，国家就已亏损了。凡是群臣中妄言服侍秦国的，都是奸人，不是忠臣。他们作为君主的臣子，却想割让自己国君的土地，以求得与秦国的友谊，以求得一时成功而不顾后果，破坏国家的利益而成就私人的好处，在外凭借强大的秦国的势力，在内算计自己的君主，以达到割让土地的目的，希望大王能认清这一点。

"《周书》上说：'草木滋长像丝线的时候不及时砍掉它，等到蔓延开了怎么办呢？细微嫩枝不及时砍掉它，等到长粗壮了，就得用斧头了。'事前的考虑不成熟，事后将会灾祸临头，那时怎么办呢？大王果真能听从我的建议，六国联合相亲，专心合力，统一意志，就一定没有强秦侵害的祸患了。所以敝国赵王派诏诏之。”

魏王曰：“寡人不肖，未尝得闻明教。今主君以赵王之诏诏之，敬以国从。”

因东说齐宣王曰：“齐南有泰山，东有琅邪，西有清河，北有勃海，北所谓四塞之国也。齐地方二千余里，带甲数十万，粟如丘山。三军之良，五家之兵，进如锋矢，战如雷霆，解如风雨。即有军役，未尝倍泰山，绝清河，涉勃海也。临淄之中七万户，臣窃度之，不下户三男子，三七二十一万，不待发于远县，而临淄之卒固已二十一万矣。临淄甚富而实，其民无不吹竽鼓瑟，弹琴击筑，斗鸡走狗，六博蹋鞠者。临淄之涂，车毂击，人肩摩，连衽成帷，举袂成幕，挥汗成雨，家殷人足，志高气扬。夫以大王之贤与齐之强，天下莫能当。今乃西面而事秦，臣窃为大王羞之。

“且夫韩、魏之所以重畏秦者，为与秦接境壤界也。兵出而相当，不出十日而战胜存亡之机决矣。韩、魏战而胜秦，则兵半折，四境不守；战而不胜，则国已危亡随其后。是故韩、魏之所以重与秦战，而轻为之臣也。今秦之攻齐则不然。倍韩、魏之地，过卫阳晋之道，径乎亢父之险，车不得方轨，骑不得比行，百人守险，千人不敢过也。秦虽欲深入，则狼顾，恐韩、魏之议其后也。是故恫疑虚喝，骄矜而不敢进，则秦之不能害齐亦明矣。

“夫不深料秦之无奈齐何，而欲西面而事之，是群臣之计过也。今无臣事秦之名而有强国之实，臣是故愿大王少留意计之。”

齐王曰：“寡人不敏，僻远守海，穷道东境之国也，未尝得闻余教。今足下以赵王诏诏之，敬以国从。”

乃西南说楚威王曰：“楚，天下之强国也；王，天下之贤王也。西有黔中、巫郡，东有夏州、海阳，南有洞庭、苍梧，北有陉塞、郇我来提出我们的策略，奉上清楚的公约，全赖大王的指示号召大家了。”

魏王说：“我没有什么出息，以前没听过您高明的指教，如今您奉赵王的使命来教导我，我愿意谨慎地率全国的百姓听从您的安排。”

因此苏秦又向东游说齐宣王，说：“齐国南有泰山，东有琅邪山，西有清河，北有渤海，这称得上是一个四面都有天险的国家了。齐国土地纵横两千余里，军队几十万人，粮食堆积得像山丘一样。三军的精锐抵得上联合起来的五家兵卒，进攻时如同刀锋、箭头一样势不可挡，战斗时像雷霆一样力量万钧，撤退时如风雨一样快地消散。即使有战事，也从没有离开过泰山，越过清河，渡过渤海。临淄有七万户居民，我私下估计，每户不少于三个男子，三七就是二十一万人，不需要从远处县邑征集兵源，仅临淄的士兵本来就够二十一万了。临淄富有而殷实，这里的居民没有不吹竽鼓瑟、弹琴击筑、斗鸡走狗、下棋踢球的。临淄的街道上拥挤得车辆轮轴互相撞击，人多得肩挨着肩；把衣襟连接起来，可以形成围幔，举起衣袖，可以成为遮幕；众人挥手抹汗，就像下雨一样；家家殷实，人人富足，志存高远，意气飞扬。凭着大王的贤明和齐国的强大，天下没有哪个国家能够比得上。现在您却向西侍奉秦国，我私下替您感到羞耻。

“况且韩、魏之所以十分畏惧秦国，是因为他们和秦国边界相接，假如双方派军交战，不出十天，胜败存亡的局势就定了。如果韩、魏战胜了秦国，那么自己的兵力也要耗损大半，四面国境就无法保卫；如果战争不能取胜，那么国家的危亡就会随之而来。这就是韩、魏慎重地对待和秦国作战，而轻易想要向秦国臣服的原因。现在，秦国攻打齐国就不是这样了，秦国背靠着韩、魏的土地，要穿过卫国阳晋的要道，经过齐国亢父的险塞，战车不能并驶、战马不能并行，一百人守在此处，就是一千人也不敢通过。即使秦军想要深入，就得像狼一样，时时回顾后路，不敢径直前进，生怕韩、魏在后面暗算它。所以秦军只能虚张声势，恐吓威胁别人。虽然秦国狂妄自大，却不敢贸然前进，那么秦国无法危害齐国的道理也就显而易见了。

“不能充分估计到秦国根本对齐国无可奈何这种情况，却想西向去侍奉秦国，这是群臣们策略上的失误。现在，要想没有臣服秦国的丑名而能体现强大的国家实力，为此我希望大王稍微留心考虑一下，以便决定对策。”

齐王说：“我是个愚笨的人，居住在偏僻遥远、紧靠大海、道路艰险、地处东境的国家，没有聆听到您高明的教诲。现在您用赵王的指示晓谕我，我将谨慎地率领全国民众听从您的安排。”

于是苏秦又向西南去游说楚威王，说：“楚国，是天下的强国；大王，是天下的贤君。楚国西有黔中、巫郡，东有夏州、海阳，南有洞庭、苍梧，北有径阳，地方五千余里，带甲百万，车千乘，骑万匹，粟支十年。此霸王之资也。夫以楚之强与王之贤，天下莫能当也。今乃欲西面而事秦，则诸侯莫不西面而朝于章台之下矣。

“秦之所害莫如楚，楚强则秦弱，秦强则楚弱，其势不两立。故为大王计，莫如从亲以孤秦。大王不从，秦必起两军，一军出武关，一军下黔中，则鄢郢动矣。臣闻治之其未乱也，为之其未有也。患至而后忧之，则无及已。故愿大王蚤孰计之。

“大王诚能听臣，臣请令山东之国奉四时之献，以承大王之明诏，委社稷，奉宗庙，练士厉兵，在大王之所用之。大王诚能用臣之愚计，则韩、魏、齐、燕、赵、卫之妙音美人必充后宫，燕、代橐驼良马必实外厩。故从合则楚王，衡成则秦帝。今释霸王之业，而有事人之名，臣窃为大王不取也。

“夫秦，虎狼之国也，有吞天下之心。秦，天下之仇雠也。衡人皆欲割诸侯之地以事秦，此所谓养仇而奉仇者也。夫为人臣，割其主之地以外交强虎狼之秦，以侵天下，卒有秦患，不顾其祸。夫外挟强秦之威以内劫其主，以求割地，大逆不忠，无过此者。故从亲则诸侯割地以事楚，衡合则楚割地以事秦，此两策者相去远矣，二者大王何居焉？故敝邑赵王使臣效愚计，奉明约，在大王诏之。”

楚王曰：“寡人之国西与秦接境，秦有举巴蜀并汉中之心。秦，虎狼之国，不可亲也。而韩、魏迫于秦患，不可与深谋，与深谋恐反人以入于秦，故谋未发而国已危矣。寡人自料以楚当秦，不见胜也；内与群臣谋，不足恃也。寡人卧不安席，食不甘味，心摇摇然如县旌而无所终薄。今主君欲一天下，收诸侯，存危国，寡人谨奉社稷以从。”

塞、郇阳，土地纵横五千多里，军队一百万，战车千辆，战马万匹，存粮足够食用十年。这是建立霸业的资本。凭着楚国的强大和大王的贤明，天下没有哪个国家能比得上。如今您却想西向侍奉秦国，那么天下将再没有哪个诸侯不向西臣服在秦国的章台宫下了。

“秦国最大的忧患莫过于楚国，楚国强大那么秦国就会弱小，这种情势下，不允许两国同时并存。所以替大王考虑，不如合纵联盟来孤立秦国。如果大王不采纳合纵政策，秦国一定会出动两支军队，一支从武关出击，一支直下黔中，那么鄢、郢一带的局势就会动摇了。我听说处理事情应着手于事情发生之前，在祸患降临之前，就要采取行动。等到祸患来临再去忧虑它，那就来不及了。所以希望大王能及早考虑这个问题。

“大王果真能听从我的建议，我愿号召崤山以东各国向您贡献四季的产品，接受您的诏令，把国家委托给您，奉献宗庙请您保护，训练士兵，铸造武器，听从大王的指挥。大王如果真能采纳我这不成熟的计谋，那么韩、魏、齐、燕、赵、卫等国动听的音乐和美女，一定会充满您的后宫。燕国、代地所产的骆驼、良马一定会充满您的畜圈。所以，合纵成功，楚国就能称王；连横成功，秦国就能称帝。现在您要放弃霸王的伟业，蒙受侍奉别人的丑名，我认为这种做法不可取。

“秦国，是虎狼一样凶恶的国家，有吞并天下的野心。秦国，也是天下各诸侯共同的仇敌。主张连横的人都想分割各诸侯的土地来献给秦国，这就叫做供养仇人和敬奉仇敌啊。作为臣子，却想分割自己国君的土地来结交如狼似虎的强秦，侵扰天下，使自己的国家最终遭受秦国的侵害，他们却没有顾及这些灾祸。这些对外倚仗强秦的威势，在内来劫持自己的君主、索取割地的行为，是最大的叛逆与最大的不忠，没有比这更严重的了。所以，合纵联盟，各国就会割让土地来服侍楚国，连衡成功，楚国就要割让土地侍奉秦国，这两种策略的效果相差太远了，这二者大王选择哪一种呢？所以敝国赵王派我来奉献这不成熟的策略，奉上明确公约，全靠大王诏告众人了。”

楚王说：“我国西边与秦国接壤，秦国有夺取巴、蜀并吞汉中的野心。秦是虎狼一样的国家，是不能亲近的。韩、魏经常遭受秦国侵害的威胁，不值得共同谋划大事。如果和他们谋划大事，恐怕有叛逆的人会泄露给秦国，以至于计划尚未实行，而国家就面临危险了。我自己估计，以楚国去抵挡秦国，不一定取得胜利；在朝廷上与众臣谋划，他们又不可信赖。我睡觉睡不安稳，吃饭也不香甜，心神恍恍惚惚，就如悬在空中的旗子，没有依靠。现在您想统一天下，团结各诸侯，保全那些处于危亡境地的国家，我愿意把国家托付给您，听从您的安排。”

于是六国从合而并力焉。苏秦为从约长，并相六国。

北报赵王，乃行过雒阳，车骑辎重，诸侯各发使送之甚众，疑于王者。周显王闻之恐惧，除道，使人郊劳。苏秦之昆弟妻嫂侧目不敢仰视，俯伏侍取食。苏秦笑谓其嫂曰："何前倨而后恭也？"嫂委蛇蒲服，以面掩地而谢曰："见季子位高金多也。"苏秦喟然叹曰："此一人之身，富贵则亲戚畏惧之，贫贱则轻易之，况众人乎！且使我有雒阳负郭田二顷，吾岂能佩六国相印乎！"于是散千金以赐宗族朋友。初，苏秦之燕，贷人百钱为资，乃得富贵，以百金偿之。遍报诸所尝见德者。其从者有一人独未得报，乃前自言。苏秦曰："我非忘子。子之与我至燕，再三欲去我易水之上，方是时，我困，故望子深，是以后子。子今亦得矣。"

苏秦既约六国从亲，归赵，赵肃侯封为武安君。乃投从约书于秦。秦兵不敢窥函谷关十五年。其后秦使犀首欺齐、魏，与共伐赵，欲败从约。齐、魏伐赵，赵王让苏秦。苏秦恐，请使燕，必报齐。苏秦去赵而从约皆解。

秦惠王以其女为燕太子妇。是岁，文侯卒，太子立，是为燕易王。易王初立，齐宣王因燕丧伐燕，取十城。易王谓苏秦曰："往日先生至燕，而先王资先生见赵，遂约六国从。今齐先伐赵，次至燕，以先生之故为天下笑，先生能为燕得侵地乎？"苏秦大惭，曰："请为王取之。"

苏秦见齐王，再拜，俯而庆，仰而吊。齐王曰："是何庆吊相随之速也？"苏秦曰："臣闻饥人所以饥而不食乌喙者，为其愈充腹而与饿死同患也。今燕虽弱小，即秦王之少婿也。大王利其十城而长与强秦为仇。今使弱燕为雁行而强秦敝其后，以招天下之精兵，是食乌喙之类也。"齐王愀然变色曰："然则奈何？"苏秦曰："臣闻古之于是，六国终于合纵成功，大家同心共力。苏秦做了合纵联盟的盟主，并且担任了六国的国相。

苏秦北上向赵王汇报，中途经过洛阳，随行的车辆马匹满载着行装，各国都派很多使者护送，气派比得上周王。周显王听到这个消息感到很吃惊，派人为他清扫道路，并派使臣到郊外迎接慰劳。苏秦的兄弟、妻子、嫂子都伏在地上，不敢抬头看他，侍候他用饭。苏秦笑着对嫂子说："你以前对我那么傲慢，为什么现在却对我这么恭顺呢？"他的嫂子赶紧伏俯在地上，弯曲着身子，匍匐到他面前，脸贴着地面请罪说："因为我看到小叔您现在地位尊贵，财物很多。"苏秦感慨地叹息说："同样是我这个人，富贵了亲戚就敬畏我，贫贱时就怠慢我。何况一般人呢！假如当初我在洛阳近郊有二顷良田，现在我还能佩带得上六个国家的相印吗？"当时便把许多财物馈赠给亲戚朋友。当初，苏秦要去燕国，向别人借了一百钱做路费，现在富贵了，就用一百金偿还了那个人，并且报答了所有曾经有恩德于他的人。他的随从中，唯独有一个人没得到报偿，就上前去自己申诉。苏秦说："我并不是忘了你，当初你跟我到燕国去，在易水边上，你再三要离开我，那时我处境困窘，所以心里对你很不满意。所以才把你放在最后，现在你也可以得到赏赐了。"

苏秦约定六国合纵联盟以后，回到赵国，赵肃侯封他为武安君。苏秦就把合纵盟约送给了秦国，从此秦国不敢窥伺函谷关以外的国家达十五年之久。后来秦国派使臣犀首欺骗齐国和魏国，与它们一起攻打赵国，想要破坏合纵联盟。齐、魏攻打赵国，赵王便责难苏秦。苏秦害怕，就请求出使燕国，发誓要报复齐国。苏秦离开赵国之后，合纵联盟便瓦解了。

秦惠王把他的女儿嫁给燕国太子为妻。这一年，燕文侯去世，太子即位，这便是燕易王。燕易王刚刚登位，齐宣王趁着燕国发丧之机，攻打燕国，夺取了十座城。燕易王对苏秦说："从前先生到燕国来，先王资助先生去赵国，于是才约定六国合纵。现在齐国先是进攻赵国，接着又进攻燕国，因为先生的缘故我国被天下人耻笑，先生能替燕国收复被侵占的国土吗？"苏秦感到非常惭愧，说："请让我替您把失地收回来。"

苏秦见到齐王，拜了两拜，弯下腰去向齐王表示庆贺，又仰起头来向齐王表示哀悼。齐王说："为什么庆贺和哀悼连得这么快呢？"苏秦说："我听说饥饿的人之所以不吃乌喙这种植物，是因为用毒草填肚子和饿死是一样的结果。现在，燕国虽然弱小，但燕王是秦王的小女婿。大王贪图十座城池的利益，却因此长期与强秦成为了敌人。现在如果以弱小的燕国做先锋，强大的秦国紧随其后，招引天下的精兵来攻击您，这和吃乌喙是一样的啊。"齐王听了，紧张得脸色都善制事者，转祸为福，因败为功。大王诚能听臣计，即归燕之十城。燕无故而得十城，必喜；秦王知以己之故而归燕之十城，亦必喜。此所谓弃仇雠而得石交者也。夫燕、秦俱事齐，则大王号令天下，莫敢不听。是王以虚辞附秦，以十城取天下。此霸王之业也。”王曰：“善。”于是乃归燕之十城。

人有毁苏秦者曰：“左右卖国反覆之臣也，将作乱。”苏秦恐得罪归，而燕王不复官也。苏秦见燕王曰：“臣，东周之鄙人也，无有分寸之功，而王亲拜之于庙而礼之于廷。今臣为王却齐之兵而得十城，宜以益亲。今来而王不官臣者，人必有以不信伤臣于王者。臣之不信，王之福也。臣闻忠信者，所以自为也；进取者，所以为人也。且臣之说齐王，曾非欺之也。臣弃老母于东周，固去自为而行进取也。今有孝如曾参，廉如伯夷，信如尾生。得此三人者以事大王，何若？”王曰：“足矣。”苏秦曰：“孝如曾参，义不离其亲一宿于外，王又安能使之步行千里而事弱燕之危王哉？廉如伯夷，义不为孤竹君之嗣，不肯为武王臣，不受封侯而饿死首阳山下。有廉如此，王又安能使之步行千里而行进取于齐哉？信如尾生，与女子期于梁下，女子不来，水至不去，抱柱而死。有信如此，王又安能使之步行千里却齐之强兵哉？臣所谓以忠信得罪于上者也。”燕王曰：“若不忠信耳，岂有以忠信而得罪者乎？”苏秦曰：“不然。臣闻客有远为吏而其妻私于人者，其夫将来，其私者忧之，妻曰‘勿忧，吾已作药酒待之矣’。居三日，其夫果至，妻使妾举药酒进之。妾欲言酒之有药，则恐其逐主母也，欲勿言乎，则恐其杀主父也。于是乎详僵而弃酒。主父大怒，笞之五十。故妾一僵而覆酒，上存主父，下存主母，然而不免于笞，恶在乎忠信之无罪也夫？臣之过，不幸而类是乎！”燕王曰：“先生复就故官。”益厚遇之。

变了，说：“既然如此，那该怎么办呢？”苏秦说：“我听说古代善于处理事情的人，能够转祸为福，把失败变为成功。大王果能听从我的计策，就立即归还燕国的十座城池。燕国白白地收回十城，一定很高兴。秦王知道您因为他的原因而归还了燕国的十城，也一定会很高兴。这就是化敌为友的方法。燕国、秦国都和齐国交好，那么大王发出的号令，天下没有敢不听的。这样大王就只是口头上依附了秦国，实际上却以这十城的代价就取得了天下，这是称霸天下的大业啊。”齐王说：“说得好。”于是就归还了燕国的十座城池。

有诱诋苏秦的人说：“苏秦是个左右摇摆、出卖国家、反复无常的小人，肯定会引起乱子。”苏秦生怕获罪，就回到了燕国，燕王却没有让他做官。苏秦求见燕王说：“当初，我是东周的一个鄙陋之人，没有半点功劳，而大王却在宗庙里授与我官职，在朝廷上以礼相待。如今，我为大王说退了齐军，又收回了十座城池，对我应该更加亲近。现在我回来了而大王不给我授官，一定有人以不诚实的罪名在您面前中伤我。其实我的‘不诚实’，正是大王的福气啊。我听说诚信的人，一切都为自己打算；奋发进取的人，一切都为别人努力。况且我游说齐王，也没有欺骗他啊。我把年迈的母亲丢在东周，本来就是抛弃为个人谋利益的打算，而决心帮助别人求得进取。假如现在有像曾参一样孝顺、像伯夷一样廉洁、像尾生一样信实的三个人，让他们去侍奉大王，您认为怎样？”燕王回答说：“足够了。”苏秦说：“像曾参一样孝顺，一定会坚守孝道，不肯离开父母在外住宿一晚。像这样您又怎么能让他步行千里，来服侍弱小燕国的困窘国君呢？像伯夷一样的廉洁、坚守节义，不愿做孤竹君的继承者，不肯做周武王的臣子，不接受封侯的赏赐，而饿死在首阳山下。像他这样廉洁，大王又怎能让他步行千里到齐国去取回十座城池呢？像尾生那样诚信，和女子相约桥下，女子没来，洪水来了也不肯离开，紧抱桥柱被水淹死。像这样的诚信，大王又怎能让他步行千里退去强大的齐军呢？我正是以所谓的诚信在国君面前获罪的呀。”燕王说：“你自己不诚信罢了，难道还有因为诚信而获罪的吗？”苏秦说：“并非如此。我听说有一个人在很远的地方做官，他的妻子与人私通，丈夫快要回来了，与她私通的人很忧虑。妻子说：‘不要担心，我已经做好毒酒等着他了。’过了三天，她丈夫果然回来了，妻子让侍妾端着毒酒给他。侍妾想告诉他酒中有毒，又担心他把主母赶走，可是不告诉他吧，又怕毒死了主父。于是她假装跌倒，把酒泼在了地上。主父大发雷霆，打了她五十竹板。所以侍妾假装跌倒泼了毒酒，在上保存了主父，在下保存了主母，可是自己却免不掉挨竹板子，怎么能说诚信就不能获罪呢？不幸的是我的罪过跟侍妾的遭遇相类似啊！”燕王说：“先生恢复原来的官职吧。”从此燕王更加优待苏秦。

易王母，文侯夫人也，与苏秦私通。燕王知之，而事之加厚。苏秦恐诛，乃说燕王曰："臣居燕不能使燕重，而在齐则燕必重。"燕王曰："唯先生之所为。"于是苏秦佯为得罪于燕而亡走齐，齐宣王以为客卿。

齐宣王卒，湣王即位，说湣王厚葬以明孝，高宫室大苑囿以明得意，欲破敝齐而为燕。燕易王卒，燕哙立为王。其后齐大夫多与苏秦争宠者，而使人刺苏秦，不死，殊而走。齐王使人求贼，不得。苏秦且死，乃谓齐王曰："臣即死，车裂臣以徇于市，曰'苏秦为燕作乱于齐'，如此则臣之贼必得矣。"于是如其言，而杀苏秦者果自出，齐王因而诛之。燕闻之曰："甚矣，齐之为苏生报仇也！"

苏秦既死，其事大泄。齐后闻之，乃恨怒燕。燕甚恐。苏秦之弟曰代，代弟苏厉，见兄遂，亦皆学。及苏秦死，代乃求见燕王，欲袭故事。曰："臣，东周之鄙人也。窃闻大王义甚高，鄙人不敏，释鉏耨而干大王。至于邯郸，所见者绌于所闻于东周，臣窃负其志。及至燕廷，观王之群臣下吏，王，天下之明王也。"燕王曰："子所谓明王者何如也？"对曰："臣闻明王务闻其过，不欲闻其善，臣请谒王之过。夫齐、赵者，燕之仇仇也；楚、魏者，燕之援国也。今王奉仇仇以伐援国，非所以利燕也。王自虑之，此则计过，无以闻者，非忠臣也。"王曰："夫齐者固寡人之仇，所欲伐也，直患国敝力不足也。子能以燕伐齐，则寡人举国委子。"对曰："凡天下战国七，燕处弱焉。独战则不能，有所附则无不重。南附楚，楚重；西附秦，秦重；中附韩、魏，韩、魏重。且苟所附之国重，此必使王重矣。今夫齐，长主而自用也。南攻楚五年，畜聚竭；西困秦三年，士卒罢敝；

燕易王的母亲，是燕文侯的夫人，与苏秦私通。燕易王知道了这事，却对苏秦更加优待。苏秦害怕被杀，就劝告燕易王说："我留在燕国，不能使燕国的地位提高，如果我在齐国，一定能使燕国的地位提高。"燕王说："一切随先生的便吧。"于是，苏秦假装得罪了燕王而逃跑到齐国。齐宣王便任用他为客卿。

齐宣王去世，湣王继位，苏秦就劝说湣王隆重安排葬礼来表明自己的孝道，高筑宫室、大辟园林，来表明自己得志，其实是为了燕国而想要使齐国破败。燕易王去世，燕哙登基为王。此后，齐国大夫中有许多人在国君面前与苏秦争夺宠信，因而派人刺杀苏秦，苏秦侥幸没死，带着重伤逃跑了。齐湣王派人捉拿凶手，然而没有抓到。苏秦快要死时，便对齐湣王说："我就快死了，请您在街市上把我五马分尸示众，就说'苏秦为了燕国在齐国谋乱'，这样做，那么刺杀我的凶手一定可以抓到。"于是齐湣王就按照他的话做了，而刺杀苏秦的那个凶手果然自动出来了，齐湣王因此就把他杀了。燕王听到这个消息说："齐国为苏先生报仇，手段也太残忍了。"

苏秦死后不久，他的许多秘密都泄露了。后来，齐国听到这些秘密后，十分恼恨燕国。燕王很害怕。苏秦的弟弟叫苏代，苏代的弟弟叫苏厉，他们看到哥哥取得的成就，也都发奋学习纵横之术。等到苏秦死了，苏代就去求见燕王，打算承袭苏秦的旧业。他对燕王说："臣，是东周鄙陋的人。听说大王的义气很高，鄙人愚笨，放弃农具来求见大王。到了赵国邯郸，看到的情况和我在东周听到的相差很远，我私下决定担负起为您做一番事业的志向。等到了燕国朝廷，看了大王的群臣和下属官吏，才知道大王是天下最贤明的国君啊。"燕王说："您所说的贤明的国君是什么样的呢？"苏代回答说："我听说贤明的君王一定要听别人议论自己的过失，而不希望只听到别人称赞他的优点，请允许让我说明大王的过失。齐国和赵国，是燕国的仇敌；楚国和魏国，是燕国的盟国。现在，大王却帮着仇敌而攻打自己的盟国，这不利于燕国的行动。请大王自己想一想，就会发现这是策略上的失误。不把这些失误讲给您听的人，就不是忠臣。"燕王说："齐国本来就是我的仇敌，是想要讨伐的国家，只是担心自己的国势弱小，力量不足。假如您能以燕国现有的力量讨伐齐国，那么我愿把整个国家托付给您。"苏代回答说："天下能够互相征战的国家共有七个，而燕国处于弱势地位，单独作战不能取得胜利。如果有所依附，那么不管依附谁，它都会因此而地位提高。向南依附楚国，楚国的地位提高；向西依附秦国，秦国的地位提高；中部依附韩国、魏国，韩国、魏国的地位提高。假如所依附的国家地位提高了，这样也就一定能使您的地位提高啊。如今齐国的国君年事已高而又一意孤行，听不进别人的意见。他向南攻打楚国长达五年之久，积蓄的财富耗费尽了；西边被秦国困扰了北与燕人战，覆三军，得二将。然而以其余兵南面举五千乘之大宋，而包十二诸侯。此其君欲得，其民力竭，恶足取乎？且臣闻之，数战则民劳，久师则兵敝矣。”燕王曰：“吾闻齐有清济、浊河可以为固，长城、钜防足以为塞，诚有之乎？”对曰：“天时不与，虽有清济、浊河，恶足以为固！民力罢敝，虽有长城、钜防，恶足以为塞！且异日济西不师，所以备赵也；河北不师，所以备燕也。今济西河北尽已役矣，封内敝矣。夫骄君必好利，而亡国之臣必贪于财。王诚能无羞从子母弟以为质，宝珠玉帛以事左右，彼将有德燕而轻亡宋，则齐可亡已。”燕王曰：“吾终以子受命于天矣。”燕乃使一子质于齐。而苏厉因燕质子而求见齐王。齐王怨苏秦，欲囚苏厉。燕质子为谢，已遂委质为齐臣。

燕相子之与苏代婚，而欲得燕权，乃使苏代侍质子于齐。齐使代报燕，燕王哙问曰：“齐王其霸乎？”曰：“不能。”曰：“何也？”曰：“不信其臣。”于是燕王专任子之，已而让位，燕大乱。齐伐燕，杀王哙、子之。燕立昭王，而苏代、苏厉遂不敢入燕，皆终归齐，齐善待之。

苏代过魏，魏为燕执代。齐使人谓魏王曰：“齐请以宋地封泾阳君，秦必不受。秦非不利有齐而得宋地也，不信齐王与苏子也。今齐魏不和如此其甚，则齐不欺秦。秦信齐，齐秦合，泾阳君有宋地，非魏之利也。故王不如东苏子，秦必疑齐而不信苏子矣。齐秦不合，天下无变，伐齐之形成矣。”于是出苏代。代之宋，宋善待之。

齐伐宋，宋急，苏代乃遗燕昭王书曰：

“夫列在万乘而寄质于齐，名卑而权轻；奉万乘助齐伐宋，民劳而实费；夫破宋，残楚淮北，肥大齐，仇强而国害：此三者皆国之大多年，士兵们个个疲惫不堪；向北和燕国人作战，损失了全部军队，仅仅俘虏了两名将领。然而，又以剩余的兵力向南攻破了拥有五千辆战车的宋国，并慑服了十二个小国。这满足了他们国君的欲望，可是他们的民力却已经枯竭了，又有什么可取的呢？况且我听说过，连续征战，人民就会劳累；长期用兵，士兵就会疲惫。”燕王说：“我听说齐国据有清济、浊河可以用来固守，又有长城和钜防作为要塞，果真是这样吗？”苏代回答说：“如果天时不给他有利的机会，即使拥有清济、浊河，又哪能固守呢？百姓已经疲困劳乏，即使有长城、钜防，又怎么能够成为要塞呢？况且，以前济西地区不征发兵役，是为了防备赵国的入侵，不征发漯河以北的兵力，是为了防备燕国的入侵。如今，济西、河北的兵力都被征发参战了，全国都疲惫不堪了。骄横的国君一定好利，亡国的臣子一定贪财。大王如果不以用爱子、胞弟做人质感到羞愧，用珍珠、宝玉、绸缎去贿赂齐王的亲信，那么齐王就会友好地对待燕国，并轻易地灭亡宋国。如此，齐国就可以灭掉了。”燕王说：“我终于可以凭借您而承受天命了。”燕王就派了一位公子到齐国充当人质。苏厉也借着燕国派人质的机会拜见齐王。齐王怨恨苏秦，想要拘捕苏厉。燕国公子替他在齐王面前请罪，随后苏厉就委身做了齐国的臣子。

燕国的相国子之和苏代结为姻亲，子之想夺取燕国的政权，就派苏代到齐国去侍奉做人质的那位公子。齐王让苏代回报燕王，燕王哙问道：“齐王大概要称霸了吧？”苏代回答说：“不可能。”燕王说：“为什么呢？”苏代回答说：“齐王不信任他的臣子。”于是，燕王专一重用子之，不久便让位给他，燕国因此大乱。齐国趁机进攻燕国，杀了燕王哙和子之。燕国拥立昭王即位，而苏代、苏厉就再不敢回燕国，最后都投奔到了齐国，齐王以优厚的条件款待他们。

苏代经过魏国，魏国替燕国拘捕了苏代。齐国派人去对魏王说：“齐国如果要把宋国的土地封给秦王的弟弟泾阳君，秦王一定不肯接受。秦王不是不愿在齐国的协助下获得宋国的土地，而是他不相信齐王和苏代。如今齐国与魏国的矛盾已经如此严重，因此齐国就不会欺骗秦国。秦国也会相信齐国，齐、秦联手，泾阳君将得到宋国的土地，这不是有利于魏国的事。所以大王不如让苏先生东归齐国，秦王一定会怀疑齐王而又不相信苏代。齐、秦不能联合，天下大局就不会变化，讨伐齐国的时机就成熟了。”于是魏国释放了苏代，苏代去了宋国，宋王待他友好。

齐国讨伐宋国，宋国危急，苏代于是写了一封信对燕昭王说：

“燕国是一个万乘大国，却向齐国派了人质，名声卑下而权力低微；您派出大军帮助齐国攻打宋国，使得百姓疲劳、财力耗尽；即便打败宋国，侵略楚国的淮北，也只能壮大齐国，帮助仇敌日益强大而自己的国家却遭受祸害。这三方败也。然且王行之者，将以取信于齐也。齐加不信于王，而忌燕愈甚，是王之计过矣。夫以宋加之淮北，强万乘之国也，而齐并之，是益一齐也。北夷方七百里，加之以鲁、卫，强万乘之国也，而齐并之，是益二齐也。夫一齐之强，燕犹狼顾而不能支，今以三齐临燕，其祸必大矣。虽然，智者举事，因祸为福，转败为功。齐紫，败素也，而贾十倍；越王句践栖于会稽，复残强吴而霸天下。此皆因祸为福，转败为功者也。

“今王若欲因祸为福，转败为功，则莫若挑霸齐而尊之，使使盟于周室，焚秦符，曰‘其大上计，破秦；其次，必长宾之’。秦挟宾以待破，秦王必患之。秦五世伐诸侯，今为齐下，秦王之志苟得穷齐，不惮以国为功。然则王何不使辩士以此言说秦王曰：‘燕、赵破宋肥齐，尊之为之下者，燕、赵非利之也。燕、赵不利而势为之者，以不信秦王也。然则王何不使可信者接收燕、赵，令泾阳君、高陵君先于燕、赵？秦有变，因以为质，则燕、赵信秦。秦为西帝，燕为北帝，赵为中帝，立三帝以令于天下。韩、魏不听则秦伐之，齐不听则燕、赵伐之，天下孰敢不听？天下服听，因驱韩、魏以伐齐，曰“必反宋地，归楚淮北”。反宋地，归楚淮北，燕、赵之所利也；并立三帝，燕、赵之所愿也。夫实得所利，尊得所愿，燕、赵弃齐如脱躧矣。今不收燕、赵，齐霸必成。诸侯赞齐而王不从，是国伐也；诸侯赞齐而王从之，是名卑也。今收燕、赵，国安而名尊；不收燕、赵，国危而名卑。夫去尊安而取危卑，智者不为也。’秦王闻若说，必若刺心然。则王何不使辩士以此若言说秦？秦必取，齐必伐矣。夫取面都是对燕国很不利的事。虽然如此，可是大王您还在继续这样，以为了取得齐国的信任。可是齐国却把不守信的罪名加到您头上，而且对燕国的忌恨也越来越深，这就说明大王的策略错了。把宋国和楚国淮北加在一起，抵得上一个强大的万乘大国，而齐国吞并了它，就等于又增加了一个齐国。北夷纵横才七百里，加上鲁国和卫国，又抵得上一个强大的万乘大国。齐国吞并了它们，这就等于增加了两个齐国。一个强大的齐国，燕国就惊疑恐惧而无法抵挡，如今把三个齐国的强大力量压到燕国身上，其灾祸必然很严重。尽管如此，明智的人办事，能够利用灾祸变为吉祥，把失败转化为成功。齐国的紫色绸绢，本来是破旧的白缯染成的，但价格却提高了十倍；越王勾践被困栖身于会稽山，却击败了强大的吴国而称霸天下。这都是利用灾祸变为吉祥，把失败转化为成功的事例啊。

“现在大王如果想变灾祸为福，把失败转化为成功，不如怂恿各国尊奉齐国为霸主，派使臣到周王室去订立盟约，烧毁秦国的信符，宣称‘最高明的策略就是攻破秦国；其次是一定要永远排斥它’。秦国遭到各国排斥，面临被攻破的威胁，秦王一定会为此而忧虑。秦国近五代以来，都主动攻打各诸侯国，如今却屈居齐国之下，按照秦王的意志，如果能迫使齐国走投无路，就会不惜倾注全国的力量。既然如此，那么大王何不派遣说客用这些话去劝说秦王：‘燕国和赵国打败宋国，壮大齐国，推崇它、甘心屈从它的原因，并不是想从中得到什么好处。燕、赵得不到好处而又一定这么做的原因，就在于不相信秦王。既然如此，那么大王何不派可信赖的人去争取燕、赵，让泾阳君、高陵君先到燕国、赵国去呢？如果秦国背信弃义，可以把他们作为人质，这样燕国和赵国就会相信。这样一来，秦国在西方称帝，燕国在北方称帝，赵国在中部称帝，树立起三帝对天下发号施令。假如韩、魏不服从，那么秦国就出兵攻打它们；齐国不服从，那么燕、赵就出兵攻打它。如此，天下还有谁敢不服从呢？天下都服从了，就趁势驱使韩、魏攻打齐国，威胁它“必须交出宋国的失地，归还楚国的淮北”。交出宋国的失地，归还楚国的淮北，对燕、赵是有利的事；三帝并立，也是燕、赵乐意的事。实际上它们都得到了好处，名分上也如愿以偿，那么燕、赵要抛弃齐国，就好像甩掉拖鞋一样容易。现在如果您不去争取燕、赵，那么齐国的霸业一定会成功。诸侯们都拥护齐国而唯独您不服从，就会招来各国的攻伐；各国都拥护齐国而您也服从它，这样您的声望就会降低。如今，您争取燕、赵，可使国家安定又可使声望尊崇；不争取燕、赵，国家就会危险而声望也会降低。舍弃尊荣和安定，却选择危险和卑下，明智的人是不会这样干的。’秦王听了这些话，一定会感觉好像匕首刺进心脏一样痛。那么大王为什么不派说客用这样的话去游说秦王呢？秦王听到了一定会采纳，齐国一定会被讨伐。结交秦国，是有利的外交；讨秦，厚交也；伐齐，正利也。尊厚交，务正利，圣王之事也。”

燕昭王善其书，曰：“先人尝有德苏氏，子之之乱而苏氏去燕。燕欲报仇于齐，非苏氏莫可。”乃召苏代，复善待之，与谋伐齐。竟破齐，湣王出走。

久之，秦召燕王，燕王欲往，苏代约燕王曰：“楚得枳而国亡，齐得宋而国亡，齐、楚不得以有枳、宋而事秦者，何也？则有功者，秦之深仇也。秦取天下，非行义也，暴也。秦之行暴，正告天下。

“告楚曰：‘蜀地之甲，乘船浮于汶，乘夏水而下江，五日而至郢。汉中之甲，乘船出于巴，乘夏水而下汉，四日而至五渚。寡人积甲宛东下随，智者不及谋，勇士不及怒，寡人如射隼矣。王乃欲待天下之攻函谷，不亦远乎！’楚王为是故，十七年事秦。

“秦正告韩曰：‘我起乎少曲，一日而断大行。我起乎宜阳而触平阳，二日而莫不尽摇。我离两周而触郑，五日而国举。’韩氏以为然，故事秦。

“秦正告魏曰：‘我举安邑，塞女戟，韩氏太原卷。我下轵，道南阳，封冀，包两周。乘夏水，浮轻舟，强弩在前，锬戈在后，决荥口，魏无大梁；决白马之口，魏无外黄、济阳；决宿胥之口，魏无虚、顿丘。陆攻则击河内，水攻则灭大梁。’魏氏以为然，故事秦。

“秦欲攻安邑，恐齐救之，则以宋委于齐。曰：‘宋王无道，为木人以寡人，射其面。寡人地绝兵远，不能攻也。王苟能破宋有之，寡人如自得之。’已得安邑，塞女戟，因以破宋为齐罪。

“秦欲攻韩，恐天下救之，则以齐委于天下。曰：‘齐王四与寡伐齐国，是正当的利益。奉行有利的外交政策，追求正当的利益，这是圣王所做的事。”

燕昭王觉得这封信写得太好了，就说：“先王曾有恩于苏家，后来因为子之的祸乱，苏氏才离开了燕国。燕国要向齐国报仇，没有苏氏不行。”于是就召回苏代，重新优待他，和他一起商议攻打齐国的事情，最终打败了齐国，迫使齐湣王出逃。

过了很久，秦国邀请燕王，燕王准备前往，苏代阻止燕王说：“楚国取得了枳地导致国家危亡，齐国夺取了宋地而导致国家破败。齐、楚不能因为拥有了枳地、宋地，还臣服于秦国，为什么呢？那是因为凡是成功的国家，都是秦国最忌恨的大敌。秦国夺取天下，不是靠推行正义，而是靠使用暴力。秦国使用暴力，已经公开宣告于天下了。

“秦国曾警告楚国说：‘蜀地的军队，坐着船漂浮在汶水之上，趁着夏季的水势沿江直下，五天就能抵达郢都。汉中的军队，坐着船从巴江出发，趁着夏季的水势直下汉江，四天就能抵达五渚。我亲自在宛东集结军队，直下随邑，聪明的人还来不及谋划，勇武的人还来不及发怒，我的攻击就像射杀鹰隼一样迅速到来。而楚王你竟还想等天下的军队攻打函谷关，那不是太遥远了吗？’楚王就是因为这个缘故，前后十七年臣服秦国。

“秦国曾严正警告韩国说：‘我的军队从少曲出发，一天之内就能切断太行山的通道。我的军队从宜阳出发攻击平阳，两天之内韩国各地的局势就会动摇。我的军队经过东西两周攻击新郑，五天之内就可以攻克整个韩国。’韩国认为确实如此，所以臣服于秦国。

“秦国还曾严正警告魏国说：‘我国攻克安邑，围困女戟，韩国的太原就保不住。我的军队直下轵道，通过南阳，封锁冀邑，包抄东西两周，趁着夏季的水势，驾着轻便的战船，强弓硬弩摆在前面，锋利的戈矛跟在后面，掘开荥泽水口，魏国的大梁就会被洪水吞没了；掘开白马河的水口，魏国的外黄、济阳也会被冲毁；掘开宿胥河的水口，魏国的虚地、顿丘就会消失。从陆地上进攻可攻取河内，利用水攻就可毁灭大梁。’魏国认为确实如此，所以侍奉秦国。

“秦国想要攻打安邑，担心齐国救援它，就把宋地许给齐国。说：‘宋王无道，做了个木头人象征我，射它的面部，我的国家和宋国领土隔绝，军队距宋太远，不能直接攻打它。齐王您如果能打败宋国占有它，我将像自己占有它一样高兴。’后来，秦国占领了魏国的安邑，围困了女戟，因而又把攻破宋国说成是齐国的罪过。

“秦国想要攻打韩国，恐怕天下诸国救援它，便把齐国许给了各国，说：

人约，四欺寡人，必率天下以攻寡人者三。有齐无秦，有秦无齐，必伐之，必亡之。’已得宜阳、少曲，致蔺、石，因以破齐为天下罪。

“秦欲攻魏重楚，则以南阳委于楚。曰：‘寡人固与韩且绝矣。残均陵，塞鄳阸，苟利于楚，寡人如自有之。’魏弃与国而合于秦，因以塞鄳阸为楚罪。

“兵困于林中，重燕、赵，以胶东委于燕，以济西委于赵。已得讲于魏，至公子延，因犀首属行而攻赵。

“兵伤于谯石，而遇败于阳马，而重魏，则以叶、蔡委于魏。已得讲于赵，则劫魏，魏不为割。困则使太后弟穰侯为和，嬴则兼欺舅与母。

“适燕者曰‘以胶东’，适赵者曰‘以济西’，适魏者曰‘以叶、蔡’，适楚者曰‘以塞鄳阸’，适齐者曰‘以宋’，此必令言如循环，用兵如刺蜚，母不能制，舅不能约。龙贾之战，岸门之战，封陵之战，高商之战，赵庄之战，秦之所杀三晋之民数百万，今其生者皆死秦之孤也。西河之外，上雒之地，三川晋国之祸，三晋之半，秦祸如此其大也。而燕、赵之秦者，皆以争事秦说其主，此臣之所大患也。”

燕昭王不行。苏代复重于燕。

燕使约诸侯从亲如苏秦时，或从或不，而天下由此宗苏氏之从约。代、厉皆以寿死，名显诸侯。

太史公曰：苏秦兄弟三人，皆游说诸侯以显名，其术长于权变。而苏秦被反间以死，天下共笑之，讳学其术。然世言苏秦多异，异时事有类之者皆附之苏秦。夫苏秦起闾阎，连六国从亲，此其智有过人者。吾故列其行事，次其时序，毋令独蒙恶声焉。

‘齐王四次与我订立盟约，四次欺骗我，并多次率领天下的军队进攻我国。这世上只要有齐国，就没有秦国；只要有秦国，就没有齐国，我一定要攻打它，一定要灭了它。’等到秦国占领了韩国的宜阳、少曲，攻克了蔺邑、离石，却又把打败齐国作为各国的罪名。

“秦国想要进攻魏国，就把南阳许给楚国。说：‘我本来就和韩国绝交了。摧毁均陵，围困鄳阸，假如对楚国有利，我就会像自己占有它一样高兴。’等到魏国抛弃了盟国而与秦国联合，秦国却以围困鄳阸作为楚国的罪名。

“秦军被围困在林中，就尊崇燕国和赵国，把胶东许给燕国，把济西许给赵国。等到秦国和魏国和解了，就把公子延作为人质，派魏将犀首组织军队进攻赵国。

“秦军在谯石被重创，而在阳马又被打败，因而尊崇魏国，便把叶地和蔡地许给魏国。等到和赵国和解后，就威胁魏国而不肯依照约定分割土地。随后秦军陷入了困境，就派太后的弟弟穰侯前去讲和，一取得胜利便背弃诺言，连自己的舅舅和母亲也都受到欺骗。

“秦王指责燕国时说是‘因为胶东’，指责赵国时说是‘因为济西’，指责魏国时说是‘因为叶、蔡’，指责楚国时说是‘因为鄳阸’，指责齐国时说是‘因为宋地’。这样，他的外交辞令循环往复，军事手段毒辣凶狠，即使他母亲也不能制止，舅舅更无法约束。龙贾之战，岸门之战，封陵之战，高商之战，赵庄之战，秦国所杀韩、赵、魏三国百姓达几百万，现在生存下来的人都是被秦国杀死的人留下的孤儿寡母。西河以外，上洛地区，三川一带经常遭受秦国的攻打，这是晋国的灾难！秦国侵占了韩、赵、魏的一半土地，秦国制造的灾祸竟是这样严重！而燕、赵等国到秦国去游说的人，都用向秦国效劳来游说自己的国君，这是我最担心的事。”

燕昭王于是没有去秦国，苏代又被燕王所重用。

像苏秦在世时一样，燕国派苏代联络各国合纵联盟，诸侯们有的加入了，有的没加入，而各国人士从此都尊崇苏秦所倡导的合纵联盟。苏代、苏厉得以终养天年，名声显扬于各国。

太史公说：苏秦兄弟三人，都因游说各国而扬名，他们的本领是擅长权谋机变。而苏秦承担着施行反间计的罪名被杀死，天下人都嘲笑他，不肯学习他的学说。然而社会上流传的苏秦事迹有许多出入，凡和他的事迹相似的其他不同时期的事实都附会到苏秦身上。苏秦出身于民间，却能联合六国合纵相亲，这正说明他的才智有超过一般人的地方，所以我特地按时间顺序编列了他的事迹，以便不让他只蒙受丑恶的名声。

张仪列传第十

张仪者，魏人也。始尝与苏秦俱事鬼谷先生，学术，苏秦自以不及张仪。

张仪已学游说诸侯。尝从楚相饮，已而楚相亡璧，门下意张仪，曰："仪贫无行，必此盗相君之璧。"共执张仪，掠笞数百，不服，释之。其妻曰："嘻！子毋读书游说，安得此辱乎？"张仪谓其妻曰："视吾舌尚在不？"其妻笑曰："舌在也。"仪曰："足矣。"

苏秦已说赵王而得相约从亲，然恐秦之攻诸侯，败约后负，念莫可使用于秦者，乃使人微感张仪曰："子始与苏秦善，今秦已当路，子何不往游，以求通子之原？"张仪于是之赵，上谒求见苏秦。苏秦乃诫门下人不为通，又使不得去者数日。已而见之，坐之堂下，赐仆妾之食。因而数让之曰："以子之材能，乃自令困辱至此。吾宁不能言而富贵子？子不足收也。"谢去之。张仪之来也，自以为故人，求益，反见辱，怒，念诸侯莫可事，独秦能苦赵，乃遂入秦。

苏秦已而告其舍人曰："张仪，天下贤士，吾殆弗如也。今吾幸先用，而能用秦柄者，独张仪可耳。然贫，无因以进。吾恐其乐小利而不遂，故召辱之，以激其意。子为我阴奉之。"乃言赵王，发金币车马，使人微随张仪，与同宿舍，稍稍近就之，奉以车马金钱，所欲用，为取给，而弗告。张仪遂得以见秦惠王。惠王以为客卿，与谋伐诸侯。

苏秦之舍人乃辞去。张仪曰："赖子得显，方且报德，何故去也？"舍人曰："臣非知君，知君乃苏君。苏君忧秦伐赵败从约，以为非君莫能得秦柄，故感怒君，使臣阴奉给君资，尽苏张仪是魏国人。当初曾经和苏秦一起侍奉鬼谷子先生学习游说之术，苏秦自认为才学比不上张仪。

张仪学业完成后便去游说诸侯。他曾陪着楚相喝酒，席间，楚相丢失了一块玉璧，门客们怀疑张仪，说："张仪家里穷，又没有好的品德，一定是他偷了相国的玉璧。"于是，众人一起抓住张仪，打了他几百竹板。张仪不承认，只好释放了他。他的妻子又悲又恨地说："唉！你如果不读书不游说，又怎么能受到这样的屈辱呢？"张仪对妻子说："你看看我的舌头还在吗？"妻子笑着说："舌头还在呀。"张仪说："这就够了。"

那时苏秦已经说服了赵王，可以去与各国缔结合纵盟约，但他又害怕秦国趁机攻打各诸侯国，使合盟还没缔结就遭到破坏。考虑到没有合适的人可以派到秦国，苏秦于是派人去悄悄劝说张仪："您当初和苏秦感情很好，现在他已经当权，你何不到他那里去，以求实现你的理想呢？"于是张仪前往赵国，呈上名帖求见苏秦。苏秦就告诫门下的人不替张仪通报，又设法让他几天不能离开。这时苏秦才接见了他。让他坐在堂下，拿仆人、侍女所吃的饭食给他吃，还多次责备他说："凭着你的才能，竟弄得受困受辱到这种地步。难道我不能推荐你让你富贵吗？只是你不值得收留啊。"苏秦拒绝了张仪并打发他离开了。张仪来投奔苏秦，自己认为都是老朋友了，想求得帮助，反而受到侮辱，十分生气，又考虑到诸侯中没有谁值得侍奉，只有秦国能侵扰赵国，于是到了秦国。

苏秦在张仪离去后告诉门客说："张仪是天下最有才能的人，我恐怕比不上他呀。如今，幸亏我比他先受重用，而能够掌握秦国大权的，只有张仪。但是他贫穷，没有进身的资本。我担心他满足于小的利益而不能成就大的功业，所以把他召来羞辱他，来激发他的意志，你替我暗中帮助他。"苏秦禀明赵王，发给他金钱、财物和车马，派人暗中跟随着张仪，与张仪同住一个客栈，逐渐地接近他，还以车马金钱奉送他，凡是他需要的，都供给他，却不说明谁给的。于是张仪得以见到秦惠王。秦惠王用张仪为客卿，和他策划攻打诸侯的计划。

苏秦的门客于是向张仪告辞，张仪说："依靠您鼎力相助，我才得以显贵，正要报答您的恩德，为什么要走呢？"门客说："我并不了解您，真正了解您的是苏先生。苏先生担心秦国攻打赵国，破坏合纵联盟，认为非您不能掌握秦国大君之计谋。今君已用，请归报。”张仪曰：“嗟乎，此在吾术中而不悟，吾不及苏君明矣！吾又新用，安能谋赵乎？为吾谢苏君，苏君之时，仪何敢言。且苏君在，仪宁渠能乎！”张仪既相秦，为文檄告楚相曰：“始吾从若饮，我不盗而璧，若笞我。若善守汝国，我顾且盗而城！”

苴蜀相攻击，各来告急于秦。秦惠王欲发兵以伐蜀，以为道险狭难至，而韩又来侵秦，秦惠王欲先伐韩，后伐蜀，恐不利，欲先伐蜀，恐韩袭秦之敝。犹豫未能决。司马错与张仪争论于惠王之前，司马错欲伐蜀，张仪曰：“不如伐韩。”王曰：“请闻其说。”

仪曰：“亲魏善楚，下兵三川，塞什谷之口，当屯留之道，魏绝南阳，楚临南郑，秦攻新城、宜阳，以临二周之郊，诛周王之罪，侵楚、魏之地。周自知不能救，九鼎宝器必出。据九鼎，案图籍，挟天子以令于天下，天下莫敢不听，此王业也。今夫蜀，西僻之国而戎翟之伦也，敝兵劳众不足以成名，得其地不足以为利。臣闻争名者于朝，争利者于市。今三川、周室，天下之朝市也，而王不争焉，顾争于戎翟，去王业远矣。”

司马错曰：“不然。臣闻之，欲富国者务广其地，欲强兵者务富其民，欲王者务博其德，三资者备而王随之矣。今王地小民贫，故臣愿先从事于易。夫蜀，西僻之国也，而戎翟之长也，有桀纣之乱。以秦攻之，譬如使豺狼逐群羊。得其地足以广国，取其财足以富民缮兵，不伤众而彼已服焉。拔一国而天下不以为暴，利尽西海而天下不以为贪，是我一举而名实附也，而又有禁暴止乱之名。今攻韩，劫天子，恶名也，而未必利也，又有不义之名，而攻天下所不欲，危矣。臣请谒其故：周，天下之宗室也；齐，韩之与国也。周自知失九鼎，权，所以激怒先生，派我暗中供您钱财，这都是苏先生谋划的策略。现在您已经被重用，请允许我回去复命吧！”张仪说：“唉呀，这些权谋本来都是我研习过的范围而我竟未能发现，我不如苏先生高明啊！况且我刚刚被任用，又怎么能图谋攻打赵国呢？请你为我答谢苏先生，只要苏先生当权，我又敢说什么呢？再说苏先生在，我如何能和他作对呢？”张仪出任秦国宰相以后，写信警告楚相说：“当初我陪着你喝酒，我并没偷你的玉璧，你鞭打我。你要好好地守护住你的国家，我现在倒考虑要偷你的城池了！”

苴国和蜀国相互攻打，分别向秦国告急。秦惠王要出动军队讨伐蜀国，认为蜀道险要狭窄难以到达，而韩国又正好借机侵犯秦国。秦惠王便想先攻打韩国，然后再讨伐蜀国，却又担心有所不利；想先攻打蜀国，又恐怕韩国趁着秦军久战疲惫之机来偷袭，犹豫不能决断。司马错和张仪在惠王面前争论不休，司马错想讨伐蜀国，张仪说：“不如先攻打韩国。”惠王说：“请让我听听你们的理由。”

张仪说：“亲近魏国，结好楚国，出兵三川，堵绝什谷的隘口，挡住屯留的要道。这样，魏国到南阳的通道断绝，让楚兵直逼南郑，秦军进击新城和宜阳，兵临西周和东周郊野，讨伐周王的罪恶，再攻占楚、魏的土地。周王自知局势无法挽救，一定会献出九鼎宝器。秦国占有了九鼎之宝，依照地图和户籍，就可以挟制周天子而向天下发号施令，天下没有谁敢不听从，这正是称王天下的大业啊！如今蜀国不过是西方偏远的国家，像戎狄一样的落后民族，为攻伐它搞得我们疲军劳民，也不足以成就威名，夺取了他们的土地也得不到实际利益。我听说追求名位的人要到朝廷去，追求利益的人要到市场去。如今，三川、周室，如同朝廷和市场，大王您不到朝廷和集市上去争夺，反而到戎狄一类的落后地区去争夺，这距离称王大业太遥远了吧。”

司马错说：“不是这样的。我听说，想使国家富强的人，一定要开疆拓土；想使军队强大的人，一定要使百姓富足；想要统一天下的人，一定要努力推行德政。这三种条件具备了，王业也就随之而来了。如今，大王的领土狭小而百姓贫穷，所以我希望大王先做些容易办到的事情。蜀国，是西方偏僻的国家，却是戎狄的首领，像桀、纣那样横暴无道。出动秦国强大的军队去攻打它，就好像用豺狼去驱赶着群羊。占领了它的土地就可以扩大秦国的疆域，夺取了它的财富就可以使百姓富足、整治军队。用不着损兵折将，他们就已经屈服了。攻克一个蜀国，天下人不会认为我们残暴；把西方的全部财富取尽，天下人不会认为我们贪婪。我们这一出动军队，使得声望、实利都有增益，而且又能得到禁暴止乱的美名。如今去攻打韩国，劫持天子，是恶名声，未必就能得到好处，还要担负不义的恶名，而攻打的又是天下人所不希望破灭的国家，这是危险的。请大王允许我韩自知亡三川，将二国并力合谋，以因乎齐、赵而求解乎楚、魏，以鼎与楚，以地与魏，王弗能止也。此臣之所谓危也。不如伐蜀完。”

惠王曰：“善，寡人请听子。”卒起兵伐蜀，十月，取之，遂定蜀，贬蜀王更号为侯，而使陈庄相蜀。蜀既属秦，秦以益强，富厚，轻诸侯。

秦惠王十年，使公子华与张仪围蒲阳，降之。仪因言秦复与魏，而使公子繇质于魏。仪因说魏王曰：“秦王之遇魏甚厚，魏不可以无礼。”魏因入上郡、少梁，谢秦惠王。惠王乃以张仪为相，更名少梁曰夏阳。

仪相秦四岁，立惠王为王。居一岁，为秦将，取陕。筑上郡塞。

其后二年，使与齐、楚之相会啮桑。东还而免相，相魏以为秦，欲令魏先事秦而诸侯效之。魏王不肯听仪。秦王怒，伐取魏之曲沃、平周，复阴厚张仪益甚。张仪惭，无以归报。留魏四岁而魏襄王卒，哀王立。张仪复说哀王，哀王不听。于是张仪阴令秦伐魏。魏与秦战，败。

明年，齐又来败魏于观津。秦复欲攻魏，先败韩申差军，斩首八万，诸侯震恐。而张仪复说魏王曰：“魏地方不至千里，卒不过三十万。地四平，诸侯四通辐凑，无名山大川之限。从郑至梁二百余里，车驰人走，不待力而至。梁南与楚境，西与韩境，北与赵境，东与齐境，卒戍四方，守亭鄣者不下十万。梁之地势，固战场也。梁南与楚而不与齐，则齐攻其东；东与齐而不与赵，则赵攻其北；不合于韩，则韩攻其西；不亲于楚，则楚攻其南。此所谓四分五裂之道也。

“且夫诸侯之为从者，将以安社稷尊主强兵显名也。今从者一天下，约为昆弟，刑白马以盟洹水之上，以相坚也。而亲昆弟同父母，陈述其中的理由：周王，是天下共有的宗主；齐国，是韩国的盟国。周王自知要失去九鼎，韩国自知将失去三川，这势必会让二国通力合谋，依靠齐、赵两国的力量，求得与楚国、魏国和解。如果周把宝鼎给楚国，韩将土地给魏国，大王是阻止不了的。这就是我所说的危险。所以不如攻打蜀国，更为稳妥。”

惠王说：“好，我就听您的。”终于出兵攻蜀。当年十月攻占了蜀国。于是平定了蜀国的暴乱，降低了蜀王的爵位，改称为“侯”，派遣陈庄出任宰相。蜀国归属秦国后，秦国因此更加强大富裕，更加轻视其他诸侯了。

惠王十年，派公子华和张仪包围了魏国的蒲阳，降服了它。张仪趁机劝说秦王把它交还魏国，并派公子繇到魏国去做人质。张仪又趁机劝说魏王道：“秦国对待魏国如此仁厚，魏国不能够没有礼物相报。”魏国因此就把上郡、少梁献给了秦国，以答谢秦惠王。惠王就任用张仪为国相，并将少梁改名为夏阳。

张仪出任秦相四年，拥戴秦惠王为王。过了一年，张仪为秦将，率兵夺取了陕邑，同时在上郡构筑了城塞。

此后二年，秦王派张仪到啮桑与齐、楚的相国盟会。他从东边回国后，被免去国相的职务，为了秦国他出任了魏国的国相，打算让魏国先臣服秦国，而使得其他诸侯国效仿魏国。魏王不肯接受张仪的建议。秦王因此大怒，立刻发兵攻克了魏国的曲沃、平周，暗中给张仪更为丰厚的待遇。张仪觉得很惭愧，感到没有什么可以回报秦王。他留任魏相四年后魏襄侯去世，哀王即位。张仪又劝说哀王，哀王也不听从。于是，张仪暗中让秦国攻打魏国。魏国和秦国交战，失败了。

第二年，齐兵又来攻打，并在观津打败了魏国。秦国想再次攻打魏国，首先打败了韩国申差率领的军队，杀死了八万官兵，诸侯都为之震惊害怕。张仪再次游说魏王说：“魏国土地纵横不到一千里，士兵超不过三十万。四周地势平坦，各诸侯和魏之间都有道路相通，没有名山大川的隔绝。从新郑到大梁只有二百多里，战车和步兵奔跑，不用花费大力就到了。魏国的南边和楚国交界，西边和韩国接境，北边和赵国交界，东边和齐国交界，士兵驻守四面边疆，光是防守边塞堡垒的人就不少于十万。魏国的地势，本来就是战场。如魏国在南与楚国交好而不与齐国交好，那么齐国就会攻打你的东面；向东与齐国交好而不和赵国交好，那么赵国就会攻打你的北面；与韩国不合，那么韩国攻打你的西面；不亲附楚国，那么楚国就会攻打你的南面。这就是人们所说的四分五裂的道路啊。

“况且诸侯们之所以合纵结盟，是为了凭靠它使国家安全、君王保持尊位、增强军力、壮大国威。如今，那些主张合纵的人，想使天下联合为一体，彼此结为兄弟，在洹水边上杀白马，歃血为盟，以坚定彼此信守盟约的信念。然而，即尚有争钱财，而欲恃诈伪反覆苏秦之余谋，其不可成亦明矣。

“大王不事秦，秦下兵攻河外，据卷、衍、燕、酸枣，劫卫取阳晋，则赵不南，赵不南而梁不北，梁不北则从道绝，从道绝则大王之国欲毋危不可得也。秦折韩而攻梁，韩怯于秦，秦韩为一，梁之亡可立而须也。此臣之所为大王患也。

“为大王计，莫如事秦。事秦则楚、韩必不敢动；无楚、韩之患，则大王高枕而卧，国必无忧矣。

“且夫秦之所欲弱者莫如楚，而能弱楚者莫如梁。楚虽有富大之名而实空虚；其卒虽多，然而轻走易北，不能坚战。悉梁之兵南面而伐楚，胜之必矣。割楚而益梁，亏楚而适秦，嫁祸安国，此善事也。大王不听臣，秦下甲士而东伐，虽欲事秦，不可得矣。

“且夫从人多奋辞而少可信，说一诸侯而成封侯，是故天下之游谈士莫不日夜搤腕瞋目切齿以言从之便，以说人主。人主贤其辩而牵其说，岂得无眩哉。

“臣闻之，积羽沈舟，群轻折轴，众口铄金，积毁销骨，故愿大王审定计议，且赐骸骨辟魏。”

哀王于是乃倍从约而因仪请成于秦。张仪归，复相秦。三岁而魏复背秦为从。秦攻魏，取曲沃。明年，魏复事秦。

秦欲伐齐，齐楚从亲，于是张仪往相楚。楚怀王闻张仪来，虚上舍而自馆之。曰：“此僻陋之国，子何以教之？”仪说楚王曰：“大王诚能听臣，闭关绝约于齐，臣请献商于之地六百里，使秦女得为大王箕帚之妾，秦楚娶妇嫁女，长为兄弟之国。此北弱齐而西益秦也，计无便此者。”楚王大说而许之。群臣皆贺，陈轸独吊之。楚王怒使是同一父母所生的亲兄弟，还有争夺钱财的事，您还想靠着虚情假意来维持苏秦的策略，那不能成功是很明显的了。

“大王如果不依附秦，秦出兵攻打河外，占领卷地、衍地、燕地、酸枣，劫持卫国夺取阳晋，那么赵国就不能南下，赵国不能南下而魏国也就不能向北和赵呼应；魏国的军队不能北上，那么联络南北的交通就被断绝了。联络南北的道路断绝，那么大王的国家想不遭受危难，就办不到了。秦国使韩折服，接着攻打魏国，韩国害怕秦国，与秦国连为一体，那么魏国的灭亡可以快得连坐下来等待的时间都没有啊。这就是我为大王担心的啊。

“现在为大王着想，不如侍奉秦国。如果您侍奉秦国，那么楚国、韩国就一定不敢妄动；没有楚国、韩国的外患，那么大王就可以高枕而卧，安心地睡大觉了，国家肯定没有什么可忧虑的事情了。

“再说秦想削弱的首先是楚国，而能够削弱楚国的莫过于魏国。楚国即使有富足强大的名声，实际上却空虚；它的军队虽然多，然而总是临阵败逃，不能顽强作战。假如魏国发动所有军队向南面攻打楚国，战胜楚是肯定的。宰割楚国使魏国得到好处，使楚国亏损而归服秦国，转嫁了灾祸，安定了国家，这是好事啊。假如大王不听从我的建议，秦国出兵向东进攻，那时即使您想要依附秦国，恐怕也来不及了。

“况且，那些主张合纵的人，大多讲话激昂却很少让人信任。他们只想游说一个国君达到封侯的目的，所以天下游说之士，无不时时慷慨陈词，瞪着眼睛，咬着牙齿，大谈合纵的好处，来劝说君主。国君赞赏他们的口才，被他们的游说迷惑，怎么可能不糊涂？

“我听说，羽毛堆积多了也能把船压沉；货物虽轻，但装载多了也可以折断车轴；众人的口舌可以销熔金石；过多的坏话可以销毁骨头。所以我希望大王审慎地作出决定，并请您允许我辞职离开魏国。”

魏哀王于是背弃合纵盟约，通过张仪请求与秦结好。张仪回到秦国，重新出任国相。三年后，魏又背叛秦国重新加入合纵盟约。秦国就出兵攻打魏国，夺取了曲沃。第二年，魏又归附秦国。

秦国想要攻打齐国，但是齐、楚都参加了合纵联盟，于是张仪前往楚国出任国相。楚怀王听说张仪来，腾出上等馆舍亲自安排他住下。说：“我们是个偏远鄙陋的国家，您有什么指教呢？”张仪游说楚王说：“大王如果真要听从我的意见，就关闭边界与齐断交，我愿献上商、于一带六百里的土地，让秦王的女儿做大王的侍妾，秦、楚之间娶妇嫁女，永远结为兄弟国家，这样北面可削弱齐国，西面有利于秦国，没有比这更好的策略了。”怀王非常高兴，采纳了张仪的意曰："寡人不兴师发兵得六百里地，群臣皆贺，子独吊，何也？"陈轸对曰："不然，以臣观之，商于之地不可得而齐秦合，齐秦合则患必至矣。"楚王曰："有说乎？"陈轸对曰："夫秦之所以重楚者，以其有齐也。今闭关绝约于齐，则楚孤。秦奚贪夫孤国，而与之商于之地六百里？张仪至秦，必负王，是北绝齐交，西生患于秦也，而两国之兵必俱至。善为王计者，不若阴合而阳绝于齐，使人随张仪。苟与吾地，绝齐未晚也；不与吾地，阴合谋计也。"楚王曰："愿陈子闭口毋复言，以待寡人得地。"乃以相印授张仪，厚赂之。于是遂闭关绝约于齐，使一将军随张仪。

张仪至秦，佯失绥堕车，不朝三月。楚王闻之，曰："仪以寡人绝齐未甚邪？"乃使勇士至宋，借宋之符，北骂齐王。齐王大怒，折节而下秦。秦齐之交合，张仪乃朝，谓楚使者曰："臣有奉邑六里，愿以献大王左右。"楚使者曰："臣受令于王，以商于之地六百里，不闻六里。"还报楚王，楚王大怒，发兵而攻秦。陈轸曰："轸可发口言乎？攻之不如割地反以赂秦，与之并兵而攻齐，是我出地于秦，取偿于齐也，王国尚可存。"楚王不听，卒发兵而使将军屈匄击秦。秦齐共攻楚，斩首八万，杀屈匄，遂取丹阳、汉中之地。楚又复益发兵而袭秦，至蓝田，大战，楚大败，于是楚割两城以与秦平。

秦要楚欲得黔中地，欲以武关外易之。楚王曰："不愿易地，愿得张仪而献黔中地。"秦王欲遣之，口弗忍言。张仪乃请行。惠王曰："彼楚王怒子之负以商于之地，是且甘心于子。"张仪曰："秦强楚弱，臣善靳尚，尚得事楚夫人郑袖，袖所言皆从。且臣奉王之节使楚，楚何敢加诛。假令诛臣而为秦得黔中之地，臣之上愿。"遂使楚。楚怀王至则囚张仪，将杀之。靳尚谓郑袖曰："子亦知子之贱于王乎？"郑袖曰："何也？"靳尚曰："秦王甚爱张仪而不欲出之，见。大臣们来向楚王祝贺，唯独陈轸为他伤悼。怀王发怒道："我用不着调兵遣将就得到六百里土地，臣子们向我祝贺，唯独你为我伤悼，这是为什么？"陈轸回答说："事情不像您说的这样，在我看来，商于一带的土地不仅得不到，而且齐国和秦国可能会联合起来。齐、秦联合，楚国必将灾难临头。"楚王说："能说说理由吗？"陈轸回答说："秦国之所以重视楚国，是因为楚国有结盟的齐国。如果楚国关闭边界与齐国断交，那么楚国就孤立了。秦国为什么要看重一个孤立的国家，而给它六百里土地呢？张仪回到秦国，一定会背弃向大王的承诺。这样楚国北与齐断交，西面从秦引来灾祸，两国的军队必然会一块儿前来进犯。我妥善地替大王想出了对策，不如暗中与齐修好而表面上断绝关系，并派人随同张仪到秦。假如秦国给了我们土地，再和齐国断交也不算晚；假如秦国不给我们土地，我们与齐暗中联合商量对策。"楚王说："希望陈先生闭上嘴不要再说了，等着我得到土地吧。"于是将楚国的相印授予张仪，还馈赠了大量的财物。楚国就和齐国断绝了关系，废除了盟约，派了一位将军随张仪到秦去接收土地。

张仪回到秦国，假装上车时没有拉住车上的绳索，跌下车来受了伤，一连三个月没上朝。楚王听说了，说："张仪是因为我与齐国绝交还不够彻底吧？"于是派勇士前往宋国，借来宋国的符节，到北方的齐国辱骂齐王。齐王大怒，卑躬屈节投靠秦国。秦、齐建立了邦交，张仪才上朝。他对楚国的使者说："我有封地六里，愿意拿出来献给你们楚王。"楚国使者说："我奉楚王的命令，来接收商于之地六百里，不曾听说过六里。"使臣回国报告楚王，楚怀王大怒，要发兵攻秦。陈轸说："我可以张开嘴说话了吗？与其攻打秦国，不如反过来割让土地贿赂秦国，与秦国联合攻齐，我们向秦国割让的土地，再从齐国夺回来补偿，这样，大王的国家还可以续存。"楚王不听，终于发兵派将军屈匄进攻秦国。秦、齐两国共同攻打楚国，杀掉楚军八万，并杀死屈匄，接着夺取了楚国的丹阳、汉中之地。楚国又增兵袭击秦国，到达蓝田，展开大规模的战斗，楚军大败，于是楚割让两城和秦国议和。

秦国想强迫楚，得到楚黔中之地，要用武关以外的土地交换它。楚王说："我不想换地，只要得到张仪，愿献出黔中地区。"秦王想要遣送张仪，又不忍开口说出来。张仪于是自己请求前往。惠王说："那楚王恼恨先生背弃奉送商于土地的承诺，这是要杀了你才甘心啊。"张仪说："秦国强大，楚国弱小，我和楚国大夫靳尚关系亲善，靳尚能够去奉承楚王夫人郑袖，而郑袖说的话楚王都听从。况且我是奉大王的命令出使楚国的，楚王怎敢杀害我呢？假如杀死我而替秦国取得黔中的土地，这也是我的最高愿望。"于是，他出使楚国。楚怀王等张仪一到就把他囚禁起来，要杀掉他。靳尚对郑袖说："您知道您将被大王鄙弃今将以上庸之地六县赂楚，以美人聘楚，以宫中善歌讴者为媵。楚王重地尊秦，秦女必贵而夫人斥矣。不若为言而出之。”于是郑袖日夜言怀王曰：“人臣各为其主用。今地未入秦，秦使张仪来，至重王。王未有礼而杀张仪，秦必大怒攻楚。妾请子母俱迁江南，毋为秦所鱼肉也。”怀王后悔，赦张仪，厚礼之如故。

张仪既出，未去，闻苏秦死，乃说楚王曰：“秦地半天下，兵敌四国，被险带河，四塞以为固。虎贲之士百余万，车千乘，骑万匹，积粟如丘山。法令既明，士卒安难乐死，主明以严，将智以武，虽无出甲，席卷常山之险，必折天下之脊，天下有后服者先亡。且夫为从者，无以异于驱群羊而攻猛虎，虎之与羊不格明矣。今王不与猛虎而与群羊，臣窃以为大王之计过也。

“凡天下强国，非秦而楚，非楚而秦，两国交争，其势不两立。大王不与秦，秦下甲据宜阳，韩之上地不通。下河东，取成皋，韩必入臣，梁则从风而动。秦攻楚之西，韩、梁攻其北，社稷安得毋危？

“且夫从者聚群弱而攻至强，不料敌而轻战，国贫而数举兵，危亡之术也。臣闻之，兵不如者勿与挑战，粟不如者勿与持久。夫从人饰辩虚辞，高主之节，言其利不言其害，卒有秦祸，无及为已。是故愿大王之孰计之。

“秦西有巴蜀，大船积粟，起于汶山，浮江已下，至楚三千余里。舫船载卒，一舫载五十人与三月之食，下水而浮，一日行三百余里，里数虽多，然而不费牛马之力，不至十日而距扞关。扞关惊，则从境以东尽城守矣，黔中、巫郡非王之有。秦举甲出武关，南面而伐，则北地绝。秦兵之攻楚也，危难在三月之内，而楚待诸侯之救，吗？”郑袖说：“为什么？”靳尚说：“秦王非常喜爱张仪，不想让他前来出使。如今将要用上庸六个县贿赂楚国，把美女嫁给楚王，用秦宫中善于唱歌的女子做陪嫁。楚王看重土地，就会敬重秦国。秦国的美女肯定会得宠，这样您就会被疏远了。不如替张仪讲情，让楚王释放他。”于是郑袖日夜向怀王进言说：“作为臣子，各自为他们的国家效力。现在我们的土地还没有交给秦国，秦国派遣张仪前来，这是非常尊重大王的行为。大王还没有回礼却要杀张仪，秦王必定大怒出兵攻打楚国。我请求让我们母子都迁居到江南去，不要让秦国像收拾鱼肉一样地欺凌屠戮我们。”怀王后悔了，赦免了张仪，仍像过去那样隆重地款待他。

张仪获释后，还没有离开楚国，就听说苏秦死了，于是游说楚怀王说：“秦国的土地占了天下的一半，兵力可以抵挡四方的国家，四边险要，有黄河围绕，四周都有要塞作为坚固的边防。勇武的战士一百多万，战车千辆，战马万匹，贮存的粮食堆积如山。法令严明，士兵乐于临难赴死，国君贤明而威严，将帅有谋有勇，虽然没有出兵，但它的声威就能够席卷险要的常山，折断天下的脊骨，天下晚点臣服的就要先灭亡。而且，那些合纵的国家要与秦国相较，无异于驱赶着羊群进攻凶猛的老虎，虎与羊力量悬殊是非常明显的。如今，大王不亲附老虎而去亲附绵羊，我私下认为大王的计划错了。

“当今，天下强大的国家，不是秦就是楚，不是楚就是秦，两国相互征战，从它的形势看，不可能两国并存。如果大王不去亲附秦国，秦国就会出动军队先占据宜阳，韩国上党的土地也就被切断不通。秦攻下河东，夺取成皋，韩国一定投降称臣，魏国就会随之而降。秦国进攻楚国的西边，韩国、魏国进攻楚国的北边，国家怎么会不危险呢？

“而且，合纵是聚集一批弱国攻打最强的国家，不权衡敌对国的力量而轻易地发动战争，国家贫穷却频频挑起战争，这就是导致危亡的策略。我听说，您的军事力量不如别国强大，就不要挑起战争；您的粮食不如人家多，就不要持久作战。那些谈合纵的人话说得好听，不切实际，极力抬高他们国君的节行，只说对国君的好处，不说对国君的危害，突然招致秦国的祸患，挽救就来不及了。所以请大王仔细地考虑。

“秦国拥有西方的巴郡、蜀郡，用大船装满粮食，从汶山出发，顺江而下，到楚国三千余里。两船相并运送士兵，一条船可以载五十人和三个月的粮食，顺江而下，一天可行三百余里，即使路程较长，但并不费牛马的力气，不到十天就可以到达扞关。扞关形势一紧张，那么边境以东城邑都要上城守备。黔中、巫郡将不再属于大王所有了。秦国发动军队出武关，向南边进攻，楚国的北境就被切断。秦军攻打楚国，三个月内可以造成楚国的危难，而楚国等待其他诸侯的救在半岁之外，此其势不相及也。夫弱国之救，忘强秦之祸，此臣所以为大王患也。

“大王尝与吴人战，五战而三胜，阵卒尽矣，偏守新城，存民苦矣。臣闻功大者易危，而民敝者怨上。夫守易危之功而逆强秦之心，臣窃为大王危之。

“且夫秦之所以不出兵函谷十五年以攻齐、赵者，阴谋有合天下之心。楚尝与秦构难，战于汉中，楚人不胜，列侯执圭死者七十余人，遂亡汉中。楚王大怒，兴兵袭秦，战于蓝田。此所谓两虎相搏者也。夫秦楚相敝，而韩魏以全制其后，计无危于此者矣。愿大王孰计之。

“秦下甲攻卫阳晋，必大关天下之匈。大王悉起兵以攻宋，不至数月而宋可举，举宋而东指，则泗上十二诸侯尽王之有也。

“凡天下而以信约从亲相坚者苏秦，封武安君，相燕，即阴与燕王谋伐破齐而分其地；乃佯有罪出走入齐，齐王因受而相之；居二年而觉，齐王大怒，车裂苏秦于市。夫以一诈伪之苏秦，而欲经营天下，混一诸侯，其不可成亦明矣。

“今秦与楚接境壤界，固形亲之国也。大王诚能听臣，臣请使秦太子入质于楚，楚太子入质于秦，请以秦女为大王箕帚之妾，效万室之都以为汤沐之邑，长为昆弟之国，终身无相攻伐。臣以为计无便于此者。”

于是楚王已得张仪而重出黔中地与秦，欲许之。屈原曰：“前大王见欺于张仪，张仪至，臣以为大王烹之，今纵弗忍杀之，又听其邪说，不可。”怀王曰：“许仪而得黔中，美利也。后而倍之，不可。”故卒许张仪，与秦亲。

张仪去楚，因遂之韩，说韩王曰：“韩地险恶山居，五谷所生，非菽而麦，民之食大抵菽藿羹。一岁不收，民不餍糟糠。地不过九百里，无二岁之食。料大王之卒，悉之不过三十万，而厮徒负养在其中矣。除守徼亭鄣塞，见卒不过二十万而已矣。秦带甲百余万，车千援，需要半年以上的时间，从这形势看来，根本来不及。依靠弱国的救援，忘却强秦的祸患，这是我替大王担忧的原因啊。

“大王曾经和吴国人作战，打了五次胜了三次，能上阵的士兵都全部征调了，楚军在偏远之地守卫着新攻占的城池，可活着的百姓却太辛苦了。我听说功业过大的国君，容易招致危险，而百姓穷困就会怨恨国君。守候着容易遭到危险的功业而违背强秦的意愿，我私下为大王感到危险。

“再说秦国之所以十五年不从函谷关出兵攻打齐、赵，是因为秦国在暗中策划，有一举吞并天下的雄心。楚国曾经与秦国发生冲突，在汉中交战，楚国没有取得胜利，却有七十多位执圭的列侯战死，失去了汉中之地。楚王大怒，又出兵袭击秦国，在蓝田交战。这就是所说的两虎相斗啊。秦、楚相互削弱而使韩、魏以其完整的国力从后边进攻，再没有比这样的策略更危险的了。请大王仔细考虑。

“假如秦发兵攻取卫的阳晋，必然会断绝天下的交通枢纽。大王出动全部军队进攻宋国，用不了几个月的时间，宋国就会被拿下来，攻占宋国再向东进攻，那么泗水流域的许多小国便全归大王所有了。

“游说天下各国以信守盟约而合纵巩固彼此关系的苏秦，被封为武安君，出任燕相，却在暗中与燕王策划攻破齐国，并且分割它的土地；假装有罪逃离燕国到达齐国，齐王因此收留了他而且让他做了相国；过了两年发觉了他的阴谋，齐王大怒，在刑场上把苏秦五马分尸。凭着一个狡诈虚伪的苏秦，想要经营整个天下，让各国诸侯联合在一起，这种策略不可能成功是很明显的。

“现在秦和楚边界相接，从地理形势上也应该是亲近的国家。大王果真能听取我的建议，我请秦王派太子到楚国来做人质，楚国派太子到秦国做人质，把秦王的女儿嫁给大王做姬妾，奉上万户人家的大城作为您自己收取赋税的地方，秦、楚长期结为兄弟邻邦，终生互不攻伐。我认为没有比这更好的策略了。”

此时楚怀王已经得到张仪，却又难于出让黔中土地给秦国，想要同意张仪的建议。屈原说：“以前大王被张仪欺骗，张仪来了，我认为大王会烹杀他。如今释放了他，不忍杀死他，还听信他的邪妄之言，不能这样。”怀王说：“答应张仪的建议可以保住黔中土地，这是很有利的事情。已经答应了而又背弃他，不可。”所以最终答应了张仪的建议，与秦结好。

张仪离开楚国，便趁机前往韩国，游说韩王说：“韩国地势险恶，民众生活在山地，生产的粮食不是麦而是豆，人们吃的大都是豆子饭、豆叶汤。一年没收成，人们连糟糠都吃不饱。土地不足九百里，没有两年的粮食储备。估计大王的士兵，全数也超不过三十万人，而且杂役也在其中。除掉防守驿亭、边防要塞的士兵，现有的军队不过二十万罢了。而秦国的军队有一百多万，战车千辆，战马乘，骑万匹，虎贲之士跿跔科头贯颐奋戟者，至不可胜计。秦马之良，戎兵之众，探前趹后蹄间三寻腾者，不可胜数。山东之士被甲蒙胄以会战，秦人捐甲徒裼以趋敌，左挈人头，右挟生虏。夫秦卒与山东之卒，犹孟贲之与怯夫；以重力相压，犹乌获之与婴儿。夫战孟贲、乌获之士以攻不服之弱国，无异垂千钧之重于鸟卵之上，必无幸矣。

“夫群臣诸侯不料地之寡，而听从人之甘言好辞，比周以相饰也，皆奋曰‘听吾计可以强霸天下’。夫不顾社稷之长利而听须臾之说，诖误人主，无过此者。

“大王不事秦，秦下甲据宜阳，断韩之上地，东取成皋、荥阳，则鸿台之宫、桑林之苑非王之有也。夫塞成皋，绝上地，则王之国分矣。先事秦则安，不事秦则危。夫造祸而求其福报，计浅而怨深，逆秦而顺楚，虽欲毋亡，不可得也。

“故为大王计，莫如为秦。秦之所欲莫如弱楚，而能弱楚者莫如韩。非以韩能强于楚也，其地势然也。今王西面而事秦以攻楚，秦王必喜。夫攻楚以利其地，转祸而说秦，计无便于此者。”

韩王听仪计。张仪归报，秦惠王封仪五邑，号曰武信君。使张仪东说齐湣王曰：“天下强国无过齐者，大臣父兄殷众富乐。然而为大王计者，皆为一时之说，不顾百世之利。从人说大王者，必曰‘齐西有强赵，南有韩与梁。齐，负海之国也，地广民众，兵强士勇，虽有百秦，将无奈齐何’。大王贤其说而不计其实。夫从人朋党比周，莫不以从为可。臣闻之，齐与鲁三战而鲁三胜，国以危亡随其后，虽有战胜之名，而有亡国之实。是何也？齐大而鲁小也。今秦之与齐也，犹齐之与鲁也。秦赵战于河漳之上，再战而赵再胜秦；战于番吾之下，再战又胜秦。四战之后，赵之亡卒数十万，邯郸仅存，虽有战胜之名而国已破矣。是何也？秦强而赵弱。

万匹，勇猛的士兵飞跃奔跑连头盔也不戴，弯弓持戟冲锋陷阵的，多得数不清。秦国战马精良，骏马奔驰，前蹄扬起，后蹄腾空，一跃就是两丈多远的马，多到没法数清。山东六国的军队戴盔披甲迎战秦军，秦国的士兵却甩掉战袍，赤足露身扑向敌人，左手提着人头，右手挟着俘虏。秦兵与山东六国的兵相比，就像勇士孟贲和懦夫；用巨大的威力压下去，好像勇猛的大力士乌获与婴儿对抗。用孟贲、乌获这样的军队去攻打不臣服的弱小国家，这和把千钧重力压在鸟卵上面没有什么区别。

“那些诸侯、大臣们不估量自己国土狭小，却听信主张合纵者的甜言蜜语，他们结伙营私，互相掩饰，个个慷慨激昂地说：‘听从我的策略，可以在天下称霸。’不顾国家的长远利益而听信眼前的说辞，贻误国君，没有比这更为严重的了。

“假如大王不归附秦国，秦发兵占据宜阳，切断了韩国的上党之地，向东夺取成皋、荥阳，那么鸿台的宫殿、桑林的林苑，就不再为大王拥有了。再说，堵塞了成皋，截断上党，大王的国土就被分割了。先于诸侯归附秦国就安全，不侍奉秦国就危险。制造祸患却想要得到福报，计谋短浅鄙陋而结下的仇怨深重，悖逆秦国而顺从楚国，虽然想不灭亡，那是不可能的。

“所以为大王着想，不如帮助秦国，秦国所希望的，没有比削弱楚国更重要的了，能够削弱楚国的，没有谁比得上韩国。不是因为韩国比楚国强大，是因为地势的关系。如今，假如大王向西侍奉秦国进攻楚国，秦王一定很高兴。进攻楚国有利于增加韩国土地，转移了自己的祸患而取悦秦国，没有比这更合适的主意了。”

韩王听从了张仪的主意。张仪回到秦国报告，秦惠王便封给张仪五座城邑，称他为武信君。又派张仪向东游说齐湣王说：“天下的强国没有能比得上齐国的，大臣、百姓都富裕安乐。然而，替大王出谋划策的人，都为了暂时的欢乐，不顾长远的利益。主张合纵的人游说大王，必定会说‘齐国西面有强大的赵国，南面有韩国和魏国，齐国是个滨海国家，地广人多，兵强士勇，即使有一百个秦国，也拿齐国没有办法’。大王认为他们的说法很高明，却没能考虑到实际的情况。主张合纵的人，相互勾结，没有人不认为合纵是可行的。我听说，齐国和鲁国打了三次仗，而鲁国战胜了三次，而国家危亡跟随其后，虽然有战胜的名声，却遭到国家灭亡的现实。这是为什么呢？齐国强大而鲁国弱小啊。现在，秦国与齐国比较，就如同齐国和鲁国一样。秦国和赵国在漳河边上交战，两次交战两次打败了秦国；在番吾城下交战，两次交战又两次打败了秦国。四次战役之后，赵国的士兵阵亡几十万，仅仅保住了邯郸。虽然赵国有战胜的名声，而国家已残破了。这是为什么呢？秦国强大而赵国弱小啊。

“今秦楚嫁女娶妇，为昆弟之国。韩献宜阳；梁效河外；赵入朝渑池，割河间以事秦。大王不事秦，秦驱韩梁攻齐之南地，悉赵兵渡清河，指博关，临淄、即墨非王之有也。国一日见攻，虽欲事秦，不可得也。是故愿大王孰计之也。”

齐王曰：“齐僻陋，隐居东海之上，未尝闻社稷之长利也。”乃许张仪。

张仪去，西说赵王曰：“敝邑秦王使使臣效愚计于大王。大王收率天下以宾秦，秦兵不敢出函谷关十五年。大王之威行于山东，敝邑恐惧慑伏，缮甲厉兵，饰车骑，习驰射，力田积粟，守四封之内，愁居慑处，不敢动摇，唯大王有意督过之也。

“今以大王之力，举巴蜀，并汉中，包两周，迁九鼎，守白马之津。秦虽僻远，然而心忿含怒之日久矣。今秦有敝甲凋兵，军于渑池，愿渡河逾漳，据番吾，会邯郸之下，愿以甲子合战，以正殷纣之事，敬使使臣先闻左右。

“凡大王之所信为从者恃苏秦。苏秦荧惑诸侯，以是为非，以非为是，欲反齐国，而自令车裂于市。夫天下之不可一亦明矣。今楚与秦为昆弟之国，而韩梁称为东籓之臣，齐献鱼盐之地，此断赵之右臂也。夫断右臂而与人斗，失其党而孤居，求欲毋危，岂可得乎？

“今秦发三将军：其一军塞午道，告齐使兴师渡清河，军于邯郸之东；一军军成皋，驱韩梁军于河外；一军军于渑池。约四国为一以攻赵，赵服，必四分其地。是故不敢匿意隐情，先以闻于左右。臣窃为大王计，莫如与秦王遇于渑池，面相见而口相结，请案兵无攻。愿大王之定计。”

赵王曰：“先王之时，奉阳君专权擅势，蔽欺先王，独擅绾事，寡人居属师傅，不与国谋计。先王弃群臣，寡人年幼，奉祀之日新，心固窃疑焉，以为一从不事秦，非国之长利也。乃且愿变心易虑，割地谢前过以事秦。方将约车趋行，适闻使者之明诏。”赵王许张仪，

“如今秦、楚之间嫁女娶妇，结成兄弟盟国。韩国献出宜阳，魏国献出河外，赵国在渑池朝拜秦王，割让河间来侍奉秦国。假如大王不归附秦国，秦国就会驱使韩、魏进攻齐国南部，赵国的军队全部出动，渡过清河，直奔博关，临淄、即墨就不再为大王所拥有了。国家一旦被进攻，即使想归附秦，已经不可能了，因此请大王仔细考虑。”

齐王说：“齐国偏僻落后，独自处于东海边上，没有听过关于国家长远利益的道理。”就答应了张仪的建议。

张仪离开齐国往西去，劝赵王说：“敝国国君派我向大王进献不成熟的策略。大王率领天下诸侯来抵制秦国，秦国的军队十五年不敢出函谷关。大王的威名遍播崤山以东，我们秦国恐惧折服不敢妄动，整治军备，磨砺武器，加强车马，练习骑射，努力种地，储存粮食，坚守四境，忧愁恐惧地生活着，不敢有所行动，只恐怕大王有意深责我们的过错。

“现在凭借大王的督促之力，秦国已经攻取了巴、蜀，吞并了汉中，囊括两周，迁移九鼎，据守白马渡口。秦国虽说地处偏远，然而内心压抑愤懑的日子太长了。现在，秦国有一支残兵败将，驻扎在渑池，正打算渡过黄河，跨过漳水，进占番吾，同贵军在邯郸城下相会，希望在甲子这一天与贵军交战，来重演周武王伐纣的故事，所以秦王特派我先来告知大王。

“大王信赖倡导合纵联盟的原因，是凭靠苏秦。苏秦迷惑诸侯，颠倒是非，企图颠覆齐国，而使得自己被车裂于集市之上。天下诸侯不能联合为一体是很明显的了。如今，楚国和秦国已结成了兄弟盟国，韩国与魏国自称为秦国东方的属国，齐国奉献出盛产鱼盐的地方，这就等于斩断了赵国的右臂。断了右臂与别人相争，失去同盟成了孤家寡人，想要国家不危险，怎么可能呢？

“现在，秦国派出三支军队：其中一支军队截断午道，通知齐国调动军队渡过清河，驻扎在邯郸的东面；一支军队驻扎在成皋，驱使韩、魏的军队驻扎在河外；一支军队驻扎在渑池。相约四国军队结为一体进攻赵国，赵国被攻破后，必然由四国瓜分它的土地。因此我不敢隐瞒我们的想法和真实的情况，先让大王知道。我私下替大王考虑，不如与秦王在渑池会晤，双方面对面亲口约定，请他按兵不要进攻。希望大王拿定主意。”

赵王说：“先王在世的时候，奉阳君独揽权势，蒙骗先王，独揽政务，我由师傅管教，不参与国家大事的谋划。先王去世时，我年纪轻，继承君位的时间也不长，内心本来就暗自怀疑，认为各国联合一体，不侍奉秦国，不是我国长远的利益。于是，我打算改变心志，去掉疑虑，割让土地为以前的过错道歉，归附秦国。我正要整备车马前去请罪，恰好听到了您的英明教诲。”赵王答应了张仪的张仪乃去。

北之燕，说燕昭王曰："大王之所亲莫如赵。昔赵襄子尝以其姊为代王妻，欲并代，约与代王遇于句注之塞。乃令工人作为金斗，长其尾，令可以击人。与代王饮，阴告厨人曰：'即酒酣乐，进热啜，反斗以击之。'于是酒酣乐，进热啜，厨人进斟，因反斗以击代王，杀之，王脑涂地。其姊闻之，因摩笄以自刺，故至今有摩笄之山。代王之亡，天下莫不闻。

"夫赵王之狼戾无亲，大王之所明见，且以赵王为可亲乎？赵兴兵攻燕，再围燕都而劫大王，大王割十城以谢。今赵王已入朝渑池，效河间以事秦。今大王不事秦，秦下甲云中、九原，驱赵而攻燕，则易水、长城非大王之有也。

"且今时赵之于秦犹郡县也，不敢妄举师以攻伐。今王事秦，秦王必喜，赵不敢妄动，是西有强秦之援，而南无齐赵之患，是故愿大王孰计之。"

燕王曰："寡人蛮夷僻处，虽大男子，裁如婴儿，言不足以采正计。今上客幸教之，请西面而事秦，献恒山之尾五城。"燕王听仪。仪归报，未至咸阳而秦惠王卒，武王立。武王自为太子时不说张仪，及即位，群臣多谗张仪曰："无信，左右卖国以取容。秦必复用之，恐为天下笑。"诸侯闻张仪有却武王，皆畔衡，复合从。

秦武王元年，群臣日夜恶张仪未已，而齐让又至。张仪惧诛，乃因谓秦武王曰："仪有愚计，愿效之。"王曰："奈何？"对曰："为秦社稷计者，东方有大变，然后王可以多割得地也。今闻齐王甚憎仪，仪之所在，必兴师伐之。故仪愿乞其不肖之身之梁，齐必兴师而伐梁。梁齐之兵连于城下而不能相去，王以其间伐韩，入三川，出兵函谷而毋伐，以临周，祭器必出。挟天子，按图籍，此王业也。"秦王以为然，乃具革车三十乘，入仪之梁。齐果兴师建议，张仪才离开。

张仪向北到了燕国，游说燕昭王说："大王所亲近的国家没有哪个超过赵国。过去赵襄子曾经把自己的姐姐嫁给代王为妻，想吞并代国，邀代王在句注山的要塞相会，就命令工人制作了舀酒的铜斗，把斗的尾部做得很长，使它能用来杀人。赵王与代王喝酒，暗中告诉厨工说：'到酒饮得酣畅高兴时，你送上热羹，趁机把斗柄反转过来击杀他。'于是当喝酒喝到酣畅欢乐时，送来热汤，厨子为代王斟汤，趁机反转斗柄击中代王，把代王杀了，代王的脑浆流了一地。赵王的姐姐听到这件事，便用磨利的簪子自杀了，所以至今还有一个名叫摩笄的山名。代王的死因，天下人没有不知道的。

"赵王凶暴乖张，六亲不认，这是大王看得清楚的事情，那还能认为赵王可以亲近吗？赵国出动军队攻打燕国，两次围困燕国首都来劫持大王，大王割让了十座城来谢罪。如今，赵王已经到渑池朝拜秦王，献出河间一带土地侍奉秦国。如今，假如现在大王不归附秦国，秦发兵到云中、九原，驱使赵国进攻燕国，那么易水、长城就不再是大王所有了。

"而且，现在的赵国对秦国来说，如同郡和县的关系，不敢妄自兴兵打仗。如今，假如大王侍奉秦国，秦王一定高兴，赵国就不敢妄动，这就等于西边有强秦的援助，而南边解除了齐国、赵国的忧虑，所以请大王仔细考虑。"

燕王说："我就像蛮夷之徒一样处在偏僻之地，这里的人即使是个大男子，却好像婴儿一样，他们的言论不值得采纳形成正确的决策。如今，承蒙贵客教诲，我愿意西向依附秦国，献出恒山脚下五座城池。"燕王听信了张仪的建议。张仪返回秦国报告，还没走到咸阳而秦惠王去世了，武王即位。武王从当太子的时候就不喜欢张仪，等到继承王位，很多大臣说张仪的坏话："他没有信用，反复无常，出卖国家利益来取悦国君的欢心。秦国一定要再任用他，恐怕被天下人耻笑。"诸侯们听说张仪和秦武王有隔阂，都纷纷退出了连横，恢复了合纵联盟。

秦武王元年，大臣们日夜不停地诽谤张仪，而齐国又派人来责备张仪。张仪害怕被杀，就趁机对武王说："我有一条计策，愿意贡献出来。"武王说："什么样的计策？"回答说："为秦国社稷着想，必须使东方各国发生大的变故，大王才能多割得土地。如今，听说齐王非常恨我，我在哪个国家，他就一定会派兵攻打哪个国家。所以，我希望让我这个不成才的人到魏国去，齐国必然要出兵攻打魏国。魏国和齐国的军队在城下混战而谁都没法回师离开的时候，大王趁这个空隙攻打韩国，打进三川，出兵函谷关但不进攻，兵临周都，周天子一定会献出祭器。这样大王就可以挟持天子，掌握天下的地图户籍，这是称王的大业啊。"秦王认为他说得对，就准备了三十辆兵车，送张仪到魏国，齐国果然兴师攻打魏伐之。梁哀王恐。张仪曰："王勿患也，请令罢齐兵。"乃使其舍人冯喜之楚，借使之齐，谓齐王曰："王甚憎张仪，虽然，亦厚矣，王之托仪于秦也！"齐王曰："寡人憎仪，仪之所在，必兴师伐之，何以托仪？"对曰："是乃王之托仪也。夫仪之出也，固与秦王约曰：'为王计者，东方有大变，然后王可以多割得地。今齐王甚憎仪，仪之所在，必兴师伐之。故仪愿乞其不肖之身之梁，齐必兴师伐之。齐梁之兵连于城下而不能相去，王以其间伐韩，入三川，出兵函谷而无伐，以临周，祭器必出。挟天子，案图籍，此王业也。'秦王以为然，故具革车三十乘而入之梁也。今仪入梁，王果伐之，是王内罢国而外伐与国，广邻敌以内自临，而信仪于秦王也。此臣之所谓'托仪'也。"齐王曰："善。"乃使解兵。

张仪相魏一岁，卒于魏也。

陈轸者，游说之士。与张仪俱事秦惠王，皆贵重，争宠。张仪恶陈轸于秦王曰："轸重币，轻使秦楚之间，将为国交也。今楚不加善于秦而善轸者，轸自为厚而为王薄也。且轸欲去秦而之楚，王胡不听乎？"王谓陈轸曰："吾闻子欲去秦之楚，有之乎？"轸曰："然。"王曰："仪之言果信矣。"轸曰："非独仪知之也，行道之士尽知之矣。昔子胥忠于其君而天下争以为臣，曾参孝于其亲而天下愿以为子。故卖仆妾不出闾巷而售者，良仆妾也；出妇嫁于乡曲者，良妇也。今轸不忠其君，楚亦何以轸为忠乎？忠且见弃，轸不之楚何归乎？"王以其言为然，遂善待之。

居秦期年，秦惠王终相张仪，而陈轸奔楚。楚未之重也，而使陈轸使于秦。过梁，欲见犀首。犀首谢弗见。轸曰："吾为事来，公不见轸，轸将行，不得待异日。"犀首见之。陈轸曰："公何好饮也？"犀首曰："无事也。"曰："吾请令公厌事可乎？"曰："奈国，魏哀王很害怕。张仪说："大王不要忧虑，请让我退掉齐兵。"就派遣他的门客冯喜到楚国，再借用楚国的使臣到齐国，对齐王说："大王特别憎恨张仪，虽然如此，可是大王让张仪在秦国有所依托，也做得够周到了啊！"齐王说："我憎恨张仪。张仪在哪里，我就一定兴兵讨伐哪里。我怎么让张仪更受信任呢？"回答说："这就是为什么说大王使张仪更受信任的原因啊。张仪离开秦国时，本来与秦王约定说：'替大王着想，必须使东方各国发生大的变故，大王才能多割得土地。如今听说齐王非常恨我，我在哪个国家，他就一定会派兵攻打哪个国家。所以我希望让我这个不成才的人到魏国去，齐国必然要出动军队攻打魏国，魏国和齐国的军队在梁城下对峙而都没法回师的时候，大王趁这个空隙攻打韩国，打进三川，出兵函谷关但不进攻，兵临周都，周天子一定会献出祭器。大王就可以挟持天子，掌握天下的地图户籍，这是称王的大业啊。'秦王认为他说得对，所以准备了兵车三十辆，送张仪去了魏国。如今，张仪去了魏国，大王果然攻打，这样大王对内使国力疲惫，对外攻打盟国，广泛地树立敌人，使祸患殃及自身，却让张仪得到秦国的信任。这就是我所说的'让张仪有所依托'呀。"齐王说："说得好。"于是撤走了攻打魏国的军队。

张仪出任魏国宰相一年，死在了魏国。

陈轸，是个游说之士。和张仪共同侍奉秦惠王，都被重用而显贵，二人为得到尊位而争斗。张仪在秦王面前中伤陈轸说："陈轸携带丰厚的财物轻易出使秦、楚之间，是为两国的邦交。如今楚国却不曾对秦国更加友好反而对陈轸亲善，足见陈轸替自己谋划得多而替大王想得少啊。而且陈轸想离开秦投奔楚，大王为什么随他呢？"秦王对陈轸说："我听说先生想离秦投奔楚，有这样的事吗？"陈轸说："有。"秦王说："张仪的话果然是真的。"陈轸说："不单是张仪知道这回事，就连路过的行人也都知道了。从前伍子胥忠于他的国君，因而各国诸侯争着让他做自己的臣子；曾参孝敬他的父母，因此天下的父母都希望他做儿子。所以卖奴仆、侍妾没等到走出巷子就被卖掉了的，都是好奴仆、好侍妾；被遗弃的妇女还能在本乡本土嫁出去的，都是好女人。现在，如果我对国君不忠，楚王又凭什么认为我能对他忠诚呢？忠诚却被抛弃，我不去楚国，又归向何处呢？"秦惠王觉得他的话有道理，于是就很友善地对待他。

陈轸在秦国住了一年，秦惠王终于任用张仪为宰相，陈轸投奔楚国，楚王没有重用他，却派他出使秦国。他路过魏国，想见见犀首，犀首谢绝不见。陈轸说："我是为事而来，你不见我，我要走了，不能等到第二天。"犀首便接见了他。陈轸说："您为什么喜欢饮酒呢？"犀首说："没事可做。"陈轸说："我让您有做不完的事，可以吗？"犀首说："您打算怎么办？"陈轸说："魏相田何？”曰：“田需约诸侯从亲，楚王疑之，未信也。公谓于王曰：‘臣与燕、赵之王有故，数使人来，曰“无事何不相见”，愿谒行于王。’王虽许公，公请毋多车，以车三十乘，可陈之于庭，明言之燕、赵。”燕、赵客闻之，驰车告其王，使人迎犀首。楚王闻之大怒，曰：“田需与寡人约，而犀首之燕、赵，是欺我也。”怒而不听其事。齐闻犀首之北，使人以事委焉。犀首遂行，三国相事皆断于犀首。轸遂至秦。

韩魏相攻，期年不解。秦惠王欲救之，问于左右。左右或曰救之便，或曰勿救便，惠王未能为之决。陈轸适至秦，惠王曰：“子去寡人之楚，亦思寡人不？”陈轸对曰：“王闻夫越人庄舄乎？”王曰：“不闻。”曰：“越人庄舄仕楚执圭，有顷而病。楚王曰：‘舄故越之鄙细人也，今仕楚执圭，贵富矣，亦思越不？’中谢对曰：‘凡人之思故，在其病也。彼思越则越声，不思越则楚声。’使人往听之，犹尚越声也。今臣虽弃逐之楚，岂能无秦声哉！”惠王曰：“善。今韩魏相攻，期年不解，或谓寡人救之便，或曰勿救便，寡人不能决，愿子为子主计之余，为寡人计之。”陈轸对曰：“亦尝有以夫卞庄子刺虎闻于王者乎？庄子欲刺虎，馆竖子止之，曰：‘两虎方且食牛，食甘必争，争则必斗，斗则大者伤，小者死，从伤而刺之，一举必有双虎之名。’卞庄子以为然，立须之。有顷，两虎果斗，大者伤，小者死。庄子从伤者而刺之，一举果有双虎之功。今韩魏相攻，期年不解，是必大国伤，小国亡，从伤而伐之，一举必有两实。此犹庄子刺虎之类也。臣主与王何异也。”惠王曰：“善。”卒弗救。大国果伤，小国亡，秦兴兵而伐，大克之。此陈轸之计也。

犀首者，魏之阴晋人也，名衍，姓公孙氏。与张仪不善。

需邀各国诸侯进行合纵联盟，楚王怀疑他，还没相信。您去对魏王说：‘我和燕国、赵国的国君有旧交，他们多次派人来，对我说“如果您闲着没事为什么不互相见见面”，希望您去晋见我们国君。’魏王便会答应您，您不必多准备车辆，只要把三十辆车摆列在庭院里，公开说要到燕、赵去。”燕、赵的外交人员听了这个消息，急忙驱车回报他们的国君，让人迎接犀首。楚王听了这个消息，很生气，说：“田需和我约定，可是犀首却前往燕、赵，这是欺骗我呀。”楚王很生气而不再理睬田需的建议。齐国听说犀首前往北方，派人把国家的政事托付给他，犀首于是出发，这样燕、赵、齐三国相国的事务都由犀首决定。陈轸于是到了秦国。

韩、魏两国交战，整整一年没有停息。秦惠王想解救他们，征求左右大臣们的意见。大臣们有的说让他们和解有利，有的说不和解有利，秦惠王没能作出决定。陈轸正好回到秦国，惠王说：“先生离开我去了楚国，还想念我吗？”陈轸回答说：“大王听说过越国人庄舄吗？”惠王说：“没有听说过。”陈轸说：“越人庄舄在楚国任执圭大臣，不久得了病。楚王说：‘庄舄原本是越国一个地位低微的人，如今在楚国任执圭大臣，富贵了，也不知想不想越国？’一位侍御回答说：‘大凡一个人怀念过去，是在他生病的时候。庄舄如果想念越国，就会发出越国的腔调，要是不思念越国，就会发出楚国的口音。’于是派人前去偷听，庄舄发出的仍然是越国的口音。如今我虽然被遗弃，跑到楚国，怎么可能不发出秦国的口音呢？”惠王说：“好。现在韩国和魏国交战，一年了还没有解决，有的对我说让他们和解有利，有的说不让他们和解有利，我不能决定，希望先生为你的国君出谋划策之余，为我出个主意。”陈轸回答说：“曾经有人为大王讲过卞庄子刺虎的事吗？卞庄子正准备刺杀猛虎，旅舍里有个小子阻止他，说：‘两只虎正在吃牛，吃到痛快的时候一定会争夺，一争夺就一定会打起来，一打起来，那么大的就会受伤，小的就会死亡。在大虎受伤后再去追杀它，一举就能获得杀死两只老虎的名声。’卞庄子认为他说得对，站在旁边等候。不久，两只老虎果然打了起来，结果大的受了伤、小的死了。卞庄子追赶上受伤的大老虎杀死了它，一举果然获得了杀死两只老虎的功劳。如今，韩、魏交战，一年得不到解决，这样势必大国损伤，小国一定危亡，追逐着受到损伤的国家而讨伐它，一举必然会有击破两国的实效。这和卞庄子刺虎是同样的道理啊。我为楚王和为大王您出主意有什么不同呢？”惠王说：“说得好。”终于没有去解救两国。大国果然受到损伤，小国面临着危亡，秦国趁机兴兵讨伐，取得大胜。这是陈轸的策略呀！

犀首，是魏国阴晋人。名衍，姓公孙。他和张仪关系不好。

张仪为秦之魏，魏王相张仪。犀首弗利，故令人谓韩公叔曰：“张仪已合秦魏矣，其言曰‘魏攻南阳，秦攻三川’。魏王所以贵张子者，欲得韩地也。且韩之南阳已举矣，子何不少委焉以为衍功，则秦魏之交可错矣。然则魏必图秦而弃仪，收韩而相衍。”公叔以为便，因委之犀首以为功。果相魏。张仪去。

义渠君朝于魏。犀首闻张仪复相秦，害之。犀首乃谓义渠君曰：“道远不得复过，请谒事情。”曰：“中国无事，秦得烧掇焚杅君之国；有事，秦将轻使重币事君之国。”其后五国伐秦。会陈轸谓秦王曰：“义渠君者，蛮夷之贤君也，不如赂之以抚其志。”秦王曰：“善。”乃以文绣千纯，妇女百人遗义渠君。义渠君致群臣而谋曰：“此公孙衍所谓邪？”乃起兵袭秦，大败秦人李伯之下。

张仪已卒之后，犀首入相秦。尝佩五国之相印，为约长。

太史公曰：三晋多权变之士，夫言从衡强秦者大抵皆三晋之人也。夫张仪之行事甚于苏秦，然世恶苏秦者，以其先死，而仪振暴其短以扶其说，成其衡道。要之，此两人真倾危之士哉！

张仪为了秦国的事前往魏国，魏王任用张仪做宰相。犀首认为对自己不利，所以他使人对韩国公叔说：“张仪已经使秦、魏两国联合了，他扬言说：‘魏攻取韩国的南阳，秦攻取韩国的三川。’魏王之所以看重张仪，是想得到韩国的土地。况且韩国的南阳已经被占领了，你为什么不把南阳的事委托给我，让我到魏王面前请功，这样秦、魏两国的交往就会停止。如此，魏国一定会打秦国的主意而抛弃张仪，拉拢韩国并任我为魏相。”公叔认为有利，因此就把政事委托给犀首，让他献功。犀首果真做了魏国的相国，张仪离开了魏国。

西戎国义渠君到魏国朝见。犀首听说张仪又出任秦国宰相，担心对自己有威胁。犀首于是对义渠君说，“贵国道路遥远，今日分别，您很难再来访问，请允许我告诉你一些事情。”他继续说：“中原各国不联合起来讨伐秦国，秦国将会烧杀侵略你的国家；中原各国一致讨伐秦国，秦国就会随时派出使臣赠送厚礼到您的国家。”此后，楚、魏、齐、韩、赵五国共同讨伐秦国，正好陈轸对秦王说：“义渠君是蛮夷各国中的贤明君主，不如厚赠他来安抚他。”秦王说：“好。”于是用一千匹锦绣、一百名美女赠送给义渠君，义渠君把群臣召来商量说：“这就是公孙衍所说过的情形吧？”于是发兵偷袭秦国，在李伯城下大败秦军。

张仪死后，犀首到秦做了相国，曾经佩带过五个国家的相印，做了联盟的领袖。

太史公说：韩赵魏有许多善于权变的人，那些主张合纵、连横使秦国强大的，大多是韩赵魏人。张仪做事比苏秦更厉害，但世人厌恶苏秦，是因为他先死，张仪就张扬揭露他的短处来证明自己的主张，促成连横政策。总而言之，这两个人真正称得上是倾邦覆国的人啊。

樗里子甘茂列传第十一

樗里子者，名疾，秦惠王之弟也，与惠王异母。母，韩女也。樗里子滑稽多智，秦人号曰“智囊”。

秦惠王八年，爵樗里子右更，使将而伐曲沃，尽出其人，取其城，地入秦。秦惠王二十五年，使樗里子为将伐赵，虏赵将军庄豹，拔蔺。明年，助魏章攻楚，败楚将屈丐，取汉中地。秦封樗里子，号为严君。

秦惠王卒，太子武王立，逐张仪、魏章，而以樗里子、甘茂为左右丞相。秦使甘茂攻韩，拔宜阳。使樗里子以车百乘入周。周以卒迎之，意甚敬。楚王怒，让周，以其重秦客。游腾为周说楚王曰：“知伯之伐仇犹，遗之广车，因随之以兵，仇犹遂亡。何则？无备故也。齐桓公伐蔡，号曰诛楚，其实袭蔡。今秦，虎狼之国，使樗里子以车百乘入周，周以仇犹、蔡观焉，故使长戟居前，强弩在后，名曰卫疾，而实囚之。且夫周岂能无忧其社稷哉？恐一旦亡国以忧大王。”楚王乃悦。

秦武王卒，昭王立，樗里子又益尊重。

昭王元年，樗里子将伐蒲。蒲守恐，请胡衍。胡衍为蒲谓樗里子曰：“公之攻蒲，为秦乎？为魏乎？为魏则善矣，为秦则不为赖矣。夫卫之所以为卫者，以蒲也。今伐蒲入于魏，卫必折而从之。魏亡西河之外而无以取者，兵弱也。今并卫于魏，魏必强。魏强之日，西河之外必危矣。且秦王将观公之事，害秦而利魏，王必罪公。”樗里子曰：“奈何？”胡衍曰：“公释蒲勿攻，臣试为公入言之，以德卫君。”樗里子曰：“善。”胡衍入蒲，谓其守曰：“樗里子知蒲之病矣，其言曰必拔蒲。衍能令释蒲勿攻。”蒲守恐，因再拜曰：“愿以樗里子，姓嬴名疾，是秦惠王的弟弟，与秦惠王同父异母。他的母亲是韩国女子。樗里子诙谐多智，秦国人称呼他为“智囊”。

秦惠王八年，授给樗里子右更的爵位，让他带兵攻打曲沃，他把那里的人全部赶走，占领了城邑，土地全部归属秦国。秦惠王二十五年，秦王任命樗里子为将军攻打赵国，俘虏了赵国将军庄豹，拿下了蔺邑。第二年，又协助魏章攻打楚国，战败了楚将屈丐，夺取了汉中地区。秦王加封樗里子，封号“严君”。

秦惠王死后，太子武王即位，驱逐了张仪、魏章，用樗里子、甘茂为左右丞相。秦王派甘茂进攻韩国，拿下了宜阳，又派樗里子率一百辆战车朝见周王。周王派士兵列队迎接他，态度非常恭敬。楚王得知后怒不可遏，就责备周王，认为周王不应这么敬重秦国的客人。对此，游腾替周王劝说楚王道：“先前智伯攻打仇犹时，赠给他们大车，乘机随后派兵，结果仇犹灭亡了。为什么？就是没有防备的缘故啊。齐桓公攻打蔡国时，号称攻打楚国，实际上是突袭蔡国。现在秦国，是个如虎似狼的国家，派樗里子带着百辆战车进入周都，周王以仇犹、蔡的事件作借鉴，所以派手持长戟的兵卒位于前面，让佩带强弓的军士列在后面，表面说是护卫樗里子，其实是囚禁他，以防不测。周王怎么会不担忧他的天下呢？恐怕一旦亡了国，让大王感到忧伤。”楚王听后才高兴起来。

秦武王死后，昭王即位，对樗里子更加尊重。

秦昭王元年，樗里子率兵攻打蒲城。蒲城的长官很害怕，便向胡衍求计。胡衍为了蒲城对樗里子说：“您攻打蒲城，是为了秦国呢，还是为了魏国？如果是为了魏国那还好；如果是为了秦国，那就不算有利了。卫国之所以成为一个国家，就是由于有蒲城存在。现在您攻打它迫使它投入魏国怀抱，那卫国一定会转而归附魏国。魏国丧失了西河之外的城邑却没有办法夺回来，是因为兵力薄弱。现在攻打蒲城使卫国并入魏国，魏国必定会强盛。魏国强大之日，贵国所占城邑就危险了。况且，秦王要察看您的此次行动，如果危害秦国而有利于魏国，秦王定要加罪于您。”听了这番话，樗里子若有所思地说：“那该怎么办？”胡衍便顺势说：“您放弃蒲城不攻，我试着到蒲城替您说说，让卫国国君不忘您给予的恩德。”樗里子说：“好吧。”胡衍进入蒲城后，就对那个长官说：“樗里子已经掌握蒲城的弱点了，他扬言一定要拿下蒲城。不过我胡衍能让他放弃蒲城，不请。”因效金三百斤，曰：“秦兵苟退，请必言子于卫君，使子为南面。”故胡衍受金于蒲以自贵于卫。于是遂解蒲而去。还击皮氏，皮氏未降，又去。

昭王七年，樗里子卒，葬于渭南章台之东。曰：“后百岁，是当有天子之宫夹我墓。”樗里子疾室在于昭王庙西，渭南阴乡樗里，故俗谓之樗里子。至汉兴，长乐宫在其东，未央宫在其西，武库正直其墓。秦人谚曰：“力则任鄙，智则樗里。”

甘茂者，下蔡人也。事下蔡史举先生，学百家之说。因张仪、樗里子而求见秦惠王。王见而说之，使将，而佐魏章略定汉中地。

惠王卒，武王立。张仪、魏章去，东之魏。蜀侯辉、相壮反，秦使甘茂定蜀。还，而以甘茂为左丞相，以樗里子为右丞相。

秦武王三年，谓甘茂曰：“寡人欲容车通三川，以窥周室，而寡人死不朽矣。”甘茂曰：“请之魏，约以伐韩，而令向寿辅行。”甘茂至，谓向寿曰：“子归，言之于王曰‘魏听臣矣，然愿王勿伐’。事成，尽以为子功。”向寿归，以告王，王迎甘茂于息壤。甘茂至，王问其故。对曰：“宜阳，大县也，上党、南阳积之久矣。名曰县，其实郡也。今王倍数险，行千里攻之，难。昔曾参之处费，鲁人有与曾参同姓名者杀人，人告其母曰‘曾参杀人’，其母织自若也。顷之，一人又告之曰‘曾参杀人’，其母尚织自若也。顷又一人告之曰‘曾参杀人’，其母投杼下机，逾墙而走。夫以曾参之贤与其母信之也，三人疑之，其母惧焉。今臣之贤不若曾参，王之信臣又不如曾参之母信曾参也，疑臣者非特三人，臣恐大王之投杼也。始张仪西并巴蜀之地，北开西河之外，南取上庸，天下不以多张子而以贤先王。魏再进攻。”蒲城长官十分恐惧，就向胡衍拜了又拜说：“求您施恩救助。”于是献上黄金三百斤，又表示说：“秦兵要是撤退了，我一定把您的功劳报告给卫国国君，让您晋升高位。”因此，胡衍从蒲城得到重金并且在卫国享有了高位。这时，樗里子已解除了对蒲城的包围离开了。他返回攻打皮氏，皮氏没投降，便又撤离了。

昭王七年，樗里子去世，葬在渭水南边章台之东。临终前他预言说：“一百年之后，这里会有天子的宫殿夹着我的坟墓。”樗里子嬴疾的墓室在昭王庙西渭水南岸阴乡樗里，所以人们通常称他为樗里子。到了汉代兴起后，长乐宫就建在他坟墓的东边，而未央宫则在他坟墓的西边，武库正对着他的坟墓，果如所言。秦国人有句谚语说：“论力气要数任鄙，论智谋要数樗里。”

甘茂，是下蔡人。曾侍奉下蔡的史举先生，跟他学习诸子百家的学说。后来通过张仪、樗里子的引荐拜见秦惠王。秦惠王一见他就非常喜欢，让他带兵，辅佐魏章夺取汉中地区。

秦惠王死后，武王即位。张仪、魏章离开秦国，去了东边的魏国。不久，秦公子蜀侯辉和蜀相陈壮谋反，武王就指派甘茂平定了蜀乱。返回秦国后，武王任命甘茂为左丞相，任命樗里子为右丞相。

秦武王三年，武王对甘茂说：“寡人有个心愿，想开辟一条通往三川的能够走车的路，去看一看周朝都城，那么寡人即使死去也心满意足了。”甘茂听后说：“请让我到魏国去，约他们一起攻打韩国，并请让向寿辅助我一同前往。”武王应许了甘茂的请求。甘茂到魏国后，就对向寿说：“您回去，对武王说‘魏国听从我的主张了，但我希望大王先不要攻打韩国’。事情成功了，全算作您的功劳。”向寿回来后，把甘茂的话报告给武王，武王到息壤迎接甘茂。甘茂抵达息壤，秦王追问他先不攻打韩国的缘故。甘茂回答说：“宜阳，是个大县，上党、南阳的财富积贮已经很久了。名义上叫县，其实是个郡。现在大王冒着数倍的凶险，千里行军攻打它，取胜困难啊。从前，曾参住在费邑，鲁国有个与曾参同姓同名的人杀了人，有人告诉他母亲说‘曾参杀了人’，她正在织布，神情泰然自若。过了一会儿，又一个人来告诉他母亲说‘曾参杀了人’，她仍然在织布，神情不变。不一会儿，又有一个人来告诉他母亲说‘曾参杀了人’，她扔下梭子，走下织布机，翻墙逃跑了。凭着曾参的贤德和他母亲对他的信任，三个人怀疑他，他母亲就害怕了。现在我的贤能比不上曾参，大王对我的信任也不如曾参的母亲信任曾参，可是怀疑我的决非三个人，我担心大王也像曾母投杼一样，怀疑我啊。原先张仪在西边吞并巴蜀的土地，在北面扩大了西河之外的疆域，在南边夺取了上庸，天下人没有因此称赞张仪却推崇先王。魏文侯让乐羊带兵去攻文侯令乐羊将而攻中山，三年而拔之。乐羊返而论功，文侯示之谤书一箧。乐羊再拜稽首曰：‘此非臣之功也，主君之力也。’今臣，羁旅之臣也。樗里子、公孙奭二人者挟韩而议之，王必听之，是王欺魏王而臣受公仲侈之怨也。”王曰：“寡人不听也，请与子盟。”卒使丞相甘茂将兵伐宜阳。五月而不拔，樗里子、公孙奭果争之。武王召甘茂，欲罢兵。甘茂曰：“息壤在彼。”王曰：“有之。”因大悉起兵，使甘茂击之。斩首六万，遂拔宜阳。韩襄王使公仲侈入谢，与秦平。

武王竟至周，而卒于周。其弟立，为昭王。王母宣太后，楚女也。楚怀王怨前秦败楚于丹阳而韩不救，乃以兵围韩雍氏。韩使公仲侈告急于秦。秦昭王新立，太后楚人，不肯救。公仲因甘茂，茂为韩言于秦昭王曰：“公仲方有得秦救，故敢扞楚也。今雍氏围，秦师不下肴，公仲且仰首而不朝，公叔且以国南合于楚。楚、韩为一，魏氏不敢不听，然则伐秦之形成矣。不识坐而待伐孰与伐人之利？”秦王曰：“善。”乃下师于肴以救韩。楚兵去。

秦使向寿平宜阳，而使樗里子、甘茂伐魏皮氏。向寿者，宣太后外族也，而与昭王少相长，故任用。向寿如楚，楚闻秦之贵向寿，而厚事向寿。向寿为秦守宜阳，将以伐韩。韩公仲使苏代谓向寿曰：“禽困覆车。公破韩，辱公仲，公仲收国复事秦，自以为必可以封。今公与楚解口地，封小令尹以杜阳。秦楚合，复攻韩，韩必亡。韩亡，公仲且躬率其私徒以阏于秦。愿公孰虑之也。”向寿曰：“吾合秦楚非以当韩也，子为寿谒之公仲，曰秦韩之交可合也。”苏代对曰：“愿有谒于公。人曰，贵其所以贵者贵。王之爱习公也，不如公孙奭；其智能公也，不如甘茂。今二人者皆不得亲于秦事，而公独与王主断于国者何？彼有以失之也。公孙奭党于韩，而甘茂党于魏，打中山国，打了三年才攻下中山。乐羊回到魏国论功请赏，而魏文侯给他看了毁谤他的文书一小箱，吓得乐羊一连两次跪拜叩头说：‘这可不是我的功劳，全是主上的威力啊。’如今我是个寄居此地的臣僚。樗里子、公孙奭二人会以韩国国力强为理由，来非议进攻韩国之事，大王一定会听从他们的意见，这样就会造成大王欺骗魏王而我将遭到韩相公仲侈的怨恨。”武王说：“我不听他们的，请让我跟您盟誓。”终于派丞相甘茂领兵去攻打宜阳。过了五个月却还攻不下宜阳，樗里子和公孙奭果然与秦王争议讨伐之事。武王召甘茂回国，想要罢兵。甘茂说：“息壤还在那个地方呢。”武王说：“有过盟誓。”于是大举起兵，让甘茂进攻宜阳，斩敌六万人，终于拿下了宜阳。韩襄王派公仲侈到秦国谢罪，与秦国议和了。

武王终于通过三川之地到了周都，最后死在了周都。武王的弟弟即位，就是秦昭王。秦昭王的母亲宣太后是楚国女子。楚怀王怨恨从前秦国在丹阳打败楚国而韩国坐视不救，于是就带兵围攻韩国雍氏。韩王派公仲侈到秦国告急求援。秦昭王新登王位，太后又是楚国人，所以不肯出兵救援。公仲侈就去托付甘茂，甘茂便替韩国对秦昭王说道：“公仲侈正是因为可望得到秦国援救，所以才敢抵御楚国。眼下雍氏被围攻，秦军如果不肯下崤山救援，公仲侈将会昂着头轻蔑秦国而不来朝见了。韩公叔也将会向南与楚国联合，楚国和韩国一旦合而为一，魏国不敢不听他们的命令。这样一来，就会形成攻打秦国的形势。不知道坐着等待别人来讨伐和主动讨伐别人哪一个有利？”秦昭王说：“好。”于是派军队出崤山救援韩国。楚军这才撤离。

秦王让向寿去平定宜阳，又派樗里子、甘茂攻打魏国皮氏。向寿是宣太后的外亲，又和秦昭王从小一起长大，所以被重用。向寿先到了楚国，楚王听说秦王十分敬重向寿，便优厚地礼待向寿。向寿替秦国守卫宜阳，准备据此攻打韩国。韩相公仲侈派苏代对向寿说：“鸟兽处于困境时，还能掀翻车辆。您如果攻破韩国，使公仲侈受辱，公仲侈处理国事后再侍奉秦国，他自认为一定可以得到秦国的封赐。现在您要把解口这个地方送给楚国，又封楚国的小令尹做杜阳的长官，使秦、楚交好。秦楚联合后，再进攻韩国，韩国一定会灭亡。韩国要灭亡，公仲侈将会亲率他的私家部属和秦国对抗。希望您仔细考虑。”向寿说：“我联合秦、楚两国，并不是对付韩国的，您替我把这个意思向公仲侈申明，说秦国与韩国是能够交往合作的。”苏代回答说：“我也想对您说一下。人家说，能珍视自己最可珍视者方为可贵。秦王亲近您，比不上亲近公孙奭；秦王赏识您的智慧才能，也比不上赏识甘茂。现在这二人都不能参与秦国大事，可是单单只有您能和秦王主持决断国事，这是为什么呢？是他们各有自己失去信任的地方啊。公孙奭故王不信也。今秦楚争强而公党于楚，是与公孙奭、甘茂同道也，公何以异之？人皆言楚之善变也，而公必亡之，是自为责也。公不如与王谋其变也，善韩以备楚，如此则无患矣。韩氏必先以国从公孙奭而后委国于甘茂。韩，公之仇也。今公言善韩以备楚，是外举不僻仇也。”向寿曰：“然，吾甚欲韩合。”对曰：“甘茂许公仲以武遂，反宜阳之民，今公徒收之，甚难。”向寿曰：“然则奈何？武遂终不可得也？”对曰：“公奚不以秦为韩求颍川于楚？此韩之寄地也。公求而得之，是令行于楚而以其地德韩也。公求而不得，是韩楚之怨不解而交走秦也。秦楚争强，而公徐过楚以收韩，此利于秦。”向寿曰：“奈何？”对曰：“此善事也。甘茂欲以魏取齐，公孙奭欲以韩取齐。今公取宜阳以为功，收楚韩以安之，而诛齐魏之罪，是以公孙奭、甘茂无事也。”

甘茂竟言秦昭王，以武遂复归之韩。向寿、公孙奭争之，不能得。向寿、公孙奭由此怨，谗甘茂。茂惧，辍伐魏蒲阪，亡去。樗里子与魏讲，罢兵。

甘茂之亡秦奔齐，逢苏代。代为齐使于秦。甘茂曰：“臣得罪于秦，惧而遯逃，无所容迹。臣闻贫人女与富人女会绩，贫人女曰：‘我无以买烛，而子之烛光幸有余，子可分我余光，无损子明而得一斯便焉。’今臣困而君方使秦而当路矣。茂之妻子在焉，愿君以余光振之。”苏代许诺。遂致使于秦。已，因说秦王曰：“甘茂，非常士也。其居于秦，累世重矣。自肴塞及至鬼谷，其地形险易皆明知之。彼以齐约韩魏反以图秦，非秦之利也。”秦王曰：“然则奈何？”苏代曰：“王不若重其贽，厚其禄以迎之，使彼来则置之鬼谷，终身勿出。”秦王曰：“善。”即赐之上卿，以相印偏向韩国，而甘茂偏袒魏国，所以秦王不信任他们。现在秦国和楚国争强，可您却和楚国结党，这和公孙奭、甘茂走的是一条路，您与他们又有什么区别呢？人们都说楚国是个善于权变的国家，您一定会败在他们手里，这是自惹麻烦。您不如与秦王一起商议应付变化无常的楚国，亲善韩国，防备楚国，这样就没有忧患了。韩国与秦国结好必定先把国家大事交给公孙奭，听从他的处理意见，然后把国事委托给甘茂。韩国是您的仇敌，现在您说亲善韩国，防备楚国，这就是'外举不避仇'。”向寿说：“是这样，我很想与韩国合作。”苏代回答说：“甘茂曾答应公仲侈把武遂还给韩国，遣返宜阳的居民，现在您想不出力而坐收武遂，很难啊。”向寿说：“既然如此，那该怎么办呢？武遂终究不能得到了吗？”苏代回答说：“您为什么不借重秦国的声威，替韩国向楚国索回颍川呢？这是韩国的寄存之地呀。您要是讨还回颍川，这样您的命令可在楚国实行，并可拿楚国的地盘让韩国感激您。您若索取而得不到它，这样韩国和楚国的结怨没有解除，就会争相奔走秦国。秦楚两国争强，而您一点一点地责难楚国，借机收服韩国，这对秦国有利。”向寿听后说：“该怎么办呢？”苏代立即答道：“这是件好事啊。甘茂想要借助魏国的力量去攻打齐国，公孙奭打算凭着韩国的势力去攻打齐国。现在您夺取了宜阳，建立了功勋，如果再收服了楚国和韩国并加以安抚，然后声讨齐国和魏国的罪过，进而再诛罚齐国、魏国的罪过，这样公孙奭和甘茂的打算便都将化为泡影，他们在秦国就会无所事事了。”

甘茂终于说服了秦昭王，把武遂又还给韩国。向寿和公孙奭竭力反对这么做，但没有成功。向寿和公孙奭因此怀恨甘茂，常在昭王面前说他坏话。甘茂恐惧，放弃了进攻魏国的蒲阪，逃跑了。樗里子与魏国和解，罢兵撤离。

甘茂逃离秦国投奔齐国，恰巧碰上苏代。当时，苏代正替齐国出使秦国。甘茂说：“我在秦国获罪，怕遭殃祸便逃了出来，没有地方容身。我听说有一个穷人的女儿和富人的女儿一起纺织，贫家女说：'我没有钱买蜡烛，而您的烛光还有剩余，请您分给我一点余光，这无损于您的照明，却能使我也得到一点便利。'现在我处于困窘境地，而您却正出使秦国并且当权了。我的妻子儿女还在秦国，希望您能用余光来拯救他们。”苏代答应了，于是出使到达秦国。完成任务后，苏代借机劝说秦王道：“甘茂是个不平常的士人。他在秦国居住多年，连续几世受到重用，从崤塞至鬼谷，地形的险恶和平坦他都了解得很清楚。如果他用齐国的名义约定韩国和魏国反过来算计秦国，对秦国可不是好事呀。”秦王说：“既然这样，那么该怎么办呢？”苏代说：“大王不如送他更加贵重的礼物，提高他的俸禄来迎接他，假如他回来，就把他安置在鬼谷，终身不准出来。”秦王说：“好。”就赐给甘茂上卿的官职，并派人带着相印到齐国迎接迎之于齐。甘茂不往。苏代谓齐湣王曰："夫甘茂，贤人也。今秦赐之上卿，以相印迎之。甘茂德王之赐，好为王臣，故辞而不往。今王何以礼之？"齐王曰："善。"即位之上卿而处之。秦因复甘茂之家以市于齐。

齐使甘茂于楚，楚怀王新与秦合婚而欢。而秦闻甘茂在楚，使人谓楚王曰："愿送甘茂于秦。"楚王问于范蜎曰："寡人欲置相于秦，孰可？"对曰："臣不足以识之。"楚王曰："寡人欲相甘茂，可乎？"对曰："不可。夫史举，下蔡之监门也，大不为事君，小不为家室，以苟贱不廉闻于世，甘茂事之顺焉。故惠王之明，武王之察，张仪之辩，而甘茂事之，取十官而无罪。茂诚贤者也，然不可相于秦。夫秦之有贤相，非楚国之利也。且王前尝用召滑于越，而内行章义之难，越国乱，故楚南塞厉门而郡江东。计王之功所以能如此者，越国乱而楚治也。今王知用诸越而忘用诸秦，臣以王为钜过矣。然则王若欲置相于秦，则莫若向寿者可。夫向寿之于秦王，亲也，少与之同衣，长与之同车，以听事。王必相向寿于秦，则楚国之利也。"于是使使请秦相向寿于秦。秦卒相向寿。而甘茂竟不得复入秦，卒于魏。

甘茂有孙曰甘罗。

甘罗者，甘茂孙也。茂既死后，甘罗年十二，事秦相文信侯吕不韦。

秦始皇帝使刚成君蔡泽于燕，三年而燕王喜使太子丹入质于秦。秦使张唐往相燕，欲与燕共伐赵以广河间之地。张唐谓文信侯曰："臣尝为秦昭王伐赵，赵怨臣，曰：'得唐者与百里之地。'今之燕必经赵，臣不可以行。"文信侯不快，未有以强也。甘罗曰："君侯何不快之甚也？"文信侯曰："吾令刚成君蔡泽事燕三年，燕太子丹已入质矣，吾自请张卿相燕而不肯行。"甘罗曰："臣请行之。"文信侯叱曰："去！我身自请之而不肯，女焉能他。甘茂执意不回秦国。苏代对齐滑王说："甘茂是个贤人。现在秦国赐给他上卿，带着相印来迎接他了。甘茂由于感激大王的恩赐，喜欢做大王的臣下，所以推辞没去。现在大王用什么礼遇来对待他呢？"齐王说："好。"立即安排他上卿官位，把他留在了齐国。秦国也赶快免除了甘茂全家的赋税徭役，同齐国争着收买甘茂。

齐国派甘茂出使楚国，楚怀王刚刚与秦国通婚结了亲，很高兴。秦王听说甘茂正在楚国，就派人对楚王说："希望把甘茂送到秦国来。"楚王问范蜎说："我想在秦国安排个丞相，谁合适呢？"范蜎回答说："我的能力不够，看不出谁合适。"楚王说："我打算让甘茂去任丞相，可以吗？"范蜎回答道："不可以。那个史举，是下蔡的看门人，大的方面他不能侍奉国君，小的方面他不能治好家庭，他因苟且、卑贱和不廉洁名闻于世，可是甘茂侍奉他却很恭顺。因此凭秦惠王的贤明、武王的敏锐、张仪的善辩，甘茂侍奉他们，取得十个官位而没有罪过，这是一般士人难以做到的。甘茂确实是个贤才，但不能到秦国任丞相。秦国有贤能的丞相，不是楚国的好事。况且大王以前曾把召滑推荐到越国任职，他暗地里鼓动章义发难，搞得越国大乱，所以楚国才能在南边以厉门为边塞，把江东做郡县。算起来大王的功绩达到这种地步的原因，是越国动乱而楚国太平。现在大王只知道把这种谋略用于越国而忘了用于秦国，我认为您派甘茂到秦国任相是个重大的过失。那么大王要想在秦国安置一个丞相，没有比向寿更合适的了。向寿对于秦王来说，是亲戚关系，少年时与秦王同穿一件衣服，长大后同乘一辆车子，因此在国事上言听计从。大王一定要安置向寿到秦国做丞相，那对楚国是好事啊。"于是楚王派使臣去请求秦王让向寿在秦国任相。秦王终于让向寿做了丞相。甘茂最终也没能够再回到秦国，最后死在了魏国。

甘茂有个孙子叫甘罗。

甘罗是甘茂的孙子。甘茂去世的时候，甘罗才十二岁，侍奉秦国丞相文信侯吕不韦。

秦始皇帝派刚成君蔡泽到燕国去，三年后燕国国君喜派太子丹到秦国做人质。秦国派张唐去燕国任相，想要和燕国一起讨伐赵国来扩大河间的土地。张唐对文信侯说："我曾经为昭王攻打赵国，赵国因此怨恨我，曾放言说：'能够逮住张唐的人，就赏给他一百里的土地。'现在去燕国必定要经过赵国，我不能去。"文信侯听了很不高兴，但也不能勉强。甘罗说："君侯您为什么如此闷闷不乐呢？"文信侯说："我让刚成君蔡泽侍奉燕国三年，燕太子丹已经来秦国做人质了，我亲自请张卿去燕国任相，可是他不愿意去。"甘罗说："请让我去说服他。"文信侯叱责说："走开！我亲自请他去他都不肯去，你又怎么能让他去行之？”甘罗曰：“大项橐，生七岁为孔子师。今臣生十二岁于兹矣，君其试臣，何遽叱乎？”于是甘罗见张卿曰：“卿之功孰与武安君？”卿曰：“武安君南挫强楚，北威燕、赵，战胜攻取，破城堕邑，不知其数，臣之功不如也。”甘罗曰：“应侯之用于秦也，孰与文信侯专？”张卿曰：“应侯不如文信侯专。”甘罗曰：“卿明知其不如文信侯专与？”曰：“知之。”甘罗曰：“应侯欲攻赵，武安君难之，去咸阳七里而立死于杜邮。今文信侯自请卿相燕而不肯行，臣不知卿所死处矣。”张唐曰：“请因孺子行。”令装治行。

行有日，甘罗谓文信侯曰：“借臣车五乘，请为张唐先报赵。”文信侯乃入言之于始皇曰：“昔甘茂之孙甘罗，年少耳，然名家之子孙，诸侯皆闻之。今者张唐欲称疾不肯行，甘罗说而行之。今愿先报赵，请许遣之。”始皇召见，使甘罗于赵。赵襄王郊迎甘罗。甘罗说赵王曰：“王闻燕太子丹入质秦欤？”曰：“闻之。”曰：“闻张唐相燕欤？”曰：“闻之。”“燕太子丹入秦者，燕不欺秦也。张唐相燕者，秦不欺燕也。燕、秦不相欺者，伐赵，危矣。燕、秦不相欺，无异故，欲攻赵而广河间。王不如赍臣五城以广河间，请归燕太子，与强赵攻弱燕。”赵王立自割五城以广河间。秦归燕太子。赵攻燕，得上谷三十城，令秦有十一。

甘罗还报秦，乃封甘罗以为上卿，复以始甘茂田宅赐之。

太史公曰：樗里子以骨肉重，固其理，而秦人称其智，故颇采焉。甘茂起下蔡闾阎，显名诸侯，重强齐楚。甘罗年少，然出一奇计，声称后世。虽非笃行之君子，然亦战国之策士也。方秦之强时，天下尤趋谋诈哉。

呢？”甘罗说：“伟大的项橐七岁就做了孔子的老师。如今，我已经十二岁了，您就让我去试试，为什么急于叱责呢？”于是甘罗就去拜见张卿，说：“您的功劳与武安君白起相比谁大呢？”张卿说：“武安君在南面打败了强大的楚国，在北面施威震慑了燕、赵两国，战而能胜，攻而必克，夺城取邑，不计其数，我的功劳比不上他。”甘罗又说：“应侯被秦国重用，和文信侯相比谁专横呢？”张卿说：“应侯不如文信侯专横。”甘罗进而说：“您确实明了应侯不如文信侯专横吗？”张卿说：“确实知道。”甘罗接着说：“应侯想要进攻赵国，武安君故意让他为难，结果武安君离开咸阳七里就马上死在了杜邮。如今文信侯亲自请您去燕国任相而您执意不肯，我不知您要死在什么地方。”张唐说：“那就请让我根据你这小孩子的意见前往燕国吧。”于是让人整理行装，准备上路。

距离启程还有几天，甘罗对文信侯说：“借给我五辆马车，请允许我为张唐赴燕先告诉给赵国。”文信侯就入宫把甘罗的请求报告给秦始皇说：“甘茂的孙子甘罗，现在年纪很轻，可是他是有名人家的子孙，所以诸侯们都有所闻。最近，张唐推托有病不愿意去燕国，甘罗说服了他，使他毅然前往。现在甘罗希望先把张唐去燕国的事通报赵国，请您允许派他去。”秦始皇召见了甘罗，派他出使赵国。赵襄王到郊外远迎甘罗。甘罗游说赵王道：“大王听说燕太子丹到秦国做人质的事了吗？”赵王回答说：“听说了。”甘罗又问道：“听说张唐要到燕国任相了吗？”赵王回答说：“听说了。”甘罗接着说：“燕太子丹到秦国来，这是燕国不欺骗秦国。张唐到燕国任相，表明秦国不欺骗燕国。燕、秦两国互不相欺，要是共同攻打赵国，那赵国就危险了。燕、秦两国互不相欺，没有别的缘故，就是要攻打赵国来扩大在河间一带的领地啊。大王不如赐给我五个城邑来扩大河间的领地，我请求秦王送回燕太子，再与强大的赵国攻打弱小的燕国。”赵王立即亲自割让五个城邑来给秦国扩充河间的领地。秦国送回了燕太子。赵国攻打燕国，取得了上谷三十个城邑，而让秦国也得到了十一个城邑。

甘罗回来后把情况报告给秦王，秦王于是封甘罗为上卿，又把原来甘茂的田宅赐给了甘罗。

太史公说：樗里子因为是秦王的骨肉兄弟而受到尊重，固然也有它的道理。但是秦国人称赞他的智慧，所以较多地采录了他的事迹。甘茂从下蔡的民间发迹起家，名声显扬于诸侯，为强大的齐国、楚国所推重。甘罗年纪很轻，可是出了一条妙计而名垂后世。虽然他算不上品行忠厚的君子，但也是战国时代名副其实的谋士。须知，当秦国强盛起来的时候，天下尤其趋向使用阴谋诈术啊！

穰侯列传第十二

穰侯魏冉者，秦昭王母宣太后弟也。其先楚人，姓芈氏。

秦武王卒，无子，立其弟为昭王。昭王母故号为芈八子，及昭王即位，芈八子号为宣太后。宣太后非武王母。武王母号曰惠文后，先武王死。宣太后二弟：其异父长弟曰穰侯，姓魏氏，名冉；同父弟曰芈戎，为华阳君。而昭王同母弟曰高陵君、泾阳君。而魏冉最贤，自惠王、武王时任职用事。武王卒，诸弟争立，唯魏冉力为能立昭王。昭王即位，以冉为将军，卫咸阳。诛季君之乱，而逐武王后出之魏，昭王诸兄弟不善者皆灭之，威振秦国。昭王少，宣太后自治，任魏冉为政。

昭王七年，樗里子死，而使泾阳君质于齐。赵人楼缓来相秦，赵不利，乃使仇液之秦，请以魏冉为秦相。仇液将行，其客宋公谓液曰："秦不听公，楼缓必怨公。公不若谓楼缓曰'请为公毋急秦'。秦王见赵请相魏冉之不急，且不听公。公言而事不成，以德楼子；事成，魏冉故德公矣。"于是仇液从之。而秦果免楼缓而魏冉相秦。

欲诛吕礼，礼出奔齐。昭王十四年，魏冉举白起，使代向寿将而攻韩、魏，败之伊阙，斩首二十四万，虏魏将公孙喜。明年，又取楚之宛、叶。魏冉谢病免相，以客卿寿烛为相。其明年，烛免，复相冉，乃封魏冉于穰，复益封陶，号曰穰侯。

穰侯封四岁，为秦将攻魏。魏献河东方四百里。拔魏之河内，取城大小六十余。昭王十九年，秦称西帝，齐称东帝。月余，吕礼来，而齐、秦各复归帝为王。魏冉复相秦，六岁而免。免二岁，复相秦。四岁，而使白起拔楚之郢，秦置南郡。乃封白起为武安君。白起者，穰侯魏冉，是秦昭王母亲宣太后的弟弟。他的祖先是楚国人，姓芈。

秦武王死后，没有儿子，于是立他的弟弟做了国君，就是秦昭王。秦昭王的母亲原被称为芈八子，等到昭王即位后，芈八子才称为宣太后。宣太后不是武王的生母。武王的母亲称惠文后，在武王去世之前逝世。宣太后有两个弟弟：她的异父长弟就是穰侯，姓魏，名冉；她的同父弟弟叫芈戎，就是华阳君。昭王还有两个同母弟弟，一个称为高陵君，一个称为泾阳君。而魏冉最为贤能，从惠王、武王时就已任职处理国事。武王死后，诸兄弟争着继位，只有魏冉有能力拥立了昭王。昭王即位后，便任命魏冉做将军，护卫咸阳。他曾经平定了季君公子壮及一些大臣们的叛乱，驱逐武王后到魏国，昭王各兄弟中存心不良的全部诛灭，魏冉的声威一时震动秦国。当时昭王年纪还轻，宣太后亲自主持朝政，任用魏冉执政。

昭王七年，樗里子去世，秦国派泾阳君到齐国做人质。赵国人楼缓来秦国任相，赵国人认为这对赵国不利，于是派仇液到秦国游说，请求用魏冉做秦国的丞相。仇液即将上路，他的门客宋公对仇液说："假如秦国不听信您，楼缓一定会怨恨您。您不如对楼缓说：'请允许为了您的原因，不要急于向秦国提出要求。'秦王见赵国使者请求任用魏冉并不急切，将会不听您的。您这么说了，如果事情不成功，可以让楼缓感激；如果事情成功了，秦王任用魏冉为相，那么魏冉因此会感激您的。"于是，仇液听从了宋公的意见。秦国果然免掉了楼缓，而魏冉做了丞相。

秦昭王想要诛杀吕礼，吕礼逃奔到齐国。昭王十四年，魏冉推荐白起为将军，派他替代向寿领兵攻打韩国和魏国，在伊阙打败了他们，斩敌二十四万，俘虏了魏将公孙喜。第二年，又夺取了楚国的宛城、叶城。后来魏冉托病辞去丞相一职，秦王任用客卿寿烛为丞相。第二年，寿烛免职，又起用魏冉做丞相，于是把穰邑封给魏冉，后来又加封陶邑，称为穰侯。

穰侯受封的第四年，担任秦国将领攻打魏国。魏国被迫献出河东方圆四百里的土地。然后又占领了魏国的河内地区，夺取了大小城邑六十余座。昭王十九年，秦王号称西帝，齐王号称东帝。过了一个多月，吕礼又来到秦国，齐、秦两国国君撤销帝号仍旧称王。魏冉再度担任秦国丞相，六年后被免职。免职后二年，又担任秦国的丞相。第四年时，派白起攻取了楚国郢都，秦国设置了南郡。

穰侯之所任举也，相善。于是穰侯之富，富于王室。

昭王三十二年，穰侯为相国，将兵攻魏，走芒卯，入北宅，遂围大梁。梁大夫须贾说穰侯曰："臣闻魏之长吏谓魏王曰：'昔梁惠王伐赵，战胜三梁，拔邯郸；赵氏不割，而邯郸复归。齐人攻卫，拔故国，杀子良；卫人不割，而故地复反。卫、赵之所以国全兵劲而地不并于诸侯者，以其能忍难而重出地也。宋、中山数伐割地，而国随以亡。臣以为卫、赵可法，而宋、中山可为戒也。秦，贪戾之国也，而毋亲。蚕食魏氏，又尽晋国，战胜暴子，割八县，地未毕入，兵复出矣。夫秦何厌之有哉！今又走芒卯，入北宅，此非敢攻梁也，且劫王以求多割地。王必勿听也。今王背楚、赵而讲秦，楚、赵怒而去王，与王争事秦，秦必受之。秦挟楚、赵之兵以复攻梁，则国求无亡不可得也。愿王之必无讲也。王若欲讲，少割而有质；不然，必见欺。'此臣之所闻于魏也，愿君之以是虑事也。《周书》曰'惟命不于常'，此言幸之不可数也。夫战胜暴子，割八县，此非兵力之精也，又非计之工也，天幸为多矣。今又走芒卯，入北宅，以攻大梁，是以天幸自为常也。智者不然。臣闻魏氏悉其百县胜甲以上戍大梁，臣以为不下三十万。以三十万之众守梁七仞之城，臣以为汤、武复生，不易攻也。夫轻背楚、赵之兵，陵七仞之城，战三十万之众，而志必举之，臣以为自天地始分以至于今，未尝有者也。攻而不拔，秦兵必罢，陶邑必亡，则前功必弃矣。今魏氏方疑，可以少割收也。愿君逮楚、赵之兵未至于梁，亟以少割收魏。魏方疑而得以少割为利，必欲之，则君得所欲矣。楚、赵怒于魏之先己也，必争事秦，从以此散，而君后择焉。且君之得地岂必以兵哉！割晋国，秦兵不攻，而魏必效绛安邑。又为陶开两道，几尽故宋，卫必效单父。秦兵可全，而君制于是封白起为武安君。白起，是穰侯所举荐的将军，两人相互亲善。当时，穰侯之富，超过了王室。

秦昭王三十二年，穰侯任相国，带兵进攻魏国，赶走芒卯，进入北宅，接着围攻大梁。魏国大夫须贾劝说穰侯道："我听魏国的一位长吏对魏王说：'过去梁惠王攻打赵国，取得了三梁，拿下了邯郸；而赵王虽然战败也不肯割地，后来邯郸终于被收复。齐国人攻打卫国，打下了旧都，杀了子良；而卫人即使受辱也决不割地，而旧地又被归还。卫、赵两国之所以国家完整，军队强劲，土地不被诸侯兼并，就是因为他们能忍受困难而重视出让土地。宋国、中山国屡遭进犯又屡次割地，结果国家随即灭亡。我认为卫国、赵国值得效法，而宋国、中山国却应当引以为戒。秦国是贪婪凶残的国家，切勿亲近。它蚕食魏国，吞尽原属晋国之地；战胜了韩将暴鸢，割去八县，土地来不及全部并入，可军队又耀武扬威地出动了。秦国哪有满足的时候呢？现在又赶走了芒卯，进入了北宅，这不仅是敢于进攻魏都，而且是胁迫大王以求多割得土地。大王一定不要接受它的要求。现在大王若背弃楚国、赵国，而与秦国讲和，那么楚、赵两国必定怨恨而背离大王，与大王争着讨好秦国，秦国一定会接受他们。秦国挟制楚、赵两国的军队再来攻打魏国，那么魏国想不亡国都不可能了。希望大王一定不要讲和。也要少割让土地，而且要有秦国人质；不然，必定会上当受骗。'这是我从魏国听到的，希望您根据这些话来考虑问题。《周书》上说'天命不是衡常不变的'，这是说幸运是不可能经常出现的。秦国战胜暴鸢，割取八县，这不是由于兵力精锐，也不是计策精妙，而多半靠的是上天给予的运气。现在秦国又打败了芒卯，兵入北宅，进攻大梁，以此看来是把幸运当作常例了，明智的人不会这样。我听说魏国已经调集了上百个县的全部精兵良将来保卫大梁，看来不下于三十万人。用三十万人守卫大梁七丈高的城垣，我认为即使商汤、周武王死而复生，也是难以攻下的。轻率地背离楚国、赵国的军队，登上七丈高的城垣，与三十万大军对垒，并且决心一定要攻克，我以为从开天辟地到如今，不曾有过。攻而不克，秦国的军队一定会疲惫，大梁攻不下而陶邑一定会丢失，那就前功尽弃了。现在魏国正犹疑未决，可以乘此用少割土地的办法来收服魏国。希望您抓住楚、赵援军尚未到达大梁的时机，赶快用少割土地来收服魏国。魏国正当犹疑之际，会把少割土地视为有利，一定会这么办，那么您的愿望就会实现了。楚、赵两国对于魏国抢先一步与秦国讲和会感到恼怒，必定争着讨好秦国，合纵便因此瓦解，而您可以随后选择对策个个攻破。况且，您要取得土地也不一定非用军事手段呀！割取了原来的晋国土地，秦军不用进攻，魏国一定会献出绛城和安邑。这样又为您打开了河西、河东两条通道，几乎完全占有宋国旧地，随即卫国必会献出单父。

之，何索而不得，何为而不成！愿君熟虑之而无行危。”穰侯曰：“善。”乃罢梁围。

明年，魏背秦，与齐从亲。秦使穰侯伐魏，斩首四万，走魏将暴鸢，得魏三县。穰侯益封。

明年，穰侯与白起客卿胡阳复攻赵、韩、魏，破芒卯于华阳下，斩首十万，取魏之卷、蔡阳、长社，赵氏观津。且与赵观津，益赵以兵，伐齐。齐襄王惧，使苏代为齐阴遗穰侯书曰：“臣闻往来者言曰‘秦将益赵甲四万以伐齐’，臣窃必之敝邑之王曰‘秦王明而熟于计，穰侯智而习于事，必不益赵甲四万以伐齐’。是何也？夫三晋之相与也，秦之深仇也。百相背也，百相欺也，不为不信，不为无行。今破齐以肥赵。赵，秦之深仇，不利于秦。此一也。秦之谋者，必曰‘破齐，弊晋、楚，而后制晋、楚之胜’。夫齐，罢国也，以天下攻齐，如以千钧之弩决溃痈也，必死，安能弊晋、楚？此二也。秦少出兵，则晋、楚不信也；多出兵，则晋、楚为制于秦。齐恐，不走秦，必走晋、楚。此三也。秦割齐以啖晋、楚，晋、楚案之以兵，秦反受敌。此四也。是晋、楚以秦谋齐，以齐谋秦也，何晋、楚之智而秦、齐之愚？此五也。故得安邑以善事之，亦必无患矣。秦有安邑，韩氏必无上党矣。取天下之肠胃，与出兵而惧其不反也，孰利？臣故曰秦王明而熟于计，穰侯智而习于事，必不益赵甲四万以伐齐矣。”于是穰侯不行，引兵而归。

昭王三十六年，相国穰侯言客卿灶，欲伐齐取刚、寿，以广其陶邑。于是魏人范睢自谓张禄先生，讥穰侯之伐齐，乃越三晋以攻齐也，以此时奸说秦昭王。昭王于是用范睢。范睢言宣太后专制，穰侯擅权于诸侯，泾阳君、高陵君之属太侈，富于王室。于是秦昭王悟，乃免相国，令泾阳之属皆出关，就封邑。穰侯出关，辎车千乘有余。

秦军不动一兵一卒，您控制着他们，有什么要求不能得到，有什么作为不能成功呢？希望您仔细考虑而不要干冒险的行动。” 魏冉说：“好。”于是停止攻打梁，解围而去。

第二年，魏国背弃了秦国，同齐国合纵交好。秦王派穰侯攻打魏国，斩杀四万人，打跑了魏将暴鸢，得到了魏国三个县。穰侯又增加了封邑。

第二年，穰侯魏冉和白起及客卿胡阳又进攻赵国、韩国和魏国，在华阳城下，大败芒卯，斩杀十万人，夺取了魏国的卷、蔡阳、长社，赵国的观津。接着又把观津还给了赵国，并且充实了赵国兵力，让它去攻打齐国。齐襄王惧怕被伐，派苏代替齐国暗中送给穰侯一封信说：“我听来往人们传说‘秦国将要扩充赵国精兵四万来攻齐国’，我私下一定对我们国君说‘秦王明智并善于计谋，穰侯有智慧且熟悉政事，一定不会扩充赵国四万军队来攻打齐国’。为什么这么说呢？韩、赵、魏三国友好结盟，这是秦国的深仇大敌。它们三国之间的关系非同一般，尽管有上百次相背弃，上百次相欺骗，但都不算是背信弃义，不算是没有品行。现在打败齐国，会壮大赵国。赵国是秦国所仇视的大敌，显然对秦国不利，这是第一。秦国的谋臣策士们，一定会说‘攻破齐国，先削弱三晋和楚国的力量，然后再战而胜之’。其实，齐国是一个疲惫的国家，调集天下诸侯的兵力攻打齐国，就如同用千钧强弓去冲开溃烂的痈疽，齐国必亡无疑，又怎么能有助于打垮晋国、楚国呢？这是第二点。秦国若出兵少，那么三晋和楚国就不相信秦国；秦国多出兵，晋国、楚国会受制于秦国。齐国惧怕被伐，不会投靠秦国，而必定投靠三晋和楚国。这是第三。秦国用分割齐国来引诱晋国和楚国，而晋国和楚国派兵进驻加以扼守，秦国反而会腹背受敌。这是第四。这种做法就是让三晋和楚国借秦国之力谋取齐国，拿齐国之地对付秦国，为什么晋国、楚国很明智而秦国、齐国很愚蠢呢？这是第五点。因此，取得安邑把它治理好，也就一定没有祸患了。秦国占据了安邑，韩国一定会丧失上党。夺取天下的中心区域，与出兵而担忧其不能返回比较起来，哪个有利？这些道理都是显而易见的，所以我说秦王明智并善于计谋，穰侯有智慧且熟悉政事，肯定不会让赵国扩充四万士兵让其攻打齐国了。”于是穰侯不再进军，率领军队回去了。

昭王三十六年，相国穰侯与客卿竃计议，想要攻打齐国夺取刚、寿两城，借以扩大自己在陶邑的封地。这时有个魏国人范雎自称张禄先生，讥讽穰侯攻打齐国是越过三晋来进攻齐国，他趁着这个机会劝说秦昭王。昭王于是任用了范雎。范雎向秦昭王说宣太后在朝廷内专制，穰侯在外事上专权，泾阳君、高陵君等人则过于奢侈，富得超过了王室。这使秦昭王幡然醒悟，就免去了穰侯的相国，让泾阳君这些人都迁出国都，到自己的封地去。穰侯迁出关外，辎重车辆有一千多辆。

穰侯卒于陶，而因葬焉。秦复收陶为郡。

太史公曰：穰侯，昭王亲舅也。而秦所以东益地，弱诸侯，尝称帝于天下，天下皆西乡稽首者，穰侯之功也。及其贵极富溢，一夫开说，身折势夺而以忧死，况于羁旅之臣乎！

穰侯死于陶邑，所以就葬在那里。秦国又把陶邑收归中央，改设为郡。

太史公说：穰侯魏冉，是昭王的亲舅舅。秦国之所以能够向东扩张领土，削弱诸侯，曾经称帝天下，天下都俯首称臣，这当是穰侯的功劳。等到显贵至极豪富无比之时，一人说破，便身受挫折，势力被削夺，以致忧愤而死，何况那些寄居异国的臣子呢？

白起王翦列传第十三

白起者，郿人也。善用兵，事秦昭王。昭王十三年，而白起为左庶长，将而击韩之新城。是岁，穰侯相秦，举任鄙以为汉中守。其明年，白起为左更，攻韩、魏于伊阙，斩首二十四万，又虏其将公孙喜，拔五城。起迁为国尉。涉河取韩安邑以东，到乾河。明年，白起为大良造。攻魏，拔之，取城小大六十一。明年，起与客卿错攻垣城，拔之。后五年，白起攻赵，拔光狼城。后七年，白起攻楚，拔鄢、邓五城。其明年，攻楚，拔郢，烧夷陵，遂东至竟陵。楚王亡去郢，东走徙陈。秦以郢为南郡。白起迁为武安君。武安君因取楚，定巫、黔中郡。昭王三十四年，白起攻魏，拔华阳，走芒卯，而虏三晋将，斩首十三万。与赵将贾偃战，沈其卒二万人于河中。昭王四十三年，白起攻韩陉城，拔五城，斩首五万。四十四年，白起攻南阳太行道，绝之。

四十五年，伐韩之野王。野王降秦，上党道绝。其守冯亭与民谋曰："郑道已绝，韩必不可得为民。秦兵日进，韩不能应，不如以上党归赵。赵若受我，秦怒，必攻赵。赵被兵，必亲韩。韩赵为一，则可以当秦。"因使人报赵。赵孝成王与平阳君、平原君计之。平阳君曰："不如勿受。受之，祸大于所得。"平原君曰："无故得一郡，受之便。"赵受之，因封冯亭为华阳君。

四十六年，秦攻韩缑氏、蔺，拔之。

四十七年，秦使左庶长王龁攻韩，取上党。上党民走赵。赵军长平，以按据上党民。四月，龁因攻赵。赵使廉颇将。赵军士卒犯秦斥白起，是陕西郿县人。他很会用兵，侍奉秦昭王。昭王十三年，白起任左庶长，领兵攻打韩国的新城。这年，穰侯魏冉在秦国任丞相。他举用任鄙做了汉中郡守。第二年，白起又被封为左更，在伊阙攻打韩、魏两国联军，斩敌二十四万人，又俘虏了他们的将领公孙喜，拿下了五座城邑。白起因功升为国尉。接着他又率兵渡过黄河，夺取了韩国安邑以东直到乾河一带大片土地。第三年，白起做了大良造，领兵攻打魏国，夺取了大小城邑六十一座。此后第二年，白起又与客卿司马错一起进攻并拿下了垣城。此后的第五年，白起攻打赵国，夺取了光狼城。七年后，白起攻打楚国，占领了鄢、邓等五座城邑。此后第二年，再次进攻楚国，占领了楚都城郢，烧毁了楚王先祖陵墓，并长驱东进，一直到达竟陵。楚王被迫逃离郢都，向东逃难，迁都陈县。秦国便把郢地设为其南郡，白起因此被封为武安君。接着他又趁势进攻楚地，占领了巫山、黔中两郡。昭王三十四年，白起进攻魏国，夺取了华阳，赶走了芒卯，并且俘获了三个将领，斩敌十三万人。当时，白起与赵国将领贾偃交战，把赵国两万多降兵沉到黄河里。昭王四十三年，白起进攻韩国的陉城，一连夺取了五座城邑，斩敌五万人。昭王四十四年，白起进攻韩国南阳的太行道，截断了这条通道。

秦昭王四十五年，白起发兵攻打韩国的野王郡，野王投降，从而使韩国的上党地区与本国的联系被切断。上党郡守冯亭便同百姓们谋划说："通往郑都的道路已经断绝，韩国已经不能再管我们了。秦军现在一天天逼近，韩国无法接应我们，我们不如随上党一起归附赵国。赵国如果接纳了我们，秦国一定会恼怒，因而攻打赵国。赵国遭到武力攻击，必定会联合韩国。韩、赵两国联合起来，就可以抵挡秦国。"议罢，于是便派人通报赵国。赵孝成王跟平阳君和平原君一起商讨这件事，平阳君说："还是不接受的好。接受它，带来的殃祸要比得到的好处大得多。"平原君说："平白地得到一个郡，接受它有利。"于是赵国接受了上党，封冯亭为华阳君。

昭王四十六年，秦国攻占了韩国的缑氏和蔺邑。

昭王四十七年，秦国派左庶长王龁进攻韩国，夺取了上党。上党的百姓纷纷逃往赵国。赵国在长平屯兵，以便安置援救上党的百姓。四月，王龁借此进攻赵国。赵国派廉颇为统帅指挥长平军队。秦赵两军士兵时有交手，赵军士兵杀了秦兵，秦斥兵斩赵裨将茄。六月，陷赵军，取二鄣四尉。七月，赵军筑垒壁而守之。秦又攻其垒，取二尉，败其阵，夺西垒壁。廉颇坚壁以待秦，秦数挑战，赵兵不出。赵王数以为让。而秦相应侯又使人行千金于赵为反间，曰："秦之所恶，独畏马服子赵括将耳，廉颇易与，且降矣。"赵王既怒廉颇军多失亡，军数败，又反坚壁不敢战，而又闻秦反间之言，因使赵括代廉颇将以击秦。秦闻马服子将，乃阴使武安君白起为上将军。而王龁为尉裨将，令军中有敢泄武安君将者斩。赵括至，则出兵击秦军。秦军详败而走，张二奇兵以劫之。赵军逐胜，追造秦壁。壁坚拒不得入，而秦奇兵二万五千人绝赵军后，又一军五千骑绝赵壁间，赵军分而为二，粮道绝。而秦出轻兵击之。赵战不利，因筑壁坚守，以待救至。秦王闻赵食道绝，王自之河内，赐民爵各一级，发年十五以上悉诣长平，遮绝赵救及粮食。

至九月，赵卒不得食四十六日，皆内阴相杀食。来攻秦垒，欲出。为四队，四五复之，不能出。其将军赵括出锐卒自搏战，秦军射杀赵括。括军败，卒四十万人降武安君。武安君计曰："前秦已拔上党，上党民不乐为秦而归赵。赵卒反覆。非尽杀之，恐为乱。"乃挟诈而尽坑杀之，遗其小者二百四十人归赵。前后斩首虏四十五万人。赵人大震。

四十八年十月，秦复定上党郡。秦分军为二：王龁攻皮牢，拔之；司马梗定太原。韩、赵恐，使苏代厚币说秦相应侯曰："武安君禽马服子乎？"曰："然。"又曰："即围邯郸乎？"曰："然。""赵亡则秦王王矣，武安君为三公。武安君所为秦战胜攻取者七十余城，南定鄢、郢、汉中，北禽赵括之军，虽周、召、吕望之功不益于此矣。今赵亡，秦王王，则武安君必为三公，君能为之下乎？虽无欲为之下，固不得已矣。秦尝攻韩，围邢丘，困上党，上党军侦察兵，秦国的侦察兵杀死了赵国的裨将茄。六月，秦军打败赵军，夺下两个城堡，俘虏了四个校尉官。七月，赵军高筑堡垒，坚壁不出。秦军实施攻坚，俘虏了两个尉官，攻破了赵军阵地，夺下了西边的营垒。廉颇坚守营垒来对付秦军的进攻，秦军屡次挑战，赵兵坚守不出。赵王多次因此责备廉颇。秦国丞相应侯又派人到赵国行贿千金施以反间计，大肆宣扬说："秦国所担心的，只是怕马服君的儿子赵括担任将领而已，廉颇容易对付，他就要投降了。"赵王早已恼怒廉颇的军队多有损失伤亡，屡次战败，却又坚守营垒不出战，再加上听到许多反间谣言，信以为真，就派赵括代替廉颇领兵来攻击秦军。秦国听说赵括领兵，就暗中派武安君白起担任上将军，让王龁担任尉官副将，并命令军队中有敢于泄露白起领兵的杀。赵括一到任上，就发兵进击秦军。秦军假装战败而逃，同时出动二支奇兵截击赵军。赵军乘胜追击，直追到秦军营垒。但是秦军营垒十分坚固难以攻破，而秦国奇兵二万五千人断绝了赵军后路，另一支军队五千骑兵穿插到赵军营垒之间，断绝了他们的联系，把赵军分割成两个孤立的部分，截断运粮通道。这时秦军派出轻装精兵实施攻击，赵军出战不利，就筑营垒坚守，等待援兵的到来。秦王得知赵军运粮通道已被截断，他亲自到河内，赐给百姓爵位各一级，征发十五岁以上的人全部去往长平战场，拦截赵国的救兵与粮草供应。

到了九月，赵军士兵已经四十六天没得到粮食了，甚至暗中为争夺食物互相残杀吃人肉。困厄已极的赵军向秦军营垒发动进攻，想逃出去。他们编成四队，反复冲杀了四五次，没能冲出。赵国将军赵括出动精锐士兵并亲自搏杀战斗，秦军射死了赵括。赵括的部队大败，士兵四十万人向武安君投降。武安君谋划着说："从前秦军已经攻下上党，上党百姓不乐意投靠秦国而归附了赵国。赵军士兵反覆无常，不全部杀掉他们，恐怕要出乱子。"于是用欺骗伎俩把赵国降兵全部活埋了，只留下年纪小的二百四十人放还。此战前后斩首擒杀赵兵四十五万人，赵国上下一片震惊。

昭王四十八年十月，秦军再次平定上党郡。以后，秦军兵分两路，王龁攻下了皮牢，司马梗平定了太原。韩、赵两国十分害怕，就派苏代携带重金去游说秦丞相应侯说："武安君擒杀赵括了吗？"应侯回答说："是。"苏代又问："秦军即将围攻邯郸吗？"应侯回答说："是。"于是苏代说："赵国灭亡，秦王就要君临天下了，武安君会做三公。武安君为秦国攻占夺取的城邑有七十多座，南边平定了楚国的鄢、郢及汉中地区，在北方擒获了赵括的四十万大军，即使历史上赫赫有名的周公、召公和吕望的功勋也不能超过这些了。如果赵国灭亡，秦王君临天下，那么武安君位居三公是定而无疑的，您能做他的下属吗？即使不甘心屈居下位，也已经不可能了。秦军曾进攻韩国，包围邢丘，围困上党，上党的百之民皆反为赵，天下不乐为秦民之日久矣。今亡赵，北地入燕，东地入齐，南地入韩、魏，则君之所得民亡几何人。故不如因而割之，无以为武安君功也。”于是应侯言于秦王曰：“秦兵劳，请许韩、赵之割地以和，且休士卒。”王听之，割韩垣雍、赵六城以和。正月，皆罢兵。武安君闻之，由是与应侯有隙。

其九月，秦复发兵，使五大夫王陵攻赵邯郸。是时武安君病，不任行。四十九年正月，陵攻邯郸，少利，秦益发兵佐陵。陵兵亡五校。武安君病愈，秦王欲使武安君代陵将。武安君言曰：“邯郸实未易攻也。且诸侯救日至，彼诸侯怨秦之日久矣。今秦虽破长平军，而秦卒死者过半，国内空。远绝河山而争人国都，赵应其内，诸侯攻其外，破秦军必矣。不可。”秦王自命，不行；乃使应侯请之，武安君终辞不肯行，遂称病。

秦王使王龁代陵将，八九月围邯郸，不能拔。楚使春申君及魏公子将兵数十万攻秦军，秦军多失亡。武安君言曰：“秦不听臣计，今如何矣！”秦王闻之，怒，强起武安君，武安君遂称病笃。应侯请之，不起。于是免武安君为士伍，迁之阴密。武安君病，未能行。居三月，诸侯攻秦军急，秦军数却，使者日至。秦王乃使人遣白起，不得留咸阳中。武安君既行，出咸阳西门十里，至杜邮。秦昭王与应侯群臣议曰：“白起之迁，其意尚怏怏不服，有余言。”秦王乃使使者赐之剑，自裁。武安君引剑将自刭，曰：“我何罪于天而至此哉？”良久，曰：“我固当死。长平之战，赵卒降者数十万人，我诈而尽坑之，是足以死。”遂自杀。武安君之死也，以秦昭王五十年十一月。死而非其罪，秦人怜之，乡邑皆祭祀焉。

王翦者，频阳东乡人也。少而好兵，事秦始皇。始皇十一年，翦将攻赵阏与，破之，拔九城，十八年，翦将攻赵。岁余，遂拔赵，赵王降，尽定赵地为郡。明年，燕使荆轲为贼于秦，秦王使王翦攻姓都转而归附赵国，天下人不乐意做秦国的百姓已很久了。如果把赵国灭掉，它北边的土地将落入燕国，东边的土地将并入齐国，南方的土地落入韩国、魏国，那么您得到的百姓也没多少了。所以不如趁着韩国、赵国惊恐之际让它们割让土地，不要让它都成为武安君的功劳。”听了苏代这番话应侯便向秦王进言道：“秦国士兵太劳累了，请您应允韩国、赵国割让他们的土地来讲和，并能休养士兵。”秦王听从了应侯的意见，割取了韩国的垣雍和赵国的六座城邑便讲和了。正月，双方罢兵。武安君听说了这件事，从此和应侯有了嫌隙。

同年九月，秦国再次发兵，派五大夫王陵攻打赵国邯郸。这时武安君病了，不能出征。昭王四十九年正月，王陵进攻邯郸，没有进展，获利不大，秦国便增派部队帮助王陵。结果王陵部队损失了五个营。武安君病好了，秦王打算派武安君替代王陵统率部队。武安君进言说：“邯郸实在是不易攻下，而且诸侯国的援兵马上就要到了。那些诸侯对秦国的怨恨已经积蓄很久了。现在秦国虽然消灭了长平的赵军，但是秦军的伤亡也超过了一半，国内空虚。如果远行越过河山去争夺别人的国都，赵军在城里抵御，诸侯从外攻击，里应外合，内外夹击，必定能打败秦军。不可以打了。”秦王亲自下令，武安君也没有赴任；于是就派应侯去请他，但武安君最后仍推辞不肯去，于是称病不起。

秦王派王龁代替王陵为将，八、九月时围攻邯郸，没能攻下来。楚国派春申君同魏公子信陵君率领数十万大军攻击秦军，秦军损失伤亡很大。武安君听了说道：“秦王不听我的意见，现在怎么样？”秦王听到后，大怒，强迫起用武安君，武安君就称病情严重。应侯又请他，仍是不赴任。于是免去武安君的官爵贬为士兵，并让他迁到阴密。但武安君有病，没有动身。过了三个月，诸侯联军攻击秦军更加紧急，秦军多次退却，报告失利情况的信使每天都有。秦王于是派人遣发白起，不让他留在咸阳城里。武安君已经上路，出咸阳西门十里，到了杜邮。秦昭王与应侯以及群僚议论说：“让白起迁出咸阳，他流露出不服气的样子，有怨言。”秦王就派遣人赐给他一把剑，让他自杀。武安君拿着剑将要抹脖子时叹道：“我做了什么得罪上天，竟落得这个结果？”过了很久，说：“我本来就该死。长平之战，赵国降兵数几十万人，我用欺诈之术全都把他们活埋了，这足以致死罪了。”就自杀了。武安君死时，是秦昭王五十年十一月。因为武安君的死不是因为他的罪过，所以秦国人都同情他，不论城里乡下，人们都祭祀他。

王翦，是频阳东乡人。年少时就喜欢军事，后来侍奉秦始皇。始皇十一年，王翦率兵攻打赵国的阏与，攻陷后，又一连攻下九座城池。始皇十八年，王翦率军攻打赵国。一年多后，攻下赵国，赵王投降，全部平定了赵国的土地，改设为郡。第二年，燕国派荆轲到秦国行刺秦王，秦王派王翦攻打燕国。燕王喜逃往辽燕。燕王喜走辽东，翦遂定燕蓟而还。秦使翦子王贲击荆，荆兵败。还击魏，魏王降，遂定魏地。

秦始皇既灭三晋，走燕王，而数破荆师。秦将李信者，年少壮勇，尝以兵数千逐燕太子丹至于衍水中，卒破得丹，始皇以为贤勇。于是始皇问李信："吾欲攻取荆，于将军度用几何人而足？"李信曰："不过用二十万人。"始皇问王翦，王翦曰："非六十万人不可。"始皇曰："王将军老矣，何怯也！李将军果势壮勇，其言是也。"遂使李信及蒙恬将二十万南伐荆。王翦言不用，因谢病，归老于频阳。李信攻平与，蒙恬攻寝，大破荆军。信又攻鄢、郢，破之，于是引兵而西，与蒙恬会城父。荆人因随之，三日三夜不顿舍，大破李信军，入两壁，杀七都尉，秦军走。

始皇闻之，大怒，自驰如频阳，见谢王翦曰："寡人以不用将军计，李信果辱秦军。今闻荆兵日进而西，将军虽病，独忍弃寡人乎！"王翦谢曰："老臣罢病悖乱，唯大王更择贤将。"始皇谢曰："已矣，将军勿复言！"王翦曰："大王必不得已用臣，非六十万人不可。"始皇曰："为听将军计耳。"于是王翦将兵六十万人，始皇自送至灞上。王翦行，请美田宅园池甚众。始皇曰："将军行矣，何忧贫乎？"王翦曰："为大王将，有功终不得封侯，故及大王之乡臣，臣亦及时以请园池为子孙业耳。"始皇大笑。王翦既至关，使使还请善田者五辈。或曰："将军之乞贷，亦已甚矣。"王翦曰："不然。夫秦王怚而不信人。今空秦国甲士而专委于我，我不多请田宅为子孙业以自坚，顾令秦王坐而疑我邪？"

王翦果代李信击荆。荆闻王翦益军而来，乃悉国中兵以拒秦。王翦至，坚壁而守之，不肯战。荆兵数出挑战，终不出。王翦日休士洗沐，而善饮食抚循之，亲与士卒同食。久之，王翦使人问军中戏乎。对曰："方投石超距。"于是王翦曰："士卒可用矣。"荆数挑战而秦不出，乃引而东。翦因举兵追之，令壮士击，大破荆军。至蕲南，东，王翦终于平定了燕都蓟城而回。秦王派王翦的儿子王贲攻打楚国，楚兵战败。返回来攻打魏国，魏王投降，最后平定了魏国。

秦始皇灭掉了韩、赵、魏三国，赶走了燕王，同时多次打败楚军。秦国将领李信，年轻气盛，强壮勇猛，曾带领几千士兵追击燕太子丹一直到衍水之上，最后打败燕军活捉太子丹，秦始皇因此认为李信贤能勇敢。当时秦始皇问李信："我想要攻取楚国，将军认为要调用多少人才够？"李信答道："最多不过二十万人。"秦始皇又问王翦，王翦回答说："至少得六十万人才行。"秦始皇说："王将军老了，怎么胆怯了？李将军果断勇敢，他的话说得对呀。"于是就派李信及蒙恬带兵二十万向南讨伐楚国。王翦的意见不被采用，因此推托有病，回频阳家乡养老。李信攻打平与，蒙恬攻打寝邑，大败楚军。李信又攻打鄢郢并拿了下来，于是率军向西挺进，与蒙恬在城父会师。楚国人因此乘机紧随秦军，三天三夜没有停息，最后大败李信部队，攻破了两个军营，杀死七个都尉，秦军大败而逃。

秦始皇听到这个消息，大为震怒，亲自驱车赶往频阳，向王翦道歉说："我因为没有采用您的计策，李信果然使秦军遭受了耻辱。现在听说楚军正一天天向西逼近，将军虽然病了，难道忍心丢下我吗？"王翦推辞说："老臣疲弱有病昏聩糊涂，希望大王另择良将。"秦始皇再次表示歉意说："好啦，将军不要再推辞了！"王翦说："大王如果非要用我，那么非要六十万人不可。"秦始皇答应说："一定听从将军的计策。"于是王翦率领六十万大军出发，秦始皇亲自送到灞上。王翦临行时，请求赐给他许多良田、美宅、园林池苑等。秦始皇说："将军出发吧，为什么担心贫穷呢？"王翦说："替大王带兵打仗，即使有功劳最后也难以封侯赐爵，所以乘着大王还倚重我，我也得及时请求大王赐予园林池苑，以给子孙后代置份产业吧。"秦始皇听了哈哈大笑。王翦出发到了函谷关，五次派使者回去请求赐予好田。有人说："将军请求赏赐，也太过分了吧。"王翦说："这么说不对。秦王性情粗暴对人多疑，现在把秦国的军队士兵全部支付给我，我不多多请求田宅替子孙经营产业，来表示我对秦国的忠贞，反而让秦王因此怀疑我吗？"

王翦果真代替了李信，开始进攻楚国。楚王得知王翦增兵而来，就调用全国的军队来抗击秦军。王翦抵达战场后，加固营垒防守，不肯出战。楚军屡次挑战，他始终坚守不出。王翦让士兵们天天休息洗浴，供给精美的饮食抚慰他们，亲自与士兵同饮同食。过了一段时间，王翦派人询问军队中正在玩什么游戏，回来报告说："正在投掷石块和跳远比赛。"于是王翦说："士兵可以用了。"楚军屡次挑战，秦军不肯应战，就领兵向东去了。王翦趁机发兵追击他们，命令精杀其将军项燕，荆兵遂败走。秦因乘胜略定荆地城邑。岁余，虏荆王负刍，竟平荆地为郡县。因南征百越之君。而王翦子王贲，与李信破定燕、齐地。

秦始皇二十六年，尽并天下，王氏、蒙氏功为多，名施于后世。

秦二世之时，王翦及其子贲皆已死，而又灭蒙氏。陈胜之反秦，秦使王翦之孙王离击赵，围赵王及张耳巨鹿城。或曰："王离，秦之名将也。今将强秦之兵，攻新造之赵，举之必矣。"客曰："不然。夫为将三世者必败。必败者何也？必其所杀伐多矣，其后受其不祥。今王离已三世将矣。"居无何，项羽救赵，击秦军，果虏王离，王离军遂降诸侯。

太史公曰：鄙语云"尺有所短，寸有所长"。白起料敌合变，出奇无穷，声震天下，然不能救患于应侯。王翦为秦将，夷六国，当是时，翦为宿将，始皇师之，然不能辅秦建德，固其根本，偷合取容，以至圽身。及孙王离为项羽所虏，不亦宜乎！彼各有所短也。

锐的士兵出击，大破楚军。追到蕲南，杀了楚将项燕，楚军于是大败而逃。秦军乘胜夺取了楚国的土地城邑。一年后，俘虏了楚王负刍，终于平定了楚地，改设为郡县。趁势又向南征伐百越国。而王翦的儿子王贲，同时也与李信攻陷了燕国和齐国的领地。

秦始皇二十六年，秦国吞并了天下全部诸侯国，王将军和蒙将军的功劳最多，名声流传于后世。

秦二世的时候，王翦和他的儿子王贲都已去世，而蒙恬也因被构陷而遭诛杀。陈胜起义反秦时，秦二世派王翦的孙子王离攻打赵国，把赵王和张耳围困在巨鹿城。当时有人说："王离，是秦朝的名将。现在他率领强大的秦军攻打刚刚建立的赵国，攻克它是肯定的。"一个过客说："不然。那些做将领的世家到了第三代必定会败亡。为什么必败呢？他家杀戮的人太多了，他家的后代就要承受不吉祥的惩罚。现在王离已是第三代将领了。"没过多久，项羽救援赵国，攻打秦军，果然俘虏了王离，王离的军队于是投降了诸侯军。

太史公说：俗话说"尺有所短，寸有所长"，白起预料敌情能随机应变，妙计层出不穷，名震天下，然而却不能解除应侯给他制造的祸患。王翦作为秦国将领，平定了六国，功绩卓著，在当时已是元老将军，秦始皇尊他为师，然而他不能辅佐秦始皇建立德政，以巩固它的根本，苟且迎合，以求容身，直至死去。到了他的孙子王离被项羽俘虏，不也是理所当然的吗？他们各有自己的短处啊。

孟子荀卿列传第十四

太史公曰：余读《孟子》书，至梁惠王问“何以利吾国”，未尝不废书而叹也。曰：嗟乎，利，诚乱之始也！夫子罕言利者，常防其原也。故曰“放于利而行，多怨”。自天子至于庶人，好利之弊何以异哉！

孟轲，驺人也。受业子思之门人。道既通，游事齐宣王，宣王不能用。适梁，梁惠王不果所言，则见以为迂远而阔于事情。当是之时，秦用商君，富国强兵；楚、魏用吴起，战胜弱敌；齐威王、宣王用孙子、田忌之徒，而诸侯东面朝齐。天下方务于合从连衡，以攻伐为贤，而孟轲乃述唐、虞、三代之德，是以所如者不合。退而与万章之徒序诗书，述仲尼之意，作孟子七篇。其后有驺子之属。

齐有三驺子。其前驺忌，以鼓琴干威王，因及国政，封为成侯而受相印，先孟子。

其次驺衍，后孟子。驺衍睹有国者益淫侈不能尚德，若大雅整之于身，施及黎庶矣。乃深观阴阳消息而作怪迂之变，终始、大圣之篇十余万言。其语闳大不经，必先验小物，推而大之，至于无垠。先序今以上至黄帝，学者所共术，大并世盛衰，因载其禨祥度制，推而远之，至天地未生，窈冥不可考而原也。先列中国名山大川通谷禽兽水土所殖、物类所珍，因而推之，及海外人之所不能睹。称引天地剖判以来，五德转移，治各有宜，而符应若兹。以为儒者所谓中国者，于天下乃八十一分居其一分耳。中国名曰赤县神州。赤县神州内自有九州，禹之序九州是也，不得为州数。中国外如赤县神州者九，乃所谓九州也。于是有裨海环之，人民禽兽莫能相通者，如一区中者，乃为一州。如此者九，乃有大瀛海环其外，天地之际焉。其术皆此类也。

太史公说：我读《孟子》一书，读到梁惠王问“怎么样有利于我的国家”时，没有一次不放下书而感叹的。我感叹说：唉呀，功利实在是祸乱的源头啊！孔子很少谈及功利的原因，就在于要经常防范祸乱的根源。所以说“依照功利行事，会有很多怨恨”。从天子到平民百姓，喜好名利的毛病有什么区别呢！

孟轲，是邹国人。他曾向子思的弟子求过学。当通晓孔道之后，就出游侍奉齐宣王，宣王没能任用他。于是到了魏国，梁惠王不但不听信他的主张，并且认为他的话迂曲遥远并且空阔不切实际。当时，各诸侯国都在实行变革，秦国任用商鞅，使国家富足、兵力强大；楚国、魏国也都任用过吴起，打胜仗削弱敌人；齐威王和宣王举用孙膑和田忌等人，国力强盛，使各诸侯国都东来朝拜齐国。天下正力求合纵连横，把能够攻城伐地的人当作贤能的人，孟子却称述唐尧、虞舜以及夏、商、周三代的德政，因此不符合他所周游的那些国家的需要。于是就回到家乡和万章等人编订《诗经》、《尚书》，阐述孔子的学说，写成《孟子》一书，共七篇。在他之后出现了学者邹子等人。

齐国有三个邹子。在孟轲之前的是邹忌，他借弹琴的技艺得以求见齐威王，趁势谈及国政，被封为成侯并接受相印，做了宰相，他生活的时代要早于孟子。

第二个叫邹衍，后于孟子。邹衍目睹了那些掌握一国之权的诸侯们越来越荒淫奢侈，不能崇尚德政，不像《诗经·大雅》所要求的那样先整饬自己，就能推行到平民百姓了。于是就深入观察万物的阴阳消长，记述怪异玄虚的变化，写成如《终始》、《大圣》等篇共十余万字。他的话空阔远大，没有根据，一定要先从细小的事物验证开始，然后推广到大的事物，直到无边无际。先从现在往上直推到黄帝，是学者共同研讨的方法，大体随着时代的盛衰，就记载下它的吉凶和法度规律，推而远之，直到天地未形成的时候，深远奥妙而不能考究溯源。他先列出中国的名山大川，长谷、禽兽，水土所生的，各种物类中最珍贵的，一概俱全，并由此推广开去，直到人们根本看不到的海外。称引天地剖分以来，五德循环转动，治理天下各有相应的方法，天命和人事符合照应得这样巧妙。他认为儒家所说的中原，只不过是天下的八十一分之一罢了。中原称作“赤县神州”。赤县神州之内又有九州，就是夏禹按次序排列的九个州，但不能算是州的全部数目。在中原之外，像是赤县神州的地方还有九个。这才是所谓的九州了。在这里然要其归，必止乎仁义节俭、君臣上下、六亲之施，始也滥耳。王公大人初见其术，惧然顾化，其后不能行之。

是以驺子重于齐。适梁，惠王郊迎，执宾主之礼。适赵，平原君侧行撇席。如燕，昭王拥彗先驱，请列弟子之座而受业，筑碣石宫，身亲往师之。作主运。其游诸侯见尊礼如此，岂与仲尼菜色陈蔡，孟轲困于齐梁同乎哉！故武王以仁义伐纣而王，伯夷饿不食周粟；卫灵公问陈，而孔子不答；梁惠王谋欲攻赵，孟轲称大王去邠。此岂有意阿世俗苟合而已哉！持方枘欲内圜凿，其能入乎？或曰，伊尹负鼎而勉汤以王，百里奚饭牛车下而缪公用霸，作先合，然后引之大道。驺衍其言虽不轨，傥亦有牛鼎之意乎？

自驺衍与齐之稷下先生，如淳于髡、慎到、环渊、接子、田骈、驺奭之徒，各著书言治乱之事，以干世主，岂可胜道哉！

淳于髡，齐人也。博闻强记，学无所主。其谏说，慕晏婴之为人也，然而承意观色为务。客有见髡于梁惠王，惠王屏左右，独坐而再见之，终无言也。惠王怪之，以让客曰："子之称淳于先生，管、晏不及，及见寡人，寡人未有得也。岂寡人不足为言邪？何故哉？"客以谓髡。髡曰："固也。吾前见王，王志在驱逐；后复见王，王志在音声：吾是以默然。"客具以报王，王大骇，曰："嗟乎，淳于先生诚圣人也！前淳于先生之来，人有献善马者，寡人未及视，会先生至。后先生之来，人有献讴者，未及试，亦会先生来。寡人虽屏人，然私心在彼，有之。"后淳于髡见，壹语连三日三夜无倦。惠王欲以都有小海环绕，人民乃至禽兽不能彼此相通，像是一个独立的区域，这才算是一州。像这样的州共有九个，更有大海环绕在它的外面，那就到了天地的边际了。邹衍的学说都是这一类述说。然而，总结它的要旨，一定都归结到了仁义节俭，并在君臣上下和六亲之间施行，不过所论空泛不实。王公大人初见他的学说，感到惊异而引起思考并受到感化，到后来却不能实行。

因此，邹衍在齐国受到尊重。到魏国，梁惠王远接高迎，使用主人接待客人的礼节。到赵国，平原君侧身陪行，并用衣袖拂拭座席。到燕国，燕昭王拿着扫帚清扫道路为他做先导，并请求坐在弟子的座位上向他学习，还曾为他修建碣石宫，亲自去拜他为老师。邹衍写了《主运》一书。邹衍周游各国受到如此礼遇，这哪里像孔子在陈国、蔡国面有菜色，孟轲在齐国、梁国遇到困厄那样呢？从前武王靠仁义讨伐商纣而称王，伯夷宁肯饿死不吃周朝的粮食；卫灵公问起行军布阵，孔子却不予回答；梁惠王计划想攻打赵国，孟轲却称颂太王离开邠地的事迹。这些有名人物的做法，难道是有意迎合世俗讨好人主就算了吗？拿着方凿想放进圆榫眼，哪能放得进去呢？有人说，伊尹背着鼎去勉励商汤成就王业；百里奚在车下喂牛而秦缪公靠他称了霸。他们的做法都是先投合人主的意愿，然后引导人主走上正大的道路上去。邹衍的话虽然不合常理常情，或许也有百里奚喂牛、伊尹负鼎的用意吧？

从邹衍到齐国稷下的诸多学士，如淳于髡、慎到、环渊、接子、田骈、邹奭等人，各自著书立说谈论天下治乱的大事，来晋见当世的国君，这些怎么能说得尽呢？

淳于髡，是齐国人。博闻强记，治学兼采众家之言。从他劝说君王的言谈中看，似乎他仰慕晏婴直言敢谏的为人，然而致力于承受意旨和察言观色。一次，有个宾客向梁惠王推荐淳于髡，惠王喝退身边的侍从，单独坐着两次接见他，可是他始终一言不发。惠王感到很奇怪，责备那位宾客说：“你称赞淳于先生，说连管仲、晏婴都赶不上他，等到他见了我，我是一点收获也没得到啊。难道是我不够格和他谈话吗？这是为什么呢？”宾客于是把这些话对淳于髡说了。淳于髡说：“本来嘛。我前一次进见魏王，魏王的心思全用在相马上；后一次再见大王，大王的心思却用在了声色上，因此我才默不作声。”那个宾客把淳于髡的话全部报告了惠王，惠王大为惊讶，说：“哎呀，淳于先生确实是圣人啊！前一次淳于先生来时，有个人献上一匹好马，我还没来得及相一相，恰巧淳于先生来了。后一次来的时候，又有个人献来歌伎，我还没来得及试试，正好先生又来了。我接见淳于先生时虽然斥退了身边侍从，可是心里却想着马和歌伎，有这回事。”后来淳于髡见惠王，连着谈了三天三夜都不困倦。惠王打算封给淳于髡卿卿相位待之，髡因谢去。于是送以安车驾驷，束帛加璧，黄金百镒。终身不仕。

慎到，赵人。田骈、接子，齐人。环渊，楚人。皆学黄老道德之术，因发明序其指意。故慎到著十二论，环渊著上下篇，而田骈、接子皆有所论焉。

驺奭者，齐诸驺子，亦颇采驺衍之术以纪文。

于是齐王嘉之，自如淳于髡以下，皆命曰列大夫，为开第康庄之衢，高门大屋，尊宠之。览天下诸侯宾客，言齐能致天下贤士也。

荀卿，赵人。年五十始来游学于齐。驺衍之术迂大而闳辩；奭也文具难施；淳于髡久与处，时有得善言。故齐人颂曰："谈天衍，雕龙奭，炙毂过髡。"田骈之属皆已死。齐襄王时，而荀卿最为老师。齐尚修列大夫之缺，而荀卿三为祭酒焉。齐人或谗荀卿，荀卿乃适楚，而春申君以为兰陵令。春申君死而荀卿废，因家兰陵。李斯尝为弟子，已而相秦。荀卿嫉浊世之政，亡国乱君相属，不遂大道而营于巫祝，信禨祥，鄙儒小拘，如庄周等又猾稽乱俗，于是推儒、墨、道德之行事兴坏，序列著数万言而卒。因葬兰陵。

而赵亦有公孙龙为坚白同异之辩，剧子之言；魏有李悝，尽地力之教；楚有尸子、长卢；阿之吁子焉。自如孟子至于吁子，世多有其书，故不论其传云。

盖墨翟，宋之大夫，善守御，为节用。或曰并孔子时，或曰在其后。

相官位，淳于髡客气地推辞不受便离开了。于是送给他四匹马的平稳坐车、五匹帛和璧玉以及百镒黄金。淳于髡终身没有做官。

慎到，是赵国人。田骈、接子，是齐国人。环渊，是楚国人。他们都学习黄帝、老子关于道德方面的理论学说，对黄老学说的意旨进行阐述发挥。所以他们都有著述，慎到著有十二篇论文，环渊著有上、下篇，田骈、接子也都有论著。

邹奭，是齐国几位邹子中的一个，他较多地采用邹衍的学说来著述文章。

齐王当时很赏识这些学士，从淳于髡以下的人，都任命为列大夫，给他们开设住宅和宽阔平坦的大道，高门大屋，尊重宠信他们。齐王以此招揽天下诸侯宾客，说齐国能招纳天下的贤能之士。

荀卿，是赵国人。五十岁的时候才到齐国游历讲学。邹衍的学说迂曲夸大而富于雄辩；邹奭的文章完备而难以实施；淳于髡，若与他相处日久，时常学到一些精辟的言论。所以齐国人称颂他们说："高谈阔论的是邹衍，善于雕饰的是邹奭，智慧无穷的是淳于髡。"田骈等人都已在齐襄王时死去，此时荀卿是年最长、资历深的宗师。当时齐国仍在补充列大夫的缺额，而荀卿三次出任祭酒。后来，齐国有人毁谤荀卿，荀卿就到了楚国，春申君让他担任兰陵令。春申君死后荀卿就被废黜了，便在兰陵安了家。李斯曾是他的学生，后来在秦朝任丞相。荀卿憎恨混乱时代的政治，诸侯国相继灭亡，昏乱的君主也接连失去权力，他们不遵循正道却被装神弄鬼的巫祝所迷惑，相信鬼神降福去灾，庸俗鄙陋的儒生拘泥于琐碎礼节，再加上庄周等人狡猾多辩，败坏风俗，因此荀卿把儒家、墨家、道家的成功和失败，叙述整理写成了几万字的文章，然后便辞世了。死后就葬在兰陵。

当时赵国也有个公孙龙，他曾以"离坚白"之说与惠施的"合同异"之说展开论辩，此外还有剧子的言论；魏国曾有李悝，他提出了完全发挥土地潜力的主张；楚国曾有尸子、长卢，齐国东阿还有一位吁子。自孟子到吁子，世上多流传着他们的著作，所以就不论述它们的内容了。

墨翟，是宋国的大夫，精通防守和抵御的战术，竭力提倡节省。有的人说他与孔子同时，有的人说他在孔子之后。

孟尝君列传第十五

孟尝君名文，姓田氏。文之父曰靖郭君田婴。田婴者，齐威王少子而齐宣王庶弟也。田婴自威王时任职用事，与成侯邹忌及田忌将而救韩伐魏。成侯与田忌争宠，成侯卖田忌。田忌惧，袭齐之边邑，不胜，亡走。会威王卒，宣王立，知成侯卖田忌，乃复召田忌以为将。宣王二年，田忌与孙膑、田婴俱伐魏，败之马陵，虏魏太子申而杀魏将庞涓。宣王七年，田婴使于韩、魏，韩、魏服于齐。婴与韩昭侯、魏惠王会齐宣王东阿南，盟而去。明年，复与梁惠王会甄。是岁，梁惠王卒。宣王九年，田婴相齐。齐宣王与魏襄王会徐州而相王也。楚威王闻之，怒田婴。明年，楚伐败齐师于徐州，而使人逐田婴。田婴使张丑说楚威王，威王乃止。田婴相齐十一年，宣王卒，湣王即位。即位三年，而封田婴于薛。

初，田婴有子四十余人。其贱妾有子名文，文以五月五日生。婴告其母曰："勿举也。"其母窃举生之。及长，其母因兄弟而见其子文于田婴。田婴怒其母曰："吾令若去此子，而敢生之，何也？"文顿首，因曰："君所以不举五月子者，何故？"婴曰："五月子者，长与户齐，将不利其父母。"文曰："人生受命于天乎？将受命于户邪？"婴默然。文曰："必受命于天，君何忧焉。必受命于户，则可高其户耳，谁能至者！"婴曰："子休矣。"

久之，文承间问其父婴曰："子之子为何？"曰："为孙。""孙之孙为何？"曰："为玄孙。""玄孙之孙为何？"曰："不能知也。"文曰："君用事相齐，至今三王矣，齐不加广而君私家富累万金，门下不见一贤者。文闻将门必有将，相门必有相。今君孟尝君，姓田名文。田文的父亲是靖郭君田婴。田婴，是齐威王的小儿子、齐宣王庶母所生的弟弟。田婴从齐威王时起任职掌权，曾与成侯邹忌以及田忌带兵去救援韩国攻伐魏国。成侯和田忌争宠，成侯出卖了田忌。田忌很害怕，袭击齐国的边境，没有取胜，便逃跑了。这时正赶上齐威王去世，宣王即位，宣王知道是成侯陷害田忌，就又召回田忌，让他当将领。宣王二年，田忌跟孙膑、田婴一起攻打魏国，在马陵打败魏军，俘虏了魏太子申，杀了魏国将领庞涓。宣王七年，田婴奉命出使韩国、魏国，其后韩国、魏国归服齐国。田婴陪着韩昭侯、魏惠王在东阿南会见了齐宣王，三国结成盟约后离开。第二年，齐宣王又与梁惠王在甄地会盟。这年，梁惠王去世。宣王九年，田婴担任齐国的丞相。齐宣王与魏襄王在徐州会盟互相尊称为王。楚威王得知此事，对田婴感到很气愤，认为是他一手策划的。第二年，楚国进攻齐国，在徐州打败了齐军，便派人追捕田婴。田婴派张丑去劝说楚威王，楚威王才作罢。田婴在齐国任相十一年，齐宣王去世，齐湣王即位。即位三年后，赐封田婴于薛邑。

当初，田婴有四十多个儿子，他的小妾生了个儿子叫田文，田文是五月五日出生的。田婴告诉田文的母亲说：“不要抚养他。”他母亲还是偷偷把他养活了。待他长大后，母亲便通过他的兄弟把田文引见给田婴。田婴见了这个孩子愤怒地对他母亲说：“我让你丢掉这个儿子，你竟敢把他养活了，这是为什么？”田文听了立即叩头大拜，接着问：“您不抚养五月出生的儿子，是什么缘故？”田婴回答说：“五月出生的孩子，长大了身长跟门户一样高，将不利于他的父母。”田文说：“人的命运是由上天授予呢，还是由门户授予呢？”田婴沉默不语。田文接着说：“如果一定是受命于天，您忧虑什么呢？如果是由门户授予的，那么可以把门户加高，谁还能长到那么高呢？”田婴无言以对便斥责道：“你不要说了！”

过了很久，田文寻机问他父亲田婴说：“儿子的儿子叫什么？”田婴答道：“叫孙子。”田文接着问：“孙子的孙子叫什么？”田婴答道：“叫玄孙。”田文又问：“玄孙的玄孙叫什么？”田婴说：“不知道。”田文说：“您执掌大权担任齐国宰相，到今天已经历三代君王了，齐国的领土没有增广，可是您的私家财富已积累了上万金，门下也看不到一位贤能之士。我听说，将门必有将，相门后宫蹈绮縠而士不得褐，仆妾余粱肉而士不厌糟糠。今君又尚厚积余藏，欲以遗所不知何人，而忘公家之事日损，文窃怪之。”于是婴乃礼文，使主家待宾客。宾客日进，名声闻于诸侯。诸侯皆使人请薛公田婴以文为太子，婴许之。婴卒，谥为靖郭君。而文果代立于薛，是为孟尝君。

孟尝君在薛，招致诸侯宾客及亡人有罪者，皆归孟尝君。孟尝君舍业厚遇之，以故倾天下之士。食客数千人，无贵贱一与文等。孟尝君待客坐语，而屏风后常有侍史，主记君所与客语，问亲戚居处。客去，孟尝君已使使存问，献遗其亲戚。孟尝君曾待客夜食，有一人蔽火光。客怒，以饭不等，辍食辞去。孟尝君起，自持其饭比之。客惭，自刭。士以此多归孟尝君。孟尝君客无所择，皆善遇之。人人各自以为孟尝君亲己。

秦昭王闻其贤，乃先使泾阳君为质于齐，以求见孟尝君。孟尝君将入秦，宾客莫欲其行，谏，不听。苏代谓曰：“今旦代从外来，见木禺人与土禺人相与语。木禺人曰：‘天雨，子将败矣。’土禺人曰：‘我生于土，败则归土。今天雨，流子而行，未知所止息也。’今秦，虎狼之国也，而君欲往，如有不得还，君得无为土禺人所笑乎？”孟尝君乃止。

齐湣王二十五年，复卒使孟尝君入秦，昭王即以孟尝君为秦相。人或说秦昭王曰：“孟尝君贤，而又齐族也，今相秦，必先齐而后秦，秦其危矣。”于是秦昭王乃止。囚孟尝君，谋欲杀之。孟尝君使人抵昭王幸姬求解。幸姬曰：“妾愿得君狐白裘。”此时孟尝君有一狐白裘，直千金，天下无双，入秦献之昭王，更无他裘。孟尝君患之，遍问客，莫能对。最下坐有能为狗盗者，曰：“臣能得狐白裘。”乃夜为狗，以入秦宫臧中，取所献狐白裘至，以献秦王幸姬。幸姬为言昭王，昭王释孟尝君。孟尝君得出，即驰去，更封传，变名必有相。现在您的姬妾可以践踏绫罗绸缎，而士人却穿不上粗布衣服；您的男仆女奴有剩余的饭食肉羹，而士人却连糠菜也吃不饱。现在您还一个劲地多积蓄、多储藏，想把它留给还不知道是谁的什么人，却忘记了国家的事业一天天在削弱。我私下是很奇怪的。”于是从此以后，田婴以父子之礼对待田文，让他主持家事、接待宾客。来往的宾客日益增多，田文的名声也随之传播到了各诸侯国中。各诸侯国都派人来请求田婴立田文为太子，田婴答应了。田婴去世后，追谥靖郭君。田文果然在薛邑继承了田婴的爵位。这就是孟尝君。

孟尝君在薛邑，招徕诸侯宾客以及有罪逃亡的人，很多人归附了孟尝君。孟尝君拿出家财厚待他们，因此天下的士人全都倾心归附。他的食客有几千人，无论贵贱一律和田文相等。孟尝君每次接待宾客，与宾客坐着谈话时，总是在屏风后安排侍从文书，让他记录孟尝君与宾客的谈话内容，记载所问宾客亲戚的住处。宾客刚刚离开，孟尝君已派使者去问候，献上礼物。有一次，孟尝君招待宾客吃晚饭，有个人遮住了灯亮，那个宾客很恼火，以为饭菜不一样，放下碗筷就要辞别而去。孟尝君马上站起来，亲自端着自己的饭食与他的相比，那个宾客惭愧得无地自容，自杀了。贤士们因此有很多人都情愿归附孟尝君。孟尝君对宾客不加选择，一律给予优厚的待遇。所以宾客人人都认为孟尝君亲近自己。

秦昭王听说孟尝君贤能，就先派泾阳君到齐国做人质，来求见孟尝君。孟尝君准备去秦国，而宾客都不赞成他去，规劝他，他没有听。这时宾客苏代对他说：“今天早上我从外面来，见到一个木偶与一个泥胚正在交谈。木偶说：‘天一下雨，你就要坍毁了。’泥胚说：‘我是由泥土生成的，即使坍毁，也是回归到了泥土里。现在天一下雨，水流冲着你跑，不知道你会停留在哪里。’当今的秦国，是个如虎似狼的国家，而您执意前往，如果不能回来，您能不被泥胚嘲笑吗？”孟尝君听后才没有出行。

齐湣王二十五年，再次派孟尝君出使秦国，秦昭王就让孟尝君做秦国的宰相。有人劝说秦王道：“孟尝君贤能，而且又是齐国的王族，现在任秦国宰相，谋划事情一定会先替齐国打算，而后才考虑秦国，这样秦国就危险了。”于是秦昭王就罢免了孟尝君的宰相职务,并囚禁了孟尝君，计议想杀孟尝君。孟尝君知道情况危急，就派人求见秦昭王宠幸的爱姬，请求解免。那个宠姬提出条件说：“我希望得到孟尝君的白色狐皮裘。”孟尝君来秦国的时候，带有一件白色狐皮裘，价值千金，天下无双，到秦国后献给了昭王，再也没有别的皮裘了。孟尝君为此忧虑，问遍了门客，没有人能想出办法。最后的座位上有个善于伪装成狗盗窃东西的人，说：“我能拿到那件白色狐皮裘。”于是当夜伪装成狗，钻入秦国的仓库，取回了献给昭王的那件狐白裘，把它献给了昭王的宠姬。宠姬因此替孟姓以出关。夜半至函谷关。秦昭王后悔出孟尝君，求之已去，即使人驰传逐之。孟尝君至关，关法鸡鸣而出客，孟尝君恐追至，客之居下坐者有能为鸡鸣，而鸡齐鸣，遂发传出。出如食顷，秦追果至关，已后孟尝君出，乃还。始孟尝君列此二人于宾客，宾客尽羞之，及孟尝君有秦难，卒此二人拔之。自是之后，客皆服。

孟尝君过赵，赵平原君客之。赵人闻孟尝君贤，出观之，皆笑曰："始以薛公为魁然也，今视之，乃眇小丈夫耳。"孟尝君闻之，怒。客与俱者下，斫击杀数百人，遂灭一县以去。

齐湣王不自得，以其遣孟尝君。孟尝君至，则以为齐相，任政。

孟尝君怨秦，将以齐为韩、魏攻楚，因与韩、魏攻秦，而借兵食于西周。苏代为西周谓曰："君以齐为韩、魏攻楚九年，取宛、叶以北以强韩、魏，今复攻秦以益之。韩、魏南无楚忧，西无秦患，则齐危矣。韩、魏必轻齐畏秦，臣为君危之。君不如令敝邑深合于秦，而君无攻，又无借兵食。君临函谷而无攻，令敝邑以君之情谓秦昭王曰'薛公必不破秦以强韩、魏。其攻秦也，欲王之令楚王割东国以与齐，而秦出楚怀王以为和'。君令敝邑以此惠秦，秦得无破而以东国自免也，秦必欲之。楚王得出，必德齐。齐得东国益强，而薛世世无患矣。秦不大弱，而处三晋之西，三晋必重齐。"薛公曰："善。"因令韩、魏贺秦，使三国无攻，而不借兵食于西周矣。是时，楚怀王入秦，秦留之，故欲必出之。秦不果出楚怀王。

孟尝君相齐，其舍人魏子为孟尝君收邑入，三反而不致一入。孟尝君问之，对曰："有贤者，窃假与之，以故不致入。"孟尝君怒而尝君向昭王说情，昭王便释放了孟尝君。孟尝君获释后，立即乘快车逃离，更换了过关的凭证，改了姓名才逃出城关。半夜时到了函谷关。昭王后悔放了孟尝君，派人去找他，发现已经离开了，于是立即派人驾车飞奔去追捕他。孟尝君一行到了函谷关，按照关法规定鸡叫时才能放旅客进出，孟尝君恐怕追兵赶到，万分着急。门客中有个地位较为低下的宾客能够模仿鸡叫，他一学鸡叫，附近的鸡随着一起叫了起来。他们便立即出示了证件逃出函谷关。出关后大约一顿饭的工夫，秦国追兵果然到了函谷关，但孟尝君已经出关了，追兵就返回了。最初孟尝君把这二人列在宾客中时，宾客们全都感到羞耻，等孟尝君在秦国有难时，最后靠着这两个人解救了他。自此以后，宾客们更加佩服孟尝君了。

孟尝君经过赵国，赵国的平原君以客礼待他。赵国人听说孟尝君贤能，出来看他，都笑着说："原来以为薛公孟尝君很魁梧，现在看来，只是个瘦小的男人罢了。"孟尝君听了这些话，大为恼火。和他同行的宾客跳下车，砍杀了数百人，最后毁了一个县才离去。

齐湣王自己觉得不舒服，因为是他派遣孟尝君去秦国的。孟尝君回来后，就让他做了齐国的宰相，执掌国政。

孟尝君怨恨秦国，准备用齐国的力量帮助韩国、魏国攻打楚国，然后因此联合韩国、魏国攻打秦国，为此向西周借武器、军粮。苏代替西周对孟尝君说："您用齐国的力量帮助韩国、魏国攻打楚国已达九年，取得了宛、叶以北的地方，结果使韩、魏两国强大起来，现在又攻打秦国就会越加增强韩、魏的力量。韩国、魏国南边没有楚国忧虑，北边没有秦国的祸患，那样齐国就危险了。韩、魏两国必定会轻视齐国而畏惧秦国，我替您对这种形势感到不安。您不如让我国和秦国加深交往，您不要进攻，也不要借兵器和粮食。您让军队逼近函谷关但不要进攻，让我国把您的情况告诉给秦昭王说：'薛公不会攻破秦国以使韩国、魏国的势力强大。他要进攻秦国，是想要大王让楚王割东国给齐国，并请您把楚怀王释放出来以相媾和。'以此对秦国施以恩惠，秦国能够不被攻破又拿楚国的地盘保全了自己，秦国必定情愿这么办。楚王能够获释，一定会感激齐国。齐国得到了东国自然会日益强大，薛邑也就会世世代代没有忧患了。秦国没有大的削弱，仍然处于三晋的西边，三晋一定会重视齐国。"薛公听了后，立即说："好。"于是让韩、魏朝贺秦国，避免了一场兵灾，使齐、韩、魏三国不再发兵进攻，他也不向西周借兵器和军粮了。当时，楚怀王去到秦国，秦国扣留了他，所以苏代想使秦国释放他。但是秦国并没有这么办。

孟尝君任齐国宰相时，他的舍人魏子替孟尝君收取封邑的租税，三次往返没有收到一点租税。孟尝君问他这是什么缘故，魏子回答说："有位贤德的人，我退魏子。居数年，人或毁孟尝君于齐湣王曰：“孟尝君将为乱。”及田甲劫湣王，湣王意疑孟尝君，孟尝君乃奔。魏子所与粟贤者闻之，乃上书言孟尝君不作乱，请以身为盟，遂自刭宫门以明孟尝君。湣王乃惊，而踪迹验问，孟尝君果无反谋，乃复召孟尝君。孟尝君因谢病，归老于薛。湣王许之。

其后，秦亡将吕礼相齐，欲困苏代。代乃谓孟尝君曰：“周最于齐，至厚也，而齐王逐之，而听亲弗相吕礼者，欲取秦也。齐、秦合，则亲弗与吕礼重矣。有用，齐、秦必轻君。君不如急北兵，趋赵以和秦、魏，收周最以厚行，且反齐王之信，又禁天下之变。齐无秦，则天下集齐，亲弗必走，则齐王孰与为其国也！”于是孟尝君从其计，而吕礼嫉害于孟尝君。

孟尝君惧，乃遗秦相穰侯魏冉书曰：“吾闻秦欲以吕礼收齐，齐，天下之强国也，子必轻矣。齐秦相取以临三晋，吕礼必并相矣，是子通齐以重吕礼也。若齐免于天下之兵，其仇子必深矣。子不如劝秦王伐齐。齐破，吾请以所得封子。齐破，秦畏晋之强，秦必重子以取晋。晋国敝于齐而畏秦，晋必重子以取秦。是子破齐以为功，挟晋以为重；是子破齐定封，秦、晋交重子。若齐不破，吕礼复用，子必大穷。”于是穰侯言于秦昭王伐齐，而吕礼亡。

后齐湣王灭宋，益骄，欲去孟尝君。孟尝君恐，乃如魏。魏昭王以为相，西合于秦、赵，与燕共伐破齐。齐湣王亡在莒，遂死焉。齐襄王立，而孟尝君中立于诸侯，无所属。齐襄王新立，畏孟尝君，与连和，复亲薛公。文卒，谥为孟尝君。诸子争立，而齐魏共灭薛。孟尝绝嗣无后也。

初，冯谖闻孟尝君好客，蹑蹻而见之。孟尝君曰；“先生远辱，私自以您的名义把租税赠给了他，所以没有收回来。”孟尝君大怒，斥退了魏子。几年之后，有人向齐湣王造孟尝君的谣言说：“孟尝君将要作乱。”等到田君甲劫持了湣王，湣王便猜疑是孟尝君策划的，为避免殃祸孟尝君就出逃了。曾经得到魏子赠粮的那位贤人听说此事，就上书说孟尝君不会作乱，并请求以自己的生命发誓，于是在宫门前自杀来证明孟尝君是清白的。齐湣王为之震惊，便追问核查实际情况，孟尝君果然没有反叛阴谋，就又召回孟尝君。孟尝君因此推托有病，请求回到薛邑去养老。湣王答应了他的请求。

此后，秦国的逃亡大将吕礼担任齐国的宰相，他想陷苏代于困境。苏代就对孟尝君说：“周最在齐国时，对齐国非常忠实，可是齐王驱逐了他，而听信亲弗的话让吕礼做了宰相，其原因就是想要讨好秦国。如果齐国、秦国关系好了，那么亲弗和吕礼就会被重用了。他们受到重用，齐国、秦国必定轻视您。您不如急速向北进军，驱使赵国与秦、魏结好，劝齐王重新招回周最，显示您的厚道，这样既可以挽回齐王的信用，又能防止天下各国关系的变化。齐国不去依附秦国，那么各诸侯都会向齐国靠拢，亲弗一定会逃跑，那么除了您之外，齐王还能跟谁一起治理他的国家呢？”于是孟尝君听从了苏代的计谋，因而吕礼非常嫉恨孟尝君。

孟尝君为此很害怕，就给秦国丞相穰侯魏冉写了一封信说：“我听说秦国打算通过吕礼来联合齐国，齐国是天下的大国，如果此事让吕礼做成功了，您在秦国的地位必会下降。那时，如果秦、齐结盟对付韩、赵、魏三国，那么吕礼必定成为秦、齐两国宰相了，这是您结交齐国反而使吕礼的地位显重啊。再说，如果齐国免除了各国军队的威慑，他一定会深深地仇恨您。您不如劝说秦王攻打齐国。齐国被攻破，我会设法请求秦王把所得的齐国土地封给您。齐国被攻破后，秦国畏惧魏国的强大，秦王必定重用您去结交魏国。魏国败于齐国又害怕秦国，它一定要借重您来取悦秦国。那样，您既有打败齐国的功劳，又可挟持魏国提高您的地位；这样您既破齐立功又可得到封邑，使秦、魏两国同时敬重您。如果齐国不被攻破，吕礼再被任用，您一定会陷入极端的困境。”于是穰侯立即劝秦昭王攻打齐国，而吕礼则逃跑了。

后来齐湣王灭掉了宋国，变得更加骄傲，想要除掉孟尝君。孟尝君很害怕，于是去了魏国。魏昭王让他担任宰相，联合西边的秦国、赵国，与燕国一起打败了齐国。齐湣王逃到莒邑，后来就死在那里。齐襄王即位，当时孟尝君在诸侯中保持中立，没有从属于哪个君王。齐襄王由于刚刚即位，畏惧孟尝君，与他连横和好，又与他亲近起来。田文死后，谥号称孟尝君。他的几个儿子争夺继承权，齐、魏两国趁机联合共同灭掉了薛邑。孟尝君家从此断了根，没有了后代。

当初，冯谖听说孟尝君好客，便穿着草鞋来见他。孟尝君说：“承蒙先生远何以教文也？”冯谖曰：“闻君好士，以贫身归于君。”孟尝君置传舍十日，孟尝君问传舍长曰：“客何所为？”答曰：“冯先生甚贫，犹有一剑耳，又蒯缑。弹其剑而歌曰‘长铗归来乎，食无鱼’。”孟尝君迁之幸舍，食有鱼矣。五日，又问传舍长。答曰：“客复弹剑而歌曰‘长铗归来乎，出无舆’。”孟尝君迁之代舍，出入乘舆车矣。五日，孟尝君复问传舍长。舍长答曰：“先生又尝弹剑而歌曰‘长铗归来乎，无以为家’。”孟尝君不悦。

居期年，冯谖无所言。孟尝君时相齐，封万户于薛。其食客三千人。邑入不足以奉客，使人出钱于薛。岁余不入，贷钱者多不能与其息，客奉将不给。孟尝君忧之，问左右：“何人可使收债于薛者？”传舍长曰：“代舍客冯公形容状貌甚辩，长者，无他伎能，宜可令收债。”孟尝君乃进冯谖而请之曰：“宾客不知文不肖，幸临文者三千余人，邑入不足以奉宾客，故出息钱于薛。薛岁不入，民颇不与其息。今客食恐不给，愿先生责之。”冯谖曰：“诺。”辞行，至薛，召取孟尝君钱者皆会，得息钱十万。乃多酿酒，买肥牛，召诸取钱者，能与息者皆来，不能与息者亦来，皆持取钱之券书合之。齐为会，日杀牛置酒。酒酣，乃持券如前合之，能与息者，与为期；贫不能与息者，取其券而烧之。曰：“孟尝君所以贷钱者，为民之无者以为本业也；所以求息者，为无以奉客也。今富给者以要期，贫穷者燔券书以捐之。诸君强饮食。有君如此，岂可负哉！”坐者皆起，再拜。

孟尝君闻冯谖烧券书，怒而使使召谖。谖至，孟尝君曰：“文食客三千人，故贷钱于薛。文奉邑少，而民尚多不以时与其息，客食恐不足，故请先生收责之。闻先生得钱，即以多具牛酒而烧券书，何？”冯谖曰：“然。不多具牛酒即不能毕会，无以知其有余不足。

道光临，有什么指教我的？”冯谖回答说：“听说您喜欢养士，我只是因为贫穷想归附您谋口饭吃。”孟尝君把他安顿在普通客房里，十天后孟尝君询问客房总管说：“客人近来做了什么？”总管回答说：“冯先生太穷了，只有一把剑，还是草绳缠着剑把。他经常弹着那把剑歌唱‘长剑啊，咱们回家吧！吃饭没有鱼。’”孟尝君把冯谖迁到中等客房，吃饭有鱼了。过了五天，孟尝君又向客房总管询问冯谖的情况，总管回答说：“客人又弹着剑唱道‘长剑啊，咱们回去吧！出门没有车。’”于是孟尝君又把他迁到上等客房，进出都有车子坐。又过了五天，孟尝君再次询问客房总管。客房总管回答说：“这位先生又弹着剑唱道‘长剑啊，咱们回家吧！没有东西养家。’”孟尝君感到不快。

过了整一年，冯谖没再说什么。孟尝君当时正任齐国宰相，在薛邑受封了一万户人。他的食客有三千人之多，封邑的收入不足以奉养食客，就派人到薛邑贷款放债。当年的收成不好，贷钱的人多数不能偿还利息，食客的奉养将无法供给。孟尝君为此焦虑不安，就问左右侍从：“谁可以帮我去薛邑收债呢？”那位客房总管说：“上等客房住所里的冯老先生形状相貌好像能言善辩，又是个长者，没有别的技能，派他去收债该是合适的。”孟尝君便找来冯谖并恳求他说：“宾客们不知道我无德无能，光临我门下的有三千多人，薛邑的收入不足以奉养宾客，所以在薛邑放债收些利息钱。可是薛邑年景不好，没有收成，百姓多数不能偿付利息。宾客吃饭恐怕都成问题了，希望先生替我前往索取欠债。”冯谖说：“好吧。”便告辞前往，到了薛邑，召集借了孟尝君钱的人，得到欠债利息十万钱。他用这笔款项酿了许多酒，买了肥壮的牛，然后召集借钱的人，能偿付利息的都来，不能偿付利息的也来，要求都拿着借钱的证券文书前来以便核对。随即让大家一起参加宴会，每天杀牛摆酒。酒正喝得畅快时，冯谖就拿着契据走到席前一一核对，能还利息的，与其约定好期限；穷得不能偿还利息的，就拿过他们的契据当众烧毁。接着他对大家说：“孟尝君之所以向大家贷款，就是为了让没有产业的百姓可以从事生产；他之所以向大家收取利息，是因为没有钱财供养宾客。如今富裕有钱还债的约定日期还债，贫穷无力还债的烧掉契据废弃债务。请各位开怀畅饮吧。有这样的封邑主人，日后怎么能够辜负他呢！”在坐的人都站了起来，一再叩头致谢。

孟尝君听到冯谖烧毁契据的消息，十分恼怒并立即派人召回冯谖。冯谖刚一到，孟尝君就责问道：“我有食客三千人要吃饭，所以我才在薛邑放贷。我的封地收入本来就少，而百姓还多不按时偿还利息，宾客们连吃饭都怕不够用，所以请先生前去收缴欠债。听说先生收到钱后就买了许多牛、酒，而且把契据烧掉了。这是为什么呢？”冯谖回答说：“是这样的。如果不多准备点牛、酒就不能有余者，为要期。不足者，虽守而责之十年，息愈多，急，即以逃亡自捐之。若急，终无以偿，上则为君好利不爱士民，下则有离上抵负之名，非所以厉士民彰君声也。焚无用虚债之券，捐不可得之虚计，令薛民亲君而彰君之善声也，君有何疑焉！”孟尝君乃拊手而谢之。

齐王惑于秦、楚之毁，以为孟尝君名高其主而擅齐国之权，遂废孟尝君。诸客见孟尝君废，皆去。冯谖曰：“借臣车一乘，可以入秦者，必令君重于国而奉邑益广，可乎？”孟尝君乃约车币而遣之。冯谖乃西说秦王曰：“天下之游士冯轼结靷西入秦者，无不欲强秦而弱齐；冯轼结靷东入齐者，无不欲强齐而弱秦。此雄雌之国也，势不两立为雄，雄者得天下矣。”秦王跽而问之曰：“何以使秦无为雌而可？”冯谖曰：“王亦知齐之废孟尝君乎？”秦王曰：“闻之。”冯谖曰：“使齐重于天下者，孟尝君也。今齐王以毁废之，其心怨，必背齐；背齐入秦，则齐国之情，人事之诚，尽委之秦，齐地可得也，岂直为雄也！君急使使载币阴迎孟尝君，不可失时也。如有齐觉悟，复用孟尝君，则雌雄之所在未可知也。”秦王大悦，乃遣车十乘黄金百镒以迎孟尝君。冯谖辞以先行，至齐，说齐王曰：“天下之游士冯轼结靷东入齐者，无不欲强齐而弱秦者；冯轼结靷西入秦者，无不欲强秦而弱齐者。夫秦齐雄雌之国，秦强则齐弱矣，此势不两雄。今臣窃闻秦遣使车十乘载黄金百镒以迎孟尝君。孟尝君不西则已，西入相秦则天下归之，秦为雄而齐为雌，雌则临淄、即墨危矣。王何不先秦使之未到，复孟尝君，而益与之邑以谢之？孟尝君必喜而受之。秦虽强国，岂可以请人相而迎之哉！折秦之谋，而绝其霸强之略。”齐王曰：“善。”乃使人至境候秦使。秦使车适入齐境，使还驰告之，王把借债的人全都集合起来，也就没办法了解谁富裕谁贫穷。富裕的，限定他们还债日期。贫穷的，即使坐守催讨十年还是收不上来。利息越来越多，逼急了，他们就会用逃亡的办法赖掉债务。如果催讨紧迫，不仅终究没办法偿还，而且从上说会让您落个贪财好利、不惜百姓的名声，从下说会让您落个背离国君、冒犯君上的罪名，这可不是用来鼓励平民百姓、显扬您名声的办法啊。我烧掉没用的空头借据，废弃有名无实的账簿，是让薛邑的平民百姓亲近您而彰扬您的好名声啊。您有什么可疑惑的呢？”孟尝君听后拍手称绝，于是立即向冯谖道歉。

齐湣王受到秦国和楚国毁谤言论的挑拨，认为孟尝君的名声超过了自己，并且又独揽着齐国政权，于是罢免了孟尝君的官。那些宾客看到孟尝君被罢黜了，一个个都离开了他。只有冯谖为他谋划说：“借给我一辆可以跑到秦国的车子，我一定让您受国家重用，封邑更加宽广。您看可以吗？”于是孟尝君便准备了车辆钱物送冯谖上了路。冯谖就乘车向西到了秦国，游说秦王说：“天下的游说之士驾车向西来到秦国的，没有人不想加强秦国而削弱齐国；乘车向东进入齐国的，没有人不想加强齐国而削弱秦国。这是两个不分雌雄的国家，形势的发展势必不能两者并立为雄，称雄的得天下。”秦王听了长跪着问冯驩说：“您看有什么办法可使秦国成为雄而不成为雌呢？”冯驩回答说：“大王也知道齐王罢了孟尝君的官吧？”秦王说：“听说了。”冯驩说：“使齐国受到天下敬重的，就是孟尝君。齐王因为听信毁谤言论而废黜了他，孟尝君心中无比怨愤，定会背离齐国；他背离齐国进入秦国，那么齐国的国家形势、人事的真实情形也就都将为秦国所掌握。那时您将得到整个齐国的土地，岂止是称雄呢？您应该赶快派人带着礼物暗地里去迎接孟尝君，不能失掉良机啊。如果齐王觉悟了，又任用孟尝君，那么谁是雌、谁是雄就没办法知道了。”秦王听了非常高兴，于是派遣十辆马车载着百镒黄金去迎接孟尝君。冯谖告别了秦王而抢在使者前面赶往齐国，到了齐国，劝说齐王道：“天下游说之士驾车向东来到齐的，没有人不想加强齐国而削弱秦国；乘车向西进入秦国的，没有人不想加强秦国而削弱齐国。秦国与齐国是两个不分雌雄的国家，秦国强大那么齐国必定衰弱，这两个国家势必不能并立称雄。现在我私下得知秦国已经派遣使者带着十辆马车载着百镒黄金来迎接孟尝君了。孟尝君不西去秦国还好，如果他西去担任秦国宰相，那么天下将归附秦国。那时秦国称雄，齐国为雌，那么临淄、即墨就危在旦夕了。大王何不在秦国使者未到之前，恢复孟尝君的官位，再多封给他一些土地来向他表示道歉呢？如果这么做了，孟尝君一定会高兴地接受。秦国虽是强国，又怎么可以到别的国家迎接人家的宰相呢？这样可以挫败秦国的阴谋，断绝它称强称霸的计划。”齐王听后说：“好。”于是派人至西部边境等候秦国使者。秦国使者的车子刚入齐国召孟尝君而复其相位，而与其故邑之地，又益以千户。秦之使者闻孟尝君复相齐，还车而去矣。

自齐王毁废孟尝君，诸客皆去。后召而复之，冯谖迎之。未到，孟尝君太息叹曰："文常好客，遇客无所敢失，食客三千有余人，先生所知也。客见文一日废，皆背文而去，莫顾文者。今赖先生得复其位，客亦有何面目复见文乎？如复见文者，必唾其面而大辱之。"冯驩结辔下拜。孟尝君下车接之，曰："先生为客谢乎？"冯驩曰："非为客谢也，为君之言失。夫物有必至，事有固然，君知之乎？"孟尝君曰："愚不知所谓也。"曰："生者必有死，物之必至也；富贵多士，贫贱寡友，事之固然也。君独不见夫趣市朝者乎？明旦，侧肩争门而入；日暮之后，过市朝者掉臂而不顾。非好朝而恶暮，所期物忘其中。今君失位，宾客皆去，不足以怨士而徒绝宾客之路。愿君遇客如故。"孟尝君再拜曰："敬从命矣。闻先生之言，敢不奉教焉。"

太史公曰：吾尝过薛，其俗闾里率多暴桀子弟，与邹、鲁殊。问其故，曰："孟尝君招致天下任侠，奸人入薛中盖六万余家矣。"世之传孟尝君好客自喜，名不虚矣。

边境，齐国使臣立即驱车跑回齐国报告齐王，齐王召回孟尝君并且恢复了他的相位，还给了他原来的封邑，并给他增封了千户。秦国的使者听说孟尝君重新担任了齐国的宰相，就调转车头回去了。

自从齐王听信挑拨之言而废黜了孟尝君，那些宾客们都离开了。等后来齐王召回并恢复了孟尝君的官位时，只有冯谖一个人去迎接他。还没到京城的时候，孟尝君深有感触地说："我素常喜好宾客，接待宾客从不敢有任何失礼之处，食客有三千多人，这是先生您知道的。宾客们看到我一旦被罢黜了，都背弃我离开了，没有一个顾念我的。现在依靠先生我得以恢复相位，那些离去的宾客还有什么脸面再见我呢？如果有再见我的，我一定唾他的脸，狠狠地羞辱他一顿。"冯谖听后收住缰绳，下车给孟尝君磕了个头。孟尝君立即下车还礼拦住，说："先生是替那些宾客道歉吗？"冯谖说："不是替宾客道歉，是因为您的话说错了。世上的万物都有其必然的结果，事情都有其常规常理，您知道吗？"孟尝君说："我不知道您说的是什么意思。"冯谖说："凡是生命最后一定有死亡的时候，这是必然的归向；富贵的人多宾客，贫贱的人少朋友，事情本来就是这样。您难道单单没看见过赶集市的人吗？天刚亮，人们就侧着肩膀争着向市集里挤去；等到日落天黑，路过市集的人甩着手臂经过连头也不回。不是人们喜欢早晨而厌恶傍晚，而是他们所期望的东西已经不在那里了。如今您失去了官位，宾客都离去，不值得因此就怨恨士人，而平白断绝了他们奔向您的通路。希望您对待宾客像过去一样。" 孟尝君拜了又拜说："愿意遵命。听了先生的话，我怎敢不恭敬地接受教导呢？"

太史公说：我曾经经过薛地，那里的民间多是凶狠残暴的子弟，与邹地、鲁地不同。我问这是什么缘故，那里的人们说："孟尝君曾经招来天下的豪杰侠客，奸邪的人到薛邑中的大概有六万多家呢。"世间传说孟尝君乐于养客且以此沾沾自喜，的确名不虚传。

平原君虞卿列传第十六

平原君赵胜者，赵之诸公子也。诸子中胜最贤，喜宾客，宾客盖至者数千人。平原君相赵惠文王及孝成王，三去相，三复位，封于东武城。

平原君家楼临民家。民家有躄者，槃散行汲。平原君美人居楼上，临见，大笑之。明日，躄者至平原君门，请曰："臣闻君之喜士，士不远千里而至者，以君能贵士而贱妾也。臣不幸有罢癃之病，而君之后宫临而笑臣，臣愿得笑臣者头。"平原君笑应曰："诺。"躄者去，平原君笑曰："观此竖子，乃欲以一笑之故杀吾美人，不亦甚乎！"终不杀。居岁余，宾客门下舍人稍稍引去者过半。平原君怪之，曰："胜所以待诸君者未尝敢失礼，而去者何多也？"门下一人前对曰："以君之不杀笑躄者，以君为爱色而贱士，士即去耳。"于是平原君乃斩笑躄者美人头，自造门进躄者，因谢焉。其后门下乃复稍稍来。是时齐有孟尝，魏有信陵，楚有春申，故争相倾以待士。

秦之围邯郸，赵使平原君求救，合从于楚，约与食客门下有勇力文武备具者二十人偕。平原君曰："使文能取胜，则善矣。文不能取胜，则歃血于华屋之下，必得定从而还。士不外索，取于食客门下足矣。"得十九人，余无可取者，无以满二十人。门下有毛遂者，前，自赞于平原君曰："遂闻君将合从于楚，约与食客门下二十人偕，不外索。今少一人，愿君即以遂备员而行矣。"平原君曰："先生处胜之门下几年于此矣？"毛遂曰："三年于此矣。"平原君曰："夫贤士之处世也，譬若锥之处囊中，其末立见。今先生处胜之门下三年于此矣，左右未有所称诵，胜未有所闻，是先生无所有也。先生不能，平原君赵胜，是赵国的一位公子。在诸多公子中赵胜最为贤能，喜好宾客，他门下的宾客大约有几千人。平原君担任过赵惠文王和孝成王的宰相，曾三次离开相位，又三次恢复原职，他的封地在东武城。

平原君家的高楼靠近一户老百姓家。这家有个跛子，总是一瘸一拐地出外打水。平原君的美妾住在楼上，向下看到这情景，就哈哈大笑起来。第二天，这位跛子找上平原君的家门来，请求道："我听说您喜爱士人，士人不远千里来这里，就是因为您看重士人而卑视姬妾啊。我不幸有病致残，可是您的姬妾却在高楼上讥笑我，我希望得到讥笑我的人的脑袋。"平原君笑着应答说："好吧。"等那个跛子离开后，平原君又笑着说："看看这小子，就因为笑了一下而想杀了我的爱妾，不也太过分了吗？"终究没有杀小妾。过了一年多，宾客以及有差使的食客陆陆续续地离开了一多半。平原君对这种情况感到很奇怪，说："我赵胜对待各位先生不曾有失礼的地方，离开的人怎么这样多呢？"一个门客走上前去回答说："因为您不杀讥笑跛子的那个妾，大家认为您喜好美色，轻视士人，所以士人就纷纷离去了。"于是平原君就斩下讥笑跛子的那个爱妾的头，亲自登门献给跛子，趁机向他道歉。从此以后，原来门下的客人就又陆陆续续地回来了。当时，齐国有孟尝君，魏国有信陵君，楚国有春申君，他们都好客养士，因此争相尽其所能招纳士人。

秦军围攻邯郸时，赵国派平原君去求救，与楚国纵向联合联兵抗秦，平原君邀集了勇猛有力、文武兼备的食客二十人一同前往楚国。平原君说："假如能通过谈判取得成功，那就好了。如果不能通过谈判取得成功，那么也要挟制楚王在大庭广众之下把盟约确定下来，一定要订好合纵条约才回来。同去的文武之士不必到外面去寻找，从我门下的食客中选取就行了。"结果选得十九人，其余再找不到合适的，没有办法凑足二十人。这时门下食客中有个叫毛遂的人，径自走到前面来，向平原君自我推荐说："我听说您将要与楚国联合，商定与食客门人二十人一同去，人员不到外面寻找。现在还少一个人，希望您就用我充数前去吧。"平原君问道："先生在我门下有几年了？"毛遂回答道："到现在整整三年了。"平原君说："有才能的贤士生活在世上，就如同锥子放在口袋里，它的锋尖立刻就会露出来。如今先生在我门下已经有三年了，我左右的近臣们从没有先生留。”毛遂曰：“臣乃今日请处囊中耳。使遂蚤得处囊中，乃颖脱而出，非特其末见而已。”平原君竟与毛遂偕。十九人相与目笑之而未废也。

毛遂比至楚，与十九人论议，十九人皆服。平原君与楚合从，言其利害，日出而言之，日中不决。十九人谓毛遂曰：“先生上。”毛遂按剑历阶而上，谓平原君曰：“从之利害，两言而决耳。今日出而言从，日中不决，何也？”楚王谓平原君曰：“客何为者也？”平原君曰：“是胜之舍人也。”楚王叱曰：“胡不下！吾乃与而君言，汝何为者也！”毛遂按剑而前曰：“王之所以叱遂者，以楚国之众也。今十步之内，王不得恃楚国之众也，王之命悬于遂手。吾君在前，叱者何也？且遂闻汤以七十里之地王天下，文王以百里之壤而臣诸侯，岂其士卒众多哉，诚能据其势而奋其威。今楚地方五千里，持戟百万，此霸王之资也。以楚之强，天下弗能当。白起，小竖子耳，率数万之众，兴师以与楚战，一战而举鄢郢，再战而烧夷陵，三战而辱王之先人。此百世之怨而赵之所羞，而王弗知恶焉。合从者为楚，非为赵也。吾君在前，叱者何也？”楚王曰：“唯唯，诚若先生之言，谨奉社稷而以从。”毛遂曰：“从定乎？”楚王曰：“定矣。”毛遂谓楚王之左右曰：“取鸡狗马之血来。”毛遂奉铜槃而跪进之楚王曰：“王当歃血而定从，次者吾君，次者遂。”遂定从于殿上。毛遂左手持槃血而右手招十九人曰：“公相与歃此血于堂下。公等录录，所谓因人成事者也。”

平原君已定从而归，归至于赵，曰：“胜不敢复相士。胜相士多者千人，寡者百数，自以为不失天下之士，今乃于毛先生而失之也。毛先生一至楚，而使赵重于九鼎大吕。毛先生以三寸之舌，强于百万之师。胜不敢复相士。”遂以为上客。

称赞推荐过你，我也从来没听说过你，这是因为先生没有所长啊。先生不能去，先生留下吧。”毛遂说：“我今天就是请求放在口袋里呀。假使我早就被放在口袋里，就会把整个锥头都露出来，不单是锥尖露出来而已。”平原君终于同意让毛遂一同去。那十九个人都相视一笑，暗暗嘲笑毛遂，只是没有抛弃他。

等到毛遂到了楚国，与那十九个人议论天下局势，十九个人都佩服他。平原君与楚王谈判订立合纵盟约的事，说明利害，从日出谈起，到了中午还没有决定下来，那十九个人对毛遂说：“先生上吧。”于是毛遂握着剑柄一步一阶地走上殿堂，对平原君说：“谈合纵不是‘利’就是‘害’，只两句话罢了。现在从日出时就谈合纵，到了中午还决定不下来，是为什么？”楚王见此，对平原君说：“这位客人是干什么的？”平原君回答说：“这是我的随从家臣。”楚王厉声呵叱道：“为什么不退下！我与你的主人谈判，你来干什么？”毛遂紧握剑柄走向前去说：“大王敢呵叱我，不过是倚仗楚国人多势众。现在我与你相距只有十步，十步之内大王就不能凭着楚国人多了，大王的性命控制在我手上。我的主人就在面前，当着他的面你为什么这样呵叱我？何况我听说商汤凭着七十里的土地就统治了天下，周文王凭着百里大小的土地使天下诸侯臣服。难道是他们士兵众多吗？实际上是因为他们善于掌握形势而发挥自己的威力啊。如今楚国领土纵横五千里，士兵百万，这是争王称霸的资本。凭着楚国如此强大，天下没有能抵挡的。秦国的白起，不过是个小小子罢了，他带着几万人的部队，发兵与楚国交战，一战就攻下楚都，再战又烧了夷陵，三战就侮辱了大王的祖先。这是楚国百世不解的怨仇，连赵王都感羞耻，可是大王却不觉得羞愧。合纵的目地是为了楚国，不单是为了赵国。我的主人就在面前，你又呵叱什么呢？”楚王听了立即改变态度说：“是，是，确实像先生说的那样，我一定竭尽全国的力量来订立合纵盟约。”毛遂进一步逼问道：“合纵盟约定下来了吗？”楚王回答说：“定下来了。”于是毛遂对楚王的左右近臣说：“把鸡、狗、马的血取来。”毛遂双手捧着铜盘跪下把它进献到楚王面前说：“大王应当歃血订下合纵盟约，下一个是我的主人，再下一个是我。”就这样，在楚国的殿堂上确定了合纵盟约。这时毛遂左手托起一盘血，右手招呼那十九个人说：“你们就在堂下歃血吧，各位虽然平庸，可也算完成了任务，这就是所说的依赖别人的力量来完成事吧。”

平原君订立了合纵盟约便返回赵国，回到赵国后，说：“我不敢再观察识别人才了。我观察士人多说有上千人，少说有上百人，自认为不会遗漏天下的贤能之士，现在却把毛先生给漏下了。毛先生一次到楚国，就使赵国的威望比传国的九鼎大吕还尊贵。毛先生凭着他那一张能言善辩的嘴，胜过了百万大军。我不敢再观察识别人才了。” 于是把毛遂尊为上宾。

平原君既返赵，楚使春申君将兵赴救赵，魏信陵君亦矫夺晋鄙军往救赵，皆未至。秦急围邯郸，邯郸急，且降，平原君甚患之。邯郸传舍吏子李同说平原君曰："君不忧赵亡邪？"平原君曰："赵亡则胜为虏，何为不忧乎？"李同曰："邯郸之民，炊骨易子而食，可谓急矣，而君之后宫以百数，婢妾被绮縠，余粱肉，而民褐衣不完，糟糠不厌。民困兵尽，或剡木为矛矢，而君器物钟磬自若。使秦破赵，君安得有此？使赵得全，君何患无有？今君诚能令夫人以下编于士卒之间，分功而作，家之所有尽散以飨士，士方其危苦之时，易德耳。"于是平原君从之，得敢死之士三千人。李同遂与三千人赴秦军，秦军为之却三十里。亦会楚、魏救至，秦兵遂罢，邯郸复存。李同战死，封其父为李侯。

虞卿欲以信陵君之存邯郸为平原君请封。公孙龙闻之，夜驾见平原君曰："龙闻虞卿欲以信陵君之存邯郸为君请封，有之乎？"平原君曰："然。"龙曰："此甚不可。且王举君而相赵者，非以君之智能为赵国无有也。割东武城而封君者，非以君为有功也，而以国人无勋，乃以君为亲戚故也。君受相印不辞无能，割地不言无功者，亦自以为亲戚故也。今信陵君存邯郸而请封，是亲戚受城而国人计功也。此甚不可。且虞卿操其两权，事成，操右券以责；事不成，以虚名德君。君必勿听也。"平原君遂不听虞卿。

平原君以赵孝成王十五年卒。子孙代，后竟与赵俱亡。

平原君厚待公孙龙。公孙龙善为坚白之辩，及邹衍过赵言至道，乃绌公孙龙。

虞卿者，游说之士也。蹑跷檐簦说赵孝成王。一见，赐黄金百镒，白璧一双；再见，为赵上卿，故号为虞卿。

平原君回到赵国后，楚国派春申君领兵前来救援赵国，魏国的信陵君也假托君命夺了晋鄙军权带兵前去救援赵国，可是还没有赶到。这时秦军加紧围攻邯郸，邯郸告急，将要投降，平原君非常担忧此事。邯郸宾馆吏员的儿子李同劝说平原君道："您不担忧赵国灭亡吗？"平原君说："我就要成俘虏了，怎么不担忧呢？"李同说："邯郸的百姓，用死人骨头烧火，交换孩子当饭吃，可以说危急至极了，可是您的姬妾数以百计，侍女穿着丝绸绣衣，精美饭菜吃不了，而百姓们连粗布衣服都穿不完整，糟糠都吃不饱。百姓困乏，兵器用尽，有的人削尖木头当长矛箭矢，可是您却享用器物、钟磬照旧。假使秦军攻破赵国，您哪还能这样？假若赵国得以保全，您又何愁没有这些东西呢？现在您果真能把夫人以下的人都编到士卒中间，分别承担守城劳役，把家里所有的东西全部散发来犒劳士兵，士兵正当危急困苦之时，很容易感恩戴德。"于是平原君采纳了李同的意见，得到敢死的士兵三千人。李同就加入了三千人前去与秦军决战，秦军为此后退了三十里。这时正好楚、魏两国的救兵也到了，秦军便撤走了，邯郸得以保存下来。李同在与秦军作战时阵亡，赵王就封他的父亲为李侯。

虞卿想凭着信陵君保存邯郸的功劳给平原君请封。公孙龙得知这个消息，就连夜乘车去见平原君说："我听说虞卿想要以信陵君出兵救赵保存了邯郸为理由替您请求增加封邑，有这回事吗？"平原君回答说："有的。"公孙龙说："这非常不恰当。国君选拔您做赵国的宰相，并不是因为您的智慧才能是赵国别人没有的。划出东武城封赐给您，不是因为您一个人有功劳而认为国人都没有功劳，只是由于您是国君近亲的缘故啊。您接受相印并不因自己无能而推辞，割地加封也不说自己没有功劳而拒绝，也是由于您认为自己是国君的近亲的缘故啊。如今信陵君出兵保存了邯郸而您要求增加封邑，这是凭亲戚之名来接受城邑，又以一个普通人的身份来计算功劳啊。这显然是很不合适的。况且虞卿掌握着办事成功与不成功的两头主动权。事情成功了，他会像债主一样拿着胜券来向您讨债；事情不成功，他又会拿着为您争功求封的虚名来让您感激他。您一定不要听从他的意见。"平原君于是没有听从虞卿的建议。

平原君在赵孝成王十五年的时候去世，他的子孙世代承袭他的封爵，最后终于与赵国一起灭亡了。

平原君对待公孙龙很是优厚。公孙龙善于进行"离坚白"命题的论辩，等到邹衍访问赵国，纵论至高的大道，驳斥了公孙龙的名辩命题后，平原君便冷淡了公孙龙。

虞卿是个能言善辩之士，他脚穿草鞋，肩搭雨伞，去游说赵孝成王。第一次拜见赵王，赵王便赐给他百镒黄金、白璧一对；第二次拜见赵王，就成为了赵国的上卿，所以称为虞卿。

秦赵战于长平，赵不胜，亡一都尉。赵王召楼昌与虞卿曰：“军战不胜，尉复死，寡人使束甲而趋之，何如？”楼昌曰：“无益也，不如发重使为媾。”虞卿曰：“昌言媾者，以为不媾军必破也。而制媾者在秦。且王之论秦也，欲破赵之军乎，不邪？”王曰：“秦不遗余力矣，必且欲破赵军。”虞卿曰：“王听臣，发使出重宝以附楚、魏，楚、魏欲得王之重宝，必内吾使。赵使入楚、魏，秦必疑天下之合从，且必恐。如此，则媾乃可为也。”赵王不听，与平阳君为媾，发郑朱入秦。秦内之。赵王召虞卿曰：“寡人使平阳君为媾于秦，秦已内郑朱矣，卿之为奚如？”虞卿对曰：“王不得媾，军必破矣。天下贺战者皆在秦矣。郑朱，贵人也，入秦，秦王与应侯必显重以示天下。楚、魏以赵为媾，必不救王。秦知天下不救王，则媾不可得成也。”应侯果显郑朱以示天下贺战胜者，终不肯媾。长平大败，遂围邯郸，为天下笑。

秦既解邯郸围，而赵王入朝，使赵郝约事于秦，割六县而媾。虞卿谓赵王曰：“秦之攻王也，倦而归乎？王以其力尚能进，爱王而弗攻乎？”王曰：“秦之攻我也，不遗余力矣，必以倦而归也。”虞卿曰：“秦以其力攻其所不能取，倦而归，王又以其力之所不能取以送之，是助秦自攻也。来年秦复攻王，王无救矣。”王以虞卿之言赵郝。赵郝曰：“虞卿诚能尽秦力之所至乎？诚知秦力之所不能进，此弹丸之地弗予，令秦来年复攻王，王得无割其内而媾乎？”王曰：“请听子割，子能必使来年秦之不复攻我乎？”赵郝对曰：“此非臣之所敢任也。他日三晋之交于秦，相善也。今秦善韩、魏而攻王，王之所以事秦必不如韩、魏也。今臣为足下解负亲之攻，开关通币，齐交韩、魏，至来年而王独取攻于秦，此王之所以事秦必在韩、魏之后也。此非臣之所敢任也。”

秦、赵两国在长平交战，赵国初战不利，损失一员都尉。赵王召来楼昌和虞卿计议说："我军初战不利，都尉又死了，我打算集中长平所有的军队袭击秦军，你们看怎么样？"楼昌说："这没有好处，不如派重要使臣去讲和。"虞卿说："楼昌主张求和的原因，是认为不讲和军队必被击败。可是决定是否讲和在于秦国一方。而且大王您估计一下秦国的作战意图，他们是想击败我们呢，还是不想呢？"赵王回答说："秦国攻打我们已经不遗余力，必定是想要击败赵军。"虞卿接着说："大王听从我的话，派出使臣拿上贵重的珍宝去联合楚、魏两国，楚、魏两国想得到大王的贵重珍宝，一定会接纳我们的使臣。赵国使臣进入楚、魏两国，秦国必定会怀疑天下要合纵，将必定很恐慌。这样，和谈才能进行。" 赵王没有听从，与平阳君决定讲和，就派郑朱先到秦国联系。秦国接纳了郑朱。赵王又召见虞卿说："我派平阳君去与秦国讲和，秦国已经接纳了郑朱，您认为怎么样？"虞卿回答说："大王的和谈不能成功，军队一定会被攻破。天下诸侯祝贺秦国获胜的使臣都在秦国了。郑朱是个显贵之人，他进入秦国，秦王和应侯一定会张扬此事以宣示天下。楚、魏两国认为赵国到秦国求和，必定不会救援大王。秦国知道天下诸侯不会救援大王，那么讲和不可能成功。"应侯果然把郑朱来到秦国这件事大加宣扬而给天下诸侯祝贺秦国获胜的使臣们看，终究不肯和谈。赵军在长平大败，于是邯郸被围困，整个赵国被天下人所耻笑。

秦国解除了对邯郸的包围后，赵王准备去秦国拜见秦王，就派赵郝到秦国去订约结交，割让六个县而讲和。虞卿对赵王说："大王您看，秦国进攻大王，是因为打得疲顿了才撤回呢，还是他们有力量进攻，只是爱惜大王而不进攻呢？"赵王回答说："秦国攻打我国，不遗余力，一定是因为打得疲惫了才撤回的。"虞卿说："秦国用它的全部力量进攻它所不能夺取的土地，结果打得疲顿而回，可大王又把秦国兵力不能夺取的土地白送给它，这是帮助秦国进攻自己啊。明年秦国又进攻大王，大王就无法自救了。"赵王把虞卿的话告诉了赵郝。赵郝说："虞卿真的能完全知道秦国力量的底细吗？真的知道秦国的力量不能进攻，这么一块弹丸之地不给它，让秦国明年再来进攻大王，那时大王岂不是要割让腹地给它来求和吗？"赵王说："我听从你的意见割让六县了，你能保证秦国明年一定不再攻打我们吗？"赵郝回答说："这个可不是我所敢承担的事情。过去韩、赵、魏三国与秦国交往，彼此亲善。现在秦国对韩、魏两国亲善而进攻大王，这是赵国侍奉秦国必定不如韩国、魏国的缘故。现在我替您解除因背弃与秦国亲善关系而招致的进攻，开放边关，互通贸易，与秦国的交好程度同韩、魏两国一样，若到了来年大王如果单单被秦国进攻，这一定是大王侍奉秦国的心意又落在韩、魏两国的后面了。这不是我敢负责的。"

王以告虞卿。虞卿对曰："郝言'不媾，来年秦复攻王，王得无割其内而媾乎'。今媾，郝又以不能必秦之不复攻也。今虽割六城，何益！来年复攻，又割其力之所不能取而媾，此自尽之术也，不如无媾。秦虽善攻，不能取六县；赵虽不能守，终不失六城。秦倦而归，兵必罢。我以六城收天下以攻罢秦，是我失之于天下而取偿于秦也。吾国尚利，孰与坐而割地，自弱以强秦哉？今郝曰'秦善韩、魏而攻赵者，必王之事秦不如韩、魏也'，是使王岁以六城事秦也，即坐而城尽。来年秦复求割地，王将与之乎？弗与，是弃前功而挑秦祸也；与之，则无地而给之。语曰'强者善攻，弱者不能守'。今坐而听秦，秦兵不弊而多得地，是强秦而弱赵也。以益强之秦而割愈弱之赵，其计故不止矣。且王之地有尽而秦之求无已，以有尽之地而给无已之求，其势必无赵矣。"

赵王计未定，楼缓从秦来，赵王与楼缓计之，曰："予秦地如毋予，孰吉？"缓辞让曰："此非臣之所能知也。"王曰："虽然，试言公之私。"楼缓对曰："王亦闻夫公甫文伯母乎？公甫文伯仕于鲁，病死，女子为自杀于房中者二人。其母闻之，弗哭也。其相室曰：'焉有子死而弗哭者乎？'其母曰：'孔子，贤人也，逐于鲁，而是人不随也。今死而妇人为之自杀者二人，若是者必其于长者薄而于妇人厚也。'故从母言之，是为贤母；从妻言之，是必不免为妒妻。故其言一也，言者异则人心变矣。今臣新从秦来而言勿予，则非计也；言予之，恐王以臣为为秦也：故不敢对。使臣得为大王计，不如予之。"王曰："诺。"

虞卿闻之，入见王曰："此饰说也，王昚勿予！"楼缓闻之，往见王。王又以虞卿之言告楼缓。楼缓对曰："不然。虞卿得其一，不得其二。夫秦赵构难而天下皆说，何也？曰'吾且因强而乘弱矣'。

赵王把赵郝的话告诉了虞卿。虞卿回答说："赵郝说'不讲和，明年秦国再来进攻大王，大王岂不是要割让腹地给它来求和吗'。现在讲和，赵郝又不能保证一定使秦国不再进攻。那么现在即使割让六个城邑，又有什么好处？明年再来进攻，割让秦国国力不能夺取的土地来讲和。这是自取灭亡的办法，所以不如不讲和。秦国虽然善于进攻，也不能轻易地夺取六个县；赵国虽然不能防守，终究不会丧失六座城。秦国疲顿而撤兵，军队必然疲软。我们用六座城邑说服天下诸侯去进攻疲软的秦军，这是我国在天下诸侯那里失去六座城而在秦国那里得到补偿。我国还可得到好处，这与白白地割让土地，削弱自己来壮大秦国哪一个好呢？现在赵郝说'秦国与韩、魏两国亲善而进攻赵国的原因，一定是大王侍奉秦国的心意不如韩、魏两国'，这是让大王每年用六座城侍奉秦国，而坐视城邑被割让完。明年秦国又要求割地，大王还给它吗？不给，这是前功尽弃并挑起秦国进军的战祸；给它，也就无地可给了。俗话说：'强者善攻，弱者不能守。'现在平白地听任秦国摆布，秦国军队毫不费力便可多得土地，这是壮大秦国削弱赵国啊。让更强大的秦国来宰割更弱小的赵国，秦国年年谋取赵国土地的打算因而就不会停止了。何况大王的土地有穷尽而秦国的要求无止境，拿有限的赵国土地去满足秦国无限的欲求，那势必不会再有赵国了。"

赵王的计议还没有决定，楼缓从秦国回到赵国，赵王与楼缓商议这个问题，说："给秦国土地与不给，哪一种好？"楼缓推辞说："这不是我能知道的。"赵王说："虽然这么说，请说说您私下的个人意见。"楼缓便回答说："大王也听说过那个公甫文伯母亲的事吗？公甫文伯在鲁国做官，病死了，妻妾中为他在卧房中自杀的有两个人。他的母亲听到这件事，没有哭。有个帮着料理家务的人说：'哪有儿子死了而母亲不哭的呢？'他的母亲说：'孔子是个大贤人，被鲁国驱逐，可是这个人没有跟随他。现在他死了而妻妾为他自杀的有两人，像这样一定是他对长者感情淡薄而对妇人感情深厚。'所以从他母亲的角度说，这是个贤良的母亲。若由妻子说出这样的话，这一定免不了被人说是嫉妒了。所以说的话虽然都一样，但由于说话的人不同，别人的看法也就不一样了。现在我刚刚从秦国来，如果说不给，那不是好办法；如果说给它，恐怕大王会认为我是替秦国说话，所以我不敢回答。如果真是为大王考虑，不如给它的好。"赵王听后说："好。"

虞卿听到这件事，入宫拜见赵王说："这是虚伪的辩说，大王千万小心不要给土地！"楼缓听说了，就去拜见赵王。赵王把虞卿的话告诉了楼缓。楼缓说："不对，虞卿知其一，不知其二。秦国、赵国交战，天下都高兴，这是为什么？说'我们将借强国来欺弱国'。如今赵国军队被秦军围困，天下诸侯祝贺获胜的今赵兵困于秦，天下之贺战胜者则必尽在于秦矣。故不如亟割地为和，以疑天下而慰秦之心。不然，天下将因秦之强怒，乘赵之弊，瓜分之。赵且亡，何秦之图乎？故曰虞卿得其一，不得其二。愿王以此决之，勿复计也。”

虞卿闻之，往见王曰：“危哉楼子之所以为秦者，是愈疑天下，而何慰秦之心哉？独不言其示天下弱乎？且臣言勿予者，非固勿予而已也。秦索六城于王，而王以六城赂齐。齐，秦之深仇也，得王之六城，并力西击秦，齐之听王，不待辞之毕也。则是王失之于齐而取偿于秦也。而齐、赵之深仇可以报矣，而示天下有能为也。王以此发声，兵未窥于境，臣见秦之重赂至赵而反媾于王也。从秦为媾，韩、魏闻之，必尽重王；重王，必出重宝以先于王。则是王一举而结三国之亲，而与秦易道也。”赵王曰：“善。”则使虞卿东见齐王，与之谋秦。虞卿未返，秦使者已在赵矣。楼缓闻之，亡去。赵于是封虞卿以一城。

居顷之，而魏请为从。赵孝成王召虞卿谋。过平原君，平原君曰：“愿卿之论从也。”虞卿入见王。王曰：“魏请为从。”对曰：“魏过。”王曰：“寡人固未之许。”对曰：“王过。”王曰：“魏请从，卿曰魏过，寡人未之许，又曰寡人过，然则从终不可乎？”对曰：“臣闻小国之与大国从事也，有利则大国受其福，有败则小国受其祸。今魏以小国请其祸，而王以大国辞其福，臣故曰王过，魏亦过。窃以为从便。”王曰：“善。”乃合魏为从。

虞卿既以魏齐之故，不重万户侯卿相之印，与魏齐间行，卒去赵，困于梁。魏齐已死，不得意，乃著书，上采春秋，下观近世，曰节义、称号、揣摩、政谋，凡八篇。以刺讥国家得失，世传之曰虞氏春秋。

人必定都在秦国了。所以不如赶快割地讲和，让天下人怀疑秦、赵已经交好，并且能宽慰秦国的心。不然的话，天下诸侯将借着秦国的怨怒，趁着赵国的疲困，瓜分赵国。赵国将要灭亡，还如何图谋秦国呢？所以说虞卿知其一，不知其二。希望大王就这样决定下来，不要再考虑了。”

虞卿听说后，去拜见赵王说：“危险了，楼缓这是在为秦国帮忙，这样做只会让天下诸侯更加怀疑我们了，又怎么能宽慰秦国呢？他为什么偏偏不说这么做就是向天下诸侯示弱呢？再说我所主张不给秦国土地，并不是坚决不给土地就算了。秦国向大王索取六个城邑，而大王可以把这六个城邑送给齐国。齐国是秦国的死对头，得到大王的六个城邑，就可以与赵国合力攻打秦国，齐王倾听大王的计谋，不用等到话说完就会同意的。这样大王虽然在齐国方面失去了六个城邑却可以在秦国方面得到补偿。这样做，齐国、赵国的深仇也可以报了，而且又向天下诸侯显示赵王是有作为的。大王只要把齐、赵两国结盟的事声扬出去，那就不用等到我们的军队到达秦国边境，我就可以看到秦国带着重礼来赵国反过来向大王求和了。一旦跟秦王讲和，韩、魏两国听到消息，必定尽力敬重大王；既要敬重大王，就一定会拿出重宝争先送给大王。这样大王一举就可以与韩、魏、齐三国结交亲善，从而与秦国改换了处事的位置。”赵王听后说：“好极了。”就派虞卿向东去拜见齐王，与齐王商议一起对付秦国。虞卿还没返回赵国，秦国的使臣已经在赵国了。楼缓听到这个消息，立即逃跑了。赵王于是把一座城邑封给了虞卿。

过了些日子，魏国请求与赵国联合。赵孝成王就召虞卿来商议这件事。虞卿先去拜访了平原君，平原君说：“希望听您讲讲合纵的好处。”虞卿入宫拜见赵王。赵王说：“魏国请求与我们联合。”虞卿说：“魏国错了。”赵王说：“我没有立即答应它。”虞卿说：“大王错了。”赵王说：“魏国请求合纵，您说魏国错了；我没有答应它，您又说我错了。既然这样，那么合纵终究不可行吗？”虞卿回答说：“我听说小国跟大国一起办事，有好处就由大国享用成果，有坏处就由小国承担灾祸。现在魏国因为是小国却愿意遭殃，可是大王因为是大国却推辞不受好处，我因此说大王错了，魏国也错了。我私下认为合纵有好处。”赵王说：“好。”于是就同魏国建立了合纵联盟。

虞卿因为魏国宰相魏齐的缘故，不看重万户侯的爵位和卿相大印，陪着魏齐一起从小路逃走离开了赵国，被困在魏国大梁。魏齐死后，虞卿很不得意，就著书立说，上从《春秋》书中搜集，下从近代的世情中考察，写了《节义》、《称号》、《揣摩》、《政谋》等共八篇文章，用来评述国家政治的成功与失败，流传于世，人们称之为《虞氏春秋》。

太史公曰：平原君，翩翩浊世之佳公子也，然未睹大体。鄙语曰“利令智昏”，平原君贪冯亭邪说，使赵陷长平兵四十余万众，邯郸几亡。虞卿料事揣情，为赵画策，何其工也！及不忍魏齐，卒困于大梁，庸夫且知其不可，况贤人乎？然虞卿非穷愁，亦不能著书以自见于后世云。

太史公说：平原君是乱世时代风流洒脱、有才气的公子，但是不能识大局。俗话说“利令智昏”，平原君相信冯亭的邪说，贪图他献出的上党，致使赵国被活埋在长平的士兵多达四十多万人，邯郸几乎沦陷。虞卿预料大事揣摩情况，为赵国出谋划策，多么周密巧妙啊！到后来不忍心看着魏齐被人追杀，终于被困在大梁，庸人还知道这样做不行，何况贤人呢？但是虞卿若不是穷困忧愁，也就不能著书立说而使自己的名字流传于后世了。

魏公子列传第十七

魏公子无忌者，魏昭王少子而魏安釐王异母弟也。昭王薨，安釐王即位，封公子为信陵君。是时范雎亡魏相秦，以怨魏齐故，秦兵围大梁，破魏华阳下军，走芒卯。魏王及公子患之。

公子为人仁而下士，士无贤不肖皆谦而礼交之，不敢以其富贵骄士。士以此方数千里争往归之，致食客三千人。当是时，诸侯以公子贤，多客，不敢加兵谋魏十余年。

公子与魏王博，而北境传举烽，言“赵寇至，且入界”。魏王释博，欲召大臣谋。公子止王曰：“赵王田猎耳，非为寇也。”复博如故。王恐，心不在博。居顷，复从北方来传言曰：“赵王猎耳，非为寇也。”魏王大惊，曰：“公子何以知之？”公子曰：“臣之客有能深得赵王阴事者，赵王所为，客辄以报臣，臣以此知之。”是后魏王畏公子之贤能，不敢任公子以国政。

魏有隐士曰侯嬴，年七十，家贫，为大梁夷门监者。公子闻之，往请，欲厚遗之。不肯受，曰：“臣修身絜行数十年，终不以监门困故而受公子财。”公子于是乃置酒大会宾客。坐定，公子从车骑，虚左，自迎夷门侯生。侯生摄敝衣冠，直上载公子上坐，不让，欲以观公子。公子执辔愈恭。侯生又谓公子曰：“臣有客在市屠中，愿枉车骑过之。”公子引车入市，侯生下见其客朱亥，俾倪，故久立与其客语，微察公子。公子颜色愈和。当是时，魏将相宗室宾客满堂，待公子举酒。市人皆观公子执辔。从骑皆窃骂侯生。侯生视公子色终不变，乃谢客就车。至家，公子引侯生坐上坐，遍赞宾客，宾客皆惊。

魏公子无忌，是魏昭王的小儿子、魏安釐王的同父异母弟弟。昭王去世后，安釐王即位，赐封魏公子为信陵君。这时范雎从魏国逃到秦国后做了宰相，因为怨恨魏相魏齐屈打自己几乎致死的缘故，就派秦军围攻大梁，攻破了魏国华阳的驻军，赶跑了芒卯。魏王和魏公子对此事十分忧虑。

魏公子的为人仁爱宽厚而且尊重士人，士人无论有无才能或才能大小，他都很谦恭地以礼与之交往，从来不敢因为自己富贵而慢待士人。因此方圆几千里的士人都争相归附于他，招徕食客达三千人。当时，各诸侯国因为公子贤明，宾客又多，连续十几年不敢动兵谋犯魏国。

有一次，魏公子跟魏王正在下棋，这时从北部边境突然传来警报，说："赵国发兵进犯我们了，即将进入边境。"魏王立即放下棋子，想召集大臣们商议对策。魏公子劝阻魏王说："是赵王打猎罢了，不是进犯边境。"于是便像先前一样又接着与魏王下棋。可是魏王担心，心思并没放在下棋上。过了一会儿，又从北边传来消息说："是赵王在野外打猎，不是入侵。"魏王听后大感惊诧，问道："公子是怎么知道的？"魏公子回答说："我的门客中有人能深入探到赵王的秘密，赵王做了什么，门客就会立即告诉我，我因此知道这件事。"从此以后，魏王畏惧公子贤能，不敢让魏公子处理国家大事。

魏国有个隐士叫侯嬴，已经七十岁了，家境贫寒，是大梁城的东门看城门的人。魏公子听说了这个人，就派人前去问候，想送给他丰厚的礼物。侯嬴不肯接受，说："我修养德行、坚持操守已几十年，终究不能因为看门穷困的缘故而接受公子的钱财。"魏公子一见不行，于是就大摆酒席宴饮宾客。待大家坐定之后，魏公子带着车马，空着左面的座位，亲自迎接夷门侯先生。侯先生整理了一下破旧的衣帽，就直接坐上载着魏公子的车的上座，丝毫没有谦让的意思，想借此观察一下魏公子的态度。可是魏公子手握缰绳，更加恭敬。侯先生又对魏公子说："我有个朋友在街上的屠宰场，希望委屈一下您，载我去拜访他。"魏公子立即驾车前往进入街市，侯先生下车去见他的朋友朱亥，他斜眯缝着眼看魏公子，故意久久站在那里与他的朋友说个不休，暗中观察魏公子。魏公子的面色更加和悦。这个时候，魏国的将相、王亲、宾客满堂，等着魏公子举杯开宴。街市上的人都看到了魏公子手执缰绳替侯先生驾车。魏公子的随从人员都暗自责骂侯先生。侯先生看到魏公子脸色始终不变，才辞别朋友上了车。到家后，魏公子领酒酣，公子起，为寿侯生前。侯生因谓公子曰："今日嬴之为公子亦足矣。嬴乃夷门抱关者也，而公子亲枉车骑，自迎嬴于众人广坐之中，不宜有所过，今公子故过之。然嬴欲就公子之名，故久立公子车骑市中，过客以观公子，公子愈恭。市人皆以嬴为小人，而以公子为长者能下士也。"于是罢酒，侯生遂为上客。

侯生谓公子曰："臣所过屠者朱亥，此子贤者，世莫能知，故隐屠间耳。"公子往数请之，朱亥故不复谢，公子怪之。

魏安釐王二十年，秦昭王已破赵长平军，又进兵围邯郸。公子姊为赵惠文王弟平原君夫人，数遗魏王及公子书，请救于魏。魏王使将军晋鄙将十万众救赵。秦王使使者告魏王曰："吾攻赵旦暮且下，而诸侯敢救者，已拔赵，必移兵先击之。"魏王恐，使人止晋鄙，留军壁邺，名为救赵，实持两端以观望。平原君使者冠盖相属于魏，让魏公子曰："胜所以自附为婚姻者，以公子之高义，为能急人之困。今邯郸旦暮降秦而魏救不至，安在公子能急人之困也！且公子纵轻胜，弃之降秦，独不怜公子姊邪？"公子患之，数请魏王，及宾客辩士说王万端。魏王畏秦，终不听公子。公子自度终不能得之于王，计不独生而令赵亡，乃请宾客，约车骑百余乘，欲以客往赴秦军，与赵俱死。

行过夷门，见侯生，具告所以欲死秦军状。辞决而行，侯生曰："公子勉之矣，老臣不能从。"公子行数里，心不快，曰："吾所以待侯生者备矣，天下莫不闻，今吾且死而侯生曾无一言半辞送我，我岂有所失哉？"复引车还，问侯生。侯生笑曰："臣固知公子之还也。"曰："公子喜士，名闻天下。今有难，无他端而欲赴秦军，譬若以肉投馁虎，何功之有哉？尚安事客？然公子遇臣厚，公子往而臣着侯先生坐到上座，给侯嬴一一介绍在座的宾客，满堂宾客都很惊异。大家饮酒尽兴之时，魏公子站起来，走到侯先生面前举杯敬酒。侯先生趁机对魏公子说："今天我侯嬴难为公子也真够多了。我只是个在城东门守门的人，可是公子屈尊驾车，亲自在大庭广众之中迎接我，我本不该再去拜访朋友，今天公子竟屈尊陪我拜访他。可我侯嬴想成就公子的名声，故意久久使公子的车马停在街市中，借拜访朋友来观察公子，结果公子更加谦恭。市场的人都认为我侯嬴是小人，而认为公子为人厚道，能礼贤下士啊。"于是在宴会结束后，侯嬴便成为了魏公子的贵客。

侯嬴对魏公子说："我拜访的屠夫朱亥，是个有才能的人，只是人们都不了解他，所以隐没在屠坊中。"魏公子曾多次前往拜见朱亥，朱亥故意不回拜，魏公子对此感到奇怪。

魏安釐王二十年，秦昭王已经攻破了长平赵国军队，接着进兵围攻邯郸。魏公子的姐姐是赵惠文王弟弟平原君的夫人，多次给魏王和魏公子送信来，向魏国求救。魏王派将军晋鄙带领十万之众救援赵国。秦王派使者告诉魏王说："我攻下赵国只是早晚的事，诸侯有谁敢救援赵国的，等拿下赵国后我一定调兵先攻打它。"魏王害怕了，就派人阻止晋鄙不要再进军了，让军队留守在邺城，名义上是救赵国，实际上是在犹豫观望。平原君前来魏国求救，使臣的车子络绎不绝，责备魏公子说："我赵胜之所以自愿依托魏国与魏国联姻结亲，就是因为公子的行为高尚，能够急人所难。如今邯郸危在旦夕，早晚就要投降秦国，可是魏国救兵至今不来，公子急人所难又在哪里呢？再说公子纵使看不起我赵胜，抛弃我，让我投降秦国，您难道不怜惜您的姐姐吗？"魏公子为此忧虑万分，多次请求魏王出兵，还派门客、辩士用多种手段劝说魏王。魏王由于害怕秦国，始终没有听从魏公子的意见。魏公子揣测终究不能让魏王同意出兵，就决计不让自己苟活而让赵国灭亡，于是请来宾客，集合了一百多辆战车，准备率领他们赶赴战场与秦军拼命，与赵国共存亡。

魏公子率队路过夷门时，遇见了侯嬴，把想同秦军拼命的情况全都告诉了侯嬴。说完了告别侯嬴准备上路，行前侯嬴说："公子努力吧，老臣我不能随行。"魏公子走了几里地，心里不痛快，自语道："我对待侯先生算是够周到的了，天下无人不晓，现在我将要赴死可是侯先生竟没有一言半语送我，我难道待他有什么闪失吗？"于是又赶着车子返回来，想问问侯嬴。侯嬴一见魏公子便笑着说："我本来就知道公子会回来的。"又接着说："公子好客爱士，闻名天下。现在有了困难，没有别的办法，想与秦军拼命，这就如同把肥肉扔给饥饿的老虎，有什么作用呢？如果这样的话，还结交我们这些宾客干什么呢？公子待我不送，以是知公子恨之复返也。”公子再拜，因问。侯生乃屏人间语，曰：“嬴闻晋鄙之兵符常在王卧内，而如姬最幸，出入王卧内，力能窃之。嬴闻如姬父为人所杀，如姬资之三年，自王以下欲求报其父仇，莫能得。如姬为公子泣，公子使客斩其仇头，敬进如姬。如姬之欲为公子死，无所辞，顾未有路耳。公子诚一开口请如姬，如姬必许诺，则得虎符夺晋鄙军，北救赵而西却秦，此五霸之伐也。”公子从其计，请如姬。如姬果盗晋鄙兵符与公子。

公子行，侯生曰：“将在外，主令有所不受，以便国家。公子即合符，而晋鄙不授公子兵而复请之，事必危矣。臣客屠者朱亥可与俱，此人力士。晋鄙听，大善；不听，可使击之。”于是公子泣。侯生曰：“公子畏死邪？何泣也？”公子曰：“晋鄙嚄唶宿将，往恐不听，必当杀之，是以泣耳，岂畏死哉？”于是公子请朱亥。朱亥笑曰：“臣乃市井鼓刀屠者，而公子亲数存之，所以不报谢者，以为小礼无所用。今公子有急，此乃臣效命之秋也。”遂与公子俱。公子过谢侯生。侯生曰：“臣宜从，老不能。请数公子行日，以至晋鄙军之日，北乡自刭，以送公子。”公子遂行。

至邺，矫魏王令代晋鄙。晋鄙合符，疑之，举手视公子曰：“今吾拥十万之众，屯于境上，国之重任，今单车来代之，何如哉？”欲无听。朱亥袖四十斤铁椎，椎杀晋鄙，公子遂将晋鄙军。勒兵下令军中曰：“父子俱在军中，父归；兄弟俱在军中，兄归；独子无兄弟，归养。”得选兵八万人，进兵击秦军。秦军解去，遂救邯郸，存赵。赵王及平原君自迎公子于界，平原君负韊矢为公子先引。赵王再拜曰：“自古贤人未有及公子者也。”当此之时，平原君不敢自比于情深意厚，公子前往而我却没有送行，我因此知道公子感到遗憾，会再返回来的。”魏公子连着两次向侯嬴施礼，就向他请教对策。侯嬴就让旁人离开，同魏公子秘密交谈，说：“我听说调动晋鄙的兵符经常放在魏王的卧室内，如姬又很受宠幸，出入大王卧室很随便，有能力偷出兵符。我还听说如姬的父亲被人杀死，如姬怀愤三年了，从大王以下的人都想替她报仇，但没能如愿。为此，如姬曾对公子哭诉，公子派门客斩了那个仇人的头，恭敬地献给如姬。要如姬为公子效命而死，她是不会推辞的，只是没有机会罢了。公子真的开口请求如姬帮忙，她必定会答应，那么得到虎符夺取晋鄙的军队，北面可救援赵国，西边能抵御秦国，这是春秋五霸的功业啊。”魏公子听从了侯嬴的计策，请求如姬帮忙。如姬果然偷出了调动晋鄙的兵符交给了魏公子。

魏公子临行，侯嬴说：“将帅带兵在外作战，国君的命令有时可以不接受，以求对国家有利。公子到那里即使验明了两符相合，但如果晋鄙仍不把兵权交给公子反而再请示魏王，那么事情就危险了。我的朋友屠夫朱亥可以跟您一起前往，这个人是个大力士。如果晋鄙听从，那是再好不过了；如果他不听从，可以让朱亥击杀他。” 魏公子听了这话后哭了。侯嬴见状便问道：“公子怕死吗？为什么哭呢？”魏公子回答说：“晋鄙是魏国勇猛强悍、富有经验的老将，我怕去了他那里他不会听从命令，必定要杀死他，因此我难过地哭了，哪里是因为怕死呢？”于是魏公子前去邀请朱亥。朱亥笑着说：“我只是个市场上操刀的屠夫，可是公子竟多次登门问候我，我之所以不回拜答谢您，是认为拘泥于小礼节没什么用的缘故。如今公子有了急难，这就是我为公子舍身效命的时候了。”就与魏公子一起出发了。魏公子前往向侯嬴告辞。侯嬴说：“我本应随您一起去，但年纪老了，不能去了。请允许我计算您的行程日期，在您到达晋鄙军队的那一天，我就面向北边刎颈而死，来给公子送行。”魏公子于是就出发了。

魏公子到了邺城，拿出兵符假传魏王命令，要接管晋鄙的兵权。晋鄙合了兵符，验证无误，但还是怀疑这件事，就举着手盯着魏公子说：“现在我率领十万人，屯兵在边境上，这是国家的重任，今天您只身一人来代替我，这是怎么回事呢？”想要拒绝接受命令。这时朱亥取出藏在衣袖里的四十斤铁锤，一锤击死了晋鄙，魏公子于是夺取了晋鄙的军队。接着魏公子整顿全军，下令说：“父子都在军中的，父亲回家；兄弟同在军中的，兄长回家；没有兄弟的独子，回去奉养父母。” 由此选出了精兵八万人，开赴前线攻击秦军。秦军解围撤离而去，于是邯郸得救，保住了赵国。赵王和平原君亲自到郊界迎接魏公子。平原君替魏公子背着箭袋，在前面引路。赵王对着魏公子拜了两拜说：“自古以来的贤人没有一个比得上公子您啊。”这时，平原君不敢再拿自己跟别人相比了。魏公子与侯嬴人。公子与侯生决，至军，侯生果北乡自刭。

魏王怒公子之盗其兵符，矫杀晋鄙，公子亦自知也。已却秦存赵，使将将其军归魏，而公子独与客留赵。赵孝成王德公子之矫夺晋鄙兵而存赵，乃与平原君计，以五城封公子。公子闻之，意骄矜而有自功之色。客有说公子曰："物有不可忘，或有不可不忘。夫人有德于公子，公子不可忘也；公子有德于人，愿公子忘之也。且矫魏王令，夺晋鄙兵以救赵，于赵则有功矣，于魏则未为忠臣也。公子乃自骄而功之，窃为公子不取也。"于是公子立自责，似若无所容者。赵王扫除自迎，执主人之礼，引公子就西阶。公子侧行辞让，从东阶上。自言罪过，以负于魏，无功于赵。赵王侍酒至暮，口不忍献五城，以公子退让也。公子竟留赵。赵王以鄗为公子汤沐邑，魏亦复以信陵奉公子。公子留赵。

公子闻赵有处士毛公藏于博徒，薛公藏于卖浆家，公子欲见两人，两人自匿不肯见公子。公子闻所在，乃间步往从此两人游，甚欢。平原君闻之，谓其夫人曰："始吾闻夫人弟公子天下无双，今吾闻之，乃妄从博徒卖浆者游，公子妄人耳。"夫人以告公子。公子乃谢夫人去，曰："始吾闻平原君贤，故负魏王而救赵，以称平原君。平原君之游，徒豪举耳，不求士也。无忌自在大梁时，常闻此两人贤，至赵，恐不得见。以无忌从之游，尚恐其不我欲也，今平原君乃以为羞，其不足从游。"乃装为去。夫人具以语平原君。平原君乃免冠谢，固留公子。平原君门下闻之，半去平原君归公子，天下士复往归公子，公子倾平原君客。

公子留赵十年不归。秦闻公子在赵，日夜出兵东伐魏。魏王患之，使使往请公子。公子恐其怒之，乃诫门下："有敢为魏王使通辞别后，在到达邺城军营的那一天，侯嬴果然面向北方刎颈而死。

魏王恼怒魏公子盗了他的兵符，假传命令杀了晋鄙，魏公子自己也知道魏王会恼怒的。所以在打退秦军拯救赵国之后，就让部将带着部队返回魏国去，而魏公子自己和他的门客就留在了赵国。赵孝成王感激魏公子假托君命夺取晋鄙军权而保全了赵国，就与平原君商议，把五座城邑封赐给魏公子。魏公子听到这个消息后，心中产生了骄傲的情绪，露出了自以为有功的神色。门客中有个人劝说魏公子道："事情有不该忘记的，还有不可不忘记的。别人对公子有恩德，公子不可以忘记；公子对别人有恩德，希望公子能忘掉它。况且假托魏王命令，夺取晋鄙兵权去救赵国，这对赵国来说算是有功，但对魏国来说那就不能算是忠臣了。公子却因此而骄傲自以为有功，我私下认为公子不该这样。"魏公子听后，马上反躬自责，好像无地自容一样。赵国召开盛大欢迎宴会，赵王扫了台阶，亲自迎接，用主人的礼节，领着魏公子从表示尊敬的西边台阶上殿。魏公子侧行谦让，从东阶上去。宴会上，魏公子称说自己有罪，有负于魏国，对赵国无功。赵王陪着魏公子饮酒直到傍晚，始终不忍心提出献给五座城的事，因为魏公子总是在谦让自责。魏公子终究留在了赵国。赵王把鄗邑封赏给魏公子，以供他日常生活的开销，这时魏王也把信陵邑又还给了魏公子。魏公子仍留在赵国。

魏公子听说赵国有位才德高尚且洁身不仕的毛公藏身于赌徒中，还有一位薛公隐身于酒店里，魏公子很想见见这两个人，可是这两个人躲了起来不肯见他。魏公子打听到了他们的藏身之所，就悄悄地找到了他们并与他们交往，彼此过得很开心。平原君听说了这事，就对他的夫人说："当初我听说夫人的弟弟魏公子是个举世无双的大贤人，现在我听说他却胡乱地和赌博的人、卖酒的交往，公子原来只是个荒唐的人罢了。"平原君的夫人把这些话告诉了魏公子。魏公子听后就向平原君夫人告辞要离开，说："以前我听说平原君贤德，所以背弃魏王而救赵国，以便对得起平原君。现在才知道平原君与人交往，只是为了显示他豪放的举动罢了，他不是求取贤士人才啊。我在大梁时，就常听说这两个人贤能，到了赵国，我总是担心见不到他们。让我跟他们交游，还担心他们不接纳我呢。现在平原君却以此为羞耻，他不值得我结交。"于是就整理行装准备离去。平原君夫人赶紧把魏公子的话全都告诉了平原君，平原君听了自感惭愧便向魏公子脱帽谢罪，一定要把魏公子留下来。平原君门下的门客听说了这件事，有一半离开了平原君归附了魏公子，天下的士人也都去投附魏公子，因而魏公子的门客大大超过了平原君。

魏公子留在赵国一住就是十年没有回魏国。秦国听说魏公子留在赵国，就趁机不停地发兵向东进攻魏国。魏王为此焦虑万分，就派使臣去请魏公子回国。魏公子仍担心魏王恼怒自己，就告诫门下食客说："有敢替魏王使臣通报传达的，者，死。”宾客皆背魏之赵，莫敢劝公子归。毛公、薛公两人往见公子曰：“公子所以重于赵，名闻诸侯者，徒以有魏也。今秦攻魏，魏急而公子不恤，使秦破大梁而夷先王之宗庙，公子当何面目立天下乎？”语未及卒，公子立变色，告车趣驾归救魏。

魏王见公子，相与泣，而以上将军印授公子，公子遂将。魏安釐王三十年，公子使使遍告诸侯。诸侯闻公子将，各遣将将兵救魏。公子率五国之兵破秦军于河外，走蒙骜。遂乘胜逐秦军至函谷关，抑秦兵，秦兵不敢出。当是时，公子威振天下，诸侯之客进兵法，公子皆名之，故世俗称魏公子兵法。

秦王患之，乃行金万斤于魏，求晋鄙客，令毁公子于魏王曰：“公子亡在外十年矣，今为魏将，诸侯将皆属，诸侯徒闻魏公子，不闻魏王。公子亦欲因此时定南面而王，诸侯畏公子之威，方欲共立之。”秦数使反间，伪贺公子得立为魏王未也。魏王日闻其毁，不能不信，后果使人代公子将。公子自知再以毁废，乃谢病不朝，与宾客为长夜饮，饮醇酒，多近妇女。日夜为乐饮者四岁，竟病酒而卒。其岁，魏安釐王亦薨。

秦闻公子死，使蒙骜攻魏，拔二十城，初置东郡。其后秦稍蚕食魏，十八岁而虏魏王，屠大梁。

高祖始微少时，数闻公子贤。及即天子位，每过大梁，常祠公子。高祖十二年，从击黥布还，为公子置守冢五家，世世岁以四时奉祠公子。

太史公曰：吾过大梁之墟，求问其所谓夷门。夷门者，城之东门也。天下诸公子亦有喜士者矣，然信陵君之接岩穴隐者，不耻下交，有以也。名冠诸侯，不虚耳。高祖每过之而令民奉祠不绝也。

处死。”由于宾客们都是背弃魏国来到赵国的，所以没谁敢劝魏公子回魏国。这时，毛公和薛公两人前去见魏公子说：“公子所以在赵国受到尊重，名扬诸侯，就是因为有魏国的存在啊。现在秦国进攻魏国，魏国危急，而公子却毫不关心，假使秦国攻破大梁而夷平了先王的宗庙，公子还有什么脸面活在世上呢？”话还没说完，魏公子脸色突然大变，吩咐车夫赶快驱车回去救魏国。

魏王见到了魏公子，兄弟两人不禁相对而泣，魏王把上将军大印授给了魏公子，魏公子于是就任统帅。魏安釐王三十年，魏公子派使臣遍告各诸侯国自己担任上将军一事。诸侯们得知魏公子担任了上将军，都各自调兵遣将救援魏国。魏公子率领五个诸侯国的军队在河外大败秦军，赶走了蒙骜，进而乘胜追击到函谷关，把秦军堵在函谷关内，使他们不敢再出关。当时，魏公子的声威震动天下，各诸侯国来的宾客给魏公子写了一些有关兵法的文章，魏公子整理后以自己的名字为之命名，所以人们称之为《魏公子兵法》。

秦王担忧魏公子将进一步威胁秦国，于是派人拿了万金到魏国，求见晋鄙原来的那些门客，让他们在魏王面前毁谤说：“公子流亡在外十年了，现在担任魏国大将，诸侯国的将领也都归他指挥，诸侯们只知道魏国有个魏公子，不知道还有个魏王。魏公子也想乘此时机平定南面称王。诸侯们害怕公子的权势声威，正打算共同拥立他为王呢。”秦国又多次施行反间计，假装祝贺公子，问是否已经立为魏王了。魏王天天听到这些毁谤魏公子的话，不能不信以为真，后来果然派人接替了魏公子担任上将军。魏公子知道自己再次遭到毁谤而被废黜，于是就推托有病不上朝了，和宾客通宵达旦饮酒作乐，痛饮烈性酒，又常跟女人厮混，这样日夜取乐饮酒四年，终于因饮酒无度患病死亡。这一年，魏安釐王也去世了。

秦王听到魏公子死了，就派蒙骜进攻魏国，接连攻占了二十座城邑，设立了秦国东郡。此后，秦国逐渐蚕食魏国其余领土，十八年后俘虏了魏王，血洗了魏国国都大梁。

汉高祖当初贫贱年轻的时候，多次听说魏公子贤德有才。等到他即位做了皇帝后，每次经过大梁，常常去祭祀魏公子。汉高祖十二年，他从击败叛将黥布的前线回来经过大梁时，为魏公子安排了五户人家守坟，让他们世世代代一年四季按时祭祀魏公子。

太史公说：我路过大梁城的废墟，曾向当地人请教那个所谓的夷门。原来夷门，就是大梁城的东门。天下诸多公子中也确有喜好养士的，但只有信陵君能够结交那些隐没在社会各个角落的人物，他不以结交下层贱民为耻辱，因此很多人归附他，这是有原因的。他的名望超过了各国君主，不是没有根据的。因此，高祖每次经过大梁便命令百姓祭祀他，祠堂香火始终没有断绝。

春申君列传第十八

春申君者，楚人也，名歇，姓黄氏。游学博闻，事楚顷襄王。顷襄王以歇为辩，使于秦。秦昭王使白起攻韩、魏，败之于华阳，禽魏将芒卯，韩、魏服而事秦。秦昭王方令白起与韩、魏共伐楚，未行，而楚使黄歇适至于秦，闻秦之计。当是之时，秦已前使白起攻楚，取巫、黔中之郡，拔鄢郢，东至竟陵，楚顷襄王东徙治于陈县。黄歇见楚怀王之为秦所诱而入朝，遂见欺，留死于秦。顷襄王，其子也，秦轻之，恐壹举兵而灭楚。歇乃上书说秦昭王曰：

天下莫强于秦、楚。今闻大王欲伐楚，此犹两虎相与斗。两虎相与斗而驽犬受其弊，不如善楚。臣请言其说：臣闻物至则反，冬夏是也；致至则危，累棋是也。今大国之地，遍天下有其二垂，此从生民已来，万乘之地未尝有也。先帝文王、庄王之身，三世不妄接地于齐，以绝从亲之要。今王使盛桥守事于韩，盛桥以其地入秦，是王不用甲，不信威，而得百里之地。王可谓能矣。王又举甲而攻魏，杜大梁之门，举河内，拔燕、酸枣、虚、桃，入邢，魏之兵云翔而不敢捄。王之功亦多矣。王休甲息众，二年而后复之；又并蒲、衍、首、垣，以临仁、平丘，黄、济阳婴城而魏氏服；王又割濮磿之北，注齐秦之要，绝楚赵之脊，天下五合六聚而不敢救。王之威亦单矣。

王若能持功守威，绌攻取之心而肥仁义之地，使无后患，三王不足四，五伯不足六也。王若负人徒之众，仗兵革之强，乘毁魏之威，春申君，是楚国人，他姓黄，名字叫歇。曾经周游各地拜师学习，知识很渊博，侍奉楚顷襄王。顷襄王认为黄歇有外交口才，就派遣他出使秦国。当时秦昭王派大将军白起进攻韩、魏两国联军，在华阳战败了联军，俘获了魏国将领芒卯，韩、魏两国向秦国臣服，并侍奉秦国。秦昭王已命令白起同韩国、魏国一起进攻楚国，但还没有出发，这时，凑巧楚王派黄歇来到秦国，听到了秦国的这个计划。在这个时候，秦国已经占领了楚国大片领土，因为在此之前，秦王曾派白起攻打楚国，夺取了巫郡、黔中郡，攻占了鄢城郢都，向东一直打到竟陵，楚顷襄王只好把都城向东迁到陈县。黄歇眼见得楚怀王受到秦国引诱去秦国，结果却上当受骗，被扣留下来，客死在秦国。顷襄王是楚怀王的儿子，秦国根本不把他看在眼里，恐怕一旦发兵，就会灭掉楚国，就上书劝说秦王道：

当今天下的诸侯，没有谁能够比秦、楚两国更强大的了。现在听说大王要派兵征讨楚国，这就好比两只猛虎互相搏斗。两虎相斗时，劣狗会趁机得到好处，秦国不如与楚国友好相处。请允许我陈述自己的看法：我听说事物发展到顶点，就必定会向反面发展，冬季与夏季的变化就是如此；事物积累到极高处就会危险，堆叠棋子就是这个道理。现在秦国的土地广大，占着天下西、北两方边地，这是从有人类以来，即使是天子的领地也不曾有过的。可是从先帝文王、庄王以及大王自身，三代不忘使秦国土地同齐国连接起来，借以切断各国合纵结盟的关键部位。现在大王委派盛桥到韩国驻守任职，盛桥把韩国的土地并入秦国，这可以说是不动一兵一卒、不施展一点武力就能得到百里土地的好办法。大王可以说是非常有才能的了。大王又派兵进攻魏国，堵塞了魏国都城大梁的出入通路，攻取河内，又拿下燕、酸枣、虚、桃等地，进而攻入邢地，魏国军队如风吹白云四处逃散而不敢彼此相救。大王的功绩也算够多的了。大王停止征战休整部队，两年之后再次发兵；又夺取了蒲、衍、首、垣等地，进而兵临仁、平丘，黄、济阳则退缩自守，结果魏国屈服降秦；大王又割取了濮磿以北的土地，打通了齐国、秦国的通道，截断了楚国、赵国联系的脊梁，天下经过五次联合而相集的六国诸侯，不敢互相救援。大王的威势也可以说发挥到极点了。

大王如果继续保持功绩，掌握威势，去掉功伐之心，广施仁义之道，使得断除以后的祸患，您的事业可与三王并称，您的威势可与五霸并举。大王如果倚而欲以力臣天下之主，臣恐其有后患也。诗曰“靡不有初，鲜克有终”。易曰“狐涉水，濡其尾”。此言始之易，终之难也。何以知其然也？昔智氏见伐赵之利而不知榆次之祸，吴见伐齐之便而不知干隧之败。此二国者，非无大功也，没利于前而易患于后也。吴之信越也，从而伐齐，既胜齐人于艾陵，还为越王禽三渚之浦。智氏之信韩、魏也，从而伐赵，攻晋阳城，胜有日矣，韩、魏叛之，杀智伯瑶于凿台之下。今王妒楚之不毁也，而忘毁楚之强韩、魏也，臣为王虑而不取也。

诗曰“大武远宅而不涉”。从此观之，楚国，援也；邻国，敌也。诗云“跃跃毚兔，遇犬获之。他人有心，余忖度之”。今王中道而信韩、魏之善王也，此正吴之信越也。臣闻之，敌不可假，时不可失。臣恐韩、魏卑辞除患而实欲欺大国也。何则？王无重世之德于韩、魏，而有累世之怨焉。夫韩、魏父子兄弟接踵而死于秦者将十世矣。本国残，社稷坏，宗庙毁。刳腹绝肠，折颈摺颐，首身分离，暴骸骨于草泽，头颅僵仆，相望于境，父子老弱系脰束手为群虏者相及于路。鬼神孤伤，无所血食。人民不聊生，族类离散，流亡为仆妾者，盈满海内矣。故韩、魏之不亡，秦社稷之忧也，今王资之与攻楚，不亦过乎！且王攻楚将恶出兵？王将借路于仇仇之韩、魏乎？兵出之日而王忧其不返也，是王以兵资于仇仇之韩、魏也。王若不借路于仇仇之韩、魏，必攻随水右壤。随水右壤，此皆广川大水，山林溪谷，不食之地也，王虽有之，不为得地。是王有毁楚之名而无得地之实也。

且王攻楚之日，四国必悉起兵以应王。秦、楚之兵构而不离，魏氏将出而攻留、方与、铚、湖陵、砀、萧、相，故宋必尽。齐人南面攻楚，泗上必举。此皆平原四达，膏腴之地，而使独攻。王破楚以肥仗壮丁的众多，凭靠军备的强大，趁着毁灭魏国的威势，而想以武力使天下的诸侯屈服，我恐怕您会有以后的祸患啊。《诗经》上说：“没有人不想有好的开头，却很少人能有好的终结。”《易经》上说：“小狐渡水将渡过时，却湿了尾巴。”这些话说的是开始容易，结尾难。怎么才能知道是这样的呢？从前，智伯只看见攻伐赵襄子的好处，却没料到自己反在榆次遭到杀身之祸。吴王夫差只看到进攻齐国的利益，却没有想到在干隧被越王勾践战败。这两个国家，不是没有建立过巨大的功绩，由于贪图眼前的利益，结果换得了后来的祸患。因为吴王夫差相信了越国的恭维，所以才去攻打齐国，在艾陵战胜了齐国人之后，回来时却在三江水边被越王勾践擒获。智伯相信韩氏、魏氏，因而攻伐赵氏，进攻晋阳城，胜利指日可待了，可是韩氏、魏氏背叛了他，在凿台杀死了智伯瑶。现在大王嫉恨楚国没有被毁灭，却忘掉毁灭楚国就会使韩、魏两国更加强大，我替大王考虑，认为不能这样做。

有诗道：“大军不远离自家宅地长途跋涉。”从这种观点看，楚国是秦国的帮手，邻国才是秦国的敌人。《诗经》说：“狡兔又蹦又跳，遇到猎犬跑不掉；别人的心思，我能揣摩到。”现在大王中途相信韩、魏两国与您亲善，这正如同吴国相信越国啊。我听到这样的说法，敌人不能宽容，时机不能错过。我恐怕韩、魏两国低声下气要秦国消除祸患，实际是欺骗秦国。怎么见得呢？大王对韩国、魏国没有几世的恩德，却有几代的仇怨。韩、魏国君的父子兄弟接连死在秦国刀下的将近十代了。他们国土残缺，国家破败，宗庙焚毁。上至将领，下至士卒，剖腹断肠，砍头毁面，身首分离，枯骨暴露在荒野水泽之中，头颅僵挺，横尸遍野，国内到处可见。父子老弱被捆着脖子绑着手，成了任人凌辱的俘虏，一群接一群地走在路上。百姓无法生活，亲族逃离，骨肉分散，流亡沦落为男仆女奴的，充满海内各国。所以韩、魏两国不灭亡，这才是秦国最大的忧患，如今大王却借助他们一起攻打楚国，不也太失当吗！再说了，大王进攻楚国，怎么出兵呢？大王将向仇敌韩国、魏国借路吗？若是这样，那么，出兵之日就是大王忧患他们不能返回之时呀，这是大王把自己的军队借给仇敌韩国、魏国啊。大王如果不从仇敌韩国、魏国借路，那就必定攻打随水右边的地区。而随水右边的地区，都是大川大水、高山密林、深溪幽谷，这样一些无粮地区，大王即使占领了这些地区，也等于没有得到分寸土地。这是大王落个毁灭楚国的恶名声，而没有得到占领土地的实惠啊。

再说从大王进攻楚国之日起，韩、赵、魏、齐四国必定全都发兵响应大王。秦、楚两国一旦交战，便兵连祸结，不会罢休，魏国将出兵攻打留、方与、铚、湖陵、砀、萧、相等城邑和地方，原先占领的宋国土地必定全部丧失。齐国人向韩、魏于中国而劲齐。韩、魏之强，足以校于秦。齐南以泗水为境，东负海，北倚河，而无后患，天下之国莫强于齐、魏，齐、魏得地葆利而详事下吏，一年之后，为帝未能，其于禁王之为帝有余矣。夫以王壤土之博，人徒之众，兵革之强，壹举事而树怨于楚，迟令韩、魏归帝重于齐，是王失计也。臣为王虑，莫若善楚。秦、楚合而为一以临韩，韩必敛手。王施以东山之险，带以曲河之利，韩必为关内之侯。若是而王以十万戍郑，梁氏寒心，许、鄢陵婴城，而上蔡、召陵不往来也，如此而魏亦关内侯矣。王壹善楚，而关内两万乘之主注地于齐，齐右壤可拱手而取也。王之地一经两海，要约天下，是燕、赵无齐、楚，齐、楚无燕、赵也。然后危动燕、赵，直摇齐、楚，此四国者不待痛而服矣。

昭王曰："善。"于是乃止白起而谢韩、魏。发使赂楚，约为与国。

黄歇受约归楚，楚使歇与太子完入质于秦，秦留之数年。楚顷襄王病，太子不得归。而楚太子与秦相应侯善，于是黄歇乃说应侯曰："相国诚善楚太子乎？"应侯曰："然。"歇曰："今楚王恐不起疾，秦不如归其太子。太子得立，其事秦必重而德相国无穷，是亲与国而得储万乘也。若不归，则咸阳一布衣耳；楚更立太子，必不事秦。夫失与国而绝万乘之和，非计也。愿相国孰虑之。"应侯以闻秦王。秦王曰："令楚太子之傅先往问楚王之疾，返而后图之。"黄歇为楚太子计曰："秦之留太子也，欲以求利也。今太子力未能有以利秦也，歇忧之甚。而阳文君子二人在中，王若卒大命，太子不在，阳文君子必立为后，太子不得奉宗庙矣。不如亡秦，与使者俱出；臣请止，以死当之。"楚太子因变衣服为楚使者御以出关，而黄歇守舍，南攻击楚地，泗水地区必定攻克。这些地方都是平坦开阔四通八达的肥沃土地，却让他们单独占领。大王击败楚国，而使韩、魏两国在中原地区壮大起来，又使齐国更加强劲。韩、魏两国要是强大了，就完全能够同秦国抗衡。齐国南面以泗水为边境，东面背靠有大海，北面倚恃有黄河，便没有后顾的祸患，天下的国家，没有谁能比齐国、魏国更强大了，齐、魏两国得到土地保持已得的利益，进而让下级官吏审慎治理，一年以后，即使不能称帝天下，但阻止大王称帝却是绰绰有余的。以大王广大的土地、众多的壮丁、强大的军备，一旦发兵，与楚国结下怨仇，就会让韩、魏两国尊齐称帝，这是大王的失策啊。我替大王考虑，不如与楚国亲善友好。秦、楚两国联合而成为一个整体，进逼韩国，韩必定收敛，不敢有任何轻举妄动。大王再经营设置东山的险要地势，利用黄河环绕的有利条件，韩国就必定成为秦国的臣属。如果造成了这种形势，大王再用十万兵力驻守郑地，魏国则心惊胆战，许、鄢陵退缩固守，不敢出击，那么上蔡、召陵与魏国的联系就被割断，这样魏国也会成为秦国的臣属了。大王一旦同楚国交好，那么关内两个万乘之国韩与魏，就要向齐国割取土地了，齐国右边济州一带广大地区便可轻而易举地得到。大王的土地横贯东、西两海，约束天下诸侯，这样燕国、赵国没有齐国、楚国作依托，齐国、楚国没有燕国、赵国相依傍，然后以危亡震慑燕、赵两国，直接动摇齐、楚两国，这四个国家不须急攻，便可制服了。

昭王读了春申君的上书后说：“很好。”于是让白起停止出征并辞谢了韩、魏两国，同时派使臣给楚国送去了厚礼，秦楚盟约结为友好国家。

黄歇完成盟约返回楚国，楚王派黄歇与太子完到秦国做人质，秦国把他们扣留了好几年。后来楚顷襄王病了，太子却不能回去。但太子与秦国相国应侯私人关系很好，于是黄歇就劝说应侯道：“相国对楚太子是真的好吗？”应侯说：“是啊。”黄歇说：“如今楚王恐怕一病不起了，秦国不如让太子回去的好。如果太子能被立为王，他侍奉秦国一定厚重而且会一直感激相国的恩德。这不仅是亲善友好国家的表示，也是为将来保留了一个万乘大国的盟友。如果不让他回去，那他充其量只不过是个咸阳城里的百姓罢了；楚国如果改立太子，肯定不会侍奉秦国。那样就会失去友好国家的信任，又断绝了一个万乘大国的盟友，这不是上策。希望相国仔细考虑这件事。”应侯把黄歇说的意思报告给秦王。秦王说：“让楚国太子的师傅先回去探问一下楚王的病情，回来后再作计议。”黄歇替楚国太子谋划说：“秦国扣留太子的目的，是要借此索取好处。现在太子要使秦国得到好处，无能为力，我很忧虑。而阳文君的两个儿子在国内，大王如果不幸辞世，太子又不在楚国，阳文君的儿子必定被立为后继人，太子就不能接受国家了。不如您逃离秦国，跟使臣一起出去；请让我留下来，以死来担当责任。”

常为谢病。度太子已远，秦不能追，歇乃自言秦昭王曰："楚太子已归，出远矣。歇当死，愿赐死。"昭王大怒，欲听其自杀也。应侯曰："歇为人臣，出身以徇其主，太子立，必用歇，故不如无罪而归之，以亲楚。"秦因遣黄歇。

歇至楚三月，楚顷襄王卒，太子完立，是为考烈王。考烈王元年，以黄歇为相，封为春申君，赐淮北地十二县。后十五岁，黄歇言之楚王曰："淮北地边齐，其事急，请以为郡便。"因并献淮北十二县。请封于江东。考烈王许之。春申君因城故吴墟，以自为都邑。

春申君既相楚，是时齐有孟尝君，赵有平原君，魏有信陵君，方争下士，招致宾客，以相倾夺，辅国持权。

春申君为楚相四年，秦破赵之长平军四十余万。五年，围邯郸。邯郸告急于楚，楚使春申君将兵往救之，秦兵亦去，春申君归。春申君相楚八年，为楚北伐灭鲁，以荀卿为兰陵令。当是时，楚复强。

赵平原君使人于春申君，春申君舍之于上舍。赵使欲夸楚，为玳瑁簪，刀剑室以珠玉饰之，请命春申君客。春申君客三千余人，其上客皆蹑珠履以见赵使，赵使大惭。

春申君相十四年，秦庄襄王立，以吕不韦为相，封为文信侯。取东周。

春申君相二十二年，诸侯患秦攻伐无已时，乃相与合从，西伐秦，而楚王为从长，春申君用事。至函谷关，秦出兵攻，诸侯兵皆败走。楚考烈王以咎春申君，春申君以此益疏。

客有观津人朱英，谓春申君曰："人皆以楚为强而君用之弱，其于英不然。先君时善秦二十年而不攻楚，何也？秦逾黾隘之塞而攻楚，不便；假道于两周，背韩、魏而攻楚，不可。今则不然，魏旦暮楚太子于是换了衣服，扮成楚国使臣的车夫，这才得以出关，而黄歇在客馆里留守，总是推托太子有病，谢绝会客。估计太子已经走远，秦国追不上了，黄歇就自动向秦昭王报告说："楚国太子已经回去，离开很远了。我当死罪，愿您赐我一死。"昭王大为恼火，要准予黄歇自杀。应侯进言道："黄歇作为臣子，为了他的主人，甘愿献出自己生命，太子如果立为楚王，肯定重用黄歇，所以不如免他死罪让他回国，来表示对楚国的亲善。"秦王听从了应侯的意见，便把黄歇遣送回国。

黄歇回到楚国三个月，楚顷襄王去世，太子完立为楚王，这就是考烈王。考烈王元年，任命黄歇为宰相，封为春申君，赏赐淮北地区十二个县。十五年以后，黄歇向楚王进言道："淮北地区靠近齐国，那里情势紧急，请把这个地区划为郡治理更为方便。"并同时献出淮北十二个县，请求封到江东去。考烈王答应了他的请求。春申君就在吴国故都修建城堡，把它们作为自己的都邑。

春申君担任楚国宰相后，这时齐国有孟尝君、赵国有平原君、魏国有信陵君，大家都正在竞相礼贤下士，招徕宾客，互相争夺贤士，辅助君王掌握国政。

春申君担任楚国宰相的第四年，秦国击败并坑杀了赵国长平驻军四十多万人。第五年，包围了赵国都城邯郸。邯郸向楚国告急求援，楚国派春申君带兵去救援邯郸，秦军解围撤退后，春申君返回楚国。春申君担任楚国宰相的第八年，为楚国向北征伐，灭掉鲁国，任命荀卿担任兰陵县令。这个时候，楚国又兴盛强大起来。

有一次，赵国平原君派使臣到春申君这里来访问，春申君把他们一行安排在上等客馆住下。赵国使臣想向楚国夸耀赵国的富有，特意用玳瑁簪子绾插冠髻，亮出用珠玉装饰的剑鞘，跟春申君的宾客会面。春申君的上等宾客都穿着宝珠做的鞋子来见赵国使臣，使赵国使臣自惭形秽。

春申君任宰相的第十四年，秦国的庄襄王即位，任命吕不韦为秦相，封为文信侯，夺取了东周。

春申君任宰相的第二十二年，各国诸侯担忧秦国的攻战征伐无止无休，不能遏制，就互相盟约，联合起来向西讨伐秦国，而楚国国君担任六国盟约之长，让春申君当权主事。六国联军到达函谷关后，秦军出关应战，六国联军战败而逃。楚考烈王把作战失利归罪于春申君，春申君因此渐渐被疏远了。

这时春申君的宾客中有个观津人朱英，对春申君说："人们都认为楚国是个强大国家，而您把它治理弱了，这种看法我认为不正确。先王时与秦国交好二十年，而秦国不攻打楚国，这是为什么？秦国要越过黾隘这个要塞进攻楚国，是很不方便的；要是从西周、东周借路的话，它背对着韩、魏两国进攻楚国，也是行亡，不能爱许、鄢陵，其许魏割以与秦。秦兵去陈百六十里，臣之所观者，见秦、楚之日斗也。”楚于是去陈徙寿春；而秦徙卫野王，作置东郡。春申君由此就封于吴，行相事。

楚考烈王无子，春申君患之，求妇人宜子者进之，甚众，卒无子。赵人李园持其女弟，欲进之楚王，闻其不宜子，恐久毋宠。李园求事春申君为舍人，已而谒归，故失期。还谒，春申君问之状，对曰：“齐王使使求臣之女弟，与其使者饮，故失期。”春申君曰：“娉入乎？”对曰：“未也。”春申君曰：“可得见乎？”曰：“可。”于是李园乃进其女弟，即幸于春申君。知其有身，李园乃与其女弟谋。园女弟承间以说春申君曰：“楚王之贵幸君，虽兄弟不如也。今君相楚二十余年，而王无子，即百岁后将更立兄弟，则楚更立君后，亦各贵其故所亲，君又安得长有宠乎？非徒然也，君贵用事久，多失礼于王兄弟，兄弟诚立，祸且及身，何以保相印江东之封乎？今妾自知有身矣，而人莫知。妾幸君未久，诚以君之重而进妾于楚王，王必幸妾；妾赖天有子男，则是君之子为王也，楚国尽可得，孰与身临不测之罪乎？”春申君大然之，乃出李园女弟谨舍，而言之楚王。楚王召入幸之，遂生子男，立为太子，以李园女弟为王后。楚王贵李园，园用事。

李园既入其女弟，立为王后，子为太子，恐春申君语泄而益骄，阴养死士，欲杀春申君以灭口，而国人颇有知之者。

春申君相二十五年，楚考烈王病。朱英谓春申君曰：“世有毋望之福，又有毋望之祸。今君处毋望之世，事毋望之主，安可以无毋望之人乎？”春申君曰：“何谓毋望之福？”曰：“君相楚二十余年不通的。现在的形势就不是这样了，魏国危在旦夕，不能吝惜许和鄢陵，答应把这两城邑割给秦国了。这样秦国军队离楚都城只有一百六十里路，我将看到的是，秦、楚两国日甚一日的交兵了。”楚国于是就把都城从陈迁到了寿春；而秦国则把附庸卫元君从濮阳迁到了野王，设置了东郡。春申君从此到了封地吴，同时担任宰相职务。

楚考烈王没有儿子，春申君为这件事发愁，就寻找宜于生育儿子的妇女进献给楚王，虽然进献了不少，却始终没生儿子。赵国人李园带着他的妹妹来，打算把他的妹妹进献给楚王，又听说楚王生育儿子不易，恐怕时间长了不能得到宠幸。李园便寻找机会做了春申君的侍从，不久他请假回家，又故意延误了返回的时间。回来后他去拜见春申君，春申君问他迟到的原因，他回答说：“齐王派使臣来求娶我的妹妹，由于我跟那个使臣饮酒，所以延误了返回的时间。”春申君问道：“订婚礼物送来了吗？”李园回答说：“没有。”春申君又问道：“可以让我看看你妹妹吗？”李园说：“可以。”于是李园就把他的妹妹献给春申君，并立即得到春申君的宠幸。后来，李园知道了他的妹妹怀了身孕，就同他妹妹商量进一步的打算。李园的妹妹找了个机会劝说春申君道：“楚王尊重宠信您，即使兄弟也不如。如今您任楚国宰相已经二十多年了，可是大王没有儿子，如果楚王寿终之后改立兄弟，那么楚国改立国君以后，就会各自使原来所亲信的人显贵起来，您又怎么能长久地得到宠信呢？不仅如此，您身处尊位执掌政事多年，对楚王的兄弟们难免有许多失礼的地方，楚王兄弟果真立为国君，殃祸将落在您的身上，还怎么能保住宰相大印和江东封地呢？现在我自己知道怀上身孕了，可是别人谁也不知道。我得到您的宠幸时间不长，如果凭您的尊贵地位，把我进献给楚王，楚王必定宠幸我；我仰赖上天的保佑生个儿子，这就是您的儿子做了楚王，楚国全为您所有，这与您身遭意想不到的殃祸相比，哪样更好呢？”春申君认为这番话说得对极了，就把李园的妹妹送出家，严密地安排在一个住所，便向楚王称说要进献李园的妹妹。楚王把李园的妹妹召进宫后很是宠幸她。不久她生了个儿子，立为太子，楚王又把李园的妹妹封为王后，渐渐地开始器重李园，于是李园参与朝政。

李园把他妹妹送进宫里以后，他妹妹被封为王后，生的儿子立为太子，便担心春申君说漏秘密而更加骄横，就暗中豢养了刺客，打算杀死春申君来灭口，这件事在国都，有些人知道。

春申君任宰相的第二十五年，楚考烈王病重。朱英对春申君说：“世上有不期而至的福，又有不期而至的祸。如今您处在生死无常的世上，侍奉喜怒无常的君主，又怎么能会没有不期而至的人呢？”春申君问道：“什么叫不期而至的矣，虽名相国，实楚王也。今楚王病，旦暮且卒，而君相少主，因而代立当国，如伊尹、周公，王长而反政，不即遂南面称孤而有楚国？此所谓毋望之福也。”春申君曰：“何谓毋望之祸？”曰：“李园不治国而君之仇也，不为兵而养死士之日久矣，楚王卒，李园必先入据权而杀君以灭口。此所谓毋望之祸也。”春申君曰：“何谓毋望之人？”对曰：“君置臣郎中，楚王卒，李园必先入，臣为君杀李园。此所谓毋望之人也。”春申君曰：“足下置之，李园，弱人也，仆又善之，且又何至此！”朱英知言不用，恐祸及身，乃亡去。

后十七日，楚考烈王卒，李园果先入，伏死士于棘门之内。春申君入棘门，园死士侠刺春申君，斩其头，投之棘门外。于是遂使吏尽灭春申君之家。而李园女弟初幸春申君有身而入之王所生子者遂立，是为楚幽王。

是岁也，秦始皇帝立九年矣。嫪毐亦为乱于秦，觉，夷其三族，而吕不韦废。

太史公曰：吾适楚，观春申君故城，宫室盛矣哉！初，春申君之说秦昭王，及出身遣楚太子归，何其智之明也！后制于李园，旄矣。语曰：“当断不断，反受其乱。”春申君失朱英之谓邪？

福？”朱英回答说：“您担任楚国宰相二十多年了，虽然名义上是宰相，实际上就是楚王。现在楚王病重，死在旦夕，您辅佐年幼的国君，因而代他掌握国政，如同伊尹、周公一样，等君王长大再把大权交给他，不就是您面南称王而据有楚国？这就是所说的不期而至的福。”春申君又问道：“那，什么叫不期而至的祸？”朱英回答道：“李园不执掌国政，便是您的仇人，他不管兵事，却豢养刺客为时已久了，楚王一离世，李园必定抢先入宫夺权，还要杀掉您灭口。这就是所说的不期而至的祸。”春申君接着问道：“那……什么叫不期而至的人？”朱英回答说：“请您安排我做郎中，楚王一离世，李园必定抢先入宫，我替您杀掉李园。这就是所说的不期而至的人。”春申君听了后说：“您要放弃这种打算。李园是个软弱的人，我对他很友好，况且又怎么能到这种地步呢！”朱英知道自己的进言不被采用，恐怕祸患殃及自身，就逃离了。

过了十七天，楚考烈王去世，李园果然抢先入宫，并在棘门埋伏下刺客。春申君进入棘门，李园豢养的刺客从两侧夹攻，刺杀了春申君，斩下他的头，扔到棘门外边。同时又派官吏把春申君家满门抄斩。而李园的妹妹原先受春申君宠幸怀了孕又入宫得宠于楚考烈王后所生的那个儿子，便立为楚王，这就是楚幽王。

这一年，秦始皇即位已经有九年了。嫪毐也与秦国太后谋乱，被发觉后，最终夷灭三族，而吕不韦因受到牵连也被废黜。

太公史说：我到楚地，观览了春申君的旧城，宫室建筑十分宏伟啊！当年，春申君劝说秦昭王，以及冒着生命危险派人把楚太子送回楚国，是多么聪慧的高明之举啊！可是后来被李园控制，昏聩糊涂了。俗话说得好：“应当决断时不决断，反过来就要遭受祸患。”这就是说春申君失去了朱英要杀掉李园的机会吧。

范睢蔡泽列传第十九

范睢者，魏人也，字叔。游说诸侯，欲事魏王，家贫无以自资，乃先事魏中大夫须贾。

须贾为魏昭王使于齐，范睢从。留数月，未得报。齐襄王闻睢辩口，乃使人赐睢金十斤及牛酒，睢辞谢不敢受。须贾知之，大怒，以为睢持魏国阴事告齐，故得此馈，令睢受其牛酒，还其金。既归，心怒睢，以告魏相。魏相，魏之诸公子，曰魏齐。魏齐大怒，使舍人笞击睢，折胁折齿。睢佯死，即卷以箦，置厕中。宾客饮者醉，更溺睢，故僇辱以惩后，令无妄言者。睢从箦中谓守者曰："公能出我，我必厚谢公。"守者乃请出弃箦中死人。魏齐醉，曰："可矣。"范睢得出。后魏齐悔，复召求之。魏人郑安平闻之，乃遂操范睢亡，伏匿，更名姓曰张禄。

当此时，秦昭王使谒者王稽于魏。郑安平诈为卒，侍王稽。王稽问："魏有贤人可与俱西游者乎？"郑安平曰："臣里中有张禄先生，欲见君，言天下事。其人有仇，不敢昼见。"王稽曰："夜与俱来。"郑安平夜与张禄见王稽。语未究，王稽知范睢贤，谓曰："先生待我于三亭之南。"与私约而去。

王稽辞魏去，过载范睢入秦。至湖，望见车骑从西来。范睢曰："彼来者为谁？"王稽曰："秦相穰侯东行县邑。"范睢曰："吾闻穰侯专秦权，恶内诸侯客，此恐辱我，我宁且匿车中。"有顷，穰侯果至，劳王稽，因立车而语曰："关东有何变？"曰："无有。"又范雎是魏国人，字叔。他曾周游列国希望有国君接受自己的主张而有所作为，但没有成功，便回到魏国打算给魏王任职服务，可是家境贫寒又没有办法筹措资金，就先在魏国中大夫须贾门下混事。

有一次，须贾为魏昭王出使到齐国办事，范雎也跟着去了。他们在齐国停留了几个月，也没有什么结果。当时齐襄王得知范雎口才很好，就派专人给范雎送去了十斤黄金和牛肉美酒之类的礼物，但范雎一再推辞不敢接受。须贾知道了这件事，非常恼火，认为范雎定是把魏国的秘密出卖给齐国了，所以才得到如此馈赠，于是他让范雎收下牛肉美酒之类的食品，而把黄金送回去。回到魏国后，须贾心里恼怒嫉恨范雎，就把这件事报告给魏国宰相。魏国的宰相是魏国公子之一，叫魏齐。魏齐听了后大怒，就命令左右近臣用板子、荆条抽打范雎，打得范雎胁折齿断。当时范雎假装死去，魏齐就派人用席子把他卷起来，扔在了厕所里。又让宴饮的宾客喝醉了，轮番往范雎身上撒尿，故意污辱他，借以惩一警百，让别人不准再乱说。卷在席里的范雎趁还活着，就对看守说："您如果放走我，我日后必定会重重地谢您。"看守有意放走范雎，便向魏齐请示把席子里的死人扔掉算了。可巧，魏齐喝得酩酊大醉，就顺口答应说："可以。"范雎因而得以逃脱。后来魏齐后悔把范雎当死人扔掉，又派人去搜索范雎。魏国人郑安平听说了这件事，于是就带着范雎一起逃跑了，他们隐藏起来，范雎更改了姓名叫张禄。

在这个时候，秦昭王派使臣王稽到魏国。郑安平就假装当差役，侍候王稽。王稽问他："魏国可有贤能的人士愿跟我一起到西边去吗？"郑安平回答说："我的乡里有位张禄先生，想求见您，谈谈天下大事。不过，他有仇人，不敢白天出来。"王稽说："夜里你跟他一起来便是了。"郑安平就在夜里带着张禄去拜见王稽。两个人的话还没谈完，王稽就发现范雎是个贤才，便对他说："请先生在三亭冈的南边等着我。"范雎与王稽暗中约好见面时间便离去了。

王稽辞别魏王上路后，经过三亭冈南边时载上范雎，很快就进入了秦国国境。行到湖邑，他们远远望见有一队车马从西边奔驰而来。范雎便问："那边过来的是谁？"王稽答道："那是秦国国相穰侯去东边巡行视察县邑。"范雎一听是穰侯便说："我听说穰侯独揽秦国大权，他最讨厌的便是收纳各国的说客，这样见面恐怕要侮辱我的，我宁可暂在车里躲藏一会儿。"不一会儿，穰侯果然到谓王稽曰："谒君得无与诸侯客子俱来乎？无益，徒乱人国耳。"王稽曰："不敢。"即别去。范雎曰："吾闻穰侯智士也，其见事迟，乡者疑车中有人，忘索之。"于是范雎下车走，曰："此必悔之。"行十余里，果使骑还索车中，无客，乃已。王稽遂与范雎入咸阳。

已报使，因言曰："魏有张禄先生，天下辩士也。曰'秦王之国危于累卵，得臣则安。然不可以书传也'。臣故载来。"秦王弗信，使舍食草具。待命岁余。

当是时，昭王已立三十六年。南拔楚之鄢郢，楚怀王幽死于秦。秦东破齐。湣王尝称帝，后去之。数困三晋。厌天下辩士，无所信。

穰侯，华阳君，昭王母宣太后之弟也；而泾阳君、高陵君皆昭王同母弟也。穰侯相，三人者更将，有封邑，以太后故，私家富重于王室。及穰侯为秦将，且欲越韩、魏而伐齐纲寿，欲以广其陶封。范雎乃上书曰：

臣闻明主立政，有功者不得不赏，有能者不得不官，劳大者其禄厚，功多者其爵尊，能治众者其官大。故无能者不敢当职焉，有能者亦不得蔽隐。使以臣之言为可，愿行而益利其道；以臣之言为不可，久留臣无为也。语曰："庸主赏所爱而罚所恶；明主则不然，赏必加于有功，而刑必断于有罪。"今臣之胸不足以当椹质，而要不足以待斧钺，岂敢以疑事尝试于王哉！虽以臣为贱人而轻辱，独不重任臣者之无反复于王邪？

且臣闻周有砥砨，宋有结绿，梁有县藜，楚有和朴，此四宝者，土之所生，良工之所失也，而为天下名器。然则圣王之所弃者，独不了，向王稽道过问候，便停下车询问说："关东的局势有什么变化吗？"王稽回答道："没有。"穰侯又对王稽说："使臣先生该不会带着那般说客一起来吧？这种人一点好处也没有，只会扰乱别人的国家罢了。"王稽赶快回答说："臣下不敢。"两人随即告别而去。范雎对王稽说："我听说穰侯是个智谋之士，处理事情多有疑惑，刚才他怀疑车中藏着人，可是忘记搜查了。"于是范雎就跳下车来奔走，说："这件事穰侯不会善罢甘休，过后必定后悔没有搜查车子。"大约走了十几里路，穰侯果然派骑兵追回来搜查车子，发现没有人，这才作罢。于是王稽与范雎进了咸阳。

王稽向秦王报告了出使情况后，趁机进言道："魏国有个张禄先生，此人是天下难得的能言善辩之士。他说'秦王的国家处境危险已到了层层堆蛋的地步，只要采用我的方略便可安全。但需面谈不能用书信传达'。所以我把他载到秦国来。"因为秦王不相信这套话，只让范雎住在客舍，给他粗劣的饭食吃。就这样，范雎等待秦王接见等了有一年多。

当时，秦昭王已经即位三十六年了。秦国在南面夺取了楚国的鄢、郢重镇，楚怀王已在秦国被囚禁而死。在东面攻破了齐国。此前齐湣王曾经自称东帝，不久又取消了这个帝号。还曾多次围攻韩、赵、魏三国，扩张了领土。昭王武功显赫，因而讨厌那些说客，从不听信他们。

穰侯、华阳君是昭王母亲宣太后的弟弟，而泾阳君、高陵君都是昭王的同胞弟弟。穰侯担任国相，华阳君、泾阳君和高陵君轮番担任将军，他们都有封赐的领地，由于宣太后庇护的缘故，他们私家的财富甚至超过了国家。等到穰侯担任了秦国将军，他又要越过韩国和魏国去攻打齐国的纲寿，想借此扩大他在陶邑的封地。为此，范雎就上书启奏秦王说：

我听说圣明的君主推行政事，有功劳的不可以不奖赏，有才能的不可以不授官职，劳苦大的俸禄多，功绩多的爵位高，能管众多事务的官职大。所以没有才能的不敢担当官职，有才能的也不会被埋没。假使您认为我的话可信，希望您推行并进一步使这种主张得以实现；如果认为我的话不可信，那么长久留我在这里也没有意义。俗话说："庸碌的君主奖赏他宠爱的人而惩罚他厌恶的人；圣明的君主就不这样，奖赏一定施给有功的人，刑罚一定判在有罪人的身上。"如今我的胸膛耐不住铡刀和砧板，我的腰也承受不了小斧和大斧，怎么敢用毫无根据、疑惑不定的主张来试探大王呢？即使您认为我是个微贱的人而加以轻蔑，难道就不重视推荐我的人对您的担保吗？

况且我听说周室有砥砨，宋国有结绿，魏国有县藜，楚国有和氏璞玉，这四件宝玉，产于土中，而著名的工匠却误认为是石头，但它们终究成为天下的名贵足以厚国家乎？

臣闻善厚家者取之于国，善厚国者取之于诸侯。天下有明主则诸侯不得擅厚者，何也？为其割荣也。良医知病人之死生，而圣主明于成败之事，利则行之，害则舍之，疑则少尝之，虽舜禹复生，弗能改已。语之至者，臣不敢载之于书，其浅者又不足听也。意者臣愚而不概于王心邪？亡其言臣者贱而不可用乎？自非然者，臣愿得少赐游观之间，望见颜色。一语无效，请伏斧质。

于是秦昭王大说，乃谢王稽，使以传车召范雎。

于是范雎乃得见于离宫，佯为不知永巷而入其中。王来而宦者怒，逐之，曰："王至！"范雎谬为曰："秦安得王？秦独有太后、穰侯耳。"欲以感怒昭王。昭王至，闻其与宦者争言，遂延迎，谢曰："寡人宜以身受命久矣，会义渠之事急，寡人旦暮自请太后；今义渠之事已，寡人乃得受命。窃闵然不敏，敬执宾主之礼。"范雎辞让。是日观范雎之见者，群臣莫不洒然变色易容者。

秦王屏左右，宫中虚无人。秦王跽而请曰："先生何以幸教寡人？"范雎曰："唯唯。"有间，秦王复跽而请曰："先生何以幸教寡人？"范雎曰："唯唯。"若是者三。秦王跽曰："先生卒不幸教寡人邪？"范雎曰："非敢然也。臣闻昔者吕尚之遇文王也，身为渔父而钓于渭滨耳。若是者，交疏也。已说而立为太师，载与俱归者，其言深也。故文王遂收功于吕尚而卒王天下。乡使文王疏吕尚而不与深言，是周无天子之德，而文武无与成其王业也。今臣羁旅之臣也，交疏于王，而所愿陈者皆匡君之事，处人骨肉之间，愿效愚忠而未知王之心也。此所以王三问而不敢对者也。臣非有畏而不敢言也。臣知今日言之于前而明日伏诛于后，然臣不敢避也。大王信行臣之器物。既然如此，那么圣明君主所抛弃的人，难道就不足以使国家强大吗?

我听说善于中饱私囊的大夫，是从诸侯国中取利；善于使一国富足的诸侯，是从其他诸侯国中取利。而天下有了圣明的君主那么诸侯就不得独自豪富，这是为什么？是因为他们会削割国家而使自我显贵。高明的医生能知道病人的生死，圣明的君主能洞察国事的成败，认为对国家有利的就施行、有害的就舍弃、有疑惑的就稍加试验，即使舜和禹死而复生，也不能改变这种方略。要说的至深话语，我不敢写在书信上，一些浅陋的话又不值得您一听。想必是我愚笨而不符合大王的心意吧？还是推荐我的人，人贱言微而不值得听信呢？如果不是这样，我希望您赐给少许游览观赏的空闲时间，让我拜见您一次。如果一次谈话没有效果，我请求伏罪受死刑。

读了这封书信，秦昭王心中大喜，便向王稽表示了歉意，派他用专车去接范雎。

这样，范雎才能够去离宫拜见秦昭王，到了宫门口，他假装不知道是内宫的通道，就往里走。这时恰巧秦昭王出来，宦官发了怒，驱赶范雎，便大声喝斥道："大王来了！"范雎故意乱嚷着说："秦国哪里有王？秦国只有太后和穰侯罢了。"他想用这些话激怒秦昭王。昭王走过来，听到范雎正在与宦官争吵，便上前去迎接范雎，并向他道歉说："我本来早就该向您请教了，正遇到处理义渠事件很紧迫，我早晚都要向太后请示，现在义渠事件已经处理完毕，我才有机会向您请教啊。我这个人很糊涂、不聪敏，让我向您敬行一礼。"范雎客气地还了礼。这一天凡是看到范雎谒见昭王情况的文武百官，没有一个不是肃然起敬的。

秦昭王屏退了左右近臣，宫中没有别的人了，这时才长跪着向范雎请教说："先生怎么赐教我？"范雎说："嗯嗯。"停了一会儿，秦昭王又长跪着向范雎请教说："先生怎么赐教我？"范雎说："嗯嗯。"像这样询问连续三次。秦昭王长跪着说："先生终究也不赐教我了吗？"范雎说："不敢这样。我听说从前吕尚遇到周文王时，他只是个渭水边上钓鱼的渔夫罢了。像他们这种关系，就属于交情生疏。但文王听完他的一席话便立他为太师，并立即用车载着他一起回宫，就是因为他的这番话说到了文王的心坎里。因此文王便得到吕尚的辅佐而终于统一了天下。假使当初文王疏远吕尚而不与他深谈，这样周朝就没有做天子的德望，而文王、武王也就无人辅佐来成就他们统一天下的大业了。如今我是个寄居异国他乡的臣子，与大王交情生疏，而我所希望陈述的都是匡扶国君的大事，我处在大王与亲人的骨肉关系之间来谈这些大事，本愿进献我的一片愚诚的忠心，可不知大王心里是怎么想的。这就是大王连续三次询问我而我不敢回答的原因。我并不是害怕什么而不敢说出来。我明知今天向您陈述主张明天就可能伏罪言，死不足以为臣患，亡不足以为臣忧，漆身为厉被发为狂不足以为臣耻。且以五帝之圣焉而死，三王之仁焉而死，五伯之贤焉而死，乌获、任鄙之力焉而死，成荆、孟贲、王庆忌、夏育之勇焉而死。死者，人之所必不免也。处必然之势，可以少有补于秦，此臣之所大愿也，臣又何患哉！伍子胥橐载而出昭关，夜行昼伏，至于陵水，无以糊其口，膝行蒲伏，稽首肉袒，鼓腹吹篪，乞食于吴市，卒兴吴国，阖闾为伯。使臣得尽谋如伍子胥，加之以幽囚，终身不复见，是臣之说行也，臣又何忧？箕子、接舆漆身为厉，被发为狂，无益于主。假使臣得同行于箕子，可以有补于所贤之主，是臣之大荣也，臣有何耻？臣之所恐者，独恐臣死之后，天下见臣之尽忠而身死，因以是杜口裹足，莫肯乡秦耳。足下上畏太后之严，下惑于奸臣之态，居深宫之中，不离阿保之手，终身迷惑，无与昭奸。大者宗庙灭覆，小者身以孤危，此臣之所恐耳。若夫穷辱之事，死亡之患，臣不敢畏也。臣死而秦治，是臣死贤于生。”秦王跽曰：“先生是何言也！夫秦国辟远，寡人愚不肖，先生乃幸辱至于此，是天以寡人慁先生而存先王之宗庙也。寡人得受命于先生，是天所以幸先王，而不弃其孤也。先生奈何而言若是！事无小大，上及太后，下至大臣，愿先生悉以教寡人，无疑寡人也。”范雎拜，秦王亦拜。

范雎曰：“大王之国，四塞以为固，北有甘泉、谷口，南带泾、渭，右陇、蜀，左关、阪，奋击百万，战车千乘，利则出攻，不利则入守，此王者之地也。民怯于私斗而勇于公战，此王者之民也。王并此二者而有之。夫以秦卒之勇，车骑之众，以治诸侯，譬若施韩卢而搏蹇兔也，霸王之业可致也，而群臣莫当其位。至今闭关十五年，不敢窥兵于山东者，是穰侯为秦谋不忠，而大王之计有所失也。”秦王受死，可是我决不想逃避。大王果真照我的话办了，受死不值得我忧患，流亡由不得我苦恼，就是漆身生癞、披发装疯我也不会感到羞耻。况且，像五帝那样的圣明终不免要死去，三王那样的仁爱也不免要死去，春秋五霸那样的贤能都死了，乌获、任鄙那样力大无比也难免一死，成荆、孟贲、王庆忌、夏育那样勇猛威武也一个个死去了。由此可见，死亡是每个人都不可避免的。处于必然死去的形势下，能够对秦国有少许补益，这就是我最大的愿望，我又有什么好担心的呢！过去伍子胥被装在口袋里逃出了昭关，夜里行走，白天隐藏，走到陵水，连饭也吃不上了，只好爬着行走，裸露上身，叩着响头，鼓起肚皮吹笛子，在吴国街市上到处行乞讨饭，可后来终于振兴了吴国，使阖闾成为霸主。假使我能像伍子胥一样极尽智谋效忠秦国，就是再把我囚禁起来，终身不再见大王，但是我的主张施行了，我又有什么好担忧的呢？过去箕子、接舆漆身生癞、披发装疯，可是这对君主没有任何益处。假使我也跟箕子有同样的遭遇，也披发装疯，可是能够对我认为贤能的君主有所补益，这是我最大的荣幸，我又有什么可耻辱呢？我所担忧的，只是怕我死后，天下人看见我为君主尽忠反而遭到死罪，因此闭口停步，没有谁肯到秦国来罢了。现在您在上面害怕太后的威严，在下面被奸佞臣子的惺惺作态所迷惑，自己身居深宫禁院，离不开左右近臣的把持，终身迷惑不清，也没人能够帮助您辨识邪恶。长此下去，从大处说国家会覆亡，从小处说您孤立无援岌岌可危，这是我所担忧的，只此而已。至于说困穷、屈辱一类的事情，处死、流亡之类的忧患，我是从来不会害怕的。如果我死了而秦国得以大治，那么我死了比活着更有意义。”秦昭王长跪着说：“先生这是怎么说呢！秦国偏僻远处一隅，我本人愚笨无能，先生竟屈尊光临此地，这是上天恩准我烦劳先生来保存我先王的遗业啊。我能受到先生的教诲，这正是上天恩赐我的先王，而不抛弃他们的这个后代啊。先生怎么说这样的话呢！从这以后，事情无论大小，上至太后，下到大臣，有关问题希望先生毫无保留地给我以指教，不要再怀疑我了。”范雎听了后躬身行礼，秦昭王也连忙还礼。

范雎说：“大王的国家，四面都是坚固的要塞，北面有甘泉高山、谷口险隘，南面环绕着泾、渭二水，右边是陇山、蜀道，左边是函谷关、崤阪山，雄师百万，战车千辆，有利就进攻，不利就退守，这是据以建立王业的好地方啊。百姓不敢因私事而争斗，却勇敢地为国家去作战，这是据以建立王业的好百姓啊。现在大王同时兼有地利、人和这两种有利条件。凭着秦国士兵的勇猛，战车的众多，去制伏诸侯，就如同放出韩国壮犬去捕捉跛足的兔子那样容易，建立霸王的事业是完全能够办到的，可是您的臣子们却都不称职。秦国到现今闭关固守已经有十五年了，之所以不敢伺机向崤山以东进兵，这都是因为穰侯为秦国出谋划策跽曰："寡人愿闻失计。"

然左右多窃听者，范雎恐，未敢言内，先言外事，以观秦王之俯仰。因进曰："夫穰侯越韩、魏而攻齐纲寿，非计也。少出师则不足以伤齐，多出师则害于秦。臣意王之计，欲少出师而悉韩、魏之兵也，则不义矣。今见与国之不亲也，越人之国而攻，可乎？其于计疏矣。且昔齐湣王南攻楚，破军杀将，再辟地千里，而齐尺寸之地无得焉者，岂不欲得地哉，形势不能有也。诸侯见齐之罢弊，君臣之不和也，兴兵而伐齐，大破之。士辱兵顿，皆咎其王，曰：'谁为此计者乎？'王曰：'文子为之。'大臣作乱，文子出走。故齐所以大破者，以其伐楚而肥韩、魏也。此所谓借贼兵而赍盗粮者也。王不如远交而近攻，得寸则王之寸也，得尺亦王之尺也。今释此而远攻，不亦谬乎！且昔者中山之国地方五百里，赵独吞之，功成名立而利附焉，天下莫之能害也。今夫韩、魏，中国之处而天下之枢也，王其欲霸，必亲中国以为天下枢，以威楚、赵。楚强则附赵，赵强则附楚，楚、赵皆附，齐必惧矣。齐惧，必卑辞重币以事秦。齐附而韩、魏因可虏也。"昭王曰："吾欲亲魏久矣，而魏多变之国也，寡人不能亲。请问亲魏奈何？"对曰："王卑词重币以事之；不可，则割地而赂之；不可，因举兵而伐之。"王曰："寡人敬闻命矣。"乃拜范雎为客卿，谋兵事。卒听范雎谋，使五大夫绾伐魏，拔怀。后二岁，拔邢丘。

客卿范雎复说昭王曰："秦韩之地形，相错如绣。秦之有韩也，譬如木之有蠹也，人之有心腹之病也。天下无变则已，天下有变，其为秦患者孰大于韩乎？王不如收韩。"昭王曰："吾固欲收韩，韩不不肯竭尽忠心，而大王的计策也有失误之处啊！”秦昭王长跪着说：“我愿意听一听我的失策之处。”

可是范雎发觉谈话时周围有不少人在偷听，心里惶恐不安，不敢谈宫廷内部太后专权的事，就先谈穰侯对诸侯国的外交谋略，借以观察一下秦王的态度。于是凑向昭王面前说：“穰侯越过韩、魏两国去进攻齐国纲寿，这不是个好计策。出兵少就不能损伤齐国，出兵多反而会损害秦国自己。我猜想大王的计策，是想自己少出兵而让韩、魏两国尽遣兵力来协同秦国，这就违背情理了。现在已经看出这两个友国实际并不真正亲善，您却要越过他们的国境去进攻齐国，合适吗？这在计策上考虑太欠周密了。况且曾有过这种失算的先例，先前齐湣王向南攻打楚国，破楚军、斩楚将，开辟了千里之遥的领土，可是最后齐国连寸尺大小的土地也没有得到。难道是不想得到土地吗？是形势迫使它不可能占有啊。各诸侯国看到齐国已经疲惫困顿国力大衰，国君与臣属不和，便发兵进攻齐国，结果大败齐国。齐国将士受辱，溃不成军，上下一片责怪齐王之声，说：‘策划攻打楚国的是谁？’齐王说：‘是田文策划的。’于是齐国大臣发动叛乱，田文被迫逃亡出走。由此可见齐国大败，就是因为它耗尽兵力攻打远方的楚国反而使韩、魏两国从中获得厚利。这就叫做把兵器借给强盗，把粮食送给窃贼啊。大王不如结交远邦而攻伐近国，这样攻取一寸土地就成为您的一寸土地，攻取一尺土地也就成为您的一尺土地。如今放弃近国而攻打远邦，这岂不是太荒谬了吗？再说，过去中山国领土有方圆五百里，赵国独自把它吞并了，功业建成，名声高杨，利益到手，天下没有谁能侵害它。现在韩、魏两国，地处中原，是天下的中心部位，大王如果打算称霸天下，就必须先亲近中原国家，把它作为掌握天下的关键，以此威胁楚国、赵国。楚国强大您就亲近赵国，赵国强大您就亲近楚国，楚国、赵国都亲附您，齐国必然恐惧了。齐国恐惧，必定低声下气拿出丰厚财礼来侍奉秦国。齐国亲附了秦国，那么韩、魏两国便乘势可以被收服了。”昭王说：“我早就想亲近魏国了，可是魏国是个翻云覆雨、变化无常的国家，我无法同它亲近。请问怎么才能亲近魏国？”范雎回答道：“大王可以先说好话送厚礼来奉承它，不行的话，就割让土地收买它；再不行，寻找机会发兵攻打它。”昭王说：“我就恭听您的指教了。”于是授给范雎客卿官职，同他一起谋划军事。终于听从了范雎的谋略，派五大夫绾带兵攻打魏国，拿下了怀邑。两年后，又夺取了邢丘。

客卿范雎后来又劝说昭王道：“秦、韩两国的地形，犬牙交错简直就像交织的刺绣一样。秦国境内伸进韩国的土地，就如同树干中生了蛀虫，人患了心病一样。天下的形势没有变化就罢了，一旦发生变化，给秦国造成祸患的还有谁能比韩国大呢？大王不如拢住韩国。”昭王说：“我本来就想拢住韩国，可是韩国不听，为之奈何？”对曰：“韩安得无听乎？王下兵而攻荥阳，则巩、成皋之道不通；北断太行之道，则上党之师不下。王一兴兵而攻荥阳，则其国断而为三。夫韩见必亡，安得不听乎？若韩听，而霸事因可虑矣。”王曰：“善。”且欲发使于韩。

范雎日益亲，复说用数年矣，因请间说曰：“臣居山东时，闻齐之有田文，不闻其有王也；闻秦之有太后、穰侯、华阳、高陵、泾阳，不闻其有王也。夫擅国之谓王，能利害之谓王，制杀生之威之谓王。今太后擅行不顾，穰侯出使不报，华阳、泾阳等击断无讳，高陵进退不请。四贵备而国不危者，未之有也。为此四贵者下，乃所谓无王也。然则权安得不倾，令安得从王出乎？臣闻善治国者，乃内固其威而外重其权。穰侯使者操王之重，决制于诸侯，剖符于天下，政适伐国，莫敢不听。战胜攻取则利归于陶国，弊御于诸侯；战败则结怨于百姓，而祸归于社稷。诗曰‘木实繁者披其枝，披其枝者伤其心；大其都者危其国，尊其臣者卑其主’。崔杼、淖齿管齐，射王股，擢王筋，悬之于庙梁，宿昔而死。李兑管赵，囚主父于沙丘，百日而饿死。今臣闻秦太后、穰侯用事，高陵、华阳、泾阳佐之，卒无秦王，此亦淖齿、李兑之类也。且夫三代所以亡国者，君专授政，纵酒驰骋弋猎，不听政事。其所授者，妒贤嫉能，御下蔽上，以成其私，不为主计，而主不觉悟，故失其国。今自有秩以上至诸大吏，下及王左右，无非相国之人者。见王独立于朝，臣窃为王恐，万世之后，有秦国者非王子孙也。”昭王闻之大惧，曰：“善。”于是废太后，逐穰侯、高陵、华阳、泾阳君于关外。秦王乃拜范雎为相。收穰侯之印，使归陶，因使县官给车牛以徙，千乘有余。到关，关阅其宝器，宝器珍怪多于王室。

听从，对它该怎么办才好？”范雎回答道：“韩国怎么能不听从呢？您进兵去攻荥阳，那么韩国由巩县通往成皋的道路被堵住；在北面切断太行山要道，那么上党的军队就不能南下。大王一旦发兵进攻荥阳，那么韩国就会被分割成三块孤立的地区。韩国眼见必将灭亡，怎么能不听从呢？如果韩国服帖了，那么就可乘势盘算称霸的事业了。”昭王说：“好的。”就准备派使臣到韩国去。

范雎一天比一天得到秦昭王信任，转眼间受到秦昭王的信用已有几年了，一次范雎在昭王闲暇方便的时候进言议事说：“我住在崤山东边时，只听说齐国有田文，从没听说齐国有齐王；只听说秦国有太后、穰侯、华阳君以及高陵君、泾阳君，从没听说秦国有秦王。独掌国家大权的称作王，能够兴利除害的称做王，掌握生杀予夺权势的称作王。如今太后独断专行毫无顾忌，穰侯出使国外从不报告，华阳君、泾阳君等惩处断罚随心所欲，高陵君任免官吏也从不请示。这四种权贵凑在一起而国家却没有危险，那是从来没有过的。人们处在这四种权贵的统治下，就是我所说的没有秦王啊。既然如此，那么大权怎么能不旁落、政令又怎么能由大王发出呢？我听说善于治国的，就是要在国内使自己的威势牢固，而对国外使自己的权力集中。穰侯的使臣操持着大王的重权，对诸侯国发号施令，他又向天下遍派持符使臣订盟立约，征讨敌方，攻伐别国，没有谁不敢听命。如果打了胜仗，夺取了城地就把好处归入陶邑，国家一旦遭到困厄他便可在诸侯国中用事；如果打了败仗就会让百姓怨恨国君，而把祸患推给国家。有诗说：‘树上结果太多就要压折树枝，树枝断了就会伤害树心；封地城邑太大就要危害国都，抬高臣属就会压抑君主。’从前崔杼、淖齿在齐国专权，崔杼射中齐庄公的大腿并杀死了他，淖齿抽了齐湣王的筋又把他悬吊在庙梁上，一夜就吊死了。李兑在赵国专权，把赵武灵王囚禁在沙丘的宫里，一百天被困饿而死。如今我听说秦国的太后、穰侯专权，高陵君、华阳君和泾阳君辅助，最终是不要秦王的，这也就是淖齿、李兑一类的人物啊。再说夏、商、周三代亡国的原因，就是君主把大权全都交给宠臣，恣意饮酒纵情游猎，不理朝政。他们授权任职的宠臣，一个个妒贤嫉能，欺下瞒上，谋取私利，从不为君主考虑，可是君主又不醒悟，因此丧失了自己的国家。如今秦国从小乡官到各个大官吏，再到大王的左右侍从，没有一个不是相国穰侯的亲信。我看到大王在朝廷孤单一人，我暗自替您感到害怕，在您之后，拥有秦国的怕不是您的子孙了。”昭王听了这番话如梦初醒，大感惊恐，说：“说得对。”于是废黜了太后，把穰侯、高陵君以及华阳君、泾阳君驱逐出国都。秦昭王就任命范雎为相国。收回了穰侯的相印，让他回到封地陶邑去，由朝廷派给车子和牛帮他拉东西迁出国都，装载财物的车子有一千多辆。到了国都关卡，守关官吏检查他的珍宝器物，发现珍贵奇异的宝物比国君还要多。

秦封范雎以应，号为应侯。当是时，秦昭王四十一年也。

范雎既相秦，秦号曰张禄，而魏不知，以为范雎已死久矣。魏闻秦且东伐韩、魏，魏使须贾于秦。范雎闻之，为微行，敝衣间步之邸，见须贾。须贾见之而惊曰："范叔固无恙乎！"范雎曰："然。"须贾笑曰："范叔有说于秦邪？"曰："不也。雎前日得过于魏相，故亡逃至此，安敢说乎！"须贾曰："今叔何事？"范雎曰"臣为人庸赁。"须贾意哀之，留与坐饮食，曰："范叔一寒如此哉！"乃取其一绨袍以赐之。须贾因问曰："秦相张君，公知之乎？吾闻幸于王，天下之事皆决于相君。今吾事之去留在张君。孺子岂有客习于相君者哉？"范雎曰："主人翁习知之。唯雎亦得谒，雎请为见君于张君。"须贾曰："吾马病，车轴折，非大车驷马，吾固不出。"范雎曰："愿为君借大车驷马于主人翁。"

范雎归取大车驷马，为须贾御之，入秦相府。府中望见，有识者皆避匿。须贾怪之。至相舍门，谓须贾曰："待我，我为君先入通于相君。"须贾待门下，持车良久，问门下曰："范叔不出，何也？"门下曰："无范叔。"须贾曰："乡者与我载而入者。"门下曰："乃吾相张君也。"须贾大惊，自知见卖，乃肉袒膝行，因门下人谢罪。于是范雎盛帷帐，待者甚众，见之。须贾顿首言死罪，曰："贾不意君能自致于青云之上，贾不敢复读天下之书，不敢复与天下之事。贾有汤镬之罪，请自屏于胡貉之地，唯君死生之！"范雎曰："汝罪有几？"曰："擢贾之发以续贾之罪，尚未足。"范雎曰："汝罪有三耳。昔者楚昭王时而申包胥为楚却吴军，楚王封之以荆五千户，包胥辞不受，为丘墓之寄于荆也。今雎之先人丘墓亦在魏，公前以雎为有外心于齐而恶雎于魏齐，公之罪一也。当魏齐辱我于厕秦昭王把应城封给范雎，封号为应侯。这个时候，是秦昭王四十一年。

范雎当了秦国相国之后，秦国人仍称呼他张禄，而魏国人对此毫无所知，认为范雎早已死了。魏王听到秦国即将向东攻打韩、魏两国的消息，便派须贾出使秦国。范雎得知须贾到了秦国，便隐瞒了相国的身份改装出行，他穿着破旧的衣服，步行到客栈，见到了须贾。须贾一见范雎不禁惊愕道："范叔原来没有遇到灾祸啊！"范雎说："是啊。"须贾便笑着说："范叔是来秦国游说的吧？"范雎答道："不是的。我以前得罪了魏国宰相，所以流落逃亡到了这里，怎么还敢来游说呢！"须贾问道："如今你都在做些什么事？"范雎答道："我给人家当差役。"须贾听了有些怜悯他，便留下范雎一起坐下吃饭，又不无同情地说："范叔怎么竟贫寒到如此地步啊！"于是就取出了自己的一件粗丝袍送给了他。须贾趁机便问道："你知道秦国的相国张君吧。我听说他在秦王那里很得宠，有关天下的大事都由相国张君决定。这次我办的事情成败也都取决于张君。你这个年轻人有没有跟相国张君熟悉的朋友啊？"范雎说："我的主人和他很熟。就是连我也是能求见的，请让我把您引见给张君。"须贾很不以为然地说："我的马病了，车轴也断了，不是四匹马拉的大车，我是决不出门的。"范雎说："我愿意替您向我的主人借来四匹马拉的大车。"

范雎回去弄来四匹马拉的大车，并亲自给须贾驾车，直进了秦国相府。相府里的人看到范雎驾着车子来了，有些认识他的人都回避了。须贾见到这般情景感到很奇怪。到了相国办公地方的门口，范雎对须贾说："等等我，我先替您进去向相国张君通报一声。"须贾就在门口等着，拽着缰绳等了很长时间也不见人来，便问门卒说："范叔进去很长时间了也没有出来，是怎么回事？"门卒说："这里没有范叔。"须贾说："就是刚才跟我一起乘车进来的那个人。"门卒说："他就是我们相国张君啊。"须贾一听大惊失色，自知被诓骗进来，就赶紧脱掉上衣光着膀子，双膝跪地而行，托门卒向范雎认罪。于是范雎派人挂上盛大的帐幕，召来许多侍从，才让须贾上堂来见。须贾见到范雎连叩响头口称死罪，说："我没想到您靠自己的能力达到这么高的尊位，我不敢再读天下的书了，也不敢再参与天下的事了。我犯下了应该被煮杀的大罪，把我抛到荒凉野蛮的胡貉地区我也心甘情愿，让我活让我死任凭您的决定了！"范雎说："你的罪状有多少？"须贾急忙答道："即使拔下我的头发来数我的罪过，也不够数。"范雎说："你有三条罪状。从前楚昭王时，申包胥为楚国谋划打退了吴国军队，楚王把楚地的五千户封给他作为食邑，申包胥推辞不愿意接受，那是因为他的祖坟安葬在楚国，打退吴军也可以保住他的祖坟。现在我的祖坟在魏国，可是你以前认为我对魏国有外心、暗通齐国而在魏齐面前说我的坏话，这是你的第一条罪状。

中，公不止，罪二也。更醉而溺我，公其何忍乎？罪三矣。然公之所以得无死者，以绨袍恋恋，有故人之意，故释公。”乃谢罢。入言之昭王，罢归须贾。

须贾辞于范雎，范雎大供具，尽请诸侯使，与坐堂上，食饮甚设。而坐须贾于堂下，置莝豆其前，令两黥徒夹而马食之。数曰：“为我告魏王，急持魏齐头来！不然者，我且屠大梁。”须贾归，以告魏齐。魏齐恐，亡走赵。匿平原君所。

范雎既相，王稽谓范雎曰：“事有不可知者三，有不奈何者亦三。宫车一日晏驾，是事之不可知者一也。君卒然捐馆舍，是事之不可知者二也。使臣卒然填沟壑，是事之不可知者三也。宫车一日晏驾，君虽恨于臣，无可奈何。君卒然捐馆舍，君虽恨于臣，亦无可奈何。使臣卒然填沟壑，君虽恨于臣，亦无可奈何。”范雎不怿，乃入言于王曰：“非王稽之忠，莫能内臣于函谷关；非大王之贤圣，莫能贵臣。今臣官至于相，爵在列侯，王稽之官尚止于谒者，非其内臣之意也。”昭王召王稽，拜为河东守，三岁不上计。又任郑安平，昭王以为将军。范雎于是散家财物，尽以报所尝困厄者。一饭之德必偿，睚眦之怨必报。

范雎相秦二年，秦昭王之四十二年，东伐韩少曲、高平，拔之。

秦昭王闻魏齐在平原君所，欲为范雎必报其仇，乃佯为好书遗平原君曰；“寡人闻君之高义，愿与君为布衣之友，君幸过寡人，寡人愿与君为十日之饮。”平原君畏秦，且以为然，而入秦见昭王。昭王与平原君饮数日，昭王谓平原君曰：“昔周文王得吕尚以为太公，齐桓公得管夷吾以为仲父，今范君亦寡人之叔父也。范君之仇在君之当魏齐把我扔到厕所里，并且肆意侮辱我时，你并没有制止，这是第二条罪状。更有甚者是你喝醉之后往我身上撒尿，你怎么能忍心啊？这是第三条罪状。但是你之所以能不被处死，是因为从你今天赠我一件粗丝袍来看你还有点老朋友的依恋之情啊，所以放你一条生路，把你给放了。”于是辞开须贾，结束了会见。随即范雎进宫把事情的原委报告了昭王，决定不接受魏国来使，责令须贾回国。

于是须贾去向范雎辞行，范雎便大摆宴席，并且请来了所有诸侯国的使臣，与他同坐在堂上，酒菜饭食摆设得非常丰盛。而让须贾坐在堂下，在他面前放了一槽草豆掺拌的饲料，又命令两个受过墨刑的犯人在须贾的两旁夹着他，像喂马一样喂他吃掺拌饲料。范雎责令他道：“给我告诉魏王，尽快把魏齐的脑袋拿来！不然的话，我就要屠平大梁。”于是须贾回到魏国，把情况告诉了魏齐，魏齐非常惊恐，便逃到了赵国，躲藏在平原君的家里。

范雎担任了秦相之后，王稽曾经对范雎说：“有三件事情是不可预知的，也有三件事情是毫无办法的。君王说不定哪一天死去，这是不可预知的第一件事情。您突然死去，这是不可预知的第二件事情。假使我突然死去，这是不可预知的第三件事情。如果君王有一天死去了，您即使因为我没被君王重用而感到遗憾，那是毫无办法的。如果您突然死去了，您即使为了还未报答我而感到遗憾，也是毫无办法的。假使我突然死去了，您即便是因不曾及时推荐我而感到遗憾，那也是毫无办法的。”范雎听了闷闷不乐，就入宫向秦王进言说：“不是王稽对秦国的忠诚，就不能把我带进函谷关；不是大王的贤能圣明，就不能使我如此显贵。如今我的官位做到了相国，爵位已经封到了列侯，可是王稽还仅是个谒者，这并不是他带我进关的本意吧。”秦昭王便召见了王稽，于是任命他做河东郡守，并且允许他三年之内可以不向朝廷汇报郡内的政治、经济情况。范雎又向秦昭王举荐曾保护过他的郑安平，昭王便任命郑安平为将军。范雎于是散发家里的财物，用来报答所有那些曾经帮助过他而处境困苦的人。哪怕给过他一顿饭吃的等小恩小惠，他是必定要报答的，而瞪过他一眼的小怨小仇他也是必定要报复的。

范雎任秦相的第二年间，也就是秦昭王四十二年，秦国向东进攻韩国的少曲和高平，并拿下了这两个城邑。

秦昭王听说魏齐藏在平原君的家里，一定要替范雎报这个仇，于是就假装写了一封表示友好的信给平原君说：“我久闻您为人有高尚的道德情义，希望跟您交个像平民百姓一样无拘无束的知心朋友，如果您肯光临我这里小住几日的话，我愿同您开怀畅饮十天。”平原君本就畏惧秦国，看了信又认为秦昭王真的有意交好，便到秦国见了秦昭王。昭王陪着平原君宴饮了几天，便对平原君说：“从前周文王得到吕尚，尊他为太公；齐桓公得到管夷吾，尊他为仲父，如今范先生家，愿使人归取其头来；不然，吾不出君于关。”平原君曰：“贵而为交者，为贱也；富而为交者，为贫也。夫魏齐者，胜之友也，在，固不出也，今又不在臣所。”昭王乃遗赵王书曰：“王之弟在秦，范君之仇魏齐在平原君之家。王使人疾持其头来；不然，吾举兵而伐赵，又不出王之弟于关。”赵孝成王乃发卒围平原君家，急，魏齐夜亡出，见赵相虞卿。虞卿度赵王终不可说，乃解其相印，与魏齐亡，间行，念诸侯莫可以急抵者，乃复走大梁，欲因信陵君以走楚。信陵君闻之，畏秦，犹豫未肯见，曰：“虞卿何如人也？”时侯嬴在旁，曰：“人固未易知，知人亦未易也。夫虞卿蹑屩檐簦，一见赵王，赐白璧一双，黄金百镒；再见，拜为上卿；三见，卒受相印，封万户侯。当此之时，天下争知之。夫魏齐穷困过虞卿，虞卿不敢重爵禄之尊，解相印，捐万户侯而间行。急士之穷而归公子，公子曰‘何如人’。人固不易知，知人亦未易也！”信陵君大惭，驾如野迎之。魏齐闻信陵君之初难见之，怒而自刭。赵王闻之，卒取其头予秦。秦昭王乃出平原君归赵。

昭王四十三年，秦攻韩汾陉，拔之，因城河上广武。

后五年，昭王用应侯谋，纵反间卖赵，赵以其故，令马服子代廉颇将。秦大破赵于长平，遂围邯郸。已而与武安君白起有隙，言而杀之。任郑安平，使击赵。郑安平为赵所围，急，以兵二万人降赵。应侯席槁请罪。秦之法，任人而所任不善者，各以其罪罪之。于是应侯罪当收三族。秦昭王恐伤应侯之意，乃下令国中：“有敢言郑安平事者，以其罪罪之。”而加赐相国应侯食物日益厚，以顺适其意。后二也是我的叔父啊。现在范先生的仇人就住在您家里，希望您派人把他的脑袋取来；不然的话，我就不让您出函谷关。”平原君说：“显贵了还是要交低贱的朋友，是为了不忘低贱时的情谊；富裕了还要交贫困的朋友，是为了不能够忘记贫困时的友情。魏齐是我的朋友，即使他在我家，我也决不会把他交出来，何况现在他根本不在我家啊。”昭王又给赵国国君写了一封信说：“大王的弟弟在我秦国这里，而范先生的仇人魏齐就在平原君家里。大王赶快派人送来他的脑袋；不然的话，我就要发动军队攻打赵国，而且大王的弟弟就别想出函谷关。”赵孝成王看了信就派士兵包围了平原君的家宅，危急中，魏齐连夜逃出了平原君家，见到了赵国宰相虞卿。虞卿估计不可能说服赵王，就解下自己的相印，跟魏齐一起逃出了赵国，两人抄小路逃跑，想来想去几个诸侯国都没有能急人之难而可以投靠的人，就又奔回了大梁，打算通过信陵君投奔到楚国去。信陵君听到了这个消息，由于害怕秦国找上门来，有些犹豫不决，不肯接见他们，就向周围的人说：“虞卿这个人怎么样啊？”当时侯嬴也在旁边，就回答说：“人是很难被了解的啊，可见了解别人也不是件容易的事。那个虞卿脚踏草鞋，肩搭雨伞，远行而到赵国，第一次见赵王，赵王赐给了他白璧一对，黄金百两；第二次见赵王，赵王任命他为上卿；第三次见赵王，终于得到相印，被封为万户侯。当前，天下人都在争着了解虞卿的为人。魏齐走投无路时投奔了虞卿，虞卿根本不把自己的高官厚禄看在眼里，解下相印，抛弃万户侯的爵位而与魏齐逃走。能把别人的困难当作自己的困难来投奔您，您还问这个人怎么样。”信陵君听了这番话分明有讽刺自己的意味，感到惭愧，于是赶快驱车到郊外去迎接他们。可是魏齐听到的是信陵君当初不愿意接见他的消息，便一怒之下刎颈自杀了。赵王得知魏齐自杀身亡，终于取了他的脑袋送到了秦国。秦昭王这才放平原君回赵国。

昭王四十三年，秦国进攻韩国的汾陉，夺取了它，并在黄河边上的广武山筑城。

五年之后，昭王采取应侯的谋略，施行反间计，使赵国上当，赵国就是因为这个缘故，让马服君赵奢的儿子赵括代替廉颇统率军队。结果秦军在长平大败赵国军队，进而围攻邯郸。不久后应侯与武安君白起结下了怨仇，就向昭王进谗言而把白起杀了。于是昭王任用郑安平，派他领兵攻打赵国。郑安平在战场上反被赵军团团围住，当时情况危急，他带领二万人向赵国投降了。对此应侯自知难逃罪责，就跪在草垫上请求处罚。按照秦国法令，举荐了官员而被举荐的官员犯了罪，那么举荐人也同样按被举荐官员的罪名治罪。这样应侯应被判逮捕其父、母、妻三族的罪刑。可是秦昭王恐怕伤害了与应侯的感情，就下令“国都内有敢于议论郑安平事的，一律按郑安平的罪名治罪”。与此同时，昭王还加赏相国应侯更加丰厚的食物，以使应侯安心顺意。此后二年，王稽做河东郡守，曾与诸侯岁，王稽为河东守，与诸侯通，坐法诛。而应侯日益以不怿。

昭王临朝叹息，应侯进曰："臣闻'主忧臣辱，主辱臣死'。今大王中朝而忧，臣敢请其罪。"昭王曰："吾闻楚之铁剑利而倡优拙。夫铁剑利则士勇，倡优拙则思虑远。夫以远思虑而御勇士，吾恐楚之图秦也。夫物不素具，不可以应卒，今武安君既死，而郑安平等畔，内无良将而外多敌国，吾是以忧。"欲以激励应侯。应侯惧，不知所出。蔡泽闻之，往入秦也。

蔡泽者，燕人也。游学干诸侯小大甚众，不遇。而从唐举相，曰："吾闻先生相李兑，曰'百日之内持国秉'，有之乎？"曰："有之。"曰："若臣者何如？"唐举孰视而笑曰："先生曷鼻，巨肩，魋颜，蹙齃，膝挛。吾闻圣人不相，殆先生乎？"蔡泽知唐举戏之，乃曰："富贵吾所自有，吾所不知者寿也，愿闻之。"唐举曰："先生之寿，从今以往者四十三岁。"蔡泽笑谢而去，谓其御者曰："吾持粱刺齿肥，跃马疾驱，怀黄金之印，结紫绶于要，揖让人主之前，食肉富贵，四十三年足矣。"去之赵，见逐。之韩、魏，遇夺釜鬲于涂。闻应侯任郑安平、王稽皆负重罪于秦，应侯内惭，蔡泽乃西入秦。

将见昭王，使人宣言以感怒应侯曰："燕客蔡泽，天下雄俊弘辩智士也。彼一见秦王，秦王必困君而夺君之位。"应侯闻，曰："五帝三代之事，百家之说，吾既知之，众口之辩，吾皆摧之，是恶能困我而夺我位乎？"使人召蔡泽。蔡泽入，则揖应。应侯固不快，及见之，又倨，应侯因让之曰："子尝宣言欲代我相秦，宁有之乎？"对曰："然。"应侯曰："请闻其说。"蔡泽曰："吁，君何见之晚也！夫四时之序，成功者去。夫人生百体坚强，手足便利，耳目聪明而心圣智，岂非士之愿与？"应侯曰："然。"蔡泽曰："质仁有勾结，因犯法而被诛杀。因为此事，应侯一天比一天懊丧。

有一天，昭王上朝时不停地叹息。应侯走上前去说：“我听说‘人主忧虑是臣子的耻辱，人主受辱更是臣子的死罪’，今天大王在朝堂之上处理政务却如此忧虑，我请求大王治我的罪。”昭王说：“我听说楚国的铁剑锋利，而歌舞演技拙劣。这个国家的铁剑锋利，那么士兵就勇敢，它的歌舞演技拙劣那么国君的谋略必定深远。心怀深远的谋略而指挥勇敢的士兵，我恐怕楚国要在秦国身上打算盘。办事不早做准备，就不能够应付突发的变化。如今武安君已经死去，而郑安平等人叛变了，国内没有能征善战的大将而国外敌对国家很多，我因此忧虑。”昭王说这番话意思是鼓励应侯。而应侯听了却感到害怕，也想不出什么办法来。蔡泽得知这种情况，便从燕国来到秦国。

蔡泽，是燕国人。曾周游列国从师学习，并向许多大小诸侯谋求官职，但没有得到信任与重用。有一次他请唐举给他相面，说：“我听说先生给李兑相面，说‘一百天内将掌握一国的大权’，有这件事吗？”唐举回答说：“有这事。”蔡泽说：“像我这样的人你看怎么样啊？”唐举仔细地看了一番便笑着说：“先生是朝天鼻，端肩膀，凸额头，塌鼻梁，罗圈腿。我听说圣人不在相貌，大概说的就是先生了吧？”蔡泽知道唐举是在和自己开玩笑，便说：“富贵那是我本来就有的，我所不知道的是寿命的短长，现在希望听听你的说法。”唐举说：“先生的寿命，从今以后还有四十三岁。”蔡泽笑着表示感谢便走开了，随后对他的车夫说：“我端着米饭吃肥肉，赶着马车奔驰，手捧黄金大印，腰系紫色丝带，在人主面前备受尊重，享受荣华富贵，四十三年该满足了。”便离开燕国到了赵国。随即前去韩国、魏国，路上遇到强盗抢走了他的锅鼎之类的炊具。他听说应侯举荐的郑安平和王稽都在秦国犯下了大罪，应侯内心惭愧抬不起头来，蔡泽便向西来到秦国。

他准备去拜见秦昭王，先派人在应侯面前扬言一番，以此来激怒应侯说：“燕国来的宾客蔡泽，那是个天下见识超凡、极富辩才的智谋之士。秦王只要一见他，必定会使您处于困境而剥夺您的权位。”应侯听完这些话，说：“五帝三代的事理，诸子百家的学说，我都是通晓的，许多人的雄辩巧言，我都能使他们折服，这个人怎么会让我难堪而夺取我的权位呢？”于是就派人去召蔡泽来。蔡泽来了，只向应侯作了个揖。应侯本来就不痛快，等见了蔡泽，看他又表现得如此傲慢，应侯就斥责他说：“你曾扬言要取代我做秦相，可曾有这件事吗？”蔡泽回答说：“有。”应侯说：“让我听听你的想法。”蔡泽说：“呦！您看待问题怎么这么迟钝啊！一年之中春、夏、秋、冬四季更替，各自完成了它的使命就自动离开。人的身体各个部分都很健壮，手脚灵活，耳朵听得清，眼睛看得明，秉义，行道施德，得志于天下，天下怀乐敬爱而尊慕之，皆愿以为君王，岂不辩智之期与？”应侯曰：“然。”蔡泽复曰：“富贵显荣，成理万物，使各得其所；性命寿长，终其天年而不夭伤；天下继其统，守其业，传之无穷；名实纯粹，泽流千里，世世称之而无绝，与天地终始：岂道德之符而圣人所谓吉祥善事者与？”应侯曰：“然。”

蔡泽曰：“若夫秦之商君，楚之吴起，越之大夫种，其卒然亦可愿与？”应侯知蔡泽之欲困己以说，复谬曰：“何为不可？夫公孙鞅之事孝公也，极身无贰虑，尽公而不顾私；设刀锯以禁奸邪，信赏罚以致治；披腹心，示情素，蒙怨咎，欺旧友，夺魏公子卬，安秦社稷，利百姓，卒为秦禽将破敌，攘地千里。吴起之事悼王也，使私不得害公，谗不得蔽忠，言不取苟合，行不取苟容，不为危易行，行义不辟难，然为霸主强国，不辞祸凶。大夫种之事越王也，主虽困辱，悉忠而不解，主虽绝亡，尽能而弗离，成功而弗矜，贵富而不骄怠。若此三子者，固义之至也，忠之节也。是故君子以义死难，视死如归；生而辱不如死而荣。士固有杀身以成名，虽义之所在，虽死无所恨。何为不可哉？”

蔡泽曰：“主圣臣贤，天下之盛福也；君明臣直，国之福也；父慈子孝，夫信妻贞，家之福也。故比干忠而不能存殷，子胥智而不能完吴，申生孝而晋国乱。是皆有忠臣孝子，而国家灭乱者，何也？无明君贤父以听之，故天下以其君父为僇辱而怜其臣子。今商君、吴起、大夫种之为人臣，是也；其君，非也。故世称三子致功而不见德，岂慕不遇世死乎？夫待死而后可以立忠成名，是微子不足仁，孔子不足圣，管仲不足大也。夫人之立功，岂不期于成全邪？身与名心神聪慧，这难道不是人们的愿望吗？”应侯说：“是的。”蔡泽说：“以仁为本，主持正义，推行正道，广施恩德，实现自己的志向，天下人都拥护爱戴而尊敬仰慕他，都希望让他做君主，这难道不是善辩明智之士所期望得到的吗？”应侯说：“是的。”蔡泽又说：“位居富贵显赫荣耀的地位，治理一切事物，使它们都能各得其所；活得长久，平安度过一生而不会夭折；天下都继承他的传统，固守他的事业，并永远流传下去；名声与实际相符完美无缺，恩泽远施千里之外，世世代代称赞他永不断绝，与天地一样长久：这难道不是推行正道广施恩德的效果，也就是圣人所说的吉祥善事吗？”应侯说：“是的。”

蔡泽说：“至于说到秦国的商鞅，楚国的吴起，越国的大夫文种，他们的悲惨结局也可羡慕吗？”应侯知道蔡泽要用这些话来堵自己的嘴，从而说服自己，便故意狡辩说：“为什么不可以？那个公孙鞅侍奉秦孝公，终身没有二心，一心为公家而毫不顾念自身；设置刀锯酷刑来禁绝奸诈邪恶，切实论赏刑罚分明，以达到国家太平；剖露忠心，昭示真情，蒙受着怨恨的指责，诱骗老朋友，捉住魏公子卬，使秦国的国家安定，百姓获利，终于为秦国擒敌将，破敌军，开拓了千里之遥的疆域。吴起侍奉楚悼王，使私人不能损害公家，奸佞谗言不能蔽塞忠臣，议论不随声附和，办事不苟且保身，不因危险而改变自己的行动，坚持大义不躲避灾难。就是这样为了使君主能够成就霸业，使国家强盛，决不躲避殃祸凶险。大夫文种侍奉越王，君主即使遭困受辱，仍然竭尽忠心，毫不懈怠，君主即使面临断嗣亡国的境遇，也仍然竭尽全力挽救而不愿离开，越王复国大功告成而不骄傲自夸，自己富贵也不放纵轻慢。像这三位先生，本来就是道德大义的标准、忠诚气节的榜样。因此君子为了大义遭难而死，视死如归；活着受辱不如死了光荣。士人本就该具有牺牲性命来成就名声的远大志向，只要是为了大义的存在，即使死了也没有什么遗憾的。为什么不可以这么做呢？”

蔡泽说：“君主圣明，臣子贤能，这是天下的大福；国君明智，臣子正直，这是一国的福气；父亲慈爱，儿子孝顺，丈夫诚实，妻子忠贞，这是一家的福分。然而比干忠诚却不能保住殷朝，子胥多谋却不能保全吴国；申生孝顺可是晋国大乱。这些都是有忠诚的臣子、孝顺的儿子，反而使国家灭亡、大乱的事例，这是为什么呢？是因为没有明智的国君、贤能的父亲听取他们的声音，因此天下人都认为这样的国君和父亲是可耻的，而怜惜同情他们的臣子和儿子。现在看来，商鞅、吴起、大夫文种作为臣子，他们是正确的；他们的国君，是错误的。所以世人称说这三位先生建立了功绩却得不到好报，难道是羡慕他们不被国君体察而无辜死去吗？如果只有用死才可以树立忠诚的美名，那么微子就不能称为仁人，孔子不能称为圣人，管仲也不能称为伟大的人物了。人们要建功立业，难道俱全者，上也。名可法而身死者，其次也。名在僇辱而身全者，下也。”于是应侯称善。

蔡泽少得间，因曰：“夫商君、吴起、大夫种，其为人臣尽忠致功则可愿矣，闳夭事文王，周公辅成王也，岂不亦忠圣乎？以君臣论之，商君、吴起、大夫种其可愿孰与闳夭、周公哉？”应侯曰：“商君、吴起、大夫种弗若也。”蔡泽曰：“然则君之主慈仁任忠，惇厚旧故，其贤智与有道之士为胶漆，义不倍功臣，孰与秦孝公、楚悼王、越王乎？”应侯曰：“未知何如也。”蔡泽曰：“今主亲忠臣，不过秦孝公、楚悼王、越王，君之设智，能为主安危修政，治乱强兵，批患折难，广地殖谷，富国足家，强主，尊社稷，显宗庙，天下莫敢欺犯其主，主之威盖震海内，功彰万里之外，声名光辉传于千世，君孰与商君、吴起、大夫种？”应侯曰：“不若。”蔡泽曰：“今主之亲忠臣不忘旧故不若孝公、悼王、句践，而君之功绩爱信亲幸又不若商君、吴起、大夫种，然而君之禄位贵盛，私家之富过于三子，而身不退者，恐患之甚于三子，窃为君危之。语曰‘日中则移，月满则亏’。物盛则衰，天地之常数也。进退盈缩，与时变化，圣人之常道也。故‘国有道则仕，国无道则隐’。圣人曰‘飞龙在天，利见大人’。‘不义而富且贵，于我如浮云’。今君之怨已仇而德已报，意欲至矣，而无变计，窃为君不取也。且夫翠、鹄、犀、象，其处势非不远死也，而所以死者，惑于饵也。苏秦、智伯之智，非不足以辟辱远死也，而所以死者，惑于贪利不止也。是以圣人制礼节欲，取于民有度，使之以时，用之有止，故志不溢，行不骄，常与道俱而不失，故天下承而不绝。昔者齐桓公九合诸侯，一匡天下，至于葵丘之会，有骄矜之志，畔者九国。吴王夫差兵无敌于天下，勇强以轻诸不期望功成人在吗？自身性命与功业名声都能保全的，这是上等。功名可让后世效法而自身性命不能保全的，这是次等。名声被人诟辱而自身性命得以保全的，这是下等。”说到这里，应侯称赞讲得好。

蔡泽抓住了应侯“称善”的这个缝隙，趁势说：“商鞅、吴起、大夫文种，他们作为臣子竭尽忠诚建立功绩那是令人仰慕的，闳夭侍奉周文王，周公辅佐周成王，难道不也是竭尽忠诚极富智慧吗？按君臣的关系而论，商鞅、吴起、大夫文种他们令人仰慕比起闳夭、周公那又怎么样呢？”应侯说：“商君、吴起、大夫文种比不上闳夭、周公。”蔡泽说：“既然这样，那么您的人主慈爱、仁义、信用忠臣、厚道诚实不忘旧情，他的贤能智慧跟那些有才能明大理的人士关系极为密切，情义深厚不背弃功臣，在这些方面比起秦孝公、楚悼王、越王来又怎么样呢？”应侯不便回答就说：“不知道怎么样。”蔡泽说：“如今您的人主亲近忠臣，是超不过秦孝公、楚悼王、越王的，您施展才能，努力替人主解决危难，整治国家，平定叛乱，增强兵力，排除祸患，消除灾难，拓宽疆域，增种谷物，使国家富强，百姓富足，加强人主的权力，提高国家的地位，显示王族的高贵，天下诸侯没有哪一个敢于侵凌冒犯自己的人主的，人主的威势压倒一切诸侯，震动四方，功劳显扬于万里以外的地方，声名光辉灿烂，流传千秋万代，在这些方面您比起商鞅、吴起、大夫文种来怎么样？”应侯说：“我比不上。”蔡泽说：“如今您的人主亲近忠臣，不忘旧情比不上秦孝公、楚悼王、越王勾践，而您的功绩以及受到的信任、宠爱又比不上商鞅、吴起、大夫文种，可是您的官职爵位显贵至大，自家的富有超过了他们三位，而自己不知引退，恐怕您遭到祸患要比他们三位更惨重，我私下替您感到危险。俗话说‘太阳升到正中就要逐渐偏斜，月亮达到圆满就要开始亏缺’。事物发展到鼎盛就要衰败，这是天地间万事万物的常规。进退伸缩，符合时势的变化，这是圣人恪守的常理。所以‘国家政治清明就出来做官，国家政治黑暗就隐退山林’。圣人说‘明君在位，有作为的人就应当辅佐以施展抱负’。‘用不正当的手段得到的富贵，在我看来就如同浮云一样’。现在您的怨仇已经报了，恩德已经报答，心愿满足了，可是却没有应变的谋划，我私下认为您不该采取这种态度。再说了，翠鸟、鸿鹄、犀牛、大象这些动物，它们所处的形势位置，都是远离死亡的，可是它们之所以死亡，其原因就是被诱饵所迷惑。像苏秦、智伯那样机智多谋的人，不是不能够避开耻辱远离死亡，可是他们之所以死于非命，其原因就是被贪得无厌所迷惑。因此圣人才制定礼法，节制欲望，向百姓征收财物要有限度，使用百姓要按时节，也要有节制，所以心志不过分强求，行动不骄横无理，时时事事严守礼制节欲的原则而不失掉它，因此天下才承继他们的事业而永不断绝。从前，齐桓公曾会盟诸侯九次，制侯，陵齐晋，故遂以杀身亡国。夏育、太史噭叱呼骇三军，然而身死于庸夫。此皆乘至盛而不返道理，不居卑退处俭约之患也。夫商君为秦孝公明法令，禁奸本，尊爵必赏，有罪必罚，平权衡，正度量，调轻重，决裂阡陌，以静生民之业而一其俗，劝民耕农利土，一室无二事，力田蓄积，习战陈之事，是以兵动而地广，兵休而国富，故秦无敌于天下，立威诸侯，成秦国之业。功已成矣，而遂以车裂。楚地方数千里，持戟百万，白起率数万之师以与楚战，一战举鄢郢以烧夷陵，再战南并蜀汉。又越韩、魏而攻强赵，北坑马服，诛屠四十余万之众，尽之于长平之下，流血成川，沸声若雷，遂入围邯郸，使秦有帝业。楚、赵天下之强国而秦之仇敌也，自是之后，楚、赵皆慑伏不敢攻秦者，白起之势也。身所服者七十余城，功已成矣，而遂赐剑死于杜邮。吴起为楚悼王立法，卑减大臣之威重，罢无能，废无用，损不急之官，塞私门之请，一楚国之俗，禁游客之民，精耕战之士，南收杨越，北并陈、蔡，破横散从，使驰说之士无所开其口，禁朋党以励百姓，定楚国之政，兵震天下，威服诸侯。功已成矣，而卒枝解。大夫种为越王深谋远计，免会稽之危，以亡为存，因辱为荣，垦草入邑，辟地殖谷，率四方之士，专上下之力，辅句践之贤，报夫差之仇，卒擒劲吴。令越成霸。功已彰而信矣，句践终负而杀之。此四子者，功成不去，祸至于此。此所谓信而不能诎，往而不能返者也。范蠡知之，超然辟世，长为陶朱公。君独不观夫博者乎？或欲大投，或欲分功，此皆君之所明知也。今君相秦，计不下席，谋不出廊庙，坐制诸侯，利施三川，以实宜阳，决羊肠之险，塞太行之道，又斩范、止混战使天下归正，但到葵丘会盟时，他有骄横自大的意思，结果许多国家叛离了他。吴王夫差的军队天下无敌，倚仗着勇猛强悍而轻视各个诸侯，侵犯齐国、晋国，所以终于自己被杀、国家灭亡。夏育、太史嗷勇猛异常，一声呼喊可以吓退大军，但是最后死在平庸之辈的手下。这些都是到了功名极为显赫时而不能回到常规常理上来，不能自甘谦下、自我节制所造成的祸患啊。商鞅为秦孝公制定法令，昭示全国，禁绝奸邪的根源，崇尚封爵制度，有功必定奖赏，有罪必定惩罚，划一权、衡，统一度、量，调节商品、货币流通等轻重关系，铲除纵横交错的田埂，允许认垦荒田，使百姓生活安宁，鼓励百姓耕作，使土地发挥效益，一家不操二业，努力种田积贮粮食，平时演练军事战阵，因此发动军队就能扩展领土，休整军队就可使国家富足，所以秦国无敌于天下，在诸侯中扬威，奠定了秦国的基业。功业告成，结果身遭车裂。楚国地域方圆几千里，士兵有百万之多，白起率领几万人的部队与楚军交战，第一次交战就攻克了鄢、郢，烧毁了夷陵祖坟，第二次交战在南面兼并了蜀汉地区。后来又越过韩国和魏国去进攻强大的赵国，在北面坑杀了马服君儿子赵括的军队，把四十多万人全部屠杀在长平城下，血流成河，血水咆哮如同雷鸣，进而围攻邯郸，使秦国形成帝王的事业。楚国、赵国是强大的国家、秦国的仇敌，从此之后，楚国、赵国都因恐惧而屈服不敢再进攻秦国，白起是如此的威风啊。他亲自征服了七十多座城邑，大功告成，却在杜邮被赐剑自杀。吴起为楚悼王制定法令降低削弱大臣的权力，罢免庸才，废黜无用之辈，裁减可有可无的官员，杜绝豪门贵族的请托，整饬划一了楚国风俗，禁止游民无业游荡，选练既能耕田又能作战的农民士兵，向南收取了扬越，向北兼并了陈、蔡两小国，拆穿纵横机谋的无用辩说，让那些往来游说的人无法开口，禁止结党营私而鼓励百姓为国耕战，使楚国政治安定，兵力震动天下，威慑诸侯各国。功业告成，可是最后惨遭肢解而死。大夫文种为越国国君深谋远虑，避免了会稽被困亡国在即的危急，采用屈降计策来图谋生存，借着君臣受辱而求得复国的光荣，开垦荒地，招募游民充实城邑，开辟农田，种植谷物，率领全国各地的民众，把上上下下的力量集中起来，辅助勾践这样贤能的君王，报了夫差灭越的仇恨，终于灭掉了强劲的吴国，使越国成为霸主。功业彰明从而获得信望，可是勾践却忘恩负义把他杀了。这四位先生，功业告成却不离开官职，最后的遭遇竟如此悲惨。这就是所说的能伸而不能屈，能往而不能返啊。范蠡明白这个道理，所以他超脱世俗远避世事，做个悠然自乐的陶朱公。您难道没见过那些赌博的人吗？有时要下大赌注，有时要分次下小赌注，这些都是您所明明白白知道的。现在您任秦国相国，出计不必离开座位，策划不必走出朝廷，坐着指挥便可控制诸侯，谋取三川之地，展开威势，用来增强宜阳实力，打通羊肠坂道的天中行之涂，六国不得合从，栈道千里，通于蜀汉，使天下皆畏秦，秦之欲得矣，君之功极矣，此亦秦之分功之时也。如是而不退，则商君、白公、吴起、大夫种是也。吾闻之，‘鉴于水者见面之容，鉴于人者知吉与凶’。书曰‘成功之下，不可久处’。四子之祸，君何居焉？君何不以此时归相印，让贤者而授之，退而岩居川观，必有伯夷之廉，长为应侯。世世称孤，而有许由、延陵季子之让，乔松之寿，孰与以祸终哉？即君何居焉？忍不能自离，疑不能自决，必有四子之祸矣。易曰‘亢龙有悔’，此言上而不能下，信而不能诎，往而不能自返者也。愿君孰计之！”应侯曰：“善。吾闻‘欲而不知足，失其所以欲；有而不知止，失其所以有’。先生幸教，睢敬受命。’于是乃延入坐，为上客。

后数日，入朝，言于秦昭王曰：“客新有从山东来者曰蔡泽，其人辩士，明于三王之事，五伯之业，世俗之变，足以寄秦国之政。臣之见人甚众，莫及，臣不如也。臣敢以闻。”秦昭王召见，与语，大说之，拜为客卿。应侯因谢病请归相印。昭王强起应侯，应侯遂称病笃。范睢免相，昭王新说蔡泽计画，遂拜为秦相，东收周室。

蔡泽相秦数月，人或恶之，惧诛，乃谢病归相印，号为纲成君。居秦十余年，事昭王、孝文王、庄襄王。卒事始皇帝，为秦使于燕，三年而燕使太子丹入质于秦。

太史公曰：韩子称“长袖善舞，多钱善贾”，信哉是言也！范睢、蔡泽世所谓一切辩士，然游说诸侯至白首无所遇者，非计策之拙，所为说力少也。及二人羁旅入秦，继踵取卿相，垂功于天下者，固强弱之势异也。然士亦有偶合，贤者多如此二子，不得尽意，岂可胜道哉！然二子不困厄，恶能激乎？

险，堵塞太行山的通路，切断范氏、中行氏这些韩、魏领土上的要道，使六国诸侯不能联合，栈道连绵千里，可通往蜀汉地区，使天下诸侯都畏惧秦国，秦国的欲望满足了。您的功业也到头了，这也就到了秦国要分次下小赌注的时候了。若在这个时候却不引退，那么您就会有商鞅、白起、吴起、大夫文种的结局。我听说过这样的话‘用水作镜，可以看清自己的面容，用别人作借鉴，可以明知事情的凶吉’。《尚书》上说‘功成名就之下，是不能永久的’。这四位先生的灾祸，您何必再去经受呢？您为什么不在这个时候送回相印，把它让给贤能的人呢？自己引退而隐居山林观览山水，一定有伯夷正直廉洁的美名，长享应侯爵位，世世代代称侯，而且有许由、延陵季子谦让的声誉，像王乔、赤松子一样的高寿，这么做比起终遭灾祸来又怎么样呢？那么您看处于哪种情况好呢？忍耐不能自动离去，犹疑不能自我决断，必定会遭到四位先生的灾难。《易经》上说‘龙飞得过高达到顶点既不能上升又不能下降因而后悔’，这句话说的就是能上不能下，能伸不能屈，能往不能自觉返回所造成的状态，让人们警惕。希望您仔细考虑这个问题！”应侯说：“好的。我听说‘有欲望而不知道满足，就会失去欲望；要占有而不知节制，就会丧失占有’。承蒙先生教导，我恭听从命。”于是便请蔡泽入坐，待为上客。

几天之后，应侯上朝，对秦昭王说：“有位从崤山以东过来的客人叫蔡泽，此人是个很有口才的人，对三王的事典、五霸的业绩以及世俗的变迁他都了如指掌，秦国的大政完全可以托付给他。我见到的人很多，还没有谁赶得上他，就连我也不如啊。现在我冒昧地把这个情况报告给您。”秦昭王便召见了蔡泽，跟他交谈后，很喜欢他，授给他客卿的职位。应侯趁机推托有病请求送回相印。昭王还是竭力让他执事，应侯于是称说病重。范雎被免掉了相国官职，昭王初次召见蔡泽就很赏识他的谋划，于是任命蔡泽担任秦国相国，向东灭掉了周朝。

蔡泽在秦国做了几个月的相国，就有人恶语中伤，他害怕被杀，便推托有病送回了相印，他被赐封号叫纲成君。蔡泽在秦国居住了十多年，曾侍奉昭王、孝文王、庄襄王，最后侍奉秦始皇，曾为秦国出使燕国，三年后燕国太子丹到秦国做人质。

太史公说：韩非子说“袖子长的人善于舞蹈，钱多的人善于做生意”，这话说得很实在啊！范雎、蔡泽是人们所说的一代辩士，然而那些游说诸侯直至白发苍苍也没遇到知音的人，并不是计策谋略拙劣，而是使游说获得功效的条件不够。到了他们二人寄居秦国，能够相继取得卿相地位，功名流传天下，其原因本是国家强弱的形势不同啊。但是辩士也有偶然的机遇，许多像范雎、蔡泽一样贤能的人，由于没有机遇，不能够施展才能，这些人哪能说得尽呢！然而他们二人如果不遭到困厄境遇，又怎么能奋发有所作为呢？

乐毅列传第二十

乐毅者，其先祖曰乐羊。乐羊为魏文侯将，伐取中山，魏文侯封乐羊以灵寿。乐羊死，葬于灵寿，其后子孙因家焉。中山复国，至赵武灵王时复灭中山，而乐氏后有乐毅。

乐毅贤，好兵，赵人举之。及武灵王有沙丘之乱，乃去赵适魏。闻燕昭王以子之之乱而齐大败燕，燕昭王怨齐，未尝一日而忘报齐也。燕国小，辟远，力不能制，于是屈身下士，先礼郭隗以招贤者。乐毅于是为魏昭王使于燕，燕王以客礼待之。乐毅辞让，遂委质为臣，燕昭王以为亚卿，久之。

当是时，齐湣王强，南败楚相唐昧于重丘，西摧三晋于观津，遂与三晋击秦，助赵灭中山，破宋，广地千余里。与秦昭王争重为帝，已而复归之。诸侯皆欲背秦而服于齐。湣王自矜，百姓弗堪。于是燕昭王问伐齐之事。乐毅对曰："齐，霸国之余业也，地大人众，未易独攻也。王必欲伐之，莫如与赵及楚、魏。"于是使乐毅约赵惠文王，别使连楚、魏，令赵啖说秦以伐齐之利。诸侯害齐湣王之骄暴，皆争合从与燕伐齐。乐毅还报，燕昭王悉起兵，使乐毅为上将军，赵惠文王以相国印授乐毅。乐毅于是并护赵、楚、韩、魏、燕之兵以伐齐，破之济西。诸侯兵罢归，而燕军乐毅独追，至于临菑。齐湣王之败济西，亡走，保于莒。乐毅独留徇齐，齐皆城守。乐毅攻入临菑，乐毅，他的祖先名叫乐羊。乐羊曾担任过魏文侯的将领，他带兵攻下了中山国，于是魏文侯把灵寿封给了乐羊。乐羊死后，就葬在了灵寿，他的后代子孙就在这里安了家。后来中山复国了，到赵武灵王的时候又灭掉了中山国，而乐家的后代出了个有名人物叫乐毅。

乐毅非常贤能，喜好研究军事，赵国人曾举荐他出来做官。武灵王在沙丘行宫被围困饿死后，他离开赵国到了魏国。后来他听说燕昭王因为子之执政，燕国大乱，被齐国乘机战败，燕昭王因此非常怨恨齐国，不曾有一天忘记向齐国报仇雪恨。燕国是个弱小的国家，地处偏远，仅凭国力是不能克敌制胜的，于是燕昭王降低自己的身份，礼贤下士，先礼尊郭隗借以招揽天下贤士。正在这个时候，乐毅为魏昭王出使到了燕国，燕王以宾客的礼节接待他。乐毅百般推辞谦让，后来终于向燕昭王敬献了礼物表示愿意献身做臣下，燕昭王就任命他为亚卿，他担任这个职务很长时间。

当时，齐湣王势力很强大，南边在重丘战败了楚国宰相唐眛，西边在观津打垮了魏国和赵国，随即又联合韩、赵、魏三国攻打秦国，还曾帮助赵国灭掉中山国，又击破了宋国，扩展了一千多里地的领土。他与秦昭王共同尊为帝，不久后自行取消了东帝的称号，仍归称王。各诸侯国都打算背离秦国而归服齐国。可是齐湣王自尊自大很是骄横，百姓已不能忍受他的暴政了。燕昭王认为攻打齐国的机会来了，便向乐毅询问有关攻打齐国的事情。乐毅回答说："齐国，它原来就是霸国，如今仍留着霸国的基业，土地广阔、人口众多，不能轻易地单独攻打它。大王如果一定要攻打它，倒不如联合赵国以及楚国、魏国一起攻击它。"于是昭王派乐毅去与赵惠文王结盟立约，另派别人去联合楚国、魏国，又让赵国以攻打齐国的好处去诱劝秦国。由于诸侯们认为齐湣王的骄横暴虐对各国也是个祸害，都争着跟燕国联合起来共同讨伐齐国。乐毅回来汇报了出使情况，燕昭王动员了全国的兵力，派乐毅担任上将军，赵惠文王更把相国大印授给了乐毅。于是，乐毅就统一指挥着赵、楚、韩、魏、燕五国的军队去攻打齐国，并在济水西边大败齐国军队。这时各路诸侯的军队都停止了攻击，撤回本国，而燕国军队在乐毅的指挥下单独追击败逃之敌，一直追到齐国都城临淄。齐湣王在济水西边被打败后，就逃跑到莒邑并据城固守。乐毅单独留下来带兵巡行占领的地方，齐国尽取齐宝财物祭器输之燕。燕昭王大说，亲至济上劳军，行赏飨士，封乐毅于昌国，号为昌国君。于是燕昭王收齐卤获以归，而使乐毅复以兵平齐城之不下者。

乐毅留徇齐五岁，下齐七十余城，皆为郡县以属燕，唯独莒、即墨未服。会燕昭王死，子立为燕惠王。惠王自为太子时尝不快于乐毅，及即位，齐之田单闻之，乃纵反间于燕，曰："齐城不下者两城耳。然所以不早拔者，闻乐毅与燕新王有隙，欲连兵且留齐，南面而王齐。齐之所患，唯恐他将之来。"于是燕惠王固已疑乐毅，得齐反间，乃使骑劫代将，而召乐毅。乐毅知燕惠王之不善代之，畏诛，遂西降赵。赵封乐毅于观津，号曰望诸君。尊宠乐毅以警动于燕、齐。

齐田单后与骑劫战，果设诈诳燕军，遂破骑劫于即墨下，而转战逐燕，北至河上，尽复得齐城，而迎襄王于莒，入于临菑。

燕惠王后悔使骑劫代乐毅，以故破军亡将失齐；又怨乐毅之降赵，恐赵用乐毅而乘燕之弊以伐燕。燕惠王乃使人让乐毅，且谢之曰："先王举国而委将军，将军为燕破齐，报先王之仇，天下莫不震动，寡人岂敢一日而忘将军之功哉！会先王弃群臣，寡人新即位，左右误寡人。寡人之使骑劫代将军，为将军久暴露于外，故召将军且休，计事。将军过听，以与寡人有隙，遂捐燕归赵。将军自为计则可矣，而亦何以报先王之所以遇将军之意乎？"乐毅报遗燕惠王书曰：

臣不佞，不能奉承王命，以顺左右之心，恐伤先王之明，有害足下之义，故遁逃走赵。今足下使人数之以罪，臣恐侍御者不察先王之所以畜幸臣之理，又不白臣之所以事先王之心，故敢以书对。

各城邑都据城坚守不肯投降。乐毅集中军队力量攻击临淄，拿下临淄后，他把齐国的珍宝财物以及宗庙祭祀的器物全部夺取过来并把它们运到燕国去。燕昭王大喜，亲自赶到济水岸上慰劳军队，奖赏并用酒肉犒劳军队将士，把昌国封给乐毅，封号叫昌国君。之后，燕昭王把在齐国夺取缴获的战利品带回了燕国，而让乐毅继续带兵进攻还没拿下来的齐国城邑。

乐毅在齐国巡行作战待了五年，攻下齐国城邑七十多座，都划为郡县归属燕国，只有莒和即墨没有被他收服。这时恰逢燕昭王死去，他的儿子立为燕惠王。惠王从做太子时就曾对乐毅有所不满，他即位后，齐国的田单了解到他与乐毅有矛盾，就对燕国施行反间计，造谣说："齐国城邑没有攻下的仅只两个城邑罢了。而之所以不及早拿下来的原因，听说是因为乐毅与燕国新即位的国君有怨仇，乐毅断断续续用兵故意拖延时间姑且留在齐国，还准备在齐国称王。齐国所担忧的，只怕别的将领来。"当时燕惠王本来就已经怀疑乐毅，又受到齐国反间计的挑拨，就派骑劫替代乐毅担任将领，并召回乐毅。乐毅心里明白燕惠王派人替代自己是不怀好意的，害怕回国后被杀，便向西奔去投降了赵国。赵国于是把观津这个地方封给乐毅，封号叫望诸君。赵国对乐毅十分尊重优宠，借此来威慑燕国、齐国。

齐国田单后来与骑劫交战，设置骗局用计谋迷惑燕军，结果在即墨城下把骑劫的军队打得大败，接着辗转战斗追逐燕军，一直向北追到黄河边上，收复了齐国的全部城邑，并且把齐襄王从莒邑迎回都城临淄。

燕惠王很后悔派骑劫替代乐毅，致使燕军惨败，还损兵折将丧失了占领的齐国土地；可是又怨恨乐毅投降赵国，恐怕赵国任用乐毅乘着燕国兵败疲困之机攻打燕国。燕惠王就派人去赵国责备乐毅，同时向他道歉说："先王把整个燕国委托给将军，将军为燕国战败齐国，替先王报了深仇大恨，天下人没有不震动的，我没有一天敢忘记将军的功劳呀！当时正遇上先王辞世，我本人初即位，是左右人误导了我。之所以派骑劫替代将军，是因为将军长年在外，风餐露宿，因此召回将军暂且休整一下，也好共商朝政大计。不想将军误听谗言，认为你跟我有不融洽的地方，就抛弃了燕国而归附赵国。将军能为自己打算那是可以的，可是又怎么对得住先王待将军的一片深情厚意呢？"乐毅听后写了一封回信给惠王，信中说：

臣下没有才干，不能恭奉您的命令，来顺从您左右那些人的意愿，我恐怕回国有不测之事因而有损先王的英明，有害您的道义，所以逃到赵国。现在您派人来指责我的罪过，我怕先王的侍从不能体察先王收留、宠信我的道理，又不清楚我侍奉先王的诚心，所以冒昧地用信来回答。

臣闻贤圣之君不以禄私亲，其功多者赏之，其能当者处之。故察能而授官者，成功之君也；论行而结交者，立名之士也。臣窃观先王之举也，见有高世主之心，故假节于魏，以身得察于燕。先王过举，厕之宾客之中，立之群臣之上，不谋父兄，以为亚卿。臣窃不自知，自以为奉令承教，可幸无罪，故受令而不辞。

先王命之曰："我有积怨深怒于齐，不量轻弱，而欲以齐为事。"臣曰："夫齐，霸国之余业而最胜之遗事也。练于兵甲，习于战攻。王若欲伐之，必与天下图之。与天下图之，莫若结于赵。且又淮北、宋地，楚魏之所欲也，赵若许而约四国攻之，齐可大破也。"先王以为然，具符节南使臣于赵。顾反，命起兵击齐。以天之道，先王之灵，河北之地随先王而举之济上。济上之军受命击齐，大败齐人。轻卒锐兵，长驱至国。齐王遁而走莒，仅以身免；珠玉财宝车甲珍器尽收入于燕。齐器设于宁台，大吕陈于元英，故鼎反乎磨室，蓟丘之植植于汶篁，自五伯已来，功未有及先王者也。先王以为慊于志，故裂地而封之，使得比小国诸侯。臣窃不自知，自以为奉命承教，可幸无罪，是以受命不辞。

臣闻贤圣之君，功立而不废，故著于春秋；蚤知之士，名成而不毁，故称于后世。若先王之报怨雪耻，夷万乘之强国，收八百岁之蓄积，及至弃群臣之日，余教未衰，执政任事之臣，修法令，慎庶孽，施及乎萌隶，皆可以教后世。

臣闻之，善作者不必善成，善始者不必善终。昔伍子胥说听于阖闾，而吴王远迹至郢；夫差弗是也，赐之鸱夷而浮之江。吴王不寤先论之可以立功，故沈子胥而不悔；子胥不蚤见主之不同量，是以至于我听说贤能圣明的君主不拿爵禄偏赏给亲近的人，功劳多的就奖赏他，能力胜任的就举用他。所以先考察才能然后才授给官职的，是能成就功业的君主。衡量品行然后交往的，是能树立声誉的贤士。我暗中观察先王的举止，发现他有超出一般君主的心志，所以我借为魏国出使之机，到燕国献身接受考察。先王也格外抬举我，先把我列入宾客之中，又把我选拔出来高居群臣之上，不同父兄宗亲大臣商议，就直接任命我为亚卿。我自己也缺乏自知之明，自认为只要执行命令接受教导，就能侥幸免于犯罪，所以接受任命而不敢推辞。

先王指示我说："我跟齐国有积久的怨仇，深深恼恨齐国，不去估量燕国的弱小，也要把向齐国复仇作为我在位的职责。"我说："那个齐国，至今保留着霸国的基业，而又有多次作战取胜的经验，士兵训练有素，谙熟攻战方略。大王若要攻打它，必须与天下诸侯联合共同图谋它。若要与天下诸侯图谋它，不如先与赵国结盟。而且淮北原属宋国的地区，是楚、魏两国都想得到的地方，赵国如果答应结盟就约好四国联合攻打它，这样齐国就可以彻底被打败。"先王认为我的主张对，就准备了符节派我南去赵国。很快我就归国复命，随即发兵攻打齐国。靠着上天的引导、先王的神威，黄河以北地区的赵、魏两国军队随着先王全部到达济水岸上。济水岸上的军队接受命令攻击齐军，把齐国军队打得大败。我们的轻快精锐部队，长驱直入直抵齐国国都。齐王只身逃跑奔向莒邑，仅他一人免于身亡；珠玉财宝、战车盔甲以及珍贵的祭祀器物全部缴获送回燕国。齐国的祭器摆设在宁台，大吕钟陈列在元英殿；被齐国掠去的原燕国宝鼎又从齐国取来放回磨室，蓟丘的植物中种植着齐国汶水出产的竹子，自五霸以来功业成就之大没有赶上先王的。先王认为自己的志向得到满足，所以划出一块地方赏赐给我，使我能比同小国的诸侯。我自己也缺乏自知之明，自认为只要执行命令接受教导，就能侥幸免于犯罪，所以接受任命而不推辞。

我听说贤能圣明的君主，功业建立而不废弛，所以能被记载在《春秋》一类的史书上；有预见的贤士，名声取得而不毁弃，所以能被后人称颂。像先王那样报仇雪耻，平定了拥有万辆兵车的强大国家，并缴获了齐国八百多年所积蓄的珍贵宝物，等到先王辞世之日，还留下政令训示，指示执政掌权的臣属，修整法令，慎重地对待庶出子弟，把恩泽推及到百姓身上，这些都可以用来教导后代。

我听说，善于开创的不一定善于守成，开端好的不一定结局好。从前伍子胥的主张被吴王阖闾采纳，吴王带兵一直打到楚国郢都；吴王夫差不采纳伍子胥的正确建议，却赐给他马革囊袋逼他自杀，还把他的尸骨装在袋子里扔到江里漂流。吴王夫差不明白先前伍子胥的主张能够建立功业，所以把伍子胥沉入江里而不后悔；伍子胥也不能预见君主的气量、抱负各不相同，因此致使被沉入江里而入江而不化。

夫免身立功，以明先王之迹，臣之上计也。离毁辱之诽谤，堕先王之名，臣之所大恐也。临不测之罪，以幸为利，义之所不敢出也。

臣闻古之君子，交绝不出恶声；忠臣去国，不絜其名。臣虽不佞，数奉教于君子矣。恐侍御者之亲左右之说，不察疏远之行，故敢献书以闻，唯君王之留意焉。

于是燕王复以乐毅子乐间为昌国君；而乐毅往来复通燕，燕、赵以为客卿。乐毅卒于赵。

乐间居燕三十余年，燕王喜用其相栗腹之计，欲攻赵，而问昌国君乐间。乐间曰："赵，四战之国也，其民习兵，伐之不可。"燕王不听，遂伐赵。赵使廉颇击之，大破栗腹之军于鄗，禽栗腹、乐乘。乐乘者，乐间之宗也。于是乐间奔赵，赵遂围燕。燕重割地以与赵和，赵乃解而去。

燕王恨不用乐间，乐间既在赵，乃遗乐间书曰："纣之时，箕子不用，犯谏不怠，以冀其听；商容不达，身祇辱焉，以冀其变。及民志不入，狱囚自出，然后二子退隐。故纣负桀暴之累，二子不失忠圣之名。何者？其忧患之尽矣。今寡人虽愚，不若纣之暴也；燕民虽乱，不若殷民之甚也。室有语，不相尽，以告邻里。二者，寡人不为君取也。"

乐间、乐乘怨燕不听其计，二人卒留赵。赵封乐乘为武襄君。

其明年，乐乘、廉颇为赵围燕，燕重礼以和，乃解。后五岁，赵孝成王卒。襄王使乐乘代廉颇。廉颇攻乐乘，乐乘走，廉颇亡入魏。其后十六年而秦灭赵。

其后二十余年，高帝过赵，问："乐毅有后世乎？"对曰："有乐叔。"高帝封之乐乡，号曰华成君。华成君，乐毅之孙也。而乐氏之族有乐瑕公、乐臣公，赵且为秦所灭，亡之齐高密。乐臣公善修黄死不瞑目。

免遭杀身之祸而建功立业，彰明发扬先王的事迹，这正是我的上策。遭到侮辱以致诽谤、毁坏先王的名声，这才是我所最害怕的事情。面临难以预测的罪名，把幸免于杀身之祸作为个人渔利的机会，这是恪守道义的人所不敢做出的事情。

我听说古代的君子，绝交时不说别人的坏话；忠良的臣子，离开原来的国家不洗雪自己的罪过和冤屈。我虽然无能，但多次聆听过君子的教导。我恐怕先王侍从听信左右近臣的谗言，不体察被疏远人的行为。所以献上这封信把我的心意告诉您。希望君王留意吧。

于是燕惠王又把乐毅的儿子乐间封为昌国君；而乐毅往来于赵国、燕国之间，与燕国重新交好，燕、赵两国都任用他为客卿。乐毅最后死于赵国。

乐间住在燕国三十多年，燕王喜采用宰相栗腹的计策，打算攻打赵国，便询问昌国君乐间。乐间说："赵国，是同四方交战的国家，它的百姓熟悉军事，攻打它是不行的。"燕王喜不听，于是攻打赵国。赵国派廉颇还击燕军，在鄗地把栗腹的军队打得大败，擒获了栗腹、乐乘。乐乘，与乐间是同祖。于是乐间逃到赵国，赵国于是围攻燕国。燕国割让了许多土地向赵国求和，赵军才解围而去。

燕王悔恨没听用乐间的建议，乐间逃到赵国后，燕王就给乐间写了一封信说："殷纣王时，箕子不被任用，但他敢于冒犯君王，直言谏诤，毫不懈怠，希望纣王听信；商容因劝谏纣王而被贬谪，他身受侮辱，仍希望纣王改弦更张。等到民心涣散，狱中的囚犯纷纷逃出，国家已不可救药，然后两位先生才辞官隐居。因此纣王背上了凶暴的恶名，两位先生却不失忠诚、高尚的美誉。这是为什么呢？他们竭尽了为君为国而忧虑的责任。现在我虽然愚钝，但还不像殷纣那么凶暴；燕国百姓虽不安定，但也不像殷朝百姓那么严重。有道是，家庭内部有了纷争，不尽述自己的意见，却去告诉邻里。这两种做法，我认为是不可取的。"

乐间、乐乘怨恨燕王不听从他们的计策，两个人最后还是留在赵国。赵国封乐乘为武襄君。

第二年，乐乘、廉颇为赵国围困燕国，燕国用厚礼向赵国求和，赵军才解围。五年之后，赵孝成王去世。悼襄王派乐乘代替廉颇的官职。廉颇攻打乐乘，乐乘逃奔，廉颇也逃到魏国。此后十六年秦国灭掉赵国。

二十年之后，汉高祖经过原来赵国属地，问那里的人说："乐毅有后代吗？"回答说："有个乐叔。"汉高帝把乐卿封赐给他，封号为华成君。华成君就是乐毅的孙子。乐氏家族还有乐瑕公、乐臣公，他们是在赵国将要被秦国灭掉时逃到齐国高密的。乐臣公长于研究黄帝、老子的学说，在齐国很有名气，人们帝、老子之言，显闻于齐，称贤师。

太史公曰：始齐之蒯通及主父偃读乐毅之报燕王书，未尝不废书而泣也。乐臣公学黄帝、老子，其本师号曰河上丈人，不知其所出。河上丈人教安期生，安期生教毛翕公，毛翕公教乐瑕公，乐瑕公教乐臣公，乐臣公教盖公。盖公教于齐高密、胶西，为曹相国师。

称他为贤师。

太史公说：当初齐人蒯通和主父偃读乐毅给燕王的那封信时，没有不放下书信掉下眼泪来的。乐臣公钻研黄帝、老子的学说，他的宗师叫做河上丈人，现在还不清楚河上丈人是哪里人。河上丈人教安期生，安期生教毛翕公，毛翕公教乐瑕公，乐瑕公教乐臣公，乐臣公教盖公。盖公在齐地高密、胶西一带执教，是曹相国的老师。

廉颇蔺相如列传第二十一

廉颇者，赵之良将也。赵惠文王十六年，廉颇为赵将伐齐，大破之，取阳晋，拜为上卿，以勇气闻于诸侯。蔺相如者，赵人也，为赵宦者令缪贤舍人。

赵惠文王时，得楚和氏璧。秦昭王闻之，使人遗赵王书，愿以十五城请易璧。赵王与大将军廉颇诸大臣谋：欲予秦，秦城恐不可得，徒见欺；欲勿予，即患秦兵之来。计未定，求人可使报秦者，未得。宦者令缪贤曰："臣舍人蔺相如可使。"王问："何以知之？"对曰："臣尝有罪，窃计欲亡走燕，臣舍人相如止臣，曰：'君何以知燕王？'臣语曰：'臣尝从大王与燕王会境上，燕王私握臣手，曰"愿结友"。以此知之，故欲往。'相如谓臣曰：'夫赵强而燕弱，而君幸于赵王，故燕王欲结于君。今君乃亡赵走燕，燕畏赵，其势必不敢留君，而束君归赵矣。君不如肉袒伏斧质请罪，则幸得脱矣。'臣从其计，大王亦幸赦臣。臣窃以为其人勇士，有智谋，宜可使。"于是王召见，问蔺相如曰："秦王以十五城请易寡人之璧，可予不？"相如曰："秦强而赵弱，不可不许。"王曰："取吾璧，不予我城，奈何？"相如曰："秦以城求璧而赵不许，曲在赵。赵予璧而秦不予赵城，曲在秦。均之二策，宁许以负秦曲。"王曰："谁可使者？"相如曰："王必无人，臣愿奉璧往使。城入赵而璧留秦；城不入，臣请完璧归赵。"赵王于是遂遣相如奉璧西入秦。

秦王坐章台见相如，相如奉璧奏秦王。秦王大喜，传以示美人及左右，左右皆呼万岁。相如视秦王无意偿赵城，乃前曰："璧有瑕，请指示王。"王授璧，相如因持璧却立，倚柱，怒发上冲冠，谓秦王廉颇是赵国优秀的将领。赵惠文王十六年，廉颇率领赵军征讨齐国，使齐军大败，夺取了阳晋，被封为上卿，他以勇猛闻名于诸侯各国。蔺相如是赵国人，是赵国宦者令缪贤家的门客。

赵惠文王的时候，得到了楚国的和氏璧。秦昭王听说了这件事，就派人送给赵王一封书信，表示愿意用十五座城池交换这块宝玉。赵王同大将军廉颇及大臣们商量：要是把宝玉给了秦国，秦国的城邑恐怕不可能得到，白白地受骗；要是不给，又怕秦军马上来攻打。怎么解决没有确定，想找一个能派到秦国去回复的使者，也没能找到。宦者令缪贤说："我的门客蔺相如可以派去。"赵王问："你怎么知道他可以去呢？"缪贤回答说："为臣曾犯过罪，私下打算逃亡到燕国去，我的门客蔺相如阻拦我，说：'您怎么会了解燕王呢？'我对他说：'我曾随从大王在国境上与燕王会见，燕王私下握住我的手，说"愿意跟您交个朋友"。因此我就了解他了，所以想往他那里去。'蔺相如对我说：'赵国强，燕国弱，而您受宠于赵王，所以燕王想要和您结交。现在您是逃出赵国奔到燕国，燕国怕赵国，这种形势下燕王必定不敢收留您，而且还会把您捆绑起来送回赵国。您不如脱掉上衣，露出肩背，伏在斧刃之下请求治罪，这样也许侥幸会被赦免。'臣听从了他的意见，大王也开恩赦免了臣。所以臣私下认为这人是个勇士，有智有谋，派他出使很合适。"于是赵王立即召见，问蔺相如说："秦王用十五座城请求交换我的和氏璧，能不能给他？"蔺相如说："秦国强，赵国弱，不能不答应它。"赵王说："要是得了我的和氏璧，不给我城池，那怎么办呢？"相如说："秦国请求用城换璧，赵国如不答应，赵国理亏；赵国给了璧而秦国不给赵国城邑，秦国理亏。两种对策衡量一下，宁可答应它，让秦国来承担理亏的责任。"赵王说："谁可以派为使臣？"相如说："大王如果确实无人可派，臣愿捧护宝璧前往出使秦国。城邑归属赵国，就把宝璧留给秦国；城邑没有归属赵国，我一定把和氏璧完好地带回赵国。"赵王于是就派蔺相如带着和氏璧，西行入秦。

秦王坐在章台上接见蔺相如，相如捧璧献给秦王。秦王大喜，把宝璧传给姬妾和左右侍从看，左右都高呼万岁。相如看出秦王没有用城邑与赵国交换的意思，便走上前去说："璧上有点小瑕疵，让我指给大王看。"秦王把璧交给他，曰："大王欲得璧，使人发书至赵王，赵王悉召群臣议，皆曰'秦贪，负其强，以空言求璧，偿城恐不可得'。议不欲予秦璧。臣以为布衣之交尚不相欺，况大国乎！且以一璧之故逆强秦之欢，不可。于是赵王乃斋戒五日，使臣奉璧，拜送书于庭。何者？严大国之威以修敬也。今臣至，大王见臣列观，礼节甚倨；得璧，传之美人，以戏弄臣。臣观大王无意偿赵王城邑，故臣复取璧。大王必欲急臣，臣头今与璧俱碎于柱矣！"相如持其璧睨柱，欲以击柱。秦王恐其破璧，乃辞谢固请，召有司案图，指从此以往十五都予赵。相如度秦王特以诈佯为予赵城，实不可得，乃谓秦王曰："和氏璧，天下所共传宝也，赵王恐，不敢不献。赵王送璧时，斋戒五日，今大王亦宜斋戒五日，设九宾于廷，臣乃敢上璧。"秦王度之，终不可强夺，遂许斋五日，舍相如广成传。相如度秦王虽斋，决负约不偿城，乃使其从者衣褐，怀其璧，从径道亡，归璧于赵。

秦王斋五日后，乃设九宾礼于廷，引赵使者蔺相如。相如至，谓秦王曰："秦自缪公以来二十余君，未尝有坚明约束者也。臣诚恐见欺于王而负赵，故令人持璧归，间至赵矣。且秦强而赵弱，大王遣一介之使至赵，赵立奉璧来。今以秦之强而先割十五都予赵，赵岂敢留璧而得罪于大王乎？臣知欺大王之罪当诛，臣请就汤镬，唯大王与群臣孰计议之。"秦王与群臣相视而嘻。左右或欲引相如去，秦王因曰："今杀相如，终不能得璧也，而绝秦赵之欢，不如因而厚遇之，使归赵，赵王岂以一璧之故欺秦邪！"卒廷见相如，毕礼而归之。

相如既归，赵王以为贤大夫使不辱于诸侯，拜相如为上大夫。秦亦不以城予赵，赵亦终不予秦璧。

其后秦伐赵，拔石城。明年，复攻赵，杀二万人。

秦王使使者告赵王，欲与王为好会于西河外渑池。赵王畏秦，欲毋行。廉颇、蔺相如计曰："王不行，示赵弱且怯也。"赵王遂相如于是手持璧玉退后几步站定，身体靠在柱子上，怒发冲冠，对秦王说：“大王想得到宝璧，派人送信给赵王，赵王召集全体大臣商议，大家都说：‘秦国贪得无厌，倚仗它的强大，想用空话得到宝璧，给我们的城邑恐怕是不能得到的。’商议的结果是不想把宝璧给秦国。我认为平民百姓间的交往尚且不能互相欺骗，何况是大国呢！况且为了一块璧玉就使强大的秦国不高兴，也是不应该的。于是赵王斋戒了五天，派我捧着宝璧，在殿堂上恭敬地拜送国书。为什么要这样呢？是尊重大国的威望以表示对您的敬意呀。如今我来到贵国，大王却在普通的台观接见我，礼节非常傲慢；得到宝璧后，传给姬妾们观看，这样来戏弄我。我观察大王没有给赵王十五座城的诚意，所以我便收回宝璧。大王如果一定要逼我，我的头今天就同宝璧一起在柱子上撞碎！”相如手持宝璧，斜视庭柱，就要向庭柱上撞去。秦王怕他真把宝璧撞碎，便向他道歉，坚决请求他不要这样，并召来主管的官员查看地图，指明从某地到某地的十五座城邑交割给赵国。相如估计秦王不过用欺诈手段假装给赵国城邑，实际上赵国是不可能得到的，于是就对秦王说：“和氏璧是天下公认的宝物，赵王惧怕贵国，不敢不奉献出来。赵王送璧之前，斋戒了五天，如今大王也应斋戒五天，在殿堂上安排九宾大典，我才敢献上宝璧。”秦王估量此事，毕竟不可强力夺取，于是就答应斋戒五天，请相如住在广成宾馆。相如料想秦王虽然答应斋戒，但必定背约不给城邑，便派他的随从穿上粗麻布衣服，怀中藏好宝璧，从小路逃出，把宝璧送回赵国。

秦王斋戒五天后，就在殿堂上安排了九宾大典，去请赵国使者蔺相如。相如来到后，对秦王说：“秦国从缪公以来的二十几位君主，从没有一个坚守盟约的。我实在是怕被大王欺骗而对不起赵王，所以派人带着宝璧回去，从小路已到赵国了。况且秦强赵弱，大王派一位使臣到赵国，赵国立即就把宝璧送来。如今凭秦国的强大，先把十五座城邑割让给赵国，赵国怎么敢留下宝璧而得罪大王呢？我知道欺骗大王之罪应被诛杀，我情愿下油锅被烹，只希望大王和各位大臣仔细考虑此事。”秦王和群臣面面相觑并有惊怪之声。侍从有人要把相如拉下去，秦王因此说：“如今杀了相如，终归还是得不到宝璧，反而破坏了秦赵两国的交情，不如趁此好好款待他，放他回到赵国，赵王难道会为了一块璧玉而欺骗秦国吗？”最终还是在殿堂上接见相如，完成了大礼让他回国。

相如回国后，赵王认为他是一位称职的大夫，身为使臣不受诸侯的欺辱，于是封相如为上大夫。秦国没有把城邑给赵国，赵国也始终不给秦国宝璧。

此后秦国攻打赵国，夺取了石城。第二年，秦国再次攻赵，杀死两万人。

秦王派使者告诉赵王，想在西河外的渑池与赵王进行一次友好会见。赵王害怕秦王，想不去。廉颇、蔺相如商议道：“大王如果不去，就显得赵国既软弱行，相如从。廉颇送至境，与王诀曰："王行，度道里会遇之礼毕，还，不过三十日。三十日不还，则请立太子为王。以绝秦望。"王许之，遂与秦王会渑池。秦王饮酒酣，曰："寡人窃闻赵王好音，请奏瑟。"赵王鼓瑟。秦御史前书曰"某年月日，秦王与赵王会饮，令赵王鼓瑟"。蔺相如前曰："赵王窃闻秦王善为秦声，请奏盆缶秦王，以相娱乐。"秦王怒，不许。于是相如前进缶，因跪请秦王。秦王不肯击缶。相如曰："五步之内，相如请得以颈血溅大王矣！"左右欲刃相如，相如张目叱之，左右皆靡。于是秦王不怿，为一击缶。相如顾召赵御史书曰"某年月日，秦王为赵王击缶"。秦之群臣曰："请以赵十五城为秦王寿。"蔺相如亦曰："请以秦之咸阳为赵王寿。"秦王竟酒，终不能加胜于赵。赵亦盛设兵以待秦，秦不敢动。

既罢归国，以相如功大，拜为上卿，位在廉颇之右。廉颇曰："我为赵将，有攻城野战之大功，而蔺相如徒以口舌为劳，而位居我上，且相如素贱人，吾羞，不忍为之下。"宣言曰："我见相如，必辱之。"相如闻，不肯与会。相如每朝时，常称病，不欲与廉颇争列。已而相如出，望见廉颇，相如引车避匿。于是舍人相与谏曰："臣所以去亲戚而事君者，徒慕君之高义也。今君与廉颇同列，廉君宣恶言而君畏匿之，恐惧殊甚，且庸人尚羞之，况于将相乎！臣等不肖，请辞去。"蔺相如固止之，曰："公之视廉将军孰与秦王？"曰："不若也。"相如曰："夫以秦王之威，而相如廷叱之，辱其群臣，相如虽驽，独畏廉将军哉？顾吾念之，强秦之所以不敢加兵于赵者，徒以吾两人在也。今两虎共斗，其势不俱生。吾所以为此者，以先国家之急而后私仇也。"廉颇闻之，肉袒负荆，因宾客至蔺相如门谢罪。曰："鄙贱之人，不知将军宽之至此也。"卒相与欢，为刎颈之交。

是岁，廉颇东攻齐，破其一军。居二年，廉颇复伐齐几，拔之。

而且又胆小。”赵王于是前往赴会，相如随行。廉颇送到边境，和赵王诀别说：“大王此行，估计路程和会见礼仪结束，再加上返回的时间，不会超过三十天。如果三十天还没回来，就请您允许我们立太子为王，以断绝秦国的妄想。”赵王同意这个意见，便去渑池与秦王会见。秦王饮到酒兴正浓时，说：“寡人私下里听说赵王爱好音乐，请您弹瑟吧！”赵王就弹起瑟来。秦国的史官上前来写道：“某年某月某日，秦王与赵王一起饮酒，令赵王弹瑟。”蔺相如上前说：“赵王私下里听说秦王擅长秦地土乐，请让我给秦王捧上盆缶，以便互相娱乐。”秦王发怒，不答应。这时相如向前递上瓦缶，并跪下请秦王演奏。秦王不肯击缶，相如说：“在这五步之内，我蔺相如要把脖颈里的血溅在大王身上了！”侍从们想要杀相如，相如瞪着双眼大喝一声，侍从们都吓得退了回去。当时秦王不大高兴，也只好敲了一下缶。相如回头招呼赵国史官写道：“某年某月某日，秦王为赵王敲缶。”秦国的大臣们说：“请你们用赵国的十五座城向秦王献礼。”蔺相如也说：“请你们用秦国的咸阳向赵王献礼。”直到酒宴结束，秦王始终也未能占到赵国上风。赵国也部署了大批军队用来防备秦国，因而秦国也不敢轻举妄动。

渑池会结束归国以后，赵王认为相如功劳很大，封相如为上卿，位置在廉颇之上。廉颇说：“我是赵国将军，有攻城野战的大功，而蔺相如只不过靠能说会道立了点功，可是现在他的地位却在我之上，况且相如本来是卑贱的人，我感觉到很羞耻，在他位置下面我难以忍受。”并且扬言说：“我遇见相如，一定要羞辱他。”相如听到后，不肯和他相会。相如每到上朝时，常常推说有病，不愿和廉颇去争位次的高低。没过多久，相如外出，远远看到廉颇，相如就立马掉转车子回避。于是相如的门客就一起来直言进谏说：“我们所以离开亲人来侍奉您，就是仰慕您高尚的节义呀。如今您与廉颇官位相同，廉将军口出恶言，而您却害怕躲避他，您怕得也太过分了，平庸的人尚且感到羞耻，何况是身为将相的您呢！我们这些人没有出息，请让我们告辞吧！”蔺相如坚决地挽留他们，说：“诸位认为廉将军和秦王相比谁厉害？”回答说：“廉将军比不了秦王。”相如说：“以秦王的威势，而我却敢在朝堂上呵斥他，羞辱他的群臣，我蔺相如虽然无能，难道会怕廉将军吗？但是我想到，强秦之所以不敢对赵国用兵，就是因为有我们两个人在呀，如今两虎相斗，势必不能共存。我所以这样再三忍让，就是为了要把国家的急难摆在首位，而把个人的私怨放在后面。”廉颇听说了这些话，就脱去上衣，露出上身，背着荆条，由宾客带引，来到蔺相如的门前请罪。他说：“我是个粗野卑贱的人，想不到将军您是如此的宽宏大量啊！”二人于是相互结交和好，成为生死与共的好友。

这一年，廉颇向东进攻齐国，打败了它的一支军队。过了两年，廉颇又攻打后三年，廉颇攻魏之防陵、安阳，拔之。后四年，蔺相如将而攻齐，至平邑而罢。其明年，赵奢破秦军阏与下。

赵奢者，赵之田部吏也。收租税，而平原君家不肯出租，奢以法治之，杀平原君用事者九人。平原君怒，将杀奢。奢因说曰："君于赵为贵公子，今纵君家而不奉公则法削，法削则国弱，国弱则诸侯加兵，诸侯加兵是无赵也，君安得有此富乎？以君之贵，奉公如法则上下平，上下平则国强，国强则赵固，而君为贵戚，岂轻于天下邪？"平原君以为贤，言之于王。王用之治国赋，国赋大平，民富而府库实。

秦伐韩，军于阏与。王召廉颇而问曰："可救不？"对曰："道远险狭，难救。"又召乐乘而问焉，乐乘对如廉颇言。又召问赵奢，奢对曰："其道远险狭，譬之犹两鼠斗于穴中，将勇者胜。"王乃令赵奢将，救之。

兵去邯郸三十里，而令军中曰："有以军事谏者死。"秦军军武安西，秦军鼓譟勒兵，武安屋瓦尽振。军中候有一人言急救武安，赵奢立斩之。坚壁，留二十八日不行，复益增垒。秦间来入，赵奢善食而遣之。间以报秦将，秦将大喜曰："夫去国三十里而军不行，乃增垒，阏与非赵地也。"赵奢既已遣秦间，卷甲而趋之，二日一夜至，令善射者去阏与五十里而军。军垒成，秦人闻之，悉甲而至。军士许历请以军事谏，赵奢曰："内之。"许历曰："秦人不意赵师至此，其来气盛，将军必厚集其阵以待之。不然，必败。"赵奢曰："请受令。"许历曰："请就斧质之诛。"赵奢曰："胥后令邯郸。"许历复请谏，曰："先据北山上者胜，后至者败。"赵奢许诺，即发万人趋之。秦兵后至，争山不得上，赵奢纵兵击之，大破秦军。秦军解而走，遂解阏与之围而归。

赵惠文王赐奢号为马服君，以许历为国尉。赵奢于是与廉颇、蔺齐国的几邑，也攻占了。此后三年，廉颇进攻魏国的防陵、安阳，都攻克了。再过四年，蔺相如领兵攻齐，打到平邑就收兵了。第二年，赵奢在阏与城下大败秦军。

赵奢，本是赵国征收田租的官吏。在收租税的时候，平原君家不肯缴纳，赵奢便依法处治，杀了平原君家里九个当权管事的人。平原君大怒，便要杀死赵奢。赵奢趁机劝说道："您在赵国是贵公子，现在要是纵容您的家人而不遵奉国家的法令，就会使法令削弱，法令削弱了就会使国家衰弱，国家衰弱了诸侯就要出兵侵犯，诸侯出兵侵犯赵国就会灭亡，您怎么还能保有这些财富呢？以您的地位和尊贵，能奉公守法就会使国家上下公平，上下公平就能使国家强盛，国家强盛了赵氏的政权就会得到稳固，而您身为赵国贵戚，难道还会被天下人轻视吗？"平原君认为他很有才干，把他推荐给赵王。赵王任用他掌管全国的赋税，全国赋税非常的公平合理，使得民众富足，国库充实。

秦国进攻韩国，军队驻扎在阏与。赵王召见廉颇问道："可以去援救吗？"廉颇便回答说："道路远，而且艰险又狭窄，很难援救。"又召见乐乘问这件事，乐乘的回答和廉颇的话一样。于是又召见赵奢来问，赵奢回答说："道远、地险、路狭，就譬如两只老鼠在洞里争斗，哪个勇猛哪个便可得胜。"赵王便派赵奢领兵，去救援阏与。

军队离开邯郸三十里，赵奢就在军中下令说："有谁来为军事进谏的处以死刑。"秦军驻扎在武安西边，秦军击鼓呐喊的练兵之声，把武安城中的屋瓦都震动了。赵军中的一个侦察人员请求急速援救武安，赵奢立即把他斩首。赵军坚守营垒，停留二十八天不向前进发，反而又加筑营垒。秦军间谍潜入赵军营地，赵奢用饮食好好款待后把他遣送回去。间谍把情况向秦军将领报告，秦将大喜，说："离开国都三十里军队就不前进了，而且还增修营垒，赵国不会拥有阏与了。"赵奢遣送秦军间谍之后，就令士兵卸下铁甲，快速向阏与进发。两天一夜就到达前线，下令善射的骑兵，在离阏与五十里处扎营。军营筑成后，秦军知道了这一情况，立即全军赶来。一个叫许历的军士请求就军事提出建议，赵奢说："让他进来。"许历说："秦人本没想到赵军会来到这里，现在他们赶来对敌，士气很盛，将军一定要集中兵力严阵以待。不然的话，必定要失败。"赵奢说："请让我接受您的指教。"许历说："我请求接受死刑。"赵奢说："等回邯郸以后的命令吧。"许历请求再提个建议，说："先占据北面山头的得胜，后到的失败。"赵奢同意，立即派出一万人迅速奔上北面山头。秦兵后到，与赵军争夺北山但攻不上去，赵奢指挥士兵猛攻，大败秦军。秦军四散逃跑，于是阏与的包围被解除，赵军回国。

赵惠文王赐给赵奢马服君的封号，并任命许历为国尉。赵奢于是与廉颇、蔺相如同位。

后四年，赵惠文王卒，子孝成王立。七年，秦与赵兵相距长平，时赵奢已死，而蔺相如病笃，赵使廉颇将攻秦，秦数败赵军，赵军固壁不战。秦数挑战，廉颇不肯。赵王信秦之间。秦之间言曰："秦之所恶，独畏马服君赵奢之子赵括为将耳。"赵王因以括为将，代廉颇。蔺相如曰："王以名使括，若胶柱而鼓瑟耳。括徒能读其父书传，不知合变也。"赵王不听，遂将之。

赵括自少时学兵法，言兵事，以天下莫能当。尝与其父奢言兵事，奢不能难，然不谓善。括母问奢其故，奢曰："兵，死地也，而括易言之。使赵不将括即已，若必将之，破赵军者必括也。"及括将行，其母上书言于王曰："括不可使将。"王曰："何以？"对曰："始妾事其父，时为将，身所奉饭饮而进食者以十数，所友者以百数，大王及宗室所赏赐者尽以予军吏士大夫，受命之日，不问家事。今括一旦为将，东向而朝，军吏无敢仰视之者，王所赐金帛，归藏于家，而日视便利田宅可买者买之。王以为何如其父？父子异心，愿王勿遣。"王曰："母置之，吾已决矣。"括母因曰："王终遣之，即有如不称，妾得无随坐乎？"王许诺。

赵括既代廉颇，悉更约束，易置军吏。秦将白起闻之，纵奇兵，佯败走，而绝其粮道，分断其军为二，士卒离心。四十余日，军饿，赵括出锐卒自搏战，秦军射杀赵括。括军败，数十万之众遂降秦，秦悉坑之。赵前后所亡凡四十五万。明年，秦兵遂围邯郸，岁余，几不得脱。赖楚、魏诸侯来救，乃得解邯郸之围。赵王亦以括母先言，竟不诛也。

自邯郸围解五年，而燕用栗腹之谋，曰"赵壮者尽于长平，其孤未壮"，举兵击赵。赵使廉颇将，击，大破燕军于鄗，杀栗腹，遂围燕。燕割五城请和，乃听之。赵以尉文封廉颇为信平君，为假相国。

相如职位相同。

四年以后，赵惠文王去世，太子孝成王即位。孝成王七年，秦军与赵军在长平对阵，那时赵奢已死，蔺相如也已病危，赵王派廉颇率兵攻打秦军，秦军几次打败赵军，赵军坚守营垒不出战。秦军屡次挑战。廉颇置之不理。赵王听信秦军间谍散布的谣言。秦军间谍说："秦军所厌恶忌讳的，就是怕马服君赵奢的儿子赵括来做将军。"赵王因此就以赵括为将军，取代了廉颇。蔺相如说："大王只凭名声来任用赵括，就好像用胶把调弦的柱粘死再去弹瑟那样不知变通啊。赵括只会读他父亲留下的兵书，不懂得灵活应变。"赵王不听，还是命赵括为将军。

赵括从小就学习兵法，谈论军事，以为天下没有人能胜得过他。他曾与父亲赵奢谈论用兵之事，赵奢也难不倒他，可是并不说他好。赵括的母亲问赵奢这是为什么，赵奢说："用兵打仗是关乎生死存亡的事，然而他却把这事说得那么容易。如果赵国不用赵括为将也就罢了，要是一定让他为将，使赵军失败的一定就是他呀。"等到赵括将要起程的时候，他母亲上书给赵王说："不可以让赵括做将军。"赵王说："为什么？"她回答："当初我侍奉他父亲，那时他是将军，由他亲自捧着饮食侍候吃喝的人数以十计，被他当作朋友看待的数以百计，大王和王族们赏赐的东西全都分给军吏和僚属，从接受命令的那天起，就不再过问家事。现在赵括一下子做了将军，就面向东接受朝见，军吏没有一个敢抬头看他的，大王赏赐的金帛，都带回家收藏起来，还天天访查便宜合适的田地房产，可买的就买下来。大王认为他哪里像他父亲？父子二人的心地不同，希望大王不要派他领兵。"赵王说："您就把这事放下别管了，我已经决定了。"赵括的母亲接着说："您一定要派他领兵，如果他有不称职的情况，我能不受株连吗？"赵王便答应了。

赵括代替廉颇之后，改变了原有的全都规章制度，把原来的军吏也撤换了。秦将白起听到了这些情况，便调遣奇兵，假装败逃，又去截断赵军运粮的道路，把赵军分割成两半，赵军士卒离心。过了四十多天，赵军饥饿，赵括出动精兵亲自与秦军搏斗，秦军射死赵括。赵括军队战败，几十万大军于是投降秦军，秦军把他们全部活埋了。赵国前后损失共四十五万人。第二年，秦军就包围了邯郸，有一年多，赵国几乎不能保全，全靠楚国、魏国军队来援救，才得以解除邯郸的包围。赵王也由于赵括的母亲有言在先，最后没有株连她。

邯郸解围之后五年，燕王采纳栗腹的计谋，说是"赵国的壮丁全都死在长平了，他们的遗孤尚未成人"，燕王便发兵攻赵。赵王派廉颇领兵反击，在鄗城大败燕军，杀死栗腹，于是包围燕国都城。燕国割让五座城请求讲和，赵王才答应停战。赵王把尉文封给廉颇，封号是信平君，让他代理相国。

廉颇之免长平归也，失势之时，故客尽去。及复用为将，客又复至。廉颇曰："客退矣！"客曰："吁！君何见之晚也？夫天下以市道交，君有势，我则从君，君无势则去，此固其理也，有何怨乎？"居六年，赵使廉颇伐魏之繁阳，拔之。

赵孝成王卒，子悼襄王立，使乐乘代廉颇。廉颇怒，攻乐乘，乐乘走。廉颇遂奔魏之大梁。其明年，赵乃以李牧为将而攻燕，拔武遂、方城。

廉颇居梁久之，魏不能信用。赵以数困于秦兵，赵王思复得廉颇，廉颇亦思复用于赵。赵王使使者视廉颇尚可用否。廉颇之仇郭开多与使者金，令毁之。赵使者既见廉颇，廉颇为之一饭斗米，肉十斤，被甲上马，以示尚可用。赵使还报王曰："廉将军虽老，尚善饭，然与臣坐，顷之三遗矢矣。"赵王以为老，遂不召。

楚闻廉颇在魏，阴使人迎之。廉颇一为楚将，无功，曰："我思用赵人。"廉颇卒死于寿春。

李牧者，赵之北边良将也。常居代雁门，备匈奴。以便宜置吏，市租皆输入莫府，为士卒费。日击数牛飨士，习射骑，谨烽火，多间谍，厚遇战士。为约曰："匈奴即入盗，急入收保，有敢捕虏者斩。"匈奴每入，烽火谨，辄入收保，不敢战。如是数岁，亦不亡失。然匈奴以李牧为怯，虽赵边兵亦以为吾将怯。赵王让李牧，李牧如故。赵王怒，召之，使他人代将。

岁余，匈奴每来，出战。出战，数不利，失亡多，边不得田畜。复请李牧。牧杜门不出，固称疾。赵王乃复强起使将兵。牧曰："王必用臣，臣如前，乃敢奉令。"王许之。

李牧至，如故约。匈奴数岁无所得。终以为怯。边士日得赏赐而不用，皆愿一战。于是乃具选车得千三百乘，选骑得万三千匹，百金廉颇在长平被免职回家，失掉权势的时候，原来的门客都离开他了。等到官复原职，门客又重新回来了。廉颇说："先生们都请回吧！"门客们说："唉！您的见解怎么这样落后？当今天下之人都是按市场交易的方法进行结交，您有权势，我们就跟随着您；您没有权势了，我们就离开，这本是很普通的道理，有什么可抱怨的呢？"又过了六年，赵国派廉颇进攻魏国的繁阳，把它攻克了。

赵孝成王去世，太子悼襄王即位，派乐乘接替廉颇。廉颇大怒，攻打乐乘，乐乘逃跑了。廉颇于是也逃奔魏国的大梁。第二年，赵国便以李牧为将进攻燕国，攻下了武遂、方城。

廉颇在大梁住久了，魏国不信任重用他。赵国由于屡次被秦兵围困，赵王就想重新任命廉颇为将，廉颇也想再被赵国任用。赵王派了使臣去探望廉颇，看看他还能不能被任用。廉颇的仇人郭开用重金贿赂使者，让他说廉颇的坏话。赵国使臣见到廉颇之后，廉颇当着他的面一顿饭吃了一斗米、十斤肉，又披上铁甲上马，表示自己还可以被任用。赵国使者回去向赵王报告说："廉将军虽然已老，饭量还很不错，可是陪我坐着时，一会儿就拉了三次屎。"赵王认为廉颇老了，就没有再把他召回来。

楚国听说廉颇在魏国，暗中派人去迎接他。廉颇虽做了楚国的将军，并没有战功，他说："我想指挥赵国的士兵啊。"廉颇最终死在寿春。

李牧是赵国北部边境的良将，长期驻守代地雁门郡，防备匈奴。他有权根据需要设置官吏，防地内城市的租税都送入李牧的幕府，作为军队的经费。他每天宰杀几头牛犒赏士兵，教士兵练习骑马射箭，小心看守烽火台，多派侦察敌情的人员，对战士待遇优厚。他制定出规章说："匈奴如果入侵，要赶快收拢人马退入营垒固守，有胆敢去捕捉敌人的立即斩首。"匈奴每次入侵，烽火传来警报，立即收拢人马退入营垒固守，不敢出战。像这样过了好几年，人马物资也没有什么损失。可是匈奴却认为李牧是个胆小之人，就连赵国守边的官兵也认为自己的主将胆小怯战。赵王责备李牧，李牧依然如故。赵王发怒，把他召回，派别人代他领兵。

此后一年多里，匈奴每次来侵犯，赵军就出兵交战，屡次失利，损失伤亡很多，边境上无法耕田、放牧。赵王只好再请李牧出马。李牧闭门不出，坚持说有病。赵王就一再强调李牧出来，让他领兵。李牧说："大王一定要用我，我还是像以前那样做，才敢奉命。"赵王答应了他的要求。

李牧来到边境，还按照原来的章程。匈奴好几年都一无所获，但又始终认为李牧胆怯。边境的官兵每天得到赏赐，可是一身本领无用武之地，都愿意好好跟匈奴打一仗。于是李牧就准备了精选的战车一千三百辆，精选的战马一万三千之士五万人，彀者十万人，悉勒习战。大纵畜牧，人民满野。匈奴小入，佯北不胜，以数千人委之。单于闻之，大率众来入。李牧多为奇陈，张左右翼击之，大破杀匈奴十余万骑。灭襜褴，破东胡，降林胡，单于奔走。其后十余岁，匈奴不敢近赵边城。

赵悼襄王元年，廉颇既亡入魏，赵使李牧攻燕，拔武遂、方城。居二年，庞煖破燕军，杀剧辛。后七年，秦破杀赵将扈辄于武遂，斩首十万。赵乃以李牧为大将军，击秦军于宜安，大破秦军，走秦将桓齮。封李牧为武安君。居三年，秦攻番吾，李牧击破秦军，南距韩、魏。

赵王迁七年，秦使王翦攻赵，赵使李牧、司马尚御之。秦多与赵王宠臣郭开金，为反间，言李牧、司马尚欲反。赵王乃使赵葱及齐将颜聚代李牧。李牧不受命，赵使人微捕得李牧，斩之。废司马尚。后三月，王翦因急击赵，大破杀赵葱，虏赵王迁及其将颜聚，遂灭赵。

太史公曰：知死必勇，非死者难也，处死者难。方蔺相如引璧睨柱，及叱秦王左右，势不过诛，然士或怯懦而不敢发。相如一奋其气，威信敌国，退而让颇，名重太山，其处智勇，可谓兼之矣！

匹，敢于冲锋陷阵的勇士五万人，善射的士兵十万人，全部组织起来训练作战。同时到处放牧大批牲畜，放牧的人满山遍野。匈奴小股人马入侵，李牧就假装失败，故意把几千人丢弃给匈奴。单于听到这种情况，就率领大批人马入侵。李牧布下许多奇兵，张开左右两翼包抄反击敌军，大败匈奴，杀死匈奴十多万人马。灭了襜褴，打败了东胡，收降了林胡，单于逃跑。此后十多年，匈奴不敢接近赵国边境城镇。

赵悼襄王元年，廉颇逃到魏国之后，赵国派李牧进攻燕国，攻克了武遂、方城。过了两年，庞煖打败燕军，杀死剧辛。又过了七年，秦军在武遂打败并杀死赵将扈辄，斩杀赵军十万余人。赵国便派李牧为大将军，在宜安进攻秦军，大败秦军，赶走秦将桓齮。李牧被封为武安君。又过了三年，秦军进攻番吾，李牧击败秦军，又向南抵御韩国和魏国。

赵王迁七年，秦国派王翦进攻赵国，赵国派李牧、司马尚抵御秦军。秦国向赵王的宠臣郭开贿赂很多金钱，让他施行反间计，造谣说李牧、司马尚要谋反。赵王便派赵葱和齐国将军颜聚接替李牧，李牧不接受命令。赵王派人暗中乘其不备逮捕了李牧，把他杀了，并撤了司马尚的官职。三个月之后，王翦趁机猛攻赵国，大败赵军，杀死赵葱，俘虏了赵王迁和他的将军颜聚，终于灭了赵国。

太史公说：知道将死而不害怕，必定是很有勇气的；死并不是难事，而怎样对待这个死才是难事。当蔺相如手举宝璧斜视庭柱，以及呵斥秦王侍从的时候，就面前形势来说，最多不过是被杀，然而一般士人往往因为胆小懦弱而不敢这样表现。相如一旦振奋起他的勇气，其威力就伸张了，以致压倒敌国。后来又对廉颇谦逊退让，他的声誉比泰山还重，他处事中表现出的智慧和勇气，可以说是兼而有之啊！

田单列传第二十二

田单者，齐诸田疏属也。湣王时，单为临菑市掾，不见知。及燕使乐毅伐破齐，齐湣王出奔，已而保莒城。燕师长驱平齐，而田单走安平，令其宗人尽断其车轴末而傅铁笼。已而燕军攻安平，城坏，齐人走，争涂，以轊折车败，为燕所虏，唯田单宗人以铁笼故得脱，东保即墨。燕既尽降齐城，唯独莒、即墨不下。燕军闻齐王在莒，并兵攻之。淖齿既杀湣王于莒，因坚守，距燕军，数年不下。燕引兵东围即墨，即墨大夫出与战，败死。城中相与推田单，曰："安平之战，田单宗人以铁笼得全，习兵。"立以为将军，以即墨距燕。

顷之，燕昭王卒，惠王立，与乐毅有隙。田单闻之，乃纵反间于燕，宣言曰："齐王已死，城之不拔者二耳。乐毅畏诛而不敢归，以伐齐为名，实欲连兵南面而王齐。齐人未附，故且缓攻即墨以待其事。齐人所惧，唯恐他将之来，即墨残矣。"燕王以为然，使骑劫代乐毅。

乐毅因归赵，燕人士卒忿。而田单乃令城中人食必祭其先祖于庭，飞鸟悉翔舞城中下食。燕人怪之。田单因宣言曰："神来下教我。"乃令城中人曰："当有神人为我师。"有一卒曰："臣可以为师乎？"因反走。田单乃起，引还，东乡坐，师事之。卒曰："臣欺君，诚无能也。"田单曰："子勿言也！"因师之。每出约束，必称神师。乃宣言曰："吾唯惧燕军之劓所得齐卒，置之前行，与我战，田单是齐国田氏王族的远房亲戚。在齐湣王时，田单担任首都临淄佐理市政的小官，并不被齐王重用。后来，燕国派遣大将乐毅攻破齐国，齐湣王被迫逃离都城，不久又退守莒城。在燕国军队长驱直入征讨齐国的时候，田单也离开了都城，逃到安平，让他的同族人把车轴两端的突出部位全部锯下，安上铁箍。不久，燕军攻打安平，攻破了城池，齐国人争相逃亡，都因被撞得轴断车坏，被燕军俘虏。只有田单和同族人因用铁箍包住了车轴的缘故，得以逃脱，随即向东退守即墨。这时，燕国军队已经把齐国大小城市全部攻占了，只有莒和即墨两城没有被攻下。燕军听说齐湣王在莒城，就调集军队，全力攻打。大臣淖齿杀死了齐湣王，坚守城池，抗击燕军，燕军几年都不能攻破该城。迫不得已，燕将带兵东行，围攻即墨。即墨的守城官员出城与燕军交战，战败被杀。即墨城中军民都推举田单为首领，说："安平那一仗，田单和同族人因用铁箍包住车轴才得以安然脱险，可见他很会用兵。"于是，大家就拥立田单为将军，坚守即墨，抗击燕军。

没过多久，燕昭王去世，燕惠王即位，他和乐毅有些不和。田单听到这个消息之后，就派人到燕国去施行反间计，扬言说："齐湣王已经被杀死，没被攻克的齐国城池只不过有两座而已。乐毅是因为害怕被杀掉而不敢回国，他以讨伐齐国为名，实际上是想联合齐国的兵力，在齐国称王。齐国人心还未归附，因此暂且拖延时间，慢慢攻打即墨，以便等待时机成熟再称王。齐国人担心的是，唯恐其他将领来带兵，即墨城就必破无疑了。"燕惠王相信了这些话，就派大将骑劫去代替乐毅。

乐毅被免职之后就逃到赵国去了，燕军官兵都为此忿忿不平。田单又命城中军民在吃饭前要祭祀祖先，使得众多的飞鸟因为争食祭祀的食物，在城上盘旋飞舞。城外的燕军看了，都感到很奇怪。田单又扬言说："这是神仙要下界指导我们克敌制胜。"又对城里的人说："一定会有神仙来做我的老师。"有一个士兵说："我可以当您的老师吗？"说罢就扬长而去。田单连忙站起来，把他拉过来，请他坐在面向东的上座，用侍奉老师的礼节来侍奉他。那个士兵说："我欺骗了您，我真是一点本事也没有。"田单说："请您不要再说了。"接着就奉他为师。每次发号施令，一定要称是神师的主意。他又扬言说："我最怕的就是燕军把俘虏的齐国士兵割去鼻子，放在队伍的前列，再和我们交战，那即墨就必定即墨败矣。”燕人闻之，如其言。城中人见齐诸降者尽劓，皆怒，坚守，唯恐见得。单又纵反间曰：“吾惧燕人掘吾城外冢墓，僇先人，可为寒心。”燕军尽掘垄墓，烧死人。即墨人从城上望见，皆涕泣，俱欲出战，怒自十倍。

田单知士卒之可用，乃身操版插，与士卒分功，妻妾编于行伍之间，尽散饮食飨士。令甲卒皆伏，使老弱女子乘城，遣使约降于燕，燕军皆呼万岁。田单又收民金，得千溢，令即墨富豪遗燕将，曰：“即墨即降，愿无虏掠吾族家妻妾，令安堵。”燕将大喜，许之。燕军由此益懈。

田单乃收城中得千余牛，为绛缯衣，画以五彩龙文，束兵刃于其角，而灌脂束苇于尾，烧其端。凿城数十穴，夜纵牛，壮士五千人随其后。牛尾热，怒而奔燕军，燕军夜大惊。牛尾炬火光明炫耀，燕军视之皆龙文，所触尽死伤。五千人因衔枚击之，而城中鼓譟从之，老弱皆击铜器为声，声动天地。燕军大骇，败走。齐人遂夷杀其将骑劫。燕军扰乱奔走，齐人追亡逐北，所过城邑皆畔燕而归田单，兵日益多，乘胜，燕日败亡，卒至河上，而齐七十余城皆复为齐。乃迎襄王于莒，入临菑而听政。

襄王封田单，号曰安平君。

太史公曰：兵以正合，以奇胜。善之者，出奇无穷。奇正还相生，如环之无端。夫始如处女，适人开户；后如脱兔，适不及距：其田单之谓邪！

初，淖齿之杀湣王也，莒人求湣王子法章，得之太史嬓之家，为被攻克了。”燕军听到这话，就照此施行。城里的人看到齐国众多的降兵都被割去了鼻子，人人义愤填膺，全力坚守城池，生怕被敌人捉住。田单又派人施反间计说：“我很害怕燕国人挖了我们城外的祖坟，侮辱了我们的祖先，这可真是让人寒心的事。”燕军听说之后，又把齐国人的坟墓全部挖出，并把死尸焚烧殆尽。即墨人从城上看到此情此景，人人痛哭流涕，都请求出城拼杀，愤怒的情绪增涨十倍。

田单知道现在是出战的最佳时机，于是就亲自拿着铲锹，和士兵们一起修筑工事，并把自己的妻子姬妾都编在队伍之中，还把全部的食物拿出来犒劳士卒。他命令装备整齐的精锐部队都埋伏起来，让老弱妇女上城防守，又派使者去和燕军约定投降事宜，燕军官兵都高呼万岁。田单又把民间的黄金收集起来，共得一千镒，让即墨城里有钱有势的人送给燕军，请求说：“即墨就要投降了，希望你们进城之后，不要掳掠我们的妻子姬妾，让我们能平安地生活。”燕军将领非常高兴，满口答应。燕军因此更加松懈。

田单于是从城里收集了一千多头牛，给它们披上大红绸绢制成的被服，在上面画上五颜六色的蛟龙图案，在它们的角上绑好锋利的刀子，把浸满油脂的芦苇绑在牛尾上，点燃末端。又把城墙凿开几十个洞穴，趁夜间把牛从洞穴中赶出去，派精壮士兵五千人跟在火牛的后面。因尾巴被烧得发热，火牛都疯狂地直奔燕军，这一切都突然发生在夜间，使燕军惊慌失措。牛尾上的火把将夜空照得通明如昼，燕军看到它们身上都是龙纹，所触及到的人非死即伤。五千壮士又随后悄然无声地杀来，而城里的人乘机擂鼓呐喊，紧紧跟随在后面，甚至连老弱妇孺都手持铜器，敲得震天响，和城外的呐喊声合成惊天动地的响声。燕军非常害怕，大败而逃。齐国人就在乱军之中杀死了燕国的主将骑劫。燕军纷乱，四处逃命，齐军紧紧追击溃逃的燕军，所经过的城镇都背叛燕军，归顺田单。田单的兵力也日益增多，乘着战胜的军威，一路追击。燕军仓皇而逃，战斗力一天天削弱，一直退到了黄河边上，原来齐国的七十多座城池又都被收复。于是田单到莒城迎接齐襄王，襄王也就回到都城临淄来处理政务。

齐襄王封赏了田单，赐爵号为安平君。

太史公说：用兵作战要一面和敌人正面交锋，一面用奇兵突袭制胜。善于用兵的人，总是能够奇兵叠出而变化无穷的。正面的交锋和背侧的奇袭都要发生作用，这两种战术的相互转化，就如同圆环没有起止一般使人捉摸不定。用兵之初要像处女那样沉静、柔弱，诱使敌人敞开门户，毫无戒备；然后在时机到来的时候，就像逃脱的兔子一样快速、敏捷，使敌人来不及提防。这说的就是田单吧！

当初，在淖齿杀死齐湣王的时候，莒城人到处寻找齐湣王的儿子法章，在人灌园。嬓女怜而善遇之。后法章私以情告女，女遂与通。及莒人共立法章为齐王，以莒距燕，而太史氏女遂为后，所谓“君王后”也。

燕之初入齐，闻画邑人王蠋贤，令军中曰“环画邑三十里无入”，以王蠋之故。已而使人谓蠋曰：“齐人多高子之义，吾以子为将，封子万家。”蠋固谢。燕人曰：“子不听，吾引三军而屠画邑。”王蠋曰：“忠臣不事二君，贞女不更二夫。齐王不听吾谏，故退而耕于野。国既破亡，吾不能存；今又劫之以兵为君将，是助桀为暴也。与其生而无义，固不如烹！”遂经其颈于树枝，自奋绝脰而死。齐亡大夫闻之，曰：“王蠋，布衣也，义不北面于燕，况在位食禄者乎！”乃相聚如莒，求诸子，立为襄王。

太史嫐的家里找到了他，他正在替人家种地浇田。太史嫐的女儿怜惜他并对他很好。后来法章把自己的情况告诉了她，她就和法章私通了。等到莒城人共同拥立法章为齐王，凭借莒城抗击燕军的时候，太史嫐的女儿就被立为王后，这就是人们所说的“君王后”。

燕军在开始进攻齐国的时候，听说画邑人王蠋有才有德，就命令军队说：“围绕画邑周围三十里之内不许入内。”这是因为王蠋是画邑人的缘故。不久，燕国又派人对王蠋说：“齐国有许多人都称颂您的高尚品德，我们想任用您为将军，还封赏给您一万户的食邑。”王蠋坚决推辞，不肯接受。燕国人说：“您若不肯接受的话，我们就要带领大军，屠平画邑！”王蠋说：“尽忠的臣子不能侍奉两个君主，贞烈的女子不能再嫁第二个丈夫。齐王不听从我的劝谏，所以我才隐居在乡间种田。齐国已经破亡，我不能使它复存，现在你们又用武力劫持我当你们的将领，我若是答应了，就是帮助坏人干坏事。与其活着干这种不义之事，还不如受烹刑死了更好！”然后他就把自己的脖子吊在树枝上，奋力挣扎，扭断脖子死去。齐国那些四散奔逃的官员们听说这件事，说：“王蠋只是一个平民百姓，尚且能坚守节操，不向燕人屈服称臣，更何况我们这些享受国家俸禄的在职官员呢！”于是他们就聚集在一起，赶赴莒城，寻求齐湣王的儿子，拥立他为齐襄王。

鲁仲连邹阳列传第二十三

鲁仲连者，齐人也。好奇伟俶傥之画策，而不肯仕宦任职，好持高节。游于赵。

赵孝成王时，而秦王使白起破赵长平之军前后四十余万，秦兵遂东围邯郸。赵王恐，诸侯之救兵莫敢击秦军。魏安釐王使将军晋鄙救赵，畏秦，止于荡阴不进。魏王使客将军新垣衍间入邯郸，因平原君谓赵王曰："秦所为急围赵者，前与齐湣王争强为帝，已而复归帝；今齐已益弱，方今唯秦雄天下，此非必贪邯郸，其意欲复求为帝。赵诚发使尊秦昭王为帝，秦必喜，罢兵去。"平原君犹预未有所决。

此时鲁仲连适游赵，会秦围赵，闻魏将欲令赵尊秦为帝，乃见平原君曰："事将奈何？"平原君曰："胜也何敢言事！前亡四十万之众于外，今又内围邯郸而不能去。魏王使客将军新垣衍令赵帝秦，今其人在是。胜也何敢言事！"鲁仲连曰："吾始以君为天下之贤公子也，吾乃今然后知君非天下之贤公子也。梁客新垣衍安在？吾请为君责而归之。"平原君曰："胜请为绍介而见之于先生。"平原君遂见新垣衍曰："东国有鲁仲连先生者，今其人在此，胜请为绍介，交之于将军。"新垣衍曰："吾闻鲁仲连先生，齐国之高士也。衍，人臣也，使事有职，吾不愿见鲁仲连先生。"平原君曰："胜既已泄之矣。"新垣衍许诺。

鲁连见新垣衍而无言。新垣衍曰："吾视居此围城之中者，皆有求于平原君者也；今吾观先生之玉貌，非有求于平原君者也，曷为久居此围城之中而不去？"鲁仲连曰："世以鲍焦为无从颂而死者，皆非也。众人不知，则为一身。彼秦者，弃礼义而上首功之国也，权使其士，虏使其民。彼即肆然而为帝，过而为政于天下，则连有蹈东海而死耳，吾不忍为之民也。所为见将军者，欲以助赵也。"

鲁仲连是齐国人。他擅长发表奇特宏伟、卓异不凡的谋略，却不肯做官任职，愿意保持高风亮节。他曾客游赵国。

赵孝成王时，秦王派白起在长平前后击溃赵国四十余万军队，于是，秦国的军队向东挺进，围困了邯郸。赵王非常害怕，各国的救兵也没有谁敢攻打秦军。魏安釐王派将军晋鄙营救赵国，因为畏惧秦军，驻扎在汤阴，不敢前进。魏王派客籍将军新垣衍，从隐蔽的小路进入邯郸，通过平原君的关系见赵王说："秦军所以急于围攻赵国，是因为以前和齐湣王争强称帝，不久又取消了帝号；如今齐国已然更加削弱，当今只有秦国称雄天下，这次围城并不是贪图邯郸，他的意图是要重新称帝。赵国果真能派遣使臣尊奉秦昭王为帝，秦王一定很高兴，就会撤兵离去。"平原君犹豫不决。

这时，鲁仲连客游赵国，正赶上秦军围攻邯郸，听说魏国想要让赵国尊奉秦昭王称帝，就去晋见平原君说："这件事怎么办？"平原君说："我哪里还敢谈论这样的大事！前不久，在国外损失了四十万大军，而今，秦军围困邯郸，又不能使之退兵。魏王派客籍将军新垣衍来劝说赵国尊奉秦昭王称帝，眼下，那个人还在这儿。我哪里还敢谈论这样的大事！"鲁仲连说："以前我认为您是天下贤明的公子，今天我才知道您并不是天下贤明的公子。魏国的客人新垣衍在哪儿？我替您去责问他并且让他回去。"平原君说："我愿为您介绍，让他与先生相见。"于是平原君见新垣衍说："齐国有位鲁仲连先生，如今他就在这儿，我愿意替您介绍，和将军认识认识。"新垣衍说："我听说鲁仲连先生，是齐国德行高尚的人。我是魏王的臣子，奉命出使，身负职责，我不愿见鲁仲连先生。"平原君说："我已经把您在这儿的消息透露给他了。"新垣衍只好应允了。

鲁仲连见到新垣衍却一言不发。新垣衍说："我看留在这座围城中的，都是有求于平原君的人；如今，我看先生的尊容，不像是有求于平原君的人，为什么还长久地留在这围城之中而不离去呢？"鲁仲连说："世人认为鲍焦是因为没有博大的胸怀才死去，这种看法错了。一般人不了解他耻居浊世的心思，认为他是为个人打算。秦国是个摒弃礼仪而只崇尚战功的国家，用权诈之术对待士卒，像对待奴隶一样役使百姓。如果让它无所忌惮地恣意称帝，进而统治天下，那么，我就是跳进东海去死，也不愿意做它的顺民，我所以来见将军，是打算帮助赵国啊。"

新垣衍曰："先生助之将奈何？"鲁连曰："吾将使梁及燕助之，齐、楚则固助之矣。"新垣衍曰："燕则吾请以从矣；若乃梁者，则吾乃梁人也，先生恶能使梁助之？"鲁连曰："梁未睹秦称帝之害故耳。使梁睹秦称帝之害，则必助赵矣。"

新垣衍曰："秦称帝之害何如？"鲁连曰："昔者齐威王尝为仁义矣，率天下诸侯而朝周。周贫且微，诸侯莫朝，而齐独朝之。居岁余，周烈王崩，齐后往，周怒，赴于齐曰：'天崩地坼，天子下席。东籓之臣因齐后至，则斫。'齐威王勃然怒曰：'叱嗟，而母婢也！'卒为天下笑。故生则朝周，死则叱之，诚不忍其求也。彼天子固然，其无足怪。"

新垣衍曰："先生独不见夫仆乎？十人而从一人者，宁力不胜而智不若邪？畏之也。"鲁仲连曰："呜呼！梁之比于秦若仆邪？"新垣衍曰："然。"鲁仲连曰："吾将使秦王烹醢梁王。"新垣衍怏然不悦，曰："噫嘻，亦太甚矣先生之言也！先生又恶能使秦王烹醢梁王？"鲁仲鲁曰："固也，吾将言之。昔者九侯、鄂侯、文王，纣之三公也。九侯有子而好，献之于纣，纣以为恶，醢九侯。鄂侯争之强，辩之疾，故脯鄂侯。文王闻之，喟然而叹，故拘之牖里之库百日，欲令之死。曷为与人俱称王，卒就脯醢之地？齐湣王之鲁，夷维子为执策而从，谓鲁人曰：'子将何以待吾君？'鲁人曰：'吾将以十太牢待子之君。'夷维子曰：'子安取礼而来待吾君？彼吾君者，天子也。天子巡狩，诸侯辟舍，纳筦籥，摄衽抱机，视膳于堂下，天子已食，乃退而听朝也。'鲁人投其籥，不果纳。不得入于鲁，将之薛，假途于邹。当是时，邹君死，湣王欲入吊，夷维子谓邹之孤曰：'天子吊，主人必将倍殡棺，设北面于南方，然后天子南面吊也。'邹之群臣曰：'必若此，吾将伏剑而死。'固不敢入于邹。邹、鲁之新垣衍说："先生打算怎么帮助赵国呢？"鲁仲连说："我要请魏国和燕国帮助它，齐、楚两国本来就帮助赵国了。"新垣衍说："燕国嘛，我相信会听从您的；至于魏国，我就是魏国人，先生怎么能让魏国帮助赵国呢？"鲁仲连说："魏国是因为没看清秦国称帝的祸患，才没帮助赵国。魏国看清秦国称帝的祸患后，就一定会帮助赵国。"

新垣衍说："秦国称帝后会有什么祸患呢？"鲁仲连说："从前，齐威王曾经奉行仁义，率领天下诸侯朝拜周天子。当时，周天子贫困又弱小，诸侯们没有谁愿意去朝拜，唯有齐国去朝拜。过了一年多，周烈王逝世，齐王奔丧去迟了，新继位的周显王很生气，派人到齐国说：'天子逝世，如同天崩地裂般的大事，新继位的天子也得离开宫殿居丧守孝，睡在草席上，东方属国之臣田婴齐居然敢迟到，当斩。'齐威王听了，勃然大怒，骂道：'呀呸！您母亲原先还是个婢女呢！'最终被天下传为笑柄。齐威王所以在周天子活着的时候去朝见，死了就破口大骂，实在是忍受不了新天子的苛求啊。那些做天子的本来就是这个样子，也没什么值得奇怪的。"

新垣衍说："先生难道没见过奴仆吗？十个奴仆侍奉一个主人，难道是力气赶不上他、才智比不上他吗？是因为害怕他啊。"鲁仲连说："唉！魏王和秦王相比魏王像仆人吗？"新垣衍说："是。"鲁仲连说："那么，我就让秦王把魏王剁成肉酱用来烹煮？"新垣衍很不高兴不服气地说："哼哼，先生的话，也太过分了！先生又怎么能让秦王烹煮了魏王剁成肉酱呢？"鲁仲连说："当然能啊，我说给您听。从前，九侯、鄂侯、文王是殷纣的三个诸侯。九侯有个女儿长得姣美，把她献给殷纣，殷纣认为她长得丑陋，把九侯剁成肉酱。鄂侯刚直诤谏，激烈辩白，又把鄂侯杀死做成肉干。文王听到这件事，只是长长地叹息，殷纣又把他囚禁在羑里监牢内一百天，想要他死。为什么和人家同样称王，最终却落到被剁成肉酱、做成肉干的地步呢？齐湣王前往鲁国，夷维子替他赶着车子做随员。他对鲁国官员们说：'你们准备怎样接待我们的国君？'鲁国官员们说：'我们打算用十副太牢的礼仪接待您的国君。'夷维子说：'你们这是按照哪里的礼仪接待我们国君，我的国君是天子啊。天子到各国巡察，诸侯理应迁出正宫，移居别处，交出钥匙，撩起衣襟，安排几桌，站在堂下伺候天子用膳。天子吃完后，他们才可以退回朝堂听政理事。'鲁国官员听了，就关闭城门，不让齐湣王入境。齐湣王不能进入鲁国，打算借道邹国前往薛地。正当这时，邹国国君逝世，齐湣王想入境吊丧，夷维子对邹国的嗣君说：'天子吊丧，丧主一定要把灵柩转换方向，在南面安放朝北的灵位，然后天子面向南吊丧。'邹国大臣们说：'如果要这样，我们宁愿用剑自杀。'所以齐王不敢进入邹国。邹、鲁两国臣，生则不得事养，死则不得赙禭，然且欲行天子之礼于邹、鲁，邹、鲁之臣不果纳。今秦万乘之国也，梁亦万乘之国也。俱据万乘之国，各有称王之名，睹其一战而胜，欲从而帝之，是使三晋之大臣不如邹、鲁之仆妾也。且秦无已而帝，则且变易诸侯之大臣。彼将夺其所不肖而与其所贤，夺其所憎而与其所爱。彼又将使其子女谗妾为诸侯妃姬。处梁之宫。梁王安得晏然而已乎？而将军又何以得故宠乎？”

于是新垣衍起，再拜谢曰：“始以先生为庸人，吾乃今日知先生为天下之士也。吾请出，不敢复言帝秦。”秦将闻之，为却军五十里。适会魏公子无忌夺晋鄙军以救赵，击秦军，秦军遂引而去。

于是平原君欲封鲁连，鲁连辞让者三，终不肯受。平原君乃置酒，酒酣起前，以千金为鲁连寿。鲁连笑曰：“所贵于天下之士者，为人排患释难解纷乱而无取也。即有取者，是商贾之事也，而连不忍为也。”遂辞平原君而去，终身不复见。

其后二十余年，燕将攻下聊城，聊城人或谗之燕，燕将惧诛，因保守聊城，不敢归。齐田单攻聊城岁余，士卒多死而聊城不下。鲁连乃为书，约之矢以射城中，遗燕将。书曰：

“吾闻之，智者不倍时而弃利，勇士不却死而灭名，忠臣不先身而后君。今公行一朝之忿，不顾燕王之无臣，非忠也；杀身亡聊城，而威不信于齐，非勇也；功败名灭，后世无称焉，非智也。三者世主不臣，说士不载，故智者不再计，勇士不怯死。今死生荣辱，贵贱尊卑，此时不再至，愿公详计而无与俗同。

“且楚攻齐之南阳，魏攻平陆，而齐无南面之心，以为亡南阳之害小，不如得济北之利大，故定计审处之。今秦人下兵，魏不敢东面；衡秦之势成，楚国之形危；齐弃南阳，断右壤，定济北，计犹且为之也。且夫齐之必决于聊城，公勿再计。今楚魏交退于齐，而燕救的臣子，生前得不到齐王的赏赐，死后又不能周备地提供丧仪，然而想要在邹、鲁让两地的臣子们行朝见天子之礼，邹、鲁的臣子们最后拒绝齐湣王入境。如今，秦国是拥有万辆战车的国家，魏国也是拥有万辆战车的国家。都是万乘大国，又各有称王的名分，只看它打了一次胜仗，就要顺从地拥护它称帝，这就使得三晋的大臣比不上邹、鲁的奴仆、婢妾了。如果秦国贪心不足，终于称帝，那么，就会更换诸侯的大臣。他将要罢免他认为不行的，换上他认为贤能的人，罢免他憎恶的，换上他所喜爱的人。还要让他的儿女和搬弄是非的姬妾，嫁给诸侯做妃姬，住在魏国的宫廷里，魏王怎么能够安定地生活呢？而将军您又怎么能够像从前一样得到宠信呢？”

于是，新垣衍站起来，向鲁仲连连拜两次谢罪说：“当初认为先生是个普通的人，我今天才知道先生是天下杰出的高士。我将离开赵国，再不敢谈秦王称帝的事了。”秦军主将听到这个消息，为此把军队后撤了五十里。恰好魏公子无忌夺得了晋鄙的军权率领军队来救援赵国，攻击秦军，秦军也就撤离邯郸回去了。

于是平原君要封赏鲁仲连，鲁仲连再三推辞，最终也不肯接受。平原君就设宴招待他，喝到酒酣耳热时，平原君起身向前，献上千金酬谢鲁仲连。鲁仲连笑着说：“杰出之士所以被天下人崇尚，是因为他们能替人排除祸患，消除灾难，解决纠纷而不求报酬。如果收取酬劳，那就成了生意人的行为，我鲁仲连是不会那样做的。”于是辞别平原君便走了，终身不再相见。

此后二十多年，燕将攻克聊城。聊城有人在燕王面前说燕将的坏话，燕将害怕被诛杀，就据守聊城不敢回去。齐国田单攻打聊城一年多，死了很多士兵，却攻不下聊城。鲁仲连就写了一封信，系在箭上射进城去给燕将。信上写道：

“我听说，明智的人不会违背时机而放弃有利的行动，勇士不会回避死亡而埋没名声，忠臣不会先顾及自己后顾及国君。如今您为发泄一时的气忿，不顾及燕王无法驾驭臣子，是不忠；战死身亡，丢掉聊城，威名不能在齐国伸张，是不勇；功业失败，名声破灭，后世无所称述，是不智。有这三条，当世的君主不以之为臣，游说之士不会为之记载，所以聪明的人不能犹豫不决，勇士是不怕死的。如今是生死荣辱、贵贱尊卑的关键，这时如果不能决断，时机不会再来，希望您详加计议而不要和俗人一般见识。

“况且，楚国进攻齐国的南阳，魏国进攻齐国的平陆，而齐国并没有向南反击的意图，认为丢掉南阳的损失小，比不上夺得济北的利益大，所以作出这样的决策来执行。如今秦国派出军队，魏国不敢向东进军；秦国连横的局面就形成了，楚国的形势就危机了；齐国放弃南阳，舍弃右边的国土而不救，平定济北，是权衡得失所做的决定。况且齐国决心夺回聊城，您不要再犹豫了，现在楚、魏不至。以全齐之兵，无天下之规，与聊城共据期年之敝，则臣见公之不能得也。且燕国大乱，君臣失计，上下迷惑，栗腹以十万之众五折于外，以万乘之国被围于赵，壤削主困，为天下僇笑。国敝而祸多，民无所归心。今公又以敝聊之民距全齐之兵，是墨翟之守也。食人炊骨，士无反外之心，是孙膑之兵也。能见于天下。虽然，为公计者，不如全车甲以报于燕。车甲全而归燕，燕王必喜；身全而归于国，士民如见父母，交游攘臂而议于世，功业可明。上辅孤主以制群臣，下养百姓以资说士，矫国更俗，功名可立也。亡意亦捐燕弃世，东游于齐乎？裂地定封，富比乎陶、卫，世世称孤，与齐久存，又一计也。此两计者，显名厚实也，愿公详计而审处一焉。

“且吾闻之，规小节者不能成荣名，恶小耻者不能立大功。昔者管夷吾射桓公中其钩，篡也；遗公子纠不能死，怯也；束缚桎梏，辱也。若此三行者，世主不臣而乡里不通。乡使管子幽囚而不出，身死而不反于齐，则亦名不免为辱人贱行矣。臧获且羞与之同名矣，况世俗乎！故管子不耻身在缧绁之中而耻天下之不治，不耻不死公子纠而耻威之不信于诸侯，故兼三行之过而为五霸首，名高天下而光烛邻国。曹子为鲁将，三战三北，而亡地五百里。乡使曹子计不反顾，议不还踵，刎颈而死，则亦名不免为败军禽将矣。曹子弃三北之耻，而退与鲁君计。桓公朝天下，会诸侯，曹子以一剑之任，枝桓公之心于坛坫之上，颜色不变，辞气不悖，三战之所亡一朝而复之，天下震动，诸侯惊骇，威加吴、越。若此二士者，非不能成小廉而行小节也，以为杀身亡躯，绝世灭后，功名不立，非智也。故去感忿之怨，立终身之名；弃忿悁之节，定累世之功。是以业与三王争流，而名与天壤相弊也。愿公择一而行之。”

两国军队都先后从齐国撤回而燕国救兵又没到。齐国全部的兵力，对天下别无谋求，全力攻打聊城，如果还要据守已被围困了一年多的聊城，我看您是办不到的。而且燕国发生动乱，君臣束手无策，上下迷惑，栗腹带领十万大军在国外连续打了五次败仗，拥有万辆兵车的大国却被赵国包围，土地削减，国君被困，被天下人所耻笑。国家衰败，祸患四起，民心浮动。如今，您又用聊城疲惫的军民抵抗整个齐国军队的进攻，这如同墨翟一样地善于据守了。缺乏粮食吃人肉充饥，没有柴烧，烧人的骨头，士兵却没有叛离之心，这如同孙膑一样擅长带兵啊。您的本领已在天下显现。虽然如此，可是替您考虑，不如保全兵力用来答谢燕国。兵力完好回归燕国，燕王一定高兴；身体完好地回归本国，百姓好像重见父母，朋友们到一起都会振奋地称赞、推崇，功业得以彰显。对上，辅佐国君统率群臣；对下，既养百姓又帮助游说之士，矫正国事，改变风俗，事业名声都得以建立。如果没有回归燕国的心志，就放弃燕国，摒弃世俗的议论，向东到齐国来，齐国会割土地予以分封，使您富贵得可以和魏冉、商鞅相比，世世代代称孤道寡，和齐国长久并存，这也是一种办法。这两种方法，是显扬名声、得到实惠的好主意，希望您仔细地考虑，审慎地选择其中一条。

“我听说，谋求小节的人不会成就荣耀的名声，以小耻为耻的人不能建立大的功业。从前管仲射中桓公的衣带钩，是犯上；放弃公子纠而不能随他去死，是怯懦；身戴刑具被囚禁，是耻辱。具有这三种情形的人，国君不用他做臣子而乡亲们不会跟他来往。当初假使管子长期囚禁死在牢狱而不能返回齐国，那么也不免落个行为耻辱、卑贱的名声。连奴婢和他同名都感到羞耻，何况社会上的舆论呢！所以管仲不因为身在牢狱感到耻辱，却以天下不能太平感到耻辱，不以未能随公子纠去死感到耻辱，却以不能在诸侯中显扬威名感到耻辱，因此他虽然兼有犯上、怕死、受辱三重过失，却辅佐齐桓公成为五霸之首，他的名声比天下任何人都高，而他的光辉照耀着邻国。曹沫作为鲁国的将领，多次打仗多次失败，丢掉了五百里的土地。当初假使曹沫不反复仔细地考虑，仓促计议就刎颈自杀，那么，也不免落个被擒败将的丑名了。曹沫不顾多次战败的耻辱，却回来和鲁君计议。趁着桓公大会天下诸侯的机会，曹沫凭借一把短剑，在坛台上逼近桓公的心窝，脸色不变，谈吐从容，多次战败丢掉的土地，一会儿工夫便又收回来，使天下震动、诸侯惊骇，使鲁国的威名在吴、越之上。像这二位志士，不是不顾全小的名节和廉耻，而是认为一死了之，身亡名灭，功业不能建立，不是聪明的做法。所以摒弃一时的愤怒，树立终身的威名；放弃一时的愤怒，奠定世世代代的功业。所以这些业绩和三王的功业争相流传而名声和天地共存。希望您选择其中一个方案行动吧！”

燕将见鲁连书，泣三日，犹豫不能自决。欲归燕，已有隙，恐诛；欲降齐，所杀虏于齐甚众，恐已降而后见辱。喟然叹曰："与人刃我，宁自刃。"乃自杀。聊城乱，田单遂屠聊城。归而言鲁连，欲爵之。鲁连逃隐于海上，曰："吾与富贵而诎于人，宁贫贱而轻世肆志焉。"

邹阳者，齐人也。游于梁，与故吴人庄忌夫子、淮阴枚生之徒交。上书而介于羊胜、公孙诡之间。胜等嫉邹阳，恶之梁孝王。孝王怒，下之吏，将欲杀之。邹阳客游，以谗见禽，恐死而负累，乃从狱中上书曰：

臣闻忠无不报，信不见疑，臣常以为然，徒虚语耳。昔者荆轲慕燕丹之义，白虹贯日，太子畏之；卫先生为秦画长平之事，太白蚀昴，而昭王疑之。夫精变天地而信不喻两主，岂不哀哉！今臣尽忠竭诚，毕议愿知，左右不明，卒从吏讯，为世所疑，是使荆轲、卫先生复起，而燕、秦不悟也。愿大王孰察之。

昔卞和献宝，楚王刖之；李斯竭忠，胡亥极刑。是以箕子详狂，接舆辟世，恐遭此患也。愿大王孰察卞和、李斯之意，而后楚王、胡亥之听，无使臣为箕子、接舆所笑。臣闻比干剖心，子胥鸱夷，臣始不信，乃今知之。愿大王孰察，少加怜焉。

谚曰："有白头如新，倾盖如故。"何则？知与不知也。故昔樊於期逃秦之燕，藉荆轲首以奉丹之事；王奢去齐之魏，临城自刭以却齐而存魏。夫王奢、樊於期非新于齐、秦而故于燕、魏也，所以去二国死两君者，行合于志而慕义无穷也。是以苏秦不信于天下，而为燕尾生；白圭战亡六城，为魏取中山。何则？诚有以相知也。苏秦相燕，燕人恶之于王，王按剑而怒，食以駃騠；白圭显于中山，中山人恶之魏文侯，文侯投之以夜光之璧。何则？两主二臣，剖心坼肝相燕将看了鲁仲连的信，哭了好几天，犹豫不能决断。想要回归燕国，已经产生了嫌隙，怕被诛杀；想要投降齐国，杀死和俘虏的齐人太多了，恐怕降服后被污辱，于是长长地叹息说：“与其让别人杀死我，不如自杀。”就自杀了。聊城大乱，于是田单进军血洗聊城，归来后向齐王报告鲁仲连的事，齐王想要封他爵位。鲁仲连听后跑到海边隐居起来，他说：“我与其富贵而屈身侍奉于人，还不如贫贱而轻视世俗放任自己的心志啊。”

邹阳，是齐国人。客游梁国，和吴国人庄忌、淮阴人枚乘等人有所往来，上书自达，与羊胜、公孙诡同为梁孝王门客。羊胜等人妒嫉邹阳，在梁孝王面前说他的坏话。孝王很生气，把邹阳交给下属官吏办罪，想要杀死他。邹阳在梁国客游，因为遭到诽谤被抓起来，担心死后承担莫须有的罪名，就从牢狱里写信给梁孝王，信中写道：

我听说忠诚的人无不得到回报，诚信的人不被怀疑，过去我总认为是对的，今天看来不过是一句空话罢了。从前荆轲仰慕燕太子丹的高义前去行刺秦王，尽管天空出现白虹贯日的征兆，可是燕太子丹仍然担心荆轲，害怕不能成行；卫先生替秦王谋划长平之事，也出现了金星遮掩昴星的预兆，而秦昭王仍然疑虑重重。他们的精诚所至感天动地，显示出征兆，却不被燕丹、昭王两主所理解，这难道不是可悲的吗！如今我竭尽忠诚，尽其计谋，希望大王采纳。您周围的人不了解情况，终于把我交给官吏审讯，被世人误解，即使让荆轲、卫先生复活，而燕丹、秦昭王也不会醒悟。希望大王仔细地审察这种情况。

从前卞和进献宝玉，楚王砍掉他的脚；李斯对秦竭尽忠诚，胡亥却把他处以极刑。因此箕子装疯，接舆避世，他们都怕遇到这种灾祸啊。希望大王仔细地审察卞和、李斯的诚意，不要犯楚王、胡亥偏听偏信的错误，不要让我被箕子、接舆耻笑。我听说比干被剖心，伍子胥的尸体被装进皮袋子沉入江里，当初我并不相信，现在我才了解了真情。希望大王仔细地审察，略微给我一点怜悯吧！

俗话说：“有的人相处到老，如同新识；有的人偶然相遇，却一见如故。”这是为什么呢？相知还是不相知，不在于相处时间的长短啊。所以，从前樊於期从秦国逃往燕国，把首级给荆轲用来奉行燕丹的使命；王奢离开齐国前往魏国，在城上自刎用来退去齐军保全魏国。王奢、樊於期并不是因为齐、秦是新交，燕、魏是老相识，他们离开齐国和秦国，为燕、魏二君去死，是由于行为和志向相合而对正义无限仰慕的原因啊。所以苏秦不被天下人信任却对燕国像尾生一样地信实；白圭战败丢掉六国城池，却为魏国夺取了中山。这是为什么呢？实在是遇到相知的原因啊。苏秦出任燕国的宰相，燕国有人在国君面前诽谤他，燕王手按宝剑发怒，还杀了一匹骏马给他吃；白圭在中山名声显扬，中山有人到魏文侯信，岂移于浮辞哉！

故女无美恶，入宫见妒；士无贤不肖，入朝见嫉。昔者司马喜髌脚于宋，卒相中山；范雎擢胁折齿于魏，卒为应侯。此二人者，皆信必然之画，捐朋党之私，挟孤独之位，故不能自免于嫉妒之人也。是以申徒狄自沈于河，徐衍负石入海。不容于世，义不苟取，比周于朝，以移主上之心。故百里奚乞食于路，缪公委之以政；宁戚饭牛车下，而桓公任之以国。此二人者，岂借宦于朝，假誉于左右，然后二主用之哉？感于心，合于行，亲于胶漆，昆弟不能离，岂惑于众口哉？故偏听生奸，独任成乱。昔者鲁听季孙之说而逐孔子，宋信子罕之计而囚墨翟。夫以孔、墨之辩，不能自免于谗谀，而二国以危。何则？众口铄金，积毁销骨也。是以秦用戎人由余而霸中国，齐用越人蒙而强威、宣。此二国，岂拘于俗，牵于世，系阿偏之辞哉？公听并观，垂名当世。故意合则胡越为昆弟，由余、越人蒙是矣；不合，则骨肉出逐不收，朱、象、管、蔡是矣。今人主诚能用齐、秦之义，后宋、鲁之听，则五伯不足称，三王易为也。

是以圣王觉寤，捐子之之心，而能不说于田常之贤；封比干之后，修孕妇之墓，故功业复就于天下。何则？欲善无厌也。夫晋文公亲其仇，强霸诸侯；齐桓公用其仇，而一匡天下。何则，慈仁殷勤，诚加于心，不可以虚辞借也。

至夫秦用商鞅之法，东弱韩、魏，兵强天下，而卒车裂之；越用大夫种之谋，禽劲吴，霸中国，而卒诛其身。是以孙叔敖三去相而不悔，于陵子仲辞三公为人灌园。今人主诚能去骄傲之心，怀可报之意，披心腹，见情素，堕肝胆，施德厚，终与之穷达，无爱于士，则桀之狗可使吠尧，而蹠之客可使刺由；况因万乘之权，假圣王之资面前毁谤他，文侯却拿出夜光璧赠给他。这是为什么呢？两主二臣之间，剖心披胆，深信不疑，怎么能因为流言蜚语就变心了呢！

所以女子不论丑美，进入宫廷就被妒嫉；士子不论贤还是不肖，入朝做官就被嫉妒。从前司马喜在宋国遭到割去膝盖骨的刑罚，最终出任了中山国的宰相，范雎在魏国被折断肋骨，打掉牙齿，终于被秦国封为应侯。这两个人，都信守一定的规距，不去做结党营私的勾当，处于孤独的地位，所以不能免于嫉妒小人的迫害。申徒狄所以投河自尽，徐衍抱着石头投海，是因为他们不被当世所容，信守正义不苟且迎合，不在朝廷里结党营私，来动摇国君的心志。所以百里奚在路上行乞，秦缪公把国政托付给他；宁戚在车下喂牛，齐桓公把国事交给他治理。这两个人，难道是在朝中借助官宦的保举、左右亲信的吹捧，才博得缪公、桓公的重用的吗？感召在心，相合在行，亲密如同胶漆，像亲兄弟一样不能分开，难道还能被众多的谗言迷惑吗？所以，只听一面之词就要产生邪恶，只任用个别人就要酿成祸乱。从前鲁君只听信季孙的话，赶走了孔子；宋君只相信子罕的计策，囚禁了墨翟。像孔子、墨子的才辩，都不能使自己免于谗言的伤害，因而鲁、宋两国出现了危机。这是为什么呢？众口一词，就是金石也会熔化，毁谤聚集多了，就是亲骨肉的关系也会销毁。所以秦缪公任用了戎人由余，而称霸中原，齐国任用了越人蒙，而使威王、宣王两代强盛。秦、齐两国，难道会拘泥于流俗，牵累于世风，束缚于阿谀偏执的谗言吗？他们能公正地听取意见，全面地观察事情，在当世一直保持好的名声。所以心意相合，就是胡人越人，也可以亲如兄弟，由余和越人蒙就是这样的；心意不能相合，就是至亲骨肉也赶走不留，朱、象、管、蔡就是这样的。如今，国君如果能用齐、秦合宜的做法，摒弃宋、鲁偏听偏信的错误，那么，五霸的功业就不值得称颂，三王的功业也是很容易实现的。

因此，英明的国君得到醒悟，摒弃子之虚伪的心肠，喜欢田常的贤能；封赏比干的后代，整修被剖腹孕妇的坟墓，所以功业回归于天下。这是为什么呢？要从善如流是没有满足的。晋文公亲近他的仇人，就能够在诸侯中称霸；齐桓公任用他原来的仇人，却能使天下纳入正轨。这是为什么呢？心地仁慈，对人诚恳，用真诚感化人心，不是用虚浮的言词能代替的。

到秦国的时候，秦王任用商鞅推行变法，向东削弱了韩、魏，秦国的军队在天下称强，而最终把他车裂而死；越国采纳大夫文种的计谋，攻灭了强大的吴国，称霸中原，而最后遭到杀身之祸。因此，孙叔敖三次离开相位而不懊悔；于陵子仲推辞了三公的职位去替别人浇水灌园。如今国君果真能去掉倨傲的情绪，心里存有报答的想法，敞开心腹，以见真情，披肝沥胆，施以厚德，始终和别人共甘苦、爱戴士子，那么，就是桀养的狗也可以让它咬尧，而蹠的门客可以让他乎？然则荆轲之湛七族，要离之烧妻子，岂足道哉！

臣闻明月之珠，夜光之璧，以暗投人于道路，人无不按剑相眄者。何则？无因而至前也。蟠木根柢，轮囷离诡，而为万乘器者。何则？以左右先为之容也。故无因至前，虽出随侯之珠，夜光之璧，犹结怨而不见德。故有人先谈，则以枯木朽株树功而不忘。今夫天下布衣穷居之士，身在贫贱，虽蒙尧、舜之术，挟伊、管之辩，怀龙逢、比干之意，欲尽忠当世之君，而素无根柢之容，虽竭精思，欲开忠信，辅人主之治，则人主必有按剑相眄之迹，是使布衣不得为枯木朽株之资也。

是以圣王制世御俗，独化于陶钧之上，而不牵于卑乱之语，不夺于众多之口。故秦皇帝任中庶子蒙嘉之言，以信荆轲之说，而匕首窃发；周文王猎泾、渭，载吕尚而归，以王天下。故秦信左右而杀，周用乌集而王。何则？以其能越挛拘之语，驰域外之议，独观于昭旷之道也。

今人主沈于谄谀之辞，牵于帷裳之制，使不羁之士与牛骥同皂，此鲍焦所以忿于世而不留富贵之乐也。

臣闻盛饰入朝者不以利污义，砥厉名号者不以欲伤行，故县名胜母而曾子不入，邑号朝歌而墨子回车。今欲使天下寥廓之士，摄于威重之权，主于位势之贵，故回面污行以事谄谀之人而求亲近于左右，则士伏死堀穴岩之中耳，安肯有尽忠信而趋阙下者哉！

书奏梁孝王，孝王使人出之，卒为上客。

太史公曰：鲁连其指意虽不合大义，然余多其在布衣之位，荡然肆志，不诎于诸侯，谈说于当世，折卿相之权。邹阳辞虽不逊，然其比物连类，有足悲者，亦可谓抗直不桡矣，吾是以附之列传焉。

行刺许由；何况您倚仗大国的权势，凭借圣王的才能呢？既然如此，那么荆轲甘愿冒着被灭七族的大祸，要离烧死妻子儿女，难道还有什么值得称道的吗！

我听说把月明珠或夜光璧，在黑夜的路上抛向行人，人们没有不惊异地按剑斜着眼睛警惕地看他的。这是为什么呢？是因为宝物无端地被抛到面前。盘曲的树根，屈曲奇特，却可以成为国君鉴赏的器物。这是为什么呢？是因为周围的人事先把它雕刻、装饰了。所以宝物无端地抛到眼前，即使抛出的是随侯明珠、夜光之璧，还是要结怨而不讨好的，所以事先有人予以推荐，就是枯木朽株也会有所建树而不被忘掉。如今那些平民百姓和穷居陋巷的士人，处在贫贱的环境下，即使有尧、舜的治国之道，持有伊尹、管仲那样的辩才，怀有龙逢、比干那样的心志，打算尽忠于当世的国君，而素来没有被推荐的人，即使是用尽心思，献出自己的忠义，辅佐国君治国安邦，那么，国君一定会像对待投掷宝物的人那样按剑斜视你了，这是使得平民百姓不能起到枯木朽株那样的作用啊。

所以圣明的君主治理国家，如同陶人运钧一样自有治国之道，教化天下，而不被鄙乱的议论所左右，不被众多口舌贻误大事。所以秦始皇听信中庶子蒙嘉的话，才相信了荆轲的谎话，荆轲才能乘人不备偷偷地取出行刺的匕首；周文王在泾、渭地区狩猎，用车载回吕尚，才能够在天下称王。那么秦王偏听了近臣的话，险些被杀；周文王却事出偶合而称王天下。这是为什么呢？因为他能不拘泥于言辞，纵横于园围以外的议论，卓然独立地看到宽宏豁达的光明大道。

如今，国君沉湎于阿谀谗媚的言词之中，牵制于姬妾近侍的包围之下，以致使卓异超群的士人，与愚人、贤者混同在一起。这就是鲍焦为什么对世道忿懑不平、对富贵毫不留恋的原因啊。

我听说穿着庄重严整的服饰上朝的人，不会贪图利禄而玷污道义；追求名誉的人，不会放纵私欲败坏自己的品行，因此，县名叫作“胜母”而曾子就不进去；城邑的名字叫“朝歌”而墨子就回车离去。如今，让抱负远大的人，被威重的权势所震慑，被高位大势所压抑，有意用邪恶的面目、肮脏的品行来侍奉阿谀献媚的小人而求得亲近于大王左右，那么有志之士就会老死在岩穴之中了，怎么肯竭尽忠诚信义追随大王呢！

这封信进献给梁孝王，孝王派人从牢狱中把邹阳放出来，邹阳终于成为梁孝王的贵宾。

太史公说：鲁仲连的议论主要旨意虽然不合大义，可是我赞许他能以平民百姓的身份，纵横快意地放浪形骸，不屈服于诸侯，评论当世豪杰，使大权在握的公卿宰相们折服。邹阳的言词即使不够谦逊，可是他列举相类的事物进行比较，确实有感人之处，也可以说是坦率耿直、不屈不挠了，所以我把他附在这篇列传里。

屈原贾生列传第二十四

屈原者，名平，楚之同姓也。为楚怀王左徒。博闻强志，明于治乱，娴于辞令。入则与王图议国事，以出号令；出则接遇宾客，应对诸侯。王甚任之。

上官大夫与之同列，争宠而心害其能。怀王使屈原造为宪令，屈平属草稿未定。上官大夫见而欲夺之，屈平不与，因谗之曰："王使屈平为令，众莫不知，每一令出，平伐其功，以为'非我莫能为'也。"王怒而疏屈平。

屈平疾王听之不聪也，谗谄之蔽明也，邪曲之害公也，方正之不容也，故忧愁幽思而作离骚。离骚者，犹离忧也。夫天者，人之始也；父母者，人之本也。人穷则反本，故劳苦倦极，未尝不呼天也；疾痛惨怛，未尝不呼父母也。屈平正道直行，竭忠尽智以事其君，谗人间之，可谓穷矣。信而见疑，忠而被谤，能无怨乎？屈平之作离骚，盖自怨生也。国风好色而不淫，小雅怨诽而不乱。若离骚者，可谓兼之矣。上称帝喾，下道齐桓，中述汤武，以刺世事。明道德之广崇，治乱之条贯，靡不毕见。其文约，其辞微，其志絜，其行廉，其称文小而其指极大，举类迩而见义远。其志絜，故其称物芳。其行廉，故死而不容。自疏濯淖污泥之中，蝉蜕于浊秽，以浮游尘埃之外，不获世之滋垢，皭然泥而不滓者也。推此志也，虽与屈原，名平，和楚国王室是同姓一族。他担任楚怀王的左徒，学识渊博，记忆力很强，对国家存亡兴衰的道理非常了解，对外交往来、接人待物的辞令也非常熟悉。因此他入朝就和楚王讨论国家大事，制定政令；对外接待各国使节，处理对各诸侯国的外交事务。楚怀王对他非常信任。

上官大夫和屈原职位相同，他想得到怀王的宠信，很嫉妒屈原的才能。有一次，怀王命屈原制定国家法令，屈原刚把草稿写完，还没最后修定完成时，上官大夫见到后想夺为己有，但屈原不肯给他。他就在楚怀王面前说屈原的坏话："大王您让屈原制定法令，上下没有人不知道这件事，每颁布一条法令，屈原就夸耀自己的功劳，说是'除了我之外，谁也做不出来'。"怀王听了，非常生气，因此就疏远了屈原。

屈原痛心怀王听闻失灵而不能分辨是非，视线被谗佞谄媚之徒所蒙蔽而不能辨明真伪，致使邪恶伤害了公道、正直的人不被朝廷所容，所以才忧愁苦闷，沉郁深思而写成《离骚》。所谓"离骚"，就是遭遇忧患的意思。上天是人的原始；父母是人的根本。人在处境窘迫的时候，就要追念根本，所以在劳累困苦到极点时，没有不呼叫上天的；在受到病痛折磨无法忍受时，没有不呼叫父母的。屈原坚持公正，行为耿直，对君王他一片忠心，竭尽才智，但是却受到小人的挑拨离间，其处境可以说是极端困窘了。因诚心为国而被君王怀疑，因忠心事主而被小人诽谤，怎能没有悲愤之情呢？屈原写作《离骚》，正是为了抒发这种悲愤之情。《诗经·国风》虽然有许多描写男女恋情之作，但却不是淫乱；《诗经·小雅》虽然表露了百姓对朝政的诽谤愤怨之情，但却不主张公开反叛。而像屈原的《离骚》，可以说是兼有以上两者的优点。屈原在《离骚》中，往上追述到帝喾的事迹，近世赞扬齐桓公的伟业，中间叙述商汤、周武的德政，以此来批评时政。阐明道德的广博深远，治乱兴衰的因果必然，这些都讲得非常详尽。《离骚》的语言简约精练，内容却托意深微，表达屈原情志高洁、品行廉正。其中的文句写的虽然是细小的事物，其意旨却极其博深宏大，列举的虽然都是眼前常见的事例，而所寄托的意义却极其深远。屈原情志高洁，所以喜欢用香草作譬喻：他品行廉正，所以至死也不放松对自己的要求。身处污泥浊水之中而能洗涤干净，就像蝉能从混浊污秽中解脱出来一样，在尘埃之外浮游，不被世俗的混浊日月争光可也。

屈平既绌，其后秦欲伐齐，齐与楚从亲，惠王患之，乃令张仪佯去秦，厚币委质事楚，曰："秦甚憎齐，齐与楚从亲，楚诚能绝齐，秦愿献商、于之地六百里。"楚怀王贪而信张仪，遂绝齐，使使如秦受地。张仪诈之曰："仪与王约六里，不闻六百里。"楚使怒去，归告怀王。怀王怒，大兴师伐秦。秦发兵击之，大破楚师于丹、淅，斩首八万，虏楚将屈匄，遂取楚之汉中地。怀王乃悉发国中兵以深入击秦，战于蓝田。魏闻之，袭楚至邓。楚兵惧，自秦归。而齐竟怒不救楚，楚大困。

明年，秦割汉中地与楚以和。楚王曰："不愿得地，愿得张仪而甘心焉。"张仪闻，乃曰："以一仪而当汉中地，臣请往如楚。"如楚，又因厚币用事者臣靳尚，而设诡辩于怀王之宠姬郑袖。怀王竟听郑袖，复释去张仪。是时屈平既疏，不复在位，使于齐，顾反，谏怀王曰："何不杀张仪？"怀王悔，追张仪不及。

其后诸侯共击楚，大破之，杀其将唐眜。

时秦昭王与楚婚，欲与怀王会。怀王欲行，屈平曰："秦虎狼之国，不可信，不如毋行。"怀王稚子子兰劝王行："奈何绝秦欢！"怀王卒行。入武关，秦伏兵绝其后，因留怀王，以求割地。怀王怒，不听。亡走赵，赵不内。复之秦，竟死于秦而归葬。

长子顷襄王立，以其弟子兰为令尹。楚人既咎子兰以劝怀王入秦而不反也。

屈平既嫉之，虽放流，眷顾楚国，系心怀王，不忘欲反，冀幸君之一悟，俗之一改也。其存君兴国而欲反覆之，一篇之中三致志焉。然终无可奈何，故不可以反，卒以此见怀王之终不悟也。人君无愚智所玷污，清白高洁，出污泥而不染。他情志高尚，说与日月争辉也是适宜的。

屈原被贬退之后，秦国想发兵攻打齐国，可是齐国与楚国有合纵的盟约，秦惠王对此很担忧，于是就派张仪假装离开秦国，带着丰厚的礼品来到楚国表示臣服，说："秦国非常痛恨齐国，但齐国和楚国有合纵的盟约，若是楚国能和齐国断交，那么秦国愿意献出商、于一带六百里土地。"楚怀王贪图秦国的土地而相信了张仪，就和齐国断绝了关系，并派使者到秦国接受土地。张仪欺骗使者说："我和楚王约定的是六里，没听说过有什么六百里。"楚国使者非常生气地离开了，回到楚国把这事告诉了怀王。怀王勃然大怒，大规模起兵攻打秦国。秦国也派兵迎击，在丹水、淅水一带大破楚军，并斩杀八万人，俘虏了楚将屈匄，接着又攻取了楚国汉中一带。于是楚怀王发动了全国的军队，深入进军，攻打秦国，在蓝田大战。魏国得知此事，派兵偷袭楚国，到达邓地。楚兵非常害怕，不得不从秦国撤军回国。而齐国很痛恨怀王背弃盟约，不肯派兵救助楚国，楚国的处境非常艰难。

第二年，秦国提出归还汉中一带的土地与楚国讲和，但楚怀王说："我不希望得到土地，只想得到张仪就甘心了。"张仪听到这话，就说："用我一个张仪来抵汉中之地，请大王答应我去楚国。"张仪到楚国之后，又给楚国掌权的大臣靳尚送上厚礼，并用花言巧语欺骗怀王的宠姬郑袖，怀王竟然听信了郑袖的话，把张仪又给放跑了。这时屈原已被疏远，不再担任重要官职，刚被派去出使齐国，回来之后，向怀王进谏说："大王您为什么不杀了张仪呢？"怀王感到很后悔，派人去追赶，但已经来不及了。

在此之后，各诸侯国联合攻打楚国，大败楚军，杀死了楚国大将唐昧。

后来秦昭王和楚国结为姻亲，想和楚怀王见见面，楚怀王想要前往，屈原劝谏说："秦国是虎狼一般贪暴的国家，是不能信任的，还是不去的好。"可是怀王的小儿子子兰劝怀王前去，他说："为什么要拒绝秦王的好意呢？"怀王最终还是去了。但他刚一进武关，秦国的伏兵就截断了他的回路，把怀王扣留，为的是让他答应割让土地。怀王大怒，不肯应允，逃到赵国，但赵国拒绝接纳，然后又被抓回秦国，最终死在秦国，尸体运回楚国安葬。

怀王的大儿子顷襄王继位，任命他的弟弟子兰为令尹。因子兰劝怀王入秦而导致怀王最终死在秦国，楚国人都把此事的责任归罪于子兰。

屈原非常痛恨子兰的所作所为，虽然身遭放逐，却依然眷恋楚国，怀念怀王，时刻惦记着能重返朝廷，总是希望君王能突然觉悟，不良习俗也为之改变。他怀念君王，想要复兴国家、扭转局势，所以在一篇作品中多次流露这种心情。然而终究无可奈何，所以也不可能再返朝廷，于此也可见怀王最终也没有醒悟。

贤不肖，莫不欲求忠以自为，举贤以自佐，然亡国破家相随属，而圣君治国累世而不见者，其所谓忠者不忠，而所谓贤者不贤也。怀王以不知忠臣之分，故内惑于郑袖，外欺于张仪，疏屈平而信上官大夫、令尹子兰。兵挫地削，亡其六郡，身客死于秦，为天下笑。此不知人之祸也。易曰："井泄不食，为我心恻，可以汲。王明，并受其福。"王之不明，岂足福哉！

令尹子兰闻之大怒，卒使上官大夫短屈原于顷襄王，顷襄王怒而迁之。

屈原至于江滨，被发行吟泽畔。颜色憔悴，形容枯槁。渔父见而问之曰："子非三闾大夫欤？何故而至此？"屈原曰："举世混浊而我独清，众人皆醉而我独醒，是以见放。"渔父曰："夫圣人者，不凝滞于物而能与世推移。举世混浊，何不随其流而扬其波？众人皆醉，何不哺其糟而啜其醨？何故怀瑾握瑜而自令见放为？"屈原曰："吾闻之，新沐者必弹冠，新浴者必振衣，人又谁能以身之察察，受物之汶汶者乎！宁赴常流而葬乎江鱼腹中耳，又安能以皓皓之白而蒙世俗之温蠖乎！"

乃作怀沙之赋。其辞曰：

陶陶孟夏兮，草木莽莽。伤怀永哀兮，汩徂南土。眴兮窈窈，孔静幽墨。冤结纡轸兮，离愍之长鞠；抚情效志兮，俯诎以自抑。

刓方以为圜兮，常度未替；易初本由兮，君子所鄙。章画职墨兮，前度未改；内直质重兮，大人所盛。巧匠不斫兮，孰察其揆正？玄文幽处兮，蒙谓之不章；离娄微睇兮，瞽以为无明。变白而为黑兮，倒上以为下。凤皇在笯兮，鸡雉翔舞。同糅玉石兮，一概而相量。夫党人之鄙妒兮，羌不知吾所臧。任重载盛兮，陷滞而不济；怀瑾握瑜兮，穷不得余所示。邑犬群吠兮，吠所怪也；诽骏疑桀兮，固作为国君，不管他聪明还是愚蠢，有才还是无能，都希望找到忠臣和贤士来辅佐自己治理国家，然而亡国破家之事却不断发生，而圣明的君主、太平的国家却好多世都未曾一见，其根本原因就在于所谓的忠臣并不忠、所谓的贤士并不贤。怀王因为不知晓忠臣之职分，所以在内被郑袖所迷惑，在外被张仪所欺骗，疏远了屈原而信任上官大夫和令尹子兰，结果使军队惨败，国土被侵占，失去了六郡地盘，自己还流落他乡，客死秦国，被天下人所耻笑。这是由于不知人所造成的灾祸。《易经》上说："井已经疏浚干净，却没人来喝水，这是令人难过的事。国君若是圣明，大家都可以得到幸福。"而怀王是如此不明，哪里配得到幸福啊？

令尹子兰听到这些情况勃然大怒，最终让上官大夫去向顷襄王说屈原的坏话，顷襄王一生气，就把屈原放逐了。

屈原来到江边，披头散发在荒野草泽上一边走，一边悲愤长吟。他的脸色憔悴，形体干瘦。一位渔翁看到他，就问道："您不就是三闾大夫吗？为什么到这里来呢？"屈原说："全国的人都污浊而只有我是干净的，大家都昏沉大醉而只有我是清醒的，所以我才被放逐了。"渔翁说："一个道德修养达到最高境界的人，对事物的看法并非一成不变，而是能随着世俗风气而转移，全社会的人都污浊，你为什么不在其中随波逐流？大家都昏沉大醉，你为什么不在其中吃点残羹剩酒呢？为什么要保持美玉一般的品德，而使自己落得个被流放的下场呢？"屈原回答说："我听说过，刚洗过头的人一定要弹去帽子上的灰尘，刚洗过身躯的人一定要把衣服上的尘土抖干净，人们又有谁愿意以清白之身，而受外界污垢的玷染呢？我宁愿跳入江水，葬身鱼腹之中，也不让自己的清白品德蒙受世俗的污染！"

于是，屈原写下了作品《怀沙》，其中这样写道：

阳光强烈的初夏呀，草木茂盛地生长着。悲伤总是充满胸膛啊，我急匆匆来到南方。眼前的路是一片茫茫啊，沉寂得毫无声响。我的心情沉郁悲慨啊，这令人伤心的日子又实在太长。抚心反省而没有过错啊，蒙冤自抑而无所畏惧。

想把方木削成圆木啊，但正常法度又不可改易。抛开正路而走上斜径啊，那将为君子所鄙弃。明确规范牢记法度啊，往日的初衷决不反悔。品性忠厚心地端正啊，为君子所赞美。巧匠不挥动斧头砍削啊，谁能看出是否合乎标准？黑色的花纹放在幽暗之处啊，盲人会说花纹不鲜明；离娄稍微一瞥就看得非常清楚啊，盲人反说他是失明无光。事情竟是如此的黑白混淆啊，上下颠倒。凤凰被关进笼子里啊，鸡和野雉却在那里飞跳。美玉和粗石被掺杂在一起啊，竟有人说二者也差不了多少。那些帮派小人卑鄙嫉妒啊，全然不了解我的高尚情操。任重道远负载得太多啊，以至于沉陷阻滞不能向前。身怀美玉品德高尚啊，处境却困窘向谁展示？城中群狗胡乱叫啊，少见多怪就叫唤。诽谤英雄怀疑豪杰啊，这本来就是庸态也。文质疏内兮，众不知吾之异采；材朴委积兮，莫知余之所有。重仁袭义兮，谨厚以为丰；重华不可牾兮，孰知余之从容！古固有不并兮，岂知其故也？汤禹久远兮，邈不可慕也。惩违改忿兮，抑心而自强；离湣而不迁兮，愿志之有象。进路北次兮，日昧昧其将暮；含忧虞哀兮，限之以大故。

乱曰：浩浩沅、湘兮，分流汨兮。修路幽拂兮，道远忽兮。曾唫恒悲兮，永叹慨兮。世既莫吾知兮，人心不可谓兮。怀情抱质兮，独无匹兮。伯乐既殁兮，骥将焉程兮？人生禀命兮，各有所错兮。定心广志，余何畏惧兮？曾伤爰哀，永叹喟兮。世溷不吾知，心不可谓兮。知死不可让兮，愿勿爱兮。明以告君子兮，吾将以为类兮。

于是怀石遂自汨罗以死。

屈原既死之后，楚有宋玉、唐勒、景差之徒者，皆好辞而以赋见称；然皆祖屈原之从容辞令，终莫敢直谏。其后楚日以削，数十年竟为秦所灭。

自屈原沈汨罗后百有余年，汉有贾生，为长沙王太傅，过湘水，投书以吊屈原。

贾生名谊，雒阳人也。年十八，以能诵诗属书闻于郡中。吴廷尉为河南守，闻其秀才，召置门下，甚幸爱。孝文皇帝初立，闻河南守吴公治平为天下第一，故与李斯同邑而常学事焉，乃征为廷尉。廷尉乃言贾生年少，颇通诸子百家之书。文帝召以为博士。

是时贾生年二十余，最为少。每诏令议下，诸老先生不能言，贾生尽为之对，人人各如其意所欲出。诸生于是乃以为能，不及也。孝文帝说之，超迁，一岁中至太中大夫。

贾生以为汉兴至孝文二十余年，天下和洽，而固当改正朔，易服色，法制度，定官名，兴礼乐，乃悉草具其事仪法，色尚黄，数用五，为官名，悉更秦之法。孝文帝初即位，谦让未遑也。诸律令所更小人的丑态。外表粗疏内心朴实啊，众人不知我的异彩。未雕饰的材料被随意丢弃啊，没人知道我所具有的智慧和品德。我注重仁与义的修养啊，并把恭谨忠厚来加强。虞舜已不可再遇啊，又有谁知道我从容坚守自己的志向。古代的圣贤也难得同世而生啊，又有谁能了解其中缘由？商汤夏禹距今是何其久远啊，渺茫无际难以追攀。强压住悲愤不平啊，抑制内心而使自己更加坚强。遭受忧患而不改变初衷啊，只希望我的志向成为后人效法的榜样。我又顺路北行啊，迎着昏暗将尽的阳光。饱含忧郁而强作欢颜啊，死亡就在前面不远的地方。

尾声：浩浩荡荡的沅江、湘江水啊，不停地流淌翻涌着波浪。道路漫长而又昏暗啊，前程又是何等的恍惚渺茫。我怀着长久的悲伤歌吟不止啊，一直在慨然叹息。世上没人了解我啊，谁能听我诉衷肠？情操高尚品质美啊，芬芳洁白世无双。伯乐早已死去啊，千里马谁能识别它是骏良？人生一世秉承命运啊，各有各的不同安排。内心坚定心胸广啊，别的还有什么值得畏惧！重重忧伤长感慨啊，永世长叹无尽哀。世道混浊知音少啊，人心叵测内难猜。人生在世终须死啊，对自己的生命就不要太珍爱。明白告知世间的君子啊，我将永为人模楷。

于是，屈原就怀抱石头，投入汨罗江自杀而死。

屈原死后，楚国有宋玉、唐勒、景差等人，他们都爱好文学而以擅长辞赋著名，但都只学习了屈原辞令委婉含蓄的一面，而最终没人敢像屈原那样直言劝谏。此后楚国一天比一天弱小，几十年之后终于被秦国消灭。

自从屈原沉江而死，过了一百多年之后，汉朝有个贾生，在担任长沙王太傅时，经过湘水，写了一篇辞赋投入江中，以此祭吊屈原。

贾生名叫贾谊，是洛阳人，十八岁时就因能诵读诗书会写文章而闻名当地。吴廷尉担任河南郡守时，听说贾谊才学优异，就把他召到衙门任职，并对他非常器重。汉文帝刚即位，听说河南郡守吴公政绩卓著，为全国第一，而且和李斯同乡，又曾向李斯学习过，于是就征召他担任廷尉。吴廷尉就向文帝推荐贾谊，说贾谊年轻有才，能精通诸子百家的学问。这样，汉文帝就征召贾谊，让他担任博士之职。

当时贾谊二十多岁，在博士中最为年轻。每次文帝下令让博士们讨论一些问题，那些年长的老先生们都无话可说，而贾谊却能一一回答，人人都觉得他说出了自己想说的话。博士们都认为贾生才能杰出，无与伦比，大家都比不上他。汉文帝也非常喜欢他，对他破格提拔，一年之内就升任太中大夫。

贾谊认为从西汉建立到汉文帝时已有二十多年了，天下太平，正是改正历法、变易服色、订立制度、决定官名、振兴礼乐的时候。于是他草拟了各种仪法，崇尚黄色，遵用五行之说，创设官名，完全改变了秦朝的旧法。汉文帝刚刚定，及列侯悉就国，其说皆自贾生发之。于是天子议以为贾生任公卿之位。绛、灌、东阳侯、冯敬之属尽害之，乃短贾生曰："雒阳之人，年少初学，专欲擅权，纷乱诸事。"于是天子后亦疏之，不用其议，乃以贾生为长沙王太傅。

贾生既辞往行，闻长沙卑湿，自以寿不得长，又以适去，意不自得。及渡湘水，为赋以吊屈原。其辞曰：

共承嘉惠兮，俟罪长沙。侧闻屈原兮，自沈汨罗。造托湘流兮，敬吊先生。遭世罔极兮，乃陨厥身。呜呼哀哉，逢时不祥！鸾凤伏窜兮，鸱枭翱翔。阘茸尊显兮，谗谀得志；贤圣逆曳兮，方正倒植。世谓伯夷贪兮，谓盗跖廉；莫邪为顿兮，铅刀为铦。于嗟嚜嚜兮，生之无故！斡弃周鼎兮宝康瓠，腾驾罢牛兮骖蹇驴，骥垂两耳兮服盐车。章甫荐屦兮，渐不可久；嗟苦先生兮，独离此咎！

讯曰：已矣，国其莫我知，独堙郁兮其谁语？凤漂漂其高逝兮，夫固自缩而远去。袭九渊之神龙兮，沕深潜以自珍。弥融爚以隐处兮，夫岂从蚁与蛭螾？所贵圣人之神德兮，远浊世而自藏。使骐骥可得系羁兮，岂云异夫犬羊！般纷纷其离此尤兮，亦夫子之辜也！瞝九州而相君兮，何必怀此都也？凤皇翔于千仞之上兮，览德辉而下之；见细德之险兮，摇增翮逝而去之。彼寻常之污渎兮，岂能容吞舟之鱼！横江湖之鳣鲟兮，固将制于蚁蝼。

贾生为长沙王太傅三年，有鸮飞入贾生舍，止于坐隅。楚人命鸮曰"鵩"。贾生既以适居长沙，长沙卑湿，自以为寿不得长，伤悼之，乃为赋以自广。其辞曰：

单阏之岁兮，四月孟夏，庚子日施兮，鵩集予舍，止于坐隅，貌甚闲暇。异物来集兮，私怪其故，发书占之兮，筴言其度。曰"野鸟入处兮，主人将去"。请问于鵩兮："予去何之？吉乎告我，凶言其灾。淹数之度兮，语予其期。"鵩乃叹息，举首奋翼，口不能言，请即位不久，谦虚退让还来不及实行。但此后各项法令的更改，以及诸侯必须到封地去上任等事，这都是贾谊的主张。于是汉文帝就和大臣们商议，想提拔贾谊担任公卿之职。而绛侯周勃、灌婴、东阳侯、冯敬这些人都嫉妒他，就诽谤贾谊说："这个洛阳人，年纪轻而学识浅，只想独揽大权，把政事弄得一团糟。"此后，汉文帝就疏远了贾谊，不再采纳他的意见，任命他为长沙王太傅。

贾谊向文帝告辞以后，前往长沙赴任，他听说长沙地势低洼，气候潮湿，自认为寿命不会很长，又是因为被贬至此，内心非常不愉快。在渡湘水的时候，他写下一篇辞赋来凭吊屈原，赋文这样说：

我恭奉天子诏命，带罪来到长沙任职。我曾听说过屈原啊，是自沉汨罗江而长逝。今天我来到湘江边上，托江水来凭吊先生您的英灵。遭遇纷乱无常的社会，才逼得您自杀失去生命。啊呀，太令人悲伤啦！正赶上那不幸的年代。鸾凤潜伏隐藏起来，鸱枭却自在翱翔。不才之人尊贵显赫，阿谀奉承之辈得志猖狂；圣贤都不能顺随行事啊，方正的人反屈居下位。世人竟称伯夷贪婪，盗跖廉洁；莫邪宝剑太钝，铅刀反而是利刃。唉呀呀！先生您真是太不幸了，平白遭此横祸！丢弃了周代传国的无价鼎，反把破瓠当奇货。驾着疲惫的老牛和跛驴，却让骏马垂着两耳拉盐车。好端端的礼帽当鞋垫，这样的日子怎能长？哎呀，真苦了屈先生，唯您遭受这飞来祸！

尾声：算了吧！既然国人不了解我，心中的抑郁不快又能和谁诉说？凤凰高飞远离去，本应如此自引退，效法神龙隐渊底，深藏避祸自爱惜。韬光晦迹来隐处，岂能与蚂蚁、水蛭、蚯蚓为邻居？圣人品德最可贵，远离浊世而自行隐匿。若是良马可拴系，怎说异于犬羊类！世态纷乱遭此祸，先生自己也有责。游历九州任择君，何必对故都恋恋不舍？凤凰飞翔千仞上，看到有德之君才下来栖止。一旦发现危险兆，振翅高飞远离去。狭小污浊的小水坑，怎能容得下吞舟大鱼？横行江湖的大鱼，最终还要受制于蝼蚁。

贾谊担任长沙王太傅的第三年，一次有一只猫头鹰飞进他的住宅，停在了座位旁边。楚国人把猫头鹰叫作"鹏"。贾谊原本就是因被贬来到长沙，而长沙地势低洼、气候潮湿，所以自认为寿命不长，悲痛伤感，就写下了一篇赋来自我安慰。赋文写道：

丁卯年四月初夏，庚子日太阳西斜的时分，有一只猫头鹰飞进我的住所，它在座位旁边停下，样子是那样的自在安闲。奇怪的鸟飞进我家，我私下奇怪是什么鸟。打开卦书来占卜，上面载有这样的话，"野鸟飞入住舍呀，主人将会离开家"。请问鸟啊："我离开这里将去何方？是吉，就请告我；是凶，也请告我是什么祸殃。生死迟速有定数啊，请把期限对我说端详。"猫头鹰听罢长叹息，抬对以意。

万物变化兮，固无休息。斡流而迁兮，或推而还。形气转续兮，变化而嬗。沕穆无穷兮，胡可胜言！祸兮福所倚，福兮祸所伏；忧喜聚门兮，吉凶同域。彼吴强大兮，夫差以败；越栖会稽兮，句践霸世。斯游遂成兮，卒被五刑；傅说胥靡兮，乃相武丁。夫祸之与福兮，何异纠纆。命不可说兮，孰知其极？水激则旱兮，矢激则远。万物回薄兮，振荡相转。云蒸雨降兮，错缪相纷。大专槃物兮，坱轧无垠。天不可与虑兮，道不可与谋。迟数有命兮，恶识其时？

且夫天地为炉兮，造化为工；阴阳为炭兮，万物为铜。合散消息兮，安有常则；千变万化兮，未始有极。忽然为人兮，何足控抟；化为异物兮，又何足患！小知自私兮，贱彼贵我；通人大观兮，物无不可。贪夫徇财兮，烈士徇名；夸者死权兮，品庶冯生。怵迫之徒兮，或趋西东；大人不曲兮，亿变齐同。拘士系俗兮，攌如囚拘；至人遗物兮，独与道俱。众人或或兮，好恶积意；真人淡漠兮，独与道息。释知遗形兮，超然自丧；寥廓忽荒兮，与道翱翔。乘流则逝兮，得坻则止；纵躯委命兮，不私与己。其生若浮兮，其死若休；澹乎若深渊之静，氾乎若不系之舟。不以生故自宝兮，养空而浮；德人无累兮，知命不忧。细故蒂芥兮，何足以疑！

后岁余，贾生征见。孝文帝方受釐，坐宣室。上因感鬼神事，而问鬼神之本。贾生因具道所以然之状。至夜半，文帝前席。既罢，曰："吾久不见贾生，自以为过之，今不及也。"居顷之，拜贾生为梁怀王太傅。梁怀王，文帝之少子，爱，而好书，故令贾生傅之。

文帝复封淮南厉王子四人皆为列侯。贾生谏，以为患之兴自此头振翅已会意，嘴巴不能说话，请以意相示让人自己推度揣测。

天地万物变化，本来没有终止的时候，就像涡流旋转，反复循环。外形内气转化相续，演变如蝉蜕化一般。其道理深微无穷，言语哪能说得周遍。祸中傍倚着福，福中也埋藏着祸。忧和喜同聚一起，吉和凶同在一起。当年吴国是何等的强大，但吴王夫差却以此而败亡。越国败于会稽，勾践以此称霸于世。李斯游说秦国顺利成功，却终于遭受五刑。傅说原为一刑徒，后来却成武丁相。祸对于福来说，与绳索互相缠绕有什么不同？天命无法详解说，谁能预知它的究竟？水成激流来势猛，箭遇强力射得远。万物循环往复长久激荡，运动之中相互起变化。云升雨降多反复，错综变幻何其纷繁。天地运转造万物，漫无边际何其浩瀚。天道高深不可预测，凡人思虑难以谋算。生死的迟早都由命，谁能知其到来时？

何况天地就像巨炉，自然本来就像司炉工。阴阳运转是炉炭，世间万物都像铜一样。其中聚散或生灭，哪有常规可寻？错综复杂千变万化，未曾见过有到头的时候。托生成人也是偶然事，不值得羡慕那些可以长生的人。纵然死去化作异物，又哪里值得忧虑心胆惊！有小智慧的人只顾自己，鄙薄外物注重己身。通达的人何等的大度，死生祸福没有不相宜的。贪夫为了财物赔上性命，烈士为了名不顾生命。喜好虚名者为权势而死，平民百姓又怕死贪生。而被名利所诱惑、被贫贱所逼迫的人，为了钻营而奔走西东。而道德修养极高的人，不被物欲所屈服，对千百万化的事物等量齐观。愚夫被俗累羁绊，拘束得如囚徒一般。有至德的人能遗世弃俗，只与大道同存在。天下众人迷惑不解，爱憎之情积满胸臆。有真德的人恬淡无为，独和大道同生息。舍弃智慧忘形骸，超然物外不知有己。在那空旷恍惚的境界里，和大道一起共翱翔。乘着流水任意行，碰上小洲就停止。将身躯托付给命运，不把它看作私有之体。活着如同寄于世，死了是长休息。内心宁静就如无波的深渊，浮游就如不系缆绳的小舟。不因活着重己命，修养空灵之性不拘泥。至德之人无俗累，乐天知命复何忧！鸡毛蒜皮区区小事，哪里值得忧虑生疑！

一年多之后，贾谊被召回京城拜见皇帝。当时汉文帝正坐在宣室，接受神的降福保佑。因文帝有感于鬼神之事，就向贾谊询问鬼神的本原。贾谊也就乘机周详地讲述了之所以会有鬼神之事的种种情形。到半夜时分，文帝已听得很入神，不知不觉地在座席上总往贾谊身边移动。听完之后，文帝慨叹道："我好长时间没见贾谊了，自认为能超过他，现在看来还是不如他。"过了不久，文帝任命贾谊为梁怀王太傅。梁怀王是汉文帝的小儿子，受文帝宠爱，又喜欢读书，因此才让贾谊当他老师。

汉文帝又将淮南厉王的四个儿子都封为列侯。贾谊劝谏，认为国家祸患的兴起矣。贾生数上疏，言诸侯或连数郡，非古之制，可稍削之。文帝不听。

居数年，怀王骑，堕马而死，无后。贾生自伤为傅无状，哭泣岁余，亦死。贾生之死时年三十三矣。及孝文崩，孝武皇帝立，举贾生之孙二人至郡守，而贾嘉最好学，世其家，与余通书。至孝昭时，列为九卿。

太史公曰：余读离骚、天问、招魂、哀郢，悲其志。适长沙，观屈原所自沈渊，未尝不垂涕，想见其为人。及见贾生吊之，又怪屈原以彼其材，游诸侯，何国不容，而自令若是。读鵩鸟赋，同死生，轻去就，又爽然自失矣。

起就要从这里开始了。贾谊多次上疏皇帝，说有的诸侯封地太多，甚至多达几郡之地，和古代的制度不符，应该逐渐削弱他们的势力，但是汉文帝不肯听从。

几年之后，梁怀王因骑马不慎，从马上掉下来摔死了，没有留下后代。贾谊认为这是自己做太傅没有尽到责任，非常伤心，哭泣了一年多，也死去了。死的时候年仅三十三岁。后来汉文帝去世，汉武帝即位，提拔贾谊的两个孙子任郡守。其中贾嘉最为好学，继承了贾谊的家业，曾和我有过书信往来。到汉昭帝时，他担任九卿之职。

太史公说：我读完《离骚》、《天问》、《招魂》、《哀郢》之后，深受屈原情志的感染，悲伤不已。当我到长沙时，特意去看了屈原沉江自杀的地方，不禁掉下眼泪，由此更加想见他的为人。后来读了贾谊的《吊屈原赋》，又责怪屈原以自己超人的才华，若是游侍诸侯的话，哪个国家不能容纳他呢？而把自己弄到这种地步。读过《鹏鸟赋》之后，看到贾谊把生死同等看待，把官场上的去留升降看得很轻，又不禁怅然若失了。

吕不韦列传第二十五

吕不韦者，阳翟大贾人也。往来贩贱卖贵，家累千金。

秦昭王四十年，太子死。其四十二年，以其次子安国君为太子。安国君有子二十余人。安国君有所甚爱姬，立以为正夫人，号曰华阳夫人。华阳夫人无子。安国君中男名子楚，子楚母曰夏姬，毋爱。子楚为秦质子于赵。秦数攻赵，赵不甚礼子楚。

子楚，秦诸庶孽孙，质于诸侯，车乘进用不饶，居处困，不得意。吕不韦贾邯郸，见而怜之，曰“此奇货可居”。乃往见子楚，说曰：“吾能大子之门。”子楚笑曰：“且自大君之门，而乃大吾门！”吕不韦曰：“子不知也，吾门待子门而大。”子楚心知所谓，乃引与坐，深语。吕不韦曰：“秦王老矣，安国君得为太子。窃闻安国君爱幸华阳夫人，华阳夫人无子，能立适嗣者独华阳夫人耳。今子兄弟二十余人，子又居中，不甚见幸，久质诸侯。即大王薨，安国君立为王，则子毋几得与长子及诸子旦暮在前者争为太子矣。”子楚曰：“然。为之奈何？”吕不韦曰：“子贫，客于此，非有以奉献于亲及结宾客也。不韦虽贫，请以千金为子西游，事安国君及华阳夫人，立子为适嗣。”子楚乃顿首曰：“必如君策，请得分秦国与君共之。”

吕不韦乃以五百金与子楚，为进用，结宾客；而复以五百金买奇物玩好，自奉而西游秦，求见华阳夫人姊，而皆以其物献华阳夫人。因言子楚贤智，结诸侯宾客遍天下，常曰“楚也以夫人为天，日夜泣思太子及夫人”。夫人大喜。不韦因使其姊说夫人曰：“吾闻之，以色事人者，色衰而爱弛。今夫人事太子，甚爱而无子，不以此时蚤自结于诸子中贤孝者，举立以为适而子之，夫在则重尊，夫百岁之后，吕不韦是阳翟的大商人，他往来于各地，以低价买进货物、高价卖出，所以积累起千金的家产。

秦昭王四十年，太子去世了。到了昭王四十二年，把他的第二个儿子安国君立为太子。而安国君有二十多个儿子。安国君有个非常宠爱的妃子，立她为正夫人，称之为华阳夫人，华阳夫人没有儿子。安国君有个排行居中的儿子名叫子楚，子楚的母亲叫夏姬，不受宠爱。子楚作为秦国的人质被派到赵国。秦国多次攻打赵国，赵国对子楚也不以礼相待。

子楚是秦王庶出的孙子，在赵国当人质，他乘的车马和日常的财用都不富足，生活困窘，很不得意。吕不韦到邯郸去做生意，见到子楚后非常喜欢，说："子楚就像一件奇货，可以屯积居奇，等到价格高的时候售出。"于是他就前去拜访子楚，对他游说道："我能光大你的门庭。"子楚笑着说："你姑且先光大自己的门庭，然后再来光大我的门庭吧！"吕不韦说："你不懂啊，我的门庭要等待你的门庭光大了才能光大。"子楚心知吕不韦所言之意，就拉他坐在一起深谈。吕不韦说："秦王已经老了，安国君被立为太子。我私下听说安国君非常宠爱华阳夫人，华阳夫人没有儿子，能够选立太子的只有华阳夫人一个。现在你的兄弟有二十多人，你又排行中间，不受秦王宠幸，长期被留在诸侯国当人质，即使是秦王死去，安国君继位为王，你也不要指望同你长兄和早晚都在秦王身边的其他兄弟们争太子之位啦。"子楚说："是这样，但是该怎么办呢？"吕不韦说："你很贫困，又客居在此，也拿不出什么来献给亲长，结交宾客。我吕不韦虽然不富有，但愿意拿出千金来为你西去秦国游说，侍奉安国君和华阳夫人，让他们立你为太子。"子楚于是叩头拜谢道："如果实现了您的计划，我愿意分秦国的土地和您共享。"

吕不韦于是拿出五百金送给子楚，作为日常生活和交结宾客之用；又拿出五百金买珍奇玩物，自己带着西去秦国游说，先拜见华阳夫人的姐姐，把带来的东西统统献给华阳夫人顺便谈及子楚，说他聪明贤能，所结交的诸侯宾客，遍及天下，常常说"我子楚把夫人看成天一般，日夜哭泣思念太子和夫人"。夫人非常高兴。吕不韦乘机又让华阳夫人的姐姐劝说华阳夫人道："我听说用美色来侍奉别人的，一旦色衰，宠爱也就随之减少。现在夫人您侍奉太子，非常受宠爱，却没有儿子，不趁这时早一点在太子的儿子中结交一个有才能而孝顺的人，立他所子者为王，终不失势，此所谓一言而万世之利也。不以繁华时树本，即色衰爱弛后，虽欲开一语，尚可得乎？今子楚贤，而自知中男也，次不得为适，其母又不得幸，自附夫人，夫人诚以此时拔以为适，夫人则竟世有宠于秦矣。”华阳夫人以为然，承太子间，从容言子楚质于赵者绝贤，来往者皆称誉之。乃因涕泣曰：“妾幸得充后宫，不幸无子，愿得子楚立以为适嗣，以托妾身。”安国君许之，乃与夫人刻玉符，约以为适嗣。安国君及夫人因厚馈遗子楚，而请吕不韦傅之，子楚以此名誉益盛于诸侯。

吕不韦取邯郸诸姬绝好善舞者与居，知有身。子楚从不韦饮，见而说之，因起为寿，请之。吕不韦怒，念业已破家为子楚，欲以钓奇，乃遂献其姬。姬自匿有身，至大期时，生子政。子楚遂立姬为夫人。

秦昭王五十年，使王齮围邯郸，急，赵欲杀子楚。子楚与吕不韦谋，行金六百斤予守者吏，得脱，亡赴秦军，遂以得归。赵欲杀子楚妻子，子楚夫人，赵豪家女也，得匿，以故母子竟得活。秦昭王五十六年，薨，太子安国君立为王，华阳夫人为王后，子楚为太子。赵亦奉子楚夫人及子政归秦。

秦王立一年，薨，谥为孝文王。太子子楚代立，是为庄襄王。庄襄王所母华阳后为华阳太后，真母夏姬尊以为夏太后。庄襄王元年，以吕不韦为丞相，封为文信侯，食河南雒阳十万户。

庄襄王即位三年，薨，太子政立为王，尊吕不韦为相国，号称“仲父”。秦王年少，太后时时窃私通吕不韦。不韦家僮万人。

当是时，魏有信陵君，楚有春申君，赵有平原君，齐有孟尝君，皆下士喜宾客以相倾。吕不韦以秦之强，羞不如，亦招致士，厚遇之，至食客三千人。是时诸侯多辩士，如荀卿之徒，著书布天下。吕不韦乃使其客人人著所闻，集论以为八览、六论、十二纪，二十余万言。以为备天地万物古今之事，号曰吕氏春秋。布咸阳市门，悬千金为继承人，像亲生儿子一样对待他，那么，丈夫在世时受到尊重，丈夫死后，自己立的儿子继位为王，最终也不会失势，这就是人们所说的一句话能得到万世的好处啊。不在容貌美丽的时候树立根本，假使容貌衰竭、宠爱失去之后，即使想和太子说上一句话，还有可能吗？现在子楚贤能，而自己也知道排行居中，按次序是不能被立为继承人的，而他的生母又不受宠爱，自然就会主动依附于夫人，夫人若真能在此时提拔他为继承人，那么夫人您一生在秦国都要受到尊宠啦。”华阳夫人听了认为有道理，就趁太子方便的时候，委婉地谈到在赵国做人质的子楚非常有才能，来往的人都称赞他，接着就哭着说：“我有幸能填充后宫，但非常遗憾的是没有儿子，我希望能立子楚为继承人，以便我日后有个依靠。”安国君答应了，就和夫人刻下玉符，决定立子楚为继承人，安国君和华阳夫人因而送好多礼物给子楚，而请吕不韦当他的老师，因此子楚的名声在诸侯中越来越大。

吕不韦跟一个非常漂亮而又善于跳舞的邯郸女子一起同居，知道她怀了孕。子楚有一次和吕不韦一起饮酒，看到此女后非常喜欢，就站起身来向吕不韦祝酒，请求把此女赠给他。吕不韦很生气，但转念一想，已经为子楚破费了大量家产，为的是借以钓取奇货，于是就献出了这个女子。此女隐瞒了自己怀孕在身，到了产期之后，生下儿子名政。子楚就立此姬为夫人。

秦昭王五十年，派王齮围攻邯郸，情况非常紧急，赵国想杀死子楚。子楚就和吕不韦密谋，拿出六百斤金子送给守城官吏，得以脱身，逃到秦军大营，这才得以顺利回国。赵国又想杀子楚的妻子和儿子，子楚的夫人是赵国富豪人家的女儿，才得以隐藏起来，因此母子二人竟得活命。秦昭王五十六年，他去世了，太子安国君继位为王，华阳夫人为王后，子楚为太子。赵国也护送子楚的夫人和儿子嬴政回到秦国。

秦王继位一年之后就去世了，谥号为孝文王。太子子楚继位，他就是庄襄王。庄襄王尊奉为母的华阳王后为华阳太后，生母夏姬被尊称为夏太后。庄襄王元年，任命吕不韦为丞相，封为文信侯，河南洛阳十万户作为他的食邑。

庄襄王即位三年之后死去，太子嬴政继立为王，尊奉吕不韦为相国，称他为“仲父”。秦王年纪还小，太后常常和吕不韦私通。吕不韦家有奴仆万人。

那时，魏国有信陵君，楚国有春申君，赵国有平原君，齐国有孟尝君，他们都礼贤下士，结交宾客，并在这方面要争个高低上下。吕不韦认为秦国如此强大，把不如他们当成一件令人羞愧的事，所以他也招来了文人学士，给他们优厚的待遇，门下食客多达三千人。那时各诸侯国有许多才辩之士，像荀卿那班人，著书立说，流行天下。吕不韦就命他的食客各自将所见所闻记下，综合在一起成为八览、六论、十二纪，共二十多万言。吕不韦认为其中包括了天地万物古往其上，延诸侯游士宾客有能增损一字者予千金。

始皇帝益壮，太后淫不止。吕不韦恐觉祸及己，乃私求大阴人嫪毐以为舍人，时纵倡乐，使毐以其阴关桐轮而行，令太后闻之，以啖太后。太后闻，果欲私得之。吕不韦乃进嫪毐，诈令人以腐罪告之。不韦又阴谓太后曰："可事诈腐，则得给事中。"太后乃阴厚赐主腐者吏，诈论之，拔其须眉为宦者，遂得侍太后。太后私与通，绝爱之。有身，太后恐人知之，诈卜当避时，徙宫居雍。嫪毐常从，赏赐甚厚，事皆决于嫪毐。嫪毐家僮数千人，诸客求宦为嫪毐舍人千余人。

始皇七年，庄襄王母夏太后薨。孝文王后曰华阳太后，与孝文王会葬寿陵。夏太后子庄襄王葬芷阳，故夏太后独别葬杜东，曰"东望吾子，西望吾夫。后百年，旁当有万家邑"。

始皇九年，有告嫪毐实非宦者，常与太后私乱，生子二人，皆匿之。与太后谋曰"王即薨，以子为后"。于是秦王下吏治，具得情实，事连相国吕不韦。九月，夷嫪毐三族，杀太后所生两子，而遂迁太后于雍。诸嫪毐舍人皆没其家而迁之蜀。王欲诛相国，为其奉先王功大，及宾客辩士为游说者众，王不忍致法。

秦王十年十月，免相国吕不韦。及齐人茅焦说秦王，秦王乃迎太后于雍，归复咸阳，而出文信侯就国河南。

岁余，诸侯宾客使者相望于道，请文信侯。秦王恐其为变，乃赐文信侯书曰："君何功于秦？秦封君河南，食十万户。君何亲于秦？号称仲父。其与家属徙处蜀！"吕不韦自度稍侵，恐诛，乃饮酖而死。秦王所加怒吕不韦、嫪毐皆已死，乃皆复归嫪毐舍人迁蜀者。

始皇十九年，太后薨，谥为帝太后，与庄襄王会葬茝阳。

今来的事理，所以号称为《吕氏春秋》，并将之刊布在咸阳的城门，上面悬挂着一千金的赏金，遍请诸侯各国的游士宾客，若有人能增删一字，就给予一千金的奖励。

秦始皇越来越大了，但太后一直淫乱不止。吕不韦唯恐事情败露，灾祸降临在自己头上，就暗地寻求了一个阴茎特别大的人嫪毐作为门客，不时让演员歌舞取乐，命嫪毐用他的阴茎穿在桐木车轮上，使之转动而行，并想法让太后知道此事，以此事引诱她。太后听说之后，果真想在暗中占有他。吕不韦就进献嫪毐，假装让人告发他犯下了该受宫刑的罪。吕不韦又暗中对太后说："你可以让嫪毐假装受了宫刑，就可以在供职宫中的人员中得到他。"太后就偷偷地送给主持宫刑的官吏许多东西，假装处罚嫪毐，拔掉了他的胡须假充宦官，这就使他得以侍奉太后。太后暗中和他通奸，特别喜爱他。后来太后怀孕在身，恐怕别人知道，假称算卦不吉，需要换一个环境来躲避一下，就迁移到雍地的宫殿中居住。嫪毐总是随从左右，所受的赏赐非常优厚，事事都由嫪毐决定。嫪毐家中有奴仆几千人。那些为求得官职来当嫪毐家门客的多达一千余人。

秦始皇七年，庄襄王的生母夏太后去世。孝文王后叫华阳太后，和孝文王合葬在寿陵。夏太后的儿子庄襄王葬在芷阳，所以夏太后另外单独埋葬在杜原之东，称"向东可以看到我的儿子，向西可以看到我的丈夫。在百年之后，旁边定会有个万户的城邑"。

秦始皇九年，有人告发嫪毐实际并不是宦官，常常和太后淫乱私通，并生下两个儿子，都把他们隐藏起来，还和太后谋议说"若是秦王死去，就立这儿子继位"。于是秦始皇命法官严查此事，把事情真相全部弄清，事情牵连到相国吕不韦。这年九月，秦始皇把嫪毐家三族人众全部杀死，又杀太后所生的两个儿子，并把太后迁到雍地居住。嫪毐家的食客们都被没收家产，迁往蜀地。秦王想杀掉相国吕不韦，但因为他侍奉先王功劳极大，又有许多宾客辩士为他求情说好话，秦王不忍心将他绳之以法。

秦始皇十年十月，免去了吕不韦的相国职务。等到齐人茅焦劝说秦王，秦王这才到雍地迎接太后，使她又回到咸阳，但把吕不韦遣出京城，前往河南的封地。

又过了一年多，各诸侯国的宾客使者络绎不绝，前来问候吕不韦。秦王恐怕他发动叛乱，就写信给吕不韦说："你对秦国有何功劳？秦国封你在河南，食邑十万户。你与秦王有什么血缘关系，而号称仲父？你与家属都一概迁到蜀地去居住！"吕不韦一想到自己已经逐渐被逼迫，害怕日后被杀，就喝下酖酒自杀而死。秦王所痛恨的吕不韦、嫪毐都已死去，就让迁徙到蜀地的嫪毐门客都回到京城。

太史公曰：不韦及嫪毐贵，封号文信侯。人之告嫪毐，毐闻之。秦王验左右，未发。上之雍郊，毐恐祸起，乃与党谋，矫太后玺发卒以反蕲年宫。发吏攻毐，毐败亡走，追斩之好畤，遂灭其宗。而吕不韦由此绌矣。孔子之所谓“闻”者，其吕子乎？

秦始皇十九年，太后去世，谥号为帝太后。与庄襄王合葬在芷阳。

太史公说：吕不韦带及嫪毐显贵，吕不韦封号为文信侯。有人告发嫪毐，嫪毐听到了此事。秦始皇查讯左右，事情还未败露。秦王到雍地祭天，嫪毐害怕大祸临头，就和亲信同党密谋，盗用太后的大印调集士兵在蕲年宫造反。秦王调动官兵攻打嫪毐，嫪毐失败逃走，秦军追到好畤将其斩首，随即把他满门抄斩。而吕不韦也由此被贬斥。孔子所说的“闻”，指的正是吕不韦这样的人吧！

刺客列传第二十六

曹沫者，鲁人也，以勇力事鲁庄公。庄公好力。曹沫为鲁将，与齐战，三败北。鲁庄公惧，乃献遂邑之地以和。犹复以为将。

齐桓公许与鲁会于柯而盟。桓公与庄公既盟于坛上，曹沫执匕首劫齐桓公，桓公左右莫敢动，而问曰："子将何欲？"曹沫曰："齐强鲁弱，而大国侵鲁亦甚矣。今鲁城坏即压齐境，君其图之。"桓公乃许尽归鲁之侵地。既已言，曹沫投其匕首，下坛，北面就群臣之位，颜色不变，辞令如故。桓公怒，欲倍其约。管仲曰："不可。夫贪小利以自快，弃信于诸侯，失天下之援，不如与之。"于是桓公乃遂割鲁侵地，曹沫三战所亡地尽复予鲁。

其后百六十有七年而吴有专诸之事。

专诸者，吴堂邑人也。伍子胥之亡楚而如吴也，知专诸之能。伍子胥既见吴王僚，说以伐楚之利。吴公子光曰："彼伍员父兄皆死于楚而员言伐楚，欲自为报私仇也，非能为吴。"吴王乃止。伍子胥知公子光之欲杀吴王僚，乃曰："彼光将有内志，未可说以外事。"乃进专诸于公子光。

光之父曰吴王诸樊。诸樊弟三人：次曰余祭，次曰夷眜，次曰季子札。诸樊知季子札贤而不立太子，以次传三弟，欲卒致国于季子札。诸樊既死，传余祭。余祭死，传夷眜。夷眜死，当传季子札；季子札逃不肯立，吴人乃立夷眜之子僚为王。公子光曰："使以兄弟次邪，季子当立；必以子乎，则光真适嗣，当立。"故尝阴养谋臣以求立。

光既得专诸，善客待之。九年而楚平王死。春，吴王僚欲因楚曹沫，是鲁国人，凭借着勇敢和力气侍奉鲁庄公。庄公喜爱有力气的人。曹沫任鲁国的将军，和齐国作战，多次战败逃跑。鲁庄公害怕了，就献出遂邑地区求和，还继续让曹沫任将军。

齐桓公答应和鲁庄公在柯地会见，订立盟约。桓公和庄公在盟坛上订立盟约以后，曹沫手拿匕首胁迫齐桓公，桓公的侍卫人员没有谁敢轻举妄动，桓公问："您打算干什么？"曹沫回答说："齐国强大，鲁国弱小，而大国侵略鲁国也太过分了。如今鲁国都城一倒塌就会压到齐国的边境，您要考虑考虑这个问题。"于是齐桓公答应全部归还鲁国被侵占的土地。说完以后，曹沫扔下匕首，走下盟坛，回到面向北的臣子的位置上，面不改色，谈吐从容如常。桓公很生气，打算背弃盟约。管仲说："不可以。贪图小的利益以求得一时的快意，就会在诸侯面前丧失信用，失去天下人对您的支持，不如归还他们的失地。"于是，齐桓公就归还了占领的鲁国的土地，将曹沫多次打仗所丢失的土地全部归还鲁国。

此后过了一百六十七年，吴国有专诸的事迹。

专诸，是吴国堂邑人。伍子胥逃离楚国前往吴国时，知道专诸很有本事。伍子胥进见吴王僚后，用攻打楚国的好处劝说他。吴公子光说："那个伍员，父亲、哥哥都是被楚国杀死的，所以伍员才讲攻打楚国的好处，他这是为了报自己的私仇，并不是替吴国打算。"吴王就不再讨论伐楚的事。伍子胥知道公子光打算杀掉吴王僚，就说："那个公子光有在国内夺取王位的企图，现在还不能劝说他向国外出兵。"于是就把专诸推荐给公子光。

公子光的父亲是吴王诸樊。诸樊有三个弟弟：按兄弟次序排，大弟弟叫余祭，二弟弟叫夷眛，最小的弟弟叫季子札。诸樊知道季子札贤明，就不立太子，想依照兄弟的次序把王位传递下去，最后好把国君的位子传给季子札。诸樊死去以后王位传给了余祭。余祭死后，传给夷眛。夷眛死后本当传给季子札，季子札却逃跑了，不肯继任国君，吴国人就拥立夷眛的儿子僚为国君。公子光说："如果按兄弟的次序，季子应当被立；如果一定要传给儿子的话，那么我才是真正的嫡子，应当立我为君。"所以他秘密地供养一些有智谋的人，以便靠他们的帮助取得王位。

公子光得到专诸以后，像对待宾客一样地优待他。吴王僚九年，楚平王死丧，使其二弟公子盖余、属庸将兵围楚之灊；使延陵季子于晋，以观诸侯之变。楚发兵绝吴将盖余、属庸路，吴兵不得还。于是公子光谓专诸曰："此时不可失，不求何获！且光真王嗣，当立，季子虽来，不吾废也。"专诸曰："王僚可杀也。母老子弱，而两弟将兵伐楚，楚绝其后。方今吴外困于楚，而内空无骨鲠之臣，是无如我何。"公子光顿首曰："光之身，子之身也。"

四月丙子，光伏甲士于窟室中，而具酒请王僚。王僚使兵陈自宫至光之家，门户阶陛左右，皆王僚之亲戚也。夹立侍，皆持长铍。酒既酣，公子光佯为足疾，入窟室中，使专诸置匕首鱼炙之腹中而进之。既至王前，专诸擘鱼，因以匕首刺王僚，王僚立死。左右亦杀专诸，王人扰乱。公子光出其伏甲以攻王僚之徒，尽灭之，遂自立为王，是为阖闾。阖闾乃封专诸之子以为上卿。

其后七十余年而晋有豫让之事。

豫让者，晋人也，故尝事范氏及中行氏，而无所知名。去而事智伯，智伯甚尊宠之。及智伯伐赵襄子，赵襄子与韩、魏合谋灭智伯，灭智伯之后而三分其地。赵襄子最怨智伯，漆其头以为饮器。豫让遁逃山中，曰："嗟乎！士为知己者死，女为说己者容。今智伯知我，我必为报仇而死，以报智伯，则吾魂魄不愧矣。"乃变名姓为刑人，入宫涂厕，中挟匕首，欲以刺襄子。襄子如厕，心动，执问涂厕之刑人，则豫让，内持刀兵，曰："欲为智伯报仇！"左右欲诛之。襄子曰："彼义人也，吾谨避之耳。且智伯亡无后，而其臣欲为报仇，此天下之贤人也。"卒释去之。

居顷之，豫让又漆身为厉，吞炭为哑，使形状不可知，行乞于市。其妻不识也。行见其友，其友识之，曰："汝非豫让邪？"曰："我是也。"其友为泣曰："以子之才，委质而臣事襄子，襄子必近了。这年春天，吴王僚想趁着楚国办丧事的时候，派他的两个弟弟公子盖余、属庸率领军队包围楚国的灊城，派延陵季子到晋国，以观察各诸侯国的动静。楚国出动军队，断绝了吴将盖余、属庸的后路，吴国军队不能返还。这时公子光对专诸说："这个机会不能失掉，不去争取，哪会获得！况且我是真正的继承人，应当被立为国君，季子即使回来，也不会废掉我呀。"专诸说："王僚是可以杀掉的。母亲已老，儿子还弱，两个弟弟带着军队攻打楚国，楚国军队断绝了他们的后路。当前吴军在外被楚国围困，而国内没有正直敢言的忠臣。这样王僚还能把我们怎么样呢？"公子光以头叩地说："我公子光的身体，也就是您的身体，您身后的事都由我负责了。"

这年四月丙子日，公子光在地下室埋伏下身穿铠甲的武士，备办酒席宴请吴王僚，王僚派出卫队，从王宫一直排列到公子光的家里，门户、台阶两旁，都是王僚的亲信。夹道站立的侍卫，都举着长矛。喝酒喝到畅快的时候，公子光假装脚有毛病，进入地下室，让专诸把匕首放到烤鱼的肚子里，然后把鱼进献上去。到王僚跟前，专诸掰开鱼，趁势用匕首刺杀了王僚，王僚当时就死了。侍卫人员也杀死了专诸，王僚手下的人一时混乱不堪。公子光命令埋伏的武士攻击王僚的部下，全部消灭了他们，于是自立为国君，这就是吴王阖闾。阖闾于是封专诸的儿子为上卿。

此后七十多年，晋国有豫让的事迹。

豫让，是晋国人，以前曾经侍奉范氏和中行氏两家大臣，没什么名声。后来他离开那里去侍奉智伯，智伯特别地尊重宠幸他。等到智伯攻打赵襄子时，赵襄子和韩、魏合谋灭了智伯；消灭智伯以后，三家分割了他的国土。赵襄子最恨智伯，就把他的头盖骨漆成饮具。豫让潜逃到山中，说："唉呀！好男儿可以为了解自己的人去死，好女子应该为喜爱自己的人梳妆打扮。现在智伯是我的知己，我一定替他报仇而献出生命，用以报答智伯的知遇之恩。那么，我就是死了，魂魄也没有什么可惭愧的了。"于是更名改姓，伪装成受过刑的人，进入赵襄子宫中修整厕所，身上藏着匕首，想要用它刺杀赵襄子。赵襄子到厕所去，心中一阵悸动，抓住修整厕所的刑人讯问，才知道是豫让，衣服里面还藏着利刃，豫让说："我要替智伯报仇！"侍卫要杀掉他，襄子说："他是义士，我谨慎小心地回避他就是了。况且智伯死后没有继承人，而他的家臣想替他报仇，这是天下的贤人啊。"最后还是让他走了。

过了不久，豫让又把漆涂在身上，使肌肤肿烂，像得了癞疮，吞下炭，使声音变得嘶哑，使自己的形体相貌不可辨认，沿街讨饭。就连他的妻子也不认识他了。路上遇见他的朋友，辨认出来，说："你不是豫让吗？"回答说："是幸子。近幸子，乃为所欲，顾不易邪？何乃残身苦形，欲以求报襄子，不亦难乎！”豫让曰：“既已委质臣事人，而求杀之，是怀二心以事其君也。且吾所为者极难耳！然所以为此者，将以愧天下后世之为人臣怀二心以事其君者也。”

既去，顷之，襄子当出，豫让伏于所当过之桥下。襄子至桥，马惊，襄子曰：“此必是豫让也。”使人问之，果豫让也。于是襄子乃数豫让曰：“子不尝事范、中行氏乎？智伯尽灭之，而子不为报仇，而反委质臣于智伯。智伯亦已死矣，而子独何以为之报仇之深也？”豫让曰：“臣事范、中行氏，范、中行氏皆众人遇我，我故众人报之。至于智伯，国士遇我，我故国士报之。”襄子喟然叹息而泣曰：“嗟乎豫子！子之为智伯，名既成矣，而寡人赦子，亦已足矣。子其自为计，寡人不复释子！”使兵围之。豫让曰：“臣闻明主不掩人之美，而忠臣有死名之义。前君已宽赦臣，天下莫不称君之贤。今日之事，臣固伏诛，然愿请君之衣而击之，焉以致报仇之意，则虽死不恨。非所敢望也，敢布腹心！”于是襄子大义之，乃使使持衣与豫让。豫让拔剑三跃而击之，曰：“吾可以下报智伯矣！”遂伏剑自杀。死之日，赵国志士闻之，皆为涕泣。

其后四十余年而轵有聂政之事。

聂政者，轵深井里人也。杀人避仇，与母、姊如齐，以屠为事。

久之，濮阳严仲子事韩哀侯，与韩相侠累有却。严仲子恐诛，亡去，游求人可以报侠累者。至齐，齐人或言聂政勇敢士也，避仇隐于屠者之间。严仲子至门请，数反，然后具酒自畅聂政母前。酒酣，严仲子奉黄金百溢，前为聂政母寿。聂政惊怪其厚，固谢严仲子。严仲子固进，而聂政谢曰：“臣幸有老母，家贫，客游以为狗屠，可以旦夕得甘毳以养亲。亲供养备，不敢当仲子之赐。”严仲子辟人，因为聂政言曰：“臣有仇，而行游诸侯众矣；然至齐，窃闻足下义甚高，我。”朋友为他流着眼泪说：“凭着你的才能，委身侍奉赵襄子，襄子一定会亲近宠爱你。这样你再干你所想干的事，难道不是很容易的吗？何苦自己摧残身体，丑化形貌，想要用这样的办法达到向赵襄子报仇的目的呢？这不是更困难吗？”豫让说：“托身侍奉人家以后，又要杀掉他，这是怀着异心侍奉君主啊。我知道选择这样的做法是非常困难的，可是我之所以选择这样的做法，就是要使天下后世那些怀着异心侍奉国君的臣子感到惭愧！”

豫让说完就走了，不久，襄子外出，豫让潜藏在他必定经过的桥下。襄子来到桥上，马受了惊，襄子说：“这一定是豫让。”派人去搜查，果然是豫让。于是襄子就列举他的罪过指责他说：“您不是曾经侍奉过范氏、中行氏吗？智伯把他们都消灭了，而您不替他们报仇，反而托身为智伯的家臣。智伯已经死了，您为什么单单如此急切地为他报仇呢？”豫让说：“我侍奉范氏、中行氏，他们都把我当作一般人看待，所以我像对待一般人那样报答他们。至于智伯，他把我当作国土看待，所以我就像对待国士那样报答他。”襄子喟然长叹，流着泪说：“唉呀，豫让先生！您为智伯报仇，已算成名了；而我宽恕你，也足够了。您该为自己作个打算，我不能再放过您了！”命令士兵团团围住他。豫让说：“我听说贤明的君主不埋没别人的美名，而忠臣有为美名去死的道理。以前您宽恕了我，普天下没有谁不称道您的。今天的事，我本当受死罪，但我希望能得到您的衣服刺它几下，这样也就达到我报仇的意愿了。那么，即使死了，我也没有遗恨了。我不敢指望您答应我的要求，但我还是冒昧地说出我的心意！”襄子非常赞赏他的侠义，于是就派人拿着自己的衣裳给豫让。豫让拔出宝剑多次跳起来击刺它，说：“我可以报答智伯于九泉之下了！”于是以剑自杀了。自杀那天，赵国有志之士听到这个消息，都为他哭泣。

此后四十多年，轵邑有聂政的事迹。

聂政是轵邑深井里人。他杀人后为躲避仇家，和母亲、姐姐逃往齐国，以屠宰牲畜为职业。

过了很久，濮阳严仲子侍奉韩哀侯，和韩国国相侠累结下仇怨。严仲子怕遭杀害，逃走了。他四处游历，寻求能替他向侠累报仇的人。到了齐国，齐国有人说聂政是个勇敢之士，因为躲避仇人隐迹于屠夫中间。严仲子登门拜访，多次往返，然后备办了宴席，亲自捧杯给聂政的母亲敬酒。喝到畅快兴浓时，严仲子献上黄金一百镒，到聂政老母跟前祝寿。聂政面对厚礼感到奇怪，坚决谢绝严仲子的厚礼。严仲子却执意要送，聂政辞谢说：“我幸有老母健在，家里虽贫穷，客居在此，以杀猪宰狗为业，早晚的时候买些甘甜松脆的东西奉养老母，老母的供养还算齐备，可不敢接受仲子的赏赐。”严仲子避开别人，对聂政说：“我有故进百金者，将用为大人粗粝之费，得以交足下之欢，岂敢以有求望邪！”聂政曰：“臣所以降志辱身居市井屠者，徒幸以养老母；老母在，政身未敢以许人也。”严仲子固让，聂政竟不肯受也。然严仲子卒备宾主之礼而去。

久之，聂政母死。既已葬，除服，聂政曰：“嗟乎！政乃市井之人，鼓刀以屠；而严仲子乃诸侯之卿相也，不远千里，枉车骑而交臣。臣之所以待之，至浅鲜矣，未有大功可以称者，而严仲子奉百金为亲寿，我虽不受，然是者徒深知政也。夫贤者以感忿睚眦之意而亲信穷僻之人，而政独安得嘿然而已乎！且前日要政，政徒以老母；老母今以天年终，政将为知己者用。”乃遂西至濮阳，见严仲子曰：“前日所以不许仲子者，徒以亲在；今不幸而母以天年终。仲子所欲报仇者为谁？请得从事焉！”严仲子具告曰：“臣之仇韩相侠累，侠累又韩君之季父也，宗族盛多，居处兵卫甚设，臣欲使人刺之，终莫能就。今足下幸而不弃，请益其车骑壮士可为足下辅翼者。”聂政曰：“韩之与卫，相去中间不甚远，今杀人之相，相又国君之亲，此其势不可以多人，多人不能无生得失，生得失则语泄，语泄是韩举国而与仲子为仇，岂不殆哉！”遂谢车骑人徒，聂政乃辞独行。

杖剑至韩，韩相侠累方坐府上，持兵戟而卫侍者甚卫。聂政直入，上阶刺杀侠累，左右大乱。聂政大呼，所击杀者数十人，因自皮面决眼，自屠出肠，遂以死。

韩取聂政尸暴于市，购问莫知谁子。于是韩悬购之，有能言杀相侠累者予千金。久之莫知也。

政姊荣闻人有刺杀韩相者，贼不得，国不知其名姓，暴其尸而悬之千金，乃于邑曰：“其是吾弟与？嗟乎，严仲子知吾弟！”立起，如韩，之市，而死者果政也，伏尸哭极哀，曰：“是轵深井里所谓聂仇人，我周游好多诸侯国，都没找到能为我报仇的人；但来到齐国，听说您很重义气，所以献上百金，作为您母亲大人一点粗粮的费用，希望能够跟您交个朋友，哪里敢有别的索求和指望！”聂政说：“我之所以降低心志，委屈自己，在这市场上做个屠夫，就是希望借此奉养老母；老母在世，我不敢答应别人替他卖命。”严仲子执意赠送，聂政却始终不肯接受。但是严仲子终于尽到了宾主相见的礼节，告辞离去。

过了很久，聂政的母亲去世了。安葬后，丧服期满了，聂政才说：“唉呀！我不过是平民百姓，拿着刀杀猪宰狗，而严仲子是诸侯的卿相，却不远千里，委屈身份和我结交。我待人家的情谊是太浅薄、太微不足道了，没有什么大的功劳可以和他对我的恩情相抵，而严仲子献上百金为老母祝寿，我虽然没有接受，可是这件事说明他是特别了解我啊。贤德的人因感愤于一点小的仇恨，把我这个处于偏僻的穷困屠夫视为亲信，我怎么能一味地默不作声，就此完事了呢！况且他以前来邀请我，我只是因为老母在世，才没有答应。而今老母享尽天年，我该要为了解我的人出力了。”于是就西行到濮阳，见到严仲子说：“以前我所以没答应仲子的邀请，仅仅是因为老母在世；如今不幸老母已享尽天年。仲子要报复的仇人是谁？请让我去办这件事吧！”严仲子原原本本地告诉他说：“我的仇人是韩国宰相侠累，侠累又是韩国国君的叔父，宗族旺盛、人丁众多，他居住的地方士兵防卫严密，我要派人刺杀他，始终也没有得手。如今承蒙您不嫌弃我，应允下来，请允许我增加车骑壮士作为您的助手。”聂政说：“韩国与卫国，中间距离不太远，如今刺杀人家的宰相，宰相又是国君的亲属，在这种情势下不能去很多人，人多了难免发生意外，发生意外就会走漏消息；走漏消息，那就等于整个韩国的人与您为仇，这难道不是太危险了吗！”于是谢绝车骑人众，辞别严仲子只身上路了。

他带着宝剑到了韩国的都城，韩国宰相侠累正好坐在堂上，持刀荷戟的护卫很多。聂政径直而入，走上台阶刺杀了侠累，侍从人员大乱。聂政高声大叫，被他击杀的有几十个人，又趁势毁坏自己的面容，挖出眼睛，剖开肚皮，流出肠子，就这样死了。

韩国把聂政的尸体陈列在街市上，出赏金查问凶手是谁家的人，没有人知道。于是韩国悬赏征求，若能说出杀死宰相侠累的人，赏给千金。过了很久，仍没有人知道。

聂政的姐姐聂荣听说有人刺杀了韩国的宰相，却不知道凶手到底是谁，全韩国的人也不知他的姓名，只是陈列着他的尸体，悬赏千金，叫人们辨认，就抽泣着说：“大概是我弟弟吧？唉呀，严仲子了解我弟弟呀！”于是马上动身，前政者也。”市行者诸众人皆曰：“此人暴虐吾国相，王悬购其名姓千金，夫人不闻与？何敢来识之也？”荣应之曰：“闻之。然政所以蒙污辱自弃于市贩之间者，为老母幸无恙，妾未嫁也。亲既以天年下世，妾已嫁夫，严仲子乃察举吾弟困污之中而交之，泽厚矣，可奈何！士固为知己者死，今乃以妾尚在之故，重自刑以绝从，妾其奈何畏殁身之诛，终灭贤弟之名！”大惊韩市人。乃大呼天者三，卒于邑悲哀而死政之旁。

晋、楚、齐、卫闻之，皆曰：“非独政能也，乃其姊亦烈女也。乡使政诚知其姊无濡忍之志，不重暴骸之难，必绝险千里以列其名，姊弟俱僇于韩市者，亦未必敢以身许严仲子也。严仲子亦可谓知人能得士矣！”

其后二百二十余年秦有荆轲之事。

荆轲者，卫人也。其先乃齐人，徙于卫，卫人谓之庆卿。而之燕，燕人谓之荆卿。

荆卿好读书击剑，以术说卫元君，卫元君不用。其后秦伐魏，置东郡，徙卫元君之支属于野王。

荆轲尝游过榆次，与盖聂论剑，盖聂怒而目之。荆轲出，人或言复召荆卿。盖聂曰：“曩者吾与论剑有不称者，吾目之；试往，是宜去，不敢留。”使使往之主人，荆卿则已驾而去榆次矣。使者还报，盖聂曰：“固去也，吾曩者目摄之！”

荆轲游于邯郸，鲁句践与荆轲博，争道，鲁句践怒而叱之，荆轲嘿而逃去，遂不复会。

荆轲既至燕，爱燕之狗屠及善击筑者高渐离。荆轲嗜酒，日与狗屠及高渐离饮于燕市，酒酣以往，高渐离击筑，荆轲和而歌于市中，相乐也，已而相泣，旁若无人者。荆轲虽游于酒人乎，然其为人沈深好书；其所游诸侯，尽与其贤豪长者相结。其之燕，燕之处士田光先往韩国的都城。来到街市，她看到死者果然是聂政，就趴在尸体上痛哭，极为哀伤，说："这就是轵邑深井里的聂政啊。"街上的行人们都说："这个人残忍地杀害我国宰相，君王悬赏千金询查他的姓名，夫人没听说吗？怎么敢来认尸啊？"聂荣回答他们说："我听说了。可是聂政所以承受羞辱不惜混迹于屠猪贩肉的人中间，是因为老母健在，我还没有出嫁。老母享尽天年去世后，我已嫁人，严仲子从穷困低贱的处境中把我弟弟挑选出来结交他，恩情深厚，我弟弟还能怎么办呢！勇士本来应该替知己的人牺牲性命，如今因为我还活在世上的缘故，他就重重地自行毁坏面容躯体，使人不能辨认，以免牵连别人，我怎么能害怕杀身之祸，永远埋没弟弟的名声呢？"这整个街上的人都大为震惊。聂荣于是高喊三声"天哪"，终于因为过度哀伤而死在聂政身旁。

晋、楚、齐、卫等国的人听到这个消息，都说："不单是聂政有能力，就是他姐姐也是烈性女子。假使聂政果真知道他姐姐没有含忍的性格，不顾惜露尸于外的苦难，一定要越过千里的艰难险阻来彰显他的姓名，以致姐弟二人一同死在韩国的街市，那他也未必敢对严仲子以身相许。严仲子也可以说是识人，才能够赢得贤士啊！"

从此以后二百二十多年，秦国有荆轲的事迹。

荆轲是卫国人，他的祖先是齐国人，后来搬到到卫国去了，卫国人称呼他庆卿。到燕国后，燕国人称呼他荆卿。

荆卿喜爱读书、击剑，凭借着剑术游说卫元君，卫元君没有任用他。此后秦国攻打魏国，设置了东郡，把卫元君的旁支亲属迁移到野王。

荆轲漫游的时候曾路经榆次，与盖聂谈论剑术，盖聂对他怒目而视。荆轲出去以后，有人劝盖聂再把荆轲叫回来。盖聂说："刚才我和他谈论剑术，他谈得有不甚得当的地方，我用眼瞪了他；去找找看吧，我用眼瞪他，他应该走了，不敢再留在这里了。"派人到荆轲住处询问房东，荆轲已乘车离开榆次了。派去的人回来报告，盖聂说："本来就该走了，刚才我用眼睛瞪他，他害怕了。"

荆轲漫游到邯郸，鲁句践跟荆轲博戏，争执博局的路数，鲁句践发怒呵斥他，荆轲却默无声息地逃走了，于是不再见面。

荆轲到燕国以后，结交了一个以宰狗为业的人和擅长击筑的高渐离。荆轲特别好饮酒，天天和那个宰狗的屠夫及高渐离在燕市上喝酒，喝得似醉非醉以后，高渐离击筑，荆轲就和着拍节在街市上唱歌，相互娱乐，不一会儿又相互哭泣，好像身旁没有人的样子。荆轲虽说混迹于酒徒中，可是他的为人却深沉稳重，喜欢读书；他游历诸侯各国，都是与当地贤士豪杰德高望众的人相结交。他到燕国生亦善待之，知其非庸人也。

居顷之，会燕太子丹质秦亡归燕。燕太子丹者，故尝质于赵，而秦王政生于赵，其少时与丹欢。及政立为秦王，而丹质于秦。秦王之遇燕太子丹不善，故丹怨而亡归。归而求为报秦王者，国小，力不能。其后秦日出兵山东以伐齐、楚、三晋，稍蚕食诸侯，且至于燕，燕君臣皆恐祸之至。太子丹患之，问其傅鞠武。武对曰："秦地遍天下，威胁韩、魏、赵氏，北有甘泉、谷口之固，南有泾、渭之沃，擅巴、汉之饶，右陇、蜀之山，左关、肴之险，民众而士厉，兵革有余。意有所出，则长城之南，易水以北，未有所定也。奈何以见陵之怨，欲批其逆鳞哉！"丹曰："然则何由？"对曰："请入图之。"

居有间，秦将樊於期得罪于秦王，亡之燕，太子受而舍之。鞠武谏曰："不可。夫以秦王之暴而积怒于燕，足为寒心，又况闻樊将军之所在乎？是谓'委肉当饿虎之蹊'也，祸必不振矣！虽有管、晏，不能为之谋也。愿太子疾遣樊将军入匈奴以灭口。请西约三晋，南连齐、楚，北购于单于，其后乃可图也。"太子曰："太傅之计，旷日弥久，心惽然，恐不能须臾。且非独于此也，夫樊将军穷困于天下，归身于丹，丹终不以迫于强秦而弃所哀怜之交，置之匈奴，是固丹命卒之时也。愿太傅更虑之。"鞠武曰："夫行危欲求安，造祸而求福，计浅而怨深，连结一人之后交，不顾国家之大害，此所谓'资怨而助祸'矣。夫以鸿毛燎于炉炭之上，必无事矣。且以雕鸷之秦，行怨暴之怒，岂足道哉！燕有田光先生，其为人智深而勇沈，可与谋。"太子曰："愿因太傅而得交于田先生，可乎？"鞠武曰："敬诺。"出见田先生，道"太子愿图国事于先生也"。田光曰："敬奉教。"乃造焉。

太子逢迎，却行为导，跪而蔽席。田光坐定，左右无人，太子避席而请曰："燕秦不两立，愿先生留意也。"田光曰："臣闻骐骥后，燕国隐士田光先生也友好地对待他，知道他不是平庸的人。

过了不久，适逢在秦国做人质的燕太子丹逃回燕国。燕太子丹，过去曾在赵国做人质，而秦王嬴政出生在赵国，他少年时和太子丹很要好。等到嬴政被立为秦王，太子丹又到秦国做人质。秦王对燕太子不友好，所以太子丹因怨恨而逃回来。回来后就寻求报复秦王的办法，燕国弱小，依靠国家的势力是不能成功的。此后秦国天天出兵崤山以东，攻打齐、楚和三晋，像蚕吃桑叶一样，逐渐地侵吞各国。战火将波及燕国，燕国君臣唯恐大祸临头。太子丹为此忧虑，请教他的老师鞠武。鞠武回答说："秦国的土地遍天下，威胁到韩国、魏国、赵国。它北面有甘泉、谷口坚固险要的地势，南面有泾河、渭水流域肥沃的土地，据有富饶的巴郡、汉中地区，右边有陇、蜀崇山峻岭为屏障，左边有崤山、函谷关做要塞，人口众多而士兵训练有素，武器装备绰绰有余。秦国有意图向外扩张，那么长城以南、易水以北就没有安稳的地方了。为什么您还因为被欺侮的怨恨，要去触动秦王的逆鳞呢？"太子丹说："既然如此，那么我们怎么办呢？"鞠武回答说："让我进一步考虑考虑。"

过了一些时候，秦将樊於期得罪了秦王，逃到了燕国，太子接纳了他，并让他住下来。鞠武规劝说："不行。秦王本来就很凶暴，再积怒到燕国，这就足以叫人担惊害怕了，又何况他听到樊将军住在这里呢？这叫作'把肉放置在饿虎经过的小路上'啊，祸患一定不可避免！即使有管仲、晏婴，也不能为您出谋划策了。希望您赶快把樊将军送到匈奴去，以消除秦国攻打我们的借口。然后请您向西与三晋结盟，向南连络齐、楚，向北与单于和好，然后就可以想办法对付秦国了。"太子丹说："老师的计划需要的时间太长了，我现在心里忧闷烦乱，恐怕连片刻也等不及了。况且并非单单因为这个缘故，樊将军在天下已是穷途末路，投奔于我，我总不能因为迫于强暴的秦国而抛弃我所同情的朋友，把他送到匈奴去，只有在我生命完结的时刻才会这么做。希望老师另考虑别的办法。"鞠武说："选择危险的行动想求得安全，制造祸患而祈请幸福，计谋浅薄而怨恨深重，为了结交一个新朋友，而不顾国家的大祸患，这就是所说的'积蓄仇怨而助祸患'了。拿大雁的羽毛放在炉炭上一下子就烧光了。何况是雕鸷一样凶猛的秦国，对燕国发泄仇恨残暴的怒气，难道用得着说吗！燕国有位田光先生，他这个人智谋深邃而勇敢沉着，您可以和他商量。"太子说："我希望通过老师而得以结交田先生，可以吗？"鞠武说："遵命。"鞠武便出去拜会田先生，说："太子希望跟田先生一同谋划国事。"田光说："谨领教。"就前去拜访太子。

太子上前迎接田光，倒退着走为他引路，跪下来拂拭座位给他让坐。田光坐稳后，左右没别人，太子离开自己的座位向田光请教说："燕国与秦国誓不两盛壮之时，一日而驰千里；至其衰老，驽马先之。今太子闻光盛壮之时，不知臣精已消亡矣。虽然，光不敢以图国事，所善荆卿可使也。”太子曰：“愿因先生得结交于荆卿，可乎？”田光曰：“敬诺。”即起，趋出。太子送至门，戒曰：“丹所报，先生所言者，国之大事也，愿先生勿泄也！”田光俯而笑曰：“诺。”偻行见荆卿，曰：“光与子相善，燕国莫不知。今太子闻光壮盛之时，不知吾形已不逮也，幸而教之曰‘燕秦不两立，愿先生留意也’。光窃不自外，言足下于太子也，愿足下过太子于宫。”荆轲曰：“谨奉教。”田光曰：“吾闻之，长者为行，不使人疑之。今太子告光曰：‘所言者，国之大事也，愿先生勿泄’，是太子疑光也。夫为行而使人疑之，非节侠也。”欲自杀以激荆卿，曰：“愿足下急过太子，言光已死，明不言也。”因遂自刎而死。

荆轲遂见太子，言田光已死，致光之言。太子再拜而跪，膝行流涕，有顷而后言曰：“丹所以诫田先生毋言者，欲以成大事之谋也。今田先生以死明不言，岂丹之心哉！”荆轲坐定，太子避席顿首曰：“田先生不知丹之不肖，使得至前，敢有所道，此天之所以哀燕而不弃其孤也。今秦有贪利之心，而欲不可足也。非尽天下之地，臣海内之王者，其意不厌。今秦已虏韩王，尽纳其地。又举兵南伐楚，北临赵；王翦将数十万之众距漳、邺，而李信出太原、云中。赵不能支秦，必入臣，入臣则祸至燕。燕小弱，数困于兵，今计举国不足以当秦。诸侯服秦，莫敢合从。丹之私计愚，以为诚得天下之勇士使于秦，窥以重利；秦王贪，其势必得所愿矣。诚得劫秦王，使悉反诸侯侵地，若曹沫之与齐桓公，则大善矣；则不可，因而刺杀之。彼秦大将擅兵于外而内有乱，则君臣相疑，以其间诸侯得合从，其破秦必矣。此丹之上愿，而不知所委命，唯荆卿留意焉。”久之，荆轲曰：“此国之大事也，臣驽下，恐不足任使。”太子前顿首，固请毋让，立，希望先生留意。”田光说：“我听说骐骥盛壮的时候，一日可奔驰千里，等到它衰老了，就是劣等马也能跑到它的前边。如今太子光听说我盛壮之年的情景，却不知道我精力已经衰竭了。虽然如此，我不能冒昧地谋划国事，我的好朋友荆卿是可以承担这个使命的。”太子说：“我希望能通过先生和荆卿结交，可以吗？”田光说：“遵命。”于是即刻起身，急忙出去了。太子送到门口，告诫说：“我所讲的，先生所说的，是国家的大事，希望先生不要泄露啊！”田光俯下身去笑着说：“是。”田光弯腰驼背地走着去见荆卿，说：“我和您彼此要好，燕国没有谁不知道，如今太子听说我盛壮之年时的情景，却不知道我的身体已力不从心了，我荣幸地听他教诲说：‘燕国、秦国誓不两立，希望先生留意。’我私下和您不见外，已经把您推荐给太子，希望您前往宫中拜访太子。”荆轲说：“谨领教。”田光说：“我听说，年长老成的人行事，不会让别人怀疑他。如今太子告诫我说‘所说的，是国家大事，希望先生不要泄露’，这是太子怀疑我了。一个人行事却让别人怀疑他，他就不算是有节操、讲义气的人。”他要用自杀来激励荆卿，说：“希望您立即去见太子，就说我已经死了，表明我不会泄露机密的决心。”因此就刎颈自杀了。

荆轲于是便去会见太子，告诉他田光已死，转达了田光的话。太子拜了两拜跪下去，跪着前行，痛哭流涕，过了一会儿说：“我所以告诫田先生不要泄露，是想使大事的谋划得以成功。如今田先生以死来表明他不会说出去，难道这是我的初衷吗？”荆轲坐稳后，太子离开座位以头叩地说：“田先生不知道我不上进，使我能够到您跟前，冒昧地有所陈述，这是上天哀怜燕国，不抛弃我啊。如今秦王有贪利的野心，而他的欲望是不会满足的。不占尽天下的土地，使各国的君王向他臣服，他的野心是不会满足的。如今秦国已俘虏了韩王，占领了他的全部领土。他又出动军队向南攻打楚国，向北逼近赵国；王翦率领几十万大军抵达漳水、邺县一带，而李信出兵太原、云中。赵国抵挡不住秦军，一定会向秦国臣服；赵国臣服，那么灾祸就降临到燕国头上了。燕国弱小，多次被战争所困扰，如今估计，调动全国的力量也不能够抵挡秦军。诸侯畏服秦国，没有谁敢提倡合纵政策。我私下有个不成熟的计策，认为果真能得到天下的勇士，派往秦国，用重利诱惑秦王，秦王贪婪，其情势一定能达到我们的愿望。果真能够劫持秦王，让他全部归还侵占各国的土地，像曹沫劫持齐桓公，那就太好了；如果不行，就趁势杀死他。他们秦国的大将在国外独揽兵权，而国内出了乱子，那么君臣彼此猜疑，趁此机会，东方各国得以联合起来，就一定能够打败秦国。这是我最高的愿望，却不知道把这使命委托给谁，希望荆卿仔细地考虑这件事。”过了好一会儿，荆轲说：“这是国家的大事，我的才能低劣，恐怕不能胜任。”太子上前以然后许诺。于是尊荆卿为上卿，舍上舍。太子日造门下，供太牢具，异物间进，车骑美女恣荆轲所欲，以顺适其意。

久之，荆轲未有行意。秦将王翦破赵，虏赵王，尽收入其地，进兵北略地至燕南界。太子丹恐惧，乃请荆轲曰："秦兵旦暮渡易水，则虽欲长侍足下，岂可得哉！"荆轲曰："微太子言，臣愿谒之。今行而毋信，则秦未可亲也。夫樊将军，秦王购之金千斤，邑万家。诚得樊将军首与燕督亢之地图，奉献秦王，秦王必说见臣，臣乃得有以报。"太子曰："樊将军穷困来归丹，丹不忍以己之私而伤长者之意，愿足下更虑之！"

荆轲知太子不忍，乃遂私见樊於期曰："秦之遇将军可谓深矣，父母宗族皆为戮没。今闻购将军首金千斤，邑万家，将奈何？"於期仰天太息流涕曰："于期每念之，常痛于骨髓，顾计不知所出耳！"荆轲曰："今有一言可以解燕国之患，报将军之仇者，何如？"於期乃前曰："为之奈何？"荆轲曰："愿得将军之首以献秦王，秦王必喜而见臣，臣左手把其袖，右手揕其匈，然则将军之仇报而燕见陵之愧除矣。将军岂有意乎？"樊於期偏袒搤捥而进曰："此臣之日夜切齿腐心也，乃今得闻教！"遂自刭。太子闻之，驰往，伏尸而哭，极哀。既已不可奈何，乃遂盛樊於期首函封之。

于是太子豫求天下之利匕首，得赵人徐夫人匕首，取之百金，使工以药焠之，以试人，血濡缕，人无不立死者。乃装为遣荆卿。燕国有勇士秦舞阳，年十三，杀人，人不敢忤视。乃令秦舞阳为副。荆轲有所待，欲与俱；其人居远未来，而为治行。顷之，未发，太子迟之，疑其改悔，乃复请曰："日已尽矣，荆卿岂有意哉？丹请得先遣秦舞阳。"荆轲怒，叱太子曰："何太子之遣？往而不返者，竖子头叩地，坚决请求不要推托，而后荆轲答应了。当时太子就尊奉荆卿为上卿，让其住进上等的宾馆。太子天天到荆轲的住所拜望，供给贵重的饮食，时不时地还献上奇珍异物，车马美女任荆轲随心所欲，事事顺从他的心意。

过了很长一段时间，荆轲仍没有行动的意思。这时，秦将王翦已经攻破赵国的都城，俘虏了赵王，把赵国的领土全部纳入秦国的版图之中了。大军挺进，向北夺取土地，直到燕国南部边界。太子丹害怕了，于是请求荆轲说："秦国军队早晚之间就要横渡易水，那时即使我想要长久地侍奉您，怎么能办得到呢！"荆轲说："太子就是不说，我也要请求行动了。现在到秦国去，没有让秦王相信我的东西，那么秦王就不可以接近。那樊将军，秦王悬赏黄金千斤、封邑万户来购买他的脑袋。如果能得到樊将军的脑袋和燕国督亢的地图，献给秦王，秦王一定高兴地接见我，这样我才能够有机会报效您。"太子说："樊将军到了穷途末路才来投奔我，我不忍心为自己私利而伤害这位长者的心，希望您考虑别的办法吧！"

荆轲明白太子不忍心，于是就私下会见樊於期说："秦国对待将军您可以说是太残酷了，父母、家族都被杀尽。如今听说用黄金千斤、封邑万户，购买将军的首级，您打算怎么办呢？"於期仰望苍天，叹息流泪说："我每每想到这些，就痛入骨髓，却想不出办法来！"荆轲说："现在有一句话可以解除燕国的祸患，洗雪将军的仇恨，怎么样？"於期凑向前说："怎么办？"荆轲说："希望得到将军的首级献给秦王，秦王一定会高兴地召见我，我左手抓住他的衣袖，右手用匕首直刺他的胸膛，那么将军的仇恨可以洗雪，而燕国被欺凌的耻辱可以涤除了，将军是否有这个心意呢？"樊於期脱掉一边衣袖，露出臂膀，一只手紧紧握住另一只手腕，走近荆轲说："这是我日日夜夜切齿碎心的仇恨，今天才听到您的教诲！"于是就自刎了。太子听到这个消息，驾车奔驰前往，趴在尸体上痛哭，极其悲痛，但是已经没法挽回，于是就把樊於期的首级装到匣子里密封起来。

当时太子已预先寻求天下最锋利的匕首，找到赵国人徐夫人的匕首，花了百金买下它，让工匠用毒水淬它，用人试验，只要见一丝儿血，没有不立刻死的。于是就准备行装，送荆轲出发。燕国有位勇士叫秦舞阳，十三岁就杀了人，别人都不敢正面对着看他。太子就派秦舞阳做助手。荆轲在等待一个人，打算一道出发；那个人住得很远，还没赶到，而荆轲已替那个人准备好了行装。又过了些日子，荆轲还没有出发，太子认为他拖延时间，怀疑他反悔，就再次催请说："日子不多了，荆卿有动身的打算吗？请允许我派遣秦舞阳先行。"荆轲发怒，斥责太子说："太子这样派遣是什么意思？只顾去而不能完成使命回来，那是没出息也！且提一匕首入不测之强秦，仆所以留者，待吾客与俱。今太子迟之，请辞决矣！”遂发。

太子及宾客知其事者，皆白衣冠以送之。至易水之上，既祖，取道，高渐离击筑，荆轲和而歌，为变徵之声，士皆垂泪涕泣。又前而为歌曰：“风萧萧兮易水寒，壮士一去兮不复还！”复为羽声慷慨，士皆瞋目，发尽上指冠。于是荆轲就车而去，终已不顾。

遂至秦，持千金之资币物，厚遗秦王宠臣中庶子蒙嘉。嘉为先言于秦王曰：“燕王诚振怖大王之威，不敢举兵以逆军吏，愿举国为内臣，比诸侯之列，给贡职如郡县，而得奉守先王之宗庙。恐惧不敢自陈，谨斩樊於期之头，及献燕督亢之地图，函封，燕王拜送于庭，使使以闻大王，唯大王命之。”秦王闻之，大喜，乃朝服，设九宾，见燕使者咸阳宫。荆轲奉樊於期头函，而秦舞阳奉地图柙，以次进。至陛，秦舞阳色变振恐，群臣怪之。荆轲顾笑舞阳，前谢曰：“北蕃蛮夷之鄙人，未尝见天子，故振慑。愿大王少假借之，使得毕使于前。”秦王谓轲曰：“取舞阳所持地图。”轲既取图奏之，秦王发图，图穷而匕首见。因左手把秦王之袖，而右手持匕首揕之。未至身，秦王惊，自引而起，袖绝。拔剑，剑长，操其室。时惶急，剑坚，故不可立拔。荆轲逐秦王，秦王环柱而走。群臣皆愕，卒起不意，尽失其度。而秦法，群臣侍殿上者不得持尺寸之兵；诸郎中执兵皆陈殿下，非有诏召不得上。方急时，不及召下兵，以故荆轲乃逐秦王。而卒惶急，无以击轲，而以手共搏之。是时侍医夏无且以其所奉药囊提荆轲也。秦王方环柱走，卒惶急，不知所为，左右乃曰：“王负剑！”负剑，遂拔以击荆轲，断其左股。荆轲废，乃引其匕首以擿秦王，不中，中桐柱。秦王复击轲，轲被八创。轲自知事不就，倚柱而笑，箕踞以骂曰：“事所以不成者，以欲生劫之，必得约契以报太的小子！况且是拿一把匕首进入难以测度的强暴的秦国。我所以暂留的原因，是等待另一位朋友同去。眼下太子认为我拖延了时间，那我就告辞诀别吧！”于是就出发了。

太子及宾客中知道这件事的，都穿着白衣戴着白帽为荆轲送行。到易水岸边，饯行以后，上路，高渐离击筑，荆轲和着拍节唱歌，发出苍凉凄惋的声调，送行的人都流泪哭泣，一边向前走一边唱道：“风萧萧兮易水寒，壮士一去兮不复还！”随后又发出慷慨激昂的声调，送行的人们怒目圆睁，头发直竖，把帽子都顶起来。于是荆轲就上车走了，连头也不回。

一到秦国，荆轲带着价值千金的礼物，厚赠秦王宠幸的臣子中庶子蒙嘉。蒙嘉替荆轲先在秦王面前说：“燕王确实因大王的威严震慑得心惊胆颤，不敢出动军队抗拒大王的将士，情愿全国上下做秦国的臣子，比照其他诸侯国排列其中，纳税如同直属郡县，使得以奉守先王的宗庙。因为慌恐畏惧不敢亲自前来陈述。谨此砍下樊於期的首级并献上燕国督亢地区的地图，装匣密封。燕王还在朝廷上举行了拜送仪式，派出使臣把这种情况禀明大王，敬请大王指示。”秦王听到这个消息，非常高兴，就穿上了礼服，安排了外交上极为隆重的九宾仪式，在咸阳宫召见燕国的使者。荆轲捧着樊於期的首级，秦舞阳捧着地图匣子，按照正、副使的次序前进，走到殿前台阶下秦舞阳脸色突变，害怕得发抖，大臣们都感到奇怪。荆轲回头朝秦舞阳笑笑，上前谢罪说：“北方藩属蛮夷之地的粗野人，没有见过天子，所以心惊胆颤。希望大王稍微宽容他，让他能够在大王面前完成使命。”秦王对荆轲说：“递上舞阳拿的地图。”荆轲取过地图献上，秦王展开地图，图卷展到尽头，匕首露出来。荆轲趁机左手抓住秦王的衣袖，右手拿匕首直刺。未近身，秦王大惊，自己抽身跳起，衣袖挣断。慌忙抽剑，剑长，只是抓住了剑鞘。一时惊慌急迫，剑又套得很紧，所以不能立刻拔出。荆轲追赶秦王，秦王绕柱奔跑。大臣们吓得发呆，突然发生意外事变，大家都失去常态。而秦国的法律规定，殿上侍从大臣不允许携带任何兵器；各位侍卫武官也只能拿着武器都依序守卫在殿外，没有皇帝的命令，不准进殿。正当危急时刻，来不及传唤下边的侍卫官兵，因此荆轲能够追赶秦王。仓促之间，惊慌急迫，没有用来攻击荆轲的武器，只能赤手空拳和荆轲搏击。这时，侍从医官夏无且用他所捧的药袋投击荆轲。正当秦王围着柱子跑，仓猝慌急，不知如何是好的时候，侍从们喊道：“大王，把剑推到背后！”秦王把剑推到背后，才拔出宝剑攻击荆轲，砍断他的左腿。荆轲残废了，就举起他的匕首直接投刺秦王，没有击中，却击中了铜柱。秦王接连攻击荆轲，荆轲被刺伤八处。荆轲自知大事不能成功了，就倚在柱子上大笑，张开两腿像簸箕一样坐在地上骂道：“大事之所以没能成功，是因为我想子也。”于是左右既前杀轲，秦王不怡者良久。已而论功，赏群臣及当坐者各有差，而赐夏无且黄金二百溢，曰：“无且爱我，乃以药囊提荆轲也。”

于是秦王大怒，益发兵诣赵，诏王翦军以伐燕。十月而拔蓟城。燕王喜、太子丹等尽率其精兵东保于辽东。秦将李信追击燕王急，代王嘉乃遗燕王喜书曰：“秦所以尤追燕急者，以太子丹故也。今王诚杀丹献之秦王，秦王必解，而社稷幸得血食。”其后李信追丹，丹匿衍水中，燕王乃使使斩太子丹，欲献之秦。秦复进兵攻之。后五年，秦卒灭燕，虏燕王喜。

其明年，秦并天下，立号为皇帝。于是秦逐太子丹、荆轲之客，皆亡。高渐离变名姓为人庸保，匿作于宋子。久之，作苦，闻其家堂上客击筑，傍徨不能去。每出言曰：“彼有善有不善。”从者以告其主，曰：“彼庸乃知音，窃言是非。”家丈人召使前击筑，一坐称善，赐酒。而高渐离念久隐畏约无穷时，乃退，出其装匣中筑与其善衣，更容貌而前。举坐客皆惊，下与抗礼，以为上客。使击筑而歌，客无不流涕而去者。宋子传客之，闻于秦始皇。秦始皇召见，人有识者，乃曰：“高渐离也。”秦皇帝惜其善击筑，重赦之，乃矐其目。使击筑，未尝不称善。稍益近之，高渐离乃以铅置筑中，复进得近，举筑朴秦皇帝，不中。于是遂诛高渐离，终身不复近诸侯之人。

鲁句践已闻荆轲之刺秦王，私曰：“嗟乎，惜哉其不讲于刺剑之术也！甚矣吾不知人也！曩者吾叱之，彼乃以我为非人也！”

太史公曰：世言荆轲，其称太子丹之命，“天雨粟，马生角”也，太过。又言荆轲伤秦王，皆非也。始公孙季功、董生与夏无且游，具知其事，为余道之如是。自曹沫至荆轲五人，此其义或成或不成，然其立意较然，不欺其志，名垂后世，岂妄也哉！

活捉你，迫使你订立归还诸侯们土地的契约回报给太子。”这时侍卫们冲上前来杀死荆轲，而秦王也不高兴了好一会儿。过后评论功过，赏赐群臣及处置当办罪的官员都各有差别。赐给夏无且黄金二百镒，说：“无且爱护我，才用药袋投击荆轲啊。”

于是秦王大发雷霆，增派军队前往赵国，命令王翦的军队去攻打燕国，十月攻克了蓟城。燕王喜、太子丹等率领着全部精锐部队向东退守辽东。秦将李信紧紧地追击燕王，代王嘉就写信给燕王喜说：“秦军之所以追击燕军特别急迫，是因为太子丹的缘故。现在您如果杀掉太子丹，把他的人头献给秦王，一定会得到秦王宽恕，而社稷或许也侥幸得到祭祀。”此后李信率军追赶太子丹，太子丹隐藏在衍水河中，燕王就派使者杀了太子丹，准备把他的人头献给秦王。秦王又进军攻打燕国。此后五年，秦国终于灭掉了燕国，俘虏了燕王喜。

第二年，秦王吞并了天下，自称为皇帝。于是通缉太子丹和荆轲的门客，门客们都潜逃了。高渐离更名改姓给人家当佣工，隐藏在宋子这个地方做工。时间长了，他觉得很劳累，听到主人家堂上有客人击筑，走来走去舍不得离开，常常张口就说：“那筑的声调有好的地方，也有不好的地方。”侍候的人把高渐离的话告诉主人，说：“那个庸工懂得音乐，私下里说是道非的。”家主人叫高渐离到堂前击筑，满座宾客都说他击得好，赏给他酒喝。高渐离考虑到长久地隐姓埋名，担惊受怕地躲藏下去只怕没有尽头，便退下堂来，把自己的筑和衣裳从行装匣子里拿出来，改装整容来到堂前，满座宾客大吃一惊，离开座位用平等的礼节接待他，尊为上宾。人们请他击筑唱歌，宾客们听了，没有不被感动得流着泪而离去的，宋子城里的人轮流请他去做客。这消息被秦始皇听到了，就召令进见。有认识他的人，就说：“这是高渐离。”秦始皇怜惜他擅长击筑，特别赦免了他的死罪，薰瞎了他的眼睛，让他击筑，没有一次不说好。渐渐地他更加接近秦始皇了，高渐离便把铅灌进筑中，再进宫击筑靠近时，举筑撞击秦始皇，没有击中。于是秦始皇就杀了高渐离，此后终身不敢再接近从前东方六国的人了。

鲁句践听到荆轲行刺秦王的事，私下说：“唉！太可惜啦，他不讲究刺剑的技术啊，我太不了解这个人了！过去我呵斥他，他就以为我不是同路人了。”

太史公说：世人谈论荆轲，当说到太子丹的命运时，说什么“天上像下雨一样落下粮食来，马头长出角来”，这太过分了。又说荆轲刺伤了秦王，这都不是事实。当初公孙季功、董生和夏无且交游的时候，都知道这件事，他们告诉我的就像我记载的那样。从曹沫到荆轲五个人，他们的侠义之举有的成功、有的不成功，但他们的志向意图都很清楚明朗，都没有违背自己的良心，名声流传到后代，这难道是虚妄的吗?

李斯列传第二十七

李斯者，楚上蔡人也。年少时，为郡小吏，见吏舍厕中鼠食不絜，近人犬，数惊恐之。斯入仓，观仓中鼠，食积粟，居大庑之下，不见人犬之忧。于是李斯乃叹曰："人之贤不肖譬如鼠矣，在所自处耳！"

乃从荀卿学帝王之术。学已成，度楚王不足事，而六国皆弱，无可为建功者，欲西入秦。辞于荀卿曰："斯闻得时无怠，今万乘方争时，游者主事。今秦王欲吞天下，称帝而治，此布衣驰骛之时而游说者之秋也。处卑贱之位而计不为者，此禽鹿视肉，人面而能强行者耳。故诟莫大于卑贱，而悲莫甚于穷困。久处卑贱之位，困苦之地，非世而恶利，自托于无为，此非士之情也。故斯将西说秦王矣。"

至秦，会庄襄王卒，李斯乃求为秦相文信侯吕不韦舍人；不韦贤之，任以为郎。李斯因以得说，说秦王曰："胥人者，去其几也。成大功者，在因瑕衅而遂忍之。昔者秦缪公之霸，终不东并六国者，何也？诸侯尚众，周德未衰，故五伯迭兴，更尊周室。自秦孝公以来，周室卑微，诸侯相兼，关东为六国，秦之乘胜役诸侯，盖六世矣。今诸侯服秦，譬若郡县。夫以秦之强，大王之贤，由灶上骚除，足以灭诸侯，成帝业，为天下一统，此万世之一时也。今怠而不急就，诸侯复强，相聚约从，虽有黄帝之贤，不能并也。"秦王乃拜斯为长史，听其计，阴遣谋士赍持金玉以游说诸侯。诸侯名士可下以财者，厚遗结之；不肯者，利剑刺之。离其君臣之计，秦王乃使其良将随其后。秦王拜斯为客卿。

李斯是楚国上蔡人。他年轻的时候，曾经在郡里当过小吏，有一次他看到办公处附近厕所里的老鼠在吃脏东西，每逢有人或狗走来时，就受惊逃跑了。后来李斯又走进粮仓，看到粮仓中的老鼠，吃的是屯积的粟米，住在大屋子里面，也不用担心人或狗惊扰。于是李斯就慨然叹息道："一个人有出息还是没出息，就如同老鼠一样，是由自己所处的环境所决定的。"

于是李斯就师从荀子学习帝王治理天下的学问。学业完成之后，李斯估量楚王是不值得侍奉的，而六国国势都已衰弱，没有一点让它们建功立业的希望，于是就想西行到秦国去。在临行之前，向荀子辞行说："我听说如果一个人要是遇到机会，千万不可松懈错过。如今各诸侯国都在争取时机，游说之士掌握实权。现在秦王想吞并各国，称帝治理天下，现在正是平民出身的政治活动家和游说之士奔走四方、施展自己才华抱负的最佳时机。处于卑贱的地位，而不想着去求取功名富贵，就如同禽兽一样，只等看到现成的肉才想去吃，白白长了一副人的面孔而勉强直立行走罢了。所以最大的耻辱莫过于卑贱，最大的悲哀莫过于贫穷。长期处于卑贱的地位和贫困的环境之中，却还要非难社会、厌恶功名利禄，标榜自己与世无争，这不是士子的本愿。所以我要到西方去游说秦王了。"

到秦国之后，正赶上秦庄襄王去世，李斯就请求充当秦相国文信侯吕不韦的舍人；吕不韦很赏识他，任命他为郎官。这样就使得李斯有游说的机会，他对秦王说："平庸的人往往容易失去时机，而能成大功业的人就在于他能利用机会并能及时做决定下狠心。从前秦缪公虽称霸天下，但最终没有东进吞并山东六国，这是为什么呢？原因在于诸侯的人数还多，周朝的德望也没有衰落，因此五霸交替兴起，相继推尊周朝。自从秦孝公以来，周朝卑弱衰微，诸侯之间互相兼并，函谷关以东地区化为六国，秦国乘胜奴役诸侯已经经过六代。现如今诸侯服从秦国就如同郡县服从朝廷一样。以秦国的强大，大王的贤明，就像扫除灶上的灰尘一样，足以扫平诸侯，成就帝业，统一天下，这是万世难逢的一个最佳时机。倘若现在懈怠而不抓紧办此事的话，等到诸侯再强盛起来，又订立合纵的盟约，就算有黄帝一样的贤明，到那时也不能吞并它们了。"于是秦始皇就任命李斯为长史，听从了他的计谋，暗中派遣谋士带着金玉珍宝去各国游说。对各国著名人物能收买的，就多送礼物加以收买；不能收买的，就用利剑把他们杀掉。这些都是离间诸侯国君臣关系的计策，接着，秦王就派良将随后攻打。秦王任命李斯为客卿。

会韩人郑国来间秦，以作注溉渠，已而觉。秦宗室大臣皆言秦王曰："诸侯人来事秦者，大抵为其主游间于秦耳，请一切逐客。"李斯议亦在逐中。斯乃上书曰：

臣闻吏议逐客，窃以为过矣。昔缪公求士，西取由余于戎，东得百里奚于宛，迎蹇叔于宋，来丕豹、公孙支于晋。此五子者，不产于秦，而缪公用之，并国二十，遂霸西戎。孝公用商鞅之法，移风易俗，民以殷盛，国以富强，百姓乐用，诸侯亲服，获楚、魏之师，举地千里，至今治强。惠王用张仪之计，拔三川之地，西并巴、蜀，北收上郡，南取汉中，包九夷，制鄢、郢，东据成皋之险，割膏腴之壤，遂散六国之从，使之西面事秦，功施到今。昭王得范雎，废穰侯，逐华阳，强公室，杜私门，蚕食诸侯，使秦成帝业。此四君者，皆以客之功。由此观之，客何负于秦哉！向使四君却客而不内，疏士而不用，是使国无富利之实而秦无强大之名也。

今陛下致昆山之玉，有随、和之宝，垂明月之珠，服太阿之剑，乘纤离之马，建翠凤之旗，树灵鼍之鼓。此数宝者，秦不生一焉，而陛下说之，何也？必秦国之所生然后可，则是夜光之璧不饰朝廷，犀象之器不为玩好，郑、卫之女不充后宫，而骏良駃騠不实外厩，江南金锡不为用，西蜀丹青不为采。所以饰后宫充下陈娱心意说耳目者，必出于秦然后可，则是宛珠之簪，傅玑之珥，阿缟之衣，锦绣之饰不进于前，而随俗雅化佳冶窈窕赵女不立于侧也。夫击瓮叩缶弹筝搏髀，而歌呼呜呜快耳者，真秦之声也；郑、卫、桑间、昭、虞、武、象者，异国之乐也。今弃击瓮叩缶而就郑卫，退弹筝而取昭虞，若是者何也？快意当前，适观而已矣。今取人则不然。不问可否，不论曲恰在此时韩国人郑国以修筑渠道为名，来到秦国做间谍，不久被发现了。秦国的王族和大臣们都对秦王说："从各诸侯国来侍奉秦王的人，大都是为他们的国君游说，以离间秦国而已，请求大王把客卿一概驱逐。"李斯也在计划好被驱逐的客卿之列。于是李斯就上书说：

听说官员们议论要驱逐客卿，我认为这是错误的。从前秦缪公招揽贤才，从西戎找到由余，从东边楚国的苑地得到了百里奚，从宋国迎来了蹇叔，从晋国招来了丕豹、公孙支。这五个人都不生在秦国，而秦缪公重用他们，吞并了二十多个国家，才得以在西戎称霸。秦孝公采用商鞅的新法，移风易俗，人民因此殷实兴盛，国家因此富足强大，百姓们愿意为国家效力，其他国家也诚心归顺，击败了楚国、魏国的军队，夺取了千里土地，至今政治安定，国家强盛。秦惠王用张仪的计策，夺取了三川地区，向西又吞并了巴、蜀，向北占领了上郡，向南攻占了汉中，囊括九夷，控制鄢、郢，在东面占据了险要的成皋，夺取了肥沃的土地，并进一步瓦解了六国的合纵联盟，使他们面向西方，侍奉秦国，功业一直延续到今天。秦昭王得范睢，废黜穰侯，驱逐华阳君，使公室强大，杜绝了私门权贵的势力，像蚕吃桑叶一样，逐渐吞并诸侯的土地，终于使秦国奠定了统一天下大业的基础。这四位君主，都是依靠了别国客卿的力量。由此看来，客卿有哪一点对不起秦国呢？假使这四位君主拒绝客卿而不接受他们，疏远士人而不重用，这就使秦国既无富足之实，又无强大之名。

现在陛下您罗致昆山的美玉，得到随侯之珠、和氏之璧，挂着明月珠，佩着太阿剑，驾着纤离马，竖着翠凤旗，摆着灵鼍鼓。以上这些宝物，并没有一样是秦国出产的，但陛下您很喜爱它们，这是为什么呢？若是一定要秦国所产然后才使用的话，那么夜光之璧就不能用来装饰朝廷，犀角象牙制品就不能为您所赏玩，郑国、卫国的美女也不能列于您的后宫之中，駃騠良马也不能填满您的马棚。江南的金锡也不该用，西蜀的丹青也不应用来当颜料。您用来装饰后宫、充当姬妾、赏心乐意、怡目悦耳的，一定要出自秦国然后才用的话，那么，用宛地珍珠装饰的簪子，玑珠镶嵌的耳坠，东阿白绢缝制的衣服、刺绣华美的装饰品，就不能进献在您的面前，那时髦并且高雅、漂亮而又文静的赵国女子就不能侍立在您的身旁。而那些敲打瓦坛瓦罐、弹着秦筝、拍着大腿、呜呜叫喊以满足欣赏要求的，这才是正宗的秦国音乐。像《郑》、《卫》、《桑间》、《昭》、《虞》、《武》、《象》这些乐曲，则是其他国家的音乐。现在您抛弃敲打瓦坛瓦罐这一套秦国音乐而听《郑》、《卫》之声，不去听弹筝而欣赏《昭》、《虞》之曲，这是为什么呢？说白了，只不过是图眼前的快乐，以满足耳目观赏的需求罢了。而现在您用人却不是这样，不问此人能用不能用，也不问是非曲直，非秦者去，为客者逐。然则是所重者在乎色乐珠玉，而所轻者在乎人民也。此非所以跨海内制诸侯之术也。

臣闻地广者粟多，国大者人众，兵强则士勇。是以太山不让土壤，故能成其大；河海不择细流，故能就其深；王者不却众庶，故能明其德。是以地无四方，民无异国，四时充美，鬼神降福，此五帝、三王之所以无敌也。今乃弃黔首以资敌国，却宾客以业诸侯，使天下之士退而不敢西向，裹足不入秦，此所谓"藉寇兵而赍盗粮"者也。

夫物不产于秦，可宝者多；士不产于秦，而愿忠者众。今逐客以资敌国，损民以益仇，内自虚而外树怨于诸侯，求国无危，不可得也。

秦王乃除逐客之令，复李斯官，卒用其计谋。官至廷尉。二十余年，竟并天下，尊主为皇帝，以斯为丞相。夷郡县城，销其兵刃，示不复用。使秦无尺土之封，不立子弟为王，功臣为诸侯者，使后无战攻之患。

始皇三十四年，置酒咸阳宫，博士仆射周青臣等颂始皇威德。齐人淳于越进谏曰："臣闻之，殷周之王千余岁，封子弟功臣自为支辅。今陛下有海内，而子弟为匹夫，卒有田常、六卿之患，臣无辅弼，何以相救哉？事不师古而能长久者，非所闻也。今青臣等又面谀以重陛下过，非忠臣也。"始皇下其议丞相。丞相谬其说，绌其辞，乃上书曰："古者天下散乱，莫能相一，是以诸侯并作，语皆道古以害今，饰虚言以乱实，人善其所私学，以非上所建立。今陛下并有天下，别白黑而定一尊；而私学乃相与非法教之制，闻令下，即各以其私学议之，入则心非，出则巷议，非主以为名，异趣以为高，率群下以造谤。如此不禁，则主势降乎上，党与成乎下。禁之便。臣请诸有直，只要不是秦国人一律辞退，只要是客卿一律驱逐。这样看来，陛下所看重的是美女、音乐、珍珠、宝玉，所轻视的是人才了。这并不是统一天下、制服诸侯的最佳方法啊。

我听说过所产粮食丰富是因为土地广阔，国土广大人口就众多，军队强盛士兵就勇敢。泰山不排斥泥土，才能堆积得如此高大；河海不挑剔细小的溪流，才能变得如此深广；而成就王业的人不抛弃广大民众，才能彰显出他的圣德。所以地无论东西南北，民众不分各国，一年四季五谷丰登，鬼神赐予福泽，这就是五帝三王无敌于天下的原因所在。而现在陛下您抛弃了百姓来帮助敌国，排斥宾客而使他们为其他诸侯国建立功业，使天下有才之士后退而不敢西行，停住脚步而不敢进入秦国，这正是人们所说的“借武器给敌人，送粮食给盗贼啊”！

非秦国出产的物品，值得珍视的有很多；非秦国出生的士人，愿意效忠的也有不少。现在您驱逐客卿来资助敌国，损害百姓以帮助仇人，在内部削弱自己而在外面又和诸侯结下怨恨，这样下去，要想使国家没有危机，是不可能的。

于是，秦王就废除了逐客令，恢复了李斯的官职，终于采用了他的计谋，他的官位也升到廷尉之职。经过二十多年，终于统一了天下，尊称君主为“皇帝”。皇帝又任命李斯为丞相，并拆除了各国郡县的城墙，销毁了各地的武器，表示不再使用。使秦国没有一寸分封的土地，也不立皇帝的儿子、兄弟为王，更不把功臣封为诸侯，以使国家从此之后再也没有战争的祸患。

秦始皇三十四年，在咸阳宫设宴招待群臣，博士仆射周青臣等人称颂秦始皇的威武盛德。齐人淳于越劝谏道：“我听说殷商和周朝统治达一千多年，分封子弟及功臣作为膀臂辅翼。而现在陛下您虽一统天下，但子弟却还是平民百姓，若一旦出现了田常、六卿夺权篡位的祸患，在朝中又没有强有力的辅佐之臣，靠谁来相救呢？办事不学习古代有经验统治时间长的朝代，我还没有听说过。现在周青臣等人又当面阿谀奉承以加重您的错误，不是忠臣的所为啊。”始皇把这种议论交给李斯处理，李斯认为这种论点是荒谬的，因此废弃不用，就上书给皇帝说：“古时候天下分散败乱，彼此之间互不服从，所以才诸侯并起，一般舆论都称道古代以否定当代，装点一些虚夸不实的文辞来扰乱社会的实际情况，人们都认为自己的一派学问最好，以否定皇帝的政策法令。现在陛下统一了天下，分辨了是非黑白，使海内共同尊崇皇帝一个人；而诸子百家各个学派却在一起任意批评朝廷的法令制度，听说朝廷令下，立刻就以自己学派的观点来议论它，回家便心中不满，出门则在街头巷尾纷纷议论，以批评君主来博得名声，认为和朝廷不一样便是本领高，并带领下层群众来制造诽谤。这样下去而不加以制止的话，上面君主的权力威望就要下降，下面私人的帮派也会形成。因此，还是加以禁止为文学诗书百家语者，蠲除去之。令到满三十日弗去，黥为城旦。所不去者，医药卜筮种树之书。若有欲学者，以吏为师。”始皇可其议，收去诗书百家之语以愚百姓，使天下无以古非今。明法度，定律令，皆以始皇起。同文书。治离宫别馆，周遍天下。明年，又巡狩，外攘四夷，斯皆有力焉。

斯长男由为三川守，诸男皆尚秦公主，女悉嫁秦诸公子。三川守李由告归咸阳，李斯置酒于家，百官长皆前为寿，门廷车骑以千数。李斯喟然而叹曰：“嗟乎！吾闻之荀卿曰‘物禁大盛’。夫斯乃上蔡布衣，闾巷之黔首，上不知其驽下，遂擢至此。当今人臣之位无居臣上者，可谓富贵极矣。物极则衰，吾未知所税驾也！”

始皇三十七年十月，行出游会稽，并海上，北抵琅邪。丞相斯、中车府令赵高兼行符玺令事，皆从。始皇有二十余子，长子扶苏以数直谏上，上使监兵上郡，蒙恬为将。少子胡亥爱，请从，上许之。余子莫从。

其年七月，始皇帝至沙丘，病甚，令赵高为书赐公子扶苏曰：“以兵属蒙恬，与丧会咸阳而葬。”书已封，未授使者，始皇崩。书及玺皆在赵高所，独子胡亥、丞相李斯、赵高及幸宦者五六人知始皇崩，余群臣皆莫知也。李斯以为上在外崩，无真太子，故秘之。置始皇居辒辌车中，百官奏事上食如故，宦者辄从辒辌车中可诸奏事。

赵高因留所赐扶苏玺书，而谓公子胡亥曰：“上崩，无诏封王诸子而独赐长子书。长子至，即立为皇帝，而子无尺寸之地，为之奈何？”胡亥曰：“固也。吾闻之，明君知臣，明父知子。父捐命，不封诸子，何可言者！”赵高曰：“不然。方今天下之权，存亡在子与高及丞相耳，愿子图之。且夫臣人与见臣于人，制人与见制于人，岂可同日道哉！”胡亥曰：“废兄而立弟，是不义也；不奉父诏而畏死，是不孝也；能薄而材谫，强因人之功，是不能也：三者逆德，天好。我请求把人们收藏的《诗经》、《尚书》和诸子百家的著作，都一概清除干净。命令下达三十天之后，若还有人不服从，判处黥刑并罚做筑城的苦役。不在清除之列的，是医药、占卜、种植等类书籍。若有想学习法令的，以官吏为老师。”于是秦始皇批准了他的建议，没收了《诗经》、《尚书》和诸子百家的著作，以使人民愚昧无知，使天下人无法用古代的事来批评当前的朝廷。修明法度，制定律令，都从秦始皇开始。统一文字，在全国各地修建离宫别馆。第二年，始皇又四处巡视，平定了四方少数民族，这些措施，李斯都出了不少力。

李斯的长子李由担任三川郡守，儿子们娶的都是秦国的公主，女儿们嫁的都是秦国的皇族子弟。三川郡守李由请假回咸阳时，李斯在家中设下酒宴，文武百官都前去给李斯敬酒祝贺。门前的车马数以千计。李斯便慨然长叹道：“唉呀！我听荀卿说过‘事情不要搞得过了头’。我李斯原是上蔡的平民、街巷里的百姓，皇帝不了解我才能低下，才把我提拔到这样高的地位。现如今做臣子的没有人比我职位更高，可以说是荣华富贵到了极点。然而事物发展到极点就要开始衰落，我还不知道归宿在何方啊！”

秦始皇三十七年十月，他巡行出游到会稽山，沿海北上，到达琅邪山。丞相李斯和中车府令兼符玺令赵高都一同随行。秦始皇有二十多个儿子，长子扶苏因多次直言劝谏皇帝，始皇派他到上郡监督军队，蒙恬任将军。小儿子胡亥很受宠爱，要求随行，始皇答应了。其他的儿子都没跟着去。

这一年七月，秦始皇到达沙丘，病得非常严重，命令赵高写好诏书给公子扶苏说：“把军队交给蒙恬，赶快到咸阳参加葬礼，然后安葬。”书信都已封好，但还没交给使者，秦始皇就去世了。书信和印玺都在赵高手里，只有小儿子胡亥、丞相李斯和赵高以及五六个亲信宦官知道始皇去世，其余群臣都不知道。李斯认为皇帝在外面去世，又没正式确立太子，所以就保守秘密，把始皇的尸体安放在一辆既能保温又能通风凉爽的车子中，百官奏事及进献饮食还像往常一样，宦官就假托皇帝从车中批准百官上奏的事。

赵高扣留了始皇赐给扶苏的诏书，而对公子胡亥说：“皇帝去世了，没有诏书封诸子为王而只赐给长子扶苏一封诏书。长子到后，就登位做皇帝，而你却没有半寸的封地，这怎么办呢？”胡亥说：“本来就是这样。我听说过，圣明的君主最了解臣子，圣明的父亲最了解儿子。父亲临终既未下命令分封诸子，那还有什么可说的呢？”赵高说：“并非如此。当今天下的大权，无论谁的生死存亡，都在你、我和李斯手里掌握着啊！希望你好好考虑考虑。更何况驾驭群臣和向人称臣，统治别人和被人统治，难道可以同日而语吗！”胡亥说：“废除兄长而立弟弟，这是不义；不服从父亲的诏命而惧怕死亡，这是不孝；自己才能浅薄，依下不服，身殆倾危，社稷不血食。”高曰：“臣闻汤、武杀其主，天下称义焉，不为不忠。卫君杀其父，而卫国载其德，孔子著之，不为不孝。夫大行不小谨，盛德不辞让，乡曲各有宜而百官不同功。故顾小而忘大，后必有害；狐疑犹豫，后必有悔。断而敢行，鬼神避之，后有成功。愿子遂之！”胡亥喟然叹曰：“今大行未发，丧礼未终，岂宜以此事干丞相哉！”赵高曰：“时乎时乎，间不及谋！赢粮跃马，唯恐后时！”

胡亥既然高之言，高曰：“不与丞相谋，恐事不能成，臣请为子与丞相谋之。”高乃谓丞相斯曰：“上崩，赐长子书，与丧会咸阳而立为嗣。书未行，今上崩，未有知者也。所赐长子书及符玺皆在胡亥所，定太子在君侯与高之口耳。事将何如？”斯曰：“安得亡国之言！此非人臣所当议也！”高曰：“君侯自料能孰与蒙恬？功高孰与蒙恬？谋远不失孰与蒙恬？无怨于天下孰与蒙恬？长子旧而信之孰与蒙恬？”斯曰：“此五者皆不及蒙恬，而君责之何深也？”高曰：“高固内官之厮役也，幸得以刀笔之文进入秦宫，管事二十余年，未尝见秦免罢丞相功臣有封及二世者也，卒皆以诛亡。皇帝二十余子，皆君之所知。长子刚毅而武勇，信人而奋士，即位必用蒙恬为丞相，君侯终不怀通侯之印归于乡里，明矣。高受诏教习胡亥，使学以法事数年矣，未尝见过失。慈仁笃厚，轻财重士，辩于心而诎于口，尽礼敬士，秦之诸子未有及此者，可以为嗣。君计而定之。”斯曰：“君其反位！斯奉主之诏，听天之命，何虑之可定也？”高曰：“安可危也，危可安也。安危不定，何以贵圣？”斯曰：“斯，上蔡闾巷布衣也，上幸擢为丞相，封为通侯，子孙皆至尊位重禄者，故将以存亡安危属臣也。岂可负哉！夫忠臣不避死而庶几，孝子不勤劳而见危，人臣各守其职而已矣。君其勿复言，将令斯得罪。”高曰：“盖闻圣人靠别人的帮助而勉强登位，这是无能：这三件事都是大逆不道的事情，天下人也不会服从，不仅我自身遭受祸殃，国家还会灭亡。”赵高说：“我听说过商汤、周武杀死他们的君主，天下人都称赞他们的行为符合道义，不能算是不忠。卫君杀死他的父亲，而卫国人民称颂他的功德，孔子记载了这件事，不能算是不孝。更何况办大事不能拘于小节，行大德也不用再三谦让，乡间的习俗各有各的好处，百官的工作方式也各不一样。所以顾忌小事而忘了大事，日后必生祸害；关键时刻犹豫不决，将来一定要后悔。果断而大胆地去做，连鬼神都要回避，将来一定会成功。希望你按我说的去做。”胡亥长叹一声说道：“现在皇帝去世还未发丧，丧礼也未结束，怎么好用这件事来求丞相呢？”赵高说：“时光啊时光，短暂得来不及谋划！我就像携带干粮赶着快马赶路一样，唯恐耽误了时机！”

胡亥同意了赵高的谋划以后，赵高说：“不和丞相商议，恐怕事情还不能成功，我希望能替您与丞相商议。”赵高就对丞相李斯说道：“始皇去世，赐给长子扶苏诏书，命他到咸阳参加丧礼，并立为继承人。诏书未发，皇帝去世，还没人知道此事。皇帝赐给长子的诏书和符玺都在胡亥手里，立谁为太子只在于你我的一句话而已。你看这事该怎么办？”李斯说：“你怎么能说出这种亡国的话呢！这不是作为人臣所应当议论的事！”赵高说：“您自己估计一下，和蒙恬相比，谁有本事？谁的功劳更高？谁更谋略深远而不失误？天下百姓更拥戴谁？与长子扶苏的关系谁更好？”李斯说：“在这五个方面我都不如蒙恬，但您为什么这样苛求于我呢？”赵高说：“我本来就是一个宦官的奴仆，有幸能凭熟悉狱法文书进入秦宫，管事二十多年，还未曾见过被秦王罢免的丞相功臣有封爵而又传给下一代的，他们的结局都是以被杀告终。皇帝有二十多个儿子，这些都是您所知道的。长子扶苏刚毅而且勇武，信任人而又善于激励士人，即位之后一定会用蒙恬担任丞相，很显然，您最终是不能怀揣通侯之印退职还乡了。我受皇帝之命教育胡亥，让他学法律已经有好几年了，还没见过他有什么错误。他慈悲仁爱，诚实厚道，轻视钱财，尊重士人，心里聪明但不善言辞，竭尽礼节尊重贤士，在秦始皇的儿子中，没人能赶得上他，可以立他为继承人。您考虑一下再决定。”李斯说：“您还是该干什么就干什么吧！我李斯只执行皇帝的遗诏，自己的命运听从上天的安排，有什么可考虑决定的呢？”赵高说：“看似平安却可能是危险的，看似危险又可能是平安的。在安危面前不早做决定，又怎么能算是圣明的人呢？”李斯说：“我李斯本是上蔡街巷里的平民百姓，承蒙皇帝提拔，让我担任丞相，封为通侯，子孙都得到尊贵的地位和优厚的待遇，所以皇帝才把国家安危存亡的重任交给了我，我又怎么能辜负了他的重托呢？忠臣不因怕死而苟且从事，孝子不因过分操劳而损害健康，做臣子的各守各的职责而已。请您不要再说迁徙无常，就变而从时，见末而知本，观指而睹归。物固有之，安得常法哉！方今天下之权命悬于胡亥，高能得志焉。且夫从外制中谓之惑，从下制上谓之贼。故秋霜降者草花落，水摇动者万物作，此必然之效也。君何见之晚？”斯曰：“吾闻晋易太子，三世不安；齐桓兄弟争位，身死为戮；纣杀亲戚，不听谏者，国为丘墟，遂危社稷：三者逆天，宗庙不血食。斯其犹人哉，安足为谋！”高曰：“上下合同，可以长久；中外若一，事无表里。君听臣之计，即长有封侯，世世称孤，必有乔松之寿，孔、墨之智。今释此而不从，祸及子孙，足以为寒心。善者因祸为福，君何处焉？”斯乃仰天而叹，垂泪太息曰：“嗟乎！独遭乱世，既以不能死，安托命哉！”于是斯乃听高。高乃报胡亥曰：“臣请奉太子之明命以报丞相，丞相斯敢不奉令！”

于是乃相与谋，诈为受始皇诏丞相，立子胡亥为太子。更为书赐长子扶苏曰：“朕巡天下，祷祠名山诸神以延寿命。今扶苏与将军蒙恬将师数十万以屯边，十有余年矣，不能进而前，士卒多秏，无尺寸之功，乃反数上书直言诽谤我所为，以不得罢归为太子，日夜怨望。扶苏为人子不孝，其赐剑以自裁！将军恬与扶苏居外，不匡正，宜知其谋。为人臣不忠，其赐死，以兵属裨将王离。”封其书以皇帝玺，遣胡亥客奉书赐扶苏于上郡。

使者至，发书，扶苏泣，入内舍，欲自杀。蒙恬止扶苏曰：“陛下居外，未立太子，使臣将三十万众守边，公子为监，此天下重任也。今一使者来，即自杀，安知其非诈？请复请，复请而后死，未暮也。”使者数趣之。扶苏为人仁，谓蒙恬曰：“父而赐子死，尚安复请！”即自杀。蒙恬不肯死，使者即以属吏，系于阳周。

使者还报，胡亥、斯、高大喜。至咸阳，发丧，太子立为二世皇帝。以赵高为郎中令，常侍中用事。

了，不要让我李斯也跟着犯罪。”赵高说：“我听说圣人并不循规蹈矩，而是适应变化、顺从潮流，看到苗头就能预知根本，看到动向就能预知归宿。而事物本来就是如此，哪里有什么事是一成不变的呢！现如今天下的权力和命运都掌握在胡亥手里，我赵高能猜出他的心志。更何况从外部来制服内部就是逆乱，从下面来制服上面就是反叛。所以秋霜一降花草随之凋落，冰消雪化就万物更生，这是自然界必然的结果。您怎么连这些都看不到呢？”李斯说：“我听说晋更换太子，三代不安宁；齐桓公兄弟争夺王位，哥哥被杀死；商纣杀死亲戚，又不听从臣下劝谏，都城被夷为废墟，危及了社稷；这三件事都违背天意，所以才落得宗庙没人祭祀的下场。我李斯还是人啊，怎么能参与这些阴谋呢！”赵高说：“上下齐心协力，事业可以长久；内外配合如一，就不会有什么差错。您听从我的计策，就会长保封侯，并永世相传，一定有仙人王子乔、赤松子那样的长寿，孔子、墨子那样的智慧。现在放弃这个机会而不听从我的意见，一定会祸及子孙，足以令人心寒。善于为人处世，相机而动的人是能够转祸为福的，您想怎么办呢？”李斯仰天长叹，挥泪叹息道：“唉呀！偏偏遭逢乱世，既然已经不能以死尽忠了，我将要向何处寄托我的命运呢！”于是李斯就依从了赵高。赵高便回报胡亥说：“我是奉太子您的命令去通知丞相李斯的，他怎么敢不服从命令呢！”

于是他们就一同商议，伪造了秦始皇给丞相李斯的诏书，立胡亥为太子，又伪造了一份赐给长子扶苏的诏书说：“我巡视天下，祈祷祭祀各地名山的神灵以求长寿。现在扶苏和将军蒙恬带领几十万军队驻守边疆，已经过去十几年了，不能向前进军，而伤亡的士兵很多，没有立下半点功劳，反而多次上书直言诽谤我的所做所为，因不能解职回京当太子，日夜怨恨不满。扶苏作为人子而不孝顺，赐剑自杀！将军蒙恬和扶苏一同在外，不纠正他的错误，也应知道他的谋划。作为人臣而不尽忠，一同赐命自杀，把军队交给副将王离。”用皇帝的玉玺把诏书封好，让胡亥的门客捧着诏书到上郡交给扶苏。

使者到达之后，打开诏书，扶苏就哭泣起来，进入内室想自杀。蒙恬阻止扶苏说：“皇上在外，没有立下太子，派我带领三十万大军守卫边疆，公子担任监军，这是天下的重任啊。现在只有一个使者来，您就立刻自杀，怎能知道其中没有虚假呢？希望您再请示一下，有了回答之后再死也不晚啊。”使者连连催促。扶苏为人仁爱，对蒙恬说：“父亲命儿子去死，还要请示什么！”立刻自杀而死。蒙恬不肯自杀，使者立刻把他交付法吏，关押在阳周。

使者回来汇报，胡亥、李斯、赵高都非常高兴。到咸阳后发布丧事，太子胡亥立为二世皇帝，任命赵高担任郎中令，常在宫中服侍皇帝，掌握大权。

二世燕居，乃召高与谋事，谓曰："夫人生居世间也，譬犹骋六骥过决隙也。吾既已临天下矣，欲悉耳目之所好，穷心志之所乐，以安宗庙而乐万姓，长有天下，终吾年寿，其道可乎？"高曰："此贤主之所能行也，而昏乱主之所禁也。臣请言之，不敢避斧钺之诛，愿陛下少留意焉。夫沙丘之谋，诸公子及大臣皆疑焉，而诸公子尽帝兄，大臣又先帝之所置也。今陛下初立，此其属意怏怏皆不服，恐为变。且蒙恬已死，蒙毅将兵居外，臣战战栗栗，唯恐不终。且陛下安得为此乐乎？"二世曰："为之奈何？"赵高曰："严法而刻刑，令有罪者相坐诛，至收族，灭大臣而远骨肉；贫者富之，贱者贵之。尽除去先帝之故臣，更置陛下之所亲信者近之。此则阴德归陛下，害除而奸谋塞，群臣莫不被润泽，蒙厚德，陛下则高枕肆志宠乐矣。计莫出于此。"二世然高之言，乃更为法律。于是群臣诸公子有罪，辄下高，令鞠治之。杀大臣蒙毅等，公子十二人僇死咸阳市，十公主矺死于杜，财物入于县官，相连坐者不可胜数。

公子高欲奔，恐收族，乃上书曰："先帝无恙时，臣入则赐食，出则乘舆。御府之衣，臣得赐之；中厩之宝马，臣得赐之。臣当从死而不能，为人子不孝，为人臣不忠。不忠者无名以立于世，臣请从死，愿葬郦山之足。唯上幸哀怜之。"书上，胡亥大说，召赵高而示之，曰："此可谓急乎？"赵高曰："人臣当忧死而不暇，何变之得谋！"胡亥可其书，赐钱十万以葬。

法令诛罚日益刻深，群臣人人自危，欲畔者众。又作阿房之宫，治直道、驰道，赋敛愈重，戍徭无已。于是楚戍卒陈胜、吴广等乃作乱，起于山东，杰俊相立，自置为侯王，叛秦，兵至鸿门而却。李斯数欲请间谏，二世不许。而二世责问李斯曰："吾有私议而有所闻于韩子也，曰'尧之有天下也，堂高三尺，采椽不斫，茅茨不翦，虽逆旅之宿不勤于此矣。冬日鹿裘，夏日葛衣，粢粝之食，藜藿之羹，饭秦二世在宫中闲居无事，就把赵高叫来一同商议，对赵高说："人活在世上，就如同驾驭着六匹骏马从缝隙前飞驰而过一样短暂。我既然已经统治天下了，想全部满足耳目方面的一切欲望，享受尽我所能想到的一切乐趣，使国家安宁，百姓欢欣，永保江山，以享天年，这种想法能行得通吗？"赵高说："这对贤明君主来说是能够做到的，而对昏乱君主来说是应禁忌的。我冒昧地说一句不怕杀头的话，请您稍加注意一点。对于沙丘的密谋策划，各位公子和大臣都有怀疑，而这些公子都是您的兄长，这些大臣都是先帝所安置的。现在陛下刚刚登上皇位，这些人都心中怨恨不服，唯怕他们要闹事。更何且蒙恬虽已死去，蒙毅还在外面带兵，我之所以提心吊胆，只是害怕会有不好的结果。陛下您又怎么能为此而行乐呢？"二世说："这可怎么办呢？"赵高说："实行严峻的法律和残酷的刑罚，把犯法的和受牵连的人统统杀死，直至灭族，杀死当朝大臣而疏远您的骨肉兄弟，让原来贫穷的人富有起来，让原来卑贱的人高贵起来。铲除先帝的全部旧臣，重新任命您信任的人并让他们在您的身边。这样就使他们从心底对您感恩戴德，根除了祸害而杜绝了奸谋，群臣上下没有人不得到您的恩泽，承受您的厚德，陛下您就可以高枕无忧，纵情享受了。没有比这更好的主意了。"二世认为赵高的话是对的，就重新修订法律。于是群臣和公子们有罪，就交付赵高，命他审讯法办，杀死了大臣蒙毅等人，十二个公子在咸阳街头斩首示众，十个公主也在杜县被分裂肢体处死，没收财物归皇帝所有，连带一同治罪的不计其数。

公子高想外出逃命，怕被满门抄斩，就上书说："先帝活着的时候，我进宫就赐给吃的东西，出宫就让乘车。皇帝内府中的衣服，先帝赐给我；宫中马棚里的宝马，先帝也赐给我。我本该与先帝一起死去而没做到，这是我做人子的不孝，做人臣的不忠。而不忠的人没有理由活在世上，请允许我追随先帝而去，希望能把我埋在骊山脚下。只求皇上哀怜答应我。"此书上奏以后，胡亥非常高兴，叫来赵高并把此书展示给他看，说："这可以说是窘急无奈了吧？"赵高说："在大臣们整天担心自己死亡还来不及的时候，怎么能图谋造反呢！"胡亥答应了公子高的请求，赐给他十万钱予以安葬。

当时的法令刑罚一天比一天残酷，群臣上下人人自危，想反叛的人很多。二世又大肆建造阿房宫，修筑直道、驰道，赋税越来越重，兵役劳役没完没了。于是从楚地征来戍边的士卒陈胜、吴广等人就起来造反，在崤山以东起兵，英雄豪杰蜂拥而起，纷纷自立为侯王，反叛秦朝，他们的军队一直攻到鸿门才退去。李斯多次想找机会进谏，但二世不允许，反倒责备李斯说："我有个看法，是从韩非子那里听来的，他说'尧统治天下，殿堂只不过三尺高，柞木椽子直接使用而不加砍削，茅草做屋顶而不加修剪，即使是旅店中住宿的条件也不会比这更艰土甂，啜土铏，虽监门之养不觳于此矣。禹凿龙门，通大夏，疏九河，曲九防，决渟水致之海，而股无胈，胫无毛，手足胼胝，面目黎黑，遂以死于外，葬于会稽，臣虏之劳不烈于此矣’。然则夫所贵于有天下者，岂欲苦形劳神，身处逆旅之宿，口食监门之养，手持臣虏之作哉？此不肖人之所勉也，非贤者之所务也。彼贤人之有天下也，专用天下适己而已矣，此所贵于有天下也。夫所谓贤人者，必能安天下而治万民，今身且不能利，将恶能治天下哉！故吾愿赐志广欲，长享天下而无害，为之奈何？”李斯子由为三川守，群盗吴广等西略地，过去弗能禁。章邯以破逐广等兵，使者覆案三川相属，诮让斯居三公位，如何令盗如此。李斯恐惧，重爵禄，不知所出，乃阿二世意，欲求容，以书对曰：

夫贤主者，必且能全道而行督责之术者也。督责之，则臣不敢不竭能以徇其主矣。此臣主之分定，上下之义明，则天下贤不肖莫敢不尽力竭任以徇其君矣。是故主独制于天下而无所制也。能穷乐之极矣，贤明之主也，可不察焉！

故申子曰“有天下而不恣睢，命之曰以天下为桎梏”者，无他焉，不能督责，而顾以其身劳于天下之民，若尧、禹然，故谓之“桎梏”也。夫不能修申、韩之明术，行督责之道，专以天下自适也，而徒务苦形劳神，以身徇百姓，则是黔首之役，非畜天下者也，何足贵哉！夫以人徇己，则己贵而人贱；以己徇人，则己贱而人贵。故徇人者贱，而人所徇者贵，自古及今，未有不然者也。凡古之所为尊贤者，为其贵也；而所为恶不肖者，为其贱也。而尧、禹以身徇天下者也，因随而尊之，则亦失所为尊贤之心矣，夫可谓大缪矣。谓之为“桎梏”，不亦宜乎？不能督责之过也。

苦的了。冬天穿鹿皮袄，夏天穿麻布衣，粗米作饭，野菜作汤，用土罐吃饭，用土钵喝水，即使是看门人的生活也不会比这更清寒的了。夏禹凿开龙门，开通大夏水道，又疏通多条河流，曲折地筑起多道堤防，决积水引导入海，大腿上没了白肉，小腿上没了汗毛，手掌脚底都结满了厚茧，面孔漆黑，最终还累死在外，埋葬在会稽山上，即使是奴隶的劳苦也不会比这更厉害了’。然而把统治天下看得无尚尊贵的人，他的目的难道就是想操心费力，住旅店一样的房舍，吃看门人吃的食物，干奴隶干的活吗？这些事都是才能低下的人才努力去干的，并非贤明的人所从事的。那些贤明的人统治天下的时候，只是把天下的一切都拿来满足自己的欲望而已，这正是把统治天下看得无尚尊贵的原因所在。人们所说的贤明之人，一定能安定天下、治理万民，倘若连给自己捞好处都不会，又怎么能治理天下呢！所以我才想恣心广欲，永远享有天下而没有祸害。这该怎么办呢？”李斯的儿子李由任三川郡守，群起造反的吴广等人向西攻占地盘，任意往来，李由不能阻止。章邯在击败并驱逐了吴广等人的军队之后，派到三川去调查的使者一个接着一个，并责备李斯身居三公之位，为何让盗贼猖狂到这种地步。李斯很是害怕，又把爵位俸禄看得很重，不知如何是好，就曲意顺从二世的心意，想求得宽容，便上书回答二世说：

贤明的君主，必将是能够全面掌握为君之道，又能对下行使督责统治的君主。对下严加督责，那么臣子们就不敢不竭尽全力为君主效命。这样，君主和臣子的职责一经确定，上下关系的准则也明确了，那么天下不论是有才德的还是没有才德的，都不敢不竭尽全力为君主效命了。因此君主才能专制天下而不受任何约束，能享尽达到极致的乐趣。贤明的君主啊，怎能看不清这一点呢！

所以申不害先生说“占有天下要是还不懂得纵情恣欲，这就叫把天下当成自己的镣铐”这样的话，没有别的意思，只是讲不督责臣下，而自己反而辛辛苦苦为天下百姓操劳，像尧和禹那样，所以称为“镣铐”。如果不能学习申不害、韩非的高明之术，推行督责措施，一心把天下作为自己的责任，而只是白白地操心费力，拼命为百姓干事，那就是百姓的奴仆，并不是统治天下的帝王，这有什么值得尊贵的呢！让别人为自己献身，就使自己尊贵而别人卑贱；让自己为别人献身，就使自己卑贱而别人尊贵。所以献身的人卑贱，接受献身的人尊贵，从古到今，没有不是这样的。自古以来之所以尊重贤人，是因为受尊敬的人自己尊贵；之所以讨厌不肖的人，是因为不肖的人自己卑贱。而尧、禹是为天下献身的人，因袭世俗的评价而予以尊重，这也就失去了所以尊贤的用心了，这可说是绝大的错误。说尧、禹把天下当作自己的镣铐，不也是很合适的吗？这是不能督责的过错。

故韩子曰："慈母有败子而严家无格虏"者，何也？则能罚之加焉必也。故商君之法，刑弃灰于道者。夫弃灰，薄罪也，而被刑，重罚也。彼唯明主为能深督轻罪。夫罪轻且督深，而况有重罪乎？故民不敢犯也。是故韩子曰"布帛寻常，庸人不释，铄金百溢，盗跖不搏"者，非庸人之心重，寻常之利深，而盗跖之欲浅也；又不以盗跖之行，为轻百镒之重也。搏必随手刑，则盗跖不搏百镒；而罚不必行也，则庸人不释寻常。是故城高五丈，而楼季不轻犯也；泰山之高百仞，而跛牂牧其上。夫楼季也而难五丈之限，岂跛牂也而易百仞之高哉？峭堑之势异也。明主圣王之所以能久处尊位，长执重势，而独擅天下之利者，非有异道也，能独断而审督责，必深罚，故天下不敢犯也。今不务所以不犯，而事慈母之所以败子也，则亦不察于圣人之论矣。夫不能行圣人之术，则舍为天下役何事哉？可不哀邪！

且夫俭节仁义之人立于朝，则荒肆之乐辍矣；谏说论理之臣间于侧，则流漫之志诎矣；烈士死节之行显于世，则淫康之虞废矣。故明主能外此三者，而独操主术以制听从之臣，而修其明法，故身尊而势重也。凡贤主者，必将能拂世磨俗，而废其所恶，立其所欲，故生则有尊重之势，死则有贤明之谥也。是以明君独断，故权不在臣也。然后能灭仁义之涂，掩驰说之口，困烈士之行，塞聪揜明，内独视听，故外不可倾以仁义烈士之行，而内不可夺以谏说忿争之辩。故能荦然独行恣睢之心而莫之敢逆。若此然后可谓能明申、韩之术，而修商君之法。法修术明而天下乱者，未之闻也。故曰"王道约而易操"也。唯明主为能行之。若此则谓督责之诚，则臣无邪，臣无邪则天下安，天下安则主严尊，主严尊则督责必，督责必则所求得，所求得则国家富，国家富则君乐丰。故督责之术设，则所欲无不得矣。群臣百姓所以韩非先生说“慈爱的母亲会养出败家的儿子，而严厉的主人家中没有强悍的奴仆”，这是什么原因呢？这是由于能严加惩罚的必然结果。所以商鞅的新法规定，在道路上撒灰的人就要判刑。撒灰于道是轻罪，而加之以刑是重罚。只有贤明的君主才能严厉地督责轻罪。轻罪尚且严厉督责，何况犯有重罪呢？所以百姓不敢犯法。因此韩非先生又说“对几尺绸布，一般人见到就会顺手拿走，百镒美好的黄金，盗跖却不会夺取”，并不因为常人贪心严重，几尺绸布价值极高，盗跖利欲淡泊；也不是因为盗跖行为高尚，轻视百镒黄金的重利。原因是一旦夺取，随后就要受刑，所以盗跖不敢夺取百镒黄金；若是不坚决施行刑罚的话，那么一般人也就不会放弃几尺绸布。因此五丈高的城墙，楼季不敢轻易冒犯；泰山高达百仞，而跛脚的母羊却能登上去。难道楼季把攀越五丈高的城墙看得很难，而把跛脚的母羊登上百仞高的泰山看得很容易吗？这是因为陡峭和平缓，两者形势不同。圣明的君主之所以能久居尊位，长掌大权，独自垄断天下利益，其原因并不在于他们有什么特殊的办法，而是在于他们能够独揽大权，精于督责，对犯法的人一定严加惩处，所以天下人不敢违犯。现在不制定防止犯罪的措施，而去仿效慈母养成败家子的做法，那就太不了解前代圣哲的论说了。不能实行圣人治理天下的方法，除去给天下当奴仆还能干什么呢？这不是太令人悲伤了吗？

更何况节俭仁义的人在朝中任职，那荒诞放肆的乐趣就得中止；规劝陈说、高谈道理的臣子在身边干预，放肆无忌的念头就要收敛；烈士死节的行为受到世人的推崇，纵情享受的娱乐就要放弃。所以圣明的君主能排斥这三种人，而独掌统治大权以驾驭言听计从的臣子，建立严明的法制，所以自身尊贵而权势威重。所有的贤明君主，都能拂逆世风、扭转民俗，废弃他所厌恶的，树立他所喜欢的，因此在他活着的时候才有尊贵的威势，在他死后才有贤明的谥号。正因为这样，贤明的君主才集权专制，使权力不落入臣子的手中，然后才能斩断仁义之路，堵住游说之口，困厄烈士的死节行为，闭目塞听，任凭自己独断专行，这样在外就不致被仁义节烈之士的行为所动摇，在内也不会被劝谏争论所迷惑。因此才能卓然独行逞其为所欲为的心志，而没有人敢反抗。像这样，然后才可以说是明了申不害、韩非的统治术，学会了商鞅的法制。法制和统治术都学好而明了了，天下还会大乱，这样的事我还没听说过。所以，有人说：“帝王的统治术是简约易行的。”只有贤明君主才能这么做。像这样，才可以说是真正实行了督责，臣下才能没有离异之心，天下才能安定，天下安定才能有君主的尊严，君主有了尊严才能使督责严格执行，督责严格执行后君主的欲望才能得到满足，满足之后国家才能富强，国家富强了君主才能享受得更多。所以督责之术一确立，君救过不给，何变之敢图？若此则帝道备，而可谓能明君臣之术矣。虽申、韩复生，不能加也。

书奏，二世悦。于是行督责益严，税民深者为明吏。二世曰："若此则可谓能督责矣。"刑者相半于道，而死人日成积于市。杀人众者为忠臣。二世曰："若此则可谓能督责矣。"

初，赵高为郎中令，所杀及报私怨众多，恐大臣入朝奏事毁恶之，乃说二世曰："天子所以贵者，但以闻声，群臣莫得见其面，故号曰'朕'。且陛下富于春秋，未必尽通诸事，今坐朝廷，谴举有不当者，则见短于大臣，非所以示神明于天下也。且陛下深拱禁中，与臣及侍中习法者待事，事来有以揆之。如此则大臣不敢奏疑事，天下称圣主矣。"二世用其计，乃不坐朝廷见大臣，居禁中。赵高常侍中用事，事皆决于赵高。

高闻李斯以为言，乃见丞相曰："关东群盗多，今上急益发繇治阿房宫，聚狗马无用之物。臣欲谏，为位贱。此真君侯之事，君何不谏？"李斯曰："固也，吾欲言之久矣。今时上不坐朝廷，上居深宫，吾有所言者，不可传也，欲见无间。"赵高谓曰："君诚能谏，请为君候上间语君。"于是赵高待二世方燕乐，妇女居前，使人告丞相："上方间，可奏事。"丞相至宫门上谒，如此者三。二世怒曰："吾常多间日，丞相不来。吾方燕私，丞相辄来请事。丞相岂少我哉？且固我哉？"赵高因曰："如此殆矣！夫沙丘之谋，丞相与焉。今陛下已立为帝，而丞相贵不益，此其意亦望裂地而王矣。且陛下不问臣，臣不敢言。丞相长男李由为三川守，楚盗陈胜等皆丞相傍县之子，以故楚盗公行，过三川，城守不肯击。高闻其文书相往来，未得其审，故未敢以闻。且丞相居外，权重于陛下。"二世以为然。欲案主就任何欲望都能满足了。群臣百姓想补救自己的过失都来不及，哪里还敢图谋造反？像这样，就可以说是掌握了帝王的统治术，也可以说了解了驾驭群臣的方法。即使申不害、韩非复生，也不能超过了。

这封答书上奏之后，二世非常高兴，于是更加严厉地实行督责，向百姓收税越多越被认为是贤明的官吏。二世说："像这样才可称得上善于督责了。"路上的行人，有一半是犯人，街市上每天都堆积着刚杀死的人的尸体，而且杀人越多的越被认为是忠臣。二世说："像这样才可称得上实行督责了。"

起初，赵高在担任郎中令时，杀死的人和为了报私仇而陷害的人非常多，唯恐大臣们在入朝奏事时向二世揭露他，就劝说二世道："天子之所以尊贵，就在于大臣只能听到他的声音，而不能看到他的面容，所以才自称为'朕'。况且陛下您还很年轻，未必什么事情都懂，现在坐在朝廷上，若惩罚和奖励有什么不妥当的地方，只会把自己的短处暴露给大臣，这也就不能向天下人显示您的圣明了。陛下不妨深居宫中，和我及熟悉法律的侍中在一起，等待大臣把公事呈奏上来，等公文一旦呈上，我们就可以研究决定。这样，大臣们就不敢把疑难的事情报上来，天下的人也就称您为圣明之主了。"二世听从了赵高的话，就不再坐在朝廷上接见大臣，深居在宫禁之中。赵高总在皇帝身边侍奉办事，一切公务都由赵高决定。

赵高听说李斯对此颇有不满，就找到李斯说："函谷关以东地区盗贼很多，而现在皇上却加紧征发劳役修建阿房宫，搜集狗马等这些没用的玩物。我想劝谏，但我的地位卑贱。可这实在是您丞相的事，为什么不劝谏呢？"李斯说："确实这样，我早就想说话了。可是现在皇帝不临朝听政，常居深宫之中，我虽然有话想说，又不便让别人传达，想见皇帝却又没有机会。"赵高对他说："您若真能劝谏的话，请允许我替你打听，只要皇上一有空闲，我立刻通知你。"于是赵高趁二世在闲居娱乐、美女在前的时候，派人告诉丞相说："皇上正有空闲，可以进宫奏事。"丞相李斯就到宫门求见，接连三次都是这样。二世非常生气地说："我平时空闲的日子很多，丞相都不来。每当我在寝室休息的时候，丞相就来请示奏事。丞相是瞧不起我呢，还是以为我鄙陋？"赵高又乘机说："您这样说话可太危险了！沙丘的密谋，丞相是参与了的。现在陛下您已经即位为皇帝，而丞相的地位却没有提高，显然他的意思是想割地封王呀！如果皇帝您不问我，我不敢说。丞相的大儿子李由担任三川郡守，楚地强盗陈胜等人都是丞相故乡邻县的人，因此他们才敢公开横行，经过三川时，李由只是守城而不出击。我曾听说他们之间有书信来往，但还没有调查清楚，所以没敢向陛下报告。更何况丞相在外，权力比陛下还大。"二世认为赵高的话没错，想法办丞相，但又担心情况丞相，恐其不审，乃使人案验三川守与盗通状。李斯闻之。

是时二世在甘泉，方作觳抵优俳之观。李斯不得见，因上书言赵高之短曰："臣闻之，臣疑其君，无不危国；妾疑其夫，无不危家。今有大臣于陛下擅利擅害，与陛下无异，此甚不便。昔者司城子罕相宋，身行刑罚，以威行之，期年遂劫其君。田常为简公臣，爵列无敌于国，私家之富与公家均，布惠施德，下得百姓，上得群臣，阴取齐国，杀宰予于庭，即弑简公于朝，遂有齐国。此天下所明知也。今高有邪佚之志，危反之行，如子罕相宋也；私家之富，若田氏之于齐也。兼行田常、子罕之逆道而劫陛下之威信，其志若韩玘为韩安相也。陛下不图，臣恐其为变也。"二世曰："何哉？夫高，故宦人也，然不为安肆志，不以危易心，絜行修善，自使至此，以忠得进，以信守位，朕实贤之，而君疑之，何也？且朕少失先人，无所识知，不习治民，而君又老，恐与天下绝矣。朕非属赵君，当谁任哉？且赵君为人精廉强力，下知人情，上能适朕，君其勿疑。"李斯曰："不然。夫高，故贱人也，无识于理，贪欲无厌，求利不止，列势次主，求欲无穷，臣故曰殆。"二世已前信赵高，恐李斯杀之，乃私告赵高。高曰："丞相所患者独高，高已死，丞相即欲为田常所为。"于是二世曰："其以李斯属郎中令！"

赵高案治李斯。李斯拘执束缚，居囹圄中，仰天而叹曰："嗟乎，悲夫！不道之君，何可为计哉！昔者桀杀关龙逢，纣杀王子比干，吴王夫差杀伍子胥。此三臣者，岂不忠哉，然而不免于死，身死而所忠者非也。今吾智不及三子，而二世之无道过于桀、纣、夫差，吾以忠死，宜矣。且二世之治岂不乱哉！日者夷其兄弟而自立也，杀忠臣而贵贱人，作为阿房之宫，赋敛天下。吾非不谏也，而不吾听也。凡古圣王，饮食有节，车器有数，宫室有度，出令造事，加费而不实，就派人去调查三川郡守与盗贼勾结的具体情况。李斯听到了这个消息。

当时二世正在甘泉宫观看摔跤和滑稽戏表演。李斯不能进见，就上书揭发赵高的短处说："我听说，臣子比同于君主，没有不危害国家的；妾比同于丈夫，没有不危害家庭的。现在有的大臣擅自掌握赏罚大权，和您没有什么不同，这是非常不妥当的。从前司城子罕当宋国丞相，自己掌握刑罚大权，用威权行事，一年之后就劫持了宋国国君，篡夺了王位。田常是齐简公的臣子，爵位高到全国无人与他相匹敌，自家的财富和公家的一样多，他行恩施惠，下得百姓的爱戴，上得群臣的拥护，暗中窃取了齐国的权力，在厅堂里杀死了宰予，又在朝廷上杀死齐简公，这样，就完全控制了齐国。这是天下人明明白白知道的。现在赵高有邪辟过分的心志和险诈叛逆的行为，就如同子罕任宋国丞相时的所作所为；私人占有的财富，也正像田常在齐国那样多。他一并使用田常、子罕的叛逆方式而又窃取了陛下您的威信，他的志向就如同韩玘当韩安的宰相时一样。陛下你不早做打算，我担心他迟早会发动叛乱啊。"二世说："这话怎么说？赵高原本是个宦官，但他不因处境安逸就为所欲为，也不因处境危险就改变忠心，他品行廉洁，一心向善，靠自己的努力才得到今天的地位，因忠心耿耿才被提拔，因讲信义才保住禄位，我确实认为他是贤才，而你怀疑他，这是什么原因呢？再加上我年纪轻轻就失去了父亲，没什么知识，不知如何管理百姓，而你年纪又大了，我担心与天下人隔绝了。我如果不把国事托付给赵高，还应当用谁呢？况且赵先生为人精明廉洁，竭尽其力，下能了解民情，上能顺应我的心意，请你不要怀疑。"李斯说："并非如此。赵高从前是卑贱的人，并不懂道理，贪得无厌，求利不止，地位权势仅次于陛下，但他追求地位和权势的欲望却没有止境，所以我说是很危险的。"二世早已相信了赵高，担心李斯杀掉他，就暗中把这些话告诉了赵高。赵高说："丞相所忧虑的只有我赵高，我死之后，丞相就可以干田常所干的那些事了。"于是二世说："就把李斯交给你这郎中令查办吧！"

赵高查办李斯。李斯被捕后并套上刑具，关在监狱中，仰天长叹道："唉呀！可悲啊！无道的昏君，怎么能为他出谋划策呢？从前夏桀杀死关龙逢，商纣杀死王子比干，吴王夫差杀死伍子胥。这三个大臣，难道不忠吗？然而免不了一死，他们虽然尽忠而死，只可惜忠非其人。现在我的智慧赶不上这三个人，而二世的暴虐无道超过了桀、纣、夫差，我因尽忠而死，也是应该的呀！况且二世治国不是胡搞么！不久前杀死了自己的兄弟而自立为皇帝，又杀害忠良，重用低贱的人，修建阿房宫，对天下百姓横征暴敛。这并不是我不劝谏，而是他不听我的呀。凡是古代圣明的帝王饮食都有一定的节制，车马器物有一定的数量，宫殿都有一定的限度，颁布命令和办事情，增加费用而不利于百姓的一律禁止，所以才无益于民利者禁，故能长久治安。今行逆于昆弟，不顾其咎；侵杀忠臣，不思其殃；大为宫室，厚赋天下，不爱其费：三者已行，天下不听。今反者已有天下之半矣，而心尚未寤也，而以赵高为佐，吾必见寇至咸阳，麋鹿游于朝也。”

于是二世乃使高案丞相狱，治罪，责斯与子由谋反状，皆收捕宗族宾客。赵高治斯，榜掠千余，不胜痛，自诬服。斯所以不死者，自负其辩，有功，实无反心，幸得上书自陈，幸二世之寤而赦之。李斯乃从狱中上书曰：“臣为丞相治民，三十余年矣。逮秦地之陕隘。先王之时秦地不过千里，兵数十万。臣尽薄材，谨奉法令，阴行谋臣，资之金玉，使游说诸侯，阴修甲兵，饰政教，官斗士，尊功臣，盛其爵禄，故终以胁韩弱魏，破燕、赵，夷齐、楚，卒兼六国，虏其王，立秦为天子。罪一矣。地非不广，又北逐胡、貉，南定百越，以见秦之强。罪二矣。尊大臣，盛其爵位，以固其亲。罪三矣。立社稷，修宗庙，以明主之贤。罪四矣。更克画，平斗斛度量文章，布之天下，以树秦之名。罪五矣。治驰道，兴游观，以见主之得意。罪六矣。缓刑罚，薄赋敛，以遂主得众之心，万民戴主，死而不忘。罪七矣。若斯之为臣者，罪足以死固久矣。上幸尽其能力，乃得至今，愿陛下察之！”书上，赵高使吏弃去不奏，曰：“囚安得上书！”

赵高使其客十余辈诈为御史、谒者、侍中，更往覆讯斯。斯更以其实对，辄使人复榜之。后二世使人验斯，斯以为如前，终不敢更言，辞服。奏当上，二世喜曰：“微赵君，几为丞相所卖。”及二世所使案三川之守至，则项梁已击杀之。使者来，会丞相下吏，赵高皆妄为反辞。

二世二年七月，具斯五刑，论腰斩咸阳市。斯出狱，与其中子俱能长治久安。现在二世对自己的兄弟，施以违反常情常理的残暴手段，却不会考虑有什么灾祸，迫害、杀戮忠臣，也不会考虑有什么灾殃；大力修筑宫殿，加重对天下百姓的税收，不吝惜钱财：这三件措施实行之后，天下百姓不服从。现在造反的人已占天下人的一半了，但二世心中还未觉悟，居然任用赵高为辅佐，我一定会看到盗贼攻进咸阳，使朝廷变为麋鹿嬉游的地方。”

于是二世就派赵高审理丞相一案，对他加以惩处，查问李斯和儿子李由谋反的情况，将其宾客和宗族全部逮捕。赵高惩治李斯，拷打他一千多下，李斯不能忍受痛苦的折磨，只得冤屈地招供了。李斯之所以不自杀而死，是他自负能言善辩，又对秦国有大功，确实没有反叛之心，希望能够上书为自己辩解，希望二世能觉悟过来并赦免他。李斯于是在监狱中上书说：“我担任丞相治理百姓，已经三十多年了。我来秦国的时候，赶上秦国领土还很狭小。先王时，秦国的土地不过千里，士兵不过几十万。我用尽了自己微薄的才能，小心谨慎地执行法令，暗中派遣谋臣，资助他们金银珠宝，让他们到各国游说，暗中准备武装，整顿政治和教化，任用英勇善战的人为官，提高功臣的地位，给他们很高的爵位和俸禄，所以终于威胁韩国，削弱魏国，击败了燕国、赵国，削平了齐国、楚国，最后兼并六国，俘获了他们的国王，拥立秦王为天子。这是我的第一条罪状。秦国的疆域并不是不广阔，还要在北方驱逐胡人、貉人，在南方平定百越，以显示秦国的强大。这是我的第二条罪状。我尊重大臣，提高他们的爵位，用以巩固他们同秦王的亲密关系。这是我的第三条罪状。建立社稷，修建宗庙，以显示主上的贤明。这是我的第四条罪状。更改尺度衡器上所刻的标志，统一度量衡和文字，颁布天下，以树立秦朝的威名。这是我的第五条罪状。修筑驰道，兴建游观之所，以显示主上的志满意得。这是我的第六条罪状。减轻刑罚，减少税收，以满足主上赢得民众的心愿，使万民百姓都拥戴皇帝，至死都不忘记皇帝的恩德。这是我的第七条罪状。像我李斯这样做臣子的，所犯罪状足以处死，本来已经很久了，皇帝希望我竭尽所能，才得以活到今天，希望陛下明察。”奏书呈上之后，赵高让狱吏丢在一边而不上奏，说：“囚犯怎能上书！”

赵高派他的门客十多人假扮成御史、谒者、侍中，轮流往复审问李斯。李斯改为以实对答时，赵高就让人再拷打他。后来二世派人去验证李斯的口供，李斯以为还和以前一样，终不敢再改口供，在供词上承认了自己的罪状。赵高把判决书呈给皇帝，二世皇帝很高兴地说：“没有赵君，我几乎被丞相出卖了。”等二世派的使者到达三川调查李由时，项梁已经将他杀死。使者返回时，正当李斯已被交付狱吏看押，赵高就编造了一整套李由谋反的罪状。

二世二年七月，李斯被判处五刑，判在咸阳街市上腰斩。李斯出狱时，跟他执，顾谓其中子曰："吾欲与若复牵黄犬，俱出上蔡东门逐狡兔，岂可得乎！"遂父子相哭，而夷三族。

李斯已死，二世拜赵高为中丞相，事无大小辄决于高。高自知权重，乃献鹿，谓之马。二世问左右："此乃鹿也？"左右皆曰"马也"。二世惊，自以为惑，乃召太卜，令卦之，太卜曰："陛下春秋郊祀，奉宗庙鬼神，斋戒不明，故至于此。可依盛德而明斋戒。"于是乃入上林斋戒。日游弋猎，有行人入上林中，二世自射杀之。赵高教其女婿咸阳令阎乐劾不知何人贼杀人移上林。高乃谏二世曰："天子无故贼杀不辜人，此上帝之禁也，鬼神不享，天且降殃，当远避宫以禳之。"二世乃出居望夷之宫。

留三日，赵高诈诏卫士，令士皆素服持兵内乡，入告二世曰："山东群盗兵大至！"二世上观而见之，恐惧，高既因劫令自杀。引玺而佩之，左右百官莫从；上殿，殿欲坏者三。高自知天弗与，群臣弗许，乃召始皇弟，授之玺。

子婴既位，患之，乃称疾不听事，与宦者韩谈及其子谋杀高。高上谒，请病，因召入，令韩谈刺杀之，夷其三族。

子婴立三月，沛公兵从武关入，至咸阳，群臣百官皆畔，不适。子婴与妻子自系其颈以组，降轵道旁。沛公因以属吏。项王至而斩之。遂以亡天下。

太史公曰：李斯以闾阎历诸侯，入事秦，因以瑕衅，以辅始皇，卒成帝业，斯为三公，可谓尊用矣。斯知六艺之归，不务明政以补主上之缺，持爵禄之重，阿顺苟合，严威酷刑，听高邪说，废适立庶。诸侯已畔，斯乃欲谏争，不亦末乎！人皆以斯极忠而被五刑死，察其本，乃与俗议之异。不然，斯之功且与周、召列矣。

的次子一同被押解，他回头对次子说：“我想和你再牵着黄狗一同出上蔡东门去打猎追逐狡兔，又怎能办得到呢？”于是父子二人相对痛哭，三族的人都被处死了。

李斯死后，二世任命赵高任中丞相，无论大事小事都由赵高决定。赵高自知权力过重，就献上鹿，称它为马。二世问左右侍从说：“这是鹿吧？”左右都说：“是马。”二世惊慌起来，以为自己被迷惑，就把太卜召来，叫他算上一卦。太卜说：“陛下春秋两季到郊外祭祀，供奉宗庙鬼神，斋戒时不虔诚，所以才到这种地步。可以依照圣明君主的样子再虔诚地斋戒一次。”于是，二世就到上林苑中去斋戒。整天在上林苑中游玩射猎，一次有个行人走进上林苑中，二世亲手把他射死。赵高让他的女婿咸阳令阎乐出面弹劾，说是不知谁杀死了人，把尸体搬进上林苑中。赵高劝谏二世说：“天子无缘无故杀死没有罪的人，这是上帝所不允许的，鬼神也不会接受您的祭祀，上天将会降下灾祸，应该远远地离开皇宫以祈祷消灾。”于是二世就离开皇宫到望夷宫去居住。

二世在望夷宫里住了三天，赵高就假托二世的命令，让卫士们都穿着白色的衣服，手持兵器面向宫内，自己进宫告诉二世说：“山东各路强盗大批大批地来了！”二世上楼台观看，看到卫士拿着兵器朝向宫内，非常害怕，赵高立刻逼迫二世自杀。然后取过玉玺把它带在自己身上，身边的文武百官无一人跟从；他登上大殿时，大殿有好几次都像要坍塌似的。赵高自知上天不给予他皇帝之位，群臣也不会答应，就把秦始皇的弟弟叫来，把玉玺交给了他。

子婴即位之后，担心赵高再作乱，就假称有病而不上朝处理政务，与宦官韩谈和他的儿子商量如何杀死赵高。赵高前来求见，询问病情，子婴就把他召进皇宫，命令韩谈刺杀了他，诛灭了他的三族。

子婴即位后三个月，刘邦的军队就从武关打了进来，到达咸阳，文武百官都起义叛秦，不抵抗沛公。子婴和妻子儿女都用丝带系在自己脖子上，到轵道亭旁去投降。刘邦把他们交给部下官吏看押。项羽到达咸阳后把他们杀死，秦就这样失去了天下。

太史公说：李斯以一个里巷平民的身份，在诸侯间游历，入关侍奉秦国，抓住机会，辅佐秦始皇，终于完成了秦国统一大业的愿望。李斯位居三公之职，可以称得上是很受重用了。李斯知道儒家《六经》的要旨，却不一心致力于政治清明，用以弥补皇帝的过失，而是凭仗着他显赫的地位，阿谀奉承，随意附合，推行酷刑峻法，听信赵高的邪说，废掉嫡子扶苏，而立庶子胡亥。等到各地已经群起反叛，李斯这才想直言劝谏，这岂不是太愚蠢了吗！人们都认为李斯忠心耿耿，反而受五刑而死，依据我仔细考察事情的真相，得出了和世俗不同的看法。不然的话，李斯的功绩真的要和周公、召公相提并论了。

蒙恬列传第二十八

蒙恬者，其先齐人也。恬大父蒙骜，自齐事秦昭王，官至上卿。秦庄襄王元年，蒙骜为秦将，伐韩，取成皋、荥阳，作置三川郡。二年，蒙骜攻赵，取三十七城。始皇三年，蒙骜攻韩，取十三城。五年，蒙骜攻魏，取二十城，作置东郡。始皇七年，蒙骜卒。骜子曰武，武子曰恬。恬尝书狱典文学。始皇二十三年，蒙武为秦裨将军，与王翦攻楚，大破之，杀项燕。二十四年，蒙武攻楚，虏楚王。蒙恬弟毅。

始皇二十六年，蒙恬因家世得为秦将，攻齐，大破之，拜为内史。秦已并天下，乃使蒙恬将三十万众北逐戎狄，收河南。筑长城，因地形，用制险塞，起临洮，至辽东，延袤万余里。于是渡河，据阳山，逶蛇而北。暴师于外十余年，居上郡。是时蒙恬威振匈奴。始皇甚尊宠蒙氏，信任贤之。而亲近蒙毅，位至上卿，出则参乘，入则御前。恬任外事而毅常为内谋，名为忠信，故虽诸将相莫敢与之争焉。

赵高者，诸赵疏远属也。赵高昆弟数人，皆生隐宫，其母被刑僇，世世卑贱。秦王闻高强力，通于狱法，举以为中车府令。高既私事公子胡亥，喻之决狱。高有大罪，秦王令蒙毅法治之。毅不敢阿法，当高罪死，除其宦籍。帝以高之敦于事也，赦之，复其官爵。

始皇欲游天下，道九原，直抵甘泉，乃使蒙恬通道，自九原抵甘泉，巉山堙谷，千八百里。道未就。

蒙恬，他的祖先是齐国人。蒙恬的祖父是蒙骜，从齐国来到秦国侍奉秦昭王，他的官职做到上卿。秦庄襄王元年，蒙骜开始担任秦国的将领，攻打韩国，占领了成皋和荥阳两座城池，设置了三川郡。庄襄王二年，蒙骜率兵攻打赵国，占领了三十七座城池。秦始皇三年，蒙骜再次攻打韩国，又占领了十三座城池。始皇五年，蒙骜率兵攻打魏国，占领了二十座城池，又设置了东郡。始皇七年，蒙骜去世了。蒙骜的儿子名叫蒙武，蒙武的儿子名叫蒙恬。蒙恬曾做过狱讼记录工作，并负责管理有关文件和狱讼档案。秦始皇二十三年，蒙武成为秦国的裨将军，和大将军王翦一起攻打楚国，获得大胜，杀死了项燕。始皇二十四年，蒙武再次攻打楚国，擒获了楚王。蒙恬还有个弟弟叫蒙毅。

秦始皇二十六年，蒙恬因为出身将门做了秦国的将军，之后率兵攻打齐国，大败齐军。他因功被授予内史的官职。秦国统一天下之后，秦始皇就派蒙恬带领三十万大军，向北进军驱逐戎狄，收复黄河以南的土地。在此之后修筑长城，利用险要的地理形势，设置要塞，其范围西起临洮、东到辽东，蜿蜒盘旋一万多里。于是渡过了黄河并占据阳山，弯弯曲曲地向北进发。不畏烈日严寒，风风雨雨地在外十多年，坚守上郡。就在这段时间，蒙恬的声威让匈奴惧怕。秦始皇格外尊重推崇蒙氏一族，信任并赏识蒙氏的才能。因而亲近蒙毅，蒙毅最高官做到上卿。外出蒙毅就陪着始皇同坐一辆车子，回到朝廷中就侍奉在秦始皇跟前。蒙恬在外担当着军事的重任而蒙毅经常在朝廷内出谋划策，被大家称为忠信大臣。因此，就算是其他的将相们也没有敢和他们争宠的。

赵高，他是赵国王族中被疏远的亲属。赵高家中兄弟几人都是生下来就被阉割而成为宦者为皇帝奴役，赵高的母亲也因为犯法而被处以刑罚，所以赵高一家世世代代地位低下。秦王听说赵高有很强的办事能力，并且精通刑狱法令，就提拔他担任了中车府令一职。赵高就私下里侍奉公子胡亥，教导胡亥应该如何决断讼案。后来赵高犯下了重罪，秦王让蒙毅依照法令处置他。蒙毅不敢违抗法令，依法应该判处赵高死刑，剥夺他的官籍。始皇看在赵高办事鞠躬尽瘁，赦免了他，并恢复了他原来的官职。

秦始皇打算巡游天下，途经九原郡，直到甘泉宫。就派蒙恬为他开路，从九原郡到甘泉宫，打通山脉，填塞深谷，全长一千八百里。然而，这条通道没有能够完成。

始皇三十七年冬，行出游会稽，并海上，北走琅邪。道病，使蒙毅还祷山川，未反。始皇至沙丘崩，秘之，群臣莫知。是时丞相李斯、公子胡亥、中车府令赵高常从。高雅得幸于胡亥，欲立之，又怨蒙毅法治之而不为已也。因有贼心，乃与丞相李斯、公子胡亥阴谋，立胡亥为太子。太子已立，遣使者以罪赐公子扶苏、蒙恬死。扶苏已死，蒙恬疑而复请之。使者以蒙恬属吏，更置。胡亥以李斯舍人为护军。使者还报，胡亥已闻扶苏死，即欲释蒙恬。赵高恐蒙氏复贵而用事，怨之。

毅还至，赵高因为胡亥忠计，欲以灭蒙氏，乃言曰："臣闻先帝欲举贤立太子久矣，而毅谏曰'不可'。若知贤而俞弗立，则是不忠而惑主也。以臣愚意，不若诛之。"胡亥听而系蒙毅于代。前已囚蒙恬于阳周。丧至咸阳，已葬，太子立为二世皇帝，而赵高亲近，日夜毁恶蒙氏，求其罪过，举劾之。

子婴进谏曰："臣闻故赵王迁杀其良臣李牧而用颜聚，燕王喜阴用荆轲之谋而倍秦之约，齐王建杀其故世忠臣而用后胜之议。此三君者，皆各以变古者失其国而殃及其身。今蒙氏，秦之大臣谋士也，而主欲一旦弃去之，臣窃以为不可。臣闻轻虑者不可以治国，独智者不可以存君。诛杀忠臣而立无节行之人，是内使群臣不相信而外使斗士之意离也，臣窃以为不可。"

胡亥不听。而遣御史曲宫乘传之代，令蒙毅曰："先主欲立太子而卿难之。今丞相以卿为不忠，罪及其宗。朕不忍，乃赐卿死，亦甚幸矣。卿其图之！"毅对曰："以臣不能得先主之意，则臣少宦，顺幸没世。可谓知意矣。以臣不知太子之能，则太子独从，周旋天下，去诸公子绝远，臣无所疑矣。夫先主之举用太子，数年之积也，臣乃何言之敢谏，何虑之敢谋！非敢饰辞以避死也，为羞累先主之名，愿大夫为虑焉，使臣得死情实。且夫顺成全者，道之所贵也；刑杀者，始皇三十七年冬天，始皇外出巡游会稽，在大海附近，向北直奔琅邪。途中得了重病，派蒙毅回去祷告山川神灵。没等到蒙毅返回，始皇走到沙丘就逝世了。始皇逝世的消息被封锁了，文武百官都不知道。这个时候丞相李斯、公子胡亥、中车府令赵高侍奉在秦始皇左右。赵高平时就得到胡亥的宠幸，打算立胡亥继承王位，又记恨蒙毅曾经要依法处罚他而没有袒护他，于是就有了杀害之心。就和丞相李斯、公子胡亥暗中策划，拥立胡亥为太子。太子即位之后，便派遣使者，假造罪名，赐公子扶苏和蒙恬死罪。扶苏自杀后，蒙恬心生怀疑，又请求申诉。使者就把蒙恬交给主管官吏处理，另外派人接替他的职务。胡亥用李斯的家臣担任护军一职。使者回来报告时，胡亥就已经得知扶苏的死讯，当下就打算放了蒙恬。赵高害怕蒙氏再次当权执政，怨恨他们。

蒙毅祈祷山川神灵后回来，赵高趁机向胡亥表示忠心献策，想要杀害蒙氏兄弟，就对胡亥说："我听说先帝很久以前就选择贤人重用能人，想要册立您为太子，而蒙毅劝阻说'不可以'。如果他既然知道您贤明有才能还长久拖延不让册立，那么，就是既不忠实而又欺骗先帝了。以我的见解，不如杀死他。"胡亥听从了赵高的话，就在代郡把蒙毅囚禁起来。在此以前，就已经把蒙恬囚禁在阳周。等到秦始皇的灵车回到咸阳并安葬以后，太子就登基即位做了二世皇帝，这时赵高最得宠信，每天都毁谤蒙氏，搜集他们罪过并检举弹劾他们。

子婴进言劝谏说："我听说过去赵王迁杀死他的贤明臣子李牧而重用颜聚，燕王喜欢暗地里采用荆轲的计谋而背叛了秦国的盟约，齐王建杀死他前代的忠臣而改用后胜的计策。这三位国君，都是各自因为改变旧规丧失了他们的国家而祸及他们自身。现在蒙氏兄弟是秦国的大臣和谋士，而国君打算抛弃他们，我私下认为是不行的，我听说草率考虑问题的人不可以治理国家，独断专行、自以为是的人不可以用来侍奉国君。杀害忠良臣子而重用没有道德的人，那是对内使大臣们不能相互信任而对外使得战士们涣散斗志啊，我私下认为是不行的。"

胡亥听不进子婴的劝谏，却派遣御史曲宫乘坐驿车前往代郡，命令蒙毅说："先主要册立太子而你却一直阻拦，现在丞相认为你不忠诚，罪过牵连到你们家族，我不忍心，就赐予你自杀吧，也算是很幸运了。你好好考虑吧！"蒙毅回答说："要是认为我不能博得先主的欢心，那么，我年轻的时候做官为宦，就能顺意得宠，直到先主去世，可以说是能顺应先主的心意了吧。如果认为我不了解太子的才华，那么只有太子才能陪侍先主周游天下了，你和其他的公子比起来，相差太多了，我还有什么需要怀疑的。先主重用太子，是很多年的深思熟虑，我还有什么话敢向先主说、还有什么计策敢谋划呢！不是我找借口来逃避死罪，只是怕牵涉先主，使先主的名誉蒙羞，希望你为此认真考虑，让我死在我应有的罪名道之所卒也。昔者秦缪公杀三良而死，罪百里奚而非其罪也，故立号曰‘缪’。昭襄王杀武安君白起。楚平王杀伍奢。吴王夫差杀伍子胥。此四君者，皆为大失，而天下非之，以其君为不明，以是籍于诸侯。故曰‘用道治者不杀无罪，而罚不加于无辜’。唯大夫留心！”使者知胡亥之意，不听蒙毅之言，遂杀之。

二世又遣使者之阳周，令蒙恬曰：“君之过多矣，而卿弟毅有大罪，法及内史。”恬曰：“自吾先人，及至子孙，积功信于秦三世矣。今臣将兵三十余万，身虽囚系，其势足以倍畔，然自知必死而守义者，不敢辱先人之教，以不忘先主也。昔周成王初立，未离襁褓，周公旦负王以朝，卒定天下。及成王有病甚殆，公旦自揃其爪以沈于河，曰：‘王未有识，是旦执事。有罪殃，旦受其不祥。’乃书而藏之记府，可谓信矣。及王能治国，有贼臣言：‘周公旦欲为乱久矣，王若不备，必有大事。’王乃大怒，周公旦走而奔于楚。成王观于记府，得周公旦沈书，乃流涕曰：‘孰谓周公旦欲为乱乎！’杀言之者而反周公旦。故周书曰‘必参而伍之’。今恬之宗，世无二心，而事卒如此，是必孽臣逆乱，内陵之道也。夫成王失而复振则卒昌；桀杀关龙逢，纣杀王子比干而不悔，身死则国亡。臣故曰过可振而谏可觉也。察于参伍，上圣之法也。凡臣之言，非以求免于咎也，将以谏而死，愿陛下为万民思从道也。”使者曰：“臣受诏行法于将军，不敢以将军言闻于上也。”蒙恬喟然太息曰：“我何罪于天，无过而死乎？”良久，徐曰：“恬罪固当死矣。起临洮属之辽东，城堑万余下。而且顺理成章，是道义所推崇的；而严刑杀戮，是道义所不容的。以前秦缪公杀死车氏三良为他陪葬，判处了百里奚以莫须有的罪名，所以，他死后被给予了‘缪’的称号。昭襄王杀了武安君白起，楚平王杀了伍奢。吴王夫差杀了伍子胥。这四位国君，都犯了重大的错误，而遭到了普天下人对他们的不满和质疑，认为他们的国君昏庸。因此，在各诸侯国中的名声极其不好。所以说：‘用道义来治理国家的人，不应该杀害没有罪的大臣和人民，而刑罚不应该施于无辜的人身上。’希望你认真地考虑！”使者知道胡亥的意图，故听不进蒙毅讲的话，就把他杀了。

胡亥又派遣使者前往阳周，命令蒙恬说：“您犯的罪太多了，而你的弟弟蒙毅又犯有重罪，所以你也要受到牵连。”蒙恬说：“从我的祖先到后代子孙，为秦国累积了无数功绩，并建立威信，现在已经三代了。而现在我带领三十万大军，即便是我被你们囚禁，但是，我手下的势力也足够发动叛乱。然而，为什么我知道我必死无疑却还要坚守节义，是因为我不敢侮辱了祖宗的教诲，不敢忘掉先主对蒙氏的恩宠。以前周成王刚刚即位时，还不能完全脱离小儿用的背带和布兜，周公姬旦背负着周成王接受大臣们的朝见，终于统一了天下。直到周成王病情严重得很危险的时候，周公旦剪下自己的手指甲投入黄河之中，祈祷说：‘国君年纪还小，这些事都是我当权执政时做的，若有报应和祸患，应该由我一个人来承受惩罚。’后人就把周公旦这些祷祠书写了下来，收藏在档案馆里，这可以说是非常诚信和忠诚了。一直到了周成王能亲自治理国家的时候，有奸臣造谣说：‘周公旦想要谋反已经很长时间了，大王若不加以防备，一定要发生很大的事变。’成王听信了奸臣的话，就非常生气，周公旦得知后逃奔到了楚国。成王一次到收藏馆里审阅档案，无意中发现周公旦为自己的祷告书，就流着眼泪说：‘是谁说周公旦想要谋反呢！’于是盛怒之下杀了造谣生事的那个大臣，随即请周公旦回来。所以《周书》上说：‘一定要非常细心地多方询问，并且要反复审察。’而现在我蒙氏宗族，世世代代对主公都忠心耿耿，而事情竟然得到这样的结局，这一定是有奸臣叛逆从中作乱、欺骗君王的原因。周成王犯错后能改过并能重新振作，最终使周朝得以兴旺昌盛；夏桀因为杀死了关龙逄，商纣因为杀死王子比干却不感到后悔，最终的下场是身死国亡。所以我说的是犯错可以改正后重新振作，听别人劝谏可以提高警惕，相互审察，是贤明的国君治理国家的原则。我所说的这些话，不是用来逃避罪行的，而是要用我的忠心规劝而死，希望陛下可以替黎民百姓好好想想并找到应该遵循的正确道路。”使者说：“我接受命令对你施以刑法，不敢把你的话转报给皇上听。”蒙恬重重地叹息说：“我到底犯了什么罪，竟然没有过错就要被处死呢？”很久之后，蒙恬才慢慢地说：

里，此其中不能无绝地脉哉？此乃恬之罪也。”乃吞药自杀。

太史公曰：吾适北边，自直道归，行观蒙恬所为秦筑长城亭障，堑山堙谷，通直道，固轻百姓力矣。夫秦之初灭诸侯，天下之心未定，痍伤者未瘳，而恬为名将，不以此时强谏，振百姓之急，养老存孤，务修众庶之和，而阿意兴功，此其兄弟遇诛，不亦宜乎！何乃罪地脉哉？

“我的罪原来真的是死罪啊。起自临洮接连到辽东修筑长城一万多里，这其间不能没有截断大地脉络的地方呀！这应该就是我的罪名了。”说罢吞下毒药自杀了。

太史公说：我亲自去过北方边境，并从直道返回，途中仔细地观察了蒙恬替秦国修筑的长城和边塞的堡垒，挖开山脉，填满深谷，贯通直道，这本来就是不重视黎民百姓的人力和物力。那时正是秦国刚刚消灭其他诸侯的时候，百姓的心尚未安定，并且伤痕累累还没痊愈，而蒙恬身为秦国的名将，不但不在这时候尽力劝谏，赈灾救济百姓，赡养老人，养育孤儿，致力从事于为百姓安定生活的工作，反而迎合秦始皇的心意，大规模地修筑长城，他们兄弟最终遭到杀身之祸，这不也是顺理成章的事情吗？哪里是什么挖断地脉的罪名呢？

张耳陈余列传第二十九

张耳者，大梁人也。其少时，及魏公子毋忌为客。张耳尝亡命游外黄。外黄富人女甚美，嫁庸奴，亡其夫，去抵父客。父客素知张耳，乃谓女曰："必欲求贤夫，从张耳。"女听，乃卒为请决，嫁之张耳。张耳是时脱身游，女家厚奉给张耳，张耳以故致千里客。乃宦魏为外黄令。名由此益贤。陈余者，亦大梁人也，好儒术，数游赵苦陉。富人公乘氏以其女妻之，亦知陈余非庸人也。余年少，父事张耳，两人相与为刎颈交。

秦之灭大梁也，张耳家外黄。高祖为布衣时，尝数从张耳游，客数月。秦灭魏数岁，已闻此两人魏之名士也，购求有得张耳千金，陈余五百金。张耳、陈余乃变名姓，俱之陈，为里监门以自食。两人相对。里吏尝有过笞陈余，陈余欲起，张耳蹑之，使受笞。吏去，张耳乃引陈余之桑下而数之曰："始吾与公言何如？今见小辱而欲死一吏乎？"陈余然之。秦诏书购求两人，两人亦反用门者以令里中。

陈涉起蕲，至入陈，兵数万。张耳、陈余上谒陈涉。涉及左右生平数闻张耳、陈余贤，未尝见，见即大喜。

陈中豪杰父老乃说陈涉曰："将军身被坚执锐，率士卒以诛暴秦，复立楚社稷，存亡继绝，功德宜为王。且夫监临天下诸将，不为张耳，是魏国大梁人。他年轻的时候，做过魏公子无忌的门客。张耳曾被本地销除名籍，逃亡在外地，后来来到外黄。在外黄有一富豪人家的女儿，长得特别漂亮，但却嫁给了一个愚蠢且平庸的男人，于是她就逃离了她的丈夫，去投奔她父亲以前的宾客。她父亲的宾客平时就了解张耳这个人，于是就对她说："如果你一定要嫁个有才能的丈夫的话，那你就嫁给张耳吧。"女子听从了他的建议，终于断绝了同以前丈夫的关系，改嫁给了张耳。张耳这时已经从以前的困境中摆脱出来，并开始广泛交游，女子家里给张耳的供给十分丰厚，张耳也因此可以招待很远地方的宾客，于是后来在魏国外黄做了县令。张耳做了县令后他的名声比以前更加显赫了。陈余，也是魏国大梁人，他爱好儒家学说，曾经多次游历赵国的苦陉。一位很有钱的人叫公乘氏把自己的女儿嫁给他，他也很了解陈余不是一般无所作为的人。陈余年轻的时候，就像对待自己父亲一样侍奉张耳，于是两人结为生死之交。

秦国灭亡大梁时，张耳的家住在外黄，在汉高祖还是普通百姓的时候，曾经很多次追随张耳，并且在张耳家一住就是几个月。秦国灭亡魏国几年后，听说张耳和陈余两个人在魏国很有名，于是就下令悬赏拘捕两人，抓住张耳的人就赏给黄金一千两，捉住陈余的人就赏给黄金五百两。从那以后张耳、陈余两人就改名换姓，一起逃到陈地，在那里充当里正来维持生活，两人便一起生活。工作中小吏曾经因为陈余犯了小的错误就用鞭子抽打他，陈余想要站起来反抗。张耳便赶快用脚踩他，示意他不要反抗，应接受小吏的鞭打。小吏离开后，张耳就把陈余带到了桑树下，责备陈余说："当初我和你怎么说的？现在你受到小小的屈辱，你就要死在里吏身上吗？"陈余听后认为张耳说得很有道理。秦国发出命令文书，悬赏拘捕张耳和陈余两人，他们两个人也利用里正的身份向里中的居民传达通缉他们自己的命令。

陈涉在蕲州起义，攻打到陈地，军队已扩充到好几万人。张耳、陈余两人去求见陈涉。陈涉和他的亲信们平时就经常听说张耳、陈余两人很有才能，只是还没见过面，这次相见让陈涉很高兴。

陈地有才能的人和百姓就劝陈涉说："将军你身上穿着坚固的铠甲，手里拿着锋利的武器，带领着士兵一起征讨残暴的秦国，重新建立楚国的政权，使已王不可，愿将军立为楚王也。”陈涉问此两人，两人对曰：“夫秦为无道，破人国家，灭人社稷，绝人后世，罢百姓之力，尽百姓之财。将军瞋目张胆，出万死不顾一生之计，为天下除残也。今始至陈而王之，示天下私。愿将军毋王，急引兵而西，遣人立六国后，自为树党，为秦益敌也。敌多则力分，与众则兵强。如此野无交兵，县无守城，诛暴秦，据咸阳以令诸侯。诸侯亡而得立，以德服之，如此则帝业成矣。今独王陈，恐天下解也。”陈涉不听，遂立为王。

陈余乃复说陈王曰：“大王举梁、楚而西，务在入关，未及收河北也。臣尝游赵，知其豪桀及地形，愿请奇兵北略赵地。”于是陈王以故所善陈人武臣为将军，邵骚为护军，以张耳、陈余为左右校尉，予卒三千人，北略赵地。

武臣等从白马渡河，至诸县，说其豪桀曰：“秦为乱政虐刑以残贼天下，数十年矣。北有长城之役，南有五岭之戍，外内骚动，百姓罢敝，头会箕敛，以供军费，财匮力尽，民不聊生。重之以苛法峻刑，使天下父子不相安。陈王奋臂为天下倡始，王楚之地，方二千里，莫不响应，家自为怒，人自为斗，各报其怨而攻其仇，县杀其令丞，郡杀其守尉。今已张大楚，王陈，使吴广、周文将卒百万西击秦。于此时而不成封侯之业者，非人豪也。诸君试相与计之！夫天下同心而苦秦久矣。因天下之力而攻无道之君，报父兄之怨而成割地有土之业，此士之一时也。”豪桀皆然其言。乃行收兵，得数万人，号经灭亡的国家得以复兴，使断绝的血脉得以延续下去，像你这样的功绩和德行，是应该称王的。况且你还要监督和带领来自天下各个地方的将领，不称王是不可以的，希望将军你自立为楚王。”陈涉就此征求陈余、张耳的意见，张耳和陈余二人回答说：“秦国残暴无道，侵略并占领了别的国家，毁灭了别人的社稷，断绝了别人的后代，抢夺百姓的财物。将军面带凶色，放开胆量，不怕万死一生，为的是为替天下人摆脱残暴的统治。现在将军才刚刚打到陈地就称王的话，就等于在天下人面前显示出自己的私心。我们建议将军你不要称王。将军应该马上率兵向西进发，派人去拥立其他六国的后代，用来作为你自己的同盟，来给秦国增加更多的敌人。给秦国树立的敌人越多，秦国的力量就越分散，我们的同盟越多，我们的兵力就越强大，如果是这样的话，我们就用不着在广阔的平原上互相厮杀，也就没有了坚守强攻的县城，除去残暴的秦国，我们就可以占据咸阳向各个诸侯发号施令。各诸侯国在灭亡后又有机会得以复兴，我们便施以恩惠感召他们，如果能这样的话，那么将军的帝王大业就成功了。现在只在陈地这个地方称王，恐怕各个诸侯就会懈怠不顺从了。”陈涉没听从张耳和陈余二人的意见，于是在陈地自立称为陈王。

陈余又劝谏陈王说：“大王应该调遣梁、楚的军队向西方进军，现在最重要的是攻破函谷关，没有时间收复黄河以北的地区，我曾经游历过赵国，知道那里有才能的人和地理形势，希望大王能派一支军队，向北进攻在他们没有防备的时候夺取赵国的土地。”于是，陈王便任命他自己的老朋友，陈地人武臣为将军一职，邵骚为护军，张耳、陈余二人担任左右校尉，拨给他们三千人的军队，向北进攻夺取赵国的土地。

武臣一行人从白马津渡过黄河，走到各个县对当地有才能的人游说道：“秦国的暴虐统治残害天下百姓，已经几十年之久了。在北部边境有因为修筑万里长城当苦役的人，而南边频繁征兵丁来守卫五岭，国内国外都十分不稳定，百姓们疲惫不堪，按人数来收缴粮草，用簸箕收敛，用来供军队开支，财尽力竭，民不聊生。再加上残忍的刑罚，导致天下人没有安定的日子。而现在陈王振臂而起，他首先倡导天下起义，随后在楚地称王，纵横两千多里，没有人不响应他的，每个家庭都十分气愤，每个人都斗志高昂，有怨的报怨，有仇的报仇，县里的人杀了他们的县令和县丞，郡里的人杀了他们的郡守和郡尉。现在陈涉已经建立了大楚国，在陈地称王，派吴广、周文等人带领百万大军向西方攻击秦军。在这个时候不成就封侯大业的，就不是有才能的人了。请诸位互相讨论计划一番！所有的人都一致认为苦于秦国残暴的统治时间太长了。凭借着全天下的力量讨伐昏庸的君主，为亲人报仇，从而完成割据土地的事业，这是胸有大志的人不能错过的机武臣为武信君。下赵十城，余皆城守，莫肯下。

乃引兵东北击范阳。范阳人蒯通说范阳令曰："窃闻公之将死，故吊。虽然，贺公得通而生。"范阳令曰："何以吊之？"对曰："秦法重，足下为范阳令十年矣，杀人之父，孤人之子，断人之足，黥人之首，不可胜数。然而慈父孝子莫敢倳刃公之腹中者，畏秦法耳。今天下大乱，秦法不施，然则慈父孝子且倳刃公之腹中以成其名，此臣之所以吊公也。今诸侯畔秦矣，武信君兵且至，而君坚守范阳，少年皆争杀君，下武信君。君急遣臣见武信君，可转祸为福，在今矣。"

范阳令乃使蒯通见武信君曰："足下必将战胜然后略地，攻得然后下城，臣窃以为过矣。诚听臣之计，可不攻而降城，不战而略地，传檄而千里定，可乎？"武信君曰："何谓也？"蒯通曰："今范阳令宜整顿其士卒以守战者也，怯而畏死，贪而重富贵，故欲先天下降，畏君以为秦所置吏，诛杀如前十城也。然今范阳少年亦方杀其令，自以城距君。君何不赍臣侯印，拜范阳令，范阳令则以城下君，少年亦不敢杀其令。令范阳令乘朱轮华毂，使驱驰燕、赵郊。燕、赵郊见之，皆曰此范阳令，先下者也，即喜矣，燕、赵城可毋战而降也。此臣之所谓传檄而千里定者也。"武信君从其计，因使蒯通赐范阳令侯印。赵地闻之，不战以城下者三十余城。

至邯郸，张耳、陈余闻周章军入关，至戏却；又闻诸将为陈王徇地，多以谗毁得罪诛，怨陈王不用其筴不以为将而以为校尉。乃说武臣曰："陈王起蕲，至陈而王，非必立六国后。将军今以三千人下赵会啊。”所有有才能的人都认为这话说得很有道理。于是便招募兵卒、编制队伍，把军队扩充到几万人，武臣自己立号为武信君。占领了赵国十座城池，其余的城池都据城坚守，没有人肯投降。

于是，武信君又带兵朝东北方向攻击范阳。范阳人蒯通对范阳令说：“我私底下听说您快要死了，所以来为您哀悼和慰问您。即使如此，但是还要恭贺您因为您有了我蒯通而能得以重生。”范阳令说：“你为什么要对我哀悼和慰问？”蒯通回答说：“秦国的法律十分残酷，您当了十年的范阳县令，杀死多少百姓，使得多少家庭家破人亡，砍断别人脚的，在别人脸上刺字的，已经数不胜数了。然而慈祥的父辈、孝顺的子女没有人敢把刀子插入您肚子的原因，是害怕秦国残酷的刑罚罢了。现在天下大乱。秦国残酷的法令不能再施行了，然而，现在那些慈父孝子就会把利刃插进您肚子以成就他们的名声，这就是我来哀悼和慰问您的原因啊。现在，各路诸侯都背叛了秦国，而武信君的人马很快就会攻来，您却还要誓死坚守范阳，年轻的人都争着要杀死您后去投奔武信君。您应该马上派我去求见武信君，可以转祸为福就在眼下呀。”

范阳令就派蒯通去面见武信君说：“您一定要打了胜仗之后再夺取土地，攻破了守城敌人然后再占领城池，我个人认为是不对的。您如果能听从我的计划，您就可以不用去攻打而使守城的人降服，不用通过战斗就可以夺取土地，只要您发出征召文告就可以让您收服广阔的土地，您说好吗？”武信君说：“你说的是什么意思？”蒯通回答说：“现在的范阳令应该频繁地整顿他的人马用来坚守城池抵抗外敌，可是他为人十分胆小又怕死，贪恋财富又爱慕虚荣，所以他本来想走在别人的前面来投降，但他又害怕您认为他是秦国委任的官吏，像以前被您占领的十座城池的官吏一样被您杀死。但是，现在范阳城里的年轻人也都想杀掉他，自己代替他据守城池来抵抗您。您为什么不把侯印让我带着去委任范阳令，范阳令就会自己把城池献给您，城里的年轻人也不再敢杀范阳令了。让范阳令坐着装饰豪华的车子，走在燕国、赵国的郊野。燕国、赵国郊野的人们看见范阳令这样，都会说这就是范阳令，他是最早投降的啊，投降后马上就得到这么优厚的待遇了，燕、赵的城池就可以不用攻打而自己前来投降了。这就是我说的传檄而平定广阔土地的计策。”武信君采纳了蒯通的计策，并派遣蒯通前去范阳赐给范阳令侯印。赵国的人得知这个消息，不用攻打就得到的城池有三十多个。

到达邯郸后，张耳、陈余两人听说周章的军队已经进入关中，但是到了戏水地区又败下阵来；他们又听说为陈王讨伐秦国建立功绩的很多将领，大多被奸人诋毁，犯下罪行后被杀害，两人又恼恨陈王不肯采纳他们的计谋，不晋升两人为将军，而仅让两人做校尉。于是他们就劝说武臣说：“陈王在蕲县起兵，攻下陈数十城，独介居河北，不王无以填之。且陈王听谗，还报，恐不脱于祸。又不如立其兄弟；不，即立赵后。将军毋失时，时间不容息。”武臣乃听之，遂立为赵王。以陈余为大将军，张耳为右丞相，邵骚为左丞相。

使人报陈王，陈王大怒，欲尽族武臣等家，而发兵击赵。陈王相国房君谏曰："秦未亡而诛武臣等家，此又生一秦也。不如因而贺之，使急引兵西击秦。”陈王然之，从其计，徙系武臣等家宫中，封张耳子敖为成都君。

陈王使使者贺赵，令趣发兵西入关。张耳、陈余说武臣曰："王王赵，非楚意，特以计贺王。楚已灭秦，必加兵于赵。愿王毋西兵，北徇燕、代，南收河内以自广。赵南据大河，北有燕、代，楚虽胜秦，必不敢制赵。”赵王以为然，因不西兵，而使韩广略燕，李良略常山，张黡略上党。

韩广至燕，燕人因立广为燕王。赵王乃与张耳、陈余北略地燕界。赵王间出，为燕军所得。燕将囚之，欲与分赵地半，乃归王。使者往，燕辄杀之以求地。张耳、陈余患之。有厮养卒谢其舍中曰："吾为公说燕，与赵王载归。”舍中皆笑曰："使者往十余辈，辄死，若何以能得王？”乃走燕壁。燕将见之，问燕将曰："知臣何欲？”燕将曰："若欲得赵王耳。”曰："君知张耳、陈余何如人也？”燕将曰："贤人也。”曰："知其志何欲？”曰："欲得其王耳。”赵养卒乃笑曰："君未知此两人所欲也。夫武臣、张耳、陈余地就马上自立称王，而且还不一定要拥立其他六国诸侯的后代。现在，将军仅仅用了三千人马就夺取了几十座城池，自己占有河北等广大区域，如果将军不自己称王，不能够使社会安定下来。并且陈王容易听信奸人的谗言，若是有人回陈王那去报告，恐怕到时候会有祸患啊。那还不如拥立将军的兄弟称王；如若不然的话，将军就拥立赵国的后代称王。将军可不要丧失机会，时机紧急，容不得多想啊。”武臣听从了两人的劝告，于是，武臣就自立为赵王。任命陈余为大将军，张耳为右丞相，邵骚为左丞相。

事情被报告给陈王，陈王听了非常生气，想要把武臣等人的家人赶尽杀绝，因而发兵攻打赵王。陈王的国相房君劝谏说：“我们还没有消灭秦国就去攻打赵王，把他的族人赶尽杀绝，这相当于又树立了一个和秦国一样强大的敌人。倒不如借此机会向赵王祝贺，让他马上带领军队向西进攻，攻打秦国。”陈王认为他说得很对，听从了他的计谋，把武臣等人的族人转移到宫里，软禁起来。并且任命张耳的儿子做了成都君。

陈王派遣使者向赵王祝贺，让赵王火速调动军队向西方进攻关中。张耳、陈余两人劝谏武臣说：“大王在赵地称王，但这并不是楚国本来的意思，他们只不过是将计就计来恭贺大王。待楚王消灭秦国之后，日后一定会用兵攻打赵国。我们希望大王不要向西攻打秦国，而是向北进攻夺取燕、代，向南进军收取河内，从而扩大自己的势力范围。这样的话，赵国在南面依靠着大河，而向北拥有燕、代，楚王即使消灭了秦国，也一定不敢强行攻打赵国。”赵王认为他们说得有道理，因此，不向西进攻，而是派韩广夺取燕地、李良夺取常山、张黡夺取上党。

韩广的军队到达燕地后，燕人就借机拥立韩广做了燕王。赵王就和张耳、陈余二人向北进攻燕国的边界。赵王在空闲外出时，被燕国的军队抓获。燕国的将领把赵王囚禁了起来，要求瓜分赵国的一半土地，才肯归还赵王。赵国派遣使者去燕国交涉，燕国的军队就把使者杀死，要求分割赵国的土地。张耳、陈余两人为这件事十分担心。有一个干杂务的士兵对同住的伙伴说：“要是我替张耳、陈余两人去游说燕军，就能和赵王坐同一辆车回来。”同住的伙伴们都嘲笑他说：“使臣都派去了十几位，而且去了就立即被杀死，你有什么方法能救出赵王呢？”于是，这个勤杂兵跑到燕军的营地内。燕军的将领见到了他，他却反问燕将说：“你们知道我是来干什么的吗？”燕将回答说：“你想要救出赵王。”他又问：“您知道张耳、陈余两人是什么样的人吗？”燕将说：“是贤明有才能的人。”他继续问：“您知道他们想干什么？”燕将回答说：“只不过是为了救赵王罢了。”赵国的勤杂兵就笑着说：“您还不了解这两个人的心思。武臣、张耳、陈余三人指挥军队占领了赵国几十座城池，他们每个人都想面南而称王，难杖马棰下赵数十城，此亦各欲南面而王，岂欲为卿相终已邪？夫臣与主岂可同日而道哉，顾其势初定，未敢叁分而王，且以少长先立武臣为王，以持赵心。今赵地已服，此两人亦欲分赵而王，时未可耳。今君乃囚赵王。此两人名为求赵王，实欲燕杀之，此两人分赵自立。夫以一赵尚易燕，况以两贤王左提右挈，而责杀王之罪，灭燕易矣。”燕将以为然，乃归赵王，养卒为御而归。

李良已定常山，还报，赵王复使良略太原。至石邑，秦兵塞井陉，未能前。秦将诈称二世使人遗李良书，不封，曰：“良尝事我得显幸。良诚能反赵为秦，赦良罪，贵良。”良得书，疑不信。乃还之邯郸，益请兵。未至，道逢赵王姊出饮，从百余骑。李良望见，以为王，伏谒道旁。王姊醉，不知其将，使骑谢李良。李良素贵，起，惭其从官。从官有一人曰：“天下畔秦，能者先立。且赵王素出将军下，今女儿乃不为将军下车，请追杀之。”李良已得秦书，固欲反赵，未决，因此怒，遣人追杀王姊道中，乃遂将其兵袭邯郸。邯郸不知，竟杀武臣、邵骚。赵人多为张耳、陈余耳目者，以故得脱出。收其兵，得数万人。客有说张耳曰：“两君羁旅，而欲附赵，难；独立赵后，扶以义，可就功。”乃求得赵歇，立为赵王，居信都。李良进兵击陈余，陈余败李良，李良走归章邯。

章邯引兵至邯郸，皆徙其民河内，夷其城郭。张耳与赵王歇走入巨鹿城，王离围之。陈余北收常山兵，得数万人，军巨鹿北。章邯军道心甘情愿地做别人的卿相吗？做臣下的和做国君的难道可以相提并论吗？他们只不过是顾虑到局势刚刚稳定，还没敢三分国土各自称王，姑且以年龄的大小为顺序先立武臣为王，用意是维系赵国的民心。而现在赵国已经稳定下来，这两个人也想瓜分赵国土地自立为王，只不过是时机还没有成熟。现在，您抓了并囚禁赵王，张耳、陈余两人表面上是为了解救赵王，实际上他们是想让燕军杀死赵王，然后这两个人好瓜分赵国的土地自立为王。并且以原来一个赵国的兵力就能轻易地消灭燕国，更何况两位有才能的君王相互帮助支持，如果以你们杀害赵王为名来进攻燕国，消灭燕国是很简单的了。”燕国将领认为他说得很对，就归还了赵王，勤杂兵就为赵王驾着车子，一起回到赵国。

李良攻打下常山以后，回来报告，赵王之后又派李良攻打太原。李良的部队进攻到了石邑，秦国的军队已经十分严密地封锁了井陉要道，从而不能向前进攻。秦国的将领谎称二世皇帝派使者送给了李良一封信，信没有封口，信中说：“李良你曾经侍奉过我并且得到富贵和我的宠信。李良你如果能够放弃赵国返回秦国的话，我就不计较你犯的过错。让你还可以富贵。”李良收到这封信以后，心生怀疑。于是起兵回到邯郸，请求增加兵力。李良还没有回到邯郸，途中就遇到赵王的姐姐外出赴宴回来，并跟着一百多随从的人马。李良远远看见有这样气势，以为是赵王，便伏在地上通报了他的姓名，而赵王的姐姐喝醉了，也不知道李良是将军，只是让她的随从答谢了李良。李良一直都显贵，从地上站了起来，还当着很多随从官员的面，自己感到十分羞愧。随行官中有一个人说：“天下所有的人都想推翻残暴的秦国，有本事的人便抢先自立为王，何况赵王的地位一向在将军之下，而现在，一个女人竟然不为将军下车行礼，请将军让我追上去杀了她。”之前李良已经收到了秦王的信函，本来就有了反赵之心，只是还没下定决心，现在又遇上这样的事，因此十分生气，便派人追赶赵王的姐姐，将其杀死在途中，于是李良就带领着他的军队攻击了邯郸。邯郸方面并不知道李良叛变，武臣、邵骚竟然被杀死。赵人有很多是张耳、陈余的耳目，因此两人能够逃出，并收拾武臣的残军败将，得到了五万人。有的宾客劝张耳说：“你们俩人都是外乡人，客居在此，要想让赵国人听命于你们，很困难；你们只有拥立六国时候赵王的后代，扶助他，才可以成就功业。”于是两人寻访到了赵歇，并拥立其为赵王，让赵歇住在信都。李良带兵攻击陈余，陈余反而击败了李良，李良只好逃了回去，投奔秦将章邯。

章邯带兵到了邯郸，把城里的百姓都迁徙到了河内，毁掉了城郭，毁坏了所有的建筑物。张耳和赵王逃到了巨鹿城，被秦将王离包围。陈余在北方收集了常山的残余军队几万人，驻扎在巨鹿城的北面。章邯的军队驻扎在巨鹿城南面的巨鹿南棘原，筑甬道属河，饷王离。王离兵食多，急攻巨鹿。巨鹿城中食尽兵少，张耳数使人召前陈余，陈余自度兵少，不敌秦，不敢前。数月，张耳大怒，怨陈余，使张黡、陈泽往让陈余曰："始吾与公为刎颈交，今王与耳旦暮且死，而公拥兵数万，不肯相救，安在其相为死！苟必信，胡不赴秦军俱死？且有十一二相全。"陈余曰："吾度前终不能救赵，徒尽亡军。且余所以不俱死，欲为赵王、张君报秦。今必俱死，如以肉委饿虎，何益？"张黡、陈泽曰："事已急，要以俱死立信，安知后虑！"陈余曰："吾死顾以为无益。必如公言。"乃使五千人令张黡、陈泽先尝秦军，至皆没。

当是时，燕、齐、楚闻赵急，皆来救。张敖亦北收代兵，得万余人，来，皆壁余旁，未敢击秦。项羽兵数绝章邯甬道，王离军乏食，项羽悉引兵渡河，遂破章邯。章邯引兵解，诸侯军乃敢击围巨鹿秦军，遂虏王离。涉间自杀。卒存巨鹿者，楚力也。

于是赵王歇、张耳乃得出巨鹿，谢诸侯。张耳与陈余相见，责让陈余以不肯救赵，及问张黡、陈泽所在。陈余怒曰："张黡、陈泽以必死责臣，臣使将五千人先尝秦军，皆没不出。"张耳不信，以为杀之，数问陈余。陈余怒曰："不意君之望臣深也！岂以臣为重去将哉？"乃脱解印绶，推予张耳。张耳亦愕不受。陈余起如厕。客有说张耳曰："臣闻'天与不取，反受其咎'。今陈将军与君印，君不受，反天不祥。急取之！"张耳乃佩其印，收其麾下。而陈余还，亦望张耳不让，遂趋出。张耳遂收其兵。陈余独与麾下所善数百人之河上泽中渔猎。由此陈余、张耳遂有却。

赵王歇复居信都。张耳从项羽诸侯入关。汉元年二月，项羽立诸棘原。秦军修筑甬道与黄河接连，用来给王离运送军粮。王离兵多粮足，急攻巨鹿城。巨鹿城内粮草已经用尽，兵力也很弱，张耳多次派人去召陈余前来援助，陈余考虑到自己的兵力不多，打不过秦军，一直不敢前去援助。相持了几个月的时间，救兵还没有来，张耳十分生气，怨恨陈余，于是派张黡、陈泽前去责备陈余说："当初我张耳和您结为生死之交，现在赵王和我随时都可能被杀死，而您有数万军队，却不肯相救，那同生共死的交情哪里去了？如果您信守诺言，为什么您不和秦军决一死战？何况还有获胜的希望。"陈余说："我想即使我向前进军，最终的结果不光救不了赵国，还要白白地全军覆没。何况我不去和秦军同归于尽，我还要为赵王、张先生向秦国报仇。现在要是去决一死战，就如同把肉送给饥饿的老虎，有什么好处呢？"张黡、陈泽说："事情已经十分紧急了，需要用同归于尽来确立你的诚信，哪里还顾得上以后的事呢！"陈余说："我死没什么可惜的，只是死得没有任何意义，但是我一定会按照二位说的话去做。"就派了五千人马让张黡、陈泽带领去攻打秦军，到了前线便全军覆没了。

正在这个时候，燕、齐、楚的人听说赵国很危险，都前来救援。张敖也向北收聚代地的兵力一万多人赶来，都在陈余附近安营扎寨，却都不敢贸然攻击秦军。项羽的军队多次截断了章邯运送军粮的甬道，王离的军粮不够，项羽便带领全部军队渡过黄河，于是打败了章邯。章邯带兵败退，各国诸侯的军队才敢攻击包围巨鹿的秦国军队，于是抓获了王离。秦将涉间自杀身亡。最后保全巨鹿的，是楚国出的力。

这个时候赵王歇、张耳才得以出了巨鹿城，感谢各国的诸侯。张耳和陈余见面，因而责备陈余为什么不肯救赵，并追问张黡、陈泽的下落，陈余生气地说："张黡、陈泽以同归于尽为由来责备我，我便派他们带领着五千人马先尝试着攻打秦军，结果全军覆没，没有一人活下来。"张耳不相信，认为是陈余把他们都杀了，多次追问陈余。陈余十分生气，说："没有想到您对我的怨恨是这样的深啊！难道您以为我舍不得放弃这个将军的职位吗？"就解下了印信，推给了张耳。张耳也感到十分震惊，不肯接受陈余的印信。陈余之后便站起身来上厕所了。有的宾客规劝张耳说："我听说'上天给予的不去接受，反而会遭到祸患'。现在，陈将军把印信交给了您，您如果不接受，就是违背天意不吉祥啊。赶快接收它吧！"于是张耳就佩带了陈余的大印，接收了他的部下。陈余回来后，也怨恨张耳不推让就收缴了他的大印，于是快步走了出去。张耳就收编了陈余的军队。陈余独自和他部下亲信几百个人到黄河边的湖泽中打鱼捕猎去了。从此以后，陈余和张耳在感情上便产生了裂痕。

之后赵王歇回到了信都居住，张耳就跟随着项羽和其他诸侯一起去了关中。

侯王，张耳雅游，人多为之言，项羽亦素数闻张耳贤，乃分赵立张耳为常山王，治信都。信都更名襄国。

陈余客多说项羽曰："陈余、张耳一体有功于赵。"项羽以陈余不从入关，闻其在南皮，即以南皮旁三县以封之，而徙赵王歇王代。

张耳之国，陈余愈益怒，曰："张耳与余功等也，今张耳王，余独侯，此项羽不平。"及齐王田荣畔楚，陈余乃使夏说说田荣曰："项羽为天下宰不平，尽王诸将善地，徙故王王恶地，今赵王乃居代！愿王假臣兵，请以南皮为捍蔽。"田荣欲树党于赵以反楚，乃遣兵从陈余。陈余因悉三县兵袭常山王张耳。张耳败走，念诸侯无可归者，曰："汉王与我有旧故，而项羽又强，立我，我欲之楚。"甘公曰："汉王之入关，五星聚东井。东井者，秦分也。先至必霸。楚虽强，后必属汉。"故耳走汉。汉王亦还定三秦，方围章邯废丘。张耳谒汉王，汉王厚遇之。

陈余已败张耳，皆复收赵地，迎赵王于代，复为赵王。赵王德陈余，立以为代王。陈余为赵王弱，国初定，不之国，留傅赵王，而使夏说以相国守代。

汉二年，东击楚，使使告赵，欲与俱。陈余曰："汉杀张耳乃从。"于是汉王求人类张耳者斩之，持其头遗陈余。陈余乃遣兵助汉。汉之败于彭城西，陈余亦复觉张耳不死，即背汉。

汉三年，韩信已定魏地，遣张耳与韩信击破赵井陉，斩陈余泜水上，追杀赵王歇襄国。汉立张耳为赵王。汉五年，张耳薨，谥为景王。子敖嗣立为赵王。高祖长女鲁元公主为赵王敖后。

汉七年，高祖从平城过赵，赵王朝夕袒韝蔽，自上食，礼甚卑，汉元年二月，项羽封各个诸侯为王，张耳游历各个地方结识的人多，很多人都替张耳说好话，项羽平常也听说过张耳是个有才能的人，于是就割了赵国的土地封张耳做了常山王，把都城设立在信都，并把信都改名为襄国。

陈余以前的宾客中很多人劝说项羽："陈余、张耳两人一样对赵国有功。"但是项羽因为陈余不随从他一起入关，又听说陈余住在南皮，于是项羽就把南皮周边的三个县封给了陈余，把赵王歇迁移到了代县，改封为代王。

张耳到他的封国去，陈余更加生气，说："张耳和我的功劳是一样的，张耳封了王，我却只封侯，这是项羽处理事情不公正。"等到齐王田荣反叛楚国，陈余便派夏说去劝田荣道："项羽成为了天下的主宰，处理事情却不公正，把好的地方都分封给了将军们去做王，把原来做王的都迁到了不好的地方，现在，又把赵王居住的地方迁到了代县！我希望大王你借给我兵马，以南皮这个地方作为您抵挡的屏障。"田荣想在赵国拉拢党羽以反叛楚国，于是就派遣了兵马听从陈余的指挥。因此，陈余调动了他自己三个县的所有兵力攻打常山王张耳。张耳兵败逃走，张耳想到各诸侯之中没有他可以投奔的地方，说："汉王虽然和我交情很好，但是项羽的势力太大，何况又是他分封我为王，我想去投奔楚国。"甘公说："汉王进入关中后，五星会聚于井宿天区。井宿天区是秦国的分星。先到的，一定可以成就霸业。即使现在的楚国十分强大，但以后天下一定归属于汉。"于是，张耳决定去投奔汉。汉王也回师平定了三秦，正在废丘包围进攻章邯的军队。张耳面见汉王，汉王以十分优厚的礼遇接待了张耳。

陈余击败了张耳以后，收复了赵国全部的土地，把赵王从代县接了回来，让其又做了赵国的国君，赵王对陈余十分感激，就分封陈余做代王。陈余因为赵王十分软弱无能，国内局势才刚刚稳定下来，没有到自己的封国去，留下来辅助赵王治理国家，而派夏说以国相的身份驻守在代国。

汉二年，汉王向东方进军攻打楚国，并派使者联系赵国，想要和赵国联合一起攻打楚。陈余说："只要汉王你杀掉张耳，赵国就会和你们联合一起攻打楚国。"于是汉王找到一个和张耳长得非常相像的人砍了头，并派人拿着这个人头去送给陈余。陈余看到后才发兵帮助汉。汉王在彭城的西面打了败仗，陈余又觉察到了张耳并没有死，于是就背叛了汉王。

汉三年，韩信刚刚平定魏地不长时间，汉王就派张耳和韩信攻下了赵国的井陉，在泜水河畔把陈余杀死了，又在襄国追赶并杀了赵王歇。汉王封张耳为赵王。汉五年，张耳过世，谥号为景王。张耳的儿子张敖接替他的父亲做了赵王，汉高祖的大女儿鲁元公主嫁给了赵王敖做了赵国的王后。

汉七年，高祖从平城回京途中经过赵国，赵王就脱去自己的外衣，戴上了有子婿礼。高祖箕踞詈，甚慢易之。赵相贯高、赵午等年六十余，故张耳客也。生平为气，乃怒曰："吾王孱王也！"说王曰："夫天下豪桀并起，能者先立。今王事高祖甚恭，而高祖无礼，请为王杀之！"张敖啮其指出血，曰："君何言之误！且先人亡国，赖高祖得复国，德流子孙，秋豪皆高祖力也。愿君无复出口。"贯高、赵午等十余人皆相谓曰："乃吾等非也。吾王长者，不倍德。且吾等义不辱，今怨高祖辱我王，故欲杀之，何乃污王为乎？令事成归王，事败独身坐耳。"

汉八年，上从东垣还，过赵，贯高等乃壁人柏人，要之置厕。上过欲宿，心动问曰："县名为何？"曰："柏人。""柏人者，迫于人也！"不宿而去。

汉九年，贯高怨家知其谋，乃上变告之。于是上皆并逮捕赵王、贯高等。十余人皆争自刭，贯高独怒骂曰："谁令公为之？今王实无谋，而并捕王；公等皆死，谁白王不反者！"乃轞车胶致，与王诣长安。治张敖之罪。上乃诏赵群臣宾客有敢从王皆族。贯高与客孟舒等十余人，皆自髡钳，为王家奴，从来。贯高至，对狱，曰："独吾属为之，王实不知。"吏治榜笞数千，刺剟，身无可击者，终不复言。吕后数言张王以鲁元公主故，不宜有此。上怒曰："使张敖据天下，岂少而女乎！"不听。廷尉以贯高事辞闻，上曰："壮士！谁知者，以私问之。"中大夫泄公曰："臣之邑子，素知之。此固赵国立名义不侵为然诺者也。"上使泄公持节问之箯舆前。仰视曰："泄公邪？"泄公劳苦如生平欢，与语，问张王果有计谋不。高曰："人情袖套，每天从早到晚都亲自服侍高祖饮食，态度十分谦卑，很有子婿的礼节。而高祖却随便坐在地上，像个簸箕一样，并伸开两只脚责骂赵王，对他的态度非常傲慢。赵国的国相贯高、赵午一行人都已经六十多岁了，是张耳在世时的宾客，他们的性格都很豪爽、容易冲动，就生气地说："我们的国君是个懦弱的国君啊！"就劝谏赵王说："当今天下英雄豪杰并起，有才能的先立为王。现在您对待高祖如此的恭敬，而高祖对您却这般无礼，请让我们替您把他杀掉吧！"张敖听了这样的话，便把自己手指咬出血来，说："你们怎么能说出这样错的话！何况先父亡了国，是靠着高祖才能得以复国，这样的恩惠子孙也必须要记得，所有事情都是高祖出的力帮的忙啊，希望你们不要再说这样的话了。"贯高、赵午等一行人相互讨论说："这都是我们的错啊。我们的君王有仁厚长者的风范，不肯忘恩负义。但我们的原则是不受他人侮辱，现在怨恨高祖侮辱了我们的君王，所以我们要杀掉高祖，为什么要侮辱我们的君王呢？如果事情成功了，功劳都归王所有；如果失败了，我们自己来承担所犯的罪行！"

汉八年，高祖从东垣回来，途中经过赵国，贯高等人在柏人县馆舍的夹壁中隐藏了武士，想要在途中拦截杀死高祖。高祖经过那里时想要在此地留宿，心中不安，就问道："这个县的名称叫什么？"回答说："叫柏人。""柏人，是被别人迫害的意思啊！"没有留宿就直接离开了。

汉九年，贯高的仇人知道了贯高想要杀皇上的计谋，就向皇上告密说贯高要谋反。于是皇上把赵王、贯高等人一起抓了起来，十多人都争着要自杀，只有贯高十分生气地骂道："你们自杀干什么？现在事情已经这样了，大王确实没有参与此事，却要被一起逮捕；如果你们都死了，谁来替大王解释他根本就没有反叛之意呢！"于是他们被关在栅槛密布而又十分坚固的囚车里和赵王一起押送到长安。审判张敖所犯的罪行。皇上向赵国发布通告说大臣和宾客凡是追随赵王的全部灭族。贯高和宾客孟舒等一行人，都自己剃掉了头发，用铁圈锁住自己的脖子，假扮赵王的家奴跟着赵王前来京城。贯高一到，出庭接受审问，说："只有我们这些人参与了此事，赵王他确实不知道。"官吏审讯他们，严刑拷问鞭打几千下，用烧红的铁条去刺他们，直到他们身上没有一处是完好的，但始终再也没说过话。吕后几次劝说道张敖因为鲁元公主的缘故，是不会参与这种事的，皇上生气地说："如果让张敖他占据了天下，难道他还会顾虑你的女儿吗！"皇上听不进吕后的劝告。廷尉把审理贯高的情况和供词报告给了皇上，皇上感叹说："真是壮士啊！有谁了解他，私下去问问他。"中大夫泄公说："我与他是同乡，一向都很了解他。他原本就是为赵国建功立业、不肯背叛诺言的人。"皇上派泄公拿着符节到舆床前询问贯高。贯高仰起头看看说："是泄公吗？"泄公慰宁不各爱其父母妻子乎？今吾三族皆以论死，岂以王易吾亲哉！顾为王实不反，独吾等为之。”具道本指所以为者王不知状。于是泄公入，具以报，上乃赦赵王。

上贤贯高为人能立然诺，使泄公具告之，曰：“张王已出。”因赦贯高。贯高喜曰：“吾王审出乎？”泄公曰：“然。”泄公曰：“上多足下，故赦足下。”贯高曰：“所以不死一身无余者，白张王不反也。今王已出，吾责已塞，死不恨矣。且人臣有篡杀之名，何面目复事上哉！纵上不杀我，我不愧于心乎？”乃仰绝肮，遂死。当此之时，名闻天下。

张敖已出，以尚鲁元公主故，封为宣平侯。于是上贤张王诸客，以钳奴从张王入关，无不为诸侯相、郡守者。及孝惠、高后、文帝、孝景时，张王客子孙皆得为二千石。张敖，高后六年薨。子偃为鲁元王。以母吕后女故，吕后封为鲁元王。元王弱，兄弟少，乃封张敖他姬子二人：寿为乐昌侯，侈为信都侯。高后崩，诸吕无道，大臣诛之，而废鲁元王及乐昌侯、信诸侯。孝文帝即位，复封故鲁元王偃为南宫侯，续张氏。

太史公曰：张耳、陈余，世传所称贤者；其宾客厮役，莫非天下俊桀，所居国无不取卿相者。然张耳、陈余始居约时，相然信以死，岂顾问哉。及据国争权，卒相灭亡，何乡者相慕用之诚，后相倍之戾也！岂非以势利交哉？名誉虽高，宾客虽盛，所由殆与大伯、延陵季子异矣。

问、寒喧，像平时一样和他说话，询问张敖到底有没有参与这个计划。贯高说："人是有感情，有谁不爱他的父亲和妻子呢？现在我三族都因为此事被判处死刑，难道我会用自己亲人的性命来换回赵王吗！但是赵王他确实没有参与，只有我们这些人参与了此事。"贯高详细地说出了他们之所以要杀掉皇上的本意，和赵王根本不知道的情况。于是泄公回宫后，把了解到的情况十分详细地向皇上做了报告，于是皇上便赦免了赵王。

皇上很赞赏贯高为人讲信义，就派泄公把他赦免赵王的事告诉贯高，说："赵王已经从关押处放了出来。"因此也赦免贯高。贯高高兴地说："我们赵王真的被放了吗？"泄公说："是的。"泄公又说："皇上还称赞您，所以也赦免了您。"贯高说："我被打得遍体鳞伤而不死的原因，是为了帮赵王辩护他确实没有谋反之意，现在赵王已经被释放了，我的责任也已尽到，就算现在我死了也不遗憾啦。何况为人臣子有了谋杀皇上的名声，还有什么脸面再继续服侍皇上呢！即使是皇上不杀我，我的内心怎么能不惭愧。"于是仰起头来卡断了自己的咽喉而死。就在这时，他的名字已经被天下人知晓。

张敖被释放不久后，因为娶了鲁元公主的缘故，被皇上封为宣平侯。于是，皇上夸奖张敖的宾客，只要是以钳奴的身份跟随着张王入关的，都做到了诸侯相、郡守。一直到孝惠、高后、文帝、孝景时期，张王宾客的后代们也都做到了二千石俸禄的高官。张敖在高后六年去世。张敖的儿子张偃被封为鲁元王。因为张偃的母亲是吕后的女儿，所以吕后封他做鲁元王。元王懦弱，兄弟年龄又小，于是就分封张敖其他姬妾生的两个儿子：封张寿为乐昌侯，张侈为信都侯。高后去世后，吕氏的族人胡作非为，图谋叛乱，被大臣们杀死了，并且一并废掉了鲁元王以及乐昌侯、信都侯三人。孝文帝即位以后，又分封原鲁元王张偃为南宫侯，延续了张氏的后代。

太史公说：张耳、陈余两人在社会传说中都是有才能的人；他们的宾客奴仆，也都是天下的英雄豪杰，居住过的国家没有不取得卿相地位的。可是，以前张耳、陈余两人贫穷卑贱不得志的时候，彼此相互信任，发誓同生共死，难道不是义无反顾的吗？而等到他们有了自己的地盘，争夺利益的时候，最终还是自相残杀，都恨不得把对方杀死。为什么从前是那样真诚地互相赏识倾慕、信任，而后来又相互背叛，彼此的态度是那样的乖张、残酷呢？难道这不是为了权力、利益而交往吗？虽然他们的名声十分广、宾客又多，而他们所做的恐怕和吴太伯、延陵季子等人相比，就大不一样了。

魏豹彭越列传第三十

魏豹者，故魏诸公子也。其兄魏咎，故魏时封为宁陵君。秦灭魏，迁咎为家人。陈胜之起王也，咎往从之。陈王使魏人周市徇魏地，魏地已下，欲相与立周市为魏王。周市曰："天下昏乱，忠臣乃见。今天下共畔秦，其义必立魏王后乃可。"齐、赵使车各五十乘，立周市为魏王。市辞不受，迎魏咎于陈。五反，陈王乃遣立咎为魏王。

章邯已破陈王，乃进兵击魏王于临济。魏王乃使周市出请救于齐、楚。齐、楚遣项它、田巴将兵随市救魏。章邯遂击破杀周市等军，围临济。咎为其民约降。约定，咎自烧杀。

魏豹亡走楚。楚怀王予魏豹数千人，复徇魏地。项羽已破秦，降章邯。豹下魏二十余城，立豹为魏王。豹引精兵从项羽入关。汉元年，项羽封诸侯，欲有梁地，乃徙魏王豹于河东，都平阳，为西魏王。

汉王还定三秦，渡临晋，魏王豹以国属焉，遂从击楚于彭城。汉败，还至荥阳，豹请归视亲病，至国，即绝河津畔汉。汉王闻魏豹反，方东忧楚，未及击，谓郦生曰："缓颊往说魏豹，能下之，吾以万户封若。"郦生说豹。豹谢曰："人生一世间，如白驹过隙耳。今汉王慢而侮人，骂詈诸侯群臣如骂奴耳，非有上下礼节也，吾不忍复见也。"于是汉王遣韩信击虏豹于河东，传诣荥阳，以豹国为郡。汉王令豹守荥阳。楚围之急，周苛遂杀魏豹。

彭越者，昌邑人也，字仲。常渔巨野泽中，为群盗。陈胜、项梁魏豹，是原来六国时候魏国的公子。魏豹的哥哥名字叫魏咎，以前被封为宁陵君。秦国消灭魏国后，把他流放到外地废作平民百姓。后来陈胜起义自称为王，魏咎前去追随陈胜。陈王派魏国人周市带领兵马前去夺取以前魏国的土地，魏国的土地被占领后，大家互相商议，都想要拥立周市为魏王，周市却说："天下混乱时，忠臣才能显露出来。现在天下的人都背叛秦国，从道义上讲，一定要拥立以前魏王的后代称王才可以。"齐、赵两国各派战车五十辆，以协助周市做魏王。周市十分感谢却不肯接受，前去陈国迎接魏咎。如此往复了五次，陈王才答应把魏咎放回去立为魏王。

章邯击败陈王不久后，便发兵去临济攻击魏王，魏王派遣周市到齐国、楚国请求救援。齐、楚两国派遣项它、田巴两人带领着军队跟随周市去援救魏国。没想到章邯竟然击败了前来援助的军队，并杀死了周市，包围了临济。魏咎为了他的百姓身家性命的安全，提出了降服的条件。谈判成功后，魏咎就自焚而死。

魏豹逃跑前往楚国，楚怀王分给了魏豹几千人马，回去夺取魏国的土地。在这个时候项羽已经击败了秦军，并且降服了章邯。魏豹接连攻下了二十多座城池。项羽就封魏豹做了魏王。魏豹带领着精锐军队跟随着项羽入关了。汉元年，项羽分封诸侯，项羽自己打算占有梁地，于是就把魏王豹改封到了河东，建都平阳，封为西魏王。

汉王回师平定了三秦，从临晋领兵横渡了黄河，魏豹就把自己整个国家献给了汉王，于是就跟随着汉王一起攻打彭城。汉王战败后，回师荥阳，魏豹请假说要回家去探望家中老人的病情。他回国后，就马上截断了黄河的渡口，背叛了汉王。汉王虽然知道了魏豹反叛的消息，可是他正在担忧东面的楚国，所以没有时间攻打他，于是就对郦生说："你去代我好言劝说魏豹，如果你能说服他不叛变，我就封你为万户侯。"郦生就前往魏国游说魏豹。魏豹婉转地回绝说："人的一生是非常短暂的，就像太阳的影子透过墙壁的空隙那样快。现在汉王对人态度傲慢还侮辱人，责骂诸侯大臣们就像责骂奴仆一样，一点也没有上下的礼数，我没有办法忍耐着去见他。"于是汉王便派韩信前去攻打魏豹，并在河东抓获了魏豹，让魏豹坐着驿站的车子把他押送到荥阳，随后把魏豹原有的国土改设为郡。汉王命令魏豹驻守荥阳。当楚军围攻紧急的时候，周苛就把魏豹杀了。

彭越，是昌邑人，绰号彭仲。经常在巨野湖泽中捕鱼，和一帮人合伙做强之起，少年或谓越曰："诸豪桀相立畔秦，仲可以来，亦效之。"彭越曰："两龙方斗，且待之。"

居岁余，泽间少年相聚百余人，往从彭越，曰："请仲为长。"越谢曰："臣不愿与诸君。"少年强请，乃许。与期旦日日出会，后期者斩。旦日日出，十余人后，后者至日中。于是越谢曰："臣老，诸君强以为长。今期而多后，不可尽诛，诛最后者一人。"令校长斩之。皆笑曰："何至是？请后不敢。"于是越乃引一人斩之，设坛祭，乃令徒属。徒属皆大惊，畏越，莫敢仰视。乃行略地，收诸侯散卒，得千余人。

沛公之从砀北击昌邑，彭越助之。昌邑未下，沛公引兵西。彭越亦将其众居巨野中，收魏散卒。项籍入关，王诸侯，还归，彭越众万余人毋所属。汉元年秋，齐王田荣畔项王，乃使人赐彭越将军印，使下济阴以击楚。楚命萧公角将兵击越，越大破楚军。汉王二年春，与魏王豹及诸侯东击楚，彭越将其兵三万余人归汉于外黄。汉王曰："彭将军收魏地得十余城，欲急立魏后。今西魏王豹亦魏王咎从弟也，真魏后。"乃拜彭越为魏相国，擅将其兵，略定梁地。

汉王之败彭城解而西也，彭越皆复亡其所下城，独将其兵北居河上。汉王三年，彭越常往来为汉游兵，击楚，绝其后粮于梁地。汉四年冬，项王与汉王相距荥阳，彭越攻下睢阳、外黄十七城。项王闻之，乃使曹咎守成皋，自东收彭越所下城邑，皆复为楚。越将其兵北走谷城。汉五年秋，项王之南走阳夏，彭越复下昌邑旁二十余城，得谷十余万斛，以给汉王食。

汉王败，使使召彭越并力击楚。越曰："魏地初定，尚畏楚，未可去。"汉王追楚，为项籍所败固陵。乃谓留侯曰："诸侯兵不从，为之奈何？"留侯曰："齐王信之立，非君王之意，信亦不自坚。彭越本定梁地，功多，始君王以魏豹故，拜彭越为魏相国。今豹死毋盗。陈胜、项梁揭竿而起，有的年轻人就对彭越说："很多有才能的人都争相树起旗号，反叛秦朝，你也可以站出来，咱们也可以效仿他们那样做。"彭越却说："现在两条龙才刚刚搏斗，还是再等一等吧。"

时间过了一年多，泽中年轻人聚集了一百多人，前去跟随彭越，说："请你做我们的头领。"彭越拒绝说："我不想和你们一块儿干。"年轻人强烈请求，他才答应了。彭越和他们约好第二天太阳出来的时候集合，没按时到的人砍头。第二天到约定的时间，迟到的人有十多个，最后一个人一直到中午才来。当时，彭越很抱歉地说："我老了，你们执意要我来当你们的首领。现在，约定好的时间却又有很多人迟到，不能都砍头，就只杀最后到的一个人。"命令校长杀掉最后来的那个人。大家都笑着说："为什么要这样呢，从今以后不敢再迟到就是了。"于是彭越就将最后到的那个人杀了。设置土坛，用迟到的那个人的人头祭奠，号令众人。众人都十分吃惊，害怕彭越，没有人敢抬头看他。于是彭越就带领大家去夺取土地，收拢诸侯逃散了的士兵，共有一千多人。

沛公从砀北上攻打昌邑，彭越帮助他。昌邑没有攻打下来，沛公率领着军队向西进攻。彭越也带领着他的军队驻扎在巨野泽中，收编从魏国逃出来的士兵。项籍进入关中，分封诸侯后，就返回了，这个时候彭越的军队已发展到有一万多人但是却没有归属。汉王元年秋天，齐王田荣反叛了项王，就派人前去赐给彭越将军的印信，要彭越进军济阴进攻楚军。楚军派萧公角领兵迎击彭越，却被彭越打得溃不成军。汉王二年春天，汉王、魏王豹和各路诸侯向东进军攻打楚国，彭越带领他的军队三万多人在外黄归附汉王。汉王说："彭将军收复了魏国的十几座城池，急于拥立魏王的后代。现在，魏王豹就是魏王咎的堂弟，是真正魏王的后代。"让彭越做了魏国的国相，独揽兵权，平定梁地。

汉王在彭城落败，向西撤退，彭越把他自己攻打下来的城池又都丢掉，自己带领着他的兵马向北驻守在黄河沿岸。汉王三年，彭越经常替汉王游动出兵，攻打楚军，在梁地切断了他们的粮草供应。汉四年冬，项王和汉王在荥阳相持，彭越攻占了睢阳、外黄等十七座城池。项王知道这个消息后，就派曹咎驻守城皋，自己向东攻打收回了彭越攻克的城池，这些城池又都归楚国所有。彭越带着他的军队北上谷城。汉五年秋，项王的兵马向南边撤退到夏阳，彭越又攻占了昌邑周围二十多个城池，缴获谷物多达十多万斛，用作汉王军队的粮草。

汉王打了败仗，派使者叫彭越和汉王合力一起攻打楚军。彭越说："魏地才刚刚平定，还是惧怕楚军的，不能贸然前往。"汉王起兵追击楚军，却在固陵被项籍打败。于是对留侯说："诸侯的军队都不跟着我来战斗，这可怎么办呢？"留侯说："齐王韩信是自立为王的，不是您的本来意思，韩信他自己也不是很放后，且越亦欲王，而君王不蚤定。与此两国约：即胜楚，睢阳以北至谷城，皆以王彭相国；从陈以东傅海，与齐王信。齐王信家在楚，此其意欲复得故邑。君王能出捐此地许二人，二人今可致；即不能，事未可知也。”于是汉王乃发使使彭越，如留侯策。使者至，彭越乃悉引兵会垓下，遂破楚。项籍已死。春，立彭越为梁王，都定陶。

六年，朝陈。九年，十年，皆来朝长安。

十年秋，陈豨反代地，高帝自往击，至邯郸，征兵梁王。梁王称病，使将将兵诣邯郸。高帝怒，使人让梁王。梁王恐，欲自往谢。其将扈辄曰："王始不往，见让而往，往则为禽矣。不如遂发兵反。"梁王不听，称病。梁王怒其太仆，欲斩之。太仆亡走汉，告梁王与扈辄谋反。于是上使使掩梁王，梁王不觉，捕梁王，囚之雒阳。有司治反形已具，请论如法。上赦以为庶人，传处蜀青衣。西至郑，逢吕后从长安来，欲之雒阳，道见彭王。彭王为吕后泣涕，自言无罪，愿处故昌邑。吕后许诺，与俱东至雒阳。吕后白上曰："彭王壮士，今徙之蜀，此自遗患，不如遂诛之。妾谨与俱来。"于是吕后乃令其舍人彭越复谋反。廷尉王恬开奏请族之。上乃可，遂夷越宗族，国除。

太史公曰：魏豹、彭越虽故贱，然已席卷千里，南面称孤，喋血乘胜日有闻矣。怀畔逆之意，及败，不死而虏囚，身被刑戮，何哉？中材已上且羞其行，况王者乎！彼无异故，智略绝人，独患无身耳。得摄尺寸之柄，其云蒸龙变，欲有所会其度，以故幽囚而不辞云。

心。彭越本来收复了梁地，战功累累，当初您因为魏豹的原因，只是任命彭越做了魏国的国相。现在，魏豹死后又没有留下魏国的后代，何况彭越也有称王的打算，而您却没有及时作出决定，您可以和两国约定：假如打败了楚国，睢阳以北到谷城的所有土地，都分封给彭越为王；从陈以东的沿海土地，都分封给齐王韩信。齐王韩信的家乡是在楚国，他原本就是想再得到自己的家乡。如果您能拿出这些土地答应分给这两个人，这两个人不久就可以召来，即使不能召来，事情发展也不至于到完全绝望的地步。”于是汉王派遣使者到彭越那里，按照留侯的计划行事。使者一到，彭越就带领着全部人马在垓下和汉王的兵马会师，于是把楚军打败。项籍也死了。那年春天，汉王封彭越为梁王，都城定在定陶。

汉六年，彭越到陈地，朝见汉高祖。九年、十年，每年都来长安朝见。

汉十年秋天，陈豨在代地发动叛乱，汉高帝亲自带领军队前去讨伐，抵达邯郸，向梁王征发兵马。梁王说自己有病，派自己将领带着兵马到邯郸。高帝很不高兴，派人前去责备梁王。梁王很害怕，打算亲自前往高祖那里谢罪。他的部下扈辄说：“大王当时不去，被他责备之后才去，去了就会被抓起来。不如借此机会起兵造反。”梁王没有听他的意见，还是说自己有病。梁王对他的太仆很不满，打算杀掉他。太仆知道后就慌忙逃到汉高帝那儿，控告梁王和扈辄密谋造反。于是皇上便派使臣出其不意地偷袭梁王，梁王没有察觉，使臣抓住了梁王，把梁王关在洛阳。经过主管官吏的审理，认为梁王谋反是有罪证的，请求皇上依法处置梁王。皇上赦免了梁王，将其废为平民百姓，流放到蜀地的青衣县。向西走到了郑县，正好这个时候吕后从长安来，打算前去洛阳，路上遇见了彭王，彭王对吕后哭诉，亲自分辩自己并没有罪行，希望自己能够回到故乡昌邑。吕后答应了他，便和他一块儿向东去了洛阳。吕后向皇上陈述说：“彭王是个勇敢又有才能的人，现在您把他流放到了蜀地，这是给您自己留下隐患啊，不如直接杀掉他。所以，我带着他一起回来了。”于是，吕后就指使彭越的门人告发他要再次密谋造反。廷尉王恬开呈报请诛灭彭越的家族，皇上就答应了他们的请求，于是就诛杀了彭越，诛灭了他的家族，他的封国也被废除。

太史公说：魏豹、彭越两人虽然出身贫贱，然而他们像卷席子一样，占有了十分广阔的土地，南面称王，他们踩着敌人的血迹乘胜追击，名声一天天地高涨。胸怀叛逆的心志，等到失败了，没能杀身成名而是甘当阶下囚犯，导致自己被杀戮，为什么呢？中等才智以上的人都为他们的行为感到羞耻，更何况称孤道寡的人呢！他们之所以忍辱不死，没有别的原因，由于他们的智慧、谋略高平常人一等，只担心不能保全自己的性命。只要他们能拥有一点点权力，其政治风云变幻，就能施展他们的作为，因此被囚禁起来而不逃避啊。

黥布列传第三十一

黥布者，六人也，姓英氏。秦时为布衣。少年，有客相之曰：“当刑而王。”及壮，坐法黥。布欣然笑曰；“人相我当刑而王，几是乎？”人有闻者，共俳笑之。布已论输丽山，丽山之徒数十万人，布皆与其徒长豪桀交通，乃率其曹偶，亡之江中为群盗。

陈胜之起也，布乃见番君，与其众叛秦，聚兵数千人。番君以其女妻之。章邯之灭陈胜，破吕臣军，布乃引兵北击秦左右校，破之清波，引兵而东。闻项梁定江东会稽，涉江而西。陈婴以项氏世为楚将，乃以兵属项梁，渡淮南，英布、蒲将军亦以兵属项梁。

项梁涉淮而西，击景驹、秦嘉等，布常冠军。项梁至薛，闻陈王定死，乃立楚怀王。项梁号为武信君，英布为当阳君。项梁败死定陶，怀王徙都彭城，诸将英布亦皆保聚彭城。当是时，秦急围赵，赵数使人请救。怀王使宋义为上将，范增为末将，项籍为次将，英布、蒲将军皆为将军，悉属宋义，北救赵。及项籍杀宋义于河上，怀王因立籍为上将军，诸将皆属项籍。项籍使布先渡河击秦，布数有利，籍乃悉引兵涉河从之，遂破秦军，降章邯等。楚兵常胜，功冠诸侯。诸侯兵皆以服属楚者，以布数以少败众也。

项籍之引兵西至新安，又使布等夜击坑章邯秦卒二十余万人。至关，不得入，又使布等先从间道破关下军，遂得入，至咸阳。布常为军锋。项王封诸将，立布为九江王，都六。

汉元年四月，诸侯皆罢戏下，各就国。项氏立怀王为义帝，徙都黥布，是六县人，姓英。秦朝的时候是个平民百姓。他小时候，有位客人给他看了相说：“当你受过刑之后就会称王。”到了他壮年的时候，犯了法，被处以黥刑。黥布高兴地笑着说：“有人给我看过相，说我在受了刑之后就会称王，现在，可能就是这种情况了吧？”听到他这么说的人，都嘲笑他。黥布被定罪后不久被押送到骊山服劳役，骊山服役的刑徒有几十万人，黥布经常和罪犯的头领、有才能的英雄来往，最终带着这伙人逃到长江之中做了强盗。

陈胜起义的时候，黥布就去拜见番县令吴芮，并跟他的手下一起反叛秦朝，聚集了几千人。番县令还把自己的女儿嫁给了黥布。章邯打败了陈胜、吕臣的军队之后，黥布就率领军队向北进军攻打秦左、右校的军队，在清波击败了他们，就领兵继续向东进攻。听说项梁占领了江东会稽，渡过长江向西挺进，陈婴因为项氏祖祖辈辈做楚国的将军，就率领着自己的军队归附了项梁，向南进军渡过淮河，英布、蒲将军也带着他们自己的军队归附了项梁。

项梁率领大军渡过淮河向西挺进，在攻打景驹、秦嘉等人的战斗中，黥布神勇无比，总是位于众军的前面。项梁到达薛地，听说陈王确实死了，于是就拥立了楚怀王。项梁自称为武信君，黥布为当阳君。项梁在定陶的战斗中战败被杀死，楚怀王把都城迁到彭城，将军们和黥布也都在彭城集结守卫。正在这个时候，秦军加强攻势围攻赵国，赵国多次派人来请求援助。楚怀王任命宋义为上将军、范增为末将军，项籍为次将军，黥布、蒲将军都为将军，全部人马都由宋义统率，向北前去援助赵国。等到项籍在黄河岸边杀死了宋义，怀王借机改任项籍为上将军，各路的将领都由项籍统领。项籍派黥布率先渡过黄河攻打秦军，黥布多次立下战功占有优势，项籍就带领着全部人马渡过黄河，跟黥布配合战斗，于是击败了秦军，使章邯等人被迫投降。楚军每战每胜，功绩高过各路的诸侯。各路诸侯的兵马都能慢慢归附楚国的原因，是因为黥布带领的军队作战能以少胜多，使人震服啊！

项籍率领着军队向西到达新安，又派黥布等人带兵趁着黑夜袭击并活埋了章邯的部下二十多万人。到达函谷关，攻打不下，又派黥布等人先从隐蔽的路，击败了守关的军队，才得以进关，一直到达了咸阳。黥布经常担任军队的前锋。项王分封将领们的时候，封黥布为九江王，都城设立在六县。

汉元年四月，各路诸侯都离开项王的大本营，回到自己的封国。项王拥立怀长沙，乃阴令九江王布等行击之。其八月，布使将击义帝，追杀之郴县。

汉二年，齐王田荣畔楚，项王往击齐，征兵九江，九江王布称病不往，遣将将数千人行。汉之败楚彭城，布又称病不佐楚。项王由此怨布，数使使者诮让召布，布愈恐，不敢往。项王方北忧齐、赵，西患汉，所与者独九江王，又多布材，欲亲用之，以故未击。

汉三年，汉王击楚，大战彭城，不利，出梁地，至虞，谓左右曰："如彼等者，无足与计天下事。"谒者随何进曰："不审陛下所谓。"汉王曰："孰能为我使淮南，令之发兵倍楚，留项王于齐数月，我之取天下可以百全。"随何曰："臣请使之。"乃与二十人俱，使淮南。至，因太宰主之，三日不得见。随何因说太宰曰："王之不见何，必以楚为强，以汉为弱，此臣之所以为使。使何得见，言之而是邪，是大王所欲闻也；言之而非邪，使何等二十人伏斧质淮南市，以明王倍汉而与楚也。"太宰乃言之王，王见之。随何曰："汉王使臣敬进书大王御者，窃怪大王与楚何亲也。"淮南王曰："寡人北乡而臣事之。"随何曰："大王与项王俱列为诸侯，北乡而臣事之，必以楚为强，可以托国也。项王伐齐，身负板筑，以为士卒先，大王宜悉淮南之众，身自将之，为楚军前锋，今乃发四千人以助楚。夫北面而臣事人者，固若是乎？夫汉王战于彭城，项王未出齐也，大王宜骚淮南之兵渡淮，日夜会战彭城下，大王抚万人之众，无一人渡淮者，垂拱而观其孰胜。夫托国于人者，固若是乎？大王提空名以乡楚，而欲厚自托，臣窃为大王不取也。然而大王不背楚者，以汉为弱也。夫楚兵虽强，天下负之以不义之名，以其背盟约而杀义帝也。然而楚王恃战胜自强，汉王收诸侯，还守成皋、荥阳，下蜀、汉之粟，深沟壁垒，分卒守徼乘塞，楚人还兵，间以梁地，深入敌国八九百王为义帝，都城迁到长沙，却秘密命令九江王黥布等人，在半路上袭击他。这年的八月，黥布派将领偷袭义帝，追到郴县把义帝杀死。

汉二年，齐王田荣反叛楚国，项王前去攻打齐国，向九江王征调兵马，九江王推托说得了重病不能前往，只是派将领带着几千人应征。汉王在彭城击败了楚军，黥布又推托说得了重病不能去帮助楚国。项王因为此事怨恨黥布，多次派使者前去责备他，并召他前去。黥布越来越恐慌，不敢前去。项王正在为北方的齐国、赵国担心，西边又担心汉王起兵造反，知交的只有九江王，又推重黥布的才能，打算拉拢他、任用他，所以就没有攻打他。

汉三年，汉王进攻楚国，在彭城展开大规模的战斗，失败后从梁地撤退，来到虞县，对身边的亲信说："像你们这样的人，不配一起谋划统一天下大事。"负责传达禀报的随何近前说："我不明白陛下说的是什么意思。"汉王说："谁能代我出使淮南，让他们发兵，背叛楚国，在齐国把项王的军队牵制几个月，我夺取天下就可以稳操胜券了。"随何说："请让我出使淮南。"汉王派给了他二十人一同出使淮南。抵达后，因为太宰做主，一连等了三天也没能见到淮南王。随何便借机游说太宰说："大王不召见我，一定以为楚国很强大，汉国很弱小，而这正是我来这里的原因。假使大王可以召见我，我的话要是说得有道理，那正是大王想知道的；我的话说得没道理，让我们二十人就躺在砧板之上，在淮南广场用斧头砍死，以证明大王想要背叛汉国亲近楚国的决心。"太宰这才把随何的话告诉了淮南王，淮南王召见了他。随何说："汉王让我敬重地上书大王驾前，我自己私下感到奇怪的是，大王为什么和楚国如此亲近。"淮南王说："我面向北方以臣子的身份侍奉他。"随何说："大王和项王都列为诸侯，却北向以臣子的身份来侍奉他，一定是认为楚国强盛，可以把自己的国家托付给他。项王进攻齐国时，他亲自背着筑墙的工具，身先士卒，大王应该出动淮南所有的军队，亲自带领着他们，为楚军做前锋，现在只派四千人去援助楚国。面北而侍奉别人的臣子，应该是这个样子吗？汉王在彭城战斗，项王还没有出兵齐国，大王就应该出动淮南全部的军队，渡过淮河，援助项王与汉王日夜战斗于彭城之下。大王拥有上万人马，但没有一个人渡过淮河，这是轻松地观看他们谁胜谁败。把国家托付给别人的人，应该就是这个样子吗？大王挂着归附楚国的空名，却想扎扎实实地依靠自己，我个人认为大王这样做是不对的。但是，大王不背弃楚国，是认为汉国弱小。楚国的军队即便强大，楚王却背负着天下不义的名义，因为他背弃盟约而又杀死了义帝。可是楚王凭借着战斗的胜利自己以为强大，汉王收服诸侯之后，回师驻守在城皋、荥阳，从蜀、汉运来粮草，深挖战壕，高筑城墙，分兵驻守着边境要塞，楚国要想撤回兵马，在从梁地撤军的途中，深入敌国的国里，欲战则不得，攻城则力不能，老弱转粮千里之外；楚兵至荥阳、成皋，汉坚守而不动，进则不得攻，退则不得解。故曰楚兵不足恃也。使楚胜汉，则诸侯自危惧而相救。夫楚之强，适足以致天下之兵耳。故楚不如汉，其势易见也。今大王不与万全之汉而自托于危亡之楚，臣窃为大王惑之。臣非以淮南之兵足以亡楚也。夫大王发兵而倍楚，项王必留；留数月，汉之取天下可以万全。臣请与大王提剑而归汉，汉王必裂地而封大王，又况淮南，淮南必大王有也。故汉王敬使使臣进愚计，愿大王之留意也。”淮南王曰：“请奉命。”阴许畔楚与汉，未敢泄也。

楚使者在，方急责英布发兵，舍传舍。随何直入，坐楚使者上坐，曰：“九江王已归汉，楚何以得发兵？”布愕然。楚使者起。何因说布曰：“事已构，可遂杀楚使者，无使归，而疾走汉并力。”布曰：“如使者教，因起兵而击之耳。”于是杀使者，因起兵而攻楚。楚使项声、龙且攻淮南，项王留而攻下邑。数月，龙且击淮南，破布军。布欲引兵走汉，恐楚王杀之，故间行与何俱归汉。

淮南王至，上方踞床洗，召布入见，布大怒，悔来，欲自杀。出就舍，帐御饮食从官如汉王居，布又大喜过望。于是乃使人入九江。楚已使项伯收九江兵，尽杀布妻子。布使者颇得故人幸臣，将众数千人归汉。汉益分布兵而与俱北，收兵至成皋。四年七月，立布为淮南王，与击项籍。

汉五年，布使人入九江，得数县。六年，布与刘贾入九江，诱大司马周殷，周殷反楚，遂举九江兵与汉击楚，破之垓下。

项籍死，天下定，上置酒。上折随何之功，谓何为腐儒，为天下安用腐儒。随何跪曰：“夫陛下引兵攻彭城，楚王未去齐也，陛下发土八九百里，想攻打，又打不赢，攻打城池又攻不下，老弱残兵辗转运粮草千里之外；待到楚国的兵马到达荥阳、成皋，汉王的军队却守城不动，进攻又攻不破城池，撤退又逃不出汉军的追击。所以说楚国的兵马是不足以依靠的。假如楚军战胜了汉军，那么诸侯们自身感到危机，必然要相互援助。一旦楚国壮大起来，恰好会招来天下兵马的攻击。所以楚国不如汉国，那形势是非常明显的。现在大王不和万无一失的汉国交好，却把自己的国家托付于危在旦夕的楚国，我私下替大王感到困惑。我不认为淮南的兵马足够用来消灭楚国。只要大王出兵反叛楚国，项王一定会受到牵制，只要牵制几个月的时间，汉王夺取天下就能万无一失了。我请求给大王提着宝剑归附汉国，汉王一定会分割土地封赐大王，更何况还有这淮南的土地，淮南一定为大王所有啊。所以，汉王郑重地派出使臣，进献不成熟的计划，希望大王可以认真地考虑。”淮南王说：“我遵从你们的意见。”他暗中答应反叛楚国归附汉国，没敢泄露这个秘密。

这个时候，楚国的使者也在淮南，住在旅馆里正迫不及待地催促英布派出兵马。随何直接闯了进去，坐在楚国使者的上座，说：“九江王已经归附汉王，楚国凭什么让他出兵？”黥布表现出惊讶的样子。楚国使者站起来想要走。随何借机劝黥布说：“大事已定，可以杀死楚国的使者，不能让他回楚国，我们尽快向汉靠拢，一同作战。”黥布说：“就按照你的说法，出兵攻打楚国。”于是杀掉使者，出兵进攻楚国。楚国便派项声、龙且攻打淮南，项王留下来攻打下邑。战斗持续了几个月的时间，龙且在淮南的战斗中，打败了黥布的兵马。黥布想带军队撤退到汉军驻地，又怕楚国的军队在途中拦截，所以，和随何从隐蔽的小路逃回汉地。

淮南王到达时，汉王正坐在床上洗脚，就叫黥布去见他。黥布见状，十分生气，后悔来到汉国，想要自杀。当他退出来，来到为他准备的馆舍时，见到帐幔、用器、饮食、侍从官员和汉王一样豪华，黥布又十分高兴。于是就派人进入九江。这时项王已经派项伯收编了九江的军队，杀了黥布的妻子和儿女。黥布派去的人找到当时宠臣的好友，带着几千兵马回到汉国。汉王又给黥布拨发了兵马一道北上，到成皋招募人马。汉四年七月，汉王封黥布为淮南王，一同攻打项籍。

汉五年，黥布又派人进入九江，夺取了好几个县。汉六年，黥布和刘贾进入九江，游说大司马周殷。周殷背叛楚国后，就调动九江的兵马和汉军共同进攻楚军，大败楚军于垓下。

项籍一死，天下平定，皇上摆酒开设宴会。皇上却贬低随何的功绩，说随何是思想腐朽保守、不合时宜的读书人，治理天下怎么能任用这样的人呢。随何步卒五万人，骑五千，能以取淮南乎？”上曰：“不能。”随何曰：“陛下使何与二十人使淮南，至，如陛下之意，是何之功贤于步卒五万人骑五千也。然而陛下谓何腐儒，为天下安用腐儒，何也？”上曰：“吾方图子之功。”乃以随何为护军中尉。布遂剖符为淮南王，都六，九江、庐江、衡山、豫章郡皆属布。

七年，朝陈。八年，朝雒阳。九年，朝长安。

十一年，高后诛淮阴侯，布因心恐。夏，汉诛梁王彭越，醢之，盛其醢遍赐诸侯。至淮南，淮南王方猎，见醢，因大恐，阴令人部聚兵，候伺旁郡警急。

布所幸姬疾，请就医，医家与中大夫贲赫对门，姬数如医家，贲赫自以为侍中，乃厚馈遗，从姬饮医家。姬侍王，从容语次，誉赫长者也。王怒曰：“汝安从知之？”具说状。王疑其与乱。赫恐，称病。王愈怒，欲捕赫。赫言变事，乘传诣长安。布使人追，不及。赫至，上变，言布谋反有端，可先未发诛也。上读其书，语萧相国。相国曰：“布不宜有此，恐仇怨妄诬之。请击赫，使人微验淮南王。”淮南王布见赫以罪亡，上变，固已疑其言国阴事；汉使又来，颇有所验，遂族赫家，发兵反。反书闻，上乃赦贲赫，以为将军。

上召诸将问曰：“布反，为之奈何？”皆曰；“发兵击之，坑竖子耳。何能为乎！”汝阴侯滕公召故楚令尹问之。令尹曰：“是故当反。”滕公曰：“上裂地而王之，疏爵而贵之，南面而立万乘之主，其反何也？”令尹曰：“往年杀彭越，前年杀韩信，此三人者，同功一体之人也。自疑祸及身，故反耳。”滕公言之上曰：“臣客故楚令尹薛公者，其人有筹筴之计，可问。”上乃召见问薛公。薛公对曰：

跪在皇上面前说："当初陛下带兵进攻彭城时，项王还没有出兵去齐国，陛下调动步兵五万、骑兵五千，能凭这些兵马夺取淮南吗？"皇上说："不能。"随何说："陛下派我和二十人出使淮南，一到，陛下就得偿所愿，这是我的功绩比步兵五万、骑兵五千还要大呀。但是陛下说我是思想腐朽保守不合时宜的读书人，这是为什么呢？"皇上说："我正在考虑您的功劳。"于是就任命随何为护军中尉。黥布就剖符做淮南王去了，在六县建立都城，九江、庐江、衡山、豫章郡都归黥布所有。

汉七年，黥布到陈县朝见皇上。汉八年，到洛阳朝见。汉九年，到长安朝见。

汉十一年，高后杀死了淮阴侯，此时，黥布因此内心十分恐慌。这年夏天，皇上杀死了梁王彭越，并且把他的尸体剁成了肉酱，又把肉酱装好分别赐给了各个诸侯。送到淮南，淮南王正在打猎，看到肉酱，心里十分害怕，暗中使人安排，集结军队，守候并观察邻郡的情况。

黥布宠幸的爱妾病了，请求医治，医师家与中大夫贲赫家住对门，爱妾经常去医师家治疗，贲赫认为自己身为侍中，就送去了很多的礼物，随爱妾在医生家中饮酒。爱妾侍奉淮南王的时候，不经意地之间赞许贲赫是忠厚老实的人。淮南王生气地说："你怎么知道的呢？"爱妾就把相认识的情况全都告知了他。淮南王怀疑她和贲赫私通。贲赫非常害怕，便借口有病不去应班。淮南王更加生气，就要抓捕贲赫。贲赫欲告发黥布要反叛皇上，就坐着驿车赶往长安。黥布派人追赶，没有追上。贲赫到了长安，上书告发黥布，说黥布有造反的意思，可以在他发动叛乱之前杀了他。皇上看了贲赫的报告，和萧相国商议，相国说："黥布应该不会有这样的事，恐怕是因结有怨仇陷害他。请把贲赫囚禁起来，派人暗中监视验证淮南王是否谋反。"淮南王见贲赫畏罪潜逃，上书说自己叛变，本来已经怀疑他会说出自己暗中安排兵马的情况，汉王的使臣又来了，验证了自己的想法，就杀死贲赫的家人，起兵造反。黥布叛变的消息传到长安，皇上就释放了贲赫，封贲赫做了将军。

皇上召集将领们问道："黥布叛变，应该怎么办？"将领们都说："出兵攻打，活埋了这小子，还能怎么办！"汝阴侯滕公召原来的楚国令尹问这事。令尹说："他本来就应该造反。"滕公说："皇上分割土地封他为王，封赐爵位让他声明显贵，面南听政，立为万人之主，他为什么要造反呢？"令尹说："几年前杀死彭越，前年杀死了韩信，这三个人有一样的功绩，是结为一体的人，他自然会怀疑祸患会殃及他自己，所以就造反了。"滕公把这些话告知皇上说："我的门客原楚国令尹薛公，这个人很有才华，可以问他。"皇上就召见了薛公。薛

“布反不足怪也。使布出于上计，山东非汉之有也；出于中计，胜败之数未可知也；出于下计，陛下安枕而卧矣。”上曰：“何谓上计？”令尹对曰：“东取吴，西取楚，并齐取鲁，传檄燕、赵，固守其所，山东非汉之有也。”“何谓中计？”“东取吴，西取楚，并韩取魏，据敖庾之粟，塞成皋之口，胜败之数未可知也。”“何谓下计？”“东取吴，西取下蔡，归重于越，身归长沙，陛下安枕而卧，汉无事矣。”上曰：“是计将安出？”令尹对曰：“出下计。”上曰：“何谓废上中计而出下计？”令尹曰：“布故丽山之徒也，自致万乘之主，此皆为身，不顾后为百姓万世虑者也，故曰出下计。”上曰：“善。”封薛公千户。乃立皇子长为淮南王。上遂发兵自将东击布。

布之初反，谓其将曰：“上老矣，厌兵，必不能来。使诸将，诸将独患淮阴、彭越，今皆已死，余不足畏也。”故遂反。果如薛公筹之，东击荆，荆王刘贾走死富陵。尽劫其兵，渡淮击楚。楚发兵与战徐、僮间，为三军，欲以相救为奇。或说楚将曰：“布善用兵，民素畏之。且兵法云，诸侯战其地为散地。今别为三，彼败吾一军，余皆走，安能相救！”不听。布果破其一军，其二军散走。

遂西，与上兵遇蕲西，会甀。布兵精甚，上乃壁庸城，望布军置陈如项籍军，上恶之。与布相望见，遥谓布曰：“何苦而反？”布曰：“欲为帝耳。”上怒骂之，遂大战。布军败走，渡淮，数止战，不利，与百余人走江南。布故与番君婚，以故长沙哀王使人绐布，伪与亡，诱走越，故信而随之番阳。番阳人杀布兹乡民田舍，遂灭黥布。

立皇子长为淮南王，封贲赫为期思侯，诸将率多以功封者。

公回答说："黥布造反一点也不奇怪。如果黥布计出上策，崤山以东地区就不会归汉朝所有了；计出中策，谁赢谁输就很难说了；计出下策，陛下就可以不用担心了。"皇上说："什么是上策？"令尹回答说："向东攻占吴国，向西攻占楚国，占领齐国，占领鲁国，传一纸文书，叫燕国、赵国固守它们的土地，崤山以东地区就不再归汉王所有了。"皇上再问："什么是中策？"令尹回答说："向东占领吴国，向西占领楚国，吞并韩国占领魏国，据有敖庚的粮草，封锁成皋的道路，谁胜谁败就很难预测了。"皇上又问："什么是下策？"令尹回答说："向东占领吴国，向西攻占下蔡，把军队用品财宝迁到越国，自己跑到长沙，陛下就可以不用担心了。汉朝就没事了。"皇上说："黥布他会选择哪种计策？"令尹回答说："选择下策。"皇上说："他为什么不选上策、中策而选择下策呢？"令尹说："黥布本来是骊山的刑徒，自己奋斗做到了万乘之主，这些都是为了自己的富贵，而不考虑当今百姓，不为子孙后代考虑，所以说他会选用下策。"皇上说："说得好。"赐封薛公为千户侯。册封皇子刘长为淮南王。皇上就带领军队，亲自向东讨伐黥布。

黥布刚开始造反的时候，对他的将领们说："皇上年岁已大，讨厌打仗，一定不会亲自带兵前来，会派遣他的将领，将领们只惧怕淮阴、彭越，现在他们都死了，其余将领都没什么可怕的。"所以造反了。真的如薛公预料的一样，他们先向东进攻荆国，荆王刘贾逃跑，死在富陵。黥布收编了他所有的部队，渡过淮河进攻楚国。楚国调动兵马在徐、僮之间和黥布战斗，楚军分三路进攻，想采用相互援助的计策。有人劝谏楚将说："黥布擅长用兵打仗，百姓们一向害怕他。况且兵法上说：'诸侯在自己的领土和敌人战斗，一旦士卒危急，就会逃跑。'现在兵分三路，他们只要打败我们其中的一路部队，其余的部队就都会逃跑，怎么能互相援助呢！"楚将听不进忠告。黥布果然击败了其中一路部队，其他两路部队都四散逃跑了。

黥布的军队向西进攻，在蕲县以西的会甀和皇上的兵马相遇。黥布的兵马非常精锐，皇上就躲进庸城堡垒中，坚守不出。见黥布列阵就像项籍的部队，皇上非常讨厌他。他和黥布遥遥相望，远远地对黥布说："何苦要谋反呢？"黥布说："我想当皇帝啊！"皇上非常生气，骂他，随即两军交战。黥布的军队被击败逃走，渡过淮河，几次停下来战斗，都不顺利，跟一百多人逃窜到长江以南。黥布以前和番县令通婚，所以，长沙哀王派人欺骗黥布，谎称一起逃亡，诱骗他逃往南越。黥布相信他，就跟着他逃到了番阳，番阳人在兹乡百姓的家里杀死了黥布，最终灭掉了黥布。

皇上册立皇子刘长为淮南王，封贲赫为期思侯，将领们大多因战功受到封赏。

太史公曰：英布者，其先岂春秋所见楚灭英、六，皋陶之后哉？身被刑法，何其拔兴之暴也！项氏之所坑杀人以千万数，而布常为首虐。功冠诸侯，用此得王，亦不免于身为世大僇。祸之兴自爱姬殖，妒媢生患，竟以灭国！

太史公说：英布，他的先祖难道是《春秋》中记载被楚国灭亡的英国、六国皋陶的后代吗？他自身受到黥刑，为什么他能崛起得那么快啊！项氏击杀活埋无数人，黥布是罪魁祸首。他的功劳列于所有诸侯之上，因此得以称王，也免不掉自身遭受当世最大的耻辱。原因是由爱妾衍生出来的，因妒嫉而酿成大祸，竟使国家灭亡。

淮阴侯列传第三十二

淮阴侯韩信者，淮阴人也。始为布衣时，贫无行，不得推择为吏，又不能治生商贾，常从人寄食饮，人多厌之者，常数从其下乡南昌亭长寄食，数月，亭长妻患之，乃晨炊蓐食。食时信往，不为具食。信亦知其意，怒，竟绝去。

信钓于城下，诸母漂，有一母见信饥，饭信，竟漂数十日。信喜，谓漂母曰："吾必有以重报母。"母怒曰："大丈夫不能自食，吾哀王孙而进食，岂望报乎！"

淮阴屠中少年有侮信者，曰："若虽长大，好带刀剑，中情怯耳。"众辱之曰："信能死，刺我；不能死，出我胯下。"于是信孰视之，俛出胯下，蒲伏。一市人皆笑信，以为怯。

及项梁渡淮，信杖剑从之，居戏下，无所知名。项梁败，又属项羽，羽以为郎中。数以策干项羽，羽不用。汉王之入蜀，信亡楚归汉，未得知名，为连敖。坐法当斩，其辈十三人皆已斩，次至信，信乃仰视，适见滕公，曰："上不欲就天下乎？何为斩壮士！"滕公奇其言，壮其貌，释而不斩。与语，大说之。言于上，上拜以为治粟都尉，上未之奇也。

信数与萧何语，何奇之。至南郑，诸将行道亡者数十人，信度何等已数言上，上不我用，即亡。何闻信亡，不及以闻，自追之。人有言上曰："丞相何亡。"上大怒，如失左右手。居一二日，何来谒上，上且怒且喜，骂何曰："若亡，何也？"何曰："臣不敢亡也，臣追亡者。"上曰："若所追者谁何？"曰："韩信也。"上复骂曰："诸将亡者以十数，公无所追；追信，诈也。"何曰："诸将易淮阴侯韩信，是淮阴人。以前为平民百姓的时候，穷困，没有好品行，不能够被推选去做官，又不能做生意维持生计，经常寄宿在别人家里吃闲饭，人们大多讨厌他。以前韩信多次去下乡南昌亭亭长家吃闲饭，一连几个月，亭长的妻子讨厌他，就提前做好早饭，端到屋里的床上去吃。开饭的时候，韩信去了亭长家，却不给他准备饭。韩信也知道他们的意思。一气之下，走了没有再回来。

韩信在城下钓鱼，有几位老大娘漂洗丝棉，其中一位大娘看到韩信饿了，就拿出饭给韩信吃。几十天都是这样，一直到漂洗完毕。韩信很高兴，对那位大娘说："我一定会重重地报答你老人家的。"大娘不高兴地说："大丈夫不能养活自己，我是可怜你这位公子才给你饭吃，难道我是希望你报答我吗？"

淮阴屠户中有个年轻人羞辱韩信说："你虽然长得高大，喜欢佩带刀剑，其实只不过是个胆小鬼。"又当众羞辱他说："你要是不怕死，就拿剑刺我；如果你怕死，就从我两腿中间爬过去。"于是韩信认真地打量了他一番，低下身去，趴在地上，从他两腿中间爬了过去。满街的人都嘲笑韩信，认为他是胆小的人。

等到项梁带领军队渡过了淮河，韩信持剑跟随他，在项梁部下，但没有名声。项梁战败，又归属项羽，项羽任命他做了郎中。他多次向项羽贡献计策，以求得以重用，但项羽都没有采纳他的意见。汉王刘邦入蜀，韩信离开楚军归附了汉王。因为没有什么名声，只做了个接待宾客的小官。后来因触犯法律被判处斩刑，一同的十三人都被杀了，轮到韩信，他抬头仰视，正好看见滕公，说："汉王不想成就一统天下的伟业吗？那为什么要斩壮士！"滕公感觉到他的话很不一般，见他相貌堂堂，就释放了他。和韩信交谈，很赏识他，把这事告诉了汉王，汉王任命韩信为治粟都尉。汉王并没有发现他有什么比别人强的才能。

韩信多次跟萧何谈话，萧何认为韩信是位人才。到达南郑，各路将领在途中逃跑的有几十人。韩信推测萧何等人已经很多次向汉王举荐自己，汉王不重用他，于是也就逃走了。萧何知道韩信逃跑了，来不及向汉王报告，亲自追赶他。有人报告汉王说："丞相萧何逃跑了。"汉王非常生气，就像失去了左右手。过了一两天，萧何回来拜见汉王，汉王又是生气又是高兴，骂萧何道："你逃跑，因为什么？"萧何说："我不敢逃跑，我是去追赶逃跑的人。"汉王说："你追赶的人是谁？"回答说："是韩信。"汉王又骂道："各路将领逃跑了几十人，得耳。至如信者，国士无双。王必欲长王汉中，无所事信；必欲争天下，非信无所与计事者。顾王策安所决耳。”王曰：“吾亦欲东耳，安能郁郁久居此乎？”何曰：“王计必欲东，能用信，信即留；不能用，信终亡耳。”王曰：“吾为公以为将。”何曰：“虽为将，信必不留。”王曰：“以为大将。”何曰：“幸甚。”于是王欲召信拜之。何曰：“王素慢无礼，今拜大将如呼小儿耳，此乃信所以去也。王必欲拜之，择良日，斋戒，设坛场，具礼，乃可耳。”王许之。诸将皆喜，人人各自以为得大将。至拜大将，乃韩信也，一军皆惊。

信拜礼毕，上坐。王曰：“丞相数言将军，将军何以教寡人计策？”信谢，因问王曰：“今东乡争权天下，岂非项王邪？”汉王曰：“然。”曰：“大王自料勇悍仁强孰与项王？”汉王默然良久，曰：“不如也。”信再拜贺曰：“惟信亦为大王不如也。然臣尝事之，请言项王之为人也。项王喑恶叱咤，千人皆废，然不能任属贤将，此特匹夫之勇耳。项王见人恭敬慈爱，言语呕呕，人有疾病，涕泣分食饮，至使人有功当封爵者，印刓敝，忍不能予，此所谓妇人之仁也。项王虽霸天下而臣诸侯，不居关中而都彭城。有背义帝之约，而以亲爱王，诸侯不平。诸侯之见项王迁逐义帝置江南，亦皆归逐其主而自王善地。项王所过无不残灭者，天下多怨，百姓不亲附，特劫于威强耳。名虽为霸，实失天下心。故曰其强易弱。今大王诚能反其道：任天下武勇，何所不诛！以天下城邑封功臣，何所不服！以义兵从思东归之士，何所不散！且三秦王为秦将，将秦子弟数岁矣，所杀亡不可胜计，又欺其众降诸侯，至新安，项王诈坑秦降卒二十余您都没去追；却去追韩信，是谎话。”萧何说：“那些将领容易找到。至于像韩信这样杰出的人才，普天下找不出第二个。大王如果要长期在汉中称王，当然用不到韩信；如果一定要夺取天下，除了韩信就再没有可以和您商议大事的人了。但看大王怎么决定了。”汉王说：“我是要向东方发展啊，怎么能够甘心苦闷地长期待在这里呢？”萧何说：“大王决定向东发展，如果能够重用韩信，韩信就会留下来，不能重用，韩信最终还是要逃跑的。”汉王说：“我因为您的原因，就让他做个将军。”萧何说：“即便是做了将军，韩信也一定不肯留下。”汉王说：“那我任命他做大将军。”萧何说：“太好了。”于是汉王就要把韩信召来任命他。萧何说：“大王一向对人轻慢，不讲礼数，现在任命大将军就像招呼小孩儿一样。这就是韩信要逃跑的原因啊。大王如果决定任命他，就要选择个好日子，亲自斋戒，设立高坛和广场，礼仪要筹备好才可以呀。”汉王答应了萧何的要求。众将听说要拜大将军都很高兴，人人都以为自己要当大将军了。等到任命大将军的时候，被任命的竟然是韩信，全军都感到十分诧异。

任命韩信的仪式结束后，汉王就座。汉王说：“丞相多次称赞将军，将军用什么计划来帮助我呢？”韩信谦让了一番，借机问汉王说：“现在向东争夺天下，难道敌人不是项王吗？”汉王说：“是。”韩信说：“大王自己衡量在勇敢、强悍、仁厚、兵力方面与项王相比，谁强？”汉王沉默了很长时间，说：“比不上项王。”韩信拜了汉王两拜，赞成地说：“我也认为大王比不上他呀。不过，我以前侍奉过他，请让我说说项王的为人吧。项王生气怒吼的时候，吓得千百人不敢动，但不能放手任用有能力的将领，这只不过是匹夫之勇罢了。项王待人尊敬慈爱，言语温和，看见生病的人，自己就会心疼得流眼泪，将自己的食物分给他人。等到有的人立下功绩，该加封进爵的时候，他把刻好的大印拿在手里把棱角都磨没了，也舍不得给别人，这就是所谓的妇人的仁慈啊。项王即便是称霸天下，使各路诸侯臣服，但他放弃了关中的有利地势，而设彭城为都城。又违背了义帝的盟约，将自己信赖的人分封为王，诸侯们十分不满。诸侯们看到项王把义帝迁移到江南僻远的地方，也都各自回去驱逐了自己的国君，自己占据了好的地方自立为王。项王的军队所路过的地方，没有不遭到毁灭的，天下的人多数怨恨，百姓不愿意归顺，只不过害怕他的威势，勉强服从罢了。虽然名义上是霸主，实际上却丢失了天下的民心。所以说他的优势很容易转化为劣势。现在大王若真的能够与他走不同的路，任用天下有才能的人才，有什么不可以被消灭的呢？用天下的城池分封给有功绩的臣子，有什么人不心服口服呢？以正义之师，顺从将士东归的心愿，有什么样的敌人不能击败呢？何况关中地区项羽分封的三个王，以前都是秦朝的将领，率领秦地的子弟打了多年的仗，被杀死和逃跑的多万，唯独邯、欣、翳得脱，秦父兄怨此三人，痛入骨髓。今楚强以威王此三人，秦民莫爱也。大王之入武关，秋豪无所害，除秦苛法，与秦民约，法三章耳，秦民无不欲得大王王秦者。于诸侯之约，大王当王关中，关中民咸知之。大王失职入汉中，秦民无不恨者。今大王举而东，三秦可传檄而定也。”于是汉王大喜，自以为得信晚。遂听信计，部署诸将所击。

八月，汉王举兵东出陈仓，定三秦。汉二年，出关，收魏、河南，韩、殷王皆降。合齐、赵共击楚。四月，至彭城，汉兵败散而还。信复收兵与汉王会荥阳，复击破楚京、索之间，以故楚兵卒不能西。

汉之败却彭城，塞王欣、翟王翳亡汉降楚，齐、赵亦反汉与楚和。六月，魏王豹谒归视亲疾，至国，即绝河关反汉，与楚约和。汉王使郦生说豹，不下。其八月，以信为左丞相，击魏。魏王盛兵蒲坂，塞临晋，信乃益为疑兵，陈船欲度临晋，而伏兵从夏阳以木罂缶渡军，袭安邑。魏王豹惊，引兵迎信，信遂虏豹，定魏为河东郡。汉王遣张耳与信俱，引兵东，北击赵、代。后九月，破代兵，禽夏说阏与。信之下魏破代，汉辄使人收其精兵，诣荥阳以距楚。

信与张耳以兵数万，欲东下井陉击赵。赵王、成安君陈余闻汉且袭之也，聚兵井陉口，号称二十万。广武君李左车说成安君曰：“闻汉将韩信涉西河，虏魏王，禽夏说，新喋血阏与，今乃辅以张耳，议欲下赵，此乘胜而去国远斗，其锋不可当。臣闻千里馈粮，士有饥色，樵苏后爨，师不宿饱。今井陉之道，车不得方轨，骑不得成列，行数百里，其势粮食必在其后。愿足下假臣奇兵三万人，从间道绝其辎重；足下深沟高垒，坚营勿与战。彼前不得斗，退不得还，吾奇兵得不计其数，又诱骗他们的部下向诸侯投降。抵达新安后，项王狡诈地活埋了已经投降的二十多万秦军，只有章邯、司马欣和董翳得以活下来，秦地的父老兄弟把这三个人恨之入骨。而今项羽凭借着威势，强行封立这三个人为王，秦地的百姓没有谁爱戴他们。而大王您进入武关，没有动百姓一丝一毫，废除了秦朝的残酷法令，与秦地百姓约法三章，秦地百姓没有不想要大王在秦地称王的。根据诸侯的盟约，大王应当在关中做王，关中的百姓都知道这件事，大王丢掉了应得的爵位进入汉中，秦地百姓没有不怨恨的。现在大王发兵向东进攻，只需要一道文书三秦之地就可以平定了。”于是汉王十分高兴，认为得到韩信太晚了。于是他听从韩信的计划，部署各路将领攻击的目标。

八月，汉王出兵途经陈仓向东进攻，平定了三秦。汉二年，兵出函谷关，收服了魏王、河南王，韩王、殷王也相继降服。汉王又联合齐王、赵王一起攻打楚军。四月，到彭城，汉军被击败，溃散而回。韩信又收编溃散的兵马与汉王在荥阳会合，在京县、索亭之间又击败楚军。因为这样楚军始终不能向西挺进。

汉军在彭城失败撤退之后，塞王司马欣、翟王董翳背叛汉投降楚，齐国和赵国也背叛汉王和楚王求和。六月，魏王豹以看望母亲的病为理由请假回乡，一回到自己的封国，马上切断黄河渡口临晋关的主要交通道路，背叛了汉王，与楚军签订合约讲和。汉王派郦生前去游说魏豹，没有游说成功。这年八月，汉王让韩信做了左丞相，进攻魏王豹。魏王把主力军队驻扎在蒲坂，封锁了黄河渡口临晋关。韩信就增加疑兵，故意排列开战船，让别人看着是要在临晋渡河，而隐蔽的军队却从夏阳使用木制的盆瓮浮水渡河，袭击了安邑。魏王豹由于惊慌没有对策，带领兵马迎击韩信，韩信就抓获了魏豹，收复了魏地，设为河东郡。汉王派张耳和韩信两人一起，带领军队向东挺进，向北攻打赵国和代国。这年闰九月击败了代国部队。在阏与抓获了夏说。韩信攻下了魏国，消灭代国后，汉王就马上派人调走韩信的精锐军队，开往荥阳去和楚军交战。

韩信和张耳带领数万军队，想要突破井陉口，进攻赵国。赵王、成安君陈余听说汉军将要来攻击赵国，在井陉口集结兵力，声称二十万大军。广武君李左车向成安君提供计策说：“听说汉国的将领韩信渡过西河，抓获魏豹，活着抓了夏说，血洗了阏与，现在又以张耳帮助他，计划要攻打赵国。这是乘胜利的锐气离开本国攻打远方的国家，其势头不可抵挡。但是，我听说千里运送粮草，士兵们都会饥饿，随时随地地砍柴割草烧火做饭，军队就不能经常吃好饭。现在井陉这条道路，两辆战车不能一起前行，骑兵不能保持完整的队列，行进的军队排成数百里，运送粮草的队伍必然会远远地落到队伍的后边，希望您临时拨给我奇兵三万人，从隐蔽小道拦截他们的粮草，您就深挖战壕，高筑壁垒，坚持守住军绝其后，使野无所掠，不至十日，而两将之头可致于戏下。原君留意臣之计。否，必为二子所禽矣。”成安君，儒者也，常称义兵不用诈谋奇计，曰：“吾闻兵法十则围之，倍则战。今韩信兵号数万，其实不过数千。能千里而袭我，亦已罢极。今如此避而不击，后有大者，何以加之！则诸侯谓吾怯，而轻来伐我。”不听广武君策，广武君策不用。

韩信使人间视，知其不用，还报，则大喜，乃敢引兵遂下。未至井陉口三十里，止舍。夜半传发，选轻骑二千人，人持一赤帜，从间道萆山而望赵军，诫曰：“赵见我走，必空壁逐我，若疾入赵壁，拔赵帜，立汉赤帜。”令其裨将传飧，曰：“今日破赵会食！”诸将皆莫信，佯应曰：“诺。”谓军吏曰：“赵已先据便地为壁，且彼未见吾大将旗鼓，未肯击前行，恐吾至阻险而还。”信乃使万人先行，出，背水陈。赵军望见而大笑。平旦，信建大将之旗鼓，鼓行出井陉口，赵开壁击之，大战良久。于是信、张耳佯弃鼓旗，走水上军。水上军开入之，复疾战。赵果空壁争汉鼓旗，逐韩信、张耳。韩信、张耳已入水上军，军皆殊死战，不可败。信所出奇兵二千骑，共候赵空壁逐利，则驰入赵壁，皆拔赵旗，立汉赤帜二千。赵军已不胜，不能得信等，欲还归壁，壁皆汉赤帜，而大惊，以为汉皆已得赵王将矣，兵遂乱，遁走，赵将虽斩之，不能禁也。于是汉兵夹击，大破虏赵军，斩成安君泜水上，禽赵王歇。

信乃令军中毋杀广武君，有能生得者购千金。于是有缚广武君而致戏下者，信乃解其缚，东乡坐，西乡对，师事之。

营，不和他们交战。他们向前不得战斗，向后无法撤退，我出奇兵断绝他们的后路，让他们在荒野什么东西也抢不到，用不上十天，敌方两个将领的人头就可送到将军这里。希望您认真考虑我的计划。不然的话，一定会被他二人抓获。”成安君是信奉儒家学说的刻板读书人，常常主张正义的军队不用欺骗不正当的计策，说：“我听说兵书上写到，兵力大于敌人十倍，就可以包围敌人，超过敌人一倍就可以交战。现在韩信的军队声称有数万人，实际上只不过几千人。竟然来到千里之外攻击我们，已经十分疲惫。现在像这样回避不主动攻击，强大的援助部队到来，又怎么应对呢？诸侯们会认为我是胆小的人，就会轻易地来进攻我们。”没有采用广武君的计划。

韩信命人暗中打探，知道赵军没有采用广武君的计划，听到报告，韩信十分高兴，才敢率领士兵进入井陉狭道。在离井陉口还有三十里的地方，停下来宿营。半夜时传令出发，挑选了两千名轻装骑兵，每人拿一面红旗，从隐蔽的小道上山，隐蔽在山上观察赵国的军队。韩信告诫士兵说：“交战时，赵军见我军战败逃跑，一定会全军出动追赶我军，你们火速冲进赵军的阵营，拔掉赵军的旗帜，竖立起我们汉军的红旗。”又让副将传达开饭的命令，说：“今天打垮了赵军后正式吃饭庆祝。”将领们都不相信韩信，假装回答说：“好。”韩信对手下军官说：“赵军已先占据了有利地形建造了阵营，他们看不到我们大将旗帜、仪仗，就不会出兵攻击我军的先头部队，怕我们到了险要的地方退回去。”韩信于是就派出万人作为先头部队，出了井陉口，背靠河水摆开队列准备战斗。赵军远远望见，大笑不止。天刚微亮，韩信挥舞起大将的旗帜和仪仗，大张旗鼓地开出井陉口。赵军于是打开营垒迎击汉军，激战了很久。这时，韩信、张耳假装丢弃旗鼓，逃回河边的阵地。河边阵地的军队则打开营门放他们进去。之后再和赵军激战。赵军果然全军出动，争夺汉军的旗鼓，追逐韩信、张耳。韩信、张耳已进入河边阵地。汉军全力奋战，赵军没有办法把他们击败。韩信提前派出去的两千轻骑兵，等到赵军全军出动去追逐战利品的时候，就以最快速度冲进赵军没有人把守的营垒，把赵军的旗帜全部砍掉，竖立起汉军的两千面红旗。这时，赵军既不能获得胜利，又不能抓获韩信等人，想要撤退回营垒，营垒插满了汉军的红旗，大为吃惊，以为汉军已经全部俘虏了赵王的将领，于是军中大乱，纷纷受到惊吓逃跑，赵将即便杀死逃兵，也不能阻止。于是汉兵前后一起夹击赵军，彻底打败了赵军，俘虏了许多人马，并在泜水岸边斩杀了成安君，活捉了赵王歇。

韩信传令全军，不要杀害广武君，能活捉他的则赏给千两黄金。于是就有人把广武君捆送到军营，韩信则亲自为他解开绳索，请他面向东而坐，自己则面向西对坐着，像对待老师一样对待他。

诸将效首虏，毕贺，因问信曰："兵法右倍山陵，前左水泽，今者将军令臣等反背水陈，曰破赵会食，臣等不服。然竟以胜，此何术也？"信曰："此在兵法，顾诸君不察耳。兵法不曰'陷之死地而后生，置之亡地而后存'？且信非得素拊循士大夫也，此所谓'驱市人而战之'，其势非置之死地，使人人自为战；今予之生地，皆走，宁尚可得而用之乎！"诸将皆服曰："善。非臣所及也。"

于是信问广武君曰："仆欲北攻燕，东伐齐，何若而有功？"广武君辞谢曰："臣闻败军之将，不可以言勇，亡国之大夫，不可以图存。今臣败亡之虏，何足以权大事乎！"信曰："仆闻之，百里奚居虞而虞亡，在秦而秦霸，非愚于虞而智于秦也，用与不用，听与不听也。诚令成安君听足下计，若信者亦已为禽矣。以不用足下，故信得侍耳。"因固问曰："仆委心归计，愿足下勿辞。"广武君曰："臣闻智者千虑，必有一失；愚者千虑，必有一得。故曰'狂夫之言，圣人择焉'。顾恐臣计未必足用，愿效愚忠。夫成安君有百战百胜之计，一旦而失之，军败鄗下，身死泜上。今将军涉西河，虏魏王，禽夏说阏与，一举而下井陉，不终朝破赵二十万众，诛成安君。名闻海内，威震天下，农夫莫不辍耕释耒，褕衣甘食，倾耳以待命者。若此，将军之所长也。然而众劳卒罢，其实难用。今将军欲举倦弊之兵，顿之燕坚城之下，欲战恐久力不能拔，情见势屈，旷日粮竭，而弱燕不服，齐必距境以自强也。燕齐相持而不下，则刘项之权未有所分也。若此者，将军所短也。臣愚，窃以为亦过矣。故善用兵者不以短击长，而以长击短。"韩信曰："然则何由？"广武君对曰："方今为将军计，莫如案甲休兵，镇赵抚其孤，百里之内，牛酒日至，以众将献上首级和俘虏，向韩信道贺，借机问韩信说：“兵法上说：‘战斗中排列阵式应该右边和背后靠山，前边和左边临水’。这次将军反倒让我们背靠着水列阵，说‘击败了赵军正式会餐’，我等并不相信，然而最终取得了胜利，这是什么战术啊？”韩信回答说：“这也在兵法上，只是诸位没有留心而已。兵法上不是说‘置之死地而后生，置之亡地而后存’吗？况且我平时没有机会可以训练各位将士，这就是所说的‘带着街市上的百姓去打仗’，在这种形势下如果不把将士们置之死地，使人人为保全自己而战是不可以的；如果给他们留有生路，就都跑了，怎么还能通过他们取得胜利呢？”将领们都佩服地说：“好。将军的谋略不是我们可以赶得上的呀。”

于是韩信问广武君说：“我要向北面攻打燕国，向东面讨伐齐国，怎样才能取得成功呢？”广武君推辞说道：“我听说‘打了败仗的将领，没有资格谈论勇气，亡了国的大夫没有资格去谋划国家的生存之道’。而今我是打了败仗亡了国的俘虏，有什么资格谈论国家大事呢？”韩信说：“我听说，百里奚在虞国但是虞国却灭亡了，在秦国却能使秦国称霸，这并不是因为他在虞国的时候愚蠢，而到了秦国就变得聪明了，而在于国家的君主重不重用他、接不接受他的意见。如果成安君采用了你的计划，可能我韩信也早被活捉了。因为没采用您的计划，所以我才能够侍奉您啊。”韩信态度坚决地请教说：“我专心听取您的意见，希望您不要推托。”广武君说：“我听说，‘智者千虑，必有一失；愚者千虑，必有一得’。所以俗话说：‘狂妄的人说的话，圣人也可以选择地听’。只是恐怕我的计划不足以被采用，但我愿意贡献愚昧的忠诚，忠心效力。成安君本来有每战每胜的计划，然而一旦失掉它，部队在鄗城之下失败，自己在泜水之上死了。而今将军横渡西河，抓获魏王，在阏与抓获夏说，一举攻下井陉，不到一早晨的时间就击败了赵军二十万，杀了成安君。名声大噪，声威威震天下，农民们预感到战祸临头，没有不放下工具，停止耕种，穿好的，吃好的，打发日子，专心打听战争的信息，等待死亡的来临。像这些，都是将军在计策上的高明之处。然而，现在百姓劳作辛苦，士卒疲惫，很难用以战斗。如果将军发动疲惫的部队，驻留在燕国坚固的城池之下，要攻打恐怕时间太长，力量不能够攻克。实情暴露出来，威势就会减弱，时间持久，粮草耗尽，而弱小的燕国不肯投降，齐国一定会坚守边境，以求自强。燕、齐两国坚持不肯投降，这样的话，刘项双方的谁赢谁输就不能断定。像这样，就是将军策略上的不足之处。我的见识浅薄，但我个人认为攻打燕国讨伐齐国是失策啊。所以，善于带兵打仗的人不拿自己的短处去迎击敌人的长处，而是拿自己的长处去攻击敌人的短处。”韩信说：“即便是这样，那么应该怎么做呢？”广武君回答说：“现在为将军着想，不如按兵不动，飨士大夫释兵，北首燕路，而后遣辩士奉咫尺之书，暴其所长于燕，燕必不敢不听从。燕已从，使諠言者东告齐，齐必从风而服，虽有智者，亦不知为齐计矣。如是，则天下事皆可图也。兵固有先声而后实者，此之谓也。”韩信曰：“善。”从其策，发使使燕，燕从风而靡。乃遣使报汉，因请立张耳为赵王，以镇抚其国。汉王许之，乃立张耳为赵王。

楚数使奇兵渡河击赵，赵王耳、韩信往来救赵，因行定赵城邑，发兵诣汉。楚方急围汉王于荥阳，汉王南出，之宛、叶间，得黥布，走入成皋，楚又复急围之。六月，汉王出成皋，东渡河，独与滕公俱，从张耳军修武。至，宿传舍。晨自称汉使，驰入赵壁。张耳、韩信未起，即其卧内上夺其印符，以麾召诸将，易置之。信、耳起，乃知汉王来，大惊。汉王夺两人军，即令张耳备守赵地。拜韩信为相国，收赵兵未发者击齐。

信引兵东，未渡平原，闻汉王使郦食其已说下齐，韩信欲止。范阳辩士蒯通说信曰：“将军受诏击齐，而汉独发间使下齐，宁有诏止将军乎？何以得毋行也！且郦生一士，伏轼掉三寸之舌，下齐七十余城，将军将数万众，岁余乃下赵五十余城，为将数岁，反不如一竖儒之功乎？”于是信然之，从其计，遂渡河。齐已听郦生，即留纵酒，罢备汉守御。信因袭齐历下军，遂至临菑。齐王田广以郦生卖己，乃烹之，而走高密，使使之楚请救。韩信已定临菑，遂东追广至高密西。楚亦使龙且将，号称二十万，救齐。

齐王广、龙且并军与信战，未合。人或说龙且曰：“汉兵远斗穷战，其锋不可当。齐、楚自居其地战，兵易败散。不如深壁，令齐王使其信臣招所亡城，亡城闻其王在，楚来救，必反汉。汉兵二千里客稳定赵国的社会秩序，安抚死亡将士的孩子。百里范围之内，每天送美味的食物，用以奖赏将士。摆出要向北进攻燕国的样子，之后派出说客，拿着书信，在燕国展示自己策略上的过人之处，燕国定然不敢不听从。燕国归顺之后，再派说客向东劝齐国投降。齐国知道燕国归降的消息后就会降服。即便是有聪明有才能的人，也不知该怎样替齐国计划了。假如这样，那么，争夺天下的大事都可以谋求了。用兵本来就有先假作声势，而后采取实际行动的，我说的就是这种状况。”韩信听后说：“好。”听从了他的计划。派遣使者出使燕国，燕国知道消息果真立刻投降。于是派人告诉汉王，并请求立张耳为赵王，用以镇抚赵国。汉王答应了他的请求，就封张耳为赵王。

楚军很多次派出奇兵渡过黄河攻打赵国。赵王张耳和韩信往来救助，在行军中安定赵国的城池，派兵支援汉王。楚军那时正把汉王团团地围困在荥阳，汉王从南面突出重围，到宛县、叶县地区，接纳了黥布，奔入成皋，楚军又马上包围了成皋。六月间，汉王从成皋逃出，向东渡过黄河，只有滕公跟随，当时张耳部队在修武驻扎。一抵达，就住进客馆里。第二天清晨，他说自己是汉王的使臣，骑马进入赵军的军营之内。韩信、张耳两人还没有起床，汉王就在他们的卧室里拿走了他们的印信和兵符，用军旗集结众将，更替了他们的职务。韩信、张耳起床后，才得知汉王来了，大为惊讶。汉王夺取了他二人统率的部队，命令张耳守在赵地，任命韩信为国相，让他集结赵国还没有前往荥阳的部队，去进攻齐国。

韩信带兵向东挺进，还没有渡过平原津，听说汉王派郦食其已经说服齐王归降了。韩信想要停止进攻，范阳说客蒯通劝谏韩信说：“将军是奉命进攻齐国，汉王只不过暗中派遣一个密使游说齐国归降，难道有命令让将军停止进军吗？为什么不继续进军呢？况且郦生只不过是个读书人，坐着车子，靠着三寸之舌，就收复齐国七十多座城池。将军带领数万大军，一年多的时间才攻下赵国五十多座城池。成为将领这么多年，比不上一个读书小子的功绩吗？”于是韩信认为他说得有道理，采纳他的计谋，就带领军队渡过黄河。齐王听从郦生的劝说以后，挽留郦生共同喝酒，撤销了对汉军的防务。韩信乘机突袭齐国历下的部队，很快就攻打到都城临淄。齐王田广认为自己被郦生出卖了，就把他煮死，而后逃向高密，派使者前往楚国请求救援。韩信收复临淄以后，就向东追赶田广，一直追到高密城西。楚国也派龙且带领兵马，号称二十万，前来救助齐国。

齐王田广和司马龙且两支军队合兵一起与韩信战斗，还没有开始战斗，有人劝谏龙且说：“汉军远离自己国土，拼死战斗，其势不可抵挡。齐楚两军在自己的国土作战，士兵很容易逃跑。倒不如深沟高垒，坚守不出，让齐王派他信任的大臣，去安抚已经被攻下的城池，这些城池的官吏和百姓得知他们的国王还居，齐城皆反之，其势无所得食，可无战而降也。”龙且曰：“吾平生知韩信为人，易与耳。且夫救齐不战而降之，吾何功？今战而胜之，齐之半可得，何为止！”遂战，与信夹潍水陈。韩信乃夜令人为万余囊，满盛沙，壅水上流，引军半渡，击龙且，佯不胜，还走。龙且果喜曰：“固知信怯也。”遂追信渡水。信使人决壅囊，水大至。龙且军大半不得渡，即急击，杀龙且。龙且水东军散走，齐王广亡去。信遂追北至城阳，皆虏楚卒。

汉四年，遂皆降平齐。使人言汉王曰：“齐伪诈多变，反覆之国也，南边楚，不为假王以镇之，其势不定。愿为假王便。”当是时，楚方急围汉王于荥阳，韩信使者至，发书，汉王大怒，骂曰：“吾困于此，旦暮望若来佐我，乃欲自立为王！”张良、陈平蹑汉王足，因附耳语曰：“汉方不利，宁能禁信之王乎？不如因而立，善遇之，使自为守。不然，变生。”汉王亦悟，因复骂曰：“大丈夫定诸侯，即为真王耳，何以假为！”乃遣张良往立信为齐王，征其兵击楚。

楚已亡龙且，项王恐，使盱眙人武涉往说齐王信曰：“天下共苦秦久矣，相与戮力击秦。秦已破，计功割地，分土而王之，以休士卒。今汉王复兴兵而东，侵人之分，夺人之地，已破三秦，引兵出关，收诸侯之兵以东击楚，其意非尽吞天下者不休，其不知厌足如是甚也。且汉王不可必，身居项王掌握中数矣，项王怜而活之，然得脱，辄倍约，复击项王，其不可亲信如此。今足下虽自以与汉王为厚交，为之尽力用兵，终为之所禽矣。足下所以得须臾至今者，以项王尚存也。当今二王之事，权在足下。足下右投则汉王胜，左投则项王胜。项王今日亡，则次取足下。足下与项王有故，何不反汉与楚连和，叁分天下王之？今释此时，而自必于汉以击楚，且为智者固若此在，楚军又来援助，一定会背叛汉军。汉军客居两千里之外，齐国城池的人都起来反叛他们，那必然会得不到粮草，这就可以逼迫他们不战而投降。”龙且说：“我一向了解韩信是什么样的人，很容易对付他。而且救助齐国，不战斗就使韩信投降，我还有什么功绩呢？现在战胜他，齐国一半土地可以分封给我，为什么不打？”于是决定开始战斗，与韩信隔着潍水列开队伍。韩信命令手下连夜制作一万多条口袋，装满沙土，堵塞潍水上游，带领一半部队渡过河去，攻打龙且，佯装战败，往回逃跑。龙且果然高兴地说：“原本我就知道韩信是个胆小的人。”于是就渡过潍水追赶韩信。韩信下令挖开挡住潍水的沙袋，河水凶猛地冲下来，龙且的部队一多半人没渡过河去，韩信立即回军猛烈攻击，杀死了龙且。龙且在潍水东岸还没有渡河的兵马，见到这种状况四散逃跑，齐王田广也逃跑了。韩信追赶败兵直到城阳，把楚军兵将全部抓获了。

汉四年，韩信降服并且平定了整个齐国。派人向汉王上书，说：“齐国狡猾多变，反复无常，南面的边境与楚国接壤，如果不设立一个暂时代理的王来镇压安抚，局势一定不能稳定。为了有利于现在的局势，希望允许我暂时代理齐王。”正在这个时候，楚军在荥阳团团地围困住汉王，韩信的使者到了，汉王打开书信看了，非常生气，骂道：“我在这儿被包围，日夜想让你来援助我，你却想自立为王！”张良、陈平暗中踩汉王的脚提醒，凑近汉王的耳朵说：“目前汉军处境很不利，怎么能不让韩信称王呢？不如就趁这个机会册立他为王，很好地对待他，让他自己坚守齐国。不然可能发生变乱。”汉王明白过来，又假装骂道：“大丈夫平定了诸侯，就做真的王，为什么做个暂时代理的王呢？”就派遣张良前往，册立韩信为齐王，征调他的部队攻打楚军。

楚军失去龙且后，项王感到恐惧了，派盱眙人武涉前往游说齐王韩信说：“天下人对秦朝的统治已经痛恨不已，大家才合力进攻它。秦朝灭亡后，按照功劳分割土地，各自为王，以便停止战争。现在汉王又兴师东进，侵占别人的国土，抢夺他人的封地，已经攻克三秦，带领军队开出函谷关，集结各路诸侯的部队向东攻击楚国，他的意思是不夺取整个天下，不肯罢手的，他贪心不足到这个地步，太过分了。况且汉王不可信任，自身落到项王的掌控之中多次了，是项王可怜他他才活下来，然而一经脱身，就背叛盟约，再次攻打项王。他是这样地不可亲近，不可信任的人。现在您虽然自以为和汉王交情深厚，替他全心全力地作战，最后还是得被他擒获。您所以能够延续到现在，原因是项王还存在啊。现在刘、项争夺天下谁胜谁败，决定胜负的是您。您站在汉王一边，那么汉王胜；您站在项王一边，那么项王胜。如果项王今天被消灭，下一个被消灭的就是您了。您和项王有旧交情，为什么不背叛汉与楚联手，之后三分天下自立为王呢？现乎！”韩信谢曰：“臣事项王，官不过郎中，位不过执戟，言不听，画不用，故倍楚而归汉。汉王授我上将军印，予我数万众，解衣衣我，推食食我，言听计用，故吾得以至于此。夫人深亲信我，我倍之不祥，虽死不易。幸为信谢项王！”

武涉已去，齐人蒯通知天下权在韩信，欲为奇策而感动之，以相人说韩信曰：“仆尝受相人之术。”韩信曰：“先生相人何如？”对曰：“贵贱在于骨法，忧喜在于容色，成败在于决断，以此参之，万不失一。”韩信曰：“善。先生相寡人何如？”对曰：“愿少间。”信曰：“左右去矣。”通曰：“相君之面，不过封侯，又危不安。相君之背，贵乃不可言。”韩信曰：“何谓也？”蒯通曰：“天下初发难也，俊雄豪桀建号壹呼，天下之士云合雾集，鱼鳞杂遝，熛至风起。当此之时，忧在亡秦而已。今楚汉分争，使天下无罪之人肝胆涂地，父子暴骸骨于中野，不可胜数。楚人起彭城，转斗逐北，至于荥阳，乘利席卷，威震天下。然兵困于京、索之间，迫西山而不能进者，三年于此矣。汉王将数十万之众，距巩、雒，阻山河之险，一日数战，无尺寸之功，折北不救，败荥阳，伤成皋，遂走宛、叶之间，此所谓智勇俱困者也。夫锐气挫于险塞，而粮食竭于内府，百姓罢极怨望，容容无所倚。以臣料之，其势非天下之贤圣固不能息天下之祸。当今两主之命悬于足下。足下为汉则汉胜，与楚则楚胜。臣愿披腹心，输肝胆，效愚计，恐足下不能用也。诚能听臣之计，莫若两利而俱存之，叁分天下，鼎足而居，其势莫敢先动。夫以足下之贤圣，有甲兵之众，据强齐，从燕、赵，出空虚之地而制其后，因民之欲，西乡为百姓请命，则天下风走而响应矣，孰敢不听！割大弱强，以立诸侯，诸侯已立，天下服听而归德于齐。案齐之故，有胶、泗之地，在，错过这个机会，一定要站到汉王一边进攻项王，一个聪明有才能的人，难道应该这样做吗？”韩信推辞说：“我侍奉项王的时候，只不过做郎中，职位只不过是个持戟的卫士，说的话没人听，贡献的计谋没人采用，所以我才背叛楚归附汉。汉王赐予我上将军的印信，给予我几万人马，脱下他自己身上的衣服给我穿，把好食物让给我吃，我说的话和献的计策都被采用，所以我才能够到今天这个地步。人家对我亲近、信赖，我背叛他是不对的，即使到死也不会叛变。希望您替我感谢项王的盛情！”

武涉走后，齐国人蒯通得知天下胜负的关键在于韩信，想出奇计打动他，就用看相的名义劝说韩信，说：“我曾经学过看相技术。”韩信说：“先生给人看相用的什么方法？”蒯通回答说：“人的富贵和品鉴在于骨骼，忧愁、喜悦在于面色，成功和失败在于决定。用这三项验证人相是准确无误的。”韩信说：“好，先生看看我的相怎么样？”蒯通回答说：“希望你的随从人员暂时回避一下。”韩信说：“周围的人退下吧。”蒯通说：“看您的面相，只不过封侯，而且还有危险的隐患。看您的背相，显示出富贵但是不能说。”韩信说：“这话是什么意思呢？”蒯通说：“当初，天下起兵的时候，英雄豪杰纷纷建立自己的名号，一声呼喊，天下有志之士蜂拥聚集，像鱼鳞那样杂沓，如同火焰迸飞，狂风突起。正当这时，关心的只是消灭秦朝罢了。现在，楚汉分争，使天下无辜的百姓枉死无数，父子的尸骨暴露在荒郊野外，数不胜数。楚国人从彭城发起攻势，转战四方，追逐败兵，直到荥阳，趁着胜利的势头，像卷席子一样向前挺进，声势威震天下。然后部队被困在京、索之间，被阻于成皋以西的山岳地带不能再向前，已经三年了。汉王率领几十万人马在巩县、洛阳一带阻挡楚军，凭借着山河的险要地势，虽然一天内交战数次，却没能向前一步，导致遭受挫折失败，差一点不能自救。在荥阳战败，在成皋受伤，于是逃到宛、叶两县之间，这就是所说的才能到了尽头。将士的士气因长期困于险要关塞而被消磨，仓库的粮草也消耗完了，百姓苦累，怨声载道，人心不安，无依无靠。我以为，这样的局势，不是天下的圣贤就不能平息这场天下的战乱。现在刘、项二王的命运都系在您的手中。您帮助汉王，汉王就胜利；帮助楚王，楚王就胜利。我愿意披肝沥胆，敬献计谋，只是害怕您不采纳啊。如果能听从我的计划，倒不如让楚、汉双方都不受损伤，一同存在下去，你和他们三分天下，鼎足而立，形成那种局势，就没有谁敢轻易起兵进犯。凭借您的才能和德行，拥有众多的兵马装备，占据强大的齐国，逼迫燕、赵降服，出兵到刘、项两军空虚的地方，牵制他们的后方，顺应民心，向西去阻止刘、项的争斗，为军民百姓请求保全性命，这样的话，天下就会很快地群起而响应你，有谁敢不顺从呢！之后，分割大国的土地，削弱强国的声怀诸侯以德，深拱揖让，则天下之君王相率而朝于齐矣。盖闻天与弗取，反受其咎；时至不行，反受其殃。愿足下孰虑之。”

韩信曰：“汉王遇我甚厚，载我以其车，衣我以其衣，食我以其食。吾闻之，乘人之车者载人之患，衣人之衣者怀人之忧，食人之食者死人之事，吾岂可以乡利倍义乎！”蒯生曰：“足下自以为善汉王，欲建万世之业，臣窃以为误矣。始常山王、成安君为布衣时，相与为刎颈之交，后争张黡、陈泽之事，二人相怨。常山王背项王，奉项婴头而窜逃，归于汉王。汉王借兵而东下，杀成安君泜水之南，头足异处，卒为天下笑。此二人相与，天下至欢也。然而卒相禽者，何也？患生于多欲而人心难测也。今足下欲行忠信以交于汉王，必不能固于二君之相与也，而事多大于张黡、陈泽。故臣以为足下必汉王之不危己，亦误矣。大夫种、范蠡存亡越，霸句践，立功成名而身死亡。野兽已尽而猎狗亨。夫以交友言之，则不如张耳之与成安君者也；以忠信言之，则不过大夫种、范蠡之于句践也。此二人者，足以观矣。愿足下深虑之。且臣闻勇略震主者身危，而功盖天下者不赏。臣请言大王功略：足下涉西河，虏魏王，禽夏说，引兵下井陉，诛成安君，徇赵，胁燕，定齐，南摧楚人之兵二十万，东杀龙且，西乡以报，此所谓功无二于天下，而略不世出者也。今足下戴震主之威，挟不赏之功，归楚，楚人不信；归汉，汉人震恐：足下欲持是安归乎？夫势在人臣之位而有震主之威，名高天下，窃为足下危之。”韩信谢曰：“先生且休矣，吾将念之。”

后数日，蒯通复说曰：“夫听者事之候也，计者事之机也，听过计失而能久安者，鲜矣。听不失一二者，不可乱以言；计不失本末者，不可纷以辞。夫随厮养之役者，失万乘之权；守儋石之禄者，阙势，用以分封诸侯。诸侯复位之后，天下就会对您感恩戴德，归顺听命于齐。稳守齐国故有的土地，占有胶河、泗水流域，用恩惠感召诸侯，恭谨谦让，这样天下的君王就会相继前来朝拜齐国。听说‘上天赐予的好处不接受反而会受到惩罚；时机到了不采取行动，反而要遭到祸患’。希望您认真地思考这件事。”

韩信说：“汉王给我的待遇十分优厚，他的车子给我坐，他的衣服给我穿，他的食物给我吃。我听说过，坐别人车子的人，要分担别人的祸患；穿别人衣服的人，心里要想着人家的忧虑；吃别人食物的人，要为别人的事业誓死效忠，我怎么能够贪图私利而背弃信义呢！”蒯通说：“你自以为和汉王交好，想建立流传后世的功绩，我个人认为这种想法错了。原来常山王、成安君还是平民百姓时，结成刎颈之交，后来因为张黡、陈泽的事产生矛盾，使得二人彼此怨恨。常山王背叛项王，抱着项婴的人头逃跑，归顺汉王。汉王借给他部队向东进攻，在泜水以南杀死了成安君，身首异处，被天下人嘲笑。这两个人的交情，可以说是天下最牢固的。然而到头来，都想把对方杀死，这是为什么呢？祸患因贪得无厌生，人心又难以猜测。现在您想要用忠诚、信义与汉王结交，一定比不上张耳、陈余结交更牢固，而你们之间的关连事件又比张黡、陈泽的事件严重得多，所以我以为您断定汉王不会加害于您，也错了。大夫文种、范蠡使面临灭亡的越国留存下来，帮助勾践称霸诸侯，事业成就之后，文种被逼自杀，范蠡被迫逃亡。野兽已经捕获完了，猎犬被杀来吃了。以交情友谊的深厚来说，您和汉王就比不上张耳与成安君，以忠信来说也就赶不上大夫文种、范蠡与越王勾践。从这两个例子看，足够您判断对错了。希望您好好地考虑。何况我听说，勇敢、谋略使君王感觉到威胁的人有祸患，而功劳卓著冠盖天下的人得不到赏赐。请让我说一说大王的功劳和谋略吧：您横渡西河，抓获魏王，活着擒获夏说，带领部队夺取井陉，杀死成安君，攻克了赵国，以声势镇服燕国，平定安抚齐国，向南摧毁楚国部队二十万，向东杀死楚将龙且，西面向汉王报告胜利，这可以说是功劳天下第一、计谋出众世上少有的人才。现在您占有威胁君主的声势，持有不能封赏的功劳，归属楚国，楚国人不信任；归属汉国，汉国人惊慌恐惧：您带着这样大的功劳和声势，哪里是您可去的地方呢？身处臣子地位而有着使君主感到威胁的震动，声望高于天下所有的人，我个人为您感到危险。”韩信说：“先生暂时说到这里吧！让我考虑一下。”

过了几日，蒯通又对韩信说：“能够听从善用别人的善意，就能预见事情的发展变化，能反复考虑，就能把握成功的关键。听取建议不能作出正确的决定，决策失误而能够长久安定的人，实在很少。听取建议很少判断失误的人，就不能用花哨的言语去惑乱他；计谋筹划周全不本末倒置的人，就不能用花哨的卿相之位。故知者决之断也，疑者事之害也，审豪牦之小计，遗天下之大数，智诚知之，决弗敢行者，百事之祸也。故曰‘猛虎之犹豫，不若蜂虿之致螫；骐骥之跼躅，不如驽马之安步；孟贲之狐疑，不如庸夫之必至也；虽有舜禹之智，吟而不言，不如瘖聋之指麾也’。此言贵能行之。夫功者难成而易败，时者难得而易失也。时乎时，不再来。愿足下详察之。”韩信犹豫不忍倍汉，又自以为功多，汉终不夺我齐，遂谢蒯通。蒯通说不听，已佯狂为巫。

汉王之困固陵，用张良计，召齐王信，遂将兵会垓下。项羽已破，高祖袭夺齐王军。汉五年正月，徙齐王信为楚王，都下邳。

信至国，召所从食漂母，赐千金。及下乡南昌亭长，赐百钱，曰：“公，小人也，为德不卒。”召辱己之少年令出胯下者以为楚中尉。告诸将相曰：“此壮士也。方辱我时，我宁不能杀之邪？杀之无名，故忍而就于此。”

项王亡将钟离眛家在伊庐，素与信善。项王死后，亡归信。汉王怨眛，闻其在楚，诏楚捕眛。信初之国，行县邑，陈兵出入。汉六年，人有上书告楚王信反。高帝以陈平计，天子巡狩会诸侯，南方有云梦，发使告诸侯会陈：“吾将游云梦。”实欲袭信，信弗知。高祖且至楚，信欲发兵反，自度无罪，欲谒上，恐见禽。人或说信曰：“斩眛谒上，上必喜，无患。”信见眛计事。眛曰：“汉所以不击取楚，以眛在公所。若欲捕我以自媚于汉，吾今日死，公亦随手亡矣。”乃骂信曰：“公非长者！”卒自刭。信持其首，谒高祖于陈。上令武士缚信，载后车。信曰：“果若人言，‘狡兔死，良狗亨；高鸟尽，良弓藏；敌国破，谋臣亡。’天下已定，我固当亨！”上曰：

言语去扰乱他。心甘情愿做劈柴喂马差事的人，就会失去争取万乘之国权利的机会；安守很少俸禄的人，就得不到公卿宰相这样高的官位。所以做事坚决是聪明人果断的表现，犹豫不决是办事情的祸患。专在小事情上费心思，就会忽略天下的大事，有判断是非的才能，决定后又不敢断然行动，这是所有事情的祸根。所以俗话说：'猛虎犹豫不能决定，比不上黄蜂、蝎子用毒刺去螫；好马来回走动不前进，比不上劣马慢慢地向前走；勇士孟贲困惑不定，比不上平凡的人，决心实干，以求达到目的；即便是有虞舜、夏禹的才能，闭上嘴巴不说话，比不上聋哑人借助打手势有用处'。这些俗语都证明实施行动是最可贵的。所有的事业都很难成功但容易失败，时机难以把握而容易丢失。时机啊时机，失去了就不会再来。希望您认真地考虑斟酌。"韩信犹豫不定，不忍心背叛汉王，又认为自己功绩卓著，汉王最终不会夺走自己的齐国，于是谢绝了蒯通。蒯通的劝说没有被采用，就装疯癫做了巫师。

汉王被楚军包围在固陵时，采用了张良的计谋，征召齐王韩信，于是韩信带领部队在垓下与汉王会师。项羽被击败后，高祖用突然袭击的方法夺取了齐王的军权。汉五年正月，改封齐王韩信为楚王，都城建在下邳。

韩信到了下邳，召见以前分给他饭吃的那位漂母，赏赐给她黄金千斤。轮到下乡南昌亭亭长，仅赏赐给百钱，说："你是小人，做好事坚持不到最后。"召见曾经羞辱过自己、让自己从他两腿中间爬过去的那个年轻人，任命他做了中尉，并和将相们说："这是位壮士。当初羞辱我的时候，我难道不可以杀死他吗？杀死他没有意义，所以我忍耐了一时的羞辱而成就了今天的功绩。"

项王部下逃亡的将领钟离眜，家住伊庐，一直与韩信关系很好。项王死后，他逃出来投奔韩信。汉王心中讨厌钟离眜，听说他藏在楚国，下令楚国抓捕钟离眜。韩信刚到楚国，巡视他的县邑，进进出出都带着装备齐全的卫队。汉六年，有人上书告发韩信密谋造反。高帝采用陈平的计谋，假托天子外出巡视会见诸侯，南方有个云梦泽，派使臣告知各诸侯到陈县聚会，说："我要去巡视云梦泽。"其实是要偷袭韩信，韩信自己却不知其用意。高祖就快要到楚国的时候，韩信曾经想起兵造反，又认为自己没有罪过，想朝见高祖，又怕被抓获。有人对韩信说："杀了钟离眜去朝见皇上，皇上定会很高兴，就没有灾祸了。"韩信去与钟离眜商量。钟离眜说："汉王所以不进攻楚国，是因为我在您这里，你想抓我取悦汉王，我今天死了，你也马上会死的。"于是骂韩信说："你不是个忠厚的人！"终于刎颈自杀。韩信拿着钟离眜的人头，到陈县朝拜皇上。皇上命令武士绑住了韩信，押在随行队伍的车上。韩信说："真的像人们说的'狡猾的兔子死了，出色的猎狗就遭到人们杀害吃掉；飞在天上的飞禽没了，优良的弓箭也就

“人告公反。”遂械系信。至雒阳，赦信罪，以为淮阴侯。

信知汉王畏恶其能，常称病不朝从。信由此日夜怨望，居常鞅鞅，羞与绛、灌等列。信尝过樊将军哙，哙跪拜送迎，言称臣，曰：“大王乃肯临臣！”信出门，笑曰：“生乃与哙等为伍！”上常从容与信言诸将能不，各有差。上问曰：“如我能将几何？”信曰：“陛下不过能将十万。”上曰：“于君何如？”曰：“臣多多而益善耳。”上笑曰：“多多益善，何为为我禽？”信曰：“陛下不能将兵，而善将将，此乃言之所以为陛下禽也。且陛下所谓天授，非人力也。”

陈豨拜为巨鹿守，辞于淮阴侯。淮阴侯挈其手，辟左右与之步于庭，仰天叹曰：“子可与言乎？欲与子有言也。”豨曰：“唯将军令之。”淮阴侯曰：“公之所居，天下精兵处也；而公，陛下之信幸臣也。人言公之畔，陛下必不信；再至，陛下乃疑矣；三至，必怒而自将。吾为公从中起，天下可图也。”陈豨素知其能也，信之，曰：“谨奉教！”汉十年，陈豨果反。上自将而往，信病不从。阴使人至豨所，曰：“弟举兵，吾从此助公。”信乃谋与家臣夜诈诏赦诸官徒奴，欲发以袭吕后、太子。部署已定，待豨报。其舍人得罪于信，信囚，欲杀之。舍人弟上变，告信欲反状于吕后。吕后欲召，恐其党不就，乃与萧相国谋，诈令人从上所来，言豨已得死，列侯群臣皆贺。相国绐信曰：“虽疾，强入贺。”信入，吕后使武士缚信，斩之长乐钟室。信方斩，曰：“吾悔不用蒯通之计，乃为儿女子所诈，岂非天哉！”遂夷信三族。

高祖已从豨军来，至，见信死，且喜且怜之，问：“信死亦何言？”吕后曰：“信言恨不用蒯通计。”高祖曰：“是齐辩士也。”

都收藏了起来；敌国灭亡，谋臣死亡’。现在天下已经安定，我应当遭杀害！”皇上说：“有人告发你密谋造反。”就给韩信戴上了刑具。到了洛阳，免除了韩信的罪过，改封为淮阴侯。

韩信知道汉王畏惧且厌恶自己的才能，常常推托说自己染病不参加朝见和侍行。从此，韩信日夜怨恨，在家郁郁寡欢，和绛侯、灌婴处于同等地位让韩信感到羞耻。韩信曾经探访樊哙将军，樊哙跪着迎接相送，称自己为臣子。说：“大王竟然会光临。”韩信出门笑着说：“我这辈子竟然和樊哙这样人为伍了。”皇上经常坦然地和韩信讨论将军们的高下，认为各有长处，各有不足。皇上问韩信：“像我这样的才能能率领多少军队？”韩信说：“陛下只能率领十万军队。”皇上说：“那你呢？”回答说：“我是兵马越多越好。”皇上笑着说：“您越多越好，那为什么还被我俘虏了？”韩信说：“陛下不善于带兵，却善于任用将领，这就是我被陛下俘虏的原因。何况陛下是上天赐予的，不是普通人能做到的。”

陈豨被委任为巨鹿郡守，向淮阴侯告别。淮阴侯拉着他的手避开身边侍从在庭院里散步，抬头望着苍天叹息说：“您能听听我的心里话吗？有些心里话想跟您说说。”陈豨说：“一切听从将军吩咐！”淮阴侯说：“您管理的区域，是天下精兵汇聚的地方；而您，是皇上信任宠幸的臣子。假如有人告发说您造反，皇上一定不会相信；再一次告发，陛下就起疑心了；第三次告发，皇上定然大怒而亲自率兵前来攻打。我为您在京城做内应，天下就可以到手了。”陈豨一直知道韩信的才智无双。始终没有怀疑过，说：“我一定听从您的指教！”汉十年，陈豨果然造反。皇上亲自带领兵马前往，韩信推说自己有病没有跟随前去。他暗中派人到陈豨处说：“只管发兵，我在这里帮助您。”韩信和家臣商议，夜里假传诏书释放各个官府服役的罪犯和奴隶，想要发动他们去攻击吕后和太子。部署完毕，等待着陈豨的信息。他的一位家臣得罪了韩信，韩信把他关了起来，想要杀掉他。这位家臣的弟弟上书皇上告发韩信叛乱，向吕后告发了韩信准备谋反的状况。吕后想要把韩信召来，又害怕他不肯就范，就和萧相国谋划，令人谎称自己从皇上那儿来，说陈豨已被抓获杀死，所有臣子都来祝贺。萧相国欺骗韩信说：“即便是你有病，也要强打精神进宫来庆祝吧。”韩信进宫，吕后命令武士把韩信绑了起来，在长乐宫的钟室把他杀掉了。韩信临被斩时说：“我后悔没有采用蒯通的计谋，以导致被妇女小子所欺骗，这难道不就是天意吗？”于是朝廷诛杀了韩信三族。

高祖攻打陈豨回到京城，见到韩信已死，又高兴又可怜他，问：“韩信临死时说过什么？”吕后说：“韩信说后悔没有采用蒯通的计谋。”高祖说：“那人乃诏齐捕蒯通。蒯通至，上曰："若教淮阴侯反乎？"对曰："然，臣固教之。竖子不用臣之策，故令自夷于此。如彼竖子用臣之计，陛下安得而夷之乎！"上怒曰："烹之。"通曰："嗟乎，冤哉亨也！"上曰："若教韩信反，何冤？"对曰："秦之纲绝而维弛，山东大扰，异姓并起，英俊乌集。秦失其鹿，天下共逐之，于是高材疾足者先得焉。蹠之狗吠尧，尧非不仁，狗因吠非其主。当是时，臣唯独知韩信，非知陛下也。且天下锐精持锋欲为陛下所为者甚众，顾力不能耳。又可尽烹之邪？"高帝曰："置之。"乃释通之罪。

太史公曰：吾如淮阴，淮阴人为余言，韩信虽为布衣时，其志与众异。其母死，贫无以葬，然乃行营高敞地，令其旁可置万家。余视其母冢，良然。假令韩信学道谦让，不伐己功，不矜其能，则庶几哉，于汉家勋可以比周、召、太公之徒，后世血食矣。不务出此，而天下已集，乃谋畔逆，夷灭宗族，不亦宜乎！

是齐国的说客。”就命令齐国捕捉蒯通。蒯通被抓到皇上面前，皇上说：“你教唆淮阴侯谋反吗？”回答说：“是。我的确唆使过他，那小子不采用我的计谋，所以有自取灭亡的下场。假如那小子采用我的计谋，陛下怎能够消灭他呢？”皇上生气地说：“煮了他。”蒯通说：“哎呀，煮死我，我冤枉啊！”皇上说：“你教唆韩信谋反，有什么冤枉？”蒯通说：“秦朝法律制度败坏、政权灭亡的时候，崤山以东六国大乱，各路诸侯纷纷起事，一时间天下有才能的人像乌鸦一样聚集。秦朝失去了天下，天下英雄都来抢夺，于是才智超人、行动敏捷的人优先得到它。蹠的狗对着尧狂吠，尧并不是不仁德，只因为他不是狗的主人。正当这时，我只知道有个韩信，并不知道有皇上。何况天下磨利武器、手拿利刃想干陛下所干的事业的人太多了，只不过是力不从心。您怎么能够把他们全部煮死呢？”高祖说：“放了他。”就赦免了蒯通的罪过。

太史公说：我到淮阴，淮阴的人和我说，韩信即便是平民百姓时，他的心志就和其他人不一样。他母亲死了，家中贫困无法埋葬，可他还是到处寻找又高又宽敞的坟地，让坟墓旁可以安置万户人家。我去看了韩信母亲的坟墓，确实是这样的。假如韩信能够谦恭退让，不炫耀自己的功绩，不自恃自己的才华，那就差不多了。他在汉朝的功绩可以和周朝的周公、召公、太公这些人相比拟了，后代的子孙就可以享祭不完。但是，他没能坚持这样做，而天下已经平定，反而密谋造反，以致被诛灭宗族，不应该是这样的吗？

韩信卢绾列传第三十三

韩王信者，故韩襄王孽孙也，长八尺五寸。及项梁之立楚后怀王也，燕、齐、赵、魏皆已前王，唯韩无有后，故立韩诸公子横阳君成为韩王，欲以抚定韩故地。项梁败死定陶，成奔怀王。沛公引兵击阳城，使张良以韩司徒降下韩故地，得信，以为韩将，将其兵从沛公入武关。

沛公立为汉王，韩信从入汉中，乃说汉王曰："项王王诸将近地，而王独远居此，此左迁也。士卒皆山东人，跂而望归，及其锋东乡，可以争天下。"汉王还定三秦，乃许信为韩王，先拜信为韩太尉，将兵略韩地。

项籍之封诸王皆就国，韩王成以不从无功，不遣就国，更以为列侯。及闻汉遣韩信略韩地，乃令故项籍游吴时吴令郑昌为韩王以距汉。汉二年，韩信略定韩十余城。汉王至河南，韩信急击韩王昌阳城。昌降，汉王乃立韩信为韩王，常将韩兵从。三年，汉王出荥阳，韩王信、周苛等守荥阳。及楚败荥阳，信降楚，已而得亡，复归汉，汉复立以为韩王，竟从击破项籍，天下定。五年春，遂与剖符为韩王，王颍川。

明年春，上以韩信材武，所王北近巩、洛，南迫宛、叶，东有淮阳，皆天下劲兵处，乃诏徙韩王信王太原以北，备御胡，都晋阳。信上书曰："国被边，匈奴数入，晋阳去塞远，请治马邑。"上许之，信乃徙治马邑。秋，匈奴冒顿大围信，信数使使胡求和解。汉发兵救之，疑信数间使，有二心，使人责让信。信恐诛，因与匈奴约共攻汉，反，以马邑降胡，击太原。

韩王韩信是原来韩襄王庶出的后代，身高八尺五寸。到了项梁拥立楚王的后代楚怀王的时候，燕国、齐国、赵国、魏国四国都早就自己立下了国王，只有韩没有立下后代，所以才立了韩国诸公子中的横阳君韩成为韩王，想借此来占据平定原韩国的土地。项梁在定陶失败被杀死，韩成投靠楚怀王。沛公带部队攻打阳城时，命张良以韩国司徒的身份收复了韩国原有的土地，得到韩信，任命他为韩国将军，带领他的部队随沛公进入武关。

沛公被项羽立为汉王，韩信便追随沛公进入汉中，劝汉王说："项羽把自己的手下都封在中原附近，只把您封到这偏远贫瘠的地方，这是一种贬职的意思啊！您手下将士都是崤山以东的人，他们都踮起脚尖，急切地希望回到故乡，趁着他们的气势强盛向东进攻，就可以夺取天下。"汉王回军平定三秦时，就答应将韩信封做韩王，先委任他为韩太尉，让他带兵去攻打韩国以前的土地。

项羽所封的诸侯王都到他们自己的封地去，韩王韩成因没随同项羽战斗，没有功绩，就没有派他到封地去，改封韩成为列侯。直到听说汉王派韩信攻打韩地，项羽才命令自己游历吴地时结识的吴县县令郑昌做韩王以抵抗汉军。汉高祖二年，韩信攻占了韩国的十几座城池。汉王抵达河南，韩信在阳城猛烈地攻击韩王郑昌。郑昌投降，汉王就封韩信为韩王，经常率领韩地部队跟随汉王。汉高祖三年，汉王退出荥阳，韩王韩信和周苛等人防守在荥阳。等到楚军攻下荥阳，韩信投降了楚军，不久得以逃出，又投奔到汉王身边，汉王再次封他为韩王，最终跟随汉王打败项羽，平定了天下。汉高祖五年春天，汉高祖和韩信剖符为信，正式封他为韩王，把国都设在颍川。

第二年春天，高祖认为韩信骁勇无比，封地颍川北靠近巩县、洛阳，南靠近宛县、叶县，东边则是重镇淮阳，这些都是用兵的重要地点，就下令命韩王韩信迁移到太原以北地区，以防备抵御匈奴，都城建立在晋阳。韩信上书说："我的封国十分靠近边界，匈奴很多次入侵，晋阳距离边境比较远，请允许我把都城设立在马邑。"皇帝答应了他，韩信就把都城移到了马邑。在这年秋天，匈奴冒顿单于重重包围了韩信，韩信多次派使者到匈奴请求和解。汉朝派人带兵前往救助，但怀疑韩信多次私自派使者前去匈奴的地方，有叛变汉朝之心，派人责备韩信。韩信害怕被杀死，于是就和匈奴约定好共同进攻汉朝，起兵造反，把国都马邑献给匈奴，并率军进攻太原。

七年冬，上自往击，破信军铜鞮，斩其将王喜。信亡走匈奴。其与白土人曼丘臣、王黄等立赵苗裔赵利为王，复收信败散兵，而与信及冒顿谋攻汉。匈奴仗左右贤王将万余骑与王黄等屯广武以南，至晋阳，与汉兵战，汉大破之，追至于离石，复破之。匈奴复聚兵楼烦西北，汉令车骑击破匈奴。匈奴常败走，汉乘胜追北，闻冒顿居代谷，高皇帝居晋阳，使人视冒顿，还报曰"可击"。上遂至平城。上出白登，匈奴骑围上，上乃使人厚遗阏氏。阏氏乃说冒顿曰："今得汉地，犹不能居；且两主不相厄。"居七日，胡骑稍引去。时天大雾，汉使人往来，胡不觉。护军中尉陈平言上曰："胡者全兵，请令强弩傅两矢外乡，徐行出围。"入平城，汉救兵亦到，胡骑遂解去。汉亦罢兵归。韩信为匈奴将兵往来击边。

汉十年，信令王黄等说误陈豨。十一年春，故韩王信复与胡骑入居参合，距汉。汉使柴将军击之，遗信书曰："陛下宽仁，诸侯虽有畔亡，而复归，辄复故位号，不诛也。大王所知。今王以败亡走胡，非有大罪，急自归！"韩王信报曰："陛下擢仆起闾巷，南面称孤，此仆之幸也。荥阳之事，仆不能死，囚于项籍，此一罪也。及寇攻马邑，仆不能坚守，以城降之，此二罪也。今反为寇将兵，与将军争一旦之命，此三罪也。夫种、蠡无一罪，身死亡；今仆有三罪于陛下，而欲求活于世，此伍子胥所以偾于吴也。今仆亡匿山谷间，旦暮乞贷蛮夷，仆之思归，如痿人不忘起，盲者不忘视也，势不可耳。"遂战。柴将军屠参合，斩韩王信。

信之入匈奴，与太子俱；及至颓当城，生子，因名曰颓当。韩太子亦生子，命曰婴。至孝文十四年，颓当及婴率其众降汉。汉封颓当高祖七年冬天，皇帝亲自率军前往平叛，在铜鞮打败了韩信的部队，并将其手下将领王喜杀死。韩信逃跑投奔匈奴，他的手下白土人曼丘臣、王黄等人拥立赵王的后代赵利为王，又收编起韩信被击败逃散的部队，并和韩信及匈奴冒顿单于商量一齐进攻汉朝。匈奴派遣左右贤王率领一万多骑兵和王黄等人安营在广武以南地区，到达晋阳时，和汉军战斗，汉军将他们打得大败，乘胜追赶到离石，又把他们击败。匈奴再次在楼烦西北地区聚集部队，汉高祖命令战车部队和骑兵把他们击败。匈奴经常战败逃跑，汉军乘胜追击败军，听说冒顿单于安营在代谷，汉高祖那个时候在晋阳，派人去查探冒顿，侦察人员回来报告说“可以前去攻打”。皇帝也就到达平城。皇帝出城登上白登山，被匈奴骑兵紧紧包围，皇帝就派人送给匈奴王后阏氏很多礼品。阏氏便劝冒顿单于说：“如今已经攻下了汉朝的土地，但还是不能够居住下来；况且两国君主不互相围困。”过了七天，匈奴骑兵渐渐退去。当时天降大雾，汉军派人在白登山和平城之间往来，匈奴没有发现。护军中尉陈平对皇帝说：“匈奴人都使用长枪弓箭，请命令士兵每张弩弓都向外搭两支利箭，慢慢地退出包围。”撤进平城之后，汉朝的援兵也赶到了，匈奴的骑兵这才解围退去。汉朝也收兵回去。韩信为匈奴人带兵往来在边境附近攻击汉军。

汉高祖十年，韩信命令王黄等人游说陈豨，使其相信并且造反。十一年春天，前韩王韩信再次和匈奴骑兵一起占据参合，抗击汉朝。汉朝派遣柴将军带兵前去迎战，柴将军战前写信给韩信说：“皇帝陛下宅心仁厚，纵使有些诸侯叛变逃跑，但当他们再度归附的时候，总是恢复他们原有的爵位名号，并不加以杀害。这些都是大王您了解的。现在您是因为战斗失败才逃附匈奴的，并没有大罪，您应该尽快回来归顺！”韩王韩信回信道：“皇帝把我从平民百姓中提拔上来，让我南面称王，这对我来说是荣幸之至的。在保卫荥阳的战斗中，我不能以死效忠，而被项羽囚禁。这是我的第一条罪状。待到匈奴进犯马邑，我不能坚守城池，贡献城池投降。这是我的第二条罪状。现在反而为敌人率兵，和将军战斗，争夺这旦夕之间活命的机会。这是我的第三条罪状。文种、范蠡没有其中一条罪状，但在成功之后，一个杀害一个逃亡；现如今我对皇帝犯下了三条罪状，还想在世上保全性命，这是伍子胥在吴国之所以被杀的原因。如今我逃命藏在山谷之中，每天都向蛮夷乞讨生活，我想回去的心，就如同瘫痪的人不忘记正常行走，盲人不忘记睁眼看一看一样，只不过状况不允许罢了。”于是两军展开战斗，柴将军踏平参合城，并将韩王韩信杀死。

韩信归顺匈奴的时候，和自己的太子一起，到了颓当城，生了一个儿子，因地名取名叫颓当。韩太子也生下一个儿子，取名为婴。到孝文帝十四年，韩颓当为弓高侯，婴为襄城侯。吴楚军时，弓高侯功冠诸将。传子至孙，孙无子，失侯。婴孙以不敬失侯。颓当孽孙韩嫣，贵幸，名富显于当世。其弟说，再封，数称将军，卒为案道侯。子代，岁余坐法死。后岁余，说孙曾拜为龙额侯，续说后。

卢绾者，丰人也，与高祖同里。卢绾亲与高祖太上皇相爱，及生男，高祖、卢绾同日生，里中持羊酒贺两家。及高祖、卢绾壮，俱学书，又相爱也。里中嘉两家亲相爱，生子同日，壮又相爱，复贺两家羊酒。高祖为布衣时，有吏事辟匿，卢绾常随出入上下。及高祖初起沛，卢绾以客从，入汉中为将军，常侍中。从东击项籍，以太尉常从，出入卧内，衣被饮食赏赐，群臣莫敢望，虽萧曹等，特以事见礼，至其亲幸，莫及卢绾。绾封为长安侯。长安，故咸阳也。

汉五年冬，以破项籍，乃使卢绾别将，与刘贾击临江王共尉，破之。七月还，从击燕王臧荼，臧荼降。高祖已定天下，诸侯非刘氏而王者七人。欲王卢绾，为群臣觖望。及虏臧荼，乃下诏诸将相列侯，择群臣有功者以为燕王。群臣知上欲王卢绾，皆言曰："太尉长安侯卢绾常从平定天下，功最多，可王燕。"诏许之。汉五年八月，乃立虏绾为燕王。诸侯王得幸莫如燕王。

汉十一年秋，陈豨反代地，高祖如邯郸击豨兵，燕王绾亦击其东北。当是时，陈豨使王黄求救匈奴。燕王绾亦使其臣张胜于匈奴，言豨等军破。张胜至胡，故燕王臧荼子衍出亡在胡，见张胜曰："公所以重于燕者，以习胡事也。燕所以久存者，以诸侯数反，兵连不决也。今公为燕欲急灭豨等，豨等已尽，次亦至燕，公等亦且为虏矣。公何不令燕且缓陈豨而与胡和？事宽，得长王燕；即有汉急，可以安和韩婴带领部下归顺汉朝。汉朝封韩颓当为弓高侯、韩婴为襄城侯。在平定吴楚七国之乱的时候，弓高侯的功绩超过别的将领。爵位从儿子传到了他的孙子，他的孙子没有儿子，侯爵被取消。韩婴的孙子因为犯有不敬之罪，侯爵被取消。韩颓当庶出的孙子韩嫣，地位高贵，很受皇帝喜爱，名声和富贵都在当世显赫。他的弟弟韩说，再次被封侯，并多次接受命令为将军，最后封为案道侯。儿子继承爵位，一年多之后因为犯法被判处死刑。又过了一年多，韩说的孙子韩曾被封为龙岩侯，继承了韩说的爵位。

卢绾是丰邑人，和汉高祖是老乡。卢绾的父亲和高祖的父亲关系非常好，等到生儿子时，汉高祖和卢绾又是同一天而生。乡亲们抬着羊酒去两家庆贺，等到高祖、卢绾长大了，在一起读书，关系又非常好。乡亲们见这两家父辈关系非常好，儿子又是同日出生，长大后关系又很好，再次抬着羊酒前去庆贺。高祖还是一般百姓的时候，被官吏追拿需要躲避，卢绾总是在他身边，东奔西走。到高祖从沛县起兵时，卢绾以宾客的身份跟随，到汉中后，担任将军，总是陪伴在高祖的身边。跟随高祖向东攻击项羽时，以太尉的身份在其左右，可以在高祖的卧室内自由出入，衣被饮食方面的赏赐十分丰厚，其他大臣没人能比拟，就是萧何、曹参等人，也只不过是因为事功而受到礼遇，至于说到信任宠幸，没人能比得上卢绾。卢绾被封为长安侯。长安，就是以前的咸阳。

汉高祖五年的冬天，打败了项羽，就派卢绾另带一支部队，和刘贾一起进攻临江王共尉，将他打败。七月凯旋归来，跟随皇帝进攻燕王臧荼，臧荼归降。高祖平定天下之后，在诸侯中不是刘姓而被封王的一共有七个人。高祖想封卢绾为王，但又害怕群臣怨恨不满意。等到俘虏臧荼之后，就下令封将相们为列侯，在大臣中挑选有功的人封为燕王。文武百官都知道皇帝想封卢绾为王，就一齐上言说："太尉长安侯卢绾经常伴随皇帝平定天下，功不可没，可以封为燕王。"皇帝批准了此项建议。汉高祖五年八月，封卢绾为燕王，所有诸侯王受到的皇帝宠幸都不如燕王。

汉高祖十一年秋天，陈豨在代地造反，高祖到邯郸去进攻陈豨的军队，燕王卢绾也率军进攻代地的东北部。这时，陈豨派王黄去向匈奴请求救援。燕王卢绾也派手下张胜出使匈奴，谎称陈豨等人的军队已被打败。张胜到匈奴以后，前燕王臧荼的儿子臧衍逃跑到匈奴，见到张胜说："您之所以在燕国受到重用，是因为您了解匈奴事务。燕国之所以能长时间存在，是因为诸侯多次叛变，战争接连不断。现在您想为燕国赶快消灭陈豨等人，但陈豨等人被打败之后，接着就要轮到燕国，您这伙人也要成为俘虏了。您为什么不让燕国延缓进攻陈豨而和匈奴修好呢？战争延缓了，能使卢绾长期做燕王，如果汉朝有紧急的变化，也可以凭借国。”张胜以为然，乃私令匈奴助豨等击燕。燕王绾疑张胜与胡反，上书请族张胜。胜还，具道所以为者。燕王寤，乃诈论它人，脱胜家属，使得为匈奴间，而阴使范齐之陈豨所，欲令久亡，连兵勿决。

汉十二年，东击黥布，豨常将兵居代，汉使樊哙击斩豨。其裨将降，言燕王绾使范齐通计谋于豨所。高祖使使召卢绾，绾称病。上又使辟阳侯审食其、御史大夫赵尧往迎燕王，因验问左右。绾愈恐，闭匿，谓其幸臣曰：“非刘氏而王，独我与长沙耳。往年春，汉族淮阴，夏，诛彭越，皆吕后计。今上病，属任吕后。吕后妇人，专欲以事诛异姓王者及大功臣。”乃遂称病不行。其左右皆亡匿。语颇泄，辟阳侯闻之，归具报上，上益怒。又得匈奴降者，降者言张胜亡在匈奴，为燕使。于是上曰：“卢绾果反矣！”使樊哙击燕。燕王绾悉将其宫人家属骑数千居长城下，侯伺，幸上病愈，自入谢。四月，高祖崩，卢绾遂将其众亡入匈奴，匈奴以为东胡卢王。绾为蛮夷所侵夺，常思复归。居岁余，死胡中。

高后时，卢绾妻子亡降汉，会高后病，不能见，舍燕邸，为欲置酒见之。高后竟崩，不得见。卢绾妻亦病死。

孝景中六年，卢绾孙他之，以东胡王降，封为亚谷侯。

陈豨者，宛朐人也，不知始所以得从。及高祖七年冬，韩王信反，入匈奴，上至平城还，乃封豨为列侯，以赵相国将监赵、代边兵，边兵皆属焉。

豨常告归过赵，赵相周昌见豨宾客随之者千余乘，邯郸官舍皆满。豨所以待宾客布衣交，皆出客下。豨还之代，周昌乃求入见。见上，具言豨宾客盛甚，擅兵于外数岁，恐有变。上乃令人覆案豨客居此地安定国家。”张胜认为他的话有道理，就暗中让匈奴帮助陈豨进攻燕国。燕王卢绾怀疑张胜和匈奴相互勾结，一起反叛，就上书皇帝请求把张胜满门抄斩。张胜回来后，把为什么这样干的原因全部告知了卢绾。卢绾醒悟了，就找了一些替身判处死刑，把张胜的家属释放出来，让张胜成为匈奴的内奸，又暗中派遣范齐到陈豨之处，想让他长期叛变逃亡在外，使战争接连不断。

汉高祖十二年，向东征讨黥布，陈豨经常带领军队在代地驻扎，汉朝派遣樊哙进攻陈豨并将其杀死。他的一名副将归降，说燕王卢绾派范齐到陈豨处相互交换情报，商议策划。高祖派使臣召卢绾进京，卢绾称自己有病推托不去。皇帝又派辟阳侯审食其、御史大夫赵尧前去迎接燕王，并顺便查问燕王手下臣子。卢绾更加恐惧，关门躲藏不出，对自己信赖的臣子说：“不是刘姓而被封为王的，就只有我卢绾和长沙王吴芮了。去年春天，汉朝把淮阴侯韩信满门抄斩，夏天，又杀掉了彭越，这都是吕后的计策。现在皇帝身患重病，把国家大事全部交给了吕后。而吕后是个女人，总是想找个借口杀掉异姓诸侯王和功绩高的大臣。”于是卢绾还是推辞说自己患病，拒绝进京。卢绾的部下都逃跑躲藏。但卢绾的话泄露了一些，辟阳侯听到了，便把这一切都告诉了皇帝，皇帝更加气愤。后来，汉朝又得到一些归降的匈奴人，说张胜逃跑到匈奴中，成为燕王的使者。于是皇帝说：“卢绾真的造反了！”就派樊哙进攻燕国。燕王卢绾把自己所有的宫人和家眷以及几千名骑兵安顿在长城下，等待时机，希望皇帝病康复后，亲自进京谢罪。四月，高祖去世，卢绾也就率领部下逃到匈奴之地，匈奴封他为东胡卢王。卢绾受到匈奴的蛮横掠夺，总是想着重返汉朝。过了一年多，卢绾在匈奴去世。

高后时，卢绾的妻子和儿女一起逃出匈奴重新投归汉朝，正好赶上高后病重，不能见面，于是住在了燕王在京的府邸，并准备在高后病好之后再设宴与高后相见。但一直到高后去世，也没有再见面。卢绾的妻子后来也因病去世了。

汉景帝中元六年，卢绾的孙子卢他之以东胡王的身份向汉朝投降，并被封为亚谷侯。

陈豨是宛朐人，不知当初是什么原因跟随高祖。直到高祖七年冬天，韩王韩信反叛，逃到匈奴，皇帝到平城而回，封陈豨为列侯，以赵国相国的身份带领督统赵国、代国的边防部队，这一地区戍卫边疆的部队统归他管理。

陈豨告假回乡曾路过赵国，赵相国周昌看到陈豨的随行宾客一共有一千多部车子，把邯郸所有的官员客舍全部住满。而陈豨对待宾客用的是平民百姓之间交往的礼节，并且总是谦卑恭敬，委屈自己厚待他人。陈豨回到代国，周昌就请求进京见皇帝。见到皇帝之后，他把陈豨宾客十分多、在外独自掌握兵权好几年、恐怕会有变故等事一一说出。皇帝就命人追查陈豨的宾客在财物等方面违法的代者财物诸不法事，多连引豨。豨恐，阴令客通使王黄、曼丘臣所。及高祖十年七月，太上皇崩，使人召豨，豨称病甚。九月，遂与王黄等反，自立为代王，劫略赵、代。

上闻，乃赦赵、代吏人为豨所诖误劫略者，皆赦之。上自往，至邯郸，喜曰："豨不南据漳水，北守邯郸，知其无能为也。"赵相奏斩常山守、尉，曰："常山二十五城，豨反，亡其二十城。"上问曰："守、尉反乎？"对曰："不反。"上曰："是力不足也。"赦之，复以为常山守、尉。上问周昌曰："赵亦有壮士可令将者乎？"对曰："有四人。"四人谒，上谩骂曰："竖子能为将乎？"四人惭伏。上封之各千户，以为将。左右谏曰："从入蜀、汉，伐楚，功未遍行，今此何功而封？"上曰："非若所知！陈豨反，邯郸以北皆豨有，吾以羽檄征天下兵，未有至者，今唯独邯郸中兵耳。吾胡爱四千户封四人，不以慰赵子弟！"皆曰："善。"于是上曰："陈豨将谁？"曰："王黄、曼丘臣，皆故贾人。"上曰："吾知之矣。"乃各以千金购黄、臣等。

十一年冬，汉兵击斩陈豨将侯敞、王黄于曲逆下，破豨将张春于聊城，斩首万余。太尉勃入定太原、代地。十二月，上自击东垣，东垣不下，卒骂上；东垣降，卒骂者斩之，不骂者黥之。更命东垣为真定。王黄、曼丘臣其麾下受购赏之，皆生得，以故陈豨军遂败。

上还至洛阳。上曰："代居常山北，赵乃从山南有之，远。"乃立子恒为代王，都中都，代、雁门皆属代。

高祖十二年冬，樊哙军卒追斩豨于灵丘。

太史公曰：韩信、卢绾非素积德累善之世，徼一时权变，以诈力成功，遭汉初定，故得列地，南面称孤。内见疑强大，外倚蛮貊以为事，其中不少事情涉及到陈豨。陈豨十分恐惧，暗中派宾客到王黄、曼丘臣处互通消息。到高祖十年七月，皇帝的父亲去世了，皇帝派人召陈豨进京，但陈豨称自己患了重病。九月，便与王黄等人一同造反，自立为代王，抢劫掠夺了赵、代两地。

皇帝知道之后，就一律赦免了被陈豨所连累而进行劫掠的赵、代官吏。皇帝亲自前去平叛，到达邯郸后高兴地说："陈豨他不在南面占领漳水，北面坚守邯郸，由此可知他不会有什么作为。"赵相国上奏请求把常山的郡守、郡尉杀死，说："常山一共有二十五座城池，陈豨造反，丢掉了其中二十座。"皇帝问："郡守、郡尉造反了吗？"赵相国回答说："没有。"皇帝说："这是兵力不够的原因。"赦免了他们，并且还恢复了他们的守尉职务。皇帝问周昌说："赵国还有能带兵打仗的勇士吗？"周昌回答说："有四个人。"然后让这四个人面见皇帝，皇帝一见便大骂道："你们这些小子们也能带兵打仗吗？"四个人惭愧地伏在地上。但皇帝还是各封给他们一千户的食邑，任命为将领。左右近臣劝谏道："有不少人跟着您进入蜀郡、汉中，其后又征讨西楚，有功劳但是没有得到普遍封赏，现在这几个人有什么功绩而予以封赏？"皇帝说："这就不是你们所能明白的了！陈豨造反，邯郸以北都被他所占据，我用紧急文告来征调各地部队，但到现在仍没有人到达，现在能用的就只有邯郸一处的部队而已。我没必要吝惜封给四个人的四千户，不用他们来安抚赵地的年轻人呢！"左右近臣都说："有道理。"于是皇帝又问："陈豨手下的将领都有谁？"左右回答说："有王黄、曼丘臣，都是商人出身。"皇帝说："我知道了。"于是各悬赏黄金千两来求购王黄、曼丘臣等的人头。

高祖十一年冬天，汉军在曲逆城下进攻并杀死了陈豨的大将侯敞、王黄，又在聊城把陈豨的大将张春打得一败涂地，斩首一万多人。太尉周勃进军平定了太原和代郡。十二月，皇帝亲自带领军队进攻东垣，但没能攻下，叛军士卒咒骂皇帝；不久东垣归降，凡是骂皇帝的士卒全部斩首，其他没骂的士卒则被处以黥刑，在额头上刺字。把东垣更名为真定。王黄、曼丘臣部下所有被悬赏抓捕的，全部都被活捉，因此陈豨的部队也就彻底被消灭了。

皇帝抵达洛阳，说："代郡位于常山的北面，赵国却从山的南面来控制它，太遥远了。"于是就封儿子刘恒为代王，把中都设为国都，代郡、雁门都隶属代国。

高祖十二年冬天，樊哙的士卒追到灵丘把陈豨杀死。

太史公说：韩信、卢绾两人并不是一向行善积德的世家，而是幸运于一时随机应变，以欺骗和暴力的手法获得成功，正赶上汉朝刚刚成立，所以才能够分封援，是以日疏自危，事穷智困，卒赴匈奴，岂不哀哉！陈豨，梁人，其少时数称慕魏公子；及将军守边，招致宾客而下士，名声过实。周昌疑之，疵瑕颇起，惧祸及身，邪人进说，遂陷无道。于戏悲夫！夫计之生孰成败于人也深矣！

土地，南面为王。在内由于势力过于强大而被怀疑，在外倚仗着外族作为援助。因此日渐被皇帝疏远，自陷危机，走投无路，无计可施，最终迫不得已投靠匈奴，难道不可悲吗！陈豨是梁地人，在他年轻的时候，每每称赞、倾慕魏公子信陵君；等到后来他带领部队守卫边疆，招募宾客，礼贤下士，名声超过了实际的情况。周昌怀疑他，很多的过失也就从这里产生了，由于害怕灾祸降临到头上，奸邪小人又乘机进说，于是终于使自己陷于不可挽回的境地。唉呀，太可悲了！由此可见，谋虑的成熟与否和成败怎样，对一个人的影响太深了！

田儋列传第三十四

田儋者，狄人也，故齐王田氏族也。儋从弟田荣，荣弟田横，皆豪，宗强，能得人。

陈涉之初起王楚也，使周市略定魏地，北至狄，狄城守。田儋佯为缚其奴，从少年之廷，欲谒杀奴。见狄令，因击杀令，而召豪吏子弟曰："诸侯皆反秦自立，齐，古之建国，儋，田氏，当王。"遂自立为齐王，发兵以击周市。周市军还去，田儋因率兵东略定齐地。

秦将章邯围魏王咎于临济，急。魏王请救于齐，齐王田儋将兵救魏。章邯夜衔枚击，大破齐、魏军，杀田儋于临济下。儋弟田荣收儋余兵东走东阿。

齐人闻王田儋死，乃立故齐王建之弟田假为齐王，田角为相，田间为将，以距诸侯。

田荣之走东阿，章邯追围之。项梁闻田荣之急，乃引兵击破章邯军东阿下。章邯走而西，项梁因追之。而田荣怒齐之立假，乃引兵归，击逐齐王假。假亡走楚。齐相角亡走赵；角弟田间前求救赵，因留不敢归。田荣乃立田儋子市为齐王。荣相之，田横为将，平齐地。

项梁既追章邯，章邯兵益盛，项梁使使告赵、齐，发兵共击章邯。田荣曰："使楚杀田假，赵杀田角、田间，乃肯出兵。"楚怀王曰："田假与国之王，穷而归我，杀之不义。"赵亦不杀田角、田间以市于齐。齐曰："蝮螫手则斩手，螫足则斩足。何者？为害于身也。今田假、田角、田间于楚、赵，非直手足戚也，何故不杀？且秦田儋是狄县人，战国时期齐王田氏的同族。田儋的堂弟田荣、田荣的弟弟田横，是当地很有势力的人物，并且宗族强盛，很得人心。

在陈涉刚开始起兵自称楚王的时候，派遣周市攻打并平定了魏地，向东打到狄县，狄县令坚守县城。田儋佯装绑住自己的家奴，率领着手下的年轻人去县府，谎称在拜见县令之后杀死有罪的家奴。在田儋拜见县令的时候，他们借机杀死他，然后又募集有势力的官吏和年轻人说："各地诸侯都已经反叛秦朝自立为王，齐地是古代封建的诸侯国，而我田儋，是齐王田氏的同族，理当为王。"于是，田儋便自立为齐王，并且起兵进攻周市。周市的部队退走以后，田儋乘机带兵向东进军，占领并平定了齐国以前的土地。

秦国将领章邯领兵在临济围攻魏王咎，情况危机，魏王派人到齐国来请求救援。齐王田儋带领部队援救魏国。章邯在夜晚让兵马口中衔枚，趁黑夜的掩护进行袭击，把齐魏联军打得大败，在临济城下杀死了田儋。田儋的堂弟田荣收编田儋的剩余部队向东逃跑到了东阿。

齐国人得知田儋死亡的消息之后，于是就拥立以前齐王田建的弟弟田假作为齐王、田角作为丞相、田间作为大将，以此来抵抗诸侯。

田荣在失败逃往东阿的时候，章邯进行追击堵截。项梁听说田荣状况紧急，于是就带兵来到东阿城下，并且一举打败章邯。章邯向西逃跑，项梁便乘胜追击。但是田荣对齐人立田假为齐王的事情非常气愤，于是便领兵回去，进攻追逐齐王田假，田假逃到楚国，丞相田角逃到赵国；田角的弟弟田间在此之前就已经到赵国求救，也就留在赵国不敢回去了。田荣于是拥立田儋的儿子田市为齐王，自任丞相，田横为大将，收复了齐地。

项梁追击章邯以后，章邯的部队反倒逐渐强大起来，于是项梁便派遣使者通知齐国和赵国，要两国一同发兵进攻章邯。田荣说："假如楚国杀死田假，赵国杀死田角、田间，那我们才会出兵。"楚怀王说："田假是我们同盟国的首领，在无处可去的时候来投奔我们，杀了他是不符合道义的。"赵国也不愿意用杀田角、田间来和齐国作交易。齐国人说："手被蝮蛇咬了就要把手砍掉，脚被蝮蛇咬了就要砍掉脚。为什么呢？因为如果不这样的话，就要祸及全身。而如今田假、田角、田间对于楚国、赵国来讲，并不是手足骨肉之亲，为什么不杀掉他们复得志于天下，则齮龁用事者坟墓矣。”楚、赵不听，齐亦怒，终不肯出兵。章邯果败杀项梁，破楚兵，楚兵东走，而章邯渡河围赵于巨鹿。项羽往救赵，由此怨田荣。

项羽既存赵，降章邯等，西屠咸阳，灭秦而立侯王也，乃徙齐王田市更王胶东，治即墨。齐将田都从共救赵，因入关，故立都为齐王，治临淄。故齐王建孙田安，项羽方渡河救赵，田安下济北数城，引兵降项羽，项羽立田安为济北王，治博阳。田荣以负项梁不肯出兵助楚、赵攻秦，故不得王；赵将陈余亦失职，不得王：二人俱怨项王。

项王既归，诸侯各就国，田荣使人将兵助陈余，令反赵地，而荣亦发兵以距击田都，田都亡走楚。田荣留齐王市，无令之胶东。市之左右曰：“项王强暴，而王当之胶东，不就国，必危。”市惧，乃亡就国。田荣怒，追击杀齐王市于即墨，还攻杀济北王安。于是田荣乃自立为齐王，尽并三齐之地。

项王闻之，大怒，乃北伐齐。齐王田荣兵败，走平原，平原人杀荣。项王遂烧夷齐城郭，所过者尽屠之。齐人相聚畔之。荣弟横，收齐散兵，得数万人，反击项羽于城阳。而汉王率诸侯败楚，入彭城。项羽闻之，乃释齐而归，击汉于彭城，因连与汉战，相距荥阳。以故田横复得收齐城邑，立田荣子广为齐王，而横相之，专国政，政无巨细皆断于相。

横定齐三年，汉王使郦生往说下齐王广及其相国横。横以为然，解其历下军。汉将韩信引兵且东击齐。齐初使华无伤、田解军于历下以距汉，汉使至，乃罢守战备，纵酒，且遣使与汉平。汉将韩信已平呢？何况如果是秦朝再得志于天下的话，那么不仅我们要自受其辱，并且连祖坟恐怕也要被人挖出呢。”楚国、赵国都不愿意顺从齐国，齐国也非常生气，最终也不肯出兵救助。章邯果然打败了楚军，并且杀了项梁，楚军往东逃跑，而章邯也就借机渡过黄河，攻击赵国的巨鹿。项羽前往救助赵国，因此也就非常怨恨田荣。

项羽保住了赵国，又降服了章邯等秦朝的将领，向西进入咸阳进行杀戮，消灭了秦朝，之后又分封诸侯王。于是他把齐王田市改封为胶东王，其建都的地方在即墨。齐国将领田都因为跟着项羽共同救援赵，接着又进军关中，因此项羽立田都为齐王，建都临淄。以前的齐王田建的孙子田安，他在项羽渡河救助赵国的时候，连续攻打下了济北很多城池，然后带兵归附了项羽，项羽因此立田安为济北王，建都博阳。田荣因为违背项梁不愿意出兵救助楚、赵两国进攻秦朝，因此不能被封为王；赵国将领陈余也因为没有完成本职的任务，没有被封为王，这两个人都非常怨恨项羽。

项羽回到楚国后，所封诸侯也就各自回到自己的封地。田荣派人领兵帮助陈余，让他在赵地反叛项羽，田荣自己也起兵抵御田都，田都逃到楚国。田荣软禁了齐王田市，不让他到胶东的封地。田市手下的人说：“项羽强大而残暴，而您作为齐王，就应该到自己的封国胶东去，如果不去的话，一定会有危险。”田市非常恐惧，于是就逃跑到胶东。田荣知道后非常生气，连忙带人追赶齐王田市，在即墨把他杀死了。回来又进攻济北王田安，并且把他杀掉了。于是，田荣就自立为齐王，全部占据了三齐之地。

项羽知道这个消息之后，十分愤怒，于是就发兵向北征讨齐国。齐王田荣被打得大败，逃跑到平原，平原人把田荣杀死了。之后项羽就烧毁踏平了齐国都城的城郭，所经过的地方都大加屠戮，齐国人不能忍受，互相聚集起来反抗他。田荣的弟弟田横，收编起齐国的散兵，得到好几万兵马。反过来在城阳进攻项羽。就在这个时候，汉王刘邦带领诸侯的部队击败楚军，进入彭城。项羽得知这个消息之后，暂停攻击，放齐军回去，在彭城对汉兵发起攻势，接着与汉军多次战斗，在荥阳难分胜负。因此田横得以再次收复齐国大小城池，立田荣之子田广为齐王，田横为丞相辅助他，并专断国家政事，所有政事，无论大小，皆由田横一人决定。

田横平定齐国三年之后，汉王刘邦派遣郦食其到齐国，向齐王田广和丞相田横游说，要他们归降汉朝。田横认为这事可以行得通，就解除了齐国在历下对汉军的防御。汉将韩信本来领兵将要向东进攻齐国。齐国起初曾经派华无伤、田解率领军队在历下驻扎以抵抗汉军，等到汉使者到来，就解除了守城的战斗准赵、燕，用蒯通计，度平原，袭破齐历下军，因入临淄。齐王广、相横怒，以郦生卖己，而烹郦生。齐王广东走高密，相横走博，守相田光走城阳，将军田既军于胶东。楚使龙且救齐，齐王与合军高密。汉将韩信与曹参破杀龙且，虏齐王广。汉将灌婴追得齐守相田光。至博，而横闻齐王死，自立为齐王，还击婴，婴败横之军于嬴下。田横亡走梁，归彭越。彭越是时居梁地，中立，且为汉，且为楚。韩信已杀龙且，因令曹参进兵破杀田既于胶东，使灌婴破杀齐将田吸于千乘。韩信遂平齐，乞自立为齐假王，汉因而立之。

后岁余，汉灭项籍，汉王立为皇帝，以彭越为梁王。田横惧诛，而与其徒属五百余人入海，居岛中。高帝闻之，以为田横兄弟本定齐，齐人贤者多附焉，今在海中不收，后恐为乱，乃使使赦田横罪而召之。田横因谢曰："臣烹陛下之使郦生，今闻其弟郦商为汉将而贤，臣恐惧，不敢奉诏，请为庶人，守海岛中。"使还报，高皇帝乃诏卫尉郦商曰："齐王田横即至，人马从者敢动摇者致族夷！"乃复使使持节具告以诏商状，曰："田横来，大者王，小者乃侯耳；不来，且举兵加诛焉。"田横乃与其客二人乘传诣雒阳。

未至三十里，至尸乡厩置，横谢使者曰："人臣见天子当洗沐。"止留。谓其客曰："横始与汉王俱南面称孤，今汉王为天子，而横乃为亡虏而北面事之，其耻固已甚矣。且吾烹人之兄，与其弟并肩而事其主，纵彼畏天子之诏，不敢动我，我独不愧于心乎？且陛下所以欲见我者，不过欲一见吾面貌耳。今陛下在洛阳，今斩吾头，驰备，放任兵士饮酒，并派使者与汉朝和解。但汉将韩信在攻克赵国、燕国之后，用蒯通的计谋，越过平原，突然攻击，击败了齐国在历下驻扎的守城军队，接着又攻入临淄。齐王田广、丞相田横见汉军忽然出现，非常气愤，认为自己被郦生出卖了，马上烹杀郦生。齐王田广向东逃到高密，丞相田横逃到博阳，守相田光逃向城阳，将军田既率领兵马驻守胶东。这个时候，楚国派龙且带领军队来救援齐国，齐王田广与龙且在高密会和。汉将韩信与曹参在高密打败齐楚联军，杀死楚将龙且，抓获齐王田广。汉将灌婴继续追击，又抓获了齐国守相田光。灌婴继续进军，到达博阳。而田横得知齐王田广已经死了，就自立为齐王，率军回来与灌婴战斗。在嬴下，田横的军队被灌婴打得大败。田横逃到梁地，归附彭越。这时，彭越拥兵梁地，在楚国汉国之间保持中立，又想帮助汉王，又想帮助楚王。韩信在杀死了楚将龙且之后，便命令曹参继续向胶东进攻，在这里打败田既并在战斗中将他杀死；韩信又命灌婴追击齐国将领田吸，在千乘将他击败并杀死。这样，韩信便平定了齐国的土地，向刘邦上书，请刘邦立自己为齐国假王，刘邦也就借势立韩信为齐王。

过了一年多，汉王刘邦打败了项羽，就自立为皇帝，封彭越为梁王。田横唯恐被杀，就带着他的手下五百多人逃到海上，住在一个小岛之上。汉高祖刘邦得知这个消息之后，认为田横兄弟原本就平定了齐国，齐国的才能之士大都投靠于他，现在要让他流落在海中而不加以招揽的话，以后恐怕难免有祸患。所以就派使者赦免田横的罪过并且召他入朝，田横却辞谢说："我曾经烹杀了皇上的使者郦生，如今我听说郦生的弟弟郦商是一个很有才能的汉朝将领，所以我非常恐惧，不敢奉旨进京，请求皇上允许我做一个普通百姓，住在这海岛上。"使者回来告知皇上，高祖立刻下令给卫尉郦商说："齐王田横就要到京，谁要敢动一下他的随从人员，马上满门抄斩！"接着又派使者拿着符节把皇帝下令命令郦商的状况原原本本地告知田横，并且说："田横如果来京，最大可以被封为王，最小也可以封为侯；如果不来的话，将会派军队加以剿灭。"田横于是和他的两个门客一起乘坐驿站的马车赶往洛阳。

在距离洛阳三十里处，有一个名叫尸乡的地方，这一天田横一行人来到这个地方的驿站。田横对汉使说："作为臣子拜见天子应该衣冠整洁。"于是就住下来。田横对他的门客说："我田横原来和汉王都是南面称孤的王，而现在汉王成了天子，我田横反而却成了亡国奴，而要北面作为臣子侍奉他，这原本就是莫大的耻辱了。更何况我烹杀了人家的兄长，再与他的弟弟一起侍奉同一个主子，即使他害怕皇帝的命令，不敢动我，难道我于心就没有一点羞愧吗？再者，皇帝陛下召我来京的原因，不过是想看一下我的相貌罢了。现在皇帝就在洛阳，现在我三十里间，形容尚未能败，犹可观也。”遂自刭，令客奉其头，从使者驰奏之高帝。高帝曰：“嗟乎，有以也夫！起自布衣，兄弟三人更王，岂不贤乎哉！”为之流涕，而拜其二客为都尉，发卒二千人，以王者礼葬田横。

既葬，二客穿其冢旁孔，皆自刭，下从之。高帝闻之，乃大惊，以田横之客皆贤。“吾闻其余尚五百人在海中”，使使召之。至则闻田横死，亦皆自杀。于是乃知田横兄弟能得士也。

太史公曰：甚矣蒯通之谋，乱齐骄淮阴，其卒亡此两人！蒯通者，善为长短说，论战国之权变，为八十一首。通善齐人安期生，安期生尝干项羽，项羽不能用其筴。已而项羽欲封此两人，两人终不肯受，亡去。田横之高节，宾客慕义而从横死，岂非至贤！余因而列焉。不无善画者，莫能图，何哉？

割下我项上人头，快马飞奔三十里的时间，我的相貌还不会改变，还是能够看一下我究竟是什么样子的。”说完之后，就刎颈自杀了，两个门客手捧他的头，跟随使者快马入朝，告知汉高祖。汉高祖说道：“哎呀！能有这样的言行，真是了不起呀！从普通百姓起家，兄弟三个人接连称王，难道不是有才能的人吗！”汉高祖忍不住为他流下了眼泪。然后高祖任命田横的两个门客为都尉，并且派两千名士卒，以诸侯王的丧礼安葬了田横。

安葬完田横之后，两个门客在田横的坟墓旁挖了个洞，然后自杀，倒在了洞里，追随田横死去。汉高祖得知此事之后，非常吃惊，认为田横的门客都是有才能的人。高祖听说田横部下还有五百人在海岛上，又派使者召他们进京。进京之后，这五百门客得知田横已死，他们也都自杀。由此更加可以得知田横兄弟的确是能够得到贤士爱戴的人。

太史公说：蒯通的计谋实在是厉害呀！它既搞乱了齐国又骄纵坏了韩信，最后又害死了田横、韩信这两个人！蒯通擅长纵横之说，曾经写书评论战国时期的权变方策，一共八十一篇。蒯通与齐国人安期生关系甚好，安期生曾请求项羽任用他，但项羽没有采用他的计谋。后来项羽又想封他二人爵位，但他们不肯受爵，就逃走了。田横节操高尚，宾客倾慕他的高义而心甘情愿随他去死，这难道还不是有才能的人吗？我根据事实把他的事迹记录在这里。但是十分可惜，当时没有善于绘画的人，没能把他的相貌和功绩描画下来，什么原因呢？

樊郦滕灌列传第三十五

舞阳侯樊哙者，沛人也。以屠狗为事，与高祖俱隐。

初从高祖起丰，攻下沛。高祖为沛公，以哙为舍人。从攻胡陵、方与，还守丰，击泗水监丰下，破之。复东定沛，破泗水守薛西。与司马仁战砀东，却敌，斩首十五级，赐爵国大夫。常从沛公击章邯军濮阳，攻城先登，斩首二十三级，赐爵列大夫。复常从，从攻城阳，先登。下户牖，破李由军，斩首十六级，赐上间爵。从攻围东郡守尉于成武，却敌，斩首十四级，捕虏十一人，赐爵五大夫。从击秦军，出亳南。河间守军于杠里，破之。击破赵贲军开封北，以却敌先登，斩候一人，首六十八级，捕虏二十七人，赐爵卿。从攻破杨熊军于曲遇。攻宛陵，先登，斩首八级，捕虏四十四人，赐爵封号贤成君。从攻长社、轘辕，绝河津，东攻秦军于尸，南攻秦军于犨。破南阳守齮于阳城。东攻宛城，先登。西至郦，以却敌，斩首二十四级，捕虏四十人，赐重封。攻武关，至霸上，斩都尉一人，首十级，捕虏百四十六人，降卒二千九百人。

项羽在戏下，欲攻沛公。沛公从百余骑因项伯面见项羽，谢无有闭关事。项羽既飨军士，中酒，亚父谋欲杀沛公，令项庄拔剑舞坐中，欲击沛公，项伯常蔽之。时独沛公与张良得入坐，樊哙在营外，闻事急，乃持铁盾入。到营，营卫止哙，哙直撞入，立帐下。项羽目之，问为谁。张良曰："沛公参乘樊哙。"项羽曰："壮士。"赐之卮酒彘肩。哙既饮酒，拔剑切肉食，尽之。项羽曰："能复饮乎？"哙曰："臣死且不辞，岂特卮酒乎！且沛公先入定咸阳，暴师霸上，舞阳侯樊哙是沛县人，以杀狗卖狗肉维持生计，以前和汉高祖一起隐没在乡间。

当初跟随高祖在丰县起兵，攻取了沛县。高祖当了沛公，就以樊哙为舍人。接着，他随同沛公进攻胡陵、方与，回过头来又镇守丰县，在丰县城下，打败了泗水郡郡监所带领的兵马。再一次平定沛县，在薛县的西方，打败了泗水郡守所率领的兵马。在砀东，樊哙与章邯的手下司马仁交战，击退敌军，斩敌首十五级，被赐爵为国大夫。樊哙经常跟随在沛公的身边，沛公在濮阳进攻章邯的军队，攻打城池的时候他率先登城，斩杀二十三人，被封为列大夫。他跟从沛公进攻城阳，又是他率先登城，同时还攻占了户牖，击败了秦将李由的兵马，斩敌首十六人，被封上间爵。在成武，樊哙跟随沛公包围了东郡守尉，大破敌军，斩杀敌人首十四级，抓获十一人，被封为五大夫。跟从沛公攻打秦军，出兵亳南，在杠里打败了河间郡守的军队。在开封以北又击败了赵贲的军队，因为在战斗中英勇无比，率先登城，斩杀了一个侦察兵的头目，杀死秦兵六十八人，抓获二十七人，被封为卿爵。在曲遇，随沛公打败了杨熊的部队。攻宛陵的时候，率先登城，斩首八级，抓获四十四人，被封为爵，封号贤成君。跟随沛公进攻长社、轘辕，断绝了黄河渡口，向东进攻尸乡一带的秦军。又向南进攻犨邑的秦军。在阳城击败了南阳郡郡守吕齮的军队。再向东进攻宛城，率先登城。再向西攻打郦县，因为樊哙击败了秦军，斩杀二十四人，抓获四十人，沛公对他再次加以封赏。进攻武关，来到灞上，杀秦都尉一人，斩杀十人，抓获一百四十六人，收服兵马两千九百人。

项羽驻扎在戏下，准备攻打沛公。沛公率领一百多骑兵来到项营，通过项伯的关系会见项羽，向项羽谢罪，说明自己并没有封锁函谷关，不让诸侯军进入关中的事。项羽设宴席犒赏军中将士，正当大家喝酒的时候，亚父范增想杀掉沛公，命令项庄拔剑在席前舞剑，想借机击杀沛公，而项伯却一再挡在沛公的面前。这个时候只有沛公和张良在酒席宴中，樊哙在大营之外，得知事情紧急，就拿着铁盾牌来到大营前。守营卫士阻拦樊哙，樊哙直接闯了进去，站立在帐下。项羽看着他，问他是谁。张良说："他是沛公的参乘樊哙。"项羽称赞道："此人真是英雄！"说完，就赏给他一大碗酒和一条猪前腿。樊哙举杯一饮而尽，然后拔出宝剑切开猪腿，把肉全部吃了下去。项羽问他："还能再喝一碗酒吗？"樊哙说道："我连死都不怕，难道还会怕这一碗酒吗！何况我们沛公首先进入并以待大王。大王今日至，听小人之言，与沛公有隙，臣恐天下解，心疑大王也。”项羽默然。沛公如厕，麾樊哙去。既出，沛公留车骑，独骑一马，与樊哙等四人步从，从间道山下归走霸上军，而使张良谢项羽。项羽亦因遂已，无诛沛公之心矣。是日微樊哙奔入营谯让项羽，沛公事几殆。明日，项羽入屠咸阳，立沛公为汉王。汉王赐哙爵为列侯，号临武侯。迁为郎中，从入汉中。

还定三秦，别击西丞白水北，雍轻车骑于雍南，破之。从攻雍、斄城，先登。击章平军好畤，攻城，先登陷阵，斩县令丞各一人，首十一级，虏二十人，迁郎中骑将。从击秦车骑壤东，却敌，迁为将军。攻赵贲，下郿、槐里、柳中、咸阳；灌废丘，最。至栎阳，赐食邑杜之樊乡。从攻项籍，屠煮枣。击破王武、程处军于外黄。攻邹、鲁、瑕丘、薛。项羽败汉王于彭城，尽复取鲁、梁地。哙还至荥阳，益食平阴二千户，以将军守广武。一岁，项羽引而东。从高祖击项籍，下阳夏，虏楚周将军卒四千人。围项籍于陈，大破之。屠胡陵。

项籍既死，汉王为帝，以哙坚守战有功，益食八百户。从高帝攻反燕王臧荼，虏荼，定燕地。楚王韩信反，哙从至陈，取信，定楚。更赐爵列侯，与诸侯剖符，世世勿绝，食舞阳，号为舞阳侯，除前所食。以将军从高祖攻反韩王信于代。自霍人以往至云中，与绛侯等共定之，益食千五百户。因击陈豨与曼丘臣军，战襄国，破柏人，先登，降定清河、常山凡二十七县，残东垣，迁为左丞相。破得綦毋卬、尹潘军于无终、广昌。破豨别将胡人王黄军于代南，因击韩信军平定了咸阳，露宿灞上，一直这样等待您的到来。大王您今天刚到这里，就听信了小人的谗言，跟沛公有了芥蒂，我害怕天下从此又要四分五裂，所有人都怀疑是您一手造成的啊！”项羽听罢，默不作声。沛公借口要去上厕所，暗示樊哙和他一同离去。出了营之后，沛公把随从车马留下，自己骑一匹马，让樊哙等四个人步行跟随，从山间的小路跑回灞上的军营，命令张良代替自己向项羽辞谢。项羽也作罢了，没有杀死沛公的念头了。这一天如果不是樊哙闯进大营责备项羽的话，沛公的事业几乎就毁于一旦。第二天，项羽率领兵马进入咸阳，大肆杀戮，封沛公为汉王。汉王也就封樊哙为列侯，号临武君。随后又升任郎中，跟随汉王进入汉中。

当汉王回军平定三秦的时候，樊哙独自带兵在白水以北进攻西城县丞的部队，又在雍县之南进攻雍王章邯的轻车骑兵，都击败了他们。跟从汉王进攻雍县、斄县县城，率先登城。在好畤进攻章平的军队，攻城时樊哙又率先登城。带头陷阵杀敌，杀死县令一人，县丞一人，斩首十一级，抓获二十人，升任郎中骑将。跟随汉王在壤东进攻章军的车骑部队，击退敌人的进攻，升任将军。在进攻赵贲的军队时，在攻取郿、槐里、柳中、咸阳的战役中，以及引水灌废丘的敌军，樊哙的功劳都最高。到了栎阳，汉王把杜陵的樊乡赏赐给樊哙当作食邑。跟随汉王攻打项羽，血洗了煮枣。在外黄，打败了王武、程处所率领的军队。接着又先后进攻邹县、鲁城、瑕丘和薛县。项羽在彭城把汉王打得一败涂地，全部收复了鲁、梁一带的土地。樊哙回军到荥阳，汉王又给他增加了平阴两千户作为他的食邑，以将军的职位防守广武。一年之后，项羽带兵东去。樊哙又跟从汉王进攻项羽，夺取了阳夏，抓获了楚国周将军的士兵四千人。把项羽包围在陈县，把他打得大败。樊哙血洗了胡陵。

项羽死后，汉王当了皇帝，樊哙因为坚守城池和出击战斗有功，又加封食邑八百户。他跟随高祖进攻反叛的燕王臧荼，并抓获了他，平定了燕国的土地。楚王韩信发动叛乱，樊哙跟随高祖到陈县，抓获了韩信，平定了楚国的土地。高祖改赐列侯的爵位，与诸侯把兵符剖开以示信任，让他们世代传承不绝。皇帝把樊哙以前的食邑除去，赐给他舞阳，号为舞阳侯。樊哙又以将军的职位跟随高祖前去代地，进攻反叛的韩王信。从霍人一直打到云中，都是樊哙和绛侯周勃一行人一起平定的，于是又增加了他的食邑一千五百户。后来，樊哙又带领人马攻击反叛的臣子陈豨和曼丘臣的部队，襄国大战，在攻打柏人县的时候，率先登城，又降服收复了清河、常山两郡的二十七个县，攻取了东垣县城，以此功劳升任左丞相。在无终、广昌，打败了綦毋卬、尹潘的部队，并且生擒了他们两人。在代南，击破了陈豨部下的胡人将领王黄所率领的部队。接着，又进军参合，进攻韩于参合。军所将卒斩韩信，破豨胡骑横谷，斩将军赵既，虏代丞相冯梁、守孙奋、大将王黄、将军、太仆解福等十人。与诸将共定代乡邑七十三。其后燕王卢绾反，哙以相国击卢绾，破其丞相抵蓟南，定燕地，凡县十八，乡邑五十一。益食邑千三百户，定食舞阳五千四百户。从斩首百七十六级，虏二百八十八人。别破军七，下城五，定郡六，县五十二，得丞相一人，将军十二人，二千石已下至三百石十一人。

哙以吕后女弟吕须为妇，生子伉，故其比诸将最亲。

先黥布反时，高祖尝病甚，恶见人，卧禁中，诏户者无得入群臣。群臣绛、灌等莫敢入。十余日，哙乃排闼直入，大臣随之。上独枕一宦者卧。哙等见上流涕曰："始陛下与臣等起丰沛，定天下，何其壮也！今天下已定，又何惫也！且陛下病甚，大臣震恐，不见臣等计事，顾独与一宦者绝乎？且陛下独不见赵高之事乎？"高帝笑而起。

其后卢绾反，高帝使哙以相国击燕。是时高帝病甚，人有恶哙党于吕氏，即上一日宫车晏驾，则哙欲以兵尽诛灭戚氏、赵王如意之属。高帝闻之大怒，乃使陈平载绛侯代将，而即军中斩哙。陈平畏吕后，执哙诣长安。至则高祖已崩，吕后释哙，使复爵邑。

孝惠六年，樊哙卒，谥为武侯。子伉代侯。而伉母吕须亦为临光侯，高后时用事专权，大臣尽畏之。伉代侯九岁，高后崩。大臣诛诸吕、吕须媭属，因诛伉。舞阳侯中绝数月。孝文帝既立，乃复封哙他庶子市人为舞阳侯，复故爵邑。市人立二十九岁卒，谥为荒侯。子他广代侯。六岁，侯家舍人得罪他广，怨之，乃上书曰："荒侯市人病不能为人，令其夫人与其弟乱而生他广，他广实非荒侯子，不当代王信的军队，他所率领的将士杀死韩王信。在横谷，击败陈豨的胡人骑兵部队，杀死了将军赵既，抓获了代国丞相冯梁、郡守孙奋、大将军王黄、太仆解福及将军等十人。和将领们一同收复了代地的乡邑七十三个。此事之后，燕王卢绾起兵反叛，樊哙以相国的职位带兵进攻卢绾，在蓟县之南打败卢绾所率领的部队，收复了燕地共十八个县、五十一个乡邑。于是皇帝又给樊哙增加食邑一千三百户，把舞阳侯的食邑定为五千四百户。樊哙跟随高祖南征北讨途中，共斩杀敌人一百七十六个，抓获敌兵一百八十八人。他自己独自带兵打仗，击败过七支敌军，攻占过五座城池，平定了六个郡，五十二个县，并抓获过敌人丞相一人，将军十二人，二千石以下到三百石的官员十一人。

樊哙因为娶了吕后的妹妹吕媭作为妻子，生下儿子樊伉，因此和其他将领比起来，高祖对樊哙更加亲近。

先前在黥布反叛的时候，高祖一直病得很严重，不喜欢见人，他躺在宫禁之中，命令守门人不可以让群臣进去看他。群臣中像绛侯周勃、灌婴等人都不敢进宫。就这样过了十几天，有一次樊哙推开宫门，直接闯了进去，后面的臣子们紧紧跟随。看见高祖一人枕着一个宦官躺在床上。樊哙等人见到皇帝之后，哭着说："想当初陛下和我们一起从丰沛起兵，平定天下，那是怎样的壮举啊！而现在天下已经安定，您又是何等的劳累啊！何况您病得不轻，大臣们都不知所措，您又不愿意接见我们这些人来商议国家大事，难道您只想和一个宦官诀别吗？再说您难道不知道以前赵高作乱的事吗？"高祖听罢，于是笑着从床上起来。

后来卢绾密谋造反，高祖命令樊哙以相国的身份去进攻燕国。这时高祖又病得十分严重，有人诬陷樊哙和吕氏勾结，皇帝如果有一天去世的话，那么樊哙就要带兵把戚夫人和赵王如意这些人全部杀死。高祖听说之后，非常生气，马上命令陈平用车载着绛侯周勃去取代樊哙，并在军中马上把樊哙杀死。陈平因畏惧吕后，并没有按照高祖的命令执行，而是把樊哙解赴长安。到达长安的时候，高祖已经去世，吕后就赦免了樊哙，并恢复了他原有的爵位和封邑。

汉惠帝六年时，樊哙去世了，谥号为武侯。樊哙的儿子樊伉接替他的侯位。而樊伉的母亲吕媭也被封为临光侯。在高后时期，吕媭也执掌国家政事，十分独断，大臣们没有不惧怕她的。樊伉代侯九年之后，吕后去世了。大臣们诛杀吕氏宗族和吕媭的亲戚，接着，又杀死了樊伉。舞阳侯这个爵位中间断了好几个月。直到汉文帝即位的时候，这才封樊哙之妾所生的儿子樊市人为舞阳侯，并恢复了原来的爵位和食邑。樊市人在位二十九年后死去，谥号为荒侯。樊市人的儿子樊他广继承了他的侯位。六年之后，舞阳侯家中的人得罪了樊他广，十分怨恨他，于是就上书说："荒侯市人因为有病而失去了生育能力，就让他的妻子和弟弟淫后。”诏下吏。孝景中六年，他广夺侯为庶人，国除。

曲周侯郦商者，高阳人。陈胜起时，商聚少年东西略人，得数千。沛公略地至陈留，六月余，商以将卒四千人属沛公于岐。从攻长社，先登，赐爵封信成君。从沛公攻缑氏，绝河津，破秦军洛阳东。从攻下宛、穰，定十七县。别将攻旬关，定汉中。

项羽灭秦，立沛公为汉王。汉王赐商爵信成君，以将军为陇西都尉。别将定北地、上郡。破雍将军乌氏，周类军栒邑，苏驵军于泥阳。赐食邑武成六千户。以陇西都尉从击项籍军五月，出巨野，与钟离眛战，疾斗，受梁相国印，益食邑四千户。以梁相国将从击项羽二岁三月，攻胡陵。

项羽既已死，汉王为帝。其秋，燕王臧荼反，商以将军从击荼，战龙脱，先登陷阵，破荼军易下，却敌，迁为右丞相，赐爵列侯，与诸侯剖符，世世勿绝，食邑涿五千户，号曰涿侯。以右丞相别定上谷，因攻代，受赵相国印。以右丞相赵相国别与绛侯等定代、雁门，得代丞相程纵、守相郭同、将军已下至六百石十九人。还，以将军为太上皇卫一岁七月。以右丞相击陈豨，残东垣。又以右丞相从高帝击黥布，攻其前拒，陷两陈，得以破布军，更食曲周五千一百户，除前所食，凡别破军三，降定郡六，县七十三，得丞相、守相、大将各一人，小将二人，二千石已下至六百石十九人。

商事孝惠、高后时，商病，不治。其子寄，字况，与吕禄善。及高后崩，大臣欲诛诸吕，吕禄为将军，军于北军，太尉勃不得入北军，于是乃使人劫郦商，令其子况绐吕禄，吕禄信之，故与出游，而太尉勃乃得入据北军，遂诛诸吕。是岁商卒，谥为景侯。子寄代侯。

乱而生下他广。他广在事实上不是荒侯的后代，因此更不应该继承侯位。”皇帝命令把此事交给官吏去处理。在汉景帝中元六年时，取消了樊他广的侯位，把他贬为平民百姓，封国食邑也一并取消了。

曲周侯郦商是高阳人。在陈胜起兵反抗秦朝的时候，他召集了一伙年轻人到处招兵买马，聚集了好几千人。沛公攻城夺地来到陈留，过了六个多月，郦商就率领将士四千多人到岐投奔沛公。跟随沛公进攻长社，率先登城，赐爵封为信成君。跟随沛公进攻缑氏，封锁了黄河的渡口，在洛阳东面打败秦军。跟从沛公夺取宛、穰两地，另外又平定了十七个县。自己单独率军进攻旬关，平定汉中。

项羽灭亡秦朝之后，立沛公为汉王。汉王赐给郦商信成君爵位，并让他以将军的职位担任陇西的都尉。郦商独自率军平定了北地和上郡。在乌氏击败了雍王章邯部下所带领的军队，在栒邑击败了周类所带领的军队，在泥阳击败了苏驵所带领的军队。于是汉王把武成县的六千户赏赐给了郦商，作为他的食邑。他以陇西都尉的身份跟随沛公进攻项羽的军队时间长达五个月之久，出兵巨野，和钟离昧战斗，因激战有功，沛公赐予他梁相国印，又增封食邑四千户。以梁国相国的身份跟随汉王与项羽作战时间长达两年又三个月，攻占胡陵。

项羽死了之后，汉王成为皇帝。这一年的秋天，燕王臧荼密谋造反，郦商以将军的身份随从高帝去进攻臧荼。在龙脱大战的时候，郦商勇猛无比，率先登城，在易下打败臧荼的部队。因杀敌有功，被升职为右丞相，赐给他列侯的爵位，和其他诸侯一样剖符为信，世世代代永不断绝，以涿邑五千户作为他的食邑，封号为涿侯。以右丞相的职位独自带兵平定上谷，接着又进攻代，高祖赐予他赵国的相国之印。以右丞相外加赵国相国的身份带兵和绛侯周勃等人一同平定了代和雁门，生擒了代国丞相程纵、守相郭同、将军以下到六百石的官员一共十九人。凯旋归来之后，他以将军的身份担任太上皇的护卫一年零七个月。然后又以右丞相之职进攻陈豨，攻破东垣城墙。又以右丞相的身份跟随高帝攻打反叛的黥布，郦商带兵向敌人前沿阵地猛烈攻击，攻陷了两个阵地，从而使汉军能够击败黥布的兵马。高帝把他的封邑改定在了曲周，增加到五千一百户，收回了以前所封的食邑。总计郦商一共击败了三支敌军，降服平定六个郡、七十三个县，抓获丞相、守相、大将各一人，小将二人，二千石以下到六百石的官员十九人。

郦商在侍奉孝惠帝、高后时期，因身体不好，不能处理国家政事。他的儿子郦寄，字况，与吕禄交情甚好。等到高后去世的时候，大臣们想诛杀吕氏家族，可是吕禄身为将军，统领北军，太尉周勃进不了北军的营寨。于是就派人威逼郦商，让他的儿子郦况去欺骗吕禄。吕禄相信了郦况说的话，就和他一同出去游玩，使得太尉周勃进入北军营寨，控制北军。这样，才诛杀掉了吕氏家族。也就天下称郦况卖交也。

孝景前三年，吴、楚、齐、赵反，上以寄为将军，围赵城，十月不能下。得俞侯栾布自平齐来，乃下赵城，灭赵，王自杀，除国。孝景中二年，寄欲取平原君为夫人，景帝怒，下寄吏，有罪，夺侯。景帝乃以商他子坚封为缪侯，续郦氏后。缪靖侯卒，子康侯遂成立。遂成卒，子怀侯世宗立。世宗卒，子侯终根立，为太常，坐法，国除。

汝阴侯夏侯婴，沛人也。为沛厩司御。每送使客还，过沛泗上亭，与高祖语，未尝不移日也。婴已而试补县吏，与高祖相爱。高祖戏而伤婴，人有告高祖。高祖时为亭长，重坐伤人，告故不伤婴，婴证之。后狱覆，婴坐高祖系岁余，掠笞数百，终以是脱高祖。

高祖之初与徒属欲攻沛也，婴时以县令史为高祖使。上降沛一日，高祖为沛公，赐婴爵七大夫，以为太仆。从攻胡陵，婴与萧何降泗水监平，平以胡陵降，赐婴爵五大夫。从击秦军砀东，攻济阳，下户牖，破李由军雍丘下，以兵车趣攻战疾，赐爵执帛。常以太仆奉车从击章邯军东阿、濮阳下，以兵车趣攻战疾，破之，赐爵执圭。复常奉车从击赵贲军开封，杨熊军曲遇。婴从捕虏六十八人，降卒八百五十人，得印一匮。因复常奉车从击秦军雒阳东，以兵车趣攻战疾，赐爵封转为滕公。因复奉车从攻南阳，战于蓝田、芷阳，以兵车趣攻战疾，至霸上。项羽至，灭秦，立沛公为汉王。汉王赐婴爵列侯，号昭平侯，复为太仆，从入蜀、汉。

还定三秦，从击项籍。至彭城，项羽大破汉军。汉王败，不利，驰去。见孝惠、鲁元，载之。汉王急，马罢，虏在后，常蹶两儿欲弃在这一年，郦商去世了，谥号为景侯。他的儿子郦寄接替了侯位，天下人都说他出卖朋友。

孝景帝前元三年，吴、楚、齐、赵等诸侯国联合起兵反叛，皇帝委任郦寄为将军，攻打赵城，但十个月都没有攻下。等到俞侯栾布平定了齐国前来援助，这才攻打下了赵城，消灭了赵国。赵王刘遂自杀，封国被废除。景帝中元二年，郦寄想要娶景帝王皇后的母亲平原君为妻。景帝非常生气，把郦寄交给司法官吏去处理，判定他有罪，免除了侯爵爵位。景帝把郦商的另一个儿子郦坚封为缪侯，以延续郦氏的后代。缪靖侯郦坚去世之后，他的儿子康侯郦遂成接替。郦遂成死去之后，其儿子怀侯郦世宗接替。郦世宗去世之后，其儿子郦终根继承侯位，任太常，后来因为触犯法律，封国被废除。

汝阴侯夏侯婴是沛县人。起初在沛县县府的马房里负责养马驾车。每当他驾车送完使者或客人回去的时候，路过沛县泗上亭，都要去找高祖聊天，而且一聊就是很长时间。后来，夏侯婴被任命为候补的县吏，与高祖关系更加密切。有一次，高祖因为开玩笑而失手伤到了夏侯婴，被别人告发到官府。当时高祖身为亭长，伤了人要从严处罚，所以高祖申诉本来没有伤害夏侯婴，夏侯婴也证明自己没有受到伤害。后来这个案子又被翻了过来，夏侯婴因受高祖的牵连被关押了一年之久，挨了几百板子，但最后因此使高祖没有受到刑罚。

当初高祖率领他的徒众准备进攻沛县的时候，夏侯婴以县令属官的身份与高祖联系。就在高祖降服沛县的那天，高祖立为沛公，赐给夏侯婴七大夫的爵位，并任命他为太仆。在跟随高祖进攻胡陵时，夏侯婴和萧何一起招降了泗水郡郡监平，平献出胡陵投降了，高祖赏赐给夏侯婴五大夫的爵位。他跟随高祖在砀县以东攻击秦军，进攻济阳，攻下户牖，在雍丘一带打败李由的军队，他在战斗中驾兵车快速进攻，骁勇善战，高祖赏赐给他执帛的爵位。夏侯婴又以太仆的职位指挥兵车跟随高祖在东阿、濮阳一带攻击章邯，在战斗中驾兵车快速进攻，骁勇善战，大败秦军，高祖赏赐给他执圭的爵位。他又指挥兵车跟从高祖在开封攻击赵贲的军队，在曲遇攻击杨熊的军队。在战斗中，夏侯婴抓获六十八人，收降士兵八百五十人，并缴获金印一匣。接着又曾经指挥兵车跟从高祖在洛阳的东面攻打秦军。他驾车冲锋陷阵，奋力拼杀，高祖赏赐他滕公的封爵。接着他又指挥兵车跟从高祖进攻南阳，在蓝田、芷阳的战斗中，他驾兵车全力冲杀，英勇作战，一直攻打到了灞上。项羽进关之后，灭亡了秦朝，封沛公为汉王。汉王赐与夏侯婴列侯的爵位，号为昭平侯。又以太仆的职位，随同汉王进军蜀、汉地区。

后来汉王回师平定了三秦，夏侯婴跟随汉王攻打项羽的军队。向彭城进军，汉军被项羽打败。汉王因为兵败不利，乘车马快速逃跑。在途中夏侯婴遇到了孝之，婴常收，竟载之，徐行面雍树乃驰。汉王怒，行欲斩婴者十余，卒得脱，而致孝惠、鲁元于丰。

汉王既至荥阳，收散兵，复振，赐婴食祈阳。复常奉车从击项籍，追至陈，卒定楚，至鲁，益食兹氏。

汉王立为帝。其秋，燕王臧荼反，婴以太仆从击荼。明年，从至陈，取楚王信。更食汝阴，剖符世世勿绝。以太仆从击代，至武泉、云中，益食千户。因从击韩信军胡骑晋阳旁，大破之。追北至平城，为胡所围，七日不得通。高帝使使厚遗阏氏，冒顿开围一角。高帝出欲驰，婴固徐行，弩皆持满外向，卒得脱。益食婴细阳千户。复以太仆从击胡骑句注北，大破之。以太仆击胡骑平城南，三陷陈，功为多，赐所夺邑五百户。以太仆击陈豨、黥布军，陷陈却敌，益食千户，定食汝阴六千九百户，除前所食。

婴自上初起沛，常为太仆，竟高祖崩。以太仆事孝惠。孝惠帝及高后德婴之脱孝惠、鲁元于下邑之间也，乃赐婴县北第第一，曰“近我”，以尊异之。孝惠帝崩，以太仆事高后。高后崩，代王之来，婴以太仆与东牟侯入清宫，废少帝，以天子法驾迎代王代邸，与大臣共立为孝文皇帝，复为太仆。八岁卒，谥为文侯。子夷侯灶立，七年卒。子共侯赐立，三十一年卒。子侯颇尚平阳公主。立十九岁，元鼎惠帝和鲁元公主，就把他们带上车来一起走。马已跑得十分疲惫，敌人又紧追在后，汉王十分着急，有好几次想用脚把两个孩子踢下车，想抛弃他们，但每次都是夏侯婴下车把他们抱上来，一直把他们载在车上。夏侯婴赶着车子，先是慢慢地前进，等两个吓坏了的孩子抱紧了自己的脖子之后，才驾车疾驰。汉王为此事非常生气，有十多次想要杀掉夏侯婴，但最终还是逃脱险境，把孝惠帝、鲁元公主安然无恙地送到了丰邑。

汉王到了荥阳之后，收集被击败的军队，重整军威，汉王把祈阳赏赐给夏侯婴作为食邑。在此之后，夏侯婴又指挥兵车跟从汉王进攻项羽，一直追击到陈县，最后终于平定了楚地。到达鲁地，汉王又给他增加了兹氏一县作为食邑。

汉王成为皇帝的这一年秋天，燕王臧荼起兵谋反，夏侯婴以太仆的职位跟随高帝进攻臧荼。第二年，又跟随高帝到陈县，抓获了楚王韩信。高帝把夏侯婴的食邑改封在汝阴，剖符为信，使爵位世世代代传承下去。夏侯婴又以太仆的职位跟随高帝进攻代地，一直攻打到武泉、云中，高帝又赏赐给他食邑一千户。接着夏侯婴又跟随汉王到晋阳附近地区，把隶属于韩信的匈奴骑兵打败。当追击败军到平城的时候，被匈奴骑兵包围，困了整整七天不能脱身。后来高帝派人送给匈奴王的王后阏氏很多礼物，匈奴王冒顿这才把包围圈打开一处。高帝脱困刚出平城就想驾车快跑，夏侯婴坚决地止住车马让其慢步行走，命令弓箭手都拉满弓向外，最后终于逃脱险境。以此功劳，高帝把细阳一千户作为食邑加封给夏侯婴。又以太仆的职位跟随高帝在句注山以北地区进攻匈奴骑兵，大获全胜。以太仆的职位在平城南边攻打匈奴骑兵，多次攻陷敌阵，功劳最大，高帝就把夺来的城池中的五百户赏赐给他作为食邑。又以太仆的职位进攻陈豨、黥布的反叛军队，冲锋陷阵，打败敌军，又加封食邑一千户。最后，皇帝把夏侯婴的食邑改定在汝阴，共六千九百户，撤消以前所封的其他食邑。

夏侯婴自从跟随高帝在沛县起兵，长期担任太仆的职位，一直到高帝去世。之后又作为太仆侍奉孝惠帝。孝惠帝和吕后十分感激夏侯婴在下邑的途中救了孝惠帝和鲁元公主，就把紧靠在皇宫北面的一等宅院赏赐给他，名为“近我”，意思就是“这样可以离我最近”，以此表示对夏侯婴的格外宠信。孝惠帝死去之后，他又以太仆之职侍奉高后。等到高后去世，代王来到京城的时候，夏侯婴又以太仆的职位和东牟侯刘兴居一起进入皇宫清理宫室，废除了少帝，用天子的法驾到代王府去迎接代王，和大臣们一起拥立代王为孝文皇帝，夏侯婴依旧担任太仆一职。八年之后去世，谥号为文侯。他的儿子夷侯夏侯灶接替侯位，七年之后去世。其儿子共侯夏侯赐继承侯位，三十一年之后去世。他的儿子夏侯颇娶的是平阳公主，在他继承侯位期间的第十九年时，也就是元鼎二年这一年，因为和他二年，坐与父御婢奸罪，自杀，国除。

颍阴侯灌婴者，睢阳贩缯者也。高祖之为沛公，略地至雍丘下，章邯败杀项梁，而沛公还军于砀，婴初以中涓从击破东郡尉于成武及秦军于扛里，疾斗，赐爵七大夫。从攻秦军亳南、开封、曲遇，战疾力，赐爵执帛，号宣陵君。从攻阳武以西至雒阳，破秦军尸北，北绝河津，南破南阳守齮阳城东，遂定南阳郡。西入武关，战于蓝田，疾力，至霸上，赐爵执圭，号昌文君。

沛公立为汉王，拜婴为郎中，从入汉中，十月，拜为中谒者。从还定三秦，下栎阳，降塞王。还围章邯于废丘，未拔。从东出临晋关，击降殷王，定其地。击项羽将龙且、魏相项他军定陶南，疾战，破之。赐婴爵列侯，号昌文侯，食杜平乡。

复以中谒者从降下砀，以至彭城。项羽击，大破汉王。汉王遁而西，婴从还，军于雍丘。王武、魏公申徒反，从击破之。攻下黄，西收兵，军于荥阳。楚骑来众，汉王乃择军中可为骑将者，皆推故秦骑士重泉人李必、骆甲习骑兵，今为校尉，可为骑将。汉王欲拜之，必、甲曰："臣故秦民，恐军不信臣，臣愿得大王左右善骑者傅之。"灌婴虽少，然数力战，乃拜灌婴为中大夫，令李必、骆甲为左右校尉，将郎中骑兵击楚骑于荥阳东，大破之。受诏别击楚军后，绝其饷道，起阳武至襄邑。击项羽之将项冠于鲁下，破之，所将卒斩右司马、骑将各一人。击破柘公王武，军于燕西，所将卒斩楼烦将五人，连尹一人。击王武别将桓婴白马下，破之，所将卒斩都尉一人。以骑渡河南，送汉王到雒阳，使北迎相国韩信军于邯郸。还至敖仓，婴迁为御史大夫。

三年，以列侯食邑杜平乡。以御史大夫受诏将郎中骑兵东属相国父亲的御婢通奸，畏罪自杀，封国也被废除。

颍阴侯灌婴原来是睢阳一个贩卖丝缯的小商人。高祖在刚刚起兵反抗秦朝，自立为沛公的时候，攻城略地来到雍丘城下，章邯打败了项梁并将他杀死。而沛公也撤退到砀县附近，灌婴以内侍中涓官的身份跟随沛公，在成武击败了东郡郡尉的军队，在杠里击败了驻守的秦军，因为勇猛无比，被赐与七大夫的爵位。后又随同沛公在亳县南面及开封、曲遇一带与秦军战斗，因全力拼杀，被赐与执帛的爵位，号为宣陵君。又跟随沛公在阳武以西至洛阳一带与秦军战斗，在尸乡以北地区打败秦军，再向北封锁了黄河渡口，然后又带兵南下，在南阳以东击败了南阳郡郡守吕齮的军队，这样就平定了南阳郡。再往西面进入武关，在蓝田与秦军战斗，因为勇猛无比，一直攻打到了灞上，被赐与执圭的爵位，号为昌文君。

沛公被封为汉王之后，汉王任命灌婴为郎中的职位。他跟随汉王进军汉中，十月间，又被任命为中谒者。跟随汉王还师平定了三秦，攻下了栎阳，降服了塞王司马欣。回军又把章邯包围在了废丘，但没能攻克。后又随同汉王向东进军临晋关，降服了殷王董翳，平定了他所统领的地区。在定陶以南地区与项羽的手下龙且、魏国丞相项他的军队战斗，经过激烈的搏杀，最后打败敌军。因功被赐与列侯的爵位，号为昌文侯，杜县的平乡被封作他的食邑。

以后又以中谒者的身份随同汉王攻下砀县，进军彭城。项羽率领军队进攻，把汉王打败。汉王向西面逃跑，灌婴随汉王撤退，在雍丘驻守。王武、魏公申徒反叛，灌婴跟随汉王出击，并打败了他们。攻下了外黄，再向西招兵买马，在荥阳驻扎。项羽的军队再次进攻，其中骑兵很多，汉王就在军中挑选能够担任骑兵将领的人，大家都推荐原来的秦朝骑士重泉人李必、骆甲，他们两人对骑兵作战很在行，同时现在又都被任命校尉之职，所以可以担任骑兵将领。汉王准备任命他们，但他们二人却说："我们原来是秦朝的子民，恐怕军中的士兵觉得我们不可靠，所以请您委派一名常在您身边而又善于骑射的人做我们的首领。"当时灌婴年龄虽然不大，但在多次战役中都能全力拼杀，所以就委任他为中大夫，让李必、骆甲担任左右校尉，率领郎中骑兵在荥阳以东和楚国骑兵战斗，把楚军打败。又奉汉王命令独自一人带领军队袭击楚军的后方，切断了楚军从阳武到襄邑的粮草供应线。在鲁下一带，击败了项羽的将领项冠率领的军队，部下将士们斩杀楚军的右司马、骑将各一人。打败柘公王武，军队驻扎在燕国西部附近，部下将士们斩杀楼烦将领五人、连尹一人。在白马附近，大败王武的别将桓婴，所率领的士兵斩杀都尉一人。又带领骑兵从南面渡过黄河，护送汉王抵达洛阳，然后汉王又派遣灌婴到邯郸去迎接相国韩信的军队。返回途中到敖仓时，他被升为御史大夫。

汉王三年，灌婴以列侯的爵位得到了杜县的食邑平乡。其后，他以御史大夫韩信，击破齐军于历下，所将卒虏车骑将军华毋伤及将吏四十六人。降下临菑，得齐守相田光。追齐相田横至嬴、博，破其骑，所将卒斩骑将一人，生得骑将四人。攻下嬴、博，破齐将军田吸于千乘，所将卒斩吸。东从韩信攻龙且、留公旋于高密，卒斩龙且，生得右司马、连尹各一人，楼烦将十人，身生得亚将周兰。

齐地已定，韩信自立为齐王，使婴别将击楚将公杲于鲁北，破之。转南，破薛郡长，身虏骑将一人。攻傅阳，前至下相以东南僮、取虑、徐。度淮，尽降其城邑，至广陵。项羽使项声、薛公、郯公复定淮北。婴度淮北，击破项声、郯公下邳，斩薛公，下下邳，击破楚骑于平阳，遂降彭城，虏柱国项佗，降留、薛、沛、酂、萧、相。攻苦、谯，复得亚将周兰。与汉王会颐乡。从击项籍军于陈下，破之，所将卒斩楼烦将二人，虏骑将八人。赐益食邑二千五百户。

项籍败垓下去也，婴以御史大夫受诏将车骑别追项籍至东城，破之。所将卒五人共斩项籍，皆赐爵列侯。降左右司马各一人，卒万二千人，尽得其军将吏。下东城、历阳。渡江，破吴郡长吴下，得吴守，遂定吴、豫章、会稽郡。还定淮北，凡五十二县。

汉王立为皇帝，赐益婴邑三千户。其秋，以车骑将军从击破燕王臧荼。明年，从至陈，取楚王信。还，剖符，世世勿绝，食颍阴二千五百户，号曰颍阴侯。

以车骑将军从击反韩王信于代，至马邑，受诏别降楼烦以北六县，斩代左相，破胡骑于武泉北。复从击韩信胡骑晋阳下，所将卒斩胡白题将一人。受诏并将燕、赵、齐、梁、楚车骑，击破胡骑于硰石。至平城，为胡所围，从还军东垣。

从击陈豨，受诏别攻豨丞相侯敞军曲逆下，破之，卒斩敞及特将的身份带领郎中骑兵，隶属于相国韩信，在历下打败了齐国的军队，他所带领的士卒抓获了车骑将军华毋伤及将吏四十六人。使齐军被迫投降，攻下了临淄，生擒齐国守相田光。又追击齐国相国田横到嬴、博，打败齐国骑兵，所带领的士卒斩杀齐国骑将一人，生擒骑将四人。攻克嬴、博，在千乘把齐国将军田吸打得一败涂地，所率士兵将田吸斩首。然后随同韩信领兵向东，在高密进攻龙且和留公旋的兵马，所带领的士卒将龙且斩首，生擒了右司马、连尹各一人，楼烦将领十人，自己亲手捉拿亚将周兰。

齐地平定之后，韩信自立为齐王，派遣灌婴独自率军去鲁北进攻楚将公杲的军队，获得大胜。灌婴举兵南下，击败了薛郡郡守所带领的军队，亲自抓获骑将一人。接着又攻打傅阳，进军到达下相东南的僮城、取虑和徐城。渡过淮河，全部降服了淮南的城池，然后抵达广陵。其后项羽派项声、薛公和郯公又重新收复了淮北。因此灌婴又渡过淮河北上进军，在下邳打败了项声、郯公，并将薛公斩首，攻下下邳。在平阳打败了楚军骑兵，接着就降服了彭城，抓获了楚国的柱国项佗，降服了留、薛、沛、酂、萧、相等县。进攻苦县、谯县，再次抓获亚将周兰。然后在颐乡和汉王会合。随同汉王在陈县一带打败了项羽的部队，所带领的士卒斩楼烦骑将二人，抓获骑将八人。汉王给灌婴增加食邑二千五百户。

项羽在垓下被打得大败，然后突出重围逃跑，这个时候，灌婴以御史大夫的职位受汉王命令带领车骑部队追杀项羽，在东城彻底击败了他。所带领的将士五人共同杀死了项羽，他们都被封为列侯。又降服了左右司马各一人，士兵一万二千人，抓获了项羽军中全部的将领和官吏。随后，又攻下了东城、历阳，渡过长江，在吴县一带打败了吴郡郡守所带领的军队，抓获了吴郡郡守。这样，也就平定了吴、豫章、会稽三郡。然后回师，又平定了淮北地区，一共五十二个县。

汉王成为皇帝之后，又给灌婴加封食邑三千户。这一年的秋天，他以车骑将军的职位随同高帝打败燕王臧荼的军队。第二年，随同高帝到达陈县，抓获了楚王韩信。回朝之后，高帝剖符为信，使其世世代代不绝，把颍阴的两千五百户封给灌婴作为食邑，号为颍阴侯。

此后，灌婴又作为车骑将军跟随高帝到代，去讨伐造反的韩王信，到达马邑的时候，奉皇帝命令带领军队降服了楼烦以北的六个县，斩杀了代国的左丞相，在武泉以北打败了匈奴骑兵。又跟随高帝在晋阳一带攻打隶属于韩王信的匈奴骑兵，所率领的士卒斩杀匈奴白题将一人。奉皇帝命令一并带领燕、赵、齐、梁、楚等国的车骑军队，在硰石击败了匈奴的骑兵。到平城的时候，被匈奴大军包围，跟随高帝回军到东垣。

在跟随高帝进攻陈豨的时候，灌婴接受皇帝的命令独自在曲逆一带攻击陈五人。降曲逆、卢奴、上曲阳、安国、安平。攻下东垣。

黥布反，以车骑将军先出，攻布别将于相，破之，斩亚将楼烦将三人。又进击破布上柱国军及大司马军。又进破布别将肥诛。婴身生得左司马一人，所将卒斩其小将十人，追北至淮上。益食二千五百户。布已破，高帝归，定令婴食颍阴五千户，除前所食邑。凡从得二千石二人，别破军十六，降城四十六，定国一，郡二，县五十二，得将军二人，柱国、相国各一人，二千石十人。

婴自破布归，高帝崩，婴以列侯事孝惠帝及吕太后。太后崩，吕禄等以赵王自置为将军，军长安，为乱。齐哀王闻之，举兵西，且入诛不当为王者。上将军吕禄等闻之，乃遣婴为大将，将军往击之。婴行至荥阳，乃与绛侯等谋，因屯兵荥阳，风齐王以诛吕氏事，齐兵止不前。绛侯等既诛诸吕，齐王罢兵归，婴亦罢兵自荥阳归，与绛侯、陈平共立代王为孝文皇帝。孝文皇帝于是益封婴三千户，赐黄金千斤，拜为太尉。

三岁，绛侯勃免相就国，婴为丞相，罢太尉官。是岁，匈奴大入北地、上郡，令丞相婴将骑八万五千往击匈奴。匈奴去，济北王反，诏乃罢婴之兵。后岁余，婴以丞相卒，谥曰懿侯。子平侯阿代侯。二十八年卒，子强代侯。十三年，强有罪，绝二岁。元光三年，天子封灌婴孙贤为临汝侯，续灌氏后，八岁，坐行赇有罪，国除。

太史公曰：吾适丰沛，问其遗老，观故萧、曹、樊哙、滕公之家，及其素，异哉所闻！方其鼓刀屠狗卖缯之时，岂自知附骥之尾，垂名汉廷，德流子孙哉？余与他广通，为言高祖功臣之兴时若此云。

狶丞相侯敞的军队，击败敌军，所带领的士卒杀死了侯敞和特将五人。降服了曲逆、卢奴、上曲阳，安国、安平等地，攻下了东垣。

黥布反叛的时候，灌婴以车骑将军的职位率军先行出征，在相县，大败黥布别将的军队，杀死亚将、楼烦将共三人。又率军进攻黥布上柱国的部队和大司马的部队。又率军攻下黥布别将肥诛的部队，灌婴亲手捉拿左司马一人，所率士卒斩杀小将十人，追击敌人的残兵败将一直到淮河岸边。因此，皇帝又给他增加食邑二千五百户。平定黥布之后，高祖还朝，确定灌婴在颍阴的食邑共五千户，取消以前所封的食邑。在多次大战中，灌婴总计随高帝抓获二千石的官吏二人，另外自己带领部队击破敌军十六支，降服城池四十六座，平定了一个诸侯国、两个郡、五十二个县，抓获将军二人，柱国、相国各一人，二千石的官吏十人。

灌婴在击败了黥布回到京城时，高帝去世了。灌婴就以列侯的职位侍奉孝惠帝和吕太后。太后去世以后，吕禄等人以赵王的身份自立为将军，驻扎长安，意图发动叛乱。齐哀王刘襄知道这件事以后，带兵西进向京城而来，扬言诛杀不应该成为王的人。上将军吕禄等人得知后，就任灌婴为大将，率领军队前去阻击。灌婴来到荥阳，就和绛侯周勃等人商量，决定大军暂时在荥阳驻扎，向齐哀王暗中示意准备杀诛吕氏的计划，齐兵因此也就驻兵不前。绛侯周勃等人诛杀吕氏之后，齐王收兵回到封地。灌婴也收兵从荥阳回到京城，和周勃，陈平共同拥立代王为孝文皇帝。孝文皇帝于是就给灌婴加封食邑三千户，赏赐黄金一千斤，同时任命他为太尉。

三年以后，绛侯周勃被免除丞相职务回到自己封地去了，灌婴被任命为丞相，取消了太尉之职。这一年，匈奴大肆进攻北方、上郡，皇帝命丞相灌婴率领骑兵八万五千人，前去进攻匈奴。匈奴逃跑之后，济北王刘兴居反叛，皇帝下命令灌婴收兵回京。又过了一年多，灌婴死在丞相任上，谥号为懿侯。其儿子平侯灌阿接替了他的侯位。二十八年以后死去，其儿子灌强接替侯位。十三年之后，因为灌强有罪，侯位中断了两年。元光三年，天子封灌婴的孙子灌贤为临汝侯，让他作为灌婴的继承人。八年之后，灌贤因触犯行贿罪，封国被废除。

太史公说：我以前到过丰沛，询问当地的老人，参观原来萧何、曹参、樊哙、滕公居住的地方，打听当年和他们有关的事情，所听到的真是令人惊叹呀！当他们操刀杀狗或贩卖丝缯的时候，难道他们就能知道日后能附骥尾，名垂汉室，德惠传及后代吗？我和樊哙的孙子樊他广有过交情，他和我谈论高祖的功臣们开始起家时的事迹，就是以上我所记述的这些。

张丞相列传第三十六

张丞相苍者，阳武人也。好书律历。秦时为御史，主柱下方书。有罪，亡归。及沛公略地过阳武，苍以客从攻南阳。苍坐法当斩，解衣伏质，身长大，肥白如瓠，时王陵见而怪其美士，乃言沛公，赦勿斩。遂从西入武关，至咸阳。沛公立为汉王，入汉中，还定三秦。陈余击走常山王张耳，耳归汉，汉乃以张苍为常山守。从淮阴侯击赵，苍得陈余。赵地已平，汉王以苍为代相，备边寇。已而徙为赵相，相赵王耳。耳卒，相赵王敖。复徙相代王。燕王臧荼反，高祖往击之。苍以代相从攻臧荼有功，以六年中封为北平侯，食邑千二百户。

迁为计相，一月，更以列侯为主计四岁。是时萧何为相国，而张苍乃自秦时为柱下史，明习天下图书计籍。苍又善用算律历，故令苍以列侯居相府，领主郡国上计者。黥布反亡，汉立皇子长为淮南王，而张苍相之。十四年，迁为御史大夫。

周昌者，沛人也。其从兄曰周苛，秦时皆为泗水卒史。及高祖起沛，击破泗水守监，于是周昌、周苛自卒史从沛公，沛公以周昌为职志，周苛为客。从入关，破秦。沛公立为汉王，以周苛为御史大夫，周昌为中尉。

汉王四年，楚围汉王荥阳急，汉王遁出去，而使周苛守荥阳城。楚破荥阳城，欲令周苛将。苛骂曰："若趣降汉王！不然，今为虏矣！"项羽怒，烹周苛。于是乃拜周昌为御史大夫。常从击破项籍。以六年中与萧、曹等俱封：封周昌为汾阴侯；周苛子周成以父死事，丞相张苍是阳武人，他非常喜好书、乐律及历法。在秦朝的时候，他曾担任过御史，掌管宫中的各种文献档案。后来因为触犯法律，便逃归家中。等到沛公攻城略地经过阳武的时候，张苍就以宾客的身份跟随沛公进攻南阳。后来张苍因为触犯法律应该斩首，脱下衣服，趴在刑具上的时候，身材高大，同时还有一身如同葫芦籽一样肥硕白皙的皮肤，正巧被王陵看见，赞叹张苍长得好。因此，王陵就向沛公说情，免除了他的死罪。这样，张苍便跟随沛公向西进入武关，抵达咸阳。沛公被立为汉王，进入汉中，不久又还师平定三秦。陈余击败常山王张耳，张耳归顺汉王，汉王就委任张苍为常山的郡守。又跟随韩信进攻赵国，张苍抓获陈余。赵地被平定之后，汉王委任张苍为代国相国，防备边境的敌人。不久，张苍又被调任赵国相国，辅助赵王张耳。张耳死后，他辅助赵王张敖。然后又调任代国相国，辅助代王。燕王臧荼造反的时候，高祖领兵前去进攻，张苍以代国相国的身份跟随高祖进攻臧荼有功，在高祖六年中被封为北平侯，食邑一千二百户。

后来，张苍被升为管理财政的计相。一个月之后，张苍以列侯的爵位改升主计，他担任这个职位时间长达四年之久。这时萧何担任相国，而张苍是从秦时就担任柱下史，非常熟悉天下的图书和各种文献，再加上他很精通数数、乐律和历法，因此就命令他以列侯的爵位在相府办公，负责掌管各郡交上来的会计账目。黥布造反未成而逃跑，汉高祖就立他的儿子刘长做淮南王，命令张苍为相国来辅助他。十四年（应为十六年）之后，张苍调任御史大夫。

周昌是沛县人，他和堂兄周苛在秦朝的时候都担任泗水卒史。等到汉高祖在沛县起兵的时候，击败了泗水郡的郡守、郡监，这样，周昌、周苛两兄弟也就以卒史的身份追随沛公，沛公命周昌担任管理旗帜的职志，周苛暂时在帐下作为宾客。后来他们都随同沛公入关，推翻秦朝的统治。沛公被封为汉王，汉王委任周苛为御史大夫，周昌为中尉。

汉王四年，楚军在荥阳把汉王包围，情况紧急，汉王悄悄逃出重围，命令周苛留守荥阳城。楚军攻克了荥阳，想任命周苛为将领，周苛痛斥说："你们这些人应该赶快归降汉王，不这样的话，很快就要成为俘虏了！"项羽听后大怒，立即就烹杀了周苛。于是，汉王就拜周昌为御史大夫。周昌经常随同汉王，并且多次打败项羽军。所以，在高祖六年时，周昌和萧何、曹参一起接受封赏，周昌被封为高景侯。

昌为人强力，敢直言，自萧、曹等皆卑下之。昌尝燕时入奏事，高帝方拥戚姬，昌还走，高帝逐得，骑周昌项，问曰："我何如主也？"昌仰曰："陛下即桀纣之主也。"于是上笑之，然尤惮周昌。及帝欲废太子，而立戚姬子如意为太子，大臣固争之，莫能得；上以留侯策即止。而周昌廷争之强，上问其说，昌为人吃，又盛怒，曰："臣口不能言，然臣期期知其不可。陛下虽欲废太子，臣期期不奉诏。"上欣然而笑。既罢，吕后侧耳于东厢听，见周昌，为跪谢曰："微君，太子几废。"

是后戚姬子如意为赵王，年十岁，高祖忧即万岁之后不全也。赵尧年少，为符玺御史。赵人方与公谓御史大夫周昌曰："君之史赵尧，年虽少，然奇才也，君必异之，是且代君之位。"周昌笑曰；"尧年少，刀笔吏耳，何能至是乎！"居顷之，赵尧侍高祖。高祖独心不乐，悲歌，群臣不知上之所以然。赵尧进请问曰："陛下所为不乐，非为赵王年少而戚夫人与吕后有却邪？备万岁之后而赵王不能自全乎？"高祖曰："然。吾私忧之，不知所出。"尧曰："陛下独宜为赵王置贵强相，及吕后、太子、群臣素所敬惮乃可。"高祖曰："然。吾念之欲如是，而群臣谁可者？"尧曰："御史大夫周昌，其人坚忍质直，且自吕后、太子及大臣皆素敬惮之。独昌可。"高祖曰："善。"于是乃召周昌，谓曰："吾欲固烦公，公强为我相赵王。"周昌泣曰："臣初起从陛下，陛下独奈何中道而弃之于诸侯乎？"高祖曰："吾极知其左迁，然吾私忧赵王，念非公无可者。公不得已强行！"于是徙御史大夫周昌为赵相。

封为汾阴侯，周苛的儿子周成因父亲为国事而死的原因，也被封为高景侯。

周昌为人坚忍刚强，敢于直言进谏。萧何、曹参等人对周昌都是非常敬佩的。周昌曾经有一次在高帝休息的时候进宫上奏事情，高帝正在和戚姬拥抱，周昌见到这样的情况，回头便跑，高帝连忙上前追赶，追上之后，骑在周昌的脖子上问他："你看我是什么样的皇帝？"周昌挺直脖子，昂起头说："陛下您就是像夏桀、商纣一样的皇帝。"高帝听了哈哈大笑，但是却因此最敬畏周昌。等到高帝想要废黜太子，立戚姬之子如意为太子的时候，许多大臣都坚决反对，但是都没有效果。后来，幸好张良为吕后定下计策，使高帝暂且把此事放下。而周昌在朝廷上和皇帝极力争论，高帝问他有什么理由，因为周昌原本就有口吃的毛病，再加上是在非常生气的时候，也就口吃得更加严重了，他说："我的口才虽然不好，但是我真切知道这样做是不对的。陛下您虽然想废掉太子，但是我却绝不能接受您的命令。"高帝听罢，很高兴地笑了。事情过去之后，吕后因为在东厢侧耳听到了他们的对话，她见到周昌时，就跪谢说："若不是您据理力争的话，太子几乎就被废黜了。"

之后，戚姬的儿子如意立为赵王，年纪才十岁，高祖担心如果自己过世后，赵王会被人杀掉。当时有一个名叫赵尧的人，年纪很小，他的官职是掌管符玺的御史。赵国人方与公对御史大夫周昌说："您的御史赵尧，虽然年轻，但他却是一个人才，您对他一定要刮目相看，他将来要接替您的职位。"周昌笑着说："赵尧年轻，只不过是一个刀笔小吏罢了，哪里会到这种地步！"过了不长时间，赵尧去侍奉高祖。有一天，高祖独自闷闷不乐，慷慨悲歌，满朝官员都不知道皇帝为什么会这样。赵尧上前请问道："皇帝您闷闷不乐的原因，莫非是为赵王年轻而戚夫人和吕后二人又不和睦吗？是在担心在您万岁之后而赵王不能保全自己吗？"高祖说："对。我私下里十分担心这些，但是却拿不出什么办法来。"赵尧说："您最好为赵王派一个地位尊贵而又坚强有力的相国，这个人还必须是吕后、太子和群臣平素都尊敬的人才可以。"高祖说道："对。我考虑此事是想这样，但是满朝官员谁能担当此重任呢？"赵尧说道："御史大夫周昌，这个人坚强耿直，何况从吕后、太子到满朝百官，人人对他都一直尊敬，所以，只有他才能够担此重任。"高祖说："好。"于是高祖就召见了周昌，对他说："我有件事一定得麻烦您，您无论如何也要为我去辅助赵王，您去担任他的相国。"周昌哭着回答："我很早就跟随陛下，您为什么单单要在途中上把我扔给了诸侯王呢？"高祖说："我十分了解这是降职，但是我私下里又实在为赵王忧虑，再三考虑，除了您之外，其他谁都不合适。真是迫不得已呀！"于是御史大夫周昌就被调任赵国相国。

既行久之，高祖持御史大夫印弄之，曰："谁可以为御史大夫者？"孰视赵尧，曰："无以易尧。"遂拜赵尧为御史大夫。尧亦前有军功食邑，及以御史大夫从击陈豨有功，封为江邑侯。

高祖崩，吕太后使使召赵王，其相周昌令王称疾不行。使者三反，周昌固为不遣赵王。于是高后患之，乃使使召周昌。周昌至，谒高后，高后怒而骂周昌曰："尔不知我之怨戚氏乎？而不遣赵王，何？"昌既徵，高后使使召赵王，赵王果来。至长安月余，饮药而死。周昌因谢病不朝见，三岁而死。

后五岁，高后闻御史大夫江邑侯赵尧高祖时定赵王如意之画，乃抵尧罪，以广阿侯任敖为御史大夫。

任敖者，故沛狱吏。高祖尝辟吏，吏系吕后，遇之不谨。任敖素善高祖，怒，击伤主吕后吏。及高祖初起，敖以客从为御史，守丰二岁，高祖立为汉王，东击项籍，敖迁为上党守。陈豨反时，敖坚守，封为广阿侯，食千八百户。高后时为御史大夫。三岁免，以平阳侯曹窋为御史大夫。高后崩，与大臣共诛吕禄等。免，以淮南相张苍为御史大夫。

苍与绛侯等尊立代王为孝文皇帝。四年，丞相灌婴卒，张苍为丞相。

自汉兴至孝文二十余年，会天下初定，将相公卿皆军吏。张苍为计相时，绪正律历。以高祖十月始至霸上，因故秦时本以十月为岁首，弗革。推五德之运，以为汉当水德之时，尚黑如故。吹律调乐，入之音声，及以比定律令。若百工，天下作程品。至于为丞相，卒就周昌走了以后，过了很长一段时间，高祖手里拿着御史大夫的官印，轻轻地抚弄着说："谁才是御史大夫最合适的人选呢？"然后认真地看了看赵尧，说道："没有人比赵尧更适合了。"这样，就任命赵尧为御史大夫。赵尧在以前也有功绩和食邑，等到他以御史大夫之职跟随高祖进攻陈豨立了功，被封为江邑侯。

高祖去世之后，吕太后派使臣召赵王入朝，相国周昌让赵王推托说身体不好，不能前往。使者反复去了三次，周昌都一直坚持不肯送赵王入京。于是吕后很是担忧，就派使者召周昌进京。周昌进京之后，拜见吕后，吕后十分生气地骂他："难道你还不知道我十分恨戚夫人吗？但你却不让赵王进京，因为什么？"周昌被召进京城之后，吕后又派使者召赵王，不久，赵王真的来到了京城。他到长安一个多月，就被迫喝下毒药死了。周昌因此也就称病引退，不再上朝拜见太后。三年之后，他也去世了。

过了五年，吕后听说御史大夫江邑侯赵尧在高祖的时候定下了保全赵王如意的计策，于是就废除了他江邑侯爵位以抵其罪，并让广阿侯任敖担任了御史大夫一职。

任敖这个人，原本是沛县的一名狱吏。高祖还是普通百姓的时候，曾躲避官司，狱吏找不到高祖本人，便抓走了吕后，并且对吕后很不礼貌。而任敖一直和高祖关系要好，见到此事非常生气，就打伤了拘押吕后的那位狱吏。待到高祖开始起兵的时候，任敖就以宾客的身份随同，后来担任御史，驻守丰邑两年。高祖立为汉王，向东攻打项羽，任敖升为上党郡守。在陈豨反叛的时候，任敖坚守城池，没有被叛军攻陷，因功被封为广阿侯，食邑一千八百户。高后时，任敖担任御史大夫。三年后被免职，高后任命平阳侯曹窋为御史大夫。高后去世之后，曹窋和大臣们一同诛杀吕禄等人，后被除去官职，朝廷任命淮南王相国张苍为御史大夫。

张苍和绛侯周勃一行人共同尊立代王为孝文皇帝。文帝四年，丞相灌婴去世，张苍接替丞相一职。

自从汉朝建立到孝文帝期间已有二十多年时间，当时正处在天下刚刚平定的时期，朝廷中的文武百官都是军人出身，而唯独张苍从担任计相的时候起，就致力于探讨、订正音律和历法的工作。因为高祖是在十月里入关，灭亡秦朝到达灞上的，所以原来秦朝以十月为一年开端的旧历法依旧沿袭。他又推求金、木、水、火、土五德运转的情形，认为汉朝正值水德旺盛的时候，所以依然像秦朝一样崇尚黑色。张苍还吹奏律管，调整乐调，使其合于五声八音，以此推类来制定律令。并且由此制定出各种物品的度量标准，以作为天下百工的规范。在他担任之，故汉家言律历者，本之张苍。苍本好书，无所不观，无所不通，而尤善律历。

张苍德王陵。王陵者，安国侯也。及苍贵，常父事王陵。陵死后，苍为丞相，洗沐，常先朝陵夫人上食，然后敢归家。

苍为丞相十余年，鲁人公孙臣上书言汉土德时，其符有黄龙当见。诏下其议张苍，张苍以为非是，罢之。其后黄龙见成纪，于是文帝召公孙臣以为博士，草土德之历制度，更元年。张丞相由此自绌，谢病称老。苍任人为中候，大为奸利，上以让苍，苍遂病免。苍为丞相十五岁而免。孝景前五年，苍卒，谥为文侯。子康侯代，八年卒。子类代为侯，八年，坐临诸侯丧后就位不敬，国除。

初，张苍父长不满五尺，及生苍，苍长八尺余，为侯、丞相。苍子复长。及孙类，长六尺余，坐法失侯。苍之免相后，老，口中无齿，食乳，女子为乳母。妻妾以百数，尝孕者不复幸。苍年百有余岁而卒。

申屠丞相嘉者，梁人，以材官蹶张从高帝击项籍，迁为队率。从击黥布军，为都尉。孝惠时，为淮阳守。孝文帝元年，举故吏士二千石从高皇帝者，悉以为关内侯，食邑二十四人，而申屠嘉食邑五百户。张苍已为丞相，嘉迁为御史大夫。张苍免相，孝文帝欲用皇后弟窦广国为丞相，曰："恐天下以吾私广国。"广国贤有行，故欲相之，念久之不可，而高帝时大臣又皆多死，余见无可者，乃以御史大夫嘉为丞相，因故邑封为故安侯。

嘉为人廉直，门不受私谒。是时太中大夫邓通方隆爱幸，赏赐累丞相职位的时期，终于把所有的工作都完成了。所以整个汉代研究音律历法的学者，都是师承张苍。而张苍这个人本来就喜好书，再加上他什么书都读、什么学问都懂，而特别擅长音律和历法。

张苍对于曾经救过自己性命的王陵十分感激。王陵就是安国侯。等到张苍做了高官之后，经常把王陵当作父亲一般对待。王陵死后，张苍已经是丞相了，但是每次休假的时候，总是先去拜见王陵夫人，献上美食之后，才敢回家。

张苍任丞相十几年之后，鲁国有个人叫公孙臣，他上书给皇上，说汉朝属于土德旺盛的时候，不久就要有黄龙出现。皇帝下诏把此事交给张苍审鉴，张苍认为并不是这样，把这件事搁了在一边。但是后来黄龙真的出现在天水郡的成纪县，于是文帝就把公孙臣召到了宫中，并任命他为博士，让他负责拟定顺应土德的历法制度。同时，改定元年。丞相张苍也就因为此事自行引退，推说年老多病，不再上朝。张苍曾举荐某人做中候官，但这个人利用不正当手法谋求自己的私人利益，皇帝以此责备张苍，张苍就告病退职了。前后算起来，张苍一共做了十五年的丞相，在孝景帝前元五年时去世，谥号为文侯，其儿子康侯接替侯位，八年之后去世。康侯的儿子张类接替侯位，又过了八年，因为犯下了参加诸侯的丧礼后就位不敬的罪，爵位封邑都被废除。

以前，张苍的父亲身高不到五尺，生下张苍，张苍却身高八尺，被封为侯，又做了丞相。张苍的儿子身材也很高大，到了孙子张类却又身高六尺多一点，因为触犯法律而失去侯位。张苍在免去丞相职位之后，年龄已经很大了，嘴里没有了牙齿，只能依靠吃人奶度日，让一些女人当他的乳母。他的妻妾很多，达百人左右，但凡是曾经怀孕生育过的就不再亲近。张苍最后活到一百零几岁时才去世。

丞相申屠嘉是梁地人。他以一个能拉开强弓硬弩的武士的身份，跟随高帝，进攻项羽，因军功升为叫做队率的小官。跟随高帝进攻黥布叛军时，升职为都尉。在孝惠帝时期，升职为淮阳郡守。孝文帝元年，选拔那些以前跟随高帝征战南北，现年俸在二千石的官员，一律都封为关内侯的爵位，得封此爵的一共二十四人，而申屠嘉得到五百户的食邑。张苍担任丞相之后，申屠嘉升为御史大夫。张苍免去丞相之后，孝文皇帝想委任皇后的弟弟窦广国为丞相，但是又说："我很害怕这样做会让天下人认为我偏爱广国。"窦广国这个人很有才华，而且品德很好，所以皇上才想任命他为丞相。但是孝文帝经过很长时间考虑之后，还是认为他不是很合适。而高帝时候的大臣又多已去世，活着的人当中看来也没有适合的人选，所以就任命申屠嘉为丞相，就以以前的食邑封他为故安侯。

申屠嘉为人清正廉洁，在家里不接受私事拜访。当时太中大夫邓通十分受巨万。文帝尝燕饮通家，其宠如是。是时丞相入朝，而通居上傍，有怠慢之礼。丞相奏事毕，因言曰："陛下爱幸臣，则富贵之；至于朝廷之礼，不可以不肃！"上曰："君勿言，吾私之。"罢朝坐府中，嘉为檄召邓通诣丞相府，不来，且斩通。通恐，入言文帝。文帝曰："汝第往，吾今使人召若。"通至丞相府，免冠，徒跣，顿首谢。嘉坐自如，故不为礼，责曰："夫朝廷者，高皇帝之朝廷也。通小臣，戏殿上，不敬，当斩。吏今行斩之！"通顿首，首尽出血，不解。文帝度丞相已困通，使使者持节召通，而谢丞相曰："此吾弄臣，君释之。"邓通既至，为文帝泣曰："丞相几杀臣。"

嘉为丞相五岁，孝文帝崩，孝景帝即位。二年，晁错为内史，贵幸用事，诸法令多所请变更，议以谪罚侵削诸侯。而丞相嘉自绌所言不用，疾错。错为内史，门东出，不便，更穿一门南出。南出者，太上皇庙堧垣。嘉闻之，欲因此以法错擅穿宗庙垣为门，奏请诛错。错客有语错，错恐，夜入宫上谒，自归景帝。至朝，丞相奏请诛内史错。景帝曰："错所穿非真庙垣，乃外堧垣，故他官居其中，且又我使为之，错无罪。"罢朝，嘉谓长史曰："吾悔不先斩错，乃先请之，为错所卖。"至舍，因欧血而死。谥为节侯。子共侯蔑代，三年卒。子侯去病代，三十一年卒。子侯臾代，六岁，坐为九江太守受故官送有罪，国除。

自申屠嘉死之后，景帝时开封侯陶青、桃侯刘舍为丞相。及今上时，柏至侯许昌、平棘侯薛泽、武强侯庄青翟、高陵侯赵周等为丞相。皆以列侯继嗣，娖娖廉谨，为丞相备员而已，无所能发明功名有皇帝的宠爱，皇帝赏赐给他的钱财已达万万。汉文帝曾经到他家吃饭喝酒，由此可以看出皇帝对他宠爱的程度。当时丞相申屠嘉入朝拜见皇上，而邓通站在皇帝的身边，礼数上有些怠慢。申屠嘉奏事结束后，接着说道："皇上您喜爱您的臣子，可以让他显贵，至于朝廷上的礼节，却是不能不认真对待的。"皇帝说道："请您不要再说了，我对邓通就是偏爱。"申屠嘉下朝回来坐在相府中，下了一道手令，让邓通到相府来，假如不来，就要把邓通斩首。邓通十分害怕，进宫告知了文帝。文帝说："你尽管前去没关系，我马上就派人召你进宫。"邓通来到了丞相府，摘下帽子，脱下鞋子，给申屠嘉磕头请罪。申屠嘉很随意地坐在那里，故意不以相应的礼数对待他，同时还斥责他说："朝廷嘛，是高祖皇帝的朝廷。你邓通只不过是一个小小的臣子，却敢在大殿之上随随便便，犯有大不敬之罪，应该砍头。来人哪，现在就执行，把他斩了！"邓通磕头，磕得满头是血，但申屠嘉仍然没有说放过他。文帝估计丞相已经让邓通吃尽了苦头，就派使者拿着皇帝的节旄召邓通入宫，并且向丞相表示歉意说："这是我亲近的臣子，您就放过他吧！"邓通来到宫中之后，哭着对文帝说："丞相差点把我杀了！"

申屠嘉担任丞相五年之后，孝文帝去世了，孝景帝即位。景帝二年，晁错担任内史，因为得皇帝宠爱，位高权重，许多法令制度他都奏请皇上变更。同时还讨论如何用贬谪处罚的方法来削弱各个诸侯的权力。而丞相申屠嘉也感觉到自己所说的话不被采用，因此怨恨晁错。晁错担任内史，内史府的大门本来是由东边通达宫外的，使他进出很不方便，这样，他就自作主张打开一道墙门向南通出。而向南出的门所打开的墙，正是太上皇宗庙的外墙，申屠嘉得知后，就想借晁错私自凿开宗庙围墙为门这一事，把他治罪，奏请皇上杀掉他。但是晁错门客当中有人把这件事告诉了他。晁错十分害怕，连夜跑到宫中，拜见皇上，向景帝坦白，说明情况。到了第二天早朝的时候，丞相申屠嘉奏请杀死内史晁错。景帝说道："晁错所打开的墙并不是真正的宗庙墙，而是宗庙外围的短墙，所以才有其他官员住在里面，何况又是我让他这样做的，晁错并没有什么过错。"退朝之后，申屠嘉对长史说："我十分后悔没有先杀了晁错，却先报告了皇帝，结果反被晁错给欺骗了。"回到相府之后，因生气吐血而死，谥号为节侯。其儿子共侯申屠蔑接替侯位，三年之后去世。共侯之子申屠去病接替侯位，三十一年之后去世。申屠去病的儿子申屠臾接替侯位，六年之后，由于身为九江太守接受原任官员送礼而触犯法律，封国被废除。

自从申屠嘉去世之后，景帝时开封侯陶青、桃侯刘舍先后担任丞相一职。到了当今皇上的时候，柏至侯许昌、平棘侯薛泽、武强侯庄青翟、高陵侯赵周等人相继被任命为丞相，他们都是世袭的列侯，没有才能，谨小慎微，当丞相只不过著于当世者。

太史公曰："张苍文学律历，为汉名相，而绌贾生、公孙臣等言正朔服色事而不遵，明用秦之颛顼历，何哉？周昌，木强人也。任敖以旧德用。申屠嘉可谓刚毅守节矣，然无术学，殆与萧、曹、陈平异矣。

孝武时丞相多甚，不记，莫录其行起居状略，且纪征和以来。

有车丞相，长陵人也。卒而有韦丞相代。韦丞相贤者，鲁人也。以读书术为吏，至大鸿胪。有相工相之，当至丞相。有男四人，使相工相之，至第二子，其名玄成。相工曰："此子贵，当封。"韦丞相言曰："我即为丞相，有长子，是安从得之？"后竟为丞相，病死，而长子有罪论，不得嗣，而立玄成。玄成时佯狂，不肯立，竟立之，有让国之名。后坐骑至庙，不敬，有诏夺爵一级，为关内侯，失列侯，得食其故国邑。韦丞相卒，有魏丞相代。

魏丞相相者，济阴人也。以文吏至丞相。其人好武，皆令诸吏带剑，带剑前奏事。或有不带剑者，当入奏事，至乃借剑而敢入奏事。其时京兆尹赵君，丞相奏以免罪，使人执魏丞相，欲求脱罪而不听。复使人胁恐魏丞相，以夫人贼杀待婢事而私独奏请验之，发吏卒至丞相舍，捕奴婢笞击问之，实不以兵刃杀也。而丞相司直繁君奏京兆尹赵君迫胁丞相，诬以夫人贼杀婢，发吏卒围捕丞相舍，不道；又得擅屏骑士事，赵京兆坐要斩。又有使掾陈平等劾中尚书，疑以独擅劫事而坐之，大不敬，长史以下皆坐死，或下蚕室。而魏丞相竟以丞相病是滥竽充数罢了。没有一个人是以贡献出众、功名显赫而著称于后世的。

太史公说：张苍对文章学问、音乐历法都十分精通，是汉朝的一代名相。但是他却把贾生、公孙臣等人提出的采用正朔、改变服色的主张搁在了一边，而不加以采用，却偏偏采用秦朝所实行的颛顼历，这是为什么呢？周昌这个人质朴、刚强、正直，是个像石头一般倔强的人。而任敖则是靠旧时他对吕后有恩惠才被重用。申屠嘉可以说是刚正坚毅、品德高尚的人，但是他却既不懂得权术又没有学问，和萧何、曹参、陈平这些前辈丞相相比，恐怕就要逊色一些啦。

汉武帝时的丞相很多，在这里就不一一记名了，也不记录他们的出身、籍贯、生卒年以及品行、事迹等等，只是暂且记下武帝征和年间以来的丞相。

车千秋丞相是长陵人，他去世之后由韦丞相继任。韦丞相，名贤，是鲁国人。他因为喜欢读书而担任小吏，然后逐渐升迁到大鸿胪。曾经有位相面的人给他相面，说他可以官至丞相。他有四个儿子，也让相面的人给他们看，相到第二个，即名叫韦玄成的儿子时，相面的人说："您这个儿子大富大贵，日后可以封侯。"韦丞相说道："即使我当了丞相，被封为侯，继承侯位的是大儿子，这二儿子怎么会被封侯呢？"后来，韦贤果然当了丞相，因病逝世，而他的大儿子因为犯罪，按照当时的法律，是不能继承侯位的，因此就立了韦玄成。韦玄成当时假装精神失常，不肯为继承人，但是最终朝廷还是让他继承了侯位，还赢得了封侯将临而让给别人的好名声。后来因为他骑着马径直闯进宗庙，被判为不敬之罪，皇帝下诏，降爵一级，成为关内侯，失去了列侯的爵位，但以前的封邑依然享有。韦丞相去世之后，由魏丞相接替他的职位。

魏丞相名字叫魏相，是阴济人，由文职小吏升到丞相之职。但是他这人喜好武艺，要求自己的部下都要佩带宝剑，并且规定只有佩带着宝剑才能上前奏事。若是有的下属官吏没带宝剑，因事需要入内汇报，以至于要向他人借一把宝剑带上，才敢进府。当时的京兆尹是赵广汉，魏丞相上奏皇帝，说赵广汉犯了应该撤职的罪过，赵广汉派人挟制魏丞相，想借此免罪，但是魏丞相坚决不答应。然后赵广汉又派人威胁魏丞相，把丞相夫人涉嫌杀死侍从婢女一事抖了出来，私下里奏请重新追查，并且派遣下属官吏士卒到丞相住宅，逮捕丞相府的家奴婢女严刑拷打，追查此事。最后问出的结果是死去的婢女并非是魏夫人用利器所杀。这样，丞相的司直繁先生就上奏皇帝，说京兆尹赵广汉威胁丞相，诬告丞相夫人残杀婢女，派遣官吏士卒包围搜查丞相住宅，逮捕丞相家人，犯下了残害无辜的不道之罪。同时又查出赵广汉擅自逐遣骑士的事。因罪行重大，赵广汉被判处腰斩的死刑。其后又有使掾陈平等人揭发检举中尚书，涉嫌擅自劫持、威胁当事人，被判为不敬之罪，致使长史以下数名官员都被处死，还有一些人被处以宫刑，下死。子嗣。后坐骑至庙，不敬，有诏夺爵一级，为关内侯，失列侯，得食其故国邑。魏丞相卒，以御史大夫邴吉代。

邴丞相吉者，鲁国人也。以读书好法令至御史大夫。孝宣帝时，以有旧故，封为列侯，而因为丞相。明于事，有大智，后世称之。以丞相病死。子显嗣。后坐骑至庙，不敬，有诏夺爵一级，失列侯，得食故国邑。显为吏至太仆，坐官耗乱，身及子男有奸赃，免为庶人。

邴丞相卒，黄丞相代。长安中有善相工田文者，与韦丞相、魏丞相、邴丞相微贱时会于客家，田文言曰："今此三君者，皆丞相也。"其后三人竟更相代为丞相，何见之明也。

黄丞相霸者，淮阳人也。以读书为吏，至颍川太守。治颍川，以礼义条教喻告化之。犯法者，风晓令自杀。化大行，名声闻。孝宣帝下制曰："颍川太守霸，以宣布诏令治民，道不拾遗，男女异路，狱中无重囚。赐爵关内侯，黄金百斤。"征为京兆尹而至丞相，复以礼义为治。以丞相病死。子嗣，后为列侯。黄丞相卒，以御史大夫于定国代。于丞相已有廷尉传，在张廷尉语中。于丞相去，御史大夫韦玄成代。

韦丞相玄成者，即前韦丞相子也。代父，后失列侯。其人少时好读书，明于诗、论语。为吏至卫尉，徙为太子太傅。御史大夫薛君免，为御史大夫。于丞相乞骸骨免，而为丞相，因封故邑为扶阳侯。数年，病死。孝元帝亲临丧，赐赏甚厚。子嗣后。其治容容随世俗浮沈，而见谓谄巧。而相工本谓之当为侯代父，而后失之；复自游宦而蚕室。而魏丞相最后在丞相位上因病去世，他的儿子继承了爵位，后来也是因为骑马闯进宗庙，犯下了不敬之罪，皇帝下诏，降爵一级，成为关内侯，失去了列侯的爵位，但依然享有以前的故地封邑。魏丞相死去之后，御史大夫邴吉接替了他的职位。

丞相邴吉是鲁国人，因为喜欢读书和喜好法令而官至御史大夫。在孝宣帝时，因为和皇帝有旧交的缘故，被封为列侯，接着又做了丞相。他看事情非常明了，而且有超乎常人的聪明和智慧，被后世所称颂。他在担任丞相期间因病去世，其儿子邴显继承了爵位。后来邴显也是因为骑马闯进宗庙，犯下了不敬之罪，皇帝下诏，降爵一级，成为关内侯，失去列侯的爵位，但依然享有以前的故地封邑。邴显做官一直到太仆之职，因为为官昏乱不明，自己和儿子都有营私舞弊、贪赃不法的行为，被免官，降为平民。

邴吉丞相去世以后，由黄丞相接替他的职务。从前长安城中有个善相面的人，名字叫田文，他和当时都未做高官的韦丞相、魏丞相、邴丞相在一家作客时见过面，田文说道："现在这里的三位先生，将来都能做丞相。"后来，这三个人果然相继为丞相。这个人怎么看得这么清楚啊！

黄丞相名字叫黄霸，是淮阴人。他因为喜欢读书而担任官吏，官至颍川太守。治理颍川时，他用礼义条例和教令来教喻感化百姓。若是犯有重罪应当斩首的，暗示其情节使其自杀，使得教化大行于世，名声远近皆知。孝宣帝特意为此下了一道制书，称："颍川太守黄霸，用宣布国家的诏令来治理百姓，达到了道路之上不拾丢失的东西，男女分途而行，在监狱之中没有犯重罪的囚犯这种地步。特赐给关内侯的爵位，黄金一百斤。"这样，他就被皇帝征调到京城任京兆尹，后来官至丞相。在担任丞相期间，他又是以礼义治理国家，最后病死在丞相任上。死后，他的儿子继承了爵位，后来被封为列侯。黄丞相去世之后，皇帝任命御史大夫于定国接替了他的职位。于定国丞相已经有廷尉传，在《张廷尉》一传的叙述之中。于丞相离职以后，御史大夫韦玄成接替了他的职位。

韦玄成丞相就是前边所说的那个韦贤丞相的儿子。他继承了父亲的封爵，后来因犯法失去了列侯的爵位。韦玄成从小就喜欢读书，对于《诗经》和《论语》都很精熟。他做官到卫尉之职时，升任为太子太傅。御史大夫薛先生被免职之后，韦玄成担任了御史大夫。于丞相请求告老还乡，皇帝答应他离职之后，韦玄成又成为丞相。皇帝以他旧日的封邑扶阳为名，封他为扶阳侯。数年之后，他因病去世，孝元帝亲自参加他的丧礼，给与的赏赐特别丰厚。韦玄成治理国家和同不立异，能够随从世俗，灵活变化，但是有人称他是阿谀奉承、投机取巧。相面的人很早就说他应当代替其父，继承侯位，但是他得到侯位之后又失去了。接起，至丞相。父子俱为丞相，世间美之，岂不命哉！相工其先知之。韦丞相卒，御史大夫匡衡代。

丞相匡衡者，东海人也。好读书，从博士受诗。家贫，衡佣作以给食饮。才下，数射策不中，至九，乃中丙科。其经以不中科故明习。补平原文学卒史。数年，郡不尊敬。御史征之，以补百石属荐为郎，而补博士，拜为太子少傅，而事孝元帝。孝元好诗，而迁为光禄勋，居殿中为师，授教左右，而县官坐其旁听，甚善之，日以尊贵。御史大夫郑弘坐事免，而匡君为御史大夫。岁余，韦丞相死，匡君代为丞相，封乐安侯。以十年之间，不出长安城门而至丞相，岂非遇时而命也哉！

太史公曰：深惟士之游宦所以至封侯者，微甚。然多至御史大夫即去者。诸为大夫而丞相次也，其心冀幸丞相物故也。或乃阴私相毁害，欲代之。然守之日久不得，或为之日少而得之，至于封侯，真命也夫！御史大夫郑君守之数年不得，匡君居之未满岁，而韦丞相死，即代之矣，岂可以智巧得哉！多有贤圣之才，困厄不得者众甚也。

着，他又再次游宦，东山再起，官至丞相。同时，他们父子两个人都做丞相。当时人们都传为美谈，这难道不是命运的安排吗？相面的人事先就知道会有这样的事情。韦丞相去世之后，御史大夫匡衡接替了他的职位。

丞相匡衡是东海人。他好读书，曾经跟随博士学习《诗经》。因家境贫寒，他要靠给人做工来糊口。他才质低下，多次参加朝廷选拔人才的考试，但是都没考中，等考到第九次时才勉强考中了丙科。对于经书，由于他多次应考不中的缘故，所以非常谙熟。后来，他做了候补平原郡文学卒史。又过了好几年，郡里的人都对他不尊敬。这时，御史征调他进京，以候补百石官属的身份被荐举做郎官，补做博士，拜为太子少傅，侍奉孝元帝。孝元帝喜欢《诗经》，就升任匡衡为光禄勋，让他居皇宫之中担任老师，教授皇帝的侍臣，而皇帝也坐在他的身边听讲，非常喜欢他，因此，他的地位也就一天比一天高贵起来。御史大夫郑弘因为犯法被免官，匡衡就继任为御史大夫。一年多之后，韦玄成丞相逝世，匡先生又继任为丞相，被封为乐安侯。在十年之间，他不出长安城门而官至丞相，这难道不是遇到好机会和命中注定吗？

太史公说：我曾经反复地思索，读书人四海游宦，以求取高官厚禄，但是能够得到封侯的人实在太少了！大多数人做到了御史大夫这个职位也就下台了事。这些人已经做了御史大夫，离丞相的位置还有一步之遥了，他们心里希望丞相立刻死去，自己好取而代之。还有些人大搞阴谋诡计，暗中诋毁中伤，想以此来登上相位。但有的人等了好久，却得不到它；而有的人没等多久就登上相位，被封为列侯：这也许真是命运的安排吧！御史大夫郑先生等了许多年没有登上相位，而匡先生担任御史大夫未满一年，韦丞相就去世了，他立刻就取而代之，难道这个位置是可以用智巧得到的吗？而那些有圣贤一般才能的人，穷困潦倒多年而不受用，这种情况实在是太多了！

郦生陆贾列传第三十七

郦生食其者，陈留高阳人也。好读书，家贫落魄，无以为衣食业，为里监门吏。然县中贤豪不敢役，县中皆谓之狂生。

及陈胜、项梁等起，诸将徇地过高阳者数十人，郦生闻其将皆握齱好苛礼自用，不能听大度之言，郦生乃深自藏匿。后闻沛公将兵略地陈留郊，沛公麾下骑士适郦生里中子也，沛公时时问邑中贤士豪俊。骑士归，郦生见谓之曰："吾闻沛公慢而易人，多大略，此真吾所愿从游，莫为我先。若见沛公，谓曰'臣里中有郦生，年六十余，长八尺，人皆谓之狂生，生自谓我非狂生'。"骑士曰："沛公不好儒，诸客冠儒冠来者，沛公辄解其冠，溲溺其中。与人言，常大骂。未可以儒生说也。"郦生曰："弟言之。"骑士从容言如郦生所诫者。

沛公至高阳传舍，使人召郦生。郦生至，入谒，沛公方倨床使两女子洗足，而见郦生。郦生入，则长揖不拜，曰："足下欲助秦攻诸侯乎？且欲率诸侯破秦也？"沛公骂曰："竖儒！夫天下同苦秦久矣，故诸侯相率而攻秦，何谓助秦攻诸侯乎？"郦生曰："必聚徒合义兵诛无道秦，不宜倨见长者。"于是沛公辍洗，起摄衣，延郦生上坐，谢之。郦生因言六国从横时。沛公喜，赐郦生食，问曰："计将安出？"郦生曰："足下起纠合之众，收散乱之兵，不满万人，欲以径入强秦，此所谓探虎口者也。夫陈留，天下之冲，四通五达之郊郦食其是陈留高阳人，他十分喜爱读书，但家境清苦，穷困潦倒，连供自己穿衣吃饭的能力都没有，于是只当了一名看管里门的下贱小吏。虽然如此，县里的贤士和豪强却不敢随便使唤他，人们都称他为“狂生”。

等到陈胜、项梁等人反抗秦朝起义的时候，各路将领攻夺城池、抢掠土地，经过高阳的有几十人，但郦食其听说这些人都是一些爱斤斤计较、喜欢繁文缛节、刚愎自用、不能听人规劝的小人，他便深居简出，隐居起来，不去迎合这些人。后来，他听说沛公带兵攻城掠地来到陈留的郊外，沛公部下的一个骑士正好是郦食其邻居的儿子，沛公时常向他打听他家乡的贤能人士。一天，骑士回到家，郦食其看到他，便对他说道：“我听说沛公傲慢并且看不起人，但他有远大的谋略，这才是我想要追随的人，只是苦于没人替我引荐。你见到沛公，这样对他说，‘我的家乡有位郦先生，年纪有六十多岁，身高八尺，人们都称他为狂生，但是他自己说并不是狂生’。”骑士回答说：“沛公并不喜欢儒生，许多人头戴儒生的帽子来跟随他，他就马上把他们的帽子摘下来，并且往里边撒尿。在和人谈话的时候，甚至动不动就破口大骂。所以您最好不要以儒生的身份去见他。”郦食其说：“你只要照我教你的那样说就好。”骑士回去之后，就按郦生嘱咐的，将话不经意间告诉了沛公。

后来沛公来到高阳，便在旅舍住下，派人去召郦食其过来拜见。郦生来到旅舍后，先递进自己的名帖，沛公正坐在床边伸着两腿让两个女人给他洗脚，就叫郦生来晋见。郦生进去，只是作个长揖并没有俯身下拜，并且说：“您是想帮着秦国攻打诸侯呢，还是想带领诸侯消灭秦国？”沛公骂道：“你这个奴才相的书生！天下的人遭受秦朝的压迫已经很久了，所以诸侯们才陆续起兵抗击暴秦，你怎么能说帮助秦国攻打诸侯呢？”郦生说：“如果您下定决心聚合民众，召集义兵来消灭残暴的秦王朝，那就不应该用这种傲慢无礼的态度来接见长者。”于是沛公马上停止了洗脚，衣服穿戴整齐，把郦生请到了上宾的座位，并且向他表示歉意。郦生谈了六国合纵连横所用的计谋，沛公非常高兴，命人端上饭来，让郦生进餐，然后问道：“那您看今天我们的计划该如何制订呢？”郦生说道：“您把这些乌合之众、散乱之兵都聚集起来，总共也不足一万人，假如以此来直接和秦军对抗的话，那就是人们常说的送入虎口啊。陈留是天下的交通要道，交通发也，今其城又多积粟。臣善其令，请得使之，令下足下。即不听，足下举兵攻之，臣为内应。”于是遣郦生行，沛公引兵随之，遂下陈留。号郦食其为广野君。

郦生言其弟郦商，使将数千人从沛公西南略地。郦生常为说客，驰使诸侯。

汉三年秋，项羽击汉，拔荥阳，汉兵遁保巩、洛。楚人闻淮阴侯破赵，彭越数反梁地，则分兵救之。淮阴方东击齐，汉王数困荥阳、成皋，计欲捐成皋以东，屯巩、洛以拒楚。郦生因曰：“臣闻知天之天者，王事可成；不知天之天者，王事不可成。王者以民人为天，而民人以食为天。夫敖仓，天下转输久矣，臣闻其下乃有藏粟甚多，楚人拔荥阳，不坚守敖仓，乃引而东，令适卒分守成皋，此乃天所以资汉也。方今楚易取而汉反却，自夺其便，臣窃以为过矣。且两雄不俱立，楚汉久相持不决，百姓骚动，海内摇荡，农夫释耒，工女下机，天下之心未有所定也。愿足下急复进兵，收取荥阳，据敖仓之粟，塞成皋之险，杜大行之道，距蜚狐之口，守白马之津，以示诸侯效实形制之势，则天下知所归矣。方今燕、赵已定，唯齐未下。今田广据千里之齐，田间将二十万之众，军于历城，诸田宗强，负海阻河济，南近楚，人多变诈，足下虽遣数十万师，未可以岁月破也。臣请得奉明诏说齐王，使为汉而称东籓。”上曰：“善。”

乃从其画，复守敖仓，而使郦生说齐王曰：“王知天下之所归乎？”王曰：“不知也。”曰：“王知天下之所归，则齐国可得而有也；若不知天下之所归，即齐国未可得保也。”齐王曰：“天下何所归？”曰：“归汉。”曰：“先生何以言之？”曰：“汉王与项王戮达，现在城里又贮存了很多的粮草。我和陈留的县令关系很好，请您派我到他那里去一次，让他向您来归降。他如果不听从的话，您再起兵攻城，我在城里又可以作为内应。”于是沛公就派郦生前往，自己带兵紧随其后，很快就夺取了陈留，沛公赐给郦食其广野君的称号。

郦生又举荐他的弟弟郦商，让他率领几千人跟随沛公到西南攻打城池。而郦生自己常常担任说客，以使臣的身份奔走于各个诸侯之间。

汉王三年的秋天，项羽攻打汉王，攻下了荥阳城，汉兵逃走去保卫巩、洛。过了不久，楚国人便听说淮阴侯韩信已经攻下了赵国，彭越又数次在梁地造反，就分出一部分兵前去营救。淮阴侯韩信正在东方攻打齐国，汉王又多次在荥阳、成皋被项羽围困，因此想放弃成皋以东的地盘；在巩、洛屯兵好与楚军对抗。郦生便为此事进言道：“我听说能知道天为什么为天的人，就可以成就大业；而不知道天为什么为天的人，统一大业就不能成。作为统一大业的君主，他把平民百姓视为天，而平民百姓又把粮食视为天。敖仓这个地方，天下往此地运输粮食已经有好长的时间了。我听说现在这个地方贮藏的粮食特别多。楚国人攻下了荥阳，但是却不坚守敖仓，而是带兵向东进军，只是让一些罪犯来守卫成皋，这是上天要把这些粮食送给汉军啊。现在楚军很容易被击败，而我们反而要退兵防守，把快要到手的利益给扔了出去，我私下里认为这样做是错的。更何况两个强有力的对手不能同时并存，楚汉两国的战争长久相持不分胜负，百姓骚动不安，全国混乱动荡，农夫放下农具停止耕地，织女走下织机不再编织，徘徊观望，天下百姓心里究竟投靠哪一方还没有决定下来。所以请您马上再次进军，收复荥阳，占据敖仓的粮食，占据成皋的险要地势，堵住太行交通要道，扼制蜚狐关口，把守住白马津渡，让诸侯们看看今天的实际情况，那么天下的人民也就知道心该归向哪一方了。如今燕国、赵国都已经攻打下来了，只有齐国还没有攻打下来，而田广占据着幅员辽阔的齐国，田间带领着二十万军队，屯兵在历城，田氏的各支宗族力量都很强大，他们背靠着大海，又凭借黄河、济水的隔断，南面靠进楚国，齐国人又多奸诈无常，您即使是派遣几十万部队，也不可能在一年或几个月的时间里把它攻打下来。我请求奉您的命令去游说齐王，让他归属汉并成为东方的附属国。”汉王回答说：“可以，就这样吧！”

汉王采纳了郦生的计谋，再次出兵据守敖仓，同时派郦生前往齐国。郦生对齐王说道：“您知道天下人心归向谁吗？”齐王回答：“我不知道。”郦生说：“若是您知道天下人心归向谁，那么齐国就能够保全；若是您不知道天下人心归向谁的话，那么齐国就不可能得到保全了。”齐王问道：“那么天下人心究竟归向谁呢？”郦生说：“归向汉王。”齐王又问：“您老先生怎么会这样说呢？”

力西面击秦，约先入咸阳者王之。汉王先入咸阳，项王负约不与而王之汉中。项王迁杀义帝，汉王闻之，起蜀汉之兵击三秦，出关而责义帝之处，收天下之兵，立诸侯之后。降城即以侯其将，得赂即以分其士，与天下同其利，豪英贤才皆乐为之用。诸侯之兵四面而至，蜀汉之粟方船而下。项王有倍约之名，杀义帝之负；于人之功无所记，于人之罪无所忘；战胜而不得其赏，拔城而不得其封；非项氏莫得用事；为人刻印，刓而不能授；攻城得赂，积而不能赏：天下畔之，贤才怨之，而莫为之用。故天下之士归于汉王，可坐而策也。夫汉王发蜀汉，定三秦；涉西河之外，援上党之兵；下井陉，诛成安君；破北魏，举三十二城：此蚩尤之兵也，非人之力也，天之福也。今已据敖仓之粟，塞成皋之险，守白马之津，杜大行之阪，距蜚狐之口，天下后服者先亡矣。王疾先下汉王，齐国社稷可得而保也；不下汉王，危亡可立而待也。”田广以为然，乃听郦生，罢历下兵守战备，与郦生日纵酒。

淮阴侯闻郦生伏轼下齐七十余城，乃夜度兵平原袭齐。齐王田广闻汉兵至，以为郦生卖己，乃曰：“汝能止汉军，我活汝；不然，我将烹汝！”郦生曰：“举大事不细谨，盛德不辞让。而公不为若更言！”齐王遂烹郦生，引兵东走。

汉十二年，曲周侯郦商以丞相将兵击黥布有功。高祖举列侯功臣，思郦食其。郦食其子疥数将兵，功未当侯，上以其父故，封疥为高梁侯。后更食武遂，嗣三世。元狩元年中，武遂侯平坐诈诏衡山王郦生回答道："汉王和项王一同向西出兵攻打秦朝，在义帝面前已经清楚地约定好了，谁先攻入咸阳大家就奉他为王。汉王先攻入咸阳，但是项王却背信弃义，不让他在关中称王，而让他在汉中为王。项王把义帝迁走，还派人暗杀了义帝。汉王听到之后，立刻发动蜀汉的军队来进军三秦，出函谷关去追问义帝迁徙的地方，收集天下的军队，拥立以前六国诸侯的后代。汉王攻下了城池后就立刻给有功的将领封侯，缴获了财宝马上就分给士兵，和天下人同得其利，所以那些英雄豪杰、才能超群的人都竭尽所能为他效劳。诸侯的军队则从四面八方前来归顺，蜀汉的粮食一船接着一船源源不断地被顺流送来。而项王既有背信弃义的坏名声，又有杀死义帝的不仁义行为；而且他对别人的功劳从来不牢记，但是对别人的罪过却又从来未曾忘记；将士们打了胜仗却得不到奖赏，攻下了城池也得不到封爵；不是他们项氏家族的不能得到重用；为有功人员刻下侯印，在手中反复把玩，却不愿意授给；攻城得到财物，宁可囤积起来，也不肯分给大家；所以天下人都背叛他，才能超群的人都怨恨他，没有人心甘情愿为他效力。因此天下有才能的人都投靠归顺汉王，汉王安稳地坐着就可以驱使他们。汉王带领蜀汉的军队，攻下三秦，占领西河外面的大片土地，率领投诚过来的上党精锐军队，攻下了井陉，杀死了成安君；打败了河北魏豹，占据了三十二座城池：这就同所向无敌的蚩尤部队一样，并不是靠人的力量，而是老天爷保佑的结果。现在汉王已经占据敖仓的粮食，把守成皋的险要，守住了白马渡口，堵住了太行要道，扼制住蜚狐关口，天下诸侯若是想最后再归顺的话那就先被灭掉。您若是赶快向汉王归顺，那么齐国的江山社稷还可以保全下来；倘若是不向汉王归顺的话，那么灭亡的时刻马上就会到来。"田广认为郦生的话是对的，就听从郦生的话，撤走了历下守城备战的士兵，天天和郦生一起饮酒作乐。

淮阴侯韩信听说郦生没费吹灰之力，坐在车上跑了一趟，凭借三寸不烂之舌就取得了齐国七十多座城池，心中十分不服气，就凭借夜幕的掩护，带领军队越过平原偷偷地来攻打齐国。齐王田广听说汉兵已经到达，认为是郦生出卖了自己，便对郦生说："如果你能阻止汉军进攻齐国的话，我让你活着；若不能阻止的话，我就把你烹杀了！"郦生说："做大事的人不拘小节，有大德行的人也不怕别人责备。你老子我是不会替你再去劝阻韩信的！"这样，齐王便烹杀了郦生，带兵向东逃跑了。

汉高祖十二年，曲周侯郦商以丞相的身份带兵攻打黥布有功。高祖在分封各位列侯功臣的时候，很想念郦食其。郦食其的儿子郦疥曾多次带兵出征，但立下的军功并没有多到封侯的程度，皇帝因为他父亲的缘故，封郦疥为高梁侯。后来把武遂封为他的食邑，侯位传了三代。在元狩元年时，武遂侯郦平因为假传皇帝取百斤金，当弃市，病死，国除也。

陆贾者，楚人也。以客从高祖定天下，名为有口辩士，居左右，常使诸侯。

及高祖时，中国初定，尉他平南越，因王之。高祖使陆贾赐尉他印为南越王。陆生至，尉他魋结箕倨见陆生。陆生因进说他曰："足下中国人，亲戚昆弟坟在真定。今足下反天性，弃冠带，欲以区区之越与天子抗衡为敌国，祸且及身矣。且夫秦失其政，诸侯豪桀并起，唯汉王先入关，据咸阳。项羽倍约，自立为西楚霸王，诸侯皆属，可谓至强。然汉王起巴蜀，鞭笞天下，劫略诸侯，遂诛项羽灭之。五年之间，海内平定，此非人力，天之所建也。天子闻君王王南越，不助天下诛暴逆，将相欲移兵而诛王，天子怜百姓新劳苦，故且休之，遣臣授君王印，剖符通使。君王宜郊迎，北面称臣，乃欲以新造未集之越，屈强于此。汉诚闻之，掘烧王先人冢，夷灭宗族，使一偏将将十万众临越，则越杀王降汉，如反覆手耳。"

于是尉他乃蹶然起坐，谢陆生曰："居蛮夷中久，殊失礼义。"因问陆生曰："我孰与萧何、曹参、韩信贤？"陆生曰："王似贤。"复曰："我孰与皇帝贤？"陆生曰："皇帝起丰沛，讨暴秦，诛强楚，为天下兴利除害，继五帝三王之业，统理中国。中国之人以亿计，地方万里，居天下之膏腴，人众车舆，万物殷富，政由一家，自天地剖泮未始有也。今王众不过数十万，皆蛮夷，崎岖山海间，譬若汉一郡，王何乃比于汉！"尉他大笑曰："吾不起中国，故王此。使我居中国，何渠不若汉？"乃大说陆生，留与饮数月。曰："越中的命令，骗取了衡山王一百斤黄金，犯下的罪过本应被当街处死，但正好在这个时候，他因病去世了，封邑也被撤消了。

陆贾是楚国人，以幕僚宾客的身份跟随汉高祖平定天下，当时人们都说他是个很有口才的说客，所以跟随在高祖的身边，经常出使各诸侯国。

在高祖刚平定中原的时候，尉他也平定了南越，于是便在南越自立为王。高祖想到天下才刚刚平定、百姓劳苦，就允许了尉他，还派陆贾带着赐给他的南越王印前去任命尉他。陆生到了南越，尉他梳着当地流行的一撮锥子一样的发髻，像簸箕一样地张开两腿坐着，接见陆生。陆生就向尉他说："您本来就是中原人，亲戚、兄弟和祖先的坟墓都在真定。而现在您却违反中原人的习俗，丢弃衣冠巾带，想凭借只有弹丸大小地方的小小南越来和天子抗衡，成为敌国，那你就要大祸临头了。况且秦朝残暴无道，各诸侯豪杰都纷纷起兵，只有汉王最先入关，占据了咸阳。项羽背信弃义，自立为西楚霸王，诸侯们都归属于他，可以说是无比强大了。但是汉王从巴蜀出兵之后，征服天下，平定诸侯，杀死项羽，灭掉楚国。五年之间，中原被平定。这不是人的能力所能办到的，而是有上天辅佐才有的结果。现在大汉天子听说您在南越称王，不愿意再帮助天下人讨伐凶暴忤逆之人，汉朝将相都想带兵来消灭您。但是汉王爱惜百姓，想到他们刚刚经历了战争的劳苦乱离，因此才暂且罢兵，派我授予你南越王的金印，剖符为信，互通使臣。您按理应该到郊外远迎，面向北方，拜倒称臣，但是您却想凭借刚刚建立、还未曾把百姓完全收拢起来的小小南越，在此凶悍倔强，傲慢不顺从。倘若让朝廷知道了这件事，挖开并烧毁您祖先的坟墓，诛杀您的宗族，再派一名偏将带领十万军队来到南越，那么南越人杀死您后投降并归顺汉朝，就像翻手一样那么容易了。"

尉他听完后，马上站起来，向陆生道歉说："我在蛮夷之地居住的时间长了，所以太失礼了。"接着，他又问陆生："我和萧何、曹参、韩信相比较，谁比较有德有才呢？"陆生说道："您好像比他们强一点。"尉他又问："那么把我和皇帝相比较呢？"陆生回答说："皇帝从丰沛起义，讨伐残暴的秦朝，打败了强大的楚国，为整个天下的人兴利除害，继承了三皇五帝的雄伟业绩，统领整个中原。而中原的人口是以亿来计算的，土地方圆万里，处在天下最富饶的地域，人多车众，物产丰富，政令出于一家，这种盛世是从开天辟地以来从来没有过的。而现在您的百姓不过几十万，而且都是未开化的蛮夷，又居住在这局促狭小的山地海隅之间，只不过相当于汉朝的一个郡而已，您怎么能同汉王相提并论！"尉他听了，哈哈大笑，说道："我不能在中原发达起家，所以才在这个地方称王。假如我占据中原，我又哪里比不上汉王呢？"通过交谈，尉他非常喜欢无足与语，至生来，令我日闻所不闻。”赐陆生橐中装直千金，他送亦千金。陆生卒拜尉他为南越王，令称臣奉汉约。归报，高祖大悦，拜贾为太中大夫。

陆生时时前说称诗书。高帝骂之曰：“乃公居马上而得之，安事诗书！”陆生曰；“居马上得之，宁可以马上治之乎？且汤武逆取而以顺守之，文武并用，长久之术也。昔者吴王夫差、智伯极武而亡；秦任刑法不变，卒灭赵氏。乡使秦已并天下，行仁义，法先圣，陛下安得而有之？”高帝不怿而有惭色，乃谓陆生曰：“试为我著秦所以失天下，吾所以得之者何，及古成败之国。”陆生乃粗述存亡之征，凡著十二篇。每奏一篇，高帝未尝不称善，左右呼万岁，号其书曰“新语”。

孝惠帝时，吕太后用事，欲王诸吕，畏大臣有口者，陆生自度不能争之，乃病免家居。以好畤田地善，可以家焉。有五男，乃出所使越得橐中装卖千金，分其子，子二百金，令为生产。陆生常安车驷马，从歌舞鼓琴瑟侍者十人，宝剑直百金，谓其子曰：“与汝约：过汝，汝给吾人马酒食，极欲，十日而更。所死家，得宝剑车骑侍从者。一岁中往来过他客，率不过再三过，数见不鲜，无久慁公为也。”

吕太后时，王诸吕，诸吕擅权，欲劫少主，危刘氏。右丞相陈平患之，力不能争，恐祸及己，常燕居深念。陆生往请，直入坐，而陈陆生，留下陆生和自己饮酒作乐好几个月。尉他说："南越人当中没有一个人可以和我谈得来，您来到这里之后，才使我每天都能听到过去没有听到的事情。"尉他还送给陆生一个包裹，价值千金，除此之外还送给他不少礼品，同样也价值千金。陆生终于完成了拜尉他为南越王的任务，使尉他向汉称臣，服从汉朝的管理约束。陆贾回朝之后，把以上情况向高祖汇报，高祖非常高兴，任命陆贾为太中大夫。

陆生在皇帝面前经常谈论《诗经》、《尚书》等儒家经典，听到这些，高帝很不高兴，就对陆生大骂道："你老子的天下是凭借骑着马南征北战打出来的，什么时候用得着《诗经》、《尚书》！"陆生回答说："您在马上可以夺得天下，难道您也可以在马上治理天下吗？商汤和周武，都是凭借武力征服天下的，然后顺应形势以文治守成，文治武功并用，这才是使天下太平的最好的办法啊。从前吴王夫差、智伯都是因极力炫耀武力而导致国家灭亡；秦王朝也是一再使用严峻刑法并且不知道变更，最后导致了自己的灭亡。如果秦朝统一天下之后，实行仁义之道，效仿先圣，那么，陛下您又怎么能够取得天下呢？"高帝听完这些话之后，心情不悦，脸上露出惭愧的表情，于是就对陆生说："那就请您试着总结一下秦朝失去天下与我取得天下的原因到底在哪里，还有古代各王朝成功和失败的原因吧。"所以，陆生就奉旨大略地论述了国家兴盛、衰落及存亡的征兆和原因，一共写了十二篇。每写完一篇就马上上奏给皇帝看，高帝每次没有不赞许他的，所有的群臣也是齐呼万岁，后来把他这部书称为"新语"。

在孝惠帝时，吕太后掌握权势，想立吕氏诸人为王，又害怕大臣中那些能言善辨的人，而陆生也清楚地知道自己竭尽全力争辩也是无济于事的，因此就称病归隐，在家中闲居。因为好畤一带土地肥沃，于是他就在那里定居下来。陆生有五个儿子，他把出使南越时得到的包裹拿出来卖了千金，分给他的儿子们，每个人二百金，让他们从事农业。陆生自己则经常坐着四匹马拉的车子，带着十个会歌舞和弹琴鼓瑟的侍从，佩带着价值百金的宝剑到处游玩。他曾这样对儿子们说："我和你们做个约定，当我出游时如果经过你们家，要让我的人马吃饱喝足，并且尽量满足大家的需求。每十天换一家。我在谁家去世，这把宝剑、车骑以及侍从人员都归谁所有。我还要到其他的朋友那里去，所以一年之中我到你们各家去的次数可能不过两三次，总来见你们，就不新鲜了，你们用不着总厌烦你们老子这么做了。"

吕太后掌握权势的时候，封诸吕为王。诸吕独揽大权想胁持幼主，夺取刘氏的天下。右丞相陈平对此十分担忧，但是自己能力有限，不能强争，又害怕连累自己，常常安居家中反复思考。有一次，陆生前去向他请安，直接走到陈平身丞相方深念，不时见陆生。陆生曰：“何念之深也？”陈平曰：“生揣我何念？”陆生曰：“足下位为上相，食三万户侯，可谓极富贵无欲矣。然有忧念，不过患诸吕、少主耳。”陈平曰：“然。为之奈何？”陆生曰：“天下安，注意相；天下危，注意将。将相和调，则士务附；士务附，天下虽有变，即权不分。为社稷计，在两君掌握耳。臣常欲谓太尉绛侯，绛侯与我戏，易吾言。君何不交欢太尉，深相结？”为陈平画吕氏数事。陈平用其计，乃以五百金为绛侯寿，厚具乐饮；太尉亦报如之。此两人深相结，则吕氏谋益衰。陈平乃以奴婢百人，车马五十乘，钱五百万，遗陆生为饮食费。陆生以此游汉廷公卿间，名声藉甚。

及诛诸吕，立孝文帝，陆生颇有力焉。孝文帝即位，欲使人之南越。陈丞相等乃言陆生为太中大夫，往使尉他，令尉他去黄屋称制，令比诸侯，皆如意旨。语在南越语中。陆生竟以寿终。

平原君朱建者，楚人也。故尝为淮南王黥布相，有罪去，后复事黥布。布欲反时，问平原君，平原君止之，布不听而听梁父侯，遂反。汉已诛布，闻平原君谏不与谋，得不诛。语在黥布语中。

平原君为人辩有口，刻廉刚直，家于长安。行不苟合，义不取容。辟阳侯行不正，得幸吕太后。时辟阳侯欲知平原君，平原君不肯见。及平原君母死，陆生素与平原君善，过之。平原君家贫，未有以边坐下，这时陈平正在深思，没有觉察到陆生已经到了。陆生问道：“您的担忧为什么如此沉重呢？”陈平说：“你猜猜看，我究竟在担忧什么。”陆生说：“您老先生官职位居右丞相，是享有三万户食邑的列侯，可以说荣华富贵到了无人可比的地步，应该说是没有这方面的想法了。然而如果说您老人家有担忧的话，那只能是担忧诸吕和幼主了。”陈平说：“你猜得很对，你看这件事该怎么办呢？”陆生说：“天下安定无事的时候，要注意丞相；天下动乱不安的时候，要注意大将。如果大将和丞相相互配合，那么士人就会归顺；士人归顺，那么天下即使有意外的事情发生，国家的大权也不会分散。为国家大事考虑，这件事情就在您和周勃两个人的控制之中了。我经常想把这些话对太尉周勃讲清楚，但是他和我总开玩笑，对我的话也不是很重视。您为什么不和太尉交好，建立起坚固的联系？”接着，陆生又为陈平谋划出几种对付吕氏的方法。陈平就采用他的计谋，拿出五百金来给绛侯周勃祝寿，并且准备了盛大的歌舞宴会来款待他；而太尉周勃也用同样的方式来回报陈平。这样，陈平、周勃二人就建立起十分亲密的联系，而吕氏篡位的阴谋也就更加难以实现了。陈平又把一百个奴婢、五十辆车马、五百万钱送给陆生作为饮食费用。陆生就用这些费用在汉朝廷公卿大臣中游说，搞得名声很大。

等到诛灭了诸吕后，大臣们迎立孝文帝登上皇帝的宝座，陆生对此出了不少力。孝文帝登基之后，想派人出使南越。陈平丞相等人就推举陆生为太中大夫，派他出使南越，命令南越王尉他取消黄屋称制等越礼行为，让他采用和其他诸侯一样的礼节仪式。陆生出使南越之后，依此行事，皇帝的要求都达到了，所以文帝很满意。关于这件事的具体情节，都记录在《南越列传》中。陆生最后因为年老而去世。

平原君朱建是楚国人，他曾经担任过淮南王黥布的国相，但因犯罪而离去。后来他又重新在黥布手下做事，黥布想造反的时候，问朱建怎样看此事，朱建极力反对。但黥布没有听从他的意见，而是听取梁父侯所说的去造反，于是便起兵了。等到汉朝平定叛乱，杀死黥布以后，听说平原君朱建曾经劝阻过黥布不要造反，同时他又没有参加与造反有关的阴谋活动，就没有诛杀朱建。与此事相关的内容，在《黥布传》中有记载。

平原君朱建这个人能言善辩，口才非常好，同时他又刚正不阿、恪守节操、廉洁无私，他定居于长安。他说话做事坚决不随便附和，坚持道义而不愿意曲从讨好，取悦于人。辟阳侯审食其品行不端正，靠阿谀奉承深得吕太后的宠爱。当时辟阳侯十分想和平原君交好，但平原君就是不愿意见他。平原君母亲去世了，陆生和平原君一直很要好，所以就前去吊唁。平原君家境贫苦清寒，连给母亲出发丧，方假贷服具，陆生令平原君发丧。陆生往见辟阳侯，贺曰："平原君母死。"辟阳侯曰："平原君母死，何乃贺我乎？"陆贾曰："前日君侯欲知平原君，平原君义不知君，以其母故。今其母死，君诚厚送丧，则彼为君死矣。"辟阳侯乃奉百金往税。列侯贵人以辟阳侯故，往税凡五百金。

辟阳侯幸吕太后，人或毁辟阳侯于孝惠帝，孝惠帝大怒，下吏，欲诛之。吕太后惭，不可以言。大臣多害辟阳侯行，欲遂诛之。辟阳侯急，因使人欲见平原君。平原君辞曰："狱急，不敢见君。"乃求见孝惠幸臣闳籍孺，说之曰："君所以得幸帝，天下莫不闻。今辟阳侯幸太后而下吏，道路皆言君谗，欲杀之。今日辟阳侯诛，旦日太后含怒，亦诛君。何不肉袒为辟阳侯言于帝？帝听君出辟阳侯，太后大欢。两主共幸君，君贵富益倍矣。"于是闳籍孺大恐，从其计，言帝，果出辟阳侯。辟阳侯之囚，欲见平原君，平原君不见辟阳侯，辟阳侯以为倍己，大怒。及其成功出之，乃大惊。

吕太后崩，大臣诛诸吕，辟阳侯于诸吕至深，而卒不诛。计画所以全者，皆陆生、平原君之力也。

孝文帝时，淮南厉王杀辟阳侯，以诸吕故。文帝闻其客平原君为计策，使吏捕欲治。闻吏至门，平原君欲自杀。诸子及吏皆曰："事未可知，何早自杀为？"平原君曰："我死祸绝，不及而身矣。"遂自刭。孝文帝闻而惜之，曰："吾无意杀之。"乃召其子，拜为中大夫。使匈奴，单于无礼，乃骂单于，遂死匈奴中。

初，沛公引兵过陈留，郦生踵军门上谒曰："高阳贱民郦食其，殡送丧的钱都没有，正要去借钱来置办殡丧用品，陆生却让平原君只管发丧，不必去借钱。然后，陆生到辟阳侯家中，向他祝贺说："平原君的母亲去世了。"辟阳侯不明所以地说："平原君的母亲死了，你向我祝贺做什么？"陆生说道："以前您一直想和平原君交好，但是他讲究道义不和您往来，这是因为他母亲的原因。现在他母亲已经去世，您若是赠送厚礼为他母亲送丧，那么他一定愿意为您拼死效劳。"于是辟阳侯就给平原君送去价值一百金的厚礼。而当时的不少列侯贵人因为辟阳侯送重礼的缘故，也送去了总值五百金的钱物。

辟阳侯深受吕太后的宠爱，于是有人在孝惠帝面前说他的坏话，孝惠帝十分生气，就把他抓起来交给官吏审问，并想借这个机会杀掉他。吕太后感到愧疚，又不能替他求情。而大臣们大都十分痛恨辟阳侯的恶行，更想借这个机会杀掉他。辟阳侯十分着急，就派人给平原君传话，说自己想见他。但平原君却推托说："您的案子现在正在风口浪尖上，我不敢会见您。"然后平原君请求会见孝惠帝的宠臣闳籍孺，对他说："皇帝宠爱您的事情，天下的人全都知道。现在辟阳侯被太后宠爱，却被逮捕入狱，满城的人都会说是您给说的坏话，想杀掉他。如果今天辟阳侯被皇帝杀了，那么明天早上太后生气了，也会杀掉您。您为什么不脱了上衣，光着膀子，替辟阳侯到皇帝那里去求情呢？如果皇帝听了您的意见，放出辟阳侯，太后一定会十分高兴。而太后、皇帝两人都宠爱您，那么您也就会加倍富贵了。"于是闳籍孺十分害怕，就听从了平原君的话，向皇帝给辟阳侯说情，皇帝果然放出了辟阳侯。辟阳侯在被囚禁的时候，很想会见平原君，但是平原君却不愿意见辟阳侯，辟阳侯认为这是背叛自己，所以对他很是恼怒、怨恨。等到他被平原君成功地救出之后，才感到十分吃惊。

吕太后去世之后，大臣们诛杀了诸吕。辟阳侯和诸吕关系极其深厚，但最终没有被杀死。保全辟阳侯生命的计划之所以得以实现，就是陆生和平原君的功劳。

在孝文帝时期，淮南厉王杀死了辟阳侯，这是因为他和诸吕关系至深的原因。文帝又听说辟阳侯的许多事情都是他的门客平原君出谋策划的，所以就派遣官吏去逮捕他，想治他的罪。听到官吏已到自己家门口，平原君于是想自杀。他的几个儿子和来逮捕他的官员都劝说："事情的结果到底如何，现在还不清楚，你为什么要这么早就先自杀呢？"平原君对儿子们说："我一个人死了以后，我们一家人的灾祸也就没有了，也就不会使你们受到连累。"这样，他就拔剑自杀而死。孝文帝听到此事非常可惜，说："我并没有杀他的想法。"为了表示对其家属的慰藉，文帝就把他的儿子召进朝廷，任命为太中大夫。后来他出使匈奴，由于单于蛮横无礼，就大骂单于，所以死在了匈奴。

当初，沛公带兵经过陈留的时候，郦生到军门递上自己的名帖说："高阳窃闻沛公暴露，将兵助楚讨不义，敬劳从者，愿得望见，口画天下便事。”使者入通，沛公方洗，问使者曰：“何如人也？”使者对曰：“状貌类大儒，衣儒衣，冠侧注。”沛公曰：“为我谢之，言我方以天下为事，未暇见儒人也。”使者出谢曰：“沛公敬谢先生，方以天下为事，未暇见儒人也。”郦生瞋目案剑叱使者曰：“走！复入言沛公，吾高阳酒徒也，非儒人也。”使者惧而失谒，跪拾谒，还走，复入报曰：“客，天下壮士也，叱臣，臣恐，至失谒。曰‘走！复入言，而公高阳酒徒也’。”沛公遽雪足杖矛曰：“延客入！”

郦生入，揖沛公曰：“足下甚苦，暴衣露冠，将兵助楚讨不义，足不何不自喜也？臣愿以事见，而曰‘吾方以天下为事，未暇见儒人也’。夫足下欲兴天下之大事而成天下之大功，而以目皮相，恐失天下之能士。且吾度足下之智不如吾，勇又不如吾。若欲就天下而不相见，窃为足下失之。”沛公谢曰：“乡者闻先生之容，今见先生之意矣。”乃延而坐之，问所以取天下者。郦生曰：“夫足下欲成大功，不如止陈留。陈留者，天下之据冲也，兵之会地也，积粟数千万石，城守甚坚。臣素善其令，愿为足下说之。不听臣，臣请为足下杀之，而下陈留。足下将陈留之众，据陈留之城，而食其积粟，招天下之从兵；从兵已成，足下横行天下，莫能有害足下者矣。”沛公曰：“敬闻命矣。”

于是郦生乃夜见陈留令，说之曰：“夫秦为无道而天下畔之，今足下与天下从则可以成大功。今独为亡秦婴城而坚守，臣窃为足下危之。”陈留令曰：“秦法至重也，不可以妄言，妄言者无类，吾不可以应。先生所以教臣者，非臣之意也，愿勿复道。”郦生留宿卧，夜的卑贱百姓郦食其，私下里听说沛公奔波在外，露天而处，不辞劳苦，带领人马帮助楚军来征讨残暴无道的秦朝，敬请劳烦各位随从人员，进去通告一声，说我想见到沛公，和他讨论天下大事。”使者进去禀告，沛公一边洗脚一边问使者：“来者是什么样的人？”使者回答说：“看他长相好像一个有学问的大儒，身穿读书人的衣服，头戴巍峨的高山冠。”沛公说：“替我谢绝他，说我正在忙平定天下的大事，没有时间见儒生。”使者出来道歉说：“沛公敬谢先生，他正忙于平定天下的大事，没有时间见儒生。”郦生听完，瞪圆了眼睛，手持宝剑，责骂使者说：“快点！再去告诉沛公一声，我是高阳酒徒，并不是一个儒生。”使者见此，惊慌失措，竟吓得把名帖掉在了地上，然后又跪下捡起，迅速地转身跑了进去，再次向沛公通报：“外边那个客人，真正是天下英雄，他大声斥责我，我很是害怕，吓得我把名帖掉在了地上，他说：‘你快滚回去，再次通报，你家老子是个高阳酒徒。’”沛公立刻擦干了脚，手拄着长矛说道：“请客人进来！”

郦生进去之后，长揖为礼，并且说道：“沛公您长年累月暴衣露冠地在外奔波劳碌，十分辛苦，带领人马和楚军一起征讨残暴无道的秦王，但是沛公您为什么一点儿也不自重自爱呢？我想以讨论天下大事为理由见到您，而您却说什么‘我正忙于平定天下，没有时间见儒生’。您想平定天下，成就天下最大的功业，但却从外貌来看人，这样恐怕就要失去天下那些有能力的人。况且我想您的聪明才智比不上我，勇敢坚强也比不上我，您如果想成就平定天下的大业而不想见到我的话，我认为您就失去了一个人才。”沛公连忙向郦生道歉说：“刚才我只听说了您的长相和衣着，现在我才真正了解了您的想法。”于是请他到位子上就座，问他平定天下的计划。郦生说：“沛公您若想成就统一天下的大业，不如先攻占陈留。陈留这个地方是一个可以据守的四通八达的交通要地，同时也是兵家必争之地。在城里贮藏着几千万石粮食，城墙守卫工事非常牢固。而我和陈留的守令关系一向要好，我想为您前去说服他，让他向您投降。若是他不听我的，请准许我替您把他杀掉，然后拿下陈留。您率领陈留的兵将，占据坚固的陈留城，吃陈留的存粮，召集天下各地想投靠您的人马；等到兵力壮大以后，您就可以所向无敌，横行天下，那也就没有任何人能对您构成威胁了。”沛公说：“我完全听从您的意见。”

于是郦生就连夜去见陈留守令，游说他道：“秦朝残暴无道，天下的人都反对它，现在您如果和天下人一起起兵造反就可以成大功，而您却一个人为即将要灭亡的秦朝拥城固守，我私下里为您的危急处境深深担忧。”陈留守令说道：“秦朝的法令残暴无情，不能够随便胡说，如果说这样的话，就要灭族。我不半时斩陈留令首，逾城而下报沛公。沛公引兵攻城，悬令首于长竿以示城上人，曰："趣下，而令头已断矣！今后下者必先斩之！"于是陈留人见令已死，遂相率而下沛公。沛公舍陈留南城门上，因其库兵，食积粟，留出入三月，从兵以万数，遂入破秦。

太史公曰：世之传郦生书，多曰汉王已拔三秦，东击项籍而引军于巩洛之间，郦生被儒衣往说汉王。乃非也。自沛公未入关，与项羽别而至高阳，得郦生兄弟。余读陆生新语书十二篇，固当世之辩士。至平原君子与余善，是以得具论之。

能按照你所说的去做。您老先生指教我的话，并不是我的志向，请您不要再说了。”这天夜里，郦生就在城中留宿，到了半夜，他悄悄地斩下陈留守令的头，越城墙而下，报与沛公得知。沛公带领人马，进攻城池，把县令的头挂在旗竿上给城上的人看说：“尽快投降吧，你们守令的脑袋已经被我们砍下来了！谁后投降，就一定要先杀他！”这时陈留人见守令已死，便相继投降了沛公。沛公进城之后，就住在陈留的南城城门楼上，用的是陈留武库里的兵器，吃的是城里的存粮，在这里进进出出地逗留了三个月，招募的兵马已达几万人，然后就入关并灭了秦朝。

太史公说：现在世上流传的写郦生的传记，大多这样说：汉王在平定了三秦之后，回军向东进攻项羽，带领军队活动在巩、洛之间时，郦生才身穿儒衣前去向汉王游说。这种说法是不对的。真实情况是在沛公攻入函谷关之前，与项羽分手，来到高阳，在那时得到了郦生兄弟二人。我读陆贾的《新语》十二篇，可以看出他真正是当代少有的大辩士。而平原君的儿子和我关系很好，因此才能详细地把上述这一切都记录下来。

傅靳蒯成列传第三十八

阳陵侯傅宽，以魏五大夫骑将从，为舍人，起横阳。从攻安阳、杠里，击赵贲军于开封，及击杨熊曲遇、阳武，斩首十二级，赐爵卿。从至霸上。沛公立为汉王，汉王赐宽封号共德君。从入汉中，迁为右骑将。从定三秦，赐食邑雕阴。从击项籍，待怀，赐爵通德侯。从击项冠、周兰、龙且，所将卒斩骑将一人敖下，益食邑。

属淮阴，击破齐历下军，击田解。属相国参，残博，益食邑。因定齐地，剖符世世勿绝，封为阳陵侯，二千六百户，除前所食。为齐右丞相，备齐。五岁为齐相国。

四月，击陈豨，属太尉勃，以相国代丞相哙击豨。一月，徙为代相国，将屯。二岁，为代丞相，将屯。

孝惠五年卒，谥为景侯。子顷侯精立，二十四年卒。子共侯则立，十二年卒。子侯偃立，三十一年，坐与淮南王谋反，死，国除。

信武侯靳歙，以中涓从，起宛朐。攻济阳。破李由军。击秦军亳南、开封东北，斩骑千人将一人，首五十七级，捕虏七十三人，赐爵封号临平君。又战蓝田北，斩车司马二人，骑长一人，首二十八级，捕虏五十七人。至霸上。沛公立为汉王，赐歙爵建武侯，迁为骑都尉。

从定三秦。别西击章平军于陇西，破之，定陇西六县，所将卒斩车司马、候各四人，骑长十二人。从东击楚，至彭城。汉军败还，保雍丘，去击反者王武等。略梁地，别将击邢说军菑南，破之，身得说阳陵侯傅宽，以魏国五大夫骑将军官的身份跟随沛公刘邦，曾经做过家臣，起兵于横阳。他跟随沛公进攻安阳、杠里，在开封进攻秦将赵贲的部队，以及在曲遇、阳武击败秦将杨熊的部队，曾斩获十二个秦军的首级，沛公赐给他卿的爵位，后来随从沛公进军到灞上。沛公被立为汉王后，封赐给傅宽共德君的封号。随即他跟着汉王进入汉中地区，升职为右骑将，不久又跟随汉王平定了三秦，汉王赐给他雕阴作为食邑。楚汉相争的时候，他随着汉王攻打西楚霸王项羽，奉命在怀县接应汉王，汉王赐给他通德侯的爵位。在跟随汉王攻击项羽部将项冠、周兰、龙且时，他带领的士兵在敖仓山下斩获敌骑将一人，因而增加了食邑。

傅宽曾经隶属于淮阴侯韩信，打败了齐国在历下的驻军，打败了齐国守将田解。后来归相国曹参指挥，攻克了博县，又增加了食邑。因为平定齐地有功，汉王把表示凭证的符分成两半，交给他一半，以示信用，让他的爵位世代相传，封他为阳陵侯，食邑二千六百户，免除他先前受封的食邑。后来他担任齐国右丞相，屯兵驻守防备田横作乱，在齐国任国相五年。

汉高祖十一年四月，他进攻叛汉自立为代王的陈豨，归太尉周勃指挥，以相国的身份代替汉丞相樊哙打败了陈豨。第二年一月，调任代国相国，带兵驻守边郡。两年后，担任代国丞相，继续带兵驻守边郡。

汉惠帝五年傅宽去世，谥号为景侯。其儿子顷侯傅精继承爵位，二十四年去世。傅精的儿子共侯傅则继承爵位，十二年后去世。傅则的儿子傅偃继承爵位，三十一年，因淮南王刘安谋反而连坐，被处死，封地同时被废除。

信武侯靳歙，以侍从官员的身份追随沛公刘邦，他是从宛朐起兵的，曾攻打过济阳，击败过秦国将军李由的军队。后来他又在亳县南和开封东北地区攻打秦军，一共斩杀了一名千人骑兵的长官，斩获了五十七人的首级，俘获了七十三人，获得沛公所赐爵位，封号为临平君。后来又在蓝田北进行战斗，斩获秦军车司马二人，骑兵长官一人，斩获了二十八人首级，俘获了五十七人，又率军到达灞上。当时沛公立为汉王，赐予靳歙建武侯爵位，并升他为骑都尉。

靳歙追随汉王平定了三秦。他带领部队向西进攻在陇西攻打秦将章平的军队，打败秦军，平定了陇西六县，他所带领的士兵杀死秦军车司马、军候各四人，骑兵长官十二人。随后，跟着汉王东进攻打楚军，抵达彭城。结果汉军战都尉二人，司马、候十二人，降吏卒四千一百八十人。破楚军荥阳东。三年，赐食邑四千二百户。

别之河内，击赵将贲郝军朝歌，破之，所将卒得骑将二人，车马二百五十四。从攻安阳以东，至棘蒲，下七县。别攻破赵军，得其将司马二人，候四人，降吏卒二千四百人。从攻下邯郸。别下平阳，身斩守相，所将卒斩兵守、郡守各一人，降邺。从攻朝歌、邯郸，及别击破赵军，降邯郸郡六县。还军敖仓，破项籍军成皋南，击绝楚饷道，起荥阳至襄邑。破项冠军鲁下。略地东至缯、郯、下邳，南至蕲、竹邑。击项悍济阳下。还击项籍陈下，破之。别定江陵，降江陵柱国、大司马以下八人，身得江陵王，生致之雒阳，因定南郡。从至陈，取楚王信，剖符世世勿绝，定食四千六百户，号信武侯。

以骑都尉从击代，攻韩信平城下，还军东垣。有功，迁为车骑将军，并将梁、赵、齐、燕、楚车骑，别击陈豨丞相敞，破之，因降曲逆。从击黥布有功，益封定食五千三百户。凡斩首九十级，虏百三十二人；别破军十四，降城五十九，定郡、国各一，县二十三；得王、柱国各一人，二千石以下至五百石三十九人。

高后五年，歙卒，谥为肃侯。子亭代侯。二十一年，坐事国人过律，孝文后三年，夺侯，国除。

蒯成侯緤者，沛人也，姓周氏。常为高祖参乘，以舍人从起沛。至霸上，西入蜀、汉，还定三秦，食邑池阳。东绝甬道，从出度平阴，遇淮阴侯兵襄国，军乍利乍不利，终无离上心。以緤为信武侯，败，靳歙力守雍丘，后离开雍丘去攻打反叛的王武等人。夺取了梁地后，又带领部队攻打驻守菑南的楚将邢说军队，打败了邢说，并亲自生擒邢说的都尉二人，司马、军候十二人，招降了楚军官兵四千一百八十人。另外在荥阳东打败楚军。汉高祖三年，赐给靳歙食邑四千二百户。

靳歙还曾经带领部队抵达河内，攻打驻守在朝歌的赵将贲郝，大败贲郝，他带领的士兵生擒骑将二人，缴获战马二百五十匹。他跟随汉王进攻安阳以东地区，直达棘蒲，攻下七个县。并另率兵击败赵军，生擒赵军的司马二人、军候四人，招降赵军官兵二千四百人。又跟随汉王攻克邯郸，独自带兵攻下平阳，亲自斩杀驻平阳的赵国代理相国，他所带领的士兵斩杀带兵郡守和郡守各一人，迫使邺归降。这次征战，随从汉王进攻朝歌、邯郸，又独自击败赵军，迫使邯郸郡的六个县投降，率军返回敖仓后，旋即在成皋南打败项羽的军队，击毁切断了从荥阳至襄邑运输粮饷的道路。在鲁城之下大败项冠的部队，夺取了东至缯、郯、下邳，南至蕲、竹邑的大片土地。又在济阳城下打败项悍的军队，然后挥军返回在陈县城下攻打项羽部队，大败项羽。此外，还平定了江陵，招降了在江陵的临江王的柱国、大司马及其部下八人，亲自生擒了临江王共尉，并把他押送到洛阳，于是平定了南郡。此后随从汉王到陈县，抓获了图谋不轨的楚王韩信，汉王把表示凭证的符分成两半，交给靳歙一半，以示信用，使他的爵位世代相传，规定食邑四千六百户，封号为信武侯。

后来，靳歙以骑都尉的身份跟随高帝攻打代王，在平城下打败代王韩信，跟着率军返回东垣。因为有功绩，被提升为车骑将军，接着率领梁、赵、齐、燕、楚几个诸侯王的军队，兵分几路进攻陈豨的丞相侯敞，把他打败了，于是曲逆被迫投降。后又跟随高祖攻打黥布，立下功劳，增加了封赐并规定食邑五千三百户。在几次重要的战役中，靳歙共斩敌九十个首级，俘获一百三十二人；另打败敌军十四次，攻下了五十九座城池，平定郡、国各一个，县城共二十三个；活捉诸侯王、柱国各一人，二千石以下至五百石的不同等级官员一共三十九人。

高后五年，靳歙去世，谥号为肃侯。他的儿子靳亭继承侯爵。二十一年后，因驱使奴役百姓超过了律令的规定，汉文帝后元三年，朝廷夺去了他的爵位，同时没收了封地。

蒯成侯名緤，是沛县人，姓周，曾担任陪同高祖乘车一职，是以家臣的身份跟随高祖起兵的。他曾经陪同高祖到灞上，又向西进入蜀、汉两地，后随高帝一同回军平定了三秦，并被赐池阳作为食邑。他奉命率军队向东进军阻断了楚军运输的通道，之后跟随高祖一起出征渡过平阴渡口后向东进军，在襄国与淮阴侯韩信的部队会合在一起。当时作战汉军有时获得胜利而有时则会战败，情势十分严食邑三千三百户。高祖十二年，以緤为蒯成侯，除前所食邑。

上欲自击陈豨，蒯成侯泣曰："始秦攻破天下，未自行。今上常自行，是为无人可使者乎？"上以为"爱我"，赐入殿门不趋，杀人不死。

至孝文五年，緤以寿终，谥为贞侯。子昌代侯，有罪，国除。至孝景中二年，封緤子居代侯。至元鼎三年，居为太常，有罪，国除。

太史公曰：阳陵侯傅宽、信武侯靳歙皆高爵，从高祖起山东，攻项籍，诛杀名将，破军降城以十数，未尝困辱，此亦天授也。蒯成侯周緤操心坚正，身不见疑，上欲有所之，未尝不垂涕，此有伤心者然，可谓笃厚君子矣。

峻，但周緤从始至终都没有背叛高祖的心思。高祖封他为信武侯，食邑三千三百户。高祖十二年，朝廷又赐封周緤为蒯成侯，同时免掉了原先的食邑。

高祖曾经想亲自攻打陈豨，蒯成侯流着眼泪劝阻高祖说：“以前秦王攻取天下，都未曾亲自出征，现在您经常亲自带兵出征，这难道是因为没有可派遣出征的人吗？”高帝认为周緤是发自内心地爱护自己，破例恩准他进入殿门不用碎步快走，杀了人也不用定死罪。

到汉文帝五年，周緤年老因病去世，谥号为贞侯。他的儿子周昌继承侯爵，后来因为犯罪，被没收了封地。到了汉景帝中元二年，汉文帝又封周緤的儿子周居继承侯爵。到了汉武帝元鼎三年，周居任太常官职，因为犯了罪，封地被没收。

太史公说：阳陵侯傅宽与信武侯靳歙都获得了十分高的爵位，跟随高祖从山东开始起兵，攻打项羽，斩杀名将，打败过敌军几十次，降服了城邑数十座，却从未遇到过挫折和困厄，这也是上天的赏赐啊。蒯成侯周緤十分坚定并且忠诚，从未被人怀疑，高祖每次有出征的行动，他都没有不流泪不哭泣的，这是心里十分痛苦的人才能做到的，可以说是个忠厚诚实的君子啊。

刘敬叔孙通列传第三十九

刘敬者，齐人也。汉五年，戍陇西，过洛阳，高帝在焉。娄敬脱挽辂，衣其羊裘，见齐人虞将军曰："臣愿见上言便事。"虞将军欲与之鲜衣，娄敬曰："臣衣帛，衣帛见；衣褐，衣褐见：终不敢易衣。"于是虞将军入言上。上召入见，赐食。

已而问娄敬，娄敬说曰："陛下都洛阳，岂欲与周室比隆哉？"上曰："然。"娄敬曰："陛下取天下与周室异。周之先自后稷，尧封之邰，积德累善十有余世。公刘避桀居豳。太王以狄伐故，去豳，杖马棰居岐，国人争随之。及文王为西伯，断虞芮之讼，始受命，吕望、伯夷自海滨来归之。武王伐纣，不期而会孟津之上八百诸侯，皆曰纣可伐矣，遂灭殷。成王即位，周公之属傅相焉，乃营成周洛邑，以此为天下之中也，诸侯四方纳贡职，道里均矣，有德则易以王，无德则易以亡。凡居此者，欲令周务以德致人，不欲依阻险，令后世骄奢以虐民也。及周之盛时，天下和洽，四夷乡风，慕义怀德，附离而并事天子，不屯一卒，不战一士，八夷大国之民莫不宾服，效其贡职。及周之衰也，分而为两，天下莫朝，周不能制也。非其德薄也，而形势弱也。今陛下起丰沛，收卒三千人，以之径往而卷蜀汉，定三秦，与项羽战荥阳，争成皋之口，大战七十，小战四十，使天下之民肝脑涂地，父子暴骨中野，不可胜数，哭泣之声未绝，伤痍者未起，而欲比隆于成康之时，臣窃以为不侔也。且夫秦地被山带河，四塞以刘敬是齐国人，汉高帝五年，他到陇西驻守边境，途中经过洛阳，当时汉高帝正住在那里。娄敬进城后便摘下拉车用的横木，穿着羊皮袄，去见齐人的虞将军说：“我希望可以见到皇帝并谈谈国家大事。”虞将军要给他一件干净清爽的好衣服换上，娄敬说：“我穿着丝绸衣服来，就穿着丝绸衣服去拜见皇上；穿着粗布短衣来，就穿着粗布短衣去拜见皇上：我是绝对不会换衣服的。”于是虞将军进宫把娄敬的请求转达皇帝。皇帝召娄敬进宫来晋见，并赐他用餐。

过了一会儿，皇帝就问娄敬要谈什么国家大事，娄敬便劝说皇帝道：“陛下建都洛阳，难道是想要跟周朝一比兴隆吗？”皇帝说：“是的。”娄敬说：“陛下获取天下的方式跟周朝是不一样的。周朝的先祖从后稷开始，尧封他于邰，累积善事、善政十几代。公刘为避开夏桀的暴政而迁居到豳居住，太王又因为狄族侵扰的缘故，搬离豳，拄着马鞭孤身一人迁居到岐山，国内的人便都争相跟随他去岐山。后来周文王做了西方诸侯的首领时，曾妥善地处理了虞国和芮国的争端，这才成了秉承天命统治天下的人，吕望、伯夷这些贤能的人从海边回来归顺于他。周武王征讨殷纣时，不约而同自动到孟津会盟的有八百诸侯，大家都说殷纣已经可以讨伐了，于是就灭掉了殷。周成王即位后，周公等人辅佐他，就在洛邑营建都城，把它作为天下的中心，天下的诸侯来交纳贡物赋税，道路都是一样的。这样君主有德行就容易靠德行称王统治天下，没德行就容易因此灭亡。凡是建都于此的，都要像周朝一样必须用德政来感召人民，而不可以依靠险要的自然形势，让后代君主骄奢淫逸肆意妄为虐待百姓。在周朝繁盛的时候，天下和睦，四方各族心向洛邑，归附周朝，仰慕周君的道义德行，感念他的恩德，依附他并且一起侍奉周天子，不用驻一兵防守，不用出一卒作战，各方大国的百姓没有不归顺的，都进献贡物和赋税。到了周朝衰败的时候，一分为二，天下没有人再来朝拜，周王室已经不能再掌控天下。不是它的恩德太少了，而是形势太弱了。如今陛下您从丰邑沛县起兵，招集三千士卒，带领他们直接投入战斗，席卷蜀、汉地区，平定三秦，与项羽在荥阳交战，并争夺成皋之险，大战七十次，小战四十次，使天下百姓血流成河，父子的枯骨暴露于荒野之中，横尸遍野数不胜数，悲惨的哭声一直萦绕在耳边，伤病残疾的人还都不能恢复，这种情形下您却要同周朝成王、康王的兴盛时期相比，我私下认为这是不能相提并论的。再说秦地有高山被覆、黄河环绕、四面边塞坚固的堡垒可做防御，即使突然有了危急情况，为固，卒然有急，百万之众可具也。因秦之故，资甚美膏腴之地，此所谓天府者也。陛下入关而都之，山东虽乱，秦之故地可全而有也。夫与人斗，不搤其亢，拊其背，未能全其胜也。今陛下入关而都，案秦之故地，此亦搤天下之亢而拊其背也。”

高帝问群臣，群臣皆山东人，争言周王数百年，秦二世即亡，不如都周。上疑未能决。及留侯明言入关便，即日车驾西都关中。

于是上曰：“本言都秦地者娄敬，‘娄’者乃‘刘’也。”赐姓刘氏，拜为郎中，号为奉春君。

汉七年，韩王信反，高帝自往击之。至晋阳，闻信与匈奴欲共击汉，上大怒，使人使匈奴。匈奴匿其壮士肥牛马，但见老弱及羸畜。使者十辈来，皆言匈奴可击。上使刘敬复往使匈奴，还报曰：“两国相击，此宜夸矜见所长。今臣往，徒见羸瘠老弱，此必欲见短，伏奇兵以争利。愚以为匈奴不可击也。”是时汉兵已逾句注，二十余万兵已业行。上怒，骂刘敬曰：“齐虏！以口舌得官，今乃妄言沮吾军。”械系敬广武。遂往，至平城，匈奴果出奇兵围高帝白登，七日然后得解。高帝至广武，赦敬，曰：“吾不用公言，以困平城。吾皆已斩前使十辈言可击者矣。”乃封敬二千户，为关内侯，号为建信侯。

高帝罢平城归，韩王信亡入胡。当是时，冒顿为单于，兵强，控弦三十万，数苦北边。上患之，问刘敬。刘敬曰：“天下初定，士卒疲于兵，未可以武服也。冒顿杀父代立，妻群母，以力为威，未可以仁义说也。独可以计久远子孙为臣耳，然恐陛下不能为。”上曰：“诚可，何为不能！顾为奈何？”刘敬对曰：“陛下诚能以适长公主百万之众的雄兵也可及时征集的。借着秦国原有的底子，又有肥沃的土地可以作为依托，这就是所说的地势险要、物产丰富的‘天府’之地啊。陛下进入函谷关后把都城建在那里，即使崤山以东地区有祸乱，秦国原有的地方也是可以保全、占有的。与别人搏斗，如果不掐住他的咽喉，击打他的背部，是不能完全获得胜利的。如果陛下进入函谷关以内建都，控制着秦国原有的地区。这也就是掐住了天下的咽喉并且击打它的后背啊。”

汉高帝于是征求大臣们的意见，大臣们都是崤山以东地区的人，于是都争先恐后地申辩说周朝建都在洛阳后便可称王天下几百年，秦朝建都在关内便只到秦二世就灭亡了，不如建都在周朝都城。皇帝犹疑不决。等到留侯张良阐述了入关建都的有利条件后，皇帝于是当日就乘车向西行进入关中建造都城。

皇帝说：“本来提议建都在秦地的是娄敬，‘娄’就是‘刘’啊。”于是赐娄敬改姓为刘，并授给他郎中官职，称号为奉春君。

汉高帝七年，韩王信背叛朝廷，汉高帝亲自率兵讨伐他。到达晋阳时，得知韩王信与匈奴勾结想要共同进攻汉朝的消息，皇帝震怒，于是就派使臣出使匈奴探听底细。匈奴把他们强壮能战的士兵和肥壮的牛马都藏了起来，只看见年老、弱小的士兵和瘦弱的牲畜。派去的十多批使臣回来都说匈奴是可以攻击的。高帝便派刘敬再次出使匈奴，刘敬回来报告说：“两国交兵，此时该炫耀并显示自己的长处优点才对。现在我去那里，却只看到一些瘦弱的牲畜和老弱的士兵，这一定是匈奴故意暴露自己的短处，以便埋伏奇兵来争取胜利。我以为匈奴是不可以攻打的。”这时汉朝军队已经越过了句注山，二十万大军已经出征。高帝听了刘敬的话后十分生气，骂刘敬道：“齐国的孬种！凭借两片嘴获得官职，现在竟敢胡说八道阻碍我的大军！”于是就用镣铐把刘敬锁起来并关押在广武县。高帝率军前往，到了平城，匈奴果然出动奇兵把高帝围困在白登山上，被围困了七天后才得以解围。高帝回到广武县，便赦免了刘敬，对刘敬说：“我不听取您的意见，才在平城被围困。我已经把前面那十来批出使匈奴后说匈奴是可以攻打的人都斩首了。”于是赏赐刘敬食邑二千户，授给他关内侯，称为建信侯。

汉高帝撤出平城后返回朝廷，韩王信则逃到匈奴。这个时候，冒顿是匈奴的君王，军队强大，有三十万士兵，屡次骚扰北部边境。高帝对这种情况很是担忧，于是就问刘敬是否有对策。刘敬说：“汉朝天下才刚刚平定，士兵们被战争搞得疲惫不堪，所以对匈奴是不可以用武力制服的。冒顿杀了他的父亲后自己做了君主，又把父亲的姬妾作为自己的妻子，他凭武力树立威信，是不能用仁义道德来说服的。所以只能从长计议，好让他的子孙后代臣服汉朝，然而又怕陛下办不到。”高帝说：“如果真的可行的话，为什么不可以办到？只是应该怎么办妻之，厚奉遗之，彼知汉适女送厚，蛮夷必慕以为阏氏，生子必为太子。代单于。何者？贪汉重币。陛下以岁时汉所余彼所鲜数问遗，因使辩士风谕以礼节。冒顿在，固为子婿；死，则外孙为单于。岂尝闻外孙敢与大父抗礼者哉？兵可无战以渐臣也。若陛下不能遣长公主，而令宗室及后宫诈称公主，彼亦知，不肯贵近，无益也。”高帝曰：“善。”欲遣长公主。吕后日夜泣，曰：“妾唯太子、一女，奈何弃之匈奴！”上竟不能遣长公主，而取家人子名为长公主，妻单于。使刘敬往结和亲约。

刘敬从匈奴来，因言“匈奴河南白羊、楼烦王，去长安近者七百里，轻骑一日一夜可以至秦中。秦中新破，少民，地肥饶，可益实。夫诸侯初起时，非齐诸田，楚昭、屈、景莫能兴。今陛下虽都关中，实少人。北近胡寇，东有六国之族，宗强，一日有变，陛下亦未得高枕而卧也。臣愿陛下徙齐诸田，楚昭、屈、景，燕、赵、韩、魏后，及豪桀名家居关中。无事，可以备胡；诸侯有变，亦足率以东伐。此强本弱末之术也”。上曰：“善。”乃使刘敬徙所言关中十余万口。

叔孙通者，薛人也。秦时以文学征，待诏博士。数岁，陈胜起山东，使者以闻，二世召博士诸儒生问曰：“楚戍卒攻蕲入陈，于公如何？”博士诸生三十余人前曰：“人臣无将，将即反，罪死无赦。愿陛下急发兵击之。”二世怒，作色。叔孙通前曰：“诸生言皆非也。夫天下合为一家，毁郡县城，铄其兵，示天下不复用。且明主在其上，法令具于下，使人人奉职，四方辐辏，安敢有反者！此特群盗鼠呢？”刘敬回答说：“陛下如果能把皇后生的大公主远嫁给冒顿做妻子，并给他送上丰厚的礼物，他如果知道是汉帝皇后生的女儿，又有丰厚的礼物，粗野的外族人一定会爱慕她并且把大公主册立正式的妻子，之后生下的儿子一定是太子，将来接替君主的位置。为什么要这样办？是因为匈奴贪图汉朝丰厚的财礼。陛下拿一年四季中汉朝多余而匈奴少有的东西多次抚问并赠送，顺便派能言善辩的人用礼节来开导、启发他。冒顿在位时，他当然也就是汉朝的女婿；他死了之后，那么汉朝的外孙就是君主。哪曾听说有外孙子敢同外祖父争夺天下的呢？军队可以不用出战便使匈奴逐渐臣服于我朝。如果陛下不派大公主去，而让皇族女子或者是嫔妃假冒公主，冒顿如果知道，就不会尊敬并且亲近她，那样就没有什么好处了。”汉高帝听后说：“好的。”于是就要送大公主去匈奴。吕后得知后日夜啼哭，对皇帝说：“我只有太子和这个女儿，我怎么能忍心抛弃她并把她远嫁到匈奴去！”高帝终究没有派出大公主，于是便找了个宫女以大公主的名义，嫁给冒顿做妻子。同时，派遣刘敬前往与匈奴订立联姻盟约。

刘敬从匈奴回来后，便说：“匈奴在黄河以南的白羊、楼烦两个部落，离长安最近的只有七百里路，轻装骑兵只需要一天一夜便可到达关中地区。关中地区刚刚经过战争，还很萧条，人丁稀少，但是土地肥沃，还可以大大加以充实。当初各地诸侯起兵发难的时候，要不是有齐国的田氏各族连同楚国的昭、屈、景三大宗族参加是不可能兴盛起来的。如今陛下虽然已经把都城建立在关中，但实际人口稀少。北边靠近匈奴敌寇，东边还有六国的旧贵族，宗族势力很强大，一旦发生什么变故，陛下便不能高枕无忧了。我希望陛下能够把齐国的田氏各族，楚国的昭、屈、景三大宗族，燕、赵、韩、魏等国的后裔，以及各个豪门名家都迁到关中居住。国内安定无事，朝廷便可以防备匈奴；若所封的诸侯王有什么变故，也可以率领他们东进讨伐。这是可以加强中央权力并且削弱地方势力的策略啊。”高帝说：“很好。”于是派刘敬按照他自己的意见把十万多的人口迁到了关中。

叔孙通是薛县人，秦朝时因为擅长文学、知识渊博被召入宫，任命为待诏博士。几年后，陈胜在山东起义，使者把这个情况报告给朝廷后，秦二世召集各位博士、儒生问道：“楚地戍边的士卒占领蕲县进入陈县，对这件事各位有什么看法？”博士以及儒生们三十多人走向前去说：“臣子不能聚众，聚众便是造反，这是死罪不能宽恕，希望陛下尽快发兵攻打他们。”秦二世一听就很生气，脸色顿时变了。这时，叔孙通走向前去说：“各位儒生的话都不对。当今天下已合为一家，毁掉郡县城池，熔掉各种兵器，向世人昭示不再用它。何况有贤明的君主统治天下，并制定了完备的法令，使所有人都遵法守职，四方八面都归顺朝廷，窃狗盗耳，何足置之齿牙间。郡守尉今捕论，何足忧。”二世喜曰：“善。”尽问诸生，诸生或言反，或言盗。于是二世令御史案诸生言反者下吏，非所宜言。诸言盗者皆罢之。乃赐叔孙通帛二十匹，衣一袭，拜为博士。叔孙通已出宫，反舍，诸生曰：“先生何言之谀也？”通曰：“公不知也，我几不脱于虎口！”乃亡去，之薛，薛已降楚矣。及项梁之薛，叔孙通从之。败于定陶，从怀王。怀王为义帝，徙长沙，叔孙通留事项王。汉二年，汉王从五诸侯入彭城，叔孙通降汉王。汉王败而西，因竟从汉。

叔孙通儒服，汉王憎之；乃变其服，服短衣，楚制，汉王喜。

叔孙通之降汉，从儒生弟子百余人，然通无所言进，专言诸故群盗壮士进之。弟子皆窃骂曰：“事先生数岁，幸得从降汉，今不能进臣等，专言大猾，何也？”叔孙通闻之，乃谓曰：“汉王方蒙矢石争天下，诸生宁能斗乎？故先言斩将搴旗之士。诸生且待我，我不忘矣。”汉王拜叔孙通为博士，号稷嗣君。

汉五年，已并天下，诸侯共尊汉王为皇帝于定陶，叔孙通就其仪号。高帝悉去秦苛仪法，为简易。群臣饮酒争功，醉或妄呼，拔剑击柱，高帝患之。叔孙通知上益厌之也，说上曰：“夫儒者难与进取，可与守成。臣愿征鲁诸生，与臣弟子共起朝仪。”高帝曰：“得无难乎？”叔孙通曰：“五帝异乐，三王不同礼。礼者，因时世人情为之节文者也。故夏、殷、周之礼所因损益可知者，谓不相复也。臣愿颇采古礼与秦仪杂就之。”上曰：“可试为之，令易知，度吾所能行为之。”

于是叔孙通使征鲁诸生三十余人。鲁有两生不肯行，曰：“公所怎么会有敢造反的人？这只是一伙窃贼行窃罢了，何足挂齿！郡官们正在搜捕他们治罪论处，不值得为此担忧。”秦二世高兴地说：“好啊。”又向每个儒生问了一遍，儒生们有的说是造反，有的说是盗贼。于是秦二世命令监察官审查每个儒生说的话，凡说是造反的都交给官吏治罪，秦二世认为他们不该说这样的话。那些说是盗贼的都被免掉职务，但是赐给叔孙通二十四帛、一套服装，并授予他博士职位。叔孙通走出宫来，回到住处，一些儒生问道：“先生为什么说那些讨好君主的话？”叔孙通说：“各位不知道啊，我几乎就逃不出虎口了！”于是逃离了都城，到了薛县，当时薛县已经向楚军投降。等项梁到达薛县，叔孙通便投靠了他。后来项梁战死在定陶，叔孙通于是就跟随楚怀王熊心。楚怀王被项羽封为义帝，迁往长沙，叔孙通便留下跟随项羽。汉高帝二年，汉王刘邦带领五个诸侯王攻进彭城，叔孙通就投降了汉王。汉王战败西去后，叔孙通也跟随汉王一同去了，就跟随着汉王。

叔孙通总是穿着一身儒生的服装，汉王见了十分讨厌；于是他就换了服装，穿上短袄，并且是按楚地习俗裁制的，汉王见了十分高兴。

当初，叔孙通投降汉王时，跟随他的儒生弟子有一百多人，可是叔孙通从来不向君主说推荐他们的话，并且专门推荐那些曾经聚众偷盗的勇士。儒生弟子们都背地里骂他道：“侍奉先生几年，幸好能跟从他投降汉王，如今不能推荐我们，还专门称赞特别奸狡的人，这是什么道理？”叔孙通听到骂他的话后，就对儒生们说：“汉王正冒着利箭坚石争夺天下，各位儒生难道能去战斗吗？所以我先要推荐能冒死厮杀、骁勇善战的勇士。各位暂且等等我，我不会忘记你们的。”汉王任命叔孙通为博士，称为稷嗣君。

汉高帝五年，天下已经统一，诸侯们在定陶共同推举汉王为皇帝，叔孙通负责拟定仪式礼节。当时汉高帝把秦朝苛刻的仪礼法规全部取消了，只拟定了一些简单易行的规矩。可是群臣在朝廷上饮酒作乐并争论功劳，喝得大醉狂呼乱叫，甚至拔剑来砍削庭中的立柱，高帝为这件事感到头痛。叔孙通知道高帝非常讨厌这类事，就劝说道：“那些儒生不能为您攻战夺取城池，可是能够帮您保住成就。我希望征召鲁地的一些儒生，跟我的弟子们一起制定朝廷仪礼。”高帝说：“会像过去那样的烦琐难行吗？”叔孙通说：“五帝有不同的乐礼，三王有不同礼节。礼，就是按照当时的人情世故给人们制定出节制或修饰的法则。所以从夏、殷、周三代的礼节延续、删减和增加的情况看就可以说明这一点，就是说不同王朝的礼节是不能相互重复的。我愿意将古代礼节与秦朝的礼仪糅合起来制定新的礼节。”高帝说：“可以试着制定一下，但要让其容易理解，考虑我能够做得到的。”

于是，叔孙通奉命征召了鲁地儒生三十多人。鲁地有两个儒生不愿去，说：

事者且十主，皆面谀以得亲贵。今天下初定，死者未葬，伤者未起，又欲起礼乐。礼乐所由起，积德百年而后可兴也。吾不忍为公所为。公所为不合古，吾不行。公往矣，无污我！”叔孙通笑曰：“若真鄙儒也，不知时变。”

遂与所征三十人西，及上左右为学者与其弟子百余人为绵蕞野外。习之月余，叔孙通曰：“上可试观。”上既观，使行礼，曰：“吾能为此。”乃令群臣习肄，会十月。

汉七年，长乐宫成，诸侯群臣皆朝十月。仪：先平明，谒者治礼，引以次入殿门，廷中陈车骑步卒卫宫，设兵张旗志。传言“趋”。殿下郎中挟陛，陛数百人。功臣列侯诸将军军吏以次陈西方，东乡；文官丞相以下陈东方，西乡。大行设九宾，胪传。于是皇帝辇出房，百官执职传警，引诸侯王以下至吏六百石以次奉贺。自诸侯王以下莫不振恐肃敬。至礼毕，复置法酒。诸侍坐殿上皆伏抑首，以尊卑次起上寿。觞九行，谒者言“罢酒”。御史执法举不如仪者辄引去。竟朝置酒，无敢欢哗失礼者。于是高帝曰：“吾乃今日知为皇帝之贵也。”乃拜叔孙通为太常，赐金五百斤。

叔孙通因进曰：“诸弟子儒生随臣久矣，与臣共为仪，愿陛下官之。”高帝悉以为郎。叔孙通出，皆以五百斤金赐诸生。诸生乃皆喜曰：“叔孙生诚圣人也，知当世之要务。”

汉九年，高帝徙叔孙通为太子太傅。汉十二年，高祖欲以赵王如意易太子，叔孙通谏上曰：“昔者晋献公以骊姬之故废太子，立奚齐，晋国乱者数十年，为天下笑。秦以不蚤定扶苏，令赵高得以诈立胡亥，自使灭祀，此陛下所亲见。今太子仁孝，天下皆闻之；吕后与

“您所跟随的将近十位君主，都是靠当面阿谀奉承取得信任、显贵的地位的。如今天下刚刚平定，死去的人们还来不及埋葬，伤残的想要动却动不了，又要制定礼乐法规。从礼乐兴办的原因看，只有积累功德百年以后，才能时兴起来。我们不能违背良心替您办这种事。您办的事不合古法，我们不去。您还是走吧，不要玷污了我们！”叔孙通笑着说：“你们真是卑贱的儒生啊，一点也不懂时世的变化。”

叔孙通就与征召的三十人一起向西来到都城，他们同皇帝身边有学问的侍从以及叔孙通的一百多位弟子，在郊外拉起绳子作为施礼的处所，立上茅草替代位次的尊卑进行演习。演习了一个多月，叔孙通说：“高帝可以来视察一下。”高帝视察后，让他们向自己行礼，然后说：“我可以做到这些。”于是命令群臣都来学习，这时正巧是十月。

汉高帝七年，长乐宫建成，各诸侯王及朝廷群臣都来朝拜皇帝参加岁首朝会。整套礼仪如下：首先在天刚亮时，谒者开始主持礼仪，引导诸侯王及朝廷群臣依次进入殿门，廷中排列着战车、骑兵、步兵和宫廷侍卫军士，摆放着各种兵器，树立着各种旗帜。谒者传呼“小步快走”。于是所有官员各入其位，大殿下面郎中官员站在台阶两侧，台阶上有几百人之多。凡是功臣、列侯、各级将军军官，都按次序排列在西边，面向东；凡文职官员从丞相起，依次排列在东边，面向西。大行令安排的九个礼宾官，从上到下地传呼。于是皇帝乘坐“龙辇”从宫房里出来，百官举起旗帜传呼警备，然后礼官引导着诸侯王以下至六百石以上的各级官员依次恭敬地向皇帝施礼道贺。诸侯王以下的所有官员没有一个不因这威严仪式而惊讶敬畏的。待到仪式完毕，再摆设酒宴大礼。诸侯百官等坐在大殿上都敛声屏气地低着头，依照尊卑顺序站起来向皇帝祝颂敬酒。斟酒九巡，谒者宣布“宴会结束”。最后监察官员执行礼仪法规，找出那些不符合礼仪规定的人把他们带走。朝见到宴会的全部过程中，没有一个敢大声说话和行为失当的。大典过后，高帝十分得意地说：“我今天才知道当皇帝的尊贵啊。”于是授给叔孙通太常的官职，赏赐黄金五百斤。

叔孙通顺便进言说：“各位弟子儒生跟从我时间很长了，跟我一起制定朝廷仪礼，希望陛下赐予他们官职。”高帝让他们都做了郎官。叔孙通出宫后，把五百斤黄金都分赠给各个儒生。这些儒生都高兴地说：“叔孙先生真是大圣人，通晓当代的事务。”

汉高帝九年，高帝任命叔孙通为太子太傅。汉高帝十二年，高帝打算让赵王刘如意代替太子之位，叔孙通向皇帝劝谏道：“从前，晋献公因为宠幸骊姬的缘故废黜了太子，立了奚齐，使晋国大乱几十年，被天下人耻笑。秦始皇因为不早早确定扶苏当太子，让赵高用欺骗的伎俩立了胡亥，结果自取灭亡，这是陛下亲陛下攻苦食啖，其可背哉！陛下必欲废适而立少，臣愿先伏诛，以颈血污地。”高帝曰：“公罢矣，吾直戏耳。”叔孙通曰：“太子天下本，本一摇天下振动，奈何以天下为戏！”高帝曰：“吾听公言。”及上置酒，见留侯所招客从太子入见，上乃遂无易太子志矣。

高帝崩，孝惠即位，乃谓叔孙生曰：“先帝园陵寝庙，群臣莫习。”徙为太常，定宗庙仪法。及稍定汉诸仪法，皆叔孙生为太常所论箸也。

孝惠帝为东朝长乐宫，及间往，数跸烦人，乃作複道，方筑武库南。叔孙生奏事，因请间曰：“陛下何自筑複道，高寝衣冠月出游高庙？高庙，汉太祖，奈何令后世子孙乘宗庙道上行哉？”孝惠帝大惧，曰：“急坏之。”叔孙生曰：“人主无过举。今已作，百姓皆知之，今坏此，则示有过举。愿陛下为原庙渭北，衣冠月出游之，益广多宗庙，大孝之本也。”上乃诏有司立原庙。原庙起，以複道故。

孝惠帝曾春出游离宫，叔孙生曰：“古者有春尝果，方今樱桃孰，可献，愿陛下出，因取樱桃献宗庙。”上乃许之。诸果献由此兴。

太史公曰：语曰“千金之裘，非一狐之腋也；台榭之榱，非一木之枝也；三代之际，非一士之智也”。信哉！夫高祖起微细，定海内，谋计用兵，可谓尽之矣。然而刘敬脱挽辂一说，建万世之安，智岂可专邪！叔孙通希世度务制礼，进退与时变化，卒为汉家儒宗。“大直若诎，道固委蛇”，盖谓是乎？

眼见到的事实。现在太子仁义忠孝，是天下人都知道的；吕后与皇上共同患难，同吃粗茶淡饭，是患难与共的夫妻，您怎么可以背弃她呢？陛下一定要废黜嫡长子而扶立小儿子，我宁愿先受一死，让我的一腔鲜血染红大地。”高帝说：“您还是算了吧，我只是随便说说罢了。”叔孙通说：“太子是天下的根基，根基一动摇，天下就会动荡起来，怎么可以拿天下的根基大事作为戏言来说呢？”高帝说：“我听从您的意见。”等到高帝设酒款待各位宾客时，看到张良招来的四位年长高士都随从太子进宫拜见高帝，高帝就再也没有更换太子的想法了。

汉高帝去世，孝惠帝即位后对叔孙先生说：“先帝陵园和宗庙的相关仪礼，臣子们都不熟悉。”于是叔孙通便被调任太常官职，并且制定了宗庙的仪礼法规，此后又陆续地制定了汉朝许多仪礼制度。这些都是叔孙通任太常时制定并记录下来的。

孝惠帝要到东边的长乐宫去朝拜吕太后，还时常有下属谒见，每次出行都要开路清道，禁止通行，很是打扰别人，所以就修了一座天桥，正好修建在未央宫武库的南面。叔孙通向孝惠帝报告请示工作，趁机向孝惠帝秘密进谏说：“陛下怎么能擅自把天桥修建在每月从高寝送衣冠出游到高庙的道路上面呢？高庙是汉朝始祖所在的地方，怎么能让后代子孙登到宗庙通道的上面行走呢？”孝惠帝听了非常惊恐，说：“立刻毁掉它。”叔孙先生说：“做君主的不能有错误的决策。现在已经建成了，百姓全都知道这件事，如果又要毁掉这座天桥，那就是说明您有错误的举动。希望陛下在渭水北面另立一座同样的祠庙，每月奉高帝衣冠出游时送往那里，更要扩建宗庙，这是大孝的根本措施。”孝惠帝就下诏令有关官吏另建一座祠庙。这座另建的祠庙建造起来，就是因为天桥的缘故。

孝惠帝曾在春天的时候离宫出游，叔孙先生说：“古时候有春天给宗庙进献鲜果的仪礼，现在正是樱桃成熟的时节，可以进献，希望陛下出游时，顺便采些樱桃来进献宗庙。”孝惠帝答应了此事。以后进献各种果品的仪礼就是从这里兴盛起来的。

太史公说：常言道，价值千金的皮裘衣，不只是一只狐狸的腋下皮；楼台亭榭的椽子，不只是一棵树上的枝干；夏、商、周三代王朝当时的业绩，也不只是一个贤士的才智。的确如此呀！高祖从低微的平民起义，平定天下，谋划大计，用兵作战，可以说竭尽所能了。然而刘敬摘下拉车的横木去见皇帝，一次进言，便建立了万代相颂相传的稳固大业，才能智慧怎么能会为少数人专有呀！叔孙通善于见风使舵，度量事务，制定礼仪法规或取或舍，能够随着时世而变化，最终成为了汉代儒家的宗师。“最直的好似弯曲，事理本来就是曲折向前的”，大概说的就是此类事情吧？

文/白/对/照

史記

四

〔汉〕司马迁　撰
萧祥剑　主译

团结出版社

列传（二）

季布栾布列传第四十

季布者，楚人也。为气任侠，有名于楚。项籍使将兵，数窘汉王。及项羽灭，高祖购求布千金，敢有舍匿，罪及三族。季布匿濮阳周氏。周氏曰："汉购将军急，迹且至臣家，将军能听臣，臣敢献计；即不能，愿先自刭。"季布许之。乃髡钳季布，衣褐衣，置广柳车中，并与其家僮数十人，之鲁朱家所卖之。朱家心知是季布，乃买而置之田。诫其子曰："田事听此奴，必与同食。"朱家乃乘轺车之洛阳，见汝阴侯滕公。滕公留朱家饮数日。因谓滕公曰："季布何大罪，而上求之急也？"滕公曰："布数为项羽窘上，上怨之，故必欲得之。"朱家曰："君视季布何如人也？"曰："贤者也。"朱家曰："臣各为其主用，季布为项籍用，职耳。项氏臣可尽诛邪？今上始得天下，独以己之私怨求一人，何示天下之不广也！且以季布之贤而汉求之急如此，此不北走胡即南走越耳。夫忌壮士以资敌国，此伍子胥所以鞭荆平王之墓也。君何不从容为上言邪？"汝阴侯滕公心知朱家大侠，意季布匿其所，乃许曰："诺。"待间，果言如朱家指。上乃赦季布。当是时，诸公皆多季布能摧刚为柔，朱家亦以此名闻当世。季布召见，谢，上拜为郎中。

孝惠时，为中郎将。单于尝为书嫚吕后，不逊，吕后大怒，召诸将议之。上将军樊哙曰："臣愿得十万众，横行匈奴中。"诸将皆阿吕后意，曰"然"。季布曰："樊哙可斩也！夫高帝将兵四十余万季布是楚国人，为人爱打抱不平，急人之难，在楚地名气很大。项羽曾让他率领军队与汉王刘邦作战，多次使汉王陷于困境。等到项羽被打败以后，高祖悬赏千金捉拿季布，并且下令说胆敢窝藏的，连坐三族。季布就躲到濮阳一个姓周的人家里面，周氏说："朝廷急切地悬赏捉拿你，很快就要追查到我家来了。将军如果相信我，我愿意替你出个计策；如果不能，我情愿先死在你面前。"季布答应了。于是周氏给季布剃去头发，脖子套上铁锁，换上粗布衣服，让他坐进运棺材的车里，和周家的数十名家僮一起卖给鲁县的朱家。朱家知道是季布，就把他买了下来，将他安排到田里去干农活，并告诫他的儿子说："田里的事情听由这个家奴自己去做，你一定要和他吃同样的饭，不可以怠慢他。"随后朱家又乘轻便的马车到洛阳，拜见汝阴侯滕公。滕公邀请他一起喝了几天的酒，朱家乘着酒宴的机会对滕公说："季布到底犯了什么大罪，让皇上这么急迫地追捕他？"滕公说："季布多次替项羽出谋，把皇上逼入困境，皇上因此十分怨恨，所以一定要捉到他才肯善罢甘休。"朱家说："您认为季布是个什么样的人呢？"滕公说："他是个贤能的人。"朱家说："臣子各自替自己的主子尽力，季布替项羽出谋划策，这只是他的职责而已。项羽的臣子难道就要统统斩尽杀光吗？如今皇上刚刚得到天下，仅仅为了自己的私仇而四处搜捕一个人，这是要向天下人显示自己器量狭小啊！况且像季布这样贤能的人而汉朝搜捕却如此急迫，这样一来，他不是向北逃往匈奴，就是向南逃往越地。这种嫉恨壮士而逼着他被迫去辅佐敌国的行为，就是伍子胥对楚平王掘墓鞭尸的缘故。您为什么不找个机会劝劝皇上呢？"汝阴侯滕公心里知道朱家是一位大侠，料到季布一定躲藏在他家里，就答应说："好。"等到有了机会，滕公果然按照朱家的意思向皇上进言劝谏，皇上于是就把季布赦免了。那时候，大家都赞赏季布能变刚为柔，朱家也因此而闻名于当世。后来季布被皇上召见，他向皇上谢罪，并感激皇上赦免了他，而皇上任命他为郎中。

孝惠帝的时候，季布担任中郎将的官职。匈奴的单于曾经写信侮辱吕后，对吕后出言不逊。吕后大怒，就召集了众将领，一起来商讨这件事。上将军樊哙说："臣愿意率领十万人马，横扫匈奴境内。"在场的将领们都想迎合吕后的心意，就一齐说"好"。季布说："樊哙真该杀！当年，高祖带兵四十多万人，尚众，困于平城，今哙奈何以十万众横行匈奴中，面欺！且秦以事于胡，陈胜等起。于今创痍未瘳，哙又面谀，欲摇动天下。”是时殿上皆恐，太后罢朝，遂不复议击匈奴事。

季布为河东守，孝文时，人有言其贤者，孝文召，欲以为御史大夫。复有言其勇，使酒难近。至，留邸一月，见罢。季布因进曰：“臣无功窃宠，待罪河东。陛下无故召臣，此人必有以臣欺陛下者；今臣至，无所受事，罢去，此人必有以毁臣者。夫陛下以一人之誉而召臣，一人之毁而去臣，臣恐天下有识闻之有以窥陛下也。”上默然惭，良久曰：“河东吾股肱郡，故特召君耳。”布辞之官。

楚人曹丘生，辩士，数招权顾金钱。事贵人赵同等，与窦长君善。季布闻之，寄书谏窦长君曰：“吾闻曹丘生非长者，勿与通。”及曹丘生归，欲得书请季布。窦长君曰：“季将军不说足下，足下无往。”固请书，遂行。使人先发书，季布果大怒，待曹丘。曹丘至，即揖季布曰：“楚人谚曰‘得黄金百，不如得季布一诺’，足下何以得此声于梁楚间哉？且仆楚人，足下亦楚人也。仆游扬足下之名于天下，顾不重邪？何足下距仆之深也！”季布乃大说，引入，留数月，为上客，厚送之。季布名所以益闻者，曹丘扬之也。

季布弟季心，气盖关中，遇人恭谨，为任侠，方数千里，士皆争为之死。尝杀人，亡之吴，从袁丝匿。长事袁丝，弟畜灌夫、籍福之属。尝为中司马，中尉郅都不敢不加礼。少年多时时窃籍其名以行。当是时，季心以勇，布以诺，著闻关中。

且被匈奴围困在平城，现在樊哙怎么可能凭十万兵力就在匈奴境内横冲直撞呢？真是当面撒谎！况且秦朝正是因为对胡人用兵，才引起陈胜等人的暴动。如今战争的创伤还没有恢复过来，樊哙又当面阿谀逢迎太后，是企图使天下陷于动荡不安的状态啊。”这时殿上的大臣听了都非常惊恐，太后也就退朝，从此不再商议征伐匈奴的事了。

季布担任河东郡守。孝文帝的时候，有人推荐说他很贤能，孝文帝就召见他，想任用他做御史大夫。后来又有人说他很勇敢，但爱喝酒使性子，令人难以亲近。季布到了京城，在客馆里住了一个月，文帝见过后就不理他了，让他继续回原郡。季布因此向皇上进言说：“我无功而受宠，得以在河东担任郡守。陛下平白无故地召见我，这一定是有人妄誉我而欺骗陛下。现在我到了京城，却又没有什么事情，就这样让我回去，一定是有人在陛下面前诽谤我。陛下因为一个人的称赞便召见我，又因为一个人的诋毁便让我回去，我担心天下有识之士听说了这件事，就会由此看出您为人处事的深浅来了。”皇上听了默不作声，心中感到很惭愧，过了好一会儿才说：“河东是朝廷最重要的郡，如同大腿和胳膊一般，所以才特地召见你啊。”季布便告辞，又回到河东郡守的任上。

楚人曹丘生，是一个能言善辩的人，多次用金钱巴结权贵。他曾经侍奉过权贵赵同等人，与窦长君的交情很好。季布知道了这件事，便给窦长君写了一封信劝他道：“我听说曹丘生不是个有德行的人，您不要和他来往才好。”等到曹丘生回去时，想要窦长君写封介绍信，介绍他去见季布。窦长君说：“季将军不喜欢你，你还是不要去了。”曹丘生坚决要求，最后得到了，于是拿着信去了。曹先派人给季布送介绍信，季布看了果然大为愤怒，等着曹丘生到来。曹丘生到了，马上向季布长揖行礼说：“楚人有句谚语说‘得到黄金百金，不如得到季布您的一句允诺’，您怎么能在梁、楚一带获得这么好的名声呢？况且我是楚国人，您也是楚国人。我周游天下到处宣扬您的大名，难道对您还不重要吗？您何必如此坚决地拒绝我呢？”季布听了于是十分高兴，把他请了进来，留住了几个月，待为贵宾，走的时候又送他一份厚礼。季布的名声后来之所以更大，都是曹丘生替他宣扬的。

季布的弟弟季心，勇气和胆略在关中享有盛名。他待人恭敬又谨慎，行侠仗义，好打抱不平，方圆数千里的士人都争着为他尽力效死。有一次季心杀了人，逃到吴国，躲在袁丝的家里。他以服侍长辈的礼节侍奉袁丝，对待灌夫、籍福等人就像对待弟弟一样地照顾有加。他曾经担任中尉下属司马的官职，中尉郅都对他以礼相待。很多年轻人常常借着他的名义在外面行事。那个时候，季心以他的勇敢而出名，季布以他的守信而出名，季氏兄弟闻名于关中。

季布母弟丁公，为楚将。丁公为项羽逐窘高祖彭城西，短兵接，高祖急，顾丁公曰："两贤岂相戹哉！"于是丁公引兵而还，汉王遂解去。及项王灭，丁公谒见高祖。高祖以丁公徇军中，曰："丁公为项王臣不忠，使项王失天下者，乃丁公也。"遂斩丁公，曰："使后世为人臣者无效丁公！"

栾布者，梁人也。始梁王彭越为家人时，尝与布游。穷困，赁佣于齐，为酒人保。数岁，彭越去之巨野中为盗，而布为人所略卖，为奴于燕。为其家主报仇，燕将臧荼举以为都尉。臧荼后为燕王，以布为将。及臧荼反，汉击燕，虏布。梁王彭越闻之，乃言上，请赎布以为梁大夫。

使于齐，未还，汉召彭越，责以谋反，夷三族。已而枭彭越头于雒阳下，诏曰："有敢收视者，辄捕之。"布从齐还，奏事彭越头下，祠而哭之。吏捕布以闻。上召布，骂曰："若与彭越反邪？吾禁人勿收，若独祠而哭之，与越反明矣。趣亨之。"方提趣汤，布顾曰："愿一言而死。"上曰："何言？"布曰："方上之困于彭城，败荥阳、成皋间，项王所以不能西，徒以彭王居梁地，与汉合从苦楚也。当是之时，彭王一顾，与楚则汉破，与汉而楚破。且垓下之会，微彭王，项氏不亡。天下已定，彭王剖符受封，亦欲传之万世。今陛下一征兵于梁，彭王病不行，而陛下疑以为反，反形未见，以苛小案诛灭之，臣恐功臣人人自危也。今彭王已死，臣生不如死，请就亨。"于是上乃释布罪，拜为都尉。

孝文时，为燕相，至将军。布乃称曰："穷困不能辱身下志，非人也；富贵不能快意，非贤也。"于是尝有德者厚报之，有怨者必以法灭之。吴反时，以军功封俞侯，复为燕相。燕齐之间皆为栾布立季布的舅舅丁公，在楚王项羽手下担任将领。丁公曾经奉项羽之命，率军把高祖围困在彭城的西面。短兵相接，高祖见情势十分危急，就对丁公说：“我们两个贤能的人难道要互相残害吗？”于是丁公就率领兵士返回，汉王便得以脱身而去。后来项王战败，丁公去拜见高祖。高祖却将丁公捉住，在军营中示众，说道：“丁公身为项王的臣子，却不能对项王尽忠。使项王丧失天下的，正是丁公啊！”于是就杀了丁公，并说道：“希望后代为人臣子的不要效法丁公!”

栾布是梁地的人。当初梁王彭越还是普通百姓的时候，曾与栾布有交情。栾布家里很贫困，被人雇佣在齐地替一个酒家做工。经过了几年时间，彭越离家来到巨野一带做了强盗，栾布此时被人掳去卖到燕地做奴隶。栾布曾因替他的主人报仇，被燕国的将军臧荼推荐做了都尉。臧荼后来成为燕王，就任命栾布做将领。等到臧荼起兵造反，汉朝进攻燕国，把栾布俘虏了。梁王彭越听说了这件事，就去请求皇上，赎回栾布让他担任了梁国的大夫。

后来栾布奉命出使到齐国，还没返回来。高祖召见彭越，将他以谋反的罪名论处，他的父母、兄弟、妻子三族都被斩尽杀绝。行刑后又把彭越的头悬挂在洛阳城门下示众，颁布诏令说：“敢收殓或看望的，立即逮捕。”栾布从齐国返回，就把自己出使的情况，在城门下向彭越的头颅汇报，一边哭着一边祭祀。官吏就抓捕了他，并报告给皇上。皇上召见栾布，骂他道：“你要和彭越一同造反吗？我禁止任何人收尸看望，你却偏偏跑去祭祀哭他，这分明是和彭越一起造反的，赶快把他烹了！”左右的人正要抬着栾布走向汤镬的时候，栾布回过头来说道：“我还有一句话要说，说完再死。”皇上问：“你要说什么？”栾布说：“当年皇上被围困在彭城，在荥阳、成皋一带战败的时候，项王之所以不能继续向西追击，就是因为彭王驻守在梁地，跟汉军联合而使楚军为难的缘故啊。当时，只要彭王一回头，跟楚联合，汉就会失败；跟汉联合，楚就会失败。况且垓下之战，如果没有彭王的作战，项王是不会灭亡的。天下安定之后，彭王接受玺印接受分封，是希望能把这个封爵世世代代地传下去。现在陛下一声令下到梁国征调军队，彭王仅仅因病不能前来，陛下就怀疑，认为他要谋反。谋反的证据也没有看到，就以琐细的事情为罪名而把他的家族诛灭了，我担心功臣会人人感到危险。现在彭王已经死了，我活着倒不如死了更好，就请您把我烹了吧。”于是皇上就赦免了栾布的罪，并任命他做了都尉。

孝文帝的时候，栾布担任燕国的国相，官做到将军。栾布声称：“贫穷潦倒的时候不能忍辱求全，就不是一个好汉；富贵以后不能称心快意，就不是一个贤能的人。”于是对那些曾经有恩于自己的人，都给他们丰厚的回报；对与自己有怨仇的人，一定借用法律来杀掉。吴、楚七国反叛时，栾布因功被封为俞侯，又社，号曰栾公社。

景帝中五年薨。子贲嗣，为太常，牺牲不如令，国除。

太史公曰：以项羽之气，而季布以勇显于楚，身履军搴旗者数矣，可谓壮士。然至被刑戮，为人奴而不死，何其下也！彼必自负其材，故受辱而不羞，欲有所用其未足也，故终为汉名将。贤者诚重其死。夫婢妾贱人感慨而自杀者，非能勇也，其计画无复之耳。栾布哭彭越，趣汤如归者，彼诚知所处，不自重其死。虽往古烈士，何以加哉！

做了燕国的国相。燕、齐一带许多地方都为栾布建造了祠堂，叫作栾公社。

孝景帝中元五年的时候，栾布去世。他的儿子栾贲继承爵位，担任太常官，后来因为祭祀所用的牲畜不合法令的规定，封国被撤销。

太史公说：以项羽那样的气概，而季布尚且能够凭借勇敢在楚国闻名。他身经百战，多次攻打敌军，斩将夺得敌人的军旗，真可算得上是好汉了。然而他遭受刑罚，给人做奴隶却不肯随便死去，表面看多么卑劣啊！他之所以如此，一定是因为对自己的才能很自信，因此虽然受到侮辱却并不感到羞耻，以期望将来可以施展他的抱负，所以最后终于成了汉朝的名将。凡是贤能的人，都不会轻易言死。奴婢、姬妾这些低贱的人因为一时冲动就要自杀，不能说是勇敢，是因为他们觉得再也没有其他办法了。栾布哭悼彭越，把赴汤镬就死看得如同回家一样，因为他真正懂得人死的价值，所以不再畏惧一死。即使古代那些激昂慷慨、重义轻生的人，也无法超过他啊！

袁盎晁错列传第四十一

袁盎者，楚人也，字丝。父故为群盗，徙处安陵。高后时，盎尝为吕禄舍人。及孝文帝即位，盎兄哙任盎为中郎。

绛侯为丞相，朝罢趋出，意得甚。上礼之恭，常自送之。袁盎进曰："陛下以丞相何如人？"上曰："社稷臣。"盎曰："绛侯所谓功臣，非社稷臣，社稷臣主在与在，主亡与亡。方吕后时，诸吕用事，擅相王，刘氏不绝如带。是时绛侯为太尉，主兵柄，弗能正。吕后崩，大臣相与共畔诸吕，太尉主兵，适会其成功，所谓功臣，非社稷臣。丞相如有骄主色。陛下谦让，臣主失礼，窃为陛下不取也。"后朝，上益庄，丞相益畏。已而绛侯望袁盎曰："吾与而兄善，今儿廷毁我！"盎遂不谢。

及绛侯免相之国，国人上书告以为反，征系清室，宗室诸公莫敢为言，唯袁盎明绛侯无罪。绛侯得释，盎颇有力。绛侯乃大与盎结交。

淮南厉王朝，杀辟阳侯，居处骄甚。袁盎谏曰："诸侯大骄必生患，可适削地。"上弗用。淮南王益横。及棘蒲侯柴武太子谋反事觉，治，连淮南王，淮南王征，上因迁之蜀，轞车传送。袁盎时为中郎将，乃谏曰："陛下素骄淮南王，弗稍禁，以至此，今又暴摧折之。淮南王为人刚，如有遇雾露行道死，陛下竟为以天下之大弗能容，有杀弟之名，奈何？"上弗听，遂行之。

袁盎是楚国人，字丝。他的父亲曾经当过强盗，后来迁居到安陵。吕后时期，袁盎曾经当过吕后侄子吕禄的家臣。等到孝文帝登基，袁盎的哥哥袁哙保他当了中郎的官。

绛侯周勃担任丞相时，每次朝见之后，都快速地走出朝廷，很是得意洋洋。皇上对他也非常恭敬，常常亲自目送他出去。袁盎对孝文帝进谏说："陛下认为丞相绛侯是什么样的人呢？"皇上说："他是关系国家安危的重臣。"袁盎说："绛侯是所谓的功臣，并不是国家的重臣。国家的重臣应该与皇上共存亡，当年吕后当政的时候，吕氏族人执掌大权，擅自争相封王，以致使得刘家的天下几乎快要灭亡，国脉就像丝带一样的细微。那个时候，绛侯身为太尉，掌握兵权，却不能匡正时政。吕后去世后，朝中大臣一起讨伐吕氏族人，太尉掌握兵权，恰好使他遇到这个立功的机会，故而说他是所谓的功臣，而不能说是社稷的重臣。现在丞相似对皇上露出骄傲的神色，而陛下却总是谦虚退让，人臣与君主都违背了应守的礼节，我私下认为这是不合适的。"从此再上朝的时候，皇上就逐渐严肃起来，丞相则日益畏惧。后来绛侯埋怨袁盎说："我与你的兄长袁哙交情甚好，如今你小子却在皇上面前毁谤我！"袁盎听了也不向他谢罪。

后来绛侯被罢免了丞相的职位，回到自己的封国，封国中有人上书朝廷，说他想谋反。于是绛侯被召进京，关在监狱中。这时皇室宗亲以及各位公卿都不敢替他辩驳，只有袁盎站出来证明绛侯是无辜的。绛侯最后得以释放，袁盎费了很多心力。绛侯从此与袁盎成为挚友。

淮南王刘长进京朝见的时候，杀了辟阳侯，他平时待人处世也甚为骄横。袁盎劝谏皇上说："诸侯太强大太骄横必然会生祸患，可以适当地削减他们的封地。"皇上不听，淮南王于是更加骄横。后来棘蒲侯柴武太子预备造反的事被察觉，追查治罪时，案子牵连到了淮南王。淮南王被调进京，皇上便将他贬到蜀地去，用囚车押送他。袁盎当时被任命为中郎将，便劝谏皇上说："陛下从前放任淮南王骄纵，而不稍稍加以限制，以致到了现在这种地步，如今又突然惩治他。淮南王性情刚烈，倘若在路上遇到风霜寒露，死在半途中，陛下就会被世人认为不能宽容弟弟，甚至背上杀死弟弟的恶名，那可怎么办呢？"皇上不听，就打发淮南王上路了。

淮南王至雍，病死，闻，上辍食，哭甚哀。盎入，顿首请罪。上曰：“以不用公言至此。”盎曰：“上自宽，此往事，岂可悔哉！且陛下有高世之行者三，此不足以毁名。”上曰：“吾高世行三者何事？”盎曰：“陛下居代时，太后尝病，三年，陛下不交睫，不解衣，汤药非陛下口所尝弗进。夫曾参以布衣犹难之，今陛下亲以王者修之，过曾参孝远矣。夫诸吕用事，大臣专制，然陛下从代乘六传驰不测之渊，虽贲育之勇不及陛下。陛下至代邸，西向让天子位者再，南面让天子位者三。夫许由一让，而陛下五以天下让，过许由四矣。且陛下迁淮南王，欲以苦其志，使改过，有司卫不谨，故病死。”于是上乃解，曰：“将奈何？”盎曰：“淮南王有三子，唯在陛下耳。”于是文帝立其三子皆为王。盎由此名重朝廷。

袁盎常引大体忼慨。宦者赵同以数幸，常害袁盎，袁盎患之。盎兄子种为常侍骑，持节夹乘，说盎曰：“君与斗，廷辱之，使其毁不用。”孝文帝出，赵同参乘，袁盎伏车前曰：“臣闻天子所与共六尺舆者，皆天下豪英。今汉虽乏人，陛下独奈何与刀锯余人载！”于是上笑，下赵同。赵同泣下车。

文帝从霸陵上，欲西驰下峻阪。袁盎骑，并车擥辔。上曰：“将军怯邪？”盎曰：“臣闻千金之子坐不垂堂，百金之子不骑衡，圣主不乘危而徼幸。今陛下骋六騑，驰下峻山，如有马惊车败，陛下纵自轻，奈高庙、太后何？”上乃止。

上幸上林，皇后、慎夫人从。其在禁中，常同席坐。及坐，郎署长布席，袁盎引却慎夫人坐。慎夫人怒，不肯坐。上亦怒，起，入禁中。盎因前说曰：“臣闻尊卑有序则上下和。今陛下既已立后，慎夫淮南王行至雍地就病死了，消息传来，文帝很难过，饭也吃不下，哭得很厉害。袁盎上朝，向文帝叩头请罪。文帝说：“因为之前没有采用你的意见，所以才落到今天这个地步。”袁盎说：“皇上请想开些，这已经是过去的事了，后悔还有什么用呢？再说陛下做过三件高出世人的事，这一件不足以坏掉您的名声。”皇上说：“我做过哪三件一般人比不了的事？”袁盎说：“陛下当初为代王时，太后曾经一病三年，陛下在这期间不曾合眼，也没有解下衣服好好睡过一觉，汤药不经陛下亲口尝过，就不进奉给太后。曾参作为布衣百姓，尚且难以做到这样，现在陛下身为君主却做到了，您比曾参要孝顺多了。吕氏族人当政，而后又是大臣们独断朝政，然而陛下居然乘上一辆六匹马拉的车子，从代国奔赴祸福不测的京师，即便孟贲、夏育那样的勇武之人，也比不上陛下您啊。陛下到达长安的代国府邸后，两次面向西方，三次面向南方辞让天子之位。贤者许由也不过辞让天下一次，而陛下竟能五次辞让天下，超过许由四次之多。况且陛下贬逐淮南王的本意，是想要借此劳苦他的心志，使他能够改过自新，由于官吏护卫不周，这才得病而死。”听了这话，文帝才稍稍宽慰了些，说道：“那以后该怎么办呢？”袁盎说：“淮南王有三个儿子，就看陛下您的安排了。”于是文帝便把淮南王的三个儿子全都封做了王。袁盎也因为这件事而名震朝廷。

袁盎常常在一些大的问题上慷慨陈词。宦官赵同倚仗皇上的宠幸，常常暗地中伤袁盎，袁盎为此也感到很头疼。袁盎的侄子袁种是皇上的侍从骑士，手持符节随从皇帝左右。袁种劝袁盎说：“您可以找机会在朝廷上当众侮辱他一回，这样他日后所毁谤的话就不起作用了。”一次，孝文帝外出，赵同在车上陪侍，袁盎就过去跪在车前，说道：“我听说只有国家的英雄豪杰才有资格陪同天子共乘一辆车。如今汉王朝即使再没有人才，也不至于让一个受过刀锯之刑的宦官陪同您坐一辆车啊！”文帝听后笑着让赵同下车，赵同流着眼泪下了车。

有一次，文帝从霸陵上山，打算从西边的陡坡纵马奔驰而下。袁盎骑着马，紧靠着皇帝的车子，拉住了马车的缰绳。皇上说：“将军害怕了吗？”袁盎说：“我听说家有千金的人就坐时不靠近房檐底下，家有百金财富的人站立的时候不倚在楼台的栏杆上，圣明的君主不去冒险而心存侥幸。现在陛下要驾着六匹马的车子冲下高坡，假如发生马匹受惊车辆毁坏的事，陛下即便看轻自己的性命，怎能对得起高祖和太后呢？”文帝这才中止。

皇上巡幸上林苑，窦皇后和慎夫人跟从。她们在宫中的时候，常常是同席而坐。这次，等到就坐的时候，郎署长布置坐席的位次，袁盎把慎夫人的坐席向后拉了一些。慎夫人发怒不肯坐。文帝也生气了，站起身来回到内宫。袁盎就上前劝说道：“我听说尊卑有序则上下和睦。如今陛下既然已经立了皇后，慎夫人只人乃妾，妾主岂可与同坐哉！适所以失尊卑矣。且陛下幸之，即厚赐之。陛下所以为慎夫人，适所以祸之。陛下独不见‘人彘’乎？”于是上乃说，召语慎夫人。慎夫人赐盎金五十斤。

然袁盎亦以数直谏，不得久居中，调为陇西都尉。仁爱士卒，士卒皆争为死。迁为齐相。徙为吴相，辞行，种谓盎曰：“吴王骄日久，国多奸。今苟欲劾治，彼不上书告君，即利剑刺君矣。南方卑湿，君能日饮，毋何，时说王曰毋反而已。如此幸得脱。”盎用种之计，吴王厚遇盎。

盎告归，道逢丞相申屠嘉，下车拜谒，丞相从车上谢袁盎。袁盎还，愧其吏，乃之丞相舍上谒，求见丞相。丞相良久而见之。盎因跪曰：“愿请间。”丞相曰：“使君所言公事，之曹与长史掾议，吾且奏之；即私邪，吾不受私语。”袁盎即跪说曰：“君为丞相，自度孰与陈平、绛侯？”丞相曰：“吾不如。”袁盎曰：“善，君即自谓不如。夫陈平、绛侯辅翼高帝，定天下，为将相，而诛诸吕，存刘氏；君乃为材官蹶张，迁为队率，积功至淮阳守，非有奇计攻城野战之功。且陛下从代来，每朝，郎官上书疏，未尝不止辇受其言，言不可用置之，言可受采之，未尝不称善。何也？则欲以致天下贤士大夫。上日闻所不闻，明所不知，日益圣智；君今自闭钳天下之口而日益愚。夫以圣主责愚相，君受祸不久矣。”丞相乃再拜曰：“嘉鄙野人，乃不知，将军幸教。”引入与坐，为上客。

盎素不好晁错，晁错所居坐，盎去；盎坐，错亦去：两人未尝同堂语。及孝文帝崩，孝景帝即位，晁错为御史大夫，使吏案袁盎受吴王财物，抵罪，诏赦以为庶人。

吴楚反，闻，晁错谓丞史曰：“夫袁盎多受吴王金钱，专为蔽是姬妾，姬妾怎么能和主上并排而坐呢？这样会扰乱尊卑的次序。再说陛下如果宠爱她，可以厚厚地赏赐她。刚才那种行为，陛下以为是宠爱她，其实恰恰害了她。陛下难道忘了‘人彘’吗？”皇上这才高兴起来，召来慎夫人，把袁盎的话告诉了她。慎夫人就赐给袁盎黄金五十斤。

但是袁盎也因为屡屡直言劝谏，不能长久地留在朝中，后来被调到陇西任都尉。他对士兵们爱护有加，士兵们都争相为他效命。之后，他被升迁做了齐国丞相。后又调任做了吴国丞相，在辞别前行的时候，袁种对袁盎说：“吴王骄横日久，国中有许多奸诈之人。如今您若要弹劾、惩治他们，他们不上书诬告您，就会用利剑来刺杀您。南方地势低洼潮湿，希望您能多喝酒，不要管什么事，时常劝说吴王不要造反就是了。如果能这样，就能侥幸免去祸患。”袁盎接受了袁种的建议，吴王于是厚待袁盎。

袁盎请假回家，在路上碰到丞相申屠嘉，他便下车向丞相行礼。丞相没有下车，只在车上表示谢意，袁盎回来后，面对属吏很感羞愧，于是就到丞相的府上，要求拜见。等了很长时间，丞相才出来，袁盎便跪下说：“希望和丞相单独说话，请旁人回避一下。”丞相说：“如果你所说的是公事，请前往官署与长史属官商议，我将把你的奏章呈报上去；如果说的是私事，我不听私下的言语。”袁盎就跪着说道：“你当丞相，请自己揣度一下，比得上陈平、绛侯吗？”丞相说：“我比不上他们。”袁盎说：“好，你能认识到自己的不足就好。陈平、绛侯辅佐高祖，平定天下，位居将相，诛杀了吕氏族人，保住了刘氏的基业；您原来不过是个拉大弓的低级武士，被提升为队长，积累功劳做到了淮阳郡的太守，并没有出谋划策过，也没有在攻城夺地、野外厮杀中立下战功。再说陛下从代地来，每次上朝，郎官呈上奏书，皇上没有一次不是停下车驾，恭敬听取他们的意见。意见不能采用的，就放置一边；可以采纳的，就采纳，而且没有一次不称道赞许他们。这是为什么呢？就是要用来招致天下的贤能士大夫啊。皇上每天聆听从前没听过的事情，明白以前所不知的道理，便日益英明智慧起来；您现在却亲自封闭天下人的口，而使得自己一天天变得愚昧。让一个圣明的君主来面对一个愚钝的丞相，你遭祸的日子不会远了。”申屠嘉向袁盎拜了两拜，说道：“我这个粗鄙庸俗的人，不明事理，幸蒙将军您的教诲。”于是引袁盎入内室同坐，待为上客。

袁盎一向不喜欢晁错，只要有晁错在的地方，袁盎就离去；而袁盎在座时，晁错也离开。两个人从来没有在一间屋子谈过话。等到孝文帝去世后，孝景帝继位，晁错担任御史大夫，派遣官吏去核查袁盎收受吴王财物的事，要将其判罪下狱。后来景帝下诏令将袁盎赦免，贬为平民。

吴楚叛乱，消息传到了京城，晁错对丞史说：“袁盎收了吴王许多金钱，匿，言不反。今果反，欲请治盎宜知计谋。”丞史曰：“事未发，治之有绝。今兵西乡，治之何益！且袁盎不宜有谋。”晁错犹与未决。人有告袁盎者，袁盎恐，夜见窦婴，为言吴所以反者，愿至上前口对状。窦婴入言上，上乃召袁盎入见。晁错在前，及盎请辟人赐间，错去，固恨甚。袁盎具言吴所以反状，以错故，独急斩错以谢吴，吴兵乃可罢。其语具在吴事中。使袁盎为太常，窦婴为大将军。两人素相与善。逮吴反。诸陵长者长安中贤大夫争附两人，车随者日数百乘。

及晁错已诛，袁盎以太常使吴。吴王欲使将，不肯。欲杀之，使一都尉以五百人围守盎军中。袁盎自其为吴相时，有从史尝盗爱盎侍儿，盎知之，弗泄，遇之如故。人有告从史，言“君知尔与侍者通”，乃亡归。袁盎驱自追之，遂以侍者赐之，复为从史。及袁盎使吴见守，从史适为守盎校尉司马，乃悉以其装赍置二石醇醪，会天寒，士卒饥渴，饮酒醉，西南陬卒皆卧，司马夜引袁盎起，曰：“君可以去矣，吴王期旦日斩君。”盎弗信，曰：“公何为者？”司马曰：“臣故为从史盗君侍儿者。”盎乃惊谢曰；“公幸有亲，吾不足以累公。”司马曰：“君弟去，臣亦且亡，辟吾亲，君何患！”乃以刀决帐，道从醉卒隧出。司马与分背，袁盎解节毛怀之，杖，步行七八里，明，见梁骑，骑驰去，遂归报。

吴楚已破，上更以元王子平陆侯礼为楚王，袁盎为楚相。尝上书有所言，不用。袁盎病免居家，与闾里浮沈，相随行，斗鸡走狗。洛阳剧孟尝过袁盎，盎善待之。安陵富人有谓盎曰：“吾闻剧孟博徒，将军何自通之？”盎曰：“剧孟虽博徒，然母死，客送葬车千余乘，此亦有过人者。且缓急人所有。夫一旦有急叩门，不以亲为解，不以专门为他遮掩，说他不会反叛。现在反叛已成事实，我请求处治袁盎的知情不报。”丞史说：“事情如果还没有暴露出来就惩治他，也许能制止叛乱阴谋。现在叛军已向西进发，即使惩办袁盎又有什么用呢？再说袁盎也不会有什么阴谋。”晁错一时犹豫不决。有人将这件事告诉袁盎，袁盎心中恐惧，连夜去见窦婴，对他讲明吴王反叛的原因，并且愿意到皇上跟前当面对质。窦婴进宫向景帝上奏，景帝就召袁盎进宫。晁错也在场，袁盎就请求皇上屏开旁人单独接见，晁错心里非常怨恨，不得已退了下去。袁盎详细地说明了吴王谋反的原因，都是因为晁错的缘故，唯有速速斩杀晁错来向吴王致歉，吴王才会罢兵。他的这些言语都记载在《吴王濞列传》中。皇上于是任命袁盎担任太常，窦婴担任大将军。他们两个人向来交情很好。待到吴王反叛，长安附近的长者以及长安城里的士大夫们都争相依附他们，跟在他们后面的车子每天有好几百辆。

晁错被诛杀后，袁盎以太常的身份出使吴国。吴王想让他担任吴国的将领，袁盎不肯。吴王想杀死他，派了一名都尉带领五百将士，将袁盎包围在军营之中。当初袁盎担任吴国国相的时候，有个从史和袁盎的侍女私通，袁盎知道了这件事，却没有泄露出去，对待从史仍跟从前一样。有人告诉从史，说袁盎知道他跟侍女私通的事，从史很害怕，便赶紧往家逃，袁盎亲自驾车追赶从史，将那侍女赐给了他，仍旧叫他当从史。等到袁盎出使吴国被监禁，围困袁盎的校尉司马刚好是那个从史，他就把随身携带的全部财物卖了，买了两石味道浓厚的酒，又正值天寒，士卒们又饥又渴，喝醉了，围守城西南角的士兵都倒卧在地上，那司马乘夜请袁盎起身，说道：“您赶紧逃走吧，吴王准备明天一早杀您。”袁盎不相信，说：“您是什么人？”那个司马说：“我就是从前担任从史时和您侍女私通的那个人。”袁盎这才大惊，道谢说：“您尚有父母在堂，我可不能因此连累了您啊。”司马说：“您但走无妨，我也要逃走，把我的父母安置在安全的地方，您不必担心。”于是用刀把军营的帐幕割开，领着袁盎从醉倒的士兵堆里逃了出来。司马与袁盎分道而行，袁盎解下了节旄放在怀中，拄着拐杖，走了七八里，天亮的时候，碰上了梁国的骑兵，他便要了一匹马，骑上飞驰而去，终于得以回到朝廷奏报。

吴楚叛军被平息后，景帝便把楚元王的儿子平陆侯刘礼改封为楚王，任命袁盎担任楚相。袁盎曾经几次上书有所建言，但均未被采纳。于是就称病免职回家，整天和乡里人在一起混日子，跟他们玩斗鸡赛狗的游戏。洛阳的剧孟曾经拜访过袁盎，袁盎热情地接待他。安陵地方有个富人，对袁盎说：“我听说剧孟是个赌徒，您为什么要和这种人来往呢？”袁盎说：“剧孟虽是个赌徒，但他的母亲去世时，宾客们送葬的车马多达一千多辆，说明他也有过人的地方。再说人人存亡为辞，天下所望者，独季心、剧孟耳。今公常从数骑，一旦有缓急，宁足恃乎！”骂富人，弗与通。诸公闻之，皆多袁盎。

袁盎虽家居，景帝时时使人问筹策。梁王欲求为嗣，袁盎进说，其后语塞。梁王以此怨盎，曾使人刺盎。刺者至关中，问袁盎，诸君誉之皆不容口。乃见袁盎曰：“臣受梁王金来刺君，君长者，不忍刺君。然后刺君者十余曹，备之！”袁盎心不乐，家又多怪，乃之棓生所问占。还，梁刺客后曹辈果遮刺杀盎安陵郭门外。

晁错者，颍川人也。学申商刑名于轵张恢先所，与洛阳宋孟及刘礼同师。以文学为太常掌故。

错为人陗直刻深。孝文帝时，天下无治《尚书》者，独闻济南伏生故秦博士，治《尚书》，年九十余，老不可征，乃诏太常使人往受之。太常遣错受尚书伏生所。还，因上便宜事，以书称说。诏以为太子舍人、门大夫、家令。以其辩得幸太子，太子家号曰“智囊”。数上书孝文时，言削诸侯事，及法令可更定者。书数十上，孝文不听，然奇其材，迁为中大夫。当是时，太子善错计策，袁盎诸大功臣多不好错。

景帝即位，以错为内史。错常数请间言事，辄听，宠幸倾九卿，法令多所更定。丞相申屠嘉心弗便，力未有以伤。内史府居太上庙壖中，门东出，不便，错乃穿两门南出，凿庙壖垣。丞相嘉闻，大怒，欲因此过为奏请诛错。错闻之，即夜请间，具为上言之。丞相奏事，因言错擅凿庙垣为门，请下廷尉诛。上曰：“此非庙垣，乃壖中垣，不致于法。”丞相谢。罢朝，怒谓长史曰：“吾当先斩以闻，乃先请，为儿所卖，固误。”丞相遂发病死。错以此愈贵。

都有危难的时候，而遇到危难有急事来敲门，不以双亲尚在为辩解，也不以存亡与否为托辞，众望所归之人只有季心、剧孟而已。如今您身后常常有数位骑马侍从跟随左右，可一旦遇到急事，这些人可以依靠吗？”袁盎便痛骂那个富人，从此不再与他来往。诸位王公贵人听说了这件事，都很称赞袁盎。

袁盎虽然闲居在家，而景帝经常派人来向他询问计谋策略。梁王曾想请求景帝让他成为皇位继承人，袁盎进言劝说，从此以后，景帝就不再提让梁王继位的事。梁王因此怨恨在心，曾经派人刺杀袁盎。刺客来到关中，打听袁盎的为人，众人都赞不绝口。刺客便去见袁盎说：“我接受了梁王的钱来刺杀您，但您是个厚道人，因此我不忍心刺杀您。但以后还会有十多批人来刺杀您，希望您小心防备！”袁盎心中很不愉快，家中又多有怪异之事，便到棓生那里去占卜问吉凶。回来的路上，走到安陵城门外的时候，被随后派来的梁国刺客刺杀了。

晁错是颍川人，曾经跟从轵县张恢先生学习申不害和商鞅的刑名学说，与洛阳人宋孟和刘礼是同学。由于他通晓典籍，被任命为太常掌故。

晁错为人严肃刚正，却又苛刻严酷。孝文帝的时候，国家研究《尚书》的人才很少，只听说济南伏先生曾担任秦朝的博士，研究过《尚书》，当时已经九十多岁，因为年老而不能征召来，于是文帝便诏令太常派人前往向他请教。太常便派遣晁错前去。晁错学成后回来，向文帝上书国家当前应该做的事，经常引用《尚书》里的观点。文帝下诏任命晁错担任太子舍人、门大夫、太子家令。他因为能言善辩而得到太子的宠幸，太子家称他为“智囊”。他在孝文帝之时屡屡上书，陈说削减诸侯权势的事，以及法令中尚需修改的地方。一连上了几十次，文帝都没有采纳，但文帝认为他有奇特的才能，就提升为中大夫。当时，只有太子称赞晁错的主张，而袁盎和许多大臣都不喜欢晁错。

孝景帝继位后，晁错被任命为内史。他曾多次请求单独谈论政事，景帝每每都听从，宠幸他超过了九卿，国家的法令许多都因此作了修改。丞相申屠嘉对晁错不满，但又没办法来挫伤他。内史府设在太上庙围墙里的空地之中，门朝东开，出入不便，晁错便向南开了两个门，因而把太上庙的围墙凿开了。丞相申屠嘉听说了这件事大怒，打算借这次机会，请求皇上把他诛杀了。晁错听到了这个消息，便连夜请求单独进见皇上，向皇上详细地讲明了此事的原委。等到申屠嘉上奏晁错擅自凿开太上庙的围墙做门，请求皇上把他交给廷尉处死的时候，皇上说：“晁错所凿的不是太上庙的墙，只是庙外空地上的小矮墙，没有触犯法令。”申屠嘉只得谢罪。退朝之后，申屠嘉愤愤地对长史说：“我本当先杀了他，再报告给皇上，却先奏请，结果被这小子给耍了，实在是大错。”于是气得旧病复发而死，晁错却因此更加显贵。

迁为御史大夫，请诸侯之罪过，削其地，收其枝郡。奏上，上令公卿列侯宗室集议，莫敢难，独窦婴争之，由此与错有却。错所更令三十章，诸侯皆諠哗疾晁错。错父闻之，从颍川来，谓错曰：“上初即位，公为政用事，侵削诸侯，别疏人骨肉，人口议多怨公者，何也？”晁错曰：“固也。不如此，天子不尊，宗庙不安。”错父曰：“刘氏安矣，而晁氏危矣，吾去公归矣！”遂饮药死，曰：“吾不忍见祸及吾身。”死十余日，吴楚七国果反，以诛错为名。及窦婴、袁盎进说，上令晁错衣朝衣斩东市。

晁错已死，谒者仆射邓公为校尉，击吴楚军为将。还，上书言军事，谒见上。上问曰：“道军所来，闻晁错死，吴楚罢不？”邓公曰：“吴王为反数十年矣，发怒削地，以诛错为名，其意非在错也。且臣恐天下之士噤口，不敢复言也！”上曰：“何哉？”邓公曰：“夫晁错患诸侯强大不可制，故请削地以尊京师，万世之利也。计画始行，卒受大戮，内杜忠臣之口，外为诸侯报仇，臣窃为陛下不取也。”于是景帝默然良久，曰：“公言善，吾亦恨之。”乃拜邓公为城阳中尉。

邓公，成固人也，多奇计。建元中，上招贤良，公卿言邓公，时邓公免，起家为九卿。一年，复谢病免归。其子章以修黄老言显于诸公间。

太史公曰：袁盎虽不好学，亦善傅会，仁心为质，引义慷慨。遭孝文初立，资适逢世。时以变易，及吴楚一说，说虽行哉，然复不遂。好声矜贤，竟以名败。晁错为家令时，数言事不用；后擅权，多所变更。诸侯发难，不急匡救，欲报私仇，反以亡躯。语曰“变古乱常，不死则亡”，岂错等谓邪！

晁错被提升为御史大夫后，请求查处诸侯的罪过，相应地削减他们的封地，并收回各诸侯国边境的郡城。奏章上呈后，皇上命令公卿、列侯和皇族宗室集中讨论，没有一个人敢提出不同的意见，只有窦婴表示反对，从此便与晁错有了嫌隙。晁错先后修改的法令有三十项，诸侯们全都哗然，痛恨晁错。晁错的父亲听说后，就从颍川赶来，对晁错说："皇上刚刚继位，你执掌政权，削夺诸侯的领地，离间人家的骨肉，惹得人们纷纷议论怨恨你，为什么要这样做呢？"晁错说："事情本来就应该这样，不然天子之位就得不到尊崇，国家宗庙社稷也不得安宁。"晁错的父亲又说："照你这么办，刘家的天下是安宁了，而我们晁家却大祸临头了，我要离开你回去了。"于是服毒药而死，死前说道："我不忍心眼见大祸殃及自己。"晁错的父亲死后十几天，吴楚七国果真反叛，以讨伐晁错为名。等到窦婴、袁盎进言劝说，皇上就命令晁错穿着朝服，在东市被处斩了。

晁错死后，谒者仆射邓公被任命为校尉，攻打吴楚叛军时，他担任将领。回京城后，他上书报告军事情况，进见皇上。皇上问道："你从军中来，晁错的死讯传到前方，吴楚的军队退了没有？"邓公说道："吴王蓄意叛乱已经有几十年了，因被削夺封地而激起怒气，诛杀晁错只是一种借口，而他的意图并非在晁错身上。而且我担心您这么一杀晁错，天下的士人从此都将闭口，再也不敢进言了。"皇上说："这是为什么？"邓公说："晁错因为担心诸侯强大了朝廷不能够控制，所以才要求削减封地，借以维护朝廷，加强中央政权，这本是关乎刘家万世基业的好事啊。而计划才开始实行，竟然遭到杀戮，这样对内堵住了忠臣的嘴，对外反而替诸侯报了仇，我私下认为陛下这样做是不对的。"景帝沉默了好久，说："您说得很对，我也很后悔。"于是任命邓公担任城阳中尉。

邓公是成固人，经常提出许多出人意料的妙计。建元年间，皇上招纳贤良，公卿们都推举邓公，当时邓公正罢职家居，于是被起用，一下子升到了九卿之位。一年后，邓公又推说有病辞职回家，他的儿子邓章因为研究黄帝、老子的学说在朝廷大臣中间享负盛名。

太史公说：袁盎虽然没有什么学问，可是却善于附会之说。他有一种仁爱之心，常常慷慨激昂地申引大义。赶上孝文帝刚刚继位，因此他的才华能得以尽情施展。而时局不断地在变化，等到吴楚反叛时，他建议诛杀晁错，虽然景帝采纳了，然而他后来却不再被重用。他追求声名，夸耀贤能，最终却因追名逐利而身败名裂。晁错做太子家令的时候，多次上书而不被采用。后来掌握大权，对法令做了许多修改。诸侯发动叛乱，晁错不急于匡正救国，却想要报私仇，反而因此丧了命。俗话说"改变古法，搞乱常规，不是身死，就是逃亡"，说的不就是晁错这种人吗？

张释之冯唐列传第四十二

张廷尉释之者，堵阳人也，字季。有兄仲同居。以訾为骑郎，事孝文帝，十岁不得调，无所知名。释之曰："久宦减仲之产，不遂。"欲自免归。中郎将袁盎知其贤，惜其去，乃请徙释之补谒者。释之既朝毕，因前言便宜事。文帝曰："卑之，毋甚高论，令今可施行也。"于是释之言秦汉之间事，秦所以失而汉所以兴者久之。文帝称善，乃拜释之为谒者仆射。

释之从行，登虎圈。上问上林尉诸禽兽簿，十余问，尉左右视，尽不能对。虎圈啬夫从旁代尉对上所问禽兽簿甚悉，欲以观其能口对响应无穷者。文帝曰："吏不当若是邪？尉无赖！"乃诏释之拜啬夫为上林令。释之久之前曰："陛下以绛侯周勃何如人也？"上曰："长者也。"又复问："东阳侯张相如何如人也？"上复曰："长者。"释之曰："夫绛侯、东阳侯称为长者，此两人言事曾不能出口，岂斅此啬夫谍谍利口捷给哉！且秦以任刀笔之吏，吏争以亟疾苛察相高，然其敝徒文具耳，无恻隐之实。以故不闻其过，陵迟而至于二世，天下土崩。今陛下以啬夫口辩而超迁之，臣恐天下随风靡靡，争为口辩而无其实。且下之化上疾于景响，举错不可不审也。"文帝曰："善。"乃止不拜啬夫。

上就车，召释之参乘，徐行，问释之秦之敝。具以质言。至宫，上拜释之为公车令。

顷之，太子与梁王共车入朝，不下司马门，于是释之追止太子、廷尉张释之，是堵阳人，字季，刚开始和他的哥哥张仲一起生活。他因为家财殷实，得以入选为骑郎，侍奉孝文帝，但是为官十年都没有升迁，一直默默无名。张释之说：“做了这么长时间的官，只是白白耗减哥哥的家产，使人不安。”就打算辞职回家。中郎将袁盎知道张释之的才能，惋惜他的离去，于是就请求孝文帝让他补了个谒者的空缺。有一天，张释之朝见完毕之后，趁机上前陈述一些便国宜民的事。文帝说：“现实一些，不要高谈阔论，说些当前就能实施的事。”于是，张释之又谈起秦汉之间的事，对于秦朝灭亡和汉朝兴盛的原因，谈了很长时间。文帝听了很高兴，很赞赏他，就任命他做了谒者仆射。

一次，张释之跟随孝文帝出行，登临上林苑里的虎圈。孝文帝询问上林苑的官员各种禽兽的簿册登记情况，问了十几个问题，那些官员只能你看我、我看你，全都不知如何回答。看管虎圈的饲养员在旁边代替上林尉回答了皇帝提出的所有问题，并且答得极周全，他为了借此显示自己的本领，一切回答都是张口就来，毫无停顿。孝文帝说：“做官吏不该像这样吗？上林尉真无能。”于是命令张释之任命这个饲养员做上林令。张释之沉默许久才上前说：“陛下认为绛侯周勃是怎样的人呢？”文帝说：“是个忠厚的长者啊！”张释之又问：“东阳侯张相如是怎样的人呢？”文帝说：“也是个忠厚的长者。”张释之说：“绛侯与东阳侯都被称为长者，可这两个人谈论事情时都不善于言辞，现在这样做，难道让人们去效法这个人滔滔不绝、伶牙俐齿的样子吗？况且秦朝由于重用了那些刀笔吏，所以官吏们争着拿办事急快和督察苛刻来互比高低，到头来，都是一种形式，而没有一点实质性内涵。因为这个缘故，国君听不到自己的过失，日益衰败，只传到了秦二世，天下便土崩瓦解了。现在陛下因为一个人能言善辩就越级提拔他，我担心此风气一开，天下人都竞相追随，争相练嘴皮子而不求实实在在的东西。陛下做任何事情都不可以不慎重啊！”文帝说：“好。”于是放弃了提拔饲养员的打算。

文帝上了车，让张释之也上来陪乘在身旁，车缓缓地前行。一路上文帝问张释之有关秦政的弊端，张释之都据实而言。待回到了宫里，文帝就任命张释之做了公车令。

不久，太子刘启与梁王同乘一辆车入朝，经过司马门时没有下车，当时张释梁王无得入殿门。遂劾不下公门不敬，奏之。薄太后闻之，文帝免冠谢曰："教儿子不谨。"薄太后乃使使承诏赦太子、梁王，然后得入。文帝由是奇释之，拜为中大夫。

顷之，至中郎将。从行至霸陵，居北临厕。是时慎夫人从，上指示慎夫人新丰道，曰："此走邯郸道也。"使慎夫人鼓瑟，上自倚瑟而歌，意惨凄悲怀，顾谓群臣曰："嗟乎！以北山石为椁，用纻絮斫陈，蕠漆其间，岂可动哉！"左右皆曰："善。"释之前进曰："使其中有可欲者，虽锢南山犹有郄；使其中无可欲者，虽无石椁，又何戚焉！"文帝称善。其后拜释之为廷尉。

顷之，上行出中渭桥，有一人从穚下走出，乘舆马惊。于是使骑捕，属之廷尉。释之治问。曰："县人来，闻跸，匿桥下。久之，以为行已过，即出，见乘舆车骑，即走耳。"廷尉奏当，一人犯跸，当罚金。文帝怒曰："此人亲惊吾马，吾马赖柔和，令他马，固不败伤我乎？而廷尉乃当之罚金！"释之曰："法者天子所与天下公共也。今法如此而更重之，是法不信于民也。且方其时，上使立诛之则已。今既下廷尉，廷尉，天下之平也，一倾而天下用法皆为轻重，民安所措其手足？唯陛下察之。"良久，上曰："廷尉当是也。"

其后有人盗高庙坐前玉环，捕得，文帝怒，下廷尉治。释之案律盗宗庙服御物者为奏，奏当弃市。上大怒曰："人之无道，乃盗先帝庙器，吾属廷尉者，欲致之族，而君以法奏之，非吾所以共承宗庙意也。"释之免冠顿首谢曰："法如是足也。且罪等，然以逆顺为差。今盗宗庙器而族之，有如万分之一，假令愚民取长陵一抔土，陛下何以加其法乎？"久之，文帝与太后言之，乃许廷尉当。是时，中尉条之迎上去拦住了太子和梁王，不让他们进宫，并且弹劾他们在皇宫门外不下车的不敬罪，并上奏朝廷。薄太后知道了这件事，文帝摘下帽子向太后赔罪说："都怪我教导儿子不严。"薄太后就派使者传令赦免太子和梁王，他们才得以入宫。文帝因为这件事更加看出了张释之的与众不同，任命他做了中大夫。

又过了些日子，张释之升为中郎将。有一次跟随文帝到了霸陵，他们站在霸陵的北面眺望。这时慎夫人也跟在旁边，皇帝指着通往新丰的道路给她看，并说："这是通往邯郸的路啊。"接着，让慎夫人鼓瑟，自己和着瑟的曲调而唱，心中一阵凄惨悲伤，他回过头来对着大臣们说："唉！用北山的石头做外椁，把纻麻、绵絮剁碎，用漆粘合着塞在石椁的缝隙间，再用漆粘涂在上面，那么谁还能打得开呢？"左右的人都说："是啊。"张释之走上前说道："假若坟墓里有人们想要的东西，即使封铸南山做棺椁，也还是会有缝隙；假若里面没有人们想要的东西，即使没有石椁，又有什么值得忧虑的呢！"文帝称赞他说得好。后来又任命他做了廷尉。

此后不久，文帝外出经过长安城北的中渭桥，突然有一个人从桥下跑出来，文帝的车马受了惊。于是命令骑士捉住这个人，交给廷尉张释之处置。张释之审问那个人，那人说："我是从长安县的乡下来的，听到了清道戒严的号令，就躲在桥下。等了好久，以为皇帝的队伍已经过去了，就从桥下出来，忽然看见了皇帝的车队，就吓得赶紧往回跑。"廷尉审理完毕，向皇帝报告那个人应得的处罚，认为他违反了清道的禁令，应处以罚款。文帝发怒说："这个人惊了我的马，幸亏我的马性情温和，假若是别的马，不就会伤害到我了吗?可是廷尉却只判他罚金！"张释之说："法律是天子和百姓都应该共同遵守的。按照法律就应该这样判决，如果要加重处罚，这样法律就不能取信于民。况且在当时，皇上派人就地杀掉他也就罢了，现在既然交付给廷尉，廷尉是天下公正执法的象征，如果稍微有所偏斜，那么天下执法者都会任意或轻或重，民众岂不要手足无措了吗?愿陛下明察。"过了许久，文帝才说："廷尉的判处是正确的。"

后来，有人盗窃高祖庙神座前的玉环，被抓到了，文帝大怒，交给廷尉审理。张释之按法律中偷盗宗庙服饰器具的处罚规定奏报皇帝，判处斩首示众。文帝勃然大怒说："这人无法无天，竟敢偷盗先帝庙中的器物，我之所以交付廷尉审理，是要灭掉他的全族，而你却一味按照法律条文行事，这不是我恭敬供奉宗庙的本意啊。"张释之摘下帽子叩头谢罪说："依照法律这样处罚已经到头了。况且在罪名相同时，也要区别罪行的不同轻重程度。如今偷盗宗庙器物就诛灭他的全族，万一有愚蠢的人掘了长陵，陛下又该用什么刑罚惩处他呢？"文帝想了半天，又和薄太后谈论了这件事，才同意了廷尉的判决。当时，中尉条侯周亚夫

侯周亚夫与梁相山都侯王恬开见释之持议平，乃结为亲友。张廷尉由此天下称之。

后文帝崩，景帝立，释之恐，称病。欲免去，惧大诛至；欲见谢，则未知何如。用王生计，卒见谢，景帝不过也。

王生者，善为黄老言，处士也。尝召居廷中，三公九卿尽会立，王生老人，曰“吾袜解”，顾谓张廷尉：“为我结袜！”释之跪而结之。既已，人或谓王生曰：“独奈何廷辱张廷尉，使跪结袜？”王生曰：“吾老且贱，自度终无益于张廷尉。张廷尉方今天下名臣，吾故聊辱廷尉，使跪结袜，欲以重之。”诸公闻之，贤王生而重张廷尉。

张廷尉事景帝岁余，为淮南王相，犹尚以前过也。久之，释之卒。其子曰张挚，字长公，官至大夫，免。以不能取容当世，故终身不仕。

冯唐者，其大父赵人。父徙代。汉兴徙安陵。唐以孝著，为中郎署长，事文帝。文帝辇过，问唐曰：“父老何自为郎？家安在？”唐具以实对。文帝曰：“吾居代时，吾尚食监高祛数为我言赵将李齐之贤，战于巨鹿下。今吾每饭，意未尝不在巨鹿也。父知之乎？”唐对曰：“尚不如廉颇、李牧之为将也。”上曰：“何以？”唐曰：“臣大父在赵时，为官将，善李牧。臣父故为代相，善赵将李齐，知其为人也。”上既闻廉颇、李牧为人，良说，而搏髀曰：“嗟乎！吾独不得廉颇、李牧时为吾将，吾岂忧匈奴哉！”唐曰：“主臣！陛下虽得廉颇、李牧，弗能用也。”上怒，起，入禁中。良久，召唐让曰：“公奈何众辱我，独无间处乎？”唐谢曰：“鄙人不知忌讳。”

当是之时，匈奴新大入朝那，杀北地都尉卬。上以胡寇为意，乃卒复问唐曰：“公何以知吾不能用廉颇、李牧也？”唐对曰：“臣闻上古王者之遣将也，跪而推毂，曰阃以内者，寡人制之；阃以外者，将军制之。军功爵赏皆决于外，归而奏之。此非虚言也。臣大父与梁国国相山都侯王恬开看到张释之执法判决公正，就和他结为亲密的朋友。张释之从此得到全国人的称赞。

文帝去世后，景帝即位。张释之内心恐惧，常常假称生病。想要辞职离去，又担心招致杀身大祸；想要当面向景帝谢罪，却又不知怎么办好。后来，他采用王生的计策，得以当面谢罪，景帝也没有责怪他。

王生爱好黄老学说，是个处士。有一次被召进宫中，三公九卿全都在殿中侍立，王生年纪很大了，忽然声称“我的袜带松脱了”，回过头来对张廷尉说：“给我系好袜带！”张释之就跪下替他系好袜带。事后，有人问王生：“您为什么要在朝廷上羞辱张廷尉，让他跪着给您系袜带呢？”王生说：“我年纪大了，而且地位又低，自己想着终究不会对张廷尉有什么帮助了。张廷尉是当今天下的名臣，我故意要侮辱廷尉，让他跪下替我系袜带，是想要以此提高他的名望。”各位公卿听说这件事，都称赞王生的贤能，并越发敬重张廷尉了。

张廷尉侍奉景帝一年多以后，被贬为淮南王相，还是因为以前得罪景帝的缘故。过了几年，张释之死了。他的儿子张挚，字长公，官职一直做到大夫，后来被免职。因为他不能迎合当时的权贵显要，所以终身也没有再做官。

冯唐，他的祖父是战国时赵国人，父亲移居到代地。汉朝建立后，又迁到安陵。冯唐以孝行闻名，孝文帝时被举荐做了中郎署长。一次，文帝乘车经过冯唐任职的官署，问冯唐说：“老人家这么大年纪，怎么还在做郎官？老家在哪里？”冯唐一一如实回答。孝文帝说：“我在代国的时候，我的尚食监高祛多次和我谈到赵将李齐的才能，讲到他在巨鹿城下作战的情形。如今我每当吃饭的时候，心思都未尝不是在巨鹿。老人家知道这个人吗？”冯唐回答说：“他还比不上廉颇、李牧的才能。”孝文帝说：“为什么？”冯唐说：“我祖父在赵国时，担任过统率士兵的职务，和李牧交情很好。我父亲从前做代相，和赵将李齐也很友好，所以能知道他们的为人。”孝文帝听完冯唐的述说，很高兴，拍着大腿说：“唉！我偏偏不能让廉颇、李牧这样的人给我做将领，如果有了他们，我还担忧匈奴吗？”冯唐说：“臣诚惶诚恐，我想陛下就是得到廉颇、李牧，也不会起用的。”文帝大怒，起身回宫。过了很久，才又召见冯唐，责备他说：“您为什么要当众侮辱我？难道就不能在没人的时候说吗？”冯唐谢罪说：“是我这粗鄙的人不知道忌讳了。”

当时，匈奴人大举侵犯朝那，又杀死北地都尉孙卬。孝文帝正为此忧虑，于是又一次询问冯唐：“您为什么说我不能任用廉颇、李牧呢？”冯唐回答说：“我听说古时候君王派遣将军时，要跪下来为他们推车轴，并且对他们说，朝中的事情，我来决定；外面的事情，将军来决定。军功和爵位赏赐都由将军来决言，李牧为赵将居边，军市之租皆自用飨士，赏赐决于外，不从中扰也。委任而责成功，故李牧乃得尽其智能，遣选车千三百乘，彀骑万三千，百金之士十万，是以北逐单于，破东胡，灭澹林，西抑强秦，南支韩、魏。当是之时，赵几霸。其后会赵王迁立，其母倡也。王迁立，乃用郭开谗，卒诛李牧，令颜聚代之。是以兵破士北，为秦所禽灭。今臣窃闻魏尚为云中守，其军市租尽以飨士卒，私养钱，五日一椎牛，飨宾客军吏舍人，是以匈奴远避，不近云中之塞。虏曾一入，尚率车骑击之，所杀其众。夫士卒尽家人子，起田中从军，安知尺籍伍符。终日力战，斩首捕虏，上功莫府，一言不相应，文吏以法绳之。其赏不行而吏奉法必用。臣愚，以为陛下法太明，赏太轻，罚太重。且云中守魏尚坐上功首虏差六级，陛下下之吏，削其爵，罚作之。由此言之，陛下虽得廉颇、李牧，弗能用也。臣诚愚，触忌讳，死罪死罪！”文帝说。是日令冯唐持节赦魏尚，复以为云中守，而拜唐为车骑都尉，主中尉及郡国车士。

七年，景帝立，以唐为楚相，免。武帝立，求贤良，举冯唐。唐时年九十余，不能复为官，乃以唐子冯遂为郎。遂字王孙，亦奇士，与余善。

太史公曰：张季之言长者，守法不阿意；冯公之论将率，有味哉！有味哉！语曰“不知其人，视其友”。二君之所称诵，可著廊庙。书曰“不偏不党，王道荡荡；不党不偏，王道便便”。张季、冯公近之矣。

定，回来时说一声就行了。这些都不是随便说说的。我的祖父说，李牧在赵国边境统率军队时，把军中征收的税金都用来犒赏部下。一切赏赐由将军们在外决定，朝廷从不干涉。君王只是委托给他重任，要求他成功，李牧因此才能充分发挥他的智慧和才能。他精选兵车一千三百辆，善于骑射的士兵一万三千人，精锐士卒十万人，因此能够在北面驱逐单于，大破东胡，消灭澹林，向西抑制了强大的秦国，在南面顶住了韩魏。当时，赵国几乎称霸天下。后来赵王迁即位，他的母亲原是卖唱的女子。他一即位，就听信郭开的谗言，把李牧给杀了，让颜聚取代他。结果军队溃败，被秦人俘虏消灭。如今我听说魏尚做云中郡的郡守，军中的税收也都用来犒赏士兵，还拿出自己的俸钱，每五天杀一次牛，款待宾客、军吏和属官，匈奴因此远远地避开，不敢靠近云中的要塞。匈奴曾经有一次入侵，魏尚率领兵马抗击，杀死很多敌军。那些士卒全都是民家子弟，刚从庄稼地里出来，哪里会知道'尺籍'、'伍符'之类琐琐碎碎的法令呢？他们只知道整天拼力作战，杀敌捕俘，到幕府报功时，仅仅因为一点不符合实际情况，司法官就用法令来制裁他们。结果立了功不一定能得到赏赐，可是犯了法一定要受惩罚。以我的愚见，陛下的法令太严苛，赏赐太轻，惩罚太重。况且魏尚就因为多报了六个人头，陛下就把他治罪下狱，削夺了他的爵位，罚他服劳役。从这件事看来，陛下即使是得到了廉颇、李牧，也不会重用的。我是个粗人，说话不知道忌讳，实在是该死！"文帝听了很高兴。当天下令让冯唐持节赦免魏尚，重新让他担任云中太守的职务，并且任命冯唐为车骑都尉，掌管中尉和各郡国的车战士兵。

孝文帝后元七年，孝景帝即位，任命冯唐做楚国的国相，不久他因事被免职。武帝即位时，下诏征求贤良之士，有人举荐冯唐。冯唐当时已九十多岁，不能再做官了，于是任用他的儿子冯遂做了郎官。冯遂，字王孙，也是杰出的人才，和我很友好。

太史公曰：张季谈论忠厚长者，遵守法度不迎合上面的意图；冯公谈论将官率军作战之道，都说得好，说得好啊！俗话说："如果不了解一个人，看看他结交的朋友就知道了。"他们两位所赞许长者将帅的话，应该标著于朝廷。《尚书》上说："如果君臣都能够不偏私不结党，国家就会一派兴旺，王道就会平坦通畅。"张释之与冯公的思想接近这种境界了！

万石张叔列传第四十三

万石君名奋，其父赵人也，姓石氏。赵亡，徙居温。高祖东击项籍，过河内，时奋年十五，为小吏，侍高祖。高祖与语，爱其恭敬，问曰：“若何有？”对曰：“奋独有母，不幸失明。家贫。有姊，能鼓琴。”高祖曰：“若能从我乎？”曰：“愿尽力。”于是高祖召其姊为美人，以奋为中涓，受书谒，徙其家长安中戚里，以姊为美人故也。其官至孝文时，积功劳至大中大夫。无文学，恭谨无与比。

文帝时，东阳侯张相如为太子太傅，免。选可为傅者，皆推奋，奋为太子太傅。及孝景即位，以为九卿；迫近，惮之，徙奋为诸侯相。奋长子建，次子甲，次子乙，次子庆，皆以驯行孝谨，官皆至二千石。于是景帝曰：“石君及四子皆二千石，人臣尊宠乃集其门。”号奋为万石君。

孝景帝季年，万石君以上大夫禄归老于家，以岁时为朝臣。过宫门阙，万石君必下车趋，见路马必式焉。子孙为小吏，来归谒，万石君必朝服见之，不名。子孙有过失，不谯让，为便坐，对案不食。然后诸子相责，因长老肉袒固谢罪，改之，乃许。子孙胜冠者在侧，虽燕居必冠，申申如也。僮仆訢訢如也，唯谨。上时赐食于家，必稽首俯伏而食之，如在上前。其执丧，哀戚甚悼。子孙遵教，亦如之。万石君家以孝谨闻乎郡国，虽齐鲁诸儒质行，皆自以为不及也。

建元二年，郎中令王臧以文学获罪。皇太后以为儒者文多质少，万石君，名奋，父亲是赵国人，姓石。赵国灭亡后，举家迁居到温县。高祖向东攻打项羽的时候，途中经过河内郡，那时石奋只有十五岁，担任一个小官吏，侍奉高祖。高祖和他交谈，很喜爱他的恭敬有礼，就问他道："你家中有些什么人？"他回答说："我家中只有母亲，不幸眼睛失明，家里很贫穷。还有个姐姐，会弹琴。"高祖又说："你愿意跟随我吗？"他回答说："愿竭尽全力追随。"于是，高祖把他的姐姐召入宫做了美人，让石奋做了中涓，负责收受大臣进献的文书和谒见之事。从此他的家搬到长安城中的戚里，因为他的姐姐做了美人的缘故。到文帝即位时，他积功积劳，逐渐升迁，官累至大中大夫。石奋没有文才学问，但论起恭敬谨慎，没有人可以和他相比。

文帝时，东阳侯张相如担任太子太傅，后被免职。文帝要选择可以做太傅的人，大家都推举石奋，石奋就做了太子太傅。等到景帝即位，让他做了九卿之位；因为他过于恭敬谨慎，景帝觉得在身边不自由，就调他做了诸侯丞相。他的长子石建，次子、三子都失其名，四子石庆，个个都品行温驯、孝顺谨严，做官都做到了二千石。于是景帝说："石君和四个儿子都官至二千石，作为臣子的尊贵荣耀都集中到你们一家来了。"于是就称呼石奋为万石君。

景帝末年，万石君告老回家，享受上大夫的俸禄。每年朝廷举行盛大典礼时，他都作为大臣来参加。每次经过宫门的双阙时，万石君一定要下车小步急行，以示恭敬，见到皇帝的车驾一定要用手扶在车前横木上行礼表示致意。他的子孙做了小吏，回家拜见他，万石君也必定要穿上朝服接见他们，不直呼他们的名字。子孙中有人犯了过错，他也不责备他们，而是自己坐到侧旁的座位上，对着桌子不肯吃饭。直到他的子孙们自己相互做了批评，再通过族中的长辈求情，本人裸露上身表示认错，并表示坚决改正，才答允他们的请求。如果有已成年的子孙在身边，即使是闲居在家，他也一定要穿戴整齐，显示出严肃恭谨的样子。对待他的仆人也都非常恭敬有礼。皇帝有时赏赐食物给他家，他必定叩头跪拜之后才弯腰低头去吃，如同在皇帝面前一样。他对待丧事，哀痛忧戚，极度悲伤。子孙遵从他的教诲，也像他一样。万石君一家以孝顺谨严闻名于各个郡国，即使齐、鲁那些品行质朴的儒者，也都自认为赶不上他。

建元二年，郎中令王臧因为推崇儒学而获罪。窦太后认为儒生文饰过多而质今万石君家不言而躬行，乃以长子建为郎中令，少子庆为内史。

建老白首，万石君尚无恙。建为郎中令，每五日洗沐归谒亲，入子舍，窃问侍者，取亲中帬厕牏，身自浣涤，复与侍者，不敢令万石君知，以为常。建为郎中令，事有可言，屏人恣言，极切；至廷见，如不能言者。是以上乃亲尊礼之。

万石君徙居陵里。内史庆醉归，入外门不下车。万石君闻之，不食。庆恐，肉袒请罪，不许。举宗及兄建肉袒，万石君让曰："内史贵人，入闾里，里中长老皆走匿，而内史坐车中自如，固当！"乃谢罢庆。庆及诸子弟入里门，趋至家。

万石君以元朔五年中卒。长子郎中令建哭泣哀思，扶杖乃能行。岁余，建亦死。诸子孙咸孝，然建最甚，甚于万石君。

建为郎中令，书奏事，事下，建读之，曰："误书！'马'者与尾当五，今乃四，不足一。上谴死矣！"甚惶恐。其为谨慎，虽他皆如是。

万石君少子庆为太仆，御出，上问车中几马，庆以策数马毕，举手曰："六马。"庆于诸子中最为简易矣，然犹如此。为齐相，举齐国皆慕其家行，不言而齐国大治，为立石相祠。

元狩元年，上立太子，选群臣可为傅者，庆自沛守为太子太傅，七岁迁为御史大夫。

元鼎五年秋，丞相有罪，罢。制诏御史："万石君先帝尊之，子孙孝，其以御史大夫庆为丞相，封为牧丘侯。"是时汉方南诛两越，东击朝鲜，北逐匈奴，西伐大宛，中国多事。天子巡狩海内，修上古神祠，封禅，兴礼乐。公家用少，桑弘羊等致利，王温舒之属峻法，朴欠缺，如今万石君一家虽不言不语，却能身体力行，于是就让万石君的长子石建做了郎中令，四子石庆做了内史。

石建年老头发完全白了的时候，万石君依然健在，且健康无病。石建做了郎中令，每五天可以休假一天。每次回去拜见父亲时，他总是先进入侍者的小屋，私下向侍者询问父亲的情况，并要过父亲的贴身衣裤和溺器，亲自洗涤干净，再交给侍从的人，不敢让父亲知道，常常如此。石建做郎中令时，有事要向皇帝谏说，就屏退旁人，畅所欲言，言语恳切极言直谏；等到上了朝廷，却好像不会说话一样。因此皇帝就对他非常信任，非常尊重。

万石君迁居到陵里。有一次担任内史的儿子石庆喝醉了酒回来，进入外门时没有下车。万石君听说以后就不肯吃饭。石庆慌了，就袒露上身向父亲请罪，万石君没有原谅。全族的人和他的哥哥石建也袒露上身替他请罪，万石君讽刺地说："内史是显贵的人，进入咱这个小里巷，乡里的父老们理应为您回避，大内史坐在车里态度自如，本是应该的嘛！"说完就让石庆走开了。从此以后，石庆和石家的子弟们进入里门时，都下车快步走回到家中。

万石君在武帝元朔五年去世。大儿子郎中令石建痛哭流涕非常伤心，以致虚弱到要手扶拐杖才能走路。一年以后，石建也死了。万石君的子孙们都很孝顺，其中石建最为突出，甚至超过了万石君。

石建做郎中令时，有一次书写奏章，奏章批下来，石建读了以后，非常惶恐不安地说："写错了！'马'字连同字的尾部应当是五笔，现在写成了四笔，少了一笔。糟了，皇上一定会怪罪下来，我该死啊！"他为人做事谨慎小心，即使对其他的事也都是这样。

万石君的四子石庆担任太仆，为皇帝驾车。有一次武帝外出，故意问他驾车的马有几匹，石庆用马鞭一一点数了一遍，才举手回答说："共有六匹。"石庆在几个儿子中算是最不讲究礼节的了，尚且如此谨慎小心。石庆担任齐国的国相时，齐国上下都敬慕他们的家风，所以不用发布政令，齐国就得以大治，非常安定，齐国人还为石庆立了个石相祠。

武帝元狩元年，皇帝册立太子，从群臣中挑选能够做太子老师的人，石庆从沛郡的太守任上被调任为太子太傅，七年以后升任御史大夫。

武帝元鼎五年的秋天，丞相赵周因为有罪被免除了官职。皇帝诏令御史大夫说道："先帝很敬重万石君，他的子孙都很孝顺，现在就让御史大夫石庆担任丞相，封为牧丘侯。"这时，汉朝正在向南讨伐两越，向东攻击朝鲜，向北驱逐匈奴，向西征伐大宛，国家正值多事之时。而皇帝又喜欢到各地去巡视，修复上古的神庙，到泰山封禅祭天，大兴礼乐。国家收入匮乏，武帝就让桑弘羊等想方设儿宽等推文学至九卿，更进用事，事不关决于丞相，丞相醇谨而已。在位九岁，无能有所匡言。尝欲请治上近臣所忠、九卿咸宣罪，不能服，反受其过，赎罪。

元封四年中，关东流民二百万口，无名数者四十万，公卿议欲请徙流民于边以适之。上以为丞相老谨，不能与其议，乃赐丞相告归，而案御史大夫以下议为请者。丞相惭不任职，乃上书曰："庆幸得待罪丞相，罢驽无以辅治，城郭仓库空虚，民多流亡，罪当伏斧质，上不忍致法。愿归丞相侯印，乞骸骨归，避贤者路。"天子曰："仓廪既空，民贫流亡，而君欲请徙之，摇荡不安，动危之，而辞位，君欲安归难乎？"以书让庆，庆甚惭，遂复视事。

庆文深审谨，然无他大略，为百姓言。后三岁余，太初二年中，丞相庆卒，谥为恬侯。庆中子德，庆爱用之，上以德为嗣，代侯。后为太常，坐法当死，赎免为庶人。庆方为丞相，诸子孙为吏更至二千石者十三人。及庆死后，稍以罪去，孝谨益衰矣。

建陵侯卫绾者，代大陵人也。绾以戏车为郎，事文帝，功次迁为中郎将，醇谨无他。孝景为太子时，召上左右饮，而绾称病不行。文帝且崩时，属孝景曰："绾长者，善遇之。"及文帝崩，景帝立，岁余不噍呵绾，绾日以谨力。

景帝幸上林，诏中郎将参乘，还而问曰："君知所以得参乘乎？"绾曰："臣从车士幸得以功次迁为中郎将，不自知也。"上问曰："吾为太子时召君，君不肯来，何也？"对曰："死罪，实病！"上赐之剑。绾曰："先帝赐臣剑凡六剑，不敢奉诏。"上曰："剑，人之所施易，独至今乎？"绾曰："具在。"上使取六剑，剑法为国家捞钱，王温舒等实行苛峻的法律，儿宽等人推崇文章学问，他们都官做到了九卿，交替升迁当政，做什么事都不通过石庆，石庆也就只是一味忠厚谨慎罢了。石庆在位九年，没有什么能够匡辅朝政的言论，他曾经想要惩治皇帝的近臣所忠、九卿咸宣的罪过，不仅没能制服他们，反使自己遭受了责难，后来花了钱才得免罪。

汉武帝元封四年，关东有两百万难民流离失所，没有户籍的有四十万人，公卿大臣商议把流民迁徙到边疆去安置。皇帝认为丞相年老拘谨，不能主持这种事务，就让他临时请假回家，而查办了御史大夫以下提出这种建议的官吏。丞相自感惭愧不能胜任职务，就上书说："石庆有幸得以担任丞相，但是才能浅薄无法辅助皇上治理国家，使得城内仓库空虚，很多百姓流亡在外，论罪我应该斩首，皇上不忍心将我法办。我情愿交还丞相侯爵的印信，请求告老还乡，给贤能的人让路。"武帝说："粮仓已经空虚，百姓贫困流离失所，而你们却想要把他们发配边疆，社会已经动荡不安了，人心浮动形势危急，您却在这时要辞去职位，您想要把危难推给谁呢？"就下诏书责备石庆，石庆又惭愧又害怕，才又重新出来处理政事。

石庆为人思虑细密，处事审慎拘谨，却没有什么高明的见解，也不能为百姓说话。三年以后，太初二年，丞相石庆去世，皇上赐谥号为恬侯。石庆的次子石德，很受石庆喜爱器重，皇上就让石德做继承人，承袭侯爵的爵位。后来石德官做到太常，因为触犯法律被判处死刑，后来花钱赎罪被免职降为平民。石庆担任丞相时，他的子孙中官做到两千石的有十三个人。等到石庆死了以后，这些人也因为犯罪而相继被免职，从此孝顺谨慎的家风也渐渐地没有了。

建陵侯卫绾，是代地大陵人。卫绾凭着高超的车技做了郎官，侍奉文帝，由于不断立功，累次升迁做到了中郎将，但他除了忠厚谨慎以外，没有其他长处。景帝做太子时，曾经请皇帝身边的近臣饮宴，而卫绾称病不肯去。文帝临死时嘱咐景帝说："卫绾是个忠厚的长者，你要好好待他。"等到文帝去世，景帝即位，一年多没理睬过卫绾，卫绾仍是每天都兢兢业业，谨慎尽责。

景帝有一次驾临上林苑，让中郎将卫绾陪同共乘一辆车，回来后问卫绾："知道我为什么要你陪同乘一辆车吗？"卫绾说："我从一个小小的车士有幸逐渐升为中郎将，自己不知道这是什么缘故。"景帝又问："我做太子时邀请你参加宴饮，你为什么不肯来呢？"卫绾回答说："臣该死，确实是生病了！"景帝赐给他一把剑。卫绾说："先帝曾经赐给我六把，我不敢再接受陛下的恩赐了。"景帝说："剑是人们所喜爱之物，往往用来交换买卖，你难道把它们保留到现在吗？"卫绾说："全部都还在。"皇帝派人取来那六把剑，宝剑完好地在尚盛，未尝服也。郎官有谴，常蒙其罪，不与他将争；有功，常让他将。上以为廉，忠实无他肠，乃拜绾为河间王太傅。吴楚反，诏绾为将，将河间兵击吴楚有功，拜为中尉。三岁，以军功，孝景前六年中封绾为建陵侯。

其明年，上废太子，诛栗卿之属。上以为绾长者，不忍，乃赐绾告归，而使郅都治捕栗氏。既已，上立胶东王为太子，召绾，拜为太子太傅。久之，迁为御史大夫。五岁，代桃侯舍为丞相，朝奏事如职所奏。然自初官以至丞相，终无可言。天子以为敦厚，可相少主，尊宠之，赏赐甚多。

为丞相三岁，景帝崩，武帝立。建元年中，丞相以景帝疾时诸官囚多坐不辜者，而君不任职，免之。其后绾卒，子信代。坐酎金失侯。

塞侯直不疑者，南阳人也。为郎，事文帝。其同舍有告归，误持同舍郎金去，已而金主觉，妄意不疑，不疑谢有之，买金偿。而告归者来而归金，而前郎亡金者大惭，以此称为长者。文帝称举，稍迁至太中大夫。朝廷见，人或毁曰："不疑状貌甚美，然独无奈其善盗嫂何也！"不疑闻，曰："我乃无兄。"然终不自明也。

吴楚反时，不疑以二千石将兵击之。景帝后元年，拜为御史大夫。天子修吴楚时功，乃封不疑为塞侯。武帝建元年中，与丞相绾俱以过免。

不疑学老子言。其所临，为官如故，唯恐人知其为吏迹也。不好立名称，称为长者。不疑卒，子相如代。孙望，坐酎金失侯。

郎中令周文者，名仁，其先故任城人也。以医见。景帝为太子时，拜为舍人，积功稍迁，孝文帝时至太中大夫。景帝初即位，拜仁为郎中令。

剑套中，还不曾佩带使用过。每当属下郎官犯有过失，他常常承担罪责，不和别的将官争辩；有了功劳，他常常让给别的将官。皇上认为他清廉，为人忠诚，没有别的恶念，于是就任命卫绾做了河间王的太傅。吴、楚七国叛乱，皇上任命卫绾做将军，因为统率河间王的军队攻击吴、楚有功，又把他升迁做了中尉。三年后，因为军功，于孝景帝前元六年，受封为建陵侯。

第二年，景帝废黜了太子刘荣，杀了太子的舅父栗卿等人。景帝认为卫绾是个老好人，不忍心让他审理这件大案而大肆捕杀，就赐他休假回家，而另调了郅都逮捕审理栗氏族人。案子结束后，景帝立了胶东王刘彻做太子，征召卫绾，任命他为太子太傅。后来升迁为御史大夫。五年后，代替桃侯刘舍做了丞相。他上朝奏明政事，只限于上奏职权以内的事，因此从最初做官直到当了丞相，始终没有什么可称道的或可指责的地方。而景帝认为他敦厚老实，可以辅佐少主，于是对他特别尊重宠爱，赏赐了很多东西。

卫绾担任丞相三年，景帝去世，武帝即位。建元年间，景帝生病时各官署的囚犯有很多是无辜受累的，丞相因此被认为不称职，武帝罢免了他的官职。后来卫绾去世，他的儿子卫信继承了建陵侯的爵位，后来由于助祭献金不合规定而被削夺了爵位。

塞侯直不疑是南阳人，他担任郎官，侍奉过文帝。他的同屋有人请假回家，误拿走他人的金子。过了些时候，金子的主人才发觉，就胡乱怀疑是直不疑拿的，直不疑向他赔礼道歉并承认了这件事，买来金子偿还给他。后来请假回家的人发现拿错了，回来归还了金子，先前那个丢失金子的人极为惭愧，人们因此称赞他是个忠厚的人。文帝也称道荐举他，逐步提拔到太中大夫。一次在朝廷上集会，有人毁谤他说："直不疑相貌很美，但怎奈他会和嫂子私通，这是怎么回事!"直不疑听说了，说道："我没有哥哥。"说过后他始终不再做其他辩解。

吴楚七国叛乱时，直不疑以二千石官员的身份率兵攻打叛军。景帝后元元年，任命他做了御史大夫。天子表彰平定吴、楚叛乱时的功劳，就封直不疑为塞侯。武帝建元年间，和丞相卫绾一起因为过失被免职。

直不疑学习老子的学说。他治理每个地方时，都依照前任的样子，唯恐人们知道他做官的事迹。他从不追求立功扬名，却为人所重，被人称为长者。直不疑去世后，其儿子直相如承袭侯爵之位。到孙子直望时，因为助祭献金不合规定失去了侯爵爵位。

郎中令周文，名仁，他的祖先原是任城县人。周文以医术闻名而进见天子，景帝做太子时，他被文帝任命为舍人，后来逐渐提升，一直做到太中大夫。景帝刚刚即位，就任命周仁做了郎中令。

仁为人阴重不泄，常衣敝补衣溺袴，期为不絜清，以是得幸。景帝入卧内，于后宫秘戏，仁常在旁。至景帝崩，仁尚为郎中令，终无所言。上时问人，仁曰："上自察之。"然亦无所毁。以此景帝再自幸其家。家徙阳陵。上所赐甚多，然常让，不敢受也。诸侯群臣赂遗，终无所受。

武帝立，以为先帝臣，重之。仁乃病免，以二千石禄归老，子孙咸至大官矣。

御史大夫张叔者，名欧，安丘侯说之庶子也。孝文时以治刑名言事太子。然欧虽治刑名家，其人长者。景帝时尊重，常为九卿。至武帝元朔四年，韩安国免，诏拜欧为御史大夫。自欧为吏，未尝言案人，专以诚长者处官。官属以为长者，亦不敢大欺。上具狱，事有可却，却之；不可者，不得已，为涕泣面对而封之。其爱人如此。

老病笃，请免。于是天子亦策罢，以上大夫禄归老于家。家于阳陵。子孙咸至大官矣。

太史公曰：仲尼有言曰"君子欲讷于言而敏于行"，其万石、建陵、张叔之谓邪？是以其教不肃而成，不严而治。塞侯微巧，而周文处讇，君子讥之，为其近于佞也。然斯可谓笃行君子矣！

周仁为人厚道持重，不泄露别人的秘密。常常穿着破旧打着补丁的衣服，溺湿裤子，故意显得很不干净，使妃嫔不愿接近，因此得到景帝宠爱。以至于景帝在寝宫和妃嫔戏耍取乐的时候，周仁常在旁边。景帝去世时，周仁还在做郎中令，始终没有什么建言。皇帝有时问他某个人的品行，周仁总是说：“皇上亲自考察他吧。”他也从来不说别人的坏话，因此景帝信任他，曾经两次驾临他的家。他家后来迁徙到阳陵。皇帝赏赐给他很多东西，他都常常推让，不敢接受。诸侯大臣赠送的东西，他也从不接受。

汉武帝即位，认为他是先帝的大臣，非常尊重他。周仁称病辞职，得享二千石俸禄归家养老，子孙全都做到了大官。

御史大夫张叔，名欧，是安丘侯张说的庶子。文帝时，他因研究刑名家的学说受到赏识，被派去侍奉太子。尽管张欧研究刑名学说，为人却忠厚老实。景帝很尊重他，以至于官职常在九卿之中转换。到了元朔四年，韩安国因事被免职，武帝就任命张欧做了御史大夫。自从张欧做官以来，未曾说过要查办哪个人，对待一切人事，都以忠厚诚恳的态度。下属官吏也因为他忠厚老实，不敢太欺瞒他。向上呈送已结的案件，凡遇到有可以退回重审的，就将其退回；不可以退回的，不得已，就流着眼泪亲自看着封好它。他的仁爱之心就像这样。

后来他年老病重，请求辞去官职。天子也就颁布诏书准许了他的请求，按照上大夫的俸禄让他回乡养老。他的家在阳陵，子孙都做了大官。

太史公说：孔子曾经说过“君子言语要迟钝，而做事要敏捷”，说的就是万石君、建陵侯和张叔这类人啊！正因为他们有这种品行，所以教化不峻严而成功，措施不严厉而能使社会安定。而直不疑就过于巧诈，周文又近于谄媚，所以君子都讥讽他们，是因为他们接近谄佞了。但这几个人都可算是行为敦厚的君子了。

田叔列传第四十四

田叔者，赵陉城人也。其先，齐田氏苗裔也。叔喜剑，学黄老术于乐巨公所。叔为人刻廉自喜，喜游诸公。赵人举之赵相赵午，午言之赵王张敖所，赵王以为郎中。数岁，切直廉平，赵王贤之，未及迁。

会陈豨反代，汉七年，高祖往诛之，过赵，赵王张敖自持案进食，礼恭甚，高祖箕踞骂之。是时赵相赵午等数十人皆怒，谓张王曰："王事上礼备矣，今遇王如是，臣等请为乱。"赵王啮指出血，曰："先人失国，微陛下，臣等当虫出。公等奈何言若是！毋复出口矣。"于是贯高等曰："王长者，不倍德。"卒私相与谋弑上。会事发觉，汉下诏捕赵王及群臣反者。于是赵午等皆自杀，唯贯高就系。是时汉下诏书："赵有敢随王者罪三族。"唯孟舒、田叔等十余人赭衣自髡钳，称王家奴，随赵王敖至长安。贯高事明白，赵王敖得出，废为宣平侯，乃进言田叔等十余人。上尽召见，与语，汉廷臣毋能出其右者，上说，尽拜为郡守、诸侯相。叔为汉中守十余年，会高后崩，诸吕作乱，大臣诛之，立孝文帝。

孝文帝既立，召田叔问之曰："公知天下长者乎。"对曰："臣何足以知之。"上曰："公，长者也，宜知之。"叔顿首曰："故云中守孟舒，长者也。"是时孟舒坐虏大入塞盗劫，云中尤甚，免。上曰："先帝置孟舒云中十余年矣，虏曾一入，孟舒不能坚守，毋故士卒战死者数百人。长者固杀人乎？公何以言孟舒为长者也？"叔叩头对曰："是乃孟舒所以为长者也。夫贯高等谋反，上下明诏，赵有敢随张王，罪三族。然孟舒自髡钳，随张王敖之所在，欲以身死之，岂田叔是赵国陉城人，他的祖先是齐国田氏的后代。田叔喜欢剑术，曾向乐巨公学习黄老的学说。田叔为人严正清廉、洁身自好，喜欢和那些德高望重的人相交。赵国人把他推荐给赵国的丞相赵午，赵午又向赵王张敖称道他，于是赵王任命他为郎中。为官几年，他刚直清廉公平，赵王很赏识他，但却没有来得及提升他。

正逢陈豨在代地谋反，汉七年，高祖前去讨伐叛军。路过赵国，赵王张敖亲自端着桌案进献食物，礼节非常周到，高祖却傲慢地平伸开两条腿，坐着大骂他。这时丞相赵午等数十个官员都非常愤怒，对赵王张敖说："大王您侍奉皇上，礼节够完备的了，现在他对待您却是这样，我们请求杀了他。"赵王咬破手指出血发誓说道："当年先人失掉了国家，如果没有陛下，我们的尸体早就生了蛆。你们怎能说这样的话！不要再说了！"于是贯高等议论说："大王是忠厚长者，不肯背弃皇上的恩德。"就私下里谋划杀掉皇上。后来事情败露，朝廷下令逮捕赵王和谋反的大臣。赵午等人纷纷自杀，只有贯高情愿被囚禁。这时朝廷又下诏书说："赵国有胆敢跟随赵王进京的，罪及三族。"只有孟舒、田叔等十几人身着赤褐色的囚衣，剃掉头发，颈上带着刑具，扮作赵王的家奴，跟随赵王张敖到了长安。贯高把谋反的事交待清楚，赵王张敖得以被释放，降为宣平侯，向刘邦推荐田叔等十多人。高祖全部召见他们，跟他们谈话后，认为朝中的大臣没有能超过他们的。高祖十分高兴，任命他们为郡守、诸侯相等职位。田叔做汉中郡守十多年，这期间吕后去世，吕氏诸人作乱，大臣诛杀了他们，并拥立了孝文帝。

孝文帝即位后，召见田叔问他道："先生知道天下谁是忠厚的长者吗？"田叔回答说："臣哪里能够知道呢。"皇帝说："先生就是长者啊，您应该知道。"田叔叩头说："从前的云中郡太守孟舒是长者。"当时因为匈奴入塞抢劫，云中郡遭侵犯抢劫严重，孟舒被认为作战不力而被免职。文帝说："先帝安排孟舒担任云中郡太守十多年，匈奴一入侵，孟舒就不能坚守，无故损失好几百士兵。忠厚长者难道会让士兵如此被杀吗？您为什么说孟舒是忠厚长者呢？"田叔叩头回答说："这正是孟舒为长者的原因。当初贯高等人谋反，皇上颁下明令诏书，赵国有敢跟随赵王张敖进京的，罪及三族。然而孟舒剃掉头发、颈带刑具，跟随赵王张敖来到长安，以死相伴，哪里料到日后会做云中郡的太守呢？汉自知为云中守哉！汉与楚相距，士卒罢敝。匈奴冒顿新服北夷，来为边害，孟舒知士卒罢敝，不忍出言，士争临城死敌，如子为父，弟为兄，以故死者数百人。孟舒岂故驱战之哉！是乃孟舒所以为长者也。”于是上曰：“贤哉孟舒。”复召孟舒以为云中守。

后数岁，叔坐法失官。梁孝王使人杀故吴相袁盎，景帝召田叔案梁，具得其事，还报。景帝曰：“梁有之乎。”叔对曰：“死罪！有之。”上曰：“其事安在？”田叔曰：“上毋以梁事为也。”上曰：“何也。”曰：“今梁王不伏诛，是汉法不行也；如其伏法，而太后食不甘味，卧不安席，此忧在陛下也。”景帝大贤之，以为鲁相。

鲁相初到，民自言相，讼王取其财物百余人。田叔取其渠率二十人，各笞五十，余各搏二十，怒之曰：“王非若主邪？何自敢言若主。”鲁王闻之大惭，发中府钱，使相偿之。相曰：“王自夺之，使相偿之，是王为恶而相为善也。相毋与偿之。”于是王乃尽偿之。

鲁王好猎，相常从入苑中，王辄休相就馆舍，相出，常暴坐待王苑外。王数使人请相休，终不休，曰：“我王暴露苑中，我独何为就舍。”鲁王以故不大出游。

数年，叔以官卒，鲁以百金祠，少子仁不受也，曰：“不以百金伤先人名。”

仁以壮健为卫将军舍人，数从击匈奴。卫将军进言仁，仁为郎中。数岁，为二千石丞相长史，失官。其后使刺举三河。上东巡，仁奏事有辞，上说，拜为京辅都尉。月余，上迁拜为司直。数岁，坐太子事。时左相自将兵，令司直田仁主闭守城门，坐纵太子，下吏诛死。仁发兵，长陵令车千秋上变仁，仁族死。陉城今在中山国。

太史公曰：孔子称曰“居是国必闻其政”，田叔之谓乎！义不忘和楚长期对峙，士兵疲劳困顿。匈奴王冒顿刚刚征服北夷，又来我们边塞作乱，孟舒知道士兵很疲劳，不忍心叫他们再作战，可是士兵们却登城拼死作战，好像儿子为了父亲、弟弟为了兄长打仗一样，所以才战死了几百人。这哪是孟舒故意赶着他们送死呢？所以我认为孟舒是长者。”皇帝听了说：“孟舒真是贤德啊。”又重新召回孟舒，让他继续做云中郡太守。

几年后，田叔因犯法被免去汉中郡太守的职务。这时梁孝王派人暗杀前吴国的丞相袁盎，景帝召回田叔，让他查处此案。田叔查清案情后，回朝复命。景帝问：“梁王有派人暗杀袁盎的事吗？”回答说：“臣死罪！确有此事。”景帝说：“有罪证吗？”田叔说：“皇上就不要再追究梁王的事了。”景帝问：“为什么？”田叔说：“现在梁王如不伏法被处死，这是汉朝的法律没有执行；如果他伏法而死，太后就会吃饭不香睡眠不安，到那时陛下的麻烦就更大了。”景帝认为他非常贤能，让他做了鲁国的丞相。

田叔刚刚到任，百姓纷纷上访，指责鲁王掠夺很多人家财物的事情。田叔抓住为首的二十个人，每人各打五十大板，其余的人各打手心二十，对他们厉声说：“鲁王不是你们的君主吗？怎敢毁谤君主呢？”鲁王听说了这件事，很惭愧，拿出王府内库的钱，让丞相偿还给他们。田叔说：“大王自己夺来的，让丞相去偿还，这是让大王做恶事而让丞相做善事，万万使不得。”于是鲁王就将财物全部还给百姓了。

鲁王喜欢打猎，田叔经常跟随他到林苑之中，鲁王总是要他到馆舍中休息，田叔就走出苑囿，常常露天坐在猎场边上等待鲁王狩猎归来。鲁王多次派人请他去休息，他终究不肯，说：“大王在露天苑囿奔驰，我怎能独自在馆舍中呢？”鲁王因此不再大举出外游猎了。

几年后，田叔在任期间去世，鲁王用一百斤黄金给他作祭礼。田叔的小儿子田仁不肯接受，说：“不能因为百斤黄金，而损害先父的名声。”

田仁身体强健，行事果敢，曾做过卫青将军的门客，多次跟随他攻打匈奴。卫将军很称赞田仁，就推荐他做了郎中。几年后，田仁官做到享有两千石俸禄的丞相长史，接着又因失职丢了官。后来武帝派他监察河南、河东、河内三郡的政务。武帝东巡时，田仁奏事言辞精妙，武帝很高兴，又任命他做京辅都尉。一个月后，被提升做了司直。几年后因太子谋反受到牵连。当时左丞相刘屈牦亲自率军搜捕太子，命令司直田仁闭守城门，而田仁却把太子放了，于是田仁被交给法官审理后处以死刑。田仁抗旨带兵到长陵，长陵令车千秋上书告发田仁反叛，田仁被灭族处死。陉城县属于中山国。

太史公说：孔子说“到一个国家，就要参与它的政务解决它的问题”，说的贤，明主之美以救过。仁与余善，余故并论之。

褚先生曰：臣为郎时，闻之曰田仁故与任安相善。任安，荥阳人也。少孤贫困，为人将车之长安，留，求事为小吏，未有因缘也，因占著名数。家于武功，扶风西界小邑也，谷口蜀刬道近山。安以为武功小邑，无豪，易高也，安留，代人为求盗亭父。后为亭长。邑中人民俱出猎，任安常为人分麋鹿雉兔，部署老小当壮剧易处，众人皆喜，曰："无怂也，任少卿分别平，有智略。"明日复合会，会者数百人。任少卿曰："某子甲何为不来乎。"诸人皆怪其见之疾也。其后除为三老，举为亲民，出为三百石长，治民。坐上行出游共帐不办，斥免。

乃为卫将军舍人，与田仁会，俱为舍人，居门下，同心相爱。此二人家贫，无钱用以事将军家监，家监使养恶啮马。两人同床卧，仁窃言曰："不知人哉家监也。"任安曰："将军尚不知人，何乃家监也。"卫将军从此两人过平阳主，主家令两人与骑奴同席而食，此二子拔刀列断席别坐。主家皆怪而恶之，莫敢呵。

其后有诏募择卫将军舍人以为郎，将军取舍人中富给者，令具鞍马绛衣玉具剑，欲入奏之。会贤大夫少府赵禹来过卫将军，将军呼所举舍人以示赵禹。赵禹以次问之，十余人无一人习事有智略者。赵禹曰："吾闻之，将门之下必有将类。传曰'不知其君视其所使，不知其子视其所友'。今有诏举将军舍人者，欲以观将军而能得贤者文武之士也。今徒取富人子上之，又无智略，如木偶人衣之绮绣耳，将奈之何。"于是赵禹悉召卫将军舍人百余人，以次问之，得田仁、任安，曰："独此两人可耳，余无可用者。"卫将军见此两人贫，意不平。赵禹去，谓两人曰："各自具鞍马新绛衣。"两人对曰："家贫无用具也。"将军怒曰："今两君家自为贫，何为出此言？鞅鞅如有移德于我者，何也。"将军不得已，上籍以闻。有诏召见卫将军舍人，此二人前见，诏问能略，相推第也。田仁对曰；"提桴大概就是田叔吧！他有节义而不忘贤德，使君王之美发扬光大，还能纠正君王的过失，田仁和我很要好，我因此一并论及他。

褚先生说：我做侍郎时，听说田仁曾和任安有交情。任安是荥阳人，幼小时就成了孤儿，家境贫困，他替别人驾车到长安，想找个差事做，却没有机会，于是申报户籍落户，定居武功。武功是扶风西边的小县，谷口靠近山区，有入蜀的栈道。任安认为武功是小县，没有豪门望族，容易出人头地，就留了下来。他先是在亭长手下当捕头和杂工，后来做了亭长。县里的百姓集体外出打猎，任安时常替人分配麋鹿、野鸡、野兔等猎物，合理安排老人、孩子和壮丁到或难或易的地方，大家都很高兴，说："不用操心了，任少卿办事公平，又有智谋。"有一天数百人集合开会，任少卿说："某某的儿子为什么没有来呢？"他心明眼快，众人都惊异不已。从这以后他被任命为乡里的三老，又被推举做了亲民之吏，出任三百石级的官长，治理民事。后来由于皇帝出巡时没有事先准备好帷帐等物资，被罢斥免了官职。

后来，他做了卫青将军的门客，和田仁在一起，同为家臣，住在将军府里，二人志同道合，互相敬爱。又都因家中贫困，没有钱去奉承将军的管家，管家就派他们饲养烈马。两人同床而眠，田仁悄悄地说："这个管家太不识人才了。"任安说："将军尚且不知人，更何况他的管家呢！"一次，卫将军让他俩跟随自己拜访平阳公主，公主家人让他俩和骑奴同坐一张席子吃饭，这两人拔刀割裂席子，以示决不与骑奴同席。公主家人都又惊异又厌恶，但也没有谁敢大声喝斥。

后来皇帝下诏书征募选拔卫将军的门客担任郎官，将军挑选了门客中富裕的人，让他们准备好鞍马、绛衣和用玉装饰的剑。正想要进宫去禀告给皇上。恰好贤大夫、少府赵禹前来拜访卫将军，将军把他举荐的门客召来给赵禹看。赵禹依次提问他们，十多人中竟没有一个有本事有智谋的。赵禹说："我听说，将门之下必有将才。古书说：'不了解一个国君，看看他任用的人就行了；不了解一个人，看看他结交的朋友就了解了。'现在皇帝之所以下诏书命令举荐将军门客，是想借以考察一下将军所能得到的贤人和文武人才。现在您只是挑选富家子弟，这些人没有智谋，就好像木偶人穿上锦绣衣服一样，有什么用呢？"于是把卫将军的一百多门客全部叫来，又依次询问他们，发现了田仁和任安，说："只有这两个人行啊，其余的都不行。"卫将军看到这两个人贫困，内心忿忿不平。赵禹走后，对他们说："你们各自回去准备鞍子和新绛衣。"两人回答说："家中贫困没有可用的东西。"卫将军发怒说："贫穷是你们自己的事，为什么对我发脾气？愤愤不平的样子好像对我有恩似的，这是为什么？"虽然这么说，将军也无可奈何，只好写好簿册上奏给皇上。皇上下诏，两人就前往晋见，皇上询问他们鼓立军门，使士大夫乐死战斗，仁不及任安。”任安对曰：“夫决嫌疑．定是非，辩治官，使百姓无怨心，安不及仁也。”武帝大笑曰：“善。”使任安护北军，使田仁护边田谷于河上。此两人立名天下。

其后用任安为益州刺史，以田仁为丞相长史。

田仁上书言：“天下郡太守多为奸利，三河尤甚，臣请先刺举三河。三河太守皆内倚中贵人，与三公有亲属，无所畏惮，宜先正三河以警天下奸吏。”是时河南、河内太守皆御史大夫杜父兄子弟也，河东太守石丞相子孙也。是时石氏九人为二千石，方盛贵。田仁数上书言之。杜大夫及石氏使人谢，谓田少卿曰：“吾非敢有语言也，愿少卿无相诬污也。”仁已刺三河，三河太守皆下吏诛死。仁还奏事，武帝说，以仁为能不畏强御，拜仁为丞相司直，威振天下。

其后逢太子有兵事，丞相自将兵，使司直主城门。司直以为太子骨肉之亲，父子之间不甚欲近，去之诸陵过。是时武帝在甘泉，使御史大夫暴君下责丞相“何为纵太子”，丞相对言“使司直部守城门而开太子”。上书以闻，请捕系司直。司直下吏，诛死。

是时任安为北军使者护军，太子立车北军南门外，召任安，与节令发兵。安拜受节，入，闭门不出。武帝闻之，以为任安为佯邪，不傅事，何也？任安笞辱北军钱官小吏，小吏上书言之，以为受太子节，言“幸与我其鲜好者”。书上闻，武帝曰：“是老吏也，见兵事起，欲坐观成败，见胜者欲合从之，有两心。安有当死之罪甚众，吾常活之，今怀诈，有不忠之心。”下安吏，诛死。

夫月满则亏，物盛则衰，天地之常也。知进而不知退，久乘富贵，祸积为祟。故范蠡之去越，辞不受官位，名传后世，万岁不忘，岂可及哉！后进者慎戒之。

的才能谋略，让他们互相品评高下，田仁回答说："手执鼓槌，站立军门，使部下甘心情愿战斗而死，这点我不如任安。"任安回答说："要论决断嫌疑，评判是非，辨别属下的官员，使百姓没有怨恨之心，这点我不如田仁。"武帝大笑道："好。"就让任安监护北军，让田仁到黄河边上监护边塞的屯田和谷物生产的事情。两人从此闻名天下。

后来，任安被任命为益州刺史，田仁被任命为丞相长史。

田仁曾上书给皇帝说："天下郡太守中很多人行为不轨图谋私利，尤其以三河最为严重，臣请求首先侦视督察三河地区。三河地区的太守都内靠达官贵人，外和三公（丞相、太尉、御史大夫）有亲属关系，因此肆无忌惮，应该先整顿三河，以此来警示天下行为不轨的官吏。"这时河南、河内的太守都是御史大夫杜周的亲属，河东太守是石丞相的子孙。此时的石氏门中有九人担任二千石级的大官，正值富贵鼎盛之时。田仁屡次上书谈及此事，御使大夫杜周和石氏派人来道歉，对田少卿说："我们不敢请您关照什么，但愿少卿您不要诬陷我们。"等田仁查办三河之事后，三河的太守全被法办处死。田仁回朝奏明此事，武帝很高兴，认为田仁有才能，又不畏强暴，任命他为丞相司直，威震天下。

后来太子谋反事发，丞相亲自率兵讨伐，命令田仁守卫城门。田仁认为太子和皇帝是骨肉至亲，父子之间的事外人不好介入，就离开城门到各个陵寝去，使太子得以逃出城门。这时武帝正在甘泉宫，派御史大夫斥责丞相为什么放了太子？丞相回答说："我命令田仁守卫城门，他却开门放了太子。"御史大夫上报给皇帝，请武帝下令逮捕司直。田仁被送交法官审问后处死。

这时任安担任北军使者护军，太子在北军的南门外停下车，召见任安，授他符节，命他调动北军。任安下拜接受符节，入营后把军门关上不再出来。武帝听说后，想，任安是不是在假装受节呢，他不附合太子，是什么原因呢？任安曾笞打过一个掌管钱财的小吏，小吏趁机上书报告，举报他接受太子符节时说："希望太子以后多多关照。"奏书上呈朝廷，武帝看过后说："这是老于世故的官吏，看到太子谋反，就想要坐观胜败，见哪边胜了就去附合随从，心存二意。任安曾犯有很多该判死刑的罪，我都让他活了下来，现在竟心怀鬼胎，有不忠之心。"于是把任安交法官审判，判处了死刑。

月亮圆过之后就会亏缺，事物极盛之后就会衰弱，这是天地间万物的规律。只知进却不知后退，久居富贵之位，就要积祸成灾。所以范蠡功成后就离开越国，不肯接受官职爵位，这才得以美名流传后世，万载不忘，一般人哪能比得了呢？后来者千万要引以为戒啊。

扁鹊仓公列传第四十五

扁鹊者，勃海郡郑人也，姓秦氏，名越人。少时为人舍长。舍客长桑君过，扁鹊独奇之，常谨遇之。长桑君亦知扁鹊非常人也。出入十余年，乃呼扁鹊私坐，间与语曰："我有禁方，年老，欲传与公，公毋泄。"扁鹊曰："敬诺。"乃出其怀中药予扁鹊："饮是以上池之水，三十日当知物矣。"乃悉取其禁方书尽与扁鹊。忽然不见，殆非人也。扁鹊以其言饮药三十日，视见垣一方人。以此视病，尽见五藏症结，特以诊脉为名耳。为医或在齐，或在赵。在赵者名扁鹊。

当晋昭公时，诸大夫强而公族弱，赵简子为大夫，专国事。简子疾，五日不知人，大夫皆惧，于是召扁鹊。扁鹊入视病，出，董安于问扁鹊，扁鹊曰："血脉治也，而何怪！昔秦穆公尝如此，七日而寤。寤之日，告公孙支与子舆曰：'我之帝所甚乐。吾所以久者，适有所学也。帝告我："晋国且大乱，五世不安。其后将霸，未老而死。霸者之子且令而国男女无别。"'公孙支书而藏之，秦策于是出。夫献公之乱，文公之霸，而襄公败秦师于肴而归纵淫，此子之所闻。今主君之病与之同，不出三日必间，间必有言也。"

居二日半，简子寤，语诸大夫曰："我之帝所甚乐，与百神游于钧天，广乐九奏万舞，不类三代之乐，其声动心。有一熊欲援我，帝命我射之，中熊，熊死。有罴来，我又射之，中罴，罴死。帝甚喜，赐我二笥，皆有副。吾见儿在帝侧，帝属我一翟犬，曰：'及而子之壮也以赐之。'帝告我：'晋国且世衰，七世而亡。嬴姓将大败周人扁鹊是渤海郡郑地人，姓秦，名越人。年少的时候为人管理客馆。有个叫长桑君的客人到客馆来，只有扁鹊认为他与众不同，对待他十分恭敬谨慎。长桑君也知道扁鹊不是普通人，他进进出出，在客馆住了十多年，一天私下里叫扁鹊到房间坐坐，悄悄对他说："我有个医方，年纪老了，想传给你，你不要泄漏出去。"扁鹊说："遵命。"长桑君于是从怀中拿出一包药给扁鹊，并说："用未落地的雨水或露水喝下它，三十天后你就能了解很多事情。"接着又拿出秘方书籍给了扁鹊。忽然间人就不见了，看来他不是凡人。扁鹊按照他说的，服了三十天药，就能看见墙另一边的人了。他凭借这个本事给人看病，五脏的病变部位都一目了然，诊脉只是名义而已。他有时在齐国行医，有时在赵国。在赵国时被称作扁鹊。

晋昭公的时候，大夫的势力日益强盛而国君的力量逐渐衰弱，赵简子只是大夫，却独掌政事。有一次，赵简子病重，昏迷了五天，大夫们都很担忧，于是召来扁鹊。扁鹊入室诊察病情后走出来，大夫董安于向扁鹊询问病情，扁鹊说："他的血脉正常，你们不用大惊小怪！从前秦缪公像这样昏迷了七天才苏醒。醒来后，对公孙支和子舆说：'我在天帝那里玩得非常开心。我之所以去那么长时间，是因为正好碰上天帝要教导我。天帝告诉我，晋国将要大乱，五代国君都不安宁。之后将有人成为霸主，不久霸主就会死去。霸主的儿子将使你的国家男女淫乱。'公孙支记录下这些话并收藏起来，秦国史册上记载的史事就从这时候开始了。晋献公时的内乱，晋文公的称霸，及晋襄公打败秦军，回朝后就纵情淫乐，这些都是你所知道的。现在你们主君的病和他一样，不出三天就会醒来，醒来后必定也有一番话。"

过了两天半，赵简子果然苏醒了，对众大夫说："我到天帝那儿非常快乐，与百神在天空中游玩，天上的仙乐演奏九曲，还有祭祀宗庙的万舞，不像夏商周三代传下来的音乐，乐声让人心动。有一只熊要抓我，天帝命令我射杀它，我一箭就射中了熊，熊死了。接着又有一只罴走过来，我又射，罴也被射死了。天帝非常高兴，赏赐我两个竹笥，里边都装有饰品。我看见儿子也在天帝的身边，天帝把一只翟犬交给我，并说：'等到你的儿子长大以后，就把这犬赐给他。'天帝告诉我说：'晋国将会一代一代地衰微下去，七代以后就会灭亡。秦国人将在于范魁之西，而亦不能有也。’”董安于受言，书而藏之。以扁鹊言告简子，简子赐扁鹊田四万亩。

其后扁鹊过虢。虢太子死，扁鹊至虢宫门下，问中庶子喜方者曰：“太子何病，国中治穰过于众事？”中庶子曰：“太子病血气不时，交错而不得泄，暴发于外，则为中害。精神不能止邪气，邪气畜积而不得泄，是以阳缓而阴急，故暴蹶而死。”扁鹊曰：“其死何如时？”曰：“鸡鸣至今。”曰：“收乎？”曰：“未也，其死未能半日也。”“言臣齐勃海秦越人也，家在于郑，未尝得望精光，侍谒于前也。闻太子不幸而死，臣能生之。”中庶子曰：“先生得无诞之乎？何以言太子可生也！臣闻上古之时，医有俞跗，治病不以汤液醴洒，镵石挢引，案扤毒熨，一拨见病之应，因五藏之输，乃割皮解肌，诀脉结筋，搦髓脑，揲荒爪幕，湔浣肠胃，漱涤五藏，练精易形。先生之方能若是，则太子可生也；不能若是而欲生之，曾不可以告咳婴之儿。”终日，扁鹊仰天叹曰：“夫子之为方也，若以管窥天，以郄视文。越人之为方也，不待切脉、望色、听声、写形，言病之所在。闻病之阳，论得其阴；闻病之阴，论得其阳。病应见于大表，不出千里，决者至众，不可曲止也。子以吾言为不诚，试入诊太子，当闻其耳鸣而鼻张，循其两股以至于阴，当尚温也。”

中庶子闻扁鹊言，目眩然而不瞚，舌挢然而不下，乃以扁鹊言入报虢君。虢君闻之大惊，出见扁鹊于中阙，曰：“窃闻高义之日久矣，然未尝得拜谒于前也。先生过小国，幸而举之，偏国寡臣幸甚。有先生则活，无先生则弃捐填沟壑，长终而不得反。”言末卒，因嘘唏服臆，魂精泄横，流涕长潸，忽忽承睫，悲不能自止，容貌变更。扁鹊曰：“若太子病，所谓‘尸蹶’者也。夫以阳入阴中，动胃缠缘，中经维络，别下于三焦、膀胱，是以阳脉下遂，阴脉上争，会气闭而不通，阴上而阳内行，下内鼓而不起，上外绝而不为，使上有绝阳之络，下有破阴之纽，破阴绝阳，色废脉乱，故形静如死状。太子范魁的西边打败周人，但也不能占有它。’”董安于听了这些话，记录并收藏起来。人们把扁鹊的话告诉赵简子，赵简子赐给扁鹊四万亩田地。

后来扁鹊路过虢国。刚巧虢太子死去，扁鹊来到虢国王宫门前，问一位懂医术的中庶子道：“太子有什么病，为什么全国都在祭祀祈祷，把别的事情都搁置了？”中庶子回答说：“太子的病是血气不按时运行，交汇错乱而不能疏泄，突然发作在体外，就使内脏受到了伤害。他体内的正气敌不过病邪之气，邪气就积聚在身体里得不到发泄，因此阳脉迟缓，而阴脉急促，所以突然昏厥就死了。”扁鹊问：“他什么时候死的？”回答说：“从鸡鸣到现在。”扁鹊问：“收殓了吗?”回答说：“还没有，还不到半天。”扁鹊说：“请禀告虢君，我是渤海郡的秦越人，家住在郑地，还未能拜见君王，为他效力。听说太子不幸去世，我能让他死而复生。”中庶子说：“先生该不是欺骗我吧？凭什么说太子可以复活呢？我听说上古的时候，有个叫俞跗的医生，治病不用汤药、酒剂，不用针灸砭石，也不用按摩和药物熨贴，一诊察就知道疾病的所在，按照五脏的穴道，割开皮肤，剖开肌肉，疏导脉络，结扎筋腱，按治髓脑，触动膏肓，疏理横膈膜，清理肠胃，洗涤五脏，修炼精气，改变神情气色，先生的医术如能同他一样，那么太子还可能复活；如果做不到却想要让太子活过来，简直连三岁小孩也不会相信。”两人谈了整整一天，扁鹊仰天长叹说：“您所说的医治方法，就像透过竹管看天，透过缝隙看花纹一样。我秦越人的医治方法，不用切脉、观气、听声、察形，就能知道疾病所在的部位。可以由表知里，由里知表。人体内有病会表现在体表，据此就可诊断千里之外的病人，诊断的方法很多，不能只认一个道理。您如果不相信我，就进去试着诊察太子，一定会听到他的耳朵鸣响，而且鼻翼也在翕动，他的两条大腿直到阴部，应当还有余温呢。”

中庶子听完扁鹊的话，目瞪口呆，舌头翘着，久久说不出话来，于是就进宫把扁鹊的话通报给了虢君。虢君听后也十分惊讶，在宫廷的中门接见了扁鹊，说道：“我早就听说您的大名了，只是不曾有机会当面拜见。先生经过我们小国，如果您能救活太子，那我这个小国的君王真是太幸运了。有了先生，我儿子才能活过来，没有先生也就只有抛尸野外填埋到山沟里，永远不能够复生了。”话还没说完，他就悲伤抽噎起来，精神恍惚，泣流不止，泪珠挂在睫毛上，悲哀得不能自已，连容貌都改变了。扁鹊说：“太子的病，就是人们所说的‘尸蹶症’。那是因为阳气陷入阴脉，脉气缠绕冲动了胃，经脉受损伤，脉络被阻塞，分别下注入下焦、膀胱，因此使得阳脉下坠，阴气上升，阴阳二气交汇处闭塞不通，阴气又逆而上行，阳气只好向内运行，阳气只能在下在内鼓动却不能上升，在上在外被阻绝不能被阴气遣使，在上有隔绝了阳气的脉络，在下有破坏了阴气的筋未死也。夫以阳入阴支兰藏者生，以阴入阳支兰藏者死。凡此数事，皆五藏蹷中之时暴作也。良工取之，拙者疑殆。”

扁鹊乃使弟子子阳厉针砥石，以取外三阳五会。有间，太子苏。乃使子豹为五分之熨，以八减之齐和煮之，以更熨两胁下。太子起坐。更适阴阳，但服汤二旬而复故。故天下尽以扁鹊为能生死人。扁鹊曰：“越人非能生死人也，此自当生者，越人能使之起耳。”

扁鹊过齐，齐桓侯客之。入朝见，曰：“君有疾在腠理，不治将深。”桓侯曰：“寡人无疾。”扁鹊出，桓侯谓左右曰：“医之好利也，欲以不疾者为功。”后五日，扁鹊复见，曰：“君有疾在血脉，不治恐深。”桓侯曰：“寡人无疾。”扁鹊出，桓侯不悦。后五日，扁鹊复见，曰；“君有疾在肠胃间，不治将深。”桓侯不应。扁鹊出，桓侯不悦。后五日，扁鹊复见，望见桓侯而退走。桓侯使人问其故。扁鹊曰：“疾之居腠理也，汤熨之所及也；在血脉，针石之所及也；其在肠胃，酒醪之所及也；其在骨髓，虽司命无奈之何。今在骨髓，臣是以无请也。”后五日，桓侯体病，使人召扁鹊，扁鹊已逃去。桓侯遂死。

使圣人预知微，能使良医得蚤从事，则疾可已，身可活也。人之所病，病疾多；而医之所病，病道少。故病有六不治：骄恣不论于理，一不治也；轻身重财，二不治也；衣食不能适，三不治也；阴阳并，藏气不定，四不治也；形羸不能服药，五不治也；信巫不信医，六不治也。有此一者，则重难治也。

扁鹊名闻天下。过邯郸，闻贵妇人，即为带下医；过洛阳，闻周人爱老人，即为耳目痹医；来入咸阳，闻秦人爱小儿，即为小儿医：随俗为变。秦太医令李醯自知伎不如扁鹊也，使人刺杀之。至今天下纽，阴气破坏，阳气断绝，才使得容颜失色、血脉紊乱，因此人的形体安静地躺着，就像死去了一样。而实际上太子没有死。由于阳入侵阴而阻绝脏气的还能治愈，阴入袭阳而阻绝脏气的则一定死。这几种情形，都是在五脏失调的时候突然发作的。高明的医生可以治愈，医术不高的人就只能疑惑不解了。”

扁鹊就叫他的弟子子阳把铁针、石针打磨好，在太子的三阳五会穴处扎下针。过了一会儿，太子苏醒过来了。扁鹊又让子豹准备五分剂量的熨药，混和八减方的药剂一起煎煮，交替在两胁下熨敷。一会儿太子就能够坐起来了。扁鹊又进一步调理他体内的阴阳之气，仅仅吃了二十天汤药，太子就恢复得和从前一样了。因此天下人都认为扁鹊有起死回生之术。扁鹊说：“我并非能使人起死回生，这是他应该活下去，我能做的只是使这些本来没死的人站起来罢了。”

扁鹊经过齐国的时候，齐桓侯把他待为客人。他到朝廷拜见桓侯，说：“大王您有小病，在皮肤和肌肉之间，不治将会加重。”桓侯说：“寡人没病。”扁鹊出去后，桓侯对身边的人说：“医生贪财好利，喜欢把没病的人说成有病，并想要把治好病当作自己的本事。”过了五天，扁鹊又去见桓侯，说：“您的病已进入血脉了，不治恐怕会更加严重。”桓侯说：“寡人没病。”扁鹊出去后，桓侯不太高兴。又过了五天，扁鹊又去见桓侯，说道：“大王您的病已经到了肠胃间，如再不治，将更严重。”桓侯不理他。扁鹊出去后，桓侯更不高兴。又过了五天，扁鹊又去，这回只远远看了一眼，就赶紧往回跑。桓侯觉得奇怪，就派人问他跑的缘故。扁鹊说：“病症在皮肉之间，汤剂、药熨的效力就能治好；病症到了血脉中，靠针刺和砭石的效力也能治好；病症到了肠胃，依靠药酒的效力还能治好；但是病症进入骨髓，就是掌管生死的神也无可奈何。现在大王的疾病已进入骨髓，我因此不再要求为他治病。”果然五天后，桓侯发病了，派人去请扁鹊，扁鹊早已逃离了齐国。桓侯于是就病死了。

假若圣人预先知道疾病的微细征兆，能够让好的医生及早治疗，那么就可以治愈，性命也就能保住。病人所担忧的，是疾病太多；然而医生所担忧的，是治病的方法太少。所以有六种患病的情形不能医治：其一骄狂放纵，不讲道理；其二轻视身体而看重钱财；其三衣着饮食调节不当；其四阴阳错乱，五脏失去正常功能；其五形体太弱而不能够承受药物；其六相信巫术而不相信医生。有其中一种情况，就很难医治了。

扁鹊名声传遍天下。他路过邯郸，听说当地人尊重妇女，就注意研究妇女病；经过洛阳时，闻知当地敬爱老人，就专门研究耳聋眼花和风湿症；到了咸阳，闻知秦人爱护孩子，就注意研究小孩疾病；他随着各地的习俗来改变自己的医治范围。秦国的太医令李醯自知医术不如扁鹊，就派人把扁鹊刺杀了。到如言脉者，由扁鹊也。

太仓公者，齐太仓长，临菑人也，姓淳于氏，名意。少而喜医方术。高后八年，更受师同郡元里公乘阳庆。庆年七十余，无子，使意尽去其故方，更悉以禁方予之，传黄帝、扁鹊之脉书，五色诊病，知人死生，决嫌疑，定可治，及药论，甚精。受之三年，为人治病，决死生多验。然左右行游诸侯，不以家为家，或不为人治病，病家多怨之者。

文帝四年中，人上书言意，以刑罪当传西之长安。意有五女，随而泣。意怒，骂曰："生子不生男，缓急无可使者！"于是少女缇萦伤父之言，乃随父西。上书曰："妾父为吏，齐中称其廉平，今坐法当刑。妾切痛死者不可复生而刑者不可复续，虽欲改过自新，其道莫由，终不可得。妾愿入身为官婢，以赎父刑罪，使得改行自新也。"书闻，上悲其意，此岁中亦除肉刑法。

意家居，诏召问所为治病死生验者几何人也，主名为谁。

诏问故太仓长臣意："方伎所长，及所能治病者？有其书无有？皆安受学？受学几何岁？尝有所验，何县里人也？何病？医药已，其病之状皆何如？具悉而对。"臣意对曰：

自意少时，喜医药，医药方试之多不验者。至高后八年，得见师临菑元里公乘阳庆。庆年七十余，意得见事之。谓意曰："尽去而方书，非是也。庆有古先道遗传黄帝、扁鹊之脉书，五色诊病，知人生死，决嫌疑，定可治，及药论书，甚精。我家给富，心爱公，欲尽以我禁方书悉教公。"臣意即曰："幸甚，非意之所敢望也。"臣意即避席再拜谒，受其脉书上下经、五色诊、奇咳术、揆度阴阳外变、药论、石神、接阴阳禁书，受读解验之，可一年所。明岁即验之，有验，然尚未精也。要事之三年所，即尝已为人治诊病，决死生，有验，精良。今庆已死十年所，臣意年尽三年，年三十九岁也。

今，天下谈论诊脉法的人，都遵从扁鹊的理论和实践。

太仓公是齐国都城管理粮仓的长官，他是临淄人，姓淳于，名意。年轻时就喜好研究医术。高后八年，又拜了同郡元里的公乘阳庆为师，学习医术。当时阳庆已七十多岁，还没有继承人，就让淳于意把从前学的医方全部抛开，然后把自己的秘方全部传授给了他，并传授给他黄帝、扁鹊的脉书，五色诊病的方法，使他能预先知道病人的生死，决断疑难病症，确定可以治疗的病症，又传授给他药剂的理论，都十分精微。三年之后，淳于意为人治病，预断死生，大多应验。然而他却到处游历诸侯国，不把家当家，有时不肯为别人治病，因此许多病者都怨恨他。

汉文帝四年，有人上奏章控告他，根据刑律罪状，要被押送到长安去。淳于意有五个女儿，跟在车的后面哭泣。他生气地骂道："生孩子不生男孩，到紧要关头就没有管用的人！"最小的女儿缇萦听了父亲的话很伤心，就跟着父亲到了长安。她上书朝廷说："我父亲为官，齐国人民都称赞他廉洁公正，现在犯了法应当受刑。我非常痛心的是死了的人不能再复生，受刑致残的人也不能再复原，即使他们想改过自新，也没有办法了，最终不能如愿。我情愿自己做官家奴婢，来赎父亲的罪，使他能有改过自新的机会。"文帝看了缇萦的上书，为她的孝心所感动，就赦免了淳于意，并在这一年废除了肉刑。

淳于意住在家里，皇上下诏问他的病人中，决断死生应验的有多少人，叫什么。

诏令问前太仓长淳于意："医术有什么专长、能治什么病？有没有医书、都在哪里学的？学了几年、曾治好哪些人？他们都是什么地方的人？得的什么病？治疗用药后，病情怎样？全要详细地作出回答。"淳于意回答说：

我年轻时，就喜好医术药剂之方，但试着用学到的医术给人看病，却有很多不灵验的。到了高后八年，我在临淄元里拜公乘阳庆为师。阳庆这时七十多岁，我得以侍奉他。他对我说："把以前学过的医书全部抛开，那些都不正确。我有古代先人传授的黄帝、扁鹊的诊脉书，能根据五种颜色诊断疾病，预知人的生死，决断疑难病症，确定可否医治，还有论述药物的书，都非常精辟。我家里很富有，因为喜欢你，才想把自己收藏的秘方和书全部传给你。"我说："太荣幸了，这些我不敢奢望。"说完我就离开座位，再次拜谢老师。后来学习他传授的《脉书》、《上经》、《下经》，五色诊、奇咳术、揆度阴阳外变、药论、石神、接阴阳禁书，诵读理解实验，用了约一年时间。第二年试着为人治病，有些灵验，但是还不够精当。大概一共向他学习了三年，我就开始为人治病，诊断病症，确定死生，都能够灵验，医术也越来越精良。现在阳庆已经死了十来年，我学医三年，现在已经三十九岁了。

齐侍御史成自言病头痛，臣意诊其脉，告曰："君之病恶，不可言也。"即出，独告成弟昌曰："此病疽也，内发于肠胃之间，后五日当鑰肿，后八日呕脓死。"成之病得之饮酒且内。成即如期死。所以知成之病者，臣意切其脉，得肝气。肝气浊而静，此内关之病也。脉法曰："脉长而弦，不得代四时者，其病主在于肝。和即经主病也，代则络脉有过。"经主病和者，其病得之筋髓里。其代绝而脉贲者，病得之酒且内。所以知其后五日而鑰肿，八日呕脓死者，切其脉时，少阳初代。代者经病，病去过人，人则去。络脉主病，当其时，少阳初关一分，故中热而脓未发也，及五分，则至少阳之界，及八日，则呕脓死，故上二分而脓发，至界而鑰肿，尽泄而死。热上则熏阳明，烂流络，流络动则脉结发，脉结发则烂解，故络交。热气已上行，至头而动，故头痛。

齐王中子诸婴儿小子病，召臣意诊切其脉，告曰："气鬲病。病使人烦懑，食不下，时呕沫。病得之忧，数忔食饮。"臣意即为之作下气汤以饮之，一日气下，二日能食，三日即病愈。所以知小子之病者，诊其脉，心气也，浊躁而经也，此络阳病也。脉法曰："脉来数疾去难而不一者，病主在心。"周身热，脉盛者，为重阳。重阳者，逷心主。故烦懑食不下，则络脉有过，络脉有过，则血上出，血上出者死。此悲心所生也，病得之忧也。

齐郎中令循病，众医皆以为蹷入中，而刺之。臣意诊之，曰："涌疝也，令人不得前后溲。"循曰："不得前后溲三日矣。"臣意饮以火齐汤，一饮得前溲，再饮大溲，三饮而疾愈。病得之内。所以知循病者，切其脉时，右口气急，脉无五藏气，右口脉大而数。数者，中下热而涌，左为下，右为上，皆无五藏应，故曰涌疝。中热，故溺赤也。

齐中御府长信病，臣意入诊其脉，告曰："热病气也。然暑汗，脉少衰，不死。"曰："此病得之当浴流水而寒甚，已则热。"信齐国侍御史成说自己头疼，我诊完脉，告诉他说："您的病情严重，不能一下子说清。"出来后单独告诉他的弟弟史昌说："这是疽病，长在肠胃之间，五天后就会肿起，再过八天就会吐脓血而死。"史成的病是酗酒后行房事导致的，后来果然到时候就死了。我之所以知道他的病，是因为切脉时，感觉到肝脏的脉气重浊而静缓，这是内闭之症。脉法上说："脉象长而弦，不能随四季变化，那他的病就在肝脏。如果脉象迟缓，是肝的经脉有病，如果脉象是无规则的，就是肝的络脉有病。"肝的经脉有病而脉均匀，他的病来自筋髓。脉象无规则，他的病来自酗酒后行房事。我之所以知道他过五天后会肿起来，再过八天吐脓血而死，是切脉时，发现少阳经络出现了代脉的脉象。代脉是经脉生病，病情如果遍及全身，人就会死去。络脉出现病症，当时，少阳脉的关部一分处开始出现代脉，因此只是有内热却还没有出脓，等到代脉达于五分处，就到了少阳经脉的边界，到八天后会吐脓血而死，所以到了关上二分处会产生脓血，到了少阳经脉的界限就会肿胀，其后疮破脓泄而死。当初内热就熏灼着阳明经脉，并灼伤络脉的分支，络脉病变就会使经脉郁结发肿，经脉郁结发肿其后就会糜烂离解。于是络脉之间交互阻塞，热邪上侵头部，头部受到扰动，因此头疼。

齐王二儿子家里最小的男孩生病了，召我去诊治，我告诉他说："这是气膈病，这病使人心中烦闷，吃不下，并时常呕出胃液。得病原因是内心忧郁，常常厌食。"我当即为他开了下气汤，一天逆气就下来了，两天就能吃饭了，三天病就好了。我之所以知道他的病，是因为把脉时，切到心病的脉气，脉象浊重、躁动又轻浮，是阳气郁结的病。脉法上说："脉达于手指时壮盛迅速，离开指下时艰涩而前后不一，表示病在心脏。"周身发热，脉气旺盛，称作重阳。重阳就会扰动心神，因此心中烦闷，吃不下东西，就是络脉有病，络脉有病就会血从上出，血从上出的人定会死亡。这是内心悲伤所得的病，病得自于忧郁。

齐国名叫循的郎中令生了病，许多医生都认为是逆乱之气侵入体内，导致阴阳失调，因此采用针刺法。我诊断后说："这是涌疝，这种病使人不能大小便。"循回答说："我已经三天不能大小便了。"我叫他服用火剂汤，服了一剂就能解下大小便了，服了第二剂后大小便就非常通畅，服完第三剂病就痊愈了。他的病是因为房事不节制造成的。我能知道他患的病，是因为切脉时，他右手寸口脉象急迫，脉象反映不出五脏的病症，右手寸口脉象旺盛而急促。脉快是中焦、下焦热邪涌动，他的左手脉快是热邪往下流，右手脉快是热邪上涌，都没有出现五脏病脉，所以说是"涌疝"。中焦内有热，所以尿是赤红色的。

齐国名叫信的中御府长病了，我去为他诊治，把脉后告诉他："是热病的脉气，但是因为暑热多汗，脉稍衰一点，不会死的。"又说："得这种病，是因曰："唯，然！往冬时，为王使于楚，至莒县阳周水，而莒桥梁颇坏，信则揽车辕未欲渡也，马惊，即堕，信身入水中，几死，吏即来救信，出之水中，衣尽濡，有间而身寒，已热如火，至今不可以见寒。"臣意即为之液汤火齐逐热，一饮汗尽，再饮热去，三饮病已。即使服药，出入二十日，身无病者。所以知信之病者，切其脉时，并阴。脉法曰"热病阴阳交者死"。切之不交，并阴。并阴者，脉顺清而愈，其热虽未尽，犹活也。肾气有时间浊，在太阴脉口而希，是水气也。肾固主水，故以此知之。失治一时，即转为寒热。

齐王太后病，召臣意入诊脉，曰："风瘅客脬，难于大小溲，溺赤。"臣意饮以火齐汤，一饮即前后溲，再饮病已，溺如故。病得之流汗出滫。滫者，去衣而汗晞也。所以知齐王太后病者，臣意诊其脉，切其太阴之口，湿然风气也。脉法曰"沈之而大坚，浮之而大紧者，病主在肾"。肾切之而相反也，脉大而躁。大者，膀胱气也；躁者，中有热而溺赤。

齐章武里曹山跗病，臣意诊其脉，曰："肺消瘅也，加以寒热。"即告其人曰："死，不治。适其共养，此不当医治。"法曰"后三日而当狂，妄起行，欲走；后五日死"。即如期死。山跗病得之盛怒而以接内。所以知山跗之病者，臣意切其脉，肺气热也。脉法曰"不平不鼓，形弊"。此五藏高之远数以经病也，故切之时不平而代。不平者，血不居其处；代者，时参击并至，乍躁乍大也。此两络脉绝，故死不治。所以加寒热者，言其人尸夺。尸夺者，形弊；形弊者，不当关灸、镵石及饮毒药也。臣意未往诊时，齐太医先诊山跗病，灸其足少阳脉口，而饮之半夏丸，病者即泄注，腹中虚；又灸其少阴脉，是坏肝刚绝深，如是重损病者气，以故加寒热。所以后三日而当狂者，肝一络连属结绝乳下阳明，故络绝，开阳明脉，阳明脉伤，即当狂走。后五日死者，肝与心相去五分，故曰五日尽，尽即死矣。

为天寒时曾在流水中洗浴，然后全身就发热。”他说：“嗯，确实如此！去年冬天，我奉王之命出使楚国，走到莒县阳周水边，莒桥坏得很厉害，我就揽住车辕不想过河，马却突然受到惊吓，当时就摔到河里去了，差一点淹死，随从官吏赶紧跑来救我，我从水中出来时，衣服全湿透了，过了一会儿，身上冷得厉害，接着全身发热如火，到现在还不能受寒。”我立即为他配制液汤火剂驱除热邪，服一剂就不再出汗，服两剂热消退，服三剂药病就好了。又让他继续服药，大约二十天后，身体就像没病的人了。我所以知道他的病，是因为切脉时，属于并阴。脉法上说“热病中，阴阳相交就会死亡”。我切他的脉。阴阳没有相交，属并阴。并阴脉，脉状顺的能用清法治愈，热邪虽没有完全消除，仍能治好。他的肾气有时重浊，我在太阴脉口依稀能切到这种情形，那是水气。肾本来主水，由此知道他的病情。如果治疗迟误，就会转成寒热病。

齐王太后生病，召我去诊脉，我说：“是风热侵袭膀胱，所以大小便困难，尿色赤红。”我让她服火齐汤，吃一剂就能大小便了，吃两剂，病就退去了，尿色也恢复正常。这是出汗时解小便得的病，就是脱掉衣服而汗被吹干得的。我能够知道齐王太后的病，是切脉时，发现太阴口湿润，这是受风的脉气。脉法上说“脉沉时大而坚，脉浮时大而紧的，是肾有病”。我切太后的肾脉却是相反的，脉大而躁。大就表明膀胱有病；躁动的脉象显示中焦有热，而尿色赤红。

齐国章武里的曹山跗生了病，我诊完脉后说：“这是肺消瘅，加上寒热症。”于是告诉他的家人说：“这种病必死，没法治了。你们就尽量满足病人的要求，不必再治了。”脉法上说：“病人三天后就会发狂，胡乱起坐行走，总想乱跑；五天以后就会死去。”那人真就如期死去了。曹山跗的病得自于大怒而行房事。我所以知道山跗的病，是因为切他脉的时候，从脉象发现他有肺气热。脉法上说“脉搏起伏不定，鼓动无力，表明形体很衰弱”。这是五脏由远及近，依次经过各脏气所属脉络而发生病变。所以我切脉时，脉状不平而且有代脉。脉不平稳表示血气不能归藏于肝；代脉，时而杂乱，时而浮躁，时而宏大。这是肺、肝两络脉断绝，因此说必死而不能治。至于说“加以寒热”，是因为他像死人一样，形神俱散，身体羸弱；对羸弱的人，不能用针灸的方法，也不能服药性猛烈的药。在我之前，齐国太医已先诊治了他的病，在他的足少阳脉口施灸，而且让他服半夏丸，病人于是下泄，腹中虚弱；又在他的少阴脉施灸，这样便极深地损坏了他肝脏的阳气，严重地损伤病人的元气，因此就患上了寒热病。之所以三天后会发狂，因为肝的一条络脉横出连结了乳下的阳明经，阳明经脉受伤，人就会发狂奔路。五天后死，因肝和心两脉相距五分，肝脏的元气五天耗尽，元气耗尽人也就死了。

齐中尉潘满如病小腹痛，臣意诊其脉，曰：“遗积瘕也。”臣意即谓齐太仆臣饶、内史臣繇曰：“中尉不复自止于内，则三十日死。”后二十余日，溲血死。病得之酒且内。所以知潘满如病者，臣意切其脉深小弱，其卒然合合也，是脾气也。右脉口气至紧小，见瘕气也。以次相乘，故三十日死。三阴俱抟者，如法；不俱抟者，决在急期；一抟一代者，近也。故其三阴抟，溲血如前止。

阳虚侯相赵章病，召臣意。众医皆以为寒中，臣意诊其脉曰：“迥风。”迥风者，饮食下嗌而辄出不留。法曰“五日死”，而后十日乃死。病得之酒。所以知赵章之病者，臣意切其脉，脉来滑，是内风气也。饮食下嗌而辄出不留者，法五日死，皆为前分界法。后十日乃死，所以过期者，其人嗜粥，故中藏实，中藏实，故过期。师言曰“安谷者过期，不安谷者不及期”。

济北王病，召臣意诊其脉，曰：“风蹶胸满。”即为药酒，尽三石，病已。得之汗出伏地。所以知济北王病者，臣意切其脉时，风气也，心脉浊。病法“过入其阳，阳气尽而阴气入”。阴气入张，则寒气上而热气下，故胸满。汗出伏地者，切其脉，气阴。阴气者，病必入中，出及瀺水也。

齐北宫司空命妇出于病，众医皆以为风入中，病主在肺，刺其足少阳脉。臣意诊其脉，曰：“病气疝，客于膀胱，难于前后溲，而溺赤。病见寒气则遗溺，使人腹肿。”出于病得之欲溺不得，因以接内。所以知出于病者，切其脉大而实，其来难，是蹶阴之动也。脉来难者，疝气之客于膀胱也。腹之所以肿者，言蹶阴之络结小腹也。蹶阴有过则脉结动，动则腹肿。臣意即灸其足蹶阴之脉，左右各一所，即不遗溺而溲清，小腹痛止。即更为火齐汤以饮之，三日而疝气散，即愈。

故济北王阿母自言足热而懑，臣意告曰：“热蹶也。”则刺其足齐国的中尉潘满如患小腹疼痛的病，我为他诊脉后说："这是腹中气体积聚，血脉凝结形成的腹中包块。"我对齐国太仆饶、内史繇说："中尉再不停止房事，三十天内就会死掉。"过了二十多天，他尿血而死。他的病得自酗酒后行房事。我之所以能知道他的病，是因为切他的脉又沉又小，力量微弱，脾脉之气突然兴起，似欲与心脉之气交结。右手的寸口脉紧小，显现了瘕病的脉象。根据人体五脏相克制的规律，所以我断定他三十天内必死。太阴、少阴、厥阴三阴脉一齐出现，符合三十天内死的症状；三阴脉不一齐出现，在短期内就可以决断生死；交汇的阴脉和代脉交替出现，死期还短。所以他的三阴脉同时出现，就像前边说的那样尿血而死。

阳虚侯的宰相赵章生病，召我医治，许多医生都认为是腹部受寒。我诊完脉断定说："是风邪入侵。"风邪入侵，会使饮食噎住又吐出来，食物不能留在胃中。医理上说"五天会死"，而他过了十天才死。病因酗酒而生。我之所以知道赵章的病，因为切他的脉时，脉象很滑，是体内有风气的脉象。咽下的食物总吐出，胃中不能容纳，理论上说五天会死，这是前面说的分界法。病人十天后才死，是因为他喜好喝粥，所以脾胃充实，脾胃充实所以超过了期限。我的老师说过："胃能容留消化食物，就会超过死亡期限。不能容留消化食物，等不到期限就会死掉。"

济北王生病，召我去诊治，我说："这是风厥，胸闷不舒。"于是立刻为他调制药酒，服完三石，病就好了。病因是出汗时躺在地上。我能够知道济北王的病因，是因为切脉时，脉象有风邪，心脉重浊。病理上说："病邪入侵体表，体表的阳气耗尽，阴气就会侵入。"阴气在体内扩张，就导致寒气上逆，热气下沉，因而胸闷。说他出汗时躺在地上，因为切他的脉时感到脉气阴寒。脉气阴寒的人，病邪必然会侵入内里，服药后病邪要等到出汗时才能排出体外。

齐国北宫司空夫人病了，许多医生都认为是风邪入侵体内，病在肺部，因此用针刺她的足少阳经。我诊脉后说："是疝气病，疝气影响膀胱，使得大小便困难，尿色赤红。这病受寒就会遗尿，使人小腹肿胀。"她的病，是因为想解小便又不能解，然后行房事才得的。我是因切脉知道的，她的脉象大而有力，但脉来艰难，那是蹶阴肝经有变动。脉来艰难，是因为疝气影响到膀胱。之所以小腹肿胀，是因蹶阴络脉结聚在小腹，蹶阴脉有了病，脉结系的部位就会变动，一变动腹部就会肿胀。我就在她的足蹶阴肝经施灸，左右各灸一次，小便就不再失禁，而尿也清了，小腹也止住了疼。再用火剂汤给她服用，三天疝气就消散，病就好了。

前济北王的奶妈说自己的足心发热而胸闷，我告诉她："这是热蹶病。"在心各三所，案之无出血，病旋已。病得之饮酒大醉。

济北王召臣意诊脉诸女子侍者，至女子竖，竖无病。臣意告永巷长曰："竖伤脾，不可劳，法当春呕血死。"臣意言王曰："才人女子竖何能？"王曰："是好为方，多伎能，为所是案法新，往年市之民所，四百七十万，曹偶四人。"王曰："得毋有病乎？"臣意对曰："竖病重，在死法中。"王召视之，其颜色不变，以为不然，不卖诸侯所。至春，竖奉剑从王之厕，王去，竖后，王令人召之，即仆于厕，呕血死。病得之流汗。流汗者，法病内重，毛发而色泽，脉不衰，此亦内之病也。

齐中大夫病龋齿，臣意灸其左大阳明脉，即为苦参汤，日嗽三升，出入五六日，病已。得之风，及卧开口，食而不嗽。

菑川王美人怀子而不乳，来召臣意。臣意往，饮以莨菪药一撮，以酒饮之，旋乳。臣意复诊其脉，而脉躁。躁者有余病，即饮以消石一齐，出血，血如豆比五六枚。

齐丞相舍人奴从朝入宫，臣意见之食宫门外，望其色有病气。臣意即告宦者平。平好为脉，学臣意所，臣意即示之舍人奴病，告之曰："此伤脾气也，当至春鬲塞不通，不能食饮，法至夏泄血死。"宦者平即往告相曰："君之舍人奴有病，病重，死期有日。"相君曰："卿何以知之？"曰："君朝时入宫，君之舍人奴尽食闺门外，平与仓公立，即示平曰，病如是者死。"相即召舍人而谓之曰："公奴有病不？"舍人曰："奴无病，身无痛者。"至春果病，至四月，泄血死。所以知奴病者，脾气周乘五藏，伤部而交，故伤脾之色也，望之杀然黄，察之如死青之兹。众医不知，以为大虫，不知伤脾。所以至春死病者，胃气黄，黄者土气也，土不胜木，故至春死。所以至夏死者，脉法曰"病重而脉顺清者曰内关"，内关之病，人不知其所痛，心急然无苦。若加以一病，死中春；一愈顺，及一时。其所以四她足心各刺三次，出针时，按住穴孔，不能使血流出，病很快就好了。她的病得自喝酒大醉。

济北王召我给他的侍女们诊病，轮到名叫竖的女子，不像生病的样子。我对永巷长说："竖伤了脾脏，不能太劳累，依病理看到了春天就会吐血而亡。"我问济北王："这个人有什么才艺？"济北王说："她喜好方技，多才多艺，能在旧方技里创出新意来，去年从民间买的，花了四百七十万钱，是四个侍女的价钱。"又问："她是不是有病？"我回答说："她病得很重，属于不治之症。"济北王又叫她来就诊，见她的脸上没有病容，就认为没病，没有把她卖给其他诸侯。到了第二年春天，她捧着剑随王去厕所，济北王离开时，竖落在后面，济北王派人去叫她，她已倒在厕所里，吐血死了。她的病因流汗引起，流汗的病人，依医理说是病重在内里，从表面看，毛发脸色有光泽，脉气不衰，这也是内关的病。

齐国中大夫患龋齿病，我灸他的左手阳明经脉，又为他调制苦参汤，每天用三升漱口，前后五六天，病就好了。他的病得自受风，以及睡觉时张着口，饭后不漱口。

菑川王的美人怀孕难产，就召我去，我用莨菪药一撮，让她用酒服下，很快就生下来了。我又诊她的脉，发现脉很急躁，还有其他的病，就用消石一剂给她喝下，喝完阴道就出血了，血块如豆粒大小，有五六块。

齐国丞相门客的奴仆跟随主人上朝进入王宫，我见他在宫门外吃东西，观察到他的脸上有病色，就告诉了一个名叫平的宦官，他因喜好诊脉向我学习。我就以这个奴仆做例子教导他，告诉他说："这是伤了脾脏的容色，到明年春天，胸隔就会阻塞不通，不能吃东西，依医理到夏天就会便血而死。"他就对丞相说："您门客的奴仆有病，病得很重，离死期不远了。"丞相问："你怎么知道的？"他回答说："丞相上朝时，您门客的奴仆在宫门外吃饭，我和太仓公站在那里，他就对我说，患这种病是要死的。"丞相于是就把这个门客请来问他："您的奴仆有病吗？"门客说："没有病，身上也不痛。"到了春天那个奴仆果真生病了，四月时，他就便血而死。我所以能知道他的病，是因脾脏的病气遍传五脏，伤病之色交错反映在面部各个部位上，因而如果是脾伤了，看上去就会脸色发黄，细看如同暗青色的死草。许多医生不知情形，认为是体内有寄生虫，却不知是伤了脾。患这种病的人之所以到春天病重，是因为脾病脸色发黄，黄色在五行里属土，脾土耐受不住肝木之盛，因而到春天就要死去。而这个奴仆之所以到夏天才死，是因为脉法上说"病情严重而脉却顺当、清宁的，叫做内关"，内关这类病，病人不知道疼痛，心中焦急而不痛苦。如若加上另一种病，就会死于月死者，诊其人时愈顺。愈顺者，人尚肥也。奴之病得之流汗数出，于火而以出见大风也。

菑川王病，召臣意诊脉，曰："蹶上为重，头痛身热，使人烦懑。"臣意即以寒水拊其头，刺足阳明脉，左右各三所，病旋已。病得之沐发未乾而卧。诊如前，所以蹶，头热至肩。

齐王黄姬兄黄长卿家有酒召客，召臣意。诸客坐，未上食。臣意望见王后弟宋建，告曰："君有病，往四五日，君要胁痛不可俯仰，又不得小溲。不亟治，病即入濡肾。及其未舍五藏，急治之。病方今客肾濡，此所谓'肾痹'也。"宋建曰："然，建故有要脊痛。往四五日，天雨，黄氏诸倩见建家京下方石，即弄之，建亦欲效之，效之不能起，即复置之。暮，要脊痛，不得溺，至今不愈。"建病得之好持重。所以知建病者，臣意见其色，太阳色乾，肾部上及界要以下者枯四分所，故以往四五日知其发也。臣意即为柔汤使服之，十八日所而病愈。

济北王侍者韩女病要背痛，寒热，众医皆以为寒热也。臣意诊脉，曰："内寒，月事不下也。"即窜以药，旋下，病已。病得之欲男子而不可得也。所以知韩女之病者，诊其脉时，切之，肾脉也，啬而不属。啬而不属者，其来难，坚，故曰月不下。肝脉弦，出左口，故曰欲男子不可得也。

临菑氾里女子薄吾病甚，众医皆以为寒热笃，当死，不治。臣意诊其脉，曰："蛲瘕。"蛲瘕为病，腹大，上肤黄粗，循之戚戚然。臣意饮以芫华一撮，即出蛲可数升，病已，三十日如故。病蛲得之于寒湿，寒湿气宛笃不发，化为虫。臣意所以知薄吾病者，切其脉，循其尺，其尺索刺粗，而毛美奉发，是虫气也。其色泽者，中藏无邪气及重病。

齐淳于司马病，臣意切其脉，告曰："当病迵风。迵风之状，饮食下嗌辄后之。病得之饱食而疾走。"淳于司马曰："我之王家食马仲春；稍一心情愉悦，就能延长一季。他所以到四月才死，就是因为我观察他时，看到他精神愉快，人还很胖，所以能拖延一些时候。他的病因是流汗太多又外出，遇着了大的风寒。

菑川王患病，召我去诊脉，我说："这是邪气上逆，使得上体发重，头疼身上发热，使人烦闷。"我就用凉水敷他的头，用针刺他的足阳明经脉，左右各三次，病很快就好了。他的病是因洗完头发没擦干就去睡觉而导致的。诊断如前，之所以说邪气上行，是因为头部有郁热之气，一直下达肩部。

齐王黄姬的哥哥黄长卿在家设酒席招待客人，也邀请了我。客人入座，还没上菜。我见王后弟弟宋建脸色异常，就说："您生病了，四五天前，你的腰胁疼得不能俯仰，又不能小便。如不赶快医治，病邪立马就会浸入肾脏。趁着病邪还没滞留在五脏，抓紧去治疗。如今病邪正侵入肾部，这就是所谓的'肾痹'。"宋建说："你说对了，我原来就腰脊疼。四五天前，天正下雨，黄氏的女婿们到我家里，看到了我家库房墙下的方石，就举起玩耍，我也想要效仿他们，却没举起来，就把它放下了。傍晚，腰脊就疼痛，解不出小便，到现在也没好。"他的病是由喜好举重物引起的。我所以能知道他的病，是看到他的脸色，太阳穴处色泽枯干，肾部及腰以下有四分左右的部位枯干，所以知道四五天前病就发作。我为他调制柔汤服用，十八天病就痊愈了。

济北王一个姓韩的侍女患了腰背疼的病，发冷发热，许多医生都认为是寒热病，我诊脉后说："是有内寒，月经不通。"我用药为她熏灸，很快月经就来了，病也好了。她的病是由于相思引起的。我所以能知道她的病，是切脉时，发现肾脉有病气，阻塞不通。不通，脉来得就艰难、坚实，所以月经也不通。她的肝脉硬直而长，超出左手寸口位置，所以说是相思病。

临淄氾里一个叫薄吾的女人病得很重，许多医生都认为是严重的寒热病，一定会死，无法医治。我诊脉后说："这是蛲瘕病。"患这种病的人肚子很大，腹部皮肤又黄又粗，用手触摸，病人很难受。我用芫花一撮让她用水送服，当即排出约数升蛲虫，病就好了，三十天后恢复正常。蛲瘕病得自寒湿气，寒湿气郁积太多不能散发，变化为虫。我能知道她的病，是因为切脉时按尺部脉位，她的尺肤干枯粗糙，而且毛发枯焦卷曲，这是有虫的迹象。她面色润泽，表明内脏没有邪气和重病。

齐国淳于司马病了，我诊脉后说："应该是风邪入侵，贯穿五脏。症状是饮食之后就又呕吐出，这种病来自于吃饱饭就快速奔跑的缘故。"他回答说："我到君王家吃马肝，吃得很饱，看到酒来了，就离开了，后来又骑着快马回家，到肝，食饱甚，见酒来，即走去，驱疾至舍，即泄数十出。”臣意告曰：“为火齐米汁饮之，七八日而当愈。”时医秦信在旁，臣意去，信谓左右阁都尉曰：“意以淳于司马病为何？”曰：“以为迵风，可治。”信即笑曰：“是不知也。淳于司马病，法当后九日死。”即后九日不死，其家复召臣意。臣意往问之，尽如意诊。臣即为一火齐米汁，使服之，七八日病已。所以知之者，诊其脉时，切之，尽如法。其病顺，故不死。

齐中郎破石病，臣意诊其脉，告曰：“肺伤，不治，当后十日丁亥溲血死。”即后十一日，溲血而死。破石之病，得之堕马僵石上。所以知破石之病者，切其脉，得肺阴气，其来散，数道至而不一也。色又乘之。所以知其堕马者，切之得番阴脉。番阴脉入虚里，乘肺脉。肺脉散者，固色变也乘也。所以不中期死者，师言曰：“病者安谷即过期，不安谷则不及期。”其人嗜黍，黍主肺，故过期。所以溲血者，诊脉法曰“病养喜阴处者顺死，养喜阳处者逆死”。其人喜自静，不躁，又久安坐，伏几而寐，故血下泄。

齐王侍医遂病，自练五石服之。臣意往过之，遂谓意曰：“不肖有病，幸诊遂也。”臣意即诊之，告曰：“公病中热。论曰‘中热不溲者，不可服五石’。石之为药精悍，公服之不得数溲，亟勿服。色将发臃。”遂曰：“扁鹊曰‘阴石以治阴病，阳石以治阳病’。夫药石者有阴阳水火之齐，故中热，即为阴石柔齐治之；中寒，即为阳石刚齐治之。”臣意曰：“公所论远矣。扁鹊虽言若是，然必审诊，起度量，立规矩，称权衡，合色脉表里有余不足顺逆之法，参其人动静与息相应，乃可以论。论曰‘阳疾处内，阴形应外者，不加悍药及镵石’。夫悍药入中，则邪气辟矣，而宛气愈深。诊法曰‘二阴应外，一阳接内者，不可以刚药’。刚药入则动阳，阴病益衰，阳病益箸，邪气流行，为重困于俞，忿发为疽。”意告之后百余日，果为疽发乳上，入缺盆，死。此谓论之大体也，必有经纪。拙工有一不习，文理家就泄了几十次。”我告诉他说：“祀火剂汤用米汁送服，七八天就会痊愈。”当时医生秦信在旁边，我离去后，他对左右的都尉说：“他认为司马得的什么病？”回答说：“认为是风邪入侵，能够治愈。”秦信就笑着说：“这是不知道病情啊。司马的病，依照病理会在九天后死去。”九天后人并没有死，他家又召请我去。我去后询问，全都符合我的诊断。我就开了一服火剂米汁，让他服用，七、八天病就好了。我所以能知道他的病，是因诊他的脉时，脉象完全正常，他的病和脉象一致，所以不会死。

齐国的中郎破石得了病，我诊脉后，告诉他说：“这是肺脏受损伤，不能医治了，十天后的丁亥日就会尿血而死。”过了十一天，他果然尿血而死。他的病，是从马背上摔下来，跌到石头上导致的。我之所以能知道他的病，是因切他的脉的时候，肺阴脉脉象浮散无根，大而不齐，从几条脉道上来且脉搏不齐，同时他脸色赤红，是心脉压肺脉的表现。我之所以能知道他是从马背上摔下来的，是因切得反阴脉。反阴脉进入虚里，克伐肺脉。肺脉出现了散脉，原来的面色改变，都因为肺被克伐。他没有如期而死，是因为我的老师说：“病人能消化吸收谷物的，就能超期才死，不能消化吸收的，等不到期限就会死。”这个人嗜好吃黍，黍能补肺，因而超过了期限。他尿血的原因，正如诊脉法上说：“病人调养时喜欢安静的，就会气血下行而死；喜好活动的，就会气血上逆而死。”这个人喜欢安静，不急躁，又能长时间地坐着，伏在几案上睡着，所以血从下部排泄而出。

齐王的侍医遂患了病，自己炼制五石散服用。我去拜访他，遂对我说：“我生病了，希望您能给我诊治一下。”我就为他诊脉，告诉他说：“您患了内热的病。医理书上说‘内热不解小便的，不能服用五石散’。石药药力猛烈，您服后小便次数减少，赶快停止服用吧。看你的脸色，是要生疮肿。”遂说：“扁鹊说过‘阴石可以治疗阴病，阳石可以治疗阳病，药石中有阴阳寒热不同的方剂。因此有内热，就用阴石配制的柔和方剂来治疗；内寒，就用阳石配制的猛烈方剂来治疗’。”我说：“您错了。扁鹊虽然说过这样的话，然而必须审慎诊断，确立标准，斟酌权衡，结合表里、盛衰、顺逆的原则，观察病人的举动与呼吸是否协调，才可以下结论。医理上说：‘体内有阳热病，体表有阴冷症状，不能用烈性药和砭石的方法。’因为烈性药进入体内，邪气就会蓄积更深。诊病理论说：“外寒多于内热的病，不能用烈性药。”因烈性药进入体内会扰动阳气，阴虚病症就会更严重，阳气更加强盛，邪气流动，就会重重团聚在腧穴，最后发展成毒疮。”我告诉他之后一百多天，他乳头上果然长了一个毒疮，蔓延到锁骨上窝后，他就死了。这就是说理论只是概括，提出大体的原则。拙劣的医生有一处没阴阳失矣。

齐王故为阳虚侯时，病甚，众医皆以为蹶。臣意诊脉，以为痹，根在右胁下，大如覆杯，令人喘，逆气不能食。臣意即以火齐粥且饮，六日气下；即令更服丸药，出入六日，病已。病得之内。诊之时不能识其经解，大识其病所在。

臣意尝诊安阳武都里成开方，开方自言以为不病，臣意谓之病苦沓风，三岁四支不能自用，使人瘖，瘖即死。今闻其四支不能用，瘖而未死也。病得之数饮酒以见大风气。所以知成开方病者，诊之，其脉法、奇咳言曰“藏气相反者死”。切之，得肾反肺，法曰“三岁死”也。

安陵阪里公乘项处病，臣意诊脉，曰：“牡疝。”牡疝在鬲下，上连肺。病得之内。臣意谓之：“慎毋为劳力事，为劳力事则必呕血死。”处后蹴踘，要蹶寒，汗出多，即呕血。臣意复诊之，曰：“当旦日日夕死。”即死。病得之内。所以知项处病者，切其脉得番阳。番阳入虚里，处旦日死。一番一络者，牡疝也。

臣意曰：他所诊期决死生及所治已病众多，久颇忘之，不能尽识，不敢以对。

问臣意：“所诊治病，病名多同而诊异，或死或不死，何也？”对曰：“病名多相类，不可知，故古圣人为之脉法，以起度量，立规矩，县权衡，案绳墨，调阴阳，别人之脉各名之，与天地相应，参合于人，故乃别百病以异之，有数者能异之，无数者同之。然脉法不可胜验，诊疾人以度异之，乃可别同名，命病主在所居。今臣意所诊者，皆有诊籍。所以别之者，臣意所受师方适成，师死，以故表籍所诊，期决死生，观所失所得者合脉法，以故至今知之。”

问臣意曰：“所期病决死生，或不应期，何故？”对曰：“此皆饮食喜怒不节，或不当饮药，或不当针灸，以故不中期死也。”

能深入理解透彻，就会使生理紊乱、阴阳颠倒。

齐王还是阳虚侯时，有一次病得很重，许多医生都认为是邪气上逆。我为他诊脉后，认为是痹症，病根在右胁下部，大小如倒扣着的杯子，使人气喘，逆气上升，吃不下东西。我就让他服用火剂粥，过了六天，逆气下行；再让他改服丸药，又过了六天，病就好了。他的病是房事不当而得。我为他诊脉的时候，不能辨别什么经脉有病变，只能大体知道病症所在的位置。

我曾经为安阳武都里的成开方诊治，他称自己没病，我说他得了沓风病，三年后四肢不能受自己支配，人喑哑不能言语，一旦喑哑很快就会死。如今听说他的四肢已不能动弹，喑哑但还没有死。他的病是多次喝酒后受大风邪引起的。我所以知道他的病，是因为给他切脉时，脉象与脉法、奇咳术上说的“脏气相反的是死症”相符合。我切他的脉，得到肾气反冲肺气的脉象，医理上说：“三年后当死。”

安陵阪里的公乘项处患了病，我为他诊脉，告诉他：“这是牡疝病。”牡疝在胸膈下，上连肺脏。病因是房事不节制。我对他说：“千万不能再做操劳费力的事，否则就会吐血死去。”项处后来却去玩“蹴踘”，结果腰部受寒，出汗很多，当即吐血。我又给他诊脉后说：“会在明日黄昏时死去。”到时果真就死了。他的病是因房事而得，我所以能知道他的病，是因为切脉时得到反阳脉，反阳脉进入上虚，第二天就会死。一是出现了反阳脉，一是上连于肺，这就是牡疝。

臣淳于意说：“其他能正确诊治、决断生死时间以及治好的病例很多，但日久大多忘了，不能都记住，所以不敢上奏。”

又问：“你所诊治的病，许多病名相同，诊断结果却相异，有的人死了，有的还活着，这是为什么呢？”淳于意回答说：“病名大多是类似的，不能确切辨知，所以古代圣人创立脉法，使人能用这些确立标准，订立尺度，斟酌权衡，依照规则，协调阴阳，区别人的脉象后各自命名。和天地相对应，和人体状况相参合，因此就可以区别找出差异。通晓医术的人能够指出其中的差别，不懂医术的人就会混同起来。然而脉法也不是完全灵验，诊治病人还要用分度脉的方法，才能区别相同名称的疾病，说出病因在什么地方。如今我所诊治的病例，都有诊病记录。我之所以能够区别它们，是因为刚刚从师学医结束，老师就去世了，因此我就记下诊治过的病例情形，以便能够决断死生、诊断病症的得失是否和脉法相符合，因此到现在还能知道。”

又问：“你决断病人死生的时间，有时也不能应验，这是为什么？”回答说：“这都是因为病人饮食喜怒不正常，或者不恰当地服药，或者不恰当地用针灸治疗，所以与预断的日期不相符。”

问臣意：“意方能知病死生，论药用所宜，诸侯王大臣有尝问意者不？及文王病时，不求意诊治，何故？”对曰：“赵王、胶西王、济南王、吴王皆使人来召臣意，臣意不敢往。文王病时，臣意家贫，欲为人治病，诚恐吏以除拘臣意也，故移名数左右，不修家生，出行游国中，问善为方数者事之久矣，见事数师，悉受其要事，尽其方书意，及解论之。身居阳虚侯国，因事侯。侯入朝，臣意从之长安，以故得诊安陵项处等病也。”

问臣意：“知文王所以得病不起之状？”臣意对曰：“不见文王病，然窃闻文王病喘，头痛，目不明。臣意心论之，以为非病也。以为肥而蓄精，身体不得摇，骨肉不相任，故喘，不当医治。脉法曰‘年二十脉气当趋，年三十当疾步，年四十当安坐，年五十当安卧，年六十已上气当大董’。文王年未满二十，方脉气之趋也而徐之，不应天道四时。后闻医灸之即笃，此论病之过也。臣意论之，以为神气争而邪气入，非年少所能复之也，以故死。所谓气者，当调饮食，择晏日，车步广志，以适筋骨肉血脉，以泻气。故年二十，是谓‘易贸’。法不当砭灸，砭灸至气逐。”

问臣意：“师庆安受之？闻于齐诸侯不？”对曰：“不知庆所师受。庆家富，善为医，不肯为人治病，当以此故不闻。庆又告臣意曰：‘慎毋令我子孙知若学我方也。’”

问臣意：“师庆何见于意而爱意，欲悉教意方？”对曰：“臣意不闻师庆为方善也。意所以知庆者，意少时好诸方事，臣意试其方，皆多验，精良。臣意闻菑川唐里公孙光善为古传方，臣意即往谒之。得见事之，受方化阴阳及传语法，臣意悉受书之。臣意欲尽受他精方，公孙光曰：‘吾方尽矣，不为爱公所。吾身已衰，无所复事之。是吾年少所受妙方也，悉与公，毋以教人。’臣意曰：‘得见事侍公前，悉得禁方，幸甚。意死不敢妄传人。’居有间，公孙光间处，臣意深论方，见言百世为之精也。师光喜曰：‘公必为国工。吾有所善又问："在你刚刚能够预知病症可否治愈、议论药物运用是否适宜的时候，诸侯王和大臣有没有向你请教过？等到齐文王生病时，为什么不请你去诊治？"回答说："赵王、胶西王、济南王、吴王都曾派人召请我，我不敢前往。齐文王生病时，我家中贫穷，想以给人治病来谋生，非常害怕被官吏留住委任为侍医。所以就把户籍迁到亲戚邻居等人名下，不置家产，行医游学，寻访医术精妙的人向他求教。我拜了好几位老师，学到了他们所有的本领，领悟了全部的医方医书要点，并深入进行分析评定。我住在阳虚侯的国家，侍奉过他。他入朝时，我随他到了长安，因为这个缘故，才能给安陵的项处等人看病。"

问我说："你知道齐文王一病不起的原因吗？"回答说："我没有亲眼看到齐文王的病情，不过我听说齐文王气喘、头疼、视力差。我推想这不是病症。因为他身体肥胖而聚积精气，身体得不到运动，骨骼不能支撑肉躯，所以才气喘，用不着医治。脉理上说：'二十岁时人的脉气正旺，应该多跑步，三十岁时应该常快步行走，四十岁时应该安坐，五十岁时应该安神躺卧，六十岁以上时应该使元气深藏。'齐文王年纪不满二十岁，脉气正旺，应该多跑步，他却懒于活动，与天道四时不相应。后来听说医生用灸法治疗，病情马上就重起来，这是分析病情有误的原因。根据我的分析，这是身体内正气外争而邪气侵入体内的表现。这种病症不是年少人能够恢复的，因此他最后死了。这种情形，应该调节饮食，选择晴朗天气，驾车或是步行外出，以开阔情志，使得筋骨、肌肉和血脉互相适应，用以宣泄过盛的精气。所以二十岁被称作"气血质实"的时期，从医理看不应该用砭灸之法，使用这种方法就会导致气血奔逐不定。"

又问："你的老师阳庆跟谁学的医术？齐国的诸侯是否知道他？"回答说："我不知道阳庆的老师是谁，阳庆家中非常富有，他擅长行医，却不肯为人治病，也许因为这样他才不为人所知。阳庆又告诫我说：'千万别使我的后代知道你是从我这儿学习的医术。'"

又问："你的老师阳庆为什么看中并喜爱你，想要把医方全部传给你呢？"回答说："我本来不知老师的医术精妙。之所以知道，是因为我年轻时喜欢研究各家的医方，我用他的医方尝试，大多灵验，而且非常精妙。我听说菑川唐里公孙光擅长使用古代流传的医方，就去拜见他。得以做他的学生，从他那里学到调理阴阳的医方以及口诀，我都记了下来。我想要学习其他的医术，公孙光说：'我的秘方医术都教给你了，不会吝惜的，我已经老了，你无需再侍奉我了。这是我年少时所学到的妙方，全都教给你了，不要轻易地把它教给别人。'我说：'我能在您跟前侍奉学习，得到全部秘方，就已经很幸运了。我死也不会随便传给别人的。'过了些日子，公孙光闲居，我就跟他一起深入分析医方，他认为我者皆疏，同产处临菑，善为方，吾不若，其方甚奇，非世之所闻也。吾年中时，尝欲受其方，杨中倩不肯，曰“若非其人也”。胥与公往见之，当知公喜方也。其人亦老矣，其家给富。’时者未往，会庆子男殷来献马，因师光奏马王所，意以故得与殷善。光又属意于殷曰：‘意好数，公必谨遇之，其人圣儒。’即为书以意属阳庆，以故知庆。臣意事庆谨，以故爱意也。”

问臣意曰：“吏民尝有事学意方，及毕尽得意方不？何县里人？”对曰：“临菑人宋邑。邑学，臣意教以五诊，岁余。济北王遣太医高期、王禹学，臣意教以经脉高下及奇络结，当论俞所居，及气当上下出入邪逆顺，以宜镵石，定砭灸处，岁余。菑川王时遣太仓马长冯信正方，臣意教以案法逆顺，论药法，定五味及和齐汤法。高永侯家丞杜信，喜脉，来学，臣意教以上下经脉五诊，二岁余。临菑召里唐安来学，臣意教以五诊上下经脉，奇咳，四时应阴阳重，未成，除为齐王侍医。”

问臣意：“诊病决死生，能全无失乎？”臣意对曰：“意治病人，必先切其脉，乃治之。败逆者不可治，其顺者乃治之。心不精脉，所期死生视可治，时时失之，臣意不能全也。”

太史公曰：女无美恶，居宫见妒；士无贤不肖，入朝见疑。故扁鹊以其伎见殃，仓公乃匿迹自隐而当刑。缇萦通尺牍，父得以后宁。故老子曰“美好者不祥之器”，岂谓扁鹊等邪？若仓公者，可谓近之矣。

对历代医方的评论很精辟，高兴地说：‘你一定会成为国家一流的医生。我擅长的医术都荒废了，我有个同胞兄弟住在临淄，对医术很精通，我不如他，他的医方非常神奇，不是一般人所能了解的。我中年时，曾想向他请教，我的朋友杨中倩不同意，说：‘你不是学习医术的料。’我必须和你一起前往拜见他，他就会知道您喜爱医术。他也老了，但家中很富有。’当时没去，正好阳庆的儿子阳殷来献马，通过公孙光进献给齐王，因为这个缘故我和阳殷相识了。公孙光就把我托付给阳殷说：‘淳于意喜好医术，你一定要好好待他，他是倾慕圣人之道的人。’于是就写信把我介绍给阳庆，因此认识了阳庆。我侍奉阳庆十分恭敬谨慎，所以他才喜爱我。”

又问：“官吏百姓有没有人向你学医术？全学会了吗？是哪里人？”回答说：“临淄人宋邑，他向我求教，我教他五诊法，学了一年多。济北王派太医高明、王禹向我学习，我教他们经脉的高下分布以及奇经、络脉的交结，时常研究经络穴位，以及经络之气的上下出入，以及邪正逆顺的情况，以此选择合适的针石，确定砭灸的部位，学了一年多。淄川王时常派遣太仓马长冯信前来学习，我教他按摩的逆顺手法，讨论用药的方法，鉴定药性和调和汤剂的方法。高永侯的家丞杜信，喜好诊脉，前来求学，我把上下经脉的分布、五诊法教给了他，学了两年多的时间。临淄召里的唐安来求学，我教给他五诊法、上下经脉的位置、奇咳术，以及四季阴阳相应的道理，还没有学成，就被任命做了齐王的侍医。”

又问：“你给人诊治病症决断死生，完全没有失误吗？”回答说：“我医治病人，一定先切脉，再医治。脉象衰败或病情违背的就不能治了，脉象和病情相顺应的才给他治疗。如果不能精心诊脉，那所预期的死生结果及认为可救治的病，往往就会出现失误，我也不能完全保证。”

太史公说：“女子无论美丑，只要一进宫中就会被人嫉妒；士人无论贤庸，只要一进朝廷就会遭人疑忌。扁鹊就因为他的医术而遭到祸殃，太仓公尽管隐居还是被判处了刑罚。缇萦上书皇帝，她的父亲后半生才得到安宁。所以老子说‘美好的东西本身就是不吉祥的’，难道不是指扁鹊等人吗？太仓公这样的人，也与此很接近啊。”

吴王濞列传第四十六

吴王濞者，高帝兄刘仲之子也。高帝已定天下七年，立刘仲为代王。而匈奴攻代，刘仲不能坚守，弃国亡，间行走洛阳，自归天子。天子为骨肉故，不忍致法，废以为郃阳侯。高帝十一年秋，淮南王英布反，东并荆地，劫其国兵，西度淮，击楚，高帝自将往诛之。刘仲子沛侯濞年二十，有气力，以骑将从破布军蕲西会甀，布走。荆王刘贾为布所杀，无后。上患吴、会稽轻悍，无壮王以填之，诸子少，乃立濞于沛为吴王，王三郡五十三城。已拜受印，高帝召濞相之，谓曰："若状有反相。"心独悔，业已拜，因拊其背，告曰："汉后五十年东南有乱者，岂若邪？然天下同姓为一家也，慎无反！"濞顿首曰："不敢。"

会孝惠、高后时，天下初定，郡国诸侯各务自拊循其民。吴有豫章郡铜山，濞则招致天下亡命者铸钱，煮海水为盐，以故无赋，国用富饶。

孝文时，吴太子入见，得侍皇太子饮博。吴太子师傅皆楚人，轻悍，又素骄，博，争道，不恭，皇太子引博局提吴太子，杀之。于是遣其丧归葬。至吴，吴王愠曰："天下同宗，死长安即葬长安，何必来葬为！"复遣丧之长安葬。吴王由此稍失籓臣之礼，称病不朝。京师知其以子故称病不朝，验问实不病，诸吴使来，辄系责治之。吴王恐，为谋滋甚。及后使人为秋请，上复责问吴使者，使者对曰："王实不病，汉系治使者数辈，以故遂称病。且夫'察见渊中鱼，不祥'。今王始诈病，及觉，见责急，愈益闭，恐上诛之，计乃无聊。唯上弃之而与更始。"于是天子乃赦吴使者归之，而赐吴王几杖，老，不朝。吴得释其罪，谋亦益解。然其居国以铜盐故，百姓无赋。卒践更，辄与平贾。岁时存问茂材，赏赐闾里。它郡国吏欲来捕亡人吴王刘濞，是高祖哥哥刘仲的儿子。高祖平定天下七年后，把刘仲封为代王。后来，匈奴围攻代地，刘仲不能守城，丢弃封国逃走了，抄小路跑回洛阳，向天子自首。天子因为兄弟骨肉的缘故，不忍以国法制裁他，只废黜其王位，贬为郃阳侯。高祖十一年秋天，淮南王英布谋反，向东兼并了荆地，挟持荆地的军队，向西渡过淮河，攻击楚国，高祖亲自率军讨伐他。刘仲的儿子刘濞这年才二十岁，强壮有力，以骑将的身份跟随高祖在蕲县西边的会甀打败了英布，英布逃走。当时荆王刘贾被英布所杀，没有后嗣。皇帝担心吴地、会稽民风彪悍，没有年富力强的人来镇慑他们，而自己的儿子们年龄都小，就封了刘濞在沛地做吴王，统辖三郡五十三个县。等到拜官受印完毕，高祖让刘濞前来看了看他的面相，说："你的相貌有反叛的模样。"心里自觉后悔，可已经任命了，就拍拍他的脊背，告诫说："汉朝今后五十年东南有叛乱发生，难道会是你吗？然而天下同姓的都是一家人，千万不要造反啊!"刘濞磕头说："我不敢。"

到孝惠帝、高后时，天下刚刚安定，各郡国的诸侯们都努力安抚自己的百姓。吴国有豫章郡的铜矿山，刘濞就招募天下亡命之徒私下铸钱，又煮海水制盐，因为有这两项收入，所以不用向百姓征缴赋税，而国家也很富足。

孝文帝时，吴王太子入京朝见，有一天陪伴皇太子饮酒下棋。吴太子的老师都是楚地人，浮躁强悍，又很骄纵，与皇太子下棋时，发生争执，态度不恭敬，皇太子拿起棋盘就砸向吴太子，把他打死了，事后把他的遗体送回吴国埋葬。到了吴国，吴王大怒说："天下既然都是一家，死在长安就应该葬在长安，何必送来吴国下葬呢！"又把遗体送到长安。吴王自此逐渐丢掉藩臣所应遵守的礼节，称病不肯入朝。朝廷知道他是因为儿子的缘故装病而不来朝见，调查之后，确实如此，后来吴国的使臣一来，就被扣留责问。吴王害怕了，更积极地策划谋反行动。等到后来派人代行秋季朝见礼仪，皇上又责问吴国使者，使者回答说："吴王确实没有病，朝廷扣留好几批使者，因此吴王就托辞害病不来了。况且俗话说'如果连深水里的鱼都能看得清楚，那是不好的'。吴王当初装病，等到被发觉，遭到严厉的责问，就越加隐秘，害怕皇上处死他，这计谋也是出于无奈。希望皇上摒弃前嫌给他重新开始的机会。"于是皇上就赦免吴国的使者，放他们回去，并赐给吴王几案和拐杖，认为他老了，可以不必入京朝见。吴王得以解脱罪责，谋反的事情也就停止了。他所在的封国因为有铜盐的收益，百姓没有赋税。

者，讼共禁弗予。如此者四十余年，以故能使其众。

晁错为太子家令，得幸太子，数从容言吴过可削。数上书说孝文帝，文帝宽，不忍罚，以此吴日益横。及孝景帝即位，错为御史大夫，说上曰："昔高帝初定天下，昆弟少，诸子弱，大封同姓，故王孽子悼惠王王齐七十余城，庶弟元王王楚四十余城，兄子濞王吴五十余城：封三庶孽，分天下半。今吴王前有太子之郄，诈称病不朝，于古法当诛，文帝弗忍，因赐几杖。德至厚，当改过自新。乃益骄溢，即山铸钱，煮海水为盐，诱天下亡人，谋作乱。今削之亦反，不削之亦反。削之，其反亟，祸小；不削，反迟，祸大。"三年冬，楚王朝，晁错因言楚王戊往年为薄太后服，私奸服舍，请诛之。诏赦，罚削东海郡。因削吴之豫章郡、会稽郡。及前二年赵王有罪，削其河间郡。胶西王卬以卖爵有奸，削其六县。

汉廷臣方议削吴。吴王濞恐削地无已，因以此发谋，欲举事。念诸侯无足与计谋者，闻胶西王勇，好气，喜兵，诸齐皆惮畏，于是乃使中大夫应高誂胶西王。无文书，口报曰："吴王不肖，有宿夕之忧，不敢自外，使喻其欢心。"王曰："何以教之？"高曰："今者主上兴于奸，饰于邪臣，好小善，听谗贼，擅变更律令，侵夺诸侯之地，徵求滋多，诛罚良善，日以益甚。里语有之，'舐糠及米'。吴与胶西，知名诸侯也，一时见察，恐不得安肆矣。吴王身有内病，不能朝请二十余年，尝患见疑，无以自白，今胁肩累足，犹惧不见释。窃闻大王以爵事有适，所闻诸侯削地，罪不至此，此恐不得削地而已。"王曰："然，有之。子将奈何？"高曰："同恶相助，同好相留，同情相成，同欲相趋，同利相死。今吴王自以为与大王同忧，愿因时循理，弃躯以除患害于天下，亿亦可乎？"王瞿然骇曰："寡人何敢如是？今主上虽急，固有死耳，安得不戴？"高曰："御史大夫士兵服役发给代役金。每到逢年过节就去慰问那些有才能的人，给平民赏赐。其他郡国的逃犯逃到吴国，吴王就收容他们，一概不交出。就这样过了四十多年，百姓都愿意听他的差遣。

晁错做太子家令，受到太子的宠幸，多次怂恿太子说吴王有罪，应削减他的封地。也多次上书文帝，文帝宽厚，不忍惩罚吴王，因此他更加骄横。景帝即位，晁错担任御史大夫，又劝皇帝说："从前高祖刚平定天下时，兄弟少，儿子又还幼小，就大量赐封同姓的人，所以封庶子悼惠王为齐王，管辖七十多个县，异母弟刘交做楚元王，管辖四十多个县，哥哥的儿子刘濞做吴王，管辖五十多个县：这三个人，就分去了一半的天下。现今吴王因从前儿子被打死产生嫌隙，假称生病不肯入京朝见，依照古法应杀，但皇上不忍心惩办，还赏他几、杖，对他非常优待，他本当改过自新。结果却更加骄横无度，凭借铜矿铸造钱币，煮海水制盐，招纳天下的亡命之徒，谋划叛乱。现在削减封地，他也是造反，不削减他还是造反。削减他，反得急，灾祸小；不削减他，反得迟缓，灾祸大。"景帝三年冬天，楚王来朝见，晁错即以楚王刘戊去年在为薄太后服丧期间，在宫室里偷偷淫乱为由，请求处死他。景帝下诏赦免了他的死罪，仅削减东海郡作为惩罚。随之削减了吴的豫章郡、会稽郡。还有两年前赵王有罪，削夺了他的河间郡。胶西王刘印因为卖爵位犯法，被削去了六个县。

汉朝的大臣刚刚开始讨论削减吴王的封地。吴王刘濞担心这么削地没完没了，于是想借此事发动叛乱。又想到诸侯中没有能共商大计的人，听说胶西王勇壮，好逞势斗胜，齐地的几个诸侯王都畏惧他，于是派中大夫应高去引诱胶西王。没有书信，只是口头通报说："吴王不才，现有早晚将临的忧患，在您这不敢把自己看作外人，派我来明说他的心思。"胶西王说："有什么指教？"应高说："现在皇帝被奸邪之臣蒙蔽，喜欢眼前的利益，听信谗言，擅自改变法令，随便侵夺诸侯的封地，对封国索求越来越多，诛杀惩罚善良的人，一天比一天厉害。俗话说：'吃完米糠就要吃到米粒了'。吴国和胶西国都是有名的大国，一旦被朝廷盯上，恐怕永远不能安宁自由了。吴王因为有病，二十多年不能朝见皇帝，总是担心被猜疑，又没有办法表白，现在再谨小慎微，仍然害怕不被谅解。我私下听说大王您因为出卖爵位的事犯有罪责，所听到的诸侯被削夺封地，罪过还不到这个程度，这恐怕不是削减封地就能了事的。"胶西王说："是的，有这事。您说怎么办呢？"应高说："有相同憎恨的就应该互相援助，有相同爱好的要相互体贴，情趣相同的要互相成全，想法相同的要一起追求，利益相关的就要通力死干。如今吴王自认为和大王有共同的忧患，希望能顺应时势，遵循事理，牺牲生命来为天下人除去祸害，您想一想可以吗？"胶西王吃惊地说："我怎么晁错，荧惑天子，侵夺诸侯，蔽忠塞贤，朝廷疾怨，诸侯皆有倍畔之意，人事极矣。彗星出，蝗虫数起，此万世一时，而愁劳圣人之所以起也。故吴王欲内以晁错为讨，外随大王后车，彷徉天下，所乡者降，所指者下，天下莫敢不服。大王诚幸而许之一言，则吴王率楚王略函谷关，守荥阳敖仓之粟，距汉兵。治次舍，须大王。大王有幸而临之，则天下可并，两主分割，不亦可乎？”王曰：“善。”高归报吴王，吴王犹恐其不与，乃身自为使，使于胶西，面结之。

胶西群臣或闻王谋，谏曰：“承一帝，至乐也。今大王与吴西乡，弟令事成，两主分争，患乃始结。诸侯之地不足为汉郡什二，而为畔逆以忧太后，非长策也。”王弗听。遂发使约齐、菑川、胶东、济南、济北，皆许诺，而曰“城阳景王有义，攻诸吕，勿与，事定分之耳”。

诸侯既新削罚，振恐，多怨晁错。及削吴会稽、豫章郡书至，则吴王先起兵，胶西正月丙午诛汉吏二千石以下，胶东、菑川、济南、楚、赵亦然，遂发兵西。齐王后悔，饮药自杀，畔约。济北王城坏未完，其郎中令劫守其王，不得发兵。胶西为渠率，胶东、菑川、济南共攻围临菑。赵王遂亦反，阴使匈奴与连兵。

七国之发也，吴王悉其士卒，下令国中曰：“寡人年六十二，身自将。少子年十四，亦为士卒先。诸年上与寡人比，下与少子等者，皆发。”发二十余万人。南使闽越、东越，东越亦发兵从。

孝景帝三年正月甲子，初起兵于广陵。西涉淮，因并楚兵。发使遗诸侯书曰：“吴王刘濞敬问胶西王、胶东王、菑川王、济南王、赵王、楚王、淮南王、衡山王、庐江王、故长沙王子：幸教寡人！以汉有贼臣，无功天下，侵夺诸侯地，使吏劾系讯治，以僇辱之为故，不以诸侯人君礼遇刘氏骨肉，绝先帝功臣，进任奸宄，诖乱天下，欲危敢这样呢？主上虽然行事过急，最后无法，我不过一死，怎能不拥戴他呢？”应高说：“御史大夫晁错，迷惑天子，削夺诸侯封地，蒙蔽忠良，阻塞贤能，朝廷大臣都愤恨不已，诸侯国都有背叛的意图，人情事理已经达到极点了。现在彗星出现，蝗虫之灾多次发生，这是万代难逢的时机，而忧愁劳苦正可以促使圣人兴起。因此吴王想以诛杀晁错为名对朝廷发起讨伐，跟随大王您的兵马，驰骋天下，一定会走到哪里哪里投降，打到哪里哪里归顺，天下没有敢不归服的。大王如果真能够有幸许诺一句话，那么吴王就率领楚王夺取函谷关，守住荥阳敖仓的粮食，抗拒汉兵。修筑军队驻扎的房舍，等待大王的到来。大王真肯去，那么天下就是我们的，两个君主分治，不也是可以的吗？”胶西王说：“好。”应高回去报告吴王，吴王还担心胶西王变卦，就亲自出行到胶西，当面和胶西王订立了盟约。

胶西群臣中有人知道胶西王要反叛，规劝说：“侍奉一个皇帝，不是很好吗？现在大王和吴王向西进兵，假使成功了，两个君主分裂争斗，祸患也就开始形成了。诸侯的土地不到朝廷各郡的十分之二，而背叛朝廷也会使太后担忧，这不是长远之计啊。”胶西王不听。于是派使者联合齐王、淄川王、胶东王、济南王、济北王，他们都答应了，而且说：“城阳景王当年伸张正义，攻打吕氏族人，这件事情不要让他参与了，事成之后分他一份土地就行了。”

诸侯近来都因受到削减土地的惩罚而震惊恐惧，怨恨晁错。等到削减吴国会稽郡、豫章郡的文书一到，吴王就首先起兵作乱，胶西王在正月丙午这天杀死了朝廷派来的二千石以下的各级官员，胶东王、淄川王、济南王、楚王、赵王也都依此照办，然后一起向西进兵。齐王中途后悔，服毒自杀，违背了盟约。济北王损坏的城墙没有修好，被郎中令劫持控制着，不能发兵。胶西王为首领，和胶东王、菑川王、济南王一起率兵围攻临淄。北方的赵王刘遂也宣布造反，暗中派使者和匈奴商议联合作战的事。

七国造反的时候，吴王发动一切可以调动的人，对全吴国下令说：“我今年六十二岁，还亲自统率军队。小儿子年仅十四岁，也身先士卒。所以凡是年长和我相同的，年幼和我小儿子相同的人，都要出征。”于是征招了二十多万人。又派人到南边的闽越、东越去联络，东越也派兵跟随。

景帝三年正月甲子，吴王先从广陵起兵，向西渡过淮河，和楚军会合。他派使者送给诸侯的信上说：“吴王刘濞恭敬地问候胶西王、胶东王、菑川王、济南王、赵王、楚王、淮南王、衡山王、庐江王、已故的长沙王的儿子：希望得到你们的指教！因为朝廷有乱臣贼子，自己没有功劳，却侵夺诸侯的土地，派法吏弹劾囚系审讯惩治诸侯，以侮辱我们诸侯为能事，不用诸侯国君主的礼仪对待刘氏的兄弟骨肉，抛弃先帝的功臣，推荐任用奸邪作乱的人，惑乱天下，想要危害社稷。陛下多病志失，不能省察。欲举兵诛之，谨闻教。敝国虽狭，地方三千里；人虽少，精兵可具五十万。寡人素事南越三十余年，其王君皆不辞分其卒以随寡人，又可得三十余万。寡人虽不肖，愿以身从诸王。越直长沙者，因王子定长沙以北，西走蜀、汉中。告越、楚王、淮南三王，与寡人西面；齐诸王与赵王定河间、河内，或入临晋关，或与寡人会洛阳；燕王、赵王固与胡王有约，燕王北定代、云中，抟胡众入萧关，走长安，匡正天子，以安高庙。愿王勉之。楚元王子、淮南三王或不沐洗十余年，怨入骨髓，欲一有所出之久矣，寡人未得诸王之意，未敢听。今诸王苟能存亡继绝，振弱伐暴，以安刘氏，社稷之所愿也。敝国虽贫，寡人节衣食之用，积金钱，修兵革，聚谷食，夜以继日，三十余年矣。凡为此，愿诸王勉用之。能斩捕大将者，赐金五千斤，封万户；列将，三千斤，封五千户；裨将，二千斤，封二千户；二千石，千斤，封千户；千石，五百斤，封五百户：皆为列侯。其以军若城邑降者，卒万人，邑万户，如得大将；人户五千，如得列将；人户三千，如得裨将；人户千，如得二千石；其小吏皆以差次受爵金。佗封赐皆倍军法。其有故爵邑者，更益勿因。愿诸王明以令士大夫，弗敢欺也。寡人金钱在天下者往往而有，非必取于吴，诸王日夜用之弗能尽。有当赐者告寡人，寡人且往遗之。敬以闻。”

七国反书闻天子，天子乃遣太尉条侯周亚夫将三十六将军，往击吴楚；遣曲周侯郦寄击赵；将军栾布击齐；大将军窦婴屯荥阳，监齐赵兵。

吴楚反书闻，兵未发，窦婴未行，言故吴相袁盎。盎时家居，诏召入见。上方与晁错调兵笇军食，上问袁盎曰：“君尝为吴相，知吴臣田禄伯为人乎？今吴楚反，于公何如？”对曰：“不足忧也，今破矣。”上曰：“吴王即山铸钱，煮海水为盐，诱天下豪桀，白头举国家。陛下多病，神志失常，不能明察。我想要发动军队诛杀乱臣，敬听各位指教。我国虽然狭小，土地方圆也有三千里；人口虽然少，精锐的士兵可以准备下五十万人。我三十多年和南越友善，那里的国王和君长都不推辞，愿意派兵支援，这样又可以得到三十多万人。我虽然不贤，甘愿亲身随从各位王侯。越和长沙接壤，由长沙王的儿子平定长沙以北地区，向西直下蜀汉。派人告知越王、楚王、淮南王三位，和我一起西进；齐地各位国王和赵王平定河间、河内，一路攻入临晋关，一路和我到洛阳会合；燕王、赵王原本和匈奴王有约定，燕王向北平定代郡、云中郡，统领匈奴的军队攻入萧关，直取长安，我们的目的是为了纠正天子的过错，使高庙安定，希望诸王们努力。楚元王的儿子、淮南三王各自心有所专注十多年了，怨恨深入骨髓，想要有所行动已很长时间了，我没有得知各位的意图，不敢听从。如今各位如果能够保存延续将要灭绝的国家，拯救弱小，讨伐强暴，从而使刘氏安定，这是国家的愿望。我国虽然贫穷，我节省穿衣吃饭的费用，积攒金钱，整修武器，积聚粮食，夜以继日的努力，有三十多年了，都是为的今天，希望诸王努力利用这些条件。能逮捕杀死大将军的，赏赐黄金五千斤，封邑万户；逮杀将军的，赏赐黄金三千斤，封邑五千户；逮杀副将的，赏赐黄金二千斤，封邑二千户；逮杀俸禄二千石的官员，赏赐黄金一千斤，食邑一千户；逮捕俸禄一千石的官员，赏赐黄金五百斤，封邑五百户；有以上功的人都可被封为列侯。那些带着军队或者城邑来投降的，士兵有万人，城中户口万户，按大将军标准封赏；士兵五千人，城邑五千户，按一般将领给予封赏；士兵三千人，城邑三千户，按副将给予封赏；士兵一千人，城邑一千户，按二千石级官员给予封赏；那些小官吏来降的也依职位差别受到封爵赏金。其他封赏都按照军法加倍。那些原先有爵位、城邑的，就在旧有基础上再给增加，绝不混为一谈。希望各位明确地通令士大夫们，不能有所欺骗。我的金钱散布天下，不一定都要到吴国来领取，诸王日日夜夜使用也用不完。如有应该赏赐的人，可以告诉我，我将会前往送给他。特此恭敬地奉告诸王。”

七国反叛的书信送达天子处后，天子派太尉条侯周亚夫率领三十六位将军，去攻打吴、楚两国；派曲周侯郦寄攻打赵国；派将军栾布攻打齐国；大将军窦婴驻扎在荥阳，监视齐、赵两国军队的动静。

吴楚等反叛的消息传出来后，汉朝军队还未出发，窦婴也尚未启行，向皇帝说起袁盎，袁盎过去曾称赞吴王。袁盎当时正闲居在家，皇帝召他进见。袁盎来时，皇上正和晁错一起商讨军队和军粮的事情，皇帝问袁盎：“你曾做过吴王的丞相，知道吴国臣子田禄伯的为人吗？现在吴楚反叛，你怎么看？”袁盎回答说：“不是大事，马上就能打败他们。”皇帝说：“吴王靠着铜矿山铸造钱币，事。若此，其计不百全，岂发乎？何以言其无能为也？”袁盎对曰：“吴有铜盐利则有之，安得豪桀而诱之！诚令吴得豪桀，亦且辅王为义，不反矣。吴所诱皆无赖子弟，亡命铸钱奸人，故相率以反。”晁错曰：“袁盎策之善。”上问曰：“计安出？”盎对曰：“愿屏左右。”上屏人，独错在。盎曰：“臣所言，人臣不得知也。”乃屏错。错趋避东厢，恨甚。上卒问盎，盎对曰：“吴楚相遗书，曰‘高帝王子弟各有分地，今贼臣晁错擅适过诸侯，削夺之地’。故以反为名，西共诛晁错，复故地而罢。方今计独斩晁错，发使赦吴楚七国，复其故削地，则兵可无血刃而俱罢。”于是上嘿然良久，曰：“顾诚何如，吾不爱一人以谢天下。”盎曰：“臣愚计无出此，愿上孰计之。”乃拜盎为太常，吴王弟子德侯为宗正。盎装治行。后十余日，上使中尉召错，绐载行东市。错衣朝衣斩东市。则遣袁盎奉宗庙，宗正辅亲戚，使告吴如盎策。至吴，吴楚兵已攻梁壁矣。宗正以亲故，先入见，谕吴王使拜受诏。吴王闻袁盎来，亦知其欲说己，笑而应曰：“我已为东帝，尚何谁拜？”不肯见盎而留之军中，欲劫使将。盎不肯，使人围守，且杀之，盎得夜出，步亡去，走梁军，遂归报。

条侯将乘六乘传，会兵荥阳。至洛阳，见剧孟，喜曰：“七国反，吾乘传至此，不自意全。又以为诸侯已得剧孟，剧孟今无动。吾据荥阳，以东无足忧者。”至淮阳，问父绛侯故客邓都尉曰：“策安出？”客曰：“吴兵锐甚，难与争锋。楚兵轻，不能久。方今为将军计，莫若引兵东北壁昌邑，以梁委吴，吴必尽锐攻之。将军深沟高垒，使轻兵绝淮泗口，塞吴饷道。彼吴梁相敝而粮食竭，乃以全强制其罢极，破吴必矣。”条侯曰：“善。”从其策，遂坚壁昌邑南，轻煮海水制盐，引诱天下豪杰，到如今头发白了才举兵作乱，如果没有周全的计谋，哪里会轻易发动叛乱呢？你为什么这么自信能打败他们？”袁盎回答说：“吴国有铜矿煮盐之利确实不错，但哪里能得到豪杰并且引诱他们呢！假如真有豪杰，也应该辅佐吴王行仁义之事，就不会反叛了。那些投靠吴王的都是一些无赖子弟，逃亡私铸钱币的奸邪之徒，所以才互相勾结而反叛。”晁错说：“袁盎分析得对。”皇上问：“有什么好的对策吗？”袁盎说：“希望屏退左右的人。”皇帝就让身边的人退下，只有晁错还在。袁盎说：“我要说的，任何臣子也不能听。”于是又屏退晁错。晁错无法只好到东厢回避，对此十分恼恨。皇帝最后又问袁盎，袁盎回答说：“吴、楚发下的文书，说‘当初高祖封刘姓子弟为王，各自领有自己的封地，如今奸臣晁错擅自谴责诸侯，削夺他们的封地’。因此以反叛为名义，向西共同来诛杀晁错，恢复原来的封地就会罢兵。为今之计只有斩杀晁错，派使者赦免吴、楚七国的罪行，恢复原来被削减的封地，那样就可以兵不血刃而使各诸侯罢手。”皇上听后沉默了好久，说：“关键是这样做行不行，我当然不会因为爱一个人而耽误天下了。”袁盎说：“我很愚蠢，但再没有比这个更好的计策了，希望陛下认真地考虑考虑。”于是皇上任命袁盎做太常、吴王侄子德侯做宗正。袁盎整理行装准备出发。十多天后，皇帝派中尉召来晁错，骗晁错乘车巡视东市，晁错就穿着朝服在东市被杀了。然后就派袁盎以侍奉宗庙的太常身份，德侯以辅助亲戚的宗正身份、按照袁盎的计策出使吴国。到了吴国，吴楚的军队当时已进攻到梁国营垒了。宗正因有亲戚的关系，先拜见吴王，谕告吴王拜受诏书。吴王听说袁盎来了，知道是来做说客的，笑着回答说：“我已经成为东帝，还向谁跪拜呢？”不肯见袁盎，而把他扣留在军中，想胁迫他做将军。袁盎不肯，吴王就派人把他包围住，将要杀他，袁盎趁夜色逃出，徒步离开，跑到梁王的军营，后来回朝复命。

这时条侯正乘坐六匹马拉的驿车急行，要和诸军会师荥阳。到洛阳时看见剧孟，高兴地说：“七国反叛，我乘驿车到达这里，没有料到自己会保全下来。还以为诸侯们已经占领了剧孟的地盘，剧孟现在没有起兵的举动。我又占据荥阳，荥阳以东没有值得忧虑的地方了。”到达淮阳，询问父亲绛侯从前的门客邓都尉说：“你看我们该怎么办？”门客说：“吴兵锐气正盛，很难与其交战。楚兵浮躁，锐气不能保持长久。现在为将军筹划，不如率军在东北的昌邑筑垒坚守，把梁国丢给吴军，吴军一定会用全部精锐军队攻打梁国。将军深挖沟渠、高筑堡垒，派轻装的军队断绝淮河、泗水交汇处，阻塞吴军的粮道。吴梁因相持疲弊，粮草耗尽，然后用全盛锐气的军队攻打那些疲弊已极的军队，打败他们是必然的。”条侯说：“好。”就听从他的计策，在昌邑南边坚守，接着派轻装军队断兵绝吴饷道。

吴王之初发也，吴臣田禄伯为大将军。田禄伯曰："兵屯聚而西，无它奇道，难以就功。臣愿得五万人，别循江淮而上，收淮南、长沙，入武关，与大王会，此亦一奇也。"吴王太子谏曰："王以反为名，此兵难以藉人，藉人亦且反王，奈何？且擅兵而别，多它利害，未可知也，徒自损耳。"吴王即不许田禄伯。

吴少将桓将军说王曰："吴多步兵，步兵利险；汉多车骑，车骑利平地。愿大王所过城邑不下，直弃去，疾西据洛阳武库，食敖仓粟，阻山河之险以令诸侯，虽毋入关，天下固已定矣。即大王徐行，留下城邑，汉军车骑至，驰入梁楚之郊，事败矣。"吴王问诸老将，老将曰："此少年推锋之计可耳，安知大虑乎！"于是王不用桓将军计。

吴王专并将其兵，未度淮，诸宾客皆得为将、校尉、候、司马，独周丘不得用。周丘者，下邳人，亡命吴，酤酒无行，吴王濞薄之，弗任。周丘上谒，说王曰："臣以无能，不得待罪行间。臣非敢求有所将，原得王一汉节，必有以报王。"王乃予之。周丘得节，夜驰入下邳。下邳时闻吴反，皆城守。至传舍，召令。令入户，使从者以罪斩令。遂召昆弟所善豪吏告曰："吴反兵且至，至，屠下邳不过食顷。今先下，家室必完，能者封侯矣。"出乃相告，下邳皆下。周丘一夜得三万人，使人报吴王，遂将其兵北略城邑。比至城阳，兵十余万，破城阳中尉军。闻吴王败走，自度无与共成功，即引兵归下邳。未至，疽发背死。

二月中，吴王兵既破，败走，于是天子制诏将军曰："盖闻为善者，天报之以福；为非者，天报之以殃。高皇帝亲表功德，建立诸侯，幽王、悼惠王绝无后，孝文皇帝哀怜加惠，王幽王子遂、悼惠王子卬等，令奉其先王宗庙，为汉藩国，德配天地，明并日月。吴王濞绝吴军的运粮通道。

吴王开始发兵的时候，吴臣田禄伯担任大将军。田禄伯说："军队集结在一起西进，没有其他出奇制胜之道，很难成功。我希望带领五万人，沿着长江、淮河而上，去收服淮南、长沙，进入武关，和大王您会师，这也是一招奇计啊。"吴太子不同意，劝谏道："父王现在是造反，此时军队不能交给他人，如果他也造反，那该怎么办呢？而且让他领着军队单独行动，会有许多不能预知的弊端，只是徒然损耗自己罢了。"吴王也就没有采纳田禄伯的建议。

吴国一位年轻的将领桓将军对吴王说："吴国多步兵，步兵适宜在险要地形作战；汉军多战车骑兵，战车骑兵适宜在平地作战。希望大王对途经的城邑不必攻下，径直抛开离去，迅速向西占据洛阳的武器库，夺取敖仓的粮食，倚仗山岭、黄河的险要来号令诸侯，即使不能入关，整个天下大势也就基本平定了。如果大王前进缓慢，耽搁下来攻取城邑，汉军的战车、骑兵一到，冲入梁国楚国的郊野，那这次行动也就失败了。"吴王征询老将们的意见，他们说："这是年轻人急躁冒进的做法，他哪里能知道深远的计谋呢？"于是吴王就没有采纳桓将军的计策。

吴王专断地集中兵力亲自率领，还没渡过淮河，众多的宾客都被授予将军、校尉、候、司马等职务，唯独周丘没被任用。周丘是下邳人，逃亡到吴国，喜欢喝酒，行为不规矩，吴王刘濞很轻视他，所以才没任用。周丘进见，劝说吴王道："我自知无能，不能在军队中任职。我不敢要求率领军队，只希望得到大王一个汉朝的符节，日后一定报答大王。"吴王就给了他符节。周丘得到符节，连夜驱驰进入下邳。下邳当时听说吴王反叛，都据城坚守。周丘到了驿站，召来下邳县令。县令刚进门，周丘就让随从人员将其斩杀了。又召集弟兄们交好的富豪官吏说："吴王造反的军队马上就到，一旦到达，屠杀下邳城不过吃顿饭的时间。如今先投降，就一定能保全家室，有才能的人还可以封侯。"他们出去就到处宣传，于是整个下邳都投降了。周丘在一夜之间得到了三万人，派人去禀报吴王，便率领他的军队向北夺取城邑。等到达城阳时，军队已达十余万人，击破城阳中尉的军队。后来听说吴王战败逃走，自己估计无法成就大事，就率领军队返回下邳。还没到达，就因后背毒疮发作而死。

二月中旬，吴王军队已被击垮，战败而逃，于是天子发布诏令给将军说："听说行善的人，上天会赐福报答他；作恶的人，上天会降灾惩罚他。高祖亲自表彰功德，封立诸侯，幽王、悼惠王没有后代继承王位，孝文皇帝哀怜他们，格外施恩，封幽王的儿子遂、悼惠王的儿子卬为王，让他们奉祀先王的宗庙，成为汉朝的藩国，这种恩德简直可以与天地相比、英明可以和日月同光辉。吴王刘濞倍德反义，诱受天下亡命罪人，乱天下币，称病不朝二十余年，有司数请濞罪，孝文皇帝宽之，欲其改行为善。今乃与楚王戊、赵王遂、胶西王卬、济南王辟光、菑川王贤、胶东王雄渠约从反，为逆无道，起兵以危宗庙，贼杀大臣及汉使者，迫劫万民，夭杀无罪，烧残民家，掘其丘冢，甚为暴虐。今卬等又重逆无道，烧宗庙，卤御物，朕甚痛之。朕素服避正殿，将军其劝士大夫击反虏。击反虏者，深入多杀为功，斩首捕虏比三百石以上者皆杀之，无有所置。敢有议诏及不如诏者，皆要斩。”

初，吴王之度淮，与楚王遂西败棘壁，乘胜前，锐甚。梁孝王恐，遣六将军击吴，又败梁两将，士卒皆还走梁。梁数使使报条侯求救，条侯不许。又使使恶条侯于上，上使人告条侯救梁，复守便宜不行。梁使韩安国及楚死事相弟张羽为将军，乃得颇败吴兵。吴兵欲西，梁城守坚，不敢西，即走条侯军，会下邑。欲战，条侯壁，不肯战。吴粮绝，卒饥，数挑战，遂夜奔条侯壁，惊东南。条侯使备西北，果从西北入。吴大败，士卒多饥死，乃畔散。于是吴王乃与其麾下壮士数千人夜亡去，度江走丹徒，保东越。东越兵可万余人，乃使人收聚亡卒。汉使人以利啖东越，东越即绐吴王，吴王出劳军，即使人鏦杀吴王，盛其头，驰传以闻。吴王子子华、子驹亡走闽越。吴王之弃其军亡也，军遂溃，往往稍降太尉、梁军。楚王戊军败，自杀。

三王之围齐临菑也，三月不能下。汉兵至，胶西、胶东、菑川王各引兵归。胶西王乃袒跣，席稿，饮水，谢太后。王太子德曰：“汉兵远，臣观之已罢，可袭，愿收大王余兵击之，击之不胜，乃逃入海，未晚也。”王曰：“吾士卒皆已坏，不可发用。”弗听。汉将弓高侯颓当遗王书曰：“奉诏诛不义，降者赦其罪，复故；不降者灭之。王何处，须以从事。”王肉袒叩头汉军壁，谒曰：“臣卬奉法不违背恩德，违反道义，收容各地逃亡的罪人，私铸钱币扰乱天下，称病不上朝已二十多年，大臣多次请求惩治刘濞的罪行，但孝文皇帝一再宽恕，希望他能改过从善。现在却和楚王刘戊、赵王刘遂、胶西王刘印、济南王刘辟光、淄川王刘贤、胶东王刘雄渠一起盟约反叛，做出大逆不道的事，危害宗庙，残杀大臣和使者，胁迫千万百姓，杀害很多无辜的百姓，烧毁宗庙，挖掘坟墓，残酷暴虐到极点。现在胶西王刘印等更加大逆无道，烧毁宗庙，掠夺宗庙中皇室的器物，这是我最为痛恨的。我现在穿着素服避居偏殿，希望将军们勉励将士英勇作战。攻击叛敌，进军深入、杀敌众多的算作功劳，抓到三百石级以上的反贼都要杀掉，不可释放。胆敢指责或不遵照这个诏书，一律腰斩。”

当初，吴王渡过淮河，与楚王向西击败棘壁的军队，乘胜向前，士气很盛。梁孝王很害怕，派了六个将军攻打吴王，结果有两个将军很快被打败，士卒都逃回梁。梁王多次派使者向条侯请求支援，条侯不答允。梁王没法又派使者向皇帝告条侯的状，皇帝派人催促条侯救援梁国，条侯还是坚持对自己有利的计策按兵不动。梁王派韩安国和为国事而被杀的楚国丞相的弟弟张羽做将军，才稍稍挫败吴国的军队。吴军想要西进，但梁国据城坚守，吴军不敢到西边去，就转向条侯驻军的地方，双方相峙于下邑。吴军出兵挑战，条侯仍坚守营垒，不肯交锋。后来吴军的粮草断绝，士兵饥饿，更急于向条侯挑战。一天夜里，偷袭条侯的营垒，惊扰东南方向。条侯下令防备西北方，吴军果然从西北方冲入。吴军大败，很多士兵饿死了，于是都叛离逃散了。这时吴王和他部下的数千壮士连夜逃走，渡过长江跑到丹徒，据守东越。东越军大约有一万多人，吴王就派人收容集中吴国的逃兵。汉朝派人用厚利引诱东越，东越就欺骗吴王，趁吴王出去慰劳军队时，派人用矛戟把吴王刺杀了，用木匣装着他的头，派驿车迅速前往长安，报知皇帝。吴王的儿子子华、子驹逃到了闽越。当吴王丢下军队逃跑时，他的军队就溃散了，大多人陆续投降了太尉及梁王的军队。楚王刘戊战败，自杀而亡。

胶西王、胶东王、菑川王围攻齐国的临淄，三个月也没有攻下。汉朝军队一到，三王各自率领军队回到自己属国。胶西王赤着胳膊光着脚，坐在草席上，只喝水不吃饭，向母亲王太后谢罪。王太子刘德说：“汉军从千里之外远道而来，已经很疲惫了，可以突袭他们，我愿意收集大王的残余军队去攻击他们，假如进攻不能取胜，再逃到海上去，也不算晚啊。”胶西王说：“我的士兵已经垮了，再不能发动他们了。”就没有听从太子的话。汉朝的将军弓高侯颓当给胶西王写信道：“奉诏书前来诛讨不义之人，投降的人赦免罪过，恢复原来的封土；凡是不投降的就全部诛灭。大王何去何从，我等待答复以采取相应措施。”胶西王一听，赶紧到汉军营垒前赤膊叩头请求说：“我刘印过去违犯王法，使百姓惊骇，谨，惊骇百姓，乃苦将军远道至于穷国，敢请菹醢之罪。”弓高侯执金鼓见之，曰：“王苦军事，愿闻王发兵状。”王顿首膝行对曰：“今者，晁错天子用事臣，变更高皇帝法令，侵夺诸侯地。卬等以为不义，恐其败乱天下，七国发兵，且以诛错。今闻错已诛，卬等谨以罢兵归。”将军曰：“王苟以错不善，何不以闻？未有诏虎符，擅发兵击义国。以此观之，意非欲诛错也。”乃出诏书为王读之。读之讫，曰：“王其自图。”王曰：“如卬等死有余罪。”遂自杀。太后、太子皆死。胶东、菑川、济南王皆死，国除，纳于汉。郦将军围赵十月而下之，赵王自杀。济北王以劫故，得不诛，徙王菑川。

初，吴王首反，并将楚兵，连齐赵。正月起兵，三月皆破，独赵后下。复置元王少子平陆侯礼为楚王，续元王后。徙汝南王非王吴故地，为江都王。

太史公曰：吴王之王，由父省也。能薄赋敛，使其众，以擅山海利。逆乱之萌，自其子兴。争技发难，卒亡其本；亲越谋宗，竟以夷陨。晁错为国远虑，祸反近身。袁盎权说，初宠后辱。故古者诸侯地不过百里，山海不以封。“毋亲夷狄，以疏其属”，盖谓吴邪？“毋为权首，反受其咎”，岂盎、错邪？

现在还烦劳将军远道来到我这个穷国，所以请求您把我碎尸万段。”弓高侯请出金鼓仪仗来接见他，说道：“大王为战斗的事情受苦了，希望听听大王发兵的情由。”胶西王磕头，向前爬着说：“就因为晁错是天子的当权大臣，他擅自变更高祖的法令，侵占削夺诸侯国的封地。我们认为这是不道义的，唯恐他败坏扰乱天下，七国之所以发动军队，就是要诛杀晁错。如今听说晁错已被处死，我们情愿收兵回去。”弓高侯说：“大王如果认为晁错不对，为什么不上奏天子？没有诏书和虎符，竟擅自发动军队攻击坚守正义的国家。由此看来，用意不是想要诛杀晁错吧。”就拿出诏书宣读。读完后，说：“大王自己考虑应怎么办吧！”胶西王说：“像我这样的人死有余辜啊。”就自杀了。太后、太子也都跟着一起自杀了。胶东王、菑川王、济南王也先后死去，封国被废除，收归汉朝。郦将军围攻赵都城，经过十个月才攻克，赵王也自杀。济北王因被劫持的缘故，才未被诛杀，被迁封为淄川王。

当初，吴王刘濞带头造反，率领楚国和吴国的军队，又联合齐、赵的军队。结果正月起兵，三月就全线溃散，只有赵国是最后被攻克的。平定后，景帝又封立楚元王的小儿子平陆侯刘礼为楚王，作为楚元王的继承人。改封汝南王刘非统辖吴国原有封地，另起国号为江都。

太史公说：吴王刘濞之所以被封为吴王，是由于父亲被贬的缘故。吴王能够免除赋税，减轻民众负担，因为他拥有铜矿海盐的便利。他的反心是因儿子被打死萌生的。因一盘棋的争执而兴起，最后国灭身亡；吴王亲近外族而谋害同宗，最后落得个彻底灭亡。晁错为国家长远考虑，结果反而招致灾祸。袁盎善于玩弄权术，巧舌如簧，最初受到宠信，最后受辱。所以古时候诸侯的封地不超过百里，高山大海也不分封给诸侯。俗话说“不要亲近夷狄，以致疏远宗亲”，大概是对吴王说的吧？“不要带头出主意，否则要因此招来灾祸”，这大概说的就是袁盎、晁错这种人吧？

魏其武安侯列传第四十七

魏其侯窦婴者，孝文后从兄子也。父世观津人。喜宾客。孝文时，婴为吴相，病免。孝景初即位，为詹事。

梁孝王者，孝景弟也，其母窦太后爱之。梁孝王朝，因昆弟燕饮。是时上未立太子，酒酣，从容言曰："千秋之后传梁王。"太后欢。窦婴引卮酒进上，曰："天下者，高祖天下，父子相传，此汉之约也，上何以得擅传梁王！"太后由此憎窦婴。窦婴亦薄其官，因病免。太后除窦婴门籍，不得入朝请。

孝景三年，吴楚反，上察宗室诸窦毋如窦婴贤，乃召婴。婴入见，固辞谢病不足任。太后亦惭。于是上曰："天下方有急，王孙宁可以让邪？"乃拜婴为大将军，赐金千斤。婴乃言袁盎、栾布诸名将贤士在家者进之。所赐金，陈之廊庑下，军吏过，辄令财取为用，金无入家者。窦婴守荥阳，监齐赵兵。七国兵已尽破，封婴为魏其侯。诸游士宾客争归魏其侯。孝景时每朝议大事，条侯、魏其侯，诸列侯莫敢与亢礼。

孝景四年，立栗太子，使魏其侯为太子傅。孝景七年，栗太子废，魏其数争不能得。魏其谢病，屏居蓝田南山之下数月，诸宾客辩士说之，莫能来。梁人高遂乃说魏其曰："能富贵将军者，上也；能亲将军者，太后也。今将军傅太子，太子废而不能争；争不能得，又弗能死。自引谢病，拥赵女，屏闲处而不朝。相提而论，是自明扬主上之过。有如两宫螫将军，则妻子毋类矣。"魏其侯然之，乃遂起，魏其侯窦婴，是孝文帝窦皇后堂兄的儿子，他的父辈世代是观津人。窦婴喜欢结交宾客。孝文帝时，窦婴担任吴国国相，后因病免职。孝景帝刚刚登上皇位时，他任詹事。

梁孝王是景帝的弟弟，他的母亲窦太后对他非常疼爱。有一次梁孝王入朝，和景帝以兄弟的身份一起宴饮，这时景帝还没有立太子。喝得高兴时，景帝随口说："我死之后把皇位传给梁王。"窦太后听了非常高兴。这时窦婴端起一杯酒上前阻拦皇上，说道："天下是高祖打下的，按照规矩，帝位应当父子相传，怎能擅自改变章程传给梁王呢！"窦太后听了很不高兴，从此憎恨窦婴。窦婴也嫌詹事的官职太小，就借口生病辞了职。窦太后趁机消除了窦婴进出宫门的名籍，不准他再进宫朝见。

孝景帝三年，吴、楚等七国反叛，皇上观察当时皇族成员和窦氏族人，觉得没有谁比得上窦婴贤能了，于是就把窦婴召来。窦婴入宫拜见，借口有病不足以担任这样的差事，坚决推辞。窦太后这时也为以前的看法感到惭愧。皇上说："国家正处在危急关头，您怎么可以推辞呢？"于是便任命窦婴为大将军，赏赐黄金千斤。窦婴就向皇上推荐袁盎、栾布等闲居在家的将领贤士，又把皇上所赏赐的黄金，都摆在走廊穿堂里，让属下的军官根据需要随便拿取，自己一点儿也没有拿回家。窦婴驻守荥阳，监视齐国和赵国的兵马，等到七国的叛乱全部被平定之后，皇上就封窦婴为魏其侯。当时许多说客都争相归附魏其侯。景帝时每次朝廷讨论军政大事，条侯周亚夫、魏其侯窦婴位置最高，其他列侯都不敢与他们争论抗衡。

孝景帝四年，皇上册立栗太子，任命魏其侯担任太子太傅。景帝七年，栗太子被废，魏其侯多次为栗太子辩驳都没能挽回。窦婴就推说有病，在蓝田县南山隐居起来，一住就好几个月，许多宾客、辩士都来劝说他，但没有人能说服他回到朝廷。当时梁地人高遂来劝窦婴说："能使您富贵的是皇上，能使您成为朝廷亲信的是太后。如今您担任太子太傅，太子被废黜时不能力争，力争不奏效时又不能自杀殉职。最后只是称病引退，每天拥抱着歌姬美女，闲居在家而不参加朝会。把前后情况一对比，您分明是要张扬皇帝的过失。假如皇上和太后恼怒，那您的妻子儿女都会一个不剩地被杀害。"窦婴一听有理，于是就走出山来，像原朝请如故。

桃侯免相，窦太后数言魏其侯。孝景帝曰："太后岂以为臣有爱，不相魏其？魏其者，沾沾自喜耳，多易。难以为相，持重。"遂不用，用建陵侯卫绾为丞相。

武安侯田蚡者，孝景后同母弟也，生长陵。魏其已为大将军后，方盛，蚡为诸郎，未贵，往来侍酒魏其，跪起如子姓。及孝景晚节，蚡益贵幸，为太中大夫。蚡辩有口，学《槃盂》诸书，王太后贤之。孝景崩，即日太子立，称制，所镇抚多有田蚡宾客计筴，蚡弟田胜，皆以太后弟，孝景后三年封蚡为武安侯，胜为周阳侯。

武安侯新欲用事为相，卑下宾客，进名士家居者贵之，欲以倾魏其诸将相。建元元年，丞相绾病免，上议置丞相、太尉。籍福说武安侯曰："魏其贵久矣，天下士素归之。今将军初兴，未如魏其，即上以将军为丞相，必让魏其。魏其为丞相，将军必为太尉。太尉、丞相尊等耳，又有让贤名。"武安侯乃微言太后风上，于是乃以魏其侯为丞相，武安侯为太尉。籍福贺魏其侯，因吊曰："君侯资性喜善疾恶，方今善人誉君侯，故至丞相；然君侯且疾恶，恶人众，亦且毁君侯。君侯能兼容，则幸久；不能，今以毁去矣。"魏其不听。

魏其、武安俱好儒术，推毂赵绾为御史大夫，王臧为郎中令。迎鲁申公，欲设明堂，令列侯就国，除关，以礼为服制，以兴太平。举适诸窦宗室毋节行者，除其属籍。时诸外家为列侯，列侯多尚公主，皆不欲就国，以故毁日至窦太后。太后好黄老之言，而魏其、武安、赵绾、王臧等务隆推儒术，贬道家言，是以窦太后滋不说魏其等。及建元二年，御史大夫赵绾请无奏事东宫。窦太后大怒，乃罢逐赵绾、王臧等，而免丞相、太尉，以柏至侯许昌为丞相，武强侯庄青翟为御来一样照常上朝了。

桃侯刘舍被免去丞相职务时，窦太后多次推荐窦婴当丞相。景帝说：“太后难道认为我因为有所吝惜，才不让魏其侯当丞相吗？魏其侯这个人骄傲自满，常有轻率之举，难以出任丞相，担此重任。”于是就没有用他，而提拔了建陵侯卫绾做丞相。

武安侯田蚡，是孝景帝皇后的同母弟弟，出生在长陵。魏其侯当了大将军，正显赫的时候，田蚡还是个小郎官，远没有显达。他经常去魏其侯家中，侍奉魏其侯饮酒，完全以晚辈的礼节跪拜侍立。到孝景帝晚年的时候，田蚡日益显贵，受到宠爱，做了太中大夫。他善言辞，有口才，学习过《槃盂》之类的书籍，被王太后认为很贤能。景帝驾崩，当天太子刘彻就登位，王太后摄政，用来镇压、安抚百姓的措施大多采用田蚡和其门下宾客们的计策。田蚡和他的弟弟田胜，都因是王太后弟弟的缘故，在景帝后元三年，田蚡被封为武安侯，田胜被封为周阳侯。

武安侯刚掌权就想做丞相，所以对他的宾客非常谦卑，推荐闲居在家的名士出来做官，让他们显贵，想以此来压倒窦婴等将相的势力。建元元年，丞相卫绾因病免职，皇上正在考虑丞相和太尉的人选。籍福劝说武安侯道：“魏其侯掌权很久了，天下有才能的人一向归附他。现在您刚刚兴起，不能和魏其侯相比，即使皇上想让您做丞相，也一定要推让给魏其侯。魏其侯当了丞相，那么您一定会当太尉。太尉和丞相一样尊贵，您还有让贤的美名。”于是武安侯就委婉地告诉太后暗示皇上，这样就任命魏其侯当丞相，武安侯当太尉。籍福去向魏其侯道贺，便提醒他说：“您天性是喜欢好人憎恶坏人，如今正因有好人称赞您，所以才当了丞相。但是您也憎恶坏人，坏人更多，他们也会毁谤您的。您如果能够善恶兼容，就能好运长久；如果不能，马上就会由于毁谤而失势。”魏其侯却听不进他的话。

魏其侯窦婴和武安侯田蚡都爱好儒家学说，推荐赵绾当了御史大夫，王臧担任郎中令。他们迎来鲁申公，想设立明堂，命令住在长安的各诸侯回到封地去，废除关禁，按照古礼制定服饰制度，以此来表明太平的气象。同时检举谴责窦氏诸人及皇族中没有品德的人，消除他们的族籍。当时各外戚都是列侯，很多人娶了公主，都不想回到封地去，因此对魏其侯、武安侯的毁谤每天都会传到窦太后的耳中。窦太后喜欢黄老学说，而魏其侯、武安侯、赵绾、王臧等人则坚决推崇儒家学术，轻视道家学说，因此窦太后更加不喜欢他们。到了建元二年，御史大夫赵绾请皇上不要把政事禀奏给太后。窦太后大怒，便罢免并驱逐了赵绾、王臧等人，同时免除丞相和太尉的职务，任命柏至侯许昌当丞相、武强侯庄青翟当御史大夫。魏其、武安由此以侯家居。

武安侯虽不任职，以王太后故，亲幸，数言事多效，天下吏士趋势利者，皆去魏其归武安，武安日益横。建元六年，窦太后崩，丞相昌、御史大夫青翟坐丧事不办，免。以武安侯蚡为丞相，以大司农韩安国为御史大夫。天下士郡诸侯愈益附武安。

武安者，貌侵，生贵甚。又以为诸侯王多长，上初即位，富于春秋，蚡以肺腑为京师相，非痛折节以礼诎之，天下不肃。当是时，丞相入奏事，坐语移日，所言皆听。荐人或起家至二千石，权移主上。上乃曰："君除吏已尽未？吾亦欲除吏。"尝请考工地益宅，上怒曰："君何不遂取武库！"是后乃退。尝召客饮，坐其兄盖侯南乡，自坐东乡，以为汉相尊，不可以兄故私桡。武安由此滋骄，治宅甲诸第。田园极膏腴，而市买郡县器物相属于道。前堂罗钟鼓，立曲旃；后房妇女以百数。诸侯奉金玉狗马玩好，不可胜数。

魏其失窦太后，益疏不用，无势，诸客稍稍自引而怠傲，唯灌将军独不失故。魏其日默默不得志，而独厚遇灌将军。

灌将军夫者，颍阴人也。夫父张孟，尝为颍阴侯婴舍人，得幸，因进之至二千石，故蒙灌氏姓为灌孟。吴楚反时，颍阴侯灌何为将军，属太尉，请灌孟为校尉。夫以千人与父俱。灌孟年老，颍阴侯强请之，郁郁不得意，故战常陷坚，遂死吴军中。军法，父子俱从军，有死事，得与丧归。灌夫不肯随丧归，奋曰："愿取吴王若将军头，以报父之仇。"于是灌夫被甲持戟，募军中壮士所善愿从者数十人。及出壁门，莫敢前。独二人及从奴十数骑驰入吴军，至吴将麾下，所杀伤数十人。不得前，复驰还，走入汉壁，皆亡其奴，独与一骑归。

史大夫。魏其侯、武安侯从此只能以列侯的身份闲居家中。

武安侯虽然不担任官职，但因为王太后的缘故，仍然受到皇上的宠信。他经常议论政事，屡次建议也都被采纳。天下趋炎附势的官吏和士人，于是纷纷离开魏其侯而巴结武安侯，武安侯也就一天比一天骄横。建元六年，窦太后逝世，丞相许昌、御史大夫庄青翟由于丧事办得不好而被免职。于是皇上任用武安侯为丞相，大司农韩安国为御史大夫。这样一来，天下的士人、郡太守和诸侯王就更加依附武安侯了。

武安侯身材矮小，其貌不扬，可是出身却很尊贵。又因为当时的诸侯王都年纪大了，皇上刚刚即位，年纪很轻，田蚡作为皇上的心腹担任朝廷的丞相，他认为如果不用礼法狠狠地整顿一番，天下人就不会服服帖帖的。那个时候，丞相入朝廷奏事，坐下来一说就是大半天，所说的话皇帝都得听，他举荐的人，有的从平民一下子提拔到二千石级，丞相的权力超过了皇帝。皇上有一次生气地说："你封官封完了没有？我还想封几个呢。"他曾经要求把考工官署的地盘划给自己扩建住宅，皇上生气地说："您怎么不干脆直接拿走朝廷的武库！"从这以后他才有所收敛。他请客人宴饮，让他的兄长盖侯南向坐，自己却东向坐，认为自己作为汉朝丞相比较尊贵，不可以因为是兄长就私下委屈自己的地位。武安侯从此越加骄纵，修建的住宅，其规模、豪华在所有贵族府第中属第一。田地、园林极其肥沃，派到各郡县购买器物的车在大路上络绎不绝。前堂摆设着钟鼓，树立着曲柄长条旗，后面寝宫的姬妾数以百计。至于诸侯们进献的金器、玉器、狗马和赏玩物品，就更没法计算了。

魏其侯在窦太后去世后，越发被皇上疏远，由于没有权势，那些门客渐渐离去，甚至对他懈怠傲慢起来，只有灌将军还保持原来的态度。魏其侯整天闷闷不乐，唯独对灌将军格外厚待。

灌夫将军是颍阴人。灌夫的父亲张孟，曾经做过颍阴侯灌婴的家臣，受到灌婴的宠信，被推荐做了二千石级的官，所以随灌氏的姓改名叫灌孟。吴楚叛乱时，灌婴的儿子颍阴侯灌何担任将军，是太尉周亚夫的部下，他推荐灌孟做了校尉。灌夫带着一千人和父亲一起从军。灌孟年老，颍阴侯勉强起用他，以致他郁郁不得志，因此战斗中时常攻打敌军的坚固阵地，最终在吴军阵营中战死。当时的军法规定：父子一同从军的，一个战死，另一个就能随同灵柩一起回家。但灌夫不肯回去，而是悲愤激昂地说："我希望斩取吴王或者吴国将军的头，来替父亲报仇。"于是披上铠甲，手拿戈戟，招募军队中要好而且愿意跟随的几十个勇士。等到出营门时，却没有人敢再前进。只有两人以及随从的奴仆共十来人飞马冲进吴军阵内，一直冲到吴军的将旗之下，杀死杀伤吴军将士几十个人。实在前夫身中大创十余，适有万金良药，故得无死。夫创少瘳，又复请将军曰：“吾益知吴壁中曲折，请复往。”将军壮义之，恐亡夫，乃言太尉，太尉乃固止之。吴已破，灌夫以此名闻天下。

颍阴侯言之上，上以夫为中郎将。数月，坐法去。后家居长安，长安中诸公莫弗称之。孝景时，至代相。孝景崩，今上初即位，以为淮阳天下交，劲兵处，故徙夫为淮阳太守。建元元年，入为太仆。二年，夫与长乐卫尉窦甫饮，轻重不得，夫醉，搏甫。甫，窦太后昆弟也。上恐太后诛夫，徙为燕相。数岁，坐法去官，家居长安。

灌夫为人刚直，使酒，不好面谀。贵戚诸有势在己之右，不欲加礼，必陵之；诸士在己之左，愈贫贱，尤益敬，与钧。稠人广众，荐宠下辈。士亦以此多之。

夫不喜文学，好任侠，已然诺。诸所与交通，无非豪桀大猾。家累数千万，食客日数十百人。陂池田园，宗族宾客为权利，横于颍川。颍川儿乃歌之曰：“颍水清，灌氏宁；颍水浊，灌氏族。”

灌夫家居虽富，然失势，卿相侍中宾客益衰。及魏其侯失势，亦欲倚灌夫引绳批根生平慕之后弃之者。灌夫亦倚魏其而通列侯宗室为名高。两人相为引重，其游如父子然。相得欢甚，无厌，恨相知晚也。

灌夫有服，过丞相。丞相从容曰：“吾欲与仲孺过魏其侯，会仲孺有服。”灌夫曰：“将军乃肯幸临况魏其侯，夫安敢以服为解！请语魏其侯帐具，将军旦日蚤临。”武安许诺。灌夫具语魏其侯如所谓武安侯。魏其与其夫人益市牛酒，夜洒埽，早帐具至旦。平明，令门下候伺。至日中，丞相不来。魏其谓灌夫曰：“丞相岂忘之哉？”灌夫不怿，曰：“夫以服请，宜往。”乃驾，自往迎丞相。丞相特前戏进不了了，才飞马驰回，等回到汉营一看，奴仆全都死了，只有一个骑兵跟他回来。这时灌夫身受重伤十多处，恰好碰到有好的药材，才得以保住性命。等伤势稍稍好转时，又再次向将军请求道：“我现在对吴军军营的底细知道得更加清楚了，请让我再去。”将军很欣赏他的胆量和义气，但担心他会送命，于是报告给太尉，太尉便坚决地阻止了他。等到吴军被攻破以后，灌夫也因此而名扬天下。

颍阴侯把灌夫的事迹向皇上汇报，皇上就任命灌夫担任中郎将。几个月后，因为触犯法令而丢了官。后来到长安安了家，长安城中的显贵没有不称赞他的。景帝时，灌夫官至代国国相。景帝去世后，当今皇上武帝刚即位，认为淮阳是天下的交通枢纽，是兵家必争之地，因此调灌夫担任淮阳太守。建元元年，又把灌夫调进京做了太仆。二年，灌夫与长乐卫尉窦甫喝酒，结果灌夫喝醉酒，竟打了窦甫。窦甫是窦太后的兄弟，皇上担心窦太后杀灌夫，调派他担任燕国国相。几年后，他又因犯法被免职，闲居在长安家中。

灌夫为人刚强直爽，好发酒疯，不喜欢当面奉承人。对地位在自己之上的皇亲国戚及有势力的人，他偏对他们不礼貌，偏要凌辱他们；对地位在自己之下的士人，越是贫贱的，就越加恭敬，跟他们平等相待。在大庭广众之中，特别喜欢推荐夸奖那些比自己地位低的人，因此士人们都很称赞他。

灌夫不喜欢文章经学，爱打抱不平，行侠仗义，答应别人的事，就一定办到。和他交往的人，无不是豪绅或帮派巨猾。家中积累有几千万的资产，每天的食客少则几十，多则近百。他在居所修建池塘、田地庄园，他的族人和门客倚仗着他的势力，在颍川横行霸道。于是颍川的小孩编了首歌谣：“颍水清清，灌氏安宁；颍水浑浊，灌氏灭族。”

灌夫闲居在家，虽然富有，但失去了权势，依附他的达官贵人及一般宾客也越来越少。等到魏其侯也失势后，就想让灌夫去报复那些原先趋炎附势，失势后又抛弃自己的人。灌夫也想依靠魏其侯去结交列侯和皇族以抬高自己的声望。两人互相倚重提携，关系如同父子一样密切，彼此心意相投，没有嫌忌，只恨相知太晚了。

灌夫在为姐姐服丧期内，有一天去拜访丞相田蚡，田蚡随口说：“我想和你一起去拜访魏其侯，却正赶上你现在服丧不便前往。”灌夫说：“您竟肯屈驾拜访魏其侯，我灌夫怎敢因为服丧而推辞呢！请让我先去告诉魏其侯备办酒席，您明天早点光临。”田蚡答应了。灌夫把田蚡的话详细地告诉了窦婴，窦婴就赶紧和夫人多买了肉和酒，连夜打扫厅堂，布置帷帐，准备酒宴，一直忙到天亮。天刚亮，就让府中管事的人在宅前迎接。等到中午，还不见丞相田蚡到来。窦婴对灌夫说：“丞相难道忘记了这件事？”灌夫也不高兴地说道：“我灌夫不顾丧服许灌夫，殊无意往。及夫至门，丞相尚卧。于是夫入见，曰："将军昨日幸许过魏其，魏其夫妻治具，自旦至今，未敢尝食。"武安鄂谢曰："吾昨日醉，忽忘与仲孺言。"乃驾往，又徐行，灌夫愈益怒。及饮酒酣，夫起舞属丞相，丞相不起，夫从坐上语侵之。魏其乃扶灌夫去，谢丞相。丞相卒饮至夜，极欢而去。

丞相尝使籍福请魏其城南田。魏其大望曰："老仆虽弃，将军虽贵，宁可以势夺乎！"不许。灌夫闻，怒，骂籍福。籍福恶两人有郄，乃谩自好谢丞相曰："魏其老且死，易忍，且待之。"已而武安闻魏其、灌夫实怒不予田，亦怒曰："魏其子尝杀人，蚡活之。蚡事魏其无所不可，何爱数顷田？且灌夫何与也？吾不敢复求田。"武安由此大怨灌夫、魏其。

元光四年春，丞相言灌夫家在颍川，横甚，民苦之。请案。上曰："此丞相事，何请。"灌夫亦持丞相阴事，为奸利，受淮南王金与语言。宾客居间，遂止，俱解。

夏，丞相取燕王女为夫人，有太后诏，召列侯宗室皆往贺。魏其侯过灌夫，欲与俱。夫谢曰："夫数以酒失得过丞相，丞相今者又与夫有郄。"魏其曰："事已解。"强与俱。饮酒酣，武安起为寿，坐皆避席伏。已魏其侯为寿，独故人避席耳，余半膝席。灌夫不悦。起行酒，至武安，武安膝席曰："不能满觞。"夫怒，因嘻笑曰："将军贵人也，属之！"时武安不肯。行酒次至临汝侯，临汝侯方与程不识耳语，又不避席。夫无所发怒，乃骂临汝侯曰："生平毁程不识不直一钱，今日长者为寿，乃效女儿呫嗫耳语！"武安谓灌夫曰："程李俱东西宫卫尉，今众辱程将军，仲孺独不为李将军地乎？"灌夫在身而应他之约，他应该来。”于是便驾车，亲自前往迎接田蚡。田蚡前一天只不过戏言答应了灌夫，实在无意前往。等灌夫来到门前，田蚡还在睡觉。于是灌夫进门对他说：“将军昨天答应拜访魏其侯，魏其侯夫妇备办酒食，从早晨到现在，都没敢吃一点东西。”武安侯一听，吃了一惊，赶紧道歉说：“我昨天喝醉了，忘记了跟您说的话。”便驾车前往，但又走得很慢，灌夫更加生气。等到喝酒喝得正高兴时，灌夫站起来跳舞，又邀请丞相，丞相竟不起身，灌夫便在酒宴上骂了起来。魏其侯赶紧搀扶着灌夫离去，并向田丞相谢罪。于是他们一直喝到天黑，才尽欢而去。

丞相田蚡曾经派籍福去索要窦婴在城南的田地。窦婴愤愤不平地说：“虽然我被朝廷废弃，而将军显贵，但是您怎么可以仗势硬夺我的田地呢？”就没有答应。灌夫听说后，也很生气，大骂籍福。籍福不愿两家矛盾加深，就自己编了好话向丞相道歉说：“魏其侯年事已高，就快死了，还不能忍耐吗，姑且等等吧！”不久，武安侯听说魏其侯和灌夫是因为愤怒而故意不肯给，也很生气地说：“魏其侯的儿子曾经杀人，是我救的命。我侍奉魏其侯时没有不听从他的，他为什么要吝惜那块地呢？况且这和灌夫又有什么关系？我再也不要这块地了。”从此武安侯对灌夫、魏其侯就非常怨恨了。

元光四年的春天，丞相进言说灌夫家在颍川十分横行，百姓生活非常困苦，请求皇上查办。皇上说：“这是丞相的职责，何必请示朝廷。”灌夫也抓住了丞相的一些把柄，例如用非法手段谋取利益，接受淮南王的贿赂，并说了不该说的话等等。宾客们从中调解，双方才停止互相攻击，彼此和解。

那年夏天，丞相迎娶燕王的女儿，太后下诏令，叫列侯和皇族都去祝贺。魏其侯拜访灌夫，打算同他一起去。灌夫推辞不去：“我多次因为酒后失言而得罪丞相，丞相近来又和我有嫌隙。”魏其侯说：“事情已经和解了。”于是硬拉他一起去了。酒兴正浓时，武安侯起身祝酒，在座的宾客都赶紧离开席位，伏在地上，表示不敢当。过了一会儿，窦婴也起身敬酒，只有那些老朋友离开了席位，其余半数的人照常坐在那里，只是稍微欠了欠上身。灌夫不高兴，起身依次敬酒，敬到武安侯时，武安侯照常坐在那里，只稍欠了一下上身说：“不能再喝满杯了。”灌夫火了，于是假笑着说：“将军您是贵人啊，喝光了吧！”武安侯还是不肯。灌夫无法只好接着敬酒，轮到临汝侯，临汝侯正和程不识附耳说悄悄话，没有离开席位。灌夫的怒气无处发泄，便骂临汝侯道：“你平时将程不识贬得一钱不值，今天长辈向你敬酒，你却学女子叽叽咕咕咬耳朵！”武安侯赶紧阻拦说：“程将军和李将军是东西两宫的卫尉，你今天当众羞辱程将军，难道就不给李将军留点面子吗？”灌夫说：“今天我连砍头穿胸都不怕了，又哪里在乎什曰："今日斩头陷匈，何知程李乎！"坐乃起更衣，稍稍去。

魏其侯去，麾灌夫出。武安遂怒曰："此吾骄灌夫罪。"乃令骑留灌夫。灌夫欲出不得。籍福起为谢，案灌夫项令谢。夫愈怒，不肯谢。武安乃麾骑缚夫置传舍，召长史曰："今日召宗室，有诏。"劾灌夫骂坐不敬，系居室。遂按其前事，遣吏分曹逐捕诸灌氏支属，皆得弃市罪。魏其侯大愧，为资使宾客请，莫能解。武安吏皆为耳目，诸灌氏皆亡匿，夫系，遂不得告言武安阴事。

魏其锐身为救灌夫。夫人谏魏其曰："灌将军得罪丞相，与太后家忤，宁可救邪？"魏其侯曰："侯自我得之，自我捐之，无所恨。且终不令灌仲孺独死，婴独生。"乃匿其家，窃出上书。立召入，具言灌夫醉饱事，不足诛。上然之，赐魏其食，曰："东朝廷辩之。"

魏其之东朝，盛推灌夫之善，言其醉饱得过，乃丞相以他事诬罪之。武安又盛毁灌夫所为横恣，罪逆不道。魏其度不可奈何，因言丞相短。武安曰："天下幸而安乐无事，蚡得为肺腑，所好音乐狗马田宅。蚡所爱倡优巧匠之属，不如魏其、灌夫日夜招聚天下豪桀壮士与论议，腹诽而心谤，不仰视天而俯画地，辟倪两宫间，幸天下有变，而欲有大功。臣乃不知魏其等所为。"于是上问朝臣："两人孰是？"御史大夫韩安国曰："魏其言灌夫父死事，身荷戟驰入不测之吴军，身被数十创，名冠三军，此天下壮士，非有大恶，争杯酒，不足引他过以诛也。魏其言是也。丞相亦言灌夫通奸猾，侵细民，家累巨万，横恣颍川，凌轹宗室，侵犯骨肉，此所谓'枝大于本，胫大于股，不折必披'，丞相言亦是。唯明主裁之。"主爵都尉汲黯是魏其。内史郑当时是魏其，后不敢坚对。余皆莫敢对。上怒内史曰："公平生数言魏其、武安长短，今日廷论，局趣效辕下驹，吾并斩若属矣。"即罢起入，上食太后。太后亦已使人候伺，具以告太后。太么程将军、李将军！”在座的人便起身借口上厕所，都溜出去了。

魏其侯也要出门，示意灌夫一同出去。武安侯于是大怒道：“这是我骄宠灌夫的过错。”便令骑士扣留灌夫。灌夫这时想走也走不了。籍福起身替他谢罪，并按着灌夫的脖子让他道歉。灌夫越发生气，不肯谢罪。武安侯就指挥武士们捆住灌夫绑到客房去，召来长史说：“今天请宗室宾客来参加宴会，是有太后诏令的。”于是让长史弹劾灌夫席间责骂宾客，犯了不敬之罪，把他拘禁在室内。接着追查他以前的不法行为，派遣小吏分头捉捕所有灌家的旁支近亲，通通判了死罪。魏其侯非常惭愧，百般花钱让宾客向田丞相求情，结果都没用。武安侯的属吏都为他做耳目，所有灌氏的人都逃跑、躲藏了起来，灌夫被拘押，也无法告发武安侯的隐密之事了。

魏其侯挺身而出想营救灌夫。他的夫人劝说道：“灌将军得罪了丞相，和太后家的人作对，怎么能救得了呢？”魏其侯说：“侯爵是我得来的，即使把它弄丢了，也没有什么可遗憾的。再说我怎忍心让灌仲孺自己去死，而我却独自活着呢？”于是就瞒着家人，偷偷上书给皇上。皇上就召见他，魏其侯就把灌夫因为喝醉而失言的情况详细地说了一遍，认为理不当死。皇上认为说得有理，赏赐魏其侯一同进餐，说：“到东宫去公开辩论这件事情。”

魏其侯到东宫后，极力夸赞灌夫的长处，说他是酒后犯的过错，而丞相却拿别的罪来诬陷灌夫。武安侯则竭力诋毁灌夫骄横放纵，犯了大逆不道的罪。魏其侯眼看没有别的办法，便攻击丞相的短处。而丞相却说：“现在天下幸而太平无事，我才得以做皇上的心腹，喜好的无非是音乐、狗马、田宅，喜欢的只是优伶、巧匠之类的人，不像魏其侯、灌夫他们，招聚天下的豪杰壮士在一起议论国家大事，诋毁朝廷，不是仰观天象，就是俯察地理，窥测于东西两宫，盼着天下出现什么变故，好立大功。我真不知道他们到底要做些什么。”于是皇上向大臣们问道：“他们两人谁说得对？”御史大夫韩安国说：“魏其侯说灌夫的父亲为国捐躯，灌夫手持戈戟冲入到强大的吴军中，身受创伤几十处，名声在全军数第一，这是天下的勇士，他并没有什么大的罪恶，只因喝了酒而引起口舌之争，是不足以援引其他的罪状来判处死刑的。魏其侯说得有理。丞相说灌夫结交奸猾歹徒，欺凌百姓，积累家产数万万，横行颍川，凌辱侵犯皇族，这就是俗话说的‘树枝大于树干，小腿大于大腿，不折断就要分裂’，丞相的话也有道理。希望英明的主上自己裁决这件事。”主爵都尉汲黯认为魏其侯对。内史郑当时也认为魏其侯对，但后来又不敢坚持自己的意见去回答皇上。其余的人都不敢回答。皇上怒斥内史道：“你平日常说魏其侯、武安侯的长短，今天当廷辩论，却畏首畏尾得像驾在车辕下的马驹，我要把你们这些人一并杀掉！”说罢站起身回了内后怒，不食，曰："今我在也，而人皆藉吾弟，令我百岁后，皆鱼肉之矣。且帝宁能为石人邪！此特帝在，即录录，设百岁后，是属宁有可信者乎？"上谢曰："俱宗室外家，故廷辩之。不然，此一狱吏所决耳。"是时郎中令石建为上别言两人事。

武安已罢朝，出止车门，召韩御史大夫载，怒曰："与长孺共一老秃翁，何为首鼠两端？"韩御史良久谓丞相曰："君何不自喜？夫魏其毁君，君当免冠解印绶归，曰'臣以肺腑幸得待罪，固非其任，魏其言皆是'。如此，上必多君有让，不废君。魏其必内愧，杜门齰舌自杀。今人毁君，君亦毁人，譬如贾竖女子争言，何其无大体也！"武安谢罪曰："争时急，不知出此。"

于是上使御史簿责魏其所言灌夫，颇不仇，欺谩。劾系都司空。孝景时，魏其常受遗诏，曰"事有不便，以便宜论上"。及系，灌夫罪至族，事日急，诸公莫敢复明言于上。魏其乃使昆弟子上书言之，幸得复召见。书奏上，而案尚书大行无遗诏。诏书独藏魏其家，家丞封。乃劾魏其矫先帝诏，罪当弃市。五年十月，悉论灌夫及家属。魏其良久乃闻，闻即恚，病痱，不食欲死。或闻上无意杀魏其，魏其复食，治病，议定不死矣。乃有蜚语为恶言闻上，故以十二月晦论弃市渭城。

其春，武安侯病，专呼服谢罪。使巫视鬼者视之，见魏其、灌夫共守，欲杀之。竟死。子恬嗣。元朔三年，武安侯坐衣襜褕入宫，不敬。

淮南王安谋反觉，治。王前朝，武安侯为太尉，时迎王至霸上，谓王曰："上未有太子，大王最贤，高祖孙，即宫车晏驾，非大王立当谁哉！"淮南王大喜，厚遗金财物。上自魏其时不直武安，特为太室，侍奉太后进餐。太后也派人探听消息，他们把廷辩的情况详细地汇报后，太后发怒不吃饭，说："如今我还活着，他们竟敢如此作践我的弟弟，假若我死了以后，还不像鱼肉一样任他们宰割啊。再说皇帝怎么能像石头人一样自己不做主张呢！现在皇帝还在，这班大臣就随声附合，假设皇帝死了以后，这些人还有可以信赖的吗？"皇上道歉说："只因都是皇族外戚，才当朝辩论。不然，只要一个狱吏就可以解决了。"这时郎中令石建单独向皇上谈了魏其侯、武安侯两个人的事情。

武安侯退朝出了停车门，招呼韩御史大夫一同乘车，生气地说："我和你共同对付一个老家伙，你为什么还首尾两端、犹豫不定？"韩御史大夫沉默了好一会儿才说："您怎么这样不自重？当魏其侯攻击您的时候，您应当摘下官帽，解下印绶，辞职回家说：'我作为皇帝的心腹，侥幸得此相位，本来就不能够胜任，魏其侯说得很对。'这样的话，皇上必定会赞许您能够谦让，绝对不会罢免您。而魏其侯也一定会心中有愧，关门咬舌自杀。如今人家毁谤您，您也诋毁人家，好像菜市场里女人吵嘴一般，怎么这么不识大体呢！"武安侯一听，恍然大悟说："当时只顾争吵，没有想到应该这样做啊。"

因此皇上派御史按文书追查魏其侯所说的灌夫的情况，很多不相符，于是魏其侯被认定犯了欺君之罪，被弹劾关押到了都司空。景帝时，魏其侯曾受有遗诏，遗诏上说"遇有不便之事，可以直接向皇上禀明"。但此时魏其侯已经被关押，灌夫定罪要灭族，情况一天比一天紧急，大臣们也不敢就这件事向皇上进谏。于是魏其侯让侄儿上书皇上，说他家存有先帝的遗诏，希望能被皇上召见。报告递呈上去后，查遍所藏，并没有这份遗诏。后来在魏其侯家中找到诏书，由家臣盖印加封。于是又弹劾魏其侯伪造先帝遗诏，应当斩首示众。元光五年十月，灌夫及其家属全部被处决了。魏其侯在监狱里很久之后才听说这件事，悲愤欲绝，当时就中了风，想要绝食寻死。后来又听说皇上本没有杀魏其侯的意思，魏其侯这才恢复饮食，医治疾病，决定不再寻死了。后来竟又有恶毒的流言蜚语传到皇上那里，因此就在当年的十二月月末将魏其侯在渭城斩首示众。

这年的春天，武安侯也病了，嘴里一个劲叫喊着"我有罪，我服罪"。请来巫师诊视他的病，巫师称看见魏其侯和灌夫两个人的鬼魂一起守在那里，要杀死他，最终就这样死了。他的儿子田恬继承了爵位，元朔三年，武安侯田恬因穿短衣进入宫中，犯了"不敬"之罪，封爵被废除。

淮南王刘安谋反的事被发觉了，皇上让追查此事。淮南王前次来朝，武安侯当时担任太尉，到灞上迎接淮南王说："皇上没有太子，大王最贤明，又是高祖的孙子，一旦皇上去世，不立大王为皇帝，又该立谁呢？"淮南王十分欢喜，送后故耳。及闻淮南王金事，上曰："使武安侯在者，族矣。"

太史公曰：魏其、武安皆以外戚重，灌夫用一时决筴而名显。魏其之举以吴楚，武安之贵在日月之际。然魏其诚不知时变，灌夫无术而不逊，两人相翼，乃成祸乱。武安负贵而好权，杯酒责望，陷彼两贤。呜呼哀哉！迁怒及人，命亦不延。众庶不载，竟被恶言。呜呼哀哉！祸所从来矣！

给武安侯许多金银财物。皇上自从魏其侯的事件发生时就不认为武安侯有理，只是碍着王太后的缘故罢了。后来听到淮南王向武安侯送金银财物的事，就说道："假使武安侯还活着的话，该灭族了。"

太史公说：魏其侯和武安侯都凭外戚的身份而居显要职位，灌夫因为一时的英勇而显名于当时。魏其侯由于平定吴、楚七国叛乱有功被重用，武安侯则完全靠着太后和皇上的关系才得以显贵。然而魏其侯实在是太不懂顺应时势的变化，灌夫不学无术又不谦逊，两人互相庇护，酿成了这场祸乱。武安侯倚仗显贵的地位而专权跋扈，由于一杯酒的怨愤，陷害了两个重要人物。可悲啊！灌夫迁怒于别人，以致自己的性命也不长久。灌夫得不到百姓的拥戴，终究落个坏名声。可悲啊！灾祸就是这样一点点酝酿而成的！

韩长孺列传第四十八

御史大夫韩安国者，梁成安人也，后徙睢阳。尝受韩子、杂家说于驺田生所。事梁孝王为中大夫。吴楚反时，孝王使安国及张羽为将，扞吴兵于东界。张羽力战，安国持重，以故吴不能过梁。吴楚已破，安国、张羽名由此显。

梁孝王，景帝母弟，窦太后爱之，令得自请置相、二千石，出入游戏，僭于天子。天子闻之，心弗善也。太后知帝不善，乃怒梁使者，弗见，案责王所为。韩安国为梁使，见大长公主而泣曰："何梁王为人子之孝，为人臣之忠，太后曾弗省也？夫前日吴、楚、齐、赵七国反时，自关以东皆合从西向，惟梁最亲为艰难。梁王念太后、帝在中，而诸侯扰乱，一言泣数行下，跪送臣等六人，将兵击却吴楚，吴楚以故兵不敢西，而卒破亡，梁王之力也。今太后以小节苛礼责望梁王。梁王父兄皆帝王，所见者大，故出称跸，入言警，车旗皆帝所赐也，即欲以侘鄙县，驱驰国中，以夸诸侯，令天下尽知太后、帝爱之也。今梁使来，辄案责之。梁王恐，日夜涕泣思慕，不知所为。何梁王之为子孝，为臣忠，而太后弗恤也？"大长公主具以告太后，太后喜曰："为言之帝。"言之，帝心乃解，而免冠谢太后曰："兄弟不能相教，乃为太后遗忧。"悉见梁使，厚赐之。其后梁王益亲欢。太后、长公主更赐安国可直千余金。名由此显，结于汉。

其后安国坐法抵罪，蒙狱吏田甲辱安国。安国曰："死灰独不复然乎？"田甲曰："然即溺之。"居无何，梁内史缺，汉使使者拜安国为梁内史，起徒中为二千石。田甲亡走。安国曰："甲不就官，我御史大夫韩安国，是梁国成安县人，后来迁居睢阳。曾经拜驺县的田先生为师，学习《韩非子》和杂家的学说。梁孝王时，担任中大夫。吴楚七国叛乱，梁孝王任命韩安国和张羽担任将军，在东界抵御吴国的军队。张羽敢于打硬战，而韩安国老成持重，两人相得益彰，因此吴军不能跨越梁国的防线。吴楚叛乱平息后，韩安国和张羽也因为配合默契而名声显扬。

梁孝王，是孝景帝的同母弟弟，窦太后很宠爱他，特别允许他自己推举梁国国相以及二千石级的官员。他进出京城、到处游猎的排场，简直就像皇帝一样。景帝听说后，很不高兴。窦太后知道景帝不满，就怪罪梁国派来的使者，不接见他们，而向他们追查责问梁王的所作所为。这时韩安国就以梁国使者身份进京，先去拜见大长公主，哭着说："为什么梁王作为儿子这么孝顺、作为臣子这么忠心，而太后竟然不能明察呢？从前吴、楚、齐、赵等七国叛乱时，函谷关以东的诸侯都联合起来向西进军，只有梁王与皇上关系最亲，处境也最为艰难。梁王想到太后和皇上在关中，而诸侯扰乱天下，他心里着急，一开口就泪流满面，跪着送我们六人，领兵抵抗吴楚叛军，吴、楚因此才没有敢大举西进，而最终被消灭，这都是梁王的功劳啊。如今太后却因为一些琐碎的礼节就来责怪梁王。梁王的父兄都是皇帝，从小见惯了这种场面，因而出入都清道，禁止行人通行，那些车马、旗帜本来就是皇帝赐予的，他只不过想借此向边远的小县夸耀，有时在都城往来驰骋，借此向诸侯夸耀，想让人都知道太后和皇上宠爱他。如今梁国的使者一来，当即就受到追查和责问。梁王很恐惧，日夜哭泣不住，不知如何是好。为什么梁王为人子尽孝，为人臣尽忠，太后却一点不体恤呢？"大长公主就把这些话一五一十地告诉了太后，太后很高兴，说道："把这些话讲给皇上听。"传话过去之后，皇上心里的结才算解开了，便摘下帽子向太后认错说："我没有管教好弟弟，以至于让母后操心了。"于是接见了全部的梁国使者，重重地赏赐了他们，从此梁王和景帝关系越发地亲近了。太后、长公主又赏赐给韩安国价值千余金的财物，他的名声因此更大了，与朝廷也建立了密切联系。

后来韩安国犯法进了监狱，蒙县的狱吏田甲侮辱韩安国。韩安国说："死灰难道就不会复燃吗？"田甲说："要是死灰再燃烧我就撒一泡尿浇灭它。"过了不久，梁国内史空缺，朝廷派使者任命韩安国为梁国内史，就从监狱中被起用，灭而宗。”甲因肉袒谢。安国笑曰：“可溺矣！公等足与治乎？”卒善遇之。

梁内史之缺也，孝王新得齐人公孙诡，说之，欲请以为内史。窦太后闻，乃诏王以安国为内史。

公孙诡、羊胜说孝王求为帝太子及益地事，恐汉大臣不听，乃阴使人刺汉用事谋臣。及杀故吴相袁盎，景帝遂闻诡、胜等计画，乃遣使捕诡、胜，必得。汉使十辈至梁，相以下举国大索，月余不得。内史安国闻诡、胜匿孝王所，安国入见王而泣曰：“主辱臣死。大王无良臣，故事纷纷至此。今诡、胜不得，请赐死。”王曰：“何至此？”安国泣数行下，曰：“大王自度于皇帝，孰与太上皇之与高皇帝及皇帝之与临江王亲？”孝王曰：“弗如也。”安国曰：“夫太上、临江亲父子之间，然而高帝曰‘提三尺剑取天下者朕也’，故太上皇终不得制事，居于栎阳。临江王，适长太子也，以一言过，废王临江；用宫垣事，卒自杀中尉府。何者？治天下终不以私乱公。语曰：‘虽有亲父，安知其不为虎？虽有亲兄，安知其不为狼？’今大王列在诸侯，悦一邪臣浮说，犯上禁，桡明法。天子以太后故，不忍致法于王。太后日夜涕泣，幸大王自改，而大王终不觉寤。有如太后宫车即晏驾，大王尚谁攀乎？”语未卒，孝王泣数行下，谢安国曰：“吾今出诡、胜。”诡、胜自杀。汉使还报，梁事皆得释，安国之力也。于是景帝、太后益重安国。孝王卒，共王即位，安国坐法失官，居家。

建元中，武安侯田蚡为汉太尉，亲贵用事，安国以五百金物遗蚡。蚡言安国太后，天子亦素闻其贤，即召以为北地都尉，迁为大司农。闽越、东越相攻，安国及大行王恢将。未至越，越杀其王降，汉兵亦罢。建元六年，武安侯为丞相，安国为御史大夫。

担任了二千石级的官员。田甲吓得弃官逃跑，韩安国说：“田甲不回来就任，我就要夷灭他的宗族。”田甲于是肉袒前往赔罪。韩安国笑道：“你可以撒尿了！你们这样的人值得我计较吗？”最后还是善待了他。

梁国内史空缺的时候，梁孝王刚刚得到齐人公孙诡，很喜欢他，打算任命他为内史。窦太后知道后不同意，命令梁孝王任命韩安国做内史。

公孙诡、羊胜曾怂恿梁孝王，要他向景帝请求做皇位继承人，并增加封地，怕朝廷大臣不肯答应，就暗地里派人刺杀当朝的谋臣。等到杀了原吴国国相袁盎，景帝便听到了公孙诡、羊胜等人的阴谋，就派使者去抓捕公孙诡和羊胜，要求务必抓到。前后派了十批使者，自丞相以下在全国进行大搜捕，结果搜了一个多月也没有抓到。内史韩安国听说公孙诡、羊胜藏到了梁孝王那儿，就哭着进见孝王说：“主上受辱，为臣当死。大王因为没有良臣，所以事情才闹到如此地步。如今公孙诡、羊胜抓不到，请赐我一死吧。”孝王道：“何必这样呢？”韩安国泪流满面，说道：“大王您自己揣度一下，您和皇帝的关系，比起太上皇与高皇帝以及皇帝与临江王的关系，哪个更亲近呢？”孝王答道：“比不上他们。”韩安国说：“太上皇与高皇帝，皇上与临江王都是父子关系，但是高皇帝说：‘提着三尺宝剑夺取天下的人是我’，所以太上皇始终不能过问政事，住在栎阳宫。临江王是嫡长太子，只因为他母亲说错一句话就被废黜降为临江王；又因建宫室时侵占了祖庙墙内的空地，被迫自杀。为什么会这样呢？因为皇帝治理天下，终究不能因私情而损害公事。俗话说：‘即使是亲生父亲，怎么知道他不会变成老虎？即使是亲兄弟，怎么知道他不会变成恶狼？’如今大王位居诸侯之列，却因听信一个奸臣的妄言诱惑，就去冒犯皇上的禁令，扰乱朝廷法纪。皇上因为太后的缘故，不忍心把大王法办。太后日夜哭泣，希望您能改好，可是大王您却始终不醒悟。这样下去倘若太后一旦仙逝，大王还能依靠谁呢？”话还没说完，孝王就泪下数行，向韩安国忏悔道：“我现在就把公孙诡和羊胜交出来。”公孙诡、羊胜于是就自杀了。使者回朝报告，梁国的事情得以解决，都是韩安国的力量。从此之后，景帝、太后更看重韩安国了。孝王死后，共王即了位，韩安国因犯法而丢了官，闲居在家。

建元年间，武安侯田蚡担任当朝太尉，受宠幸而掌大权，韩安国贿赂田蚡价值五百金的财物。田蚡就向王太后说到韩安国，皇上也常提起韩安国的贤能，就把他召来担任北地都尉，后来提升为大司农。当时闽越、东越互相攻打，韩安国和大行令王恢一起率军出征。还没有到达越地，越人就杀死了他们的国王向汉朝投降，汉军也就收兵了。建元六年武安侯田蚡做了丞相，韩安国被提升担任御史大夫。

匈奴来请和亲，天子下议。大行王恢，燕人也，数为边吏，习知胡事。议曰："汉与匈奴和亲，率不过数岁即复倍约。不如勿许，兴兵击之。"安国曰："千里而战，兵不获利。今匈奴负戎马之足，怀禽兽之心，迁徙鸟举，难得而制也。得其地不足以为广，有其众不足以为强，自上古不属为人。汉数千里争利，则人马罢，虏以全制其敝。且强弩之极矢，不能穿鲁缟；冲风之末力，不能漂鸿毛。非初不劲，末力衰也。击之不便，不如和亲。"群臣议者多附安国，于是上许和亲。

其明年，则元光元年，雁门马邑豪聂翁壹因大行王恢言上曰："匈奴初和亲，亲信边，可诱以利。"阴使聂翁壹为间，亡入匈奴，谓单于曰："吾能斩马邑令丞吏，以城降，财物可尽得。"单于爱信之，以为然，许聂翁壹。聂翁壹乃还，诈斩死罪囚，县其头马邑城，示单于使者为信。曰："马邑长吏已死，可急来。"于是单于穿塞将十余万骑，入武州塞。

当是时，汉伏兵车骑材官二十余万，匿马邑旁谷中。卫尉李广为骁骑将军，太仆公孙贺为轻车将军，大行王恢为将屯将军，太中大夫李息为材官将军。御史大夫韩安国为护军将军，诸将皆属护军。约单于入马邑而汉兵纵发。王恢、李息、李广别从代主击其辎重。于是单于入汉长城武州塞。未至马邑百余里，行掠卤，徒见畜牧于野，不见一人。单于怪之，攻烽燧，得武州尉史。欲刺问尉史。尉史曰："汉兵数十万伏马邑下。"单于顾谓左右曰："几为汉所卖！"乃引兵还。出塞，曰："吾得尉史，乃天也。"命尉史为"天王"。塞下传言单于已引去。汉兵追至塞，度弗及，即罢。王恢等兵三万，闻单于不与汉合，度往击辎重，必与单于精兵战，汉兵势必败，则以便宜罢兵，皆无功。

天子怒王恢不出击单于辎重，擅引兵罢也。恢曰："始约虏入马匈奴派人前来请求和亲，皇上交由朝臣讨论。大行令王恢是燕地人，多次出任边郡官吏，因此熟悉匈奴的情况。他建议说：“以前汉朝和匈奴和亲，但过不了几年匈奴就又背弃盟约。不如不答应，而发兵攻打他。”韩安国说：“派军队去千里之外作战，不会有好结果。现在匈奴倚仗军马的充足，怀着禽兽般的野心，迁移如同群鸟，很难控制他们。即使得到它的土地也不能算是扩大我们的疆土，拥有它的百姓也不能使我们强大，自古以来就未把他们视为国中之人。汉军千里迢迢去争夺利益，就会人马疲惫，使匈奴得以全力制服我军的弱点。况且强劲的弓发出的箭到了最后，连薄薄的鲁缟也不能穿透；强风之末，连轻飘飘的鸿毛也不能吹起。并不是说开始的时候不强劲，而是到了最后力量衰减罢了。发兵攻打匈奴有很多不便，不如跟它和亲。”结果参加讨论的大臣大多附和韩安国，皇上就应允和亲了。

和亲的第二年，也就是元光元年，雁门郡马邑城的豪绅聂翁壹通过大行令王恢向皇上进言说：“匈奴刚与汉和亲，十分亲近信任边地百姓，可以用财利去引诱他们。”于是暗中派遣聂翁壹做间谍，逃到匈奴，对单于说：“我能杀死马邑城的县令县丞等官吏，将马邑城献给您，财物也就可以全部得到。”单于贪心就相信了他，认为他说得有道理，便答应了聂翁壹。聂翁壹回来，斩了几个死囚的头，把他们的脑袋悬挂在马邑城上，假充是马邑城官吏的头，给单于派来的使者看，说道：“马邑城的长官已经死了，你们可以赶快来。”于是单于率领十余万骑兵穿过边塞，进入武州塞。

正在这个时候，汉王朝埋伏了二十多万兵士，隐藏在马邑城旁边的山谷中。卫尉李广担任骁骑将军，太仆公孙贺担任轻车将军，大行令王恢担任将屯将军，太中大夫李息担任材官将军，御史大夫韩安国担任护军将军，诸将都归护军将军统领。约定好等单于进入马邑城时汉军的伏兵就先出击，王恢、李息、李广另外从代郡夺取匈奴的军用物资。当单于进入汉长城武州塞，距离马邑城还有一百多里，将要劫掠时，只看见牲畜放养在荒野之中，却见不到一个人。单于觉得很奇怪，就攻打烽火台，俘虏了武州的一个尉史，逼问他，尉史说：“汉军有几十万人正埋伏在马邑城下。”单于回过头来对左右说：“差点儿就上了汉朝的当！”于是带领部队回去了。出边塞时说：“我们捉到武州尉史，真是老天保佑啊！”称尉史为“天王”。等到塞下传来消息说单于已经退兵回去，汉军追到边塞，估计追不上了，就撤退回来了。王恢等人的三万兵力，听说单于没有跟汉军交战，估计如果攻打匈奴的辎重部队，一定会与单于的精兵碰上，那时就会处于不利形势，于是临时决定撤兵，所以汉军都无功而返。

天子对王恢不攻击匈奴的后勤部队，而擅自领兵撤回非常不满。王恢说：

邑城，兵与单于接，而臣击其辎重，可得利。今单于闻，不至而还，臣以三万人众不敌，禔取辱耳。臣固知还而斩，然得完陛下士三万人。”于是下恢廷尉。廷尉当恢逗桡，当斩。恢私行千金丞相蚡。蚡不敢言上，而言于太后曰：“王恢首造马邑事，今不成而诛恢，是为匈奴报仇也。”上朝太后，太后以丞相言告上。上曰：“首为马邑事者，恢也，故发天下兵数十万，从其言，为此。且纵单于不可得，恢所部击其辎重，犹颇可得，以慰士大夫心。今不诛恢，无以谢天下。”于是恢闻之，乃自杀。

安国为人多大略，智足以当世取合，而出于忠厚焉。贪嗜于财。所推举皆廉士，贤于己者也。于梁举壶遂、臧固、郅他，皆天下名士，士亦以此称慕之，唯天子以为国器。安国为御史大夫四岁余，丞相田蚡死，安国行丞相事，奉引堕车，蹇。天子议置相，欲用安国，使使视之，蹇甚，乃更以平棘侯薛泽为丞相。安国病免数月，蹇愈，上复以安国为中尉。岁余，徙为卫尉。

车骑将军卫青击匈奴，出上谷，破胡茏城。将军李广为匈奴所得，复失之；公孙敖大亡卒：皆当斩，赎为庶人。明年，匈奴大入边，杀辽西太守，及入雁门，所杀略数千人。车骑将军卫青击之，出雁门。卫尉安国为材官将军，屯于渔阳。安国捕生虏，言匈奴远去。即上书言方田作时，请且罢军屯。罢军屯月余，匈奴大入上谷、渔阳。安国壁乃有七百余人，出与战，不胜，复入壁。匈奴虏略千余人及畜产而去。天子闻之，怒，使使责让安国。徙安国益东，屯右北平。是时匈奴虏言当入东方。

安国始为御史大夫及护军，后稍斥疏，下迁；而新幸壮将军卫青等有功，益贵。安国既疏远，默默也；将屯又为匈奴所欺，失亡多，甚自愧。幸得罢归，乃益东徙屯，意忽忽不乐。数月，病欧血死。安

“当初约定匈奴一进入马邑城，汉军就与单于大军交战，而后我的部队才夺取军用物资，这样才有利可图。现在单于听到了消息，没有到达马邑城就回去了，我那三万人要和他作战，只会自寻失败。我知道回来会被杀头，但是这样可以保全陛下的三万军士。”皇上于是把王恢交给廷尉审判。廷尉判他避敌观望，应当杀头。王恢暗中贿赂田蚡一千金。田蚡不敢直接对皇帝说，就向王太后说道：“王恢首先倡议马邑诱敌之计，今天没有成功而杀了王恢，这是替匈奴报仇呀。”皇上朝见王太后时，王太后就把丞相的话告诉了皇上。皇上说：“首先提出这次计划的人就是王恢，所以调动天下几十万士兵，按他的意见出击匈奴，结果匈奴却跑了。再说即使这次抓不到单于，如果王恢能按约定攻击匈奴的后勤部队，那可能还有些收获，也算是一点安慰了，谁想到他把事情搞成这样。现在不杀王恢就无法向天下人交代。”王恢一听，就自杀了。

韩安国为人有大韬略，能够顺应形势获得当权者的欢心，同时也有忠厚之心。他贪嗜钱财，但所推荐的都是廉洁的士人，比他高明。在梁国时推荐了壶遂、臧固、郅他，都是天下的名士，士人因此对他也很称道，连天子也认为他有治国之才。韩安国担任御史大夫第四年，丞相田蚡死了，韩安国代理丞相的职务，有一次给皇帝导引车驾时坠下车，跛了脚。天子商议任命丞相，打算任用韩安国，就派使者前往探视，他的脚跛得很厉害，于是就又改用平棘侯薛泽担任丞相。韩安国因病免职数月，等跛脚痊愈了，皇上又任命他做了中尉。一年后，调任做了卫尉。

车骑将军卫青攻打匈奴，从上谷郡出兵，在龙城打败了匈奴。将军李广被匈奴俘虏，后来又逃脱了；公孙敖损失了大量士兵；依军法他们都该杀头，后来花钱赎罪成为平民。第二年，匈奴大举入侵边境，杀了辽西太守，又侵入雁门，杀死和掳去几千人，等到车骑将军卫青赶到出兵追击时，他们已从雁门郡逃走。卫尉韩安国担任材官将军，驻守在渔阳。他抓到一个俘虏，说匈奴已经远远离去了。韩安国立即上书皇帝说现在正是农耕时节，请求暂且撤回屯驻的军队。撤回屯驻的军队一个多月后，匈奴大举侵入上谷、渔阳。韩安国的军营中只有七百多人，无法与敌交战，只好又撤回到军营中。结果匈奴掳掠了一千多人以及牲畜离去。天子听到这件事，大怒，派遣使者责备韩安国。把韩安国调往更东边的地方，屯军在右北平。这个时候匈奴的俘虏供称要侵入东方。

韩安国开始时担任御史大夫和护军，后来就渐渐地被排斥疏远了，贬了官；而新得宠的年轻将军卫青等又有军功，更加受到皇上的重用。韩安国既被疏远，也就无声无闻了；他领兵驻防又被匈奴欺骗，损失伤亡很多，内心很是惭愧，希望能够回到朝廷，却被调往更东边驻守，心中恍惚，闷闷不乐。几个月后，韩安国以元朔二年中卒。

太史公曰：余与壶遂定律历，观韩长孺之义，壶遂之深中隐厚。世之言梁多长者，不虚哉！壶遂官至詹事，天子方倚以为汉相，会遂卒。不然，壶遂之内廉行修，斯鞠躬君子也。

国得病呕血而死，这一年是元朔二年。

太史公曰：我和壶遂审定律历，看到韩长孺很有德义，壶遂则深藏忠厚。世人都说梁国多忠厚长者，这话确实不错啊！壶遂官做到詹事，天子正想重用他担任汉朝丞相，不巧壶遂就去世了。不然的话，以壶遂廉洁的品行和端正的行为，说不定真能干一番大事业呢！

李将军列传第四十九

李将军广者，陇西成纪人也。其先曰李信，秦时为将，逐得燕太子丹者也。故槐里，徙成纪。广家世世受射。孝文帝十四年，匈奴大入萧关，而广以良家子从军击胡，用善骑射，杀首虏多，为汉中郎。广从弟李蔡亦为郎，皆为武骑常侍，秩八百石。尝从行，有所冲陷折关及格猛兽，而文帝曰："惜乎，子不遇时！如令子当高帝时，万户侯岂足道哉！"

及孝景初立，广为陇西都尉，徙为骑郎将。吴楚军时，广为骁骑都尉，从太尉亚夫击吴楚军，取旗，显功名昌邑下。以梁王授广将军印，还，赏不行。徙为上谷太守，匈奴日以合战。典属国公孙昆邪为上泣曰："李广才气，天下无双，自负其能，数与虏敌战，恐亡之。"于是乃徙为上郡太守。后广转为边郡太守，徙上郡。尝为陇西、北地、雁门、代郡、云中太守，皆以力战为名。

匈奴大入上郡，天子使中贵人从广勒习兵击匈奴。中贵人将骑数十纵，见匈奴三人，与战。三人还射，伤中贵人，杀其骑且尽。中贵人走广。广曰："是必射雕者也。"广乃遂从百骑往驰三人。三人亡马步行，行数十里。广令其骑张左右翼，而广身自射彼三人者，杀其二人，生得一人，果匈奴射雕者也。已缚之上马，望匈奴有数千骑，见广，以为诱骑，皆惊，上山陈。广之百骑皆大恐，欲驰还走。广曰："吾去大军数十里，今如此以百骑走，匈奴追射我立尽。今我留，匈奴必以我为大军诱，必不敢击我。"广令诸骑曰："前！"前未到匈奴陈二里所，止，令曰："皆下马解鞍！"其骑曰："虏多且近，即有急，奈何？"广曰："彼虏以我为走，今皆解鞍以示不走，李广将军，是陇西郡成纪县人。他的先祖李信，是秦朝时的将军，就是追获了燕太子丹的那位。他老家在槐里县，后来迁到成纪。李广家世代相传射箭之术。文帝十四年，匈奴人大举入侵萧关，李广以良家子弟的身份参军抗击匈奴，因为他善于骑射，斩杀很多敌人的首级，所以被任命为朝廷的中郎。李广的堂弟李蔡，也担任中郎。二人又都任武骑常侍，俸禄八百石。李广曾护卫皇帝外出，常常冲锋陷阵、抵御敌人，与猛兽格斗也表现出无比的勇敢，文帝说：“可惜啊！你没遇到时机，如果出生在高祖的时代，万户侯也不值得一提！”

景帝即位后，李广任陇西都尉，又改任骑郎将。吴、楚七国叛乱时，李广任骁骑都尉，跟随太尉周亚夫攻打吴、楚叛军，在昌邑城下勇猛夺取叛军的军旗，一举扬名。由于梁孝王私自把将军印授给李广，回朝后，朝廷没有对他再进行封赏。他担任上谷太守时，匈奴每天都来挑战。典属国公孙昆邪哭着对皇上说：“李广将军的才气，天下无双，他自恃有才能，屡次和匈奴交锋，我担心他会因此牺牲。”于是皇上又调他任上郡太守。以后李广历任边境各郡太守，然后调任上郡太守。他曾任陇西、北地、雁门、代郡、云中等太守，都以作战勇猛而出名。

匈奴大举入侵上郡，天子派一名宦官随李广抗击匈奴。这位宦官带领几十名骑兵，纵马驰骋，途中遇到三个匈奴人，和他们交战，那三个匈奴人转身放箭，射伤了宦官，把他手下的骑兵几乎都杀光了。宦官逃回到李广那里，李广说：“这一定是匈奴的射雕能手。”于是就带上一百名骑兵前去追赶那三个匈奴人。那三个人没有马，徒步前行。走了几十里，李广命令他的骑兵左右散开，他亲自射击那三个人，射死了两个，活捉了一个，果然是匈奴的射雕手。把他捆绑上马之后，远远望见几千名匈奴的骑兵。他们看到李广，以为是诱敌的骑兵，都很惊慌，跑上山去摆好了阵势。李广的百名骑兵也都很惊恐，想要快马往回跑。李广说：“我们离大军有几十里地，按照如今情形，我们只要一跑，匈奴人就会追赶射杀我们，会立刻把我们都杀光。现在假如我们停留不动，匈奴人一定会认为我们是大军的诱敌部队，必然不敢来攻击。”李广于是就命令各位骑兵说：“前进!”到了离匈奴人的阵地还有两里远的地方，停住了，李广下令：“全都下马，解下马鞍!”手下骑兵说：“敌军人多又这么近，如果发生紧急情况，怎么办?”李广说：“那些匈奴人原以为我们会逃跑，现在看到我们全都解下马鞍表示不用坚其意。”于是胡骑遂不敢击。有白马将出护其兵，李广上马与十余骑犇射杀胡白马将，而复还至其骑中，解鞍，令士皆纵马卧。是时会暮，胡兵终怪之，不敢击。夜半时，胡兵亦以为汉有伏军于旁欲夜取之，胡皆引兵而去。平旦，李广乃归其大军。大军不知广所之，故弗从。

居久之，孝景崩，武帝立，左右以为广名将也，于是广以上郡太守为未央卫尉，而程不识亦为长乐卫尉。程不识故与李广俱以边太守将军屯。及出击胡，而广行无部伍行陈，就善水草屯，舍止，人人自便，不击刀斗以自卫，莫府省约文书籍事，然亦远斥候，未尝遇害。程不识正部曲行伍营陈，击刀斗，士吏治军簿至明，军不得休息，然亦未尝遇害。不识曰："李广军极简易，然虏卒犯之，无以禁也；而其士卒亦佚乐，咸乐为之死。我军虽烦扰，然虏亦不得犯我。"是时汉边郡李广、程不识皆为名将，然匈奴畏李广之略，士卒亦多乐从李广而苦程不识。程不识孝景时以数直谏为太中大夫。为人廉，谨于文法。

后汉以马邑城诱单于，使大军伏马邑旁谷，而广为骁骑将军，领属护军将军。是时单于觉之，去，汉军皆无功。其后四岁，广以卫尉为将军，出雁门击匈奴。匈奴兵多，破败广军，生得广。单于素闻广贤，令曰："得李广必生致之。"胡骑得广，广时伤病，置广两马间，络而盛卧广。行十余里，广佯死，睨其旁有一胡儿骑善马，广暂腾而上胡儿马，因推堕儿，取其弓，鞭马南驰数十里，复得其余军，因引而入塞。匈奴捕者骑数百追之，广行取胡儿弓，射杀追骑，以故得脱。于是至汉，汉下广吏。吏当广所失亡多，为虏所生得，当斩，赎为庶人。

顷之，家居数岁。广家与故颍阴侯孙屏野居蓝田南山中射猎。尝夜从一骑出，从人田间饮。还至霸陵亭，霸陵尉醉，呵止广。广骑逃，就更坚信我们是诱敌之兵的猜想。”就这样匈奴的骑兵终于没敢来攻击。有个骑白马的将军走出阵地来监护他的士兵，李广立即跨上马带着十多名骑兵上前去，射死了那个将军，而后又回到他的骑兵队里，解下马鞍，命令士兵全都把马放开，随便躺卧。这时正值日暮黄昏，匈奴军队始终觉得蹊跷，不敢进攻。到了半夜，匈奴兵怀疑附近有伏兵，想趁夜偷袭他们，因而就领兵撤离了。第二天早晨，李广才回到他的军营中，大军不知道李广的去向，所以没有前去接应。

几年后，景帝去世，武帝即位。左右大臣都认为李广是名将，这样李广就由上郡太守调任未央宫的禁卫军长官，程不识也做了长乐宫的禁卫军长官。程不识和李广从前都任边郡太守并兼管军队驻防。等到出兵攻打匈奴的时候，李广行军作战没有严格的队列和阵势，军队驻扎在水草丰茂的地方，停留时，人人均可自便，夜里也不打更巡逻，军中幕府的文书簿籍都很简单，但是他在远处设置了侦察哨兵，因此未曾遇到袭击。程不识对队伍的编制、行军队列、驻营阵势等要求很严格，夜里打更，文书军吏处理考绩等公文簿册往往要到天明，全都忙忙碌碌，不曾休息，但也不曾遇到危险。程不识说：“李广的治兵方法，简单省事，然而如果遇到敌人突袭，他就无法抵挡了。他的士卒倒也安逸快乐，作战时都甘心拼命。我的军队虽然军务纷繁忙乱，但是敌人也不敢侵犯我。”那时李广、程不识都是汉朝边郡的名将，但是匈奴人特别害怕李广，士兵也大多愿意跟随李广，而不愿跟随程不识。程不识因为敢于直谏被封为太中大夫，为人清廉，谨守朝廷规章法度。

后来，汉朝用马邑城引诱单于，派大军在马邑两旁的山谷中埋伏，李广任骁骑将军，受护军将军韩安国统领。当时单于发觉了汉军的计谋逃跑了，汉军都无功而返。四年以后，李广由卫尉被提升为将军，出雁门关进攻匈奴。匈奴兵多，打败了李广的军队，并生擒了李广。单于以前就听说李广很贤能，下令说：“一定要活着把李广送来。”匈奴骑兵抓获了李广，当时李广受伤生了病，就把他放在两匹马中间绳编的网兜里。走了十多里路，李广假装死去，斜眼偷偷看到他旁边的一个匈奴少年骑着一匹好马，李广就突然一纵身跳上匈奴少年的马，趁势把他推了下去，夺了他的弓，然后快马加鞭，一口气向南飞驰数十里，遇到他的残部，于是带领他们返回关塞。匈奴出动几百名骑兵来追赶他，李广一边逃一边拿起匈奴少年的弓射杀追来的骑兵，因此才得以逃脱。回到京城，朝廷把李广交给军法处。执法官判决李广损失伤亡太多士兵，且自身又被活捉，应该斩首。李广花钱赎了死罪，被削职为民。

转眼间，李广已闲居在家数年，和已故颍阴侯灌婴的孙子灌强一起隐居在蓝田，常到南山打猎。一天夜里，他带着一名随从骑马外出，和朋友在田间饮酒。

曰："故李将军。"尉曰："今将军尚不得夜行，何乃故也！"止广宿亭下。居无何，匈奴入杀辽西太守，败韩将军，后韩将军徙右北平。于是天子乃召拜广为右北平太守。广即请霸陵尉与俱，至军而斩之。

广居右北平，匈奴闻之，号曰"汉之飞将军"，避之数岁，不敢入右北平。

广出猎，见草中石，以为虎而射之，中石没镞，视之石也。因复更射之，终不能复入石矣。广所居郡闻有虎，尝自射之。及居右北平射虎，虎腾伤广，广亦竟射杀之。

广廉，得赏赐辄分其麾下，饮食与士共之。终广之身，为二千石四十余年，家无余财，终不言家产事。广为人长，猿臂，其善射亦天性也，虽其子孙他人学者，莫能及广。广讷口少言，与人居则画地为军陈，射阔狭以饮。专以射为戏，竟死。广之将兵，乏绝之处，见水，士卒不尽饮，广不近水，士卒不尽食，广不尝食。宽缓不苛，士以此爱乐为用。其射，见敌急，非在数十步之内，度不中不发，发即应弦而倒。用此，其将兵数困辱，其射猛兽亦为所伤云。

居顷之，石建卒，于是上召广代建为郎中令。元朔六年，广复为后将军，从大将军军出定襄，击匈奴。诸将多中首虏率，以功为侯者，而广军无功。后二岁，广以郎中令将四千骑出右北平，博望侯张骞将万骑与广俱，异道。行可数百里，匈奴左贤王将四万骑围广，广军士皆恐，广乃使其子敢往驰之。敢独与数十骑驰，直贯胡骑，出其左右而还，告广曰："胡虏易与耳。"军士乃安。广为圜陈外乡，胡急击之，矢下如雨。汉兵死者过半，汉矢且尽。广乃令士持满毋发，而广身自以大黄射其裨将，杀数人，胡虏益解。会日暮，吏士皆无人回来时经过霸陵亭，霸陵尉喝醉了，大声喝斥，不让李广通过。李广的随从说："这是前任李将军。"霸陵尉说："现任将军尚且不许通行，何况是前任呢！"便扣留了李广，让他停宿在霸陵亭下。没过多久，匈奴入侵杀死辽西太守，打败了韩安国将军，后来韩将军被调到右北平。于是天子就召来李广，任他为右北平太守。李广当即请求派霸陵尉一起前去，到了军中就把他杀了。

李广驻守在右北平，匈奴听说后，称他为汉朝的"飞将军"，一连几年都躲避他，不敢入侵右北平。

李广外出打猎的时候，看见草丛里的一块石头，以为是老虎就向它射去，射中了石头，箭头都射进去了，过去一看，原来是石头。接着重新再射，却怎么都不能再射进去了。李广驻守过各郡，听说有老虎，常常亲自去射杀。后来在右北平射虎时，老虎跳起来咬伤了李广，但最后还是射死了这只老虎。

李广为官清廉，得到的赏赐统统都分给部下，饮食总与士兵在一起。李广一生，担任二千石俸禄的高官长达四十多年，但家中没有多余的财物，也从不谈及家产的事。李广身材高大，两臂如猿，他善于射箭也是来自好的天赋，所以不管是他的子孙或外人向他学习，都没人能赶上他。李广不善言辞，说话不多，与别人在一起时就在地上演画军阵，然后比射箭，比试箭法的疏密、准确，输了的罚酒。他一直以射箭为消遣，到死都不变。李广带兵，遇到缺水断粮时，见到水，士兵不全都喝到，他就不喝；士兵还没有完全吃上饭，他一口饭也不尝。李广对士兵宽厚和气不苛刻，因此深得士兵爱戴，乐于为他效命。他射箭时，一见敌人冲过来，不到几十步之内，如果揣度射不中就从不发箭，只要一发箭敌人当即就会应声倒下。正因为如此，他统领军队好几次被困受辱，射杀猛兽时也曾被猛兽所伤。

没过多久，石建死了，于是皇上召见李广，让他接替石建做了郎中令。元朔六年，李广又被任命为后将军，跟随大将军卫青的军队出兵定襄，讨伐匈奴。许多将领因斩杀敌人首级符合规定数额，以战功被封侯，唯独李广没有战功。两年后，李广以郎中令的身份率领四千骑兵从右北平出发讨伐匈奴，博望侯张骞率领一万骑兵与李广一同出征，分行两条路。走了几百里，突然被匈奴左贤王率领的四万骑兵包围了，手下的士兵都很害怕，李广就派他的儿子李敢骑马冲向匈奴军中。李敢率几十名骑兵飞奔，直穿匈奴骑兵阵，又从其左右两翼突出，回来向李广报告说："这些匈奴敌兵很容易对付的！"士兵们这才安心。李广布成圆形兵阵，面向外，匈奴猛攻他们，箭如雨下。汉军死了一半多，箭也快用光了。李广就命令士兵拉满弓，不要放箭，而他亲自用大黄弩弓射杀匈奴的副将，杀死了好几个，匈奴军这才渐渐散开。这时天色已晚，军吏士兵们都面无人色，唯独李色，而广意气自如，益治军。军中自是服其勇也。明日，复力战，而博望侯军亦至，匈奴军乃解去。汉军罢，弗能追。是时广军几没，罢归。汉法，博望侯留迟后期，当死，赎为庶人。广军功自如，无赏。

初，广之从弟李蔡与广俱事孝文帝。景帝时，蔡积功劳至二千石。孝武帝时，至代相。以元朔五年为轻车将车，从大将军击右贤王，有功中率，封为乐安侯。元狩二年中，代公孙弘为丞相。蔡为人在下中，名声出广下甚远，然广不得爵邑，官不过九卿，而蔡为列侯，位至三公。诸广之军吏及士卒或取封侯。广尝与望气王朔燕语，曰："自汉击匈奴而广未尝不在其中，而诸部校尉以下，才能不及中人，然以击胡军功取侯者数十人，而广不为后人，然无尺寸之功以得封邑者，何也？岂吾相不当侯邪？且固命也？"朔曰："将军自念，岂尝有所恨乎？"广曰："吾尝为陇西守，羌尝反，吾诱而降，降者八百余人，吾诈而同日杀之。至今大恨独此耳。"朔曰："祸莫大于杀已降，此乃将军所以不得侯者也。"

后二岁，大将军、骠骑将军大出击匈奴，广数自请行。天子以为老，弗许；良久乃许之，以为前将军。是岁，元狩四年也。

广既从大将军青击匈奴，既出塞，青捕虏知单于所居，乃自以精兵走之，而令广并于右将军军，出东道。东道少回远，而大军行水草少，其势不屯行。广自请曰："臣部为前将军，今大将军乃徙令臣出东道，且臣结发而与匈奴战，今乃一得当单于，臣愿居前，先死单于。"大将军青亦阴受上诫，以为李广老，数奇，毋令当单于，恐不得所欲。而是时公孙敖新失侯，为中将军从大将军，大将军亦欲使敖与俱当单于，故徙前将军广。广时知之，固自辞于大将军。大将军不听，令长史封书与广之莫府，曰："急诣部，如书。"广不谢大将军而起行，意甚愠怒而就部，引兵与右将军食其合军出东道。军亡导，广却神态自若、意气风发，他把军队又整顿了一下，准备继续作战。从此军中都很佩服他的勇气。第二天，他们又接着奋力作战，博望侯的军队也赶到了，匈奴军才退去。汉军非常疲惫，所以也没有去追击。这一次，李广几乎全军覆没，只好收兵回朝。按汉朝军法，博望侯行军迟缓，延误限期，应处死刑，后花钱赎了罪，降为平民。李广功过相抵，没有封赏。

当初，李广的堂弟李蔡和李广一起侍奉文帝。景帝时，李蔡已慢慢升迁到年俸二千石的官位。武帝时，做到代国的国相。元朔五年，李蔡担任轻车将军，跟随大将军卫青攻打匈奴右贤王有功，达到封赏标准，被封为乐安侯。元狩二年间，代替公孙弘做了丞相。李蔡论才干，只能算是下等，声名比李广差得更远，然而李广一辈子也没能得到封爵和封地，官位没超过九卿，可是李蔡却位居列侯，官至三公。李广属下的军官和士兵们，也有人被封了侯。李广曾和星象家王朔私下闲谈说："自从汉朝攻打匈奴以来，我李广未尝不是在汉军之中，而各军中校尉以下的人，他们的才能还赶不上一般人，然而因为建立军功而被封侯的，就有几十个，我不比别人差，却没有尺寸之功来取得封邑，这是为什么呢？难道是我的生相不该被封侯吗？还是命中注定的呢？"王朔说："将军仔细回想一下，曾经有什么悔恨的事吗？"李广说："我担任陇西太守时，羌人反叛，我曾经引诱他们投降，结果有八百多人来投降，但我欺骗了他们，在一天内就把他们全杀掉了。至今最悔恨的就是这件事。"王朔说："没有比杀害投降的人罪过更大的了，这就是将军您之所以不能被封侯的原因了。"

又过了两年，大将军卫青、骠骑将军霍去病率军大举出击匈奴，李广几次请求随行。但天子认为他年纪已大，就没有答应；过了好久才准许他，让他任前将军。这一年是元狩四年。

李广不久随大将军卫青出征匈奴，出塞以后，卫青捉到敌兵，知道了单于所居住的地方，就亲自率领精兵前往，而命令李广和右将军的队伍合并，从东路出击。东路有些迂回绕远，而且大军走在水草缺少的地方，形势不允许并队行进。李广就主动请求说："我身为前将军，如今大将军却命令我改从东路出兵，况且我从少年时就与匈奴作战，到今天才得到一次与单于对战的机会，我愿打前阵，即使战死也心甘情愿。"大将军卫青曾暗中受到皇上告诫，认为李广年老，屡次不走运，不要让他和单于对阵交锋，否则恐怕难以取胜。这个时候，公孙敖刚刚失掉了侯爵，担任中将军跟随大将军，大将军也想让公孙敖和他共同来和单于对阵，因此就把李广调离了。李广也知道内情，就坚决向大将军陈请。大将军没有听从，后来命令长史直接下文书给李广军中的幕府，说："赶快照文书到军部去。"李广非常气愤，没有向大将军辞行，就满腔怒气地回到了军队，率领军或失道，后大将军。大将军与单于接战，单于遁走，弗能得而还。南绝幕，遇前将军、右将军。广已见大将军，还入军。大将军使长史持糒醪遗广，因问广、食其失道状，青欲上书报天子军曲折。广未对，大将军使长史急责广之幕府对簿。广曰："诸校尉无罪，乃我自失道。吾今自上簿至莫府。"

广谓其麾下曰："广结发与匈奴大小七十余战，今幸从大将军出接单于兵，而大将军又徙广部行回远，而又迷失道，岂非天哉！且广年六十余矣，终不能复对刀笔之吏。"遂引刀自刭。广军士大夫一军皆哭。百姓闻之，知与不知，无老壮皆为垂涕。而右将军独下吏，当死，赎为庶人。

广子三人，曰当户、椒、敢，为郎。天子与韩嫣戏，嫣少不逊，当户击嫣，嫣走。于是天子以为勇。当户早死，拜椒为代郡太守，皆先广死。当户有遗腹子名陵。广死军时，敢从骠骑将军。广死明年，李蔡以丞相坐侵孝景园壖地，当下吏治，蔡亦自杀，不对狱，国除。李敢以校尉从骠骑将军击胡左贤王，力战，夺左贤王鼓旗，斩首多，赐爵关内侯，食邑二百户，代广为郎中令。顷之，怨大将军青之恨其父，乃击伤大将军，大将军匿讳之。居无何，敢从上雍，至甘泉宫猎。骠骑将军去病与青有亲，射杀敢。去病时方贵幸，上讳云鹿触杀之。居岁余，去病死。而敢有女为太子中人，爱幸，敢男禹有宠于太子，然好利，李氏陵迟衰微矣。

李陵既壮，选为建章监，监诸骑。善射，爱士卒。天子以为李氏世将，而使将八百骑。尝深入匈奴二千余里，过居延视地形，无所见虏而还。拜为骑都尉，将丹阳楚人五千人，教射酒泉、张掖以屯卫胡。

数岁，天汉二年秋，贰师将军李广利将三万骑击匈奴右贤王于祁连天山，而使陵将其射士步兵五千人出居延北可千余里，欲以分匈奴队和右将军赵食其会合，出兵东道。大军没有向导，有时就迷路，落在大将军后面。大将军和单于交战，单于逃跑了，卫青没有取得战果只好回兵。向南越过大沙漠后，遇到了前将军、右将军的部队。李广谒见大将军之后，就回到自己军中。大将军派长史拿着干粮和酒送给李广，顺便询问迷路的情况，想要上书向天子汇报行军不利的原因。李广置之不理，大将军就派长史急切责问李广的部下。李广忍无可忍，说："各位校尉无罪，是我自己迷失了道路。我现在就亲自去幕府对质候审。"

李广对他的部下说："我从少年时到现在，与匈奴打过大小仗七十多次，如今有幸跟随大将军出征，同单于的军队交战，可是大将军又调我的部队去走迂回绕远的路，偏又迷了路，这难道不是天意吗！况且我已六十多岁了，无论如何也不能再受那些刀笔吏的侮辱了。"于是就拔刀自刎了。李广军中的所有将士都为之痛哭。百姓听到这个消息，不论认识的不认识的，也不论男女老少，都为他落泪。右将军赵食其被交给执法官吏，应判为死罪，后来用财物赎罪，降为平民。

李广有三个儿子，名叫李当户、李椒、李敢，都任郎官。有一次，天子和弄臣韩嫣戏耍，韩嫣有点放肆的举动，李当户就打了韩嫣，韩嫣逃跑了，天子很欣赏他的勇敢。当户死得早，李椒被封为代郡太守，二人都比李广先死。当户有个遗腹子叫李陵。李广在军中自杀的时候，李敢正跟随骠骑将军霍去病。李广死后第二年，丞相李蔡因侵占景帝陵园前道旁空地而获罪，应送交法吏查办，李蔡不愿受审对质，也自杀了，他的封邑就被废除了。李敢以校尉官职随从骠骑将军攻击匈奴左贤王，他作战英勇，夺得左贤王的战鼓和军旗，斩杀很多敌人，因而被封为关内侯，封给食邑二百户，接替李广任郎中令。不久，李敢怨恨大将军卫青使他父亲饮恨而死，就把他打伤了，大将军把这件事隐瞒下来，没有说出去。又过了不久，李敢随从皇上去雍地，到甘泉宫打猎。骠骑将军霍去病是卫青的外甥，把李敢射死了。霍去病当时正显贵受宠，皇上就隐瞒真相，说李敢是被鹿撞死的。一年多后，霍去病也死了。李敢有个女儿是太子的侍妾，很受宠爱，李敢的儿子李禹也受太子宠信，但他贪财好利，李氏家族日渐败落衰微了。

李陵长大以后，被选拔为建章营的监督官，监管所有骑兵。他善于射箭，爱护士兵，天子认为李家世代为将，因而让李陵率领八百骑兵。李陵曾经深入匈奴境内二千多里，到居延以北视察地形，没发现敌人，就回来了。被任命为骑都尉，统领丹阳的楚兵五千人，在酒泉、张掖一带练习射箭，屯驻在那里防备匈奴。

几年后，天汉二年秋天，贰师将军李广利率领三万骑兵在祁连山进攻匈奴右贤王，武帝派李陵率领他的步兵射手五千人，出兵到居延海以北大约一千里的兵，毋令专走贰师也。陵既至期还，而单于以兵八万围击陵军。陵军五千人，兵矢既尽，士死者过半，而所杀伤匈奴亦万余人。且引且战，连斗八日，还未到居延百余里，匈奴遮狭绝道，陵食乏而救兵不到，虏急击招降陵。陵曰："无面目报陛下。"遂降匈奴。其兵尽没，余亡散得归汉者四百余人。

单于既得陵，素闻其家声，及战又壮，乃以其女妻陵而贵之。汉闻，族陵母妻子。自是之后，李氏名败，而陇西之士居门下者皆用为耻焉。

太史公曰：传曰"其身正，不令而行；其身不正，虽令不从"。其李将军之谓也？余睹李将军悛悛如鄙人，口不能道辞。及死之日，天下知与不知，皆为尽哀。彼其忠实心诚信于士大夫也？谚曰"桃李不言，下自成蹊"。此言虽小，可以谕大也。

地方，想以此分散匈奴的兵力，不让他们集中力量去对付贰师将军。李陵到了预定的期限返回时，被单于的八万大军包围。李陵只有五千人马，箭射光了，士兵损失大半，杀伤杀死匈奴也有一万多人。李陵军且战且退，一连八天。往回走到离居延还有一百多里的地方，被匈奴兵拦堵在狭窄的山谷，截断了归路。李陵军队既无粮食，又无救兵，匈奴军则加紧进攻，并劝诱李陵投降。李陵说："我没脸再去见皇帝了！"于是就投降了匈奴。他的军队全军覆没，逃回到汉朝的只有四百多人。

单于得到李陵之后，因平素就听说过李陵家的名声，又很欣赏他打仗时的勇敢，就把自己的女儿嫁给他，对他很尊宠。汉朝知道后，就杀了李陵的母亲妻儿全家。从这以后，李氏声名败落，那些居于陇西李氏门下的士人都因此感到耻辱。

太史公说：《论语》里说："在上位的人自身行为端正，不下命令人们也会遵守执行；自身行为不正，发下命令也没人听从。"这说的就是李将军吧！我所看到的李将军，老实厚道像个乡下人，不善讲话，可在他死的那天，天下人不论认识的还是不认识的，都为他哀悼。是他的忠厚诚实之心感动了将士吧？谚语说"桃李不言，下自成蹊"，这话虽说得浅显，但却可以用来说明大道理。

匈奴列传第五十

匈奴，其先祖夏后氏之苗裔也，曰淳维。唐虞以上有山戎、猃狁、荤粥，居于北蛮，随畜牧而转移。其畜之所多则马、牛、羊，其奇畜则橐駞、驴骡、駃騠、騊駼、驒騱。逐水草迁徙，毋城郭常处耕田之业，然亦各有分地。毋文书，以言语为约束。儿能骑羊，引弓射鸟鼠；少长则射狐兔：用为食。士力能毌弓，尽为甲骑。其俗，宽则随畜，因射猎禽兽为生业，急则人习战攻以侵伐，其天性也。其长兵则弓矢，短兵则刀鋋。利则进，不利则退，不羞遁走。苟利所在，不知礼义。自君王以下，咸食畜肉，衣其皮革，被旃裘。壮者食肥美，老者食其余。贵壮健，贱老弱。父死，妻其后母；兄弟死，皆取其妻妻之。其俗有名不讳，而无姓字。

夏道衰，而公刘失其稷官，变于西戎，邑于豳。其后三百有余岁，戎狄攻大王亶父，亶父亡走岐下，而豳人悉从亶父而邑焉，作周。其后百有余岁，周西伯昌伐畎夷氏。后十有余年，武王伐纣而营雒邑，复居于酆、鄗，放逐戎夷泾、洛之北，以时入贡，命曰“荒服”。其后二百有余年，周道衰，而穆王伐犬戎，得四白狼四白鹿以归。自是之后，荒服不至。于是周遂作《甫刑》之辟。穆王之后二百有余年，周幽王用宠姬褒姒之故，与申侯有却。申侯怒而与犬戎共攻杀周幽王于骊山之下，遂取周之焦获，而居于泾渭之间，侵暴中国。秦襄公救周，于是周平王去酆、鄗而东徙雒邑。当是之时，秦襄公伐戎至岐，始列为诸侯。是后六十有五年，而山戎越燕而伐齐，齐釐公与战于齐郊。其后四十四年，而山戎伐燕。燕告急于齐，齐桓公北伐山戎，山戎走。其后二十有余年，而戎狄至洛邑，伐周襄王，匈奴的先祖是夏后氏的后裔，叫淳维。唐尧、虞舜以前有山戎、猃狁、荤粥，居住在北方蛮荒的地方，随着放牧而迁移。他们饲养的牲畜，多数是马、牛、羊，特别的有骆驼、驴、骡、駃騠、騊駼、驒騱等。哪里水草茂盛他们就迁徙到哪里，没有城郭和固定的住处，也不从事农业生产，但是也有各自的牧地。他们没有文字和书籍，靠言语来约束人们的行动。很小即能骑羊，拉弓射击飞鸟和老鼠，稍微长大就能射杀狐狸和野兔，用作食物。成年男子都能拉弓，全都是铁甲骑兵。匈奴的风俗是，平常无战事时，便随意放牧，顺便射猎飞禽走兽以为生计；有紧急情况时，则人人练习攻战本领，以便侵袭掠夺，这是他们的天性。他们的长兵器就是弓箭，短兵器有大刀、小矛。形势有利时就进攻，不利时则后退，不把逃跑当作羞耻的事。只要有利可图，便不顾及礼义廉耻。自君王以下，人人都吃畜肉，穿兽皮，披着带毛的皮袄。青壮年吃鲜肥美味的，老年人只能吃剩下的食物。他们尊重强壮的人，轻视老弱。若父亲死了，儿子就娶后母为妻；若兄弟死了，则其他兄弟都可以娶他的寡妻为妻。他们的习俗是人有名，但不避讳，所以没有姓和字。

夏朝衰落以后，公刘失去了世袭的农官，改变了西戎的风俗，在豳地建起都邑住了下来。又过了三百多年，戎狄族进攻周太王亶父，亶父逃到岐山脚下，豳地民众全都跟随亶父来到岐山下，建立城邑，创建周国。这以后百余年，周的君王西伯昌攻打畎夷氏。又过了十多年，武王伐纣，营建洛邑，重又回到丰京、鄗京居住，把戎夷驱逐到泾水、洛水的北面，让他们按时进贡，称为“荒服”。其后二百多年，周朝国运衰落，周穆王讨伐犬戎，结果捕获了四只白狼和四只白鹿回来。从此以后，荒服之人不再向周朝进贡。这时，周朝便制定了《甫刑》法令。周穆王之后二百多年，周幽王由于宠爱褒姒的缘故，和申侯产生矛盾。申侯一气之下，就和犬戎一起在骊山之下杀死了周幽王，犬戎于是夺取了周朝的焦获，居住到泾水和渭水之间，大肆侵掠中原地区。秦襄公起兵援救周朝，这样周平王便离开了丰京、鄗京，而向东迁都到了洛邑。就在这个时候，秦襄公讨伐戎夷，到了岐山，被周天子列为诸侯。此后六十五年，山戎越过燕国攻打齐国，齐釐公和他们在齐国野外交战。又过了四十四年，山戎攻打燕国。燕国向齐国求救，齐桓公北上进攻山戎，山戎逃跑。又过了二十多年，戎狄到洛邑，攻打周襄襄王奔于郑之氾邑。初，周襄王欲伐郑，故娶戎狄女为后，与戎狄兵共伐郑。已而黜狄后，狄后怨，而襄王后母曰惠后，有子子带，欲立之，于是惠后与狄后、子带为内应，开戎狄，戎狄以故得入，破逐周襄王，而立子带为天子。于是戎狄或居于陆浑，东至于卫，侵盗暴虐中国。中国疾之，故诗人歌之曰“戎狄是应”，“薄伐猃狁，至于大原”，“出舆彭彭，城彼朔方”。周襄王既居外四年，乃使使告急于晋。晋文公初立，欲修霸业，乃兴师伐逐戎翟，诛子带，迎内周襄王，居于雒邑。

当是之时，秦晋为强国。晋文公攘戎翟，居于河西圁、洛之间，号曰赤翟、白翟。秦缪公得由余，西戎八国服于秦，故自陇以西有绵诸、绲戎、翟、豲之戎，岐、梁山、泾、漆之北有义渠、大荔、乌氏、朐衍之戎。而晋北有林胡、楼烦之戎，燕北有东胡、山戎。各分散居溪谷，自有君长，往往而聚者百有余戎，然莫能相一。

自是之后百有余年，晋悼公使魏绛和戎翟，戎翟朝晋。后百有余年，赵襄子逾句注而破并代以临胡貉。其后既与韩魏共灭智伯，分晋地而有之，则赵有代、句注之北，魏有河西、上郡，以与戎界边。其后义渠之戎筑城郭以自守，而秦稍蚕食，至于惠王，遂拔义渠二十五城。惠王击魏，魏尽入西河及上郡于秦。秦昭王时，义渠戎王与宣太后乱，有二子。宣太后诈而杀义渠戎王于甘泉，遂起兵伐残义渠。于是秦有陇西、北地、上郡，筑长城以拒胡。而赵武灵王亦变俗胡服，习骑射，北破林胡、楼烦。筑长城，自代并阴山下，至高阙为塞。而置云中、雁门、代郡。其后燕有贤将秦开，为质于胡，胡甚信之。归而袭破走东胡，东胡却千余里。与荆轲刺秦王秦舞阳者，开之孙也。燕亦筑长城，自造阳至襄平。置上谷、渔阳、右北平、辽西、辽东郡以拒胡。当是之时，冠带战国七，而三国边于匈奴。其后赵将李牧时，匈奴不敢入赵边。后秦灭六国，而始皇帝使蒙恬将十万之众北击胡，悉收河南地。因河为塞，筑四十四县城临河，徙适戍以充之。而通直道，自九原至云阳，因边山险堑溪谷可缮者治之，起临洮至辽东王，襄王无力抵抗，逃到郑国的汜邑。当初，周襄王想讨伐郑国，就特意娶了戎狄女子做王后，和戎狄共同攻打郑国。不久，襄王废掉了狄后，狄后怨恨于心。襄王的后母惠后，有个儿子叫子带，想立他为王，所以惠后便和狄后、子带做内应，为戎狄打开城门，因此戎狄得以进城，赶走了周襄王，而改立子带为周天子。当时戎狄有的人就迁到了陆浑，东达卫国，更加侵掠践踏中原地区。中原人深为痛恨，因此《诗经》里有“抗击戎狄”“攻伐猃狁，兵至大原”“战车齐动，到北方筑城”这样的句子。周襄王流亡在外四年，最后只好派使者向晋国求救。当时晋文公刚刚即位，想要图谋霸业，便发兵攻打，驱逐了戎狄，诛杀了子带，迎回周襄王，使他重返洛邑。

那时，秦、晋都是强国。戎狄被晋文公赶跑后，居住在河西的圁水、洛水之间，称为赤狄、白狄。秦缪公得到由余的帮助，使西戎八国都亲附秦国，所以自陇山以西有绵诸、绲戎、翟、豲等戎族，在岐山、梁山、泾河、漆河以北，则有义渠、大荔、乌氏、朐衍等戎族。而晋国北面又有林胡、楼烦等戎族，燕国北面则有东胡、山戎。他们各自分散居住在溪谷之中，都有自己的首领，常常相聚一起的竟有百多个戎族部落，但都不相统属。

从这以后一百多年，晋悼公派魏绛与戎狄讲和，戎狄于是都臣服晋国。又过了百多年，赵襄子越过句注山，击败并地和代地，与胡人和貉人居住地区接壤。这以后，赵襄子与韩康子、魏桓子共同打败智伯，瓜分了晋国。这样，赵国就占有了代地与句注山以北的土地，魏国的河西和上郡，都和戎人接界。这之后，义渠的戎人修建城郭以自守，而秦国则逐渐蚕食他们的土地，到了惠王时，夺取了义渠的二十五城。惠王攻打魏国，魏国把西河和上郡都割给了秦国。秦昭王时，义渠戎王与宣太后通奸，生下两个孩子。宣太后在甘泉宫谋杀了义渠戎王，并发兵攻灭了义渠。从此秦国占据了陇西、北地、上郡的大片土地，修筑长城抵御匈奴。而赵武灵王也改变风俗，穿起胡服，练习骑马射箭的本领，打败了北方的林胡、楼烦。修筑长城，从代地沿着阴山山麓，直到高阙，作为关塞，又设置云中郡、雁门、代郡。后来燕国有位贤能的将领叫秦开，曾到胡人那里当人质，胡人特别信任他，他回国后率兵袭击东胡，东胡后退了千余里。当年同荆轲一起去刺杀秦王的秦舞阳，就是秦开的孙子。燕国也修筑长城，从造阳一直到襄平；设置了上谷、渔阳、右北平、辽西和辽东等郡来抵御胡人。这个时候，华夏地区的大国共有七个，其中三个和匈奴邻界。李牧当赵国将军时，匈奴不敢进入赵国的边境。其后秦朝灭了六国，秦始皇便派蒙恬领十万大军向北攻打匈奴，把黄河以南的土地全都收复，以黄河为边塞，沿着黄河修起四十四座县城，把受罚守边之人迁徙到那里。又修筑直道，从九原直到云阳，利用山边、险要的沟堑、溪谷等可万余里。又度河据阳山北假中。

当是之时，东胡强而月氏盛。匈奴单于曰头曼，头曼不胜秦，北徙。十余年而蒙恬死，诸侯畔秦，中国扰乱，诸秦所徙适戍边者皆复去，于是匈奴得宽，复稍度河南与中国界于故塞。

单于有太子名冒顿。后有所爱阏氏，生少子，而单于欲废冒顿而立少子，乃使冒顿质于月氏。冒顿既质于月氏，而头曼急击月氏。月氏欲杀冒顿，冒顿盗其善马，骑之亡归。头曼以为壮，令将万骑。冒顿乃作为鸣镝，习勒其骑射，令曰："鸣镝所射而不悉射者，斩之。"行猎鸟兽，有不射鸣镝所射者，辄斩之。已而冒顿以鸣镝自射其善马，左右或不敢射者，冒顿立斩不射善马者。居顷之，复以鸣镝自射其爱妻，左右或颇恐，不敢射，冒顿又复斩之。居顷之，冒顿出猎，以鸣镝射单于善马，左右皆射之。于是冒顿知其左右皆可用。从其父单于头曼猎，以鸣镝射头曼，其左右亦皆随鸣镝而射杀单于头曼，遂尽诛其后母与弟及大臣不听从者。冒顿自立为单于。

冒顿既立，是时东胡强盛，闻冒顿杀父自立，乃使使谓冒顿，欲得头曼时有千里马。冒顿问群臣，群臣皆曰："千里马，匈奴宝马也，勿与。"冒顿曰："奈何与人邻国而爱一马乎？"遂与之千里马。居顷之，东胡以为冒顿畏之，乃使使谓冒顿，欲得单于一阏氏。冒顿复问左右，左右皆怒曰："东胡无道，乃求阏氏！请击之。"冒顿曰："奈何与人邻国爱一女子乎？"遂取所爱阏氏予东胡。东胡王愈益骄，西侵。与匈奴间，中有弃地，莫居，千余里，各居其边为瓯脱。东胡使使谓冒顿曰："匈奴所与我界瓯脱外弃地，匈奴非能至也，吾欲有之。"冒顿问群臣，群臣或曰："此弃地，予之亦可，勿予亦可。"于是冒顿大怒曰："地者，国之本也，奈何予之！"诸言予之者，皆斩之。冒顿上马，令国中有后者斩，遂东袭击东胡。东胡初轻冒顿，不为备。及冒顿以兵至，击，大破灭东胡王，而虏其民人以修缮的地方筑起城池，西起临洮，东达辽东，长达万余里。又渡过黄河，占据了阳山、北假一带。

这时，东胡很强大，月氏也很兴盛。这时匈奴的单于叫头曼，头曼敌不过秦国，就向北迁徙。过了十多年，蒙恬死去，各地诸侯纷纷而起，反叛秦国，中原连年混战，那些被秦流放戍边的人又全都离去了。于是匈奴得到宽缓之机，又渐渐渡过黄河，在南面和中原以原先的边塞为界。

头曼单于的太子叫冒顿，后来单于宠爱的阏氏又生了个小儿子。单于就想废黜冒顿而立小儿子为太子，于是便派冒顿到月氏当人质。当冒顿来到月氏做人质的时候，头曼却急攻月氏，月氏欲杀冒顿，冒顿就偷了月氏的良马，骑着它逃了回来。头曼认为他很勇猛，就让他统领一万骑兵。冒顿就制造了一种响箭，用这种响箭训练他的部下，下令说："我的响箭射什么，如果不跟着去射，就斩首。"他率人外出捕猎飞鸟走兽，遇到有不跟着响箭的方向射击的士兵，就当即斩杀。不久，冒顿用响箭亲自去射他的良马，左右侍从中，有不敢射击的，被冒顿立即斩杀了。不久，他又用响箭亲自去射爱妻，左右侍从恐慌不敢去射，冒顿就又斩了他们。过了不久，冒顿出外打猎，用响箭射单于的良马，左右之人全都跟着去射。这时冒顿知道他的侍从都已和他一条心，能够听从指挥了。他跟随父亲头曼单于打猎，便用响箭去射头曼，他的左右侍从也都跟着响箭发射，杀死了头曼单于，接着他又把他的后母、兄弟以及不服从于他的大臣统统杀尽，自己即位做了单于。

冒顿即位的时候，东胡很强大。听说冒顿杀父自立，东胡就派使者向冒顿索要头曼的千里马。冒顿问群臣，群臣都说："千里马是匈奴的宝马，不能给他。"冒顿说："跟人家做邻居，怎可吝惜一匹马呢？"于是就把千里马给了东胡。过了一段时间，东胡以为冒顿畏惧他，就派使者对冒顿说，想要单于的一个阏氏。冒顿又询问左右大臣，大臣都发怒说："东胡无礼至极，竟敢想要阏氏，请出兵攻打他。"冒顿却说："跟人家做邻居，怎可吝惜一个女人呢？"于是就把自己喜爱的阏氏送给了东胡。东胡王日益骄傲起来，向西侵犯。东胡与匈奴之间有一片荒地，无人居住，方圆一千多里，双方各自在边界上建有据点。东胡派使者对冒顿说："匈奴和我们边界上屯守据点以外的荒地，是你们匈奴不能达到的地方，我们想要这块土地。"冒顿询问群臣，群臣中有人说："这本来就是无人居住的不毛之地，给他们也可以，不给也可以。"冒顿大怒道："土地，是国家的根本，怎可给他们！"把诸臣之中说送地给东胡的人都斩首了。冒顿亲自上马，对国人下令说，如有后退的就斩首，于是便向东袭击东胡。东胡起初轻视冒顿，因此没有戒备。后来冒顿大军杀到，大举进击，一开战就大败东胡，消灭了及畜产。既归，西击走月氏，南并楼烦、白羊河南王。悉复收秦所使蒙恬所夺匈奴地者，与汉关故河南塞，至朝那、肤施，遂侵燕、代。是时汉兵与项羽相距，中国罢于兵革，以故冒顿得自强，控弦之士三十余万。

自淳维以至头曼千有余岁，时大时小，别散分离，尚矣，其世传不可得而次云。然至冒顿而匈奴最强大，尽服从北夷，而南与中国为敌国，其世传国官号乃可得而记云。

置左右贤王，左右谷蠡王，左右大将，左右大都尉，左右大当户，左右骨都侯。匈奴谓贤曰“屠耆”，故常以太子为左屠耆王。自如左右贤王以下至当户，大者万骑，小者数千，凡二十四长，立号曰“万骑”。诸大臣皆世官。呼衍氏，兰氏，其后有须卜氏，此三姓其贵种也。诸左方王将居东方，直上谷以往者，东接秽貉、朝鲜；右方王将居西方，直上郡以西，接月氏、氐、羌；而单于之庭直代、云中：各有分地，逐水草移徙。而左右贤王、左右谷蠡王最为大，左右骨都侯辅政。诸二十四长亦各自置千长、百长、什长、裨小王、相、封、都尉、当户、且渠之属。

岁正月，诸长小会单于庭，祠。五月，大会茏城，祭其先、天地、鬼神。秋，马肥，大会蹛林，课校人畜计。其法，拔刃尺者死，坐盗者没入其家；有罪，小者轧，大者死。狱久者不过十日，一国之囚不过数人。而单于朝出营，拜日之始生，夕拜月。其坐，长左而北乡。日上戊己。其送死，有棺椁金银衣裘，而无封树丧服；近幸臣妾从死者，多至数千百人。举事而候星月，月盛壮则攻战，月亏则退兵。其攻战，斩首虏赐一卮酒，而所得卤获因以予之，得人以为奴婢。故其战，人人自为趣利，善为诱兵以冒敌。故其见敌则逐利，如鸟之集；其困败，则瓦解云散矣。战而扶舆死者，尽得死者家财。

东胡王，掳走了那里的百姓以及牲畜等财产。回来后，冒顿大军又趁势西进打跑了月氏，向南吞并了楼烦、白羊河南王，并把蒙恬夺去的匈奴土地全部收复了，跟汉朝以原先的河南塞为界，最南到达朝那、肤施一带，并继续入侵燕国和代国。当时汉军正和项羽对峙，中原疲于征战，因此冒顿得以趁机壮大起来，能拉弓射箭的士卒有三十多万。

从淳维到头曼这中间一千多年的时间，匈奴势力时强时弱，忽散忽离，因为时间久远，所以他们的世系不能依次列出来。到了冒顿时，匈奴势力达到顶峰，征服了北方所有的夷人，与南方的汉朝分庭抗礼。此后，他们的世系，国家的官位名号才开始被记录下来。

匈奴设置有左右贤王，左右谷蠡王，左右大将，左右大都尉，左右大当户，左右骨都侯等官位。匈奴人把“贤”称为“屠耆”，所以常常任命太子为左屠耆王。从左右贤王以下直到当户，官职大的拥有万名骑兵，小的也有数千骑兵，共有二十四位长官，都称“万骑”。诸位大臣的官职是世袭的。有呼衍氏、兰氏，后来又有须卜氏，这三个是他们贵族的姓。左方诸王都居住在东方，对着上谷郡以东地区，东与秽貉、朝鲜接壤。右方诸王都居住在西方，对着上郡以西地区，和月氏、氐、羌接壤。而单于的大本营所在地正对着汉朝的代郡和云中郡。他们各有自己的分地，逐水草而迁徙。左右贤王和左右谷蠡王的封地最大，左右骨都侯辅佐单于治国。二十四位首领也可以各自设置千长、百长、什长、裨小王、相封、都尉、当户、且渠等属官。

每年正月，各位首领在单于王庭举行小聚会，进行祭祀。五月，在龙城有大的聚会，祭祀祖先、天地和鬼神。秋天，马肥壮时候，在蹛林有大的集会，核算人口和牲畜的数目。匈奴的法律规定，拔刀伤人造成伤口一尺长的要处死，犯盗窃罪的要没收家产，犯罪轻者压断其骨节，重者处死。坐牢时间最长的也不过十天，全国的囚犯不过几人而已。单于清晨要走出营地，朝拜初升的太阳，夜晚朝拜月亮。他们的坐法是，年长的在左边，面朝北方。对于日期，他们把戊己两日作为良辰。他们给死者安葬，有棺椁、金银和衣裘，但却没有坟和树以及丧服礼仪。王侯贵族死后，以近臣和宠妾陪葬，一般数十人或多至上百人。准备打仗前，要先观察星月，如果月亮圆满就进攻，月亮亏损就退兵。作战时，杀死或俘虏敌人，都会赏赐一壶酒，所缴获的战利品也归他，抓到的人也给他们充做奴婢。所以在打仗时，人人为了自身利益主动上前，善于用诱敌之军来包围敌军。所以他们见到有利可图时就一拥而上，如同飞鸟云集。如果遇到危难失败，队伍就会瓦解，如同云雾消散。谁能将战死同伴的尸体运回来，就把死者的全部家产给他。

后北服浑庾、屈射、丁零、鬲昆、薪犁之国。于是匈奴贵人大臣皆服，以冒顿单于为贤。

是时汉初定中国，徙韩王信于代，都马邑。匈奴大攻围马邑，韩王信降匈奴。匈奴得信，因引兵南逾句注，攻太原，至晋阳下。高帝自将兵往击之。会冬大寒雨雪，卒之堕指者十二三，于是冒顿佯败走，诱汉兵。汉兵逐击冒顿，冒顿匿其精兵，见其羸弱，于是汉悉兵，多步兵，三十二万，北逐之。高帝先至平城，步兵未尽到，冒顿纵精兵四十万骑围高帝于白登，七日，汉兵中外不得相救饷。匈奴骑，其西方尽白马，东方尽青駹马，北方尽乌骊马，南方尽骍马。高帝乃使使间厚遗阏氏，阏氏乃谓冒顿曰："两主不相困。今得汉地，而单于终非能居之也。且汉王亦有神，单于察之。"冒顿与韩王信之将王黄、赵利期，而黄、利兵又不来，疑其与汉有谋，亦取阏氏之言，乃解围之一角。于是高帝令士皆持满傅矢外乡，从解角直出，竟与大军合，而冒顿遂引兵而去。汉亦引兵而罢，使刘敬结和亲之约。

是后韩王信为匈奴将，及赵利、王黄等数倍约，侵盗代、云中。居无几何，陈豨反，又与韩信合谋击代。汉使樊哙往击之，复拔代、雁门、云中郡县，不出塞。是时匈奴以汉将众往降，故冒顿常往来侵盗代地。于是汉患之，高帝乃使刘敬奉宗室女公主为单于阏氏，岁奉匈奴絮缯酒米食物各有数，约为昆弟以和亲，冒顿乃少止。后燕王卢绾反，率其党数千人降匈奴，往来苦上谷以东。

高祖崩，孝惠、吕太后时，汉初定，故匈奴以骄。冒顿乃为书遗高后，妄言。高后欲击之，诸将曰："以高帝贤武，然尚困于平城。"于是高后乃止，复与匈奴和亲。

至孝文帝初立，复修和亲之事。其三年五月，匈奴右贤王入居河南地，侵盗上郡葆塞蛮夷，杀略人民。于是孝文帝诏丞相灌婴发车骑八万五千，诣高奴，击右贤王。右贤王走出塞。文帝幸太原。是时济北王反，文帝归，罢丞相击胡之兵。

后来，冒顿又向北征服了浑庾、屈射、丁零、鬲昆、薪犁诸国。于是匈奴的贵族、大臣都很信服冒顿，认为冒顿单于非常贤能。

这时，汉朝刚刚平定了中原，把韩信改派到代国，建都马邑城。匈奴大举进攻马邑，韩信投降了匈奴。匈奴得到了韩王信，便引兵南下，越过句注山，攻打太原，直到晋阳城下。高帝亲自率军前往迎击。正逢严冬大寒下雪，十分之二三的士卒冻坏手指，这时冒顿便佯装战败逃跑，引诱汉军。汉军追击冒顿，冒顿把他的精兵都隐藏起来，而让一些老弱残兵暴露在外。于是汉朝出动全部大军，多半是步兵，共三十二万人，向北追击匈奴。高帝率少数人马率先到达平城，步兵还未全到，冒顿指挥他的四十万精锐骑兵，把高帝包围在白登。一连七天，汉军内外不能相互救济军粮。而匈奴的骑兵，西方的全是白马，东方的全是青马，北方的全是黑马，南方的全是赤色马。高帝就派使者暗中送给阏氏厚礼，阏氏就对冒顿说："两国的君王不能相互逼得太甚。即使得到汉朝的土地，单于终究还是不会居住在那里的。而且汉王也是有天神相助的，希望单于认真考虑这件事。"冒顿与韩信的将军王黄、赵利约定了会师的日期，但王黄与赵利的军队迟迟未到，冒顿就疑心他们同汉军有预谋，便采纳了阏氏的建议，解除了包围圈的一角。于是高帝命令士兵们全都拉满弓，搭上箭，面向外，从解开的一角径直冲出重围，终于和大军会合，而冒顿也领兵离去。汉军罢兵还朝后，派刘敬前往匈奴缔结和亲的盟约。

此后，韩王信当上匈奴的将军，他同赵利、王黄屡次违背汉与匈奴所订的盟约，侵掠代郡和云中郡。过了不久，汉朝将军陈豨造反，和韩信合谋进攻代地。汉朝派樊哙前去阻击，重新攻占了代郡、雁门和云中等郡县，没有出兵塞外。当时，投降匈奴的汉朝将军很多，所以冒顿常常入侵代地。汉朝对此也很忧虑，高帝就派刘敬护送宗室的公主去给单于当阏氏，又每年送给匈奴一定数量的棉絮、缯、酒、米和食物，结为兄弟之国，实行和亲政策，冒顿才稍稍减少了侵扰。后来，燕王卢绾造反，率领数千党徒投降了匈奴，又来侵扰上谷以东的地区。

高祖去世后，孝惠帝、吕太后掌政，汉王朝刚刚安定，所以匈奴非常狂妄。冒顿竟写信给高后，口出狂言。高后想要去攻打他，将官们都说："以高帝那样的贤明勇武，尚且被围困在平城。"高后只好作罢，重又和匈奴和亲。

到了孝文帝继位初期，国家又推行和亲政策。文帝三年的五月，匈奴右贤王住到河南地，侵掠上郡保卫边塞的外族百姓，屠杀抢掠人民。于是文帝下令丞相灌婴率八万五千战车和骑兵，进军高奴，攻打右贤王。右贤王战败逃到塞外。文帝亲到太原，恰逢济北王刘兴居造反，文帝就又回到京城，撤回了丞相的军队。

其明年，单于遗汉书曰："天所立匈奴大单于敬问皇帝无恙。前时皇帝言和亲事，称书意，合欢。汉边吏侵侮右贤王，右贤王不请，听后义卢侯难氏等计，与汉吏相距，绝二主之约，离兄弟之亲。皇帝让书再至，发使以书报，不来，汉使不至，汉以其故不和，邻国不附。今以小吏之败约故，罚右贤王，使之西求月氏击之。以天之福，吏卒良，马强力，以夷灭月氏，尽斩杀降下之。定楼兰、乌孙、呼揭及其旁二十六国，皆以为匈奴。诸引弓之民，并为一家。北州已定，愿寝兵休士卒养马，除前事，复故约，以安边民，以应始古，使少者得成其长，老者安其处，世世平乐。未得皇帝之志也，故使郎中系雩浅奉书请，献橐他一匹，骑马二匹，驾二驷。皇帝即不欲匈奴近塞，则且诏吏民远舍。使者至，即遣之。"以六月中来至薪望之地。书至，汉议击与和亲孰便。公卿皆曰："单于新破月氏，乘胜，不可击。且得匈奴地，泽卤，非可居也。和亲甚便。"汉许之。

孝文皇帝前元六年，汉遗匈奴书曰："皇帝敬问匈奴大单于无恙。使郎中系雩浅遗朕书曰：'右贤王不请，听后义卢侯难氏等计，绝二主之约，离兄弟之亲，汉以故不和，邻国不附。今以小吏败约，故罚右贤王使西击月氏，尽定之。愿寝兵休士卒养马，除前事，复故约，以安边民，使少者得成其长，老者安其处，世世平乐。'朕甚嘉之，此古圣主之意也。汉与匈奴约为兄弟，所以遗单于甚厚。倍约离兄弟之亲者，常在匈奴。然右贤王事已在赦前，单于勿深诛。单于若称书意，明告诸吏，使无负约，有信，敬如单于书。使者言单于自将伐国有功，甚苦兵事。服绣袷绮衣、绣袷长襦、锦袷袍各一，比余一，黄金饰具带一，黄金胥纰一，绣十匹，锦三十匹，赤绨、绿缯各四十匹，使中大夫意、谒者令肩遗单于。"

第二年，匈奴单于给汉朝送来一封信说："上天所立的匈奴大单于恭敬地问候皇帝平安，前些时候，皇帝所说和亲的事，和信中所言相符，双方都很高兴。汉朝边境的官吏侵侮右贤王，右贤王没有请示我，却听信了后义卢侯难氏等人的计谋，同汉朝官吏对峙交战，破坏了匈奴单于与汉朝皇帝缔结的条约，离间了汉朝与匈奴的兄弟之情。皇帝责备匈奴的书信，我们派出使者回信，结果不知什么原因使者被汉朝扣留未归，而汉朝的使者也不到匈奴来，汉朝不愿和好，邻国之人也不得归附。如今因为小吏破坏了和约的缘故，我惩罚了右贤王，派他西击月氏。依靠上天护佑，官吏和士卒都很精良，战马强壮有力，因此消灭了月氏，月氏死的死、降的降。接着又平定了楼兰、乌孙、呼揭和旁边的二十六个国家，使他们都变成匈奴的臣民，使所有骑马射箭的民族都成为了一家。北方已经安定，我们愿意停战，使百姓休养生息，消除从前的不快，恢复旧有的盟约，用以安定边境百姓，友好如初，使年少的都能够健康成长、老年人安度晚年，世世代代和平安乐。我们尚不知皇帝的想法如何，所以派郎中系雩浅奉书前往，并献上骆驼一匹、战马二匹、驾车之马八匹。皇帝如果不想让匈奴靠近汉朝的边塞，那也该让您的官吏百姓远离边塞居住。使者到达后，请即刻让他回来。"使者于六月中旬来到薪望这个地方。书信送到后，汉朝就商议攻打和和亲哪种政策更有利。公卿们都说："单于刚打败月氏，正处势头上，不能攻打他，况且匈奴所处都是低洼盐碱地，不能居住，还是和亲为上策。"于是汉朝答应了匈奴的请求。

孝文帝前元六年，汉朝送给匈奴的信中说："皇帝敬问匈奴大单于平安，郎中系雩浅送给我的信中说：'右贤王没作请示，就听信了后义卢侯难氏等的计谋，破坏了两国的和约，损害了兄弟之情，汉朝因此不肯与我们和解，邻国也不得归附。如今因为小官吏破坏了和约，所以罚右贤王到西边去攻打月氏，完全平定了他们。希望偃武修文，使百姓休养生息，消除从前的嫌隙，恢复旧约，以使边民得到安宁，使年少的都能够健康成长、老年人安度晚年，世世代代和平安乐。'我很赞成这一想法，这是古来圣明君主的心意啊。汉朝和匈奴缔结和约，结为兄弟，用来馈赠匈奴的礼物非常丰厚。而违背和约、离间兄弟之情的，却常常是匈奴。但是右贤王所为是在大赦之前，单于就不要深责了。单于若是按信中之意，明确告知各位官吏，不要违背和约，信守承诺，我们会谨遵单于信中所言。使者说单于亲自率军讨伐别国，立有功劳，作战却很辛苦。特备下绣袷绮衣、绣袷长襦、锦袷袍各一件，比余一个，黄金装饰的腰带一件，黄金带钩一个，绣花绸十匹，锦缎三十匹，赤绨和绿缯各四十匹，派中大夫意、谒者令送给单于。"

后顷之，冒顿死，子稽粥立，号曰老上单于。

老上稽粥单于初立，孝文皇帝复遣宗室女公主为单于阏氏，使宦者燕人中行说傅公主。说不欲行，汉强使之。说曰："必我行也，为汉患者。"中行说既至，因降单于，单于甚亲幸之。

初，匈奴好汉缯絮食物，中行说曰："匈奴人众不能当汉之一郡，然所以强者，以衣食异，无仰于汉也。今单于变俗，好汉物，汉物不过什二，则匈奴尽归于汉矣。其得汉缯絮，以驰草棘中，衣袴皆裂敝，以示不如旃裘之完善也。得汉食物皆去之，以示不如湩酪之便美也。"于是说教单于左右疏记，以计课其人众畜物。

汉遗单于书，牍以尺一寸，辞曰"皇帝敬问匈奴大单于无恙"，所遗物及言语云云。中行说令单于遗汉书以尺二寸牍，及印封皆令广大长，倨傲其辞曰"天地所生日月所置匈奴大单于敬问汉皇帝无恙"，所以遗物言语亦云云。

汉使或言曰："匈奴俗贱老。"中行说穷汉使曰："而汉俗屯戍从军当发者，其老亲岂有不自脱温厚肥美以赍送饮食行戍乎？"汉使曰："然。"中行说曰："匈奴明以战攻为事，其老弱不能斗，故以其肥美饮食壮健者，盖以自为守卫，如此父子各得久相保，何以言匈奴轻老也？"汉使曰："匈奴父子乃同穹庐而卧。父死，妻其后母；兄弟死，尽取其妻妻之。无冠带之饰，阙庭之礼。"中行说曰："匈奴之俗，人食畜肉，饮其汁，衣其皮；畜食草饮水，随时转移。故其急则人习骑射，宽则人乐无事，其约束轻，易行也。君臣简易，一国之政犹一身也。父子兄弟死，取其妻妻之，恶种姓之失也。故匈奴虽乱，必立宗种。今中国虽佯不取其父兄之妻，亲属益疏则相杀，至乃易姓，皆从此类。且礼义之敝，上下交怨望，而室屋之极，生力必屈。夫力耕桑以求衣食，筑城郭以自备，故其民急则不习战功，缓则罢于作业。嗟土室之人，顾无多辞，令喋喋而佔佔，冠固何当？"

这以后不久，冒顿单于去世，他的儿子稽粥当了君王，叫做老上单于。

老上稽粥单于刚刚继位，孝文帝就送皇族公主去做单于的阏氏，让宦官燕国人中行说随行。中行说不愿去，汉朝强迫他。他说："一定要我去，我将成为汉朝的祸患。"结果中行说到达后，就投降了单于，深得单于宠幸。

起初，匈奴喜欢汉朝的缯絮和食物，中行说就说："匈奴的人口，抵不上汉朝的一个郡，然而之所以能够强大，就在于衣食与汉人不同，不必依赖汉朝。如今单于若改变原来风俗，而喜欢汉朝的东西，那么汉朝用不着拿出十分之二的物产，就会把整个匈奴完全收买了。希望您穿上汉朝送的缯絮奔驰在杂草棘丛中，让衣裤都被扯烂撕裂，以此显示汉朝的缯絮不如匈奴的旃衣皮袄坚固完美。把从汉朝得来的食物都丢掉，以此显示它们不如匈奴的乳酪味美。"中行说还教单于身边的人分条记事的方法，以便统计他们的人口和牲畜。

汉朝送给单于的书信，木牍长度为一尺一寸，开头是"皇帝敬问匈奴大单于无恙"，及所送的东西和要说的话。中行说就让单于用一尺二寸的木牍写信送给汉朝皇帝，封套所盖的印也又宽又长，开头语傲慢地写道："天地所生、日月所置的匈奴大单于敬问汉朝皇帝无恙。"再写上所送东西和要说的话。

汉朝使者中有人说匈奴"虐待老人"时，中行说就反问汉朝使者："你们汉朝风俗，凡有当兵被派去戍守边疆的，将要出发时，他们年迈的父母难道不会省下暖和的衣物和肥美的食物，送给出行者吃穿吗？"汉朝使者说："是这样的。"中行说说："匈奴人都知道战争非常重要，那些年老体弱的人不能打仗，所以把肥美的食物让给强壮体健的人，这正是为了保卫自己，这样父子都能长久地相互保护，怎么可以说匈奴虐待老人呢？"汉朝使者说："匈奴人父子竟然同在一个毡房睡觉。父亲死后，儿子竟以后母为妻。兄长死后，弟弟竟以嫂子为妻。毫无冠带服饰，不讲朝廷礼仪。"中行说说："匈奴的风俗是，吃畜肉，喝乳汁，穿皮毛；牲畜吃草喝水，随时令而转移。所以他们在紧急时候，人人练习骑马射箭；闲暇时，人人和乐无事。约束很少，容易做到。君臣之间也没有繁文缛节，指挥一个国家，就像大脑指挥一个人的身体一样，父子和兄弟死了，活着的娶他们的妻子为妻，这是担心种族没有后代。所以匈奴虽然伦常混乱，但却一定要立本族的子孙。如今中原人虽然佯装正派，不娶父兄的妻子，可是关系却日益疏远，而且相互残杀，甚至改朝易姓，都是这类缘故造成的。况且礼义发展的末路，上下交相怨恨，而营造宫室则极尽奢华，使得民力劳力衰竭。人们努力耕田种桑，以满足衣食所需，修筑城郭以自卫，使得百姓在战时，不熟习战事，和平时期又疲于耕作。哎，可叹你们这些身居土屋的人们，还是闭上嘴吧，如果还要喋喋不休、窃窃私议，就算头戴高冠，又有什么了不起的呢?"

自是之后，汉使欲辩论者，中行说辄曰："汉使无多言，顾汉所输匈奴缯絮米糵，令其量中，必善美而已矣，何以为言乎？且所给备善则已；不备，苦恶，则候秋孰，以骑驰蹂而稼穑耳。"日夜教单于候利害处。

汉孝文皇帝十四年，匈奴单于十四万骑入朝那、萧关，杀北地都尉卬，虏人民畜产甚多，遂至彭阳。使奇兵入烧回中宫，候骑至雍甘泉。于是文帝以中尉周舍、郎中令张武为将军，发车千乘，骑十万，军长安旁以备胡寇。而拜昌侯卢卿为上郡将军，宁侯魏遬为北地将军，隆虑侯周灶为陇西将军，东阳侯张相如为大将军，成侯董赤为前将军，大发车骑往击胡。单于留塞内月余乃去，汉逐出塞即还，不能有所杀。匈奴日已骄，岁入边，杀略人民畜产甚多，云中、辽东最甚，至代郡万余人。汉患之，乃使使遗匈奴书。单于亦使当户报谢，复言和亲事。

孝文帝后二年，使使遗匈奴书曰："皇帝敬问匈奴大单于无恙。使当户且居雕渠难、郎中韩辽遗朕马二匹，已至，敬受。先帝制：长城以北，引弓之国，受命单于；长城以内，冠带之室，朕亦制之。使万民耕织射猎衣食，父子无离，臣主相安，俱无暴逆。今闻渫恶民贪降其进取之利，倍义绝约，忘万民之命，离两主之欢，然其事已在前矣。书曰：'二国已和亲，两主欢说，寝兵休卒养马，世世昌乐，阘然更始。'朕甚嘉之。圣人者日新，改作更始，使老者得息，幼者得长，各保其首领而终其天年。朕与单于俱由此道，顺天恤民，世世相传，施之无穷，天下莫不咸便。汉与匈奴邻国之敌，匈奴处北地，寒，杀气早降，故诏吏遗单于秫糵金帛丝絮佗物岁有数。今天下大安，万民熙熙，朕与单于为之父母。朕追念前事，薄物细故，谋臣计失，皆不足以离兄弟之欢。朕闻天不颇覆，地不偏载。朕与单于皆捐往细故，俱蹈大道，堕坏前恶，以图长久，使两国之民若一家，子元元万民，下及鱼鳖，上及飞鸟，跂行喙息蠕动之类，莫不就安利而辟危殆。故来者不止，天之道也。俱去前事：朕释逃虏民，单于无言章自此之后，汉使中无论谁想要辩论，中行说就说：“你们无须多言，我们只想着汉朝送给匈奴的缯絮米蘖，能够保质保量就行了，何必还要说其他的话呢？而且供给匈奴的东西一定要齐全要好，如果不齐全、粗劣，那么等到庄稼成熟时，匈奴就要骑着铁骑践踏你们的庄稼。”中行说还日夜教导单于等待有利的进攻时机和地点。

汉文帝十四年，匈奴单于率领十四万骑兵攻入朝那、萧关，杀死北地都尉孙卬，劫掠了很多百姓和牲畜，进而到达彭阳，并派突击队侵入并烧毁了回中宫。匈奴侦察兵到达雍地的甘泉宫。这时汉文帝任命中尉周舍、郎中令张武为将军，派出千辆兵车、十万骑兵，驻守在长安附近，防备匈奴的侵扰。同时又任命昌侯卢卿为上郡将军，宁侯魏遬为北地将军，隆虑侯周灶为陇西将军，东阳侯张相如为大将军，成侯董赤为前将军，大举出动战车、骑兵前往攻打匈奴。匈奴单于在汉朝边塞逗留了一个多月才离开，汉朝兵马追出塞外不远就返回了，没能杀伤敌军。匈奴日益骄横，每年入侵边塞，屠杀、掳掠很多百姓和牲畜，云中郡和辽东郡受害最为严重，至于代郡则被掠杀一万多人。汉朝廷对此很忧虑，又派使臣送书信给匈奴。单于也派了一个当户送信来，以表谢罪之意，双方再次商量和亲之事。

孝文帝后元二年，派使者给匈奴送信说：“皇帝敬问匈奴大单于无恙。你派当户且居雕渠难和郎中韩辽送给我的两匹马，已经收到，敬受。汉朝先帝曾规定：长城以北，是拉弓射箭者的国家，受命单于。长城以内，是礼仪之邦，由我受命治理。双方要使得万民百姓耕种纺织，射猎劳作，丰衣足食，使父子不相离散，君臣修睦，全都没有暴虐横逆的事情。如今听说有些邪恶之徒贪图攻掠的小利，就背信弃义，破坏和约，不顾及万民的性命，离间两国君主的友好，但这些都是以前的事情了。你在信中说：‘两国已经和亲，两国君王都高兴，偃武修文，休养生息，世代和乐，安定友好，重新开始。’我特别赞成这个想法。圣人天天都能有新的进步，改正不足，重新开起，使年老的得到安养、年幼的能够健康成长，各自平平安安度过一生。我和单于都遵循这个道理，顺乎天意，体恤万民，代代相传，延续无穷，使天下人无不获得其利。汉朝与匈奴实力相当，又互为邻国，而匈奴地处北方，气候寒冷，肃杀之气早早降临，所以我诏命官吏每年送给单于一定数量的秫蘖、金帛、丝絮及其他物品，如今天下太平，万民安乐，朕与单于都是民之父母。我回想从前的事情，都是些微不足道的小事，是谋臣失策导致的，但都不足以离间我们兄弟之情。我听说天地都是无私的，不会偏袒哪一方，我和单于都要捐弃前嫌，同遵世间正道，消除从前不快，共图长久和好，让两国人民有如一家的子弟一样和睦。千千万万的善良百姓，以及水中的鱼鳖，天上的飞鸟，地上爬行的、喘息的蠕动的种种动物，无不趋吉避凶。所以前来归尼等。朕闻古之帝王，约分明而无食言。单于留志，天下大安，和亲之后，汉过不先。单于其察之。”

单于既约和亲，于是制诏御史曰：“匈奴大单于遗朕书，言和亲已定，亡人不足以益众广地，匈奴无入塞，汉无出塞，犯约者杀之，可以久亲，后无咎，俱便。朕已许之。其布告天下，使明知之。”

后四岁，老上稽粥单于死，子军臣立为单于。既立，孝文皇帝复与匈奴和亲。而中行说复事之。

军臣单于立四岁，匈奴复绝和亲，大入上郡、云中各三万骑，所杀略甚众而去。于是汉使三将军军屯北地，代屯句注，赵屯飞狐口，缘边亦各坚守以备胡寇。又置三将军，军长安西细柳、渭北棘门、霸上以备胡。胡骑入代句注边，烽火通于甘泉、长安。数月，汉兵至边，匈奴亦去远塞，汉兵亦罢。后岁余，孝文帝崩，孝景帝立，而赵王遂乃阴使人于匈奴。吴楚反，欲与赵合谋入边。汉围破赵，匈奴亦止。自是之后，孝景帝复与匈奴和亲，通关市，给遗匈奴，遣公主，如故约。终孝景时，时小入盗边，无大寇。

今帝即位，明和亲约束，厚遇，通关市，饶给之。匈奴自单于以下皆亲汉，往来长城下。

汉使马邑下人聂翁壹奸兰出物与匈奴交，详为卖马邑城以诱单于。单于信之，而贪马邑财物，乃以十万骑入武州塞。汉伏兵三十余万马邑旁，御史大夫韩安国为护军，护四将军以伏单于。单于既入汉塞，未至马邑百余里，见畜布野而无人牧者，怪之，乃攻亭。是时雁门尉史行徼，见寇，葆此亭，知汉兵谋，单于得，欲杀之，尉史乃告单于汉兵所居。单于大惊曰：“吾固疑之。”乃引兵还。出曰：“吾得尉史，天也，天使若言。”以尉史为“天王”。汉兵约单于入马邑顺的都不阻止，这是上天好善之德。往事就让它过去，我不再追究逃往匈奴的汉人的罪责，单于也不要再责备章尼等人。我听说古来帝王，都是约定分明而从不食言。希望单于留心盟约，天下将会太平，两国和亲之后，汉朝绝不首先负约，希望单于明察。”

单于签署和亲盟约后，文帝就下令御史说：“匈奴大单于给我的信中说，和亲已确定，过去以牺牲士卒为代价的战争不足以增加民众和扩大土地，今后匈奴人不再闯入边塞，汉朝人也不要走出边塞，违犯条约的立即处死，这样就可以长久保持亲近友好关系，不再产生祸患，对双方都有利。我已答应了他的要求，希望向全国发布告示，让百姓都知道此事。”

汉文帝后元四年，老上稽粥单于去世，他的儿子军臣继位。军臣单于继位后，文帝又与匈奴和亲。而中行说又继续侍奉军臣单于。

军臣单于继位第四年，匈奴又破坏和亲盟约，大举进攻上郡、云中郡，各派出三万骑兵，杀死许多汉人，抢掠大量财物才离去。于是汉朝派出张武等三位将军，驻军北地、代国的句注山，赵国的飞狐口、沿边要塞，也都派兵坚守，防备匈奴入侵。又派周亚夫等三位将军率兵驻守长安西边的细柳、渭河北岸的棘门和灞上，以防御匈奴。匈奴骑兵入侵到代地句注山边界，报警的烽火一直传到甘泉和长安。几个月后，汉军来到边境，匈奴也就远远地离开边塞，汉朝的军队也就作罢。一年多后，孝文帝去世，孝景帝继位，赵王刘遂暗中派人与匈奴勾结。吴、楚七国叛乱时，匈奴想同赵国联合入侵边塞。后来，汉王朝很快灭了赵国，匈奴也就停止入侵的计划。这以后，景帝又和匈奴和亲，开放边境贸易，赠送匈奴礼物，派遣公主下嫁，一如原有的盟约。一直到景帝去世，匈奴虽然时有小的骚扰活动，却没有大的侵掠行动。

当今皇帝武帝继位后，重新申明和亲的各项规定，并厚待匈奴，互通关市，赠送大批财物。匈奴从单于到平民都与汉朝亲善，经常与汉朝人在长城脚下往来。

汉朝指使马邑城的商人聂翁壹故意违犯禁令，私运货物同匈奴交易，诈称出卖马邑城以诱使单于入侵。单于信以为真，又贪图马邑城的财物，就率领了十万骑兵侵入武州边塞。这时，汉朝在马邑城附近埋伏了三十余万大军，御史大夫韩安国担任护军将军，统领四位将军准备伏击单于。单于已经进入汉朝的边塞，离马邑城尚有一百余里时，看到牲畜遍野却没有人放牧，感到奇怪，就去攻打侦察哨所。这时，雁门郡的尉史正在巡察，看到敌军来攻，就跑进侦察哨所躲了起来，他知道汉朝的计划。单于捉到了尉史，想要杀了他，尉史便把汉军埋伏的地点告诉了单于。单于大惊，说道：“我本来就疑心此事。”于是率兵返回。走出边境时说道：“我得到这个尉史，是上天的意思，是上天让你告诉我内情的。”

而纵，单于不至，以故汉兵无所得。汉将军王恢部出代击胡辎重，闻单于还，兵多，不敢出。汉以恢本造兵谋而不进，斩恢。自是之后，匈奴绝和亲，攻当路塞，往往入盗于汉边，不可胜数。然匈奴贪，尚乐关市，嗜汉财物，汉亦尚关市不绝以中之。

自马邑军后五年之秋，汉使四将军各万骑击胡关市下。将军卫青出上谷，至茏城，得胡首虏七百人。公孙贺出云中，无所得。公孙敖出代郡，为胡所败七千余人。李广出雁门，为胡所败，而匈奴生得广，广后得亡归。汉囚敖、广，敖、广赎为庶人。其冬，匈奴数入盗边，渔阳尤甚。汉使将军韩安国屯渔阳备胡。

其明年秋，匈奴二万骑入汉，杀辽西太守，略二千余人。胡又入败渔阳太守军千余人，围汉将军安国，安国时千余骑亦且尽，会燕救至，匈奴乃去。匈奴又入雁门，杀略千余人。于是汉使将军卫青将三万骑出雁门，李息出代郡，击胡。得首虏数千人。其明年，卫青复出云中以西至陇西，击胡之楼烦、白羊王于河南，得胡首虏数千，牛羊百余万。于是汉遂取河南地，筑朔方，复缮故秦时蒙恬所为塞，因河为固。汉亦弃上谷之什辟县造阳地以予胡。是岁，汉之元朔二年也。

其后冬，匈奴军臣单于死。军臣单于弟左谷蠡王伊稚斜自立为单于，攻破军臣单于太子于单。于单亡降汉，汉封于单为涉安侯，数月而死。

伊稚斜单于既立，其夏，匈奴数万骑入杀代郡太守恭友，略千余人。其秋，匈奴又入雁门，杀略千余人。其明年，匈奴又复入代郡、定襄、上郡，各三万骑，杀略数千人。匈奴右贤王怨汉夺之河南地而筑朔方，数为寇，盗边，及入河南，侵扰朔方，杀略吏民甚众。

其明年春，汉以卫青为大将军，将六将军，十余万人，出朔方、高阙击胡。右贤王以为汉兵不能至，饮酒醉，汉兵出塞六七百里，夜围右贤王。右贤王大惊，脱身逃走，诸精骑往往随后去。汉得右贤王就称尉史为“天王”。汉军曾约定，等到单于进入马邑城后，再纵兵出击。结果单于没有到马邑来，所以汉军一无所获。汉将王恢原本负责从代郡出发攻击匈奴的辎重部队，后来听说单于已撤回，由于对方人多，因而不敢出击。朝廷认为王恢本是这次伏击战的最初策划者，却不敢进攻，因而杀了王恢。从此以后，匈奴断绝了与汉朝的和亲关系，进攻守卫大路的要塞，常常入侵、掳掠汉朝边地，次数多得无法计算。然而匈奴人贪心，还是乐于互通关市，爱好汉朝的财物，汉朝也仍然与匈奴保持着关市贸易关系，来笼络他们。

马邑事件后的第五年秋天，汉朝派卫青等四位将军各率一万骑兵，在关市附近攻打匈奴。将军卫青率兵从上谷郡出发，到达龙城，俘获匈奴七百多人。公孙贺率兵出云中，一无所获。公孙敖出兵代郡，被匈奴打败，损失七千余人。李广出兵雁门郡，被匈奴打败，匈奴人活捉了李广，后来李广又逃了回来。公孙敖和李广被罚下狱，后来交了赎金免罪，被贬为庶民。这年冬天，匈奴屡次入侵边境抢掠，渔阳受害尤其严重。朝廷就派将军韩安国驻军渔阳，以防备匈奴。

第二年秋天，匈奴两万骑兵侵入汉疆，杀了辽西太守，掳走两千余人。接着又侵入渔阳，打败渔阳太守的军队千余人，包围了韩安国。这时韩安国的一千多骑兵也将要被歼灭，恰巧燕王的救兵赶到，匈奴这才撤去。匈奴又侵入雁门郡，杀死和抢走千余人。于是朝廷派将军卫青率三万骑兵出兵雁门，李息出兵代郡，同时攻打匈奴，杀死和俘虏数千匈奴。第二年，卫青又出兵云中郡西边及至陇西一带，在黄河以南大破匈奴所属的楼烦和白羊王，杀死和俘虏数千人，得到牛羊百余万头。于是汉朝收复了黄河以南的大片地区，修筑朔方城，又整修了从前秦将蒙恬所修建的关塞，并以黄河为依托，加强了边疆防卫。为了便于防守，汉朝把上谷郡曲折僻远的造阳一带给了匈奴。这一年是武帝元朔二年。

这一年的冬天，匈奴军臣单于去世。军臣单于的弟弟左谷蠡王伊稚斜自立为单于，打败了军臣单于的太子于单。于单逃归汉朝，被封为涉安侯，但没过几个月就死了。

伊稚斜单于继位后的那年夏天，匈奴数万骑兵攻入代郡，杀死太守恭友，掳走一千余人。当年秋天，匈奴又入侵雁门，杀死和掳走一千余人。第二年，匈奴又兵分三路各率三万骑兵攻入代郡、定襄、上郡，杀掠了数千人。匈奴右贤王怨恨汉朝夺走了他在黄河以南的土地，又修筑朔方城，因而多次侵犯边境，甚至入侵到河套南岸，骚扰朔方城，杀掠很多官吏和平民。

第二年春天，汉朝任命卫青做大将军，统领六位将军、十多万将士，从朔方、高阙出兵攻打匈奴。右贤王以为汉兵来不了，喝醉了酒，汉兵出塞前进了六七百里，在夜间把右贤王包围了。右贤王大惊，脱身逃走，各路精锐骑兵也都众男女万五千人，裨小王十余人。其秋，匈奴万骑入杀代郡都尉朱英，略千余人。

其明年春，汉复遣大将军卫青将六将军，兵十余万骑，乃再出定襄数百里击匈奴，得首虏前后凡万九千余级，而汉亦亡两将军，军三千余骑。右将军建得以身脱，而前将军翕侯赵信兵不利，降匈奴。赵信者，故胡小王，降汉，汉封为翕侯，以前将军与右将军并军分行，独遇单于兵，故尽没。单于既得翕侯，以为自次王，用其姊妻之，与谋汉。信教单于益北绝幕，以诱罢汉兵，徼极而取之，无近塞。单于从其计。其明年，胡骑万人入上谷，杀数百人。

其明年春，汉使骠骑将军去病将万骑出陇西，过焉支山千余里，击匈奴，得胡首虏万八千余级，破得休屠王祭天金人。其夏，骠骑将军复与合骑侯数万骑出陇西、北地二千里，击匈奴。过居延，攻祁连山，得胡首虏三万余人，裨小王以下七十余人。是时匈奴亦来入代郡、雁门，杀略数百人。汉使博望侯及李将军广出右北平，击匈奴左贤王。左贤王围李将军，卒可四千人，且尽，杀虏亦过当。会博望侯军救至，李将军得脱。汉失亡数千人，合骑侯后骠骑将军期，及与博望侯皆当死，赎为庶人。

其秋，单于怒浑邪王、休屠王居西方为汉所杀虏数万人，欲召诛之。浑邪王与休屠王恐，谋降汉，汉使骠骑将军往迎之。浑邪王杀休屠王，并将其众降汉。凡四万余人，号十万。于是汉已得浑邪王，则陇西、北地、河西益少胡寇，徙关东贫民处所夺匈奴河南、新秦中以实之，而减北地以西戍卒半。其明年，匈奴入右北平、定襄各数万骑，杀略千余人而去。

其明年春，汉谋曰“翕侯信为单于计，居幕北，以为汉兵不能至”。乃粟马，发十万骑，负私从马凡十四万匹，粮重不与焉。令大将军青、骠骑将军去病中分军，大将军出定襄，骠骑将军出代，咸约绝幕击匈奴。单于闻之，远其辎重，以精兵待于幕北。与汉大将军接战一日，会暮，大风起，汉兵纵左右翼围单于。单于自度战不能如汉跟着离去。汉朝俘获了右贤王部下一万五千男女，十多位裨小王。这年秋天，匈奴一万骑兵攻入代郡，杀死代郡都尉朱英，掠走一千余人。

第二年春天，汉朝又派遣大将军卫青统领六位将军，和十余万骑兵，再次从定襄出塞数百里攻打匈奴，前后共斩获匈奴军一万九千余人，而汉军也损失了两位将军和三千多骑兵。右将军苏建单身脱逃，而前将军翕侯赵信出军不利，最后投降了匈奴。赵信本是匈奴的一个小王，后来投降汉朝，汉朝封他为翕侯，因为与右将军合并，又与大军分开行进，不想遇上了单于的军队，所以全军覆没。单于得到翕侯以后，就封他做了自次王，并将自己的姐姐嫁给他做妻子，同他商量对付汉朝的计谋。赵信献计让单于继续向北迁移，越过沙漠，以此引诱拖垮汉军，待他们极度疲劳时再攻打，而不要到汉朝边塞那里。单于听从了他的计谋。第二年，匈奴一万骑兵攻入上谷郡，杀死数百汉人。

次年春天，汉朝派骠骑将军霍去病率领一万骑兵从陇西出发，越过焉支山一千余里，攻打匈奴，共斩获匈奴一万八千余人，击败休屠王，夺得祭天金人。这年夏天，骠骑将军又与合骑侯率领数万骑兵出陇西、北地二千余里，攻打匈奴。经过居延，攻打祁连山，斩杀匈奴三万余人，其中裨小王以下七十余人。这时匈奴也入侵代郡、雁门郡，杀掠数百人。汉朝派博望侯张骞和将军李广从右北平出兵，进攻匈奴左贤王。左贤王把李将军包围，李将军所率领的四千士卒几乎全军覆没，但他们所杀匈奴的数目还要更多。正好博望侯的救兵赶到，李将军得以逃脱。汉朝伤亡几千人。合骑侯因未能按骠骑将军所规定的日期到达，所以与博望侯张骞都被判了死刑，后来交付赎金，才被贬为平民。

这年秋天，单于对浑邪王、休屠王驻守西方却被汉朝杀死和俘虏数万人感到愤怒，想要召来杀掉他们。浑邪王与休屠王大为惊恐，密谋投降汉朝，汉朝派骠骑将军前去迎接他们。浑邪王杀了休屠王，收取了他的军队投降汉朝。总共四万余人，号称十万。汉朝自从接纳浑邪王投降之后，陇西、北地、河西便很少有匈奴侵扰的事发生了，就开始把关东的贫民，迁移到从匈奴那里夺回的河套南岸和新秦中地区，来充实这里的人口，并将北地以西的戍卒减少一半。第二年，匈奴入侵右北平、定襄，各路有几万骑兵，杀掠了一千多人才离去。

第二年春天，汉朝群臣分析匈奴形势，说："翕侯赵信向单于献计，在沙漠以北潜伏，认为汉朝军队不能到达。"于是就用粟米喂马，出动十万骑兵，加上自愿携带军需品随从的骑兵总共十四万人，粮草辎重尚不算在内。命令大将军卫青、骠骑将军霍去病平分军队，大将军从定襄出兵，骠骑将军从代郡出兵，约定穿过大漠，攻打匈奴。单于听到这一消息后，运走辎重，率精兵守候在漠北。同大将军卫青的军队苦战了一天，晚上狂风大作，汉军从左右两翼快速围攻单于。

兵，单于遂独身与壮骑数百溃汉围西北遁走。汉兵夜追不得。行斩捕匈奴首虏万九千级，北至阗颜山赵信城而还。

单于之遁走，其兵往往与汉兵相乱而随单于。单于久不与其大众相得，其右谷蠡王以为单于死，乃自立为单于。真单于复得其众，而右谷蠡王乃去其单于号，复为右谷蠡王。

汉骠骑将军之出代二千余里，与左贤王接战，汉兵得胡首虏凡七万余级，左贤王将皆遁走。骠骑封于狼居胥山，禅姑衍，临翰海而还。

是后匈奴远遁，而幕南无王庭。汉度河自朔方以西至令居，往往通渠置田，官吏卒五六万人，稍蚕食，地接匈奴以北。

初，汉两将军大出围单于，所杀虏八九万，而汉士卒物故亦数万，汉马死者十余万。匈奴虽病，远去，而汉亦马少，无以复往。匈奴用赵信之计，遣使于汉，好辞请和亲。天子下其议，或言和亲，或言遂臣之。丞相长史任敞曰："匈奴新破，困，宜可使为外臣，朝请于边。"汉使任敞于单于。单于闻敞计，大怒，留之不遣。先是汉亦有所降匈奴使者，单于亦辄留汉使相当。汉方复收士马，会骠骑将军去病死，于是汉久不北击胡。

数岁，伊稚斜单于立十三年死，子乌维立为单于。是岁，汉元鼎三年也。乌维单于立，而汉天子始出巡郡县。其后汉方南诛两越，不击匈奴，匈奴亦不侵入边。

乌维单于立三年，汉已灭南越，遣故太仆贺将万五千骑出九原二千余里，至浮苴井而还，不见匈奴一人。汉又遣故从骠侯赵破奴万余骑出令居数千里，至匈河水而还，亦不见匈奴一人。

是时天子巡边，至朔方，勒兵十八万骑以见武节，而使郭吉风告单于。郭吉既至匈奴，匈奴主客问所使，郭吉礼卑言好，曰："吾见单于而口言。"单于见吉，吉曰："南越王头已悬于汉北阙。今单于即前与汉战，天子自将兵待边；单于即不能，即南面而臣于汉。何徒单于思量敌不过汉军，就独自同数百名健壮的骑兵，冲破汉军的包围圈，向西北逃跑。汉军连夜追击没有追到，行进中杀死和活捉匈奴一万九千人，向北直到阗颜山赵信城才收兵。

单于逃跑时，他的军队常常同汉军混在一起追随单于。单于很长时间和他的大军失去联系，右谷蠡王以为单于死了，就自立为单于。后来真单于又找到了他的大军，于是右谷蠡王就取消他的单于王号，仍为右谷蠡王。

骠骑将军霍去病从代郡出发走了两千余里，同左贤王交战，杀死和俘虏匈奴兵共七万多人，左贤王与部将都逃跑了。骠骑将军便在狼居胥山祭天，在姑衍山祭地，举行封禅之礼，直到翰海才回师。

此后，匈奴远远地逃走，大漠以南没有了匈奴的王庭。汉朝渡过黄河，自朔方以西直抵令居，修通渠道，开垦田地，设置官吏、士卒五六万人，逐渐拓展，地界接近匈奴旧地以北。

当初，汉朝两位将军大规模地出兵进攻匈奴单于，杀死和俘虏匈奴军八九万人，而汉朝士卒也损失了好几万，战马损失十多万匹。匈奴虽然疲极而远去，但汉朝也因为马匹匮乏，无力再次进攻。匈奴采用赵信的计谋，派遣使者去汉朝请求和亲。天子下交群臣商议，有人主张和亲，有人主张趁机让匈奴臣服于汉。丞相长史任敞说道："匈奴刚被打败，处境困难，应当让他们做外臣，每年春秋两季到边境上来朝拜皇上。"朝廷就派任敞出使匈奴，单于听了任敞的提议，大怒，把他扣留在匈奴，不许回去。早前，汉朝也招降过匈奴使者，单于也扣留汉朝使者以抵偿。汉朝正在重新收买兵马，恰逢骠骑将军霍去病病逝，于是汉朝很长时间没有再北伐匈奴。

几年后，伊稚斜单于统治十三年后去世，他的儿子乌维继位当了单于。这年，是汉武帝元鼎三年。乌维单于继位，汉天子开始出巡各郡县。这以后汉朝又忙于向南讨伐南越和东越，就没有进攻匈奴，匈奴也没有入侵汉朝边境。

乌维单于继位三年的时候，汉朝已经把南越灭掉了，派遣原太仆公孙贺率一万五千骑兵从九原出塞两千多里，直到浮苴井才返回，没有看到一个匈奴人。汉朝又派原来的从骠侯赵破奴率一万多骑兵从令居出兵几千里，直达匈河水才返回，也没有见到一个匈奴人。

这时，天子巡视边境，到达朔方郡，统率十八万骑兵以显示军威，又派郭吉出使匈奴，向单于传话。郭吉到了匈奴，匈奴主客询问他出使的意图，郭吉礼貌谦卑，善言温语地说："我见到单于时再亲口对他说。"单于接见了郭吉，郭吉说："南越王的人头已经悬挂在汉朝京城的北宫门上。如今单于若是敢和汉军交战，天子将亲自领兵在边境上等着；单于若不敢，就应赶快向汉朝称臣。何必远远走，亡匿于幕北寒苦无水草之地，毋为也。”语卒而单于大怒，立斩主客见者，而留郭吉不归，迁之北海上。而单于终不肯为寇于汉边，休养息士马，习射猎，数使使于汉，好辞甘言求请和亲。

汉使王乌等窥匈奴。匈奴法，汉使非去节而以墨黥其面者不得入穹庐。王乌，北地人，习胡俗，去其节，黥面，得入穹庐。单于爱之，佯许甘言，为遣其太子入汉为质，以求和亲。

汉使杨信于匈奴。是时汉东拔秽貉、朝鲜以为郡，而西置酒泉郡以鬲绝胡与羌通之路。汉又西通月氏、大夏，又以公主妻乌孙王，以分匈奴西方之援国。又北益广田至胘雷为塞，而匈奴终不敢以为言。是岁，翕侯信死，汉用事者以匈奴为已弱，可臣从也。杨信为人刚直屈强，素非贵臣，单于不亲。单于欲召入，不肯去节，单于乃坐穹庐外见杨信。杨信既见单于，说曰：“即欲和亲，以单于太子为质于汉。”单于曰：“非故约。故约，汉常遣翁主，给缯絮食物有品，以和亲，而匈奴亦不扰边。今乃欲反古，令吾太子为质，无几矣。”匈奴俗，见汉使非中贵人，其儒先，以为欲说，折其辩；其少年，以为欲刺，折其气。每汉使入匈奴，匈奴辄报偿。汉留匈奴使，匈奴亦留汉使，必得当乃肯止。

杨信既归，汉使王乌，而单于复谄以甘言，欲多得汉财物，绐谓王乌曰：“吾欲入汉见天子，面相约为兄弟。”王乌归报汉，汉为单于筑邸于长安。匈奴曰：“非得汉贵人使，吾不与诚语。”匈奴使其贵人至汉，病，汉予药，欲愈之，不幸而死。而汉使路充国佩二千石印绶往使，因送其丧，厚葬直数千金，曰“此汉贵人也”。单于以为汉杀吾贵使者，乃留路充国不归。诸所言者，单于特空绐王乌，殊无意入汉及遣太子来质。于是匈奴数使奇兵侵犯边。汉乃拜郭昌为拔胡将军，及浞野侯屯朔方以东，备胡。路充国留匈奴三岁，单于死。

乌维单于立十岁而死，子乌师庐立为单于。年少，号为儿单于。

远地逃跑，躲藏在沙漠以北又冷又艰苦又缺少水草的地方呢，这样能有什么作为呢？”单于听完大怒，立刻杀了允许郭吉进见的那位主客，又扣留了郭吉，不放他回去，把他放逐到北海一带。但单于终究也没敢再到边境侵扰抢夺，只是休养士卒和马匹，练习射箭打猎的技术，多次派使者到汉朝，好言好语地请求和亲。

朝廷派遣王乌等去窥探匈奴的情况。匈奴的法令规定，汉使若不放下旄节，不用墨在脸上涂抹，就不能进入毡帐。王乌是北地人，熟悉匈奴风俗，就放下旄节，用墨在脸上涂抹，得以进入毡帐。单于很喜欢他，假说马上就派遣太子到汉朝做人质，以此要求同汉朝和亲。

汉朝派杨信出使匈奴。这时汉朝在东边攻取了秽貉和朝鲜，并设置了若干郡；在西边设置了酒泉郡，用以隔绝匈奴和羌人的通路。接着又向西与月氏和大夏通好，并把公主嫁给乌孙王，以此离间匈奴和西域各国的关系。接着又向北扩展，直到眩雷，作为边塞。匈奴始终不敢说什么。这一年，翕侯赵信去世，汉朝官员以为匈奴已经衰弱，可以让它臣服于汉了，就派杨信出使。杨信为人刚正倔强，因为他不是显贵的大臣，单于也不重视。单于本想召他进帐，但他却不肯放下旄节，单于便坐到毡帐外面接见杨信。杨信见到单于后，说道：“如果真想和亲，就要派太子到汉朝做人质。”单于答道：“这不是以前的盟约。按从前的约定，汉朝应常常派遣公主，供给一定等级的绸绢、丝绵和食物，用以和亲，而匈奴也不再去边境骚扰。如今你们却想要违背以前的约定，让我的太子去做人质，这样做，和亲就没有希望了。”匈奴的习俗，见到使者并非帝王宠臣，而是儒生，就会认为是想要来游说的，便驳斥他的辩辞；若是年少之人，便认为是想要来行刺的，就挫败他的锐气。每逢汉朝使者出使匈奴，匈奴便要回访。汉朝若扣留匈奴使者，匈奴便也扣留汉朝使者，一定要对等，才肯罢休。

杨信回来后，汉朝又派王乌出使匈奴，单于又用好话谄媚他，想多得到些财物，便欺骗说：“我想要去汉朝面见天子，当面缔约，结为兄弟。”王乌归来向汉朝作了汇报，朝廷就为单于在长安修筑了官邸。匈奴说：“若没有汉朝尊贵之人来出使，我不能同他说真话。”匈奴有个显贵之人出使时得了病，汉朝派人给他医治，但却不幸死了。汉朝派路充国佩带二千石的官印前往出使，顺便送还匈奴贵人的灵柩，以及价值数千金的丧葬用品，并声称“这在汉朝是给贵人殡葬的规格”。单于认为是汉朝杀害了他的使者，便把路充国扣留下不许回去。而单于所说过的话，都是为了欺骗王乌，根本无意到汉朝拜见天子，也无意派太子去做人质。于是匈奴屡次派突击队侵犯汉朝边境。汉朝就任命郭昌为拔胡将军，同浞野侯屯兵在朔方以东，防备匈奴。路充国被扣留在匈奴的第三年，单于死去。

乌维单于继位十年就死去了，他的儿子乌师庐继位当了单于。因为乌师庐年是岁元封六年也。自此之后，单于益西北，左方兵直云中，右方直酒泉、炖煌郡。

儿单于立，汉使两使者，一吊单于，一吊右贤王，欲以乖其国。使者入匈奴，匈奴悉将致单于。单于怒而尽留汉使。汉使留匈奴者前后十余辈，而匈奴使来，汉亦辄留相当。

是岁，汉使贰师将军广利西伐大宛，而令因杅将军敖筑受降城。其冬，匈奴大雨雪，畜多饥寒死。儿单于年少，好杀伐，国人多不安。左大都尉欲杀单于，使人间告汉曰："我欲杀单于降汉，汉远，即兵来迎我，我即发。"初，汉闻此言，故筑受降城，犹以为远。

其明年春，汉使浞野侯破奴将二万余骑出朔方西北二千余里，期至浚稽山而还。浞野侯既至期而还，左大都尉欲发而觉，单于诛之，发左方兵击浞野。浞野侯行捕首虏得数千人。还，未至受降城四百里，匈奴兵八万骑围之。浞野侯夜自出求水，匈奴间捕，生得浞野侯，因急击其军。军中郭纵为护，维王为渠，相与谋曰："及诸校尉畏亡将军而诛之，莫相劝归。"军遂没于匈奴。匈奴儿单于大喜，遂遣奇兵攻受降城。不能下，乃寇入边而去。其明年，单于欲自攻受降城，未至，病死。

儿单于立三岁而死。子年少，匈奴乃立其季父乌维单于弟右贤王呴犁湖为单于。是岁太初三年也。

呴犁湖单于立，汉使光禄徐自为出五原塞数百里，远者千余里，筑城鄣列亭至庐朐，而使游击将军韩说、长平侯卫伉屯其旁，使强弩都尉路博德筑居延泽上。

其秋，匈奴大入定襄、云中，杀略数千人，败数二千石而去，行破坏光禄所筑城列亭鄣。又使右贤王入酒泉、张掖，略数千人。会任文击救，尽复失所得而去。是岁，贰师将军破大宛，斩其王而还。匈奴欲遮之，不能至。其冬，欲攻受降城，会单于病死。

呴犁湖单于立一岁死。匈奴乃立其弟左大都尉且鞮侯为单于。

汉既诛大宛，威震外国。天子意欲遂困胡，乃下诏曰："高皇帝幼，所以称为儿单于。这年是汉武帝元封六年。从此，单于越发向西北迁移，左边的军队直到云中郡，右方军队直达酒泉和敦煌郡。

儿单于继位后，汉朝派遣两位使者出使，一位吊唁单于，一位吊唁右贤王，想以此离间匈奴内部。使者进入匈奴后，匈奴人把他们全部送到了单于那儿。单于见到他们如此光景很生气，就把使者全部扣留了。这以后汉朝的使者又有十多批被扣留在匈奴，而匈奴使者来到汉朝也被扣留了十多批。

这一年，汉朝派贰师将军李广利到西边攻打大宛，而命令因杅将军公孙敖修筑受降城。这年冬天，匈奴遭遇暴风雪，牲畜多半因饥寒而死去。儿单于年少气盛，喜欢打杀，国人多有不安。左大都尉想要杀了单于，派人私下对汉朝说："我想杀死单于归降汉朝，但汉朝遥远，如果能派兵来接应我，我就立刻杀了单于。"汉朝听到这话，就修筑了受降城，但左大都尉还是觉得路途遥远。

第二年春天，汉朝派浞野侯赵破奴率领两万多骑兵从朔方郡出兵西北二千余里，预定到达浚稽山进行接应。浞野侯按时到达约定地点便率兵返回，左大都尉想杀单于不幸被发觉，单于杀了他，并令左方的军队攻击浞野侯。浞野侯边走边捕杀了数千匈奴人，在离受降城四百里的地方，被八万匈奴骑兵围攻。浞野侯趁夜晚独自出去找水，被在暗中埋伏的匈奴人活捉，匈奴趁机急攻他的军队。汉军中的郭纵担任护军，维王担任匈奴降兵的头领，两人商量道："诸位校尉都害怕因失掉将军回去要被杀头，都不想再回汉朝。"于是全军都投降匈奴。匈奴儿单于大喜，就派遣突击队攻打受降城，没能攻下来，就到边塞劫掠了一番才离去。第二年，单于想亲自攻打受降城，结果在途中就病死了。

儿单于继位三年就死了。他的儿子年纪还小，匈奴就立他叔父乌维单于的弟弟右贤王呴犁湖为单于。这一年是汉武帝太初三年。

呴犁湖单于继位后，汉朝派光禄徐自为出五原塞，近的数百里，远的一千余里，修筑城堡和哨所，一直到庐朐，又派游击将军韩说、长平侯卫伉驻守在附近，又派强弩都尉路博德在居延泽修建城堡。

这年秋天，匈奴大举入侵定襄、云中两郡，杀死和抢掠数千人，打败数位二千石级的高官才离开。行军途中还破坏了光禄徐自为所修的城堡。又派右贤王侵入九泉、张掖二郡，掠走了数千人。恰好遇上汉朝将军任文引兵相救，匈奴不得已抛下抢来的汉人逃去。这一年，贰师将军李广利攻破大宛，杀了大宛王归来。匈奴想截击李广利，却未能赶到。这年冬天，匈奴想攻打受降城，却正好赶上单于病死。

呴犁湖单于继位一年就死去了，匈奴便立他的弟弟左大都尉且鞮侯当了单于。

汉朝灭掉大宛国后，威震国外。天子想乘机围困匈奴，就颁布诏命说："高遗朕平城之忧，高后时单于书绝悖逆。昔齐襄公复九世之仇，《春秋》大之。”是岁太初四年也。

且鞮侯单于既立，尽归汉使之不降者。路充国等得归。单于初立，恐汉袭之，乃自谓“我儿子，安敢望汉天子！汉天子，我丈人行也”。汉遣中郎将苏武厚币赂遗单于。单于益骄，礼甚倨，非汉所望也。其明年，浞野侯破奴得亡归汉。

其明年，汉使贰师将军广利以三万骑出酒泉，击右贤王于天山，得胡首虏万余级而还。匈奴大围贰师将军，几不脱。汉兵物故什六七。汉复使因杅将军敖出西河，与强弩都尉会涿涂山，毋所得。又使骑都尉李陵将步骑五千人，出居延北千余里，与单于会，合战，陵所杀伤万余人，兵及食尽，欲解归，匈奴围陵，陵降匈奴，其兵遂没，得还者四百人。单于乃贵陵，以其女妻之。

后二岁，复使贰师将军将六万骑，步兵十万，出朔方。强弩都尉路博德将万余人，与贰师会。游击将军说将步骑三万人，出五原。因杅将军敖将万骑步兵三万人，出雁门。匈奴闻，悉远其累重于余吾水北，而单于以十万骑待水南，与贰师将军接战。贰师乃解而引归，与单于连战十余日。贰师闻其家以巫蛊族灭，因并众降匈奴，得来还千人一两人耳。游击说无所得。因杅敖与左贤王战，不利，引归。是岁汉兵之出击匈奴者不得言功多少，功不得御。有诏捕太医令随但，言贰师将军家室族灭，使广利得降匈奴。

太史公曰：孔氏著《春秋》，隐桓之间则章，至定哀之际则微，为其切当世之文而罔褒，忌讳之辞也。世俗之言匈奴者，患其徼一时之权，而务谄纳其说，以便偏指，不参彼己；将率席中国广大，气奋，人主因以决策，是以建功不深。尧虽贤，兴事业不成，得禹而九州宁。且欲兴圣统，唯在择任将相哉！唯在择任将相哉！

皇帝给我留下平城之忧，高后时，单于的来信极为大逆不道。从前齐襄公要报九世的怨仇，《春秋》大加赞美。”这一年是汉武帝太初四年。

且鞮侯单于继位后，把汉朝被扣留的又不肯投降的使者全部送回去，路充国等人才得以回汉朝。单于刚刚继位，唯恐汉朝袭击他，就说：“我是个小孩子，哪敢同汉朝天子相比！汉朝天子是我的长辈啊。”汉朝派遣中郎将苏武给单于送去丰厚的礼物。结果单于非常骄狂无礼，完全不是汉朝所想的那个样子。第二年，浞野侯赵破奴逃离匈奴，回到汉朝。

第二年，汉朝派贰师将军李广利率三万骑兵从酒泉出兵，在天山攻击右贤王，杀死和俘虏匈奴一万多人，在回来的时候，被匈奴人包围，几乎没能逃脱，汉兵死亡了十分之六七。汉朝又派因杅将军公孙敖从西河地区出发，同强弩都尉在涿涂山会师，结果一无所获。又派骑都尉李陵率步兵五千人，从居延出发，向北步行千余里，同单于相遇，双方激战，匈奴死伤一万余人，汉军最后武器和粮食用完，李陵想解脱回来，却被匈奴包围，最后投降了匈奴，他的军队只有四百人回到汉朝。单于对李陵非常尊宠，把他的女儿嫁给李陵做妻子。

又过了两年，汉朝又派贰师将军率六万骑兵、十万步兵，从朔方郡出发。强弩都尉路博德率领一万余人，同贰师将军会师。游击将军韩说率领步兵和骑兵三万人，从五原出发。因杅将军公孙敖率领一万骑兵、三万步兵，从雁门出发。匈奴闻讯，就把他们的辎重与人畜转移到余吾水以北，而单于率领十万骑兵在余吾水以南等候汉军，同贰师将军交战。贰师将军失利后，引兵边退边战十多天。后来听说他的家属因为巫蛊之罪而被灭族，就率众投降了匈奴，能够回到汉朝的不到千分之一二。游击将军韩说一无所得。因杅将军公孙敖同左贤王交战，形势不利，就领兵回到汉朝。这年汉朝出兵攻打匈奴，谈不上有多少功劳，因为功劳还抵偿不了损失。皇帝下令逮捕太医令随但，因为就是他传出的贰师将军家被灭族的消息，致使李广利投降匈奴。

太史公说：孔子著《春秋》，对于鲁隐公、鲁桓公时期的事情记述得详尽明白，到了鲁定公和鲁哀公时期，就记述得简略而含蓄，因为时代太靠近，不能如实褒贬，有许多忌讳的缘故。世俗之中谈论匈奴的人，其弊病在于为求取一时的权贵恩宠，而极力谄媚迎合，发表片面言辞，而不考虑敌我双方实际情况；将帅们则倚仗中原国土广大，士气昂扬。君主就据此决策，因此未能建立深远的功业。尧帝虽贤能，但也不能靠自己一人的力量完成大业，是得到夏禹之后，才使九州得以安宁。要想发扬光大圣王的传统，就在于择用好将相啊！就在于择用好将相啊！

卫将军骠骑列传第五十一

大将军卫青者，平阳人也。其父郑季，为吏，给事平阳侯家，与侯妾卫媪通，生青。青同母兄卫长子，而姊卫子夫自平阳公主家得幸天子，故冒姓为卫氏。字仲卿。长子更字长君。长君母号为卫媪。媪长女卫孺，次女少儿，次女即子夫。后子夫男弟步、广皆冒卫氏。

青为侯家人，少时归其父，其父使牧羊。先母之子皆奴畜之，不以为兄弟数。青尝从入至甘泉居室，有一钳徒相青曰："贵人也，官至封侯。"青笑曰："人奴之生，得毋笞骂即足矣，安得封侯事乎！"

青壮，为侯家骑，从平阳主。建元二年春，青姊子夫得入宫幸上。皇后，堂邑大长公主女也，无子，妒。大长公主闻卫子夫幸，有身，妒之，乃使人捕青。青时给事建章，未知名。大长公主执囚青，欲杀之。其友骑郎公孙敖与壮士往篡取之，以故得不死。上闻，乃召青为建章监，侍中，及同母昆弟贵，赏赐数日间累千金。孺为太仆公孙贺妻。少儿故与陈掌通，上召贵掌。公孙敖由此益贵。子夫为夫人。青为大中大夫。

元光五年，青为车骑将军，击匈奴，出上谷；太仆公孙贺为轻车将军，出云中；大中大夫公孙敖为骑将军，出代郡；卫尉李广为骁骑将军，出雁门：军各万骑。青至茏城，斩首虏数百。骑将军敖亡七千骑；卫尉李广为虏所得，得脱归：皆当斩，赎为庶人。贺亦无功。

元朔元年春，卫夫人有男，立为皇后。其秋，青为车骑将军，出雁门，三万骑击匈奴，斩首虏数千人。明年，匈奴入杀辽西太守，虏略渔阳二千余人，败韩将军军。汉令将军李息击之，出代；令车骑大将军卫青，是平阳县人，他的父亲郑季是个小吏，在平阳侯曹寿家当差，与平阳侯的小妾卫媪通奸，生下了卫青。卫青同母的哥哥是卫长子，同母姐姐卫子夫在平阳公主家得到汉武帝的宠爱，他们都冒充姓卫。卫青，字仲卿。卫长子，字长君，长君的母亲叫卫媪。卫媪的大女儿叫卫孺，二女儿叫卫少儿，三女儿就是卫子夫。后来卫子夫的弟弟步和广都冒充姓卫。

卫青是平阳侯家的仆人，但小的时候就回到生父郑季家里，郑季让他牧羊。郑季前妻生的儿子们都把他当作奴仆看待，不把他当兄弟。卫青曾经跟人来到甘泉宫的居室，有个脖子上戴着铁枷的囚徒给他相面说："你是富贵相，将来要被封侯的！"卫青笑一笑说："我是奴仆的命，能不挨打受骂就已经心满意足了，怎么可能封侯呢？"

卫青长大后，当了平阳侯家的骑兵，时常跟随侍候平阳公主。汉武帝建元二年的春天，卫青的姐姐卫子夫进入皇宫，受到武帝的宠幸。皇后陈阿娇是堂邑大长公主刘嫖的女儿，但没有儿子，生性嫉妒，大长公主听说卫子夫受到武帝宠幸，且有了身孕，很嫉妒，就派人逮捕了卫青。当时卫青在建章宫供职，还没有什么显赫地位。大长公主把卫青囚禁起来，想杀了他。卫青的朋友骑郎公孙敖就和一些壮士设法把他抢了出来，卫青得以免除一死。武帝听说了这件事，就召来卫青，任命他当建章监，加侍中官衔。连同他的同母兄弟们也一起显贵起来，几天之内得到的赏赐竟有千金之多。卫孺做了太仆公孙贺的妻子。卫少儿原来同陈掌私通，武帝便召来陈掌加以宠用。公孙敖因为救卫青有功，也越来越显贵。卫子夫被封为夫人，卫青升为大中大夫。

元光五年，卫青担任车骑将军，讨伐匈奴，从上谷出兵；太仆公孙贺担任轻车将军，由云中出兵；大中大夫公孙敖担任骑将军，由代郡出兵；卫尉李广担任骁骑将军，由雁门出兵；每人各领一万骑兵。卫青领兵到达龙城，斩杀匈奴数百人。骑将军公孙敖损失七千骑兵，卫尉李广被匈奴俘获，幸而逃脱归来。公孙敖和李广都被判了死刑，后来用财物赎罪贬为平民。公孙贺也没立下战功。

元朔元年春天，卫子夫生了个男孩，被立为皇后。这年秋天，卫青当了车骑将军，从雁门出兵，率领三万骑兵攻打匈奴，斩杀匈奴数千人。第二年，匈奴入侵，杀死辽西郡的太守，掳掠渔阳郡二千多人，击败了韩将军的军队。汉朝命将军青出云中以西至高阙。遂略河南地，至于陇西，捕首虏数千，畜数十万，走白羊、楼烦王。遂以河南地为朔方郡。以三千八百户封青为长平侯。青校尉苏建有功，以千一百户封建为平陵侯。使建筑朔方城。青校尉张次公有功，封为岸头侯。天子曰："匈奴逆天理，乱人伦，暴长虐老，以盗窃为务，行诈诸蛮夷，造谋藉兵，数为边害，故兴师遣将，以征厥罪。诗不云乎，'薄伐猃狁，至于太原'，'出车彭彭，城彼朔方'。今车骑将军青度西河至高阙，获首虏二千三百级，车辎畜产毕收为卤，已封为列侯，遂西定河南地，按榆溪旧塞，绝梓领，梁北河，讨蒲泥，破符离，斩轻锐之卒，捕伏听者三千七十一级，执讯获丑，驱马牛羊百有余万，全甲兵而还，益封青三千户。"其明年，匈奴入杀代郡太守友，入略雁门千余人。其明年，匈奴大入代、定襄、上郡，杀略汉数千人。

其明年，元朔之五年春，汉令车骑将军青将三万骑，出高阙；卫尉苏建为游击将军，左内史李沮为强弩将军，太仆公孙贺为骑将军，代相李蔡为轻车将军，皆领属车骑将军，俱出朔方；大行李息、岸头侯张次公为将军，出右北平：咸击匈奴。匈奴右贤王当卫青等兵，以为汉兵不能至此，饮醉。汉兵夜至，围右贤王，右贤王惊，夜逃，独与其爱妾一人壮骑数百驰，溃围北去。汉轻骑校尉郭成等逐数百里，不及，得右贤裨王十余人，众男女万五千余人，畜数千百万，于是引兵而还。至塞，天子使使者持大将军印，即军中拜车骑将军青为大将军，诸将皆以兵属大将军，大将军立号而归。天子曰："大将军青躬率戎士，师大捷，获匈奴王十有余人，益封青六千户。"而封青子伉为宜春侯，青子不疑为阴安侯，青子登为发干侯。青固谢曰："臣幸得待罪行间，赖陛下神灵，军大捷，皆诸校尉力战之功也。陛下幸已益封臣青。臣青子在襁褓中，未有勤劳，上幸列地封为三侯，非臣待罪行间所以劝士力战之意也。伉等三人何敢受封！"天子曰："我非忘诸校尉功也，今固且图之。"乃诏御史曰："护军都尉公孙敖三从令将军李息攻打匈奴，从代郡出兵；又命令车骑将军卫青从云中出发，向西去攻打匈奴，直奔高阙。先攻取了河南地区，接着西下到陇西，俘获几千名匈奴兵，缴获牲畜十万头，赶走了白羊王和楼烦王。于是就把河南地区改设为朔方郡。卫青因功被封为长平侯，食邑三千八百户。卫青的校尉苏建也因军功被封为平陵侯，食邑一千一百户，朝廷派苏建修筑朔方城。卫青的校尉张次公有军功，被封为岸头侯。天子说："匈奴背逆天理，违背人伦，侵凌长辈，虐待老人，专以盗窃为事，欺诈各个蛮夷之国，策划阴谋，凭借武力，屡次侵扰汉朝边境，所以朝廷才调动军队，派遣将领，来征讨他们。《诗经》上不是说吗？'驱逐猃狁，直到太原'，'战车隆隆，在朔方筑城'。如今车骑将军卫青越过西河地区，直到高阙，斩杀匈奴二千三百人，大批车辆辎重和牲畜财产都被缴获，卫青已被封为列侯，于是往西平定了黄河以南地区，占领了榆溪的旧塞，越过梓领，在北河上架设桥梁，又讨伐蒲泥，攻破符离，斩杀匈奴的精兵与捕获匈奴的侦察兵三千零七十一人，押来了俘虏，赶来匈奴一百多万头马、牛和羊，而自己的军队却完整无损，胜利回师，为此又加封卫青三千户。"第二年，匈奴又入侵边境，杀死代郡太守共友，侵入雁门，抢掠一千余人。第二年，匈奴更大规模入侵代郡、定襄、上郡，斩杀抢掠汉朝百姓几千人。

又过了一年，即元朔五年的春天，朝廷命令车骑将军卫青率领骑兵三万，从高阙出兵；任命卫尉苏建为游击将军，左内史李沮为强弩将军，太仆公孙贺为骑将军，代国国相李蔡为轻车将军，都隶属车骑将军卫青统领，一同从朔方出兵；朝廷又任命大行令李息、岸头侯张次公为将军，从右北平出发，一齐攻打匈奴。匈奴右贤王抵挡卫青等人的大兵，以为汉朝军队不能到达这里，便喝得大醉。汉军趁夜色袭来，包围了右贤王；右贤王大惊，同他的一个爱妾和几百个精壮骑兵，冲破包围圈，向北逃去。汉朝的轻骑校尉郭成等追了几百里，没有追上。抓到了右贤王的小王十多人，男女民众一万五千余人，牲畜数千百万头，于是卫青率兵凯旋而归。当卫青走到边塞时，武帝派遣使者拿着大将军的官印在那里迎接，就在军中任命他为大将军，其他将军所率领的军队都由大将军指挥，大将军确立名号后，班师回京。武帝说："大将军亲自领军作战，大获全胜，俘虏匈奴王十多人，加封卫青六千户食邑。"又封卫青的儿子卫伉为宜春侯，卫不疑为阴安侯，卫登为发干侯。卫青坚决推辞说："我有幸能在军中任职，依赖陛下的圣威，才使军队获得大捷，同时这也是各位校尉拼命奋战的功劳。陛下已经降恩加封我了。儿子们年龄还小，没有丝毫劳苦之功，皇上却要封列侯，这不是我劝勉将士奋力作战的本意。他们三个怎么敢接受封赏呢!"天子说："我并没有忘了各位校尉的功劳，如今正要给他们封赏。"于是诏令御史说："护军都尉公孙敖大将军击匈奴，常护军，傅校获王，以千五百户封敖为合骑侯。都尉韩说从大将军出窳浑，至匈奴右贤王庭，为麾下搏战获王，以千三百户封说为龙頟侯。骑将军公孙贺从大将军获王，以千三百户封贺为南窌侯。轻车将军李蔡再从大将军获王，以千六百户封蔡为乐安侯。校尉李朔，校尉赵不虞，校尉公孙戎奴，各三从大将军获王，以千三百户封朔为涉轵侯，以千三百户封不虞为随成侯，以千三百户封戎奴为从平侯。将军李沮、李息及校尉豆如意有功，赐爵关内侯，食邑各三百户。”其秋，匈奴入代，杀都尉朱英。

其明年春，大将军青出定襄，合骑侯敖为中将军，太仆贺为左将军，翕侯赵信为前将军，卫尉苏建为右将军，郎中令李广为后将军，左内史李沮为强弩将军，咸属大将军，斩首数千级而还。月余，悉复出定襄击匈奴，斩首虏万余人。右将军建、前将军信并军三千余骑，独逢单于兵，与战一日余，汉兵且尽。前将军故胡人，降为翕侯，见急，匈奴诱之，遂将其余骑可八百，奔降单于。右将军苏建尽亡其军，独以身得亡去，自归大将军。大将军问其罪正闳、长史安、议郎周霸等：“建当云何？”霸曰：“自大将军出，未尝斩裨将。今建弃军，可斩以明将军之威。”闳、安曰：“不然。兵法‘小敌之坚，大敌之禽也’。今建以数千当单于数万，力战一日余，士尽，不敢有二心，自归。自归而斩之，是示后无反意也。不当斩。”大将军曰：“青幸得以肺腑待罪行间，不患无威，而霸说我以明威，甚失臣意。且使臣职虽当斩将，以臣之尊宠而不敢自擅专诛于境外，而具归天子，天子自裁之，于是以见为人臣不敢专权，不亦可乎？”军吏皆曰“善”。遂囚建诣行在所。入塞罢兵。

是岁也，大将军姊子霍去病年十八，幸，为天子侍中。善骑射，再从大将军，受诏与壮士，为剽姚校尉，与轻勇骑八百直弃大军数百里赴利，斩捕首虏过当。于是天子曰：“剽姚校尉去病斩首虏二千二十八级，及相国、当户，斩单于大父行籍若侯产，生捕季父罗姑，比再冠军，以千六百户封去病为冠军侯。上谷太守郝贤四从大将三次跟随大将军攻打匈奴，协调各军，配合校尉俘获匈奴王，封为合骑侯，食邑一千五百户。都尉韩说跟随大将军从窳浑出兵，直打到匈奴右贤王的王庭，在大将军指挥下奋力作战，捕获匈奴小王，封为龙𩨌侯，食邑一千三百户。骑将军公孙贺跟随大将军捕获敌王，封为南窌侯，食邑一千三百户。轻车将军李蔡两次跟随大将军俘获敌王，封为乐安侯，食邑一千六百户。校尉李朔、校尉赵不虞、校尉公孙戎奴，各三次跟随大将军捕获敌王，封李朔为涉轵侯，食邑一千三百户；封赵不虞为随成侯，食邑一千三百户；封公孙戎奴为从平侯，食邑一千三百户。将军李沮、李息以及校尉豆如意有战功，赐封关内侯的爵位，各领有三百户食邑。”这年秋天，匈奴又入侵代郡，杀死了都尉朱英。

第二年春天，大将军卫青从定襄出兵。合骑侯公孙敖做中将军，太仆公孙贺为左将军，翕侯赵信为前将军，卫尉苏建做右将军，郎中令李广做后将军，左内史李沮做强弩将军，都隶属大将军统领，斩杀数千匈奴而回。一个多月后，又全都从定襄出兵攻打匈奴，匈奴死伤一万多人。右将军苏建、前将军赵信的军队合为一军，共三千多骑兵，途中遭遇匈奴单于的军队，激战一天，汉军眼看要全军覆没，前将军赵信原本是匈奴人，投降汉朝后被封为翕侯，如今看到形势危急，匈奴又引诱他，于是率领剩余八百骑兵，投降单于。右将军苏建全军覆没，独自一人逃回到大将军卫青那里。卫青向军正闳、长史安和议郎周霸等询问如何处置苏建，周霸说道：“自从您出征以来，从未杀过副将。如今苏建弃军逃跑，应该杀了他以显示大将军的威严。”闳和安反对说：“不能这样。兵法上说‘两军交锋，力量小的一方即使硬拼，也要被力量大的一方打败。’如今苏建以几千兵力抵御单于的几万军队，奋战一天多，将士全部牺牲，仍然不敢有二心，自动归来。若归来反而被处死，这等于告诉后来者战败后再不要有返回的意图了。所以苏建不能被杀。”卫青说：“我侥幸作为朝廷亲信在军队中当官，并不担心没有威严，而周霸却劝我要显示威严，这不符合我为人臣的本分。况且即使我有权斩杀将士，以我所受到的尊宠，也不敢在境外擅自诛杀，所以我要把情况向皇上详细汇报，请天子自己来裁决，以此来表明做臣子的不敢专权，这不是很好吗？”军官们都说“好”。卫青于是把苏建押送到京城，然后率大军返回塞内休兵。

这一年，卫青的外甥霍去病年方十八岁，受到武帝宠爱，当了皇帝的侍中。霍去病善于骑马射箭，两次随从大将军出征，大将军奉皇上之命，拨给他一些壮士，任命他为剽姚校尉。他率领八百轻骑兵，抛开大军几百里去奔袭匈奴，结果斩杀和捕获相当多的匈奴兵。于是皇上说：“剽姚校尉霍去病杀敌二千零二十八人，其中包括匈奴的相国和当户，杀死单于祖父一辈的籍若侯产，活捉单于叔父罗姑比，两次功劳都在全军称冠，封为冠军侯，食邑一千六百户。上谷太守郝贤军，捕斩首虏二千余人，以千一百户封贤为众利侯。”是岁，失两将军军，亡翕侯，军功不多，故大将军不益封。右将军建至，天子不诛，赦其罪，赎为庶人。

大将军既还，赐千金。是时王夫人方幸于上，宁乘说大将军曰：“将军所以功未甚多，身食万户，三子皆为侯者，徒以皇后故也。今王夫人幸而宗族未富贵，愿将军奉所赐千金为王夫人亲寿。”大将军乃以五百金为寿。天子闻之，问大将军，大将军以实言，上乃拜宁乘为东海都尉。

张骞从大将军，以尝使大夏，留匈奴中久，导军，知善水草处，军得以无饥渴，因前使绝国功，封骞博望侯。

冠军侯去病既侯三岁，元狩二年春，以冠军侯去病为骠骑将军，将万骑出陇西，有功。天子曰：“骠骑将军率戎士逾乌盭，讨遬濮，涉狐奴，历五王国，辎重人众慑慴者弗取，冀获单于子。转战六日，过焉支山千有余里，合短兵，杀折兰王，斩卢胡王，诛全甲，执浑邪王子及相国、都尉，首虏八千余级，收休屠祭天金人，益封去病二千户。”

其夏，骠骑将军与合骑侯敖俱出北地，异道；博望侯张骞、郎中令李广俱出右北平，异道；皆击匈奴。郎中令将四千骑先至，博望侯将万骑在后至。匈奴左贤王将数万骑围郎中令，郎中令与战二日，死者过半，所杀亦过当。博望侯至，匈奴兵引去。博望侯坐行留，当斩，赎为庶人。而骠骑将军出北地，已遂深入，与合骑侯失道，不相得，骠骑将军逾居延至祁连山，捕首虏甚多。天子曰：“骠骑将军逾居延，遂过小月氏，攻祁连山，得酋涂王，以众降者二千五百人，斩首虏三万二百级，获五王，五王母，单于阏氏、王子五十九人，相国、将军、当户、都尉六十三人，师大率减什三，益封去病五千户。赐校尉从至小月氏爵左庶长。鹰击司马破奴再从骠骑将军斩遬濮王，捕稽沮王，千骑将得王、王母各一人，王子以下四十一人，捕虏三千三百三十人，前行捕虏千四百人，以千五百户封破奴为从骠四次随大将军出征，斩获敌军二千多人，封为众利侯，食邑一千一百户。”这一年，汉朝损失了两支人马，翕侯赵信投降，军功不多，所以大将军没有增封。右将军苏建回来后，天子没有杀他，赦免了他的罪过，让他赎罪贬为平民。

卫青回到京城，皇上赏赐千金。这时，王夫人正受到武帝的宠幸，宁乘就劝说卫青道：“将军您之所以军功还不太多，就食邑万户，三个儿子都受封为侯，都是因为卫皇后的缘故。如今王夫人得幸，而她的家族宗亲还没有富贵，希望将军把皇上赏赐的千金，拿去给王夫人的双亲祝寿。”于是卫青就拿出五百金给王夫人的双亲祝寿。武帝听说后，就问卫青，卫青如实汇报，皇上就任命宁乘做了东海都尉。

张骞随从大将军出征，因为他曾经出使大夏，在匈奴停留很长时间，这次就为大军做向导。他熟知水草丰美之地，大军因而得以免于饥渴，再加上他之前出使异国有功，被封为博望侯。

冠军侯霍去病封侯三年后，元狩二年的春天，皇帝命霍去病做骠骑将军，率领一万骑兵，从陇西出兵攻打匈奴，立有军功。武帝说：“骠骑将军亲自率军越过乌盭山，讨伐了遬濮，渡过狐奴河，前后经过了五个王国，不掠取慑服者的财物和民众，只希望捕获单于的儿子。转战六天，越过焉支山一千多里，与匈奴短兵相接，杀死了折兰王，又砍掉卢胡王的头，全歼了敌军，抓住了浑邪王的儿子以及相国、都尉，杀敌八千余人，缴获了休屠王的祭天金人。加封霍去病食邑二千户。”

这年夏天，骠骑将军与合骑侯公孙敖一同从北地出兵，分路进军；博望侯张骞、郎中令李广都从右北平出兵，分道进军。各军一起进攻匈奴。郎中令李广率领四千骑兵首先到达，博望侯率领一万骑兵随后赶到。左贤王率领数万骑兵围攻郎中令李广的军队，李广苦战两天，士卒战死大半，他们杀死敌人的数目更多。博望侯领兵赶到时，匈奴的军队已撤走。博望侯因行军迟缓延误军机而获罪，被判为死刑，赎罪贬为平民。骠骑将军出了北地后，已远远地深入到匈奴之中，因合骑侯公孙敖走错了路，没能会合。骠骑将军越过居延泽，到达祁连山，捕获了很多敌人。天子说：“骠骑将军越过居延泽，经过小月氏，进攻祁连山，俘虏了酋涂王，集体投降的有二千五百人，杀敌三万零二百人，俘获五个匈奴小王、五个王后，还有单于的妻子，以及五十九个匈奴王子，还俘获匈奴相国、将军、当户、都尉等共六十三人，汉军损失大约十分之三，因此加封霍去病食邑五千户。赏赐随霍去病到达小月氏的校尉以左庶长的爵位。鹰击司马赵破奴两次跟随骠骑将军出征，斩杀了遬濮王，俘获了稽沮王。千骑将捉到匈奴小王和王母各一人，王子以下四十一人，俘虏敌兵三千三百三十人。先头部队俘虏敌兵一千四百人，侯。校尉句王高不识，从骠骑将军捕呼于屠王王子以下十一人，捕虏千七百六十八人，以千一百户封不识为宜冠侯。校尉仆多有功，封为辉渠侯。”合骑侯敖坐行留不与骠骑会，当斩，赎为庶人。诸宿将所将士马兵亦不如骠骑，骠骑所将常选，然亦敢深入，常与壮骑先其大军，军亦有天幸，未尝困绝也。然而诸宿将常坐留落不遇。由此骠骑日以亲贵，比大将军。

其秋，单于怒浑邪王居西方数为汉所破，亡数万人，以骠骑之兵也。单于怒，欲召诛浑邪王。浑邪王与休屠王等谋欲降汉，使人先要边。是时大行李息将城河上，得浑邪王使，即驰传以闻。天子闻之，于是恐其以诈降而袭边，乃令骠骑将军将兵往迎之。骠骑既渡河，与浑邪王众相望。浑邪王裨将见汉军而多欲不降者，颇遁去。骠骑乃驰入与浑邪王相见，斩其欲亡者八千人，遂独遣浑邪王乘传先诣行在所，尽将其众渡河，降者数万，号称十万。既至长安，天子所以赏赐者数十巨万。封浑邪王万户，为漯阴侯。封其裨王呼毒尼为下摩侯，鹰庇为辉渠侯，禽犁为河綦侯，大当户铜离为常乐侯。于是天子嘉骠骑之功曰：“骠骑将军去病率师攻匈奴西域王浑邪，王及厥众萌咸相犇，率以军粮接食，并将控弦万有余人，诛獟駻，获首虏八千余级，降异国之王三十二人，战士不离伤，十万之众咸怀集服，仍与之劳，爰及河塞，庶几无患，幸既永绥矣。以千七百户益封骠骑将军。”减陇西、北地、上郡戍卒之半，以宽天下之繇。

居顷之，乃分徙降者边五郡故塞外，而皆在河南，因其故俗，为属国。其明年，匈奴入右北平、定襄，杀略汉千余人。

其明年，天子与诸将议曰：“翕侯赵信为单于画计，常以为汉兵不能度幕轻留，今大发士卒，其势必得所欲。”是岁元狩四年也。

元狩四年春，上令大将军青、骠骑将军去病将各五万骑，步兵转者踵军数十万，而敢力战深入之士皆属骠骑。骠骑始为出定襄，当单为此封赵破奴为从骠侯，食邑一千五百户。校尉句王高不识，跟随骠骑将军霍去病俘虏呼于屠王和王子以下共十一人，俘虏敌兵一千七百六十八人，封为宜冠侯，食邑一千一百户。校尉仆多立有军功，封为辉渠侯。”合骑侯公孙敖因延误军期而未能与骠骑将军会师，被判为死刑，赎罪贬为平民。当时各位老将军所率领的兵士和马匹武器都不如骠骑将军的精锐，但他敢于深入敌军内部作战，常常和健壮的骑兵跑在大军的前面，他的军队也常有好运，未曾遭遇困境。相比之下，各位老将却经常因为行军迟缓落后，错失良机。从此以后，骠骑将军日益受到皇上亲近，地位与大将军卫青不相上下。

这年秋天，匈奴单于因为西方的浑邪王屡次被骠骑将军打败，损失几万人而大怒，想将浑邪王召来杀掉。浑邪王和休屠王等因此想投降汉朝，就先派人到边境和汉军联络。这时，大行令李息率兵在黄河岸边筑城，见到浑邪王的使者后，立即派人乘驿车向皇帝报告。皇上听说后，怕浑邪王用诈降的办法偷袭边境，于是就命令骠骑将军领兵前去迎接浑邪王和休屠王。骠骑将军渡过黄河后，与浑邪王的部队遥遥相望。浑邪王的副将们看到汉军，又有人变卦不想投降，有好多人逃离而去。霍去病就快马奔入敌营，见了浑邪王，杀了八千想逃走的士兵，接着让浑邪王一个人乘着驿车，先到皇帝出巡所在地，然后由他领着浑邪王的全部军队渡过黄河，共有几万人，号称十万。他们到达长安后，天子赏赐几十万财物。封浑邪王为漯阴侯，食邑一万户。封他的小王呼毒尼为下摩侯，鹰庇为辉渠侯，禽梨为河綦侯，大当户铜离为常乐侯。武帝因此称赞霍去病说：“骠骑将军霍去病率领军队攻打匈奴西部的浑邪王，浑邪王和他的军众都归降汉朝，骠骑将军用军粮接济他们，并且率领一万多弓箭手，诛杀了妄图逃亡的凶悍之人，共八千多，降服三十二位异国国王，几乎没有损失士卒，就使得十万降军全部归来，将军连续征战，因而使河塞地区几乎消除了边患，幸而得以永保平安。增封骠骑将军食邑一千七百户。”于是就减少了陇西、北地、上郡一半的驻军，以此减轻全国百姓的徭役负担。

过了不久，朝廷就把归降的匈奴人分别安置到边境五郡原先的边塞以外，都在黄河以南，让他们保留原有的习俗，作为汉王朝的属国。第二年，匈奴入侵右北平、定襄，杀掠汉朝一千多人。

又过了一年，武帝同诸将商议说：“翕侯赵信替匈奴单于出谋划策，总以为汉朝军队不能越过沙漠，尤其不敢在那儿轻易停留，现在如果派大军出击，势必能大功告成。”这一年是元狩四年。

元狩四年春天，武帝命令大将军卫青、骠骑将军霍去病各率五万骑兵先行，数十万步兵和运输物资的部队紧随其后，那些敢于奋战深入的士兵都归骠骑将军于。捕虏言单于东，乃更令骠骑出代郡，令大将军出定襄。郎中令为前将军，太仆为左将军，主爵赵食其为右将军，平阳侯襄为后将军，皆属大将军。兵即度幕，人马凡五万骑，与骠骑等咸击匈奴单于。赵信为单于谋曰："汉兵既度幕，人马罢，匈奴可坐收虏耳。"乃悉远北其辎重，皆以精兵待幕北。而适值大将军军出塞千余里，见单于兵陈而待，于是大将军令武刚车自环为营，而纵五千骑往当匈奴。匈奴亦纵可万骑。会日且入，大风起，沙砾击面，两军不相见，汉益纵左右翼绕单于。单于视汉兵多，而士马尚强，战而匈奴不利，薄莫，单于遂乘六骡，壮骑可数百，直冒汉围西北驰去。时已昏，汉匈奴相纷挐，杀伤大当。汉军左校捕虏言单于未昏而去，汉军因发轻骑夜追之，大将军军因随其后。匈奴兵亦散走。迟明，行二百余里，不得单于，颇捕斩首虏万余级，遂至窴颜山赵信城，得匈奴积粟食军。军留一日而还，悉烧其城余粟以归。

大将军之与单于会也，而前将军广、右将军食其军别从东道，或失道，后击单于。大将军引还过幕南，乃得前将军、右将军。大将军欲使使归报，令长史簿责前将军广，广自杀。右将军至，下吏，赎为庶人。大将军军入塞，凡斩捕首虏万九千级。

是时匈奴众失单于十余日，右谷蠡王闻之，自立为单于。单于后得其众，右王乃去单于之号。

骠骑将军亦将五万骑，车重与大将军军等，而无裨将。悉以李敢等为大校，当裨将，出代、右北平千余里，直左方兵，所斩捕功已多大将军。军既还，天子曰："骠骑将军去病率师，躬将所获荤粥之士，约轻赍，绝大幕，涉获章渠，以诛比车耆，转击左大将，斩获旗鼓，历涉离侯。济弓闾，获屯头王、韩王等三人，将军、相国、当户、都尉八十三人，封狼居胥山，禅于姑衍，登临翰海。执卤获丑七万有四百四十三级，师率减什三，取食于敌，逴行殊远而粮不绝，统领。骠骑将军起初想要从定襄出兵，迎击单于。后来捕到的匈奴俘虏说单于向东而去，朝廷于是就改派骠骑将军从代郡出兵，派大将军卫青从定襄出兵。郎中令李广做前将军，太仆公孙贺任左将军，主爵都尉赵食其任右将军，平阳侯曹襄任后将军，都隶属大将军统领。大军随即越过沙漠，共五万骑兵，和骠骑将军约定共同攻打单于。赵信替单于出主意说："汉军已越过沙漠，人马疲乏，匈奴可以坐收胜利了。"于是便把他们的全部辎重远远地运到北方，而布下全部的精锐部队等候在大漠以北。大将军所率部队出塞一千多里，看见单于的军队列阵等在那里，就下令用武刚车围成营盘。又命五千骑兵前去攻打匈奴，匈奴也派出大约一万骑兵。恰好赶上太阳将落，刮起了大风，沙石打在脸上，都看不清对方。汉军又命左右两翼急驰包抄单于。单于看到汉朝兵多，而且人马战斗力还很强，估摸打下去对匈奴不利。因此天快黑的时候就乘着六头骡子拉的车子，同几百名精壮骑兵，径直冲出汉军包围圈，奔向西北而去。这时天已黑了，汉军和匈奴兵相互混战，伤亡大致相同。汉军左校尉捕到的匈奴俘虏说单于在天未黑时已经逃跑了，于是汉军派出轻骑兵连夜追击，大将军的军队紧随其后。匈奴兵四散逃走。天快亮时，汉军已行走二百余里，没有追到单于，俘获和斩杀敌兵一万多人，军队到了寘颜山的赵信城，缴获了匈奴屯积的粮草以供军队食用。汉军驻留一日后返回，并烧掉了城中剩余的粮草。

正当大将军卫青同单于交战时，前将军李广和右将军赵食其的军队从东路进军，因为迷了路，没能如期同大将军会合。大将军领兵回到大漠以南时，才遇到他们。大将军想派使者回京报告天子，就命令长史根据文书所列罪状审问李广，李广自杀。右将军回京后，交到军法处审判，后来交了赎金，被贬为平民。大将军此次入塞，总共斩获匈奴兵一万九千人。

这时匈奴的部众一连十多天没有单于的下落，右谷蠡王听说后，就自立为单于。单于后来又回到大军中，右谷蠡王就去掉了单于的称号。

骠骑将军霍去病也是统率了五万骑兵，车辆辎重和大将军的相同，但没有副将，就任命李敢等为大校担任副将，从代郡、右北平出发一千多里，进攻左贤王的军队，所斩获匈奴的数目远远超过大将军。大军归来时，武帝说："骠骑将军霍去病率领军队，亲自指挥从前俘获的荤粥勇士，轻装上阵，横越大沙漠，涉水俘获了单于的近臣章渠，诛杀了比车耆，转而又攻打左翼大将，缴获军旗和战鼓。翻过离侯山，渡过弓闾河，捕获了屯头王、韩王等三人，以及将军、相国、当户、都尉等共八十三人。然后在狼居胥山祭天，在姑衍山祭地，并且登上高山俯视大沙漠。共计俘获和斩杀匈奴七万零四百四十三人，汉军损失十分之三。他们从敌人那里夺得粮食，所以虽然行军到很远地方，却没有断绝军粮。加封骠骑以五千八百户益封骠骑将军。”右北平太守路博德属骠骑将军，会与城，不失期，从至梼余山，斩首捕虏二千七百级，以千六百户封博德为符离侯。北地都尉邢山从骠骑将军获王，以千二百户封山为义阳侯。故归义因淳王复陆支、楼专王伊即靬皆从骠骑将军有功，以千三百户封复陆支为壮侯，以千八百户封伊即靬为众利侯。从骠侯破奴、昌武侯安稽从骠骑有功，益封各三百户。校尉敢得旗鼓，为关内侯，食邑二百户。校尉自为爵大庶长。军吏卒为官，赏赐甚多。而大将军不得益封，军吏卒皆无封侯者。

两军之出塞，塞阅官及私马凡十四万匹，而复入塞者不满三万匹。乃益置大司马位，大将军、骠骑将军皆为大司马。定令，令骠骑将军秩禄与大将军等。自是之后，大将军青日退，而骠骑日益贵。举大将军故人门下多去事骠骑，辄得官爵，唯任安不肯。

骠骑将军为人少言不泄，有气敢任。天子尝欲教之孙吴兵法，对曰："顾方略何如耳，不至学古兵法。"天子为治第，令骠骑视之，对曰："匈奴未灭，无以家为也。"由此上益重爱之。然少而侍中，贵，不省士。其从军，天子为遣太官赍数十乘，既还，重车余弃粱肉，而士有饥者。其在塞外，卒乏粮，或不能自振，而骠骑尚穿域蹋鞠。事多此类。大将军为人仁善退让，以和柔自媚于上，然天下未有称也。

骠骑将军自四年军后三年，元狩六年而卒。天子悼之，发属国玄甲军，陈自长安至茂陵，为冢象祁连山。谥之，并武与广地曰景桓侯。子嬗代侯。嬗少，字子侯，上爱之，幸其壮而将之。居六岁，元封元年，嬗卒，谥哀侯。无子，绝，国除。

自骠骑将军死后，大将军长子宜春侯伉坐法失侯。后五岁，伉弟二人，阴安侯不疑及发干侯登皆坐酎金失侯。失侯后二岁，冠军侯国除。其后四年，大将军青卒，谥为烈侯。子伉代为长平侯。

将军霍去病食邑五千八百户。”右北平太守路博德隶属骠骑将军，与骠骑将军会师与城，没有贻误军期，并跟着一起打到梼余山，俘获斩杀匈奴二千七百人，封为符离侯，食邑一千六百户。北地都尉邢山捕获匈奴小王，封为义阳侯，食邑一千二百户。原先归顺汉朝的匈奴因淳王复陆支、楼专王伊即靬攻匈奴有功，封复陆支为壮侯，食邑一千三百户，封伊即靬为众利侯，食邑一千八百户。从骠侯赵破奴、昌武侯赵安稽都攻打匈奴有功，各增食邑三百户。校尉李敢夺取了匈奴的军旗战鼓，封为关内侯，赐食邑二百户。校尉徐自为赐封大庶长的爵位，此外军中很多小吏士卒都被封官赐赏。而大将军没能得到加封，军中官兵也没有被封赏的。

当卫青和霍去病率领大军出塞时，根据边塞上的统计，当时官府和私人马匹共十四万匹，当他们返回时，所剩不到三万。朝廷于是增设了大司马的职位，大将军和骠骑将军都获得大司马的头衔。并明确规定，骠骑将军的官阶和俸禄同大将军相等。从此，大将军卫青的地位日益衰落，而骠骑将军霍去病日益显贵。大将军的老友和门客多半改投侍奉骠骑将军，很多人都获得了官职和爵位，只有任安不肯这样做。

骠骑将军为人寡言少语，性格内向，但果敢有气魄。武帝曾想教他学习孙子和吴起的兵法，他回答说：“打仗只看方针策略怎样就行了，没必要学习古代兵法。”武帝为他建造府邸，让骠骑将军去看，他回答说：“匈奴还没有消灭，无心考虑自己的事情。”由此武帝更加重用宠信他。然而霍去病从少年时就在皇上身边侍候，富贵惯了，不知道体恤士卒。他外出打仗时，天子给他派去太官，携带上几十车的军需品。等到回来时，很多没吃完的食物都放坏了，而他的士卒还有挨饿的。在塞外打仗时，士兵们缺粮，有的都饿得站不起来了，而他还在画场地踢球，诸如此类的事情很多。大将军卫青为人却非常仁厚善良，谦和忍让，以宽和顺从获得皇上喜爱，但天下人却不怎么称道他。

骠骑将军从元狩四年开始出击匈奴，三年后，即元狩六年就去世了。武帝非常悲伤，调集了边境五郡的铁甲军，列队从长安一直排到茂陵，仿照祁连山的样子为他修建坟墓。因他英勇威武，开拓边疆，因此赐封谥号景桓侯。他的儿子霍嬗接替了爵位。霍嬗，字子侯，年纪尚小，皇上很宠爱，希望等他长大后任命为将军。没想到六年后，即元封元年，霍嬗去世，皇上赐封谥号哀侯。他没有儿子，因而绝了后，封国被废除。

骠骑将军去世后，大将军卫青的长子宜春侯卫伉因犯法失去了侯爵。五年以后，卫伉的两个弟弟阴安侯卫不疑和发干侯卫登，都因为助祭献金不合规定而失掉侯爵。两年后，冠军侯的封国被废除。又过了四年，大将军卫青去世，朝廷加封谥号烈侯。卫青儿子卫伉接替爵位做长平侯。

自大将军围单于之后，十四年而卒。竟不复击匈奴者，以汉马少，而方南诛两越，东伐朝鲜，击羌、西南夷，以故久不伐胡。

大将军以其得尚平阳长公主故，长平侯伉代侯。六岁，坐法失侯。

左方两大将军及诸裨将名：

最大将军青，凡七出击匈奴，斩捕首虏五万余级。一与单于战，收河南地，遂置朔方郡，再益封，凡万一千八百户。封三子为侯，侯千三百户。并之，万五千七百户。其校尉裨将以从大将军侯者九人。其裨将及校尉已为将者十四人。为裨将者曰李广，自有传。无传者曰：

将军公孙贺。贺，义渠人，其先胡种。贺父浑邪，景帝时为平曲侯，坐法失侯。贺，武帝为太子时舍人。武帝立八岁，以太仆为轻车将军，军马邑。后四岁，以轻车将军出云中。后五岁，以骑将军从大将军有功，封为南窌侯。后一岁，以左将军再从大将军出定襄，无功。后四岁，以坐酎金失侯。后八岁，以浮沮将军出五原二千余里，无功。后八岁，以太仆为丞相，封葛绎侯。贺七为将军，出击匈奴无大功，而再侯，为丞相。坐子敬声与阳石公主奸，为巫蛊，族灭，无后。

将军李息，郁郅人。事景帝。至武帝立八岁，为材官将军，军马邑；后六岁，为将军，出代；后三岁，为将军，从大将军出朔方：皆无功。凡三为将军，其后常为大行。

将军公孙敖，义渠人。以郎事武帝。武帝立十二岁，为骑将军，出代，亡卒七千人，当斩，赎为庶人。后五岁，以校尉从大将军有功，封为合骑侯。后一岁，以中将军从大将军，再出定襄，无功。后二岁，以将军出北地，后骠骑期，当斩，赎为庶人。后二岁，以校尉从大将军，无功。后十四岁，以因杅将军筑受降城。七岁，复以因杅将军再出击匈奴，至余吾，亡士卒多，下吏，当斩，诈死，亡居民间大将军围攻单于之后的第十四年就去世了，这期间因为汉朝战马少，而且正在讨伐南方的东越和南越、东方的朝鲜，以及羌人和西南夷，因此长时间没有讨伐匈奴。

大将军卫青因为娶了平阳公主的缘故，所以儿子长平侯卫伉才得以接替他的侯爵。但是六年后，他又因犯法而失掉侯爵。

下面是两位大将军及其诸位副将的名单：

大将军卫青共计出兵匈奴七次，俘获斩杀敌兵五万多人。同单于交战一次，收复河南失地，因而设置了朔方郡，两次加封，共受封一万一千八百户。他的三个儿子都封为列侯，每人享有食邑一千三百户。全家总共享有食邑一万五千七百户。他的校尉副将被封侯的共有九人，担任将军的共有十四人，副将李广自己有传记。没有专门列传的人有：

将军公孙贺，义渠人，他的祖先是匈奴族人。公孙贺的父亲浑邪，景帝时被封为平曲侯，后来因为犯法而失掉侯爵。公孙贺在武帝当太子时为太子舍人。武帝即位后八年，公孙贺以太仆身份做了轻车将军，驻守马邑。四年后，公孙贺以轻车将军的身份从云中郡出发攻打匈奴。又过了五年，公孙贺以骑将军的身份跟随大将军攻打匈奴，因功被封为南窌侯。又过了一年，公孙贺以左将军的身份两次跟随大将军从定襄出发攻打匈奴，无功而返。又过了四年，因为助祭献金不合规定而失掉侯爵。又过了八年，以浮沮将军的身份从五原出兵两千余里，讨伐匈奴无功而返。又过了八年，以太仆的身份出任丞相，被封为葛绎侯。公孙贺七次担任将军，出击匈奴没有立下大功，却两次被封侯，当了丞相。后来因儿子公孙敬声与阳石公主有奸情，又搞巫蛊之事，于是全家被灭族，从此绝后。

将军李息，郁郅人。他曾经服侍过景帝，武帝即位八年时，担任材官将军，率领军队驻扎在马邑。六年后，他担任将军，从代郡出兵攻打匈奴。过了三年，他又以将军身份跟随大将军从朔方出兵攻打匈奴，都没有立下战功。李息总共三次担任将军，后来在朝廷任大行令。

将军公孙敖，义渠人。先是在武帝跟前任郎官。武帝即位十二年时，他以骑将军身份从代郡出兵攻打匈奴，损失士兵七千多人，被判了死刑，后来交了赎金，被贬为平民。五年后，他以校尉身份跟随大将军攻打匈奴有功，被封为合骑侯。又过了一年，他以中将军身份随大将军两次从定襄出兵攻打匈奴，无功而回。又过了二年，他以将军身份从北地出兵，由于未能按时与骠骑将军会合，被判为死刑，交了赎金赎罪，被贬为平民。又过了二年，他以校尉的身份跟随大将军攻打匈奴，没有战功。又过了十四年，他以因杅将军的身份率军修筑受降城。七年后，他再次以因杅将军的身份出兵匈奴，前进至余吾，因为损失惨重，被交五六岁。后发觉，复系。坐妻为巫蛊，族。凡四为将军，出击匈奴，一侯。

将军李沮，云中人。事景帝。武帝立十七岁，以左内史为强弩将军。后一岁，复为强弩将军。

将军李蔡，成纪人也。事孝文帝、景帝、武帝。以轻车将军从大将军有功，封为乐安侯。已为丞相，坐法死。

将军张次公，河东人。以校尉从卫将军青有功，封为岸头侯。其后太后崩，为将军，军北军。后一岁，为将军，从大将军，再为将军，坐法失侯。次公父隆，轻车武射也。以善射，景帝幸近之也。

将军苏建，杜陵人。以校尉从卫将军青，有功，为平陵侯，以将军筑朔方。后四岁，为游击将军，从大将军出朔方。后一岁，以右将军再从大将军出定襄，亡翕侯，失军，当斩，赎为庶人。其后为代郡太守，卒，冢在大犹乡。

将军赵信，以匈奴相国降，为翕侯。武帝立十七岁，为前将军，与单于战，败，降匈奴。

将军张骞，以使通大夏，还，为校尉。从大将军有功，封为博望侯。后三岁，为将军，出右北平，失期，当斩，赎为庶人。其后使通乌孙，为大行而卒，冢在汉中。

将军赵食其，祋祤人也。武帝立二十二岁，以主爵为右将军，从大将军出定襄，迷失道，当斩，赎为庶人。

将军曹襄，以平阳侯为后将军，从大将军出定襄。襄，曹参孙也。

将军韩说，弓高侯庶孙也。以校尉从大将军有功，为龙頟侯，坐酎金失侯。元鼎六年，以待诏为横海将军，击东越有功，为按道侯。以太初三年为游击将军，屯于五原外列城。为光禄勋，掘蛊太子宫，卫太子杀之。

将军郭昌，云中人也。以校尉从大将军。元封四年，以太中大夫付军法处，判处死刑。他装作病死，到民间逃亡五六年，后来还是被发觉，再次入狱。又因他妻子涉及巫蛊活动，全家被诛杀。公孙敖先后四次担任过将军，出击匈奴，其中一次被封侯。

将军李沮，云中人，曾服侍景帝。武帝即位十七年时，他以左内史的身份担任强弩将军。一年后，又担任强弩将军。

将军李蔡，成纪人，先后在文帝、景帝和武帝驾前任职。曾以轻车将军身份跟随大将军攻打匈奴有功，被封为乐安侯。后来官升至丞相，因犯法而被杀。

将军张次公，河东人，曾以校尉身份随从大将军攻打匈奴，立有战功，被封为岸头侯。王太后死后，他当了将军，驻守在北军中。一年后，以将军身份跟随大将军卫青攻打匈奴。张次公两次担任将军，后来因犯法而失掉侯爵。张次公的父亲张隆，是轻车军队中勇武的射手。因为他善于射箭，受到景帝宠爱。

将军苏建，杜陵人，以校尉身份跟随大将军北伐匈奴，立有战功而被封为平陵侯，又以将军身份负责修筑朔方城。过了四年，他担任游击将军，跟随大将军卫青从朔方出兵北伐匈奴。又过了一年，他以右将军的身份再次随大将军从定襄出兵北伐匈奴，结果翕侯叛逃，他又全军覆没，因此被判处死刑，后来交了赎金，被贬为平民。以后他又担任了代郡太守，死后葬在大犹乡。

将军赵信，原是匈奴人，以匈奴相国的身份投降汉朝，被封为翕侯。武帝即位后第十七年，赵信担任前将军，同匈奴单于对抗，失败后投降了匈奴。

将军张骞，以使者的身份出访大夏，回来后当了校尉。他随大将军卫青攻打匈奴，因功被封为博望侯。过了三年，他以将军身份从右北平出兵攻打匈奴，因为延误了军期，被判处死刑，后来交了赎金赎罪，被贬为平民。这以后，他作为使者出使乌孙，后来又当了大行令，死后葬在汉中。

将军赵食其，祋祤人。武帝即位第二十二年时，他以主爵都尉的身份当了右将军，跟随大将军卫青从定襄出兵攻打匈奴，因为迷路而延误了军期，罪当斩首，花钱赎为平民。

将军曹襄，以平阳侯的身份当了后将军，跟随大将军卫青从定襄出兵攻打匈奴。曹襄是高祖功臣曹参的孙子。

将军韩说是弓高侯韩颓当的庶出孙子。他以校尉的身份跟随大将军卫青北伐匈奴，立功被封为龙额侯，后因交纳助祭金不合规定而失掉侯爵。元鼎六年，韩说以待诏的身份担任横海将军，讨伐东越有功，被封为按道侯。至太初三年，又以游击将军的身份，驻守在五原郡北的长城边。后来回朝任光禄勋，因为到太子宫中挖掘巫蛊，被卫太子杀死。

将军郭昌，云中人。他以校尉身份跟随大将军卫青攻打匈奴。元封四年，他为拔胡将军，屯朔方。还击昆明，毋功，夺印。

将军荀彘，太原广武人。以御见，侍中，为校尉，数从大将军。以元封三年为左将军击朝鲜，毋功。以捕楼船将军坐法死。

最骠骑将军去病，凡六出击匈奴，其四出以将军，斩捕首虏十一万余级。及浑邪王以众降数万，遂开河西酒泉之地，西方益少胡寇。四益封，凡万五千一百户。其校吏有功为侯者凡六人，而后为将军二人。

将军路博德，平州人。以右北平太守从骠骑将军有功，为符离侯。骠骑死后，博德以卫尉为伏波将军，伐破南越，益封。其后坐法失侯。为强弩都尉，屯居延，卒。

将军赵破奴，故九原人。尝亡入匈奴，已而归汉，为骠骑将军司马。出北地时有功，封为从骠侯。坐酎金失侯。后一岁，为匈河将军，攻胡至匈河水，无功。后二岁，击虏楼兰王，复封为浞野侯。后六岁，为浚稽将军，将二万骑击匈奴左贤王，左贤王与战，兵八万骑围破奴，破奴生为虏所得，遂没其军。居匈奴中十岁，复与其太子安国亡入汉。后坐巫蛊，族。

自卫氏兴，大将军青首封，其后枝属为五侯。凡二十四岁而五侯尽夺，卫氏无为侯者。

太史公曰：苏建语余曰："吾尝责大将军至尊重，而天下之贤大夫毋称焉，愿将军观古名将所招选择贤者，勉之哉。大将军谢曰：'自魏其、武安之厚宾客，天子常切齿。彼亲附士大夫，招贤绌不肖者，人主之柄也。人臣奉法遵职而已，何与招士！'"骠骑亦仿此意，其为将如此。

以太中大夫的身份当了拔胡将军，屯驻在朔方郡。回来以后，他又被调到南方领兵进攻昆明，由于没有功劳，被收回官印罢了官。

将军荀彘，太原郡广武人。他以擅长驾车，被任命为侍中，后来又当了校尉，多次跟随大将军卫青攻打匈奴。元封三年时，以左将军身份，领兵攻打朝鲜，没有功劳。后来因为擅自抓捕楼船将军杨仆，被处死。

骠骑将军霍去病共计六次出击匈奴，其中四次是以将军的身份，共俘获斩杀匈奴兵士十一万多人。又使浑邪王率领数万人投降，开拓了黄河以西的酒泉等地，使得西部地区从此很少受匈奴侵扰。他四次受加封，共食邑一万五千一百户。他的校尉被封侯的共有六人，后来晋升为将军的有两人。

将军路博德，平州人。他以右北平太守的身份跟随骠骑将军攻打匈奴有功，被封为符离侯。骠骑将军去世后，路博德以卫尉的身份当了伏波将军，平定南越，获得加封。后来他因犯法而失掉侯爵。以后，他当了强弩都尉，驻军居延，一直到死。

将军赵破奴，原来是九原人，曾经逃到匈奴，后来又回到汉朝，担任骠骑将军霍去病的司马。他领兵从北地出兵匈奴时，常常有功劳，被封为从骠侯。后来因交纳助祭金不合规定而失掉侯爵。一年后，以匈河将军身份攻打匈奴直到匈河水，没有战功。过了两年，他攻打楼兰并俘虏了楼兰王，被封为浞野侯。六年后，以浚稽将军的身份率领两万骑兵攻打匈奴左贤王，左贤王同他交战，以八万骑兵包围了赵破奴，赵破奴全军覆没，他自己也被活捉。他在匈奴度过了十年，又同长子赵安国逃回汉朝。最后因为巫蛊罪而被灭族。

卫氏家族兴起，大将军卫青是第一个被封侯的，后来他的子孙有五人被封侯。前后经历了二十四年，之后五个侯爵全被剥夺，从此卫氏家族再没有人被封侯。

太史公说：苏建曾对我说：“我曾经责备过大将军，有这么高的地位权势，而天下的贤大夫却不称赞他，希望将军能够效法古代名将的做法，也努力招贤纳士。大将军拒绝说：‘自从魏其侯窦婴和武安侯田蚡广招宾客以来，天子对此恨得咬牙切齿。亲近和安抚士大夫，招选贤才，废除不肖者的事，是国君的权力。作为臣子就只管奉公守法，做好本职的工作就好了，何必参与招选贤士的事呢？’”骠骑将军霍去病也基本是这种想法，他们就是这样当将军的。

平津侯主父列传第五十二

丞相公孙弘者，齐菑川国薛县人也，字季。少时为薛狱吏，有罪，免家贫，牧豕海上。年四十余，乃学《春秋》杂说。养后母孝谨。

建元元年，天子初即位，招贤良文学之士。是时弘年六十，征以贤良为博士。使匈奴，还报，不合上意，上怒，以为不能，弘乃病免归。

元光五年，有诏征文学，菑川国复推上公孙弘。弘让谢国人曰："臣已尝西应命，以不能罢归，愿更推选。"国人固推弘，弘至太常。太常令所征儒士各对策，百余人，弘第居下。策奏，天子擢弘对为第一。召入见，状貌甚丽，拜为博士。是时通西南夷道，置郡，巴蜀民苦之，诏使弘视之。还奏事，盛毁西南夷无所用，上不听。

弘为人恢奇多闻，常称以为人主病不广大，人臣病不俭节。弘为布被，食不重肉。后母死，服丧三年。每朝会议，开陈其端，令人主自择，不肯面折庭争。于是天子察其行敦厚，辩论有余，习文法吏事，而又缘饰以儒术，上大说之。二岁中，至左内史。弘奏事，有不可，不庭辩之。尝与主爵都尉汲黯请间，汲黯先发之，弘推其后，天子常说，所言皆听，以此日益亲贵。尝与公卿约议，至上前，皆倍其约以顺上旨。汲黯庭诘弘曰："齐人多诈而无情实，始与臣等建此议，今皆倍之，不忠。"上问弘。弘谢曰："夫知臣者以臣为忠，不知臣者以臣为不忠。"上然弘言。左右幸臣每毁弘，上益厚遇之。

丞相公孙弘是齐地菑川国薛县的人，字季。他年少时当过薛县的狱官，因为犯了罪被免职。家中贫穷，只得到海边以放猪为生。四十多岁，才学习《春秋》及各种释文杂说。他奉养后母极其孝顺谨慎。

建元元年，武帝刚刚即位，就招选“贤良”、“文学”之士。这时公孙弘已经六十岁，以贤良的身份被征召入京，做了博士。他奉命出使匈奴，回来汇报情况，因为不合皇上的心意，皇上大怒，认为他无能，公孙弘就称病罢官回家了。

元光五年，武帝再次招选“贤良”、“文学”之士，菑川国又推荐公孙弘。公孙弘向国人推辞说：“前些年我已经应命去过京城一次，因为无能而罢官回来。这回还是推举其他的人吧。”国人仍然坚决推举公孙弘，公孙弘就到了太常那里。太常让所征召的一百多个儒士分别对策，公孙弘被排在最后。全部对策文章送到武帝那里，武帝看后把公孙弘的对策文章提到第一。公孙弘就被召去入朝觐见，武帝见他相貌堂堂，就封他为博士。当时汉朝正忙着开拓西南夷通道，在那里设置郡县，巴蜀百姓对此苦不堪言。武帝就派公孙弘前去探视。公孙弘视察归来，向皇帝报告，极力斥责西南夷没有用处，但皇上没采纳他的意见。

公孙弘为人豁达，见闻广博，常说人主的弊病就在于心胸不够广大、人臣的弊病就在于太奢侈。因此他盖布被，吃饭时从不吃两种以上的肉菜。后母死了，他守丧三年。每次上朝同大家议论政事，他只阐明事情的原委，让皇上自己去选择决定，从不当面驳斥或在朝廷上力争。于是皇上渐渐发现他品行忠厚，善于言谈，熟悉文书法令和官场事务，而且还能用儒学观点加以文饰，就非常喜欢他。因此两年时间，他便官至左内史。公孙弘上奏事情，有时不被采纳，他也不当庭争辩。他曾经和主爵都尉汲黯向皇上单独奏事，汲黯先说，公孙弘随后加以推究阐述，皇上常常很高兴。他所奏的事情都被采纳，从此，公孙弘一天天受到皇帝的亲近，地位显贵起来。他曾经与公卿们事先商定好了一套方法，但到了皇上面前，他却违背初约，而顺从皇上的旨意。汲黯在朝廷上责备公孙弘说：“齐人多半狡诈而无诚意，开始时同我们一起提出这个建议，现在却完全违背，这简直是不忠。”皇上问公孙弘，公孙弘谢罪说：“了解我的人认为我忠诚，不了解我的人就认为我不忠诚。”皇上赞同他的说法。皇上身边的宠臣常常诋毁公孙弘，但皇上却更加厚待他。

元朔三年，张欧免，以弘为御史大夫。是时通西南夷，东置沧海，北筑朔方之郡。弘数谏，以为罢敝中国以奉无用之地，愿罢之。于是天子乃使朱买臣等难弘置朔方之便。发十策，弘不得一。弘乃谢曰："山东鄙人，不知其便若是，愿罢西南夷、沧海而专奉朔方。"上乃许之。

汲黯曰："弘位在三公，奉禄甚多。然为布被，此诈也。"上问弘。弘谢曰："有之。夫九卿与臣善者无过黯，然今日庭诘弘，诚中弘之病。夫以三公为布被，诚饰诈欲以钓名。且臣闻管仲相齐，有三归，侈拟于君，桓公以霸，亦上僭于君。晏婴相景公，食不重肉，妾不衣丝，齐国亦治，此下比于民。今臣弘位为御史大夫，而为布被，自九卿以下至于小吏，无差，诚如汲黯言。且无汲黯忠，陛下安得闻此言。"天子以为谦让，愈益厚之。卒以弘为丞相，封平津侯。

弘为人意忌，外宽内深。诸尝与弘有却者，虽详与善，阴报其祸。杀主父偃，徙董仲舒于胶西，皆弘之力也。食一肉脱粟之饭。故人所善宾客，仰衣食，弘奉禄皆以给之，家无所余。士亦以此贤之。

淮南、衡山谋反，治党与方急。弘病甚，自以为无功而封，位至丞相，宜佐明主填抚国家，使人由臣子之道。今诸侯有畔逆之计，此皆宰相奉职不称，恐窃病死，无以塞责。乃上书曰："臣闻天下之通道五，所以行之者三。曰君臣，父子，兄弟，夫妇，长幼之序，此五者天下之通道也。智，仁，勇，此三者天下之通德，所以行之者也。故曰'力行近乎仁，好问近乎智，知耻近乎勇'。知此三者，则知所以自治；知所以自治，然后知所以治人。天下未有不能自治而能治人者也，此百世不易之道也。今陛下躬行大孝，鉴三王，建周道，兼文武，厉贤予禄，量能授官。今臣弘罢驽之质，无汗马之劳，陛下过意武帝元朔三年，张欧被免官，皇上任命公孙弘当御史大夫。这时，汉朝正忙着开通西南夷，在东边设置沧海郡，在北边修建朔方城。公孙弘屡次上书劝谏，认为这些做法白白使汉朝疲惫不堪，都是一些无用之事，希望停止这些事情。于是，武帝就让朱买臣等以设置朔方郡的好处来责问公孙弘。朱买臣等提出十个问题，公孙弘没办法应对。于是赔罪说："我是个崤山以东的粗人，不知道还有这些好处，但希望能把西南夷和沧海郡的事暂时停下来，集中力量专营朔方城。"皇上同意了。

汲黯说："公孙弘位居三公，俸禄很多，但却盖布被，这是故意骗人。"皇上就问公孙弘，公孙弘谢罪说："确有此事。九卿中与我交情深的莫过于汲黯了，但他今天在朝廷上诘难我，确实说中了我的要害。我作为三公却盖布被，确实是巧行欺诈、沽名钓誉。不过我听说管仲担任齐相时，有三处住宅，其奢侈可与国君相比，齐桓公依靠管仲而称霸天下，也是对在上位的国君的越礼行为。晏婴为相辅佐齐景公，吃饭时从不吃两样以上的肉菜，妾不穿丝织衣服，齐国也治理得很好，这是晏婴向下自比于百姓了。如今我当了御史大夫，却盖布被，使得上自九卿下至小吏，没有了贵贱的差别，确实像汲黯所说的那样。况且如果没有汲黯的忠诚，陛下又怎能够听到这些话呢？"武帝认为公孙弘谦让有礼，越发厚待他。后来任命他当了丞相，封为平津侯。

公孙弘为人猜忌多疑，外表宽宏大量，内心却城府很深。曾经同他有嫌隙的人，公孙弘虽然表面与之很友善，却暗中加害报复他们。杀死主父偃，董仲舒被改派到胶西国当相，都是他暗地里加害。他自己每顿饭只吃一个肉菜，和粗米饭，但老友以及相好的宾客，衣食都仰仗他。公孙弘把全部俸禄都用来供给他们，家中则一点剩余也没有，因此也深得许多士大夫的称赞。

淮南王和衡山王谋反，朝廷正在紧急追查党羽的时候，公孙弘病得很厉害，他自认为没有什么功劳而被封侯，官至丞相，理应辅佐贤明的君王治理国家，使人人都遵循臣子之道。如今诸侯有反叛的事情，这都是宰相不称职导致的，害怕一旦默默病死，没有办法交代。于是，他向皇帝上书说："我听说天下的常道有五种，用来实行这五种常道的有三种美德。君臣、父子、兄弟、夫妇和长幼的次序，这五个方面就是天下的常道。智、仁、勇，这三项是天下的常德，是用来实行常道的。所以孔子说：'努力实践接近于仁，勤学好问接近于智，知道羞耻接近于勇。'懂得了这三点，就知道怎样自我约束了。懂得自我约束，然后就知道怎样管理别人。天下没有不能自治却能治理别人的，这是百世不变的道理。现在陛下亲自施行孝道，以三王为借鉴，建立周代那样的政道，兼备文王和武王的才德，鼓励贤才，给与俸禄，根据才能授予相应的官职。如今我才智低劣，没有什擢臣弘卒伍之中，封为列侯，致位三公。臣弘行能不足以称，素有负薪之病，恐先狗马填沟壑，终无以报德塞责。愿归侯印，乞骸骨，避贤者路。”天子报曰：“古者赏有功，褒有德，守成尚文，遭遇右武，未有易此者也。朕宿昔庶几获承尊位，惧不能宁，惟所与共为治者，君宜知之。盖君子善善恶恶，君若谨行，常在朕躬。君不幸罹霜露之病，何恙不已，乃上书归侯，乞骸骨，是章朕之不德也。今事少间，君其省思虑，一精神，辅以医药。”因赐告牛酒杂帛。居数月，病有瘳，视事。

元狩二年，弘病，竟以丞相终。子度嗣为平津侯。度为山阳太守十余岁，坐法失侯。

主父偃者，齐临菑人也。学长短纵横之术，晚乃学《易》、《春秋》、百家言。游齐诸生间，莫能厚遇也。齐诸儒生相与排摈，不容于齐。家贫，假贷无所得，乃北游燕、赵、中山，皆莫能厚遇，为客甚困。孝武元光元年中，以为诸侯莫足游者，乃西入关见卫将军。卫将军数言上，上不召。资用乏，留久，诸公宾客多厌之，乃上书阙下。朝奏，暮召入见。所言九事，其八事为律令，一事谏伐匈奴。其辞曰：

臣闻明主不恶切谏以博观，忠臣不敢避重诛以直谏，是故事无遗策而功流万世。今臣不敢隐忠避死以效愚计，原陛下幸赦而少察之。

《司马法》曰：“国虽大，好战必亡；天下虽平，忘战必危。”天下既平，天子《大凯》，春搜秋狝，诸侯春振旅，秋治兵，所以不忘战也。且夫怒者逆德也，兵者凶器也，争者末节也。古之人君一怒必伏尸流血，故圣王重行之。夫务战胜穷武事者，未有不悔者也。昔秦皇帝任战胜之威，蚕食天下，并吞战国，海内为一，功齐三代。务胜不休，欲攻匈奴，李斯谏曰：“不可。夫匈奴无城郭之居，委积之么汗马功劳，陛下却格外施恩，把我从行伍之中破格提拔上来，封为列侯，位居三公之职。我的德行才能都不足以与之相称，平素又多病，恐怕会先于陛下而去，最终无法报答陛下的恩德，尽臣子之责。我希望能交回侯印，辞官归家，给那些贤者让位。”武帝答复说：“古来奖赏有功的人，表彰有德的人，守住先人已成的事业要崇尚文治，遭遇祸患要崇尚武功，这个道理未曾改变。我从前勉强继承皇位，经常担心不能使国家安宁，只想和众大臣共同治理天下，你应当知道这些。作为一个君子，应该称扬善良的人，憎恶丑恶的人，你若行事谨慎，就可常在我的身边。如今你只是不幸染了风寒，何愁不愈？却上书要退回侯印，辞官归家，这是显扬我的无德呀！如今朝中稍有闲暇，你还是少些顾虑，集中精神治好病。”于是恩准公孙弘继续休假，赐给他牛酒和各种布帛。几个月后，公孙弘的病情转好，就上朝理事了。

武帝元狩二年，公孙弘发病，终于死在丞相的位子上。他的儿子公孙度继承了平津侯的爵位。公孙度当山阳太守十多年后，因为犯法被废除侯爵。

主父偃是齐地临淄人，早年学习战国时代纵横家的学说，后来才开始研究《周易》、《春秋》、诸子百家的学说。他周游于齐国读书人之间，但没有人重视他。齐国许多读书人一起排挤他，使得他无法继续待下去。他家境贫寒，没有人肯借给他东西，就到北方的燕、赵、中山等国游学，都没人重视他，客居在外，处境艰难。孝武帝元光元年，他认为各诸侯国都不值得再去，就西入函谷关，拜见大将军卫青。卫青屡次向皇上推荐他，但皇上却不肯召见。眼看身上的钱已经花光，又由于留在长安已久，王公及其门客都讨厌他，主父偃出于无奈就冒险向皇帝上书。不料早晨进呈奏书，傍晚时就被召见了。他所提到的九件事，其中八件是律令方面的，一件是关于征伐匈奴的。他的原文是这样说的：

我听说贤明的君主为了拓展自己的见识，不厌恶严辞劝谏，忠臣也不会因为逃避重罚而不直言相劝，因此才使得政事全无失策而功垂后世。如今我要毫无隐瞒、不惧杀头地提出我愚昧的想法，希望陛下能赦免我的罪过，稍微留心听一听。

《司马法》上说：“一个国家尽管很强大，若是喜欢战争，就必然走向灭亡；天下尽管很太平，若是忘掉战争，毫无准备，就必然很危险。”天下已经平定，天子演奏《大凯》的乐章，春秋两季行猎，诸侯春天整顿军队，秋天练兵，这都是为了不忘战争。况且发怒是背逆的行为，武器是不祥之物，争斗更是末节小事。古代君王一发怒必然血流成河，所以圣明的天子都要慎重行事。专事战争、穷兵黩武之人，没有不后悔的。当初秦始皇凭借屡战屡胜的威力，蚕食天下，统一全国，功绩与三代相齐。但他好战不肯停止，竟想攻打匈奴，李斯劝谏守，迁徙鸟举，难得而制也。轻兵深入，粮食必绝；踵粮以行，重不及事。得其地不足以为利也，遇其民不可役而守也。胜必杀之，非民父母也。靡弊中国，快心匈奴，非长策也。”秦皇帝不听，遂使蒙恬将兵攻胡，辟地千里，以河为境。地固泽卤，不生五谷。然后发天下丁男以守北河。暴兵露师十有余年，死者不可胜数，终不能逾河而北。是岂人众不足，兵革不备哉？其势不可也。又使天下蜚刍挽粟，起于黄、腄、琅邪负海之郡，转输北河，率三十钟而致一石。男子疾耕不足于粮饷，女子纺绩不足于帷幕。百姓靡敝，孤寡老弱不能相养，道路死者相望，盖天下始畔秦也。

及至高皇帝定天下，略地于边，闻匈奴聚于代谷之外而欲击之。御史成进谏曰：“不可。夫匈奴之性，兽聚而鸟散，从之如搏影。今以陛下盛德攻匈奴，臣窃危之。”高帝不听，遂北至于代谷，果有平城之围。高皇帝盖悔之甚，乃使刘敬往结和亲之约，然后天下忘干戈之事。

故《兵法》曰“兴师十万，日费千金”。夫秦常积众暴兵数十万人，虽有覆军杀将系虏单于之功，亦适足以结怨深仇，不足以偿天下之费。夫上虚府库，下敝百姓，甘心于外国，非完事也。夫匈奴难得而制，非一世也。行盗侵驱，所以为业也，天性固然。上及虞夏殷周，固弗程督，禽兽畜之，不属为人。夫上不观虞夏殷周之统，而下循近世之失，此臣之所大忧，百姓之所疾苦也。且夫兵久则变生，事苦则虑易。乃使边境之民弊靡愁苦而有离心，将吏相疑而外市，故尉佗、章邯得以成其私也。夫秦政之所以不行者，权分乎二子，此得失之效也。故《周书》曰“安危在出令，存亡在所用”。愿陛下详察之，少加意而熟虑焉。

是时赵人徐乐、齐人严安俱上书言世务，各一事。徐乐曰：

说："不可以攻打。匈奴没有固定居住的城郭，也没有积聚财物的府库，迁徙就像飞鸟一般飘忽不定，很难制服他们。若派轻装部队进军深入，粮草必然断绝；如果携带很多粮食行军，负担太重，难以济事。即使得到他们的土地也无法利用，得到他们的百姓也没法役使。一旦战胜，就必然要杀死他们，这并非是万民父母的圣君所应做的事。因此消耗人力物力，追求战胜的快慰，这不是好的政策。"秦始皇不听，就派蒙恬率兵攻打匈奴，把边境开拓了上千里，以黄河为国界。结果这些土地都是盐碱地，不生五谷。后来又调发全国的成年男子驻守在黄河边。军队驻外劳顿十几年，死的人不计其数，却始终没能再越过黄河北进。这难道是人马不足、武器装备不够吗？实在是形势不允许啊！后来又让天下的人急运粮草，从黄、腄、琅邪那些靠海的县出发，转运到北河，沿途大量消耗，差不多耗费三十钟粮草才只能运到一石。全国男子努力耕种，也满足不了粮饷之需；女子努力纺织，也满足不了帷幕之需。百姓们精疲力竭，孤寡老弱得不到养育，道路上死尸遍地，因为这个缘故天下人开始反叛了。

等到高祖平定天下，攻取了边境的土地，后来听说匈奴聚积在代郡的山谷之外，就想攻打他们。御史成进劝阻说："不可进攻。匈奴人天性，像飞鸟走兽一样飘散不定，追赶他们就像捕捉影子一样了不可得。如今以陛下的盛德去攻打匈奴，我私下很忧虑。"高祖不听，于是向北进军到代郡的山谷，结果在平城被围。汉高祖想必很后悔，就派刘敬前往匈奴缔结和亲。这以后，天下解除了战争之苦。

所以《孙子兵法》上说："发兵十万，每天要耗费千金。"秦朝经常兴师动众多达几十万兵力，虽然也歼灭敌军，杀死敌将，俘虏匈奴单于建有军功，但也恰恰因此结下深仇大恨，不足以抵偿全国耗费的资财。上使国库空虚，下使百姓疲惫，只图一点战争的痛快，这并非是完美的事情。匈奴难以制服，这并非当前的事情。他们边走边掠夺，并以此为职业，是天性本来如此。所以上自虞舜、夏朝、商朝和周朝，从来都不以道德的要求来督导他们，而视为禽兽一类，不把他们当作人。作为一个统治者，如果对上不借鉴虞夏商周的经验，只想遵循近世秦始皇的错误做法，这是我最忧虑，也是百姓最痛苦的事情。况且战争过多就会发生变乱，百姓受苦过深就会想到造反。边境百姓疲惫愁苦过深，就会对国家离心离德。使将军官吏们相互猜疑而与外敌勾结，尉佗和章邯就是因为这样才叛乱的。秦朝的政令之所以不能推行，就是因为国家大权被他二人所掌控，这是秦朝灭亡的最好证明。所以《周书》上说："国家的安危在于君王发布的政令，国家的存亡在于君王任用的人选。"希望陛下能特别注意，稍微认真考虑这一点。

这时，赵人徐乐、齐人严安也都就现前的政治向皇帝上书，各自发表了意见。徐乐在上书中说：

臣闻天下之患在于土崩，不在于瓦解，古今一也。何谓土崩？秦之末世是也。陈涉无千乘之尊，尺土之地，身非王公大人名族之后，无乡曲之誉，非有孔、墨、曾子之贤，陶朱、猗顿之富也，然起穷巷，奋棘矜，偏袒大呼而天下从风，此其故何也？由民困而主不恤，下怨而上不知，俗已乱而政不修，此三者陈涉之所以为资也。是之谓土崩。故曰天下之患在于土崩。何谓瓦解？吴、楚、齐、赵之兵是也。七国谋为大逆，号皆称万乘之君，带甲数十万，威足以严其境内，财足以劝其士民，然不能西攘尺寸之地而身为禽于中原者，此其故何也？非权轻于匹夫而兵弱于陈涉也，当是之时，先帝之德泽未衰而安土乐俗之民众，故诸侯无境外之助。此之谓瓦解，故曰天下之患不在瓦解。由是观之，天下诚有土崩之势，虽布衣穷处之士或首恶而危海内，陈涉是也。况三晋之君或存乎！天下虽未有大治也，诚能无土崩之势，虽有强国劲兵不得旋踵而身为禽矣，吴、楚、齐、赵是也。况群臣百姓能为乱乎哉！此二体者，安危之明要也，贤主所留意而深察也。

间者关东五谷不登，年岁未复，民多穷困，重之以边境之事，推数循理而观之，则民且有不安其处者矣。不安故易动。易动者，土崩之势也。故贤主独观万化之原，明于安危之机，修之庙堂之上，而销未形之患。其要，期使天下无土崩之势而已矣。故虽有强国劲兵，陛下逐走兽，射蜚鸟，弘游燕之囿，淫纵恣之观，极驰骋之乐，自若也。金石丝竹之声不绝于耳，帷帐之私俳优侏儒之笑不乏于前，而天下无宿忧。名何必汤武，俗何必成康！虽然，臣窃以为陛下天然之圣，宽仁之资，而诚以天下为务，则汤武之名不难侔，而成康之俗可复兴也。此二体者立，然后处尊安之实，扬名广誉于当世，亲天下而服四夷，余恩遗德为数世隆，南面负扆摄袂而揖王公，此陛下之所服也。臣闻图王不成，其敝足以安。安则陛下何求而不得，何为而不成，何征而不服乎哉！

我听说国家的忧患在于土崩，而不在于瓦解，古往今来都是一样的。什么叫土崩呢？秦朝末年的农民起义就是这样。陈涉并没有千乘的尊贵地位，也没有尺寸封地，出身卑微，并非王公大人和有名望的贵族的后代，在家乡也没有什么名望，既没有孔丘、墨翟、曾参的贤能，又没有陶朱、猗顿的富有。他从穷乡僻壤崛起，挥舞着戟矛，赤臂大喊，天下人就闻风响应，这是什么原因呢？这是由于人民贫困而国君不知体恤爱护，民众怨恨而在上位者并不知情，社会的风俗已乱，国家的政务却不加整治，这三点都是陈涉所利用的有利条件，这就叫做土崩。所以说国家的祸患在于土崩。什么叫瓦解呢？吴、楚、齐、赵的叛乱就是这样。吴、楚等七国反叛，全都号称万乘之君，发兵数十万，声威足以整饬他们全国，财富足以鼓励所有的国民，但最终却没能夺来尺寸之地，自己又被朝廷打败，这又是什么原因呢？并不是他们的权势连一个平民都不如、兵力比陈涉还弱，而是因为在当时，先帝的恩德还深入人心，而且安居乐业的百姓为数众多，因此诸侯得不到外边的援助。这就叫做瓦解。所以说国家的祸患不在于瓦解。由此可见，天下若有土崩的趋势，纵然是穷困的百姓，只要有人首先发难，就可能使国家遭到危害，陈涉就是如此，何况还有三晋国君那样的人存在呢！天下即使没有得到大治，若真能没有土崩的趋势，就算是有强国劲旅，自身也不能避免被擒，吴、楚、齐、赵等国就是这样，何况群臣百姓起来造反呢！这两种情况，是国家安危的关键，希望贤明的君主多多留意、深加考察。

最近关东地区五谷歉收，至今未得丰收，百姓多半生计艰难。再加上边境一带的战争，按常理推断，老百姓都将心神不安。一不安就容易有变故，有变故就是土崩的苗头。所以，贤明的君主能看到各种变化的原因，洞察安危的关键，及时制定拨乱反正的政策制度，就可以把祸患消灭于萌芽状态。最主要的是，想方设法不使天下出现土崩的形势。因此就算有强国劲旅，陛下也可以打猎、游赏，尽情享乐，往来驰骋，安然自若。金石丝竹的乐音不绝于耳，帷帐中的私情和俳优侏儒们的戏谑之态常在面前，天下也没有积久的忧患。没必要把追求的目标定成商汤周武一般，民俗也不必如成王康王时那么淳美！即使这样，我私下认为陛下如此圣明之君，有宽厚仁爱的禀赋，若果真把天下放在心上，那么商汤、周武那样的名望就不难赶上，成王、康王那时的民俗也可以复兴。这两方面做到了，然后就可以享有尊贵与太平的生活，在当代美名盛传，使天下之人拥戴，使四方边远之民臣服，您的恩泽将一代一代盛传下去，您的子孙将面朝南方，背靠屏风，卷起衣袖，接见王公大臣们，这是陛下现在所该做的事情。我听说想实行王道、治理国家，即使没有成功，起码也可以使国家安宁。国家一旦安宁，陛下难道还会有得不到的东西吗？还会有做不成的事吗？还会有征服不了的国家吗？

严安上书曰：

臣闻周有天下，其治三百余岁，成康其隆也，刑错四十余年而不用。及其衰也，亦三百余岁，故五伯更起。五伯者，常佐天子兴利除害，诛暴禁邪，匡正海内，以尊天子。五伯既没，贤圣莫续，天子孤弱，号令不行。诸侯恣行，强陵弱，众暴寡，田常篡齐，六卿分晋，并为战国，此民之始苦也。于是强国务攻，弱国备守，合从连横，驰车击毂，介胄生虮虱，民无所告愬。

及至秦王，蚕食天下，并吞战国，称号曰皇帝，主海内之政，坏诸侯之城，销其兵，铸以为钟虡，示不复用。元元黎民得免于战国，逢明天子，人人自以为更生。乡使秦缓其刑罚，薄赋敛，省繇役，贵仁义，贱权利，上笃厚，下智巧，变风易俗，化于海内，则世世必安矣。秦不行是风而其故俗，为智巧权利者进，笃厚忠信者退；法严政峻，谄谀者众，日闻其美，意广心轶。欲肆威海外，乃使蒙恬将兵以北攻胡，辟地进境，戍于北河，蜚刍挽粟以随其后。又使尉屠睢将楼船之士南攻百越，使监禄凿渠运粮，深入越，越人遁逃。旷日持久，粮食绝乏，越人击之，秦兵大败。秦乃使尉佗将卒以戍越。当是时，秦祸北构于胡，南挂于越，宿兵无用之地，进而不得退。行十余年，丁男被甲，丁女转输，苦不聊生，自经于道树，死者相望。及秦皇帝崩，天下大叛。陈胜、吴广举陈，武臣、张耳举赵，项梁举吴，田儋举齐，景驹举郢，周市举魏，韩广举燕，穷山通谷豪士并起，不可胜载也。然皆非公侯之后，非长官之吏也。无尺寸之势，起闾巷，杖棘矜，应时而皆动，不谋而俱起，不约而同会，壤长地进，至于霸王，时教使然也。秦贵为天子，富有天下，灭世绝祀者，穷兵之祸也。故周失之弱，秦失之强，不变之患也。

严安上书说：

我听说周朝治理天下八百余年，太平盛世有三百多年，成王和康王是最兴盛的时代，竟然四十多年不用刑罚。待到周朝政治衰微时也有三百多年，这期间五霸轮番兴起。这些霸主经常辅佐天子，兴利除害，诛伐暴虐，禁止奸邪，率领天下诸侯尊奉天子，使天子得到尊贵。五霸过去之后，没有贤圣之人接替他们，使天子处于孤立软弱的地位，号令无人遵行。诸侯恣意行事，以强凌弱，以众欺寡。田常篡夺了齐国的政权，六卿瓜分了晋国的土地，于是天下形成了战事纷扰的局面，这是百姓苦难的开始。这时强国致力于对外扩张，弱国谋求防守，出现合纵和连横的策略，说客们的车子疾驰奔波，战争连年不断，战士的铠甲帽盔都长满了虱子，百姓无处诉苦。

待到秦王嬴政时代，他蚕食天下，并吞六国，号称皇帝。掌握了全国的政权后，铲平旧时诸侯国的都城，销毁诸侯的兵器，熔铸成钟虡，表示从此不再兴兵动武。善良的百姓刚刚免于战争的灾害，碰上一位圣明的天子，人人都以为获得了新生。假如这时的秦朝能够宽缓刑罚，少征赋税，减轻徭役，崇尚仁义，贬低权利，崇尚忠厚，鄙视智巧，移风易俗，教化全国，那么世世代代都会安享太平。遗憾的是秦朝不推行这种政治，却因循从前的风俗，使得那些专做智巧权利之事的人得以任用，而那些忠厚诚信的人却被屏退；刑法严酷，政令森严，阿谀谄媚之人日多，始皇天天听他们的歌功颂美之辞，变得骄纵自满起来。他一心想到海外扬威，就派蒙恬率兵北伐匈奴，开辟疆土，在黄河以北驻军戍守，让百姓急运粮草紧随其后。又派都尉屠睢率楼船水军南攻百越，派监禄开渠运粮，深入越地。越人开始时逃入深山，战争旷日持久，秦军粮草断绝，越人群起反攻，秦军大败，秦朝只好又派都尉赵佗率兵戍守越地。那时候，秦朝北面与匈奴对峙，南面又与越人纠缠，几十万大军长年驻守在没有用处的地方，进退维谷，前后历经十多年。成年男子要披甲上阵，女子要运送物资，使百姓困顿不堪，民不聊生，吊死在路边树上的尸首到处可见。待到秦始皇一死，天下大乱。陈胜、吴广在陈县举兵，武臣、张耳在赵地举兵，项梁在吴举兵，田儋在齐举兵，景驹在郢举兵，周市在魏举兵，韩广在燕举兵，天下豪杰之士并起，不可胜数。但是，他们都不是六国诸侯的后代，也并非大官的下属，没有一点权势，都是从民间兴起，手持戟矛，顺应时势，一拥而起，不约而同。他们不断扩大土地，最后成为霸王，这都是当时的形势造成的。秦帝贵为天子，富有整个天下，却落得家破人亡、断子绝孙的下场，这是他穷兵黩武的恶果啊。所以周朝的败亡在于国势软弱，秦朝的败亡在于恃强逞威，这都是不懂得顺应客观形势的改变而变通的缘故。

今欲招南夷，朝夜郎，降羌僰，略濊州，建城邑，深入匈奴，燔其茏城，议者美之。此人臣之利也，非天下之长策也。今中国无狗吠之惊，而外累于远方之备，靡敝国家，非所以子民也。行无穷之欲，甘心快意，结怨于匈奴，非所以安边也。祸结而不解，兵休而复起，近者愁苦，远者惊骇，非所以持久也。今天下锻甲砥剑，桥箭累弦，转输运粮，未见休时，此天下之所共忧也。夫兵久而变起，事烦而虑生。今外郡之地或几千里，列城数十，形束壤制，旁胁诸侯，非公室之利也。上观齐晋之所以亡者，公室卑削，六卿大盛也；下观秦之所以灭者，严法刻深，欲大无穷也。今郡守之权，非特六卿之重也；地几千里，非特闾巷之资也；甲兵器械，非特棘矜之用也：以遭万世之变，则不可称讳也。

书奏天子，天子召见三人，谓曰："公等皆安在？何相见之晚也！"于是上乃拜主父偃、徐乐、严安为郎中。数见，上疏言事，诏拜偃为谒者，迁为中大夫。一岁中四迁偃。

偃说上曰："古者诸侯不过百里，强弱之形易制。今诸侯或连城数十，地方千里，缓则骄奢易为淫乱，急则阻其强而合从以逆京师。今以法割削之，则逆节萌起，前日晁错是也。今诸侯子弟或十数，而适嗣代立，余虽骨肉，无尺寸地封，则仁孝之道不宣。愿陛下令诸侯得推恩分子弟，以地侯之。彼人人喜得所愿，上以德施，实分其国，不削而稍弱矣。"于是上从其计。又说上曰："茂陵初立，天下豪桀并兼之家，乱众之民，皆可徙茂陵，内实京师，外销奸猾，此所谓不诛而害除。"上又从其计。

尊立卫皇后，及发燕王定国阴事，盖偃有功焉。大臣皆畏其口，赂遗累千金。人或说偃曰："太横矣。"主父曰："臣结发游学四十余年，身不得遂，亲不以为子，昆弟不收，宾客弃我，我阨日久矣。

如今国家想招降南夷，让夜郎前来朝拜，降服羌、僰，攻夺濊州，在新占的地区建立城邑。又想要派兵深入匈奴，烧毁他们的龙城，受到一些议论者的赞美。但这是对臣子有益，并非是天下的长远大计。如今中原太平安定，百姓安乐，却受到远方备战的连累，使国家疲惫，这不是养育百姓的办法。为满足个人无止尽的欲望，图一时的痛快，而同匈奴结怨，这不是安定边疆的办法。结下怨恨而不能消除，战争无休无止，使身处其中的人蒙受愁苦，远观者感到惊骇，这不是持久的办法。如今全国上下为战争打造铠甲兵器、转运粮食，不知道何时是个头，这是天下百姓们共同忧虑的事情。战争拖久了，变故就会产生；事情繁杂，疑虑就会产生。现在外郡的土地大到数千里，列城数十个，以土地控制百姓，胁迫附近的诸侯，这对于刘氏皇族很是不利。从宏观来看，齐国和晋国被灭亡，就是公室势力衰微、六卿势力太大的缘故。秦国所以被灭亡，就是刑法严酷、欲望无边的缘故。如今郡守的权力之大，是当年的六卿所不能比的；土地之广，不仅仅是依靠部分百姓闾巷；铠甲武器，不仅仅是戟矛之类。这样的客观条件，如果碰上万世不遇的变乱，那么其后果将难以言表。

奏书送交武帝后，武帝召见了主父偃、徐乐和严安，对他们说："你们当初都在哪里啊？为何我们相见得这样晚？"于是武帝就任命他们三人都做了郎中。后来主父偃又多次进见皇帝，上疏陈说政事。于是皇帝下令任命他为谒者，又升为中大夫。一年当中，竟连续四次提升。

主父偃向武帝进谏说："古时候，诸侯的封地不能超过百里，强弱对比明显，中央容易控制局面。如今有的诸侯竟有城邑数十座，土地方圆千里。这样一来，没事的时候，他们骄奢淫逸，容易胡乱行事；危急之时，他们就会恃强联合起来，对抗朝廷。如今若是以制度来削弱他们，就会使其产生反叛之心，从前晁错的悲剧就是这么造成的。如今诸侯家的子弟有的多达十几个，而只有嫡长子可以世代继立，其余的虽是亲骨肉，但却没有尺寸之地的封赐，这不能体现陛下的仁义孝道。希望陛下诏令诸侯们广泛地施恩德，给他们的子弟分配土地，让他们做侯。这样一来，诸侯子弟们都高兴得到自己所希望的。皇上施以恩德，实际上是分割了诸侯的封国，不用削夺封地而诸侯就会逐渐削弱了。"于是皇上就采纳了他的主意。主父偃又去劝说皇上道："如今茂陵的工程刚刚开始，可以把天下的豪强富人、聚众作乱之人，统统都迁徙到茂陵去，这样一则充实了京师，二则消除了奸猾之徒，这就是所谓的不用诛杀而祸害自除。"武帝一听，又同意了。

尊立卫子夫当皇后，及揭发燕王刘定国的丑事，其中都有主父偃的功劳。大臣们都畏惧主父偃的嘴，贿赂和赠送给他的钱，累计有千金之多。有人劝主父偃道："你太专横跋扈了。"主父偃说："我结发游学四十多年，一直不得志，以且丈夫生不五鼎食，死即五鼎烹耳。吾日暮途远，故倒行暴施之。”

偃盛言朔方地肥饶，外阻河，蒙恬城之以逐匈奴，内省转输戍漕，广中国，灭胡之本也。上览其说，下公卿议，皆言不便。公孙弘曰：“秦时常发三十万众筑北河，终不可就，已而弃之。”主父偃盛言其便，上竟用主父计，立朔方郡。

元朔二年，主父言齐王内淫佚行僻，上拜主父为齐相。至齐，遍召昆弟宾客，散五百金予之，数之曰：“始吾贫时，昆弟不我衣食，宾客不我内门；今吾相齐，诸君迎我或千里。吾与诸君绝矣，毋复入偃之门！”乃使人以王与姊奸事动王，王以为终不得脱罪，恐效燕王论死，乃自杀。有司以闻。

主父始为布衣时，尝游燕、赵，及其贵，发燕事。赵王恐其为国患，欲上书言其阴事，为偃居中，不敢发。及为齐相，出关，即使人上书，告言主父偃受诸侯金，以故诸侯子弟多以得封者。及齐王自杀，上闻大怒，以为主父劫其王令自杀，乃征下吏治。主父服受诸侯金，实不劫王令自杀。上欲勿诛，是时公孙弘为御史大夫，乃言曰：“齐王自杀无后，国除为郡，入汉，主父偃本首恶，陛下不诛主父偃，无以谢天下。”乃遂族主父偃。

主父方贵幸时，宾客以千数，及其族死，无一人收者，唯独洨孔车收葬之。天子后闻之，以为孔车长者也。

太史公曰：公孙弘行义虽修，然亦遇时。汉兴八十余年矣，上方乡文学，招俊乂，以广儒墨，弘为举首。主父偃当路，诸公皆誉之，及名败身诛，士争言其恶。悲夫！

太皇太后诏大司徒大司空：“盖闻治国之道，富民为始；富民之至于父母都不把我当作儿子看，兄弟们没人肯收留我，宾客们一一抛弃我，我受了太多罪了。况且大丈夫活在世上，如不能列五鼎而食，那么宁可死时受五鼎烹煮的刑罚。我已经年纪大了，所以无所顾忌地倒行逆施、横暴行事。”

主父偃极力夸说朔方土地肥沃富饶，外有黄河为险阻，又有蒙恬筑的城墙以阻止匈奴的侵扰，如果在此地垦荒种植，就能省下转运和戍守漕运的人力物力，同时扩大中原的土地，这是消灭匈奴的根本。皇上看完他的奏章，就交给公卿们议论，大家都不赞成。公孙弘说：“秦朝时曾经调发三十万人在那儿修城守河，始终也未修成，后来还是放弃了。”但主父偃极力主张，武帝最后还是采纳了他的计策，设置了朔方郡。

元朔二年，主父偃向皇上告发齐王刘次景淫乱骄佚，皇上任命他为齐相，前往调查。主父偃到了齐国，就把他的兄弟和宾客都召集起来，散发五百金给他们，而后数落他们说：“当初我贫穷的时候，兄弟们不给我衣食，宾客们不让我进门；如今我做了齐相，你们居然有人到千里以外去迎接我。我今天要和你们一刀两断，请不要再进我主父偃的家门！”而后他就派人用齐王与其姐姐通奸的事来触动齐王，齐王估计自己终究不能逃脱罪责，不愿像燕王刘定国那样被判处死罪，就自杀了。主管此事的官员把这事报告给了皇上。

主父偃还是平民的时候，曾经到过燕地和赵地，等到他当了大官后，就揭发了燕王的丑事。赵王害怕他又祸及赵国，就想要先发制人，上书揭发主父偃的罪行。因为主父偃在朝中，不敢揭发。等到他当了齐相，走出函谷关，赵王就立即派人上书，告发主父偃是因为接受了诸侯的贿赂，才倡议把诸侯子弟封侯的。武帝开始未置可否，等到后来齐王自杀，武帝大怒，认为一定是主父偃威胁使其自杀的，就交给官吏审问。主父偃承认接受诸侯贿赂的事实，但并没有威胁齐王使他自杀。皇上开始也不想诛杀主父偃，但御史大夫公孙弘对皇上说：“齐王自杀，没有后代，封国被取消而设为郡县，这事的罪魁祸首就是主父偃，陛下不杀主父偃，无法向天下人交待。”于是皇上就把主父偃灭族了。

主父偃正当显贵受宠时，门下的宾客数以千计，待到他被灭族后，没有一个人敢为他收尸，唯独洨县人孔车为他收尸并将他安葬了。武帝后来听说了这事，认为孔车是厚道人。

太史公说：公孙弘的品行虽然好，然而也是因为他机遇好。汉朝建国八十余年了，皇上正崇尚儒家学说，招贤纳士，以发扬儒家和墨家学说，公孙弘是第一个被选拔出来的人。主父偃当权的时候，身居要职，朝中高官都称赞他，待到他名声败坏、被处斩的时候，士人都争着讲他的不是，真是可悲呀！

汉平帝元始年间，太皇太后王政君向大司徒马宫和大司空甄丰下诏书说：

要，在于节俭。《孝经》曰‘安上治民，莫善于礼’。‘礼，与奢也，宁俭’。昔者管仲相齐桓，霸诸侯，有九合一匡之功，而仲尼谓之不知礼，以其奢泰侈拟于君故也。夏禹卑宫室，恶衣服，后圣不循。由此言之，治之盛也，德优矣，莫高于俭。俭化俗民，则尊卑之序得，而骨肉之恩亲，争讼之原息。斯乃家给人足，刑错之本也欤？可不务哉！夫三公者，百寮之率，万民之表也。未有树直表而得曲影者也。孔子不云乎，‘子率而正，孰敢不正’。‘举善而教不能则劝’。维汉兴以来，股肱宰臣身行俭约，轻财重义，较然著明，未有若故丞相平津侯公孙弘者也。位在丞相而为布被，脱粟之饭，不过一肉。故人所善宾客皆分奉禄以给之，无有所余。诚内自克约而外从制。汲黯诘之，乃闻于朝，此可谓减于制度而可施行者也。德优则行，否则止，与内奢泰而外为诡服以钓虚誉者殊科。以病乞骸骨，孝武皇帝即制曰‘赏有功，褒有德，善善恶恶，君宜知之。其省思虑，存精神，辅以医药’。赐告治病，牛酒杂帛。居数月，有瘳，视事。至元狩二年，竟以善终于相位。夫知臣莫若君，此其效也。弘子度嗣爵，后为山阳太守，坐法失侯。夫表德章义，所以率俗厉化，圣王之制，不易之道也。其赐弘后子孙之次当为后者爵关内侯，食邑三百户，征诣公车，上名尚书，朕亲临拜焉。”

班固称曰：公孙弘、卜式、兒宽皆以鸿渐之翼困于燕雀，远迹羊豕之间，非遇其时，焉能致此位乎？是时汉兴六十余载，海内乂安，府库充实，而四夷未宾，制度多阙，上方欲用文武，求之如弗及。始以蒲轮迎枚生，见主父而叹息。群臣慕乡，异人并出。卜式试于刍

“我听说治理国家之道，首先是要使百姓富裕起来；而使百姓富裕的关键，就在于为官者的节俭。《孝经》上说‘使在上位者能平安，使百姓能够稳定的办法，没有比用礼更好的了’。‘至于说到礼，与其过于奢侈，不如节俭一点’。从前，管仲当齐桓公的丞相，辅佐齐桓公称霸诸侯，有九合诸侯、匡正天下的大功，但是孔子却说他不知礼，这就是因为他奢侈过度，排场已经同国君不相上下的缘故。夏禹住矮小的房屋，穿粗劣的衣服，后来的帝王不遵循他的做法。由此看来，一个国家治理得好不好，君王的德行很重要，而德行之高莫过于节俭。用节俭的美德教化民众，那么尊卑的次序就清楚了，而父母兄弟间的骨肉恩情就会更加亲密，纷争诉讼的争端也就不存在了。这不就是让百姓富足、不用刑罚就能治好国家的根本吗？怎可不努力实践呢！国家的三公是百官的统帅，是万民的表率。只要树起的标杆垂直，就不会有弯曲的影子。孔子不是说过吗，‘你领着走正路，谁敢不走正路？’‘选拔贤能的人，教育不好的人，那么人们就会争相努力学好了。’汉朝兴盛以来，作为皇上股肱之臣的宰相都能自身节俭，轻财重义，堪称楷模，没有比得上丞相平津侯公孙弘的了。他身居丞相的高官地位却盖着布被，每天吃糙米饭，每顿饭只有一个肉菜。但对老朋友和他喜欢的宾客，都把自己的俸禄分给他们，而自己却所剩无几。他确实是严格要求自己，遵守制度。他的这些事是由于汲黯质问他，才传到了朝廷上，这可以说是以低于制度的标准来力行节俭的人。好的德行就去做，不好的就制止，这和那些表面假装节俭来沽名钓誉，实际奢侈无度的人是根本不同的。后来公孙弘因病请求退职还家，孝武皇帝就诏令说：‘奖赏有功的人，褒奖有德的人，喜好善良，厌恶丑恶，这些原则你应该都知道。请你少顾虑，多多保养精神，辅之以医药。’于是赐予他假期让他好好养病，并不断赏赐他牛肉、酒和杂帛之物。过了几个月，公孙弘的病痊愈，又去上朝理事了。元狩二年，公孙弘以丞相之位善终。知臣者莫如君，这就是个证明。公孙弘的儿子公孙度承袭爵位，后来做了山阳太守，因为犯法丢掉了官爵。表彰德行仁义，目的就是为了要移风易俗、厉行教化，作为圣王的古制，这是个不可变易的天道。特赐予公孙弘子孙中可承袭爵位的后人为关内侯，赐给三百户食邑，让他们在公车门候旨，把姓名上报到尚书那里，到时候我要亲自给他封赏。”

班固评论说：公孙弘、卜式、兒宽都身有鸿雁奋飞之翼，却早年困顿在燕雀当中，或者被斥逐到远方去放牧，如果不是遇到好的时机，又怎么能达到公卿的地位呢？当时汉朝建国六十多年，海内安定，府库充实，而四方夷狄尚未归服，制度又多有缺失，皇上希望得到更多的文武人才，因而努力搜寻。开始用蒲轮安车迎来了枚乘，见到主父偃而叹息相见太迟。因此，群臣都众心归一，在野的奇牧，弘羊擢于贾竖，卫青奋于奴仆，日磾出于降虏，斯亦曩时版筑饭牛之朋矣。汉之得人，于兹为盛。儒雅则公孙弘、董仲舒、兒宽，笃行则石建、石庆，质直则汲黯、卜式，推贤则韩安国、郑当时，定令则赵禹、张汤，文章则司马迁、相如，滑稽则东方朔、枚皋，应对则严助、朱买臣，历数则唐都、落下闳，协律则李延年，运筹则桑弘羊，奉使则张骞、苏武，将帅则卫青、霍去病，受遗则霍光、金日磾。其余不可胜纪。是以兴造功业，制度遗文，后世莫及。孝宣承统，纂修洪业，亦讲论六艺，招选茂异，而萧望之、梁丘贺、夏侯胜、韦玄成、严彭祖、尹更始以儒术进，刘向、王褒以文章显。将相则张安世、赵充国、魏相、邴吉、于定国、杜延年，治民则黄霸、王成、龚遂、郑弘、邵信臣、韩延寿、尹翁归、赵广汉之属，皆有功迹见述于后。累其名臣，亦其次也。

才异士也纷纷出现。卜式从割草牧羊的人群中被选出，桑弘羊从商人中被选拔起来，卫青奋起于奴仆之间，金日磾出自于俘虏营里，这都是有如从前那筑墙的傅说、喂牛的宁戚一类的人啊。汉朝选拔人才，以武帝时期为最多。学识渊博而有雍容风度的有公孙弘、董仲舒、兒宽；忠厚老实、做事勤奋的有石建和石庆；刚直敢言的有汲黯、卜式；以推举贤才著称的有韩安国、郑当时；善于制定律令的有赵禹、张汤；以文章写作闻名的有司马迁、司马相如；诙谐滑稽的有东方朔、枚皋；善于应对的有严助、朱买臣；以天文历法著称的有唐都、落下闳；擅长音律曲谱的有李延年；擅长筹划的有桑弘羊；奉命出使的有张骞、苏武；杰出的将帅则有卫青、霍去病；接受皇帝遗诏而辅佐幼主的有霍光、金日磾；其余种种，多得数不过来。因此这个时期创建的功业，所制定的各种制度和文献典籍，远非后世所能及。汉宣帝继承大统后，继续阐扬汉朝的大业，也大力讲述宣扬儒家的六艺，招选优秀特异的人才，因而萧望之、梁丘贺、夏侯胜、韦玄成、严彭祖、尹更始因为精通儒家学说而被任用；刘向、王褒因为文章写作而闻名。当时的将相有张安世、赵充国、魏相、邴吉、于定国、杜延年；善于治理百姓的有黄霸、王成、龚遂、郑弘、邵信臣、韩延寿、尹翁归、赵广汉等等，他们都有功勋事迹被后世人所称道记述。这种名臣辈出的盛况，可以说仅次于武帝时代了。

南越列传第五十三

南越王尉佗者，真定人也，姓赵氏。秦时已并天下，略定杨越，置桂林、南海、象郡，以谪徙民，与越杂处十三岁。佗，秦时用为南海龙川令。至二世时，南海尉任嚣病且死，召龙川令赵佗语曰："闻陈胜等作乱，秦为无道，天下苦之，项羽、刘季、陈胜、吴广等州郡各共兴军聚众，虎争天下，中国扰乱，未知所安，豪杰畔秦相立。南海僻远，吾恐盗兵侵地至此，吾欲兴兵绝新道，自备，待诸侯变，会病甚。且番禺负山险，阻南海，东西数千里，颇有中国人相辅，此亦一州之主也，可以立国。郡中长吏无足与言者，故召公告之。"即被佗书，行南海尉事。嚣死，佗即移檄告横浦、阳山、湟溪关曰："盗兵且至，急绝道聚兵自守！"因稍以法诛秦所置长吏，以其党为假守。秦已破灭，佗即击并桂林、象郡，自立为南越武王。高帝已定天下，为中国劳苦，故释佗弗诛。汉十一年，遣陆贾因立佗为南越王，与剖符通使，和集百越，毋为南边患害，与长沙接境。

高后时，有司请禁南越关市铁器。佗曰："高帝立我，通使物，今高后听谗臣，别异蛮夷，隔绝器物，此必长沙王计也，欲倚中国，击灭南越而并王之，自为功也。"于是佗乃自尊号为南越武帝，发兵攻长沙边邑，败数县而去焉。高后遣将军隆虑侯竈往击之。会暑湿，士卒大疫，兵不能逾岭。岁余，高后崩，即罢兵。佗因此以兵威边，财物赂遗闽越、西瓯、骆，役属焉，东西万余里。乃乘黄屋左纛，称南越王尉佗是真定人，姓赵。秦国统一了天下之后，接着又平定了杨越，设置了桂林、南海和象郡，把犯了罪的百姓都迁徙安置到这些地方，同越人杂居在一起，这样过了十三年。尉佗，在秦始皇时被任命为南海郡的龙川县令。秦二世时，南海郡尉任嚣病重，把龙川令赵佗召来，对他说："秦朝推行暴虐无道的政策，天下百姓都怨恨不已，听说陈胜等发动了叛乱，现在项羽和刘邦、陈胜、吴广等，都在各自的州郡，招兵买马，组建军队，如猛虎般争夺天下，中原地区正陷于一片混乱，不知何时方得安宁，豪杰们背叛秦朝，相继称王。南海郡虽偏僻遥远，我担心强盗也会打到这里，侵夺土地，因此想发兵切断通往中原的交通，自己早做防备，以等待中原战局的变化，不巧赶上我病重。再说我们番禺这个地方，背后有险要的山势，南有大海作屏障，东西几千里，还有些中原人帮助我们，这也能成一州中的霸主，可以立国兴邦。南海郡的长官中没有一个可以和他们商量，所以才把你召来。"于是任嚣当即向赵佗颁布任命文书，让他代理南海郡尉的职务。任嚣死后，赵佗随即向横浦、阳山、湟溪三处关口发布檄文说："强盗的军队很快就要到来，要赶紧切断道路，集合军队，加强守卫。"接着他又借此机会，依法处置了秦朝安置的官吏，而用他的亲信做代理长官。秦朝被灭亡后，赵佗就发兵兼并了桂林和象郡，自立为南越武王。待到汉高祖已经平定了天下，考虑到中原百姓劳顿困苦，所以就没有派兵讨伐赵佗，放过了他。汉高帝十一年，高祖派遣陆贾出使南越，封赵佗因袭南越王的称号，同他剖符定约，互通使者，让他协调南越各族间的关系，使其和睦相处，不要成为汉朝南边的祸患。南越边界与北方的长沙郡接壤。

高后当政时，有关部门请求禁止南越在边境市场上买卖铁器。赵佗一听，说："高帝封我为南越王，双方互通使者，互相贸易。如今高后听信谗臣的挑拨，把蛮夷视为异类，断绝器物的互通，这一定是长沙王的主张，他想依靠中原的汉王朝，消灭南越而一并统治，自谋功利。"于是赵佗就宣告独立，擅加尊号，自称南越武帝，出兵攻打长沙的边境城邑，一连攻破了几个县才离去。高后派遣将军隆虑侯周灶前去迎击。正赶上暑热阴湿天气，士兵中很多人染上了瘟疫，军队无法越过阳山岭。一年多以后，高后去世，于是对南越的讨伐也就不了了之了。赵佗趁此而以大军扬威于边地，用财物贿赂闽越、西瓯和骆越，让它们制，与中国侔。

及孝文帝元年，初镇抚天下，使告诸侯四夷从代来即位意，喻盛德焉。乃为佗亲冢在真定，置守邑，岁时奉祀。召其从昆弟，尊官厚赐宠之。诏丞相陈平等举可使南越者，平言好畤陆贾，先帝时习使南越。乃召贾以为太中大夫，往使。因让佗自立为帝，曾无一介之使报者。陆贾至南越，王甚恐，为书谢，称曰："蛮夷大长老夫臣佗，前日高后隔异南越，窃疑长沙王谗臣，又遥闻高后尽诛佗宗族，掘烧先人冢，以故自弃，犯长沙边境。且南方卑湿，蛮夷中间，其东闽越千人众号称王，其西瓯骆裸国亦称王。老臣妄窃帝号，聊以自娱，岂敢以闻天王哉！"乃顿首谢，愿长为籓臣，奉贡职。于是乃下令国中曰："吾闻两雄不俱立，两贤不并世。皇帝，贤天子也。自今以后，去帝制黄屋左纛。"陆贾还报，孝文帝大说。遂至孝景时，称臣，使人朝请。然南越其居国窃如故号名，其使天子，称王朝命如诸侯。至建元四年卒。

佗孙胡为南越王。此时闽越王郢兴兵击南越边邑，胡使人上书曰："两越俱为藩臣，毋得擅兴兵相攻击。今闽越兴兵侵臣，臣不敢兴兵，唯天子诏之。"于是天子多南越义，守职约，为兴师，遣两将军往讨闽越。兵未逾岭，闽越王弟馀善杀郢以降，于是罢兵。

天子使庄助往谕意南越王，胡顿首曰："天子乃为臣兴兵讨闽越，死无以报德！"遣太子婴齐入宿卫。谓助曰："国新被寇，使者行矣。胡方日夜装入见天子。"助去后，其大臣谏胡曰："汉兴兵诛郢，亦行以惊动南越。且先王昔言，事天子期无失礼，要之不可以说好语入见。入见则不得复归，亡国之势也。"于是胡称病，竟不入归服自己，从而使南越的疆土东西长达一万多里。赵佗竟然乘坐起黄屋左纛车，自称皇帝，和中原相抗衡。

待到孝文帝元年，文帝刚刚即位，便派出使者向诸侯和四方蛮夷的君长，告知他从代国来京即位的意图，以昭示皇帝隆盛的恩德。又为赵佗双亲在真定的墓冢设置守墓的人家，逢年过节供奉祭祀。又召来赵佗老家的堂兄弟，赐予高官厚礼，大加宠幸。接着文帝又诏命丞相陈平等人举荐可以出使南越的人，陈平就提到好畤人陆贾，在先帝时曾出使南越之事。文帝于是就召来陆贾，任命他做了太中大夫，前往出使。借此机会责备赵佗竟然没有派出一个使者前来通报，就自立为皇帝。陆贾到了南越，赵佗大为惊恐，写信请罪，道："蛮夷大长老夫臣赵佗，前些时因为高后歧视南越，视为异类，我私下怀疑是长沙王进谗言害我，又听闻高后把我的全族都杀了，还挖了我们的祖坟，因此才被迫起兵，侵犯长沙边境。而且南方低湿之地，在蛮夷中间，东边的闽越只有一千多人，其首领却称为王；西面的西瓯和骆越这样的原始野蛮之国也称王。所以我才大胆地窃取皇帝的尊号，聊以自娱，又怎敢把这事禀告天子呢！"于是就叩头谢罪，表示愿意永远做汉朝的藩属臣子，向汉朝纳贡。接着赵佗就向全国发布命令，说："我听说两雄不能同时并立，两贤不可并世共存。汉朝皇帝是贤明的天子。从今以后，我去掉帝制，也不再乘坐黄屋左纛的车子。"陆贾回朝汇报后，文帝非常高兴。一直到孝景帝年间，赵佗都称臣，派使者入朝拜见天子。然而南越王在其国内仍然使用帝号名称，当其遣使者朝见天子时，就同其他诸侯一样称王。到了建元四年赵佗去世。

赵佗的孙子赵胡当了南越王。这时闽越王郢发兵攻打南越边境城镇，赵胡派人向汉天子上书说："南越和闽越都是汉朝的藩臣，怎敢擅自发兵相互攻击呢？如今闽越发兵侵犯臣，臣不敢发兵抗击，希望天子下诏书制止他们。"天子一听很赞扬南越忠义的行为，遵守职责和盟约，就为他们派遣两位将军前去讨伐闽越。汉军还没越过阳山岭，闽越王的弟弟馀善杀死郢向汉朝投降，于是汉军就撤回去了。

武帝派庄助去向南越王讲明朝廷的意图，赵胡深深叩头谢恩说："天子是为臣发兵讨伐闽越的，臣死了也无法报答天子的恩德！"于是就派太子婴齐到朝廷去充当宿卫。他又对庄助说："国家刚刚遭受侵略，请使者先走一步。我也快速准备行装，去京城朝见天子。"庄助离开后，他的大臣向赵胡进谏说："汉朝发兵诛杀闽越，也是借此来警告南越。而且先王曾说过，侍奉天子，只希望不要失礼就行了，万不可因为听了他们几句好话就去朝见天子。一旦入朝就不能再回来了，这是亡国的形势啊。"于是赵胡就推说有病，最终也没去朝见天子。十多年见。后十余岁，胡实病甚，太子婴齐请归。胡薨，谥为文王。

婴齐代立，即藏其先武帝玺。婴齐其入宿卫在长安时，取邯郸樛氏女，生子兴。及即位，上书请立樛氏女为后，兴为嗣。汉数使使者风谕婴齐，婴齐尚乐擅杀生自恣，惧入见要用汉法，比内诸侯，固称病，遂不入见。遣子次公入宿卫。婴齐薨，谥为明王。

太子兴代立，其母为太后。太后自未为婴齐姬时，尝与霸陵人安国少季通。及婴齐薨后，元鼎四年，汉使安国少季往谕王、王太后以入朝，比内诸侯；令辩士谏大夫终军等宣其辞，勇士魏臣等辅其缺，卫尉路博德将兵屯桂阳，待使者。王年少，太后中国人也，尝与安国少季通，其使复私焉。国人颇知之，多不附太后。太后恐乱起，亦欲倚汉威，数劝王及群臣求内属。即因使者上书，请比内诸侯，三岁一朝，除边关。于是天子许之，赐其丞相吕嘉银印，及内史、中尉、太傅印，余得自置。除其故黥劓刑，用汉法，比内诸侯。使者皆留填抚之。王、王太后饬治行装重赍，为入朝具。

其相吕嘉年长矣，相三王，宗族官仕为长吏者七十余人，男尽尚王女，女尽嫁王子兄弟宗室，及苍梧秦王有连。其居国中甚重，越人信之，多为耳目者，得众心愈于王。王之上书，数谏止王，王弗听。有畔心，数称病不见汉使者。使者皆注意嘉，势未能诛。王、王太后亦恐嘉等先事发，乃置酒，介汉使者权，谋诛嘉等。使者皆东乡，太后南乡，王北乡，相嘉、大臣皆西乡，侍坐饮。嘉弟为将，将卒居宫外。酒行，太后谓嘉曰："南越内属，国之利也，而相君苦不便者，何也？"以激怒使者。使者狐疑相杖，遂莫敢发。嘉见耳目非是，即起而出。太后怒，欲鏦嘉以矛，王止太后。嘉遂出，分其弟兵就舍，后，赵胡真的病了，而且很严重，于是太子婴齐就请求回国。赵胡死后，谥号为文王。

婴齐即位后，就把他祖先的武帝印玺藏了起来，不再称帝。婴齐在长安做宿卫时，娶了邯郸樛家的女子为妻，生了个儿子叫赵兴。待到他即位，便向汉天子上书，请求立妻子樛氏为王后，赵兴为太子。这时汉朝屡次派使者婉转劝告婴齐要入朝拜见天子，婴齐喜欢自己掌握生杀大权，惧怕进京朝拜天子，会被强迫和内地诸侯一样，执行汉朝法令，因此也推说有病，不肯入京，只是派了儿子次公入京当了宿卫。婴齐死后，被谥为明王。

太子赵兴即位后，他母亲樛氏做了太后。樛氏在没嫁给婴齐做妾时，曾经同霸陵人安国少季通奸。等到婴齐死后，汉朝在元鼎四年派安国少季前去规劝南越王和王太后，让他们依照内地的诸侯，进京朝见。又命令辩士谏大夫终军等宣谕这个意思，让勇士魏臣等辅助不足，随时准备动用武力，卫尉路博德率兵驻守在桂阳，援助使团。赵兴年幼，王太后是中原人，曾同安国少季通奸，此次安国少季来当使者，两人又搭上关系。这事南越人多半知道，因此大多不依附王太后。太后害怕发生动乱，也想依靠汉朝的威势巩固自己的势力，就屡次劝说南越王和群臣请求归属汉朝。后来就通过使者上书天子，请求和内地诸侯一样，每隔三年入朝一次，撤除边境的关塞。天子随即答应了他们的要求，赐给南越丞相吕嘉一枚银印，也给内史、中尉、大傅等都赐了官印，其余的官职由南越自己委任。废除他们从前的黥刑和劓刑，沿用汉朝的法律，和内地的诸侯一样。使者都留下来镇抚南越。与此同时，南越王及王太后开始备办行装和礼物，为入朝做准备。

南越丞相吕嘉年纪大了，辅佐过三位国王，他的宗族内当官做长吏的有七十多人，男子娶的都是王室女子，女子嫁的都是王子及其兄弟宗室之人，同苍梧郡的秦王也有联姻关系。因此他在南越国内的地位非常显要，南越人民都很信任他，很多人都是他的亲信，比南越王还得民心。当南越王要上书汉天子要求内附时，他屡次劝阻，但是国王没听。他因此产生了反叛的念头，多次托病不去会见汉朝使者。使者也都注意到吕嘉这个人，只是因为形势的关系，没有诛杀他。南越王和王太后也怕吕嘉首先动手，就设置酒宴，想借助汉朝使者的权势，除掉吕嘉等人。宴席上，使者都面朝东坐，太后面朝南，南越王面朝北，丞相吕嘉和大臣都面朝西，陪着一起饮酒。吕嘉的弟弟是将军，率兵守候在宫外。酒席宴中，太后对吕嘉说："南越归属朝廷，这对国家是有利的，可是丞相您却总说不好，这是为何？"想借以激怒汉朝使者杀了他。但使者们满腹狐疑，面面相觑，双方僵持不下，始终未敢发作。吕嘉见座中人们脸色不对，当即起身出去。太后大怒，想派人用矛刺杀吕嘉，被南越王阻止了。吕嘉出来后，分取他弟弟的军队，称病，不肯见王及使者。乃阴与大臣作乱。王素无意诛嘉，嘉知之，以故数月不发。太后有淫行，国人不附，欲独诛嘉等，力又不能。

天子闻嘉不听王，王、王太后弱孤不能制，使者怯无决。又以为王、王太后已附汉，独吕嘉为乱，不足以兴兵，欲使庄参以二千人往使。参曰："以好往，数人足矣；以武往，二千人无足以为也。"辞不可，天子罢参也。郏壮士故济北相韩千秋奋曰："以区区之越，又有王、太后应，独相吕嘉为害，愿得勇士二百人，必斩嘉以报。"于是天子遣千秋与王太后弟樛乐将二千人往，入越境。吕嘉等乃遂反，下令国中曰："王年少。太后，中国人也，又与使者乱，专欲内属，尽持先王宝器入献天子以自媚，多从人，行至长安，虏卖以为僮仆。取自脱一时之利，无顾赵氏社稷，为万世虑计之意。"乃与其弟将卒攻杀王、太后及汉使者。遣人告苍梧秦王及其诸郡县，立明王长男越妻子术阳侯建德为王。而韩千秋兵入，破数小邑。其后越直开道给食，未至番禺四十里，越以兵击千秋等，遂灭之。使人函封汉使者节置塞上，好为谩辞谢罪，发兵守要害处。于是天子曰："韩千秋虽无成功，亦军锋之冠。"封其子延年为成安侯。樛乐，其姊为王太后，首愿属汉，封其子广德为龙亢侯。乃下赦曰："天子微，诸侯力政，讥臣不讨贼。今吕嘉、建德等反，自立晏如，令罪人及江淮以南楼船十万师往讨之。"

元鼎五年秋，卫尉路博德为伏波将军，出桂阳，下汇水；主爵都尉杨仆为楼船将军，出豫章，下横浦；故归义越侯二人为戈船、下厉将军，出零陵，或下离水，或抵苍梧；使驰义侯因巴蜀罪人，发夜郎兵，下牂柯江：咸会番禺。

护卫他回到府中。从此更加托辞有病，不肯去见南越王和使者，暗地里却勾结大臣准备谋反作乱。南越王原本无意杀掉吕嘉，吕嘉深知这一点，因此历经数月始终没有动手。太后因为有淫乱之举，国人都不依附于她，所以她特别想杀掉吕嘉等人，但是又力所不能及。

汉天子听说吕嘉不服从南越王，南越王和太后力弱势孤，不能制服他，使者胆怯而无决断的能力。又想到南越王和太后已经归附汉朝，独有吕嘉作乱，用不着发大兵征讨，就想派庄参率两千人出使南越。庄参说："若是以友好使团的名义去，几个人就足够了；若是想动用武力，两千人不足以解决问题。"庄参推辞不能胜任，天子于是就不让他去了。这时郏地壮士、原济北王丞相韩千秋自告奋勇说道："这么一个小小的南越，又有国王和太后做内应，独有丞相吕嘉从中破坏，我愿意率领二百个勇士前往，一定杀了吕嘉，回来向天子报告。"于是天子派遣韩千秋和王太后的弟弟樛乐，率兵二千人前往南越。他们进入南越境内，吕嘉等人这才起兵造反，并向南越国的人下令说："国王年轻，太后是中原人，又同汉朝使者私通，一心想归属汉朝，把先王的珍宝重器全部拿去献给汉天子，来谄媚讨好他们；她还要带很多随从的人，到长安后便把他们卖给汉人做奴隶。她只想自己的利益，根本不顾赵氏的大业，也没有为后世永久之计而谋划。"于是吕嘉就同他弟弟率兵发动进攻，杀死了南越王、王太后和汉朝的使者。他又派人告知苍梧秦王和各郡县官员，另立明王与南越籍的妻子所生的长子术阳侯赵建德为南越王。这时韩千秋的军队已经进入南越境内，攻破几个小城镇。奇怪的是，以后南越人径直让开道路，供给他们饮食，让韩千秋的军队顺利前进，一直走到离番禺还有四十里的地方，南越人突然派兵出击，一下子把韩千秋等全部消灭了。接着让人把汉朝使者的符节用木匣装好封上，送到边塞之上，假装向汉朝谢罪，同时派兵守卫在各个要害的地方。天子闻讯说："韩千秋虽然没有成功，但他的勇敢还是少有的。"就封韩千秋的儿子韩延年为成安侯。樛乐战死了，他姐姐是王太后，又是她首先愿意归属汉朝，因此封樛乐的儿子樛广德为龙亢侯。于是发布赦令说："当初周天子衰微，诸侯左右朝政，孔子作《春秋》来讽刺那些不知讨伐叛贼的大臣。如今吕嘉、赵建德等造反，自立为王而安闲自得，特诏令罪犯及江、淮以南十万楼船大军前往讨伐。"

元鼎五年秋天，朝廷任命卫尉路博德为伏波将军，率兵从桂阳出发，直下汇水；任命主爵都尉杨仆为楼船将军，从豫章出发，直下横浦；任命原来归降汉朝被封侯的两个南越人为戈船将军和下厉将军，率兵从零陵出发，然后一军直下离水，一军直奔苍梧；让驰义侯率领巴蜀的罪犯，就近调动夜郎的兵卒，直下牂柯江。各路大军最后都在番禺会师。

元鼎六年冬，楼船将军将精卒先陷寻陕，破石门，得越船粟，因推而前，挫越锋，以数万人待伏波。伏波将军将罪人，道远，会期后，与楼船会乃有千余人，遂俱进。楼船居前，至番禺。建德、嘉皆城守。楼船自择便处，居东南面；伏波居西北面。会暮，楼船攻败越人，纵火烧城。越素闻伏波名，日暮，不知其兵多少。伏波乃为营，遣使者招降者，赐印，复纵令相招。楼船力攻烧敌，反驱而入伏波营中。犁旦，城中皆降伏波。吕嘉、建德已夜与其属数百人亡入海，以船西去。伏波又因问所得降者贵人，以知吕嘉所之，遣人追之。以其故校尉司马苏弘得建德，封为海常侯；越郎都稽得嘉，封为临蔡侯。

苍梧王赵光者，越王同姓，闻汉兵至，及越揭阳令定自定属汉；越桂林监居翁谕瓯骆属汉：皆得为侯。戈船、下厉将军兵及驰义侯所发夜郎兵未下，南越已平矣。遂为九郡。伏波将军益封。楼船将军兵以陷坚为将梁侯。

自尉佗初王后，五世九十三岁而国亡焉。

太史公曰：尉佗之王，本由任嚣。遭汉初定，列为诸侯。隆虑离湿疫，佗得以益骄。瓯骆相攻，南越动摇。汉兵临境，婴齐入朝。其后亡国，徵自樛女；吕嘉小忠，令佗无后。楼船从欲，怠傲失惑；伏波困穷，智虑愈殖，因祸为福。成败之转，譬若纠墨。

元鼎六年冬天，楼船将军率领精锐兵卒，首先攻下了寻陕，然后攻破石门，缴获不少南越的战船和粮食，乘机向前推进，连续挫败南越的先头部队，率数万大军等候伏波将军的到来。伏波将军率领被赦的罪人，道路遥远，不巧又误了会师的日期，因此同楼船将军按时会师的才有一千余人，于是一同前进。楼船将军在前边，直打到番禺城下。赵建德和吕嘉都在城中防守。楼船将军自己选择有利的地势，驻兵在番禺的东南面；伏波将军驻军在番禺西北边。这时天已经黑了，楼船将军首先攻破城门，然后放大火烧城。南越人平时就听到过伏波将军的大名，如今天黑，不知道他有多少军队。伏波将军安营扎寨后，就派使者进城招纳越人投降，赐给他们印信，又让他们回去招降别的人。楼船将军在南面奋力攻击，放火烧城，反而驱赶南越兵跑入伏波将军的营中来投降。待到天亮，全城的南越兵都投降了伏波将军。吕嘉和赵建德带领几百个部下在夜里逃到海上，乘船向西逃去。伏波将军又乘机询问已投降的南越贵人，弄清了吕嘉的去向，立即派人前去追捕。结果校尉司马苏弘捕到赵建德，被封为海常侯；南越的郎官都稽俘获到吕嘉，被封为临蔡侯。

苍梧王赵光，同南越王同姓，听说汉朝军队已到，同南越揭阳县令，一起决定归降汉朝；这时南越的桂林郡监居翁，也说服瓯骆归降汉朝。他们都被封为侯爵。戈船将军和下濑将军的军队，以及驰义侯调发的夜郎军队还未到达，南越已经被平定了。于是汉朝在此设置了九个郡。伏波将军因为功大增加了封邑，楼船将军的军队攻破南越军的坚固防守，因而被封为将梁侯。

南越自从赵佗最初称王到亡国，共经历了五代，共九十三年。

太史公说：尉佗得以当上南越王，本是由于任嚣的提拔。正赶上汉朝初建需要安定，所以他被封为诸侯。后来隆虑侯领兵讨伐南越，由于碰上酷暑潮湿的气候，士卒多染上瘟疫，无法进军，致使赵佗越发骄横。待到闽越进犯、南越国势动摇的时候，汉朝大军压境，讨伐了闽越，南越太子婴齐也就前往长安当了宿卫。后来南越亡国，是由于婴齐娶的樛氏女引起的。吕嘉只知道对赵佗忠诚，却最终致使赵佗绝了后。楼船将军仗势恣意妄为，粗心骄傲，失之昏惑。伏波将军在不利的形势下，智谋反倒越来越高，结果因祸得福。可见成败的转换，就同纠墨一样，难以预料。

东越列传第五十四

闽越王无诸及越东海王摇者，其先皆越王句践之后也，姓驺氏。秦已并天下，皆废为君长，以其地为闽中郡。及诸侯畔秦，无诸、摇率越归鄱阳令吴芮，所谓鄱君者也，从诸侯灭秦。当是之时，项籍主命，弗王，以故不附楚。汉击项籍，无诸、摇率越人佐汉。汉五年，复立无诸为闽越王，王闽中故地，都东冶。孝惠三年，举高帝时越功，曰闽君摇功多，其民便附，乃立摇为东海王，都东瓯，世俗号为东瓯王。

后数世，至孝景三年，吴王濞反，欲从闽越，闽越未肯行，独东瓯从吴。及吴破，东瓯受汉购，杀吴王丹徒，以故皆得不诛，归国。

吴王子子驹亡走闽越，怨东瓯杀其父，常劝闽越击东瓯。至建元三年，闽越发兵围东瓯。东瓯食尽，困，且降，乃使人告急天子。天子问太尉田蚡，蚡对曰："越人相攻击，固其常，又数反覆，不足以烦中国往救也。自秦时弃弗属。"于是中大夫庄助诘蚡曰："特患力弗能救，德弗能覆；诚能，何故弃之？且秦举咸阳而弃之，何乃越也！今小国以穷困来告急天子，天子弗振，彼当安所告愬？又何以子万国乎？"上曰："太尉未足与计。吾初即位，不欲出虎符发兵郡国。"乃遣庄助以节发兵会稽。会稽太守欲距不为发兵，助乃斩一司马，谕意指，遂发兵浮海救东瓯。未至，闽越引兵而去。东瓯请举国徙中国，乃悉举众来，处江淮之间。

至建元六年，闽越击南越。南越守天子约，不敢擅发兵击而以闻。上遣大行王恢出豫章，大农韩安国出会稽，皆为将军。兵未逾岭，闽越王郢发兵距险。其弟馀善乃与相、宗族谋曰："王以擅发兵闽越王无诸同越东海王摇，他们的祖先都是越王勾践的后代，姓驺。秦朝吞并天下后，都被废除王号，降为君长，居住在闽中郡。待到诸侯群起反叛秦朝时，无诸和摇便率领越人归附鄱阳县令吴芮，就是人们所说的鄱君，跟随诸侯灭了秦国。当时，项羽掌权号令诸侯，没有封无诸和摇为王，因此，他们没有归附楚王。待到汉王进攻项羽，无诸和摇就率领越人辅助汉王。汉王五年时，高帝重新立无诸为闽越王，统治原先的闽中故地，建都东冶。孝惠帝三年，列举高帝时越人辅佐之功，认为闽君摇的功劳最多，他的百姓也愿意归附，于是就立摇为东海王，建都东瓯，世俗称之为东瓯王。

几代之后，到景帝三年时，吴王刘濞谋反，想让闽越跟随他一起反叛，闽越不肯，只有东瓯愿意跟随吴王造反。吴国后来被攻破后，东瓯接受了汉朝的重金收买，在丹徒杀死了吴王刘濞，因此东瓯王没有被诛杀，又回到了自己的国中。

吴王的儿子子驹逃亡到闽越，因怨恨东瓯骗杀了他父亲，经常劝说闽越去攻打东瓯。武帝建元三年，闽越发兵围攻东瓯。东瓯城内粮食用尽，将要投降，就派人向天子告急。天子向田蚡征求意见，田蚡回答说：“越人之间相互攻打，是常有的事，又反复无常，不值得烦扰中原前去救援。再说从秦朝时朝廷就抛弃了他们，已经不把他们当作属国了。”中大夫庄助反驳说：“朝廷只是担心力量不足，救不了他们，恩德浅薄，不能覆盖他们；如果真有力量救助他们，怎能抛弃不管呢？而且秦国当时连整个咸阳都抛弃了，何况是越地呢？如今小国在危难时，向天子告急，天子不去救援，他们又将向哪里诉苦求救呢？天子又怎么当万民的父母呢？”武帝说：“太尉的主张不足取。我刚即位，也不想拿出虎符从郡国调动军队前往。”于是就派庄助拿着信符到会稽郡就近调兵出征。会稽太守想违抗圣令，不给调兵，庄助立刻斩杀了一位军司马，明白地申明天子的旨意，会稽太守这才发兵从海上去救援东瓯。汉军尚未到达东瓯，闽越闻讯就领兵撤离了。东瓯请求举国都迁徙到中原去，于是朝廷就将他们迁到江淮一带。

建元六年，闽越攻打南越。南越遵守天子的约定，不敢擅自发兵回击，而把这事上报天子。天子派遣大行令王恢领兵从豫章出发，大农令韩安国从会稽出发，任命他们为将军。他们的军队还未越过阳山岭，闽越王郢就派出军队守在险要的地方，准备对抗汉朝军队。郢的弟弟馀善同丞相及宗族商量说：“我们的国击南越，不请，故天子兵来诛。今汉兵众强，今即幸胜之，后来益多，终灭国而止。今杀王以谢天子。天子听，罢兵，固一国完；不听，乃力战；不胜，即亡入海。”皆曰“善”。即鏦杀王，使使奉其头致大行。大行曰：“所为来者诛王。今王头至，谢罪，不战而耘，利莫大焉。”乃以便宜案兵告大农军，而使使奉王头驰报天子。诏罢两将兵，曰：“郢等首恶，独无诸孙繇君丑不与谋焉。”乃使郎中将立丑为越繇王，奉闽越先祭祀。

馀善已杀郢，威行于国，国民多属，窃自立为王。繇王不能矫其众持正。天子闻之，为馀善不足复兴师，曰：“馀善数与郢谋乱，而后首诛郢，师得不劳。”因立馀善为东越王，与繇王并处。

至元鼎五年，南越反，东越王馀善上书，请以卒八千人从楼船将军击吕嘉等。兵至揭扬，以海风波为解，不行，持两端，阴使南越。及汉破番禺，不至。是时楼船将军杨仆使使上书，原便引兵击东越。上曰士卒劳倦，不许，罢兵，令诸校屯豫章梅领待命。

元鼎六年秋，馀善闻楼船请诛之，汉兵临境，且往，乃遂反，发兵距汉道。号将军驺力等为“吞汉将军”，入白沙、武林、梅岭，杀汉三校尉。是时汉使大农张成、故山州侯齿将屯，弗敢击，却就便处，皆坐畏懦诛。馀善刻“武帝”玺自立，诈其民，为妄言。天子遣横海将军韩说出句章，浮海从东方往；楼船将军杨仆出武林；中尉王温舒出梅岭；越侯为戈船、下濑将军，出若邪、白沙。元封元年冬，咸入东越。东越素发兵距险，使徇北将军守武林，败楼船军数校尉，杀长吏。楼船将军率钱唐辕终古斩徇北将军，为御儿侯。自兵未往。

故越衍侯吴阳前在汉，汉使归谕馀善，馀善弗听。及横海将军先至，越衍侯吴阳以其邑七百人反，攻越军于汉阳。从建成侯敖，与其王因为擅自发兵攻打南越，不请示朝廷，所以天子派兵来讨伐。如今汉朝军队众多，现在就是侥幸战胜了他们，天子必然会派更多的军队来，直到把我们消灭为止。如果我们杀了国王向天子谢罪，天子要是接受，我们就可以罢兵了。如果天子不理睬我们的谢罪，我们就拼死作战，不能取胜就逃到海上去。”大家都说：“好主意！”于是发动政变杀死了郢，派使者带着他的头送给了大行令王恢。王恢说：“我军来这儿的目的就是为了讨伐东越王，现在东越王的头已经送到，东越也已谢罪，不用打仗就消除了祸患，没有比这再好的了。”就停止了前进，并把情况告知了大农令韩安国，又派使者携带东越王的人头急驰回长安，报告天子。天子下诏令撤军，说：“东越王郢等首先作恶，只有无诸的孙子繇君丑没有参与谋反。”于是便派了郎中将去立丑为越繇王，继承闽越国的王位。

馀善杀了郢以后，威震全国，国中的百姓多半听从他，他就暗中要自立为王。繇王不能让民众拥护他。天子得知这事后，认为不值得为馀善的事再兴师动众，就说：“馀善屡次同郢阴谋作乱，后来却首先杀了郢，使汉军得以避免许多劳苦。”于是就立馀善为东越王，同繇王同时并处。

元鼎五年，南越造反，东越王馀善向汉朝天子上书，请求率兵八千人跟随楼船将军去攻打吕嘉。但是待他的军队到达揭阳时，却借口海上风大，不再向前进军，采取骑墙观望的态度，暗中又派使者与南越联系。等到汉军攻克番禺后，东越的军队也未到。这时楼船将军杨仆派使者上书，要求乘便领兵去攻打东越。天子因为士卒已经疲倦，就没有批准。于是罢军，命令诸位校官驻军在豫章的梅岭等候命令。

元鼎六年秋天，馀善听说楼船将军请求讨伐他，而且汉军已经逼近东越边境，因而十分恐慌。于是就起兵造反，派兵守在汉军的必经之路。他还加封将军驺力等为“吞汉将军”，入侵白沙、武林和梅岭，杀了汉军的三个校尉。这时，汉朝派遣大农张成、原山州侯刘齿率兵驻守在这里，但他们怕死不敢进攻，退到了安全地带，后来都因懦弱畏敌被杀。这时馀善刻了“武帝”的印玺而自立为皇帝，欺诈百姓，口出狂言，不可一世。武帝于是派遣横海将军韩说由句章出发，从东边海上进军；楼船将军杨仆从武林出发；中尉王温舒从梅岭出发；投降汉朝而被封侯的两个越人为戈船将军和下濑将军，分别从若邪、白沙出发。元封元年冬天，四路军马围剿东越。东越已派兵防守在险要的地方，又派徇北将军守卫武林，打败了楼船将军的几个校尉，杀了一些长吏。楼船将军部下的钱塘人辕终古杀了徇北将军，被封作御儿侯。他自己的军队却没有前往武林。

早在大军出动之前，朝廷就派了已投降汉朝、留在汉地的原越衍侯吴阳，回到东越劝说馀善罢兵，馀善不听。等到横海将军韩说率兵先到了东越，越衍侯率从繇王居股谋曰："馀善首恶，劫守吾属。今汉兵至，众强，计杀馀善，自归诸将，傥幸得脱。"乃遂俱杀馀善，以其众降横海将军，故封繇王居股为东成侯，万户；封建成侯敖为开陵侯；封越衍侯吴阳为北石侯；封横海将军说为案道侯；封横海校尉福为缭嫈侯。福者，成阳共王子，故为海常侯，坐法失侯。旧从军无功，以宗室故侯。诸将皆无成功，莫封。东越将多军，汉兵至，弃其军降，封为无锡侯。

于是天子曰东越狭多阻，闽越悍，数反复，诏军吏皆将其民徙处江淮间。东越地遂虚。

太史公曰：越虽蛮夷，其先岂尝有大功德于民哉，何其久也！历数代常为君王，句践一称伯。然馀善至大逆，灭国迁众，其先苗裔繇王居股等犹尚封为万户侯，由此知越世世为公侯矣。盖禹之余烈也。

吴阳就率领邑中七百人反叛东越，从汉阳进攻东越。他同建成侯敖及其部下，同繇王居股商量说："馀善首先作乱，挟持我们造反。如今汉朝大军已到，兵多势强，我们不如设计杀了馀善，各自归顺汉朝的将军们，或许能侥幸免除罪过。"于是大家合力杀了馀善，率领他们的部下投降了横海将军。因此汉朝封繇王居股为东成侯，食邑一万户；封建成侯敖为开陵侯；封越衍侯吴阳为北石侯；封横海将军韩说为案道侯；封横海校尉刘福为缭嫈侯。刘福是成阳共王刘喜的儿子，原先为海常侯，因为犯法而失掉侯爵。从前参军也没立下军功，因为是宗室子弟的缘故而被封侯。其余诸将没有战功，所以都没受封。东越将军多军，在汉军到来时，抛弃所率的军队投降，因而被封为无锡侯。

因此，武帝认为东越狭小而多险阻之地，闽越人强悍，屡次反复无常。因而命令军官们率领全部东越民众迁徙到江淮一带。从此东越一带就空无人烟了。

太史公说：越国虽然是蛮夷，他的祖先难道曾经对百姓有过很大的功德吗？不然为何传世这么久远呢？经历数代，常常称王，到勾践时竟一度称霸。然而由于馀善的大逆不道，导致国家被消灭、百姓被迁徙。但是他们祖先的后代子孙繇王居股等还被封为万户侯，由此可知，越人世世代代都有当公侯的。这大概是大禹丰功伟绩的余荫吧。

朝鲜列传第五十五

朝鲜王满者，故燕人也。自始全燕时，尝略属真番、朝鲜，为置吏，筑鄣塞。秦灭燕，属辽东外徼。汉兴，为其远，难守，复修辽东故塞，至浿水为界，属燕。燕王卢绾反，入匈奴，满亡命，聚党千余人，魋结蛮夷服而东走出塞，渡浿水，居秦故空地上下鄣，稍役属真番、朝鲜蛮夷及故燕、齐亡命者王之，都王险。

会孝惠、高后时天下初定，辽东太守即约满为外臣，保塞外蛮夷，无使盗边；诸蛮夷君长欲入见天子，勿得禁止。以闻，上许之，以故满得兵威财物侵降其旁小邑，真番、临屯皆来服属，方数千里。

传子至孙右渠，所诱汉亡人滋多，又未尝入见；真番旁众国欲上书见天子，又拥阏不通。元封二年，汉使涉何谯谕右渠，终不肯奉诏。何去至界上，临浿水，使御刺杀送何者朝鲜裨王长，即渡，驰入塞，遂归报天子曰“杀朝鲜将”。上为其名美，即不诘，拜何为辽东东部都尉。朝鲜怨何，发兵袭攻杀何。

天子募罪人击朝鲜。其秋，遣楼船将军杨仆从齐浮渤海；兵五万人，左将军荀彘出辽东：讨右渠。右渠发兵距险。左将军卒正多率辽东兵先纵，败散，多还走，坐法斩。楼船将军将齐兵七千人先至王险。右渠城守，窥知楼船军少，即出城击楼船，楼船军败散走。将军杨仆失其众，遁山中十余日，稍求收散卒，复聚。左将军击朝鲜浿水西军，未能破自前。

朝鲜王卫满，原是燕国人。燕国全盛时，曾经攻取真番、朝鲜，设置官吏，在边塞修筑防御城堡。后来秦国灭燕，朝鲜就成了辽东郡以外的小国。汉朝建立后，因为朝鲜离得远，难以防守，所以重新修复辽东边防，直到浿水，属燕国领土。后来燕王卢绾造反，逃入匈奴。卫满也流亡于外，聚集了一千多个同党，梳着椎形发髻，穿上蛮夷服装，东逃出塞，渡过浿水，定居在秦朝时无人居住的上下鄣，并逐渐地役使真番、朝鲜蛮夷以及燕国和齐国的逃亡者。他自称为王，建都王险城。

到了孝惠帝和高后时代，天下刚刚安定，辽东太守就约定卫满做汉朝的外臣，约束边塞以外的蛮夷，不要让他们到边境来骚扰抢夺；如有哪个蛮夷的首领想到汉朝进见天子，不得阻止。辽东太守的奏章得到天子的允许，因此，卫满得以凭借他的兵威和财物，侵略、招降周边的小国，真番、临屯都来投降卫满，使他统辖的地区方圆达到数千里。

卫满后来把王位传给儿子，再传到他的孙子右渠，这时受他诱使而来的汉朝流民日益增多，而朝鲜王又从来未曾入朝拜见过天子；真番近旁的许多小国想要上书拜见汉朝天子，却又被阻碍，无法让天子知道。元封二年，汉朝派涉何前往责备并且警告右渠，但右渠始终不愿奉行天子诏令。涉何离开朝鲜，来到边界，行到浿水，就让驾车的车夫刺杀了护送自己的朝鲜小王，随即渡过河去，疾驰而回。回到京城向天子报告说："我杀了朝鲜的一个将军。"天子因为他杀死朝鲜将军有功，就不再追究他的过失，还任命他为辽东东部都尉。朝鲜人怨恨涉何，就调兵偷袭，杀了涉何。

天子募集了一批罪犯去攻打朝鲜。这年秋天，派楼船将军杨仆从齐地出兵，渡过渤海，率士卒五万人；左将军荀彘从辽东出兵讨伐右渠。右渠派出军队据守在险要地方。左将军卒正多率领辽东军队首先迎击朝鲜军，被朝鲜军打败冲散，多也逃走了，后来被斩首。楼船将军率领齐地的军队七千人首先攻到了王险城。右渠据城防守，探听到了楼船将军兵少，就出城去攻击楼船将军，楼船将军的军队战败后，四散逃跑。将军杨仆同大部队失去联系，逃到山中十多天，以后才逐渐将溃散的士兵重又聚集起来。左将军攻击朝鲜浿水西面的驻军，没能取胜，未能前进一步。

天子为两将未有利，乃使卫山因兵威往谕右渠。右渠见使者顿首谢：“愿降，恐两将诈杀臣；今见信节，请服降。”遣太子入谢，献马五千匹，及馈军粮。人众万余，持兵，方渡浿水，使者及左将军疑其为变，谓太子已服降，宜命人毋持兵。太子亦疑使者左将军诈杀之，遂不渡浿水，复引归。山还报天子，天子诛山。

左将军破浿水上军，乃前，至城下，围其西北。楼船亦往会，居城南。右渠遂坚守城，数月未能下。

左将军素侍中，幸，将燕代卒，悍，乘胜，军多骄。楼船将齐卒，入海，固已多败亡；其先与右渠战，困辱亡卒，卒皆恐，将心惭，其围右渠，常持和节。左将军急击之，朝鲜大臣乃阴间使人私约降楼船，往来言，尚未肯决。左将军数与楼船期战，楼船欲急就其约，不会；左将军亦使人求间郤降下朝鲜，朝鲜不肯，心附楼船：以故两将不相能。左将军心意楼船前有失军罪，今与朝鲜私善而又不降，疑其有反计，未敢发。天子曰将率不能前，乃使卫山谕降右渠，右渠遣太子，山使不能剸决，与左将军计相误，卒沮约。今两将围城，又乖异，以故久不决。使济南太守公孙遂往之，有便宜得以从事。

遂至，左将军曰：“朝鲜当下久矣，不下者有状。”言楼船数期不会，具以素所意告遂，曰：“今如此不取，恐为大害，非独楼船，又且与朝鲜共灭吾军。”遂亦以为然，而以节召楼船将军入左将军营计事，即命左将军麾下执捕楼船将军，并其军，以报天子。天子诛遂。

左将军已并两军，即急击朝鲜。朝鲜相路人、相韩阴、尼谿相天子因为两支军队没能取胜，就让卫山倚仗士兵的军威前去警告右渠。右渠接见了汉朝的使者，叩头谢罪说："我原来就想要投降，因为怕杨、荀二将军欺骗，想以此杀了我，所以才抵抗。如今看到了天子的信符，请允许我们投降归顺。"右渠就派遣太子去汉朝谢罪，献上五千匹马，又赠送许多军粮。一万多朝鲜民众，手拿兵器，正要跟着渡过浿水，使者和左将军怀疑朝鲜人趁机发动叛乱，说既然太子已投降归顺，应当命令众人放下兵器。太子也怀疑汉朝使者和左将军有诈，想要杀了自己，于是就不肯渡河，又领着众人归去。卫山回到京城向天子汇报了情况，天子大怒杀了卫山。

左将军攻破了浿水上的朝鲜军队，于是继续向前进军，到了王险城下，把王险城的西北角包围了。楼船将军也前去会师，驻守在城南。右渠于是坚守王险城，汉军几个月也没能攻下。

左将军一向在宫中侍奉皇上，深得皇上宠爱。他的士兵多是燕国和代国人，非常凶悍，又因为打了胜仗，所以军中的士卒都很骄傲。楼船将军率领的是齐兵，渡海打仗，本来就死伤许多人；他们先前和右渠交战时，因为受辱，又死伤很多人，士卒都恐惧，将官的心中也觉得惭愧，在他们包围右渠时，楼船将军经常采取和缓有节制的战术。左将军竭力进攻敌城，朝鲜的大臣就私下和楼船将军联系，商量朝鲜投降事宜，使者往来传话，但一直没有定下来。左将军好几次和楼船将军约定一起开战的时间，楼船将军因为急于要达成与朝鲜方面的约定，就没有遵从与左将军的约定；左将军也派了人寻找时机让朝鲜投降，朝鲜不肯投降左将军，而一心想要归顺楼船将军：两位将军因此不和。左将军猜测楼船将军前有失军之罪，如今又与朝鲜私下往来，而朝鲜又不肯归降，就怀疑他要谋反，但左将军也不敢轻举妄动。武帝见此情景说："将帅无能，前次派卫山去晓谕右渠投降，右渠已经派太子入朝，卫山不能果断处理，同左将军的计谋皆出现了失误，最终破坏了朝鲜投降。现在两位将军围攻王险城，步调不一致，因此久攻不下。"就派了济南太守公孙遂前往解决纠纷，并且授予他遇有利时机可以灵活处理的权力。

公孙遂到达朝鲜后，左将军说："朝鲜本来早就可以攻下了，如今久攻不下是有原因的。"他又提及同楼船将军约定时间进军，而楼船将军没有前来的事，以及怀疑楼船将军想谋反，说道："现在到了这种地步如不捉拿他，恐怕会酿成大祸，不仅楼船要谋反，而且会联合朝鲜一起来打败我军。"公孙遂认为所说有理，就用符节召楼船将军来左将军军营中议事，当场逮捕了楼船将军，并把他的军队合并到左将军旗下，然后把此事报知天子。天子大怒杀了公孙遂。

左将军合并了两军，就加紧攻打朝鲜。朝鲜的国相路人、韩阴，尼谿相参、参、将军王唊相与谋曰："始欲降楼船，楼船今执，独左将军并将，战益急，恐不能与，王又不肯降。"阴、唊、路人皆亡降汉。路人道死。元封三年夏，尼谿相参乃使人杀朝鲜王右渠来降。王险城未下，故右渠之大臣成巳又反，复攻吏。左将军使右渠子长降、相路人之子最告谕其民，诛成巳，以故遂定朝鲜，为四郡。封参为澅清侯，阴为荻苴侯，唊为平州侯，长为几侯。最以父死颇有功，为温阳侯。

左将军征至，坐争功相嫉，乖计，弃市。楼船将军亦坐兵至列口，当待左将军，擅先纵，失亡多，当诛，赎为庶人。

太史公曰：右渠负固，国以绝祀。涉何诬功，为兵发首。楼船将狭，及难离咎。悔失番禺，乃反见疑。荀彘争劳，与遂皆诛。两军俱辱，将帅莫侯矣。

将军王唊一起商议说："当初想要投降楼船将军，如今楼船将军被捕，只有左将军率领两路军队，加紧攻打，战事越发紧急，恐怕不能坚持下去，而大王又不肯投降。"于是韩阴、王唊、路人都逃到汉军那里，请求投降。路人在途中死去。元封三年夏天，尼谿相参派人杀了朝鲜王右渠，投降汉朝。王险城还没攻下，右渠的大臣成巳又造反，并继续负隅顽抗。左将军派右渠的儿子长降、国相路人的儿子路最去通告朝鲜百姓，杀了成巳，最终平定了朝鲜，设立四个郡。汉天子封参为澅清侯、韩阴为荻苴侯、王唊为平州侯、长降为几侯。路人有功先死，封其子路最为温阳侯。

左将军被召回京城，因战时争功，嫉妒同僚，计谋失当被斩首示众。楼船将军也因犯了擅自抢先进攻，致使伤亡过多的罪过，被判处死刑。他花钱赎了死罪，被贬为平民。

太史公说：朝鲜王右渠倚仗地势险固来据守，致使国家灭亡。涉何谎报功劳，引发两国战端。楼船将军因兵少而作战不利，遭受到祸殃。后汲取攻陷番禺时失利的教训按兵不动，反而被人怀疑要造反。荀彘争功而计谋不当，与公孙遂都被诛杀。杨仆和荀彘的两支军队都曾溃败受辱，讨伐朝鲜的战役中没有一个将帅被封侯。

西南夷列传第五十六

西南夷君长以什数，夜郎最大；其西靡莫之属以什数，滇最大；自滇以北君长以什数，邛都最大：此皆魋结，耕田，有邑聚。其外西自同师以东，北至楪榆，名为嶲、昆明，皆编发，随畜迁徙，毋常处，毋君长，地方可数千里。自嶲以东北，君长以什数，徙、筰都最大；自筰以东北，君长以什数，冉、駹最大。其俗或土著，或移徙，在蜀之西。自冉駹以东北，君长以什数，白马最大，皆氐类也。此皆巴蜀西南外蛮夷也。

始楚威王时，使将军庄蹻将兵循江上，略巴、黔中以西。庄蹻者，故楚庄王苗裔也。蹻至滇池，方三百里，旁平地，肥饶数千里，以兵威定属楚。欲归报，会秦击夺楚巴、黔中郡，道塞不通，因还，以其众王滇，变服，从其俗，以长之。秦时常頞略通五尺道，诸此国颇置吏焉。十余岁，秦灭。及汉兴，皆弃此国而开蜀故徼。巴蜀民或窃出商贾，取其筰马、僰僮、髦牛，以此巴蜀殷富。

建元六年，大行王恢击东越，东越杀王郢以报。恢因兵威使番阳令唐蒙风指晓南越。南越食蒙蜀枸酱，蒙问所从来，曰“道西北牂柯，牂柯江广数里，出番禺城下”。蒙归至长安，问蜀贾人，贾人曰：“独蜀出枸酱，多持窃出市夜郎。夜郎者，临牂柯江，江广百余步，足以行船。南越以财物役属夜郎，西至同师，然亦不能臣使也。”蒙乃上书说上曰：“南越王黄屋左纛，地东西万余里，名为外臣，实一州主也。今以长沙、豫章往，水道多绝，难行。窃闻夜郎所西南夷的少数民族部落有几十个，其中夜郎的势力为最大；它西面是靡莫的几十个部落，其中以滇国势力为最大；从滇国往北，又有几十个部落，其中以邛都势力为最大。这些少数民族全都结着椎形的发髻，耕种田地，生活在一些小城邑和聚居的村落里。它们的外面，从西边的同师往东，北到楪榆，那里有国叫巂和昆明，国中之人全都结发为辫，以放牧为业，逐水草而居，没有固定的居处，也没有君长，这块地方约有数千里。从巂向东北，也有几十个部落，其中以徙、筰都的势力最大；自筰往东北，又有几十个部落，其中以冉、駹的势力最大。那里的风俗，有的是定居在一个地方，有的在蜀郡的西面迁徙不定。从冉和駹再往东北，又有几十个部落，其中以白马势力最大，全都是氐族。这就是全部的巴、蜀以外西南蛮夷之国。

当初楚威王在世时，曾派将军庄蹻率领军队沿着长江而上，攻取了巴郡和黔中以西的地方。庄蹻本是楚庄王的后代。他到了滇池，一看池水浩瀚，纵横三百余里，旁边是肥沃富饶几千里的大平原，就以武力占领了这个地方，把它纳入楚国的领土。他正打算回楚国报告这情况，正赶上秦国攻打并夺取了楚国巴郡、黔中郡，道路被阻隔而不能通过，因而又回到滇池，带领他的军队做了滇王。他们改换了服饰，随着当地的习俗，做了滇人的君长。秦朝时，朝廷派常頞开辟通往这些地区的道路，并在这些国家设置了一些官吏。过了十几年，秦朝灭亡。汉朝兴起后，把这些国家都丢弃了，而将蜀郡原来的边界当作关塞。巴蜀两郡的百姓常常偷着出塞到这些地方做买卖，换取筰国的马，僰国的奴隶与牦牛，因此巴、蜀一带特别富有。

建元六年，大行令王恢攻打东越，东越人杀死闽越王郢前来谢罪。王恢就借着军威让番阳县令唐蒙暗示南越，让他们好好服从朝廷。南越人拿蜀地的枸杞酱招待唐蒙，唐蒙问是从哪里来的，他们回答“由西北方的牂柯江而来，牂柯江宽有数里，从番禺城下流出”。唐蒙回到长安，就询问蜀地的商人，商人说道：“只有蜀地出产枸杞酱，很多人就偷偷拿出去卖给夜郎。夜郎挨着牂柯江，江水宽一百多步，完全可以行驶船只。南越人常用财物收买夜郎，他们曾经向西到过同师，可是还是不能使夜郎向它臣服。”于是唐蒙就上书劝皇上说：“南越王乘坐黄屋左纛之车，统辖的地方东西长达一万多里，名义上称作外臣，实际上是一有精兵，可得十余万，浮船牂柯江，出其不意，此制越一奇也。诚以汉之强，巴蜀之饶，通夜郎道，为置吏，易甚。”上许之。乃拜蒙为郎中将，将千人，食重万余人，从巴蜀筰关入，遂见夜郎侯多同。蒙厚赐，喻以威德，约为置吏，使其子为令。夜郎旁小邑皆贪汉缯帛，以为汉道险，终不能有也，乃且听蒙约。还报，乃以为犍为郡。发巴蜀卒治道，自僰道指牂柯江。蜀人司马相如亦言西夷邛、筰可置郡。使相如以郎中将往喻，皆如南夷，为置一都尉，十余县，属蜀。

当是时，巴蜀四郡通西南夷道，戍转相饷。数岁，道不通，士罢饿离湿，死者甚众；西南夷又数反，发兵兴击，耗费无功。上患之，使公孙弘往视问焉。还对，言其不便。及弘为御史大夫，是时方筑朔方以据河逐胡，弘因数言西南夷害，可且罢，专力事匈奴。上罢西夷，独置南夷夜郎两县一都尉，稍令犍为自葆就。

及元狩元年，博望侯张骞使大夏来，言居大夏时见蜀布、邛竹杖，使问所从来，曰“从东南身毒国，可数千里，得蜀贾人市”。或闻邛西可二千里有身毒国。骞因盛言大夏在汉西南，慕中国，患匈奴隔其道，诚通蜀，身毒国道便近，有利无害。于是天子乃令王然于、柏始昌、吕越人等，使间出西夷西，指求身毒国。至滇，滇王尝羌乃留，为求道西十余辈。岁余，皆闭昆明，莫能通身毒国。

滇王与汉使者言曰：“汉孰与我大？”及夜郎侯亦然。以道不通故，各自以为一州主，不知汉广大。使者还，因盛言滇大国，足事亲附。天子注意焉。

方霸主。如今我们若由长沙、豫章南下进攻，那里水路纵横，很难通行。我私下听说夜郎小国有精兵十多万。可乘船沿牂柯江而下，出其不意，这倒是制服南越的一个好办法。凭借我们汉朝的强大，巴、蜀之地的富饶，开通夜郎的通道，到那里去设置官吏辖制，这不会很难。”皇上一听同意了。于是便任命唐蒙为郎中将，率领一千多士兵，还有运输粮草、辎重的一万多人，从巴蜀筰关进入夜郎，于是见到了夜郎首领多同。唐蒙重重地赏赐他，并向他宣传汉朝的威严和恩德，约定向这里派驻官吏，让他的儿子担任县令。夜郎旁边的小国全都贪图汉朝的缯帛织物，认为汉朝距此路途遥远，终究不可能占据此地，于是便暂且答应了唐蒙的约定。唐蒙回朝禀报，朝廷便把此地设置为犍为郡，并征发巴、蜀的士卒开山修路，从僰道直通往牂柯江。当时蜀郡的司马相如也进言说西夷的邛都和筰都也可以设郡。于是汉朝就派司马相如作为郎中将前往那里，告知当地人，像对待南夷那样，在那里设置了一个都尉，划分成十多个县，归蜀郡统管。

这个时候，巴郡、蜀郡、广汉郡、汉中郡要开通西南夷的道路，戍边的士卒、运送物资和军粮的人很多。过了几年，道路也没修通，士卒因为疲惫饥饿和遭受暑湿疾病，死了很多人。西南夷又屡次造反，汉朝发兵镇压，耗费钱财和人力很多，却没有收到成果。武帝为此也很忧虑，便派公孙弘去视察。公孙弘回京禀告皇上，声称不利。等到后来公孙弘当了御史大夫，那时候汉朝正准备修筑朔方郡城，以便凭借黄河之险抵抗匈奴，公孙弘就屡次建议停止开发西南夷的活动，集中力量对付匈奴。武帝于是下令停止对西南夷的活动，只在南夷的夜郎设置两县和一都尉，命令犍为郡仍保留自己的建制，并逐渐完善。

待到汉武帝元狩元年，博望侯张骞从大夏国出使归来，说起他待在大夏时曾经看到过蜀郡出产的布帛、邛都的竹杖，让人询问这些东西的来历，回答说“从东南边的身毒国弄来的，离大夏路途约有数千里，是从蜀地的商人那买来的”。当时也有人说邛地以西大约二千里处有个身毒国。张骞乘机怂恿武帝说，大夏在汉朝的西南方，他们仰慕中原愿意交好，但是忧虑匈奴阻隔两方之间的交通要道，假若能开通蜀地的道路，经身毒国往大夏，那么路程既方便又近，对汉朝有利无害。于是武帝就让王然于、柏始昌、吕越人等从西夷的西边出发，去寻找身毒国。他们到达滇国时，滇王尝羌就留下了他们，而自己派出十多批人到西边去寻找。结果过了一年多，寻路的人都被拦在了昆明，根本没能往前走。

滇王曾同汉朝使者说道：“汉朝和我国相比，哪个大？”汉朝使者到达夜郎，连夜郎这样的小国也这样问过。这是因为道路不通，这些小国的君主各自称霸一方，所以不知道汉朝的广大。使者回到京城，极力陈说滇是个大国，值得使它亲近和归附。于是武帝开始注意滇国了。

及至南越反，上使驰义侯因犍为发南夷兵。且兰君恐远行，旁国虏其老弱，乃与其众反，杀使者及犍为太守。汉乃发巴蜀罪人尝击南越者八校尉击破之。会越已破，汉八校尉不下，即引兵还，行诛头兰。头兰，常隔滇道者也。已平头兰，遂平南夷为牂柯郡。夜郎侯始倚南越，南越已灭，会还诛反者，夜郎遂入朝。上以为夜郎王。

南越破后，及汉诛且兰、邛君，并杀筰侯，冉駹皆振恐，请臣置吏。乃以邛都为越嶲郡，筰都为沈犁郡，冉駹为汶山郡，广汉西白马为武都郡。

上使王然于以越破及诛南夷兵威风喻滇王入朝。滇王者，其众数万人，其旁东北有劳浸、靡莫，皆同姓相扶，未肯听。劳浸、靡莫数侵犯使者吏卒。元封二年，天子发巴蜀兵击灭劳浸、靡莫，以兵临滇。滇王始首善，以故弗诛。滇王离难西南夷，举国降，请置吏入朝。于是以为益州郡，赐滇王王印，复长其民。

西南夷君长以百数，独夜郎、滇受王印。滇小邑，最宠焉。

太史公曰：楚之先岂有天禄哉？在周为文王师，封楚。及周之衰，地称五千里。秦灭诸侯，唯楚苗裔尚有滇王。汉诛西南夷，国多灭矣，唯滇复为宠王。然南夷之端，见枸酱番禺，大夏杖邛竹。西夷后揃，剽分二方，卒为七郡。

等到南越造反时，皇上派驰义侯到犍为郡，就近调遣南夷的军队。且兰君担心他的军队远行后，周围的国家会乘机掳掠他国内的老弱之民，于是就和部下一起谋反，杀了汉朝使者和犍为郡的太守。汉朝就只好调动巴郡和蜀郡中原想攻打南越的罪犯跟随八个校尉前往征讨。正好南越已被攻破，汉朝的八个校尉尚未南下，就领兵撤回，在行军中先攻破了头兰。头兰就是经常阻隔汉朝与滇国交通要道的那个国家。头兰被平定后，又平定了整个南夷，在那儿设置了牂柯郡。夜郎的头领开始依靠南越，南越被灭后，汉军又回来诛杀了反叛者，夜郎的头领就到京城朝见皇上，表示归顺。武帝就封他为夜郎王。

南越破灭之后，接着汉朝又诛杀了且兰君、邛君，并且杀了筰侯，冉、駹都大为震惊，便纷纷向汉朝请求称臣，为他们派遣官吏。于是汉朝就在邛都设置了越嶲郡，筰都设置了沈犁郡，在冉、駹设置了汶山郡，在广汉西边的白马一带设置了武都郡。

接着武帝又派王然于趁着击破南越及诛杀南夷君长的兵威，去委婉劝告滇王前来朝见。当时滇王部下的军队有数万人，东北方有劳浸和靡莫，都和滇王同姓，他们相互扶持，不肯听从劝告。而且劳浸和靡莫屡次侵犯汉朝使者和官兵。武帝元封二年，天子调动巴郡和蜀郡的军队消灭了劳浸和靡莫，大军逼近滇国。滇王开始就对汉朝怀有善意，因此没有被诛杀。滇王因西南夷遭受此难，便举国向汉朝投降，请求为他们派遣官吏，并进京朝见。于是汉朝就在滇国一带设置了益州郡，赐给滇王王印，仍然让他统治那里的百姓。

西南夷的少数民族有一百多个，只有夜郎和滇国的首领得到了汉朝授予的王印。滇虽然是个小地区，却和汉朝关系最好。

太史公说：楚国的祖先难道有上天赐给的禄位吗？在周朝初年，他们的先祖鬻熊做过周文王的老师，后来的熊绎又被周成王封到楚蛮之地。随着周朝的衰微，楚国领土越来越大，号称有五千里。秦国灭掉诸侯后，只有楚国的后代还做着滇王。汉朝讨伐西南夷，那里的部落多半被消灭，只有滇王仍然受宠。南夷战乱的开始，是唐蒙在番禺见到了枸杞酱，张骞在大夏看到了邛竹杖。西夷后来被分割，分成西、南两方，最终朝廷在此一共设了七个郡。

司马相如列传第五十七

司马相如者，蜀郡成都人也，字长卿。少时好读书，学击剑，故其亲名之曰犬子。相如既学，慕蔺相如之为人，更名相如。以赀为郎，事孝景帝，为武骑常侍，非其好也。会景帝不好辞赋，是时梁孝王来朝，从游说之士齐人邹阳、淮阴枚乘、吴庄忌夫子之徒，相如见而说之，因病免，客游梁。梁孝王令与诸生同舍，相如得与诸生游士居数岁，乃著《子虚》之赋。

会梁孝王卒，相如归，而家贫，无以自业。素与临邛令王吉相善，吉曰："长卿久宦游不遂，而来过我。"于是相如往，舍都亭。临邛令缪为恭敬，日往朝相如。相如初尚见之，后称病，使从者谢吉，吉愈益谨肃。临邛中多富人，而卓王孙家僮八百人，程郑亦数百人，二人乃相谓曰："令有贵客，为具召之。"并召令。令既至，卓氏客以百数。至日中，谒司马长卿，长卿谢病不能往，临邛令不敢尝食，自往迎相如。相如不得已，强往，一坐尽倾。酒酣，临邛令前奏琴曰："窃闻长卿好之，愿以自娱。"相如辞谢，为鼓一再行。是时卓王孙有女文君新寡，好音，故相如缪与令相重，而以琴心挑之。相如之临邛，从车骑，雍容闲雅甚都；及饮卓氏，弄琴，文君窃从户窥之，心悦而好之，恐不得当也。既罢，相如乃使人重赐文君侍者通殷勤。文君夜亡奔相如，相如乃与驰归成都。家居徒四壁立。卓王孙大怒曰："女至不材，我不忍杀，不分一钱也。"人或谓王孙，王孙终不听。文君久之不乐，曰："长卿第俱如临邛，从昆弟假贷犹司马相如是蜀郡成都人，字长卿。少年时酷爱读书，也学习剑术，所以父母给他取名犬子。司马相如学业完成后，对蔺相如的为人很仰慕，于是改名相如。起初，他凭借家中富有的财资而被授予郎官之职，侍卫孝景帝，做了武骑常侍，但这并不是他的爱好。正好赶上汉景帝不喜欢辞赋，这时梁孝王来京城朝见景帝，跟随他而来的善于游说的人，有齐郡人邹阳、淮阴人枚乘、吴县人庄忌先生等。司马相如见到这些人就喜欢上了，因此就以生病为由辞掉官职，然后旅居梁国，司马相如才有机会与读书人和游说之士们相处了好几年，于是就写了《子虚赋》。

赶上梁孝王去世，相如就回家了。但是他家境贫寒，也没有可以维系自己生活的职业。司马相如向来同临邛县令王吉相处得不错，王吉说："长卿，你离乡在外多年，求官任职，不太顺心，可以到我这里看看。"于是，司马相如来到临邛，暂住在城内的一座小亭中。王吉假装恭敬，每天都来拜访司马相如。开始，司马相如还以礼相见。后来，他就佯称有病，让随从拒绝了王吉的拜访。可是，王吉却更加谨慎恭敬。临邛县里富人很多，像卓王孙家就有家奴八百人，程郑家也有数百人。两人互相商量后说："县令有贵客，不如我们备办酒席，请请他。"一并把县令也请来。当县令来到了卓家后，卓家已经有上百的客人在了。到了中午，去请司马长卿，长卿却推托有病，不愿意前来。临邛县令见司马相如没来，不敢进食，便亲自前去迎接司马相如。相如没办法，便勉强来到卓家，满座的客人都很惊羡他的风采。酒兴正浓时，临邛县令慢步走上前去，把一张琴放到司马相如面前，说："我听说长卿非常喜欢弹琴，希望能聆听一曲，以助欢乐。"司马相如辞谢一番，推辞不过，便弹奏了一两支曲子。此时，卓王孙有个叫文君的女儿，刚守寡时间不长，特别喜欢音乐，所以司马相如佯装与县令相互敬重，而用琴声暗自诱发她的爱慕之情。司马相如来临邛时，车马跟在其后，堂堂仪表，典雅文静，落落大方。待到卓王孙家喝酒、弹奏琴曲时，卓文君从门缝里偷偷望他，心中十分高兴，特别喜欢他，但又担心他不了解自己的心情。宴会完毕，司马相如托人赏赐文君的侍者以重金，通过这种方式向她转达倾慕之情。于是，卓文君连夜逃出家门，找到司马相如，司马相如便同文君急急忙忙赶回成都。进得家门，所见空无一物，只有立在那里的四面墙壁。卓王孙知道女儿私奔之事，大怒道："女儿相当不成材，我不忍心伤害她，但也不会分给她一个钱。"有的人便劝说卓王孙，但他却一直不肯听。过了很长一段时间，文君感到足为生，何至自苦如此！”相如与俱之临邛，尽卖其车骑，买一酒舍酤酒，而令文君当炉。相如身自著犊鼻裈，与保庸杂作，涤器于市中。卓王孙闻而耻之，为杜门不出。昆弟诸公更谓王孙曰：“有一男两女，所不足者非财也。今文君已失身于司马长卿，长卿故倦游，虽贫，其人材足依也，且又令客，独奈何相辱如此！”卓王孙不得已，分予文君僮百人，钱百万，及其嫁时衣被财物。文君乃与相如归成都，买田宅，为富人。

居久之，蜀人杨得意为狗监，侍上。上读《子虚赋》而善之，曰：“朕独不得与此人同时哉！”得意曰：“臣邑人司马相如自言为此赋。”上惊，乃召问相如。相如曰：“有是。然此乃诸侯之事，未足观也。请为天子游猎赋，赋成奏之。”上许，令尚书给笔札。相如以“子虚”，虚言也，为楚称；“乌有先生”者，乌有此事也，为齐难；“无是公”者，无是人也，明天子之义。故空藉此三人为辞，以推天子诸侯之苑囿。其卒章归之于节俭，因以风谏。奏之天子，天子大说。其辞曰：

楚使子虚使于齐，齐王悉发境内之士，备车骑之众，与使者出田。田罢，子虚过詑乌有先生，而无是公在焉。坐定，乌有先生问曰：“今日田乐乎？”子虚曰：“乐。”“获多乎？”曰：“少。”“然则何乐？”曰：“仆乐齐王之欲夸仆以车骑之众，而仆对以云梦之事也。”曰：“可得闻乎？”

子虚曰：“可。王驾车千乘，选徒万骑，田于海滨。列卒满泽，罘罔弥山，掩兔辚鹿，射麋脚麟。骛于盐浦，割鲜染轮。射中获多，矜而自功。顾谓仆曰：‘楚亦有平原广泽游猎之地饶乐若此者乎？楚很不快乐，说："长卿，只要你跟我一块儿去临邛，向兄弟们借钱也完全可以维持生活，何必要让自己困苦到这个样子！"司马相如就同文君来到临邛，把自己的车马全部卖掉，盘下一家酒店，做起了卖酒的生意。并且让文君亲自主持垆前酌酒以应对顾客，而司马相如自己也穿起犊鼻裈，同雇工们一起忙活操作，在熙熙攘攘的闹市之中洗涤酒器。卓王孙听说这件事后，感到十分耻辱，因此闭门不出。有些兄弟和长辈都不停地劝说卓王孙，说："你有两个女儿一个儿子，家中所缺少的并不是钱财。如今，文君已经成了司马长卿的妻子，再加上长卿本来也已厌倦了奔波离家的生涯，虽然他贫穷，但他的确是个人才，完全可以依靠。更何况他又是县令的贵客，为什么你偏偏如此地轻视他呢！"卓王孙听了不得已，只好分给文君钱一百万、奴一百人，以及她出嫁时的一些衣服被褥和各种财物。文君就同司马相如回到成都，购置了田地和房屋，成为富有的人家。

过了比较长的一段时间，蜀郡人杨得意担任狗监，侍奉汉武帝。有一天，汉武帝读《子虚赋》，认为写得不错，说："我偏偏不能与这个作者生在一个时代。"杨得意便说："我的同乡人司马相如说是他写了这篇赋。"汉武帝听了很惊喜，就忙召来司马相如询问。司马相如说："是有这件事。但是，这赋只写了诸侯之事，不值得看。请让我写篇天子游猎赋，赋写成以后我就进献皇上。"汉武帝答应了，并命令尚书给他书写用的笔和木简。司马相如用"子虚"这一虚构的言辞，是为了表现楚国之美；"乌有先生"就是哪有这回事，以此为齐国驳难楚国；"无是公"就是没有这个人，以阐明做天子的道理。所以就假借这三个人来写成文章，用以推演天子和诸侯的苑囿美盛的情景。赋的最后一章，将主旨归结到了节俭上去，借以规劝皇帝。司马相如把赋进献天子后，天子非常高兴。赋中说道：

子虚被楚王派去出使齐国，齐王调集了境内所有的士卒，准备了很多的车马，与使者一同出外打猎。打猎完毕，子虚前去拜访乌有先生，并以此事向他夸耀，恰好无是公也在场。大家落座后，乌有先生向子虚问道："今天打猎快乐吗？"子虚说："当然快乐。""猎物很多吧？"子虚回答道："不多。""那么既然如此，乐又从何来？"子虚回答说："我高兴的是齐王本来想向我夸耀他的众多车马，但我却用楚王在云梦泽打猎的盛况来回答他。"乌有先生说道："可以说出来让我听听吗？"

子虚说："当然可以。齐王指挥千辆兵车，选拔了上万名骑手，打猎到东海之滨。草泽上排满士卒，山岗上布满了捕兽的罗网，兽网罩住野兔，车轮辗死大鹿，射中麋鹿，抓住麟的小腿。车骑在海边的盐滩驰骋，车轮被宰杀的禽兽的鲜血染红。射中禽兽，获猎物很多，齐王便骄傲地夸耀自己的猎获成绩。他回头看王之猎何与寡人？’仆下车对曰：‘臣，楚国之鄙人也，幸得宿卫十有余年，时从出游，游于后园，览于有无，然犹未能遍睹也，又恶足以言其外泽者乎！’齐王曰：‘虽然，略以子之所闻见而言之。’

“仆对曰：‘唯唯。臣闻楚有七泽，尝见其一，未睹其余也。臣之所见，盖特其小小者耳，名曰云梦。云梦者，方九百里，其中有山焉。其山则盘纡茀郁，隆崇嵂崒；岑岩参差，日月蔽亏；交错纠纷，上干青云；罢池陂陁，下属江河。其土则丹青赭垩，雌黄白坿，锡碧金银，众色炫耀，照烂龙鳞。其石则赤玉玫瑰，琳瑉琨珸，瑊玏玄厉，瑌石武夫。其东则有蕙圃衡兰，芷若射干，穹穷昌蒲，江离麋芜，诸蔗猼且。其南则有平原广泽，登降陁靡，案衍坛曼，缘以大江，限以巫山。其高燥则生葴菥苞荔，薛莎青薠。其卑湿则生藏莨蒹葭，东蘠雕胡，莲藕菰芦，庵闾轩芋，众物居之，不可胜图。其西则有涌泉清池，激水推移；外发芙蓉菱华，内隐巨石白沙。其中则有神龟蛟鼍，玳瑁鳖鼋。其北则有阴林巨树，楩楠豫章，桂椒木兰，蘗离朱杨，樝梸梬栗，橘柚芬芳。其上则有赤猿蠷蝚，鹓鶵孔鸾，腾远射干。其下则有白虎玄豹，蟃蜒貙豻，兕象野犀，穷奇獌狿。

‘于是乃使专诸之伦，手格此兽。楚王乃驾驯驳之驷，乘雕玉之舆，靡鱼须之桡旃，曳明月之珠旗，建干将之雄戟，左乌嗥之雕弓，右夏服之劲箭；阳子骖乘，纤阿为御；案节未舒，即陵狡兽，蹸邛邛，蹴距虚，轶野马而辖騊駼，乘遗风而射游骐；儵眒凄浰，雷动熛至，星流霆击，弓不虚发，中必决眦，洞胸达腋，绝乎心系，获若雨着我对我说：‘楚国可有供游玩打猎的平原广泽，可以让人这样富于乐趣吗？我与楚王游猎相比，谁更壮观一些？’我便下车回答说：‘小臣我只不过是一个见识鄙陋的楚国人，但侥幸在楚担任了十余年的宫中侍卫，常随楚王出猎，王宫的后苑就是猎场，还可以顺便观赏四周的景色，但还不能遍览全部盛况，又哪有资格来谈论远离王都的大泽盛景呢？’齐王说：‘虽然这样，但还是请你大概地谈谈你的所闻所见吧！’

“我回答说：‘好，好。臣听说楚国有七个大泽，我曾经见过其中的一个，而其余的没见过。我所看到的这个，也只是七个大泽中最小的一个，名叫云梦。云梦九百里方圆，其中有山。山势盘旋，曲折迂回，险要高耸，山峰峭拔，参差不齐；日月要么被完全遮蔽，要么遮掩一半；群山错落，重叠无序，青云直上；山坡连绵倾斜，下连江河。那土壤中有朱砂、石青、雌黄、赤土、白垩、石灰、碧玉、锡矿、黄金、白银等种种色彩，光辉夺目，似龙鳞般地灿烂照耀。那里的石料有赤色的玉石、玫瑰宝石、琳、瑊玏、瑉、琨珸、磨刀的黑石、半白半赤的石头、红地白文的石头。东面的花圃有蕙草，其中生长着杜衡、白芷、兰草、杜若、芎䓖、射干、菖蒲、蘼芜、茳蓠、甘蔗、芭蕉。南面有平原大泽，高低不平的地势，绵延倾斜，土地低洼，平坦广阔，沿着大江延伸，直到巫山为界。那地方高峻干燥，生长着马蓝和形似燕麦的草，还有苞草、艾蒿、荔草、莎草及青薠。那低湿的地方，生长着狗尾巴草、东蔷、芦苇、菰米、荷藕、莲花、庵草、葫芦、菥草，众多麦木，在这里生长，数不胜数。西面则有奔涌的泉水、清澈的水池，激荡的水波，后浪冲击前浪，滚滚向前；荷花与菱花在水面上开放着，巨石和白沙在水面下隐伏着。水中有神龟、猪婆龙、蛟蛇、玳瑁、鳖和鼋。北面则有茂密的森林和巨大的树木：黄楩树、樟木、楠木、桂树、木兰、花椒树、黄檗树、赤茎柳、山梨树、山楂树、橘树、黑枣树、柚子树等芳香远溢。那些树上有赤猿、鹓、猕猴、鸾鸟、孔雀和善跳的猴子和射干。树下则有白虎、蟃蜒、黑豹、豻、大象、雌犀牛、穷奇、野犀牛、貜狿。

‘于是就派专诸之类的勇士，空手来格杀这些野兽。被驯服的杂毛之马被楚王驾御着，还乘坐着雕饰美玉的车，用鱼须作旒穗的曲柄旌旗不停地挥动着，缀着明月珍珠的旗帜也被摇动着。锋利的三刃戟高举，雕有花纹的乌嗥名弓拿在左手，夏箙中的强劲之箭拿在右手。骖乘是伯乐，御者为纤阿。车马缓慢行驶，在还没有尽情驰骋时，就已踩踏倒了强健的猛兽。车轮辗压邛邛、践踏距虚，突击野马，騊駼被轴头撞死，乘着千里马，游荡之骐被箭射。楚王的车骑异常迅疾，有如滚动惊雷，好似狂飙袭来，像飞坠的流星，若雷霆撞击。弓不虚发，箭箭都把禽兽的眼眶射裂，或者贯穿胸膛，直达腋下，使连着心脏的血管断裂。猎获的兽，掩草蔽地。于是楚王乃弭节裴回，翱翔容与，览乎阴林，观壮士之暴怒，与猛兽之恐惧，徼𠇗受诎，殚睹众物之变态。

‘于是郑女曼姬，被阿锡，揄纻缟，杂纤罗，垂雾縠；襞积褰绉，纡徐委曲，郁桡溪谷；衯衯裶裶，扬袘恤削，蜚纤垂髾；扶与猗靡，吸呷萃蔡，下摩兰蕙，上拂羽盖，错翡翠之威蕤，缪绕玉绥；缥乎忽忽，若神仙之仿佛。

‘于是乃相与獠于蕙圃，媻珊勃窣上金堤，揜翡翠，射鵔鸃，微矰出，纤缴施，弋白鹄，连驾鹅，双鸧下，玄鹤加。怠而后发，游于清池；浮文鹢，扬桂枻，张翠帷，建羽盖，罔玳瑁，钓紫贝；摐金鼓，吹鸣籁，榜人歌，声流喝，水虫骇，波鸿沸，涌泉起，奔扬会，礧石相击，硠硠磕磕，若雷霆之声，闻乎数百里之外。

‘将息獠者，击灵鼓，起烽燧，车案行，骑就队，纚乎淫淫，班乎裔裔。于是楚王乃登阳云之台，泊乎无为，澹乎自持，勺药之和具而后御之。不若大王终日驰骋而不下舆，脟割轮淬，自以为娱。臣窃观之，齐殆不如。’于是王默然无以应仆也。”

乌有先生曰：“是何言之过也！足下不远千里，来况齐国，王悉发境内之士，而备车骑之众，以出田，乃欲戮力致获，以娱左右也，何名为夸哉！问楚地之有无者，愿闻大国之风烈，先生之余论也。今足下不称楚王之德厚，而盛推云梦以为高，奢言淫乐而显侈靡，窃为足下不取也。必若所言，固非楚国之美也。有而言之，是章君之恶；无而言之，是害足下之信。章君之恶而伤私义，二者无一可，而先生野兽，纷纷而落像雨点飞降般，野草被覆盖，大地也被遮蔽。于是，楚王就徘徊停鞭，缓步而行自由自在，游览山北的森林，欣赏壮士的暴怒，还有野兽的恐惧。拦截那疲倦的野兽，捕捉那精疲力竭的野兽，遍观群兽各种迥异的姿态。

‘于是，漂亮的郑国姑娘，细嫩肤色的美女，披着细缯细布制成的上衣，穿着麻布和白绢制做的裙子，纤细的罗绮被装点着，轻雾般的柔纱在身上垂挂着。裙幅重叠褶绉，纹理细密，线条多姿婉曲，好似深幽的溪谷。美女们穿着修长的衣服，飘扬裙幅，裙缘整齐美观；衣上的飘带，飞舞随风，燕尾形的衣端在身间垂挂。婀娜多姿的体态，走路时衣裙相磨，发出噏呷萃蔡的响声。衣裙饰带飘动，摩磨着下边的兰花蕙草，上面的羽饰车盖被拂拭着。翡翠的羽毛在头发上杂缀着作为饰物，用玉装饰的帽缨在领下缠绕着。隐约缥缈，恍恍惚惚，就像神仙般的似有似无。

‘于是楚王就在蕙圃夜猎，和众多美女一起，缓慢而从容地走上坚固的水堤。用网捕取翡翠鸟，用箭射取锦鸡。射出带丝线的短小之箭，发射系着细丝绳的箭。白天鹅被射落了，野鹅被击中了。中箭的鸧鸹双双从天落，箭射穿了黑鹤身体。打猎疲倦之后，拨动游船，在清池之中泛舟。划着画有鹢鸟的龙船，桂木的船桨被扬起。画有翡翠鸟的帷幔张挂着，坚起鸟毛装饰的伞盖。玳瑁用网捞取，紫贝被钓取。敲打金鼓，吹起排箫。船夫唱起歌来，声调嘶哑悲楚，动听悦耳。鱼鳖为此惊骇，洪波因而沸腾。涌起泉水，与浪涛汇聚。众石相互撞击，发出硠硠磕磕的响声，就像轰鸣雷霆，传声几百里之外。

‘夜猎将停，灵鼓敲起，火把点起。战车按行列行走，骑兵归队而行。队伍接续不断，整整齐齐，缓慢前进。于是，楚王就登上阳云之台，显示出安然无事泰然自若的神态，保持着怡适安静的心境。待用芍药调和的食物备齐之后，就献给楚王让其品尝。不像大王终日奔驰，车身不离，甚至切割肉块，然后在轮间烤炙而吃，却自以为乐。我以为齐国恐怕不如楚国吧。’于是，齐王默默无言，没有话回答我。”

乌有先生说：“这话为什么要说得这么过分呢？您不远千里前来赐惠齐国，齐王调集境内的所有士卒，准备了如此多的车马，同您外出打猎，是想齐心协力猎获禽兽，使您感到快乐，怎么称作夸耀呢！询问楚国有无游猎的平原广泽，是希望听听楚国的政治教化与光辉的功业，以及先生的美论高言。现在楚王丰厚的德政先生不称颂，却去畅谈什么云梦泽以为高论，大谈纵乐淫游之事，而且炫耀奢侈靡费，我个人以为您不应当这样做。如果真像您所说的那样，那根本算不上是楚国的美好之事。楚王若是有这些事，您把它说出来，这就是宣扬国君的丑恶；如果楚王没有这些事，您却说有，这就有损于您的名誉，张扬国君的丑恶，行之，必且轻于齐而累于楚矣。且齐东陼巨海，南有琅邪，观乎成山，射乎之罘，浮勃澥，游孟诸，邪与肃慎为邻，右以汤谷为界，秋田乎青丘，傍徨乎海外，吞若云梦者八九，其于胸中曾不蒂芥。若乃俶傥瑰伟，异方殊类，珍怪鸟兽，万端鳞萃，充仞其中者，不可胜记，禹不能名，契不能计。然在诸侯之位，不敢言游戏之乐，苑囿之大；先生又见客，是以王辞而不复，何为无用应哉！”

无是公听然而笑曰：“楚则失矣，齐亦未为得也。夫使诸侯纳贡者，非为财币，所以述职也；封疆画界者，非为守御，所以禁淫也。今齐列为东籓，而外私肃慎，捐国逾限，越海而田，其于义故未可也。且二君之论，不务明君臣之义而正诸侯之礼，徒事争游猎之乐，苑囿之大，欲以奢侈相胜，荒淫相越，此不可以扬名发誉，而适足以贬君自损也。且夫齐楚之事又焉足道邪！君未睹夫巨丽也，独不闻天子之上林乎？

“左苍梧，右西极，丹水更其南，紫渊径其北；终始霸浐，出入泾渭；酆鄗潦潏，纡余委蛇，经营乎其内。荡荡兮八川分流，相背而异态。东西南北，驰骛往来，出乎椒丘之阙，行乎洲淤之浦，径乎桂林之中，过乎泱莽之野。汩乎浑流，顺阿而下，赴隘陕之口。触穹石，激堆埼，沸乎暴怒，汹涌滂濞，滭浡滵汩，湢测泌瀄，横流逆折，转腾潎洌，澎濞沆瀣，穹隆云挠，蜿灗胶戾，逾波趋浥，莅莅下濑，批壧冲壅，奔扬滞沛，临坻注壑，瀺灂霣坠，湛湛隐隐，砰磅訇礚，潏潏淈淈，湁潗鼎沸，驰波跳沫，汩急漂疾，悠远长怀，寂漻无声，肆乎永归。然后灏溔潢漾，安翔徐徊，翯乎滈滈，东注大湖，衍损害自己的信誉，这两件事没有一样是可以做的，而您却做了。这必将让齐国所轻视，而楚国的声誉也会因此而受到牵连。况且齐国东临大海，南有琅琊山，观赏美景在成山，狩猎在之罘山，泛舟在渤海，游猎在孟诸泽中。东北与肃慎为邻，左边以汤谷为界；秋天打猎在青丘，在海外自由漫步。像云梦这样的大泽，纵然吞下八九个，胸中也丝毫没有哽塞之感。至于那超凡卓异之物，各地特产，怪异珍奇的鸟兽，聚集万物，好像荟萃鱼鳞，充满其中，不可胜记，它们的名字就是大禹也辨不清，契也无法计算它们的数目。但是，齐王处在诸侯的地位，不敢陈说嬉戏和游猎的欢乐、苑囿的广大。先生又是被以贵宾之礼接待的客人，所以齐王才没有回答您任何言辞，又怎么能说他无言以对呢！”

无是公微笑着说：“楚国错了，但是齐国也未必正确。天子之所以让诸侯交纳贡品，其实并不是为了财物，目的是为了让他们到朝廷陈述其履行职务的情况；所以封国疆界的划分，并非为了守卫边境，而是为了杜绝诸侯越规违法的行为。现在，齐国位列东方的藩国，却与国外的肃慎私自交往，弃离封国，越过国界，漂洋过海，游猎到青丘去，这种做法从诸侯应遵守的道义来说，是不允许的。况且你们两位先生的言论，都不是竭力阐明君臣之间的正常关系，也不是端正诸侯的礼仪，而只是去争辩游猎的欢乐、苑囿的广大，想以奢侈争胜负、以荒淫赛高下。这样做不但不能使你们的国君名望显扬、声誉提高，却恰恰贬低其声望，使自己蒙受损失。更何况那齐国和楚国的事物又哪里值得称道呢！先生们没有亲眼看到那浩大壮丽的场面，难道你们就没有听说过天子的上林苑吗？

“上林苑的左边是苍梧，右边是西极，在它的南方有丹水流过，它的北方有紫渊流经；灞水和浐水始终未流出上林，泾水和渭水流进来又流出去；酆水、鄗水、潦水、潏水，宛转曲折，在上林苑中盘转回环。八条河川，浩浩荡荡，流向相背，姿态各异，东西南北，奔驰往来，从两山对峙的椒丘山谷流出，流经砂石堆积的小洲，穿过桂树之林，流过茫茫的原野。水流盛大且迅疾，沿着高丘奔腾而下，直赴狭隘的山口。撞击着巨石，激荡着沙石形成的曲折河岸，水流涌起，暴怒异常，澎湃汹涌。河水盛涌，水流迅疾，撞击波浪，砰砰作响；横流回旋，奔腾转折，潎洌作响。激流冲击着不平的河岸，震响轰鸣，水势高耸，浪花回旋，卷曲如云，萦绕蜿蜒。后浪推击着前浪，流向深渊，形成湍急的水流，在沙石之上冲过。拍击着岩石，冲击着河堤，飞扬奔腾，不可阻挡。大水冲过小洲，流入山谷，水势渐缓，水声渐细，跌落于沟谷深潭之中。有时水大潭深，水流激荡，发出轰隆的乒乓巨响。有时水波飞扬翻涌，如同鼎中沸腾的热水。水波急驰，泛起白沫层层，跳跃不止。有时水流急转，奔扬轻疾，流向远方，长归大湖。有时水面平静无声，安然地向着远方流去。然后，无边无际的大水，徐缓迁溢陂池。于是乎蛟龙赤螭，䱭䲛螹离，鰅鰫鰬魠，禺禺鱋魶，揵鳍擢尾，振鳞奋翼，潜处于深岩；鱼鳖欢声，万物众伙，明月珠子，玓瓅江靡，蜀石黄碝，水玉磊砢，磷磷烂烂，采色澔汗，丛积乎其中。鸿鹔鹄鸨，駕鹅鸀鳿，鵁鶄鹮目，烦鹜鷛鸔，䴋䴇鸡鸬，群浮乎其上。泛淫泛滥，随风澹淡，与波摇荡，掩薄草渚，唼喋菁藻，咀嚼菱藕。

"于是乎崇山巃嵸，崔巍嵯峨，深林钜木，崭岩嵾嵳，九嵕、巀嶭，南山峨峨，岩纥甗锜，摧崣崛崎，振溪通谷，蹇产沟渎，谽呀豁閜，阜陵别岛，崴磈岿瘣，丘虚崛崊，隐辚郁𡹒，登降施靡，陂池貏豸，沇溶淫鬻，散涣夷陆，亭皋千里，靡不被筑。掩以绿蕙，被以江离，糅以蘼芜，杂以流夷。尃结缕，欑戾莎，揭车衡兰，稿本射干，茈姜蘘荷，葴橙若荪，鲜枝黄砾，蒋芧青薠，布濩闳泽，延曼太原，丽靡广衍，应风披靡，吐芳扬烈，郁郁斐斐，众香发越，肸蚃布写，晻暧苾勃。

"于是乎周览泛观，瞋盼轧沕，芒芒恍忽，视之无端，察之无崖。日出东沼，入于西陂。其南则隆冬生长，踊水跃波；兽则㺎旄獏犛，沈牛麈麋，赤首圜题，穷奇象犀。其北则盛夏含冻裂地，涉冰揭河；兽则麒麟角𧣾，騊駼橐驼，蛩蛩驒騱，駃騠驴骡。

"于是乎离宫别馆，弥山跨谷，高廊四注，重坐曲阁，华榱璧珰，辇道纚属，步櫩周流，长途中宿。夷嵏筑堂，累台增成，岩突洞房，俯杳眇而无见，仰攀橑而扪天，奔星更于闺闼，宛虹拖于楯轩。青虬蚴蟉于东箱，象舆婉蝉于西清，灵圄燕于闲观，偓佺之伦暴于南荣，醴泉涌于清室，通川过乎中庭。槃石裖崖，嵚岩倚倾，嵯峨礁回，闪闪银光，奔向东方，注入太湖，湖水满溢，流进附近的池塘。于是，蛟龙、赤螭、䱭、䲛、鳙、禺禺、魼、鳎、魶等，都扬起背鳍，摇动着鱼尾，抖动着鱼鳞，奋扬起鱼翅，潜处于深渊岩谷当中。鱼鳖喧哗欢跃，万物成群结伙。明月、珠子，在江边光彩闪烁。蜀石、黄色的碝石、水晶石，堆积层层，夺目灿烂，光彩映照，聚积于水中。天鹅、鸨鸟、鹔鸘、駕鹅、鸀、䴔目、鵁鶄、烦鹜、鷛鸅、䴋䴈、鵁鸬，结队成群，在水面上浮游。任凭河水横流浮动，鸟儿随风漂流，乘着波涛，自由摇荡。有时，成群的鸟儿聚集在野草覆盖的沙洲上，口衔着菁、藻，唼喋作响，口含着菱、藕，咀嚼不已。

“于是高山耸立挺拔，雄峻巍峨。广阔的山林中生长着高大的树木。山高险峻，高低不齐。巀嶭山、九嵕山、终南山巍峨耸立，或倾斜，或奇险，有的上下大，中间小，有的像锜，三足鼎立，异常险峻，陡峭崎岖。有的地方是收蓄流水的山溪，有的地方是水流贯通的山谷，溪水曲折，流入沟渎。溪谷空旷宽大，水中的丘陵、孤立的山，高高挺立，层迭不平。山势起伏，忽低忽高，连绵不绝，山坡倾斜，渐趋平缓。河水流动缓缓，溢出河面，四散于平坦的原野。水边平地，一望千里，无不被捣筑开拓。地上长满蕙草和菉草，江蓠覆盖着，间杂着蘼芜和留夷，布满了结缕，深绿色的莎草丛生在一起，还有揭车与杜蘅、槁本、兰草、射干、蘘荷、茈姜、杜若、葴、橙、鲜枝、荪、黄、芋、蒋、青薠，在广阔的大泽中遍布，在广大的平原之上蔓延。绵延不绝的花草，广布繁衍，迎着微风倒伏，芬芳吐露，散发着浓烈的香味，郁郁菲菲，香气四溢，沁人心田，更令人感到浓烈的芳香。

“于是观看四周，广泛欣赏，睁大眼睛也辨识不清，只见一片茫茫，恍恍惚惚，放眼望去，没有边际；仔细察看，宽广无涯。早晨，太阳从苑东的池沼升起，傍晚，太阳从苑西的陂池落下。苑南在严冬时也依然生长草木，河水翻腾奔涌；这里的野兽有，㺎、旄、牦、獏、沈牛、麈、赤首、麋、圜题、象、穷奇、犀。苑北则盛夏季节也是河水结冰，大地冻裂，只要提起衣裳就可以过河。这里的野兽有麒麟、角觽、橐驼、騊駼、蛩蛩、駃騠、驒騱、驴、骡。

“于是别馆离宫，布满山坡，横跨溪谷。高大的回廊，四周相连，双重的楼房之间，阁道曲折相连。绘花的屋椽子，壁玉装饰的瓦珰。辇道连绵不绝，在长廊之中周游，路程遥远，须在中途住宿。削平高山，构筑殿堂，修起层层台榭，山岩底部有幽深的房室与此相通。俯视山下，遥远而无所见，仰视天空，攀上屋椽可以摸天。闪过宫门的流星，弯曲的彩虹横挂在窗板与栏杆之上。青虬蜿蜒在东厢，大象拉的车子行走在清静的西厢。众神在清闲的馆舍休息，偓佺类的仙人在南檐下沐浴阳光。甘甜的泉水从清室中涌出，流过院中的流动的河水，用巨石礫，刻削峥嵘，玫瑰碧琳，珊瑚丛生，瑉玉旁唐，玢豳文鳞，赤瑕驳荦，杂臿其间，垂绥琬琰，和氏出焉。

“于是乎卢橘夏孰，黄甘橙榛，枇杷橪柿，楟奈厚朴，梬枣杨梅，樱桃蒲陶，隐夫郁棣，榙樧荔枝，罗乎后宫，列乎北园。貤丘陵，下平原，扬翠叶，杌紫茎，发红华，秀朱荣，煌煌扈扈，照曜钜野。沙棠栎槠，华氾檘栌，留落胥余，仁频并闾，欃檀木兰，豫章女贞，长千仞，大连抱，夸条直畅，实叶葰茂，攒立丛倚，连卷累佹，崔错癹骫，阬衡閜砢，垂条扶于，落英幡纚，纷容萧蔘，旖旎从风，浏莅芔吸，盖象金石之声，管籥之音。柴池茈虒，旋环后宫，杂遝累辑，被山缘谷，循阪下隰，视之无端，究之无穷。

“于是玄猿素雌，蜼玃飞鸓，蛭蜩蠼猱，獑胡豰蛫，栖息乎其间；长啸哀鸣，翩幡互经，夭蟜枝格，偃蹇杪颠。于是乎隃绝梁，腾殊榛，捷垂条，踔稀间，牢落陆离，烂曼远迁。

“若此辈者，数千百处。嬉游往来，宫宿馆舍，庖厨不徙，后宫不移，百官备具。

“于是乎背秋涉冬，天子校猎。乘镂象，六玉虬，拖蜺旌，靡云旗，前皮轩，后道游；孙叔奉辔，卫公骖乘，扈从横行，出乎四校之中。鼓严簿，纵猎者，江河为阹，泰山为橹，车骑雷起，隐天动地，先后陆离，离散别追，淫淫裔裔，缘陵流泽，云布雨施。

“生貔豹，搏豺狼，手熊罴，足野羊，蒙鹖苏，绔白虎，被豳文，跨野马。陵三嵕之危，下碛历之坻；俓峻赴险，越壑厉水。推蜚廉，弄解豸，格瑕蛤，鋋猛氏，罥騕褭，射封豕。箭不苟害，解脰陷修整河岸，险要高峻，参差不齐。山岩高耸巍峨，峥嵘奇特，好像工匠雕刻而成。这里的玫瑰、琳、碧、珊瑚丛聚而生。瑉玉庞大，似鱼鳞般有纹采。赤玉纹采交错，插杂其间。琬琰、垂绶、和氏璧皆在这里出现。

“于是在夏天成熟的卢橘、黄柑、榛、柚子、枇杷、柿子、酸小枣、山梨、羊枣、厚朴、杨梅、棠棣、葡萄、樱桃、榙䕡、荔枝等果树，后宫之中罗生，北园之内列植，绵延至丘陵之上，下至于平原之间。翠绿的树叶摆动，紫色的干茎摇动，红色的花朵开放着，秀出了朱红的小花。光彩繁盛，照耀着广阔的原野。栎、沙果、桦树、楮、枫树、银杏树、黄栌树、石榴、槟榔树、椰子树、檀树、槟榈树、枕木、木兰、冬青树、樟木，有的树木高达千仞，粗的要几个人才能合抱，花朵和枝条生长得舒展畅达，果实和叶子硕大茂密，有的聚立在一处，有的相倚丛集。树枝卷曲而相连，重叠而交叉，繁茂交错，纠结盘纡，横出高举，相倚相扶，下垂的枝条四散伸展，落花飞扬；树木繁茂高大，随风摇荡，婀娜多姿；风吹草木，凄清作响，有如钟磬之声，好似管籥之音。树木高低不齐，环绕着后宫；众多草木重叠累积，覆盖着山野，沿着溪谷生长，顺着山坡，直下低湿之地，放眼望去，没有边际，仔细探究，又觉得无穷无尽。

“于是黑猿和仰鼻长尾猿、白色的雌猴、小飞鼠、大母猴、能飞的蛭、善爬树的猕猴、蜩、似猴的蜥胡、似狗的縠、如猴的虵，都在林间栖息，有的哀鸣，有的长啸，上下跳跃，轻捷如飞，交相往来，在树枝间共同戏耍，屈曲宛转，直上树梢。于是跳越断桥，跃过奇异的丛林，接持下垂的枝条，或四散奔走，或杂乱相聚，散乱远去。

“有数千百处像这样的地方，可供往来嬉戏游乐，在离宫住宿，在别馆歇息，厨房不需要迁徙，后宫妃嫔自然也不必跟随，文武百官也已齐备。

“于是从秋至冬，天子开始郊猎，乘坐着象牙雕饰的车子，驾驭六条白色的虬龙，五彩旌旗摇动着，云旗挥舞着。前面有蒙着虎皮的车子开路，后边有导游之车护行。孙叔执辔驾车，卫公做骖乘，为天子护驾的侍卫不循正道而行，活动在四郊之中。在森严的卤薄里敲起鼓来，猎手们便纵情出击；江河是郊猎的围栅，大山是望楼。车马飞奔，如雷声忽起，动地震天。猎手们四散分离，互相追逐着自己的目标。出猎者络绎行进，沿着山陵，顺着沼泽，像云雾密布，如倾注的大雨。

“活捉貔豹，搏击豺狼，徒手杀死熊罴，踏倒野羊。猎者头戴鹖尾装饰的帽子，穿着画有白虎的裤子，披着有斑纹的衣服，骑着野马。登上三山对峙的山头，走下崎岖不平的山坡，直奔高陡险峻的山峰，越过谷沟，连衣涉水。排击蜚廉，击杀瑕蛤、摆布解豸，用矛刺杀猛氏，用绳索绊取騕褭，射杀大野猪。箭不脑；弓不虚发，应声而倒。于是乎乘舆弥节裴回，翱翔往来，睨部曲之进退，览将率之变态。然后浸潭促节，儵敻远去，流离轻禽，蹴履狡兽，轊白鹿，捷狡兔，轶赤电，遗光耀，追怪物，出宇宙，弯繁弱，满白羽，射游枭，栎蜚虡，择肉后发，先中命处，弦矢分，艺殪仆。

“然后扬节而上浮，陵惊风，历骇飙，乘虚无，与神俱，辚玄鹤，乱昆鸡。遒孔鸾，促鵕鸃，拂翳鸟，捎凤皇，捷鸳雏，掩焦明。

“道尽涂殚，回车而还。招摇乎襄羊，降集乎北纮，率乎直指，晻乎反乡。“道尽涂殚，回车而还。招摇乎襄羊，降集乎北纮，率乎直指，晻乎反乡。蹶石关，历封峦，过鳷鹊，望露寒，下棠梨，息宜春，西驰宣曲，濯鹢牛首，登龙台，掩细柳，观士大夫之勤略，钧獠者之所得获。徒车之所辚轹，乘骑之所蹂若，人民之所蹈躏，与其穷极倦谻，惊惮慑伏，不被创刃而死者，佗佗籍籍，填阬满谷，揜平弥泽。

“于是乎游戏懈怠，置酒乎昊天之台，张乐乎轇輵之宇；撞千石之钟，立万石之钜；建翠华之旗，树灵鼍之鼓。奏陶唐氏之舞，听葛天氏之歌，千人唱，万人和，山陵为之震动，川谷为之荡波。巴俞宋蔡，淮南于遮，文成颠歌，族举递奏，金鼓迭起，铿鎗铛鼞，洞心骇耳。荆吴郑卫之声，《韶》《濩》《武》《象》之乐，阴淫案衍之音，鄢郢缤纷，激楚结风，俳优侏儒，狄鞮之倡，所以娱耳目而乐心意者，丽靡烂漫于前，靡曼美色于后。

“若夫青琴宓妃之徒，绝殊离俗，姣冶娴都，靓庄刻饬，便嬛绰约，柔桡嬛嬛，妩媚姌弱；抴独茧之褕袘，眇阎易以戌削，媥姺徶徶，与世殊服；芬香沤郁，酷烈淑郁；皓齿粲烂，宜笑的皪；长眉连娟，微睇绵藐；色授魂与，心愉于侧。

能随意射杀野兽，一箭射出后，则必破獬颈项，穿裂头脑。弓不虚发，野兽皆应声而倒。于是，天子便乘着车子，徐缓徘徊，自由自在地往来遨游，观看士卒队伍的进退，浏览将帅应变的神态。然后，车驾由缓行而逐渐加快，疾速远去。用网捕捉轻捷飞翔的禽鸟，践踏敏捷狡猾的野兽。用车轴撞击白鹿，迅速捕获狡兔。其速度之快，超越赤色的闪电，而把电光留在后边。追逐怪兽，逸出宇宙。拉弯繁弱良弓，张满白羽之箭，射击游动的枭羊，击倒蜚虡。选好肉肥的野兽然后发箭，命中之处正是预想的地方。弓箭分离，一箭被射中的猎物就倒在地上。

“然后，天子的车驾高举起旌节而上浮，驾御着疾风，越过狂飙，升上天空，与神灵同处。践踏黑鹤，扰乱鹍鸡，近捕鸾鸟和孔雀，捉取鵔鸃，鹥鸟被击落，用竹竿击打凤凰，疾取鸳雏，掩捕焦明。

“直到路的尽头，车头才掉转回来。逍遥徜徉，降落在上林苑的极北之地。直道前行，忽然之间返回帝乡。踏上石阙，经过封峦，过了鳷鹊，望着露寒。下抵棠梨宫，休息在宜春宫，再奔驰到昆明池西边的宣曲宫，饰有鹢鸟的船划起，荡漾在牛首池中。然后登上龙台观，到细柳观休息。观察士大夫们的辛勤与收获，猎者所捕获的猎物平均分配。至于步卒和车驾所践踏辗轧而死的、大臣与随从人员所蹂死的、骑兵所踏死的，以及那疲惫不堪、走投无路、惊惧伏地、没受刀刃的创伤就死去的野兽，其尸体交错纵横，坑谷都被填满了，平原覆盖，弥漫大泽，不计其数。

“于是倦怠松懈游乐嬉戏，在上接云天的台榭摆下酒宴，在广阔无边的寰宇演奏音乐。撞击千石的大钟，万石的钟架竖起；翠羽为饰的旗帜高擎，设置灵鼍皮制成的大鼓；奏起尧时的舞曲，聆听葛天氏的乐曲；千人同唱，万人相和；山陵被这歌声震动，河川之水被激起大波。巴渝的舞蹈，蔡、宋的歌曲，淮南的《于遮》，云南和文成的民歌，同时并举，轮番演奏。钟鼓之声此起彼伏，铿锵铛铛，震耳惊心。荆、郑、吴、卫的歌声，《韶》、《武》、《濩》、《象》的音乐，淫靡放纵的曲乐，飘逸的鄢、郢地区的舞姿，《激楚》之音高亢激越，可以掀起回风，俳优侏儒的表演，西戎的乐伎，用来使心情快乐、耳目欢愉的事物，应有尽有。悦耳美妙的音乐在君王面前回荡，在君王身后站立着皮肤细腻的美女。

“像那青琴、宓妃之类的美女，拔俗超群，高雅艳丽。面施粉黛，刻画鬓发，体态轻盈，苗条多姿，美好柔弱，妩媚婀娜。身穿纯一色丝坦噶尼喀织的罩衣，拖着衣袖，细看那修长的衣衫，非常整齐，飘动轻柔，和世俗的衣服不同。散发着浓重的芳香，清美浓郁。明亮洁白的牙齿，微微露出含着笑，光洁动人。眉毛弯曲修长，双目含情，远视流盼。美色诱人，心魂荡漾，女乐高兴地在君侧侍立。

“于是酒中乐酣，天子芒然而思，似若有亡。曰：‘嗟乎，此泰奢侈！朕以览听余闲，无事弃日，顺天道以杀伐，时休息于此，恐后世靡丽，遂往而不反，非所以为继嗣创业垂统也。’于是乃解酒罢猎，而命有司曰：‘地可以垦辟，悉为农郊，以赡萌隶；隤墙填堑，使山泽之民得至焉。实陂池而勿禁，虚宫观而勿仞。发仓廪以振贫穷，补不足，恤鳏寡，存孤独。出德号，省刑罚，改制度，易服色，更正朔，与天下为始。’

“于是历吉日以齐戒，袭朝衣，乘法驾，建华旗，鸣玉鸾，游乎六艺之囿，骛乎仁义之涂，览观《春秋》之林，射《狸首》，兼《驺虞》，弋玄鹤，建干戚，载云罕，揜群雅，悲《伐檀》，乐乐胥，修容乎《礼》园，翱翔乎《书》圃，述《易》道，放怪兽，登明堂，坐清庙，恣群臣，奏得失，四海之内，靡不受获。于斯之时，天下大说，向风而听，随流而化，喟然兴道而迁义，刑错而不用，德隆乎三皇，功羡于五帝。若此，故猎乃可喜也。

“若夫终日暴露驰骋，劳神苦形，罢车马之用，抏士卒之精，费府库之财，而无德厚之恩，务在独乐，不顾众庶，忘国家之政，而贪雉兔之获，则仁者不由也。从此观之，齐楚之事，岂不哀哉！地方不过千里，而囿居九百，是草木不得垦辟，而民无所食也。夫以诸侯之细，而乐万乘之所侈，仆恐百姓之被其尤也。”

于是二子愀然改容，超若自失，逡巡避席曰：“鄙人固陋，不知忌讳，乃今日见教，谨闻命矣。”

赋奏，天子以为郎。无是公言天子上林广大，山谷水泉万物，及子虚言楚云梦所有甚众，侈靡过其实，且非义理所尚，故删取其要，归正道而论之。

"于是半酣酒兴，狂热乐舞，天子怅惘有感，似有所失，说道：'唉，这太奢侈了！我在理政的闲暇之时，不愿时日虚度，顺应天道，前来猎杀上林苑野兽，有时在此休息。生怕后代子孙淫靡奢侈，循此而行，不肯休止，这不是为后人立业创功发扬传统的行为。'于是就撤去酒宴，不再打猎，而命令主管官员说：'凡是可以开垦的土地，都变成农田，用以供养黎民百姓。围墙要推倒，壕沟要填平，使乡野之民都可以来此谋生。陂池中满是捕捞者也不加禁止，宫馆空闲也不进住。粮仓打开，赈济给贫穷的百姓，补助不足，抚恤鳏寡，慰问孤儿和无子的老人。给百姓发布施恩德的政令，减轻刑罚，改变制度，变换服色，更改历法，同天下百姓一道从头做起。'

"于是挑选了好日子来斋戒，穿着朝服，乘坐天子的车驾，高举起翠华之旗，响起了玉饰的鸾铃。在六艺的苑囿里游观，在仁义的大道之上奔驰；观览《春秋》之林，演奏《狸首》，以及《驺虞》的乐章，举行射礼；射中玄鹤，举起盾牌和大斧，高兴而舞。高张云天的罗网车载着，众多的文雅之士被掩捕；为《伐檀》作者的慨叹而悲伤，替《桑扈》乐得才智之士而快乐，在《礼》园中修容饰仪，在《书》圃中游赏徘徊，阐释《周易》的道理，上林苑中各种珍禽怪兽被放走。登上明堂，在祖庙之中坐，君王群臣遍命，尽奏朝政的得失之见，使天下黎民，无不受益。正当此时，天下百姓都皆大喜悦。他们顺应天子的风教，听从政令，顺应时代的潮流，接受教化。圣明之道振兴且勃然，人民都归向仁义，刑罚也被废弃而不用。君王高于三皇的恩德，超越五帝的功业。如果政绩达到这个地步，游猎这才是可喜的事情。

"如果整天在苑囿之中暴露身躯驰骋，劳累精神，辛苦身体，废弃车马的功用，损伤士卒的精力，国库的钱财浪费，而对百姓却没有大恩厚德，只是专心个人的欢乐，不考虑众多的百姓，忘掉国家大政，却贪图猎获野鸡兔子，这是仁爱之君不肯做的事情。由这看来，齐国和楚国的游猎之事，岂不是令人悲哀的吗？两国各有不过方圆千里的土地，而苑囿却占据九百里。这样一来，草木之野不能为耕田而开垦，百姓就没有可吃的粮食。他们凭借诸侯微贱的地位，却在享受天子的奢侈之乐，我害怕百姓会遭受祸患。"

于是子虚和乌有两位先生脸色都改变了，怅然若失，后退徘徊，离开坐席，说道："鄙人浅薄无知，不知顾忌，没想到在今天得到了教诲，我要认真领教。"

这篇赋写成后进献天子，皇帝立即任命司马相如为郎官。无是公称说上林苑的广大，水泉、山谷和万物，以及子虚称说的云梦泽所有之物甚多，淫靡奢侈，言过其实，且也不是礼仪所崇尚的，所以删取其中的一些要点，归之于正道，加以评论。

相如为郎数岁，会唐蒙使略通夜郎西僰中，发巴蜀吏卒千人，郡又多为发转漕万余人，用兴法诛其渠帅，巴蜀民大惊恐。上闻之，乃使相如责唐蒙，因喻告巴蜀民以非上意。檄曰：

告巴蜀太守：蛮夷自擅不讨之日久矣，时侵犯边境，劳士大夫。陛下即位，存抚天下，辑安中国。然后兴师出兵，北征匈奴，单于怖骇，交臂受事，诎膝请和。康居西域，重译请朝，稽首来享。移师东指，闽越相诛。右吊番禺，太子入朝。南夷之君，西僰之长，常效贡职，不敢怠堕，延颈举踵，喁喁然皆争归义，欲为臣妾，道里辽远，山川阻深，不能自致。夫不顺者已诛，而为善者未赏，故遣中郎将往宾之，发巴蜀士民各五百人，以奉币帛，卫使者不然，靡有兵革之事，战斗之患。今闻其乃发军兴制，惊惧子弟，忧患长老，郡又擅为转粟运输，皆非陛下之意也。当行者或亡逃自贼杀，亦非人臣之节也。

夫边郡之士，闻烽举燧燔，皆摄弓而驰，荷兵而走，流汗相属，唯恐居后，触白刃，冒流矢，义不反顾，计不旋踵，人怀怒心，如报私仇。彼岂乐死恶生，非编列之民，而与巴蜀异主哉？计深虑远，急国家之难，而乐尽人臣之道也。故有剖符之封，析珪而爵，位为通侯，居列东第，终则遗显号于后世，传土地于子孙，行事甚忠敬，居位甚安佚，名声施于无穷，功烈著而不灭。是以贤人君子，肝脑涂中原，膏液润野草而不辞也。今奉币役至南夷，即自贼杀，或亡逃抵诛，身死无名，谥为至愚，耻及父母，为天下笑。人之度量相越，岂不远哉！然此非独行者之罪也，父兄之教不先，子弟之率不谨也；寡廉鲜耻，而俗不长厚也。其被刑戮，不亦宜乎！

司马相如担任郎官很多年，正遇唐蒙受命略取和开通夜郎及其西面的僰中，征发巴、蜀二郡官吏士卒上千人，两郡又多为他征调一万多陆路及水上的运输人员。他又用战时法规杀了大帅，巴、蜀百姓很是震惊恐惧。皇上闻听这种情况，就派司马相如去责备唐蒙，趁机喻告巴、蜀百姓，唐蒙所为并不是皇上的本意。檄文说：

告示巴、蜀太守：蛮夷自擅兵权，不服朝廷，久未讨伐，时常在边境侵扰，使士大夫蒙受劳苦。当今皇上即位，存恤安抚天下，使中原和睦安宁。然后调兵出征，北上讨伐匈奴，使其单于震惊恐怖，拱手称臣，屈膝求和。康居与西域诸国，也都翻译辗转，沟通语言，请求朝见汉皇，虔敬地叩头，还进献贡物。然后大军直指东方，闽越之君也被其弟诛杀。接着军至番禺，南越王派太子婴齐入朝。南夷的君主和西僰的首领，都经常进献贡物和赋税，不敢怠慢，人人都伸长脖颈，脚跟高抬，景仰朝廷，争归仁义，愿做汉朝的臣仆，只是路途遥远，山河阻隔，不能亲自入朝向汉君致意。现在，已诛杀不顺从者，而尚未奖赏做好事者，所以派遣中郎将前来以礼相待，使其归服。至于征发巴、蜀士卒百姓各五百人，只是为了供奉礼品，保卫使者没有意外发生，并没有要进行战争，造成打仗的祸患。如今，皇上听说中郎将竟然动用战时法令，使巴、蜀子弟受怕担惊，巴、蜀父老长者忧祸虑患。巴、蜀二郡又擅自为中郎将转运粮食，这些均非皇上的本意。至于被征当行的人，有逃跑的，有自相残杀的，这也不是为臣者的节操。

边疆郡县的那些士卒，听到高举烽火、点燃燧烟的消息，都张弓待射，驰马进击，扛着兵器，奔向战场，人人浃背汗流，唯恐落后；打起仗来，就是身触利刃，冒流矢射中的危险，也义无反顾，从没想到脚跟掉转，向后逃脱。人人怀着愤怒的心情，像报私仇一般。他们难道讨厌生存而乐意死去，不是名在户籍的良民，而与巴、蜀不是同一个君主吗？只是他们更思想深邃，虑事长远，一心想着国家的危难，而喜欢竭尽全力去履行臣民的义务而已。所以他们之中有人得到剖符拜官的封赏，位在列侯，住宅排列在东第。他们死后可以将显贵的谥号流传后世，传给后代子孙封赏的土地。他们做事非常忠诚严肃，当官也十分安佚，好的名声传播延续到久远的后世，功业卓著，永不泯灭。因此有贤德的人们都能肝脑涂地，野草被血液润泽而在所不辞。现在仅仅是承担供奉币帛的差役去到南夷，就互相杀害，或者逃跑被诛杀，身死还无美名，其谥号应称为“至愚”，其耻辱牵连到父母，让天下人所嘲笑。人的才识和气度的差距，难道不是很远么？当然这也不只是应征之人的罪过，父兄们平素没给他很严格的教育，也没有谨慎地给子弟做表率。人们缺少清廉的美德，不知羞耻，则世风也就不会淳厚了。因而他们被判刑杀戮，也是理所当然的事。

陛下患使者有司之若彼，悼不肖愚民之如此，故遣信使晓喻百姓以发卒之事，因数之以不忠死亡之罪，让三老孝弟以不教诲之过。方今田时，重烦百姓，已亲见近县，恐远所溪谷山泽之民不遍闻，檄到，亟下县道，使咸知陛下之意，唯毋忽也。

相如还报。唐蒙已略通夜郎，因通西南夷道，发巴、蜀、广汉卒，作者数万人。治道二岁，道不成，士卒多物故，费以巨万计。蜀民及汉用事者多言其不便。是时邛筰之君长闻南夷与汉通，得赏赐多，多欲原为内臣妾，请吏，比南夷。天子问相如，相如曰："邛、筰、厓、駹者近蜀，道亦易通，秦时尝通为郡县，至汉兴而罢。今诚复通，为置郡县，愈于南夷。"天子以为然，乃拜相如为中郎将，建节往使。副使王然于、壶充国、吕越人驰四乘之传，因巴蜀吏币物以赂西夷。至蜀，蜀太守以下郊迎，县令负弩矢先驱，蜀人以为宠。于是卓王孙、临邛诸公皆因门下献牛酒以交欢。卓王孙喟然而叹，自以得使女尚司马长卿晚，而厚分与其女财，与男等同。司马长卿便略定西夷，邛、筰、厓、駹、斯榆之君皆请为内臣。除边关，关益斥，西至沫、若水，南至牂柯为徼，通零关道，桥孙水以通邛都。还报天子，天子大说。

相如使时，蜀长老多言通西南夷不为用，唯大臣亦以为然。相如欲谏，业已建之，不敢，乃著书，籍以蜀父老为辞，而己诘难之，以风天子，且因宣其使指，令百姓知天子之意。其辞曰：

汉兴七十有八载，德茂存乎六世，威武纷纭，湛恩汪濊，群生澍濡，洋溢乎方外。于是乃命使西征，随流而攘，风之所被，罔不披靡。因朝厓从駹，定筰存邛，略斯榆，举苞满，结轶还辕，东乡将报，至于蜀都。

皇上担心使者和官员们就像那个样子，又哀伤不贤的愚民像这个样子，所以派遣信使把征发士卒的事一清二楚地告诉百姓，趁机告诫他们不能忠于朝廷、不能为国事而死的罪过，斥责三老和孝悌没能很好履行教诲职责的过失。这时正是农忙时节，一再烦扰百姓，已经亲眼看到了附近县城的情况，担心特别偏远的溪谷山泽间的百姓不能全听到皇上的心声，待这篇檄文一到，赶忙向县道百姓那里下发，让他们全都知道当今皇上的心意，千万不要遗忘！

司马相如出使完毕，回京向汉武帝汇报。唐蒙已略取并开通了夜郎，并且想趁机开通西南夷的道路，征发巴、蜀、广汉的士卒，有数万人参加筑路。修路二年，没有修成，士卒多死亡，耗费的钱财多得可用亿来计算。蜀地民众以及汉朝当权者多有反对者。这时，邛、筰的君长听说南夷已与汉朝交往，且得到很多赏赐，因而多半都想做汉朝的臣仆，希望比照南夷的待遇，请求汉朝委任他们以官职。皇上向司马相如询问此事，相如说："邛、筰、冉、駹等都离蜀很近，容易开通道路。郡县在秦朝时就已设置，到汉朝兴国时才废除。如今若能重新开通，设置为郡县，其价值超过南夷。"皇上认为司马相如说得对，就任命司马相如为中郎将，令持节出使。副使王然于、壶充国、吕越人等，乘坐四匹马驾驭的驿车向前奔驰，凭借财物和巴、蜀的官吏去拉拢西南夷。司马相如等到达蜀郡，蜀郡太守及其属官都到郊界来迎接司马相如，县令背负着弓箭在前面开路，蜀人都以此为荣。于是卓王孙、临邛诸位父老都凭借关系来到司马相如门下，献上牛和酒，与司马相如畅叙欢乐之情。卓王孙喟然感叹，自恨把女儿嫁给司马相如的时间太晚，便把一份丰厚的财物给了文君，使与儿子所分一样多。司马相如就便平定了西南夷。邛、冉、筰、駹、斯榆的君长都请求成为汉朝的臣子。于是拆除了旧时的关隘，使边关扩大，西边到达沫水和若水，南边到达牂柯，并以此为边界，开通了灵关道，建桥在孙水上，直通邛、筰。司马相如回京报告皇上，皇上非常高兴。

司马相如出使西南夷时，蜀郡的年高长者大多都说开通西南夷没有用，纵然是朝廷大臣也有人是这样认为的。司马相如也想向皇上进谏，但建议业已由自己提出，因而不敢再进谏言了，于是就写文章，假借蜀郡父老的语气，而自己来诘难对方，以此讽谏皇上，并且借此来宣扬自己出使的本意，使百姓了解天子的心意。那文章说：

汉朝建立已七十八年，美德充盛，存在于六代君王的政事之中，国势威武盛大，历久相传的皇恩深远广大，不但国内百姓受恩惠，就连方外也得到余恩。于是皇上才下令使者西征，阻挠者顺应形势而退让，德教之风所到之处，无不随风倒伏。因而使冉夷臣服，駹夷顺从，平定了筰，保全了邛，占领了斯榆，攻取了苞满。然后让络绎不绝的车马掉转车辕，起程向东来，将回京向天子禀报，到达蜀郡成都。

耆老大夫荐绅先生之徒二十有七人，俨然造焉。辞毕，因进曰："盖闻天子之于夷狄也，其义羁縻勿绝而已。今罢三郡之士，通夜郎之涂，三年于兹，而功不竟，士卒劳倦，万民不赡，今又接以西夷，百姓力屈，恐不能卒业，此亦使者之累也，窃为左右患之。且夫邛、筰、西僰之与中国并也，历年兹多，不可记已。仁者不以德来，强者不以力并，意者其殆不可乎！今割齐民以附夷狄，弊所恃以事无用，鄙人固陋，不识所谓。"

使者曰："乌谓此邪？必若所云，则是蜀不变服而巴不化俗也。余尚恶闻若说。然斯事体大，固非观者之所觏也。余之行急，其详不可得闻已，请为大夫粗陈其略。

"盖世必有非常之人，然后有非常之事；有非常之事，然后有非常之功。非常者，固常之所异也。故曰非常之原，黎民惧焉；及臻厥成，天下晏如也。

"昔者鸿水浡出，氾滥衍溢，民人登降移徙，陭𡐢而不安。夏后氏戚之，乃堙鸿水，决江疏河，漉沈赡灾，东归之于海，而天下永宁。当斯之勤，岂唯民哉。心烦于虑而身亲其劳，躬胝无胈，肤不生毛。故休烈显乎无穷，声称浃乎于兹。

"且夫贤君之践位也。岂特委琐握龊，拘文牵俗，循诵习传，当世取说云尔哉！必将崇论闳议，创业垂统，为万世规。故驰骛乎兼容并包，而勤思乎参天贰地。且《诗》不云乎：'普天之下，莫非王土；率土之滨，莫非王臣。'是以六合之内，八方之外，浸浔衍溢，怀生之物有不浸润于泽者，贤君耻之。今封疆之内，冠带之伦，咸获嘉祉，靡有阙遗矣。而夷狄殊俗之国，辽绝异党之地，舟舆不通，人迹罕至，政教未加，流风犹微。内之则犯义侵礼于边境，外之则邪行横作，放弑其上。君臣易位，尊卑失序，父兄不辜，幼孤为奴，系累这时耆老、大夫、荐绅先生共有二十七人，认真严肃地前来拜访。寒喧已毕，趁机进言道："听说天子对于夷狄之人的态度，只是牵制他们不与其断绝关系而已。而现在却让三郡的士卒疲困不堪，去打通夜郎的道路，到现在已三年，修路之事尚未最后完成，士卒已疲倦劳苦，万民的生活也不富足。如今又要接着开通西夷，百姓劳力已经消耗尽完，恐怕不能最终完成此事，这也是使者的负担啊，我私下为您忧虑。况且那筰、邛、西僰与中原并列，已经许多年了，记都记不清了。仁德之君并不能全靠仁德招来，势强力大的国君也不能全靠武力兼并，想来恐怕这种做法是行不通的吧！如今割弃良民的财物来增加夷狄的财物，使汉朝依赖的人民遭受疲困，而去侍奉无用的夷狄，鄙陋之人见识短浅，不知道所说的是不是正确。"

使者说："怎么说这样的话呢？一定像你说的那样，那么蜀郡人的衣着习惯永不改变，巴郡人的风俗也永远不会变化了。我很讨厌听这种说法。但是这事情的重大意义，本来就不是旁观者所能看出来的。我行程急促，其详情不可能细说给你们听，就为大夫们粗略地陈说一番。

"大概社会上必先有超越寻常的人，才会有超常的事情出现；有了超常的事情出现，才会创建异乎寻常的功业。超乎寻常，当然是常人感到奇异的。所以说超常的事情刚开始出现时，百姓会惊惧；等到事情成功了，天下之人也就安然太平了。

"以前洪水涌出，四处泛滥，百姓上下迁移，崎岖且不安宁。大禹为此忧虑，就阻塞洪水，挖掘河底，疏通河道，分散洪水，赈济灾情，使洪水东流大海，使天下百姓永保安宁。承受这样的劳苦，并非只有百姓。大禹终日思虑而心神烦劳，却还要亲身参加劳作，累得手脚都生出老茧，身上瘦得没有肉，皮肤磨得生不出汗毛。所以他的美好功业显赫于无穷的后世，名望传扬到现在。

"更何况贤明的君主即位后，难道只是委琐龌龊，被文法所拘束，为世俗所牵制，因循旧习，取悦当世而已吗？应当有宏伟崇高的主张，开创业绩，传留法统，以此来成为后世遵行的榜样。所以要尽心努力地做到包蓄兼容，要勤勉思考着把自己变成可与天地比德的人。况且《诗经》里曾经说过：'普天之下，没有哪个地方不是周王的领土；四海之内，没有哪个人不是周王的臣民。'所以天地之内，八方之外，都逐渐浸润漫延，如果有哪个有生命的东西没受君恩的滋润，贤君将会视为耻辱。如今疆界以内，文武官员，都得到了欢乐和幸福，没有缺漏。而夷狄是不相同风俗的国家，是与我们遥远隔绝，在族类不同的地域，那里车船不通，人迹罕至，因而政治教化还未到达那里，社会风气还很低下。如果接纳他们，他们将在边境做些违犯礼仪的事情；将他们排斥于外，他们就会在自己国内为非作歹，其君亦会被逐杀，君臣关系颠倒，尊卑次序改变，父兄无罪被号泣，内向而怨，曰‘盖闻中国有至仁焉，德洋而恩普，物靡不得其所，今独曷为遗己’。举踵思慕，若枯旱之望雨。盭夫为之垂涕，况乎上圣，又恶能已？故北出师以讨强胡，南驰使以诮劲越。四面风德，二方之君鳞集仰流，原得受号者以亿计。故乃关沫、若，徼牂柯，镂零山，梁孙原。创道德之涂，垂仁义之统。将博恩广施，远抚长驾，使疏逖不闭，阻深暗昧得耀乎光明，以偃甲兵于此，而息诛伐于彼。遐迩一体，中外提福，不亦康乎？夫拯民于沈溺，奉至尊之休德，反衰世之陵迟，继周氏之绝业，斯乃天子之急务也。百姓虽劳，又恶可以已哉？

“且夫王事固未有不始于忧勤，而终于佚乐者也。然则受命之符，合在于此矣。方将增泰山之封，加梁父之事，鸣和鸾，扬乐颂，上咸五，下登三。观者未睹指，听者未闻音，犹鷦明已翔乎寥廓，而罗者犹视乎薮泽。悲夫！”

于是诸大夫芒然丧其所怀来而失厥所以进，喟然并称曰：“允哉汉德，此鄙人之所愿闻也。百姓虽怠，请以身先之。”敞罔靡徙，因迁延而辞避。

其后人有上书言相如使时受金，失官。居岁余，复召为郎。

相如口吃而善著书。常有消渴疾。与卓氏婚，饶于财。其进仕宦，未尝肯与公卿国家之事，称病闲居，不慕官爵。常从上至长杨猎，是时天子方好自击熊彘，驰逐野兽，相如上疏谏之。其辞曰：

臣闻物有同类而殊能者，故力称乌获，捷言庆忌，勇期贲、育。臣之愚，窃以为人诚有之，兽亦宜然。今陛下好陵阻险，射猛兽，卒然遇轶材之兽，骇不存之地，犯属车之清尘，舆不及还辕，人不暇施杀，幼儿与孤儿被当作奴隶，被捆绑者哭喊着，一心向往汉朝，抱怨说：‘听说最仁爱的国君在中原，盛大美德，普及恩泽，万物皆得其所，现在为什么只是我们被遗弃了？’抬起脚跟，思慕不已，就像大旱之时，人们渴望雨水一样。就是残暴之人也要为之流泪感动，更何况当今皇上贤明，又怎么可以就此作罢？所以出师北方，对强大的匈奴进行讨伐，派使者向南方疾驰，责备强劲的越国。四方邻国都受仁德的教化，南夷与西夷的君长像游鱼聚集，仰面迎向水流，愿意得到汉朝封号的以亿计。所以才以沫水和若水为关塞，以牂柯为边界，灵山道凿通，架起桥梁在孙水源头。开创了通向道德的坦途，留传下热爱仁义的传统。将要广施恩德，控制和安抚边远地区的人民，使疏远者不被隔闭，使居住在偏僻不开化地区的人民也得到光明，在这里让战争消除，在那里让杀伐消除。使远近一体，内外幸福安宁，不是康乐之事吗？把人民从水深火热中拯救出来，尊奉皇上的美德，挽救衰败的社会，继承已经断绝的周代的业绩，这是天子的当务之急。百姓纵然有些劳苦，又怎么能停止呢？

“况且帝王之事本来就没有不从烦劳开始，而以逸乐结束的。这样说来，那么承受天命的祥瑞，正在通西夷这件事上。如今皇上将要泰山封禅，祭祀梁父山，使车上的鸾铃鸣响，音乐和颂歌之声高扬，汉君之德上同五帝，下越三王。旁观者没有看到事情的主旨，如同鷦明已在空阔的天空中飞翔，而捕鸟者却还眼盯着薮泽，真是可悲啊！”

诸位大夫于是心情茫然，忘却了来意，也忘记了他们想要进谏的话，深有感慨地一同说道：“汉朝的美德，令人信服啊！这是鄙陋之人愿意听到的。百姓虽然有些怠惰，请让我们给他们做个表率。”大夫们惆怅不已，自动后退，拖延了一会儿，便辞别而去。

此后，有人上书告发司马相如出使时接受了别人的贿赂，因此，他失掉了官职。他在家待了一年多，又被召回到朝廷当了郎官。

司马相如口吃，但却善于写文章。他常患糖尿病。他同卓文君成亲后，很有钱。他担任官职，不愿意同公卿们一起商讨国家大事，而借病闲待在家，不追慕官爵。他曾经到长杨宫跟随皇上去打猎。这时，天子正喜欢亲自击杀熊和猪，驰马追逐野兽，司马相如上疏加以劝谏，疏中写道：

臣子听说，万物中有的虽是同类但能力却不尽相同，所以说到力大就称赞乌获，谈到轻捷善射就推崇庆忌，说到勇猛必称夏育与孟贲。我愚昧，私下以为人有这种情况，兽应该也有这种情况。现在陛下喜欢登上险阻的地方，射击猛兽，突然遇到超群轻捷的野兽，在你毫无戒备之时，它狂暴进犯，向着你的随从和车驾冲来，车驾来不及掉转车辕，人也没机会施展技巧，纵然有逢蒙和乌获的技巧，虽有乌获、逢蒙之伎，力不得用，枯木朽株尽为害矣。是胡越起于毂下，而羌夷接轸也，岂不殆哉！虽万全无患，然本非天子之所宜近也。

且夫清道而后行，中路而后驰，犹时有衔橛之变，而况涉乎蓬蒿，驰乎丘坟，前有利兽之乐而内无存变之意，其为祸也不亦难矣！夫轻万乘之重不以为安，而乐出于万有一危之涂以为娱，臣窃为陛下不取也。

盖明者远见于未萌而智者避危于无形，祸固多藏于隐微而发于人之所忽者也。故鄙谚曰“家累千金，坐不垂堂”。此言虽小，可以喻大。臣愿陛下之留意幸察。

上善之。还过宜春宫，相如奏赋以哀二世行失也。其辞曰：

登陂阤之长阪兮，坌入曾宫之嵯峨。临曲江之隑州兮，望南山之参差。岩岩深山之谾谾兮，通谷豁兮谽谺。汩淢噏习以永逝兮，注平皋之广衍。观众树之塕薆兮，览竹林之榛榛。东驰土山兮，北揭石濑。弥节容与兮，历吊二世。持身不谨兮，亡国失埶。信谗不寤兮，宗庙灭绝。呜呼哀哉！操行之不得兮，坟墓芜秽而不修兮，魂无归而不食。夐邈绝而不齐兮，弥久远而愈佅。精罔阆而飞扬兮，拾九天而永逝。呜呼哀哉！

相如拜为孝文园令。天子既美子虚之事，相如见上好仙道，因曰：“上林之事未足美也，尚有靡者。臣尝为《大人赋》，未就，请具而奏之。”相如以为列仙之传居山泽间，形容甚臞，此非帝王之仙意也，乃遂就《大人赋》。其辞曰：

世有大人兮，在于中州。宅弥万里兮，曾不足以少留。悲世俗之迫隘兮，朅轻举而远游。垂绛幡之素蜺兮，载云气而上浮。建格泽之长竿兮，总光耀之采旄。垂旬始以为幓兮，抴彗星而为髾。掉指桥以偃蹇兮，又旖旎以招摇。揽欃枪以为旌兮，靡屈虹而为绸。红杳渺以巧，才力也发挥不出来，枯萎的树木和腐朽的树桩全都可以变成祸害。这就像胡人、越人出现在车轮下，夷人和羌人紧跟在车后，难道不是很危险吗！虽然是绝对安全而无一点害处，但这里却本不是天子应该接近的地方。

况且道路清除然后行走，驱马奔驰选择道路中央，有时还会出现马口中的衔铁断裂、车轴钩心脱落的事故，更何况跋涉在蓬蒿中，奔驰在荒丘废墟上，前面有猎获野兽的快乐，而内心里却没有突然事故的应付准备，大概是很容易出现祸患的了。至于看轻君王的高贵地位，不以此为安乐，却乐意出现在尽管有万全准备而仍有一丝危险的地方，我自己以为陛下不应该这样做。

大概明察之人都能远在事情发生之前，就予见到它的出现，智慧之人多能在祸害还未形成之前就避开它。祸患本来多半都在暗蔽之处隐藏，在人们疏忽之时发生。所以谚语说："家中积累千金，不在堂屋檐下坐。"这句话虽然说的是小事，但却可以用来说明大事。我希望陛下留意、明察。

皇上认为司马相如说得很对。回来路过宜春宫时，司马相如向皇上献赋，哀悼秦二世行事的过失。赋的言辞是：

登上倾斜不平的漫长山坡，一同走进雄峻的层层宫殿。俯视曲江池弯曲的岸边和小洲，望着高低不齐的南山。山岩空深且高耸，通畅的溪谷空阔且豁然开朗。溪水急速地向远处流去，注入宽广低平的水边高地。欣赏各种树木荫蔽繁茂的美景，浏览茂密的竹林。向东边的土山奔驰，在沙石上的急流中提衣走过。缓步徘徊，路过二世坟墓，将他凭吊。他自己行事不谨慎，导致国家灭亡，权势丧尽。他听信谗言，不肯醒悟，使得宗庙灭绝。呜呼哀哉！他的操守品行不端正，坟墓荒芜且无人修整，魂魄无处可归，也无人向他祭祀；飘逝到极远且无边的地方，逾是久远逾暗昧。像魍魉似的精魄升空飞扬，经历广大的九天远远逝去。呜呼哀哉！

司马相如被授官为汉文帝的陵园令。武帝既赞美子虚之事，司马相如又看出皇上喜爱仙道，趁机说："上林之事算不上是最美好的，还有更美丽的。臣曾经写过《大人赋》，未完稿，请让我写完后献给皇上。"司马相如认为传说中的众仙人居住在山林沼泽间，形体容貌特别清瘦，这并不是帝王心中的仙人，于是就写成《大人赋》，赋中写道：

有位大人在世上啊，居住在中原。住宅布满万里啊，竟不足以使他稍微停留。哀伤世俗的胁迫困厄，便轻飞离世，向着远方漫游。乘着赤幡为饰的副虹，载着云气而上浮。状如烟火的云气长竿竖起，拴结起光焰闪耀的五彩旌旗。作为旌旗的飘带垂挂着旬始星，拖着彗星作为旌旗垂羽。旌旗随风披靡，婉转逶迤，婀娜多姿地摇摆着。揽取欃枪做旌旗，弯曲的彩虹作为绸在旗竿上缠绕着。天空眩湣兮，猋风涌而云浮。驾应龙象舆之蠖略逶丽兮，骖赤螭青虬之蚴蟉蜿蜒。低卬夭蟜据以骄骜兮，诎折隆穷蠼以连卷沛艾赳螑仡以佁儗兮，放散畔岸骧以孱颜。跮踱輵辖容以委丽兮，绸缪偃蹇怵㚕以梁倚。纠蓼叫奡蹋以艐路兮，蔑蒙踊跃腾而狂趡。莅飒卉翕熛至电过兮，焕然雾除，霍然云消。

邪绝少阳而登太阴兮，与真人乎相求。互折窈窕以右转兮，横厉飞泉以正东。悉征灵圉而选之兮，部乘众神于瑶光。使五帝先导兮，反太一而从陵阳。左玄冥而右含雷兮，前陆离而后潏湟。厮征伯侨而役羡门兮，属岐伯使尚方。祝融惊而跸御兮，清雰气而后行。屯余车其万乘兮，綷云盖而树华旗。使句芒其将行兮，吾欲往乎南嬉。

历唐尧于崇山兮，过虞舜于九疑。纷湛湛其差错兮，杂遝胶葛以方驰。骚扰冲苁其相纷挐兮，滂濞泱轧洒以林离。钻罗列聚丛以茏茸兮，衍曼流烂坛以陆离。径入雷室之砰磷郁律兮，洞出鬼谷之崫礨嵬磈。遍览八纮而观四荒兮，朅渡九江而越五河。经营炎火而浮弱水兮，杭绝浮渚而涉流沙。奄息总极泛滥水嬉兮，使灵娲鼓瑟而舞冯夷。时若薆薆将混浊兮，召屏翳诛风伯而刑雨师。西望昆仑之轧沕洸忽兮，直径驰乎三危。排阊阖而入帝宫兮，载玉女而与之归。舒阆风而摇集兮，亢乌腾而一止。低回阴山翔以纡曲兮，吾乃今目睹西王母暠然白首。载胜而穴处兮，亦幸有三足乌为之使。必长生若此而不死兮，虽济万世不足以喜。

回车朅来兮，绝道不周，会食幽都。呼吸沆瀣兮餐朝霞，噍咀芝英兮叽琼华。嬐侵浔而高纵兮，纷鸿涌而上厉。贯列缺之倒景兮，涉丰隆之滂沛。驰游道而修降兮，骛遗雾而远逝。迫区中之隘陕兮，舒节出乎北垠。遗屯骑于玄阙兮，轶先驱于寒门。下峥嵘而无地兮，上寥廓而无天。视眩眠而无见兮，听惝恍而无闻。乘虚无而上假兮，超无友而独存。

赤红深远而又暗淡无光，奔涌狂飙，云气飘浮。驾着应龙、象车屈曲有度地前行，以赤螭、青虬为骖马蜿蜒行进。有时龙身屈曲起伏，昂首腾飞，奔驰恣意，有时又隆起屈折，盘绕卷曲。时而伸颈摇头，起伏前进，时而举首不前；时而放任散慢，自我放纵，时而昂首不齐。有时忽退忽进、吐舌摇目，如趋走飞翔之鸟，左右相随；有时龙头摇动，屈曲婉转，像惊兔奔跑，如屋梁相互依靠。或踏到路上缠绕喧嚣，或飞扬跳跃，奔腾狂进。或迅捷飞翔，互相追逐，疾如闪电，突然明亮，雾气消除，散尽云气。

斜渡东极而登上北极啊，与仙人们互相交游。走过曲折错综广大深远的地方再向右转啊，横渡飞泉向着正东。召来众仙全都加以挑选啊，在瑶光之上布署众神。让五帝做向导啊，使太一返回，做侍从的是陵阳子明。右边是含雷左边是玄冥啊，前有陆离后有潏湟。让王子侨当小厮，使羡门高做差役，令岐伯掌管药方。火神祝融担任警戒，清道防卫啊，消除恶气，然后前进。我的车子集合有万辆之多啊，混合彩云做成的车盖，华丽的旗帜树起。让句芒率领随从啊，我要前往南方去游戏。

经过崇山见到唐尧啊，在九嶷拜访虞舜。车骑纷繁纵横交错啊，重累杂乱并驰向前。骚扰冲撞且混乱啊，洒洒洋洋大水无垠。群山簇聚罗列，万物丛集茂盛啊，到处散布，繁盛参差。径直驰入雷声隆隆的雷室啊，穿过崎岖不平的鬼谷。遍览八纮而远望四荒啊，渡过九江又越过五河。往来于熘火之山，浮过弱水河啊，横渡浮渚方舟，涉过流沙河。忽然在葱岭山休息，在泛滥的河水中游戏啊，令女娲奏瑟，让冯夷跳起舞来。天色昏暗不明啊，召来屏翳雷师，诛责风神而刑罚雨师。西望昆仑恍恍惚惚啊，径直奔驰三危山。推开天门闯进帝宫啊，载着玉女与她同归。登上阆风山而高兴地停下歇息啊，就像乌鸟高飞而稍事休息。在阴山上徘徊，婉曲飞翔啊，到今天满头白发的西王母我才目睹。她头戴玉胜住在洞穴中啊，幸亏有三足乌供她驱使。一定要像这样的长生不死啊，即便能活万世也不值得高兴。

回转车头归来啊，走到不周路断绝，在幽都会餐。呼吸沆瀣而餐食朝霞啊，咀嚼灵芝花，稍食玉树花朵。抬头仰望而身体渐渐高纵啊，纷然腾跃疾飞上天。穿过闪电的倒影啊，涉过丰隆兴云制作的滂沛雨水。自长空而降驰骋游车和导车啊，抛开云雾而疾驰远去。迫于人世社会的狭隘啊，缓缓走出北极的边际。在北极之山把屯骑遗留啊，超越先驱在天北门。下界深远而不见大地啊，上方空阔而看不到天边。视线看不清模糊，听觉恍惚无所闻。腾空而上到达远处啊，独自长存而超越无有。

相如既奏《大人》之颂，天子大说，飘飘有凌云之气，似游天地之间意。

相如既病免，家居茂陵。天子曰："司马相如病甚，可往从悉取其书；若不然，后失之矣。"使所忠往，而相如已死，家无书。问其妻，对曰："长卿固未尝有书也。时时著书，人又取去，即空居。长卿未死时，为一卷书，曰有使者来求书，奏之。无他书。"其遗札书言封禅事，奏所忠。忠奏其书，天子异之。其书曰：

伊上古之初肇，自昊穹兮生民，历撰列辟，以迄于秦。率迩者踵武，逖听者风声。纷纶葳蕤，堙灭而不称者，不可胜数也。续昭夏，崇号谥，略可道者七十有二君。罔若淑而不昌，畴逆失而能存？

轩辕之前，遐哉邈乎，其详不可得闻也。五三六经载籍之传，维见可观也。《书》曰"元首明哉，股肱良哉"。因斯以谈，君莫盛于唐尧，臣莫贤于后稷。后稷创业于唐，公刘发迹于西戎，文王改制，爰周郅隆，大行越成，而后陵夷衰微，千载无声，岂不善始善终哉。然无异端，慎所由于前，谨遗教于后耳。故轨迹夷易，易遵也；湛恩蒙涌，易丰也；宪度著明，易则也；垂统理顺，易继也。是以业隆于襁褓而崇冠于二后。揆厥所元，终都攸卒，未有殊尤绝迹可考于今者也。然犹蹑梁父，登泰山，建显号，施尊名。大汉之德，逢涌原泉，沕潏漫衍，旁魄四塞，云尃雾散，上畅九垓，下溯八埏。怀生之类沾濡浸润，协气横流，武节飘逝，迩陕游原，迥阔泳沫，首恶湮没，暗昧昭晢，昆虫凯泽，回首面内。然后囿驺虞之珍群，徼麋鹿之怪兽，䆃一茎六穗于庖，牺双觡共抵之兽，获周余珍收龟于岐，招翠黄乘龙于沼。鬼神接灵圉，宾于闲馆。奇物谲诡，俶傥穷变。钦哉，符瑞臻司马相如既已献上《大人之颂》，天子非常高兴，飘飘然有凌驾云天的气概，心情爽快好似遨游天地之间那样。

司马相如因病免官，家住茂陵。天子说："司马相如病得很厉害，可派人去取回他的全部书；如果不这样做，以后就散失了。"派所忠前往茂陵，而司马相如已经死去，家中也没有书。询问司马相如之妻，她回答说："长卿本来就没有书。他时时写书，别人就时时取走，所以家中总是空空的。长卿还没死的时候，写过一卷书，他说如有使者来取书，就把它献上。再没有其他的书了。"他留下来的书上写的是有关封禅的事，进献给所忠。所忠把书再进献给天子，天子惊异其书。只见那书上写道：

上古开始之时，由天降生万民，经历君王各代，一直到秦。沿着近代君王的足迹进行考察，聆听远古君王的美名遗风，繁多而纷乱，名声和事迹被淹没而不称道者，数也数不尽。能够继承舜、禹，崇尚尊号美谥的，封禅泰山而稍可称道者只有七十二君。行事顺从善道，没有谁不昌盛；违逆常理，行事失德，谁能生存?

轩辕以前，时间长远，事物邈茫，其详细情况自不得而知。五帝三王的一些事迹，都记载在六经典籍和一些传说之中，可以看到大概的情况。《尚书》上说："君王贤明啊，大臣杰出。"根据这一记载可以得出，君王的圣明没有超过唐尧的，大臣的贤良没有比得上后稷的。后稷的业绩在唐尧时创建，公刘发迹在西戎之地，文王改革制度，使周隆盛，太平之道于是形成。其后子孙政绩虽衰微，但千年以来并无怨恶之声，这就是善始善终。但是周王朝所以能这样，没有其他的原因，只是前代先王能谨慎地从事他们所考虑和规划的事情，又能够严谨地垂教于后世子孙罢了。所以前人开拓的道路平坦，容易沿路走去；深恩广大，容易丰足；法度显明，容易效法；传续法统顺乎情理，容易继承。所以周公的业绩隆盛于成王时代，而其功德之高超越文王和武王。揆度其所始，考察其所终，并无特别超凡优异的业绩，可与当今汉朝相比。然而，周人尚且走上梁父山，登上泰山，建立显贵的封号，施加尊崇的美名。伟大汉朝的恩德，像源泉奔涌而出，盛大扩散，广布四方。如散布云雾，上通九天，下至八方极远之地。一切生灵，皆受恩德，和畅之气，广泛散布，威武之节，飘然远去。近者如同畅游于恩泽的源头，远者好似泳浮在恩惠的末流。湮没领头作恶的，连各种动物都欢畅喜悦，掉转头来，面向中土朝廷。然后，驺虞之类的珍贵之兽聚于苑囿，白麟一类的怪兽进入栅栏之中，在庖厨中选择出一茎六穗的嘉禾以供祭祀，用角分枝叉的白麟做牺牲，在岐山获得了周朝遗留的宝鼎和蓄养的神龟，从沼泽里招来了神马乘黄。鬼神迎接神仙灵围，在闲馆中待以宾客之礼。珍奇的物品，奇异超凡，变化无穷。令人钦敬啊，祥瑞的征兆都显现在此，还认为自己的功德微薄，不敢称兹，犹以为薄，不敢道封禅。盖周跃鱼陨杭，休之以燎，微夫斯之为符也，以登介丘，不亦恧乎！进让之道，其何爽与？

于是大司马进曰：“陛下仁育群生，义征不憓，诸夏乐贡，百蛮执贽，德侔往初，功无与二，休烈浃洽，符瑞众变，期应绍至，不特创见。意者泰山、梁父设坛场望幸，盖号以况荣，上帝垂恩储祉，将以荐成，陛下谦让而弗发也。挈三神之欢，缺王道之仪，群臣恧焉。或谓且天为质暗，珍符固不可辞；若然辞之，是泰山靡记而梁父靡几也。亦各并时而荣，咸济世而屈，说者尚何称于后，而云七十二君乎？夫修德以锡符，奉符以行事，不为进越。故圣王弗替，而修礼地祇，谒款天神，勒功中岳，以彰至尊，舒盛德，发号荣，受厚福，以浸黎民也。皇皇哉斯事！天下之壮观，王者之丕业，不可贬也。愿陛下全之。而后因杂荐绅先生之略术，使获耀日月之末光绝炎，以展采错事，犹兼正列其义，校饬厥文，作《春秋》一艺，将袭旧六为七，摅之无穷，俾万世得激清流，扬微波，蜚英声，腾茂实。前圣之所以永保鸿名而常为称首者用此，宜命掌故悉奏其义而览焉。”

于是天子沛然改容，曰：“愉乎，朕其试哉！”乃迁思回虑，总公卿之议，询封禅之事，诗大泽之博，广符瑞之富。乃作颂曰：

自我天覆，云之油油。甘露时雨，厥壤可游。滋液渗漉，何生不育；嘉谷六穗，我穑曷蓄。

非唯雨之，又润泽之；非唯濡之，氾尃濩之。万物熙熙，怀而慕思。名山显位，望君之来。君乎君乎，侯不迈哉！

道封禅之事。从前周武王渡河时，有条白鱼跳到船中，武王认为是美好的祥瑞，就用这白鱼燎祭上天。其实这种符兆十分微小，但却因此登上泰山，不是太惭愧了吗？周朝本不该封禅而封禅，汉朝应该封禅却不封禅，进让的原则，相差何其遥远呢？

于是大司马进谏说："陛下以仁德来抚育天下百姓，凭借道义征伐不肯顺服者，华夏诸侯愿意进贡，蛮夷皆手持礼物朝拜天子，美德与往初的圣君相等，功业也无二致，美好的功德政绩普遍融洽，符瑞的征兆变化众多，应验的时期将相继而来，不仅仅是初次呈现。我想大概在泰山、梁父山设立祭坛，是希望天子到来，加封尊号，以此与前代圣君比光荣，上帝降恩和福，是准备用成功荐告上天，陛下谦让而不封禅，是断绝了上帝、泰山、梁父山的欢心，使王道的礼仪缺失不全，群臣对此感到很惭愧。有人说那天道是质朴暗昧的，因此珍奇的符兆本来是不能够拒绝的。如果这样推让它，这是使泰山没有作表记的机会，而梁父山也没有祭祀的希望了。如果古代帝王都是一时荣耀，毕世而绝灭，那么叙说者还有什么可以向后世陈述的呢，而且还会有七十二君封禅的说法吗？若修明道德则天赐祥瑞，顺应祥瑞来做封禅之事，不能算作越礼。所以圣明的君王不废除封禅之礼，而是修行礼仪，尊奉土地神，诚恳地谒告天神，在嵩山刻石记功，以表彰最尊贵的地位，宣扬盛明的德行，显示尊号与荣耀，授与厚福，使百姓沾光。封禅之事堂皇伟大啊，是天下的壮观，称王者的大业，并不能贬低。希望陛下保全它。然后综合荐绅先生们的一些道术，使他们获得日月余光远炎的照耀，以施展当官的才能，专心办好政事。还要叙列人事、兼正天时，阐述大义，其文校订润色，作成像《春秋》一样的经书，将沿袭旧有的六经，增为七经，并传布无穷，使万世之后仍能激发忠义之士，扬起微波，飞扬英明之声，传送茂盛的果实。前代圣贤所以能永远保持伟大名声而常常被称赞的原因，就在于行封禅之礼，应当命令掌故把封禅的大义全都奏报陛下，以备观览。"

于是天子有所感悟般地改变了神色，说："好啊，我就试试看吧！"天子想去思来，归纳了公卿们的议论，询问了封禅的一些具体情况，记述博大的恩泽，推衍富饶的符瑞。于是写了颂歌，说：

我的苍天被覆盖，云朵油然飘荡。普降甘露和及时雨，可以其地遨游。滋润万物的水液渗透土壤，一切生物得到滋养。好谷物一茎生出六穗，我收获的谷物何不蓄积？

不但降下雨水，又把大地润泽；不但我一人沾濡，而且广泛散布。万物熙熙和乐，既怀恋又思慕。名山当有显赫的地位，盼望圣君到来。君王啊，君王！为何不行封禅之礼！

般般之兽，乐我君囿；白质黑章，其仪可喜；旼旼睦睦，君子之能。盖闻其声，今观其来。厥涂靡踪，天瑞之徵。兹亦于舜，虞氏以兴。

濯濯之麟，游彼灵畤。孟冬十月，君俎郊祀。驰我君舆，帝以享祉。三代之前，盖未尝有。

宛宛黄龙，兴德而升；采色炫耀，熿炳辉煌。正阳显见，觉寤黎烝。于传载之，云受命所乘。

厥之有章，不必谆谆。依类托寓，谕以封峦。

披艺观之，天人之际已交，上下相发允答。圣王之德，兢兢翼翼也。故曰“兴必虑衰，安必思危”。是以汤武至尊严，不失肃祗；舜在假典，顾省厥遗：此之谓也。

司马相如既卒五岁，天子始祭后土。八年而遂先礼中岳，封于太山，至梁父禅肃然。

相如他所著，若《遗平陵侯书》、《与五公子相难》、《草木书》篇不采，采其尤著公卿者云。

太史公曰：《春秋》推见至隐，《易》本隐之以显，《大雅》言王公大人而德逮黎庶，小雅讥小己之得失，其流及上。所以言虽外殊，其合德一也。相如虽多虚辞滥说，然其要归引之节俭，此与《诗》之风谏何异。扬雄以为靡丽之赋，劝百风一，犹驰骋郑卫之声，曲终而奏雅，不已亏乎？余采其语可论者著于篇。

文彩斑烂的驺虞，喜欢我君的苑囿；质地白色，花纹黑色，它的仪表令人喜爱。和睦恭敬，宛如君子之态。从前只听到它的名声，如今目睹它的降临。那路上没留下什么足迹，这是天降祥瑞的征兆。此兽也曾在虞舜时出现，虞舜因此才兴旺。

白麟肥壮啊，曾在五畤戏游。正是孟冬十月，皇上前往郊祀。白麟奔驰到君王车前，君王用它燎祭苍天，幸福天降。夏商周三代以前，大概不曾有此奇事。

宛屈伸展的黄龙，因遇圣德而升天。色彩夺目闪耀，光辉灿烂。龙体显现，必能使众民觉悟。在《易经·彖传》中曾有记载，这正是所谓天子授命所乘之车。

已经明白显示天的符瑞，不必再谆谆告诫。应当依类寄托，告诉君王举行封禅大典。

翻开典籍可以看到，自然界和人类社会已经有什么关系发生，两者相互启发而和谐。圣明君王的美德，就是兢兢业业、小心翼翼行事。所以说“在兴旺时要考虑到衰微，在太平安乐之时要想到危难”。因此，商汤、周武王虽然位居至尊，美德却仍然保持严肃恭敬。虞舜在大典之中，仍然观察、反省缺点和失误。说的就是这个道理。

司马相如已死五年，天子才开始祭祀土地神。司马相如死后八年，天子终于首先祭祀中岳嵩山，后又封泰山，再到梁父山，禅肃然山。

司马相如其他著作，如《遗平陵侯书》、《草木书》、《与五公子相难》篇没有收录，收录了他在公卿中特别著名的作品。

太史公说：《春秋》能推究到事物的极隐微处，《易经》原本隐微但能阐释得浅显，《大雅》说的是王公大人却德及百姓黎民，《小雅》讥刺卑微作者的得失，其流言却能影响朝廷政治。所以言辞的外在表现虽然不同，但是其和柔的教化作用却是一致的。相如的文章虽然多假托的言词和一些夸张的说法，但其主旨却回归于节俭，这同《诗经》讽谏之旨有何不同？扬雄认为司马相如的华丽辞赋，鼓励奢侈的言词与倡言节俭的言词是一百比一的关系，这就如同尽情演奏郑、卫之音，而在曲末之时演奏一点雅乐一样。这不是降低了相如的辞赋价值吗？我采录了他的可以论述的一些文字，写在这篇文章中。

淮南衡山列传第五十八

淮南厉王长者，高祖少子也，其母故赵王张敖美人。高祖八年，从东垣过赵，赵王献之美人。厉王母得幸焉，有身。赵王敖弗敢内宫，为筑外宫而舍之。及贯高等谋反柏人事发觉，并逮治王，尽收捕王母兄弟美人，系之河内。厉王母亦系，告吏曰："得幸上，有身。"吏以闻上，上方怒赵王，未理厉王母。厉王母弟赵兼因辟阳侯言吕后，吕后妒，弗肯白，辟阳侯不强争。及厉王母已生厉王，恚，即自杀。吏奉厉王诣上，上悔，令吕后母之，而葬厉王母真定。真定，厉王母之家在焉，父世县也。

高祖十一年七月，淮南王黥布反，立子长为淮南王，王黥布故地，凡四郡。上自将兵击灭布，厉王遂即位。

厉王蚤失母，常附吕后，孝惠、吕后时以故得幸无患害，而常心怨辟阳侯，弗敢发。及孝文帝初即位，淮南王自以为最亲，骄蹇，数不奉法。上以亲故，常宽赦之。

三年，入朝。甚横。从上入苑囿猎，与上同车，常谓上"大兄"。厉王有材力，力能扛鼎，乃往请辟阳侯。辟阳侯出见之，即自袖铁椎椎辟阳侯，令从者魏敬刭之。厉王乃驰走阙下，肉袒谢曰："臣母不当坐赵事，其时辟阳侯力能得之吕后，弗争，罪一也。赵王如意子母无罪，吕后杀之，辟阳侯弗争，罪二也。吕后王诸吕，欲以危刘氏，辟阳侯弗争，罪三也。臣谨为天下诛贼臣辟阳侯，报母之仇，谨伏阙下请罪。"孝文伤其志，为亲故，弗治，赦厉王。当是时，薄太后及太子诸大臣皆惮厉王，厉王以此归国益骄恣，不用汉法，出入称警跸，称制，自为法令，拟于天子。

淮南厉王刘长，是汉高祖的小儿子。他母亲过去是赵王张敖的妃嫔。高祖八年，高皇帝打东垣县经过赵国，厉王的母亲被赵王献给高皇帝。她受到皇上宠幸，怀了身孕。从此赵王张敖不敢让她住在宫内，为她另建外宫居住。次年赵相贯高等人在柏人县谋弑高祖的事情被朝廷发觉，赵王也一并获罪被捕，他的母亲、兄弟和妃嫔悉遭拘捕，囚入河内郡官府。在囚禁中厉王母亲对狱吏说："我受到皇上宠幸，已有身孕。"狱吏如实禀报，皇上正因赵王的事气恼，没有理会厉王母亲的事情。厉王母亲的弟弟赵兼拜托辟阳侯审食其告知吕后，吕后妒嫉，自然不肯向皇上进言求情，辟阳侯便不再尽力相劝。厉王母亲生下他后，心中怨恨愤而自杀。狱吏抱着厉王送到皇上面前，皇上追悔莫及，下令吕后收养他，并将厉王的母亲在真定县安葬了。真定是厉王母亲的故乡，她的祖辈就居住在那里。

高祖十一年七月，淮南王黥布谋反，皇上立儿子刘长为淮南王，让他掌管昔日黥布领属的四郡封地。皇上率军亲自出征，剿灭了黥布，于是厉王即淮南王位。

厉王自幼丧母，一直依附吕后长大，因此孝惠帝和吕后当政时期他有幸免遭政治迫害。但是，他心中一直怨恨辟阳侯却又不敢发作。到孝文帝即位，淮南王自视与皇上关系最亲，骄横不逊，一再乱纪违法。皇上念及手足亲情，对他的过失时常宽容赦免。

孝文帝三年，淮南王自封国入朝，态度甚为傲慢。他跟随皇上到御苑打猎，和皇上同乘一辆车驾，还常常称呼皇上为"大哥"。厉王有勇力和才智，能奋力举起重鼎，于是前往辟阳侯府上求见。辟阳侯出来见他，他便取出在袖中藏着的铁椎捶击辟阳侯，又命随从魏敬杀死了他。事后厉王驰马直奔宫中，向皇上袒身谢罪道："我母亲本不该因赵国谋反事获罪，那时辟阳侯若肯鼎力相救就能得到吕后的帮助，但他不力争，这是第一桩罪；赵王如意母子无罪，吕后却蓄意杀害他们，而辟阳侯不尽力劝阻，这是第二桩罪；吕后封吕家亲戚为王，意欲危害刘氏天下，辟阳侯不挺身争抗，这是第三桩罪。我为天下人杀死危害社稷的奸臣辟阳侯，为母亲报了仇，特来朝中跪拜请罪。"皇上哀悯厉王的心愿，出于手足亲情，没有治罪，赦免了他。这一时期，薄太后和太子以及列位大臣都十分惧怕厉王，因此厉王返国后越发肆志骄纵，不依朝廷法令行事，出入宫中皆号令警戒清道，还称自己发布的命令为"制"，另外搞一套文法，一切模仿天子的声威。

六年，令男子但等七十人与棘蒲侯柴武太子奇谋，以輂车四十乘反谷口，令人使闽越、匈奴。事觉，治之，使使召淮南王。淮南王至长安。

“丞相臣张仓、典客臣冯敬、行御史大夫事宗正臣逸、廷尉臣贺、备盗贼中尉臣福昧死言：淮南王长废先帝法，不听天子诏，居处无度，为黄屋盖乘舆，出入拟于天子，擅为法令，不用汉法。及所置吏，以其郎中春为丞相，聚收汉诸侯人及有罪亡者，匿与居，为治家室，赐其财物爵禄田宅，爵或至关内侯，奉以二千石，所不当得，欲以有为。大夫但、士五开章等七十人与棘蒲侯太子奇谋反，欲以危宗庙社稷。使开章阴告长，与谋使闽越及匈奴发其兵。开章之淮南见长，长数与坐语饮食，为家室娶妇，以二千石俸奉之。开章使人告但，已言之王。春使使报但等。吏觉知，使长安尉奇等往捕开章。长匿不予，与故中尉蕑忌谋，杀以闭口。为棺椁衣衾，葬之肥陵邑，谩吏曰‘不知安在’。又详聚土，树表其上，曰‘开章死，埋此下’。及长身自贼杀无罪者一人；令吏论杀无罪者六人；为亡命弃市罪诈捕命者以除罪；擅罪人，罪人无告劾，系治城旦舂以上十四人；赦免罪人，死罪十八人，城旦舂以下五十八人；赐人爵关内侯以下九十四人。前日长病，陛下忧苦之，使使者赐书、枣脯。长不欲受赐，不肯见拜使者。南海民处庐江界中者反，淮南吏卒击之。陛下以淮南民贫苦，遣使者赐长帛五千匹，以赐吏卒劳苦者。长不欲受赐，谩言曰‘无劳苦者’。南海民王织上书献璧皇帝，忌擅燔其书，不以闻。吏请召治忌，长不遣，谩言曰‘忌病’。春又请长，原入见，长怒曰‘女欲离我自附汉’。长当弃市，臣请论如法。”

制曰：“朕不忍致法于王，其与列侯二千石议。”

“臣仓、臣敬、臣逸、臣福、臣贺昧死言：臣谨与列侯吏二千石臣婴等四十三人议，皆曰‘长不奉法度，不听天子诏，乃阴聚徒党及谋反者，厚养亡命，欲以有为’。臣等议论如法。”

孝文帝六年，厉王让无官爵的男子组成七十人和棘蒲侯柴武之子柴奇商议，策划在谷口县用四十辆大货车谋反起事，并派出使者前往匈奴和闽越各处联络。朝廷发觉此事，治罪谋反者，派使臣召淮南王进京，他来到长安。

丞相臣张仓、典客臣冯敬、行御史大夫事宗正刘逸、廷尉臣贺、备盗贼中尉臣福冒死罪启奏："淮南王刘长废弃先帝文法，天子诏令也不服从，起居从事不遵法度，自制天子所乘张黄缎伞盖的车驾，模仿天子声威出入，擅为法令，不实行汉家王法。他擅自委任官吏，让手下的郎中春任国相，网罗收纳诸侯国和各郡县的人以及负罪逃亡者，把他们藏匿起来安置住处，安顿家人，赐给物资、爵位、钱财、俸禄和田宅，有的人爵位竟封至关内侯，享受二千石的优宠。淮南王给予他们这一切不应得到的，是想图谋不轨。大夫但与有罪失官的开章等七十人，伙同棘蒲侯柴武之子柴奇谋反，意欲危害宗庙社稷。他们让开章去密报刘长，商议使人联络闽越和匈奴发兵响应。开章赴淮南见到刘长，刘长多次同他晤谈宴饮，还帮他成家娶妻，以二千石的薪俸供给他。开章教人报告大夫但，诸事已与淮南王谈妥。国相春也遣使向但通报。朝中官吏发觉此事后，遂派长安县县尉奇等前去拘捕开章。刘长藏人不交，和原中尉蔄忌密议，开章被杀死灭口。他们置办丧衣、棺椁、包被，葬开章于肥陵邑，而欺骗办案的官员说'不知道开章在哪里'。后来又伪造坟冢，树立标记在坟上，说'开章尸首埋在这里'。刘长还亲自杀过无罪者一人；命令官吏杀死无辜者六人；藏匿逃亡在外的死刑犯，并抓捕未逃亡的犯人替他们顶罪；他任意加人以罪名，使受害者申冤无处，被判罪四年劳役以上，如此者十四人；又擅自赦免罪人，免除死罪者十八人。五十八名服四年劳役以下者；还赐爵关内侯以下者九十四人。刘长前些时患重病，陛下为他忧烦，遣使臣赐赠枣脯、信函。刘长不想接受赐赠，便不肯接见使臣。住在庐江郡内的南海民造反，淮南郡的官兵奉旨征讨。陛下体恤淮南民贫苦，派使臣赐赠刘长五千匹布帛，令转发出征官兵中的穷苦辛劳之人。刘长不想接受，谎称'军中无劳苦者'。南海人王织上书向皇帝敬献玉璧，不予上奏，蔄忌烧了信。朝中官员请求传唤蔄忌论罪，刘长拒不下令，谎称'忌有病'。国相春又请求刘长准许自己入京觐见，刘长大怒，说'你想去投靠汉廷背叛我'，遂判处春死罪。臣等请求陛下应将刘长依法治罪。"

皇上下诏说："我不忍心依法制裁淮南王，交与列侯与二千石官商议吧。"

"臣仓、臣敬、臣逸、臣福、臣贺冒死罪启奏：臣等已与列侯和二千石官吏臣婴等四十三人论议，大家都说'刘长不遵从法度，不服从天子诏命，竟然暗中网罗党徒和谋反者，厚待负罪逃亡之人，是想图谋不轨'。臣等议决应当立即依法制裁刘长。"

制曰："朕不忍致法于王，其赦长死罪，废勿王。"

"臣仓等昧死言：长有大死罪，陛下不忍致法，幸赦，废勿王。臣请处蜀郡严道邛邮，遣其子母从居，县为筑盖家室，皆廪食给薪菜盐豉炊食器席蓐。臣等昧死请，请布告天下。"

制曰："计食长给肉日五斤，酒二斗。令故美人才人得幸者十人从居。他可。"

尽诛所与谋者。于是乃遣淮南王，载以辎车，令县以次传。是时袁盎谏上曰："上素骄淮南王，弗为置严傅相，以故至此。且淮南王为人刚，今暴摧折之。臣恐卒逢雾露病死。陛下为有杀弟之名，奈何！"上曰："吾特苦之耳，今复之。"县传淮南王者皆不敢发车封。淮南王乃谓侍者曰："谁谓乃公勇者？吾安能勇！吾以骄故不闻吾过至此。人生一世间，安能邑邑如此！"乃不食死。至雍，雍令发封，以死闻。上哭甚悲，谓袁盎曰："吾不听公言，卒亡淮南王。"盎曰："不可奈何，原陛下自宽。"上曰："为之奈何？"盎曰："独斩丞相、御史以谢天下乃可。"上即令丞相、御史逮考诸县传送淮南王不发封馈侍者，皆弃市。乃以列侯葬淮南王于雍，守冢三十户。

孝文八年，上怜淮南王，淮南王有子四人，皆七八岁，乃封子安为阜陵侯，子勃为安阳侯，子赐为阳周侯，子良为东成侯。

孝文十二年，民有作歌歌淮南厉王曰："一尺布，尚可缝；一斗粟，尚可舂。兄弟二人不能相容。"上闻之，乃叹曰："尧舜放逐骨肉，周公杀管蔡，天下称圣。何者？不以私害公。天下岂以我为贪淮南王地邪？"乃徙城阳王王淮南故地，而追尊谥淮南王为厉王，置园复如诸侯仪。

孝文十六年，徙淮南王喜复故城阳。上怜淮南厉王废法不轨，自使失国蚤死，乃立其三子：阜陵侯安为淮南王，安阳侯勃为衡山王，阳周侯赐为庐江王，皆复得厉王时地，叁分之。东成侯良前皇上批示说：“我不忍心依法惩治淮南王，那就赦免他的死罪，废掉他的王位吧。”

"臣仓等冒着死罪启奏：刘长犯有大死之罪，陛下不忍心依法惩处，赦免施恩，废掉他的王位。臣等请求将其遣往蜀郡严道县邛崃山邮亭，令其妾媵有生养子女者随行同居，由县署为他们兴建屋舍，供给粮食、蔬菜、柴草、食盐、豆豉、炊具食具和席蓐。臣等冒死罪请求，布告天下此事。"

皇上颁旨说：“准请。供给刘长食肉每日五斤，酒二斗。命令昔日受过宠幸的妃嫔十人同住随往蜀郡。其他皆准奏。”

朝廷尽杀刘长的同谋者，于是命令淮南王启程，一路用辎车囚载，令沿途各县递解入蜀。当时袁盎劝谏皇上说：“淮南王一向受皇上骄宠，不为他安排严正的太傅和国相去劝导，才使他落到如此境地。再说淮南王本身性情刚烈，现在粗暴地摧折他，臣很担忧他会突然在途中身染风寒患病而死。陛下若落得杀弟的恶名怎么是好！”皇上说：“我只是让他尝尝苦头罢了，会让他回来的。”囚车的封门沿途各县送押淮南王的人都不敢打开，于是淮南王对仆人说：“谁说你老子我是勇猛的人？我哪里还能勇猛！我因为骄纵才听不到自己的过失终于陷入这种困境。人生在世，如何能忍受如此郁闷！”于是绝食身亡。囚车行至雍县，县令打开封门，才把刘长的死讯上报天子。皇上很伤心地哭了，对袁盎说：“我不听你的劝告，终于导致淮南王身死。”袁盎说：“事已无可奈何，望陛下好自宽解。”皇上说：“怎么办好呢？”袁盎回答：“只要斩了丞相、御史来向天下人谢罪就行了。”于是皇上命令丞相、御史收捕拷问各县押送淮南王而不予开封进食者，弃市一律问斩。然后按照列侯的礼仪在雍县安葬了淮南王，并安置守冢祭祀三十户人家。

孝文帝八年，皇上怜悯淮南王，淮南王有四个儿子，年龄都是七八岁，于是封其子刘安为阜陵侯、刘勃为安阳侯、刘赐为阳周侯、刘良为东成侯。

孝文帝十二年，有百姓作歌歌唱淮南厉王的遭遇时说：“一尺麻布，尚可缝；一斗谷子，尚可舂。兄弟二人不能相容。”皇上听说后，就叹息说：“尧舜放逐自己的家人，周公杀死管叔蔡叔，天下人却称赞他们贤明。这是为什么呢？因为他们能不因私情损害王朝的利益。难道天下人认为我是贪图淮南王的封地吗？”于是将淮南王的故国封给城阳王刘喜去统领，而已故淮南王谥封为厉王，并按诸侯仪制为他建造了陵园。

孝文帝十六年，淮南王刘喜被皇上迁复返城阳故地。皇上哀怜淮南厉王因废弃王法图谋不轨，而失国早死自惹祸患，便封立他的三个儿子：阜陵侯刘安为淮南王，安阳侯刘勃为衡山王，阳周侯刘赐为庐江王，他们都重新获得了厉王时封薨，无后也。

孝景三年，吴楚七国反，吴使者至淮南，淮南王欲发兵应之。其相曰："大王必欲发兵应吴，臣愿为将。"王乃属相兵。淮南相已将兵，因城守，不听王而为汉；汉亦使曲城侯将兵救淮南：淮南以故得完。吴使者至庐江，庐江王弗应，而往来使越。吴使者至衡山，衡山王坚守无二心。孝景四年，吴楚已破，衡山王朝，上以为贞信，乃劳苦之曰："南方卑湿。"徙衡山王王济北，所以褒之。及薨，遂赐谥为贞王。庐江王边越，数使使相交，故徙为衡山王，王江北。淮南王如故。

淮南王安为人好读书鼓琴，不喜弋猎狗马驰骋，亦欲以行阴德拊循百姓，流誉天下。时时怨望厉王死，时欲畔逆，未有因也。及建元二年，淮南王入朝。素善武安侯，武安侯时为太尉，乃逆王霸上，与王语曰："方今上无太子，大王亲高皇帝孙，行仁义，天下莫不闻。即宫车一日晏驾，非大王当谁立者！"淮南王大喜，厚遗武安侯金财物。阴结宾客，拊循百姓，为畔逆事。建元六年，彗星见，淮南王心怪之。或说王曰："先吴军起时，彗星出长数尺，然尚流血千里。今彗星长竟天，天下兵当大起。"王心以为上无太子，天下有变，诸侯并争，愈益治器械攻战具，积金钱赂遗郡国诸侯游士奇材。诸辩士为方略者，妄作妖言，谄谀王，王喜，多赐金钱，而谋反滋甚。

淮南王有女陵，慧，有口辩。王爱陵，常多予金钱，为中诇长安，约结上左右。元朔三年，上赐淮南王几杖，不朝。淮南王王后荼，王爱幸之。王后生太子迁，迁取王皇太后外孙修成君女为妃。王谋为反具，畏太子妃知而内泄事，乃与太子谋，令诈弗爱，三月不同席。王乃佯为怒太子，闭太子使与妃同内三月，太子终不近妃。妃求去，王乃上书谢归去之。王后荼、太子迁及女陵得爱幸王，擅国权，侵夺民田宅，妄致系人。

地，三分共享。东成侯刘良此前已死，没有后代。

孝景帝三年，吴楚七国举兵造反，吴国使者到淮南联络，淮南王意欲发兵响应。淮南国相说："大王如果真要发兵响应吴王，臣愿为统军将领。"淮南王就把军队交给了他。淮南国相得到兵权后，指挥军队据城防守叛军，不听淮南王的命令造反而为朝廷效力；朝廷也派出曲城侯蛊捷率军前去援救淮南：淮南国因此得以保全。吴国使者来到庐江，庐江王不肯响应，而派人与越国联络。吴国使者又往衡山，衡山王效忠朝廷，坚守城池毫无二心。孝景帝四年，吴楚叛军已被破灭，衡山王入朝，皇上认为他守信忠贞，便慰劳他说："南方之地潮湿低洼。"济水以北的地区改由衡山王掌管，以此作为褒奖。他去世后便赐谥为贞王。庐江王的封地邻近越国，多次派遣使臣与之结交，因此被北迁为衡山王，统管长江以北地区。淮南王依然照旧。

读书弹琴是淮南王刘安的喜好，不爱射猎放狗跑马，他也想暗中做好事来安抚百姓，于天下流播美誉。他常常怨恨厉王之死，常想反叛朝廷，但是一直没有机会。到了孝武帝建元二年，淮南王进京朝见皇上。与他一向交好的武安侯田蚡，当时做太尉。田蚡迎候淮南王于灞上，告诉他说："现今皇上没有太子，大王您是高皇帝的亲孙，且施行仁义，世人皆知。假如有一天皇上过世，不是您又该谁继位呢！"淮南王大喜，金银钱财物品厚赠武安侯。淮南王暗中结交宾客，安抚百姓，谋划叛逆之事。建元六年，出现慧星，淮南王心生怪异。有人劝说淮南王道："先前吴王起兵时，彗星出现仅数尺长，而兵战仍然血流千里。现在彗星长至满天，天下应当大兴兵战。"淮南王心想皇上没有太子，若天下有变故发生，诸侯王将群起争夺皇位，便加紧整治攻战器械和兵器，聚积黄金钱财贿赠郡守、说客、诸侯王和有奇才的人。诸位能言巧辩的人为淮南王出谋划策，都胡乱编造荒诞的邪说，淮南王被阿谀逢迎。淮南王心中十分欢喜，赏他们很多钱财，而谋反之心更剧。

淮南王有个女儿名叫刘陵，她有口才、聪敏。淮南王喜爱刘陵，经常多给她钱财，让她在长安刺探朝中内情，与皇上亲近的人结交。元朔三年（前126），皇上赏赐淮南王手杖几案，恩准他不必入京朝见。淮南王王后名荼，淮南王很宠幸她。王后生太子刘迁，刘迁娶王皇太后外孙修成君的女儿做妃子。淮南王策划制造谋反的器具，担心太子的妃子知道后向朝中泄露机密，就和太子策划，让他假装不爱妃子，三个月不和她同席共寝。于是淮南王佯装恼怒太子，将他关起来，让他和妃子同居一室三个月，而太子始终不亲近她。妃子请求离去，淮南王便致歉上奏朝廷，把她送回娘家。王后荼、太子刘迁和女儿刘陵都受淮南王宠爱，专擅国权，侵夺百姓房宅田地，任意加罪拘捕无辜之人。

元朔五年，太子学用剑，自以为人莫及，闻郎中雷被巧，乃召与戏。被一再辞让，误中太子。太子怒，被恐。此时有欲从军者辄诣京师，被即原奋击匈奴。太子迁数恶被于王，王使郎中令斥免，欲以禁后，被遂亡至长安，上书自明。诏下其事廷尉、河南。河南治，逮淮南太子，王、王后计欲无遣太子，遂发兵反，计犹豫，十余日未定。会有诏，即讯太子。当是时，淮南相怒寿春丞留太子逮不遣，劾不敬。王以请相，相弗听。王使人上书告相，事下廷尉治。踪迹连王，王使人候伺汉公卿，公卿请逮捕治王。王恐事发，太子迁谋曰："汉使即逮王，王令人衣卫士衣，持戟居庭中，王旁有非是，则刺杀之，臣亦使人刺杀淮南中尉，乃举兵，未晚。"是时上不许公卿请，而遣汉中尉宏即讯验王。王闻汉使来，即如太子谋计。汉中尉至，王视其颜色和，讯王以斥雷被事耳，王自度无何，不发。中尉还，以闻。公卿治者曰："淮南王安拥阏奋击匈奴者雷被等，废格明诏，当弃市。"诏弗许。公卿请废勿王，诏弗许。公卿请削五县，诏削二县。使中尉宏赦淮南王罪，罚以削地。中尉入淮南界，宣言赦王。王初闻汉公卿请诛之，未知得削地，闻汉使来，恐其捕之，乃与太子谋刺之如前计。及中尉至，即贺王，王以故不发。其后自伤曰："吾行仁义见削，甚耻之。"然淮南王削地之后，其为反谋益甚。诸使道从长安来，为妄妖言，言上无男，汉不治，即喜；即言汉廷治，有男，王怒，以为妄言，非也。

王日夜与伍被、左吴等案舆地图，部署兵所从入。王曰："上无太子，宫车即晏驾，廷臣必征胶东王，不即常山王，诸侯并争，吾可以无备乎！且吾高祖孙，亲行仁义，陛下遇我厚，吾能忍之；万世之后，吾宁能北面臣事竖子乎！"

元朔五年，太子刘迁学习使剑，自认为剑术高超，无人能比。听说郎中雷被剑艺精湛，便召他前来较量。雷被一次二次退让之后，不小心失手击中了太子。太子动怒，雷被很害怕。此时凡想从军的人总是投奔京城，雷被当即决定去奋击匈奴参军。太子刘迁屡次向淮南王说雷被的坏话，淮南王就让郎中令罢免斥退了他的官职，以此警示后人。于是雷被逃到长安，上书朝廷申诉冤屈。皇上诏令廷尉、河南郡审理此事。河南郡议决，追捕淮南王太子到底，淮南王、王后并不打算遣送太子，趁机发兵反叛。可是反复谋划仍犹豫，十几天不能定夺。适逢朝中又有诏令下达，让就地传讯太子。就在这时，淮南国相恼怒寿春县丞将逮捕太子的命令扣而不发，控告他犯有“不敬”之罪。淮南王请求国相不追究此事，国相不听。淮南王便派人上书控告国相，皇上将此事交付廷尉审理。办案中有线索牵连到淮南王，淮南王暗中派人打探朝中公卿大臣的意见，公卿大臣请求逮捕淮南王治罪。淮南王害怕事发，太子刘迁献策说：“如果朝廷派使臣来逮捕父王，父王可叫人身穿卫士衣裳，持戟庭院之中站立，父王身边一有不测发生，就刺杀他，我也派人刺死淮南国中尉，就此起事举兵，尚不为迟。”这时皇上没有批准公卿大臣的奏请，而改派朝中中尉殷宏赴淮南国就地向淮南王询问查证案情。淮南王闻听朝中使臣前来，立即按太子的计谋做了准备。朝廷中尉到达后，淮南王看他态度很温和，只询问自己罢免雷被的缘由，揣度不会定什么罪，就没有发作。中尉还朝，把查询的情况上奏。公卿大臣中负责办案的人说：“淮南王刘安阻挠雷被从军奋击匈奴等行径，不执行天子明确下达的诏令，应判处死罪弃市。”皇上诏令不许。公卿大臣请求废其王位，皇上仍诏令不许。公卿大臣请求削夺其五县封地，皇上诏令削夺其二县。朝廷派中尉殷宏去宣布赦免淮南王的罪过，削地以示惩罚。中尉进入淮南国境，宣布赦免淮南王。淮南王开始听说朝中公卿大臣请求杀死自己，并不知道获得宽赦削地，他听说朝廷使臣已动身前来，害怕自己被捕，就和太子按先前的计谋准备刺杀朝廷使臣。待中尉至，立即祝贺淮南王获赦，淮南王因此没有起事。事后他自己哀伤地说：“我行仁义之事却被削地，此事太耻辱了。”然而淮南王被削地之后，策划反叛的阴谋更加强烈。诸位使者从长安而来，凡制造荒诞骗人的邪说、声称皇上无儿、汉家天下不太平的，淮南王听了就喜欢；如果说汉家王朝太平、皇上有男儿的，淮南王就恼怒，认为是胡说八道，不可信。

淮南王和伍被、左吴等日夜察看地图，部署进军的路线。淮南王说：“皇上没有太子，一旦去世，朝中大臣必定征召胶东王，或者是常山王，诸侯王群起争夺皇位，我可以没有准备吗？况且我是高祖的亲孙子，亲行仁义之道，陛下待我很是恩厚，我能忍受他的统治；陛下万世之后，我怎么能侍奉小儿北向称臣呢！”

王坐东宫，召伍被与谋，曰：“将军上。”被怅然曰：“上宽赦大王，王复安得此亡国之语乎！臣闻子胥谏吴王，吴王不用，乃曰‘臣今见麋鹿游姑苏之台也’。今臣亦见宫中生荆棘，露沾衣也。”王怒，系伍被父母，囚之三月。复召曰：“将军许寡人乎？”被曰：“不，直来为大王画耳。臣闻聪者听于无声，明者见于未形，故圣人万举万全。昔文王一动而功显于千世，列为三代，此所谓因天心以动作者也，故海内不期而随。此千岁之可见者。夫百年之秦，近世之吴楚，亦足以喻国家之存亡矣。臣不敢避子胥之诛，原大王毋为吴王之听。昔秦绝圣人之道，杀术士，燔《诗》《书》，弃礼义，尚诈力，任刑罚，转负海之粟致之西河。当是之时，男子疾耕不足于糟糠，女子纺绩不足于盖形。遣蒙恬筑长城，东西数千里，暴兵露师常数十万，死者不可胜数，僵尸千里，流血顷亩，百姓力竭，欲为乱者十家而五。又使徐福入海求神异物，还为伪辞曰：‘臣见海中大神，言曰：“汝西皇之使邪？”臣答曰：“然。”“汝何求？”曰：“原请延年益寿药。”神曰：“汝秦王之礼薄，得观而不得取。”即从臣东南至蓬莱山，见芝成宫阙，有使者铜色而龙形，光上照天。于是臣再拜问曰：“宜何资以献？”海神曰：“以令名男子若振女与百工之事，即得之矣。”’秦皇帝大说，遣振男女三千人，资之五谷种种百工而行。徐福得平原广泽，止王不来。于是百姓悲痛相思，欲为乱者十家而六。又使尉佗逾五岭攻百越。尉佗知中国劳极，止王不来，使人上书，求女无夫家者三万人，以为士卒衣补。秦皇帝可其万五千人。于是百姓离心瓦解，欲为乱者十家而七。客谓高皇帝曰：‘时可矣。’高皇帝曰：‘待之，圣人当起东南间。’不一年，陈胜吴广发矣。高皇始于丰沛，一倡天下不期而响应者不可胜数也。此所谓蹈瑕候间，因秦之亡而动者也。百姓愿之，若旱之望雨，故起于行陈之中而立为天子，功高三王，德传无穷。今大王见高皇帝得天下之淮南王坐在东宫，召见伍被一起商议大事，称呼他说："将军上殿。"伍被不高兴地说："皇上刚刚宽恕赦免了大王，您怎能又说这亡国之话呢！臣听说伍子胥劝阻吴王，吴王不听他的话，于是伍子胥说'臣即将看见麋鹿在姑苏台上出入游荡了'。现在臣也将看到宫中遍生荆棘，衣裳让露水沾湿了。"淮南王十分恼怒，囚禁了伍被的父母，关押了三个月。然后淮南王又把伍被召来问道："将军答应寡人吗？"伍被回答说："不，我只是来为大王筹划而已。臣听说听力好的人能够在无声时听出动静，视力好的人能在未成形前看出征兆，所以最智慧、最有道德的圣人做事总会万无一失。从前周文王为灭商纣率周族向东挺进，一行动就功显千秋万代，使周朝继夏、商之后，列入'三代'，这就是所谓顺从天意而行动的结果，因此四海之内的人都不约而同地追随响应他。这是千年前可以看见的史实。至于百年前的秦王朝，近代的吴楚两国，也足以说明国家存亡的道理。臣不敢逃避伍子胥被杀害的厄运，希望大王不要重蹈吴王不听忠谏的覆辙。过去秦朝弃绝圣人之道，坑杀儒生，焚烧《诗经》《尚书》，抛弃礼义，崇尚伪诈和暴力，凭借刑罚，强迫百姓把海滨的谷子运送到西河。在那个时候，男子奋力耕作却吃不饱，女子织布绩麻却衣不蔽体。秦皇派蒙恬修筑长城，东西绵延数千里，长年戍边、风餐露宿的士兵常常有数十万人，死者不计其数，僵尸暴野千里，流血遍及百亩，百姓气力耗尽，想造反的十家有五。秦皇帝又派徐福入东海访求神仙和珍奇异物，徐福归来编造假话说：'臣见到海中大神，他问道："你是西土皇帝的使臣吗？"臣答道："是的。""你来寻求何物？"臣答："希望求得延年益寿的仙药。"海神说："你们秦王礼品菲薄，仙药可以观赏却不能拿取。"海神当即引臣向东南行至蓬莱山，看到了用灵芝草筑成的宫殿，有使者肤色如铜身形似龙，光辉上射映照天宇。于是臣两拜而问，说："应该拿什么礼物来奉献？"海神说："献上良家男童和女童以及百工的技艺，就可以得到仙药了。"'皇帝大喜，遣发童男童女三千人，并供给海神五谷种籽和各种工匠前往东海。途中徐福觅得一片辽阔的原野和湖泽，便留居那里自立为王不再回朝。于是百姓悲痛思念亲人，想造反的十家有六。秦皇帝又派南海郡尉赵佗越过五岭攻打百越。赵佗知道中原疲敝已极，就留居南越称王不归，并派人上书，要求朝廷征集无婆家的妇女三万人，来替士兵缝补衣裳。秦皇帝同意给他一万五千人。于是百姓人心离散犹如土崩瓦解，想造反的十家有七。宾客对高皇帝说：'时机到了。'高皇帝说：'等等看，当有圣人起事于东南方。'不到一年，陈胜吴广揭竿造反了。高皇帝自丰邑沛县起事，一发倡议全天下不约而同的响应者便不可胜数。这就是所谓踏到了缝隙窥伺到机遇，借秦朝的危亡而举事。百姓期待他，犹如干旱盼雨水，所以他能起于军中而被拥立为天子，功业高于夏禹、商汤和周文易也，独不观近世之吴楚乎？夫吴王赐号为刘氏祭酒，复不朝，王四郡之众，地方数千里，内铸消铜以为钱，东煮海水以为盐，上取江陵木以为船，一船之载当中国数十两车，国富民众。行珠玉金帛赂诸侯宗室大臣，独窦氏不与。计定谋成，举兵而西。破于大梁，败于狐父，奔走而东，至于丹徒，越人禽之，身死绝祀，为天下笑。夫以吴楚之众不能成功者何？诚逆天道而不知时也。方今大王之兵众不能十分吴楚之一，天下安宁有万倍于秦之时，原大王从臣之计。大王不从臣之计，今见大王事必不成而语先泄也。臣闻微子过故国而悲，于是作《麦秀之歌》，是痛纣之不用王子比干也。故《孟子》曰‘纣贵为天子，死曾不若匹夫’。是纣先自绝于天下久矣，非死之日而天下去之。今臣亦窃悲大王弃千乘之君，必且赐绝命之书，为群臣先，死于东宫也。”于是气怨结而不扬，涕满匡而横流，即起，历阶而去。

王有孽子不害，最长，王弗爱，王、王后、太子皆不以为子兄数。不害有子建，材高有气，常怨望太子不省其父；又怨时诸侯皆得分子弟为侯，而淮南独二子，一为太子，建父独不得为侯。建阴结交，欲告败太子，以其父代之。太子知之，数捕系而榜笞建。建具知太子之谋欲杀汉中尉，即使所善寿春庄芷以元朔六年上书于天子曰："毒药苦于口利于病，忠言逆于耳利于行。今淮南王孙建，材能高，淮南王王后荼、荼子太子迁常疾害建。建父不害无罪，擅数捕系，欲杀之。今建在，可征问，具知淮南阴事。”书闻，上以其事下廷尉，廷尉下河南治。是时故辟阳侯孙审卿善丞相公孙弘，怨淮南厉王杀其大父，乃深购淮南事于弘，弘乃疑淮南有畔逆计谋，深穷治其狱。河南治建，辞引淮南太子及党与。淮南王患之，欲发，问伍被曰："汉廷治乱？”伍被曰："天下治。”王意不说，谓伍被曰："公何以言天下治也？”被曰："被窃观朝廷之政，君臣之义，父子之亲，夫王，恩德流被后世无穷无尽。如今大王看到了高皇帝得天下的容易，却偏偏看不到近代吴楚的覆亡么？那吴王被赐号为刘氏祭酒，颇受尊宠，又被恩准不必依例入京朝见，他掌管着四郡的民众，地域广至方圆数千里，在国内可自行冶铜铸造钱币，在东方可烧煮海水贩卖食盐，溯江而上能采江陵木材建造大船，一船所载抵得上中原数十辆车的容量，国家殷富百姓众多。吴王拿珠玉金帛贿赂诸侯王、宗室贵族和朝中大臣，唯独不给皇戚窦氏。反叛之谋划已成，吴王便发兵西进。但吴军在大梁被攻破，在狐父被击败，吴王逃奔东归，行至丹徒，让越人俘获，身死绝国，令天下人耻笑。为什么吴楚有那样众多的军队都不能成就功业？实在是违背了天道而不识时势的缘故。如今大王兵力不及吴楚的十分之一，天下安宁却比秦皇帝时代好万倍，希望大王听从臣下的意见。若大王不听臣的劝告，势必眼见大事不成言语却已先自泄露天机。臣听说箕子路过殷朝故都时心中很悲伤，于是作《麦秀之歌》，这首歌就是哀痛纣王不听从王子比干的劝谏而亡国。所以《孟子》说‘纣王贵为天子，死时竟不及平民’。这是因为纣王生前早已自绝于天下人，而不是死到临头天下人才背弃他。现在臣也暗自悲哀大王若抛弃了诸侯国君的尊贵，朝廷必将赐给绝命之书，令大王身先于群臣，死于东宫。”于是，伍被怨哀之气郁结胸中而神色黯然，泪水盈眶而满面流淌，即刻站起身，走下一级级台阶离去了。

淮南王有个庶出的儿子，名叫刘不害，年龄最大，淮南王不喜欢他，王后和太子也都不把他看作儿子或兄长。刘不害有个儿子名叫刘建，他才高气傲，时常怨恨太子不来问候自己的父亲；又埋怨当时诸侯王都可以分封子弟为诸侯，而淮南王只有两个儿子，一个当了太子，唯独自己的父亲不得封侯。刘建暗中结交人，想要打败太子，让他的父亲取而代之。太子知悉此事，多次拘囚并拷打刘建。刘建尽知太子意欲杀害朝廷中尉的阴谋，就让和自己私交很好的寿春县人庄芷在元朔六年向天子上书说：“良药苦口却利于病，忠言逆耳却利于行。如今淮南王的孙子刘建才能高，淮南王后荼和荼的儿子太子刘迁经常妒忌迫害他。刘建的父亲刘不害无罪，他们多次拘囚想杀害他。今刘建人在淮南，可召来问讯，他尽知淮南王的隐密。”书奏上达，皇上将此事交付廷尉，廷尉又下达河南郡府审理。这时，原辟阳侯的孙子审卿与丞相公孙弘交好，他仇恨淮南厉王杀死自己的祖父，就极力向公孙弘构陷淮南王的罪状，于是公孙弘怀疑淮南王有叛逆的阴谋，决意深入追究查办此案。河南郡府审问刘建，他供出了淮南王太子及其朋党。淮南王担忧事态严重，意欲举兵反叛，就向伍被问道：“汉朝的天下太平不太平？”伍被回答：“天下太平。”淮南王心中不高兴，对伍被说：“您依据什么说天下太平？”伍被回答：“臣私下观察朝政，君臣间的礼义、父子间的亲妇之别，长幼之序，皆得其理，上之举错遵古之道，风俗纪纲未有所缺也。重装富贾，周流天下，道无不通，故交易之道行。南越宾服，羌僰入献，东瓯入降，广长榆，开朔方，匈奴折翅伤翼，失援不振。虽未及古太平之时，然犹为治也。”王怒，被谢死罪。王又谓被曰：“山东即有兵，汉必使大将军将而制山东，公以为大将军何如人也？”被曰：“被所善者黄义，从大将军击匈奴，还，告被曰：‘大将军遇士大夫有礼，于士卒有恩，众皆乐为之用。骑上下山若蜚，材干绝人。’被以为材能如此，数将习兵，未易当也。及谒者曹梁使长安来，言大将军号令明，当敌勇敢，常为士卒先。休舍，穿井未通，须士卒尽得水，乃敢饮。军罢，卒尽已度河，乃度。皇太后所赐金帛，尽以赐军吏。虽古名将弗过也。”王默然。

淮南王见建已征治，恐国阴事且觉，欲发，被又以为难，乃复问被曰：“公以为吴兴兵是邪非也？”被曰：“以为非也。吴王至富贵也，举事不当，身死丹徒，头足异处，子孙无遗类。臣闻吴王悔之甚。愿王孰虑之，无为吴王之所悔。”王曰：“男子之所死者一言耳。且吴何知反，汉将一日过成皋者四十余人。今我令楼缓先要成皋之口，周被下颍川兵塞轘辕、伊阙之道，陈定发南阳兵守武关。河南太守独有雒阳耳，何足忧。然此北尚有临晋关、河东、上党与河内、赵国。人言曰‘绝成皋之口，天下不通’。据三川之险，招山东之兵，举事如此，公以为何如？”被曰：“臣见其祸，未见其福也。”王曰：“左吴、赵贤、朱骄如皆以为有福，什事九成，公独以为有祸无福，何也？”被曰：“大王之群臣近幸素能使众者，皆前系诏狱，余无可用者。”王曰：“陈胜、吴广无立锥之地，千人之聚，起于大泽，奋臂大呼而天下响应，西至于戏而兵百二十万。今吾国虽小，然而胜兵者可得十余万，非直适戍之众，釠凿棘矜也，公何以言有祸无福？”被曰：“往者秦为无道，残贼天下。兴万乘之驾，作阿爱、夫妻间的区别、长幼间的秩序，都合乎应有的原则，皇上施政遵循古代的治国之道，风俗和法度都没有缺失。满载货物的富商周行天下，道路无处不畅通，因此贸易之事盛行。南越称臣归服，羌僰进献物产，东瓯内迁降汉，朝廷拓广长榆塞，开辟朔方郡，使匈奴折翅伤翼，失去援助而萎靡不振。这虽然还赶不上古代的太平岁月，但也算是天下安定了。”淮南王大怒，伍被连忙告谢死罪。淮南王又对伍被说：“崤山之东若发生兵战，朝廷必使大将军卫青来统兵镇压，您认为大将军人怎样？”伍被说：“我的好朋友黄义，曾跟随大将军攻打匈奴，归来告诉我说：‘大将军对待士大夫有礼貌，对士卒有恩德，众人都乐意为他效劳。大将军骑马上下山冈疾驰如飞，才能出众过人。’我认为他才干这般高超，屡次率兵征战通晓军事，不易抵挡。又谒者曹梁出使长安归来，说大将军号令严明，对敌作战勇敢，时常身先士卒。安营扎寨休息，井未凿通时，必待士兵人人喝上水，他才肯饮。军队出征归来，士兵已全部渡河，他才过河。皇太后赏赐的钱财丝帛，他都转赐手下的军官。即使古代名将也无人比得过他。”淮南王听罢沉默无语。

淮南王眼看刘建被召受审，害怕国中密谋造反之事败露，想抢先起兵，但是伍被认为难以成事，于是淮南王再问他道：“您以为当年吴王兴兵造反是对还是错？”伍被说：“我认为错了。吴王富贵已极，却举事不当，身死丹徒，头足分家，殃及子孙无人幸存。臣听说吴王后悔异常。希望大王三思熟虑，勿做吴王所悔恨的蠢事。”淮南王说：“男子汉甘愿赴死，只是为了自己说出的一句话罢了。况且吴王哪里懂得造反，竟让汉将一日之内有四十多人闯过了成皋关隘。现在我令楼缓首先扼住成皋关口，令周被攻下颍川郡率兵堵住轘辕关、伊阙关的道路，令陈定率南阳郡的军队把守武关。河南郡太守只剩有洛阳罢了，何足担忧。不过，这北面还有临晋关、河东郡、上党郡和河内郡、赵国。人们说‘扼断成皋关口，天下就不能通行了’。我们凭借雄据三川之地的成皋险关，招集崤山之东各郡国的军队响应，这样起事，您以为如何？”伍被答道：“臣看得见它失败的灾祸，看不见它成功的福运。”淮南王说：“左吴、赵贤、朱骄如都认为有福运，十之有九会成功。您偏偏认为有祸无福，是为什么？”伍被说：“受大王宠信的群臣中平素能号令众人的，都在前次皇上诏办的罪案中被拘囚了，余下的已没有可以倚重的人。”淮南王说：“陈胜、吴广身无立锥之地，一千人聚集起来，在大泽乡起事，奋臂大呼造反，天下就群起响应，他们西行到达戏水时已有一百二十万人相随。如今我国虽小，但是能拿起兵器的人能有十多万，他们绝非被迫戍边的乌合之众，所持也不是木弩和戟柄。您为什么说有祸无福呢？”伍被说：“从前秦王朝暴虐无道，残害天下百姓。朝廷征发民间万辆车驾，营建阿房房之宫，收太半之赋，发闾左之戍，父不宁子，兄不便弟，政苛刑峻，天下熬然若焦，民皆引领而望，倾耳而听，悲号仰天，叩心而怨上，故陈胜大呼，天下响应。当今陛下临制天下，一齐海内，泛爱蒸庶，布德施惠。口虽未言，声疾雷霆，令虽未出，化驰如神，心有所怀，威动万里，下之应上，犹影响也。而大将军材能不特章邯、杨熊也。大王以陈胜、吴广谕之，被以为过矣。”王曰：“苟如公言，不可徼幸邪？”被曰：“被有愚计。”王曰：“奈何？”被曰：“当今诸侯无异心，百姓无怨气。朔方之郡田地广，水草美，民徙者不足以实其地。臣之愚计，可伪为丞相御史请书，徙郡国豪桀任侠及有耏罪以上，赦令除其罪，产五十万以上者，皆徙其家属朔方之郡，益发甲卒，急其会日。又伪为左右都司空上林中都官诏狱书，诸侯太子幸臣。如此则民怨，诸侯惧，即使辩武随而说之，傥可徼幸什得一乎？”王曰：“此可也。虽然，吾以为不至若此。”于是王乃令官奴入宫，作皇帝玺，丞相、御史、大将军、军吏、中二千石、都官令、丞印，及旁近郡太守、都尉印，汉使节法冠，欲如伍被计。使人伪得罪而西，事大将军、丞相；一日发兵，使人即刺杀大将军青，而说丞相下之，如发蒙耳。

王欲发国中兵，恐其相、二千石不听。王乃与伍被谋，先杀相、二千石；伪失火宫中，相、二千石救火，至即杀之。计未决，又欲令人衣求盗衣，持羽檄，从东方来，呼曰“南越兵入界”，欲因以发兵。乃使人至庐江、会稽为求盗，未发。王问伍被曰：“吾举兵西乡，诸侯必有应我者；即无应，奈何？”被曰：“南收衡山以击庐江，有寻阳之船，守下雉之城，结九江之浦，绝豫章之口，强弩临江而守，以禁南郡之下，东收江都、会稽，南通劲越，屈强江淮间，犹宫，收取百姓大半的收入作为赋税，还征调家居闾左的贫民去远戍边疆，弄得父亲无法保护儿子平安，哥哥不能让弟弟过上安逸的生活，苛严的政令峻急的刑法，天下人忍受百般煎熬几近枯焦。百姓都延颈盼望，侧耳倾听，向天仰首悲呼，捶胸怨恨皇上，所以陈胜大呼造反，天下人立刻响应。如今皇上临朝治理天下，四方统一海内，泛爱普天黎民，广施恩惠德政。他即使不开口讲话，声音传播也如雷霆般迅疾；诏令即使不颁布，而教化的飞速推广也似有神力；他心有所想，便威动万里，下民响应主上，就好比影之随形、响之应声一般。而且大将军卫青的才能不是秦将章邯、杨熊可比的。因此，大王您以陈胜、吴广反秦来自喻，我认为不当。”淮南王说：“假如真像你说的那样，不可以侥幸成功吗？”伍被说：“我倒有一条愚蠢的计策。”淮南王说：“怎么办呢？”伍被答道：“当今诸侯对朝廷没有二心，百姓对朝廷没有怨气。但朔方郡田地广阔，水草丰美，已迁徙的百姓还不足以充实开发那个地区。臣的愚计是，可以伪造丞相、御史写给皇上的奏章，请求再迁徙各郡国的豪强、义士和处以耏罪以上的刑徒充边，下诏赦免犯人的刑罪，凡家产在五十万钱以上的人，都携同家属迁往朔方郡，而且更多地调发一些士兵监督，催迫他们如期到达。再伪造宗正府左右都司空、上林苑和京师各官府下达的皇上亲发的办案文书，去逮捕诸侯的太子与宠幸之臣。如此一来就会民怨四起、诸侯恐惧，紧接着让摇唇鼓舌的说客去鼓动说服他们造反，或许可以侥幸得到十分之一的成功把握吧！”淮南王说：“此计可行。虽然你的顾虑有道理，但我以为成就此事并不至于难到如此程度。”于是淮南王命令官奴入宫，伪造皇上印玺，丞相、御史、大将军、军吏、中二千石、京师各官府令和县丞的官印，附近郡国太守和都尉的官印，以及朝廷使臣和法官所戴的官帽，打算一切按伍被的计策行事。淮南王还派人假装获罪后逃出淮南国而西入长安，去为大将军和丞相做事，意欲一旦发兵起事，就让他们立即刺杀大将军卫青，然后再说服丞相屈从臣服，便如同揭去一块盖布那么轻而易举了。

淮南王想要发动国中的军队，又害怕自己的国相和大臣们不听命。他就和伍被谋划先杀死国相与二千石大臣，为此假装宫中失火，国相、二千石大臣必来救火，人一到就杀死他们。谋议未定，又计划派人身穿抓捕盗贼的官兵的服装，手持羽檄，从南方驰来，大呼“南越兵入界了”，以借机发兵进军。于是他们派人到庐江郡、会稽郡实施冒充追捕盗贼的计策，没有立即发兵。淮南王问伍被说：“我率兵向西进发，诸侯一定会有响应的人；若是没有人响应怎么办？”伍被回答道：“可向南夺取衡山国来攻打庐江郡，占有浔阳的战船，守住下雉的城池，扼住九江江口，阻断豫章河水北入长江的彭蠡湖口这条通道，以强弓劲弩临江设防，来禁止南郡军队沿江而下；再东进攻占江都国、会稽郡，和南方强有力的越可得延岁月之寿。”王曰：“善，无以易此。急则走越耳。”

于是廷尉以王孙建辞连淮南王太子迁闻。上遣廷尉监因拜淮南中尉，逮捕太子。至淮南，淮南王闻，与太子谋召相、二千石，欲杀而发兵。召相，相至；内史以出为解。中尉曰：“臣受诏使，不得见王。”王念独杀相而内史中尉不来，无益也，即罢相。王犹豫，计未决。太子念所坐者谋刺汉中尉，所与谋者已死，以为口绝，乃谓王曰：“群臣可用者皆前系，今无足与举事者。王以非时发，恐无功，臣原会逮。”王亦偷欲休，即许太子。太子即自刭，不殊。伍被自诣吏，因告与淮南王谋反，反踪迹具如此。

吏因捕太子、王后，围王宫，尽求捕王所与谋反宾客在国中者，索得反具以闻。上下公卿治，所连引与淮南王谋反列侯二千石豪杰数千人，皆以罪轻重受诛。衡山王赐，淮南王弟也，当坐收，有司请逮捕衡山王。天子曰：“诸侯各以其国为本，不当相坐。与诸侯王列侯会肄丞相诸侯议。”赵王彭祖、列侯臣让等四十三人议，皆曰：“淮南王安甚大逆无道，谋反明白，当伏诛。”胶西王臣端议曰：“淮南王安废法行邪，怀诈伪心，以乱天下，荧惑百姓，倍畔宗庙，妄作妖言。《春秋》曰‘臣无将，将而诛’。安罪重于将，谋反形已定。臣端所见其书节印图及他逆无道事验明白，甚大逆无道，当伏其法。而论国吏二百石以上及比者，宗室近幸臣不在法中者，不能相教，当皆免官削爵为士伍，毋得宦为吏。其非吏，他赎死金二斤八两。以章臣安之罪，使天下明知臣子之道，毋敢复有邪僻倍畔之意。”丞相弘、廷尉汤等以闻，天子使宗正以符节治王。未至，淮南王安自刭杀。王后荼、太子迁诸所与谋反者皆族。天子以伍被雅辞多引汉之美，欲勿国结交，这样在长江淮水之间屈伸自如，犹可拖延一些时日。”淮南王说：“很好，没有更好的办法了。要是事态危急就奔往越国吧。”

于是廷尉把淮南王孙刘建供词中牵连出淮南王太子刘迁的事呈报了皇上。皇上派廷尉监趁前去拜见淮南国中尉的机会，逮捕太子。廷尉监来到淮南国，淮南王得知，和太子谋划，打算召国相和二千石大臣前来，杀死他们就发兵。召国相入宫，国相来了；内史因外出得以脱身。中尉则说：“臣在迎接皇上派来的使臣，不能前去见王。”淮南王心想只杀死国相一人而内史、中尉不肯前来，没有什么益处，就罢手放走了国相。他犹豫再三，定不下行动的计策。太子想到自己所犯的是阴谋刺杀朝廷中尉的罪，而参与密谋的人已死，便以为活口都堵住断绝，就对淮南王说：“群臣中可依靠的先前都被拘捕了，现今已没有可以倚重举事的人。您在时机不成熟时发兵，恐怕不会成功，臣甘愿前往廷尉处受捕。”淮南王心中也暗想罢手，就答应了太子的请求。于是太子刎颈自杀，却未能丧命。伍被独自去见执法官吏，坦白了自己参与淮南王谋反的事情，将谋反的详情全盘供了出来。

法吏因而逮捕了太子、王后，王宫被包围了，将国中参与谋反的淮南王的宾客全部搜查抓捕起来，还搜出了谋反的器具，然后书奏向上呈报。皇上将此案交给公卿大臣审理，案中牵连出与淮南王一同谋反的列侯、二千石、地方豪强有几千人，一律按罪行轻重处以死刑。衡山王刘赐，是淮南王的弟弟，被判同罪应予收捕，负责办案的官员请求逮捕衡山王。天子说：“侯王各以自己的封国作为立身之本，不应彼此牵连。你们与诸侯王、列侯一道去跟丞相商议吧。”赵王彭祖、列侯曹襄等四十三人商议后，都说：“淮南王刘安极其大逆不道，明白无疑谋反之罪，当诛杀不赦。”胶西王刘端发表意见说：“淮南王刘安无视王法肆行邪恶之事，欺诈藏心，扰乱天下，迷惑百姓，背叛祖宗，妄生邪说。《春秋》曾说‘臣子不可率众作乱，率众作乱就应诛杀’。刘安的罪行比率众作乱更加严重，其谋反态势已成定局。臣所见他伪造的文书、印墨、符节、地图以及其他大逆不道的事实都有明明白白的证据，其罪极其大逆不道，依法理应处死。至于淮南国中二百石以上官吏和比二百石少的官吏，宗室的宠幸之臣中未触犯法律的人，他们不能尽责匡正阻止淮南王的谋反，也都应当免官削夺爵位贬为士兵，今后不许再为吏当官。那些并非官吏的其他罪犯，可用黄金二斤八两抵偿死罪。朝廷应公开揭露刘安的罪恶，好让天下人都清楚地明白为臣之道，不敢再有邪恶的背叛皇上的野心。”丞相公孙弘、廷尉张汤等把大家的议论逐一上奏，天子便派宗正手持符节去审判淮南王。宗正还未行至淮南国，淮南王刘安已提前自刎死去。王后荼、太子刘迁和所有共同谋反的人都被满门杀尽。天子因为伍被劝阻淮诛。廷尉汤曰："被首为王画反谋，被罪无赦。"遂诛被。国除为九江郡。

衡山王赐，王后乘舒生子三人，长男爽为太子，次男孝，次女无采。又姬徐来生子男女四人，美人厥姬生子二人。衡山王、淮南王兄弟相责望礼节，间不相能。衡山王闻淮南王作为畔逆反具，亦心结宾客以应之，恐为所并。

元光六年，衡山王入朝，其谒者卫庆有方术，欲上书事天子，王怒，故劾庆死罪，强榜服之。衡山内史以为非是，却其狱。王使人上书告内史，内史治，言王不直。王又数侵夺人田，坏人冢以为田。有司请逮治衡山王。天子不许，为置吏二百石以上。衡山王以此恚，与奚慈、张广昌谋，求能为兵法候星气者，日夜从容王密谋反事。

王后乘舒死，立徐来为王后。厥姬俱幸。两人相妒，厥姬乃恶王后徐来于太子曰："徐来使婢蛊道杀太子母。"太子心怨徐来。徐来兄至衡山，太子与饮，以刃刺伤王后兄。王后怨怒，数毁恶太子于王。太子女弟无采，嫁弃归，与奴奸，又与客奸。太子数让无采，无采怒，不与太子通。王后闻之，即善遇无采。无采及中兄孝少失母，附王后，王后以计爱之，与共毁太子，王以故数击笞太子。

元朔四年中，人有贼伤王后假母者，王疑太子使人伤之，笞太子。后王病，太子时称病不侍。孝、王后、无采恶太子："太子实不病，自言病，有喜色。"王大怒，欲废太子，立其弟孝。王后知王决废太子，又欲并废孝。王后有侍者，善舞，王幸之，王后欲令侍者与孝乱以污之，欲并废兄弟而立其子广代太子。太子爽知之，念后数恶己无已时，欲与乱以止其口。王后饮，太子前为寿，因据王后股，求与王后卧。王后怒，以告王。王乃召，欲缚而笞之。太子知王常欲废南王刘安谋反时言词雅正，说了很多誉美朝政的话，想不杀他。廷尉张汤说："伍被最先为淮南王策划反叛的计谋，不可赦免他的罪。"于是杀了伍被。淮南国从此被废，设为九江郡。

衡山王，名刘赐，乘舒王后生了三个孩子，长男刘爽立为太子，二儿刘孝，三女刘无采。又有姬妾徐来生儿女四人，厥姬妃嫔生儿女二人。衡山王和淮南王两兄弟在礼节上相互责怪抱怨，关系疏远，不相和睦。衡山王听说淮南王制造用于叛逆谋反的器具，也倾心结交宾客来防范他，深恐被他吞并。

元光六年，衡山王进京朝见，他的谒者卫庆懂方术，想上书请求侍奉天子。衡山王很恼怒，故意告发卫庆犯下死罪，严刑拷打逼他认可。衡山国内史认为不对，不肯审理此案。衡山王便使人上书控告内史，内史被迫办案，但直言衡山王理屈。衡山王又多次侵夺他人田产，毁坏他人坟墓辟为田地。有关部门长官请求追究衡山王的罪责并逮捕，天子不同意，只收回他原先可以自行委任本国二百石官秩以上官吏的权力，改为由天子任命。衡山王因此心怀愤恨，和奚慈、张广昌策划，四处访求谙熟兵法和会观测星象以占卜吉凶的人，他们鼓动衡山王日夜密谋反叛之事。

乘舒王后死了，衡山王立徐来为王后。厥姬也同时得到宠幸。两人互相嫉妒，厥姬就向太子说王后徐来的坏话。她说："徐来指使婢女用诬蛊邪术杀害了太子的母亲。"从此太子心中对徐来产生怨恨。徐来的哥哥来到衡山国，太子与他饮酒，席间用刀刺伤了王后的哥哥。王后恼怒怨恨，屡次向衡山王诋毁太子。太子的妹妹刘无采出嫁后被休归娘家，先和奴仆通奸，又和宾客通奸。太子屡次责备刘无采，无采很恼火，不再和太子来往。王后得知此事，就殷勤关怀无采。无采和二哥刘孝自年少便失去母亲，不免依附于王后徐来，她就巧施心计爱护他们，让他们一起毁谤太子，为此衡山王多次毒打太子。

元朔四年中，王后的继母被人刺伤，衡山王怀疑是太子指使人所为，就用竹板毒打太子。后来衡山王病了，太子经常声称有病不去服侍。王后、刘孝、刘无采都说他的坏话："太子其实没病，而自称有病，脸上还带有喜色。"衡山王大怒，便想废掉他的太子名分，改立其弟刘孝。王后知道衡山王已决意废除太子，就又想让他一并也废除刘孝。王后有一个女仆善于跳舞，衡山王很宠爱她，王后打算让女仆和刘孝私通来玷污陷害他，好一起废掉太子兄弟而把自己的亲生儿子刘广立为太子。太子刘爽知道了王后的诡计，心想王后屡次诽谤自己不肯罢休，就想算计与她发生奸情来堵她的口。一次，王后饮酒，太子上前敬酒祝寿，趁势坐在了王后的大腿上，要求与她同宿。王后很生气，把此事告诉了衡山王。于是衡山王召太子来，打算将他捆起来毒打。太子知道父王常想废掉自己而立弟已立其弟孝，乃谓王曰："孝与王御者奸，无采与奴奸，王强食，请上书。"即倍王去。王使人止之，莫能禁，乃自驾追捕太子。太子妄恶言，王械系太子宫中。孝日益亲幸。王奇孝材能，乃佩之王印，号曰将军，令居外宅，多给金钱，招致宾客。宾客来者，微知淮南、衡山有逆计，日夜从容劝之。王乃使孝客江都人救赫、陈喜作輣车镞矢，刻天子玺，将相军吏印。王日夜求壮士如周丘等，数称引吴楚反时计画，以约束。衡山王非敢效淮南王求即天子位，畏淮南起并其国，以为淮南已西，发兵定江淮之间而有之，望如是。

元朔五年秋，衡山王当朝，过淮南，淮南王乃昆弟语，除前却，约束反具。衡山王即上书谢病，上赐书不朝。

元朔六年中，衡山王使人上书请废太子爽，立孝为太子。爽闻，即使所善白嬴之长安上书，言孝作輣车镞矢，与王御者奸，欲以败孝。白嬴至长安，未及上书，吏捕嬴，以淮南事系。王闻爽使白嬴上书，恐言国阴事，即上书反告太子爽所为不道弃市罪事。事下沛郡治。

元年冬，有司公卿下沛郡求捕所与淮南谋反者未得，得陈喜于衡山王子孝家。吏劾孝首匿喜。孝以为陈喜雅数与王计谋反，恐其发之，闻律先自告除其罪，又疑太子使白嬴上书发其事，即先自告，告所与谋反者救赫、陈喜等。廷尉治验，公卿请逮捕衡山王治之。天子曰："勿捕。"遣中尉安、大行息即问王，王具以情实对。吏皆围王宫而守之。中尉大行还，以闻，公卿请遣宗正、大行与沛郡杂治王。王闻，即自刭杀。孝先自告反，除其罪；坐与王御婢奸，弃市。王后徐来亦坐蛊杀前王后乘舒，及太子爽坐王告不孝，皆弃市。诸与衡山王谋反者皆族。国除为衡山郡。

太史公曰：《诗》之所谓"戎狄是膺，荆舒是惩"，信哉是言弟刘孝，就对他说："刘孝和父王宠幸的女仆通奸，无采又和奴仆通奸，父王打起精神加餐吧，我请求给朝廷上书。"说罢背向衡山王离去了。衡山王派人去阻止他，却不能奏效，就亲自驾车去追捕太子。太子乱说坏话，衡山王便用镣铐囚禁他于宫中。刘孝越来越受到衡山王的亲近和宠幸。衡山王很惊异刘孝的才能，就让他佩上王印，号称将军，让他在宫外的府第中居住，给他很多钱财，用以招揽宾客。登门投靠的宾客，暗中知道淮南王、衡山王都有背叛朝廷的计划，就日夜逢迎鼓动衡山王。于是衡山王指派刘孝的宾客江都人救赫、陈喜制造战车和箭支，私刻天子印玺和将相军吏的官印。衡山王日夜访求如周丘一样的壮士，多次称赞和援引吴楚反叛时的谋略，用它规范自己的谋反计划。衡山王不敢仿效淮南王希冀篡夺天子之位，他害怕淮南王起事吞并自己的国家，准备趁淮南王西进之际，自己就可乘虚发兵平定并占有长江和淮水之间的领地，他希望能够如愿。

元朔五年秋，衡山王将进京朝见天子。经过淮南国时，淮南王竟说了一些兄弟情深的话，消除了以前的嫌隙，约定彼此共同制造谋反的器具。衡山王便上书推说身体有病，皇上赐书准许他不入朝。

元朔六年中，衡山王使人上书皇上请求废掉太子刘爽，改立刘孝为太子。刘爽闻讯，就派和自己很要好的白嬴到长安上书，控告刘孝私造战车箭支，还和淮南王的女侍通奸，意欲以此挫败刘孝。白嬴来到长安，还未来得及上书，官吏就逮捕了他，因他与淮南王谋反事有牵连予以囚禁。衡山王听说刘爽派白嬴去上书，害怕他讲出国中不可告人的秘密，就上书反告太子刘爽干了大逆不道的事应处死罪，朝廷便将此事下交沛郡审理。

元狩元年冬，负责办案的公卿大臣到沛郡搜捕与淮南王共同谋反的罪犯，没有捕到，但却在衡山王儿子刘孝家抓住了陈喜。官吏控告刘孝藏匿陈喜。刘孝认为陈喜平素屡次和衡山王计议谋反，很害怕他会供出此事。他听说律令规定事先自首者可免除其罪责，又怀疑太子指使白嬴上书将告发谋反之事，就抢先自首，控告陈喜、救赫等人参与谋反。廷尉审讯验证属实，公卿大臣便请求逮捕衡山王加以治罪。天子说："不要逮捕。"他派遣中尉司马安、大行令李息赴衡山国就地查问衡山王，衡山王据实一一做了回答。官吏把王宫包围起来严加看守。中尉、大行令还朝，将情况上奏，公卿大臣请求派大行令、宗正和沛郡府联合审判衡山王。衡山王闻讯就刎颈自杀。刘孝因主动自首谋反之事，被免罪；但他犯下与衡山王女侍通奸之罪，仍被处死弃市。王后徐来也犯有以诬蛊谋杀前王后乘舒罪，连同太子刘爽犯了被衡山王控告不孝的罪，也都被处死弃市。所有参与衡山王谋反事的罪犯一概满门杀尽。衡山国废设为衡山郡。

太史公说：《诗经》上说"抗击戎狄，惩治楚人"，此话果然正确啊！淮南也。淮南、衡山亲为骨肉，疆土千里，列为诸侯，不务遵蕃臣职以承辅天子，而专挟邪僻之计，谋为畔逆，仍父子再亡国，各不终其身，为天下笑。此非独王过也，亦其俗薄，臣下渐靡使然也。夫荆楚僄勇轻悍，好作乱，乃自古记之矣。

王、衡山王虽是骨肉至亲，拥有疆土千里，封为诸侯，但是不致力于遵守藩臣的职责去辅佐天子，反而一味心怀邪恶之计，图谋叛逆，导致父子相继二次亡国，人人都不得尽享天年，而受到天下人耻笑。这不只是他们的过错，也是当地习俗浇薄和居下位的臣子影响不良的结果啊。楚国人轻捷勇猛凶悍，喜好作乱，这些早在古代就记载于书了。

循吏列传第五十九

太史公曰：法令所以导民也，刑罚所以禁奸也。文武不备，良民惧然身修者，官未曾乱也。奉职循理，亦可以为治，何必威严哉？

孙叔敖者，楚之处士也。虞丘相进之于楚庄王以自代也。三月为楚相，施教导民，上下和合，世俗盛美，政缓禁止，吏无奸邪，盗贼不起。秋冬则劝民山采，春夏以水，各得其所便，民皆乐其生。

庄王以为币轻，更以小为大，百姓不便，皆去其业。市令言之相曰："市乱，民莫安其处，次行不定。"相曰："如此几何顷乎？"市令曰："三月顷。"相曰："罢，吾今令之复矣。"后五日，朝，相言之王曰："前日更币，以为轻。今市令来言曰'市乱，民莫安其处，次行之不定'。臣请遂令复如故。"王许之，下令三日而市复如故。

楚民俗好庳车，王以为庳车不便马，欲下令使高之。相曰："令数下，民不知所从，不可。王必欲高车，臣请教闾里使高其梱。乘车者皆君子，君子不能数下车。"王许之。居半岁，民悉自高其车。

此不教而民从其化，近者视而效之，远者四面望而法之。故三得相而不喜，知其材自得之也；三去相而不悔，知非己之罪也。

子产者，郑之列大夫也。郑昭君之时，以所爱徐挚为相，国乱，太史公说：法令是用来引导民众向善的，刑罚是用来阻止民众作恶的。当国家的政令与刑罚不完备时，善良的百姓依然心存畏惧，而自我约束，这是由于为官者行为端正的缘故。实际上只要官吏奉公守法，按制度行事，就可以做百姓的榜样而治理好天下，何必非用严刑峻法不可呢？

孙叔敖是楚国的隐士。楚国宰相虞丘把他举荐给楚庄王，想让他接替自己的职务。三个月之后，孙叔敖果然做了国相，他教化百姓，加以引导，使得楚国上下和睦、风俗淳美。他执政宽缓不苛，却说到做到。因此当时的官吏没有为非作歹的，民间也无盗贼。一到秋冬两季，他就鼓励人们进山采伐林木，到了春夏时节，趁着上涨的河水把木材运出山外。百姓各自按自己的习惯来安排自己的事物，都生活得很安乐。

庄王觉得楚国原有的钱币太轻，就下令把小钱改铸成大钱，结果百姓用起来很不方便，纷纷放弃了自己的本业。面对这种情况，管理市场的长官就向国相孙叔敖报告说："市场一片混乱，老百姓都不能安心在那里做买卖，秩序很不稳定。"孙叔敖问："这种情况持续多久了？"回答说："有三个月了。"孙叔敖说："你回去吧，我很快就会让市场恢复原样的。"五天后，他上朝对庄王说："先前更换钱币，是认为旧币太轻了。而今市令来报告说'市场混乱，百姓不能安心谋生，秩序很不稳定'，所以我请求恢复原来的规格。"庄王同意了，结果颁布命令才三天，市场又恢复得像原先一样了。

楚国的老百姓爱好乘坐矮车，楚王认为矮车不便于马拉，想下令把矮车增高。国相孙叔敖劝阻说："政令太多，百姓就会无所适从，不可以这样的。如果您一定要把车加高，我觉得可以让乡里人家把门槛都加高一点。因为乘车的人都是有身份地位的，他们不想为过门槛而频繁下车，自然就会把车的底座加高了。"楚王答应了。结果过了半年，老百姓都自动把车的底座加高了。

这就是孙叔敖不用下令百姓却自然而然跟着变了，身边的人亲眼看着学习他的言行，远处的人观望四周人们的变化也跟着效仿。而孙叔敖自己则是三次荣居相位但并不沾沾自喜，因为他明白自己是凭借才干获得的；三次离开相位也并无悔恨，因为他知道自己没有过错。

子产是郑国的大夫。郑昭君在位时，曾任命自己宠信的徐挚为宰相，结果上下不亲，父子不和。大宫子期言之君，以子产为相。为相一年，竖子不戏狎，斑白不提挈，僮子不犁畔。二年，市不豫贾。三年，门不夜关，道不拾遗。四年，田器不归。五年，士无尺籍，丧期不令而治。治郑二十六年而死，丁壮号哭，老人儿啼，曰："子产去我死乎！民将安归？"

公仪休者，鲁博士也。以高弟为鲁相。奉法循理，无所变更，百官自正。使食禄者不得与下民争利，受大者不得取小。

客有遗相鱼者，相不受。客曰："闻君嗜鱼，遗君鱼，何故不受也？"相曰："以嗜鱼，故不受也。今为相，能自给鱼；今受鱼而免，谁复给我鱼者？吾故不受也。"

食茹而美，拔其园葵而弃之。见其家织布好，而疾出其家妇，燔其机，云"欲令农士工女安所仇其货乎"？

石奢者，楚昭王相也。坚直廉正，无所阿避。行县，道有杀人者，相追之，乃其父也。纵其父而还自系焉。使人言之王曰："杀人者，臣之父也。夫以父立政，不孝也；废法纵罪，非忠也；臣罪当死。"王曰："追而不及，不当伏罪，子其治事矣。"石奢曰："不私其父，非孝子也；不奉主法，非忠臣也。王赦其罪，上惠也；伏诛而死，臣职也。"遂不受令，自刎而死。

李离者，晋文公之理也。过听杀人，自拘当死。文公曰："官有贵贱，罚有轻重。下吏有过，非子之罪也。"李离曰："臣居官为长，不与吏让位；受禄为多，不与下分利。今过听杀人，傅其罪下吏，非所闻也。"辞不受令。文公曰："子则自以为有罪，寡人亦有罪邪？"李离曰："理有法，失刑则刑，失死则死。公以臣能听微决国家一片混乱，官民上下不团结，父子不和睦。大宫子期把这些情况汇报给郑昭君，昭君于是就改任子产为宰相。子产执政仅一年，粗野小子不再轻浮嬉戏，白发老人不必手提重物，儿童也知礼，耕田时不耕到地界上去。两年之后，市场上买卖公平，没有人预先算计价格了。三年过去，人们晚上睡觉不用关门，路上没有人把别人丢失的东西捡走，社会风气为之一新。四年后，耕田的农具不必带回家，五年后，男子无需服兵役，遇到国丧，朝廷不用下达政令也秩序井然。子产治理郑国二十六年后去世，青壮年痛哭失声，老人也像孩童一样呜呜哭泣，都说："子产离我们而去，我们老百姓将来依靠谁呢？"

公仪休是鲁国的博士。由于学问很好做了鲁国国相。他奉行法度，按规章制度行事，不擅自改变规制，因此百官都自觉地端正言行。为官者不和百姓争夺利益，做大官的不去牟取小利。

有个客人给公仪休送来鱼，他不肯接受。客人说："我是听说您特别喜好吃鱼才送来的，为什么不肯接受呢？"公仪休回答说："正因为爱吃鱼，才不能接受啊。现在我做国相，自己还能买得起鱼吃；如果因为今天收下你的鱼而被免了官，今后谁还会给我送鱼呢？所以我坚决不能收下。"

公仪休吃了自家的蔬菜感觉味道很好，就把园中的冬葵菜都拔出来扔掉。他看见自家织的布很好，就赶紧把妻子逐出家门，还烧毁了织布机，说道："要让农民和织妇们到哪里去卖掉他们生产的货物呢？"

石奢是楚昭王的国相，他为人刚强正直、廉洁公正，不喜欢阿谀奉承，也不曲从回避。一次，他到各县视察，途中遇到一起杀人案件，石奢追查凶犯，发现竟然是自己的父亲。于是他就放走父亲，而把自己囚禁起来，派人告诉昭王说："杀人的罪犯，是为臣的父亲。若以惩办父亲来维护国家的政令，那么就不孝了；若不顾法度纵容犯罪，又是对国家的不忠；因此我非死不可。"昭王说："你追捕凶犯而没追到，不该对追捕者论罪，你还是继续治理国事吧。"石奢说："不爱自己的父亲，不是孝子；不遵守王法，不是忠臣。您赦免我的罪责，是您的恩惠；我伏法而死，则是为臣的职责。"于是石奢没有听从楚王的命令，刎颈自杀而死。

李离是晋文公的法官。他因为判断案情有误而错杀了人，后来发觉了，就把自己关起来判处死罪。文公说："官职有贵贱的差别，刑罚也有轻重之分。这是你属下官吏犯的过错，不关你的事。"李离说："在我被任命担当他们长官的时候，没有向他们推让；我领取的官俸很多，也没有分给他们。如今我判断案情有误而错杀人命，却要把责任推给下级，这样的事我没有听说过。"就拒绝接受文公的命令。文公说："如果你这样认定自己有罪，那么我是不是也有罪呢？"李疑，故使为理。今过听杀人，罪当死。”遂不受令，伏剑而死。

太史公曰：孙叔敖出一言，郢市复。子产病死，郑民号哭。公仪子见好布而家妇逐。石奢纵父而死，楚昭名立。李离过杀而伏剑，晋文以正国法。

离说："法官依法断案，判错案件就要受到惩罚，错失杀人就要以死偿命。您因为臣能够仔细审理分析，决断疑难案件，才让我担任法官。现在我判断案情有误而错杀人，按理应该判处死罪。"于是没有接受晋文公的赦令，而引剑自杀了。

太史公说：孙叔敖的一句话，就让郢都的市场秩序恢复如初。子产病逝，郑国百姓失声痛哭。公仪休看到妻子织的布太好就把她赶出家门。石奢放走父亲而自杀顶罪，使楚昭王的威名得以树立。李离错判杀人罪而引剑自杀，使晋文公得以整肃国法。

汲郑列传第六十

汲黯字长孺，濮阳人也。其先有宠于古之卫君。至黯七世，世为卿大夫。黯以父任，孝景时为太子洗马，以庄见惮。孝景帝崩，太子即位，黯为谒者。东越相攻，上使黯往视之。不至，至吴而还，报曰："越人相攻，固其俗然，不足以辱天子之使。"河内失火，延烧千余家，上使黯往视之。还报曰："家人失火，屋比延烧，不足忧也。臣过河南，河南贫人伤水旱万余家，或父子相食，臣谨以便宜，持节发河南仓粟以振贫民。臣请归节，伏矫制之罪。"上贤而释之，迁为荥阳令。黯耻为令，病归田里。上闻，乃召拜为中大夫。以数切谏，不得久留内，迁为东海太守。黯学黄老之言，治官理民，好清静，择丞史而任之。其治，责大指而已，不苛小。黯多病，卧闺阁内不出。岁余，东海大治。称之。上闻，召以为主爵都尉，列于九卿。治务在无为而已，弘大体，不拘文法。

黯为人性倨，少礼，面折，不能容人之过。合己者善待之，不合己者不能忍见，士亦以此不附焉。然好学，游侠，任气节，内行修絜，好直谏，数犯主之颜色，常慕傅柏、袁盎之为人也。善灌夫、郑当时及宗正刘弃。亦以数直谏，不得久居位。

当是时，太后弟武安侯蚡为丞相，中二千石来拜谒，蚡不为礼。然黯见蚡未尝拜，常揖之。天子方招文学儒者，上曰吾欲云云，黯对汲黯字长孺，是濮阳县人。他的祖先曾受到古卫国国君的恩宠，从那时到他已是第七代了，世世都在朝中担任公卿大夫。他因为有父亲的保举，在景帝时当了太子洗马，因为他素来庄重严肃，使人敬畏。景帝死后，太子刘彻继位，就是汉武帝，汲黯被任命为谒者之官。不久，东南沿海的闽越和瓯越相互攻击，皇上派汲黯前往视察。他没有到达东越，走到吴县就折回来禀报说："越人互相攻击，因为当地民俗本来就是这样好斗，不值得烦劳天子的使臣前去过问。"河内郡发生了火灾，殃及了一千多户人家，皇上又派汲黯去视察。他回来报告说："那是普通人家不慎失火，由于挨得近，火势便蔓延开烧了邻居的房子，陛下不必忧虑。但是我路过河南郡时，看到当地水旱灾害十分严重，贫民饱受煎熬，灾民多达一万多户，有的竟然父子互相吞食。面对这种情况，我郑重地使用手中的符节，下令将河南郡官仓的储粮都发放给了百姓，以赈济当地灾民。现在我归还符节，请求陛下处罚我假传圣旨的罪责。"皇上认为汲黯贤良，这件事做得很好，就免他无罪，调任为荥阳县令。汲黯觉得当这个县令不光彩，就称病辞官还乡。皇上得知后，就召任汲黯为中大夫。后来由于他屡次在朝廷上向皇上直言谏诤，所以不能被长久地留在朝中，而是外放到东海郡任太守。汲黯喜好黄老的学说，他处理政务和治理民事，崇尚无为而治，挑选出几位得力的郡丞和书史，把事情全权交托他们去办。他治理郡务，只留心督查大的方面，并不苛求细枝末节。汲黯体弱多病，经常躺在屋里不出门。仅一年多的时间，东海郡便被治理得清明太平，人们称赞不已。皇上得知后，就把汲黯召回京任主爵都尉，享受九卿的待遇。他在朝廷为政仍力求无为而治，抓住大的方面，而不拘泥繁文缛节。

汲黯性情孤傲，与人相处不讲究礼数，常常当面顶撞人，不能容忍别人的过错。与自己心性相投的，他就亲近友善；与自己合不来的，就不愿意相见，士人因此也都不愿依附他。但是汲黯好学，为人很仗义，有气节。常常不忘自身的修养，在朝中时喜欢直言劝谏，因此屡次触犯皇上的颜面。他仰慕傅柏和袁盎的为人，与灌夫、郑当时和宗正刘弃相交好。他们也都因为好直谏，而不能长久地占据高位。

那个时候，汲黯任主爵都尉，窦太后的弟弟武安侯田蚡为宰相。那些年俸中二千石的高官来拜见他时都行跪拜之礼，而田蚡却不回礼。汲黯拜见田蚡时从不曰："陛下内多欲而外施仁义，奈何欲效唐虞之治乎！"上默然，怒，变色而罢朝。公卿皆为黯惧。上退，谓左右曰："甚矣，汲黯之戆也！"群臣或数黯，黯曰："天子置公卿辅弼之臣，宁令从谀承意，陷主于不义乎？且已在其位，纵爱身，奈辱朝廷何！"

黯多病，病且满三月，上常赐告者数，终不愈。最后病，庄助为请告。上曰："汲黯何如人哉？"助曰："使黯任职居官，无以逾人。然至其辅少主，守城深坚，招之不来，麾之不去，虽自谓贲育亦不能夺之矣。"上曰："然。古有社稷之臣，至如黯，近之矣。"

大将军青侍中，上踞厕而视之。丞相弘燕见，上或时不冠。至如黯见，上不冠不见也。上尝坐武帐中，黯前奏事，上不冠，望见黯，避帐中，使人可其奏。其见敬礼如此。

张汤方以更定律令为廷尉，黯数质责汤于上前，曰："公为正卿，上不能褒先帝之功业，下不能抑天下之邪心，安国富民，使囹圄空虚，二者无一焉。非苦就行，放析就功，何乃取高皇帝约束纷更之为？公以此无种矣。"黯时与汤论议，汤辩常在文深小苛，黯伉厉守高不能屈，忿发骂曰："天下谓刀笔吏不可以为公卿，果然。必汤也，令天下重足而立，侧目而视矣！"

是时，汉方征匈奴，招怀四夷。黯务少事，乘上闲，常言与胡和亲，无起兵。上方向儒术，尊公孙弘。及事益多，吏民巧弄。上分别下拜，只拱手作揖而已。当时皇上正在招揽文学之士和儒生，想大兴礼乐，常说‘我想如何如何’，汲黯便答道：“陛下表面上施行仁义，而内心里享乐欲望很多，这样怎能达到唐尧虞舜的政绩呢？”皇上无言以对，气得脸色都变了，愤怒地罢了朝，大臣们都为汲黯捏一把汗。退朝后，皇上对身边的近臣说：“汲黯的鲁莽真是太过分了！”群臣中有人指责汲黯，汲黯说：“天子设置公卿百官，是让他们来辅佐治国的，难道是让他们一味阿谀顺从，而把君主置于不义的地步吗？何况我已身居九卿之位，如果只顾及自己的身家性命，那不是朝廷的侮辱吗？”

汲黯多病，每当他抱病请假快满三个月，按规定将被免官的时候，皇上总是特别恩准多给他一些假期，以便好好养病，但他的病体却始终不能痊愈。他最后一次病重，庄助替他请假，皇上问道：“你觉得汲黯这个人怎么样？”庄助说：“让汲黯当一般的官，没有过人之处。然而要让他辅佐年少的君主，他一定坚守自己的职责，不会被利诱之，也不会被威驱之，即使古代孟贲、夏育一样的勇武非常，也比不上他。”皇上说：“是的。古代有所谓安邦保国的忠臣，我看汲黯就近似这样的人。”

大将军卫青在宫中入侍，皇上有时在厕所内接见他。丞相公孙弘平常时去见皇上，皇上有时连帽子也不戴。但假如汲黯要进见，皇上帽子不戴好是绝不会接见的。皇上曾经有一次坐在威严的武帐中，远远看见汲黯前来奏事，当时恰好没戴帽，就连忙躲到帐内，让身旁的侍者代为批准同意他的奏章。汲黯受皇上尊敬礼遇到了这种程度。

当时张汤刚任廷尉之职，负责更改制定刑律法令，汲黯就多次在皇上面前斥责张汤，说道：“你身为正卿，却对上不能弘扬光大先帝的功业，对下不能遏止小人的邪念。作为盛世的标志，一是国安民富，二是监狱里空无罪犯，这两方面你都没有做到。相反，明知不对，却竭力做错的事，使律令非常繁琐，以此来成就自己的事业，更甚者，你怎么能把高祖皇帝定下的规章制度胡乱更改呢？这样做日后肯定会断子绝孙的。”汲黯时常和张汤辩论，张汤熟悉典章条文，说起来引经据典，苛求细节。而汲黯则出言刚直严肃，志气昂奋，不肯屈服，他曾怒不可遏地骂张汤说：“世人都说绝不能让刀笔吏担任公卿之位，看来此话一点不假。如果事事都要依张汤的办法去做，那么天下人必将畏手畏脚，恐惧得不敢迈步，眼睛也不敢正视了！”

当时，汉朝正在对匈奴大肆用兵，招抚各边地的少数民族部落。汲黯希望国家事情越少越好，常趁着向皇上进言的机会建议与胡人和亲，不要发兵打仗。皇上当时正热衷于儒家的学说，重用公孙弘，没把他的话放在心上。后来各种事文法，汤等数奏决谳以幸。而黯常毁儒，面触弘等徒怀诈饰智以阿人主取容，而刀笔吏专深文巧诋，陷人于罪，使不得反其真，以胜为功。上愈益贵弘、汤，弘、汤深心疾黯，唯天子亦不说也，欲诛之以事。弘为丞相，乃言上曰："右内史界部中多贵人宗室，难治，非素重臣不能任，请徙黯为右内史。"为右内史数岁，官事不废。

大将军青既益尊，姊为皇后，然黯与亢礼。人或说黯曰："自天子欲群臣下大将军，大将军尊重益贵，君不可以不拜。"黯曰："夫以大将军有揖客，反不重邪？"大将军闻，愈贤黯，数请问国家朝廷所疑，遇黯过于平生。

淮南王谋反，惮黯，曰："好直谏，守节死义，难惑以非。至如说丞相弘，如发蒙振落耳。"

天子既数征匈奴有功，黯之言益不用。

始黯列为九卿，而公孙弘、张汤为小吏。及弘、汤稍益贵，与黯同位，黯又非毁弘、汤等。已而弘至丞相，封为侯；汤至御史大夫；故黯时丞相史皆与黯同列，或尊用过之。黯褊心，不能无少望，见上，前言曰："陛下用群臣如积薪耳，后来者居上。"上默然。有间黯罢，上曰："人果不可以无学，观黯之言也日益甚。"

居无何，匈奴浑邪王率众来降，汉发车二万乘。县官无钱，从民贳马。民或匿马，马不具。上怒，欲斩长安令。黯曰："长安令无罪，独斩黯，民乃肯出马。且匈奴畔其主而降汉，汉徐以县次传之，何至令天下骚动，罢弊中国而以事夷狄之人乎！"上默然。及浑邪情纷起，下层官吏和不法之民都钻法令的空子。为了整治这种混乱局面，皇上就增订法律，严明法纪，张汤等人也便不断进奏所审判的要案，以此博取皇上的宠信。与此相反，汲黯常常诋毁儒学，当面抨击公孙弘之流奸诈虚伪，专门以狡猾手段博取皇上的欢心；同时斥责那班刀笔吏专门苛究深抠法律条文，巧言诋毁他人陷害他人有罪，使得整个社会都失去本性，都想着打倒别人来邀功。可是皇上越发地重用公孙弘和张汤，公孙弘、张汤对汲黯十分憎恶，就连皇上也不喜欢他，总想找机会杀了他。公孙弘做了丞相，向皇上建议说："右内史辖区内都是达官贵人和皇室宗亲居住，所以很难管理，非是素来有声望的大臣不能当此重任，请您派汲黯为右内史。"不料汲黯任右内史几年，政事处理得井井有条，从未荒废过。

当时大将军卫青的地位越来越显贵了，他的姐姐卫子夫还做了皇后，但是汲黯见了他仍行平等之礼。有人劝汲黯说："天子想让群臣尊重大将军，大将军如今受到皇帝的器重，地位日益显贵，你不能不行跪拜之礼啊。"汲黯回答道："难道因为大将军有个拱手行礼的客人，就降低他的身份了吗？"大将军卫青听说后，越发认为汲黯贤良，多次就朝中的难事向他请教，待他礼遇胜过一般人。

当时淮南王刘安阴谋反叛，他就怕汲黯，说道："汲黯喜欢直言进谏，坚守气节，愿意为正义捐躯，很难诱惑得了他。至于游说丞相公孙弘，就像揭开一层盖布或者摇落几片树叶那么容易。"

天子当时多次征讨匈奴都大获而归，对汲黯主张与胡人和亲而不要讨伐的话，就更加听不进去了。

当年汲黯享受九卿待遇时，公孙弘、张汤只不过是一般的小吏。后来公孙弘、张汤日渐显贵，和汲黯同一个等级，汲黯就常常批评诋毁他们。不久，公孙弘升为丞相，封为平津侯；张汤升至御史大夫；昔日汲黯属下的郡丞、书史也都和他同级别了，有的甚至地位还超过了他。汲黯心量窄性子躁，不可能没有一点儿怨言，朝见皇上时，上前说道："陛下任命群臣就像堆柴垛一样，越是后来的越堆在上面。"皇上沉默不说话。一会儿汲黯退出了，皇上说："一个人确实不可以没有学识修养，看看汲黯这番话，简直越来越过分了。"

时隔不久，匈奴浑邪王率部众投降汉朝，朝廷征调两万辆车前去接运。国家没有这么多马，也没有钱买，便向百姓借马。有的人就把马藏起来，因此拉两万辆车的马始终无法凑齐。皇上大怒，要诛杀长安县令。汲黯说："长安县令没有罪，您只杀了我，百姓就会献出马匹了。况且匈奴人背叛他们的君主来投降我们汉朝，朝廷可以让沿途各县提供车马，把他们慢慢地接运过来就可以了，何至于惊动全国，耗费我国人民的资财去侍奉那些匈奴的降兵呢？"皇上听了无言以至，贾人与市者，坐当死者五百余人。黯请间，见高门，曰："夫匈奴攻当路塞，绝和亲，中国兴兵诛之，死伤者不可胜计，而费以巨万百数。臣愚以为陛下得胡人，皆以为奴婢以赐从军死事者家；所卤获，因予之，以谢天下之苦，塞百姓之心。今纵不能，浑邪率数万之众来降，虚府库赏赐，发良民侍养，譬若奉骄子。愚民安知市买长安中物而文吏绳以为阑出财物于边关乎？陛下纵不能得匈奴之资以谢天下，又以微文杀无知者五百余人，是所谓'庇其叶而伤其枝'者也，臣窃为陛下不取也。"上默然，不许，曰："吾久不闻汲黯之言，今又复妄发矣。"后数月，黯坐小法，会赦免官。于是黯隐于田园。

居数年，会更五铢钱，民多盗铸钱，楚地尤甚。上以为淮阳，楚地之郊，乃召拜黯为淮阳太守。黯伏谢不受印，诏数强予，然后奉诏。诏召见黯，黯为上泣曰："臣自以为填沟壑，不复见陛下，不意陛下复收用之。臣常有狗马病，力不能任郡事，臣愿为中郎，出入禁闼，补过拾遗，臣之愿也。"上曰："君薄淮阳邪？吾今召君矣。顾淮阳吏民不相得，吾徒得君之重，卧而治之。"黯既辞行，过大行李息，曰："黯弃居郡，不得与朝廷议也。然御史大夫张汤智足以拒谏，诈足以饰非，务巧佞之语，辩数之辞，非肯正为天下言，专阿主意。主意所不欲，因而毁之；主意所欲，因而誉之。好兴事，舞文法，内怀诈以御主心，外挟贼吏以为威重。公列九卿，不早言之，公与之俱受其僇矣。"息畏汤，终不敢言。黯居郡如故治，淮阳政清。后张汤果败，上闻黯与息言，抵息罪。令黯以诸侯相秩居淮阳。七岁而卒。

卒后，上以黯故，官其弟汲仁至九卿，子汲偃至诸侯相。黯姑姊对。浑邪王率部到来后，商人因与匈奴人做交易，被判处死罪的有五百多人。汲黯求见，在未央宫的高门殿见到了皇上，说道：“匈奴攻打我们的关塞，破坏和亲的条约，我朝被迫发兵征讨。为此死伤的人数不胜数，而且耗费的资财数以亿计。我愚蠢地以为陛下抓获了匈奴人，会把他们都赏给死在前线的将士之家做奴婢，并将掳获的财物也送给他们，以此补偿一点天下人付出的辛劳，安慰百姓的心。即使这一点现在做不到，浑邪王率领几万部众前来归降，也不该把府库里所有的财物都赏赐他们，征调善良的百姓去伺候他们，把他们视若宠儿一般。今天有些无知的百姓只是与匈奴人做了点买卖，哪里知道却被死抠法律条文的执法官视为将财物非法走私出关而判罪呢？陛下纵然不能把俘获匈奴的财物分给天下人，还要用苛严的法令杀害五百多无知的老百姓，这就是所谓的‘砍掉树枝而来保护树叶’吗？我私下认为这种做法是不可取的。”皇上沉默不言，不予赞同，后来说：“我很久没听到汲黯说话了，今日又听他胡乱说了一通。”几个月以后，汲黯因犯了小罪被判刑，适逢皇上大赦，仅被免官。于是汲黯就归隐田园了。

过了几年，赶上国家更换货币，改铸五铢钱，当时老百姓很多人私铸钱币，楚地尤其严重。皇上认为淮阳郡是通往楚地的交通要道，就召任汲黯为淮阳郡太守。汲黯拜伏在地上推辞不肯接受，皇上屡下诏令强迫他接受，于是只好领命。皇上召见汲黯，汲黯哭着对皇上说：“我原以为到死也见不到陛下了，想不到陛下又起用了我。但是我多年来一直有病，难以胜任太守之职。我希望当个中郎，出入在您的周围，随时做些拾遗补缺的事，这是我的愿望。”皇上说：“你嫌淮阳太守这个职位低吗？很快我就会召你回来的。只因现在淮阳地方官民矛盾突出，只好借你的威望去治理，你去了即使躺在家中形势也会变好的。”汲黯向皇上辞行后，又去探望大行令李息，他说：“我被打发到外郡，不能参与朝廷的议政了。可是你要注意，御史大夫张汤的智谋足以驳回他人的批评，奸诈足以遮掩自己的过失。他专用巧言谄媚之语，能说会道，但从来不肯替天下人说一句公道的话，而一心迎合皇上的心思。皇上不喜欢的，他就顺其心意加以诋毁；皇上喜欢的，他就跟着赞叹。他总爱生事，搬弄法令条文，内心奸诈以逢迎皇上的旨意，外面又有一群恶吏助长他的威势。您位居九卿，若不及早向皇上进言，将来您和他都会被诛杀的。”李息畏惧张汤，始终不敢向皇上进谏。汲黯到淮阳治理郡务一如往昔作风，不久淮阳郡政治就清明起来。后来，张汤果然身败名裂。皇上听说汲黯当初曾对李息说过那番话，就判李息有罪，并让汲黯以诸侯国相的品级继续掌管淮阳郡。七年后汲黯逝世。

汲黯死后，皇上为了褒扬他，让他的弟弟汲仁官至九卿，其儿子汲偃官至诸子司马安亦少与黯为太子洗马。安文深巧善宦，官四至九卿，以河南太守卒。昆弟以安故，同时至二千石者十人。濮阳段宏始事盖侯信，信任宏，宏亦再至九卿。然卫人仕者皆严惮汲黯，出其下。

郑当时者，字庄，陈人也。其先郑君尝为项籍将；籍死，已而属汉。高祖令诸故项籍臣名籍，郑君独不奉诏。诏尽拜名籍者为大夫，而逐郑君。郑君死孝文时。

郑庄以任侠自喜，脱张羽于戹，声闻梁、楚之间。孝景时，为太子舍人。每五日洗沐，常置驿马安诸郊，存诸故人，请谢宾客，夜以继日，至其明旦，常恐不遍。庄好黄老之言，其慕长者如恐不见。年少官薄，然其游知交皆其大父行，天下有名之士也。武帝立，庄稍迁为鲁中尉、济南太守、江都相，至九卿为右内史。以武安侯魏其时议，贬秩为詹事，迁为大农令。

庄为太史，诫门下："客至，无贵贱无留门者。"执宾主之礼，以其贵下人。庄廉，又不治其产业，仰奉赐以给诸公。然其馈遗人，不过算器食。每朝，候上之间，说未尝不言天下之长者。其推毂士及官属丞史，诚有味其言之也，常引以为贤于己。未尝名吏，与官属言，若恐伤之。闻人之善言，进之上，唯恐后。山东士诸公以此翕然称郑庄。

郑庄使视决河，自请治行五日。上曰："吾闻'郑庄行，千里不赍粮'，请治行者何也？"然郑庄在朝，常趋和承意，不敢甚引当否。及晚节，汉征匈奴，招四夷，天下费多，财用益匮。庄任人宾客为大农僦人，多逋负。司马安为淮阳太守，发其事，庄以此陷罪，赎为庶人。顷之，守长史。上以为老，以庄为汝南太守。数侯国相。汲黯姑母的儿子司马安年轻时与汲黯同为太子洗马，但他为人酷苛，擅长玩弄法律条文，巧于为官，曾四次做到九卿，在河南郡太守任上去世。司马安的兄弟们由于他的推荐，官至二千石职位的有十人。濮阳人段宏起初侍奉盖侯王信，由于王信的保举，段宏也两次官至九卿。但总的说来，卫国地区做官的人还是敬畏汲黯，甘居其下。

郑当时，字庄，陈县人。他的祖先郑君曾是项羽手下的将领；项羽死后，不久就归顺了汉朝。高祖刘邦下令项羽所有的旧部下在提到项羽时都要直呼其名，唯独郑君不服从这个诏令。高祖下旨把那些肯直呼项羽名讳的人都拜为大夫，而把郑君赶走了。郑君死于孝文帝时。

郑庄喜欢仗义行侠，曾解救梁孝王的将领张羽的危难，声名传遍梁、楚一带。孝景帝时，担任太子舍人。每逢五天一次的休假日，他总是在长安郊外置备马匹，骑着马去看望各位老友，或者是邀请宾朋作客，通宵达旦地忙碌，还总是担心有所疏漏。郑庄喜好黄老的学说，仰慕敬重长者，唯恐错过机会见不到。虽然他年纪轻官职卑微，但所交游的都是祖父一辈的天下名士。武帝即位后，郑庄逐渐升迁，先后做过鲁国中尉、济南太守、江都国相，后来升到九卿中的右内史。由于在武安侯田蚡和魏其侯窦婴的纷争中处置不当，被贬为詹事，后来又调任大农令。

郑庄做右内史时，经常告诫属下官吏说："有来访者，不论尊贵或低贱都要马上通报，一律不得让客人在门口久候。"因此无论多么低微的客人拜访，他都恭敬以礼相待，很能礼贤下士。郑庄为人廉洁，又不添置私产，他的官俸和赏赐都用来供给各位年长的友人。由于家境不富裕，他所馈送的礼物，都是些用竹器盛的食物。每逢上朝，遇到有向皇上进言的机会，他必称赞天下德高望重的长者。他推举士人和下属官吏的时候，津津乐道，饶有兴味，时常称赞他们比自己贤能。他从不直呼官吏的名字，与属下谈话时，也小心翼翼，生怕伤害到对方。听到别人有好的建议，便马上报告皇上，唯恐延迟耽误了事情。因此，崤山以东的广大地区，士人和长者都众口一词称赞他的美德。

郑庄被派遣视察黄河决口，他请了五天假准备行李。皇上说："我听说'郑庄远行，走千里也不带粮'，为什么还要请求准备行装的时间？"郑庄在外人缘虽好，但在朝中常常顺从迎合皇上的心意，不敢明确表示自己的是非态度。到他晚年的时候，汉朝讨伐匈奴，招抚各地少数民族，耗费财物很多，使得国家财力物力更加匮乏。郑庄推荐的人及其宾客，替大农令雇车运输，拖欠了很多钱财。淮阳郡太守司马安告发此事，郑庄因此招了罪，花钱赎罪后被贬为平民。不久，又在丞相府暂代长史之职。后来皇上认为他年事已高，就任命他做汝南郡太守。

岁，以官卒。

郑庄、汲黯始列为九卿，廉，内行修絜。此两人中废，家贫，宾客益落。及居郡，卒后家无余赀财。庄兄弟子孙以庄故，至二千石六七人焉。

太史公曰：夫以汲、郑之贤，有势则宾客十倍，无势则否，况众人乎！下邽翟公有言，始翟公为廷尉，宾客阗门；及废，门外可设雀罗。翟公复为廷尉，宾客欲往，翟公乃大署其门曰："一死一生，乃知交情。一贫一富，乃知交态。一贵一贱，交情乃见。"汲、郑亦云，悲夫！

几年后，在任时去世。

郑庄、汲黯都曾位列九卿，为官清廉，注重自身的品行修养。这两人中途都曾被罢官，家境清贫，因而宾客也都渐渐走了。待到做郡守时，死后家中没有留下多余的财物。但是郑庄的兄弟子孙因他的推荐，有六七人做到了二千石的官。

太史公说：像汲黯、郑当时这样贤德有才的人，有权势的时候宾客盈门，无权势时宾客四散，他们尚且如此，更何况一般人呢？下邽县翟公曾说过，起初他做廷尉时，家中宾客挤破了门；待到一丢官，门外便冷清得可以张罗捕雀。他复职后，有些宾客们又想回来，翟公就在大门上写道："一死一生，乃知交情。一贫一富，乃知交态。一贵一贱，交情乃见。"汲黯、郑庄也是如此，这个世道真是可悲啊！

儒林列传第六十一

太史公曰：余读功令，至于广厉学官之路，未尝不废书而叹也。曰：嗟乎！夫周室衰而《关雎》作，幽厉微而礼乐坏，诸侯恣行，政由强国。故孔子闵王路废而邪道兴，于是论次《诗》《书》，修起礼乐。适齐闻《韶》，三月不知肉味。自卫返鲁，然后乐正，《雅》《颂》各得其所。世以混浊莫能用，是以仲尼干七十余君无所遇，曰“苟有用我者，期月而已矣”。西狩获麟，曰“吾道穷矣”。故因史记作《春秋》，以当王法，其辞微而指博，后世学者多录焉。

自孔子卒后，七十子之徒散游诸侯，大者为师傅卿相，小者友教士大夫，或隐而不见。故子路居卫，子张居陈，澹台子羽居楚，子夏居西河，子贡终于齐。如田子方、段干木、吴起、禽滑釐之属，皆受业于子夏之伦，为王者师。是时独魏文侯好学。后陵迟以至于始皇，天下并争于战国，儒术既绌焉，然齐鲁之间，学者独不废也。于威、宣之际，孟子、荀卿之列，咸遵夫子之业而润色之，以学显于当世。

及至秦之季世，焚《诗》《书》，坑术士，六艺从此缺焉。陈涉之王也，而鲁诸儒持孔氏之礼器往归陈王。于是孔甲为陈涉博士，卒与涉俱死。陈涉起匹夫，驱瓦合适戍，旬月以王楚，不满半岁竟灭亡，其事至微浅，然而缙绅先生之徒负孔子礼器往委质为臣者，何也？以秦焚其业，积怨而发愤于陈王也。

太史公说：我阅读朝廷考选学官的法规，读到勉励学官广开兴办教育之路时，总是禁不住放下书本而慨叹，说道：唉，周王室衰弱了，讽刺时政的《关雎》诗就出现了；周厉王、周幽王的统治衰败了，礼崩乐坏，诸侯便横行恣意，政令全由势力强大的诸侯发布。所以孔子担忧王道废弛邪道兴起，于是编定《诗经》《尚书》，整理音乐礼仪。他到齐国听到了美妙的《韶》乐，便沉迷不已，三个月品尝不出肉的滋味。他从卫国返回鲁国之后，开始校正音乐，使《雅》《颂》乐歌各归其位、有条不紊。由于世道污浊混乱，无人任用他，因此孔子周游列国向七十几位国君求官却都得不到知遇。他感慨地说："要是有人肯用我，只需一年就可以治理好国政了。"鲁国的西郊有人猎获了麒麟，孔子闻知后哀叹"我的理想不能实现了"，于是他借助鲁国已有的历史记录撰写了《春秋》，用它来表现天子的王法，其文辞精约深隐而寓意丰富博大，后代学者很多人都学习它、传录它。

自孔子去世后，他的七十余名得意学生纷纷四散去交游诸侯，成就大的都当了诸侯国君的老师和卿相，成就小的就结交、教导士大夫，也有隐居不仕的。所以子路在卫国做官，子张在陈国做官，澹台子羽居住在楚国，子夏在西河教授，子贡终老于齐。像田子方、段干木、吴起、禽滑釐这些人，都曾受业于子夏之辈，然后做了诸侯国君的老师。那时只有魏文侯最虚心求教于儒学，后来儒学逐渐衰颓直到在秦始皇手中遭受灭顶之灾。战国时期天下群雄并争，儒学已经受到排斥，但是在齐国和鲁国一带，学习研究它的人不曾废弃。在齐威王、齐宣王当政时期，孟子、荀子等人，都继承了孔子的事业并发扬光大，凭自己的学说显名于当世。

到了秦朝末年，秦始皇焚烧《诗经》《尚书》，坑杀儒生，儒家典籍六艺就此残缺。陈涉起事反秦，自立为王，鲁地的儒生们携带孔子家传的礼器去投奔他。于是孔甲做了陈涉的博士，最终和他同归于尽。陈涉起步于普通百姓，驱使一群戍边的乌合之众，不到一个月就在楚地称了王，而在半年内竟又复归灭亡。他的事业十分微小浅薄，体面的士大夫们却背负着孔子的礼器去追随归顺向他称臣，为什么呢？因为秦王朝焚毁了他们的书籍学业，积下了怨仇，这迫使他们投奔陈涉来发泄满腔的愤懑。

及高皇帝诛项籍，举兵围鲁，鲁中诸儒尚讲诵习礼乐，弦歌之音不绝，岂非圣人之遗化，好礼乐之国哉？故孔子在陈，曰“归与归与！吾党之小子狂简，斐然成章，不知所以裁之”。夫齐鲁之间于文学，自古以来，其天性也。故汉兴，然后诸儒始得修其经蓺，讲习大射乡饮之礼。叔孙通作汉礼仪，因为太常，诸生弟子共定者，咸为选首，于是喟然叹兴于学。然尚有干戈，平定四海，亦未暇遑庠序之事也。孝惠、吕后时，公卿皆武力有功之臣。孝文时颇徵用，然孝文帝本好刑名之言。及至孝景，不任儒者，而窦太后又好黄老之术，故诸博士具官待问，未有进者。

及今上即位，赵绾、王臧之属明儒学，而上亦乡之，于是招方正贤良文学之士。自是之后，言《诗》于鲁则申培公，于齐则辕固生，于燕则韩太傅。言《尚书》自济南伏生。言礼自鲁高堂生。言《易》自菑川田生。言《春秋》于齐鲁自胡毋生，于赵自董仲舒。及窦太后崩，武安侯田蚡为丞相，绌黄老、刑名百家之言，延文学儒者数百人，而公孙弘以《春秋》白衣为天子三公，封以平津侯。天下之学士靡然乡风矣。

公孙弘为学官，悼道之郁滞，乃请曰：“丞相御史言：制曰‘盖闻导民以礼，风之以乐。婚姻者，居屋之大伦也。今礼废乐崩，朕甚愍焉。故详延天下方正博闻之士，咸登诸朝。其令礼官劝学，讲议洽闻兴礼，以为天下先。太常议，与博士弟子，崇乡里之化，以广贤材焉’。谨与太常臧、博士平等议曰：闻三代之道，乡里有教，夏曰校，殷曰序，周曰庠。其劝善也，显之朝廷；其惩恶也，加之刑罚。故教化之行也，建首善自京师始，由内及外。今陛下昭至德，开大明，配天地，本人伦，劝学修礼，崇化厉贤，以风四方，太平之原也。古者政教未洽，不备其礼，请因旧官而兴焉。为博士官置弟子直到高祖皇帝杀死项籍，率兵包围了鲁国，那时鲁国中的儒生们仍在讲诵经书、演习礼乐，弦歌之声不绝于耳，这难道不是古代圣人遗留的风范，难道不是一个深爱礼乐的国家吗？所以孔子到陈国出游后，说：“回去吧！回去吧，我们乡里的年轻人志向高远，文采熠熠如锦绣，我不知如何教导他们才好。”齐鲁一带爱好重视文化仪典，自古以来就是如此，这已成为自然风尚。建立汉朝后，儒生们开始获得重新研究经学的机会，又讲授演习起了乡饮和大射的礼仪。叔孙通制定汉廷礼仪后，做了太常官，和他一同制定礼仪的儒生弟子们，也都被选为朝官，人们于是喟然感叹，对儒学产生了兴趣。但是，当时天下尚未止息战乱，皇上忙于平定四海，还无暇顾及兴办学校之事。孝惠帝、吕后当政时，公卿大臣都是战功卓著武艺高强的人。孝文帝时略微起用儒生为官，但孝文帝原本只爱刑名学说。等到孝景帝当政，不用儒生，且窦太后又喜好道家思想，因此列位博士官职也只是备员待诏，徒有其名，儒生无人晋升受到重用。

直到当今皇上即位，王臧、赵绾等人深明儒学，而皇上也心向往之，于是朝廷下令举荐品德贤良方正而且通晓经学的文士学者。从此以后，讲《诗经》的在鲁地有申培公，在齐地有辕固生，在燕地则有韩太傅；讲《尚书》的在济南有伏生；讲《礼记》的在鲁地有高堂生；讲《易经》的在菑川有田生；讲《春秋》的在齐鲁两地有胡毋生，在赵地有董仲舒。直到窦太后去世，武安侯田蚡做了丞相，他将道家、刑名家等百家学说废弃，延请治经学的儒生数百人入朝为官，而公孙弘步步高升竟是因为精通《春秋》，从一介平民荣居天子左右的三公尊位，被封为平津侯。从此以后，天下学子莫不心驰神往，对儒学潜心钻研了。

公孙弘曾拜为博士，他担心儒学被阻滞得不到传扬，当了丞相后就上奏请求说：“丞相御史启禀皇上：陛下曾下令说‘听说为政者应该用礼仪教化百姓，用音乐感化他们。婚姻之事，乃是夫妇间最重要的伦理关系。如今礼乐被废弃破坏了，我深感忧虑。所以大力延请天下品德方正、学识广博的人都来入朝做官。我下令礼官学习要勤奋，讲论儒术，要学识渊博，复兴礼乐，以此来作为天下人的表率。又命太常商议，给博士配置弟子员生，使民间都崇尚教化，来开拓培养贤才的道路’。根据陛下旨意。臣与太常孔臧、博士平等认真商议决定：听说夏、商、周三代的治国之道，教育的场所是乡里之间都有，夏代称校、殷代称序、周代称庠。他们勉励为善者，让其在朝中显达扬名；惩治作恶者，就施以刑罚。所以教化的实施，树立榜样要首先从京城开始，再从京城推广到地方。如今陛下已经明示无上的恩德，放射出日月一样的光辉，它符合天地之大道，是以整饬人伦为根本，鼓励术学，讲究礼仪，崇尚教化，奖励贤良，以此让海内四方从风向善，这正是实现太平之治的本原啊！古代的政治教化不和协，礼仪未完备，现在五十人，复其身。太常择民年十八已上，仪状端正者，补博士弟子。郡国县道邑有好文学，敬长上，肃政教，顺乡里，出入不悖所闻者，令相长丞上属所二千石，二千石谨察可者，当与计偕，诣太常，得受业如弟子。一岁皆辄试，能通一艺以上，补文学掌故缺；其高弟可以为郎中者，太常籍奏。即有秀才异等，辄以名闻。其不事学若下材及不能通一艺，辄罢之，而请诸不称者罚。臣谨案诏书律令下者，明天人分际，通古今之义，文章尔雅，训辞深厚，恩施甚美。小吏浅闻，不能究宣，无以明布谕下。治礼次治掌故，以文学礼义为官，迁留滞。请选择其秩比二百石以上，及吏百石通一艺以上，补左右内史、大行卒史；比百石已下，补郡太守卒史：皆各二人，边郡一人。先用诵多者，若不足，乃择掌故补中二千石属，文学掌故补郡属，备员。请著功令。佗如律令。”制曰：“可。”自此以来，则公卿大夫士吏斌斌多文学之士矣。

申公者，鲁人也。高祖过鲁，申公以弟子从师入见高祖于鲁南宫。吕太后时，申公游学长安，与刘郢同师。已而郢为楚王，令申公傅其太子戊。戊不好学，疾申公。及王郢卒，戊立为楚王，胥靡申公。申公耻之，归鲁，退居家教，终身不出门，复谢绝宾客，独王命召之乃往。弟子自远方至受业者百余人。申公独以《诗经》为训以教，无传，疑者则阙不传。

兰陵王臧既受《诗》，以事孝景帝为太子少傅，免去。今上初即位，臧乃上书宿卫上，累迁，一岁中为郎中令。及代赵绾亦尝受《诗》申公，绾为御史大夫。绾、臧请天子，欲立明堂以朝诸侯，不能就其事，乃言师申公。于是天子使使束帛加璧安车驷马迎申公，弟请求借助原有的官职来兴盛它。请为博士官配置弟子五十人，免除他们的赋税和徭役。让太常从百姓中挑选十八岁以上仪表端正的人，补充博士弟子。郡国、县、道、邑中有爱好经学，尊敬长上，严守政教，友爱乡邻，出入言行皆不违背所学教诲的人，县令、侯国相、县长、县丞要向上级郡守以及诸侯王国相举荐，经其认真察看合格者，应与上计吏同赴京师太常处，接受和博士弟子一样的教育。他们学满一年都要考试，能够精通一种经书以上的人，即可补充文学掌故的缺官；其中成绩好名次高的可以任用为郎中，由太常造册上奏。若是特别优异出众的，可直接将其姓名向上呈报。那些不努力学习才能低下者，和不能通晓一种经学的人，就要罢斥，并惩罚举荐不称职者的官吏。臣认真领会陛下下达的诏书和律令，它们阐明了天道和人道关系，贯通了自古及今的治国义理，文章雅正、教诲之辞含义深刻丰富，它的无量恩德将深深造福于社稷百姓。但是小官吏们见识浅陋，不能完全地讲解诏书律令，无法明白地将陛下的旨意传布晓喻天下。而治礼、掌故之职，是由学礼仪懂经义的人担当的，他们的升迁很缓慢，造成了人才积压。因此请求挑选其中官秩类似二百石以上的人，和百石以上能通晓一种经学的小吏，升补左右内史、大行卒史；挑选类似百石以下的人补郡太守卒史：各郡定员二人，边郡定员一人。优先选用熟知经书能大量讲诵的人，若不够人数，就选用掌故补中二千石的属吏，选用文学掌故补郡国的属吏，将人员备齐。请把这些都一一记入考选学官的法规。其他仍依照律令。”皇上批示说：“准奏。”自此以后，公卿大夫和一般士吏中就有很多文质彬彬的经学儒生了。

申公，鲁国人。高祖经过鲁国的时候，申公以弟子身份跟着老师去鲁国南宫拜见他。吕太后时，申公到长安交游求学，和刘郢一同在老师浮丘伯门下受业。学成后刘郢封为楚王，便让申公当他的太子刘戊的老师。刘戊不喜欢学习，很憎恨申公，等到楚王刘郢去世，刘戊立为楚王，就将申公禁锢起来。申公感到耻辱，就回到鲁国，隐退在家中教书，终身不出家门，又谢绝一切宾客，只有鲁恭王刘余招请他才前往。从远方慕名而来向他求学的弟子有百余人。申公教授《诗经》，且只讲解词义，而不阐发经义的著述，凡有疑惑的地方，便空缺着保存起来，不强作传授。

兰陵人王臧向申公学《诗经》之后，以之侍奉孝景皇帝，当了太子少傅，后免官离朝。当今皇上刚即位，王臧就上书请求入宫为皇上警卫值宿。他不断得到升迁，一年中做到郎中令。而代国人赵绾也曾向申公学习《诗经》，他做了御史大夫。赵绾、王臧请示皇上，想建造明堂用来召集诸侯举行朝会。他们没能说服皇上同意此事，就举荐老师申公。于是皇上派遣使臣携带贵重的礼物束帛和玉璧，驾着驷马安车去迎请申公，赵绾、王臧二位弟子则乘坐着普通的驿车随行。

子二人乘轺传从。至，见天子。天子问治乱之事，申公时已八十余，老，对曰："为治者不在多言，顾力行何如耳。"是时天子方好文词，见申公对，默然。然已招致，则以为太中大夫，舍鲁邸，议明堂事。太皇窦太后好老子言，不说儒术，得赵绾、王臧之过以让上，上因废明堂事，尽下赵绾、王臧吏，后皆自杀。申公亦疾免以归，数年卒。

弟子为博士者十余人：孔安国至临淮太守，周霸至胶西内史，夏宽至城阳内史，砀鲁赐至东海太守，兰陵缪生至长沙内史，徐偃为胶西中尉，邹人阙门庆忌为胶东内史。其治官民皆有廉节，称其好学。学官弟子行虽不备，而至于大夫、郎中、掌故以百数。言《诗》虽殊，多本于申公。

清河王太傅辕固生者，齐人也。以治《诗》，孝景时为博士。与黄生争论景帝前。黄生曰："汤武非受命，乃弑也。"辕固生曰："不然。夫桀纣虐乱，天下之心皆归汤武，汤武与天下之心而诛桀纣，桀纣之民不为之使而归汤武，汤武不得已而立，非受命为何？"黄生曰："冠虽敝，必加于首；履虽新，必关于足。何者，上下之分也。今桀纣虽失道，然君上也；汤武虽圣，臣下也。夫主有失行，臣下不能正言匡过以尊天子，反因过而诛之，代立践南面，非弑而何也？"辕固生曰："必若所云，是高帝代秦即天子之位，非邪？"于是景帝曰："食肉不食马肝，不为不知味；言学者无言汤武受命，不为愚。"遂罢。是后学者莫敢明受命放杀者。

窦太后好《老子》书，召辕固生问《老子》书。固曰："此是家人言耳。"太后怒曰："安得司空城旦书乎？"乃使固入圈刺豕。景帝知太后怒而固直言无罪，乃假固利兵，下圈刺豕，正中其心，一刺，豕应手而倒。太后默然，无以复罪，罢之。居顷之，景帝以固为廉直，拜为清河王太傅。久之，病免。

申公到了后，拜见天子。天子向他询问社稷治乱之事，申公当时已年高八十多岁，人老了，回答说：“当政的人不要多说话，只看尽力把事做得如何罢了。”这时天子正喜好文词夸饰，见申公如此答对，默然不高兴。但是已经把申公招到朝中，就让他做了太中大夫，住在鲁邸，商议修建明堂的事宜。太皇窦太后喜好老子学说，不喜欢儒术，她找出赵绾、王臧的过失来责备皇上，皇上因此停止商议建造明堂的事，把赵绾、王臧都交给法官论罪，后二人皆自杀。申公也返回鲁国以病免官，数年后逝世。

在申公弟子中有十几人拜为博士：官至临淮太守的有孔安国，官至胶西内史的有周霸，官至城阳内史的有夏宽，官至东海太守的有砀鲁赐，官至长沙内史的有兰陵人缪生，官至胶西中尉的有徐偃，官至胶东内史的有邹人阙门庆忌。他们管理官吏和百姓的时候都廉洁有节操，人们称赞他们好学。其他的弟子学官，品行虽不完美，但是官至大夫、郎中和掌故的人也有百余名。他们讲解《诗经》虽然各有不同，但是大多都依循申公的见解。

辕固生是齐国人，是清河王刘承的太傅，因为研究《诗经》，孝景帝时拜为博士。他和黄生在景帝面前争论。黄生说：“汤王、武王并非秉承天命继位天子，而是弑君篡位。”辕固生反驳说：“不对。那夏桀、殷纣昏乱暴虐，天下人的心都归顺商汤、周武，商汤、周武顺应天下人的心愿而杀死桀、纣，桀、纣的百姓不肯为他们效命才心向汤、武，汤、武迫不得已才立为天子，这不是秉承天命那又是什么？”黄生说：“帽子虽然破旧，但是一定戴在头上；鞋虽然新，但是必定穿在脚下。为什么呢？这正是因为上下有别的道理。桀、纣虽然无道，但是身为君主自在上位；汤、武虽然圣明，却是身为臣子而居下位。君主有了过错，臣子不能直言劝谏来保持天子的尊严，反而却借其有过而诛杀君主，取代他自登南面称王之位，这不是弑君篡位又是什么？”辕固生答道：“如果硬要按你的说法来判断是非，那么高皇帝取代秦朝即天子之位，也不对吗？”于是景帝说：“吃肉不吃马肝，并不算不知肉的美味；谈学问的人不谈汤、武是否受天命继位，并不算愚笨。”于是争论停止。此后学者再无人胆敢争辩汤、武是受天命而立还是放逐桀纣篡夺君权的这个问题了。

窦太后很喜欢《老子》这本书，召辕固生来问他读此书的体会。辕固生说：“这不过是普通人的言论罢了。”窦太后恼羞成怒道：“它怎么能比得上管制犯人似的儒家诗书呢！”于是让辕固生入兽圈刺杀野猪。景帝知道太后发怒了而辕固生直言却并无罪过，就借给他锋利的兵器。他下到兽圈内去刺杀野猪，正中其心，一刺，野猪便倒地。太后无语，没理由再治他的罪，只得算了。没多久，景帝认为辕固生廉洁正直，拜他为清河王刘承的太傅。很久之后，他因病免官。

今上初即位，复以贤良征固。诸谀儒多疾毁固，曰“固老”，罢归之。时固已九十余矣。固之征也，薛人公孙弘亦征，侧目而视固。固曰：“公孙子，务正学以言，无曲学以阿世！”自是之后，齐言《诗》皆本辕固生也。诸齐人以《诗》显贵，皆固之弟子也。

韩生者，燕人也。孝文帝时为博士，景帝时为常山王太傅。韩生推《诗》之意而为《内外传》数万言，其语颇与齐鲁间殊，然其归一也。淮南贲生受之。自是之后，而燕赵间言《诗》者由韩生。韩生孙商为今上博士。

伏生者，济南人也。故为秦博士。孝文帝时，欲求能治《尚书》者，天下无有，乃闻伏生能治，欲召之。是时伏生年九十余，老，不能行，于是乃诏太常使掌故朝错往受之。秦时焚书，伏生壁藏之。其后兵大起，流亡，汉定，伏生求其书，亡数十篇，独得二十九篇，即以教于齐鲁之间。学者由是颇能言《尚书》，诸山东大师无不涉《尚书》以教矣。

伏生教济南张生及欧阳生，欧阳生教千乘儿宽。儿宽既通《尚书》，以文学应郡举，诣博士受业，受业孔安国。儿宽贫无资用，常为弟子都养，及时时间行佣赁，以给衣食。行常带经，止息则诵习之。以试第次，补廷尉史。是时张汤方乡学，以为奏谳掾，以古法议决疑大狱，而爱幸宽。宽为人温良，有廉智，自持，而善著书、书奏，敏于文，口不能发明也。汤以为长者，数称誉之。及汤为御史大夫，以儿宽为掾，荐之天子。天子见问，说之。张汤死后六年，儿宽位至御史大夫。九年而以官卒。宽在三公位，以和良承意从容得久，然无有所匡谏；于官，官属易之，不为尽力。张生亦为博士。而伏生孙以治尚书征，不能明也。

自此之后，鲁周霸、孔安国，雒阳贾嘉，颇能言《尚书》事。孔氏有古文《尚书》，而安国以今文读之，因以起其家。逸《书》得十当今皇上刚即位，又以品德贤良为由征召辕固生入朝。那些喜好阿谀逢迎的儒生们多有嫉妒诋毁辕固生之语，说“辕固生老了”，于是他被遣归罢官。这时辕固生已经九十多岁了。他被征召时，同时被征召的有薛邑人公孙弘，却不敢正视辕固生。辕固生对他说：“公孙先生，务必以正直的学问论事，别用邪曲之说去迎合世俗。”自此之后，齐人讲《诗经》都依据辕固生的见解。一些齐人因研究《诗经》略有成绩而仕途显贵，他们皆为辕固生的弟子。

韩生，为燕郡人。孝文帝时当博士，景帝时任常山王刘舜的太傅。韩生推究《诗经》的旨意而撰述了《内传》《外传》达数万言，书中的用语和齐、鲁两地很是不同，但是宗旨是一致的。淮南贲生受业于他。自此之后，燕赵一带讲《诗经》的人都会因循韩生的见解。韩生的孙子韩商是当今皇上委任的博士。

伏生，为济南郡人。先前做过秦朝博士。孝文帝时，他想找到能研究《尚书》的人，遍寻天下不得，后听说伏生会讲授，就想召用他。当时伏生已九十余岁，人很老了，不能远行，于是文帝就下令太常派掌故晁错前往伏生处向他学习。秦朝焚烧儒书时，伏生把《尚书》藏在墙壁里。后来大起战乱，伏生出走流亡，汉朝平定天下后，他返回寻找所藏的《尚书》，已丢失了几十篇，只得到二十九篇，于是他便在齐鲁一带教授残存的《尚书》。自此学者们都很会讲解《尚书》，崤山以东诸位著名学者没有不涉猎《尚书》来教授学生的。

伏生教济南人欧阳生和张生，欧阳生教千乘儿宽。儿宽精通《尚书》之后，凭借经学方面的成绩参加郡中选举，前往博士官门下学习，师从于孔安国。儿宽家贫没有资财，时常当学生们的厨工，还经常偷偷外出打工挣钱，来供给自己的衣食之需。他外出时常常看经书，休息时就朗读体会它。依照考试成绩的名次，他补了廷尉史的缺官。当时张汤正爱好儒学，就让儿宽做自己的掾吏，负责案情呈报。儿宽根据经义古法论事判决疑难大案，因而张汤很宠用他。儿宽为人善良温和，有廉洁的操守和聪敏的智慧，能把握自己的言行，而且擅长著书、起草奏章，文思敏捷，但是口拙不会阐述。张汤认为他是忠厚之人，多次赞扬他。等到张汤当了御史大夫，就让儿宽当掾吏，向天子举荐他。天子召见询问儿宽后，很喜欢他。张汤死后六年，儿宽便官至御史大夫，在职九年去世。儿宽身居三公之位，由于性情谦和驯良，能顺从皇上之意，善于调解纠纷，而得以官运久长，但是他没有匡正劝谏过皇上的过失。居官期间，属下的官员轻视他，不为他尽力。张生也当了博士官。而伏生的孙子也因研究《尚书》被征召，但是他并不能阐明《尚书》的经义。

从此以后，鲁人周霸、孔安国，洛阳人贾嘉，都很会讲授《尚书》的内容。孔家有用先秦古文撰写的《尚书》，而孔安国用时下隶书字体把它们重新摹余篇，盖《尚书》滋多于是矣。

诸学者多言《礼》，而鲁高堂生最本。礼固自孔子时而其经不具，及至秦焚书，书散亡益多，于今独有《士礼》，高堂生能言之。

而鲁徐生善为容。孝文帝时，徐生以容为礼官大夫。传子至孙延、徐襄。襄，其天姿善为容，不能通《礼经》；延颇能，未善也。襄以容为汉礼官大夫，至广陵内史。延及徐氏弟子公户满意、桓生、单次，皆尝为汉礼官大夫。而瑕丘萧奋以礼为淮阳太守。是后能言《礼》为容者，由徐氏焉。

自鲁商瞿受《易》孔子，孔子卒，商瞿传《易》，六世至齐人田何，字子庄，而汉兴。田何传东武人王同子仲，子仲传菑川人杨何。何以《易》，元光元年征，官至中大夫。齐人即墨成以《易》至城阳相。广川人孟但以《易》为太子门大夫。鲁人周霸，莒人衡胡，临菑人主父偃，皆以《易》至二千石。然要言《易》者本于杨何之家。

董仲舒，广川人也。以治《春秋》，孝景时为博士。下帷讲诵，弟子传以久次相受业，或莫见其面，盖三年董仲舒不观于舍园，其精如此。进退容止，非礼不行，学士皆师尊之。今上即位，为江都相。以《春秋》灾异之变推阴阳所以错行，故求雨闭诸阳，纵诸阴，其止雨反是。行之一国，未尝不得所欲。中废为中大夫，居舍，著《灾异之记》。是时辽东高庙灾，主父偃疾之，取其书奏之天子。天子召诸生示其书，有刺讥。董仲舒弟子吕步舒不知其师书，以为下愚。于是下董仲舒吏，当死，诏赦之。于是董仲舒竟不敢复言灾异。

董仲舒为人廉直。是时方外攘四夷，公孙弘治《春秋》不如董仲舒，而弘希世用事，位至公卿。董仲舒以弘为从谀。弘疾之，乃言上写讲读，因此就兴起了他自己的学术流派。孔安国得到了《尚书》中失传的那十几篇，大约自此《尚书》的篇目就增多起来了。

许多学者都解说《礼经》，而鲁郡人高堂生的见解是最贴近本义的。《礼经》本来自孔子时起就不完整，到了秦始皇焚书后，此书散失的篇目更多，今日只有《士礼》尚存，高堂生能讲解它。

鲁国徐生善于演习礼仪。孝文帝时，徐生以此出任礼官大夫。他传习礼仪于儿子至孙子徐延、徐襄。徐襄，天性便擅长演习礼仪，但是不能通晓《礼经》；徐延很通晓《礼经》，却不善于演习礼节仪式。徐襄因为擅长演习礼节仪式当了汉王朝的礼官大夫，官至广陵内史。徐延及徐氏弟子公户满意、桓生、单次，都曾出任汉朝的礼官大夫。而瑕丘人萧奋以通晓《礼经》当了淮阳太守。此后能够讲解《礼经》并演习礼节仪式的人，都出自徐氏一家。

鲁国人商瞿从师孔子学习《易经》，孔子死后，商瞿便传授《易经》，历经六代而传至齐郡人田何。田何，字子庄，而后汉朝建立。田何传授于东武人王同，王同字子仲，子仲传于菑川人杨何。杨何因通晓《易经》，于元光元年被朝廷征召，官至中大夫。齐人即墨成因通晓《易经》官至城阳国相。广川人孟但因通晓《易经》当了太子门大夫。鲁人周霸。莒人衡胡，临淄人主父偃，都是因通晓《易经》官至二千石。但是对《易经》能讲授得精当的，是源自于杨何一家的学说。

董仲舒，为广川郡人。因研究《春秋》，孝景帝时曾拜为博士。他居家教书，上门求学的人很多，不能一一亲授，弟子之间便依学辈先后辗转相传，有的人甚至没见过他的面。董仲舒足不出户，三年间不曾到屋旁的园圃观赏，他治学心志专一到了如此程度。他出入时的仪容举止，无一不合乎礼仪的矩度，学生们都师法、敬重他。当今皇上即位后，他出任江都国相。他依据《春秋》记载的自然灾害和特异现象的变化来推求阴阳之道交替运行的原因，因而求雨时关闭种种阳气，放出种种阴气，止雨时则方法与之相反。这种做法在江都国实行，无不实现了预期的效果。后来他被贬为中大夫，居家写作了《灾异之记》。这时辽东高帝庙发生火灾，主父偃嫉妒他，就窃取了他的书上奏天子。天子召集众儒生把书拿给他们看，儒生们认为其中含有指责讥讽朝政之意。董仲舒的学生吕步舒不知道这是自己老师的著作，认为它愚蠢至极，于是把董仲舒交法官论罪，判处死刑，但是皇上降诏赦免了他。于是董仲舒自此不敢再讲论灾异之说。

董仲舒为人廉洁正直。这一时期朝廷正用兵向外排除四方边境内外少数民族的侵扰，公孙弘研究《春秋》成就不及董仲舒，但是他善于迎合世俗，因此能身居高位做了公卿大臣。董仲舒认为公孙弘为人阿谀逢迎。公孙弘憎恨他，就对曰："独董仲舒可使相缪西王。"胶西王素闻董仲舒有行，亦善待之。董仲舒恐久获罪，疾免居家。至卒，终不治产业，以修学著书为事。故汉兴至于五世之间，唯董仲舒名为明于《春秋》，其传公羊氏也。

胡毋生，齐人也。孝景时为博士，以老归教授。齐之言春秋者多受胡毋生，公孙弘亦颇受焉。

瑕丘江生为《谷梁春秋》。自公孙弘得用，尝集比其义，卒用董仲舒。

仲舒弟子遂者：兰陵褚大，广川殷忠，温吕步舒。褚大至梁相。步舒至长史，持节使决淮南狱，于诸侯擅专断，不报，以春秋之义正之，天子皆以为是。弟子通者，至于命大夫；为郎、谒者、掌故者以百数。而董仲舒子及孙皆以学至大官。

皇上说："只有董仲舒可以担当胶西王的国相。"胶西王为人狠毒暴戾，但是一向听说董仲舒有美德，也很好地礼遇他。董仲舒害怕居官日久会惹祸上身，就称病辞官回家。直至逝世，他始终不曾置办私产，而一心以研究学问写作论著为本职。所以自汉朝开国以来历经五朝，期间只有董仲舒对《春秋》最为精通，名望甚高，他传授师承的是《春秋》公羊学。

胡毋生，是齐郡人。孝景帝时拜为博士，后因年老返归故里讲授《春秋》。齐地解说《春秋》的人很多受教于胡毋生，公孙弘也受过他的教诲。

瑕丘人江生研究《春秋》谷梁学。自从公孙弘受到重用，他曾收集比较了谷梁学和公羊学的经义，最后采用了董仲舒所传授的公羊氏的学说。

董仲舒的弟子中有成就的人是：兰陵人褚大，广川人殷忠，温人吕步舒。褚大官至梁王国相。吕步舒官至长史，手持符节出使去决断淮南王刘安谋反的罪案，对诸侯王能够自行裁决，而不加请示。他根据《春秋》经义公正断案，天子都认为很对。弟子中官运通达的，做到了大夫之职；做到郎、谒者、掌故的有百余人。而董仲舒的儿子和孙子也都因精通儒学做了高官。

酷吏列传第六十二

孔子曰："导之以政，齐之以刑，民免而无耻。导之以德，齐之以礼，有耻且格。"老氏称："上德不德，是以有德；下德不失德，是以无德。法令滋章，盗贼多有。"太史公曰：信哉是言也！法令者治之具，而非制治清浊之源也。昔天下之网尝密矣，然奸伪萌起，其极也，上下相遁，至于不振。当是之时，吏治若救火扬沸，非武健严酷，恶能胜其任而愉快乎！言道德者，溺其职矣。故曰"听讼，吾犹人也，必也使无讼乎"。"下士闻道大笑之"。非虚言也。汉兴，破觚而为圜，斫雕而为朴，网漏于吞舟之鱼，而吏治烝烝，不至于奸，黎民艾安。由是观之，在彼不在此。

高后时，酷吏独有侯封，刻轹宗室，侵辱功臣。吕氏已败，遂侯封之家。孝景时，晁错以刻深颇用术辅其资，而七国之乱，发怒于错，错卒以被戮。其后有郅都、宁成之属。

郅都者，杨人也。以郎事孝文帝。孝景时，都为中郎将，敢直谏，面折大臣于朝。尝从入上林，贾姬如厕，野彘卒入厕。上目都，都不行。上欲自持兵救贾姬，都伏上前曰："亡一姬复一姬进，天下所少宁贾姬等乎？陛下纵自轻，奈宗庙太后何！"上还，彘亦去。太后闻之，赐都金百斤，由此重郅都。

济南瞯氏宗人三百余家，豪猾，二千石莫能制，于是景帝乃拜都孔子说：“用政治法令来引导百姓，用刑罚来约束百姓，百姓可以免于犯罪，但却没有羞耻之心。如果用道德来引导百姓，用礼仪来约束百姓，那么百姓就会有羞耻之心，并改正错误，走上正道。”老子说：“具有高尚道德的人，并不表现在形式上的德，因此才有德；道德低下的人，执守着形式上的德，因此没有实际的德。”“越是法令严酷，盗贼反而更多。”太史公说：这些话可信啊！政治的工具是法令，而不是治理政治清浊的根源。从前天下的法网是很密的，但是奸邪诈伪的事情却不断产生出来，情况发展到最严重的时候，百姓和官吏竟然相互欺骗，以致国家一蹶不振。在这个时候，官吏治理政事就像抱薪救火，扬汤止沸一样，如果不用强健有力的人和严酷的法令，怎么能适意地完成自己的使命呢？如果让倡言道德的人来干这些事，一定会失职的。所以孔子说：“审理诉讼，我同别人一样；一定要有不同，那就是让人们不要再发生诉讼的事。”老子说：“愚蠢浅漏的人听到道德之言，就会大笑起来。”这些话并不是虚妄之言。汉朝建立后，毁方为圆，去严刑而从简政，对秦朝法律作了较大变动，如同砍掉外部的雕饰，露出质朴自然的本质一样，法律由繁苛而至宽简，就像可以漏掉吞舟之鱼的鱼网，然而官吏的治绩纯厚美盛，不至于做出奸邪之事，百姓也都平安无事。由此可见，国家政治的美好，在于君王的宽厚，而不在法律的严酷。

高后时代，酷吏只有侯封，苛刻欺压皇族，侵犯侮辱有功之臣。诸吕彻底失败后，朝廷就杀了侯封的全家。孝景帝时代，晁错用刑苛刻严酷，多用法术来施展他的才能，因而吴、楚等七国叛乱，把愤怒发泄到晁错身上，晁错因此被杀。这以后有郅都和宁成之辈。

郅都是杨县人，以郎官的身份服侍孝文帝。景帝时代，郅都当了中郎将，敢于向朝廷直言进谏，在朝廷上当面使人折服。他曾经跟随天子到上林苑，贾姬到厕所去，野猪突然闯进厕所。皇上用眼神示意郅都，郅都不肯行动。皇上想亲自拿着武器去救贾姬，郅都跪在皇上面前说：“失掉一个姬妾，还会有个姬妾进宫，天下难道会缺少贾姬这样的人吗？陛下纵然看轻自已，而祖庙和太后怎么办呢？”皇上转回身来，野猪也离开了。太后听说了这件事，赏赐郅都黄金百斤，从此重视郅都。

济南瞯姓的宗族共有三百多家，强横奸滑，济南太守不能治服他们，于是汉为济南太守。至则族灭瞯氏首恶，余皆股栗。居岁余，郡中不拾遗。旁十余郡守畏都如大府。

都为人勇，有气力，公廉，不发私书，问遗无所受，请寄无所听。常自称曰："已倍亲而仕，身固当奉职死节官下，终不顾妻子矣。"

郅都迁为中尉。丞相条侯至贵倨也，而都揖丞相。是时民朴，畏罪自重，而都独先严酷，致行法不避贵戚，列侯宗室见都侧目而视，号曰"苍鹰"。

临江王征诣中尉府对簿，临江王欲得刀笔为书谢上，而都禁吏不予。魏其侯使人以间与临江王。临江王既为书谢上，因自杀。窦太后闻之，怒，以危法中都，都免归家。孝景帝乃使使持节拜都为雁门太守，而便道之官，得以便宜从事。匈奴素闻郅都节，居边，为引兵去，竟郅都死不近雁门。匈奴至为偶人象郅都，令骑驰射莫能中，见惮如此。匈奴患之。窦太后乃竟中都以汉法。景帝曰："都忠臣。"欲释之。窦太后曰："临江王独非忠臣邪？"于是遂斩郅都。

宁成者，穰人也。以郎谒者事景帝。好气，为人小吏，必陵其长吏；为人上，操下如束湿薪。滑贼任威。稍迁至济南都尉，而郅都为守。始前数都尉皆步入府，因吏谒守如县令，其畏郅都如此。及成往，直陵都出其上。都素闻其声，于是善遇，与结欢。久之，郅都死，后长安左右宗室多暴犯法，于是上召宁成为中尉。其治效郅都，其廉弗如，然宗室豪桀皆人人惴恐。

武帝即位，徙为内史。外戚多毁成之短，抵罪髡钳。是时九卿罪死即死，少被刑，而成极刑，自以为不复收，于是解脱，诈刻传出关归家。称曰："仕不至二千石，贾不至千万，安可比人乎！"乃贳贷景帝就命郅都当济南太守。郅都来到济南郡所，就把瞷氏家族首恶分子的全家都杀了，其余瞷姓坏人都吓得大腿发抖。过了一年多，济南郡路不拾遗。周围十多个郡的郡守畏惧郅都就像畏惧上级官府一样。

郅都为人勇敢，有气力，公正廉洁，不翻开私人求情的信，送礼他不接受，私人的请托他不听。他常常告诫自己说："既然已经背离父母而来当官，我就应当在官位上奉公尽职，保持节操而死，终究不能顾念妻子儿女。"

郅都调升中尉之官，丞相周亚夫官最高而又傲慢，而郅都见到他只是作揖，并不跪拜。这时，百姓质朴，怕犯罪，都守法自重，郅都却首先施行严酷的刑法，以致执法不畏避权贵和皇亲，连列侯和皇族之人见到他，都要侧目而视，称呼他为"苍鹰"。

临江王被召到中尉府接受审问，临江王想要纸笔给皇上写信，表示谢罪，郅都却告诉官吏不给他纸笔。魏其侯派人暗中给临江王送去纸笔。临江王给皇上写了谢罪的信，然后就自杀了。窦太后听到这个消息，大怒，用严法中伤郅都，郅都被免官归家。汉景帝就派使者拿着符节任命郅都为雁门太守，并让他乘便取道上路，直接去雁门上任，根据实际情况独立处理政事。匈奴人一向听说郅都有操守，现在由他守卫边境，所以匈奴人便领兵离开汉朝边境，直到郅都死去时，一直不敢靠近雁门。匈奴甚至做了像郅都模样的木偶人，让骑兵们奔跑射击，没有人能射中，害怕郅都到了如此的程度。匈奴人以郅都为祸患。窦太后最后以汉朝法律中伤郅都，景帝说："郅都是忠臣。"想释放他。窦太后说："临江王难道就不是忠臣吗？"于是就把郅都杀了。

宁成是穰县人，做侍卫随从之官侍奉汉景帝。他为人争强好胜，做人家的小官时，一定要欺凌他的长官；做了人家的长官，控制下属就像捆绑湿柴一样随便。他狡猾凶残，任性使威，逐渐升官，当了济南都尉，这时郅都已经是济南太守。在此之前的几个都尉都是步行走入太守府，通过下级官吏传达，然后进见太守，就像县令进见太守一样，他们畏惧郅都就是这个样子。等到宁成前来，却一直越过郅都，做到他的上位。郅都一向听说过他的名声，于是很好地对待他，同他结成友好关系。过了好久，郅都死了，后来长安附近皇族中的好多人凶暴犯法，于是皇上召来宁成当了中尉，他的治理办法效仿郅都，他的廉洁不如郅都，但是皇族豪强人人都恐惧不安。

汉武帝即位后，宁成改任为内史。外戚们多诽谤宁成，他被依法判处剃发和以铁索缚脖子的刑罚，这时九卿犯罪该处死的就处死，很少遭受一般刑罚，而宁成却遭受极重的刑罚，他自己认为朝廷不会再用他当官，于是就解脱刑具，私刻假文件，出了函谷关回到家中。他扬言说："当官做不到二千石的高官，经商买陂田千余顷，假贫民，役使数千家。数年，会赦。致产数千金，为任侠，持吏长短，出从数十骑。其使民威重于郡守。

周阳由者，其父赵兼以淮南王舅父侯周阳，故因姓周阳氏。由以宗家任为郎，事孝文及景帝。景帝时，由为郡守。武帝即位，吏治尚循谨甚，然由居二千石中，最为暴酷骄恣。所爱者，挠法活之；所憎者，曲法诛灭之。所居郡，必夷其豪。为守，视都尉如令。为都尉，必陵太守，夺之治。与汲黯俱为忮，司马安之文恶，俱在二千石列，同车未尝敢均茵伏。

由后为河东都尉，时与其守胜屠公争权，相告言罪。胜屠公当抵罪，义不受刑，自杀，而由弃市。

自宁成、周阳由之后，事益多，民巧法，大抵吏之治类多成、由等矣。

赵禹者，斄人。以佐史补中都官，用廉为令史，事太尉亚夫。亚夫为丞相，禹为丞相史，府中皆称其廉平。然亚夫弗任，曰："极知禹无害，然文深，不可以居大府。"今上时，禹以刀笔吏积劳，稍迁为御史。上以为能，至太中大夫。与张汤论定诸律令，作见知，吏传得相监司。用法益刻，盖自此始。

张汤者，杜人也。其父为长安丞，出，汤为儿守舍。还而鼠盗肉，其父怒，笞汤。汤掘窟得盗鼠及余肉，劾鼠掠治，传爰书，讯鞫论报，并取鼠与肉，具狱磔堂下。其父见之，视其文辞如老狱吏，大惊，遂使书狱。父死后，汤为长安吏，久之。

周阳侯始为诸卿时，尝系长安，汤倾身为之。及出为侯，大与汤挣不到一千万贯钱，怎能同别人相比呢？”于是他借钱买了一千多顷可灌溉的土地，出租给贫苦的百姓，受他役使种地的有几千家。几年以后，遇上大赦。他的家产已有了几千斤黄金，专好抱打不平，掌握官吏们的短处，出门时有几十个骑马的人在身后跟随。他驱使百姓的权威比郡守还大。

周阳由，他父亲赵兼以淮南王刘长舅父的身份被封为周阳侯，所以姓周阳。周阳由因为是外戚被任命为郎官，侍奉孝文帝和孝景帝。景帝时，周阳由当了郡守。汉武帝即位后，官员处理政事，崇尚遵循法度，行事谨慎，然而周阳由在二千石一级的官员中，是最暴虐残酷、骄傲放纵的人。他所喜爱的人，如果犯了死罪，就想方设法曲解法律使那人活下来；他所憎恶的人，就歪曲法令把他杀死。他在哪个郡当官，就一定要夷灭那个郡的豪门。他当郡太守，就把都尉视同跟县令一般。他当都尉，必定欺凌太守，侵夺他的权力。他和汲黯都属于强狠之人，还有司马安善用条文法令害人，都身居二千石官员的行列，可是汲黯与司马安若与周阳由同车都不敢和周阳由均分坐垫与同伏车栏。

周阳由后来当了河东郡的都尉，经常与郡太守胜申屠公争权，互相告状，结果胜申公被判决有罪，但他坚持道义，因不肯接受刑罚而自杀，周阳由被处以弃市之刑。

从宁成、周阳由之后，政事更加杂繁，百姓用巧诈的手段对付法律，多数官吏治理政事都像宁成和周阳由一样。

赵禹是斄县人，以佐史的身份补任京城官府的官员，因为廉洁而升为令史，服侍周亚夫。周亚夫做丞相，赵禹当丞相史，丞相府中的人都称赞他廉洁公平。但周亚夫不重用他，说：“我非常知道赵禹有杰出无比的才干，但他执法深重严酷，不能在大的官府当官。”武帝时代，赵禹因为从事文书工作而积累功劳，逐渐升为御史。皇上认为他能干，又升到太中大夫。他和张汤共同制定各种法令，设置“见知法”，让官吏之间互相监视，相互检举。汉朝法律越发严厉，大概就是从这时开始。

张汤是杜县人。他父亲当长安县丞，有一次出门去了，张汤当时是小孩，父亲就让他在家看门。父亲回家后，发现老鼠偷了肉，就对张汤发怒，用鞭子打了他。张汤掘开鼠洞，找到偷肉的老鼠和没吃完的肉，就举告老鼠的罪行，加以拷打审问，并记录审问过程，反复审问，把判决的罪状报告上级，并且把老鼠和剩肉取来，当堂最后定案，将老鼠分尸处死。他父亲看到这情景，又看到那判决词就像老练的法官所写，特别惊讶，于是就让他学习断案的文书。父亲死后，张汤就当了长安的官员，做了相当长的一段时间。

周阳侯田胜开始做九卿之官时，曾经在长安被拘禁，张汤尽其全力加以保交，遍见汤贵人。汤给事内史，为宁成掾，以汤为无害，言大府，调为茂陵尉，治方中。

武安侯为丞相，征汤为史，时荐言之天子，补御史，使案事。治陈皇后蛊狱，深竟党与。于是上以为能，稍迁至太中大夫。与赵禹共定诸律令，务在深文，拘守职之吏。已而赵禹迁为中尉，徙为少府，而张汤为廷尉，两人交欢，而兄事禹。禹为人廉倨。为吏以来，舍毋食客。公卿相造请禹，禹终不报谢，务在绝知友宾客之请，孤立行一意而已。见文法辄取，亦不覆案，求官属阴罪。汤为人多诈，舞智以御人。始为小吏，乾没，与长安富贾田甲、鱼翁叔之属交私。及列九卿，收接天下名士大夫，己心内虽不合，然阳浮慕之。

是时上方乡文学，汤决大狱，欲傅古义，乃请博士弟子治《尚书》《春秋》，补廷尉史，亭疑法。奏谳疑事，必豫先为上分别其原，上所是，受而著谳决法廷尉，絜令扬主之明。奏事即谴，汤应谢，乡上意所便，必引正、监、掾史贤者，曰："固为臣议，如上责臣，臣弗用，愚抵于此。"罪常释。即奏事，上善之，曰："臣非知为此奏，乃正、监、掾史某为之。"其欲荐吏，扬人之善蔽人之过如此。所治即上意所欲罪，予监史深祸者；即上意所欲释，与监史轻平者。所治即豪，必舞文巧诋；即下户羸弱，时口言，虽文致法，上财察。于是往往释汤所言。汤至于大吏，内行修也。通宾客饮食。于故人子弟为吏及贫昆弟，调护之尤厚。其造请诸公，不避寒暑。是以汤虽文深意忌不专平，然得此声誉。而刻深吏多为爪牙用者，依于文学之士。丞相弘数称其美。及治淮南、衡山、江都反狱，皆穷根本。严助及伍被，上欲释之。汤争曰："伍被本画反谋，而助亲幸出入禁闼护。待田胜出狱封了侯，与张汤交往密切，并把当朝权贵一一介绍给张汤，让张汤同他们相识。张汤在内史任职，做宁成的属官，因为张汤有无比的才华，宁成就向上级官府推荐，张汤被调升为茂陵尉，负责主持陵墓土建工程。

武安侯田蚡做了丞相，征召张汤做内史，经常向天子推荐他，任命他为御史，让他处理案件。他主持处理陈皇后巫蛊案件时，深入追究同党。汉武帝于是认为他有办事能力，逐步提拔他当了太中大夫。他与赵禹一起制定各种条文法律，务求苛刻严峻，约束在职的官吏。不久，赵禹提升为中尉，又改任少府，而张汤当了廷尉，两人交往友好，张汤以对待兄长的礼节对待赵禹。赵禹为人傲慢廉洁，当官以来，家中没有食客。三公九卿前来拜访，赵禹却始终不回访答谢，务求断绝与知心朋友及宾客的来往，独自一心一意地处理自己的公务。他看到法令条文就取来，也不去复查，以求追究从属官员隐秘的罪过。张汤为人多诈，善施智谋控制别人。他开始当小官时，就喜欢以权谋利，并曾与长安富商田甲、鱼翁叔之流勾结。待做了九卿之官时，便结交天下名士大夫，虽然自己内心同他们不合，但表面却装出仰慕他们的样子。

这时，汉武帝正一心向慕儒家学说，张汤判决大案，就想附会儒家观点，因此就请博士弟子们研究《尚书》、《春秋》，他担任廷尉史，就请他们来评判法律的一些可疑之处。每次上报判决的疑难案件，都预先分析事情的原委给皇上，皇上认为对的，就接受并记录下来，作为判案的法规，以廷尉的名义加以公布，颂扬皇上的圣明。如果奏事遭到谴责，张汤就认错谢罪，顺着皇上的心意，一定要举出正、左右监和贤能的属吏，说："他们本来向我提议过，就像皇上责备我的那样，我没采纳，愚蠢到这种地步。"因此，他的罪常被皇上宽恕不究。他有时向皇上呈上奏章，皇上认为好，他就说："臣我不知道写这奏章，是正、左右监、掾史中某某人写的。"他想推荐官吏，表扬人家的好处，掩蔽别人的过失，常常这样做。他所处理的案件，如果是皇上想要加罪的，他就交给执法严酷的监史去办理；要是皇上想宽恕的，他就交给执法轻而公平的监史去办理。他所处理的如果是豪强，则一定要玩弄法律条文，巧妙地进行诬陷。如果是平民百姓和瘦弱的人，则常常口头向皇上陈述，虽然按法律条文应当判刑，但请皇上明察裁定。于是，皇上往往就宽释了张汤所说的人。张汤虽做了大官，自身修养很好，与宾客交往，同他们吃饭喝酒，对于老朋友当官的子弟以及贫穷的兄弟们，照顾得尤其宽厚。他拜问三公，不避寒暑。所以张汤虽然执法严酷，内心嫉妒，处事不纯正公平，却得到一个好名声。那些执法酷烈刻毒的官吏都被他用为属吏，又都依从于儒学之士。丞相公孙弘屡次称赞他的美德。等到他处理淮南王、衡山王、江都王谋反的案件，都能穷追到底。严助和伍被，皇上本想宽恕他们，爪牙臣，乃交私诸侯如此，弗诛，后不可治。”于是上可论之。其治狱所排大臣自为功，多此类。于是汤益尊任，迁为御史大夫。

会浑邪等降，汉大兴兵伐匈奴，山东水旱，贫民流徙，皆仰给县官，县官空虚。于是丞上指，请造白金及五铢钱，笼天下盐铁，排富商大贾，出告缗令，鉏豪强并兼之家，舞文巧诋以辅法。汤每朝奏事，语国家用，日晏，天子忘食。丞相取充位，天下事皆决于汤。百姓不安其生，骚动，县官所兴，未获其利，奸吏并侵渔，于是痛绳以罪。则自公卿以下，至于庶人，咸指汤。汤尝病，天子至自视病，其隆贵如此。

匈奴来请和亲，群臣议上前。博士狄山曰：“和亲便。”上问其便，山曰：“兵者凶器，未易数动。高帝欲伐匈奴，大困平城，乃遂结和亲。孝惠、高后时，天下安乐。及孝文帝欲事匈奴，北边萧然苦兵矣。孝景时，吴楚七国反，景帝往来两宫间，寒心者数月。吴楚已破，竟景帝不言兵，天下富实。今自陛下举兵击匈奴，中国以空虚，边民大困贫。由此观之，不如和亲。”上问汤，汤曰：“此愚儒，无知。”狄山曰：“臣固愚忠，若御史大夫汤乃诈忠。若汤之治淮南、江都，以深文痛诋诸侯，别疏骨肉，使蕃臣不自安。臣固知汤之为诈忠。”于是上作色曰：“吾使生居一郡，能无使虏入盗乎？”曰：“不能。”曰：“居一县？”对曰：“不能。”复曰：“居一障间？”山自度辩穷且下吏，曰：“能。”于是上遣山乘鄣。至月余，匈奴斩山头而去。自是以后，群臣震慑。

汤之客田甲，虽贾人，有贤操。始汤为小吏时，与钱通，及汤为大吏，甲所以责汤行义过失，亦有烈士风。

汤为御史大夫七岁，败。

张汤争辩说："伍被本来是策划谋反的人，严助是皇上亲近宠幸的人，是出入宫廷禁门的护卫之臣，竟然这样私交诸侯，如不杀他，以后就不好管理臣下了。"于是，皇上同意对他们的判决。他处理案子打击大臣，自己邀功的情况，多半如此。于是，张汤更加受到尊宠和信任，被升为御史大夫。

正巧赶上匈奴浑邪王等投降汉朝，汉朝出动大军讨伐匈奴，山东遇到水涝和干旱的灾害，贫苦百姓流离失所，都依靠政府供应衣食，政府因此仓库空虚。于是张汤按皇上旨意，奏请铸造银钱和五铢钱，垄断天下的盐铁经营权，打击富商大贾，发布告缗令，铲除豪强兼并之家的势力，玩弄法律条文巧言诬陷，来辅助法律的推行。张汤每次上朝奏事，谈论国家的财用情况，一直谈到傍晚，天子也忘记了吃饭时间。丞相无事可做，空占相位，天下的事情都取决于张汤。致使百姓不能安心生活，骚动不宁，政府兴办的事，得不到利益，而奸官污吏却一起侵夺盗窃，于是就彻底以法惩办。从三公九卿以下，直到平民百姓，都指责张汤。张汤曾经生病，天子亲自前去看望他，他的显贵达到这种地步。

匈奴来汉朝请求和亲，群臣都到天子跟前议论此事。博士狄山说："和亲有利。"皇上问他有利在何处，狄山说："武器是凶险的东西，不可以屡次动用。高帝想讨伐匈奴，被围在平城，就和匈奴结成和亲之好。孝惠、高后时期，天下安定快乐。待到孝文帝时，想征讨匈奴，结果北方骚扰不安、百姓苦于战争。孝景帝时，吴、楚等七国叛乱，景帝往来于未央宫和长乐宫之间，忧心了几个月，吴楚七国叛乱平定后，直到景帝去世才不再谈论战争，天下却富裕殷实。如今自从陛下发兵攻打匈奴，因此国内财用空虚，边境百姓极为困苦。由此可见，用兵还不如和亲。"皇上又问张汤，张汤说："这是愚蠢的儒生，无知。"狄山说："我固然是愚忠，像御史大夫张汤却是诈忠。像张汤处理淮南王和江都王的案子，用严酷的刑法，放肆地诋毁诸侯，离间骨肉之亲，使各封国之臣自感不安。我本来就知道张汤是诈忠。"于是皇上变了脸色，说："我派你驻守一个郡，你能不能做到不让匈奴兴兵来抢掠吗？"狄山说："不能。"皇上说："驻守一个县呢？"狄山回答说："不能。"皇上又说："那么驻守一个边境城堡呢？"狄山自己揣度，如果辩论到无话回答，那么皇上就要把自己交给法官治罪，因此说："能。"于是皇上就派遣狄山登上边塞城堡。一个多月过后，匈奴斩下狄山的头就离开了。从此以后，群臣恐惧震惊。

张汤的门客田甲虽是商人，却有贤良的品行。张汤开始做小官时，他与张汤以钱财交往，待张汤当了大官，他责备张汤品德道义方面的过错，但也有忠义之士的风度。

张汤当了七年御史大夫，失败了。

河东人李文尝与汤有却，已而为御史中丞，恚，数从中文书事有可以伤汤者，不能为地。汤有所爱史鲁谒居，知汤不平，使人上蜚变告文奸事，事下汤，汤治论杀文，而汤心知谒居为之。上问曰："言变事纵迹安起？"汤佯惊曰："此殆文故人怨之。"谒居病卧闾里主人，汤自往视疾，为谒居摩足。赵国以冶铸为业，王数讼铁官事，汤常排赵王。赵王求汤阴事。谒居尝案赵王，赵王怨之，并上书告："汤，大臣也，史谒居有病，汤至为摩足，疑与为大奸。"事下廷尉。谒居病死，事连其弟，弟系导官。汤亦治他囚导官，见谒居弟，欲阴为之，而佯不省。谒居弟弗知，怨汤，使人上书告汤与谒居谋，共变告李文。事下减宣。宣尝与汤有却，及得此事，穷竟其事，未奏也。会人有盗发孝文园瘗钱，丞相青翟朝，与汤约俱谢，至前，汤念独丞相以四时行园，当谢，汤无与也，不谢。丞相谢，上使御史案其事。汤欲致其文丞相见知，丞相患之。三长史皆害汤，欲陷之。

始长史朱买臣，会稽人也。读《春秋》。庄助使人言买臣，买臣以《楚辞》与助俱幸，侍中，为太中大夫，用事；而汤乃为小吏，跪伏使买臣等前。已而汤为廷尉，治淮南狱，排挤庄助，买臣固心望。及汤为御史大夫，买臣以会稽守为主爵都尉，列于九卿。数年，坐法废，守长史，见汤，汤坐床上，丞史遇买臣弗为礼。买臣楚士，深怨，常欲死之。王朝，齐人也。以术至右内史。边通，学长短，刚暴强人也，官再至济南相。故皆居汤右，已而失官，守长史，诎体于汤。汤数行丞相事，知此三长史素贵，常凌折之。以故三长史合谋曰："始汤约与君谢，已而卖君；今欲劾君以宗庙事，此欲代君耳。吾知汤阴事。"使吏捕案汤左田信等，曰汤且欲奏请，信辄先知之，河东人李文曾经同张汤有嫌隙，以后他当了御史中丞，心中怨恨张汤，屡次从宫中文书里寻找可以用来陷害张汤的材料，不留余地。张汤有个喜爱的下属叫鲁谒居，知道张汤对此心中不快，就让人以流言向皇上密告李文的坏事，而这事正好交给张汤处理，张汤就判决李文死罪，把他杀了，他也知道这事是鲁谒居干的。皇上问道："匿名上告李文的事是怎样发生的？"张汤假装惊讶地说："这大概是李文的老朋友怨恨他。"后来鲁谒居病倒在同乡主人的家中，张汤亲自去看望他的病情，替鲁谒居按摩脚。赵国人以冶炼铸造为职业，赵王刘彭祖屡次同朝廷派来主管铸铁的官员打官司，张汤常常打击赵王。赵王寻找张汤的隐私之事。鲁谒居曾经检举过赵王，赵王怨恨他，于是就上告他们二人，说："张汤是大臣，其属官鲁谒居有病，张汤竟然给他按摩脚，我怀疑两人必定共同做了大的坏事。"这事交给廷尉处理，鲁谒居病死了，事情牵连到他的弟弟，就把他弟弟拘禁在导官署。张汤也到导官署审理别的囚犯，看到鲁谒居的弟弟，想暗中帮助他，所以假装不察看他。鲁谒居的弟弟不知道这个情况，怨恨张汤，因此就让人上告张汤和鲁谒居搞阴谋，共同匿名告发了李文。这事交给减宣处理。减宣曾同张汤有嫌隙，待他接办了这案子，把案情查得水落石出，尚未上报。正巧有人偷挖了孝文帝陵园里的殉葬钱，丞相庄青翟上朝，同张汤约定一同去谢罪，到了皇上面前，张汤想：只有丞相必须按四季巡视陵园，丞相应当谢罪，与我张汤没关系，不肯谢罪。丞相谢罪后，皇上派御史查办此事。张汤想按法律条文判丞相明知故纵的罪过，丞相忧虑此事。丞相手下的三个长史都忌恨张汤，想陷害他。

长史朱买臣是会稽人，攻读《春秋》。庄助让人向皇帝推荐朱买臣，朱买臣因为熟悉《楚辞》的缘故，同庄助都得到皇上的宠幸，从侍中升为太中大夫，当权。这时张汤只是个小官，在朱买臣等面前下跪听候差遣。不久，张汤当了廷尉，办理淮南王案件，排挤庄助，朱买臣心里本来怨恨张汤。待张汤当了御史大夫，朱买臣从会稽太守的职位上调任主爵都尉，位列九卿之中。几年后，因犯法罢官，代理长史，去拜见张汤，张汤坐在日常所坐的椅子上接见朱买臣，他的丞史一类的属官也不以礼对待朱买臣。朱买臣是楚地士人，深深怨恨张汤，常想把他整死。王朝是齐地人，凭着儒家学说做了右内史。边通，学习纵横家的思想学说，是个性格刚强暴烈的强悍之人。两次官至济南王的丞相。从前，他们都比张汤的官大，不久丢了官，代理长史，对张汤行屈体跪拜之礼。张汤屡次兼任丞相的职务，知道这三个长史原来地位很高，就常常压制欺负他们。因此，三位长史合谋并对庄青翟说："开始张汤同你约定共同向皇上谢罪，紧接着就出卖了你；现在又用宗庙之事控告你，这是想替代你的职位。我们知道张汤的一些不法隐私。"于是就派属吏逮捕并审理张汤的同案犯田信等人，说张汤将要向皇上奏请居物致富，与汤分之，及他奸事。事辞颇闻。上问汤曰："吾所为，贾人辄先知之，益居其物，是类有以吾谋告之者。"汤不谢。汤又佯惊曰："固宜有。"减宣亦奏谒居等事。天子果以汤怀诈面欺，使使八辈簿责汤。汤具自道无此，不服。于是上使赵禹责汤。禹至，让汤曰："君何不知分也。君所治夷灭者几何人矣？今人言君皆有状，天子重致君狱，欲令君自为计，何多以对簿为？"汤乃为书谢曰："汤无尺寸功，起刀笔吏，陛下幸致为三公，无以塞责。然谋陷汤罪者，三长史也。"遂自杀。

汤死，家产直不过五百金，皆所得奉赐，无他业。昆弟诸子欲厚葬汤，汤母曰："汤为天子大臣，被污恶言而死，何厚葬乎！"载以牛车，有棺无椁。天子闻之，曰："非此母不能生此子。"乃尽案诛三长史。丞相青翟自杀。出田信。上惜汤。稍迁其子安世。

赵禹中废，已而为廷尉。始条侯以为禹贼深，弗任。及禹为少府，比九卿。禹酷急，至晚节，事益多，吏务为严峻，而禹治加缓，而名为平。王温舒等后起，治酷于禹。禹以老，徙为燕相。数岁，乱悖有罪，免归。后汤十余年，以寿卒于家。

义纵者，河东人也。为少年时，尝与张次公俱攻剽为群盗。纵有姊姁，以医幸王太后。王太后问："有子兄弟为官者乎？"姊曰："有弟无行，不可。"太后乃告上，拜义姁弟纵为中郎，补上党郡中令。治敢行，少蕴藉，县无逋事，举为第一。迁为长陵及长安令，直法行治，不避贵戚。以捕案太后外孙修成君子仲，上以为能，迁为河内都尉。至则族灭其豪穰氏之属，河内道不拾遗。而张次公亦为郎，以勇悍从军，敢深入，有功，为岸头侯。

宁成家居，上欲以为郡守。御史大夫弘曰："臣居山东为小吏时，宁成为济南都尉，其治如狼牧羊。成不可使治民。"上乃拜成为政事，田信则预先就知道了，然后囤积物资，发财致富，同张汤分赃，还有其他坏事。皇上听说了此事，向张汤说：“我所要做的事，商人则预先知道此事，那些货物越发囤积，这好像有人把我的想法告诉了他们一样。”张汤不谢罪，却又假装惊讶地说：“应该说一定有人这样做了。”这时减宣也报告上奏张汤和鲁谒居的犯法之事。天子果然以为张汤心怀巧诈，当面欺骗君王，派八批使者按记录在案的相关罪证审问张汤。张汤说自己没有这些罪过，不服。于是皇上又派赵禹审问张汤。赵禹来了以后，责备张汤说：“皇上怎么会不知道情况呢？你办理案件时，被夷灭家族的有多少人呢？如今人家告你的罪状都有证据，天子难以处理你的案子，想让你自己想办法自杀，何必对证答辩呢？”张汤就写信谢罪说：“张汤没有尺寸之功，起初只是文书小吏，陛下宠幸我，让我位列三公之位，罪责无法推卸，然而阴谋陷害张汤的罪人是三位长史。”张汤于是就自杀了。

张汤死时，家产不超过五百金，都是所得的俸禄和皇上的赏赐，没有其他的产业。张汤的兄弟和儿子们仍想厚葬张汤，他母亲说：“张汤是天子的大臣，遭受恶言诬告而死，何必厚葬呢？”于是就用牛车拉着棺材，没有外椁。天子听到这个情况后，说：“没有这样的母亲，生不出这样的儿子。”就穷究此案，把三个长史全都杀了。丞相庄青翟也自杀。田信被释放出去。皇上怜惜张汤，逐渐提拔他的儿子张安世。

赵禹中途被罢官，不久当了廷尉。最初，条侯周亚夫认为赵禹残酷阴诈，不肯重用。待赵禹当了少府，与九卿并列。赵禹做事严酷急躁，到晚年时，国家事情越来越多，官吏致力于施行严刑峻法，而赵禹却执法轻缓，被称为平和。王温舒等人是后起之官，执法比赵禹严酷。因为赵禹年老，又改任燕国丞相。几年后，犯有昏乱背逆之罪，被免官，在张汤死后十余年，老死在家中。

义纵是河东人。少年时代，曾与张次公一块儿抢劫，结为强盗团伙。义纵有个姐姐叫姁，凭医术受到太后的宠幸。王太后问姁说：“你有儿子和兄弟当官吗？”义纵的姐姐说：“有个弟弟，品行不好，不能当官。”太后就告诉皇上，任义姁的弟弟义纵为中郎，改任上党郡中某县的县令。义纵执法严酷，很少有宽和包容的情形，因此县里没有逃亡的事，被推荐为第一。后来改任长陵和长安的县令，依法办理政事，不回避贵族和皇亲。因为逮捕审讯太后的外孙修成君的儿子仲，皇上认为他有能力，任命其为河内都尉。到任后，他就把当地豪强穰氏之流灭了族，使河内出现道不拾遗的局面。张次公也当了郎官，凭着他的勇敢剽悍当了兵，因为作战敢于深入敌军，获得军功，封为岸头侯。

宁成在家闲居时，皇帝想让他当太守。御史大夫公孙弘说：“我在山东当小官时，宁成做济南都尉，他处理政事就像狼牧羊一样凶。宁成不能用来治理百关都尉。岁余，关东吏隶郡国出入关者，号曰“宁见乳虎，无值宁成之怒”。义纵自河内迁为南阳太守，闻宁成家居南阳，及纵至关，宁成侧行送迎，然纵气盛，弗为礼。至郡，遂案宁氏，尽破碎其家。成坐有罪，及孔、暴之属皆饹亡，南阳吏民重足一迹。而平氏朱强、杜衍杜周为纵牙爪之吏，任用，迁为廷史。军数出定襄，定襄吏民乱败，于是徙纵为定襄太守。纵至，掩定襄狱中重罪轻系二百余人，及宾客昆弟私入相视亦二百余人。纵一捕鞠，曰“为死罪解脱”。是日皆报杀四百余人。其后郡中不寒而栗，猾民佐吏为治。

是时赵禹、张汤以深刻为九卿矣，然其治尚宽，辅法而行，而纵以鹰击毛挚为治。后会五铢钱白金起，民为奸，京师尤甚，乃以纵为右内史，王温舒为中尉。温舒至恶，其所为不先言纵，纵必以气凌之，败坏其功。其治，所诛杀甚多，然取为小治，奸益不胜，直指始出矣。吏之治以斩杀缚束为务，阎奉以恶用矣。纵廉，其治放郅都。上幸鼎湖，病久，已而卒起幸甘泉，道多不治。上怒曰：“纵以我为不复行此道乎？”嗛之。至冬，杨可方受告缗，纵以为此乱民，部吏捕其为可使者。天子闻，使杜式治，以为废格沮事，弃纵市。后一岁，张汤亦死。

王温舒者，阳陵人也。少时椎埋为奸。已而试补县亭长，数废。为吏，以治狱至廷史。事张汤，迁为御史。督盗贼，杀伤甚多，稍迁至广平都尉。择郡中豪敢任吏十余人，以为爪牙，皆把其阴重罪，而纵使督盗贼，快其意所欲得。此人虽有百罪，弗法；即有避，因其事夷之，亦灭宗。以其故齐赵之郊盗贼不敢近广平，广平声为道不拾遗。上闻，迁为河内太守。

素居广平时，皆知河内豪奸之家，及往，九月而至。令郡具私马姓。”皇上就任命宁成当关都尉。一年以后，关东郡国的官吏察看郡国中出入关口的人，都扬言说：“宁肯看到幼崽哺乳的母虎，也不要遇到宁成发怒。”义纵从河内调任南阳太守，听说宁成在南阳家中闲居，等义纵到达南阳关口，宁成跟随身后，往来迎送，但是义纵盛气凌人，不以礼相待。到了郡府，义纵就审理宁氏家的罪行，完全粉碎了有罪的宁氏家族。宁成也被株连有罪，至于孔姓和暴姓之流的豪门都逃亡而去，南阳的官吏百姓都怕得谨慎行动，不敢有错。平氏县的朱强、杜衍县的杜周都是义纵的得力属官，受到重用，升为廷史。这时汉朝军队屡次从定襄出兵攻打匈奴，定襄的官吏和百姓人心散乱、世风败坏，朝廷于是改派义纵做定襄太守。义纵到任后，捕取定襄狱中没有戴刑具的重罪犯人二百人，以及他们的宾客兄弟私自探监的也有二百余人。义纵把他们全部逮捕起来加以审讯，罪名是“为死罪解脱”。这天上报杀人数目，共四百余人。这之后，郡中人吓得都不寒而栗，连刁猾之民也辅佐官吏治理政事。

这时，赵禹、张汤都因执法严酷而当了九卿之官，但是他们的治理办法还算宽松，都以法律辅助行事，而义纵却以酷烈凶狠治理政事。后来正赶上五铢钱和白金起用，豪民乘机施展奸诈手段，京城尤其严重，朝廷就用义纵做右内史，王温舒当中尉。王温舒极凶恶，他所做的事若不预先告知义纵，义纵必定施展其个人义气欺凌他，破坏他干的事。他治理政事，杀的人很多，但是治理急促，非但成效不大，反而奸邪之事越来越多，因而直指之官开始出现了。官吏治理政事以斩杀和捆缚为主要任务，以凶恶闻名的阎奉被任用。义纵廉洁，他治理政事仿效郅都。皇上驾幸鼎湖，病了好长一段时间，病好后突然驾幸甘泉宫，所行之路多半没有修整，皇上发怒说：“义纵以为我不再走这条路了吧？”心中怀恨义纵。到了冬天，杨可正受命主持处理“告缗”案件，义纵以为这将扰乱百姓，部署官吏逮捕那些替杨可干事的人。天子听说了这件事，派杜式去处理，认为义纵的做法，是废弃了敬君之礼，破坏了君王要办的事，将义纵弃市。一年后，张汤也死了。

王温舒是阳陵人。年轻时做过盗墓等坏事。不久，当了县里的亭长，屡次被免职。后来当了小官，升为廷史皆因善于处理案件。服侍张汤，升为御史。他督捕盗贼，杀伤的人很多，逐渐升为广平都尉。他选择郡中十余豪放勇敢的人当属官，让他们做得力帮手，掌握他们每个人的隐秘的重大罪行，从而放手让他们去督捕盗贼。如果捕获盗贼能使王温舒满意，此人就是有百种罪恶也不加惩治；若是有所回避，就依据他过去所犯的罪行杀死他，甚至灭其家族。因为这个原因，赵地和齐地乡间的盗贼不敢接近广平郡，广平郡有了道不拾遗的好名声。皇上听说后，将王温舒升为河内太守。

王温舒以前居住在广平时，对河内豪强奸猾的人家非常熟悉，他前往广平，五十四，为驿自河内至长安，部吏如居广平时方略，捕郡中豪猾，郡中豪猾相连坐千余家。上书请，大者至族，小者乃死，家尽没入偿臧。奏行不过二三日，得可事。论报，至流血十余里。河内皆怪其奏，以为神速。尽十二月，郡中毋声，毋敢夜行，野无犬吠之盗。其颇不得，失之旁郡国，黎来，会春，温舒顿足叹曰："嗟乎，令冬月益展一月，足吾事矣！"其好杀伐行威不爱人如此。天子闻之，以为能，迁为中尉。其治复放河内，徙诸名祸猾吏与从事，河内则杨皆、麻戊，关中杨赣、成信等。义纵为内史，惮未敢恣治。及纵死，张汤败后，徙为廷尉，而尹齐为中尉。

尹齐者，东郡茌平人。以刀笔稍迁至御史。事张汤，张汤数称以为廉武，使督盗贼，所斩伐不避贵戚。迁为关内都尉，声甚于宁成。上以为能，迁为中尉，吏民益凋敝。尹齐木强少文，豪恶吏伏匿而善吏不能为治，以故事多废，抵罪。上复徙温舒为中尉，而杨仆以严酷为主爵都尉。

杨仆者，宜阳人也。以千夫为吏。河南守案举以为能，迁为御史，使督盗贼关东。治放尹齐，以为敢挚行。稍迁至主爵都尉，列九卿。天子以为能。南越反，拜为楼船将军，有功，封将梁侯。为荀彘所缚。居久之，病死。

而温舒复为中尉。为人少文，居廷惛惛不辩，至于中尉则心开。督盗贼，素习关中俗，知豪恶吏，豪恶吏尽复为用，为方略。吏苛察，盗贼恶少年投缿购告言奸，置伯格长以牧司奸盗贼。温舒为人谄，善事有埶者；即无埶者，视之如奴。有势家，虽有奸如山，弗犯；无埶者，贵戚必侵辱。舞文巧诋下户之猾，以焄大豪。其治中尉如此。奸猾穷治，大抵尽靡烂狱中，行论无出者。其爪牙吏虎而冠。

九月份就上任了。他下令郡府准备五十匹私马，从河内到长安设置了驿站，部署手下的官吏就像在广平时所用的办法一样，逮捕郡中奸猾豪强之人，郡中豪强奸猾相连坐犯罪的有一千余家。上书请示皇上，罪大者灭族，罪小者处死，家中财产完全没收，以偿还从前所得到的赃物。奏书送走不过两三日，就得到皇上的答复可以执行。案子判决上报，竟至于流血十余里。河内人都奇怪王温舒的奏书为何如此神速。到了十二月底，郡里没有人敢说话，也无人敢夜晚行走，郊野没有因盗贼引起狗叫的现象。那没抓到的少数罪犯，逃到附近的郡国去了，待到把他们追捕抓回来，正赶上春天了，王温舒跺脚叹道："唉！如果再延长一个月冬季，我的事情就办完了。"他喜欢杀伐、施展威武及不爱民到了这种程度。天子听了，误以为他有才能，升为中尉。他治理政事还是仿效河内的办法，调来那些著名祸害和奸猾官吏同他一起共事，河内的有杨皆、麻戊，关中的有杨赣和成信等。因为义纵当内史，王温舒怕他，因此还未敢恣意地实行严酷之政。等到义纵死去，张汤失败之后，王温舒改任廷尉，尹齐当了中尉。

尹齐是东郡茌平人，从文书小吏升为御史。服侍张汤，张汤屡次称赞他廉洁勇敢，派他督捕盗贼，所要斩杀的人不回避权贵皇亲。他升为关内都尉，好名声超过宁成。皇上认为他有才能，升他为中尉，而官吏和平民生活更加困苦不堪。尹齐处事死板，不讲求礼仪，强悍凶恶的官吏隐藏起来，而善良的官员又不能独自有效地去处理政事，因此政事多半都废弛了，被判了罪。皇上又改任王温舒为中尉，而杨仆凭借他的严峻酷烈当了主爵都尉。

杨仆是宜阳人，以千夫的身份当了小官。河南太守考核并推荐他有才能而升为御史，派到关东去督捕盗贼。他效仿尹齐治理政事，被认为做事凶猛而有胆量。逐渐升为主爵都尉，位列九卿之中。皇上认为他有才能，在南越反叛时，任命他为楼船将军，因有军功，被封为将梁侯。后被荀彘所捆缚。过了很久，他得病死了。

王温舒又当了中尉，他做人缺少斯文，在朝廷办事，思想糊涂，不辨是非，到他当中尉以后，则心情开朗。他督捕盗贼，对关中习俗比较熟悉，了解当地豪强和凶恶的官吏，所以豪强和凶恶官吏都愿意为他出力，为他划策出谋。官吏严苛侦察，盗贼和凶恶少年就用投书和检举箱的办法，收买告发罪恶的情报，设置伯格长以督察奸邪之人和盗贼。王温舒为人谄媚，善于巴结有权势的人，若是没有权势的人，他对待他们就像对待奴仆一样。有权势的人家，虽然有堆积如山的奸邪之事，他也不去触犯。无权势的，就是高贵的皇亲，他也一定要欺侮。他玩弄法令条文巧言诋毁奸猾的平民，而威迫大的豪强。他当中尉时就这样处理政事，对于奸猾之民，必定追究其罪，大多都被打得皮开肉绽，烂死狱中，判决有于是中尉部中中猾以下皆伏，有势者为游声誉，称治。治数岁，其吏多以权富。

温舒击东越还，议有不中意者，坐小法抵罪免。是时天子方欲作通天台而未有人，温舒请覆中尉脱卒，得数万人作。上说，拜为少府。徙为右内史，治如其故，奸邪少禁。坐法失官。复为右辅，行中尉事。如故操。

岁余，会宛军发，诏征豪吏，温舒匿其吏华成，及人有变告温舒受员骑钱，他奸利事，罪至族，自杀。其时两弟及两婚家亦各自坐他罪而族。光禄徐自为曰："悲夫，夫古有三族，而王温舒罪至同时而五族乎！"

温舒死，家直累千金。后数岁，尹齐亦以淮阳都尉病死，家直不满五十金。所诛灭淮阳甚多，及死，仇家欲烧其尸，尸亡去归葬。

自温舒等以恶为治，而郡守、都尉、诸侯二千石欲为治者，其治大抵尽放温舒，而吏民益轻犯法，盗贼滋起。南阳有梅免、白政，楚有殷中、杜少，齐有徐勃，燕赵之间有坚卢、范生之属。大群至数千人，擅自号，攻城邑，取库兵，释死罪，缚辱郡太守、都尉，杀二千石，为檄告县趣具食；小群以百数，掠卤乡里者，不可胜数也。于是天子始使御史中丞、丞相长史督之。犹弗能禁也，乃使光禄大夫范昆、诸辅都尉及故九卿张德等衣绣衣，持节，虎符发兵以兴击，斩首大部或至万余级，及以法诛通饮食，坐连诸郡，甚者数千人。数岁，乃颇得其渠率。散卒失亡，复聚党阻山川者，往往而群居，无可奈何。于是作"沈命法"，曰群盗起不发觉，发觉而捕弗满品者，二千石以下至小吏主者皆死。其后小吏畏诛，虽有盗不敢发，恐不能得，坐课累府，府亦使其不言。故盗贼浸多，上下相为匿，以文辞避法焉。

减宣者，杨人也。以佐史无害给事河东守府。卫将军青使买马河罪的，没有一个人能活着走出牢狱。他的得力部下都像戴着帽子的猛虎一样。于是在中尉管辖范围的中等以下的奸猾之人，都隐伏着不敢出来，有权势的都替他宣扬名声，称赞他的治绩。他治理了几年，他的属官多因此而富起来了。

王温舒攻打东越回来后，议事时不合天子的旨意，犯了小法被判罪免官。这时，天子正想修建通天台，还没人主持这事，王温舒请求考核中尉部下逃避兵役的人，查出几万人可罚以劳役。皇上很高兴，任命他为少府，又改任右内吏，处理政事同从前一样，奸邪之事稍被禁止。后来犯法丢掉官职，不久又被任命为右辅，代理中尉的职务，处理政事同原来的做法一样。

一年多以后，正赶上征讨大宛的军队出发，朝廷下令征召豪强官吏，王温舒把他的属官华成隐藏起来。待到有人告发王温舒接受在额骑兵的赃款和其他的坏事，罪行之重应当灭族，他就自杀了。这时，他的两个弟弟以及两个姻亲之家，都各自犯了其他的罪行而被灭族。光禄徐自为说："可悲啊，听说古代有灭三族的事，而王温舒犯罪竟至于同时夷灭五族！"

王温舒死后，他的家产累积有一千金。以后好多年，尹齐也在淮阳都尉的任上病死，他的家产价值不足五十金。他所杀的有很多淮阳人，待到他死了，怨仇之家想烧他的尸体，家属偷偷地把他的尸体运回去安葬。

自从王温舒用严酷凶恶手段处理政事，其后郡守、都尉、诸侯和二千石的官员治理政事的办法，大都效法王温舒，然而官吏和百姓犯法越发轻易，盗贼越来越多。南阳有梅免、白政，楚地有殷中、杜少，齐地有徐勃，燕赵之间有坚卢、范生之流。大的团伙多达数千人，擅自称王，去攻打城邑，夺取武器库中的兵器，判死罪的犯人被释放，捆缚侮辱郡太守、都尉，二千石的官员都杀，发布檄文，催促各县为他们准备粮食。小的团伙有几百人，抢劫乡村的数也数不过来。于是天子派御史中丞、丞相长史督办剿灭之事。但是还不能禁止，就派光禄大夫范昆、诸辅都尉及原九卿张德等人，穿着绣衣，拿着符节和虎符，发兵攻击，对于大的团伙多至一万多人被杀头，以及按法律杀死那些给作乱者送去饮食的人。诛连数郡、被杀的多达数千人。几年后，才捕到他们的大首领。但是走散的士卒逃跑了，又聚集成党，占据险要的山川作乱，往往在一处群居，朝廷对他们无可奈何。于是朝廷颁行"沈命法"，说群盗产生但官吏没有发觉，或发觉却没有捕捉到规定的数额、有关的二千石以下至小的官员，凡主持此事的一律都要处死。这以后，小官员怕被诛杀，纵然有盗贼也不敢上报，怕捕不到，犯法被判刑又连累上级官府，上级官府也让他们不要上报。所以盗贼更加多起来，上下相互欺瞒，玩弄文辞，逃避法律制裁。

减宣是杨县人，因为当佐史时无比能干，被调到河东太守府任职。将军卫东，见宣无害，言上，征为大厩丞。官事辨，稍迁至御史及中丞。使治主父偃及治淮南反狱，所以微文深诋，杀者甚众，称为敢决疑。数废数起，为御史及中丞者几二十岁。王温舒免中尉，而宣为左内史。其治米盐，事大小皆关其手，自部署县名曹实物，官吏令丞不得擅摇，痛以重法绳之。居官数年，一切郡中为小治辨，然独宣以小致大，能因力行之，难以为经。中废。为右扶风，坐怨成信，信亡藏上林中，宣使郿令格杀信，吏卒格信时，射中上林苑门，宣下吏诋罪，以为大逆，当族，自杀。而杜周任用。

杜周者，南阳杜衍人。义纵为南阳守，以为爪牙，举为廷尉史。事张汤，汤数言其无害，至御史。使案边失亡，所论杀甚众。奏事中上意，任用，与减宣相编，更为中丞十余岁。

其治与宣相仿，然重迟，外宽，内深次骨。宣为左内史，周为廷尉，其治大仿张汤而善候伺。上所欲挤者，因而陷之；上所欲释者，久系待问而微见其冤状。客有让周曰："君为天子决平，不循三尺法，专以人主意指为狱。狱者固如是乎？"周曰："三尺安出哉？前主所是著为律，后主所是疏为令，当时为是，何古之法乎！"

至周为廷尉，诏狱亦益多矣。二千石系者新故相因，不减百余人。郡吏大府举之廷尉，一岁至千余章。章大者连逮证案数百，小者数十人；远者数千，近者数百里。会狱，吏因责如章告劾，不服，以笞掠定之。于是闻有逮皆亡匿。狱久者至更数赦十有余岁而相告言，大抵尽诋以不道以上。廷尉及中都官诏狱逮至六七万人，吏所增加十万余人。

周中废，后为执金吾，逐盗，捕治桑弘羊、卫皇后昆弟子刻深，天子以为尽力无私，迁为御史大夫。家两子，夹河为守。其治暴酷皆青派人到河东买马，看到减宣能干无比，就向皇上推荐，他被征召到京城当了大厩丞。做事当官很公正，逐渐升任御史和中丞。主父偃和淮南王造反的案件皇上派他处理，他用隐微的法律条文深究诋毁，所以被杀的人很多，他被称赞为敢于判决疑难案件。他屡次被免官然后又屡次被起用，当御史及中丞之官至少有二十年。王温舒免去中尉之官，而减宣当左内史。他管理盐和米的事，无论事大或事小都要亲力亲为，自己安排县中各具体部门的财产器物，官吏中县令和县丞也不得擅自改动，甚至用重法管制他们。当官几年，其他各郡都办好一些小事而已，但是唯独减宣却能从小事办到大事，能凭借他的力量加以推行，不过他的办法也难以当作常法。他中途被罢官，后来又当了右扶风，都是因为怨恨他的属官成信。成信逃走藏到上林苑中，减宣派郿县县令击杀成信。官吏和士卒在射杀成信时，射中了上林苑的门，减宣被交付法官判罪，法官认为他犯了大逆不道的罪，判定的是灭族，减宣就自杀了。杜周得到任用。

杜周为南阳杜衍人。义纵当南阳太守，杜周是他的得力助手，被举荐当廷尉史。他服侍张汤，张汤屡次说他有无比才能，官职升到御史。派他审理边境士卒逃亡的事，被判死刑的很多。他上奏的事情很合乎皇上的心意，被任用，同减宣相接替，改任中丞十多年。

杜周治理政事与减宣差不多，但是处事慎重，决断迟缓，外表宽松，内心切骨深刻。减宣当左内史，杜周当廷尉，他效仿张汤治理政事，而善于窥测皇上的意图。皇上想要排挤的，就趁机加以陷害；皇上想要宽释的，就长期待审囚禁，暗中显露他的冤情。门客有人责备杜周说：“为皇上公平断案，不遵循三尺法律，反而专以皇上的意旨来断案。法官本来应当这样吗？”杜周说：“三尺法律是如何产生的？从前的国君认为对的就写成法律，后来的国君认为对的就记载为法令。适合当时的情况就是正确的，为什么要遵循古代法律呢？”

待到杜周当了廷尉，皇上命令办的案子也越来越多了。二千石一级的官员被拘捕的新旧相连，不少于一百人。郡国官员和上级官府送交尉办的案件，一年多达一千多件。每个奏章所举报的案子，大的要逮捕有关证人数百人，小的也要逮捕数十人；这些人，远的几千里，近的数百里。案犯被押到京师会审时，官吏就要求犯人像奏章上说的那样来招供，如不服，就用刑具拷打定案。于是人们听到逮捕人的消息，都逃跑和藏匿起来。案件拖得久的，甚至经过几次赦免，十多年后还会被告发，大多数都以大逆不道以上的罪名加以诬陷。廷尉及中都官奉诏办案所逮捕的人多达六七万，属官所捕又要增加十多万。

杜周中途被罢官，后来当了执金吾，追捕盗贼，逮捕查办桑弘羊和卫皇后兄弟的儿子，严苛酷烈，天子认为他尽职而无私，升任御史大夫。他的两个儿子，甚于王温舒等矣。杜周初征为廷史，有一马，且不全；及身久任事，至三公列，子孙尊官，家訾累数巨万矣。

太史公曰：自郅都、杜周十人者，此皆以酷烈为声。然郅都伉直，引是非，争天下大体。张汤以知阴阳，人主与俱上下，时数辩当否，国家赖其便。赵禹时据法守正。杜周从谀，以少言为重。自张汤死后，网密，多诋严，官事浸以秏废。九卿碌碌奉其官，救过不赡，何暇论绳墨之外乎！然此十人中，其廉者足以为仪表，其污者足以为戒，方略教导，禁奸止邪，一切亦皆彬彬质有其文武焉。虽惨酷，斯称其位矣。至若蜀守冯当暴挫，广汉李贞擅磔人，东郡弥仆锯项，天水骆璧推咸，河东褚广妄杀，京兆无忌、冯翊殷周蝮鸷，水衡阎奉朴击卖请，何足数哉！何足数哉！

分别当了河内和河南太守。他治理政事残暴酷烈比王温舒等更厉害。杜周开始当廷史时，只有一匹马，而且配饰也不全；等到他长久当官，位列三公，子孙都当高官了，家中钱财积累数目多达好多万。

太史公说：从郅都到杜周十个人，都以严酷暴烈而闻名。但郅都刚烈正直，辩说是非，争于国家有益的重大原则。张汤因为懂得观察君王的喜怒哀乐而投其所好，皇上与他上下配合，当时屡次辩论国家大事的得失，国家靠他而得到益处。赵禹时常依据法律坚持正道。杜周则顺从上司的意旨、阿谀奉承，以少说话为重要原则。从张汤死后，法网严密，办案多诋毁严酷，政事逐渐败坏荒废。九卿之官碌碌无为，只求保全官职，他们防止发生过错尚且来不及，哪有时间研究法律以外的事情呢？但是这十个人中，那廉洁的完全可以成为人们的表率，那污浊的足以做人们的鉴戒，他们谋划策略，教导人们，禁止奸邪，一切作为，斯文有礼，恩威并施。执法固然严酷，但这与他们的职务是相称的。至于像蜀郡太守冯当凶暴地摧残人，广汉郡李贞擅自肢解百姓，东郡弥仆锯断人的脖子，天水郡骆壁椎击犯人逼供定案，河东郡褚广妄杀百姓，京兆的无忌、冯翊殷周的凶狠，水衡都尉阎奉拷打逼迫犯人出钱买得宽恕，哪里值得陈说！哪里值得陈说！

大宛列传第六十三

大宛之迹，见自张骞。张骞，汉中人。建元中为郎。是时天子问匈奴降者，皆言匈奴破月氏王，以其头为饮器，月氏遁逃而常怨仇匈奴，无与共击之。汉方欲事灭胡，闻此言，因欲通使。道必更匈奴中，乃募能使者。骞以郎应募，使月氏，与堂邑氏胡奴甘父俱出陇西。经匈奴，匈奴得之，传诣单于。单于留之，曰："月氏在吾北，汉何以得往使？吾欲使越，汉肯听我乎？"留骞十余岁，与妻，有子，然骞持汉节不失。

居匈奴中，益宽，骞因与其属亡乡月氏，西走数十日至大宛。大宛闻汉之饶财，欲通不得，见骞，喜，问曰："若欲何之？"骞曰："为汉使月氏，而为匈奴所闭道。今亡，唯王使人导送我。诚得至，反汉，汉之赂遗王财物不可胜言。"大宛以为然，遣骞，为发导绎，抵康居，康居传致大月氏。大月氏王已为胡所杀，立其太子为王。既臣大夏而居，地肥饶，少寇，志安乐，又自以远汉，殊无报胡之心。骞从月氏至大夏，竟不能得月氏要领。

留岁余，还，并南山，欲从羌中归，复为匈奴所得。留岁余，单于死，左谷蠡王攻其太子自立，国内乱，骞与胡妻及堂邑父俱亡归汉。汉拜骞为太中大夫，堂邑父为奉使君。

骞为人强力，宽大信人，蛮夷爱之。堂邑父故胡人，善射，穷急射禽兽给食。初，骞行时百余人，去十三岁，唯二人得还。

骞身所至者大宛、大月氏、大夏、康居，而传闻其旁大国五六，大宛这地方是由张骞发现的。张骞是汉中人，汉武帝建元年间当过郎官。这时，天子问投降的那些匈奴人，他们都说匈奴攻打并战胜月氏王，用他的头骨当饮酒的器皿。月氏逃跑了，因而常常怨恨匈奴，只是没有人和他们一块儿去打匈奴。这时汉朝正想攻打匈奴，听到这些说法，因此想派使者去联络月氏。但是去月氏必须经过匈奴，于是就招募能够出使的人。张骞是以郎官身份应招出使月氏，和堂邑氏人原来匈奴奴隶名叫甘父的一同从陇西出境，路过匈奴时，被匈奴抓到，又移送给单于。单于留住张骞，说："月氏在我们北边，汉朝怎么能派使者前去呢？我们要想派使者去南越，汉朝能允许我们吗？"扣留张骞十余年，给他娶了妻子，让他有了孩子，可是张骞一直保持着汉朝使者的符节，没有丢失。

张骞留居匈奴，匈奴对他的看管日渐宽松，张骞因而得以同他的随从逃向月氏，向西跑了几十天，到达大宛。大宛听说汉朝有很丰富的钱财，早想与汉朝沟通，却未成功。如今见到张骞，心中高兴，便向张骞问道："你想到哪儿去？"张骞说："我是为汉朝出使月氏，却被匈奴拦住去路。现在逃出匈奴，希望大王派人引导护送我们去月氏。若真能到达月氏，我们返回汉朝，汉朝赠送给大王的财物是用言语说不尽的。"大宛认为张骞的话是真实的，就让张骞出发，并给他派了向导和翻译，到达康居。康居又把他转送到大月氏。这时，大月氏的国王已经被匈奴杀死，又立了他的太子当国王。这位国王已把大夏征服，并在这里居住下来。这地方土地肥美富饶，很少有敌人敢侵犯，心情安适快乐。又认为自己离汉朝很远，根本没有向匈奴报仇的心意。张骞从月氏到了大夏，终究没有得到月氏对联汉攻击匈奴的明确态度。

张骞在月氏住了一年多，打算回中原，他沿着南山行进，想通过羌人居住的地区回到长安，却又被匈奴捉到了。他在匈奴住了一年多，单于死了，匈奴左谷蠡王攻击太子，自立为单于，国内大乱，张骞乘机与胡人妻子和堂邑父一起逃回汉朝。汉朝封张骞为太中大夫，封堂邑父为奉使君。

张骞有力量且坚强，心胸宽大，诚实可信，蛮夷之人都喜欢他。堂邑父是匈奴人，善于射箭，每当危急穷困之时，就射杀飞禽走兽当饭吃。最初，张骞出使时有一百多随从，离开汉朝十三年，只有他和甘父二人回到汉朝。

张骞所到的大宛、大夏、大月氏、康居，传说这些国家的旁边还有五六个大具为天子言之。曰：

大宛在匈奴西南，在汉正西，去汉可万里。其俗土著，耕田，田稻麦。有蒲陶酒。多善马，马汗血，其先天马子也。有城郭屋室。其属邑大小七十余城，众可数十万。其兵弓矛骑射。其北则康居，西则大月氏，西南则大夏，东北则乌孙，东则扜罙、于窴。于窴之西，则水皆西流，注西海；其东水东流，注盐泽。盐泽潜行地下，其南则河源出焉。多玉石，河注中国。而楼兰、姑师邑有城郭，临盐泽。盐泽去长安可五千里。匈奴右方居盐泽以东，至陇西长城，南接羌，鬲汉道焉。

乌孙在大宛东北可二千里，行国，随畜，与匈奴同俗。控弦者数万，敢战。故服匈奴，及盛，取其羁属，不肯往朝会焉。

康居在大宛西北可二千里，行国，与月氏大同俗。控弦者八九万人。与大宛邻国。国小，南羁事月氏，东羁事匈奴。

奄蔡在康居西北可二千里，行国，与康居大同俗。控弦者十余万。临大泽，无崖，盖乃北海云。

大月氏在大宛西可二三千里，居妫水北。其南则大夏，西则安息，北则康居。行国也，随畜移徙，与匈奴同俗。控弦者可一二十万。故时强，轻匈奴，及冒顿立，攻破月氏，至匈奴老上单于，杀月氏王，以其头为饮器。始月氏居敦煌、祁连间，及为匈奴所败，乃远去，过宛，西击大夏而臣之，遂都妫水北，为王庭。其余小众不能去者，保南山羌，号小月氏。

安息在大月氏西可数千里。其俗土著，耕田，田稻麦，蒲陶酒。城邑如大宛。其属小大数百城，地方数千里，最为大国。临妫水，有市，民商贾用车及船，行旁国或数千里。以银为钱，钱如其王面，王死辄更钱，效王面焉。画革旁行以为书记。其西则条枝，北有奄蔡、国，他都一一向汉天子陈述了情况，说：

大宛在匈奴西南，在汉朝正西面，大约离汉朝一万里。当地的风俗是定居一处，耕种田地，种稻子和麦子。出产葡萄酒。有很多好马，马出汗带血，它的祖先是天马的儿子。那里有城郭房屋，归它管辖的大小城镇有七十多座，民众大约有几十万。大宛的兵器是弓和矛，人们骑马射箭。它的北边是康居，西边是大月氏，西南是大夏，东北是乌孙，东边是扜罙、于窴。于窴的西边，河水都向西流，注入西海。于阗东边的河水都向东流，注入盐泽。盐泽的水在地下暗中流淌，它的南边就是黄河的源头，黄河水由此流出。那儿盛产玉石，黄河水流入中原。楼兰和姑师的城镇都有城郭，靠近盐泽。盐泽离长安大约五千里。匈奴的右边正处在盐泽以东，直到陇西长城，南边与羌人居住区相接，阻隔了通往汉朝的道路。

乌孙在大宛东北大约二千里，是个百姓不定居一处的国家，人们随着放牧的需要而迁移，和匈奴的风俗相同。有几万名拉弓打仗的兵卒，勇敢善战。原先服从于匈奴，待到强盛后，就要回被束缚在匈奴的那些人质，不肯去朝拜匈奴。

康居在大宛西北大约二千里，是个百姓不定居一处的国家，与月氏的风俗大致相同。有八九万拉弓打仗的战士，同大宛是邻国。国家小，南边被迫服侍月氏，东边被迫服侍匈奴。

奄蔡在康居西北大约二千里，是个百姓不定居一处的国家，与康居的风俗大致相同。拉弓作战的战士有十多万。它靠近一个大的水泽，无岸无边，大概就是北海吧。

大月氏在大宛西边大约二三千里，处于妫水之北。它南边是大夏，西边是安息，北边是康居。是个百姓不定居一处的国家，人们随着放牧的需要而迁移，同匈奴的风俗一样。拉弓打仗的战士也有一二十万。从前强大时，很轻视匈奴，冒顿立为单于，打败月氏；到了匈奴老上单于时，杀死了月氏王，用月氏王的头骨做饮酒器皿。开始时，月氏居住在敦煌、祁连之间，待到被匈奴打败，大部分人就远远离开这里，经过大宛，向西去攻打大夏，并把它打败，令其臣服于月氏，于是建都在妫水之北，作为王庭。而其余一小部分不能离开的月氏人，就保全了南山和羌人居住的地方，称为小月氏。

安息在大月氏西边大约几千里的地方。它们的习俗是定居一处，耕种田地，种植稻子和麦子，出产葡萄酒。它的城镇如同大宛一样。大小城镇有数百座由它所管辖，国土方圆数千里，是最大的国家。靠近妫水，有集市，人们为做生意，装运货物用车和船，有时运到附近的国家或者几千里以外的地方。他们用银作钱币，钱币铸成国王容貌的样子，国王死去，就改换钱币，这是因为要模仿国王的黎轩。

条枝在安息西数千里，临西海。暑湿。耕田，田稻。有大鸟，卵如瓮。人众甚多，往往有小君长，而安息役属之，以为外国。国善眩。安息长老传闻条枝有弱水、西王母，而未尝见。

大夏在大宛西南二千余里妫水南。其俗土著，有城屋，与大宛同俗。无大长，往往城邑置小长。其兵弱，畏战。善贾市。及大月氏西徙，攻败之，皆臣畜大夏。大夏民多，可百余万。其都曰蓝市城，有市贩贾诸物。其东南有身毒国。

骞曰："臣在大夏时，见邛竹杖、蜀布。问曰：'安得此？'大夏国人曰：'吾贾人往市之身毒。身毒在大夏东南可数千里。其俗土著，大与大夏同，而卑湿暑热云。其人民乘象以战。其国临大水焉。'以骞度之，大夏去汉万二千里，居汉西南。今身毒国又居大夏东南数千里，有蜀物，此其去蜀不远矣。今使大夏，从羌中，险，羌人恶之；少北，则为匈奴所得；从蜀宜径，又无寇。"天子既闻大宛及大夏、安息之属皆大国，多奇物，土著，颇与中国同业，而兵弱，贵汉财物；其北有大月氏、康居之属，兵强，可以赂遗设利朝也。且诚得而以义属之，则广地万里，重九译，致殊俗，威德遍于四海。天子欣然，以骞言为然，乃令骞因蜀犍为发间使，四道并出：出駹，出冉，出徙，出邛、僰，皆各行一二千里。其北方闭氐、筰，南方闭嶲、昆明。昆明之属无君长，善寇盗，辄杀略汉使，终莫得通。然闻其西可千余里有乘象国，名曰滇越，而蜀贾奸出物者或至焉，于是汉以求大夏道始通滇国。初，汉欲通西南夷，费多，道不通，罢之。及张骞言可以通大夏，乃复事西南夷。

骞以校尉从大将军击匈奴，知水草处，军得以不乏，乃封骞为博望侯。是岁元朔六年也。其明年，骞为卫尉，与李将军俱出右北平击面貌。他们画横在皮革上作为文字。它西边是条枝，北边是奄蔡、黎轩。

安息西边数千里是条枝，靠近西海。那里天气炎热潮湿。人们耕种田地，种植稻子。那里出产一种大鸟，它的蛋像瓮坛那样大。人口众多，有的地方往往有小君长，而安息役使管辖他们。它被当作外围国家。条枝国的人擅长魔术。安息的老年人传说条枝国有弱水和西王母，却不曾见过。

在大宛西南二千余里的妫水南面是大夏。其地风俗是人们定居一处，有城镇和房屋。与大宛的风俗相同。没有大君长，每个城镇往往设置小君长。这个国家的军队软弱，害怕打仗。人们善于做买卖。待到大月氏西迁时，打败了大夏，整个大夏被统治了。大夏的民众很多，大约有一百多万。它的都城叫蓝市城。这里有贸易市场。贩卖各种物品。大夏东南有身毒国。

张骞说："我在大夏时，看见过邛竹杖、蜀布，便问他们：'从哪儿得到了这些东西？'大夏国的人说：'我们的商人到身毒国买回来的。身毒国在大夏东南大约几千里。那里的风俗是人们定居一处，大致与大夏相同，但却地势低湿，天气炎热。它的人民骑着大象打仗。那里临近大水。'我估计，大夏离汉朝一万二千里，处于汉朝西南。身毒国又处于大夏东南几千里，有蜀郡的产品，这就说明它离蜀郡不远了。如今出使大夏，要是从羌人居住区经过，则地势险要，羌人厌恶；要是稍微向北走，就会被匈奴俘获。从蜀地前往，应是直道、又没有侵扰者"。天子已经听说大宛和大夏、安息等都是大国，有很多奇特物品出产，人民定居一处，与汉朝人的生活习俗颇相似，而他们的军队软弱，很看重汉朝的财物。北边有大月氏、康居这些国家，他们的军队强大，但可以用赠送礼物、给予好处的办法，诱使他们来朝拜汉天子。而且若是真能得到他们，并用道义使其为属，那么就可以扩大万里国土，经过辗转翻译，招来不同风俗的人民，使汉朝天子的声威和恩德传遍四海内外。汉武帝心中高兴，认为张骞的话是对的，于是命令张骞从蜀郡、犍为郡派遣秘密行动的使者，分四路同时出发：一路从駹出发，一路从冉起程，一路从徙出动，一路从邛、僰启行，都各自行走一二千里。结果北边那一路被氐和筰所阻拦，南边那一路被嶲和昆明所阻拦。昆明之类的国家没有君长，善于抢劫偷盗，常杀死和抢掠汉朝使者，汉朝使者终究没能通过。但是，听说昆明西边一千余里的地方，有个人民都骑象的国家，名叫滇越，蜀郡偷运物品出境的商人中有的到过那里，于是汉朝因为要寻找前往大夏的道路而开始同滇国沟通。最初，汉朝想开通西南夷，浪费了很多钱财，道路也没开通，就作罢了。待到张骞说可以由西南夷通往大夏，汉朝又重新从事开通西南夷的事情。

张骞以校尉的身份跟随大将军卫青去攻打匈奴，因为他知道有水草的地方，所以军队能够不困乏。张骞被皇上封为博望侯的第二年，张骞当了卫尉，同李广匈奴。匈奴围李将军，军失亡多；而骞后期当斩，赎为庶人。是岁汉遣骠骑破匈奴西数万人，至祁连山。其明年，浑邪王率其民降汉，而金城、河西西并南山至盐泽空无匈奴。匈奴时有候者到，而希矣。其后二年，汉击走单于于幕北。

是后天子数问骞大夏之属。骞既失侯，因言曰："臣居匈奴中，闻乌孙王号昆莫，昆莫之父，匈奴西边小国也。匈奴攻杀其父，而昆莫生弃于野。乌嗛肉蜚其上，狼往乳之。单于怪以为神，而收长之。及壮，使将兵，数有功，单于复以其父之民予昆莫，令长守于西。昆莫收养其民，攻旁小邑，控弦数万，习攻战。单于死，昆莫乃率其众远徙，中立，不肯朝会匈奴。匈奴遣奇兵击，不胜，以为神而远之，因羁属之，不大攻。今单于新困于汉，而故浑邪地空无人。蛮夷俗贪汉财物，今诚以此时而厚币赂乌孙，招以益东，居故浑邪之地，与汉结昆弟，其势宜听，听则是断匈奴右臂也。既连乌孙，自其西大夏之属皆可招来而为外臣。"天子以为然，拜骞为中郎将，将三百人，马各二匹，牛羊以万数，赍金币帛直数千巨万，多持节副使，道可使，使遗之他旁国。

骞既至乌孙，乌孙王昆莫见汉使如单于礼，骞大惭，知蛮夷贪，乃曰："天子致赐，王不拜则还赐。"昆莫起拜赐，其他如故。骞谕使指曰："乌孙能东居浑邪地，则汉遣翁主为昆莫夫人。"乌孙国分，王老，而远汉，未知其大小，素服属匈奴日久矣，且又近之，其大臣皆畏胡，不欲移徙，王不能专制。骞不得其要领。昆莫有十余子，其中子曰大禄，强，善将众，将众别居万余骑。大禄兄为太子，太子有子曰岑娶，而太子蚤死。临死谓其父昆莫曰："必以岑娶为太子，无令他人代之。"昆莫哀而许之，卒以岑娶为太子。大禄怒其不将军一同从右北平出发去攻打匈奴。李将军被匈奴大兵包围了，他的军队伤亡很多，而张骞因为误了约定的时间，被判处死刑，花钱赎罪，成为平民百姓。这一年，骠骑将军霍去病被汉朝派遣在西边大败匈奴的几万人，来到祁连山下。翌年，匈奴浑邪王率领他的百姓投降了汉朝，从此金城、河西西边及南山到盐泽一带，再也没有匈奴人了。匈奴有时也派侦察兵来这里，而这种事情很少发生。这以后整整二年，匈奴单于就被汉朝赶到大沙漠以北。

此后，天子多次向张骞询问大夏等国的事情。这时张骞已经失去侯爵，于是就说："我在匈奴时，听说乌孙国王叫昆莫，而昆莫的父亲，是匈奴西边一个小国的君王。匈奴攻打并杀了昆莫的父亲，而昆莫自打出生后就被抛弃到旷野里。鸟儿口衔着肉飞到他身上，喂他；狼跑来给他喂奶。单于感到很奇怪，以为他是神，就收养了他，让他长大。等他成年后，就让他领兵打仗，屡次立功，单于就给了他他父亲的百姓，命令他长期驻守在西域。昆莫收养他的百姓，攻打旁边的小城镇，逐渐有了几万名能拉弓打仗的兵士，熟悉攻伐战争的本领。单于死后，昆莫就率领他的民众远远地迁移，保持独立，不愿意去朝拜匈奴。匈奴派遣突击队攻打昆莫，没有取胜，匈奴认为昆莫是神人，便远离他，对他采取约束控制的办法，而不对他发动重大攻击。如今单于刚被汉朝打得很疲惫，而又没人守卫原来浑邪王控制的地方。蛮夷的习俗是贪图汉朝的财物，在这时若真能用丰厚的财物赠送乌孙，招引他再往东迁移，居住到原来浑邪王控制的地方，并同汉朝结为兄弟，根据情势看，昆莫应该是能够接受的，如果他接受了这个安排，那么这就相当于是砍断了匈奴的右臂。联合了乌孙之后，它西边的大夏等国都可以招引来作为外臣属国。"汉武帝认为张骞说得很对，任命他为中郎将，率领三百人，每人两匹马、几万只牛羊，携带钱财布帛，价值几千万；还配备了好多名持符节的副使，如果道路能打通，就派遣他们到周边的国家去。

张骞到了乌孙后，乌孙王昆莫接见汉朝使者，和对待匈奴单于的礼节差不多，张骞内心很羞愧，他知道蛮夷之人很贪婪，就说："天子赠送礼物，如果国王不拜谢，就把礼物退回来。"昆莫起身拜谢，接受了礼物，其他做法依旧。张骞向昆莫说明了他出使的旨意，说："如果乌孙能向东迁移到浑邪王的旧地去，那么汉朝将送一位诸侯的女儿嫁给昆莫做妻子。"这时乌孙国已经分裂，国王年老，又远离汉朝，不知道它的大小，原先归属匈奴已经很久了，而且离匈奴又近，大臣们都怕匈奴，不想迁移，国王不能独自决定。张骞因而没能得到乌孙王的明确态度。昆莫有十多个儿子，其中有个儿子叫大禄，强悍，擅长领兵，他率领一万多骑兵居住在另外的地方。大禄的哥哥是太子，太子有个儿子叫岑娶，太子早就死了。他临死时，对父亲昆莫说："一定要以岑娶做太子，不要让别人代得代太子也，乃收其诸昆弟，将其众畔，谋攻岑娶及昆莫。昆莫老，常恐大禄杀岑娶，予岑娶万余骑别居，而昆莫有万余骑自备，国众分为三，而其大总取羁属昆莫，昆莫亦以此不敢专约于骞。

骞因分遣副使使大宛、康居、大月氏、大夏、安息、身毒、于窴、扜罙及诸旁国。乌孙发导译送骞还，骞与乌孙遣使数十人，马数十匹报谢，因令窥汉，知其广大。

骞还到，拜为大行，列于九卿。岁余，卒。

乌孙使既见汉人众富厚，归报其国，其国乃益重汉。其后岁余，骞所遣使通大夏之属者皆颇与其人俱来，于是西北国始通于汉矣。然张骞凿空，其后使往者皆称博望侯，以为质于外国，外国由此信之。

自博望侯骞死后，匈奴闻汉通乌孙，怒，欲击之。及汉使乌孙，若出其南，抵大宛、大月氏相属，乌孙乃恐，使使献马，原得尚汉女翁主为昆弟。天子问群臣议计，皆曰“必先纳聘，然后乃遣女”。初，天子发书，《易》云“神马当从西北来”。得乌孙马好，名曰“天马”。及得大宛汗血马，益壮，更名乌孙马曰“西极”，名大宛马曰“天马”云。而汉始筑令居以西，初置酒泉郡以通西北国。因益发使抵安息、奄蔡、黎轩、条枝、身毒国。而天子好宛马，使者相望于道。诸使外国一辈大者数百，少者百余人，人所赍操大放博望侯时。其后益习而衰少焉。汉率一岁中使多者十余，少者五六辈，远者八九岁，近者数岁而反。

是时汉既灭越，而蜀、西南夷皆震，请吏入朝。于是置益州、越嶲、牂柯、沈黎、汶山郡，欲地接以前通大夏。乃遣使柏始昌、吕越人等岁十余辈，出此初郡抵大夏，皆复闭昆明，为所杀，夺币财，终莫能通至大夏焉。于是汉发三辅罪人，因巴蜀士数万人，遣两将军郭替他。”昆莫哀伤地答应了他，终于让岑娶当了太子。大禄对自己没能取代太子很愤怒，于是收罗他的兄弟们，率领他的军队造反了，蓄谋攻打岑娶和昆莫。昆莫年老了，常常害怕大禄杀害岑娶，就分给岑娶一万多骑兵，居住到别的地方去。而昆莫自己还有一万多骑兵用以自卫。这样一来，乌孙国一分为三，而大体上仍是归属于昆莫，因此昆莫也不敢独自与张骞商定这件事。

张骞于是就派副使分别出使大宛、康居、大月氏、安息、大夏、身毒、于寘、扜罙及旁边的几个国家。乌孙国送张骞回国并派出向导和翻译。张骞和乌孙国派出的使者共几十人，带来几十匹马，答谢和回报汉天子，顺便让他们窥视汉朝情况，了解汉朝的广大。

张骞回到汉朝，被任命为大行，官位排列在九卿之中。过了一年多，他就死了。

乌孙的使者已经看到汉朝财物丰厚而且地广人多，回去报告了国王，乌孙国就越发重视汉朝。过了一年多，张骞派出的沟通大夏等国的使者，大多都和所去国家的人一同回到汉朝。于是，西北各国从这时才开始和汉朝有了交往。然而这种交往是张骞开创的，所以，以后前往西域各国的使者都称博望侯，凭此取信于外国，外国也因此而信任汉朝使者。

自从博望侯张骞死后，匈奴听说汉朝和乌孙有了往来，特别气愤，想攻打乌孙。待到汉朝出使乌孙，而且从它南边到达大月氏、大宛，使者接连不断，乌孙才感到恐惧，派使者向汉朝献马，希望能娶汉朝诸侯女儿做妻子，与汉朝结为兄弟。天子向群臣征求意见，群臣都说：“一定要先让他们把聘礼送来，然后才能把诸侯女儿嫁过去。”最初，天子翻开《易经》占卜，书上写道：“神马当从西北来。”乌孙的良马得到后，天子就命名那马为“天马”。待到得了大宛的汗血马，越发健壮，乌孙马就改名为“西极”，命名大宛马为“天马”。这时汉朝开始修筑令居以西的长城亭障，初设酒泉郡，以便与西北各国的沟通。于是加派使者抵达安息、奄蔡、黎轩、条枝、身毒国。而大宛的马汉朝天子喜欢，因此出使大宛的使者络绎不绝。那些出使外国的使者每批多者数百人，少者百余人，每人所携带的东西差不多和博望侯所带的相同。此后出使之事习以为常。所派人数就减少了。汉朝一年大致派出的使者，多的时候十余批，少的时候五六批。远地方，使者八九年才能回来，近地方，几年就可以返回来。

这时南越已经被汉朝灭亡了，蜀地和西南夷诸国都震恐，请求汉朝为他们设置官吏和入朝拜见汉天子。于是汉朝设置了益州、越嶲、牂柯、沈黎、汶山等郡，想让土地连成一片，再向前通往大夏。于是汉朝一年内就派遣使者柏始昌、吕越人等十余批，从这些新设的郡出发，直到大夏，但又被昆明所阻拦，使者被杀，钱物被抢，最终也没能到达大夏。于是汉朝调遣三辅的罪人，再加上巴、蜀昌、卫广等往击昆明之遮汉使者，斩首虏数万人而去。其后遣使，昆明复为寇，竟莫能得通。而北道酒泉抵大夏，使者既多，而外国益厌汉币，不贵其物。

自博望侯开外国道以尊贵，其后从吏卒皆争上书言外国奇怪利害，求使。天子为其绝远，非人所乐往，听其言，予节，募吏民毋问所从来，为具备人众遣之，以广其道。来还不能毋侵盗币物，及使失指，天子为其习之，辄覆案致重罪，以激怒令赎，复求使。使端无穷，而轻犯法。其吏卒亦辄复盛推外国所有，言大者予节，言小者为副，故妄言无行之徒皆争效之。其使皆贫人子，私县官赍物，欲贱市以私其利外国。外国亦厌汉使人人有言轻重，度汉兵远不能至，而禁其食物以苦汉使。汉使乏绝积怨，至相攻击。而楼兰、姑师小国耳，当空道，攻劫汉使王恢等尤甚。而匈奴奇兵时时遮击使西国者。使者争遍言外国灾害，皆有城邑，兵弱易击。于是天子以故遣从骠侯破奴将属国骑及郡兵数万，至匈河水，欲以击胡，胡皆去。其明年，击姑师，破奴与轻骑七百余先至，虏楼兰王，遂破姑师。因举兵威以困乌孙、大宛之属。还，封破奴为浞野侯。王恢数使，为楼兰所苦，言天子，天子发兵令恢佐破奴击破之，封恢为浩侯。于是酒泉列亭鄣至玉门矣。

乌孙以千匹马聘汉女，汉遣宗室女江都翁主往妻乌孙，乌孙王昆莫以为右夫人。匈奴亦遣女妻昆莫，昆莫以为左夫人。昆莫曰“我老”，乃令其孙岑娶妻翁主。乌孙多马，其富人至有四五千匹马。

初，汉使至安息，安息王令将二万骑迎于东界。东界去王都数千里。行比至，过数十城，人民相属甚多。汉使还，而后发使随汉使来观汉广大，以大鸟卵及黎轩善眩人献于汉。及宛西小国欢潜、大益，的士卒几万人，派遣郭昌、卫广两位将军去攻打昆明阻拦汉朝使者的人，杀死和俘获了几万人就离开了。这以后汉朝派出使者，昆明又进行抢杀，最后还是未能沟通大夏。而北边通过酒泉抵达大夏的路上，使者已经很多，外国人有了很多汉朝的布帛财物，对这些东西便不再感到贵重。

博望侯得到尊官和富贵是因为开辟了通往外国的道路，以后跟随出使的官吏和士卒都争着上书，陈述外国的珍奇之物、怪异之事和利害之情，要求充当使者。汉朝天子认为外国非常遥远，并非人人乐意前往，就接受他们的要求，赐予符节，招募官吏和百姓而不问出身，为他们配备人员，派遣他们出使，以扩大沟通外国的道路。出使归来的人不能出现侵吞布帛财物的情况，以及背离天子旨意的事情，天子认为他们熟悉西域和使者的工作，常常深究他们的罪行，以此激怒他们，令其出钱赎罪，再次要求充任使者。这样一来出使的事端层出不穷，而他们也就轻易犯法了。那些官吏士卒也常常反复称赞外国有的东西，说大话的人被授予符节当正使，浮夸小的人被任为副使，所以那些胡说而又无德行的人争相效法他们。那些出使者都是穷人的子弟，把官府送给西域各国的礼物占为己有，想用低价卖出，在外国获取私利。外国也讨厌汉朝使者人人说的话都有不同程度不真实的成分，他们估计汉朝大军离得远，不能到达，因而断绝他们的食物，使汉使者遭受困苦。汉朝使者生活困乏，物资被断绝，以至于相互攻击。楼兰、姑师是小国，正处于交通要道，因而他们攻击汉朝使者王恢等尤其厉害。匈奴的突击部队也时时阻拦攻击出使西域诸国的汉朝使者。使者争相详谈外国的危害，虽然各国都有城镇，但是军队软弱，容易攻击。于是天子派遣从骠侯赵破奴率领属国骑兵及各郡士兵几万人，开赴匈河水，想攻打匈奴，匈奴人都离开了。第二年，攻打姑师，赵破奴和轻骑兵七百多人首先到达，俘虏了楼兰王，于是攻陷姑师。乘着胜利的军威围困乌孙、大宛等国。回汉朝后，赵破奴受封为浞野侯。王恢屡次出使，被楼兰搞得很困苦，他把这事告诉天子，天子发兵，命令王恢辅佐赵破奴打败敌人，因此封王恢为浩侯。于是，汉朝从酒泉修筑亭鄣，一直修到玉门关。

乌孙王用一千匹马聘娶汉朝姑娘，汉朝把皇族江都王刘建的女儿嫁给乌孙王为妻，乌孙王昆莫以她为右夫人。匈奴也派遣公主嫁给昆莫，昆莫让她做左夫人。昆莫说："我老了。"就命令他孙子岑娶娶公主为妻子。乌孙盛产马，那些富有人家的马竟多至四五千匹。

刚开始，汉朝使者到达安息，安息王命令有关人率领二万骑兵在东部国境上迎接。东部国境与王都相距数千里。走到王都要经过几十座城镇，百姓相连，人口甚多。汉朝使者归来，安息派使者随汉使来观察汉朝的广大，把黎轩善变魔术的人和大鸟蛋献给汉朝。至于大宛西边的小国欢潜、大益，大宛东边的姑师、打宛东姑师、扜罙、苏薤之属，皆随汉使献见天子。天子大悦。

而汉使穷河源，河源出于窴，其山多玉石，采来，天子案古图书，名河所出山曰昆仑云。

是时上方数巡狩海上，乃悉从外国客，大都多人则过之，散财帛以赏赐，厚具以饶给之，以览示汉富厚焉。于是大觳抵，出奇戏诸怪物，多聚观者，行赏赐，酒池肉林，令外国客遍观仓库府藏之积，见汉之广大，倾骇之。及加其眩者之工，而觳抵奇戏岁增变，甚盛益兴，自此始。

西北外国使，更来更去。宛以西，皆自以远，尚骄恣晏然，未可诎以礼羁縻而使也。自乌孙以西至安息，以近匈奴，匈奴困月氏也，匈奴使持单于一信，则国国传送食，不敢留苦；及至汉使，非出币帛不得食，不市畜不得骑用。所以然者，远汉，而汉多财物，故必市乃得所欲，然以畏匈奴于汉使焉。宛左右以葡萄为酒，富人藏酒至万余石，久者数十岁不败。俗嗜酒，马嗜苜蓿。汉使取其实来，于是天子始种苜蓿、葡萄肥饶地。及天马多，外国使来众，则离宫别观旁尽种葡萄、苜蓿极望。自大宛以西至安息，国虽颇异言，然大同俗，相知言。其人皆深眼，多须髯，善市贾，争分铢。俗贵女子，女子所言而丈夫乃决正。其地皆无丝漆，不知铸钱器。及汉使亡卒降，教铸作他兵器。得汉黄白金，辄以为器，不用为币。

而汉使者往既多，其少从率多进熟于天子，言曰："宛有善马在贰师城，匿不肯与汉使。"天子既好宛马，闻之甘心，使壮士车令等持千金及金马以请宛王贰师城善马。宛国饶汉物，相与谋曰："汉去我远，而盐水中数败，出其北有胡寇，出其南乏水草。又且往往而绝邑，乏食者多。汉使数百人为辈来，而常乏食，死者过半，是安能致大军乎？无奈我何。且贰师马，宛宝马也。"遂不肯予汉使。汉使采、苏薤等国，都随汉朝使者来进献贡品和拜见天子。天子特别高兴。

汉朝使者想尽一切办法探寻黄河的源头，源头出在于窴国，那里的山上盛产玉石，使者们采回来，天子依据古代图书进行考查，命名黄河发源的山叫昆仑山。

这时，天子屡次到海边之地视察，每次都让外国客人跟在其后，大凡人多的城镇都要经过。并且散发钱财赏赐他们，准备丰厚的礼物提供给他们，以此展示汉朝的富有。于是大规模地搞角抵活动，演出奇戏，展出许多怪物，引来许多人围观，天子便开始赏赐，聚酒成池，挂肉成林，各地仓库中储藏的物资让外国客人遍观，以表现汉朝的广大，使他们倾倒惊骇。待增加那魔术的技巧后，奇戏和角抵每年都变化出新花样，这些技艺越发兴盛，就从这时开始。

西域的外国使者，换来换去，往来不断。但大宛以西诸国使者，都认为远离汉朝，仍然骄傲放纵，安逸自适，汉朝还不能以礼约束他们，使他们顺从地听从吩咐。从乌孙以西直到安息诸国，因为靠近匈奴，匈奴使月氏处于困扰之中，所以匈奴使者拿着单于的一封信，则这些国家就轮流供给他们食物，不敢阻留使他们受苦。至于汉朝使者到达，不拿出布帛财物就不供给饮食，不买牲畜就得不到坐骑。之所以出现这种情况，就是因为汉朝遥远。而汉朝又有钱有物，所以一定要买才能得到想要的东西，但也是由于他们畏惧匈奴使者甚于汉朝使者的缘故。大宛左右的国家都用葡萄做酒，富有人家藏的酒多达一万余石，保存时间久的几十年都不坏。当地风俗是特爱喝酒，马喜欢吃苜蓿草。汉朝使者取回葡萄、苜蓿的种子，于是天子开始在肥沃的土地上种植葡萄、苜蓿。得到天马多了，外国的使者来的多了，则汉朝的离宫别苑旁边都种上葡萄、苜蓿，一望无边。从大宛以西到安息，各国虽然语言不同，但风俗大致相同，彼此可以相互了解。那里的人眼睛都凹陷，胡须很重，善于做买卖，连一分一铢都要争执。当地风俗尊重女人，女子说话，丈夫就不敢违背坚决照办。那里到处都没有丝和漆，不懂得铸钱和器物。等到汉朝使者的逃亡士卒向他们投降了，就教他们铸造兵器和器物。他们得到汉朝的黄金和白银，就用来铸造器皿，而不用来铸钱币。

汉朝使者出使西域的逐渐多起来，那些自少年时代就随着出使的人，大多都把自己熟悉的情况向天子汇报，说："有好马在大宛，在贰师城，他们把它藏匿起来，不肯给汉朝使者。"天子已经喜欢大宛的马，听到这消息，心里是甜滋滋的，就派遣壮士车令等拿着千金和金马，去请求大宛王交换贰师城的好马。大宛国已经有不少汉朝的东西，宛王与大臣相互商议说："汉朝离我们远，而经过盐泽来我国屡有死亡、若从北边来又有匈奴侵扰，从南边来又缺少水草。而且往往没有城镇，饮食很缺乏。汉朝使者每批几百人前来，而常常因为缺乏食物，死的人超过一半，这种情况怎能派大军前来呢？他们对我们无可奈何，况且贰师怒，妄言，椎金马而去。宛贵人怒曰："汉使至轻我！"遣汉使去，令其东边郁成遮攻杀汉使，取其财物。于是天子大怒。诸尝使宛姚定汉等言宛兵弱，诚以汉兵不过三千人，强弩射之，即尽虏破宛矣。天子已尝使浞野侯攻楼兰，以七百骑先至，虏其王，以定汉等言为然，而欲侯宠姬李氏，拜李广利为贰师将军，发属国六千骑，及郡国恶少年数万人，以往伐宛。期至贰师城取善马，故号"贰师将军"。赵始成为军正，故浩侯王恢使导军，而李哆为校尉，制军事。是岁太初元年也。而关东蝗大起，蜚西至敦煌。

贰师将军军既西过盐水，当道小国恐，各坚城守，不肯给食。攻之不能下。下者得食，不下者数日则去。比至郁成，士至者不过数千，皆饥罢。攻郁成，郁成大破之，所杀伤甚众。贰师将军与哆、始成等计："至郁成尚不能举，况至其王都乎？"引兵而还。往来二岁。还至敦煌，士不过什一二。使使上书言："道远多乏食；且士卒不患战，患饥。人少，不足以拔宛。原且罢兵，益发而复往。"天子闻之，大怒，而使使遮玉门，曰军有敢入者辄斩之！贰师恐，因留敦煌。

其夏，汉亡浞野之兵二万余于匈奴。公卿及议者皆原罢击宛军，专力攻胡。天子已业诛宛，宛小国而不能下，则大夏之属轻汉，而宛善马绝不来，乌孙、仑头易苦汉使矣，为外国笑。乃案言伐宛尤不便者邓光等，赦囚徒材官，益发恶少年及边骑，岁余而出敦煌者六万人，负私从者不与。牛十万，马三万余匹，驴骡橐它以万数。多赍粮，兵弩甚设，天下骚动，传相奉伐宛，凡五十余校尉。宛王城中无井，皆汲城外流水，于是乃遣水工徙其城下水空以空其城。益发戍甲卒十八万，酒泉、张掖北，置居延、休屠以卫酒泉，而发天下七科适，及载给贰师。转车人徒相连属至敦煌。而拜习马者二人为执驱校的马是大宛的宝马。”就不肯给汉朝使者。汉朝使者发怒，便扬言要砸碎金马离去。大宛贵族官员发怒说：“汉朝使者太轻视我们！”就遣送汉朝使者离开，并命令东边的郁成国阻击并杀死汉朝使者，抢去他们的财物。于是天子大怒，诸位曾出使大宛的人，如姚定汉等人说大宛兵弱，若真能率领三千汉朝大军，用强弓劲弩射击他们，就可以全部俘获他们的军队，打败大宛。因为天子曾经派浞野侯攻打楼兰，他率领七百骑兵抢先攻到楼兰，俘虏楼兰王，所以天子认为姚定汉说得对，而且想使他的宠姬李夫人家得以封侯，所以天子就任命李夫人之兄李广利为贰师将军，调发属国的六千骑兵，以及各郡国的不规少年几万人，前去讨伐大宛。目的是到贰师城取回良马，所以号称“贰师将军”。赵始成当军正，原来的浩侯王恢当军队的向导，李哆当校尉，掌握军中的事情。这一年是汉武帝太初元年。这时关东出现严重蝗灾，蝗虫飞到了西边的敦煌。

贰师将军的军队已经过了西部的盐泽，所路过的小国都害怕，各自坚守城堡，不肯供给汉军食物。汉军攻城又攻不下来。攻下城来才能得到饮食，攻不下来，几天内就得离开那里。待到汉军到达郁成，战士跟上来的不过数千人，都饥饿疲劳。他们攻打郁成，郁成大败他们，汉军被杀伤的人很多。贰师将军与李哆、赵始成等商量，说：“到达郁成尚且不能攻下来，何况到达其国王的都城呢？”于是就领兵退回，往来经过二年。他们退到敦煌时，所剩士兵不过十分之一二。他们派使者向天子报告说：“道路遥远，经常缺乏食物，而且士卒不怕打仗，只忧虑挨饿。人少，不足以攻取大宛。希望暂时收兵。将来多派军队再前去讨伐。”天子听后，大怒，就派使者把他们阻止在玉门关，说军队中有敢进入玉门关的就杀头。贰师将军害怕，于是就留在敦煌。

太初二年夏天，汉朝在匈奴损失了浞野侯二万多人的军队。公卿和议事的官员都希望停止打大宛的军事行动，集中力量攻打匈奴。天子认为已经开始讨伐大宛，宛是小国却没能攻下，那么大夏等国就会轻视汉朝，而大宛的良马也绝不会再弄来，乌孙和仑头就会轻易地给汉朝使者增添烦扰，让外国人嘲笑。于是就惩治了说讨伐大宛尤为不利的邓光等，并赦免囚徒和勇敢的犯了罪的士卒，增派边地骑兵和品行恶劣的少年，一年多的时间里就有六万士兵从敦煌出发，这还不包括那些随军参战自带衣食的人。这些士兵携带着十万头牛，三万多匹马，还有上万的驴、骡和骆驼等物。他们还带了很多粮食，各种兵器都很齐备。当时全国骚动，相传奉命征伐大宛的校尉共有五十余人。宛王城中没有水井，都要靠汲取城外流进城内的流水，汉朝军队就派遣水工将城中的水道改变，使城内无水可用。汉朝还增派了十八万甲兵，戍守在酒泉、张掖以北，并设置居延、休屠两个县以护卫酒泉。汉朝还调发全国七种犯罪之人，载运干粮供应贰师将军。络绎不绝转尉，备破宛择取其善马云。

于是贰师后复行，兵多，而所至小国莫不迎，出食给军。至仑头，仑头不下，攻数日，屠之。自此而西，平行至宛城，汉兵到者三万人。宛兵迎击汉兵，汉兵射败之，宛走入葆乘其城。贰师兵欲行攻郁成，恐留行而令宛益生诈，乃先至宛，决其水源，移之，则宛固已忧困。围其城，攻之四十余日，其外城坏，虏宛贵人勇将煎靡。宛大恐，走入中城。宛贵人相与谋曰："汉所为攻宛，以王毋寡匿善马而杀汉使。今杀王毋寡而出善马，汉兵宜解；即不解，乃力战而死，未晚也。"宛贵人皆以为然，共杀其王毋寡，持其头遣贵人使贰师，约曰："汉毋攻我。我尽出善马，恣所取，而给汉军食。即不听，我尽杀善马，而康居之救且至。至，我居内，康居居外，与汉军战。汉军熟计之，何从？"是时康居候视汉兵，汉兵尚盛，不敢进。贰师与赵始成、李哆等计："闻宛城中新得秦人，知穿井，而其内食尚多。所为来，诛首恶者毋寡。毋寡头已至，如此而不许解兵，则坚守，而康居候汉罢而来救宛，破汉军必矣。"军吏皆以为然，许宛之约。宛乃出其善马，令汉自择之，而多出食食给汉军。汉军取其善马数十匹。中马以下牡牝三千余匹，而立宛贵人之故待遇汉使善者名昧蔡以为宛王，与盟而罢兵。终不得入中城。乃罢而引归。

初，贰师起敦煌西，以为人多，道上国不能食，乃分为数军，从南北道。校尉王申生、故鸿胪壶充国等千余人，别到郁成。郁成城守，不肯给食其军。王申生去大军二百里，偩而轻之，责郁成。郁成食不肯出，窥知申生军日少，晨用三千人攻，戮杀申生等，军破，数人脱亡，走贰师。贰师令搜粟都尉上官桀往攻破郁成。郁成王亡走康居，桀追至康居。康居闻汉已破宛，乃出郁成王予桀，桀令四骑士缚运物资的人员，直到敦煌。又任命两位熟悉马匹的人做执驱校尉，准备攻破大宛以后再选取它的良马。

于是贰师将军又一次出征，所率很多兵士，所到小国没有不迎接的，都拿出食物供应汉朝军队。他们到达仑头国，仑头国不肯投降，攻打了几天，全国被血洗。由仑头往西去，平安地到达大宛王城，有三万汉军到达。宛军迎击汉军，汉军射箭打败了宛军，宛军退入城中依靠城墙守卫。贰师将军的大兵要攻打郁成，害怕滞留不进而让大宛越发做出诡诈之事，就先攻大宛城，断绝它的水源，改变水道，则大宛已深感忧愁困危。汉军包围大宛城，攻打四十多天，外城被攻破，俘虏了大宛贵人中的勇将煎靡。大宛人非常恐惧，都跑进城中。大宛高级官员们相互商议说："汉朝所以攻打大宛，是因为大宛王毋寡藏匿良马而又杀了汉朝使者的缘故。如今要是杀死宛王毋寡并且献出良马，汉朝军队大概会解围而去，若是不解围而去，再拼力战斗而死，也不晚。"大宛高官们都认为此话正确，便共同杀死宛王毋寡，派遣贵人拿着毋寡的人头去见贰师将军，与他相约道："汉军不要进攻我们，我们把良马全部交出，任凭你们挑选，并供应汉军饮食。如果你们不接受我们的要求，我们就把良马全杀死，而康居的援兵也将到来。如果他们的军队赶到了，我们的军队在城里，康居的军队在城外，同汉兵作战。希望汉军考虑仔细，何去何从？"这时康居的侦察兵在窥视汉军的情况，因为汉军还强大，不敢进攻。贰师将军李广利和李哆、赵始成等商议道："听说大宛城里最近找来了汉人，这人打井技术熟悉，而且城中粮食还挺多。我们来这里的目的就是要杀罪魁祸首毋寡。毋寡的人头已到手，却又不答应人家撤兵解围的要求，那么他们就会坚决固守，而康居军队窥视汉军疲惫时再来救助大宛，那时汉军必定会被打败。"军官们都认为说得对，便答应了大宛的要求。大宛才献出他们的良马，让汉军自己选择，而且拿出许多粮食供给汉军。汉军选取了他们的几十匹良马，以及中等以下的公马与母马三千多匹，又立了大宛贵人中从前对待汉使很好的名叫昧蔡的为大宛王，同他们订立盟约而撤兵。汉军始终没有进入大宛城内，就撤军回到汉朝。

最初，贰师将军从敦煌以西启程，以为人多，所经过的国家无力供给粮食，就把军队分成几支，从南和北两路前进。校尉王申生、原鸿胪壶充国等率领一千余人，从另一条路到达郁成。郁成人据城坚守，不肯向汉军供应粮食。王申生离开大军二百里，认为有所倚仗而轻视郁成，向郁成索取粮食，郁成不肯给，并窥视汉军，知道王申生的军队逐日减少，就在某个早晨用三千人攻打王申生的军队，杀死了王申生等，汉军被打败，只有几个人逃脱，跑回贰师将军那里。贰师将军命令搜粟都尉上官桀前去攻打郁成。郁成王逃到康居，上官桀追到康居。康守诣大将军。四人相谓曰："郁成王汉国所毒，今生将去，卒失大事。"欲杀，莫敢先击。上邽骑士赵弟最少，拔剑击之，斩郁成王，赍头。弟、桀等逐及大将军。

初，贰师后行，天子使使告乌孙，大发兵并力击宛。乌孙发二千骑往，持两端，不肯前。贰师将军之东，诸所过小国闻宛破，皆使其子弟从军入献，见天子，因以为质焉。贰师之伐宛也，而军正赵始成力战，功最多；及上官桀敢深入，李哆为谋计，军入玉门者万余人，军马千余匹。贰师后行，军非乏食，战死不能多，而将吏贪，多不爱士卒，侵牟之，以此物故众。天子为万里而伐宛，不录过，封广利为海西侯。又封身斩郁成王者骑士赵弟为新畤侯。军正赵始成为光禄大夫，上官桀为少府，李哆为上党太守。军官吏为九卿者三人，诸侯相、郡守、二千石者百余人，千石以下千余人。奋行者官过其望，以适过行者皆绌其劳。士卒赐直四万金。伐宛再反，凡四岁而得罢焉。

汉已伐宛，立昧蔡为椽王而去。岁余，宛贵人以为昧蔡善谀，使我国遇屠，乃相与杀昧蔡，立毋寡昆弟曰蝉封为宛王，而遣其子入质于汉。汉因使使赂赐以镇抚之。

而汉发使十余辈至宛西诸外国，求奇物，因风览以伐宛之威德。而敦煌置酒泉都尉；西至盐水，往往有亭。而仑头有田卒数百人，因置使者护田积粟，以给使外国者。

太史公曰：禹本纪言"河出昆仑。昆仑其高二千五百余里，日月所相避隐为光明也。其上有醴泉、瑶池"。今自张骞使大夏之后也，穷河源，恶睹《本纪》所谓昆仑者乎？故言九州山川，尚书近之矣。至《禹本纪》《山海经》所有怪物，余不敢言之也。

居听说汉军已攻下大宛，就把郁成王献给了上官桀，上官桀就命令四个骑兵捆缚郁成王并押解到贰师将军那里。四个骑兵相互商议说："郁成王是汉朝所恨的人，如今若是活着送去，中途发生意外就是大事。"想杀他，又没人敢先动手。上邽人骑士赵弟年龄最小，他拔出宝剑砍去，杀了郁成王，带上他的人头。赵弟和上官桀等追上了贰师将军李广利。

最初，贰师将军二次出兵，天子派使者告诉乌孙，要求他们多派兵与汉军联合攻打大宛。乌孙出动二千骑兵前往大宛，但却采取骑墙态度，观望不前。贰师将军胜利东归，所路过的各个小国，听说大宛已被打败，都派他们的子弟随汉军前往汉朝进贡，拜见天子，顺便留在汉朝做人质。贰师将军攻打大宛，军正赵始成奋力战斗，功劳最大；上官桀勇敢地率兵深入，李哆能够出谋划策，使军队回到玉门关的有一万多人、军马一千多匹。贰师将军二次出兵，军队并非缺乏食物，战死者也不能算多，而他手下将吏们贪污，大多不爱惜士卒，侵夺粮饷，因此死的人很多。天子因为他们是远行万里讨伐大宛，不记他们的过失，而封李广利为海西侯。又封亲手杀郁成王的骑士赵弟为新畤侯，军正赵始成为光禄大夫，上官桀为少府，李哆为上党太守。军官中被升为九卿的有三人，升任诸侯国相、郡守、二千石一级官员的共有一百多人，升为千石一级以下官员的有一千多人。自愿从军者所得到的军职超过了他们的愿望，因被罚罪而参军的人都不计功劳而免罪。对士卒的赏赐价值四万金。两次讨伐大宛，总共四年时间军事行动才得以结束。

汉朝讨伐大宛以后，立昧蔡为大宛王然后就撤离了。过了一年多，大宛高级官员认为昧蔡善于阿谀，使大宛遭到杀戮，于是他们互相谋划杀了昧蔡，立毋寡的兄弟名叫蝉封的当了大宛国王，而派遣他的儿子到汉朝做人质。汉朝也派使者向大宛赠送礼物加以安抚。

后来汉朝派了十多批使者到大宛西边的一些国家，去寻求奇异之物，顺便晓谕和考察讨伐大宛的威武和功德。敦煌和酒泉从此设置了都尉，一直到西边的盐水，路上往往设有亭鄣。而仑头有屯田士卒几百人，于是汉朝在那儿设置了使者，以保护田地、积聚粮食，供给出使外国的使者们。

太史公说：《禹本纪》说："黄河发源于昆仑。昆仑有二千五百余里高，是日月相互隐避和各自发出光明之处。昆仑之上有醴泉和瑶池。"张骞出使大夏之后，最终找到了黄河的源头，从什么地方能看到《禹本纪》所说的昆仑山呢？所以谈论九州山川，《尚书》所说的是最接近真实情况的。至于《禹本纪》和《山海经》里所记载的怪物，我不敢说。

游侠列传第六十四

韩子曰："儒以文乱法，而侠以武犯禁。"二者皆讥，而学士多称于世云。至如以术取宰相卿大夫，辅翼其世主，功名俱著于春秋，固无可言者。及若季次、原宪，闾巷人也，读书怀独行君子之德，义不苟合当世，当世亦笑之。故季次、原宪终身空室蓬户，褐衣疏食不厌。死而已四百余年，而弟子志之不倦。今游侠，其行虽不轨于正义，然其言必信，其行必果，已诺必诚，不爱其躯，赴士之厄困，既已存亡死生矣，而不矜其能，羞伐其德，盖亦有足多者焉。

且缓急，人之所时有也。太史公曰：昔者虞舜窘于井廪，伊尹负于鼎俎，傅说匿于傅险，吕尚困于棘津，夷吾桎梏，百里饭牛，仲尼畏匡，菜色陈、蔡。此皆学士所谓有道仁人也，犹然遭此灾，况以中材而涉乱世之末流乎？其遇害何可胜道哉！

鄙人有言曰："何知仁义，已飨其利者为有德。"故伯夷丑周，饿死首阳山，而文武不以其故贬王；跖、蹻暴戾，其徒诵义无穷。由此观之，"窃钩者诛，窃国者侯，侯之门仁义存"，非虚言也。

今拘学或抱咫尺之义，久孤于世，岂若卑论侪俗，与世沈浮而取荣名哉！而布衣之徒，设取予然诺，千里诵义，为死不顾世，此亦有所长，非苟而已也。故士穷窘而得委命，此岂非人之所谓贤豪间者邪？诚使乡曲之侠，予季次、原宪比权量力，效功于当世，不同日而韩非子说："儒生以儒家经典来破坏法度，而侠士以勇武的行为来违犯法令。"韩非对这两种人都加以讥笑，但儒生却多被世人所称扬。至于用权术取得宰相卿大夫的职位，辅佐当代天子，功名都被记载在史书之中，这本来没有什么可说的。至于像季次、原宪，是平民百姓，用功读书，怀抱着特立独行的君子的德操，坚守道义，不与当代世俗苟合，当代世俗之人也嘲笑他们。所以季次、原宪一生住在空荡荡的草屋之中，穿着粗布衣服，连粗饭都吃不饱。他们死了四百余年了，而他们世代相传的弟子们，却不知倦怠地怀念着他们。现在的游侠者，他们的行为虽然不符合道德法规的准则，但是他们说话一定守信用，做事一定果敢决断，答应的必定兑现，以示诚实，肯于牺牲生命，去救助别人的危难。经历了生死存亡的考验，却不自我夸耀，也不好意思夸耀自己功德，大概这也是很值得赞美的地方吧！

况且危急之事，是人们时常能遇到的。太史公说："从前虞舜在淘井和修廪时遇到了危难，伊尹曾背负鼎俎当厨师，傅说曾藏身傅岩服苦役，吕尚曾在棘津遭困厄，管仲曾经戴过脚镣与手铐，百里奚曾经喂牛当奴隶，孔子曾经在匡遭拘囚，在陈、蔡遭饥饿。这些人都是儒生所称扬的有道德的仁人，尚且遭遇这样的灾难，何况是中等才质而又遇到乱世的人呢？他们遇到的灾难怎么可以说得完呢！"

世人有这样的说法："何必去区别仁义与否，已经受利的就是有德。"所以伯夷以吃周粟为可耻，竟饿死在首阳山；而文王和武王却没有因此而损害王者的声誉。盗跖和庄蹻凶暴残忍，而他们的党徒却歌颂他们道义无穷。由此可见，"偷盗衣带钩的要杀头，窃取国家政权的却被封侯，受封为侯的人家就有仁义了"，这话并非虚假不实之言。

现在拘泥于片面见闻的学者，有的死守着狭隘的道理，长久地孤立于世人之外，哪能比得上以低下的观念迁就世俗，随世俗的沉浮而猎取荣耀和名声的人呢？而平民百姓之人，看重取予皆符合道义、应允能兑现的美德，千里之外去追随道义，为道义而死却不顾世俗的责难，这也是他们的长处，并非随便就可做到的。所以读书人处在穷困窘迫的境况下，愿意托身于他，难道这不就是人们所说的贤能豪侠中间的人吗？如果真能让民间游侠者与季次、原宪比较权势和力量，论矣。要以功见言信，侠客之义又曷可少哉！

古布衣之侠，靡得而闻已。近世延陵、孟尝、春申、平原、信陵之徒，皆因王者亲属，藉于有土卿相之富厚，招天下贤者，显名诸侯，不可谓不贤者矣。比如顺风而呼，声非加疾，其埶激也。至如闾巷之侠，修行砥名，声施于天下，莫不称贤，是为难耳。然儒、墨皆排摈不载。自秦以前，匹夫之侠，湮灭不见，余甚恨之。以余所闻，汉兴有朱家、田仲、王公、剧孟、郭解之徒，虽时扞当世之文罔，然其私义廉絜退让，有足称者。名不虚立，士不虚附。至如朋党宗强比周，设财役贫，豪暴侵凌孤弱，恣欲自快，游侠亦丑之。余悲世俗不察其意，而猥以朱家、郭解等令与暴豪之徒同类而共笑之也。

鲁朱家者，与高祖同时。鲁人皆以儒教，而朱家用侠闻。所藏活豪士以百数，其余庸人不可胜言。然终不伐其能，歆其德，诸所尝施，唯恐见之。振人不赡，先从贫贱始。家无余财，衣不完采，食不重味，乘不过軥牛。专趋人之急，甚己之私。既阴脱季布将军之扈，及布尊贵，终身不见也。自关以东，莫不延颈愿交焉。

楚田仲以侠闻，喜剑，父事朱家，自以为行弗及。田仲已死，而雒阳有剧孟。周人以商贾为资，而剧孟以任侠显诸侯。吴楚反时，条侯为太尉，乘传车将至河南，得剧孟，喜曰："吴楚举大事而不求孟，吾知其无能为已矣。"天下骚动，宰相得之若得一敌国云。剧孟行大类朱家，而好博，多少年之戏。然剧孟母死，自远方送丧盖千乘。及剧孟死，家无余十金之财。而符离人王孟亦以侠称江淮之间。

比对当今社会的贡献，是不能同日而语的。总之，从事情的显现和言必有信的角度来看，侠客的正义行为又怎么可以缺少呢！

古代的平民侠客，没有听说过。近代延陵季子、孟尝君、春申君、平原君、信陵君这些人，都因为是君王的亲属，倚仗封国及卿相的雄厚财富，招揽天下的贤才，在各诸侯国中名声显赫，不能说他们不是贤才。这就如同顺风呼喊，声音并非更加洪亮，而听的人感到清楚，这是风势激荡的结果。至于闾巷的布衣侠客，修行品行，磨砺名节，好的名望传布天下，无人不称赞他们的贤德，这是难以做到的。然而儒家和墨家都排斥摈弃他们，不在他们的文献中加以记载。从秦朝以前，平民侠客的事迹，已经被埋没而不能见到，我很感遗憾。据我听到的情况来看，汉朝建立以来，有朱家、田仲、王公、剧孟、郭解这些人，他们虽然时常违犯汉朝的法律禁令，但是他们个人的行为符合道义，廉洁而有退让的精神，值得称赞的地方也有。他们的名声并不是虚假地树立起来的，读书人也不是没有根据地附和他们的。至于那些结成帮派的豪强，相互勾结，倚仗财势奴役穷人，凭借豪强暴力欺凌孤独势弱的人，放纵欲望，自己满足取乐，这也是游侠之士认为可耻的。我哀伤这其中的真意世俗之人不能明察，却错误地把朱家和郭解等人与暴虐豪强之流的人视为一类，一样地加以嘲笑。

鲁国的朱家与高祖是同一时期的人。鲁国人都喜欢搞儒家思想的教育，而朱家却因为是侠士而闻名。他所藏匿和救活的有几百个豪杰，至于被救的普通人说也说不完。但他始终不夸耀自己的才能，不张扬他对别人的恩德，那些他曾经给予过施舍的人，也唯恐再见到他们。他救济别人的困难，最初是从贫贱时开始的。他家中没有剩余的钱财，衣服破旧得连完整的色彩都没有，每顿饭只吃一样菜，乘坐的是辆牛拉的车子。他一心救援别人于危难，超过为自己办私事。他曾经暗中使季布将军摆脱了被杀的厄运，等到季布将军地位尊贵之后，他却终身不肯与季布相见。从函谷关往东，人们无不伸长脖子盼望同他交朋友。

楚地的田仲因为是侠客而闻名，他喜欢剑术，像服侍父亲那样对待朱家，他认为自己的操行赶不上朱家。田仲死后，洛阳出了个剧孟。洛阳人靠经商为生，而剧孟因为行侠显名于诸侯。吴、楚七国叛乱时，条侯周亚夫当太尉，乘坐着驿站的车子，将到洛阳时见到剧孟，高兴地说："吴、楚七国发动叛乱而不求剧孟相助，我知道他们是没有什么作为的。"天下动乱，太尉得到他就像得到了一个相等的国家一样。剧孟的行为大致和朱家差不多，却喜欢博弈，他所做的多半是少年人的游戏。但是剧孟的母亲死时，从远方来送丧的，大概有上千辆车子。等到剧孟死时，家中连十金的钱财也没有。这时符离人王孟也因为行侠闻名于长江和淮河之间。

是时济南瞷氏、陈周庸亦以豪闻，景帝闻之，使使尽诛此属。其后代诸白、梁韩无辟、阳翟薛兄、陕韩孺纷纷复出焉。

郭解，轵人也，字翁伯，善相人者许负外孙也。解父以任侠，孝文时诛死。解为人短小精悍，不饮酒。少时阴贼，慨不快意，身所杀甚众。以躯借交报仇，藏命作奸剽攻不休，乃铸钱掘冢，固不可胜数。适有天幸，窘急常得脱，若遇赦。及解年长，更折节为俭，以德报怨，厚施而薄望。然其自喜为侠益甚。既已振人之命，不矜其功，其阴贼著于心，卒发于睚眦如故云。而少年慕其行，亦辄为报仇，不使知也。解姊子负解之势，与人饮，使之嚼。非其任，强必灌之。人怒，拔刀刺杀解姊子，亡去。解姊怒曰："以翁伯之义，人杀吾子，贼不得。"弃其尸于道，弗葬，欲以辱解。解使人微知贼处。贼窘自归，具以实告解。解曰："公杀之固当，吾儿不直。"遂去其贼，罪其姊子，乃收而葬之。诸公闻之，皆多解之义，益附焉。

解出入，人皆避之。有一人独箕倨视之，解遣人问其名姓。客欲杀之。解曰："居邑屋至不见敬，是吾德不修也，彼何罪！"乃阴属尉史曰："是人，吾所急也，至践更时脱之。"每至践更，数过，吏弗求。怪之，问其故，乃解使脱之。箕踞者乃肉袒谢罪。少年闻之，愈益慕解之行。

雒阳人有相仇者，邑中贤豪居间者以十数，终不听。客乃见郭解。解夜见仇家，仇家曲听解。解乃谓仇家曰："吾闻雒阳诸公在此间，多不听者。今子幸而听解，解奈何乃从他县夺人邑中贤大夫权乎！"乃夜去，不使人知，曰："且无用，待我去，令雒阳豪居其间，乃听之。"

这时，济南姓瞷的人家、陈地的周庸也因豪侠而闻名。汉景帝听说后，派使者把这类人全都杀死了。这以后，代郡姓白的、梁地的韩无辟、阳翟的薛兄、陕地的韩孺，也纷纷出现了。

郭解是轵县人，字翁伯。他就是善于给人相面的许负的外孙。郭解的父亲因为行侠，在汉文帝时被杀。郭解个子矮小，精明强悍，不喝酒。他小时候残忍狠毒，心中愤慨不快时，亲手杀的人很多。他不惜牺牲生命去替朋友报仇，藏匿亡命徒去犯法抢劫，甚至私铸钱币，盗挖坟墓，他的不法活动数也数不清。但却能遇到上天保佑，在窘迫危急时常常脱身，或者遇到大赦。等到郭解年纪大了，就改变行为，检点自己，用恩惠回报怨恨自己的人，多多地施舍别人，而且对别人怨恨很少。但他自己喜欢行侠的思想越来越强烈。救了别人的生命，却不自夸功劳，但其内心仍然残忍狠毒，为小事突然怨怒行凶的事依然发生。当时的少年仰慕他的行为，也常常为他报仇，却不让他知道。郭解姐姐的儿子倚仗郭解的势力，与别人喝酒，让人家干杯。如果人家的酒量小，不能再喝了，他却强行灌酒。那人发怒，拔刀把郭解姐姐的儿子刺死后，就逃跑了。郭解姐姐发怒说道："以弟弟翁伯的义气，人家杀了我的儿子，凶手却捉不到。"于是她把儿子的尸体丢在道上，不埋葬，想以此羞辱郭解。郭解派人暗中打探凶手的去处。凶手窘迫，主动回来把真实情况告诉了郭解。郭解说："你本来就应该杀了他，我的孩子无理。"于是放走了那个凶手，把罪责归于姐姐的儿子，并收尸埋葬了他。人们听到这消息，都称赞郭解的道义行为，对他更加依附。

郭解每次外出或者归来，人们都躲避他，只有一个人傲慢地坐在地上看着他，郭解派人去问他的姓名。门客中有人要杀那个人，郭解说："居住在乡里，竟导致不被人尊敬，这是我自己修养的道德还不够，他有什么罪过。"于是他就暗中嘱托尉史说："这个人是我最关心的，轮到他服役时，请加以免除。"以后每次轮到他服役时，县中官吏都没征调这位对郭解不礼貌的人。他感到奇怪，问个中的原因，原来是郭解使人免除了他的差役。于是，他就袒露身体，找郭解去谢罪。少年们听到这消息，越发仰慕郭解。

洛阳人有互相结仇的，城中有数以十计的贤人豪杰从中调解，两方面始终不听劝解。有客人来拜见郭解，说明情况。郭解晚上与结仇的人家会见，仇家出于对郭解的尊重，委屈心意地听从了劝告，准备和好。郭解就对仇家说："我听说为你们调解的是洛阳诸公，你们多半不肯接受。如今幸而你们听从了我的劝告，郭解怎能从别的县跑来侵夺城中贤豪大夫们的调解权呢？"于是郭解当夜离去，不让人知道，说："暂时先不要听我的调解，待我离开后，让洛阳豪杰从中调解，你们就听他们的劝解。"

解执恭敬，不敢乘车入其县廷。之旁郡国，为人请求事，事可出，出之；不可者，各厌其意，然后乃敢尝酒食。诸公以故严重之，争为用。邑中少年及旁近县贤豪，夜半过门常十余车，请得解客舍养之。

及徙豪富茂陵也，解家贫，不中訾，吏恐，不敢不徙。卫将军为言："郭解家贫不中徙。"上曰："布衣权至使将军为言，此其家不贫。"解家遂徙。诸公送者出千余万。轵人杨季主子为县掾，举徙解。解兄子断杨掾头。由此杨氏与郭氏为仇。

解入关，关中贤豪知与不知，闻其声，争交欢解。解为人短小，不饮酒，出未尝有骑。已又杀杨季主。杨季主家上书，人又杀之阙下。上闻，乃下吏捕解。解亡，置其母家室夏阳，身至临晋。临晋籍少公素不知解，解冒，因求出关。籍少公已出解，解转入太原，所过辄告主人家。吏逐之，迹至籍少公。少公自杀，口绝。久之，乃得解。穷治所犯，为解所杀，皆在赦前。轵有儒生侍使者坐，客誉郭解，生曰："郭解专以奸犯公法，何谓贤！"解客闻，杀此生，断其舌。吏以此责解，解实不知杀者。杀者亦竟绝，莫知为谁。吏奏解无罪。御史大夫公孙弘议曰："解布衣为任侠行权，以睚眦杀人，解虽弗知，此罪甚于解杀之。当大逆无道。"遂族郭解翁伯。

自是之后，为侠者极众，敖而无足数者。然关中长安樊仲子，槐里赵王孙，长陵高公子，西河郭公仲，太原卤公孺，临淮儿长卿，东阳田君孺，虽为侠而逡逡有退让君子之风。至若北道姚氏，西道诸杜，南道仇景，东道赵他、羽公子，南阳赵调之徒，此盗跖居民间者郭解保持着恭敬待人的态度，不敢乘车走进县衙门。他替人到旁的郡国办事，事能办成的，一定把它办成；办不成的，也要想方设法使有关方面都满意，然后才敢去吃人家酒饭。因此大家都特别尊重他，争着为他效力。城中少年及附近县城的豪杰贤人，半夜上门拜访郭解的常常有十多辆车子，希望把郭解家的门客接回自家供养。

等到汉武帝元朔二年，朝廷要将各郡国的豪富人家迁往茂陵居住，郭解家贫，不符合资财三百万的迁转标准，但迁移名单中有郭解的名字，因而官吏有些害怕，不敢不让郭解迁移。当时卫青将军替郭解向皇上求情说："郭解家贫，不符合迁移的相关标准。"但是皇上说："一个百姓的权势竟能让将军替他说话，这就可见他家不穷。"郭解于是被迁徙到茂陵。人们为郭解送行共出钱一千余万。轵人杨季主的儿子当县掾，是他提名让郭解迁徙的。郭解哥哥的儿子砍掉杨县掾的头。从此郭家与杨家结了仇。

郭解迁移到关中，关中的豪杰贤人无论从前是否知道郭解，如今听到他的名声，都争着与郭解结为好朋友。郭解个子矮，不喝酒，出门不乘马。后来杨季主又被人杀死。杨季主的家人上书告状，有人又把告状的在宫门口给杀了。皇上听到这消息，就向官吏下令捕捉郭解。郭解逃跑，把他母亲安置在夏阳，自己逃到临晋。临晋籍少公不认识郭解，郭解冒昧地会见他，顺便要求他帮助出关。籍少公把郭解送出关后，郭解转移到太原，他所到之处，常常把自己的情况告诉留他食宿的人家。官吏追逐郭解，追踪到籍少公家里。籍少公无奈自杀，口供断绝了。过了很久，官府才捕到郭解，并彻底追究他的犯法罪行，发现一些人被郭解所杀的事，都发生在赦令公布之前。一次，轵县有个儒生陪同前来查办郭解案件的使者闲坐，郭解门客称赞郭解，那个儒生说："郭解专爱做奸邪犯法的事，怎能说他是贤人呢？"郭解门客听到这话，就杀了这个儒生，割下他的舌头。官吏以此责问郭解，令他交出凶手，而郭解确实不知道杀人的是谁。杀人的人始终没查出来，不知道是谁。官吏向皇上报告，说郭解无罪。御史大夫公孙弘议论道："郭解以平民身份行侠，玩弄权诈之术，因为小事而杀人，郭解自己虽然不知道，这个罪过比他自己杀人还严重。判处郭解大逆不道的罪。"于是就诛杀了郭解的家族。

从此以后，行侠的人很多，但都傲慢无礼没有值得称道的。但是关中长安的樊仲子、槐里的赵王孙、长陵的高公子、西河的郭公仲、太原的卤公孺、临淮的儿长卿和东阳的田君孺，虽然行侠却能有谦虚退让的君子风度。至于像北道的姚氏，西道的一些姓杜的，南道的仇景，东道的赵他、羽公子，南阳的赵调之流，这些都是民间的盗跖罢了，根本不值得一提!这都是从前朱家那样的人耳，曷足道哉！此乃乡者朱家之羞也。

太史公曰：吾视郭解，状貌不及中人，言语不足采者。然天下无贤与不肖，知与不知，皆慕其声，言侠者皆引以为名。谚曰：“人貌荣名，岂有既乎！”於戏，惜哉！

引以为耻的。

太史公说："我看郭解，相貌赶不上中等人材，语言也无可取的地方。但是天下的人们，无论是贤人还是不肖之人，无论是认识他还是不认识他的，都仰慕他的名声，谈论游侠的都标榜郭解以提高自己的名声。谚语说：'人可用光荣的名声来作容貌，难道会有穷尽的时候吗？'唉，可惜呀！"

佞幸列传第六十五

谚曰“力田不如逢年，善仕不如遇合”，固无虚言。非独女以色媚，而士宦亦有之。

昔以色幸者多矣。至汉兴，高祖至暴抗也，然籍孺以佞幸；孝惠时有闳孺。此两人非有材能，徒以婉佞贵幸，与上卧起，公卿皆因关说。故孝惠时郎侍中皆冠鵔鸃，贝带，傅脂粉，化闳、籍之属也。两人徙家安陵。

孝文时中宠臣，士人则邓通，宦者则赵同、北宫伯子。北宫伯子以爱人长者；而赵同以星气幸，常为文帝参乘；邓通无伎能。邓通，蜀郡南安人也，以濯船为黄头郎。孝文帝梦欲上天，不能，有一黄头郎从后推之上天，顾见其衣裻带后穿。觉而之渐台，以梦中阴目求推者郎，即见邓通，其衣后穿，梦中所见也。召问其名姓，姓邓氏，名通，文帝说焉，尊幸之日异。通亦愿谨，不好外交，虽赐洗沐，不欲出。于是文帝赏赐通巨万以十数，官至上大夫。文帝时时如邓通家游戏。然邓通无他能，不能有所荐士，独自谨其身以媚上而已。上使善相者相通，曰“当贫饿死”。文帝曰：“能富通者在我也。何谓贫乎？”于是赐邓通蜀严道铜山，得自铸钱，“邓氏钱”布天下。其富如此。

文帝尝病痈，邓通常为帝唶吮之。文帝不乐，从容问通曰：“天下谁最爱我者乎？”通曰：“宜莫如太子。”太子入问病，文帝使唶痈，唶痈而色难之。已而闻邓通常为帝唶吮之，心惭，由此怨通矣。及文帝崩，景帝立，邓通免，家居。居无何，人有告邓通盗出徼外铸钱。下吏验问，颇有之，遂竟案，尽没入邓通家，尚负责数巨万。长俗语说："努力种田，不如遇到丰年。认真为官，不如碰到赏识自己的君王。"这话一点不假。不光女子用美色谄媚取宠，就是士人和宦者也有这种情况。

从前靠美色取得宠幸的人很多。到汉朝建立时，高祖性情刚暴，但籍孺却仍然能靠花言巧语得宠。孝惠帝时的闳孺也是这样。这两个人并没有才能，只是靠柔顺谄媚就得到了显贵和宠爱，竟同皇上同起同卧，连公卿大臣有事都要通过他们去向皇上转达。所以惠帝时，郎官和侍中都戴着用鵔鸃鸟毛装饰的帽子，系着饰有贝壳的腰带，涂脂抹粉，就是学闳孺和籍孺的样子。后来，闳孺和籍孺都因为受宠迁到了安陵附近居住。

孝文帝时宫中的宠臣，文人出身的有邓通，宦官有赵同、北宫伯子。北宫伯子因为仁慈厚道而受到宠幸；赵同因善于观察星象而受到宠幸，常常陪同文帝一起坐车；而邓通什么本领都没有。邓通是蜀郡南安人，因善于划船当了黄头郎。有一天汉文帝做梦想升天，上不去，有个黄头郎从背后推着他上去了，他回头看那人，只看到他衣衫的横腰部分，衣带在背后打了结。梦醒后，文帝前往渐台，暗中寻找梦里推他上天的黄头郎。后来看到邓通，他的衣带在身后打了结，和梦中所见的一样。文帝就把他召来询问他的姓名，他说姓邓名通。文帝很高兴，从此日益宠爱他。邓通也老实谨慎，不喜欢和外人来往，即使皇帝给他休假，他也不想外出。因此皇帝多次赏赐他，累计上亿，官升到上大夫。文帝也常常到邓通家去玩。但是邓通没有别的才能，不能推荐贤士，就靠着谨小慎微，谄媚皇上取宠而已。有一次，皇上让善于相面的人给邓通相面，那人说："邓通日后会因为贫穷而饿死。"文帝说："能使邓通富有的就是我，怎能说他日后会贫困呢？"于是文帝把蜀郡严道的铜山赐给了邓通，让他自己铸钱，因此"邓氏钱"曾一度流传全国。他的富有达到了这个程度。

文帝曾经患有痈疽病，邓通常常用嘴为文帝吮吸脓血。文帝心中不高兴，便随意地问邓通说："当今天下谁最爱我呢？"邓通说："应该没有谁比得上太子更爱您的了。"太子前来问候文帝的病情，文帝就让他给自己吸脓，太子虽然吸了脓，可是脸上却露出不情愿的样子。过后太子听说邓通常为文帝吸脓，心里感到惭愧，但也因此而忌恨邓通。等到文帝去世，景帝即位，邓通被免职闲居在家。不久，有人告发邓通私自到境外铸钱。景帝把这事交给法官审理，结果彻底公主赐邓通，吏辄随没入之，一簪不得著身。于是长公主乃令假衣食。竟不得名一钱，寄死人家。

孝景帝时，中无宠臣，然独郎中令周文仁，仁宠最过庸，乃不甚笃。

今天子中宠臣，士人则韩王孙嫣，宦者则李延年。嫣者，弓高侯孽孙也。今上为胶东王时，嫣与上学书相爱。及上为太子，愈益亲嫣。嫣善骑射，善佞。上即位，欲事伐匈奴，而嫣先习胡兵，以故益尊贵，官至上大夫，赏赐拟于邓通。时嫣常与上卧起。江都王入朝，有诏得从入猎上林中。天子车驾跸道未行，而先使嫣乘副车，从数十百骑，骛驰视兽。江都王望见，以为天子，辟从者，伏谒道傍。嫣驱不见。既过，江都王怒，为皇太后泣曰："请得归国入宿卫，比韩嫣。"太后由此嗛嫣。嫣侍上，出入永巷不禁，以奸闻皇太后。皇太后怒，使使赐嫣死。上为谢，终不能得，嫣遂死。而案道侯韩说，其弟也，亦佞幸。

李延年，中山人也。父母及身兄弟及女，皆故倡也。延年坐法腐，给事狗中。而平阳公主言延年女弟善舞，上见，心说之，及入永巷，而召贵延年。延年善歌，为变新声，而上方兴天地祠，欲造乐诗歌弦之。延年善承意，弦次初诗。其女弟亦幸，有子男。延年佩二千石印，号协声律。与上卧起，甚贵幸，埒如韩嫣也。久之，浸与中人乱，出入骄恣。及其女弟李夫人卒后，爱弛，则禽诛延年昆弟也。

自是之后，内宠嬖臣大底外戚之家，然不足数也。卫青、霍去病亦以外戚贵幸，然颇用材能自进。

追查确有此事，于是就结案，把邓通家的钱财全部没收充公后，还欠好几亿。长公主看着不忍，就赏赐邓通一些钱财，结果马上就被官吏没收抵债，连邓通戴在头上的一只簪子也不给留下。于是长公主就只好让人借给他一些衣食，以维持生活。最后他一无所有，寄食在别人家里，直到死去。

孝景帝时，宫中没有什么宠臣，只有郎中令周仁，受宠爱超过一般人，但仍不太过分。

当今天子武帝宫中受宠的臣子，士大夫出身的则有韩王的孙子韩嫣，宦官则有李延年。韩嫣是弓高侯韩颓当的庶孙。当今皇上还在做胶东王时，韩嫣是皇上的伴读，感情很好。等到皇上当了太子时，和韩嫣越发亲近。韩嫣善于骑马射箭，又会花言巧语讨好人。皇上即位后，想讨伐匈奴，而韩嫣早就学过匈奴的战术，所以特别受到赏识，官职升到上大夫，受到的赏赐可以和邓通相比。当时，韩嫣常常和皇上同睡同起。一次，江都王刘非进京朝见武帝，武帝让他跟着一起到上林苑打猎。皇上的车驾因为清道的关系还没有出发，就先派韩嫣乘坐副车，带着上百个骑兵，狂奔向前，先去观察兽类的情况。江都王远远望见，误以为是皇上到了，便让随从者回避，自己趴在路旁拜见。韩嫣却打马急驰而过，没有看见江都王。韩嫣过去后，江都王感觉屈辱，十分愤怒，就向皇太后哭着说："我请求把封国交回，回到朝廷像韩嫣一样当个侍卫。"太后由此对韩嫣不满。韩嫣侍奉皇上，在深宫里出入不受限制，慢慢地他和嫔妃通奸的事被太后知道。太后大怒，派使者赐韩嫣自杀。武帝亲自替他求情，但是太后不答应，结果韩嫣就这样死了。案道侯韩说是韩嫣的弟弟，也因谄媚而得到宠幸。

李延年是中山国的人，他父母以及兄弟姐妹们，原来都是唱歌的艺人。李延年因为犯法被施以宫刑，然后就到宫中狗监任职。有一次，武帝的姐姐平阳公主向武帝说起李延年的妹妹很会跳舞，武帝叫来一看，心里很高兴。待到李延年妹妹被召进宫中后，李延年又被召进来，开始受到宠爱。李延年擅长唱歌，为武帝创作了一些新曲。当时皇上正热衷祭祀天地鬼神，想创作歌词配乐歌唱。而李延年善于迎合皇上的心意，给新作的歌词都谱了曲。他妹妹也很受宠，生了个男孩。李延年佩带着二千石的官印，称作"协声律"。他同皇上同卧同起，非常受宠，和韩嫣差不多。时间长了，李延年渐渐和宫女有了淫乱行为，出入皇宫也变得骄傲放纵起来。待到他妹妹李夫人死后，皇帝对他的宠爱日益衰减了，后来因事把李延年及其兄弟们都杀了。

从此以后，宫内被皇上宠幸的臣子，大都出自外戚之家，但是这些人都不值得一谈。卫青、霍去病也是因为外戚的关系而受宠显贵起来，但他们都能凭自己的本领而获得提升。

太史公曰：甚哉爱憎之时！弥子瑕之行，足以观后人佞幸矣。虽百世可知也。

太史公说：受到宠爱或憎恨的时运是多么可怕啊！从弥子瑕的前后遭遇，足可以观察到后人靠谄媚得到宠幸的结果了，即使是百代之后也是可以预见的。

滑稽列传第六十六

孔子曰："六艺于治一也。《礼》以节人，《乐》以发和，《书》以道事，《诗》以达意，《易》以神化，《春秋》以义。"太史公曰：天道恢恢，岂不大哉！谈言微中，亦可以解纷。

淳于髡者，齐之赘婿也。长不满七尺，滑稽多辩，数使诸侯，未尝屈辱。齐威王之时喜隐，好为淫乐长夜之饮，沈湎不治，委政卿大夫。百官荒乱，诸侯并侵，国且危亡，在于旦暮，左右莫敢谏。淳于髡说之以隐曰："国中有大鸟，止王之庭，三年不蜚又不鸣，不知此鸟何也？"王曰："此鸟不飞则已，一飞冲天；不鸣则已，一鸣惊人。"于是乃朝诸县令长七十二人，赏一人，诛一人，奋兵而出。诸侯振惊，皆还齐侵地。威行三十六年。语在《田完世家》中。

威王八年，楚大发兵加齐。齐王使淳于髡之赵请救兵，赍金百斤，车马十驷。淳于髡仰天大笑，冠缨索绝。王曰："先生少之乎？"髡曰："何敢！"王曰："笑岂有说乎？"髡曰："今者臣从东方来，见道傍有禳田者，操一豚蹄，酒一盂，祝曰：'瓯窭满篝，污邪满车，五谷蕃熟，穰穰满家。'臣见其所持者狭而所欲者奢，故笑之。"于是齐威王乃益赍黄金千溢，白璧十双，车马百驷。髡辞而行，至赵。赵王与之精兵十万，革车千乘。楚闻之，夜引兵而去。

威王大说，置酒后宫，召髡赐之酒。问曰："先生能饮几何而醉？"对曰："臣饮一斗亦醉，一石亦醉。"威王曰："先生饮一斗而醉，恶能饮一石哉！其说可得闻乎？"髡曰："赐酒大王之前，执孔子说："六经对于治理国家来讲，作用是一样的。《礼记》是用来规范人的生活方式的，《乐经》是用来促进人们和谐团结的，《尚书》是用来记述古往事迹和典章制度的，《诗经》是用来抒情达意的，《易经》是用来窥探天地万物之间的神奇变化的，《春秋》是用来通晓微言大义、衡量是非曲直的。"太史公说："世上的道理广阔无垠，莫非不伟大么！言谈话语果能稍稍切中事理，也是能排解不少纷扰的。"

淳于髡是齐国的一个入赘女婿。身高不足七尺，为人滑稽，能言善辩，屡次出使诸侯之国，从未受过屈辱。齐威王在位时，爱好说隐语，又好彻夜宴饮，逸乐无度，陶醉于饮酒之中，不管政事，把政事委托给卿大夫。文武百官荒淫放纵，各国都来侵犯，国家危亡，就在旦夕之间。齐威王身边近臣都不敢进谏。淳于髡用隐语来规劝讽谏齐威王，说："都城中有只大鸟，落在了大王的庭院里，三年不叫又不飞，大王知道这只鸟是怎么一回事吗？"齐威王说："这只鸟不飞则已，一飞就直冲云霄；不叫则已，一叫就让人惊异。"于是就诏令全国七十二个县的长官全来入朝奏事，诛杀一人，奖赏一人；又发兵御敌，诸侯十分惊恐，都把侵占的土地归还齐国。齐国的声威震慑中原达三十六年。这些话全在《田完世家》里记载。

齐威王八年，楚国派遣大军对齐境实施侵犯。齐威王派淳于髡出使赵国请求救兵，让他携带礼物黄金百斤，驷马车十辆。淳于髡仰天大笑，将系帽子的带子都笑断了。齐威王说："先生是嫌礼物太少么？"淳于髡说："怎么敢嫌少！"威王说："那你笑，难道有什么说辞吗？"淳于髡说："今天我从东边来时，看到路旁有个祈祷田神的人，拿着一个猪蹄、一杯酒，祈祷说：'高地上收获的谷物盛满篝笼，低田里收获的庄稼装满车辆；五谷繁茂丰熟，米粮堆积满仓。'我看见他拿的祭品很少，而所祈求的东西太多，所以笑他。"于是齐威王就把礼物增加到黄金千镒、十对白璧、驷马车百辆。淳于髡告辞起行，来到赵国。赵王拨给他十万精兵、裹有皮革的战车一千辆。楚军听到这个消息，连夜退兵而去。

齐威王非常高兴，在后宫设置酒肴，召见淳于髡，赐他酒喝。问他说："先生能够喝多少酒才醉？"淳于髡回答说："我喝一斗酒能醉，喝一石酒也能醉。"威王说："先生喝一斗就醉了，怎么能喝一石呢？能把这个道理说给我听听吗？"淳于髡说："大王当面赏酒给我，执法官站在旁边，御史站在背后，我法在傍，御史在后，髡恐惧俯伏而饮，不过一斗径醉矣。若亲有严客，髡帣韝鞠卺，侍酒于前，时赐余沥，奉觞上寿，数起，饮不过二斗径醉矣。若朋友交游，久不相见，卒然相睹，欢然道故，私情相语，饮可五六斗径醉矣。若乃州闾之会，男女杂坐，行酒稽留，六博投壶，相引为曹，握手无罚，目眙不禁，前有堕珥，后有遗簪，髡窃乐此，饮可八斗而醉二叁。日暮酒阑，合尊促坐，男女同席，履舄交错，杯盘狼藉，堂上烛灭，主人留髡而送客，罗襦襟解，微闻芗泽，当此之时，髡心最欢，能饮一石。故曰酒极则乱，乐极则悲；万事尽然，言不可极，极之而衰。”以讽谏焉。齐王曰："善。”乃罢长夜之饮，以髡为诸侯主客。宗室置酒，髡尝在侧。

其后百余年，楚有优孟。

优孟，故楚之乐人也。长八尺，多辩，常以谈笑讽谏。楚庄王之时，有所爱马，衣以文绣，置之华屋之下，席以露床，啖以枣脯。马病肥死，使群臣丧之，欲以棺椁大夫礼葬之。左右争之，以为不可。王下令曰："有敢以马谏者，罪至死。”优孟闻之，入殿门。仰天大哭。王惊而问其故。优孟曰："马者王之所爱也，以楚国堂堂之大，何求不得，而以大夫礼葬之，薄，请以人君礼葬之。”王曰："何如？”对曰："臣请以雕玉为棺，文梓为椁，楩枫豫章为题凑，发甲卒为穿圹，老弱负土，齐赵陪位于前，韩魏翼卫其后，庙食太牢，奉以万户之邑。诸侯闻之，皆知大王贱人而贵马也。”王曰："寡人之过一至此乎！为之奈何？”优孟曰："请为大王六畜葬之。以垄灶为椁，铜历为棺，赍以姜枣，荐以木兰，祭以粮稻，衣以火光，葬之于人腹肠。”于是王乃使以马属太官，无令天下久闻也。

胆战心惊，低头伏地地喝，喝不了一斗就醉了。假如父母有尊贵的客人来家，我卷起袖子，躬着身子，敬客奉酒，客人不时赏我残酒，屡次举杯敬酒应酬，喝不到两斗就醉了。假如朋友间交游，好久不曾见面，忽然间相见了，高兴地讲述以往情事，倾吐衷肠，大约喝五六斗就醉了。至于乡里之间的聚会，男女杂坐，彼此敬酒，没有时间的限制，又做六博、投壶一类的游戏，呼朋唤友，相邀成对，握手言欢不受处罚，眉目传情不遭禁止，面前有落下的耳环，背后有丢掉的发簪，在这种时候，我最开心，可以喝上八斗酒，也不过两三分醉意。天黑了，酒也快喝完了，把残余的酒并到一起，大家促膝而坐，男女同席，鞋子木屐混杂在一起，杯盘杂乱不堪，堂屋里的蜡烛已经熄灭，主人单留住我，而把别的客人送走，绫罗短袄的衣襟已经解开，略略闻到香味阵阵，这时我心里最为高兴，能喝下一石酒。所以说，喝酒过多就容易出乱子，欢乐到极点就会发生悲痛之事。所有的事情都是如此。”这番话是说，无论什么事情不能走向极端，到了极端就会衰败。淳于髡以此来婉转地劝说齐威王。威王说：“好。”于是，威王就停止了彻夜欢饮之事，并任用淳于髡为接待诸侯宾客的宾礼官。齐王宗室设置酒宴，淳于髡常常作陪。

在淳于髡之后一百多年，楚国又出了个优孟。

优孟本是楚国的老歌舞艺人。他身高八尺，富有辩才，时常用说笑的方式劝诫楚王。楚庄王时，他有一匹喜爱的马，给它穿上华美的绣花衣服，在富丽堂皇的屋子里饲养，睡在没有帐幔的床上，用蜜饯的枣干来喂它。马死了因为得肥胖病，庄王派群臣给马办丧事，要用棺椁盛殓，依照大夫那样的礼仪来葬埋死马。左右近臣争论此事，认为不可以这样做。庄王下令说：“有谁敢再以葬马的事来进谏，就处以死刑。”优孟听到此事，走进殿门，仰天大哭。庄王吃惊地问他为什么哭。优孟说：“马是大王所喜爱的，就凭楚国这样强大的国家，有什么事情办不到，埋葬它却用大夫的礼仪，太薄待了，请用人君的礼仪来埋葬它。”庄王问：“那怎么办？”优孟回答说：“我请求用雕刻花纹的美玉做棺材，用细致的梓木做套材，用楩、枫、豫、樟等名贵木材做护棺的木块，派士兵给它挖掘墓穴，让老人儿童背土筑坟，齐国、赵国的使臣在前面陪祭，韩国、魏国的使臣在后面护卫，给它建立祠庙，用牛羊猪祭祀，封给万户大邑来供奉。这件事诸侯听到，就都知道大王轻视人而看重马了。”庄王说：“我的过错竟到这种地步吗？该如何是好呢？”优孟说：“请大王准许按埋葬畜牲的办法来葬埋它：在地上堆个土灶当作套材，用大铜锅当作棺材，用姜枣来调味，用香料来解腥，用稻米作祭品，用火作衣服，把它安葬在人的肚肠中。”于是庄王派人把死马交给了主管宫中膳食的太官，不让天下人长久传扬此事。

楚相孙叔敖知其贤人也，善待之。病且死，属其子曰：“我死，汝必贫困。若往见优孟，言我孙叔敖之子也。”居数年，其子穷困负薪，逢优孟，与言曰：“我，孙叔敖子也。父且死时，属我贫困往见优孟。”优孟曰：“若无远有所之。”即为孙叔敖衣冠，抵掌谈语。岁余，像孙叔敖，楚王及左右不能别也。庄王置酒，优孟前为寿。庄王大惊，以为孙叔敖复生也，欲以为相。优孟曰：“请归与妇计之，三日而为相。”庄王许之。三日后，优孟复来。王曰：“妇言谓何？”孟曰：“妇言慎无为，楚相不足为也。如孙叔敖之为楚相，尽忠为廉以治楚，楚王得以霸。今死，其子无立锥之地，贫困负薪以自饮食。必如孙叔敖，不如自杀。”因歌曰：“山居耕田苦，难以得食。起而为吏，身贪鄙者余财，不顾耻辱。身死家室富，又恐受赇枉法，为奸触大罪，身死而家灭。贪吏安可为也！念为廉吏，奉法守职，竟死不敢为非。廉吏安可为也！楚相孙叔敖持廉至死，方今妻子穷困负薪而食，不足为也！”于是庄王谢优孟，乃召孙叔敖子，封之寝丘四百户，以奉其祀。后十世不绝。此知可以言时矣。

其后二百余年，秦有优旃。

优旃者，秦倡侏儒也。善为笑言，然合于大道，秦始皇时，置酒而天雨，陛楯者皆沾寒。优旃见而哀之，谓之曰：“汝欲休乎？”陛楯者皆曰：“幸甚。”优旃曰：“我即呼汝，汝疾应曰诺。”居有顷，殿上上寿呼万岁。优旃临槛大呼曰：“陛楯郎！”郎曰：“诺。”优旃曰：“汝虽长，何益，幸雨立。我虽短也，幸休居。”于是始皇使陛楯者得半相代。

始皇尝议欲大苑囿，东至函谷关，西至雍、陈仓。优旃曰：“善。多纵禽兽于其中，寇从东方来，令麋鹿触之足矣。”始皇以故辍止。

楚国宰相孙叔敖听说优孟是位贤人，待他很好。孙叔敖患病临终前，叮嘱他的儿子说：“我死后，你一定很贫困。那时，你就去拜见优孟吧，就说‘我是孙叔敖的儿子’。”过了几年，孙叔敖的儿子果然十分贫困，靠卖柴为生。一次，路上遇到优孟，就对优孟说：“我是孙叔敖的儿子。父亲临终前，嘱咐我贫困时就去拜见优孟。”优孟说：“你别到远处去。”于是，他就立即缝制了孙叔敖生前所用的衣服帽子穿戴起来，模仿孙叔敖的举止言谈，音容笑貌。过了一年多，模仿得很像孙叔敖，连楚庄王左右近臣都分辨不出来。楚庄王设置酒宴，优孟上前为庄王敬酒祝福。庄王大吃一惊，认为孙叔敖又复活了，想要让他做楚相。优孟说：“请允许我回去和妻子商量此事，三日后再来就任楚相。”庄王答应了他。三天后，优孟来见庄王。庄王问：“你妻子怎么说的？”优孟说：“妻子说千万不要做楚相，楚相不值得做。像孙叔敖那样做楚相，忠正廉洁地治理楚国，楚王才得以称霸。可如今他死了，他的儿子竟无立足之地，贫困到每天靠打柴谋生。如果做楚相要像孙叔敖那样，还不如自杀。”接着唱道：“住在山野耕田辛苦，难以获得食物。出外做官，自身贪赃卑鄙的，余财有积，廉耻不顾。自己死后家室虽然富足，但又恐惧贪赃枉法，干非法之事，大罪犯下，自己被杀，家室也遭诛灭。贪官哪能做呢？要想做个清官，遵纪守法，忠于职守，到死都不敢做非法之事。唉，清官又哪能做呢？像楚相孙叔敖，一生坚持廉洁的操守，现在妻儿老小却贫困到靠打柴为生。清官实在不值得做啊！”于是，庄王向优孟表示了歉意，立即召见孙叔敖的儿子，把寝丘这个四百户之邑封给他，以供祭祀孙叔敖之用。打此之后，十年从未断绝。优孟的这种聪明才智，可以说是正得其宜，把握了发挥的时机。

在优孟之后二百多年，秦国出了个优旃。

优旃是秦国的歌舞艺人，个子特别矮小。他擅长说笑话，然而都能合乎大道理。秦始皇时，宫中设置酒宴，正遇上天下雨，殿阶下执楯站岗的卫士都淋着雨，受着风寒。优旃看见了十分怜悯他们，对他们说：“你们想要休息么？”卫士们都说：“非常希望。”优旃说：“如果我叫你们，你们要很快地答应我。”过了一会儿，宫殿上向秦始皇祝酒，高呼万岁。优旃靠近栏干旁大声喊道：“卫士！”卫士们答道：“有。”优旃说：“你们虽然长得高大，有什么好处？只有幸站在露天淋雨。我虽然长得矮小，却有幸在这里休息。”于是，秦始皇准许卫士减半值班，轮流接替。

秦始皇曾经计议要扩大射猎的区域，东到函谷关，西到雍县和陈仓。优旃说：“好。多养些禽兽在里面，敌人从东面来侵犯，让麋鹿用角去抵触他们就足以应付了。”秦始皇听了这话，就停止了扩大猎场的计划。

二世立，又欲漆其城。优旃曰："善。主上虽无言，臣固将请之。漆城虽于百姓愁费，然佳哉！漆城荡荡，寇来不能上。即欲就之，易为漆耳，顾难为荫室。"于是二世笑之，以其故止。居无何，二世杀死，优旃归汉，数年而卒。

太史公曰：淳于髡仰天大笑，齐威王横行。优孟摇头而歌，负薪者以封。优旃临槛疾呼，陛楯得以半更。岂不亦伟哉！

褚先生曰：臣幸得以经术为郎，而好读外家传语。窃不逊让，复作故事滑稽之语六章，编之于左。可以览观扬意，以示后世好事者读之，以游心骇耳，以附益上方太史公之三章。

武帝时有所幸倡郭舍人者，发言陈辞虽不合大道，然令人主和说。武帝少时，东武侯母常养帝，帝壮时，号之曰"大乳母"。率一月再朝。朝奏入，有诏使幸臣马游卿以帛五十匹赐乳母，又奉饮糒飧养乳母。乳母上书曰："某所有公田，原得假倩之。"帝曰："乳母欲得之乎？"以赐乳母。乳母所言，未尝不听。有诏得令乳母乘车行驰道中。当此之时，公卿大臣皆敬重乳母。乳母家子孙奴从者横暴长安中，当道掣顿人车马，夺人衣服。闻于中，不忍致之法。有司请徙乳母家室，处之于边。奏可。乳母当入至前，面见辞。乳母先见郭舍人，为下泣。舍人曰："即入见辞去，疾步数还顾。"乳母如其言，谢去，疾步数还顾。郭舍人疾言骂之曰："咄！老女子！何不疾行！陛下已壮矣，宁尚须汝乳而活邪？尚何还顾！"于是人主怜焉悲之，乃下诏止无徙乳母，罚谪谮之者。

武帝时，齐人有东方生名朔，以好古传书，爱经术，多所博观外家之语。朔初入长安，至公车上书，凡用三千奏牍。公车令两人共持举其书，仅然能胜之。人主从上方读之，止，辄乙其处，读之二月乃尽。诏拜以为郎，常在侧侍中。数召至前谈语，人主未尝不说也。时秦二世皇帝即位，又想用漆涂饰城墙。优旃说："好。皇上即使不讲，我本来也要请您这样做的。漆城墙虽然给百姓带来愁苦和耗费，可是很美呀！城墙漆得漂漂亮亮的，敌人来了也爬不上来。要想成就这件事，涂漆倒是容易的，但难以找到一个地方，把漆过的城墙搁进去，使它阴干。"于是二世皇帝就笑了起来，因而取消了这个计划。不久，二世皇帝被杀死，优旃归顺了汉朝，几年过后就死了。

太史公说：淳于髡仰天大笑，齐威王所以横行天下。优孟摇头歌唱，以打柴为主的人因而受到封赏。优旃靠近栏干大喊一声，阶下卫士因而才能减半值勤，轮流倒休。这些难道不都是伟大而可颂扬的么！

褚少孙先生说：我有幸能因通晓经学而做了郎官，而且喜欢读史传杂说一类的书。不自量力，又写了六章滑稽故事，编在太史公原著的后面。可供阅览，扩充见闻，以便流传给后代不怕絮烦的人浏览，以舒畅心胸，听闻警醒，特把它增附在上面太史公三则滑稽故事的后面。

汉武帝时，有个受宠爱的艺人姓郭，他讲话虽然不合乎大道理，却能使皇上听了心情和悦。武帝年幼时，东武侯的母亲曾经乳养过他，武帝长大以后，就称她为"大乳母"。大概每月入朝两次。每次入朝的通报呈送进去，必有诏旨派宠爱的侍臣马游卿拿五十匹绸绢赏给乳母，并备饮食供养乳母。乳母上书说："某处有一块公田，希望拨借给我使用。"武帝说："乳母想得到它吗？"便把公田赐给了她。乳母所说的话，没有不听的。又下诏乳母所乘坐的车子可以在御道上行走。在这个时候，公卿大臣们都敬重乳母。乳母家里的子孙奴仆等人在长安城中横行霸道，当道拦截人家的车马，抢夺他人的衣物。消息传入朝中，武帝不忍心用法律来制裁乳母。主管的官吏奏请把乳母一家迁移到边疆去。武帝批准了。乳母理当进宫到武帝面前辞行。乳母先会见了郭舍人，为此而流泪。郭舍人说："马上进宫面见辞行，快步退出，多回过身来望几次皇帝。"乳母照他说的做了，乳母面见武帝辞行，快步退出，屡屡转过身来看武帝。郭舍人大声骂乳母说："啐！老婆子，为什么不快点走！皇上已经长大了，难道还要等你喂奶才能活命么？还转身看什么！"于是武帝可怜她，不禁悲伤起来，就下令制止，不准迁移乳母一家，还处罚了说乳母坏话的人。

汉武帝时，齐地有个人叫东方朔，因喜欢古代流传下来的书籍，爱好儒家经术，广泛地阅览了诸子百家的书。东方朔刚到长安时，到公车府那里上书给皇帝，共用了三千根木简。公车府派两个人一起来抬他的奏章，勉强抬得起来。武帝在宫内阅读东方朔的奏章，需要停阅时，便在那里画个记号，读了两个多月才读完。武帝下令任命东方朔为郎官，他经常在皇上身边侍奉。屡次叫他到跟前谈诏赐之食于前。饭已，尽怀其余肉持去，衣尽污。数赐缣帛，檐揭而去。徒用所赐钱帛，取少妇于长安中好女。率取妇一岁所者即弃去，更取妇。所赐钱财尽索之于女子。人主左右诸郎半呼之“狂人”。人主闻之，曰：“令朔在事无为是行者，若等安能及之哉！”朔任其子为郎，又为侍谒者，常持节出使。朔行殿中，郎谓之曰：“人皆以先生为狂。”朔曰：“如朔等，所谓避世于朝廷间者也。古之人，乃避世于深山中。”时坐席中，酒酣，据地歌曰：“陆沈于俗，避世金马门。宫殿中可以避世全身，何必深山之中，蒿庐之下。”金马门者，宦署门也，门傍有铜马，故谓之曰“金马门”。

时会聚宫下博士诸先生与论议，共难之曰：“苏秦、张仪一当万乘之主，而都卿相之位，泽及后世。今子大夫修先王之术，慕圣人之义，讽诵《诗》《书》百家之言，不可胜数。著于竹帛，自以为海内无双，即可谓博闻辩智矣。然悉力尽忠以事圣帝，旷日持久，积数十年，官不过侍郎，位不过执戟，意者尚有遗行邪？其故何也？”东方生曰：“是固非子所能备也。彼一时也，此一时也，岂可同哉！夫张仪、苏秦之时，周室大坏，诸侯不朝，力政争权，相禽以兵，并为十二国，未有雌雄，得士者强，失士者亡，故说听行通，身处尊位，泽及后世，子孙长荣。今非然也。圣帝在上，德流天下，诸侯宾服，威振四夷连四海之外以为席，安于覆盂，天下平均，合为一家，动发举事，犹如运之掌中。贤与不肖，何以异哉？方今以天下之大，士民之众，竭精驰说，并进辐凑者，不可胜数。悉力慕义，困于衣食，或失门户。使张仪、苏秦与仆并生于今之世，曾不能得掌故，安敢望常侍侍郎乎！传曰：‘天下无害灾，虽有圣人，无所施其才；上下和同，虽有贤者，无所立功。’故曰时异则事异。虽然，安可以不务修话，武帝从未有过不高兴的。武帝时常下诏赐他御前用饭。饭后，他便把剩下的肉全都揣在怀里带走，把衣服都弄脏了。皇上屡次赐给他绸绢，他都是肩挑手提地拿走。他便用这些受赐得来的钱财绸绢，娶长安城中年轻漂亮的女子。大多娶过来一年光景便抛弃了，再娶一个。皇上所赏赐的钱财完全用在女人身上。皇上左右的人都称他为“疯子”。武帝听到了，说：“假如东方朔当官行事没有这些荒唐行为，你们哪能比得上他呢？”东方朔保举他的儿子做郎官，又升为侍中的谒者，常常持节外出办事。一天东方朔从殿中经过，郎官们对他说：“人们都以为先生是位狂人。”东方朔说：“像我这样的人，就是所谓在朝廷里隐居的人。古代的人，都是隐居在深山里。”他时常坐在酒席宴上，酒喝得畅快时，就趴在地上唱道：“隐居在世俗中，避世在金马门。宫殿里可以隐居起来，保全自身，何必隐居在深山之中，茅舍里面。”所谓金马门，就是宦者衙署的门，大门旁边有铜马，所以叫做“金马门”。

当时正值朝廷征召学宫里的博士先生们参与议事，大家一同诘难东方朔说：“苏秦、张仪偶然遇到大国的君主，就能居于卿相的地位，恩泽留传后世。现在您老先生研究先王治国御臣的方术，仰慕圣人立身处世的道理，熟习《诗经》、《尚书》以及诸子百家的言论，不能一一例举。又有文章著作，自以为天下无双，就可以称作是见多识广、聪敏才辩了。可是您竭尽全力、忠心耿耿地侍奉圣明的皇帝，旷日持久，长达数十年累积，官衔不过是个侍郎，职位不过是个卫士，看来您还有其他不够检点的行为吧？这是什么原因呢？”东方朔说：“这本来就不是你们所能完全了解的。那时是一个时代，现在又是另一个时代，怎么可以相提并论呢？张仪、苏秦的时代，周朝十分衰败，诸侯都不去朝见周天子，用武力征伐夺取权势，用军事手段相互侵犯，天下兼并为十二个诸侯国，势力不相上下，得到士人的就强大，失掉士人的就灭亡，所以对士人言听计从，使士人身居高位，恩泽留传给后代，子孙长享荣华。如今不是这样。圣明的皇帝在上执掌朝政，恩泽遍及天下，诸侯归顺服从，威势震慑四方，将四海之外的疆土连接成像坐席那样的一片乐土，比倒放的盘盂还要安稳，天下统一，融为一体，凡有所举动，都如同在手掌中转动一下那样轻而易举。贤与不贤，凭什么来辨别呢？当今因天下广大，士民众多，竭尽精力，奔走游说，就如辐条凑集到车毂一样，竞相集中到京城里向朝庭献计献策的人，数也数不清。尽管竭力仰慕道义，仍不免被衣食所困，有的竟连进身的门路也找不到。假使张仪、苏秦和我同生在当今时代，他们连一个掌管旧制旧例等事的小官都得不到，怎么敢期望常做侍郎呢？古书上说：‘天下没有灾害，即使有圣人，也没有地方施展他的才华；君臣上下和睦同心，即使有贤人，他的功业也没有地方建立。’所以说，时代不同，事情也身乎？诗曰：‘鼓钟于宫，声闻于外。鹤鸣九皋，声闻于天。’。苟能修身，何患不荣！太公躬行仁义七十二年，逢文王，得行其说，封于齐，七百岁而不绝。此士之所以日夜孜孜，修学行道，不敢止也。今世之处士，时虽不用，崛然独立，块然独处，上观许由，下察接舆，策同范蠡，忠合子胥，天下和平，与义相扶，寡偶少徒，固其常也。子何疑于余哉！”于是诸先生默然无以应也。

建章宫后阁重栎中有物出焉，其状似麋。以闻，武帝往临视之。问左右群臣习事通经术者，莫能知。诏东方朔视之。朔曰：“臣知之，原赐美酒粱饭大飧臣，臣乃言。”诏曰：“可。”已又曰：“某所有公田鱼池蒲苇数顷，陛下以赐臣，臣朔乃言。”诏曰：“可。”于是朔乃肯言，曰：“所谓驺牙者也。远方当来归义，而驺牙先见。其齿前后若一，齐等无牙，故谓之驺牙。”其后一岁所，匈奴浑邪王果将十万众来降汉。乃复赐东方生钱财甚多。

至老，朔且死时，谏曰：“《诗》云‘营营青蝇，止于蕃。恺悌君子，无信谗言。谗言罔极，交乱四国’。原陛下远巧佞，退谗言。”帝曰：“今顾东方朔多善言？”怪之。居无几何，朔果病死。传曰：“鸟之将死，其鸣也哀；人之将死，其言也善。”此之谓也。

武帝时，大将军卫青者，卫后兄也，封为长平侯。从军击匈奴，至余吾水上而还，斩首捕虏，有功来归，诏赐金千斤。将军出宫门，齐人东郭先生以方士待诏公车，当道遮卫将军车，拜谒曰：“愿白事。”将军止车前，东郭先生旁车言曰：“王夫人新得幸于上，家贫。今将军得金千斤，诚以其半赐王夫人之亲，人主闻之必喜。此所谓奇策便计也。”卫将军谢之曰：“先生幸告之以便计，请奉教。”于是卫将军乃以五百金为王夫人之亲寿。王夫人以闻武帝。帝曰：“大将军不知为此。”问之安所受计策，对曰：“受之待诏者东郭先就随之而有所变化。尽管这样，怎么可以不努力去修养自身呢？《诗经》说：‘在宫内敲钟，声音可以传到外面。鹤在遥远的水泽深处鸣叫，声音可以传到天上。’如果能够修养自身，还担忧不能获得荣耀吗！齐太公七十二年亲身实行仁义，遇到周文王，才得以施行他的主张，封在齐国，其思想影响流传七百年而不断绝。这就是士人所以日日夜夜，孜孜不倦，研究学问，推行自己的主张，而不敢停止的原因。如今世上的隐士，虽然一时不被任用，却能超然自立，孑然独处，远观许由，近看接舆，智谋好比范蠡，忠诚可比伍子胥，天下和平，修身自持，而却寡朋少侣，这本来是件很平常的事情。你们为什么对我有疑虑呢？”于是那些先生们一声不响，无话回答了。

建章宫后阁的双重栏杆中，有一只动物跑出来，它的形状像麋鹿。消息传到宫中，武帝亲自到那里观看。问身边群臣中熟悉事物而又通晓经学的人，没有一个人能知道它是什么动物。下诏叫东方朔来看。东方朔说：“我知道这个东西，请赐给我美酒好饭让我饱餐一顿，我才说。”武帝说：“可以。”吃过酒饭，东方朔又说道：“某处有公田、鱼池和苇塘好几顷，陛下赏赐给我，我才说。”武帝说：“可以。”于是东方朔才肯说道：“这是叫驺牙的动物。远方当有前来投诚的事，因而驺牙便先出现。它的牙齿前后一样，大小相等而没有大牙，所以叫它驺牙。”后来过了一年左右，匈奴浑邪王果然带领十万人来归降汉朝。武帝于是又赏赐东方朔很多钱财。

到了晚年。东方朔临终时，规劝武帝说：“《诗经》上说‘飞来飞去的苍蝇，落在篱笆上面。慈祥善良的君子，不要听信谗言。谗言无止境，四方邻国不得安宁。’希望陛下远离巧言谄媚的人，斥退他们的谗言。”武帝说：“回过头来如今看东方朔，仅仅是善于言谈吗？”对此感到惊奇。过了不久，果然东方朔病死了。古书上说：“鸟到临死时，它的叫声特别悲哀；人到临死时，他的言语非常善良。”说的就是这个意思吧。

汉武帝时，大将军卫青是卫皇后的哥哥，被封为长平侯。他带领军队出击匈奴，追到余吾水边才返回，斩杀大量敌兵，捕获许多俘虏，立下战功，胜利归来，武帝下令赏赐黄金千斤。大将军从宫门出来，齐地人东郭先生以方士身份在公车府候差，当道拦住卫将军的车马，拜见说：“有事禀告大将军。”卫将军停在车前，东郭先生靠在车旁说：“王夫人新近得到皇帝的宠爱，家里贫困。如今将军获得黄金千斤，如果将其中的一半送给王夫人的父母，皇上知道了一定很高兴。这就是所谓巧妙而便捷的计策啊。”卫将军感谢他说道：“幸亏先生把这便捷的计策告诉我，一定遵从指教。”于是卫将军用五百斤黄金作为给王夫人父母的赠礼。王夫人将此事告诉了武帝。武帝说：“大将军不懂得做这种事。”问卫生。”诏召东郭先生，拜以为郡都尉。东郭先生久待诏公车，贫困饥寒，衣敝，履不完。行雪中，履有上无下，足尽践地。道中人笑之，东郭先生应之曰：“谁能履行雪中，令人视之，其上履也，其履下处乃似人足者乎？”及其拜为二千石，佩青緺出宫门，行谢主人。故所以同官待诏者，等比祖道于都门外。荣华道路，立名当世。此所谓衣褐怀宝者也。当其贫困时，人莫省视；至其贵也，乃争附之。谚曰：“相马失之瘦，相士失之贫。”其此之谓邪？

王夫人病甚，人主至自往问之曰：“子当为王，欲安所置之？”对曰：“原居洛阳。”人主曰：“不可。洛阳有武库、敖仓，当关口，天下咽喉。自先帝以来，传不为置王。然关东国莫大于齐，可以为齐王。”王夫人以手击头，呼“幸甚”。王夫人死，号曰“齐王太后薨”。

昔者，齐王使淳于髡献鹄于楚。出邑门，道飞其鹄，徒揭空笼，造诈成辞，往见楚王曰：“齐王使臣来献鹄，过于水上，不忍鹄之渴，出而饮之，去我飞亡。吾欲刺腹绞颈而死。恐人之议吾王以鸟兽之故令士自伤杀也。鹄，毛物，多相类者，吾欲买而代之，是不信而欺吾王也。欲赴佗国奔亡，痛吾两主使不通。故来服过，叩头受罪大王。”楚王曰：“善，齐王有信士若此哉！”厚赐之，财倍鹄在也。

武帝时，征北海太守诣行在所。有文学卒史王先生者，自请与太守俱，“吾有益于君”，君许之。诸府掾功曹白云：“王先生嗜酒，多言少实，恐不可与俱。”太守曰：“先生意欲行，不可逆。”遂与俱。行至宫下，待诏宫府门。王先生徒怀钱沽酒，与卫卒仆射饮，日醉，不视其太守。太守入跪拜。王先生谓户郎曰：“幸为我呼吾君至门内遥语。”户郎为呼太守。太守来，望见王先生。王先生曰：“天子即问君何以治北海令无盗贼，君对曰何哉？”对曰：“选择贤材，各任之以其能，赏异等，罚不肖。”王先生曰：“对如是，是自誉自青从何处得来的计策，回答说：“从候差的东郭先生那里得到的。”于是下令召见东郭先生，任命他为郡都尉。东郭先生长期在公车府候差，饥寒贫困，衣服破旧，鞋子也不完好。走在雪地里，鞋子有面无底，脚全都踩在地上。过路人嘲笑他，东郭先生回答他们说道：“谁能穿鞋走在雪地里，让人看去，鞋上面是鞋子，鞋子下面竟然像人的脚呢？”等到他被任命为俸禄二千石的官，佩带着青绶，走出宫门，去辞谢他的主人时，以前同他一起候差的，都分批地在都城郊外为他饯行。荣华显耀一路，名扬当代。这就是所谓的身穿粗布衣服，怀里却揣着珍宝的人。当他贫困时，大家都不理睬他；等到他显贵时，就争着去依靠他。常言说：“相马因其外表消瘦而漏掉良马，相士因其外貌贫困而漏失人才。”莫非说的就是这种情景吗？

王夫人病重，皇上亲自来探望，问她说：“你的儿子应当封为王，你要封他在哪里呢？”回答说：“希望封在洛阳。”皇上说：“不行。洛阳有大粮仓和兵器库，又位于交通关口，是天下的咽喉要道。从先帝以来，相传从不在洛阳一带封王。不过关东一带的封国，没有比齐国更大的，可以封他做齐王。”王夫人用手拍着头，口呼：“太幸运了”。王夫人死后，就称为“齐王太后逝世”。

以前，齐王派淳于髡去楚国进献黄鹄。出了都城门，那只黄鹄中途飞走了，他只好托着空笼子，编造了一些假话，去拜见楚王说：“齐王派我来进献黄鹄，从水上经过，不忍心黄鹄干渴，放出来让它喝水，不料离开我飞走了。我想要刺腹或勒脖子而死，又担心别人非议大王因为鸟兽的缘故导致士人自杀。黄鹄是羽毛类的东西，相似的很多，我想买一个相似的来代替，这既不诚实，还欺骗了大王。想要逃奔到别的国家去，又痛心齐楚两国君主之间的通使由此断绝。所以前来服罪，向大王叩头，请求罚责。”楚王说：“很好，齐王竟有这样忠信的人。”赏赐淳于髡厚礼，财物比进献黄鹄多一倍。

汉武帝时，征召北海郡太守到皇帝行宫。有个执掌文书的卒史王先生，主动请求与太守一同前往，说：“我会对您有好处。”太守答应了他。太守府中的许多府吏、功曹禀告说：“王先生爱喝酒，闲话多，务实少，恐怕不宜同行。”太守说：“王先生想要去，不好违背他的意愿。”于是就和他一同去了。来到宫门外，在宫府门待命。王先生与卫队长官叙饮，整天醉醺醺的，不去看望太守。太守入宫拜见皇上。王先生对守门郎官说：“请替我呼唤我们太守到宫门口来，跟他远远地讲几句话。”守门郎官替他去呼唤太守。太守出来，看见了王先生。王先生说：“皇上假如问您如何治理北海郡，您对答些什么呢？”太守回答说：“选择贤能的人，按照他们的能力分别任用，处罚不图上进的。”王先生说：

伐功，不可也。原君对言，非臣之力，尽陛下神灵威武所变化也。”太守曰：“诺。”召入，至于殿下，有诏问之曰：“何于治北海，令盗贼不起？”叩头对言：“非臣之力，尽陛下神灵威武之所变化也。”武帝大笑，曰：“于呼！安得长者之语而称之！安所受之？”对曰：“受之文学卒史。”帝曰：“今安在？”对曰：“在宫府门外。”有诏召拜王先生为水衡丞，以北海太守为水衡都尉。传曰：“美言可以市，尊行可以加人。君子相送以言，小人相送以财。”

魏文侯时，西门豹为邺令。豹往到邺，会长老，问之民所疾苦。长老曰：“苦为河伯娶妇，以故贫。”豹问其故，对曰：“邺三老、廷掾常岁赋敛百姓，收取其钱得数百万，用其二三十万为河伯娶妇，与祝巫共分其余钱持归。当其时，巫行视小家女好者，云是当为河伯妇，即娉取。洗沐之，为治新缯绮縠衣，间居斋戒；为治斋宫河上，张缇绛帷，女居其中。为具牛酒饭食，十余日。共粉饰之，如嫁女床席，令女居其上，浮之河中。始浮，行数十里乃没。其人家有好女者，恐大巫祝为河伯取之，以故多持女远逃亡。以故城中益空无人，又困贫，所从来久远矣。民人俗语曰‘即不为河伯娶妇，水来漂没，溺其人民’云。”西门豹曰：“至为河伯娶妇时，愿三老、巫祝、父老送女河上，幸来告语之，吾亦往送女。”皆曰：“诺。”

至其时，西门豹往会之河上。三老、官属、豪长者、里父老皆会，以人民往观之者三二千人。其巫，老女子也，已年七十。从弟子女十人所，皆衣缯单衣，立大巫后。西门豹曰：“呼河伯妇来，视其好丑。”即将女出帷中，来至前。豹视之，顾谓三老、巫祝、父老曰：“是女子不好，烦大巫妪为入报河伯，得更求好女，后日送之。”即使吏卒共抱大巫妪投之河中。有顷，曰：“巫妪何久也？弟子趣之！”复以弟子一人投河中。有顷，曰：“弟子何久也？复使一人趣之！”复投一弟子河中。凡投三弟子。西门豹曰：“巫妪弟子是女子也，不能白事，烦三老为入白之。”复投三老河中。西门豹

“自己夸耀功劳，不行啊。希望您回答说：不是臣的力量，完全是陛下神明威武发生的作用。”太守说：“好吧。”太守被召进宫中，走到殿下，有诏令问他说：“你怎么治理北海郡使盗贼不敢泛起的？”太守叩头回答说：“这不是臣的力量，完全是陛下神明威武发生的作用。”武帝大笑说：“啊呀！哪里学得长者的言语而称颂起来？何处听来的？”太守回答说：“从文书先生处。”武帝说：“他现在何处？”太守回答说：“在宫府门外。”武帝下诏召见，任命王先生为水衡丞，北海太守做水衡都尉。古书上说：“美好的言辞可以出卖，高贵的品行可以提升人。君子赠人美言，小人以钱财送人。”

魏文侯时期，西门豹做邺县令。西门豹到了邺县，召集年高且有名望的人，询问民间感到痛苦的事情。那些人回答说：“苦于给河神娶媳妇，因为这个缘故弄得贫困。”西门豹问其原因，回答说：“邺地的三老、廷掾常年向百姓征收赋税，收取数百万之多的钱，用其中的二三十万为河神娶媳妇，再同庙祝、巫婆一同瓜分剩下的钱，拿回家去。到了为河神娶媳妇期间，巫婆四处巡视，见到贫苦人家的女儿中长得漂亮的，就说这女子应该做河神的媳妇，下聘礼当即娶走。为她洗澡沐浴，给她缝制新的绸绢衣服，独住下来，养性静心，替她在河边盖起斋居的房子，挂上大红厚绢的帐子，让女孩住在里面。又给她宰牛造酒准备饭食，折腾十几天。到时，大家一同来装点乘浮之具，像出嫁女儿的枕席床帐一样，让这女孩坐在上面，放到河中漂行。起初漂在水面，漂流几十里就沉没了。那些有漂亮女子的人家，很害怕大巫婆替河神娶他们的女儿，因此大多带着女儿远远地逃离了。所以城里越来越空虚，人越来越少，更加贫困了，这种情况已经很久了。民间俗话说：‘如果不给河神娶媳妇，河水冲来淹没田产，淹死那些老百姓。’”西门豹说：“等到为河神娶媳妇时，请巫婆、三老、父老们到河边去送新娘，希望也来告诉我，我也要去送新娘。”大家说：“是。”

那一天到了，西门豹到河边同大家相会。官吏、三老、豪绅以及乡间的父老们都到了，连同观看的百姓共二三千人。那个大巫婆是老太婆，年纪已有七十岁。随从的女弟子十几个，都穿着绸缎单衣，站在大巫婆后面。西门豹说：“把河神的媳妇叫过来，看看她美不美。”巫婆们就将新娘从帐子里扶出，来到西门豹面前。西门豹看了一看，回头对庙祝、三老、巫婆及父老们说：“这个女孩不美，烦劳大巫婆到河中报告河神，需要换一个漂亮女孩，后天送她来。”大巫婆就被士兵一齐抱起投进河里。过了一会儿，西门豹说：“大巫婆怎么去了这么久，还不回来呢？徒弟去催促她一下。”说完又把一个徒弟投进河中。过了一会儿，又说：“徒弟怎么一去这么久不回来呢？再派一个人去催促她们！”说完又把一个徒弟投进河里。总共投进河里三个徒弟。西门豹说：“巫婆、徒弟是女簪笔磬折，向河立待良久。长老、吏傍观者皆惊恐。西门豹顾曰："巫妪、三老不来还，奈之何？"欲复使廷掾与豪长者一人入趣之。皆叩头，叩头且破，额血流地，色如死灰。西门豹曰："诺，且留待之须臾。"须臾，豹曰："廷掾起矣。状河伯留客之久，若皆罢去归矣。"邺吏民大惊恐，从是以后，不敢复言为河伯娶妇。

西门豹即发民凿十二渠，引河水灌民田，田皆溉。当其时，民治渠少烦苦，不欲也。豹曰："民可以乐成，不可与虑始。今父老子弟虽患苦我，然百岁后期令父老子孙思我言。"至今皆得水利，民人以给足富。十二渠经绝驰道，到汉之立，而长吏以为十二渠桥绝驰道，相比近，不可。欲合渠水，且至驰道合三渠为一桥。邺民人父老不肯听长吏，以为西门君所为也，贤君之法式不可更也。长吏终听置之。故西门豹为邺令，名闻天下，泽流后世，无绝已时，几可谓非贤大夫哉！

传曰："子产治郑，民不能欺；子贱治单父，民不忍欺；西门豹治邺，民不敢欺。"三子之才能谁最贤哉？辨治者当能别之。

人，可能不会禀告事由，烦劳三老替我去禀告河神。”说完又把三老投进河里。西门豹头上插着笔，弯着腰，面对河水站着等了很长时间。官吏、长者和旁观者都非常害怕。西门豹回头说：“巫婆、三老不回来，怎么办？”想再派廷掾和一个豪绅去催促他们。廷掾和豪绅都在地上跪着磕头，把头都磕破了，血流在地上，脸色如死灰一样。西门豹说：“好吧，暂且等待一会儿。”待了一会儿，西门豹说：“廷掾起来吧。看样子河神留客太久了，你们都离开这里回家吧。”邺县的官吏、百姓都很害怕，打这以后，不敢再说替河神娶媳妇了。

西门豹随即征发百姓开凿了十二条渠道，引漳河水浇灌农田，农田都得到灌溉。在开凿河渠时，老百姓开渠多少是有些劳苦的，很不愿意干。西门豹说：“百姓可以同他们共享其成，却不可以同他们谋划事业的开创。现在父老子弟虽然认为我给他们带来辛苦，但是百年以后，希望让父老子弟们再想想我所说的话。”直到现在，那里都依然得到河水的利益，百姓因此富裕起来。十二条河渠横穿御道，到汉朝建立时，地方官吏认为十二条河渠上的桥梁截断了御道，彼此相距又很近，不可以。想要合并渠水，并且把流经御道的那段，三条渠水合为一条，只架一桥。邺地的百姓不肯听从地方官吏的意见，认为那些渠道是经西门先生规划开凿的，贤良长官的法度规范是不能更改的。地方长官终于听取了大家的意见，放弃了并渠计划。所以西门豹做邺县令，名闻天下，恩德泽及后世，难道能说他不是贤大夫吗？

古书上说：“子产治理郑国，百姓不能欺骗他；子贱治理单父，百姓不忍心欺骗他；西门豹治理邺县，百姓不敢欺骗他。”他们三个人的才能，谁最高呢？研究治道的人，当会分辨出来。

日者列传第六十七

自古受命而王，王者之兴何尝不以卜筮决于天命哉！其于周尤甚，及秦可见。代王之入，任于卜者。太卜之起，由汉兴而有。

司马季主者，楚人也。卜于长安东市。

宋忠为中大夫，贾谊为博士，同日俱出洗沐，相从论议，诵易先王圣人之道术，究遍人情，相视而叹。贾谊曰："吾闻古之圣人，不居朝廷，必在卜医之中。今吾已见三公九卿朝士大夫，皆可知矣。试之卜数中以观采。"二人即同舆而之市，游于卜肆中。天新雨，道少人，司马季主闲坐，弟子三四人侍，方辩天地之道，日月之运，阴阳吉凶之本。二大夫再拜谒。司马季主视其状貌，如类有知者，即礼之，使弟子延之坐。坐定，司马季主复理前语，分别天地之终始，日月星辰之纪，差次仁义之际，列吉凶之符，语数千言，莫不顺理。

宋忠、贾谊瞿然而悟，猎缨正襟危坐，曰："吾望先生之状，听先生之辞，小子窃观于世，未尝见也。今何居之卑，何行之污？"

司马季主捧腹大笑曰："观大夫类有道术者，今何言之陋也，何辞之野也！今夫子所贤者何也？所高者谁也？今何以卑污长者？"

二君曰："尊官厚禄，世之所高也，贤才处之。今所处非其地，故谓之卑。言不信，行不验，取不当，故谓之污。夫卜筮者，世俗之所贱简也。世皆言曰：'夫卜者多言夸严以得人情，虚高人禄命以说人志，擅言祸灾以伤人心，矫言鬼神以尽人财，厚求拜谢以私于己。'此吾之所耻，故谓之卑污也。"

司马季主曰："公且安坐。公见夫被发童子乎？日月照之则行，不照则止，问之日月疵瑕吉凶，则不能理。由是观之，能知别贤与不自古以来承受天命的人方能成为国君，而君王的兴起又何尝不是用卜筮来决于天命呢！这种情形在周朝尤为盛行，到了秦代还可以看到。代王入朝继承王位，也是听任于占卜者。至于卜官的出现，在汉朝兴建以来就已经有了。

司马季主是楚地人。他在长安东市卜卦。

宋忠此时任中大夫，贾谊任博士，一天，二人一同外出洗沐，边走边谈，讨论先王圣人的治道方法，广泛地探究世道人情，相视慨叹。贾谊说："我听说古代的圣人，如不在朝做官，就必在卜者、医师行列之中。现在，我已见识过三公九卿及朝中士大夫，对他们的才学人品都可说了解了。我们试着去看看卜者的风采吧。"二人即同车到市区去，在卜筮的馆子里游览。天刚下过雨，路上行人很少，司马季主正坐于馆中，三四个弟子陪侍着他，正在讲解天地间的道理、日月运转的情形、阴阳吉凶的本源。两位大夫向司马季主拜了两拜。司马季主打量他们的状貌，好像是有知识的人，叫弟子引他们就座。坐定之后，司马季主重新疏解前面讲的内容，分析天地的起源与终止、日月星辰的运行法则，区分仁义的差别关系，列举祸福吉凶的征兆，讲了数千言，无不顺理成章。

宋忠、贾谊十分惊异而有所领悟，整冠理带，端正衣襟，恭敬地坐着，说："我们看先生的容貌，听先生的谈吐，晚辈私下观看当今之世，还未曾见到过。现在，您为什么地位如此低微，为什么从事如此污浊的职业？"

司马季主捧腹大笑说："两位大夫好像是有道术的人，现在怎么会说出这种浅薄的话，措辞这样粗野呢？你们所认为的贤者是什么样的人呢？所认为高尚的人是谁呢？凭什么将长者视为卑下污浊呢？"

两位大夫说："高官厚禄，是世人所认为高尚的，贤能的人占据那种地位。如今先生所处的不是那种地位，所以说是低微的。所言不真实，所行不应验，所取不恰当，所以说是污浊的。卜筮者，是世俗所鄙视的。世人都说：'卜者多用夸大怪诞之辞，来迎合人们的心意；虚假抬高人们的禄命，来取悦人心；编造灾祸，以使人悲伤；假借鬼神，以骗人钱财；贪求酬谢，以利于自身。'这都是我们认为可耻的行径，所以说是低微污浊的。"

司马季主说："二位暂且安坐。你们见过那披发童子吧？日月照着，他们就走路；不照，他们就不走。问他们日月之食和人事吉凶，就不能解释说明。由此肖者寡矣。

“贤之行也，直道以正谏，三谏不听则退。其誉人也不望其报，恶人也不顾其怨，以便国家利众为务。故官非其任不处也，禄非其功不受也；见人不正，虽贵不敬也；见人有污，虽尊不下也；得不为喜，去不为恨；非其罪也，虽累辱而不愧也。

“今公所谓贤者，皆可为羞矣。卑疵而前，孅趋而言；相引以势，相导以利；比周宾正，以求尊誉，以受公奉；事私利，枉主法，猎农民；以官为威，以法为机，求利逆暴：譬无异于操白刃劫人者也。初试官时，倍力为巧诈，饰虚功执空文以罔主上，用居上为右；试官不让贤陈功，见伪增实，以无为有，以少为多，以求便势尊位；食饮驱驰，从姬歌儿，不顾于亲，犯法害民，虚公家：此夫为盗不操矛弧者也，攻而不用弦刃者也，欺父母未有罪而弑君未伐者也。何以为高贤才乎？

“盗贼发不能禁，夷貊不服不能摄，奸邪起不能塞，官秏乱不能治，四时不和不能调，岁谷不孰不能适。才贤不为，是不忠也；才不贤而托官位，利上奉，妨贤者处，是窃位也；有人者进，有财者礼，是伪也。子独不见鸱枭之与凤皇翔乎？兰芷芎藭弃于广野，蒿萧成林，使君子退而不显众，公等是也。

“述而不作，君子义也。今夫卜者，必法天地，象四时，顺于仁义，分策定卦，旋式正棋，然后言天地之利害，事之成败。昔先王之定国家，必先龟策日月，而后乃敢代；正时日，乃后入家；产子必先占吉凶，后乃有之。自伏羲作八卦，周文王演三百八十四爻而天下治。越王句践效文王八卦以破敌国，霸天下。由是言之，卜筮有何负哉！

“且夫卜筮者，埽除设坐，正其冠带，然后乃言事，此有礼也。言而鬼神或以飨，忠臣以事其上，孝子以养其亲，慈父以畜其子，此看来，能识别贤与不肖的人太少了。

“大凡居官做事的贤者，都遵循正直之道以正言规劝君王，多次劝谏不被采纳就引退下来；他们称誉别人并不图其回报，憎恶别人也不顾其怨恨，只以对国家和百姓有利为己任。所以，官职不是自己所能胜任的就不担任，俸禄不是自己功劳所应得到的就不接受；看到心术不正的人，虽位居显位也不恭敬他；看到染有污点的人，虽高居尊位也不屈就他；得到荣华富贵也不以为喜，失去富贵荣华也不以为恨；如果不是他的过错，虽牵累受辱也不感到羞愧。

“现在你们所说的贤者，都是些足以为他们感到羞愧的人。他们低声下气地趋奉，过分谦恭地讲话；凭权势相勾引，以利益相诱导；植党营私，排斥正人君子，以骗取尊宠美誉，以享受公家俸禄；谋求个人的利益，歪曲君主的法令，去掠夺农民的财产；倚仗官位逞威风，利用法律做工具，追逐私利，逆行横暴：好像与手持利刃威胁别人没有什么不同。刚做官时，竭力耍弄巧诈伎俩，粉饰虚假的功劳，拿着华而不实的文章去欺骗君王，以便爬上高位；被委任官职后，不肯让贤者陈述功劳，却自夸其功，把假的说成实的，把没有的变成有的，把少的改为多的，以求得权势尊位；大吃大喝，到处游乐，犬马声色，无所不有，不顾父母亲人死活，专做犯法害民勾当，肆意挥霍，虚耗公家：这其实是做强盗而不拿弓矛，攻击他人而不用刀箭，虐待父母而未曾定罪，杀害国君而未被讨伐的一伙人。凭什么认为他们是高明贤能者呢？

“盗贼发生而不能禁止，蛮夷不服而不能震慑，奸邪兴起而不能遏止，公家损耗而不能整治，四时不和而不能调节，年景不好而不能调济。有才学而不去做，这是不忠；没有才学而寄居官位，享受皇上的俸禄，妨碍贤能者的地位，这是窃居官位。有关系的就进用做官，有钱财的就礼遇尊敬，这叫做虚伪。你们难道没有见过鸱枭也同凤凰一起飞翔吗？兰芷芎䓖被遗弃在旷野里，而蒿萧却茂密成林，使正人君子隐退而不能扬名显众，即是在位诸公所致。

“述而不作，是君子的本意。如今卜者占卜，一定效法天地，取四时的变化之象，顺应仁义的原则，分辨筮策，判定卦象，旋转栻盘，占卜作卦，然后解说天地间的利害、人事的吉凶成败。以前先王安定国家，必先用龟策占卜日月，然后才敢代天治理百姓；选准吉日，随后才能进入国都；家中生子必先占卜吉凶，然后才敢养育。从伏羲氏创制八卦，周文王演化成三百八十四爻而后天下得以大治。越王勾践仿照文王八卦行事而大破敌国，称霸天下。由此说来，卜筮有什么值得指责的呢？

“再说卜筮者，洁净扫除然后设座，端正冠带然后谈论吉凶之事，这是合礼仪的表现。他们的言论，使鬼神或许因而享用祭品，忠臣因而奉侍他的国君，孝有德者也。而以义置数十百钱，病者或以愈，且死或以生，患或以免，事或以成，嫁子娶妇或以养生：此之为德，岂直数十百钱哉！此夫老子所谓‘上德不德，是以有德’。今夫卜筮者利大而谢少，老子之云岂异于是乎？

“庄子曰：‘君子内无饥寒之患，外无劫夺之忧，居上而敬，居下不为害，君子之道也。’今夫卜筮者之为业也，积之无委聚，藏之不用府库，徙之不用辎车，负装之不重，止而用之无尽索之时。持不尽索之物，游于无穷之世，虽庄氏之行未能增于是也，子何故而云不可卜哉？天不足西北，星辰西北移；地不足东南，以海为池；日中必移，月满必亏；先王之道，乍存乍亡。公责卜者言必信，不亦惑乎！

“公见夫谈士辩人乎？虑事定计，必是人也，然不能以一言说人主意，故言必称先王，语必道上古；虑事定计，饰先王之成功，语其败害，以恐喜人主之志，以求其欲。多言夸严，莫大于此矣。然欲强国成功，尽忠于上，非此不立。今夫卜者，导惑教愚也。夫愚惑之人，岂能以一言而知之哉！言不厌多。

“故骐骥不能与罢驴为驷，而凤皇不与燕雀为群，而贤者亦不与不肖者同列。故君子处卑隐以辟众，自匿以辟伦，微见德顺以除群害，以明天性，助上养下，多其功利，不求尊誉。公之等喁喁者也，何知长者之道乎！”

宋忠、贾谊忽而自失，芒乎无色，怅然噤口不能言。于是摄衣而起，再拜而辞。行洋洋也，出门仅能自上车，伏轼低头，卒不能出气。

居三日，宋忠见贾谊于殿门外，乃相引屏语相谓自叹曰：“道高益安，势高益危。居赫赫之势，失身且有日矣。夫卜而有不审，不见夺糈；为人主计而不审，身无所处。此相去远矣，犹天冠地屦也。此子因而供养他的双亲，慈父因而抚育他的孩子，这是有道德的表现。而问卜者出于道义花费几十、上百个钱，生病的人或许因而痊愈，将死的人或许因而得生，祸患或许因而免除，事情或许因而成功，嫁女娶妇或许因而得以养生：这种功德，难道只值几十、上百个钱吗！这就是老子所说的‘具有大德者并不以有德自居，所以他才有德’。今天的卜筮者待人好处多但受人之谢少，老子所说的难道同卜筮者的所作所为有什么不一样吗？

“庄子说：‘君子内无饥寒的忧患，外无被劫夺的顾虑，慎重严谨居上位，处下位不妒忌他人，这就是君子之道。’如今，卜筮者所从事的职业，无须积蓄成堆，储藏不用府库，迁徙不用辎车，装备轻便简单，停留下来就能使用，并且没有用完之时。拿着使用不尽的东西，游于没有尽头的世上，即使庄子的行为也未必比这更好。你们为什么却说不可以卜筮呢？天不足西北，星辰移向西北；地不足东南，就以海为池；太阳到了中午必定向西移动，月亮到了满圆后必定出现亏缺；先王的圣道，忽亡忽存。而二位大夫要求卜筮者说话必定信实，不也足以令人疑惑不解吗？

“你们见过辩士说客吧？思考问题，决策谋划，必须靠这种人。然而他们不能用只言片语使人主喜悦，所以讲话必托称先王，论说必引述上古；考虑问题，谋划决策，或夸饰先王事业的成功，或述说其败坏失利的情形，使人主的心意或有所喜，或有所惧，以求得他们的欲望。多讲虚夸之词，没有比这更厉害的了。可是要想使国家富强，事业成功，能够效忠君王，不这样做又不行。现在的卜筮者，是解答人们的疑问、教化百姓的愚昧。那些愚昧迷惑的人，怎么能用一句话就能使他们聪明起来！因此，说话不厌其多。

“所以骐骥不能和疲驴同驾一车，凤凰不能同燕子麻雀为群，而贤者也不跟不肖者同伍。所以君子常处于卑下不显眼的地位，以避开大众，自己隐匿起来以避开人伦的束缚，暗中察明世间道德顺应之情状，以消除种种祸害，以表明上天的本性，帮助上天养育生灵，希求更多的功利，而不求什么尊位与荣誉。你们二位不过是随便发发议论的人，怎么会知道长者的道理呢！”

宋忠和贾谊听得精神恍惚而若有所失，茫然失色，神情惆怅，闭口不能说话。于是整衣起身，拜了又拜，辞别司马季主。二人走起路来，不辨东西南北，出门只能自己上车，趴在车栏上，不敢抬头，始终像是透不过气来。

过了三天，宋忠在殿门外见到贾谊，便凑到一起避开旁人谈论此事，慨叹地说：“道德越高越安稳，权势越高越危险。处在显赫的地位，丧身将指日可待。卜筮即使不周密，也不会被夺去应得的精米；替君王出谋划策如果不周密，就没有立身之地。这二者相差太远了，就像天冠地屦不可同日而语一样。这正如老子老子之所谓‘无名者万物之始’也。天地旷旷，物之熙熙，或安或危，莫知居之。我与若，何足预彼哉！彼久而愈安，虽曾氏之义未有以异也。”

久之，宋忠使匈奴，不至而还，抵罪。而贾谊为梁怀王傅，王堕马薨，谊不食，毒恨而死。此务华绝根者也。

太史公曰：古者卜人所以不载者，多不见于篇。及至司马季主，余志而著之。

褚先生曰：臣为郎时，游观长安中，见卜筮之贤大夫，观其起居行步，坐起自动，誓正其衣冠而当乡人也，有君子之风。见性好解妇来卜，对之颜色严振，未尝见齿而笑也。从古以来，贤者避世，有居止舞泽者，有居民间闭口不言，有隐居卜筮间以全身者。夫司马季主者，楚贤大夫，游学长安，通易经，术黄帝、老子，博闻远见。观其对二大夫贵人之谈言，称引古明王圣人道，固非浅闻小数之能。及卜筮立名声千里者，各往往而在。传曰：“富为上，贵次之；既贵各各学一伎能立其身。”黄直，大夫也；陈君夫，妇人也：以相马立名天下。齐张仲、曲成侯以善击刺学用剑，立名天下。留长孺以相彘立名。荥阳褚氏以相牛立名。能以伎能立名者甚多，皆有高世绝人之风，何可胜言。故曰：“非其地，树之不生；非其意，教之不成。”夫家之教子孙，当视其所以好，好含苟生活之道，因而成之。故曰：“制宅命子，足以观士；子有处所，可谓贤人。”

臣为郎时，与太卜待诏为郎者同署，言曰：“孝武帝时，聚会占家问之，某日可取妇乎？五行家曰可，堪舆家曰不可，建除家曰不吉，丛辰家曰大凶，历家曰小凶，天人家曰小吉，太一家曰大吉。辩讼不决，以状闻。制曰：‘避诸死忌，以五行为主。’”人取于五行者也。

所说的‘无名是产生天地万物的本源’呵！天地空阔无边，万物和乐兴盛，有的安稳，有的危险，不知所处。我和你，哪里值得干预他们卜者之事呢！他们日子愈久就越安稳，即使曾子的主张也没有什么与此不同之处。”

过了很久，宋忠出使匈奴，还没有到达那里就返回来了，因而被判了罪。贾谊做梁怀王的太傅，梁怀王不慎坠马而死，贾谊引咎绝食，痛恨而死。这都是追求荣华富贵而丢掉性命的事例啊。

太史公说：古时候的卜者，之所以不被记载，是因为他们的事迹多不见于文献。待到司马季主，我便将其言行记述成篇。

褚先生说：我做郎官时，曾在长安城中游览，见过从事卜筮职业的贤士大夫，观察他们的起居行走，行动都由自己，接待乡野之民常常谨慎地整理好衣服帽子，有君子的风范。遇到性情喜爱解疑、乐于卜筮的妇人来问卜，态度严肃地对待她们，不曾露齿而笑。自古以来，贤者逃避世俗社会，有的栖息于荒芜的洼地，有的生活在民间而闭口不言，有的隐居在卜筮者中间以保全自己。司马季主是楚国的贤大夫，游学在长安，通晓《易经》，能够陈述黄帝、老子之道，知识广博，卓识远见。看他对答二位大夫贵人的话语，引述古代明王圣人的道理，原本不是能力低下见识浅薄之辈。至于以卜筮为业名扬千里之外的，往往到处都有。传记上说：“富为上，贵次之；已经显贵了，各自还必须学会一技之长以立身于社会之中。”黄直是位大夫，陈君夫是个妇女，以擅长相马立名天下。齐国张仲和曲成侯以擅长用剑击刺而扬名天下。留长孺因善于相猪而出名。荥阳褚氏因善于相牛而成名。能够因技能立名的人很多，都有高于世俗和超过常人的风范，怎么能说得尽呢？所以说：“不是适当之地，种什么也不生长；不合他的意向，教什么也难以成就。”多数家庭教育子女，应当看看他喜好什么，爱好如果包容生活之道，就顺其爱好因势利导而造就他。所以说：“建造什么住宅，为子取用何名，足以看出士大夫的志趣所在；儿子有安身之处，可以称得上是贤人了。”

我做郎官的时候，与太卜待诏为郎官的同事在同一衙门办公，他们说：“孝武帝时期，曾召集从事占卜的各类专家来询问：某日可以娶儿媳吗？可以，五行家说，堪舆家说不可以，建除家说不吉利，丛辰家说是大凶，历家说是小凶，天人家说是小吉，太一家又说是大吉。各家辩论争议，不能作出决定，只能将有关情况奏明皇上。皇上下令说：‘避开死凶忌讳，应以五行家的意见为依据。’”这就是人们采用五行家学说的缘故。

龟策列传第六十八

太史公曰：自古圣王将建国受命，兴动事业，何尝不宝卜筮以助善！唐虞以上，不可记已。自三代之兴，各据祯祥。涂山之兆从而夏启世，飞燕之卜顺故殷兴，百谷之筮吉故周王。王者决定诸疑，参以卜筮，断以蓍龟，不易之道也。

蛮夷氐羌虽无君臣之序，亦有决疑之卜。或以金石，或以草木，国不同俗。然皆可以战伐攻击，推兵求胜，各信其神，以知来事。

略闻夏殷欲卜者，乃取蓍龟，已则弃去之，以为龟藏则不灵，蓍久则不神。至周室之卜官，常宝藏蓍龟；又其大小先后，各有所尚，要其归等耳。或以为圣王遭事无不定，决疑无不见，其设稽神求问之道者，以为后世衰微，愚不师智，人各自安，化分为百室，道散而无垠，故推归之至微，要絜于精神也。或以为昆虫之所长，圣人不能与争。其处吉凶，别然否，多中于人。至高祖时，因秦太卜官。天下始定，兵革未息。及孝惠享国日少，吕后女主，孝文、孝景因袭掌故，未遑讲试，虽父子畴官，世世相传，其精微深妙，多所遗失。至今上即位，博开艺能之路，悉延百端之学，通一伎之士咸得自效，绝伦超奇者为右，无所阿私，数年之间，太卜大集。会上欲击匈奴，西攘大宛，南收百越，卜筮至预见表象，先图其利。及猛将推锋执节，获胜于彼，而蓍龟时日亦有力于此。上尤加意，赏赐至或数千万。如丘子明之属，富溢贵宠，倾于朝廷。至以卜筮射蛊道，巫蛊时或颇中。素太史公说：自古以来的圣明君王将要承受天命建立国家，兴办事业，哪有不曾尊用卜筮以助成善事的！唐尧虞舜以前的，自然无法记述了。从夏、商、周三代的兴起看，都是各有卜筮的吉祥之兆为根据的。大禹娶涂山氏之女卜兆得吉，于是夏启便建立了世代相传的夏朝；简狄吞飞燕之卵生契，卜兆吉顺，所以殷朝兴起；善于播种百谷的后稷蓍筮得吉，因而周国国君终于成为天下王。君王决断疑难事，参考用蓍龟所做的卜筮结果以作最后决定，这是沿用不变的办事传统程序。

蛮、夷、氐、羌，虽然没有华夏式的君臣上下等级，但也有决断疑惑的占卜习俗。有的用金石，有的用草木，占卜习俗各国不同。但都可以用来指导战争行动，研究、获取战争的胜利。各自崇信卜筮的神灵，借以预测未来的一些事务。

我大概听说，夏、殷时期，临到要卜筮时，才找来蓍龟，用完就丢弃，因为他们认为，龟甲蓍草，收藏久了，就丧失神灵了。到周朝，卜官却总是珍藏龟甲蓍草备用。另外，龟蓍的灵通谁大谁小？使用龟蓍，哪个在后哪个在前？每个朝代各有不同崇尚。但概括来看，用龟蓍卜筮办法帮助人们预测未来这一目的是一致的。有人认为，圣王遇上事，没有拿不定主意的时候；解决疑难，没有缺乏真知灼见的时候。他们之所以要搞一套求神问卜程式，是因为担心后代衰败，愚蠢人不向聪明人学习，人人都满足于自己的见识，教化分歧杂出，大道理被拆得七零八落无法掌握，所以才把物情事理推归到最微妙的境界，求纯真于精神。也有人认为，灵龟所擅长的，圣人是赶不上的。它的吉凶判断，是非区别，往往比人的预测更准确。到高祖继位后，因袭秦朝制度，设立太卜官。当时全国刚刚统一，战争还没有停止。到孝惠皇帝，在位时间短，吕后是女主，孝文帝和孝景帝也只是因袭旧制度，没有来得及对卜筮进行深入研究。所以卜官虽然父子相承，代代相传，但其中精微深妙的道理与方法，却已经失传了不少。到当今皇帝即位，广开贤能之士的上进之路，遍招各种学者，通晓一种技能的，都有献力效劳机会；技艺超众的，更得优待，实事求是，没有偏私，几年之间，太卜官署聚集了很多人才。正碰上此时皇帝要北击匈奴，西攻大宛，南取百越，卜筮能做到预测事情变化，提示趋利避害办法。到后来，猛将率兵受命冲锋，在疆场上获胜，这其中也含有卜筮在庙堂里事先谋划的贡献。皇帝因此对卜筮官愈加重视，赏赐有时多至数千万钱。如丘子明等人，财富暴增，大受宠幸，满朝公卿被压倒。甚有眦睚不快，因公行诛，恣意所伤，以破族灭门者，不可胜数。百僚荡恐，皆曰龟策能言。后事觉奸穷，亦诛三族。

夫摓策定数，灼龟观兆，变化无穷，是以择贤而用占焉，可谓圣人重事者乎！周公卜三龟，而武王有瘳。纣为暴虐，而元龟不占。晋文将定襄王之位，卜得黄帝之兆，卒受彤弓之命。献公贪骊姬之色，卜而兆有口象，其祸竟流五世。楚灵将背周室，卜而龟逆，终被乾溪之败。兆应信诚于内，而时人明察见之于外，可不谓两合者哉！君子谓夫轻卜筮，无神明者，悖；背人道，信祯祥者，鬼神不得其正。故《书》建稽疑，五谋而卜筮居其二，五占从其多，明有而不专之道也。

余至江南，观其行事，问其长老，云龟千岁乃游莲叶之上，蓍百茎共一根。又其所生，兽无虎狼，草无毒螫。江傍家人常畜龟饮食之，以为能导引致气，有益于助衰养老，岂不信哉！

褚先生曰：臣以通经术，受业博士，治《春秋》，以高第为郎，幸得宿卫，出入宫殿中十有余年。窃好《太史公传》。太史公之传曰："三王不同龟，四夷各异卜，然各以决吉凶，略闚其要，故作《龟策列传》。"臣往来长安中，求《龟策列传》不能得，故之太卜官，问掌故文学长老习事者，写取龟策卜事，编于下方。

闻古五帝、三王发动举事，必先决蓍龟。传曰："下有伏灵，上有兔丝；上有捣蓍，下有神龟。"所谓伏灵者，在兔丝之下，状似飞鸟之形。新雨已，天清静无风，以夜捎兔丝去之，既以篝烛此地烛之，火灭，即记其处，以新布四丈环置之，明即掘取之，入四尺至七尺，得矣，过七尺不可得。伏灵者，千岁松根也，食之不死。闻蓍生满百茎者，其下必有神龟守之，其上常有青云覆之。传曰："天下和平，王道得，而蓍茎长丈，其丛生满百茎。"方今世取蓍者，不能中古法度，不能得满百茎长丈者，取八十茎已上，蓍长八尺，至以卜筮猜测巫蛊行为，巫蛊行为有时也能被猜得很准。对于平素稍稍得罪过他们的人，就寻机公报私仇、肆意迫害，因此而破族灭家的，无法计算。文武百官惶惶不安，都奉承龟策蓍草说的灵验。后来卜官诬陷的真相败露，也被灭了三族。

由于布列蓍草推定吉凶，烧灼龟甲来观察征兆，变化无穷，因此要选用贤人担任卜官，这可以说是圣人对卜筮大事的重视吧！周公连卜三龟，武王的病就好了。纣王暴虐，用大龟也得不到吉兆。晋文公准备安定周襄王的王位，卜得黄帝战胜于阪泉的吉兆，终于成功，获得周襄王的彤弓之赏，成为侯伯。晋献公有些贪图骊姬美色，要攻骊戎，卜得“胜而不吉”的口象之兆，这场伐骊戎的祸患竟然延及了晋国五世君主。楚灵王准备背叛周天子，占卜不吉利，终于招致乾溪败亡。龟兆预示出内在的趋势，当时人们能够看到外部的表现，能不说这是两相符合吗？君子认为，那些轻视卜筮不信神明的人，是糊涂；背弃人谋而只信从吉祥之兆，鬼神也得不到应有的对待。所以《尚书》记载了解决疑难的正确方法，要参考五种见解，卜和筮为其中两种，五种意见不一致时，其中占多数的意见要顺从，这表明，虽有卜筮，但并不专信卜筮。

我到江南考察时，了解过龟蓍的事，当地老年人我也访问过，他们说龟活到一千岁，能在莲叶上走动，蓍草长到一百枝梗茎仍然同有一条根。还说，龟蓍生长的地方，没有虎狼一类凶兽，没有毒草。江边居民经常养龟，供应其饮食，认为龟能帮人调节呼吸增加元气，可助人抗衰养老，这些话莫非不真实吗！

褚先生说：我由于学习经学，做博士弟子，研究《春秋》，所以考试成绩高，被任用为郎，有幸能得宿卫，出入宫殿十多年。私自喜好《太史公传》。太史公的《传》里说“夏、商、周三朝龟卜办法各有不同，四方各民族卜筮也各不一样，但都是用来判断吉凶，我统观它们的要点，写《龟策列传》。”我反复在长安城中寻找，没能找到《龟策列传》，所以往访太卜官，请教知道事情多年岁大的掌故、史学官员，写下了解到的龟筮事情，编在下面。

听说古代三王、五帝出发行动举办事情，必定事先卜筮以作决断。古代占卜书说：“下面有伏灵，上面有兔丝；上面有丛蓍，下面有神龟。”所谓伏灵这种东西，在兔丝下面生长，样子像飞动的鸟。第一次春雨以后，如果天气没有风且清静，就可在夜里割去兔丝，拿灯笼来照，如果灯笼一照火就灭掉，就记住这个地方，把这个地方用四丈新布围起来，天亮了往下挖，挖到四尺至七尺之间就能挖得。超过七尺就没有了。千年老松树根就是伏灵，人吃了可以长生不死。据说蓍草枝梗长满一百根时，它下面就有神龟守护，上面常有青云笼罩。古书上说：“天下和平，王道实现，蓍草就能长出一丈长的茎，一丛能长满一百条梗枝。”当今寻取蓍草，不能达到古书上的要求，找不到长满百茎长一丈的。寻取八十茎即难得也。人民好用卦者，取满六十茎已上，长满六尺者，既可用矣。记曰：“能得名龟者，财物归之，家必大富至千万。”一曰“北斗龟”，二曰“南辰龟”，三曰“五星龟”，四曰“八风龟”，五曰“二十八宿龟”，六曰“日月龟”，七曰“九州龟”，八曰“玉龟”：凡八名龟。龟图各有文在腹下，文云云者，此某之龟也。略记其大指，不写其图。取此龟不必满尺二寸，民人得长七八寸，可宝矣。今夫珠玉宝器，虽有所深藏，必见其光，必出其神明，其此之谓乎！故玉处于山而木润，渊生珠而岸不枯者，润泽之所加也。明月之珠出于江海，藏于蚌中，蚗龙伏之。王得之，长有天下，四夷宾服。能得百茎蓍，并得其下龟以卜者，百言百当，足以决吉凶。

神龟出于江水中，庐江郡常岁时生龟长尺二寸者二十枚输太卜官，太卜官因以吉日剔取其腹下甲。龟千岁乃满尺二寸。王者发军行将，必钻龟庙堂之上，以决吉凶。今高庙中有龟室，藏内以为神宝。

传曰：“取前足臑骨穿佩之，取龟置室西北隅悬之，以入深山大林中，不惑。”臣为郎时，见《万毕石朱方》，传曰：“有神龟在江南嘉林中。嘉林者，兽无虎狼，鸟无鸱枭，草无毒螫，野火不及，斧斤不至，是为嘉林。龟在其中，常巢于芳莲之上。左胁书文曰：‘甲子重光，得我者匹夫为人君，有土正，诸侯得我为帝王。’求之于白蛇蟠杅林中者，斋戒以待，譺然，状如有人来告之，因以醮酒佗发，求之三宿而得。”由是观之，岂不伟哉！故龟可不敬与？

南方老人用龟支床足，行二十余岁，老人死，移床，龟尚生不死。龟能行气导引。问者曰：“龟至神若此，然太卜官得生龟，何为辄杀取其甲乎？”近世江上人有得名龟，畜置之，家因大富。与人议，欲遣去。人教杀之勿遣，遣之破人家。龟见梦曰：“送我水中，无杀吾也。”其家终杀之。杀之后，身死，家不利。人民与君王者异道。人民得名龟，其状类不宜杀也。以往古故事言之，古明王圣主皆杀而用之。

宋元王时得龟，亦杀而用之。谨连其事于左方，令好事者观择其以上、八尺长的，就难得了。人民喜好用卦的，找到满六十茎以上、长满六尺的，就能用了。古书说：“能得到名龟的，财物跟着就到，他家一定发大财，富到千万钱。”名龟中，第一叫“北斗龟”，二叫“南辰龟”，三叫“五星龟”，四叫“八风龟”，五叫“二十八宿龟”，六叫“日月龟”，七叫“九州龟”，八叫“玉龟”，名龟一共八种。古书所画龟图的腹下各有字，写明是哪种龟，我这里只略写出它们的名称，不画龟图。寻取这类龟，没必要满一尺二寸，民间得到七八寸长的，就是宝贝了。珠玉宝器，就是藏得再深，也会透露出光芒，显现出神灵，道理和名龟到来则财富到来一样。所以玉蕴藏在山里，山上树木就得到水分；深潭有珍珠，岸上草木就不枯，就是因为得到了玉石珍珠的润泽。有名的明月珠，出产在江海里，藏在蚌中，上面趴着蛟龙。君王若能得到它，就可长保天下，四夷来服。有谁能得到百茎的蓍草，同时又得到它下面的神龟用来占卜，那就能百问百应，足以决断吉凶。

神龟出在长江水中，庐江郡每年按时给太卜官送去一尺二寸的活龟二十个。太卜官在吉日剔取龟的腹甲。龟活一千岁才能长到一尺二寸长。君王调兵遣将，必先在庙堂上钻龟占卜以定吉凶。现在高庙中有一个龟室，藏着这种龟，并看作神宝。

古代占卜书说：“断取龟的前足臑骨穿起来佩戴在身上，在室内西北角悬挂一只龟，这样，走进深山老林时就不会迷惑。”我做郎时，看过《万毕石朱方》，书中说：“在江南嘉林中有神龟。嘉林地方，没有虎狼类猛兽、鸱枭类恶鸟，没有毒草，野火烧不到，樵夫砍柴足迹不到，所以叫嘉林。龟在嘉林中，常在芳莲上筑巢。它的胁上写着字：‘甲子重光，得到我的，原是平民百姓的，可以成为官长；原是诸侯的，可以成为帝王。’在白蛇蟠杅林中寻取龟的人，都是斋戒了以后专程等候，就像专程等待别人来报信一样，同时敬酒祈祷，披散头发行礼，这样连续三天，才能得到龟。”由此看来，寻取龟的仪式多么庄严隆重！所以，对龟能不非常敬重吗？

有一位南方老人用龟垫床脚，过了二十多年，老人去世，移开床脚，龟还依然活着。这是因为龟具有一种特殊的调节呼吸的方法。有人问：“龟的神通这样大，但为什么太卜官得到活龟总是杀了剔取其甲呢？”不久以前，长江边上有个人得到一只名龟，养在家里，因此家里发了大财。和人商量，要把龟放了。人教他别放，杀了。说放了，家要衰败。龟给他托梦说：“把我放到水里去，不要杀我。”这家人到底把龟杀了。杀龟之后，这个人就死了，家庭也倒了霉。人民和君王处理事情应遵循的办法不一样。老百姓得到名龟，看来好像不应当杀。根据古代惯例来说，圣明君王得到名龟都是杀了，供占卜用。

宋元王时得到一只龟，也杀掉用了。现在谨把此事接写在下面，供有兴趣的中焉。

宋元王二年，江使神龟使于河，至于泉阳，渔者豫且举网得而囚之。置之笼中。夜半，龟来见梦于宋元王曰："我为江使于河，而幕网当吾路。泉阳豫且得我，我不能去。身在患中，莫可告语。王有德义，故来告诉。"元王惕然而悟。乃召博士卫平而问之曰："今寡人梦见一丈夫，延颈而长头，衣玄绣之衣而乘辎车，来见梦于寡人曰：'我为江使于河，而幕网当吾路。泉阳豫且得我，我不能去。身在患中，莫可告语。王有德义，故来告诉。'是何物也？"卫平乃援式而起，仰天而视月之光，观斗所指，定日处乡。规矩为辅，副以权衡。四维已定，八卦相望。视其吉凶，介虫先见。乃对元王曰："今昔壬子，宿在牵牛。河水大会，鬼神相谋。汉正南北，江河固期，南风新至，江使先来。白云壅汉，万物尽留。斗柄指日，使者当囚。玄服而乘辎车，其名为龟。王急使人问而求之。"王曰："善。"于是王乃使人驰而往问泉阳令曰："渔者几何家？名谁为豫且？豫且得龟，见梦于王，王故使我求之。"泉阳令乃使吏案籍视图，水上渔者五十五家，上流之庐，名为豫且。泉阳令曰："诺。"乃与使者驰而问豫且曰："今昔汝渔何得？"豫且曰："夜半时举网得龟。"使者曰："今龟安在？"曰："在笼中。"使者曰："王知子得龟，故使我求之。"豫且曰："诺。"即系龟而出之笼中，献使者。

使者载行，出于泉阳之门。正昼无见，风雨晦冥。云盖其上，五采青黄；雷雨并起，风将而行。入于端门，见于东箱。身如流水，润泽有光。望见元王，延颈而前，三步而止，缩颈而却，复其故处。元王见而怪之，问卫平曰："龟见寡人，延颈而前，以何望也？缩颈而复，是何当也？"卫平对曰："龟在患中，而终昔囚，王有德义，使人活之。今延颈而前，以当谢也，缩颈而却，欲亟去也。"元王曰："善哉！神至如此乎，不可久留；趣驾送龟，勿令失期。"

卫平对曰："龟者是天下之宝也，先得此龟者为天子，且十言十当，十战十胜。生于深渊，长于黄土。知天之道，明于上古。游三千人阅读参考。

宋元王二年，长江之神派遣神龟出使黄河。神龟游到泉阳，被打渔人豫且用网捞起来关在笼子里。半夜里，神龟托梦给宋元王说：“我奉长江神之命出使黄河。鱼网挡住我的去路。泉阳的豫且捉住了我，我走不脱。身处患难之中，无处求告。听说您有德义，所以来向您求救。”元王听罢一惊，醒了。马上召来博士卫平商量：“刚才我梦见一个男子，伸着脖子，长长的头，身穿带刺绣的黑衣，乘着辎车，来给我托梦。他说：‘我奉长江神之命出使黄河。鱼网挡住我的去路。泉阳的豫且捉住了我，我走不脱。身处患难之中，无处求告。听说您有德义，所以来向您求救。’这来托梦的是什么东西呢？”卫平拿起式，仰天察看月光，观测北斗星斗柄的指向；估量太阳运行位置。先测定东、西、北、南方位，又测定东南、西南、西北、东北方位，于是布列好八卦。考察其中吉凶预兆，首先发现龟的形象。于是对元王说：“昨夜是壬子日，太阳行至牵牛宿。正是河水大会、鬼神相谋的时候。银河正处于南北走向的时候。长江黄河之神原先有约，南风开始吹的时候，长江神使者先来拜会黄河神。现在天象是白云堵塞了银河，什么东西也无法航行了。北斗斗柄又指向太阳所在的星官，这是说长江神使者被囚禁了。您梦见的穿黑衣裳而乘辎车的男子，那是龟。请您马上派人去找。”王说：“好。”于是王就派人乘车急去询问泉阳令：“你县有几家渔民？谁的名字叫豫且？豫且捉到了龟，龟托梦给王，所以王叫我来找龟。”泉阳令就叫县吏查阅户籍簿和地区，发现本县河边渔民五十五家，上游地区住着一个渔民叫豫且。泉阳令说：“好。”就和使者乘车急忙找到豫且说：“昨天夜里你打鱼打到了什么？”豫且说：“半夜时候一提网捉到了一只龟。”使者说：“现在龟在哪里？”回答说：“关在笼子里。”使者说：“王知道你捉到了龟，所以叫我来找龟。”豫且说：“好。”就用绳拴绑了龟，从笼里提出来，献给使者。

使者带龟上车驶出泉阳城门。这是白天，但又是风又是雨，一片昏暗。青黄五彩云罩在上空，接着雷电大作，风吹送车子前行。进了国都端门，在东厢房前取出龟。那龟身如流水，润泽有光。望见元王，伸长脖子往前爬，爬三步停住，又缩回脖子后退到原处。元王见了奇怪，问卫平说：“龟见了我，伸长脖子往前爬，有什么目的呢？缩回脖子退到原处，又表示什么意思？”卫平回答：“龟在患难中，整夜被囚禁，王有德义，派人解救它出来。现在伸脖子向前爬，是表示感谢；缩脖子后退，是希望尽快离开。”元王说：“好啊！这龟神灵到这种地步，不可长期扣留它，立即派人驾车送龟，别让它耽误了出使期限。”

卫平回答说：“龟是天下之宝，先得此龟的为天子，而且十言十灵、十战十胜。它生于深渊，长于黄土，知晓天道，明白上古以来大事。漫游三千年，不岁，不出其域。安平静正，动不用力。寿蔽天地，莫知其极。与物变化，四时变色。居而自匿，伏而不食。春仓夏黄，秋白冬黑。明于阴阳，审于刑德。先知利害，察于祸福，以言而当，以战而胜，王能宝之，诸侯尽服。王勿遣也，以安社稷。”

元王曰：“龟甚神灵，降于上天，陷于深渊。在患难中。以我为贤。德厚而忠信，故来告寡人。寡人若不遣也，是渔者也。渔者利其肉，寡人贪其力，下为不仁，上为无德。君臣无礼，何从有福？寡人不忍，奈何勿遣！”

卫平对曰：“不然。臣闻盛德不报，重寄不归；天与不受，天夺之宝。今龟周流天下，还复其所，上至苍天，下薄泥涂。还遍九州，未尝愧辱，无所稽留。今至泉阳，渔者辱而囚之。王虽遣之，江河必怒，务求报仇。自以为侵，因神与谋。淫雨不霁，水不可治。若为枯旱，风而扬埃，蝗虫暴生，百姓失时。王行仁义，其罚必来。此无佗故，其祟在龟。后虽悔之，岂有及哉！王勿遣也。”

元王慨然而叹曰：“夫逆人之使，绝人之谋，是不暴乎？取人之有，以自为宝，是不强乎？寡人闻之，暴得者必暴亡，强取者必后无功。桀纣暴强，身死国亡。今我听子，是无仁义之名而有暴强之道。江河为汤武，我为桀纣。未见其利，恐离其咎。寡人狐疑，安事此宝，趣驾送龟，勿令久留。”卫平对曰：“不然，王其无患。天地之间，累石为山。高而不坏，地得为安。故云物或危而顾安，或轻而不可迁；人或忠信而不如诞谩，或丑恶而宜大官，或美好佳丽而为众人患。非神圣人，莫能尽言。春秋冬夏，或暑或寒。寒暑不和，贼气相奸。同岁异节，其时使然。故令春生夏长，秋收冬藏。或为仁义，或为暴强。暴强有乡，仁义有时。万物尽然，不可胜治。大王听臣，臣请悉言之。天出五色，以辨白黑。地生五谷，以知善恶。人民莫知辨出它应游的地域。安详平稳，从容端庄，行动自然，不用拙力。寿命超过天地，没有谁知道它的寿命极限。它顺随万物变化，四时变化着体色。平时自己藏在里边，趴伏在那里不吃东西。春天呈现青色，夏天变为黄色，秋天呈为白色，冬天变成黑色。它懂得阴阳，精晓刑德。预知利害，明察祸福。卜问了它，则说话无失误，作战得胜利，王能将它当成宝藏住，诸侯都得降服。王不要放走它，用它来安定国家。”

元王说：“这龟很神灵，从天上降下来，陷在深渊中。在患难中。认为我贤明，敦厚而忠信，所以来求救于我。如果不放它走，我也成一个渔人了。渔人看重它的肉，我贪图它的神力，臣下不仁，君上无德。君臣无礼，国家还会有什么福？我不忍心这样办，为什么不放掉它！”

卫平回答说：“不是这样的，我听说，大恩德不会得到报答，贵重之物寄存出去得不到归还，现在天赐宝物你不接受，天就要夺回属于它的宝物了。这龟周游天下还要再回归原住地，它上达苍天，下至大地，九州走遍，也未曾受过辱，也未遇到阻拦。而现在到了泉阳，打鱼的却折辱了它，将它囚禁起来。王虽然施大恩放了它，长江黄河之神必怒，一定会设法报仇。龟自己认为被侵害了，要和神合谋报复。那时将淫雨不晴，大水泛滥无法治理。或者制造枯旱，大风扬尘，突然出现蝗虫，百姓错过农时。王施行了放龟的仁义，而天的惩罚必然降临。这并非别的原因，祸害出在龟身上。以后您就是后悔，难道还来得及吗？王别放掉龟啊。”

元王感叹地说：“这拦劫人家使者，破坏别人计划，不是凶暴吗？夺取别人的东西，当作自己的宝物，这不是强横吗？我听说，凶暴地夺来的东西，必然要被人凶暴地夺去；强抢别人东西，最后还是一无所获。桀纣都是强横凶暴不讲理的，自己被杀死，国家也亡了。如果我听了你的建议，这就丧失了仁义名声而有了凶暴强横不讲理的行为。黄河长江之神将成为仁义的汤武，我将成为凶暴强横而被征伐的桀纣。没看到什么好处，恐怕要陷进灾祸。我拿不定这个主意，怎么能奉侍好这个宝物，驾车赶快送龟走，不要让它在此久留。”卫平回答说：“不是这样，王不要担心。天地之间，有的地方石头与石头堆在一起，堆成了山，虽然高耸，并不坍塌，大地能得平安。所以说，有的东西看起来虽然危险，却很平安；看起来很轻，却搬移不动。有的人老实忠厚，并不如大言欺诈的人；有的人面貌丑恶，却适合于做大官；有的人漂亮，却成为危害大众的祸根。这些现象，不是圣人和神，说不清楚。春夏秋冬，有时热有时冷。冷热互不相融，而相互冲突区别。同一年内，有不同季节，这是根据四时冷热不同确定的。所以春天让植物出生，夏天成长，秋天要收获，冬天就收藏。有时要行仁义，有时要施强暴。强暴有目标，仁义有时机。万物都是这样，不可胜言。请大王接受我的建议，让也，与禽兽相若。谷居而穴处，不知田作。天下祸乱，阴阳相错。悤悤疾疾，通而不相择。妖孽数见，传为单薄。圣人别其生，使无相获。禽兽有牝牡，置之山原；鸟有雌雄，布之林泽；有介之虫，置之溪谷。故牧人民，为之城郭，内经闾术，外为阡陌。夫妻男女，赋之田宅，列其室屋。为之图籍，别其名族。立官置吏，劝以爵禄。衣以桑麻，养以五谷。耕之櫌之，鉏之耨之。口得所嗜，目得所美，身受其利。以是观之，非强不至。故曰田者不强，囷仓不盈；商贾不强，不得其赢；妇女不强，布帛不精；官御不强，其势不成；大将不强，卒不使令；侯王不强，没世无名。故云强者，事之始也，分之理也，物之纪也。所求于强，无不有也。王以为不然，王独不闻玉椟只雉，出于昆山；明月之珠，出于四海；镌石拌蚌，传卖于市；圣人得之，以为大宝。大宝所在，乃为天子。今王自以为暴，不如拌蚌于海也；自以为强，不过镌石于昆山也。取者无咎，宝者无患。今龟使来抵网，而遭渔者得之，见梦自言，是国之宝也，王何忧焉。”

元王曰：“不然。寡人闻之，谏者福也，谀者贼也。人主听谀，是愚惑也。虽然，祸不妄至，福不徒来。天地合气，以生百财。阴阳有分，不离四时，十有二月，日至为期。圣人彻焉，身乃无灾。明王用之，人莫敢欺。故云福之至也，人自生之；祸之至也，人自成之。祸与福同，刑与德双。圣人察之，以知吉凶。桀纣之时，与天争功，拥遏鬼神，使不得通。是固已无道矣，谀臣有众。桀有谀臣，名曰赵梁。教为无道，劝以贪狼。系汤夏台，杀关龙逢。左右恐死，偷谀于傍。国危于累卵，皆曰无伤。称乐万岁，或曰未央。蔽其耳目，与之诈狂。汤卒伐桀，身死国亡。听其谀臣，身独受殃。《春秋》著之，至今不忘。纣有谀臣，名为左强。夸而目巧，教为象郎。将至于天，又有玉床。犀玉之器，象箸而羹。圣人剖其心，壮士斩其胻。箕子恐我彻底说清楚。根据天的五种颜色，可以辨别白天黑夜。根据地生的五谷，可以分辨好坏植物。当初人民不懂得这样辨别，和禽兽一样。住在山谷洞穴里，不懂得种田，天下灾祸频生，阴阳季节混乱。匆匆忙忙过日子，大家都是这样，不会区分黑白善恶。妖孽常常出现，人民一代代勉强传留下来。后来圣人区分万物生存特点，使它们互相不侵害。禽兽有牝有牡，把它们放到山里；鸟有雌有雄，把它们放进树林、水边；带甲壳生物，安置在溪谷。所以管理人民，就为他们建立城郭，城内设立街巷，城外开辟田畦通路。根据夫妻男女，给他们田宅、房屋。建立户籍，一一登记其姓名。设立官吏，用爵位俸禄予以鼓励。种桑麻有衣穿，种五谷有饭吃。人民辛勤耕作，于是能吃到想吃的东西，看到想看的东西，穿到想穿的东西。由此可见，舍弃强力，就没有成果。所以，种地的不用强力，粮食不能丰收；商人不用强力，赚不到钱；妇女不用强力，布就织不好；当官的不用强力，就没有威势；大将不用强力，兵不听令；侯王不用强力，到死也没有大名。所以说，施用强力，是事业的起点，是当然的道理，是万物的法则。从施用强力入手，没有得不到的东西。大王如果不同意这个看法，您难道没听说过，那带有野雉雕饰的玉匣，本出自昆山；明月之珠，本出于四海；凿雕昆山之石成为玉匣，割剥海中之蚌取出明月之珠传卖于市；圣人得到匣珠，当作大宝。得大宝的，就成了天子。现在大王您自以为凶暴，其实赶不上那剥蚌取珠的；现在您自认为强横，其实赶不上那凿昆山之石的。那些制匣取珠的没有错，宝藏匣珠的没有祸。现在龟因出使而碰网，被渔人抓获，又托梦给您自我介绍，这是国家之宝，您担心什么呢？”

元王说：“并不是这样。我听说，谏诤是国之福，阿谀是国之祸。君主听从阿谀奉承，是愚昧糊涂，一般道理虽然是这样，但祸也不会无缘无故降临，福也不会随便就来。天气地气相合，生出各种财富。各有阴阳界限，不偏离四时。一年十二个月，用夏至冬至定其周期。圣人明白这个道理，自己没有灾难。明王运用这个规律，谁敢来欺骗。所以，福的到来，是人自己创造的；灾难降临，是自己招致的。祸福的可能性同时存在，刑德互相关联。圣人辨察它们，预测吉凶。桀纣时，与天争功，阻遏鬼神，使它们不能通显其灵。这本来已经是无道了，而谄谀之臣又多。桀有谀臣，名叫赵梁。教桀做无道之事，怂恿他凶狠贪婪。把汤囚进夏台，杀害关龙逢。左右大臣怕死，都在一旁阿谀逢迎苟且偷生。国势危如累卵，却都说无妨。赞美欢呼万岁，或者说国运远没有完结。桀的耳目被蔽遮，和他一起自欺欺人。汤终于伐桀，桀身死，夏灭亡。听信谀臣，自己倒了霉。《春秋》写明了这段史实，至今使人不忘。纣有谀臣，名叫左强。浮夸不实，目测能力自诩很强，不必借助规矩绳墨就能设计施工，教纣筑造象廊。高达死，被发佯狂。杀周太子历，囚文王昌。投之石室，将以昔至明。阴兢活之，与之俱亡。入于周地，得太公望。兴卒聚兵，与纣相攻。文王病死，载尸以行。太子发代将，号为武王。战于牧野，破之华山之阳。纣不胜败而还走，围之象郎。自杀宣室，身死不葬。头悬车轸，四马曳行。寡人念其如此，肠如涫汤。是人皆富有天下而贵至天子，然而大傲。欲无厌时，举事而喜高，贪很而骄。不用忠信，听其谀臣，而为天下笑。今寡人之邦，居诸侯之间，曾不如秋毫。举事不当，又安亡逃！”卫平对曰：“不然。河虽神贤，不如昆仑之山；江之源理，不如四海，而人尚夺取其宝，诸侯争之，兵革为起。小国见亡，大国危殆，杀人父兄，虏人妻子，残国灭庙，以争此宝。战攻分争，是暴强也。故云取之以暴强而治以文理，无逆四时，必亲贤士；与阴阳化，鬼神为使；通于天地，与之为友。诸侯宾服，民众殷喜。邦家安宁，与世更始。汤武行之，乃取天子；《春秋》著之，以为经纪。王不自称汤武，而自比桀纣。桀纣为暴强也，固以为常。桀为瓦室，纣为象郎。征丝灼之，务以费。赋敛无度，杀戮无方。杀人六畜，以韦为囊。囊盛其血，与人县而射之，与天帝争强。逆乱四时，先百鬼尝。谏者辄死，谀者在傍。圣人伏匿，百姓莫行。天数枯旱，国多妖祥。螟虫岁生，五谷不成。民不安其处，鬼神不享。飘风日起，正昼晦冥。日月并蚀，灭息无光。列星奔乱，皆绝纪纲。以是观之，安得久长！虽无汤武，时固当亡。故汤伐桀，武王克纣，其时使然。乃为天子，子孙续世；终身无咎，后世称之，至今不已。是皆当时而行，见事而强，乃能成其帝王。今龟，大宝也，为圣人使，传之贤。不用手足，雷电将之；风雨送之，流水行之。侯王有德，乃得当之。今王有德而当此宝，恐不敢受；王若遣之，宋必有咎。后虽悔之，亦无及已。”元王大悦而喜。于是元王向日而谢，再拜而受。择日斋戒，甲乙最良。乃刑白雉，及与骊羊；以血灌龟，于坛中央。以于天，室内又陈设犀玉玉床之器，用象牙筷子吃饭。剖圣人比干的心，砍断壮士的小腿。箕子怕死，披头散发装疯。纣王杀周太子历，囚禁周文王昌，投进石头屋子，打算从早到晚囚禁。阴兢救出文王，和他一块儿逃亡到周国。文王得到太公望，发动军队和纣作战。文王病死，大臣用车载着文王尸首前进。太子发替代文王统率军队，号为武王。和纣在牧野大战，在华山之南击溃纣军。纣不能胜，败退回去，武王把他围在象廊。纣自杀在宣室，死后也得不到安葬。头被砍下悬挂在车上，四匹马拉着车子走。我想到桀纣遭遇，肚子里如有开水滚沸。他们都曾富有天下贵为天子，但很骄傲。贪得无厌，办事就好高骛远。贪婪凶狠而又骄慢。不用老实忠诚的人，听信阿谀之臣，于是被天下人耻笑。现在我的国家处在诸侯之间，简直小如秋毫。办事一有不当之处，怎能逃脱灭亡下场。”卫平回答：“不是这样。黄河虽然贤明神灵，赶不上昆仑山；长江虽然水源通畅，不如四海浩荡。昆仑山四海，人还夺取其宝呢。那些宝物诸侯争夺，有时因此引起战争。小国被灭亡，大国遭遇危险。杀人父兄而为了这些宝物，虏人妻儿，割裂国土，毁人宗庙。攻战争夺，这就是强暴。所以说，夺取时应用强暴，统治时应用文理，不违背天时四季，总是亲近贤士；顺应阴阳变化，借助鬼神作用；了解协调同天地的关系，与天地为友。诸侯来归服，人民富裕愉快。国家民户安宁，与社会一同开创新局面。汤武这样做，于是取得天子之位；《春秋》记载了这些事，作为办事楷模。王不自比汤武，但却自比桀纣。桀纣施行强暴，是把强暴看成永恒持续，不需要用仁义补充的办法。桀修瓦屋，纣建象廊。还征收丝絮用为燃料，一心要耗费人民资财。没有限度地敛税，杀人没有标准。杀了人民的牲畜，用熟皮做成袋。皮袋装牲畜血，悬挂起来带领人用箭射，与天帝争强。搅乱四时顺序，在祭祀鬼神之前抢先品尝四时产品。有人谏止，就会被杀死；只有谀臣，侍在身旁。圣人躲了，百姓不敢外出。天气多次干旱，国家多有妖异。螟虫年年有，五谷长不熟。人民不能安居，鬼神不能享用。天天刮大风，白天一片暗。日蚀又月蚀，熄灭无光亮。天上群星乱走，全然没有规律。从这些现象看，怎么能够久长？即使没有汤武，按时运来说也应当灭亡。所以汤伐桀，武王克纣，是那个时势造成的。他们由此才当了天子，子孙相续；终身无灾，后世赞颂，直到今天不停。这都是根据时势行动，按照事理要求须强就强，才成就了他们的帝王之业。现在，这个龟是大宝，为圣人出使，传给了贤明的王。它不用手足行动，雷电带着它，风雨护送它，流水浮涌它前进。侯王有德的，才能遇到它。现在王有德，遇到这个宝，却恐惧不敢接受；王如把龟放走，宋国必然有灾。以后即使后悔，也来不及了。”元王听了，大为高兴起来。于是元王对着太阳拜谢上天，拜了两次，接受了龟。选择吉日斋戒，认为甲乙两日最吉。于是杀刀剥之，身全不伤。脯酒礼之，横其腹肠。荆支卜之，必制其创。理达于理，文相错迎。使工占之，所言尽当。邦福重宝，闻于傍乡。杀牛取革，被郑之桐。草木毕分，化为甲兵。战胜攻取，莫如元王。元王之时，卫平相宋，宋国最强，龟之力也。

故云神至能见梦于元王，而不能自出渔者之笼。身能十言尽当，不能通使于河，还报于江，贤能令人战胜攻取，不能自解于刀锋，免剥刺之患。圣能先知亟见，而不能令卫平无言。言事百全，至身而挛；当时不利，又焉事贤！贤者有恒常，士有适然。是故明有所不见，听有所不闻；人虽贤，不能左画方，右画圆；日月之明，而时蔽于浮云。羿名善射，不如雄渠、蠭门；禹名为辩智，而不能胜鬼神。地柱折，天故毋椽，又奈何责人于全？孔子闻之曰："神龟知吉凶，而骨直空枯。日为德而君于天下，辱于三足之乌。月为刑而相佐，见食于虾蟆。蝟辱于鹊，腾蛇之神而殆于即且。竹外有节理，中直空虚；松柏为百木长，而守门闾。日辰不全，故有孤虚。黄金有疵，白玉有瑕。事有所疾，亦有所徐。物有所拘，亦有所据。罔有所数，亦有所疏。人有所贵，亦有所不如。何可而适乎？物安可全乎？天尚不全，故世为屋，不成三瓦而陈之，以应之天。天下有阶，物不全乃生也。"

褚先生曰：渔者举网而得神龟，龟自见梦宋元王，元王召博士卫平告以梦龟状，平运式，定日月，分衡度，视吉凶，占龟与物色同，平谏王留神龟以为国重宝，美矣。古者筮必称龟者，以其令名，所从来久矣。余述而为传。

（传略）

了白雉和黑羊；在祭坛中央用血灌龟。用刀解剖，龟甲没有弄残。又用酒肉祭祀一遍，剔出腹肠。然后用荆枝烧灼，求兆。坚持要烧出兆纹来。果然兆纹显现，条理清楚。叫卜官占视，所说的都十分恰当。国家藏有如此重宝，消息径直传到国外。于是杀牛取皮，蒙在郑国产的桐木上作成了战鼓。分别草木特性制成各种武器。打起仗来，无人是元王的对手。元王时候，卫平做宋国的相，宋国力量在天下最强，这都是龟的神力。

所以说，龟虽有大到能托梦给元王的神灵，可是却不能自己逃出渔人的笼子。自己能够每言必灵，却不能通使于黄河，还报长江。本领大到让别人战必胜攻必取，却不能使自己避开刀锋，免除被宰剥的灾难。非凡聪明能先知未来，祸福迅速看出，却不能让卫平不向宋元王说出不利于己的那番话。预言事情，都很周全，及于自身，却被拘禁不得解脱；事情一到个人头上就无法趋利避害，要贤能本领又有什么用？不过，话又说回来，贤只是指他有贤的一面，一般人也是这样。所以说，视力再好也会有看不到的地方，听力再好也有听不到的方面；人的本领再大，也不能同时既用左手画方又用右手画圆；日月明亮，有时却要被浮云遮挡。羿号称射箭技艺高，也有不如雄渠、蠭门之处；禹号称多智善辩，却不能胜过鬼神。地柱折断过，天本来也没有椽，为什么又要对人求全责备？孔子听了神龟和宋元王的事之后，说："神龟能知道事情吉凶，但自己只有一副中空的空骨架。太阳能普施恩德君临天下，却要受三只脚乌鸦的欺侮。月亮能动用刑罚辅佐太阳，却被蛤蟆啃咬。刺猬被喜鹊欺辱，有神通的腾蛇却不是蜈蚣的对手。竹子外面有节有段，里面却是又直又空；松柏是百木之长，却被栽在大门旁充当卫士。日辰也不能周全，所以有孤有虚。黄金有疵，白玉有瑕。事情有时进展快，有时进展慢。物品性能有局限，也有其专门擅长。网孔有时显得太细密，也有时显得太粗疏。人有贵过他人之处，也有不如人的地方。怎么办才好呢？怎样做才全面周到呢？天还不能十全十美呢，所以世人盖屋，少放三块瓦以便安放房栋，表示不是十全十美，以便和天的不十全十美相适应。天下万物有差异，事物都因为有所不全才得以生存于世间。"

褚先生说：渔人提网便捉到了神龟，龟自己托梦给宋元王，宋元王召博士卫平把梦见龟的情形告诉他，卫平拿起式推算，日月位置确定，分辨星宫关系，推测吉凶，看出龟和所观测推算的形象相同，卫平力劝元王将神龟留住作为国宝，这件事真好啊。古时候谈到卜筮必然称道龟，因为龟有灵验的好名声，由来已久了。我因此写下这篇传记。

（传略）

货殖列传第六十九

《老子》曰："至治之极，邻国相望，鸡狗之声相闻，民各甘其食，美其服，安其俗，乐其业，至老死不相往来。"必用此为务，挽近世涂民耳目，则几无行矣。

太史公曰：夫神农以前，吾不知已。至若《诗》《书》所述虞夏以来，耳目欲极声色之好，口欲穷刍豢之味，身安逸乐，而心夸矜埶能之荣使。俗之渐民久矣，虽户说以眇论，终不能化。故善者因之，其次利道之，其次教诲之，其次整齐之，最下者与之争。

夫山西饶材、竹、谷、纑、旄、玉石；山东多鱼、盐、漆、丝、声色；江南出枏、梓、姜、桂、金、锡、连、丹沙、犀、玳瑁、珠玑、齿革；龙门、碣石北多马、牛、羊、旃裘、筋角；铜、铁则千里往往山出棋置：此其大较也。皆中国人民所喜好，谣俗被服饮食奉生送死之具也。故待农而食之，虞而出之，工而成之，商而通之。此宁有政教发征期会哉？人各任其能，竭其力，以得所欲。故物贱之征贵，贵之征贱，各劝其业，乐其事，若水之趋下，日夜无休时，不召而自来，不求而民出之。岂非道之所符，而自然之验邪？

《周书》曰："农不出则乏其食，工不出则乏其事，商不出则三宝绝，虞不出则财匮少。"财匮少而山泽不辟矣。此四者，民所衣食之原也。原大则饶，原小则鲜。上则富国，下则富家。贫富之道，莫之夺予，而巧者有余，拙者不足。故太公望封于营丘，地潟卤，人民老子说："太平盛世到了极盛时期，虽然互相望得见邻近的国家，鸡鸣狗吠之声互相听得到，而各国人民却都以为自家的饮食最甘美、自己的服装最为漂亮，习惯于本地的习俗，喜爱自己所从事的行业，以至于老死也不相互往来。"到了近世，如果还要按这一套去办事，那就等于堵塞人民的耳目，可以说是无法行得通。

太史公说：我不了解，神农氏以前的情况。至于像《诗经》、《尚书》所述虞舜、夏朝以来的情况则是人们耳目总要听到最好听的、看到最好看的，总想尝遍各种肉类的美味，身体安于舒适快乐的环境，心中又夸耀有才干、有权势的光荣。统治者让这种风气浸染百姓，已经很久了，即使用老子的这些妙论挨门逐户地去劝说开导，最后也不能感化谁。所以，最好的办法是听其自然，其次是随势引导，然后是加以教诲，再次是制定规章制度加以约束，最坏的做法是与民争利。

太行山以西盛产木材、楮木、竹子、野麻、旄牛尾、玉石；太行山以东多有鱼、漆、盐、丝、美女；江南出产楠木、桂花、梓树、生姜、金、锡、铅、朱砂、犀牛、玳瑁、珠子、象牙兽皮；龙门、碣石山以北地区盛产马、羊、牛、毡裘、兽筋兽角；铜和铁则分布在周围千里，山中到处都是，有如满布的棋子。这是关于各地物产分布的大致情况。这些都是中原人民所喜好的，习用的穿着、养生、饮食、送死之物。所以，人们要靠农民耕种，取得食物，要靠虞人进山开采、渔夫下水捕捉；物品获得，要靠工匠制造；取得器具，要靠商人贸易，流通货物。这难道还需要官府发布政令，征发百姓，限期会集吗？人们都凭自己的才能，竭尽自己的力量，来满足自己的欲望。所以，能够高价出售低价的货物，高价的货物能够低价购进。人们经营自己的本业各自努力，乐于从事自己的工作，就像水从高处流向低处那样，日夜没有休止的时候，不用招唤便会自动前来，不用请求便会生产出来。这岂不是符合规律而得以自然发展的证明吗？

《周书》里说："农民不种田，就会缺乏粮食；工匠不做工生产，就会缺少器具；商人不做买卖，就会断绝吃的、用的和钱财这三种宝物的来路；虞人不开发山泽，资源就会短缺；资源匮乏了，就不能进一步开发山泽。"农、商、工、虞这四个方面，是人民衣食的来源。来源大则富裕，来源小则贫困；来源大了，上可富国，下可富家。或贫或富，没有谁能剥夺或施予，但机敏的人总是财寡，于是太公劝其女功，极技巧，通鱼盐，则人物归之，繦至而辐凑。故齐冠带衣履天下，海岱之间敛袂而往朝焉。其后齐中衰，管子修之，设轻重九府，则桓公以霸，九合诸侯，一匡天下；而管氏亦有三归，位在陪臣，富于列国之君。是以齐富强至于威、宣也。

故曰："仓廪实而知礼节，衣食足而知荣辱。"礼生于有而废于无。故君子富，好行其德；小人富，以适其力。渊深而鱼生之，山深而兽往之，人富而仁义附焉。富者得埶益彰，失埶则客无所之，以而不乐。夷狄益甚。谚曰："千金之子，不死于市。"此非空言也。故曰："天下熙熙，皆为利来；天下壤壤，皆为利往。"夫千乘之王，万家之侯，百室之君，尚犹患贫，而况匹夫编户之民乎！

昔者越王句践困于会稽之上，乃用范蠡、计然。计然曰："知斗则修备，时用则知物，二者形则万货之情可得而观已。故岁在金，穰；水，毁；木，饥；火，旱。旱则资舟，水则资车，物之理也。六岁穰，六岁旱，十二岁一大饥。夫粜，二十病农，九十病末。末病则财不出，农病则草不辟矣。上不过八十，下不减三十，则农末俱利，平粜齐物，关市不乏，治国之道也。积著之理，务完物，无息币。以物相贸易，腐败而食之货勿留，无敢居贵。论其有余不足，则知贵贱。贵上极则反贱，贱下极则反贵。贵出如粪土，贱取如珠玉。财币欲其行如流水。"修之十年，国富，厚赂战士，士赴矢石，如渴得富绰绰有余，而愚笨的人往往衣食不足。所以，姜太公被封在营丘时，那里本来多是盐碱地，人烟稀少，于是姜太公便鼓励妇女致力于纺织刺绣，极力提倡工艺技巧，又让人们把鱼类、海盐贩运到其他地区去，结果别国的财物和人纷纷流归于齐国，就像钱串那样，络绎不绝；就像车辐那样，聚集在这儿。所以，齐国因能制作冠带衣履供应天下所用，泰山、东海之间的诸侯们便都整理衣袖去朝拜齐国。后来，齐国中途衰落，管仲重新修治姜太公的事业，设立九个官府管理财政，使齐桓公得以称霸，多次以霸主身份会合诸侯，使天下政治得到匡正；而管仲本人也有了三归台，虽只是陪臣官位，却比各国的君主还要富有。从此，齐国富强，一直延续到威王、宣王时期。

所以说："粮仓充实了，百姓就会懂得礼节；丰衣足食了，百姓就会知道荣辱。"礼产生于富有，而废弃于贫穷。因此，君子富有了，就喜好去做仁德之事；小人富有了，就会随心所欲地做他能做的事。江河深，在那里鱼就生存；山林深，野兽就在那里藏身；人富有了，仁义就会依附于他。富有者得了势越发显赫，失了势，依附于他的宾客便无处容身，因而心情不快。在夷狄那里，这种情况尤为突出。谚语说："家有千金的人，不会犯法受刑死于闹市。"这不是空话。所以说："天下之人，熙熙攘攘，都是为利而往，为利而来。"那些拥有千辆兵车的天子、享有万户封地的诸侯，占有百室封邑的大夫，尚且担心贫穷，何况编入户口册内的普通老百姓呢！

从前，越王勾践在会稽山上被围困，于是任用范蠡、计然。计然说："知道要打仗，就要做好战备；了解货物什么时候为人需求购用，才算懂得商品货物。善于将时与用二者相对照，那么各种货物的供需行情就能看得很清楚。所以，岁在金时，就会丰收；岁在水时，就歉收；岁在木时，就饥馑；岁在火时，就会干旱。旱时，就要备船以待涝；涝时，就要备车以待旱，这样做符合事物发展的规律。通常说来，六年一丰收，六年一干旱，十二年有一次大饥荒。出售粮食，每斗二十钱价格，农民会受损害；每斗价格九十钱，商人要受损失。商人受损失，钱财就不能流通到社会；农民受损害，就要荒芜田地。粮食每斗价格最高不超过八十钱，最低不少于三十钱，这样农民和商人都能得利。粮食平价出售，并平抑调整其他物价，关卡税收和市场供应都不缺乏，这就是治国之道。至于积贮货物，应当务求完好牢靠，没有滞留的货币资金。买卖货物，凡属容易腐蚀和腐败的物品不要久藏，切忌冒险囤居以求高价。研究商品短缺或过剩的情况，就会懂得物价涨跌的道理。物价贵到极点，就会返归于贱；物价贱到极点，就要返归于贵。当货物贵到极点时，要及时卖出，视其如同粪土；当货物贱到极点时，要及时购进，视其如同珠宝。货物钱币的流通周转要如同流水那样。"勾践照计然的饮，遂报强吴，观兵中国，称号“五霸”。

范蠡既雪会稽之耻，乃喟然而叹曰：“计然之策七，越用其五而得意。既已施于国，吾欲用之家。”乃乘扁舟浮于江湖，变名易姓，适齐为鸱夷子皮，之陶为朱公。朱公以为陶天下之中，诸侯四通，货物所交易也。乃治产积居。与时逐而不责于人。故善治生者，能择人而任时。十九年之中三致千金，再分散与贫交疏昆弟。此所谓富好行其德者也。后年衰老而听子孙，子孙修业而息之，遂至巨万。故言富者皆称陶朱公。

子贡既学于仲尼，退而仕于卫，废著鬻财于曹、鲁之间，七十子之徒，赐最为饶益。原宪不厌糟糠，匿于穷巷。子贡结驷连骑，束帛之币以聘享诸侯，所至，国君无不分庭与之抗礼。夫使孔子名布扬于天下者，子贡先后之也。此所谓得埶而益彰者乎？

白圭，周人也。当魏文侯时，李克务尽地力，而白圭乐观时变，故人弃我取，人取我与。夫岁孰取谷，予之丝漆；茧出取帛絮，予之食。太阴在卯，穰；明岁衰恶。至午，旱；明岁美。至酉，穰；明岁衰恶。至子，大旱；明岁美，有水。至卯，积著率岁倍。欲长钱，取下谷；长石斗，取上种。能薄饮食，忍嗜欲，节衣服，与用事僮仆同苦乐，趋时若猛兽挚鸟之发。故曰：“吾治生产，犹伊尹、吕尚之谋，孙吴用兵，商鞅行法是也。是故其智不足与权变，勇不足以决断，仁不能以取予，强不能有所守，虽欲学吾术，终不告之矣。”盖天下言治生祖白圭。白圭其有所试矣，能试有所长，非苟而已也。

策略治国十年，越国富有了，去收买兵士能用重金，使兵士们冲锋陷阵，不顾箭射石击，就像口渴时求得饮水那样，终于雪耻报仇，灭掉吴国，继而耀武扬威于中原，号称“五霸”之一。

范蠡协助越王洗雪会稽被困之耻后，便长叹道：“计然的策略有七条，而越国只用了其中五条，就实现了雪耻的愿望。既然施用于治国很有效，我就要把它用于治家。”于是，他便乘坐小船漂泊江湖，改名换姓，到齐国改名叫鸱夷子皮，到陶邑改名叫朱公。朱公认为陶邑居于天下中心，与各诸侯国四通八达，交流货物十分便利。于是就治理产业，囤积居奇，随机应变，与时逐利，而不责求他人。所以，善于经营致富的人，要能把握时机并择用贤人。十九年间，他赚得千金之财三次，两次分散给贫穷的朋友和远房同姓的兄弟。这就是所谓君子富有便喜好去做仁德之事了。范蠡后来年老力衰而听凭子孙，子孙继承了他的事业并有所发展，终致有了巨万家财。所以，谈论富翁时，后世都称颂陶朱公。

子贡曾在孔子那里学习，从那儿离开后到卫国做官，又利用卖贵买贱的方法在曹国和鲁国之间经商，孔门七十多个高徒之中，端木赐（即子贡）最为富有。孔子的另一位高徒原宪穷得连糟糠都吃不饱，在简陋的小巷子里隐居。而子贡却乘坐四马并辔齐头牵引的车子，携带束帛厚礼去访问、馈赠诸侯，所到之处，国君与他只行宾主之礼，而不行君臣之礼。使孔子得以名扬天下的原因，是因为有子贡在人前人后辅助他。这就是所谓得到形势之助而使名声更加显著吧?

白圭是西周人。当魏文侯在位时，李克正致力于土地资源的开发，而白圭却喜欢观察市场行情和年景丰歉的变化，所以当货物低价抛售过剩时，他就收购；当货物不足高价索求时，他就出售。谷物成熟时，他买进粮食，出售漆、丝；蚕茧结成时，他买进绵絮绢帛，出售粮食。他了解，太岁在卯位时，五谷丰收；第二年年景会不好。太岁在午宫时，会有旱灾发生；第二年年景会很好。太岁在酉位时，五谷丰收；第二年年景会变坏。太岁在子位时，天下会大旱；第二年年景会很好，有雨水。太岁复至卯位时，他囤积的货物大概比常年要增加一倍。要增长钱财收入，他便收购质次的谷物；要谷子增长石斗的容量，他便去买上等的谷物。他能不讲究吃喝，控制嗜好，节省穿戴，与雇用的奴仆共甘同苦，捕捉赚钱的时机就像猛兽猛禽捕获食物那样迅捷。因此他说：“我干经商致富之事，就像伊尹、吕尚筹划谋略，孙子、吴起用兵打仗，商鞅推行变法那样。所以，如果一个人的智慧不能随机应变，勇气够不上果敢决断，仁德不能够正确取舍，强健不能够有所坚守，虽然他很想学习我的经商致富之术，我终究不会教给他的。”因而，天下人谈论经商致富之道都效仿白圭。白圭大概是有所尝试，尝试而能有所成就，这不是随便马虎行事就能成功的。

猗顿用盬盐起。而邯郸郭纵以铁冶成业，与王者埒富。

乌氏倮畜牧，及众，斥卖，求奇缯物，间献遗戎王。戎王什倍其偿，与之畜，畜至用谷量马牛。秦始皇帝令倮比封君，以时与列臣朝请。而巴寡妇清，其先得丹穴，而擅其利数世，家亦不訾。清，寡妇也，能守其业，用财自卫，不见侵犯。秦皇帝以为贞妇而客之，为筑女怀清台。夫倮鄙人牧长，清穷乡寡妇，礼抗万乘，名显天下，岂非以富邪?

汉兴，海内为一，开关梁，弛山泽之禁，是以富商大贾周流天下，交易之物莫不通，得其所欲，而徙豪杰诸侯强族于京师。

关中自汧、雍以东至河、华，膏壤沃野千里，自虞夏之贡以为上田，而公刘适邠，大王、王季在岐，文王作丰，武王治镐，故其民犹有先王之遗风，好稼穑，殖五谷，地重，重为邪。及秦文、德、缪居雍，隙陇蜀之货物而多贾。献公徙栎邑，栎邑北却戎翟，东通三晋，亦多大贾。昭治咸阳，因以汉都，长安诸陵，四方辐凑并至而会，地小人众，故其民益玩巧而事末也。南则巴蜀。巴蜀亦沃野，地饶卮、姜、丹沙、石、铜、铁、竹、木之器。南御滇僰，僰僮。西近邛笮，笮马、旄牛。然四塞，栈道千里，无所不通，唯褒斜绾毂其口，以所多易所鲜。天水、陇西、北地、上郡与关中同俗，然西有羌中之利，北有戎翟之畜，畜牧为天下饶。然地亦穷险，唯京师要其道。故关中之地，于天下三分之一，而人众不过什三；然量其富，什居其六。

昔唐人都河东，殷人都河内，周人都河南。夫三河在天下之中，若鼎足，王者所更居也，建国各数百千岁，土地小狭，民人众，都国诸侯所聚会，故其俗纤俭习事。杨、平阳陈西贾秦、翟，北贾种、猗顿是靠经营池盐起家。而邯郸郭纵则是以冶铁成就家业，其财富可与王侯相比。

乌氏倮经营畜牧业，等到牲畜繁殖众多之时，便全部卖掉，再购求各种奇异之物和丝织品，暗中献给戎王。戎王给他十倍于所献物品的东西，送他牲畜，多到以山谷为单位来计算牛马的数量。秦始皇诏令乌氏倮位与封君同列，同诸大臣按规定时间进宫朝拜。而巴郡寡妇清的先祖自得到朱砂矿，竟达好几代人独揽其利，家产也多得不计其数。清是个寡妇，能守住先人的家业，用钱财来保护自己，不被别人侵犯。秦始皇认为她是个贞妇而以客礼对待她，还为她修筑了女怀清台。乌氏倮不过是个畜牧主、边鄙之人，巴郡寡妇清是个穷乡僻壤的寡妇，却能与皇帝分庭抗礼，名扬天下，这难道不是因为他们富有吗?

汉朝兴起，天下统一，便开放要道关卡，解除开采山泽的禁令，因此富商大贾得以通行天下，交易的货物无不畅通，他们的欲望都能满足，汉朝政府又迁徙诸侯、豪杰和大户人家到京城。

关中地区自汧、雍二县以东至黄河、华山，方圆千里膏壤沃野。从有虞氏、夏后氏实行贡赋时起就把这里作为上等田地，公刘后来迁居到邠，周太王、王季迁居岐山，文王兴建丰邑，武王治理镐京，因而这些地方的人民仍有先王的遗风，喜好农事，种植五谷，重视土地的价值，把做坏事看得很严重。直到秦文公、缪公、德公定都雍邑，这里地处陇、蜀货物交流的要道，商人很多。秦献公迁居栎邑，栎邑北御戎狄，东通三晋，大商人也有许多。秦孝公和秦昭襄王治理咸阳，汉朝借此作为都城；长安附近的诸陵，四方人集中于此，地方很小，人口又多，所以当地百姓从事商业玩弄奇巧的兴致越来越浓。关中地区以南则有巴郡、蜀郡。巴蜀地区也是一片沃野，盛产栀子、铜、朱砂、生姜、石材、铁和竹木之类的器具。南边抵御滇、僰，僰地多出僮仆。西边邻近笮、邛，笮地出产马与牦牛。然而巴蜀地区四周闭塞，有千里栈道，与关中处处相通，唯有褒斜通道控扼其口，勾联四方道路，用多余之物来交换短缺之物。天水、陇西、北地和上郡与关中风俗相同，而西面有羌中的地利，北面有戎狄的牲畜，居天下畜牧业首位。可是这里地势险要，只有京城长安要约其通道。所以，整个关中之地占天下三分之一，而人口并没有超过天下十分之三；然而计算这里的财富，却占天下十分之六。

古时，唐尧定都河东晋阳，殷人定都河内殷墟，东周定都河南洛阳。河内、河东与河南这三地居于天下的中心，好像鼎的三个足，成为帝王们更迭建都的地方，建国各有数百年乃至上千年，这里土地狭小，有众多人口，是各国诸侯集中聚会之处，所以当地民俗为小气俭省，熟悉世故。杨与平阳两邑人民，向西经商代。种、代，石北也，地边胡，数被寇。人民矜懻忮，好气，任侠为奸，不事农商。然迫近北夷，师旅亟往，中国委输时有奇羡。其民羯羠不均，自全晋之时固已患其僄悍，而武灵王益厉之，其谣俗犹有赵之风也。故杨、平阳陈掾其间，得所欲。温、轵西贾上党，北贾赵、中山。中山地薄人众，犹有沙丘纣淫地余民，民俗懁急，仰机利而食。丈夫相聚游戏，悲歌慷慨，起则相随椎剽，休则掘冢作巧奸冶，多美物，为倡优。女子则鼓鸣瑟，跕屣，游媚贵富，入后宫，遍诸侯。

然邯郸亦漳、河之间一都会也。北通燕、涿，南有郑、卫。郑、卫俗与赵相类，然近梁、鲁，微重而矜节。濮上之邑徙野王，野王好气任侠，卫之风也。

夫燕亦勃、碣之间一都会也。南通齐、赵，东北边胡。上谷至辽东，地踔远，人民希，数被寇，大与赵、代俗相类，而民雕捍少虑，有鱼盐枣栗之饶。北邻乌桓、夫余，东绾秽貉、朝鲜、真番之利。

洛阳东贾齐、鲁，南贾梁、楚。故泰山之阳则鲁，其阴则齐。

齐带山海，膏壤千里，宜桑麻，人民多文采布帛鱼盐。临菑亦海岱之间一都会也。其俗宽缓阔达，而足智，好议论，地重，难动摇，怯于众斗，勇于持刺，故多劫人者，大国之风也。其中具五民。

而邹、鲁滨洙、泗，犹有周公遗风，俗好儒，备于礼，故其民龊龊。颇有桑麻之业，无林泽之饶。地小人众，俭啬，畏罪远邪。及其衰，好贾趋利，甚于周人。

夫自鸿沟以东，芒、砀以北，属巨野，此梁、宋也。陶、睢阳亦一都会也。昔尧作成阳，舜渔于雷泽，汤止于亳。其俗犹有先王遗风，重厚多君子，好稼穑，虽无山川之饶，能恶衣食，致其蓄藏。

可到秦和戎狄地区，向北可到种、代地区经商。种、代在石邑以北，地靠匈奴，屡次遭受掠夺。人民崇尚好胜、强直，以扶弱抑强为己任，不愿从事农商诸业。但因邻近北方夷狄，军队经常往来，中原运输来的物资，常有剩余。当地人民强悍而不务耕耘，从三家尚未分晋之时就已经对其慓悍感到担忧，而到赵武灵王时就更加助长了这种风气，当地仍带有赵国的习俗遗风。所以杨和平阳两地的人民经营来往于其间，能得到他们所想要的东西。温、轵地区的人民经商向西可到上党地区，向北可到赵、中山一带。中山地薄人多，还有纣王留下的殷人后代在沙丘一带，百姓性情急躁，仰仗投机取巧度日谋生。男子们经常相聚游戏玩耍，慷慨悲声歌唱，白天纠合一起杀人抢劫，晚上挖坟盗墓、私铸钱币、制作赝品；多有美色男子，去当歌舞艺人。女子们常弹奏琴瑟，拖着鞋子，到处游走，向权贵富豪献媚讨好，有的被后宫纳入，遍及诸侯之家。

然而邯郸也是黄河、漳水之间的一个都市。北面通燕、涿，南面有郑、卫。郑、卫风俗与赵相似，但因地靠鲁、梁，稍显庄重而又注重节操。卫君曾从濮上的帝丘迁徙到野王，野王地区民俗崇尚气节，抑强扶弱，这是卫国的遗风。

燕国故都蓟也是渤海、碣石山之间的一个都市。南通齐、赵，东北与胡人交界。从上谷到辽东一带，地方遥远，人口稀少，多次遭侵扰，民俗大致与赵、代地区相似，而百姓迅捷凶悍，不爱思考问题，当地盛产鱼、枣、盐、栗。北邻近乌桓、夫余，东居于控扼秽貊、朝鲜、真番的有利地位。

洛阳东去经商可到齐、鲁，南可到梁、楚经商。所以泰山南部是鲁国故地，北部是齐国故地。

齐地被山海环抱，方圆千里一片沃土，适宜种植桑麻，人民多有彩色丝稠、布帛和鱼盐。临淄也是东海与泰山之间的一个都市。当地民俗宽厚豁达，通情达理，而又足智多谋，爱发议论，乡土观念很重，不易浮动外流，怯于聚众斗殴，而敢于暗中伤人，所以常有劫夺别人财物者，这是大国的风尚。这里士、工、农、商、贾五民俱备。

而邹、鲁两地靠近洙水、泗水，还保存着周公的风尚，民俗喜好儒术，讲究礼仪，所以当地百姓小心拘谨。颇多桑麻产业，而没有山林水泽的资源。土地少，人口多，人们节俭吝啬，害怕犯罪，远避邪恶。等到衰败之时，人们爱好追逐财利经商，比周地百姓还厉害。

从鸿沟以东，砀山、芒山以北，直到巨野，这是过去梁、宋的地方。陶邑、睢阳也是都会。以前，唐尧兴起于成阳，虞舜在雷泽打过鱼，商汤曾定都于亳。这里的民俗还存有先王遗风，宽厚庄重，君子很多，爱好农事，虽然没有富饶的山河物产，人们却能省吃俭用，以求得财富的积蓄。

越、楚则有三俗。夫自淮北沛、陈、汝南、南郡，此西楚也。其俗剽轻，易发怒，地薄，寡于积聚。江陵故郢都，西通巫、巴，东有云梦之饶。陈在楚夏之交，通鱼盐之货，其民多贾。徐、僮、取虑，则清刻，矜已诺。

彭城以东，东海、吴、广陵，此东楚也。其俗类徐、僮。朐、缯以北，俗则齐。浙江南则越。夫吴自阖庐、春申、王濞三人招致天下之喜游子弟，东有海盐之饶，章山之铜，三江、五湖之利，亦江东一都会也。

衡山、九江、江南、豫章、长沙，是南楚也，其俗大类西楚。郢之后徙寿春，亦一都会也。而合肥受南北潮，皮革、鲍、木输会也。与闽中、干越杂俗，故南楚好辞，巧说少信。江南卑湿，丈夫早夭。多竹木。豫章出黄金，长沙出连、锡，然堇堇物之所有，取之不足以更费。九疑、苍梧以南至儋耳者，与江南大同俗，而杨越多焉。番禺亦其一都会也，珠玑、犀、玳瑁、果、布之凑。

颍川、南阳，夏人之居也。夏人政尚忠朴，犹有先王之遗风。颍川敦愿。秦末世，迁不轨之民于南阳。南阳西通武关、郧关，东南受汉、江、淮。宛亦一都会也。俗杂好事，业多贾。其任侠，交通颍川，故至今谓之“夏人”。

夫天下物所鲜所多，人民谣俗，山东食海盐，山西食盐卤，岭南、沙北固往往出盐，大体如此矣。

总之，楚越之地，地广人希，饭稻羹鱼，或火耕而水耨，果隋蠃蛤，不待贾而足，地势饶食，无饥馑之患，以故呰窳偷生，无积聚而多贫。是故江淮以南，无冻饿之人，亦无千金之家。沂、泗水以北，宜五谷桑麻六畜，地小人众，数被水旱之害，民好畜藏，故秦、夏、梁、鲁好农而重民。三河、宛、陈亦然，加以商贾。齐、赵设智巧，仰机利。燕、代田畜而事蚕。

由此观之，贤人深谋于廊庙，论议朝廷，守信死节隐居岩穴之士越、楚地带有西楚、东楚和南楚三个地区的三种不同风俗。从淮北沛郡到陈郡、汝南、南郡，这是西楚地区。这里民俗轻捷慓悍，容易发怒，土地贫瘠，少有蓄积。江陵原为楚国国都，西通巫县、巴郡，东有云梦，物产富饶。陈在楚、夏交界之地，流通鱼盐货物，居民多经商。僮、徐、取虑一带的居民苛严清廉，信守诺言。

彭城以东，包括东海、吴、广陵一带，这是东楚地区。这里与徐、僮一带风俗相似。朐、缯以北，风俗与齐地相同。浙江以南与越地风俗相同。吴地从吴王阖闾、楚春申君和汉初吴王刘濞招致天下喜好游说的子弟以来，东有丰富的海盐，以及章山的铜矿，有三江五湖的资源，也是江东的一个都市。

衡山、九江、江南、豫章、长沙一带是南楚地区。这里与西楚地区风俗大体相似。楚失郢都后，迁都寿春，寿春也是一个都市。而合肥县南有长江，北有淮河，是皮革、鲍鱼、木材汇聚之地。因习俗与闽中、于越混杂，所以南楚居民善于辞令，说话乖巧，少有信用。江南地方地势低下，气候潮湿，男子寿命不长。竹木很多。豫章出产黄金，长沙出产铅、锡。但矿产蕴藏量极为有限，开采所得不足以抵偿支出费用。九疑山、苍梧以南至儋耳，与江南风俗大体相同，其中混杂着许多杨越风俗。番禺也是当地的一个都市，是珠玑、犀角、玳瑁、水果、葛布之类的集中地。

原夏朝人居住之地是颍川、南阳。夏人为政崇尚忠厚朴实，还有先王传留下来的风尚。颍川人敦厚老实。秦朝末年，曾经迁徙不法之民到南阳。南阳西通武关、郧关，东南面临汉水、长江、淮水。宛也是一个都市。当地民俗混杂，好事，多以经商为业。居民以抑强扶弱为己任，与颍川地区相交往，所以直到现在还被称为“夏人”。

天下物产各地不均，有少有多，民间习俗各有不同，山东地区吃海盐，山西地区吃池盐，岭南和大漠以北本来也有许多地方有盐出产，这方面情况大体如此。

总而言之，楚越地区，地广人稀，以稻米为饭，以鱼类为菜，刀耕火种，水耨除草，瓜果螺蛤，无须从外地购买，便能自足自给。地形有利，食物丰足，没有饥馑之患，因此人们苟且偷生，没有积蓄，多为贫穷人家。所以，江淮以南既无挨饿受冻之人，也没有千金富户。沂水、泗水以北地区，适合种植桑麻五谷，饲养六畜，地少人多，屡次遭受水旱灾害，百姓喜好积蓄财物，所以秦、夏、梁、鲁地区勤于农业而重视劳力。三河地区以及宛、陈等地也是这样，再加上经商贸易。齐、赵地区的居民灵巧聪明，靠投机求财利。燕、代地区的居民能种田、畜牧，并且养蚕。

由此看来，贤能之人在朝廷上划策出谋，论辩争议，守信尽节及隐居深山之设为名高者安归乎？归于富厚也。是以廉吏久，久更富，廉贾归富。富者，人之情性，所不学而俱欲者也。故壮士在军，攻城先登，陷阵却敌，斩将搴旗，前蒙矢石，不避汤火之难者，为重赏使也。其在闾巷少年，攻剽椎埋，劫人作奸，掘冢铸币，任侠并兼，借交报仇，篡逐幽隐，不避法禁，走死地如骛者，其实皆为财用耳。今夫赵女郑姬，设形容，揳鸣琴，揄长袂，蹑利屣，目挑心招，出不远千里，不择老少者，奔富厚也。游闲公子，饰冠剑，连车骑，亦为富贵容也。弋射渔猎，犯晨夜，冒霜雪，驰坑谷，不避猛兽之害，为得味也。博戏驰逐，斗鸡走狗，作色相矜，必争胜者，重失负也。医方诸食技术之人，焦神极能，为重糈也。吏士舞文弄法，刻章伪书，不避刀锯之诛者，没于赂遗也。农工商贾畜长，固求富益货也。此有知尽能索耳，终不余力而让财矣。

谚曰："百里不贩樵，千里不贩籴。"居之一岁，种之以谷；十岁，树之以木；百岁，来之以德。德者，人物之谓也。今有无秩禄之奉，爵邑之入，而乐与之比者。命曰"素封"。封者食租税，岁率户二百。千户之君则二十万，朝觐聘享出其中。庶民农工商贾，率亦岁万息二千，百万之家则二十万，而更徭租赋出其中。衣食之欲，恣所好美矣。故曰陆地牧马二百蹄，牛蹄角千，千足羊，泽中千足彘，水居千石鱼陂，山居千章之材。安邑千树枣；燕、秦千树栗；蜀、汉、江陵千树橘；淮北、常山已南，河济之间千树萩；陈、夏千亩漆；齐、鲁千亩桑麻；渭川千亩竹；及名国万家之城，带郭千亩亩钟之田，若千亩卮茜，千畦姜韭：此其人皆与千户侯等。然是富给之资也，不窥市井，不行异邑，坐而待收，身有处士之义而取给焉。若至士自命清高，保全名声，他们究竟都是为着什么呢？都是为了财富。因此，为官清廉就能长久做官，时间长了，便会更加富有；商人买卖公道，营业发达，就能多赚钱而致富。求富，是人们的本性，用不着学习，就都会去追求。所以，壮士在军队中，打仗时先登攻城，遇敌时冲锋陷阵，斩将夺旗，冒着箭射石击，不避蹈火赴汤，艰难险阻，是因为重赏的驱使。那些住在乡里的青少年，杀人埋尸，拦路抢劫，盗掘坟墓，私铸钱币，伪称侠义，霸占侵吞，借助同伙，图报私仇，暗中掠夺追逐，不避禁令法律，往死路上跑如同快马奔驰，其实都是为了钱财罢了。如今赵国、郑国的女子，打扮得漂漂亮亮，弹着琴瑟，长袖舞动，踩着轻便舞鞋，用眼挑逗，用心勾引，不远千里出外，不择年老年少，招来男人，也是为财利而奔忙。游手好闲的贵族公子，帽子宝剑装饰讲究，车辆马匹外出时成排结队，也是为大摆富贵的架子。猎人渔夫，起早贪黑，冒着霜雪，在深山大谷奔跑，不避猛兽伤害，为的是获得各种野味。进出赌场，斗鸡走狗，个个争得耳赤面红，自我夸耀，必定要争取胜利，是因为重视输赢。医生方士及各种靠技艺谋生的人，劳神过度，极尽其能，是为了得到更多的报酬。吏士官府，舞文弄墨，私刻公章，伪造文书，不避斫脚杀头，这是由于陷没在他人的贿赂当中。至于农、工、商、贾储蓄增殖，原本就是为了个人的财富谋求增添。如此绞尽脑汁，用尽力量地索取，终究是为了不遗余力地争夺财物。

谚语说："贩柴的不出一百里，贩粮的不出一千里。"在某地住上一年，就要种植谷物；住上十年，就要栽种树木；住上百年，就应招来德行。什么是德，就是人的才德名望和财物。现在有些人，没有俸禄官职或爵位封地收入，而生活欢乐富有，可与有官爵者相比，被称作"素封"。有封地的人享受租税，每年每户缴入二百钱。享有千户的封君，每年租税收入可达二十万钱，访问诸侯、朝拜天子和祭祀馈赠，都要从这里开支。普通百姓如农、工、商、贾，家有一万钱，每年可得二千钱利息，拥有一百万钱的人家，每年可得利息二十万钱，而更徭租赋的费用要从这里支出。这种人家，就能吃喝玩乐随心所欲了。所以说陆地牧马五十匹，养一百六、七十头牛，养二百五十只羊，草泽里养二百五十口猪，水中占有年产鱼一千石的鱼塘，山里拥有一千株成材大树。安邑有枣树千株；燕、秦有栗子树千株；蜀郡、汉水、江陵地区有千株橘树；淮北、常山以南和黄河、济水之间有楸树千株；陈、夏有千亩漆树；齐、鲁有千亩桑麻；渭川有千亩竹子；还有名扬万户人家、国内的都城，郊外有亩产一钟的千亩良田，或者千亩茜草、栀子，千畦生姜、韭菜：诸如此类的人，其财富都可与千户侯的财富相等。然而成为富足的这些资本，人们不用到市上去察看，不用到外地奔波，坐在家中即可不劳而获，身有处士之名，而丰足取用。至于那些贫穷人家，父母年老，儿女妻家贫亲老，妻子软弱，岁时无以祭祀进醵，饮食被服不足以自通，如此不惭耻，则无所比矣。是以无财作力，少有斗智，既饶争时，此其大经也。今治生不待危身取给，则贤人勉焉。是故本富为上，末富次之，奸富最下。无岩处奇士之行，而长贫贱，好语仁义，亦足羞也。

凡编户之民，富相什则卑下之，伯则畏惮之，千则役，万则仆，物之理也。夫用贫求富，农不如工，工不如商，刺绣文不如倚市门，此言末业，贫者之资也。通邑大都，酤一岁千酿，醯酱千瓨，浆千甔，屠牛羊彘千皮，贩谷粜千钟，薪稿千车，船长千丈，木千章，竹竿万个，其轺车百乘，牛车千两，木器髹者千枚，铜器千钧，素木铁器若卮茜千石，马蹄躈千，牛千足，羊彘千双，僮手指千，筋角丹沙千斤，其帛絮细布千钧，文采千匹，榻布皮革千石，漆千斗，蘖麹盐豉千答，鲐鮆千斤，鲰千石，鲍千钧，枣栗千石者三之，狐貂裘千皮，羔羊裘千石，旃席千具，佗果菜千钟，子贷金钱千贯，节驵会，贪贾三之，廉贾五之，此亦比千乘之家，其大率也。佗杂业不中什二，则非吾财也。

请略道当世千里之中，贤人所以富者，令后世得以观择焉。

蜀卓氏之先，赵人也，用铁冶富。秦破赵，迁卓氏。卓氏见虏略，独夫妻推辇，行诣迁处。诸迁虏少有余财，争与吏，求近处，处葭萌。唯卓氏曰："此地狭薄。吾闻汶山之下，沃野，下有蹲鸱，至死不饥。民工于市，易贾。"乃求远迁。致之临邛，大喜，即铁山鼓铸，运筹策，倾滇蜀之民，富至僮千人。田池射猎之乐，拟于人君。

程郑，山东迁虏也，亦冶铸，贾椎髻之民，富埒卓氏，俱居临邛。

子瘦弱不堪，逢年过节祖宗鬼神无钱祭祀、无钱赠人路费、无钱聚集饮食，吃喝穿戴都难以自足，如此贫困，还不感到羞愧，那就没有什么可比拟的了。所以，只能出卖劳力，因为没有钱财，稍有钱财便玩弄智巧，已经富足便争时逐利，这是正常的道理。如今谋求生计，谁能不冒生命危险，所需物品即可取得，那就应受到贤人的鼓励。所以，靠从事农业生产而致富为上，靠从事商工而致富次之，靠玩弄智巧，甚至违法而致富这是最低下的。没有深居山野不肯做官的隐士之行，而长期处于贫贱地位，就是不谈仁义，也足以感到羞愧了。

百姓凡是编户的，对于财富比自己多出十倍的人就会低声下气，多出百倍的就会惧怕人家，多出千倍的就会被人役使，多出万倍的就会为人奴仆，这又是事物的常理。要从贫穷达到富有，务农的不如做工，做工的不如经商，刺绣织绵的不如倚门卖笑，这里所说的经商末业，是穷人致富凭借的手段。在交通发达的大都市，每年酿酒一千瓮，醋一千缸，饮浆一千甑，屠宰牛羊猪皮一千张，贩卖一千钟谷物，一千车柴草，总长千丈的船只，一千株木材，一万棵竹竿，马车一百辆，一千辆牛车，涂漆木器一千件，一千钧铜器，一千担原色木器、铁器及染料，二百匹马，牛二百五十头，一千只猪羊，一百个奴隶，一千斤筋角、丹砂，一千钧绵絮、细布，一千匹彩色丝绸，一千担粗布、皮革，漆一千斗，一千瓶酒曲、盐豆豉，一千斤鲐鱼、鮆鱼，一千石小杂鱼，腌咸鱼一千钧，三千石枣子、栗子，一千件狐貂皮衣，一千石羔羊皮衣，毛毡毯一千条，以及水果蔬菜一千种，还有一千贯放高利贷的资金，促成牲畜交易的掮客或贪心的商人获利有十分之三，廉正的商人获利十分之五，这一类人也可与千乘之家相比，这是大致的情况。至于其他杂业，如果利润不到十分之二，那就不是我说的好的致富行业。

请让我简略说明当时千里范围内那些贤能者之所以能够致富的情况，以便使后世的人得以考察选择。

蜀地卓氏的祖先是赵国人，靠冶铁致富。秦国击败赵国时，迁徙卓氏，卓氏被虏掠，只有他们夫妻二人推着车子，去往迁徙的地方。同时被迁徙的其他人，稍有一点多余的钱财，便争着送给主事的官吏，央求迁徙到近处，近处是在葭萌县。只有卓氏说："葭萌地方狭小，土地瘠薄，我听说汶山下面是肥沃的田野，地里长着大芋头，形状像蹲伏的鸱鸟，人到死也不会挨饿。那里的百姓善于交易，容易做买卖。"于是就要求迁到远处，结果却被迁移到临邛，他非常高兴，就在有铁矿的山里熔铁铸械，用心筹谋计划，财势压倒滇蜀地区的居民，以致富有到了奴仆多达一千人。他在田园水池尽享游玩射猎之乐，可以比得上国君。

程郑是自太行山以东迁徙来的降民，也经营冶铸业，常把铁器制品卖给西南地区少数民族，他的财富与卓氏相等，与卓氏同住在临邛。

宛孔氏之先，梁人也，用铁冶为业。秦伐魏，迁孔氏南阳。大鼓铸，规陂池，连车骑，游诸侯，因通商贾之利，有游闲公子之赐与名。然其赢得过当，愈于纤啬，家致富数千金，故南阳行贾尽法孔氏之雍容。

鲁人俗俭啬，而曹邴氏尤甚，以铁冶起，富至巨万。然家自父兄子孙约，俯有拾，仰有取，贳贷行贾遍郡国。邹、鲁以其故多去文学而趋利者，以曹邴氏也。

齐俗贱奴虏，而刀间独爱贵之。桀黠奴，人之所患也，唯刀间收取，使之逐渔盐商贾之利，或连车骑，交守相，然愈益任之。终得其力，起富数千万。故曰“宁爵毋刀”，言其能使豪奴自饶而尽其力。

周人既纤，而师史尤甚，转毂以百数，贾郡国，无所不至。洛阳街居在齐秦楚赵之中，贫人学事富家，相矜以久贾，数过邑不入门，设任此等，故师史能致七千万。

宣曲任氏之先，为督道仓吏。秦之败也，豪杰皆争取金玉，而任氏独窖仓粟。楚汉相距荥阳也，民不得耕种，米石至万，而豪杰金玉尽归任氏，任氏以此起富。富人争奢侈，而任氏折节为俭，力田畜。田畜人争取贱贾，任氏独取贵善。富者数世。然任公家约，非田畜所出弗衣食，公事不毕则身不得饮酒食肉。以此为闾里率，故富而主上重之。

塞之斥也，唯桥姚已致马千匹，牛倍之，羊万头，粟以万钟计。

吴楚七国兵起时，长安中列侯封君行从军旅，赍贷子钱，子钱家以为侯邑国在关东，关东成败未决，莫肯与。唯无盐氏出捐千金贷，其息什之。三月，吴楚平，一岁之中，则无盐氏之息什倍，用此富埒关中。

宛县孔氏的先祖是梁国人，以冶铁为业。秦国攻伐魏国后，把孔氏迁到南阳。他便大规模地经营冶铸业，并规划开辟鱼塘养鱼，成群结队的车马，并经常游访诸侯，借此牟取经商发财的便利，博得了游闲公子乐施好赐的美名。然而他赢利很多，大大超出施舍花费的那点钱，胜过吝啬小气的商人，家中多达数千金财富，所以，南阳人做生意全部效法孔氏的从容稳重和举止大方。

鲁地民俗吝啬节俭，而曹邴氏尤为突出，他靠冶铁起家，财富多达几万钱。然而，他家父兄子孙都遵守这样的家规：抬头低头都要有所得，一举一动都要不忘利。他家租赁、放债、做买卖遍及各地。由于这个原因，邹鲁地区有很多人丢弃儒学而追求发财，这是受曹邴氏的影响。

鄙视奴仆是齐地风俗，而刀间却偏偏重视他们。凶恶狡猾的奴仆是人们所担忧的，唯有刀间收留他们，让他们追逐渔盐商业上的利益，或者成队的车马让他们乘坐，去结交地方官员，并且更加信任他们。刀间终于获得他们的帮助，致富达数千万钱。所以有人说“与其出外求取官爵，不如在刀家为奴”，说的就是刀间能使豪奴自身富足且还能为他竭尽其力。

原本周地居民就很吝啬，而师史尤为突出，他以车载货贩运赚钱，车辆数以百计，经商于各郡诸侯之中，无所不到。洛阳地处齐、楚、秦、赵等国的中心，街巷的穷人在富家学做生意，常以自己在外经商时间长相互夸耀，路过乡里多次也不入家门。因能筹划任用这样的人，所以师史能致富达七千万钱。

督道仓的守吏，是宣曲任氏的先祖。秦朝败亡之时，豪杰全都争夺金银珠宝，而任氏独自用地窖储藏米粟。后来，楚汉两军于荥阳相峙，农民无法耕种田地，米价每石涨到一万钱，任氏卖谷大发其财，豪杰的金银珠宝全都归任氏，因此任氏发了财。一般富人都争相奢侈，而任氏却屈己从人，崇尚节俭，致力于农田畜牧。牲畜、田地，一般人都争着低价买进，任氏却专门买进贵而好的。任家数代都很富有。但任氏家约规定，不穿不吃不是自家种田养畜得来的物品，没有做完公事自身不得饮酒吃肉，以此作为乡里表率，所以他们富有而得到皇上的尊重。

开拓边疆地区之际，只有桥姚取得千匹马，二千头牛，一万只羊，以万钟计算的粟。

吴楚七国起兵反叛汉朝中央朝廷时，长安城里的列侯封君要从军出征，需借贷有息之钱，高利贷者认为列侯封君的食邑国都都在关东，而关东战事胜负尚未分晓，没有人肯把钱贷给他们。只有无盐氏拿出千金给他们放贷，其利息为本钱的十倍。三个月后，平定吴楚。一年之中，无盐氏得到高至本金十倍的利息，以此致富与关中富豪相匹敌。

关中富商大贾，大抵尽诸田，田啬、田兰。韦家栗氏，安陵、杜杜氏，亦巨万。

此其章章尤异者也。皆非有爵邑奉禄弄法犯奸而富，尽椎埋去就，与时俯仰，获其赢利，以末致财，用本守之，以武一切，用文持之，变化有概，故足术也。若至力农畜，工虞商贾，为权利以成富，大者倾郡，中者倾县，下者倾乡里者，不可胜数。

夫纤啬筋力，治生之正道也，而富者必用奇胜。田农，掘业，而秦扬以盖一州。掘冢，奸事也，而田叔以起。博戏，恶业也，而桓发用富。行贾，丈夫贱行也，而雍乐成以饶。贩脂，辱处也，而雍伯千金。卖浆，小业也，而张氏千万。洒削，薄技也，而郅氏鼎食。胃脯，简微耳，浊氏连骑。马医，浅方，张里击钟。此皆诚壹之所致。

由是观之，富无经业，则货无常主，能者辐凑，不肖者瓦解。千金之家比一都之君，巨万者乃与王者同乐。岂所谓“素封”者邪？非也？

关中地区的大贾富商，多是姓田的那些人家，如田啬、田兰。还有韦家栗氏、安陵和杜县的杜氏，家产也达万万钱。

以上这些人都是与众不同、赫赫有名的人物。他们都不是有爵位封邑、俸禄收入或者靠舞文弄法、作奸犯科而发财致富的，全是靠推测事理，取舍进退，随机应变，获得赢利，以经营商工末业致富，从事农业守财靠购置田产，以各种强有力的手段夺取一切，用法律政令等文字方式维持下去，变化多端大概如此，所以是值得记述的。至于那些致力于农业、畜牧、山林、手工、渔猎或经商的人，凭借财利和权势而成为富人，大者压倒一郡，中者压倒一县，小者压倒乡里，那更是多得数不胜数。

发财致富的正路是精打细算、勤劳节俭，但想要致富的人还必须出奇制胜。种田务农是笨重的行业，而靠它秦杨却成为一州的首富。盗墓本来是犯法的勾当，而田叔却靠它起家。赌博本来是恶劣的行径，而桓发致富却靠它。行走叫卖是男子汉的卑贱行业，而雍乐成却靠它发财。贩卖油脂是耻辱的行当，而雍伯靠它挣到了千金。卖水浆本是小本生意，而张氏靠它赚了一千万钱。磨刀本是小手艺，而郅氏靠它富到列鼎而食。卖羊肚儿本是微不足道的事，而浊氏靠它富至车马成行。给马治病是浅薄的小术，而张里靠它富到击钟佐食。这些人都是由于心志专一而致富的。

由此可见，致富并不靠固定的行业，而财货也没有固定的主人，有本领的人能够集聚财货，没有本领的人就会破败家财。有千金的人家可以比得上一个都会的封君，有家财巨万的富翁便能同国君一样享乐。这是不是所谓的“素封”者？难道不是吗？

太史公自序第七十

昔在颛顼，命南正重以司天，北正黎以司地。唐虞之际，绍重黎之后，使复典之，至于夏商，故重黎氏世序天地。其在周，程伯休甫其后也。当周宣王时，失其守而为司马氏。司马氏世典周史。惠襄之间，司马氏去周适晋。晋中军随会奔秦，而司马氏入少梁。

自司马氏去周适晋，分散，或在卫，或在赵，或在秦。其在卫者，相中山。在赵者，以传剑论显，蒯聩其后也。在秦者名错，与张仪争论，于是惠王使错将伐蜀，遂拔，因而守之。错孙靳，事武安君白起。而少梁更名曰夏阳。靳与武安君坑赵长平军，还而与之俱赐死杜邮，葬于华池。靳孙昌，昌为秦主铁官，当始皇之时。蒯聩玄孙卬为武信君将而徇朝歌。诸侯之相王，王卬于殷。汉之伐楚，卬归汉，以其地为河内郡。昌生无泽，无泽为汉市长。无泽生喜，喜为五大夫，卒，皆葬高门。喜生谈，谈为太史公。

太史公学天官于唐都，受《易》于杨何，习道论于黄子。太史公仕于建元元封之间，愍学者之不达其意而师悖，乃论六家之要指曰：

《易大传》："天下一致而百虑，同归而殊涂。"夫阴阳、儒、墨、名、法、道德，此务为治者也，直所从言之异路，有省不省耳。尝窃观阴阳之术，大祥而众忌讳，使人拘而多所畏；然其序四时之大顺，不可失也。儒者博而寡要，劳而少功，是以其事难尽从；然其序君臣父子之礼，列夫妇长幼之别，不可易也。墨者俭而难遵，是以其从前颛顼统治天下时，任命南正重掌管天文、北正黎掌管地理。唐虞之际，又让重、黎的后代继续掌管天文、地理，一直到夏商时期。所以，重黎氏世代掌管天文地理。周朝时候，程伯休甫就是他们的后裔。到了周宣王的时候，重黎氏因失去官守而成为司马氏。司马氏世代掌管周史。周惠王和周襄王统治时期，司马氏离开周都，到了晋国。后来，晋国中军元帅随会逃奔到秦国，司马氏也迁居少梁。

自从司马氏离开周都到了晋国之后，族人分散各地，有的在卫国，有的在赵国，有的在秦国。在卫国的，做了中山国的相。在赵国的，以传授剑术理论而显扬于世，蒯聩就是他们的后代。在秦国的名叫司马错，曾与张仪发生争论，于是秦惠王派司马错率军攻打蜀国，攻取后，又任命他做了蜀地郡守。司马错之孙司马靳，侍奉武安君白起。这时候少梁已更名为夏阳。司马靳与武安君坑杀赵国长平军，回来后与武安君一起被赐死于杜邮，埋葬在华池。司马靳之孙司马昌，是秦国主管冶铸铁器的官员，生活在秦始皇时代。蒯聩玄孙司马卬，曾为武安君部将并带兵攻占朝歌。诸侯争相为王时，司马卬在殷地称王。汉王刘邦攻打楚霸王项羽之际，司马卬归降汉王，汉把殷地设为河内郡。司马昌生司马无泽，司马无泽担任汉朝市长之职。无泽生司马喜，司马喜封爵五大夫，死后都埋葬在高门。司马喜生司马谈，司马谈做了太史公。

太史公跟着唐都学习天文，跟着杨何学习《易经》，跟着黄子学习道家理论。太史公在建元至元封年间做官，他忧虑学者不能通晓各学派的要义而所学悖谬，于是论述阴阳、儒、墨、名、法和道德六家的要旨说：

《周易·系辞传》说："天下人的追求相同，而具体策划却多种多样；达到的目的相同，而采取的途径却不一样。"阴阳家、儒家、墨家、名家、法家和道家都是致力于如何达到太平治世的学派，只是他们所遵循依从的学说不是一个路子，有的显明，有的不显明罢了。我曾经在私下里研究过阴阳之术，发现它注重吉凶祸福的预兆，禁忌避讳很多，使人受到一些束缚并多有所畏惧，但阴阳家关于一年四季运行顺序的道理，是不可丢弃的。儒家学说广博但殊少抓住要领，花费了气力却很少见到功效，因此该学派的主张难以完全遵从；然而它所序列的君臣父子之礼、夫妇长幼之别则是不可改变的。墨家俭啬而难以依遵，因此该派事不可遍循；然其强本节用，不可废也。法家严而少恩；然其正君臣上下之分，不可改矣。名家使人俭而善失真；然其正名实，不可不察也。道家使人精神专一，动合无形，赡足万物。其为术也，因阴阳之大顺，采儒墨之善，撮名法之要，与时迁移，应物变化，立俗施事，无所不宜，指约而易操，事少而功多。儒者则不然。以为人主天下之仪表也，主倡而臣和，主先而臣随。如此则主劳而臣逸。至于大道之要，去健羡，绌聪明，释此而任术。夫神大用则竭，形大劳则敝。形神骚动，欲与天地长久，非所闻也。

夫阴阳四时、八位、十二度、二十四节各有教令，顺之者昌，逆之者不死则亡，未必然也，故曰"使人拘而多畏"。夫春生夏长，秋收冬藏，此天道之大经也，弗顺则无以为天下纲纪，故曰"四时之大顺，不可失也"。

夫儒者以六艺为法。六艺经传以千万数，累世不能通其学，当年不能究其礼，故曰"博而寡要，劳而少功"。若夫列君臣父子之礼，序夫妇长幼之别，虽百家弗能易也。

墨者亦尚尧舜道，言其德行曰："堂高三尺，土阶三等，茅茨不翦，采椽不刮。食土簋，啜土刑，粝粱之食，藜藿之羹。夏日葛衣，冬日鹿裘。"其送死，桐棺三寸，举音不尽其哀。教丧礼，必以此为万民之率。使天下法若此，则尊卑无别也。夫世异时移，事业不必同，故曰"俭而难遵"。要曰强本节用，则人给家足之道也。此墨子之所长，虽百长弗能废也。

法家不别亲疏，不殊贵贱，一断于法，则亲亲尊尊之恩绝矣。可以行一时之计，而不可长用也，故曰"严而少恩"。若尊主卑臣，明分职不得相逾越，虽百家弗能改也。

名家苛察缴绕，使人不得反其意，专决于名而失人情，故曰"使的主张不能全部遵循，但它提出的强本节用的主张，则是不可废弃的。法家主张严刑峻法却刻薄寡恩，但它辨正君臣上下名分的主张，则是不可更改的。名家使人受约束而容易失去真实性；但它辨正名与实的关系，则是不能不认真察考的。道家是使人精神专一，行动合乎无形之道，使万物丰足。道家之术依据阴阳家关于四时运行顺序之说，吸收儒墨两家之长，撮取名、法两家之精要，随着时势发展，顺应事物的变化，树立良好风俗，应用于人事，无不适宜，意旨简单扼要而容易掌握，用力少而功效多。儒家则不是这样。他们认为君主是天下人的表率，君主倡导，臣下应和，君主先行，臣下随从。这样一来，君主劳累了而臣下却安逸了。至于大道的要旨，是舍弃刚强与贪欲，去掉聪明智慧，将这些放置一边而用智术治理天下。精神过度使用就会衰竭，身体过度劳累就会疲惫，身体和精神受到扰乱，不得安宁，却想要与天地共长久，则是从未听说过的事。

阴阳家认为四时、八位、十二度和二十四节气各有一套宜忌规定，顺应了它就会昌盛，违背了它不死也亡。这未必是对的，所以说阴阳家“使人受束缚而多所畏惧”。春生、夏长、秋收、冬藏，这是自然界的重要规律，不顺应它就无法制定天下纲纪，所以说“四时的运行是不能舍弃的”。

儒家以《诗经》、《尚书》、《易经》、《礼记》、《春秋》、《乐经》等“六艺”为法式，而“六艺”的本文和释传以千万计，几代相继不能弄通其学问，有生之年不能穷究其礼仪，所以说儒家学说“广博但殊少抓住要领，花费了力气却很少收到功效”。至于序列君臣父子之礼，夫妇长幼之别，即使是百家之说也不能改变它。

墨家也崇尚尧舜之道，谈论他们的品德行为说：“堂口三尺高，堂下土阶只有三层，用茅草搭盖屋顶而不加修剪，用栎木做椽子而不经刮削。用陶簋吃饭，用陶铏喝汤，吃的是糙米粗饭和藜藿做的野菜羹。夏天穿葛布衣，冬天穿鹿皮裘”。墨家为死者送葬的时候只做一副厚仅三寸的桐木棺材，送葬者恸哭而不能尽诉其哀痛。教民丧礼，必须以此作为万民的统一标准。假使天下都照此法去做。那贵贱尊卑就没有区别了。世代不同，时势变化，人们所做的事业不一定会相同，所以说墨家“俭啬而难以遵从”。墨家学说的要旨为强本节用，则是人人丰足、家家富裕之道。这是墨子学说的长处，即使是百家学说也不能废弃它。

法家不区别亲疏远近，不区分贵贱尊卑，一律依据法令来决断，那么亲近亲属、尊敬长上的恩情就断绝了。这些可作为一时之计来施行，却不可长用，所以说法家“严酷而刻薄寡恩”。至于说到法家使君主尊贵，使臣子卑下，使上下名分、职分明确，不得相互逾越等主张，即使百家之说也是不能更改的。

名家刻细烦琐，纠缠不清，使人不能反求其意，一切取决于概念名称却失去人俭而善失真”。若夫控名责实，参伍不失，此不可不察也。

道家无为，又曰无不为，其实易行，其辞难知。其术以虚无为本，以因循为用。无成埶，无常形，故能究万物之情。不为物先，不为物后，故能为万物主。有法无法，因时为业；有度无度，因物与合。故曰“圣人不朽，时变是守。虚者道之常也，因者君之纲”也。群臣并至，使各自明也。其实中其声者谓之端，实不中其声者谓之窾。窾言不听，奸乃不生，贤不肖自分，白黑乃形。在所欲用耳，何事不成。乃合大道，混混冥冥。光燿天下，复反无名。凡人所生者神也，所托者形也。神大用则竭，形大劳则敝，形神离则死。死者不可复生，离者不可复反，故圣人重之。由是观之，神者生之本也，形者生之具也。不先定其神，而曰“我有以治天下”，何由哉？

太史公既掌天官，不治民。有子曰迁。

迁生龙门，耕牧河山之阳。年十岁则诵古文。二十而南游江、淮，上会稽，探禹穴，窥九疑，浮于沅、湘；北涉汶、泗，讲业齐、鲁之都，观孔子之遗风，乡射邹、峄；戹困鄱、薛、彭城，过梁、楚以归。于是迁仕为郎中，奉使西征巴、蜀以南，南略邛、笮、昆明，还报命。

是岁天子始建汉家之封，而太史公留滞周南，不得与从事，故发愤且卒。而子迁适使反，见父于河洛之间。太史公执迁手而泣曰：“余先周室之太史也。自上世尝显功名于虞夏，典天官事。后世中衰，绝于予乎？汝复为太史，则续吾祖矣。今天子接千岁之统，封泰山，而余不得从行，是命也夫，命也夫！余死，汝必为太史；为太史，无忘吾所欲论著矣。且夫孝始于事亲，中于事君，终于立身。扬了一般常理，所以说它“使人受约束而容易丧失人的真实性”。至于循名责实，要求名称与实际进行比较验证，这是不可不予以认真考察的。

道家讲“无为”，又说“无不为”，其实际主张容易施行，其文辞则幽深微妙，难以明白通晓。其学说以虚无为理论基础，以顺应自然为实用原则。道家认为事物没有既成不变之势，没有常存不变之形，所以能够探求万物的情理。不做超越自然规律的事，也不做落后于自然规律的事，所以能够成为万物的主宰。内心有法而不任法以为法，要顺应时势以成其业；内心有度而不恃度以为度，要根据万物之形各成其度而与之相合。所以说“圣人的思想和业绩之所以不可磨灭，就在于能够顺应时势的变化。虚无是道的永恒规律，顺天应人是国君治国理民的纲要”。群臣一齐来到面前，君主应让他们各自明确自己的职分。其实际情况符合其言论名声者，叫做“端”；实际情况不符合其言论声名者，叫做“窾”。不听信“窾言”即空话，奸邪就不会产生，贤与不肖自然分清，黑白也就分明。问题在于想不想依照而行，只要肯运用，什么事办不成呢？这样才会合乎大道，一派混混冥冥的境界。光辉照耀天下，重又返归于无名的状态。大凡人活着是因为有精神，而精神又寄托于形体。精神过度使用就会精力衰竭，形体过度劳累就会身体疲惫，形、神分离就会死亡。死去的人不能复生，神、形分离便不能重新结合在一起，所以圣人重视这个问题。由此看来，精神是人生命的根本，形体是生命的依托。不先安定自己的精神和身体，却侈谈“我有办法治理天下”，凭借的又是什么呢？

太史公执掌天文之后，不管民事。他有个儿子名叫司马迁。

司马迁生于龙门，在黄河之北、龙门山之南，过着耕种畜牧生活。年仅十岁便已习诵古文。二十岁开始南游江、淮地区，登会稽山，探察禹穴，游览九疑山，泛舟于沅水、湘水之上；北渡汶水、泗水，在齐、鲁两地的都会与人研讨学问，考察孔子的遗风，在邹县、峄山行乡射之礼；在鄱、薛、彭城遭到困厄，经过梁、楚之地回到家乡。于是司马迁出仕为郎中，奉命西征巴蜀以南，往南经略邛、笮、昆明，归来向朝廷复命。

这一年，天子开始举行汉朝的封禅典礼，而太史公被滞留在周南，不能参与其事，所以心中愤懑，致病将死。其子司马迁恰逢出使归来，在黄河、洛水之间拜见了父亲。太史公谈握着司马迁的手哭着说：“我们的先祖是周朝的太史。远在上古虞夏之世便显扬功名，执掌天文之事。后世衰落了，现在会断绝在我手里吗？你继任做太史，就能接续我们祖先的事业了。现在天子继承汉朝千年一统的大业，在泰山举行封禅典礼，而我不能随行，这是命啊，是命啊！我死之后，你必定要做太史；做了太史，不要忘记我想要撰写的著述啊。再说孝道始于奉养名于后世，以显父母，此孝之大者。夫天下称诵周公，言其能论歌文武之德，宣周邵之风，达太王王季之思虑，爰及公刘，以尊后稷也。幽厉之后，王道缺，礼乐衰，孔子修旧起废，论《诗》《书》，作《春秋》，则学者至今则之。自获麟以来四百有余岁，而诸侯相兼，史记放绝。今汉兴，海内一统，明主贤君忠臣死义之士，余为太史而弗论载，废天下之史文，余甚惧焉，汝其念哉！”迁俯首流涕曰：“小子不敏，请悉论先人所次旧闻，弗敢阙。”

卒三岁而迁为太史令，䌷史记石室金匮之书。五年而当太初元年，十一月甲子朔旦冬至，天历始改，建于明堂，诸神受纪。

太史公曰：“先人有言：‘自周公卒五百岁而有孔子。孔子卒后至于今五百岁，有能绍明世，正《易传》，继《春秋》，本《诗》《书》《礼》《乐》之际？’意在斯乎！意在斯乎！小子何敢让焉。”

上大夫壶遂曰：“昔孔子何为而作《春秋》哉？”太史公曰：“余闻董生曰：‘周道衰废，孔子为鲁司寇，诸侯害之，大夫壅之。孔子知言之不用，道之不行也，是非二百四十二年之中，以为天下仪表，贬天子，退诸侯，讨大夫，以达王事而已矣。’子曰：‘我欲载之空言，不如见之于行事之深切著明也。’夫《春秋》，上明三王之道，下辨人事之纪，别嫌疑，明是非，定犹豫，善善恶恶，贤贤贱不肖，存亡国，继绝世，补敝起废，王道之大者也。《易》著天地阴阳四时五行，故长于变；《礼》经纪人伦，故长于行；《书》记先王之事，故长于政；《诗》记山川溪谷禽兽草木牝牡雌雄，故长于风；《乐》乐所以立，故长于和；《春秋》辩是非，故长于治人。是故《礼》以节人，《乐》以发和，《书》以道事，《诗》以达意，双亲，进而侍奉君主，最终在于立身扬名。扬名后世来显耀父母，这是最大的孝道。天下称道歌颂周公，说他能够论述歌颂文王、武王的功德，宣扬周、邵的风尚，通晓太王、王季的思虑，乃至于公刘的功业，并尊崇始祖后稷。周幽王、厉王以后，王道衰败，礼乐衰颓，孔子研究整理旧有的典籍，修复振兴被废弃破坏的礼乐，论述《诗经》、《尚书》，写作《春秋》，学者至今以之为准则。自春秋末期以来四百余年，诸侯相互兼并，史书被丢弃殆尽。如今汉朝兴起，海内统一，明主贤君忠臣死义之士，我作为太史却未能予以论评载录，断绝了天下的修史传统，对此我甚感惶恐，你可要记在心上啊！”司马迁低下头流着眼泪说：“儿子虽然驽笨，但我会详述先人所整理的历史旧闻，不敢稍有缺漏。”

司马谈去世三年后，司马迁任太史令，开始缀集历史书籍及国家收藏的档案文献。司马迁任太史令五年，正当汉太初元年，十一月甲子朔旦冬至，汉朝的历法开始改用夏正，即以农历一月为正月，天子在明堂举行了实施新历法的仪式，诸神皆受瑞纪。

太史公说：“先人说过：‘自周公死后五百年而有孔子。孔子死后到现在五百年，有能继承清明之世，正定《易传》，接续《春秋》，意本《诗经》、《尚书》、《礼记》、《乐经》的人吗？’其用意就在于此，在于此吧！我又怎敢推辞呢？”

上大夫壶遂问：“从前孔子为什么要作《春秋》呢？”太史公说：“我听董生讲：‘周朝王道衰败废弛，孔子担任鲁国司寇，诸侯嫉害他，卿大夫阻挠他。孔子知道自己的意见不被君主采纳，政治主张无法实行，便褒贬评定二百四十二年间的是非，作为天下评判是非的标准，贬抑无道的天子，斥责为非的诸侯，声讨乱政的大夫，为的是使国家政事通达而已’。孔子说：‘我与其载述空洞的说教，不如举出在位者所做所为来显现他的是非美恶，这样就更加深切显明了。’《春秋》这部书，上阐明三王的治道，下辨别人事的纪纲，辨别嫌疑，判明是非，论定犹豫不决之事，褒善怨恶，尊重贤能，贱视不肖，使灭亡的国家存在下去，使断绝了的世系继续下去，补救衰敝之事，振兴废弛之业，这是最大的王道。《易经》载述天地、阴阳、四时、五行，所以在说明变化方面见长；《礼记》规范人伦，所以在行事方面见长；《尚书》记述先王事迹，所以在政治方面见长；《诗经》记山川溪谷、禽兽草木、牝牡雌雄，所以在风土人情方面见长；《乐经》是论述音乐立人的经典，所以在和谐方面见长；《春秋》论辨是非，所以在治人方面见长。由此可见《礼记》是用来节制约束人的，《乐经》是用来诱发人心平和的，《尚书》是述说政事的，《诗经》是用来表达情意的，《易经》是用来讲变化之道的，《春秋》是用来论述道义的。平定乱世，使之复

《易》以道化，《春秋》以道义。拨乱世反之正，莫近于《春秋》。《春秋》文成数万，其指数千。万物之散聚皆在《春秋》。《春秋》之中，弑君三十六，亡国五十二，诸侯奔走不得保其社稷者不可胜数。察其所以，皆失其本已。故《易》曰‘失之豪釐，差以千里’。故曰‘臣弑君，子弑父，非一旦一夕之故也，其渐久矣’。故有国者不可以不知《春秋》，前有谗而弗见，后有贼而不知。为人臣者不可以不知《春秋》，守经事而不知其宜，遭变事而不知其权。

为人君父而不通于《春秋》之义者，必蒙首恶之名。为人臣子而不通于《春秋》之义者，必陷篡弑之诛，死罪之名。其实皆以为善，为之不知其义，被之空言而不敢辞。夫不通礼义之旨，至于君不君，臣不臣，父不父，子不子。夫君不君则犯，臣不臣则诛，父不父则无道，子不子则不孝。此四行者，天下之大过也。以天下之大过予之，则受而弗敢辞。故《春秋》者，礼义之大宗也。夫礼禁未然之前，法施已然之后；法之所为用者易见，而礼之所为禁者难知。”

壶遂曰：“孔子之时，上无明君，下不得任用，故作《春秋》，垂空文以断礼义，当一王之法。今夫子上遇明天子，下得守职，万事既具，咸各序其宜，夫子所论，欲以何明？”

太史公曰：“唯唯，否否，不然。余闻之先人曰：‘伏羲至纯厚，作易八卦。尧舜之盛，《尚书》载之，礼乐作焉。汤武之隆，诗人歌之。《春秋》采善贬恶，推三代之德，褒周室，非独刺讥而已也。’汉兴以来，至明天子，获符瑞，封禅，改正朔，易服色，受命于穆清，泽流罔极，海外殊俗，重译款塞，请来献见者，不可胜道。臣下百官力诵圣德，犹不能宣尽其意。且士贤能而不用，有国者之耻；主上明圣而德不布闻，有司之过也。且余尝掌其官，废明圣盛德不载，灭功臣世家贤大夫之业不述，堕先人所言，罪莫大焉。余所谓归正道，没有什么著作比《春秋》更切近有效了。《春秋》不过数万字，而其要旨就有数千条。万物的离散聚合都在《春秋》之中。在《春秋》一书中，记载弑君事件三十六起，被灭亡的国家五十二个，诸侯出奔逃亡不能保其国家的数不胜数。考察其变乱败亡的原因，都是丢掉了作为立国立身根本的春秋大义。所以《易经》中讲‘失之毫厘，差以千里’。所以说‘臣弑君，子弑父，并非一朝一夕的缘故，其发展渐进已是很久了’。因此，做国君的不可以不知《春秋》，否则就是谗佞之徒站在面前也看不见，奸贼之臣紧跟在后面也不会发觉。做人臣者不可以不知《春秋》，否则就只会墨守常规之事却不懂得因事制宜，遇到突发事件则不知如何灵活应对。

做人君、人父的人若不通晓《春秋》的要义，必定会蒙受首恶之名。做人臣、人子的人如不通晓《春秋》要义，必定会陷于篡位杀上而被诛伐的境地，并蒙死罪之名。其实他们都认为是好事而去做，只因为不懂得《春秋》大义，而蒙受史家口诛笔伐的不实之言却不敢推卸罪名。如不明了礼义的要旨，就会弄到君不像君、臣不像臣、父不像父、子不像子的地步。君不像君就会被臣下干犯，臣不像臣就会被诛杀，父不像父就会昏聩无道，子不像子就会忤逆不孝。这四种恶行，是天下最大的罪过。把天下最大的罪过加在他身上，也只得接受而不敢推卸。所以《春秋》这部经典是礼义根本之所在。礼是在事情发生之前禁绝坏事，法规是在坏事发生之后施行的；法规施行的作用显而易见，而礼教禁绝的作用却隐而难知。”

壶遂说：“孔子时候，在上没有圣明君主，他处在下面又得不到任用，所以撰写《春秋》，留下一部空洞的史文来裁断礼义，当作一代帝王的法典。现在先生上遇圣明天子，下能当官供职，万事已经具备，而且全部各得其所，井然相宜，先生所撰述的想要阐明什么呢？”

太史公说：“是，是啊，不不，不完全是这么回事。我听先人说过：‘伏羲最为纯厚，作《易经》八卦。尧舜的强盛，《尚书》里面作了记载，礼乐在那时兴起。商汤周武时代的隆盛，诗人予以歌颂。《春秋》扬善贬恶，推崇夏、商、周三代盛德，褒扬周王室，并非仅仅讽刺讥斥呀’。汉朝兴建以来，到当今英明天子，获见符瑞，举行封禅大典，改订历法，变换服色，受命于上天，恩泽流布无边，海外不同习俗的国家，辗转几重翻译到中原边关来，请求进献朝见的不可胜数。臣下百官竭力颂扬天子的功德，仍不能完全表达出他们的心意。再说士贤能而不被任用，是做国君的耻辱；君主明圣而功德不能被广泛传扬到大家都知道，是有关官员的罪过。况且我曾担任太史令的职务，若弃置天子明圣盛德而不予记载，埋没功臣、世家、贤大夫的功业而不予载述，违背先父的临终遗言，罪述故事，整齐其世传，非所谓作也，而君比之于《春秋》，谬矣。”

于是论次其文。七年而太史公遭李陵之祸，幽于缧绁。乃喟然而叹曰：“是余之罪也夫！是余之罪也夫！身毁不用矣。”退而深惟曰：“夫《诗》《书》隐约者，欲遂其志之思也。昔西伯拘羑里，演《周易》；孔子戹陈蔡，作《春秋》；屈原放逐，著《离骚》；左丘失明，厥有国语；孙子膑脚，而论兵法；不韦迁蜀，世传《吕览》；韩非囚秦，《说难》《孤愤》；《诗》三百篇，大抵贤圣发愤之所为作也。此人皆意有所郁结，不得通其道也，故述往事，思来者。”于是卒述陶唐以来，至于麟止，自黄帝始。

维昔黄帝，法天则地，四圣遵序，各成法度；唐尧逊位，虞舜不台；厥美帝功，万世载之。作《五帝本纪》第一。

维禹之功，九州攸同，光唐虞际，德流苗裔；夏桀淫骄，乃放鸣条。作《夏本纪》第二。

维契作商，爰及成汤；太甲居桐，德盛阿衡；武丁得说，乃称高宗；帝辛湛湎，诸侯不享。作《殷本纪》第三。

维弃作稷，德盛西伯；武王牧野，实抚天下；幽厉昏乱，既丧酆镐；陵迟至赧；洛邑不祀。作《周本纪》第四。

维秦之先，伯翳佐禹；缪公思义，悼豪之旅；以人为殉，诗歌黄鸟；昭襄业帝。作《秦本纪》第五。

始皇既立，并兼六国，销锋铸鐻，维偃干革，尊号称帝，矜武任力；二世受运，子婴降虏。作《始皇本纪》第六。

秦失其道，豪桀并扰；项梁业之，子羽接之；杀庆救赵，诸侯立之；诛婴背怀，天下非之。作《项羽本纪》第七。

子羽暴虐，汉行功德；愤发蜀汉，还定三秦；诛籍业帝，天下惟过就实在太大了。我所说的缀述旧事，整理有关人物的家世传记，并非所谓著作呀，而您拿它与《春秋》相比，那就错了。”

于是太史公就开始论述编次所得文献和材料。到了第七年，太史公遭逢李陵之祸，被囚禁狱中，于是喟然而叹道：“这是我的罪过啊！这是我的罪过啊！身体残毁没有用了。”回过头来深思道：“《诗经》、《尚书》含义隐微而言辞简约，是作者想要表达他们的心志和情绪。从前周文王被拘禁羑里，推演了《周易》；孔子遭遇陈蔡的困厄，作有《春秋》；屈原被放逐，写成《离骚》；左丘明双目失明，才编撰了《国语》，孙子的腿受了膑刑，却论述兵法；吕不韦被贬徙蜀郡，世上才流传《吕览》；韩非被囚禁在秦国，才写有《说难》、《孤愤》；《诗经》三百篇，大都是圣人贤士抒发愤懑而作的。这些人都是心中聚集郁闷忧愁，理想主张不得实现，所以追述往事，思考未来。”于是我终于下定决心记述唐尧以来直到武帝获白麟那一年的历史，从黄帝开始。

从前黄帝以天地为法则，颛顼、帝喾、尧、舜四位圣明帝王先后相继，各建成一定的法度；唐尧让位于虞舜，虞舜因觉自己不能胜其任而不悦；这些帝王的美德丰功，万世流传。作《五帝本纪》第一。

大禹治水之功，九州同享他的成就，光耀唐虞之际，恩德流传后世；夏桀荒淫骄横，于是被放逐鸣条。作《夏本纪》第二。

契建立商国，传到成汤；太甲被放逐居桐地改过反善，阿衡功德隆盛；武丁得到傅说的辅佐，所以被称为高宗；帝辛沉湎无道，诸侯不再进贡。作《殷本纪》第三。

弃发明种谷，西伯姬昌美德美名传遍天下；武王在牧野伐纣，安抚天下百姓；幽王、厉王昏暴淫乱，丧失了丰、镐二京；王室衰败直至赧王，洛邑断绝了周室宗庙的祭祀。作《周本纪》第四。

秦的祖先伯翳，曾经辅佐大禹；秦缪公思及君义，祭悼秦国在崤战死的将士；缪公死后以活人殉葬，《黄鸟》一诗诉其哀伤；昭襄王开创了帝业。作《秦本纪》第五。

秦始皇即位，兼并了六国，销毁兵器，铸为钟鐻，希望能够使干戈止息，尊号称为皇帝，耀武扬威，专凭暴力，秦二世承受国运继位，子婴投降做了俘虏。作《秦始皇本纪》第六。

秦朝丧失了王道，豪杰并起反抗暴秦；项梁开创反秦大业，项羽接续；项羽杀了卿子冠军宋义，解救了赵国，诸侯拥立他；可他诛杀子婴，背弃义帝怀王，天下都责难他。作《项羽本纪》第七。

项羽残酷暴虐，汉王施行仁德；发愤于蜀、汉，率军北还平定三秦；诛灭项宁，改制易俗。作《高祖本纪》第八。

惠之早霣，诸吕不台；崇强禄、产，诸侯谋之；杀隐幽友，大臣洞疑，遂及宗祸。作《吕太后本纪》第九。

汉既初兴，继嗣不明，迎王践祚，天下归心；蠲除肉刑，开通关梁，广恩博施，厥称太宗。作《孝文本纪》第十。

诸侯骄恣，吴首为乱，京师行诛，七国伏辜，天下翕然，大安殷富。作《孝景本纪》第十一。

汉兴五世，隆在建元，外攘夷狄，内修法度，封禅，改正朔，易服色。作《今上本纪》第十二。

维三代尚矣，年纪不可考，盖取之谱牒旧闻，本于兹，于是略推，作《三代世表》第一。

幽厉之后，周室衰微，诸侯专政，春秋有所不纪；而谱牒经略，五霸更盛衰，欲睹周世相先后之意，作《十二诸侯年表》第二。

春秋之后，陪臣秉政，强国相王；以至于秦，卒并诸夏，灭封地，擅其号。作《六国年表》第三。

秦既暴虐，楚人发难，项氏遂乱，汉乃扶义征伐；八年之间，天下三嬗，事繁变众，故详著《秦楚之际月表》第四。

汉兴已来，至于太初百年，诸侯废立分削，谱纪不明，有司靡踵，强弱之原云以世。作《汉兴已来诸侯年表》第五。

维高祖元功，辅臣股肱，剖符而爵，泽流苗裔，忘其昭穆，或杀身陨国。作《高祖功臣侯者年表》第六。

惠景之间，维申功臣宗属爵邑，作《惠景间侯者年表》第七。

北讨强胡，南诛劲越，征伐夷蛮，武功爰列。作《建元以来侯者年表》第八。

诸侯既强，七国为从，子弟众多，无爵封邑，推恩行义，其埶销弱，德归京师。作《王子侯者年表》第九。

羽建立帝业，安定了天下，又改革制度，更易风俗。作《高祖本纪》第八。

惠帝早逝，诸吕用事使百姓不悦；吕后提高吕禄、吕产的地位，加强他们的权力，诸侯图谋剪除他们；吕后杀害赵隐王，又囚杀赵幽王刘友，朝中大臣疑惧，终于导致了吕氏宗族覆灭。作《吕太后本纪》第九。

汉朝初建，惠帝死后帝位继承人不明确，众臣迎立代王刘恒即位，天下于是心服；文帝废除肉刑，开通水陆要道，博施恩惠，死后被称为太宗。作《孝文本纪》第十。

诸侯王骄横恣肆，吴王率先叛乱，朝廷派兵讨伐，七国叛乱先后伏罪，天下安定，太平富裕。作《孝景本纪》第十一。

汉朝兴建五世，在建元年间兴隆盛世，天子外攘夷狄，内修法度，举行封禅，修订历法，改变服色。作《今上本纪》（也即《孝武本纪》）第十二。

夏、商、周三代太久远了，具体年代已经不可考证，大致取之于传世的谱牒旧闻，以此为据，进而大略地推断，作《三代世表》第一。

幽王、厉王之后，周朝王室衰落，诸侯各自为政，《春秋》有些未作记载；而谱牒只记概要，五霸又交替盛衰，为考察周朝各诸侯国的先后关系，作《十二诸侯年表》第二。

春秋以后，陪臣执政，强国之君竞相称王，等到秦王嬴政的时候，终于吞并各国，铲除封地，独享尊号。作《六国年表》第三。

秦二世暴虐，楚人陈胜发难，项氏又自乱反秦阵营，汉王于是仗义征伐。八年之间，天下三易其主，事变繁多，所以详著《秦楚之际月表》第四。

汉朝自兴建以来，直到太初一百年间，诸侯废立分化削弱的情况，谱录记载不明，主管的官员也无法接着记下去，但可据其世系推知其强弱的原因。作《汉兴以来诸侯王年表》第五。

高祖始取天下，辅佐他创业的功臣，都剖符封爵，恩泽传到他们的子孙后代，有的忘了亲疏远近，分不出辈分，也有的竟至杀身亡国。作《高祖功臣侯者年表》第六。

惠帝、景帝年间，增封功臣宗属爵位和食邑。作《惠景间侯者年表》第七。

北面攻打强悍的匈奴，南面诛讨强劲的越人，征伐四方蛮夷，不少人因为军功封侯。作《建元以来侯者年表》第八。

诸侯国家日渐强大，吴楚等七国南北连成一片，诸侯王子弟众多，很多人没有爵位封邑，朝廷下令推行恩义，分封诸侯王子弟为侯，致使王国势力日益削弱，而德义却归于朝廷。作《建元以来王子侯者年表》第九。

国有贤相良将，民之师表也。维见汉兴以来将相名臣年表，贤者记其治，不贤者彰其事。作《汉兴以来将相名臣年表》第十。

维三代之礼，所损益各殊务，然要以近性情，通王道，故礼因人质为之节文，略协古今之变。作《礼书》第一。

乐者，所以移风易俗也。自《雅》《颂》声兴，则已好郑卫之音，郑卫之音所从来久矣。人情之所感，远俗则怀。比《乐书》以述来古，作《乐书》第二。

非兵不强，非德不昌，黄帝、汤、武以兴，桀、纣、二世以崩，可不慎欤？《司马法》所从来尚矣，太公、孙、吴、王子能绍而明之，切近世，极人变。作《律书》第三。

律居阴而治阳，历居阳而治阴，律历更相治，间不容翲忽。五家之文怫异，维太初之元论。作《历书》第四。

星气之书，多杂禨祥，不经；推其文，考其应，不殊。比集论其行事，验于轨度以次，作《天官书》第五。

受命而王，封禅之符罕用，用则万灵罔不禋祀。追本诸神名山大川礼，作《封禅书》第六。

维禹浚川，九州攸宁；爰及宣防，决渎通沟。作《河渠书》第七。

维币之行，以通农商；其极则玩巧，并兼兹殖，争于机利，去本趋末。作《平准书》以观事变，第八。

太伯避历，江蛮是适；文武攸兴，古公王迹。阖庐弑僚，宾服荆楚；夫差克齐，子胥鸱夷；信嚭亲越，吴国既灭。嘉伯之让，作《吴世家》第一。

申、吕肖矣，尚父侧微，卒归西伯，文武是师；功冠群公，缪权于幽；番番黄发，爰飨营丘。不背柯盟，桓公以昌，九合诸侯，霸功显彰。田阚争宠，姜姓解亡。嘉父之谋，作《齐太公世家》第二。

国家的贤相良将，是民众的表率。曾看到汉兴以来将相名臣年表，对其中的贤者记录他的治绩，对不贤者则明其劣迹。作《汉兴以来将相名臣年表》第十。

夏、商、周三代之礼，各有所增减而不同，但总的来看，其要领都在于使礼切近人的情性，通于王道，所以礼是根据人的质朴本性而制成，减掉了那些繁文缛节，大体顺应了古今之变。作《礼书》第一。

乐，是用来移风易俗的。自《雅》、《颂》之声兴起，人们就已经喜好郑、卫之音，郑、卫之音由来已久了。被人情所感发，那远方异俗之人就会来归附。仿照已有《乐书》来论述自古以来音乐的兴衰，作《乐书》第二。

没有军队国家就不会强大，不施行德政国家就不会昌盛，黄帝、商汤、周武王因为懂得这个道理而兴，夏桀、商纣、秦二世因为不懂这点而亡，怎么可以对此不慎重呢？《司马法》产生已很久了，姜太公、孙武、吴起、王子成甫能继承并有所发明，切合近世情况，极尽人事之变。作《律书》第三。

乐律处于阴而治阳，历法处于阳而治阴，律历交替相治，其间不容许丝毫差错。原有五家的历书相互悖逆不同，只有太初元年所论历法为是。作《历书》第四。

星气之书，夹杂着许多求福去灾、预兆吉凶的内容，荒诞不经；推究其文辞，考察其应验，并无什么特别之处。待到武帝召集专人研讨此事，并依次用轨度加以验证。作《天官书》第五。

承受天命做了帝王，封禅这样的符瑞之事不可轻易举行，如果举行，那么一切神灵没有不受祭祀的。追溯祭祀名山大川诸神之礼，作《封禅书》第六。

大禹疏通河川，九州才得以安宁；及至建立宣防宫之时，河道沟渠更被疏浚。作《河渠书》第七。

钱币的流通，是为沟通农商；其弊端竟发展到玩弄智巧，兼并发财，争相投机牟利的地步，这就是舍本逐末了。作《平准书》来考察事情的变化发展，这是第八。

太伯为让季历继位，避居到江南蛮夷之地，文王、武王才得以振兴周邦，发展了古公亶父的王业。阖闾杀了吴王僚，夺取王位，降服了楚国；夫差战胜齐国，逼杀伍子胥以革囊盛其尸；听信伯嚭的话亲善越国，最终被越国所灭。为赞许太伯让位的美德，作《吴太伯世家》第一。

申、吕两国衰弱，尚父微贱坎坷，终于投归西伯侯，为文王、武王之师；他的功劳为群臣之首，擅长暗中设计权谋；头发斑白的时候受封于齐，建都营丘，成为齐国始祖。齐桓公不背弃与鲁国在柯地所订盟约，事业由此昌盛，多次会合诸侯，成就霸业。田恒与阚止争宠，姜姓齐国于是瓦解灭亡。为赞美尚父的宏谋，作《齐太公世家》第二。

依之违之，周公绥之；愤发文德，天下和之；辅翼成王，诸侯宗周。隐桓之际，是独何哉？三桓争强，鲁乃不昌。嘉旦《金縢》，作《周公世家》第三。

武王克纣，天下未协而崩。成王既幼，管蔡疑之，淮夷叛之，于是召公率德，安集王室，以宁东土。燕之禅，乃成祸乱。嘉《甘棠》之诗，作《燕世家》第四。

管蔡相武庚，将宁旧商；及旦摄政，二叔不飨；杀鲜放度，周公为盟；大任十子，周以宗强。嘉仲悔过，作《管蔡世家》第五。

王后不绝，舜禹是说；维德休明，苗裔蒙烈。百世享祀，爰周陈杞，楚实灭之。齐田既起，舜何人哉？作《陈杞世家》第六。

收殷余民，叔封始邑，申以商乱，《酒》《材》是告，及朔之生，卫顷不宁；南子恶蒯聩，子父易名。周德卑微，战国既强，卫以小弱，角独后亡。喜彼《康诰》，作《卫世家》第七。

嗟箕子乎！嗟箕子乎！正言不用，乃反为奴。武庚既死，周封微子。襄公伤于泓，君子孰称。景公谦德，荧惑退行。剔成暴虐，宋乃灭亡。喜微子问太师，作《宋世家》第八。

武王既崩，叔虞邑唐。君子讥名，卒灭武公。骊姬之爱，乱者五世；重耳不得意，乃能成霸。六卿专权，晋国以秏。嘉文公锡圭鬯，作《晋世家》第九。

重黎业之，吴回接之；殷之季世，鬻子牒之。周用熊绎，熊渠是续。庄王之贤，乃复国陈；既赦郑伯，班师华元。怀王客死，兰咎屈原；好谀信谗，楚并于秦。嘉庄王之义，作《楚世家》第十。

少康之子，实宾南海，文身断发，鼋鳝与处，既守封禺，奉禹之祀。句践困彼，乃用种、蠡。嘉句践夷蛮能修其德，灭强吴以尊周室，作《越王句践世家》第十一。

诸侯和部属对周无论是依顺的，还是违抗的，周公都安抚他们；他努力宣扬文德，天下人都响应附和他；他辅佐护佑成王，诸侯以周天子为天下宗主。隐公、桓公之际却屡屡发生悖德非礼之事，这是为什么呢？只因三桓争强，鲁国国运不昌。赞美周公旦的《金縢》策文，作《周公世家》第三。

武王战胜商纣，天下尚未协洽他便驾崩了。成王年幼，管叔、蔡叔怀疑周公篡位，淮夷也起兵叛乱，于是召公凭借他的高德率先支持周公，使王室团结安定，保证了周公东征的胜利，使东方得以安宁。燕王哙的禅位，才造成了祸乱。赞赏《甘棠》诗篇，作《燕召公世家》第四。

管蔡二叔辅佐武庚，想要安定商朝旧地；周公旦摄政，二叔不服，周公便杀死管叔鲜，流放蔡叔度，周公盟誓忠于成王，太任生育十个儿子，周室因为宗族繁盛而强大。表彰蔡仲的悔过，作《管蔡世家》第五。

先王后代延继不断，舜、禹为此而感到高兴；他们功德美好清明，后代得以承其功业。百世享受祭祀，到了周时，封有陈国、杞国，后来被楚国灭掉。齐田氏又使之兴起，舜是位多么了不起的人啊！作《陈杞世家》第六。

收纳殷的遗民，康叔始封邑。周公用商朝乱德亡国的教训申饬他，写了《酒诰》、《梓材》等辞来告诫他。到卫公子朔出生，卫国开始倾危不宁；南子憎恶蒯聩，造成儿子和父亲名分颠倒。周朝统治日益衰微，各诸侯国日益强大，卫国因为弱小，国君角反而后亡。赞美《康诰》，作《卫康叔世家》第七。

可叹啊，箕子！可叹啊，箕子！正确的意见没有被采纳，反被迫害装疯为奴。武庚死后，周朝封微子于宋。宋襄公在泓水之战中受伤，又有哪位君子称道？景公自谦爱民，荧惑之徒为之退行。剔成暴虐无道，宋国因而灭亡。赞美微子请教太师这件事，作《宋微子世家》第八。

武王去世后，叔虞封邑于唐。君子讥讽晋缪公为儿子取名之事，武公终于灭而代之。献公宠爱骊姬，造成五世之乱；重耳开始的时候不得志，却能威霸诸侯。六卿专权，晋国渐渐衰亡。赞美文公因功得天子圭鬯，作《晋世家》第九。

重黎创业，吴回继承；殷朝末年，有简札记述鬻子为楚国始祖。周成王任用熊绎封为楚子，熊渠继承先世之业。楚庄王贤明，又恢复了陈国，赦免了郑伯之罪，又因华元之言而班师回国。怀王客死于秦，子兰归咎于屈原，楚君喜欢阿谀轻信谗言，终于被秦所吞并。赞美庄王的德义，作《楚世家》第十。

少康之子远居南海，纹身断发，与鼋鳝相处，守在封山禺山，侍奉大禹的祭祀。勾践受到夫差的困辱，于是任用文种、范蠡。赞美勾践身在夷蛮能修养自己的品德，消灭强大吴国以尊奉周室，作《越王勾践世家》第十一。

桓公之东，太史是庸。及侵周禾，王人是议。祭仲要盟，郑久不昌。子产之仁，绍世称贤。三晋侵伐，郑纳于韩。嘉厉公纳惠王，作《郑世家》第十二。

维骥騄耳，乃章造父。赵夙事献，衰续厥绪。佐文尊王，卒为晋辅。襄子困辱，乃禽智伯。主父生缚，饿死探爵。王迁辟淫，良将是斥。嘉鞅讨周乱，作《赵世家》第十三。

毕万爵魏，卜人知之。及绛戮干，戎翟和之。文侯慕义，子夏师之。惠王自矜，齐秦攻之。既疑信陵，诸侯罢之。卒亡大梁，王假厮之。嘉武佐晋文申霸道，作《魏世家》第十四。

韩厥阴德，赵武攸兴。绍绝立废，晋人宗之。昭侯显列，申子庸之。疑非不信，秦人袭之。嘉厥辅晋匡周天子之赋，作《韩世家》第十五。

完子避难，适齐为援，阴施五世，齐人歌之。成子得政，田和为侯。王建动心，乃迁于共。嘉威、宣能拨浊世而独宗周，作《田敬仲完世家》第十六。

周室既衰，诸侯恣行。仲尼悼礼废乐崩，追修经术，以达王道，匡乱世反之于正，见其文辞，为天下制仪法，垂六艺之统纪于后世。作《孔子世家》第十七。

桀、纣失其道而汤、武作，周失其道而春秋作。秦失其政，而陈涉发迹，诸侯作难，风起云蒸，卒亡秦族。天下之端，自涉发难。作《陈涉世家》第十八。

成皋之台，薄氏始基。诎意适代，厥崇诸窦。栗姬偩贵，王氏乃遂。陈后太骄，卒尊子夫。嘉夫德若斯，作《外戚世家》十九。

汉既谲谋，禽信于陈；越荆剽轻，乃封弟交为楚王，爰都彭城，以强淮泗，为汉宗籓。戊溺于邪，礼复绍之。嘉游辅祖，作《楚元王世家》二十。

维祖师旅，刘贾是与；为布所袭，丧其荆、吴。营陵激吕，乃王桓公东迁，信用太史之言。庄公派兵侵犯周土，受到周王臣民的非议。祭仲被宋胁迫结盟，郑国长期得不到昌兴。子产的仁政，后世还在称道贤明。三晋侵犯征伐，郑终被韩吞并。赞美郑厉公接纳周惠王，作《郑世家》第十二。

骥騄耳骏马使造父彰显名声。赵夙侍奉晋献公，赵衰继承他的事业，辅佐晋文公尊奉周王，终于成为晋国辅臣。赵襄子被困辱，却擒捉了智伯。主父遭到臣子围困，掏雀充饥，后来被活活饿死。赵王迁邪僻淫乱，贬斥迫害良将。表彰赵鞅子讨伐平定周王室之乱，作《赵世家》第十三。

毕万在魏封爵，卜官预知其后代必昌盛。及至魏绛羞辱杨干，负罪完成与戎翟媾和之命。文侯仰慕仁义，拜子夏为师。惠王骄傲自大，受到齐国秦国的攻打。安釐王怀疑信陵君，因而诸侯疏远魏国。魏终于被秦所灭，魏王假做了厮养卒。赞美魏武子佐助晋文公创立霸业，作《魏世家》第十四。

韩阙善积阴德，赵武才得兴立。他使灭国者重新振起，使废弃者得以再立，晋人尊崇他。韩昭侯在诸侯中地位显要，重用申不害。韩王怀疑韩非而不信任他，秦攻袭韩。赞赏韩厥辅佐晋君、匡正周王室的赋，作《韩世家》第十五。

完子避难，出奔到齐国请求援助，田氏暗地里施恩惠于民，相继五世，齐人歌颂他。田成子夺得齐国政权，田和成为诸侯。齐王建被奸计说动，使齐迁于共。赞赏齐威王、齐宣王能冲破污浊之世而独尊崇周天子的行为，作《田敬仲完世家》第十六。

周王室衰落以后，诸侯恣意而行。孔子为礼乐崩废而伤感，因而追研经术，以重建王道，匡正乱世，使之返于正道，观其著述，为天下制定礼仪法度。留下《六艺》纲纪于后世。作《孔子世家》第十七。

桀、纣丧失王道而汤、武兴起，周丧失王道而《春秋》一书问世。秦丧失了为政之道，陈涉发起反秦义举，诸侯相继造反，风起云涌，终于灭掉了秦国。天下亡秦之端，始于陈涉发难。作《陈涉世家》第十八。

成皋台是薄氏的肇基之地。窦太后被迫到了代国，才使窦氏家族得以富贵。栗姬倚仗地位尊贵而自骄于人，王氏才得以顺达显贵。陈皇后过于娇贵，终于使卫子夫受到尊宠。赞美卫子夫德行如此之好，作《外戚世家》第十九。

汉高祖设诡计在陈擒拿韩信；越、楚之民慓悍轻捷，于是封其弟刘交做了楚王，建都彭城，以加强淮、泗地区的统治，成为汉王朝的宗属国。楚王刘戊沉溺于邪僻，合谋反叛，刘礼又被封为楚王继承王业。赞赏刘交辅佐高祖，作《楚元王世家》第二十。

高祖率军反秦，刘贾加入其行列，后被英布攻袭，丧失了他的荆、吴之地。

琅邪；怵午信齐，往而不归，遂西入关，遭立孝文，获复王燕。天下未集，贾、泽以族，为汉籓辅。作《荆燕世家》第二十一。

天下已平，亲属既寡；悼惠先壮，实镇东土。哀王擅兴，发怒诸吕，驷钧暴戾，京师弗许。厉之内淫，祸成主父。嘉肥股肱，作《齐悼惠王世家》第二十二。

楚人围我荥阳，相守三年；萧何填抚山西，推计踵兵，给粮食不绝，使百姓爱汉，不乐为楚。作《萧相国世家》第二十三。

与信定魏，破赵拔齐，遂弱楚人。续何相国，不变不革，黎庶攸宁。嘉参不伐功矜能，作《曹相国世家》第二十四。

运筹帷幄之中，制胜于无形，子房计谋其事，无知名，无勇功，图难于易，为大于细。作《留侯世家》第二十五。

六奇既用，诸侯宾从于汉；吕氏之事，平为本谋，终安宗庙，定社稷。作《陈丞相世家》第二十六。

诸吕为从，谋弱京师，而勃反经合于权；吴楚之兵，亚夫驻于昌邑，以戹齐赵，而出委以梁。作《绛侯世家》第二十七。

七国叛逆，蕃屏京师，唯梁为捍；偩爱矜功，几获于祸。嘉其能距吴楚，作《梁孝王世家》第二十八。

五宗既王，亲属洽和，诸侯大小为籓，爰得其宜，僭拟之事稍衰贬矣。作《五宗世家》第二十九。

三子之王，文辞可观。作《三王世家》第三十。

末世争利，维彼奔义；让国饿死，天下称之。作《伯夷列传》第一。

晏子俭矣，夷吾则奢；齐桓以霸，景公以治。作《管晏列传》第二。

李耳无为自化，清净自正；韩非揣事情，循埶理。作《老子韩非营陵侯使人游说感动吕后，被封为琅邪王；被祝午诱骗轻信齐王，前往齐国不得归返，用计离开齐国，西入关中，又遇到迎立孝文帝的事，获封燕王。当天下未安定之时，刘贾、刘泽以高祖同族兄弟身份，成为其藩属。作《荆燕世家》第二十一。

天下平定后，高祖亲属已不多。齐悼惠王先长大成人，镇守东部国土。齐哀王擅自出兵是因为对诸吕用事感到愤怒；驷钧粗暴乖戾，朝廷因此不准立齐王为帝。厉王亲属内部淫乱，杀身之祸成于主父偃之手。表彰悼惠王刘肥为辅佐天子的股肱，作《齐悼惠王世家》第二十二。

楚霸王在荥阳围困汉军，相持三年；萧何镇抚山西，计算人口输送兵员，粮食供给不断，使百姓爱戴汉王，而不愿为楚王出力。作《萧相国世家》第二十三。

曹参与韩信一起平定了魏地，又打败赵国，攻取齐地，削弱了楚霸王的势力。接替萧何成为汉朝相国，凡事不做变更，百姓得以安宁。赞美曹参不夸耀自己的功劳和才能，作《曹相国世家》第二十四。

张良运筹策划于帷幄之中，无形之中克敌制胜，谋划克敌制胜之事，没有智巧之名，没有勇武之功，从易处着手解决难题，从小处着手成就大事。作《留侯世家》第二十五。

六出奇计都被高祖采用，使诸侯归附于汉；消灭诸吕之事，陈平为主谋，终于安定了王室和国家。作《陈丞相世家》第二十六。

诸吕勾结，阴谋削弱皇室，周勃在剪灭诸吕的问题上，背离常规而合于权变之道；吴楚七国起兵叛乱，周亚夫驻军于昌邑，以扼制齐赵之军，放弃了求救的梁王。作《绛侯周勃世家》第二十七。

吴楚七国叛逆，藩屏天子的同姓王中只有梁孝王抵御敌国；但他自恃宠爱夸耀前功，几乎遭到杀身之祸。表彰他能抵抗吴楚叛军，作《梁孝王世家》第二十八。

五宗封王以后，天子亲属之间融洽和睦，诸侯或大或小皆为藩屏，各得其宜，僭位而自拟于天子之事逐渐减少。作《五宗世家》第二十九。

当今皇上三位皇子被封为王，策文文辞典雅可观。作《三王世家》第三十。

末世争权夺利，而伯夷、叔齐兄弟却趋向仁义，为让君位，双双饿死，天下称赞他们的美德。作《伯夷列传》第一。

晏子节俭，管仲则奢侈：齐桓公因得管仲辅佐而称霸，齐景公因得晏子辅佐而国家大治。作《管晏列传》第二。

李耳主张无为而治，使百姓自化于善；清静寡欲，使百姓自归于正。韩非揣列传》第三。

自古王者而有司马法，穰苴能申明之。作《司马穰苴列传》第四。

非信廉仁勇不能传兵论剑，与道同符，内可以治身，外可以应变，君子比德焉。作《孙子吴起列传》第五。

维建遇谗，爰及子奢，尚既匡父，伍员奔吴。作《伍子胥列传》第六。

孔氏述文，弟子兴业，咸为师傅，崇仁厉义。作《仲尼弟子列传》第七。

鞅去卫适秦，能明其术，强霸孝公，后世遵其法。作《商君列传》第八。

天下患衡秦毋餍，而苏子能存诸侯，约从以抑贪强。作《苏秦列传》第九。

六国既从亲，而张仪能明其说，复散解诸侯。作《张仪列传》第十。

秦所以东攘雄诸侯，樗里、甘茂之策。作《樗里甘茂列传》第十一。

苞河山，围大梁，使诸侯敛手而事秦者，魏厓之功。作《穰侯列传》第十二。

南拔鄢郢，北摧长平，遂围邯郸，武安为率；破荆灭赵，王翦之计。作《白起王翦列传》第十三。

猎儒墨之遗文，明礼义之统纪，绝惠王利端，列往世兴衰。作《孟子荀卿列传》第十四。

好客喜士，士归于薛，为齐扞楚魏。作《孟尝君列传》第十五。

争冯亭以权，如楚以救邯郸之围，使其君复称于诸侯。作《平原君虞卿列传》第十六。

能以富贵下贫贱，贤能诎于不肖，唯信陵君为能行之。作《魏公子列传》第十七。

以身徇君，遂脱强秦，使驰说之士南乡走楚者，黄歇之义。作《春申君列传》第十八。

度事物的实际情况，遵循事物发展的趋势和道理。作《老子韩非列传》第三。

自古做帝王的都有《司马法》，穰苴能够对其阐述发挥。作《司马穰苴列传》第四。

没有信、廉、仁、勇，不能传授兵法论说剑术，兵法剑术与道相符，内可以修身，外可以应变，君子对此重视并以之为德。作《孙子吴起列传》第五。

太子建遭到谗毁，灾祸殃及伍奢，伍尚救父，伍员逃奔吴国。作《伍子胥列传》第六。

孔子传述文德，他的弟子振兴其业，都成为师傅，教导人们尊仁行义。作《仲尼弟子列传》第七。

商鞅离卫到秦，能阐明实施他的治国之术，使秦孝公强盛称霸，后世遵循其法度。作《商君列传》第八。

天下忧虑连横之下秦国将贪得无厌，苏秦能保存诸侯的利益，约定合纵来抑制秦的贪婪强横。作《苏秦列传》第九。

六国合纵后相互亲近，而张仪明了合纵的主张，所以能针锋相对，使联合起来的诸侯再次离散瓦解。作《张仪列传》第十。

秦国之所以能够向东侵伐，称雄于诸侯，是出自樗里、甘茂的良策。作《樗里子甘茂列传》第十一。

席卷河山，围困大梁，使诸侯拱手而屈服于秦国，是魏冉的功劳。作《穰侯列传》第十二。

南面攻占鄢郢，北面摧毁长平守军，进而围困赵都邯郸，武安君白起是主将；破楚灭赵，是王翦的计谋。作《白起王翦列传》第十三。

涉猎儒墨的遗文，阐明礼义的纪纲，断绝梁惠王逐利的念头，陈述往世的兴衰。作《孟子荀卿列传》第十四。

孟尝君喜好门客、士人，士人归附于薛，为齐抵御楚、魏。作《孟尝君列传》第十五。

平原君出于权变争得冯亭所献上党之地，为解邯郸之围亲自赴楚救赵，使其国君得以再次称雄于诸侯。作《平原君虞卿列传》第十六。

身处富贵而能尊重贫贱者，自身贤能而能屈就不肖，只有信陵君能够做到这样。作《魏公子列传》第十七。

舍身以救其主，终于使主公逃离强秦，使游说之士向南趋赴楚国，这是黄歇的忠义所致。作《春申君列传》第十八。

能忍詬于魏齐，而信威于强秦，推贤让位，二子有之。作《范雎蔡泽列传》第十九。

率行其谋，连五国兵，为弱燕报强齐之仇，雪其先君之耻。作《乐毅列传》第二十。

能信意强秦，而屈体廉子，用徇其君，俱重于诸侯。作《廉颇蔺相如列传》第二十一。

湣王既失临淄而奔莒，唯田单用即墨破走骑劫，遂存齐社稷。作《田单列传》第二十二。

能设诡说解患于围城，轻爵禄，乐肆志。作《鲁仲连邹阳列传》第二十三。

作辞以讽谏，连类以争义，离骚有之。作《屈原贾生列传》第二十四。

结子楚亲，使诸侯之士斐然争入事秦。作《吕不韦列传》第二十五。

曹子匕首，鲁获其田，齐明其信；豫让义不为二心。作《刺客列传》第二十六。

能明其画，因时推秦，遂得意于海内，斯为谋首。作《李斯列传》第二十七。

为秦开地益众，北靡匈奴，据河为塞，因山为固，建榆中。作《蒙恬列传》第二十八。

填赵塞常山以广河内，弱楚权，明汉王之信于天下。作《张耳陈余列传》第二十九。

收西河、上党之兵，从至彭城；越之侵掠梁地以苦项羽。作《魏豹彭越列传》第三十。

以淮南叛楚归汉，汉用得大司马殷，卒破子羽于垓下。作《黥布列传》第三十一。

楚人迫我京索，而信拔魏赵，定燕齐，使汉三分天下有其二，以灭项籍。作《淮阴侯列传》第三十二。

能忍受屈辱于魏齐，却在强秦扬威，推举贤能让出相位，范睢、蔡泽都有这样的美德。作《范睢蔡泽列传》第十九。

身为主将施展谋略，联合五国军队，为弱燕报复了强齐侵凌的仇恨，洗雪了燕国先君的耻辱。作《乐毅列传》第二十。

能在强秦朝廷上彰显诚信与意志，又能对廉颇忍让谦恭，为其君尽忠，将相二人名重于诸侯。作《廉颇蔺相如列传》第二十一。

齐湣王丢失临淄后逃到莒邑，只有田单凭借即墨，打败燕军驱逐骑劫，才保住了齐国江山。作《田单列传》第二十二。

能用巧妙的说辞解除围城之患，轻视爵位利禄，却以尽其志趣为乐。作《鲁仲连邹阳列传》第二十三。

创作诗赋文章进行讽喻，用连类比附来伸张正义，《离骚》有这样的特色。作《屈原贾生列传》第二十四。

与子楚结交，使各诸侯国的士人争相入秦，为秦效力。作《吕不韦列传》第二十五。

曹沫凭借匕首使鲁国重获失去的土地，也使齐桓公昭信于诸侯；豫让守义，忠于其君而无二心。作《刺客列传》第二十六。

能够阐明自己的谋略，顺应时势推尊秦国，终于使秦得志于海内，李斯实为谋臣之首。作《李斯列传》第二十七。

为秦开拓疆土，增聚民众，北面击败匈奴，占据黄河为要塞，依傍山岭为固垒，建榆中。作《蒙恬列传》第二十八。

平定赵国要塞常山，扩张河内，削弱西楚霸王的势力，向天下人彰明汉王的信义。作《张耳陈余列传》第二十九。

魏豹收拢西河、上党之兵，跟随高祖直到彭城；彭越侵掠梁地以困扰项羽。作《魏豹彭越列传》第三十。

黥布以淮南之地叛楚投奔汉王，汉王通过他而得到楚大司马周殷，最后在垓下打败项羽。作《黥布列传》第三十一。

楚军困迫汉军于京、索，韩信攻克魏、赵，平定燕、齐，使三分天下中汉得其二，奠定消灭项羽的基础。作《淮阴侯列传》第三十二。

楚汉相距巩洛，而韩信为填颍川，卢绾绝籍粮饷。作《韩信卢绾列传》第三十三。

诸侯畔项王，唯齐连子羽城阳，汉得以间遂入彭城。作《田儋列传》第三十四。

攻城野战，获功归报，哙、商有力焉，非独鞭策，又与之脱难。作《樊郦列传》第三十五。

汉既初定，文理未明，苍为主计，整齐度量，序律历。作《张丞相列传》第三十六。

结言通使，约怀诸侯；诸侯咸亲，归汉为籓辅。作《郦生陆贾列传》第三十七。

欲详知秦楚之事，维周緤常从高祖，平定诸侯。作《傅靳蒯成列传》第三十八。

徙强族，都关中，和约匈奴；明朝廷礼，次宗庙仪法。作《刘敬叔孙通列传》第三十九。

能摧刚作柔，卒为列臣；栾公不劫于埶而倍死。作《季布栾布列传》第四十。

敢犯颜色以达主义，不顾其身，为国家树长画。作《袁盎晁错列传》第四十一。

守法不失大理，言古贤人，增主之明。作《张释之冯唐列传》第四十二。

敦厚慈孝，讷于言，敏于行，务在鞠躬，君子长者。作《万石张叔列传》第四十三。

守节切直，义足以言廉，行足以厉贤，任重权不可以非理挠。作《田叔列传》第四十四。

扁鹊言医，为方者宗，守数精明；后世序，弗能易也，而仓公可谓近之矣。作《扁鹊仓公列传》第四十五。

维仲之省，厥濞王吴，遭汉初定，以填抚江淮之间。作《吴王濞列传》第四十六。

楚汉相峙于巩、洛，韩信为汉镇守颍川，卢绾断绝了项羽军队的粮饷。作《韩信卢绾列传》第三十三。

诸侯背叛项王，唯有齐王在城阳牵制项羽，使汉王得到机会攻入彭城。作《田儋列传》第三十四。

不管是攻打城池还是战于旷野，获功归报，樊哙、郦商是出力最多的战将，不仅随时听候汉王的驱遣，又常和汉王一起摆脱危难。作《樊郦滕灌列传》第三十五。

汉朝天下初定的时候，文治条理未明，张苍担任主计，统一度量衡，编订律历。作《张丞相列传》第三十六。

游说通使，笼抚诸侯；使诸侯都亲附汉朝，归汉成为藩属辅臣。作《郦生陆贾列传》第三十七。

想要详细了解秦楚之际的事情，只有周緤最清楚，因为他经常跟随高祖，参加平定诸侯的军事活动。作《傅靳蒯成列传》第三十八。

使豪强大族迁徙，最终建都关中，与匈奴和亲；明辨朝廷之礼，制定宗庙仪法。作《刘敬叔孙通列传》第三十九。

季布能改其刚戾而为柔顺，终于成为汉朝名臣；栾布不为威势所迫背叛死者。作《季布栾布列传》第四十。

敢于犯颜强谏，使主上言行合于道义，而不顾自身安危，为国家建立长远的谋划方案。作《袁盎鼂错列传》第四十一。

维护法律不失大节，言称古代贤人，增长君主之明。作《张释之冯唐列传》第四十二。

敦厚慈孝，不善言辞，敏于行事，谦和恭谨，堪为君子长者。作《万石张叔列传》第四十三。

恪守节操，恳切刚直，义足以称清廉，行足以激励贤能，担任要职而不能以无理使之屈服。作《田叔列传》第四十四。

扁鹊论医，为医家所尊奉，医术精细高明；后世遵循其法，不能改易，而仓公可谓接近扁鹊之术了。作《扁鹊仓公列传》第四十五。

刘仲被削夺王爵，其子刘濞受封做了吴王，适逢汉朝初定天下，让他镇抚江淮之间。作《吴王濞列传》第四十六。

吴楚为乱，宗属唯婴贤而喜士，士乡之，率师抗山东荥阳。作《魏其武安列传》第四十七。

智足以应近世之变，宽足用得人。作《韩长孺列传》第四十八。

勇于当敌，仁爱士卒，号令不烦，师徒乡之。作《李将军列传》第四十九。

自三代以来，匈奴常为中国患害；欲知强弱之时，设备征讨，作《匈奴列传》第五十。

直曲塞，广河南，破祁连，通西国，靡北胡。作《卫将军骠骑列传》第五十一。

大臣宗室以侈靡相高，唯弘用节衣食为百吏先。作《平津侯列传》第五十二。

汉既平中国，而佗能集杨越以保南藩，纳贡职。作《南越列传》第五十三。

吴之叛逆，瓯人斩濞，葆守封禺为臣。作《越列传》第五十四。

燕丹散乱辽间，满收其亡民，厥聚海东，以集真藩，葆塞为外臣。作《朝鲜列传》第五十五。

唐蒙使略通夜郎，而邛笮之君请为内臣受吏。作《西南夷列传》第五十六。

子虚之事，大人赋说，靡丽多夸，然其指风谏，归于无为。作《司马相如列传》第五十七。

黥布叛逆，子长国之，以填江淮之南，安剽楚庶民。作《淮南衡山列传》第五十八。

奉法循理之吏，不伐功矜能，百姓无称，亦无过行。作《循吏列传》第五十九。

正衣冠立于朝廷，而群臣莫敢言浮说，长孺矜焉；好荐人，称长者，壮有溉。作《汲郑列传》第六十。

自孔子卒，京师莫崇庠序，唯建元元狩之间，文辞粲如也。作吴、楚叛乱，宗室亲属中只有窦婴贤能而喜好士人，士人归心于他，率军在荥阳抵抗叛军。作《魏其武安侯列传》第四十七。

智谋足以应付近世之变，宽厚足以得人心。作《韩长孺列传》第四十八。

勇于抗敌，仁爱士卒，号令简明不烦，将士归心于他。作《李将军列传》第四十九。

自夏、商、周三代以来，匈奴常为中原大患与祸害，想要了解强弱时势，设防征讨，作《匈奴列传》第五十。

拓直曲曲折折的边塞，扩展河南之地，攻破祁连山，打开通往西域各国的道路，击败北方匈奴。作《卫将军骠骑列传》第五十一。

大臣和宗室以奢侈浪费争高强，只有公孙弘节衣缩食为百官表率。作《平津侯主父列传》第五十二。

汉朝已经平定中原，而赵佗能安定杨越而保卫南方藩属之地，使之纳贡尽职。作《南越列传》第五十三。

吴国叛逆，东瓯人斩杀刘濞，保卫封禺山，终为汉臣。作《东越列传》第五十四。

燕太子丹败散于辽东地区，卫满收拢逃亡的百姓，聚集在海东，以安定真藩等部，保卫边塞而成为塞外之臣。作《朝鲜列传》第五十五。

唐蒙出使，经略西南，通使夜郎，而邛、筰之君请求成为汉朝内臣，并接受朝廷所派官吏。作《西南夷列传》第五十六。

司马相如作《子虚赋》、《大人赋》，深得君主喜欢，虽然文辞过于华丽夸张，但其旨意在于讽谏，归结于无为而治。作《司马相如列传》第五十七。

黥布叛逆，高祖少子刘长封为那里的国王，镇守江淮之间，安抚剽悍的楚地百姓。作《淮南衡山列传》第五十八。

遵奉法律、按照情理办事的官吏，不自夸其功劳贤能，百姓对其无所称赞，也没有什么过失行为。作《循吏列传》第五十九。

端正衣冠立于朝廷，群臣没人敢说虚浮不实的话，汲长孺刚正庄重；好荐贤人，称道长者，郑庄慷慨有节操。作《汲郑列传》第六十。

自孔子去世以后，京师没有谁再重视学校教育，只有在建元至元狩之间，文

《儒林列传》第六十一。

民倍本多巧，奸轨弄法，善人不能化，唯一切严削为能齐之。作《酷吏列传》第六十二。

汉既通使大夏，而西极远蛮，引领内乡，欲观中国。作《大宛列传》第六十三。

救人于戹，振人不赡，仁者有乎；不既信，不倍言，义者有取焉。作《游侠列传》第六十四。

夫事人君能说主耳目，和主颜色，而获亲近，非独色爱，能亦各有所长。作《佞幸列传》第六十五。

不流世俗，不争势利，上下无所凝滞，人莫之害，以道之用。作《滑稽列传》第六十六。

齐、楚、秦、赵为日者，各有俗所用。欲循观其大旨，作《日者列传》第六十七。

三王不同龟，四夷各异卜，然各以决吉凶。略窥其要，作《龟策列传》第六十八。

布衣匹夫之人，不害于政，不妨百姓，取与以时而息财富，智者有采焉。作《货殖列传》第六十九。

维我汉继五帝末流，接三代业。周道废，秦拨去古文，焚灭《诗》《书》，故明堂石室金匮玉版图籍散乱。于是汉兴，萧何次律令，韩信申军法，张苍为章程，叔孙通定礼仪，则文学彬彬稍进，《诗》《书》往往间出矣。自曹参荐盖公言黄老，而贾生、晁错明申、商，公孙弘以儒显，百年之间，天下遗文古事靡不毕集太史公。太史公仍父子相续纂其职。曰："於戏！余维先人尝掌斯事，显于唐虞，至于周，复典之，故司马氏世主天官。至于余乎，钦念哉！钦念哉！"罔罗天下放失旧闻，王迹所兴，原始察终，见盛观衰，论考之行事，略推三代，录秦汉，上记轩辕，下至于兹，著十二本纪，既科条之矣。并时异世，年差不明，作十表。礼乐损益，律历改易，兵教事业灿烂辉煌。作《儒林列传》第六十一。

人们背弃本业而多巧诈，作奸犯科，玩弄法律的空隙，善人也不能感化他们，只有一切依法严酷惩治才能使他们整齐划一、遵守社会秩序。作《酷吏列传》第六十二。

汉与大夏通使之后，西方极远的蛮族，伸长脖子望着内地，想观瞻中原文明。作《大宛列传》第六十三。

救人于难，济人于贫，仁者有这样的美德；不失信用，不背诺言，义者有可取之处。作《游侠列传》第六十四。

侍奉君主能使其耳目愉快、脸色和悦，同时得到主上的亲近，这不仅是因为美色招人喜爱，技能也各有特长。作《佞幸列传》第六十五。

不同流于世俗，不争夺势利，上下无所阻碍，没有人能伤害他们，因为能够善用其道。作《滑稽列传》第六十六。

齐、楚、秦、赵占卜者，各有随俗所用的方法。想要总览其要旨，作《日者列传》第六十七。

夏、商、周三代君主占卜之法不同，四方蛮夷卜筮风俗各异，但都以卜筮判断吉凶祸福。粗略考察卜筮的要略，作《龟策列传》第六十八。

布衣匹夫这种普普通通的人，不妨害政令，也不妨害百姓，顺应潮流买卖货物增殖财富，智者在他们那里可取得借鉴。作《货殖列传》第六十九。

想我大汉王朝继承五帝的遗风，接续三代中断的大业。周朝王道废弛，秦朝毁弃古代文化典籍，焚毁《诗经》、《尚书》，所以明堂、石室金匮玉版图籍散失错乱。这时汉朝兴起，萧何修订法律，韩信申明军法，张苍制立章程，叔孙通制定礼仪，于是品学兼优的文学之士逐渐被进用。《诗经》、《尚书》不断地在各地发现。自曹参举荐盖公讲论黄老之道，而贾生、晁错通晓申不害、商鞅之法，公孙弘以儒术显贵以来，百年之间，天下遗文古事无不汇集于太史公。太史公父子相继执掌这职务。太史公说："呜呼！我先人曾执掌此事，扬名于唐虞之世，直到周朝，再次执掌其事，所以司马氏世代相继主掌天官之事。难道中止于我这一代吗？谨记在心，谨记在心啊！"网罗搜集天下散失的旧闻，探究帝王兴起的事迹，既要看到它的兴盛，也要看到它的衰亡，研讨考察各代所行之事，简略推断三代，详细载录秦汉，上起自轩辕，下至于今，著十二本纪，已按类别加以排列。有的同时异世，年代差误不明，作十表。礼乐增减，权山川鬼神，天人之际，承敝通变，作八书。二十八宿环北辰，三十辐共一毂，运行无穷，辅拂股肱之臣配焉，忠信行道，以奉主上，作三十世家。扶义俶傥，不令已失时，立功名于天下，作七十列传。凡百三十篇，五十二万六千五百字，为《太史公书》。序略，以拾遗补蓺，成一家之言，厥协《六经》异传，整齐百家杂语，藏之名山，副在京师，俟后世圣人君子。第七十。

太史公曰：余述历黄帝以来至太初而讫，百三十篇。

律历改易，兵法权谋，山川鬼神，天和人的关系，趁其衰败实行变革，作八书。二十八宿列星环绕着北辰，三十根车辐集于车毂，运行无穷，辅弼股肱之臣与此相当，他们忠信行道，以侍奉主上，作三十世家。有些人仗义而行，倜傥不羁，不使自己失去时机，立功名于天下，作七十列传。总计一百三十篇，五十二万六千五百字，称为《太史公书》。序略，以拾遗补充六艺，成为一家之言，协合《六经》异传，整齐百家杂语，藏之于名山，留副本在京都，留待后世圣人君子观览。第七十。

太史公说：我历述黄帝以来史事至太初年止，共一百三十篇。